红色广东丛书

广东英烈故事

上

中共广东省委党史研究室 编

SPM 南方传媒 广东人民出版社

·广州·

图书在版编目（CIP）数据

广东英烈故事 / 中共广东省委党史研究室编 . —广州: 广东人民出版社，
2022.10

（红色广东丛书）

ISBN 978-7-218-14137-4

Ⅰ.①广… Ⅱ.①中… Ⅲ.①革命烈士—列传—广东 Ⅳ.① K820.865

中国版本图书馆 CIP 数据核字（2022）第 002258 号

GUANGDONG YINGLIE GUSHI

广东英烈故事

中共广东省委党史研究室　编

出 版 人：肖风华

责任编辑：黎 捷　梁 晖
责任技编：吴彦斌　周星奎
装帧设计：李卓琪

出版发行：广东人民出版社
地　　址：广州市越秀区大沙头四马路 10 号（邮政编码：510199）
电　　话：（020）85716809（总编室）
传　　真：（020）83289585
网　　址：http://www.gdpph.com
印　　刷：广东鹏腾宇文化创新有限公司
开　　本：787mm×1092mm　1/16
印　　张：119.25　字　　数：1980 千
版　　次：2022 年 10 月第 1 版
印　　次：2022 年 10 月第 1 次印刷
定　　价：360.00 元（上中下册）

如发现印装质量问题，影响阅读，请与出版社（020-85716808）联系调换。
售书热线：（020）85716833

《红色广东丛书》编委会

《广东英烈故事》编写组

主　编：王　涛

副主编：丁少红　师春苗

编　委：何飞彪　杨炳峰　张　山

总　序

百年征程波澜壮阔，百年大党风华正茂。习近平总书记在党史学习教育动员大会上指出："我们党的一百年，是矢志践行初心使命的一百年，是筚路蓝缕奠基立业的一百年，是创造辉煌开辟未来的一百年。"翻开风云激荡的百年党史，一代又一代中国共产党人，用鲜血和生命浸染了党旗国旗的鲜亮红色，书写了可歌可泣的历史篇章，铸就了彪炳史册的丰功伟绩。一百年来，党的红色薪火代代相传，革命精神历久弥坚，红色基因已深深根植于共产党人的血脉之中，成为我们党坚守初心、永葆本色的生命密码。

广东是一片红色的热土，不仅是近代民主革命的策源地，也是国内最早传播马克思主义、最早成立共产党早期组织的省份之一。在新民主主义革命的漫长历程中，广东党组织在中共中央的领导下，发动、组织和领导广东人民开展了一系列广泛而深远的革命斗争。1921年，广东党组织成立后，积极开展工人运动、青年运动，并点燃农民运动星火。第一、二、三次全国劳动大会连续在广州召开，全国工人运动的领导机关——中华全国总工会在广州诞生。中国社会主义青年团第一次全国代表大会在广州召开，促进了全国团组织的建立、发展。在"农民运动大王"彭湃领导下，农潮突起海陆丰影响全国。

1923年，中共中央机关一度迁至广州，中国共产党第三次全国代表大会在广州召开，推动形成了第一次国共合作，建立了国民革命联合战线，掀起了大革命的洪流。随后，在共产党人的建议下，黄埔军校在广州创办，周恩来等共产党人为军校的政治工作和政治教育作出了重要贡献，中国共产党也从黄埔军校开始探索从事军事活动。在共产党人的提议下，农民运动讲习所在广州开办，先后由彭湃、阮啸仙、毛泽东等共产党人主持，红色火种迅速播撒全国。1925年，广州和香港爆发省港大罢工，声援五卅运动，成为大革命高潮时期一个十分引人注目的重要斗争。1926年，在统一广东革命根据地后，国民革命军在广州誓师北伐，以共产党员为骨干的北伐先锋叶挺独立团所向披靡，铸就了铁军威名。在北伐战争胜利推进的同时，广东共产党组织和党领导的革命队伍迅速扩大和发展，全省工农群众运动也随之进入高潮。

1927年"四一二"反革命政变以后，广东共产党组织在全国较早打响反抗国民党反动派血腥屠杀的枪声，广州起义与南昌起义、秋收起义一起，成为中国共产党独立领导中国革命、创建人民军队的伟大开端。随后，广东党组织积极探索推进工农武装割据，在海陆丰建立第一个县级苏维埃政权，并率先开展土地革命，开启了中国共产党领导人民进行的最重大的社会变革。与此同时，广东中央苏区逐步创建和发展起来，为中国革命的发展作出了不可磨灭的贡献。1931年，连接上海中共中央机关与中央苏区的中央红色交通线开辟，交通线主干道穿越汕头、大埔，成功转移了一大批党的重要领导，传送了重要文件和物资，成为土地革命战争时期党的红色血脉。1934年，中央红军开始了举世瞩目的长征，广东是中央红军从中央苏区腹地实施战略转移后进入的第一个省份，中央红军在粤北转战21天，打开了继续前进的通道，成功走向最后的胜利。留守红军在赣粤边、闽粤边和琼崖地区进行了艰苦卓绝的游击战争，高举红旗永不倒。

抗战全面爆发后，中共中央和中共中央长江局、南方局十分重视和加强对广东党组织的领导，选派了张文彬等大批干部到广东工作。日军侵入广东以后，广东党组织奋起领导广东人民开展敌后抗日游击战争，成立了东江纵队、琼崖纵队、珠江纵队、广东人民抗日解放军、南路人民抗日解放军和韩江纵队等抗日武装，转战南粤辽阔大地，战斗足迹遍及70多个县市。华南敌后战场成为全国三大敌后抗日战场之一，党领导的广东人民抗日武装被誉为华南抗战的中流砥柱。香港沦陷以后，在中共中央的领导和周恩来等人的精心策划安排下，广东党组织冲破日军控制封锁，成功开展文化名人秘密大营救，将800多名被困香港的文化名人、爱国民主人士及家眷、国际友人等平安护送到大后方，书写了抗战史上的光辉一页。

解放战争时期，在中共中央的领导下，华南地区大力开展武装斗争，开辟出以广东为中心的七大块游击根据地，成立了中国人民解放军琼崖纵队、粤赣湘边纵队、闽粤赣边纵队、桂滇黔边纵队、粤中纵队、粤桂边纵队和粤桂湘边纵队等人民武装，其中仅广东武装部队就达到8万多人，相继解放了广东大部分农村，在全省1/3地区建立起人民政权，为广东和华南的解放创造了有利条件。在广东党组织的配合下，人民解放军南下大军发起解放广东之役，胜利的旗帜很快插遍祖国南疆。

革命烽火路，红星照南粤。广东见证了中国共产党从新生到大革命、土地革命，再到抗日战争、解放战争等革命斗争全过程。其间，毛泽东、周恩来、刘少奇、朱德、邓小平、叶剑英、彭德怀、刘伯承、贺龙、陈毅、聂荣臻、徐向前、李富春、粟裕、陈赓等老一辈革命家和李大钊、蔡和森、瞿秋白、陈延年、彭湃、叶挺、杨殷、邓发、张太雷、苏兆征、杨匏安、罗登贤、邓中夏、恽代英、萧楚女、阮啸仙、张文彬、左权、刘志丹、赵尚志等一大批革命先烈都在广东战斗过，千千万万广东优秀儿女也在革命斗争中抛头颅、洒热血，留下了光照千秋的革命历史和革命精神。广东这片红色热土，老区苏区遍布全省，大大小小的革命遗址分布各地，留下了宝贵而丰厚的红色文化历史遗产。

习近平总书记强调，中国革命历史是最好的营养剂。重温这部伟大历史能够受到党的初心使命、性质宗旨、理想信念的生动教育，必须铭记光辉历史、传承红色基因。我们有责任把党领导广东人民进行革命斗争的光辉历史和伟大功绩研究深、挖掘透、展示好，全面呈现广东红色文化历史，更好地以史铸魂、教育后人，让全省人民在缅怀英烈、铭记历史中汲取砥砺奋进的强大力量，让人们深刻认识红色政权来之不易，新中国来之不易，中国特色社会主义来之不易，确保红色江山的旗帜永远高高飘扬。

为充分挖掘广东红色文化资源的丰富内涵，我们组织省内党史、党校、社科、高校等专家学者，集智聚力分批次编写《红色广东丛书》。丛书按照点面结合、时空结合、雅俗结合原则，分为总论、人物、事件、地区、教育五个版块。总论版块图书，主要综述中国共产党在广东的革命斗争历史概况，人物版块图书主要讴歌广东红色人物，事件版块图书主要论说党领导广东人民开展革命斗争的历史事件，地区版块图书从地市和历史专题角度梳理广东地域红色文化，教育版块图书着力打造面向青少年及党员的红色主题教材。丛书以相关的文物、文献、档案、史料为依据，对近些年来广东红色文化资源研究成果做了一次全面系统梳理，我们希望这套丛书能为党史学习教育、革命传统教育、爱国主义教育提供重要内容支撑。

一切向前走，都不能忘记走过的路，走得再远、走到再光辉的未来，也不能忘记走过的过去，不能忘记为什么出发。站在"两个一百年"的历史交汇点上，我们要更加坚定自觉地学史明理、学史增信、学史崇德、学史力行，赓续红色血脉，传承红色基因，以一往无前的奋斗姿态、风雨无阻的精神状态，推动广东在全面建设社会主义现代化国家新征程中走在全国前列、创造新的辉煌。

《红色广东丛书》编委会

2021年6月

目 录

李文甫（1892—1911）

—— 能为推翻鞑虏而死，死而无憾

李文甫，字帜，号夷丘，广东省博罗县园洲镇菉兰李屋村人。

- 1892 年出生。
- 1908 年春，前往香港寻求革命道路。不久，加入同盟会，投身革命。
- 1909 年，和同盟会会员活动于港穗等地。曾任香港《中国日报》协理，后任《中国日报》经理兼主持《时事画报》笔政，鼓吹革命。
- 1910 年 2 月，参加广州新军起义。11 月 13 日，以新军为主力，继续在广州举行起义。
- 1911 年 4 月 18 日，参加选锋队，担任第七路进攻之领导。27 日，参加黄花岗起义，因寡不敌众，不幸落入敌手。28 日，为国殉难，时年 19 岁。

勇于探索真理，追求革命

李文甫，字帜，号夷丘，生于1892年，广东省博罗县园洲镇隶兰李屋村（原属东莞县）人。父亲李德是东莞石龙"德记"油烛铺老板，与林植勉（亦参加黄花岗起义）父亲的"荣昌"藤店相邻经商。李家原来比较富有，后因遇到灾难而破落。李文甫从小勤奋好学，酷爱诗书，广泛涉猎经史百家。他拜老教育家袁光伯为师，刻苦攻读，努力提高，从年轻时候起，勇于探索真理，追求革命，艰难曲折，矢志不移。他求学期间，正值列强频频入侵，清廷统治日益专横，人民处于水深火热之中，国家和民族陷于危难之中。他目睹现实，有切肤之痛，公然愤慨地说："吾辈读书明道，当致力实行。功业之成，不求自我；历业之创造，我何让为。士患不勇，奚患不能，粉骨碎身，而魂魄奚愧也。"他抱着"驱除鞑虏，恢复中华"和救人民于水火的宏愿，与林植勉、徐景唐等志同道合的同窗好友，以"德记""荣昌"两商号为秘密活动据点，组织秘密革命活动。李文甫在思想进步、倾向革命的姐姐李蕴玉的鼓励下，积极到石龙镇内各大街闹市，以及附近农村鳌峙塘等地，宣传群众，鼓吹内争国权、外御列强之主张。

前往香港寻求革命道路，组织同盟会南方支部

1908年春，李文甫得悉孙中山在南洋多地建立同盟会分会，筹款策划起义，为之鼓舞，展望未来，充满希望。他毅然抛弃了学业，舍弃了舒适的生活，前往香港寻求革命道路。临行前，他挥毫写下"砥节砺行，直道正辞"八个大字，以示其勇往直前、义无反顾的英雄气概和崇高的自我牺牲精神。抵港后，他登门拜会汪精卫、胡汉民等人。他们彼此志同道合，意气相投，聚集一堂，议论世事，感慨万千，相对叹息垂泪。不久，他在香港由莫纪彭介绍加入同盟会，投身革命，与挚友胡汉民等共同组织同盟会南方支部，呕心沥血，奔走内地，风尘仆仆，不厌其烦，任劳任怨。其时，清廷侦探四出，到处布下陷阱，要捉拿李文甫。李文甫置个人安危于不顾，毫无惧色，在险境中机智穿行。李文甫这种为革命乐于吃苦、甘历风险的骁勇精神，令人钦佩不已。

1909 年，李文甫和同盟会会员活动于港穗等地。他曾任香港《中国日报》协理，后任《中国日报》经理兼主持《时事画报》笔政，不遗余力鼓吹革命，深为黄兴所器重。

广州新军起义

1910 年 2 月，李文甫参加同盟会会员倪映典、赵声等发起的广州新军起义。他与其他义士一起，披肝沥胆，喋血穗郊。广州新军起义失败以后，不少同盟会会员极为懊丧，李文甫心里虽然一度笼罩着浓重的悲惨情绪，但仍满怀革命信心，在政治风云中不改初衷，一如既往，坚持革命。

追随孙中山闹革命，参加选锋队

李文甫忠实追随孙中山闹革命。同盟会在哪里策动起义，他就奔向哪里战斗。广州新军起义失败后，1910 年 11 月 13 日，孙中山召集同盟会领袖黄兴、赵声、胡汉民等，在南洋槟榔屿召开秘密会议，决定以新军为主力，继续在广州举行起义。1911 年 1 月 18 日，黄兴、赵声肩负孙中山的重托，从新加坡乘日本邮船到达香港，成立领导起义的总机关——统筹部。统筹部以黄兴为部长、赵声为副部长，下设调度、交通、储备、编制、秘书、出纳、调查、总务等 8 个课，各司其职。

4 月 18 日，黄兴在统筹部举行发难会议，议决起义时分十路进攻两广总督署。鉴于以往运动军队难以发难的教训，决定挑选 800 名同盟会会员为"选锋"，负发难及各军领导之责。李文甫自告奋勇参加选锋队，并担任第七路进攻之领导，由他负责率 50 名"选锋"攻旗界石马槽军械局。

黄花岗起义奋勇杀敌，不幸被俘

起义前夕，黄兴在起义总指挥部越华路（原司后街）小东营五号"朝议第"集众誓师时，100 多名选锋队员，个个斗志昂扬，人人誓死努力杀敌。李文甫慷慨陈词："昏君无道，日召海侮；鞑虏不除，国无宁日；满清不倒，中国不强；吾生为敢死队员，死作敢死队鬼，誓死杀贼，义无反顾！"

黄兴见他如此忠肝义胆，便给了他两支枪，一长一短，还有几颗炸弹，以及象牙印章10枚，"黑时达"手表一个，并命令他率队为前锋。

1911年4月27日起义当天，李文甫与广大志士一样，事前按布置的发难标志，臂缠白布，脚穿布胶鞋，束装待命。下午5时许，当"呜呜——呜呜——"的海螺角声大震时，黄兴一声令下，李文甫便率领所属选锋队员，从总指挥部冲出，直取两广总督署。李文甫带着选锋队以迅雷不及掩耳之势，冲到总督署门口，与敌值勤卫队遭遇。李文甫先发制人，毙其士兵，杀其管带金振邦。其余敌兵见势不妙，狼狈逃窜。李文甫抓住这一战机，又率选锋队员疾如旋风冲进二堂。李文甫看见林凤书、黄鹤鸣、徐广滔、徐进怡、徐礼明、徐临瑞等同盟会会员和优秀志士相继中弹牺牲时，悲愤交加，更加勇猛杀敌。他与100多名选锋队员一起，凭椅依柱与敌卫队连展开顽强搏斗。

当黄兴率领的选锋队员抢占了东辕门，徐维扬率领的选锋队员抢占了西辕门时，李文甫与林时爽伴随黄兴、朱执信、林文、严骥继续往前冲，猛力地将一堵木制的宅门推开，沿着署内用花岗石块铺成的平直箭道，直扑大堂。见里面空无一人，李文甫他们随即分头搜索。原来，正在大堂召开紧急会议的两广总督张鸣岐闻警，慌忙带了印信，换了一件黑色短衣，由武牟、戈什哈拥到后院，毁掉后墙，破了个窦孔，潜逃出去了。黄兴在其床上放了一把火，焚烧总督署，然后率队退出。

起义军退至二堂，不料又与预先埋伏的水师提督李准的卫队排及新兵大队遭遇，黄兴沉着指挥战斗。交火不久，林时爽头部中弹牺牲。黄兴右手也被打断两指，但仍坚持指挥战斗。李文甫在黄兴的指挥下，且战且退。他率50名选锋队员伴随黄兴杀出东辕门，由那里冲开一条血路突围出去，然后在小北门附近，与从高阳里源盛米店战斗脱险出来的徐维扬的人马会合，袭击小北来军火库。他们在从石马槽转至双门底时，又与敌人的一个大队的防营兵相遇，发生激战，方声洞中弹牺牲。李文甫化仇恨为力量，继续率队奋战。当他奉命率部后撤时，腿部亦不幸中弹受伤，虽步履艰难，仍勇当后卫，只身掩护同志后撤，击毙数名追来之敌。后来，他因伤势加剧，血流如注，才把长枪交给其他队员，自己只身与敌人搏斗，直至弹尽援绝，在投出仅有的一颗手榴弹后，终因寡不敌众，不幸落入敌手。

为国捐躯，壮烈牺牲

翌日，李文甫被押上刑场。面对敌人的屠刀，他面不改颜心不跳。临刑时，他从容自若，大声疾呼："大丈夫，能为推翻鞑虏而死，死而无憾！"并高唱悲歌《满江红》，为国殉难。

李文甫牺牲之后，他的挚友胡汉民深感李文甫只身赴难，难能可贵，在立碑于石龙公园时，特地为李文甫墓碑撰写了碑文，颂扬了李文甫忠肝义胆为革命、血沃黄花浩气长存的英雄气概和不朽精神。

● 英烈语录 ●

"吾辈读书明道，当致力实行。功业之成，不求自我；历业之创造，我何让为。士患不勇，奚患不能，粉骨碎身，而魂魄奚愧也。"

"砥节砺行，直道正辞。"

"昏君无道，日召海侮；鞑虏不除，国无宁日；满清不倒，中国不强；吾生为敢死队员，死作敢死队鬼，誓死杀贼，义无反顾！"

"大丈夫，能为推翻鞑虏而死，死而无憾！"

● 英烈精神 ●

勇往直前、义无反顾的英雄气概和崇高的自我牺牲精神；为革命乐于吃苦、甘历风险的骁勇精神；忠肝义胆为革命血沃黄花浩气长存的英雄气概和不朽精神。

（李春水）

林宝宸（1881—1924）

—— 无私无畏为农民谋利益

主要生平

林宝宸，又名林炽，广东省花县人。

- 1881年，出生于广东省花县社亭岗一个农民家庭。
- 1911年，参加敢死队。
- 1911年3月29日，参加黄花岗起义，在徐维扬率领下攻打两广总督府。
- 1913年秋，参加朱执信策划的讨龙反袁的武装起义。
- 1924年7月，领导成立广州市郊第一区农民协会。
- 1924年，发动、组织广州市郊农民协会力争市长选举权的请愿和示威游行。
- 1924年12月13日下午，被暗杀壮烈牺牲，时年43岁。

为民起义

林宝宸青少年时期生活在花县。这里是近代太平天国革命运动领袖洪秀全的故乡，民间秘密流传着反清革命故事。林宝宸深受影响，决意投身疆场，为民争权。1911年，他参加了孙中山领导的推翻帝国主义走狗清朝政府的斗争，并无畏地加入了"敢死队"。3月29日，他参加了黄兴指挥的黄花岗起义，在徐维扬的率领下，由北路攻打两广总督府。后因敌人调集大军反扑，敌我力量悬殊，起义失败。是役殉难者超过72人，其中花县志士牺牲18人。林宝宸因熟悉途径，才得以脱险逃出广州。

1913年秋，云南军阀龙济光任广东都督，在广东实行反动统治。不久，孙中山委派朱执信回广东策划讨龙反袁的武装起义，林宝宸亦参加了起义活动。失败后，林宝宸在家乡难以立足，携妻逃亡泰国，以卖云吞面为生，约一年后，回国避迁到下芳村从事耕作，后又迁到邻近的涌口北约、招村北外约等处居住。

联合农民

林宝宸小时因耕地被地主霸占，随父迁至花县马溪乡，最后移住广州市郊招村北外约，一家十一口，在涌口北约围等处向二路地主租了七八亩果园地耕种，每年交2000多斤地租谷。此外，土豪劣绅还要勒收禾费、龙船费、醮金、保护费、鸭埠谷等苛捐杂税。林宝宸一家长年累月辛勤劳动，好不容易在租来的耕地上盖了一间小屋，也遭二路地主反对，被迫拆掉。1923年前后，招村一带连续遭受自然灾害，农民生活更加困难。可是，地主阶级及其反动武装，对农民的压榨却有增无减。林宝宸意识到农民不联合起来，就无力反抗压迫者。于是，他开始在冲口、招村、联合围一带的农民中进行宣传鼓动，并找谭康、黄佳共商筹建农会大计。他们三人原来都是外籍（花县）人，都各自结交了一班农民朋友。林宝宸向谭康、黄佳等人提议："目前工人有工会，我们农民应该联合起来组织农会。"他的主张得到大家的赞同，决定以堂众为基础，分头发动群众，并写信给附近各乡农民，呼请共同行动。

找到了共产党

林宝宸在筹建农会时，因缺乏经验而遇到不少困难，但在一个偶然的机会中，却使他找到了共产党，见到了农民运动的领导人。那是 1924 年夏天，林宝宸搭小艇过珠江时，遇到一名妇女溺水，他马上跳进江里把她救起来，并送她回家，随后通过她的亲戚的介绍，认识了彭湃、阮啸仙等人。林宝宸向他们汇报农民的悲惨处境以及准备组织农会的情况，请求给予指导帮助。彭湃很赞赏林宝宸的热情和勇气，鼓励他大胆搞下去，同时向他传授开展农运的方法和经验，并表示要亲自到联合围去帮助建立农会。

建立农会

在彭湃的启发下，他回乡后加紧筹备成立农会，经常活动到深夜，召集积极分子商议工作。彭湃、阮啸仙、何友逖等多次参加他们的会议，给予具体指示。林宝宸等组织农会的举动，为彭础立等豪绅所不容，他们派出反动民团来抓人，林宝宸毫不害怕，坚决斗争。一天，他正在利生园干活，瞧见几个民团朝他走来。他预料到来者不善，便对着他们大喊："你们要来抓人么？快回去！你们敢来，我跟你们一命搏一命！"这伙欺软怕硬的狗腿子被这突如其来的喊声吓住了。他们知道林宝宸会武术，谁也不敢上前去惹他的拳脚，只好溜走。

在林宝宸等的积极宣传鼓动下，芳村、花地、涌口、招村、联合围一带的农民纷纷报名参加农会，会员人数由开始筹备时的 10 多人增加到 100 多人。1924 年 7 月，林宝宸在芳村谢家祠召开广州市郊第一区农民协会成立大会，大会开得颇为隆重。除该会会员外，附近各乡以至花县等县都有农民代表参加大会，彭湃、阮啸仙等人亦赶来参加。彭湃还在会上讲话，指明农民运动的发展方向，给农民群众以极大的鼓舞。林宝宸被选为该会执行委员长。

广州市郊第一区农民协会是市郊第一个农会，它的成立标志着郊区农民运动开始进入有强固组织、有党的领导的新阶段。农会开展反对土豪劣绅、拒交苛捐杂税、减租减息等斗争，取得了显著成果。在短短几个月内，入会数猛增到上千户，会员遍及崇文两堡二十四乡，农民自卫军也跟着建立起来。该会对整个市郊农运的开展起着先导和推动作用。

为民谋利益

林宝宸不仅积极为农民争取经济利益，而且十分注意为农民争取政治权利。1924年，广州市在选举市长时，当局仅规定广州的工会、商会、教育会等团体有选举权，但农会没有。林宝宸对此非常气愤，毅然领导农民力争参加市选。他发动、组织了"广州市郊农民协会力争市长选举权"的请愿和示威游行，并亲自扛着农会大旗，走在最前面，带领队伍进入广州市内游行，沿途高呼口号，得到工人、学生和其他市民的同情、支持。中共广东区委负责人周恩来于12月1日发表了《工农阶级与广州市选》的文章，支持他们的正义行动，指出："今兹市长选举，广州市管辖中之数十万农民，更被摈为'化外'……市郊农民协会因是请政府修改市选条例，而政府竟公然批答：'市选行政事宜与农民关系较少，选举条例颁布已久，现在不便更改。'"政府无视重租繁税出之于农民的事实，竟然剥夺农民选举权，这是"重违党义破坏民治"的行为。

林宝宸发起的争取选举权的斗争，得到农民群众的热烈响应和各界群众的同情支持，最终取得了胜利。

林宝宸平日见义勇为，如遇农友有难，总是千方百计进行帮助。有一次，联团总局局长彭础立把农民谭康、黄桃二人抓去，押解至番禺县政府，交给县长汪宗准囚禁。林宝宸闻讯，义愤填膺，设法营救，但告状无效，遂定下"智取"之计。一天，县长外出赴宴，林宝宸即乘机走入县政府，他明知县长不在，却故意声言要会见县长。县长的儿子汪某出来迎接，林宝宸故意说："我叫谭秉炽，是谭平山部长（谭平山当时为共产党员，任国民党中央组织部部长）之侄。你尊翁答应释放谭秉康（谭康的别名）和黄桃，为什么至今不执行？谭部长特叫我来问，叫你尊翁马上办此事。"汪某犹豫了一会，随即叫秘书把谭康、黄桃释放了。

有一次，驻穗的桂军抓走了广州郊区十多个农民，押到粤汉铁路车站。林宝宸闻讯赶去，假借革命政府大本营名义，拿出名单要押车的军官放人。当时火车厢内已挤满了被抓去的"猪仔兵"，怎能按名单找到？那个军官不耐烦地说:"你自己去找吧!"林宝宸迅速跑进车厢,把许多被抓的农民营救了出来。

联团总局局长彭础立对林宝宸积极开展农运感到十分不安和甚至产生憎恨情绪,派人把林宝宸请来,对他说:"你们组织农会,我们并不反对。但你们还是要交禾更费,不要犯拒缴禾更的罪。你在农会里边担任职务,可以与我们合作,我们不会亏待你。"林宝宸听后冷然地说:"只要你们不收禾更费和其他苛捐杂税,不欺压农民,我们的农会也可以与你们合作。"林宝宸说得如此巧妙,使得彭础立一时无言以对,十分狼狈。事后,他却怀恨在心,扬言"非杀林宝宸,无以灭农会"。林宝宸听到便慨然地说:"我决心为农运献身,我即使死了,农会还是会大发展的。"他不顾个人安危,继续领导农民群众与土豪劣绅作斗争,并到省政府请愿撤销联团总局勒收的禾更加抽等苛捐杂税。局长彭础立对他更加恨之入骨,不惜拿出巨款收买凶手杀害林宝宸。

··········· ◦ 无私无畏 ◦ ···········

1924 年 12 月 13 日下午,林宝宸准备到一个农民的家里饮喜酒,披着大衣从家里出来,只走了 20 多米远,凶手就从后面跟上来,叫喊说:"林宝宸,彭局长叫你去总局开会。"林宝宸答道:"我今天没空,改天再跟他谈。"话音刚落,凶手发出的一排子弹已射在他的身上。林宝宸中弹后仍喊:"农民兄弟!我死了,你们也不好交禾更!"接着便倒在地上,壮烈牺牲,时年 43 岁。

林宝宸不幸牺牲的噩耗传出,万众悲愤。彭湃闻噩赶到,抱尸痛哭,惋惜地说:"我失了一只左手。"1925 年 7 月 31 日,广东省农民协会特发出定期公葬林宝宸烈士的通知,指出他"系为农民利益奋斗而牺牲,至中国农民运动史上具有最大价值,堪为我农民钦敬纪念"。8 月 12 日,隆重举行了林宝宸烈士公葬日,先在烈士家乡(招村之侧)筑祭坛举行公祭大会,会场人山人海,其中有广宁、海陆丰、花县、东莞、番禺、中山、顺德、清远、鹤山、宝安、曲江、高要等 20 多个县的农会代表,农民自卫军,广州农民运动讲习所学生,市郊一区农会全体会员。阮啸仙在会上讲演,诉说林宝宸牺牲时的惨状,号召大家学习林宝宸无私无畏的革命精神,继承他未竟之业继续奋斗。彭湃和各县农会代表也上坛讲演。会后，悲愤的群众抬着林宝宸的遗体至村中游行，沿途高呼"打倒帝国主义""打倒军阀""农民解放万岁""林宝宸烈士精神不死"等口号。最后至红花岗在双十节殉难之黄驹烈士墓侧安葬。

英烈语录

"只要你们不收禾更费和其他苛捐杂税，不欺压农民，我们的农会也可以与你们合作。"

"我决心为农运献身，我即使死了，农会还是会大发展的。"

英烈精神

无私无畏的革命精神。

（林锦文）

陈伯英（1898—1925）

—— 为人民革命事业奋斗不息、英勇献身

陈伯英，名俊生。

- 1898 年，出生于广东省蕉岭县新铺镇福岭村。
- 1920 年春，毅然从南洋回到祖国，只身投考云南讲武堂。
- 1922 年秋，随军北伐。
- 1922 年 10 月，任东路讨贼军第八旅排长。
- 1923 年 2 月，受命第二次入粤，参加讨伐陈炯明的战斗。8 月，在攻打泰美的战斗中，带领尖刀排取得了辉煌战绩。
- 1924 年 6 月，被擢升为上尉副官，成为营长的左右手。
- 1925 年 4 月 26 日晚上 12 时，香洲兵变。被当场杀害，时年 27 岁。

1925 年 4 月 15 日，在香山县香洲发生了香洲兵变。建国粤军第二师独立营有 27 名官兵殉难。在竖立于珠海市香洲狮山的烈士墓碑上，其中有副官陈伯英的名字。

毅然回国投身革命

陈伯英，名俊生，1898 年出生于广东省蕉岭县新铺镇福岭村的贫苦农民家庭里。父亲陈淮秀、母亲丘春兰带着陈伯英兄弟姐妹 9 人，过着艰难困苦的生活。陈伯英少年时期，勤劳俭朴，初入村里的私塾新文学堂，后进入国文专修班。他读书刻苦用功，成绩优秀。老师陈子业具有强烈的民族自尊心和自豪感，他经常向学生讲述帝国主义列强的侵略压迫和封建军阀残酷统治人民的罪行，有时慷慨陈词，甚至拍案大骂贪官污吏如何腐败无能，使广大人民群众陷于水深火热之中。这在陈伯英的幼小心灵中引起共鸣，从而更激励自己要勤奋学习，将来要以救国救民、复兴中华为己任。因家庭经济困难，陈伯英又是长子，他修业结束后便随父亲在新铺圩开设饮食小店，帮工干活。他眼看小本经营难以谋生，不久便和村人远走南洋做工。

"十月革命一声炮响，给我们送来了马克思列宁主义。"1919 年中国爆发了伟大的五四爱国运动，马克思主义开始广泛传播。民主革命浪潮空前高涨，大批热血青年纷纷投向革命，祖国的形势如此，使陈伯英不能平静地在异国生活，便不顾长辈劝阻，于 1920 年春毅然从南洋回到祖国，只身投考云南讲武堂。他在讲武堂结识了同学叶剑英，他们彼此志趣相投，过从甚密，成为挚友。在叶剑英等进步同学的影响和教育下，陈伯英的觉悟不断提高。他经常与同学一起谈论时局，抨击黑暗的旧社会，赞扬正在兴起的人民斗争，并努力探索救国救民的道路。

随军北伐，战绩辉煌

1922 年秋，24 岁的陈伯英在云南讲武堂毕业后，返回广州。这时正是陈炯明叛变革命，孙中山在广州蒙难的时刻，广大人民群众、爱国官兵和海外华侨纷纷通电声讨叛贼陈炯明。叶剑英在广州组织了云南讲武堂的同学一起发出了声讨通电，陈伯英积极响应，帮助叶剑英做联络工作。随即跟随叶剑英赶到福州，参加了许崇智的部队，随军北伐。

同年 10 月，孙中山决定讨伐陈炯明，电令入闽的北伐军改编为东路讨贼军，任命许崇智为总司令，张民达为第八旅旅长，叶剑英为旅参谋长，陈伯英就受命任该旅排长。1923 年 2 月，陈伯英受命第二次入粤，参加讨伐陈炯明的战斗。张民达、叶剑英率部由龙岩、上杭入大埔、梅县。4 月下旬，假投降的陈炯明属下洪兆麟、尹骥等突袭驻大埔、饶平的许崇智部。东路讨贼军受重大损失，被迫放弃潮州，向揭阳退却。驻兴、梅的许部也遭受陈部刘志陆的进攻，被迫向丰顺转移。陈炯明的林虎部，又从赣边直逼揭阳。要隘言岭关失守，许部情况危殆。张民达、叶剑英率部冒死反攻，经过激烈的肉搏血战，收复言岭关。8 月，孙中山督师东征，在惠州、博罗一带，陈伯英所在部队与陈炯明部悍将叶举、熊略等大小数十战，也每战必胜。特别是在攻打泰美之战斗中，叶剑英任命陈伯英排为尖刀排，直插敌人心脏。陈伯英亲自制订作战计划，身先士卒，事事带头，表现勇敢沉着。在此次战役中，他带领尖刀排穿插在敌军中，取得了叛军的布防、兵力、武器等情报，从而给叛军以致命的打击，取得了辉煌战绩。孙中山称赞第八旅是"真正的革命军队"，陈伯英也受到了嘉奖。

参与筹办黄埔军校，受到共产主义思想的影响

1924 年 1 月 20 日至 30 日，中国国民党在广州举行了第一次全国代表大会。孙中山在苏联和中国共产党的帮助下，制定了"联俄、联共、扶助农工"的三大政策，把旧三民主义发展为新三民主义。并改组了国民党，实现了第一次国共合作。3 月，孙中山为了加强军队建设，授意廖仲恺等负责组建黄埔军校，叶剑英受命参加筹备黄埔军校工作。陈伯英跟随叶剑英出入于军校大门，参与一些筹办事宜，因而有很多机会接触中国共产党人，受到共产主义思想的影响，认识到中国革命必须由共产党的领导和创建武装力量。在这期间，陈伯英曾提出过加入中国共产党的请求。

6 月，孙中山收原粤军和东路讨贼军统一改编为建国粤军第二师，以国民党左派人士张民达为师长，叶剑英为参谋长。这支新创建的革命军队士气高昂，战斗力强，在与军阀作战过程中，所向披靡，屡立战功，受到孙中山的重视与信任。陈伯英在斗争实践中经受了锻炼。

任独立营上尉副官

随着革命形势的发展，孙中山授意廖仲恺，决定在建国粤军第二师成立一个独立营，在香山县香洲设营训练，培训骨干，壮大和发展革命力量。叶剑英负责独立营的组建工作。独立营由黄埔军校拨给俄式武器装备，并从部队抽调一批尽忠职守的军事、政治骨干担任各级干部，陈伯英被擢升为上尉副官，成为营长的左右手。在组建过程中，陈伯英积极工作，经过 3 个月的努力，动员了一批农村青年参加了这支革命军队。

10 月中旬，新兵入伍，独立营正式成立。不久，独立营改为新编团，由叶剑英兼任团长，进行严格的军事训练。每天，嘹亮的军号声响彻香洲上空，全团官兵迎着曙光，奔赴练兵场上。他们有时活跃在山间丛林，有时操练于滩头海角。新编团除了严格的军事训练外，还十分重视向战士宣讲革命道理，开展政治思想教育。新编团的官兵不但注意搞好自身的教育和训练，还经常向当地群众宣传革命道理和"联俄、联共、扶助农工"的三大政策。新编团官兵注重为群众做好事，定期到香洲镇打扫街道卫生，随后还派出部队到香洲附近各乡宣传和发动群众。地方党组织在部队的配合下，很快建立了农民协会和青年、妇女等群众组织。这时，共产党组织派到这些地区开展农民运动的特派员梁桂华，在新编团配合下先后在香洲、前山、上下栅等 9 个区成立农民协会。在这期间，陈伯英在叶剑英等的帮助下，事事带头，工作积极，经受了锻炼。

香洲兵变，惨遭杀害

革命形势的迅速发展，引起当地的土豪劣绅的极大恐慌。粤军中驻在石岐的右派势力、某团团长古鼎华，暗中勾结香洲的恶霸地主张学龄、前山的土豪劣绅陈柏梅密谋策划，并与新编团的司号长莫应等人，串通一气，图谋叛乱，妄图将新编团扼杀于初建的训练时期。

1925 年 2 月，第一次东征开始，叛兵乘叶剑英随师东征离开新编团之机，加紧行动，暗中制定了内部策反、杀害新编团革命官兵的计划。内奸莫应则在新编团内部挑拨离间，物色对象，拉拢一些贪图享乐、不明真相的士兵；同时向古鼎华密报新编团的内部情况，为其兵变做准备。

4 月间，古鼎华获悉师长张民达在潮州不幸翻船遇难牺牲的消息后，趁机发动反革命的香洲兵变。4 月 26 日晚上 12 时，正当夜深人静，官兵熟睡时，内奸莫应伪奏号音，里应外合。预先埋伏好的叛匪在一片喊杀声和狂呼声中冲入团部，对来不及避走的团部官兵开枪射击，当场杀害了陈雨荣、李公剑、陈伯英、丘国亮等官兵 25 人，重伤 3 人，其中 2 人送往澳门镜湖医院抢救无效死亡。

·············· 缅怀英烈 ··············

兵变发生后，叶剑英闻讯，立即赶回香洲，镇压叛乱，收殓烈士遗体，隆重为烈士开追悼大会。并将逃往澳门的叛乱者 10 余人引渡回香洲，就地正法。1925 年 8 月，他又营建烈士墓"赉志亭"于香洲狮山之阳，并亲自撰写了《赉志亭记》碑文，记述了香洲兵变以及平叛始末。

在中国共产党的推动下，广东革命根据地的工农运动不断高涨，国民革命军于 1926 年 7 月 9 日开始北伐。叶剑英随军北上，途经梅县回到雁洋老家时，立即派人把陈伯英的遗物送到蕉岭县新铺镇福岭村陈伯英家里，并将陈伯英的母亲丘春兰接到雁洋会面。叶剑英亲切地对陈伯英母亲说："你教育了一个好子弟，伯英为革命牺牲是无上光荣。革命一定会胜利。今天没有了伯英，我剑英就是伯英，我和伯英情同手足。"又亲自送给春兰伯母 100 元光洋，作为安家抚恤费。中华人民共和国成立后，叶剑英任广东省省长时，于 1953 年 6 月间曾派秘书探望陈伯英的家属，得知其母亲丘春兰已随幼子陈九生居住在广州时，即派专车将其母子接到自己家中。叶剑英握着陈伯英母亲的手，亲切地说："你为革命培养了好儿子，今天革命胜利了应该高兴。"还问寒问暖，询问有何困难。随后亲自写信给民政厅厅长古大存，嘱咐其妥善安排好丘春兰的晚年生活和家属的工作。

陈伯英牺牲时，年仅 27 岁，他为人民革命事业奋斗不息、英勇献身的革命精神和光辉事迹永远留在广大人民心中。

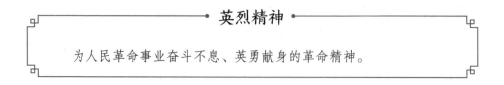

● 英烈精神 ●

为人民革命事业奋斗不息、英勇献身的革命精神。

（汤国云　陈君邦）

冯荣德（1902—1925）

—— 碧血溅沙基，精神昭千古

主要生平

冯荣德，原名冯克刚，广东省平远县仁居乡店背岗新屋下村人。

- 1902 年出生。
- 1925 年 1 月，考进黄埔军校第三期预科班学习。同年参加广东革命政府进行的第一次东征，与部队一起平定刘震寰、杨希闵反革命叛乱。
- 1925 年 6 月 23 日，参与反帝斗争声援大会及示威游行，被子弹射亡，时年 23 岁。

刻苦好学，立志从军

冯荣德，原名冯克刚，广东省平远县仁居乡店背岗新屋下村人。1902年出生。父亲冯天锡（又名冯宗龙），母亲曾氏，兄弟3人，大哥冯贵德，二哥冯竣德，冯荣德排行第三。家中经济来源以农耕为主，可勉强度日。冯荣德6岁时就读村里的叙伦初级小学，他刻苦好学，在校学习成绩优良，深得老师喜爱。他性格刚直，能团结同学，活泼好动，喜欢体育活动。冯荣德15岁在叙伦高级小学毕业后，亲友劝他报考工商专业学校，但非其愿。他目睹中国军阀统治的黑暗，受列强侵略处于帝国主义的压迫之下，渴望日后长大了从军救国。

考入黄埔军校

1919年爆发了五四爱国运动，冯荣德热血沸腾，经常与其他青年聚谈五四运动的情况，激励自己投入轰轰烈烈的革命洪流中去锻炼。在中国共产党和苏联的帮助下，孙中山于1924年5月在广州黄埔创立国民党陆军军官学校（即黄埔军校）。消息传来，冯荣德精神振奋。1925年1月，他毅然离开家庭，考进了黄埔军校第三期预科班学习。他常言："我考入军校，能为党为国效劳，吾愿可酬矣。"他在黄埔军校如饥似渴地学习政治和军事知识。

他在黄埔军校学习期间，参加了广东革命政府进行的第一次东征。6月间，刘震寰、杨希闵发动叛乱，广州危急。黄埔军校奉命调回学生军讨伐刘、杨。冯荣德奋勇当先，积极参战，奋勇杀敌，与部队一起平定了刘、杨反革命叛乱。战斗结束后，他以激动的心情给父亲写了一封慷慨激昂的家信，报告了在黄埔军校生活和讨伐刘、杨的战斗情况，赞扬了在战斗中牺牲的战友，表示对革命充满信心。信中写道："男亦明了主义……毫无疑惧……断不敢为无志气之人，即至身随诸烈，亦惟有宁为兰摧玉折，不作萧敷艾荣……男知大人深明大义……断不以男为虑，亦不以男为不孝。"

在沙基惨案中壮烈牺牲

上海五卅惨案发生后，香港和广州工人为声援上海人民的反帝斗争而举行了著名的省港大罢工。6月23日，省港罢工工人和广州各界群众数万人举行声援大会，会后举行了声势浩大的示威游行。冯荣德以激愤的心情参加了大会和游行。当游行队伍经过沙面租界对岸的沙基时，冯荣德怒发冲冠，在队伍中奋臂高呼"打倒帝国主义！"等口号。英法帝国主义事先布置好的水兵用机枪向示威游行队伍扫射，驻白鹅潭的外国兵舰亦开炮轰击，顿时，沙基血肉横飞。血气方刚的冯荣德不畏帝国主义的枪弹，勇敢向前，当场身中两弹，但他仍然坚强地站立着，继续高呼："打倒帝国主义！"此时又一子弹飞来，从他颈部穿过，他的咽喉被打断，倒在血泊中壮烈牺牲，时年仅23岁。这次游行共牺牲50余人（其中黄埔军校学生32人），重伤170余人，轻伤无数。这就是震撼中外的沙基惨案。

缅怀先烈

事后，广东革命政府为当时参加示威游行壮烈牺牲的烈士们举行了隆重的国葬，并将沙基及沙面对岸从东桥至黄沙的西堤路改名为六二三路，以缅怀先烈，激励后人。冯荣德的遗体被安葬于广州红花岗"沙基死难烈士坟场"。

在冯荣德烈士的家乡平远县城仁居，由县长姚海珊和国民党平远县党部筹备处等发起，隆重举行了追悼冯荣德烈士大会，会场中间，挂着烈士的遗像，两边贴着烈士的遗言："宁为兰摧玉折，不作萧敷艾荣。"黄埔军校政治部主任周恩来发来唁电，云："冯同志荣德愤帝国主义者之压迫，为沪案后援参加示威运动，碧血溅沙基，精神昭千古。"东征军第三纵队队长程潜亦送来挽联，云："立志赴国难，遗书慰亲心。"

1940年，冯荣德烈士入祀平远忠烈祠。1957年7月，中华人民共和国中央人民政府给冯荣德烈士家属颁发抚恤金和"革命牺牲工作人员家属光荣证"。坐落在县城大柘的平远县烈士纪念碑上，镌刻着冯荣德的名字。

英烈语录

"男亦明了主义……毫无疑惧……断不敢为无志气之人，即至身随诸烈，亦惟有宁为兰摧玉折，不作萧敷艾荣……男知大人深明大义……断不以男为虑，亦不以男为不孝。"

（吴浩　张信华）

黄振新（1897—1925）

—— 陆丰工农运动先锋

黄振新，又名聪，广东省陆丰县东海镇上围社人。

- 1897 年 9 月，出生于一个农民家中。
- 1919 年，和郑重等人一起组织学生开展爱国宣传。
- 1922 年冬，和郑重等人成立进步团体"陆丰青年协进社"，任副社长。
- 1923 年春夏间，和郑重等响应并积极支持彭湃筹建农会工作。
- 1924 年，和张威、张绍良等到广州学习，接受革命训练。
- 1925 年春，投入恢复农会的工作，筹建农民自卫军和国民党陆丰县党部及各群众团体组织的工作。
- 1925 年 9 月 24 日，被杀害于汕头，时年 28 岁。

黄振新，又名聪，广东省陆丰县东海镇上围社人，1897 年 9 月生于一个农民家中，共有兄弟 3 人，他排行第二。

组织学生青年开展斗争运动

黄振新小学毕业后，受到当时资产阶级倡导发展民族工业、振兴中华的爱国思想影响，抱着工业救国的志向投考广东省立第一甲种工业学校。到广州上学后，他开阔了视野，增长了见识。他一面学习专业知识，准备将来振兴民族工业报效祖国；一面开始追随进步同学探求改革社会的途径，开始接触马克思主义。

从广州毕业回到陆丰，他学到的现代工业管理知识无处施展，只好执起教鞭当一名教师。1919 年，北京发生五四反帝爱国运动的消息传到陆丰时，具有爱国主义思想的黄振新和郑重等青年教师一起，组织学生开展爱国宣传，使沉寂的陆丰出现了波澜。

1922 年冬，黄振新和郑重等人受彭湃组织农会向旧势力斗争的启发，在陆丰县城组织了一班进步知识青年，成立进步团体"陆丰青年协进社"，郑重任社长，黄振新任副社长，带领青年向陆丰统治势力进行各种斗争。当时一区区长利用多摊军饷贪污，协进社的青年通过各种关系，查出贪污数目，然后派出代表到汕尾军饷局告发，使一区区长被撤职。协进社还发动与陆丰公营织布厂清算账目的行动，吓得贪污基建款项的经理陈甫民闻风逃跑。为搞好布厂经营，协进社还向陆丰当局推荐学过纺织专业的黄振新出任经理，但当局置之不理。此事使他们意识到要改革社会，不掌握政权是不行的。

深入推动陆丰农民运动发展工作

1923 年春夏间，彭湃前往陆丰组织农会。黄振新和郑重等首先响应，积极支持彭湃筹建农会工作。黄振新为陆丰农民运动的发展做了不少有益的工作，并从农运的迅速发展中看到了改革社会的希望。不久，轰轰烈烈的海陆丰农民运动遭到陈炯明军阀政府的镇压，黄振新又转而从事教育工作，出任县立一小校长，一边努力办好学校，一边继续探求革命真理。

1924 年，国共合作达成。广州成为革命的中心。在孙中山的支持下，彭澎等共产党人为了培养革命干部，创设了农民运动讲习所和各种训练班。黄振新和张威、张绍良等到广州学习，接受革命训练。

1925 年春，黄振新随东征军回到陆丰，和先期回陆丰的张威及在陆城坚持工作的郑重等一起投入恢复农会的工作，筹建农民自卫军和国民党陆丰县党部及各群众团体组织的工作。4 月 12 日，陆丰县农民协会成立，黄振新和郑重等当选第一届执行委员。同时，他还是国民党陆丰县党部执行委员。重大的责任，繁忙的工作，益发激起黄振新的工作热情，他经常夜以继日地工作。

同年 6 月，省港大罢工爆发。罢工一开始，陆丰人民对省港工人的罢工行动就给予了极大的关注和热情的支持。在共产党的倡导下，陆丰各界群众掀起了支援省港大罢工的热潮，各界群众节衣缩食，踊跃捐款支援罢工工人。

·········◇ 于汕头被害 ◇·········

9 月上旬的一天，陆丰农民协会把筹集到的 2000 银圆派黄振新和农会通信员黄藩带往广州交给省港罢工委员会。此时由于东征军回师广州平定刘、杨叛乱，退踞闽南的陈炯明余部已进占潮汕，对海陆丰虎视眈眈。潜伏各地的军阀爪牙和地主武装也蠢蠢欲动，形势非常紧张。在这种形势下带那么多银圆出门是很危险的，黄振新却非常镇静，他与黄藩化装成买水产品的商人，坐轿到了汕尾，准备坐船到香港后转道广州。

第二天，为防止意外，黄振新和黄藩各自搭船往香港，不料黄振新一上岸就被陈炯明的爪牙密捕，并把他押回汕头，他身上的 1000 元被搜走。黄藩的 1000 元带到了广州，受到省港罢工委员会的表扬。省港罢工委员会委员长苏兆征说："农友此 1000 元，抵得资本家 10 万元。"黄振新被押回汕头后，受尽严刑拷打和非人折磨，但他坚贞不屈，表现出共产党人的英雄气概。9 月 24 日，黄振新被杀害于汕头，年仅 28 岁。

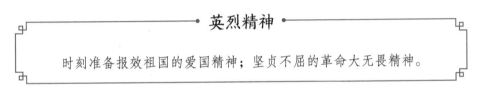

● 英烈精神 ●

时刻准备报效祖国的爱国精神；坚贞不屈的革命大无畏精神。

（林兴奇）

李劳工（1901—1925）

—— 著名的广东农民运动领袖之一

主要生平

李劳工，原名克家，广东省海丰县捷胜镇人。

- 1901年8月1日，出生于海丰县捷胜镇。
- 1918年，在文亭高等小学毕业，后到捷胜南町小学教书。
- 1923年7月，任广东省总农会执行委员，担任农业部部长兼宣传部委员，成为彭湃的得力助手、省农会的重要领导成员之一。
- 1924年夏初，在彭湃的指导下与林苏一起成立广州人力车工人俱乐部，进行革命活动。
- 1925年3月16日，在海丰县城林祖祠成立海丰农民自卫军，任大队长。9月23日被骗捕杀害，时年24岁。

聪颖的少年李劳工

李劳工的父亲李恭安除经营农业外还兼营小杂货店，有兄、姊各1人，李劳工排行第三。李劳工少年时勤奋好学，天未放亮就起床读书，不论寒暑，从无间断，深受老师赞许。1918年，李劳工在文亭高等小学毕业，后得亲朋介绍，到捷胜南町小学教书。他平时经常阅读《新青年》等进步刊物，受到民主革命新思潮的熏陶，激发了爱国热情，开始追求救国救民的真理。李劳工为人正直，爱打抱不平。当时捷胜有一姓何的地主，残酷压迫农民，激起群众公愤，有一次他到沙坑村收租时，被农民打死，尸首被掩埋掉。何姓的人便到官府控告沙坑村民杀人灭尸。县官派兵下乡抓人勒索，搞得鸡犬不宁。沙坑罗木工与李劳工是同学，他请求李劳工设法对付，李劳工知道何姓人没有证据，便为沙坑村农民写了一封申诉状，指出何姓含血喷人，既无人证又无物证，实属肆意诬陷。官府无话可说，此事遂不了了之。沙坑村民对李劳工既感激又佩服。

1920年，海丰县蚕桑局招收学员，李劳工辞去教席前往学习。他学习十分认真，工作又非常积极，不久便掌握了种桑养蚕的基本知识和技术。他回到捷胜，向地主何念阳批租了30亩（1亩≈666.67平方米）荒地，作为桑田，言定三年为期，期满另作计议，着手种桑。同时，他利用旧城楼作为蚕室开始养蚕。事过一年，刚打好蚕桑基地，准备进一步发展的时候，谁知何念阳看了眼红，毁弃原议，提出升租，而又蛮不讲理，李劳工一怒之下，挥斧把桑林砍个精光。他对豪绅地主欺压贫苦人民恨之入骨，曾向人发誓说："我不骑马，不回乡！"然后离开捷胜到海城去了。

投身到农运

1922年，李劳工在海城蚕桑局工作，看到彭湃在海丰开展农运，豪绅地主对他肆意诬蔑、谩骂，说彭湃有福不享却去农村乱窜，是患了"神经病"等等，而农民却说彭湃组织的农会"是我们的救星"。究竟哪种意见对呢？李劳工经过一番调查和观察之后，认为彭湃所说所做的事业是正确的，是真正为贫苦农民着想的，特别是看到农会里的职员很多是农民，他们都在认真地工作，使他肃然起敬，高兴地说："高洁可爱的农民出来了！"于是他毅然把蚕桑局的工作辞掉，投身到农运中去，并把自己的名字改为"劳工"（"克家"是原名），取"劳工神圣"的意思。

李劳工一参加农会，便跟随着彭湃、杨其珊等农会的领导人去宣传发动农民、组织成立农会，勤勤恳恳地为农民服务。会员有什么困难，他总是千方百计地去帮助解决，农会有哪些应兴应革的事项，他更是积极提出建议。彭湃在《海丰农民运动》一书中曾谈到李劳工对农会工作提了许多意见，充分肯定他所起的作用。李劳工在农会中享有很高的威信，得到广大农民的信赖。1923年7月广东省总农会成立时，李劳工被推选为执行委员，担任农业部部长兼宣传部委员，成为彭湃的得力助手，是省农会的重要领导成员之一。

营救农友

1923年，海丰发生"七五"农潮，反动县长王作新和陈炯明的师长钟景棠互相勾结，率领300多名军警包围海丰总农会，捕去农会领导骨干25人，彭湃、李劳工等因没有住在农会里，才幸免于难。他们逃往大嶂山下的凤髻庵中，召开了农会骨干的紧急会议，决定由彭湃、林苏、陈蓝润三人前往老隆去找陈炯明交涉恢复农会、释放农友的事宜，留李劳工、彭汉垣等在海丰继续进行秘密活动。后因彭湃与陈炯明交涉无效，转往潮安回海丰不久，李劳工遂和彭湃到汕头、香港一带活动，设法营救被捕的农友出狱和募款救济难友家属。

这时留居香港的陈炯明御用文人发表抨击海丰农民运动的文章，彭湃和李劳工每一发现便给予回击，两人并肩作战。李劳工写了一篇《海丰的农民运动底一个观察》，列举海丰农会半年来在农业、林业、教育、卫生、仲裁各方面取得的辉煌成绩等大量的事实，驳斥了那些认为海丰农运糟得很的谰言，完全支持农民运动，说明海丰农会在农民遭受空前灾害之后提出减租要求是完全合理的。文章还揭发了王作新、钟景棠破坏农运、迫害农民的种种罪行。

李劳工和彭湃在香港住了一个多月，再次到老隆催促陈炯明释放农友。陈炯明依然浮词应付，并要彭湃和李劳工跟他一起前往汕头。在途中，他们一有机会便对陈炯明做工作，经过有理有节的斗争，终于迫使陈炯明答应放人和恢复农会。1924年2月，捷胜农会首先恢复。彭湃和李劳工亲自前往参加恢复大会，相继演说。会后举行示威游行，农民举着尖串，荷着粉枪，吐气扬眉，十分威武。不久海丰县总农会也恢复了。陈炯明见到农会比以前更加蓬勃发展，于是撕开假面具，面谕王作新出布告再次解散农会，通缉彭湃。彭湃出走，李劳工等领导骨干也撤离海丰城转入地下活动。

成立广州人力车工人俱乐部

同年夏初，李劳工来到广州，在彭湃的指导下与林苏一起成立广州人力车工人俱乐部，进行革命活动。五一劳动节那天，广州各界人民举行盛大的庆祝大会，李劳工化装为三轮车工友，拉着一架三轮车进入会场。当大会程序进行到自由发表意见时，他便登台演说，精彩的演讲博得了大家的阵阵掌声。

成立海丰农民自卫军

黄埔军校第二期招收新生时，彭湃通过廖仲恺推荐李劳工前往报考，李劳工被录取了。他在学习中受到革命思想的熏陶，积极从事革命活动。

1925年，革命军举行第一次东征。出发前夕，周恩来指示李劳工和林务农在广州人力车工人俱乐部中挑选政治觉悟高、年轻力壮的海陆丰籍的工人60名，组成先遣队，担任惠（阳）、海（丰）交界山区的向导，并带领该地农会小组对敌进行骚扰破坏工作。这支先遣队在李劳工的率领下，于2月4日从广州出发，15日进入惠海边境。当时陈炯明军队正向东都岭、铺心岭溃败逃窜。由于先遣队早已从崎岖小道翻越云峰，占据了制高点，在海惠武装农民的紧密配合下，把敌军打得落花流水。2月28日，革命军即胜利进占海丰县城。

为了更好地维持地方秩序，支援东征军，李劳工受党的委派，于3月16日在海丰县城林祖祠成立海丰农民自卫军，并担任大队长，全队有官兵200多人。周恩来十分重视这支人民自己的武装，不仅亲自授枪，而且调来黄埔军校毕业的吴振民、宛旦平、陈烈、詹赓陶等一批军事干部，又把60名先遭队骨干划归农民自卫军。与此同时，还成立一个农民自卫军训练所，训练一批军事人员，毕业后分派到海陆丰各地发展和训练农军。这一期有官兵76人。不久，陆丰也成立农民自卫军一中队，统由李劳工领导。

陈炯明军失败后，有不少黑枪分散在海丰境内。为了进一步肃清陈炯明部的反动势力，武装农民群众，李劳工对侦查黑枪工作抓得很紧。他采用号召自报和群众检举相结合、奖励和处罚相结合的办法，深入清查。一些陈炯明余孽对此怀恨在心，他们勾结地方士绅捏造事实，颠倒是非，到汕头向革命军总部诬告李劳工敲诈勒索，鱼肉黎民。一次，蒋介石路过海丰时就问及追查黑枪一事，李劳工如实汇报，并说明采取这种措施，既可防止反革命势力东山再起，或在内地扰乱治安，又可把所得的罚款，作为充实我军军需之用。声明黑枪查获后全部归库，罚款点滴归公，来明去白，有案有账，使蒋介石信服。不久，李劳工被委派为黄埔军校后方主任和东征军驻海陆丰后方办事处主任。

海陆丰农民自卫军在李劳工的培训下，日益发展壮大。李劳工在海陆丰人民群众中威望也越来越高，但他并不因此而骄傲，始终与农民自卫军的官兵打成一片，过着艰苦朴素的生活。

·············▶ 惨遭骗杀 ◀·············

1925年夏，李劳工调到陆丰工作。当年6月，驻在广州的滇、桂军阀刘震寰、杨希闵叛变革命，东征军回师广州平定刘、杨叛乱。9月下旬，陈炯明的残部刘志陆乘潮汕空虚，从闽粤边区向潮汕进犯，留守潮汕的建国粤军和海丰农民自卫军被迫撤退广州。9月23日，李劳工在陆丰农村接到党的紧急通知，立即赶回陆丰县城，而此时敌人已经入境，他不得不从山僻小路回海丰。他越过大德岭时，天色已黑，路黑难认，误投反动头子陈丙丁的爪牙陈貌的老巢城林埔，被骗进入陈宅，旋即被捕。

次日，李劳工被押解到田乾，群众闻信赶来探望的达数千人。陈丙丁对他审讯，企图从他口中得到我军的材料，李劳工乘机当众控诉地主豪绅压迫勒索农民的罪行，宣传革命的道理。陈丙丁怕群众把李劳工抢走，即在田乾郊外把他杀害。李劳工就义时，高呼"打倒反动派！""共产党万岁！"等革命口号。刽子手心慌胆战，连发数枪，均不中要害，李劳工胸喷鲜血，仍巍然屹立，骂敌不休，群众无不掩面饮泣。陈丙丁急忙上前亲自动手，连发十枪。李劳工始如巨人倾倒，牺牲时仅 24 岁。

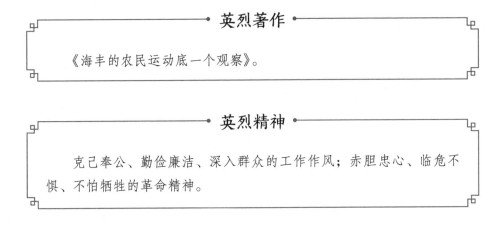

英烈著作

《海丰的农民运动底一个观察》。

英烈精神

克己奉公、勤俭廉洁、深入群众的工作作风；赤胆忠心、临危不惧、不怕牺牲的革命精神。

（翁域）

廖仲恺（1877—1925）

—— 中国近代民主革命的著名政治活动家

主要生平

廖仲恺，字恩煦，又名夷白，广东省惠阳县人。

- 1877 年 4 月 23 日，出生于美国加利福尼亚的旧金山。
- 1897 年，和何香凝在广州结婚。
- 1920 年秋，赴日留学。
- 1905 年 9 月，加入同盟会。
- 1906 年至 1909 年，三次奉派回国内从事秘密的革命活动。
- 1911 年后，历任广东军政府的财政部副部长、广东都督府财政司司长、中华革命党财政部副部长、广州组织护法军政府财政部次长（署总长职）、中华民国财政部代部长等要职。
- 1922 年 6 月 14 日，在石龙被陈炯明诱禁，经何香凝营救，于 8 月 18 日获释。
- 1923 年初，在广州组成的陆海军大元帅大本营，先后担任财政部部长、广东省省长、筹饷局总办等要职。10 月以后，改组国民党，被委为国民党改组委员，临时中央执行委员，担负了领导改组工作的重任。
- 1924 年 1 月，当选中国国民党中央执行委员、常务委员、工人部部长、农

民部部长。

- 1924 年 8 月，领导平定英国买办陈廉伯叛乱。
- 1925 年 5、6 月，领导平定滇桂军阀杨希闵、刘震寰叛乱。
- 1925 年 7 月 1 日，大元帅府改组为国民政府，被推为政府委员、军事委员会委员、财政部部长，后担任广东省政府委员兼财政厅厅长。
- 1925 年 8 月 20 日，遭暗杀，时年 48 岁。

廖仲恺是中国近代民主革命的著名政治活动家，伟大的爱国主义者，孙中山的久经考验的亲密战友，国民党左派的领袖，中国共产党和工农群众的挚友。

滋长爱国思想

廖仲恺，字恩煦，又名夷白，广东省惠阳县人。1877 年 4 月 23 日出生于美国加利福尼亚州的旧金山，父亲廖竹宾是一个热爱祖国的侨商。

廖仲恺的少年，是在美国排华风潮日益猖獗的环境下度过的。华侨遭受欺凌和家庭的爱国教育，都给廖仲恺以影响，在他的幼小心灵里，萌发着祖国积弱，必须发奋图强的意识。

1893 年，廖竹宾在美国病故，廖仲恺陪同患病的母亲回到家乡。他先在惠阳县从儒师梁缉瑕学习国学，1896 年转到香港皇仁书院攻读。在这几年里，廖仲恺目睹祖国的落后贫困，在香港又亲眼看到中国同胞饱受殖民者的压迫和剥削，爱国思想从而进一步滋长。

参加民主革命

1897 年，廖仲恺和何香凝在广州结婚。他俩志同道合，都有救国救民的抱负。

20 世纪初，向西方学习以挽救中国，在进步知识分子中形成风气。廖仲恺也受到熏陶，决心到日本留学，寻求救国真理。1920 年秋，廖仲恺赴日本，先入日语学校补习，后入早稻田大学政治预科，最后在东京中央大学政治经济科读至毕业。

1903 年 9 月，廖仲恺、何香凝在东京会见了他们仰慕已久的孙中山，从此加入民主革命的行列。后来，他们遵照孙中山的指示，在日本"物识有志学生，结为团体，以任国事"，对同盟会的组成，"多有力焉"。为了准备投身于即将到来的反清武装起义，廖仲恺在日本参加了由革命志士组织的短期军事训练。

加入同盟会

1905年8月，中国同盟会在东京成立，廖仲恺是时因事回到广东。当他于同年9月返抵日本后，即由何香凝、黎仲实介绍，加入了同盟会，并担任了同盟会总部的副会计长和外务部干事。

同盟会成立后，宣传革命理论和在国内组织反清武装起义，成为当时最急迫的中心任务。廖仲恺积极宣传孙中山的三民主义，尤其对带有"社会革命"因素的民生主义更为重视。在1905年《民报》第一号上，他以"屠富"为笔名，发表了《进步与贫乏》一书的部分译文。这不仅反映出廖仲恺支持亨利·乔治的不赞同贫富悬殊的观点；而且"屠富"的笔名，也表示了他具有反对富有阶层的强烈要求。此后，他又以"渊实"笔名，在《民报》发表了《社会主义史大纲》等4篇介绍社会主义的译文。廖仲恺成为最早参与从理论上介绍和探索社会主义思想的中国人之一。

投身革命

从1906年至1909年，廖仲恺三次奉派回国内从事秘密的革命活动。他担负过同法国社会党人建立联系的任务，也参与了潮汕"黄冈之役"的筹划，还在东北参与办理延吉归还祖国的交涉事务。

1911年10月10日的武昌起义，加速了清王朝统治的终结。全国各省纷纷响应，相继成立各省的军政府。以同盟会会员为主干的广东军政府于11月9日组成，廖仲恺从吉林返回广东担任军政府的财政部副部长。

1912年1月1日，孙中山在南京就任中华民国临时大总统。稍后，廖仲恺被召至南京，参加南北议和。孙中山辞去临时大总统后，廖仲恺跟随孙中山到上海、武汉、福州等地视察，于1912年5月下旬返抵广州，重新担任广东都督府财政司司长。在此后一年多的期间里，廖仲恺在整理财政和税收方面做了大量的工作，使原来十分拮据的广东财政迅速走上正轨，后来还能做到库有盈余。廖仲恺和他的同志们，力图将广东建设成为民主共和新国家的模范省份并付出辛勤的劳动。

然而，辛亥革命的胜利果实，很快就被封建势力和帝国主义的代理人袁世凯篡夺。孙中山又领导了反对袁世凯的"二次革命"。为了运动议员反袁，廖仲恺于1913年5月奉命前往北京活动。8月，"二次革命"败局已定，廖仲恺等被迫离开广东，亡命日本。

组织中华革命党

为了更有效地继续进行革命斗争，廖仲恺在日本协助孙中山组织中华革命党，并于1914年5月2日率先加入。同年7月，中华革命党在东京成立，廖仲恺任财政部副部长，还担任了中华革命党机关刊物——《民国》杂志的编撰人。廖仲恺为在国内进行讨袁斗争的中华革命军募集经费，并通过各种渠道，向中华革命军提供弹械。

组织护法军政府

1916年6月，袁世凯在全国人民的讨伐声中死去，但北京政权落入袁世凯的继承者——北洋军阀手中。他们毁弃"约法"和国会，实行军阀专政，孙中山不得不又发动护法运动。

1917年7月，廖仲恺等随孙中山从上海抵广州，组织护法军政府。廖仲恺担任军政府的财政部次长（署总长职），为筹措护法经费而日夜操劳，并多次往返于日本和中国。但是，护法运动还不到一年，就在西南军阀的排挤下失败了。1918年5月，孙中山等人又一次被迫离开广东。以陈炯明为总司令的援闽粤军组成以后，廖仲恺为接济粤军的经费而付出了极大的努力。

宣传革命理论

历次革命失败的深刻教训，十月革命和五四运动的影响，使孙中山和廖仲恺等深感研究和宣传革命理论的重要性，并且看到了苏俄社会主义革命的新曙光。1918年秋冬，廖仲恺和朱执信等按照孙中山的安排，在上海学习俄文，准备赴苏俄学习。1919年7、8月间，廖仲恺、朱执信等奉孙中山命在上海创办《星期评论》和《建设》杂志，作为宣传革命理论的阵地。

由 1919 年下半年至 1920 年初，廖仲恺在《建设》和《星期评论》上，发表了《三大民权》《革命继续的工夫》等 10 多篇政论，还翻译了威尔确斯的《全民政治》一书并出版。在这些著述里，廖仲恺一方面大力宣传"孙文学说"，尤其着重鼓吹"社会革命"和"全民政治"，提出实现"直接民权"才能挽救中国的主张；另一方面，又探索了新的历史时期革命发展的方向，朦胧地看到只有推翻一切封建军阀的统治，消除帝国主义在华势力，中国才能臻于富强。

要推翻封建军阀的统治，就需要有一个革命根据地和一支强有力的武装。为此，对于当时还驻扎在福建的由陈炯明率领的粤军，孙中山、廖仲恺等都寄予极大的期望。1919 年下半年和 1920 年，廖仲恺多次赴福建漳州，帮助粤军搞建设和解决粤军的财政、弹械供应等方面的困难。在朱执信、廖仲恺等的协助和推动下，粤军回师广东驱赶桂系军阀，于 1920 年 11 月克复广州。

1921 年 5 月，孙中山在广州就任中华民国非常大总统，廖仲恺任财政部代部长。除了继续担负解决财政问题重任外，在协助孙中山统一两广，准备北伐等方面，廖仲恺还做了许多有益的工作。

1921 年 7 月，中国共产党成立，中国革命的面貌为之一新，对孙中山领导的国民党也产生巨大的影响。12 月，共产国际代表马林前往广西会见孙中山，就改组国民党、建立革命武装等问题交换意见。孙中山立即将会谈情况通过电话告诉在广州的廖仲恺。马林经广州去广西是由廖仲恺接待并派人护送的，马林离桂返沪途经广州时，又会见了廖仲恺。马林的这次南方之行，使廖仲恺对苏俄有较为全面的了解。

反抗封建军阀

孙中山在广州建立政府和统一两广，目的是讨伐窃踞北京政府的直系军阀，但此举却遭到陈炯明反对。为了争取、教育陈炯明参加北伐，廖仲恺奔波于广州、肇庆、梧州之间，做了许多说服工作。可是陈炯明一意孤行，最终决心叛变革命，于 1922 年 6 月 14 日，在石龙诱禁了廖仲恺，后把他囚禁于广州石井兵工厂。16 日，陈炯明所部炮轰孙中山的总统府，公开叛变。

陈炯明的叛变，给孙中山和廖仲恺的打击是沉重的，但它同时又进一步坚定了他们反对封建军阀的斗争意志。廖仲恺在被囚期间，写下了 10 多首诗词，以"蠹蟓""跳梁小丑"来痛骂陈炯明，以"死生能一我何哀""死奚悲"来表述自己当时的心境。这些诗词，明确地表达了廖仲恺的反抗封建军阀、视死如归的革命精神。历史发展表明，陈炯明的叛变，成为廖仲恺思想发展进程的一个转折点，自此以后，廖仲恺踏上了一条新的革命道路。

找到了中国革命新的出路

经过何香凝冒着生命危险营救，廖仲恺于 8 月 18 日获释，随即与何香凝离粤赴沪。这时，孙中山正在同中国共产党的代表李大钊、共产国际的代表马林在上海举行会谈，讨论改组国民党和联俄、联共等问题。廖仲恺在上海会见了马林，并向他表示自己完全支持马林提出并得到孙中山同意的各项主张。这次会谈由于上海租界当局的监视而不能深入下去，只好决定移往日本继续举行，由廖仲恺代表孙中山前往日本参加。

1922 年 10 月初，廖仲恺、何香凝以带许崇清赴日本和廖仲恺的侄女结婚为名，抵达日本。廖仲恺的哥哥当时任北京政府的驻日代办，廖仲恺便准备在公使馆同共产国际的代表会谈。但由于遭到日本特高课的严密监视，会谈又无法按预定计划进行。廖仲恺于 11 月初回到上海，随后又被派往福建，协助许崇智的东路讨贼军做好回师广东讨伐陈炯明的准备工作。

1923 年 1 月，孙中山在上海同苏联和共产国际的代表越飞举行会谈，并于会谈结束时发表了《联合宣言》，确立了联俄、联共的原则。但对于联俄、联共的有关细节，还需进一步商定。于是，廖仲恺再次作为孙中山的代表，于 2 月中旬前往日本热海，同越飞继续会谈。这次会谈持续了 1 个月，对各种问题都进行了比较充分的讨论，取得了完满的成功。

陈炯明叛变事件，同马林、越飞的会见和会谈，使廖仲恺的思想向前跨进了一大步。廖仲恺对中国的反帝反封建斗争，对苏联和中国共产党的政策以及联俄、联共的必要性，对工农群众在革命斗争中的重要作用，对改组国民党和建立革命武装等问题，都有了更深入的认识，找到了中国革命新的出路。

改组国民党

1923 年初，孙中山领导的讨贼军驱逐了陈炯明，收复了广州。孙中山在广州组成了陆海军大元帅大本营，廖仲恺先后担任财政部部长、广东省省长、筹饷局总办等要职，在统一军政、财政，解决财政困难，支援东征陈炯明，稳定广州政局等方面，做了大量的卓有成效的工作。

1923 年 10 月以后，改组国民党的工作成为压倒一切的任务，廖仲恺任国民党改组委员、临时中央执行委员，担负了领导改组工作的重任。在廖仲恺的主持和共产党人陈独秀、谭平山等的协助下，国民党临时中央执行委员会起草了"宣言""党纲""章程"等多种文件草案。

12 月，廖仲恺被派往上海，就国民党改组、出席国民党一大代表等问题，同北方各省的国民党支部磋商，并筹建新的国民党上海执行部。

领导国民党一大

1924 年 1 月，中国国民党第一次全国代表大会在广州举行。

廖仲恺是大会的具体领导人，从大会的准备、进程，到中央执监委人选的拟定，都是由廖仲恺提出，得到孙中山同意后确定下来的。廖仲恺还在大会上作了多次发言，他强调了"大会宣言"的重要性以及必须为其实现而奋斗；他提出收回租界的主张得到通过，并列入了国民党的对外纲领；他批驳了右派分子对联共政策的攻击、污蔑，阐明了共产党员加入国民党的重要意义。在大会上，廖仲恺当选中央执行委员，接着又被推为常务委员、工人部部长，还兼任了农民部部长。

筹建黄埔军校

国民党一大进行期间，孙中山在苏联和中国共产党的帮助下，决定建立军官学校。廖仲恺被委为筹建黄埔军校的实际负责人。经过廖仲恺多方的争取、说服、教育，蒋介石于 1924 年 5 月间回到广州出任黄埔军校校长。在廖仲恺的努力下，黄埔军校于 6 月 16 日开学。廖仲恺担任黄埔军校党代表。

共产党人周恩来、恽代英、萧楚女、叶剑英、聂荣臻等陆续到黄埔军校担负重要工作。在国共两党的共同努力下，黄埔军校培养了一批军事、政治干部，成为往后东征、南征和北伐战争中的骨干力量。廖仲恺后来还担任了党军、各军校和讲武堂的党代表。他十分注意军队的思想教育，强调要以革命思想统一全军思想，对当时在广东各支武装力量的建设，廖仲恺也作出了卓越的贡献。

"工农群众的好朋友"

国民党一大以后，廖仲恺积极支持工农运动，把"农工阶级"看做是"反对帝国主义反军阀的中心势力"，认为"国民革命之成功与否"，乃决定于农民是否了解革命和参加革命。在这种思想的指导下，在共产党人的协助下，廖仲恺对广东工农运动的发展做了许多工作，建立了不可磨灭的业绩。广州工人代表会在他的主持下召开；农民运动讲习所在他的支持下创建；广东革命政府对农民运动的第一次宣言和农会章程、工会组织条例，由他经手颁布；工团军、农团军的建立，都是由他促成的。他还亲自到南海、中山等地参加农民的集会，在广州接见工人群众和工农运动干部。广宁农民开展反抗地主的武装斗争，廖仲恺亲自派出粤军、铁甲车队、大元帅府卫士队前往支援。沙面罢工和省港大罢工，都得到廖仲恺的大力支持。他担任了省港罢工委员会的顾问，解决了罢工工人的食宿问题，还常常向罢工工人作报告。廖仲恺真正成了"工农群众的好朋友"。

巩固广东革命根据地的斗争

为了巩固广东革命根据地，廖仲恺同帝国主义、封建军阀和国民党右派进行了不懈的斗争。1924年6月，沙面租界的帝国主义当局，借口有人行刺法国官员，妄图进一步侵犯中国主权，廖仲恺同他们进行了坚决的斗争，批驳了他们的谬论，捍卫了民族尊严。8月，英国买办陈廉伯暗中偷运大批枪械入境，意图武装广州商团，发动叛乱，驱逐孙中山，组织"商人政府"。廖仲恺在中国共产党和工农群众的支持下，从一开始就主张严厉镇压，他采取断然手段，制止罢市，通缉陈廉伯。最后，在廖仲恺等人的努力下，孙中山排除一切干扰，终于平定商团叛乱。1925 年 3 月，广东革命政府东征陈炯明，廖仲恺亲临潮汕前线，大大地鼓舞了东征军的士气。同年 5、6 月，滇桂军阀杨希闵、刘震寰阴谋叛乱，推翻广东革命政府。廖仲恺是镇压杨、刘叛乱的斗争中的核心人物，他数度往返潮汕、广州，调动东征军回师，又发动铁路工人和海员罢工，切断叛军交通，使得杨、刘叛乱迅速被平定。

维护国共合作

国民党一大以后，国民党右派破坏"联俄、联共、扶助农工"三大政策的活动日益猖獗，廖仲恺同他们进行了针锋相对的斗争。廖仲恺坚信，苏联是"朋友"，"诚心和我们联络"；共产党"是与我们同做国民革命功夫的"，共产党员加入国民党，"是本党一个新生命"。所以，他同鲍罗廷、李大钊以及国民党左派团结合作，多次反击了国民党右派分子的挑衅，维护了国共合作。1925 年 5 月，他又发表了《革命派与反革命派》这篇著名论文，明确划分了革命和反革命的界线，揭露了那些与帝国主义者和封建军阀勾搭而又以老革命自居的右派分子的老底，号召人们起来同这些反革命的右派分子进行斗争。这篇文章给国民党右派以更沉重的打击。

为中国革命献身

1925 年 7 月 1 日，大元帅府改组为国民政府，廖仲恺被推为政府委员、军事委员会委员、财政部部长。稍后，他又担任了广东省政府委员兼财政厅厅长。他为改善财政经济状况，为黄埔军校的建设，为维护"联俄、联共、扶助农工"三大政策，更加辛勤努力地工作。

正是由于廖仲恺坚持革命立场，维护中华民族和中国人民的利益，向一切反革命者进行坚决斗争，敌人对他恨之入骨。1925 年 8 月 20 日，廖仲恺遭到帝国主义者和国民党右派所收买的凶手暗杀，为中国革命献出了宝贵的生命，牺牲时年仅 48 岁。

英烈语录 •

　　坚信苏联是"朋友"，"诚心和我们联络"；共产党"是与我们同做国民革命功夫的"，共产党员加入国民党，"是本党一个新生命"。

英烈著作 •

　　译作有《进步与贫乏》一书的部分、《社会主义史大纲》、《全民政治》。政论有《三大民权》《革命继续的工夫》《革命派与反革命派》等。

英烈精神 •

　　反抗封建军阀，坚持原则，威武不屈，贫贱不移，廉洁奉公，不断进步，勇于牺牲的革命精神和高尚品德。

（余炎光）

饶凤翔（1883—1925）

—— 孙中山革命的追随者

饶凤翔，又名翔梧，乳名德兴，祖籍广东省梅县西厢堡古田乡古田村。

- 1883 年出生。
- 1923 年初，积极参与"潮梅军"的活动，并被大元帅大本营委任为总参议。
- 1925 年 3 月 12 日，被推举为汕头市市政厅厅长（即汕头市市长）。5 月底，当选国民党汕头市党部执行委员。9 月 18 日，被设计监禁，慷慨赴义，时年 42 岁。

饶凤翔，又名翙梧，乳名德兴，祖籍广东省梅县西厢堡古田乡古田村，1883 年出生于汕头市，幼年丧母，由父亲管教成长，少年时曾与李次温等人就读于汕头同文学堂。他喜读经史诗词，博览报章杂志，尤其爱读法学书籍、钻研法律问题。他聪颖好学，性格刚直。约 15 岁时，父亲病逝，饶凤翔亲书挽联曰："守孝不知红日落，思亲只望白云飞。"邻人读而怜之。父既丧，他孤苦伶仃，遂辍学而独立谋生。

勤奋尽责深得赏识

1899 年，饶凤翔入汕头振和兴栈当伙计。他平日任劳任怨，勤恳做事，忠于职责，热情待客，深得老板赏识。有一次，老板在晚间收市结账时，故意遗落几枚银圆在地板暗角处，以试饶凤翔有无贪意。次日清早，饶凤翔在洒扫时发现这些银圆，当即捡起，全数上交。老板于是知他可以信赖，乃调他入账房，帮助料理财务。饶凤翔办事认真，把账目记得清清楚楚，一丝不苟，有条不紊，老板十分满意。

1903 年，由振和兴栈老板介绍，饶凤翔进入汕头铁路公司当职员，仍负责办理财务，也得到公司的重用。

经商顺手广结政要

数年以后，饶凤翔微有积蓄，于 1910 年左右辞去汕头铁路公司之职务，开始独立经商，初是做小本盐商，开办盐厂，因经营得法，获利颇丰，及后承办潮梅十五属盐务，也很顺手。这时，饶凤翔开始同政界人物接触，同进步人士来往，并以其经商所得，接济乡里，资助公益事业，在潮梅一带渐有声誉。

潮梅镇守使刘志陆，是饶凤翔的同乡。刘志陆到汕头，经常到饶家做客。刘志陆有时需款急用，向饶凤翔筹借，饶凤翔无不答应筹谋。饶凤翔因之为刘志陆所倚重。1920 年前，饶凤翔被刘志陆延至潮梅镇守使署供职。斯时与饶凤翔有交往的，还有刘侯武、黄绪虞、陈友云、林一足、李少如、罗翼群、罗则文、杨幼敏、张民达、张怀贞、古梦真、叶佩泉、饶公球、饶斌等。饶家门庭，极一时之盛。

追随孙中山，决裂刘志陆

当时，孙中山在广州就任非常大总统，立意挥师北伐，廓清中原，进而统一中国。向来为孙中山所倚重的粤军将领陈炯明，却处处予以掣肘。陈炯明还指使其部将洪兆麟、叶举发动了炮轰总统府的兵变，完全破坏了孙中山的北伐大计。当陈炯明背叛孙中山后，刘志陆有投靠陈炯明的意向。饶凤翔起而劝阻，请刘志陆认清形势，站到孙中山一边，同陈炯明断绝关系。刘志陆不听，执意投陈。"刘将投降时，曾在香港某酒楼宴会各军官，宣布投降计划。饶故员（凤翔）当场力陈陈逆败德，正言阻止。刘不听。饶故员乃至拍桌大骂，自是决裂，遂与刘脱离关系。"① 饶凤翔反对刘志陆投陈，因而得罪了刘志陆。此即后来饶凤翔被刘志陆枪杀之原因也。

任汕头市市政厅厅长

1923 年初，孙中山组织讨贼军，将陈炯明逐出广州；接着回粤成立陆海军大元帅大本营，重新建立革命政权。当时，饶凤翔的朋友罗翼群任大本营兵站总监、大本营军事总局局长等职，秉承革命政府旨意，秘密组建"潮梅军"，意在加强革命武装力量，加速剪除军阀，统一广东革命根据地。饶凤翔积极参与其中的活动，与李少如秘密筹款，购置枪械，支持罗翼群和"潮梅军"。饶凤翔并被大元帅大本营委任为总参议。

1925 年初，陈炯明趁孙中山北上病重，广州革命政府群龙无首之机，组织所谓"救粤军"，准备进攻广州。刘志陆时任陈炯明军第二军军长。大元帅大本营为先发制敌，于 2 月间举行第一次东征，分路直捣东江。东征军先后克服惠州、海丰等地后，直指潮汕；3 月 7 日，东征军进占了粤东重镇——汕头市。

饶凤翔时以总参议身份，欢迎东征军入汕。3 月 8 日，他出席了有东征军将领和汕头市各界人士参加的善后会议，大力为东征军筹款，并安排维持

---

① 引自 1926 年 3 月 24 日国民政府褒恤饶凤翔令，见《中华民国国民政府公报》第 28 号。

社会秩序、接收政权各项工作。3月12日，饶凤翔被推举为汕头市市政厅厅长（即汕头市市长）。

东江收复后，国民党中央执行委员会委任周恩来为东江党务组织主任，负责组建国民党地方党部。5月底，国民党汕头市党部成立，饶凤翔以1420票当选汕头市党部执行委员。同时当选的还有中共党员杨石魂等。

请愿阻止许崇智妥协

第一次东征时，混迹在革命队伍中的杨希闵部滇军和刘震寰部桂军，抱消极观战之态度，屯兵不进。当东征军深入东江后，杨希闵、刘震宸却趁后方兵力空虚之机，在广州举兵叛乱。东征军于是回师广州，于6月中旬扑灭了杨、刘之乱。当东征军主力撤出东江后，留守汕头的粤军总司令许崇智，出于一时策略之计，竟然决定将潮梅惠属各地"让给"陈炯明的军队驻防。当时，东江人士多不赞成许崇智这样做。饶凤翔曾联合同志，组织潮安建设同志会，请愿阻止，卒无效果。许崇智于6月17日撤离汕头，返回广州。许崇智一意孤行，无异于养虎遗患，使已被打败的陈炯明军各部能够轻易卷土重来，再次蹂躏东江。

饶凤翔既无法阻止许崇智妥协，乃迳返广州，再图挽救。他在广州组织潮梅建设同志会驻省办事处，积极向国民党中央党部、国民政府和广东省政府请愿，呼吁再举东征、驱逐陈炯明军、收复潮梅。然而，这时省港大罢工已经爆发，"沙基惨案""廖案"相继发生，广州的局势异常紧张复杂。因此，事实上不可能立即举行第二次东征。

被刘志陆设计杀害

这时，刘志陆已随陈炯明军返回东江，不久即被陈炯明委为"总指挥"，多方策划，准备进攻广州，颠覆国民政府。刘志陆此时已与革命誓不两立，死心塌地跟随陈炯明。饶凤翔却看不清刘志陆的真面目，对刘志陆抱有幻想，以为究属同乡旧好，虽与己分道扬镳，但以乡土关系，尽有可再劝导之余地，乃派人到汕头见刘志陆，晓以利害，希望他脱离陈炯明，输诚革命。刘志陆竟包藏祸心，阳允服从国民政府，听候改编军队；实则设下陷阱，诱捕饶凤翔以杀之。即答复说：须饶凤翔亲来商酌，才能决定一切。

饶凤翔误将刘志陆的谎言当诚意，于9月间欣然返回汕头，与刘志陆面晤数次。刘志陆一面虚与委蛇，款洽甚殷，草拟"输诚"通电，声言与陈炯明"脱离"关系；一面以保护为词，派驳壳卫队守卫饶凤翔的住宅，跟随饶凤翔出入。当时陈炯明、刘志陆已在香港当局支持下，与南路军阀邓本殷等沆瀣一气，作出分途进攻广州，联合"讨赤"的决定。9月15日，陈炯明由上海返回香港，具体部署"讨赤"事宜，并准备亲自回汕头主持军务。饶凤翔实际上已置身虎口。有的同志也看出刘志陆不怀好意，劝饶凤翔慎防，找机会避走。但饶凤翔毫不怀疑，怎么都不相信刘志陆会加害于他。

1925年9月17日，饶凤翔应刘志陆之召，由汕头赴潮安。是晚宿和泰丰旅馆，与刘志陆之部属笑谈甚洽，深夜始散。"次早，忽有缇骑一队，先围守和泰丰饶故员旅寓，同时并有健卒数辈，上楼直入卧室，将饶故员及同行之梁拓凡同志反缚。饶与之辩论，不容分说。饶则被拥出上水门外，以及于难，梁则解回监禁。饶就义时，慷慨愤激，骂不绝口，绝无畏惧乞怜状态。卒先用木梗塞其口，然后始行惨杀。"饶凤翔牺牲时，年仅42岁。

得到表彰，追认为烈士

饶凤翔牺牲后，革命军于当年10月再次举行东征，不到一个月，即彻底打败陈炯明、刘志陆之军。东征胜利后，共产党人周恩来任东江各属行政委员。他派人查清饶凤翔的革命事迹和遇难经过，呈报国民政府，请予褒恤。国民政府于1926年3月24日批复曰："呈悉，既据查明饶故总参议凤翔死事，极为惨烈，身后萧条，遗族无依，应准特给一次恤金一千五百元，以为为党捐躯者劝。"[①] 饶凤翔的革命精神和壮烈事迹，得到应有的表彰。

中华人民共和国成立后，因各种原因，饶凤翔误被说成反动官吏，亲属屡受株连。多年来，经笔者及其亲属提供有关资料及一再要求，1987年9月15日经广东省人民政府批准，追认饶凤翔为革命烈士。

---

① 引自《中华民国国民政府公报》第28号。

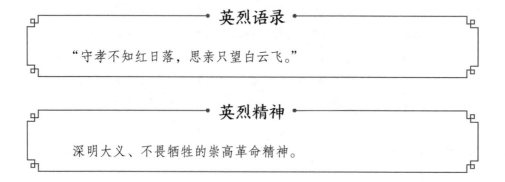

（曾庆榴）

王福三（1886—1925）

—— 看透为无产阶级奋斗的意义

主要生平

王福三，原名露福，广东省广州市郊花县人。

- 1886 年，出生于泰国董理埠一位华侨的家庭，原籍系广州市郊花县二区九湖乡米坳村人。
- 1920 年，着手建立"九湖乡自卫农团"和"九湖乡自治会"，被选为"九湖乡自治会"会长。
- 1924 年秋，加入中国共产党。10 月，被推选为花县农民协会副执行委员长兼第二区农民协会执行委员长。
- 1925 年 1 月 18 日晨，被反动地主豪绅杀害，时年 39 岁。

英勇为民

王福三9岁时跟随父亲返回祖国，在本乡私塾读了4年书，13岁时，因家贫辍学。他先是在本乡学校当了一年炊事员，以后在花县当药店工人、小贩等。至1910年，他因在家乡生活难熬，被迫到外地谋生，曾在南海县平地乡乐善堂药店当店员达10年之久。在这期间，他每年均有几次回家乡探亲，因而得知乡里的地主豪绅管理公堂账目贪污作弊，并已将公田100多亩变卖等问题。王福三对此愤愤不平，便向乡村里的"父老"建议，要求公布公堂的账目，得到乡中群众的赞同，并要王福三物色可靠的人来管理。王福三遂挑选了为人忠厚、办事公道的王学文、王礼芬等人来管理，还用公堂的剩款买回已卖掉的公田。这是王福三为家乡农民办的第一件好事。

1919年，花县平山乡的大地主刘寿朋为刘氏宗祖葬山，竟葬到九湖乡王氏祖公的山界内，遭到王姓群众的反对。但刘寿朋自恃有官府做后台，强行葬山，二区区长江景东竟出面支持。九湖乡的群众无奈之下，便派人请王福三帮忙解决。王福三详细了解情况后，便向乡亲们说："我有一个办法可以对付刘寿朋：刘族的人有一百亩田地在我们乡内，且多是我们兄弟租耕的，只要各兄弟一齐向田主说，如不迁走刘姓祖坟，全体退田不耕，并将他们的田一坵改成二坵、声明每亩田要取回谷五十斤，作为我乡办学之用。这样就可以斗赢刘寿朋！"乡亲们就按他的办法去做。刘寿朋担心把问题闹大了，在经济上会受到大损失，被迫将刘氏宗祖迁回不葬。王福三和乡亲们还要刘寿朋把原来的穴地平整好，刘寿朋只好雇人将地平整好。这一斗争的胜利后，王福三更加为乡亲们所信赖，大地主刘寿朋和伪区长江景东却因此对福三怀恨在心。

通过上述事情，王福三认识到要对付地主豪绅的残酷压迫和剥削，非将农民组织起来不可。1920年，他乃着手建立了九湖乡自卫农团和九湖乡自治会，以保护农民的利益，王福三被选为九湖乡自治会会长。自治会的主要宗旨是处理乡里的大小事情、监督公款的收支、调解纠纷。自治会成立后，农民有事都找自治会解决，不必再花钱去乞求地主豪绅和政府。

接受革命思想

1923 年初，阮啸仙到花县的九湖、莲塘、元田等乡村做宣传、发动工作。在阮啸仙的影响下，王福三逐步懂得革命的道理，思想认识有了提高。1924 年初，彭湃也到花县指导农民运动。此时，王福三和花县早期共产党员陈道周一起在彭湃的指导下，积极从事农民运动，于同年 4 月，在九湖、元田、宝珠岗等乡村成立了农民协会。农民协会成立后，王福三带领农会会员与乡村的反动势力作斗争，收回村里的公枪和祖宗财产管理权，抗交各种苛捐杂税，初步显示了农民协会的威力。紧接着，阮啸仙再次到花县指导农民运动，他和王福三等人在天和圩设立花县农民协会筹备处。7 月，花县的农会会员已发展到 2000 余人。

成立花县农民协会

1924 年秋天，经过党组织的培养教育和实际斗争的锻炼之后，王福三光荣地加入了中国共产党。他入党后更积极地工作，经常起早摸黑，东奔西跑，不辞劳苦地为农民服务。经过他的艰苦工作之后，农会发展很快。10 月 19 日，花县农民协会正式成立，农会会员达 6000 多人。王福三被推选为花县农民协会副执行委员长兼第二区农民协会执行委员长。

花县农民协会成立以后，王福三深感自己责任重大，总是废寝忘食地工作，领导农民同地主豪绅进行斗争。他把九湖、元田、宝珠岗等村农会的斗争经验推广到全县各地去，在全县范围内没收了反动势力的枪支，将过去为地主豪绅所把持用来剥削农民的"猪屎会"收归农会所有，取消给地主进租、送田信鸡、送田信鸭；废除乡村的所谓"自卫谷""保长谷"等苛捐杂税，实行二五减租等。这些革命行动维护了农民的利益，深得广大农民支持。但地主豪绅却极力抗拒。以江新南、刘寿朋为首的地主集团，竟组织起"花县田主维持会"（简称"地主会"）与农民协会相对抗，并收罗全县的土匪恶霸和流氓组成地主阶级的反动武装民团，由伪县长江侠庵任地主会会长兼民团团长，刘寿朋、江耀中为副会长，决心摧毁花县农民协会组织。他们拼命扩张势力，规定乡村中凡有 5 亩田以上者一定要加入地主会，并按田亩纳会费，同时还仗势占领农会会员的耕地，暗杀农会干部，并出告示威胁各地农会，气焰十分嚣张。以王福三为首的花县农民协会，为了回击敌人的挑衅，迅速建立了农民自卫军，以对付反动的地主武装，保护农民运动的开展。

1924年10月，广州大买办陈廉伯和地主兼资本家陈恭受在帝国主义和国民党右派势力的支持下，发动了商团武装叛乱，妄图推翻孙中山领导的革命政府。花县反动地主江耀中、刘寿朋等立即与反动商团军相呼应，企图在粤汉铁路新街站附近掘断铁轨，阻止孙中山的北伐军回师广州平息商团叛乱。王福三探悉此情报后，立即向广东革命政府报讯，并在花县张贴布告，揭露江耀中一伙的罪恶阴谋，同时还派员通知县长要求派队伍驰往平山缉捕江耀中、刘寿朋，下令解散花县的地主会。由于王福三的"机警善战""先发制人"，终于粉碎了花县反动地主的阴谋，"消弭危局"。

地主豪绅的罪恶阴谋被粉碎后，他们对王福三更加恨之入骨，扬言要杀掉王福三，并到处出告示：捕杀王福三者，悬赏九百银子。王福三听到这个消息后泰然置之，并坚定地说："死有什么可怕！我已看透为无产阶级奋斗的意义了。"表现出了共产党人的大无畏精神。

此后，花县的反动势力积极筹划摧毁花县的农会组织，多次用武力进攻农民协会，蓄谋杀害王福三。10月下旬，土匪恶霸头子江锦棠、张九、卢永隆等人率领500名匪徒突然向花县农会会址九湖乡发动围攻，企图一举捕杀王福三，敌人攻进了农会后，烧毁了农会的用具、文件。王福三在农民群众的掩护下，机智地逃脱了敌人的围捕。

反动武装进攻花县农会的事实，使王福三进一步认识到只有扩大农民武装，才能巩固农会组织，保护农民的利益。他立即召开花县农会执行委员会议，研究斗争策略，决定用乡村里"猪屎会"收入的钱来购买武器，加强农民自卫军的装备，以对抗反动地主武装的进攻；并决定把花县农会会址迁到鱼苟庄去，以使花县农会能正常开展工作。

与此同时，反动地主豪绅却采取更加阴险的行动，一方面到处散播谣言，污蔑农会组织是"匪徒组织"；一方面嗾使县农会财务王锦焦出面反对农会的革命行动。王福三察觉到情况复杂，立即派员侦查王锦焦的行踪。后查明王锦焦原是平山地主集团掌握的组织"联护约"的成员，是地主集团在九湖的代理人。

英勇就义

为了维护农民的利益，巩固农会组织，1925 年 1 月 18 日晨，王福三偕同国民党中央农民部特派员黄学增、何友逖到凤岭捉拿叛徒王锦焦。反动地主豪绅闻讯，乃派人半路拦截，并乘机捕杀王福三。当王福三、黄学增等将王锦焦押到庙岭坳时，地主匪首江耀中、刘寿朋等即带领匪徒冲杀过来。元田的农民自卫军听到锣声后，意识到事情严重，即集合队伍奔赴参加战斗。花县农会本部的农民自卫军闻讯也集队前往打击匪徒。然而，这时李溪的匪首张九、平山的匪首江季瞻听到暗号后，马上集队围攻花县农会。农民自卫军只好转回与张九和江季瞻等匪徒作战。王福三、黄学增目睹匪徒愈来愈多，敌我力量悬殊，情况危急，为了减少损失，保存力量，遂决定由黄学增、何友逖等率领农民自卫军向元田撤退，王福三带领 10 多名农民自卫军在后面作掩护。匪徒依仗人多势众，尾追不舍。王福三只好率领农军且战且追，当退至九湖横枝柄的灰砂山边时，王福三不幸中弹，身受重伤，不能行走，但他仍以惊人的毅力，继续与敌人战斗。眼看敌人要围上来了，战士们要背他撤退，但王福三坚决拒绝说："我们退避元田乡，则该农民协会又被摧残矣，盖决一死战！"并立即命令农民自卫军战士全部撤走，他自己负责掩护。团匪很快扑近王福三，这时王福三的子弹已用完，遂用手枪击伤扑上来的一个匪徒的左颊。匪徒们向王福三开枪扫射，王福三身中数弹倒地，但仍未断气，残暴的匪徒使用大石头砸其头部，王福三就这样壮烈牺牲了。禽兽般的匪徒还从王福三的尸体上割去左耳，斩去右手，残忍至极。

9 月 26 日，花县农民隆重举行公葬王福三烈士大会。大会由中共广东区委农委书记阮啸仙主祭。会后组织了 1 万多人的护送葬队伍，农会会员抬着王福三的灵柩，由农民自卫军武装护送。沿途散发革命传单，张贴标语，高呼"打倒帝国主义！""打倒贪官污吏！""工农团结万岁！"等口号。这次激昂悲壮的送葬活动，既是各界人民对王福三的深切悼念和敬意，也是对反动势力的示威游行，充分显示了农民阶级的革命团结和雄伟力量。王福三的遗体安葬在文笔岭的山坡上。当年花县农民协会为他树碑纪念，碑文中写道："烈士王福三死矣！但其奋斗之精神未死，久在吾辈脑海中，必得最后之胜利。"

（陈登贵）

香洲烈士（1925 年 4 月 26 日牺牲）

—— 浩气贯苍穹，英魂有恨填香海

1924 年 1 月，中国国民党第一次全国代表大会在广州召开，发表了"大会宣言"，实现了第一次国共合作，革命形势蓬勃发展。同年 5 月在广州创办了黄埔军校，培养革命军政干部。6 月，粤军扩编，成立建国粤军第二师，以国民党左派人士张民达为师长，叶剑英为参谋长。这支新创建的革命军队士气高昂，战斗力强，连续在广西、江西、福建，广东的粤北、粤东等地同军阀作战，所向披靡，屡立战功，受到孙中山、廖仲恺的重视与信任。他们决定从黄埔军校调拨一批武器，由叶剑英负责筹建一个独立营，以增强二师的实力。经过一段时间的筹备，10 月中旬，叶剑英便在香洲正式成立约 900人的独立营，不久，改为新编团，由叶剑英兼任团长，廖鸣鸥、练惕生为副团长，团部驻于前山。新编团在叶剑英的领导下，抓紧政治教育和军事训练，迅速成长为一支革命的军队。新编团十分重视搞好军民关系，积极做好宣传群众组织群众的工作。全团官兵严格遵守纪律，经常为附近群众做好事，每天打扫街道卫生，帮助老弱妇孺挑水劈柴，借了群众的东西及时归还，损坏的照价赔偿。叶剑英还经常到群众家里去访贫问苦，了解部队执行纪律的情况，向群众宣传孙中山"联俄、联共、扶助农工"的三大政策。同时派出新编团参谋长陈雨荣，连长曾繁凯、甘湖等到附近农村去发动农民组织农民协会。他们首先帮助在香洲建立起农会小组，然后在东坑、唐家、万山、湾仔等农村和海岛相继成立起农会小组。在新编团的宣传发动下，珠海附近的农民运动蓬勃兴起。

············◦ 古鼎华叛乱 ◦············

新编团的活动引起了当地封建地主、土豪劣绅以及粤军中的反动势力的忌恨，他们把叶剑英亲自建立和培育起来的新型部队视作眼中钉、肉中刺，必欲除之而后快。于是，驻在中山县县城石岐镇的粤军反动团长古鼎华，勾结香洲的土豪劣绅和新编团内一小撮败类，密谋叛乱。他们乘叶剑英离开香洲随二师师长张民达率部东征陈炯明之机，并在得到张民达 1925 年 4 月 6日于潮州覆舟牺牲的消息之后，趁机发动了叛乱。4 月 26 日晚上 12 时，正当夜深人静，新编团官兵熟睡的时候，他们突然伪奏号音，革命军官兵闻号声即冲出营房。预先埋伏好的叛匪在一片"杀赤官"的狂叫声中冲入团部，对来不及避走的团部官兵开枪射击，当场杀害了团参谋长陈雨荣以下25人，重伤3人，其中2人送往澳门镜湖医院抢救无效死亡。

叶剑英平叛

事件发生后，叶剑英即赶回香洲平叛，重新整顿新编团。在当地群众的协助下，将已逃往澳门的11名叛乱分子引渡回香洲，连同参加叛乱的反动豪绅一起正法。为了纪念殉难烈士们，事后新编团和香洲群众捐资建造狮山烈士墓，立纪念碑。建国粤军第二师参谋长兼新编团团长叶剑英撰写了《赍志亭记》碑文，赞扬死难之烈士"皆吾党英俊杰出之才，其志趣之高尚，气概之雄迈，操守之坚贞，精神之伟壮，诚难能而可贵者，今皆赍志以忠"。他亲笔书写对联曰："浩气贯苍穹，英魂有恨填香海；伤心悲世道，吊客何堪问佛山。"

叶剑英还填词一首，以抒发对香洲烈士的情怀。现附录于下：

香洲烈士（调寄满江红）

叶剑英（1925年作于澳门；1963年1月补写）

镇海狮山，突兀处，英雄埋骨。

曾记得，谈兵虎帐，三春眉月。

夜半枪声连角起，繁英飘尽风流歇。

到而今堕泪忍成碑，肝肠裂。

革命史，人湮没；

革命党，当流血。

看揽枪满地，剪除军阀。

革命功成阶级灭，牺牲堂上悲白发。

更方期孤育老能养，酬忠烈。

香洲烈士名录

在这次事件中殉难的官兵共27人，后来全部埋葬于香洲的狮山上，他们是：

团参谋　陈雨荣（梅县人）

师参议　李公剑（梅县人）

连长　王其焕（平远人）

连长　高水卿（番禺人）

连长　周绍武（文昌人）

书记　叶少初（梅县人）

副官　陈伯英（蕉岭人）

教官　邓德钦（陆丰人）

教官　黄士骥（惠州人）

排长　钟振球（五华人）

排长　李中棠（梅县人）

助教　温　煜（梅县人）

助教　丘燮贤（梅县人）

助教　古清华（五华人）

助教　吴烈峰（开平人）

助教　丘国亮（蕉岭人）

助教　曹荣亚（连平人）

助教　吴乃川（文昌人）

司务　张绍志（梅县人）

司书　姚伯存（平远人）

司书　王君翘（梅县人）

班长　颜新华（连平人）

班长　张一鸣（大埔人）

班长　梁文标（钦州人）

班长　李　萼（五华人）

班长　姚达俊（平远人）

张克谋（梅县人）

● 英烈精神 ●

志趣之高尚，气概之雄迈，操守之坚贞，精神之伟壮。

（胡提春）

陈伯忠（1901—1926）

——广宁、四会农民运动的杰出领导人

陈伯忠，乳名新启。

- 1901 年 2 月，出生于广东省广宁县江头乡的一个地主家庭。

- 1921 年，考入广东省立第一中学，到广州就读。

- 1923 年春，参加筹组广东新学生社的工作，积极发动一批青年参加这个
  组织。同年暑假先后到广宁、三水、高要、梧州等地宣传工农革命的
  道理。

- 1923 年下半年，加入中国共产党。

- 1924 年初，按照中共中央决定，以个人名义加入国民党，并当选广州市第
  七区党部的执行委员。7 月，在广州开办的第一届农民运动讲习所学习。8
  月 21 日结业后，被委任为国民党中央农民部驻广宁特派员，并参加中共
  广宁支部的领导工作。10 月 6 日，当选新成立的广宁县农民协会副委员长
  兼农民自卫军军长，领导农民开展减租减息斗争。

- 1925 年 9 月，以国民党中央农民部特派员的身份到四会县开展农民运动。
  11 月，建立中共四会支部任支部书记。

● 1926 年 2、3 月间，经上级党组织批准将中共四会支部改为特支，任特支书记。2 月成立国民党四会县党部，任党部的主要领导人。10 月底，在蕉坑龙王庙附近惨遭杀害，时年 25 岁。

陈伯忠，乳名新启，1901年2月出生于广东省广宁县江头乡的一个地主家庭。他家拥有300多亩耕地和大量山林，是邻近四乡中有名的富户。

追求平等

陈伯忠3岁时，父亲和大母黄氏相继病故。生母李氏对他爱若掌上明珠，让两个婢女专门服侍他。但陈伯忠性情倔强，厌恶婢女服侍和母亲的约束，却喜与村中穷苦孩子嬉戏玩耍。

陈伯忠10岁入塾。私塾先生原是个穷秀才，性格刚直，不满朝政，常常在授课之余讲包公、宋江、屈原、岳飞、洪秀全等人物的故事，陈伯忠很崇敬这些英雄豪杰。

陈伯忠15岁那年，转入广宁元恺高小学校念书。那时，广宁山区灾荒连年，不少学友失学，无数农民卖儿卖女，外出逃荒。江头至南街沿路，盗贼横行，饿殍载道。这些情景给陈伯忠强烈的刺激，他很同情穷人的遭遇，常常接济有困难的学友和过路的难民。1919年冬，19岁的陈伯忠受五四运动反封建思想的影响，不让婢女称他为少爷，并鼓励她们读书识字，又劝说母亲不要婢女服侍。

经受革命斗争的锻炼

1921年，陈伯忠考入广东省立第一中学，到广州就读。陈伯忠在共产党员周其鉴的引导下，与罗国杰、王世录、龙启炎等组织了同乡学生会，经常在一起探讨社会问题。他如饥似渴地阅读进步书刊，开始认识到社会贫富悬殊的根本原因是帝国主义的侵略及不合理制度的存在，要改变现状就必须唤起民众，打倒帝国主义，推翻不合理的制度。

1923年春，他参加筹组广东新学生社的工作，积极发动一批青年参加这个组织。同年暑假，他又发动广宁在省城的同学十多人，参加周其鉴组织的宣传队，先后到广宁、三水、高要、梧州等地宣传工农革命的道理。在广宁，他还带头捐款支持纸业工人的罢工斗争。经过一系列革命斗争的锻炼，陈伯忠的政治觉悟不断提高，1923年下半年，他光荣地加入了中国共产党。1924年初，国共合作正式形成，按照中共中央决定，陈伯忠以个人名义加入了国民党，并当选广州市第七区党部的执行委员。

1924年7月，陈伯忠进入国民党中央农民部在广州开办的第一届农民运动讲习所学习。在那里他认识了彭湃、阮啸仙等农运领导人。他不仅认真学习农运的理论，还经常深入广州市郊向农民宣传。8月21日农讲所结业，他被委任为国民党中央农民部驻广宁特派员，并参加中共广宁支部的领导工作。

开展农民运动、组建农军

陈伯忠返广宁后，参加了周其鉴在碌洞主持召开的广宁县农运领导人会议。会后他根据党组织的决定，回到自己的家乡——黄田地区开展农民运动。在江头乡，陈伯忠用各种方式耐心细致地向农民讲解建立农会的好处。他还现身说法，向农民讲清自己家庭的富有是祖辈靠剥削得来的，而农民终年辛苦劳累不得温饱，是由于阶级剥削和阶级压迫所致。他还教育农民团结起来，同田主斗争，打倒封建势力，建立一个耕者有其田和人人平等的新社会。

这一年收成不好，他家的许多债户、佃户要求减租，陈伯忠都欣然同意，并把他们的欠账一笔勾销。

陈伯忠的言行，使他的母亲很不理解。陈伯忠则心平气和地对母亲说："我们的钱财是祖宗靠剥削得来的，它沾满了农民的血汗，我们坐享其成，是不光彩的。现在搞农民革命，实行耕者有其田和人人平等，我们如果还像过去那样剥削压迫农民，将来农民是不会原谅我们的。"他母亲原先也是个出身贫苦的人，经陈伯忠多次耐心教育，也渐渐明白了道理，转而支持陈伯忠的行为。

经过陈伯忠的深入宣传发动，江头乡农民觉醒了，纷纷要求组织农会。报名加入农会的农民占全乡农民总数的80%以上。9月12日，江头乡农会举行成立庆祝大会，到会的会员及附近各乡的农民代表达400多人，陈伯忠在会上发表演讲。会后，他把家里的几支长短枪交给农军使用，并把佃户请到家里，当众宣布以后不用交租，自耕自吃，所欠债务一律废除。随后又召开农会会员大会，当众把他家的田契、借据全部烧掉。

江头乡农会的成立和陈伯忠的革命行动，给附近各乡农民很大鼓舞，纷纷要求陈伯忠帮助他们组织农会。陈伯忠抓住这一有利时机，带领陈子英、陈子贤、陈扁等积极分子到黄田、村心、洛口等地进行宣传。他不怕地主豪绅的恐吓，头戴竹帽、身穿粗布衣服，走遍村村寨寨，每到一地都在农民家里食宿，同农民一起劳动，因而深受农民的信赖和拥护。在陈伯忠等人的宣传发动下，这几个乡也先后建立起农会。

1924 年 10 月 6 日，陈伯忠当选新成立的广宁县农民协会副委员长兼农民自卫军军长，与周其鉴等人领导农民开展减租减息斗争。江屯、潭布等处的地主召开"保产大会"和组织"业主维持会"，购买武器，招收打手、土匪 800 多人，实行武装收租，妄图破坏农民运动。陈伯忠旗帜鲜明地维护广大农民的利益，在石咀乡设立农军行营指挥部，积极训练农军，以防止地主武装的袭击。

同年 11 月 25 日晚，潭布地主民团悍然袭击古楼营农会。陈伯忠率领当地农军，击败了民团的进攻，但广宁局势仍十分紧张。

12 月初，正当广东革命政府派人来处理广宁事件时，嚣张的民团竟出动百余人两次袭击社岗农会，但都被陈伯忠领导的农军打得抱头鼠窜、龟缩炮楼。潭布民团不甘心失败，继续招兵买马，准备再次进行反扑。

这时广宁的反动县长蔡鹤鹏偏袒地主民团，派军队控制了局面。陈伯忠镇定地应付恶化的局势，一面对农军加强思想教育和军事训练，告诫农军要提高警惕，严防敌人偷袭；一面派人赴省城告急，请求政府派兵镇压反动势力。同时，他召集各区农会 500 多人向县署请愿，控诉地主民团破坏减租、进攻农会的罪行，逼使县长答应了"解散业主维持会""解除地主武装""缉拿祸首江汉英、江维英"等 9 项条件。

当陈伯忠召集各区农会代表向县署请愿时，潭布民团竟派出武装在半路伏击古楼营和井堀两地参加请愿的代表，造成 1 死 10 伤的惨案。当地农民报仇心切，要求陈伯忠立即出兵攻打潭布地主炮楼。陈伯忠分析了当时的敌我力量，觉得没有胜利把握。他压住满腔悲愤，耐心地给群众做工作，并表示："时机一到，誓报此仇！"

广东革命政府根据广宁战事的发展，派出铁甲车队两个排 80 多人，于12 月 11 日到达社岗增援农军。次日，陈伯忠率领农军与铁甲车队密切配合，打得潭布民团落花流水，迫使民团退守江姓地主炮楼，铁甲车队与农军立即包围了该炮楼。由于楼高墙厚，铁甲车队和农军只有轻型武器，因而屡攻不下。当晚，彭湃召集周其鉴、陈伯忠和铁甲车队领导人徐成章、廖乾五商量，决定派廖乾五回省城报告，请求增调兵力和重型武器。陈伯忠提议对敌炮楼采取围而不攻、长期困敌、迫其投降的办法，并率农军担负这一重要任务。

2月1日，农军和铁甲车队向潭布江、黄两姓地主炮楼发起总攻。彭湃带领铁甲车队攻打炮楼，陈伯忠带领农军把守要道，截击来援之敌。在战中，陈伯忠身先士卒，冒着枪林弹雨率队冲锋陷阵，与民团浴血奋战七昼夜，把各路增援之敌打退，有力地支援了铁甲车队对江、黄两姓地主炮楼的攻击。到2月13日，农军和铁甲车队终于把据守在江、黄两姓的地主炮楼的民团武装打垮。接着，陈伯忠不顾劳累，继续率领农军向占领螺岗、茶坪岗等地农会的民团进攻。仅两天，便把民团打垮。至此，历时两个多月的潭布战事胜利结束了。这是一场又打又谈的战斗，既有军事斗争，又有政治斗争。陈伯忠是这次战斗的主要领导人之一，充分展现出其出色的军事指挥才能和高超的政治斗争艺术，不愧为广宁农军杰出的领导人。

1925年9月，陈伯忠以国民党中央农民部特派员的身份到四会县开展农民运动。四会与广宁接壤，受广宁农运的影响很大，陈伯忠到四会领导农民运动，广大群众拍手称快，而地主豪绅却怕得要死。土豪张杰臣、李聚泉一伙到处造谣诋毁陈伯忠是"落地火殃"，说他"将广宁惨案移祸四会"。县长李民欣竟把陈伯忠关于组织农会的报告篡改为办民团会，并声称："本县长只知有民团，不识什么农民协会。"反动气焰十分嚣张。陈伯忠面对这样的恶劣形势，毫不畏惧，决心为四会工农大众的翻身解放而全力奋斗。

陈伯忠根据在广宁的实际斗争经验，十分注意物色工农运动中的积极分子，加强培养考察，作为发展对象。他一到四会，就设法同李木、伍明生、陈壁如、唐少彬、彭拨英等工农运动积极分子取得联系，并依靠他们去团结、发动工农大众参加革命。

建立中共四会特支和国民党四会县党部

经过陈伯忠和李木、陈壁如等人的深入发动，四会工农运动很快便开展起来，并涌现了申金连、麦炳炎、雷锡南等一批骨干。经上级党组织批准，于1925年11、12月吸收了陈壁如、伍明生、李木、唐少彬等人加入中国共产党，并建立了中共四会支部，由陈伯忠任支部书记。

1926年2、3月间，陈伯忠又在工农运动骨干中先后吸收了彭拨英、李炳蕃、雷锡南、申金连、麦炳炎等人加入中国共产党。经上级党组织批准将中共四会支部改为特支，陈伯忠任特支书记。

在此之前的1925年11月下旬，陈伯忠按中共中央的指示，受国民党广东省党部的委派与廖桂芳一起负责筹备国民党四会县党部的工作。在陈伯忠的领导下，于1926年2月成立国民党四会县党部，陈伯忠为党部的主要领导人。在他的主持下，安排了共产党员陈壁如、唐少彬、伍明生、莫石等分别担任县党部的监察委员、农民部部长、工人部部长和商业部部长，青年团员黎佩云，进步青年吴彩麟、黄伟昌、黎永汉等人任县党部执委。

中共四会特支和国民党四会县党部成立后，四会的工农运动在以陈伯忠为首的特支领导下，用国民党四会县党部的名义公开进行发动和组织群众的工作，因而群众运动在全县范围内得到迅猛发展。到1926年上半年，工会组织已在所有行业中发展起来；成立农会的区、乡也从黄岗、白沙两个乡迅速发展到附近的许多乡村，入会会员近2000户。已成立和积极筹备成立农会的区、乡占全县区、乡总数的80%以上，多数乡农会还建立了农民自卫军，县总工会和县农筹会也在这期间先后成立。

◦ 把农民运动推向高潮 ◦

陈伯忠还善于抓住并解决革命进程中出现的新情况、新问题，把革命引向深入。1926年7月，正当农民运动向各地农村深入开展的时候，四会一些地主豪绅为了阻挡农运的继续发展，并破坏已经掀起的减租减息运动，散播"命有终须有，命无莫强求"和"一切都由天注定的"等封建迷信的宿命论。陈伯忠抓住这些问题，召开县农会筹委会议，指出：这是地主豪绅破坏农运的新花招。他决定在已成立农会的地方实行二五减租和取消苛捐杂税，兴办农工夜校和妇女识字班，领导农民拆神庙、毁神像，破除封建迷信，给农民以实际利益，提高农民的文化知识，解除封建迷信的束缚。他除了以国民党四会县党部和四会县农会名义通知各区、乡政府及农会执行外，还亲自到龙头堡贯彻落实。这一系列的革命行动，很受农民欢迎，大大提高了农会的威望和农民的革命觉悟，把农民运动进一步推向高潮。

壮烈捐躯

由于陈伯忠在各地发动农民组织农会，支持农民同地主豪绅作斗争，反动派对他恨之入骨，扬言要他"丢脑袋"。陈伯忠没被反动派所吓倒，而是继续坚决领导农民同地主豪绅进行不屈不挠的斗争。

1926年秋，县长李民欣指使其爪牙组织县、区团务委员会，强行向农民勒收民团费和其他苛捐杂税，购置枪支，妄图血腥镇压农会。针对李民欣这一倒行逆施，陈伯忠召开各乡农会负责人会议，商量对策，揭露李民欣一伙的阴谋，做好防范工作。接着，召开各级党部联席会议，会议决定改组李民欣的御用工具——县团务委员会及各区团务委员会，并召开全县各界人民团体代表大会，声讨李民欣等人的罪行，粉碎了反动派的阴谋。但是，敌人却采取更加狠毒的手段，收买凶手谋害陈伯忠。陈伯忠却把个人生死置之度外，继续到各地组织农会。

1926年10月26日，陈伯忠到达迳口，与赖西畴一起研究开展农运问题。10月底，陈伯忠、赖西畴两人走到蕉坑龙王庙附近时，被反动分子截住后拉至迳口的三丫口惨遭杀害。陈伯忠牺牲时年仅25岁。

缅怀英烈

噩耗传来，轰动四会、广宁两县，震撼西江大地。中共四会特支以四会县农筹会和国民党四会县党部名义，组织人员前往迳口寻找烈士遗体，并在会城学宫举行了万人追悼大会。会后，把两位烈士安葬在会城金鸡岗上。

（龙炳森　潘其林　龙文珠）

蔡日新（1906—1927）

—— 东莞农民运动的领导人之一

蔡日新，原名锡盘，曾化名九伟，广东省东莞县长安区霄边乡人。

- 1906 年出生。

- 1924 年，投奔革命，加入中国共产党。

- 1925 年初，参与讨伐逆军的第一次东征，击溃逆军；担任东莞县农民协会筹委会筹委。同年 10 月，担任国民党虎门市党部农工部部长，出席国民党广东省党部执行委员会监察委员会议。领导恢复厦岗农会。

- 1926 年 5 月 7 日，与广东省第二次农民代表大会全体代表在广州广东大学操场出席纪念五七国耻大会，并被选为大会主席团成员。

- 1927 年 4 月，组织农军武装暴动，后转入地下斗争，不幸被捕。6 月 2 日，于白鹅潭畔英勇就义，时年 21 岁。

投奔革命

蔡日新，原名锡盘，曾化名九伟，广东省东莞县长安区霄边乡人。1906年出生。1914年，蔡日新离开家庭，到虎门两等小学读书。他小学毕业后，因家境困难而辍学，后在乡亲帮忙下，得到乡里的公尝扶持，考进广州广府中学。这时，广州革命浪潮日渐高涨，日新倾向进步，与校内外进步师生一起，对校长陈腐守旧的思想不满，曾闹学潮，要求革新校务。

1924年初，由于国共两党的合作和革命统一战线的实现，国内革命形势进一步发展，广州成为全国的革命中心。这时，蔡日新的堂兄蔡如平正在广州从事革命工作，经常与廖仲恺、彭湃、罗绮园等人一起活动。蔡日新在他们的影响下，认识到革命的意义而毅然离开学校，投奔革命。他经常出入国民党中央农民部，协助彭湃等进行工作。

加入中国共产党

1924年9月5日，蔡日新被委任为国民党中央农民部特派员，后加入社会主义青年团，随后转为共产党员。同年冬天，他与蔡如平返回家乡——东莞霄边，开展农民运动，与莫萃华等建立东莞县第一个团组织。蔡日新的公开职业是霄边小学教员，白天教书，晚上则与蔡如平开展农民运动，点燃了东莞革命火种。

讨伐逆军

1925年初，军阀陈炯明逆军盘踞东莞，与广东革命政府相对抗。在中国共产党的倡议和支持下，广东革命政府举行了讨伐逆军的第一次东征。蔡日新带领蔡力、蔡兆（农讲所学员）、蔡九昌等跟随东征军。他们在东莞石龙、石滩一带歼灭了驻敌之后，组织当地群众举行欢迎大会和祝捷会，慰劳部队。蔡日新还发动和组织群众为部队筹粮、运输；在东莞常平等地参加战斗，直到击溃了逆军。东征军离开东莞继续向惠阳进发，蔡日新才离开部队返乡。

蔡日新回到霄边，正值霄边乡农民协会的成立。他参加了庆祝大会，并在会上发表讲话，给人们留下深刻的印象。次日，厦岗乡农民协会成立。土豪劣绅麦廷阶父子勾结逆军谭启秀部，突然袭击农会，杀害农会会长麦福绍等几人。蔡日新闻讯，立刻率领霄边几十名农军，跑了10多里（编者注：1里=500米）路来到厦岗村外，与数百逆军、民团展开战斗。农军虽然人少，使用的都是一些粗劣武器，但在蔡日新机智沉着的指挥下，与敌人展开了激战。后来黄埔军校学生军一个排从大岭山大塘村赶来支援，终于把敌军击溃。

在当天下午举行的烈士追悼会上，蔡日新主持了追悼会，并发表讲话。他愤怒地谴责敌人的暴行，讴歌烈士们的英雄气概，号召农友们继承烈士未竟事业，把革命进行到底。会后，蔡日新还对遇难者家属进行慰问。

领导工农运动

1925年春，东莞县农民协会筹委会成立，蔡日新被选为筹委。同年5月，东莞县农民协会成立，蔡日新被选为执行委员。除分工管虎门、长安一带的农运外，他还到宝安县山厦开展党的工作。经过蔡日新的努力，山厦农会和农民自卫军相继成立。在农会的领导下，农民群众惩办了罪大恶极的严昌，提出了"推翻地主统治，打倒土豪恶霸，一切权力归农会"等口号。蔡日新关心群众的生产和生活问题，带领山厦人民在黄牛潭山开荒种果树300多株，还饲养了一批牲畜。在此期间，为迎接广东省第一次农民代表大会，蔡日新根据国民党中央农民部和省农会的指示，曾到顺德县等地考察农民运动。

1925年5月11日，广东各界社团在广州召开了广东省工农商学联欢大会。蔡日新出席了会议，同时到会的还有邓中夏、苏兆征、彭湃、郭沫若和各界代表1000多人。会上，除工运代表邓中夏、苏兆征和教育界代表郭沫若发言外，农运代表彭湃、蔡日新也在大会上演说。蔡日新严肃提出：大家应该注意一个切身问题，就是肃清贪官污吏，肃清土匪，维护民众利益。他的发言博得了全场热烈的掌声。

1925年10月1日，国民党虎门市党部成立，蔡日新兼任农工部部长。这时，太平虽然建立了工会组织，虎门一些乡也成立了农会和农民自卫军。但是，商团、民团的反动势力日益强大，这些势力仇恨工会和农会。10月13日，太平商团和民团麇集400多人，杀害省港罢工纠察队第十六支队小队长唐达权等20余人、重伤30多人，后经革命军弹压方得平息。10月28日，蔡日新出席国民党广东省党部执行委员会监察委员会议，谴责了叛乱分子并严肃提出解散屠杀罢工纠察队的虎门太平商团民团及严办祸首的提案。但在反动分子的庇护下，提案没有被采纳。会后，蔡日新回到虎门，在困难的情况下，继续坚持工农运动，与反动势力展开斗争。在他的领导下，曾一度停止活动的厦岗农会恢复起来。他主持了厦岗农会恢复成立活动，并在会上讲话。当晚，他与农会会长麦定唐等促膝谈心，鼓励他们要经得起风浪，为农友们办事。在蔡日新努力下，虎门、长安和山乡一带几十条乡村都相继成立农会，这对推动全县农运的发展起到重要的作用。平常，蔡日新不仅抓大事，许多具体事情也亲自处理。虎门锦庆乡农民谷船驳渡到沙角，被地方官吏无故扣留。他们求救于农工部，蔡日新立刻前往交涉，迫使地方官吏把谷船放回了。不久，发生太平工人邓尧阶被邻乡土霸无故击伤，邓尧阶求救于农工部。蔡日新立刻去函并派人与该乡土霸交涉，使其认错并赔偿了一笔医药费。

1926年5月7日，广东各界在广州广东大学操场召开纪念"五七"国耻大会。蔡日新当时正在广州参加省第二次农民代表大会，他与农民代表大会全体代表一起出席大会，并与毛泽东等12人被选为大会主席团成员。他在大会发表了演说，严词谴责袁世凯政府签订卖国条约的罪行。

组织武装暴动

1927年四一二反革命政变发生后，蔡日新与其他革命同志一起转入地下斗争。他开始是在虎门、长安农村，后与县委领导人蔡如平到常平、梅塘等地，组织农军武装暴动，后又返回虎门活动。

不幸被捕

1927年4月下旬，由于投敌分子王瑞伦的告密，蔡日新不幸被捕；5月初，被押解至广州，关进南石头监狱。敌人认定蔡日新是共产党的重要人物，不给保释，并由一些重要人物负责审理此案。敌人采用软硬兼施的卑鄙手段，甚至以高官厚禄为诱饵，妄图动摇蔡日新的革命意志。蔡日新对敌人的讯问不予理睬，并一口咬定自己叫徐益信，根本不认识蔡日新，斥责敌人逮错了人。不久，敌人又逮捕了一批青年入狱，其中一些人是认识蔡日新的，敌人利用其中的动摇分子弄清蔡日新的身份，在狱中故意呼喊蔡日新的名字。蔡日新识破敌人的诡计，没有上当。5月31日，广州市公安局督察长张我东带上司巡视监狱时，发现了蔡日新，乃迫他自新，遭其拒绝。蔡日新意识到敌人决不会放过自己，当天，他深情地对难友们说："我是多么想和大家继续战斗，可是时间不多了！"

英勇就义

1927年6月2日傍晚，狱卒突然送来了菜肴和一支酒，恶狠狠道："姓徐的（指蔡日新），长官赏识你了，吃吧！"难友们知道蔡日新最后的时刻到了，都在伤心落泪。然而，蔡日新像平常一样，神色坦然，安慰难友道："别难过了，革命是要流血牺牲的。"他拿起敌人送来的酒，斟给大家说："来，让我们痛快地干一杯。"难友们喉咙哽咽了，哪里咽得下啊！蔡日新却一饮而尽。

当日深夜，几个刽子手凶神恶煞地把蔡日新推出牢门。蔡日新从容地向难友们挥手告别，昂首阔步走出监狱，被押到白鹅潭畔。刽子手吆喝道："跪下。"蔡日新依然巍然挺立，高呼"打倒国民党反动派！""中国共产党万岁！"枪声响了，他倒在血泊中。丧心病狂的刽子手竟将蔡日新的尸体与石块捆绑在一起，抛进波浪滔滔的白鹅潭。

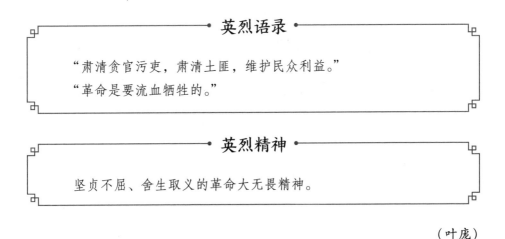

● 英烈语录 ●

"肃清贪官污吏，肃清土匪，维护民众利益。"
"革命是要流血牺牲的。"

● 英烈精神 ●

坚贞不屈、舍生取义的革命大无畏精神。

（叶庞）

陈道周（1899—1927）

—— 只要大家坚持斗争，胜利一定是属于我
们的

主要生平

陈道周，又名陈杜，广东省花县人。

- 1899 年，出生在广东省花县仙阁村陈庄。
- 1923 年，加入中国共产党。
- 1924 年 5 月，以国民党中央农民部特派员的身份，前往花县发动群众，组织农民协会，建立农民自卫军。
- 1927 年初，奉党的命令到南海县领导农民运动。12 月，广州起义失败后撤退至泗水时不幸牺牲，时年 28 岁。

寻求革命之路

陈道周幼年时父亲因病去世，靠母亲租种地主田地维持全家生活。因家贫，只有十来岁的陈道周就到南海县五眼桥中药店当杂工，深受老板的压榨。有一次，一个穷苦农民来买药钱不够，陈道周慷慨解囊，后来老板知道了，却诬蔑他偷了店里的药给农民，将他打了一顿。陈道周实在无法再忍受下去，便气愤地卷起包袱回到了家乡。这时，他内心充满了对老板、田主的仇恨，但找不到一条出路。

1921 年中国共产党成立后，陈道周从家乡来到了广州，参加了由中共广东支部举办的平民教育学校——建国宣传学校。他在学校有机会阅读到一些马克思著作和《向导》《新青年》等革命刊物，受到共产主义的启蒙教育，使他茅塞顿开，开始懂得一些革命道理。后来，他积极参加学校组织的进步活动，认识了谭植棠、谭平山等一些共产党员，接受他们的宣传教育，思想认识不断提高，并向党组织提出要求入党。1923 年底，他光荣地加入了中国共产党，成为一名无产阶级的先锋战士，并积极投身到反帝反封建的伟大运动中去。

建立农民自卫军

1924 年 1 月，在中国共产党帮助下，孙中山在广州召开国民党第一次全国代表大会，从此开创了国共合作的新局面。共产党员、青年团员以个人身份加入国民党，帮助进行国民党的改组工作。革命统一战线的形成，有力地促进了广东地区工农革命运动的发展。中共广东组织抓住这一有利时机，派出党员到各县从事农民运动。5 月，陈道周以国民党中央农民部特派员的身份，前往故乡花县发动群众，组织农民协会，建立农民自卫军。

推动成立农会

陈道周回到花县后，在九湖、仙阁、广岭一带发动和宣传群众，开办了一所农民识字班，一边教农民识字算数，一边宣传当前的革命形势，讲解农民组织起来结成团体与封建统治阶级斗争的道理。他说："我们都是给地主耕田的，都一样是奴隶，要是我们都联络起来，结成全县农民的大团体，那我们农民的力量就很强大，谁也不敢欺压我们了。"农民听了他的话，都觉得很在理，纷纷参加农民协会，很快就成立宝珠岗、元田、广塘等乡农会。附近一些没有成立农会的乡村，亦闻风而动，不断派人到天和市花县农会筹备处申请，要求派员前去帮助组织农会。陈道周不辞辛苦地到各乡去召集会议，发动群众，协助他们成立农会，并排解地主与农民的纠纷案，保障农民的切身利益。10 月 19 日，花县农会在九湖正式成立，成立大会由陈道周主持，通过实行二五减租、取消各种不合理的苛例以及组织农民自卫军等决议，制订了"会员须知"作为全体会员的行动准则。这标志着花县农民运动进入了一个新的时期。会上，陈道周号召会员要万众一心向前，打倒贪官污吏、土豪劣绅、帝国主义及军阀。会议选举陈道周为执行委员，负责宣传教育工作。

开展农民运动

花县农民运动的蓬勃发展，使地主阶级大为震惊，到处造谣污蔑农民的正义行动是侵犯所谓田主的利益，一部分地主豪绅成立"花县田主维持会"，组织地主民团武装，公开与农会和农民自卫军相对抗。他们先是采取收回农会会员耕地的办法，妄图吓唬农民不敢参加农会，把农民置于其控制之下。接着，地主豪绅们又派人四处散布谣言，咒骂共产党，中伤农会干部，破坏农民运动。在敌人的进攻面前，陈道周毫不动摇，他揭露敌人的阴谋，说："敌人企图以谣言混淆人们的视听，搅乱我们的阵线，但决不能动摇我们的意志，我们只有前进，不能后退。"在他的领导下，农会亦积极展开宣传工作，从而打退了反革命派的宣传。为了提高农民的文化水平和思想认识，陈道周在花县举办了农民识字班和农民宣传学校。经过学习后，农民的斗争信心进一步提高，纷纷表示：一不怕地主有枪，二不怕地主有钱，三不怕地主勾结不法军队，只要他们胆敢破坏农会，就坚决与之斗争到底。在陈道周的努力宣传和教育下，各级农会和农民自卫军组织，都明确了斗争方向和目标，本身组织也在斗争中得到不断巩固和发展。

陈道周为革命事业操尽了心，从不计较个人利益。他居住在天和市花县农会筹备处，生活相当刻苦节俭。有时为了赶路，就啃几个番薯当一顿饭，一心扑在革命工作上，公而忘私。一次，他的妻子病倒在家，有人告诉他，要他回去看望，他对来人说："我现在有急事要处理，烦你代我照料一下罢。"由于陈道周全心全意为农民服务，深受花县农民的爱戴，而地主阶级则对他非常仇恨，扬言要干掉他。同志们替他担心，好心的群众劝他要留有余地。陈道周却对大家说："反动地主不是仇视我道周其人，而是仇视广大农民组织起来。你们不要怕，只要大家坚持斗争，胜利一定是属于我们的。再说，陈道周是杀不尽的，杀了我一个陈道周，还有千万个陈道周站起来！"他这种大无畏的革命精神，使大家深受教育，更加坚定地跟着他干革命。

波澜壮阔的农民斗争，使地主阶级闻风丧胆。一些顽固对抗农民运动的反动家伙躲在暗处密谋破坏农民运动，杀害农运干部。1924年12月18日，地主江侠庵等指挥民团包围县农会，开枪射杀农会干部及群众，制造流血事件。在民团的进攻面前，陈道周偕同县农会副执行委员长王福三及国民党中央农民部特派员黄学增等，沉着镇定地指挥农民自卫军奋起还击。由于民团的猖狂进攻，敌众我寡，王福三在战斗中牺牲，农民自卫军被迫撤退到元田村，农民运动暂时遭到挫折。在困难面前，陈道周毫不动摇，继续坚持斗争。他到广州向国民党中央农民部、广东政府等汇报花县惨案情况，要求政府派兵镇压花县的反动民团，为死难农民复仇。1925年8月，民团被迫实行和平解决花县惨案，恢复农会活动。9月3日，陈道周主持了花县农民代表大会，省农会代表彭湃出席了大会，并作了政治报告，给到会代表极大鼓舞。千余农民上街游行庆祝大会的召开，高呼"打倒军阀！打倒一切反革命派！"的口号，情绪高昂。陈道周也激动地对新选出来的县农会执行委员长侯立池说："从今天开始，我们又要进行新的战斗了。坚忍卓绝为吾人本色，牺牲奋斗是我辈精神，大家奋斗吧！"

1926年8月26日，花县再次发生了地主民团与农民的冲突事件。当杨村第二区农会成立时，反动地主纠集数百人的民团围攻农民，许多农民惨遭杀害。陈道周闻讯后，立即前往广州国民政府及国民党中央农民部汇报，要求政府迅速处理这一惨杀案。经过陈道周的斗争和省农会代表彭湃的调处，才迫使地主民团承认错误，并答应赔偿农民损失。

1927年初，陈道周奉党的命令，到南海县领导农民运动。不久，发生四一五反革命政变，广州顿时笼罩在一片白色恐怖之下，南海党组织也受到破坏，整个形势转入了低潮。在艰难困苦之中，陈道周毫不动摇，始终坚信革命高潮仍会到来，黑暗不会持久。他多方寻找失散的党员，成立中共南海县委员会，并担任县委书记，在极其困难的情况下，继续带领人民群众坚持革命斗争。当时，陈道周以小学教员的职业作掩护，进行秘密活动，并将县委设在蚬岗小学。经过一段时间扎实的工作，各种群众组织逐渐恢复起来，还建立起一支秘密的革命武装。

参加广州起义英勇牺牲

根据党中央的指示，中共广东省委决定于 12 月间举行广州起义。起义前，陈道周以市郊农军总指挥的身份，参加了起义总指挥部参谋团召开的一次绝密军事会议。会议就起义的计划进行了讨论，决定由陈道周领导南海农军和市郊农军以及广三铁路工人赤卫队组成工农赤卫队第六联队，负责攻打广州的战斗。会议后，陈道周即返南海，积极做好起义准备工作。12 月 11 日凌晨，广州起义的信号一发出，陈道周即带领南海农军打下大沥，然后迅速挥师攻打佛山，控制广三铁路沿线，扫清广州外围的敌人。次日，敌人组织力量进行疯狂的反扑，并包围了正在沿铁路北上的南海农民自卫军。在顽敌进攻面前，陈道周临危不惧，沉着指挥队伍撤退。一路上，南海农军战斗得很勇敢，前赴后继，大部分人英勇牺牲，最后只剩下 200 余人。为了保存实力，陈道周决定由党团员为核心，组织敢死队，掩护大队突围，当大部分队伍已安全渡过张边围河之后，陈道周和县委委员周侠生、谢颂雅等才最后撤离阵地。但当他刚在泗水渡过对河的时候，敌人已赶到河边，突然一颗罪恶的子弹射进了陈道周的胸膛。陈道周为中国人民的解放事业献出了宝贵的生命，当时年仅 28 岁。

（江铁军）

邓金娣（1908—1927）
罗大妹（1909—1927）

—— 坚贞不屈大无畏，至死不渝扬革命

主要生平

邓金娣，广东省高要县人，1908 年出生。

罗大妹，广东省番禺县人，1909 年出生。

- 1925 年 5 月，投入到罢工斗争中。7 月，参加青年训练班，并一起加入中国共产主义青年团。
- 1926 年 7 月 11 日，海员劳动童子团成立，邓金娣担任副团长，罗大妹担任童工部部长。
- 1927 年 4 月 12 日之后，转入地下斗争。4 月 22 日，两人不幸被捕。4 月 23 日早上，两人坚贞不屈，慷慨赴义。邓金娣时年 19 岁，罗大妹时年 18 岁。

毅然投身于罢工斗争

邓金娣是广东省高要县人，1908年出生。罗大妹是广东省番禺县人，1909年出生。她们的父亲都是香港海员。邓金娣年幼时父母已双亡，留下她和祖母、一个妹妹和一个弟弟相依为命。她6岁起便在香港一间工厂内当缝补麻袋的童工，被人称作"麻包妹"。艰苦的生活环境磨炼了她的意志，养成了她勇敢无畏、敢说敢干的性格。罗大妹又名罗志群，她的父亲和两个哥哥都是海员。大哥罗福、二哥罗基很早就投身工人运动，并先后为党的事业而献身。罗大妹从小就受兄长进步思想的影响，懂得不少革命道理。

1921年3月，年幼的邓金娣和罗大妹目睹了一场轰轰烈烈的罢工斗争。当时，林伟民、苏兆征领导香港海员发动了一场要求增加工资、改善待遇的大罢工。她们没有直接参加这次斗争，但叔伯长辈们坚定勇敢的革命精神给她们幼小的心灵留下了深刻的印象。在后来的斗争岁月中，她们还常给小战友们讲述这次罢工的故事，勉励大家做一个堂堂正正的中国人，与恶势力抗争到底。

随着时光的流逝，邓金娣和罗大妹在贫苦中度过了童年时代。1925年5月，上海发生了五卅惨案。广东、香港两地工人为抗议英帝国主义屠杀中国人民，举行了震惊中外的省港大罢工。10多万香港工人毅然回到广州。革命风云激励着充满了阶级仇恨的邓金娣和罗大妹，她们也随罢工工人一起返回广州，毅然投入到火热的罢工斗争中去。

加入共青团开展革命宣传工作

同年7月，海员工会为了培养革命骨干，在广州举办了青年训练班，将邓金娣、罗大妹、陈淑英等送去学习。她们在周政优等老师的教导下，提高了阶级觉悟和文化水平，并一起加入了中国共产主义青年团。

学习结束后，邓金娣和罗大妹在海员工会当宣传员。她们到工人宿舍向家属们宣传罢工的意义，在群众大会上教工人们唱革命歌曲。她们将帝国主义的暴行和工人英勇斗争的事迹编成"双簧、数白榄"，唱给工友们听。她们还参加了演出《农工之苦》《最后的胜利》等白话剧。她们的文化水平虽然不高，但口齿伶俐、热情大方，深受工人们的欢迎。海员们亲切地将邓金娣、罗大妹、周秀珠、陈淑英等4名海员工会女宣传员誉为"四大天王"。

当时,广州聚集着很多罢工工人子女,省港罢工委员会十分关心这些革命后代的成长。1925年秋,海员工会首先举办了工人子弟学校,由黄泽泉、邓荣、张苏等担任老师,邓金娣和罗大妹怀着强烈的求知欲参加了学习。邓金娣的老祖母饱经忧患,担心孙女会有生命危险,便劝邓金娣不要抛头露面。邓金娣耐心地对家人说:"我出来参加罢工斗争,是为了革命。"经过邓金娣的多次说服教育,祖母便不再阻挠她从事革命活动了。罗大妹的父母是很支持女儿投身革命斗争的,罗大妹在执行任务时机智灵活,表现十分出色。海员团支部书记张苏曾以"罗通扫北,智勇实超群"9个字来赞扬罗大妹。

领导省港劳动童子团开展革命工作

1926年初,共青团广东区委提议成立省港劳动童子团,组织工人子弟直接参加罢工斗争。邓金娣和罗大妹得知这个消息后,十分高兴。她们将海员工会的小伙伴们召集到一起,对大家说:"叔叔伯伯们整天为罢工忙个不停,而我们则无事可干,只会捉迷藏、玩游戏……"一个小伙伴说:"我们年纪还小,打不过英国鬼。"邓金娣便大声地说:"只要我们团结起来,十个打他一个,还怕打不过?"小伙伴们听了齐声叫好,纷纷报名加入童子团。同年7月11日,海员劳动童子团正式成立,由李海筹担任总团长,邓金娣担任副团长,罗大妹担任童工部部长。当天晚上,海员工会举行了庆祝大会。邓金娣带领小朋友们表演了队列操和游艺节目。

随后,广州金属业总工会、同德工会、香港西业工会、广州印务工会等先后成立劳动童子团。9月29日,省港劳动童子团联合委员会在太平戏院举行成立大会。邓金娣、罗大妹和大家一起高唱《少年先锋歌》,还登台演出了白话剧。

同年10月,省港劳动童子团联合委员会在各工会抽调一批少年骨干,组成了童子团"领袖班",分为马克思队、恩格斯队、列宁队、李卜克内西队、卢森堡队、孙中山队6个队。邓金娣和罗大妹分配在卢森堡队,她们集中住宿,接受政治和军事培训,并担负一些艰巨的战斗任务。她们在一些重要的群众集会上维持秩序,传递省港罢工委员会的一些重要文件和侦察反革命分子的活动。邓中夏曾称赞道："这批小鬼真机灵，有的事比大人还干得好。"

平日，邓金娣和罗大妹带领小伙伴们积极进行宣传、募捐等工作，她们常常背上一袋又夹着一叠《向导》《人民周刊》《少年先锋》等刊物，来到马路两旁的骑楼下、公园内和各大商场的门前销售。海员工会的干部常到刚进港口或将出发的轮船上传达上级指示和收缴会费，她们就跟随办事员乘驳船到这些轮船上推销革命刊物。每逢假日，邓金娣和罗大妹就领着童子团员们出现在热闹的市中心。她们吹起喇叭，打响铜鼓，将很多行人吸引过来。然后，邓金娣和罗大妹等人就站在凳子上演讲。她们用嘹亮的声音传播着革命真理，唤醒人民参加和支持罢工斗争。她们还为筹集罢工捐款而日夜奔走。她们以两三个人为一组，拿着小红旗和纪念章，沿街向行人募捐；然后，就将捐款直接送到省港罢工委员会。

为提高童子团员的工作能力和文化素质，李海筹、邓金娣在海员俱乐部办了一个训练班，设读书、作文、算术、演讲4门功课，对团内骨干进行轮训。总团部还编辑了名为《细佬哥》的壁报，专门介绍国内外革命形势的发展和童子团员英勇斗争的事迹，邓金娣和罗大妹撰写了不少稿件。

1927年4月12日，蒋介石在上海发动反革命政变。广州也发生了四一五政变。新军阀集团逮捕和杀害了大批共产党员和革命群众，省港罢工委员会和中华海员工业联合总会被改组。在严酷的斗争现实面前，邓金娣和罗大妹并没有畏缩，她们怀着满腔悲愤，和很多党团员一道，转入了地下斗争。

不幸被捕

1927年4月21日，中共广州市委以"中华全国总工会广州办事处""省港罢工委员会"的名义发起了总同盟罢工，抗议国民党反动派断送革命成果，屠杀工农群众的罪行。团广东区委为配合这次行动，印发了"打倒国民党反动派""为死难烈士报仇"等标语和传单，组织团员到市内的大街小巷散发，以鼓励革命群众的斗志。邓金娣和罗大妹也勇敢地接受了这一任务。4月22日，她俩和周翼华等男同志不顾安危地到一德路油栏门一带散发传单。正当传单快要散发完的时候，一群反动军警赶来，罗大妹和邓金娣不幸被捕。

当天晚上，敌人审讯了邓金娣和罗大妹。要她们交代领导人是谁、同党又在哪里。她俩横眉冷对，大声地说："不知道！"敌人凶相毕露，将她俩"吊飞机"，用一根木棍捅她俩的胸部，又将她们向墙上撞去。邓金娣和罗大妹虽然几次昏死过去，但始终没有屈服。市公安局以"散发煽动性传单，谋危政府，蛊惑民众"的罪名，判决邓金娣、罗大妹、周翼华、黄培、何金5人死刑。

坚贞不屈，慷慨赴义

当天晚上，遍体鳞伤的邓金娣和罗大妹被押回牢房。姐妹俩互相依偎着，想着明天就要为革命而献身了，她们心中充满了自豪感。她们决心用生命的最后一刻钟去痛斥国民党反动派，揭露他们的罪行，宣传党的革命主张。于是，邓金娣将一条破烂的红毡撕下一角，藏在内衣的口袋里。

23日早上，反动军警将她们押上汽车，押往刑场。在往刑场的路上，邓金娣和罗大妹共同握着那一角红毡，大声高呼："打倒军阀！""革命万岁！""工农万岁！"围观的群众都被小英雄坚贞不屈，慷慨赴义的行为所感动，纷纷议论道："这两个女仔真够胆，临死都不放下红旗。"汽车驶到东较场，敌人将邓金娣等5人一字排开，再次宣布了广州戒严司令部的告示。邓金娣听后，高声叫道："工人兄弟们，我们去休息了，当反动派未推翻之前，你们必须继续我们的工作。中国共产党万岁！"她们还将戴在手上的订婚戒指扔向远处，以免落入刽子手的私囊。一阵罪恶的枪声响过之后，罗大妹倒在血泊中，但一颗子弹只穿过邓金娣的肩上。她回头对敌人怒吼道："你们还不打！"吓得刽子手慌忙开枪，邓金娣中弹，含恨倒在战友的身边。当时，邓金娣只有19岁，罗大妹刚满18岁。她们没有辜负党和人民的培养，为共产主义事业献出了年轻的生命。

"我出来参加罢工斗争，是为了革命。"

"只要我们团结起来，十个打他一个，还怕打不过？"

"工人兄弟们，我们去休息了，当反动派未推翻之前，你们必须继续我们的工作。中国共产党万岁！"

英烈精神

为革命不顾个人安危、敢于斗争、坚贞不屈的革命精神。

（卜穗文）

邓　培（1884—1927）

—— 中国早期工人运动的著名活动家

邓培童年时叫邓钰云，又名配，字少山，曾化名为唐凤鸣，广东省三水县人。

- 1884 年 4 月 8 日，出生于广东省三水县石湖村一个贫苦的农民家庭。
- 1919 年 5 月，积极投身五四爱国运动。
- 1921 年，加入北京共产党早期组织。
- 1922 年 1 月，以中国工会代表的身份出席在莫斯科召开的远东各国共产党及民族革命团体第一次代表大会；7 月任中共唐山地委书记。
- 1923 年 6 月，被选为第三届中共中央候补执行委员。
- 1924 年 2 月 7 日，被选为中华全国铁路总工会委员长。
- 1925 年 1 月，当选第四届中共中央候补执行委员，任驻唐山特派员；5 月，任中华全国总工会副委员长。
- 1926 年 2 月，当选中华全国铁路总工会执行委员，后又兼任书记。
- 1927 年 4 月 15 日不幸被捕，不久就被杀害，时年 43 岁。

邓培年幼时，父亲为生活所迫去美国做苦工，累死于异乡。母亲在乡种田为生，节衣缩食供邓培读了两年私塾。

14岁时，邓培离乡背井到天津谋生，进了德泰机器厂当学徒，受尽老板和工头的虐待，过着牛马不如的生活。邓培刻苦学习手艺，虚心向人请教，自修英语、数学和机械工程，并学会了看图施工。三年学徒期满后，他转到了京奉铁路唐山制造厂（现唐山机车厂）做工匠。由于他肯用心钻研，很快就成为一个手艺高强的技术工人。在这期间，邓培曾参加过孙中山所创立的同盟会所领导的革命活动。

投身革命活动

1919年5月，邓培积极投身五四爱国运动。他为人正直，思想进步，技术高超，在工人中威信很高，很快就在工人中组织了"职工同人会"和"十人团"，领导工厂职工与唐山大学学生组成宣传队到街头演讲，散发传单；发动工人罢工、学生罢课、商人罢市，召开了公民大会，举行示威游行，掀起了唐山地区的反帝爱国运动。

1920年10月，北京共产党早期组织派人同天津社会主义团小组成员到唐山开展工运工作，和邓培建立了联系。邓培在假日经常到北京去，因而认识了李大钊和邓中夏等人。在北京共产党早期组织的帮助下，1921年春，他在过去的"职工同人会"和"十人团"的基础上，组成了唐山制造厂工会。又领导唐山制造厂、开滦煤矿和启新洋灰厂的工人成立了图书馆干事会，开办了唐山工人图书馆，作为宣传工人、组织工人的阵地。不久，邓培加入了北京共产党早期组织。

开展铁路工人运动

1922年1月，邓培以中国工会代表的身份出席了在莫斯科召开的远东各国共产党及民族革命团体第一次代表大会。他在大会上介绍了中国铁路、矿山工人罢工情况。会后，无产阶级革命导师列宁在克里姆林宫接见了邓培等4位中国和朝鲜代表，和他们进行了亲切的谈话，在告辞时，列宁亲切地握着邓培的手说："铁路工人运动是很重要的，在俄国革命中，铁路工人起过重大的作用，在未来的中国革命中，他们也一定会起同样的或者更重大的作用。"

1922 年 7 月中共二大之后，中共北方区委成立了唐山地委，邓培任书记。8 月，中国劳动组合书记部在邓中夏主持下拟定了《劳动法大纲》，通知并号召全国工会进行劳动立法运动，唐山地委首先响应，领导唐山铁路、矿山、纱厂、洋灰厂等各工会组成"唐山劳动立法大同盟"，举行大规模集会和示威游行，通电全国各团体及国会，要求通过《劳动法大纲》。9 月 3 日，唐山制造厂全体工人发表宣言，表示要做"劳动组合书记部的后盾"。

同年 9 月 13 日，唐山制造厂工人向资方提出改善待遇的五项要求，举派邓培等 4 人为代表，向铁路当局交涉，并发出宣言，请求各地工人援助。14 日，邓培主持召开唐山制造厂 3000 多人大会，报告与铁路局交涉情形。继由长辛店代表王俊报告长辛店 8 月罢工情况，山海关铁路工人代表佟恩荣演讲，表示要与全路工人团结一致与资本家作斗争。全场情绪高昂，高呼"劳工万岁！"

铁路局拒绝了工人的要求，并声言要开除工人，又以警察厅名义出布告，禁止工人集会结社。10 月 10 日，工人重新向铁路局提出六项要求，13 日，4000 多名工人不顾警察厅的禁令，举行集会示威并宣布罢工。工人成立了以邓培为委员长，由 25 人组成的罢工委员会，领导罢工斗争，建立了1000 多人的纠察队，负责维持罢工秩序。

铁路局先是收买工贼破坏罢工，但为纠察队所识破，未能得逞，继而勾结军阀政府派军警镇压。在武力威胁面前，工人毫不畏惧，坚持罢工斗争 8天，终于迫使铁路局接受了工人提出的大部条件。在铁路工人斗争取得胜利的鼓舞下，唐山启新洋灰公司工人也举行了罢工，并取得了改善待遇的胜利。

接着，在邓培和劳动组合书记部特派员的帮助和指导下，开滦五矿工人俱乐总部向开滦矿务局提出增加工资、改善待遇等六项要求。10 月 22 日，矿局英国资本家指使保安队逮捕工人代表 6 人，激发了工人的怒火，23 日举行有 4 万人参加、声势浩大的五矿同盟总罢工。矿局英国资本家甚为震惊，一面调派英兵，一面勾结直隶省省长王承斌、警察厅厅长杨以德增派保安队和警察到矿区进行镇压，帝国主义者和中国反动当局大肆逮捕工会干部，强占五矿工人俱乐总部，查封唐山工人图书馆，禁止集会，屠杀工人群众。唐山煤矿工人同仇敌忾地与反动军警和矿局资本家进行了坚决的斗争，在唐山地区和铁路、海员、矿山的工人，以及北京、上海等地人民的援助下，克服了各种困难，坚持斗争达20多天，使整个开滦煤矿陷于完全停顿状态，给资本家以沉重的打击。

在开滦煤矿工人罢工期间，邓培奔走于天津、北京之间，进行筹募捐款等援助开滦罢工工人活动。矿局和警察派出密探，侦查邓培行踪，密谋逮捕。但邓培临危不惧，几次在工人群众帮助下脱险。

声援京汉铁路工人总同盟罢工

1923年2月，京汉铁路工人举行总同盟罢工，邓培即发动唐山工人捐款并通电声援。二七惨案发生后，他立即召集京奉路工人代表会议，讨论京汉铁路事件的善后办法，通过向军阀政府提出惩办凶手、恢复京汉铁路总工会等6条要求和举行"二七"遇难烈士追悼大会等决议。

领导中华全国铁路总工会

1923年6月，邓培到广州出席了中共三大，被选为中共中央候补执行委员。1924年2月7日，全国铁路工人代表大会在北京召开，成立中华全国铁路总工会，邓培被推选为委员长。9月，铁路局趁第二次奉直军阀大战之机，裁减了3000多名工人，邓培便领导工人进行复工斗争。10月，冯玉祥发动北京政变，曹锟、吴佩孚倒台，趁此北洋军阀大混战的形势，中国共产党在全国范围内进行恢复工会运动。邓培把被裁工人组织起来，选出代表赴天津向铁路局请愿，迫使路局答应了全体工人的要求。自二七惨案后只能秘密存在的唐山工会，这时又恢复了公开活动。

1925年1月，邓培出席了在上海召开的中共四大，继续当选中央候补执行委员，任驻唐山特派员。5月，邓培率领铁路工人代表团到广州出席第二次全国劳动大会。大会成立了中华全国总工会，邓培当选中华全国总工会的副委员长。大会结束后，邓培留在广州检查指导广东各铁路工运工作。时值军阀刘震寰、杨希闵阴谋叛乱，中共广东区委决定发动工农群众协助革命军进行平乱，派杨殷协助邓培，领导工人组成了广三、广九、粤汉三路联合罢工委员会，发动工人举行了大罢工。工人把所有机车的主要零件拆下藏匿起来，职工集中到广州河南地区，断绝了铁路运输，使叛军无法增援广州。当东征军回师抵达铁路沿线时，工人即装好机车，加速运送革命军开进市区向叛军发动总攻，迅速平定刘、杨叛军。平定刘、杨叛乱后，邓培即赶回唐山，领导唐山市人民举行一连三次声势浩大的集会和游行示威，罢工、罢市、罢课声援上海人民的反帝斗争。

1925 年冬，根据党中央的决定，邓培离开唐山到了北京，专门负责全国铁路总工会的领导工作。此时，奉系内部分裂，郭松龄起兵反对张作霖，日本帝国主义乘机扩张势力，直接派兵进入沈阳，引起全中国人民的震怒，全国铁路总工会于 1926 年 1 月发出通电，抗议日本出兵东北侵略中国，呼吁人民开展反抗日本出兵运动并与日本实行经济绝交。

1926 年 2 月，中华全国铁路总工会第三次代表大会在天津举行。邓培主持了这次大会，并继续当选中华全国铁路总工会执行委员，后又兼任书记。大会结束后不久，邓培到广州指导广东铁路工会联合办事处的工作，为广东铁路工会的统一作出了贡献。同年 5 月 1 日，他出席了在广州举行的第三次全国劳动大会，当选中华全国总工会的执行委员。

支援省港大罢工

在省港大罢工斗争高潮中，为了加强广东铁路工运的领导，邓培在杨殷的协助下，对广东铁路工会联合办事处进行了改组。1926 年 5 月 16 日，在广州太平戏院举行第一次全省铁路工人代表大会，成立了中华全国铁路总工会广东办事处。邓培代表中华全国铁路总工会在代表大会上作了题为《全国铁路工人运动》的报告。在中华全国铁路总工会广东办事处的领导下，铁路工人更加团结。这时，新宁（江门至台山）铁路也成立了总工会，但由工贼所控制的广东机器工会竟派出反动武装"体育队"到台山，勾结当地流氓土匪袭击新宁铁路总工会，殴打工会干部，迫使近 300 名工人离开铁路因而失业，中华全国铁路总工会广东办事处接到此消息后，邓培和杨殷即组织了铁路工人纠察队和省港罢工工人纠察队 250 多人往台山包围了土匪，迫使他们放下武装投降，俘虏了跳河逃跑的土匪头子，粉碎了工贼的破坏阴谋，并重新建立新宁铁路总工会，失业工人得以复业。

在邓培的领导下，广东铁路工人积极支援省港大罢工。1926年7月，国民革命军誓师北伐，广三、广九、粤汉三路工人组成交通队随军出发，对支援北伐战争作出了贡献。

---◦ **不幸牺牲** ◦---

1927年4月15日，国民党反动派在广州发动反革命政变，派出大批反动军警围搜进步团体、逮捕共产党人和革命者。邓培当时住在中华路（现解放路）小市街的中华全国总工会广州办事处楼上，不幸被捕。在狱中，敌人威逼利诱，要邓培交出共产党员、工会干部的名单，遭到邓培严词痛斥。他十分坚定地对敌人说："你们听着，共产党员是不怕死的，你们用尽所有酷刑，我都不怕。我宁死也不投降，这就是我最后的回答！"邓培始终严守党的机密，宁死不屈。不久就被杀害。牺牲时年43岁。

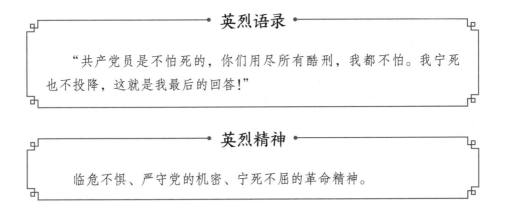

英烈语录

"共产党员是不怕死的，你们用尽所有酷刑，我都不怕。我宁死也不投降，这就是我最后的回答！"

英烈精神

临危不惧、严守党的机密、宁死不屈的革命精神。

（谢颖铿）

韩 盈（1901—1927）

—— 星火燎原耀南路

主要生平

- 1901 年，出生于广东省遂溪县遂城南门圩。

- 1920 年秋，负笈广州，就读于广州铁路专门学校，开始学习研究马列主义，成为当时铁路专门学校的活跃分子。

- 1922 年 3 月，加入社会主义青年团，经常与彭湃、谭平山、张太雷、阮啸仙、杨章甫等人一起活动。

- 1923 年 10 月，被选为社会主义青年团广州地委候补委员；同年 12 月为正式委员；年底，加入中国共产党。

- 1924 年夏，在广州协助阮啸仙、罗绮园、周其鉴等人开展广州地区的党、团工作和学生运动。

- 1925 年春，与钟竹筠结为革命伴侣，同年 6、7 月间，回到雷州半岛秘密开展革命活动。12 月，以雷州青年同志社的名义发表《对雷州善后宣言》，并提出 11 项要求；被任命为国民党广东省南路特别委员会委员。

- 1926 年春，任广东省农民协会南路办事处书记，参与领导南路地区的农民运动。10 月，任中共遂溪县委书记。

- 1927 年 1 月，被选为中共南路地方委员会委员，分工负责党的建设和扩大农民武装等工作。4 月 24 日，被敌人投进监狱。5 月 21 日，被反动当局杀害于遂城竹行岭。时年 26 岁。

思想受到启迪

韩盈，1901 年生于广东省遂溪县遂城南门圩。父亲韩义，母亲郑氏。在他 10 岁时，父亲和哥哥相继病故，家庭生活十分困难，全靠舅父郑赞卿接济。不久，母亲改嫁，他便跟随舅父过活。舅父送他进遂城小学读书。他学习非常勤奋，深受老师器重和同学们的爱戴。

1919 年五四运动后，进步刊物《新青年》《每周评论》《湘江评论》等相继传入遂溪。韩盈读到这些刊物，思想受到了启迪，眼光开始由课堂转向社会。

领导学生运动

1920 年秋，韩盈负笈广州，就读于广州铁路专门学校，与同学杨石魂结为挚友。两人常在一起参加各种社会活动，并开始学习研究马列主义，成为当时铁路专门学校的活跃分子。

1922 年 3 月，韩盈在广州加入社会主义青年团，经常与彭湃、谭平山、张太雷、阮啸仙、杨章甫等人一起活动。这时，他的思想有了很大的飞跃。翌年夏，韩盈和阮啸仙、刘尔崧等人发起组织广东社会主义青年团的外围组织——广东新学生社，进行反帝反封建斗争。接着，他又与黄学增等人在广州长塘街成立"雷州留穗同学会"，组织雷州旅穗学生和进步青年，秘密开展革命活动。在此期间，他向广东社会主义青年团的机关刊物《青年周刊》和广东新学生社创办的《新学生》等刊物投稿，针砭时弊，揭露黑暗，宣传反帝反封建思想。他还与学生们一道上街游行示威，声讨帝国主义和军阀。经过革命斗争的锻炼，他很快便成为广州地区青年学生运动的领导成员。1923 年 10 月，韩盈被选为社会主义青年团广州地委候补委员；同年 12 月为正式委员，任会计及出版物经理；年底，加入中国共产党。1924 年夏，韩盈从铁路专门学校毕业，由党组织安排在广州工作，协助阮啸仙、罗绮园、周其鉴等人开展广州地区的党、团工作和学生运动。

韩盈在穗求学期间，曾多次奉命返回南路，到北海、防城等地秘密开展学运和宣传孙中山的"联俄、联共、扶助农工"三大政策。在一个偶然的机会,他认识了在北海贞德女子学校读书的钟竹筼(又名钟祝君)。他们是同乡,在革命工作中,他们彼此交流思想,互相爱慕,逐渐建立了深厚的革命情谊,遂于1925年春结为革命伴侣。此后,钟竹筼在韩盈的帮助下进步更快。不久,她参加广州农讲所第四期学习,成为广东南路最早的女共产党员和妇女解放运动的先驱。

到雷州半岛开展革命活动

1925年6、7月间,韩盈受中共广东区委和共青团广东区委的派遣,回到雷州半岛秘密开展革命活动。当时,雷州半岛正处于反动军阀邓本殷的黑暗统治之下。韩盈刚回到遂溪,即被反动派通缉。在如此危险的情况下,韩盈仍然机智勇敢地秘密开展革命活动。他首先到反动统治势力比较薄弱的遂溪县第六区开展工作,与黄广渊、苏天春、薛文藻等人创建了共青团雷州特别支部,并健全了其外围组织雷州青年同志社,由韩盈任特支书记兼青年同志社主任。此后,雷州特支在韩盈的领导下,成为雷州半岛革命运动的领导核心和战斗堡垒。

1925年秋冬间,共青团雷州特支在遂溪县第六区组织成立了海山、敦文、乐民、余村、调神等乡农民协会和一支70多人的联乡农民自卫军,并成立了雷州青年同志社乐民分社和纪家分社,同时还在海康县的第一、二、三、四、六、八区组织了40多个乡农会,农会会员达3000多人。同年底,韩盈和黄广渊、彭刚侠等人为了配合国民革命军南下讨伐反动军阀邓本殷,收复南路和琼崖,根据中共广东区委的指示,深入发动群众,开展反对邓本殷的斗争。派人打入敌军内部,进行策反工作。由于韩盈等人的努力,结果争取了蔡春霖部2000多人脱离邓本殷,大大地削弱了反动军阀的力量,为革命军收复南路创造了有利条件。

1925年12月,革命军攻克雷州后,国民党右派分子黄河沣等人妄图利用金钱收买革命军中一些腐败军官,帮助他攫取遂溪县县长的职务。韩盈针对这种情况,立即致函团中央,说"遂溪城自敌军退后,邹武司令率所部五六百人进驻,即出布告抬高承办防务经费、字花、厂捐、烟膏等杂税,与邓逆时代无异……人民对此种种,殊为失望。最为吾人切齿痛恨者,盖闻陈铭枢师长经电请民政厅委定黄河沣为遂溪县长,符梦松为海康县长"。要求团中央和中共广东区委"速设法在民政厅免令他们二人为县长"。此外，他还以雷州青年同志社的名义，发表了《对雷州善后宣言》，指出革命军南讨"不惟在驱除邓逆一人，尤以在驱除之后，永无与邓逆同样之继起者。对邓逆之一切恶政，务须根本取消"，并提出"铲除贪官污吏和劣绅土豪；肃清散兵土匪；废除苛捐杂税；严禁烟赌；救济失业农民；扶助工农团体之发展；保护青年之一切利益；改良盐务；振兴实业；整顿教育；提倡女权"等十一项要求。

领导南路革命运动

1925年12月，国民党广东省南路特别委员会成立，韩盈任特委委员。1926年1月10日，他主持召开遂溪县人民代表大会，在会上宣传农民在革命运动中的重要作用，公开宣布"政权归诸人民"，并提请大会通过了"裁撤各区保卫局，将所有款项拨给农民协会支配"等议案。会后，他带领颜卓、薛经辉等人深入遂溪城附近各乡村宣传发动群众，在沙坡、坑里园、南和、欧屋、桃溪、东圩等乡成立农会并组织2000多名农民到遂溪城游行示威，向县政府请愿，抗议土豪劣绅敲诈勒索，反对政府的各种苛捐杂税，逼使县长伍横贯承诺减免煤油税、禽畜捐和屠宰税等。

1926年春，广东省农民协会南路办事处在梅菉成立，黄学增任主任，韩盈任书记，钟竹筠等为干事，统一领导南路地区的农民运动。同年3、4月间，韩盈和黄学增、杨枝水等人一起研究，决定仿效广州农讲所的做法，分别在梅菉和海康城举办南路梅菉宣传学校和雷州宣传讲习所，韩盈负责南路梅菉宣传学校的校务工作，并任主要教员。在此期间，韩盈还和妻子钟竹筠（南路特委委员兼妇女部部长）等人，帮助改组了国民党遂溪县党部，并成立了遂溪县农民协会和妇女解放协会、商民协会、学联、教育协会等群众组织。5月间，韩盈赴北海、合浦、防城等地检查工作和整顿国民党防城县党部，后又负责整顿钦廉四属的国民党党务和继续发展农民、工人、妇女、青年运动。

带病坚持为党工作

当时，韩盈已患有肺结核病，曾多次吐血，但他从来没有告诉别人，只是默默地为党工作。他身兼数职，肩负重任，把全部精力倾注于革命事业，经常不辞劳苦地深入到广大农村、工厂和学校发表演说，慷慨陈词，足迹遍及南路地区各县、市。他负责编辑的《高州民国日报》，大张旗鼓地宣传国共合作及共产党的革命统一战线政策，推动了各地革命运动的发展。他和黄学增、朱也赤和梁本荣等人，发动进步青年和文艺工作者，组织"血痕剧社"，编演了《工农苦》《盲婚之害》《仇恨》《朝拜亡国》等一批反映工农苦难和斗争的白话剧。其中有不少剧本凝结着他的心血。

1926年9月9日，遂溪法庭的法官陆法铨勾结土豪和民团武装，在麻章圩制造一起殴打和拘禁省港罢工委员会驻遂溪纠察队员的严重事件。韩盈闻讯后，即与县党部执委刘坚前往交涉，并以县党部和县农协的名义，要求省府严惩凶手。他同时还通电各地，声讨陆法铨等人，得到省《工人之路》报社和国民党雷州、茂名等地党部的支持，取得了斗争的胜利。

1926年10月，中共遂溪县委成立，韩盈任县委书记，翌年1月，被选为中共南路地方委员会委员，分工负责党的建设和扩大农民武装等工作。韩盈负责遂溪县党组织的主要领导工作以后，遂溪县的党、团组织和农民运动得到更大的发展。至1927年初，遂溪县的部分区、乡已建立了党、团支部或小组，党、团员人数各达400多人；农会会员发展到6万人左右，约占南路地区农会会员总数的一半；全县工农武装达数千人，配备各种枪支1000多支。

---------□ 被"清党"入狱 □---------

1927年，上海的四一二和广州的四一五反革命政变发生以后，南路反动当局密切配合，成立"高雷区清党委员会"，疯狂捕杀共产党人和革命群众，残酷镇压革命运动。当时，韩盈卧病在家，他为了应付这突然变化的形势，立即采取措施，布置县委委员黄广渊和县农会领导人邓成球等人，召集党员和农运骨干，在遂溪二区杨柑圩秘密召开会议，研究和部署反击国民党反动派大屠杀的斗争计划。4月24日，遂溪反动当局实行全面"清党"。当时，韩盈因重病在家，被敌人拉下病榻，架出家门，投进监狱。

英勇就义

　　韩盈被捕后，在狱中团结难友，继续同反动派进行不屈不挠的斗争。他备受各种酷刑和威逼利诱，但始终保持革命者的坚贞气节。1927 年 5 月 21 日，韩盈和邓成球等 14 位共产党员一起，被反动当局杀害于遂城竹行岭（现遂城二小后面）。韩盈就义时，年仅 26 岁。

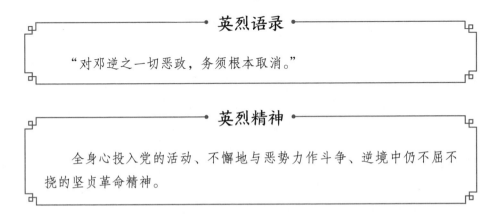

英烈语录

　　"对邓逆之一切恶政，务须根本取消。"

英烈精神

　　全身心投入党的活动、不懈地与恶势力作斗争、逆境中仍不屈不挠的坚贞革命精神。

（张弼）

黄广渊（1903—1927）

—— 雷州半岛革命武装斗争的先驱

黄广渊，字安敦。

- 1903年，出生于广东省遂溪县第六区海山村。
- 1923年，考上广州第一中学，与黄学增、韩盈等人在广州组织"雷州留穗同学会"。
- 1925年1月，参加广州农民运动讲习所第三期学习，其间加入中国共产党。同年7月，被派任南路农运特派员。8月，在家乡海山村成立了遂溪县第一个乡农民协会，并创建共青团雷州特别支部。
- 1926年，在乐民圩主持召开第六区农民协会、成立雷州江洪渔业工会、与黄雨农等人成立七区农民协会、建立起一支60多人枪的区农会武装、组织一个反天主教宣传团。
- 1927年5月19日，在海山村与国民党反动地方武装激战3天，率先打响南路农民武装起义的枪声。7月，任中共南路特委委员。9月20日，在水妥村壮烈牺牲，时年24岁。

从小立志

黄广渊,字安敦,1903年生于广东省遂溪县第六区海山村。他少年时,父亲因交不起租而遭到地主毒打,卧床不起,不久便离开人世。黄广渊受此遭遇,从小立志要为穷人翻身而斗争。1923年,他考上广州第一中学,与黄学增、韩盈等人在广州组织"雷州留穗同学会"。1925年1月,黄广渊由黄学增介绍参加广州农民运动讲习所第三期学习,其间加入了中国共产党。同年7月,他被派任南路农运特派员,到雷州半岛开展农运和建党工作。

组织领导遂溪县农民运动

1925年8月,黄广渊在家乡海山村成立遂溪县第一个乡农民协会,随后与韩盈、薛文藻、苏天春等中共党员创建共青团雷州特别支部。此时,黄广渊担任共青团雷州特支委员和雷州青年同志社副主任等职,负责主持遂溪县第六、七区的农运和青年同志社的日常工作。10月间,他先后在六区的敦文、乐民、余村、调神等乡成立农会,并以海山村农民武装为基础,建立一支拥有70多人枪的联乡农民自卫军。同时,当地还增设了雷州青年同志社乐民分社和纪家分社,共青团使雷州特支的外围组织雷州青年同志社迅速发展起来。

此时,黄广渊的母亲黄凌氏和二弟黄仲义、三弟黄广荣也先后参加了革命。黄凌氏是儿子黄广渊的得力助手,她经常奔走于各乡村,教育妇女投身革命运动,于1926年春被选为六区妇女解放协会主席,后又担任六区党支部书记、农军队长等职。黄仲义于1925年7月考入黄埔军校,不久加入中国共产党,毕业后被编入国民革命军第四军叶剑英率领的教导团,于翌年7月随军北伐。黄广荣于1925年秋加入乡农会和联乡农民自卫军,后来成为农军的领导人。

1926年春,遂溪县第六、七区的农、工运动在黄广渊的领导下进入了大发展时期。3月5日,黄广渊在乐民圩主持召开了第六区农民协会成立大会,并组织武装巡行,扩大革命声势,以推动全县的农民运动。次日,黄广渊转赴江洪港,召集渔民代表开会,成立了雷州江洪渔业工会。3月19日,他又奔赴七区纪家圩，与黄雨农等人成立了七区农民协会，并以上郎乡农军为基础，建立起一支60多人枪的区农会武装。在此期间，他还组织了一个反天主教宣传团，在六、七区宣传发动群众，揭露披着传教士外衣而在暗中进行间谍活动的帝国主义神父、牧师的活动，从而使广大群众提高了觉悟，自动退教。

1926年秋冬间，遂溪县的农民运动以六、七区为中心开展起来以后，很快便进入了鼎盛时期。全县的农会会员发展到6万人左右。此时，随着革命形势的发展，中共遂溪县委成立了，韩盈、黄广渊等人被选为县委委员。当时，在强大的革命浪潮下，一般土豪劣绅已不敢为非作歹，但一些不法官吏和顽固分子仍在作恶，公开破坏农民运动。1926年9月，黄广渊针对江洪盐霸周森材、周森仁等人垄断盐业、任意抬高盐价，并勾结反动民团局长陈国卿滥派捐税，勒索渔民的劣行，组织江洪港渔民与周森材和周森仁展开斗争。同年12月20日（农历冬至），海山村反动豪绅黄有朋利用掌管本村祖尝的权力，以祭祖为名，在黄氏宗祠大摆筵席，以酒肉笼络乡绅和族老，公开散布谣言攻击农民运动。当时，黄广渊已到别处工作。他的母亲黄凌氏闻讯，即带领乡农会会员和农军100多人赶到黄氏宗祠，把黄有朋等人包围起来，怒斥黄有朋的可耻行径，宣布祭祖的一切费用全由黄有朋负责。事后，六区一带的土豪劣绅便不敢继续公开与农会作对了。

·······□ 率先打响南路农民武装起义的枪声 □·······

1927年，蒋介石在上海发动了四一二反革命政变。接着，广东各地的国民党右派也相继叛变革命，加紧对共产党人和革命群众进行大屠杀。霎时间，整个南路阴霾密布，刮起了腥风血雨。

为了反抗国民党反动派的屠杀政策，黄广渊根据中共遂溪县委书记韩盈的布置，于1927年4月24日召集部分县委委员和农运骨干，在杨柑圩秘密召开会议，研究对敌斗争策略。但由于被国民党反动派察觉，派兵包围会场，大部分与会人员被逮捕，只有黄广渊等几人脱险。同日，韩盈在遂城南门圩被捕，不久被杀害，此后，中共遂溪县委的工作由黄广渊负责。5月初，黄广渊、黄凌氏母子前往广州湾鸡岭（后转往吴川石门）参加南路农民代表大会。会上成立了"南路农民革命委员会"，黄广渊等人被选为委员。会后，黄广渊从吴川石门赶回遂溪，加紧做好武装暴动的准备工作。

5月12日上午，黄广渊在海山村接获新圩仔值勤农军被六区反动区长潘林雄等缴去枪支的情报，当即派黄宗赐、黄广荣带领一队农军前往，将潘林雄一伙押回海山村处理。接着，黄广渊加紧部署各项防御工作，以防敌人兴师前来报复。5月19日，国民党遂溪县县长林应礼和海康县县长谢莲航纠集两县的反动地方武装；并会同驻军三十一团第二营2个连，共约1000人，分两路向海山村进攻，扬言要把海山村夷为平地。黄广渊身先士卒，带领农军同敌人激战了3天，最后把敌人击退。这次战斗，率先打响了南路农民武装起义的枪声。

海山之战后，黄广渊将六、七区的农军和工团军集中起来，于6月24日晚在六区米昌塘举行誓师大会，并统一编为一个武装大队，由黄广渊任大队总指挥，陈光礼任副总指挥。次日，黄广渊、陈光礼率领农军奔袭江洪港，一举攻克反动民团局和鸦片公司、洋杂公司等反动武装据点，继而挺进七区，围攻纪家圩反动民团局。6月28日，农军转而围攻江洪盐警炮楼，后因敌援大至而主动撤兵，退守乐民城。翌日，敌人纠集1000多兵力，配备重炮，围攻乐民城。农军在黄广渊、陈光礼的率领下，据城坚守，英勇作战，与敌人激战3天3夜，最后因敌我力量过于悬殊和弹药缺乏，被迫在7月1日夜晚从乐民城西北面的涵洞撤出。此后，黄广渊决定把农军分为两部分活动，一部分由陈光礼带领撤往斜阳岛，开辟海岛根据地；另一部分则由他率领，继续留在六、七区一带坚持斗争。

壮烈牺牲

1927年7月，中共南路特委在广州湾成立，彭中英任特委书记，黄广渊等人为特委委员。9月20日，黄广渊召集农军骨干在水妥村研究今后的斗争计划，不料该村流氓陈文应向六区警署陈河林告密，陈河林当即带兵包围了水妥村。在此危急情况下，黄广渊急忙吩咐母亲带领其他同志从村西北的密林撤退，他自己一个人向西南方向冲去，以引诱敌人，掩护同志撤退。敌人听到西南面响起密集的枪声，还夹杂着手榴弹的爆炸声，以为农军是从西南面突围，于是集中所有兵力往西南面追去。当敌人追至二溪村边时，见前面只有1个人，这才知道中计，于是疯狂地向黄广渊开枪扫射。黄广渊身中数弹，当场壮烈牺牲。黄广渊牺牲后，敌人残忍地割下他的头颅，提至河头、城月、遂城等地示众，并纵火烧毁了他和其他农军的房屋。

　　黄广渊牺牲后不久，他的二弟黄仲义、三弟黄广荣、母亲黄凌氏先后牺牲，黄广渊一家四口满门忠烈，在雷州半岛，至今人们还在传颂着他们的英雄事迹。

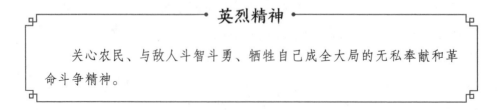

英烈精神

　　关心农民、与敌人斗智斗勇、牺牲自己成全大局的无私奉献和革命斗争精神。

（张弼）

黄国梁（1894—1927）

—— 向光明开去的 "火车头"

主要生平

黄国梁，又名黄胜亚。

- 1894 年，出生于广东省五华县郭田镇。
- 1920 年秋，考进广东省立第一甲种工业学校学习。
- 1923 年，加入中国社会主义青年团的外围组织——新学生社。在校期间加入中国共产党。先后介绍、吸收就读于广东公立法政专门学校的五华同乡古大存等多人入党。
- 1924 年 4 月 13 日，正式成立"五华青年同志会"，并创办会刊《春雷》杂志，大力宣传革命。
- 1927 年 5 月，在兴宁县城不幸被捕。5 月 16 日，惨遭杀害，时年 33 岁。

黄国梁，又名黄胜亚，广东省五华县郭田镇人，1894年生。他父亲黄淡如是个农村医生，在村中开设小药材铺，以行医为主业。黄国梁少年时好学上进，小学毕业后，就读于广东省立第五高级中学（即梅州中学）；毕业后，于1920年秋考进广东省立第一甲种工业学校学习。

加入中国共产党

广东省立第一甲种工业学校（简称"甲工"）是一所省立的职业学校，学费和膳宿都是公费。因此，报考的人很多，能够考上"甲工"的，一般都是学习成绩比较好、年纪也比较大的学生。黄国梁当年已是26岁的成熟青年，能考上"甲工"，学习更是勤奋努力。当时的"甲工"，学生运动非常活跃。阮啸仙、刘尔崧、周其鉴、张善铭、周文雍等都在此时期先后考入"甲工"。学校教师中，不少人不但有真才实学，而且思想开明进步。黄国梁在这样的学习环境里学习，受到了革命思想的熏陶。1923年，他加入了中国社会主义青年团的外围组织——新学生社，积极参加学生运动，觉悟不断提高。在校期间，他加入了中国共产党。

忠于党的事业，积极工作

在第一次国共合作期间，黄国梁在中共广东区委从事财经工作，兼任广州工团军军需主任、国光书店经理及其所属的国民印刷厂负责人，在广州码头工会亦兼有职务。他个头不大，但人很精灵，对党的事业忠心耿耿，工作积极热情负责。他兼任多种职务，整天东奔西跑，忙个不停，同事们都戏称他为"火车头"，一见他出门，就问："火车头，又开到哪里去呀?"

任职国光书店

国光书店开始设在昌兴街26号，后来事业发展了，即移到永汉路（现北京路）财厅前，经理办公室则设在文明路中共广东区委办公处三楼。该书店是在国共合作的条件下，由中共广东区委宣传部主办的，主要业务是出版、发行、销售进步书刊。黄国梁在国光书店工作认真负责，无论是出版发行还是图书管理，他都搞得有板有眼，把书店办得兴旺发达，还在汕头设立了分店。他们的工作受到了中共广东区委书记陈延年的好评。

为党培养新人

黄国梁注意培养、发展先进分子加入中国共产党，不断壮大党的力量。从 1923 年起，他就先后介绍、吸收就读于广东公立法政专门学校的五华同乡古大存等多人入党。这些人后来都被派回五华工作，建立党的组织，开展农民运动，成为当时五华革命运动的骨干力量。

大力宣传革命

黄国梁身在广州，却很关心家乡五华的革命事业。1924 年春，他就指派古大存到"旅穗五华同乡会"活动，从中团结了一批进步青年，于 4 月 13 日正式成立"五华青年同志会"，并创办了会刊《春雷》杂志，大力宣传革命。他通过五华青年同志会和五华同乡会的关系，一方面向五华的中学伸展活动，与家乡的知识阶层取得联系；另一方面在广州的五华打石工人中活动，并通过他们和五华的农民兄弟取得联系，向他们宣传农民运动和马克思主义。当随第一次东征军回过五华的古大存一回到广州，黄国梁立即向他详细了解家乡的情况。为配合第二次东征，黄国梁向中共广东区委提议，又派古大存回五华，组织农民武装。第二次东征胜利后，古大存回广州向黄国梁和广东区委汇报五华的革命斗争情况。黄国梁分析了当时的形势后，认为搞好五华的工作，对于整个粤东的影响很重要。于是，他决定将古大存固定在五华工作，领导农民运动。

黄国梁经常在进步刊物上发表文章，宣传进步，针砭时弊。在一篇题为《劣绅》的文章中，历数土豪劣绅的罪行，指出："劣绅一日不消灭，一般平民不能抬头。""只有扫除劣绅，才有我们光明的日子！"

临危不惧

1927 年四一二反革命政变后，广州的国民党紧接着发动四一五反革命政变，出动大批军警，包围和查封包括国光书店在内的各种革命团体和组织，搜捕和屠杀共产党人和革命群众。面对这种严重的白色恐怖，黄国梁临危不惧，沉着镇定，千方百计保护好党的文件和经费，保证了区委机关撤往香港、继续开展革命活动所需的文件和经费。

··········◎ 惨遭杀害 ◎··········

同年5月，为了反击国民党反动派的进攻，中共广东区委研究决定，策动驻兴宁县城的国民党第十八师宋世科团营长古怀（当时是共产党员）率部起义，再集合五华、兴宁、紫金和海陆丰的革命武装，占领东江与韩江一带区域，扩大军事力量，壮大革命声势，形成割据局面。恰巧当时古怀受宋世科派遣赴省领取军饷来到了广州，广东区委即叫他写好给该营所属一连连长魏大杰、二连连长魏耀汉（均是五华人，当时均是中共党员）等率部起义的手令，派黄国梁带往兴宁，组织起义行动。黄国梁带着党的重托和古怀的密令，匆匆上路，经汕头辗转到达兴宁县城。不料，此时宋世科已公开声明拥护蒋介石，并已开始"清党"。魏大杰、魏耀汉两连长已被撤换，接不上头。他只好去找另一名党员排长魏某。谁知魏某此时已叛变投敌，以致事情败露，黄国梁不幸被宋世科逮捕，并于1927年5月16日在兴宁惨遭杀害，时年33岁。

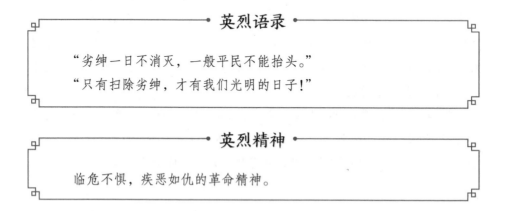

◎ 英烈语录 ◎

"劣绅一日不消灭，一般平民不能抬头。"
"只有扫除劣绅，才有我们光明的日子！"

◎ 英烈精神 ◎

临危不惧，疾恶如仇的革命精神。

（黄舜兴　陈菁）

赖炎光（1897—1927）

—— 为革命而死是最光荣的

主要生平

赖炎光，广东省紫金县紫城镇人。

- 1897 年农历正月十六日出生。
- 1905 年，在紫金县城初等小学就读。
- 1918 年，考进广东省立第一甲种工业学校读书。
- 1919 年 6 月，参与组织成立紫金县城的青联、学联、各界救国联合会，创办《救国周刊》和《紫金山小报》。
- 1922 年，加入中国社会主义青年团。3 月间，加入中国共产党。暑期，与刘琴西等建立青年团外围组织——新学生社，还开办"紫金劳动半夜学校"，为紫金革命运动培养了一批骨干。
- 1923 年 8 月，成立紫金党小组，任党小组组长。
- 1924 年，调到广州工作，从事工人运动和宣传教育工作。
- 1925 年冬，随国民革命军举行第二次东征。11 月任团汕头地委经济斗争委员会委员。12 月，担任篷船工会主席、中共潮安县委工委书记。
- 1927 年 4 月 14 日晚，被敌人逮捕，不久，被押赴汕头市荒郊杀害，时年 30 岁。

赖炎光，广东省紫金县紫城镇人，生于 1897 年农历正月十六日，其父是前清秀才，其母是香港资本家的仆女。

寻求救国救民的真理

1905 年，赖炎光在紫金县城初等小学就读，第二年他父母就为他领养了一个很小的童养媳。因为家计维艰，他经常辍学做零活，至 1914 年才读完高等小学。在校期间，曾参加过刘琴西、刘尔崧发动的学生运动。

高小毕业后，他去做小买卖帮补家计。其间他结交了刘琴西、刘尔崧、钟灵、傅燊霖等一批青年朋友，他们经常聚集在一起谈论国家大事。

1918 年，赖炎光与刘尔崧、刘尔寰、张克强一起考进广东省立第一甲种工业学校读书。在刘尔崧等人的影响下，他思想趋向进步，经常研读革命书刊，寻求救国救民的真理。

组织爱国组织创办爱国刊物

1919 年，北京爆发了五四爱国运动，消息传到广州，立即得到广大青年积极响应。广东省立第一甲种工业学校学生会主席刘尔崧和进步学生阮啸仙、张善铭、周其鉴一起与各校学生会负责人联系，组织罢课、游行示威，并派赖炎光带着许多进步书籍和报刊，以及五四运动的消息，星夜赶回紫金县城，组织青年学生响应北京学生的爱国行动。

赖炎光回到紫金后，立即找到一些进步师生商量，经过一段时间的酝酿，便于 1919 年 6 月 15 日在紫金县城劝学所成立了青年联合会，会长刘琴西，并在叶家祠成立学生联合会，会长陈运业（县立第一高等小学五年级学生）。

紫金县城的青联、学联成立后，便分别组织宣传队，赖炎光领导青年宣传队和学生宣传队上街演讲，对各界人士进行爱国宣传，并对有卖日货的商店进行搜查。紫金县城商会会长、协丰洋货店老板周肖岐，不仅拒绝学生检查日货，还与反动县长陈梦彭互相勾结，制止青年学生的爱国运动，激起学生的怒火。赖炎光和刘琴西等便组织更大规模的斗争，派学生赖侨、刘仁昌等向张四伯借了一条公猪，猪背上写着"打倒卖国贼奸商周肖岐"，由学生牵着上街游行示威，当队伍进入协丰洋货店时，便将周肖岐的全部日货（包括布匹、火柴、鱿鱼）搬至娘娘庙坪焚烧。广大群众对赖炎光敢作敢为的革命精神无不称赞。可是反动县长陈梦彭对青年、学生的爱国运动却十分仇视，竟出动士兵抓走了赖侨等人。

正在形势急剧变化的时候，又传来了刘尔崧等在广州因领导学运被警察厅厅长魏邦平逮捕的消息，县城便有些人埋怨赖炎光回来闹事。赖炎光、刘琴西等人则理直气壮地对他们说："大家不要怕，胜利是属于我们的。"不久，得悉广州中上学联经过斗争已经迫使魏邦平释放了刘尔崧等人，群众情绪又高涨起来。赖炎光领导青年学生继续向陈梦彭进行说理斗争，终于迫使陈梦彭将赖侨等人释放出来。

紫金青年、学生运动很快波及各大圩镇，抵制日货运动越来越广泛地展开。赖炎光和刘琴西等又在紫城成立"各界救国联合会"，在店员工人中组织了工会，并在劝学所组织青年工人办夜校，赖炎光亲自上课，向工人讲解只有团结斗争才能摆脱苦难的道理。

当各方面工作有了头绪，运动如火如荼地发展的时候，赖炎光才回到广州。

同年暑期，赖炎光又跟刘尔崧回到紫金县城与刘琴西、刘乃宏、钟灵、刘海帆、傅燊霖等创办《救国周刊》和《紫金山小报》，宣传五四运动的伟大意义，提倡新文化运动。周刊和小报出版后，深受群众欢迎，阅者甚众。他们还巩固了劝学所里办的劳动夜校。

不久，赖炎光随刘尔崧回到广东省立第一甲种工业学校继续读书，积极参与刘尔崧等领导的各项革命活动。他不辞辛劳，勤奋好学，学业上和思想上都有很大的进步。

1921 年春，陈独秀、谭平山等组织成立广州共产党早期组织。不久，刘尔崧就被吸收加入了广州共产党早期组织，成为广东最早的一批共产党员。赖炎光在刘尔崧的教育帮助下，思想日益成熟，在课余时间，参与办学报，开展宣传活动。

1922 年，刘琴西成为广州第一批加入中国社会主义青年团的团员。稍后，赖炎光也加入了团组织。1922 年 3 月间，刘琴西在宣讲员养成所毕业，这时他已经加入了中国共产党。在刘琴西将要回紫金县时，刘尔崧和赖炎光与他对紫金青年运动问题作了多次研究。他们约定刘尔崧、赖炎光于暑期毕业后，先回紫金县做一段时间工作，为紫金青年运动开创新的局面。

暑期，刘尔崧、赖炎光在广东省立第一甲种工业学校毕业，他俩胸怀大志，决心带着在广州4年间学习到的知识才能和接受的革命新思想，先回到自己的家乡进行革命实践。他们2人回到紫金县城后，便和刘琴西、钟灵、刘乃宏、刘海帆、傅燊霖、钟子廉等建立了青年团外围组织——新学生社，组织青年学生阅读进步书籍，学习革命理论，开展学生运动，成员发展到100多人。他们还开办了"紫金劳动半夜学校"，也有50多人参加学习，多数是钟子廉领导的店员工人和手工业工人。新学生社和劳动半夜学校的建立，为紫金革命运动培养了一批骨干。就在这个时候，赖炎光由刘琴西、刘尔崧介绍加入中国共产党。不久刘尔崧回广州，留下赖炎光在紫金领导工作。

赖炎光、刘琴西从1923年起，便逐步培养进步青年中条件比较成熟的钟灵、刘乃宏、刘海帆、钟子廉入党，并于同年8月成立党小组，赖炎光任组长。

从事工人运动和宣传教育工作

1924年国共合作实现以后，赖炎光和刘琴西均被调到广州工作。他们均在刘尔崧领导下，从事工人运动和宣传教育工作。

1925年冬，国民革命军举行第二次东征，赖炎光随军东征。东征胜利后，周恩来担任东江各属行政委员，赖炎光亦在汕头工作。11月10日至11日上午，团汕头地委召开了第一次常委会，赖炎光亦出席了会议。会议决定照中央通告改组，健全团地委组织，并成立了宣传、学生、青年、农民、妇女运动、经济斗争等6个委员会，赖炎光和廖其清、方达史、宋青、杨石魂等人在经济斗争委员会工作，廖其清为书记、赖炎光等为委员。

11月24日，团汕头地委召开第三次常委会，决定派出专人到各单位各部门筹组基层支部，赖炎光被派至篷船工会、理发工会开展这项工作。

12月，中共广东区委决定，在汕头市成立中国共产党汕头地方委员会。地委分工由杨石魂负责工运，赖炎光在杨石魂领导下工作，担任了篷船工会主席，并任中共潮安县委工委书记。

忍痛离别

赖炎光在汕头市总工会的工作安定下来后，即写信叫妻子陈蔚霞到汕头来。

赖炎光的妻子住了几天后，总想弄清丈夫是干什么事业的。赖炎光说："我是搞共产主义的，是共产党员。"陈蔚霞又问："你是当什么官的？"赖炎光说："我是当大门官，与尔崧、琴西三人共条心的。"陈蔚霞又问丈夫："你这里是什么单位，干什么的？"赖炎光说："这里是汕头市总工会，是为实现共产主义社会、是使广大人民群众不受压迫剥削，再也不向财主籴米借粮的。"陈蔚霞又向丈夫诉说："家里母亲吐血，卖尽了一切家产治病，母亲的病还没治好。"赖炎光安慰妻子："不怕，我们要努力工作，摆脱贫困，将来到广州做洋楼啦！"陈蔚霞听后哈哈大笑说："自己家里以卖糖子为活，一日三餐难于糊口，做洋楼，比上天搞月光还难呀。"经过一段时间，在赖炎光的影响帮助下，农民出身的妻子逐渐懂得了一些革命道理，大力支持丈夫从事革命工作。

1927年4月12日，蒋介石发动反革命政变，接着广州、汕头等地陷入白色恐怖之中。赖炎光已知有急变情况，劝告妻子速带刚满周岁的儿子赖潮生离开虎口星夜回家，但陈蔚霞恋恋不舍，无论如何也不愿离去，要与赖炎光同生死。经赖炎光反复做工作后，陈蔚霞才忍痛离别了赖炎光。

为革命而死是最光荣

4月14日晚，汕头全市戒严，大批反动军警包围了国民党汕头市党部、总工会、罢工委员会、《岭东民国日报》社等，工会秘书丘舞和《岭东民国日报》社的李春涛、巫丙喜被杀害，赖炎光则被敌人逮捕。

赖炎光和许多共产党员、革命群众被押进汕头监狱。在汕头搞医务工作的陈少铭（赖炎光的内弟）到监狱里看望赖炎光，赖炎光自知难逃毒手，便对陈少铭说："你来了就好啦，看到你就好像看到了你姐姐和潮生，姐夫这回是没命的了，将很快死在何辑五的魔爪中，回去告诉你姐姐别难过，别悲伤，克勤克俭把潮生养育成人，我为革命而死是最光荣的。"

不久，匪徒们把赖炎光等36名共产党人和革命群众押赴汕头市荒郊准备杀害，赖炎光毫无畏惧，临刑前高呼："中国共产党万岁！打倒国民党反动派！"牺牲时年仅30岁。

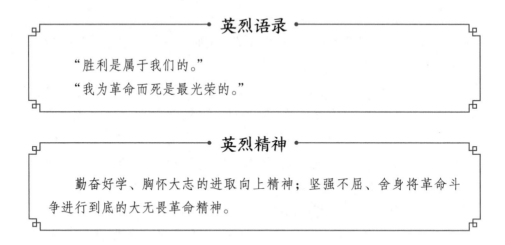

英烈语录

"胜利是属于我们的。"

"我为革命而死是最光荣的。"

英烈精神

勤奋好学、胸怀大志的进取向上精神；坚强不屈、舍身将革命斗争进行到底的大无畏革命精神。

（钟声）

李春涛（1897—1927）

—— 党的路线、政策的宣传者

主要生平

李春涛，广东省潮州人。

- 1897 年，出生于潮州城内的刘察巷。
- 1905 年，在城内讲堂读私塾。
- 1912 年，进入金山中学读书。
- 1917 年 9 月，东渡日本，考进东京早稻田大学政治经济科。
- 1919 年，和彭湃加入早稻田大学"建设者同盟"。
- 1927 年 4 月 27 日，英勇牺牲，时年 30 岁。

早期革命生涯

李春涛祖辈经商，父亲以教书为业。1912年，李春涛进入金山中学。这时，正值中国近代革命高潮，李春涛在青少年时代就受到革新思想的影响。在金山中学毕业以后，他追求真理的愿望更加强烈。1917年9月，他和彭湃一起东渡日本，考进东京早稻田大学政治经济科。

早稻田大学的一些探索反对资本主义、建立新社会的进步学生，于1919年组织了"建设者同盟"，李春涛和彭湃是这个组织的早期成员。"建设者同盟"着重研究农民问题，李春涛和彭湃对此有浓厚的兴趣。随着十月革命影响的扩大，李春涛、彭湃等人又组织了进步团体，李春涛提议命名为"赤心社"，以表示一心学习俄国。1920年11月，日人堺利彦、韩人权无为等在东京发起组织"宇宙俱乐部"，彭湃与李春涛等因与堺利彦、权无为相识，遂首先加入。之后，亚洲和欧美许多国家的左翼文化人纷纷参加，"宇宙俱乐部"成为一个国际性的左翼组织。在参加这些活动的过程中，李春涛加深了对马克思主义的了解。

以教育进行革命

1921年夏天，李春涛等在日本学成回国。适彭湃不久就任海丰县教育局局长，李春涛应邀到海丰任教，他和彭湃一起进行了从教育入手以促进社会变革的实践。他们为改变海丰的教育面貌作出了许多贡献。

1922年5月，他们发动和组织学生在海丰举行劳动节纪念集会和游行，李春涛在会上发表演说，号召学生为谋取人类的幸福生活而斗争。5月8日，海丰《陆安日刊》发表反动文章，攻击彭湃、李春涛等组织这次集会和游行，是所谓"藉教育宣传社会主义之谬妄"，因而彭湃被撤去了教育局局长的职务，李春涛也被解聘。

李春涛回到故乡潮州，仍致力于教育工作，初任潮州金山中学教务长，旋代理校长。他积极推行新文化运动，继续进行教育革新，注重把学校生活与社会斗争结合起来。然而，当时的潮州毕竟还是旧势力的天下，李春涛的进步思想，又不为环境所容。不久，他又去职，乃前往北京，在中国大学、平民大学等校任教，讲授有关唯物主义的课程，深受进步学生的欢迎。

在北京期间，李春涛在地安门内织染局胡同十三号和杜国庠、李沧萍合住，杜国庠为户主。他们把住屋命名为"赭庐"（即"红楼"之意），这所普通的住屋是他们学习、研究与宣传马列主义的地方。李春涛在"赭庐"居住期间，与正在海丰从事农民运动的彭湃继续保持密切的联系，互相通过书信讨论农会组织及进行事宜。李春涛假期回乡或返校途经上海时，必替彭湃去找当时团中央的负责人施复亮，听取意见或汇报海丰农运情况。

起草《海丰全县农民泣告同胞书》

1923 年暑假，李春涛南归。当时，正值海丰农运受到陈炯明爪牙的摧残。彭湃找陈炯明进行说理斗争之后，到潮安李春涛的家中相会，又详细商谈了有关农运问题，彭湃要求李春涛为海丰农民起草一份告同胞书，揭露封建势力对农民运动的残酷镇压。李春涛欣然应诺，并亲切地鼓励彭湃说："这是一个革命运动必经过的途径，再干吧！"他随即奋笔疾书，写出了《海丰全县农民泣告同胞书》。

《海丰全县农民泣告同胞书》列举了农民受封建地主阶级压迫剥削而处于绝境的大量事实，叙述了海丰农民为求生存而组织农会的经过，揭露了在1923 年的"七五农潮"中反动势力对农民运动的摧残，最后，呼吁社会各界的同情和支持。《海丰全县农民泣告同胞书》陈词恳切，语言悲愤，寄发各地后，无不激起人们对海丰豪绅地主阶级的痛恨，对海丰农民的正义斗争表示深切的同情和支持。

捍卫彭湃从事农运的革命事业

地主豪绅阶级和香港的反动报刊，继续对海丰农民运动进行造谣诽谤，这时，李春涛又挺身而出，在"赭庐"写下了长篇论文《海丰农民运动及其指导者彭湃》，捍卫彭湃从事农运的革命事业。

这篇文章发表于 1924 年 1 月 30 日，刊登在中国大学的校刊《晨光》上。它的附注指出："海丰农民运动，有主义有组织，是研究中国劳动问题者所应当特别注意的。李君是专门研究经济学的人，而海丰农民运动首领彭湃君又是李君的知己，材料真确，判断公平，可想见了。"文章在详细介绍了彭湃的思想发展和海丰的农运经过，客观评价了彭湃在海丰农运中所起的作用之后，着重指出："我们的目的，当然是在于推翻现代的资本主义组织以实现未来的社会主义组织。实现此目的之唯一手段，为社会革命。社会革命之完成者，当属劳农阶级。而劳农阶级在未完成其社会革命的事业时，莫要于鲜明其阶级意识，整饬其先锋的队伍，发挥其斗争的精神。"

这篇文章最早从理论与实际的结合上论证了彭湃与海丰农民运动的关系，具有高度的唯物主义思想水平，而且保存了海丰农民运动的许多材料，真实地反映了海丰农民运动发展的历史。

发表《杀尽知识阶级的是谁》

第一次国共合作形成后，1925年12月，国民党宣传部创办《政治周报》，由毛泽东任主编，李春涛以国民党左派的身份参加周报的工作，积极协助毛泽东处理编辑部的事务，并撰写了一些重要文章。李春涛在《政治周报》第二期发表的《杀尽知识阶级的是谁》一文中，针对陈炯明之流诬蔑和诽谤共产党的政策是要"灭绝知识阶级"，说什么"共产党成功时，便要把知识的青年学生，一个一个杀尽"的谰言，他以鲜明的马克思主义观点进行反驳，首先指出，根本就没有一种共通的利害，能够促成知识分子联合成一个阶级，他们只能是附属于各个阶级的知识分子，然后又指出："若他们竟忘却了自身在现存社会上的地位，而情愿开倒车去和军阀买办阶级土豪劣绅帮忙，那才算是有知识的青年被人杀尽。被谁杀尽呢？直接被军阀买办阶级土豪劣绅冤杀，间接被帝国主义毒杀。"一篇不过400来字的短文，不仅阐明了知识分子的阶级属性和革命前途，而且还深刻揭露了陈炯明之流才是真正杀害知识青年的刽子手。

李春涛在《政治周报》的表现，给毛泽东留下了深刻的印象。事隔30年，毛泽东和柯柏年（即李春蕃，李春涛的堂弟）谈话时，柯柏年问他是否还记得在《政治周报》工作过的李春涛时，毛泽东连声说："记得！记得！"

任《岭东民国日报》社社长

第二次东征期间，李春涛在周恩来领导的东征军总指挥部总政治部工作，写了《东征记略》等重要文章。东征胜利后，国民政府任命周恩来为东江各属行政委员，主持二十五县政务。李春涛出任《岭东民国日报》社社长。

《岭东民国日报》名义上是潮梅地区国民党的党报，实际上直接由周恩来领导，是反映中国共产党政治主张的舆论工具。《岭东民国日报》在李春涛的主持下，宣传革命思想，对推进东江地区的革命工作起了重要的作用。也正因为该报积极宣传了中国共产党的政治主张，坚持了反帝反封建的鲜明旗帜，勇敢地捍卫工农群众的利益，才引起了国民党右派和土豪劣绅的刻骨仇恨，把李春涛视为眼中钉。

"非党布尔什维克"

在国民党左、右派激烈斗争时，和共产党人一起参加了民主革命的李春涛，对中国共产党的认识更深刻了。这时，他恳切地向党组织提出了入党申请。中共汕头地委认真讨论后，认为在当时国共合作的条件下，李春涛以国民党左派的身份开展工作，对革命事业更为有利。因此，彭湃便向李春涛解释："你是很坚定的布尔什维克，完全具备党员条件。但是，在目前情况下，你作为国民党左派的身份，与共产党进行合作，对革命事业更有好处。"李春涛听党的话，一心干好革命工作，深得同志们的爱戴，称他为"非党布尔什维克"。

国民党反动派叛变革命的前夕，李春涛就被撤去了《岭东民国日报》社长的职务。

惨遭杀害

1927 年，蒋介石发动四一二反革命政变后，广州的形势也很紧张。中共汕头地委接到党员梁工甫从香港发来的急电："先为哥：父亲在沪坠马折足，母亲在省病危，请诸兄弟来港会商善后。""先为"是中共汕头地委的代号，电文暗示事变已经发生，要汕头方面做好应变准备。但中共汕头地委未能充分估计敌人的阴谋，没有立即采取果断措施。当潮梅代绥靖主任何辑伍（何应钦之弟，国民党右派）借口解决澄海县农军教练彭丕被害问题，通知中共负责人前往警备司令部开会时，我党仍派出李春涛、廖伯鸿（中共党员）、梁德明前往，他们一到警备司令部即被逮捕。4 月 14 日晚，全市戒严，国民党汕头市党部、总工会、工人罢工委员会等机关被包围，国民党反动派抓走了 100 多名革命同志。

李春涛在敌人的严刑拷打面前，大义凛然，坚贞不屈，他赋诗言志，抒发革命情怀。4 月 27 日深夜，国民党反动派竟把李春涛等人装进麻袋，用刺刀刺死后，抛进汕头石炮台的大海。李春涛为中国人民的革命事业英勇牺牲了，时年仅 30 岁。

• 英烈著作 •

《海丰全县农民泣告同胞书》《海丰农民运动及其指导者彭湃》《杀尽知识阶级的是谁》《东征记略》。

• 英烈精神 •

敢于捍卫工农群众的利益而与一切反动派作斗争的斗争精神；大义凛然，坚贞不屈的英雄气概。

（熊泽初　郭呈祥　罗可群）

李芳春（1905—1927）

——大革命时期罗定县农民运动杰出的领导者之一

主要生平

李芳春，广东省罗定县黎少镇横岗六迪人。

● 1905 年 4 月 5 日，出生于一个中农家庭。

● 1924 年，加入中国共产党。

● 1925 年，领导成立罗定县第一个乡农会——横岗乡农民协会，并组织农民自卫军。领导成立罗定县农民协会办事处，向全县人民发出《敬告罗定农民界同胞书》。

● 1926 年 1 月，任广东省农民协会西江办事处书记。8 月，发动清理德义祠和菁莪书院两局租谷运动。

● 1927 年 4 月，在广西筋竹黄陵山寨村被团警围捕。5 月 7 日，在鸡梯岭竹笪庙被敌人枪杀，时年 22 岁。

李芳春，是大革命时期罗定县农民运动杰出的领导者之一，广东省罗定县黎少镇横岗六迪人。1905年4月5日出生于一个中农家庭。祖父李杰文，父亲李明四。李芳春有兄弟姐妹7人，他排行第五。李芳春7岁入学，先后在六迪初级小学和横岗小学学习，继而到省立八中（罗定中学）就读。1923年秋，考入广东大学政治系深造。

青少年时期的李芳春，勤奋好学，成绩优秀，品性刚直，有良好的道德修养，思想开朗，容易接受新生事物。他还喜爱习武，假日回到家乡，经常到后山松林练习打枪，练出了一手好枪法，成为一名能文能武的好青年。

为罗定的农运播下革命火种

1923年他在广州读书时，经常参加各种进步活动，与广东农民运动领袖彭湃有亲密交往，思想进步很快，1924年加入中国共产党。他借寒暑假，回到家乡宣传革命道理，教育农民要求翻身解放，必须推翻封建土豪反动武装，组织农会和农民自卫军。他为罗定的农民运动播下了革命火种。

组织农民自卫军

1925年5月1日，广东省第一次农民代表大会召开，会上成立广东省农民协会，李芳春出席了大会。会后，国民党中央农民部委任李芳春为特派员回罗定开展农民运动。他以自己的家乡六迪为基地，到大陂、四亨塘、山歧、蒲竹等村发动群众组织农会。他利用国共合作的大好形势，积极做好国民党县党部上层人士的工作，争取国民党县党部执委李雨亭（胞伯）、县民团横岗分团团总李星南（胞伯）的支持和赞同，拿出枪支，组织农民自卫军。同时，他清算了其叔父李乙黎掌管的祖尝租谷、钱账，按人头分给村里各户农民，深受群众的拥护。7、8月间，六迪及附近村庄的农民纷纷组织起来，分别成立六迪、大陂和四亨塘村农会。在此基础上，成立罗定县第一个乡农会——横岗乡农民协会，并且组织了农民自卫军。

发出《敬告罗定农民界同胞书》

李芳春为了推动全县农民运动的发展，成立罗定县农民协会办事处，并向全县人民发出了《敬告罗定农民界同胞书》，指出：广大的贫苦农民必须联合起来，建立自己的农民协会，才能推翻反动统治，为罗定的农民运动指明了前进的方向。他精力充沛，工作勤奋，胆识过人。他经常深入山区乡村宣传群众，所经之处，多是深山野岭，土匪经常出没。有人劝他说，那些地方很危险，不要去了。他说："革命不怕死，革命得人心。"他深入各户，找农民促膝谈心。通过宣传发动，全县各乡村农民协会像雨后春笋般成立起来，乡农会发展达 15 个，并组织了 1000 多人的农民自卫军。

革命宣传先锋

李芳春既领导农民运动，又领导学生运动和工人运动。他经常到罗城镇苏屋巷学校，向学生宣传革命道理，积极支持省立八中学生反帝反封建的斗争，组织学生中的积极分子成立新学生社，发展共青团员，使学生运动和农民运动结合在一起。同时，他通过开办工人夜校，向工人宣传工农联盟、革命依靠工人阶级的道理，发动工人组织油业工会和码头工会。

领导成立罗定县党团农组织

1926 年 1 月，广东省农民协会西江办事处成立，委派李芳春为办事处书记。随着农民运动的深入发展，在实际斗争中涌现了一批工人、农民、学生积极分子，为建立党团组织创造了条件。李芳春先后吸收了 9 人加入中国共产党。1926 年 4 月，罗定县第一个党组织——中共罗定县特别支部成立，由李芳春负责。同时，成立了一个共青团罗定县特别支部。党团组织的建立，大大加强了革命运动的领导力量。同年 4 月 23 日，经省农民协会的批准，在罗定县城李家祠召开有 2000 多人参加的农民代表大会，宣告罗定县农民协会成立，选举了领导机构成员，通过了会章，作出了决议。会后，举行了庆祝游行活动。

发出《减租减息宣言》

县农会的建立，标志着罗定县农民运动达到新的高潮。经历了一个冬春，全县的农民协会发展到 3 个区 73 个乡，会员 4188 人，县农会成立后，向全县发出《减租减息宣言》，宣布实行二五减租，取消地主收租用的大斗大秤，废除苛捐杂税等。各乡农会设立了封租委员会，对违抗农会规定，抗拒减租的地主，将其全部租谷封存起来，交给农会处理。

发动清理"两局"租谷运动

1926 年 8 月，李芳春发动了清理德义祠和菁莪书院"两局"租谷运动。德义、菁莪"两局"是始建于清代的学租会，拥有数百亩良田，每年收租不少，历来由大地主劣绅梁雨生、赖少鹤等把持。他们蔑视县农会的规定，抗拒减租减息，其租谷除拨一小部分作教育经费外，其余全部私吞。李芳春组织县农会联合工、学和商各界人士，向国民党县党部提出清理梁雨生和赖少鹤的贪污账，并由县农会接管"两局"的宣言。宣言还揭露了地主豪绅们利用职权贪污私吞公款的种种事实。初时，梁雨生自恃势力大，顽强对抗。李芳春便带领农军 100 多人，进驻梁家庄附近，强令梁雨生出来当面答应限期到县党部移交。同时派出农军往罗城追寻赖少鹤。在此情况下，梁雨生等人才不得不如期前往县党部办理移交手续，交出"两局"的部据、田契六大箱和光洋一批。这一胜利，大大地鼓舞了全县人民反封建剥削斗争的信心，显示了农会的力量。

农民运动的兴起，使土豪劣绅和地主恶霸极为震惊和仇视。他们采取各种手段破坏农会。1926 年 9 月底，泗纶四区王葆衡借发行公债为名，将高寨、皆横、亚鸡 3 个农会的会长无理扣留。李芳春率领四区农军及群众 100 多人，包围区署，将 3 名会长救出来。

领导六区战斗

为了保障农民运动深入发展，李芳春组织 2000 多人的农民自卫军总队进行军事训练。1926 年 10 月 13 日，反动民团三罗总指挥陈镜轩、六区反动民团团长陈明新等人，纠集罗定、云浮、郁南三县边界民团 2000 多人，借口搜捕土匪，向苹塘六区农会进攻，在营讯、水寨、蚊子岗、雅屋岗等乡屠杀农会会员，焚烧房屋，抢劫民财，杀害群众达 20 多人，烧毁民房 400 多间。李芳春闻讯后，一面通知各区自卫军迅速集中，前往六区参加战斗，一面立即率领正在县城集训的县农民自卫军，赶赴六区。战斗中，李芳春指挥部队向敌人发起猛烈攻击，抢占制高点。敌人倚仗人多势众，进行反扑。李芳春率众坚守阵地，打退敌人的反扑。次日，各区农军已陆续赶到战场。参战农军达1500多人，战斗力大大加强。战斗至第6天，敌人不支，反动头子陈镜轩狼狈逃命。农军大获全胜。

六区战斗结束后，李芳春在横岗主持召开县、区、乡农会执委联席会议，总结六区战斗的经验教训，并号召农民要进一步组织起来，为保护自己的利益而团结战斗。

化整为零，潜伏待命

1927年4月，蒋介石在上海发动反革命政变。接着，广东国民党右派也制造了四一五反革命政变。广东守备军第二团团长韩汉英率团到罗定办理"清党"，主要目标是对付农会和农民自卫军。事前，在县电报局工作的译电员何崇勋（共产党员）截获"清党"密电，知悉国民党反动政府要逮捕李芳春，解散农会，缴农军的枪，便立即通知李芳春。李芳春马上召集县农会执委和县城的党、团员及农军骨干，星夜在罗城南门头升平馆楼上开紧急会议。会议决定，撤离罗城，以横岗为中心组织农军，用革命的武装粉碎反革命的"清剿"。会后，李芳春回横岗，邬广汉回生江，李春馨回苹塘，李仁夫回泗纶，分别带领各区农军到横岗，举行横岗暴动。两天后，国民党反动派韩汉英联合罗定地方反动民团，直向生江、横岗、泗纶一带进攻，沿途烧杀抢掠，到处搜捕李芳春等。

在敌众我寡的情况下，李芳春决定暂作退却，带着队伍转移到云致、山岐、赤岭一带活动，保持与其他队伍的联系，并在山岐召集部分农军骨干会议，决定将农军化整为零，潜伏待命。

在鸡梯岭竹笪庙被枪杀

会议结束后，李芳春决定去找上级党组织，绕道广西岑溪往东江。不料给李芳春带路的李国春已被反动地主梁雨生以重金收买，设计将李芳春杀害。一天，李国春把李芳春带到广西筋竹黄陵山寨村附近，安排在陈木家中投宿后，便暗中通知郁南第九区国民党反动区长钟赞周。钟赞周立即出动一批团警围捕李芳春。当转移到广西望路的农军领导人李灿英得知消息后，虽立即组织农军前往营救，但钟赞周已连夜将李芳春押走。5月7日，李春芳被押往罗定途中，在鸡梯岭竹笪庙被敌人枪杀，牺牲时年仅22岁。事后不久，出卖李芳春的李国春，赏金还未到手，就被革命群众处死了。

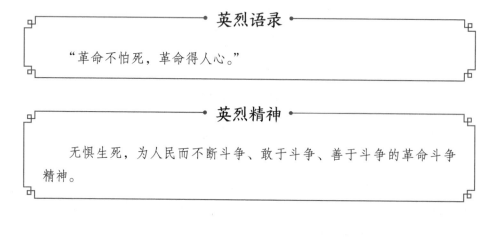

● 英烈语录 ●

"革命不怕死，革命得人心。"

● 英烈精神 ●

无惧生死，为人民而不断斗争、敢于斗争、善于斗争的革命斗争精神。

（陈忠）

梁桂华（1893—1927）

——身残志坚的革命者

梁桂华，原名贵华，广东省云浮县思劳乡三坑村人。

- 1893 年 12 月 21 日，出生于一个贫农家庭。

- 1922 年春夏间，加入中国共产党。

- 1924 年 7 月，被选派到第一届广东农民运动讲习所学习，并参加黄埔军校举办的农民运动军事训练。

- 1925 年 5 月，被选为中华全国总工会的执委、中共广东区委监委委员。6 月任省港罢工委员会深圳接待站主任。12 月，任国民党二大特别保护大队小队长。

- 1927 年初，任中共香港地委书记。12 月 11 日参加广州起义，不幸被捕，壮烈牺牲，时年 34 岁。

困苦的童年时期

梁桂华的父亲梁积是个搭棚工人，长年在外谋生，母亲严四在家佃耕一两亩瘦地，兼打短工和割草养活一家。桂华还有一个弟弟叫梁富华。梁桂华12岁那年，父亲在国外搭棚时摔死了，资本家连一个钱的抚恤金也不给，遗体还是由工友们捐款埋葬的。父亲的惨死和资本家的冷酷无情，给梁桂华幼小的心灵刻下了创伤和仇恨。

思劳是个穷乡僻壤的地方，那里连年战祸灾荒，人民过着饥寒交迫的生活。梁桂华从小跟母亲劳动，替地主牧牛，父亲惨死后，家境更加困苦。为了寻找活路，14岁的梁桂华就离开了家乡，到广州学理发。他在理发店里挨过了三年牛马不如的学徒生活和一年傍师生活，后来辗转到了佛山市永汉理发店当工人。为了自卫，他拜佛山名馆钟师傅为师，学习国技。钟师傅爱他为人老实忠厚，又勤学苦练，遂把自己的生平绝技全部传授给他，几年内，梁桂华居然练就一身好武艺，成了佛山市有名的国术师。

接受马列主义思想

1921年中国共产党成立后，党派梁复然回佛山宣传马列主义，发展组织，开展工人运动。梁复然知道梁桂华是个老实可靠的工人，便向他宣传马列主义，与他讨论时政。他们彼此谈得十分投契，遂成了莫逆之交。此后，梁复然便把马列主义书刊送给梁桂华阅读。梁桂华虽只读过两年书，识字不多，但在梁复然的热情帮助下，他先后学习了一些宣传介绍共产主义的读物。他结合自己的经历，逐步提高了阶级觉悟。这时，中共广东支部的领导人谭平山、谭植棠等经常到佛山进行革命活动，在公共场合同无政府主义者进行论战。梁桂华在此影响下，认识到只有实现共产主义，无产阶级才能彻底解放的真理。1922年春夏间，梁桂华便光荣地加入了中国共产党，成为无产阶级先锋队的一员。

投身工人运动

梁桂华入党后，即投身工人运动。他团结了佛山600多名理发工人，在孔圣会成立了佛山市理发工会，被选为会长；并领导工人向资方提出合理分配收入的罢工斗争，结果工人工资由占收入的40%提高到47%。他还联合了土木建筑、裱联、皮革和制饼等工会，成立了佛山市工人俱乐部。罢工的胜利，引起了资本家和反动当局的惊恐与仇视，他们以莫须有的罪名逮捕了梁桂华，并判处徒刑一年。后经谭植棠、杨殷前往营救才出狱。半年的监狱生活，把梁桂华锻炼得更坚强了，出狱后即参加了新的战斗。

1923年间，贫农出身的吴勤在佛山大桥头设"鸿胜馆"，组织一班青年，独树一帜。大地主大买办陈恭受妄图把吴勤这班人纳入其管辖下的佛山民团局，以便排挤共产党在南海县的力量。资本家还准备利用吴勤，在大桥头制造中秋月饼，以破坏制饼工人的罢工。党组织为此派梁桂华去做说服吴勤的工作。经过梁桂华的耐心启发教育，吴勤最终接受了共产党的领导，组成了南海县第一个农团军，成为南海县农民运动的一面旗帜。

从事农民运动

1924年7月，梁桂华被选派到第一届广东农民运动讲习所学习，并参加了黄埔军校举办的农民运动军事训练。10月，他带领南海县第一农团军支援平定商团叛乱的战斗。年底，他以中国国民党中央农民部特派员的身份，在广东省内从事农民运动，曾到南海、番禺、中山以及他的家乡云浮开展农民运动。

中山县是国民党右派势力比较雄厚的地方，姓氏宗派矛盾比较尖锐复杂。梁桂华迎难而上，带着理发工具来到中山县九区上下栅，以理发为掩护，访贫问苦，深入发动群众，逐步组织起阶级队伍。地主豪绅便派出狗腿子和反动武装进行破坏。梁桂华则与其进行有理有节的斗争，保护了农民的利益。他后来成立中山县九区农民协会和上下栅农民协会，为进一步发展中山县的农运打下了基础。

1925年5月，全国第二次劳动大会和广东省第一次农民代表大会同时在广州召开。梁桂华以省农民代表和佛山工会联合会代表的身份出席了大会，并被选为中华全国总工会的执委。同时，他还被选为中共广东区委监委委员，成为杨殷的得力助手。

组织反帝大罢工

1925 年，帝国主义在上海发动了五卅惨案后，中共广东区委和中华全国总工会同时发出了反对英帝国主义的宣言，号召香港工人、学生和市民参加反帝大罢工，并派出杨殷、杨匏安、梁桂华等到香港，协助苏兆征、邓中夏进行罢工的组织发动工作。梁桂华一方面作为邓中夏的得力助手和保卫人员，另一方面他还负责发动理发等基层工会的群众参加罢工。6 月 19 日，大罢工实现后，为了接待和安置罢工回来的群众，党又派梁桂华任省港罢工委员会深圳接待站主任。他依靠深圳地区的农民协会，借来了大量建筑材料，亲自搭草棚，设床铺，热情接待罢工归来的群众。以后，他又参加党员训练班工作，向学员讲党课。

保护国民党第二次全国代表大会和国民党左派代表

1925 年 12 月，国民党第二次全国代表大会在广州召开前夕，国民党右派妄图以恐怖手段来破坏代表大会的召开。中共为了确保出席大会的中共代表和国民党左派代表的安全，特命杨殷组织特别保护大队，梁桂华是该大队的小队长。

身残志坚

1927 年初，国民党右派阴谋发动反革命政变的前夕，为了保护党的组织，应付突然事变的发生，中共广东区委委派梁桂华担任香港地委书记，他到香港之后建立了一系列的秘密机关，为党转入地下活动做好准备。不久，国民党公开叛变，在广东制造了四一五反革命事件。他们还派出特务暗探到香港，勾结港英当局，跟踪和搜捕共产党人和进步人士。由于叛徒的出卖，梁桂华设立的机关被破获，梁桂华被捕入狱。在狱中，敌人严刑拷打，强迫他招供。但梁桂华却守口如瓶，甚至被打断了几根肋骨，也不吭声，表现出一个共产党员的崇高气节。党了解到梁桂华在狱中的表现，派杨殷前往营救，聘请律师，为他进行辩护。后来以证据不足，被判递解出境。途中，党把梁桂华转移到澳门，因而得以脱险。可是，梁桂华的身体已被折磨至残废了。

党的八七会议后，广州正酝酿着武装起义，梁桂华带着残废的身躯回到广州，投入了新的战斗。他配合周文雍组织和改编工人赤卫队，任赤卫队的副总指挥。他还担负筹款、建立弹药运输站和秘密机关的任务。为了筹款，他还特意回到了家乡云浮思劳乡三坑村。

他回到家乡后，除了将一间祖屋以白银 400 元典出作为筹备起义的费用外，还向农民兄弟宣传革命道理，动员大家参加革命斗争。他在离别妻女时，把《农民部特派员委任状》和《黄埔军校军事训练》等证书文件交给妻子保存，并嘱咐她说："这两个证件比生命还要宝贵，切勿在人前露眼，除非是共产党建立了人民的天下。"此时，梁桂华已做好为共产主义事业牺牲的思想准备。

投身广州起义

他回到广州后，在小北直街开了一间大安米店，作为存放起义时使用的枪支弹药仓库，后来又想方设法将武器运送到工人赤卫队去。梁桂华身负重任，日夜不停地工作，眼睛都熬红了，同志们劝他多休息，他总是笑着说："将来总会有时间休息的。"

广州起义前两天，由于搬运工人不小心，子弹从米包露了出来，被叛徒发现告密，敌人跟踪破获。梁桂华于仓促中逃脱，并立即把情况报告起义指挥部。中共广东省委根据各方面情况的急剧变化，乃决定提前于 12 月 11 日起义。

10 日，梁桂华参加了在禺山市由杨殷、叶挺召开的紧急战斗部署会议。11 日，在广州起义枪声打响后，他身先士卒，带领敢死队，配合教导团包围公安局，经过浴血奋战，起义队伍占领了公安局，建立了广州苏维埃政府。为了巩固工农政权，梁桂华负责长堤一带的警戒工作。从 11 日上午起，他指挥这一地区的工人赤卫队，配合教导团和警卫团战士，向沿堤偷袭的国民党匪军和游弋于珠江河上的英、日、美、法等帝国主义军舰展开激烈战斗，击退了敌人多次的进攻，最后与敌人肉搏，梁桂华身负重伤，被送到附近的韬美医院救治。

············· 壮烈牺牲 ·············

国民党反动派在帝国主义支持下，大举反扑，广州起义终因敌我力量悬殊而失败。在此严峻时刻，梁桂华不幸被捕，在韬美医院门前壮烈牺牲，时年 34 岁。

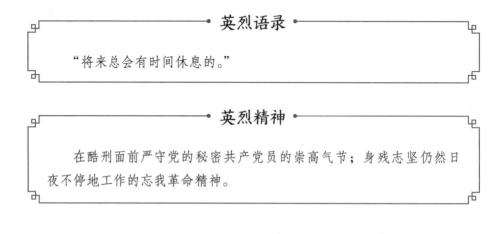

英烈语录

"将来总会有时间休息的。"

英烈精神

在酷刑面前严守党的秘密共产党员的崇高气节；身残志坚仍然日夜不停地工作的忘我革命精神。

（谢燕章）

林伟民（1887—1927）

—— 中国早期职工运动的杰出领袖

林伟民，原名林兴，广东省香山县人。

- 1887 年农历九月，出生于广东省香山县三灶岛西洋田村一个农民家庭。
- 1921 年 3 月间，当选中华海员工业联合总会第一届干事会干事。
- 1922 年 1 月 12 日，与苏兆征等骨干分子领导海员大罢工。
- 1922 年 5 月 1 日，领导上海海员开展活动和建立统一的海员工会组织。
- 1922 年 7 月 2 日，当选中华海员工业联合总会上海支部主任。
- 1924 年春天，在苏联加入中国共产党。
- 1924 年 10 月间，担任中华海员工业联合总会广州总办事处主任，着手进行整顿和健全工会组织的工作。
- 1925 年 5 月 1 日，领导召开全国第二次劳动大会并被选为中华全国总工会第一届委员会委员长。
- 1925 年，组织发动罢工支援上海五卅运动。6 月，加入省港罢工委员会，带领罢工工人进行战斗。
- 1927 年 9 月 1 日，因医治无效，不幸病逝于医院，时年 40 岁。

从小多壮志

林伟民是中国早期职工运动的杰出领袖。他原名林兴，因从小就立志要为国为民干一番伟大事业，所以自己改名为林伟民。

林伟民的父亲名叫林祝友，佃耕了西洋田村地主几亩田地，收入菲薄，无法维持生活，家境贫困。林伟民从小便参加劳动，分担家庭重担。19岁时，他曾到本岛牛顿圩一家酒铺当杂工，每天起五更睡半夜，累死累活地干活。一次，因劳累过度，右手不慎烫伤了，老板竟乘机把他辞退。后来，经乡亲帮忙，他跑到香港一艘外国轮船做工，从此开始他的海员生涯。

林伟民在船上当侍仔，具体工作是在厨房里洗碗刷碟、端菜送饭、洗刷地板等，每天连续工作十六七个小时，每月工资却不到10元，还要被包工头从中克扣。海员工人除了在经济上饱受外国资本家的盘剥外，还在政治上深受歧视与压迫。海员的悲惨生活，受到的民族歧视与耻辱，渐渐激起了林伟民对于帝国主义的仇恨，心中滋长了反抗的情绪。

当时，孙中山正积极从事推翻清朝统治的民主革命。在孙中山的影响下，林伟民、苏兆征等也热情地投入这一活动，他们冒着生命危险，为革命党人秘密传递消息、筹集款项、运送军火物资等，对辛亥革命的胜利作出了一定贡献。

俄国十月社会主义革命的胜利，为中国人民的民族解放事业开辟了新的道路。中国海员经常随船航行于世界各港口，有机会与外界接触，因而较快地知悉了十月革命胜利的消息。林伟民、苏兆征等人深受十月革命胜利的鼓舞，憧憬着苦难的祖国将来也能迎来自由解放的日子。

组织中华海员工业联合总会

1920年，苏兆征在一艘英国轮船上领导海员进行一场反虐待斗争，取得了胜利。这一斗争使苏兆征、林伟民等人看到了自己的力量，认识到只有进一步团结和组织起来，才能取得更大的胜利，因而积极串联发动其他海员工人，于1921年3月间正式成立了海员工人的组织——中华海员工业联合总会（简称"香港海员工会"，为中国最早的现代化产业工会之一）。林伟民当选香港海员工会第一届干事会干事，负责交际方面的工作。

组织香港海员大罢工

从 1921 年 9 月起，香港海员工会带领海员工人先后三次向轮船资本家提出增加工资、改善待遇及反对包工剥削等要求，但资本家置之不理。海员工人忍无可忍，在苏兆征、林伟民等骨干分子带领下，终于在 1922 年 1 月12 日举行了震惊中外的海员大罢工。

罢工爆发后，苏兆征等率领罢工工人返回广州，成立海员罢工总办事处，指挥罢工斗争。林伟民仍暂留香港，继续发动工人罢工，同时组织"防护破坏罢工队"，维护罢工利益，惩处那些敢于破坏罢工的工贼走狗。

罢工初期，香港英国当局及外国轮船资本家企图用压制威吓手段来破坏罢工。1 月 17 日，香港华民政务司夏理德与轮船资方约留港海员代表林伟民等 4 人前往华民政务司署，威胁他们"须先行开工方易磋商"。林伟民毫不畏惧，当场严词驳斥，挫败其破坏阴谋。

海员工人在罢工的同时，还采取封锁香港、串联发动其他行业工人举行同盟罢工等措施，发挥了巨大威力，给香港当局以沉重打击。罢工使香港海面上停泊着的 100 多艘轮船不能动弹，香港日常肉类、蔬菜等副食品来源几乎断绝，市内十分紧张，人心惶惶，怨声载道。香港当局惊呼这次罢工是"陷本殖民地生命于危险之境"，后来他们眼见高压政策无法奏效，只好改用"调停""谈判"手法。为了表示解决罢工问题的诚意，海员罢工总办事处决定派出苏兆征、翟汉奇等 4 人为代表回港与资方谈判。后因苏兆征代理香港海员工会会长职务，谈判一事改由林伟民接替。

林伟民在谈判过程中，牢记海员工人的嘱托，立场坚定，机智勇敢，既不为花言巧语所迷惑，也不为威迫利诱所动摇，揭穿了对方要弄的种种花招，出色地完成任务。在海员工人万众一心地坚持斗争下，香港当局和外国轮船资本家终于被迫接受海员工人的各项条件。林伟民等 4 人代表罢工海员与对方共同在协议上签字。

组织成立上海海员工会

1922 年 5 月 1 日，第一次全国劳动大会在广州举行。林伟民、苏兆征等代表香港海员工会出席了大会，并向代表们介绍了海员罢工的经过，引起了各地代表的重视与赞扬。会后，林伟民受香港海员工会的委托，与上海海员朱宝庭一道前往上海，领导上海海员开展活动和建立统一的海员工会组织。

当时，上海海员组织涣散，封建帮会界限严重，各自为政。针对这些情况，林伟民深入到各条轮船及海员宿舍中与海员促膝谈心，启发大家要团结一致，为着海员工人的共同利益而斗争。经过林伟民、朱宝庭等人的努力，1922 年 7 月 2 日，中华海员工业联合总会上海支部（简称"上海海员工会"）正式成立，林伟民任主任。

上海海员工会成立后，林伟民随即带领上海海员工人酝酿进行增加工资、改善待遇的斗争。7 月下旬至 8 月初，上海海员工会先后三次向轮船资方提出加资要求，均遭拒绝。海员怒不可遏，遂于 8 月 3 日正式举行同盟罢工。为了保证罢工斗争的顺利进行，林伟民还作了周密部署，设立海员罢工事务所，组织巡逻队维持罢工秩序，妥善安置参加罢工海员的食宿生活等。

当时，上海轮船资方以招商局为主，他们顽固地拒绝接受海员工人的加薪要求，并千方百计地企图破坏罢工，拒不承认新成立的上海海员工会，派遣工贼走狗到海员中活动，煽动其不要听海员工会的话，并极力与帝国主义者和封建军阀勾结，破坏罢工。针对这一情况，林伟民、朱宝庭等及时采取了各项斗争策略，把罢工海员紧紧地团结在一起，坚持斗争。8 月 25 日，招商局终于被迫接受了海员工人的加资要求。

在罢工期间，林伟民在广东家乡的妻子身患重病，家人曾数次来电催他回家照料。但是林伟民考虑到当时斗争的需要，毅然留下继续工作。不久妻子病逝了，噩耗传来，林伟民忍受着内心的痛苦，致电亲友代为料理后事，继续坚守在战斗岗位上，充分显示了林伟民大公无私、全心全意为工人大众谋利益的高尚品德。

光荣加入共产党

1922 年底，由于上海法国租界当局的通缉迫害，林伟民离开上海返回香港。香港当局亦下令将他驱逐出境。但是林伟民毫无畏惧，仍然秘密潜回香港，与苏兆征等人一道领导海员工人进行整顿香港海员工会等工作。

1924 年春天，林伟民代表香港海员工会赴苏联出席国际运输工人代表大会。在苏联期间，他与在莫斯科东方劳动大学工作学习的中国同志取得了联系，应邀前往作关于香港海员大罢工经过的报告，受到热烈欢迎。后来，经过罗亦农的介绍，他在苏联光荣地加入了中国共产党，作为无产阶级先锋队的一名战士，从此更加自觉地为共产主义事业作毕生奋斗。

领导广州海员工作

1924 年 10 月间，林伟民从苏联返回广东，担任中华海员工业联合总会广州总办事处（简称"广州海员工会"）主任。他针对广州海员工会长期组织涣散的状况，便着手进行整顿和健全工会组织的工作，还经常前往香港参加香港海员工会的各项活动。他结合在苏联期间了解到的关于工会建设的经验，在广州海员工会出版的刊物上发表文章，对广州海员工会的整顿提出意见，指出过去广州海员工会没有得到巩固发展，主要原因之一就在于工会基层组织不够健全，主张在海员总工会之下，各船均应设立支部，作为工会的基层组织，开展经常性活动。他还认真总结了 1922 年香港海员罢工的斗争经验教训，指出那次罢工虽然取得胜利，但香港当局和资方拒不执行协议，因此海员工人应该更加紧密地团结起来，不断努力奋斗，坚持斗争。

与此同时，林伟民还密切关注广州地区工人运动的进行，并给予支持与指导。1924 年 11 月初，广州盐船工人因物价飞涨，生活困难，向盐商提出了增加运费的要求，遭盐商勾结两广盐运使邓泽如的压制。林伟民挺身而出，支持和带领盐船工人进行斗争。12 月 2 日，盐船工人通电全国，揭露盐商勾结两广盐运使邓泽如迫害工人的真相，正式宣布罢工。4 日，邓泽如被迫约林伟民前往磋商。林伟民当场斥责他压制工人的错误作法，申明盐船工人要求增加运费的正义性，邓泽如哑口无言。6 日，盐商被迫与盐船工人谈判，接受工人们的要求，斗争乃告胜利。

罢工胜利后，盐船工人纷纷要求加入广州海员工会，广州海员工会将他们编为中华海员工业联合总会广州第一支部。不久，在林伟民的领导下，广州和北江民船工人也进行了反无偿征调勒索的斗争，取得了胜利。民船工人也纷纷申请加入广州海员工会，被编为第二支部。林伟民还领导来往香港广州之间的"西安号"轮船烧火工人进行反虐待斗争，迫使该船资方承认错误，保证今后不再有类似事情发生。

1925年5月1日，第二次全国劳动大会于广州举行。林伟民出席了大会，并参加了大会的领导工作。由于林伟民长期以来忠心耿耿地为中国工人阶级谋利益，对中国职工运动作出了杰出的贡献，在全国工人群众中享有很高的声誉，因此，在会上选举成立中华全国总工会的领导机构时，林伟民被选为第一届委员会委员长的职务，成为全国工人所拥戴的领袖。

支援上海五卅运动

1925年上海五卅运动爆发。为支援上海人民的反帝爱国运动，香港和广州沙面洋务工人决定举行反帝政治大罢工。为此，党委派苏兆征、邓中夏、杨殷等到香港组织发动罢工，林伟民、李森等则在广州负责罢工筹备工作。6月13日，在林伟民、李森领导下，在广州成立了省港罢工委员会临时办事处，作为接待罢工工人及筹措罢工经费的办事机构。林伟民不辞劳苦，夜以继日地进行工作，在国民党左派廖仲恺等大力支持下，征用了市内一批烟、赌馆及其他空房，作为罢工工人宿舍，并迅速筹集到了一笔经费，购置了大批粮食、稻草及其他生活用品等物资，以供日后罢工工人撤回广州时用。由于罢工前的各项准备工作做得十分出色，因此保证了罢工的顺利进行，最终取得胜利。

领导省港大罢工

6月19日，省港大罢工正式爆发。罢工工人纷纷撤回广州，成立省港罢工委员会，作为带领罢工工人进行战斗的最高指挥机构。省港罢工委员会由香港、广州沙面罢工工人及中华全国总工会三方面代表13人共同组成。林伟民、李森代表中华全国总工会加入罢工委员会。

罢工初期，林伟民亲自领导主持了一系列的会议和其他活动，对建立罢工组织机构、开展各项斗争活动起到了一定作用。他还经常深入罢工工人当中，嘘寒问暖，关心他们的生活状况，及时解决存在的困难。他性情坦率直爽，待人诚恳热情，作风干脆利索，不摆架子，与大家打成一片，因此深得罢工工人的拥戴。

抱病坚持革命

早于1924年间，林伟民已发觉自己腿部有毛病，走路一拐一拐的，但他一心工作，不以为意。由于长期繁忙的工作、紧张的战斗和贫困的生活，他的病情恶化，于8月间被送到医院治疗，经医生检查，原来是腿部患了骨结核病。动手术后，他躺在床上不能走动，但仍一直密切关注着罢工斗争的进行，向前来探望的同志详细了解当前斗争情况，并且尽力为罢工斗争做一些力所能及的工作。罢工期间，为了加强香港工人之间的团结，严密组织和发展革命力量，在苏兆征、邓中夏等领导下，工会进行了一次统一运动。林伟民十分关心和支持这一工作的进行，并向有关同志提出各种建议。他还抱病撰写了一篇题为《实际的经验与教训》的文章在报上发表，总结过去香港海员革命斗争的经验教训，号召香港各工会组织能以"海员罢工胜而复败之往事为鉴"，一致促成工会统一运动的进行，务期达到目的。

省港大罢工期间，全国海员第一次代表大会在广州举行。林伟民虽因患病不能出席大会，但代表们都热切盼望他能早日恢复健康，重返前线，因而仍一致选举他担任全国海员总工会的执行委员。1926年5月间，第三次全国劳动大会在广州举行时，代表们也一致选举他继续担任中华全国总工会的执行委员，并派出代表前往医院慰问他，充分表达了广大工人群众对林伟民的关怀爱戴。

1927年上半年，林伟民的病情继续恶化。当时正值国民党反动派在广州发动反革命政变，到处搜捕共产党人和革命工农骨干。同志们十分担心他的安全，为他的处境着急。他当时化名为林齐卿，十分镇静地说："要是敌人下毒手，我要跟他们拼一场！"这时党组织已无法从经济上接济他，许多盐船工人却自发捐款维持他的药费及生活费用。

为革命捐躯

1927年9月1日，因医治无效，林伟民不幸病逝于医院，时年仅40岁。他为中华民族和中国工人阶级的解放事业英勇战斗了一生，不愧为中国职工运动的杰出领袖！林伟民去世后，盐船工人不顾白色恐怖，冒着生命危险，集资收殓了他的遗体。中华人民共和国成立以后，人民政府将他的遗骨移葬至广州银河革命烈士公墓，立碑永志。

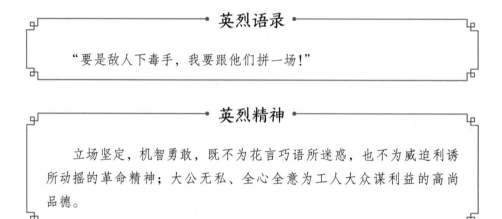

英烈语录

"要是敌人下毒手，我要跟他们拼一场！"

英烈精神

立场坚定，机智勇敢，既不为花言巧语所迷惑，也不为威迫利诱所动摇的革命精神；大公无私、全心全意为工人大众谋利益的高尚品德。

（禤倩红）

刘尔崧（1899—1927）

—— 工人运动的杰出领袖

主要生平

刘尔崧，字季岳，广东省紫金县人。

- 1899 年 11 月，出生在一个贫困的私塾老师家庭里。
- 1918 年秋，考入广东省立第一甲种工业学校，开始接受革命思想。
- 1919 年 5 月 30 日，与阮啸仙、周其鉴等发动抵制日货示威游行。
- 1920 年 8 月，筹备并建立广东地区社会主义青年团，成为广东地区社会主义青年团的创始者和领导人。
- 1921 年春，加入广州共产党早期组织，成为中国共产党最早的党员之一。
- 1922 年 5 月，领导成立社会主义青年团两广区委员会，任执行委员。9 月，在中国劳动组合书记部广东分部工作。同年冬，前往顺德开展工人运动，举办顺德工人夜校。
- 1923 年 4 月，发动和领导顺德县大良镇 30 多间茶楼酒店 400 多名工人罢工。同年秋，回到广州继续从事工人运动。同年冬，被选为广东油业工会执行委员兼秘书。
- 1924 年 1 月，任国民党中央党部工人部干事，以中央工人部特派员的公开身份，积极从事工人运动。同年，任广州工会统一组织——广州工人代表

会执行委员会主席。先后兼任社会主义青年团广东区委执行委员、书记等职务。

- 1925 年 6 月 15 日，和周文雍发动沙面、东山洋务工人罢工。11 月，任国民党广东省党部执行委员，工人部部长。
- 1926 年 4 月 1 日，任广州工人代表大会执行委员会主席。
- 1927 年 4 月 19 日，被国民党反动派秘密杀害，壮烈牺牲，时年 28 岁。

青年革命的先驱

刘尔崧是中国共产党的优秀党员，广东早期工人运动的领袖之一，又是广东青年革命运动的先驱。

1918年秋，刘尔崧高小毕业后，考入广东省立第一甲种工业学校。入学后不久，被选为学生会主席。在学校里他经常和阮啸仙、周其鉴一起阅读《新青年》等进步书刊，讨论国家前途和改造中国的道路。五四爱国运动爆发后，刘尔崧和阮啸仙、周其鉴等以满腔的爱国热忱，投入反帝反封建斗争，成为广东青年革命的先驱者。

1919年5月25日，刘尔崧和阮啸仙、周其鉴等组织广州各校师生代表举行大会，痛斥帝国主义侵略和军阀政府的卖国罪行。会后各校师生代表走上街头，发表演讲，散发传单，张贴标语，号召罢工、罢课、罢市以反抗帝国主义。不久，刘尔崧和阮啸仙、周其鉴等将原以"联络感情、切磋学问"为宗旨的"校友会"，改组成为反帝反封建的全市统一的"广东省中等以上学校学生联合会"，周其鉴被选为副会长，刘尔崧被选为执行委员。

5月30日，刘尔崧和阮啸仙、周其鉴等发动了广州市3万多名学生举行声势浩大的抵制日货示威游行。当游行队伍行到大新、先施、真光三大百货公司门口时，学生群众高呼"抵制日货，严惩国贼"的口号，并把这三大公司的日货焚毁。警察厅厅长魏邦平闻讯马上派来大批警察进行镇压。刘尔崧毫不畏惧，率领群众与警察进行英勇的搏斗，因而被捕。学生的爱国行动得到社会各界人民的同情和支持，纷纷向反动当局提出强烈的抗议。在人民的强大压力下，魏邦平不得不释放刘尔崧等被捕学生。

为了镇压学生的爱国运动，魏邦平指使广东省立第一甲种工业学校校长黄强把刘尔崧、阮啸仙、周其鉴三人以"聚众扰乱治安"的罪名开除学籍。全校师生激于义愤，举行罢课。在此情况下，黄强不得不恢复刘尔崧等三人的学籍。

成为中国共产党最早的党员之一

1920年8月，陈独秀等在上海成立了共产党早期组织，并号召全国各地的共产主义者建立共产党早期组织和社会主义青年团。刘尔崧和阮啸仙收到上海寄来的中国社会主义青年团章程后，积极参与筹备并建立了广东地区社会主义青年团。刘尔崧和阮啸仙成为广东地区社会主义青年团的创始者和领导人。1921 年春，广州共产党早期组织成立，刘尔崧不久被吸收入组织，成为中国共产党最早的党员之一。

领导广东、广西、香港等地区的社会主义青年团

1922 年 5 月，中国社会主义青年团在广州召开了第一次全国代表大会，成立了全国性的社会主义青年团机构。会后，刘尔崧和阮啸仙、周其鉴受党的委托，在广州成立了社会主义青年团两广区委员会，阮啸仙任书记，刘尔崧任执行委员，领导广东、广西、香港等地区的社会主义青年团。为了更广泛团结广大青年参加反帝反封建革命斗争，他们又组织了青年团的外围组织——新学生社。新学生社广大社员在刘尔崧、阮啸仙等人的领导下，积极投身到反帝反封建的革命洪流中去。

深入开展工人运动

1922 年 9 月，刘尔崧在广东省立第一甲种工业学校毕业后，和阮啸仙、周其鉴一起到中国劳动组合书记部广东分部工作。为了更好地开展工人运动，他们创办了"爱群通讯社"，以记者的合法身份，深入工厂、农村、学校收集工农运动和学生运动的消息，同时向工人、农民、学生进行马克思列宁主义的教育，号召他们团结起来开展反帝反封建的斗争。

同年冬，刘尔崧受党的委派，前往顺德开展工人运动。当时，顺德的工会组织为国民党右派、工贼所控制，成为"广东总工会"的顺德支会，由工贼张宝南担任会长职务。刘尔崧到顺德县城大良镇后，通过同中国劳动组合书记部广东支部有联系的顺德炭业工人李明智、茶楼工人何秋如、建筑工人罗溢等商量，共同举办了"顺德工人夜校"。刘尔崧亲自教工人识字、唱歌，宣传俄国十月社会主义革命胜利的意义，介绍全国工人运动的情况，揭露工贼张宝南压榨工人、分裂工人队伍的种种事实，号召工人团结起来斗争。与此同时，刘尔崧先后吸收了工人骨干李明智、罗溢、罗亨和农民郭竹朋等人

入党，并建立顺德县党支部。1923年4月，刘尔崧和何秋如发动和领导了顺德县大良镇30多间茶楼酒店400多名工人罢工，要求增加工资，改善劳动条件。这时，工贼张宝南出来替资本家说话，威逼工人复工。刘尔崧及时揭露张宝南破坏罢工的阴谋，号召工人坚持斗争，同时写信给阮啸仙，请他发动广州工人给予支援。阮啸仙接信后，发动广州工人捐来大批款项和粮食。在顺德工人的坚决斗争下，最后迫使资本家答应工人的全部要求，取得罢工的胜利。在此基础上，刘尔崧发动工人群众对顺德县工会进行改组，废除会长制，实行委员制，并把张宝南清除出去，吸收先进工人加入工会委员会。从此，顺德县工会在党领导下，成为真正维护工人利益的革命群众组织。

同年秋，刘尔崧回到广州继续从事工人运动。这时，广州工人虽已大都组织起来，成立了工会。但是这些工会仍未脱离旧式行会性质，大多数被"广东总工会"和"广东机器工会"等黄色工会所控制。为了改组旧工会，刘尔崧遵照党的指示，深入到工人群众中去做调查研究。他认为广东油业工会拥有8000名会员，是广州比较大的一个工会。如果把广东油业工会改组成为党领导的工会，将会成为推动广州工人运动的一支巨大的力量。刘尔崧向党组织提出了改组广东油业工会的建议，得到了党组织的赞同。

刘尔崧到油业工会后，即深入工人中间，与工人促膝谈心，进行宣传教育。经过刘尔崧3个多月的艰苦工作，广大油业工人的觉悟有了很大提高，懂得要以阶级感情代替地方观念，其中一部分先进工人还入了党，建立了油业工会党支部。在此基础上，刘尔崧组织了一个有工人党员及原工会理事胡超、侯桂平等人组成的"十人团"，作为改组工会的核心组织。同年冬，油业工会进行了改组，实行委员制。刘尔崧被选为执行委员兼秘书。从此，广东油业工会在党的领导下，成为团结全体油业工人开展反帝反封建军阀斗争、推动广州工人运动的一支重要力量。

1923年6月，中国共产党在广州召开了第三次全国代表大会。刘尔崧作为广东代表出席了大会。中共三大正式确定和孙中山领导的国民党合作的方针，并决定共产党员、社会主义青年团员以个人身份加入国民党。刘尔崧为贯彻中共三大精神，积极参加了改组国民党，建立统一战线的工作。1924年1月，孙中山在中国共产党的推动下，在广州召开了国民党第一次全国代表大会。会后，国民党中央党部成立了工人部，部长为廖仲恺，刘尔崧被任命为干事。从此，刘尔崧以中央工部特派员的公开身份，积极地从事工人运动。他夜以继日地工作，在 4 个多月的时间里，先后发动和领导了一系列罢工斗争。通过这些斗争，不仅使广大工人改善了生活，提高了政治觉悟，而且打击了工贼，瓦解了黄色工会。到 1924 年上半年，广州地区的建筑、碾米、锦纶、绸缎、茶楼等工会及粤汉、广九、广三铁路工人都先后摆脱了"广东总工会""广东机器工会"的控制，并经过改组成为党领导下的革命工会。

1924 年五一国际劳动节，刘尔崧以国民党工人部的名义，主持召开了广州工人代表大会。会上，他号召广州地区的工人消除隔阂，团结起来，打倒军阀，打倒帝国主义。孙中山亲临大会，并向各工团代表演说，鼓励工人阶级大团结。会上，正式成立了广州工会统一组织——广州工人代表会（简称"广州工代会"），刘尔崧被选为执行委员会主席。

7 月 15 日，为反对沙面租界帝国主义者压迫和侮辱中国工人的所谓"新警律"，刘尔崧受党组织的指示，发动沙面 3000 多工人举行罢工斗争。斗争坚持 1 个多月，终于迫使帝国主义者取消"新警律"。沙面罢工斗争的胜利，成为"二七"罢工失败后，中国工人运动由低潮转向高潮的起点。

1924 年 10 月，中共广东区委成立时，刘尔崧被选为区委委员，同年冬，又当选执行委员、工委书记。同一时期，刘尔崧还先后兼任社会主义青年团广东区委执行委员、书记等职务。

广州工代会成立后，刘尔崧根据中共广东区委的指示，建立了工人武装——广州工团军。刘尔崧亲自领导了这支武装队伍。广州工团军在保卫工人阶级利益、肃清反革命势力的斗争中起了重要作用。

1924 年 10 月，广州商团发动叛乱。孙中山决定成立镇压"商团"叛乱的革命委员会，刘尔崧是该委员会的领导成员之一。他亲自率领广州工团军同郊区农民自卫军、黄埔军校学生军一起配合革命军与商团军作战。经过几个小时的战斗，解除了商团武装，平定了叛乱，稳定了广东革命根据地的政局。

1925 年 5 月 1 日，第二次全国劳动大会在广州胜利举行。刘尔崧参加了大会的工作。大会成立了全国工人阶级的统一组织——中华全国总工会，并正式加入赤色职工国际。

第二次全国劳动大会闭幕不久，发生了杨希闵、刘震寰叛乱。中共广东区委支持迅速解决杨、刘反动军队。刘尔崧发动了东江、西江和北江的轮渡工人和邮电工人罢工，断绝敌人的交通运输；同时，他还协助杨殷发动粤汉、广九、广三铁路工人罢工，从而使敌人的军事运输陷于瘫痪，通信中断。当6月13日东征军回师广州进攻刘、杨叛军时，刘尔崧又率领广州工团军参加作战。在革命军的打击下，刘、杨叛乱阴谋终于被粉碎。

1925年上海五卅惨案发生后，中共广东区委决定举行省港工人大罢工。6月15日，刘尔崧和周文雍根据中共广东区委的指示，发动了沙面、东山洋务工人罢工。6月19日，省港大罢工爆发了，刘尔崧被推举为省港罢工委员会顾问。他动员广州工人全力支援罢工斗争，为省港工人大罢工的坚持和发展作出了贡献。

1925年11月，国民党广东省党部改组，刘尔崧被选为执行委员、工人部部长，担负着领导全省工人运动的重任。他奔走于全省各地，发动工人打击工贼，瓦解黄色工会，使广东全省的工人运动蓬勃发展。到1926年3月，全省已有50多个县市成立了革命的工会。接着，刘尔崧根据党的指示，以国民党广东省党部工人部名义，于4月1日在广州举行了工人代表大会。到会工团120多个，来自全省代表2500多人，这是广东工人阶级团结的盛会。刘尔崧是大会的筹备主席，他在《开幕词》中说，召开广州工人代表大会"是为了统一工人力量，巩固革命基础势力，打倒帝国主义及其工具，以完成民族与阶级的解放"。大会选举了刘尔崧为广州工人代表大会执行委员会主席。

壮烈牺牲

在工农运动不断高涨、北伐战争节节胜利的大好形势下，1927年4月12日，帝国主义和买办地主阶级的代表蒋介石在上海发动了反革命政变，对共产党员和革命群众进行了大规模的血腥屠杀，白色恐怖笼罩全国。在这危急关头，刘尔崧毫不畏惧，坚守战斗岗位，领导工人继续斗争。13日夜，刘尔崧参加了中共广东区委召开的广州市党团负责干部紧急会议。14日白天和晚上，刘尔崧和李森召集全市工会负责人开会。会上，他传达了区委指示精神，号召全市工人提高警惕，加强团结，坚持斗争，保卫工人阶级既得的革命果实。他还具体布置了应变的事宜。会议一直开到15日清晨才结束，这时敌人已在全市戒严，疯狂地搜捕共产党员和工人领袖。刘尔崧开完会正欲应国际职工代表团之约前往东亚酒店会谈，但被国民党特务逮捕，关押在广州南石头监狱。他在狱中坚贞不屈，于 4 月 19 日被国民党反动派秘密杀害，壮烈牺牲，时年仅 28 岁。

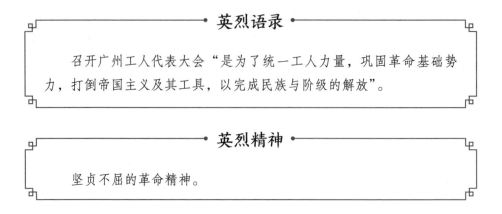

● 英烈语录 ●

召开广州工人代表大会"是为了统一工人力量，巩固革命基础势力，打倒帝国主义及其工具，以完成民族与阶级的解放"。

● 英烈精神 ●

坚贞不屈的革命精神。

（冯鉴川）

罗焕荣（1900—1927）

—— 大革命时期平山农军教官

主要生平

- 1900 年 10 月 7 日，出生于广东省博罗县二区埔前乡下村。

- 1924 年，婚后第 3 天就离别妻子，赴穗报考黄埔军校第一期。不久，加入中国共产党。

- 1925 年 2 月，参加国民革命军东征。6 月间，参加了讨阀杨、刘叛乱之战。10 月，参加第二次东征时中弹负伤。伤愈后，与徐向前、王逸常等一起留在黄埔军校当教官。

- 1926 年，担任黄埔军校第四期政治教官期间，曾被第六届广州农民运动讲习所和省港大罢工工人纠察队聘为军事教官。

- 1926 年夏，被派往惠阳县平山区（现属惠东县）农民联防办事处当军事教官。

- 1927 年秋，中共东江特委在海丰发动暴动，成立苏维埃政权。在青龙潭据点落入敌人魔掌，并被秘密杀害于平山石公爷墩场坑。时年 27 岁。

在惠东县平山镇黄牛山龙峰影剧院前面，矗立着一座烈士纪念碑，碑上铭刻着大革命时期平山农军教官罗焕荣的名字。

追求革命

罗焕荣，1900年10月7日生于广东博罗县二区埔前乡下村，8岁入学，读书勤奋。

1919年，五四爱国运动的风暴席卷全国。罗焕荣受当时革命潮流的影响，开始阅读一些进步书报，萌生了追求革命的念头。

1922年6月，陈炯明叛变革命。其时，博罗成了叛军陈炯明、杨坤如盘踞之地，人民陷于水深火热之中。罗焕荣目睹陈、杨两逆与贪官污吏和土豪劣绅沆瀣一气、胡作非为的情景，心里愤愤不平。他和别人谈及祖国的前途时，曾用拳头击着凳子说："世道不公平，百姓遭灾殃，军阀不打倒，人民无宁日。"

投考黄埔军校

1924年1月，孙中山在广州召开国民党第一次全国代表大会，确定了"联俄、联共、扶助农工"三大政策，接受共产党提出的反帝、反封建的主张，并决定创办黄埔军校。

罗焕荣知悉黄埔军校招生的消息后，便决心报考。他一面温习应试科目，一面暗地里筹备费用。他的行为被祖父罗之英和父亲罗洪恩察觉了。他们强迫罗焕荣仓促成婚，以为这样便可把罗焕荣羁绊于小家庭的天地里。然而，一心向往革命的罗焕荣并没有因此而退缩，毅然舍弃舒适的家庭生活，婚后第3天就离别妻子，赴穗报考黄埔军校第一期。

罗焕荣参加革命后，土豪恶霸便千方百计地迫害其家庭。当他考进黄埔军校不久，妻子周新姐和弟妇朱新娣便无端被村中恶棍勾结土匪抢走；祖父被强加抗缴田赋的罪名而入狱，被折磨致死；祖母悲愤交加，在同赃官论理中，当场被捅了一刀，不久含冤死去；父亲被欺压得无法立足，离乡背井，到南洋谋生。

罗焕荣得知这一连串的家祸以后，虽一时悲愤交集，肝肠寸断，但立志革命的决心丝毫没有动摇，相反，更激起了对祸国殃民的军阀的仇恨。他化悲愤为力量，发愤学习，成为黄埔军校第一期第一队步兵科的学习骨干，政治觉悟提高很快，不久，加入了中国共产党。

投入武装斗争

罗焕荣入党后，革命决心更加坚定。他时时牢记孙中山在黄埔军校开学典礼上的勉励，决心"不仅要做一个有才能的军人，而且要做一个不怕苦不怕死的军人"。1924年秋，广州商团发动叛乱，妄图推翻革命政府。罗焕荣与同学们奋起投入镇压商团叛乱的战斗，受到了实战锻炼。

1925年1月，罗焕荣从黄埔军校毕业后，被派往教导团二团担任连队基层干部。此期间，他曾到虎门从事革命活动，被当地反动地主豪绅逮捕，后经交涉后获释。1925年2月，国民革命军东征，罗焕荣怀着"打倒军阀，统一广东"之夙愿，受命出征。他以共产党员的大无畏精神参加作战，在惠阳淡水、揭阳棉湖等战役中，表现得十分英勇，立下战功。同年6月间，罗焕荣随东征军回师广州，参加了讨伐杨、刘叛乱之战。1925年10月，国民革命军举行第二次东征，罗焕荣被编入第一纵队第一军第一师。他所在的团负责由博罗方向进攻惠州。罗焕荣在攻城战斗中奋不顾身，异常英勇，不幸中弹负伤。

担任黄埔军校教官

伤愈后，罗焕荣与徐向前、王逸常等一起留在黄埔军校当教官，呕心沥血，培养革命预备军官。1926年，他担任黄埔军校第四期政治教官期间，曾被第六届广州农民运动讲习所和省港大罢工工人纠察队聘为军事教官。

1926年3月20日，中山舰事件发生，中共广东区委从这些挫折中吸取了教训，深感掌握革命武装的重要性，派遣一批有军事知识的共产党员和革命分子到全省各地组织农民自卫军。罗焕荣亦于1926年夏被派往惠阳县平山区（现属惠东县）农民联防办事处当军事教官。行前，蒋介石想用功名利禄收买他，许以营长职位，他断然拒绝了。罗焕荣到平山后，曾用嘲笑的口吻对人谈起这事："一个营长能带多少兵，惠阳的农民军有3000人之多，比当营长阔气得多。"平山农民联防办事处，原属平山区农会领导，设在平山镇高街巷古屋祠堂，由省农会惠州办事处秘书卢耀文兼任办事处主任，实际上是中共办的农军学校，罗焕荣和第四期的黄埔军校毕业生郑祝、伍中豪等人，根据当时省颁布的农民自卫军组织大纲的要求，吸取黄埔军校和广州农讲所经验，以及根据当地农民武装斗争的特点进行教学。白天上军事课和政治课，晚上组组学习《政治周报》《工人之路》《向导》等刊物，有时还选择一些问题开展辩论和学习讲演。罗焕荣文武双全，既精通军事技术，又擅长演讲。他经常深入乡村向农民宣传：要摆脱地主恶霸的压迫剥削就要组织起来；要在战斗中少流血，平时操练就得多流汗。在他和其他教官的精心培养下，平山区的200多名农军战士逐步成长为有一定政治和军事素养的农民武装。

领导农民武装

为保卫农民协会，保护农民利益，维护社会治安，平山区农会领导人何友逊等人经常派罗焕荣率领这支农民武装去执行任务，使反动势力不能像过去那样为所欲为。同时，农民有事，直接找农会或联防办事处解决，不用再去求地主和豪绅了。反动派因而对罗焕荣及其他农军领导人恨之入骨，扬言"谁杀一个农军干部，一两骨头三两金"，气焰十分嚣张。经过东征战火锻炼的罗焕荣，决不为敌人的嚣张气焰所吓倒。1926年夏的一天拂晓，土匪头子游瘰华带领一股匪徒窜入平山镇内，恣意扰乱治安。罗焕荣立即指挥平山联防义勇队去惩罚游匪，双方激战一个多小时。后来游匪目睹农军势大不敢恋战，只好逃跑。从此，这帮匪徒再也不敢随便进平山镇骚扰了。

1927年初春，国民党派一个营进驻惠州，营长邹范是共产党员。那时国共合作尚未公开破裂，邹范到潼湖、镇隆一带练兵时，经常向群众宣传革命道理，鼓励农民运动，帮助当地农会工作，上司胡谦对邹范甚为不满。蒋介石在上海发动四一二反革命政变后，胡谦令邹营进攻平山农民联防办事处。惠阳地下党组织得悉这一消息，决定趁机组织全县农军，配合邹营起义，计划起义成功后，会同海丰农民武装进攻惠州。正在待机起义之际，由于叛徒告密，邹营刚到达平山，胡谦即派出一个团的兵力包围了邹营。正当邹营被困在镇内的危急关头，罗焕荣与何友逊等领导研究后，率领集结在三王爷山上待命的 200 多名农军，火速突入平山镇内，掩护邹范突出重围。撤退到西山月村。本打算待海丰农民武装到达后，一齐配合出击敌人。可是，前来增援的海丰农民武装在途中受阻，于是，这次起义宣告失败。

指挥海丰暴动

1927 年秋，中共东江特委在海丰发动暴动，成立苏维埃政权。何友逊、何九、何汉群、莫国华等人赴海丰参加庆祝大会回来，得悉驻惠州的国民党师长胡谦准备指挥刘秉粹团进犯海丰苏维埃政权。面对这一急剧变化的情况，平山区的领导便决定举行第二次暴动。这时，考虑到土匪游瘝华经过教育后有悔改表现，靠拢农会组织，为了壮大暴动力量，指挥部便策动游匪一齐参加暴动。事前，与驻镇内十三巷许屋祠堂的敌军的一个排长串通，约定暴动时半开东门让暴动人马进去。但没有料想到游瘝华反复无常，暗中向敌人通风报信。敌人早有防备，加上农民武装因故拖延了时间，天已拂晓，才抵达镇郊，临近平山镇时，便为敌人发觉，遭到敌机枪猛烈扫射，农民武装武器多是长矛大刀，打了 3 个多小时，就牺牲了 10 多人。负责军事指挥的罗焕荣，为了避免伤亡过重，即命令撤退。敌人依仗人多势众、武器精良，连续向后撤队伍发起攻击。罗焕荣指挥农民武装顽强抗击，多次击退敌人的进攻，摆脱了敌人的火力，退至有茂密森林隐蔽的旱坑仔山上，第二天，转移到青龙潭据点。这时，农民武装领导人尚未知道游匪与胡谦暗中勾结，还约他到青龙潭议事。一天黄昏，游匪乘我不备，窜入青龙潭村，向农民武装发动突然袭击。林喜头部中弹，当场牺牲。罗焕荣正在洗澡，听到枪声，以为是农友玩枪走火，没有戒备，结果落入敌人魔掌。

坚贞不屈壮烈牺牲

罗焕荣身陷囹圄，坚贞不屈，尽管敌人花言巧语对他说："只要你劝农友把枪交出来，不但立即恢复你的自由，而且还有重赏！"罗焕荣对此嗤之以鼻，不为所动，暗中托人递出纸条，叮嘱农军要及时把枪支转移，千万不能落在敌人手里。敌人见软的不行，又来硬的，对罗焕荣施以酷刑。罗焕荣虽然被打得遍体鳞伤，仍不屈服，当他苏醒过来后就痛骂敌人。一个星期过去了，敌人一无所获。胡谦便命令游匪将罗焕荣秘密杀害于平山石公爷墩场坑。罗焕荣牺牲时年仅 27 岁。

缅怀英烈

中华人民共和国成立后，平山镇人民政府在黄牛山下修过一座罗焕荣烈士纪念碑，1962 年又把罗焕荣烈士纪念碑迁至黄牛山龙峰剧院前面。碑文上铸刻着他的战友题的诗："领导农民猛着先，燎原星火忆当年。杀身当作寻常事，留与平山万古传！"这是罗焕荣一生光辉业绩的写照。

英烈语录

"世道不公平，百姓遭灾殃，军阀不打倒，人民无宁日。"

"不仅要做一个有才能的军人，而且要做一个不怕苦不怕死的军人。"

英烈精神

矢志不移立志革命的革命意志；坚贞不屈、不为威迫利诱所动的革命精神。

（李春水　李祝）

谭其镜（1904—1927）

—— 黄埔军校第一期的革命烈士

主要生平

谭其镜，别号豁明，广东省罗定县石围乡赐禄村人。

- 1904 年 3 月 10 日出生。
- 1913 年至 1919 年读小学，1922 年考进广东省立第八中学。
- 1924 年春，考入黄埔军校第一期。同年冬，毕业并被分派至周恩来领导的黄埔军校政治部工作。
- 1925 年 6 月，负责对东莞、宝安两县农军的训练工作。
- 1926 年，任中央军事政治学校入伍生部政治部主任。
- 1927 年初，与熊雄等任黄埔军校国民党特别党部监察委员。同年 4 月 15 日被捕，26 日遭秘密枪杀。时年 23 岁。

考入黄埔军校第一期

谭其镜，别号豁明，广东省罗定县石围乡赐禄村人，生于 1904 年 3 月 10 日（农历正月二十日）。父名谭永贞，母罗氏。1913 年，谭其镜进石围乡初级小学，1917 年考入罗定县立第一高级小学，1919 年小学毕业后，又在专修学校读了两年，随后于 1922 年考进广东省立第八中学读书。

谭其镜在乡期间，很少和人嬉戏，有空时就做家务或参加田间劳动。他勤奋好学，有时吃饭或走路，也用筷子或手指比画着练习写字。有的人以为他是个"疯子"，而了解他的老师却称赞他"才思敏捷，话头醒尾"。他的答卷，往往被老师挑选出来贴堂，给学生作示范。由于他成绩优秀，不仅得以免费入学，而且族中长辈还筹集川资，帮助他去省城求学深造。

1924 年，在中国共产党推动下，孙中山改组国民党，制定"联俄、联共、扶助农工"三大政策，实现了第一次国共合作，促进了工农群众运动的蓬勃发展，广东成为大革命的中心。正在中学读书的谭其镜，由于爱读进步书报，深受革命思潮的影响，逐步树立起救国救民的思想。1924 年春，谭其镜得知孙中山创办黄埔军校的消息后，决心投笔从戎，献身革命。谭其镜考入黄埔军校第一期后，常哼着自己编写的歌："效班超投笔从戎之志，为国为民，拯救贫苦农民于水火，虽粉身碎骨不容辞，国不宁，誓不回乡。"充分表现了他那远大的志向。

留校致力于军校政治工作

1924 年冬，为适应形势的发展，黄埔军校决定第一期学生提前毕业。由于谭其镜思想进步，成绩优良，因而被黄埔军校留下来，分派在周恩来领导的政治部工作。在一年多的时间中，他先后担任过指导员、教导团连党代表和组织科员等职，致力于黄埔军校的政治工作。他与廖仲恺、周恩来、何香凝等革命领导人常有书信往来。在他们的指导下，谭其镜忠实地执行黄埔军校制定的军事与政治并重的办校方针，对学生既重视军事训练，也重视政治训练。他按周恩来提出的政治工作方法，深入到班排中去，关心、了解学生的生活和思想，帮助他们解决困难。在艰苦细致的工作中，他摸索到了军队政治工作的一些规律和方法，并写成了《怎样做一个政治指导员》和《怎样做一个武装党员》两篇文章。

谭其镜每到一地就注意向群众宣传革命道理。他还曾写信回乡动员父老，特别是劝告叔祖谭文台退租退押，放弃收租剥削。他还深入东莞、宝安等地农村，发动农民，帮助他们组织农会，开展农民运动。1925年6月，谭其镜等6人受革命政府的派遣，担负起对东莞、宝安两县农军的训练工作，为革命武装力量的巩固与发展作出了贡献。

1926年，谭其镜被任命为中央军事政治学校入伍生部政治部主任。北伐出师后，国民党中央军人部设立临时驻粤委员会，任命谭其镜为委员，参与筹划和处理广东、广西、福建驻军的党务和设置党代表等事宜。同年冬，他出任中央兵工试验厂（即石井兵工厂）国民党党代表。他身兼数职，经常奔走于政治部、国民党中央军人部和兵工厂之间，有时还要到党和政府各部门去联系工作。谭其镜十分重视向革命队伍灌输革命理论，宣传新三民主义和国民党第一次全国代表大会宣言，用以指导革命行动。他曾在入伍生部办的《民众的武力》周刊上发表了不少文章，认为辛亥革命之所以失败，在于革命党缺少有组织训练的群众作基础，指出"工人阶级是民族革命运动的先锋军，百折不挠的敢死队"。要求革命队伍必须坚决贯彻执行孙中山制定的"联俄、联共、扶助农工"三大政策，"把一切尚未组织起来的民众赶快组织起来"，使国民革命中之主要力量工人阶级、广大的农民群众及城市小商民结成巩固的革命战线，并使武力与民众结合起来，造成有广泛群众基础的强大的革命武力，以推动国民革命运动的发展，"铲除国内一切恶势力"，"准备直接与国际帝国主义者对垒"，完成国民革命，建设民主主义自由独立的中国。同时强调革命党人和革命军人一定要清除一切旧思想、旧习惯、旧行动，在艰苦患难中奋斗，养成坚忍耐劳、百折不回的精神。只有这样进行严格的政治训练，才能培养出一支主义明、有理想、不怕牺牲、纪律严明的革命军队，战胜敌人。

谭其镜严格要求自己，处处为军人之表率，他经常以"吃得苦中苦，方为人上人"这句名言来自勉，还在办公室里贴上一幅律己的格言："酒为穿肠之毒物，烟（鸦片）为灭种灭国之祸根，色为削肉之钢刀。"他的确是律己甚严。他的收入不算少，但从不乱花，除维持基本生活外，其余的用以助人，谁有困难，他就主动相助。

1927 年初，谭其镜与熊雄等一起任黄埔军校国民党特别党部监察委员。北伐军克复上海、南京后，蒋介石勾结帝国主义，加紧策划叛变革命的阴谋活动。黄埔军校特别党部决定召开全体党员大会，谭其镜和熊雄都是筹备委员会委员。4 月初，大会顺利召开，谭其镜是大会主席团成员。会议根据当时革命队伍内部激烈斗争的情况，再次强调"联俄、联共、扶助农工"三大政策，并号召革命者警惕敌人分裂革命的阴谋。4 月 12 日，蒋介石在上海叛变革命，大肆屠杀共产党人和工农群众。接着，广州的形势急转直下，大有"黑云压城城欲摧"之势。这时，许多好心的友人都为谭其镜的安全担心，偷偷地劝他趁早脱离中国共产党或暂时避避风头。他却十分坚定地说："怕死就不革命了，干革命是随时准备牺牲的。"他坚守岗位毫不动摇，在敌人的刀口下，英勇战斗。这时，风声越来越紧，为了做好应变准备，保存革命力量，他亲自到入伍生各团、营去，要求共产党员、共青团员提高警惕，时刻准备战斗。

不幸被捕牺牲

4 月 15 日凌晨，谭其镜正在芳草街的家中清理文件，广州警备司令部的反动军警突然将他的住宅包围起来。两个持枪的军警敲门，谭其镜听到敲门声，出来开了门，军警问："谭其镜先生在家吗？"谭其镜见来人是全副武装的军警，觉得情况不对，便机警地说："其镜今晚不在家。"军警追问："你是何人？"他回答说："我是他的弟弟。"军警听后，露出了怀疑的神色，立即搜查，搜了前厅，又搜后屋，还向同住的女工打听谭其镜的行踪。因为女工已经听到了谭其镜与军警的对话，亦感到情况有异，便连忙告诉军警说："今晚其镜不回来了，刚才那个人是他的弟弟其炯。"岂料"镜"与"炯"读音相近，反动军警听了，立即急转入内，将谭其镜逮捕，戴上手镣脚铐。谭其镜的妻子梁九妹见状，也壮大了胆子，冲出来同反动军警拼搏，结果被踢倒在地上。目睹此情此景，谭其镜深知国民党反动派在广州的大屠杀已经开始，压不住心头的愤怒，大义凛然地说："共产党人是捉不尽杀不绝的，我倒了，还有千千万万共产党员。"还嘱咐妻子："不要为我伤心，你腹中之物，是男是女，生下来后都要将他抚养成人，继承我的革命志向。"表现出共产党人坚定的革命信念和视死如归的精神。他被关押在南关戏院，后又和萧楚女、刘尔崧、毕磊等共产党人一起被押送到南石头惩戒场监禁。4月26日，国民党反动派将谭其镜等共产党人秘密枪杀。谭其镜牺牲时年仅23岁。

● 英烈语录 ●

"效班超投笔从戎之志，为国为民，拯救贫苦农民于水火，虽粉身碎骨不容辞，国不宁，誓不回乡。"

"工人阶级是民族革命运动的先锋军，百折不挠的敢死队。"

"把一切尚未组织起来的民众赶快组织起来。"

"铲除国内一切恶势力。"

"准备直接与国际帝国主义者对垒。"

"怕死就不革命了，干革命是随时准备牺牲的。"

"共产党人是捉不尽杀不绝的，我倒了，还有千千万万共产党员。"

"不要为我伤心，你腹中之物，是男是女，生下来后都要将他抚养成人，继承我的革命志向。"

● 英烈精神 ●

为国为民，拯救贫苦农民于水火的远大志向；随时准备为革命牺牲的革命精神和革命乐观主义精神。

（梁柏祥）

唐少彬（1893—1927）

——四会县农民运动先驱者之一

主要生平

唐少彬，原名木生，广东省四会县三区黄岗乡格江村人。

- 1893 年出生。
- 1925 年 1 月，与陈璧如共同发起农民运动。6 月，被推选为黄岗农会执行委员长。12 月，加入中国共产党。
- 1926 年 2 月，被委任为国民党四会县党部农民部部长。4、5 月间，远赴清远支援清远战役。清远战役结束后，被提任特支组织委员。6 月，任四会县农会筹备委员会委员。
- 1927 年 5 月 29 日，在江家祠遭敌人袭击，为掩护队友撤退不幸中弹牺牲，时年 34 岁。

唐少彬是大革命时期中共四会县特别支部组织委员、国民党四会县党部农民部部长，是四会县农民运动先驱者之一。在中共四会特支的领导下，他为四会贫苦农民的翻身解放，为建设和发展四会党组织忠心耿耿地工作，建立了不可磨灭的功绩。大革命失败后，他在四会一区九腩村江家祠的战斗中，为掩护战友的撤退，奋不顾身，英勇献出自己宝贵的生命。他可歌可泣的光辉业绩，至今还在四会人民中间广泛传颂。

悲苦的少年时期

唐少彬原名木生，1893 年，出生于广东省四会县三区黄岗乡格江村的一户贫苦农民家庭。唐少彬年少时就很懂事，性情沉静刚直。他 7 岁那年，父母送他上本乡一所私塾读书。那时，他由于家穷，只好半天读书，半天在家劳动。虽然这样，但他有上进心，读书用功，所以学业成绩很好，甚得师友喜爱。

唐少彬的父亲叫唐伦祥，在澳门当海员工人，母亲在农村耕田。1908年，唐少彬与邻乡回龙村的冼亚妹结婚。婚后第二年，就为生活所迫，跟他父亲去澳门当水手。一次，他父亲的轮船在航行途中，遭强台风袭击沉没，父亲不幸遇难身亡。从此，他就失去了父亲的照顾和教育。1915 年，唐少彬被解雇，只好返乡务农。

唐少彬失业返乡那年的农历七月，西江、北江洪水暴涨。唐少彬家乡地处绥江下游，因受洪水夹击，泛滥成灾，房屋倒塌，早造失收，人民流离失所，哀鸿遍野。军阀政权视若无睹，地主豪绅趁机对穷人敲诈勒索。面对这一幅幅悲惨情景，唐少彬记在脑里恨在心上。他暗下决心：日后有机会时，定要把这些家伙打倒，让穷苦兄弟翻身过好日子。

与陈壁如共同发起农民运动

1924 年，在第一次国共合作的推动下，广东各地农民运动蓬勃发展。邻县广宁农民亦纷纷组织农会，开展斗争。消息传来，唐少彬受到很大鼓舞。他想，人家能做的事，我们也可以做。只要学广宁农民那样，把贫苦农民组织起来，坚决同地主豪绅斗争，农民就有出头之日。

1925 年 1 月，广东农民运动的杰出领袖彭湃，为支援农军与地主武装战斗，从广州押运一船武器上广宁，途经四会黄岗时，被当地民团扣留。为解决此事，彭湃在交涉中与当地的开明人士、民团团长陈壁如交上朋友。后来，陈壁如在彭湃的鼓励和帮助下，决心在黄岗发动农民组建农会。他知道唐少彬出身贫苦，为人正直，办事认真，就邀唐少彬共同发起农民运动。早有此志的唐少彬欣然答允。从此，唐少彬就投入了为劳苦大众谋解放的革命行列。

当唐少彬与陈壁如一起在黄岗、沙头等乡村进行宣传发动、积极筹建农会的时候，国民党中央农民部特派员陈伯忠因事到四会。他通过彭湃的介绍，到黄岗探望陈壁如和唐少彬，向他们介绍广宁农民办农会的经验，使唐少彬和陈壁如得到很大启发。此后，他们就按照陈伯忠指导的方法，深入各乡村，发动和组织农民群众，与封建势力作斗争。1925 年 6 月，黄岗农会宣告正式成立，唐少彬被推选为该农会执行委员长。在庆祝成立大会上，唐少彬代表农会庄严提出"打倒土豪劣绅""实行减租减息""实行耕者有其田"等行动口号，给广大贫苦人民很大鼓舞。以后，唐少彬在陈壁如的协助下，组建了一支几十人枪的农民自卫军，以保卫农会的胜利果实，整顿农村抬安秩序，受到了广大人民群众的拥戴。

同年 12 月，唐少彬经陈伯忠介绍，光荣加入中国共产党。1926 年 2 月，在共产党的帮助下，国民党四会县党部宣告成立，唐少彬被委任为国民党四会县党部农民部部长。陈伯忠勉励唐少彬说："你现在既是我党的干部，又是县党部的领导人，你要很好地利用这个公开的职务，为工农群众翻身解放努力工作，为实现共产主义奋斗终生。"唐少彬坚定地表示："我是党培养教育成长的，坚决执行党的指示，诚心为党为人民的革命事业贡献一切。"不久，由毛泽东主办的广州第六届农民运动讲习所举行开学典礼，唐少彬随陈伯忠旁听，并到黄埔军校参观。通过这些活动，他学到了不少革命理论和方法，进一步明确了开展农民运动的伟大意义及其方针、政策，增强了为革命奉献一切的决心。

唐少彬平日工作积极认真。他除了积极协助陈伯忠做好全县农民运动发展规划外，还亲自带领一些骨干深入三区各乡村宣传发动筹建农会。在工作过程中，他注意工作方法，与农民群众打成一片，深得大家拥戴。贫苦农民都把他看成自己的亲兄弟。经过唐少彬等人的努力，到 1926 年上半年，三区的宜兴、贺岗、社保、村美、罗湖等乡村，均先后成立了农会和农军，有力地推动了全县农民运动的向前发展。

1926年3月，中共广东区委批准中共四会支部改为中共四会特别支部，陈伯忠任特支书记。4、5月间，邻县清远农会遭该县地主武装围攻，清远农会派人来四会求援。四会特支派唐少彬和赖西畴率领黄岗、龙头农军100多人，远赴清远支援。战斗中，唐少彬身先士卒，密切配合清远农军战斗，终于取得了反击地主武装围攻的胜利。清远战役结束后，唐少彬被提任特支组织委员。

唐少彬任特支组织委员后，更加积极工作，努力完成党交给他的任务。他在努力做好农运工作的同时，还协助陈伯忠做好党的组织建设工作。到同年6月，中共四会特支在全县各个区和四会镇的理发、碾谷、咸杂、扎运、烟丝等行业，先后吸收了一批先进分子入党，使党组织得到发展壮大。

筹备成立四会县农会

6月，广东省农民协会批准成立四会县农会筹备委员会，唐少彬任筹委会委员。在加紧筹备成立四会县农会同时，唐少彬与其他骨干一起，对县内一些尚未建立农会的地方，积极进行工作，发动群众，建立农会；为了更有效地打击封建统治根基，在已建立农会的乡村，发动农友向地主豪绅开展减租，取消苛捐杂税，取缔和接管区、乡民团武装等斗争，把四会县的农民运动推向新的高潮。到同年10月，已成立和准备成立农会的区乡占全县80%以上，多数农会建立了农民自卫军。秋后，四会县农会正式宣告成立。

不顾个人安危坚持斗争

四会农民运动的蓬勃发展，震撼了该县的封建统治势力，引起了地主豪绅对唐少彬等农运领导干部的仇恨。1926年秋，黄岗乡反动民团头子周同章经常借故带领团丁到黄岗乡农会闹事，并指使匪徒多次在黄岗圩边塘基头袭击唐少彬，但都被唐少彬机智地避开了。反动民团再三蓄意谋杀唐少彬，使他的亲人和挚友都为他的生命安全担心，劝说他不要再外出活动。然而一心为革命的唐少彬，不但没有被敌人的嚣张气焰所吓倒，反而使他深刻认识到，不打倒地主豪绅及其反动武装民团组织，就"乡村无宁日，农民无出头"。他对亲友说："你们不要怕，敌人的嚣张是他们虚弱的表现。我去搞农运是有人民群众的支持，我们一定能取得最后胜利！"他不顾个人安危，继续披荆斩棘，坚持工作。

同年 10 月底，国民党中央农民部特派员、中共四会特支书记陈伯忠和四会县农筹会职员赖西畴，在迳口被反动派收买的凶手杀害了，并沉尸于漫水河中。噩耗传来，全县人民十分悲痛。作为陈伯忠得力助手的唐少彬更为悲伤。他和雷锡南等骨干自觉挑起重担，积极做好善后工作。经过商量，他们针对当时情况，决定一方面加强对党员和农运骨干的培训，以稳定大家的情绪，一方面派人到迳口寻尸和派人到省城汇报，追查杀人的主谋和凶手。后来，唐少彬等把陈伯忠、赖西畴的遗体找回来，并在县城学宫广场主持召开有全县各界人民和区乡农会代表数千人参加的追悼会。在追悼会上，唐少彬悲愤地揭露和控诉地主土豪谋杀农运领导人和破坏农运的罪行，号召全县各界人民化悲痛为力量，树立革命必胜的坚强信念，积极支持工农运动，夺取革命的胜利。

不久，中共广东区委和广东革命政府派共产党员莫萃华来四会接替陈伯忠的工作。唐少彬和雷锡南等向他介绍了有关情况，并积极协助他开展工作。他们组织和带领有关人员深入各工会、农会召开会议，传达贯彻上级有关指示，分析形势，明确斗争方向，坚定必胜信心，使动荡不安的局面迅速稳定下来。在此基础上，他们又开会商量，研究措施，继续带领广大劳苦群众开展斗争。

1927 年 4 月 12 日，蒋介石在上海发动了反革命政变。16 日，四会县的反动派也出动大批军队和民团袭击各区、乡农会，收缴农军枪械，大肆进行"清党"，搜捕共产党员和农运骨干。为了保存革命力量，中共四会特支让 10 多名党员转移到一区清东九腩村江家祠隐蔽，听候上级指示。在隐蔽期间，为了打击敌人的反动气焰，教育群众认清形势，四会特支决定，一方面由唐少彬、雷锡南等负责，带领部分人员到附近乡村向人民群众宣传，鼓励群众坚决与敌人斗争到底；一方面由赖谷良等负责，印制宣传资料和标语口号，派人潜入县城散发、张贴，激励群众坚持斗争，扰乱敌人军心。唐少彬不顾个人安危，事事带头，充分表现出一个共产党员大无畏的革命精神。

为掩护战友而牺牲

同年 5 月 29 日，四会县反动当局探知一批地下党员隐蔽在九腩村江家祠后，县民团总局局长李敬五立即命令民团队长苏淦棠带兵 200 余人，在天亮前包围了江家祠，对地下党员进行突然袭击。在这危急关头，唐少彬镇定自若，手持短枪，带领大家英勇顽强地抵抗敌人。由于敌众我寡，又无后援，硬拼不利，他与莫萃华等研究后，决定突围转移。为了掩护战友撤退，他奋不顾身，领头冲出重围。经过机智而又激烈的战斗，战友们终于安全脱险。遗憾的是，忠心为党为人民而战斗的唐少彬，在突围中不幸中弹牺牲！时年仅 34 岁。

英烈语录

"我是党培养教育成长的，坚决执行党的指示，诚心为党为人民的革命事业贡献一切。"

"敌人的嚣张是他们虚弱的表现。我去搞农运是有人民群众的支持，我们一定能取得最后胜利！"

英烈精神

诚心为党为人民的革命事业贡献一切的无私奉献精神；面对危难不顾个人安危、事事带头、毫无畏惧的大无畏精神；奋不顾身、舍己为人、冲锋在前的崇高品格。

（龙炳森　黎国荣）

伍腾洲 (1907—1927)

—— 高要县党组织最早的党员之一

主要生平

伍腾洲，又名廷洲，广东省高要县乐城镇领村人。

- 1907年，出生于一个贫苦的农家，童年在本村读了8年私塾。
- 1924年，带头发起组织西江地区最早的农会组织——端源乡农民公会，任该会执行委员。
- 1924年冬，参加广州农民运动讲习所第三届学习班学习。
- 1925年夏，加入中国共产党，成为高要县党组织最早的党员之一。
- 1926年4月，被选为高要县农民协会执行委员会副委员长，不久又任委员长。
- 1927年4月21日，在肇庆阅江楼高要农民协会办事处被国民党反动派逮捕。5月12日被杀害，时年20岁。

伍腾洲，又名廷洲，广东省高要县乐城镇领村人。1907年出生于一个贫苦的农家，童年在领村读了8年私塾。地主阶级对农民的残酷剥削和压迫，使广大农民处于水深火热之中，伍腾洲对地主阶级极其不满，自小萌发了反抗情绪，对革命思想的宣传容易接受。

发起组织西江地区最早的农会组织，开展农运斗争

高要县是广东省开展农民运动较早的县份之一。1924年，伍腾洲、谢大德和聂文波等人就带头发起组织西江地区最早的农会组织——端源乡农民公会，伍腾洲被选为该会执行委员。

为了推动农民运动的发展，1924年冬，国民党中央农民部通知端源农民公会，在农民运动的活跃分子中选派5人，参加广州农民运动讲习所第三届学习班学习。伍腾洲是其中之一，由端源农民公会执行委员长谢大德带队到广州农讲所报到。1925年1月开学，到1925年4月学习期满。经过学习，伍腾洲大有长进，懂得了不少的革命道理，提高了觉悟，增强了革命的决心和胜利的信心。结业回乡后，他担任端源农民公会宣传队队长，带领宣传队到各村去，向农民群众宣传农运的道理，讲明农民运动的方针政策，发动农民积极参加农会。不到1个月时间就有水台、银村、思可等13个村庄先后成立了农会。

1925年夏，伍腾洲由蔡日升、黄学增2人介绍，加入中国共产党，成为高要县最早的党员之一。同年冬，伍腾洲被任命为国民党中央农民部特派员，指导高要县农民运动。

1926年1月3日，高要、广宁、德庆三县的民团、土匪共1000余人联合进攻领村。农军与敌人进行了激战，终因寡不敌众，被敌人冲入村。农会办事处及民房30多间被烧毁，农民数人遭残杀，耕牛100余头以及群众财物被抢劫，造成了震动全省的领村事件。事件发生后，伍腾洲和陈汝波、伍秋明、伍国辉等前往广州向国民党中央农民部报告情况，请求派兵援助，得到国民党中央农民部的重视和大力支持，派兵援助。

领村事件的发生及其解决，促使全县的农会组织迅速发展。1926年4月，高要县农民协会成立，伍腾洲被选为执行委员会副委员长，不久又升任委员长。同年9月，地主反动集团发动了对领村的第二次进攻，伍腾洲指挥

农民自卫军击退了地主武装对领村的这次进攻，领导农民和地主进行坚决的斗争，迫使地主赔偿战斗中群众损失的财物，深受农民群众的拥护。

被捕牺牲

1927年4月12日，蒋介石发动反革命政变，紧接着就是到处搜捕共产党员和革命群众。从农讲所学习回来搞农民运动的骨干分子，是当时反动派搜捕的主要对象。4月21日，伍腾洲在肇庆阅江楼高要农民协会办事处被国民党反动派逮捕，后押解至广州，于5月12日被杀害。伍腾洲牺牲时年仅20岁。中华人民共和国成立后，高要县人民政府授予伍腾洲革命烈士称号。

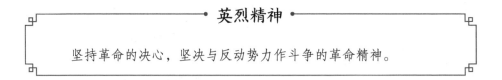

英烈精神

坚持革命的决心，坚决与反动势力作斗争的革命精神。

（李广佳）

谢　伦（1882—1927）

—— 早期南海农民运动领导人之一

主要生平

谢伦，字兆才，广东省南海县大沥镇铁村人。

- 1882年3月8日，出生于一个贫苦农民家庭。
- 1925年4月，任铁村农民协会执行委员，负责武装工作。后铁村农民协会组织农民自卫军，担任队长。
- 1927年间，在广州地区最早树起了农民自卫军和工人纠察队联合斗争的旗帜。
- 1927年4月15日，被国民党反动派逮捕。4月17日上午，被反动派残忍枪决，时年45岁。

逐步树立共产主义革命思想

谢伦，字兆才，广东省南海县大沥镇铁村人。1882年3月8日出生于一个贫苦农民家庭，由于家境困难，他只读了两三年书，然后在乡间跟随父亲务农。他家全无田地，靠租地主田地耕种，兼做些手工业维持生活。因长期遭受地主豪绅的欺压剥削，他从小就孕育着一种天不怕地不怕的反抗精神，加上他为人耿直，待人诚恳，个性刚强，不畏权势，富有正义感，好打抱不平，因而颇得乡亲的称许。

早在辛亥革命前，谢伦就曾参加过孙中山组织的新军，并回村中积极宣传过革命的道理。当时有些人不大理解孙中山的革命主张，故曾一度把谢伦称为"大炮伦"。

谢伦的家乡铁村是一条工农村，村中大部分是贫苦的佃耕农，许多人在农闲时还要兼做些手工业，才能勉强维持生活。他们在经济上和政治上饱受地主豪绅的剥削欺压。1924年，铁村农民为了反抗封建势力的压迫，自卫防身，在村中开设了武术馆，聘请佛山武术师周侠生来铁村授艺。是年冬天，第一届农民运动讲习所毕业生、广东早期共产党员梁复然受中共广东区委的派遣，以国民党中央农民部特派员的身份，到南海县九区大沥的大镇、钟边、铁村等地开展农民运动。梁复然到南海后，在周侠生的协助下，积极开展工作。不久，梁复然便介绍周侠生加入了中国共产党，周侠生便在铁村一带一面传授武艺，一面宣传革命道理，谢伦在梁复然、周侠生等共产党员的教育和影响下，逐步树立了跟着共产党闹革命求解放的思想。

带动成立铁村农民协会，建立农民自卫军

1925年，梁复然、周侠生等在大沥的大镇、铁村等一带组织农民协会的时候，谢伦在铁村第一个报名加入农民协会，还动员他的父亲谢泰珍、弟弟谢荣棠、谢咏才，堂兄弟谢植奇、谢玉山等人加入，正在读书的女儿谢娉也参加了劳动童子团。在谢伦等的带动下，铁村农民协会于1925年4月正式成立，谢伦被选为执行委员，负责武装工作。当时，虽然已实现了国共合作，但南海大沥一带的封建势力仍很大，农民协会组建后，经常受到地主豪

绅和反动民团的阻挠和破坏。为了保障农民运动的顺利进行，保护农会和农民的利益，铁村农民协会组织了农民自卫军，由谢伦担任队长。开始时农军没有武器，他们便把民团的武器（多属公堂财产）收缴过来武装自己。

铁村和邻村的农民协会及农民自卫军成立以后，立即领导农民群众进行减租减息、禁烟禁赌、取消民团苛捐、维护地方治安等的斗争。邻近各村农民协会凡遇到地主豪绅民团欺压，谢伦领导的铁村农民自卫军便立即前去支援。如南海里水东塘村，是一条贫农村，一向遭受自称有宗主权的大小（土朗）地主豪绅的欺压，他们村的耕牛、粮食经常被强抢走，还经常被他们打骂。自东塘村成立农民协会后，地主豪绅们更是对他们恨之入骨，常借故进行破坏。1926年农历七月间，地主豪绅以限制水利等为借口，指使反动民团向东塘村农会进攻。谢伦根据九区农会指示，带领铁村农民自卫军会同各兄弟农会的农民自卫军一起前往东塘村支援，结果把大小娘的反动民团打退，打击了敌人的嚣张气焰，保卫了东塘村农民协会。此外，他们还支援过丰岗、荷溪等地的农民协会，均取得了胜利。因此，谢伦和由他率领的铁村农民自卫军，在南海农民中颇负盛名，而地主豪绅和反动民团，更对谢伦恨之入骨，视其为眼中钉。

支援广三铁路总工会工人运动

谢伦带领的铁村农民自卫军，还积极支援过广三铁路工会同反动派进行斗争，在广州地区最早树起了农民自卫军和工人纠察队联合斗争的旗帜。1927年1月，在国民党右派军官钱大钧的策划下，反动军队以一个营会同广东机器工会组织的打着"体育队"旗号的反动武装，联合对广三铁路总工会进行袭击。广三铁路总工会工人纠察队由于事前得知情报，派人到南海九区农会请求南海农民自卫军支援。九区农会常委李羽吉（共产党员）立即组织和派遣谢伦率领以铁村农民自卫军为骨干的九区农民自卫军200多人，驰赴北华乡和五眼桥一带配合工人纠察队同反动武装作战。经过一夜的激烈战斗，终于打退了敌人的进攻，取得了以少胜多、以弱胜强的胜利。由此，谢伦领导的农民自卫军声威大振。事后，谢伦还带领农民自卫军30多人留下常驻石围塘火车站，协助广三铁路总工会工人纠察队开展工作，长达3个多月，为支援工人运动作出了贡献。

被国民党反动派屠杀，从容就义

1927年4月，蒋介石在上海发动了四一二反革命政变。跟着，广州地区的国民党右派也在4月15日发起"清党"运动，向中国共产党及其领导的工农革命群众实行大屠杀。4月14日晚上，谢伦按照上级指示，带领农民、自卫军撤离石围塘火车站回到大沥睦寮村，第二天晚上，再由睦寮村回到铁村，召开农会会员大会，动员群众做好应变的准备。会后，他就宿于铁村农民协会办公室内。就在当晚深夜，国民党反动派派出民团200多人包围了铁村，逮捕了谢伦和他的父亲谢泰珍、堂兄谢植奇等人。他的妻子张桂及女儿谢娉幸得村民的及时通知和帮助，从铁村秘密逃至佛山，才幸免于难。17日上午，反动派令谢伦父子等交出农军全部武器，遭到谢伦坚决拒绝，于是反动派未经任何审讯，就在谢伦和他年已71岁高龄的父亲谢泰珍及堂兄弟谢植奇等背上插上"枪决共匪某某某"的木签，杀害于铁村的飞鼠塘边，同时还胁迫死难者的家属各缴交花红300元。谢伦终年45岁。牺牲前，他面无惧色，对敌怒目相视，提出"稍后老父一步而死"，以膝行父前，叩首行礼，以送父终，然后从容就义，表现了一个革命者视死如归的大无畏精神和高尚的情操。

● 英烈精神 ●

为人耿直、待人诚恳、个性刚强、不畏权势、富有正义感、好打抱不平的英雄气概；天不怕地不怕的反抗精神；临危不惧、视死如归的大无畏精神和高尚的情操。

（欧阳效广）

熊　锐（1894—1927）

—— 旅欧学生革命领袖

主要生平

熊锐，原名新寿，又名维新，号君锐，广东省梅县人。

- 1894 年 6 月 15 日，出生于广东省梅县新塘尾村。
- 1919 年夏天，从日本归国参加革命。
- 1920 年 5 月，赴法国、德国学习马克思主义、研究社会主义学说，探索革命的道路。
- 1922 年 2 月初，参加周恩来建立的共产主义组织旅德支部。
- 1923 年，在欧洲的熊锐和周恩来、邓小平、聂荣臻等，都以个人身份加入中国国民党。同年 11 月到次年 1 月，任中国国民党旅欧执行部政治委员；后和朱德等组织国民党驻德支部。
- 1925 年 1 月，被选为国民党驻德支部宣传委员。
- 1926 年 4 月间，到广东大学专修科学院任教，后又任广大附中校长。9 月，任教国民党妇女运动讲习所。
- 1927 年初，熊锐在黄埔军校入伍生部的政治部和国民革命军第三军的军官学校工作。4 月，被反动派逮捕杀害，时年 33 岁。

赴日、法、德求学

熊锐的父亲熊朋初，远在非洲经商。熊锐中学毕业后，在梅县桂里小学校任教员，与杨雪如等人帮助学生组织读书会，介绍进步书籍和刊物给学生阅读，鼓励学生上进。嗣后，他在汕头《大风日报》当编辑，并为《真言日报》撰写文章。

后来，他怀着振兴中华的愿望，不惜抛弃安定的职业，远涉重洋东渡日本留学，探索救国救民的道路。

1919 年夏天，熊锐在五四运动的激励下，愤于日本帝国主义对中国的侵略，毅然从日本归国。

五四运动后，蔡元培、吴敬恒、吴玉章等人组织了华法教育会，设总部于巴黎，并在北京、上海、长沙、广州等地设立分会，组织留法勤工俭学预备学校，选送学生留法学习。熊锐与友人李今发等投考留法预备学校，以优异成绩被录取了。他们经过半年学习，参加了华法教育会组织的第十二届赴法学生团。

1920 年 5 月 19 日，熊锐与赵世炎、肖子璋等 130 人，怀着学习欧洲的先进思想、先进技术，以改造落后贫穷的中国的希望，乘"高尔提来"号邮船从上海起航赴法。在旅途中，熊锐和赵世炎等被选为"学生自治团"负责人，负责管理同学的生活和娱乐。经过一个多月的航程，于 6 月 16 日抵达法国。熊锐先在法国巴黎大学和弗来堡大学学习，继又转往德国柏林学习。他如饥似渴地学习马克思主义，研究社会主义学说，探索革命的道路。

争取留法学生权益

随着留法的学生不断增加，到 1920 年底，在法国勤工俭学的学生已有1200 余人，但能找到正常工作的只有 400 人左右。北洋军阀政府借口"国库奇绌"，拒绝资助，并令驻法公使馆将在法国的无工无学的学生遣送回国。华法教育会也拒绝给无工作的学生发生活维持费。留法学生对北洋军阀政府的反动措施非常气愤，于 1921 年 2 月 28 日包围了中国驻巴黎公使馆请愿示威，提出要吃饭权、工作权、求学权的口号。北洋军阀政府驻法公使陈箓勾结法国政府派军警镇压请愿的学生，造成了流血事件。"二二八"事件震动了法国当局，吓坏了中国的反动政府，也唤醒了旅欧勤工俭学的学生。

熊锐为了解决同学们的经济困难，经过多方努力，促使华法教育会广东分会注意解决粤籍学生的生活津贴费问题。但是，由于军阀陈炯明把持粤政，无法解决留法学生的经费问题。1923 年初，孙中山在广州建立大元帅府后，广东省省长廖仲恺接到华法教育会广东分会请求拨款的报告，十分重视，于 9 月 9 日训令广东省教育厅转咨财政厅，要他们速汇广东留法学生熊锐等 34 人的津贴。由于廖仲恺的支持，熊锐等人终于解决了津贴费问题。

领导旅欧学生斗争

旅欧学生经过上述斗争，并在世界革命潮流影响下，认识到要解决出路问题，只有团结一致，组织起来。1922 年 2 月初，周恩来由巴黎前往柏林，在留德学生中建立了共产主义组织旅德支部。熊锐加入了旅德支部，积极从事革命工作。他与张申府、周恩来、刘清扬等经常于星期六晚上，在张申府家举行座谈会，由周恩来主持讨论国内外形势问题。

为了更有效地领导学生和工人的斗争，赵世炎、周恩来等积极进行建立旅欧总支部筹备工作。1922 年 6 月初，熊锐和周恩来、熊雄、刘清扬、张申府、廖焕星等研究决定，推举周恩来为旅德支部代表，前往巴黎讨论成立旅欧中国少年共产党。6 月间，旅德代表周恩来，旅法代表赵世炎、李富春，旅比代表聂荣臻、刘伯坚等 20 多名代表，在巴黎成立了"中国少年共产党"，选出以赵世炎为书记、周恩来为宣传委员、李维汉为组织委员的旅欧少年共产党中央执行委员会。次年 2 月，根据国内团中央的指示，中国少年共产党改名为旅欧中国共产主义青年团，并成立旅欧总支部。与此同时，赵世炎、周恩来等又将旅法、德、比等国的中共党员组织起来，成立了中国共产党旅欧总支部。

熊锐为发展壮大党和团的组织，团结旅欧同学，做了很多工作。他常到柏林康法街中国留法同学会与勤工俭学学生接触，并与周恩来一起，介绍了施益生等人加入共青团。

1923 年 6 月，中国共产党第三次全国代表大会制定了革命统一战线方针后，帮助国民党进行改组，实现国共第一次合作。在欧洲的熊锐和周恩来、邓小平、聂荣臻等人，都以个人身份加入中国国民党。同年 11 月到次年 1 月，中国国民党旅欧执行部和巴黎通讯处（即国民党巴黎区分部）相继成立。周恩来任国民党旅欧执行部总务主任（管行政和组织），李富春任执行部宣传科主任，熊锐任政治委员，聂荣臻任巴黎通讯处处长。国民党巴黎区分部成立后不久，党员人数达 180 人，其中勤工俭学学生和华工占大多数。

嗣后，熊锐和朱德等组织了国民党驻德支部。1925 年 1 月 2 日、3 日，国民党驻德支部开常年大会，研究了宣传组织等方面工作，决定创办该支部机关报，筹办书报社，训练党员。会上，熊锐与朱德、阚尊民等 5 人被选为执行委员。以阚尊民为常务委员、朱德为组织委员、熊锐为宣传委员。

回国从事宣传革命工作

1925 年五卅运动爆发后，熊锐奉命回国。此时，他已取得博士学位，偕患难与共的德籍妻子回到久别的广东从事革命工作。他密切联系群众，积极进行宣传教育工作。

1925 年 11 月 7 日，广州各界群众在广东大学广场举行庆祝俄国十月革命八周年纪念大会，晚上又在中华全国总工会开联欢晚会。熊锐参加了这些活动。同年底到 1926 年上半年，李富春、谭延闿、林伯渠、毛泽东等为解决湘军的编余人员和培养对湘工作的北伐干部，以国民党中央名义于广州开办了政治讲习班。毛泽东、李富春、林伯渠等 7 人为理事，李富春兼任班主任。熊锐与萧楚女、张太雷、恽代英等许多社会著名活动家应邀担任教授。熊锐讲授帝国主义之由来及其性质问题，为培养北伐干部作出了贡献。

1926 年 4 月间，熊锐到广东大学专修科学院任教，讲授政治经济学，后又任广大附中校长。嗣后，熊锐又应邀到省港罢工委员会教育宣传委员会所办劳动学院，教授世界革命史。1926 年 9 月，国民党中央妇女部于广州开办妇女运动讲习所，培养妇女运动干部。熊锐和邓颖超、萧楚女等被聘为妇女运动讲习所的教授，熊锐讲授国际问题。这期间，他还经常撰写文章和翻译《唯物史观》等著作，送《人民周刊》发表或交国光书店出版。1927 年初，熊锐在黄埔军校入伍生部的政治部和国民革命军第三军的军官学校工作。他积极工作，热诚待人，宣传革命主张，深得群众尊敬和爱戴。国民革命军总政治部主任邓演达对他十分器重，曾电邀他赴武汉，参加筹备中央军事政治学校武汉分校工作，但因广州方面形势正日趋紧张，斗争激烈，组织决定他仍坚守后方工作，而无法抽身前往。在国民党右派分子不断制造事端，向革命工农团体挑衅的情况下，熊锐与总政治部后方留守主任孙炳文等经常在一起研究应付时局的办法。

惨遭杀害

1927年4月10日，孙炳文奉邓演达之命，偕同张斗南、熊曜晖等由广州乘法国邮船北上，于16日到上海，旋即被反动派逮捕杀害。与此同时，广州也继上海四一二政变之后发生了四一五反革命政变，国民党反动派逮捕了熊锐等2000多名共产党员和革命群众。熊锐被捕后，先押在南关戏院，后被解往南石头监狱。4月下旬，他与萧楚女、邓培、毕磊、沈春雨、何耀全等革命同志相继遭敌人秘密杀害。熊锐牺牲时，年仅33岁。

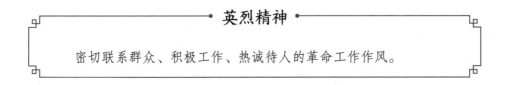

英烈精神

密切联系群众、积极工作、热诚待人的革命工作作风。

（黎显衡）

余哲贞（1907—1927）

—— 汕头地区妇女解放运动最早的领导人之一

主要生平

- 1907 年，出生于广东省澄海县永平村一个手工业家庭。
- 1923 年秋，考入汕头市女子师范学校。
- 1924 年，投身到工农斗争中去进行社会革命。
- 1925 年 3 月，加入共产主义青年团。6 月底，同徐琛结婚。8 月 13 日，被任命为团汕头地委妇女运动委员会书记，成为汕头地区妇女解放运动最早的领导人之一。12 月，与丈夫徐琛一道加入共产党。
- 1926 年 1 月下旬，团汕头地委改选，被选为候补委员。
- 1927 年 1 月，在改组后的中共闽北特委任妇女部部长。3 月 10 日，同特委领导一起组织全市 1 万多名群众参与的示威游行，要求惩办反动分子。4 月 12 日，与徐琛在厦门遭敌人逮捕，4 月 27 日，夫妻俩从容就义，时年 20 岁。

余哲贞，女，1907 年出生于广东省澄海县永平村一个手工业家庭。父亲余昌永是银器工匠，母亲是家庭妇女，有个姐姐，全家四口人，靠父亲打制银器收入维持生计，生活清贫。余哲贞出生不久，父亲带全家到汕头市谋生，大姨妈将一男孩过继给她家，为其弟，名叫维松。

国家兴亡，女子有责

余哲贞自幼活泼好动，性格倔强，经常到街上和贫穷人家的孩子一起玩耍，甚至同男孩子玩打仗的游戏。她很喜欢听大人讲《杨门女将》一类的历史故事，对穆桂英等古代女将非常钦佩，特别羡慕男孩子可以上学堂读书。当时潮汕地区仍是"女子无才便是德"的封建思想占支配地位，一般女孩子上学机会很少，但八九岁的余哲贞向父亲闹着要上学，父亲颇能顺应时代潮流，看见当时兴办新学，经余哲贞一再纠缠，虽然手头拮据，还是决定将女儿送到学校去念书。开明的叔父余昌纯见余哲贞很有志气，深为疼爱，也热心资助她上学，希望她读好书将来能立于女才之林。余哲贞读书刻苦用功，每天晚上，妈妈和姐姐在灯光下缝衣刺绣，她便在旁边读书写字，学习成绩一直保持优良。

1923 年秋，余哲贞考入汕头市女子师范学校（简称"汕头女师"）。汕头女师是当时汕头市的进步学校之一，校长张婉英和教师经常给学生讲解女子教育和妇女解放的道理。余哲贞入学后，有机会接触进步青年，探求真理的欲望日益强烈。她通过阅读《新青年》等报刊，逐步从封建思想的禁锢中解放出来。她利用假日回乡之机，向家乡姐妹宣传"国家兴亡，女子有责"的道理，动员她们冲破家庭束缚，争取读书的机会，做独立自主的人。她还带头剪辫子、脱耳环、穿裙子，表现出同旧风俗决裂的勇气。

投身工农斗争，进行社会革命

1924 年，余哲贞在国共合作、工农运动蓬勃兴起的鼓舞下，开始阅读《共产主义 ABC》《向导》等革命书刊。她一边学习，一边联系社会实际认真地思考，决心投身到火热的工农斗争中去进行社会革命。她积极参加出墙报、黑板报，上街宣传，张贴革命标语，拥护国共合作，拥护国民革命。余哲贞结识了汕头市第二小学青年教师徐琛。徐琛思想进步，是当时汕头市教师联合会的骨干分子。他们在交往中互相了解，不久就建立了恋爱关系。为此，余哲贞遭到了一些人的非议，说她脸皮厚、不知羞，自己找老公。余哲贞对这种非议毫不介意，她认为几千年的旧思想根深蒂固，要打破它得从自己做起。她说，自己的男人当然要自己找，决不要什么"父母之命"，更不要"媒妁之言"。她征得徐琛的支持，便公开订婚，勇敢地向封建礼教挑战。她这种新女性的勇敢行为，在当时的女青年中产生了很好的影响。

1925 年 3 月，广东革命政府举行第一次东征，东征军进入潮汕打败了军阀陈炯明的主力。中共广东区委指派共产党员杨石魂、廖其清组建中共潮梅特别支部和青年团潮梅特别支部。在党的领导下，汕头地区的革命运动迅猛发展。余哲贞非常活跃，参加欢迎东征军的活动，同东征军联欢，组织同学上街演说，出席庆祝会、报告会和孙中山追悼会等活动。其中，青年团中央宣传部部长恽代英向汕头教育界和青年学生所作的报告对余哲贞教育至深，她立下誓言，孙中山未竟事业就是自己为之奋斗的事业。并把孙中山"要立志做大事"的遗训写在课本、笔记本里，贴在卧室墙上，经常高声朗诵。由于她表现突出，被发展为第一批共产主义青年团团员。

毕业前，余哲贞到汕头市第三小学进行教学实习。这时，团广东区委指定的汕头通讯员伍治之已到三小任教，同校长吴梦龙（吴华胥）一起在教育界开展革命活动。余哲贞在实习期间除了上语文、算术、音乐等课程外，还顶替伍治之担任班主任，使伍治之腾出时间从事领导学生运动的工作。

1925 年 6 月底，余哲贞在汕头女师毕业后，同徐琛结婚。她不愿在结婚后沉湎于小家庭的温暖生活，而是奔向社会，投入革命洪流之中，她同徐琛商定，不过早生孩子，以免妨碍工作。当时，五卅运动和省港大罢工的风暴已经席卷汕头，形成了反帝斗争的新高潮。7 月，相继成立了国民外交后援会和省港罢工委员会汕头办事处。在新的革命洪流面前，余哲贞毅然决定，要当个职业革命者，同徐琛一起从事革命活动。在党团组织的领导下，她天天早出晚归，到各间学校去串联青年学生积极参加集会、游行、演说，到搬运工人、码头工人和店员中去募捐。支援上海工人和省港工人的罢工斗争。余哲贞这种献身社会、无私无畏的精神使她在青年学生和妇女当中树立起很高的威信，受到团组织的赞扬。

领导汕头地区妇女运动

1925 年 8 月 13 日，根据团广东区委的指示和斗争需要，团汕头地委正式成立。余哲贞被任命为团汕头地委妇女运动委员会书记。协助党组织领导潮汕地区妇女运动，成为汕头地区妇女解放运动最早的领导人之一。

余哲贞肩负重任，致力于妇女运动，深入工厂、郊区农村，发动妇女起来同封建势力作斗争。她特别注意到敌人力量强大的单位去开展工作，掀起革命波涛。汕头市女子中学是个顽固堡垒，国民党右派严密地控制着这所学校，禁止学生参加社会活动。余哲贞决心在这个顽固堡垒中打开缺口。她了解到该校有一名女青年余倩华，也是一个"叛逆"的女性，就把她作为培养对象，经常给她讲革命道理，带她参加各种进步活动，走上革命道路，成为汕头女中的第一个妇女运动骨干。以后，余倩华也入了团、入了党，是一名妇女工作干部。此外，余哲贞还引导弟弟维松参加各种革命活动。

10 月，国民革命军第二次东征，于 11 月初解放潮汕，痛歼了陈炯明的反动武装。余哲贞组织妇女给东征军带路、烧茶水、救护伤员，有力地支援了战斗。11 月 6 日，汕头市各界群众召开庆祝东征胜利大会，东征军总政治部主任周恩来到会讲话，余哲贞带女学生代表出席会议聆听，受到巨大鼓舞，更坚定了革命信念。20 日，邓颖超从广州到达汕头。两天后，余哲贞等召开汕头市妇女联欢会，请邓颖超作了《今后的妇女运动和对汕头妇女界的希望》的报告。邓颖超在报告中强调指出妇女问题是国民革命工作的一部分，妇女运动应包括到工农妇女的身上去，这给余哲贞很大的启发和教育。她认识了发动工农妇女的重要性以后就马上行动，领导妇女运动的骨干走出校门，到工厂去慰问女工，要求厂方保护女工的利益，向女工宣传妇女解放和国民革命的意义，从而壮大妇女解放的力量。

光荣入党

1925 年 12 月，中共潮梅特别委员会正式成立。特委决定从团员中发展党员，壮大党组织的力量。余哲贞立场坚定，斗争勇敢，经受了革命风暴的考验，与丈夫徐琛一道光荣地加入共产党。入党后，她继续做团和妇运工作。翌年1月下旬，团汕头地委改选，余哲贞被选为候补委员。改选后的团委没有设妇运委员，她以候补委员的身份继续领导汕头地区的妇女运动。

培养妇女运动的骨干

为了适应和推动妇女运动的迅猛发展，余哲贞十分注意培养妇女运动的骨干。1926年初，她带领余倩华等4位妇女骨干，前往卧龙酒店向邓颖超汇报和请示有关妇女运动的问题。邓颖超询问她们各人的情况，余哲贞同大家一一作答，并阐述了对妇女解放的见解。邓颖超进一步诱导她们说，女子地位的低下，家庭束缚和经济困苦是因素，但归根到底都是阶级压迫的结果，是政治问题，只有进行阶级斗争才能推翻压在妇女身上的大山。余哲贞和大家都受到深刻的教育。1926年1月21日，汕头市各界举行列宁逝世二周年纪念大会。余哲贞带妇运骨干出席，聆听了周恩来的演说，还组织大家讨论，提高她们对马列主义的认识。同年3月12日，她又带领妇运骨干参加孙中山逝世一周年纪念大会，并积极参加其他各种革命活动。

支援省港罢工

1926年6、7月间，余哲贞与徐琛一同奉党组织之命到汕头市国民外交后援会工作。国民外交后援会是由国民党汕头市党部、妇女协会、学生联合会等团体联合组成的群众组织，其任务是支援上海工人反帝斗争和省港大罢工。余哲贞和徐琛在后援会中团结国民党左派和各阶层进步人士，发动各群众团体向广大市民群众和爱国人士筹募"爱国捐"，资助省港大罢工工人，还配合省港罢工委员会汕头办事处，发动群众封锁了港英当局的汕头出海口，有力地支援了省港大罢工。

随军北伐

1926年7月9日，国民革命军正式北伐。10月，国民革命军第一军离汕进军福建。为了推动北伐战争，汕头地委派余哲贞、徐琛等人组成工作组随军北伐，沿途做学生和工农群众工作。出发前，余哲贞抽空到潮州市看望了在那里做生意的叔父余昌纯，并谢绝了叔父的挽留，按时回到汕头，以记者的公开身份随军出发。

进闽路上，虽然战事甚少，但余哲贞天天长途行军，腰酸背痛、脚板起泡，因此也备尝艰苦。一路上，她精神抖擞，高唱《国民革命歌》，鼓舞士气。她每到宿营地都召集妇女开会，向她们宣传北伐战争的伟大胜利，讲解国民革命的道理，号召她们组织妇女协会，打倒乡村封建势力，争取自由和解放，并发动妇女踊跃支前。由于军阀孙传芳的主力在江西，加上福建军阀内部起了分化，因而东路军没有经过大的战斗就于11月占领厦门，12月初占领了福州。

领导中共闽北特委妇女工作

到达福州后，余哲贞与徐琛、陈明等人受党组织的派遣，协助中共福州特委工作。他们与原福州党组织领导人方尔灏、陈应中、陈昭礼等团结在一起，努力打开新局面。国民党在福州市成立市党部时，他们就把党团员派进去担任组织、工人、农民，妇女、青年各部部长，利用国民党福州市党部名义广泛发动工农群众运动。1927年1月，中共广东区委决定成立中共闽南特委，调罗明去任书记。不久，党中央特派员王荷波到福建指导党务。王荷波召集福州特委和闽南特委负责人开联席会议，讨论成立中共福建省委事宜，因为主客观条件不成熟，决定暂缓成立，先改组福州特委以加强对以福州为中心的闽北、闽东地区的领导。改组后的闽北特委由徐琛任书记，蔡珊为副书记，方尔灏任宣传部部长，陈应中任组织部部长，余哲贞任妇女部部长。

为了统一领导福建全省的革命群众运动，国民党福建省党部和北伐军东征军各级政治部召开联席会议，成立了福建省民众运动委员会，徐琛作为东路军总政治部干部被选为委员会主任。鉴于徐琛领导工作繁重，余哲贞兼顾了他的部分文书工作。在紧张战斗的日子里，余哲贞总是不知疲劳，不畏艰险，勤勤恳恳地工作。她到工厂、学校，给女工、女学生、女教师讲妇女受压迫的原因，宣传广东妇女运动的成就，启发她们的阶级觉悟，帮助她们效法广东的经验成立妇女解放协会。此时正值冬天，她穿着单薄，顶风冒雪到处奔忙。嘴唇、手指、脚跟都冻裂出血，但她全不当一回事，人们都称她是个坚强的女性。

组织示威游行

1927 年 3 月，蒋介石阴谋破坏国共合作。福州的国民党右派从 3 日至 7 日，接连指使暴徒刺伤学联代表、捣毁学联桌椅。8 日，更是肆无忌惮地殴打共产党员、左派人士，威胁罢工工人，组织反动集会游行，污蔑徐琛等 4 人是"四害"，狂叫要把他们 4 人赶出福建，解散民众运动委员会。在反革命气焰嚣张的时刻，余哲贞旗帜鲜明地表示要立即反击，她同王荷波、徐琛等特委领导一起，在 10 日组织了全市 1 万多名群众参与的示威游行，"打倒反动派"等标语口号贴遍福州市的大街小巷，游行队伍至谭曙卿总指挥部和张贞留守司令部门前，要求惩办反动分子。最终迫使总指挥部答应他们所提出的条件，示威游行取得了胜利。

革命夫妻从容就义

1927 年 3 月底，国民党右派继续指使桥南社暴徒四处殴打工人、学生。在此危急之时，徐琛主持召开了特委紧急会议。余哲贞出席了会议。会议分析了当时的政治形势，认为局势十分严重，国共合作必将破裂，一场反革命屠杀即将来临，决定为了保存革命力量，除留下方尔灏、陈应中继续坚持斗争外，特委其他领导人撤离福州，还准备在 4 月上旬召开"庆祝第二次北伐胜利、慰劳前方战士大会"，组织力量反击右派的阴谋活动。4 月 3 日，反动派召开"拥蒋护党运动大会"，开始"清党"。形势极为危急。是晚，徐琛召开特委紧急会议，余哲贞等工运、农运、学运负责人也参加了会议。特委决定立即采取紧急措施，按原计划除留下坚持隐蔽斗争者外，其他人员马上疏散。

4 日，余哲贞与徐琛秘密起程，准备经厦门转回广东。几经周折，他们在 12 日乘船抵达厦门，但刚上岸就遭逮捕。第二天，敌人把他们押解福州，监禁于福州市公安局监狱。在狱中，敌人对余哲贞严刑拷打，她横眉冷对，怒斥蒋介石反动派背叛革命屠杀工农的滔天罪行。

4 月 27 日，反动派对余哲贞、徐琛等 6 名共产党员下毒手了。从监狱押赴刑场途中，余哲贞正气凛然，不断高呼"中国共产党万岁！""打倒国民党反动派！"等口号，群众为之泪下。到了刑场，敌人要先枪杀徐琛，余哲贞提出，她同徐琛一同入党，一同革命，也要死在一起，便紧抱着徐琛不放。敌人罪恶的子弹穿过了他们的胸膛，这对革命夫妻的鲜血染红了祖国的土地。余哲贞牺牲时年仅20岁。

英烈精神

不知疲劳、不畏艰险、勤勤恳恳、无私无畏的奉献精神；革命立场坚定、坚贞不屈的革命精神。

（朱定华　余春生）

詹宝华（1901—1927）

—— 吹起嘹亮冲锋号的校长

詹宝华，广东省连县人。

- 1901 年 12 月 5 日，生于连县连州。
- 1923 年冬，加入中国共产党。
- 1925 年夏，考入黄埔军校。
- 1925 年，在顺德创办农军干部学校。
- 1926 年，在各界军民联欢大会上，以全县农民协会代表的身份发言，历数土豪劣绅和土匪摧残农会的罪行，强烈要求惩办凶手。
- 1927 年 2 月 4 日，壮烈牺牲，时年 26 岁。

詹宝华，广东省连县人。1901年12月5日生于连县连州镇一个医生家庭。父亲詹佐庭以行医为业，颇有济世精神，甚得街坊邻里爱戴。母亲刘氏日常做些杂工帮补家计，是位慈祥和善的家庭妇女。父母省吃俭用，供詹宝华读书。

许身报国

詹宝华不负父母的期望，立志学好本领，报效国家。他刻苦学习，成绩优秀，尊师爱友，乐于助人，深得学友的赞扬。1919年，反帝反封建的五四爱国运动爆发。詹宝华深受影响，他对腐败政府无比愤怒，积极投身斗争，和同学们一起走上连州街头，高呼"外争国权，内惩国贼"的口号，表达了救国救民的志向。

1923年，詹宝华来到广州求学。1925年夏，他考入黄埔军校，编入步科第二团第八连。在学习期间，他受到周恩来、恽代英和叶剑英等人的教育和栽培。他如饥似渴地学习马克思主义，追求革命真理，思想有了飞跃。当年冬天，他加入了中国共产党。从此，他满怀革命的激情，把自己终生奋斗的目标和伟大的共产主义事业紧紧地联系在一起。

有一次，詹宝华的父亲因年老多病，思儿心切，把詹宝华从广州召回家，苦劝他成亲，想以此把儿子留在身边。但詹宝华耐心地向双亲陈述忠孝难两全的道理，表明自己许身报国之意志。为了安慰老人，他与堂弟詹宝珍商量，将宝珍之子詹忠信过继给自己作嗣子，代替其侍候双亲。小住几天后，他便离别亲人，重返战斗岗位。

1925年，中共广东区委和周恩来针对当时的斗争形势，进一步强调武装工农的重要性，并从黄埔军校抽调60名共产党员、军事骨干派往广东各地训练农民武装，发展农民运动。这年冬天，詹宝华由中共广东区委派往顺德县领导农民运动。当时顺德的农民运动正风起云涌，全县几十个乡成立了农民协会，各区、乡农会互相呼应，纷纷向地主实行二五减租。于是反动地主拼凑民团，勾结土匪流氓，与农会相抗衡，斗争非常激烈。

创办农军干部学校

为了维护广大农民的利益，培养农军骨干，保卫新生的农民协会，詹宝华在顺德创办了农军干部学校。训练全县各区、乡选送来的农民自卫军的队长或乡村农会的干部。詹宝华不仅负责学校全面工作，还担任了工作最繁重的军事训练教官。为培养农军骨干，他不辞辛劳，埋头苦干，深受学员们的拥戴。

学校的军事训练十分紧张，每天都是三操两讲，当太阳刚一露面，詹宝华就带领学员爬上山冈，并亲自示范，和学员们一起进行野外演习，通过在风雨中摔打，培养大家的勇敢顽强的战斗作风。他常对学员们说："我们是革命军人，是广大农民的顶梁柱，一定要练就真本领，才不辜负广大受压迫农民的期望，才能担负起推翻封建势力的重任！"经过严格的军事训练，农军干校学员的军事政治素质提高了，战斗力增强了。在此基础上。詹宝华协助建立顺德县农民自卫军基干队，支持革命，打击反动民团。学员们毕业后回到各区、乡后成为农民运动的骨干。

参加"各界军民联欢大会"戳穿反动派阴谋

随着革命的深入，斗争越来越激烈。各乡农民在农会支持下，抗交各种捐税及护沙涌费，引起地主土豪的不满。他们阴谋串通土匪武装，制造事端，打击农会。1926年农历十月间，豪绅地主勾结军阀部队福军蓄谋借召开军民联欢会之机大造舆论，企图在会上诬蔑农军"内有土匪"，然后以"剿匪"为名，摧毁农会。顺德县农会得此情报后，决计戳穿反动派的阴谋，动员全县工人和农民代表参加了"各界军民联欢大会"。在会上，詹宝华以全县农民协会代表的身份，作了激昂的发言。他历数土豪劣绅和土匪摧残农会的罪行，强烈要求惩办凶手。面对詹宝华和工会各界代表连珠炮般的发言，反动派目瞪口呆，措手不及，连事前炮制好的《各界拥护十五师"剿匪"的决议书》，也不敢拿出来宣读。

英勇牺牲

反动派不甘心失败，1927年2月4日，春节刚过，古楼乡地主恶棍纠集了20个乡的反动民团和土匪数百人，向新滘农会发起突然袭击，进行烧杀抢掠，使农会遭受重大损失。县农会负责人梁庆根立即召集各乡农民自卫军赶往新滘，对敌人实行反包围。当时詹宝华正带领 200 多名农民自卫军基干队在二区参加实地作战训练，闻讯后，他立即率队跑步前往事发地点支援。部队渡过鲤鱼岗河，火速奔向古鉴村。刚过村边，遇到五六百名民团兵迎面扑来。他命令大家马上散开，以密集的火力压住敌人。战斗持续了 2 个小时，援军仍未到达，而敌人却不断增加，从四面源源涌来，在农军周围形成了重重的包围圈。在这危急关头，詹宝华当机立断，把身旁号兵的马号夺过来，亲自吹起了嘹亮的冲锋号。学员们在他的鼓舞下，顿时精神振奋，一跃而起，杀声震天，终于杀出一条血路，冲向鲤鱼岗方向。不料就在这时，一股敌人突然斜窜出岗面，向基干队射击。詹宝华不幸被子弹击中，壮烈牺牲，时年 26 岁。全体队员悲愤万分，高呼"为詹校长报仇"的口号，和援军一起反击，很快击溃了敌人，俘获了 10 多个民团头子，取得了战斗的胜利。

中华人民共和国成立后，人民政府批准詹宝华为革命烈士，并在他牺牲的顺德县建立了一座雄伟的烈士纪念碑。

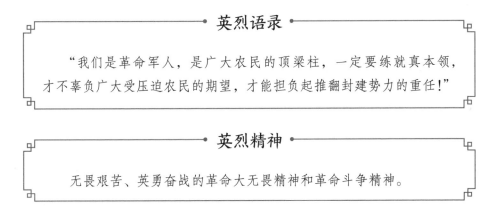

英烈语录

"我们是革命军人，是广大农民的顶梁柱，一定要练就真本领，才不辜负广大受压迫农民的期望，才能担负起推翻封建势力的重任！"

英烈精神

无畏艰苦、英勇奋战的革命大无畏精神和革命斗争精神。

（黄兆星）

张瑞成（1894—1927）

—— 创建工人阶级的最高学府

主要生平

张瑞成，又名达权，广东省新会县人。

- 1894 年，出生在广东省新会县江门北子村的一个贫农家庭。
- 1922 年，加入中国共产党，成为广东最早的一批党员之一。
- 1924 年 5 月 8 日，在团香港地委常委会议上被选为地委常委兼组织部主任。同年冬，受党组织的派遣，到苏联参观学习。
- 1925 年，到中华海员工业联合总会（简称"海总"）担任中共海总特别支部书记。
- 1926 年 4 月，任中华全国总工会省港罢工委员会教育宣传委员会主任兼广州土布工会主席。
- 1927 年 4 月下旬，为敌人秘密杀害，时年 33 岁。

领导中国社会主义青年团工作

由于家境贫寒，张瑞成儿时只读过几年私塾，就到广州一间织布工场当学徒，深受资本家的剥削与压迫。1919 年五四爱国运动爆发之后，马克思主义在广州广泛传播。在新思潮的影响下，张瑞成积极从事工人运动，并于1922 年光荣地加入了中国共产党，成为广东最早的一批党员之一。同时，他还担任中国社会主义青年团广州地委的领导工作，曾以团广州地委的代表身份，出席 1923 年 10 月 14 日至 16 日在广州召开的团广东区代表大会。1924年初，张瑞成被调往香港工作，同年 5 月 8 日在团香港地委常委会议上被选为地委常委兼组织部主任，5 月 14 日，他与林君蔚、李义保等人参加香港海员工人的演讲会。接着又以团香港地委代表的身份，参加了 5 月 25 日至 6月 1 日在广州召开的团广东区第二次代表大会。

担任中共海总特别支部的支部书记

1924 年冬，张瑞成受党组织的派遣，到苏联参观学习，于 1925 年夏回到广州。这时，广州已爆发了震撼世界的省港大罢工。不久，党派张瑞成到中华海员工业联合总会（简称"海总"）担任中共海总特别支部的支部书记（继黄平之后），他经常与海总特别支部的其他领导成员一起研究工作，深入到工人群众中去调查情况，做思想工作，发展党的组织。到 1926 年初，海总的党员人数已由原来的 10 多人发展为 100 多人，增强了党的战斗力。

组办工人学校

鉴于张瑞成去苏联参观学习过，又曾在广州从事工人运动，1926 年 4 月，中共广东区委和中华全国总工会就决定调瑞成到中华全国总工会省港罢工委员会担任教育宣传委员会主任兼广州土布工会主席。他把主要精力放在职工教育的工作上面。他领导下的教育宣传委员会，在很短的时间就筹办了 1 间劳动学院（地址在东园）、1 间劳动妇女学校（在石室对面的西业工人联合会内）、5间工人宣传学校以及 10 间工人子弟学校。上述学校在 1926 年 6 月至 7 月间先后开学。举办这些学校，对加强职工的教育、培养工运骨干和劳动后备军等方面起了积极作用。特别是劳动学院，在当时的影响更大。它是一间以培养工人运动骨干为目的的专门学校，学员是走读的，多是各基层工会的领导，白天在原单位工作，晚上集中上课。这是中共举办的第一间工人大学，用刘少奇、邓中夏的话来说，"它是工人阶级的最高学府"。为了筹办好这样一间学校，张瑞成亲自参与研究招生简章，审查学员条件，制订教学计划，聘请校长、教务长和教员等工作。经过中共广东区委和中华全国总工会的决定，由中共著名的工运领袖邓中夏担任校长，李耀先为教务长，刘少奇、萧楚女、熊锐、谭植棠、黄平、冯菊坡、龙业鼎等著名人物担任教授，此外，还请瞿秋白、李森等到学校作讲演。张瑞成在第一届开学典礼上，报告了学院筹办经过，论述了创办劳动学院的重大意义，并着重指出学生的三项责任：担任民族先锋队的作战计划；领导工人群众完成民族革命的工作；担任工人阶级自身解放使命的任务。在劳动学院第二届的学习期间，张瑞成还作了《第三次劳动大会决议案》的传达报告。

张瑞成在着重抓好劳动学院的同时，也很关心其他工人学校。聘请中共广东区委妇委委员、广东妇女解放协会副主任陈铁军为劳动妇女学校的主任教员。由于学员大部分是土布工会的女工，张瑞成就经常与陈铁军一起商量有关教学工作，解决女工中的突出思想等问题。

张瑞成在从事工运过程中，处处关心工人的利益，与工人同呼吸共命运，站在斗争的最前列。当时广州的织布工人劳动时间长、工资低，生活十分困难，为了改善工人生活，张瑞成就以土布工会的名义，向资方提出增加工资的要求。资本家不仅拒绝工会的正当要求，还专门收买一批流氓打手，勾结工贼李德轩等组织所谓"广东织布工会"和"岭南织布工会"与张瑞成领导的土布工会相对抗，从中破坏工人运动。为了抗议资本家不顾工人的死活，引起社会各界的同情和支持，张瑞成便于1926年10月3日发动土布工会的会员举行示威游行。当游行队伍路经河南保安卡半隐庐附近时，突然遭到资方收买的打手的袭击。在这严重关头，张瑞成挺身而出，率领工人与手持凶器的暴徒英勇搏斗。土布工会的工人被打死1人，伤30余人。资本家对这次事件的善后工作不仅置之不理，反而以参加"闹事"为由解雇了一批工人，对要求增加工资的工人进行报复和迫害。面对这种倒行逆施，张瑞成非常气愤，继续领导工人群众与资方进行坚决斗争。由于工会领导和工人团结一致，又得到社会各界群众的同情与支持，终于迫使资方赔偿工人的损失，恢复被解雇工人的工作。

组织请愿抗议资本家解雇工人

1927 年初，资本家利用吃"无情鸡"（在旧历年初二，老板请工人吃鸡饭，就意味从此被解雇了）的惯例，解雇了一批工人。中共广东区委和广州工人代表会为了维护工人的切身利益，就发动各行业的工人分头集会前往广东省政府农工厅请愿，抗议资本家解雇工人，要求政府取消这一苛例。张瑞成具体参加了这一斗争。结果，迫使政府答应取消资本家吃"无情鸡"这一恶例，恢复了被解雇工人的工作。

张瑞成对工人阶级的革命事业忠心耿耿，日夜操劳，得到工人群众的爱戴，却遭到资本家痛恨，以谋杀相威胁。工人对他的安全感到担心，劝他要回避一下，张瑞成却毫不畏怯地说："我们搞工会工作，搞革命，就要有视死如归的精神。如果我不幸被敌人杀害了，你们就继续搞下去，大家不要怕，革命是一定要成功的！"

惨遭秘密杀害

1927 年继蒋介石在上海发动四一二反革命政变之后，广东的国民党反动派也进行了四一五大屠杀。张瑞成不幸被捕，于 4 月下旬为敌人秘密杀害，时年 33 岁。

英烈语录

"搞革命，就要有视死如归的精神。"
"革命是一定要成功的！"

英烈精神

　　对工人阶级的革命事业忠心耿耿，日夜操劳无私奉献精神；视死如归的革命精神。

（胡提春）

邹师贞（1901—1927）

—— 不辞辛苦，一心为国

邹师贞，广东省大埔县长治区人。

- 1901 年出生。
- 1918 年，在大埔县城何家祠小学任教。
- 1920 年夏，广东省立第一甲种工业学校掀起了驱高运动，被推选为班代表及学生会执委。
- 1922 年春，加入社会主义青年团。
- 1922 年 6 月，与阮啸仙、冯菊坡、刘尔崧、周其鉴等人创办"爱群通讯社"。
- 1923 年 6 月，新学生社成立，成为其中的骨干分子。
- 1923 年 10 月 21 日，当选团广州地委候补委员。
- 1923 年冬，加入国民党，后来当选国民党广州市第七区党部的秘书和第三区分部的秘书。
- 1924 年，加入中国共产党。
- 1924 年 11 月，青年团广东区委改组，当选区委候补委员。
- 1925 年，积极发动油业工人支援省港大罢工。
- 1926 年，建立秘密的机关，应付突发事件。
- 1927 年，不幸牺牲，时年 26 岁。

言传身教

1918 年，邹师贞在大埔中学毕业后入大埔县城何家祠小学任教。五四运动爆发后，邹师贞在学校积极向学生宣传外抗强权、内除国贼、抵制日货、振兴中华的爱国思想，还同埔中师生一起上街示威游行，以实际行动声援和支持北京学生反帝反封建的爱国主义运动。

同年秋，邹师贞考入广东省立第一甲种工业学校，攻读化学工业。在广州读书期间，他与阮啸仙、刘尔崧、张善铭等同学积极地学习和宣传马列主义，投身于反帝、反军阀的革命斗争实践之中。

1920 年夏，广东省立第一甲种工业学校掀起了驱高运动，邹师贞被推选为班代表及学生会执委，他坚决勇敢地站在斗争的前列，与同学刘尔崧、阮啸仙、张善铭、周其鉴等人，共同起草了罢课宣言，揭发校长高仑贪污公款和压制学生的罪行，博得了社会舆论的同情。省教育厅便将高仑撤职，学生的斗争取得了胜利。

加入社会主义青年团

1922 年春，邹师贞在阮啸仙、刘尔崧、张善铭的影响下，加入了社会主义青年团，他积极参加革命活动，帮助进步同学靠拢革命组织，引导他们阅读《向导》等革命刊物，为团组织的发展壮大作出了贡献。

同年 6 月，广东军阀陈炯明在英帝国主义和直系军阀的指使和支持下，背叛了孙中山，炮击总统府。广州战事发生后，学校被迫停课，邹师贞回到家乡，在大埔中学等地传播马列主义，联合进步师生拥护孙中山，揭露和反对陈炯明的叛乱罪行。广州战事结束后，邹师贞又回到了广州，这时他与阮啸仙、冯菊坡、刘尔崧、周其鉴等人创办了"爱群通讯社"。邹师贞每天在功课完成后，就到工厂、农村发动工人、农民，采访新闻资料，供给各报社发稿，宣传反帝反封建的斗争。这期间，他发出很多有政治意义的新闻报道，不但在工作上得到锻炼，而且开阔了眼界，接触了更多新鲜事物，懂得了许多革命道理。

1923 年 6 月，以社会主义青年团员为骨干建立起来的广东区青年团外围组织——新学生社成立，邹师贞是其中的骨干分子。他还介绍黄居仁、周文雍等 30 余人加入新学生社，壮大了进步学生组织。

加入国民党

1923 年 10 月 21 日，阮啸仙召集了团广州地委改选大会，邹师贞当选为团广州地委候补委员。

同年冬，孙中山领导的国民党在中国共产党的帮助下开始进行改组，邹师贞和大批共产党员、社会主义青年团员一起以个人的身份加入国民党，被编在国民党广州市第七区党部。为了把被国民党右派控制的西关区第七区党部改组好，他在锦伦堂的手工织造工人中开展串联工作，再联合西关区各学校和各行业工会的区分部向国民党右派进行斗争。这时，国民党右派指使各工厂的工头、走狗、流氓企图用暗杀手段来威胁邹师贞，但他在右派威胁面前并没有胆怯，在党团组织的领导下，配合国民党左派，依靠群众，粉碎了右派企图阻止改组第七区党部的阴谋。12 月，在第七区党部的改选中，邹师贞当选国民党广州市第七区党部的秘书和第三区分部的秘书。

加入中国共产党

1924 年 5 月 5 日，团广州地委进行改选，邹师贞当选团广州地委执行委员，负责团广州地委的组织部工作。

同年，省教育厅整顿广东省立第一甲种工业学校，派肖冠英担任校长。他崇拜日本明治维新和军国主义，反对学生学习和宣传马列主义，不准开展学生运动；推行军事化教育，提出将全校学生编入"陆军团"，并自任团长，企图用军纪来束缚学生。但建"陆军团"方案公布以后，引起全校学生的反对。在一次校长训话的集会上，学生代表周文雍向肖冠英提出质问。会后邹师贞和周文雍等人以学生会的名义向教育厅报告肖冠英自立名目组织"陆军团"的情况，要求将该组织解散。此时，肖冠英知道邹师贞在学生中有很高的威信，便企图用增加公费补助、让他参加校务会议等办法来收买他。同时又宣布开除周文雍以恐吓和打击进步学生。邹师贞看清了肖冠英的阴谋，严词拒绝了肖冠英的利诱，团结全校师生与肖冠英进行了尖锐的斗争，揭露他威迫利诱的卑鄙行径，从而使肖冠英的阴谋彻底破产。

同年，邹师贞在广东省立第一甲种工业学校毕业，考入广东大学理工学院，当时广东大学校长是国民党右派分子邹鲁（大埔人），他经常以同乡同宗的名义拉拢邹师贞，企图使邹师贞放弃对学生运动的领导和对国民党右派的斗争。邹师贞并没有上邹鲁的圈套，而是根据党团组织的指示，虚与周旋，趁机向邹鲁宣传中国共产党的政策方针，同时亦对邹鲁的右派言行进行劝阻和斗争。

邹师贞进入广东大学不久，党团组织决定调他到广东油业工会任秘书。在刘尔崧的直接领导下，他经常深入到工人群众中去，领导全体油业工人开展斗争。经刘尔崧的介绍，同年他光荣地加入了中国共产党。

协助领导广东地区职工运动

1924 年 11 月，团广东区委改组，邹师贞当选区委候补委员。

1925 年上海五卅惨案发生后，中共广东区委决定组织广州和香港的工人举行大罢工，邹师贞在油业工会中，积极发动油业工人支援省港大罢工。在省港大罢工期间，邹师贞积极配合省港罢工委员会进行工作。后来，邹师贞调任中共广东区委工委秘书，协助刘尔崧等领导广东地区职工运动。在这期间，邹师贞夜以继日地忘我工作，完成了党交给他的繁重任务。

1926 年 3 月 20 日，国民党右派制造中山舰事件，突然袭击共产党员，拘捕了李之龙等一批共产党员，并派遣反动武装包围苏联驻广州领事馆和省港罢工委员会。事后，为了防备国民党右派的阴谋和突然袭击，广东区委工委除保留一些已公开的工会机构外，还指定邹师贞建立秘密的机关，以应付可能发生的突然事变。

不幸牺牲

1927 年 4 月 15 日，广州的国民党右派发动了反革命政变，出动大批军警解除黄埔军校、罢工工人纠察队武装，包围和查封各革命团体和组织，疯狂地搜捕和屠杀共产党人、革命群众。工委负责人刘尔崧、李森、何耀全等人均被捕杀害。邹师贞面对国民党反动派的反革命大屠杀，毫不退却，与周文雍、黄居仁等人继续领导工人坚持斗争。

　　同年6月间，由于叛徒冯全镐出卖，邹师贞在西关李家园的住处被敌人发现，与妻子周冠香一同被捕。邹师贞被捕后，在敌人严刑拷打面前坚贞不屈，严守党的秘密，敌人得不到半点所需要的东西。邹师贞在狱中鼓励其他难友坚持革命气节，并用秘密通信的办法领导全体难友与敌人进行斗争。在一次通信时被看守人员发现，国民党反动派便以"共产党要犯""煽动越狱"等罪名，将邹师贞秘密枪杀于广州南石头监狱。邹师贞为了无产阶级的解放事业，付出了他宝贵的生命，时年仅26岁。

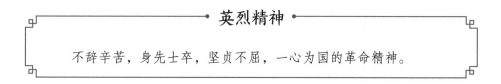

● 英烈精神 ●

　　不辞辛苦，身先士卒，坚贞不屈，一心为国的革命精神。

（廖练堂）

陈谷荪（1898—1928）

——陆丰工农武装革命斗争的领导人之一

陈谷荪，原名燕贻，广东省陆丰县东海镇人。

- 1898 年，出生于一个比较富有的商人家庭。

- 1923 年，从广州美术专科学校毕业后，回到陆丰湖东、博美等地小学任教师。

- 1925 年春，发动组织教师联合会，支持恢复农会工作。4 月中旬，当选陆丰县农民协会第一届执行委员，担负起领导全县农民运动的工作。不久，和黄依侬到金厢区组建农民协会。同年冬，加入中国共产党。

- 1927 年 4 月 30 日晚，参与组织领导陆丰武装起义工作。5 月 1 日，陆丰县临时人民政府成立，任政府委员。中旬，在东南沿海一带领导发动规模巨大的抗租运动。8 月下旬，领导陆丰东南农民武装攻入碣石城，在广大农村造成红色割据的局面。9 月 8 日，任陆丰临时革命政府经济委员会负责人。9 月 26 日，回金厢一带，组织领导秋收暴动。11 月 5 日，任中共陆丰县委委员，担负起筹建苏维埃政府和开展土地革命工作。

- 1928 年 1 月，被选为县委常委兼秘书长，主持县委日常工作。4 月 12 日，国民党大批军警包围鹅笼村，被捕牺牲，时年 30 岁。

陈谷荪，原名燕贻，广东省陆丰县东海镇人，1898年生于一个比较富有的商人家庭。陈家祖籍陆丰县上陈乡，因乡中经常发生械斗，祖辈不堪这种无谓争斗而移居东海镇居住。经过几代人努力，到陈谷荪出生时，陈家在东海、金厢两地都开有铺面，经营捕鱼用具、杂货和水产品，这也为后来陈谷荪能在这两地开展革命工作提供了社会基础。

积极宣传新思想

陈谷荪少时曾就读于东海镇县立第二高等小学校，后考上广州美术专科学校。他在学期间，正是革命怒潮汹涌澎湃、社会变革激烈动荡的年代。他深感中华民族处于内忧外患之中，正在思索寻求救国救民的真理。五四爱国学生运动的爆发和马克思主义在中国的传播，使陈谷荪看到了中华民族的希望和出路之所在。在广州求学期间，他就积极参加社会活动，宣传新文化新思想。

1923年，陈谷荪从广州美术专科学校毕业后，回到陆丰湖东、博美等地小学任教师。此时，彭湃组织领导的海陆丰农民运动虽然遭到军阀和封建势力的镇压，但农民组织起来的强大力量及农会会员们那种"活是农会人，死也是农会鬼"的革命精神，给陈谷荪留下了深刻印象。他在东海任教的青年教师郑重等的影响下，开始和一些秘密农会组织接触。在课堂上，他采取多种形式向学生灌输爱国思想，组织学生学习进步书籍，启发学生的爱国热情，并以教师为掩护，帮助秘密农会组织进行联络等活动。

积极参加农会工作

1925年春，东征军赶跑了陈炯明的军队，海陆丰农民运动迅速恢复。陈谷荪利用自己的影响，发动组织教师联合会，支持恢复农会工作。他带领学生，向农民宣传入会的好处，贴传单，写标语，扩大农会宣传。4月中旬，陆丰县农民协会成立，陈谷荪和庄梦祥等当选为第一届执行委员，担负起领导全县农民运动的工作。不久，陈谷荪受县农民协会委托，和黄依侬到金厢区组建农民协会。他利用自己的社会地位和关系，在金厢做了大量细致的宣传组织工作，为金厢区成为陆丰农运最发达的地区之一作出了贡献。同年冬，陈谷荪加入了中国共产党。

领导陆丰武装起义

1927 年 4 月 30 日晚，中共海陆丰地委领导海陆丰人民举行第一次武装起义。陈谷荪参与组织领导了陆丰武装起义工作。5 月 1 日，陆丰县临时人民政府成立，陈谷荪出任政府委员。中旬，国民党部队驻汕头陈炳泰部占据陆丰。陈谷荪和黄依依等率中共陆丰党的领导机关撤退到金厢后，组织健全全乡村农民武装，继续坚持斗争。随后，在海陆丰党组织统一领导下，陈谷荪在东南沿海一带领导发动规模巨大的抗租运动。8 月下旬，陆丰东南农民武装在陈谷荪等领导下一度攻入碣石城，在广大农村造成红色割据的局面，给敌人以沉重打击。

9 月 8 日，陆丰第二次武装起义成功，陈谷荪任陆丰临时革命政府经济委员会负责人，和陈荫南等筹划组织领导把没收的逆产、粮食运往激石溪等山区，准备建立后方根据地，为长期割据海陆丰做准备。26 日，党政机关主动撤出县城，陈谷荪仍回金厢一带，组织领导秋收暴动。10 月上旬，南昌起义军在潮汕失利，大批失散部队陆续退到陆丰东南沿海一带。陈谷荪带领各区、乡党和农会负责人动员群众慰劳接待起义军，并组织大批船只，护送他们安全离境。同时组织农民武装收集起义部队失散的枪支弹药，武装自己，壮大农民武力力量，为陆丰第三次武装起义的胜利创造了有利条件。

11 月 5 日，陆丰第三次武装起义成功，海陆丰革命进入创建苏维埃政权阶段。为适应形势发展，中共海陆丰县委撤销。海丰、陆丰各自成立县委。陈谷荪为陆丰县委委员，和林铁史、庄梦祥等担负起筹建苏维埃政府和开展土地革命工作。陈谷荪在繁忙的工作中，不为名，不为利，忘我奋斗，充分表现出共产党员的优秀品德。1928 年 1 月，陆丰县委改选，陈谷荪被选为县委常委兼秘书长，主持县委日常工作，对发展武装斗争、推进土地革命进程发挥了重要作用。

光荣牺牲

1928 年 2 月 29 日，国民党军队十一师从大安进犯陆丰城。陆丰县委和苏维埃政府撤往附城农村。陈谷苏和县委常委彭元章、吴鉴良等带领县委机关驻牛路头村，指挥全县工农武装开展艰巨的反"围剿"斗争。4月上旬，全县主要乡镇和交通要道都被敌人占据，很多共产党员和赤卫队员被枪杀。形势越来越恶化，陈谷苏和其他常委还坚持隐蔽在附城鹅笼村，指挥西北、东南两个特委领导全县坚持斗争。由于坏人告密，4月12日，国民党大批军警包围鹅笼村，陈谷苏和彭元章、吴鉴良一同被捕，光荣牺牲，时年30岁。

英烈精神

为解救中华民族于内忧外患之中而寻求救国救民革命真理的爱国主义精神和革命斗争精神。

（林兴奇　叶小苏）

陈剑夫（1891—1928）

——胆赤心坚的海员工会领导人

主要生平

陈剑夫，广东省云浮县腰古区城头村人。

- 1891 年出生。
- 1920 年，组织群乐山房，积极参加筹组海员工会的工作。
- 1921 年 3 月，出席中华海员工业联合总会成立大会。
- 1922 年 1 月，随船回到香港，带领全体海员举行罢工。
- 1925 年，被选为省港罢工委员会工人纠察队第三大队第九支队支队长。带领第九支队驻守深圳，执行封锁香港、查缉走私等任务。
- 1926 年 1 月，任中国海员第一次全国代表大会交际部主任，发表《敬告海员同人书》。10 月，加入中国共产党。
- 1927 年 10 月，领导海员参加支援"新海宁"和"海南"两轮船罢工海员的斗争。11 月，任工人赤卫队第二大队大队长。
- 1928 年初，回家乡云浮秘密开展革命活动。任中共云浮县委委员兼常委，后再任云浮县委书记兼工委负责人。8 月，不幸被捕获，押至小河圩尾杀害。时年 37 岁。

组织群乐山房，开展抵制涉马沙盘剥的斗争

1891 年，陈剑夫出生在广东省云浮县腰古区城头村一个贫农家庭。腰古地处云浮、高要两县交界的贫瘠地带，人民生活极端贫困。陈剑夫 8 岁时便给地主放牛，以帮补家庭生活。大哥陈亚富在香港做工，省吃俭用，供陈剑夫读了 4 年书。陈剑夫白天刻苦用功，课余参加家庭劳动，晚上练习写字和打算盘，为日后工作打好基础。

陈剑夫年纪稍大，因家里贫困，无以为生，便跟随兄长到香港做工谋生。初时，他在香港一个英国商人家做工，深受老板的盘剥。他无法忍受，乃辞工不干。后来到了一艘外国轮船上做工，开始了海员的生涯。他曾经当过餐厅侍应和杂工，又当过水手，以至管房等等。他与其他海员一起，除了身受外国资本家的压迫剥削外，还要受涉马沙（即包工头）的种种盘剥。他每月工资仅得二三十元，还要从中抽剥 10% ~ 30% 给包工头，否则就要被开除。陈剑夫收入低微，只能维持个人生活，因此，他的家属仍在家乡过着贫苦的生活。

陈剑夫在多年的海员生涯中，随船到过欧美各国，目睹各国工人为争取自身的切身利益，反对资本家的剥削和资产阶级政府的高压政策，前仆后继地举行罢工斗争的情景，深受启发和鼓舞。特别是俄国十月革命的胜利，更使他受到鼓舞。他憧憬着，有朝一日，中国的工人阶级也能当家做主就好了！

1920 年间，中国工运先驱苏兆征在一艘外轮上，领导中国海员反压迫斗争取得胜利。喜讯传来，陈剑夫和船上的中国海员立即团结起来，组织了群乐山房，开展抵制涉马沙盘剥的斗争。他与苏兆征、林伟民等先进分子取得联系，积极参加筹组海员工会的工作。

带领全体海员举行罢工

1921 年 3 月，中华海员工业联合总会（简称"香港海员工会"）在香港成立。陈剑夫出席工会成立大会。会后，在林伟民、苏兆征、陈权等带动下，积极酝酿举行为改善海员待遇、增加工资、反对包工制的斗争。

1922 年 1 月 12 日，香港海员罢工爆发。陈剑夫随船回到香港，旋即带领全体海员举行罢工，离船返回广州。在广州，他们受到各界的热烈欢迎，中共广东支部发表了支持罢工的《敬告罢工海员》的文告，还发动学生群众募捐，解决海员生活困难。陈剑夫深受感动，并鼓励同伴说："工友们，挺起胸膛坚持罢工，为中国人争口气！"3 月上旬，罢工终于获得了胜利。当陈剑夫看着外国神父把海员工会的招牌挂回工会时，深感工人阶级团结的威力。

1924 年 2 月，陈剑夫和苏兆征等被选为香港海员工会第三届职员。他与何来、陈杏林等负责交际部的工作。12 月，他代表群乐山房出席香港海员工会干事部同人会议；接着，又代表海员工会出席俄国皇后轮召开的干事部寻常大会。1925 年 1 月，他曾就一些工会会员不肯缴纳会费等不良倾向提出批评，受到大家支持。

参加省港工人大罢工

1925 年，上海五卅惨案发生，反帝怒涛席卷全国。为支援上海工人的反帝爱国运动，6 月 19 日，省港工人举行大罢工。罢工工人在陈剑夫等骨干带领下，离开香港从新界步行至深圳，再搭车返广州坚持罢工斗争。罢工工人在中华全国总工会的领导下，成立了以苏兆征为首的省港罢工委员会，省港罢工委员会成立了工人纠察队，执行封锁任务。陈剑夫被选为第三大队第九支队支队长，成为工人纠察队骨干。

同年 7 月，第三大队出发宝安县，陈剑夫带领第九支队驻守深圳，执行封锁香港、查缉走私等任务。

深圳与港九地区以深圳河为界，从沙头角到南头，全长 50 多公里，是封锁香港的最前线。封锁香港后，英帝国主义者在南岸架设大炮，构筑工事，还在沙头角、蛇口、深圳湾和沿海派军舰巡逻。他们还和宝安的地霸劣绅、奸商勾结，武装走私。这对只有几支步枪的工人纠察队来说，威胁是很大的，形势十分紧张。但是，陈剑夫和队员胆赤心坚，什么也不怕。他们在当地农民自卫军的配合下，坚定、英勇地执行任务。

在执行任务过程中，他们破获了运送私货往香港以破坏罢工的不法机关，缉获了奸商偷运大米、生猪、副食往香港的重大走私案 10 多宗，还把奸商和缉获物资押回广州工人法庭处理。这样一来敌人对陈剑夫等人恨之入骨，并有意制造谣言，中伤他们，企图迫使他们撤离深圳。据此，陈剑夫一方面把真实情况报告省港罢工委员会；一方面向工人纠察队部提出辞呈，以表心迹。省港罢工委员会派人前来调查，使事件真相大白，工人纠察队部公开挽留陈剑夫。陈剑夫以革命利益为重，继续坚定地执行封锁任务。

11 月 4 日，港英政府勾结陈炯明军阀残部，武装袭击沙鱼涌。铁甲车队驰援，发生了激烈战斗。第十支队支队长蔡林蒸壮烈牺牲。陈剑夫在铁甲车队驰援下挑起重担，率队员日夜巡逻，终于出色地完成了封锁任务。

12 月初，工人纠察队扩大整编，陈剑夫调任第一大队第一支队支队长，担负封锁沙面租界白鹅潭一带的重任。一次，他率队在芳村巡逻，截留了走私白糖 50 包。奸商以 20 元贿赂陈剑夫，被陈剑夫把人和赃货一并交会审处理，陈剑夫的这些表现，受到了罢工工人的赞扬。

加入中国共产党

1926 年 1 月，中国海员第一次全国代表大会在广州召开。会上，陈剑夫等 15 人被选为执行委员。陈剑夫任交际部主任，被指定与苏兆征、林伟民、陈权等负责广州分会工作。他发表了《敬告海员同人书》，以后，他为海员工会济难分会做了大量为封锁香港而牺牲的死难烈士的抚恤工作。4 月，他出席香港总工会成立的大会，为统一香港工会斗争作出贡献。10 月，陈剑夫加入中国共产党。

参与广州起义

1927 年 3 月，陈剑夫受广东工人的委托，与苏兆征、徐茂均等代表，离开广州赴武汉，参加第四次全国劳动大会。他们抵达武汉时，蒋介石发动了四一二政变。4 月 15 日，广州国民党反动派也背叛了革命。消息传到武汉后，陈剑夫非常关心同志们的安全。6 月，陈剑夫在第四次全国劳动大会上报告了省港大罢工有关的情况。会后，他秘密潜回广州，领导海员进行反抗国民党反动统治的斗争。10 月，他曾领导海员参加支援"新海宁"和"海南"两轮船罢工海员的斗争，揭露改组委员的破坏阴谋，夺回了海员工会广州办事处。此时，中共广东省委决定举行广州起义。11 月 26 日，中共广东省委发出号召暴动宣言。为此，广州全部工人武装改编为工人赤卫队，准备武装夺取政权。海员编入第一、二两个大队，陈剑夫任第二大队大队长。他带领队员，隐蔽在广州长堤一带，积极进行训练。

12 月 11 日凌晨，广州起义爆发。陈剑夫带着海员赤卫队员攻占了广州靖海分局。天亮后，陈剑夫和队员们押着俘房到市公安局。然后领了一批枪弹，返回长堤、靖海路一带，负责守卫任务，并监视着在珠江游弋的帝国主义舰艇的活动。

起义爆发后，国民党反动军队进行反扑。陈剑夫和电厂工人赤卫队、店员工人赤卫队在长堤一带奋勇还击企图从珠江登岸的敌人。至 13 日，敌人以 10 倍于我的兵力强行登陆成功。陈剑夫与队员们转入巷战，与敌人肉搏。在战斗中，陈剑夫不幸受伤，后在工人家属掩护下脱险，不久辗转到了香港。

返乡秘密开展革命行动

1928 年初，陈剑夫受党派遣回家乡云浮，秘密开展革命活动。他向群众揭露国民党反动派在云浮的统治罪行，发动和组织群众进行斗争。与此同时，省委派巡视员到云浮，与陈剑夫等联系，建立和发展党的组织。5 月间，中共云浮县委成立，陈剑夫被选为县委委员兼常委，后再任云浮县委书记兼工委（即职工委员会）负责人。

英勇牺牲

陈剑夫任中共云浮县委书记后，一心扑在工作上。他激流勇进，克服了一个个困难，认真贯彻上级有关指示。至 7 月底，全县已建立 16 个支部，党员发展到 130 多人。职工运动、农民运动、青年和妇女运动也逐步开展起来；建立起农民赤卫军，在县军委指挥下，打击地主土豪劣绅，把没收来的财产和粮食分给贫苦农民。共产党的声威大振，反动统治者闻风丧胆。8 月 29 日，云浮反动县长刘学修和东区土豪劣绅、地主恶霸勾结起来，派出大批反动军警和民团包围了城头村，逮捕了正在城头村进行工作的陈剑夫。31

日，反动派害怕群众知道消息后举行暴动，因而把陈剑夫押至小河圩尾杀害。陈剑夫牺牲时年仅 37 岁。

★ 英烈语录 ★

"工友们，挺起胸膛坚持罢工，为中国人争口气！"

★ 英烈精神 ★

胆赤心坚、以革命利益为重、不畏艰险的革命精神。

（谢燕章）

陈泗英（1909—1928）
陈琼英（1909—1928）

—— 巾帼英雄，飒爽英姿

主要生平

陈泗英，又名陈佩琳，广东省罗定县罗城镇北区人。

- 1909 年出生。
- 1926 年，担任学联会委员。参加清理大地主梁雨生等长期把持的德义、菁莪"两局"学租会。
- 1927 年，组成共青团小组，参加广州起义。
- 1927 年广州起义失败后，投入农民武装暴动中。
- 1928 年 4 月 23 日，英勇就义，时年 19 岁。

陈琼英，广东省罗定县围底镇莲塘村人。

- 1909 年出生。
- 1926 年，参加清理大地主梁雨生等长期把持的德义、菁莪两局学租会。
- 1927 年，抗婚。为广大妇女争取婚姻自由做出了榜样。
- 1928 年 4 月 23 日，英勇就义，时年 19 岁。

一起加入共青团

陈泗英，又名陈佩琳，1909 年出生，是广东省罗定县罗城镇北区人。父亲陈泽甫，是个有文化的读书人，懂得医术，曾挂牌行医，为民治病，颇受群众信任。他家收入很微薄，家境贫困，靠母亲养蚕、织土布出售帮补，维持一家十口人的生活。陈泗英有 4 个兄弟、3 个姐妹，她排第四，又叫"四姐"。父母对子女管教很严，如有不遵守家风的事，都会受到父母严厉训斥。陈泗英从小热爱劳动，料理家务，多动脑筋，勤奋好学，性格爽朗活泼，有一定社会活动能力。

陈琼英，1909 年出生，是广东省罗定县围底镇莲塘村人。父母亲都是勤耕苦种的人，靠种养业收入，养活一家数口。陈琼英有 3 个弟妹，她是大姐，一家大小克勤克俭，尚能维持生活。陈琼英年少聪明，容易接受新生事物。

陈泗英、陈琼英先在罗定县立女子小学读书，后来升入省立八中（即罗定中学）就读，相同的年龄，相同的学校，共同的理想和志向，并共同投身于革命。她们在中共罗定县特别支部和共青团罗定县支部的培养教育下，一起接受新生事物，一起参加新学生社、学联会，一起加入共青团组织。

投身革命运动

1925 年，国民党中央农民部特派员李芳春在罗定县城开展学生运动，举行大会，援助上海五卅反帝斗争。同年 12 月成立罗定县农会筹备委员会，并发动工人、农民、学生开展活动。

1926 年 4 月 23 日，罗定县农民协会正式成立，有 2000 多人参加成立大会。反帝反封建的农民运动和学生运动进一步发展。这时，陈泗英、陈琼英积极投身革命运动，参加示威游行。她们有胆略、有勇气，在原邮电局门口讲台、神滩庙码头、清云岗戏棚进行宣传演讲、演戏，宣传革命道理，她们声音嘹亮，语言流畅，感人动听。陈泗英还担任学联会委员，经常到夜校帮助工农群众学习文化，宣传革命道理，提高工农群众斗争觉悟。同年 8 月，李芳春发动工农商学各界人士，清理大地主梁雨生等长期把持的德义、菁莪

"两局"学租会。陈泗英与县学联会 10 多名共青团骨干，积极参加这一行动，在行动中高呼"打倒土豪劣绅"口号。在各界群众的强大压力下，梁雨生等土豪被迫交出"两局"田契帐部六大箱，由县农会接管。斗争取得胜利。

随着革命形势的发展，为动员更多的青年学生参加革命活动，陈泗英、陈琼英积极上门串联发动，并召集一些同学到陈泗英家开会，由陈泗英主持，组织大家学习孙中山的新三民主义及"联俄、联共、扶助农工"三大政策，动员大家积极投身国民革命。

抵抗封建婚姻

陈琼英的父母受封建礼教支配，包办女儿婚姻，曾将陈琼英许配一个姓黄的人家。1927 年春，男方定下婚期，准备迎亲。然而，具有革命理想的陈琼英，不愿做封建婚姻制度的牺牲品，毅然提出抗婚，得到了党团组织的支持。李芳春帮助陈琼英解除婚约，向县教育局局长和法院申诉，促其受理此事，后来法院批准解除陈琼英的婚约。陈琼英的行动，为广大妇女争取婚姻自由做出了榜样。

组建共青团小组

1927 年 4 月，蒋介石在上海发动反革命政变。接着，广东地区国民党右派也叛变革命，大肆屠杀共产党员和革命群众。5 月 7 日，中共罗定特支负责人李芳春惨遭杀害。陈泗英怀着对国民党反动派的刻骨仇恨，毅然离开罗定跑到广州。在广州一间私办的刺绣学校补习。她与在广州私立大厦中学读书的陈孚同取得联系，并与陈孚同、罗展新（广西平乐人）、王作华（罗定六竹人）等 4 人组成共青团小组，继续进行革命活动。当时广州市反动势力猖獗，白色恐怖严重。陈泗英、王作华两位女同志意志坚定，毫不动摇，勇敢顽强，机智灵活，不计个人安危，坚持参加团小组活动，举行学习会讨论形势，传达上级指示，这些活动从未停止过。

参加广州起义

12 月初，广州起义前夕，上级指示要做好起义前的准备工作。陈泗英和她所在的团小组接受任务，负责在中央公园至越华路、广大路、广卫路、惠爱路一带张贴标语，散发传单。她们互相配合，机智灵活，一连干了三个通宵，张贴了一批标语和散发了一批传单，得到领导表扬。

12 月 11 日，广州起义的枪声打响了。这天一早，在广州公安局门前贴出的第一号布告，宣布了广州苏维埃政府成立。陈泗英所在的团小组接到通知后，立即赶往共青团总部报到。总部分配她们团小组到东山区张贴标语，散发传单。陈泗英等 4 人不顾个人安危，向市民散发传单、张贴标语，动员市民照常营业。在枪声阵阵的情况下，圆满地完成了上级交给她们的任务。

12 日清晨，陈泗英的团小组和另一个团小组七八个人，在阳楷章（桂林人、中山大学学生）的率领下，直奔豪贤街捉拿省司法厅秘书长沈某。此人原系中山大学教授，在四一二事变后，曾逮捕杀害中山大学学生和很多革命同志，欠下人民的血债。他们赶到目的地后，拍门而入，将其拘捕押回总部，交给有关人员处理。

13 日早上，陈泗英的团小组又奉命到中央公园前至惠爱西路一带执行警戒巡逻的任务。在帝国主义者和国民党反动派的联合镇压下，广州起义宣告失败了。其时，起义军已向花县方向转移，广州市陷于一片混乱。她们知悉上述情况后，便各自疏散隐蔽起来。不久，王作华被捕，于东较场英勇就义。

投身罗定农民武装暴动

后来，陈泗英离开了广州，回到罗定，与陈琼英一道继续并肩作战，投身于罗定农民武装暴动。

1928 年 3 月 4 日，中共罗定县委进行改组，根据广东省委的部署，制定《罗定暴动工作大纲和军事计划》，准备于 4 月 14 日在罗定县城举行武装暴动。县委派陈泗英往香港，向省委汇报罗定暴动准备工作计划。她到港后，向省委作了汇报，并听取了省委的工作指示。此时，陈孚同已转移到香港，负责团省委秘书处通信和接待内地同志来港的工作。陈孚同见到了陈泗英，勉励她要继续勇敢大胆地工作，为工农群众翻身解放而努力。陈泗英在香港住了几天，就只身赶回罗定，把省委的指示向罗定党组织作了详细的汇报，圆满地完成了任务。

被反动派逮捕

陈泗英的工作得到上级的表扬和信任。她工作更加积极，斗争更加勇敢坚决。她与陈琼英等同志一道，积极做好暴动准备工作。不料，由于暴动计划被一奸细告密，罗定县反动当局于 4 月 14 日早上进行全城戒严，封锁交通要道，切断了暴动指挥部与各处的联系。暴动未能举行就宣告失败。接着，国民党反动派大肆逮捕共产党员和其他革命群众。当晚，陈泗英、陈琼英等人到省立八中开完会。她们刚出校门就被敌人盯住，跟踪至陈泗英家。陈泗英、陈琼英两人来不及隐蔽脱身，就被敌人逮捕入狱。

在监狱里，敌人对她们威迫利诱，使尽各种酷刑，企图从她们口里要到地下党组织和领导人名单。面对敌人的皮鞭和刺刀，她们严守党的机密，没有吐露半点真情。敌人恼羞成怒，决定杀害她俩。

英勇就义

1928 年 4 月 23 日，罗定县城乌云密布，阴风四起。敌人将陈泗英、陈瑛英押赴刑场时，她俩在途中昂首挺胸，不断高呼"打倒帝国主义！""打倒国民党反动派！""共产党万岁！"等口号，吓得敌人胆战心惊，手忙脚乱。临刑时，敌人令她们跪下。她俩傲然挺立，不理敌人。于是敌人向她们射击了罪恶的子弹，这一对都年仅 19 岁的革命者，双双倒在血泊之中。

英烈精神

大义凛然、视死如归、宁死不屈、严守党的秘密、甘于为党的事业奉献一切的革命精神。

（陈忠能）

陈铁军（1904—1928）
陈铁儿（1908—1932）

—— 对革命无限忠贞的两姐妹

主要生平

陈铁军、陈铁儿，广东省佛山人。

- 陈铁军，原名陈燮君，1904 年 3 月出生。妹妹陈铁儿，原名陈燮元，1908 年农历八月七日出生。她们出生于佛山一个归侨富商的家庭里。

- 姐妹俩先后于 1926 年和 1927 年考入广州中山大学，并先后于 1926 年 4 月和 9 月加入中国共产党。

- 1928 年农历正月十五日，陈铁军与周文雍同时在红花岗刑场上英勇就义，时年 24 岁。

- 1932 年 3 月，陈铁儿在红花岗刑场上英勇就义，时年 24 岁。

追求真知

　　陈铁军和陈铁儿生长在广州附近的佛山的一个华侨商人家庭。陈铁军生于 1904 年，比陈铁儿大 4 岁。她们的青少年时代，正是中国社会发生深刻的变化，从封建帝制走向旧民主主义革命，再由旧民主主义革命走向新民主主义革命的年代。时代的革命洪流不断地冲击着佛山，也把革命的曙光带给她们姊妹俩。陈铁军童年时，中国人民把 2000 多年的封建帝制推翻，她便要求家里送她上学，像男孩子一样读书。可是，那些子曰、诗云，并不是她想要追求的知识。当 1919 年五四运动浪潮席卷全国时，许多青年学生从广州到佛山来宣传，15 岁的陈铁军拉着小妹妹陈铁儿在街头听演讲、看传单。当时，有一支由广州女子师范学校学生组织的宣传队特别吸引她。这些女青年大声疾呼反对帝国主义、反对封建主义、提倡男女平等，提倡民主和科学，一声声口号像春雷一样唤醒了陈铁军幼稚而热烈的心。陈铁军带着陈铁儿，把传单接过来，在佛山散发。

　　一年之后，佛山出现了第一所新学制的女子小学，名叫"季华两等女子小学"，这在当时是很了不起，却又是使很多人看不惯的。老脑筋的人在背后窃窃私语，指手画脚，议论纷纷，说这学校标新立异，老师的学识肤浅。但是陈铁军却对妹妹说："耳闻不如眼见，我们亲自看看去。"她到了季华两等女子小学，一看，校长和老师就是去年来佛山宣传的那几位女青年。她告诉妹妹说："这才是我们所要进的学校。"回家后她坚决要求转学，情词恳切，家里只好答应了。陈铁军和陈铁儿用行动去支持这所学校。她们勤奋用功，取得优异的成绩，用事实去批驳"新型学校水平不高"的谬论。她们不但在主要科目上勤奋学习，就是连手工刺绣都非常认真。至于那些新制度新课程，像穿制服、上体育课，一般家长都不大理解，认为穿布衣短裙、体育锻炼，有失大家闺秀的体统。但是陈铁军和陈铁儿都带头参加，认真锻炼。人们看了她俩朝气蓬勃，英姿飒爽的样子，都惊讶地说："陈家两位小姐就像男孩子一样啊！"人们渐渐从惊讶转为羡慕，在短短的时间里，这所学校给佛山带来了新风气。

　　到陈铁军快要毕业那一年，她遇到一桩很不愉快的事，她父母生前把她许配给当地一个富商的儿子，这时男家催她完婚。"父母之命，媒妁之言"，在旧社会是天经地义的事,何况对方又是富甲全市的巨商呢?不管陈铁军如何反对,家里也不肯给她取消婚约。连她的老师也劝她可以跟对方见见面,要是有共同的思想基础,还是可以慢慢建立感情的。陈铁军只好答应了。在行礼、拜堂之后,陈铁军落落大方地跟对方交谈,发现了对方竟是个庸俗不堪的小老板,她就毅然决定回娘家去,继续完成学业。不久,在季华两等女子小学毕业后,她就冲出封建家庭,离开佛山,到广州这个革命城市去寻找她的光明出路。

矢志革命

陈铁军到了广州之后,在坤维女子中学校读书。不久,陈铁儿也进了这所学校。这是一所小姐学校,陈铁军很快就不满意它的教育,于是她自己寻找些政治书籍来看。广州,既是当时的革命策源地,又是社会矛盾的集中点,各种政治思想斗争很激烈。当陈铁军在三民主义、无政府主义、大同思想各种学说漩涡中彷徨的时候,中共党员谭天度给她引了路,把当时的进步刊物《向导》《新青年》等介绍给她看。陈铁军和同学们组织了读书会和时事研究社,结合当时斗争形势,研究问题,学习社会主义理论。1925 年,五卅惨案发生之后,广州和香港的工人在中国共产党领导下,举行了举世闻名的省港大罢工。6 月 23 日,广州工人和革命群众举行了示威游行,声援五卅运动。陈铁军带着陈铁儿和同学们跟群众在一起,满怀激情地挥着红旗,高呼反帝口号。这次游行震撼着整个广州城,震惊了帝国主义。队伍经过沙基时,沙面租界的英、法军队残酷地向游行队伍开枪射击,造成了流血惨案。在这次游行中,陈铁军感受到群众的伟大力量,也亲眼看见帝国主义的狰狞面目。血的事实教育了她,妇女要真正解放,人类要得到真正的幸福,只有在共产党的领导下进行斗争。陈铁军不久就参加了新学生社,和广大进步青年一起,高举反帝反封建的旗帜,为革命斗争不懈努力。

1925 年暑假,陈铁军考进了广东大学(后来改为中山大学)文学院。次年,陈铁儿也进了中山大学理学院。她们一面读书,一面坚持斗争。陈铁军不仅带动妹妹陈铁儿参加了革命,还把革命的火种也撒到其他姊妹的心田上。她常常把进步的老师和同学带到佛山来,又把一些同心的姊妹吸引到革命的策源地广州,和她们并肩战斗。区夏民、区梦觉都是她的亲密战友。李淑媛原是陈铁军嫂嫂的妹妹，一直跟陈铁军姊妹干革命，后来也英勇牺牲了。

在中国共产党的领导下，广州的工运、农运、妇运、学运如火如荼地开展。陈铁军自觉、积极地到工人中接受锻炼。她到手车伕工会劳工子弟学校教学，到罢工工人家属中去工作，跟他们一起打草鞋、缝衣服，支援北伐大军。她连那白上衣、黑裙子的学生制服也脱下来了，换上了大襟衫、阔脚裤，像一个普通女工一样。她到工人家里问寒问暖，动手帮忙，工人都把她当成自己人，既敬重又疼爱她。

经过了严格的锻炼，1926 年暮春，陈铁军终于光荣地加入了中国共产党。从前她的名字叫燮君，从这时起，她改名为铁军，表示跟旧我决裂。妹妹原名燮元，也跟着姐姐把名字改为铁儿。从此，她们铁了心肠，誓把一切献给党的革命事业。

1927 年 4 月 12 日，蒋介石背叛革命，在上海屠杀共产党员。15 日，广州的反动军阀也对共产党操起了屠刀。凌晨，大批军警包围了中山大学，陈铁军得到了情报，在千钧一发的时刻，爬墙头，攀大树，逃出了敌人的魔掌，然而，她并不是只顾个人的安危，而是马上执行组织的命令，以巧妙的化装，逃过军警的耳目，从城内跑到西关，通知因难产而在医院留医的邓颖超立即撤退。共产党员为人民的忠诚感动了那个信上帝的人——那个医院的女院长，她也不顾危险来掩护病中的邓颖超。

任务完成了，但是陈铁军却和党组织失掉了联系。在阴森的白色恐怖中找寻党组织，那是多困难而又多危险啊！哥哥想方设法找到她们后，劝陈铁军说："革命已无可挽救了，你何苦去冒杀头的危险呢？你是个好学的人，我就把你送到外国留学去。你也该为自己的幸福打算了。"陈铁军断然回答说："正是革命到了紧急关头，才需要不怕危险的人。为大众的幸福而被杀头，也就是我的幸福。"

哥哥劝陈铁军不动，又劝陈铁儿说："你年纪小，又害着肺病，何必吃那样的苦呢？反正你还没像姐姐那么露面，待在家里也可以把危险躲过去，回家来休养休养吧。"陈铁儿也同样斩钉截铁地说："我的路子已选定了。离开了革命，要命何用？我一定要跟着姐姐，革命到底。"

从此，陈铁儿就和姐姐形影不离地干革命。在姐姐千辛万苦寻找党组织的时候，她跟着一起颠沛流离。当姐姐接上了关系之后，她又在艰苦危险的环境中帮助姐姐开展工作。不久，当陈铁军接受了新任务，和周文雍以假夫妻名义租房子，成立机关，准备广州暴动工作的时候，陈铁儿又住进机关，担任交通员，掩护陈铁军和周文雍。

血染红花

为了揭露汪精卫的两面派面目，周文雍带领群众向汪精卫请愿，被捕入狱。陈铁军负责营救，陈铁儿又是她的助手。广州起义爆发了，广州苏维埃的这面红旗上，既有陈铁军的针线，也有陈铁儿的针线。陈铁军在广州起义中执行任务，陈铁儿忠诚地执行她的指示。总之，陈铁儿不仅是陈铁军的同胞手足，而且也是陈铁军革命工作中不可分离的"手足"。在她们之间，有一条韧带紧紧地联系着，那就是——革命。

广州起义失败后，周文雍和陈铁军、陈铁儿都撤退到香港了，这是当时中共广东省委的所在地。陈铁儿受到党的信任，负责驻守机关的工作。当时，在反动派血腥统治下的广州，暗无天日。党组织为了重新收集力量，部署新的战斗，便把周文雍派回广州去，让陈铁军仍以夫妻名义掩护他住机关。陈铁儿和李淑媛也一起回到广州，和周文雍、陈铁军一起住机关，开展工作。

1928年春节，陈铁军和陈铁儿冒着风险，乔装成一双阔绰的少妇，给革命者传达消息，顺便回家探望亲人。这时家中还有哥哥和嫂嫂，但家道已中落，成为自食其力的劳动者，陈铁军和陈铁儿的革命意志感动了他们。当陈铁军离开的时候，哥嫂便把积攒下来的钱交给她俩，支持她们干革命。

陈铁军姊妹回到广州的第二天，风声更紧了，省委要陈铁军到香港汇报。陈铁军考虑广州局势严重，她不能在这个时候离开，便让李淑媛到香港汇报。就在这天上午，由于叛徒的告密，国民党反动派冲进了他们的秘密机关。在邻居的掩护下，陈铁儿脱了险。可是，陈铁军却和周文雍一起落入魔掌。

共产党员是特殊材料制成的。陈铁军和周文雍经受了严刑拷打和名利的诱惑，始终坚强不屈。1928年农历正月十五日，党的优秀儿女周文雍、陈铁军被押送到红花岗刑场上。在他们相处的日子里，多深厚的革命感情，多真挚的爱恋，彼此都压在心上，谁也不吐露半句。这时，在他们面临被刑，在他们把年轻的生命献给党的最后的一刻，陈铁军和周文雍合照了一张相，留给党和人民，这就正式宣布他们已是革命的夫妻了。最后，他们呼喊着革命口号，高唱着《国际歌》，从容就义。

陈铁军和周文雍牺牲后，陈铁儿悲愤万分。陈铁军是她的骨肉亲手足，周文雍是她的良师和战友。她怀着最深挚的阶级感情，写了《悼周文雍同志》一文，发表在当时党的杂志《红旗》上，既沉痛地悼念死者，又愤怒地控诉了反动派。

陈铁儿脱险后回到家里。哥哥劝她留下来，她说："我的一切都是党的。我要使我的鲜血射出革命的火花来。"一个月之后，她又回到了香港。她的身体更虚弱了，可是她的革命意志更坚强。她带着重病，呕心沥血，写了一本陈铁军的传记。她用心灵、用生命去歌颂这个党的好女儿。

不久，陈铁儿和共产党员林素一结了婚。1932 年，陈铁儿在香港被捕，被引渡回广州。在这同时，她的爱人林素一也在从香港到汕头的途中，被反动派抓去了。这时，陈铁儿又怀了孕（在这之前已生有一个男孩）。国民党反动派把陈铁儿判处死刑，却又假惺惺地装出人道主义的面孔，暂缓处死，让她在牢狱里生孩子。不久，一个女娃娃在牢里出生了。陈铁儿对这棵带着阶级仇恨的革命小苗苗，费尽了心血，用乳汁和着泪水把她哺育。然而，反动派是灭绝人性的。他们的毒手伸到这个女娃娃的身上，乘着陈铁儿有病，竟把这个女娃娃毒死。跟着，他们就把陈铁儿押到红花岗上行刑了。陈铁儿和她的姐姐陈铁军一样，面对屠刀，毫无惧色。她牺牲的日子是 1932 年 3 月，正是陈铁军牺牲后的第四个春天。陈铁军、陈铁儿牺牲时都只有 24 岁，但她们可歌可泣的革命事迹将永留史册，激励后代。

"青山处处埋忠骨"。可是，并不是所有的忠骨都得到埋葬的。周文雍和陈铁军没有坟墓，只留下了他们临刑前的合照。陈铁儿和林素一的合冢（是陈铁儿的哥哥后来收葬的），也只是他们穿过的衣服。墓碑上除了写着他们的名字外，再没有别的字样。然而，人们却记得很清楚，当陈铁儿临刑前，她面对敌人的屠刀，大义凛然地说："我要把我的鲜血，灌溉中国革命之花。中国革命一定能得到胜利！"

（黄庆云）

陈志仁（1906—1928）

—— 伟大的无产阶级战士

主要生平

陈志仁，乳名安仔，广东省博罗县园洲区马西长三村人。

- 1906 年 7 月出生。
- 1920 年，在东莞高小学校念书。
- 1921 年，考取广东省立第一中学。
- 1924 年间，加入中国共产党。
- 1925 年，带领同学上海五卅惨案声讨帝国主义的暴行。7 月下旬，投考黄埔军校被录取。10 月，奉周恩来之命，提前毕业，被分配到国民革命军第四军政治部组织股任股员。
- 1926 年，参加第六期农讲所的学习。
- 1927 年，到上海工作，同年冬回到家乡园洲马西林掩蔽下来。
- 1928 年 1 月，组建中共石龙市委并担任市委书记。6 月 24 日早，不幸被捕。27 日凌晨被敌人杀害，壮烈牺牲，时年 22 岁。

陈志仁，乳名安仔，广东省博罗县园洲区马西长三村人（原属东莞县），生于1906年7月。陈志仁幼时家境贫寒，祖父为交租偿债，被迫卖"猪仔"到南洋做苦工，祖母因此哭瞎了眼睛，父亲和哥哥陈勤佳给地主做工。陈志仁除参加劳动外，还跟着叔父学习武术。苦难生活的煎熬，使陈志仁从小练就了一副倔强的性格。他10岁那年，有一次与哥哥陈勤佳挑谷到土豪家里交租。土豪因压秤被陈志仁发觉，竟恼羞成怒，端起水烟筒砸陈志仁的头。陈志仁毫不屈服，当即挥起扁担还击，将水烟筒打落，大杀土豪的威风。勤佳见弟弟这样有志气，便说服父亲，让他进了东莞县第十七小学读书。

陈志仁上学后惜时如金，手不释卷，并养成了鲜明的是非观念。他在作文《教忠论》中，大赞郑成功收复台湾、林则徐焚烧鸦片的功绩，称他们是忠于祖国的民族英雄；痛骂曾国藩是镇压人民的刽子手、李鸿章是丧权辱国的民族败类。老师曾对陈志仁的父兄说："志仁文才出众，志气不凡，将来定是国家良材！"1920年，陈志仁转入东莞高小学校念书。

1921年，陈志仁考取广东省立第一中学。读书期间，他经常和同学们谈论国事，阅读《新青年》《湘江评论》《向导》等报刊，受到马克思主义的启蒙教育。

加入中国共产党

陈志仁因家贫，在学校里生活十分拮据。学校有个庶务员了解陈志仁的处境和为人，便设法为他解决经济上的困难，并经常接近他，引导他参加学校的政治斗争。当时，省立一中是进步力量与反动势力争夺的一块地盘。1924年间，陈志仁在学校共产党组织的指导下，积极串联发动同学开展驱逐反动校长的斗争。陈志仁在斗争中经受了考验和锻炼，不久，加入了中国共产党。

声讨帝国主义的暴行

根据党组织的安排，陈志仁白天在校上课，晚上到市郊三元里去任夜校教师，发动工农民众参加革命运动。当时，他是一中学生会领导人之一。1925年上海五卅惨案发生后，他带领同学写文章、印宣传品、刷标语，声讨帝国主义的暴行。6月23日清早，省立一中的队伍前往东较场参加广州各界群众反帝示威大会。下午，大会组织示威游行，陈志仁手擎校旗，走在队伍的最前面。当游行队伍经过沙基路时，却遭到英法等帝国主义开枪射击。同胞的鲜血染红了沙基大街。此时，陈志仁和学友罗麦园等冒着敌人的弹雨，指挥游行群众往内街疏散，及时护送受伤同胞上救护车。当陈志仁回到学校更换血衣时，才发现自己裤带上的玉扣已被子弹打得粉碎，碎玉片还嵌进肌肉内。校医急忙给他取出碎玉片，包好伤口。第二天，陈志仁又带伤上街向群众控诉帝国主义的暴行。7月10日，他带领一中的代表参加广州各界追悼死难同胞大会。他在会上发表了演说："帝国主义的凶残屠杀，吓不倒中国人民。仇要报，血要偿。只要我们万众一心，跟帝国主义斗争到底，最后胜利是属于我们的！"他的演说博得了全场的掌声。

7月23日，是沙基惨案一周月。陈志仁与张悦坚、罗麦园等人举着小旗，拿着血衣，在长堤大榕树下向群众宣传沙基事件的真相，控诉帝国主义的罪行。此时，周恩来、恽代英在聚精会神地听他们演说。当陈志仁演说完毕，周恩来、恽代英朝他们走过去。周恩来勉励说："好同志，你们讲得真好！你们是有作为的青年，唤起千万同胞，团结起来跟帝国主义斗争！"周恩来还动员他们投笔从戎。周恩来的谆谆教诲，陈志仁铭记于心。

········◦ 参加革命学习 ◦········

1925年7月下旬，陈志仁响应中共广东区委的号召，在学校召开了500多人的大会，动员同学们投考黄埔军校。他自己考试成绩优异，被军校录取。

1925年10月，陈志仁奉周恩来之命，提前毕业，被分配到国民革命军第四军政治部组织股任股员。同月，他随第四军南征。至翌年1月，南征军攻克高州、雷州、钦州、廉州以及琼崖等地。陈志仁原计划留在海南岛工作，但组织上考虑革命军中需要政治干部，故又改变计划，命他随师返回广州，参加第六期农讲所的学习。他聆听了毛泽东的讲课，加深了对中国革命的领导权和同盟军问题的理解。

投身北伐

1926 年 7 月，国民革命军在广州誓师北伐。陈志仁随部队北上。这时，他担任了第四军政治部组织股股长兼前方救护伤兵委员会主任。北伐军连克醴陵、长沙，把敌人驱赶到汨罗江北岸。陈志仁即带领卫生队赶往醴陵。除了抢救伤员外，还带领政治宣传队演戏，为北伐军筹集军饷。他还带领宣传队到安源煤矿进行慰问演出，感谢工人对北伐军的支援，同时，发动了一批青年工人参加北伐军。1926 年 8 月 26 日，第四军攻打湖北省境内的汀泗桥。陈志仁率领卫生队和民众担架队，冒着枪林弹雨抢救伤员。他还动员担架队中熟悉地形的群众给独立团做向导，为汀泗桥战役的胜利作出了贡献。

1927 年上海四一二事变后，蒋介石彻底暴露了其反革命面目，密令"清洗"北伐军中的共产党员。陈志仁遵照周恩来的指示，于 6 月底离开部队，不久，在地下党组织的掩护下到了上海工作。随后，他辗转经香港、广州，于 1927 年冬回到了家乡园洲马西林掩蔽下来。

领导园洲农民运动

陈志仁回到家乡，便着手把被敌人镇压下去了的园洲农民运动重新发动起来。他争取了县立第十七小学教师陈衍宗（陈志仁读高小时的同学）的支持，利用这所小学作为开展农村革命活动的阵地，并办起了农民夜校。接着，他在青年农民中组织了同盟协会（即农会），在学生中组织了劳动童子团；并发动农会青年收缴了公偿和地主的武器，建立起农民自己的武装——军事训练队。

为了发展农会组织，陈志仁还组织文艺宣传队，到附近的田头、桔头、礼村等地进行宣传发动工作，甚至到几十里外的银岗、蚬岗等地进行串联活动。银岗、蚬岗等地的贫苦农民也推派代表来找陈志仁，要求他派人前往指导组织农会。

1927 年 12 月 16 日，陈志仁接到共产党员李人一通知参加广州起义的密信。因起义提前进行，陈志仁收到密信时，广州起义已经失败，但他没有悲观失望，曾满怀信心地对农会和军训队的干部说："广州起义虽然失败了，但革命一定会东山再起！"

建立石龙工农武装队伍

1928 年 1 月下旬，陈志仁秘密到了香港，向组织汇报了自己的脱险经过和在家乡的活动情况，请求组织分配工作。党组织指示他回去组建中共石龙市委，由他担任市委书记。任务是发动和组织工农运动，建立工农武装队伍，开展武装斗争。陈志仁接受任务后回到园洲，在录澜寮仔村组建了石龙市委。

在石龙市委的领导下，石龙一带的革命活动不断开展。1928 年春，省委指示把市委机关迁到石龙镇，策动国民党驻军起义，举行暴动。

当时，敌第五军十三师在石龙驻有一个团。陈志仁与同志们一起，经常深入到敌军中去，与进步士兵秘密接触。敌一营三连进步士兵较多，是他们进行策反工作的重点。市委对暴动进行了全面部署。

1928 年 6 月 24 日早，陈志仁在石龙公园与暴动负责人罗群、陈旺、陈根等碰头时，被敌人跟踪，不幸被捕。战友麦金镛亦落入魔掌。敌人企图从他们口中弄清石龙地下党的全部秘密。起初，敌人对陈志仁施行软的一套，一反动头目对陈志仁说："我知道你是石龙地区共产党的领导人陈志仁，你是个能干有为的青年，我非常钦佩。马列主义在中国行不通。希望你能跟我们合作，我保证你的安全和前途！"陈志仁当即厉声驳斥："怕死的不当共产党员。只有革命才有我的前途，才有人民的出路。共产主义一定会在中国实现，人民一定会审判你们这班祸国殃民的家伙！"这次审讯，以敌人失败而告终，陈志仁重被投进狱中。他从板缝中瞧见麦金镛被囚于邻室，便鼓励他在任何情况下都要严守党的机密，不要玷污共产党员的光荣称号。麦金镛坚定地回答："头可断，血可流，决不向敌人投降！"

第二次审讯陈志仁时，敌人施用电刑，但他始终不哼一声。敌人还把志仁的同乡、驻惠州警备团团长陈文钱和花县县长陈星枢请来，企图利用他们的同宗关系，拉拢软化陈志仁。陈志仁当场揭穿了他们的诡计。敌人恼羞成怒，把陈志仁的 10 个指头用绳子拉紧，然后歇斯底里地叫嚷："你招不招供？"陈志仁拒不回答。残暴的敌人竟将陈志仁的 10 个指头砍掉。敌人在麦金镛身上同样一无所获。

1928年6月27日凌晨，敌人把陈志仁和麦金镛押往石龙火车站心肝亭侧，准备下毒手。两人视死如归，在途中高唱《国际歌》，临刑前高呼"打倒蒋介石""打倒一切反动派""中国共产党万岁"等口号。陈志仁壮烈牺牲时年仅22岁。

英烈语录

"帝国主义的凶残屠杀，吓不倒中国人民。仇要报，血要偿。只要我们万众一心，跟帝国主义斗争到底，最后胜利是属于我们的！"

"广州起义虽然失败了，但革命一定会东山再起！"

"怕死的不当共产党员。只有革命才有我的前途，才有人民的出路。共产主义一定会在中国实现，人民一定会审判你们这班祸国殃民的家伙！"

英烈精神

坚定的共产主义信念；对党无比忠诚的共产党员品格；革命乐观主义精神；视死如归的英雄气概。

（李祝　李春水　李新添　黄钦）

陈卓然（1892—1928）

—— 揭阳县最早的中共党员之一

主要生平

陈卓然，原名阿超，曾用名去腐、亦凡。

- 1892年9月17日，出生于广东省揭阳县渔湖白宫村的一个没落世家。

- 1911年，毕业于澄海大井华国公立高等小学。

- 1919年，领导成立揭阳县第一个学生组织——榕江中学学生会。5月11日，任揭阳县学生总会委员，兼任官溪、渔湖两都分会主席。

- 1921年，在汕头开设旅社，作为进步青年联络点。

- 1925年3月，在揭阳筹建革命团体，成为共青团员。11月，领导揭阳县的革命运动，成为中共党员。

- 1926年春，任中共揭阳县委宣传部副部长兼印刷科科长，揭阳县农会筹委会宣传部部长，同时担任国民党揭阳县党部青年部副部长。同年，组织参与对倒陈斗争、"张杨事件"的抗争。

- 1927年，任中共揭阳县委宣传部部长。11月，领导揭阳县土地革命。

- 1928年4月7日被捕，4月9日英勇牺牲，时年36岁。

陈卓然是揭阳县最早的中共党员之一，是中共揭阳县第一、二届县委的领导成员，也是揭阳县人民革命事业的组织者和开拓者。不论是在大声疾呼、唤醒群众的五四运动时期，或是在风雷激荡的大革命和土地革命严酷斗争的日子里，都显示了他坚定不移的政治方向、高度的政治修养和品行修养。他才华横溢，处理有置，人情练达，不但在革命群众中享有极高威望，且为政治上的对手所畏服。

在敌人的监狱中和刑场上，他实践他的"誓将热血洒关险，为民前锋辟通途"的诺言，不为敌人的严刑所折服，不为利禄的引诱所软化，以头颅和鲜血，为革命开辟通往胜利的道路。他的光辉事迹，不仅鼓舞着当年的红色健儿继续战斗，也使他成为革命人民学习的楷模。

开展学生运动

陈卓然原名阿超，曾用名去腐、亦凡等。1892 年 9 月 17 日出生于揭阳渔湖白宫村的一个没落世家。1911 年毕业于澄海大井华国公立高等小学后，从事小学教育工作。几年后，他自感学识不足，又考进榕江中学继续深造。

1919 年北京爆发五四学生爱国运动。陈卓然积极支持学生领袖杨石魂，成立揭阳县第一个学生组织——榕江中学学生会，并与广大学生一道，进行反帝反封建的集会和大示威。5 月 11 日，全县成立学生总会，他被选为委员，兼任官溪、渔湖两都分会主席，成为杨石魂的得力助手。8 月间，他跟杨石魂带领学生群众把一些顽固坚持贩售日货的奸商揪去游街。人人拍手称快。

1921 年，陈卓然在榕江中学毕业后不久，受杨石魂等人的委托，到汕头市开设旅社，作为进步青年联络点。

加入中国共产党

1925 年 3 月，国民革命军第一次东征军攻克粤东，陈卓然受杨石魂之指示，回揭阳筹建革命团体。他通过以前的关系，很快把一些进步青年和积极分子组织起来，分头建立农会筹备小组；并将已在一、三区建立起来的农会小组的领导关系接了过来，加以发展。到 5 月间，一、二、三、四区各建起一批基层农会筹备小组。

第一次东征军回师广州后，陈炯明部队重新进驻潮梅。为掌握他们的动态，陈卓然被调往潮州李厝祠，负责搜集陈军洪兆麟部的情报。这时他已被吸收为共青团员。

1925年11月上旬，第二次东征军入潮后，陈卓然奉调回揭阳，竭诚与随军来揭阳工作的农会特派员颜汉章、彭名芳、梁良尊、卓献弼等人紧密合作，领导全县开展革命运动。11月间，中共揭阳县特别支部成立时，他转为中共党员。

为党高效、有原则地开展工作

翌年春，中共揭阳县委成立时，陈卓然被选为宣传部副部长兼印刷科科长。揭阳县农会筹委会成立时，他又被选为宣传部部长。他奉党组织之命，参加国民党揭阳县党部工作，担任青年部副部长；受县委委托，常驻机关，负责日常事务和办理党员转移关系等工作；因为人手不足，他经常自己动手刻钢板和油印同时，还负责统战工作，与党外人士保持密切联系。当时工作千头万绪，但由于陈卓然有比较丰富的生活和工作经验，才思敏捷，工作效率很高，在处理和解决问题中，总是取得事半功倍的效果。

1926年春，县长陈卓凡要求刚组织起来、觉悟不高的基层工农会，承担毁神和掠老柩（停棺待葬陋俗）的任务。陈卓然以县农会代表身份，表示支持他的主张，但建议他一定要待革命团体扩大，工农群众觉悟之后，让群众自觉行动方为有效。他的意见得到陈卓凡的赞赏和采纳。

陈卓然立场坚定，界线分明，坚持党的政策原则。他回乡时，房亲中的地主分子要他说服农会干部，让其入会。陈卓然断然拒绝，保持了农会的纯洁性。他的行动成为基层干部的无言之教。

回击反动派的进攻

1926年夏，地方反动派密谋迫走支持革命的县长陈卓凡，并设下圈套，准备打击陷害革命团体。7月间，省政府以"另有任用"为名把陈卓凡调离。群众闻讯，纷纷要求组织留陈大示威。陈卓然在县委讨论时，反复分析当时情况，指出不能用示威解决问题，以致授人以柄。他提出请彭湃、杨石魂等人向省反映陈卓凡在揭阳的政绩并反映群众留陈的愿望。在揭阳县国民党组织内，陈卓然则与郑德初、陈祖虞一起，揭露倒陈的实质，并在县农会主持下，开展二五减租，壮大革命力量，孤立地主的政治代表；同时发动工农群众清算揭阳县一些罪恶昭著的政客和土豪劣绅，以回击反动派的进攻。结果，虽未能留住陈卓凡，却狠狠打击了揭阳县的反动势力，使反动派打击革命团体的阴谋不能得逞。

领导对"张杨事件"的斗争

1926年12月11日，揭阳反动头子周伯初、林晏林等一伙唆使受他们控制的挑运工会无端攻击轮渡工会和商民协会，毒殴商民协会执委张浦南；并受汕头工贼张凌云等人密示，指使流氓分子许实得等人到张园旅社绑架来揭阳参加工代会之汕头总工会执委会委员长杨石魂，这便是震动全潮梅的"张杨事件"。

全县革命群众对反动派的挑衅，莫不义愤填膺。针对反动派的暴行和群众的激昂情绪，县委接受卢笃茂和陈卓然提出的以振威慑敌、以合法对非法、以非法对非法，大力争取同情者参加斗争的对策，采取了一系列措施，狠狠打击反动分子的破坏阴谋。在斗争过程中，陈卓然还强调，参加示威游行队伍要严守纪律，使敌人无法动用军警镇压，斗争处于主动地位。由于彭湃的直接领导、各县革命团体的声援，举县上下的震敌声威，终迫使反动分子释放了杨石魂。

坚持合法斗争平息盐潮

1926年12月，以林开守为首垄断食盐的盐包商，在周伯初等人的支持下，趁农民大量腌制芥菜和萝卜干之际，哄抬盐价。每百斤由3元5角提至12元，引起广大农民的强烈反对。农会会员纷纷要求农会解决盐价问题，未组织起来的农民便酝酿抢盐的秘密活动。揭阳县农会两次召开区、乡农会骨干会议，共商对策。陈卓然分析，右派与奸商互相勾结，目的是激怒农民，诱使农会犯错误，为反动派打击农会找到借口。他提出坚持合法斗争策略，由揭阳县农会出面跟县长邱君博及林开守交涉，决不陷入敌人设下的圈套。

事出意外，新亨区反动区长王一让却乘农民激愤之时，唆使"新国民社"人员混入购盐的农民群中，高喊抢盐，一手制造了"抢盐事件"。

事件发生后，陈卓然立即组织农会代表，向县长邱君博陈述购盐前后经过，并指出王一让从中插手的罪行，要求政府立即释放被押人员。同时，他与郑德初找林开守交涉，说明原委陈明利害。迫使林开守答应每百斤盐减价5元，使盐潮平息，事态不致进一步扩大。

深入农村发展党组织

1927年初，革命形势日趋恶化，右派势力积极策划反革命叛变。陈卓然对此有所预感，除积极向县委书记建议外，还经常深入有农会组织的三、四区的山区和近陵地带，他和二区农运特派员沈子明在后埔、双沟、赵厝埔等村发展党的组织，要他们保持灰色面目，为后来地下活动保存支点。由于他们这段时间的努力，才使大革命失败以后，仍有可坚持活动的支点。

四一五反革命事变后，陈卓然全力帮助方汝楫、余德明、张秉刚等一批同志转移，并领导全县干部继续坚持斗争。8月，张秉刚受命担任中共揭阳县委书记，陈卓然任宣传部部长。

被列为最高赏额的"匪魁"

1927年10月26日，南昌起义军入揭阳。陈卓然按县委安排，不当头面角色，全力以赴组织水陆运输，筹集粮秣；并运用各种社会关系，组织善团配合赤卫队，以"红十字会"名义，做好战地救护工作。即使时间紧迫，任务繁重，动员民船数以百计，人员逾千，但是他都能很好地完成任务，充分显示出他的组织能力。虽然他没有抛头露面，在揭阳县工农革命委员会、东江工农自卫军第四分团中没有名分，但反动派对他的活动还是特别注意。在起义军离揭阳之后，敌人对他悬红通缉标价竟达银圆1000元，被列为最高赏额的"匪魁"，足见敌人对他的畏恨程度。

适应形势发展组织和开展斗争

1927年11月13日，县委在渔湖召开扩大会，由潮梅特委代表颜汉章传达中央八七会议精神，并相应做出决定，宣布揭阳县土地革命的开始。

会后，县委就根据地选择、工作重心和斗争策略进行讨论。在根据地问题上，陈卓然不主张以桑浦山为主要根据地，因为那里没有群众基础，且退无丛山险隘可守，进受水网制约。他认为应以揭阳县西北山区为主要根据地，那里有大片山区，有利于发展游击战。在斗争策略上，他认为扬旗擂鼓、全线上阵、四面出击、全部露底的方式，场面虽然壮观，但后患无穷。可惜陈卓然的正确意见，未被大家接受，连与他心心相印的卢笃茂也嫌他胆怯。由于受到误解，陈卓然拿起纸笔，疾书"誓将热血洒关险，为民前锋辟通途"，送给卢笃茂，并说："请为手执，以观后验。"

会后，张秉刚、林运盛、卢笃茂、吴涵、彭名芳等一批干部奔赴桑浦山。陈卓然留一、三、四区巡回，管面上工作，组织配合桑浦山斗争。他当时虽预感不祥，但作为党委成员，一定要服从组织的决定。

对面上的工作，严重的是干部严重缺乏。陈卓然面临革命团体瓦解局势，认为应以整顿阵容、积蓄力量为要旨。经过一段时间的努力，他们先后重建和恢复石坑、龙尾、朱竹坑、水流埔等地农会。在四区，因存在原来党组织的主要领导人已被捕或牺牲等情况，陈卓然指定林德奎联系四区各地党组织，指令新成立的区苏维埃、区武装队负责重建秘密农会和赤卫队。他还指定一些同志开辟一些新区。通过努力，一、三、四区和梅北、梅东都有一批乡村成立各类革命组织。

陈卓然十分珍惜幸存干部和重建起来的革命团体，反复告诫干部，要善于作隐蔽斗争，既要削弱敌人，又要减少群众损失。一次，四区苏维埃主席卢位美入山开会，适敌保安队来扰，他和武装人员跑上山顶，高声痛骂敌人。为此，陈卓然对他们进行严肃的批评。对苏区副主席徐合秋，陈卓然要他保持乡绅身份，不要与非指定联系的人见面。他对三区的同志反复忠告，原区委书记动向不明，应切断一切来往，原来的点和线都要重新调整。在陈卓然的指导下，使坚持下来的同志不断提高警惕，并学会隐蔽斗争方法。在斗争形式上，陈卓然能以适应形势的灵活手段和方法方式，宣传教育群众，广泛建立地下交通线，随时传递消息和物资。

---------· 不幸被捕 ·---------

1928 年 4 月 7 日，林运盛带着潮梅特委书记沈青、省委巡视员庞子谦和

徐克家到渔湖白宫村和陈卓然、杨日耀会合后，一同前往五房山猴牯溜参加干部会，傍晚暂宿四区苏维埃所在地顶坝村守菁寮。

因沈青一行的行踪已为黄贵守的新亨公安局便衣密探侦悉。翌日凌晨，敌人发动突然袭击。沈青、林运盛等6人牺牲，陈卓然与杨日耀及守菁人员6人被捕。被捕时，陈卓然从容镇定，对逮捕守菁人员的敌军说："他们是守菁农民，你们别伤害他们。"敌人把他和杨日耀用铁线穿掌解县。

陈卓然被捕后，反动县长王仲大耍阴谋，先是赞扬他的才华，数说他的门第，许以官职企图用这一套来软化收买他，没想到竟被陈卓然嗤之以鼻。黄贵守亦亲自出面向陈卓然劝降，陈卓然同样严词拒绝。

英勇就义

4月9日晨，陈卓然被押赴刑场。他沿途高唱《国际歌》，高呼"中国共产党万岁！""苏维埃政府万岁！"等口号。敌人惧怕他的影响，用布袋套住他的头部，并把他的嘴巴堵住。他站在一株木棉树下，从容就义。

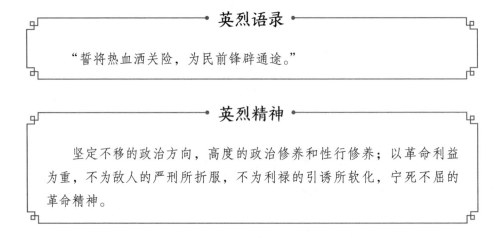

英烈语录

"誓将热血洒关险，为民前锋辟通途。"

英烈精神

坚定不移的政治方向，高度的政治修养和性行修养；以革命利益为重，不为敌人的严刑所折服，不为利禄的引诱所软化，宁死不屈的革命精神。

（陈诗固　陈文远　张季怀）

戴焕其（1882—1928）

—— 海陆丰革命根据地中洞乡农会的组织者

主要生平

戴焕其，幼名戴煌。

- 1882 年，出生于广东省惠阳县高潭区中洞乡先锋村。
- 1923 年农历二月，当选中洞乡农会委员，负责管理财粮工作。
- 1926 年春，加入中国共产党。
- 1927 年 11 月 5 日，任后方留守处主任，成为主持后勤工作的主要负责人。
- 1928 年 3 月 18 日，不幸被捕被敌人枪杀，英勇牺牲，时年 46 岁。

戴焕其是海陆丰革命根据地最早创建的武装斗争据点——中洞乡农会的组织者。1928年3月下旬，国民党军重点围攻中洞，中洞军民撤退时，戴焕其忠于职守，不幸被捕，牺牲时46岁。

接受新思想，参加同盟会

戴焕其，幼名戴煌，1882年出生于广东省惠阳县高潭区中洞乡先锋村，他在兄弟6人中居长，娶妻袁氏，生下5个子女。戴焕其家庭经济殷实，集农工商为一体。他家除自耕上百亩土地外，每年还可收田租2000多担；在高潭圩新街开有"昌记"染坊；在海丰县黄羌圩开有"中兴"副食杂货店。住宅有"百庆楼"和"百祥楼"两座大宅第。戴焕其兄弟成人后，其父已年逾古稀，深居简出，戴焕其继承主持家政，其他兄弟分担各业，各司其职。全家人丁数十口，是名重一方的大富户。

戴焕其的父亲戴梅，是一名清朝贡生，十分注意对子女的教育和培养，曾送戴焕其到高潭、多祝等地念书多年。因此，论文化程度，戴焕其在当时中洞可谓独占鳌头。凡乡民发生纷争，抑或与外地人打官司，唯戴焕其之言是听。由于他受过一定的教育，并且尚信义重然诺，交游较广，因此思想活跃，感情奔放。他在外求学期间，正是孙中山领导的兴中会和以后的同盟会在广东各地多次举行反清起义的时期，这使他有机会接触新思想，人生观起了变化，淡化了读书做官的念头，转向信仰孙中山的革命学说。后来回到家乡，他秘密地参加了高潭三点会（当地农民反清秘密组织），与黄星南、罗炽卿等结成生死与共的会友。后来他们又一起参加了同盟会。

发动成立高潭第一个乡农会——水口乡农会

1921年冬，高潭农民罗丁贵、黄金在右山嶂打猎，误枪打死了一个海丰人。死者族人中的劣绅到官府诬告黄星南是黄金的族长，趁机图谋敲诈勒索。黄星南闻讯立即与罗炽卿到中洞找戴焕其商讨对策。他们决定由黄星南到海丰县城找彭湃请求帮忙。戴焕其主动承担起草诉状，并慷慨解囊全力支持黄星南去官府投诉。黄星南到了海丰县城，蒙彭湃的热情指点，终于了结了官司。黄星南此行结识了彭湃，犹如在黑暗的夜晚走路时遇到了明灯。翌年元宵节后，彭湃应邀到高潭黄星南家做客，向黄星南详细地介绍了海丰农民运动的情况，并倡议黄星南在高潭组织农会。

彭湃走后，黄星南遂即相约罗炽卿前往中洞向戴焕其介绍会见彭湃的情况，并征求他对组织农会的意见。戴焕其听后，立即表示全力支持，并主动承担负责在中洞乡进行串联发动。此后，在他们的努力下，高潭农会组织工作顺利地进行。

舍身家以全大义，为革命倾家纾难

1923年农历二月，经过黄星南、罗炽卿、戴焕其等人的串联发动，高潭第一个乡农会——水口乡农会终于正式成立了。接着，锦江、黄沙、杨梅水、中洞、水下等乡农会亦相继成立。中洞乡农会成立时，戴焕其当选农会委员，负责管理财粮工作。农历三月十日，高潭区举行群众大会，庄严宣告高潭区农会正式成立。公历7月26日，强台风袭击高潭，房屋倒塌，人畜伤亡，作物被毁，损失严重。区农会据此作出决议：实行二五减租减息。戴焕其毫不犹豫地支持和执行区农会的决议。当时中洞的土地95%为地主、封建公堂所占有，其中戴焕其占40%，本乡公尝田占10%，外乡地主占45%。戴焕其这一舍身家以全大义的行动，博得了全区贫苦佃农的喝彩和钦佩。

1924年春，国共两党的合作关系正式确立，实行孙中山的"三大政策"，工农运动迅速发展。作为同盟会会员的戴焕其，革命信心倍增，更加积极地参加区、乡农会的各项活动，他仗义疏财，积极支持乡农会举办贫民子弟学校，同时负担乡农会的费用。由于戴焕其忠贞不渝，竭尽全力地支持农会，1926年春由黄星南介绍，光荣地加入了中国共产党。

1927年四一五反革命政变后，惠阳县属四十八约的地主武装，于5月中旬分三路扑向高潭，企图一举扑灭农民运动的烈火。中洞乡自卫队奉命参加中路企潭缺阻击战。当时正值青黄不接的季节，区农会决定各乡参战的自卫队给养原则上由各乡负责，区农会只作应急调整。戴焕其态度明确地向参战的自卫队员及其家属表示，作战期间所需粮食，包括家属缺粮，全部由他无偿负责解决。

后来，全区农民自卫军撤退公梅、中洞一线；区农会亦转移至中洞；受挫的海陆丰、紫金龙炮区的农民自卫军在林道文、刘琴西等的率领下，亦先后进入中洞。中洞乡成了四县农军会合的中心。然而，中洞乡当时是个只有900多人口的山乡，一时汇聚了这么多农军，食宿问题显得相当突出。戴焕其家的两座大宅第百庆楼腾出来给各县农军和高潭区农会设置办事机构和供主要领导人住宿；百祥楼则作为各县农军及区农会的物资贮藏处。作为百庆楼和百祥楼的主人，戴焕其义不容辞地承担起几县农军和区农会的后勤工作，逐项妥善地作出计划和安排。此时，戴焕其的家，名副其实地成了革命者的家，他家中所有的财产亦成了革命者公有的财产。他为革命倾家纾难的崇高风格，受到当时进入中洞的各县农军指战员称赞和敬佩。

殚精竭虑做好人民武装后勤工作

七一五反革命政变后，汇集在中洞的海陆惠紫农民自卫军决定把海陆惠紫农民自卫军改编为"工农讨逆军"，共编为6个大队，高潭工农讨逆军为第四大队。9月上旬，南昌起义军南下的消息传来，中共东江特委和东江革命委员会号召东江各县人民举行武装起义，策应起义军到来。工农讨逆军在刘琴西、林道文的率领下，从中洞出击，加上各地农民武装的密切配合，一举收复了海陆丰县城。与此同时，留驻中洞的工农讨逆军亦一举击溃了盘踞高潭的民团，高潭的红色政权得以恢复，红色区域迅速扩大而且连成一片。各地缴获、没收的大量物资，包括印刷厂的设备源源不断运进中洞，并在那里建立起兵工厂、军服厂、印刷厂和医院等。在邻近中洞的激石溪、朝面山、炮子等地还设置了农军办事处和物资储运站。其时，戴焕其日夜忙着清点物资，编写物资清单，调拨物资等各项工作。

10月12日，南昌起义军滞留在普宁一带的1200多人抵达中洞。几天后改编为中国工农革命军第二师第四团。10月下旬，东江特委利用广东境内军阀火并之机，再次发动东江人民武装起义。中国工农革命军第二师第四团除留一个连镇守中洞外，其余全部开赴海陆丰作战。11月1日占领海丰县城。5日，攻占陆丰县城东海镇。为了保障作战部队的给养和处理战利品的保管和调配，东江特委和红二师决定设置后方留守处，任命戴焕其为主任。从此，戴焕其成了主持后勤工作的主要负责人，殚精竭虑、夜以继日地工作，为海陆惠紫革命根据地的巩固和扩大、为各级苏维埃政权的建设作出了重要的贡献。

为革命无私奉献所有家产

11 月 11 日，在胜利的凯歌声中，高潭区苏维埃政府正式宣告成立，同时颁布土地法令。戴焕其以其无私的共产主义精神把家中所有的田契、借贷存据等全部搬到百庆楼的晒谷场上（此时百庆楼已是中共东江特委办公厅、东江革命委员会和红二师师部的所在地），当着广大军民面前烧毁，博得在场军民的热烈鼓掌和欢呼。

忠于职守意外被捕，守口如瓶舍生忘死

1928 年 3 月，广东境内军阀火并局面稍息，妄图扑灭东江人民的武装斗争，拥兵自重割据一方的军阀们又互相勾结起来，他们纠集重兵，在各地地主武装的配合下，采用分路合击的战术，对革命根据地进行了"围剿"。3 月 18 日，黄旭初部 7000 余人从紫金南下直逼中洞。中洞军民奋起抵抗，尤其是在中洞东北门户大坳头，与入侵的敌人打得异常惨烈。经过 3 天的苦战，中洞军民终因敌众我寡，被迫转移。军民采取化整为零的办法，疏散到各个山头掩蔽。当时身为留守处主任的戴焕其，忠于职守，在迅速组织人力把重要物资分散或掩藏在安全地方后，才最后一个离开留守处。当他走了两三里路后，忽然想起仍有一处掩藏银圆（军费）的地方有破绽不够保险，就立即返回掩藏好，事毕刚跨出家门，敌人已蜂拥而来，把他逮捕了。敌人明白他的身份后，立即将他绑在坳下的石墩上，进行严刑拷打，逼他交待物资的去向。戴焕其被打得身痛脚麻已无法直立，但他始终守口如瓶，使敌人一无所获。戴焕其随即被狂怒的敌人押至稻田里枪杀，英勇牺牲！

> ### 英烈精神
>
> 为革命倾家纾难、无私奉献的共产主义精神；永远忠诚于党、严守党的秘密、为革命舍生忘死的精神。

（谢帝明　郑锦清）

邓　东（1890—1928）

—— 铁路工人运动的先驱

邓东，广东省东莞县人。

- 1890 年，出生于一个工人家庭。
- 1920 年前后，在粤汉铁路黄沙机厂及广九铁路大沙头机厂当钳工。
- 1922 年中，接受党的教育，走上革命的道路。
- 1926 年 5 月，中华全国铁路总工会广东办事处成立时，以广九铁路总工会常务委员的身份被选为中华全国铁路总工会广东办事处执行委员，并兼任广九铁路纠察委员会常委。年底，加入中国共产党。
- 1927 年 12 月 11 日凌晨，率铁路工人参加广州起义。
- 1928 年春，不幸被捕，英勇就义，时年 38 岁。

邓东，广东东莞人。1890 年出生于一个工人家庭，因生活贫困，无力读书，1920 年前后在粤汉铁路黄沙机厂及广九铁路大沙头机厂当钳工。他通过刻苦学习和钻研，不但熟练掌握钳工技术，而且能造枪械、子弹和炸药。他虽性格鲁莽，但为人坦率正直。因此，广九铁路工友都很佩服他。因是家中的三子，大家都亲切地叫他"三叔"。

走上革命的道路

1923 年前后，广州的工会分为两派，左派是中国共产党领导的广州工人代表会，右派是反革命分子控制的"广东总工会"及"广东机器工会"。由于"广东机器工会"成立较早，当时铁路机厂职工都参加"广东机器工会"。1922 年，广东党组织派杨殷、杨匏安等人在粤汉、广九、广三三路开展工人运动。邓东就在此时接受党的教育，走上了革命的道路。

广九铁路机务、车务、路面工人先后退出了"广东机器工会"，成立了自己的工会，到 1926 年，各工会合并成立广九铁路总工会。同年 5 月，中华全国铁路总工会广东办事处成立时，邓东以广九铁路总工会常务委员的身份被选为中华全国铁路总工会广东办事处执行委员，并兼任广九铁路纠察委员会常委。经过一系列斗争的考验，邓东于同年底加入中国共产党。

领导铁路工人斗争

自从铁路工人退出"广东机器工会"以后，"广东机器工会"头目千方百计破坏工会团结。1927 年元旦，"广东机器工会"纠集"体育队"等反动武装，从珠江南岸开出几只电船，向黄沙粤汉铁路总工会进攻。由于共产党的坚强领导，工人提高了警惕，他们利用火车头作掩护，与敌人展开了激烈的斗争。"体育队"不敌，狼狈逃窜。几名"体育队"队员还被俘虏了。敌人阴谋败露后，工人们更加团结了，各路工会纠察队做了充分准备，派工人日夜值班保卫。邓东更加专心致力于革命工作，白天开工，晚上放哨。

但反革命分子并没有因元旦之战失败而死心，继续于 3 日晚开出多艘电船攻打石围塘广三铁路总工会。由于广三铁路工人纠察队早有准备，加以南海九区农军和省港罢工委员会纠察队的支援，给敌人以迎头痛击，再一次把反动的

"体育队"击败。但反动分子仍不甘心，企图从内部来扰乱军心，一时在广九铁路总工会内部传出"要将工会牌子卸下来""与机器工会合作"等谣言。在一次工会干部会议上，这些谣言居然出自某些委员之口。邓东愤怒异常，当场指出其错误做法。他说："谁敢除掉牌子，谁敢再说与机器工会合作，首先就要严厉惩办他！"这样一来，绝大部分工人，特别是年轻工人都支持邓东的意见。一时正气压倒邪气，那些动摇分子再也不敢吭声了。

1927 年 4 月 12 日，蒋介石制造了反革命政变。4 月 15 日凌晨，广州的国民党当局派出反动武装向广九站围攻。邓东对这突如其来的袭击，一时摸不清敌方情况，开始还以为是"体育队"又来进攻了，便组织火力进行反击，一直战斗到天蒙蒙亮时，才发现全是国民党军队，而且三面被围，自知敌众我寡，便带领工人跳上火车向东莞方向疏散。

领导工人坚持地下斗争

为了领导工人坚持地下斗争，不久，邓东回到广州，秘密地租了一间不引人注意的小木屋，并在二沙头开设了一间修械厂。邓东任工长，暗中团结一些可靠的工人，利用手摇脚踏的土车床制造枪械、子弹和炸药，供给党内的同志使用，这样一直坚持了几个月。到同年 10 月左右，这间工厂被特务发现了，于是派军队来围捕。邓东机智地带领工人撤离，使敌人扑了个空。

在这期间，邓东接到党的指示，将失业的铁路工人组织起来，晚间上街张贴标语。于是，"打倒蒋介石""打倒新军阀""拥护共产党"等标语顿时出现街头。尽管反动派每天派人上街洗刷。可是，今天洗了，明天又出现同样的标语。尽管特务到处搜捕，标语仍然没有绝迹。

领导工人参加广州起义

12 月 11 日凌晨，中国共产党领导的广州起义爆发。邓东领导一批铁路工人参加了起义。当晚，邓东集合广九铁路工人动员说："今晚是我们无产阶级起义，我们要打倒军阀，建立苏维埃政府。大家必须听从指挥。"

起义爆发后，赤卫队赶到与直航路交叉处的四警署。他们守住出口向里喊话："今天是无产阶级起义，穷兄弟不打自己人……"这样一喊，加上全市的声势，警察们纷纷缴械投降。他们夺取了武器后，又沿着越秀路直奔惠州会馆，配合教导团攻打惠州会馆。事后，又立刻赶去支援攻打公安局。

翌日，中国第一个城市苏维埃政府在这里诞生了。邓东此时接受总部指示，回大沙头接管广九铁路局及大沙头火车站。

12日，从石龙方向开来大批敌军。在强敌压境之下，铁路工人赤卫队被迫撤离。

在艰苦中坚持革命

在革命形势如此严峻的情况下，邓东仍然留在广州坚持地下工作，他对关心自己安危的同志说："革命工作是你死你活的斗争，怕什么呢？如果怕死就做不成大事。"

在这期间，他和同志们在白色恐怖和失业的情况下，继续冒着生命危险进行革命活动，用各种办法克服生活的困难。一部分人分散在街头卖水果、香烟、报纸。邓东则干一些修理器械的活，但收入很少，有时甚至难对维持个人生活，更难以维持家庭经济。有些同志劝他到东莞一带的碾米厂做机械工，又可以照顾家庭。他却说："党需要我留在广州工作，就得专心去做，生活苦一点有什么了不起。我妻子是不会饿死的。我还有一个哥哥，她可以到他那里去。"

英勇就义

1928年春，邓东不幸被捕。一天，在反动军警监视下，一辆车子在马路驶过。上面载有六七人，邓东站在最前面。他从容不迫，沿途高呼"打倒国民党反动派！""打倒卖国贼蒋介石！""中国共产党万岁！"等口号，沿途群众看了无不为之动容。邓东在刑场上英勇不屈，壮烈就义！

"今晚是我们无产阶级起义，我们要打倒军阀，建立苏维埃政府。大家必须听从指挥。"

"革命工作是你死你活的斗争，怕什么呢？如果怕死就做不成大事。"

为了革命无畏艰苦、不怕危险、坚持工作的艰苦奋斗精神；面对敌人英勇不屈的大无畏精神。

（高思宁）

方达史（1902—1928）

—— 潮汕工人运动领导人之一

主要生平

方达史，广东省普宁县洪阳镇德安里中寨人。

- 1902 年出生。
- 1909 年，进入普宁县立模范高等小学读书。
- 1915 年，考进揭阳榕江中学读书。
- 1920 年，考进广州铁路专门学校。
- 1923 年 7 月，加入新学生社。11 月，加入社会主义青年团。
- 1924 年，按照青年团广东区委的决定，以个人身份加入改组后的国民党。
- 1925 年底，成为中国共产党党员。
- 1926 年 10 月 14 日，担任国民党汕头市党部工人部部长。
- 1927 年 2 月 28 日，协助杨石魂布置各行各业依时举行罢工。四一二反革命政变后，组建东江工农自卫军，参加普宁农军四二三武装暴动。9 月 23 日，领导建立革命政权"潮汕七日红"。
- 1928 年春，任中共广州市委委员兼工人部部长。7 月底，担任中共广州市委秘书长。8 月 17 日，在广州石龙火车站被敌人逮捕，壮烈牺牲，时年 26 岁。

传播新文化、新思想

方达史，1902 年出生于广东省普宁县洪阳镇德安里中寨一个封建家庭。他自幼父母双亡，由庶母陈金菊抚养长大。1907 年，他开始在家读书识字，1909 年，进入普宁县立模范高等小学读书。他学习勤奋，尤其爱好书法，学习成绩在班中名列前茅。他对洪阳大官僚地主方十三家族镇压农民起义、残酷压迫盘削贫苦农民的罪行深感痛恨，从小就立下远大志向：认真读书，做革命的大事业，为穷人谋幸福。1915 年，他和杨石魂等进步学生考进揭阳榕江中学读书，在学校有机会学习《新青年》《每周评论》等进步刊物，并利用假期回乡机会，与城乡高小师生联系接触，传播新文化、新思想。

1919 年，五四运动的消息传到揭阳后，方达史参加了杨石魂组织的学生会，与同学们一起上街进行宣传，贴标语，发传单，成为运动的骨干分子。他和杨石魂还一起组织了一支学生宣传队，回普宁县城进行宣传发动。普宁县成立了以方思琼（方方）为会长的学生会，全县掀起了响应五四运动的热潮。5 月 14 日，他和杨石魂、方临川等人倡议成立岭东学生联合会，组织汕头市几千名学生上街示威游行，捣毁了汕头市警察局的门窗桌椅，开展查抄焚烧日货的行动。

1920 年，方达史在揭阳榕江中学毕业后，考进广州铁路专门学校。他在广州如饥似渴地阅读各种革命书刊，积极参加学生运动，与杨石魂、韩盈等同学成为该校学生运动的活跃分子。1923 年二七惨案发生后，方达史进一步看清帝国主义和封建军阀的反动面目，更加倾向革命，于同年 7 月加入了新学生社，11 月又加入了社会主义青年团。1923 年底，方达史和杨石魂等学生放寒假回到家乡，倡议组织青年进步团体“洪阳集益社”，宗旨是团结青年，集思广益，反对封建文化，其斗争是针对以普宁方姓大地主为代表的封建制度。他们从广州带回大批《向导》《中国青年》《共产主义 ABC》等进步刊物，组织青年学生认真学习，在传播马列主义和新文化方面做了不少工作。

加入中国共产党

1924 年国共合作实现后，方达史按照青年团广东区委的决定，以个人身份加入改组后的国民党，以便开展革命工作。

1925 年 2 月，革命军举行第一次东征。方达史和杨石魂等人接受党组织的委派，回到汕头市发展共青团组织，发动和组织青年学生和工人群众进行革命活动。6 月 12 日，汕头市国民外交后援会成立，方达史任常委兼秘书。后援会发动工人和市民举行示威游行，通电援助及慰问上海罢工工人。8 月 13 日，方达史和伍治之带领新学生社汕头分社、新岭东社、汕头学生联合会组织的慰劳队，先后到竞进工会、海关工会及工人宿舍慰问罢工工人。他号召工人要加强团结，纯洁组织，坚持斗争，争取罢工的胜利。

1925 年 6 月，东征军回师广州，平定杨、刘之乱。陈炯明残部洪兆麟军乘机反扑，于 9 月间占领汕头。方达史、杨石魂等人被通缉。在白色恐怖之下，方达史经请示杨石魂同意，撤出汕头市，取道福建厦门，前往上海团中央汇报请示工作，并向团中央写了关于军阀谢文炳在潮梅地区残害革命人民等方面情况的报告。

11 月，第二次东征胜利平定潮汕后，方达史即从上海赶回汕头市参加革命工作，被指定为共青团汕头支部干事会书记及团汕头地委经济斗争委员会成员。1925 年底，党组织根据方达史在斗争中的表现，批准他由共青团员转为中共党员。

开展工人运动

此时，方达史在汕头市的公开身份是国民党汕头市党部委员、汕头国民外交后援会常委、秘书；在共产党内，则担任汕头国民外交后援会党支部书记，具体工作是协助杨石魂开展工人运动，并在各个工会中发展党员，壮大党组织的力量。如汕头电话工会党支部，就是在他的指导和帮助下建立的。

方达史领导后援会抵制日货，查抄、没收日货，发动各界人士支援北伐战争。有些不法奸商为了牟取暴利，不顾东江行署的规定，继续走私日货。方达史带领工人纠察队严厉进行查处。曾有奸商求情，请他放回被扣日货，他立场坚定，秉公执法，狠狠打击了走私贩卖日货活动。

1926 年 5 月 15 日，国民党汕头各级党部第一次联席会议在汕头商业学校开会，方达史为会议记录，并作工人部工作计划的报告。

这年春夏间，方达史根据中共汕头地委的指示，协助梁若尘筹办了新的革命新闻机构"汕头国民通讯社",为开展革命宣传做了大量工作。

方达史素来沉着寡言,善于思考和分析问题。他作风严谨,深入实际,关心工人疾苦,深受工人群众的拥护,是杨石魂开展工运工作的得力参谋和助手。在他们的共同努力下,汕头市总工会的力量不断壮大,威信日益提高,成为岭东工人运动的指挥部。10月14日,杨石魂被选为汕头市总工会执行委员会委员长后,国民党汕头市党部工人部部长便由方达史继任。

12月11日,杨石魂到揭阳参加工人代表大会,被揭阳的反动分子周伯初等人指使流氓绑架。经党组织全力设法营救,于17日被释放。在汕头工农商学各界欢迎杨石魂脱险归来的大会上,杨石魂向工人们控诉反动派的罪行。因他屡受折磨,身体虚弱,讲话的声音微弱。为了使台下群众听清楚,方达史便把杨石魂所讲每句话大声重复讲一次,使台下工人群众听后深受教育和感动,取得很好的效果。

1927年1月3日,英国水兵在汉口枪杀中国市民,接着在九江又进行挑衅。中华全国总工会为了抗议英帝国主义的罪行,通令各地于2月28日上午10时在全国举行总罢工1小时。方达史协助杨石魂周密布置各行各业依时举行罢工,并大力开展各项宣传活动,显示了潮汕工人阶级的力量。

为了更好地对国民党右派展开斗争,1927年初,根据中共汕头地委指示,成立了汕头市国民党运动委员会,由刘锦汉任书记,廖伯鸿、方达史为委员。

参加四二三暴动

1927年蒋介石发动四一二反革命政变后,汕头市的国民党右派也疯狂搜捕共产党员和革命同志,并对方达史、杨石魂等领导骨干进行通缉。方达史在建筑工人的掩护下,和杨石魂等人一起脱险离开汕头市。临走时,他吩咐妻子陈惠卿到纱厂做工,以解决生活问题,并握别说:"勿为我担心,干革命是不怕死的!"表示出为革命不怕流血牺牲的精神。

方达史和杨石魂从汕头撤到揭阳,召集各乡农民自卫军和从汕头撤出来的工人武装,组成东江工农自卫军,开赴普宁县,参加普宁农军四二三武装暴动,围攻洪阳县城,并在大坝成立了普宁县临时人民政府。参加暴动的工农武装于4月26日在平经山全歼了国民党的增援军队尤振国连100余人。

后因敌强我弱，方达史随暴动农军撤往陆丰新田，组织惠潮梅农工救党军北上武汉。后因整个局势变化，北上工农武装被敌人打散。

建立"潮汕七日红"

1927 年 8 月下旬，方达史和杨石魂等人根据上级党组织的指示，从武汉赶回汕头市，组织工农武装，迎接八一南昌起义军进抵潮汕。9 月 23 日，起义军进入潮汕后，方达史和杨石魂率工农武装进行策应。他们打破监狱，救出被禁的革命同志，迎接起义军进入汕头市，建立了革命政权（史称"潮汕七日红"）。方达史在协助起义军建立革命秩序、维护社会治安、宣传组织群众、恢复工会团体等方面做了大量工作。起义军 9 月底在潮汕失利后，方达史也随部队撤出汕头，后转移到香港。

恢复党组织开展革命活动

1928 年春，广州党、团组织受到严重破坏，中共广东省委调方达史到广州，任中共广州市委委员兼工人部部长，秘密恢复党组织。他在白色恐怖情况下，联系转入地下的共产党员和共青团员，继续坚持革命斗争。后因广州市委机关再次受到破坏，方达史被敌人通缉，不得已再次转移到香港。7 月底，省委再次派方达史担任中共广州市委秘书长。他化装潜入广州市，以广州西区为联络点，逐步恢复党的组织，开展革命活动。

英勇牺牲

8 月 17 日，方达史在广州石龙火车站联系工作时被敌人逮捕，旋即被敌人杀害，牺牲时年仅 26 岁。

1928 年 11 月 25 日，中共广东省委在香港召开了第二次扩大会议，沉痛悼念方达史等烈士。1929 年 1 月，省委机关报《红旗周刊》第一期发表了《纪念死难诸先烈》一文，公布了方达史等烈士的英名，并号召全党同志学习方达史等先烈的优秀品质和不怕牺牲的革命精神，夺取无产阶级革命事业的最后胜利。

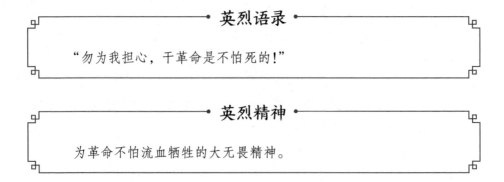

英烈语录

"勿为我担心，干革命是不怕死的！"

英烈精神

为革命不怕流血牺牲的大无畏精神。

（王宋斌）

方家悟（1902—1928）

—— 坚持下去，为未竟的事业而斗争

主要生平

方家悟，广东省普宁县洪阳镇鸣岗村人。

- 1902 年，出生于一个老中医家。

- 1923 年 11 月，加入广东社会主义青年团。寒假期间，他和杨石魂等人成立了洪阳集益社。

- 1924 年，转为中共党员。同年，他回普宁以教书为掩护开展革命宣传和组织农会工作。其间，他还帮助方思琼成立新学生社普宁支部。

- 1926 年 1 月上旬，当选中共普宁支部农运委员。1 月中旬，他和县党支部其他领导人组织十万农民发起围攻县城的斗争，取得胜利。3 月，改组国民党普宁县党部，为执行委员之一，分工负责农工部工作。

- 1927 年，参与领导普宁农军四二三武装暴动。同时成立普宁县临时人民政府，为政府委员之一。8 月下旬，他和何石等人攻陷大坝区署和警署。9 月 28 日，攻下普宁县城。11 月，回普宁县开展斗争，担任中共普宁县委秘书，和县委领导人领导全县人民掀起武装暴动。

- 1928 年 11 月，由于事繁食少，患病乏医，不幸在上村逝世，时年 26 岁。

方家悟是广东省普宁县洪阳镇鸣岗村人，1902 年生于一个老中医家庭，9 岁读书，15 岁高小毕业，再考入广州的一间中学读书。在广州期间，他刻苦学习文化知识，热切追求真理，经常阅读进步刊物。

革命生涯的开端

五四运动爆发后，他参加了声援北京学生运动的示威游行，经受了锻炼。他经常和在广州读书的普宁籍学生杨石魂、方临川等聚会，受到马列主义的影响。1923 年 11 月，他在广州加入了广东社会主义青年团。寒假期间，他和杨石魂等回到家乡，团结了方思琼（方方）等人成立了进步青年组织——洪阳集益社，斗争锋芒直指以方耀为首的普宁地主集团和封建制度。1924 年，方家悟转为中共党员。同年暑假毕业后，党派他回普宁下架山登瀛学校，以教书为掩护，开展革命宣传和组织农会工作。在此期间，他还帮助从广州第二届农讲所学习回来的方思琼成立新学生社普宁支部，组织青年投入反帝反封建的斗争。

领导农民武装取得斗争的胜利

1926 年 1 月上旬，普宁县第一次党员大会召开，成立中共普宁支部。方家悟参加了这次会议，当选为中共普宁支部农运委员。1 月中旬，他和县党支部其他领导人深入发动群众，组织十万农民发起围攻县城的斗争，取得了胜利。

1926 年 3 月，方家悟等人改组了国民党普宁县党部，并成为执行委员之一，分工负责农工部工作。县党部基本为共产党员和国民党左派分子所掌握，积极支持当地的工农运动。9 月，普宁县农民及各界人士对反动县长熊矩进行斗争，县党部及时声援，使斗争取得了胜利。

1927 年四一二反革命政变发生后，为了反击国民党右派的疯狂屠杀，方家悟参与领导了普宁农军四二三武装暴动。同时，在大坝九江陈氏祖祠成立了普宁县临时人民政府，由国民党左派李志前任县长，方家悟等 7 人为政府委员。人民政府成立后，立即发出"讨蒋宣言"，并公布了"减租减息，废除苛捐杂税"等施政纲领。普宁武装暴动的农军在取得围城打援、全歼敌正规军一个连的辉煌战绩之后，因敌强我弱，被迫撤往陆丰新田，参加惠潮梅农工救党军，北上武汉。党组织指派他和何石等人率小部分农民武装回普宁县，坚持在大南山区开展地下隐蔽斗争。同年6月后，方家悟等利用农军领导人方惟精、许光镐与潮（阳）、普（宁）、惠（来）三县保安总队长周潜的私人关系，在流沙白马圩成立一支由100多名农军充任的保安分队，由许光镐的妻舅陈天如任队长。他们利用这支分队，及时组织打击反动地主豪绅的反攻倒算，保护了农民运动的胜利果实。

8月下旬，他和何石等人率农民武装100多人，攻陷大坝区署和警署，击毙录事方思周和警官3人。接着又在大坝铁山洋击毙横溪区区员潘伟公，给敌人以沉重打击。9月24日，南昌起义部队占领汕头市，乘此形势，他们又指挥农军进驻大坝、塔脚等地，在起义军一个营的帮助下，于9月28日攻下普宁县城，迫使城内地主武装投降，缴枪100多支和筹纳白银1.3万多元。

护送起义军领导人撤离

10月1日至3日，南昌起义军及主要领导人从汕头撤到流沙。方家悟和何石等人在流沙的白塔秦祠堂、教堂等处设接待点，他们既亲自接待，又布置各村农会备好稀粥和茶水安放路旁，慰劳起义军。根据起义军流沙军事会议决策精神，普宁党组织和农会负责护送起义军领导人撤离战区、转赴香港的工作。10月3日下午，起义军后卫部队在莲花山遭陈济棠军队的袭击，起义军被冲散。方家悟按原来部署，一方面派员护送领导同志转移，一方面布置做好起义军流散人员的善后工作。起义军领导人郭沫若等一行4人在战斗结束后，由县劳动童子团团长黄秀山带引转移，途中与方家悟会合。方家悟便将他们一同带到咸寮村后山坡的草寮里暂时隐蔽，并安排村农会主席陈开仪的4个儿子轮流放哨，然后和陈开仪一起护送郭沫若等人至惠来县神泉，安置在陈少光的"荣兴记"碗铺中居住。几天后，找到出港渔船，方家悟亲自护送郭沫若等人安全抵达香港。

领导普宁县武装暴动

方家悟到香港后，千方百计与中共广东省委取得联系，并于11月奉命回普宁县开展斗争，担任中共普宁县委秘书。他和县委领导人认真贯彻中共八七会议精神，领导全县人民掀起武装暴动。1928年2月，在彭湃率领的红四师第十一团的帮助下，经过反复激烈战斗，先后打下了果陇和寨村两个反动民团据点，并于当月13日在大南山陂沟村成立了普宁县苏维埃政府。

提出新主张

在严酷的斗争中，方家悟表现出成熟的斗争才干和政策水平。当时县委主要负责人犯了诬告同志和生活作风腐败的严重错误。在彭澎主持召开的县委特别会议讨论对这位干部的处理时，方家悟全面分析了这位干部的一贯表现和对革命的贡献，反对把犯了错误的干部进行枪毙的做法，提出"教育为主，惩治为次，给予工作出路，让他立功赎过"。他的主张得到了彭湃和县委大多数同志的赞许。以后这位干部确实痛改前非，在斗争中经受了考验，并在大南山反"围剿"斗争中献出了自己的生命。

临危受命

1928年7月，由于敌人疯狂进攻潮普惠苏区，普宁县党组织和革命武装遭受严重挫折，县委书记彭奕不幸牺牲。方家悟在危难时期挑起了县委书记的重任，带领县党政机关和部分武装在大南山区与敌人周旋，坚持斗争。同年9月，根据中共东江特委的指示，除留个别领导骨干和部分武装在大南山区打游击以外，他和县委委员杨少岳潜伏到敌后坚持斗争。由于前段山上斗争环境恶劣，他患疟疾，身体很虚弱，但为了指导全县的革命斗争，仍日夜抱病操劳。经过他的努力，在上村组织了一支短枪队，不断袭击敌人。

同年11月，方家悟由于事繁食少，患病乏医，不幸在上村逝世。他临终时还念念不忘党的事业，鼓励杨少岳等人"坚持下去，为未竟的事业而斗争"。他当时年仅26岁。

（王宋斌）

古日晖（1902—1928）

—— 五华县著名革命运动领袖之一

主要生平

- 1902 年，出生于广东省五华县梅林镇优行村一个小康家庭。
- 8 岁开始入私塾读书，6 年后升入五华县安流三江书院国文专科深造 3 年。毕业后，任教于梅林小学，其间加入共青团。
- 1926 年春，考入黄埔军校。在军校期间，被吸收为中共党员。
- 1927 年，当选中共五华县委委员，兼任共青团五华县委书记。8 月间，任五华县革命委员会委员。
- 1928 年 1 月 6 日，回到五华，开展土地革命和组织年关大暴动。2 月，在古大存的领导下创建革命根据地。9 月 25 日（农历八月十二日）晚，在转水圩窝里被叛徒出卖被捕，并于 11 月 4 日被杀害，时年 26 岁。

古日晖，1902年出生于广东省五华县梅林镇优行村的一个小康家庭。在兄弟姐妹5人中，他居长。父亲古梅二是一位乡村医生。母亲李氏是一位勤劳俭朴的农村妇女。

接受革命思想

古日晖8岁开始入私塾读书，6年后升入五华县安流三江书院国文专科深造3年。他学习勤奋，成绩优异，并受父亲的思想熏陶，性格刚直勇敢。

在国文专科毕业后，古日晖受聘任教于梅林小学。其间，五四运动浪潮波及全国各地，革命的新鲜空气渗入了梅林小学。古日晖从中汲取新的知识，树立了为劳苦大众翻身解放而奋斗终生的信念。不久，他加入了共青团。

1925年4、5月间，古日晖等在学校积极分子中组织、发展了一批团员，建立了团支部。团员们分头回各村宣传二五减租政策，张贴"打倒土豪劣绅""建立农会"等标语。

这时，五华农民运动蓬勃发展。此时在安流河口祠任教的古日辉，接到同村的古大存来信，邀请他参加革命工作。此后，他经常忘我地工作，跋山涉水，走村串户，了解民情和群众疾苦，向他们宣传党的政策主张，鼓励群众组织起来向封建势力进行斗争。1926年春，他考入黄埔军校。在军校期间，他不断要求进步，表现积极，革命思想觉悟不断提高，因而被吸收为中共党员。1926年秋，古日晖回到五华，从事革命活动。10月，他随同古大存率领500多人，到华城附近的双头官田一带，防止五华县警卫基干大队张九华部进犯。经过多次激烈战斗，将张九华部击败。

领导五华县革命斗争

1927年广东四一五反革命政变后，五华的反动地主豪绅与国民党反动派沆瀣一气，镇压革命。一时白色恐怖笼罩着五华大地。7月，中共东江特委派刘琴西来五华，改组五华临时县委，成立中共五华县委。古日晖当选委员，兼任共青团五华县委书记。8月间，五华县委接上级指示，整顿健全了五华县革命委员会，由古大存任主席，古日晖为委员。

9月，反动的"资本团"在安流对镜窝组织所谓"讨赤团"与革命军对抗。古日晖奉命集结一支百余人的队伍。急行军赶到安流，配合古大存统率的工农革命军，夜袭对镜窝，活捉了"资本团"团长李寿眉。

12月，国民党钱大钧部千余人驻华城，勾结豪绅地主向工农革命军进攻。因众寡悬殊，工农革命军追至五华、紫金边境休整。后接东江特委的命令，由古大存、古宜权、古日晖、李英等率领县委和工农革命军、县赤卫教导队、赤卫模范队干部等200余人，前往海丰县参观彭湃领导的土地革命现场，学习海陆丰人民建设苏维埃政权的经验。参观团于1928年1月6日回到五华，即开展土地革命和组织年关大暴动。

五华反动派地主豪绅胆战心惊，向上求援。2月，黄旭初统率一个师兵力"驻剿"五华，大肆残杀共产党人和革命工农群众。五华的革命斗争遭到重大挫折而转入低潮。之后，古日晖等人以做竹器、打石、修钟表、做牛贩等为掩护，分散到八乡山，在古大存的领导下创建革命根据地。

在革命处于低潮的形势下，五华县委决定党员分散活动，定期回八乡山汇报。古日晖与其他同志一起，深入到石厂、碗厂、枪厂与工人联系，坚持斗争。他们一方面采用书写标语等方式进行宣传，一方面继续组织群众，建立贫农自救会，发展党员、团员。

8月8日，中共五华县委在八乡山召开扩大会议，决定恢复共青团五华临时县委，指定古日晖、李英和张学龄三人为常委，并决定恢复五华内地的革命活动，派古日晖、卢觉民、胡国枢、古云章等人回五华县工作，恢复和发展党团组织。

古日晖在转水、华城一带开展工作，广泛发动和团结广大群众，恢复被敌人破坏了的农运工作，培养和发展革命力量。

⋄ 叛徒告密被捕遇害 ⋄

1928年9月25日（农历八月十二日）晚，古日晖、卢觉民等在转水圩窝里召开秘密会议时，被钻进革命阵营的叛徒周思潮、钟浪清、黄亚佛等人密报，勾引张九华敌军百余人来围捕。结果，古日晖、钟维元等21位同志被捕。

古日晖被捕后，反动派先是用花言巧语，金钱、官禄等收买利诱的办法劝他投降，妄想从他嘴中获取有关五华党团组织的活动情况。他以吐唾沫、斥骂等方式还报。反动派恼羞成怒，拿来鞭炮缠满其全身，点燃游街示众。他面无惧色，昂首挺胸，一步一回头，向围观群众高呼："父老乡亲们！兄弟姐妹们！我就要先于你们而去了！你们一定要坚持斗争啊，胜利是属于革命者的！"敌人用枪柄捶打他，逼问他招不招，他把牙齿咬得咯咯响，横眉冷对，接着，哈哈纵声大笑，转而怒骂道："呸！你们这些王八蛋，想叫我古日晖出卖同志，真是白日做梦！真正的共产党人是宁可站着死，不会跪着生的。别啰唆！要杀要砍，随你们的便吧！革命者是杀不尽的，死了我一个，更有后来人！"表现了共产党人视死如归的革命精神和威武不屈的大无畏英雄气概。

反动派要尽了手段，见阴谋无法得逞，便于 11 月 4 日将古日晖杀害。牺牲时年仅 26 岁。

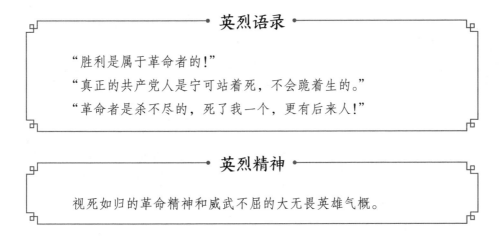

● **英烈语录** ●

"胜利是属于革命者的！"

"真正的共产党人是宁可站着死，不会跪着生的。"

"革命者是杀不尽的，死了我一个，更有后来人！"

● **英烈精神** ●

视死如归的革命精神和威武不屈的大无畏英雄气概。

（陈旭良）

胡日先（1867—1930）

——一家人为革命赴汤蹈火

胡日先，广东省五华县安流念目石村人。

- 1925年，五华党组织到念目石村组织农会，胡日先带领全家首先响应报名。在他家的带动下，最终成立琴江乡农民协会，并当选会长。

- 1927年5月，地主豪绅勾结国民党"进剿"念目石村，不幸被捕，被押进安流东灵寺。几天后被吴振民从狱中救出来。

- 1928年至1930年间，胡日先家先后遭受封建地主豪绅几十次洗劫，房屋被烧毁，4岁的孙子胡毕香被迫卖掉，13岁的孙女胡木英被地痞抢走。

- 1930年8月，在念目石窑斗里壮烈牺牲，时年63岁。胡日先的一家，在革命斗争中被杀3人，被抢走2人，失散7人，被迫卖2人，全家18人仅剩下4人。

家贫如洗的大家庭

胡日先，五华安流念目石村人。大革命时期，胡日先全家有4个儿子、2个女儿，4个媳妇、6个孙儿女，全家共18人。长子胡荣、二子胡问欧、三子胡亚四、四子胡亚涛，全家有10个劳动力。在旧社会，虽然胡日先带领子孙们长年累月，勤耕力作，但由于地主豪绅横征暴敛，逐年加租加税，结果还是债台高筑，家贫如洗，挨冻受饿。

全家响应参加农会

1925年，古大存等领导的五华农民运动浪潮席卷全县。五华党组织派胡焕寰等到念目石村组织农会，胡日先带领全家首先响应，报名参加。在他家的带动下，念目石、碰塘、琴江下一带农民纷纷加入农会，旋即成立了琴江乡农民协会，选举胡日先为会长、黄赞尧为副会长。胡日先积极带领农民实行二五减租，取消送田进鸡、鞋钱和一切苛捐杂税。农民要求办的事情，胡日先主动去办，不受宴请，努力办好。地主豪绅欺压勒索农民，他就率领穷哥们展开针锋相对斗争。由于穷人抬起了头，挺起了腰，扬眉吐气，地主豪绅恨得破口大骂，誓把"农会头"胡日先杀掉。

铁骨铮铮大义凛然

1927年5月，地主豪绅勾结国民党宋世科团"进剿"念目石。敌人一到村，见物就抢，见屋就烧，见人就杀，并派重兵包围胡日先家。由于敌人突然袭击，胡日先不幸被捕，被押进安流东灵寺。敌人对他施用惨绝人寰的酷刑，把他打得死去活来，奄奄一息，但他坚强不屈，铁骨铮铮，坚持斗争到底。曾被胡日先清理过家产的地主黄柱臣，认为斩除"农民头"指日可望，便得意洋洋对胡日先说："你这个共产党农会头，今日纵有三头六臂，也插翅难飞，快送你上西天了！"遍体鳞伤的胡日先，大义凛然，大声呵斥："我胡日先敢食三斤姜，敢顶三下枪，革命不怕死，怕死不革命，我死了，有我儿子、孙子，革命自有后来人，你莫高兴太早，你的末日快要到了！"

几天后，海丰农军总指挥吴振民率领农军打败了国民党宋世科团，攻陷安流镇，把胡日先从狱中救了出来。

革命自有后来人

妻子张五妹目睹丈夫胡日先身上伤痕累累，愤恨地教育儿媳要牢记血海仇，为爹爹报仇。她积极带领儿媳节衣缩食，多打粮食，支援农军。在这血腥的白色恐怖中，胡日先的儿子胡荣、胡问欧相继加入中国共产党。1928年2月6日，古大存、魏远明率领革命军攻打华阁西门。激战2小时，后因水寨李瑞屏等地主反动武装增援，敌人向革命军反扑，革命战士胡运娘等人被敌包围。胡荣不顾个人安危，带领几名战士冲上附近山头，向敌人开枪扫射，掩护胡运娘等人杀出重围，安全转移。

2月17日，国民党黄旭初师兵分三路"进剿"安流。他们和安流当地反动武装互相勾结，成立了"剿共"委员会，提出"宁可错杀三千，不能放过一个共产党员"的口号，所到之处，实行"三光"（烧光、杀光、抢光）政策。胡荣兄弟只好转入地下隐蔽活动。

1929年4月，念目石村的革命火种又燃烧起来。胡荣首先在念目石组织"救党会"，他任组长，胡亚四、胡亚涛为组员。同时恢复洑溪乡党支部，他任书记，后任中共五华八区区委委员。在他们兄弟组织发动下，相继成立了洑溪乡苏维埃政府，胡荣任主席；曾友妹（胡问欧妻子）任乡妇女会主任；胡木英（胡日先孙女）任儿童团团长。1930年初，区、乡苏维埃政府都设在胡日先家里。为了保卫苏维埃政权，胡荣兄弟率领念目石人民，在村的四面高山上筑起4个大寨（即碉堡），与反动武装展开顽强的战斗。他们依靠原始工事，用粉枪、土炮、刀、矛打败了敌人多次进攻。

全家三年断炊烟，坚持革命志未灭

封建地主豪绅将胡日先一家视为眼中钉，当做"剿杀"对象。自1928年至1930年，胡日先家先后遭受敌人几十次洗劫，房屋被烧毁，片瓦不留。敌人的残酷迫害迫使他家3年断了炊烟。胡日先只好携老带幼上山蹲石洞，挖野菜、草根充饥，以蓑衣御寒，以稻草当被子，后来流落到海丰上砂讨饭。4岁的孙子胡毕香被迫卖掉，13岁的孙女胡木英被地痞抢走。

惨无人道的迫害，只能毁灭胡日先的家庭，却不能磨灭他们家人的革命斗志。1930年7月，胡问欧、胡荣决定外出寻找组织，途经汕头时被叛徒出卖被捕。洑溪地主胡新匆匆赶到汕头，指证他俩是共产党员、苏维埃政府主席。不久，他俩就被敌人杀害。就义时，他们大义凛然，昂首挺胸走向刑场，慷慨激昂高呼："中国共产党万岁！"

2个儿子牺牲了，60多岁的胡日先夫妇化悲痛为力量，继续斗争。同年8月，胡日先带领一家老幼回到念目石窑斗里，发动群众，恢复组织继续坚持斗争。但不久被地主张阿金发觉，带领武装人员深夜包围窑斗。胡日先夫妇奋起搏斗，但因寡不敌众，胡日先壮烈牺牲，张五妹身负重伤，流血过多身亡。

胡日先的一家，在革命斗争中被杀3人，被抢走2人，失散7人，被迫卖2人，全家18人仅剩下4人。他的一家为革命事业作出了重大贡献，是五华人民在共产党领导下进行艰苦卓绝斗争的典范。他们一家为革命赴汤蹈火、无私无畏的精神，将永远留在人们心里。

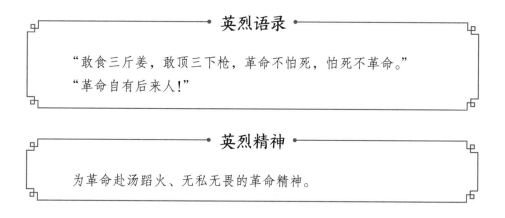

● 英烈语录 ●

"敢食三斤姜，敢顶三下枪，革命不怕死，怕死不革命。"
"革命自有后来人！"

● 英烈精神 ●

为革命赴汤蹈火、无私无畏的革命精神。

（邱任良）

黄大钧（1900—1928）

——为革命而死以救天下

黄大钧，又名黄大经，字秉和。

- 1900 年，出生于广东省阳山县七拱乡四方楼村的一个贫苦农民家庭。
- 1925 年 6 月 23 日，参加支援上海五卅运动。不久，把在广州读书的阳山籍青年学生组织起来，成立"阳山留省同学会"并任负责人。
- 1926 年 3 月，担任筹备中国国民党阳山县党部的筹备员。
- 1927 年 1 月 16 日，参与建立阳山县党部。在此同时，组织发动农民群众参加农民协会，成立阳山县农民协会。12 月，参加了广州起义。广州起义失败后，不幸被捕。
- 1928 年 5 月，被杀害，时年 28 岁。

少年时期勤奋好学

黄大钧，又名黄大经，字秉和，1900年出生于广东省阳山县七拱乡四方楼村的一个贫苦农民家庭。父亲黄章石、母亲邹氏都是忠厚老实和勤耕苦种的农民。黄大钧在兄弟姐妹中排行第二，虽然家境清贫，父母亲仍想尽办法供其上学读书，望他长进成才。黄大钧不负父母期望，勤奋好学，成绩优异，名列榜首，受到学校师长和族中父老的赞扬。黄大钧在乡中读完私塾后，村中豪绅黄炳壁、梁秀清等见黄大钧出类拔萃，便出钱送其前往广州深造。不久，黄大钧考入了广州法政专业学校；1926年又考入中山大学。他受到大革命潮流的影响，积极参加各种活动。

立志参加反帝反封建斗争

1925年6月23日，黄大钧参加了中国共产党领导的示威大游行，反对帝国主义，支援上海五卅运动。当游行队伍经过沙基路时，遭到英、法帝国主义军队开枪扫射和军舰的炮击，酿成沙基惨案。黄大钧目睹帝国主义在中国的土地上犯下的滔天罪行，感到无比愤恨，立志在中国共产党领导下，参加反帝反封建的斗争。不久，黄大钧把在广州读书的阳山籍青年学生组织起来，成立"阳山留省同学会"，黄大钧被推选为该会的负责人。以同学会作为宣传阵地，向会内外的青少年传播进步思想，并结合阳山县的实际，揭露阳山县政治腐败，土豪劣绅鱼肉乡民的罪行。组织发动群众与土豪劣绅进行清理财务账目，公布其贪污行为。1926年，他还支持翁源中学师生和翁源留省同学会的同学，开展反对土豪劣绅开除中大进步学生李德厚等人县籍的行为的正义斗争，并与佛冈等地留省同学会的代表一起前往慰问，并通电援助。

成立农会

1926年3月，黄大钧担任筹备中国国民党阳山县党部的筹备员。在全体筹备员的共同努力下，经过半年多时间，先后建立了3个区党部，15个区分部，后于1927年1月16日成立了国民党阳山县党部。在此同时，黄大钧组织发动农民群众参加农民协会，成立了阳山县农民协会。阳山县民团正、副团长梁秀清、黄炳望看见县党部和县农民协会的成立对己不利，便千方百计破坏这两个组织。他们认为黄大钧是自己出钱送去广州读书的，定能助己一臂之力，于是向黄大钧等求助。但黄大钧等早已认清梁、黄的真面目，不为所动，坚决拒绝了梁、黄的乞援。梁、黄到处碰壁后，便大打出手，砸破阳山县农民协会的牌子，致使县党部解体，农运停顿。

坚贞不屈视死如归

1927年4月，继蒋介石在上海发动四一二反革命政变后，广东国民党反动当局又发动四一五反革命政变，疯狂逮捕、屠杀共产党员和革命群众。在腥风血雨的严峻环境中，黄大钧不但没有被吓倒，相反更坚定地站在斗争的前列，坚持斗争到底。是年12月，黄大钧参加了广州起义。广州起义失败后，黄大钧不幸被捕。面对敌人的花言巧语、欺骗利诱，他始终不为所动，被敌人打得遍体鳞伤，仍坚贞不屈，终于1928年5月被杀害。黄大钧被杀害前，给他父母写了一封遗书。其中说道：

> 儿之死为革命而死，为革命而死诚得其所，故不悲亡。儿一死而能救天下许许多多之父母，许许多多之儿女，儿之死不虚死矣。
>
> 我妻少年丧偶，殊可哀怜，我死之后，可劝其改嫁如意郎君，借图此后人生乐趣。我平昔主张夫妻道德，妻死再娶与夫死再嫁同一理也。旧社会以贞节二字单纯放在女人身上，是我绝端反对之举，望我妻敢其勇气，冲破旧礼教藩篱，以作解放新人物，我有荣焉！我坐监之费，可作治儿读书之资，俾读书有成以报深仇大恨，明儿有钱则多读几年，无钱亦无不可，此非父母之过，乃旧社会之罪恶也。
>
> 我之遗骸可置之不理，他日红花岗上，党人冢成是我埋骨之所也……

黄大钧牺牲时，年仅28岁。

（张华光）

黄居仁（1902—1928）

——铮铮铁骨，宁死不屈

主要生平

黄居仁，广东省龙川县人。

- 1902 年，出生在广东省龙川县洋贝村。
- 1922 年夏，考入广州的广东省立第一甲种工业学校染织专业学习并接受革命思想的熏陶。
- 1923 年夏，加入中国社会主义青年团。
- 1925 年初，加入中国共产党，先后兼任共青团广州地委组织部部长、书记。
- 1926 年春，任共青团广东区委宣传部部长。
- 1927 年春，任共青团广东区委书记，同年担任中共汕头市委书记。
- 1928 年秋，从容就义，时年 26 岁。

积极投身革命

黄居仁于 1902 年出生在广东省龙川县洋贝村。幼年时代，父亲亡故，由母亲和祖父抚育。少年时，他读过几年私塾，后因家境清贫，辍学回家耕田。17 岁那年，他得亲友介绍，到佛山一间织布厂当针织学徒。1922 年夏，他考入广州的广东省立第一甲种工业学校染织专业学习。在这里，他受到革命思想的熏陶，阅读了马克思列宁主义书籍，从此积极参加革命活动。1923年夏，他加入革命团体新学生社，踊跃投入反帝反军阀的革命斗争，成为社内的积极分子。同年秋冬间，他加入中国社会主义青年团，成为校内团组织骨干之一。

1924 年，肖冠英任广东省立第一甲种工业学校校长，他对校内学生宣传马克思列宁主义、开展学生运动极为恐惧，于是订出一套军事化教育计划，把学生统一编为一个"陆军团"，由他兼任团长。黄居仁、周文雍等揭露肖冠英这种做法的真正意图，并揭发其贪污等不法行为。肖冠英怀恨在心，借故将黄居仁、周文雍等开除出校。

黄居仁离校后，被调到青年团广东区委工作。他工作积极，认真负责。同年 10 月 5 日，他出席社会主义青年团粤区代表会议，当选青年团广东区委委员。

1925 年初，黄居仁加入中国共产党，先后兼任共产主义青年团广州地委组织部部长、书记。他经常深入到市内工厂、学校、农村，了解团的思想建设和组织建设状况，并在市内建立了各区团委，大力开展青年运动。同年 3月 12 日，孙中山在北京逝世。17 日，黄居仁召开全市团员大会，号召大家学习孙中山的革命精神，坚决同帝国主义、军阀、国民党右派作斗争，以促进革命事业的发展。

5 月，在帝国主义支持下，滇桂军阀杨希闵、刘震寰发动反革命军事叛乱，阴谋颠覆广东革命政府。按照中共广东区委指示，黄居仁到广州工团军中发动组织工人协助东征军平定杨、刘的叛乱。

援助省港大罢工

1925 年 6 月 19 日，香港和广州的沙面 20 多万工人举行了震动中外的省港大罢工。黄居仁号召广州市共青团员和革命青年积极起来援助工人，参加反帝斗争。在省港大罢工期间，广州各界群众举行援助罢工周。黄居仁动员和组织共青团员、青年工人、学生积极参加援助罢工周活动，宣传反帝斗争的意义，并通过卖纪念章募捐到大笔款项支援省港罢工工人。他还带领团干部、青年到罢工工人宿舍慰问工人，鼓励他们坚持斗争，以夺取反帝斗争的胜利。

宣传革命真理

1926年春，黄居仁任共青团广东区委宣传部部长。他举办入团对象训练班，亲自讲授"共产主义与共产党""共产党和青年团的关系"等课程。同年夏天，还举办了共青团干部训练班，并邀请陈延年、邓中夏等人前来作报告，培训共青团干部。

在纪念巴黎公社55周年的时候，黄居仁写了《巴黎公社的历史及其意义》一文，在广州《工人之路》报上发表。文章概略介绍了巴黎无产阶级战斗历程，论述了巴黎公社的伟大历史意义，鼓励人们为摧毁反动国家机器，建立革命政权而战斗。

北伐前，黄居仁动员共青团员、青年踊跃参加革命军队，为打倒帝国主义的走狗封建军阀而战，为统一祖国而战。当时，有些青年存在"好铁不打钉，好仔不当兵"的错误思想。他召集一些团干部、团员、青年开会，指出革命军队与军阀部队在本质上截然不同，鼓励他们要带头投笔从戎，参加革命军队。经过他的教育和帮助，许多团员、青年参加了国民革命军，奔上北伐战场。

1927年春，黄居仁任共青团广东区委书记。那时，国民党右派正加紧压制青年运动，在学生队伍中搞分裂。他就引导中山大学、岭南大学、知用、圣心等校学生加强团结，支援工农群众的革命斗争。

组织工农革命武装

4月，黄居仁到汕头地区开展工作。国民党反动派在广东制造四一五反革命政变后，他转入地下工作，担任中共汕头市委书记。当周恩来、贺龙、叶挺、刘伯承等人率领南昌起义军到达汕头时，他发动群众热烈欢迎，并组织工农革命武装，配合作战，建立汕头革命委员会。起义军撤出汕头后，他率领工农革命军留在市内殿后作掩护。

广州起义前，中共广东省委调黄居仁回广州。他迅即发动共青团员、工人参加工人赤卫队，准备参加起义斗争。起义枪声打响后，他和一些赤卫队员占领敌人东区的一些据点，随后到广州工农革命政府负责发放枪支、弹药，扩大赤卫队等工作。

广州起义失败后，黄居仁撤退到东江，担任中共惠阳县委书记，在当地组织农民武装，打击土豪劣绅、地主恶霸及其反动武装——民团，进行农村游击战争。

1928年春，广州党团组织受到严重破坏。省委调黄居仁到广州，秘密恢复党团组织。他在白色恐怖下，联系幸存的共产党员、青年团员、革命同志开展地下活动，揭露反动派的种种罪行，鼓励大家不要怕环境险恶，要坚持革命斗争。

铮铮铁骨，宁死不屈

1928年7月的一天，黄居仁出外活动。他的爱人张雪英（在中共广州市委内从事共青团工作的人员）正在门口等待他回来吃中午饭。突然，国民党特务数人闯入他的宿舍，翻箱倒柜，搜查文件。就在这时，黄居仁回到家中，发现情况不妙，拔足就走。可是，潜伏在附近的敌探蜂拥而来。他和张雪英被捕后，被监禁在市内河南南石头监狱。

国民党反动派在狱中审问黄居仁、张雪英，要他俩交代市内党团组织分布情况。他们严词拒绝。敌人采用酷刑逼供，把他们打得遍体鳞伤，鲜血淋漓。但他们铮铮铁骨，宁死不屈。

1928年秋季的一天，黄居仁和张雪英从不同的牢房被敌人点名出来时，内心都知道这是他们最后一次见面了，彼此相顾而笑。随着，他俩被押赴刑场，从容就义。黄居仁牺牲时年仅26岁。

沉痛悼念黄居仁等烈士

1928年11月25日，中共广东省委于香港召开扩大会议，沉痛悼念黄居仁等烈士。1929 年 1 月，省委机关报《红旗周刊》第一期发表了《纪念死难诸先烈》一文，公布了黄居仁等烈士的英名。

英烈精神

　　不怕环境险恶，坚持革命斗争的革命精神；铮铮铁骨，宁死不屈的共产党员品格。

（何锦洲）

黄平民（1900—1928）

—— 南路共产党的负责者，工农群众的领袖

主要生平

黄平民，又名黄式文，字忠靖。参加革命后曾用名黄横虹、黄宋清。

- 1900 年，出生于广东省廉江县塘蓬乡八莲塘村一个地主家庭。
- 1920 年，高中毕业后，到法国勤工俭学。
- 1923 年，加入中国共产党。
- 1925 年初，从苏联回国，在中共广东区委军事部工作。在周恩来的布置下，先后深入粤东、南路一带，刺探军情，使革命军掌握了可靠的情报。其间，参加省港大罢工运动。
- 1926 年夏，参加北伐战争。
- 1927 年，参加广州起义。
- 1928 年 4 月间，任中共南路特委委员，派往廉江开展工作。8 月，任中共南路特委书记。11 月 6 日，被选为中共广东省委候补常委。12 月间，由于叛徒告密，不幸被捕，被国民党反动派杀害，时年 28 岁。

黄平民，又名黄式文，字忠靖。参加革命后曾用名黄横虹、黄宋清。1900 年出生于广东省廉江县塘蓬乡八莲塘村一个地主家庭，有兄弟姐妹 6 人，他排行第四，小时在八莲塘村念私塾，后随父母迁居石岭乡合江村。不久，考上省立高州中学。

赴法国、苏联学习

1919 年爆发五四爱国运动时，黄平民在府城参加了反帝反封建的示威游行活动，激发了革命思想，立下救国救民的伟志。1920 年高中毕业后，他得到廉江县宾兴馆（旧社会的助学机构）的支持，考上了到法国勤工俭学的半公费生。

在巴黎，黄平民过着艰苦的半工半读生活，时而进工场、企业工作，时而进农场劳动，有时找不到工作，一天只能吃一顿饭。但是，不管遇到多大困难，他都不放松学习，他曾写信向廉江县宾兴馆表示：一定把祖国急需的东西学到手，决不负乡邦所托。1921 年，北洋军阀政府驻法国公使陈箓向法国政府借款，把中国的许多工矿企业经济权益抵押给法国，激怒了留法爱国学生，400 多勤工俭学学生到中国驻法国公使馆，要求陈箓说明原因及经过。黄平民参加了这一爱国活动，在与大批手持短棍的军警冲突中，被殴打致伤。他深感北洋军阀这个卖国政府，非打倒不可。1922 年 2 月，他和勤工俭学学生们一起，向法国当局提出要"吃饭权、工作权、求学权"的口号，以解决中国留法半工半读生的生活、劳动、学习三大难题，斗争取得了初步胜利。1923 年，他加入了中国共产党，随后，中共旅欧支部派他到苏联莫斯科东方劳动者共产主义大学继续学习。

在中共广东区委军事部工作

1925 年初，黄平民离开苏联回国，在中共广东区委军事部工作。黄平民在周恩来的布置下，曾化装为普通老百姓、商人，先后深入粤东、南路一带，刺探军情，使革命军掌握了可靠的情报，为他日进行东征南伐，统一和巩固广东革命根据地作出了贡献。在省港大罢工期间，黄平民与省港罢工工人纠察队总队长黄金源等奉命率领一批武装工人纠察队员，在广东沿海的主要口岸执行封锁香港的任务。1926年夏，广东国民政府在中国共产党的帮助和推动下，决定以叶挺独立团为先遣队，举行北伐。黄平民事先奉命到湖广边境了解军阀吴佩孚部在湖南的布防情况，然后回广州向军事部汇报。

参加广州起义

1927年四一五反革命政变之后，中共广东区委转移到香港，改组为中共广东省委。杨殷任省委革命军事委员会主席兼肃反委员会主席，不久，杨殷到广州，领导秘密军事工作，在广州暴动和捍卫广州苏维埃政权的斗争中，黄平民是杨殷的得力助手。

黄平民按组织的安排，和李少棠等人住进广州市海味街14号二楼，这里当时是省委的一个秘密联络站。他们在十分险恶的环境中，担负为党组织传送密件的重要任务。有时黄平民还要亲自草拟文件，然后由李少棠转送到别处。

1927年11月，中共广东省委决定发动工农兵群众，在广州举行武装起义。黄平民协助杨殷、周文雍把"义勇团""剑仔队""省港罢工工人利益维持队"等地下工人武装统一改编为广州工人赤卫队。他经常去赤卫队向队员进行宣传鼓动工作。

12月11日，震动中外的广州起义爆发了。这天早上，工人赤卫队配合教导团攻下广州市公安局，中共在这里建立了广州苏维埃政府，并立即扩大革命武装。黄平民受命带领一批赤卫队员到贤思分局去控制该据点，出色地完成了任务。

13日，敌人从四面八方包围广州，由于敌众我寡，起义军的主力奉命撤出广州市。黄平民组织工人赤卫队英勇地狙击敌人，掩护起义军主力转移，虽然已两天两夜没有睡，但仍坚持指挥战斗，不幸被敌人的子弹打伤了腿部。李少棠按照杨殷的嘱咐，将黄平民转移到广州西关丛桂路李少棠母亲家处隐蔽治疗。

不久，黄平民的伤势好转，在李少棠等人的掩护下，离开广州前往香港。到达香港后，黄平民与杨殷取得了联系。

1928年1月，黄平民出席了中共广东省委在香港召开的扩大会议，总结广州起义和广东各地农民暴动失败的原因及经验教训。会上，参加广州起义的一批知识分子（包括黄平民）受到了严厉批判。会后，省委分配黄平民到南路工作。

赴廉江开展革命斗争

1928年2月，杨石魂、周颂年奉中共广东省委命令，到广州湾重组中共南路特委。同年春，黄平民从香港抵达广州湾，向杨石魂、周颂年转达省委的指示，并和他们一起研究如何在南路开展革命斗争。4月间，中国共产党广东省南路特别委员会（简称"中共南路特委"）恢复成立，杨石魂为特委书记，周颂年、卢永炽、黄平民、吴家槐、梁光华等为特委委员。会上特委作出了领导南路地区夏收暴动的决定，会后黄平民被派往廉江开展工作。

廉江县自1927年8月梧村垌村农民武装暴动失败后，革命一直处于低潮，党组织活动停顿，领导人到农村隐蔽，党员情绪低落。黄平民到廉江后的第一件事，是立即为梧村垌村的死难烈士举行追悼会，借以激励同志们的斗志。

县里的反动头子得到消息异常恐惧，生怕又发生武装起义，便连夜派军队前去搜捕，但只见满山遍野的标语、小红旗，却找不到一个人影，只好将标语、小红旗拿回去交差。当参与镇压梧村垌村农民武装暴动的反动地主刘仁珊看到"枪决刘仁珊"这条标语时，被吓得心脏病突发，数日后一命呜呼。刘仁珊的死讯传出，廉江群众拍手叫好，赞道："共产党的威力真大，一条标语吓死一个反动派。"

在黄平民的努力工作下，廉江县的革命形势很快又好转起来，革命力量也大大增强了。

黄平民离别家庭多年，但到廉江后并没有回去见亲人，而是专心致志于革命工作，同志们劝他回家团聚，他总是回答道："现在还不是回家的时候。"有一次，与他家过从甚密的私塾教师黄天甫告诉他说："你母亲思儿成疾，病得很重，再不赶快回去就见不到面了，你妻儿也日夜在盼望你，无论如何，你都应该回家去。"黄平民听了这席话，心潮起伏，久久不能平静，于是向黄天甫要了笔墨纸张，随即挥毫写出一首五言律诗："世界如潮涌，雄心万里驰。曙光浮一线，宇宙尚昏迷。原野垂绿荫，云天树赤旗。万民欢呼日，游子会亲时。"黄平民作完诗后，对黄天甫说："请老师帮我送到家。"便告辞而去。

这首抒发黄平民革命情怀的诗,在廉江广泛传播,对青年产生过很大影响。

主持中共南路特委工作

1928 年 8 月,黄平民接替杨石魂任中共南路特委书记。他到任后,在广州湾赤坎牛马洋村召开了特委常委扩大会议,总结南路地区革命斗争经验及研究今后工作任务。特委作出了暂时停止南路地区武装暴动的决定。

8、9 月间,中共南路特委领导成员陈周鉴、杨枝水等 8 人(其中有省委负责兵运工作的同志 1 名)在广州湾赤坎海边街高茂旅店开会时,被法国警察逮捕。黄平民召开常委紧急会议,研究营救措施。会后派人以送中秋月饼为名,到霞山大钟楼探监,向狱中同志秘密转告特委的劫狱计划。经过里外配合,不久,这 8 位同志重新获得了自由。

高茂旅店事件之后,国民党在赤坎秘密设立"捕匪"机构,加紧与法国殖民主义者勾结,妄图一网打尽中共南路特委领导。在复杂险恶的斗争环境中,黄平民始终对革命胜利充满了信心,坚定沉着地领导革命斗争。

11 月 6 日,黄平民出席了在香港召开的中共广东省委扩大会议,并被选为中共广东省委候补常委。会后,根据省委分工,黄平民随陈郁、李鹏等到广东中路的广州、佛山、江门等地巡视,检查党的各项任务落实情况。然后重返南路,继续在广州湾主持中共南路特委工作。

被叛徒出卖被杀害

1928 年 12 月间,由于叛徒出卖,中共南路特委机关被敌人破坏,负责人中除黄平民 1 人机智脱险外,其余的均被捕。在十分危急情况下,他设法通知了一些县的党、团组织,使一些同志及时转移,减少了损失,但是不久,由于叛徒梁超群的告密,黄平民被法国警察逮捕了。

法国帝国主义者将黄平民、朱也赤等 10 余人,引渡给国民党政府。国民党反动派立即将他们押到高州、梅菉等地杀害。黄平民临刑时,高呼口号痛骂敌人,充分表现了共产党员的英雄气概。黄平民牺牲时年仅 28 岁。

黄平民牺牲后，省委为之撰文悼念，称他"是南路共产党的负责者、工农群众的领袖"，是"为主义而死，为工农而死，为反对压迫和屠杀工农的国民党政府而死"的。

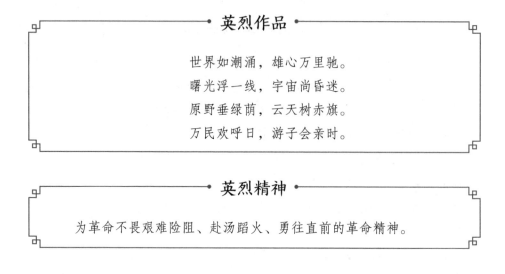

● 英烈作品 ●

世界如潮涌，雄心万里驰。
曙光浮一线，宇宙尚昏迷。
原野垂绿荫，云天树赤旗。
万民欢呼日，游子会亲时。

● 英烈精神 ●

为革命不畏艰难险阻、赴汤蹈火、勇往直前的革命精神。

（庄锡谦）

黄　谦（1880—1928）

—— 只要活着，就要革命，就要战斗

黄谦，广东省广州市南郊凤溪乡人。

● 1880 年，出生于广州市南郊凤溪乡一个贫农家庭。

● 1925 年，加入中国共产党。

● 1927 年 10 月 15 日，当选中共广东省委委员，随后被选为省委常务委员。11 月 26 日，筹备在广州发动工农兵武装起义；起义失败后，前往香港继续进行革命活动。

● 1928 年 6 月 16 日（农历四月二十九日），被杀害于广州红花岗，时年 48 岁。

黄谦，1880 年生于广州市南郊凤溪乡一个贫农家庭。父亲黄杰深受重租繁税盘剥之苦。黄谦 7 岁上学，至小学六年级时，因家庭经济困难而弃学随父种地，20 岁结婚，24 岁和朋友合股，在广州十八甫开了一间毛衣缝织店。28 岁时，缝织店亏本倒闭，他再回家种地。他除了在本村保善学塾教了四年书外，此后长期务农。1915 年，洪水泛滥成灾，他的果园和菜地被淹失收，第二年又歉收，无法交纳旧债新租。狠毒的地主，竟把黄谦辛苦培育的果树砍掉，以抵租债。地主豪绅的压迫使黄谦充满了阶级仇恨。

全力以赴从事农民运动

1924 年秋，国民党中央农民部特派员梁伯如到广州南郊指早组织农民协会。黄谦积极响应，很快成为骨干分子。他不辞劳苦，不避艰险，深入群众，揭露地主豪绅压榨农民的罪恶，鼓动大家组织起来以反抗阶级压迫。不久，凤溪乡农民协会成立。接着，他又到附近乡村进行宣传活动，帮助各乡村成立农会，开办农民业余夜校，建立农民自卫军，开展减租减息，反对苛捐杂税等斗争，成效卓著。

1925 年黄谦加入中国共产党以后，因革命工作需要，又以个人身份加入国民党，全力以赴地从事农运。他曾以国民党中央农民部特派员身份下乡指导农运，开展反对土豪劣绅、减租减息等斗争，同时揭露帝国主义和封建军阀的罪恶，动员农民援助五卅惨案、沙基惨案和省港大罢工等斗争。

坚贞不屈、严守机密

1927 年 4 月 15 日，广东国民党反动派追随蒋介石发动反共政变。黄谦在离家不远的壁华村梁家祠（农会俱乐部设此）里被捕，囚于广州河南南石头惩戒场监狱。敌人威逼利诱、硬软兼施，黄谦坚贞不屈、严守机密，坐牢 4 个多月，没有暴露身份，后经组织营救，由其亲家（女婿之父）担保，获释出狱。

置个人安危于度外

当时，到处都充满着白色恐怖，他虽脱险，但仍受敌人监视。女婿为他的安全担忧，劝他不要再从事危险的工作。但他却坚决表示："只要活着，就要革命，就要战斗。"并立即找寻党组织，接上了关系，接受了在农村秘密恢复和建立革命组织的任务。黄谦置个人安危于度外，秘密到广州南郊组织地下农会和农军，并在凤溪的杨汉围建立了小型的地下兵工厂。他召集了几十个可靠农民，用竹篷和稻草盖起了4间茅房，并在房里挖地洞，在洞里修理旧枪支，制造手榴弹和步枪的子弹，为武装起义做好了重要的物质准备。

领导工农兵武装起义

1927年10月15日，中共中共南方局、广东省委召开联席会议，改组了省委，黄谦当选省委委员，随后被选为省委常务委员。11月17日，党中央常委会通过了《广东工作计划决议案》，正式决定举行广州起义。26日，黄谦在广州出席了张太雷召集的广东省委常委会议。会议讨论并决定在广州发动工农兵武装起义；同时讨论了起义前应做的各项准备工作：黄谦作为筹备广州起义的领导人之一，负责组织、发动广州南郊农民起义的工作。

黄谦负责的联络站设在芳村，那里有一位姓黎的华侨，其爱人姓康，是共产党员。联络站就设在他的花圃里。他们直接与工人赤卫队总指挥周文雍联系，约定市郊农军在听到市内起义枪声时就起来响应。起义前夕，黄谦领导的芳村、花地一带的农军已与广三铁路工人联合，共约五六百人，编为第六联队。黄谦参加了该联队及其属下第一团的领导工作，并兼任营长。原定在12月13日起义，后因被敌人发觉，起义提前在11日凌晨3时30分举行。黄谦听到枪声，立即在凤溪头集合数百人的农民赤卫军，宣布武装起义。参加起义的人都缚上红布条作标记。他们带着枪支弹药，扛着红旗，高呼革命口号，誓师出发。队伍浩浩荡荡，在黄谦率领下，先打下南海县秀水乡警察局，打死了反动的警察局局长梁瓜耀。然后由五眼桥向东攻打石围塘。当时驻守石围塘的是李福林军的一个特务营。敌军闻知农军到来之后惊慌撤走，而从三水开来的火车上的护车队，却被起义群众吓得龟缩在火车里，不敢下来。农军很快打下石围塘，与珠江北岸的工人赤卫队遥相呼应。接着，黄谦立即带队去攻打芳村警察分局。该局有水轮机关枪防守，农军打不进去，牺牲了几个人。黄谦考虑到继续攻打将会遭受重大伤亡和耽误时间，便决定改变占领芳村警察分局的计划，带着200多名农军沿着沙贝分散偷渡过江，从松洲岗上岸，入坦城进市内和工人赤卫队并肩作战。起义的工农兵群众占领了珠江北岸市内绝大部分地区，并成立广州苏维埃政府。

翌日，国民党反动派和帝国主义联合向起义军进行疯狂反扑。起义的英雄们浴血奋战，终因敌我力量悬殊，许多人壮烈牺牲，余部撤出广州，往东江等地转移。起义失败后，黄谦潜往香港，继续进行革命活动。

英勇就义

1928年2月20日，黄谦在香港参加中共广东省委常委秘密会议。临闭会时，突遭警察包围，邓中夏、罗登贤、王强亚、黄谦4名常委被捕。由于警方搞不到证据，不得不把邓中夏、罗登贤等人释放。可是，黄谦却被原秀水警察局局长梁瓜耀的儿子梁万亭控告顶证，说他是共产党员，有杀人罪，致使黄谦不能脱险。他在港坐牢3个月余，6月11日，国民党反动派把他引渡回穗，酷刑逼供，他坚贞不屈。6月16日（农历四月二十九日），黄谦被杀害于广州红花岗。

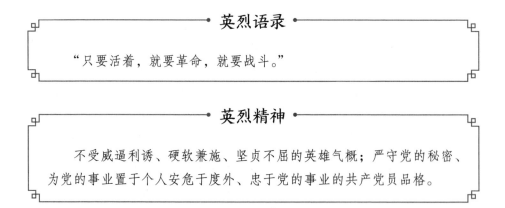

英烈语录

"只要活着，就要革命，就要战斗。"

英烈精神

不受威逼利诱、硬软兼施、坚贞不屈的英雄气概；严守党的秘密、为党的事业置于个人安危于度外、忠于党的事业的共产党员品格。

（林绵文）

黄喜祥（1878—1928）

—— 为革命而死心甘情愿

黄喜祥，又名黄裔喜，广东省五华县龙村镇高祥村竹围头人。

- 1878年，出生在一个贫苦农民家里。
- 1911年11月间，入伍。在古公鲁的指导下，他团结50名敢死队员，光复潮州。
- 1928年1月16日，率领龙村区赤卫队攻打石溪寨，活捉3名反动头目。4月26日，英勇就义，时年50岁。

少年习武

黄喜祥，又名黄裔喜，广东省五华县龙村镇高祥村竹围头人。1878年出生在一个贫苦农民家里。父亲黄尔夫，母亲温月妹，靠租种地主的田地为生。因为家里穷，他们兄弟姊妹都没法上学。他的大哥黄裔靖，因好打抱不平，常与当地的官吏发生摩擦，结果被杀害了。这事对黄喜祥触动很大，也引发了他习武复仇的念头。少年时代，在其大哥影响下，他已开始学习武艺。其兄被害后，他更加勤学苦练。到了青年时代，已练就了一身过硬功夫，成了远近闻名的拳师。

应召入伍

黄喜祥平日对孙中山的革命事业十分景仰，渴望着有朝一日能加入他们的战斗行列。1911年11月间，革命军3个营攻打潮州府，其中一个营长古公鲁是五华县梅林人。他认识黄喜祥，知晓他为人正直，善武功，因而动员他加入革命军。黄喜祥即应召入伍。在古公鲁的指导下，他团结50名武艺高强的勇士组成"敢死队"，由他本人带领，雇用两艘木船，顺琴江而下，直奔潮州城。此时，革命军已将潮州府城包围了。潮州府城墙坚固，高丈余，清军紧闭城门死守，革命军多次未能攻破。黄喜祥眼看革命军伤亡甚大，即自告奋勇，向古公鲁建议采用火攻，由他本人身背几十斤重的煤油，靠他过硬的轻功夫，跃上城墙，把煤油泼在城门上，放火焚烧。城门烧破后，敢死队一拥而入，光复了潮州。

参加农军

大革命时期，在中国共产党的领导下，五华农民运动蓬勃发展。1926年，五华县农民协会改组，中共五华县特别支部负责人宋青担任会长，古大存任副会长兼军事部部长。此时，绝大部分区、乡、村都建立了农民协会和农民自卫军。已经回乡居住多年的黄喜祥积极响应共产党的号召，参加了高祥乡农会和农军。大革命失败后，五华区、乡农民自卫军改称赤卫队时，黄喜祥任第八区（龙村）赤卫中队中队长。他带领区赤卫队日夜操练，将自己的武功传授给他们。同年10月间，丁峯乡反动地主温伯洲和峭芳乡反动地主温明淑、温欣然等人，得知梧溪乡驻有工农革命军，便勾结五华县警卫基干大队长张九华部100余人，进行突然袭击。驻梧溪乡的县工农革命军只有一个小队，为避免正面硬拼，即转移到睦贤一带活动。张九华率部扑了个空，恼羞成怒，一面命令喽啰放火烧屋，一面继续追踪工农革命军。敌军撤出梧溪后，农会会员黄亚南等人赶忙回村救火。温伯洲、温欣然等纠集反动武装六七百人又扑向梧溪，把黄亚南等人围困在一座楼屋里。龙村区赤卫队告急。黄喜祥得此消息后，立即率领龙村区赤卫队员30多名前往梧溪救援。救出了黄亚南等人。梧溪人民感激地说："幸得黄队长来得快，不然全乡都变成灰烬了。"

◦ 攻破石溪寨 ◦

1928年1月16日，塘湖官僚地主钟问陶组织反动武装"讨赤团"，偷袭驻古潭的县工农革命军。工农革命军及时发觉敌人的行动，当即组织兵力进行阻击，敌人据守石溪寨。县工农革命军乃将攻打石溪寨的任务交给龙村区赤卫队，在黄喜祥的率领下，龙村区赤卫队经过4天激战，终于在农历十二月二十九日攻破了石溪寨，活捉了黄斗山、黄道先等3名反动头目。黄斗山、黄道先等人是黄喜祥的亲房祖叔。有些队员提出不杀算了，把他们教训一顿释放；也有人认为他们罪大恶极，不杀不足以平民愤。当时担任广东工农革命军东路第七团团长的古大存用探询的口气问黄喜祥："你的意见呢？"黄喜祥斩钉截铁地说："只要他们是危害革命的反动头子，不论是不是房亲，都决不留情！"经古大存等领导研究批准，这3名反动头目被镇压了。

◦ 救援何树坪村 ◦

1928年2月，国民党第五军副军长黄旭初率领一师兵力驻五华，对革命力量进行"清剿"。为配合黄旭初部的"清剿"行动，丁峯反动首领温伯洲也纠集了200多人的反动武装，摧残琴江上游一带的革命据点。一天，敌人窜到玉磨乡何树坪村进行烧杀抢掠。何树坪村10多名赤卫队员被围困在村上一个寨子里，弹尽援绝，形势危急。龙村区苏维埃政府主席张俊枢派黄喜祥率队前往救援。战斗一直坚持到下午 4 点，县工农革命军的增援部队亦及时赶到，终于打败了凶恶的敌人，保护了何树坪群众的生命财产。

坚贞不屈

1928 年上半年，五华全县处在严重的白色恐怖之中，革命转入低潮。不少革命分子无法立足，被迫逃往他乡避难。黄喜祥的家乡也被敌占据，他只身逃到太坪乡马坑里亲戚甘达五家躲。敌人抓不到黄喜祥，即悬红通缉。太坪乡坏分子甘伴香得悉黄喜祥行踪，即向华阳反动民团团长邹火秀告密。农历三月初四，邹火秀率领一批爪牙前往太坪乡马坑里搜捕。黄喜祥不幸被捕。黄喜祥在狱中坚贞不屈，视死如归，任凭敌人严刑拷打，始终不哼叫一声。敌人知道黄喜祥武功很厉害，是个硬骨头，是决不会低头的，因此从不提审，只是一个劲地拷打折磨，把他摧残得遍体伤。为防备他逃跑，除给他双手上铐外，还把他的双脚用脚枷卡住，使他动弹不得。其嫂刘二妹探监时，见此惨状，不禁潸然泪下。黄喜祥却神态自若，用坚定的语调安慰她道："嫂嫂，不要过分悲伤，搞革命就难免要牺牲的。革命终究会胜利的。我为革命而死心甘情愿，十八年过后又是一条好汉！" 4 月 26 日，黄喜祥英勇就义，时年 50 岁。

英烈语录

"只要他们是危害革命的反动头子，不论是不是房亲，都决不留情！"

"搞革命就难免要牺牲的。革命终究会胜利的。"

"我为革命而死心甘情愿，十八年过后又是一条好汉！"

英烈精神

英勇善战、坚贞不屈、视死如归的一心向革命的精神。

（黄舜兴）

黄学增（1900—1928）

—— 著名的广东农民运动领袖之一

主要生平

黄学增，广东省遂溪县乐民区墩文村人。

- 1900 年，出生在一个贫苦农民家庭。
- 1923 年，加入社会主义青年团，投身中国革命。同年参加国民党改组工作，后转为中国共产党党员。
- 1925 年 5 月，被选为广东省农会执行委员兼秘书。
- 1928 年 6 月，担任中共琼崖特委书记，渡海到海南岛领导革命斗争。8 月 12 日，被国民党反动派杀害，时年 28 岁。

逐步走上革命道路

黄学增幼年曾就读于乐民小学及雷州中学。1920年夏，他考入广东省立第一甲种工业学校。在校期间，他积极参加进步活动，阅读马克思主义著作，在共产党员阮啸仙、周其鉴的影响下，积极参加进步活动，不断提高思想政治觉悟，逐步走上革命道路。

1923年，他加入社会主义青年团，投身中国革命。中共三大以后，黄学增参加了国民党改组工作，积极宣传国共合作的意义和作用，动员青年参加国民革命。同年，他被转为中国共产党党员，从此成为一名自觉的无产阶级先锋战士。

从事农民运动

1924年7月，黄学增从广东省立第一甲种工业学校毕业后，投考广州第一届农民运动讲习所，志愿从事农民运动。在农讲所里，他认真学习农民运动的理论，接受严格的军事训练，星期日还出发到四郊进行调查和宣传活动，进行农民运动的实习。他和同学们一起帮助建立了市郊长洲乡农民协会以及广州市郊农民协会。从农讲所毕业后，黄学增被委为国民党中央农民部特派员，前往花县指导农民运动。

在花县，黄学增和当地农会干部一起，奔走于县内各乡，宣传和组织群众，成立农会，忠实地为农民谋利益。为农民运动的兴起做了许多的工作。

领导广东省农民协会

同年10月，社会主义青年团广东区代表大会在广州召开，黄学增出席了大会，被选为广东区团委候补执行委员，参与领导广东、广西、香港等地团的工作。

1925年5月1日，广东省第一次农民代表大会在广州召开，成立广东省农民协会。黄学增参加了会议，被选为广东省农会执行委员兼秘书。他认真地处理省农会的有关各种事务，6月17日，他以省农会秘书的身份，主持了欢迎清远农民代表的会议，热情赞扬清远农民自卫军在讨伐反动军阀刘震寰、杨希闵的战斗中勇敢作战的革命精神，鼓励大家再接再厉，奋勇向前，为巩固和发展广东革命根据地作出更大的贡献。同年秋，他担任了中共广东区委农民运动委员会委员，与彭湃、阮啸仙、周其鉴等人一起共同领导广东的农民运动。10月，国民革命军进行第二次东征的同时，又南讨邓本殷。10月22日，国民党广东省党部成立南路特别委员会，委派黄学增为委员，组织南路各县、市的党部，配合革命军南征。早在南征前，黄学增已以国民党中央农民部特派员的身份到高雷地区秘密发动群众，宣传革命，准备响应革命军。在军阀统治下的高雷地区活动，他常常冒着生命危险，走村串户，深入发动群众。在从梅菉到高州的路上，他曾被反动的民团捉去，搜去身上所有的物品和钱财，由于他机智勇敢地与民团周旋才逃脱了虎口。当时有些人为他的安全担心，劝他避避风头，不要再到农村中去。黄学增却说："为着党和人民的利益，不得不去；而且一个真正的革命党人，时时是准备牺牲的，绝不能畏惧！"表现出一个革命者的大无畏精神。在这样艰苦的环境下，他的革命信念始终坚定不移，一心扑在革命工作上，不辞劳苦地深入阳江、茂名、化县、吴川、遂溪等地进行工作。经过黄学增和中共的许多干部的努力工作，南路各地的农民觉悟大大提高，纷纷组织起来，当南讨开展后，便积极配合革命军作战，发挥了重大的作用。年底，广东统一后，省农会为了便于领导全省的农民运动，将全省划为7个区，每区设一办事处。黄学增被派到南路负责筹备广东省农民协会南路办事处的事宜。

1926年元旦，黄学增到广州出席国民党第二次全国代表大会。会上，他被选为提案审查委员，负责农民提案的审定工作。他坚决维护农民利益，在向大会报告的《农民问题决议案》中，提出了取消民团、惩办反动防军及不法官吏、取消苛捐杂税等10多项政治、经济措施，以保证农民运动的深入发展。他还极力提请国民政府派军队到中山、南海、高要等县，打击土豪劣绅的破坏。大会期间，适逢湖南省发生军阀赵恒惕破坏工农运动、逮捕工运领袖刘少奇一案，黄学增便呼吁各界支持工人运动，要求释放刘少奇，保护劳工运动。他坚定有力的发言，给与会代表留下深刻的印象。

为了尽快开展南路各县农民运动，黄学增精心制订南路办事处工作计划，提出目前南路农运的主要任务是召集有关农运会议，汇报及讨论各地协会进行计划，调查各县农民在政治、经济、文化各方面的状况，调查各阶层人士对于农会的态度等。3月7日，广东省农民协会南路办事处在梅菉成立，黄学增担任办事处主任。在他的领导下，办事处组织领导各县农会开展清匪工作，领导农民擒获雷州土匪头子庞玉清，为民除了一大害；发动群众到省政府控告，要求将遂溪县县长、贪官伍贯横撤职等。这些活动，轰动了整个雷州地区，农民称它为从未成就过的奇勋。几十万农民欣喜若狂，高呼："农民协会万岁！""拥护国民革命！"等口号。3月15日，吴川县第五区十八乡农民联合派出代表500余人扶老携幼，到南路办事处请愿，要求转致吴川县署取消蒜头捐。黄学增坚决支持农民的合理要求，随即致函吴川县县长要"体恤农民至意，克日将该蒜头捐取消"。该县县长苏某拒不接受黄学增意见，执意收取蒜头捐。他极为生气，乃亲到吴川县署交涉，慷慨陈述农民生活痛苦，抨击当政者不体察民情，枉为父母官。在他的坚持斗争下，吴川县县长被迫答应取消蒜头捐。接着，他还继续此事向国民政府申诉，把土豪强加给农民的"蒜串捐"和"壳灰捐"取消。这些胜利，在高雷各县产生了强烈的反应，给农民以极大的鼓舞，有力地推动了农民运动。

重视党的组织建设

黄学增在梅菉办事处工作期间，还十分重视党的组织建设，积极培训干部，建立和健全各级基层党组织。同年春夏间，阳江、吴川、梅菉、廉江等县、市党支部分别成立，并建立了青年团雷州支部和遂溪支部。此外，他还以国民党南路特别委员会的名义，发起举办了梅菉市宣传学校，培训农村干部。

指导南路斗争

在紧张繁忙的工作中，黄学增还从事调查研究工作，写了《广东南路各县农民政治经济概况》一文，约3.5万字，刊登在《中国农民》第四期上。在文章中，他详细地论述了南路的地理位置、交通、实业、商业、物产、职业以及帝国主义在高雷等情况，指出高雷人民所受的压迫和痛苦，"就是因为帝国主义的侵略和压迫，农民欲求解放，必先扛倒帝国主义。"他还运用马克思主义的阶级分析方法，分析了南路各县的政治、经济、文化状况，指出南路革命的基本力量是农民。这篇文章对于研究和指导南路人民斗争，起了重要的作用。

在黄学增的正确指导下，南路农运一日千里地向前发展。到5月份，已有阳江、茂名、化县、电白、海康等县建立了146个乡农会，会员达9000余人。在广东第二次全省农民代表大会期间，黄学增担任秘书长主持会务，向大会作了"南路办事处会务报告"，同时和彭湃、罗绮园等被选为省农会第二届执行委员。会后，黄学增即返梅菉南路办事处，贯彻执行大会的决定，领导南路农民为实现大会提出的任务而斗争。不久，各县农会会员激增至2.8万余人，工会、青年同志社、学生会及妇女解放协会等组织纷纷成立，雷州工农运动进一步发展。

北伐战争开始后，南路一带地主豪绅攻击农会是"今日之大患"，要求军事当局加以"严厉处分"，各地农会遭到地主民团的破坏。8月17日，广东省农会扩大会议召开，研究在新形势下的广东农运。黄学增参加了大会，与彭湃、阮啸仙等农运领袖一起共商广东农运大计。会后，为贯彻省农会扩大会议精神，他奔赴高州，主持召开南路农民代表会议，通过了实行二五减租和二分纳息的决定，继续开展反对苛捐杂税的斗争，打破地主土豪的进攻。同时，他挥笔写下了《为电白农民求救》《仲恺死了吗?》等战斗性很强的文章，强烈谴责土豪劣绅进攻电白农会，摧残农民运动的行径，号召农民群众发扬奋斗精神，打破反革命派的进攻，参加国民革命运动。根据斗争发展的需要，1927年春，他还在雷州主持了一期农民运动宣传讲习班，培训农会和农军干部，有力地促进了高雷地区农运的纵深发展。

正当革命向前发展的时候，1927年4月12日，蒋介石在上海发动反革命政变，不久，广东也发生了反革命政变。在腥风血雨中，黄学增坚定不移地坚持斗争。他先后奉命在遂溪、高要、广宁等地部署农民武装反抗国民党反动派，狠狠地打击了敌人的嚣张气焰。10月15日，在香港举行的中共广东省委和中共中央南方局联席会议上，黄学增被选为省委候补委员，1928年4月，被选为省委委员。11月，又被选为省委候补常委。

⋯⋯⋯⋯◇ 领导海南岛革命斗争 ◇⋯⋯⋯⋯

1928年6月16日，黄学增担任中共琼崖特委书记职务，渡海到海南岛领导革命斗争。他到达海南后，敌人正发动攻势，疯狂地对革命人民和红军进行"围剿"，由于琼崖特委执行省委以城市为中心的错误指示，要红军攻打海口等城市，与敌人硬拼，还把特委机关迁进敌人的心脏海口市，因而革命力量受到重大损失，革命处于低潮，环境万分困难。正如黄学增在1928年12月16日向省委的报告中说的：海南当前情况"困难万分"，医院病号以至"红军伙食，各机关伙食真是无法可想"。但在这种困难情况下，黄学增并不气馁，继续高举革命红旗，坚决依靠群众和当地干部，重建组织，整顿红军队伍，使琼崖革命力量得以恢复和发展。

英勇就义

　　1929年8月初，设在海口市的琼崖特委机关被敌人破获，党组织遭到严重破坏。8月8日，黄学增从省里开会回来找不到特委机关，知有事变，即装病住进美国人办的福音医院，但为叛徒严凤蛟发觉告密，当即遭到敌人逮捕。在监狱里，他坚贞不屈，严守党的秘密。敌人为了从他嘴中得到琼崖以至广东省委名单及行踪，先是拿官职和金钱来收买他，假惺惺地说："你走错路了，我看，你回过头来吧。我们什么都给你！你说，你要什么职位？由你选择，金钱嘛，那就更好说了。"黄学增威严地回答说："你们以为用那几个臭钱就可以降服我，告诉你，共产党员的意志是铁铸的，百金万银也动摇不了我革命的意志！"敌人不甘心，又说："你什么都不要，那你给我们写上一个'不'字，不做共产党的事就行了。"黄学增再也按捺不住胸中的怒火，他拿起笔朝敌军官的眼睛用力地刺过去，大声说："我这就要革你的命！"敌军官捂住被刺伤的眼睛，连声狂叫道："杀掉他！""杀掉他！"敌人一拥而上，将黄学增押了下去。8月12日，国民党反动派便无耻地将他杀害了。黄学增壮烈牺牲时，年仅28岁。

　　、

（江铁军）

江　梅（1895—1928）

—— 对革命忠贞不渝的高潭区第一个女共产党员

主要生平

江梅，广东省惠阳县高潭区大茂乡雁鹅塘村人。

- 1895 年出生。
- 1923 年 2 月，被选为乡农会委员。
- 1925 年夏，任高潭区妇女解放协会的首任会长。
- 1926 年春，加入中国共产党，成为高潭区第一个女党员。
- 1927 年 11 月，当选高潭苏维埃政府委员。
- 1928 年 3 月，带领女赤卫队员扼守一个山头，阻击约一个连的团匪。11 月，在雁鹅塘被捕，英勇牺牲。时年 33 岁。

生活的重负磨炼了倔强的性格

江梅，1895 年出生于广东省惠阳县高潭区大茂乡雁鹅塘村。她小时，其父为生活所迫，忍痛将其卖给杨梅水村的马添作童养媳。江梅到马家时，夫家人口较多，靠耕种地主的土地及季节性的上山采集山货度日，生活非常困苦。迨江梅 16 岁时分了家，夫妻俩另过日子。马添生性懦弱，胆小怕事，加上身体又有疾病，因此整个家庭的生活重担全落在刚刚成年的江梅身上。犁田播种、砍柴割草、挑担卖木、冷暖饥饱，全是她一人担当。生活的重负把她磨炼得性格倔强，能吃苦耐劳，身体健壮。江梅为人精明干练，纯朴谦让，热心帮助左邻右舍，博得村民们由衷的赞许。

组织杨梅水乡农民协会

1923 年初春，高潭农民运动领导人黄星南、杨国辉等多次到公梅一带串联组织农会，闻悉江梅的为人，特地找她谈心。虽为初次见面，但却一见如故。黄星南热情地鼓励江梅带动妇女参加农会。2 月底，在马子荣、马木先、梁红、江梅等人的发动组织下，杨梅水乡农民协会正式成立，江梅当选乡农会委员。从此，她精神激越，朝气蓬勃，除照料好丈夫和农事外，就下村为群众办事，找姐妹们谈心，带动她们进夜校参加识字学习。是年夏，农会推行二五减租，江梅更是竭尽其力，走村串户，说服贫苦农友参加减租减息的斗争。由于江梅勇敢坚定，克己奉公，声名鹊起，每到一村，农友们不论男女老少，都亲昵地叫她梅姐、梅姑、梅嫂，亲如一家人一样。

出任高潭区妇女解放协会首任会长

1925 年夏，广东革命政府第一次东征的胜利，有力地推动了高潭农民运动的发展。高潭地区工会、商会、学联会、妇女解放协会、劳动童子军团等团体迅速地组织起来。江梅以其思想觉悟高，对革命忠诚积极，而被选为高潭区妇女解放协会的首任会长。在区农会的领导下，她勇敢地冲破陈规旧俗，带头剪掉发髻，穿上柳条白布衫（在此之前，高潭一带山区的劳动妇女只敢穿蓝、黑色的衣服），胸前挂着农会的徽章，头戴写有"妇女解放协会"的竹笠，还在全区农民大会讲台上讲话。江梅的表率作用，鼓舞了全区的劳动妇女，她们大部分参加了妇女解放协会，并满腔热情地参加学唱歌、学文化、学打枪等活动。1926年春，江梅光荣地加入了中国共产党，成为高潭区第一个女党员。

组织妇女协助武装斗争

1927年5月中旬，高潭反动地主武装的头子江达三勾结惠阳县属四十八约的团匪分三路大举进犯高潭，高潭区农民自卫军在企潭缺（山名）顽强狙击敌人。一连10天，江梅率水口乡妇女们担水送饭到阵地，抬担架运送伤员，协助放哨，为名震全区的企潭缺阻击战的胜利作出了贡献。

同年9月，东江特委发动海陆丰第二次武装暴动，并先后攻克海陆丰的一些重要圩镇和惠阳高潭等地。为迎接南昌起义部队做好物资运输储备工作，江梅奉命到中洞。同乡的妇女会会长钟义组织全区已抵达中洞的青年妇女，协同农军战士到距中洞20公里的海丰黄羌挑布匹、粮食，接运印刷机部件等战利品，还到陆丰激石溪协助农军战士把缴获的大生炮抬回中洞。同时，江梅还把中洞各村的老弱妇女和少年女子组织起来，分别安排酿酒、舂米粉做茶果，准备慰劳南昌起义军。10月，南昌起义军2000余人抵达中洞。江梅率上百名妇女会会员分别到起义军宿营地为他们洗涤、缝补军衣，使这些转战数月、疲倦不堪的起义军指战员像回到自己的家一样。

11月9日至10日，江梅出席了高潭工农兵代表大会，并作了关于妇女解放问题的提案报告，赢得与会代表的热烈拥护和支持。11日，高潭苏维埃政府成立，江梅被选为委员，参加苏维埃政府的工作。她经常深入各乡指导妇女会开展工作，宣传取缔各种歧视妇女的封建村规民约，严禁奴役婢女的意义。

1928年1月，红二师围攻高潭最反动的团匪堡垒——大茂乡江达三的石楼。江梅发动大茂、朝客、杨梅水、中洞、石门五乡的妇女会会员，组成支前队。一连20多天，江梅席不暇暖。石楼被攻破后，江梅受到红二师司令部的嘉奖。

3月，广东军阀为扑灭东江人民武装斗争的烈焰，互相勾结，兵分四路，扑向海陆惠紫边区根据地。为了保卫胜利果实，高潭区苏维埃政府号召高潭全体军民奋起反击。3月10日，黄旭初部陆满团伙同多祝、高潭的反动团匪向高潭进攻。这时，高潭苏维埃政府从高潭圩黄家祠迁至水口乡"大夫第"，把战斗力最强的赤卫队部署在水口一线的各山头。江梅带领张进喜、钟桂、黄义、刘长等10多名女赤卫队员扼守一个山头，阻击约一个连的团匪。她镇定地指挥姐妹们击退敌人的多次进攻。江梅身先士卒，不避艰险，掩护在最要害的地方。随着战斗形势的不断变化，指挥员从别的山头抽调部分男赤卫队员驰援她们。这时敌人又发起了进攻，江梅憋着一腔怒火，一枪就撂倒拿旗的团匪。在男女战士并肩奋战下，再一次打退了敌人的进攻，胜利地完成了阻击任务。5月上旬，国民党反动派又纠集重兵，第三次进犯高潭。由于敌我力量悬殊，高潭军政人员奉命分散隐蔽，高潭区苏维埃政府也转入地下，江梅因此回到娘家雁鹅塘山上掩蔽起来。

英勇献身

敌人窜入高潭后，进行斩尽杀绝的大屠杀。江达三叫嚷：杨梅水、朝客、中洞、大茂、石门等乡连扫帚头也要过三刀。11月4日，江达三匪兵侦悉到江梅隐蔽的地方，立即倾巢而出，分前后三层，把雁鹅塘围得滴水不漏，江梅不幸被捕。江达三对她施以百般酷刑，当天下午，把她枪杀于二天肚打烂缸的山上。江梅牺牲时年仅33岁。

江梅对革命忠贞不渝，堪称广大劳动妇女求翻身解放的典范。她是苏区人民的优秀女儿，苏区人民永远为她感到光荣和自豪。

英烈精神

精明干练、纯朴谦让、热心助人、吃苦耐劳劳动妇女精神；勇敢坚定、克己奉公、身先士卒、不避艰险、对革命忠贞不渝的革命精神。

（郑锦清　谢帝明）

赖松柏（1901—1928）

——清远县籍中共广东省委委员第一人

主要生平

赖松柏，广东省清远县回澜区庙仔岗村人。

- 1901 年出生。
- 1924 年，参与农民运动。
- 1925 年，加入中国共产党。领导组织农会，开展农民运动。
- 1926 年 6 月，出任清远六区农会委员长，县农会执行委员，农民自卫军常备大队长。
- 1927 年 4 月，任清远"非常时期特别委员会"委员。8 月，参与南昌起义。10 月，转移香港，后任中共广东省委委员。11 月，任清远工农革命军独立团团长。12 月 3 日，发起清远农军暴动，迫使国民党县长陈守仁交印投降。
- 1928 年，被叛徒出卖不幸被捕，后于狱中壮烈牺牲。时年 27 岁。

曾任中共广东省委委员的赖松柏，是广东省清远县回澜区庙仔岗村人，出生于 1901 年。其父赖北佑，生有子女 5 人，赖松柏排行第三。赖松柏自幼在家务农，间中读过几年书。庙仔岗村仅有 4 户人家，孤村僻野、地瘠民穷。世代受尽地主盘剥的赖松柏，生性豪爽、秉直，对地主富豪压榨不满，同情贫苦农民。

加入中国共产党

1924 年初，国民党在孙中山领导下实行"联俄、联共、扶助农工"三大政策，国共实现了第一次合作，出现了大好革命形势。同年 11 月，共产党人赖彦芳（回澜人）、宋华（沼江人）受党的派遣，以国民党中央农民部特派员身份回到清远开展农民运动。先后在附城石板村、回澜庙仔岗、洲心上黄塘等地组织农会，带动了全县农民运动的兴起。赖松柏最早参与清远的农民运动，是庙仔岗一带农民运动的举旗人。1925 年 1 月，赖松柏、钟耀生、林焕文、钟耀初 4 人被选送参加第三届广州农民运动讲习所学习。赖松柏在这里接受了革命的启蒙教育和马克思主义的基本知识，懂得了什么是阶级和阶级压迫，认清了帝国主义、官僚军阀和封建势力是中国人民的敌人，农民只有组织起来跟共产党闹革命才能获得翻身解放。在学习期间，赖松柏光荣地加入了中国共产党，在火红的党旗下，他和新入党的学员一起向党宣誓："努力革命，牺牲个人，服从组织，阶级斗争，严守秘密，永不叛党。"

领导开展农民运动

第三届农讲所学习结束后，赖松柏回到了清远。他与石板村的刘清、上黄塘村的黄俊廉一起，积极宣传革命道理，组织农会，开展农民运动。赖松柏首先发动自己家里的人参加农会，得到父亲赖北佑和几个兄弟的支持。于是，很快就把庙仔岗、灯盏岗、车公咀 3 条村的农民都发动起来了，继而扩大至整个六区（包括太平、回澜、山塘、三坑、陂头等乡），纷纷建立起农会。1926 年 3 月 14 日，清远第六区举行了农民协会成立大会，到会会员3000 余人，省农民部特派员及清远县各界代表均来祝贺，中华全国总工会主办的《工人之路》也刊出清远六区农会成立的报道。赖松柏被选为六区农会委员长。在六区的推动下，其余的区、乡，也纷纷成立了农会，至 1926 年 6 月，成立了县农会，农会会员发展到 9577 人，组织起来的农民，全县已达十余万之众。农会组织 1200 人的农民自卫军，分 3 个大队。赖松柏是县农会执行委员，农民自卫军的常备大队长。他与刘清（县农会党支部书记）、黄俊廉（县农会执行委员长）成为全县农民运动的三大领袖。清远的农民运动，有如星火燎原，迅猛地发展起来。

农会组织建立之后，领导农民反抗地主的残酷压迫剥削，实行了二五减租，反对苛捐杂税，惩办了破坏农民运动的劣绅林天培，处决"捐棍"奸商温茂犹。所有的这些革命行动有力地冲击了封建统治，使几千年受压迫的农民扬眉吐气，而封建地主、土豪劣绅却咬牙切齿，恨之入骨。他们勾结国民党右派，搜罗土匪、流氓、烂仔组织民团和商团与农军对抗，疯狂反扑。

投身武装暴动

1926 年 10 月，反动民团头子刘东、潘伯良等纠集民团武装及滘江土匪共 300 多人，包围了黄獐座农军苏森小队，妄图一举歼杀苏森。县农会闻讯，命赖松柏带领石板、太平两队农军前往救援，赖松柏于次日赶到黄獐座。他便亲率 18 名农军勇士，冒死冲入重围，会合在内坚守的苏森小队的农民，内外夹攻，终于打退民团，解救了黄獐座被困的农军。这时，省农民运动特派员周其鉴到清远县指导工作，潘伯良又率领民团百余人包围清远县农会和农军驻地，企图消灭清远县农运核心力量，赖松柏立即指挥农军坚决抵抗，激战一天一夜，县城大乱，县署出来调停，双方才停火退回原防，民团回驻华光庙与麦天合（麦家），农军回驻瑞峰书院与学宫。是年 12 月，刘东、潘伯良、梁佩伦等反动头子又纠集滠江、三水土匪数百人，对全县各地的农运中心石板、上黄塘、庙仔岗等地烧杀掳掠，无所不为，全面镇压农民运动。赖松柏先是在庙仔岗率领本地农军抗击民团围攻，由于敌众我寡，乃转移到太平圩。民团聚至上千人包围太平农军，火攻农军炮楼。赖松柏领导农军坚守据点，打了三天四夜，然后冲出了重围。这时双方集中兵力，准备在山塘决战，形势风声鹤唳，局面动荡不安。国民党县长出面召集双方谈判，以解决冲突，于 1927 年 1 月在山塘召开和解会议。反动民团以武力威胁会场，并乘农军撤防转移之机，发动突然袭击，我方措手不及，省里派来的军事教官黄刚奋、梁文炯和农军战士罗灿金等48人当场牺牲，被打伤170余人，造成了震惊全省的"山塘惨案"。赖松柏当时临战果断，率队保护代表，带领农军主力英勇抗击，杀出重围，保存了大部分实力。中共广东区委获悉清远事件后，通过省农会向省政府交涉，省长下令南韶连镇守使陈嘉佑派出黄敬如营400人，由团长周之矛率领，到清远弹压民团。并派省农会负责人罗绮园到清远处理此事件，成立了"清远各界处理团匪摧残农会善后委员会"。惩处民团首恶李达刚等42人，对牺牲的48人在县城开追悼大会，给烈士家属抚恤。

在周之矛部队到清远时，反动民团逆命顽抗，政府军发起攻击，占领了在县城的民团总部，总团长刘东狼狈跳河逃走。大军继续进剿，赖松柏率领农军配合部队作战，快速迂回堵截民团于三坑陂头，全歼其残部，反动民团头子潘伯良只身逃窜，清远的革命形势全面趋于稳定。

在历次抗击反动民团的战斗中，赖松柏身先士卒，指挥若定，英勇善战，屡立战功，深受农军拥戴。反动派对他十分恐惧，说他"胸有谋略，富有胆识，是清远农民将才，是民团的克星"。

参加南昌起义

1927年4月，蒋介石发动了四一二政变，清远农会在周其鉴的领导下，组成"非常时期特别委员会"，叶文龙、刘清、赖松柏等人为特委成员。根据上级指示，清远农军奉命集结。经过挑选，全县农军280人由县党团书记叶文龙率队到达韶关，与各县农军会合，组成有1200人的北江工农革命军。5月1日继续北上，经郴州、耒阳、长沙，几经曲折，历时一个半月才到达武汉，改编为第十三军的补充团。武汉政府叛变革命后，这支工农武装被迫放下武器，受党的指示开赴江西南昌，作为预备队，参加了震惊中外的八一南昌起义。

南昌起义爆发后，赖松柏带领的清远农军被编入叶挺部十一军，赖松柏任中队长。起义部队撤出南昌后，赖松柏随军作战，先后参加了会昌、上杭、闽南等战役，屡立战功，以后又转战三河坝、潮州、汕头，抵达海丰、陆丰。在这支英雄部队最后被迫化整为零后，赖松柏奉命转移到香港。

被选为中共广东省委委员

1927年10月15日，中共广东省委和中共中央南方局在香港召开联席会议，改组了省委，赖松柏被选为中共广东省委委员。这次会议决议组织工农革命军，在广州举行暴动，同时布置各县配合响应。11月初，汪耀、赖彦芳、赖松柏等6人在香港开会，周其鉴传达省委指示。会上决定赖松柏等人立即回清远发动原农运骨干和农会会员，重建清远工农革命武装，组织攻占县城暴动，配合全省起义战略部署。

领导清远农军暴动

赖松柏等回到清远后，很快就把各地的农会会员发动起来，组织了有300人的清远工农革命军独立团，赖松柏任团长。这时省委又派周其鉴来清远县领导和部署清远的农军暴动。1927年12月3日（即广州起义前8天），清远工农革命军与前来支援的花县农军集结于附城葫芦岭，兵分两路，发起了清远农军暴动，打响了攻打县城的枪声。赖松柏指挥攻城战斗，亲率小秦、附城的农军夺取东门、北门、西门，亲手击毙反动分子朱平，缴获不少枪支弹药；控制县城各处，派出农军突击小队攻入县政府，迫使国民党县长陈守仁交印投降。

由于敌强我弱，反动派气焰嚣张，猖狂镇压革命，清远农军暴动很快即遭到反动派援军和民团的反扑。为了保存革命力量，农军在完成既定任务之后退出县城。此次暴动，显示了清远工农大众的革命气魄和力量，造成了革命声势，牵制了反动部队的兵力和部署，有力地配合了即将进行的广州起义。

农军退出县城后，赖松柏带领了部分队伍在秦皇山打游击，多次进兵太平圩骚扰敌人。县城国民党反动派组织军队对各处农军和农民发动了全面的镇压，到处捕杀革命人民，不少革命志士被逮捕、枪杀。周其鉴、叶文龙、刘清等著名领导者也先后被捕、牺牲。在反动派的白色恐怖下，清远革命活动走向低潮。

不幸被捕

1928年初，赖松柏转移到了香港，找到党组织后又潜回内地秘密活动。同年4月13日，中共广东省委在香港召开扩大会议，并改组了省委，赖松柏继续当选省委委员。在当时的困难条件下，赖松柏虽被敌人追捕和迫害，经常转移奔波，但仍坚持不懈地为完成党的任务而奋力工作。当时他在广州沙河瘦狗岭石场，以打石工为掩护开展革命工作，但不幸被叛徒出卖，国民党军警带着叛徒来瘦狗岭石场搜捕他。在这生死关头，赖松柏考虑的不是个人的安危，而是战友的安全。他见事态危急，便嘱咐其他同志立即避开，自己则挺身而出，给叛徒认捕。这体现了他的机智勇敢和牺牲小我顾全大我的大无畏精神。

壮烈牺牲

赖松柏被捕后押于广州监狱，在严刑拷打下，不吐露党的秘密，显示了共产党员的铮铮铁骨。不久，赖松柏被国民党反动派枪杀。他英勇就义时年仅27岁。

英烈精神

身先士卒，指挥若定，英勇善战，屡立战功，胸有胆识，富有谋略的革命者素养；牺牲小我、顾全大我的大无畏精神；对党忠诚、绝不叛党的共产党员品格。

（冯顺金　郭宝通）

蓝胜青（1906—1928）

——中共兴宁组织的组建人之一

蓝胜青，字晶，原名少辉。

- 1906 年 2 月，出生于广东省兴宁县叶塘区一个农民家庭。
- 1922 年，考入兴民中学，至 1924 年转到梅县广益中学。
- 1925 年 5 月，领导广益中学学潮。12 月中下旬，加入中国共产党。
- 1926 年春，任中共兴宁党小组组长。12 月，任中共兴宁特别支部书记。
- 1927 年 9 月，同刘光夏、卢惊涛等带领农民义勇队攻国民党兴宁县政府，占领县城。后来，成立广东工农讨逆军（后改为工农革命军东路军）第十二团，任党代表。并建立十二团水口别动队和北部山区游击队，这是兴宁党组织领导下建立起来的第一支革命武装队伍。同年冬，率领部队转战兴宁、梅县、丰顺、五华、龙川等五县。
- 1928 年 10 月 21 日，在梅子坑参加五县联席会议，突遭兴宁反动武装包围。为掩护同志冲出重围，同敌人激战中壮烈牺牲。时年 22 岁。

蓝胜青，字晶，原名少辉，1906年2月出生于广东省兴宁县叶塘区一个农民家庭。父亲蓝则尧经营小生意，母亲罗三娣在家种地。蓝胜青在姐弟6人中排行第二。

领导学潮

1922年，蓝胜青小学毕业后，考入兴民中学，至1924年转到梅县广益中学。当时在国共合作的形势下，梅县的工人运动和学生运动兴起，特别是国民革命军第一次东征抵梅县后，学生运动蓬勃发展，广大青年学生要求革命，坚决反对奴化教育。1925年5月，广益中学爆发学潮，公开提出废除学习圣经、收回教育权、学生信仰自由和参加学校行政管理等要求。蓝胜青是这次学潮的领导人之一。他同刘裕光带头成立了"反基督教学生同盟"，带领广大学生进行斗争。这年暑假期间，广益中学的反对帝国主义奴化教育的斗争，扩展到同梅县师范的择师运动紧密联合，互相支持，成为声势浩大的群众运动，因而遭到梅县国民党反动派的镇压，蓝胜青等100多名学生被开除出校。蓝胜青、刘裕光等人并没有被吓倒，他们派出代表，强烈要求转学到东山中学，却遭到校长彭精一的压制。蓝胜青等人毫不气馁，又与东山中学肖向荣、陈劲军组织的学生救国运动团密切配合，团结广大学生，终于取得了胜利。不久，蓝胜青同刘裕光、陈启昌、肖啸安等人就在东山中学秘密组织了"梅县革命青年团"，这个组织的宗旨是宣传社会主义，要求收回教育权，反对读死书，主张学生积极参加革命斗争。

加入中国共产党

同年10月，国民革命军第二次东征胜利回师梅县，大大推动了这一地区的革命斗争。东征军内的共产党员在这里播下了种子，发展了党员，建立起梅县第一个中共支部。党支部积极认真做好组织发展工作，至12月中下旬，在斗争中锻炼成长的蓝胜青和古柏、肖向荣等10多人被第一批发展加入了中国共产党。

积极从事革命工作

1925 年冬，蓝胜青与冯宪章以旅梅同学之身份回到兴宁与县立中学学生黄集发、谭淦等联合在兴城、叶塘等地演出白话剧，创办《宁声周报》，宣传共产主义。寒假以后，蓝胜青受党的派遣回兴宁从事革命。他以商民协会特派员的公开身份与在兴宁从事农民运动的卢惊涛、赖颂祺等人取得联系。在他们的共同努力下，1926 年春，中共兴宁小组成立，蓝胜青任党小组组长。在党组织的领导下，兴宁人民的革命斗争进入了崭新阶段，不论工运、农运、学运都有新的发展。在彭湃主持召开的潮汕农民代表大会推动下，蓝胜青同卢惊涛、赖颂祺、陈锦华、胡凡尘等人分别到兴宁县的大信、刁坊、大坪、叶塘、永和等地进行活动，建立党的基层组织，在大信先后成立了岩前、澄塘党支部。这些乡镇的农会组织如雨后春笋，不断发展，原来全县只有 4 个农会，很快就发展到 36 个（包括 1 个区农会）。广大农村普遍开展减租减息运动，农民团结在农会周围向敢于公开反抗的恶霸地主展开斗争。在工运方面，党小组成员曾不凡积极发展兴宁的工会组织，先后成立了染布业、纺织业、理发业、裁缝业、民船、码头、打石等行业的工会。在县总工会领导下，工人运动迅速发展，组织工人纠察队，举办工人夜校，开展罢工斗争，积极支持农民减租减息和反对土豪劣绅的斗争。在工农运动蓬勃发展的形势下，7 月间，上级党组织派蓝胜青到由周恩来在汕头筹划并委托罗明主办的东江工农运动人员养成所学习。他在养成所认真学习政治、军事知识，聆听了彭湃关于农民运动的报告，学到了许多革命的本领。同年 12 月，中共兴宁特别支部成立，蓝胜青任特支书记。

组织攻打兴宁县城

1927 年春，蓝胜青同罗屏汉受组织派遣到广州参加革命活动。4 月 15日，国民党反动派在广州大肆捕杀共产党人。他们摆脱敌人的跟踪、追捕，接受了党的任务返回兴宁。当时，兴宁反动当局亦下令解散工会、农会，镇压工农运动，形势非常紧张。4 月下旬，蓝胜青秘密转移到宁新小洋乡，主持召开县党部委和团地委联席会议，研究应变策略和营救被捕同志的措施。

会议决定于 4 月 29 日夜攻打县城劫狱，组织武装暴动，后因计划泄露而未果。

接着，敌人派出大批军警到小洋乡、坭陂、永和、水口等地疯狂"清剿"共产党人。在革命群众的掩护下，蓝胜青、卢惊涛等人从小洋乡转移到神光山附近的梅子坑坚持活动。他们深入到农民群众中去，扎根串连，宣传革命道理。为了更好地教育群众，蓝胜青写了不少通俗易懂的歌谣，如"正月里来是新春，发财富贵太吾匀。有钱人家鱼酒肉，矛（无）钱人家吃菜根。""土地革命要实行，解放以后分地平。个个都有田耕种，衣食平均心就甘。"以此揭露社会的黑暗，宣传党的主张，为武装暴动做好思想准备。

与此同时，蓝胜青等继续在刁坊、坭陂、永和、福兴、叶塘各地组织发展农民协会，建立农民义勇队，为武装攻打兴宁县城做准备。当时蓝胜青、卢惊涛考虑到自己的力量薄弱，决定利用惠潮嘉特务大队大队长张英与国民党兴宁县政府的矛盾，拟于 5 月 18 日联合张英攻城。岂料张英为了自身利益，先行举兵，被惊动的敌人做好了准备。当农民义勇军赶来兴城东门城脚时，适逢大雨，城濠尽没，又无攻城武器，只得撤军。首次攻城遂告失败。

中共梅州地委对兴宁的革命运动很重视。同年 7 月，派陈斐琴、魏克勤到兴宁了解暴动情况，并派肖向荣到兴宁负责指导党组织的活动。在八一南昌起义的推动下，蓝胜青于 9 月 3 日在梅子坑召开了中共兴宁特支会议。为了反击国民党反动派的血腥镇压，以革命武装反对武装的反革命，会议根据敌人主力正在罗岗追击张英，兴城力量空虚的有利条件，决定立即举行第二次攻打兴宁县城的农民暴动。蓝胜青、刘光夏、卢惊涛等人率领湖尾乡、小洋乡、大成乡、茅塘乡、墨池乡等农民义勇队，集合在梅子坑胡燧良家里举行誓师大会，由蓝胜青亲自作战斗动员，号召农民义勇队严守纪律，勇敢作战，夺取胜利。

在攻城战斗中，蓝胜青同刘光夏、卢惊涛等人带领农民义勇队从新丰街尾口登城，进攻警察局，迅速解除敌人武装后，猛攻国民党兴宁县政府，县长廖森圃越墙逃跑，暴动队伍占领县城。这次暴动缴获敌人 200 多支枪、子弹 4 箱、县府铜印 1 枚，筹军饷 2000 元，开监释放囚犯 100 多人。

建立革命武装

后来，蓝胜青等获悉敌人准备反扑县城，为了保存力量，暴动队伍便主动撤出县城，转移到永和湖尾。次日晚在湖尾召开庆功大会，正式成立广东工农讨逆军（后改为工农革命军东路军）第十二团（简称"十二团"），团长刘光夏，党代表蓝胜青，参谋长卢惊涛，政治部主任曾不凡（后由罗坤泉代），全团100多人。尔后，又建立了十二团水口别动队和北部山区游击队。这是兴宁党组织领导下建立起来的第一支革命武装队伍。

十二团建立后，稍事整训便挥戈上阵，在径心重挫陈楚鹿反动商团；后来同水口别动队会师，远征宋声、猫坑、五华双头、贵人村、八乡山之敌；曾一度同古大存部会合，补充了枪弹；转战梅县、丰顺诸地，取得重大胜利，有力地打击了兴梅地区的反动当局。

1928年2月，十二团进抵叶塘圩，城内乡团及反动军队与各民团共三四百人，欲前往叶塘圩包围十二团，被十二团打得落花流水。全县土豪劣绅及商团恐慌万状。后来十二团远征龙川赤光，遭到反动军队四处包围，十二团因缺乏子弹，不得已退回叶塘，暂时把队伍分散。3月底，蓝胜青为了解决部队给养、弹药问题，带队伍开至龙川霍山。五华、龙川的暴动队伍亦退却到霍山。

4月初，五华、兴宁、龙川三县党组织负责人为了适应当时革命斗争形势需要，在霍山大乙岩召开了一次党员代表会议，协商成立中共五兴龙县临时工作委员会，叶卓为书记，蓝胜青等3人为委员。三县武装力量据守霍山之险，坚持斗争。4月间，兴宁、五华、龙川三县反动军队及民团千余人进攻霍山，因众寡悬殊，陈道灵等30多人阵亡，数十人被捕。蓝胜青为了保存力量，采取化整为零的措施，解散了队伍，把长枪藏起来，少数短枪队仍秘密集中活动。他鼓励大家说："低潮总会过去，我们要保全有生力量，准备和创造新的革命高潮的到来。"

蓝胜青率领一支武装人员深入到兴宁北部与龙川交界的大塘肚、三架笔、大信等地，同罗屏汉一起在山高林密的边远山区发动农民开展土地革命斗争，巩固发展党的基层组织，努力开辟革命根据地。

平定周易粦兵变

1927年11月，在梅县南口战斗中遭受损失的十二团移驻石马宝山一带，部队思想比较混乱。当时窃据参谋长要职的周易粦，乘团长刘光夏在家治病、党代表外出之机，伙同第三中队副队长何映辉实行兵变，自封为团长。在这关系到部队存亡的紧要关头，蓝胜青同秘密前来汇报情况的潘英、舒敬舒、陈斐琴等认真研究，周密安排，并及时将情况通报团长刘光夏，进而采取妥善的应变策略，由原来与周易舜较接近的大队长潘英带人到周易舜的住处表示"祝贺"，出其不意地将其抓获。蓝胜青根据党组织的决定和群众的要求，将周易舜枪毙于宝山脚下。同时，宣布凡曾跟随周易舜者，愿留队的可以继续留队，不愿留的，放下武器，可以回家。从而使部队转危为安，保全了革命武装。

转战五县并创办《红旗报》

1927 年冬，当蓝胜青和刘光夏率领十二团征战兴宁、梅县、五华、丰顺、龙川连续获胜之时，兴梅反动当局四出布告，并行文国民党广东省政府转饬各县，悬花红一千元白银缉捕所谓"兴宁共匪头目"蓝胜青、刘光夏等。蓝胜青不顾个人安危，一方面率领十二团指战员英勇顽强地打击敌人；一方面积极做好党的思想和组织建设工作。在这段时间，党组织发展了一批党员，壮大了党的力量。为了进一步健全党的各级组织，加强党的领导，是年 12 月，他根据上级党的指示，在永和湖尾主持召开兴宁县党员代表会议，成立第一届中共兴宁县委员会。蓝胜青任县委书记，委员有刘光夏、陈锦华、曾不凡、陈捷芳、陈水秀、舒敬舒、潘英、罗毅雄等。在县委领导下，设立了水口、新圩、坭陂、罗浮 4 个区委会和 2 个特支（十二团队部、石马），全县共有党员 120 多人。翌年春，为了适应斗争环境，蓝胜青把县委机关转移到水口小峰，在那里创办了县委机关报《红旗报》，亲自撰写文章，大力宣传党的方针政策，教育军民在党的领导下，为实现共产主义事业奋斗到底。

壮烈牺牲

1928 年 10 月 21 日，蓝胜青参加了在梅子坑胡屋召开的五县（兴宁、龙川、五华、梅县、丰顺）联席会议，共商联合暴动事宜，遭到兴宁反动武装100 多人包围。为了掩护同志乘夜冲出重围，蓝胜青同敌人激战多时，身负重伤，摸黑爬到一个崩岗里潜伏起来。翌晨，兴宁反动当局加派重兵，四面包围，严密搜捕，蓝胜青奋起击毙了两个敌人之后，身中数弹，壮烈牺牲。时年仅 22 岁。

英烈语录

"低潮总会过去，我们要保全有生力量，准备和创造新的革命高潮的到来。"

英烈精神

不顾个人安危，英勇顽强打击敌人的革命精神；不畏困难、坚定革命必胜的革命乐观主义精神。

（罗梅腾）

蓝裕业（1902—1928）

——党的路线、政策的宣传者

蓝裕业，原名蓝钦彝，广东省大埔县湖寮公社古城大队人。

- 1902 年出生。
- 1917 年 7 月至 1921 年 7 月，在潮安县金山中学读书。
- 1919 年 5 月 7 日，领导潮安县金山中学等校中小学生 2000 余人的示威游行。
- 1921 年 7 月，考进广东高等师范学校。
- 1923 年，加入中国共产党。
- 1925 年 6 月，奉中共广东区委和团广东区委的派遣，前往香港协助共青团香港地委发动学生罢课。
- 1928 年 2 月 13 日，在汕头市被叛徒出卖被捕，惨遭杀害，时年 26 岁。

积极组织革命运动

蓝裕业 1917 年 7 月至 1921 年 7 月在潮安县金山中学读书期间，学习成绩优良，喜爱文学，善写文章。1919 年五四运动消息传到潮州后，5 月 7 日，潮安县金山中学等校中小学生 2000 余人举行了声势浩大的示威游行。当晚还组织了演讲队，分赴街头，进行抵制日货的爱国主义宣传。蓝裕业是这次示威游行活动的主要领导骨干之一。

1921 年 7 月，蓝裕业考进了广东高等师范学校。从这个时候起，他一面认真读书，一面阅读《广东群报》《向导》《新青年》等进步报刊，从中受到教育，思想觉悟有了提高。有一次，蓝裕业写了一封信给陈独秀，提出了自己对社会及时局的见解，得到了陈独秀的称赞。1923 年，蓝裕业加入了中国共产党。同年 6 月 17 日，在广州正式成立了广东新学生社，蓝裕业是该社的创始人之一，同时又是广东高等师范学校新学生社负责人。1925 年 3 月，他代表广东学生团体出席了在北京举行的国民会议促成会全国代表大会，返广州后，在广东新学生社担任宣传工作，负责主编《新学生》半月刊。6 月 19 日，为声援五卅运动，爆发了震撼世界的省港大罢工。6 月中旬，蓝裕业等人奉中共广东区委和团广东区委的派遣，前往香港协助共青团香港地委发动学生罢课，与香港工人一致行动。6 月 17 日，在学生代表秘密会议上，一致通过了于 18 日罢课的决议。接着，华人书院、圣保罗、圣士提反等书院的学生也纷纷罢课，连同其他各中、小学一共 30 多所机构、学校的教师及学生参加，罢课的人数共达万人以上，其中回到广州的师生有近千人之多。

深入开展革命宣传

蓝裕业十分注意运用《工人之路》揭露国内外敌人的罪恶行径。1925 年 8 月间，他继郭瘦真之后，担任了《工人之路》总编辑。《工人之路》从第 30 期起到 553 期止，蓝裕业在该刊发表了不少短评或评论，在《小言》《吼声》《无情斧》等专栏里，他用"热血""余热""衣谷""邱玖""大任""群众"等笔名发表了近百篇文章。署名"群众"的文章中，多是经过邓中夏修改过的。他写的短评或评论，往往是带有政策性的。有一次，在广州工人代表会议上，蓝裕业代表中华全国总工会作了政治报告，得到与会代表的好评。从 1925 年 8 月起至 1927 年春止的一年半时间里，蓝裕业根据中共关于反帝、反军阀和统一战线的基本政策，通过《工人之路》发表了不少文章，彻底揭露英帝国主义和广东军阀陈炯明、邓本殷的罪恶阴谋，号召广大工农兵学商起来斗争，赞颂革命群众的英勇斗争精神。他非常强调在革命斗争中各界群众团结一致的重要性，在《工人之路》第 106 期发表的题为《工农商学兵大联合之意义》评论文章中指出："在此危急之时，所谓受压迫最深与同为被剥削之人民所谓工农商学兵，在环境如此恶劣之下，且因痛苦之切身关系，亦因此而不能不联合，不能不团结一致，为本身利益而战。"广东大学校长、国民党青年部部长邹鲁企图用同乡关系拉拢蓝裕业，但蓝裕业不仅不为所动，而且对这位右派分子破坏革命统一战线的言行，毫不留情地进行斗争。《工人之路》由于能为工人和劳苦大众说话，受到广大群众的喜爱，因而发行量由开头的 1000 份跃增为 1 万多份。《工人之路》直至 1927年四一五广东反革命大屠杀之后，才被迫停止出版。蓝裕业担负《工人之路》主编期间，在宣传党的路线、政策方面，作出了一定的贡献。

高陂暴动

当 1927 年八一南昌起义军即将进入广东之际，蓝裕业奉中共广东特委指示，自香港到汕头，前往江西省寻乌县，准备迎接起义军南下广东。按照原定计划，起义军是由赣南经兴梅下潮汕的，后来改为从福建省西部进入广东。这样，蓝裕业又自寻乌折回汕头，见到了周恩来等人。9 月底，起义军在揭阳县汾水一役失利，潮汕形势危急。此时，周恩来交了一封密信，要蓝裕业火速送到驻守大埔县三河坝的朱德（当时任第九军副军长，指挥二十五师扼守在三河坝）。他接受任务后，日夜兼程，赶到大埔县高陂镇时，得悉朱德与周士第、李硕勋、陈毅等人已率部队转移了。蓝裕业只好留在大埔县高陂、百侯、湖寮农村领导革命活动。11 月间，中共大埔县委在桃源郭氏学校召开了紧急扩大会议，蓝裕业也参加了这次会议。会议分析了南昌起义军在大埔和潮汕失利后的形势，传达了中共中央南方局、广东省委联席会议精神，决定集中乡村武装，准备力量，举行农村暴动，摧毁敌人政权，建立苏维埃政府，进行土地革命。会议着重讨论了高陂暴动问题。1928 年 1 月 1 日，高陂举行了武装暴动，镇压了地方反动分子，打击了反动派的嚣张气焰。蓝裕业奉命返到汕头，担任中共潮梅特委书记，和陈振韬（中共汕头市委书记）、陈国威等领导潮梅地区党组织，开展地下斗争。

---------- **英勇就义** ----------

1928 年 1 月 27 日，中共广东省委发出了《潮梅暴动工作计划》，要求组织潮梅各县的武装暴动。根据省委这一指示，省委派出潮梅特派员叶浩秀于 2 月 13 日在汕头市主持召开东江、潮梅 14 个县委书记和汕头市委书记会议，具体研究与部署武装暴动等问题。由于被叛徒出卖，参加会议的蓝裕业和叶浩秀、陈振韬、陈国威、张兼刚、詹天赐、陈克锐等 28 人不幸被捕，其中 21 人惨遭杀害。蓝裕业等临刑前行经汕头市大马路时，面无惧色，沿途高呼革命口号。蓝裕业牺牲时年仅 26 岁。

> **• 英烈语录 •**
>
> "在此危急之时，所谓受压迫最深与同为被剥削之人民所谓工农商学兵，在环境如此恶劣之下，且因痛苦之切身关系，亦因此而不能不联合，不能不团结一致，为本身利益而战。"

> **• 英烈精神 •**
>
> 精诚团结、大义凛然、临危不惧的革命精神。

（刘寒）

李耀先（1904—1928）

—— 忠贞不屈，视死如归的工人运动领袖

主要生平

李耀先，又名文肱，广东省揭阳县灰寨乡新图村人。

- 1904 年，出生于一个农民家庭。
- 1925 年 7 月，毕业于广东省立第一中学（广雅中学）。
- 1925 年夏秋间，加入中国共产党。
- 1926 年春，任共青团广州地委经济斗争委员会书记。10 月，任粤港澳劳动同德总工会秘书长兼党团书记。
- 1928 年夏，任中共广州市委书记。同年夏秋间，不幸被捕牺牲，时年24 岁。

接受马克思主义思想

1922年，李耀先考入广东省立第一中学（广雅中学）读书。在校期间，他阅读《新青年》等进步书报杂志，受到马克思主义的启蒙教育，积极参加学生运动。1923年夏，他参加了广东新学生社。同年冬，他又参加了中国社会主义青年团，热情地投身反帝反封建军阀的革命活动。

1925年7月，李耀先毕业后，便到广东省平民教育委员会工作，通过举办平民学校对工人、贫民进行文化教育和思想教育。

开展工人运动

1925年夏秋间，他光荣地加入了中国共产党，不久，被调到中共广东区委职工运动委员会工作，并任邓中夏的秘书。他积极从事工人运动，并协助邓中夏发动罢工工人参加支援第二次东征的宣传队、运输队工作。

1926年春，李耀先任共青团广州地委经济斗争委员会书记。这期间，他还继续从事工人运动，曾到大涌口渭文机器厂支持该厂工人的斗争。当时，该厂工人、青年学徒为工资待遇问题正在和老板、工头谈判。他从中指导，提出了劳资双方均能接受的方案，终于使这次谈判取得了胜利。工人、青年学徒的工资都得到适当提高。

同年4月，李耀先担任中华全国总工会教育宣传委员会委员，协助邓中夏、张瑞成等开办了6间工人宣传学校、1间劳动妇女学校、9间工人子弟学校，并建立宣传队，通过文艺演出，进行革命宣传。6月，他担任第一届劳动学院教务主任。这个学院是中共最早开办的培训工人运动干部的学校，由邓中夏任院长。邓中夏兼职很多，工作十分繁忙，学院日常工作主要由李耀先主持。学院第一届招收了200多个广州、香港的基层工会的领导人，聘请刘少奇、萧楚女、黄平等人任教员。通过学习，学员既提高了政治觉悟，又学到了开展工运工作的知识和经验。

1926年10月，中共广东区委和省港罢工委员会决定主动停止罢工，结束对香港的武装封锁。李耀先便积极做好善后工作，一方面协助来自香港工会的领导干部重返香港工作，另一方面输送一批学员到外地开展工人运动，以配台北伐战争的胜利进军。为加强省港地区工会的领导，李耀先担任了粤（广东）港（香港）澳（澳门）劳动同德总工会秘书长兼党团书记。过去，同德总工会曾与集贤总工会因各自只顾局部利益，发生过纠纷与打群架事件。耀先到任后，加强了工人的政治思想工作，促进了工人阶级的团结。

广东的国民党反动派于1927年4月15日实行反革命大屠杀后，党组织转入地下。李耀先在中共广州市委从事秘密工作。他召集市内工会系统党支部干事开会，研究如何依靠和团结工人，反击国民党反动派的屠杀政策。后来，他协助周文雍在工人中建立"剑仔队""工人自救队""省港罢工工人利益维持队"等秘密工人武装，惩办了一批特务、工贼，并继续扩大工人武装，组织工人自己试制炸弹，作为反击敌人之用。广州起义前夕，李耀先协助周文雍等同志组织广州工人赤卫队，参加武装起义。

⸺◦ 率工人武装参加广州起义 ◦⸺

1927年12月11日，著名的广州起义爆发了。李耀先率领部分工人武装在荔湾一带战斗。翌日在帝国主义支持下，国民党反动派疯狂反扑。鉴于敌强我弱，起义军决定撤离广州向东江转移。李耀先则留下坚持斗争。他隐蔽在市内坚决执行党的指示，先后担任中共广州市河南区委书记、芳（村）花（地）区委书记，在严重的白色恐怖下继续坚持地下斗争。

⸺◦ 开展地下革命 ◦⸺

1928年春节前，中共广州市委发动工人举行一次反"无情鸡"苛例（即老板请工人在农历年初二吃一顿鸡饭，饭后随即宣布解雇工人）的斗争。李耀先在河南、芳村一带秘密动员店员、职工起来投入这场斗争。1928年1月25日，省委派季步高任中共广州市委书记。李耀先继续在河南区、芳村地区进行革命活动。

周文雍等人壮烈牺牲后，广州的白色恐怖更加严重。李耀先和季步高、蒋光廷，黄益华、李沛群、朱锦培等6人经常在十八甫南福德里茶楼二楼，以正午饮茶、吃点心为名，汇报情况，研究确定今后工作方针。那时，党的活动经费十分困难。李耀先等人生活十分艰苦，但毫不影响他们的革命斗志，仍然不顾个人安危地坚持工作和斗争。

同年3月，省委派吴毅到广州领导市委工作。李耀先担任市委委员，继续在河南一带担任领导工作。他艰苦深入，耐心教育工人，发展党员和油业工会会员，壮大革命力量。1928年夏，吴毅、季步高等人相继被捕牺牲，李耀先继任中共广州市委书记。他与市委委员蒋光廷、黄益华、朱锦培等人一起坚持革命斗争。这期间，在李耀先等市委同志领导下，广州苦力工人曾开展过反对克扣工资的斗争；碾谷工人反对减少工资的斗争；郊区农民反对"护沙队"，反对征收渡头租、更练费、谷埠费等苛捐杂税的斗争。李耀先还通过地下组织印刷内部刊物，报道工会革命活动和经济斗争消息，号召工人团结和组织起来，开展经济和政治斗争。

-------◇ **英勇就义** ◇-------

1928年夏秋间，李耀先不幸被敌人逮捕。在狱中，他英勇不屈。当时广州市公安局特别侦缉袁容过去与李耀先在同德总工会一道工作过，听说李耀先被捕，立即到审判庭上指证。李耀先严词痛斥袁容无耻，是一名背叛工人阶级利益的工贼。反动派对李耀先软硬兼施，要李耀先投敌，均遭到他坚决拒绝。当敌人递给他纸、笔、墨要他写坦白书时，他便利用这个机会，秉笔直书，详尽地揭露国民党反动派勾结帝国主义，屠杀中国人民的罪行。敌人恼羞成怒，遂判处李耀先死刑。

就义前，李耀先大义凛然，毫无惧色，连续高呼"打倒帝国主义！""打倒国民党反动派！""中国共产党万岁！"等革命口号。李耀先忠贞不屈，英勇就义，视死如归的革命精神，使人们深受感动。他牺牲时，年仅24岁。

英烈精神

艰苦奋斗的革命斗志；不顾个人安危地坚持工作和斗争和英勇不屈、忠诚于党、大义凛然、视死如归的革命精神。

（何锦洲）

李　源 （1904—1928）

—— 为了劳苦大众的利益，虽赴汤蹈火在所不辞

主要生平

李源，广东省东莞县人。

- 1904 年，出生于一个贫穷农民家庭。
- 1922 年，参加香港海员大罢工。
- 1925 年 6 月，参加省港大罢工。
- 1927 年冬，任中共广东省委委员。
- 1928 年 2 月，当选中共琼崖特委书记。2 月下旬，任中共广东省委常委，随后回到香港，在省委机关工作。4、5 月间，任中共广东省委代理书记，稍后再任中共广东省委书记。6 月，在中国共产党第六次全国代表大会上被选为中共中央委员。1928 年秋末，惨遭杀害，时年 24 岁。

参加工人罢工

李源青少年时在故乡务农，后因家贫，赴香港"亚洲皇后号"轮船做海员。1921 年秋，他参加中华海员工业联合总会。翌年 1 月，他参加香港海员大罢工，反对英帝国主义的种族歧视政策和不合理待遇，并与其他罢工海员返回广州，坚持罢工战斗。海员罢工胜利后，他重返香港当海员。

1925 年 6 月，李源毅然参加了震动中外的省港大罢工。罢工初期，他在罢工工人纠察队第三大队工作。随后，他和其他队员一起，到广东沿海港口执行封锁香港的任务。同年秋，经苏兆征介绍，参加中国共产党。

参加反走私斗争

1926 年，按照中共指示，他到国民政府财政部的缉私检查队任指导员，曾率领队员到石岐、江门等地巡逻，截获了奸商、不法之徒的粮食、生猪等走私货物，送回财政部拍卖处理。他不辞劳苦，日夜巡查，在反走私斗争中做出了成绩，受到财政部的表扬。

建立地下武装

1927 年 4 月 15 日，国民党反动派在广东发动反革命政变，并派出反动武装包围袭击缉私检查队。许多队员壮烈牺牲。李源勇敢机智地突破敌人包围，脱险转移，得以生还。他仍留在广州坚持斗争，后任中共广东省委特派员，负责与中共广州市委联系。他和市委以及秘密的省港罢工委员会同志在一起，建立"省港罢工工人利益维持队""义勇团"等地下武装，坚决反对反动派的血腥大屠杀。

营救革命同志

1927 年冬，李源任中共广东省委委员。他和周文雍等人于 11 月 1 日发动了 1000 多名铁路工人和 500 名火柴工人到汪精卫住宅葵园附近示威游行，要求恢复职业。汪精卫当即通知反动武装赶来镇压。李源率领工人还击。在搏斗中，周文雍等30多人被敌人逮捕。事后，市委决定要大力营救周文雍等人。经过李源、沈青等的共同努力，终于把周文雍抢救出来。

参加广州起义

广州起义前，李源发动省港罢工工人纠察队队员参加地下工人武装，随后改编为广州工人赤卫队。起义前夕，他担任广州第五区暴动委员，是这个区起义领导人之一。他曾对邓发说："我们负责的这个区反动武装很多，重要的反动机关很多。这一次一定要与反动派拼个你死我活。"

1927年12月11日，在张太雷、叶挺、叶剑英、聂荣臻、周文雍、杨殷等人领导下，震动国内外的广州起义爆发了。李源率领部分赤卫队员、工人，在第五区作战，占领第五区的反动机关。广州苏维埃政府建立起来后，李源来到这里汇报，与起义领导人共同研究怎样保卫这个新生的红色政权等问题，并根据上级布置，在第五区米市路、五仙观等地部署革命武装保卫机关。起义的第二天，敌第五军从珠江对岸派出船只横渡珠江，妄图进攻广州市区。李源率领部分赤卫队员在长堤迎头痛击敌人，与敌人展开激烈战斗，保卫了长堤阵地。

在帝国主义支持下，敌军及其他反动武装疯狂反扑，围攻广州。处于敌强我弱的情况下，为了保存革命力量，起义部队及广州工人赤卫队决定从广州撤出。李源率领少数工人武装，担负掩护任务。随后，他离开广州，到香港，向省委汇报了广州起义的情况。

领导广东革命

1928年2月，省委派李源到海南岛工作。他出席中国共产党琼崖第二次代表大会，当选中共琼崖特委书记。2月下旬，他任中共广东省委常委，随后回到香港，在省委机关工作。4、5月间，中共广东省委代理书记张善铭牺牲后，李源任中共广东省委代理书记，稍后再任中共广东省委书记。

同年6月，中国共产党第六次全国代表大会在莫斯科召开。李源因工作需要，没有出席大会，会上，他被选为中共中央委员。

李源作风艰苦朴素，为了劳苦大众的利益，虽赴汤蹈火亦在所不辞。当时斗争环境恶劣，派往各地去的同志，往往是去一个，牺牲一个。但李源不怕艰险，毅然前往东江指导工作。出发前，他对爱人邱泳闲说："这次我要出发到艰险地方去。你正身怀六甲，不能随行。如果我不幸牺牲了，将来生下儿子或女孩，辛苦你抚育了。也许孩子诞生，不能见到爸爸，请你教育孩子长大后为烈士报仇，为中国人民解放谋幸福。我的父亲的脚是跛的，我的母亲的双目是失明的。这两位老人家，也许我不能尽人子之道服侍他们了。这就辛苦你料理他们，请你一切以革命事业为重，处理好家事，使我无后顾之忧，奔向前方。"说罢，他收拾好行装，与爱人珍重道别踏上了新的征程。

同年秋，他到达潮汕兴梅地区，传达中共六大精神，号召干部们要有信心，不怕艰苦，深入联系群众，一点一滴地在群众中扩大中共的影响，逐步恢复革命力量，开展斗争。随后，他在潮汕、丰顺、大埔等地与游击队一起进行艰苦的斗争。

惨遭敌人杀害

1928 年秋末，李源由丰顺到大埔，准备到三河坝工作。他刚到达三河坝渡口，被埋伏在四周的反动武装逮捕。在狱中，他铮铮铁骨，坚贞不屈，惨遭敌人杀害，时年仅 24 岁。

他牺牲后，省委机关报《红旗周刊》发表了《纪念死难诸先烈》一文，沉痛悼念李源等 20 位同志。

英烈语录

"我们负责的这个区反动武装很多，重要的反动机关很多。这一次一定要与反动派拼个你死我活。"

"请你一切以革命事业为重，处理好家事，使我无后顾之忧，奔向前方。"

英烈精神

艰苦朴素、不怕艰苦的作风；为了劳苦大众的利益，虽赴汤蹈火亦在所不辞的革命精神；铮铮铁骨，坚贞不屈的英雄气概。

（何锦洲）

梁本荣（1899—1928）

——男儿流血不流泪

主要生平

梁本荣，广东省信宜县思贺镇寨岗村人。

- 1899 年，出生于封建地主家庭。

- 1925 年秋，前往报考广州的农民运动讲习所，被编在乙班当学员。其间，被吸收为中国共产党党员。12 月 8 日，在农讲所第五届学习毕业。被任命为国民党中央农民部农民运动特派员，回家乡信宜县组织农民协会，开展农民运动。

- 1926 年 3 月 7 日，广东省农民协会南路办事处正式成立，被任命为办事处的农会委员。7 月，调往茂名工作，经常深入茂东、茂北等地发动农民参加农会。

- 1927 年 4 月上旬，代表黄学增前往阳江检查国民党党务工作。15 日凌晨，在阳江被捕。5 月 3 日，被押解至广州。

- 1928 年 9 月 5 日，被敌人杀害，时年 29 岁。

加入中国共产党

梁本荣是广东省信宜县思贺镇寨岗村人，1899年出生于封建地主家庭。他在肇庆甲种农业学校学习时，受到马列主义思想影响，懂得一些救国救民的道理。1925年秋，第五届农民运动讲习所招生，他毅然放弃农业技术学习，前往报考，被编在乙班当学员。在农讲所学习期间，他虚心好学，进步很快，被吸收为中国共产党党员。从此，他把自己的一切交给了共产主义事业。

回信宜县组织农民协会，开展农民运动

1925年12月8日，在第五届农讲所学习毕业后，梁本荣被任命为国民党中央农民部农民运动特派员，回家乡信宜县组织农民协会，开展农民运动。他回到故乡后，脱下学生装，穿上农民服，挨家串户宣传革命道理，发动农民参加农会。他还以唱白榄、唱山歌和演说的形式带领积极分子到圩场宣传农民协会的好处，夜晚深入到农村向农民教唱自己编写的革命歌谣。这些对提高农民的阶级觉悟和革命热情起了很好的作用。农民们纷纷参加农民协会，揭开了信宜农民运动的序幕。

1926年3月7日，广东省农民协会南路办事处正式成立，由中共南路特派员黄学增任办事处主任，梁本荣被任命为办事处的农会委员，继续回信宜县开展工作。他积极领导农民起来与封建地主阶级作斗争，明确提出要实行减租减息。在他的领导下，农民们积极行动起来，减交当年的田租，使当地的地主非常惧怕，也非常忌恨。

当时，梁本荣的父亲梁茂南，是思贺地区地主阶级的总代表。他十分仇视农民协会，当多方劝说和威胁梁本荣不要搞农会无效后，就恼羞成怒，公开宣布梁本荣是大逆不道的"逆子"，并扬言要把梁本荣打死。面对来自家庭的压力，梁本荣立场坚定，无私无畏，毫不退缩。他旗帜鲜明地公开向群众宣布："农民要实现耕者有其田，就要打倒地主阶级；大家要分田分地，就非要杀掉我的三叔（指他父亲梁茂南）不可！"由于他革命立场坚定，使农民群众深受鼓舞，许多人都积极参加农会。到1926年初夏，思贺地区已

有 10 多个乡成立了乡级农民协会，会员迅速发展到 1000 多人，还成立了"信宜县思贺特别区农民协会筹备处"，铸造了农会会员证章。为了镇压反动地主的破坏，还组建了一支农民自卫军，把思贺地区的农民运动推向新的高潮。

调往茂名发动农民参加农会

1926 年 7 月，梁本荣被调往茂名工作。他经常深入茂东、茂北等地发动农民参加农会。同年 11 月 14 日，茂北区成立农民协会时，梁本荣代表南路办事处前往祝贺。他精辟生动的演说，道出了农民的希望，不时博得到会群众的热烈掌声。有一次，他和黄学增到高州城附近的农村考察。当地农民普遍反映，花名叫"活老虎"的广潭村恶霸杨老二经营的大利公司，垄断县城的全部大粪，从中剥削农民。梁本荣随即编写了一首顺口溜："广潭杨老二，屎桶写大字，老虎变成狗，吃屎！"他教群众到处传唱，把这个"地头蛇"搞得臭名远扬，十分狼狈。

在阳江检查国民党常务工作时被逮捕牺牲

1927 年 4 月上旬，梁本荣代表黄学增（当时兼任国共合作的国民党南路特别委员）前往阳江检查国民党党务工作。不几天，继四一二反革命政变之后，广州也发生了四一五反革命政变。15 日凌晨，梁本荣和其他 15 位同志在阳江被捕。他虽然受尽严刑拷打，但仍坚贞不屈，怒斥敌人的卑鄙行径。5 月 3 日，他被押解至广州。他在被囚期间，同难友互相鼓励，坚持革命气节。其堂兄梁甲荣曾到监狱劝降，要他改变初衷，重修父子之好，被梁本荣严正拒绝。其亲叔梁龙全在他遇难前一天探监，见到侄儿遍体鳞伤，不禁号啕大哭，梁本荣反而批评其叔说："真是没出息，男儿流血不流泪，古已有之，你却变成了小脚女人。"梁本荣为了穷苦人民得解放，不受利诱，不怕威逼，不动亲情，宁死不屈，表现了共产党员的崇高气节和革命英雄气概。

1928 年 9 月 5 日，梁本荣被敌人杀害，时年仅 29 岁。

"农民要实现耕者有其田，就要打倒地主阶级！"

"男儿流血不流泪，古已有之。"

为穷苦人民得解放、不受利诱、不怕威逼，不动亲情、宁死不屈的崇高气节、革命英雄气概和大公无私精神。

（中共信宜县委党史办公室）

林铁史（1898—1928）

——一心为革命，热血染山川

主要生平

林铁史，又名修家，广东省海丰县人。

- 1898 年 1 月出生。
- 1914 年秋，高小毕业后考入海丰中学。在老师的指导下，举行"五七"国耻纪念一周年的集会和反日爱国示威游行。
- 1920 年，组织领导学生控诉海丰县劝学所所长陈伯华殴打青年学生郑志云的罪行至其弃职。
- 1921 年暑假，参加"社会主义研究社"。10 月，赴日本留学，担任中国留日学生东京团支部书记。
- 1925 年 4 月，加入中国共产党，不久后出任海丰县教育局局长。
- 1926 年秋，在海丰中学增设"社会科学专修班"，培养一批革命人才。
- 1927 年春，担任龙山中学校长。5 月，当选海丰临时人民政府委员。11 月，当选陆丰苏维埃政府执行委员兼秘书长。
- 1928 年 2 月，在西北区多次组织农民武装。5 月，出任中共陆丰临时县委常委、临时书记，主持县委工作。6 月，任县委常委兼军委主任，负责全县军事斗争。7 月，在九更寮被敌包围，头部负伤被俘，后英勇就义。时年 30 岁。

自小崇敬英雄，刻苦学习

　　林铁史，又名修家，1898 年 1 月出生于海丰县城一个世代书香大户人家。他 6 岁开始在林祖祠小学读书，这所学校的老师就是他的父亲林晋亭。林晋亭不仅学识渊博，且为人正直，早年加入同盟会，参加过辛亥革命，具有资产阶级民主主义思想。他经常向林铁史讲述民族英雄文天祥、林则徐等的故事，教育林铁史要学习英雄人物的为人，要为中华民族的独立和民众的富裕奋斗。在父亲的教育影响下，林铁史自小崇敬英雄人物，刻苦学习，注意锻炼身体和培养意志。他不但学习成绩好，且对同学热情，乐于助人。

组织"群进会"

　　1914 年秋，林铁史高小毕业后考入海丰中学。这期间，海丰县教育界新旧势力的斗争十分激烈。一派是以同盟会会员林晋亭为代表的进步派，提倡新学、新道德；另一派是以大地主陈月波为代表的保守派，主张维持旧学、旧道德。林铁史站在进步派一边。1916 年，林铁史与彭湃等进步同学，在老师林晋亭的指导下，为了反对袁世凯投降卖国的"二十一条"，于 5 月 7 日举行了"五七"国耻纪念一周年的集会和反日爱国示威游行。这次活动影响很大，在海丰学生中第一次掀起了群众性的反帝反封建的爱国主义浪潮。随后，林铁史和彭湃、陈国光、陈复、郑志云等组织了旨在团结进步青年、共商国家大事、向封建势力作斗争的"群进会"，团结了一大批同学，并开始对各种社会问题的研究和探讨。

　　同年 10 月，海丰县的地主豪绅陈月波之流，为了吹捧海丰驻军统领林干材，发起在海丰县五坡岭"表忠祠"民族英雄文天祥的石像旁，为林干材竖石像供祀。林干材是投机辛亥革命的封建余孽，仅 1913 年曾杀害海陆丰农民数百人。对这样一个刽子手，海丰人民无不切齿痛恨。陈月波等为林干材竖像供祀的消息一传出，立即引起社会进步人士的强烈反对，林铁史父亲林晋亭首先写了《告海丰父老书》，号召海丰人民起来反对陈月波为林干材竖像供祀的斗争。接着林铁史和彭湃、陈复、郑志云等群进会会员又以海丰中学学生的名义贴出墙红，历诉林干材的罪行，坚决反对为林干材竖像。群进会还在彭湃的带领下，发动海丰中学师生联名具呈到广州控告林干材、陈月波等的罪行。由于海丰人民和师生的坚决斗争，终于迫使广东省当局将林干材革职。这一斗争的胜利，使林铁史看到了群众团结斗争的力量。

宣传鼓动和组织领导学生运动

1919 年五四运动爆发，在海丰中学学生中激起了强烈的反响。林铁史与海丰中学一批进步学生上街游行，组织学生会，并与正在日本早稻田大学学习的彭湃取得联系。海丰县学生联合会将彭湃的来信和"毋忘国耻"的血书贴在五坡岭海丰中学的布告栏上，在海丰学生中引起很大震动。林铁史等进步学生以海丰县学生联合会总会的名义，向全县中小学发出立刻行动起来，抵制日货的号召。在海城、汕尾、捷胜、田乾、马宫、鲘门都组织了学生检查队，四处查封日货。在斗争过程中，林铁史积极做好宣传鼓动和组织领导工作。

1920 年，林铁史到广州广府中学读书，以接受新的教育，增长更多的知识。这一年，海丰发生劝学所所长陈伯华殴打青年学生郑志云事件。林铁史闻讯，组织和领导了在广州求学的海丰学生，声援海丰学生联合会控诉陈伯华的罪行。海丰当局迫于学生会的强大舆论和广大人民群众的压力，不得不在 1921 年 8 月命陈伯华弃职。

赴日本留学，寻求救国救民的真理

1921 年暑假，林铁史从广州回到海丰，参加了彭湃创办的"社会主义研究社"。他听取了彭湃主讲"社会问题之管见""世界第一个社会主义国家——十月革命后的俄国""唯物史观""资本论入门"几个专题。通过这些学习和研究活动，林铁史开始接受马克思主义。

1921 年 10 月，林铁史受到彭湃的影响，和陈魁亚、黄鼎臣等人赴日本留学，寻求救国救民的真理。他到彭湃留学过的早稻田大学学习，并在学校加入了社会主义青年团，被选为中国留日学生东京团支部书记。他是当时中国留日学生反对日本帝国主义的领导人之一。林铁史在团支部里经常组织团员学习《共产党宣言》、河上肇著的《社会主义问题研究》等著作，研究和探讨苏联十月革命的经验，还经常分析研究国际国内形势。日本留学生东京团支部为了配合国内斗争，在林铁史主持下，积极发展团员，并与国内一些大学的进步组织、同学取得联系，经常向留学生报告国内情况。通过学习马克思主义的科学社会主义理论，林铁史认识到：人类苦难是由罪恶的经济制度决定的，只有推翻这种不合理的经济制度，中国才能富强，民族才能独立。

1924年，林铁史在日本学成回国。此时国共实现合作，彭湃已到广州。虽然陈炯明军队仍盘踞东江，海陆丰农民运动遭到镇压，但农民群众并没有被征服，继续坚持斗争。林铁史回国后，与彭湃及留在海丰领导农民地下斗争的郑志云等人取得密切联系。1925年2月，革命军东征，彭湃随军回到海丰。4月，中共海陆丰特别支部建立，林铁史加入中国共产党。他留在海丰参加恢复农会、筹建农民自卫军等工作。5月，广东省第一届农民代表大会在广州召开，林铁史出席了大会，并协助彭湃组织大会工作。

把教育与工农运动紧密结合

不久，根据党组织安排，林铁史出任海丰县教育局局长。当时，党是很重视教育阵地的。林铁史在县农民协会的公开支持下，首先组织师生向把持县财政局、任意克扣教育经费的地主豪绅马笠川进行斗争，夺回经济大权。他还坚决贯彻农民协会有关开展乡村教育的决议，把全县各区乡的神产、儒租等封建产业划归教育所用，作为增设乡村学校的经费。在他的主持下，海丰的乡村学校发展到300余间，农村儿童的入学率大大提高。

1926年秋，林铁史决定在海丰中学增设高中程度的"社会科学专修班"，还聘请黄埔军校原政治教官、中共党员黄春源来校讲授马克思主义理论课，为海陆丰培养了一批具有较高文化水平和政治素养的革命人才。

林铁史不但注意学生的文化教育和思想教育，还很注意教育和革命实践相结合。他经常邀请当时海陆丰农民运动的领袖来校讲课，传授工农革命经验，还经常组织学生下乡宣传，参加农会集会活动，使师生对农运有更多的了解和更深的认识。1926年冬，海丰中学毕业生约40人，响应林铁史、郑志云的号召，组成"潮汕参观旅行团"，结合进行介绍海丰学生参加工农运动的做法，被当时的省政府誉为全省之冠。林铁史始终把教育与工农运动的使命紧紧地结合在一起，使海丰的教育事业呈现一片生机。

参与领导海陆丰三次武装起义

1927 年春，林铁史调陆丰工作，公开的职务是龙山中学校长。他在龙山中学工作时间不长，但工作多有建树，使陆丰党组织和革命力量都有较大发展。4 月 12 日，蒋介石发动反革命政变，向中国共产党人和革命人民举起屠刀。海陆丰人民在中共海陆丰地委领导下，于 4 月 30 日晚举行第一次武装起义。林铁史参与领导海丰县的武装起义工作。5 月 1 日，海陆丰两县临时人民政府成立，林铁史当选海丰临时人民政府委员。5 月 9 日，国民党派军队疯狂反扑，海陆丰农军进行了顽强的抵抗，因寡不敌众，海陆两县城陷入敌手。林铁史和两县负责同志撤出县城，在农村继续领导革命斗争。

9 月、10 月，海陆丰又连续举行两次武装起义，林铁史参与起义斗争。11 月 6 日，林铁史又一次当选海丰临时革命政府委员。

海陆丰第三次武装起义胜利后，在临时中央政治局委员彭湃主持下，两县进行筹建苏维埃政权的工作。为加强对陆丰的领导，林铁史又一次调陆丰工作。11 月 13 日，陆丰工农兵代表大会召开。16 日，林铁史当选陆丰苏维埃政府执行委员兼秘书长，主持苏维埃政府的日常工作。

巩固陆丰苏维埃政权

陆丰苏维埃政府成立后，面临着艰难复杂的局面。在东南的碣石城，还驻守着戴可雄、马思遄、陈子和等海陆丰两县反动民团武装，在西北的河口昂塘，有杨作梅等军阀残余武装，他们对新生的苏维埃政权虎视眈眈，时常骚扰乡民，杀害农会干部。林铁史等陆丰苏维埃领导同志获悉后，决定先扫平碣石敌人。他和张威亲自带领东南工农武装围攻碣石城。在南塘区武装誓师大会上，他作了慷慨激昂的演说："俺大家要翻身，要分到土地，就必须团结一致，打倒土豪劣绅，消灭碣石城里的敌人，才能取得最后解放！"由于碣石城墙高又坚固，工农武装在红二师四团部分部队配合下，虽然荡平了城外工事，但敌人龟缩城内顽抗，没法一下子攻下。后决定由工农武装采取围困办法，断其粮水，迫使敌人弃城逃跑。碣石城终于回到人民手中。

与此同时，西北工农武装也打败了杨作梅。随后开展了大规模的土地革命，在不长时间内，全县土地分配达40%以上。林铁史为巩固陆丰苏维埃政权和土地革命呕心沥血，作出了巨大贡献。

负责西北特委工作

1928年2月29日，国民党集中大部兵力分四路包围进攻海陆丰革命根据地，在强大敌人进攻下，中共陆丰县委和县苏维埃政府撤出县城。

在国民党军队入境前，中共陆丰县委为了应付县城失陷后陆丰被分割难以联系的情况，建立了西北、东南两个特委，以便代替县委指挥各地武装斗争，林铁史为西北特委负责人。陆丰县城失陷后，他在西北区多次组织农民武装，配合红二师、红四师部队向敌人进行反攻，虽一度攻下新田圩恢复新田苏维埃政权，给敌人有力的打击，但因力量悬殊，多次反攻失利。

4月12日，陆丰县委在鹅笼村被敌人破获，主要领导人彭元章、吴鉴良、陈谷荪等人牺牲，全县斗争失去领导。在艰难时刻，陆丰东南、西北两特委各自为战，发挥了应有作用。5月10日，林铁史等西北特委领导同志和东江特委特派员取得联系后，举行会议，成立陆丰临时县委，以承担统一领导陆丰反"围剿"斗争。林铁史临危受命，出任县委常委、临时书记，主持县委工作。6月28日，临时县委和东江特委联系上后，正式成立县委，铁史任县委常委兼军委主任，负责全县军事斗争。

英勇牺牲

7月6日，林铁史赴碣石、金厢一带传达东江特委组织夏收暴动的工作指示，不幸在九更寮被敌包围，在组织武装突围时，头部负伤被俘。

林铁史被捕后，敌人把他押回海城关押。他在狱中曾耐心教育狱卒不要为反动派卖命。敌人十分惊怕，乃于7月11日下令杀害他。在押往刑场的路上，他正气凛然，昂首高呼"打倒国民党反动派！""中国共产党万岁！"等口号，并向路人揭露国民党反动派残害人民的罪行。敌人慌忙在他的嘴里横上口架，不让他讲话，但他还咿呀着痛骂国民党反动派。林铁史牺牲后，敌人毫无人性地把他的尸体砍为碎段。

英烈语录

"要分到土地，就必须团结一致，打倒土豪劣绅，消灭碣石城里的敌人，才能取得最后解放！"

英烈精神

忧国忧民、以国家人民利益为重的爱国主义精神；意志坚定，大义凛然、视死如归的革命斗争精神。

（陈佩　林兴奇）

林一青（1900—1928）

—— 一生奔走宣传革命思想，提倡民主平等

主要生平

林一青，又名林萌安、林敏四，广东省梅县白宫阁公岭村人。

- 1900 年 2 月，出生于一个比较富裕的家庭。
- 1926 年，担任西阳立本小学校长。同年暑假，参加农村小学教师训练班学习，并加入中国共产党。结业时，担任梅县小学教师联合会领导工作。
- 1927 年初，担任中共梅县部委委员。参与和领导梅县"五一二"工人武装暴动，参与成立梅县人民政府，并担任委员。
- 1928 年 12 月 18 日晚，为助同志脱险被国民党梅县县警大队围捕。12 月 22 日，英勇就义，时年 28 岁。

林一青，又名林萌安、林敏四，广东省梅县白宫阁公岭村人。生于1900年2月，家庭比较富裕。他曾先后就读立本小学、西阳中学、东山中学和上海南洋中学。在读书期间，刻苦用功，成绩优良。他离开学校后，曾往香港等地经商，由于不合自己志趣，不久便弃商回家。

积极参加革命斗争

在第一次国共合作期间，梅县的工农运动蓬勃开展。林一青受到革命思想的影响，认识到要推翻封建主义、帝国主义的统治，就要发动广大工农群众起来革命。因此，1926年，他担任西阳立本小学校长时，聘请了不少进步教师，在学生及工农群众中宣传革命思想，并开办了妇女夜校，发动妇女剪短发，提倡男女平等，宣传妇女解放，破除封建迷信等。

1926年暑假期间，中共梅县特别支部通过国民党、梅县政府教育局，在梅县县城举办有100多人参加的农村小学教师训练班。林一青参加该班学习，并在学习期间加入了中国共产党，在训练班结业时，还成立了梅县小学教师联合会，林一青担任了领导工作。

入党后，林一青对革命工作表现得更加热情积极，经常深入到工农群众去做宣传发动工作，广交朋友。

1927年初，林一青受组织委派，担任中共梅县县部委员会委员。他经常深入到各学校中进行宣传发动工作，曾先后3次变卖家中的水田作为党的活动经费，购买枪支弹药。

蒋介石发动四一二反革命政变以后，中共梅县部委决定成立武装斗争委员会，组织工人武装暴动。林一青积极参与和领导了梅县"五一二"工人武装暴动，并成立了梅县人民政府委员会，周静渊为主席，林一青、李铁民、朱仰能、钟贯鲁为委员。后来由于国民党反动派反扑。人民政权仅维持了7天。这时，梅县城乡又处于白色恐怖之中，党组织转入地下活动。5月底，林一青和刘标粦、卢其新、李喜渊以及东山中学学生共20多人撤到西阳、白宫一带山区秘密工作。这时，梅县国民党反动派到处修筑炮楼，组织治安会，成立团防、警备队等反革命武装，搜捕共产党员和进步群众。但是，林一青沉着应付复杂的环境。有几次，他被敌人包围，形势非常危急，但他都能勇敢巧妙地冲出包围，转危为安，表现了共产党人机智勇敢的革命斗争精神。

舍生取义

1928 年 12 月 18 日晚，林一青与林超淼、张伦波等人在白宫林顺昌金器店侧逸安俱乐部召开秘密会议，会后住宿于店中，被国民党梅县县警大队二三百人围捕。林一青为了掩护同志们脱险，向军警密布的南面走去。当他跳墙下田时，裤带被篱笆挂住，不幸被捕。

天亮时，林一青被绑在电线杆上，他高声地向周围的群众说："父老兄弟、叔婆伯母们，大家不必伤心，我忠心耿耿为了革命，为了解救穷人的痛苦，我死也死得快活，死得光荣。"在白宫到西阳的解押途中，一路上，他对群众说："你们不要害怕，不要悲伤，敌人就是这般残酷的。大家要记住，要联合起来，打倒反动派！"敌人非常害怕他向群众宣传，一面将绳索勒紧，一面用枪托打他。

在审讯中，林一青与凶残的敌人展开针锋相对的舌战，严词斥责敌人的反革命罪行。在最后一次提审时，敌人问他还有什么要说的，但得到的回答却是"打倒国民党反动派！""打倒反动县长谢达夫！"他在敌人的淫威面前始终没有屈服，表现了共产党员视死如归的大无畏革命精神。

英勇就义

1928 年 12 月 22 日，林一青英勇就义。他虽然牺牲了，但是，他的英勇事迹一直流传在梅县人民之中，激励着他们在共产党领导下坚持革命斗争。

> ### 英烈语录
>
> "我忠心耿耿为了革命，为了解救穷人的痛苦，我死也死得快活，死得光荣。"
>
> "你们不要害怕，不要悲伤，敌人就是这般残酷的。大家要记住，要联合起来，打倒反动派！"

英烈精神

在敌人淫威前不屈服，视死如归的大无畏革命精神。

（杨干伟）

龙师侯（1898—1928）

—— 无畏强权，鞠躬尽瘁

主要生平

龙师侯，曾用名李瑞，广东省郁南县平台区河田村人。

- 1898 年出生。
- 1925 年，在郁南县开展农民运动。
- 1926 年 2 月，任郁南县六区（平台区）农民协会会长。5 月，领导策划攻打都城镇。
- 1927 年 4 月，组织农民自卫反击，策划武装暴动，恢复县农会。8 月，率军南下策应南昌起义，未果。10 月，于妙门村激战十昼夜，后突出重围，至广西暂避。11 月，任中共封川县委书记。
- 1928 年 2 月，再次领导策划武装暴动。8 月，于佛山被捕，后壮烈牺牲，时年 30 岁。

加入中国共产党

龙师侯，曾用名李瑞，1898年出生于广东省郁南县平台区河田村一个富裕的家庭。有兄弟2人，他排行第一，从10岁开始，由其父请教师在家里读书。1914年到郁南县都城镇锦江书院读小学，1920年考上郁南县第一中学，初中毕业后到广州继续读书。在广州读书期间，他结识了一些进步知识分子，开始接受马克思列宁主义教育，提高了政治思想觉悟，后来加入了中国共产党。

开展农民运动

1925年夏，龙师侯受党组织派遣，回到郁南县开展农民运动。当时平台区民团局见龙师侯年轻有为，邀请他到"剿匪委员会"担任要职，但遭到了龙师侯的坚决拒绝。

龙师侯与先期派到郁南活动的国民党中央农民部特派员、中共党员陈均权，以妙门、河田村为立足点，挨家挨户向农民群众宣传革命道理和农会的主张。经过三个月的宣传发动工作，1925年9月，龙师侯的家乡——河田村首先成立了农民协会。10月24日，郁南县第一个乡农民协会——妙门乡农民协会成立。至12月底，平台区已有10多个乡组织了农民协会，会员达6000余人。郁南县农民运动发展起来。

1926年2月16日，郁南县六区（平台区）农民协会成立，龙师侯当选会长；与此同时，平台区农民自卫军也正式成立。为了把农民自卫军武装起来，龙师侯多次把家里的钱拿出来购买枪支，发给农民自卫军。

郁南县平台区地处粤桂边，历史上匪患严重，加上地主劣绅巧取豪夺，导致社会治安混乱，农民生活贫困。该区农民协会成立后，龙师侯首先组织农民自卫军清剿土匪，禁烟禁赌，维持社会治安。接着，他领导农会会员与地主劣绅斗争，实行减租减押，废除招待谷、佣谷、团防谷、乡仓谷、高利贷等10多种苛捐杂税和盘剥规定。同时，他组织农会会员和农民群众发展生产、兴修水利、筑路搭桥。由于农民发动起来了，平台区发生了很大变化。

为了促进农民运动的进一步发展，龙师侯抽出时间到毗邻的封川县组织农会。他与几个农会骨干，通过龙姓同宗的关系，经常到封川县思礼乡召集农民群众开会，宣传组织农会的好处。他们还到过平岗、客家埇、贺村、范村等村庄宣传发动群众。1926年1月16日，封川县第二区农民协会筹备委员会成立。同年3月，封川县第一个农民协会——思礼乡农民协会成立，从而点燃了封川县农民运动的火种。是年春，郁南河田乡农会根据龙师侯的意见，派出执行委员黄爵寿到广西岳父家，以借谷种为由，秘密联络那里的农民成立农会。黄爵寿在归途中被郁南反动民团杀害。龙师侯得知消息，派出农军抢回尸体，随后组织平台区农会会员1000多人在河田举行追悼大会和殡葬仪式，号召农民团结起来，与土豪劣绅和反动民团作坚决斗争。会后，农会会员游行示威，声讨反动派的暴行。

1926年4月25日，郁南县农民协会代表大会在都城镇召开，正式成立郁南县农民协会，选出县农会执行委员会，龙师侯为负责人。县农会的成立，推动了全县农民运动的深入发展。地主劣绅对此十分恼恨，诬陷农会为匪，于是年6月纠集民团向五、六区农会进攻。龙师侯与陈均权、钟炳枢等农运领导人，一方面组织农民自卫军坚决反击敌人，另一方面火速将情况向省农会报告。省农会即通电各界，呼吁支持郁南县农会。后来，省团务委员会出面，召集郁南民团和农会代表到广州调停。经过一系列斗争，终于挫败了反动派企图摧残农会的阴谋。

领导组织武装暴动

1927年4月12日，蒋介石在上海发动反革命政变。从4月16日开始，西江地区的国民党反动派疯狂镇压农民运动，强行解散各地农会，捕杀共产党人和农会骨干。面对反动派的大屠杀政策，龙师侯与县农会的部分领导人于4月24日下午集中到县农会主席廖翔仪家举行紧急会议，研究应变措施，但突然被广东守备军第一团派兵包围。为掩护参会人员，廖翔仪父子不幸被捕（后光荣牺牲），龙师侯等人突围脱险，到桂圩继续开会。会议决定组织农民暴动，武装反抗国民党反动派，恢复县农会。

同年5月上旬，龙师侯与县农会常委钟炳枢召集桂圩、平台两地农会骨干在平台区义勇祠开会，计划集中郁南都城、桂圩、平台3个地区的农军，联合毗邻的封川、云浮县农军共 2000 余人，于 5 月 17 日攻打都城镇，并制订了具体的暴动计划。由于 17 日这天下大雨，暴动日期推迟了一天。18 日拂晓，除了都城区农军未能及时集结和桂圩农军因河水暴涨受阻不能前来外，郁南平台、云浮和封川农军共 1000 余人按时到达集结地点。暴动开始，农军分三路向都城进攻。敌人由于事先侦知农军暴动计划，早已在各要道布置力量严密防守。因此双方战斗十分激烈，从早上 7 时一直打到中午 11 时，双方各有伤亡。农军总指挥聂应时不幸中弹牺牲。农军见硬攻不下，便主动撤出战斗，退回平台、河田、妙门、平岗一带。这次暴动，农军虽然没有攻取都城镇，但亦打击了敌人的嚣张气焰。

龙师侯的胞弟龙师伦，在龙师侯的教育和影响下，也参加了农会。他先在平台区农会任文书，后加入了中国共产党，成为郁南县农民运动的积极分子和龙师侯的得力助手。1927 年 4 月 22 日，广东守备军一团派出兵力伙同当地反动民团进攻河田村农会。龙师侯召集全村农军和群众，部署自卫还击。他考虑到自己家的新楼房高而坚固，易于防守和观察情况，便建议把他家新楼房作为战斗指挥所。龙师伦指挥农民战士在楼上居高临下与敌人激战了四昼夜。敌人伤亡较大，却始终未能攻破这座指挥所。8 月初，敌人又围攻河田村，几乎烧光了该村的民房。农军和群众奋起抵抗，由于粮尽弹绝，寡不敌众，龙师侯兄弟俩指挥农军掩护全村群众离开村庄，上山掩蔽，然后率领农军到妙门，与从平岗撤退出来的封川县农军会合，准备积蓄力量继续与敌人作战。

1927 年 8 月 1 日，震惊中外的南昌起义爆发。随后，起义部队执行中共中央决定，迅速南下，准备与广东工农武装配合，夺取广州，建立广东革命根据地。为策应南昌起义部队，龙师侯和中共广西地委取得联系，准备组织广西苍梧和广东郁南、封开的农民武装，举行中秋起义，攻取梧州、都城，以切断西江河道，阻止桂系军阀黄绍竑入粤。后因叛徒出卖，广西地委遭到敌人破坏，领导人被捕，中秋起义计划遂告落空。

1927 年 10 月 26 日，广东守备军一团纠合郁南、封川以及苍梧的两省三县反动民团向郁南农会最后一个据点——妙门村进攻。龙师侯与钟炳枢指挥郁南、封川两县农军把妙门村分成三道防线，与敌人展开血战，战斗整整坚持了 10 昼夜，毙伤敌 80 余人。后来，敌人不断增援，并用大炮轰击村子，全村几乎变成一片瓦砾场。为减少损失，保存革命力量，龙师侯、钟炳枢于 11

月 5 日凌晨 2 时率领全体军民突出重围，撤至广西边境的铜镶大山掩蔽。

领导第二次暴动

为加强西江地区党的领导力量，中共广东省委于 1927 年 11 月全面整顿和发展西江各县的党组织。此时，中共封川县委成立，龙师侯被任命为县委书记。

广州起义失败后，中共广东省委继续部署东、西、北江各县暴动，以造成割据局面，对广州形成包围之势，然后在广州发动第二次暴动，进而夺取全省政权。1928 年 2 月 3 日，省委制订了西江暴动计划。龙师侯坚决执行省委的暴动计划，以封川二区为重点，向农民宣传土地革命，发动暴动。但是，此时掩蔽在铜镶大山的农军已被强敌打散，化整为零，革命力量损失较大，部分农民群众失去了斗争的信心和勇气，甚至有部分青年农民因生活所迫当了土匪，使封川县委的暴动准备工作开展十分困难。龙师侯写了书面报告托郁南县委书记钟炳枢转给省委，汇报了封川的斗争情况，并请示为扩大革命力量，拟开展"土匪运动"，利用土匪攻打封川县城江口镇。省委接到报告后，于 2 月 12 日向龙师侯并封川全体同志复信，向他们提出："在总的原则上，你们就是要马上抛弃专门做土匪运动的错误，不要幻想即刻用土匪或'两打驳壳'的力量，去夺取城池，而是很刻苦的去建立党的组织，去恢复工农的组织，领导他们作小的斗争。目前就是要使农民为解决春耕问题而奋斗，从这些斗争，创造出一个工农群众暴动的局面。"龙师侯接受省委的批评，放弃了专门做土匪运动的计划，不顾当时恶劣的政治环境，深入乡村，抓住农民当前无法解决春耕的问题，秘密向群众宣传土地革命和建立苏维埃政权的意义，号召广大农民群众参加暴动。

不幸被捕

1928 年初夏，郁南、封川白色恐怖更加严重，反动派四处搜捕农会会员和农民自卫军战士。龙师侯见在这两个县已无法立足，于是化名李瑞，取道广西转往广州、佛山寻找党的组织。是年 8 月，龙师侯不幸在佛山被国民党反动派逮捕，受到严刑拷打。他秘密写了一封家信，安慰家人不要为此而伤心，并嘱咐同志们要不畏强暴，继续为革命奋斗。

英勇就义

龙师侯被捕后，其亲属曾设法营救，但没有成功。不久，龙师侯在佛山英勇就义，时年30岁。

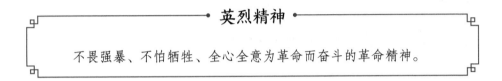

英烈精神

不畏强暴、不怕牺牲、全心全意为革命而奋斗的革命精神。

（陈立平）

罗国杰（1896—1929）

—— 大革命时期西江农民运动的先驱

罗国杰，字洞时，乳名杵勋，广东省广宁县带洞乡蕉坑村人。

● 1896 年，出生于一个富有的家庭。

● 1918 年，考入广东省立第一甲种工业学校染织科学习。

● 1921 年夏，加入共产党组织。

● 1922 年秋，从广东省立第一甲种工业学校毕业，留在广州从事工人运动。

● 1923 年 6 月，加入新学生社。

● 1924 年 10 月，被选为广宁县第一届农民协会执行委员会秘书。

● 1925 年 2 月 13 日，带领农会打垮广宁最顽固的地主反动武装。6 月，被选为中共广宁县委委员。

● 1927 年 11 月，担任中共高要县委常委。

● 1928 年 2 月 25 日，领导广宁农民赤卫队举行暴动。

● 1929 年 3 月下旬，不幸在广州被反动派逮捕秘密杀害，时年 33 岁。

罗国杰是广东省早期的中共党员，西江地区最早的马克思列宁主义传播者，大革命时期西江农民运动的先驱，曾担任过广宁县苏维埃政府主席、中共广宁县委书记等职。1929 年 3 月牺牲，年仅 33 岁。

参加中国共产党

罗国杰，字洞时，乳名杵勋，广东省广宁县带洞乡蕉坑村人，1896 年出生于一个富有的家庭。父亲罗昌帮是本地一家纸厂的老板，母亲吴氏是个农村妇女，性情温顺。有兄妹 5 人，他排行第一，童年时代喜欢听老人讲洪秀全、岳飞等民族英雄的故事，决心长大后做一个对国家、对民族有贡献的人。

罗国杰于 18 岁那年在广宁县元恺学堂毕业，考上广东省立第一中学。1918 年，他考入广东省立第一甲种工业学校染织科学习。1919 年，五四运动爆发，罗国杰受到影响，在阮啸仙、刘尔崧、周其鉴、张善铭等进步学生领袖的影响下，参加了广州学生爱国集会和示威游行。为探求真理，他如饥似渴地阅读了许多进步书刊，并与校内外一班志同道合的同乡学友研讨，从而加深了对马克思主义的认识。1921 年夏，他的同乡、同学周其鉴成为广东最早的共产党员之一。不久，经周其鉴介绍，罗国杰也加入了共产党组织。

从事工人运动

1922 年秋，罗国杰从广东省立第一甲种工业学校毕业，留在广州从事工人运动。他曾回到家乡，在他父亲开办的纸厂及其他纸厂对工人进行革命启蒙教育。他对纸厂工人说："我家的富有，是祖辈靠剥削工人、农民得来的，你们终年辛勤劳动，得不到温饱，这是由于阶级压迫和阶级剥削所造成的。要改变这种不合理现象，只有工农团结起来，同地主资本家进行斗争，打倒封建势力，推翻统治阶级，夺取政权，建立一个没有人剥削人、人压迫人的社会，大家才会过上好日子。"他的宣传受到了工人们的欢迎，却遭到了父亲的反对，骂他"读了书回来反对老子"，是"读枉书的败家子"。为此，他与父亲展开辩论，父子之间经常争得面红耳赤，不欢而散。

1923 年 6 月，共产党员阮啸仙、刘尔崧在广州创办了新学生社，这是社会主义青年团的外围组织。罗国杰加入了这个组织，并在该组织主办的《新学生》半月刊上发表一些进步文章，宣传反帝反封建斗争和国民革命，成为该组织的积极分子之一。

1923 年 8 月，罗国杰再次返回广宁，向扶罗、带洞、白花、马径一带纸厂工人演讲宣传，发动工人争取集会结社自由和改善生活。他到处募捐筹款，支持工人们为要求组织工会、增加薪金而举行的罢工行动，使罢工取得了胜利。

开展农民活动

第一次国共合作的正式形成，为广东工农运动的发展创造了有利条件。1924 年 3 月 25 日，周其鉴、罗国杰、胡超等人，在广州邀请广宁籍的共产党员和觉悟工人、学生开会讨论回乡开展农民运动、成立广宁农民协会，制订了《广宁农会章程》及《广宁农会筹办通告》。4 月上旬，罗国杰、周其鉴、胡超先后回到广宁筹办农会。

经过他们的宣传发动，广宁的拆石、柯木咀、社岗、古楼营、井窟、江头、带洞 7 个区成立了区一级农会，全县已发展会员 1 万余户。10 月 6 日、7 日两天，广宁县农民协会代表大会在县城召开，作出了组织农民自卫军和开展减租运动的决定，并选出第一届县农民协会执行委员会，委员长周其鉴、副委员长陈伯忠、秘书罗国杰。10 月 10 日，广宁县农民协会成立大会在广宁县城学宫隆重举行，中共广东区委和国民党中央农民部代表阮啸仙到会向广宁农会授旗授印，广东省总工会代表杨殷也到会祝贺。

周其鉴、罗国杰在广宁活动中，十分重视建立和发展中共组织。他们在工农运动中培养了一批有政治觉悟的工农积极分子，并从中吸收了 8 人加入中国共产党。1924 年 11 月，中共广宁支部正式成立，周其鉴为书记，罗国杰也是支部成员之一。这是西江地区的第一个中共支部，也是广东省最早的农村党支部之一。

广宁县农民协会和中共广宁支部成立后，积极领导全县各地农会开展减租减息斗争。地主劣绅对此十分恐惧，成立"业主维持会"，组织民团武装进攻农会，制造了震惊全省的"广宁农潮"流血事件。为解决和处理这一严重事态，国民党中央农民部秘书彭湃于 1924 年 11 月 26 日从广州来到广宁。

根据彭湃的报告，广东革命政府于12月10日派出大元帅府铁甲车队到达广宁支援农民运动，随后又派出卫士队增援。

为尽快解决"广宁农潮"，广东革命政府于1924年12月16日决定由有关方面组成广宁绥缉善后委员会，并增派驻四会县的粤军第三师一部抵广宁"协同动作"。但第三师到广宁后，对农会怀有恶意。为争取第三师官兵的支持，广宁县农民协会于12月19日召开有5000余农民、士兵参加的"农兵联欢大会"。大会由周其鉴主持，铁甲车队代表徐成章、第三师代表李汉魂、国民党中央农民部代表彭湃在会上讲了话。罗国杰也代表广宁农会发表演说，用对比的方法，分析剥削阶级和被剥削阶级的不同生活状况，说明建立农会的宗旨。他说："我们农民协会天天所做的事情，也就是为农民工人兵士所要做的事情。"他最后号召"农工兵共同联合，创造一个家家安乐的新世界"。

广宁县有一个封建迷信意识浓厚的农民团体，名叫神打团，又称大刀会，为数不下三四万人。广宁县农民运动开展后，神打团受地主劣绅煽惑，敌视和对抗农会。为团结、争取神打团，罗国杰受县农会派遣，冒着风险于1924年12月23日赴黄洞神打团总庙，一连3天诚恳地与神打团首领们谈话，宣传农会宗旨，解释农会减租缘由以及地主无理镇压农会的事实真相，劝导神打团与贫苦农民联合起来，成立农会，与压迫神打团和农民的地主劣绅、贪官污吏及不法军队作斗争。神打团绝大多数首领开始明白农会的信仰和消除了对农会的误解，表示派几个代表到拆石、社岗观察农会的实际情况，再决定成立农会事宜。26日，罗国杰带领神打团4位代表来到拆石、社岗，住了2天，由农会几位负责人对他们再作详细谈话。通过这些工作，黄洞的神打团对农会有了了解，不再受地主劣绅收买利用，因而减轻了广宁农民运动的一些阻力。

1925年2月1日，铁甲车队、卫士队与农军联合向潭布地主民团进攻，敌人龟缩在江姓地主炮楼拼命抵抗。彭湃亲率杨进第等由13名农军组成的工程队，利用炮楼右侧后的死角低洼地势，在炮楼台地挖掘地道，计划埋放炸药，摧毁这座炮楼。当地道掘至三丈深许，周其鉴、罗国杰、陈伯忠、薛六等县农会领导人，带同社岗农会会员10人增援工程队。他们冒着敌人的枪炮，轮替挖掘地道，一直挖到炮楼底下。2月3日下午6时，工程队在地道埋放了炸药，轰然一声巨响，敌人成了惊弓之鸟。在革命军和农军的继续包围攻击下，潭布所有的地主反动武装终于在2月13日竖起白旗，缴械投降。至此，广宁最顽固的地主反动武装被打垮，农民武装斗争取得了初步胜利。

在开展广宁农民运动的同时，周其鉴、罗国杰积极发动广宁工人运动。1925年3月，广宁县工会联合会成立。县工会联合会发动工人与资本家作斗争，首先在饮食行业取得了增加工资的胜利，随后又声援县农会的减租减息斗争，有力地支持了农民运动。

1925年5月1日，广东省第一次农民代表大会开幕，罗国杰出席了这次大会，并当选大会主席团成员和决议审查委员会委员。

1925年6月，中共广宁县委成立，叶浩秀任县委书记，罗国杰被选为县委委员。从此，广宁农民运动在县委的领导下迅猛发展，成为当时全省农运最发达的县份之一。

调广东省农民协会西江办事处工作

广东省农民协会西江办事处于1926年1月在肇庆成立，下辖广宁、四会、高要、德庆、罗定、云浮、郁南、新兴、封川、开建、高明、鹤山、开平、恩平14个县。1926年5月，已经成为国民党中央农民部特派员的罗国杰，被调到西江办事处工作，担任书记（秘书），他协助办事处主任处理繁杂的公务，还腾出时间到一些县指导当地农会开展农民运动。

1927年4月12日，蒋介石在上海发动反革命事变。西江也发生了四一六反革命大屠杀。4月16日晚8时，省农会西江办事处和高要县农会被广东守备军第一团派兵包围，一批农运领导人被逮捕杀害，当时罗国杰刚巧上了街，见情况不妙，立即隐蔽起来，随即机智地转移到高要县禄步。不久，中共广东省委派黄学增到西江恢复和发展党的组织，领导西江人民举行暴动，武装反抗国民党反动派。同年11月，中共高要县委成立，罗国杰担任了县委常委。

领导广宁县委工作

广州起义失败后，中共广东省委决定在全省各地继续举行武装暴动，并制定了西江暴动工作大纲，计划以广宁为发动西江暴动的第一个中心，广宁暴动后，即向高要、德庆、四会发展，并与北江的清远、阳山，广西的怀集相呼应。为加强对广宁暴动的领导，中共广东省委派黄学增任广宁县委书记，同时把罗国杰从高要县调回广宁县委工作。

罗国杰回到广宁后，与县委其他成员加紧进行武装暴动的准备工作：把失散的农军召集回来，经过改组，成立了一支有300多人的农民赤卫队，作为暴动的骨干队伍；团结、改造、争取土匪，扩大暴动武装力量；深入发动群众，以广宁县农民协会名义印发《告全体会员书》，号召全县农会会员起来暴动，组织苏维埃政府，实行土地革命。

在广宁县委的领导下，广宁农民赤卫队于1928年2月25日举行暴动，武装进占螺岗圩。当天，广宁县委在螺岗镇安府召开有3000余人参加的群众大会，宣布成立广宁县苏维埃政府，罗国杰当选苏维埃政府主席。这是在西江地区诞生的第一个苏维埃政权。广宁县苏维埃政府成立后，立即没收螺岗圩的地主粮仓。2月28日，广宁县国民党政府纠集广宁、高要、德庆三县联防民团，大举向螺岗进犯，企图扼杀新生的革命政权。苏维埃政府一面组织农民赤卫队主动撤出螺岗圩，一面派人潜入县城散发传单、张贴布告，在城头上放火，牵制和扰乱敌人。农民赤卫队在扶溪、江美、石涧一带与来犯的敌人展开英勇斗争，终因寡不敌众，剩下几十人只好转移到绥江下游开展游击斗争。

1928年3月22日，中共广宁县委机关被反动派包围破坏，黄学增、罗国杰率领广宁、高要一些农军，转移到广西大黄岗附近活动。同年夏天，农军遭到怀集、封川等县反动民团的四面包围攻击。黄学增、罗国杰率领农军星夜转移，晓宿夜行，又回到广宁。同年8月，罗国杰担任了中共广宁县委书记。他发动广宁农民准备新的暴动。

-------------- ► **壮烈牺牲** ◄ --------------

经过几年严峻的斗争锻炼和考验，罗国杰变得十分坚强和成熟，中共广东省委对他做出了较高的评价，认为其"工作能力颇好"。1928年9月，中共广东省委执行中央指示，为加强北江工作，创造粤赣湘边区的割据局面，决定恢复曾一度解体的北江特委，并派得力干部前去工作。同年10月27

日，杨石魂、罗国杰被省委派往北江，分别担任北江特委书记和秘书。1929年1月25日，北江特委机关遭受敌人破坏，绝大部分领导人被捕杀害。罗国杰与特委常委陈魁亚根据省委指示，迅速恢复了北江特委。同年3月下旬，北江特委暂时撤销，罗国杰回省委接受新的工作，在广州不幸被反动派逮捕秘密杀害。

● 英烈语录 ●

"你们终年辛勤劳动，得不到温饱，这是由于阶级压迫和阶级剥削所造成的。"

"要改变这种不合理现象，只有工农团结起来，同地主资本家进行斗争，打倒封建势力，推翻统治阶级，夺取政权，建立一个没有人剥削人、人压迫人的社会，大家才会过上好日子。"

"农工兵共同联合，创造一个家家安乐的新世界。"

● 英烈精神 ●

为争取人民群众利益不畏艰难困苦、勇往直前的革命精神。

（陈立平）

罗其屏（1905—1928）

—— 为实现共产主义崇高理想而奋斗不息

主要生平

罗其屏，广东省博罗县埔前河背上下罗村人。

- 1905 年 1 月 1 日出生。
- 1919 年 8 月，考上紫金县古竹乐育中学。
- 1922 年秋，转学至广州市英语补习学校。
- 1924 年秋，考入上海市同德医学院医疗系。不久，加入中国社会主义青年团。
- 1925 年，参加五卅运动，被捕入狱。从监狱出来后，在广东大学（中山大学）医学院就读。
- 1926 年，加入中国共产党。
- 1927 年，在反革命政变后被捕入狱。
- 1928 年春，被敌人扔进白鹅潭活活淹死，英勇牺牲，时年 23 岁。

成长为学生运动的积极分子

罗其屏，1905 年 1 月 1 日出生于广东省博罗县埔前河背上下罗村。父亲罗楚良是一位基督教传教士。母亲江思贞是家庭主妇。罗其屏自小随父生活，6 岁开始念书，就读于河源城乐育小学。父亲管教严格，使其屏自小养成好学和劳动的习惯。其屏读书，科科成绩优良，名列前茅，备受师生赞扬。

1919 年 8 月，罗其屏考上紫金县古竹乐育中学。其时，五四运动已经爆发。古竹乐育中学师生积极投入爱国运动中。罗其屏到古竹乐育中学读书后，开始接受进步思想熏陶，经常利用课余时间阅读进步书报，受到爱国主义思想启迪；时常与一些知心同学，谈论国家前途和救国道路，立下了救国抱负。

1922 年秋，罗其屏转学至广州市英语补习学校。他的视野得到开拓，思想追求进步，不久便参加了由阮啸仙等人领导的广东进步学生组织——新学生社。自此以后，他满腔热忱地投身于广州学生运动的波涛中，在革命的风浪中得到锻炼，并逐步成长为学生运动的积极分子。

加入中国社会主义青年团

1924 年秋，罗其屏在广州英语补习学校结业后，考进上海市同德医学院医疗系，开始了新的学业。他在上海学运领袖朱学范的带动下，积极投身于学生运动。不久，便在上海加入了中国社会主义青年团。从此，他在革命征途中迈出了可喜的一步。

参加上海的五卅运动

1925 年 5 月 30 日，上海爆发了震撼全国的五卅运动。罗其屏在这次反帝的风暴中，始终站在斗争前列。6 月 1 日，上海总工会在斗争中成立，宣布举行总同盟罢工。罗其屏为之振奋，积极响应党中央的号召，积极投身于总同盟罢工的行列。敌人对罢工运动进行了大力镇压，不久罗其屏被租界巡捕捉去，囚禁在英国的巡捕牢房。在狱中，罗其屏与难友们一起，继续与帝国主义展开不屈不挠的斗争。他们的斗争得到了各方面的支持。嗣后，经上海党组织的大力营救，罗其屏等人被释放出来。

加入中国共产党

罗其屏出狱以后，为了寻求革命真理，决心到苏联去留学，并考入莫斯科东方大学，但不久因上海形势逆转而无法成行。同时，罗其屏因从事学运，无法在上海立足，便返回广州，在广东大学（中山大学）医学院就读。

此时，省港大罢工开展得如火如荼。不久，国民革命军也出师北伐。在学校地下党和进步团体的推动下，罗其屏与进步学生一起，以上街宣传、募捐等各种形式，积极支援省港大罢工和北伐战争。他还曾应国民党河源县党部进步人士的邀请，赴河源县宣传国共合作和北伐战争，传递国共合作和北伐战争节节胜利的消息。

1926 年，中山大学医学院党支部成立，由柯辉萼（柯麟）任书记。由于罗其屏表现积极、斗争坚决，组织决定他由青年团员转为共产党员。

与"士的党"作斗争

这期间，广州地区学生运动蓬勃发展，但内部斗争也十分尖锐。中山大学一些右派分子活动猖獗，组织了所谓"士的党"，进行捣乱，妄图抢夺学生运动的领导权。在中大党支部的领导下，罗其屏会同中大各院进步学生，奋起反击，与"士的党"展开了一次又一次的斗争。

1926 年秋天，中山大学改选学生会，"士的党"分子企图篡夺学生会领导权，事前四出活动，要同学们他们选举"士的党"分子当委员。选举时，"士的党"暴徒手执拐杖，杀气腾腾，闯进会场，恣意捣乱。国民党省、市党部一些右派分子为使"士的党"分子控制学生会的阴谋得逞，专门派员到会施展阴谋活动。罗其屏在这次斗争中，注意策略，认真执行院党支部关于联合左派，团结中间派和孤立右派的方针，做好串联发动工作，团结了大多数同学，维护选举会场秩序，保证了选举工作的顺利进行，终于使"士的党"企图篡夺学生会领导权的阴谋破产。

蒋介石公开叛变前夕，中大两大派学生的斗争，已经超越统一战线内部不同政治主张之争的范围。

狱中顽强地坚持斗争

1927年4月12日，蒋介石在上海公然发动反革命政变。之后，追随蒋介石的广东新军阀，亦于同年4月15日拿起屠刀扑向革命群众。他们首先解除了黄埔军校和省港罢工委员会的武装，接着到处捉拿共产党员和革命群众。4月15日凌晨4时许，反动军阀包围了中山大学，由孙文主义学会党徒引领，窜到学生宿舍，对着黑名单，大肆搜捕。在一片白色恐怖之中，毕磊、罗其屏等300多名中大师生不幸被捕。

罗其屏在党的教育下，对共产主义怀有坚定的信心和为实现这个崇高思想而奋斗的献身精神。他虽身入虎口，但革命志坚。他在狱中经常遭受严刑拷打，精神上、肉体上几经非人的折腾，一个原来又高又大、生龙活虎的小伙子，被折磨得不像个人样。其弟罗其伟前往南石头监狱探监时，看见哥哥被折磨成这个模样，串串泪珠情不自禁地夺眶而出，罗其屏用革命者的胸襟安慰弟弟，叮嘱弟弟要坚强起来，别难过，革命终有一天会胜利，苦日子一定会有尽头，人民一定会有翻身日，耕者会有其田。

罗其屏虽然被反动派用种种残酷手段，折磨得瘦骨嶙峋，但仍然充满革命乐观主义，顽强地坚持斗争。因坐牢时间长了，脚长了镣疮，走动时磨破了，化脓流血，膝疼难受，他就吸取难友的经验，用一根绳索在脚镣中间系着，提着绳索走路，减少脚镣对两脚的压力，防止再磨破镣疮和减轻痛苦的折磨。他就是如此顽强地坚持了近一年的狱中斗争。

英勇就义

1928年春，敌人用极其残忍的手段把罗其屏杀害。他们把罗其屏的手足捆绑住，扔进白鹅潭活活淹死。罗其屏心怀救中国于水火的崇高理想，从投身于革命到献出生命，6年的战斗生涯中，充分显示了共产党人临危不惧，视死如归的大无畏精神。他这种英勇不屈的精神，永远激励着后人在共产主义的大道上奋勇向前！

（李春水　李祝华）

彭汉垣（1893—1928）

——为人民、为革命贡献一切的党外布尔什维克

主要生平

彭汉垣，年幼时名长庚，广东省海丰县人。是彭湃的三哥。

- 1893年3月1日，出生于一个地主家庭。
- 1919年，被选为海丰县参议员。
- 1922年1月9日，竞选海丰县参议会副议长并当选，上任后发动轰动一时的海丰拆城事件。
- 1923年春，辞去副参议长的职务，积极投身彭湃领导的农民运动。6、7月间，海丰总农会相继改组为"惠州农民联合会"和"广东省农会"，被选为广东省农会执行委员，任省农会交际部部长。同年秋冬间，在海陆丰组织并领导"十人团"，总机关设在"得趣书室"。
- 1925年3月上旬，任海丰县县长。10月，国民革命军第二次东征，随周恩来进军汕头。随后，粤东各属行政专员公署成立，任专署第三科科长，管理财政工作。
- 1926年秋冬间，调任梅县县长。
- 1927年12月，参加广州起义。
- 1928年3月16日，遭葡警逮捕。4月12日，就义于广州西郊，时年35岁。

彭汉垣，年幼时名长庚，广东省海丰县人。1893年3月1日出生于一个地主家庭。他是彭湃的三哥。他在少年时期，虽不免染上一些少爷哥儿的生活习气，但为人富有正义感，同情贫苦群众。

竞选海丰县参议会副议长

彭汉垣从海丰中学毕业以后，便出来参加社会活动。对于公益事业，诸如捐款造桥修路、筹办小学和公共卫生事业等，他都不遗余力扶持；对遭灾的贫苦群众，也热心资助，因而博得工农群众赞许，也得到社会上的好评。

1917年春，彭湃准备留学日本，但是受到思想守旧的祖父反对。彭汉垣积极支持彭湃，帮助说服祖父，使彭湃得以成行。此后，他又经常敦促理家的二哥彭达伍按时汇款给彭湃，使彭湃得以顺利完成在日本的学业。

1919年，开明人士张友仁第二次到海丰任县长。他有意革除前清遗留下来的陈规陋俗。彭汉垣得到林晋亭的举荐，被选为海丰县参议员。彭汉垣帮助张友仁整顿县政和进行一些社会改革工作，如减轻苛捐杂税、改革钱粮管理等，取得了一定的成绩。

1920年冬，陈炯明从福建打回广东。次年，陈炯明为了标榜民主政治，要当时的县长翁桂清布置选举参议会。正在海丰任教育局局长的彭湃，认为正可利用此时机开展合法斗争。在他的鼓励下，彭汉垣于1922年1月9日竞选海丰县参议会副议长并当选。

彭汉垣上任后干的第一件事，是在2月8日的参议会上提出《拆海丰城墙营建广汕公路而利交通和商业案》。这个提案得到全体参议员的一致通过。2月24日，海丰县署贴出布告执行拆城案。可是海丰的顽固派捧出大恶霸陈月波的父亲陈裕珂为头子，组成所谓护城会，于3月2日纠集一批无赖烂恳蜂拥至教育局殴打支持拆城案的彭湃，不遂，便捣毁了教育局，并用武力威胁当时的县长翁桂清撤销彭湃的教育局局长职务。这就是当时轰动一时的拆城事件。在斗争过程中，彭汉垣积极发动社会舆论鞭挞陈月波父子，并且由学生联合会出面提出抗议。这件事给彭汉垣以深刻的教育，使他认识到不从根本上革除弊政，参议会就只能是徒具形式。这是彭汉垣思想上的一个重要转折。

投身农民运动

1922 年 6 月，彭湃开始从事农民运动。彭汉垣起初很不理解，采取不置可否的态度，后来在彭湃的教育和影响下，逐渐表示同情，如筹措经费帮助农会，帮助彭湃解决生活困难等。

这个时期，正是陈炯明被孙中山逐出广州，据守东江，以老隆为司令部，图谋死灰复燃之际。彭汉垣在孙、陈斗争过程中，进一步看清了陈炯明的反动面目。因此，1923 年春，他便毅然辞去副参议长的职务，从此抛弃优裕的绅士生活，积极投身彭湃领导的农民运动。此时，海丰已有 10 万农会会员。农村的阶级斗争逐渐趋于激化，海城地主朱墨勾结法庭拘押农会会员，地主阶级联合组织"粮业维持会"，妄图破坏农民运动，彭汉垣在这个关键时刻毅然站在农会这一边，投身农民运动，这是他立场上的根本转变。6、7 月间，鉴于农会的迅猛发展，海丰总农会相继改组为"惠州农民联合会"和"广东省农会"。彭汉垣被选为广东省农会的执行委员，任省农会交际部部长。

营救被捕农会会员

1923 年 7 月 26 日至 8 月 5 日，海陆惠一带相继遭强台风暴雨袭击，海潮席卷沿海地区，庄稼完全失收，房屋倒塌无数。为此，农会连续召开执行委员会和农民代表大会，决定"至多三成交租"。可是反动县长王作新却于8 月 16 日派出军警 300 余人突袭总农会所在地林祖祠，逮捕农会领导骨干杨其珊等 25 人，宣布解散农会，通缉彭湃等人。彭湃、彭汉垣、李劳工、林甦等逃至大嶂山边之小庵寺商讨对策。当时有的人主张招集大队农民起来反攻，痛快淋漓地混杀一场之后再讲道理。彭汉垣经过冷静考虑后，表示不同意这样做，主张派人去老隆找陈炯明谈判来解决，认为陈固然是不赞成农会的人，但可以通过陈明利害关系以打动他。彭汉垣还具体提出了向陈炯明交涉的 4 个条件："（一）即时释放被捕农民；（二）减租照农会决定收纳；（三）恢复农会；（四）惩办粮业维持会王作新等。"并提出倘若（一）（二）条都做不到，那就组织暴动。

彭汉垣的主张深得全体同志的赞许，便决定由彭湃、林甦等人前往老隆与陈炯明谈判，彭汉垣、郑志云、陈修等人留下来，进行秘密活动，广泛联系各区农会骨干，鼓励各级农会骨干坚定信心，为争取释放狱中农友而继续斗争。彭汉垣、郑志云等人估计到"粮业维持会"一小撮反动分子，一定抢先向陈炯明告状，便发了一个由彭湃转给陈炯明的电报，历数王作新一伙敲诈勒索、解散学校、为祸乡里的罪行。

果然不出所料，钟景棠、王作新之流的诬告电早已送到陈炯明手中。彭汉垣的电报，有力地驳斥了他们的诬告，这对彭湃等向陈炯明进行交涉起了一定作用。经过彭湃等与陈炯明一场激烈的舌战之后，老奸巨猾的陈炯明才不得不复电王作新称："凶年农民要求减租，事属正当，业主要求分割，必令农民损失过重。……至于捕杨其珊等 20 余人，查非聚众扰乱治安，应即省释。"这等于答应了谈判条件的第（一）（二）条。但王作新一直置之不理。彭汉垣则凭电文向王作新进行交涉，但仍然无效。彭汉垣又把电文寄给海丰《陆安日刊》。该报主笔陈伯华故意不登，但该报的排印工人为了声援农民，就不顾陈伯华的反对，给印发了。这就公开地揭露了王作新之流的反动本质，打击了他们的嚣张气焰。在强大的社会舆论压力下，被捕的农会会员终于获得释放。

组织"十人团"配合东征

1923 年 9 月中旬，彭湃从老隆回到海丰后，与彭汉垣、郑志云、李劳工等人交流情况，研究下一步行动计划，决定由彭湃、李劳工到汕头、香港等地争取外援，彭汉垣、郑志云留在海丰坚持进行秘密斗争。同年秋冬间，郑志云、彭汉垣根据彭湃的布置，在海陆丰组织了"十人团"，总机关设在"得趣书室"，以杨其珊为团长、陈修为书记，而实际领导人则是郑志云和彭汉垣。"十人团"是带有军事性质的秘密组织，成员多是农会的中坚分子，到 1924 年曾发展至 100 多个团，一共 1000 余人。他们的斗争锋芒在当时是以陈炯明为首的官僚地主阶级，其口号是"耕者有其田！""打倒陈炯明！""农民革命大成功"等。

"十人团"在 1924 年曾经领导农民群众针对大地主吊佃夺田的行为实行联合抗耕，让地主的土地抛荒，会员有困难，互相帮助，给大地主以很大打击。

1925 年，"十人团"在配合国民革命军两次东征的战斗中也起了很大作用。

1925 年 2 月 27 日，陈炯明的军队开始撤离海丰城。正在秘密领导对敌斗争的彭汉垣，从公平赶回海城，连夜发动工人，准备欢迎东征军。28 日，东征军进海丰城，彭汉垣筹购 10 条大肥猪劳军，并筹备恢复农会。

有气魄的海丰县县长

同年 3 月上旬，经过周恩来的推荐，许崇智任命彭汉垣为海丰县县长。彭汉垣上任后，即在县政府建立民主的政务委员制，挑选革命青年和公正人士担任县区干部。在施政方面特别支持农会和工会组织的恢复，支持农民减租减息，取消苛捐杂税，发展地方教育事业，整修主要道路和桥梁渡口等。为了保护农民运动，5 月 12 日县署发表了《政府对于农民运动第二次宣言》，宣布："本政府为实行历史上之使命，谋最大多数人民之最大幸福起见，对于农民利益，自当竭力拥护。""对于农民运动即主张以全力助其开展，辅助其经济组织，使日趋于发达，反抗不利于农民之特殊阶级以谋农民之解放，而期增进国民革命实力。"并宣布废除一切苛捐杂税，还规定如有不保卫农民利益者，"政府应即褫夺官职，永不录用"。至今还有不少老人盛赞彭汉垣任县长时有气魄，如修整海城大街和汕尾三马路、重修龙津桥等，这些比较大规模的建设都是他发动群众搞的。

调任梅县县长

1925 年 6 月，为平定滇桂军阀杨希闵、刘震寰的叛乱，东征军回师广州。9 月，东征军留守海丰的张和部叛变，彭汉垣随农军撤至石龙。陈炯明部重占海丰后，其僚属钟景棠对各级农运干部进行疯狂报复，派人拆了彭家，劫走财产。10 月，国民革命军第二次东征，彭汉垣随周恩来进军汕头。随后，东江各属行政专员公署成立，周恩来主持专署工作，彭汉垣任专署第三科科长，管理财政工作。他廉洁奉公，开源节流，得到周恩来多次表扬。

1926 年秋冬间，彭汉垣调任梅县县长。任职期间，采取了许多兴利革弊的措施，深得当地群众的拥护。1927年3月间，因形势逆转，彭汉垣离开梅县，取道香港潜回海丰。不久他又赶到武汉，并于是年6、7月间从武汉带回党中央和彭湃对海陆丰革命斗争的指示。

从容就义

1927年12月，彭汉垣参加了广州起义，起义失败后又潜回海丰。1928年2月初，彭湃派彭汉垣到香港采购物资。3月1日，国民党反动派攻陷海陆丰，彭汉垣既不能回海丰，又得悉家属已逃难到澳门，就从香港赶到澳门看望老母和家人。彭家一切资产已献给革命事业，此时已一无所有，而逃难到澳门的20多口人都是妇幼老弱，生活窘迫。为了解燃眉之急和请示上级对海陆丰苏维埃今后斗争的指示，彭汉垣到上海找周恩来。周恩来给了他一笔钱，并布置他回澳门以开小店为掩护，设置交通站。

彭汉垣接受任务后又匆匆地回到澳门，即被国民党反动派的特务跟踪。1928年3月16日，彭汉垣和他的二哥彭达伍一同出街选择店址时，在澳门南湾新街同时遭葡警逮捕。一个星期后，他们被引渡到广州警备司令部。这时，反革命分子钟景棠、钟汉翘、陈祖贻等向广州当局法庭诬告"彭汉垣乃共匪之酋"，"彭达伍购军用物资济匪"。彭汉垣和彭达伍兄弟在法庭受审时，面不改色，大义凛然，慷慨陈词，痛斥敌人。同年4月12日，彭汉垣和彭达伍一同被杀于广州西郊。临刑时彭汉垣穿好西装，打好领结，从容就义，观者为之动容。牺牲时年仅35岁。

彭汉垣的长子彭陆，灵活机智，少年跟彭湃在广州读书，后从事共产主义青年团工作，1928年2月8日在广州牺牲。彭汉垣在被捕前曾闻凶讯，但他痛而不悲，继续从事革命工作，体现了一个革命者的胸怀。彭汉垣还有3个幼子，在他牺牲后由爱人带领，生活十分困难，曾流落在香港街头行乞，相继在饥寒交迫和疾病中折磨死去。仅存2个女儿彭平、彭向红。

彭汉垣是党外布尔什维克。他为人民、为革命的正义事业贡献了自己的一切。

• 英烈精神 •

　　为革命抛弃优裕生活、把全部身家投入到革命事业的无私奉献精神；面对敌人和牺牲面不改色、大义凛然、慷慨陈词的不怕牺牲精神和革命斗争精神。

（余少南　曾文）

彭粤生（1899—1928）

—— 香港青年运动的领袖

主要生平

彭粤生，原名月笙，又名月生，化名何祝三，广东省番禺人。

- 1899 年间，出生在一个工人之家。
- 1919 年 5 月，积极投身五四反帝爱国运动。
- 1923 年春，加入社会主义青年团，并受命回香港活动。
- 1924 年，成为香港第一批中国共产党党员。
- 1925 年 2 月 10 日，被选为共青团香港地委书记，成为香港青年运动的领袖。英帝国主义在上海制造五卅惨案后，领导香港全体团员投身罢工运动。在配合杨匏安和陈秋霖发动香港国民党人参加罢工的同时，发动学生罢课，以反抗英帝国主义的血腥大屠杀。6 月 19 日，带领皇仁、华人等校学生罢课，随同省港大罢工工人一道回到广州，坚持反帝斗争。7 月初，任中华全国总工会省港罢工委员会临时宣传学校教务主任，主持宣传学校工作。9 月，被选为广州革命青年联合会委员。12 月，被任命为中华全国总工会省港罢工委员会纠察队训育主任。
- 1926 年 3 月，任全港（香港）工团罢工委员会宣传学校校长。
- 1927 年 4 月 15 日，不幸被捕。
- 1928 年 2 月 12 日，在南石头惩戒场遭枪杀，时年 29 岁。

少年勤奋好学

彭粤生，原名月笙，又名月生，化名何祝三。广东省番禺人。1899 年间，出生在一个工人之家。幼年在家乡读了几年私塾，稍长，奉父命到香港，在一间商店当了三年学徒，满师后，白天做工，晚上在私立补习学校补课。由于他勤奋好学，很快便学习完高中的课程。后来，彭粤生又进了一间私立的学院，专修语文和英语，通过自己的努力，成为一名工人知识分子。

彭粤生生活在香港，每天都接触到许多不平之事。彭粤生自己在马路上就被外国水兵无端踢打过。这种种情景，强烈地刺激着彭粤生，使他产生了要改变这种不公平社会的念头。

彭粤生虽然生活清贫，但他省吃俭用，把节省下来的钱都花在买书、求知识方面。后来，他通过熟人到皇仁、育才等学校图书馆借书看，使自己的知识广博起来，从中接触了世界各种流行的思想流派，其中包括马克思主义。在这里他认识了李义保、张仁道、林昌炽等进步青年。

1919 年 5 月，他回到广州，住在表兄家里，认识了圣三一学校的进步教师张元恺。他们一道参加了广州各界青年响应北京学生掀起的五四运动的各种活动。回到香港后，他又和李义保等人印发抗议帝国主义侵略中国的传单，积极投身五四反帝爱国运动。

参加青年运动

1922 年 3 月 14 日，广东社会主义青年团成立。当时，彭粤生刚好在广州的小学教书，迫切要求参加组织活动。通过张元恺等人的介绍，他认识了阮啸仙，便于 1923 年春加入社会主义青年团，并受命回香港活动。他在香港仍过半工半读的生活。同年 7 月，彭粤生当选团香港特支第四组组长。10 月 25 日，特支发展为团香港地方执行委员会，他当选执委兼秘书，到公立育才书馆、皇仁书院、华人书院和湾仔油麻地私立的学校活动，从事青年运动。1924 年，彭粤生由团转党，成为香港第一批中国共产党党员。同年 11 月 5 日，他出席了团广东区委召开的第三次代表大会，在会上报告了香港青年运动概况，并当选团广东区委候补委员兼工农部部长助理。会后，回香港加强对九龙、湾仔等各大小工厂青年运动的工作，经常到船坞、电厂、水厂一带联系青年工人。

成为香港青年运动的领袖

1925年2月10日，彭粤生出席了由刘尔崧主持的香港全体团员大会，被选为共青团香港地委书记，成为香港青年运动的领袖。

英帝国主义在上海制造五卅惨案后，党组织派杨殷、杨匏安、邓中夏、梁桂华、戴卓民等10多位党员到香港，与苏兆征、林伟民、黄平等人发动罢工，彭粤生立即领导全体团员投身这一运动。与此同时，陈秋霖也以《广州民国日报》社和国民党中央宣传部代表身份到港。彭粤生在配合杨匏安和陈秋霖发动香港国民党人参加罢工的同时，深入皇仁、华人、育才、圣保罗、圣约瑟、汉文师范、湾仔、油麻地书院等10多所学校，发动学生罢课，以反抗英帝国主义的血腥大屠杀。6月中旬，他参加了杨殷、邓中夏、苏兆征、罗珠等人在蒙养小学召开的各工厂和船坞工人骨干会议。会上，苏兆征、杨殷、邓中夏等要求党团员做好配合发动的工作。会后，彭粤生立即草拟了一批传单，立即交付林君蔚（昌炽）、李义保、郑全等各支部成员，通宵刻印，由党团员分头散发，使全港工人、学生、市民明了五卅惨案内幕，以鼓动工人、学生和市民参加罢工反帝罢工斗争行列。

6月19日，震撼中外的省港大罢工爆发了。彭粤生立即带领皇仁、华人等校学生罢课，并随同工人一道回到广州，支持反帝斗争。

领导训育工作

7月初，彭粤生任中华全国总工会省港罢工委员会临时宣传学校教务主任，协助校长冯菊坡办理校务。该校设在广州太平路太平戏院。学校设置了"为什么要罢工？"等16门课程，聘请了专家、学者来讲授，吸收香港各工会干部来学习。不久，国民党中央监察委员陈秋霖继任宣传学校校长。彭粤生亦鼎力协助，办好该校。8月20日，国民党中央工人部、中华全国总工会省港罢工委员会顾问廖仲恺、陈秋霖被帝国主义、国民党右派收买的凶手暗杀。彭粤生带领宣传学校师生参加了广州工农商学兵举行的葬礼。

嗣后，宣传学校由彭粤生主办，为中共培养了一批革命干部，邓发、林锵云就是当时的学员。

9月，彭粤生被选为广州革命青年联合会委员。12月，彭粤生被任命为中华全国总工会省港罢工委员会纠察队训育主任。他认真协助纠察队总队长黄金源和训育长、中华全国总工会宣传部部长邓中夏以及纠察队委员会委员长徐成章做好纠察队的政治教育工作。

1926年3月4日，中国济难会广东省总会东园分会成立。彭粤生当选该会委员，随后又被推选为中国济难会广东济难总会委员。

彭粤生十分强调加强纠察队的纪律性。1926年3月，他制订的《纠察队纪律》经上级批准执行。此后，纠察队违反纪律现象大大减少，提高了纠察队的战斗力。

这时，帝国主义派出走狗与各地土豪劣绅、奸商勾结，四出从事武装走私活动，以扰乱封锁，破坏罢工。为此，邓中夏、徐成章、黄金源、施卜及彭粤生等商议，争取得到国民政府、国民革命军总司令部同意，调集12艘小军舰，组成中华全国总工会省港罢工委员会纠察队舰队，开赴广东沿海巡逻。纠察队截缉到大批走私货物，交给有关部门处理，有力地打击了走私活动。纠察队成为革命政府打击走私、贩私的主要力量。

为了扩大纠察队在社会上的影响，以让其在罢工斗争中发挥更大的作用，彭粤生以纠察队训育处名义通知各地，把纠察队资料、照片、图表、章程、法律、细则报告、队部职员一览表、统计表、工作计划、决议案、烈士生平资料等收集起来，送到训育处。然后把这些资料汇编为纠察队特刊、画报，请工人运动领袖苏兆征等题词，分发到纠察队各大队、支队、小队部和群众团体，宣传纠察队的成绩，号召群众支援纠察队斗争。这一措施取得了很好的效果，各地农民、农军、人民群众纷纷起来协助纠察队执行任务，从而巩固了全省的海防。

1926年3月，彭粤生任全港（香港）工团罢工委员会宣传学校校长，聘请苏兆征、邓中夏为名誉正副校长。他在校内设置了"阶级斗争""社会进化史"等26门课程。该校主要招收香港各工会领导人、委员、职员来学习。彭粤生坚持理论联系实际的方针，启发学生在学习期间思考现实问题，提高政治理论水平，使他们毕业后能够担任宣传工作。为了加强对罢工期间从香港转到广州来的100多个工会的领导，中华全国总工会指示筹备成立香港总工会。为此，彭粤生于 1926 年 4 月 12 日在《工人之路》发表了《统一香港工会》一文，号召各工会迅速联合起来，配合了筹组香港总工会的工作。

为了培训工人运动干部，中华全国总工会于同年 6 月在广州创办劳动学院，以邓中夏为院长，以刘少奇等为教授，富有工运干部教育经验的彭粤生被聘为考试员。他对考生的笔试、口试成绩进行评定，参与录取该院正取生、备取生的各项工作，并向该院干部介绍了培训工运干部的经验。

1926 年 10 月，根据北伐战争已迅猛发展的新形势，中共决定改变斗争策略，主动结束罢工和停止封锁香港。纠察队从全省各地港口撤回广州。彭粤生在此转折关头，认真加强了纠察队的政治思想教育工作，勉励队员们学习革命理论，加强军事训练，把自己锻炼成为军事人才，同时，要严守纪律，把自己训练成一个革命宣传家，以继承反帝革命精神，为无产阶级和中华民族的解放事业而奋斗。经过一段时间的训育，彭粤生根据革命形势的需要，输送了部分纠察队员到北伐军和缉私卫商保卫团参加工作，还抽调一批骨干到农村，培训农民自卫军，支援农民运动。

不幸被捕牺牲

1927 年 4 月，国民党反动派磨刀霍霍的消息已传到省港罢工委员会等各革命团体，党已提醒党员做好应变的准备。4 月 15 日，彭粤生在省港罢工委员会处理纠察队训育处的善后事宜时，突然遭到反动军警的包围，不幸被捕，被囚禁在南石头惩戒场监狱。开始，彭粤生化名为何祝三，在狱中与难友们团结起来开展对敌斗争。11 月 26 日，当中共广东省委发出号召全省暴动宣言的消息传到狱中后，彭粤生和同志们暗中串联，准备越狱。不料，这时狱中出了叛徒，反动军警加强了警戒，结果越狱不成。叛徒冯金高供出了彭粤生、黄锦涛等党、团员。1928 年 2 月 12 日，敌人将彭粤生、黄锦涛等 15 人押往南石头惩戒场枪杀。彭粤生牺牲时年仅 29 岁。

> ### · 英烈精神 ·
>
> 勤奋好学、奋发向上的学习态度；密切联系群众、战斗不止的革命精神。

（何锦洲　谢燕章）

区夏民（1906—1928）

—— 红色花木兰

主要生平

区夏民，广东省佛山人。

- 1906 年，出生在佛山一个开裱对联小作坊的归国华侨家庭里。13 岁被聘请做幼童班的教师。
- 1922 年，投考广州市立女子职业学校。9 月，在广州市电话局做女司机（接线生）。
- 1924 年春，加入新学生社。
- 1925 年 6 月，积极声援省港大罢工。
- 1926 年 3 月，筹备省港女工代表大会。8 月，考进中山大学中文系并积极开展学生运动，成为革命青年的一面旗帜。
- 1927 年 5 月，被选为团广东省委委员。
- 1928 年 4 月，被国民党反动军队逮捕。年底，壮烈牺牲，时年 22 岁。

区夏民在兄妹中排行第八，是父母亲最钟爱的一个。其时五四运动的浪潮正冲击着佛山这个古城，城里初次出现新型的女子小学，区夏民便说服父母离开了私塾，考入了秀德女子小学的高年级。接着，学校扩设幼童班，区夏民被聘请做幼童班的教师。13岁的区夏民便成了幼童们敬爱的小老师。

自小追求自由和光明

1922年，16岁的区夏民出落得很标致，成为佛山大户子弟求婚的对象。她家里也想为她选择一个名门快婿，好享受那锦衣肉食的一生。然而，有着更高抱负的区夏民是不愿意过那寄生虫一般的生活的，她坚决反对父母的包办婚姻，也不顾父亲的呵责和母亲的眼泪，就在家庭强行给她订婚的前夜，毅然离开了老家，带着一个追求自由和光明的理想，像海燕一样，飞到了广州。

区夏民到了广州后，投考了广州市立女子职业学校，以她当小老师时的微薄的积蓄，过着俭朴的生活。这所学校是在妇女解放的呼声中建立起来的。学生都是家境清贫而文化程度不高的女青年，像当时中共广东支部书记谭平山的妹妹谭竹山就是其中之一，她们不过是佩着校章的女工人。当她们看到满身学生气、斯斯文文的区夏民时，有点不敢接近她。可是，区夏民对她们却十分亲热，谦虚地向大家学习，在共同生活和共同追求女性解放的理想中，建立起亲如手足的情谊。1922年9月，广州市电话局招收女司机（接线生），她们都由学校调了进去，从此在一起过着半工半读的生活。区夏民热情地帮助姊妹们钻研业务，掌握技术，成为出色的广州市第一代女电话接线生。

可是，天真的姑娘们哪里知道，招收女子当接线生，并不是电话局提倡妇女职业的一番好意，而是因为当时男司机们要求提高待遇，实行罢工，那个局长是为了以廉价的妇女劳动力来取代男工。她们进入电话局后，局长就把100多名男工解雇了。

组建广州市女司联

1924年春，在中国共产党领导下，广州的工运和学运蓬勃发展。谭竹山和区夏民都加入了新学生社。她们对电话局压制工人运动的一套看穿了，便提出组织工会，保障工人利益，受到了女司机们的拥护，两天内就有60多名女工报名参加。可这就触犯了当局的禁忌，便下令禁止工会的活动，而且把为首的谭竹山和马少芳开除。区夏民并没有因此而退缩，她沉着地、不动声色地领导着女工们继续秘密开展活动，积极争取新学生社、市工代会和中共广东区委妇委的支持与帮助，终于取得胜利，迫使电话局取消禁令，接受女司机提出的5个条件。10月，广州市电话女司机联合会（简称"女司联"）胜利诞生了，成为广东女工运动的一面旗帜，标志着广东女工运动的开始。区夏民被选为女司联的委员。同时，她又光荣地加入了社会主义青年团，被选为市女职和电话局团的联合支部书记。

声援省港大罢工

1925年6月19日，爆发了震撼世界的省港大罢工。区夏民和同学们到街上演讲、演戏，开展捐款活动，声援罢工工人。她们还到罢工工人中去慰问，到工人夜校和女工、家属识字班教书，把工人运动和妇女运动引导到反帝、反封建的路上来。

1926年3月，在广州举行了一个有1500多名女代表参加的省港女工代表大会，区夏民是筹备者之一。

积极开展学生运动

1926年8月，区夏民以同等学力的优异成绩考进了中山大学中文系，和陈铁军、杜君慧等同学一起，积极开展学生运动，成为革命青年的一面旗帜。

1927年5月10日，区夏民出席了在武汉召开的共青团第四次全国代表大会，被选为主席团成员。会后区夏民秘密到香港。不久，她被选为团广东省委委员，这时，区夏民已光荣地参加了中国共产党。

到战斗第一线去

八七会议后，中共广东省委决定抽调大批干部到各地组织武装暴动。区夏民坚决要求到海丰去。同志们怕她长期生活在城市，对农村生活不能适应，语言又不通。可是她却坚持说："共产党员没有克服不了的困难，长期不到农村，怎能熟识农民呢？语言不懂，学学就懂了。"她的要求得到彭湃的支持，于是她就到海陆丰去参加第三次武装起义。

一个在城市长大的姑娘，到了农村后所碰到的困难是不少的！就拿走路来说，开始她穿着六耳鞋在崎岖的山路走，脚底磨出血泡来了。有一次，她和一位同志赶路，一不小心，咕咚的掉到河里，腿上鲜血直流，身上冷得起了鸡皮疙瘩。那同志心里非常不忍，而区夏民却若无其事地说："摔一跤算什么，将来真的打起仗来我们还不知道要蹚几道河、摔多少跤呢！"说罢她就和那位同志唱起革命歌曲一齐奔赴陆丰城。

那时候的共青团广东省委在海陆丰组织了武装少年先锋队，共有900人，分为马克思队、列宁队和李卜克内西队，参加者都是15岁至18岁的青年，准备响应广州起义。区夏民负责了这支队伍的组织和领导工作。她还向彭湃建议，组织一支女子武装少年先锋队。得到彭湃的支持，经中共东江特委批准，决定由区夏民负责组织和训练，彭湃还特地送给她一套军装和一支手枪。区夏民穿上了军装，腰间挂上了手枪，俨然是一个英姿飒爽的青年战士。彭湃高兴地说："你真是我们的红色花木兰啊！"

区夏民挑选了吴月婵和陈美英等一批妇女做骨干，和她们一起跑遍了海陆丰的每个角落，组织了一支有300人组成的女武装少年先锋队，命名为"卢森堡队"，由陈美英任队长。这支队伍穿着黑色的衣服，拿着梭镖、大刀和粉枪，在区夏民的领导下进行严格的训练。她们既是武装队伍，又是宣传政策和为人民服务的队伍，特别是为妇女解决切身的问题的队伍。为此，区夏民走到哪里，都受到群众的热情欢迎，称她为"区为民"。

广州起义失败后，起义部队改编为红四师，辗转到了海陆丰与彭湃领导的工农武装会师。区夏民按照中共东江特委的指示，把青年送到部队去。她一方面带领着"卢森堡队"活跃在紫金的南岭、炮仔一带，协助南昌起义南下部队改编的红二师开展群众工作；一方面奔忙于陆丰的河田、碣石等地，送情报、带路，配合红四师镇压反动武装叛乱。区夏民和她领导的"卢森堡队"，就像小燕子一样在海陆丰一带飞来飞去，立下了不少战功。红军攻捷胜城时，因为掌握了情况而攻克了，那深入虎穴侦察敌情的就是"卢森堡队"。碣石城防守森严，情况不明，"卢森堡队"的娘子军就利用龙母诞辰那一天，化装成新媳妇，手拿竹篮供品，夹杂在出城拜龙母的姑娘媳妇队伍中混进城内，依靠贫苦的婢女，摸清了敌人的情况并安然归来。至今，碣石一带还流传着赞美区夏民的民谣："人人叫她铁姑娘，铁石身躯铁石肠……"

在海陆丰苏维埃政权建立的4个月中，海陆丰武装少年先锋队发挥了党的助手作用，实际上它是共青团主管、广东省委领导的第一支青年武装，其中，"卢森堡队"表现更为突出。1928年春，中共广东省委书记邓中夏曾亲笔写信赞扬了她们，团中央特派员陆定一也赞扬了这一创造性的成绩。

·············● 我是佛山区夏民 ●·············

1928年4月，国民党反动军队以第五军为主力，纠集了数万之众的兵力，围攻海陆丰根据地。区夏民冒着密集的炮火突围时中弹受了重伤，被送到破庙里的临时后方医院医治。由于医疗条件很差，既不能治伤，也不能止疼。可是，区夏民从不吭一声疼，或是流一滴眼泪，表现得很坚强。后来，形势恶化，组织把她转移到山洞。敌人疯狂地放火烧山，用火烟熏山洞，区夏民因为无法行动不幸被捕了。敌人把她囚在汕尾营部。和她一起被捕的崔某，经不起考验向敌人投降了，供出了区夏民的身份和我军埋藏武器的地方。敌人便对区夏民进行治疗，企图进一步软化她，从她的身上得到更多党的秘密。可是区夏民识破了敌人的阴谋，尽管敌人进行威迫利诱均不为所动。她的行动感动了医护人员和士兵，便把崔某叛变的事告诉她，区夏民立即将情况向党报告，使党及时把武器转移，待敌人去取武器时扑了个空，敌人便把那无耻的叛徒崔某枪毙了。

经过一个月的治疗，区夏民已恢复了说话的能力，敌人便对她进行审讯。

区夏民在敌人面前全无惧色，慷慨激昂地回答说："我是佛山区夏民，中国共产党党员，又是共青团员。我反对国民党军阀背叛孙中山的三大政策，我要推翻反动政权，建立苏维埃政府，实行革命，实现共产主义！"并把敌人的法庭变成讲堂，宣传国家的前途和中国共产党的政策。她说："广东军人是要革命的，只有蒋介石和他的走狗才是反革命的。你们是有良心的，为什么不想一想，国共合作之后，革命才能顺利发展，北伐才能得到胜利呢？你们杀共产党就等于自杀！"不少官兵被她的讲话感动，有些人脱离了反动军队，还有些人为她向党送情报。

敌人把区夏民从一个地方转到一个地方，从一个监狱转到另一个监狱，什么刑讯都征服不了这个年轻的铁姑娘。他们便使出了更卑劣的手段。有一个高级军官居然想娶她做姨太太，用富贵荣华和地位去引诱她，区夏民却义正词严地拒绝了敌人的痴心妄想。最后，敌人就决定对她下毒手了。1928年底，区夏民壮烈牺牲于惠州西湖旁边的刑场上。临刑前她给党的信中说："只要我还有一线生机，就为党做一天的工作，决不屈服，决不投降，誓为共产主义奋斗到底！"

这就是永不屈服的海燕——区夏民烈士的遗言。

● **英烈语录** ●

"共产党员没有克服不了的困难，长期不到农村，怎能熟识农民呢？语言不懂，学学就懂了。"

"摔一跤算什么，将来真的打起仗来我们还不知道要蹚几道河、摔多少跤呢！"

"我是佛山区夏民，中国共产党党员，又是共青团员。我反对国民党军阀背叛孙中山的三大政策，我要推翻反动政权，建立苏维埃政府，实行革命，实现共产主义！"

"只要我还有一线生机，就为党做一天的工作，决不屈服，决不投降，誓为共产主义奋斗到底！"

● **英烈精神** ●

不畏严刑利诱、对党忠诚、决不屈服、决不投降、誓为共产主义奋斗到底的革命精神。

（黄庆云　谢燕章）

谭毅夫（1904—1928）

—— 广州工人运动的革命先驱

谭毅夫，又名建勋。

- 1904 年，出生于广东省高明县明城的一个普通劳动家庭。
- 1922 年初，考入广东高等师范学校附属师范。
- 1923 年 6 月，参加了新学生社。不久，加入中国社会主义青年团。
- 1924 年，遵照党的指示，以个人身份加入国民党，积极投身大革命运动。年底，由团员转为中共党员，并被派到中共广东区委工人运动委员会工作。
- 1925 年初，在广州均和安、协同和等机器厂及铜铁工人聚居的地方开展工人运动。
- 1926 年，同陈殿钊奉命往三水县任国民党党部筹备员，负责国民党三水县党部的改组工作，领导三水辗谷工会罢工斗争。同年冬，奉命调回广州，任中共手车夫工会党团书记。
- 1927 年 4 月 15 日，被反动派逮捕。11 月 28 日，在狱中响应广州起义。
- 1928 年 2 月 11 日，在南石头监狱英勇就义。时年 24 岁。

谭毅夫，又名建勋，1904 年出生于高明明城的一个普通劳动家庭。少年时代考入高明东洲学校。1920 年，谭平山、谭植棠、谭天度为传播马克思主义，不断寄《广东群报》等革命刊物回东洲学校。谭毅夫如获至宝，反复阅读，从此确定了追求真理、救国救民的思想。1922 年初，他同一批同学到了广州，考入广东高等师范学校附属师范。他性格开朗，勤奋好学，主动帮助同学解决困难，因而深得老师和同学的爱戴。

积极从事革命宣传工作

在学习期间，谭毅夫经常学习革命理论，进步很快。1923 年 6 月，他参加了新学生社。不久，他加入了中国社会主义青年团。入团后，谭毅夫积极从事革命宣传工作。他喜爱音乐，尤其喜欢管乐，经常随身带着一支喉管，在各种场合演奏，进行宣传。

当时，团组织通过新学生社，以广东教育委员会名义，成立了平民教育委员会，对青年实行平民教育。谭毅夫积极参加了教学工作。他针对社会现实，结合阶级斗争实际，向学生深入浅出地阐明革命道理，提高了学生的政治觉悟和文化知识。

1924 年，第一次国共合作形成后，谭毅夫遵照党的指示，以个人身份加入国民党，积极投身大革命运动。当时，帝国主义通过办学校、设教堂等形式进行文化侵略。谭毅夫团结同学们，积极参加反基督大同盟和收回教育权的斗争。他还经常向同学们宣传反对帝国主义文化侵略的意义，提醒人们不要受欺骗。他的行动，受到党团组织的称赞。年底，他由团员转为中共党员，并被派到中共广东区委工人运动委员会工作。

领导开展工农运动

1925 年初，谭毅夫在广州均和安、协同和等机器厂及铜铁工人聚居的地方开展工人运动。他深入青工学徒中，了解到他们的生活十分困苦，待遇很差，工作时间长，于是把他们组织起来，因势利导，领导他们开展改善待遇、减少工时的斗争。

1926 年初，谭毅夫和谭天度到石井兵工厂开展工作。谭天度任训育部主任，谭毅夫等任训育员。该厂是广州唯一生产军火武器的大厂，有产业工人 2000 多名，是中共组织同国民党右派斗争最激烈的地方之一。他们发动群众，组织工会，把工人团结起来，恢复工人文化夜校，揭露工贼和国民党右派的分裂阴谋，从而把工人发动组织起来。

1926 年，谭毅夫同陈殿钊奉命往三水县任国民党党部筹备员，负责国民党三水县党部的改组工作。他们依靠工农群众和左派人士，改组了旧党部，并发展了大批工农分子加入国民党，改变了局面。其间，谭毅夫还领导三水辗谷工会开展过罢工斗争。

训练青年工作骨干队伍

同年冬，谭毅夫奉命调回广州，任中共手车夫工会党团书记。手车夫工会是广州工人代表大会的重要会员之一，有会员 1 万多人，建有 7 个分会和党团组织。此时，广州形势日益紧张，国民党右派气焰嚣张。谭毅夫与工会其他领导人训练了一支以青年工人为骨干的队伍，维护工人的利益。

狱中斗争

1927 年 4 月 15 日，广州国民党反动派继上海四一二反革命政变之后叛变了革命。反动军警包围了广东区委等共产党机关和进步团体，大肆拘捕和杀害中共党员、团员、革命群众。当日凌晨，谭毅夫发现反动军警频频出动，知情况有异，急忙把党和工会的文件烧毁，随即冒着生命危险通知骨干转移，接着又转回平民教育委员会住处，和香港学联的黄锦涛一起烧毁文件。正当他们准备撤离时，住处已被反动派包围。谭毅夫和同志们被捕了。由于叛徒出卖，谭毅夫被扣上镣铐押往广州南石头惩戒场监狱。在监狱里，谭毅夫受尽敌人的酷刑逼供，身体备受摧残，但始终坚贞不屈，以共产党员的坚强意志和对共产主义的坚定信念，经受了一次又一次的生死考验。当时，监狱里给"犯人"吃的是掺沙粗饭和发霉烂菜，难友们病的病，死的死。监狱里的地下党支部发起绝食斗争，谭毅夫立即响应，并发动了犯人们参加了罢食，迫使监狱长下令改善犯人伙食。

11 月 28 日，中共广东省委发出了全省暴动宣言。宣言传到狱中，谭毅夫和同志们认真传阅，受到很大鼓舞。在狱中党组织决定采取一些措施响应广州起义。12月11日，广州起义举行，但由于敌强我弱，3天后起义失败了。国民党反动派加强对政治犯的镇压，进行严密甄审，还派来叛徒。工贼到各个牢房辨认，谭毅夫和黄锦涛等人终于完全暴露了。

英勇就义

1928年2月11日，谭毅夫等15名中共党员在南石头监狱英勇就义。

英烈精神

积极参与革命斗争，善于发动群众并不向恶势力低头，逆境中仍顽强与恶势力反抗的革命精神。

（谢燕章　黄合萍）

唐公强（1901—1928）

—— 罗定暴动的主要领导人之一

主要生平

唐公强，又名唐锄强、唐程功，广东省罗定县素龙杨桥村人。

- 1901 年出生。
- 1907 年，在塘头村私塾读书。
- 1917 年，在罗定中学毕业。
- 1922 年，在广东高等师范学院博物系毕业。
- 1923 年，担任广州市铸新中学校长。同年，加入中国共产党。
- 1925 年，担任广州工代会宣传部副部长。
- 1926 年，担任中华全国总工会教育宣传委员会委员。6 月，与张瑞成、李耀先等人共同筹备创立劳动学院，并在学院创立后主持日常工作。
- 1927 年 2 月，回到中华全国总工会教育宣传委员会工作。四一五反革命政变后，转入地下秘密活动，并在不久后担任香港总工会宣传部副部长。
- 1928 年 1 月 8 日，当选中共罗定县常委兼执委。6 月，担任高要县委常委，开展农民运动。不久被敌人杀害，时年 27 岁。

参加中国共产党

唐公强，又名唐锄强、唐程功，是广东省罗定县素龙杨桥村人，1901年出生，1907年在塘头村私塾读书。他自幼聪慧，性格开朗，勤奋好学，成绩优秀。

1917年在罗定中学毕业，1922年在广东高等师范学院博物系毕业，1923年担任广州市铸新中学校长，并于同年加入中国共产党。

从事工人运动

1925年，他担任广州工代会宣传部副部长，从事工人运动，为工人谋福利，并发动工人积极参加反帝反封建斗争。1926年4月中旬，中华全国总工会教育宣传委员会（简称"教宣会"）成立，他担任委员，协助教宣会主任张瑞成等工作，并创办了工人子弟学校6间，吸收了一批罢工工人子弟到学校学习。唐公强等人还在工人子弟学校中组建劳动童子团，开展文艺活动，演出反对帝国主义的白话剧。为了解决学校的教材，唐公强和张瑞成、李耀先等人成立编辑委员会，编写了一套课本，提高学员们的文化政治水平。

1926年6月，为了加强党对工人运动的领导，中华全国总工会、中共广东区委决定以中华全国总工会教宣会名义在广州创办劳动学院，培训工运骨干。唐公强与张瑞成、李耀先等人参加筹备工作，并聘请邓中夏为劳动学院院长，刘少奇、萧楚女等为教授。劳动学院于6月间正式开学。由于院长邓中夏兼职很多，工作繁忙，劳动学院的日常工作实际则由唐公强主持。1927年2月第二届劳动学院学员毕业后，唐公强又回到中华全国总工会教育宣传委员会工作。

转入地下秘密活动

1927年4月15日，广东国民党反动派在广州发动反革命政变，大肆逮捕和屠杀共产党员和革命群众。唐公强按照党的指示，转入地下秘密活动。在严重的白色恐怖下，他冒着生命危险，坚持革命工作。有一次，敌人搜查省总工会，他正在楼上工作，发现敌情后立即机智地用绳吊下脱险。还有一次，他正在广州连新路后楼上街的一间小店，被奸细发现，他立即化装，机智脱险。又有一次，他在广州河南东宛开会，被敌人发现后，亦机智地乘手拉车脱险。由于敌人到处搜查，形势不断恶化。不久，唐公强奉命转移到香港，担任香港总工会宣传部副部长。

回罗定恢复发展党的组织，组织农民暴动

为了加强罗定地方的工作，1927年底，中共广东省委派唐公强、李友芳、张礼洽等回到家乡罗定工作，着手恢复发展党的组织，并组织农民暴动。

唐公强等回到罗定后，一方面与李友芳、唐木、张礼洽等保持密切联系，另一方面经常到素龙杨桥、塘头、水流、西埇等地开展工作。他不顾个人安危，有时穿上破烂衣服化装为"收买佬"，单枪匹马，跋山涉水，宣传发动群众起来暴动。有一次，唐公强和李友芳到张礼洽家里召开农军会议，讲述广州起义的经过和布置今后的斗争策略。还有一次，唐公强布置李仁夫带上土制手榴弹，到泗纶警察区背后搞爆炸活动，骚扰敌人，使敌人十分震惊。

唐公强等人在罗定积极发展党组织。经过一段艰苦工作后，在罗定全县发展了45名党员。1928年1月8日秘密召开全县党员大会，选举成立新的中共罗定县委，唐公强当选常委兼执委。会议制定了工作大纲和今后任务，决定进一步做好宣传发动工作，组织民众暴动。

组织罗定暴动

1928年2月2日，广东省委制定了西江暴动工作计划，决定西江暴动的主要任务，是要实行土地革命，扩大各县暴动，形成西江割据的局面，以至汇合各方割据力量，由广宁影响清远，由罗定联络南路，使之逐渐形成全省总暴动之势。

1928年2月6日，唐公强等召开罗定县委执委会议。会议根据省委指示，制定了罗定暴动的总策略和工作部署。会议决定先将罗定划分几个中

心，四区以横岗、泗纶圩为中心，五区以素龙圩为中心，一区以罗城为中心，二区以竹围乡为中心，组织农民暴动；并拟定暴动先以四区为起点，五区作响应，其他各区进行破坏工作，造成赤色恐怖；同时散发革命传单，揭露国民党反动派的罪行，激发城乡广大群众起来参加暴动。

同年3月4日，省委、省团委为罗定制定了《罗定暴动工作大纲》，对罗定的暴动工作作出指示。省委决定：一是以广宁为中心扩大到高要、四会；二是以罗定为中心扩大到郁南、封川一带，并与南路的信宜等地取得联系。同时决定成立西江上游特委（又称罗定特委），由黄钊任书记，赖金章、唐公强、王欢为委员，另还有农民同志3人，领导罗定、郁南、封川、云浮等县组织武装暴动进行。

同年3月底，西江上游特委书记黄钊到罗定检查工作。罗定县委在郁南西埇举行会议，由黄钊传达省委对暴动工作的指示，唐公强传达广州暴动的经过。会议根据省委的指示，进行县委改组工作，清除了一些不坚定分子，选举唐木为县委书记，唐公强、张礼洽、王耀、王振强、陈蟠龙、谭海深为县委委员。会议决定组织暴动委员会，设暴动总指挥部，制定临时苏维埃政府政纲和劳动保护法，决定4月4日于罗城举行暴动。由于县委内部意见不统一和准备工作尚未做好，暴动日期改为4月14日。

唐公强等按照县委部署，分头做好宣传发动，组织赤卫队参加暴动。4月14日，全县集中赤卫队千余人，分兵四路，攻打县城，但由于暴动计划被一奸细告密，反动派全城戒严，切断交通要道，化装进城的农军及枪支弹药，全部落入敌人手中，指挥失去联系，攻城宣告失败。

"四一四"罗定暴动失败后，县委机关被捣毁，县委书记唐木离开罗定抵达广州，县委委员王耀被捕，陈蟠龙、王振强被迫离开罗定，仅剩唐公强、张礼洽、谭海深3人留下来坚持工作。县委机关被迫搬到四区。

5月9日和6月1日，广东省委两次去信罗定县委，指示要迅速恢复党组织活动和加强县委的领导力量，组织第二次暴动。但由于白色恐怖严重，形势恶化，无法组织暴动。不久，唐公强等人在罗定无法立足，而被迫转移到云浮。

-------------- ◦ **英勇牺牲** ◦ --------------

1928年6月，省委派唐公强到高要县工作，担任高要县委常委，继续开

展农民运动。后因形势继续恶化，唐公强被迫潜离，不久被敌人杀害。

● 英烈精神 ●

不辞辛劳、细致入微、机智冷静、不畏艰险的革命工作精神。

（陈忠能）

唐　木（1901—1928）

——罗定农民运动的早期领导之一

唐木，广东省罗定县素龙镇凤塘村人。

- 1901 年出生。
- 1925 年，加入中国共产党。6 月，参加省港大罢工，担任工人纠察队分队长。
- 1928 年 1 月 8 日，当选罗定县第一个中共县委组织常委。3 月，任改组后的中共罗定县委书记。4 月 14 日，负责指挥四一四罗定暴动。5 月 18 日晚，在广州被敌人枪杀，壮烈牺牲。时年 27 岁。

发展党组织

唐木，1901 年出生，广东省罗定县素龙镇凤塘村人。父母亲一向务农，有 2 个弟弟、4 个妹妹。农闲时，父亲唐伦到圩场做牛贩，维持一家数口生活。因家境贫困，唐木只读过 4 年私塾，仅 17 岁就前往广州谋生。在广九铁路站捡煤渣、拾破烂，过着牛马不如的生活。后来在火车站干些洗车厢、煮饭之类的杂活。唐木力求进步，勤奋学习机械工种，得到老师傅、工友的帮助，终于学会了开火车，当上了火车司机。在此时间，唐木受到革命形势的影响和党组织的培养教育，于 1925 年加入了中国共产党。1925 年 6 月，他参加了省港大罢工，担任工人纠察队分队长。他不顾个人安危，勇敢机智，维护罢工工人利益，维持罢工秩序。

1927 年 4 月 15 日，广州国民党反动派发动反革命政变，出动大批军警，搜捕和屠杀共产党员及革命群众。广东区委机关被迫转移到香港。随后，唐木和唐公强等也潜往香港找党组织联系。同年 12 月底，中共广东省委派唐木、唐公强等人回罗定领导农民运动。他一面与唐公强、李友芳秘密到达横岗六迪，与李锐春、张礼洽、谭奇泉等人取得联系，发展党组织、组织农军队伍；一面组织一些人，研究制造土手枪、土手榴弹，为武装暴动做好准备。

唐木不顾个人安危，走遍赤岭、园珠、松木、黄沙、生江、素龙一带，跋山涉水，发动群众，宣传群众，并着手发展党员，恢复党的组织。经过一段艰苦深入的工作，全县发展党员 45 人。1928 年 1 月 8 日，召开了罗定第一次党员大会，到会 33 人，选举产生了罗定县第一个中共县委组织。唐木当选常委。县委成立后，鉴于有些党员对革命产生动摇，意志不坚定，县委根据省委指示，采取措施，纯洁党的队伍，健全了党的组织。

指挥罗定暴动

同年 3 月，由唐木、唐公强主持，改组中共罗定县委，将携枪逃跑的不坚定分子林河（常委）等两人清除出党。改组后的中共罗定县委，由唐木任县委书记，设县委委员 7 人，进一步加强对罗定农民运动的领导，恢复县农会、工会等群众组织，组建赤卫队1000多人。3月底，罗定县委开会决定成立罗定暴动委员会，设暴动党指挥部，由唐木和唐公强、李友芳等人领导。他们决定四区以横岗、泗纶圩为中心；五区以素龙圩为中心；一区以罗城镇为中心；二区以罗平竹围为中心。并决定以四、五区为暴动中心首先行动，各区马上响应，造成对罗定县城的包围。

罗定暴动的时间，县委经过几次研究，由于意见不一，曾几次改期，最后才决定于4月14日举行。暴动前一天晚上，由李友芳组织爆破队，把手枪、手榴弹用稻草藏好，打扮成工人运货入城的样子，运进县城刣狗巷埋伏。唐木负责指挥工人起来暴动。各区的农军由唐公强、陈蟠龙、陈云朗、王文生指挥，分4路进攻县城。由于奸细告密，敌人早有防备，这天早上已全城戒严，县委机关驻地被敌人包围，运进县城的爆破队被捕，各路农军已失去联系，无法攻城，以致暴动失败。敌人逮捕杀害了30多人。县委机关被捣毁，县委委员王耀被捕杀害。幸得唐木勇敢机智，化装离开罗定，回到广州，找党组织联系。

---------◦ **壮烈牺牲** ◦---------

1928年5月18日，唐木在广州市十三行一间茶楼和8位同志以饮茶为名，秘密联系工作。不料被广东机器工会体育队的人员发现、告密，反动军队前来包围茶楼，唐木等人被捕。当天晚上，唐木就被敌人枪杀，壮烈牺牲。

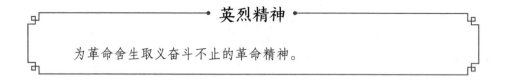

英烈精神

为革命舍生取义奋斗不止的革命精神。

（陈忠能）

唐　震（1904—1928）

—— 宁死不屈，对党无限忠诚

主要生平

唐震，原名唐清镜，广东省兴宁县城镇人。

- 1904 年 4 月 18 日，出生于一个贫苦的工人家庭。
- 1920 年春，因家遭火灾生活困苦而中途辍学，到佛山、广州的纱厂做工。
- 1923 年 3 月，经革命党人姚雨平介绍，担任大元帅府大本营兵站总监站员。
- 1924 年，考进黄埔军校第一期学习。同年秋，加入中国共产党。12 月，毕业后编入第二教导团任少尉排长。
- 1925 年 2 月，随黄埔军校教导团东征讨伐陈炯明。7 月，先后任国民革命军第一军第一师、第二师政治部中校秘书。10 月，参加国民革命军的第二次东征。
- 1926 年 2 月，调任海军江巩舰党代表。7 月，调任第六军第二十一师政治部主任。
- 1927 年 8 月，唐震率部参加南昌起义。12 月 11 日，在广州起义失败后，被送南石头监狱。
- 1928 年 6 月 24 日晚，反动派以所谓"谋反叛逆，捣乱国政"的罪名，将唐震押赴广州红花岗行刑英勇就义，时年 24 岁。

唐震，原名唐清镜，广东省兴宁县城镇人，1904年4月18日出生于一个贫苦的工人家庭。家里九兄弟中他排行第三。一家老少没日没夜地做工，得来的工钱也难于填腹。

寻求救国救民的真理

少年时代的唐震，在校读书勤奋品学兼优；在家做工时手勤脚快。小学毕业后，他考进兴民中学。此时，兴宁和全国各地一样，由于帝国主义的侵略，军阀连年混战，苛捐杂税繁多，人民痛苦不堪，唐震越来越不满当时的社会现实。五四运动的消息传到兴宁后，唐震和广大青年立即起来响应，参加集会、示威游行、宣传抵制日货。1920年春，唐震因家遭火灾后生活更为困苦，只好中途辍学，到佛山、广州的纱厂做工。2年多的工人生活，使他进一步看清了当时的社会现实，开始阅读有关社会科学的书籍，寻求救国救民的真理。

1923年3月，孙中山在广州建立大元帅府，重建革命政府。唐震经革命党人姚雨平介绍，担任大元帅府大本营兵站总监站员。1924年，孙中山在中国共产党和苏联的大力协助下，创办了黄埔陆军军官学校，唐震考进军校第一期学习。在校期间，他勤奋学习，刻苦操练，与共产党员蒋先云、洪剑雄最为要好，经常一起讨论时局。他渐渐懂得：帝国主义、封建主义和反动军阀是国难深重的社会根源，只有走俄国十月革命的道路，进行社会主义革命，中国的面貌才能从根本上改观。1924年秋，唐震加入了中国共产党。同年12月，他毕业后编入第二教导团任少尉排长。

参加第一次革命东征

1925年2月，在中国共产党的倡议和推动下，广东革命政府举行讨伐陈炯明的第一次东征。唐震随黄埔军校教导团出征。在东江农民的密切配合下，东征军先后攻克了淡水、惠州、海丰、河婆、五华城、兴宁城。在讨陈战斗中，唐震作战勇敢，充分发挥了军事才能，由排长升任连长、校本部参谋处上尉参谋。在部队驻在兴宁县府20多天中，他只回家吃过一顿饭就走了。他出色的工作多次得到周恩来的鼓励和赞扬。在兴宁逗留期间，他曾跟随周恩来对各阶层进行广泛深入的社会调查，通过唐震介绍引荐，周恩来与进步青年罗远方谈了几次话，动员他参加革命。不久，周恩来委派罗远方为兴宁农民协会筹备员，经过短时间的筹备，正式成立了以罗远方为主任的兴宁农民协会筹备委员会，使兴宁的农民运动轰轰烈烈地开展起来。

3月30日，唐震参加了在兴宁大坝里举行的孙中山追悼大会之后，即随部队开赴梅县。由于劳累过度，患肺痨咯血，但仍坚持不懈地工作。5月，东征军占领汕头，取得了第一次东征胜利。6月，他奉命回师广州，讨伐杨希闵、刘震寰叛乱，巩固了广东革命政权。1925年7月，广州国民政府成立后，8月将所辖的军队统一改编，以黄埔军校教导团为基础，组成国民革命军第一军。唐震先后任第一军第一师、第二师政治部中校秘书。

参加第二次革命东征

1925年10月，唐震参加国民革命军的第二次东征。东征军分三路讨伐陈炯明，唐震所在的第一纵队为中路军。至同年底，陈炯明部全军崩溃。第二次东征取得彻底胜利，从而统一和巩固了广东革命根据地。

在战斗中开展了出色的政治工作

1926年2月，唐震调任海军江巩舰党代表。蒋介石为了达到其蓄谋已久篡夺革命军权这一反革命目的，竭力排除中国共产党在军队中的力量。3月20日，他一手制造了中山舰事件，调动军队宣布戒严，断绝广州内外交通，逮捕了舰长李芝龙等共产党员50多人，强迫以周恩来为首的全体共产党员退出第一军。由于陈独秀采取妥协退让政策，唐震等共产党人后来离开了第一军。

1926年7月，国民革命军誓师北伐。当时，唐震调任第六军（党代表是林伯渠）第二十一师政治部主任。他随部队从粤北入赣：沿赣州、宁都方向挥师讨伐军阀孙传芳。11月8日，国民革命军攻克南昌，然后率部直逼浙江、杭州、苏州、南京。在战斗中，唐震开展了出色的政治工作。

参与南昌起义

1927 年 4 月,蒋介石发动了四一二反革命政变,疯狂屠杀共产党员和革命群众。后来,唐震等秘密化装为商人,搭船赴武汉参加倒蒋工作。他到武汉后,被派往叶挺部第二十四师。7 月 27 日,唐震率队进入江西南昌,积极参加准备起义的工作。8 月 1 日凌晨 2 时,唐震率部参加了震撼中外的南昌起义。经过 5 个小时的激战,该团歼敌第三军二十三团、二十四团。8 月 3 日后,他随起义军撤离南昌向广东进发。行至瑞金时,敌十几团兵力已进驻壬田、会昌,威胁起义军前进道路,在师部的统一指挥下,唐震和官兵一起英勇奋战,和兄弟部队一起歼灭守敌,进占会昌,继续南下。经过一个半月的艰苦战斗,9 月下旬解放了潮州、汕头。由于部队连续作战,敌人以逸待劳,起义军终因众寡悬殊,遭受失败,潮汕被敌占领。起义军接前委决定,向海陆丰转移,进入流沙时,指战员已 3 天 3 夜没有睡觉,疲惫不堪,被压在四面环山的小盆地里,几经激战,最后才冲出重围,与彭湃部队会师。到了海陆丰不久,唐震奉命与数十位同志一起搭渔轮转往香港。住约半月,经党组织介绍打入国民党部队,从事秘密工作,迎接广州起义。

宁死不屈

12 月 11 日广州起义后,唐震被叛徒告密,后被薛岳扣留,初寄押于广州市公安局,后送南石头监狱。在狱中半年时间里,反动派对他进行严刑审讯,唐震大义凛然。直言自己是共产党员,对党的秘密却不吐露一个字,表现了共产党员宁死不屈,对党无限忠诚的高贵品德。

英勇就义

1928 年 6 月 24 日晚,反动派以所谓"谋反叛逆,捣乱国政"的罪名,将唐震等 9 人押赴广州红花岗行刑。唐震就义时,历数反动军阀的罪行,连声高呼:"打倒军阀!""打倒帝国主义!""中国共产党万岁!"

（肖海灵　刘雨汀）

吴国华（1907—1928）

——顶天立地不改革命初心，不屈不挠革命志气永存

主要生平

吴国华，原名吴梁才，广东省惠阳县松坑乡石北岭村人。

- 1907 年出生。
- 1925 年春，考入惠州省立三中就读。同年冬，参加支援东征军围歼陈逆叛军的活动。
- 1927 年 4 月 12 日后，奔海丰投身革命。后返回家乡松坑、安墩等地发动他人参加革命，又前往紫金炮子等地发动农民参加革命斗争。同年冬，加入中国共产党。
- 1928 年 1 月，被党组织选派到海丰城东江党校学习。2 月底，在传递东江特委的秘密文件时不幸被捕。3 月 10 日，被团匪用火烧死，英勇牺牲，时年 21 岁。

受到革命的洗礼

吴国华，原名吴梁才，广东省惠阳县松坑乡石北岭村人，1907 年出生于一个比较殷实的农家。祖父吴奋耕田兼做生意，在松坑圩开有"俊和号"店铺一间，家中有 10 多亩自耕田，还常养着几条大水牛。父亲吴招在家主务耕作；叔父吴勋主管松坑圩店铺。兄弟 3 人中，吴国华居长。11 岁时，被祖父送入其时松坑唯一的学校——吴氏的育贤学校，接受启蒙教育。他勤勉好学，品学兼优，是校中的佼佼者。

吴国华 16 岁时，其祖父给他娶了媳妇，冀其未来成为家族中倚畀之人。吴国华于育贤学校毕业后，于 1925 年春考入惠州省立三中继续就读。

他进入省立三中时，适值广东革命政府进行第一次东征。他亲眼看到惠州人民热烈拥护孙中山革命的热情，思想深受启迪，并萌生了投身革命的念头。1925 年冬，国民革命军第二次东征，彻底摧毁盘踞惠州的陈炯明叛军。在此期间，吴国华主动地参加了支援东征军围歼陈逆叛军的活动，受到了革命的洗礼，心里迸发着革命的火星，憧憬着未来能成为一个报效工农大众的革命志士。从此以后，他非常关心革命形势和家乡工农革命运动的发展。

1926 年放寒假时，吴国华回到家乡松坑，恰巧遇着游瘿华带领一帮喽啰洗劫松坑。他家的店铺亦被抢掠一空。年逾古稀的祖父、祖母被迫跑到距松坑 30 华里的白沙乡避难。此次祸害更激起吴国华对当时黑暗的世道的憎恨。

发动农民参加革命斗争

1927 年春，新学期开学，吴国华到校后，即与海陆丰籍的进步同学联系，详细地了解海陆丰农民革命运动的情况，心里进一步产生了找机会奔赴海陆丰参加革命斗争的打算。不久，爆发了四一二反革命政变，广州、惠州也相继发生大屠杀。国民党新军阀的狰狞面目和施虐无辜的罪行，更使吴国华的革命激情迸发。他毅然辍学回家，征得亲人的支持，告别亲友，旋奔海丰。不久，他衔命返回家乡松坑、安墩等地动员吴初文、江海洋等人参加革命，然后又前往紫金炮子等地发动农民参加革命斗争。由于他工作卓有成绩，意志坚定，是年冬，他光荣地加入了中国共产党。1928 年 1 月，他被党组织选派到海丰城东江党校学习。

1928 年初，广东各派军阀火拼甚烈。东江特委抓住这一有利战机，部署工农革命军第二师、第四师分两路向东向北出击，工农革命军屡战屡捷，给当地的反动地主武装以沉重的打击。革命形势迅猛发展，引起了两广新军阀们的震惊。他们为了消灭人民革命力量，又互相勾结起来，纠集重兵，配合各地反动武装、土匪，分兵四路扑向海陆惠紫革命根据地。各地苏维埃政权陡然处于危险之中。东江特委指示各地党组织和革命团体，充分发动群众和组织一切革命力量，采取积极措施，消灭敌人或滞阻敌人的进攻。

在传递秘密文件时被捕

2 月底，吴国华在海丰东江党校接受上级党组织的派遣，返回惠阳传递东江特委的秘密文件。为了确保路上安全，他把秘密文件装进凿通了内节的竹棍里，并作一番乔装，把竹棍当成拐杖，和另外两个战友扮成远走他乡的难民，肩挎包袱由海丰抄小路疾趋平山。翌日上午抵达平山的榕树头。

由于饥渴、疲劳和想观察地主民团的活动情况，吴国华三人便走入路边一间小食店歇息，不料引起了巡游在当地的游瘕华便衣团匪的注意。他们觉察到情况有点微妙，立即分散离开小店。游匪接着进店与店主细语片刻，立即分头追捕吴国华三人。吴国华已经做好准备，为了掩护战友，自己选择往多祝的大道而行，走了一段路程后，便把拐杖丢进路旁的荆棘丛中，以绝证据。稍许，敌人追至，即行搜身，一无所获。狡猾的团匪为邀功领赏，把吴国华押往平山。

恰逢在吴国华丢弃拐杖的地方，遇到一个牧牛的小孩，团匪以恫吓的口吻，询问小孩是否看清楚吴国华路过的情况。幼稚的小孩竟把吴国华丢掉拐杖的行为如实告诉了团匪。团匪立即觅回吴国华的竹棍，然后用石头砸开，取得了秘密文件。

遭严刑拷打，但绝不屈从

吴国华被押回平山匪部，游瘕华如获至宝，一面立即电告惠州反动当局，一面提审吴国华。游瘕华极尽威迫利诱之能事，却总是套不出有用的口供。于是使出惯伎，鞭挞吴国华，企图使其屈服于皮肉之苦。但吴国华总是不吐真言。恼羞成怒的游瘸华就命令喽啰把吴国华按坐在"老虎凳"上，然后猛力鞭挞，把吴国华抽得皮开肉绽，血肉模糊，昏死过去。游瘸华喝令手下，往吴国华身上泼浓盐水，吴国华惨叫一声苏醒过来。游瘸华骂道："你就是想死，也不给你好死。"吴国华睁开双眸怡然回答："革命者，顶天立地，命为志存，随你的便罢。"

英勇牺牲

3月10日，游瘸华将吴国华押往榕树头（地名），架起一堆干柴，浇上煤油，并将吴国华置于干柴上面，活活用火将他烧死。吴国华呼喊着"中国共产党万岁！""农民赤卫军万岁！"等口号，英勇牺牲。时年仅21岁。

烈士被焚的当晚，青龙潭党组织及时组织群众把烈士的尸骸殓好葬在本村的山丘上，并以烈士悲壮牺牲的情景教育群众，发动群众展开更加广泛深入的对敌斗争。

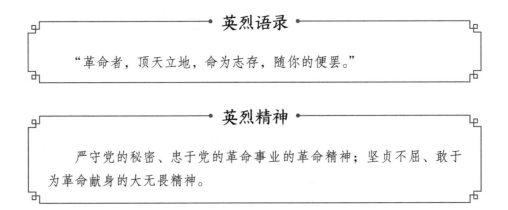

英烈语录

"革命者，顶天立地，命为志存，随你的便罢。"

英烈精神

严守党的秘密、忠于党的革命事业的革命精神；坚贞不屈、敢于为革命献身的大无畏精神。

（郑锦清）

吴文兰（1904—1928）

—— 献身于潮汕妇女运动的巾帼英雄

主要生平

吴文兰，乳名锦芝，广东省澄海县城关镇西门村人。

- 1904年3月，出生于一个破落地主家庭。
- 1919年，私自入读私塾，只读一学期便辍学。
- 1921年秋，进入澄海县立第一女子学校高级部读书。
- 1925年，投身到工农运动。
- 1926年1月底，加入中国共产党。下半年，担任中共潮梅地委妇委书记和岭东妇女解放协会会长。为支援北伐战争，在汕头市开办妇女运动训练班，培养各县市的妇女骨干。
- 1928年2月，任中共汕头市委委员兼秘书长，在极端困难的环境中，坚持领导汕头市的革命斗争。6月初，不幸被捕，并于6月18日被杀害，时年24岁。

吴文兰，乳名锦芝，广东省澄海县城关镇西门村人。1904 年 3 月出生于一个破落地主家庭。她出世时，家境早已衰落。父亲吴延臣不务正业，成日抽鸦片，是个"破家仔"。母亲王贞是普通的家庭妇女。吴文兰是家中的长女，下有两弟两妹。全家 8 口人主要靠 3 年轮到一次的收公租来维持生活，入不敷出。吴文兰饱尝了童年的坎坷生活，对父亲的作为非常反感。

私自入读私塾

吴文兰生性恬静，很能吃苦耐劳，干活之余喜爱看书认字。1914 年，林西园、黄模姈从广州女子师范学校毕业后回澄海县城创办了私立女子学校（翌年改为澄海县立第一女子学校）。女孩子纷纷入学，吴文兰羡慕不已，便向祖母请求上新学校读书，可是思想守旧的祖母把"女子无才便是德"奉为金科玉律，不肯答应。吴文兰上学的愿望未能实现，只得遵循长辈的意旨学习刺绣。

吴文兰虽以刺绣为业，但求学的愿望仍十分强烈。她躲着祖母，设法请教在校读书的邻居姐妹，把别人读过的课本借来在家自学。每天晚上，一放下针线，她就捧上书本，念书写字，常常学习至夜半深更。年复一年，锲而不舍。五四运动的波涛卷进澄海的时候，新思潮撞进了吴文兰的心扉，她如梦初醒。这一年她决然不征询祖母意见，便私自入读私塾，把祖母立下的深居简出戒律抛在一边。可只读了一学期，在祖母的高压下，她不得不辍学。

决心献身于妇女解放事业

1921 年秋，祖母去世，吴文兰得以进入澄海县立第一女子学校高级部读书。夙愿已偿，她欣喜若狂，虽然年岁大了点，也毫不介意。女校是一间进步的学校，校长林西园、训育长黄模姈经常向学生灌输爱祖国、爱民族、爱人民的思想，宣讲妇女解放的道理和意义，并介绍《新青年》等进步书刊给吴文兰阅读。新思想的熏陶和启迪，使吴文兰萌发了探求真理的欲望。校长和老师还时常带领她们走出校门参加宣传新文化，呼吁妇女解放自由的社会活动，吴文兰无不积极参加，从中受到教育。特别是林西园、黄模姈带头放足的行为，对吴文兰更是一个莫大的震动，她决心做一个自由解放的新女性，献身于伟大的妇女解放事业。两年后，为解决女校毕业生的升学问题，在校内附设了女子师范讲习所。吴文兰毕业后又升上了讲习所。她团结同学继续研读进步书刊，联系实际探索妇女解放的道路，深受同学们的信任，逐渐成了姐妹们的主心骨和带头人。

投身工农运动

1925年2月，广东革命政府进行第一次东征。3月，东征军进入潮汕打败了军阀陈炯明的主力。5月1日，中共潮梅特支派党员朱曳林到澄海开展工作，澄海的革命气氛空前高涨，吴文兰大受鼓舞，决心投身到工农运动中去。这时，孙中山在北京逝世的消息传到澄海，吴文兰沉痛地参加了各界举行的追悼大会。接着，五卅运动的风暴卷进了澄海，掀起了反帝爱国运动新高潮。吴文兰立即投入这一运动，她组织女师学生宣传队奔走苏南一带，通过开办夜校，给农民群众传授文化知识，进行宣传发动。每到一处，吴文兰都向妇女讲解"国家兴亡、女子有责"的道理，动员她们冲破封建礼教的樊篱，投身到轰轰烈烈的革命斗争中去。

7月，为支援上海工人反帝斗争和省港大罢工，成立了澄海国民外交后援会。吴文兰被派到后援会工作。后援会决定在县城举办游艺会，募集"爱国捐"资助省港罢工工人，掀起反帝爱国宣传高潮。吴文兰非常活跃，写标语、做彩旗、组织女师同学夜以继日地赶制刺绣展品。游艺会一连3天，汕头国民外交后援会负责人杨石魂、伍治之也亲临指导，杨石魂还在会上作支援罢工斗争、组织游艺会之爱国意义的报告。

破除封建礼教

暑假期间，女子师范讲习所因故停办。其时，澄海唯一的中学澄海中学仍然只招男生，不收女生。为了打破当时存在的"男尊女卑""男女授受不亲"等封建思想，吴文兰便同蔡楚吟、黄质、陈馥芳、陈馥卿、李实煌等同学，向澄海中学校长杜国庠提出接收女生的要求。杜国庠和县教育局局长王鼎新均是当时知名进步人士，他们欣然接受，打破封建礼教的门禁，于9月新学期开学时，破例录取了吴文兰等6位女生，开创了男女同校的新风气。

吴文兰她们这种新女性的果敢行为，震动了整个学生界，尤其在女青年学生中产生了非常好的影响。

进了澄海中学，吴文兰边读书边做革命工作。由于志同道合，她和同学林灿建立了恋爱关系。她征得林灿的支持，便自己做主公开订婚，坚决破除包办婚姻的封建习俗。林灿是县学生会和后援会的负责人，工作繁忙。吴文兰和他商定暂缓结婚，以便把全部精力用于革命工作，就这样他们虽然感情甚笃，但是一直未能结婚，直到吴文兰牺牲。

入党走上职业革命的道路

11月，国民革命军第二次东征解放了全潮汕。革命军第三师第七团党代表、共产党员蒋先云率领该团进驻澄海县城。蒋先云、朱曳林和澄海中学共产党员教师李春蕃决定在澄海中学学生中吸收党团员，建立澄海党团支部。吴文兰于1926年1月底，由蔡楚吟介绍，光荣地加入了中国共产党。

吴文兰入党后，党组织调她到汕头市负责共青团汕头地委的妇女工作。从此，吴文兰告别了学生生涯，走上职业革命的道路。周恩来带东征军进汕头后就任东江各属行政委员，主持重组国民党汕头市党部，派方达史任委员兼工人部部长、李春涛任委员兼宣传部部长、吴文兰亦受命任委员兼妇女部部长。吴文兰还兼任汕头市妇协会长、岭东妇协副会长。邓颖超来汕头后兼管了中共潮梅地委的妇女工作。吴文兰在周恩来、邓颖超的直接领导下致力于妇女运动。她组织妇女骨干认真学习周恩来的政治报告和邓颖超在妇女联欢会上所作《今后的妇女运动和对汕头妇女界的希望》的报告。她遵照邓颖超关于妇女问题是国民革命工作的一部分，妇女运动应动员工农妇女参加的指示，迅速带领妇协成员深入工厂慰问女工，动员女工起来和厂主进行斗争，加入国民革命的行列。

为指导农村妇女工作的开展，吴文兰陪同邓颖超来到妇运基础比较好的澄海。她们在县农会和澄海中学等处召开妇女骨干会议，强调指出澄海的妇运尤其要注意广大农村妇女的发动工作，并尽快地成立妇女协会。随后吴文兰到苏南、隆都等乡村，动员农村妇女起来参加革命。在邓颖超和吴文兰的具体指导下，澄海妇协于1926年春夏间宣告成立，还在苏南和隆都前后沟成立了妇协分会，使澄海的妇女运动进入了一个崭新阶段。吴文兰的表现给邓颖超以深刻的印象，直到 1981 年，邓颖超还对她表示深切的怀念。

培养妇运骨干

吴文兰再次到苏南时，了解到当地女青年余清华曾冲破家庭牢笼只身前往汕头市女中读书，且成为女中的妇运骨干，后因家庭逼迫她才不得不退学回乡的情况，便热情接待她，鼓励她振作精神，并通过澄海妇协给予她大力的帮助与支持，使她再次摆脱家庭的阻挠来到澄海妇协苏南分会工作。余清华在吴文兰的帮助下精神大振，把苏南的妇女工作开展得有声有色。以后余清华也入了党，成为职业革命者。吴文兰还经常教育胞妹吴益兰，并介绍她入团，把她培养成为当时澄海的妇协骨干。

吴文兰非常善于团结人、帮助人，她认为妇女工作应团结所有的姐妹一起来做。澄海有位女教师恃才自负、瞧不起搞妇女工作的同志，以为她们只是出出风头而已。一次，这个女教师到汕头市，人地生疏，住宿不方便，只好到国民党汕头市党部找吴文兰。吴文兰热情地接待她，并腾出自己的房间让给她住。晚上刚好有宣传任务，吴文兰便诚恳地请她帮助书写标语，说："难得来个好书法的本领人，来帮个忙好吗？"女教师颇擅书法，便欣然答应。她俩一同动笔，边写边谈，从生活常识谈到标语的内容意义，从女子解放论至国民革命。女教师慢慢受到教育，渐渐改变了对妇运工作的偏见。此后，女教师十分佩服吴文兰，也乐意帮妇协做好事，她常常感慨地说："文兰啊真行，工作那么内行，既懂道理，又懂尊重人。"

吴文兰经常强调妇协要关心妇女的切身利益，勇于帮助她们挣脱封建枷锁，成为解放的女性。拯救梅县女青年熊婉仙就是一例。熊婉仙的父母强迫她嫁给当地一个有名的地主当小老婆，她拒不从命，父母又逼迫不已，走投无路，想轻生。吴文兰得知后即派妇协干部郭才赶赴梅县，将熊婉仙接到汕头市。针对此事，吴文兰在汕头市和梅县发动了一场反对封建婚姻制度，提倡婚姻自由、妇女解放的宣传运动，打击了腐朽的封建势力。

开办妇女运动训练班

邓颖超离开潮汕后，1926 年下半年，吴文兰担任中共潮梅地委妇委书记和岭东妇女解放协会会长。吴文兰肩负重任，夙兴夜寐，足迹遍及潮梅各县市。7月，国民革命军誓师北伐。10月，革命军驻汕头第一军也奉命挺进福建，潮梅地区成了北伐大后方。为了支援北伐战争，吴文兰遵照党组织的指示，和李春涛在汕头市开办了妇女运动训练班，培养各县市的妇女骨干。在训练班上她亲自教唱《国民革命歌》，以提高学员对北伐意义的认识和支前斗争热情。吴文兰还动员组织青年妇女参加潮梅地委组织的支援北伐青年工作团，又亲自带领妇协干部组成工作组下到各县去发动妇女界积极支前、参加工农运动。吴文兰对党的耿耿忠心，卓有成效的工作和领导才能，赢得了潮梅广大妇女群众的钦佩和爱戴。

不顾安危坚持革命工作

继蒋介石四一二政变后，4月15日晚，潮梅警备司令何辑五（何应钦之弟）指挥从广州派来的反动军队围抄国民党汕头市党部、市总工会和罢工委员会。一夜间，汕头市成了白色恐怖的世界。潮梅地委干部在群众掩护下分头转移农村。何辑五下令缉捕潮梅地委干部和共产党员，吴文兰也在缉捕之列。吴文兰在敌人的淫威面前，不顾个人安危，经常以挑盐卖菜为掩护，秘密来到澄海农军驻地之一的苏南区，向澄海党组织传达地委关于发动农军暴动，反击反动派进攻的指示，并暂留下领导妇女工作。吴文兰戴上竹笠，卷起裤管，到苏南各个村庄去登门串户，了解群众疾苦。她深入浅出地给群众讲解只有共产党领导革命才能成功的道理，揭露蒋介石背叛孙中山三大政策的罪行，鼓励大家起来支援农军暴动。吴文兰还常常到田里和群众一起劳动，利用休息时间教唱《国民革命歌》等革命歌曲，有时又和大家一起朗诵流传于大革命时的民谣："斗斗斗，田仔斗田主，田仔耕田耕到死，田主在家吃白米。地是天生个，起来共伊产。工农兵团结，打倒反动派。有穿又有食，人人皆爽快。"有效地提高了群众的阶级觉悟和斗争情绪。经过吴文兰等人的鼓动努力，妇女群众踊跃行动，在苏南农军三次攻打县城和东里镇的暴动中发挥了很大作用。

潮梅地区的农民暴动彼伏此起，势如破竹，震惊了国民党反动派。蒋介石慌忙从厦门增兵汕头，何辑五亦派兵出击澄海。由于兵力悬殊，革命力量受到严重摧残，党组织和农军被迫撤离苏南转上山区。吴文兰奉命转入地下，先后到庵阜、鸿沟、苏南等地活动。何辑五依仗兵力上的优势，妄图一举打尽潮梅地下党，再加重赏通缉追捕吴文兰等人，同时，四处增派暗探。为了在敌人鼻子底下坚持活动，吴文兰有时化装为工人，时而又成了农妇，有时打扮得像富商人家的眷属，时而又俨然是名门闺秀。凭着机智勇敢，她一次次地混过敌人的岗卡，甩掉狼犬的耳目，常常只身深入汕头市郊庵埠镇和澄海县城等敌占区，进行革命活动。

一次，吴文兰进入澄城被敌人察知，敌人戒严搜捕，危急之时幸得唐馥卿的帮助，将她藏匿于家中。唐馥卿是吴文兰家邻居，和吴文兰是相知好友，情如手足，她们曾经同床而卧。吴文兰帮助过她学习文化，给她讲过革命道理。在唐家住到第6天的晚上，忽然在门缝塞进一字条，上面写着"文兰若在此应迅速转移"。吴文兰缜密地分析判断，确认是同志报信而不是敌人的圈套，遂于翌日化装成老年农妇，在唐馥卿的帮助下顺利转往汕头礐石。

到了礐石，党组织安排吴文兰寄居在革命群众程氏（同志们称"礐石姨"）家中。礐石和敌人戒备森严的汕头市仅一水之隔，但党在这里影响甚大，群众基础很好。吴文兰到这里后，带着青年同志走遍礐石的每个角落进行宣传，给敌人造成"共产党到处皆是"的感觉。

1928年2月，潮梅特委（大革命后改为特委）被破坏后，省委派沈青到汕头重建潮梅特委，同时重组汕头市委，派邓凤翱任市委书记、吴文兰任市委委员兼秘书长。市委机关设在汕头市内马路一座未开业商铺二楼，吴文兰和邓凤翱以夫妻名义居住在这里，领导汕头市的革命斗争。在极端困难的环境中坚持革命斗争。

经过邓凤翱、吴文兰等人的顽强工作，汕头市党组织很快得到了恢复发展，从市委到各基层组织形成了层层地下活动网。后因叛徒出卖，市委机关遭破坏。

视死如归

1928年6月初某晚，吴文兰不幸被捕。抓到吴文兰后，何辑五如获至宝，亲自提审。起初他一个劲地向吴文兰许愿，说只要说出党组织的内情，高官厚禄任挑不竭。吴文兰不为所动，嘲笑地回敬道："我不要官，不要钱，单要革你们的命!"何辑五尴尬至极，恼羞成怒，即命施用重刑：用针刺吴文兰的十指，用烧红的铁棒烙吴文兰的胸膛。面对敌人的淫威，吴文兰只有一句话："情况我知道，我偏偏不说，不说就是不说!"每次吴文兰被抬回狱房时，都是血肉模糊，昏迷过去。敌人从吴文兰身上毫无所得，于是在6月18日将吴文兰及其他5位革命者押出汕头市审判厅前杀害。吴文兰临刑前大声高呼"打倒国民党反动派!""打倒军阀!""工农万岁!""共产主义万岁!"等口号，表现出共产党员视死如归的高风亮节。吴文兰牺牲时年仅24岁。

落红不是无情物，化作春泥更护花。吴文兰光荣牺牲后，当年11月25日，中共广东省委第二次扩大会议就特别向吴文兰等烈士默哀致敬，并决议各级党组织都哀悼吴文兰等烈士，号召"全党应当永远纪念他们的努力"，"为完成他们的志愿奋斗"! 吴文兰烈士的形象鼓舞着无数革命者。

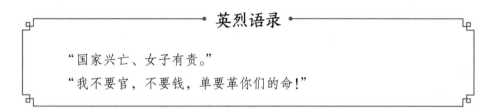

· 英烈语录 ·

"国家兴亡、女子有责。"
"我不要官，不要钱，单要革你们的命!"

· 英烈精神 ·

敢于打破陈规陋习、封建礼教的革新精神；对党和革命事业耿耿忠心的精忠精神；为革命赴汤蹈火、坚贞不屈、视死如归的革命斗争精神。

（余春生　朱定华）

阳江十六烈士

——革命时期阳江农会、农军首要成员

蓬勃发展的阳江农民运动

阳江地处广湛公路通道要地，毗连港澳，交通方便，信息传递快速，文化教育发达，外出读书人员较多。他们吸取进步思想，传播革命学说，寻求真理，追求进步，倾向革命的青年较多。1925年，一批中国共产党党员和共青团员，随着广州革命政府南讨邓本殷，在阳江开展革命宣传活动，发动群众。同年12月，国民党中央农民部又派一批农民运动讲习所毕业学员到阳江任农民运动特派员，开展农民运动。1925年冬至1926年春夏间，阳江工农运动蓬勃兴起。1926年3月，中共阳江县支部成立，直接领导阳江的工农运动。阳江城的理发、酒米、药材等工会在1925年已先后成立。闸坡、沙扒等地的渔业工会也相继成立。1926年秋，阳江县总工会也随之成立。1925年秋间，阳江第一个农民协会阳江县雅韶农民协会成立。1926年，阳江各地大部分区、乡的农民协会也先后成立。1926年春，阳江县农民协会筹委会成立，11月，阳江县农民协会成立。乡农民协会80余个，会员1.2万余人。各地成立农民自卫军，有枪800余支。工、农会和农民自卫军的建立，革命声势浩大，矛头直指封建剥削阶级。阳江封建势力阶级根基深厚，反动势力财雄势大，土豪劣绅当权，欺压敲诈人民群众，残酷镇压革命力量，是个破坏革命活动很厉害的地方。因此，进步与落后、革命与反动的斗争非常尖锐与激烈。

反动势力疯狂搜捕革命骨干

1927年，蒋介石制造了四一二反革命政变，广东当局也在全省进行"清党"，接着广东发生了四一五反革命政变。阳江的反动势力奉行其主子意旨，也于4月14日夜在全县对革命活动场所和革命骨干、农民运动特派员等的驻地进行全面封锁，15日凌晨开始搜捕革命骨干。反动县长陆嗣增、驻防军营长梁开晨、县城警察局局长梁鹤云等，率兵丁爪牙封锁重要巷道街口，分头搜查逮捕。在国民党阳江县党部逮捕了国民党阳江县党部常委和中共阳江县支部书记敖昌骙、国民党阳江县党部常委梁济亨、党务视察叶某（外地人）、事务员梁介年，在农运特派处逮捕了农运特派员谭作舟、谭启沃、黄贞恒；在国民党阳江县一区党部逮捕了常委陈必灿、工特佘士灿；在县中逮捕了学生会常委、共青团员冯尚廷；在私人家中逮捕了党务人员宋锦荣、共青团员姚祖贵；在四区（平冈）逮捕了国民党阳江县党部工人部部长关崇懋和国民党阳江县四区党部委员兼农运委员敖日华、党部常委梁洸亨、农民自卫军队长梁泮亨；在二区（大沟）逮捕了国民党阳江县二区党部常委陈鸿业；在国民党阳江县六区（织箦）党部逮捕常委兼农会常委王德符；当天，还派人到阳春在阳春农协筹备处逮捕了驻阳春县农民运动特派员吴铎民；后又诱捕了阳江县总工会常委曾道生、张乐华；又在八区（麻区）截捕了农会常委、共青团员曾毓华；在沙扒逮捕了渔民协会常委梁学贤。数日内，在全县城乡追捕革命分子。区、乡的反动头子亦不断地在区、乡追捕农会、农军首要成员。几天内，逮捕了数十人。全县陷入白色恐怖之中。

惨遭杀害的十六烈士

反动势力进行大肆逮捕的同时，国民党阳江县党部的"清党委员会"也成立了。他们四处"清党"，配合县署和军警大肆逮捕和刑讯逼供革命分子。在区、乡里的一些土豪劣绅不但对被捕者进行刑讯，甚至对一些被捕者灌屎灌尿，有的活活被打死，残忍极端，惨无人道。四区旦场乡等地，梁开晟在土豪指使下，枪杀了农军林源汉、林世泰、林权等7人。溪头白水乡，农军队长冯自福被地主用牛屎活活灌死。八区农会常委、共青团员曾毓华被捕保释出狱后，辗转逃往云南、贵州，直至阳江解放后才敢回来。

1927年5月3日，阳江的反动军警奉主子之令，把敖昌骙、谭作舟、黄贞恒、梁济亨、陈必灿、吴铎民、关崇懋、谭启沃、冯尚廷、梁本荣、王德符、陈鸿业、敖日华、梁洸亨、梁泮亨、张乐华等16人递解广州。初时拘押于明星影剧院（中山公园前）内，旋移解至广州市公安局，后解往南石头惩戒场。16位同志意识到，他们面临着一场更加严重的斗争，都做好了慷慨赴死的准备。中共阳江县支部书记敖昌骙面对敌人的屠刀慨而赋诗道："狱卒唤吾名，从容就酷刑。人生谁不死，我当享遐龄。"国民党阳江县一区党部常委陈必灿于1928年8月15日，即就义前20天，在狱中撕破自衬衣，用毛笔在衬衣上写下遗书。书中道："生适乱世，睹民生之涂炭，社会之不良，有令儿不能恝然置之者……是以投身党国，参加革命，冀幸救斯民于水火之中，登于衽席之上，而不负十余年之所学……然儿死后……两大人又何以悲为？……今儿先天下之忧而忧，目为谋多数人之幸福而死，生不负于有生之时，死能名于已死之后，此则儿虽死实为不死，两大人无子实为有子，幸何如之！……澜斑（斑斓）墨泪，著纸糊模，生不能话别于父母之前，故拟此为最后之禀命，谨此虔祝双安，并致兄和嫂侄儿吉安！将死之子阿统（陈必灿乳名）留禀。古历七月初一日写于公安局扣留七仓"。

除张乐华受折磨病死狱中外，余 15 名英勇不屈的同志，于 1928 年 9 月 5 日被国民党反动派杀害于广州。

敖昌骙，1902 年出生于阳江县平冈圩。在广州读大学时加入中国共产党。1926 年受委派回阳江筹建国民党阳江县党部，同时筹建中共阳江支部。同年 3 月，国民党阳江县党部和中共阳江县支部先后成立。分别任国民党阳江县党部常委、中共阳江县支部书记。

谭作舟，1903 年出生于阳江县雅韶村。1925 年加入中国共产党，9 月入广州农民运动讲习所第五届乙班学习，12 月受委派回阳江任农运特派员，在阳江领导开展农民运动。

黄贞恒，1902 年出生于阳江县岗列塘尾村。1925 年在家乡领导农运，为阳江县农民协会负责人。

吴铎民，1900 年出生于阳江县城西华龙村。中共党员。1925 年 9 月入广州农民运动讲习所学习。是农运特派员，毕业后被委派在阳春县领导农运工作。

陈必灿，1900 年出生于阳江县江城镇大埠头。曾任国民党阳江县一区党部常委。1926 年领导农民运动工作，是一区农运负责人。

关崇懋，1902 年出生于阳江县平冈镇那蓬村。后任国民党阳江县党部工人部部长。1926 年起领导阳江工运。

梁济亨，1899 年出生于平冈良朝大良村。曾加入中国国民党。1925 年随广州革命政府南讨邓本殷，在南征军前敌委员会宣传委员会负责宣传工作。1926 年春，受国民党广东省党部委派回阳江筹建国民党阳江县党部。3 月，国民党阳江县党部成立，任执委常委。

梁本荣，生平详见本书第 321 页。

谭启沃，1895 年出生于阳江县雅韶牛村。中共党员。1926 年在阳江从事农民运动。

冯尚廷，1908 年出生于阳江县海陵岛丹济村。1926 年加入共青团，曾任阳江县中学生会常委。

王德符，1898 年出生于阳江县织篢镇礼竹坑。中共党员。1926 年起从事农民运动，曾任阳江县六区农运负责人。

张乐华，中共党员，曾任阳江县总工会常委。

敖日华，中共党员，出生于阳江县平冈。曾任国民党四区党部委员兼农运委员。

陈鸿业，中共党员，出生于阳江县大沟。曾任国民党阳江县二区党部常委。

梁泮亨，中共党员，出生于阳江县平冈。曾任农民自卫军队长。

梁洸亨，中共党员，出生于阳江县平冈。曾任国民党阳江县四区党部常委。

中华人民共和国成立后，阳江人民在县城北山修建了烈士纪念碑和烈士纪念亭，碑文中对 16 位烈士被捕和牺牲经过均有记载，以永志纪念！

（李学群）

杨广存（1901—1928）

—— 为革命而死，死亦光荣

主要生平

杨广存，字粤群，又名志宁、致宁、文乔。

- 1901年12月6日，出生于广东省梅县城内拔俊杨屋的一个书香家庭。
- 1914年，考入省立梅州中学。
- 1919年秋，考入国立北京大学经济系。
- 1923年，在北京大学加入中国共产党。
- 1926年6月，回到梅县后担任《梅县日报》和《梅县公署月刊》编辑主任。
- 1927年1月，接任中共梅县部委宣传部部长。2月，受命到平远县担任教务主任，发展党的组织。5月12日，参与领导梅县工人的武装暴动，带领群众攻打国民党县政府。9月初，跟随南昌起义部队抵汕头，后参加广州起义。广州起义失败后，到香港继续从事党的工作。
- 1928年4月，受中共广东省委派回梅县改组梅县县委，准备接任县委书记。4月29日凌晨4时，与县委委员林森端、唐润元等人被捕。5月5日凌晨，被国民党反动派用箩筐抬到东较场刑场杀害，时年27岁。

杨广存，字粤群，又名志宁、致宁、文乔。1901 年 12 月 6 日出生于广东省梅县城内拔俊杨屋的一个书香家庭。祖父杨亮生系前清举人，当过爱国诗人黄遵宪的家庭教师。父亲杨徽五于辛亥革命后曾在梅州中学、东山中学任教，颇负盛誉。杨广存兄弟姊妹 7 人，他排行第四，自幼聪明伶俐。由于受家庭的影响，他从小喜欢阅读诗书，学习勤奋，成绩优异，深得师友们的喜爱。

杨广存在少年时代，看到穷苦人民过着饥寒交迫的生活，而富人却过着花天酒地的日子，从而产生了对地主豪绅的痛恨和对穷苦人民的同情。

学习革命理论

杨广存在 1914 年考入省立梅州中学。1919 年秋考入国立北京大学经济系。这时，俄国的十月革命已经取得了胜利，马克思主义传播到中国，中国新文化运动进一步发展成为以宣传马克思主义为主流的思想运动。杨广存在北京学习期间，接受了进步思想，如饥似渴地学习革命理论。加入了由李大钊指导的北京大学马克思学说研究会。在他当年的学习笔记中，记载着许多诸如"什么才是革命的理论""怎样才有加入共产党的资格""怎样才能到'民间'去""中国社会各阶级之分析""怎样做农村运动""革命！革命！！革命！！！"等充满战斗激情词句。

积极从事革命活动

1923 年，杨广存在北京大学加入了中国共产党。在北京大学党组织领导下，他积极从事革命活动，负责北京《晨报》副刊编辑。同时，他经常深入到农村、工矿区进行宣传鼓动，发动群众起来革命。还经常写信给他在家乡的姊、弟和爱人，宣传革命形势，勉励他们努力学习，争取进步，对他们走上革命道路起了很大作用。

1926 年 3 月 18 日，北京 10 多万群众在中共北方区委负责人李大钊等人的领导下，到天安门集会抗议，反对军阀的卖国行为，要求北京政府拒绝英美等八国最后通牒。杨广存参加了这场斗争。不幸，群众的爱国运动遭到段祺瑞政府的血腥镇压，发生了震惊中外的三一八惨案。事后，段祺瑞通缉逮捕爱国学生。为免遭毒手，杨广存离开北京，于同年6月回到梅县。

杨广存回到梅县后，担任《梅县日报》和《梅县公署月刊》编辑主任，撰写文章，深入浅出地宣传马克思主义的政治经济学原理，宣传革命道理，号召人民奋起"做一个勇敢的革命者"。与此同时，他还先后在东山中学，省立五中（现梅州中学）等校兼课，在课堂上宣传革命思想。

不畏艰苦坚持斗争

1927年1月，中共梅县部委成立，统辖梅县、兴宁、五华、江西寻乌等地党的组织。书记刘标骉，组织部部长张维，宣传部部长吴健民，委员杨广存等。不久，吴健民调走，杨广存接任宣传部部长。同年2月，杨广存受命到平远县发展党的组织。他在平远中学担任教务主任，以此职业为掩护，进行革命活动，团结进步青年学生。他对学生李捷桃、钟锡等人进行教育后，介绍他们加入了中国共产党。1927年3月8日，平远县第一个中共支部成立。杨广存担任支部书记，接着又发展了李文光等10多名党员，同时，还发展了10多人加入共产主义青年团，成立了平远中学团支部。党、团支部成立以后，杨广存与党团员一起深入群众中去宣传发动。有一次，国民党平远县党部人员殴打八尺爆竹工人韩某2人，还捆绑游街示众。杨广存得知后，立即同李捷桃一起，到国民党平远县党部交涉，要其立即释放工人及赔偿损失。在广大群众的支持下，取得了这次斗争的胜利。1927年蒋介石发动四一二反革命政变后，国民党平远县当局也举起了屠刀，到处捕杀共产党人和进步群众，镇压革命。在此情况下，杨广存等一些共产党员星夜撤离平远，回到梅县继续坚持斗争。1927年5月12日，梅县工人举行武装暴动，成立了"梅县人民政府委员会"。杨广存参与了暴动的组织领导工作，带领群众攻打国民党县政府。不久，由于敌人的反扑，革命力量撤离梅城，杨广存亦随队伍撤到农村继续坚持斗争。9月初，杨广存跟随八一南昌起义部队抵汕头，后转经香港到了广州，参加了广州起义。广州起义失败后，他又到了香港，继续从事党的工作。

为革命而牺牲

1928年4月，中共广东省委派杨广存回梅县改组中共梅县县委，准备接任县委书记。28 日晚，县委在城郊扎田临时办事处唐润元家中召开扩大会议。会后，杨广存留宿唐润元家中。由于该处早已被国民党特务注意，29 日凌晨 4 时，特务麦仲南带反动武装包围了唐润元家，杨广存与县委委员林森端、唐润元等人被捕。国民党梅县当局抓到杨广存后，如获至宝，以为可以从他的嘴里得到党的秘密。但是，敌人的如意算盘打错了，无论是欺骗利诱，还是严刑拷打，都只能是枉费心机，得到的回答只有一句："共产主义必然胜利！"他父亲曾设法进行营救，但他却在狱中寄语说："吾手已断，足已折，体无完肤，已无生还的希望，不必营救，救亦无益。吾今为革命而死，死亦光荣。"充分表现了共产党人视死如归、坚贞不屈的革命意志。1928 年 5 月 5 日凌晨，遍体鳞伤的杨广存被国民党反动派用箩筐抬到东较场刑场，面对敌人的屠刀，他大义凛然，脸不变色，从容地献出了 27 岁的年轻生命。

缅怀英烈

中华人民共和国成立以后，经梅县人民政府批准，1959 年秋将杨广存童年时就读的梅县县立第一高等小学改名为"广存小学"，他的遗体也于 1976 年清明节迁葬于南口革命烈士公墓。人们将世世代代敬仰和怀念他。

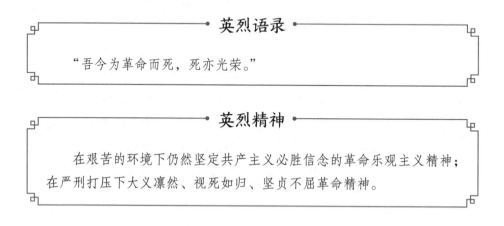

英烈语录

"吾今为革命而死，死亦光荣。"

英烈精神

在艰苦的环境下仍然坚定共产主义必胜信念的革命乐观主义精神；
在严刑打压下大义凛然、视死如归、坚贞不屈革命精神。

（杨千伟）

杨　望（1905—1928）

—— 海陆惠紫农民运动领袖

主要生平

- 1905 年 8 月 29 日，出生于广东省海丰县城河园社的一个贫苦农民家庭。
- 1924 年，在海丰第三高等小学毕业后，便投身农民运动。
- 1925 年，进入海丰农民运动讲习所学习，并在此期间加入共产主义青年团。
- 1926 年初，由共青团员转为中共党员。是年秋，被派到中共潮汕地委举办的东江工农运动人员养成所学习，不久调任国民党中央农民部特派员，同时在广东省农民协会和共青团广东区委青农部工作。
- 1927 年 4 月，回到海丰领导农民暴动。11 月 6 日，海丰县临时革命政府成立，与郑志云、林道文、陈舜仪、杨其珊、林铁史、陈子歧等人主持县政。同时被选为中共东江特委委员兼任海丰县委农民部部长，不久调任中共陆丰县委书记。11 月 21 日，被选为海丰县苏维埃政府主席团委员。
- 1927 年 12 月，智取陆丰石寨堡垒。
- 1928 年春，主持东江大暴动宣传队的训练工作。4 月 13 日，被选为中共广东省委委员。会后，在海丰参加领导"五三"兵暴。5 月，被选为暴动委员会主席。9 月 1 日，在海城北面的新寮村中弹牺牲，时年 23 岁。

投身农民运动

1905 年 8 月 29 日，杨望出生于广东省海丰县城河园社的一个贫苦农民家庭。杨望 9 岁时，父母把他送到舅父家去牧牛，11 岁才进学校读书。1921 年秋，杨望在海丰第三高等小学校念书时，彭湃的《告同胞》一文在《新海丰》发表了。这篇文章对少年杨望有很大的启迪作用。1923 年初，海丰县总农会及东江各县农会先后成立，使杨望像见到了黎明之前的一线曙光，感到非常高兴。1924 年，他在海丰第三高等小学毕业后，便毅然投身农民运动。

1925 年 2 月，国民革命军第一次东征胜利到达海丰，并且迅速进军潮汕。3 月间，中共海丰支部和共青团海丰支部相继成立。农民运动也有了新的发展。彭湃根据中共广东区委的决定，亲自主持举办了海丰农民运动讲习所。杨望被送进该所学习，并在此期间加入了共产主义青年团。

杨望在海丰农民运动讲习所毕业后，即被派到第二区（公平区）农民协会任宣传员，主要从事乡村青年运动和劳动童子团的组织工作。杨望工作认真、作风踏实，很快打开了局面。他在海丰县组织了 4000 名少年牧童参加劳动童子团。嗣后，他任海丰县农民协会特派员，被选为海丰县农民协会的执行委员。1926 年初，杨望由共青团员转为中共党员。

1926 年 5 月 2 日，广东省第二次农民代表大会在广州召开，杨望作为海丰的代表出席了会议。他在大会上汇报了海丰农民运动的情况，用铁的事实驳斥了国民党右派和地主豪绅攻击农民运动的谰言，得到代表们的赞扬。

是年秋，杨望被派到潮汕地委举办的东江工农运动人员养成所学习，不久调任国民党中央农民部特派员，同时在广东省农民协会和共青团广东区委青农部工作。他身肩重任，在省内各地往来奔跑，深入调查研究，写了好几篇文章发表在《少年先锋》等刊物上。他认为青年农民是农村的"革命笋"，主张通过组织劳动童子团、青农俱乐部和农村夜校等来做青年农民的工作，"把这班青年的思想刷新，消灭其沉沉的暮气，换以活泼的朝气"。

1927 年初，杨望到省农会潮梅海陆丰办事处办理农民入会登记，并参加了在汕头召开的潮梅海陆丰农会及劳动童子团代表大会。会后，他在《少年先锋》二卷十七期发表了《细佬哥的演说》一文，热情地赞扬了两个 10 岁左右的童子团员林十和春满在大会上的演说，他们控诉的是在地主阶级的剥削压迫下，农村的劳苦青少年被"弄得三分像人七分像鬼"的悲惨情景。

领导农民暴动

1927 年 4 月 15 日，广东国民党反动派对共产党人和革命群众进行大屠杀。为了反抗反动派白色恐怖，杨望遵照党的指示回到海丰，领导农民暴动。他参与了"四三〇"、"九一七"和"十三〇"海陆丰三次武装起义，他带领部分农军与敌作战凡数十次，立下了赫赫战功。

1927 年 10 月 9 日，南昌起义军到达海丰的朝面山，经过休整，改编为工农革命军第二师第四团，与当地农军一起向反动派开展武装斗争，打了许多胜仗，解放了海陆丰两个县城。11 月 6 日，海丰县临时革命政府成立，杨望、郑志云、林道文、陈舜仪、杨其珊、林铁史、陈子歧等 7 人被选为主席团委员，主持县政。杨望还被选为中共东江特委委员兼任海丰县委农民部长，不久调任中共陆丰县委书记。同年 11 月 21 日，在海丰县工农兵代表大会上，杨望被选为海丰县苏维埃政府主席团委员。

智取石寨

陆丰石寨，是陆丰东海镇通往大安要道侧边的一个乡村，离大安约 1 华里，为敌人所盘踞，对农军威胁很大，且易守难攻。为了拔掉这个"钉子"，杨望在一次军事会议上提出"智取"的建议，并自告奋勇单身入寨劝降。这个建议被通过后，杨望做了一些调查工作，了解到石寨乡民是黄姓族居，贫苦农民在族长的统治下过着痛苦的生活。石寨黄姓和各处黄姓一样，有一首历代祖宗留传下来的《黄姓八句诗》，杨望把这八句诗背得烂熟，然后独自前往。这时正是 1927 年 12 月，天寒地冻。守寨的人看到杨望不怕风寒，赤膊行走，十分奇异，便瞄准枪口叱道："不准前进！"杨望摇手高叫："不要开枪！不要开枪！我是自己人！"守寨人看他赤手空拳，又说是自己人，便让他走近寨边，他到了寨墙下便大声说道："我不是怕死的，你们要杀尽管杀，不过请你们准许我说几句话，说完之后由你们杀去！如若可以，则开门让我进去。"说后举起双手，转了转身，表明自己并无带什么武器。守寨人便不再生疑，并坠下绳索拉他上寨。面对敌人的枪口，杨望镇定地说："我们是宗亲，我看宗亲被农军包围这么多日，即将弹尽粮绝，已很危险，如再蒙蔽不悟，坚持下去，将全乡遭劫，心里难忍。我冒险进来，并非别事，实是想救救宗亲。"守寨人听他言辞恳切，又说是宗亲。便问："你既是宗亲，把《黄姓八句诗》念一念。"杨望不慌不忙地用十分流利的口语念了出来。守寨人一听，相信他是黄家宗亲，便要带他去见族长。杨望说："不要急，且先带我到祠堂拜拜祖宗。"守寨人便带他去祠堂，乡人们一听到有这怪事，都陆续聚集到祠堂来了。杨望见祠堂内聚集那么多乡亲，便尽情地将工农受压迫受剥削的痛苦诉说出来，越诉越伤心，越诉越动人，诉得满祠堂的人都流了泪，有的泣不成声。见到大家都动起感情来了，他又把话题转到农军怎样保护农民利益，怎样为保护农民而不惜离妻别子，甚至牺牲自己的生命。要石寨的宗亲不应误听人家的谎言，不可再受人家的欺骗，死守石寨与农军对抗是无益的。列祖列宗要保佑儿孙平安无事，宗亲们就要快快打开寨门，与农军言和。这一番话引起很大反响，经过热烈的讨论，终于一致决定，赞成开门欢迎红军和农军。就这样，杨望凭着一身胆识，砸开了这个堡垒。杨望智取石寨的事迹，轰动了整个东江地区。

主持东江大暴动宣传队的训练工作

1928 年春，整个东江区战云密布。杨望接受中共东江特委的指示，主持东江大暴动宣传队的训练工作。这支宣传队的成员都是从各区的共青团员中挑选的，主要的任务是跟随红军进军潮汕，对受地主与恶霸煽动蒙骗的无知群众进行宣传教育，讲明党扶助农工、爱护老人的方针政策，揭穿敌人欺骗群众的阴谋。杨望率队到达陆丰时，针对敌人散布的"共产共妻""共产党要杀老人"等谣言使有的老人把自己的胡子剃光这一些情况，在陆丰县城召开了敬老会，向老人宣传党的政策。会议结束时还发给每个老人一块大洋，使这些老人解除顾虑，回去后为党做了不少宣传工作。1928 年春，红四师在各地农军的配合下，很快就攻占了陆丰的甲子、惠来的葵潭，一直向普宁境内发展。扩大了红色区域，使海陆惠普连成一片。在这期间，杨望率领宣传队，随军做发动群众、宣传群众的工作，帮助群众了解中共和红军的政策，对密切军民关系起了重大作用。

1928 年 2 月，桂系军阀动用了广东全省三分之一的兵力，分东、西、北、西南和海上五路进攻海陆丰，并于 2 月 29 日和 3 月 1 日相继攻进陆丰城和海丰城，党政领导机关都退入了山区，继续坚持战斗。敌军十分猖獗，到处焚烧抢掠，残杀共产党人和革命群众，对革命根据地实行"围剿"。为了粉碎敌人的围攻，杨望奔走于惠来、陆丰、海丰之间，组织农民，领导农民作战，历尽了艰辛。

领导"五三"兵暴

1928 年 4 月 13 日，省委召开第一次扩大会议，号召继续完成东江的割据局面，发动惠州和潮梅的暴动。在这次会议上，杨望被选为广东省委委员。会后，杨望在海丰参加领导著名的"五三"兵暴，策动敌第五军中的共产党员带领士兵暴动。当时红二师和四师集中相当兵力，攻进了海丰县城，破敌监狱，救出了成百名狱中同志，毙伤敌军百余名。

领导海陆惠紫暴动工作

1928 年 5 月，为了适应新形势的要求，海丰、陆丰、惠阳、紫金四县成立了暴动委员会，统一领导四县工作，杨望被选为暴动委员会主席，从此他的任务更加艰巨了。这个时期海、陆、惠、紫各县的斗争十分艰难，有不少区、乡的党组织受到敌人破坏，党员骨干相继牺牲，如海丰县委的 5 名常委就有 4 人牺牲，陆丰则被敌人分割为两段。在此危难之际，杨望起了中流砥柱的作用，英勇地领导四县军民继续奋斗，使遭到破坏的革命组织重新恢复起来。

不幸牺牲

1928 年 9 月 1 日，杨望率领工农武装 30 多人，到海城北面的新寮村，截击保护地主下乡收租的反动武装。敌人一见到工农武装，便向县城逃跑。杨望杀敌心切，奋力穷追，竟在自己的队伍未及赶到时独身一人与敌接战，卒至中弹牺牲，时年仅 23 岁。

（翁域　曾文）

叶凤章（1887—1928）

—— 韶关农民运动领导人之一

主要生平

叶凤章，广东省曲江县东厢翻溪桥村人。

- 1887 年出生。
- 1924 年，任翻溪桥农会执行委员。
- 1925 年，加入中国共产党，领导成立曲江县第一个中共支部。
- 1926 年，被省农会、北江办事处任命为特派员。5 月，任曲江县农会执行委员。同年夏，领导成立中共翻溪桥支部，兼任支部书记。
- 1927 年 4 月，率东水 100 多名农会干部和农军战士到韶城统编，任第一大队副大队长，随军北上。6 月，组织成立新的农军总指挥部，任大队长。12 月，密会朱德，重整东河坝农会。
- 1928 年秋，于乌石鹅鼻洞领导重新统一组成曲江县第四区农军大队，任副大队长。同年冬，在激战中负重伤，不治牺牲，时年 41 岁。

艰苦童年

叶凤章是曲江县东厢翻溪桥村人。1887年出生于一个农民家庭。因家中贫苦，叶凤章仅读了几年私塾，就回家务农，在艰难竭蹶中度过了青少年时代。

投身农会

1924年，在国共合作的形势下，广东农民运动蓬勃兴起。这年9月，曲江县成立了第一个村农民协会——翻溪桥农会，叶凤章被选为农会的执行委员。叶凤章组织农会骨干分子叶发青、叶凤端、叶凤标等人走村串户，发动东厢的莲花、府管、下陂的群众成立农会。1925年春，又成立了曲江第一区（城厢内外）农会，叶凤章被选为曲江第一区农会的执行委员。

加入中国共产党

叶凤章经省农会特派员侯凤池、刘胜侣的帮助与考察，于1925年12月和梁展如、欧日章一起加入中国共产党，并组成曲江县第一个中共支部（特支性质）。1926年春，叶凤章被省农会和北江办事处任命为特派员，与宋华、侯凤池、卢克平、刘占愚等人一起到仁化县开展农民运动，同年5月25日，成立仁化董塘区农会。接着仁化县的一、二、三、四、五区的农会相继成立，全县农会会员增至八九千人。但是当时的农会组织严重不纯，曲江县农会为大地主叶国棠、何宗尧所把持，大量吸收地主豪绅分子加入，篡夺了县农会和东水农会的领导权，改变了农会的性质，打击进步势力，严重损害贫苦农民的利益。叶凤章与叶国棠一伙进行针锋相对的斗争，坚决维护穷苦农民的利益。1926年5月，省第二次农民代表大会期间，叶国棠等4人被扣留审查，取消代表资格。会后，省农会派彭湃、周其鉴、蔡如平对曲江的农会实行自上而下的改组，一致选举梁展如、欧日章和叶凤章为县农会执行委员，由叶凤章分管组织工作。全县各区、乡新成立农会时多由他代表县农会参加并发表演说，由于他口齿流利，能言善辩，讲者动情，听者动容，与会者深受鼓舞。然后，由他授旗、授印。叶凤章对曲江农民运动的发展起了重要作用。

同年夏，叶凤章在东水发展了一批党员，成立了中共翻溪桥支部，由他兼任支部书记。

领导工农武装运动

为了保护农会，打击反动势力，叶凤章仿效欧日章组织起东水农民自卫军中队，自任中队长，亲自抓训练，以提高作战能力。他动员自己的兄弟叔侄叶凤标、叶凤阳、叶凤洲、叶建荣等人参加农军。1925年冬，北江农军学校成立后，叶凤章从东水选派50多名农会干部和农军参加农军学校、南韶连政治讲习所和广州农民运动讲习所短期训练班的学习。这些学员结业后成为东水农运和农军的中坚力量。

蒋介石在上海发动四一二反革命政变后，罗绮园、周其鉴到韶关传达省委指示，北江各县农军集中韶关，统一组成北江工农军北上武汉，讨伐蒋介石。叶凤章坚决执行省委指示，亲率东水100多名农会干部和农军战士到韶城会合，统编后就任第一大队副大队长，随军北上。农军行至湖南衡阳以南时，长沙发生了马日事变，北上受阻。农军总指挥部决定北江工农军进入永兴县十八都的山上打游击。叶凤章认为在永兴打游击，人生地不熟，部队给养困难，而回曲江、仁化、乐昌三县交界的山区打游击更为有利。他的意见得到梁展如、薛仰山（乐昌）、蔡卓文（仁化）、邓祝山（仁化）等人的支持。时值仁化县农会来人报告，农军北上后，仁化县的地主豪绅十分猖狂，逮捕了200多名农会干部、会员和农军家属，把他们关在牢狱中，让他们受尽折磨后加以杀害。地主豪绅手段十分残忍，天天杀人，令人发指。梁展如、叶凤章率领的曲江东水、南水100多名农军和仁化、乐昌两县部分农军战士听后万分气愤。梁展如将这三县200多名农军组成新的农军总指挥部，并任总指挥，叶凤章任大队长，邓祝山任中队长。他们擎起犁头大旗，挥师南返，于1927年6月23日拂晓攻打仁化县城。在战斗中，叶凤章身先士卒，指挥农军战士冲锋陷阵，农军英勇作战，打垮了守敌，一举攻克仁化县城，破监救出200多名难友，群情激昂，一片欢腾。经此一战，叶凤章的名字在仁化不胫而走。

重组武装暴动

打下仁化县城以后，曲江农军继续南返，行至桂陀途中，突然遭到敌军的伏击，农军受到严重损失，队伍被打散，叶凤章中弹负伤后，潜回家中。不久，他重新组织力量，继续开展东水的农民运动。

南昌起义失败后，欧日章几经周折回到曲江，与叶凤章一起到乌石鹅鼻洞找到梁展如。他们并不泄气，而是认真总结经验，分析形势，决心重整旗鼓，继续开展革命斗争，叶凤章仍负责东水方面的农运工作。

1927年12月，朱德率领南昌起义军余部驻韶期间，叶凤章、孙靖、邓其森等人在刘福家里，秘密拜见了朱德。叶凤章听了朱德的亲切教导后兴奋地说："我们这里的农会虽然受到了敌人的破坏，但只要我们分头去努力发动，农会是可以重新成立的。"在这批骨干分子的努力下，不久，东河坝农会又活跃起来了。

东水方面的斗争十分复杂，在白色恐怖笼罩下，一部分人退缩了，一些人离家出走了，少数人投敌了，农运工作遇到严重困难。叶凤章把骨干放在城镇、铁路沿线打游击，破坏敌人的交通运输，他的活动引起了敌人的注意。叶国棠父子与何宗尧、刘本初等人公开勾结国民党桂系在韶关的代表王应瑜，于1928年秋，先后两次派兵"围剿"翻溪桥、洋村、石安等村，妄图活捉叶凤章、叶发青等人，一举扑灭东水的革命星火，未果。结果翻溪桥村被毁，石安、洋村房屋被烧，财物被洗劫一空，敌人杀害了叶凤章的叔父，并把他沉尸河底，手段极为残忍。叶凤章家室被毁，妻子李亚凤只得带着养女叶招娣长期跟随父亲李芳辉生活。

由于环境的恶劣，叶凤章等人在东水难以立足。为了保存革命力量，他将东水的农会干部和农军骨干20多人秘密转移到乌石鹅鼻洞，统一组成曲江县第四区农军大队，梁展如任大队长，叶凤章任副大队长，他们并肩战斗，开展活动。

1928年冬，反动士绅田松春、梁绍仁侦悉叶凤章、梁展如在乌石的行踪，便和马坝的反动地主张毓秋（曲江县参议）勾结王应瑜派兵袭击鹅鼻洞。农军的主要领导和骨干被困在梁展如家一间房子里。战斗进行得十分激烈，虽然农军打死敌1名排长和10多名士兵，但是敌人的攻势未减，形势万分危急，梁展如、叶凤章果断决定突围。敌人的火力封锁住大门，农军不顾一切往外冲，伤亡很大，叶凤章的堂弟叶凤洲、侄子叶建荣等人光荣牺牲，叶凤章右肩胛中弹，身负重伤，突出重围。林永福、刘达富在山上见他脸色铁青，流血不止，又无药救治，心里十分难过。叶凤章坚定地对他们说："你们走吧！不要管我，死并不可怕，你们一定要找到梁展如，跟着党走，继续干下去……"

壮烈牺牲

叶凤章忍受着剧烈的伤痛，独身一人到了南华圳背姑母叶亚兰家的柴寮里过了一夜。第二天，姑母一家将他转移到南华铁路背大窝细坑里，搭一简易草棚给他居住养伤。由于伤势过重，缺医少药，叶凤章最终不幸牺牲，年仅41岁。

英烈语录

"死并不可怕，跟着党走，继续干下去……"

英烈精神

坚定的必胜信念，视死如归的革命精神。

（石松林）

叶浩秀（1903—1928）

—— 潮梅地区的早期革命活动家

主要生平

叶浩秀，宇瀚如，广东省梅县梅江区梅塘乡官前村人。

- 1903 年出生。
- 1923 年，就读广州广东高等师范学校英语系。
- 1924 年，加入广东新学生社，加入社会主义青年团。
- 1925 年 10 月，加入中国共产党，任中山大学党支部书记。
- 1926 年，任陈延年的秘书。后担任中共广宁地委书记。开办"农民运动政治养成所""小学教师养成所"，任训育主任，后建立广宁县农民自卫军模范队，开办模范队训练班进行政治军事训练。
- 1927 年 4 月下旬，被派往西江地区协助组织武装暴动。任潮梅党务巡视员。8 月，领导策划武装暴动，策应起义军。
- 1928 年 1 月，任东江潮梅特派员，主持东江特委工作。2 月，在与叛徒搏斗中牺牲，时年 25 岁。

创办东山校刊

叶浩秀，宇瀚如，广东省梅县梅江区梅塘乡宫前村人。1903 年出生，父亲叶耀庆是名鞋匠。母亲饶足妹务农。叶浩秀在兄弟姐妹 5 人中，排行第三。幼年时，在宫前村蒙养小学读书。他从学于张怀真。张怀真曾任《汕头日报》社社长，学识渊博，思想进步，治学严谨。叶浩秀勤奋好学，各科成绩优良。小学毕业后考进了旧制（四年制）的东山中学。他的数、理、化各学科的成绩都很好，尤其是作文，在班上均被当做范文张贴出来。他曾集其作文装订成册，取名《瀚如文存》。校长叶菊年十分喜欢他，称赞他是"一个有作为的好学生"。叶浩秀在同学中威信甚高，多次被选为学生会会长。时值五四运动后，梅县学生运动风起云涌，在叶浩秀领导下，东山中学积极与广州、上海、北京、汕头等地学生取得联系，举行报告会、演说会，介绍国内外形势和外地学生运动的情况，提高同学们的思想认识。他们还创办东山校刊，开辟墙报专栏，宣传新文化、新思想、新风尚，提倡男女平等，婚姻自由，以推动爱国学生运动的开展，成为梅县进步舆论的一个重要阵地。校刊和壁报，都由叶浩秀负责主编。

投身学运

1923 年，叶浩秀在东山中学毕业后，被学校保送入广州广东高等师范学校英语系就读。在学校里，叶浩秀一面攻读专业知识，一面如饥似渴地阅读马克思列宁主义的书刊，追求革命真理，接近进步组织。那时，中共"三大"在广州刚刚结束，中国共产党确定了与国民党合作，建立革命统一战线的方针。1924 年 1 月，孙中山亲自主持召开了国民党第一次全国代表大会，确定了"联俄、联共、扶助农工"的三大政策。广州成为全国革命的中心，工农运动高涨，在各校学生中建立起新学生社的进步组织，并且很快扩展到广东各地。在这一时期，梅县地区到广州读书的学生很多，他们除了报考高等师范学校外，还有考入广东省立第一甲种工业学校和其他学校。在这些学生中，有不少是共产党员、共青团员，如张善铭、蓝裕业、赖玉润、郭瘦真、邹师贞、王克欧等。广东新学生社的创建人之一蓝裕业、王克欧等，是叶浩秀在高等师范学校及后来中山大学的同学。经蓝裕业的介绍，叶浩秀于1924年加入新学生社，同年又加入社会主义青年团，积极参与反帝反封建的斗争，成为学运的中坚分子，并被选为广东大学新学生社和团组织负责人之一。

1925年6月，省港大罢工爆发，香港10多万罢工工人回到广州。为了安置好他们的生活，以配合罢工斗争，在叶浩秀等人的带领下，广东大学团支部、新学生社积极响应中共广东区委的号召，发动全体同学投身于援助罢工工人的工作。

这年10月，叶浩秀经组织介绍转为中国共产党党员。中山大学党支部成立时，他被选为首任党支部书记。当时，中山大学是广州地区学生运动的中心。中共广东区委书记陈延年经常来校指导学生运动。著名共产党人恽代英、萧楚女等也曾到校讲话。国民党右派也竭力控制中大的学生运动，戴季陶、朱家骅先后出任中大校长（后戴季陶未到任）。中山大学一开始便成为左派与右派争夺的焦点。朱家骅一到学校，就攻击中大党支部领导的学生运动，煽动校内一些学生参加孙文主义学会，勾结校外反共力量，组织"士的党"分子进行捣乱，妄图把中共领导的学生运动镇压下去。中大党支部带领进步学生奋起反击，公开揭露他们破坏国共合作的阴谋，孤立右派势力，进一步壮大进步力量。

1926年初秋，中山大学改选学生会，又出现一场新的斗争。右派分子企图夺取学生会领导权，事前四出活动，对处于中间状态的学生进行威逼利诱，要他们选举右派学生当委员。开会时，"士的党"暴徒全体出动，各执手杖，杀气腾腾冲进会场，冲击主席台，肆意进行捣乱，国民党省、市党部也专门派员到场施展阴谋活动。对此，中大党支部事前已做了充分准备，决定采取联合左派、团结中间派和孤立右派的方针，会场中率领大家合力奋击"士的党"暴徒。由于叶浩秀的积极活动与突出表现，因而引起"士的党"和右派分子的仇恨。他们勾结广州地方法院控告叶浩秀"侵犯人权"，在文明路中山大学操场里，召开所谓"公审"叶浩秀大会。叶浩秀无所畏惧，出庭答辩，严斥右派的无理指控。参加会议的其他进步同学纷纷要求发言，为叶浩秀辩护，指控法庭勾结"士的党"人员的卑鄙行为，从而使这次大会变为审讯右派"士的党"人员的大会。法官理屈词穷，只好草草收场。此后，叶浩秀的名字为全校同学所传颂。

领导工农运动

嗣后，根据大革命发展的需要，叶浩秀调中共广东区委工作，任陈延年的秘书。他经常列席广东区委会议，协助陈延年具体处理广东区委机关的日常工作。

1926年10月，中共广东区委为加强对农民运动的领导，委派叶浩秀与周其鉴一起前往西江地区工作，叶浩秀任特派员，继而担任中共广宁地委书记。当时广宁地区地主豪绅反革命活动十分猖獗，捣毁农会，造谣生事，杀害农运干部之事时有发生。叶浩秀到广宁后，依靠群众，深入调查，了解到西江地区农会和农军的基础好，但缺乏骨干，基层农会组织和农军中未能建立党组织，因而难于应付险恶局势这一情况。他决定开办"农民运动政治养成所""小学教师养成所"，所长由周其鉴兼任，他亲任训育主任。11月，他又决定抽选各区农军先进分子建立广宁县农民自卫军模范队，开办模范队训练班进行政治军事训练。中共广东区委选派共产党员、黄埔军校毕业生覃异之、蓝拓夫等人为军事教官，叶浩秀和周其鉴、邓拔奇等人担任政治教官。通过一系列的工作和训练，培养和发展了一批党的骨干，建立了农村支部、区委，直接武装和壮大了广宁地方各级农会组织和农军的力量。

四一二反革命政变后，广东的国民党反动派开始杀害共产党员和革命群众。在广宁，亦发生了四一六事变。这一天，驻四会的国民党军一个团乘船直扑广宁，妄图消灭广宁农军。幸亏叶浩秀预先得知消息，及早布置党和农会组织转入农村隐蔽斗争，把农军模范队分散到20多个村庄，农军模范队才得以转危为安。为应付突然事变，必须马上和上级取得联系，4月18日，叶浩秀与潘耀芳、李一伦等人通过内线关系，化装成国民党军官模样，躲开了敌人的搜捕，取道水路乘船去香港，找到刚从广州迁来的中共广东区委。

组织武装暴动

4月下旬，广东区委决定调派干部到各地组织武装暴动，叶浩秀等人再次被派往西江地区工作。他不顾白色恐怖的危险，亲到四会、广宁等县农村向广大党员传达区委指示，成立"非常委员会"，指挥农军武装暴动，配合北江各县工农军伺机进攻广州。后因形势急剧变化，进攻广州的计划一时难于实现。8月中旬根据组织指示，叶浩秀潜回香港汇报。

8月22日，中共中央发出紧急指示：南昌起义军将迅速入粤，占领东江，东江须立即举行广泛的暴动，做好接应起义军的准备；广东省委须立即派出负责同志与起义军联系和带路。为此，广东省委即派出叶浩秀和蓝裕业、王克欧、罗伯良等人前往潮梅地区开展工作。他们到达潮梅各地后，即分头活动，组织各地武装暴动，组织工农武装，策应起义军，使起义军入粤后进展顺利，相继占领大埔、潮州、汕头。

10月初，南昌起义部队失利后，白色恐怖一时笼罩着整个潮梅地区。值此危难之际，广东省委又委派叶浩秀为潮梅党务巡视员，到潮梅地区恢复整顿党组织的工作。叶浩秀到潮梅后，立即指导汕头、梅县两地党的各级领导机关恢复活动，整顿组织，工作取得较大进展。在汕头市，秘密赤色工会、赤卫队等革命团体逐渐恢复并开展活动，建筑、海员、轮渡、铁路，店员、电话、裁缝及士兵等党支部也恢复或重建起来，市郊亦恢复了10余个支部。梅县、大埔、兴宁、丰顺等地党组织也有新的发展。1928年底，新发展党员数百人，各级还建立了巡视工作制度，经常选派同志巡视党务。各县工农革命武装也建立了党组织，领导工农继续起来反抗地主豪绅，收缴反动地主民团的枪支，酝酿新的武装暴动。

1928年1月27日，中共广东省委制定了《潮梅暴动工作计划》，要求潮梅各县迅速行动，组织武装暴动，同时改派叶浩秀为东江潮梅特派员，主持东江特委工作。叶浩秀于2月7日在潮阳召开各县、市、区委书记联席会议，传达贯彻并宣布了潮梅工农兵总暴动行动政纲，正准备讨论行动的具体方法时，因叛徒告密而被反动军警包围，会议只好中止，转移至汕头市继续举行。

<hr>

壮烈牺牲

2月9日，由于交通员被敌查获后叛变，汕头市委地下交通处、印刷处等遂被破坏，叛徒出卖了领导机关地址。2月10日，领导机关又遭破坏，结果，蓝裕业、张克韬、陈国威、叶炳秀等21名负责人被捕，叶浩秀则在与敌搏斗时跳楼壮烈牺牲，时年25岁。

（廖金龙）

余少杰（1907—1928）

—— 第一个到右江地区开展革命活动的中共党员

主要生平

余少杰，广东省鹤山县宅梧靖村人。

- 1907 年出生。
- 1925 年初，考上了黄埔军校第三期，参加讨伐东江陈炯明军阀部队和平定刘、杨叛乱等斗争，并加入中国共产党。
- 1926 年 1 月，担任国民党广西省党部组织部秘书。不久，又调任第十六军政治部任秘书。8 月间，召开恩隆、奉议两县党员会议，建立恩奉特别支部，任特支书记。
- 1927 年 6 月间，成立广西临时军政委员会，为常务委员。7 月兼任农民自卫军第三路总指挥，月底在花茶召开二都农军领导人会议，决定发动仓圩暴动。8 月，暴动成功。8 月底，率农军退入深山，坚持游击战争，并以"三南总部"名义开展活动。9 月 5 日，指挥攻破思林县城，生擒县长黄懋森。12 月，领导右江各族人民转入地下斗争。
- 1928 年 4 月，召开"三南总部"领导人会议，部署新的斗争。其间，被选为中共广西省特委委员之一。10 月，因被叛徒出卖而被敌人监禁于南宁监狱，后牺牲，时年 21 岁。

余少杰，广东省鹤山县宅梧靖村人，1907 年出生。他家境贫困，但父母望子成龙，节衣缩食送余少杰进广州学堂读书。他学习勤奋。初中快毕业时，同学们都在积极准备投考高中，可是余少杰自知家境困难，便另寻出路。

加入共产党

1925 年初，18 岁的余少杰考上了黄埔军校第三期。学习期间，余少杰参加了讨伐东江陈炯明军阀部队和平定刘、杨叛乱等斗争，并在此时加入了中国共产党。

深入农村开展工作

1926 年 1 月，余少杰于黄埔军校毕业后，调到广西南宁，担任国民党广西省党部组织部秘书。不久，又调至范石生任军长的第十六军政治部任秘书。在这期间，余少杰利用机会深入农村。在恩隆、奉议（现田阳）一带开展工作，并建立党组织。1926 年夏，他到达右江平马。那时韦拔群、黄治峰等领导的右江沿岸各县农民运动不断高涨。一天，林蓬明德小学教师滕德甫，带领学生到平马镇宣传打倒土豪劣绅，遭县警队驱赶。余少杰见状，挺身而出站在宣传队一边，责问县警队："国民政府支持国民革命，你们为什么制止宣传？"县警一见是范石生部的青年军官，觉得不好惹，只好溜走了。余少杰赞扬宣传队的革命精神，并以军部名义予以嘉奖。

余少杰与滕德甫认识后，很快成了莫逆之交，并通过滕德甫的关系，把恩隆、奉议一带的壮族知识分子团结起来。他培养发展了滕德甫等人入党，并在奉议建立了党的组织。8 月间，他召开恩隆、奉议两县党员会议，建立了中共恩奉特别支部，余少杰任特支书记。接着，余少杰根据党的指示，将各县的农民自卫军统一起来，成立了右江农民自卫军。他还编写了关于扩大农军的宣传材料，印发给人们学习参考。

这时期，余少杰在上级党的支持下，充实了右江革命的领导力量。他通过国民党左派人士俞作柏的关系，把东兰一些农民运动骨干分别派往奉议、恩隆和果德县担任农民运动特派员。余少杰还很重视平马镇的工作，在平马镇工人、青年学生中先后组织了工会、学生联合会等组织，积极开展活动。

不久，又在恩隆县平马镇庆平街开办县农民运动讲习所，余少杰在百忙中到讲习所讲课。

策动范石生反蒋兵变

1927年4月12日，蒋介石发动反革命政变。接着，新桂系军阀亦在广西各地实行血腥的镇压。蒋介石一再电令范石生进军湖南，扑灭工农革命。在这严峻时刻，余少杰一面从上层策动范石生反蒋，一面秘密策划下层的兵变。范石生惧怕蒋介石兵多权重，不敢贸然行动，反劝余少杰不要反蒋。余少杰见拉拢反蒋不成，即下决心发动下层兵变。

5月初，余少杰与他在部队中发展的共产党员虞杞密商后，即星夜赶往林蓬，布置农军领导人与部队里应外合，趁军部开秘密会议之机，进行兵变。他派滕德甫率农军深夜潜入平马镇附近的那塘范军某部驻地，取走一批武器，接着虞杞率军官团的手枪排以夜间演习为名，包围范军军部，他自己与警卫连中的几个同志做内应。但是范石生已有警惕，并早有戒备。手枪排和农民自卫军打响后，却难以迅速攻克军部。经过几个小时的战斗，为保存革命的有生力量，手枪排和农民自卫军迅速撤出战斗。这次军事行动，虽然没有打下范石生的军部，但却阻止了敌人的大屠杀阴谋，保存了右江的革命力量，唤醒了更多的人起来革命。

领导田南道、镇南道、南宁道的革命斗争

后来，余少杰脱离了范军，领导右江下游各族人民反抗国民党的反动统治。此时，范石生部撤离了右江地区后，新桂系刘日福部乘机进占了奉议、恩隆县城，他们与当地的反动势力互相勾结，疯狂镇压右江革命。6月间，余少杰秘密到南宁寻找上级党组织，汇报右江斗争情况。余少杰回到右江后，即在恩隆百审村召开各县领导人会议，成立广西临时军政委员会（亦称"三南总部"），统一领导田南道、镇南道、南宁道的革命斗争。会议选出余少杰、韦拔群等5名常务委员。国民党左派人士俞作柏任名誉主席，余少杰负实际领导责任。根据斗争需要，7月，余少杰又在花茶召集各县农军领导人会议，决定将右江农军分为东凤、恩奉、思果（思林、果德）三路军，其

中思果农军为右江农民自卫军第三路，余少杰兼任第三路总指挥。随后领导了仓圩、果德暴动，指挥农军攻占果德、思林、镇结等县城，坚持了农村的游击战争。

7月27日，国民党广西省党部派队到恩隆县的仓圩宣传"清党"运动。余少杰、黄治峰等闻知，立即开会研究，决定发动群众驱赶宣传队。广西反动当局得知上述情况后，即加紧调兵遣将，准备以武力荡平右江的革命力量。余少杰审时度势，在花茶召开二都农军领导人会议，决定发动仓圩暴动，先发制人，以争取主动。8月9日，黄治峰、李汉生等人率领农军200余人，于上午9时许，将前来仓圩参赌的黄锦升、黄静山、黄子贞等人一举擒获。次日，正值壮族传统节日中元节，余少杰、黄治峰等于甫圩召开二都群众大会，声讨国民党反动派和土豪劣绅反共反人民的罪行。当场处决了黄锦升，并责令黄静山、黄子贞各交大洋、枪支，后释放。仓圩暴动的成功，大大鼓舞了右江各族人民反抗国民党反动派屠杀政策的革命斗志。

8月21日，右江农民自卫军第三路农军约1000人攻打果德县城。赶来助战的群众数千人。农军破城后，烧毁敌人的文书档案，释放被捕农友、农军，并开仓济贫，县长黄尧封化装逃往隆安。8月27日，曾伯隆又纠合田州国民党李天实营，进攻农军。余少杰领导当地群众坚壁清野，与敌人激战两天两夜。后因敌强我弱，不得不于29日撤退。后余少杰率农军退入深山，坚持游击战争，并以"三南总部"名义开展活动。

进攻镇结县城

9月5日，镇南道镇结县农军来报，说该县农军领导人张大禹等人被反动县长擒押在县狱，请求余少杰派队攻夺。余少杰当即调派思果农军，由黄永达率领，会合镇结农军进攻镇结县城。破城后，始知反动县长已劫持张大禹等人逃往思林，农军即转攻思林。余少杰临阵指挥，一举攻破思林县城。生擒县长黄懋森，而张大禹事先又被敌人转移，中途遭杀害。余少杰以广西临时军政委员会主席俞作柏的名义到处张贴布告，声讨国民党反动派的反共罪行。9月8日，国民党黄勋营自平马攻思林，余少杰率农军撤入果德的新圩、感圩，与黄书群领导的果德农军会合。此后，以新圩、感圩作为右江农军第三路的主要活动基地。

攻下向都城，智取感圩

在"三南总部"的领导下，黄绍谦领导的向都县巴麻地区的农民运动，多次要求总部给予帮助，余少杰先后派出陈洪涛、陈鼓涛、林柏前往支持指导。不久，建立向都北区农军大队，并攻下向都城，县署武装悉数缴械，释放被关押群众30多人。后重新组织农民自卫军。12月，敌转攻思林、果德，重点围攻感圩。在敌强我弱面前，为了保存革命力量，余少杰将农军化整为零，遁入边境村寨，伺机打击敌人。敌占感圩后，派连长陆永祥"邀请"农军领导人谈判，妄图以此达到软化、消灭农军的目的。余少杰将计就计，集合思果农军1000余人，于12月初星夜包抄感圩，然后派队入圩"谈判"，敌人发现中计，抢占制高点三熬山，向农军射击。余少杰冲锋陷阵，指挥农军猛烈还击。激战3天，余少杰率农军从敌人的薄弱环节布曲攻入感圩。敌人死伤惨重，余部向果化逃窜。后新桂系军阀黄绍竑增调正规军纠合地方民团"围剿"思林、果德。农军遭到残酷镇压，右江革命转入低潮。

领导人民转入地下斗争

在白色恐怖下，余少杰领导右江各族人民转入地下斗争。他认真总结经验教训，抱定长期奋斗的决心，对右江的革命斗争，提出了整理计划。他把右江下游各县划分为3个区（恩隆及奉议为一区、果德及思林的右江北面为一区，向都及思林的右江南面为一区），秘密组织革命农民联合会，把武装斗争同党的建设结合起来。

1928年1月，中共广西地委改组为中共广西特委。2月，广西特委派雷子震到右江来联系工作，传达上级的工作布置，指示余少杰继续领导右江地区的革命斗争，并将广东省委的联系地点告知余少杰。3月，中共广东省委派遣雷经天回广西恢复工作。4月，余少杰得到雷经天的指示后，召开"三南总部"领导人会议，部署新的斗争。会后，余少杰与潘剑雄和李正儒等人，由恩隆经过天保（现德保），化作商人，取道靖两上云南，出越南，到香港，向广东省委全面汇报了田南的工作。其间，中共广西特委扩大会议在贵县召开，选出了中共广西省特委委员朱锡昂、董铨汉、余少杰等15人。

因叛徒告密牺牲

7月，余少杰与潘剑雄等人，在香港写了《中共广西特委给中央的报告》后，10月分别由香港启程返回右江。余少杰把中共广东省委的指示文件和一批枪支弹药捆扎在洋纱和毛巾包内，化装成商人，经广州回南宁。在南宁候船返右江时，偶遇曾在"三南总部"工作过的梁鹤如。当余少杰得知梁鹤如已叛变投敌后，立即提前乘"日光轮"返回右江地区。但由于叛徒已向敌人告密，当轮船到隆安时，只见岸边刀枪林立，杀气腾腾。余少杰知道出问题了，镇定自若，利用轮船徐徐转弯靠岸之机，把党的文件焚化，把枪支子弹沉到河底，然后从容跳江，借一片混乱之机向江的对岸游去。此时，罪恶的子弹向他射来，他奋力潜游，一排排密集的子弹射向江中，鲜血染红了江面。

余少杰落入了敌人的魔掌，当他从昏迷中醒来的时候，发现自己已经被敌人监禁在南宁监狱里。敌人多次严刑审问，他大义凛然，严守机密。党和农军多方设法营救余少杰，但未能成功。敌人终于下了毒手，在一个漆黑的夜晚，年仅21岁的余少杰，为党的革命大业，为右江各族人民的翻身解放，流尽了最后一滴血。

▶ 英烈精神 ◀

为党的革命大业，为右江各族人民的翻身和解放而献身的大无畏精神；大义凛然，不怕牺牲、严守机密的革命精神。

（梁润枝）

曾国钧（1895—1928）

——广州建筑工人和新闻工作者革命的领导者之一

主要生平

曾国钧，又名觉君、亚才，广东省高明县更楼区泽河村人。

- 1895 年 10 月 7 日，出生在一个普通中农家庭。
- 1914 年，考入广州公立土木工程学校。
- 1921 年初，参加泥水建筑工会领导的要求改善待遇的斗争，成为工会的骨干。
- 1923 年初，加入社会主义青年团。同年底，成为中国共产党党员。
- 1925 年 10 月，奉命到惠州从事工人运动。同年，被选为中共广东区委工人运动委员会委员。
- 1926 年 10 月 10 日，被选为广州新闻记者联合会正执行委员。
- 1927 年 11 月 26 日，响应全省暴动宣言号召，将建筑工人改编为第四联队，以党团书记兼任第一大队长。12 月 11 日凌晨，参加广州起义斗争。起义失败后，辗转到香港。
- 1928 年 1 月，任中共广州市东区区委委员兼宣传部部长。1 月 31 日，在太平沙住宅被捕，被国民党反动派杀害，时年 33 岁。

立定决心学好本领，寻求兴国强民之路

曾国钧，又名觉君、亚才，广东省高明县更楼区泽河村人。1895 年 10 月 7 日出生在一个普通中农家庭。父亲曾金铨勤劳耕种，母亲陈氏勤俭持家，数口之家，勉强维持生活。曾国钧 8 岁入私塾馆读书。他勤奋好学，喜习诗文，深得老师喜爱。他 15 岁时入高明县城东洲中学学习。东洲中学是当时高明县城的最高学府。在学校期间，他借阅了大量课外书籍，开阔了视野；他广交朋友，谈论时事，追求真理。1914 年，他考入广州公立土木工程学校。为减轻家庭负担，他坚持勤工俭学，为学校做杂役，帮补学杂费用，还利用课余和假日，到泥水建筑堂口做散工，和建筑工人结下了不解之缘。

在广州，他目睹国弱民穷，人民受尽帝国主义列强压迫的种种现象，于是立定决心学好本领，以寻求兴国强民之路。

加入中国共产党

1919 年，五四运动爆发。他积极参加声讨国贼、支援北京学生的反帝爱国运动。当时他已经毕业，白天到建筑堂口做工，工余之时写了不少稿件，报道五四运动在广州的情况。曾国钧在五四运动中经受锻炼，思想进步很快。

1921 年春，广州共产党早期组织成立。党派梁复然、王寒烬到建筑工人中开展革命运动。他俩结识了余广和曾国钧，并对他们进行宣传教育。不久，曾国钧参加了泥水建筑工会领导的要求改善待遇的斗争，成为工会的骨干。与此同时，曾国钧结识了社会主义青年团员陈俊生兄弟，通过他俩再认识了在爱群通讯社工作的刘尔崧、阮啸仙等党团领导人。因同乡关系，他又与谭平山、谭植棠等建立联系。由于观点相同、目标一致，他与上述多人成了至交。

1923 年初，曾国钧加入社会主义青年团。6 月，青年团外围组织新学生社成立，并创办了《新学生》半月刊。他针对当时青年运动的情况，写了一些文章在《新学生》发表。同年底，曾国钧转为中国共产党党员。

成长为工运的重要干部

曾国钧转为中共党员后，奉命到泥水建筑工人中开展工运。当时，建筑工人有 10 多个宗派行会。这些行会向由工头把持。党成立初期，曾在建筑工人中领导过经济斗争，取得了一些成绩。当时建筑工人生活十分困难，他们靠站市打短工，没被雇用就手停口停。为了提高工人的生活待遇，曾国钧与余广团结广大建筑工人，从废除堂口、联合建立工会、积累资金、提高工人工资入手，经过深入工作，成立了广州市土木建筑工会联合会，使该会成为中共领导的广州工人代表会的重要会员工会之一。曾国钧还在工会中积极发展党团组织，他被选为党团书记和工会秘书长。

广州各大报社的印务工人，工时长达十三四个小时，工资却很低，生活十分艰苦。国共合作后，曾国钧在一间报社任记者和编辑，经常深入车间和工人联系。他和党派去的其他同志一道，帮助工人组织起来，建立了印务总工会，开展要求改善待遇的斗争。蔡和森曾在《政治周报》撰文，对印务工人的斗争表示支持。

1925 年 10 月，二次东征收复惠州后，曾国钧奉命到惠州从事工人运动。在他和其他同志的共同努力下，惠州工人广泛发动起来，后来成立了惠州市总工会。同年，他被选为中共广东区委工人运动委员会委员。这时的曾国钧已经成长为工运的重要干部了。

深入走访帮助他人，组织新闻工作者工会

国共合作期间，曾国钧积极投身国民革命。他奉命以国民党党员身份，到国民党中央宣传部办的中央通讯社当采访记者，并在《广州民国日报》负责编访工作。同时又负责省港罢工委员会会刊《工人之路》的编访工作。

当时，广州新闻界情况十分复杂。各报社和通讯社，有的站在革命立场，有的则站在右派立场或中间立场。面对复杂的环境，曾国钧深入各报社开展工作，发动和依靠一些倾向革命、要求进步、拥护国民革命的基层访员、校对和低层编辑，并积极设法帮助他们解决经济等方面存在的困难。例如曾国钧在深入报社工作过程中，发现《共和报》校对黄乐贤才 30 岁出头，

便患上肺病，经常咯血，但他经济十分困难，收入微薄，无钱治病。于是发动青年记者给予资助。他的做法受到了同行的称赞。

领导成立广州新闻记者联合会

为了进一步将广大新闻工作者团结起来，参加国民革命，曾国钧等决定组织新闻工作者工会。党及时派蓝裕业来与他一道开展工作。曾国钧和蓝裕业在深入发动群众的同时，与上层的主笔、总编、撰述人员建立了革命统一战线，得到了新闻界一些著名人士的拥护。在此基础上，他们一致推举曾国钧、蓝裕业等人为筹备委员，组织筹备委员会。又经过几个月的紧张工作，决定了工会的宗旨：以团结会员、改善生活、宣传革命为目的。

正当筹备工作就绪的时候，国民党右派甘乃光插手进来，企图夺取工会的领导权。他们以金钱、请吃饭等为钓饵，企图拉拢一些人跟他跑。曾国钧、蓝裕业等洞悉国民党右派的阴谋，即与报界的进步人士及有威望的老报人商量对策，并得到了他们支持。他们对国民党右派的分裂行为十分恼火，纷纷到下层揭露右派分子的阴谋企图。在曾国钧、蓝裕业等人的周密布置下，最终在选举执委时，国民党右派的篡权阴谋遭到破产。1926 年 10 月 10 日，广州新闻记者联合会正式成立。会上，曾国钧、蓝裕业等 9 人被选为执行委员。接着，在曾国钧、蓝裕业的领导下，报界工作人员向资方提出了改善待遇等一系列要求，这些斗争均取得了胜利。

成立工人地下武装参加广州起义

1927 年 4 月 15 日，国民党反动派背叛革命，大肆屠杀革命人民。曾国钧在中共广州市委领导下，领导建筑工会工人进行斗争，并在周文雍的领导下，成立了工人地下武装。11 月 26 日，中共广东省委发出号召全省暴动宣言，曾国钧立即响应号召，将建筑工人改编为工人赤卫队第四联队，由邓苏任联队队长，曾国钧以党团书记兼任第一大队长。

12 月 11 日凌晨，广州起义的枪声打响。曾国钧参加了起义斗争，他带领着建筑工人赤卫队，由太平路直插西瓜园，攻占了保安队队部和警官训练所。起义失败后。曾国钧辗转到了香港。

被捕牺牲

1928 年 1 月，他奉命回广州任中共广州市东区区委委员兼宣传部部长。以《国华报》记者的身份为掩护进行恢复党组织的工作。不幸的是，中共广州市委召开的区委书记联席会议被敌人破获。不久后，曾国钧被叛徒出卖，为反动派所跟踪。1 月 31 日，曾国钧在太平沙住宅被国民党反动派势力抓捕，国民党反动派将他押往红花岗对面的臭岗残忍杀害，终年 33 岁。他的妻子在他的遗体上面盖了一张大红的毛毡，象征着烈士为党的事业献出了红心。

英烈精神

终身为党的事业无私奉献的精神；对党和国家绝对忠诚的革命精神。

（谢燕章　何锦洲）

张善铭（1899—1928）

—— 广东省第一块农村革命根据地创始人

主要生平

张善铭，广东省大埔县东塘公社黄沙大队人。

- 1899 年，出生于一个贫农家庭。
- 1918 年秋，考进广东省立第一甲种工业学校。
- 1921 年 8 月，加入中国共产党，是中共广东支部的第一批党员。
- 1922 年 3 月，担任团广东区委书记。
- 1923 年 6 月，任广东新学生社主任。
- 1924 年下半年，前往苏联东方大学学习。
- 1925 年 6 月初，任中共广州地委书记；11 月间，被任命为国民革命军第四军政治部主任。
- 1926 年 8 月下旬，到海丰、陆丰协助彭湃领导中共海陆丰地委的工作。
- 1927 年 3 月中旬，任海陆丰地委书记。4 月 20 日，任中共东江特委书记。4 月30 日凌晨，领导"四三〇"武装暴动并取得胜利。5 月上旬，创立广东省第一块农村革命根据地——中洞革命根据地，开展以土地革命为中心的武装斗争。
- 1928 年 2 月，任中共广东省委代理书记；2 月底至 3 月中旬，任中共广东省委常委兼东江特派员；4 月上旬，在汕尾被杀害，壮烈牺牲，时年 29 岁。

领导广东青年革命

1918 年秋，张善铭由大埔来到了广州，考进了广东省立第一甲种工业学校。这个时候，正是俄国十月革命胜利之后，马克思列宁主义开始在中国传播。他与阮啸仙、刘尔崧、周其鉴、黄学增、邹师贞等同学一道，积极地学习和宣传马克思主义，投身于反帝、反军阀的革命实践之中。1919 年，北京爆发五四爱国运动，张善铭和广东省立第一甲种工业学校的同学积极响应。1921 年 8 月间，张善铭加入了中国共产党，是中共广东支部的第一批党员。

1922 年 5 月 5 日，中国社会主义青年团第一次全国代表大会在广州召开，正式成立中国社会主义青年团。会后，团广东区委也正式成立。张善铭继阮啸仙之后担任团广东区委书记。1923 年 6 月，广东新学生社正式成立（总社设在广州司后街），作为青年团的外围群众组织，张善铭担任广东新学生社主任。新学生社提出的宗旨是：反对帝国主义，反对封建军阀，实行国民革命，号召青年关心国家大事，等等。到了暑期，新学生社还号召社员回到各自的家乡，同学生、工农青年广交朋友，发展新学生社的组织，推动各地的革命运动。随着革命形势的发展，新学生社的影响日益扩大，省内大部分城镇以及香港等地都建立了新学生社的分社。从 1923 年 6 月成立起到 1924 年不满一年的时间，新学生社的社员从最初 118 人，发展到五六千人。他们积极地配合各地工农运动，成为一支革命的新军，在反帝、反军阀的斗争中，作出了巨大的贡献。

讨伐南路的叛逆军

1924 年下半年，张善铭受中共广东区委的派遣，前往苏联东方大学学习。1925 年 6 月初，张善铭由苏联返回广东。11 月间，他被任命为国民革命军第四军政治部主任，率领革命军讨伐南路的叛逆军邓本殷部。1926 年初，革命军攻克琼州城，于是琼崖大定，南路肃清。南讨结束后，张善铭由于日夜操劳，患了严重的肺病，不能继续工作。中共广东区委要他暂时离开军队，留在广州休养治疗。

领导海陆丰革命

1926 年 8 月下旬，张善铭身体稍好，又奉命到海丰、陆丰，协助彭湃领导中共海陆丰地委的工作。1927 年 3 月中旬，彭湃离开海陆丰前往武汉出席中国共产党第五次全国代表大会之后，由张善铭继任海陆丰地委书记。在半年多的时间里，他带病坚持工作，在海丰城举办了好几期党员骨干训练班，为海陆丰地区培养了一大批革命干部。

1927 年，蒋介石在上海发动四一二反革命政变之后，广州、汕头亦发生了四一五反革命大屠杀，革命形势突然逆转。为了用革命的武装反抗国民党的白色恐怖，中共广东区委指示各地党组织，准备武装起义。

领导东江特委组织武装暴动

张善铭与杨石魂、刘琴西、吴振民、郑志云、李国珍、林苏等领导人，根据广东区委的指示，进行了紧急会商，秘密策划东江地区武装起义的大计。他们首先从组织领导上和军事工作上做了具体的部署。4 月 20 日，中共东江特委于海丰县城成立，张善铭担任特委书记。他与海丰县农民自卫军大队长吴振民等人研究后，决定于 4 月 30 日凌晨举行暴动。在张善铭、吴振民的直接指挥下，农民自卫军以迅雷不及掩耳之势，占领了县公署和各军政机关。与此同时，驻在汕尾的农军一个中队，在中队长林君杰指挥下，全部收缴了敌人的武装，逮捕了一批反动官吏。就这样，以海丰县城为中心的"四三〇"全县武装暴动取得了胜利。5 月 1 日，海丰召开了万人大会。大会庄严地宣告海丰县临时人民政府成立。陆丰县在紫金（该县在 4 月 26 日举行暴动）、海丰革命形势影响之下，原县长李秀藩也宣布起义，并成立了县临时人民政府。在紫金、海丰、陆丰三县武装起义胜利的形势推动下，潮梅地区的普宁、梅县、大埔、兴宁等地也相继举行了武装暴动。

创立广东省第一块农村革命根据地

5 月上旬，吴振民率领一部分农军奉命北上之后（吴振民率领农军经兴梅、赣南到达湖南省汝城，不幸在战斗中牺牲），国民党反动派乃乘机反扑，一方面从海上派兵舰威胁海陆丰地区；另一方面，自汕头、惠州派出 3 个团，向海丰、陆丰、紫金大举进犯。为了避开敌人的反扑，张善铭经与有关领导共同研究后，决定将起义部队向海陆惠紫四县边界的中洞转移，并在中洞创立了广东省第一块农村革命根据地，开展以土地革命为中心的武装斗争。在周恩来、叶挺、贺龙、刘伯承、彭湃等领导的南昌起义部队南进潮汕这一喜讯鼓舞下和在董朗、颜昌颐领导的工农革命军第二师配合之下，中共东江特委又先后组织和发动了 9 月 15 日和 11 月 1 日两次武装起义，重建红色政权。在海陆丰 3 次武装起义中，张善铭肩负着重担，成为一名杰出的领导者。12 月 11 日，在中国共产党领导下，举行了震动中外的广州起义。张善铭直接参加了起义的准备工作。中共广东省委书记张太雷在起义中壮烈牺牲，1928 年 2 月，由张善铭继任中共广东省委代理书记。

1928 年 2 月底至 3 月中旬，两广军阀张发奎、李济深、黄旭初等派遣重兵从陆路海上分三路向东江革命根据地进犯。为了保存实力，在彭湃等人的领导下，红色武装部队撤离海陆丰县城，转移到农村，继续坚持在中洞革命根据地开展武装斗争。由于工农割据的需要，3 月下旬，彭湃、董朗、颜昌颐、叶镛、袁裕等人率领工农革命军第二师和第四师及地方武装，逐步向潮阳、普宁、惠来发展，开辟了潮阳、普宁、惠来三县边界的大南山根据地。国民党反动军队不但疯狂地向大南山进犯，而且不放松对海陆惠紫边界的中洞的进犯。此时，张善铭担任中共广东省委常委兼东江特派员。1928 年 4 月 13 日，张善铭于香港参加了省委第一次扩大会议。会议作出了《广东政治任务及工作方针决议案》，指出："目前广东党的策略应是继续全省暴动的总策略，加紧扩大各路的暴动局面。"并明确地指出："东江是继续完成一路割据的区域，在这一路内仍应以海陆丰、普宁、惠来为中心，继续发动惠州及潮梅的暴动……"根据省委扩大会议的决议，张善铭等经过讨论，决定于 5 月 3 日举行海丰暴动（史称"五三"暴动）。省委鉴于张善铭在海陆丰地区领导过工作，情况较为熟悉，决定派他前往海陆丰，领导恢复海陆丰苏维埃的斗争。

不幸被捕，壮烈牺牲

4 月上旬，张善铭率领赵自选（省委委员兼东江军事特派员）、林苏、欧荣等 8 人，自香港乘船到海丰。船在海丰县八区（即原青草区）埔町乡靠岸时，正是第二天拂晓时分，大家登岸后分两批而行。张善铭与欧荣 2 人朝汕尾方向行走。为回避当地反动民团的搜查，他们及时转移到汕尾区梧歧坑，隐藏在海边一座渔民放网的小寮房子里。旋即，敌人前来搜查，张善铭不及走避，结果为敌人发现，不幸落入敌手。捕后仅两三天，便在汕尾为反动派所杀害，壮烈牺牲，时年 29 岁。

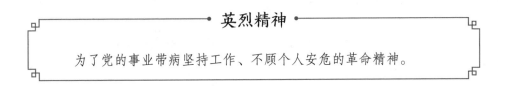

英烈精神

为了党的事业带病坚持工作、不顾个人安危的革命精神。

（刘寒　饶卫华　曾文）

张　威 (1902—1928)

—— 奋斗到底，最后胜利是属于工农的

主要生平

张威，广东省陆丰县东海镇人。

- 1902 年出生。
- 1919 年，被选为陆丰县学生联合会领导成员之一。
- 1920 年，成为"陆丰社会促进社"重要成员之一。9 月，考上陆安师范。
- 1921 年秋，参加彭湃组织的"社会主义研究社"。
- 1922 年冬，发起成立"陆丰青年协进社"。
- 1923 年 4 月，积极参加彭湃领导的农民运动。
- 1924 年冬，加入中国共产党。
- 1925 年 2 月，受命为东征讨逆军四十四组组长。4 月，任中共海陆丰特别支部在陆丰的通讯员、共青团陆丰特别支部书记、国民党陆丰县党部执行委员，同时还当选县农民协会执行委员兼任宣传组织部主任。
- 1925 年 9 月上旬，与李劳工率领农军前往湖东抵抗逆军。后任代理陆丰县县长。11 月中旬，辞去代理陆丰县县长职务，回到县农民协会兼任宣传组织部主任，继续任共青团陆丰特支书记。
- 1926 年 2 月，组织成立"陆丰新文化运动总同盟"，主持出版《陆丰

青年》旬刊。

- 1927年4月，当选陆丰县临时人民政府委员。7月，指挥东南农民武装攻入碣石城。9月，任陆丰团队副团队长。11月，当选中共陆丰县委书记。12月，任中共紫金县委书记。
- 1928年6月，被任命为陆丰暴动总指挥。7月，在潭头不幸被捕。8月，壮烈牺牲，时年26岁。

宣传新思想新文化

张威，广东省陆丰县东海镇人，1920年出生在一个贫苦农民家庭。父亲是个勤劳朴实的农民，一家8口，靠父亲与大哥务农度日。他自幼聪敏，酷爱学习。在陆丰第一高等小学读书时，对许多问题都有独立见解，不轻易盲从他人。

1919年，五四爱国运动在北京爆发。张威带头组织陆丰第一高等小学同学和从汕头、广州回陆丰的同学一道投入反帝爱国宣传活动。他们串联各校举行陆丰首届学生代表大会，成立陆丰县学生联合会。张威被选为领导成员之一。会后几百名学生上街示威游行。张威、黄振新率领学生上街演说，痛斥卖国贼对帝国主义屈膝投降、丧权辱国的罪行。

1920年，陆丰第一高等小学的进步教师郑重组织"陆丰社会促进社"，张威是重要成员之一。这个团体成立后，大力提倡革新社会，提倡新文化，反对迷信神权。

投身农民运动

1920年9月，张威考上陆安师范。他立志为振兴中华出力，所以读书十分用功，并如饥似渴地阅读课外书刊。张威家贫，生活困难，学校为照顾张威而雇用他为学校的缮写员，每月可收入大洋4元。校长在周会上曾多次赞扬这位唯一的工读生，堪为学生楷模。

1921年秋，《新海丰》创刊，彭湃写的《告同胞》文章在上面发表。张威如获至宝，反复阅读。马克思、社会主义像磁铁一样吸引着他，促使他主动要求参加彭湃组织的"社会主义研究社"。1922年7月，彭湃只身深入农村，从事农民运动。彭湃的言行使张威等陆丰青年深受教育与启发。这一年冬，张威、黄振新等人发起成立"陆丰青年协进社"，参加的社员有40余人。

1923年4月，彭湃来到陆丰城，在郑重等农运积极分子配合下，组成陆丰县总农会筹备委员会。同年6月23日，召开了全县第一次农民代表大会，正式成立了陆丰县总农会。张威在暑假时回来陆丰，积极参加彭湃领导的农民运动。彭湃发动农民的方法和艰苦深入的精神，为张威树立了榜样。他经常跑到农村，或帮农民耘田、车水，或挨家串户，谈心交友，衣着和农民一样，成为农民知心朋友。

随着农运发展，斗争日益尖锐。一次，潭阳大土豪林松荫威逼他本房的穷人退出农会，并扬言要血洗农会。潭阳农会会长林水其跑去陆丰县总农会报告。张威闻讯，即与林水其赶到潭阳，径直走进林松荫家里，对林松荫提出警告说："彭湃在海丰领导10万农友，我们陆丰加入农会的农友也有3万多人。你手下能吆喝的有多少人？你如胆敢跟我们农会较量，我现在就代表农会向你下战书，一定奉陪到底！"林松荫听了脸色骤变，赶忙辩解说："鄙人无此意，无此意，风传不足据。"张威就这样狠狠打击了林松荫的气焰，制止了他妄想挑起械斗的阴谋。

1923年7月26日和8月5日，海陆丰一带两次发生台风暴雨，广大农民遭到空前的奇灾大祸。彭湃领导的省农会决定要海陆丰地主减租。8月15日，彭湃在海丰主持召开农民大会，到会2万多人。陆丰县总农会由张威等率领200多名代表参加。海丰的反动县长和土豪劣绅于8月16日派兵突然袭击海丰县总农会，逮捕农会干部。陆丰的反动县长罗辅平也随即贴告示宣布农会"非法"，并扬言要逮捕农会头头。农会活动被迫停顿。

支援东征军

1924年暑假，张威在陆安师范毕业后，即于9月间前往广州，参加革命政府举办的政治学习班，并在同年冬加入了中国共产党。

1925年2月，广东革命政府东征讨逆。张威受命为讨逆军四十四组组长，在东征军出师前潜回陆丰，收集情报，发动农民支援东征。东征军于2月27日攻克海丰。3月1日，敌军闻风败走，东征军攻克陆丰城。张威在组织内应、提供情报等方面支援东征军，出色地完成了任务。

4月间，中共海陆丰特别支部在海丰成立，张威任特支在陆丰的通讯员。同时还成立共青团陆丰特别支部，由张威担任书记，这期间，张威还担任国民党陆丰县党部执行委员。在推翻军阀政权后，陆丰农民运动随即恢复。4月初，陆丰县第一届农民代表大会召开，张威、庄梦祥、郑重、林水其等9人当选县农会执行委员。张威兼任县农会宣传组织部主任。

可是东征后当局派来的陆丰县长徐健行,拒不执行"扶助农工"政策,他干涉农会事务,勾结反动势力,勒索军需,收取苛收杂捐,包私包赌。鉴此情况,张威赴海丰向彭湃汇报。5月4日,由彭湃和吴振民率海丰农民自卫军和海丰农民运动教练所学员90余人,全副武装,前往陆丰质问徐健行。徐健行闻讯,赶快逃往汕头。彭湃随即召开各机关群团代表会议,决议驱逐右派县长徐健行,并组织粮食救济委员会,为贫苦农民解倒悬之急。海陆丰特别支部接着派李劳工到陆丰建立常备农民自卫军一个中队,并在各区乡广泛建立不脱产农军。张威积极配合上述工作的进行。6月,共产党员刘琴西到陆丰任县长。从此,陆丰的工农群众运动出现了蓬勃发展的崭新形势。

9月上旬,陈炯明残部向陆丰进犯。逆军所到之处大肆烧杀。张威与李劳工率领农军前往湖东抵抗。后因逆军大部队压境,乃撤退。罗觉庵部进陆丰城后,立即下令烧毁张威的住家房屋。此时,张威掩蔽在东山乡农民家里,积极与各方面联系,由于情况恶化,张威与卓俊才等3人决定经汕头往广州。抵达汕头时,往广州的船只已被逆军封锁,乃辗转到达福建,后获悉国民革命军第二次东征,已收复惠州城,他们便立即返回陆丰。10月26日,吴振民率领海陆丰农民自卫军收复陆丰城。

---------◦ **继续领导农民运动** ◦---------

张威回陆丰县后,即按党的决定,任代理陆丰县县长,投入紧张的社会秩序恢复工作。11月中旬,陆丰社会秩序逐渐安定,对张威的执政才能,各方面都予好评。但张威不愿继续为县政羁绊,便向上级报告辞去代理县长职务,并发表宣言说农民阶级是国民革命主力,自己是一农民运动工作者,愿不改初衷,毕生致力农民运动。他回到县农会仍兼任宣传组织部主任,并继续任共青团陆丰特支书记。这期间,张威曾代表共青团陆丰特支向团中央、团广东区委、团地委作过多次书面报告。他重视团的教育,通过团的组织去促进工农群众运动。团特支把农、工、学、青、妇及社会宣传等方面都列入自己的工作范围。

但是新任陆丰县县长李崇年却仇视、破坏农运。中共海陆丰地委决定驱逐他。张威带头发动团组织揭发李崇年的罪行,派党团员到各区宣传发动群众。于1926年2月,陆丰人民在陆城召开公民大会,终于第二次把右派县长赶下台。接着，孙文主义学会分子杨学龄到陆丰中学鼓吹反革命论调，并发展其组织。张威授意在《海丰日报》公开揭发其反动言行，使杨学龄的阴谋破产而溜走。为了加强团组织对广大青年的团结和教育，张威组织成立了"陆丰新文化运动总同盟"，并主持出版《陆丰青年》旬刊。张威发表了《谈陆丰新文化运动》一文，阐述了陆丰新文化运动的过去和今后的努力方向。

1926年，中共海陆丰地委采取了积极发展党团组织，扩大统一战线，加强农民自卫军，消灭潜藏乡村军阀余孽等措施。张威模范地执行了地委的决策。12月，吴振民率领海陆丰农民自卫军大队在扫除陆丰西北山区剑门坑、黄塘、上砂等封建堡垒时，张威前往新田、河口、河田各区动员二三千人的乡村农军配合作战。当时上砂乡被称为封建王国，当地的反动武装在农军猛烈进攻下投降了，贫苦农民即插上农会红旗。至此，农民协会遍及陆丰所有乡村。

-------------- □ **发动武装起义** □ --------------

1927年4月15日，统治广东的军阀步蒋介石的后尘背叛革命，在广东各地实行反革命大屠杀。4月20日，中共海陆丰地委获悉反革命政变的消息，毅然决定发动武装起义，反抗国民党反动派的屠杀政策。4月22日，李国珍到陆丰传达地委新的部署，策划武装起义事宜。

4月30日晚，为纪念五一，陆丰县农工商学各界联合会假座县公署举行宴会。出席的有各群众团体负责人，应邀参加的有县公署县长、各局长及县公署游击队队长、盐警队队长。宴会由张威代表各界联合会主持。李国珍首先在会上讲话，指出蒋介石为首的国民党右派已经背叛革命。对此，我们共产党人决心反击反革命政变。只有打倒右派，把国民革命进行到底，才是挽救国民党政治生命的唯一办法。他表示欢迎忠于孙中山的国民党左派继续与中共合作，成立人民政府。张威接着讲话，进一步分析了海陆丰的形势，指出农军中队已经行动起来，并已包围了县公署，接管政权。县长李秀藩立即表示支持，愿意加入人民政府，并向县公署游击队队长下令放下枪支，不准抵抗。接着，张威在会上宣读临时人民政府的施政纲领，并组织讨论临时政府组成名单。经过推选，张威、郑重、庄梦祥、陈谷荪、李秀藩等人当选陆丰县临时人民政府委员。这样，海陆丰人民举行第一次起义，武装夺取政权的伟大行动宣告成功。5月1日，陆丰各界人民隆重纪念"五一"大会，同时庆祝陆丰县临时人民政府成立。

统治广东的桂系军阀知悉海陆丰人民武装起义的消息后，立即派遣3个团兵力向海陆丰进攻。因敌强我弱，县临时政府于5月9日撤出县城，并在夏收快要到来的时候，发动农民掀起一场声势浩大的抗租运动。张威这时深入到陆丰东南农村，与黄依依、陈谷荪等人领导革命斗争的进行。7月29日凌晨，张威指挥东南农民武装突然攻入碣石城，捣毁伪区署，没收了许多物资，然后主动撤退。这次行动震动了全县。

9月初，中共海陆丰地委乘海陆丰敌人力量薄弱之机，决定举行第二次起义。张威奉命到陆丰西北组织发动农民武装。此时，刘琴西也率领紫金炮子的农军来到新田参城乡。9月7日，在刘琴西、张威的指挥下，新田、河口和炮子的农军四五百人，乘敌不备，攻入大安镇，击毙敌民团团长、敌区署巡官，全歼敌军。8日，农军乘胜直取陆丰城。守城的杨作梅保安队闻讯弃城逃跑，于是第二次收复了陆丰城。进城后，再次成立陆丰县临时革命政府，张威、庄梦祥、范照南、陈谷荪等人当选县临时革命政府执行委员，宣布各区、乡政权概由农民协会接管。

第二次起义胜利后，国民党反动军队为了拦截南昌起义军入粤，集中重兵到东江，并派一个团兵力向海陆丰进攻。9月25日，农军在占领陆丰县城17天后撤出，把没收的大批粮食物资运往根据地。敌人虽然占据海陆丰各城镇，但广大农村仍在农民武装控制之中。就在海陆丰农军撤出县城的同一天，南昌起义军进占汕头。此时，张威从西北山区赶到东南，准备迎接南昌起义军。10月3日，起义军经流沙来海陆丰途中遭敌袭击而失利。6日，十一军二十四师余部1300多人，在董朗的率领下到达陆丰内湖乡，跟郑志云、张威取得联系。张威带领他们经八万、大安的偏僻小道进入新田激石溪根据地，随后到中洞、朝面山整编为工农革命军第二师。

10月，中共海陆丰县委（第二次起义后，中共海陆丰地委改为中共海陆丰县委）、东江革命委员会决定海陆丰第三次起义。海丰、陆丰分别成立工农革命军团队，张威任陆丰团队副团队长。张威非常重视新田、河口两区农民武装，两次前往新田。驻海陆丰敌军陈学顺团慑于各地农民暴动，惊慌逃走，11月1日，收复海丰城。工农革命军第二师即派一营前来陆丰配合农军进攻盘踞陆丰城的戴可雄保安队。至 11 月 5 日，工农武装进占陆丰城。

11 月 8 日，彭湃和董朗率二师到陆丰。此时，中共海陆丰县委撤销，两县分别成立县委，张威当选中共陆丰县委书记。彭湃为张威亲笔题词"为民前锋"4 个字。彭湃主张一方面迅速消灭盘踞在碣石城敌人，一方面筹备召开全县工农兵代表大会。为此，张威、林铁史星夜赶往金厢、碣石，发动组织农民武装。11 月 11 日，彭湃、董朗率第二师抵碣石。配合农军攻城，一举占领城外全部地区，敌人退入城内，负隅顽抗，工农武装乃继续围困敌人。12 日，彭湃、董朗、张威回陆丰城。13 日，陆丰全县工农兵代表大会召开。大会选举了张威、庄梦祥、彭元章、吴鉴良、陈谷荪、范照南等人为主席团成员，宣告陆丰县苏维埃政府正式成立。

11 月下旬，彭湃再次来陆丰。县苏维埃政府在东海龙山举行土地革命誓师大会，到会农民约有 2 万人。大会由张威主持，彭湃作了关于土地革命的重要报告，号召广大农民用革命手段没收、分配土地。当时县苏维埃政府设有土地科，张威从制定政策，到开展宣传、颁发土地证等都作了仔细研究，并亲自深入各区、乡去调查和指导工作。但由于陆丰的反动势力较强，红军和农民武装连续发动攻昂塘、打甲子、镇压白旗会叛乱，以致影响了全县土地革命的铺开。即使如此，至翌年 2 月底，全县没收分配土地仍达 40%。

英勇就义

1927 年 12 月，中共东江特委派张威任紫金县委书记。1928 年 2 月，统治广东的桂系军阀集中兵力分四路进攻海陆丰。在敌强我弱的情况下，陆丰和海丰的县苏维埃政府分别于 2 月 29 日、3 月 1 日撤出县城，退到农村。为反击敌人进攻，捍卫苏维埃政权，张威从紫金回陆丰，在东南地区农村坚持斗争。6 月，海丰、陆丰、紫金、惠阳四县委召开联席会议，成立四县军事暴动委员会，张威被任命为陆丰暴动总指挥。夏收开始，张威、林铁史便领导陆丰东南地区农民开展夏收暴动。这时，掩蔽的农民武装重新组成东南大队，袭击地主民团，截击地主收租。7 月 18 日，张威在潭头不幸被捕，旋即被押到陆城，囚禁在龙山敌军团部监狱中。

敌人或以高官厚禄利诱，或施用酷刑。均无法使张威屈服。1928 年 8 月 3 日，敌人决定杀害张威。就义前，张威从监狱被带到龙山凉亭。敌人问他有什么要求，他只要了纸笔，写了简短的遗书："母亲大人，儿死矣，为革命而死，死得光荣。儿张威拜上。"在场敌人莫不为共产党人的浩然正气所震惊。然后，张威拖着十几斤重的脚镣，昂首走向刑场。他沿途用洪亮的声音喊道："同志们，奋斗到底，最后胜利是属于工农的。"到了刑场，刽子手们在张威的左脚打了一枪，然后一刀一块割下英雄的肉。张威怒目以视，没有哼一声。张威为党的事业献出了宝贵的生命，时年仅26岁。

● 英烈语录 ●

"同志们，奋斗到底，最后胜利是属于工农的。""为革命而死，死得光荣。"

● 英烈精神 ●

无比坚定的革命必胜信念；英勇顽强、大义凛然、坚贞不屈、视死如归的革命大无畏精神。

（叶左能）

张云峰（1900—1928）

—— 工人运动的骨干

张云峰，原名铭书，广东省南海县松岗区显纲村人。

- 1900 年 8 月出生。
- 1923 年底至 1924 年初，首次接触工人运动，积极参加工会组织的各种活动，很快成为一名活跃分子。后来，思想觉悟不断提高，不久，便光荣地加入中国共产党。屠宰行业工会成立时，被推举为工会书记。
- 1925 年春，佛山工人代表会正式成立，被选为执行委员，并担任秘书。后来，佛山成立工农商学联合会，被选为联合会书记，成了佛山工人运动的骨干。同年，显纲村在组织农民协会时，鼓舞农民协会会员要为革命奋斗到底。
- 1927 年 4 月 16 日，转移到近郊蜩岗以吴勤为首的农民自卫军队部。
- 1927 年 4 月 18 日，汇集工人纠察队和农民自卫军 30 多人准备回佛山去收复工代会，在途中被捕。
- 1928 年 10 月 6 日，于广州壮烈牺牲，时年 28 岁。

张云峰，原名铭书，1900 年 8 月出生于广东省南海县松岗区显纲村一个贫苦农民家庭。父亲张大乐靠在显纲村开设一间咸杂小店维持家庭生活。张云峰幼时在家乡读私塾，好学上进，憎恶社会上的不平等现象。他在 17 岁上下，为了谋生，寻找新的出路，便离开家乡到广西，在伯父开的商店里当伙计。当时同村有一个颇有文墨的族人也在那里工作，这样，张云峰就有机会一面当伙计，一面跟那个族人学文化。他在广西干了两三年之后，由于看不惯伯父的经商作风，便离开广西返回家乡。

他在家乡一时尚未找到工作，便在村中积极协助办学校，希望能为培养更多知书识墨的人才出点力。当时他义务办学，毫无收入，为了维持生活，便发挥自己写得一手好字的特长，代写和出售楹联，靠一支笔赚点微薄的收入。

········◇ 加入中国共产党 ◇········

1923 年底至 1924 年初，在共产党人的发动和组织下，南海县城佛山镇的工人运动逐步兴起。张云峰家乡离佛山仅 10 公里左右，深受佛山工人运动的影响。他便到佛山，在姐夫开设的一间猪肉店当工人。他首次接触工人运动，便受到巨大鼓舞，感觉天地更加广阔了，于是积极参加工会组织的各种活动，很快成为一名活跃分子。后来，得到共产党员梁复然、王寒烬、梁桂华、钱维方等人的教育和影响，思想觉悟不断提高，不久，便光荣地加入了中国共产党。此后，张云峰更积极投身于工人运动。屠宰行业工会成立时，他被推举为工会书记。1925 年春，佛山工人代表会正式成立，张云峰被选为执行委员，并担任秘书。后来，佛山成立了工农商学联合会，他被选为联合会书记。张云峰便成了佛山工人运动的骨干。

········◇ 开展工人运动 ◇········

当时，佛山工代会会址设在"大魁堂"（在祖庙左侧）。这个"大魁堂"，原来既是反动阶级镇压人民的议事决策的地方，又是封建势力的组织机构，久为广大工农群众所痛恨。工人运动蓬勃发展起来以后，工人群众强烈反对"大魁堂"的压迫。劣绅集团在工人运动的强大声势面前，不得不暂时敛迹，而且还不得不让出长期盘踞的老巢给工人作为活动场所。于是，"大魁堂"便成了工代会的所在地。张云峰当时曾写有"不怕风雨不怕霜，工农群众斗魁堂"等诗句，以歌颂工农斗争的胜利。

张云峰除积极在佛山搞工人运动外，还时常抽空到南海四区、九区等地，尤其是经常回到家乡显纲村协助开展农民运动，组织农民协会。1925年，显纲村在组织农民协会时，张云峰对村中乡亲说："以后大家对我就不要称兄道弟了，应该叫'同志'，我们大家都是同志了，我们要共同为推翻反动统治而奋斗。"同时，他还在村中农民协会会址对面墙上用打麻油写上"奋斗"两个大字，以鼓舞农民协会会员要为革命奋斗到底。后来，张云峰的家乡显纲村曾经成为南海县农民运动的活动中心，1927年中共南海县委成立时，县委机关就设在显纲村。

不幸被捕

1927年4月15日，广东的国民党反动当局发动反革命叛变，疯狂逮捕、屠杀共产党员、国民党左派和革命群众。4月16日，佛山的反动军警和反动工会的打手们首先强行占领了大魁堂工代会会址，四处捕杀革命人士。张云峰和梁新枝、陈应刚、梁敬熙等一批共产党员和工会骨干分子闻讯后即转移到近郊蟠岗以吴勤为首的农民自卫军队部。当时由于未明白整个事变的性质，以为仅仅是反动工会的寻衅而已。因此，经商量后，他们便在4月18日会集工人纠察队和农民自卫军30多人准备回佛山去收复工代会。结果，在途中就遭到国民党反动军警100多人包围袭击，因寡不敌众，张云峰和梁新枝、陈应刚、梁敬熙等8人先后被捕。

张云峰先被关押于广州南石头监狱，后转到广东高等法院监狱。在狱中，张云峰始终坚贞不屈，写过不少诗和信给自己的亲人，鼓舞他们的革命信心。据当年和张云峰同狱的一些幸存者回忆，张云峰在狱中曾写有"神州大地尽妖气，只赖工农驱阴霾"等诗句。反映了他对反动统治的痛恨、唤起工农革命的决心。

张云峰于 1928 年 10 月 6 日壮烈牺牲于广州，时年仅 28 岁。在就义前 2 小时，张云峰写了一封绝命书，给他的母亲和被捕前 40 天才结婚的爱人叶浣娥。原文是："母亲、浣娥：还有二点钟，我就要受死刑了，我是笑的死，不是哭的死，请你不用悲伤，当我成了佛。只觉得对你们不住，未报天高地厚之恩，所以为憾矣。苦命的母亲，请浣娥扶持、扶持，好了，永诀了，来生再见罢。云峰绝笔。十七、十、六。"张云峰牺牲后，叶浣娥遵照他的嘱托，一直把那"苦命的母亲"服侍到去世。受人敬佩的叶浣娥于 1986 年 3 月病逝。

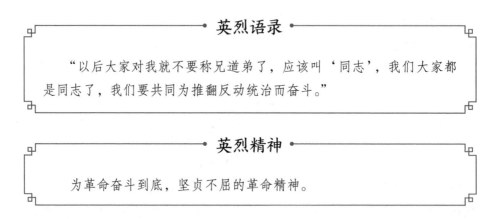

英烈语录

"以后大家对我就不要称兄道弟了，应该叫'同志'，我们大家都是同志了，我们要共同为推翻反动统治而奋斗。"

英烈精神

为革命奋斗到底，坚贞不屈的革命精神。

（欧阳效广　黄志扬）

郑　简（1895—1928）

——工农革命军潮阳第三独立团的 "大力士"

主要生平

- 1895 年 1 月，出生于广东省潮阳县沙陇镇的一户贫苦农民家庭。
- 1926 年秋，加入乡农民协会和农民自卫军。
- 1927 年春，和农友密切配合，担负保卫中共潮阳县部委安全的任务。
- 1928 年 2 月底，和战友配合，袭击驻潮阳县港头乡国民党军队。
- 1928 年 3 月中旬，落入敌手。5 月 23 日，被敌人杀害，时年 33 岁。

1895 年 1 月，郑简出生于广东省潮阳县沙陇镇的一户贫苦农民家庭。兄弟 5 人中，他排行第五。郑简魁梧健壮，气粗力大，乡人称其为"大力士"。他因家境清贫，只念过 3 年私塾，略通文墨，秉性忠直，待人忠厚，自幼勤耕力作，跟随父亲练就犁、耙、种菜等农艺。

加入农会和农民自卫军

1926 年秋，潮阳县农会筹备处在县城召开各乡农民代表大会。第七区（沙陇）各乡农民协会也相继成立。郑简在七区农会领导人马锡灏、郑熙杷等人的启发教育下，和郑慈炎、陈振成等人相继加入了乡农民协会和农民自卫军。他不怕地主豪绅的恐吓与迫害，勇敢地出入于"五畈寺"，和农友互通农运信息，配合溪西、仙家、浩溪乡的农友一起摸清地主劣绅的内情，为农会征枪、退租、借粮、筹款提供线索，每次任务都完成得很好，深得农友们的赞许。

在险恶环境坚持斗争

1927 年春，正当沙陇地区的农运迅猛发展之际，蒋介石发动了四一二反革命政变。广州四一五反革命屠杀也接踵发生，形势逆转。中共潮阳县部委为保存有生力量，采取应变措施，由郑之朴、林国英、钟鼓等人率领干部和农军 300 多人撤出县城，乘 3 艘电船直达沙陇。他们顾不得休息，旋即在沙陇召开紧急会议。郑简和其他农友密切配合，担负保卫县部委安全的任务，一连好几个夜晚站岗放哨，有时通宵达旦。郑简还几次专程到新塭附近搜集有关情报。此外，他还主动为农军做饭、炒菜、送开水。短暂的几天内，农军就普遍认识了这位高个子"大力士"。

由于革命形势处于低潮，按照上级指示，郑慈炎、陈振成等人先后到泰国隐蔽。郑简决意不离开乡土，坚持斗争。他经常和第七区农会主席马锡灏、郑奕正等人暗中联系，开展活动。郑简在地下党组织的领导下，不顾个人安危，经常于深夜乔装到反动军警和保安队戒备森严的沙陇、成田一带，放传单、贴标语，摸清地主豪绅的内情，提供给上级。他多次避过反动军警的耳目，翻山越岭，把地下党组织筹集的粮油、副食品及药品等摸黑送上当时隐蔽于大南山的党组织和武装队伍。

1928年2月底，在八一南昌起义军进发东江的鼓舞下，工农革命军潮阳第三独立团决定袭击驻潮阳县港头乡国民党军队。战前，这时已经担任小队长的郑简和战友配合，摸黑秘密到港头乡侦察，了解掌握敌人布防及武器装备等情况。3月1日，枪声划破长空，郑简充当向导，机智灵活地一直冲杀到港头乡寨前。这突然的袭击，使敌人一片慌乱。敌人鸣枪放弹，负隅反抗。独立团勇似猛虎，包围了敌人的营地。经过激战，毙敌多人，缴获武器一批。

国民党潮阳反动当局不甘心失败，便和沙陇、成田一带的保安队互相密谋，悬赏"花红"，四处张榜追捕郑简，并派出密探，监视郑简之妻方喜妈的活动。郑简明知山有虎，偏向虎山行，继续坚持革命活动。

惨落敌手

3月中旬，郑简的房亲郑松江的父亲因病去世，他深夜从石坑乡赶到兴陇乡，在协助其办丧事的同时搜集敌情。事后在他途经沙陇"七头埔"雨亭时，保安队密探郑某发现了他，火速向主子告密。敌人立即纠集了一批武装人员，把铺前仔寨包围得水泄不通。郑简急速回到自己家中把刚满4个月的女儿揣在怀里，一跃登上屋顶，隐蔽起来。保安队员扶梯登屋捕捉郑简。郑简连发两枪，将来人打倒。郑简因手抱女儿，无法真正发挥火力，且战且退。但敌人从四面八方爬上屋顶，郑简寡不敌众，落入敌手，被五花大绑，押解出寨。

坚贞不屈

郑简被捕后，敌人想从他的口里获取党组织的情报。一名敌人装出一副假惺惺的笑脸道："识时务者为俊杰，只要你迷途识返，高官得做，骏马得骑！"郑简破口大骂："谁稀罕这些！"敌人见软的不行，便对他施以酷刑。郑简坚贞不屈。敌人后来又以抄家和抓其妻儿当人质相威胁，也无法从郑简口中套出一句口供。最后，刽子手又用锋利的竹签扎进他的指头，鲜血染红了刑具。但郑简始终不屈服。郑简的妻儿被敌人追缉，幸得地下党组织营救，及早转移，才没落入敌手。

1928 年 5 月 23 日，坚贞不屈的郑简被敌人杀害。

英烈精神

革命低潮时期仍坚持革命、在敌人威逼利诱下仍不屈服、坚贞不屈的革命忠贞精神。

（郑会侠）

郑　重（1897—1928）

——海陆丰著名共产党员、陆丰早期农民运动领导人

主要生平

郑重，原名镜堂。

- 1897 年，出生于广东省海丰县东海镇新华区前圩社一个富有的家庭中。
- 1919 年 5 月 4 日后，在陆丰县学生联合会成立时发表演说，揭露北洋政府的卖国罪行，号召民众起来斗争，争取中华民族的生存。
- 1920 年，发起组织成立"陆丰社会促进社"，提倡以"促进文化，革新社会"为宗旨，用"取义不务高速，办事专求实际"的作风进行工作，开陆丰妇女解放运动的先河。
- 1922 年冬，发起组织陆丰青年协进社，被推选为社长。
- 1923 年春夏间，陆丰县农会筹备委员会成立，任副会长。6 月，任陆丰县总农会副会长。
- 1925 年春，组织劳军，支援东征军作战。4 月中旬，当选陆丰县农会执行委员。10 月，加入中国共产党。
- 1927 年 4 月，回陆丰参与领导武装起义工作，历任陆丰县人民政府委员、陆丰县工农独裁政府委员等职。
- 1928 年 2 月底，遭出卖，不幸被捕枪杀，时年 31 岁。

1928 年 3 月，陆丰县苏维埃政府撤出县城不久的一天，东海镇的大街小巷布满了国民党军警，被国民党军队放火焚烧的革命家属房屋还飘着缕缕余烟，街面上到处残留着革命者的斑斑血迹，往日繁荣喧闹的圩镇，变得狼藉不堪，显得空旷、凄凉。此时，几个凶神恶煞的刽子手用门板抬着一个满身血污、奄奄一息的人，从马街朝东门外的龟山仔刑场走去。这门板上的人，就是海陆丰著名的共产党员、陆丰早期农民运动的领导人郑重。

组织成立学生联合会开展反对北洋政府卖国的斗争

郑重，原名镜堂。1897 年出生于广东省海丰县东海镇新华区前圩社一个富有的人家中。郑重在龙山书院小学毕业后，考上海丰中学，和彭湃等人是同学。在彭湃的影响下，郑重读书期间积极参与海丰中学的一些进步活动。

郑重从海丰中学毕业后，被陆丰县立一小聘为体育教师。由于他思想活跃，教学认真，待人热情，很快便在师生中树立了较高威信。

1919 年 5 月 4 日，北京爆发了大规模爱国学生运动，并很快波及全国。当这场运动传到陆丰时，郑重和一批具有爱国思想的青年教师即起响应。在郑重等人的组织和指导下，陆丰县立一小高年级学生迅速组织起来，他们串联碣石、河田、甲子等地学生，在陆城召开学生代表大会，成立陆丰县学生联合会。随后学生会组织学生上街游行，郑重举着小旗，走在游行队伍的前头。他还当众发表演说，揭露北洋政府的卖国罪行，号召民众起来斗争，抵制日货，争取中华民族的生存。学生会还组织纠察队，在陆城、碣石、甲子等港口、圩镇查封日货。当年 12 月 19 日广州《大同日报》记载："陆丰县城第一高等小学学生，发起组织陆丰学生联合会，联队巡行，分队演讲，对于各种救国举动，甚为热心。昨且传息有潮商庄和祥远东（日）糖数百元，德泰运载火柴十余箱希图漏入，卒为学生查获，随即将该物当众焚毁，以寒奸商之胆。"可见陆丰这场运动之久及影响之广泛。这无疑在历来沉寂的陆丰政治生活中，刮起了一场空前的暴风巨浪。而郑重，就是这场暴风巨浪的推动者和弄潮儿。

组织陆丰社会促进社，开妇女解放之先河

郑重读书时就受到辛亥革命的影响，五四运动的洗礼，使他看到了中国

的希望，也促进了他思想的变化。执教为师后，他和社会接触多了，看到陆丰社会风气闭塞，广大劳动人民因囿于旧习，迷信神权，惧怕官府，新思想传播非常不易，遂和几个志同道合的知识青年，于 1920 年发起组织成立"陆丰社会促进社"，提倡以"促进文化，革新社会"为宗旨，用"取义不务高速，办事专求实际"的作风开展工作。郑重此时的思想，已有救国救民、革新社会的强烈追求。

为革新社会陋习，郑重从自己家里做起，首先让妻子和弟媳解除裹脚，以教育其他青年妇女不要裹脚，然后摘掉儿子和侄辈们挂着的"保命如意锁"和"香灰包"。这在当时是需要很大勇气，而且要冲破重重压力才能做到的。为帮助妇女谋求生活自立，不依附男人，郑重不顾各种阻力，在家办起妇女抽纱勾纱编织学习班，使陆丰城一些妇女第一次受到就业训练，这可以说是开陆丰妇女解放运动的先河了。

组织陆丰青年协进社，领导民众与恶势力斗争

1922 年冬，受彭湃在海丰组织农会的启示，郑重和黄振新、张威等发起组织"陆丰青年协进社"。由于郑重在青年中有很高威信，被推选为社长。协进社成立伊始，就领导民众采用合法手段，向恶势力斗争。欺压百姓的陆丰县县长丘梦元、利用多摊军饷从中贪污的一区区官马忠成、贪污基建款的县织布厂经理陈甫民等人，都受到协进社发动群众控告、清算而倒台。协进社还开展社教运动，办夜校，作讲演。真正做到了像协进社社歌所唱到的那样："驱逐城狐社鼠清陆城，坚我宗旨，竭我血诚；美哉协进，灿烂文明，共祝吾陆光荣。"这些都深得民众拥护，使协进社青年在陆丰威信大大提高。

配合成立陆丰县农会筹备委员会、陆丰县总农会

1923 年春夏间，彭湃亲自到陆丰筹建农会。彭湃在工作过程中得到了郑重的大力配合。不久，陆丰县农会筹备委员会成立，彭湃自任会长，郑重为副会长。他经常和彭湃下乡宣传，组织农民入会，足迹遍及附城、大安区等农村。在彭湃、郑重等人亲自宣传动员下，陆丰农民入会的积极性很高，不及两个月，入会户数达 7000 余户，多时一天有 100 余户来入会，使当时陆

丰农会会员数仅次于海丰，成为海陆丰农民运动的重要组成部分。6月，陆丰县总农会成立，郑重继续任副会长，领导陆丰农民跟田主进行减租等斗争。但不久，轰轰烈烈的海陆丰农民运动遭到军阀和官僚地主的镇压。

1924年1月，在共产党人的帮助下，国民党一大在广州召开，形成了国共合作的新形势。郑重、张威等原农会干部及时在陆丰农村组织农民秘密团体"贫人党""十人团"，进行各种隐蔽斗争。同年夏，张威等一批青年到广州接受革命训练，郑重则继续留在陆丰坚持斗争，做好准备，迎接革命高潮到来。

领导陆丰县农民协会

1925年春，东征军到达陆丰，郑重等发动陆城及附近农村各界人民几千人在洛州埔举行欢迎大会，并组织劳军，支援东征军作战。东征胜利，为陆丰农会的恢复创造了条件，郑重紧张地投入农会的恢复工作。4月中旬，陆丰县农民协会成立，郑重和庄梦祥、陈谷荪等人当选陆丰县农民协会执行委员，领导全县农民反对土豪劣绅，实行二五减租的斗争。一次，水墘陈姓二三房发生械斗，郑重听到报告便和农军领导人李劳工赶到水墘调解，扣押了几个带头闹事的人，制止了即将造成的流血事件。9月，由于东征军回师广州镇压刘、杨叛乱，东江地区重陷陈炯明军队手中，陆丰县农民协会负责同志及农军多随军撤往广州。郑重此时没有离开陆丰，掩蔽在离陆城二三十里地的何公岭附近，坚持领导斗争。10月，第二次东征胜利后，郑重加入了中国共产党。

领导海陆丰武装起义

1926年，在中共海陆丰地委领导下，海陆丰两县农民运动和各项工作都蓬勃发展。由于工作需要，郑重调海陆丰地委工作，公开的职务则在海丰县农民协会。

1927年4月，国民党中以蒋介石为首的反动派背叛革命，向共产党人和革命人民举起了屠刀。海陆丰人民在中国共产党领导下连续在4月、9月、10月发动三次武装起义。郑重回陆丰参与领导了武装起义工作，历任5月1

日成立的县临时政府委员、9 月成立的县革命政府委员等职。

铁面无私

正当革命蓬勃发展之时，由于长时间过度紧张地工作，郑重原来就患有的痔疮病严重复发了，经常大量流血，再也无法坚持工作，被迫在家卧床治病。但他躺在床上，仍然关心着苏维埃政府的工作，通过家人了解外边斗争情况，坚持阅读各种文告和报纸，关心革命大事。他的战友们也没有忘记他，彭湃每次来陆丰，总要到他家中去看望和慰问，关心他的病情，讲国内外革命形势让他听，叫他安心养病。张威、庄梦祥等陆丰苏维埃政府领导同志都经常到他家和他商量工作，他也尽自己所能，帮同志们出主意提建议。

郑重为人谦和，老成持重，对人对事，从不妄加非议，加上他岁数稍长，当时一些领导人如张威、庄梦祥等都曾是他的学生，在同志中有较高威信。但他总不居高临下，对他人体察关怀，赤诚待人，深得同志们尊重。他爱憎分明，决不掩过饰非，对敌人更是不讲情面，疾恶如仇。郑重家中有一个叔父郑械，平日勾结官府欺压百姓，无恶不作。苏维埃政府成立后，郑械感到末日来临，看到郑重在革命中的地位，便来向郑重求情，郑重不允。郑械便身带着刀，来郑重家恫吓威胁，郑重则横眉冷对，严词斥责，使郑械不得不灰溜溜走了，后来郑械被苏维埃政府镇压。郑重铁面无私，堪称共产党员的楷模。

宁死不屈壮烈牺牲

1928 年 2 月底，国民党军队分四路围攻海陆丰根据地，苏维埃政府撤出县城到农村坚持斗争。郑重因病重无法撤离，党安排他在家隐蔽治疗，不久遭坏人出卖，不幸被捕。郑重被捕时，已病得不能行路，是由其母和妻子扶着进国民党监狱的。国民党当局残忍至极，对这样一位身患重病的人也不放过，严刑拷打。郑重拒不开口，敌人计穷，使用门板抬着他去刑场枪杀。郑重牺牲时，年仅 31 岁。

（林兴奇）

周其鉴（1893—1928）

—— 大革命时期广东农民运动的领袖

周其鉴，广东省广宁县人。

- 1893 年，出生于广东省广宁县的一个教师家庭。
- 1918 年秋，考入广东省立第一甲种工业学校染织科就读。
- 1921 年，加入中国共产党。
- 1922 年秋，在广东省立第一甲种工业学校毕业后，到中国劳动组合书记部广东分部工作。
- 1924 年春开始，集中精力从事农民运动。
- 1925 年 5 月，当选广东省第一次农民代表大会执委会委员，随后兼任省农会驻西江办事处主任；其间，兼任毛泽东主办的第六届广州农民运动讲习所教员。
- 1927 年 4 月，到清远县等地把原县农会改组扩大为"非常时期特别委员会"，召集和训练农军，随后组成广东北江工农军，任副总指挥。7 月底，率领工农革命军到南昌参加八一南昌起义。10 月中旬，当选中共广东省委候补委员。随后，回到广州，积极参与广州起义的准备工作。广州起义失败后，转移到清远继续坚持革命斗争。
- 1928 年 2 月 1 日，被反动派秘密杀害，时年 35 岁。

周其鉴烈士的农民运动生涯

周其鉴是优秀的中共党员，大革命时期广东农民运动的领袖之一。

救国不忘读书

由于家境不好，周其鉴幼年时期，没有上学，一直在家参加农业劳动，朝夕与贫苦农民在一起，熟知农民的苦难。他对 1895 年当地以梁龙、姚德为首的数万农民进行长达 3 年的抗租暴动的英雄事迹很感兴趣，思想受到影响。他的父亲是私塾教师，有时教他读书识字。15 岁那年，他才开始上高等小学读书。

1918 年秋，周其鉴到广州考入广东省立第一甲种工业学校染织科就读。当时由于他一个哥哥外出当军官，在家乡购置了一些田产，在广州开设织造厂，家庭经济开始富裕起来。父兄要他读纺织专业，是想他学成之后，继承家业，享受荣华富贵。

可是，周其鉴所选择的却是与其家庭愿望相反的道路。当周其鉴刚踏入广东省立第一甲种工业学校的时候，由于帝国主义的加紧侵略和封建军阀的投降卖国，中国面临着严重的民族危机，国内阶级矛盾日益激化。这就激发了他的爱国主义思想，为国家的前途而担忧，使他不能平静地埋头读书。他经常与进步同学一起谈论时局，抨击北洋军阀政府的腐败无能，如饥似渴地阅读《新青年》《每周评论》等进步书刊，努力探索救国救民的真理。开始，他相信"工业救国"论，认为只要发展民族工业，就可以使国家富强起来，得以挽救民族的危亡。

五四运动爆发的消息传到广州后，周其鉴和阮啸仙、刘尔崧、张善铭等人积极发动同学行动起来，组织学生会，周其鉴被选为该校学生会的会长。他们怀着读书不忘救国、天下兴亡匹夫有责的思想，在校内外发动、组织同学参加爱国集会和示威游行，向社会各界开展宣传活动。

爱国运动的迅猛发展，振奋了广大群众，也使一些意志薄弱者忧虑畏缩。周其鉴则始终坚定不移，勇往直前，对"广东省学生联合会"中某些领导骨干在"救国不忘读书"的口号下，企图取消爱国运动的错误主张，明确而尖锐地进行驳斥，指出他们的行动不是热血青年之所为。他与阮啸仙以"读书不忘救国，救国不忘读书"为宗旨，另外成立起"广东省中等以上学校学生联合会"（简称"中上学联"），周其鉴当选副会长，继续领导学生运动。"中上学联"多次组织同学罢课和示威游行，联络工人、商人反对军阀政府的卖国行径以及奸商出售日货的勾当，掀起了抵制日货、提倡国货的群众运动。

学习、研究和宣传马克思列宁主义

随着五四运动的继续深入发展，周其鉴更加积极地学习、研究和宣传马克思列宁主义，总结斗争经验。他与进步同学一起，"讨论近代思潮，更及于古今中外一切时变当然事理，辄至竟夕不厌"。他从自己的亲身经历中，初步认识到工人阶级的伟大力量，开始到工人群众中去。1920年，他组织同学参加广州工人五一国际劳动节纪念大会和当晚的提灯会；他还经常给宣传新文化和马克思主义的《广东群报》撰写和推荐稿件，替工人和劳苦大众发声。

革命群众运动的锻炼和马克思主义的哺育，使周其鉴的思想觉悟迅速提高，1921年中共一大召开不久，他便加入了中国共产党，成为一名无产阶级的先锋战士。从此，他就在党的领导下，为推翻剥削阶级的统治和实现无产阶级的解放事业而努力奋斗。他参加了由党组织的马克思主义研究会，着手研究如何运用马克思主义去解决社会问题。他利用假日深入到工农群众中去传播马克思主义，发动同学采取罢课等斗争形式，开展对推行封建教育制度、贪污公款的广东省立第一甲种工业学校校长高仑的斗争，打击顽固守旧势力，同时，为建立广东社会主义青年团和新学生社出谋献策，开始着手从政治上和组织上进行改造社会的斗争。经过一系列斗争，周其鉴在同学中的威信日益提高，大家都赞扬他是"道德学问超越朋侪"的优秀学生。

1922年秋，周其鉴在广东省立第一甲种工业学校毕业后，拒绝了哥哥要他经营织造厂的要求，放弃个人的优裕物质生活条件，遵照党的指示，到中国劳动组合书记部广东分部工作，参与创办"爱群通讯社"。他经常深入到工人群众中去介绍俄国十月革命和工人运动的情况，讲述革命道理，向工人灌输马克思主义，引导工人参加革命斗争。他曾在广州、番禺、东莞等地发动油业工人举行罢工，同资本家以及反动商团军进行针锋相对的斗争，并取得了胜利，迫使资本家答应增加工资、赔偿工人经济损失等多项条件。

集中精力从事农民运动

随着革命运动的发展，从 1924 年春开始，周其鉴遵照党的指示，利用国共合作的有利条件，集中精力从事农民运动。他先以国民党中央农民部特派员的身份，率领一支由共产党员和觉悟工人、革命知识青年 30 多人组成的队伍，到广宁开辟农民运动，组织农会，创建农军，建设党的组织，开展减租运动，有力地打击反动地主武装势力，使广宁成为全省农运较发达的县份之一。党中央刊物《向导》曾发表蔡和森介绍广宁农民运动的文章，称赞它是"历史的大事变"。1925 年 5 月，由于周其鉴领导农民运动成绩显著，所以他在广东省第一次农民代表大会上当选省农会执委会委员，随后兼任省农会驻西江办事处主任。他同办事处的其他领导人韦启瑞、陈均权等一起，根据西江 14 个县的实际情况，贯彻执行党的指示和省农会的决议，整顿、巩固和扩大农会组织，领导农民进行各种斗争，特别是在截击军阀刘（震寰）、杨（希闵）败军西窜，和配合叶挺独立团打退反动地主武装数千人的进攻中起了重要作用，使该区的农民运动迅速地进入了兴盛时期。至 1926 年 4 月底，西江地区的农会会员达 11 万人。

北伐战争前夕，为了加强北江地区的工作，支援北伐军胜利进军，党派遣周其鉴任省农会执委会常委兼任驻北江办事处主任。他坚决依靠群众，自下而上地改组和整顿组织不纯的曲江县农会，并参与创办了北江农军学校，为各级农会和农军组织培养了近 300 名骨干分子，从而加速了该区农民运动的发展，有力地支援了北伐军。

于此期间，周其鉴还兼任了毛泽东主办的第六届广州农民运动讲习所教员，讲授"广宁高要曲江农运状况"，介绍他在西江和北江地区领导农民运动的情况和经验；撰写了《广宁农民反抗地主始末记》一书，详尽地记述了广宁农民英勇反抗地主、迅猛发展农运的动人情景，总结了党发动、组织和武装农民开展政治、军事以及经济斗争的经验。这是一本反映中共早期领导农民运动经验的专著，毛泽东把它以及彭湃的《海丰农民运动报告》等 8 种有关广东农民运动的材料编入《农民问题丛刊》，推荐给全国农民运动干部学习，并给予高度评价。

周其鉴在从事农民运动中与广大农民结下了深厚的阶级情谊，与贫苦农民同甘共苦，心连着心。他经常跋山涉水，冒着酷暑严寒，深入农户访贫问苦，与农民促膝谈心，用通俗易懂的语言宣传党的主张，解释农会章程，以提高农民的思想觉悟，引导农民参加革命斗争。他在工作中深入细致，认真负责，关心农民的疾苦。有一次他带领一批干部下乡处理案件，正值隆冬季节，见到农民缺乏棉被寒衣，对此非常难过，便急农民之所急，除就地设法帮助贫苦农民解决御寒衣物外，还立即打电报给省农会，要求把工人捐献给农民的棉被尽快运去。

开展武装斗争

1927 年 4 月，国民党反动派在上海和广州等地制造反革命政变后，周其鉴接受党的重托，冒着严重的白色恐怖，到清远县等地传达中共广东区委关于以武装暴动反击国民党反动派的指示，把原县农会改组扩大为"非常时期特别委员会"，召集和训练农军；随后率领该地农军到韶关，会同北江各县农军和粤汉铁路工人纠察队共 1200 多人组成广东北江工农军，周其鉴任副总指挥。

周其鉴等人率领北江工农革命军出广东，入湖南，几经周折，于 6 月中旬到达武汉。周其鉴和其他领导人带领工农革命军战士，参加了武汉地区各种革命团体召开的集会和其他革命活动，积极支持湖北的工农运动。周其鉴在湖北省农会扩大会议上致词时曾指出："我们的面前有两条路，一条是生路，一条是死路。革命就是生路，不革命就是死路。农民要不分地域的界限，全国一致团结起来革命。"7 月底，周其鉴等遵照党的指示，率领工农革命军到南昌，参加了震惊中外的八一南昌起义，为武装反抗国民党反动派作出了积极的贡献。

不久，起义部队离南昌南下，周其鉴亦随军进至潮汕。后在群众掩护下转移到香港。

他在香港期间，不顾个人安危，出生入死，继续坚持工作，并负责安排停留在香港的革命同志潜回广州和其他县，重整旗鼓，坚持斗争，准备参加广州起义。10 月中旬，他当选中共广东省委候补委员。随后，他回到广州，积极参与广州起义的准备工作。他在省委主办的《红旗》半周刊上发表了《北江农军远征述评》一文，总结工农革命军斗争的经验教训，概述工农革命军的战斗历程，热烈赞扬他们英勇斗争的革命精神，号召全省工农团结起来，继续奋斗。

立场坚定，忠贞不屈

广州起义失败后，周其鉴转移到清远继续坚持革命斗争。这期间，他曾秘密到广州进行筹款等革命活动。当时，他住在清远农民余锦华家中，后为当地反动地主发觉，向敌人告密，因而不幸被捕。残暴的敌人妄图先杀余锦华以动摇他的意志，但周其鉴悲愤填膺，视死如归。反动派将他投入狱中，施以惨无人道的毒刑，极尽威逼利诱之能事。他始终立场坚定，忠贞不屈，保持共产党员的革命气节。2月1日，反动派将他秘密杀害。革命群众闻此噩耗，悲愤万分，冒着生命危险，把他的遗体安葬在山上。牺牲时年仅35岁。

英烈语录

"我们的面前有两条路，一条是生路，一条是死路。革命就是生路，不革命就是死路。农民要不分地域的界限，全国一致团结起来革命。"

英烈精神

为革命始终坚定不移、勇往直前、不顾个人安危、出生入死、视死如归、忠贞不屈的革命精神；与贫苦农民同甘共苦，心连着心的群众工作作风。

（陈万安）

周文雍（1905—1928）

——钢铁般的革命意志

主要生平

周文雍，广东省开平县茅冈乡宝鼎村人。

- 1905 年，出生在一个贫苦的知识分子家庭。
- 1922 年春，考入广东省立第一甲种工业学校机械科。
- 1923 年，先后加入新学生社和社会主义青年团。
- 1924 年，被选为广州学生联合会委员兼文书部副主任。
- 1925 年，加入中国共产党。五卅惨案发生后，组织发动沙面洋务工人参加省港大罢工。
- 1926 年 4 月 1 日，被选为广州工人纠察队总队长。
- 1927 年，任中共广州市委组织部部长、市工委书记和广州工人代表会特别委员会主席。
- 1928 年 1 月，被敌人逮捕牺牲。时年 23 岁。

投身爱国青年运动

周文雍是广东省开平县茅冈乡宝鼎村人，1905年出生在一个贫苦的知识分子家庭。1922年春，周文雍考入了广东省立第一甲种工业学校机械科。该校素有"红色甲工"的美誉，广东早期的优秀中共党员阮啸仙、刘尔崧、周其鉴、张善铭等，都是该校第一届学生，中共优秀理论家杨匏安也在该校兼课。周文雍在他们的影响和指导下，积极阅读《新青年》《每周评论》等进步刊物，接受了革命思想，投入了反帝反封建的爱国青年运动。1923年，他先后加入了新学生社和社会主义青年团，被选为学生会会长，同时担任了团支部书记。

1923年10月，军阀陈炯明在东莞石龙一带与革命军对峙。周文雍参加了青年团和新学生社组织的"青年慰问队"，冒着枪林弹雨到革命军的阵前慰问。

中共三大后，周文雍遵照党的指示，以个人身份加入了国民党，担任了国民党区分部的执行委员，对国民党的改组起了积极的推动作用。

1924年，周文雍参加了改组广州学生联合会（简称"学联会"）的工作，被选为学联会委员兼文书部副主任。他和杨石魂一起，草拟了大量富有战斗性的宣言、通电、标语、传单和文告，领导全市学生投身到革命斗争中去。

1924年7月，沙面租界的英法帝国主义者，施行侮辱中国人民的《新警律》，激起了中国人民的无比愤怒和强烈抗议。党组织派周文雍和刘尔崧、施卜领导沙面洋务工人举行了震撼南中国的大罢工。接着，市内各洋行货仓工人也参加了罢工，连在沙面英法差馆的中国巡捕也加入了罢工行列。经过32天的斗争，迫使帝国主义者取消了《新警律》，取得了罢工的胜利。

同年，广东省立第一甲种工业学校新来的反动校长肖某，由于害怕革命思想的传播，把学生编为一个"陆军团"，实行军事化教育。周文雍代表学生会严词提出质问和抗议，肖某恼羞成怒，开除了周文雍的学籍。

周文雍离校后，党任命他为青年团广东区委委员，派他到新学生社负责工作，并协助广州工人代表会主席刘尔崧开展青工运动。此后，他的足迹踏遍各个大中学校和广州工人代表会属下的工会。那时，妇女运动缺少女干部，周文雍还兼管这一工作。

领导工人运动

1925 年，周文雍光荣地加入了中国共产党。

周文雍接受党组织的委派，到手车工人中开展工作。当他看到部分工人白天拼命干活，晚上露宿街头的凄凉景况后，便和沈青等人募捐筹款，发动工人自建宿舍，不久，便建成了一座可容百多人住宿的大葵棚，使无家可归的手车工人不再流离失所。周文雍还经常和工人谈心，宣传"全世界无产者联合起来"的道理，帮助手车工人消除地域、宗派隔阂，为成立全市统一的手车夫工会扫除了障碍。

五卅惨案发生后，周文雍与刘尔崧等人一道，组织发动沙面洋务工人参加了省港大罢工。

1925 年 10 月，国民党右派、工贼和一些无政府主义者，煽动石井兵工厂工人打群架，妄图瓦解革命工会。周文雍接受党组织的指示深入该厂，迅速把工人团结起来，狠狠地打击了一些坏分子，恢复了因遭受破坏而停顿了的职工子弟学校，使兵工厂面貌焕然一新。

1925 年 11 月，周文雍任共青团广东区委经济斗争委员会书记兼中共广东区委工委委员，还负责团干训练班的领导工作。这时，周文雍又到洋务工人中去做统一工会的工作，把 5 个独立的洋务工人组织联合起来了。1926 年 4 月，广州洋务工人举行了代表大会，成立了"广州洋务总工会"。

周文雍又和罗登贤等人一起，负责罢工归来的香港金属行业统一工会的工作，揭露了工贼韩文惠投靠帝国主义，多次破坏省港大罢工的罪行，促使中国机器总会发表革退韩文惠职务及会籍的宣言。不久便成立了"香港金属业总工会"，周文雍继罗登贤之后任党支部书记。

1926 年 4 月 1 日，广州市工人代表大会召开，周文雍被选为广州工人纠察队总队长。

1927 年 4 月 15 日，国民党反动派在广州发动了反革命政变。4 月 17 日，中共广东区委决定建立广州市委，由吴毅任市委书记，周文雍任组织部部长，继续领导广州人民进行革命斗争。当时，广州工人代表会等革命团体被封闭，刘尔崧等工运领导人被捕牺牲，周文雍继承了刘尔崧的战斗岗位，兼任市工委书记和广州工人代表会特别委员会主席。

这时，他奉命和中共广东区委妇女运动委员会委员陈铁军假扮夫妻，建立秘密机关，领导群众继续战斗。在白色恐怖的笼罩下，周文雍召集各工会领导骨干举行了紧急会议，商量对策，营救被捕同志和接济烈士家属。会上决定组织全市工人罢工，集会示威，散发传单，张贴标语，以抗议反动派的暴行。他还遵照党的指示，以原工人纠察队为骨干，把各进步工会自发组织起来的武装，如"剑仔队""工人自救队""省港罢工工人利益维持队"等组织起来，建立和扩大地下武装。他亲自指挥洋务和手车夫工会的青年武装，到南堤袭击国民党广州市党部及其工人部部长、臭名昭著的工贼曾西盛，并领导市工人代表会所属各工会和国民党派来的"改组委员"进行坚决斗争，把他们从工会组织中赶出去，还对一些血债累累的工贼进行公开处死。

10月15日，中共广东省委和中共中央南方局在香港召开联席会议，组成新的广东省委，周文雍被选为省委候补委员，会议贯彻了八七会议的精神，准备在省内各地进行暴动。

这时，粤系新军阀张发奎到广州，赶走了桂系军阀。他为了夺取广东的霸权，玩弄假民主的把戏，企图骗取人民的信任和支持。因此，广州的空气表面上缓和下来了。周文雍利用这一时机，把革命斗争从地下转向公开，召开广州工人代表大会，决定于10月23日组织全市总罢工，提出了释放政治犯、保证工会与农会的自由、驱逐一切改组委员、保证4月15日以前与雇主所定的一切协约继续生效、保障省港罢工工人的一切权利等要求，并决议要从工贼手上夺回原广州工人代表大会会址。张发奎闻讯后，慌忙派出大批反动军警，日夜戒严，搜捕工人代表。不久，汪精卫、陈公博等反动头子到广州，把自己打扮成国民党"新左派"。周文雍为了戳穿他们的假面具，于11月1日，亲自带领历次因援助革命而被开除的3000多名铁路、火柴等失业工人，前往东山包围汪精卫的住宅"葵园"，举行请愿示威，提出释放政治犯，恢复失业工人的工作，恢复工会，实行结社、出版、言论、集会的自由等要求，并由以周文雍为首的4名代表要求汪精卫出来答话。汪精卫拒绝接见。周文雍当场揭穿了汪精卫的所谓"民主自由"，其实是一种骗人的伎俩。接着，他带领工人们举行了示威游行。

狱中智救

汪精卫凶相毕露，下令军警镇压。当游行队伍过了仓边路口继续前进时，凶恶的反动军警便向手无寸铁的示威群众大打出手，周文雍在搏斗中被殴至重伤，不幸被捕。

周文雍是市委委员，又是准备中的广州起义的组织者和领导者之一，省、市委立即组织力量营救周文雍。当时周文雍被关押在维新路的公安局，身份尚未完全暴露，但公安局戒备森严。党组织经过缜密的考虑，制定了"智取"的方案：第一步是由黎胜、陈铁军、陈燕燕等人将生姜、辣椒炒成的饭送进监狱，让周文雍吃后发高烧，迫使监狱长将周文雍送往市立医院犯人留医室；第二步是由市委委员沈青、李源带领赤色恐怖队的庞子谦、张子清等人执行劫持任务。由于他们紧密配合，终于迅速而准确地把周文雍营救出来。第二天，广州和香港的私营报纸在头版头条报道："无牌小汽车，劫走共党周文雍"。一时，共产党英勇机智劫走周文雍的传奇式革命故事，传遍全市，吓得反动派急忙调动大批反动军警，到处搜捕，但周文雍已安然投入了新的战斗。

领导广州起义

周文雍脱险后，顾不得养伤，便紧张地继续投入到广州起义的准备工作。11月17日，他参加了"起义总指挥部——革命军事委员会（行动委员会）"成立的会议，会议决定由周文雍担任指挥部委员兼工人赤卫队总指挥。月底，他又被选为"起义政纲起草委员会"委员，协助张太雷草拟苏维埃政府的政纲、宣言、口号和文告。

接着，周文雍在杨殷的支持下，与赤卫队副总指挥梁桂华一起，召集各区及联队负责人沈青、陈郁、李源、邓发等在渭滨书院（广州工人代表会特别委员会临时会址）开会，把各区各行业的地下武装改编、扩大为起义主力"工人赤卫队"，研究和部署了赤卫队的组织分工和武器配备等问题。

这时候，汪精卫在上海获悉了广州即将起义的消息，派了他的老婆陈璧君来广州，密令张发奎迅速解除起义主力部队教导团的武装。张发奎便令所部回师广州，准备镇压广州起义。不巧，储藏、转运武器的大安米店又被敌人破获。由于情况发生了变化，起义总指挥部决定把起义日期从 12 月 13 日提前为 11 日。周文雍参加了总指挥部召开的军事会议后，从 9 日起便进入了紧张的战斗部署工作。

11 日凌晨，周文雍随同张太雷、叶挺、杨殷、恽代英等到四标营教导团驻地，参加了起义誓师大会。3 时 30 分，起义的枪声划破了沉寂的夜空，揭开了广州起义的战斗序幕。周文雍坚定、沉着、果敢地指挥着工人赤卫队配合教导团起义士兵作战，猛烈攻击珠江北岸敌人的各个军事据点。第一联队在他和刘楚杰的指挥下，和教导团战士并肩作战，攻占了公安局。清晨，人们把周文雍亲笔书写"苏维埃政府"大字的红布横额挂上公安局的门楼上。7 时许，周文雍出席了苏维埃政府的首次会议，担任了人民劳动委员。

10 时许，周文雍参加了工人赤卫队总部（设在司后街原省专员公署）庄严的升旗仪式后，便和赤卫队的领导人巡视了各个攻占据点和珠江堤岸。他们研究了敌我形势，重新部署了兵力，并赶至第一公园，抵御从观音山冲过来的敌军。

12 日，广州人民在西瓜园召开庆祝广州苏维埃政府成立大会。周文雍是大会的主持者。会后，张太雷遭敌人袭击不幸牺牲，周文雍强忍着眼泪继续和敌人战斗。

傍晚，形势起了急剧的变化，反动军队在帝国主义军舰的掩护下，开始从四面八方反扑过来。因敌我力量悬殊，起义指挥部决定起义部队撤出广州，向海陆丰转移，同彭湃领导的工农武装会合。13 日凌晨，情况更加吃紧，敌人从水陆两路向我阵地进逼，周文雍亲临火线指挥队伍狙击敌人，展开了激烈的巷战，直到掩护主力安全撤出广州后，他才和陈铁军分头秘密转移到香港。

◈ 恢复党组织 ◈

1928 年 1 月，周文雍和陈铁军化装回到广州，仍假以夫妻名义，在抗日路租了一间房子，建立了党的机关，继续进行地下斗争。他继续任省、市委常委。广州起义失败后，党的组织受到严重的破坏，周文雍积极进行恢复党组织的工作。他把原来的组织名单，分发给各区组织委员，逐家逐户去做党员的思想工作，并酝酿在春节期间发动工人举行"春节骚动"。由于活动的传单落在敌人手里，市委机关受到破坏，周文雍和陈铁军也被敌人逮捕。

钢铁意志

在狱中，刽子手对周文雍施展了收买、利诱的卑鄙伎俩，都遭到失败。于是，他们便使用了惨绝人寰的种种酷刑。周文雍不知多少次死而复苏，可是他始终坚贞不屈。当敌人拿来纸笔，强迫他自首时，他愤然举笔疾书，痛斥反动派的无耻和罪恶，还慷慨激昂地在囚禁他的市公安局第十一号监狱墙上，写下了一首壮烈的遗诗：

> 头可断，肢可折。革命精神不可灭。
> 志士头颅为党落，好汉身躯为群裂。

周文雍钢铁般的革命意志，使敌人无计可施。他们决定开庭判决周文雍死刑。周文雍利用法庭这个讲坛同敌人展开了针锋相对的斗争，宣传革命道理。

当伪法官宣判他和陈铁军死刑对，他神态自若，毫无惧色。法官问他死前有什么要求，周文雍提出要与爱人陈映萍（陈铁军的化名）照一幅相。敌人只得按照他的要求把摄影师带到监狱里来。他和陈铁军并肩站在一起照了一幅相，作为给党和同志们的永别留念。

英勇就义

1928年农历正月十五日下午，敌人用黄包车（即手车）把周文雍和陈铁军从市公安局解赴红花岗刑场。陈铁军在前、周文雍在后，他俩沿途慷慨激昂地高呼"打倒帝国主义！""打倒国民党！""中国共产党万岁！"的口号，高唱《国际歌》，还向群众演说。一时满城轰动，人民群众闻声而来，骤然间，形成了一条很长很长的悲壮送别的行列。

周文雍和陈铁军被押到了红花岗上（即现在的广州起义烈士陵园），他俩昂首挺胸走向刑场，不停地高呼口号。刽子手的枪声响了，周文雍中弹倒地后又顽强地一边支撑起上身，一边继续高呼："同志——们，革——命——到——底！"

周文雍牺牲时，年仅23岁。

英烈语录

"头可断，肢可折。革命精神不可灭。志士头颅为党落，好汉身躯为群裂。"

"同志——们，革——命——到——底！"

英烈精神

坚贞不屈、视死如归英勇气概；生命不息，革命不止的革命精神。

（叶创昌　谢燕章）

朱也赤（1899—1928）

——粤西地区最早的中共领导人和农民运动领导人之一

主要生平

朱也赤，原名朝柱，又名克哲。

- 1899 年 6 月 2 日，出生于广东省茂南白土村一个贫民家庭。
- 1919 年秋，考入广东高等师范学校。
- 1920 年秋，转读广东公立医药专门学校。
- 1922 年夏，加入中国社会主义青年团。
- 1925 年冬，加入中国共产党，并改名为也赤。12 月，返回高州，在国共合作的国民党茂名县党部筹备处工作。
- 1926 年 1 月，国民党茂名县党部成立，当选执行委员，兼管青年部工作。5 月，担任中共茂名县支部书记。6 月，兼任茂名县农会筹备处主任，国民党茂名县改组委员会主任等职。
- 1927 年 4 月，任南路农民革命委员会主任，统一领导南路人民武装斗争。8、9 月间，任南路特委委员，任肃清反革命委员会广东分会南路支会委员。同年冬，组织南路的怀乡暴动，建立怀乡革命政权。
- 1928 年 12 月，由于叛徒出卖，在西营（霞山）被捕。12 月 23 日，在高州东门岭刑场被杀害，时年 29 岁。

朱也赤，原名朝柱，又名克哲，1899年6月2日出生于广东省茂南白土村一个贫民家庭。1919年秋，考入广东高等师范学校。1920年秋，转读广东公立医药专门学校。求学期间，受俄国十月革命和五四运动的影响，思想进步很快，积极参加学生爱国运动。1922年夏，加入中国社会主义青年团。1925年冬，加入中国共产党，并改名为也赤。

宣传革命思想

在寒暑假回乡期间，朱也赤大力向乡亲宣传革命思想。他带回很多进步书籍，把知心的同学、朋友找到一起，组织他们阅读，向他们宣传马克思主义和无产阶级革命。他到高城时，常住在西区丽泽书院，西区知识青年毛次奇受到他的影响教育，投身革命，成为他的贴心朋友。他又带了个小型幻灯机回家，自己编制幻灯片放映，宣讲社会主义的好处和阶级斗争道理。他的家成了"电影院"，晚上，农民们扶老携幼前来观看，大家说："阿哲上大学回来，专替穷人说话了！"地主豪绅知道以后，则气得暴跳如雷。有一次，他们闯进朱也赤家"问罪"，骂朱也赤"散播共产共妻邪说""五伦颠倒，扰乱纲常"。他的反动叔父朱仲荣扬着竹烟筒，叫嚷要"教训"他。可是朱也赤真理在手，毫无畏惧，揭发他们为富不仁的发家臭史，指出他们"拥护国民革命"是假，反对"平均地权"是真，把他们驳得瞠目结舌，尴尬地溜走。

领导茂名县革命工作

1925年12月，党派朱也赤返回高州，在国共合作的国民党茂名县党部筹备处工作。1926年1月，国民党茂名县党部成立，他当选执行委员，兼管青年部工作；3月，任省农会南路办事处干事；5月，中共茂名县支部成立，朱也赤担任党支部书记；6月，兼任茂名县农会筹备处主任，国民党茂名县改组委员会主任等职。在国共合作期间，他就以中共、农会、国民党三方面要人身份，领导全县革命工作。

深入农村开展农民运动

朱也赤艰苦朴素，密切联系群众。他经常深入农村访贫问苦，足迹遍及全县。他喜欢带着萝卜干下乡，在群众家搭食时，群众要杀鸡招待他，他婉言谢绝，掏出萝卜干说："已有菜了，我最喜欢吃的就是这种东西。"他关心群众疾苦，热情地为贫病农民延医送药，有一次，他和何衍生（农会干部）到东岸下乡开会时，见到一位姓萧的农民妇女患病在呻吟，他就叫何衍生给她开了处方，自己从身上摸出银元给她买药，那个妇女感动得流下了眼泪。他喜欢教群众唱歌，讲故事给群众听，说得生动感人。他教农民唱了一支《农民苦》的歌子："六月割禾真辛苦，点点汗滴禾下土，田主们快活收租！哎哟哎哟，田主们快活收租！无钱无米活家小，儿女无知偏号咷，'亲爹娘，我肚子饿了！'哎哟哎哟，'亲爹娘，我肚子饿了！'田主收租真太过，田主收租真猛烈！把我谷种拿去了，明年时不知怎样，哎哟哎哟，明年时不知怎样！"他一边教唱，一边摆造型，表演出割禾、收租儿女拉着爹娘衣角叫喊肚饿等情状，使在场群众深受教育。在他的组织发动下，农民们提高了觉悟，纷纷要求参加农会，农民运动发展迅速。到1926年底，全县已有40多个乡成立了农民协会，入会的农民有10多万人。

领导农民开展斗争

为了打击敌人的嚣张气焰，进一步促进农运发展，朱也赤和黄学增（中共南路特派员）一起，领导农民向地主豪绅开展斗争。1926年4月，朱也赤陪同黄学增到茂东区云炉乡考察农运时，有云炉、银莲等五乡农民联名向他控告莲塘村大地主、大恶霸梁祝铭的罪行。朱也赤当即支持农民，广泛收集了梁祝铭的罪证材料，向县府提出控告，逼使县府派军警拘捕了梁祝铭。梁祝铭被捕后，朱也赤又把他的罪行编成话剧在高州公演，进一步揭露地主豪绅的罪恶。

茂南区区长张耀垣是县长张远峰的得力爪牙，上任以后，大肆贪污搜刮，民愤甚大。10月间，朱也赤于茂南中学的广场上召开"声讨贪官污吏大会"，发动群众控诉，声讨张耀垣的罪行，参加的有茂南各乡农会会员及青年学生数千人，会后进行游行示威，朱也赤亲自到县里找县长讲理，逼使他下令撤掉了张耀垣的区长职务。大利公司是广潭地主恶霸杨芙生开设的一间经营大粪的商店。杨芙生平日作恶多端，群众叫他杨老虎，对他恨透了。朱也赤和黄学增以县农会筹备处名义，在县城圣殿坡召开了有 1 万多人参加的"声讨恶霸杨老二大会"。会后，由朱也赤带领群众到县府请愿。县长拒不接见，队伍就上街游行示威。游行到南关时，冲进大利公司，把所有的粪缸粪桶全部打烂，从此大利公司"寿终正寝"。

积极慎重地进行建党工作

1926 年 7 月，省农会南路办事处由梅菉迁来高州后，把《高州民国日报》接管过来。黄学增兼任报社社长，韩盈任总编辑。朱也赤协助韩盈编辑《高潮》副刊，宣传革命，指导群众运动；随即又成立高州青年社，吸收先进青年为社员，创办《狂涛》小报，广泛团结教育青年，培育革命骨干。

在南路党组织领导下，朱也赤积极慎重地在茂名县进行建党工作，把长期受中共思想影响的进步青年毛次奇、杨绍栋以及一批在农运中涌现出来的先进分子，先后吸收为党员。到 1926 年底，全县党员发展到 40 多人。同时他又领导建立起茂名县团组织。到 1926 年底，团员发展到 100 多人。

广州地区国民党反动派发动了四一五反革命政变以后，茂名当局也公开打起反共招牌，肆行捕杀共产党人和工农群众。1927 年 4 月 18 日夜晚，派兵包围省农会南路办事处。当时朱也赤正在办事处召开全县农民代表大会，酝酿选举成立县农民协会，他接到密报后，当即宣布休会，布置代表撤离高州。为了对国民党反革命暴行表示抗议，代表们离城前在各处张贴标语，揭露国民党叛变革命的狠毒阴谋。代表撤出后不久，反动驻军营长黄延祯带领军队包围办事处，扑了一个空。此后，中共转入了地下活动。

领导南路人民武装斗争

朱也赤从高州撤退到广州湾后，立即和陈柱主持召开南路党团紧急会议（此时黄学增已调离南路），决定组织武装暴动；接着召集南路十五县农民代表到广州湾开会贯彻暴动精神，成立南路农民革命委员会，由朱也赤任主任，陈柱任副主任，统一领导南路人民武装斗争。1927 年 8、9 月间，省委派彭中英到广州湾，主持成立中共南路特委，朱也赤任特委委员。特委又成立肃清反革命委员会广东分会南路支会，以代替原"南路农民革命委员会"，彭中英兼任主任，委员是南路特委委员，并吸收一些左派人士参加。特委委员分赴各地指导组织地下武装，准备暴动。

1927 年冬，朱也赤到信宜怀乡，和中共信宜县委一起，组织了震动南路的怀乡暴动。起义武装称国民革命军南路警备部，由朱也赤任司令。12 月 15 日晚上，起义队伍 100 多人分别集中在怀乡圩边的大路底、大营地 2 个地点，随即陆续潜入圩内。深夜 1 时，朱也赤率领基本队 25 人，身藏短枪，突袭团防局，击毙团丁 2 名，俘获反动区长周植盛。接着押他到区署叫门，区警不敢抵抗，当即开门缴械，缴获长短枪 16 支，战斗胜利结束。第二天中午，在怀乡圩大营地召开盛大的群众大会，庆祝革命胜利。朱也赤在会上宣布：一是开怀乡印金仓存谷平粜给贫苦群众（平粜了印金仓谷 100 多石，每石售价比市价低五六毫白银）；二是实行二五减租，取消一切苛捐杂税；三是将民愤极大的反动区长周植盛扣押法办（后来执行枪决）。广州起义失败的消息传来后，信宜县反动县长杨伟织纠集全县防军、民团 1200 多人，分路向怀乡"进剿"。由于力量对比悬殊，12 月 20 日夜晚，朱也赤决定武装队伍 50 多人退入扶龙白坭埇，其他参加起义人员暂时回家。到了白坭埇，第二天，队伍就被敌人四面包围起来，队伍坚守 5 天，打退敌人数次进攻，夜晚才突围到达洪冠。当时援军不至，粮食已尽，迫得分散隐蔽。怀乡革命政权虽然仅建立几天就失败了，但怀乡暴动这一革命壮举，正像一声春雷，震动了南路，唤醒了人民，动摇了反动统治。

1928 年春，朱也赤回广州湾，在南路特委机关工作，经常在特委的刊物《血潮》《镰刀》《南路农民》上发表文章，宣传革命理论和揭发国民党反动派罪行。他经常到各地指导组织武装斗争，曾 2 次到沙田指导组织暴动，有时又回到自己家乡白土附近活动。

这时形势已非常险恶，他的家被国民党反动派抄了，父亲朱伯瑚被捕入狱，母亲柯氏、妻子柯梅影带小孩在家生活无着，含辛茹苦。当局到处张榜行文，把朱也赤列为"头号匪首"缉捕，悬红赏格白银 1000 元。他的反动叔父朱仲荣也用金钱收买一些坏人做耳目，极力搜捕朱也赤。但朱也赤机智勇敢，不避艰险，坚持到各地组织发动群众。他回到家乡活动时，曾经 3 次被敌人围捕，由于有革命群众保护，都机智地脱险。

1928年秋，南路特委讨论研究对敌斗争方式问题。朱也赤冷静地回顾了一年来的斗争实践，认为各地暴动受挫折，工农群众受镇压，在条件还未成熟、力量组织不够充分的情况下，举行暴动是不适宜的；脱离实际的冒险暴动，将使自己力量造成损失，对革命是有害的。他向当时特委书记杨石魂提出了不同意见，要求暂停恐怖活动，以便积蓄力量，进行长期斗争，并和彭中英、陈柱等人联名向省委写了报告，反映了当时南路实际情况。后来省委采纳了这个建议，改派黄平民为特委书记，作出南路暂停武装暴动的决定，深入基层做好群众工作，积蓄力量，以待时机。

被捕牺牲

1928年12月，国民党勾结法国殖民当局，对南路党进行疯狂镇压。由于叛徒出卖，特委机关全被破坏，朱也赤在西营（霞山）被捕，南特领导成员被捕达18人。黄平民（南路特委书记）、朱也赤等人被捕后，被押解回高州。

朱也赤在狱中，备受严刑拷打，但坚贞不屈，表现出共产党人崇高的革命气节。他在狱中写下了几首气壮山河的诗篇，给探望他的同志带了出来。这些感人肺腑的诗篇，抒发了革命的壮志与情怀（现已收入萧三主编的《革命烈士诗抄续编》）。其中两首是：

> 愁云惨雾罩南粤，志士成仁飞赤血。
> 浩气长存宇宙间，耿耿赤心悬明月。

> 为主义牺牲，为工农死节。
> 不负天地生，无污父母血。
> 何呜咽！何呜咽！
> 壮哉十六再回头，碎破山河待建设。

1928年12月23日，黄平民、朱也赤、陈梅（女）等3位同志昂首阔步，从容步上高州东门岭刑场。他们高呼"中国共产党万岁！""中国工农解放万岁!"等口号，壮烈就义! 朱也赤牺牲时年仅 29 岁。

● 英烈语录 ●

"愁云惨雾罩南粤，志士成仁飞赤血。浩气长存宇宙间，耿耿赤心悬明月。"

"为主义牺牲，为工农死节。不负天地生，无污父母血。何呜咽！何呜咽！壮哉十六再回头，碎破山河待建设。"

● 英烈精神 ●

置生死于度外、坚贞不屈、不怕牺牲的革命精神。

（张焕兰）

方汝楫（1899—1929）

—— 我决心为革命鞠躬尽瘁，死而后已

主要生平

方汝楫，又名章若，广东省惠来县惠城人。

- 1899 年 10 月 2 日，出生于一个贫民家庭。
- 18 岁受聘到惠来神泉区鳌头村教书，20 岁赴广州学习，受新文化飞新思想的启迪。
- 1923 年 7 月，考入革命政府在广州开办的宣传员养成所。年底，毕业后回惠来工作，筹建惠来青年社。
- 1924 年，号召县城人民向封建势力开火，反对派款建醮。
- 震动全国的五卅惨案发生后，遭蓄谋迫害被拘捕入狱。
- 1925 年 11 月，当选国民党惠来县党部的组织委员。12 月，经团汕头地委批准加入共青团，并在惠来成立团支部。
- 1926 年 1 月 16 日，带领惠来青年社发动惠来各界举行庆祝广东统一暨倒奉反日人民大会，掀起声势浩大的查封日货的运动。4 月，加入中国共产党，成为中共惠来县党、团组织的主要负责人，成为惠来人民革命斗争的主要组织者与领导者。5 月，组织惠来青年社和全县的工会、农会、妇女解放协会，举行 5000 多人参加的庆祝五一国际劳动节大会。11 月 7 日，

主持惠来各阶层人民纪念苏联十月革命成功大会，这是党第一次公开地向惠来人民宣传马克思列宁主义的真理。

- 1927 年春，担任中共揭阳县委书记。12 月 6 日，任中共东江特委特派员兼中共潮安县委书记，领导潮安人民开展革命斗争。
- 1928 年 2 月，当选中共汕头市委常委。
- 1929 年 4 月，当选中共东江特委副书记。6 月，遭到突袭，陷入敌手后被杀害，时年 30 岁。

"我决心为革命鞠躬尽瘁，死而后已"。这是方汝楫生前的誓言。它深刻地表现了一个共产党员对革命事业的无限忠诚。

接受新文化、新思想

方汝楫，又名章若，1899 年 10 月 2 日出生于广东省惠来县惠城的一个贫民家庭。方汝楫的父亲早丧，寡母患了不治之症，靠祖母经营小摊档抚养，在艰难困苦中度过日子。方汝楫 14 岁在惠城德馨小学毕业后，因家贫不能进中学读书，便立志自学，进步很快，深得邻里的称赞。18 岁受聘到惠来神泉区鳌头村教书，20 岁赴广州学习，受到了新文化、新思想的启迪。

1923 年 7 月，方汝楫考取了广州宣传员养成所。共产党员谭平山、谭植棠等人在该所任教，他们除宣传孙中山的三民主义外，还介绍马克思列宁主义学说，使方汝楫得以接触到革命思想。

筹建惠来青年社

1923 年底，方汝楫在宣传员养成所毕业后回惠来工作。他与惠来旅穗就学的吴华胥等一批进步学生及方凤巢、方裕韬、方其颐等热血青年，着力于筹建团结惠来青年的惠来青年社。

1924 年春，惠来青年社成立。其成立宣言呼吁："我们青年是时代之花，是改造社会的先驱者。我们生长在这僻处海隅的惠来，黑暗落后的惠来，决不悲观失望。我们应肩负改造惠来的任务，我们要努力从一点一滴做起，从推广新文化做起，从破除迷信做起，以促进社会的进步。"

"僻处海隅""黑暗落后""悲观消极"，一针见血地反映了当时惠来的社会现实。惠来位于广东东南的沿海，北倚大南山，"风无三日静，地无三里平"，土地贫瘠，禾苗不长，民生凋零。惠来的封建势力和官僚买办层层相依，惠来人民受尽政治迫害和经济盘剥，长期处于黑暗落后的水深火热之中。为了求生存，1923 年，惠来的农民在海陆丰农民运动的影响下组织了农民协会，开展革命斗争。但不久，军阀陈炯明就勾结惠来的官绅地主，解散农会，镇压农民运动。因此，方汝楫回来后就把"肩负改造惠来的任务""促进社会的进步"作为惠来青年社的宗旨。

惠来青年社自成立伊始，就与惠来的封建势力针锋相对，势不两立。1924 年是农历的甲子年。封建统治阶级按照"逢甲筹资派款，逢丙建醮"的陈规陋俗，巧立名目，增加税收，摊派丁钱，盘剥百姓，群众敢怒不敢言。惠来青年社即号召县城人民向封建势力开火，反对派款建醮。这一行动大大地触犯了反动势力的利益。他们攻击惠来青年社"大逆不道，无法无天"，对惠来青年社的负责人方汝楫尤其怀恨在心。

领导惠来青年运动

震动全国的五卅惨案发生后，惠来中学的学生在惠来青年社的号召下，热血沸腾，决定响应全国的反帝运动，举行游行示威，向人民开展为期 3 天的爱国宣传。但校长方书彪不仅是冷血的动物，而且自恃有反动县长方如山做靠山，公然干涉学生的革命行动，宣布要一连 3 天复习功课，随后即举行考试，想以此来压制学生运动。学生不顾校方的反对，冲出校门，浩浩荡荡地上街游行。方书彪竟蛮横地处分学生，开除参加游行的学生 3 人，记大过 6 人，记小过一大批。对此倒行逆施，学生义愤填膺，提出抗议。县长方如山却派军警进学校逮捕学生。学生集队到县衙请愿，方如山拒不见面，军警把学生包围起来。学生毫不示弱，在县衙静坐过夜，对当局进行抗议示威。这一行动得到社会各方面的同情和支持。方如山见势不利，便欺骗学生，佯称第二天解决事件与释放被捕学生。但第二天他却偷偷地逃往汕头，躲藏起来，使问题得不到解决。后来在汕头学生联合会的声援下，方如山才被迫释放学生，方书彪也被轰出了校门。接着，进步的学生又在惠来青年社的带领下，驱逐了继任的反动校长黄允中，将其捆缚上街，游行示众。反动势力为了瓦解惠来青年社，便蓄谋迫害方汝楫。方如山等人捏造案情，诬告方汝楫毒打木工，把方汝楫拘捕入狱。

方汝楫的冤案，在社会上引起强烈反响。一些进步人士为其发出快邮代电，呼吁社会伸张正义，惠来青年社在汕头的社员又四处奔走求援，最后得到汕头进步人士的支持，经多方努力，设法将方汝楫解送汕头处理。方汝楫在解送的路上，沿途受到惠来、潮阳的革命群众和团体的亲切慰问，实际上是进行了一次很好的宣传。

方汝楫从汕头释放回惠来后，于 1925 年 11 月 7 日，通过惠来青年社响应东江各县热烈欢迎东征军第二次胜利入潮汕的动员，发表热情洋溢的宣言。宣言揭露了帝国主义的走狗陈炯明的种种罪行，宣传国民革命军东征的伟大意义和目的，号召惠来人民投身到国民革命中去。

11月，东征军总指挥部总政治部主任周恩来派遣吴华胥为改组国民党惠来县党部特派员。在改选惠来县党部执委时，右派势力的代表陈淑要挟大会安排他的亲信。方汝楫极力支持吴华胥，揭穿陈淑的阴谋，击退右派的进攻。方汝楫当选县党部的组织委员，其他的执委也都掌握在左派的手里，使革命政府的"农工政策"在惠来得到较好的推行。

11月24日，共青团汕头地委第三次常委会议决定在惠来建立团支部。12月，方汝楫、詹友石等4人经团汕头地委批准加入共青团，并在惠来成立了团支部。

1926年1月16日，方汝楫带领惠来青年社发动惠来各界举行庆祝广东统一暨倒奉反日人民大会，大会上发出通电二则：一、致电日本劳动界，促其反对该国政府之侵略政策；二、电告全国同胞，号召团结奋斗，打倒万恶的军阀张作霖及日本帝国主义。大会之后，惠来的革命青年又掀起声势浩大的查封日货的运动。

组织领导惠来革命斗争

4月26日，共青团汕头地委改组后，方汝楫任共青团惠来县支部书记兼共青团在国民党惠来县党部的团小组的组长。不久，又加入中国共产党。从此，方汝楫是中共惠来县党、团组织的主要负责人，成为惠来人民革命斗争的主要组织者与领导者。他参与组织的惠来青年社，也成为惠来人民革命斗争的中坚力量。

5月，方汝楫在惠来党组织的领导下，组织惠来青年社和全县的工会、农会、妇女解放协会，举行庆祝五一国际劳动节大会。5000多人参加了大会。会后还举行了声势浩大的示威游行。这次大会推动了"抗捐抗税，抗租抗债"斗争的蓬勃发展。

11月7日，惠来党组织又发动各阶层人民举行纪念十月革命成功大会。会上，由方汝楫主持，惠来青年社发出了题为《为苏联十月革命成功纪念向惠来各界青年同胞说几句话》的宣言，阐述了十月革命的意义和经验，指出

"要解除我们的痛苦，摆脱帝国主义的锁链，必须起来革命，向帝国主义者及一切反动派进攻，才有希望"。这是党第一次公开地向惠来人民宣传马克思列宁主义的真理，它对唤起民众参加革命斗争起了很大的促进作用。

1927年春，方汝楫担任中共揭阳县委书记。这时，国民党右派的反共气焰甚嚣尘上，方汝楫预见到可能会出现政治风云的突变，及时通知各乡农会，发动群众做好应变的准备。

4月12日，蒋介石在上海发动反革命政变，大肆屠杀共产党员和革命群众，全国的政治形势急转直下。政变几天后，广东国民党反动派也公开发动反革命政变。揭阳县的农会被反动派包围捣毁，陈祖虞等一批同志惨遭杀害，县委被迫迁到新亨乡。在乌云压城、腥风血雨的日子里，方汝楫组织革命武装，坚决反击反动派的武装进攻。他派林清佐到二区炮台担任农军区中队长，在炮台区组织农民自卫军，用土炮袭击运载国民党反动军队的船只。由于敌强我弱，不久，方汝楫率队撤到桑浦山。

队伍撤到桑浦山后，方汝楫估计到国民党的反动军队下一步可能继续"围剿"中共组织的主要驻地普宁县塔脚，于是指示林清佐赶到塔脚，向组织报告敌情。几天后，敌军果然奔袭塔脚，但组织已做好充分准备，一举歼灭了来犯之敌。

领导潮安、汕头人民开展革命斗争

12月6日，中共广东省委扩大会议决定任命方汝楫为中共东江特委特派员兼潮安县委书记，领导潮安人民开展革命斗争。

1928年2月9日，中共汕头市委等6个机关遭到敌人破坏，市委负责同志多人被捕杀。2月23日至24日，沈青代表中共潮梅特委主持召开中共汕头市委脱险的委员和区委负责人的会议，讨论恢复汕头市委的组织等问题。在这次会议上，方汝楫当选中共汕头市委常委。这时，汕头、东江一带，敌人的岗哨林立，特务暗探密布罗网，白色恐怖笼罩，阴霾重重。方汝楫有时化装为黄包车夫，有时化装为码头工人，进入山区则化装为风水先生，利用各种伪装掩蔽，在敌人的刀光剑影、血掌魔爪之下，开展艰苦卓绝的革命斗争工作。

参加惠来围城行动

2 月底，敌第四军第十一师攻陷陆丰、海丰两县城，局势更加严峻。3 月，彭湃在惠来兵营乡主持召开惠来农民代表大会，通过了实行武装暴动，攻占惠来县城，支援海丰、陆丰的决议。3 月中旬，中国工农红军第四师在彭湃、徐向前的率领下连同潮阳、普宁、惠来的团队及尖串队共约 10 万人，围攻惠来县城，方汝楫参加了这次围城行动。正当战斗紧张激烈的时候，方汝楫得知抚养他长大的祖母很想见他一面，于是给祖母捎去了一封信。信中写道："祖母大人，……我深知你日夜在等待着我，但我正在为革命而艰苦奔驰。我目前的志向是坚定不移地投身革命。"

他在信中嘱咐妻子："你应代我尽心地奉养祖母，安慰其晚年，还要刻苦地抚养儿子成人。我决心为革命鞠躬尽瘁，死而后已。"表现了他一心为革命的高尚情操。

惠来农民武装两次攻下惠来县城，击溃了盘踞城里的敌第七十七、七十六两个团，击毙反动团长向卓然，成立了惠来县苏维埃政权。不久，敌人纠集重兵反扑，县城重陷敌手，白色恐怖重新笼罩了惠来城乡，革命武装撤到山区坚持斗争。1928 年秋，方汝楫的爱人朱宗成在大南山东泽乡的山上找到了化装为风水先生的丈夫。方汝楫关切地询问了祖母的健康、孩子的情况，给妻子留下两个银圆和一根手杖，就匆匆分手了。想不到夫妻俩这次见面竟成永诀。

领导大南山革命根据地的斗争

1928 年 12 月 10 日，中共东江特委在八乡山召开临时会议，会后，派特委委员方汝楫潜回大南山联系潮、普、惠三县的党组织。方汝楫回去后，向同志们传达了中共六大的精神，着手恢复和发展潮、普、惠的党组织。1929 年 1 月 1 日，方汝楫在羊公坑村主持召开惠来党员干部会议，传达上级的指示精神，然后在松柏林村重新建立中共惠来县委机关，逐步恢复山区的革命斗争。至 4 月底，全县恢复和新建的党支部达 16 个，并重建了许多秘密的农会组织。

普宁、潮阳两县县委接上组织关系后，除恢复山区工作外，还积极向平原推进。两县县委重视解决群众的切身利益问题，调动了群众的斗争情绪。

从此，大南山革命根据地的斗争，在方汝楫等人的带领下，又从低潮中逐渐恢复起来。

惨遭杀害

1929 年 4 月，方汝楫在中共东江特委第十一次会议上当选特委副书记。5 月，方汝楫代表东江特委去向省委汇报特委贯彻省委第九号指示信精神的情况。6 月 1 日，他与同行的东江特委秘书方其颐抵达潮阳县第四区和平乡，经过该乡治安警卫队门口时，为该队队长邓耀（惠来人，曾是方其颐同学）发现，遭到突袭，不及抵御，陷入敌手，被密送潮阳县城。方汝楫在狱中秘密写信向中共潮阳县委通报情况。县委马上作出劫狱决定，紧急调集武装队伍 100 多人，于 6 日晚潜入潮阳县城，通过层层内线，进入县公署，直抵监狱门口，正准备砸开牢门时，却因农民武装缺乏作战经验，携带的炸炮不慎爆炸，暴露了行动。敌军发觉后，抢先登上屋顶，居高临下，对农民武装疯狂射击，劫狱队伍受到很大的损失。此时，方汝楫的脚下钉着 3 套沉重的镣铐，无法行动。在这万分危急的关头，方汝楫不顾个人安危，当机立断，严令队伍迅速冲出监狱，撤离县城。同志们在他再三严厉的命令下，挥着眼泪沉痛地撤走。

枪声刚停，潮阳县的反动当局惧怕农民第二次攻城，将方汝楫、方其颐连夜装入布袋，杀害于潮阳县的文光塔下，方汝楫时年仅 30 岁。

沉痛哀悼英烈

"呜呼！痛哉！汝楫同志的死，是我东江莫大的损失！是革命失去了一个勇敢善战的领导者！"

这是 1929 年 6 月 12 日，东江特委向省委报告方汝楫、方其颐两位同志被害经过的哀悼之词，表达了对烈士的无限崇敬之情。

（张彬元）

冯 广（1912—1929）

——广东青年运动领袖

主要生平

冯广，广东省广州市郊区黄埔村冯地人。

- 1912 年出生。
- 1925 年，参加省港大罢工。
- 1926 年 4 月，任香港金属业工会劳动童子团副团长兼宣传部部长。9 月 29 日，被选为省港劳动童子团总团大会主席团成员和总团候补执委，成为省港大罢工中群众拥护的青工领袖。同年加入中国共产主义青年团。
- 1927 年 4 月 22 日，组织青工成立"剑刀队"，以配合市委手枪队，追踪叛徒、工贼，镇压反革命分子，以讨还血债。同年由共青团员转为共产党员。
- 1927 年 12 月 11 日，参加广州起义。12 日下午，参加观音山阻击战，掩护主力撤退。13 日，完成掩护任务后撤退至花县坚持 60 天的斗争。
- 1928 年，到东江革命根据地开展土地革命斗争。7 月，和苏我剑到顺德、新会和江门一带开展工人运动和学生运动。同年，被共青团第五次全国代表大会选为团中央候补委员，旋任团两广省委书记。
- 1929 年，惨遭杀害，时年 17 岁。

冯广，广东省广州市郊区黄埔村冯地人。1912 年出生在一个贫苦的劳动人民家庭。父母很早便病死。他往投在香港当学徒的大哥冯新。兄弟俩相依为命，过着半饥半饱的生活。后由一个远房叔叔介绍，他兄弟俩到一家小工厂做工。

冯广自幼聪明、正直，肯动脑筋。他听了许多关于英帝国主义者强占香港、杀害新界村民和中国人民起来反抗侵略者的故事，特别爱听叔父讲清将陈连陞节马绝食的故事，幼小心灵中播下了爱国主义的种子。

参加省港大罢工

1925 年，上海五卅惨案发生。6 月 19 日，震撼世界的省港大罢工爆发。冯广兄弟立即加入反帝罢工行列回到广州。他们受到省港罢工委员会的热情接待。在罢工斗争中，冯广结识了许多伙伴。他们经常参加罢工工人的活动，有时，就跟随着罢工工人纠察队队员站岗、放哨。

开展劳动童子团工作

当时，从香港罢工回广州的童工和家属小孩有成千上万，他们的反帝斗争热情和自流状况引起了省港罢工委员会顾问邓中夏的关注。他在党团会议上提出把这些少年儿童组织起来，让他们读书，发挥他们的革命热情，培养他们成为革命接班人的意见。经研究决定，由省港罢工委员会的教育宣传委员会开办罢工工人子弟学校，成立劳动童子团。

1926 年 4 月，省港青工大会在广州召开。冯广代表金属业青工出席了大会。会上通过了正式组织劳动童子团的决定。冯广加入了香港金属业工会劳动童子团，被选为副团长兼宣传部部长，并参加总团的筹备工作。同年 9 月 29 日，省港劳动童子团总团成立。冯广被选为大会主席团成员和总团候补执委。

领导青工运动

为了加强培养训练劳动童子团的骨干力量，总团成立后即举办了"领袖班"。冯广以优异成绩毕业。同时，他加入了共青团，负责团金属业支部的宣传工作和青工工作。后来他任总团的执委兼募捐委员会主任。由于冯广在学习政治文化、操练、配合运动募捐、站岗、维持公共社会秩序以及推销革命刊物等方面，处处不怕劳苦，事事带头去干，因此成了省港大罢工中群众拥护的青工领袖。

1927年，国民党反动派在广州制造了四一五大屠杀。4月17日，中共广州市委成立，继续领导工农革命群众进行斗争。刚满16岁的冯广，在白色恐怖下坚持革命活动，他和龙狄邦、邓金娣、罗大妹、陈淑英、邓荣等人在晚上刻印传单，揭露国民党反动派屠杀革命群众的罪行，号召人民起采斗争。白天冯广冒着生命危险到公共场所和闹市散发传单，出色地完成了任务。同月22日，邓金娣、罗大妹在散发传单时不幸被捕，壮烈牺牲。冯广痛失战友，立即组织青工成立"剑刀队"，以配合市委手枪队，追踪叛徒、工贼，镇压反革命分子，以讨还血债。在经过一系列革命斗争的考验后，冯广便由共青团员转为共产党员。

八七会议后，党派张太雷任中共广东省委书记，决定组织全省暴动，夺取政权和实行土地革命。11月26日，中共广东省委发出号召暴动宣言，成立了以张太雷为总指挥的革命委员会，领导广州起义。于是，共青团广东省委也发表宣言，号召贫苦的青年工农兵同志"起来打倒反动政府"，"建立工农兵的政府"。冯广立即回到太邱书院附近的一间旧祠堂，召集劳动童子团员和共青团员开会响应，并随罗登贤等人领导的工人赤卫队第一联队（金属业支部）紧张地做准备工作。

同月下旬，冯广参加了中共广州市委召开的秘密宣传会议，接受了组织宣传队和少年先锋队等任务。

12月9日，团广州市委在黄花岗侧的二望岗召开了近200名团干部和团的积极分子参加的广州起义宣誓大会。会后，冯广日日夜夜为组织少年先锋队、宣传队和准备起义武器而忙碌。

参加广州起义

1927年12月11日，在中国共产党的领导下，继南昌起义、秋收起义之后，震惊中外的广州起义爆发了。凌晨，工人赤卫队配合教导团主力，迅速攻下了市公安局，建立起广州苏维埃政府。冯广带领金属业劳动童子团到中央公园和财政厅一带，一面宣传，一面配合工人赤卫队维持治安。当一队国民党反动派的散兵突然从吉祥街流窜出来时，冯广和少年先锋队员也随着教导团战士奋勇追杀敌人。

12日下午，起义总指挥张太雷被敌人伏击，壮烈牺牲后，叶挺和聂荣臻等人观察了敌情，为保存革命力量，下令教导团撤退。冯广参加了观音山阻击战，掩护主力撤退。他们打退了敌人一次又一次的攻击，一直坚持到13日下午1时，冯广和赤卫队员完成掩护任务后，才撤退至花县。当冯广他们来到花县城时，教导团主力已移师海陆丰。在敌人的追击下，他们跟随花县农军到狮岭山区，坚持了60天的斗争。后来，在敌军三师"会剿"，陆空合围中，革命武装死伤惨重，冯广只身逃往香港找到了党组织。

开展土地革命斗争

1928年2、3月间，冯广根据党组织的指示，在香港各大工厂、船坞中组织发动青年工人，建立共青团组织，进行经济斗争，取得了不少成绩。但由于活动频繁，引起了港英当局的注意。出于冯广的安全考虑，党组织派他到东江革命根据地，开展土地革命斗争。

同年7月，党又派冯广和苏我剑到粤中地区活动。他们到顺德、新会和江门一带开展工人运动和学生运动。这时，共青团第五次全国代表大会在莫斯科召开。冯广虽然没有出席大会，却因他"有积极行动的勇气，丰富的斗争经验"，出色地完成共青团四大以来的任务，因而被选为团中央候补委员，旋任团两广省委书记。

冯广肩负重任后，深入到省港各地领导青年工人和童工开展经济斗争，领导农民建立革命武装，进行土地革命。

壮烈牺牲

1929年，由于在香港搞"飞行集会"，团广东省委委员江惠芳被捕，她经受不了皮肉之苦，供出了党的秘密，使团广东省委遭到大破坏。由于她的叛变，邓荣飞、冯广先后被捕，并被引渡回广州，囚禁在公安局内。公安局局长邓彦华绞尽脑汁，采取威迫利诱等手段，企图使冯广就范，但是，他们打错了算盘，冯广坚贞不屈，他历数国民党反动派叛变革命、出卖民族利益的罪行。灭绝人性的敌人，竟用各种毒刑把冯广折磨致残，并于 1929 年 8 月间将他杀害。临刑前，冯广还慷慨激昂地向执刑的士兵和难友宣传革命道理。冯广牺牲时年仅 17 岁。

悼念冯广

冯广牺牲后，团广东省委在《列宁青年》上发表了《追悼我们的青年战士——冯广同志》的文章，强烈谴责反动派杀害冯广烈士的罪行，号召两广数十万青年继承烈士的遗志，踏着烈士的血迹奋勇前进。

英烈精神

不怕劳苦，率先垂范的共产党员品格；慷慨激昂、坚贞不屈、不怕牺牲的革命精神。

（谢燕章）

高恬波（1898—1929）

—— 铁骨铮铮的女共产党员

高恬波，乳名慕德，广东省惠阳县人。广东第一个女共产党员，广东妇女运动的先驱者之一。

- 1898 年，出生于广东省惠阳县淡水镇三角圹村的一个医生家庭里。

- 17 岁时，考进广州市妇孺产科学校。

- 1919 年 5 月，参加广东省中等以上学校学生联合会的筹备工作，成为广州女学生中反帝爱国运动的先锋。

- 1923 年 6 月，任新学生社执行委员会常务委员。同年，与阮啸仙结成志同道合的革命伴侣。

- 1924 年春，加入中国共产党，成为广东第一个女党员。同年，按照党的指示，以个人身份加入国民党，担任国民党中央妇女部干事，成为妇女部部长何香凝的得力助手。7 月，在第一届农民运动讲习所学习，毕业后担任国民党中央农民部农民运动特派员，开展农民运动。

- 1925 年夏，照顾从香港回来的大批女工和家属，并组织起来投入省港大罢工斗争的行列，兼管妇女部草鞋厂的领导工作。同年冬，被派往军人家属妇女救护员传习所教授包扎技术，并协助管理所里的事务。

- 1926 年，被推选为北伐妇女救护队队长。
- 1927 年 12 月 11 日广州起义时，组织救护队参加战斗。
- 1929 年 12 月 25 日，不幸被捕。在敌人严刑拷打、残酷折磨中壮烈牺牲，时年 31 岁。

冲破封建束缚，接受革命教育

高恬波的父亲高若汉长年从医，曾在广州博济医科大学当医生。高恬波有3个兄弟、5个姐妹，她排行第三。

高恬波在家乡读了几年书以后，便由父母包办，嫁给一个姓杨的阔少爷。杨家是当地有钱有势的封建大家族，丈夫靠祖辈遗产，过着吃喝玩乐、寻花问柳的纨绔子弟生活。高恬波对此十分不满，经常好言相劝，但得到的却是歧视和打骂。从小性格倔强的高恬波，无法忍受这无理的虐待，17岁那年，在友人的帮助下，勇敢地逃出了这个封建家庭，来到广州，考进广州妇孺产科学校。

1917年，俄国十月革命惊醒了沉睡的中国大地。许多先进知识分子通过各种渠道宣传马克思主义，猛烈抨击腐朽没落的封建制度。这对深受封建礼教迫害的高恬波而言，犹如在茫茫黑夜中见到灯塔一样。她如饥似渴地阅读着《新青年》《每周评论》《中华新报》等进步刊物，思想得到很大启发和提高。1919年5月，当五四运动波及广州时，她便和同学们一起冲出校门，参加反帝爱国示威游行和广东省中等以上学校学生联合会的筹备工作，逐渐成为广州女学生反帝爱国运动的先锋。

喜结革命伴侣

五四运动后，广州青年学生运动一浪高于一浪。1923年6月，社会主义青年团广东区委在广州建立了团的外围组织——新学生社。阮啸仙任书记，高恬波为执行委员会常务委员。新学生社制定了反帝反封建和争取学校校务公开的鲜明纲领，成为学生界推动革命的主力军。高恬波与阮啸仙在共同的斗争中建立了深厚的友谊。不久，他俩冲破封建礼教的桎梏而结合在一起，成为志同道合的革命伴侣。

组织和发动妇女运动

1924年春，高恬波被吸收加入了中国共产党，成为广东第一个女党员。

这一年，孙中山在共产国际和中国共产党的帮助下，决心改组国民党，并重新解释三民主义，制定"联俄、联共、扶助农工"的三大政策，共产党员和青年团员以个人身份加入国民党，从而实现了国共两党的合作。高恬波按照党的指示，以个人身份加入国民党，担任国民党中央妇女部干事，成为时任妇女部部长何香凝的得力助手。

妇女部的任务是组织和发动各阶层的妇女，投身反帝反封建斗争的行列。高恬波为此日夜奔波，她除了处理部里繁杂的日常事务外，常常跑到工厂、学校和街道里找妇女群众谈心，了解她们的生活和疾苦。有时她还跑到停泊在珠江岸边的小艇上，同艇家妇女促膝谈心，鼓励她们为妇女的解放而斗争。

为了开展农村妇女运动，妇女部派高恬波到广州第一届农民运动讲习所学习。这一届农讲所于1924年7月3日开学，由彭湃主持，学员共38人，其中有五四时期的活动分子，有从事工运的青年。女生只有2名，高恬波就是其中的一名。

在农讲所里，高恬波系统地学习了有关农民问题的理论，进一步懂得了农民在中国革命中的地位和作用。彭湃详尽地介绍了海丰农民运动的情况，还讲述了他如何背叛自己的地主家庭，抛弃个人的舒适生活，深入贫苦农民中宣传革命道理，把农民组织起来，同土豪劣绅作斗争的经历，给高恬波以莫大的启发和教育。她决心以彭湃为榜样，到农村去发动劳动妇女。毕业分配时，由于她的再三要求，组织决定让她担任国民党中央农民部农民运动特派员。

从此，高恬波的身影出现在花县、顺德、中山、曲江、潮梅等地。至今花县、顺德县的老贫农还记得当年高恬波和阮啸仙一起搞农运的情况。高恬波曾经对贫苦农民们说："地主豪绅就像吸血鬼，要他们发善心是办不到的，唯一的办法是大家团结一致，同他们作斗争。"1924年8、9月间，花县九湖村、元田村及宝珠冈村农民协会成立。高恬波和阮啸仙等人代表国民党中央农民部和新学生社到会祝贺，还发表激动人心的演说。大会发出减租宣言，通过了"取消送租""取消大斗租"等决议。从此，花县农民运动的发展有如一日千里。高恬波还奔走于粤北、东江和海南等地。广东农村多为山区，道路崎岖，交通不便，语言、风俗不一，高恬波每到一处，都向当地群众学习方言，尊重地方的风俗习惯。她在很短的时间内便掌握了客家话、潮州话、海南话，能用流利的土话同农民交谈。她到哪里，农妇们都十分喜欢她，尊敬她，甚至称她为"活观音"。

筹建贫民医院

高恬波除了下农村发动农妇外，对妇女部的日常工作也不放松。当时妇女部的干部不多，有些干部不肯深入工农群众中做实际工作，高恬波则迥然不同，因而受到何香凝的器重。她到哪里都喜欢带高恬波一起去，几乎是形影不离。一次，何香凝带着高恬波到一家纺织厂调查女工状况，发现一些女工面黄肌瘦、精神疲惫地站在机器旁工作，经过调查才知道她们身体有病而无钱医治。女工们还反映，一些女工因劳累过度，婴儿一生下来便夭折了。女工们的遭遇使她们深感不安。何香凝决定以妇女部的名义在广州筹办贫民医院，对赤贫妇女治病和分娩实行免费。当时碰到的最大困难便是经费短缺。高恬波为筹集资金而四处奔跑，以何香凝的名义向海外华侨及国民中热心公益事业的人士募捐，得到许多人的支持。不久，贫民医院终于开办起来。高恬波受何香凝的委托，负责管理医院的日常事务。高恬波把医院管得井井有条，她还常常抽空为产妇接生，对病者进行精心护理。凡住过这所医院的病人和产妇，无不赞扬和感激高恬波。

关爱女工

1925年6月，省港大罢工爆发后，高恬波的工作更加繁忙了。当时从香港回来的大批女工和家属，急需安排工作，解决生活问题，还要将她们组织起来投入罢工斗争的行列。妇女部为此开办了草鞋厂、洗衣厂、缝纫厂等。高恬波兼管草鞋厂的管理工作。这时国民政府正准备北伐战争，需要大量的草鞋。高恬波反复向女工们宣传生产草鞋的意义，调动大家的积极性，完成草鞋生产的任务。

高恬波将罢工女工视作自己的亲姊妹，对她们的思想进步和文化生活都十分关心。罢工妇女多为文盲，有些连自己的名字也不会写。高恬波积极建议妇女部举办妇女识字班。识字班开课后，她亲自担任教员，耐心教女工们识字和懂得革命道理。高恬波还以各种生动活泼的形式，对女工们进行宣传教育。她积极参加筹办民间剧社，演出反帝反封建内容的节目，深受大家的欢迎。高恬波在读书时期就是一个文娱活跃分子，她与阮啸仙一起商量研究剧目，物色人才，有时还同台演出。高恬波对罢工女工的生活更是无微不至的关心。每逢假日或茶余饭后时间，她经常到女工们住的工棚了解大家的生活状况和解决困难。当她发现一些女工有病，或是怀了孕，便及时向有关部门反映，要求对这类女工给予特殊照顾。有一次，她到顺德县时，特意到丝厂调查女工状况，发现该厂资本家残酷压榨工人，光是罚例就有 20 余条。工人每天工作时间达 12 小时以上，有时还得加夜班。高恬波返回广州后，立即向省港罢工委员会作了汇报，要求解决女工问题。不久，省港女工大会通过提案时，要求解决女工的特殊利益，如女工生产前后应有八星期之产假，工资照发，以及男女工资平等，取消处罚条例等。

指导妇女解放运动

随着工农运动的迅猛发展，妇女界要求破除三纲五常、反对男尊女卑、提倡婚姻自主、女子参政的声浪日益高涨。为了把各阶层的妇女组织起来，共同投入反帝反封建斗争，高恬波除了担任妇女部干事外，还积极参与领导广东妇女解放协会的工作。她坚持用马克思主义的立场和阶级分析的观点指导妇女运动，反对超阶级的"女权主义"者，确认妇女解放运动是无产阶级斗争的一部分。她特别强调在工农劳动妇女中做工作，反对只搞城市上层的妇女运动。当时广州妇女界有个叫女权运动大同盟的组织，它的"主帅"是中山大学文科学生沈芷芳，此人是国民党右派组织孙文主义学会的委员，她公然说：妇女运动就是女子反对男子压迫的运动，只要女子参政，男女平等，妇女就可以享福。她们还宣称，妇女运动是知识界的事情，工农妇女根本不懂什么。在一次集会上，高恬波同沈芷芳展开了一场激烈的斗争。沈芷芳在会上重弹她的"男人压迫女人"的论调，高恬波针锋相对地指出：中国妇女的疾苦，不能简单地说成是男子压迫女子的结果，现在许多男子还不是同样受压迫剥削吗？受压迫的根源是帝国主义和封建势力。妇女要解放，绝不是靠少数妇女去"参政"去"当家"就可以解决的，必须把广大工农妇女发动起来，同受压迫的男子一起，才能推翻反动势力，从而取得妇女的真正解放。

高恬波的话，句句在理，得到大多数人的鼓掌与赞同。沈芷芳恼羞成怒，竟煽动同伙在会场内起哄。这些拙劣表演，使女权运动大同盟威信扫地。

为了正确引导全省的妇女解放运动，高恬波还经常在妇女部主编的《妇女之声》杂志上发表文章。她在《妇女团结应注意之点》一文中，具体分析了中国妇女团结力薄弱的三个原因，指出："我们如果要希望有力的妇女运动，不可不先养成强固的团结力；而团结力之养成，要使妇女运动普遍于农工群众，这才是有了社会基础。"文章号召："团结是我们最有力的战斗工具，劳动妇女是我们的解放基本队，时机到了，大家一齐起来，快快跑入劳动妇女群众中巩固我们的团结力，然后，妇女才有真正的独立和自由。"

救护队里的"女将军"

1925 年冬，为了配合即将到来的北伐战争，由妇女部何香凝、邓颖超等人发起组织军人家属妇女救护员传习所，培训北伐救护人员。高恬波被派往该所教授包扎技术，并协助管理所里的事务。翌年夏学员结业后，妇女部决定成立北伐妇女救护队，高恬波被推选为救护队队长。她带领救护队员全副武装，精神抖擞地随军前行。8 月间，救护队到达湖南长沙时，《民国日报》还作了报道："由队长恬波女士率领的救护队入湘……全队由长沙开赴前线，实行救护工作"。8 月 26 日北伐军第四军猛攻汀泗桥时，高恬波指挥救护队员冒死抢救伤员，表现异常勇敢，深得官兵的称赞，誉高恬波为救护队里的"女将军"。

在这炮火纷飞的岁月里，高恬波除了出生入死抢救伤员外，还对俘虏进行教育，促使他们参加革命军。她就是这样带领救护队不辞劳苦地步行万里，辗转湘鄂赣三省，救死扶伤，并做宣传工作，为北伐战争立下了不可磨灭的功勋。

正当北伐军乘胜前进，占领半个中国的时候，蒋介石、汪精卫先后叛变了革命，大批共产党人和革命群众被屠杀，使中国处于黑暗统治之下。大革命失败后，高恬波按照党的指示，和阮啸仙一起转移到广东农村坚持斗争。1927 年 12 月 11 日广州起义时，高恬波又奉命组织救护队参加这场战斗。由于伤员不断增加，高恬波忙得三天三夜未曾合眼。起义失败后，她随队伍撤离广州。不久，她被派往中共江西省委工作。

◇铁骨铮铮◇

　　1929年底，江西一些地下党机关被敌人破坏，情势十分危急。高恬波一面将情况电告中央，一面细心侦察机关的异动，时刻保持中央与江西省委的联系。12月25日，正当她在街上奔跑联络工作时，不幸为叛徒发现而遭逮捕。当时在江西的湖南军阀头子张辉瓒妄图从这位共产党重要人物身上获得情报，始则以甜言引诱，继则用严刑拷打。然而不管反动派使用什么手段，也丝毫动摇不了这位铁骨铮铮的共产党员。高恬波对敌横眉冷对，只字不吐。刽子手狂叫着："高恬波，难道你就不怕死吗？"高恬波坦然地回答说："到了你们手里，就不想活着出去。我现在只要求一死。"刽子手狠狠地说："要死也不让你死得舒服。"就这样，高恬波在敌人的残酷折磨中壮烈牺牲了。这时她年仅31岁。

　　党组织为了悼念高恬波，激励后人，于1930年1月11日，在党中央的机关报《红旗》第六十九期上发表文章《悼我们的女战士高恬波同志》。文章指出："国民党的白色恐怖的统治可以伤残我们的躯体，但终究不能挽救他们崩溃的前途，不能遏止正在开展扩大的革命势力。最后的胜利在不久的将来属于中国广大劳苦群众的工农！"

"地主豪绅就像吸血鬼，要他们发善心是办不到的，唯一的办法是大家团结一致，同他们作斗争。"

"中国妇女受压迫的根源是帝国主义和封建势力。妇女要解放，绝不是靠少数妇女去'参政'去'当家'就可以解决的，必须把广大工农妇女发动起来，同受压迫的男子一起，才能推翻反动势力，从而取得妇女的真正解放。"

"我们如果要希望有力的妇女运动，不可不先养成强固的团结力；而团结力之养成，要使妇女运动普遍于农工群众，这才是有了社会基础。"

"团结是我们最有力的战斗工具，劳动妇女是我们的解放基本队，时机到了，大家一齐起来，快快跑入劳动妇女群众中巩固我们的团结力，然后，妇女才有真正的独立和自由。"

"到了你们手里，就不想活着出去。我现在只要求一死。"

践行党的为人民服务宗旨，深入群众的共产党人本色；不怕牺牲、忠诚于党的事业的革命精神。

（杨绍练）

何　石（1895—1929）

—— 普宁县早期农民运动的组织者和领导者之一

何石，字玉山，广东省普宁县南园村人。

- 1895 年出生。
- 1913 年，年方 18 岁便远涉重洋，只身到槟城谋生。
- 26 岁时，娶斗门农家女陈亚祥为妻。不久，因经济拮据，被迫再次出洋到暹罗谋生。
- 1926 年 1 月，参加中国共产党并参与中共普宁县支部委员会的领导工作，分管军事。4 月，被选为普宁县农会执行委员会的执委。5 月 1 日，出席广东省第二次农民代表大会，并被选为省农会第二届执委会候补委员。
- 1927 年 10 月中旬，以农民代表的身份当选省委委员。同年 12 月中旬，任广东省工农革命军东路军第六团团长。同年冬，任大南山后方委员会主任。
- 1929 年 7 月中旬，任中国工农红军第六军第十六师第四十七团团长。
- 1929 年，在进攻坪上卓屋坝时中弹牺牲，时年 34 岁。

何石，字玉山，广东省普宁县南园村人。1895 年生。他是普宁县早期农民运动的组织者和领导者之一，中共广东省委委员，忠诚的无产阶级战士。

远涉重洋谋生

何石出身贫农，父母早丧，少年时给人看牛和到缝衣店当学徒，稍长在石料工场当打石工人。1913 年，年方 18 岁的何石便远涉重洋，只身到槟城谋生。和国内一样，在南洋做苦力时受雇主的欺凌。他怀着反抗的精神参加工会，与当地恶势力作斗争，结果被抓入狱，1921 年被遣送回国。

何石 26 岁时，娶斗门农家女陈亚祥为妻。不久，因经济拮据，被迫再次出洋到暹罗谋生。

开展农会运动

1923 年，家乡开始组织农会，何石闻讯，毅然回乡参加农会闹革命。初期农会为不纯分子所把持。1925 年 3 月，东征军第一次入潮汕。国民党中央农民部秘书彭湃派工作队到普宁搞农运。何石向工作队如实反映情况，协助工作队陈魁亚、彭奕等人开展工作，改组了农会，很快打开了新局面。

1925 年 11 月，东征军再度光复潮汕。这时，中共汕头地委成立，各县普遍建立党团组织，工农运动蓬勃发展。1926 年 1 月，中共普宁县支部成立，何石加入了中国共产党并参与支委会的领导工作，分管军事。

1926 年 1 月中旬，普宁农民武装在广东省农会潮梅海陆丰办事处主任彭湃的指导下，汇同各县农民武装攻占了反动堡垒普宁县城，声威大震。党组织鉴于原农会负责人在陈炯明、洪兆麟再陷潮汕时弃职潜逃，在围城战斗中表现消极等情况，成立了临时执委会接管县农会。1926 年 4 月，普宁县召开了第一届农代会，正式成立了普宁县农会执行委员会，何石被选为县农会的执委。同年 5 月 1 日，何石出席了广东省第二次农民代表大会，并被选为省农会第二届执委会候补委员。

组织农民武装

1926 年晚造歉收，普宁县农会提出实行二五减租的要求，遭到地主的反对和破坏。他们恫吓农民说:"今年减二五,明年还五十!"何石等农会领导人充分估计到这是场激烈的斗争,需要有革命武装做后盾,便在同年11月下旬县召开的农代会上,作出了"组织农民自卫军"的决议案,发动各区、乡普遍组织农民自卫军。12月,上级派黄埔军校生林本、余立寰来普宁办训练班,正式建立以何石为大队长的普宁县农民自卫军基干大队。为了给农军购置制服,公家款项不够用,何石便把自己仅有的几分厝地及二伯给他的一架自行车卖掉,凑足400元献出,解决了农军制服用款。在何石的带动下,战士们纷纷捐款购置弹械用物,解决了农军初建时的许多困难。

1927年,蒋介石发动四一二反革命政变前夕,下令解散各地工农武装。当时陈独秀也附和蒋介石主张,发出了"争取政治,放弃军事"的通令,勒令解散农军。在革命实践中深知掌握武装重要性的何石,对陈独秀的错误决定,坚决予以抵制,不但没有解散农军,还于3月中旬主持举办农民自卫军第二期训练班,训练农军骨干,继续加强农军队伍的建设。因此,当广东的反动派发动四一五反革命政变后,他迅速把全县的4000多名农军组织起来,在杨石魂、李芳岐等人的领导下,4月23日发起第二次围攻普宁县城的战斗,造成敌方陷于粮食交通等完全断绝,难以维持现状的窘境。并在围城打援的战斗中,农民武装全歼国民党正规军一个连,威震粤东。

开展游击活动

此后,由于敌强我弱,攻城失败。这时,何石一方面亲自带领一支20多人的队伍,驻大南山西部一带,开展游击活动;一方面通过关系,在白马塘组织一支拥有100多人的保安分队,以此作掩护,保存农军力量,伺机再起。

由于何石锐意抓武装,当八一南昌起义军南下潮汕时,他即根据上级的指示,于8月下旬迅速集中一支300人的武装队伍于流沙白塔秦,积极开展镇压反动派的活动,并于9月28日,在南昌起义军的协助下,再次围攻普宁县城获胜,大展雄威。

10月3日,起义军南下部队主力从流沙向海陆丰转移,在钟潭遭敌军截击,大部分流散。何石在南昌起义军主力受挫后,积极收集流失武器,收留安置了邓宝珍(贺叶军炮兵连连长)等一批军事干部。1927年10月15日,中共中央南方局、广东省委召开联席会议。在这次会议上，何石以农民代表的身份当选省委委员。同年12月中旬，根据上级指示，普宁的革命武装组建为广东省工农革命军东路军第六团，何石任团长，邓宝珍任参谋长，这是一支拥有300多人、战斗力较强的地方革命团队。

成立大南山后方委员会

1927年冬，普宁县委在革命实践中逐步认识到建设山区根据地的重要性，便在大南山成立后方委员会，由何石任主任，设址于三坑村办公。此后，何石带领何明章、陈锡怡等一批骨干着手进行大南山西部的开展工作。建立了修械厂、医疗所及犯人拘留所等，有步骤地进行军队的后勤建设。为了开辟大南山革命根据地，何石等在西部的一些乡村着手建立和健全农会，组织赤卫队和尖串队，发动群众抗租抗债，开展土地革命，并注意从斗争中发现和培养骨干力量，吸收党员，建立党组织。后方委员会还举办了军事训练班，由黄埔军校生何源和邓宝珍任教官，轮训各乡村赤卫队骨干。

舍小家顾大家

何石一心为革命，因而遭到反动派的仇恨，对他的家属进行迫害。1928年大年初一，果陇反动民团头子庄大泉引领国民党驻军洗劫何石家乡，把何石的房屋财产烧毁。何石却毫不畏惧，他安顿好无家可归的妻儿后，更坚定地投入对敌斗争。

何石把家庭、个人的安危置之度外，但却格外关心同志们的安危。有一次，有个农民来报讯，说云落区赤卫队12个同志被100多名白军包围，情况十分危急，请派兵救援。这时，队伍全部出发了，营地里只剩下何石1个人。听完报告，何石二话不说抓起手枪，带上一篮炸炮，风驰电掣般跑去救援。他抄到敌人背后，这边打几枪，扔一两个炸炮；又跑到那边打几枪，扔几个炸炮。敌人以为赤卫队援军赶到，一时摸不清虚实，便回转头对打起来。被包围的赤卫队员便乘机冲了出去，安全脱险。何石就是这样奋不顾身地援救战友，扎扎实实地做群众工作，为创建大南山革命根据地作出了不可磨灭的贡献。

在望天石峰艰苦战斗

1928 年 4、5 月间，敌黄旭初、徐景唐部先后集结几千兵力，围攻革命根据地大南山区。这时，活动于东江一带的红二、四师在转战中遭到巨大损失。由于敌我力量悬殊，普宁地方党政军机关不得不转入大南山西部的深山密林中与敌周旋。

9 月底，驻大南山的东江特委机关遭敌破坏，不久，彭湃又去上海党中央工作，中共普宁县委书记彭奕牺牲，继任书记方家悟不久也离开大南山到平原去活动，与组织的联系一时中断。

在敌人大兵压境又同党组织失去联系的严重情况下，何石克服一切艰难险阻，坚持革命斗争，他独自带领一支七八人的队伍，活动于望天石峰下的密林幽谷间。

他们驻得最久的是望天石附近的马牙槽石洞。这是一个水帘洞式的石洞。洞底的石块如马牙一样尖利，晚上不能躺下睡觉，只好两个人背靠背地睡着。何石为了让战士们睡安稳觉，自己常常彻夜守住洞口放哨，以防敌人突袭。情况好时，他们到村里人家买些米熬稀饭吃；情况紧急时，便带一个饭团，吃它几天。有时饭粒发霉，难以下咽，便泡一泡泉水再吃下去。为了避免敌人寻踪搜捕，他们出洞活动时，常常循着坑水或石头行走。不得已在草地上走，就要回过头来把压斜的草扶正，以消除痕迹。就这样，他们小心翼翼地和敌人作顽强的斗争。虽然生活艰苦，但大家始终保持昂扬的斗志，没有一个人动摇。一有机会，他们便到各村去，安抚烈士家属和受害的阶级兄弟，鼓励大家要继续战斗。

这年冬天，为了戳穿敌人制造红军已被消灭的谎言，何石指挥战士们分二路到大南山周围敌营附近的圩镇上去张贴标语。群众知道红军还在活动，更加坚定了斗争意志，寄以希望。

成长为成熟的军事指挥员

1929 年 7 月中旬，在大南山上坚持斗争的潮普惠揭地方团队扩充到 130 多人。四县联席会议遵照上级指示，在大南山上的林招，把队伍组建成中国工农红军第六军第十六师第四十七团。陈开芹任政委，何石担任团长。

新成立的四十七团，乘军阀混战、敌军他调的有利形势，紧密配合群众斗争，集中兵力，横扫大南山及其边缘各乡的民团据点，不断壮大队伍，巩固和发展根据地。

何石善于从战争中学习战争，边工作边学文化，所以很快地从一个不识字的牵牛娃成长为一个比较成熟的军事指挥员。

1929年7月，为了拔除大南山边缘什石洋村的民团据点，何石首先派出熟悉当地情况的赤卫队员去摸清该地敌军的人员、配置、战斗力等情况，然后在此基础上作出了攻取的部署。队伍乘着夜黑进到村边，迅速切断敌人的电话联络，何石亲自带领尖兵，穿上事先预备好的木屐，扮成过往乡民，直逼哨兵，径取敌营，取得了俘获全部团丁、缴枪30支的战绩。

1929年10月，何石率四十七团100多人从大南山出发往塘塔埔仙师庙，准备拔除该处的民团据点。但到达目的地时已是早上6时多了。这时，民团正吹哨子集合出操，而割稻的村民陆续下地，动手已经迟了。怎么办？何石根据变化了的情况，灵活改变原来计划，决定队伍暂时隐蔽在蔗园里，等到傍晚时伺机行动。

凭着革命毅力和铁的纪律的约束，100人的队伍忍住饥饿，不露声色地坚持在蔗园里隐蔽七八个小时。下午4时，在敌人集合开膳无暇他顾的时候，何石一声令下，四十七团的勇士们迅猛出击，终于使民团40多人全部缴械投降，取得了又一辉煌的胜利。

进攻坪上卓屋坝中弹牺牲

1929年10月下旬，红四军之一部在朱德率领下，攻下梅县，准备进军东江，推进东江的革命斗争。东江特委事先已获知消息，便成立红军总指挥部，任命古大存为总指挥，指挥东江红军，以配合红四军的行动。何石带领四十七团200多人，奉命进军东江的西北地区，与四十六团及当地的赤卫队联合作战，在丰顺、兴宁、五华、梅南等地袭击敌人的后方。但因局势发生变化，红四军于11月初离开东江。此后，敌人集结重兵对东江地区的红军进行疯狂的反扑。11月26日，四十七团与四十六团在古大存的指挥下，准备从五华进入兴宁，打通赣南苏区。

部队进军到郭田时，获悉坪上驻敌连日进攻苏区，抢割晚稻，强行收租。为保护群众利益，严惩敌人，工农武装即向坪上敌军发起进攻。坪上驻军是土豪黄伯敬民团及张九华警卫队，共400多人，他们凭借坚固的炮楼和工事，负隅顽抗。工农武装则分三路直捣敌营。中路军四十七团在何石指挥下，击毙地主黄达三后，追敌至卓屋坝。当前进到筑在山坡的敌指挥部楼房时，遭到了顽强的抵抗。第二连连长许炳带头冲锋。当他越过墙角时，从房屋的枪眼里射出一颗子弹，许炳不幸中弹，当场倒地。一位姓刘的班长扑上抢救，又挂彩退下来。队伍暂时滞留在山地上。这时何石拿着指挥旗，命令队伍继续冲锋。当他带头冲到屋角时，从枪眼里射出一颗子弹，打中了他的腹部，鲜血直涌。他用手捂住伤口，圆睁两眼，大吼一声；"同志们冲呀！"便昏倒了。战士们拼死将他抢救出火线。当他醒来时，用尽最后力气说："同志们，我们的事业一定会胜利，大家要艰苦奋斗呵！"便停止了呼吸。何石牺牲时年仅34岁。

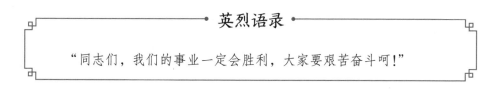

◆ 英烈语录 ◆

"同志们，我们的事业一定会胜利，大家要艰苦奋斗呵！"

英烈精神

不畏权势，敢于反抗的斗争精神；艰苦奋斗、不畏艰难、勇往直前的共产党员品格；置个人、家庭安全于度外，视战友、群众安全利益于首位的共产党员作风。

（黄大斌）

李鹤年（1908—1929）

——人活着，就要斗争，就要追求真理

主要生平

李鹤年，广东省东莞县人。

- 1908 年农历九月二十三日出生。
- 1922 年，考上东莞中学。
- 1925 年，加入中国共青团，不久转为中国共产党党员。
- 1926 年 4 月 12 日，被团东莞地委选为候补委员，同年毕业于东莞中学。
- 1927 年，领导成立东莞县青年工人协会。
- 1927 年秋天，任中共东莞县委委员兼团东莞县委书记，领导当地组织农民武装。
- 1929 年农历正月十七日，英勇就义于红花岗，时年 21 岁。

参加中国共产党

"人活着，就要斗争，就要追求真理，这样的人生才过得有意义。"这是土地革命战争初期的中共东莞县委委员、共青团东莞县委书记李鹤年说的一句话。他在短暂的一生中，以自身的革命行动，实践了这一诺言。

1908年农历九月二十三日，李鹤年诞生于广东省东莞县城的一个贫苦的知识分子家庭。祖父李庸仙是个眼科中医生，父亲李友松是个私塾老师。李鹤年6岁时，祖父就离开了人世。从那个时候开始，一家7口的生活重担，全靠父亲维持。李友松为了使李鹤年长大成人，尽管家境清贫，也让孩子念完小学，并于1922年考上东莞中学。

在五四运动的推动下，东莞中学既是实施新教育、传播新思想的阵地；也是社会矛盾的焦点，新旧思想的斗争很激烈。在各种思想斗争的旋涡中，李鹤年对新思想感到很新鲜。为了追求真理，他经常顾不上吃饭，喝碗清水，啃个地瓜，又上学去了。在学习中，富于思索的李鹤年，在心灵里对灾难深重的中国，贫富悬殊的社会提出了一连串的问号：为什么帝国主义能在中国逞凶狂？为什么社会上有人荣华富贵，挥金如土；有人颠沛流离，饿断肠？为什么啊为什么，我们穷人的日子这样难过？！

1924年，大革命的风暴席卷全国各地。这年底，中共东莞支部书记莫萃华来到东莞开展革命活动。李鹤年积极参加各种活动，如饥似渴地阅读《向导》《共产主义ABC》《中国青年》《少年先锋》等进步刊物，使他耳目一新，日益懂得社会上出现的种种怪象，归根结底在于帝国主义的入侵和封建统治的桎梏。于是，他积极投身到反帝反封建的斗争中去，发出了坚持斗争和追求真理的誓言。

1925年2月初，在广东革命政府举行的第一次东征中，周恩来率队来到东莞城，李鹤年聆听周恩来"本军系解除人民痛苦而来，愿与大家同志协力，共促革命成功"的教导，受到很大的鼓舞。他积极投身到支援东征的行列，利用晚上的时间，到街头巷尾和附近乡村去教唱革命歌曲。五卅运动爆发后，李鹤年又和进步同学一道，积极参加声援五卅惨案和支援省港大罢工的活动。就在这严峻的斗争中，李鹤年光荣地加入中国共产主义青年团，不久转为中国共产党党员。

积极开展共产主义宣传活动

1925年11月，中共东莞特别支部成立。在特支的帮助下，国民党东莞县党部进行改组。改组后的县党部成员中，绝大部分是中共党员。李鹤年被县党部宣传部聘为干事。1926年4月12日，团东莞地委成立，李鹤年被选为候补委员，同年毕业于东莞中学。他利用国共合作的有利条件，协助为中共所掌握的以国民党东莞县党部宣传部名义出版的《东莞周刊》，大力宣传中共的主张，积极报道工农运动的情况。8月20日，李鹤年在县党部出版的《廖仲恺先生殉国一周年特刊》里撰文《八月二十日的悲痛》，号召民众"联合主张国民革命救国之分子，共同努力，打倒帝国主义，打倒军阀，达到中国自由平等，世界革命成功"。并以县党部青妇部的名义，在莞城创办文化补习夜校，亲自执教。他把当时社会上出现的问题，编入课程，深入浅出地讲述革命道理。通过这个阵地，培养了一批妇女骨干踏上革命征途。

李鹤年还经常与青年们促膝谈心，向他们进行宣传教育。他联系当前形势讲解革命道理，大大激发青年们的斗志。在这基础上，他还吸收了一些觉悟高表现好的青年加入党、团组织。

1927年4月12日，蒋介石在上海公开背叛革命后，不久，东莞大规模的"清党"运动开始了。不少革命团体被查封，党、团领导被通缉，无数进步青年受迫害。就在党的领导机关被搜查前夕，党的主要负责人李本立出外未返。在此危急关头，李鹤年挺身而出，为了保卫党的利益，他当机立断地将机关中的有关文件、书信和油印工具转移到自己家里，而自己则转移到莞城附近的篁村去，在篁溪小学以教书为职业，掩蔽下来。

当避过敌人的锋芒后，李鹤年又活跃起来。他白天在篁溪小学教书，晚上回莞城，以自己的家为阵地，又投入紧张的战斗。为揭露蒋介石反共反人民的阴谋，他想方设法大造革命舆论，与其他一些革命同志一起组织发动工人，成立了团的外围组织——东莞县青年工人协会。通过这一组织，既积极向工农民众做宣传鼓动工作，也主动做动摇敌人营垒士兵的工作。李鹤年和同志们一起秘密编写、刻印传单，在白色恐怖中，县城出现的《告工人书》《告农民书》《告士兵书》就是在他家里用简陋的油印工具，一张张、一件件地印出来的，再通过各种渠道，秘密而又巧妙地散发出去的。

领导农民武装革命

这年秋天，中共东莞县委成立，李鹤年任县委委员（负责青委）兼团东莞县委书记。为配合武装暴动，他随县委负责人蔡如平，不怕跋山涉水，深入周屋厦、大朗、大沙、石马和环城一带农村，领导当地组织农民武装。当广州起义的消息传到东莞后，李鹤年参加县委在大沙召开的紧急会议，根据省委的紧急指示，确定分头集结武装，夺取城镇。会议通过：县委负责人蔡如平为进攻莞城前敌总指挥，集结武装于黄旗岭；陈均平为进攻虎门前敌总指挥，集结武装于金洲，约定先打莞城，以莞城的枪声为号，后夺取虎门。

李鹤年回到县城后，一方面立即与在莞城附近的3人工人武装小分队取得联系，并把收藏在家里的枪支、弹药、匕首和自制的土地雷、土炸弹拿出来，擦得雪亮；另一方面，又派出人员严密监视县城的警察所和民团的反动武装，以配合各地农军进城。可是，到了约定时间，负责进攻县城的前敌总指挥蔡如平检阅队伍后，认为力量不足，故未见诸行动。此举，虽未成事，但农军云集的消息传出，却大长工农民众的斗志，大灭国民党反动派的威风，使在县城的国民党反动派惶惶不可终日。

保护党组织保护同志

广州起义失败后，国民党反动派更加紧进行镇压活动。不仅大肆屠杀共产党员、共青团员、进步群众，连学生也不放过。在这种情况下，革命又一次转入低潮。为了更有效地开展工作，1928年初，县委进行了改选，并把领导机关迁到离县城不远的金鳌洲塔旁边的永泰村。这时，县城除"广昌隆锡店"成为县委的交通处外，党的联络点就设在李鹤年的家里。曾一度到四会县任中共特支书记的莫萃华又回到东莞来任县委常委，和负责县委兵委的周满都住在他家里。县委领导同志经常在这里集散，省委派来的同志也在这里落脚。在这种情况下，李鹤年的工作更加繁忙了：白天，要按时到离县城二三里路的篁溪小学去上课；晚上，又得跑回来，在油灯下又投入了新的战斗！

1928年的冬天，国民党统治下的东莞县城，阴霾密布。12月间，敌人开始破坏了团县委领导机关和县委交通处,进而又气势汹汹地搜查县委联络点——李鹤年的家。幸而,团县委机关被破后,机警的李鹤年火速地转移了收藏在家里的文件,并及时通知有关同志撤出,当敌人冲进他家时,已一无所获。李鹤年又一次保护了党组织,保护了同志。

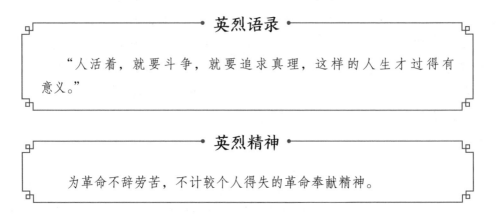

英勇就义

可是,过了不久,敌人亡我之心不死。在一个黑云翻滚、冷雨凄风的早晨,李鹤年和往常一样,来到了学校,正准备上课。突然,一批国民党的军警闯进来,逮捕了李鹤年,当即把他押解到广州南石头监狱。1929 年农历正月十七日,李鹤年英勇就义于红花岗,时年仅 21 岁。

英烈语录

"人活着,就要斗争,就要追求真理,这样的人生才过得有意义。"

英烈精神

为革命不辞劳苦,不计较个人得失的革命奉献精神。

(岑诒立)

李家泉（1898—1929）

—— 工农革命军乐昌独立营营长

李家泉，字镜川。

- 1898 年 5 月 4 日，出生于广东省乐昌县坪石畈塘村的一个农民家庭里。
- 1921 年，中学毕业，后被招入乐昌县政府工作，担任科长职务。
- 1924 年，任乐昌县联团局副局长兼坪石分局局长。
- 1925 年春，任坪石区农民协会筹备委员。7 月，组织成立全县第一个村农会——畈塘农会并建立坪石农民自卫军中队，任中队长。
- 1926 年，取得拔除了土匪设置的关卡税站、反罢市斗争的胜利。
- 1927 年，从庆云回到坪石，恢复坪石地区的革命组织，重建农民武装，开展武装斗争。
- 1928 年 1 月，率领坪石农军参加湘南暴动斗争，取得著名的"坪石大捷"。胜利后，起义军成立工农革命军乐昌独立营，任营长。
- 1929 年 6 月，奉命回畈塘搞粮食，被捕入狱。同年 10 月 6 日英勇就义，时年 31 岁。

李家泉，字镜川。1898 年 5 月 4 日出生于广东省乐昌县坪石皈塘村的一个农民家庭里。父亲李传良，母亲白氏，生有两个儿子，李家泉排行第二。李家泉 1 岁时，父亲就离开了人间，是由母亲含辛茹苦抚育他长大成人的。

勤奋好学

李家泉 7 岁起入读私塾 5 年，后转入乐昌高等小学堂学习。1918 年小学毕业后，以优异成绩考入韶州高等中学校。李家泉年少有志，勤奋好学，善于思考和钻研问题，学习成绩优良，深得老师的喜爱。

1921 年，李家泉中学毕业。其时恰逢同族的国民党左派人士李传楷被民选担任乐昌县县长，李家泉被招入乐昌县政府工作，担任科长职务。由于李家泉思想进步，为人正直、办事公正，得到县长李传楷的信任和器重。1924 年，李家泉任乐昌县联团局副局长兼坪石分局局长。

以极大的热情投身到乐昌农民运动

1925 年春，农民运动风起云涌。陈德钊等人从广州到乐昌开展农民运动。陈德钊委任李家泉为坪石区农民协会筹备委员。李家泉以极大的热情投身到农民运动中去，积极宣传发动群众，帮助指导各乡村成立农会。1925 年 7 月，经过李家泉等人的努力，成立了全县第一个村农会——皈塘农会。接着小漕、白沙、杨毡、田头等乡村也相继成立了农会组织。与此同时，建立了坪石农民自卫军中队，李家泉任中队长。另外，李家泉还对坪石联团武装进行了改编，把联团武装改编为农民武装。

1926 年，坪石农民协会开展了减租减息的运动。地主豪绅的利益受到巨大冲击，对农会恨之入骨，于是勾结土匪胡凤璋与坪石农会相对抗，并在坪石至乐昌的武水沿河设立税卡强收民税。李家泉闻讯，率领一批青壮农民，在船民的配合下，拔除了土匪设置的关卡税站，给为非作歹的土匪以有力打击，广大群众拍手称快。

同年 6 月，坪石一些奸商挑拨农商关系，制造"罢市"来抵制农会的活动。李家泉一方面带领农会干部出面找小商小贩做工作，揭露一些奸商制造罢市的阴谋，劝导他们开市；另一方面派出人员到乐昌、韶关等地采购煤油、食盐等生活必需品，设点销售给农民群众，给奸商的罢市阴谋以有力的回击，最后取得了反罢市斗争的胜利。

1926年6月中旬，大批土匪攻打坪石农会。李家泉带领农军奋起反抗。由于寡不敌众，坪石农会被攻破，坪石农民自卫军中队副中队长郑龙虎被捕牺牲。李家泉带领少数战士爬墙突围出去。敌人到处张贴告示，悬赏缉拿。李家泉为避敌人的毒手，到庆云湾雷村其岳父家隐蔽了一段时间。风声稍为平定后，又潜回坪石，继续领导农民群众与反动派进行斗争。

1927年蒋介石发动了四一二反革命政变后，乐昌处在白色恐怖之中。李家泉再次受到敌人的通缉，他只好再次到庆云湾雷村避难。

同年秋，中共党员李光中回坪后开展革命活动。李家泉得悉后，马上从庆云回到坪石，和李光中一起，恢复坪石地区的革命组织，重建农民武装，开展武装斗争。

1928年1月，朱德率领南昌起义军余部来到湘粤边境，发动湘南暴动。李家泉和李光中一起，积极发动坪石农民群众筹粮筹款，支援朱德部队，并率领坪石农军参加暴动斗争。李家泉率领坪石农军，配合朱德部队主力，攻打进犯坪石、宜章的国民党许克祥部。坪石农军担负攻击敌人左翼的任务，在狮子岭、长岗岭一带给予许克祥部以狠狠打击。许克祥部溃退坪石。而后，李家泉又率领农军配合朱德部队，乘胜追击，直捣坪石。是役，俘敌1000余人，缴获步枪2000余支，迫击炮8门，取得了著名的"坪石大捷"。

坪石战斗胜利后，起义军在坪石皈塘召开了祝捷大会，并成立了工农革命军乐昌独立营，任命李家泉为营长，李光中为党代表。

1928年3月，工农革命军乐昌独立营随朱德部队转战湘南。李家泉奉命留在家乡领导群众坚持斗争。他数次率领坪石农军攻打土匪胡凤璋，保卫了坪石人民群众的利益。

1928年7月，匪首胡凤璋乘工农革命军乐昌独立营已上井冈山之机，对坪石皈塘村进行"扫荡"。李家泉领导当地革命群众进行反"扫荡"斗争。他一面派人在距离皈塘村1.5公里的里石亭子岗附近周围埋藏地雷、铁夹等，一面组织200多名青壮农民埋伏在里石的有利地形周围。胡匪一连人马由坪石向皈塘村扑来。当行至里石时，被土雷炸得晕头转向。李家泉率领队伍跃出阵地出击，从而挫败了胡匪的"扫荡"阴谋。

胡匪不甘心失败，第二天又派了一个加强连到皈塘进行烧杀。李家泉组织群众疏散后，迅速带领农军战士到上竹岗新妇娘桥附近进行伏击，再次把来犯敌人打败。

转入地下革命活动

胡凤璋军遭到两次失败后，乃向国民党第八路军总指挥李济深求援。李济深令范石生等人支援胡匪，对坪石群众进行血腥镇压。坪石农军遭受严重损失，畈塘村惨遭洗劫。为保存革命力量，李家泉带领部分农军在牛栏冲、竹岗山、桃坪一带打游击，与敌人周旋。后来，李家泉转移到黄圃地区，转入地下革命活动。

这时，李光中带领部分红军战士转移到乐昌黄圃一带山区活动。李家泉又和李光中一起，在黄圃、坪石一带恢复革命组织，带领群众进行艰苦卓绝的斗争。

英勇就义

1929年6月，李家泉奉命回畈塘搞粮食，被敌人发现。国民党坪石区区长李家业带领反动武装前来搜捕。李家泉虽顽强抵抗，但寡不敌众，被捕入狱。在狱中，敌人多次对他进行严刑拷打，但他始终威武不屈，正气凛然。同年10月6日，李家泉英勇就义，时年31岁。

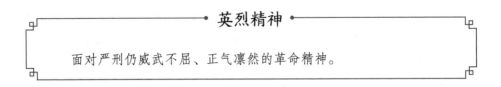

英烈精神

面对严刑仍威武不屈、正气凛然的革命精神。

（廖治全）

梁祖诒（1907—1929）

—— 在革命最困难的时刻坚守战斗岗位

梁祖诒，又名梁祖谊，字孝质，祖籍广东省德庆县，世居广东省高要县肇庆镇。

- 1907 年，出生于肇庆西门后东街一户书香世家。
- 1919 年，在图始小学读书。
- 1920 年，升读省立肇庆中学。
- 1922 年，转入省立第一中学（现广雅中学）读书。发起成立省立一中社会主义青年团小组。
- 1923 年，加入中国共产党。
- 1924 年中学毕业后，先后任中华海员工业联合总会广州分会（简称"广州海员工会"）中文秘书、秘书长，并任中共海员工会支部宣传委员。
- 1925 年 6 月省港大罢工爆发后，为海员工会的代表，参加省港罢工委员会的工作。
- 1927 年，担任中共海员工会支部书记。12 月，担任工人赤卫队的指导员，率领广州三轮车工人参加了广州起义。
- 1928 年 12 月 6 日，当选中共广东省委委员兼中路、西路巡视员。
- 1929 年 1 月 18 日，分工负责巡视西江工作。2 月 28 日下午 2 时半，因叛徒的出卖被捕。3 月 4 日晚，在红花岗被杀害，时年 22 岁。

梁祖诒，又名梁祖谊，字孝质，祖籍广东省德庆县，世居广东省高要县肇庆镇，1907年出生于肇庆西门后东街一户书香世家。父亲梁廷赓是晚清拔贡，辛亥革命后，曾任高要县府职员等职，后退休在家。

加入中国共产党

梁祖诒少年丧母，自小就由长兄梁祖诰负责抚养。梁祖诰早年留学日本，毕业于早稻田大学政治科，思想进步，曾参加同盟会。在长兄潜移默化的影响下，梁祖诒从小就树立了远大的理想和抱负，一心向往革命。

1919年，五四运动爆发，肇庆学生界成立肇庆学生联合会，组织宣传队、纠察队，开展爱国活动。其时梁祖诒12岁，正在图始小学读书，也在反帝爱国运动中受到了教育，参加了抵制日货等活动。

1920年，梁祖诒升读省立肇庆中学。

1922年，梁祖诒随长兄到广州，转入省立第一中学（现广雅中学，当时长兄在该校任教务主任）读书，并在学校寄宿。省立一中当时是受革命思潮影响比较早的学校之一。在这里梁祖诒开始接受马克思主义的启蒙教育，走上了革命的道路。1922年，省立一中成立社会主义青年团小组，梁祖诒是发起人之一。次年，他转为中国共产党党员。

投身工人运动

梁祖诒在学校读书期间，就积极投身广州的工人运动，与广大工人结下了深厚的革命情谊。1924年中学毕业后，梁祖诒放弃了继续升学的机会，参加了"中华海员工业联合总会广州分会"（简称"广州海员工会"）的工作，初任中文秘书，后任秘书长，并任中共海员工会支部宣传委员。1925年6月省港大罢工爆发后，梁祖诒作为海员工会的代表，参加了罢工委员会的工作。

省港大罢工期间，香港有20多万罢工工人及家属涌回广州，他们的住宿、吃饭、学习、医疗等问题，由省港罢工委员会全部负责解决，工作异常繁重。当时梁祖诒患有脚气病，行走不便，但他仍不辞劳苦，夜以继日地工作，经常深入广州石室（一德路天主教堂）、杉木栏等罢工工人宿舍区慰问罢工工人和家属，与他们促膝谈心，提高他们的思想觉悟，并及时帮助他们解决生活等问题。

1927 年 4 月间，国民党反动派公开叛变革命后，梁祖诒的家人为他的安全担心，劝他出国留学。但梁祖诒心里想的不是个人的安危，而是革命的事业。他没有被白色恐怖吓倒，不愿在革命最困难的时刻离开自己的战斗岗位。其后，梁祖诒担任中共海员工会支部书记，并作为省委机关的工作人员，经常冒险来往于香港、广州之间，并参与了广州起义的筹划工作。他在广州六二三路附近租赁了一间屋子，作为省委驻广州的秘密据点。

❑ 参加广州起义 ❑

广州起义准备期间，起义领导人频繁召开会议。会议的保卫工作，多由梁祖诒组织布置。为了严格保密，会议地点不得不经常更换，增加了保卫工作的困难。但由于梁祖诒遇事机警，布置严密，会议从未发生意外。广州起义前夕，张太雷、恽代英、杨殷等起义领导人在梁祖诒的住所召开会议，讨论研究了关于举行暴动的一些具体问题。梁祖诒亲自布置了会议的保卫工作。

1927 年 12 月 11 日，广州起义爆发。梁祖诒担任了工人赤卫队的指导员，率领广州三轮车工人参加了起义。在保卫新生政权的战斗中，梁祖诒和三轮车工人表现得异常勇敢。

广州起义失败后，革命形势更加艰险。梁祖诒依然作为省委机关的工作人员，继续从事地下工作。

❑ 不畏艰险开展巡视工作 ❑

1928 年 12 月 6 日，中共广东省委在香港召开扩大会议，选举省委成员。会上梁祖诒当选省委委员兼中路、西路巡视员。他来往各地，不畏艰险，出生入死，坚定地进行工作。他曾到开平，在赤坎镇附近的里村召集开平党组织负责人开会，传达了中共六大的决议精神，并结合广东具体情况对党的农村工作作了具体布置。

1929 年 1 月 18 日，中共广东省委在香港召开会议，重新对省委委员进行分工，梁祖诒分工负责巡视西江。

1929 年初，梁祖诒作为西江巡视员，冒险进入国民党反动派在西江流域的统治中心——肇庆，并秘密回家探望父亲，从而了解肇庆和西江地区的情况。

不幸被捕牺牲

1929 年 2 月 28 日下午 2 时半，梁祖诒在佛山接龙街信义烟店与几位同志开会，因叛徒的出卖，不幸被国民党特务逮捕。被捕时，梁祖诒化名梁义。即日，被解至广州市公安局。佛山的党组织马上把梁祖诒被捕的消息向香港党组织作了汇报。中共广东省委接到汇报后，即设法营救。但敌人已于 3 月 4 日晚在红花岗将梁祖诒杀害，他当时年仅 22 岁。

英烈精神

不顾个人安危，在革命最困难的时刻坚守自己的战斗岗位的革命大无畏精神。

（李天柱　范步遥）

刘乃贻（1907—1929）

—— 把一切献给广大劳苦大众，献给伟大的中国革命事业

刘乃贻，又名均福。

- 1907 年，出生于广东省紫金县城镇下厚街一个进步的知识分子家庭。
- 1913 年 9 月，进入紫金县立第一小学读书。
- 1925 年 10 月，被吸收到国民党紫金县党部工作，任县党部干事。
- 省港大罢工爆发后，经刘尔崧介绍加入了中国共产党。
- 1927 年 4 月 15 日，做广州起义的准备工作。12 月 11 日，参加广州起义。
- 1928 年春，被反动军警逮捕，关押在维新路公安局拘留所。出狱后不久，在佛山从事工运工作，筹建赤色工会，发展党的组织。
- 1929 年 2 月 28 日，和梁祖诒被捕。3 月 4 日，被杀害，时年 22 岁。

刘乃贻，又名均福，1907 年出生于广东省紫金县城镇下厚街一个进步的知识分子家庭。其父刘海帆是县立第一小学校长，后来加入了中国共产党，还参加过 1927 年紫金武装暴动。其母张菊是一位很有道德修养的家庭妇女。刘乃贻是家中的长子，还有弟妹各 2 人。

积极参与爱国活动

1913 年 9 月，刘乃贻进入紫金县立第一小学读书，高小毕业那年，正值五四运动爆发。刘乃贻曾在学校积极参加爱国学生运动，受到爱国主义思想的熏陶。

刘乃贻小学毕业后，由于家庭贫苦，没有升中学，在家自学。当他读到岳飞的《满江红》和文天祥的《正气歌》时，深为这些英雄的高尚情操所感动。1923 年间，紫金地方养成所、劳动半夜学校、新学生社和贫民阅报室等先后办了起来。刘乃贻积极参加学习，经常与县城进步青年一起阅读《向导》《新青年》等书刊，谈论国内外大事，不断探索救国救民的真理。

1925 年 2 月，东征军进行第一次东征。陈炯明军阀势力被赶走，紫金县农会从炮子迁紫金城叶家祠。刘乃贻开始到县农会工作。10 月，国民革命军第二次东征后，国民党紫金县党部在县城成立，刘乃贻的父亲刘海帆任国民党紫金县党部执行委员。刘乃贻也被吸收到县党部工作，任县党部干事。

加入共产党

震动中外的省港大罢工爆发后，刘乃贻经刘尔崧介绍，离开紫金前往广州，在省港罢工委员会搞宣传工作。在斗争中，刘乃贻逐步锻炼成长，由刘尔崧介绍加入了中国共产党。

参加广州起义

1927 年 4 月 15 日，国民党反动派在广州实行反革命大屠杀，查封了省港罢工委员会等革命团体，大肆捕杀共产党员和罢工工人。在白色恐怖笼罩的日子里，刘乃贻根据党的指示，进行艰苦的地下工作。他经常深入工厂和工人宿舍，秘密组织工人赤卫队，做好广州起义的准备。12月11日，广州起义爆发时，刘乃贻带领部分工人赤卫队在越秀山警戒，与敌人发生激烈的战斗。由于国民党反动军队拼命向广州反扑，在敌众我寡的情况下，起义部队主力不得不撤出广州。在危急关头，刘乃贻服从党的安排，仍然留在广州，秘密进行斗争。

决心献身广大劳苦大众和伟大的中国革命事业

1928年春，中共广州市委机关被国民党反动派破坏，刘乃贻也被反动军警逮捕，关押在维新路公安局拘留所。

4月间，刘乃贻在狱中以"黄毅"的名字写了一封信，通过地下党组织转交给正在执信中学读书的同乡好友钟觉民，要钟觉民按照公安局规定的时间去探监。钟觉民买了食品去探望他，但人不能会面，东西只能由监内工作人员送入，然后写回收条。不久，刘乃贻又写信告诉钟觉民说，有一间商店为他担保，只要给这间商店保释金100元，便可保释。钟觉民在暑假期间回家，将此事告诉了刘乃贻的母亲张菊。张菊深知儿子有难，便想尽一切办法，筹足100元，交给钟觉民带去广州办理。钟觉民回到广州后，按照刘乃贻规定的办法行事。不久，刘乃贻被保释出狱，并与钟觉民会面。这时，钟觉民向刘乃贻转述了他母亲的嘱咐，要他回紫金，不要在广州干那些危险的工作。刘乃贻领会母亲的心意，但不能按照母亲的意愿行事。他决心把母亲给他的一切，献给广大劳苦大众，献给伟大的中国革命事业。

坚贞不屈

刘乃贻出狱后不久，省委派他去佛山市委工作。他与省委派来佛山的巡视员梁祖诒一起从事工运工作，筹建赤色工会，号召工人团结起来，与黄色工会作斗争，并在工会中发展党的组织。

1929年2月18日，佛山市的党组织遭到国民党反动派的破坏。2月28日，刘乃贻和梁祖诒同时被捕，即日押到广州市公安局监禁。刘乃贻在狱中受到严刑拷打，但仍坚贞不屈。无论敌人怎样威逼利诱，始终神色自若，大义凛然，不向敌人泄露党的秘密，表现了共产党员的高贵品质和革命气节。

············• 英勇就义 •············

同年3月4日，刘乃赊和梁祖诒被押赴刑场杀害。途中他们不断高呼"打倒国民党反动派""打倒帝国主义""中国共产党万岁"等口号，到了刑场还高唱《国际歌》。他俩同时英勇就义于广州红花岗上，刘乃赊时年仅22岁。

• 英烈精神 •

把自己的一切献给广大劳苦大众的大义，献给伟大的中国革命事业的奉献精神。坚贞不屈、大义凛然、严守党的秘密的共产党员高贵品质和革命气节。

（陈添来）

莫萃华（1904—1929）

—— 东莞第一个共产党员、第一任特支书记

主要生平

莫萃华，原名莫进关，广东省东莞县洪屋涡东北场人。

- 1904 年出生。
- 1920 年从军。
- 1922 年 6 月，加入社会主义青年团。
- 1924 年 9 月 4 日，被委任为国民党中央农民部特派员，开展农民运动。
- 1925 年 10 月间，被委任为中国共产党东莞特别支部书记。
- 1925 年 12 月 15 日，被委任为改组后的国民党东莞县党部的农民部部长。
- 1926 年 6 月，担任中共四会特支书记。
- 1928 年 3 月 17 日，被选为中共东莞县委常委。
- 1929 年初，在增城仙村附近壮烈牺牲，时年 25 岁。

在东莞县的西面，狮子洋的东侧，由稍潭水、寮下水交叉冲积成的一片绿洲——大洲中，有个水乡村庄洪屋涡，孕育了东莞第一个共产党员、第一任支部书记莫萃华。他在这里组织了东莞最早的农会，成立了东莞最早的"SY"区直辖支部。莫萃华成为东莞革命的拓荒者，他短暂的一生，在东莞大地永生光辉。

从军参加革命

莫萃华原名莫进关，1904 年出生在广东省东莞县洪屋涡东北场。莫萃华的父辈原在太平经营谷米生意。莫萃华在少年时代，来到东莞县城的县立高等小学读书，后来进入东莞中学。

洪屋涡村在大洲之南，洪屋涡水环绕其间，越过稍潭水，跨过鲵沙和泥洲，就到狮子洋了。虽然这里是个鱼米之乡，可是当地广大农民群众在土豪劣绅的层层盘剥之下，却过着终年不得温饱的生活。在战祸连年、民不聊生的日子里，加上帝国主义经济侵略的绞杀，民族工商业也不可避免地走向破产。莫萃华读中学的时候，家道逐渐中落，不得不中途辍学，跑到广州去谋生。在广州，他当了工人，接触了社会的底层。他年少的心灵，对社会上种种人间不平事不时地打上问号。

1919 年，轰轰烈烈的五四爱国运动浪潮波及广州，莫萃华也受到民主革命思想的影响。1920 年秋冬，孙中山返粤重组军政府，积极进行革命的武装斗争，时年 16 岁的莫萃华带着渴望祖国独立富强的强烈愿望，毅然放弃工职跑去当兵，投身于反对南北军阀的斗争。

加入社会主义青年团

1922 年 9 月，在广州，阮啸仙等人组织了爱群通讯社。它是公开的马克思主义研究小组活动社团，有时发行油印小册子《共产主义 ABC》《阶级斗争浅说》，他们还会去采访国内反帝反军阀斗争的新闻。这样，莫萃华受到他们的影响，也阅读了不少他们出版的刊物。1922 年 5 月，广东社会主义青年团成立。6 月，陈炯明叛变，炮轰总统府，莫萃华遂离开粤军，之后，加入社会主义青年团。

建立东莞第一个社会主义青年团支部

1923 年夏秋，省"SY"（青年团）区委书记阮啸仙派莫萃华回到东莞成立社会主义青年团组织。

莫萃华回到老家洪屋涡，联系了张法、陈昶、莫式姜、莫炯斋等青年农民，建立了东莞第一个社会主义青年团支部，支部共有团员 7 人，莫萃华为支部书记。在莫萃华的带领下，支部工作很为活跃：在农村办图书报社，设立各种补习学校，组织演讲会和农民俱乐部，调查各乡村农民的状况，等等。洪屋涡在莫萃华的领导下，开出了东莞县第一朵革命之花。

1923 年 10 月中旬，社会主义青年团广东区召开第一次代表大会，因东莞道滘附近发生械斗，莫萃华无法前往参加。1924 年 5 月底，莫萃华代表东莞出席了社会主义青年团广东区第二次代表大会。在这次代表大会上，莫萃华汇报了东莞的活动情况，大会对东莞的报告作出了决议案，要求东莞同志组织国民党区分部，并用其名义发起组织农会，把团支部移至东莞城等。莫萃华参加会议后，革命方向更明确了，信心也更足了。回到东莞不久，党为了更好地培养莫萃华，于 7 月初送他到广州，参加彭湃主办的广州农民运动讲习所第一期学习，学习结业后，于 9 月 4 日被委任为国民党中央农民部（部长廖仲恺）特派员。莫萃华以特派员的身份回到东莞开展农民运动。这时，他主要负责农运工作，在斗争中日见成熟，被介绍加入中国共产党，因他还未超过团员年龄，故仍为 SY 团员。

整顿团组织

莫萃华回到东莞洪屋涡，首先整顿了原来的团直辖支部，对支部同志进行多次的训练，然后于 11 月，把团直辖支部移到县城，实行整顿。把原洪屋涡的团员同志分为一个小组，并将派到东莞的国民党中央农民部特派员蔡如平、蔡日新等人组成一个小组，两个小组合起来，成立团东莞特别支部，由团广东区委指定莫萃华为书记。

莫萃华来到东莞城，为了开展和推动全县革命活动，建立和发展党团组织，回到曾经求过学的东莞中学，住在学生宿舍里，向学生宣传马克思主义。他把《向导》《少年先锋》《共产主义 ABC》等进步书刊，介绍给同学们阅读，逐渐团结了一批进步学生，先后吸收了李本立、周棠、叶铎辉、刘伯刚、黄国器、李鹤年、杨爵荣、李鸿举等人加入青年团和共产党。1925 年 4 月间，莫萃华和花县、顺德的同志一起，参加团广东区委的支部书记学习，整顿支部组织。这样，东莞团组织更趋健全了。

组建中国共产党东莞特别支部

1925 年 10 月间，共青团广东区代表大会后，区委找莫萃华谈话，成立了中国共产党东莞特别支部，由莫萃华任特别支部书记。这是东莞第一任特支书记，特支设在东莞城寺前街 12 号，有党员 21 人（包括兼为团员的）。组织健全了，发展更快了，这时，莫萃华遵照团广东区委的指示，大力筹备成立团东莞地方委员会的工作。他一方面着力于发展组织，至 1926 年 4 月，组织扩大至 45 名同志，其中党员 34 人；另一方面，又派李本立、周棠、刘伯刚到省参加训练，为成立地方团委做好干部的准备。4 月 12 日，在东莞城召开了各地代表大会，到会代表有 18 人，莫萃华在会上作了"校务报告"，大会选举了李本立为团东莞地委书记。会议还通过了七项决议案。这个会议在东莞革命历史上有着其重要的历史地位的。

开展农民运动

莫萃华 1923 年回到洪屋涡建立团支部的同时，已经注意开展农运了。洪屋涡村农民大多是佃农，非常贫苦，受压迫很深，受土匪祸害甚大，有的土匪公然在乡村张贴抽收田亩捐的布告，经莫萃华一发动，已于 1924 年初成立村农民协会和组织农民自卫军。这时他从农讲所学习结业，又有国民党中央农民部特派员的身份，更致力于开展农民运动。1924 年 10 月，他又一次回到自己的家乡洪屋涡，并先后多次陪同彭湃来到东莞，也是首先到洪屋涡去发动农民，开展农民运动。这时的东莞，农民受压迫很深，他们像待燃的干柴，一触即发，洪屋涡的广大农民更甚，经过彭湃和莫萃华的启发，他们很快地接受了革命道理，迸发出巨大的革命潜力。在莫萃华等人的努力下，终于正式建立了洪屋涡农民协会和农民自卫军（省农会授旗），响亮地提出了"打倒土豪劣绅""实行耕者有其田""实行二五减租"等革命口号。乡农民协会会址设在"永安杜学堂",上空飘扬着由莫萃华从省城带回来的犁头红旗,农民都兴高采烈。农民自卫军队部则设在村前临时搭起来的竹栅,他们拿起保卫自己斗争的果实的武器,真的是扬眉吐气了。莫萃华在彭湃的指导下,在洪屋涡实行二五减租,这样,农会的威望日高。但他不仅着眼洪屋涡,还眼观东莞全县。于是他把力量伸展到洪屋涡周围的农村,在洪屋涡农会的影响下,邻近各乡村农运发展非常迅猛,不久,莫萃华在梅沙召开了十八乡会议,成立了"十八乡联乡办事处",共商农运大事。过去乡村众事都是由豪绅调处办理,现在则由农会出来解决。同时,又成立了十八乡的农民自卫军,保卫家园。那个向来独霸一方的土匪莫贤也惧农会之势力,不得不退避三舍,拉队出走。为了讨好农会,他还向农会赠送10多支枪。在洪屋涡开展农民运动中,莫萃华扩大了党组织的队伍,先后吸收了张运法和陈昶两人加入中国共产党。他们被选为农民协会的正、副会长,又兼洪屋涡农民自卫军的正、副队长,有力地领导了近邻十八乡的农民运动。

东莞农民运动逐步地打开了局面,其声势也越来越迅猛。1925年10月,国民党中央农民部召集了全省特派员会议,东莞特派员莫萃华等人还在会上作了详细的汇报。

改组国民党东莞县党部

国民党第一次全国代表大会后,莫萃华以特派员的身份,已于1925年春接受了国民党的委派,参加国民党东莞县党部的改组工作。他和其他同志一起,经过反复多次的斗争,撤去了腐朽无能的原党部书记长谢星楠,也粉碎了东莞中学校长伦学圃企图篡夺县党部书记长的阴谋,在1925年12月15日成立了改组后的国民党东莞县党部,莫萃华被选为县党部的农民部部长。国民党东莞县党部的改组成功,标志着东莞国共两党合作的革命统一战线的形成,更有利于东莞革命高潮的到来,而东莞县的农民运动在莫萃华以国民党东莞县党部农民部部长、中央农民部特派员的公开身份领导下,在蔡如平、蔡日新、彭福、李成章、张乾楚等人的配合下,发展得更加气势磅礴。在洪屋涡的水乡,在珠江口边的霄边,在中部的大朗、大岭山,在广九铁路沿线的周屋厦、山厦等地,农民阶级积极投身革命运动。

领导中共四会特支工作

1926 年 6 月，莫萃华调到中共广东区委工作，不久，到三水开展工作。10 月底，中共四会县特支书记陈伯忠和党员赖西畴，在迳口三丫口被土豪劣绅收买的凶手暗杀。一时，土豪劣绅甚嚣尘上，他们造谣惑众，破坏农会，把革命形势大好的四会弄得乌云满天。中共广东区委为稳定四会的局面，派莫萃华到四会接替陈伯忠的职务。莫萃华到四会后，担任特派员和中共四会特支书记。他受命于危难之际，英勇地踏着烈士的血迹继续前进，一方面，巩固原有的区农民协会，把党的大部分力量放在农村发动和组织农民；另一方面，他为了防御敌人的突然袭击，开始注意做地方武装的争取改造工作，使之成为中共掌握的武装力量，以坚厚自卫的堡垒。这样，他带领四会的党员，稳定了局面，恢复了农会，健全了党组织。

1926 年底，在特支的领导下，四会各地群众纷纷集会声讨李民欣。在中共广东区委的支援下，特支向国民党中央农民部控告李民欣、张杰臣、李聚泉等人破坏和杀害陈伯忠的罪行，要求国民党中央当局严惩凶手和幕后主谋者。在群众的呼声中，1927 年初，李民欣被迫辞去县长职务，张杰臣、李聚泉也先后逃亡外地。

掩蔽继续开展斗争

1927 年 4 月 12 日，蒋介石叛变了革命，广东的国民党反动派也于 4 月 15 日发动了反革命大屠杀。在广州大屠杀的第二天，四会县的国民党反动派出动军队和反动民团，袭击各乡农民协会，收缴农军枪支弹药，到处搜捕共产党员及农运骨干分子。面对这种局面，为了保存革命力量，要尽快地把各地农运骨干尽量转移和掩蔽起来，莫萃华和妇女干部黄瑞杰等人，冒着生命危险，来到白沙农会，召开了执委会议，布置农会干部做好应变和自卫的准备，会议刚开完，四会城已被封锁，土豪劣绅正在大批搜捕革命进步分子。莫萃华只得亲自带领县农会筹备委员会的委员和特支宣传委员雷锡本，组织委员唐少彬等 10 多位同志，撤到四会第一区陶冲乡九脯村掩蔽，等候上级党组织的通知，同时，做好转移的准备。他们在农民群众的支持下，在九脯江家祠住了 1 个多月，在此期间，他们向群众揭露国民党反动派破坏农运、镇压革命的罪行，刻写、油印革命传单，带到会城散发，坚持斗争。1927 年 5 月 29 日的早上，民团 200 多人包围了九腩一带村庄，对江家祠发起攻击。当时有七八个同志被围困在祠堂内，形势十分危急，大家都是赤手空拳，只有唐少彬的一支大头六手枪在还击抵抗。在此情况下，莫萃华决定突围撤走，唐少彬带头冲出去掩护，不幸受重伤牺牲，其他同志终于突围出来。莫萃华转移离开了四会，又受省委派遣，回到了故乡，投入新的战斗。

积极支持广州起义

1927 年夏天，莫萃华转移到东莞，在李鹤年家里与党组织取得了联系，并活动于县城和石龙之间。同年秋天，阮啸仙从香港派黎成回到石龙，找到莫萃华和蔡日新，传达了省委的方针、政策。这时东莞处于白色恐怖之中，国民党不断派人来东莞加强"清党"的力量。莫萃华与省委联系上后，不顾一切危险，积极发动农民进行武装起义，支持广州起义，并以洪屋涡、大沙、金洲等地为据点，进行艰巨的秘密斗争。当广州起义的枪声一响，县委得不到省委的具体指示，县委的负责同志在大沙开了紧急会议，讨论进攻莞城和虎门的计划，后由于集中农民自卫军不多，暴动没有发动成功。

负责县委宣传工作

1928 年 3 月 17 日，中共东莞县委改选，莫萃华被选为县委常委，负责编辑科。这时期，莫萃华编印有《红旗周刊》《赤卫队须知》和对内的《县委通讯》《征求同志小册》等刊物，还要翻印上级发下的有关文件。根据省委的指示，县委要着力在广九铁路沿线发动武装暴动，以建立东宝边境的东山为中心的武装割据。莫萃华参加了在大朗与周屋吓附近召开的一次武装暴动会议。这时，东莞政治局面非常严峻，军队借"清乡"为名，行搜捕共产党员之实。为应对这个局面，1928 年 8 月 14 日晚，东莞县委召开常委扩大会议，讨论县委的新工作方法，莫萃华分配负责宣传科，继续出版《县委通讯》。

不幸牺牲

　　1928年12月，县委交通处被破坏，接着于1929年1月搬至石龙的县委机关，也于2月被破坏，局面顿时紧张起来。县委领导同志也逐步撤退。莫萃华撤回家乡洪屋涡，欲与家兄筹借经费，赴苏联学习，因家兄不愿，经费无着，赴苏联学习遂告失败。这时，莫萃华念念不忘组织武装，以反抗国民党反动派的屠杀。于是，他打进了土匪队伍，在土匪丁福身边担任书记，伺机把武装拉过来，但不幸于1929年初，随队伍在增城仙村附近，与国民党袁吓九部的战斗中牺牲。莫萃华事未成而身先折，遗体运回洪屋涡安葬。

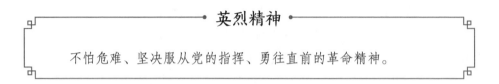

英烈精神

　　不怕危难、坚决服从党的指挥、勇往直前的革命精神。

（傅泽铭）

聂文波（1890—1929）

——不怕死、不贪财，无论如何都要坚持斗争下去

主要生平

聂文波，乳名二德。

- 1890 年，出生于广东省高要县乐城镇领村一个贫苦农民的家庭。
- 1923 年 10 月，端源乡农民公会成立，为领导人之一。
- 1925 年 6 月，端源乡农会改组，正式成立高要县第一区农民协会，当选执委。
- 1926 年 1 月 3 日，率领农军解决"高要惨案"。4 月 27 日，高要县农民协会正式成立，为执委。同期，加入中国共产党。
- 1927 年 18 日，任高要农军游击队副大队长。
- 1929 年 1 月 1 日，因被其表弟出卖而被反动派捉住。1 月 4 日，英勇就义，时年 39 岁。

聂文波，乳名二德，1890年出生于广东省高要县乐城镇领村一个贫苦农民的家庭。聂文波一家租种地主一些田地，虽终年劳累，还是吃不饱、穿不暖。

领导农民开展减租斗争

1923年，领村一带水稻严重失收，但领村大地主、端源乡乡长谢达卿却强迫加租。这还不算，收租时，还竟用120斤秤当100斤计算。聂文波眼看自己辛苦半年才得来的这点谷子，就要流进地主的谷仓，就愤恨地对其他农民兄弟说："地主要加二大秤，我们就要加三五泥沙！"然后把掺了泥沙的谷子装进竹箩挑上肩，带着几十名农民来到了地主谢达卿家门口。谢达卿发现谷子里掺了不少泥沙，问道："租簿上写明纳谷，为什么要加泥沙？"聂文波理直气壮地回答："从前用公平秤，为什么现在要用大秤？"驳得谢达卿哑口无言。谢达卿见聂文波的背后有几十个农民正怒目而视，知道势头不妙，只好叫管家过秤收纳了事。

聂文波交"沙租"斗争的胜利，鼓舞了其他农民，于是，领村掀起了一场农民抗租斗争。地主们为了维护自己的利益，于1923年9月成立税业维持会，勾结官府，强行收租收税。为对付地主劣绅的迫害，聂文波与同村好友谢大德、陈佐洲、伍国辉、伍腾洲等联络了端源乡十村农民，于1923年10月成立端源乡农民公会。聂文波为领导人之一。后来改名为端源乡农会。1925年6月，端源乡农会改组，正式成立高要县第一区农民协会，委员长谢大德，副委员长陈佐洲，聂文波当选执委，并成立了农民自卫军。端源乡农民在谢大德、陈佐洲、聂文波等人领导下，进一步开展减租斗争。

解决"高要惨案"

地主劣绅见农民的势力越来越大，就互相勾结起来，设立"同善社"，私运枪械，收买土匪，阴谋摧残农会。1926年1月3日凌晨3时，高要、德庆、广宁三县的地主劣绅，纠集反动武装共500余人，向高要县第一区农民协会所在地领村袭击。聂文波等农会干部率领农军奋起抵抗。因寡不敌众，反动武装冲入领村，大肆烧杀抢掠。在这次事件中，农会会员及农军死伤

100多人，领村一带农民房屋被焚毁200余间，猪牛杂物被抢掠一空。群众逃避深山，无家可归，这就是震惊全省的"高要惨案"。

"高要惨案"发生后，聂文波与陈佐洲、伍腾洲3人急赴肇庆，向肇庆各界代表大会筹委会报告事件经过。1月7日，聂文波3人再往驻肇庆的国民革命军第四军第十二师三十四团团部，请求团长叶挺派部队支援农会。叶挺当即答应派出第二营前往领村。8日晚，由聂文波等人引路，第三十四团一营营长周士第率领官兵276人。高要县县长亦率领县游击队100余人前往领村。为处理"高要惨案"，国民政府还专门成立了高要县绥缉委员会，在领村附近的伍村办公。不久，叶挺亦亲率第三十四团第二营开赴伍村，增援第一营。聂文波与陈佐洲、伍国辉率领农军，配合三十四团英勇作战，攻克了罗建、芸洲的地主炮楼。地主劣绅被迫低头认罪，交出武器，向农民赔偿损失。

"高要惨案"的解决，使高要县农民运动迅猛发展。1926年4月27日，高要县农民协会正式成立，谢大德、伍腾洲分别为县农会正、副委员长，聂文波为执委。此时，聂文波加入了中国共产党。

组织高要农军游击队

1927年4月，蒋介石在上海发动四一二反革命政变。4月16日，驻肇庆的广东守备军包围广东省农民协会西江办事处和高要县农民协会，逮捕了办事处主任韦启瑞以下一大批农会干部。当时，聂文波也在这参加会议，见反动军队闯进，连忙闪身走入厨房化装成炊事员，机智地脱险，跑回乐城。为反抗国民党反动派的大屠杀政策，聂文波与陈佐洲、伍国辉等人，于5月14日袭击乐城警察分署，缴了全部警察的武器，击毙了警察署署长。3天后，高要县农民协会秘书许其忠来到领村，召集聂文波等农会干部，研究武装反抗国民党反动派的部署，设临时指挥机关于领村，并组织了一支有300余人的高要农军游击队，由伍耀辉任大队长，聂文波任副大队长。

高要农军游击队组成后，活跃于高要、德庆、广宁、怀集四县山区，经历了大小战斗数十次，有力地打击了国民党反动派的嚣张气焰。

勇斗强敌

同年 8 月 13 日，驻肇庆国民党军队 7 个连与高要、广宁、德庆三县民团共 700 余人围攻领村，企图铲平这个高要农民运动的策源地。集结在领村的高要农军游击队，在伍耀辉、聂文波的指挥下，凭借护村河、竹篱及村子周围的 13 座炮楼组成的坚固防御工事，打退了敌人一次又一次的进攻，一直坚持了四天四夜，打死打伤敌人 70 余名，但农军游击队弹药所剩无几，为保存力量，于 17 日撤离领村，以后在河社、伏径、息源里坑一带活动。反动派为消灭这支农军游击队，出兵围攻息源农军游击队据点。聂文波、伍耀辉和陈杞各带领部分游击队员把守各处炮楼。战斗从傍晚开始一直打到第二天上午 9 时，毙敌 4 名。敌人攻不下据点，只好撤兵。

同年 12 月中旬，农军游击队在广宁县江脊被国民党广宁、高要县守备军以及德庆县民团包围。伍耀辉聂文波指挥游击队沉着应战，还组织有 40 人的敢死队，集中火力突破敌人防线，终于打退了敌人的进犯。

1928 年 1 月初的一个晚上，聂文波、许其忠率领农军游击队 120 余人，来到高要县河台沉塘村。敌人侦悉，马上出动高要、广宁、德庆三县民团 1000 余人，分三路包围了这条村子。聂文波带领游击队员撤到后山一条石壕里，垒起一堆堆石头，把进犯敌人砸得头破血流，大败而逃。

惨遭出卖

后来，由于白色恐怖越来越严重，农军游击队决定分成小股坚持活动，聂文波带领一股准备转移到怀集县开展游击斗争。1928 年底，聂文波出发怀集之前，回村看望乡亲和家人，不料被其表弟邓爱棠出卖，于 1929 年 1 月 1 日被反动派捉住。家人等闻讯，赶到押送的路上见他一面。聂文波对大家说："我不怕死、不贪财，希望大家今后无论如何都要坚持斗争下去。"他又安慰妻子不要悲伤，要把两个子女抚养大。

宁死不屈

反动派捉到聂文波后，拷问他游击队的下落。他怒斥敌人："要杀便杀，无须多问!"敌人施以毒刑,但得不到半点口供。1929年1月4日,敌人把聂文波押到伍村西侧的岗根山,绑在一棵大松树上,拿出尖刀威胁他说,如果再不供出游击队去向,就要把他活活削死。聂文波面不改色,视死如归,十分镇定地回答:"叫我死容易,叫我讲就难。"随后又高呼:"农会万岁!""共产党万岁!"敌人恼羞成怒,当场用尖刀把他捅死,最后割下他的头颅,挂在乐城圩的大榕树上示众。聂文波英勇就义时,年仅39岁。

● 英烈语录 ●

"我不怕死、不贪财。希望大家今后无论如何都要坚持斗争下去。"

"叫我死容易,叫我讲就难。"

"要杀便杀,无须多问!"

● 英烈精神 ●

面对敌人和死亡,面不改色,视死如归的革命大无畏精神。

（陈立平　肖健玲）

欧日章（1892—1929）

—— 曲江农民运动的领袖

主要生平

欧日章，广东省曲江县重阳乡暖水村人。

- 1892 年出生。
- 1912 年，赴香港、新加坡等地谋生。
- 1924 年，回乡参加革命。
- 1925 年春，任曲江县十三区农民协会执行委员。领导成立曲江县十三区农民自卫军中队，任中队长。
- 1925 年 12 月，加入中国共产党。
- 1926 年 5 月，任曲江县农会执行委员。组建曲江县农军大队，任大队长。
- 1927 年初，任广东省农民协会北江办事处主任。4 月，任广东北江工农自卫军北上总指挥部参谋。5 月，率军赴武昌、南昌，后编入叶挺二十四师教导团，任营长。7 月，赴香港重新组织武装暴动。10 月，当选中共广东省委委员。12 月 22 日，领导西水暴动。
- 1928 年，连续两次当选中共广东省委委员。与暴动农军会合，将广东工农革命军北路第八独立团的仁化暴动农军改编为广东工农赤卫大队。
- 1929 年 1 月，领导西水游击。3 月，不甘俘虏，饮弹牺牲。时年 37 岁。

欧日章是大革命时期曲江农民运动的领袖，中共广东省委委员。他对革命赤胆忠心，不畏艰险，不怕牺牲，曾率曲江农军北上武汉转而参加震惊中外的八一南昌起义，发动和组织了曲江西水农民武装暴动，并在极端困难的环境中坚持了一年多的游击斗争。1929 年 3 月，在一次反国民党的"围剿"战斗中壮烈牺牲。

深入接触工人

1892 年，欧日章出生在曲江县重阳乡暖水村一个贫苦农民家庭，他幼年仅读过两年私塾。9 岁时，父母相继去世，他随叔父生活，从小养成了正直、倔强、敢于反抗的性格。

欧日章的青少年时期，正处于中国社会黑暗、政治腐败、民族危机空前严重的年代，朝夕与贫苦农民一起生活的欧日章熟知农民的苦难，表达了对这个不合理社会的极大不满。他关心国家前途和民族命运。1912 年，20 岁的欧日章毅然离开了自己的家乡，到香港、新加坡等地谋生，探求救国救民的道路。其间，他学过建筑、搞过搬运。在劳动中和工人长期接触，使欧日章深深地体会到工人阶级的苦难，深刻地认识到中国必须要来一次大变革才有出路。于是，他在右手臂上刺上了"革命"两个大字，以表示他为穷人谋解放的决心。

回归革命

1924 年 1 月，中国国民党第一次全国代表大会在广州召开，孙中山领导的国民党和中国共产党实现了合作，形成了反帝反封建的革命统一战线，实行"联俄、联共、扶助农工"的三大政策。这个时候，欧日章满怀信心地从新加坡回到家乡。

海陆丰农民运动的浪潮也波及粤北山区，1924 年 9 月，孙中山督师北伐至韶关时，广东省农民自卫军也开赴韶关地区，宣传农民联合起来办农会支援北伐军，曲江农民开始觉醒。同年冬，在韶关附城翻溪桥农会干部叶凤端的协助下，欧日章首先在暖水村办起村"犁头会"，和积极分子欧典章、张景山、雷国光等人奔走于各村各乡宣传办农会的好处，解释农会章程。经他们深入发动，西水各地农会如雨后春笋般涌观，农会会员达 2000 多人。1925 年春，西水成立了曲江县十三区农民协会，欧日章当选农会执行委员。欧日章深知农民武装的重要，为了保卫农会、维护农民利益，他挑选了 30 名有觉悟的青壮年建立起曲江县十三区农民自卫军中队，自己兼任中队长。以后这支队伍逐渐扩大，发展到 100 多人。

加入中国共产党

1925 年 12 月，欧日章光荣加入中国共产党，成为曲江最早的党员之一。他和梁展如、叶凤章三人组成了中共曲江支部（特支性质）。

1926 年 3 月，西水农民运动已达到高潮，欧日章因势利导在重阳街主持召开了近 2000 人参加的区农会大会，随后开展了减租减息运动，与此同时他还在斗争中发展了一批共产党员，建立起支部，使西水农运蓬勃发展。

同年 5 月，鉴于当时曲江县农民协会为反动分子叶国棠等人把持，省农会派蔡如平、周其鉴和彭湃等人来对县农会进行改组。欧日章领导西水农运成绩显著，立场坚定，能忠实维护农民利益，深受广大会员的信赖和拥护，因此同梁展如、叶凤章一起被选为县农会执行委员。欧日章一心扑在农会工作上，从调查研究入手，逐级对农会进行了整顿。他说："土豪劣绅同我们根本不是一条心，走的不是一条道！"于是，他领导农会坚决清除混入农会的地主豪绅和土匪民团，纯洁农会组织，使各级农会领导权紧紧掌握在忠于农民利益的会员手里。同时他还将各区的农民自卫军中队联合起来组建县农军大队，自己亲任大队长，抓紧军事训练，使农军的素质有了很大提高。同年 12 月，省农会在广州举办短期农民训练班，欧日章等人选派了 30 名农军骨干参加学习。

领导工农武装暴动

1927 年初，欧日章调任广东省农民协会北江办事处主任不久，曲江龙归区地主民团袭击区农会并杀害了 23 名农会干部、会员。欧日章闻讯后，怒不可遏，他和县农会其他领导立即调集县农军 300 多人前往镇压龙归地主民团的猖狂袭击，在北江农军学校师生和国民革命军左派陈嘉佑部队的协助下，农军不顾天寒地冻，冒着敌人枪弹，英勇作战，击溃了反动民团，处决了反动头目刘冠武，打击了敌人的嚣张气焰，为农会伸张了正义。

4月12日，蒋介石在上海发动了反革命政变，广州的国民党反动派又策划了四一五反革命大屠杀。中共广东区委派周其鉴到韶关传达上级指示，命令北江特委立即组织北江农军北上武汉，同国民党反动派展开斗争。欧日章坚决执行命令，积极协助北江特委领导做好农军集中、整编工作。4月下旬，北江地区各县农军1200人汇集韶关，成立了广东北江工农自卫军北上总指挥部，欧日章任总指挥部参谋。农军到达耒阳改编为陈嘉佑的十三军补充团。为了弄清北上情况和解决粮食药品困难，农军总部派欧日章陪同罗绮园前往长沙与湖南省农会联络。5月21日，长沙发生马日事变，欧日章一行到省农会当晚就被反动军队包围，他机智地爬上屋顶脱离虎口。总部听了欧日章的情况报告后立即开会，分析形势，研究对策。这支农军以后几经周折才到达武汉。欧日章坚决执行党中央关于迅速脱离十三军开赴南昌集中，准备起义挽救革命的命令。7月31日傍晚，欧日章率部分曲江农军跟随总部离开武昌到南昌新营房，编入叶挺二十四师教导团，他任营长。在八一南昌起义中，他率部负责警戒新营房驻区并配合进攻新营房南端的守敌。随后又参加了广昌、会昌、汤坑和流沙等许多艰苦卓绝的战斗。每次战斗，欧日章总是身先士卒、英勇杀敌、屡建战功。流沙战役后，起义军被打散，根据起义军指挥部关于回乡继续组织群众积蓄力量的指示，欧日章到了香港。10月15日，他参加了中共中央南方局和中共广东省委的联席会议，当选广东省委委员。不久，他带着党的指示回到了家乡。

欧日章坚决贯彻执行省委关于武装暴动的《最近工作大纲》，在家乡他一方面健全党组织，串联农会干部，鼓动士气，重振农会；另一方面于12月中旬派人与驻曲江犁铺头的朱德部队秘密联系，准备发动西水武装暴动。

举行西水暴动

1927年12月22日，欧日章带领西水农军100多人在朱德部队的支援下，攻打大沙洲的地主，镇压反动分子，没收土豪耕牛、粮食，举行了西水暴动。当地土豪民团联合勾结国民党十三、十六军疯狂向暴动农民进行反扑，连续三次大规模围攻暴动农民占据的村庄。欧日章在强大敌人进攻面前，毫不畏惧，镇定自若地指挥农军坚决抵抗。在青水塘战斗中，欧日章率40多名农军坚守炮楼，与千余敌军浴血奋战，战斗进行了七天七夜，打退敌人10多次冲锋，最后在弹尽水绝的情况下突围上山。欧日章领导的西水暴动历时1个多月，虽然被强大敌人暂时镇压下去了，但是它的意义是深远的，沉重打击了敌人的反动气焰，成为粤北农民暴动的先导。

组织仁化农民斗争

西水暴动失败后，豪绅地主更疯狂向农民进行反攻倒算，到处破坏农会，杀害无辜农民。西水到处笼罩白色恐怖。在艰难困苦的日子里，欧日章对革命仍然充满胜利信心，坚定执行上级党组织坚持武装斗争的指示，率领突围出来的几十名农军战士，依靠人民群众的支援转战在重阳、乳源、仁化一带，神出鬼没打击敌人，使敌人极为恐慌。遵照省委和北江特委的指示，1928年9、10月间，欧日章带领农军到仁化澌溪山与暴动农军李载基、蔡卓文会合，多次袭击牵制敌人，以缓和敌对石塘我军之围。针对仁化县委的失败情绪、机构不全状况，他代表省委主持改组和健全了中共仁化县委（第二届）和仁化革命委员会（第二届），同时还将广东工农革命军北路第八独立团的仁化暴动农军改编为广东工农赤卫大队，使仁化暴动以后的游击斗争继续坚持下来。

欧日章对党忠诚，对敌斗争勇敢，在领导曲江农民暴动和组织仁化农民斗争中发挥了重要作用，从而更加受到党的信任。1928年4月13日，广东省委举行第一次扩大会议，欧日章继续当选省委委员，兼中共曲江县委常委。同年12月6日，广东省委扩大会议，欧日章再次当选省委委员。

饮弹殉国

1929年1月，欧日章按党的指示从仁化澌溪山游击根据地率领30多名农军返回龙归耙齿山，继续在西水坚持打游击。敌人对欧日章领导的这支农民武装恨之入骨，屡屡组织对他们的"围剿"，企图一举消灭之。同年3月22日，国民党曲江县当局调集了兵力，会同当地民团，围攻耙齿山。欧日章带农军同敌人激战了2个多小时，由于敌十倍于我，包围圈越缩越小，欧日章和战士欧年魁、夏德标三人被迫退守在两个山洞里。大批敌人步步进逼，并且封锁了洞口。这时，欧日章三人只剩下两颗子弹，眼看将成俘虏。在绝境中，他们镇静自若，视死如归，互相勉励，表示宁死也不受辱。最后欧日章和欧年魁毅然饮弹殉难，夏德标则冲出洞口跳下悬崖。欧日章牺牲后，穷凶极恶的敌人残忍地砍下他的头颅和左手，挑着到处游村示众，借以恐吓群众，惨不忍睹。欧日章牺牲时仅37岁。

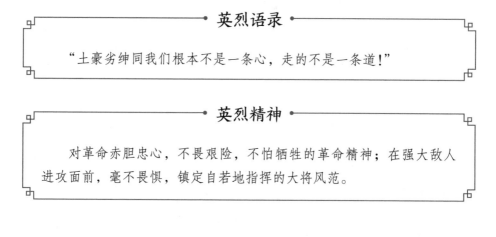

英烈语录

"土豪劣绅同我们根本不是一条心，走的不是一条道！"

英烈精神

对革命赤胆忠心，不畏艰险，不怕牺牲的革命精神；在强大敌人进攻面前，毫不畏惧，镇定自若地指挥的大将风范。

（李景昌）

彭　湃 (1896—1929)

—— 中国农民运动的领袖

主要生平

彭湃，广东省海丰县人。中共早期无产阶级革命家，中国农民运动领袖。

- 1896 年 10 月 22 日，出生于广东省海丰县的一个大地主家庭。
- 1918 年 9 月，进入早稻田大学，就读于三年制的政治经济科。
- 1919 年 9 月，参加"建设者同盟"，重点研究农民问题，并从事农运实践。
- 1920 年，组织进步团体"赤心社"，参加了由左翼文化人组成的国际社交组织——可思母俱乐部（宇宙社）。
- 1921 年夏，学成回国，加入社会主义青年团，在家乡发起组织"社会主义研究社"和"劳动者同盟会"。10 月 1 日，任海丰劝学所所长。
- 1922 年 10 月 25 日，领导成立赤山约农会。
- 1923 年元旦，当选海丰县总农会会长。6 月，兼任陆丰县总农会会长。
- 1924 年 4 月，加入中国共产党。同年，担任国民党中央农民部秘书；担任第一届和第五届农讲所主任、第六届农讲所和武昌的中央农民运动讲习所的教员；在海丰、汕头开办过农讲所、工农运动养成所；以特派员身份到广宁；领导农民进行减租斗争。

- 1925 年，任中共海陆丰特别支部书记；成为全省农会主要领导人之一；兼任国民党广东省党部的农民部部长。
- 1927 年，任中华全国农民协会执行委员会委员、第五届中共中央委员、南昌起义前敌委员会成员、革命委员会委员兼任农工委员会委员、东江工农自卫军总指挥。10 月 30 日，在海丰领导筹建工农兵苏维埃政权。
- 1928 年，在大南山区坚持游击斗争、当选第六届中共中央委员、中央政治局委员、在上海任中共中央农委书记兼江苏省军委书记。
- 1929 年 8 月 24 日下午，被逮捕。8 月 30 日下午，被国民党反动派枪杀，壮烈牺牲，时年 33 岁。

爱国赤心

1913 年，彭湃就读于海丰中学。他热情进取，爱读鼓吹资产阶级民主革命的报刊，常和同学们在学校后面的方饭亭，朗读南宋民族英雄文天祥的爱国名篇《正气歌》。

1916 年五七国耻纪念日，他和同学们一起举行了反日游行。

当时，豪绅地主要为海丰驻军统领林干材在五坡岭的表忠祠内立像，与文天祥配祀。竖像的前一天夜晚，彭湃和几个同学机智地毁坏了石像的鼻子，竖像阴谋破产，群众拍手称快。

血书"毋忘国耻"

随着年龄的增长，彭湃越来越不满黑暗的社会现实，渴望学到更多的知识，改变社会，使国家富强。1917 年春，他东渡日本，先在成城学校进修约一年。第二年 9 月，他进入著名的早稻田大学，就读于三年制的政治经济科。

在日本，他耳闻目睹日本侵略中国的许多事实，爱国情绪更加强烈。他"以为生做中国人的唯一责任是救国，当头的急务是排日"，积极投身反对《中日陆军共同防敌军事协定》的"废约救亡"运动，还和留日学生一起在东京车站痛殴驻日公使、卖国贼章宗祥。

1919 年，五四运动的消息传到东京，中国留日学生决定在 5 月 7 日召开国耻纪念大会。赴会途中，日警横蛮镇压，彭湃也被打受伤。在悲愤交加中，他在白布上破指血书"毋忘国耻"4 个大字，寄回海丰学生联合会，激起海丰青年的爱国热情，海丰青年开展了一场抵制日货的斗争。

当时，社会主义思想在日本广泛传播，彭湃的思想受到影响。同年 9 月，早稻田大学的进步学生组织了"建设者同盟"，重点研究农民问题，并从事农运实践，彭湃也参加了这个组织。彭湃从俄国革命的胜利中得到启示，开始了对马克思主义的研究。1920 年，他与李春涛、杨嗣震等同学一起，组织了进步团体"赤心社"，表示"一心学习俄国"。他还参加了由左翼文化人组成的国际社交组织——可思母俱乐部（宇宙社）。从此，开始了他对革命真理的探讨和追求。

积极宣传社会主义

1921年夏，彭湃学成回国，在广州加入了社会主义青年团。他决心在家乡实践社会革命的理想，发起组织了"社会主义研究社"和"劳动者同盟会"。9月1日，他在《新海丰》创刊号上发表了《告同胞》一文，抨击私有财产制度的种种罪恶，主张破坏"现社会"，建立一个新社会。10月1日，彭湃应陈炯明的聘请就任海丰劝学所长。他从教育入手进行社会革命的实践，进行了一系列整顿，使海丰教育出现了新面貌。

1922年五一国际劳动节，他组织发动县城各校举行纪念游行，学生们高擎写有"赤化"二字的红旗，高呼"劳动神圣"的口号，高唱彭湃创作的《劳动节歌》，浩浩荡荡，震撼了海丰县城，吓坏了土豪劣绅。反动势力立即在《陆安月刊》上攻击彭湃"藉教育以宣传社会主义之谬妄"。5月9日，彭湃便被撤职，县中所有思想较新的校长教员们也被撤职。

但是，彭湃并不气馁，他与李春涛等人油印出版《赤心周刊》，继续宣传社会主义，不久又下决心到农村去做实际运动。

发动农民运动

1922年，他初到农村，去找农民交朋友，农民却躲开了。他一时十分苦恼，后经过苦苦思索，终于悟到自己穿戴特殊、讲话文雅，农民把自己当成是另一阶级的人物。于是，他脱下学生装，穿起农民服，拿着旱烟筒，光着脚板走到农民中去，用通俗的语言和农民交谈，还和农民一起劳动。当天和他谈话的就有四五人。他选择天后庙前的大榕树下作为宣传阵地，当来往行人在此歇脚时，他就向群众演说。后来，他又想出更多的办法，如表演魔术、放留声机等，把农民吸引来后，就向农民进行宣传，揭露地主通过地租剥削农民的事实，指出地主是"欠农民的大账者"。他在演说中进一步明确表示："农民如有了团体，把自己的力量团结起来，就可以实行减租，那时地主一定是敌不过我们，只有束手待毙。"

彭湃的宣传打动了农民的心。青年农民张妈安、林沛、林焕、李老四和李思贤等成了他最早的知心农友。1922年7月29日，他们在彭湃的住处——"得趣书室"组织起了六人秘密农会，经过6个人的团结奋斗，农民逐步发动起来，农会组织也逐渐扩大。

彭湃的行动，受到家庭的激烈反对，除三兄彭汉垣、五弟彭泽颇表同情外，只有妻儿的安慰。他的大哥最后提出分家，彭湃毫不动摇。他将所分得的田契送还给农民，佃户不敢收，彭湃就在"得趣书室"门前当众烧毁，并对佃户们说："以后自耕自食，不必交租！"从此，他彻底背叛了自己出身的阶级，和妻子蔡素屏过着俭朴的生活，而把全部精力都投入到农民运动中去。

粤东农运的高潮

经过深入串联发动，农会会员扩展到500余人。10月25日，召开了赤山约农会成立大会。赤山约农会成立后，排解农民纠纷，反对地主加租易佃、取消勒索农民的码头捐，解决农民的切身利益问题，威望日高，入会者日众。在赤山约的影响下，县城周围各约也都先后建立了约农会。根据这一形势，彭湃及时进一步组织海丰县总农会，并于1923年元旦正式成立。会员达2万户，人口约10万人，占全县人口的四分之一。彭湃当选会长。

海丰县总农会的成立和发展，大大鼓舞了陆丰农民，他们也组织起来，并成立了陆丰县总农会，由彭湃兼任会长。

海丰县总农会成立后，在彭湃领导下，进行了一场反对恶霸地主朱墨加租易佃的激烈斗争，打击了封建势力，提高了农会的威信。毗邻的紫金、五华、惠阳等县农民也纷纷组织农会，入会农户越来越多。

为了适应形势的发展，海丰县总农会扩展为惠州农民联合会。不久，农会组织又发展到潮州、普宁、惠来等地，便又改组为广东省农会，出现了以海丰为中心的粤东农运的高潮。

"七五农潮"减租斗争

1923年7月，强台风袭击海丰，造成了有史以来未曾有之大损失。灾情发生后，彭湃即召开会议，决定"至多三成交租"。农民抱着"生为农会人，死为农会鬼"的决心，团结在农会周围，为实现减租而斗争。豪绅地主阶级坚持十足收租，县长王作新站在他们一边，镇压农民群众。8 月 16 日（农历七月初五）凌晨，派出军警 300 余人包围农会，捕去农会干部杨其珊等 25 人，通缉会长彭湃等农会干部，旋又纵令各区警兵下乡逼租，迫害农民。这就是震动全省的"七五农潮"。

脱险的农会干部决定：彭汉垣、李劳工等留在海丰组织农民，准备武装；派彭湃、林甦、蓝陈润 3 人前往老隆，去找陈炯明进行说理斗争。彭湃等经过 6 天步行，到了老隆，以农民代表的身份与陈炯明交涉，使陈炯明不得不表面承认农民"至多三成交租"是合理的。接着，彭湃等人到汕头组织起惠潮梅农会作为海丰农民后盾，并利用反动势力的内部矛盾，终于使被捕农民获释，并筹备恢复海丰农会。此时陈炯明却撕下"同情农会"的伪装，又准备对农会实行武力镇压。在敌强我弱的形势下，彭湃和农会干部决定，农会组织转入地下活动。

任教农民运动讲习所

一年来的农民运动斗争实践，使彭湃的思想更加成熟。1923 年 9 月 7 日，他在给团中央负责人的一封信中说："我从前是很深信无政府共产主义的，两年前才对马氏发生信仰，一年来的经验，马氏我益深信。"

1924 年 4 月，彭湃到了广州，加入了中国共产党。

革命统一战线建立后，林伯渠担任国民党中央农民部部长，彭湃为农民部秘书。为了培训农运干部，经中共建议，国民党决定举办中国国民党中央执行委员会农民运动讲习所，由农民部主管，并委派彭湃为第一届农讲所主任。

第一届农讲所于 7 月 3 日开学，校址在越秀南路的惠州会馆，学员共 38 人，都是中共、团组织从各地选派来的先进分子。彭湃亲自给学员讲课，分析中国农村的社会经济情况，揭露农民受剥削的根源，介绍海陆丰农民运动的经验，教育学员为农民的解放而斗争。学员结业后，大部分作为特派员到广东各地开展农运，对广东农运的发展起了重要的作用。

此后，彭湃还先后担任过第五届农讲所主任、第六届农讲所（毛泽东为所长）和武昌的中央农民运动讲习所的教员。他还在海丰、汕头开办过农讲所、工农运动养成所，大力培训农运干部。许多农讲所的学员后来都成了革命的中坚。

海丰"小莫斯科"

1924年夏，根据党的指示，彭湃以特派员身份到了广宁。他和周其鉴等人一起，领导农民进行减租斗争。

广宁减租斗争取得胜利后，彭湃即赶赴东征前线，协助黄埔军校前方政治部主任周恩来工作。1925年2月27日，彭湃随军抵达海丰。3月3日，海丰各界3万多人举行欢迎东征军大会，彭湃等人在会上发表演说，高度评价东江农民群众对东征军的支持，宣布恢复农会。

为了加强党的领导，中共海陆丰特别支部于4月成立，由彭湃任书记。第二次东征胜利后，海陆丰特别支部又根据广东区委指示，改组为海陆丰地委，仍由彭湃任书记。东征的胜利和党的领导的加强，促进了海陆丰农民运动的迅速发展。改组了县政权，实行了一系列革命措施后，海丰面貌焕然一新，被誉为"小莫斯科"，广州农讲所学员还专程前往考察。

革命者的必读书

革命形势迅速发展，彭湃肩负的任务也越来越繁重，他是中共广东区委委员、农委负责人，又是省农会主要领导人之一，而且还兼任国民党广东省党部的农民部部长。他把精力全部投入到发展农民运动的斗争中去。在此期间，他曾到曲江、普宁等县指导工作，并来往于广州、汕头、海丰各地参加各种活动。在从事紧张的实际运动的同时，他还十分注意总结农民运动的经验。1926年1月，他写成的《海丰农民运动报告》一文在《中国农民》开始连载，后由周恩来题写书名，发行单行本。这是中共历史上第一部关于农民运动的专著。该书从理论和实践的结合上，深刻阐明了农民运动的必然性和重要性，成为农民运动的指南，被瞿秋白称为"革命者的必读书"。

农民运动的大王

1926年5月召开广东省第二次农民代表大会时，农会会员已发展到64

万人，占当时全国农会会员总数的三分之二。由彭湃、阮啸仙等领导的广东农民运动，已经成为全国农民运动的中心。

随着北伐战争的胜利，国民党右派在广东加紧了对革命的进攻，破坏农运，镇压农民。彭湃根据中共广东区委指示，率领农会代表请愿，亲赴花县调查民团武装杀害农民的惨案，撰文声援五华农友，营救被绑架的杨石魂，揭露国民党右派的罪行，对国民党右派的反革命行径以有力的反击。

1927年3月，彭湃参加省农会执委扩大会议后，即和陈延年、苏兆征等人一起前往武汉工作。他和毛泽东、方志敏等13人被选为中华全国农民协会执行委员会委员，共同担负起领导全国农民运动的重任。由于在农民运动方面的杰出成就，他被誉为"农民运动的大王"。

浴血战斗

1927年发生四一二政变，在革命的危急关头，中国共产党于4月27日在武汉召开了第五次全国代表大会。彭湃参加了大会，当选中央委员。中共五大以后，陈独秀右倾机会主义错误进一步发展，7月15日，汪精卫集团步蒋介石后尘公开叛变，轰轰烈烈的大革命失败了！

8月1日，以周恩来为首的中共前敌委员会根据中央的决定，以贺龙、叶挺、朱德、刘伯承等率领的部队2万余人为主干，在南昌举行武装起义。彭湃是前敌委员会成员。起义军占领南昌后，成立了以共产党员为核心，有国民党左派参加的革命委员会，彭湃任委员，并兼任农工委员会委员。

南昌起义打响了武装反抗国民党反动派的第一枪，但由于没有与当地的农民运动相结合，南下广东，遭到优势敌人的围攻而失败。在与敌人浴血战斗中，彭湃亲临前线，直接参战。起义军从潮汕撤退时，身任东江工农自卫军总指挥的彭湃又组织农军设法收容伤兵和转移武器。10月3日流沙会议后，彭湃根据党的指示前往香港。

建立中国第一个红色政权

海陆丰农民在1927年4月、9月的两次武装起义失败后，在中共东江特委领导下，又于10月30日举行第三次武装起义，终于夺取了政权。党立即派遣彭湃回海丰，领导筹建工农兵苏维埃政权。

11月中旬，陆丰和海丰先后召开了工农兵代表大会，宣告了中国第一个红色政权——海陆丰工农兵苏维埃政权的建立。彭湃以党中央代表的身份，在海丰工农兵代表大会上作政治报告，阐述了新生红色政权的性质、任务和施政方针，号召海陆丰农民实行土地革命，坚决镇压地主豪绅的反抗。苏维埃政权建立后，立即实行分田，摧毁封建土地剥削制度的根基，得到广大农民的热烈拥护。海陆丰土地革命的实践，为中共积累了宝贵的经验。1928年1月，从广州起义撤退出的红四师到达海丰，与参加过南昌起义的红二师会合，进一步壮大了红色政权的力量。

海陆丰苏维埃的存在和发展，引起了国民党军阀的极大恐惧，他们纠集起来，分三路进行"围剿"，根据地军民进行了顽强的反击，但因敌强我弱，坚持了4个月斗争的苏维埃政权最终失败了。

彭湃率领红四师、红二师和海陆丰农民武装转移到潮阳、普宁、惠来交界的大南山区，在极端艰难的条件下坚持游击斗争。虽然迭遭失败，但彭湃仍然充满信心。他鼓励同志们说："革命的力量将不断发展，而敌人是注定要被消灭的。"

1928年7月，中国共产党在莫斯科召开了第六次全国代表大会，彭湃虽然没参加大会，但被选为中央委员、中央政治局委员。同年9月，彭湃奉党中央指示，到上海工作，任中共中央农委书记兼江苏省军委书记。他认真贯彻中共六大的决议，做了大量工作。

无限忠诚和奋斗到底的坚强信念

1929年8月24日下午，彭湃在上海新闸路经远里参加江苏省军委会议时，由于叛徒白鑫告密，被租界工部局巡捕逮捕，同时被捕的还有杨殷、颜昌颐、邢士贞等人。26日，帝国主义分子即将彭湃等引渡给国民党反动派的上海市公安局。在敌人的威逼利诱下，彭湃立场坚定、毫不屈服。他还把敌人的法庭当做痛斥反动派的讲坛，义正词严地痛斥国民党反动派投靠帝国主义，出卖民族利益，屠杀工农群众的罪行。

彭湃等被捕的当天晚上，中央军委书记周恩来即召开紧急会议，研究营救办法。当得知敌人将于8月28日清晨把彭湃等转解龙华的情报时，决定派出特科人员在囚车必经的枫林桥武装劫救，后因临时擦枪延误了时间而未能成功。

在龙华的国民党淞沪警备司令部的监狱中，彭湃和杨殷联名秘密给党中央写报告，汇报狱中斗争情况，提出下一步斗争的设想，并做好为革命献身的准备。尽管敌人对彭湃等人残酷折磨，但他们仍坚持革命宣传，敌人士兵无不为之叹气捶胸，囚人亦感泣不已。蒋介石下令要立即杀害彭湃的消息传出后，难友们悲痛欲绝，彭湃却安慰难友："这是意料中的事，你们要坚持斗争到底，让共产主义在中国开花结果。"他在即将就义时，与杨殷联名给党中央写下了最后一份报告，表示自己对党的事业无限忠诚和奋斗到底的坚强信念，同时充分表现出共产党人视死如归的浩然正气！

8 月 30 日下午，彭湃被国民党反动派枪杀了，同时被害的还有杨殷、颜昌颐、邢士贞等人。年仅 33 岁的伟大共产主义战士彭湃，为人民的利益、为党的事业贡献了自己的一切！

8 月 31 日，党中央为彭湃等人的英勇牺牲发出《告人民书》，对彭湃的一生作了高度的评价，并愤怒揭露国民党反动派的罪行，号召工农群众以实际行动回答反动派的屠杀。

（熊泽初　郭呈祥　罗可群）

苏兆征（1885—1929）

—— 杰出的无产阶级革命家和职工运动的著名领袖

主要生平

苏兆征，广东省香山县人。

- 1885 年，出生在广东省香山县淇澳岛一个贫苦的农民家庭里。
- 18 岁时，开始海员生涯。
- 1921 年 3 月，在香港倡导成立中国最早的现代化产业工会组织之一——中华海员工业联合总会。
- 1922 年 1 月 12 日，与林伟民等人组织和领导香港海员大罢工。
- 1925 年，在北京加入共产党。5 月 1 日，被选为中华全国总工会的执行委员。后被推选为省港罢工委员会委员长兼任财政委员会委员长。不久领导省港大罢工。
- 1926 年 1 月初，被选为全国海员总工会执委会委员长。同年 5 月初，被选为中华全国总工会第二届执委会委员长。
- 1927 年 3 月底，代表中国共产党担任国民政府劳工部部长。4 月，在中共五大被选为中央委员及中央政治局委员。12 月，广州起义前与张太雷等直接参加制订起义的总计划工作，并被推选为广州工农民主政府的主席。

● 1928 年 3 月中旬,参加在莫斯科召开的赤色职工国际第四次代表大会,被选为赤色职工国际执行委员。同年 7 月间,与瞿秋白等共 3 人被选为共产国际执行委员;在中共六大当选中央委员和中央政治局常务委员,兼任中央工委书记。

● 1929 年 2 月 25 日,因盲肠炎发作抢救无效,与世长辞,时年 44 岁。

不平凡的海员生涯

苏兆征是中国共产党杰出的无产阶级革命家和职工运动的著名领袖。他共有兄弟姊妹 7 人，苏兆征排行第二。由于家境贫困，当他稍为懂事时，就要为家庭生计而操心。为了分担家庭的困难，他从小参加劳动，曾替本村地富看过牛；直至 10 岁时，才在亲友资助下，勉强念了 3 年书，后来又辍学继续参加劳动。1903 年，他 18 岁时，在乡亲的帮助下，到香港一艘外国轮船上做工，从此开始了海员生涯。

中国海员在经济上饱受外国资本家的残酷剥削。苏兆征在外国轮船上先后当过"侍仔""扫地仔"等职务，工作十分繁重，还不时受到责骂与侮辱，但所得工资十分微薄，又要受包工头克扣勒索。此外，在政治上还饱受帝国主义者的压迫歧视。这种悲惨的海员生活，使他深深感到穷人到处都受煎熬，因而渐渐激起对帝国主义和外国资本家的憎恨。

当时，正值孙中山领导中国人民积极从事反清革命活动。苏兆征在民主思想的影响下，加入了同盟会，并与海员们一道，冒着生命危险，配合革命党人筹集经费、传送消息及运送军火物资等，积极参加反清活动，成为广东辛亥革命的一名积极分子。

在此期间，苏兆征还曾在家乡淇澳与一些青年农民组织"阅报社"和"自治会"，进行一些改革陈规陋俗以至反抗地主豪绅压迫剥削的活动，并因此被反动官府拘捕入狱 1 年多。

成立中华海员工业联合总会

1917 年，俄国十月社会主义革命胜利的消息传来，苏兆征与其他中国海员一样，深为这一汹涌澎湃的革命潮流所激励。他认真学习介绍十月革命和传播新思想的书刊，眼界日益开拓，斗争意志日益增强。1920 年，他在一艘英国轮船做工。一天，一名工头无理打伤了一名中国海员。苏兆征挺身而出，带领海员起来斗争。船长看见大家如此齐心，生怕把事情惹大了，不可收拾，最终接受了工人提出的赔偿药费、开除行凶打人的工头、保证今后不得任意虐待中国海员等条件，斗争取得了胜利。

这次反暴虐斗争的胜利，使海员们受到很大鼓舞，认识到要反抗资本家的压迫，争得自身的正当权利，就必须加强团结，敢于斗争。在苏兆征、林伟民等人的倡导下，1921年3月，香港海员在香港成立了中华海员工业联合总会，成为中国最早的现代化产业工会组织之一。

组织海员大罢工

在当时汹涌的世界革命潮流及国内工人运动的新发展的形势鼓舞下，中华海员工业联合总会（简称"香港海员工会"）根据海员的切身利益和迫切要求，于1921年9月起先后3次向轮船资本家提出了增加工资，改善待遇及反对包工剥削的要求，但是轮船资本家拒不答复。1922年1月12日，香港海员毅然举行了震惊中外的香港海员大罢工。这次罢工成为中国共产党成立后全国第一次工运高潮的起点。

苏兆征与林伟民等人是这次罢工斗争的组织者和领导者。罢工开始后，苏兆征被选为罢工总办事处总务部主任和谈判代表之一，后来又代理香港海员工会会长。罢工期间，斗争形势十分复杂，一方面，香港英国当局与外国轮船资本家对海员罢工始终抱着仇视和破坏的态度；另一方面，海员工会一些领导人如陈炳生、翟汉奇等，一再表现出动摇妥协，干扰罢工斗争进行，而罢工队伍内部也存在着生活困难等实际问题。但苏兆征不畏艰难，勇挑重担，机智勇敢，他与林伟民等骨干分子一道，坚定维护海员的根本利益，不为英国殖民主义者的高压政策所动摇，不为资本家的甜言蜜语所迷惑，也不为重重困难而吓倒，紧密地依靠罢工工人坚持斗争，给予香港英帝国主义和轮船资本家以沉重打击。香港当局惊呼这次罢工是"陷本殖民地生命于危险之境"，最后不得不向海员低头屈服。为时56天的香港海员大罢工取得重大胜利。

加入中国共产党

在香港海员罢工过程中，中国共产党对罢工斗争始终给予大力支持与指导，使苏兆征深为感动，并对党产生了敬仰之情，感到中国共产党是为工人谋利益的革命党，因而决心跟党干革命。1925年春，苏兆征代表香港海员工会到北京参加国民会议促成会全国代表大会，进一步受到了党组织和李大钊等人的教育。不久，他在北京加入中国共产党，从此成为一名英勇的无产阶级先锋战士。

1925 年 5 月 1 日，第二次全国劳动大会于广州举行。苏兆征积极参加了大会的筹备工作，并被选为中华全国总工会的执行委员。

领导省港大罢工

不久，上海发生了五卅惨案。为抗议帝国主义的暴行和响应上海人民的爱国运动，香港和广州沙面工人在党的领导下，于 6 月 19 日举行了举世闻名的省港大罢工。

在酝酿发动罢工过程中，苏兆征起了重要的领导作用。他与邓中夏、杨殷等人一道，深入发动工人起来斗争。他在香港工人群众中享有很高的威信，所以大家对他的号召表示支持拥护。

罢工首先由香港海员工会带头发动。但罢工准备开始时，香港海员工会会长谭华泽却畏缩不前，不肯下罢工令。海员们在苏兆征带领下，质问他说："你究竟下不下罢工令？不然，我们就自己动手干了。"谭华泽无奈，只好下了罢工令。在海员工人的影响下，罢工斗争像燎原烈火，顿时燃遍了整个香港。

罢工爆发后，罢工工人纷纷返回广州，成立了省港罢工委员会作为罢工斗争的最高指挥机关。大家一致推选苏兆征为省港罢工委员会委员长，并兼任财政委员会委员长。

在香港罢工过程中，苏兆征与邓中夏、李森等领导人一起，带领 20 万罢工工人英勇地坚持斗争。他们坚定地执行党的革命统一战线政策，尊重和发扬广大罢工工人的民主精神和首创精神，正确掌握运用"单独对英"等一系列斗争策略，结果在政治、经济各方面都给予香港英帝国主义以沉重打击，使香港变为"臭港""饿港""死港"。在罢工过程中，苏兆征还表现了对革命事业忠心耿耿、任劳任怨、大公无私的高贵品德，以及密切联系群众、与群众同甘共苦的优良作风，深受罢工工人的信赖与拥戴，罢工工人称誉他和邓中夏是引导群众坚持反帝斗争的"两盏明灯"。

省港大罢工期间，苏兆征还十分关注国内工人运动的发展。1926 年 1 月初，在苏兆征的主持下，全国海员第一次代表大会于广州举行。会上，他被选为全国海员总工会执委会委员长。同年 5 月初，第三次全国劳动大会于广州召开。苏兆征与刘少奇、邓中夏、李立三等人一起领导着大会进行。到会代表对苏兆征在中国职工运动中的卓越贡献给予高度赞扬，因而一致选举他为中华全国总工会第二届执委会委员长，成为全国工人所拥戴的领袖。

担任党中央领导并领导工人开展系列斗争

由于北伐战争的胜利进行，国内革命势力逐渐发展至全国范围。1926年底，国民政府决定从广州迁往武汉办公。中华全国总工会也决定从广州迁往武汉。1927年3月底，苏兆征离开广东前往武汉领导全国总工会工作，并代表中国共产党担任国民政府劳工部部长的职务。4月，党的五大在武汉举行。兆征出席了大会，被选为中央委员及中央政治局委员。

蒋介石发动四一二反革命政变后，汪精卫集团在武汉也蠢蠢欲动，加紧与蒋介石勾结，极力压制工农革命运动。苏兆征抵武汉工作后，坚定沉着，紧密依靠群众，领导各项工作进行。4月底，他与刘少奇等人一起，领导武汉人民开展反抗日军制造四三惨案的斗争。5月间，他主持召开有中国、苏联、英国、法国、美国、日本、朝鲜和爪哇等国工会代表参加的太平洋劳动会议并致开幕词。会议决定成立太平洋劳动会议秘书处，作为联络宣传及行动的机关。苏兆征被选为秘书处成员。6月19日，苏兆征主持召开第四次全国劳动大会，并在会上分别作了关于全国海员总工会工作报告及国民政府劳工部工作报告。针对汪精卫集团日益加紧反革命政变活动这一事实，大会鲜明地宣布："无论付出多大的牺牲，中国无产阶级将坚持斗争到底！"大会改选第三届执委会时，苏兆征又被选为中华全国总工会执委会委员长。

此时，武汉形势日益危急。6月底，在汪精卫一伙怂恿下，发生了军队非法强占中华全国总工会办公地点的事件。苏兆征当即挺身而出，要求当局立即将军队撤走。苏兆征还积极参加中共关于及时疏散干部等应变工作，对从广东撤退到武汉的一些部队和干部，想方设法地予以妥善安排。他还及时将劳工部10余万元存款分送给武汉失业工人救济所。

大革命失败后，苏兆征和一切真正的共产党员一道，勇往直前，在白色恐怖中继续带领人民群众进行英勇的斗争。7月下旬，他前往九江一带发动工人起来配合南昌起义。8月2日，他领导武汉工人举行了反抗国民党反动派叛变革命的政治罢工。

8月7日，党中央政治局于汉口召开紧急会议，批判和结束了陈独秀右倾投降主义在党内的领导，确定了土地革命和武装反抗国民党反动派的总方针。苏兆征出席了会议，会前还参加起草关于职工运动决议案等筹备工作。会议选举临时中央政治局时，苏兆征当选为政治局委员，并与瞿秋白、李维汉担任政治局常务委员。

1927年12月，广州革命军队和工人群众举行了广州起义，建立了广州苏维埃政府。苏兆征因正担任湖北的领导工作，未能直接参加指挥起义，但他在起义前与张太雷等人直接参加了制订起义的总计划工作，并被推选为广州苏维埃政府的主席。

12月中旬，苏兆征从湖北返回上海参加党中央的领导工作，具体负责领导中华全国总工会和中央财务小组等工作。在白色恐怖的险恶环境中，他不顾个人安危，出生入死，为组织人民群众坚持革命斗争而奔忙，充分表现了共产党人的坚定性和大无畏的革命精神。1928年2月，他在上海先后主持召开了太平洋劳动会议秘书处第二次会议和中华全国总工会第一次扩大会议。

会后，苏兆征离开上海，前往苏联，率领中国工会代表团参加于3月中旬在莫斯科召开的赤色职工国际第四次代表大会。他被选为大会主席团成员之一，在会上作了关于中国职工运动问题的报告，引起了各国代表的重视，会议期间，他被选为赤色职工国际执行委员。同年7月间，他率领中国共产党代表团参加了在莫斯科举行的共产国际第六次代表大会，被选为大会主席团成员，在会上作了数次发言，介绍了中国共产党领导中国人民进行英勇斗争的情况。他与瞿秋白等共3人被选为共产国际执行委员。他还应邀参加了农村工会国际代表大会，当选农村工会国际副委员长。这样，苏兆征便成为国际职工运动中享有威望的领导人之一了。

在莫斯科期间，苏兆征还出席了1928年六七月间举行的中共六大。他与其他同志一起，拥护正确路线，对陈独秀右倾投降主义和瞿秋白的盲动主义错误进行了斗争。在会上，苏兆征继续当选为中央委员和中央政治局常务委员，兼任中央工委书记。

艰苦严酷的斗争环境，长期忘我的紧张工作，使苏兆征积劳成疾，患了盲肠炎。因他的身体虚弱，医生建议他在苏联先休养一段时间再考虑施行手术，但苏兆征一心惦念着祖国的革命事业，不顾医生和同志们的劝阻，毅然抱病回国。

为革命捐躯

1929 年 2 月初，苏兆征回到上海后，立即投入紧张的战斗。2 月中旬，他主持召开了中华全国总工会第二次扩大会议，并作了关于出席赤色职工国际四大的报告。会议结束后不久盲肠炎发作。家人将他送到医院医治时，病情已十分严重。当周恩来、李立三、邓颖超等人闻讯赶往医院看望时，他已处于弥留状态。他看见大家来了，便极力挣扎着，用十分微弱的声音断断续续地说："广大人民已无法生活下去了，要革命，等待着我们去组织起来，希望大家共同努力奋斗！……大家同心合力，一致合作，达到革命的最后成功！"苏兆征在生命的最后一息，仍念念不忘组织群众进行革命斗争，念念不忘加强党的团结，对革命事业始终充满着必胜的信念！

1929 年 2 月 25 日，苏兆征因抢救无效，不幸与世长辞，时年 44 岁。

苏兆征逝世后，党中央、中华全国总工会和团中央都分别发出通告，号召全体党员、团员、工人群众要继承他的革命精神，继续向前奋斗。共产国际、赤色职工国际及一些国家共产党组织也为苏兆征的逝世举行各种的悼念活动。

英烈语录

"广大人民已无法生活下去了，要革命，等待着我们去组织起来，希望大家共同努力奋斗！……大家同心合力，一致合作，达到革命的最后成功！"

英烈精神

不畏艰难、勇挑重担、对革命事业忠心耿耿、任劳任怨、大公无私的高贵品德；密切联系群众，与群众同甘共苦的优良作风；不顾个人安危、出生入死、对革命事业始终充满着必胜的信念的坚定性和大无畏的革命精神。

（禤倩红）

谢启荣（1909—1929）

—— 开平工人运动的先驱

谢启荣，广东省开平县塘口镇以敬乡北安村人。

- 1909 年元旦出生。
- 1925 年，被选为广东省铜铁总工会开平分会委员长，不久后加入中国共产党。
- 1926 年，被选为开平县总工会工人代表协会委员长。
- 1927 年，担任开平县工人自救团总团长。9 月 18 日，以"共党嫌疑"为由被捕入狱，至 1928 年出狱。
- 1928 年 10 月间，任中共开平特别联合支部副书记。
- 1929 年 4 月 6 日，在江门慷慨赴义，时年 20 岁。

谢启荣，广东省开平县塘口镇以敬乡北安村人，1909年元旦出生。父亲谢维邹18岁时便远赴北美谋生。母亲梁兰一向在家乡居住，谢启荣是一个华侨家庭的子弟。

年少时便参加工人运动

谢启荣7岁时，进大湖塘私塾读书。3年后。邻村新办了一间名叫"才荣"的学堂，他便转到学堂去攻读，一直到14岁，共读了8年书。他9岁就会写信，村中不少农民喜欢请他帮忙写信，他都乐意代劳。14岁时，他从学堂毕业，到赤坎镇永昌隆铜铁铺做杂工，不久，便当起了"掌柜先生"来。至十七八岁，便与工人一道参加工运活动。

1925年6月省港大罢工爆发后，广州和不少县、市工人运动进一步高涨。同年底，党组织派谢田、袁松、张振文等人返开平开展工作。年轻有为的谢启荣在党的带领和指引下，积极协助和支持他们工作，并与其他工人积极分子一起成为工会运动的骨干。经过他们的共同努力，不久，赤坎分别组成了广东省印务、铜铁、汽车3个总工会的开平分会。随即产生了领导机构，谢启荣被选为广东省铜铁总工会开平分会委员长。由于工作积极，立场坚定，谢启荣等6位工农骨干光荣地加入中国共产党。1926年秋，成立了中共开平县支部。书记由袁松担任。

出任开平县总工会工人代表协会委员长

新诞生的中共开平支部根据上级指示的精神，结合当时开平县的实际，决定集中精力领导好工人运动，以带动其他方面的斗争。他们决定成立全县性的总工会，把分散的各行业工会的力量集中起来，拧成一股绳，以适应和加强当前斗争的需要。经过多方筹划，1926年冬季，成立了开平县总工会工人代表协（大）会（简称"县总工会"），公推谢启荣为县总工会委员长。这时他还未满18周岁。

县总工会的成立，标志着开平工运进入了一个新的阶段。谢启荣在日常工作中，坚决依靠党的领导，虚心向老工人学习，诚恳地听取各方面意见，努力搞好工作。谢启荣与工会其他委员们共同努力，把各项工作做好，并与各行业工会骨干研究，带领工人开展既积极又扎实的革命运动。在运动中如遇上较大问题或牵涉面广的，他们注意与各界组织配合，尤其与县农会联合行动，因而不断取得了节节的胜利。这既保障了工人兄弟的切身利益，巩固和发展了工会组织；又与全县各界群众组织密切了关系，团结互助，做到一呼百应，因而往往事半功倍。他们在县总工会内成立了一个妇女部；又经常主动联合有关团体，开展反对各种破坏、打击贪官污吏等行动，甚至与邻县台山的工会联合起来，开展活动，取得较大成效。谢启荣与关山等人还注意与开平中学及其留省同学会加强联系，配合学运、青运的进行。

武装组成工人自救团

1927 年 4 月中旬，以蒋介石为首的国民党反动派发动反革命政变和在广州实行大屠杀以后，革命转向低潮，反动势力步步进逼。身为县总工会委员长的谢启荣，不顾个人安危，坚持工作。大革命失败后，他肩负了中共开平支部的负责人的工作。4 月底，他从上级党组织接头回来，带回党的指示：要在工人积极分子中慎重遴选一批最可靠、最得力的骨干人物，秘密组成工人自救团，并把它武装起来，作为中共直接掌握的武装组织。党支部和县总工会经过认真研究，选取了 50 多人，成立了开平县工人自救团和 3 个分团。总团长由谢启荣担任。但当时只有手枪 3 支，要把它全部武装起来，远远不足。于是谢启荣动员了一批忠实、精干的铸造工人，赶制了一批锋利匕首，实行人手一剑。工人自救团的成立，使工人们大为壮胆，坚定了信心和斗志。在严重的白色恐怖下，在开平地方，它既能发挥了巩固工会和维护安全的作用，又能保证了各个行业工会与各家厂商所签订的一切协议继续有效，效果明显。谢启荣等还及时从工人自救团中吸收了近 10 名骨干加入中国共产党，增强了党组织的力量。这时，谢启荣是中共开平县支部书记，党组织归属于中共五邑地委领导。

以"共党嫌疑"为由被捕

1927 年 8 月中共领导南昌起义以后，各地也相继发起武装暴动。开平党支部奉五邑地委之命，把工人自救团分成两股力量，一股派赴恩城支援恩平农民武装起义，一股准备同时在开平县赤坎镇发起暴动以作响应，并由开平中学组织一些进步学生准备随时接应。9月15日，恩城暴动失败，惊动了开平反动当局，他们实行全面戒严。开平县的两个计划便都不能付诸行动。9月18日，国民党军香翰屏部车瑞利营的军队路过赤坎，开平县的反动势力当即与车瑞利营勾结，进驻了开平县总工会。谢启荣等6位党组织和工会领导人先后出面与车瑞利交涉，车瑞利竟以"共党嫌疑"为由，强行将他们全部拘禁；翌日解往江门，因于新会监狱。经开平党支部与有关方面千方百计地进行营救，谢启荣等人于翌年4月间全部释放出狱。

任中共开平特别联合支部副书记

谢启荣出狱后，继续坚持工作。他遵照上级的指示及开平的实际情况，慎重制订了工作重点转移和试图扩展武装组织的行动计划。此后，谢启荣带领支部的其他员及县总工会和赤坎，长沙、水口几个大镇各行业工会的一些骨干，先后转移到农村或小圩集开展工作，团结教育和组织所在地的农民、工人。与此同时，开平中学党小组也推荐一批先进知识分子，到农村各地的小学去任教，团结教育所在地的青年和各界人士。这两个方面的行动，都是以积聚和壮大力量、形成星火燎原之势为目的。此外，支部还派出几名党员，分别到两个有武装组织的地方工作，以便掌握武装力量。1928年10月间，中共广东省委派吴炳泰到开平，成立了中共开平特别联合支部。由周允元、谢启荣任正副书记。特支归属于中共江门市委领导。11月6日，省委发出指示：撤销江门市委，改为新会县委，开平特支相应转归中共新会县委管理。这时，开平成立的新的统一领导机构，工作进一步开展起来。这段时间，由谢启荣负责与上级联系。

因叛徒出卖被捕

1929年春节期间，国民党广州市公安局特别侦缉队破坏了新会县委机关及其常委的住宅，搜出了县委与开平特支的绝密联络暗号和地址。2月16日（年初七）上午9时许，一班便衣特务按址直到李村圩邮政代办所找"周立平"（特支的联络暗号）。特支书记周允元误以为是上级派人来联系，立即赶来会见，当场被捕，被解往赤坎警察所。在刑讯之下，周允元无耻叛变，供出了谢启荣等党员名单和各人的住址。当时谢启荣在赤坎上埠长堤新办了一间名叫"建昌铜铁铺"的商店作为掩护。叛徒向反动当局建议：先派人到建昌了解，如谢启荣在店，便可直扑该店擒住他；如不在，则派工友到北安村谢家中叫他回店。特务依计而行。刚好这天谢启荣有事在家，见工友来请，以为店中有事，便即回店。埋伏在店门附近的特务立即一拥而上，将谢启荣强行捉去。翌日，反动当局即把谢启荣和叛徒周允元一起解送至广州市公安局。虽然经反复审讯，谢启荣立场坚定，没有供认任何情况。反动当局乃将他押解至江门新会监狱。

◇------------ 壮烈牺牲 ------------◇

在监狱囚禁期间，谢启荣受尽了酷刑和威迫利诱，但始终坚贞不屈，处处表现出共产党人的坚贞情操。他被囚在狱中49天后，于1929年4月6日，在江门慷慨赴义，时年仅20岁。

英烈精神

不顾个人安危坚持工作，面对酷刑和威迫利诱始终坚贞不屈，处处表现出共产党人的忠贞情操和大无畏精神。

（梁健生）

谢　田（1894—1929）

—— 开平工人运动的领导人之一

谢田，又名钿，别字谢瑞麟，广东省开平县塘口镇潭溪乡凤翔里人。

- 1894 年出生。
- 1923 年，参加广东工联会的印务工会。
- 1924 年，成为广州工运的骨干。不久，加入中国共产党。
- 1925 年 6 月，组织成立广东省铜铁、印务、汽车 3 个总工会的开平分会。
- 1926 年秋，成立中共开平县第一个支部。
- 1927 年 7 月，率领工人纠察队迫使不法资本家接受要求，罢工宣告胜利结束。12 月，谢田担任广州起义中工人赤卫队下属一个大队的大队长。
- 1928 年 1 月，成为中共广州市委委员之一。
- 1929 年，在广州东较场慷慨就义，时年 35 岁。

早年生活

谢田，又名钿，别字谢瑞麟。广东省开平县塘口镇潭溪乡凤翔里人。1894 年出生于一个华侨家庭。父名谢维蓉，号镜符，年青赴美，在旧金山（三藩市）行医，是一位著名的骨科医生，在华人社区中享有较高的信誉，被称为"天宝医生"。谢田是他的独生子，从小就受到父亲良好教育，形成一种豪放、无私的性格。

谢维蓉先后在广州河南爱和里买了 3 座大屋。谢田自小就在广州生活、读书，长大后在广州当印刷工人。1919 年，与广州河南瑶头乡人梁瑞仙结婚。

加入中国共产党

1923 年，谢田在广州大马站印刷店当排字工人时，广州已有不少行业组成了工会，广东工联会也已成立，谢田参加了印务工会，开始从事工人运动。1924 年，第一次国共合作实现以后，广州工运蓬勃开展。在工运中，谢田以其刚正不阿的秉性、无私无畏的精神，特别是在工会党组织的培养教育下，很快便成为运动的骨干。不久，他加入了中国共产党。

积极组建工会开平分会

1925 年 6 月省港大罢工爆发以后，广东地区革命形势不断高涨，广东革命根据地进一步巩固和统一。为推动省内各地工农运动的进一步开展，党组织委派谢田以省印务总工会特派员的身份，返回原籍开平，开展工作。他与比他先到的两位工区特别员张振文（属省铜铁总工会，开平四九乡人）、袁松（属省汽车总工会袁松）一道，互相配合，开展工作。他们首先分别从本系统（铜铁、印务、汽车）开展工作，把这 3 个行业工会的骨干组织起来，形成领导核心，然后分头深入到各个厂家、商号和行车公司去，团结、发动和组织各该业的工人。当时工人们要求组织自己的工会的呼声很高，不少工人已在自发地筹划成立本行业的工会。他们因势利导，经过一番筹组工作，率先分别成立了广东省铜铁、印务、汽车 3 个总工会的开平分会。会址均设在赤坎镇。

赤坎镇是当时开平的政治经济文化中心，也是当时开平县内最大的城镇。商品经济比较发达，工商业、交通运输业、服务性行业和手工业作坊等，鳞次栉比，相当兴旺。全镇各业工人达 2900 多人。3 个分会成立后，谢田等接着推动全镇各行备业工运的开展。在他们的努力下，仅用了一个春季时间，即在 1926 年 3 月底前，全县各行各业都基本成立了自己的工会。

推动开平的工农运动蓬勃

在谢田等几位工运特派员和关仲、梁坤两位农运特派员（都是中共党员）的组织和推动之下，开平的工农运动蓬勃开展。在此基础上，他们注意在工农积极分子中发展党员、建立地方党组织。经过一段时间的教育与考验，他们便吸收了工运骨干谢启荣、农运骨干关以文等 6 人入党。1926 年秋，成立了中共开平县第一个支部。

不久，谢田因另有紧急任务，奉上级之命返回广州工作。1927 年 3 月，他又第二次奉命回到开平工作。原因是 3 月中旬，开平发生了以印务工会为主体的罢工高潮，斗争形势较为尖锐复杂，劳资双方相持不下，上级于是委派谢田以省印务总工会的名义率领工人纠察队三四十人，专程赶到开平解决。谢田等返抵开平后，即分头深入调查研究，掌握实际情况，与党支部作出相应决策，带领工人展开讲求实效的斗争，终于迫使不法资本家承认错误，接受工会提出的合理要求，罢工宣告胜利结束。

营救革命同志

1927 年 4 月 12 日，蒋介石在上海发动了反革命政变。15 日，国民党右派亦在广东地区发动反革命政变进行血腥大屠杀。谢田离开开平返回广州，坚持革命斗争。

在此期间，开平、恩平两地党组织积极筹划武装暴动，计划 9 月间于恩平举行暴动，开平党组织派出部分武装力量前往支援。暴动后来失败，开平一部分党的领导人被捕。约 9 月底，上级党组织为加强开平党的领导及营救被捕同志，决定派谢田、莫德成两人再次到开平工作。谢田等到达开平以后，除了加强党对各方面工作的领导之外，还与有关方面积极营救被捕同志。经过不少曲折和艰苦努力，历时半载，最后以县属各业工会联名具体的方式，将被捕的6人营救出狱。谢田在开平工作期间，由于革命工作需要，亦经常被上级召回广州参加有关活动和工作，例如1927年11月初，周文雍在广州被捕入狱。中共为了营救周文雍，便命谢田从开平赶回广州，参加营救工作。当时，省委组织了李源、袁松、黎胜、谢田和汽车司机徐寿光5人为营救行动小组，到医院用计"劫"走周文雍。他们做好行动的具体分工：到达市立医院门前时，徐寿光守车等候，袁松、谢田两人严密监视医院的守护人员，并迅速把电话线割断；李源、黎胜两人立即快步冲入病房，用被子把周文雍全身裹着，背起便跑，送入车内。徐寿光立即把车开走，脱离虎口。这次行动获得完满成功。

参加广州起义

谢田还曾参加了12月11日举行的广州起义，担任工人赤卫队下属一个大队的大队长。他亲身参加战斗，为广州苏维埃政权的建立立下了汗马战功。广州起义失败后，中共广州市委机关连续被敌人破坏。1928年1月30日，省委指示立即恢复市委机关，季步高、王华、谢田、周文雍、叶耀球等5人组成中共广州市委，季步高为书记。这期间，谢田仍时有返回开平，领导开平地区的工作。

不幸被捕英勇牺牲

广州电信局局长梁式恒是谢田妻子梁瑞仙的哥哥。当时谢田在广州是靠这一关系掩护下进行工作的。1929年1月13日是梁式恒的生日，梁式恒在家里设寿筵宴请亲朋。谢田参加了宴会。是日，国民党反动派据一名奸细告密，派出一班武装特务，兵分两路，一路埋伏在通往瑶头梁家的必经之路龙田地方，另一路直扑梁家搜屋。谢田前往梁家祝寿途经龙田地方时，即被埋伏的特务猝然逮住。敌人当即将他解回广州，投入"重犯"监狱。

谢田入狱当天，即被大审。他已知必然要遭杀害，决心誓死忠贞不屈。

当敌人对他再三施行残酷的刑讯时，他除了痛斥反动派祸国殃民外，对党的机密绝对不泄露分毫，充分体现了共产党人的崇高气节。囚禁期间，他写了一封遗书，辗转托人面交妻子的嫡亲九叔。内容大致是：敌人残暴，自己可能不幸，请亲人们临事不要过于悲伤，万望九叔好好照顾他的遗属，尤其遗腹子（即中华人民共和国成立后在广州电信局工作的谢棠）等。1 月 15 日，谢田在广州东较场慷慨就义，时年 35 岁。

• 英烈精神 •

刚正不阿的秉性、无私无畏的精神；严守党的机密、对党无比忠诚的共产党人的崇高气节；坚贞不屈、敢于牺牲的革命精神。

（梁健生）

杨石魂（1902—1929）

—— 高度的革命乐观主义者

杨石魂，广东省普宁县人。

- 1902年9月11日，出生于广东省普宁县钟堂乡的一个中医师的家庭。
- 1917年，入读揭阳榕江中学。
- 1919年5月13日，当选揭阳县学生会主席。14日，倡议成立岭东学生联合会并当选主席，领导潮汕各县的学生运动。
- 1920年，考进广州铁路专门学校。同年，加入新学生社、社会主义青年团。
- 1924年，加入中国共产党。10月，当选社会主义青年团广东区委执委，领导广东的青年运动。
- 1925年2月革命军东征后，兼任共产主义青年团汕头特别支部书记。11月，当选国民党汕头市党部执行委员兼工人部部长。
- 1926年5月1日，当选汕头市总工会执行委员，兼宣传部主任。10月14日，当选汕头市总工会的执行委员会委员长。
- 1927年7月，担任中共汕头市委书记。
- 1928年初，受中共广东省委派到南路任省委巡视员，后即担任中共南路特

委书记，领导武装斗争。12 月 6 日，当选中共广东省委常委，分工负责宣委和农委。

- 1929 年 4、5 月间，不幸被捕，英勇牺牲，时年 27 岁。

领导学生运动

　　杨石魂 6 岁就学，15 岁进入揭阳榕江中学（前身是历史悠久的榕江书院）学习。这间中学较早地传播新文化运动的新思潮。在学习期间，杨石魂不仅认真学习科学文化知识，也喜欢议论时事，对当时黑暗腐败的社会非常不满，决心要进行变革，经常与一些志同道合的进步同学，一起研究时务，交流学习《新青年》《每周评论》等刊物的心得，还通过亲戚关系与潮安、汕头各校进步师生建立经常联系。

　　北京爆发五四运动的消息传到揭阳后，杨石魂和林希孟等进步学生立刻响应。1919 年 5 月 7 日，组织榕江中学学生会，领导学生上街游行，贴标语，发传单，进行街头宣传。13 日，揭阳县学生会成立，选举杨石魂为主席。学生会带领爱国学生在县衙前大街包围集隆昌等几家商铺，搜查出日货，即送往东校场焚毁，并捣毁那些拒交洋货的商店。

　　14 日，在杨石魂等人倡议下，成立了岭东学生联合会，统一领导潮汕各县的学生运动，杨石魂又被选为主席。岭东学生联合会成立之后，立即组织宣传队，在市镇、渡口、交通要道宣传，同时查抄日货。学生有的把自己身上穿的日本洋布料衣衫撕破，有的把袋里的日本银圆丢进江河，也在所不惜，爱国热情十分高昂。当时汕头市警察局局长李少如是一个亲日派，他勾结日本领事，包庇走私日货。于是杨石魂便与方临川、方思琼（方方）等岭东学生联合会的领导人，发动学生捣毁了汕头市警察局的门窗桌椅，将查出的走私日货当众焚毁。

　　1920 年，杨石魂在榕江中学毕业后，考进广州铁路专门学校。他是学生中的活跃分子。二七惨案发生后，铁专的学生受到深刻影响，杨石魂和韩盈等进步学生更加倾向革命，加入了新学生社，不久又加入了社会主义青年团。从这时起，他开始接触和学习马克思主义，初步确立了无产阶级的世界观。当时有位姓郑的同学，原是杨石魂的好朋友，从小在一起读中学，又一起进铁专，杨石魂经济较困难，常常得到他的帮助。后来，这位姓郑的同学信仰基督教，反对马克思主义，也反对杨石魂加入社会主义青年团。杨石魂多次向他宣传解释，甚至展开激烈的争论，互不相让，但由于政治信仰不同，最后终于决裂了。事后，杨石魂说："姓郑的虽是我总角之交，但大家的政治主张不同，我是人的理想，他是神的理想，友情无法维持下去，绝交算了。"

领导广东青年运动

1924 年，杨石魂加入了中国共产党，并根据党的指示，以个人身份加入国民党，从事国民革命运动。他与彭湃、阮啸仙等人来往密切，常常一起交流。他和家乡的进步青年保持书信联系，鼓励他们学习革命理论，走革命道路。暑假回乡后，动员方思琼、黄中坚、伍治之、张清江、谢培芳等人到广州，进第二届农民运动讲习所学习。商团叛乱时，学习中止，杨石魂就同方思琼等人回潮汕，从事革命斗争。这些人后来成为潮汕地区群众运动的骨干。

1924 年 10 月，在社会主义青年团广东区代表会议上，杨石魂与刘尔崧等 7 人被选为广东区执委，领导广东的青年运动。

领导工人运动

1925 年 2 月革命军东征后，杨石魂兼任共产主义青年团汕头特别支部书记。除负责青年运动外，党组织又派他担任汕头市总工会筹委会主席，开展工人运动。五卅惨案发生后，汕头建立了国民外交后援会，也由杨石魂负责。他常常忙得废寝忘食。

1925 年夏初，东征军回师广州，平定杨、刘之乱。陈炯明残部洪兆麟军反扑，9 月 16 日攻陷汕头，通缉杨石魂、伍治之等人。在白色恐怖之下，杨石魂隐蔽在汕头市郊，冷静处理善后工作。他将国民外交后援会尚存的 4000余元，酌量各工会情形，分配给工人维持生活，派方惟精带后援会的十几杆短枪隐藏在乡下，准备暴动时用；安排一部分人留汕头、一部分人到乡下开展工作；发出通电，揭露洪军入汕后的暴行；同时向组织汇报汕头情况，一周之内，寄出报告多份。

这些"埋伏"工作做好后，杨石魂和伍治之才于 9 月 29 日离汕赴穗，向组织报告详情，但因广汕交通断绝，他们只好绕道走，10 月 18 日抵达厦门。他在集美师范找到共产主义青年团的负责人，还碰见了由陆丰到厦门的张威、卓俊才。杨石魂向他们了解各方面情况，并把搜集到的军事、政治情报在 10 月 20 日及时向党组织报告。

杨石魂在厦门得知第二次东征消息后，便派伍治之回汕头，张威、卓俊才回陆丰，通知"埋伏"的同志准备农民暴动，策应东征军。杨石魂则到上海、广州汇报后再回汕头。

11 月，东征军收复汕头，周恩来出任东江各属行政委员，管辖惠潮梅 25 个县。在改组国民党汕头市党部时，杨石魂被选为执行委员兼工人部部长。在党内，他是中共汕头地委委员，任工人运动委员会书记，担负起领导潮汕工人运动的重任。

汕头的工人以交通运输行业为最多。他们多是来自海陆丰、潮阳、揭阳等地农村的破产农民。他们既受反动把头的剥削，又经常遭到反动军警的压迫和敲诈，毫无政治权利，生活十分困苦。杨石魂决定从人力车工人着手，发动工人起来斗争。他租赁了一辆车子去当人力车夫，日间拉车，晚上跟工友谈心，很快就和工人结成了知心朋友，并组织起人力车工会。接着，杨石魂又在建筑行业发动工人，组织起建筑业工会。

领导汕头市总工会

汕头市的工人组织繁多，各自活动，不相联系，不相统属，有些工会则为工头、流氓所把持。为了统一汕头工人运动的领导，12 月 17 日，杨石魂以国民党汕头市党部工人部名义，召集各工会代表，共商统一工会领导的大计。1926 年 1 月 11 日，正式召开各工会代表会，杨石魂被选为汕头市总工会临时执委。5 月 1 日正式成立汕头市总工会时，杨石魂当选执行委员，兼宣传部主任。

汕头市总工会领导了提高工资改善工人生活的经济斗争。杨石魂直接领导的建筑工人和铁路工人的罢工斗争都取得了胜利，工人受到很大的鼓舞。与此同时，依照省港罢工委员会的决定，汕头市总工会又发动了汕头的洋务工人罢工，协助汕头海员支部组织罢工委员会，对港英实施封锁，支持省港大罢工，支持广东的国民政府。

10 月 14 日，杨石魂又当选汕头市总工会的执行委员会委员长。汕头市总工会威信日益提高，潮汕各县工会纷纷表示拥护，服从其领导，汕头市总工会从而成为岭东工人运动的总指挥部。

潮汕地区工人运动的迅速发展，引起了国民党右派和反动势力的极大恐惧和仇视，他们处心积虑地企图破坏工人运动，把杨石魂视为眼中钉。揭阳县的劣绅周伯初等人，在五四运动时期曾因勾结出卖日货的奸商而被学生揪斗，游街示众，他们对杨石魂早就怀恨在心。1926 年 12 月 11 日，正当杨石魂代表汕头市总工会到揭阳参加县总工会成立典礼时，周伯初、林晏林、李德萱等人便指使流氓在张园旅社对他进行绑架，秘密囚禁于潮阳县属的柳岗乡。

人民群众得知这一消息后，极为气愤。揭阳县的农民武装立即包围了县城，汕头的工人群众举行了声势浩大的示威游行。他们手持木棍，走上街头，高呼口号，要求驻军派兵去搭救杨石魂。代潮梅绥靖主任何辑五（何应钦之弟）明知此事的来龙去脉，却装聋作哑，置之不理。电话工人当场揭发何辑五与揭阳反动分子通电话的事实后，群众更为愤怒，表示如果不释放杨石魂，就举行总罢工。

中共汕头地委召开紧急会议，研究组织营救杨石魂的斗争，出巡梅县的彭湃立即赶回汕头，参加营救工作。他说："我们要把活的杨石魂同志救回来。"提出他亲自到揭阳去交涉的营救方案，并经汕头地委讨论同意。在工农群众的强大压力和彭湃等积极斗争下，反动派才不得不将杨石魂释放。

12 月 17 日，杨石魂被释放了，但他已被反动分子殴打得遍体鳞伤，"经七昼夜，仅食三个芭蕉、三块桃粿、三碗稀粥"。残酷的折磨使原来身体壮健的杨石魂形容憔悴，甚至连站立都困难了。在汕头牛屠地举行的欢迎大会上，同志们把杨石魂扶上讲台。他嘴边的血伤还在，声音十分微弱。杨石魂坚持讲话，向工人群众控诉反动派的暴行，每讲一句，都由旁边的另一位同志大声复讲。他断断续续地说："他们为什么要绑架我？只因为我是为工人阶级服务，为工人阶级谋利益，这难道不对吗？难道我杨石魂不为工人谋利益，而为资本家谋利益吗？"

当杨石魂把衣服解开，露出皮破肉裂的身体时，工人们泣不成声。台下成千上万的工人愤怒高呼："打倒反革命！""打倒帝国主义走狗！""打倒地主资本家！""惩办凶手！"会后，群众抬着杨石魂，浩浩荡荡地举行示威游行，表达对自己领袖的热爱，对反动势力的仇恨。

1927 年四一二反革命政变后，汕头的国民党反动派跟随蒋介石，镇压工农运动，屠杀共产党人和革命群众。4 月 14 日深夜，他们派兵包围了汕头市总工会，杀害了工会秘书丘舜，又悬花红 3000 元，通缉搜捕杨石魂，情况十分危急。这时杨石魂在建筑工人林二的掩护下，隐藏在福合沟（现福平路）内新乡的小楼上。他不顾个人安危，立即向铁路工会和建筑工会的负责人布置隐蔽的工作后才撤出汕头。4月16日傍晚，在张润和林镇川等工人党员的协助下，杨石魂装扮成一个建筑工人，乘小艇到市郊隐蔽。

领导武装斗争

杨石魂脱险后，根据党组织的决定，领导武装斗争。他与许怀仁联络各乡的农民自卫军和撤出汕头的工人武装，组建了东江工农自卫军，他和许怀仁任正、副总指挥（总指挥一职由已经前往武汉参加中共五大的彭湃担任）。这支武装原准备进攻汕头，后分析了敌强我弱的形势，便改变计划，由杨石魂率队开赴普宁，配合当地农民武装，攻打洪阳的大恶霸方十三。

海陆丰农民在中共东江特委领导下于4月30日举行了首次武装起义，建立了人民政权。5月9日，敌军反扑，吴振民率农军退至陆丰河口圩，与杨石魂带领的工农卫军会合，进行整编。吴振民任总指挥，杨石魂任党代表，林苏任政治部主任。杨石魂根据中共广东区委指示，主持召开军事会议，讨论部队去向问题。经过争论，决定把这支部队开往湖南，长征到武汉。

5月14日午夜，吴振民、杨石魂率队北上，经粤东、赣南入湘，边走边打，受到不少损失。在鄞县得到许克祥发动马日事变消息后，700多人的农军进退维谷。经过研究，便派杨石魂等4人到武汉去找彭湃和党中央。由于武汉政府日益反动，杨石魂一行在路上几经曲折，才于7月初到达武汉，找到了彭湃。这时，形势已越来越紧张，彭湃对杨石魂等人说："武汉国民党可能叛变，但第二方面军张发奎、黄琪翔部（有许多共产党员在内）可能与我们合作，打回广东去。""全部广东同志回广东工作。""你们回广东发动地方武装配合。"根据彭湃的指示，杨石魂立即又从武汉返回汕头，担任中共汕头市委书记，领导革命斗争。

8月1日，南昌起义爆发。9月23日，起义军撤退至潮汕。杨石魂率领工农军策应，打破监狱，释放了被捕的革命同志和无辜群众，配合南昌起义部队，建立起为期7天的革命政权。在这"潮汕七日红"期间，杨石魂非常忙碌，既要维护社会治安，又要组织宣传群众，支援南昌起义军，还要指挥东江工农革命军配合南昌起义军向敌人战斗。

起义军面临强敌包围，于10月1日撤离汕头。10月2日，杨石魂和周恩来等撤到普宁的流沙镇。3日，在流沙天后庙（后改为天主教堂）召开了紧急军事会议，决定领导人撤离战区，起义军向海陆丰撤退。同一天，张太雷、恽代英等党的领导人在平湖读书楼与杨石魂研究，具体部署护送领导同志撤离的工作。

流沙会议后，杨石魂与周恩来、叶挺、聂荣臻等人一起撤退，在普宁境内的莲花山与敌遭遇，队伍被冲散。10月9日前后，杨石魂保护着正发高烧的周恩来以及叶挺等人到达陆丰的湖东镇，因台风而不能出港，遂转移到金厢乡，住在中共南塘区委书记黄秀文家中。旋又一再转移。10月28日，杨石魂、黄秀文护送周恩来、叶挺、聂荣臻出海，5人乘一条小船前往香港。靠岸时，周恩来仍在发病，杨石魂就背着周恩来上岸，然后到中共的联络站。

大革命失败了！南昌起义也失败了！杨石魂的战友李春涛、廖伯鸿、吴振民等一个个都为革命英勇牺牲了。他的胞弟杨慧生也为革命献出了生命。杨石魂对此无比悲愤，但他面对鲜血淋漓的现实，毫不畏惧，更加顽强地奋斗。1928年初，中共广东省委派他到南路（湛江、雷州一带）任省委巡视员，后即担任中共南路特委书记，领导武装斗争。杨石魂到任后，努力健全党的基层组织，进行整顿，改选特委，加强党的战斗力。他在给省委的报告中坚定地表示："特委中几个负责同志都是以全性命来奔赴我们的使命，绝对的积极而且乐观的来从事南路的革命运动。""一个布尔什维克的党员，当然要与比死更厉害的险阻艰难奋斗，我们总能坚决自信的，而且我们对南路的工作正感到极浓郁的乐趣哩！"在白色恐怖下，杨石魂这种高度的革命乐观主义精神是十分可贵的。

这时，杨石魂得知以前在汕头共事的梁工甫在新加坡时，他就委托一位同志发一封信给梁工甫，鼓励他继续参加革命斗争，并叫他设法到海南岛从事革命活动。在这封充满激情的信中，杨石魂对他说："生意失败了，还要继续经营！"这是对战友的鼓励，也是杨石魂革命精神的写真。

1928年9月，杨石魂离开南路，又调往北江检查工作，任北江特委书记。11月，中共广东省委在香港召开了第二次扩大会议，贯彻中共六大精神，明确指出党在目前的任务是：争取广大的群众，积聚革命力量，迎接新的革命高潮的武装暴动。12月6日，在省委扩大会议上，杨石魂当选省委常委，分工负责宣委和农委。

不幸被捕，英勇牺牲

党中央决定调杨石魂到湖北工作。1928年底，杨石魂和爱人熊婉仙从香港乘船到了上海，在五马路的乐群旅社与地下交通员李沛群一起迎来了1929年元旦。在这个旅社里，中央负责人李立三、杨殷、邓小平等都曾找杨石魂谈话，介绍当时党内的情况，并布置了杨石魂到武汉参与重建湖北省委的任务。当时湖北形势十分复杂，白色恐怖非常严重，中共湖北省委迭遭破坏。杨石魂深感自己任务之艰巨，责任之重大，他以一个共产党员越是困难越向前的大无畏精神，愉快地接受了党交给的任务。1929年2月，杨石魂到武汉后，即以省委常委兼秘书长的身份积极开展工作。4、5月间，正当他和曹壮父、叶卉寅在办公处工作时，不幸被捕，后英勇牺牲。

● 英烈语录 ●

"他们为什么要绑架我？只因为我是为工人阶级服务，为工人阶级谋利益，这难道不对吗？难道我杨石魂不为工人谋利益，而为资本家谋利益吗？"

"特委中几个负责同志都是以全性命来奔赴我们的使命，绝对的积极而且乐观的来从事南路的革命运动"。

"一个布尔什维克的党员，当然要与比死更厉害的险阻艰难奋斗，我们总能坚决自信的，而且我们对南路的工作正感到极浓郁的乐趣哩！"

"生意失败了，还要继续经营！"

● 英烈精神 ●

高度的革命乐观主义精神；越是困难越向前的大无畏精神。

（罗可群　熊泽初）

杨　殷（1893—1929）

—— 用生命捍卫信仰

主要生平

杨殷，字孟揆，又名典呆、燹礼，广东省香山县人。党的早期军事工作的重要领导者，中国共产党情报保卫工作的重要开拓者之一。

- 1893年农历七月初八，出生于广东省香山县翠亨村一个没落的封建家庭。
- 1910年，在广州就读于圣心书院。
- 1911年，加入同盟会，到澳门参加同盟会南方支部的工作。
- 1914年，在上海刺杀袁世凯的忠实爪牙——淞沪警备司令郑汝成，轰动全国。
- 1917年，在大元帅府参军处任副官，追随孙中山左右。
- 1922年冬，加入中国共产党。年底，被派往苏联参观学习。
- 1923年，在广州从事工人运动。在石井兵工厂工人中组织秘密的"十人团"，成立工会。
- 1924年春，任全国铁路总工会广东办事处顾问，先后担任中共广东区委监委委员、区委委员（后期为省委委员）。同年秋，以国民党工人部特派员的身份到香港做组织下层工人，争取各工会的上层分子的工作。9月，组织香港工人罢工后援会。八七会议后，负责临时南方局的军事委员会和肃反委员会的工作。

- 1927 年 11 月，参加领导广州起义，负责参谋团工作，领导和组织工人赤卫队。12 月 11 日上午，广州苏维埃政府宣告成立，任人民肃反委员，后继任广州苏维埃政府代理主席。
- 1928 年 6 月，在中共六大当选中央委员、政治局候补委员，并任中央军事部部长。
- 1929 年 8 月 24 日，被捕。8 月 30 日，被秘密杀害，时年 36 岁。

接受革命思想

杨殷的父亲杨汉川中过秀才，有田 50 余亩，家庭经济较富裕。杨殷自幼就学于翠亨村私塾和县立中学，1910 年，到广州就读于圣心书院。那时，中华民族正处在内忧外患的黑暗年代，为了挽救国家危亡，孙中山领导人民进行不折不挠的革命斗争，这给年轻的杨殷很大影响。特别是 1911 年辛亥革命，烈士们英勇斗争精神和革命气节，给他教育更深，从而坚定了他的革命志向。1911 年下半年，他加入了同盟会，到澳门参加同盟会南方支部的工作，为革命而奔走。他曾为推翻清王朝而欣喜若狂，更为袁世凯窃夺辛亥革命的胜利果实而愤怒。

探求革命真理

1914 年，他到杭州、上海联络革命同志继续奋斗，对袁世凯的忠实爪牙——淞沪警备司令郑汝成杀害革命党领导人宋教仁的罪行更是恨之入骨。为了给死难先烈报仇雪恨，杨殷趁郑汝成骑马过市时，突然将密藏的炸弹掷去将郑汝成炸伤，自己却迅即潜入附近的理发店，在革命党人的掩护下安全离沪返穗。刺郑事件轰动了全国，杨殷在革命党人中声望大增。

1917 年，孙中山在广州组织中华民国军政府，被举为大元帅。杨殷就被选调到大元帅府参军处任副官，追随孙中山左右。1918 年 5 月，孙中山因受桂系军阀和政学系的挟制而被迫辞职，杨殷也愤然离开参军处，在实践中继续探求着革命的真理。

1919 年初，杨殷经妻舅介绍到广州西江关盐务稽查处任师爷（高级职员）。那时在盐务处工作的，尤其是运盐工人中，大都是会党。杨殷便经常到码头、盐船与"艇仔夫"联系和了解情况。

1921 年中国共产党成立后，杨殷开始阅读马列主义书籍和进步报刊，并得到杨匏安、杨章甫的启发帮助，思想觉悟有了很大提高。1922 年冬，经杨章甫介绍，他加入了中国共产党，并辞去了盐务处工作，把自己的积蓄、老家房屋田产和已故爱人遗下的首饰变卖后统统交给党组织，以解决党组织的活动经费。1922 年底，党组织派杨殷和冯菊坡、王寒烬到苏联参观学习。

1923 年回国后，他受中共的委派，在广州从事工人运动。

开展工人运动

杨殷首先到石井兵工厂开展工作。这个厂的厂长是黄色机器工会的头子马超俊。杨殷和杨匏安、周文雍、刘尔崧等人在石井兵工厂广泛结交工人朋友、关心工人经济利益，揭露资方和工头的剥削，在工人中组织秘密的"十人团"，成立工人俱乐部，培养了一批骨干。那时马超俊克扣工人工资，贪污渎职，杨殷等人就在社会上揭露马的丑行，在厂内发动工人在一个早上在全厂的电线杆和树上倒挂铁锅，以示工人无米下锅。这个"挂锅罢工"震动了广州，取得了社会的同情和广东政府的重视，迫使马超俊下台，罢工取得胜利，兵工厂的工会也接着成立了。

后来，杨殷还到佛山和顺德等地去组织各行业工会，深入开展工人运动。

1924 年春，国共合作后，党派杨殷到铁路开展工人运动。他深入到工人群众中去做宣传发动工作，很快团结了一批进步工人。找他谈心的人很多，他的家便成了不挂牌的工人俱乐部，工人亲切地称他"殷叔""殷哥"。他在工人中发展党员，组织"十人团"。他关心工人的生活，针对铁路工人工作条件恶劣，工资低，资方又把政府公债摊派在工人身上的问题，发动工人团结起来进行斗争并取得了胜利。工人们都说有了工会力量大，应该打破行会界限，成立统一的产业工会——粤汉铁路总工会、广九铁路总工会和广三铁路总工会。三路都建立了工人纠察队。全国铁路总工会为加强领导，成立了广东办事处，统一三路的领导，并派邓培负责办事处的工作，杨殷任顾问。铁路工人在大革命时期成为广东工人运动中一支强有力的队伍，这与杨殷在铁路工人中辛勤的工作是分不开的。

杨殷在组织领导工人运动的同时，还注意到沿路的农民运动，经常在工人中进行加强工农团结的教育，帮助组织沿路农会和农民自卫军。使后来铁路工人的斗争得到沿路农民运动的配合和帮助。

组织工人罢工

从 1924 年起，他先后担任中共广东区委监委委员、区委委员（后期为省委委员），并于 1925 年 1 月出席了党的第四次全国代表大会。

为了加强对香港工人运动的领导，杨殷于 1924 年秋，受党派遣以国民党工人部特派员的身份，与梁复然、梁桂华等人到香港，与苏兆征、林伟民等人共同工作。他在九龙红磡街市侧靠近船坞、工厂附近租了一个房屋，联络工人，逐步把工人组织起来，工人称它是"小社"，后来这种联络工人的"小社"几乎发展到香港大多数行业。杨殷在组织下层工人的同时，也很重视做教育争取各工会的上层分子的工作。这样，中共掌握的工会就迅速发展，甚至英国人掌握的大东电报局等，都有了党领导的工人组织。

1924 年 9 月，上海南洋兄弟烟草公司工人罢工。为支援上海工人，杨殷组织香港工人罢工后援会，号召工人、市民抵制该公司的香烟，并没收该公司香烟数百箱，杨殷被推选为罢工后援会代表之一赴沪慰问和支援上海工人。该公司资本家妄图收买代表以破坏罢工，杨殷拒绝贿赂，并揭露其阴谋。资本家又雇用流氓暗害他。杨殷毫不畏惧，仍坚持在上海工作，至年底返港。

1925 年 5 月，上海发生五卅惨案。中华全国总工会和中共广东区委决定发动省港工人大罢工。杨殷与邓中夏、李森、杨匏安等人受党委派相继赴港，与苏兆征等人组织领导了震撼中外的省港大罢工。罢工开始后，工人纷纷返回广州，杨殷与林伟民、李森等人一道，积极设法解决运输、接待和筹措经费等问题。他还担负罢工期间的保卫工作，打击破坏罢工的阴谋分子。

·············◆ 布置工运骨干和党员撤退 ◆·············

1927 年 4 月 12 日，蒋介石在上海公开叛变，屠杀共产党人和工农群众，广州形势十分危急。中共广东区委召开紧急会议做了应变准备。4 月 13 日晚，杨殷在十八甫路"龚寓"（党的机关）召开铁路党员干部紧急会议，贯彻区委指示，研究和决定应变的各项措施，并布置工运骨干和党员立即撤退。

4 月 15 日，广东军阀公开叛变，到处捕杀共产党员和革命群众，广州陷入一片白色恐怖中，当天，反动军警到万福路杨殷家搜捕，他化装成病人，脸贴膏药，穿着破衣，从后窗跳出，潜伏于东堤柴洞茶艇中。他不顾个人安危，继续安排同志们撤退，然后自己才撤到香港。

组织武装斗争

为了坚持革命，党中央在八七会议后，决定：在广东同时成立中共广东省委和中共中央南方局，张太雷任广东省委书记；南方局下设军事委员会，以周恩来为主任。在周恩来等人抵达以前，由张太雷、杨殷、黄平组织临时的南方局，领导广东、广西、闽南及南洋一带特支，负责准备并指导各地的暴动及一切政治军事事宜。杨殷负责临时南方局的军事委员会和肃反委员会的工作，机关设在澳门。他建立工作网，派人到广东各地恢复党组织和群众组织，自己常常化装成不同身份往来于广东、香港之间，指导工作。他还在中山县家中柴房里，搞了一道夹墙，以作掩护。根据叶挺、贺龙率南昌起义队伍南下广东的情报，他布置在港澳的同志，迅即返广东开展工作，做好武装响应的准备。他还到海南岛参加琼崖特委的扩大会议，传达八七会议精神，决定在海南举行秋收起义。

领导广州起义

1927 年 11 月 17 日，广东省委依照中央指示，准备举行广州起义。广东省委成立了指挥机构——革命军事委员会，由张太雷任总指挥，叶挺、恽代英、叶剑英、杨殷、周文雍、聂荣臻等人都参加了起义的领导小组。杨殷负责参谋团工作，协同叶挺负责军事指挥，并同周文雍一起领导和组织工人赤卫队。12 月 10 日，参谋团召开秘密军事会议，杨殷报告了参谋团掌握的敌情，叶挺部署了总的行动计划；晚上 8 时，杨殷又与周文雍召开西路工人赤卫队会议，部署力量和进攻目标，组织了敢死队配合教导团打市中心的公安局。11 日凌晨，杨殷与张太雷、叶挺等到起义主力——教导团作了最后的动员和部署。3 时 30 分，起义爆发，由铁路工人参加组织的敢死队配合教导团攻下了公安局。张太雷、叶挺、杨殷等人在公安局内指挥战斗，激战 2 小时，占领了广州大部分地区。上午，广州苏维埃政府宣告成立，张太雷任政府代理主席，叶挺任总司令，杨殷任人民肃反委员，苏维埃政府通过了宣言和政纲。12 日中午，杨殷出席了在西瓜园举行的工农兵大会。会后张太雷不幸牺牲，杨殷继任广州苏维埃政府代理主席。

由于帝国主义的直接干涉，敌我力量悬殊，起义军被迫撤出广州。杨殷到了香港，在省委负责处理起义的善后工作，接待安置到港同志。他鼓励同志们说："起义是失败了，但血是不会自流的，现在已是腊月残冬，春天不是就要到来的吗！"

领导组织军事工作

1928 年初，杨殷代表省委到海丰参加海丰县第二次党代表大会。之后，他负责省内以及同中央联系的情报交通工作。

1928 年 6 月，杨殷出席了在苏联举行的中共六大，当选中央委员、政治局候补委员，并任中央军事部部长。回国后，曾到山东、安徽、江苏等地领导组织军事工作，协助周恩来为中共的军事斗争做了许多工作。

崇高的革命气节

1929 年 8 月 24 日，杨殷与彭湃、颜昌颐、邢士贞等人在上海新闸路开会时，由于叛徒告密而被捕。在审讯时，杨殷、彭湃以共产党人的凛然正气同敌人斗争，痛斥蒋介石的反革命罪行，宣传中共的主张。在狱中，他们不放弃一刻为党工作的机会，不断向狱中的群众和士兵宣传，谈至痛切处，许多群众与士兵为之感动，有的士兵竟捶胸落泪，痛骂国民党军阀非杀不可。他们还常常高唱《国际歌》，鼓舞狱中同志坚定地斗争。他们毫不考虑个人，却仍挂念着党和战友，写了最后的信给周恩来和党中央，汇报了自己在狱中的情况，表示了牺牲的决心："我们在此精神很好，兄弟们不要为弟等牺牲而伤心，望保重身体为要。"

8 月 30 日，蒋介石亲自下令秘密杀害彭湃、杨殷、颜昌颐、邢士贞 4 位同志。临刑前，杨殷一如往日镇静乐观，笑着说："朝闻道，夕死可矣！"4人慷慨地向士兵及在狱群众说了最后的赠言，唱着《国际歌》，呼着口号，英勇就义，表现了共产党人崇高的革命气节。杨殷牺牲时年仅 36 岁。

9 月 5 日，党中央为国民党杀害彭湃、杨殷、颜昌颐、邢士贞 4 位烈士发表《告人民书》。9 月 14 日，周恩来撰文《纪念着血泪中我们的领袖》，揭露国民党反动派杀害革命志士的滔天罪行，颂扬革命烈士的英雄行为，表达了对烈士的深切悼念，号召人民与国民党反动派作坚决的斗争。

英烈语录

"起义是失败了，但血是不会自流的，现在已是腊月残冬，春天不是就要到来的吗！"

"朝闻道，夕死可矣！"

英烈精神

为革命不顾个人安危、先人后己的革命者风范；立场坚定、毫不屈服，不为敌人的威逼利诱所动，凛然正气同敌人斗争到底的革命精神；共产党人视死如归的浩然正气。

（冯铁东　史莘）

钟佩璜（1897—1929）

—— 大革命时期紫金农运的主要领导人之一

主要生平

- 1897 年，出生于广东省紫金县南岭东溪塘背村。
- 1923 年 1 月，辞去教职到海丰投身农运，开始走上革命道路。4 月，回南岭，在瑞邱乡石下洞建立紫金县第一个农会组织，升起第一面犁头旗。
- 1924 年 3 月，带领农民自卫军攻占龙窝。5 月，加入中国共产党。
- 1927 年 4 月，率领南岭农民自卫军（南路军）攻打紫金城，给国民党反动派有力的打击。是年冬，任南岭苏维埃政府副主席、中共紫金县委委员。
- 1928 年，兼任中共龙炮区委书记。
- 1929 年农历十月四日，不幸遭捕。农历十一月二十一日，被杀害，时年32 岁。

钟佩璜，1897 年出生于广东省紫金县南岭东溪塘背村。钟佩璜 7 岁入南岭文祠小学读书，17 岁高小毕业后受群众聘请留校任教。他教学认真，关心贫苦人家的子弟，因此深得群众的爱戴。1923 年 1 月，彭湃在海丰开展农民运动，成立了海丰县总农会。钟佩璜闻知后，立即辞去教职与钟一强等人到海丰投身农运，开始走上革命道路。

开展紫金县农运

1923 年 4 月上旬，钟佩璜等人由海丰回南岭进行革命活动。他们不辞劳苦，深入农村，与贫苦农民交朋友，夜以继日地开展革命宣传，很快就把群众发动起来。4 月 28 日，在瑞邱乡石下洞建立了紫金县第一个农会组织，升起了第一面犁头旗，在党的领导下，紫金农运的烽火很快就点燃起来。9 月下旬，南岭第一次农会会员大会召开，参加农会的农民占总户数的七成以上。大会决定开展六四减租，得到广大农民热烈拥护，掀起打倒土豪劣绅和实行减租减息的斗争热潮，农会组织得到迅速发展。11 月 16 日，钟一强与钟佩璜等人在坪上圩主持召开了南岭第二次农会会员大会，陆丰、海丰、五华、惠阳等县派代表前来参加，大会集中了几千名农会会员，会后举行武装游行示威，充分显示了农民群众团结战斗的巨大力量，这次大会对紫金县农运起了很大的推动作用。

在农会迅速发展壮大的形势下，广大农会会员行使农会的权力，凭农会证进行减租减息以及到沿海一带买盐、做买卖等活动，没有入农会的人受到一定的约束。当时，南岭一些地主豪绅慑于农会的权威，在一些农会领导人的面前伪装开明进步，拥护减租减息，要求加入农会，地主钟汉平等人就是这样混进了农会。不久，钟汉平便在农会内部散布流言蜚语，挑拨离间，制造混乱，指使地主分子钟亚丁暗杀南岭农会秘书长钟绍雄，并且公开声明退出农会，还拉拢一批人加入大地主钟坤记组织的反动民团。面对敌人的疯狂进攻，钟佩璜挺身而出，与钟汉平等一伙进行针锋相对的斗争。他带领一批农会干部到裕福楼找到钟汉平，无情地揭露他破坏农会的罪恶阴谋。接着，钟佩璜请示县农会领导，要求彻底查清此案，严惩杀人凶手。县农会派秘书长叶铁魂率领县农民自卫军百余人进驻南岭，协助钟佩璜办理此案，结果查获凶手钟铁丁，当场处决，并告示民众。通过这场斗争，清除了混进农会的反动分子，纯洁了组织，增强了力量。

1924年5月，钟佩璜由钟一强介绍在炮仔加入了中国共产党。

1924年夏，国民党龙窝区区长黄育群与当地民团头子黄四合互相勾结，经常袭击龙窝附近青溪、龙上一带的农会组织，严重威胁这一带农运的开展，农民深受其害。为了拔掉这个钉子，钟佩璜与钟一强等人商议，决定组织农会武装，主动出击，打垮反动民团。为了打好这一仗，经过一段时间的组织发动，钟佩璜对战斗作了周密的部署：一方面把南岭、炮仔500多人的农军武装组织训练好；另一方面布置青溪、龙上一部分尚未暴露的农军，在战前潜入龙窝圩内，待农军发起进攻时伺机内应。3月上旬的一个晚上，农民自卫军在钟佩璜的带领下，乘夜攻打龙窝。战斗一打响，潜伏在龙窝圩内的农会会员到处放火，里应外合，在农军猛打猛攻之下，反动民团抵挡不住、慌乱一团，黄育群等仓皇逃跑。不到1个小时，农军就攻占了龙窝，缴获枪支弹药一批。农军首仗大获全胜，士气大大提高。龙窝战斗的胜利，震慑了敌人，鼓舞了群众，推动了紫金农运的迅速发展。

成立南岭苏维埃政府

1925年4月，农军首次攻打紫金城。攻城前，钟佩璜按照县农会领导人钟一强的部署，率领南岭、龙窝、炮子农军500多人，对盘踞龙窝的陈炯明残部温宗和部发起进攻，温宗和率部向紫城溃逃，农军紧紧追击，至紫金城把敌军包围起来，趁势发起攻城战斗，钟佩璜率农军一举攻克南门，占领了县城。

打下紫金后，县农会从炮仔区搬到县城，在县城召开了全县农民代表大会，产生新的领导机构，成立紫金县农民协会。会后，钟佩璜仍率部回南岭主持农会工作，在当地建立第一分区农民协会，下辖11个乡，把各级农会组织进一步健全起来，同时把南岭的农民自卫军建设成一支战斗力相当强的力量。

1927年4月12日，蒋介石背叛革命，广东省国民党反动政府于4月15日疯狂地捕杀共产党员和革命群众，紫金县的反动派也策划向革命力量进攻。为了反抗反动派的屠杀政策，紫金县地下党、紫金县农民协会决定于4月20日发动县城暴动。钟佩璜率领南岭农民自卫军（南路军）攻打紫金城，活捉了反动县长郭民发，给国民党反动派有力的打击。

但是，国民党政府与紫金县地方反动派加紧勾结，对革命力量进行疯狂反扑，农民运动受到镇压。是年冬，钟佩璜与钟容卿等人在炮仔九下圩成立南岭苏维埃政府，钟佩璜任副主席，继续领导农民进行革命斗争。

11月中旬，南岭反动民团头子钟奕奇勾结洋头及五华县登云、陆丰县万全等地的反动民团共 500 多人，乘农民自卫军大部外出执行战斗任务之机，分作四路围攻南岭农军的驻地，这时钟佩璜身边只有 1 个小队 8 条枪，在数十倍于己的强敌面前他毫不畏惧，迅速占据有利地形，进行顽强的战斗，与敌人打了一夜，杀死 10 多个敌人。因力量过于悬殊，钟佩璜只好率队突围。是年冬，中共紫金县委成立，钟佩璜被选为县委委员。

1928 年春，红二师开进紫金，1 月 18 日，董朗率部队攻打南岭反动民团，钟佩璜随军负责指挥工兵。在攻打裕福楼、德馨楼的反动民团时，敌人躲在碉堡内面，据高扼守，阻止红二师前进。这时，钟佩璜率领工兵，不怕艰苦劳累，日夜连续开挖，以最快的速度把地洞挖到碉堡底下，然后炸垮了碉堡，歼灭了敌人。于是，南岭获得第二次解放。不久，钟佩璜兼任中共龙炮区委书记。

南岭解放不到 2 个月，3 月 17 日，国民党军队黄旭初部万余人大举进攻紫金。南岭的外逃反动地主纷纷返乡，组织反动民团，到处杀害革命干部、农会会员，无恶不作。不少人被害得无家可归，流离失所，钟佩璜的房屋被烧毁。钟佩璜与钟一强等县委负责同志，没有被敌人的疯狂摧残所吓倒，组织群众向陆丰碣石溪一带山地转移，坚持艰苦的游击斗争。

秘密组织农会

同年夏天，钟佩璜与钟一强等带了一批农民（包括小孩、妇女二三十人），来到揭阳县龙潭乡，借宿于坡尾楼的祠堂里，靠与当地农民帮短工、割山草等谋生度日。

钟佩璜通过和农民一起劳动、拉家常、下棋等，很快就与当地群众交上朋友，他站稳了脚跟之后，就向农民宣传革命道理，提高他们的思想觉悟。同年秋，在坡尾楼秘密组织农会小组，吸收 20 多个农民入会。

那年，地下党员黄能在石内以做木匠作掩护，秘密进行革命活动。因当地小学要向外聘请教师，黄能就利用这个机会介绍钟佩璜、张震天、张展英、甘质良 4 位地下党员到石内任教，分别住在鸡屎坑、西坑、上涵、洋梅滩4个村。他们以教书作掩护，保持密切联系，秘密进行地下活动。白天上课，晚上深入农村与贫苦农民谈心串联，他们还办夜校教农民识字，进行革命宣传，启发教育农民起来革命，逐步把这几个村的贫苦农民团结起来了。1929年9月，就在西坑村秘密组织了农会。

农会成立以后，钟佩璜等人经常带领农会会员在石内一带农村开展革命宣传。有一次，他们趁夜来到河婆附近的南和市、过路圩、朱坑径、长排路等处散发传单，张贴标语。次日，国民党河婆区署党政人员发现后，十分害怕，慌忙派人把各处的标语、纸旗毁掉。敌人发觉纸旗的杆子是苗竹制作的，而苗竹是石内一带的特产，因此引起了他们对石内的怀疑，于是指使反动分子蔡道中假装鸦片烟贩子，窜入石内一带农村侦探。由于下涵村一个反革命分子告密，蔡道中得以获悉钟佩璜的活动情况。

不幸被捕

农历十月四日，蔡道中带了6个便衣特务装扮成烟贩，取道莲花山，直窜石内西坑村围捕张震天。当时，恰逢张震天已在2天前往八乡山联系工作未回，幸免被捕。蔡道中等7人在西坑隐蔽到傍晚，才从西坑出发到鸡屎坑村围捕钟佩璜。村中一位农妇发觉7个陌生人鬼鬼祟祟进村，神色不对头，立即跑到学校报告。那时，钟佩璜正在浴室里洗澡。闻报后迅速离开学校，奔向村后的山沟小路，朝西坑村撤走，但仍然不幸在途中遭捕。

威武不屈

当晚，钟佩璜被押送到河婆区署，国民党反动派先是用金钱美酒、封官许愿等手段进行利诱，钟佩璜不为所动；接着，凶狠的敌人用十指钉针、坐老虎凳等严刑对钟佩璜进行逼供。尽管敌人采用种种酷刑，但丝毫也动摇不了钟佩璜的革命意志。敌人拿来纸笔逼他写自新书，钟佩璜横眉冷扫敌人一眼，毅然用脚趾挟起笔杆，在纸上疾书："今日杀了我钟佩璜，18年后有千千万万个钟佩璜！"

敌人一切阴谋诡计都失败了，最后决定杀害钟佩璜。他们选择冬节前河婆一个热闹的圩日，把钟佩璜游街示众后枪杀。农历十一月二十一日，匪徒们敲锣打鼓吹喇叭，押着被折磨得遍体鳞伤的钟佩璜，枪棰脚踢，威逼他一边走，一边向群众自新，妄图借此恫吓群众。可是，坚强不屈的钟佩璜临刑不惧，神态从容，利用游街热闹人多之机会，高声地向群众演讲，宣传革命道理，揭露国民党反动派的滔天罪行，并放声高唱革命山歌："穷人不是命里穷，因为封建剥削穷，工农大众团结紧，打倒封建不能松，革命必然会胜利，实现共产主义万年红。"歌声雄壮激昂，震撼人心，吓得敌人目瞪口呆。国民党区党部头子慌忙大叫："快拉去杀掉！"钟佩璜面不改色，对敌人轻蔑地哈哈大笑说："共产党人闹革命就是不怕死，共产党是杀不尽的，最后胜利是我们的！"接着，他昂首阔步，唱着雄壮的革命歌曲走向刑场："打锣鼓，吹喇叭，蒋匪西山日已下，今日杀我钟佩璜，明日革命凯歌奏天下。"几个刽子手对他拳打脚踢，狼嚎鬼叫，强压钟佩璜低头下跪，钟佩璜毫不屈服，坚强地挺立起来，使出了最后的力气高呼："打倒国民党反动派！""中国共产党万岁！"牺牲时年仅32岁。

钟佩璜为革命流尽最后一滴血，给人民留下了一个革命者威武不屈的光辉形象。

英烈语录

"穷人不是命里穷，因为封建剥削穷，工农大众团结紧，打倒封建不能松，革命必然会胜利，实现共产主义万年红。"

"共产党人闹革命就是不怕死，共产党是杀不尽的，最后胜利是我们的！"

英烈精神

不辞劳苦、深入农村、团结战斗的艰苦奋斗精神；面对敌人的疯狂摧残，毫不畏惧、临刑不惧、坚持斗争到底的坚强革命精神。

（张其德　刘伟）

钟祝君（1903—1929）

——广东南路第一个女共产党员、高雷地区妇女解放运动的先驱者

主要生平

钟祝君，又名竹筠。

● 1903 年，出生在广东省遂溪县杨柑区志忑塘村一个贫苦农民家庭。

● 1921 年秋，考入贞德女子学校，开始走上革命道路。

● 1924 年，加入中国共产党。

● 1925 年 5 月，到广州参加第四届农民运动讲习所的学习。同年底，随军南征，任中共南路特别委员会委员兼妇女部部长，负责后方宣传工作。不久，担任中共遂溪县委委员兼妇女解放协会主席。

● 1927 年 9 月，在北海被国民党反动派逮捕。

● 1929 年 7 月，被反动派枪杀于北海西炮台刑场，时年 26 岁。

钟祝君是广东南路第一个女共产党员、高雷地区妇女解放运动的先驱者。

立志推翻旧社会

钟祝君又名竹筠，1903 年出生在广东省遂溪县杨柑区志忑塘村一个贫苦农民家庭。幼年时，父亲病逝，剩下母女俩孤苦伶仃，生计维艰。为了生活，母亲变卖了全家仅有的一间破屋，带着钟祝君离乡别井，先后在安铺、广州湾等地给阔人大户做佣工、杂工，终日辛劳不得温饱。母女俩每日起早贪黑不停地为主人打扫院子、洗衣做饭、挑水等，稍有怠慢就受到地主老财的斥责和打骂，受尽欺凌和剥削。钟祝君性格倔强，不像母亲那样任从命运的摆布，她敢于藐视所谓的"天命"，对社会上的种种不平等现象敢于评论，认为终有一日要将这个"吃人"的旧社会推翻。

学习和研究马克思主义

1921 年秋，钟祝君在一位亲友的资助下，到了北海，考入贞德女子学校。她刻苦学习，埋头书堆，想从书本里寻找劳动人民贫穷和痛苦的原因，寻求救国救民的道路和方法。然而这些书说的都是地主老财的事，她遍寻书本也无法找到答案。正当她彷徨苦闷的时候，中国共产党成立的消息传到广西，党的机关刊物《向导》以及一部分鼓吹新思想、新文化、传播马克思主义的刊物在当地发行，促进了北海先进青年的觉醒。正在寒窗下潜心苦读的钟祝君，也受到这一思潮的影响，加入了学习和研究马克思主义的行列。她特别喜欢阅读那些陈述妇女痛苦、鼓吹女性解放的文章，经常参加马克思主义讨论会，在发言中猛烈抨击黑暗的封建制度，揭露封建礼教对妇女的毒害，陈述自己对改革社会、解放妇女的见解。她认为"三纲五常"是封建礼教的核心，而政权、神权、族权、夫权就像 4 根又粗又大的绳索一样，套在妇女的脖子上，使广大妇女在政治上毫无地位，在经济上毫无出路，在生命上毫无保障，就像路边的一棵小草，任人践踏。她大声疾呼："还我人权，还我自由。"钟祝君的发言语调激昂，观点鲜明，甚至以拳击掌，表达她斗争的志向和决心。学校认为她的行为过激，多次逼迫她放弃这些活动，并以开除学籍来威胁。钟祝君对此毫不妥协，多次与校方论理，冒着被开除学籍的危险，继续学习革命理论。

从事妇女解放活动

1924 年，钟祝君决心走出学校到社会上参加群众斗争，从事妇女解放运动。校方便将她开除学籍。钟祝君于是在钦廉地区从事妇女解放活动。她向人们宣传革命，鼓动妇女反对包办婚姻，提倡自由恋爱，劝说裹脚妇女放脚，鼓动青年妇女参加社会斗争。她的行动被一些顽固不化的人视为大逆不道，经常当面指责她，干涉她的宣传活动。钟祝君不但没有退缩，而且还跑到高雷地区进行宣传活动，并争取到家乡父老、姐妹的支持。

此时，共产党员黄学增、韩盈等人受中共广东区委和省农民协会的派遣，到广东南路开展工农运动。他们多次找钟祝君谈话，给她介绍广东革命形势，从各方面给她的工作提供条件和方便。在他们的帮助下，钟祝君逐渐懂得更多的革命道理，逐渐向党组织靠拢，争取党组织的帮助。不久，她就加入了中国共产党。

参加第四届农民运动讲习所学习

1925 年 5 月，她受南路党组织的派遣，到广州参加第四届农民运动讲习所的学习。这届农讲所设在东皋大道 1 号省农民协会内，由谭植棠任主任。农讲所原定 5 月 1 日开学，适逢是日广东省第一次农民代表大会开幕，所里决定推迟开学，组织学生列席大会。钟祝君置身于各地农民运动先进分子之中，倾听代表的发言及大会报告，感受殊深。5 月 17 日，农讲所正式开学。钟祝君积极学习，并与男同学一道接受严格的军事训练，和男同学一起摸爬滚打，无论是政治理论学习还是军事训练，钟祝君都取得优秀的成绩。特别是星期天到市郊去实习时，很快就与农民交上了朋友，取得农民的信任。

这年 9 月，钟祝君以优异的成绩毕业了，被分配到省农民协会工作。在这里，她有机会接触省农民协会常委彭湃、阮啸仙等农运领袖，从中学习到许多搞农运的知识和经验。

随军南征

同年底，广东国民政府在举行第二次东征的同时决定南征讨伐邓本殷，以统一广东革命根据地。钟祝君遵照党组织的决定随军南征。她被任命为中共南路特别委员会委员兼妇女部部长，负责后方宣传工作。她深入农村发动农民支援国民革命军作战。南路十五县人民深受军阀龙济光、邓本殷的压迫与剥削，生活十分痛苦，都盼望革命军早点前来消灭这些反动势力，将大家从苦难中解救出来，他们纷纷行动起来全力支援革命军作战，使国民革命军很快就把邓本殷赶出了南路和海南。

深入遂溪各乡村开展妇女工作

南路平定之后，钟祝君奉命留在广东省农民协会南路办事处工作。在此期间，她不怕艰险，深入农村进行宣传和组织工作，吸收了一批先进农民加入党组织，发展农民协会，建立农民自卫军。接着，她又受组织委派，深入各乡村开展妇女工作。她给妇女讲受压迫和剥削的根源和解除痛苦的办法，鼓动妇女们组织妇女解放协会，反对苛捐杂税，反对封建婚姻。她还鼓动各县有条件的地方都办起妇女识字班，提高妇女的文化水平，为妇女谋利益。不久，钟祝君随丈夫韩盈调到遂溪县工作。钟祝君担任中共遂溪县委委员兼妇女解放协会主席，继续负责妇女工作。遂溪县离湛江很近，地主土豪势力比较强大，阶级斗争也比较激烈和复杂。钟祝君了解到这一情况之后，即向县委报告，并根据县委指示，带了一些同志到南和、沙坡、牛马洋等地发动群众斗争，反抗苛捐杂税，反对县长伍横贯贪赃枉法的罪行，将其撤职查办。通过一系列斗争，狠狠地打击了地主土豪的凶焰，迫使他们取消了一部分捐税，在一定程度上减轻了农民的负担。

广州湾当时是法帝国主义的租界，法、英帝国主义者将侵略魔爪伸入该地区，在进行经济侵略的同时，在各县还设立教堂进行文化侵略。在革命军平定南路之后，遂溪县委曾根据钟祝君的意见，决定开展反基督教运动，将教堂用来办农民子女学校。钟祝君还亲自主持女子初级中学的教学工作和妇女识字班。

1927 年初，钟祝君受党组织的委派，到北海、东兴一带开展工作。这时钟祝君生下的孩子才 3 个月大，为了不拖累工作，她决意将孩子留给伯母抚养，自己只身赴北海，积极开展青年工作和妇女运动。当时东兴一带的妇女惯于束胸，影响身体健康，钟祝君深入到妇女中去，反复劝说她们改变这一陋习，开展解放束胸的"天乳"运动。当时东兴、北海一带有一些妇女因生活所迫，当了娼妓。钟祝君不怕社会黑势力的压力，开展解放娼妓活动，帮助受苦妇女从鸨母的控制下摆脱出来，并教育鸨母自食其力参加生产，以此引导妇女走上翻身求解放的道路。

坚贞不屈严守党的秘密

1927 年 4 月，蒋介石在上海叛变革命。接着各地反动派进行"清党"，捕捉共产党员和革命群众。北海、东兴的党组织遭到破坏，形势急转直下。在这种情况下，钟祝君仍然坚持战斗，当她从同志口中知道丈夫韩盈在反动派的"清党"运动中被捕牺牲后，决心化悲痛为力量，继续顽强地坚持工作。同年 9 月，她在北海被国民党反动派逮捕。在狱中，她坚贞不屈。敌人为了得到中共的秘密，用金钱和地位来收买她，但她不为所动，并利用一切机会发动狱中难友向敌人展开斗争，反对国民党反动派虐待"政治犯"。1929 年 7 月，钟祝君被反动派枪杀于北海西炮台刑场，当时年仅 26 岁。

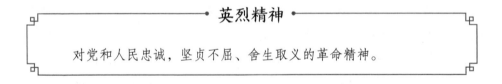

英烈精神

对党和人民忠诚，坚贞不屈、舍生取义的革命精神。

（江铁军）

红色广东丛书

广东英烈故事 中

中共广东省委党史研究室　编

SPM 南方传媒　广东人民出版社

·广州·

图书在版编目（CIP）数据

广东英烈故事 / 中共广东省委党史研究室编 . —广州：广东人民出版社，
2022.10

（红色广东丛书）

ISBN 978-7-218-14137-4

Ⅰ.①广… Ⅱ.①中… Ⅲ.①革命烈士—列传—广东 Ⅳ.① K820.865

中国版本图书馆 CIP 数据核字（2022）第 002258 号

GUANGDONG YINGLIE GUSHI

广东英烈故事
中共广东省委党史研究室 编

出 版 人：肖风华

责任编辑：黎 捷 梁 晖
责任技编：吴彦斌 周星奎
装帧设计：李卓琪

出版发行 广东人民出版社
地　　址：广州市越秀区大沙头四马路 10 号（邮政编码：510199）
电　　话：（020）85716809（总编室）
传　　真：（020）83289585
网　　址：http://www.gdpph.com
印　　刷：广东鹏腾宇文化创新有限公司
开　　本：787mm×1092mm　1/16
印　　张：119.25　字　数：1980 千
版　　次：2022 年 10 月第 1 版
印　　次：2022 年 10 月第 1 次印刷
定　　价：360.00 元（上中下册）

如发现印装质量问题，影响阅读，请与出版社（020-85716808）联系调换。
售书热线：（020）85716833

目 录

陈　权（1902—1930）

—— 全国海员和香港工人运动主要领导人之一

陈权，广东省江门外海乡人。

- 1902 年，出生于澳门。
- 1917 年，到"亚洲皇后"号轮船上当海员。
- 1921 年 3 月，成为中华海员工业联合总会骨干。
- 1925 年六七月间，加入中国共产党。7 月，担任省港罢工工人代表大会代表团团长。
- 1926 年 1 月 5 日，任全国海员总工会执行委员。4 月 15 日，被选为香港总工会第一届执行委员。
- 1927 年 10 月 15 日，被任命为中共广东省委委员，投入发动广州起义的准备工作。
- 1928 年初，被派到上海恢复海员分会，领导长江中下游的海员开展斗争。
- 1929 年，被逮捕。
- 1930 年冬，患重病。11 月 1 日，在狱中病逝，时年 28 岁。

艰难的童年生活

陈权是广东省江门外海乡人，1902 年出生于澳门。他有兄弟姐妹 5 人，陈权排行第三。他少年时，父亲体弱多病，家境困难。全家人靠母亲车衣（缝衣）维持生活。后来，母亲患病早逝。父亲被迫将大姐卖给香港的一户人家，二姐又在街上被人拐走，杳无音讯。于是，生活的重担便落在陈权和弟弟陈九榆身上，他们帮人打短工，在街边卖云吞。尽管兄弟俩日夜奔波，但也难使一家五口保持温饱。年迈的祖母被迫带着小妹陈淑英乞讨度日。艰难的生活环境，使陈权迅速成熟起来，他无比憎恨吃人的剥削制度。

参加联义社

1917 年，年仅 15 岁的陈权与弟弟到香港谋生。陈权先在海员俱乐部读书，不久到"亚洲皇后"号轮船上当海员，在船上，陈权结识了比他大一岁的陈郁，共同的际遇使他们成了好朋友。当时，香港海员饱受外国资本家的压榨和剥削，有着强烈的反抗意识。陈炳生、苏兆征、林伟民等人在海员中成立了"联义社"，为孙中山筹措经费、运送军械和掩护革命党人。陈权参加了联义社，并很快成为"亚洲皇后"号轮船联义社分部的负责人。为了团结教育海员，解决大家的福利问题，他和陈郁在船上成立了剧社——"工余乐社"。有一次，孙中山与宋庆龄乘坐"亚洲皇后"号轮船从香港到美国檀香山，陈权特地邀请孙中山夫妇观看"工余乐社"社员演出的戏剧节目。孙中山看后赞不绝口，叫宋庆龄即席题写了"声闻湖海，谊重乡邦"8 个大字，赠送给他们留念。陈权等接过这珍贵的墨迹，感到十分兴奋。

成为中华海员工业联合总会骨干

1921 年 3 月，林伟民、苏兆征等先进分子建立了中国海员第一个工会组织——中华海员工业联合总会。陈权是工会的骨干之一，他在船上建立了海员工会的支部。1922 年 1 月，海员工会为了提高工人的工资，改善劳动待遇而发动了香港海员大罢工。陈权带领全船工友积极参加了罢工。经过这次斗争，陈权更加认识到工人团结斗争的巨大作用，他经常接近林伟民、苏兆征等人，热心地为工会工作。林、苏也常对陈权进行教育，使他对中国共产党的认识不断提高。

宣传省港大罢工，加入中国共产党

1925 年 5 月 30 日，上海五卅惨案发生。消息传到广州后，中共广东区委决定发动省港大罢工，中华海员工业联合总会带头响应。陈权根据苏兆征的指示，向海员们宣传罢工的目的和意义，并组织他们返广州参加罢工。随后，陈权也带着弟弟陈九榆、妹妹陈淑英回到广州参加罢工斗争。1925 年六七月间，他在广州加入中国共产党。同年 8 月，他和梁祖谊又介绍陈郁入党。这时，中华海员工业联合总会成立了党支部，张瑞成担任支部书记，主要成员有梁祖谊、陈春林、陈权、何来、方才、戴卓民等 20 多人，在香港海员中形成了坚强的领导核心。陈权还担任省港罢工委员会中共党团成员，参与领导罢工斗争。

担任省港罢工工人代表大会代表团团长

1925 年 7 月，省港罢工工人成立省港罢工工人代表大会，作为罢工的最高议事机构。中华海员工业联合总会也选举了 80 名海员，组成海员代表团出席罢工工人代表大会，陈权任代表团团长。他决心为争取罢工的胜利而努力工作。陈权领导的海员代表团人数众多，意见统一，在代表大会中有举足轻重的作用。再加上陈权有丰富的阅历，说话流畅清楚，在代表们中威望很高。他经常根据邓中夏、苏兆征、李森等人的指示而提出各种议案。有时代表们发生了激烈的争议，他也能耐心地进行解释和说明道理，不少代表都心悦诚服地拥护他。1926 年 3 月 31 日，省港罢工工人代表大会举行第 100 次会议，省港罢工委员会为此举行盛大的纪念活动。苏兆征在会上报告了罢工的经过后，陈权受罢工工人代表大会的委托，向大家汇报了代表大会的成立过程和工作成果，受到与会代表们的一致赞扬。8 月 17 日，罢工工人代表大会召开第 148 次会议，有人揭发船务科私自放行英国轮船"宝泰"号，引起了代表们的一致愤慨。会议当场推选陈权、何精求、黄侠魂等 5 人负责查办这宗案件。在罢工工人代表大会代表中，陈权、何耀全、彭松福、罗珠等代表，都是共产党员，他们工作积极、办事公道，在工人中有很高威望，罢工工人亲切地称他们为"五虎将"，称赞"陈权同志作用大，有办法"。

成长为全国海员的领袖之一

在省港大罢工中，中共广东区委成功地进行了广州、香港的工会组织统一运动，加强了工人阶级内部的团结，为后来的革命斗争打下了雄厚的基础。陈权在这场斗争中作出了贡献。1925年7月下旬，邓中夏两次召集苏兆征、李森、何耀全、林昌炽、陈权等人在区委开会，提出培养工运骨干，教育、争取广大工人群众，先按产业建立现代工会，然后再成立香港统一的工会组织。同年冬天，海员党支部决定以中华海员工业联合总会为核心，策动香港运输业工会的大联合。1925年11月的一天，他们组织广州的海员在越秀山海员路举行游行活动，参加人数达七八千人，并邀请了香港各工会的负责人出席。苏兆征、陈权、戴卓民先后站在海员亭上发表演讲，号召香港运输业的工人发扬1922年海员大罢工的光荣传统，立即联合起来，在统一的工会领导下形成一支强大的力量，在反帝斗争中起先锋作用。工人们听后纷纷鼓掌表示赞成。1926年1月3日，中华海员工业联合总会在广州召开全体同仁大会，讨论改组问题。陈权等相继发言，说明改组海员工会组织之重要。大会还选出苏兆征、陈权等100名代表参加即将举行的全国海员代表大会。1月5日，全国海员第一次代表大会在广州举行。陈权担任大会的宣布员（执行主席）。大会决定成立全国海员总工会，并选举苏兆征、谭华泽、陈权等15人为执行委员。陈权还担任了组织部主任兼调查部主任，并和何来等一起负责全国海员总工会广州分会的工作。全国海员总工会的成立，促进了全国海员的团结，对其他行业的工会影响甚大。在党的培养下，陈权由一个普通的海员成长为全国海员的领袖之一。

成为香港工人运动的主要领导人之一

1926年3月19日，香港运输业工会联合会在广州成立。陈权参加了联合会的筹备工作，在3月26日的会议上，陈权代表筹委会提出了组织章程草案，得到大会的一致通过。4月，香港总工会筹备委员会成立，冯敬、陈权、黄金源等24人被选为筹委会委员，陈权还分工负责筹委会秘书处的工作。4月15日，香港总工会在广州举行成立大会，陈权是大会主持人之一。

大会选出陈权等21人为香港总工会第一届执行委员。这时，陈权已成为香港工人运动的主要领导人之一了。

领导省港海员与敌人开展斗争

1927年初，陈权受中华全国总工会的委派，到瑞士参加国际工人会议。同年5月，他回到香港。这时，广州已发生了四一五反革命政变，大批工友倒在敌人的屠刀下。陈权对国民党新军阀出卖工农群众利益，摧残国民革命事业的罪行感到十分气愤，强烈要求回广州工作，为牺牲的战友复仇。但党组织考虑到他的安全而不同意。于是，陈权在香港铜锣湾租了一间房子，与妻子住在一起，领导省港海员与敌人开展斗争。当时，"全国海员总工会"被国民党派出的改组委员会所控制。陈权决心将海员工人重新组织起来。他和梁祖谊等吸收200多名在广州的海员参加罢工维持队。在来往于穗港之间的13条轮船上建立有100多人的海员义勇团。在汕头也成立了能团结100多名海员的海员俱乐部。在此基础上，陈权发动海员召开群众大会，散发革命传单，争取恢复大革命时期工人获得的权利。

同年6月，"全国海员总工会"的改组委员会为侵吞原全国海员总工会储存在广东省银行的4万元经费，竟然提出要发动省港海员罢工。陈权识破了他们的诡计，一针见血地指出："他们的目的是在4万元，而不是为工人设想的。"陈权提出：我们赞成反帝罢工，但罢工不能由改组委员会包办，应召集海员会议选举代表团，由代表团产生罢工委员会，主持罢工一切事务。关于罢工的经费，亦由罢工委员会负责处理，从而挫败了改组委员会的阴谋。经过陈权等人的努力，中国共产党又重新掌握了全国海员总工会的领导权，争取到绝大多数的群众。同年10月，江门市的"海宁""新南海"号轮船上发生资本家无理开除工人的事件。陈权等组织广州、香港等地的海员举行了罢工，在太平戏院门前召开了示威大会。会后，海员们来到太平南路的海员工会，严惩了3名改组委员会的工贼。这场斗争震动了全广州，鼓舞了海员们的斗志。

在香港筹集经费、枪械支援广州起义

1927年10月15日，陈权被任命为中共广东省委委员。陈权根据中共中央和广东省委的指示，投入到发动广州起义的准备工作中。他动员沦落在港澳及省内各地的海员返回广州参加工人赤卫队。12 月初，大部分省委领导人回穗领导广州起义，陈权奉命留在香港筹集经费、枪械支援起义。广州起义失败后，革命力量遭到很大的损失。全国海员总工会上海分会也被敌人封闭。1928 年初，党组织决定派陈权到上海恢复海员分会，领导长江中下游的海员开展斗争。陈权坚决执行党的指示，和妻子一起来到上海。经过地下党组织的精心安排，他在四川路仁智里租了一幢楼房，开设了怡安俱乐部，作为海员工会的领导机关和联络点。他和邓中夏等经常在一起研究工作，派遣党、团员深入到海员中吸收优秀分子入党，在一些轮船上建立起秘密工会，并开展罢工斗争。

壮烈牺牲

　　1929 年，因上海一个地下党机关被破获，敌人得到线索而包围了怡安俱乐部，逮捕了陈权等人。陈权在敌人审讯时拒不供认，他编了一套假口供，说自己名叫陈沦，是一个普通海员，那天刚好去怡安俱乐部找人而被误捕。敌法官摸不清陈权的底细，便判了他 8 年有期徒刑。在狱中，陈权表现出无比坚定的革命意志和斗争精神。他积极参加狱中党组织的活动，团结、帮助难友，教育同志要保持一个共产党人的气节。当妻子前来探监时，他劝妻子不要伤心，养大唯一的女儿。他还托妻子转告小妹陈淑英，要她努力为党工作，随时准备流血牺牲，千万不要灰心，革命一定会取得胜利。1930 年冬，陈权患了重病，而狱方又不给予有效的治疗。同年 11 月 1 日，陈权在狱中含恨病逝，年仅 28 岁。

英烈精神

　　服从党的指挥，坚决执行党的指示的忠诚精神；坚信革命一定取得胜利的无比坚定的革命意志和将革命进行到底的革命斗争精神。

（卜穗文）

杜式哲（1905—1930）

——饶平县党组织创建者、县委第一任书记

主要生平

杜式哲，祖籍广东省澄海县涂城村。

- 1905年，出生于泰国曼谷一个贫苦华侨工人家庭。

- 1923年秋，考进潮安县金山中学（广东省立第四中学）。

- 1925年初，从金山中学转学到澄海县立中学，被选为澄海县立中学学生会领导人。

- 1926年1月，加入中国共产党。4月，赴广州出席广东省学生联合会代表大会，被选为省学联执行委员会执行委员，后被选为共青团汕头地委学委委员。5月，以广东省农会特派员的身份到饶平县工作，主持县农民自卫军训练班，组建起农民自卫军。

- 1927年5月18日，带领农民自卫军以及各乡农会会员取得"农军一攻三饶城"战斗的胜利。7月，中共饶平县委员会在上饶成立，被选为县委书记。9月17日，任饶平县工农革命军第十四团党代表。10月5日，率领农军第十四团在南昌起义军配合下，攻克饶平县城。

- 1929年，被选为东江特委副书记，参与主持东江特委日常工作以及整个东江地区的革命工作。

- 1930年4月，调任广州市委书记。6月上旬，不幸被捕。7月1日，就义于广州红花岗畔，时年25岁。

杜式哲，祖籍广东省澄海县涂城村，1905年出生于泰国曼谷一个贫苦华侨工人家庭。其父漂洋过海，赴泰谋生，生母是泰国人。11岁时，杜式哲回广东澄海读书，由嫡母抚养。嫡母非常疼惜他，他也十分孝敬嫡母。他先进涂城崇实初级小学读了3年初小，然后即转北里村茂德小学读高小。杜式哲怀着强烈的求知欲和执着的上进心，刻苦攻读。1923年秋高小毕业后他考进了潮安县金山中学（广东省立第四中学）。进了金山中学，杜式哲更是埋头书山，不闻世事。

领导澄海县学生运动

1924年底，杜式哲因病魔缠身，不得已赴泰医治。在泰国，他受不了家庭的束缚，特别是生母的虐待，这与在家乡嫡母的抚爱和自由的生活形成了截然的对照，因而病还未痊愈他又从泰国回到了澄海。1925年初，杜式哲从金山中学转学到澄海县立中学（简称"澄中"）。他一如既往，惜时如金，不喜交际，专心致志地做学问，同学们都说他是个"怪人"。

1925年，澄海处在国民革命的高潮中。年初，进步人士杜国庠从上海回到澄中任校长，又聘请了从上海回来的共产党员李春蕃等一批进步教师到校执教。加上国民革命军第一次东征胜利的影响，澄中的面貌发生了根本变化。杜式哲在李春蕃的教育和影响下，深深地认识到，国家兴亡，学子有责，要挽救中华，摆脱任人宰割的局面，必须外御列强，内除国贼。从此，他精神大振，从书山中钻了出来，积极参加澄中学生组织的宣传活动。由于他的热情和能干，他和同学林灿、陈澄等被选为澄中学生会领导人，在党组织的领导下，负责起全县的学生运动。

发动学生开展工农运动

1925年6月，五卅运动波及澄海，杜式哲和林灿、陈澄立即带领澄中学生组织宣传队，到苏南、樟林一带，向群众揭露帝国主义剥削屠杀中国工人、侵略中国的罪行，进行反帝反侵略、支援罢工工人的宣传。国民革命军第二次东征胜利后，潮汕地区的农民运动迅速发展起来。为开阔学生眼界，提高他们的思想觉悟，李春蕃带领杜式哲等学生代表前往海丰县参观学习彭湃开创的农民运动。海丰农运领导人热情地给他们介绍了彭湃开展农民运动的动人事迹。他们又到海丰梅陇和公平两个区实地参观考察。如火如荼的农民运动以及带来的巨大变化，杜式哲切身地体会到，农运是农民的出路，从此，精神上受到了极大的鼓舞，思想觉悟也迅速提高。回到澄海后，杜式哲被吸收加入了共青团，更加积极地从事学运工作。他常常带领学生到农运基础较好的苏南区去宣传海丰农民运动的经验，发动农民群众加入农会，苏南区成了澄海农民运动的一面旗帜。

1926 年 1 月，杜式哲光荣地加入了中国共产党。入党后，他被党组织调往汕头市，担任共青团汕头地委文书。4 月，广东省学生联合会召开代表大会，杜式哲代表岭东学生会赴广州出席，且被选为省学联执行委员会执行委员，参与对全省学生运动的领导。4 月 26 日，共青团汕头地委改选，杜式哲被选为地委学委委员，挑起了协助党组织领导全地区学生运动的重担。他把学生运动和工农运动结合在一起，多次发动学生走出校门，到工厂、码头、商店和农村开展工农运动。

赴饶平县开展革命工作

1926 年 5 月，杜式哲受中共潮梅特委派遣，以广东省农会特派员的身份，到广东东部的饶平县开展工作。一到饶平，他就深入县城郊区和上饶山区做组织发动工作，很快便在这些地方建立起党团支部。不久，县城和各区乡的农会、妇女解放协会、儿童团等群众组织也相继成立，国民党饶平县党部也重新改组。

1926 年冬，杜式哲在饶平县城召开党团会议，要求各区乡继续发展党团组织，扩大农民协会，建立农民武装。根据党团会议的决定，杜式哲还亲自主持县农民自卫军训练班，学员回到各区乡后，又组建起农民自卫军。以农民运动为中心的各项工作顺利开展。

1927 年蒋介石在上海发动四一二反革命政变后，饶平的国民党反动派也跟着反共反人民。为了保存革命力量，杜式哲安排党团骨干离开县城撤到上饶山区，自己继续在城郊山美一带领导农民进行斗争，一直到 5 月才转移到上饶山区。

带领农军攻打饶平县城

杜式哲到了上饶山区，即召开党团代表会，传达中共广东省委关于组织各地暴动、粉碎国民党反动派进攻的指示，决定攻打县城以配合全省暴动。1927年5月18日，杜式哲带领以党团员为骨干的数百名农民自卫军以及各乡农会会员直取县城。反动县长闻风而逃。农军占领县城后，打开监狱，解放"犯人"，烧毁文书档案和税捐簿册，惩办贪官污吏，救济百姓，还缴获大量枪支。这就是有名的"农军一攻三饶城"战斗。暴动的胜利，使饶平革命运动进入一个新的高潮。

暴动胜利后，党团组织随之发展壮大。7月，中共饶平县委员会在上饶成立，杜式哲被选为县委书记。同时还成立共青团饶平县委，书记是李仁华。9月，县委在上饶开办政治训练班培训干部。杜式哲亲自主持训练班并宣讲社会发展史、马克思的科学社会主义学说等课程。他讲课通俗易懂，深受学员欢迎。这批学员后来成了饶平革命斗争的主要骨干。

任工农革命军第十四团的党代表

在各地暴动纷纷兴起的基础上，1927年秋冬，潮梅地区普遍建立了工农赤卫团和工农革命军。9月17日，根据上级党组织的指示，饶平县组建了工农革命军第十四团，杜式哲任党代表，张碧光为团长，余仁登为参谋长。为解决革命军的武器装备问题，第十四团乘驻大埔县高陂镇敌军防务空虚，于9月30日偷袭该镇，缴获了20多支枪。次日，又得到驻扎在大埔县三河坝的南昌起义军支援的40多支枪，部队斗志更加高昂。

10月5日，杜式哲等率领的第十四团在南昌起义军配合下，一举攻克饶平县城，敌县长弃城而逃。农军没收了地主豪绅的粮食资财，分给贫苦群众。

不久，朱德率起义军离开饶平沿闽粤边界北上，杜式哲等留在当地坚持武装斗争。

"农军二攻三饶城"的胜利，大大地鼓舞了群众的情绪，上饶各区乡纷纷成立了苏维埃政府。12月，由杜式哲主持，县委在上饶召开全县党代表会议，传达上级党组织对饶平工作的指示。会议决定在扩大红色区域的同时，抓好白区群众的发动工作，并作了具体的部署。

正月初六惨案

1928 年 1 月 28 日（农历正月初六），敌县长亲率 10 倍于农军的兵力"围剿"中共饶平县委所在地上饶上下祠。烧杀抢掠一空，制造了饶平历史上有名的"正月初六惨案"。县委机关和第十四团被迫退上九村山，100 多人的给养无法解决，杜式哲即召开干部会议决定暂时解散第十四团，各自带着枪支疏散隐蔽，等待时机再行集中。杜式哲等领导人则准备经大埔往汕头找中共潮梅特委汇报工作。1 月 30 日，杜式哲等在大埔遇到大埔县委，得到他们的帮助，取得活动经费后重返饶平，将县委机关转移到上饶的石井村。同一天，中共广东省委发来了指示信，要求县委克服失败主义之影响，再造暴动局面。

重建武装队伍

1928 年 2 月，中共潮梅特委遭到敌人破坏，中共广东省委派沈青来汕头重建潮梅特委。杜式哲到汕头向沈青汇报工作，接受任务后即回饶平。潮梅特委又派徐光英来饶平协助杜式哲将原第十四团的部分骨干再度集中，重建武装队伍。杜式哲组织县区干部深入群众，发动对"正月初六惨案"中受摧残的上下祠群众的捐助运动，这对于振作群众的斗争情绪起了很大作用。

同年五六月间，敌人又先后向县委机关所在地上饶石井村和茂芝大举进攻，杜式哲带领武装队伍顽强抵御，终因敌我兵力悬殊，无法打破"围剿"，最后县委和武装队伍只得再次退到上饶双善。此后，由于潮梅特委干部紧缺，杜式哲奉调到潮梅特委工作，饶平县委书记由林逸响继任。

1928 年 6 月，为了统一对东江地区和潮梅地区的领导，广东省委指示把东江特委和潮梅特委合并，成立新的东江特委，指定彭湃任特委书记。杜式哲为特委委员，负责组织工作。当时革命转入低潮，整个东江地区笼罩在一片白色恐怖之中。彭湃、古大存等各自带一部分武装力量转入大南山和八乡山等山区，深入发动群众，开始了创建东江革命根据地和重建东江武装队伍的艰苦工作。杜式哲则根据广东省委的指示，在这年夏秋间，组织护送东江的一部分干部红军（主要是南昌起义军和广州起义军留下的人员）转移到香港。在环境极为恶劣的情况下，他经常往返于香港、东江之间，有时还要远涉泰国。杜式哲把个人安危置之度外，全心全意为革命而奔忙。他对革命充满了信心，曾对人说过，18年后，革命可以成功。他随时准备以牺牲自己来换取革命的胜利。

参与主持东江地区的革命工作

1928年11月，中共广东省委召开扩大会议，贯彻中共六大精神，纠正了"左"倾盲动主义的一些做法，东江地区的工作也有了起色。1929年初，杜式哲任东江特委常委，在6月东江第一次党代会和9月东江特委第二次全会上，杜式哲又被选为东江特委副书记。参与主持东江特委日常工作以及整个东江地区的革命工作，担子更加繁重。

东江特委在建设山区根据地，开展平原工作中，十分注重各地党的组织建设和思想建设。杜式哲一面安排各县委负责人分批前往省委在香港举办的干部训练班参加学习，一面又亲自到各县去、到山区去，利用多种形式培训干部，巩固和发展党的组织。1929年4月，杜式哲就曾到东江最东面的饶平县双善山区开办干部训练班，帮助饶平县委做好党的组织建设。由于他作风踏实，平易近人，工作深入细致，因此得到干部与群众的拥护，使革命力量得到恢复与发展。

1929年10月，朱德率红四军进入东江。在红军的强有力支持和帮助下，杜式哲等深入发动群众，使东江各地普遍地开展了土地革命，成立工农民主政府，整个东江的革命运动进入了一个崭新的时期。1930年5月，在八乡山滩下村召开了东江第一次工农兵代表大会，山区平原19个县派出326名代表出席，成立了东江工农民主政府和中国工农红军第十一军，宣告了以八乡山、大南山为主的东江革命根据地的正式建立。

坚持党性原则

1929年冬，李立三"左"倾冒险主义开始影响到东江，并逐渐在东江特委中占统治地位。杜式哲和古大存等不计较个人得失，坚持党性原则，以对革命高度负责的精神，对"左"倾思想进行了抵制。1930年初，省委召开扩大会议，要求贯彻"左"倾路线，杜式哲参加会议并提出了不同意见，结果受到大会主持者的批评和责骂。但他仍不随波逐流，依然坚持自己的观点。4月，东江特委召开扩大会议，由省委代表传达总暴动路线，然后讨论惠潮梅总暴动的问题。杜式哲支持古大存等反对总暴动路线主张，根据东江敌我双方的力量对比和地理状况等实际情况提出要坚持在农村开展以土地革命为中心的斗争。但这一意见未被接受。

调任广州市委书记

1930年4月，杜式哲调任广州市委书记，在白色恐怖的恶劣环境下进行地下艰苦斗争。他要求市委机关的同志，利用各自的公开身份和职业条件，谨慎地做好宣传教育各阶层市民群众的工作，打好党在工人群众中的基础。

杜式哲经常亲赴香港，向省委汇报和请示工作。当时在香港和广州，有不少大革命时期从潮汕地区逃出来的土豪劣绅，有的还当上了国民党反动派的暗探。当时居住在香港的杜式哲的好友杜式通，常为杜式哲的安全担忧。杜式哲也深知自己的处境十分险恶，但他忠心耿耿地为着党的事业而宁愿牺牲个人的一切。他向杜式通说，我如被捕，给反动派的只有一纸革命书，我将表白我为什么要革命，为什么要加入中国共产党，然后献出生命。

英勇就义于广州红花岗

1930年6月上旬，国民党反动派侦知杜式哲的行踪和广州市委机关所在地，派军警包围了市委机关，杜式哲、陈新宇、赖传尧、黄姐、王碧辉5人不幸被捕。在狱中，杜式哲泰然自若，组织狱友继续和敌人展开斗争。面对敌人的淫威，杜式哲大义凛然地表示，为革命、为人民、为党的事业，乃自身之夙愿，夙愿以偿，抛头颅也在所不惜。

国民党反动派从杜式哲身上捞不到半点好处，1930年7月1日，终于向杜式哲、陈新宇、赖传尧、黄姐、王碧辉5人下毒手了。杜式哲等站在开往刑场的汽车上，毫无惧容，沿途高呼："打倒国民党！""共产党万岁！"当天，杜式哲等就义于广州红花岗畔，为革命贡献出了宝贵的生命。

英烈语录

"为革命、为人民、为党的事业，乃自身之夙愿，夙愿以偿，抛头颅也在所不惜。"

英烈精神

坚定勇敢，艰苦斗争，忠心耿耿，全心全意地为党、为革命、为人民不惜牺牲自己的无私奉献和敢于斗争精神。

（余春生　朱定华）

蓝亚梅（1907—1930）

—— 用山歌宣传革命道理

蓝亚梅，又名竹梅，广东省兴宁县下堡布头人。

- 1907 年，出生。

- 1920 年，与刘光夏结婚。

- 1927 年，跟随丈夫投身革命。同年冬，先后发动农民群众 300 多人加入农会组织。

- 1928 年初，随刘光夏来到丰顺的叶田、九龙嶂、斗溪、赤岭一带发动群众，建立革命据点，组织妇女宣传队，发动妇女组织担架队抢救伤病员。

- 1929 年春，到大信动员农民加入农会，领导农民打土豪劣绅，开展抗租抗债的斗争。8 月，当选为中共兴宁县委委员，负责领导妇女运动。同年冬，在大信中和、蕉坑、小佑、岩前、新南、龙川大塘肚和江西岭峰丹、竹楼一带领导妇女运动。

- 1930 年 9 月被国民党反动派逮捕杀害，时年 23 岁。

蓝亚梅，又名竹梅，出生于1907年，广东省兴宁县下堡布头人。1920年，蓝亚梅与刘光夏结婚。婚后，在刘光夏的叔父刘少谟（水口的土豪）和堂侄刘大用（水口区伪团防主任）的迫害下，生活日趋贫困，蓝亚梅用自己劳动省下来的钱和外婆家的一点资助，供给自己的丈夫读书。

受丈夫影响投身革命

1927年间，蒋介石、汪精卫相继发动了反革命政变，对共产党员和革命群众实行血腥的大屠杀，大革命遭到失败，革命暂时转入低潮。这时，在武汉中央军事政治学校训练的刘光夏，随部队来到九江，受党的委派，回到广东兴宁组织农民开展武装斗争。刘光夏回到家乡后，与兴宁地下党组织一道，按照上级指示精神，于1927年9月3日组织发动了第二次兴城暴动，取得了胜利。接着，农民暴动队伍进行整编，在永和区湖尾村潘屋成立了广东工农革命军第十二团，刘光夏任团长。第十二团成立后，刘光夏率领部队在永和、石马和五（华）兴（宁）龙（川）边境一带开展活动，攻打反动团防据点，打土豪，筹集军饷，建立革命根据地。在这期间，刘光夏经常对妻子蓝亚梅讲闹革命、打土豪、分田地的道理。在刘光夏的教育帮助和影响下，蓝亚梅逐渐懂得了许多革命道理，明白只有起来革命，劳苦工农大众才能从被剥削、被压迫下解放出来，才能过上幸福的日子。她毅然冲破封建势力的枷锁，跟随丈夫投身革命。

用山歌宣传革命

1927年冬，蓝亚梅随刘光夏在水口、宋声、茂兴、坪畲一带做宣传发动工作。她组织了妇女中的几个积极分子，利用反动民团外出之机，深入反动势力区域演白话戏。蓝亚梅记忆力强，很喜欢唱山歌，就常常用这一群众喜爱的形式宣传革命道理。每当串联好一批妇女参加会议时，便在会上通过唱山歌，宣传革命道理，启发群众要过好日子，就要打倒土豪劣绅，积极参加革命。在她的教育和影响下，先后有农民群众300多人加入了农会组织。

发动群众建立革命据点

1928 年初，刘光夏带领部队转移到梅、兴、丰边远山区开展活动。蓝亚梅随刘光夏来到丰顺的叶田、九龙嶂、斗溪、赤岭一带发动群众，建立革命据点。开始，群众对共产党还不十分了解。为了消除群众的顾虑，蓝亚梅耐心地宣传共产党是真心领导群众闹革命、打土豪、分田地的。她走村串户，给群众唱道："共产党来矛（没）惯（那么）差，矛来穷人杀穷侪（人）；穷人占（才）是厓（我）兄弟，要杀也杀资本家。""紧缅紧真紧痛肠，因为矛食占借粮，借人三升还一斗，谁知雪上又加霜。""自己冤枉自己知，今来觉悟也唔（不）迟，大家穷人联合起，蕃豆脉（剥）壳还有衣（医）。""土地革命爱实行，田地重新分配平，家家都有田耕种，衣食平均心就甘。"这些通俗易懂的歌谣，使群众深受教育和启发。在党的领导下，各乡成立了苏维埃政府，不久便实行了土地革命，烧田契，分田地。蓝亚梅还组织妇女宣传队，用歌谣形式宣传革命道理，号召妇女参加农会，支援革命。并发动妇女组织担架队抢救伤病员，密切配合部队攻打畲坑圩黄惊甫的反动民团等，此外，还办了妇女识字班和儿童团，亲自教唱儿歌。这些措施使儿童提高了觉悟，他们积极为地下党送信、放哨、监视敌人。

舍小家为革命

1928 年 10 月，正当白色恐怖越来越严重的时候，蓝亚梅的儿子呱呱坠地了。她把孩子取名为"江湖仔"（后改名刘小光，共产党员，原兴宁农业银行行长）。生下孩子的第四天，蓝亚梅和她丈夫就受到敌人的追捕。为了行动的方便，他们把孩子送到赤岭云山下一个叫邓春妹的农民家里寄养。一天，蓝亚梅和刘光夏去邓春妹家看望孩子，敌人跟踪追来，包围了邓屋。在这危急关头，他们发现屋后有条密林小路没有敌人，刘光夏抱着孩子，用手捂住孩子的口，从高高的围墙跳了下去。当他们从屋后突围出来，甩开敌人追捕时，孩子大哭起来，这时他们才发现孩子的右手在跳墙时被折断了。看到小小的孩子遭受如此磨难，夫妻俩心如刀割。但为了革命事业，他们只得强忍悲痛，一边为孩子治伤，一边继续在群众中进行宣传发动工作。此后，蓝亚梅对敌斗争的决心更大，她带头剪短发，穿西装短裤子，腰插两支驳壳枪，经常冒着敌人"围剿"、追捕的风险，挨家挨户地做宣传发动工作。

1929 年春，中共地下党在兴宁北平大信建立了革命根据地，有些同志需要转移到大信、罗浮一带开展革命活动。蓝亚梅便毅然把刚生下三个月的孩子交给当地群众抚养，自己到北部山区去开展工作。

开展抗租抗债的斗争

1929 年春，为了巩固和发展大信根据地，红军第三营和当地赤卫队联合寻乌第二十一纵队多次进攻罗浮圩，拔除了敌人在大信根据地内的最后一个反动据点，使寻乌、平远、大信、罗浮及龙川大岭一带的根据地连成一片，并在大信中和村成立了兴宁第五区农会。蓝亚梅到大信后，配合区农会，动员农民加入农会；领导农民打土豪劣绅，开展抗租抗债的斗争。

领导妇女运动

1929 年 8 月，中共兴宁县委在九龙嶂召开党的代表大会。蓝亚梅在会上当选县委委员。会后，她回到大信进行土地革命的准备工作。同年 10 月，蓝亚梅出席了县委在大信北坑里召开的党代表大会，会上改选了县委，蓝亚梅再次被选为县委委员，负责领导妇女运动。

同年冬，大信中和村成立第五区苏维埃政府。接着，在大信乡、岩前乡、石南乡、江广乡和五福乡都相继成立乡苏维埃政府，在全区开展了轰轰烈烈的土地革命斗争。蓝业梅等人在大信中和、蕉坑、小佑、岩前、新南、龙川大塘肚和江西岭峰丹、竹楼一带领导妇女运动。她们挨家挨户做宣传工作。蓝亚梅还组织她们为红军、赤卫队做饭、烧水、洗衣服、送信、买东西。经过蓝亚梅等人的积极宣传发动，大信苏区 6 个乡成立了妇女大队，还办了 6 个妇女识字班，把这些妇女引上了革命的道路，从各个方面支援红军。大信革命根据地的妇女运动搞得轰轰烈烈，革命斗争如火如荼，这使得国民党反动派胆战心惊，坐卧不安。

隐蔽山里继续革命

1930 年 3 月，丈夫刘光夏在澄江战斗中壮烈牺牲。严酷的斗争现实，进一步锤炼了蓝亚梅的斗争意志。她经受住了沉重的打击，擦干眼泪，加倍努力地投入新的战斗。1930 年 7 月，县委派蓝亚梅去大坪双头山开展妇运工作。为了躲避敌人的"围剿"，她白天隐蔽在山里，晚上就到村里去串联发动妇女。密林深处，贫苦农民家里，到处留下了她的足迹。

不幸被捕遇害

1930 年 9 月的一天晚上，蔡梅祥和蓝亚梅在双头山召集朱招娣、杨初招、杨八妹、杨招娣、刘四娣等妇女积极分子开会，会上成立了妇女代表会，并决定第二天晚上召开全村的妇女大会。可是，第二天天还未亮，蓝亚梅就被国民党反动派抓去了。

国民党反动派妄图从蓝亚梅口中得到共产党的秘密，对她用尽了种种酷刑：用烧红的铁板烙她的皮肤，用烧红的铁链绑她的手脚。面对国民党反动派的残忍手段，蓝亚梅始终坚贞不屈。反动派在审讯蓝亚梅时，问她："谁是共产党，他们在哪里？"蓝亚梅斩钉截铁地回答说："做工的、种田的劳苦大众都是我们共产党人。"反动派骂她是"共产嫲"，她大义凛然地唱道："你们讲事系（是）还差，开口骂厓（我）共产嫲，红白蛮田（还未）分胜负，江山始终都是厓（我）。"她坚信革命一定会成功，共产主义一定会实现。国民党反动派尽管对蓝亚梅施以各种严刑，始终一无所得，便准备对她下毒手。

面对反动派乌黑的枪口，蓝亚梅面不改色，视死如归。她高呼"共产党万岁！"敌人要将她押到群众的番薯地上执行，她挺立不动，怒斥敌人损害群众的利益。敌人无奈，只得换一块没有种庄稼的地方。就在她生命的最后一刻，蓝亚梅考虑的不是自己的生命，而是群众的利益，这种革命精神是何等高尚，周围的群众都被感动得流下了悲痛的眼泪。蓝亚梅牺牲时年仅23 岁。

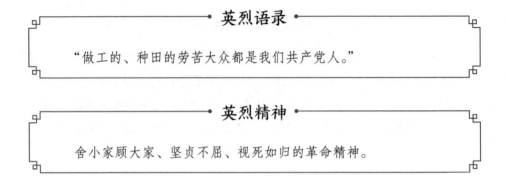

英烈语录

"做工的、种田的劳苦大众都是我们共产党人。"

英烈精神

舍小家顾大家、坚贞不屈、视死如归的革命精神。

（刘雨汀　肖海灵　陈向红）

刘光夏（1904—1930）

——生为革命生，死为革命死

主要生平

刘光夏，广东省兴宁县水口下堡乡人。

- 1904 年，出生于一个农民家庭。
- 1920 年，考进县城兴民中学。
- 1921 年，转学到梅县广益中学。
- 1923 年，高中未毕业便考入福建厦门大学。
- 1926 年，到广州考入黄埔军校第六期，并加入中国共产党。
- 1927 年，首先在家乡水口盐米沙组织农民武装。9 月 3 日，率领农民义勇队发动兴宁县第二次农民武装暴动，胜利地占领了兴宁全城，成立广东工农革命军第十二团，任团长。创建水口革命根据地。同年冬，任中共兴宁县委员会委员。
- 1928 年 1 月，任五、兴、丰、梅、埔五县暴动委员会委员。
- 1929 年冬，任中国工农红军第十一军第五十团团长。
- 1930 年 3 月，率领第五十团攻打反动武装的顽固据点——澄江圩，在战斗中壮烈牺牲，时年 26 岁。

逐步成长为坚定的共产主义战士

刘光夏，广东省兴宁县水口下堡乡人，1904 年出生于一个农民家庭。少年时期，他在家乡私塾读书。1920 年，刘光夏考进县城兴民中学，1921 年转学到梅县广益中学。1923 年，他高中未毕业便考入福建厦门大学。刘光夏在中学、大学期间，读了不少马列著作和进步书刊，接受了革命思想，在脑海里播下了革命的种子。

1924 年秋，刘光夏因家庭经济拮据，大学未毕业便返回兴宁附城新陂小学教书。由于刘光夏与当地封建势力的头子进行了不妥协的斗争，不到一年，他便被辞退了。刘光夏回到家乡，他大义灭亲多次组织贫苦农民袭击其叔父、恶霸地主、水口区团防主任刘大用，使反动县署官僚和土豪劣绅们大为震惊。1926 年春，刘光夏在潮州秘密投考黄埔军校潮州分校，成绩优秀，名列前茅。消息传到家乡，刘大用怀恨在心，便串通兴宁县公署到潮州通缉刘光夏，并同时逮捕了刘光夏的父母。后经革命群众和进步学生的积极声援、示威，县公署无法实罪定案，只好释放了刘光夏及其父母。

不久，刘光夏到广州考入黄埔军校第六期，并在军校光荣地加入了中国共产党。1927 年，刘光夏在武汉中央军事政治学校训练。这个时期，刘光夏逐步成长为坚定的共产主义战士，政治上已日臻成熟，1927 年 1 月 12 日，他在给堂兄的信中宣传党的政策说："……本党的基础建筑在哪里？谁也知道建筑在最多数民众上面，换句话说，即是建筑在最多数'农工'民众上面。而最受压迫、痛苦的就是劳苦佃农和一天到黑都没有休息，衣也没有好穿，饭也没有好食的无产工人。"他认为要解除农民痛苦就要把农民组织起来，为了解除其堂兄的思想顾虑，还具体地分析了他的家庭状况。指出："我兄家虽小康，而未压迫佃农，榨取其汗血脂膏，所以兄之父母不算劣绅土豪，不唯不能被人打倒，且还要保护吾兄之家庭，我兄要认清楚这一点，才不致被绅士阶级反动宣传所麻醉迷惑，为实现本党农工政策，扶助农工运动发展，使本党基础巩固，使国民革命早日成功。"

回兴宁开展武装斗争

1927 年八一南昌起义前夕，在武汉中央军事政治学校训练的刘光夏随部队来到九江。这时，他受党的委派，回广东兴宁组织农民开展武装斗争。刘光夏首先在家乡水口盐米沙组织农民武装。接着，他得到了中共梅州地委的指示，和当时中共兴宁县委的负责人蓝胜青、农运领导人卢惊涛、农民武装首领潘英等先后取得了联系。经过短期的紧张筹备，便决定在9月3日（农历八月初八）以刘光夏为首发动兴宁县第二次农民武装暴动（第一次农民武装暴动在同年5月18日，暂告失败）。9月2日晚，刘光夏、蓝胜青在附城福兴乡梅子坑集中了农民义勇队73人，组成精干的农民武装队伍。这支农民武装队伍装备简劣，仅有土造单响步枪17支、短枪4支，其余皆是粉枪、马刀和土炸弹。与此同时，党组织布置县立中学革命师生，预先埋伏在城内南街做内应。当晚12时，刘光夏、蓝胜青率领农民义勇队在城镇南郊外集中。刘光夏先派18名勇士在新丰街尾用竹梯爬上城头，驱逐了南门守敌，打开了城门，义勇队便蜂拥攻进城内。敌人惊恐万状，仓皇逃散，县长也爬墙逃命去了。

9月3日拂晓，刘光夏率领的农民暴动队伍胜利地占领了全城。这次农民暴动的胜利，极大地鼓舞了兴宁人民的斗志，沉重地打击了敌人。当天下午4时，刘光夏、蓝胜青率领农民起义队伍主动撤出县城。当晚在永和湖尾召开了庆功大会。会上，刘光夏、蓝胜青按上级指示精神，宣布成立广东工农革命军第十二团，刘光夏任团长，蓝胜青任党代表兼副团长，全团共100多人。

创建水口革命根据地

革命部队成立后，刘光夏率部移驻径心兴凤寺，进行整训。同时，他率领部队在径心、永和、石马和五华、兴宁、龙川边境地区发动群众打土豪，攻反动据点，筹集军饷，并创建水口革命根据地。1927年冬，第十二团移驻永和湖尾期间，成立了中共兴宁县委员会，书记蓝胜青，刘光夏、陈锦华等人为县委委员。

1928年1月10日，刘光夏率广东工农革命军第十二团与古大存领导的广东工农革命军第七团队部会合，补充了枪支弹药，增强了战斗力。革命力量的集结，使五华、兴宁、龙川、丰顺、梅县一带的反动派惊恐万分。1928年夏，刘光夏又率部与郑天保部队会合，成立五、兴、丰、梅、埔五县暴动委员会（暴动委员会简称"暴委"），古大存为暴委主席，郑天保、刘光夏、黎凤翔、张家骥为暴委委员。

1929年10月20日至11月2日，朱德率领的红四军3个纵队1万多人在东江活动了10多天，发布了由毛泽东、朱德、古大存、刘光夏、朱子干、陈魁亚、陈海云等7人签署的《东江革命委员会关于公布执行土地政纲的布告》，有力地推动了东江地区的土地革命运动。

领导红五十团

根据东江特委的指示，1929年冬，决定在兴宁大信根据地以刘光夏所率广东工农革命军部分指战员以及其他一些部队整编成立中国工农红军第十一军第五十团，全团600多人。团长刘光夏，政委陈俊（红四军干部），参谋长邝才诚。

刘光夏率领的红五十团，无论在政治素质上和军事装备上都是比较优秀的，团部所属直属队和各营均有党团组织。红五十团的武器装备比较完备，除少数是土造五响外，绝大部分武器是从敌人手里缴获的所谓"洋枪"。弹药也比较充足。红五十团成立不久，便多次粉碎了敌人的"会剿"。1930年2月初，红五十团进攻平远石正、仲石等地，都取得重大的胜利，尤其是石南一役，大败县团防陈楚鹿、谢海筹、陈尧古所率的500余人反动军队，敌人死伤惨重。

刘光夏在战斗中英勇无畏，身先士卒。他长得又高又大，经常骑着大白马驰奔在战场最前线。他教育战士："革命就不要怕死，要生为革命生，死为革命死，革命到底。"在艰苦的岁月里，刘光夏充满革命乐观主义精神，他对根据地的受难群众说："跟着共产党，人民得解放，幸福万年长，烧了烂屋换新房。"刘光夏十分藐视敌人的"围剿"，他说："你走我来，我打你走，你有千兵马，我有万重山。"

在澄江圩战斗中壮烈牺牲

国民党反动派十分仇恨、惧怕刘光夏，把他列为"东江三大寇"（即古大存、刘光夏、李明光）。从1927年冬起，兴宁县公署、潮梅守备司令部等反动军阀多次出布告重金悬赏缉捕刘光夏，他们声称"刘光夏等倡言共产，危害党国""非予严缉惩办，地方人民永无安宁之日"等等。

1930年3月下旬，刘光夏率领的红五十团，为了实施使粤赣根据地连成一片的战略目标，接受中共东江特委的命令，攻打反动武装的顽固据点——澄江圩。由于部队事先对敌人力量估计不足，内线工作没有做好，山地烂泥田不熟悉，加上大雾弥漫，这些都对部队战斗行动非常不利。3月25日拂晓，澄江圩反动武装谢嘉尤及其援兵反包围了部队，几乎使红五十团全团覆灭。团长刘光夏、政委陈俊均在战斗中壮烈牺牲，参谋长邝才诚被敌人捉去，惨遭杀害。刘光夏牺牲时年仅26岁。

英烈语录

"革命就不要怕死，要生为革命生，死为革命死，革命到底。"

"跟着共产党，人民得解放，幸福万年长，烧了烂屋换新房。"

"你走我来，我打你走，你有千兵马，我有万重山。"

英烈精神

不畏艰苦将革命进行到底的革命乐观主义精神；忠于党、忠于革命事业的忠贞不渝的革命精神。

（陈子贤）

彭在璇（1892—1930）

——丰顺暴动领导人之一

主要生平

彭在璇，原名彭久班，广东省丰顺县人。

- 1892年，出生于丰顺县龙岗区松江乡江下村一个农民家庭。

- 1923年，任黄金小学校长。

- 1926年春，被选为国民党丰顺县党部监察委员。8月，加入中国共产党，丰顺县农民协会成立，任县农会执委，在党内任县委宣传部部长。

- 1927年4月至1928年8月，三次组织丰顺农民和自卫军举行暴动。取得攻打梅县畲坑、丰顺总暴动和家乡秋收保卫战等胜利。

- 1930年9月26日，与妻子一起被敌人所捕。10月21日，在县城高桥下英勇就义，时年38岁。

彭在璇，原名彭久班，1892 年出生于丰顺县龙岗区松江乡江下村一个农民家庭。兄弟 5 人，他排第四。他少年时勤奋读书，能写善讲，追求进步，曾就读于潮安县金山中学，后在良乡义学执教。1923 年任黄金小学校长。

积极投身革命活动

1926 年春，国民党丰顺县党部成立，彭在璇被选为县党部监察委员。工作期间，他在共产党员、国民党县党部执委蔡宁和黎凤翔帮助下，认真学马列主义，思想觉悟不断提高，并于 8 月加入中国共产党。从此，他积极投入党领导下的各项革命活动。

成立农民协会

1926 年 8 月，在国共合作时期，他以监委的职责，敢于向县政府腐败现象作斗争。丰顺县县长王正常贪污，生活腐化。彭在璇即以监委的名义，发动农民向王正常进行清算斗争。农民都拍手称快。通过这次斗争，他把农民组织起来，成立农民协会。由于他敢于维护群众利益，带头向贪官污吏作斗争，因此受到农民的支持和爱戴。这年秋成立丰顺县农民协会时，彭在璇被推选为县农会执委，在党内任县委宣传部部长。

领导丰顺暴动

彭在璇是举行丰顺暴动的领导人之一。1927 年 4 月 15 日，国民党广东省党部派吴式均等反动分子回丰顺，通令全县党部改组，组织"清党委员会"，企图消灭共产党，又逮捕了县农会秘书陈思永。彭在璇和黎凤翔等共产党员，即在良乡树立农会旗帜，设立大本营，与县政府进行对垒，并于 4 月 21 日组织农民和自卫军 400 多人，举行暴动，抵抗县政府命令，第一次围攻县政府。不久，陈思永被反动派押解潮汕杀害，群众纷纷要求报仇。5 月 15 日，彭在璇又一次与黎凤翔、蔡宁等领导人一起，组织全县农民自卫军和农民六七千人，分五路浩浩荡荡向县政府进军。这次围攻县政府再告失败后，国民党反动派气焰嚣张，到处杀人放火。同时，县政府发出通缉令，悬赏通缉共产党首要彭在璇等人。于是，彭在璇和县委、农会负责人黎凤翔、张泰元、邓子龙等一起，带领农民武装几十人，集结在丰梅交界的九龙嶂柑子窝等地，并于10月间，与郑兴（郑天保）、蔡若愚（胡一声）领导的梅县工农武装，在九龙嶂井头窝会师。根据中共广东省委指示，成立广东工农革命军东路第十团，进行武装斗争。

上九龙嶂后，彭在璇在领导武装斗争同时，继续搞农运工作。他到山下的松江、上林坑、大湛、布心等乡村开展群众工作，组织农会，发动农民配合革命军暴动，建立苏维埃政权。那时武器十分缺乏，彭在璇千方百计在嶂背坑鸦鹊尾办起兵工厂，制造了一批漏底和单响枪，供给第十团使用。

随后，他先后带领农民配合第十团，于1928年2月4日攻打潘田乡治安会，于2月12日第三次攻打丰顺县城。此后，国民党第二师副师长周济民和县长冯熙周第二次发布通缉令，通缉彭在璇等共产党员，并大肆搜捕共产党员和赤卫队，实行烧光、杀光、抢光的"三光"政策。彭在璇的家及所在村庄都被烧毁了。在这险恶环境下，彭在璇的妻子和两个孩子，被迫随队伍走动。

敌人的通缉和"三光"政策，并没有吓倒彭在璇。相反，他更加仇恨敌人，革命意志更加坚定。在1928年8月攻打梅县畲坑时，他还带着孩子和农民一起星夜从九龙嶂百客塘出发，一举取得了这次暴动胜利。以后，还参加了有名的丰顺总暴动和家乡秋收保卫战等战役，取得一次又一次的胜利。

不幸被捕牺牲

1930年9月26日，彭在璇不幸在双髻炼下的江坑村崩塘缺被敌人所捕。当场被捕的还有其妻子邹德娘。14岁的大儿子彭衣作在抓捕时挣脱逃上山。敌人看见他大儿子逃跑，就将他12岁的小儿子彭念畅乱砍9刀（后来幸被四十六团军医抢救生还）。彭在璇夫妇被解往县政府监禁。

丰顺反动县长闻知彭在璇被捕，得意扬扬，甚至纵酒鸣炮表示庆贺。在彭在璇被禁的25天中，敌人软硬兼施，千方百计想诱他投降。但他宁死不屈，敌人弄不到我方的任何情况。

此外，党组织也千方百计营救彭在璇。通过在国民党丰顺县党部一起工作过的邹鲁生出面讲人情，由彭在璇的岳母出钱担保。但因彭在璇是要犯，没有获得释放，只在 10 天后，释放了他的妻子邹德娘。当她临出狱时，彭在璇嘱咐她三件事：一是出狱后不能去自新出卖同志；二是自己牺牲的话，不要悲伤，就地埋葬；三是要把儿子带回来抚育好，继续革命。1930 年 10 月 21 日，彭在璇在县城高桥下英勇就义，年仅 38 岁。

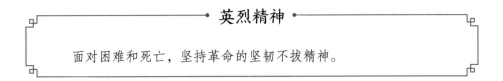

· 英烈精神 ·

面对困难和死亡，坚持革命的坚韧不拔精神。

（冯宗惠）

曾昭秀（1900—1930）

—— 南雄革命的主要引路人和主要负责人

主要生平

曾昭秀，广东省南雄县人。

- 1900 年，出生于广东南雄湖口老圩。
- 1922 年，发动广大师生上街游行，举行罢课斗争。
- 1923 年，考进广东省立第一中学（今广雅中学）。
- 1924 年秋，又考进广东大学预科。期间，参加新学生社，发起组织南雄留省学生会。
- 1925 年 5 月，创办《雄声》杂志月刊。6 月 23 日，参加广州各界声援上海工人的游行示威。同年七八月间参加共青团。
- 1926 年春，由共青团员转为共产党员，领导南雄革命斗争。
- 1928 年 2 月 13 日，指挥南雄全县大暴动。2 月 18 日，当选为南雄苏维埃政府主席。6 月，奉调到赣南的寻乌一带活动，后来担任寻乌、会昌、安远三县中心县委书记。
- 1930 年春，被诬为"AB 团"，不幸牺牲。时年 30 岁。

曾昭秀，1900 年出生于广东南雄湖口老圩，父亲曾奉璋以教书为业。曾昭秀先在其父执教的南雄第六集英小学就读。他聪明好学，后来以优异成绩考进南雄省立第六中学。曾昭秀在兄弟 6 人中居长。后来，在他的影响下，4 个弟弟（昭度、昭献、文尉、文玉）都参加了革命，其中昭度、文玉先后为革命捐躯。

举行罢课斗争

1922 年，军阀陈炯明驻扎在韶关地区，他任用地方豪绅曾蹇为南雄县长。南雄省立第六中学校长王道纯勾结曾蹇，在校内施行专制制度，规定学生每周只准上街两次，不能参加社会活动，等等。王道纯还贪污公款，致使新建校舍质量低劣，发生倒塌事故，压伤不少学生。曾昭秀见义勇为，邀约 16 位进步同学商量，决定展开斗争。他们一面向广东省教育厅揭发王道纯的贪污罪行，要求撤换校长；一面发动广大师生，上街游行，公开王道纯的罪行，争取社会力量的支持，同时还举行罢课斗争。此时正值孙中山决定改道经南雄出江西北伐，并将陈炯明部撤回广州。5 月，孙中山将要亲临南雄督战。在这种形势下，王道纯不得不辞职逃跑，曾昭秀等人的斗争获得胜利。

不久，陈炯明在广州叛变，孙中山被逼出走上海。张发奎部在韶关抵抗失利，8 月 4 日，陈炯明又占领南雄，南雄反动势力重新抬头，曾昭秀等 16 名进步学生被恣意扣上"捣乱学校"的罪名而被开除学籍。

创办《雄声》月刊

曾昭秀为了寻求革命真理，辗转经江西九江到了上海，这时国共合作正在酝酿中。1923 年 2 月孙中山组织力量赶跑陈炯明重返广州。曾昭秀不久也从上海来到广州，考进了广东省立第一中学（今广雅中学）。1924 年秋，又考进广东大学预科。并于 1924 年秋天参加了新学生社。为了团结南雄籍贯的学生，共同进步，他发起组织了南雄留省学生会，并于 1925 年 5 月创办了《雄声》月刊。曾昭秀为创刊号撰写了《创刊宣言》《日本人太藐视我们学生的人格了》以及《劳动节和南雄劳动界》三篇文章，号召大家联合起来，"打倒一切帝国主义、一切军阀、资本家和其他压迫人们的恶砺"。

1925 年，上海五卅惨案发生后，广州又发生了"刘杨叛乱"。面对帝国主义和反动军阀的罪行，在 6 月出版的《雄声》月刊第二期中，曾昭秀发表了《五卅与六六——国际帝国主义与国内军阀》一文，深刻地揭露了帝国主义与军阀狼狈为奸的罪行。6 月 23 日，曾昭秀参加广州各界声援上海工人的游行示威，这次游行示威遭到帝国主义的镇压，酿成沙基惨案。此后，他再也无法安静地在课堂里学习了，他和一批进步同学走向社会，积极参加反帝活动。同年七八月间他光荣地参加了共青团。

领导南雄革命斗争

1926 年春，曾昭秀由共青团员转为共产党员。是年秋，组织安排曾昭秀回到南雄工作，同他一起的还有周序龙、陈召南、张功弼、曾昭慈、彭显模等。在他们回南雄之前，方维夏（时任北伐军第二军第四师政治部主任）和从广州农讲所毕业回来的傅恕、夏明震、沈仲昆以及陈赞贤等已在南雄开展了工作，并成立了党的特支。傅恕担任特支书记，陈赞贤管工运，共同开展工作。曾昭秀等人回到南雄后，进一步增强了党的力量。国民党南雄县党部改组后，曾昭秀以国民党南雄县党部青年部部长的身份进行活动。随后，傅恕等去了江西，领导南雄革命斗争的重任，主要落到曾昭秀身上。

当时，右派县长邓惟贤勾结大土豪卢焜，极力破坏工人要求增加工资和农民要求减租减息的斗争。曾昭秀动员工会、农会成员 2000 多人开大会，揭露邓惟贤的种种罪行，要求有关当局撤掉他的县长职务。在群众的迫切要求下，县政府通电省政府，呈请撤办邓惟贤，并获批准。这一斗争的胜利，给群众以很大的鼓舞。

2 月 10 日，为了加强革命宣传，曾昭秀以国民党南雄县党部宣传部的名义，召集各界代表开会，组成了由曾昭秀等 9 人为委员的出版委员会，决定出版《珠玑周刊》。3 月底正式创刊。这时，国民党右派的活动已非常猖獗，3 月 6 日，赣州总工会委员长陈赞贤惨遭杀害。《珠玑周刊》在 4 月 11 日出版的第三期上，刊登了《陈赞贤之死与南雄工人应有之觉悟》一文，明确指出陈赞贤是"被资本家贿买第一师（直隶于蒋总司令的）党代表倪弼以'莫须有'三字秘密杀害的"，文章号召南雄工友们团结起来，"在总工会旗帜之下，用你们的头颅赤血去拥护你们本身的利益，以慰藉烈士的英灵"。

组织赤卫队进行武装暴动

1927 年四一二反革命政变以后，广东的国民党右派于四一五跟着叛变了。在革命的紧急关头，曾昭秀立即召开有关会议，通过《迅速号召全县人民起来投入反蒋运动的决议》，接着召开群众性的声讨大会，发表《南雄各界人民反蒋宣言》，号召工农一致团结起来，打倒屠杀工农的蒋介石，同时积极准备应付时局的变化。

5 月 10 日，敌钱大钧部占领南雄，土豪劣绅卢焜等又嚣张起来。他们组织反动武装，查封工会、农会和县委机关，殴打革命群众，通缉曾昭秀等共产党员。于是，曾昭秀等秘密转入农村，相机进行活动。

八一南昌起义军在潮汕失利后，朱德、陈毅率领部分起义军转战粤赣边区，在大余整编时，曾召集南雄等附近地区党的会议，指示曾昭秀组织赤卫队，准备进行武装暴动。曾昭秀根据朱德的指示，立即组织了以党员和农会积极分子为骨干的有 100 多人的赤卫队。11 月上旬，曾昭秀召开会议，决定一边在和睦塘集训赤卫队，一边诱杀反动头子卢焜等人，打掉敌人的嚣张气焰，为全县武装暴动开路。

12 月 15 日傍晚，卢焜等人应学生会的邀请，来到县城美香酒楼赴宴，酒宴正酣，我方事先埋伏在酒楼附近的敢死队员，突然出现在卢焜等人面前。敌人还来不及声张就被敢死队员一刀刺死在宴席上，接着敢死队员又追捕和处决了未赴宴的麦显荣，民心大振。

1928 年 2 月 13 日，由曾昭秀等指挥的全县大暴动爆发了。大暴动分城乡多处同时进行，一举获胜，打垮了城乡反动政权，摧毁了 18 处厘金税厂，缴获了一批枪支财物，2 月 18 日在黄坑召开了隆重的群众大会，当曾昭秀在会上宣布南雄苏维埃政府正式成立时，全场响起了热烈的掌声和欢呼声。大会一致推举曾昭秀为县苏维埃主席。湖口、里东、水口、黄坑、大塘、乌迳、油山等地红成一片。

县苏维埃成立后，根据中共北江特委于 1928 年 1 月 15 日发出的《北江各县暴动纲要》中对土地革命运动的指示精神，迅速展开土地革命，各区的平田平仓斗争如火如荼。贫苦农民高兴地分享到了胜利果实，更加拥护苏维埃政府的领导。

组织群众配合赤卫队奋勇抵抗敌人

1928年春，反动武装陈学顺部进驻南雄，与卢焜的胞弟卢煌勾结，组织了"清剿委员会"，并亲率反动武装800多人向苏维埃进攻。曾昭秀等组织群众2万多人，配合赤卫队，把敌人层层包围起来，陈学顺见势不妙赶紧逃窜。

几天后，陈学顺又纠集卢煌的民团和黄乐之的商团共2000多人，突然再次向县苏维埃政府进攻。军民几经激战，奋勇抵抗，终因敌众我寡，形势于我不利，曾昭秀遂率领县苏维埃人员和赤卫队员撤离上朔，转移到篛过。他们在篛过村，与数十倍于己的敌人相持了近10天后，为保存实力，曾昭秀又率领赤卫队及村民撤离篛过。

6月初，敌人又纠集兵力围攻湖口围子，用炸药毁坏了围子的墙垣，湖口长庆围被敌攻陷。随后，曾昭秀的亲属不幸被捕，只有曾昭秀等少数负责同志得以突围脱险。敌人悬赏1万多块大洋通缉曾昭秀。至此，整个南雄地区便笼罩在一片白色恐怖之中。赤卫队撤退至油山地区坚持游击战。

1928年6月，曾昭秀奉调到赣南的寻乌一带活动，后来担任了寻乌、会昌、安远三县中心县委书记。

不幸牺牲

1930年春，在党内"左"倾错误干扰下，曾昭秀被诬为"AB团"，不幸牺牲。后来，南雄县民政局追认曾昭秀为革命烈士。

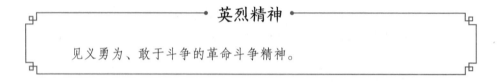

英烈精神

见义勇为、敢于斗争的革命斗争精神。

（邱传华　熊泽初）

钟炳枢（1903—1930）

—— 立志为穷苦农民的翻身解放贡献自己的一切

主要生平

钟炳枢，字辉贤，广东省郁南县平台妙门村人。

- 1903 年，出生。
- 1925 年底，加入中国共产党。
- 1926 年 2 月 16 日，当选区农会执委常委，负责农会和农民自卫军的组建工作。4 月 25 日，当选郁南县农会执委常委。
- 1927 年 11 月，被任命为郁南县委书记。
- 1928 年 2 月，为执行省委制定的《西江暴动计划》，以六区为重点，向农民宣传土地革命，发动暴动，坚持斗争。
- 1929 年 9 月，任新会县委书记。12 月初，担任广州市郊区巡视员。
- 1930 年中秋节前后，不幸被捕牺牲。时年 27 岁。

加入中国共产党

钟炳枢，字辉贤，广东省郁南县平台妙门村人。1903 年出生。父亲钟伯桃，以教学为生；母刘氏，农村妇女。全家 8 人，靠 20 亩水旱田度日，生活清贫。

钟炳枢 7 岁在本村私塾就读，13 岁随父亲到其任教的都城锦江书院读书。18 岁时，与本区三岭村岑梅馨结婚，翌年生有一个儿子，取名敏炎。钟炳枢被迫辍学务农，但他好学求知的欲望越来越炽烈。离他家不远有一间莫姓的旧屋，村里人传说这间旧屋闹鬼，以致没人敢住，钟炳枢却不以为然，反认为此屋幽静，正是读书求知的好地方。于是，他把这间旧屋打扫干净，搬进去住宿。在这间屋里，他专心钻研医学，读了很多医学方面的书，企望用以解除乡民的痛苦。

钟炳枢与本区的龙师侯、何国藩等人是都城锦江书院的同学。他们经常聚集一起，谈论国事，评论乡政。由于得到共产党员钟世强（郁南县最早的共产党员之一）的帮助和引导，钟炳枢激发起一股朴素的革命热情，立志为穷苦农民的翻身解放贡献自己的一切。

1925 年 5 月，广东省第二次农民代表大会召开。会议期间，国民党中央农民部委派中共党员、广州农民运动讲习所第三届学员陈均权为西江农运特派员，负责郁南农运工作；后又加派中共党员、广州农民运动讲习所第三届学员冯保葵为郁南农运特派员。郁南农运在共产党的领导下揭开了斗争序幕。

钟炳枢在陈均权、冯保葵以及钟世强等人的具体指导下，在本乡率先开办农民夜校，组织农会，发动群众，与当地豪绅作斗争。1925 年 10 月 24 日，钟炳枢家乡妙门乡农会率先宣告成立。年底，第六区已有 7 个乡农会宣告成立，会员达 1000 多人。钟炳枢由于工作热情，立场坚定，斗争勇敢，是年底加入了中国共产党。

开展农民运动

1926 年 2 月 16 日，郁南县第六区农会宣告成立。同时，组建了郁南县第一支农民自卫军。钟炳枢当选区农会执委常委，负责农会和农民自卫军的组建工作。

郁南第六区地处粤桂边邻，历史上匪患尤为严重，社会治安混乱，加上地主劣绅巧取豪夺，农民生活异常贫困。区农会成立后，钟炳枢主张组建农军清剿土匪，禁烟禁赌，以维持社会治安。他还领导农民向地主劣绅作斗争。第六区的义勇祠公款原来一直为民团所把持，第六区农会成立后，经钟炳枢等人的力争，各界议定该公款归第六区农会掌握使用，由农军往各村收缴。可是，当地反动民团却以武力强行到石塘等村收缴，钟炳枢则发动农民，暴力抵抗，维护了农民的切身利益。此外，钟炳枢还领导农民为实行减租减押、废除招待谷、团防谷、乡仓谷、高利贷等名目繁多的苛捐杂税和盘剥规定而斗争。由于钟炳枢等人的努力，农民很快发动起来了，农会组织也有了很大的发展。

由于钟炳枢等人艰苦工作，第六区农会的发展迅猛异常，并迅速影响到第四区（都城、白木、白花、承平一带）、第五区（桂圩、罗顺一带）以及封川县第二区（平岗、平凤一带），使这些地方的农会迅速建立起来，连成一片。

1926 年 4 月 25 日，郁南县农会宣告成立。钟炳枢当选县农会执委常委，他与廖翔仪等人一起，担负起全县农会及农军的领导工作。县农会的成立，进一步推动了全县农民运动的深入发展。但地主豪绅对此深为恼恨，诬陷农会为"匪"。6 月中旬，纠集民团向第五、第六区农会进攻。钟炳枢与廖翔仪等领导人，一面指挥农军掩护遭难的农民撤退到安全地方，一面火速将情况向广东省农会报告。省农会闻讯即通电各界，呼吁支持郁南农会，声援遭难的农民。后来，省团务委员会出面召集郁南民团与郁南农会代表到广州调停，经过一系列斗争，反动派企图摧残农会的阴谋终于失败了。

组织农民武装斗争

1927 年 4 月 12 日，蒋介石在上海发动反革命政变。从 4 月 16 日始，西江地区的国民党反动派疯狂镇压农民运动，强行解散各地农会，捕杀共产党人和农会骨干。面对国民党反动派的大屠杀政策，钟炳枢与县农会其他领导人于 4 月 24 日在县农会主席廖翔仪家召开紧急会议，研究应变措施。会议间，突然被广东守备军第一团严博球部调兵包围。为掩护同志突围，廖翔仪父子不幸被捕（后廖翔仪遭敌杀害）。钟炳枢和龙师侯等人突围脱险后，决定组织农民武装反抗国民党反动派，恢复县农会。

同月上旬，钟炳枢和龙师侯召集第五区和第六区两地农会骨干开会，计划集中郁南第四、第五、第六区农军，联合毗邻的封川县、云浮县农军2000余人，定于5月17日分三路攻打都城。由于当日大雨滂沱，暴动时间改为翌日。5月18日早上，农军分三路向都城守敌进攻。都城守敌早有察觉，以一个营和治安会的武装严密把守各要道，农军进攻受阻，战斗异常激烈。18日中午11时许，双方伤亡均达30多人，队长聂应时不幸中弹牺牲。钟炳枢与龙师侯遂率农军撤退，回第六区及封川第二区一带坚持斗争。

1927年夏秋之间，钟炳枢、龙师侯率领郁南、封川农军一边与反动民团及反动军队转战于郁南、封川的毗邻地区，一边把郁南、封川两县农军联合组编，坚持斗争，等待时机。

是年8月1日，南昌起义爆发。为策应南昌起义部队回广东，钟炳枢和龙师侯与设在梧州的中共广西党组织取得联系，计划组织广西苍梧和广东郁南、封川的农军武装，举行"中秋起义"。但因广西党组织遭敌破坏，领导人被捕，"中秋起义"计划未能实现。

1927年10月下旬，国民党广东守备军第一团团长严博球，纠合郁南、封川两地的民团及土匪等共2000多人，向郁南、封川两县农军发动猖狂围攻。农军与敌人展开各种形式的斗争。10月22日晚，钟炳枢率领农军100多人偷袭第六区新塘村土豪苏树春的老窝，把苏树春的小老婆捉起来，扬言要开刀问斩，民团闻讯，急忙回救新塘。农军乘机回兵妙门，连夜修筑工事，对付再来进犯的敌人。10月26日拂晓，敌人1000多人向妙门村进攻，钟炳枢与龙师侯指挥农军沉着应战。

为了保卫妙门村，钟炳枢布置农军中队长龙新华，到古同以及封川第二区思礼乡等地，组织粮食和弹药，运回妙门增援。此外，钟炳枢还布置农军向民团呼喊"穷人不打穷人""穷人是一家""团结起来打倒反动派"等口号，以动摇敌人的军心。战斗至10月29日，敌人又增加兵力，并组织了三次进攻。农军凭借三道防线，以猛烈的炮火击退了敌人的进攻。敌人进攻受挫后，运来大炮向妙门村轰击，炸塌了村西的炮楼一角。农军坚守妙门村，与敌人对峙了十日十夜后，为保存革命力量，钟炳枢与龙师侯指挥农军于11

月 4 日深夜，主动撤出妙门村，转移到粤桂边的铜镬大山坚持斗争。

领导武装暴动

为打开全省各地武装暴动的局面，也为策应广州起义，中共广东省委于 1927 年 11 月指示，全面整顿和发展西江各县党的组织，成立中共郁南县委，钟炳枢被任命为县委书记。

1928 年 2 月 3 日，省委制定《西江暴动计划》。为执行省委的计划，钟炳枢以第六区为重点，向农民宣传土地革命，发动暴动，坚持斗争，但由于敌我力量悬殊，加上敌人实行扼杀性严密封锁，致使暴动工作困难重重。

1928 年夏，白色恐怖更为严重，反动派到处搜捕农会骨干和农军战士。钟炳枢率领农军在粤桂边界铜镬大山冲出数倍于我之敌的包围圈后，独自取道梧州转广州，寻找省委汇报情况。1929 年初夏，钟炳枢受省委派遣，数次到新会县联系和恢复当地遭破坏的党组织。经过钟炳枢一段时期的努力，新会县党的工作得以逐步恢复。江门恢复了一个建筑支部和一个混合小组。新宁铁路恢复了一个铁路支部。县属第十区南洋和第五区石头乡的党员恢复联系后也建立了党组织。

8 月，中共广东省委召开中路会议，决定重新组建新会县委。9 月，新会县委组成，钟炳枢任县委书记，逐渐打开了新会县的工农斗争局面。

1929 年 12 月初，中共广东省委又派钟炳枢担任广州市郊区巡视员。在广州市郊工作期间，钟炳枢工作更为艰苦，生活更不安定，为摆脱敌人的缉拿，经常化名、改装，深入到农户中去做实际艰苦的工作，尽力完成上级分派的任务。

不幸被捕牺牲

1930 年中秋节前后，钟炳枢在广州中山公园门口秘密宣传农民革命时，被特务跟踪，在住处不幸被捕后牺牲，年仅 27 岁。

家人惨遭残害

钟炳枢的父亲钟伯桃，在上海四一二反革命政变后，不能再在都城锦江书院教学，被迫化名外逃到广西苍梧县龙圩亲戚家中帮亲戚做杂工。1932年以为家乡平静了才回家。但反动民团头子黄伯贤还是不放过他，并恶狠狠地说："即使是钟炳枢家里的狗，也要斩下它一条尾巴！"钟伯桃被捕后，在狱中受尽侮辱和折磨，亲戚朋友来探监也遭拒绝。最后钟伯桃被敌人用竹篮抬到第六区义勇祠附近山边杀害。钟炳枢母亲刘氏不久也悲愤死去。钟炳枢的儿子钟敏炎，在逃难时死于饥饿和贫病；胞兄钟亚澄，被拉壮丁，不堪凌辱，被活活打死；侄女钟银娇被迫送给人家当童养媳，也不幸死去；嫂嫂刘氏改嫁他乡后，同样死于饥饿。钟炳枢一家8人，惨遭黑暗社会残害致死的就有7人。

英烈语录

"穷人不打穷人。"

"穷人是一家。"

"团结起来打倒反动派。"

英烈精神

立场坚定、敢于斗争、不辞劳苦的革命斗争精神。

（莫阳新）

陈舜仪（1903—1931）

—— 中共海丰县委首任书记，中共中央南方局
候补常委、组织部部长

主要生平

陈舜仪，广东省海丰县人。

- 1903 年，出生于海丰县一小商户家庭。
- 1921 年，考入陆安师范学校。
- 1925 年初，被派任第一区国民党组织员，后任新学生社常务委员，县总工会筹备处执行委员会宣传部部长。10 月 22 日，加入中国共产党。
- 1927 年，领导海陆丰三次武装起义，兼任农军中队长。11 月 18 日，被选为主席团成员，并主持工农兵代表大会开幕式。
- 1928 年 12 月，主持召开海陆紫三县代表参加的党代会。
- 1929 年 5 月 25 日，主持召开海陆惠紫特委扩大会议。
- 1930 年 4 月，成立海陆惠紫革命委员会，为主席团委员。5 月被选为东江苏维埃政府执行委员。同年秋，调中共广东省委工作，先后担任省委常委、农委书记、组织部部长，中共中央南方局候补常委、组织部部长等重要职务。
- 1931 年，被捕，后壮烈牺牲。时年 28 岁。

中共海丰县委首任书记，海丰县苏维埃政府委员，中共海陆惠紫特委书记，中共广东省委组织部部长，中共中央南方局候补常委、组织部部长陈舜仪于1931年3月在广州壮烈牺牲。

以优异成绩考入陆安师范学校

陈舜仪，1903年出生于海丰县一小商户家庭，4岁时过继给守寡的三叔母为子，有幼妹陈秀慧，一家三口靠寡母做针线和生父接济，勉强糊口。

陈舜仪七八岁时，聪颖好学，深得长辈疼爱。当看到同伴已背着书包上学堂时，陈舜仪便投去羡慕的眼光，并常常跑回家，依偎在养母怀里，唠叨着要上学堂。善良的养母往往滴下眼泪，强打笑脸点点头。然而，家贫如洗，孩子上学堂要一笔费用，谈何容易？养母与生父再三商量，表示甘愿克勤克俭，熬夜多做针线活计，让陈舜仪和妹妹一同上学。10余年来，养母默默地承受着生活贫困的重压，勒紧裤带，从肚子里"掏"出钱供给陈舜仪和妹妹读书。

1921年，陈舜仪高小毕业后，以优异成绩考入陆安师范学校。

农民运动的桥头堡

1921年5月，彭湃留日学成返回海丰，组织社会主义研究社，开始传播马克思主义。彭湃和郑志云等主编的《新海丰》和《赤心周刊》相继出版。接着，彭湃在1922年纪念"劳动节"集会举行示威游行，公开宣传社会主义，引起地主豪绅的恐慌和仇恨，彭湃被当局免职后，转向农村组织农会。在汹涌的革命洪流冲刷下，陈舜仪很快接受新思想，积极参加社会活动，组织和领导同学们到乡村宣传农会，成为学生领袖。

1923年8月，海陆丰农民运动遭军阀陈炯明镇压，海丰总农会被查封，25位农会干部被捕。彭湃为营救农友到老隆、潮汕、香港等地奔波，农会转入地下活动，刚成立的工会也沉寂下来。

在黑云蔽日的形势下，陈舜仪和林道文、陈佐邦等一批进步同学在陆安师范学校组织新学生社，并于10月出版《新生》半月刊。陈舜仪在创刊宣言中提出"维护真理"，谢绝"无病呻吟"的文字和"宣扬恭维的评语"。

在发表的一篇杂文中，用尖辣的笔锋揭露了当局镇压工农运动和迫害学生的丑恶嘴脸。他在《陆丰的学生》一文中，指出有的学生"不是受了礼教的束缚，便是做了传统的奴隶"，明确提出"真理是应该服从，非真理是应该反抗"。由于《新生》揭露海丰社会的黑暗，号召学生关心社会，参加改革，因而被彭湃誉为"农民运动的桥头堡"。

投入国民革命的洪流

1925 年初，广东革命政府决定东征讨伐陈炯明。第一次东征收复海陆丰后，彭湃返回海丰，迅速恢复农会活动，建立中共海陆丰特别支部和农民自卫军，并着手建立国民党海丰县党部，发展国民党党员。

陈舜仪参加国民党后，被派任第一区国民党组织员，后任新学生社常务委员，县总工会筹备处执行委员会宣传部部长。他以满腔的革命热情，投入国民革命的洪流中，组建基层工会，发展国民党员，为国共合作、发展革命形势、澄清海丰县政治作了积极的贡献。为此，顽固派憎恨他。同年 9 月，陈炯明残部重陷海陆丰，陈舜仪和部分战友撤至香港，反动派勾结港英当局逮捕他，扬言要杀他。后经党组织营救，才获得释放。

10 月 22 日，国民革命军第二次东征再克海丰，陈舜仪由林甦介绍，加入中国共产党。后历任小组长、支部书记、区委书记兼县总工会领导工作和国民党的组织工作，为重建海丰县总工会，反对国民党右派的破坏活动，发挥了重要作用。

参加武装起义

1927 年，陈舜仪参加领导海陆丰三次武装起义，兼任农军中队长。

第二次起义胜利后，任海丰县临时革命政府主席团委员。南昌起义军东移海陆丰，他和郑志云一道到海丰，把董正荣、董朗等领导的南昌起义军余部 1000 多人接引到朝面山。

第三次起义时，他率领在县城附近活动的农军和工作人员参与工农革命军围歼敌人，他身先士卒带领工农武装首先冲入县城，获得了第三次武装起义的胜利。进城后，根据广东省委指示，在海丰、陆丰分别成立县委。海丰县举行第一次党代会，陈舜仪当选首任中共海丰县委书记。

同年 11 月 18 日至 21 日，海丰县工农兵代表大会在红宫召开，陈舜仪被选为主席团成员，并主持了工农兵代表大会开幕式。大会期间，以全票当选县苏维埃政府委员。代表大会闭幕后，陈舜仪主持县苏维埃政府的全面工作。此后，他为县苏维埃政府的政权建设、军事建设和领导全县人民开展轰轰烈烈的土地革命，没收土地分配给农民，而日夜操劳，孜孜不息，作出了重大的贡献。

被不恰当处分

广州起义失败后，以李立三为首新成立的广东省委，执行"左"倾路线，错误地认为各地"党的指导机关是知识分子所组成，所以政策是机会主义的"。1927 年 12 月 28 日，东江特委接到敌军即进犯海陆丰的情报，便匆忙作出撤出县城的决定。陈舜仪向县苏维埃政府传达了东江特委的决定，并告诫"大家不要慌张，有计划的撤退"。两天后，证实情报不实，东江特委、县委返回县城，此事造成了不良影响。陈舜仪在县委会议上主动地作了自我批评，他说："因没有深入调查研究，不能掌握确实的情报，无法阻止东委撤退的决定，而造成不良社会影响。"会后，他多次催促东江特委就此事作出检查，以消除不良影响，但广东省委对"二八事件"小题大做，认为这正是知识分子领导所发生的机会主义的表现。于是派员来海丰整顿党的组织。通过召开第二次党代会，决定将县委原任常务委员全部革职，罚做下层工作，选出纯工农成分的新县委。陈舜仪被革职后任县委秘书长，他虽然受到不恰当的处分，但仍不计个人得失，继续勤勤恳恳工作。

领导反"围剿"的斗争

1928 年 3 月 1 日，敌军攻陷海丰县城，海丰党政机关撤往农村领导斗争。3 月下旬，东江特委机关移到惠来，县委成员大多牺牲或失去联系，在严峻的时刻，陈舜仪以秘书长的身份，毅然挑起重担，领导全县进行反"围剿"的斗争。

在领导反"围剿"斗争中，陈舜仪善于根据形势的发展，发动群众，组织武装，打击敌人，同时把健全领导核心作为关键的一环来抓。他同东江特委委员杨望密切配合，在整顿支部和区委的基础上，于 7 月 1 日在西北山区举行海丰县第三次党代会，并在会上作了《海丰工作经过及党务状况》的报告。会议总结了几个月来反"围剿"斗争的经验教训，制定了今后的斗争策略，对部队和党的建设采取了一系列措施。

领导海陆惠紫工作

1928 年 9 月，海陆惠紫暴动委员会主席杨望和邻县县委领导人先后牺牲，各县同东江特委的联系断绝，斗争面临严重局势。

陈舜仪通过海丰县委提议，于 10 月 6 日召开海陆惠紫四县暴委会议的同时，举行四县县委代表会议，成立海陆惠紫临时特别委员会。会议推陈舜仪为书记，领导四县斗争，后经中共广东省委批准正式成立海陆紫特委。省委在通知成立特委信中，传达了中共六大的精神。从此，海陆紫特委在六大方针指导下，整顿恢复党组织，健全群众团体，加强武装队伍的建设，扩大宣传，实行积蓄力量，发动群众斗争的方针，开始扭转被动局面。

同年 12 月，广东省委在给海陆紫特委的信中给予赞扬说："你们经过几个月艰难困苦的奋斗，现在还能保持海陆紫一部分政权，而且党与苏维埃的工作，最近都有进步，无限欣慰。"

1928 年 12 月至 1929 年 1 月间，陈舜仪主持召开海陆紫三县代表参加的党代会。陈郁代表省委参加会议，系统传达中共六大和省委第二次扩大会议决议。这次会议发扬民主，全面认真地对前段工作进行总结。代表们认清了形势，提高了信心，在此基础上，制定了开展游击战争，加强工人运动的领导等方针政策，选举了新的特别委员会，陈舜仪再次当选书记。

海陆紫党代会刚结束，国民党反动派已疯狂进行"扫荡"，长驻苏区，实行"三光"政策，断绝部队给养。为了保存有生力量，坚持长期斗争，陈舜仪和特委把部队分成几支小队伍活动，短枪队则集中行动与敌军周旋。对红二、红四师余下的指战员，以掩蔽为主，并根据省委指示，资助出境。特委凭借熟悉地形，流动各地指挥。

1929 年 3 月，敌军加紧"追剿"，特委无法同县、区联系，天天被敌人"追捕"，曾几次差一点有被敌军消灭的危险，由于给养断绝，海丰已无地立足。3月中旬，陈舜仪率领部分武装转移惠阳境内山区潜伏，在深山不见阳光的石洞隐蔽下来。陈舜仪与部分特委召开了干部会议，在会议上分析了当前严重局势，树立斗争信心，克服困难，渡过难关。同时详细讨论今后工作部署。

会议结束后，陈舜仪又秘密潜回海丰的鹅埠等地找县、区委同志联系，并在惠阳的白芒花、平山等地找到了由海丰逃出来的同志，鼓舞他们的斗争信心，布置他们分散潜回各地秘密活动。

4月间，敌军大部分他调，只存几个营的兵力和地方的警卫队、民团流动游击。陈舜仪即同特委机关返回海丰，调配、充实县、区委领导力量，恢复和整顿各基层党组织，在军事上则加强区、乡赤卫军的建设，原来由特委统一指挥的赤卫军，分散由区、乡指挥，特委增设军事委员会统一指挥、理顺了军事指挥系统。同时出版《红旗》报，扩大宣传，鼓舞群众，教育干部。

5月，特委开始在山区出击敌人，斗争形势迅速好转。并根据省委指示，惠阳县划归特委领导，改称海陆惠紫特委。

1929年5月25日，陈舜仪主持召开海陆惠紫特委扩大会议，充实特委领导，对各县县委也进行充实。着重研究开展游击战争的战略战术问题，确定以海丰，特别是公平地区作为开展游击战争的中心区域，制定了游击战争的四个原则："第一攻击敌人力量薄弱地方；第二有政治影响地方；第三有群众基础能得群众响应帮助地方；第四进攻不保守，流动不固定，动作须绝对秘密和迅速。"同时，对游击战争的指挥问题也作出具体决定。

海陆惠紫特委扩大会议后，陈舜仪立即部署集中力量拔除敌警卫队扼守、隔断海丰西北和东北苏区交通要道的公平高沙据点。接着，全面出动，进攻拔除各地敌军小据点，革命声势重振，并于10月初在公平的朝面山成立中国工农红军第六军第十七师第四十九团。以彭桂为团长，黄强为政委，把海丰划为西北、东北两个作战区域。红四十九团分两路作战，一个多月间，先后攻下接近苏区的一些小圩集，如黄羌、石头坪和后门、赤石、鹅埠及陆丰的河口等。公平区的绝大部分地方为红四十九团占领，缴获敌军枪械80多件，并于12月3日凌晨集中红军和海丰全县赤卫军，进攻海丰县城，毙敌24名，伤80名。

1929年12月底至1930年1月初，又集中兵力围攻占领扼海丰同紫金交通的惠阳高潭圩，使整个海陆惠紫苏区连成一片。不久，红四十九团向陆丰进军。4月底，支援大南山红四十七团解围。林梓一役，打得敌军丢盔弃甲，狼狈而逃。红四十九团名声大震，红军发展至 1000 余人。对此，省委在一份通告中赞扬陈舜仪为首的海陆惠紫特委取得显著战绩，说："最近海陆丰工作的恢复发展，苏维埃区域已逐步普遍，鲜红的旗帜仍飘扬于海陆丰。"《红旗》报的"赤色版图"专栏，亦以《复活后的海陆丰》为题，介绍海陆惠紫苏区的斗争，指出："苏维埃区域已扩大，一日千里。"

1930 年 4 月，在以陈舜仪为首的海陆惠紫特委领导下，海陆惠紫革命委员会成立，陈舜仪为主席团委员。

5 月，在东江特委领导的八乡山召开东江工农兵代表大会，选举成立东江苏维埃政府，陈舜仪虽然没有参加大会，仍被选为执行委员。

6 月初，在惠阳多祝三坑举行海陆惠紫党代会，陈舜仪主持大会。省委派卢永炽参加。会议全面研究苏区、白区、建军、建政等一系列问题。根据省委的指示，把辖区扩大至惠州十属。同月，成立东江苏维埃惠州十属特别委员会，选举了陈舜仪等 13 名委员，陆续颁布了关于"土地政纲""革命政纲""劳动法""妇女法"等一系列法令。当时，苏区范围纵横 200 里，人口 20 万人，有党员 5000 人、团员 1000 多人、农会会员近 5 万人，还有 30 多个基层工会。

调省委工作

1930 年秋，根据中共广东省委指示，海陆惠紫特委同东江特委合并，陈舜仪调省委工作，先后担任省委常委、农委书记、组织部长以及中共中央南方局候补常委、组织部部长等重要职务。

10 月底，他到闽西视察，深入农村，调查研究，同闽西特委一起，解决了一系列重大问题。

11 月中旬，决定红十二军夺取漳州为根据地，连贯东江、赣南，使闽粤赣边根据地连成一片。鉴于当时红十二军徒手兵多、服装缺乏等问题，陈舜仪指示闽西特委，做好发动群众的工作，开展慰劳红军活动，筹制 2000 多套棉衣和一批毡子慰劳红军；并发动青年参军，扩充兵员，抓紧训练，增强战斗力。

11 月 28 日，陈舜仪出席闽西特委全体会议，项英在大会上传达了中共六届三中全会的精神。会议就土地、军事等问题作了深入的研究。陈舜仪在会上作了重要指示。会议最后决定在翌年 1 月 21 日成立闽粤赣边苏维埃政府。

1930 年 11 月 29 日，陈舜仪给南方局的信，详细报告了闽西的工作进展情况。一个多月来，他在闽西视察期间，经常与闽西特委深入基层，倾听群众意见，解决实际困难，对闽西特委作了重要指示和大力支持，使闽西苏区的工作取得了显著成绩。

-------◦ 英勇就义 ◦-------

1931 年 1 月，他回到香港不久，南方局和省委机关因叛徒告密遭受破坏，大部分领导同志被捕，陈舜仪和夫人周淑琴冒险到省委机关观察，被埋伏的警探特务逮捕。在狱中他化名林德源，同英警当局斗争，但被叛徒指证暴露身份后，引渡广州，受尽严刑拷打。

长期残酷的斗争和艰苦生活锻炼了他，造就了他是非分明的铮铮铁骨。就义前，陈舜仪正气凛然地对敌人说："你们能杀死我，但你们永远杀不尽革命，最后胜利是属于我们的！"陈舜仪牺牲时，年仅 28 岁。

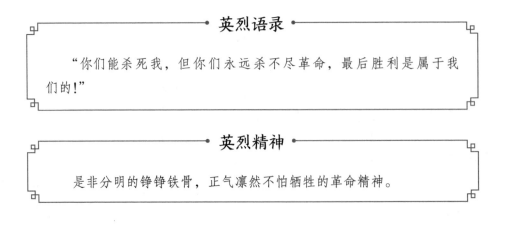

英烈语录

"你们能杀死我，但你们永远杀不尽革命，最后胜利是属于我们的！"

英烈精神

是非分明的铮铮铁骨，正气凛然不怕牺牲的革命精神。

（谢乾生　林泽民）

陈荫南（1900—1931）

—— 陆丰商民协会第一任会长

主要生平

陈荫南，广东省陆丰县东海新圩人。

- 1900 年，出生于一个渔船兼商人家庭。
- 1925 年，担任陆丰商民协会第一任会长。
- 1926 年，加入中国共产党。
- 1927 年 10 月，任工农革命军陆丰县团队部军需官。11 月，任陆丰县苏维埃政府委员。
- 1928 年，任陆丰县委委员。
- 1930 年 12 月，任海陆紫苏维埃政府主席团成员兼秘书长。
- 1931 年夏，因肃反扩大化而被错杀，时年 31 岁。新中国成立后被追认为烈士。

在陆城商界小露头角

陈荫南，广东陆丰东海新圩人，出生于一个渔船主兼商人家庭，小时候就读于东海镇西门小学，后升龙山高等小学。陈荫南聪明勤学，深得师长和父母的喜爱。由于他嗜书如命，经常苦读灯下，小小年纪便高度近视。父亲见陈荫南如此好学，高小毕业后便送他到广州广雅中学深造，冀其成才，将来光耀门第。五四爱国运动爆发后，年轻的陈荫南受到了爱国主义思想的启蒙和反封建思想的洗礼。他从广雅毕业归来后，继承父业，开始了他在商界的生涯，做起陈家第一代有较高文化的经商者。由于有知识、有家庭富足的财产，加上宗族权势，为人又侠义肝胆，年轻的陈荫南不久便在陆城商界小露头角了。

受农民运动影响思想有所触动

1922年12月，陆城以郑重、黄振新等为代表的一帮知识青年，受到海丰彭湃组织农会的影响，遂组织青年成立了一个进步团体——协进社，进行革命活动。与此同时，以黄华为首的一帮敌视革命的青年也组织一个叫"同进社"的团体，同协进社对抗，以维护统治阶级利益。由于陈荫南的地位和影响，他也被拉进"同进社"中，成为一名重要成员。1923年春夏间，彭湃亲自到陆丰筹建农会组织。陈荫南发现原来自由散漫、胆小怕事的农民在彭湃等教育组织下，觉悟起来，抱成团体，团结互助，形成了一场蓬蓬勃勃、新兴向上的大规模群众性运动的情景，思想有所触动。加之目睹出身富有、同时又留过学的大知识分子彭湃如此甘心抛弃个人一切为农民谋利益，更不能不使陈荫南敬佩和向往了。

被推选为陆丰商民协会第一任会长

1924年，在中国共产党的帮助下，孙中山改组国民党，重新解释三民主义，实行联俄、联共、扶助农工三大政策。国共两党的真诚合作，推动了第一次革命高潮的到来。1925年春，孙中山大元帅府为统一广东革命根据地，发动了第一次东征。3月初，东征军到达陆丰。在随军到达的周恩来、彭湃等关心和支持下，陆丰农民运动迅速恢复，同时开始由张威等共产党人筹建国民党陆丰县党部和各种群团组织。五六月间，陆丰商民协会在东海镇下围尾杨家祠成立，陈荫南被推选为第一任会长。他这个有产阶级青年，就这样在国共合作形成的第一次大革命高潮，被推上了革命的道路，并在革命的实践中，逐步认识共产党的伟大而后变成一个彻底的共产主义者。陆丰当时没有什么现代工业，大多数工人都是受雇于商业资本的失业农民，发生劳资纠纷多是商界和工人的事。陈荫南利用自己的威信，在调解劳资纠纷、支持工会工作上做了不少有意义的事，为安定当时陆丰市面、繁荣经济作出了贡献。

1926年初春，陆丰各界在中共陆丰特支领导下，在全县掀起支援省港大罢工的活动，成立陆丰各界援助省港罢工委员会（也叫省港罢工后援会）。陈荫南和张威、李国珍、吴祖荣等当选委员，具体领导陆丰商界发动抵制英货、禁止商品进出口香港，动员商民捐款等以支持省港大罢工。由于陈荫南等人努力工作，当时陆丰支援省港大罢工工作做得相当出色，受到省港大罢工负责人苏兆征的表扬。这年冬，陈荫南加入中国共产党。

积极参与革命工作

1927年4月，蒋介石背叛革命，发动了反革命政变。陆丰人民在中国共产党领导下，在4月、9月、10月连续三次举行武装起义，反抗国民党反动派的"进攻"。陈荫南在革命的紧要关头，坚定地站在革命一边，和张威、郑重、庄梦祥等一起参与和领导了这一系列的斗争。10月，工农革命军陆丰县团队部成立，陈荫南任军需官，负责后勤供应工作。为了部队供应和联系工作，他经常背着褡裢（一种背在肩上前后有袋的布袋），拿着一把长柄雨伞，像一个地道的牛贩商人，在各地农村奔波，筹措军需。

11月5日，陆城第三次被我方占领，负责同志也从农村进入县城。陈荫南还像一个牛贩背着褡裢，手拿长柄雨伞在余章南家里碰到林铁史、陈谷荪等。林铁史说："荫南，你还不把化装的买牛家伙甩掉。"陈荫南答道："你说什么？这是珍贵的宝物，同志，说不定还有用哩！"大家正在说笑，忽然街上的人们乱跑起来，陈荫南又把褡裢往肩上一背，拿起雨伞便和大家冲了出去，一看原来是迎仙桥头安放着工农革命军第二师的两挺水龙机关枪，商民们没有见过，惊慌而奔跑起来。陈荫南说："是不是呀，我这两件东西就是宝贝，随时背上就可以走，革命者随时得准备对付各种情况。"由此可见，少爷出身的陈荫南，在这么短的时间里，变得如此老练和成熟，这倒是他自己当初也未必想到的。

11月16日，陆丰县苏维埃政府成立，陈荫南当选县苏维埃政府委员，负责逆产清查工作。他为维持苏维埃政府财政，开展土地革命，巩固苏维埃政权做了大量工作。由于他较长时间在商界，有比较丰富的经营经验，所以陆丰苏维埃政府工作一走上正轨，他便和战友们一起创建苏维埃商业合作社，为苏维埃创办公有商业进行了一次有益的尝试。

1928年2月，陆丰县委改组，陈荫南任县委委员。3月初，国民党反动派集中强大兵力"围剿"海陆丰革命根据地。在强大敌人进攻下，陆丰县委和县苏维埃政府撤出县城。陈荫南和县委负责人彭元章、陈谷荪、余章南等移驻夏陇，指挥西路一带农村赤卫队等武装同敌人战斗。县城失陷后，陈荫南家房屋被国民党军队放火烧毁，老母亲被迫上吊自杀，妻儿到处流浪躲藏，他强忍悲痛。乡村被敌人占领后，陈荫南和吴祖荣等还坚持在牛路头阁公洞隐蔽，在牛路头庵的尼姑掩护帮助下，坚持斗争达数月之久。后尼姑行动被国民党军队发觉，庵堂被烧毁，他们才撤往激石溪山区。

1928年下半年，由于县委负责人多数被捕牺牲，陆丰重新组成以吴克绵为首的新县委，陈荫南仍任县委委员之职，在激石溪一带领导斗争。当时在激石溪，环境是十分恶劣的，他们依托山高林密隐蔽，依靠人民群众的无私支持，才能坚持斗争在山区中，也才能出其不意地打击小股敌人。但由于山区人烟稀少，敌人不时"围剿"，除要经常爬高山钻密林外，还得忍饥挨饿。因为粮食供应非常困难，大都靠野菜度日。有一次他们在山溪边发现一张不知放了几天的死牛皮，同志们高兴极了，刮掉毛后用清水煮了几遍，虽然煮熟的死牛皮还遗留着异味，但总算是开了一次荤。

这种斗争环境，一个健康正常的人都难以忍受，何况患高度近视的陈荫南？但他和同志们一样钻山洞穿密林。一次，陈荫南和一位同志在前沿观察地形，敌人掷来一颗手榴弹。他却看不见，幸亏那位同行的同志迅捷地把他推倒，他的眼镜摔出去老远，身上被手榴弹掀起的泥土盖了一身，虽极危险，他却从容自如，事后还诙谐地说他"命大"。后因敌人把"围剿"重点放到山区，对激石溪一带人民群众采取残忍的迫迁、隔离、连保等手段，使县委和武装队伍无法立足，1929 年春遂逐渐东移东南地区。陈荫南等就在深坑、田仔一带，一边隐蔽一边工作，等待革命时机到来。

指挥海、陆、紫三县边区革命斗争

1929 年夏秋，驻陆丰国民党正规部队逐渐调出，陈荫南和县委同志一道，及时领导边区群众起来重组武装队伍，恢复武装斗争。1930 年 12 月，为统一领导指挥海、陆、紫三县边区革命斗争，海、陆、紫三县党的负责同志根据上级指示，在陆丰新田的激石溪组成海陆紫县委和海陆紫苏维埃政府，陈荫南任县苏维埃政府主席团成员兼秘书长，主持县苏维埃政府日常工作。

此时革命形势虽然比较好，但海、陆、紫敌人的势力还是处于优势，而且敌人始终把海陆丰作为他们"围剿"的重点。艰苦的环境、凶恶的敌人都没有使陈荫南屈服，也未能夺去他的生命，没有想到，他却倒在自己同志的枪口下。

不幸牺牲

1931 年夏，王明"左"倾路线贯彻到了东江各根据地，在海陆紫根据地也杀起"AB 团"来了。陈荫南，一个出身于有钱阶级的知识分子，首先受到怀疑。他自己是以一个共产党员的襟怀和中国知识分子所固有的量度来看待这场来势汹汹的肃反运动的，所以直到那些人要抓他去枪毙时，他还以为是开玩笑，全然不觉。当那些人用绳子把他五花大绑时，他还连连地问："这是真的吗？这是真的吗？"这是多么可悲可叹的一幕。

追认为烈士

新中国成立后，在老一辈革命家古大存等关心下，陈荫南被追认为烈士。他在革命中的工作和贡献得到党和人民的肯定，这说明党是英明的，历史是公正的。

（林兴奇）

邓如兰（1903—1931）

—— 青春热血洒韶州，壮志头颅为党落

邓如兰，又名邓汝兰，广东省曲江县人。

- 1903 年，出生于广东省曲江县一个贫苦农民家庭。
- 1924 年 9 月，参加农民运动。后回到河西组织起西厢各村的农民协会。
- 1925 年 11 月 26 日，被选为广东妇女解放协会曲江分会领导成员之一。
- 1926 年春，到乳源县城去开展妇女运动。同年，加入中国共产党。
- 1927 年 1 月，进入南韶连政治讲习所学习。
- 1927 年秋至 1930 年间，邓如兰和张九成等中共党员在曲江城西厢一带恢复了 100 多人的农会组织，组织了刘二妹等 10 余人的"姐妹会"和"十兄弟会"。
- 1930 年 12 月 19 日晚，被捕。
- 1931 年 1 月 19 日，在韶关北门外帽子峰山边被杀害，时年 28 岁。

邓如兰，又名邓汝兰，1903年出生于广东省曲江县一个贫苦农民家庭，父母靠种田为生。她从小就耳闻目睹军阀混战，相互争夺和蹂躏人民，以及农民受地主、兵匪压迫的种种事实。当她年纪稍长，由于家境清贫，为了养活弟妹，父母不得不忍痛将她卖给一家肖姓有名的大地主家做媳妇。家公肖庆祥原是国民党曲江县的参议员，封建意识十分严重，是当地有权有势的地头蛇。她的丈夫思想还比较开明，结婚后仍同意她到德华中学去读书，让她受点教育。她读书期间，认真学习，积极进取，喜欢听进步教师讲俄国十月革命和五四运动的故事。农民运动在曲江的兴起和发展，唤起了她投身革命的欲望和要求。

投身农民运动

1924年9月，孙中山在韶关建立第二次北伐的大本营，电令以彭湃、甄博亚为团长的广东农、工团军前来韶关受训，维持社会治安，宣传国民革命，开展农民运动。农团军的宣传队到了韶关河西农村进行宣传时，邓如兰听了，深受鼓舞，后来还跑到曲江县农民运动的发祥地翻溪桥村观摩学习。她在那里结识了曲江县早期的农民领袖叶凤章、叶发青以及县委常委刘福等人。在他们的影响下，邓如兰毅然参加了农民运动，与刘福一起深入到东厢的莲花山、下陂、府管和大黄岗等地，发动贫苦农民起来参加农会。邓如兰通过实践，有了组织农会的经验，便回到河西和张九成、孙靖、陈友德等人一起，组织起西厢各村的农民协会。从此，西厢的农民运动也如火如荼地开展起来。

开展妇女运动

1925年11月，邓如兰、蒋周妹等人在中共广东区委妇女部部长蔡畅和广东妇女解放协会代表杨洁贞的指导下，在农运特派员侯凤墀的大力协助下，于11月26日在韶关正式成立了广东妇女解放协会曲江分会，邓如兰被选为该会的领导成员之一。邓如兰积极参加妇女解放协会的各项活动，使曲江的妇女工作配合农民运动，开展得有声有色。在许多群众性的大会上，她代表妇女界上台发表演说，不用讲稿便侃侃而谈，不亚于须眉，赢得了全县妇女的敬重和爱戴。

1926 年春，邓如兰受上级的派遣，到乳源县城去开展妇女运动。她通过与刘寿林夫妇认干爹、干娘作为落脚点，与妇女们交朋友，讲解一些通俗易懂的革命道理，发动妇女参加夜校学文化、唱革命歌曲，借以提高她们的政治觉悟。邓如兰在乳源工作的时间虽不长，但她为乳源县的妇女运动培养了一批骨干，播下了革命的火种。不久，她奉命调回曲江工作。

讲习所唯一女学员

1926 年，是邓如兰在政治上走向成熟的一年。她阅读了《新青年》等革命刊物，接触一些马列主义的基本知识，政治觉悟有很大提高。同年秋，经叶凤章介绍，她加入中国共产党。

1927 年 1 月，驻韶关的国民革命军教导师长陈嘉佑，在共产党人的帮助下，在曲江县城创办南韶连政治讲习所，这是一所培训农民自卫军基层政治干部的学校。曲江县共有 30 名学员参加学习，邓如兰是其中唯一的女学员。在受训期间，她和男学员一样摸爬滚打，吃苦耐劳，作风泼辣，成绩突出，给全所师生留下了深刻的印象。

随北江工农自卫军北上

蒋介石发动四一二反革命政变后，紧接着反动派在广州发动了四一五反革命政变，大量屠杀共产党人和工农群众。中共广东区委、省农会为保存革命力量，决定组织广东北江工农自卫军北上武汉，反对蒋介石背叛革命。邓如兰不顾其丈夫的阻拦和其他家人的反对，放弃地主家庭的舒适生活，毅然离家和南韶连政治讲习所、北江农军学校第二期的全体学员，一起加入广东北江工农自卫军北上。行军生活十分艰苦，邓如兰虽自小便上山放牛，翻山越岭，练就了一双铁脚板，但像这样整天行军还是头一回。她用顽强的意志克服遇到的各种困难，双脚打起大血泡，放出血水，拔根头发串上，照样坚持一步不落。她还用自己清脆响亮的歌声，去激励同志们的士气。

广东北江工农自卫军北上行至湖南永兴县时，长沙发生了马日事变。几经周折邓如兰随总部上至武汉，住在武昌徐家棚。不久，汪精卫公开背叛国民革命，和蒋介石同流合污。广东北江工农自卫军的武装被陈嘉佑收缴后，邓如兰回到韶关河西。

从事秘密活动

当白色恐怖笼罩大地，革命处于低潮时期，邓如兰始终如一地坚信革命一定会成功，党的壮丽事业必然会胜利。她沉着坚定，等待时机，从不气馁，绝不为白色恐怖所吓倒。从 1927 年秋至 1930 年间，邓如兰和张九成（曲江县委委员）、孙俊雄、陈友德（均是中共党员）一起坚持在曲江城西厢一带进行秘密活动，他们恢复了 100 多人的农会组织，还组织了刘二妹等 10 余人的"姐妹会"和"十兄弟会"。

被捕入狱

1930 年 12 月 19 日（农历十月三十日）晚上，邓如兰和西厢农会的执行委员陈友德等人在西河坝召开秘密会议，到会骨干 100 余人。贯彻曲江县委关于继续发动群众起来武装暴动，组织工、农赤卫队牵制敌人以配合赣南和湘南地区的武装斗争。邓如兰的家公获悉这一重要消息，出首告密。国民党驻韶关第三独立团邓辉部星夜出动兵力，突然包围了会议地点，80 余人不幸被捕。敌人把他们押到西河一所小学内，然后，派人叫邓如兰的家公、大地主和国民党曲江县党部的执行委员肖庆祥前来逐个认定。肖庆祥是一个十分反动的大地主，是镇压农民运动的刽子手，连他自己的儿媳妇也不放过。他认为邓如兰败坏了他肖家的声誉，只有杀了她才能解心头之恨。他不惜出重金给办案人，要求对邓如兰从严处置。后经审讯，有 50 多名准予保释外，其余 30 多名共产党员和农会干部被押往北江专员公署，后经各界人士共同努力营救，又有一部分获准保释。最后，邓如兰、张九成、陈友德、陈钧禄、彭石昌、林苟仔等人被定为重要案犯，在狱中受尽严刑拷打，百般凌辱。敌人非常残忍地脱光邓如兰的衣服，用香火在其周身点烧，名曰"满天星斗"。但邓如兰坚贞不屈，大义凛然。

从容就义

1931 年 1 月 19 日，敌人将邓如兰、张九成、陈友德、陈钧禄、彭石昌、林苟仔等 6 人押至韶关北门外帽子峰山边杀害。邓如兰牺牲时年仅 28 岁。

英烈精神

巾帼不让须眉，坚贞不屈、大义凛然的大无畏精神。

（石松林）

邓演达 (1895—1931)

——民主革命事业的忠实信徒

邓演达,字择生,广东省惠阳县人。

- 1895 年 3 月 1 日,出生于广东惠阳永湖乡鹿颈村一个贫寒家庭。
- 1909 年秋,进入广东陆军小学堂学习,并加入中国同盟会。
- 1913 年,考进武昌陆军第二预备学校继续学习军事。
- 1916 年,升入陆军军官保定学校深造,于 1919 年毕业,随即被派往边防军中见习。
- 1920 年初,入闽参加孙中山创建的援闽粤军,任宪兵队队长。11 月,被任命为粤军第一师师部参谋兼步兵独立营营长,后又调任工兵营营长。
- 1922 年 5 月,参加北伐,入赣作战。
- 1923 年初,任粤军第四军第三团团长,参加平定桂军军阀叛乱的战斗。
- 1926 年元旦,被选为国民党候补中央执行委员,被任命为黄埔军校教育长。6 月,国民政府决定出师北伐,被任命为国民革命军总政治部主任、武汉行营主任。
- 1927 年,分别担任中央军事政治学校武汉分校代理校长,湖北省政务委员会主任,中央农民运动讲习所所长,国民党中央执行委员、中央政治委员

会委员及中央农民部部长、军事委员会委员兼主席团成员。

- 1930 年 8 月 9 日，为了寻求解决中国问题的第三条道路，在上海成立中国国民党临时行动委员会，被推选为总干事。11 月，在上海发起组织黄埔革命同学会，开展反蒋革命活动。
- 1931 年 8 月 17 日，因叛徒告密在上海不幸被捕。11 月 29 日，被国民党反动当局秘密杀害于南京麒麟门外沙子岗，时年 36 岁。

邓演达，字择生，1895年3月1日出生于广东惠阳永湖乡鹿颈村一个贫寒家庭。1909年秋，进入广东陆军小学堂学习，为革命党人邓铿所器重，并在其影响下加入中国同盟会。辛亥革命爆发，邓演达参加姚雨平率领的革命军的北伐活动，翌年春回到广东，入广东陆军速成学校攻读。1913年考进武昌陆军第二预备学校继续学习军事。1916年升入陆军军官保定学校深造，于1919年毕业，随即被派往边防军中见习。

成为民主革命事业的忠实信徒

1920年初，邓演达入闽参加孙中山创建的援闽粤军，任宪兵队队长。10月，援闽粤军回师广东，11月改为粤军第一师，邓演达被任命为该师师部参谋兼步兵独立营营长，后又调任工兵营营长。

1921年底，邓演达在桂林第一次与孙中山会面，聆听孙中山的教诲，成为孙中山的民主革命事业的忠实信徒。1922年5月，邓演达参加孙中山亲自督师的北伐，入赣作战，以后回粤参加讨伐陈炯明叛乱的战斗。1923年初，粤军第一师扩编为粤军第四军，邓演达升任第三团团长，稍后又参加平定桂军军阀沈鸿英等人叛乱的战斗，深得孙中山的赞赏。

参加黄埔军校的工作

1924年1月，中国国民党第一次全国代表大会召开，国共两党的革命统一战线正式建立。邓演达忠诚拥护孙中山联俄、联共、扶助农工的三大政策。为培养革命军事骨干力量，孙中山在苏联和中国共产党的建议与支持下，决定建立黄埔陆军军官学校，邓演达参加了筹备工作。黄埔军校正式开学后，邓演达被任命为教练部副主任，兼该部属下的学生总队总队长。他忠实执行孙中山的三大政策，工作认真负责，为学生所爱戴，但却遭到蒋介石亲信王柏龄等人的排斥打击。他被迫于同年8月间离开黄埔军校，1925年初到达德国柏林，刻苦学习政治、经济、社会等各门科学知识。

1925年冬，邓演达从德国回到广州，参加于1926年元旦召开的中国国民党第二次全国代表大会，在会上作游欧报告，并被选为候补中央执行委员，同时又被任命为黄埔军校教育长。他一如既往地贯彻孙中山的三大政策，维护革命统一战线，同共产党人密切合作，因而再次遭到蒋介石的排斥，不久被调到黄埔军校潮州分校工作。

出师北伐

1926年6月，国民政府决定出师北伐，任命蒋介石为国民革命军总司令，邓演达为总政治部主任。北伐途中，邓演达不畏艰辛，不顾个人安危，除积极做好政治工作外，还经常亲临前线，参加指挥作战。

北伐军攻克武汉三镇后，邓演达继续担任总政治部主任，兼任武汉行营主任。1927年2月，中央军事政治学校武汉分校成立，邓演达任代理校长（校长蒋介石）。在这同时，邓演达又担任了湖北省政务委员会主任，主持湖北省政务，并负责筹建湖北革命政府的工作。4月10日，湖北省政府正式成立，邓演达被任命为省政府委员。

开办中央农民运动讲习所

随着北伐战争的胜利进展，两湖地区的农民运动也迅猛地发展起来。邓演达热情地赞颂和支持农民的革命斗争。他在发表的演说和文章中，从理论上论述了农民在民主革命中的地位和作用。他指出：占全国人口80%的农民是"国民革命的主力军"，只有他们起来才能摧毁封建势力，打倒帝国主义。他主张农民组织起来，通过斗争建立乡村自治权和农民自卫军。他特别强调要根本解除农民的痛苦，就必须解决土地问题，实行"耕者有其田"。邓演达还同共产党人一起，为解决农民问题，促进农运的发展，进行了大量工作。1927年2月间，在他主持下，总政治部成立了农民问题讨论委员会，专门研究解决农民问题的办法。他在3月间召开的湖北省农民协会第一次代表大会上多次作报告，热情鼓励农民要认识自己在革命中的地位和任务，积极参加革命斗争。他接受共产党人的建议，以国民党中央农民部的名义，于1927年3月间开办了中央农民运动讲习所，并亲自担任所长，任命毛泽东为副所长。他支持农民提出的土地要求，和毛泽东等5人组成了土地委员会，曾力图解决农民的土地问题。

与蒋介石分裂革命的行为展开斗争

正当革命形势向全国发展的时候，蒋介石却加紧进行篡夺革命胜利果实的阴谋活动。1926年11月底，国民党中央政治会议决定从广州迁都武汉，蒋介石却极力主张迁都至他所控制下的南昌，并扣留了赴武汉途经南昌的国民党中央执行委员和政府委员。1927年1月初，邓演达从武汉来到南昌，与蒋介石分裂革命的行为展开斗争。2月9日，国民党左派领袖于汉口召开高级干部会议，提出了实行民主、反对独裁、提高党权、扶助农工运动以及召开三中全会等主张；同时成立了以邓演达、吴玉章等5人组成的行动委员会，作为贯彻这些决定的领导机关。

3月10日，国民党二届三中全会在汉口召开。在宋庆龄、邓演达、何香凝等国民党左派领袖与中国共产党人的共同努力下，会上通过了一系列决议，削弱蒋介石的权力，限制他的个人军事独裁。邓演达为开好这次会议作出了贡献，被选为国民党中央执行委员、中央政治委员会委员及中央农民部长。以后又当选军事委员会委员兼主席团成员。

3月下旬，随着北伐军占领上海、南京，蒋介石更加紧其分裂和篡权活动，将其兵力布置于京沪线上，力图控制这一地区。邓演达等曾主张把第四军调到南京加强防卫，监视蒋介石的活动，但不被重视，致使蒋介石在上海得以实现其反革命政变。

同汪精卫的背叛行为进行斗争

1927年4月下旬，武汉国民政府继续北伐战争。邓演达领导总政治部工作人员加紧进行军队的宣传鼓动工作，发动组织沿途民众支援革命，还亲临前线参与指挥战斗。5月28日，在河南临颍攻击奉军主力的激烈战斗中，邓演达奔忙于火线上，果敢指挥战斗，深为官兵所敬佩。北伐军占领临颍后，会同冯玉祥的国民军连克郑州、开封等地。但这时武汉国民政府内部的汪精卫集团正加紧进行背叛革命的活动。6月10日，汪精卫等在郑州会议上决定"分共"。邓演达参加了郑州会议，强烈反对他们这一阴谋。

邓演达于6月14日随北伐军撤回武汉。面对日益恶化的局势，他忧虑苦闷，但仍不顾个人安危，同汪精卫的背叛行为进行斗争，继续支持农民运动，公开回击敌人对农运的攻击诬蔑。鉴于汪精卫等的反革命活动日益表面化，邓演达遂于 6 月 30 日发表了《告别中国国民党的同志们》公开信，说明在汪精卫集团背叛分裂革命的情况下，他无法再执行自己的工作职责，只好暂时离开，待国民党中央真正地执行革命的三大政策时，他将立刻回来工作。7 月 3 日，邓演达在报上发表了《我们现在又应该注意什么?》一文，提醒人们注意：中国革命已到了一个生死关头，有可能断送在蒋介石、戴季陶及其同类叛徒的手上。7 月 13 日，邓演达公开发表《辞职宣言》，明确表示：由于汪精卫一伙与蒋介石妥协，使国民党变为"反革命团体"，这与他本人的"素愿相违"，因而辞职。7 月 15 日，汪精卫集团公开叛变革命，邓演达化装成查电线的工人，沿京汉路经郑州转陕西潼关，乘坐苏联顾问的汽车一道前往莫斯科。

为民主革命"准备牺牲生命以赴"

1927 年 11 月 1 日，邓演达同当时在莫斯科的宋庆龄、陈友仁等以国民党临时行动委员会的名义发表《对中国及世界革命民众宣言》，谴责蒋介石、汪精卫之流窃取中国国民党的旗号，歪曲革命的三民主义，"其实已为旧势力之化身，军阀之工具，民众之仇敌"。他们表示要继续担负起国民革命的重任，完成孙中山未竟的革命事业。

1927 年 12 月，邓演达从苏联到达德国柏林，认真研究中外历史、经济史以及各国的政治制度，期望从中找到解决中国革命问题的途径。经过刻苦的攻读，并联系长期的革命实践，邓演达开始接受辩证唯物论和历史唯物论，初步运用来研究社会历史和分析中国社会。

1929 年 9 月初，邓演达到德国南部进行考察，以后再到法、英、瑞士、意大利、南斯拉夫、保加利亚等国。1930 年回国途中，又顺道到土耳其、伊拉克、印度等国的一些地方考察。他十分注意了解各国的历史和现状，尤其注意了解农民的生活状况及各国解决农民问题的办法。通过考察对比，他更深刻地认识到封建势力在中国还根深蒂固地存在着，工农大众过着地狱般的生活，从而更坚定他继续进行民主革命的决心，并"准备牺牲生命以赴"。

寻求解决中国问题的第三条道路

1930 年 5 月，邓演达回到上海。他目睹在蒋介石统治下，帝国主义的侵略行为更加猖狂，军阀连年混战，国民经济濒于破产，人民陷于恐怖、饥饿、死亡的境地，因而更迫切地感到必须唤起民众，推翻蒋介石的反动统治。他还主动找中国共产党商谈合作，共同反对蒋介石的反动统治，由于当时"左"倾错误正在中国共产党领导机关占据着统治地位，因而他的联合要求未被采纳。

1930 年 8 月 9 日，在邓演达的主持下，中国国民党临时行动委员会在上海正式成立，通过了由他起草的纲领性文件《我们的政治主张》，选举了中央干事会，邓演达被推选为总干事。以后，行动委员会在全国 14 个省建立了地方组织。行动委员会既反对蒋介石的反动统治，也不赞同中国共产党所领导的土地革命，企图在两者之间寻求解决中国问题的第三条道路，形成第三种政治势力，故被人们称为"第三党"。它是中国农工民主党的前身。

提出"平民革命"的理论

邓演达回国后，撰写了大量的政论文章，提出了"平民革命"的理论，全面地表达了他的政治主张。他认为中国在经济上是封建性的农业经济占主导地位，新式工业极少，而其中 80% 又为帝国主义所控制；政治上，统治着全国的南京反动政权，是以买办资产阶级为核心的军阀、官僚、地主豪绅的联合统治机构，是一切反动势力的总代表，是帝国主义的工具。据此，他明确指出：中国社会还处于封建势力占支配地位的"前资本主义时代"，帝国主义和封建主义是中国社会发展的两大障碍，因此中国革命的任务，就是发动平民大众推翻帝国主义和买办豪绅的联合统治，建立以农工为中心的平民政权。他主张在平民群众组织起来的基础上，由群众团体推选代表组成国民大会、省民大会、县民大会、乡民大会，分别作为全国最高权力机关和地方各级权力机关；并主张用征兵办法，组织"人民武力"，以保护革命和自己的政权。他还提出了平民政权的各项具体政策，如对外要联合被压迫民族，共同反对帝国主义；对内的经济政策，要把一切大企业、特别是带有独占性的企业收归国有，实行"国家资本主义"，以作为进一步实行生产社会化的过渡办法；关于解决农民土地问题，"原则上主张土地国有，而用耕者有其田为过渡办法"。

积极从事推翻蒋介石政权的斗争

邓演达作为小资产阶级的激进代表，虽然提出了不少激进的革命主张，但有其阶级局限性。他不了解中国革命所处的历史时代的特点，没有认识中国革命发展的客观规律，因而在一些重大问题上，如对苏联的看法，对中国共产党的看法，以及对土地问题的看法，等等，仍有其错误之处，表明他的思想仍然没有超出旧民主主义的范畴，他的第三条道路也是行不通的。尽管如此，邓演达仍不愧是一位坚强勇敢、超群出众的民主革命家，无论环境怎样险恶，都动摇不了他推翻蒋介石反动统治，实现民主革命理想的决心。

邓演达领导成立了第三党之后，积极从事推翻蒋介石政权的斗争。1930年11月，他在上海发起组织黄埔革命同学会，开展反蒋革命活动。1931年夏，他利用"宁粤分裂"的有利时机，加紧进行推翻蒋介石反动统治的军事策动工作。他同陈铭枢等人秘密商定：由陈铭枢到江西，把"围剿"红军的第十九路军调到广东，公开树起停止内战、反对蒋介石的旗号，同广东的军队联合，在南方建立反蒋基地；由邓演达去江西策动第十八军在临川、清江一带起义，进而夺取南昌；同时还联络武汉驻军和冯玉祥、杨虎城等部一齐响应，共同推翻蒋介石的反动统治。

不幸被捕牺牲

邓演达的反蒋活动引起了蒋介石的极大恐惧，于是布置特务打手搜捕他。1931年8月17日，邓演达到上海愚园路愚园坊二十号为干部训练班作结业讲话时，因叛徒告密而不幸被捕，不久即被解往南京秘密关押。蒋介石曾派人劝邓演达放弃自己的政治主张，解散第三党，如果同意则给予他副总司令的职位。邓演达则严词拒绝，"对蒋介石始终不低头"。1931年11月29日，邓演达被秘密杀害于南京麒麟门外沙子岗，终年36岁。

邓演达遇害后，初葬于殉难处。新中国成立后，在中国共产党和周恩来总理的关怀下，1957 年由国务院拨款，将邓演达遗骸移迁紫金山南麓，新立的墓碑上刻有何香凝的亲笔题字："邓演达烈士之墓"。

英烈精神

对革命无比忠诚、义无反顾地走民主革命之路的革命精神，不顾个人安危、敢于坚持正义"准备牺牲生命以赴"、坚决与反革命斗争到底的革命斗争精神。

（禤倩红）

冯 铿 (1906—1931)

—— 为了追求光明，献身于革命事业

主要生平

冯铿，乳名蟹儿，又名岭梅，广东省汕头市人。

- 1906 年 11 月 15 日（农历九月二十九日），出生于广东汕头一个贫穷的知识分子家庭。
- 1922 年起，开始文学创作活动。
- 1926 年，在友联中学高级部毕业，把精力集中在革命工作上。
- 1927 年，四一二反革命政变后，女扮男装隐藏在汕头市郊农会会员家里。
- 1928 年春，在澄海县担任县立小学教员，并兼任县立女子学校的课程。
- 1929 年 5 月，在上海加入中国共产党。
- 1930 年 3 月，参加中国左翼作家联盟
- 1931 年 1 月 17 日，不幸被捕。2 月 7 日午夜，被秘密杀害。时年 25 岁。

勇于反抗封建礼教

冯铿的父、母、兄都是教师，祖籍浙江杭州。她自小酷爱文学，9岁起就开始阅读《水浒传》《红楼梦》等古典小说以及一些西洋小说，16岁起，她开始文学创作活动，陆续有作品发表。

冯铿个性倔强，对社会上的不平等现象深恶痛绝，勇于反抗。不论是在学校里还是在家庭中，她总是一个强悍者。当她刚懂事的时候，年纪大她10岁的姐姐素秋，就跟她讲了许多英雄美人的故事，如奔月的嫦娥、盗盒的红线、李靖与红拂、张生与莺莺。这些传奇式人物和武松、李逵、孔明、周瑜、宝玉、晴雯等等，都像活人似的离不开她稚弱而又好奇的心灵。她对姐姐由于自由恋爱而受到旧礼教的迫害所造成的悲剧非常同情。她总是认为姐姐反抗封建礼教，争取男女婚姻自由的斗争没有错，如果有错的话，那就是反对她自由恋爱的爹妈。后来，冯铿亦跟姐姐一样，反对封建的包办婚姻。父母曾经为了钱财而几次把她许给人家，但均遭到冯铿的反对。

保卫新文艺的战士

冯铿就学于汕头市友联中学。在大革命洪流的影响下，她勤奋好学，追求真理，积极参加学生运动，是个活跃分子，因此被选为岭东学生联合会代表。在学生联合会的领导下，她从清早忙到深夜，印传单、编刊物、排话剧、组织游行声援五卅运动、迎送东征军等。当时在杜国庠和李春涛的倡导下，潮汕地区的新文艺运动随着国民革命军东征而蓬勃发展，知识青年纷纷组织各种进步的文艺团体，投身革命运动。冯铿经常在《岭东民国日报》副刊和《火焰》周刊等报刊上发表抒情小诗、小品文、随感录、独幕剧和小说等文学作品，为潮汕文坛所瞩目。她是一名保卫新文艺的战士，写了许多尖锐而又富有风趣的短文，批驳反动文人对革命文艺的污蔑攻击。当时《平报》（后为革命政府所接管，改为《岭东民国日报》）的主编钱热储，就是一个顽固地维护封建思想、反对革命的反动文人，而冯铿却敢与这个"庞然大物"作斗争，她写了一篇题为《钱热储》的文章，开头就辛辣地指出："你这个热心储钱的人，爱钱不爱脸，将来总有一天，有钱也买不了你的命。"有人评论说，这篇文章"似乎太露骨了"。冯铿则说："对这班坏蛋，不能客气，只有骂，像孔明骂死王朗一样，何等痛快!"

加入中国共产党

1926年，冯铿在友联中学高级部毕业时，刚好20岁，她把精力集中在革命工作上。1927年四一二反革命政变后，国民党反动派到处捕杀共产党人和革命群众，为了躲避敌人的追捕，冯铿便女扮男装和爱人许峨（许美勋）伪称兄弟，逃出了虎口，此后隐藏在汕头市郊的新寮村和桑浦山的西山村的农会会员家里。不久，她又潜回汕头，直到南昌起义部队到潮汕时才公开活动。但"潮汕七日红"过后，她又在白色恐怖下度过了1927年的冬天。

1928年春，冯铿与爱人到澄海县担任县立小学教员，并兼任县立女子学校的课程。由于不满和揭发女子学校校长专门巴结官僚，勾引女生和官僚来往，摧残少女等腐败行为，而遭到了打击，被撤去教职。于是她到离汕头市以北20华里的庵埠同学家里暂住。从逃难到农村和在澄海当教师这一期间，冯铿才开始接触到社会实际，亲身体会到劳动人民朴实深厚的阶级感情，认识到人民群众是革命力量的源泉，政治上逐渐成熟。

为了追求光明，献身于革命事业，她和爱人于1929年春前往上海寻找党组织。最初在复旦大学读书，后来因为经济困难而辍学，1929年5月由杜国庠、柯柏年介绍加入中国共产党。

文学斗士

1930年3月，她参加了中国左翼作家联盟（简称"左联"）。她经常出席左联领导的在各大学校里的读书会，与青年学生一起研究文艺理论和文艺作品，谈论时事政治。一些青年学生在她的启发帮助之下，走上了革命的道路。1930年5月，她代表左联出席在上海秘密举行的全国苏维埃区域代表会议。会上，来自革命根据地的红军、赤卫队的革命战士和工农群众代表的讲话，强烈地激荡了她的革命感情。会后，她就根据大会获得的丰富材料和个别采访获得的材料，从事文学创作。6月起，她受党组织的委派，积极参加筹备召开全国苏维埃代表大会的工作（这次会议后来于1931年11月在中央苏区召开）。在沪期间，她一方面主要从事党的地下活动，出色完成党组织交给的任务；另一方面，又利用业余时间积极进行创作和自学英语及日语。她是职业的革命者、业余作家，但她却不领取当时地下工作人员的津贴，而是靠自己的稿费维持生活，为革命节省开支。

　　冯铿自1922年开始写作，到1931年止，发表了不少的作品。在早期，她以写作抒情诗和小品为主，歌颂自然、母亲、初恋、忧伤，寄托对自由、光明未来的向往；从1927年下半年起，则以创作小说为主，有时也写诗、散文、独幕剧。这时，她更多地体验了社会生活，扩大了视野。在她的作品里描写了贫富悬殊、男女不平等的社会弊病，这些作品多是在潮汕乡间创作的。1928年在乡村匿居期间，写作中篇小说《重新起来》《最后的出路》等，主要是根据自己的斗争经历和思想发展，反映在封建制度下妇女所受压迫的痛苦，指明妇女只有投身革命斗争求得自身的解放才是最后的出路。冯铿到了上海参加了党和左联之后，政治上、思想上和文学创作上都进入成熟的时期。作品的题材也从一般小资产阶级知识分子的情调转向表达社会底层的工农大众的悲惨境遇和在党的教育下思想的觉醒，以及苏区劳苦大众翻身解放的喜悦。如她根据来自闽西苏区的马宁所讲述苏区的新人新事，写成了《马英日记》一文，塑造了马英这个可敬可爱的英雄形象。她根据另外一些从苏区来的代表讲述苏区的生活和斗争故事，又写成了《红的日记》，这是中国近现代文学史上最早直接反映和讴歌红军的作品之一。《小阿强》则直接描写苏区一个少先队长的英勇斗争事迹，它在中国近现代儿童文学史上占有一定的地位。除此之外，还有诗集《春宵》，短篇集《铁和火的新生》，短篇小说《遇合》《乐园的幻灭》《突变》《友人C君》，戏曲集《婴儿》等。在这些作品中，冯铿从各个不同的角度，反映当时动荡不安的社会现实和人民的期望。

惨遭杀害

　　1931年1月17日，冯铿在上海东方饭店参加党的会议时不幸被捕，关押在龙华警备司令部。在关押期间，她受尽国民党反动派的严刑拷打，面部水肿，身上血肉模糊，但她始终坚贞不屈，保持共产党员的高贵气节。当敌人在秘密法庭上判处冯铿等人死刑时，冯铿在法庭上高呼"不服判决"，要求公开审判。但这些害怕真理的屠夫们，竟于 1931 年 2 月 7 日在风雪弥漫的午夜，将冯铿等人秘密杀害于龙华。冯铿牺牲时年仅 25 岁。

当晚同时蒙难的还有 23 位同志，这就是著名的龙华二十四烈士，其中包括青年作家冯铿、李伟森、柔石、胡也频、殷夫。为了揭露国民党的法西斯暴行，鲁迅主持出版了秘密刊物《前哨》（纪念死难者专号），发表了左联的宣言和鲁迅《中国无产阶级革命文学和前驱的血》的悼念文章，以及冯雪峰的短评《我们同志的死和走狗们的卑劣》等文章，还发表了包括冯铿《红的日记》在内的一批死难者的遗著。左联在《为纪念被中国当权的政党——国民党屠杀的大批中国作家而发出的呼吁书和宣言》中说："冯铿是中国新诞生的最出色和最有希望的女作家之一。所有这些青年人，都是中国创造性文艺力量的精华。"

英烈语录

"你这个热心储钱的人，爱钱不爱脸，将来总有一天，有钱也买不了你的命。"

"对这班坏蛋，不能客气，只有骂，像孔明骂死王朗一样，何等痛快！"

英烈著作

《马英日记》《红的日记》《小阿强》，诗集《春宵》，短篇集《铁和火的新生》，短篇小说《遇合》《乐园的幻灭》《突变》《友人 C 君》，戏曲集《婴儿》等。

英烈精神

坚贞不屈的共产党员的高贵气节。

（胡提春）

冯宪章（1908—1931）

—— 黑浪中展翅翱翔的海燕

主要生平

冯宪章，广东省兴宁县新圩鸭子桥村人。

- 1908 年，出生于一个农民家庭。
- 1923 年，组织成立兴宁留梅学会。
- 1925 年初，组织成立进步团体——新学生社，加入中国共产主义青年团。
- 1926 年 5 月，担任《少年旗帜》主编。
- 1927 年 5 月，加入"行动队"，投入攻打梅城的战斗。8 月，与妻子成婚。
  12 月，参加广州起义。
- 1928 年初，前往上海，就读上海艺术大学，同时参加革命文学团体——太阳社。同年五六月间，加入中国共产党。同年底，东渡日本留学，组织太阳社东京支社。
- 1929 年 3、4 月间，被捕入狱，被遣送回国。
- 1930 年 3 月，领导成立中国左翼作家联盟。
- 1930 年 5 月，被捕入狱。
- 1931 年 8 月，在上海漕河泾狱中病饿而死。时年 23 岁。

初露锋芒

1931 年 8 月，在上海龙华警备司令部被折磨至死的左联诗人冯宪章，是广东省兴宁县新圩鸭子桥村人。他 1908 年 7 月 3 日出生于一个农民家庭。父亲冯砚田、母亲谢选英都是老实的农民。在兄弟姐妹 5 人中，冯宪章居长。他 7 岁在本村倚树小学读书，三年后，考入兴宁第一区立范高等小学。1923 年 12 月，冯宪章高小毕业后，考入梅县东山中学。在这里，他结识了蓝胜青、伍杨俊、潘允中等进步学生，阅读了大量进步书籍，逐渐走上革命道路。在共产党人张维的倡导下，蓝胜青等几十位兴宁籍的学生成立了兴宁留梅学会。冯宪章积极参加该会的活动，利用这一组织向群众宣传民主革命思想，寒暑假还组织话剧，回兴城演出，并在《宁江青年》上发表诗歌和文章，初步显示了他的文学创作才华。

投身学运

1925 年初，大革命浪潮席卷潮梅各地，冯宪章积极投身学生运动，与蓝胜青、罗晓维等一起组织进步团体——新学生社。国民革命军第二次东征后不久，中国共产主义青年团梅县委员会成立，紧接着在东山中学建立团支部，蓝胜青为支部书记。冯宪章与潘允中等一起加入了共青团，并在梅城城隍庙前的一家祠堂里参加了梅县团委举行的为期半个月的骨干训练班。在训练班里，冯宪章亲聆了邓颖超关于社会主义知识的讲述，学习了《共产党宣言》和有关共产主义学说的基本常识，思想觉悟逐渐提高。

1926 年 5 月，团员不断增加，为了扩大宣传，梅县团委出版了《少年旗帜》（半月刊）作为机关刊物。冯宪章担任主编。

1927 年 3 月，在党组织的指导下，梅县团委为对国民党右派掀起的反共逆流进行反击，组织宣传队分赴兴宁、蕉岭、大埔各县，宣传孙中山的三大政策，反对分裂。冯宪章与蓝胜青、潘允中等 20 多名同学一起回到兴宁，在兴城、坭陂、新圩等地，通过演白话戏、演讲、印发传单等形式，进行宣传，使革命道理深入人心。

遭反动派通缉

1927年5月，梅县团委在蒋介石发动四一二反革命政变后，召开了紧急会议，部署挑选团干参加"五一二"暴动。冯宪章毅然报名加入了"行动队"，投入攻打梅城的战斗。后因暴动失败，东山中学被封。冯宪章等人遭到通缉，不得不返回家中暂避。这期间，迫于家庭压力，冯宪章与童养媳陈龙招完婚。不久，在八一南昌起义的推动下，兴宁县党组织准备发动第二次暴动，冯宪章和刘光夏、蓝胜青等于8月间的一天，乘夜到其舅父（张发奎部下营长）家埋伏，采取突袭办法，夺得两支短枪。此举，在暴动队伍中传为美谈。暴动成功后，建立起红十二团，冯宪章任团部宣传员。不久，因遭敌陈楚鹿部重兵"围剿"，暴动队伍根据党组织指示分散活动。坭陂国民党自治会头目陈必显到处张贴布告，悬赏600块光洋通缉冯宪章。冯宪章临危不惧，或深入偏僻山村串联发动，或利用圩期到集镇宣传革命。国民党自卫队、军警四出追捕。

参加广州起义

冯宪章见在家乡已无法活动，1927年12月初，他决定绕道汕头乘船前往广州。冯宪章抵达广州后加入了工人赤卫队，参加了张太雷、叶挺、叶剑英等人领导的广州起义。在攻击东山、广九铁路和公安局的战斗中，冯宪章英勇机智，表现十分出色。

辗转上海，考进上海艺术大学

广州起义失败后，冯宪章于1928年初，几经辗转前往上海。他考进了由党组织主持的上海艺术大学，同时参加革命文学团体——太阳社。他每晚伏案不停，写下大量诗文，向"地狱和魔鬼"发起进攻。他的诗，诉怒如汹涌波涛，表爱似明月清风，深为人民喜爱。著名革命作家蒋光赤在《太阳月刊》创刊号的"编后记"中写道："宪章是我们的小兄弟，他今年只有20岁，他的革命诗歌里流动的情绪比火还要热烈，前途是极有希望的。"

加入中国共产党

经过实际斗争的不断考验，冯宪章逐渐成长为一位无产阶级文化战士。1928 年五六月间，冯宪章经在上海的党中央机关批准，成为中国共产党党员。在上海一家僻静的饭馆里，上海的党组织以吃饭的方式为冯宪章举行了入党仪式。

东渡日本

1928 年秋冬之间，冯宪章所在的太阳社被国民党反动当局查封。冯宪章只得与蒋光赤等革命文学青年东渡日本留学。在东京，他和蒋光赤联合适夷、森堡等进步作家共同组织了太阳社东京支社，继续从事无产阶级文学活动。1929 年 3、4 月间，日本当局对从事革命活动的中国留学生进行搜捕。冯宪章和不少中国留学生被捕入狱，不久被强制遣送回国。

把文学活动和无产阶级领导的革命斗争结合起来

回到上海后，冯宪章更加积极从事革命活动。他以炽热的革命激情，勤奋的创作热情，写下了许多优秀的红色鼓动诗，翻译了不少马克思主义文艺理论著作。

当时，冯宪章以他的诗歌创作著称。他写有诗集《梦后》（《火焰丛书》之一，1928 年上海紫藤出版社出版），以及散见于《太阳月刊》等文艺刊物上的近百首诗歌。另外还有《警钟》《暗夜》等诗集，但尚未发行就遭到了查禁。其中也收进了冯宪章的诗歌三卷。在这些诗集里，冯宪章以革命文化战士的姿态，用饱含爱憎的笔，去宣传马克思主义，抨击国民党反动政府，为无产阶级革命呐喊助阵。他的每一行诗都如同匕首直插敌人心脏。他写下的每一个字，都充满了他对革命火一般的热情。

冯宪章回到上海后不久，祖父给他来信诉说思念之情，并告诉他，其妻陈龙招生下一子，盼能回来一见。冯宪章回信说："正在从事一种伟大的事业。这种事业，足以把陈必显这样的坏东西致于死命。和自己在一起的，有很多人，不要挂念。孩子盼好生抚养。不要娇惯坏了，长大了应让他到外面去闯天地。"可惜，在那愁苦的岁月，孩子仅长到四岁便夭折了，祖父不久也去世。

冯宪章的一颗心全然扑在无产阶级革命的文学事业上。他除诗歌创作外，还写了不少小说与散文。他的小说《游移》和《一月十三》，笔尖直触社会底层的凄苦，呼唤起民众的反抗。而随笔《楼头的艳笑》则从另一个侧面揭示了"国民如若麻木不仁最终将埋葬自己"这一真谛。这些耐人寻味的作品在当时深为广大读者喜爱。在这些作品中，冯宪章用满腔热情歌颂了无产阶级的革命事业，预言旧社会必定灭亡和新社会必定诞生。这对国民党反动当局无疑是致命的一击。他们一面拼命查封冯宪章等革命作家的作品，一面到处跟踪追捕年轻的诗人。

面对白色恐怖，冯宪章的创作热情反而更加炽烈。他在创作之余，还先后翻译了不少外国革命作家的文艺论文，发表于一些报刊。1929年夏，冯宪章和夏衍等战友们深感文学工作不能适应现实斗争的需要，有必要加强马列主义及文艺理论的传播工作。当时，苏联、西欧各国和日本无产阶级文学很活跃，这给中国革命文艺工作者以推动和鼓舞。冯宪章翻译了日本无产阶级作家藏原惟人、小林多喜二等的文艺论著多篇。集结出版了《新兴艺术理论》一书，并和夏衍合作翻译了德国革命女作家露沙·罗森堡的《狱中通信》。通过理论和作品所起的宣传作用，文学为政治服务的思想逐渐明朗，这在当时颇为难得。冯宪章自觉地把自己的文学活动和无产阶级领导的革命斗争结合起来，与其他无产阶级革命文学的倡导者一起，把新文学运动推向了新的阶段。

成立左联

1929年秋，中共中央宣传部和江苏省委宣传部指示原太阳社、创造社成员和鲁迅及在鲁迅影响下的作家们联合起来，以这三方面人员为基础，筹备成立中国左翼作家联盟。1930年3月2日，中国左翼作家联盟在冯宪章的母校上海艺术大学宣告成立。冯宪章与鲁迅、冯雪峰、柔石、夏衍、田汉、钱杏郁等近50人出席了成立大会。郭沫若、茅盾、郁达夫等都参加了左联。会上选举了鲁迅等7人为常务委员。鲁迅在大会上针对小资产阶级知识分子的动摇性和宗派主义情绪，提出了坚持长期的、韧性斗争原则，提出文艺应把为工农大众作为共同的目的。冯宪章把这些讲话当做警钟，时时提醒自己，在蓬勃的左翼文化运动中迈出坚实的步履。

这一年，蒋介石一方面加紧对中国共产党领导的苏区的军事"围剿"，另一方面疯狂镇压其统治下的左翼文化运动，大肆跟踪、逮捕、屠杀左联作家，妄图以血腥手段来摧垮共产主义思想运动。1929年4月中旬的一天，冯宪章到左联的机关刊物《拓荒者》送交完小说《一月十三》初稿，刚从上海艺术大学出来，几个家伙鬼鬼祟祟地迎面走过来。他机警地向右拐去，没想到当头一个却快步走上来劈头问道："看见冯宪章没有？"冯宪章一听，心中有了数，若无其事地说："我刚才看见他进去了，在里面！"几个便衣一听随即蜂拥而入，冯宪章再次脱险。

不幸入狱

然而，年轻的诗人最终没逃脱疯狂的追捕，于1929年5月的一天被捕入狱。在狱中，冯宪章与敌人作了坚决的斗争，保持了共产党员的崇高气节。和他一起入狱的同志无不为他的革命乐观主义和斗争精神所感动。1957年，徐平羽在上海市团委机关报《青年报》上发表的革命回忆录《忘不了的年代》中这样写道："在龙华警备司令部的政治犯牢房里……有个叫冯宪章的人，他是作家。他看出我的情绪，对我说：'哈！年轻人，你应该认为干革命、坐牢戴脚镣是必不可少的事，进牢要戴脚镣，就等于吃饭时必定要吃菜一样！'这种革命的乐观主义鼓舞了我。"

壮烈牺牲

冯宪章在狱中与敌巧妙周旋，使敌人始终查不清他的真实身份，最后被当做嫌疑犯判了3年徒刑。在1年又5个月的狱中生活里，冯宪章受尽惨无人道的折磨，于1931年8月在上海漕河泾狱中病饿而死。1931年8月17日，在左联的外国刊物《文艺新闻》首版上，刊载了一条醒目的讣闻——《冯宪章病殁狱中》。文中这样写道："两年前曾犯有脚气病，狱中地气潮湿，兼之待遇不良，而终至殁没。"

新中国成立后，冯宪章被追认为烈士。1963年6月11日，《人民日报》载文纪念冯宪章，称他为"黑浪中展翅翱翔的海燕"，赞扬他是一位"把自己的灵感和生命都贡献给了世界上最壮丽的事业"的革命诗人。

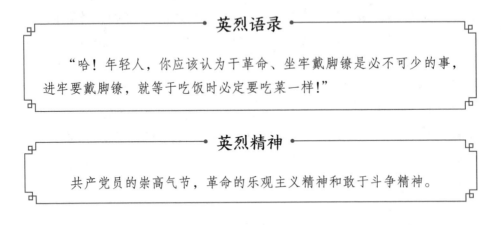

● 英烈语录 ●

　　"哈！年轻人，你应该认为干革命、坐牢戴脚镣是必不可少的事，进牢要戴脚镣，就等于吃饭时必定要吃菜一样！"

● 英烈精神 ●

　　共产党员的崇高气节，革命的乐观主义精神和敢于斗争精神。

（罗祖宁　刘国宪）

古公鲁 (1884—1931)

—— 革命斗争的多面手

古公鲁，号韩伯、函伯，广东省五华县人。

● 1884 年，出生于五华县梅林区河石村。

● 1909 年，接受孙中山的宣传、鼓动，加入中国同盟会，投身民族民主革命。

● 1910 年，从巴城返回香港，继而潜入广州、花县、肇庆等地活动，担任陆军第五旅第九团第三营营长，准备起义。

● 1911 年，黄花岗起义爆发，率领第三营 300 余人，攻打省总督衙门。作战英勇，得到孙中山的嘉许，随后被授为"广州西路将军"。同年 11 月间，参加光复潮州的战斗。随后，被任为东（莞）增（城）两县绥靖公署主任。

● 1914 年，自请调回五华县政府任专审员。

● 1917 年，调任三水县推事。

● 1920 年，调任海丰县任检察。

● 1924 年，成立建国粤军第二师，被叶剑英任命为募兵处处长。

● 1927 年 8 月，被任命为五华县工农讨逆军总指挥。

- 1928 年夏，加入中国共产党。
- 1930 年 5 月，成立东江苏维埃政府，任中国工农红军第十一军军需处处长。
- 1931 年 5 月，因叛徒告密被捕。于农历五月初四日惨遭凌迟酷刑，壮烈牺牲，时年 47 岁。

获授"广州西路将军"

古公鲁，号韩伯、函伯。1884 年出生于广东省五华县梅林区河石村。父亲古文波一向以农为业，急公好义，建学校，筑茶亭，施渡船，深得乡人爱戴。古公鲁青少年时期，曾在半读耕庄、竹碟山房、求是学堂等校就读，继在梅县师范中学毕业，又到广东省立法政学堂读书，1909 年毕业后，远渡重洋，到了东南亚的巴城谋生。他接受孙中山的宣传、鼓动，认识到清政府的腐败无能，丧权辱国，非常愤慨，遂加入中国同盟会，投身民族民主革命。

1910 年，古公鲁从巴城返回香港，继而潜入广州、花县、肇庆等地活动，担任陆军第五旅第九团第三营营长，准备起义。

1911 年 4 月 27 日（农历三月二十九日），黄花岗起义爆发。古公鲁率领第三营 300 余人，攻打省总督衙门。虽未能取胜，但他作战英勇，得到孙中山的嘉许，随后被授为"广州西路将军"。

光复潮州

1911 年 11 月间，古公鲁参加光复潮州的战斗。他与龙村著名拳师黄喜祥，组织武艺高强的勇士 50 人为敢死队，雇用木船两艘，顺韩江而下，直抵潮州城。古公鲁针对清军关门固守城池，自以为万全的麻痹思想，乘黑夜摸营，组织敢死队组成人梯，爬登城墙。同时用煤油桶挖洞塞布，点火燃烧。顿时，火光冲天，喧声雷动。守城清兵从梦中惊醒，惊恐万状，弃城而逃，潮州一举光复。随后，古公鲁又奉命率队攻打粤北和广州周围各县的清政府衙门，所向披靡，屡立战功，被任命为东（莞）增（城）两县绥靖公署主任。

铁面无私，执法如山

1914 年，古公鲁看到五华官场十分黑暗，官吏腐败无能，贪赃枉法，法治松弛，冤假案多的情况，便自请调回五华县政府任专审员。两年内，清理积案 300 余宗，释放无辜受累冤犯 100 余人，甚得群众拥戴，被誉为"古青天"。

1917 年，古公鲁调任三水县推事，他铁面无私，执法如山，很受群众爱戴，受赠"情法俱平"匾额。1920 年又调任海丰县任检察，政绩显著。

策反滇桂军被监禁

1924 年，孙中山授意廖仲恺在香山县（今中山县）成立建国粤军第二师，叶剑英起先任该师独立营营长，后任师部参谋长，兼任新编团团长。这时，叶剑英任命古公鲁为募兵处处长，让他在香山县开展募兵工作，接着叫他潜入广州市做兵运工作，策动驻广州的滇桂军 300 余人投靠到粤军来。事为滇军司令杨希闵发觉，将古公鲁扣留监禁，古公鲁在狱中惨遭拷打、火烙之刑，遍体鳞伤，如此受折磨达一个多月。后得叶剑英率领粤军攻打广州，击溃滇军，才被救出狱。

慷慨无私支持革命

1927 年 4 月 12 日蒋介石叛变革命后，古公鲁回到五华。8 月，得到五华县革命委员会主席古大存的帮助、教育和推荐，古公鲁投身农民运动，得到组织的信任，被任命为五华县工农讨逆军总指挥。这年冬天，古大存组织参观团，到海陆丰苏区参观、学习。回来后，古大存整顿革命队伍，充实财政，扩充武装。古公鲁慷慨无私，自愿拿出长短枪 10 多支、子弹 1000 多发、粮食 1 万多斤、大洋 1500 块，支持革命，支持民主政权，深得革命群众和领导人的称许。

成为坚强的无产阶级革命战士

1928 年春，国民党反动派黄旭初部"驻剿"五华，分兵三路进攻安流。古大存、李斌、古公鲁等率队与敌军激战。由于敌众我寡，实力悬殊，部队被迫转移、分散。这时，黄旭初气焰嚣张，悬赏 1 万元缉拿古公鲁，并把他的故乡——河石乡塘背寨焚掠一空。古公鲁的家人四处逃散，流离失所。面对敌人的疯狂暴行，古公鲁不但没有被吓倒，反而更加坚定，决心对革命忠贞不渝，奋斗到底。

1928年夏，古大存化名陈德炎，古公鲁化名韩伯，古连化名古清海，辗转来到了丰顺县汤坑的单望天，以石厂为据点，秘密进行革命活动。经过两年多革命斗争的考验，古公鲁由一名旧民主主义革命志士成长为坚强的无产阶级革命战士，光荣加入中国共产党。

1929年2月，五华县委在八乡山小溪石见坑，召开第一次党员代表大会，选举古清海为县委书记。会上，由中共东江特委书记陈魁亚宣布，调古大存、古公鲁、古宜权三人任东江革命军事委员会委员。

1930年5月，东江特委在八乡山滩下庄屋坪召开东江苏维埃代表大会，成立东江苏维埃政府。会上正式宣布成立中国工农红军第十一军，军长古大存、政委颜汉章、军需处处长古公鲁。从此，古公鲁废寝忘食，日夜操劳，为部队筹备粮食，购置军械、药物，设立兵工厂、医院等。与此同时，古公鲁随军长古大存，三次攻打潮安，并转战五华的梅林、安流等地，为建设苏维埃政权，实行土地革命，做了大量工作。

在八乡山坚持斗争

古公鲁有"儒将"风度，虽戎马倥偬，但偶得休闲，即同古大存在一起研读兵书，吟诗作赋，写有七言诗句："漂泊频年太坎坷，风霜历尽志难磨。一肩任务千钧重，都为工农解放多。"表达了他献身革命，坚定不移，去争取胜利的决心。

1930年冬，广东军阀陈济棠派遣张瑞贵、邓龙光等部，不断"封锁""围剿"揭阳、丰顺、五华之间的八乡山革命根据地。由于八乡山粮食、物资奇缺，军需补给极端困难。古大存为了摆脱被动局面，遂放弃攻坚战，命令教导团团长古宜权率队撤离八乡山，到位于潮阳、普宁、惠来之间的大南山革命根据地，与红四十九团会师。古大存、古公鲁等仍率领红四十六团在八乡山坚持斗争。经过四个月的苦斗，才决定撤离八乡山，转移到紫金、大南山等地去打游击。

壮烈牺牲

1931年5月，古公鲁随古大存率领军部及红四十六团的补四连撤出八乡山，到了揭阳县的龙潭，再向陆丰县的下沙村进发。一天深夜，前头部队的军长古大存和补四连的全连战士，已安全抵达下沙村。后续部队的古公鲁和军部的 10 余人，却因不辨方向摸到了离下沙村不远的矿下村。这时，随军炊事员黄秋红叛变，向五云洞反动治安委员会密报，出卖了古公鲁。反动警卫队长彭万利，随即带 10 余人赶来，围捕了古公鲁等 10 余人，押解回五华城囚禁。

五华县反动县长钟问陶，以为抓到了古公鲁，定能邀功请赏。于是厚颜无耻地利用与古公鲁有亲戚关系，妄想软化他，并以"高官厚禄"诱骗他出卖革命，但遭到古公鲁的痛斥和唾骂，最后敌人向古公鲁下毒手了。1931 年农历五月初四，古公鲁和张剑珍被押到五华城中山公园，惨遭凌迟酷刑。古公鲁在刑场上坚强不屈，大义凛然，频频高呼"中国共产党万岁！"，后壮烈牺牲，年仅 47 岁。

● 英烈语录 ●

"漂泊频年太坎坷，风霜历尽志难磨。一肩任务千钧重，都为工农解放多。"

● 英烈精神 ●

慷慨无私支持革命、为工农解放献身的无私奉献精神；为革命废寝忘餐、日夜操劳的艰苦奋斗精神；与敌人斗争到底，坚强不屈，大义凛然，对革命忠贞不渝的革命精神。

（魏东海）

古松柏（1890—1931）

—— 为革命不顾自身安危

主要生平

古松柏，又叫亚松头，广东省五华县文葵乡塘头寨人。

- 1890 年，出生。
- 1925 年 4 月，到由彭湃主持的海丰农民运动讲习所学习。8 月初，在宣优坑宣传发动农民，建立宣优乡农民协会。
- 1926 年 2 月，参加在安流东灵寺召开的县农会改组会议，会后出任县农民自卫军中队长。10 月，五华县农民自卫军常备大队成立，下分三个中队，任第一中队队长。11 月间，又建立了 50 多人的县农民自卫军模范队，任小队长。
- 1927 年，任工农讨逆军五华县大队第三中队队长。12 月，加入中国共产党。
- 1929 年 10 月，任红四十六团特务连连长。
- 1931 年 5 月，配合紫金地下党建立龙炮苏区。7 月底，在紫金炮子圩同国民党军的一场遭遇战中光荣牺牲，时年 41 岁。

开展农民运动

古松柏，又叫亚松头，1890 年出生于广东省五华县文葵乡塘头寨的一个贫苦家庭，幼年丧失父母，靠亲戚抚养长大，靠打铁过活。艰辛的生活把他磨炼成了一个钢筋铁骨的汉子。古松柏性格豪爽，为人耿直，喜欢耍拳舞刀，练就了一身硬功夫。他不畏强暴，好打抱不平，从小爱听老人讲解《水浒传》《三国演义》中那些英雄好汉的故事，立下了为穷苦人求翻身、谋幸福的抱负。

1924 年底，由于生活所迫，古松柏邀约了同村人古全等一起到海丰谋生。在海丰，他们亲眼看到了农民运动蓬勃发展带来的新景象。1925 年 4 月，他们毅然进入由彭湃主持的海丰农民运动讲习所学习。古松柏认真聆听了彭湃的讲演，思想上受到深刻的洗礼。四个月后，他们受海丰县农民协会的派遣，回到五华开展工作，向农民大力宣传革命思想，使农运烈火燃烧起来。

1925 年 8 月初，古松柏受五华县农民协会会长魏宗元的委派，同彭剑先一起从龙村出发，前往宣优坑，宣传发动农民，建立农民组织。在深入宣传发动的基础上，古松柏主持召开农民大会，宣布成立了宣优乡农民协会。彭剑先、彭仲高分别当选为正、副会长。

领导农民自卫军

1926 年 2 月，古松柏参加了在安流东灵寺召开的县农会改组会议，会后出任县农民自卫军中队长。4 月，五华春荒严重。为了粉碎地主、豪绅、奸商相互勾结，企图以垄断米谷、把粮食运到外县去牟取暴利等手段来威胁农民运动的阴谋，县农会号召广大农民行动起来，同地主奸商作斗争。古松柏受古大存的派遣，率领农军七八十人，沿琴江布防，拦截地主奸商的粮船，禁止米谷出口，取得胜利。

同年 10 月，五华县农民自卫军常备大队成立，下分三个中队，古松柏任第一中队队长。11 月间，又建立了 50 多人的县农民自卫军模范队，古松柏任小队长。县农民自卫军共有 300 多支枪。为了充实县农民自卫军的武器，县农民协会还设立了小型兵工厂，修理枪械、制造土枪和翻造子弹。兵工厂有 20 多个工人，由古松柏兼管。1927 年 2 月，张九华率县警队并纠集地主劣绅曾子渊、曾泗安、曾育三等武装 1000 余人，四处疯狂烧杀抢掠，无恶不作。古松柏率领一中队人马，参加了古大存指挥的县农军的反击战斗。他身先士卒，敢打敢拼，赢得了上级领导的赞许和同志们的好评。是年四一二反革命政变发生后，五华县农民自卫军改称为工农讨逆军五华县大队，下设三个中队，古松柏任第三中队队长。1927 年 12 月，经古大存介绍，古松柏光荣地加入了中国共产党。

在八乡山开展革命活动

1928 年 2 月，国民党当局派黄旭初率一个师兵力"驻剿"五华，革命转入低潮。中共五华县委为了保存革命力量，决定暂时分散隐蔽下来，从事地下革命活动。5 月底，古松柏同李英、古全等 10 多人离开五华，上了八乡山，在古大存领导下，继续开展革命活动。古松柏同古清海、陈笑眉一起，深入到马屋山农民中进行宣传和组织工作。经过一段时间的活动，于 7 月间成立了贫农自救会、妇女会、儿童团。接着，党组织又派古松柏、马耀炳等人，到陂子洋串联农民入会，扩大革命队伍。1929 年 2 月 19—24 日，五华县第一次党员代表大会在八乡山小溪石见坑召开。古松柏参加了大会。会议期间，他被委任为大会保卫组组长，负责安全保卫工作。八乡山革命力量的发展，引起了反动派的惊恐与恼恨。1929 年 3 月，五华、丰顺、揭阳的反动武装 1000 多人，分五路进攻八乡山。汤坑区民团团长黄夺标率领民团 200 余人从河西、大罗两路进攻小溪。为了有效迎击敌人，中共五华临时县委及时召开军事会议，决定组建一支火枪队和三支田刀队。古松柏负责带领一支田刀队，占据有利地形，同古宜权、万大来、古清海的三支部队遥相呼应。

1929 年 4 月 1 日上午，当敌人进入小溪村时，古松柏指挥队伍首先发起猛攻，将山上准备好的无数石块似排山倒海般滚向敌人，并同埋伏在小溪周围的兄弟部队一起，奋勇冲杀，形成夹攻之势，打得敌人丢盔弃甲。敌首黄夺标仓皇逃窜。部队乘胜追击，赶至伯公坳，将其当场活捉，其随后被愤怒的群众打死。此役击毙敌军 40 余人，缴枪百多支、子弹万余发，这就是著名的八乡山第一仗，它震动了全东江，大大地鼓舞了群众对敌斗争的勇气。

6 月初，五华地主豪绅张彩文、张访箕之流纠合反动武装，以安流东灵寺为据点，成立所谓"警委会"，妄图将刚刚建立的第七区苏维埃政府扼杀于襁褓之中，以便进一步进攻八乡山苏区。为了保卫苏区，6 月 11 日，李明光、李斌、古松柏等率领红四十六团，配合第七区赤卫队 400 多人，连夜赶到角西坑。翌日清晨，部队急行五公里赶到安流圩郊，稍作歇息，即向守敌发起总攻。敌警兵被打得措手不及，纷纷逃跑。安流镇顷刻被攻下，并俘获国民党安流税捐处负责人张亚月。随后，部队集中力量攻打东灵寺之敌。古松柏率一支由红四十六团战士古灵科等七八人组成的敢死队，匍匐前进到寺庙后山，架起竹梯，爬上屋顶，掀开瓦片，将土炸药扔进屋内，摧毁了敌人的几个主火力点。但由于敌人在寺内构筑了坚固的防御工事，凭借密集的火力，紧闭栅门，死守顽抗，后又得外援，而我军缺乏攻坚武器，故未能攻破敌阵，只得撤退。

10 月，朱德率红四军离开东江时，从各团抽调了 120 多名干部战士，支援东江红军。古大存把他们编成一个特务连，归属红四十六团，并任命古松柏兼任连长。

11 月 20 日，东江红军总指挥古大存、红四十七团团长何石等率领队伍途经郭田坪上时，遭张九华匪军阻击。古松柏率特务连援救，夹攻敌人。但因敌军人多势大，又得兴中来的一营敌军增援，红军虽奋力战斗，仍不能抵敌，红四十七团团长何石牺牲，总指挥古大存受伤，部队乃向八乡山撤退。敌人尾追至梅子溜，古松柏率特务连全体战士，在县赤卫模范队 100 余人的配合下，同敌人周旋，掩护部队撤回大本营。

1930 年 5 月，古松柏出席了在八乡山滩下庄屋坪召开的东江第一次工农兵代表大会。会上宣布成立东江苏维埃政府和红十一军，古大存任军长。至该年冬，敌人不断"围剿"八乡山，革命苏区陷于被敌四面包围的困境。古大存指示古宜权带领红十一军教导团突围，命令古松柏留下，协助其指挥红四十六团，坚持在八乡山的斗争，牵制敌人，减轻大南山苏区的压力。当时八乡山周围的敌军有两个师兵力，而我军只有 100 多人。为了保存革命的有生力量，在八乡山坚持了四个多月后，古大存、古松柏等于 1931 年 5 月撤离八乡山。他们冒着酷暑，忍饥耐渴，风餐露宿，辗转山村，粉碎了敌人的重重堵击、"围剿"，到达揭阳、陆丰一带，后转入紫金的炮子、洋头，与突围出来的古宜权部会合，开展游击活动，配合紫金地下党建立龙炮苏区。

光荣牺牲

1931年7月底，部队在紫金炮子圩同国民党军展开了一场遭遇战。面对数倍于我的敌人，红军战士奋勇抗击。古松柏亲率本部特务连100多人，毫不畏惧，手端排子枪，一马当先，向敌阵猛烈射击。突然他身边轰隆一声巨响，敌人罪恶的炮弹片击中了古松柏的头部，经抢救无效，光荣牺牲，年仅41岁。

英烈精神

英勇善战、毫不畏惧、为革命不顾自身安危的革命精神。

（陈占标）

贺遵道（1900—1931）

—— 忠于革命事业、视死如归的革命者

主要生平

贺遵道，广东省大埔县党银乡党溪村人。

- 1900 年，出生于一个较富裕的家庭。
- 1915 年，进入高陂仰文学校。
- 1921 年，因发动学生运动被勒令退学，后转入梅县省立第五中学就读。
- 1924 年，考入广东大学，期间参加了中国社会主义青年团的外围组织新学生社。
- 1925 年，由中国社会主义青年团团员转为党员。
- 1925 年 10 月，随东征军进入潮汕开展革命活动。
- 1926 年 7 月，调任中共汕头地委秘书。
- 1928 年初，当选中共大埔县委书记。同年 6 月，调东江特委。
- 1930 年春，调中共广东省委工作，任巡视员，不久调任顺德中心县委书记。
- 1931 年 1 月，被敌人杀害于广州。时年 31 岁。

品学兼优的学生

贺遵道，广东省大埔县党银乡党溪村人，1900 年出生。父亲贺选轩是当地有名的医生，在高陂市兼营小商，家庭生活较为富裕。

1908 年，贺遵道就读于党溪塾馆，1912 年转读党溪贺氏小学，1915 年进入高陂仰文学校（今高陂中学）。在高陂仰文学校学习期间，由于他勤奋好学，成绩突出，同时受进步校长廖登初和进步教师爱国主义思想的影响和教育，成为品学兼优的学生，屡任学校学生会主席。1919 年考入大埔县立中学（今大埔中学）就读，不久，北京爆发五四反帝爱国运动，贺遵道对帝国主义侵略中国，北洋军阀政府对内残酷压迫、对外妥协投降所造成的民族危机深感担忧。五四反帝爱国运动波及大埔后，贺遵道与廖其清等人同埔中师生一起上街游行，高呼外抗强权、内除国贼、抵制日货、振兴中华，以实际行动声援北京以学生为主体的反帝反封建的爱国运动。1921 年，贺遵道发动埔中学生驱逐不法教师运动，领导、组织埔中学生进行有计划、有步骤的罢课。事后，贺遵道被学校当局加以闹学潮的为首者而被勒令退学。随后，贺遵道转入梅县省立第五中学（今梅州中学）就读。

积极投身革命活动

1922 年，贺遵道受潮安大埔旅潮小学的聘请，前往任小学教师。在任教期间，他积极向学生宣传爱国主义思想，并与杨简史、李沙蒂等进步教师共同探讨救国的道路。

1924 年，贺遵道为了追求知识和进步，考入设在广州的广东大学。此时，广州已成为革命的中心，孙中山领导的中国国民党在中国共产党的帮助下，进行了改组，制定了联俄、联共、扶助农工三大政策，实现了第一次国共合作。贺遵道与埔中同窗好友廖其清以及旅穗的大埔学生受革命的影响，通过阅读《共产党宣言》《向导》等革命书刊，并通过大埔中学的同学及同乡共产党员张善铭、邹师贞、郭瘦真等人的引导，参加了中国社会主义青年团的外围组织新学生社，并积极投身于党所领导的革命运动；不久，又加入中国社会主义青年团，后于 1925 年由团转党。

1925 年 10 月，国民革命军举行第二次东征，贺遵道奉中共广东区委的指示随东征军进入潮汕开展革命活动，并在中共汕头地委领导下，从事领导发展党组织和开展工农运动的任务。

推动梅县、汕头工人运动发展

1926 年初，为了加快梅县党组织的发展和开展工农运动，贺遵道被派往梅县协助张维开展工作。在张维、贺遵道等的领导下，梅县党组织和工农运动获进一步发展。同年春，在特支的领导下，梅县工人召开了第一次工人代表大会，成立了总工会。3 月间，又召开了第二次工人代表大会，提出了"取消包工制""实行三八制""改善工作条件""提高工资"等口号，领导履业工会和织布工会向资本家展开斗争，取得斗争的胜利，从而把工人运动推向新的高潮。

1926 年 7 月，贺遵道调任中共汕头地委秘书。此时，东江各县工农运动，在党的领导下蓬勃发展，但因人员不够，工作难于普遍开展和深入，为此，贺遵道与罗明、赖先声等积极筹备、开办了一所东江工农养成所，培养出一大批经过党的教育和训练的工农运动骨干，对潮梅地区工农运动的深入发展起到一定的推动作用。

同年 12 月 11 日，汕头总工会委员长杨石魂应邀到揭阳参加揭阳县工会第一次代表大会，在参加会议期间，杨石魂被反动分子周伯初等指使流氓绑架。贺遵道在汕头市知道这一情况后，一面急电在梅县的彭湃，一面组织全市工人举行大规模示威，要求军政当局立即放人，终于迫使当局于 12 月 17 日将杨石魂释放回来。

1927 年 4 月 15 日，国民党右派在广东进行反革命政变后，驻汕头市国民党反动当局亦大肆屠杀共产党人和革命群众，革命遭到严重挫折，许多共产党员和革命群众处于白色恐怖之中。贺遵道面对国民党反动派疯狂的反革命大屠杀，并没有被吓倒，他踏着战友的血迹继续留在汕头坚持斗争。他一方面掩护公开活动的党员、团员和革命群众撤离汕头转入农村开展活动；另一方面，领导未公开活动的党员、团员隐蔽在汕头坚持斗争。中共汕头地委组织部部长刘锦汉受到国民党反动派当局的通缉，随时有被捕的危险，在贺遵道掩护下，刘锦汉安全地撤离了汕头，转入农村。

帮助南昌起义部队

1927 年 8 月 1 日，中国共产党在南昌举行了武装起义，起义部队随后南下广东。为了做好接应起义军南下广东的工作任务，中共汕头地委派贺遵道、郭瘦真等前往大埔县迎接起义军进粤。9 月 18 日，南昌起义军进入大埔后，贺遵道积极配合起义军开展工作。在三河坝战役中，他同郭瘦真一起指挥东江工农武装密切配合起义军，与敌军展开了激战。贺遵道与起义军一起顽强抵抗，坚守阵地，与敌血战三昼夜，打退了敌人一次又一次的进攻。起义军撤离三河坝时，贺遵道组织大埔的工农武装及学生为起义军带路，做好伤员的安置工作。

三河坝战役失利后，贺遵道与郭瘦真等人在高陂澄坑村黄海波家主持召开了会议，研究起义军三河坝战役失利之后，如何开展武装斗争的问题。根据敌钱大钧、黄绍竑部到处搜捕起义军留下的部分人员和工农武装的情况，决定参加三河坝战斗的全部人员转移到丰顺、饶平、潮安、大埔交界的凤凰山隐蔽，以避国民党军队的"清剿"，保存工农武装的实力。

领导大埔高陂暴动

1927 年 11 月，贺遵道、郭瘦真在黎源（今大埔县桃源镇）郭氏学校召开会议，传达中共中央南方局和中共广东省委联席会议精神。根据省委的指示，决定进行高陂暴动。1928 年 1 月 1 日凌晨，贺遵道等率领工农革命军第十五团第二营全营战士以及岭东瓷业工人、高陂学联部分学生和教师及赤卫队共计500 多人，一举占领了国民党高陂区党部和区署，取得了高陂暴动的胜利。

高陂暴动，使国民党反动派大为震惊，急忙从潮安派出一个营的军队向高陂反扑。在敌强我弱的情况下，为了保存实力，贺遵道等决定避敌锋芒，撤出高陂向山区转移。敌军重占高陂后，对贺遵道等悬赏通缉，并将他的父亲贺选轩拘禁，查封了他家在高陂市的两间商店。但贺遵道毫不气馁，更加坚定了革命的信心，继续坚持斗争，带领工农革命军第十五团利用夜晚不断袭击国民党高陂驻军，打击乡村中的土豪劣绅。1928 年 1 月 23 日，中共大埔县委召开县委扩大会议。贺遵道当选中共大埔县委书记。5 月 3 日，工农革命军第十五团在贺遵道、李明光等人的率领下，攻克了国民党百侯区党部和民团总部，镇压了反动头子杨竹史、杨大目，大长大埔人民的志气。各地不断地进行武装暴动，给予大埔地区国民党反动派以沉重的打击。

调东江特委负责宣传工作

1928 年 6 月，中共广东省委决定潮梅特委与东江特委合并，组成新的东江特委。贺遵道调东江特委，负责宣传工作。此时东江地区由于受到国民党军队的残酷"进剿"，革命斗争已转入低潮。为了开创东江革命斗争的新局面，贺遵道与彭湃、林道文、古大存等一方面深入发动群众，积极开展宣传，动员群众参加红军；另一方面积极与各县联系，收集被打散的工农武装，在八乡山、铜鼓嶂、九龙嶂等地开展坚持武装斗争的活动。1929 年 4 月，贺遵道任中共东江特委委员。同年 6 月中旬，东江特委在丰顺留隍黄砾召开第二次党代表大会，贺遵道在会上当选东江特委常委；9 月东江特委召开第二次全体会议，贺遵道再次当选东江特委常委兼宣传部部长、妇委书记。贺遵道在东江特委工作期间，积极宣传贯彻党的方针政策，为东江的土地革命斗争作出了重要的贡献。

壮烈牺牲

1930 年春，贺遵道调中共广东省委工作，任巡视员。不久，他奉省委之命，调任顺德中心县委书记。贺遵道到任后，积极深入村镇，领导蚕业工人和群众开展对敌斗争。同年 12 月，省委交通员莫叔波被捕叛变。1931 年 1 月，贺遵道与顺德中心县委全体成员被捕，被解到广州关押。贺遵道在敌人严刑拷打和利诱面前，始终没有泄露党的机密，表现了一个共产党员忠于革命事业、视死如归的革命精神。不久，贺遵道被敌人杀害于广州，年仅 31 岁。

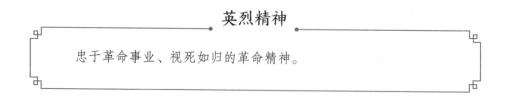

英烈精神

忠于革命事业、视死如归的革命精神。

（廖练堂）

黄伯梅（1898—1931）

—— 为革命事业无私无畏

黄伯梅，又名黄戴桅，广东省惠东县马山约禾多布乡人。

- 1898 年，出生。
- 1922 年秋，成为黄沙乡农会会员，后成为骨干分子。
- 1923 年 4 月，被选为高潭区农会委员。
- 1925 年春，任高潭区农民自卫军大队中队长。6 月，率军处罚土豪劣绅。
- 1926 年初，加入中国共产党。
- 1927 年 5 月，率军扼守企潭缺，激战九昼夜。8 月，任工农讨逆军第四大队第一中队中队长。9 月，参加收复海陆丰的第二次武装起义。11 月 11 日，任高潭区苏维埃委员兼区赤卫大队大队长。
- 1928 年 1 月，率区赤卫大队拔除敌人据点。3 月，率赤卫大队于砾头坳、中洞的大坳头等地坚守阵地，阻击敌军。
- 1929 年 7 月 10 日，率部埋伏于石山嶂，大破敌军。后又至海丰埔仔洞会合当地农民武装攻打梅陇水，营救出 10 多位被捕的同志。10 月，任红军第六军第十七师四十九团第一营营长。
- 1930 年春，任前敌军事委员会委员，并升任红四十九团副团长。5 月，红

十一军成立，四十九团纳入红十一军建制，任团副，兼第一营营长。同年冬，任中国工农红军广东东江独立师第一团副团长。

• 1931 年 9 月，遭叛徒伏击而牺牲，时年 33 岁。

自小练就硬本领

黄伯梅，又名黄戴桅，1898 年生于广东省惠东县马山约禾多布乡。父亲黄观连，一生勤勉、诚实，因不堪忍受当地土豪劣绅的剥削，于 1910 年举家离开原籍迁到高潭区黄沙乡定居。黄伯梅因家贫不能入学，8 岁在家牧牛，12 岁起就干起了成年人的农活，每天下地耕作，农闲上山打柴卖，帮助父亲维持生计。艰苦繁重的劳动磨炼了黄伯梅结实的身体和倔强的性格，也使他因为朝夕与贫苦农民在一起，深深了解农民的苦难生活。他喜欢听老人讲当地三点会在 1900 年举行抗租暴动的故事，思想上深受影响。他年龄稍大，则经常和大人上山狩猎，练就了一手好枪法。成年后的黄伯梅个子高大，皮肤黝黑，嗓音洪亮，是一个粗犷豪放的硬汉子。

革命思想觉醒

1922 年秋，在彭湃亲临发动下，高潭区水口乡、黄沙乡相继建立了乡农会。黄伯梅广交穷友，乐于助人，为高潭农会领导人黄星南所赏识，并被发展为黄沙乡农会会员，后来成为骨干分子。黄伯梅参加农会后，在黄星南等的教育帮助下，思想觉悟日益提高。他秉公办事，爱憎分明，为农友们所爱戴。1923 年 4 月，黄伯梅被选为高潭区农会委员，他带领农民对地主豪绅展开斗争，要求实行减租减息，维护了农民的利益。

加入中国共产党

1925 年春，广东革命政府第一次东征到达高潭后，高潭区成立了农民自卫军大队，黄伯梅担任中队长，率农军积极配合东征军作战，受到了锻炼。6 月，东征军回师广州，陈炯明残部乘机卷土重来，高潭的土豪江达三、钟蛮新等人蠢蠢欲动，策划对付农会。他们烧香祭血，重抖往日的威风，公开诬蔑农会为"脓会"，农会干部为"脓头"，扬言要"夹脓头"。黄伯梅率农军，以农会的名义，对江达三、钟蛮新等人处以拘留、罚款等处罚，打击了他们的嚣张气焰。1926 年初，黄伯梅光荣加入中国共产党。

领导工农运动

高潭农民运动蓬勃发展，动摇着封建势力在农村的根基，使地主豪绅大为惊慌。不思悔改的江达三组织了地主武装"三合会"，以他住的石楼为巢穴，同农会相对抗，又以他父亲的名义写信给国民党县政府，请求派兵镇压农会。高潭区农会掌握了这些证据后，于1927年初，派黄伯梅率10多名农军，攻打江达三的石楼。农军将江达三的伯父江阿门、父亲江锡卿等击毙，江达三被打伤后逃走。农军占领了石楼。农军初战告捷，黄伯梅也受到了农友们的称赞。

1927年4月蒋介石叛变革命后，反共"清党"的逆流袭击东江。5月上旬，逃亡在外的江达三纠集48个约的地主民团，配合国民党驻惠州胡谦部一个连兵力，分兵进犯高潭。高潭区农会立即组织全区600多名农军分路阻击。黄伯梅率一个中队扼守在敌人主攻的企潭缺，凭着有利地形多次击退敌人的进攻，战斗持续九昼夜，为区农会和各群众团体安全转移赢得了时间。农军撤出高潭后，转移到杨梅水、中洞等地。8月，海陆惠紫四县农军会合中洞，举行声讨蒋、汪罪行大会。中共东江特委把四县农军整编为工农讨逆军，黄伯梅担任第四大队第一中队中队长。9月，为迎接南昌起义军，黄伯梅参加了由东江特委领导举行的收复海陆丰的第二次武装起义。攻克陆丰大安后，他受命将抓到的国民党巡官枪毙。在起义的战斗中，黄伯梅率所属中队英勇作战，为收复海丰、陆丰两县做出了贡献。

参加武装暴动

南昌起义军于1927年10月中旬抵达中洞后，改编为红二师，旋即参加了收复海陆丰的第三次武装起义。11月11日，高潭区苏维埃政府宣告成立，黄伯梅任区苏维埃委员兼区赤卫大队大队长，负责全区武装工作。1928年1月，黄伯梅率领区赤卫大队，配合红二师围攻紫金南岭地主钟坤记石楼和高潭江达三的石楼。由于地主石楼建筑坚固，红军缺乏攻坚武器，屡攻不下。黄伯梅便发动赤卫队员和当地群众，挖掘通往江达三石楼的地道，然后把石楼炸毁，拔除了敌人这个据点。

1928 年 3 月，国民党粤桂军阀内争暂时停止，派出重兵"围剿"海陆惠紫苏区。黄伯梅率赤卫大队配合红二师一部在惠紫交界的砾头坳、中洞的大坳头等地，阻击进犯的敌军，战斗打得异常激烈。这一仗为东江特委机关安全撤出中洞，转移到惠来争取了时间。高潭失陷后，区苏维埃领导人为保存力量，避免更多的牺牲，决定区苏维埃人员暂时疏散外地隐蔽，只留下黄伯梅领导当地武装人员，坚持斗争。

高潭苏区经过国民党军阀和地主民团进行反复的梳头式的"清剿"，在残酷的"三光"政策下，到处是"村庄不闻鸡犬声，唯见断墙火冒烟，田园荒芜藏蛇兽，树木摧残难再生"的凄惨景象。在这极其困难的时刻，黄伯梅把分散在各个山头活动的赤卫队员找来，于 1929 年春夏间在中洞岩石山的一个山坳里，组成一支 30 多人的革命武装，开展有组织的武装斗争。1929 年 7 月 10 日，天蒙蒙亮，黄伯梅带领队伍埋伏在高潭和海丰交界的石山嶂。该处是交通要地，离高潭圩不到五公里路，敌军的一些人员、后勤给养和家属、商贩等常由 100 多人警卫队护送从此地经过，谓之"送帮"。黄伯梅决定在这里打一场伏击战，既可缴些物资、枪支补充自己，也可扩大影响，谁知一个赤卫队员在敌人拖拖拉拉地行将临近时，不慎暴露了目标。黄伯梅立即命令号兵吹响冲锋号，其他赤卫队员一齐开火。敌人一听威武雄壮的军号声就已发抖，听见枪响更是三步并作两步拼命逃回高潭圩。这一仗虽然没有完全达到预期的目的，但在敌人的眼皮子底下，把 100 多人的警卫队打得狼狈逃窜也使苏区群众知道赤卫队在坚持斗争，因而受了很大的鼓舞。不久，黄伯梅又带领队伍到海丰埔仔洞会合当地农民武装攻打梅陇水民团驻守的一个围栅，营救出 10 多位被捕的同志。

黄伯梅带领这支几十人的武装打过几次仗以后，政治影响逐步扩大。此时，蒋桂军阀内争又起，局势动荡，有利于革命斗争的发展，东江各地迅速恢复了武装斗争。黄伯梅带领的革命武装发展很快，为了重新建设遭受敌人严重破坏的中洞革命根据地，他又带领队伍在中洞外围打了几次小仗，清除了一些反革命势力，其中一次就是袭击黄羌乡反动乡长、民团头子钟金裕在灰窑头的巢穴，打死了几个团匪，拔除了这个反动据点。胜利的消息传出后，一些分散隐蔽的高潭赤卫队员纷纷归队，黄伯梅带领的队伍发展到 100 多人。

1929 年 10 月，中共东江特委将海陆惠紫的革命武装改编为中国工农红军第六军第十七师四十九团，以高潭赤卫队为主组建的该团第一营，由黄伯梅任营长。红四十九团成立后，黄伯梅率第一营围攻江达三民团驻守的高潭圩，多祝民团头子黎汉光闻讯，率队前来解围。黄伯梅决定停止围攻高潭圩，将部队拉到水口埔设伏，当场活捉黎汉光，击溃其所率领的多祝民团。接着回师攻下高潭圩，协助区苏维埃政府恢复了正常工作。在此期间，红四十九团还围攻了海丰县城，黄伯梅率领的第一营作战勇敢，战绩卓著，威震敌胆。

1930年1月，驻防海丰的国民党陆战队500多人进犯高潭，遭到黄伯梅的第一营顽强阻击而狼狈溃退。同年春，东江军委工作暂由特委主持，东江军委设立前敌军事委员会，黄伯梅任前委委员，并升任红四十九团副团长。5月，红十一军成立，四十九团纳入红十一军建制，黄伯梅仍任团副，兼第一营营长。其时，国民党张瑞贵师派出一个号称"铁军"的主力团，配合潮阳、普宁、惠来三县反动武装共3000多人，围攻大南山根据地。红四十九团奉命东上林招地区，与红四十七团联合作战。黄伯梅协助团长彭桂指挥红四十九团作战，取得了毙敌300多人、俘敌几十人、缴获武器弹药一大批的重大胜利。这次战斗连敌军也发出了哀叹，他们说"铁军"碰上红四十九团钢军，"铁军"变为豆腐军。

红四十九团在海陆惠紫一带打击敌人，取得了节节胜利，巩固和扩大了苏维埃区域。是年冬，该团发展到1000多人，成为红十一军的主力团，而黄伯梅率领的第一营又是该团的主力营（又称客家营），以骁勇善战而威震敌胆。时值蒋冯阎军阀混战结束，东江苏区又遭"围剿"，敌张瑞贵两个师卷土重来，围攻大南山。黄伯梅协助彭桂指挥红四十九团先后两次奉命东上普惠，均获得辉煌胜利，出色地保卫了大南山革命根据地。随着斗争形势的发展，中共东江特委将红十一军改编为中国工农红军广东东江独立师，以红四十九团为第一团，黄伯梅仍任副团长。部队在中洞进行整训后，第一团留在海陆惠紫根据地继续开展武装斗争。

部队改编后，第一团主要由客家籍战士和学佬籍（讲潮汕话）战士混合组成。为了防止地域观念抬头以至影响部队战斗力，黄伯梅经常教育原第一营客家籍战士要注意搞好同学佬籍战士的关系，共同对敌，打破敌军的"围剿"和封锁。

惨遭伏击杀害

　　1931年9月，东江苏区由于执行王明"左"倾的肃反路线，部队不少骨干被错杀。黄强（独立师兼第一团政委）乘机诬告彭桂和黄伯梅是"AB团"分子，结果彭桂被调到大南山"学习"（实际是隔离审查）。黄强还借"肃反"之名，把不少红军干部、战士列入"AB团"分子名单，任意捕杀。对此，黄伯梅感到万分气愤和痛苦。他挺身而出，与黄强据理力争。因此，黄强更视黄伯梅为眼中钉。不久，黄强诓黄伯梅到黄羌开会。当黄伯梅行至黄羌大径途中，被黄强派出的人员伏击，惨遭杀害。黄伯梅刻有记号的手枪亦被黄强夺走。第一团指战员闻讯，无不潸然泪下，更加痛恨黄强的罪行。他们偷偷派人到大南山向东江特委报告。东江特委识破黄强的错误后，即派彭桂赶回海陆惠紫根据地，将黄强捉拿枪决。

　　黄伯梅牺牲时年仅33岁，他的父母和弟弟等亲人均已先他为敌人所杀害。黄伯梅为革命奉献全家亲人和自己的一切，他那无私无畏的革命精神永远是后代的楷模。新中国成立后，当地人民政府追认黄伯梅为烈士。

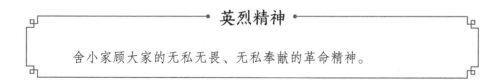

英烈精神

　　舍小家顾大家的无私无畏、无私奉献的革命精神。

（林华新　郑锦清　谢帝明）

黎凤翔（1901—1931）

—— 丰顺工农运动主要领导之一

主要生平

黎凤翔，广东省丰顺县人。

- 1901 年，出生于丰顺县一个农民家庭。
- 1926 年春，加入中国共产党，同时奉派参加筹建国民党丰顺县党部，当选第一届执委。8 月，中共丰顺支部成立。9 月改为县委，任组织部部长。
- 1927 年 5 月 13 日，指挥农民自卫军和农会会员暴动。10 月，任广东工农革命军东路第十团军事委员会委员。
- 1928 年 5 月，任临时丰顺县委书记。不久，党的七县联合委员会成立，任联委委员。
- 1929 年 1 月 1 日，任丰顺县委书记。9 月中旬，县委委员从 11 人减为 7 人，改任委员，负责农会工作，并往第一区（附城）加强该区的领导。
- 1930 年 5 月，当选东江苏维埃政府执行委员。年底，上调广东省委机关（在香港）工作。
- 1931 年 3 月 3 日，被捕牺牲，时年 30 岁。

领导丰顺革命运动的开展

黎凤翔，1901年出生于丰顺县一个农民家庭。1919年县立小学毕业后，曾先后就读于丰顺县立中学、省立梅州中学和厦门集美学校，因不满学校的教育方针，没等拿到毕业文凭，就回到丰顺县，在汤坑和附城等地教书。

黎凤翔对劳苦的工农大众十分同情。1926年春，黎凤翔由丰顺旅省学联负责人陈永年介绍加入中国共产党，同时奉派参加筹建国民党丰顺县党部，当选第一届执委。他们和国民党左派力量一起，领导丰顺革命运动的开展。在孙中山逝世一周年的时候，县党部发动各阶层民众，在县城、汤坑、黄金各地举行示威游行。黎凤翔大力宣传孙中山的联俄、联共、扶助农工三大政策，并带领群众向贪污成性的县长王正常开展斗争，使群众大为振奋。这年暑假，由黎凤翔等主持，在县城举办以小学教员为对象的农民运动讲习班。尔后，全县农民运动蓬勃兴起，各区乡很快建立起了几十个基层农会。

指挥农民武装暴动

1926年8月，中共丰顺支部成立，9月改为县委，黎凤翔任县委组织部部长。年底，县委选派农会骨干和农运积极分子50人，参加由蔡宁、黎凤翔等在汤坑太平寺举办的农民自卫军训练所。这期间，黎凤翔工作繁忙，到处奔走。他还常到汕头与潮梅特委联络，汇报工作。

1927年四一五反革命政变发生后，国民党广东省党部派反动分子回丰顺，改组县党部，并组织"清党委员会"。4月20日，中共丰顺县委机关、县农会被查封，县农会秘书陈思永被捕。黎凤翔等县委领导人转移到农村召开紧急会议，决定举行武装示威，反击敌人。他们带领农军和农会会员四五百人，从良乡出发到县城示威，要求放回陈思永，遭到拒绝，以致发生武装对峙。后因县长罗虔英勾结反动势力，调来田贝、辛破、桥背等乡保安队。面对敌人的优势兵力，农民武装只得撤退。

5月13日，陈思永被反动派解往汕头秘密杀害的消息传来，农军和农会会员四五千人，在张泰元、黎凤翔等指挥下起来暴动。他们以良乡为大本营，分五路围攻县城，以反抗国民党反动派的血腥镇压。由于城内敌人拼死抵御，县长罗虔英又调来汤坑黄夺标率领的数百名"工兵"队从背后夹击，还有国民党孔可权部从外县驰援守城敌人。眼看攻城难克，各路农民武装乃撤回原乡。其后敌人对良乡及黎凤翔家乡犬楛等村庄进行"搜剿"、劫掠和焚烧。黎凤翔等受到通缉，便率领部分农民武装退上九龙嶂。黎凤翔的父亲、兄弟，以及妻儿、子侄全都被迫入山，坚持斗争。

成立广东工农革命军东路第十团

1927 年 9 月下旬，南昌起义军攻占潮汕时，黎凤翔率领农民武装准备接应，后因汤坑汾水战斗失利，遂又转入隐蔽积蓄力量。10 月，张泰元、黎凤翔等率领的丰顺农民武装，与郑兴、蔡若愚率领的梅县工农武装，在九龙嶂柑子窝会合，成立广东工农革命军东路第十团，同时成立军事委员会。军委由郑兴、张泰元任正、副主席，黎凤翔等为委员。

第十团成立后，首先出击梅县的官塘圩，消灭了当地的民团、警察。又于 1928 年 2 月 4 日，联合丰顺农民武装，一举消灭了潘田乡团防和前往增援的县兵。在此基础上，丰顺县第一个苏维埃政权潘田乡苏维埃政府成立。接着，第十团于 2 月 12 日组织了近万人的农民武装，再次围攻县城，一连持续三天。县长冯熙周多次急电求援。后在敌人强大的军事压力下，第十团和各路农民武装撤离转移。良乡再次陷落。反动派以铲除"匪巢"名义，不仅对良乡市烧杀抢掠，将其夷为平地，而且还把黎凤翔家龙须围下铺子等许多村庄摧毁，白色恐怖遍及城乡，并通缉黎凤翔等几十人。在此情况下，第十团化整为零，各队员及农民群众潜伏在各乡，编为赤卫队。剩下黎凤翔和部分武装骨干离开九龙嶂根据地，来到梅县畲坑鸭叶尾一带隐蔽活动。

领导武装暴动

1928 年 5 月，黎凤翔和第十团部分武装骨干重新返回九龙嶂。由郑兴、朱公伟、黎凤翔、邹玉成、杨淑庆 5 人组成临时丰顺县委。黎凤翔始任临委书记。临时县委成立后，在一个月内基本恢复了各地的党支部，他们还派人同在丰顺释迦崇下活动的古大存取得联系，成立了梅（县）、丰（顺）、（五）华、兴（宁）、（大）埔五县暴动委员会。古大存任暴委主席，黎凤翔为组织委员。在暴委领导下，8月举行了畲坑暴动。不久，党的七县联合委员会成立。古大存任联委书记，黎凤祥为联委委员。

1928年10月，丰顺县工农代表大会在大龙华宝田庐召开，黎凤翔主持大会，成立了县革命委员会。时值秋收季节，会后进行了秋收抗租斗争并取得胜利。在此基础上，又组织赤卫队攻打地主民团。是年底，丰顺西北山区几乎全为红色乡村。接着在年关举行红色清乡，扩大割据。这样，丰顺从铜鼓嶂和九龙嶂到八乡山，直到释迦崠下的黄砾，红色乡村几乎连成一片。全县党组织发展到1000人左右，有组织的群众达万余人。年底，东江特委决定在丰顺崠下重建特委机关。

1929年1月1日，丰顺第二次党代表大会在离东江特委机关不远的黄砾召开。大会选出新县委委员11人，以黎凤翔、黄炎、邓凤文、彭化民、邹玉山为常委，黎凤翔为书记。3月8日，县委在龙岗上林车陂田坝召开苏区农民万人大会，黎凤翔在大会上号召群众开展土地革命斗争。这时，八乡山的革命斗争亦从秘密走向公开，引起了反动派的恐慌，敌人派兵进行"围剿"。八乡山军民粉碎了敌人的进攻，取得了"八乡山第一仗"的胜利，生擒反动头子黄夺标，缴获长枪20余支，杀死敌兵20余名，显示了群众斗争的高涨情绪和巨大力量。县委特别召开扩大会议，重新决定斗争工作，提出举行全县暴动的计划。东江特委也认为暴动局面已经展开，要丰顺县委积极地发动领导。

暴动之前，成立暴动指挥部，由县赤卫总队长刘春任指挥。黎凤翔亲到重点暴动区前线，协同刘春指挥作战。他们兵分三路：一路直插黄金镇，一路奔袭留隍镇，一路担任阻击和后援。4月7日拂晓发起暴动，一路军进抵黄金镇，出其不意击毙警署巡官和三区联防总处副主任等人，全歼当地警兵。然后乘胜挺进留隍，汇合二路军于午间占领留隍。由于反动分子接引潮州敌兵前来反扑，黎凤翔等率队退出留隍，奔向黄砾，并乘潮安敌人空虚之机，出击田东，又取得全歼敌人的胜利。其余二、三、四暴动区，也按原计划动作，取得了预期的战果。这次暴动的成功，正是丰顺从大革命失败以来，在土地革命发展过程中，自黎凤翔担任县委（最初是临委）书记的一年里，丰顺党组织认真纠正军事投机的错误，深入发动和组织群众，正确地领导广泛的群众斗争的结果。

为了适应形势发展的要求，丰顺县委在1929年9月中旬召开扩大会议，调整县委领导班子，县委委员从 11 人减为 7 人，书记由邓凤翱担任。黎凤翔改任委员，负责农会工作，并往一区（附城）加强该区的领导。

1930 年 5 月，在丰顺八乡山召开的东江第一次工农兵代表大会上，黎凤翔当选东江苏维埃政府执行委员。年底，黎凤翔奉令上调广东省委机关（在香港）工作。

不幸牺牲

1931 年 3 月 3 日，黎凤翔化名李铁夫，在奉派前往中央苏区途中，被曲江县警兵截获，因叛徒黎壁指证而入狱。黎凤翔受尽严刑拷打，直到生命最后一息，始终坚贞不屈，牺牲时年仅 30 岁。

英烈精神

为革命任劳任怨、善于调动群众积极性的团结奋斗精神；直到生命最后一息，始终坚贞不屈的革命斗争精神。

（王向禹　邓德华）

李冠南（1902—1931）

——决心为"世界真理，人类幸福"而奋斗

李冠南，乳名新盛，广东省新会县沙堆马苊村人。

- 1902年，出生。
- 1923年暑假期间，参加新会县协作主义同志研究会。不久，先后参加中国社会主义青年团和广东新学生社新会分社。
- 1924年春，加入中国共产党，并在中共新会支部任干事。7月初，被派往广州第一届农民运动讲习所学习。毕业后，被任为国民党中央农民部特派员，回新会开展农民运动。
- 1925年11月，任中国共产主义青年团新会支部书记。到年底，专责党务工作。
- 1926年7月初，新会县成立各乡农会联合办事处，为全县农运的领导机构，常务委员李冠南是办事处的主要负责人。
- 1927年12月上旬，五邑暴动指挥部成立，组织广东工农红军中路纵队新会总队，任政治委员兼农军指挥。
- 1928年3月，任中共广东省委巡视员，到中山县九区重建中山县委。
- 1929年夏，任中共中山县委书记。
- 1931年1月4日，被捕入狱。8月21日，在广州红花岗被杀害，时年29岁。

加入中国共产党

李冠南，乳名新盛。1902 年出生于新会县沙堆马迳村。少年时，父亲李畅已从加拿大回国定居。李冠南在广州教会办的育英学校读书，加入过基督教。他生性聪颖，学习用功，成绩优异，又得到富有革命思想的教师梁柏生指导，幼小的心灵便蕴藏着革命种子。

1923 年暑假期间，李冠南从广州回到新会县城，并结识进步青年陈日光等，参加他们创办的新会县协作主义同志研究会，经常阅读进步书刊，提高了觉悟。不久，他先后参加中国社会主义青年团和广东新学生社新会分社。

1924 年春，李冠南加入中国共产党，并在中共新会支部任干事。7 月初，他被派往广州第一届农民运动讲习所学习。毕业后，被任为国民党中央农民部特派员，回新会开展农民运动。

领导农民运动

1925 年 2 月 1 日，新会县第一个乡农民协会——第一区青云坊乡农民协会宣告成立，李冠南以特派员身份主持大会并发表演说。同日，还成立了新会县农民协会筹备处，领导全县农民运动。李冠南政治敏感，曾以国民党中央农民部特派员名义，致函国民党中央执行委员会，要求转致各地政府保护农民协会，防止土豪劣绅造谣和破坏。这份函件得到批转省、市、县。新会县县长为此出示了布告。李冠南此举为开辟和发展新会农民运动，创造了有利条件。

3 月 1 日，李冠南以农界代表身份，被选派为国民会议促成会新会代表之一，赴北京参加开会。回县之后，仍继续致力农民运动。11 月，李冠南任中国共产主义青年团新会支部书记。到年底，专责党务工作。这期间，中国国民党新会县党部以适应国共合作工作的需要，进行改组。共产党人占绝对优势，李冠南被选为中国国民党新会县执行委员会委员兼农民运动委员。不久，农民部和工人部合并，李冠南被任为农工委员。随着国民革命运动的深入发展以及农民运动的日益高涨，1926 年 7 月初，新会县成立各乡农会联合办事处，为全县农运的领导机构，常务委员李冠南是办事处的主要负责人。

在他的组织领导下，新会地区的农运迅速发展。在开展减租减息、反击地主阶级造谣破坏、组织农民自卫军、支援国民革命军、打击工贼、清剿匪等一系列活动中，李冠南显示出非凡的领导才能，为工农运动作出了贡献。

取得减租斗争胜利

1926 年秋，睦洲农民协会领导沙田区农民开展减租减息斗争，并提出取消"包农制"（即二路地主向大地主承包田地转批给贫苦农民耕种的制度）。二路地主集团的"兴农公司"不但抗拒，还勾结睦洲民团局、民团武装烧毁农民 10 余间葵寮。睦洲农民协会向县农会求援。二路地主及民团局的头目扬言："如果县农会的人来干涉，见人就杀！特别是要杀李冠南！"

李冠南为了解决这事件，把个人安危置之度外，冒险前往睦洲调处。他抵埗上岸，行到围堤便发觉有埋伏，接着堤外有人鸣枪示威。李冠南毫不畏惧，向涌来的二路地主、富裕农民、民团，宣传革命形势和农军力量，然后讲到减租。二路地主们听到李冠南讲得合情合理，又看见大批的农民涌来，于己不利，只好答应下来。李冠南又发动农会会员，捐钱捐杉，替被烧毁葵寮的农友盖搭新居。之后，沙田区的农运发展很快，睦洲农民协会在各方面的支援下，打击了反动的民团，攻破了"兴农公司"开设的"睦洲围馆"，取得了减租的彻底胜利。

准备暴动

1927 年四一五反革命政变后，李冠南和其他同志先后去港澳，继续进行革命活动。是年 10 月间，中共广东省委成立五邑地方委员会，李冠南任委员，奔走于香港、澳门、江门之间，组织力量，准备响应广州暴动。12 月上旬，五邑暴动指挥部成立，组织广东工农红军中路纵队新会总队，李冠南任政治委员兼农军指挥。12 月 13 日，在新会县城北较场召开的工农红军万人誓师大会上，李冠南宣读了工农兵苏维埃政权的五项政治纲领。大会被国民党军队驱散，江会暴动流产。白色恐怖再次笼罩江会，李冠南再次出走。

1928 年 3 月，中共广东省委派李冠南为巡视员，到中山县九区重建中山县委。1929 年夏，任中共中山县委书记。李冠南在极端艰险的环境中进行革命工作，而精神上却充满乐观主义。他在给妹妹的信中写道："决心为'世界真理，人类幸福'而奋斗。"

不幸牺牲

1931年1月4日，李冠南在香港参加中共广东省委举办的党员训练班时，因省委机关遭破坏而被捕，后被递解回广州投入监狱，屡受严刑拷打，均表现得英勇不屈。1931年8月21日，李冠南在广州红花岗被杀害，年仅29岁。

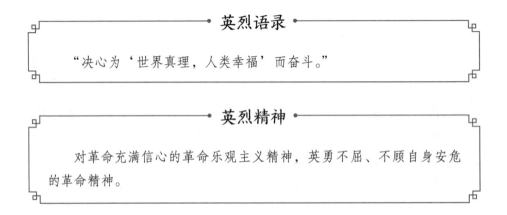

英烈语录

"决心为'世界真理，人类幸福'而奋斗。"

英烈精神

对革命充满信心的革命乐观主义精神，英勇不屈、不顾自身安危的革命精神。

（陈占标）

李国珍（1903—1931）

—— 碧血丹心为信仰，慷慨就义写春秋

主要生平

李国珍，又名谷珍，广东省海丰县人。

- 1903 年 3 月 11 日，出生于广东省海丰县城南湖边一个小资产阶级家庭。
- 1918 年，参加"群进会"。
- 1920 年，考入粤军军官讲习所。
- 1921 年 11 月，到达东京，先后在东亚高等学校和成城学校补习日文、英文和数学。
- 1922 年，考入庆应大学医科。后又考上日本东京第一高等学校。
- 1923 年，追随彭湃并参与舆论工作。
- 1925 年初，加入中国共产党。先后担任中共海陆丰地委宣传委员和宣传部部长。其间，担任《陆安日刊》和《工农周刊》的主编。
- 1926 年冬，筹办党员干部训练班，兼第一期党训班主任并讲课。
- 1927 年，兼任陆丰县委书记，任中共东江特委委员，领导陆丰武装起义。被选为海丰县临时人民政府委员。参加八一起义，在革命委员会保卫局担任科长。被任命为潮安县公安局局长。在日本东京参加中共东京特支组织活动。

- 1928 年，在禾山中学先后担任教务主任、代理校长。
- 1930 年初，到漳州石码任石溪中学校长。2 月中旬，被选为福建省委委员。5 月，担任中共福建省委宣传部部长。同年冬，任福建省委常委并继续担任宣传部部长。
- 1931 年 3 月，被捕，英勇就义，时年 28 岁。

接受新思想

李国珍少年时勤奋好学，15岁便跟随彭湃、陈复等参加"群进会"，开始受到社会斗争的教育。17岁考入粤军军官讲习所，毕业后任见习排长，目睹旧军队的腐败和官场的丑态，愤然弃职。五四运动爆发后，他接触了新的思潮，更热心于探索前进的道路。

在彭湃的鼓励下，李国珍几经艰难周折，取得了留日公费生的资格。1921年11月，他和林铁史、黄鼎臣等到达东京，先后在东亚高等学校和成城学校补习日文、英文和数学，1922年考入庆应大学医科。一年以后，又考上了日本东京第一高等学校。

在日本留学期间，正是中国共产党和日本共产党先后成立，各种宣传马克思主义和研究社会主义的书刊很多，李国珍所经常交往的又多是彭湃在日本时有关系的人，所以他除努力学习专业以外，更热心于探求革命真理。他认真研读马列著作，阅读日本共产党出版的《无产者新闻》和从国内寄去的《新青年》《向导》《中国青年》等革命刊物，同时，积极参加社会活动和中国留学生的反帝爱国运动。这期间，他的思想认识有很大提高，开始较全面地接受马克思主义。

1923年暑假李国珍回海丰时，正是彭湃领导的农民运动高涨而受到反动政府镇压的"七五农潮"期间，他追随彭湃并参与舆论工作，受到激烈的阶级斗争实践的洗礼。1924年秋，留日公费中断，李国珍被推举为代表回国向海丰当局交涉。后来，由于形势迅速发展，国民革命军第一次东征即将开始，他接到彭湃从广州发来的密信后，便毅然放弃重返日本的打算，留下来参加策应工作。

宣传党的政治主张和推动党的建设

1925年初，东征军进入海丰后，李国珍正式加入中国共产党。不久，海陆丰最早的领导核心——中共海陆丰特别支部建立，同年10月第二次东征胜利，又成立中共海陆丰地委，书记都由彭湃担任，李国珍先后担任宣传委员和宣传部部长。这期间，海陆丰的工作在中共广东区委的直接领导和周恩来的指导下，开展很快，群众运动蓬勃兴起，尤其农会的活动，更是进入全盛时期，会员发展到 20 多万人，农民自卫军建立起来并在斗争中不断壮大，农村真正形成了"一切权力归农会"的局面。这时李国珍不但负责全面的宣传工作，而且具体担任《陆安日刊》（后改为《海丰日报》）和《工农周刊》的主编、新学生社海丰分社负责人、海丰农民运动讲习所教员和农民自卫军教练等职务，还经常为党起草重要文件，为报刊撰写重要文章，到各种集会发表演说做宣传鼓动工作，有时还亲自编排戏剧并登台演出，或者给大家演唱《醒国魂》《红娘诉苦》等粤曲。他总是那么不知疲倦地忘我工作。他的性格开朗，语言生动而富于谐趣，洋溢着革命乐观主义精神。

为了扩大党的影响和大力发展组织，地委决定李国珍首先公开共产党员的身份。在 1925 年 11 月 7 日庆祝十月革命 8 周年大会上，李国珍代表党组织发表讲话，宣传党的政治主张和实现共产主义的远大目标，表示欢迎先进分子加入无产阶级的先锋队——中国共产党。此后，有很多人找他面谈或给他写信，要求入党。他利用公开活动，密切配合组织部部长郑志云的工作，发展党员，使党员数量有较快的发展。仅海丰县，从第二次东征到 1926 年冬，党员人数就达到 700 多人，这些党员有力地发挥了骨干作用。

自第二次东征胜利以后，彭湃主要在广州和到潮梅等地开展工作，海陆丰地委的工作实际上由郑志云和李国珍主持。1926 年冬，张善铭担任书记后，地委根据当时形势发展的需要，决定加强党的组织建设和思想建设，一方面大量吸收农民中的先进分子入党，另一方面由李国珍筹办党员干部训练班。第一期党训班由李国珍兼主任，并主讲"社会发展史""共产主义ABC"等马克思主义基本理论。他讲课深入浅出，生动而富有说服力，很受学员们的欢迎。其他地委领导成员也参加讲课。经过几期的训练，培训了大批干部，有力地推动了党建工作。到 1927 年 4 月，海丰的党员发展到 4000人，基层组织遍布农村和城镇，为后来的武装起义准备了骨干力量。

------------ □ **领导陆丰武装起义** □ ------------

在北伐胜利进军中，蒋介石加速了发动反革命政变的准备。1927 年 2月，国民党广东省党部的右派分子苏民望以"检查党务"为名，到海丰搞"清党"调查并企图收买农民自卫军。海陆丰地委决定派农军大队长吴振民

到汕尾，虚与应付，以摸清他的意图。吴振民是浙江人，黄埔军校出身，苏民望来此正是要把他作为拉拢的对象。经过一番密谈，苏民望便以吴振民为"心腹"，答应给农军补充武器装备，要求农军在"清党"中采取行动，还提出要看看彭湃走后海陆丰共产党头头是怎样的人物。地委得到消息，决定由早已公开身份的李国珍出面周旋。在苏民望到县城后，李国珍与他扯了一通不着边际的话，还说要找些人陪他打麻将。苏民望受了愚弄反而觉得海陆丰共产党的领导人也不过如此，"清党"将不成问题了。

为了加强应变准备，地委决定由李国珍兼任陆丰县委书记。不久，蒋介石在上海发动四一二反革命政变，三天后，广东反动派在广州、汕头也开始了大屠杀。4月20日，吴振民接到要他动手"清党"的密电。在与上级联系已经中断的情况下，海陆丰地委当机立断，召开紧急会议。根据中共广东区委原先的应变计划，成立中共东江特委，以领导各县的斗争。特委书记是张善铭，委员有郑志云、李国珍、吴振民、阙时杰等，并决定五一劳动节凌晨在海丰、陆丰两县同时举行武装起义，夺取政权。接着，李国珍发表文章号召："觉醒的人们，再不能做柔顺的羔羊，要走的路，列宁已频频向我们招手了，还怕什么绞索与囚枷？暴风雨的前夜，悲惨的饥饿线上，要争的是土地与面包，要建立的是工农的武装和政权。"

按照东江特委的决定，李国珍到陆丰领导武装起义。当时陆丰城虽有农民自卫军一个中队，但敌人除了"游击队"，还有盐警队、警察等，多是行伍出身，武器也较精良。李国珍经过与县委同志们周密策划，于4月30日夜晚巧设鸿门宴，由陆丰县县长李秀藩出面约请"游击队"队长赴宴商谈事情，席间以迅雷不及掩耳之势解除了他的武装，押着他去叫全队投降。其他盐警队、警察和各区镇的小股敌人，这一夜也都分别缴了械。拂晓以前，陆丰和海丰同时取得了第一次武装起义的胜利。5月1日，两地分别建立了革命政权，李国珍被选为海丰县临时人民政府委员。

参加八一南昌起义

第一次武装起义后，敌人分几路反扑海陆丰，东江特委决定由李国珍去找中共中央联系。李国珍同林蔚深从海上取道汕头，再经上海到武汉，找到了彭湃和恽代英，向他们汇报和请示。这时形势急转直下，蒋、汪公开合流前夕，李国珍随同中央许多领导同志到九江，又从九江到南昌，参加八一南昌起义，在革命委员会保卫局担任科长，负责中央领导同志和起义军领导机关的保卫工作。

起义军到潮汕地区后，9月23日先攻入潮州城，李国珍被任命为潮安县公安局局长。月底，他得到敌薛岳部进攻潮安的消息，奉命同一连起义军赶回潮安。他们乘坐的小火车在城郊遭到敌人密集炮火射击，退到枫溪车站时，敌人追了过来，李国珍指挥连队下车反击，在战斗中腿部中弹负伤。火车再退向汕头时，又遭另一股敌军拦截，李国珍只得忍着伤痛、冒着弹雨与同志们离开车厢。后来在群众掩护、帮助下，坐小船到汕头一个偏僻地方。这时部队已撤离汕头市，而敌人又严密封锁交通，李国珍无法找到部队。他先躲进一个同乡家里隐蔽，又转到他从前在汕头学日语时一位台湾老师那里，但因敌人经常到处搜查，不能久住，治疗也很困难。李国珍决定暂去日本，在辗转经厦门、上海时，又得到日本朋友和留日同学的掩护、资助，终于在1927年11月初到达东京。

在厦门、闽西从事教育工作

在日本，李国珍住在医科同学黄鼎臣宿舍养伤，不久找到中共东京特支负责人郑汉先、童长荣、冯骥等人，并参加了组织活动。后来，得到海陆丰已建立苏维埃政权的消息，他腿伤也痊愈了，便于1928年2月间回国。到汕头时，敌人正大举进攻海陆丰苏区，往海陆丰的必经之地潮阳、揭阳等县被敌人严密封锁，汕头市也在戒严，海陆丰已被敌人占领，李国珍不得不折回厦门。

李国珍在厦门化名马义成，到码头当苦力工人，也常给《全闽日报》副刊《流霞》写稿。后来，遇见在日本时一个姓黄的同学，经他的介绍，李国珍到他父亲黄翰任校长的禾山中学当教员。由于李国珍博学多才，工作实干，又善于团结教师和学生，很快树立了威望。过了一个学期，李国珍就先后担任了教务主任、代理校长。

但是，找党组织取得联系的问题一直没有解决。1928年秋，李国珍经过与在日本的同志通信，再通过已回上海的黄鼎臣向党反映他的情况和要求，最后同恽代英取得了联系。几个月后，陶铸由中共中央派到福建工作，同他接上组织关系。从此，他在中共福建省委直接领导下，从事党的秘密工作和公开的教育工作，对厦门和闽南的新文化运动也作出了积极的贡献。

红四军三下闽西以后，福建西南部形势发展很快。1930年初，中共福建省委决定让李国珍去漳州石码任石溪中学校长，在那里建立秘密工作据点，开展活动。这一年2月中旬，福建省委在厦门召开第二次党代表大会，中央派恽代英参加。在这次会上，李国珍被选为中共福建省委委员。

由于受到当时"左"倾思潮影响，1930年的五一节，石溪中学的进步学生在纪念会上散发言辞激烈的传单，反动当局策划要抓校长。党组织迅速掌握这一情况，即命李国珍转移到厦门郊区云梯中学，担任中共福建省委宣传部部长。接着，在罗明、陶铸、王德等亲自领导、指挥的著名的厦门劫狱暴动中，他参与组织了外围的接应工作。

巡视福州、泉州、莆田

1930年6月，在李立三"左"倾冒险主义错误领导下，指令福建省委取消党团和工会领导机关，合并为准备并实行武装起义的"行动委员会"。行动委员会由福建省委书记罗明、省委军委书记王海萍、组织部部长谢景德、宣传部部长李国珍、团省委书记王德5人组成，并命令闽西红军进攻东江、潮汕，夺取惠州后向广州进军。罗明、李国珍、王德等不同意这种决策，并将情况报告中央，结果福建省委被批评为"右倾保守和地方观念"。闽西红军几次进攻东江失利，白区工作也受到损失。这年冬，罗明调上海，王海萍接任福建省委书记，李国珍参加常委并继续担任宣传部部长。由于白区环境日益恶劣，许多地方党的建设和活动又需要加强，福建省委决定李国珍到福州、泉州、莆田等地巡视工作。李国珍不顾艰难险阻，奔走于特务出没的城镇和乡村，直到1931年3月才回到厦门。

英勇就义

由于叛徒告密，设在厦门鼓浪屿的中共福建省委秘书处和宣传部，于1931年3月25日遭到敌人破坏，李国珍和几位同志被捕。被捕后李国珍化名李仁发，在严刑与利诱兼施的审讯中，他坚贞不屈，慷慨陈词，与敌人进行针锋相对的斗争，驳得敌人几次无法审问下去。

　　1931年五一节黎明前，李国珍、林树根、梁惠贞、郑裕德4位同志被押往厦门市郊双涵莲板乡的荒野。敌人沿途戒严，布满军警。他们在车上高呼革命口号，从容赴难，视死如归，表现了共产党人的英雄气概。他们英勇就义后，中共厦门中心市委曾出版专刊，对他们的壮烈牺牲表示悼念，并热烈颂扬了烈士们英勇斗争和慷慨就义的事迹。李国珍牺牲时年仅28岁。

◆ 英烈语录 ◆

　　"觉醒的人们，再不能做柔顺的羔羊，要走的路，列宁已频频向我们招手了，还怕什么绞索与囚枷？暴风雨的前夜，悲惨的饥饿线上，要争的是土地与面包，要建立的是工农的武装和政权。"

◆ 英烈精神 ◆

　　不顾艰难险阻、总是不知疲倦地忘我工作的奉献精神；性格开朗，语言生动而富有谐趣，洋溢着革命乐观主义精神；在严刑与利诱兼施中，坚贞不屈，与敌人进行针锋相对的斗争的革命大无畏精神。

（李寅　曾火）

林道文（1904—1931）

—— 威震东江，名扬省港

林道文，广东省海丰县人。

- 1904 年，出生于广东省海丰县城东镇名园村。

- 1921 年 7 月，参加彭湃在海丰组织的社会主义研究社，开始学习和宣传社会主义，成为彭湃的亲密战友。

- 1923 年春，在海丰中学读书时，成立新学生社。

- 1925 年 1 月，在广州参加阮啸仙主持的第三届农民运动讲习所，并加入中国社会主义青年团。10 月，加入中国共产党，发动农民配合广东革命政府第二次东征作战。

- 1926 年 3 月，担任中共海丰公平区委书记。4 月，被选为共青团海陆丰地委委员。5 月 1 日，海丰县总工会成立，被选为执行委员，并担任该会党支部书记，领导全县工人运动。

- 1927 年 4 月下旬，任工农救党军副大队长。4 月 30 日，指挥起义队伍占领海城。5 月 1 日，成立海丰县临时人民政府，被选为政府委员。5 月，把各区农军改编为工农革命军，任大队长。9 月 17 日，率工农革命军开进海城，第二次武装夺取海丰政权，组成临时革命政府，任主席团主席。10

月 25 日，任工农革命军总队长。10 月 30 日，率领农军在红二师的配合下，第三次夺取海丰政权。11 月 1 日，重新成立海丰县临时革命政府，为主席团成员。11 月上旬，东江特委改组，任委员。12 月，任东江特委常委。

- 1928 年春，参加策划平山起义。5 月 30 日，中共潮梅特委改组，被选为特委书记兼军委常委，领导潮梅地区十六县市的革命斗争。6 月 8 日，潮梅特委合并成立东江特委，任常务委员，仍在潮梅地区活动。10 月，任代理书记。11 月 16—24 日，被补选为省委委员。会后，回东江担任特委书记。

- 1930 年 8 月 3 日，调任中共中央南方局委员、宣传部部长。8 月 5 日，补选为中共广东省委常委，兼任宣传部部长、农委副书记。

- 1931 年 1 月 14 日晚上，和爱人杨梅芳被叛徒出卖，在香港坚尼地道宝龙台被敌人逮捕。同年夏，被国民党反动派杀害于广州，时年 27 岁。

1904 年，林道文出生于广东省海丰县城东镇名园村。父亲林长春，在海城开"同记"鱼行；母亲蔡氏，在家务农。林道文自幼聪明活泼，可惜得过天花病，脸有麻斑，因而得了一个"道文斑"的外号。14 岁时，父母给他娶了 12 岁的蔡姓女子为童养媳。

成为彭湃的亲密战友

1921 年 7 月，林道文参加了彭湃在海丰组织的社会主义研究社，这是一个团结和组织青年研究社会主义学说的团体。从此，他开始学习和宣传社会主义，成为彭湃的亲密战友。

林道文在海丰中学读书时，带头组织进步团体。1923 年春，他串联了黄晓元、陈冠中等 13 位同学，成立"新生社"，出版《新生周刊》，宣传马克思主义，揭露帝国主义、军阀、地主豪绅压迫劳动人民的罪行，启发群众的觉悟。他曾在该刊上发表题为《为海丰人一哭》的文章，点名抨击海丰县县长翁桂清镇压学生运动，指出彼"藐视神圣之教育……胆敢越法派兵，四出拿人，而拘入刑事狱……唉，国家立法从此扫地无余矣！"

回海丰开展农民运动

林道文中学毕业后，父亲要他经商，他却立志献身革命。在他的影响下，大部分家庭成员都参加了革命。

1925 年 1 月，林道文在广州参加阮啸仙主持的第三届农民运动讲习所，一面学习农民运动的理论和方法，一面接受严格的军事训练，并在这里加入了中国社会主义青年团。

1 月底，广东革命政府准备出师东征，林道文经农讲所批准，提前毕业回海丰做策应工作。他受周恩来的委派，化装成学生来到海丰，向地下党员报告东征军即将到来的消息并传达周恩来的指示。然后，他到公平区去发动群众。

公平区各乡虽有农会组织，但早已被陈炯明反动派摧残殆尽。林道文秘密找到农会积极分子，指导他们分头串联，重新发展会员。2 月底，东征军经过公平时，林道文发动群众热烈欢迎并慰劳革命军。同时，他借助革命军的声威，大力开展农民运动，成效卓著，被选为海丰县农民协会执行委员。

3月初，林道文以海丰县农民协会特派员的身份在第二区各乡组织农会。他走遍第二区的100多个乡村，用说唱和故事等形式吸引群众，然后宣传只有建立农会，才能保护自己的利益的道理。经过宣传发动，参加农会的人数迅速增加，不久，第二区也成立了农会，林道文任指导员。

3月13日，在国民党海丰县党部第二次会议上，经彭湃提议，林道文被委派为第二区国民党组织员。他便在公平布街商务局设立中国国民党海丰县第二区党部筹备处，吸收工农积极分子和开明人士入国民党，成立区党部。不久，他被选为国民党海丰县党部执行委员。

5月18日，林道文和黄晓元奉海丰县农民协会的指示，到公平、黄羌宣传收缴逆党遗械和查禁鸦片。在通往山区的路上查获一批烟土，却被勾结鸦片贩子的驻军袭击，黄晓元中弹牺牲，林道文幸而脱险。之后，他同彭湃前往处理此案，迫使驻军师长张和交出凶手。彭湃和林道文等在公平召开群众大会，审判并枪毙了凶手，打击了敌人的气焰。

在海丰县开展农运、妇运、工运

1925年10月，林道文加入中国共产党。

同年10月，广东革命政府举行第二次东征，林道文发动农民配合东征军作战。他在开展农运、妇运的同时，又从事工运，是海丰县总工会筹备会的负责人。

1926年3月，林道文担任中共海丰公平区委书记。4月，又被选为共青团海陆丰地委委员，负责经委和妇委工作，并主管青年农工运动，成立公开对外的青年农工俱乐部。5月1日，海丰县总工会成立，林道文被选为执行委员，并担任该会党支部书记，领导全县工人运动，使工运与农运一样，成为党在海丰的一大支柱。同年下半年，他又任中共海丰县委常委。

武装起义占领海城

1927年4月，蒋介石叛变革命。4月下旬，中共海丰地委书记张善铭在海城鉴湖召开紧急会议，成立中共东江特别委员会，研究应变措施，决定武装起义夺取政权。随后成立救党委员会，把海丰农民自卫军改为"工农救党军"，吴振民任大队长，林道文为副大队长。

4月30日，吴振民、林道文等指挥的起义队伍占领海城，收缴反动民团、警察、盐警队的武器，扣留所有反动官吏，夺取了政权。5月1日，成立海丰县临时人民政府，林道文被选为政府委员。他带领几个中队，配合吴振民统率的农军分驻卡仔岭、伯公坝各隘口。后因敌军反扑，我军失利，5月9日撤出海城。接着，林道文和吴振民组织数千农民先后三次反攻海城，未克。吴振民遂于5月21日带领一部分农军北上，转战湖南。

第二次武装夺取海丰政权

林道文留在海丰，把各区农军改编为工农革命军，他任大队长。他指挥工农革命军采取麻雀战的战术，神出鬼没地打击敌人，搞得反动派惶恐不安，一听见"道文斑"这个名字，就心惊肉跳。

林道文还善于利用敌人矛盾，做好瓦解敌军的工作。1927年9月7日深夜，驻防公平镇的万炳臣营第三连第一排59名士兵因闹兵饷，在排长郭其宽带动下哗变。翌日，林道文便在黄羌圩会见郭其宽，一再赞扬他前来投诚的义举，并将郭其宽部改编为工农革命军第四中队，郭其宽任中队长。接着进军公平镇，重新建立了海丰县第二区人民政权。

第二区的胜利给海丰人民以极大鼓舞，形势对革命有利。9月15日午夜，以刘琴西、林道文为正副总指挥的工农革命军分四路进攻海城。林道文率数百农军由城东北攻占公平车站，敌军吓破了胆，闻风而逃。17日，林道文率工农革命军开进海城，第二次武装夺取海丰政权，组成临时革命政府，林道文任主席团主席，领导镇压反革命，没收反动派财产分给工农群众。25日，敌陈学顺率大队人马反扑。为保存革命力量，林道文指挥队伍主动撤出海城，转入农村根据地继续斗争。

成立海丰县工农兵苏维埃政府

1927年9月下旬，传来了南昌起义军转战到潮汕的消息。10月初，林道文接到了招兵任务，一夜之间就招募到1000多人，经过挑选，将700多人编好队伍，分批开赴潮汕，准备为南昌起义部队补充兵员，后因半路受敌人阻击，未能实现计划。当时有一批新兵行至河田、黄塘一带，被罗一东等指挥的反动民团截击，受伤数人，被俘34人。林道文接到报告，马上派萧河源带10多名农民武装潜进敌人巢穴，抓到几个姓罗的反动分子，与敌人交换回被俘同志。10月6日，南昌起义部队1300余人在董朗等率领下到达陆丰内湖，与东江特委领导成员取得联系。林道文闻讯，立即带队到半路迎接，并把部队带进惠阳县的中洞。他还筹集了100头猪和100担大米慰劳红军。

部队到中洞后，改编为中国工农革命军第二师。与此同时，东江特委作了组织上的调整，林道文继续任委员。10月25日，东江特委发布第三次东江大暴动的命令。东江革命委员会委任林道文为工农革命军总队长。10月30日，他率领的农军在第二师的配合下，第三次夺取了海丰政权。11月1日，重新成立海丰县临时革命政府，由林道文等5人组成主席团，并于11月6日张贴布告，重申一切土地归农民的政策，公布废除租债等7条禁令。11月上旬，彭湃从香港回到海陆丰，随后改组东江特委，彭湃任书记，林道文等为委员。

在打下海城后，林道文率队赴沿海攻打捷胜城，在第二师的协助下，终于把负隅顽抗的敌人消灭。11月20日，正在海城参加工农兵代表大会的代表和各界群众上万人，前往谢道山车站欢迎林道文等凯旋。21日，海丰县工农兵苏维埃政府成立，林道文参加领导工作。

苏维埃政府成立后，紫金南岭钟姓地主组织民团对抗革命，林道文即率一中队农军配合红军前往镇压。民团据守石楼，林道文即指挥农军挖掘地道，用棺材装炸药，炸毁了石楼，没收了南岭钟姓地主1000多担谷物，为部队筹集了款项。

坚持领导潮梅地区革命斗争

1928年前后，敌人杀害了林道文的父亲、哥哥、侄儿、侄女等6人并通缉林道文。在极端困难的环境中，林道文毫不畏惧，坚持斗争。1927年12月，中共广东省委在香港举行省委扩大会议，决定林道文任东江特委常委。下旬，省委调他到战略要地惠阳，加强县委领导。1928年春，他参加策划平山起义，并首先从四大半围带领赤卫队 40 多人抵达平山。后因敌情变化，他把队伍带上山打游击。不久到香港，在中共广东省委工作。4 月 24 日，他又潜入惠阳，巡视县委工作。

1928 年 5 月 28 日，林道文奉省委之命，抵达国民党在粤东的统治中心汕头市，几经周折，找到中共潮梅特委负责人，听其详细汇报后，于 30 日晚召集干部会议，改组潮梅特委。林道文被选为特委书记兼军委常委，领导潮梅地区 16 个县市的革命斗争。6 月 8 日，省委决定潮梅特委合并于东江特委，指定彭湃、林道文等 8 人为委员。东江特委成立后，彭湃任书记，林道文任常务委员，仍在潮梅地区活动。10 月，彭湃调离东江特委，林道文任代理书记。

⌁⌁⌁⌁⌁⌁ 坚韧不拔地带领东江特委开展工作 ⌁⌁⌁⌁⌁⌁

1928 年 11 月 16—24 日，林道文在香港出席中共广东省委第二次扩大会议，被补选为省委委员。会后，他回东江担任东江特委书记。

1929 年 1 月，林道文带领东江特委机关从潮安田东圩搬迁到丰顺（山东）下西山蓝寮的打拳寮。他坚韧不拔地恢复各地被破坏了的党组织。6 月，他在丰顺县留隍区黄砾主持召开了东江第一次党代表大会。7 月初，林道文到香港向广东省委汇报东江特委和党代会情况，省委感到满意，并留他在省委工作。

8 月 30 日，林道文带着省委的指示信往东江指导工作。他于 9 月初到达粤东，向东江特委传达省委指示。后来，大家对革命根据地发展方向问题进行讨论、研究。争论结果是他同意古大存的意见，把八乡山（丰顺、五华、揭阳交界处）作为东江革命根据地的中心。

10 月 15 日，林道文主持的东江特委就苏维埃的财政问题指示下属各级党部适当筹款：不侵犯小商人及小资产者的利益，引导他们加入革命阵线；要没收乡村豪绅地主阶级的土地、财产，分配给无地或少地的农民及当地贫民。

林道文生活艰苦朴素，工作认真负责。1929 年冬，他任东江特委领导时，和战士们同甘共苦，住在用竹木泥草搭成的低矮小屋里。由于组织不健全、人手少，他既抓特委全面工作，又常常亲自动手解决各种具体问题，工作十分繁忙，但他不辞辛劳，尽职尽责，因而得到当时的省委巡视员聂荣臻的嘉许。

为革命当乞丐是最光荣的事

1930年8月3日，中共中央决定在香港成立中共中央南方局，以罗登贤为书记。林道文奉命调任南方局委员、宣传部部长。8月5日，林道文补选为中共广东省委常委，兼任宣传部部长、农委副书记。12月，林道文赴北江巡视，指导工作，在曲江召集北江特委扩大会议。1931年1月10日返回香港。

1931年1月14日晚上，林道文和爱人杨梅芳被叛徒出卖，在香港坚尼地道宝龙台被敌人逮捕。在狱中他带领难友同敌人进行斗争，还设法与党组织联系，使一些同志得到营救。10多天后，林道文被引渡解往广州。5月底被押回海丰"游街示众"。当时有一个反动分子问他："你可知道你的母亲当乞丐吗？"林道文理直气壮地答道："为革命当乞丐是最光荣的事。"1931年夏，林道文被国民党反动派杀害于广州，年仅27岁。

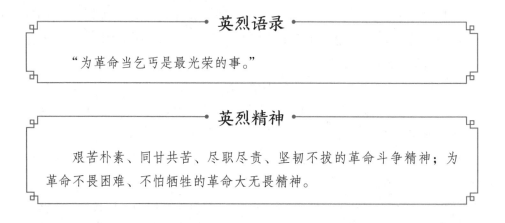

英烈语录

"为革命当乞丐是最光荣的事。"

英烈精神

艰苦朴素、同甘共苦、尽职尽责、坚韧不拔的革命斗争精神；为革命不畏困难、不怕牺牲的革命大无畏精神。

（林锦文）

罗欣然（1903—1931）

—— 斗志昂扬，文武全才

主要生平

罗欣然，又名罗坫喜，广东省大埔县古野乡培尾村人。

● 1903 年，出生于一户乡村医生家庭。

● 1926 年冬，随军北伐。同时，加入中国共产党。

● 1927 年初春，回到埔西家乡宣传革命事迹。9 月，任中共大埔县委暴动委员会委员，率领埔西和埔南农军、瓷工、学生举行高陂暴动。后任高陂区革命委员会财政委员、中共大埔县委委员、广东工农革命军东路第十五团参谋长。

● 1928 年元旦，攻克高陂重镇。后挥师西渡韩江，突袭银江龙市警察所，攻打洲瑞大坪等地，收缴民团枪械，处决国民党大埔县改组委员会干事郭松森等。5 月，率革命武装东渡韩江，举行百侯暴动。后率第十五团复渡韩江，扎根大埔西部，在梅县、大埔、丰顺三县交界的铜鼓嶂、明山嶂山区，坚持游击战，巩固赤色区域，实行武装割据。

● 1929 年 10 月，任命为驻红四军前委代表。后挥戈梅县，又率部转移至梅南、丰顺马图革命根据地。11 月 28 日，出席红四军前委扩大会议。

- 1930 年 5 月，出席东江工农兵代表大会，当选东江苏维埃执行委员，并任军委委员、中国工农红军第十一军政治部主任。
- 1931 年，在丰顺埔南激战中壮烈牺牲，时年 28 岁。

罗欣然，又名罗坫喜。1903年生于广东省大埔县古野乡培尾村一户乡村医生家里。罗欣然在青少年时期，经常随村民打猎捕鱼，练就了一手好枪法和一身好水性，也练出了顽强的性格和强健的体魄。

罗欣然在高陂仰文中学读书时，正值国共合作的大革命时期，他常常阅读进步书刊，接受革命思潮的洗礼。1926年冬，当国民革命军北伐经粤东往福建时，他毅然投笔从戎。在北伐军中，罗欣然加入了中国共产党。不久，受党派遣回大埔工作。

开展农民运动

1927年初春，罗欣然回到埔西家乡。刚到家，父亲就对他说："你读了书，不在外面做事，却回家种田，还是随父从医吧！"他回答说："我想先学农事，学医的事以后再说。"罗欣然白天下田劳动，在田头地尾与农民们交谈。晚间到农家串门，议论世事，揭露官僚欺压百姓、富豪盘剥穷人的种种罪行，宣传海陆丰等地农民打土豪、闹革命的事迹。他还邀集贫苦农民到山洞里、坟地中秘密开会，讲解革命道理，启发乡民觉悟，组织农会和赤卫队。他父亲对罗欣然说："这种越轨的事，你都敢做，会人头落地的！"罗欣然回答说："只有闹共产、搞革命，才能救国救民！"经过罗欣然多次劝导，老实忠厚的父亲便不再阻止他的活动了。不久，培尾村等地的农会成立了，古野山区树起了革命的旗帜。到下半年，韩江中游两岸多数村庄建立了农会和赤卫队，开展了轰轰烈烈的减租减息、打击土豪劣绅的斗争。

领导组织武装暴动

1927年9月，八一南昌起义军南下粤东。根据上级党组织指示，中共大埔县委成立了暴动委员会，领导茶阳、高陂等城镇暴动，策应起义军进军东江。罗欣然就任县暴委委员，率领埔西和埔南农军、瓷工、学生举行高陂暴动。

高陂，是大埔南部、韩江东岸的一个重镇，盛产瓷器，地处大埔、丰顺、饶平三县边境，在政治、经济方面均有重要的地位。

暴动前，罗欣然进行了周密的组织准备工作。他召开各乡农会和农民赤卫队负责人会议，传达暴委决议，指出："高陂暴动，标志大埔革命的新阶段，它对支援南昌起义军进驻潮汕平原具有重要的意义。"会后，他组织了作战队、运输队、后备队。1927年9月10日晚下半夜，各路农民武装和工农军第十五团一个营共500余人，按时集结待命。次日拂晓，暴动指挥部发出进攻信号，罗欣然一马当先，像一支利箭直插区署，缴了敌人的枪械，活捉了反动头子苏宝珊，处决了首恶分子。暴动成功后，即成立了高陂区革命委员会，罗欣然被任命为财政委员。

罗欣然的组织和指挥才能在高陂暴动中显露出来。在桃源召开的县委扩大会议上，他被选为中共大埔县委委员，并担任广东工农革命军东路第十五团参谋长。此后，他带领工农武装转战韩江两岸，相机打击敌人。

10月，南昌起义军进军潮汕失利。国民党反动势力卷土重来，疯狂反扑，茶阳、高陂等城镇被敌重占。中共大埔县委贯彻中共中央南方局和广东省委联席会议精神，决定集中乡村武装，再次举行暴动，以抗击反动派的屠杀政策。

1928年元旦，在东江特委开展"年关暴动"的指示下，在罗欣然和营长李明光及八一起义军留埔骨干黄让三、黄埔军校生罗法胜等人的共同指挥下，第十五团主力和农军再次攻克了高陂重镇，镇压了反动头子张作励。再战告捷后，挥师西渡韩江，突袭银江龙市警察所，攻打洲瑞大坪等地，收缴了民团枪械，处决了国民党大埔县改组委员会干事郭松森等。

5月，罗欣然等又率革命武装东渡韩江，举行百侯暴动。百侯地处埔东，是大埔通往潮汕平原和闽南的要道。当革命武装再度克复高陂后，百侯反动区署专员杨竹史、杨大目等，搜刮民财，购买枪弹，招募团丁，建立民团，与民为敌，定于5月3日举行庆祝民团成立大会。为了给反动派迎头痛击，第十五团在各地赤卫队配合下，共600多人，于民团成立当天进行暴动，活捉并处决了杨竹史、杨大目；缴获长、短枪30余枝；没收土豪劣绅财产，救济贫苦人民。反动县长梁若谷闻报，急忙调集各地反动武装驰援解围，但罗欣然等已率领革命队伍转移山区。

高陂、百侯暴动成功后，枫朗、平原、光德、英雅、双溪等乡村也相继暴动，武装斗争的烈火在韩江两岸燃烧。敌人闻风丧胆，惊惧万状。大埔国民党当局组织了"戡乱委员会"。一面通令各乡成立"治安委员会"，各区建立民团，筑炮楼，搞联防；一面"十万火急"电请广东省政府派兵"清剿土共"，并发布通缉令，重金悬赏捕杀罗欣然等人。在革命处于低潮时期，罗欣然虽身处险境，却坚持革命斗争。1928年夏天的一个晚上，他头戴竹笠，肩背箩筐，脚着草鞋，装扮成农民，亲赴饶平、大埔边界某地侦察敌情，完成任务后，返回梅埔丰据点，途经离故乡一里之遥的富州村张亚坤家里歇脚。张亚坤正忙于煮水做饭之时，突然村中狗吠声四起，罗欣然机警地从后门走上山林中，凭着月色，观察周围动静。只见一队荷枪实弹的敌兵，窜到罗欣然的家乡搜捕，敌人扑空离去后，罗欣然才回到张亚坤家里。张亚坤对他说："好险呵！我总是为你提心吊胆！"罗欣然答道："为人民干革命，杀身何所惧！"

不久，广东、福建两省军阀勾结起来，用两个团的兵力，在边界县反动武装配合下，大规模"围剿"大埔东部赤色乡村，妄图消灭革命武装。罗欣然与边县革命武装领导人商议后，决定兵分三路，跳出敌人重围，分散打游击。他和李明光等率领第十五团复渡韩江，扎根大埔西部，在梅县、大埔、丰顺三县交界的铜鼓嶂、明山嶂山区，发动群众，坚持游击战，巩固赤色区域，实行武装割据。

1928年秋天，罗欣然以东江特派员的身份出席了在丰顺九龙嶂召开的五县党和工农武装领导人会议，会议讨论了时局以及斗争方针策略，议决成立五县暴动委员会，联合举行畲坑暴动。罗欣然回到铜鼓嶂后，召开了梅县、大埔、丰顺三县地方代表联席会议，作出了"发展工农武装，积极开展乡村游击战争，扩大红色区城，建立乡村政权"的决定。此后，罗欣然深入埔西等地山区，帮助地方发展党团组织，扩建赤卫队、农会、妇女会。他协助指挥革命武装，先后摧毁了三县边境乡村反动武装，初步建立了小块的革命游击区、根据地。

"野火烧不尽，春风吹又生。"在罗欣然、古大存及七县联合委员会领导下，工农革命武装随着革命根据地的建立巩固而不断发展壮大。反动派对此十分害怕，便对赤区人民进行残酷的"清剿"和迫害。1929年春，反动派以高陂、三州两地武装联合"清剿"埔西古野村。敌人把罗欣然等人的家室洗劫一空。罗欣然的祖父、父亲遭迫害先后含恨去世，兄姐背井离乡，漂泊南洋，母亲和童养媳被迫改嫁别村，两个弟弟改名换姓隐居外祖母家里。罗欣然获悉敌人的暴行后，派人回村，抚慰乡亲，寄语说："倾家荡产心莫愁，革命成功建洋楼。家散人亡莫悲伤，反动敌人命不长。"在罗欣然的革命乐观主义精神鼓舞下，当地人民前仆后继，坚持斗争。在艰苦曲折的斗争中，罗欣然锻炼成长为智勇双全的东江特委、军委的领导人。1929 年秋，东江革命斗争出现了令人鼓舞的局势。中共中央作出"打通闽西和东江地区的联系，与中央苏区连成一片"的战略决策。10 月，中国工农红军第四军奉令挺进东江，罗欣然被中共东江特委任命为驻红四军前委代表。他长途跋涉，日夜兼程驰赴蕉岭，向红四军前委朱德等领导人详细介绍了东江的敌我态势，并参与制订了红四军的进军方案。此后，红四军三个队 6000 余人，挥戈梅县。罗欣然不顾劳累，沿途召集地方党、军负责人会议，了解情况，部署侦察敌情，组织筹粮解款、运输接待、宣传民众等军务工作。红四军进占梅县县城后，罗欣然协助处决反动头子，打开监狱解救难友，然后忙于召开群众大会，筹组东江革命委员会等工作。这时，两广军阀混战渐告结束，广东军阀立即调集重兵，攻打红四军。罗欣然配合前委陈毅等指挥部队，避开敌人前锋，率部转移到梅南、丰顺马图革命根据地，休整和伺机歼敌。敌军追至丰顺汤坑。此时，红四军按中共中央军委的指示"停止进军东江，回师闽西"。罗欣然仍随红四军前委行动，护送红四军离开梅县到闽西时，11 月 28 日，他以东江特委代表的身份出席了在福建省长汀县召开的由毛泽东主持的红四军前委扩大会议。罗然欣驻红四军前委期间，不仅以出色的工作配合了红四军的军事行动，还及时把红四军的情况向东江特委作了多次翔实的书面报告，并由广东省委转呈中央，取得中央对红四军的及时的指示，圆满完成了任务。

壮烈牺牲

1930 年 5 月，罗欣然出席东江工农兵代表大会，当选东江苏维埃执行委员，并被任命为军委委员、中国工农红军第十一军政治部主任。会后，罗欣然贯彻执行大会决议，为红十一军的建军和东江地区的土地革命做了许多工作。不久，东江特委某些领导人执行"左"倾军事冒险主义，强令红十一军三次出击潮安，致使红十一军遭受重大损失。强打硬攻失利后，红军撤离潮安。敌张瑞贵、邓龙光、毛维寿等部对东江西北部红色区域实行总"围剿"。罗欣然率部队 200 余人，在梅埔丰边区坚持游击战争。不幸于 1931 年在丰顺埔南壮烈牺牲，年仅 28 岁。

（何展琼）

丘宗海（1906—1931）

—— 大埔县农民运动的领导者和组织者

主要生平

丘宗海，又名孟深，广东省大埔县人。

- 1906 年，出生于大埔县高陂洲瑞陂营村的一个农民家庭。
- 1923 年，与学友谢卓元在大埔中学组织了新学生社。
- 1925 年，离开家乡去金边、吉隆坡等地募捐办学。
- 1926 年，加入中国共产党。9 月，在农民运动养成所结业后，回到大埔继续领导农民运动。
- 1927 年，在高陂、茶阳等地领导武装暴动。
- 1928 年，领导百侯暴动。7 月，领导成立铜山区革命委员会和四区联队，建立游击根据地，使梅埔丰的地方党组织和群众能密切配合第十六团开展游击战争。11 月，任中共大埔县委书记。
- 1929 年 7 月，击毙国民党中央参谋部上校参谋丘文、廖武等 8 人，打乱了敌人进攻闽西苏区的计划，支援了闽西苏区的反"围剿"斗争。
- 1930 年春，担任饶和埔县委书记。12 月，当选闽粤赣苏维埃政府筹委成员。
- 1931 年 3 月间，牺牲，时年 25 岁。

丘宗海，又名孟深。在土地革命战争时期，是大埔县农民运动的领导者和组织者。他1906年出生于大埔县高陂洲瑞陂营村的一个农民家庭。该村地处铜鼓嶂，山多田少，农民生活窘迫，艰苦的生活环境使他从小热爱劳动，植根于人民群众之中。

宣传反帝反封建军阀思想

1923年，丘宗海在三洲杨屋小学毕业后进入大埔中学时，正值国共合作时期。大埔旅穗青年学生张善铭、蓝裕业等一批先进的知识分子在广州加入中国共产党和社会主义青年团后，通过寄送书信、刊物在家乡宣传革命。丘宗海受进步思想影响，与学友谢卓元积极参加进步的社会活动，在大埔中学组织了新学生社。1925年，丘宗海离开大埔中学到桃源、三洲任教。他积极向学生宣传反帝反封建军阀思想，提倡改革学制。因受同事阻挠，便毅然离开家乡去金边、吉隆坡等地募捐办学。

1926年春，丘宗海回到家乡，在大埔党组织的领导下，以学校为据点，积极开展革命活动，不久加入中国共产党。入党后，他在高陂、三洲等地农村领导开展"二五"减租，组织农民协会，打击封建势力。当时三洲的土豪刘德深仗势欺压群众，阻挠办学，丘宗海与农会会员将刘德深缚至三洲示众，大扫了土豪劣绅的威风，农民群众扬眉吐气，无不称快。

领导大埔农民运动

1926年，东江工农运动进入了高潮。为了适应革命形势发展的需要，中共汕头地委开办了东江农工人员养成所。丘宗海与李明光等20人进入该所学习。在学习期间，丘宗海聆听了彭湃、罗明等人的演讲，进一步提高了对中国革命的认识，懂得中国革命只有依靠中国共产党的领导和广大民众的力量，才能取得胜利，从而增强了革命的信心和决心。当年9月，丘宗海在养成所结业后，回到大埔继续领导农民运动。为了保护农民的利益，丘宗海当机立断决定将南洋捐款用来购买枪支，筹建农民自卫军。

1927年，国民党反动派发动四一二反革命政变，大肆屠杀共产党人和革命群众。丘宗海没有被白色恐怖所吓倒，而是继续深入农村率领工农开展武装斗争。

领导高陂、茶阳武装暴动

1927 年 8 月，南昌起义部队即将南下广东。这一消息传来后，中共大埔县委决定，在高陂、茶阳等地进行武装暴动，为起义军进入大埔扫除障碍。县委在高陂组织了暴动委员会，丘宗海为暴委主要领导成员之一，兼任主攻连连长。9 月 11 日，丘宗海率领工农军主力连，直捣国民党高陂区党部和伪区署，攻克了国民党反动派驻高陂的指挥机关，为暴动成功作出了贡献，被选为高陂区革命委员会的领导成员。

此时，南昌起义军已由江西进入福建上杭。中共大埔县委遂派丘宗海、李明光到上杭迎接起义军进埔。他们到上杭向周恩来汇报了大埔人民开展武装斗争的情况，并听取了周恩来关于发动群众，组织起来开展武装斗争，推翻国民党反动统治的指示。

丘宗海返回县委汇报后，便投入了迎接起义军进埔的准备工作。10 月，三河坝战役打响，丘宗海、李明光等人率领大埔工农军密切配合起义军作战，并发动群众组织向导队、宣传队、担架队、运输队，为起义军带路、送茶、送水、筹粮、送弹药、抢救伤员。

11 月，中共大埔县委决定再次进行高陂暴动。12 月 31 日晚，丘宗海在沙坪集中参战的农军，做战前动员，号召大家：要像朱德的部队那样，把敌人手中的枪夺过来！要团结一致，打好这一仗，夺取高陂武装暴动的胜利！参战的干部战士一致表示，坚决摧毁国民党高陂的反动堡垒。

1928 年 1 月 1 日凌晨，丘宗海与饶龙光、贺遵道、李明光、黄让三、李西庭等率领工农革命军第十五团第二营全营战士以及岭东的瓷业工人、高陂学联的部分学生和赤卫队共计 500 多人，包围了高陂镇。丘宗海与黄让三、李西庭率领暴动部队向国民党高陂区党部和区署发动了猛烈的进攻。在部队强大的火力进攻下，守敌纷纷丢枪逃跑，部队迅速攻克了国民党高陂区党部和区署，并活捉了国民党高陂区党部的反动头子苏宝姗。丘宗海用斧头劈开土豪劣绅的米店、布店，将缴获的东西除部队留下部分外，其余部分全部给贫苦农民。暴动成功后，根据广大群众的强烈要求，枪决了罪大恶极的反动警长等 8 人，狠狠地打击了敌人的嚣张气焰，极大地鼓舞了广大群众的革命斗志。

举行百侯暴动

高陂的武装暴动，威震韩江。国民党反动派大为震惊，随即由潮汕派来正规军，妄图消灭大埔工农革命军第十五团。同时，敌大埔县政府为了加强它的反动统治，在全县各地迅速地组织了团防，妄图扑灭大埔的革命烽火。百侯的地主豪绅和反动头子杨竹史、肖典成、杨矗修等人四处搜刮钱财，购买枪支弹药，招募"团丁"，企图在5月3日成立"百侯民团"，与革命势力对抗。大埔县委知悉这一消息后，决定在5月3日乘地主豪绅庆祝"百侯民团"成立前举行百侯暴动，以消灭"百侯民团"和打击地方反动势力。

丘宗海、李明光接到通知后，立即于5月2日晚率第十五团到百侯，与中共百侯区委和工会负责人杨鹤松、丘荣泉、杨纶经等人召开秘密会议，详细研究暴动的部署。5月3日凌晨，丘宗海、李明光、黄让三分别率领第十五团主力和农军从两侧夹击国民党百侯区党部和民团总部，丘宗海率第十五团主攻部队首先登墙强攻民团总部，同时开展政治攻势，高呼"穷人不打穷人！""缴枪不杀！"等口号以瓦解敌人的斗志。经过一小时的战斗，部队攻克了区署和民团总部，活捉了反动头子杨竹史、高利贷者杨大目，缴获长、短枪30多支和大批弹药，并烧毁了区署。战斗结束后，丘宗海等人镇压了罪大恶极的杨竹史、杨大目，并没收了土豪劣绅的财产。

开展游击战争

1927年7月，广东、福建两省的敌人对饶平、大埔、平和三县的工农武装进行联合"围剿"。在敌强我弱的情况下，丘宗海、李明光认为不能硬拼，应避敌锋芒，出击外线，以保存部队实力。于是，丘宗海、李明光率第十五团部分人员转移到埔西开辟新的游击根据地。不久，他们领导成立了有大埔、梅县、丰顺三县领导人参加的铜山区革命委员会和四区联队，加强了各县的联系，建立了游击根据地，使梅埔丰的地方党组织和群众能密切配合第十六团开展游击战争。

1928年11月，丘宗海任中共大埔县委书记。此后一段时期，全县的党组织和武装力量都有所发展。党员发展到 349 人，武装部队发展到 300 人，为坚持游击战争创造了条件。

打乱敌人进攻闽西苏区的计划

1929 年 7 月，国民党中央参谋部上校参谋丘文、廖武郎奉蒋介石命令调往潮梅"围剿"闽西苏区。丘宗海得讯后立即召开会议，研究对付丘文、廖武郎的计划。他认为丘文、廖武郎是本县人，大埔又毗邻闽西苏区，丘、廖对这一带情况比较熟悉，他们的到来，对闽西苏区的红军有着重大的威胁，必须尽早剪除这两个凶徒。会后丘宗海即率领精干武装人员，直扑丘文、廖武郎驻地坪沙公学附近，并与当地党组织详细地研究了战斗部署。第二天晚上，丘宗海、张国栋乘丘文、廖武郎在坪沙公学乘凉之机，迅速地冲入学校当场击毙丘文、廖武郎等 8 人，打乱了敌人进攻闽西苏区的计划，支援了闽西苏区的反"围剿"斗争。

巩固和扩大苏区

1930 年春，中共饶和埔县委在埔东大塘头成立，丘宗海担任书记。此时，饶和埔苏区人口达 22.6 万人，拥有 69 个乡苏维埃政府。为适应土地革命运动的深入开展，丘宗海主持举办了党团训练班，以提高干部的领导水平；创办了县机关报《火花报》，及时地宣传党的政策和指导苏区的各项工作；在苏区实行平民教育，学生免费入学，并普及夜校，提高苏区群众的文化水平；创办了苏区消费合作社，使苏区不断得到巩固和扩大。

5 月，闽西红十二军出击东江，丘宗海随红十二军攻打高陂，在红十一军第四十八团的配合下，歼灭了高陂的丘启明部 200 余人，缴获步枪 300 余支和弹药一大批。同月红十二军进攻大埔县城茶阳失利。丘宗海率四十八团和红十二军新编独立营殿后掩护红十二军撤退，到漳溪与永定毗邻石岗路上时，因疲劳过度，肺病复发，连吐数口鲜血。这时敌人已追到石岗脚下，在这危急关头，丘宗海振作精神，坚决果断地指挥断后的红军战士，抢占有利地形，居高临下进行阻击。敌人在红军的英勇阻击下，死伤累累，无法前进，红十二军安全脱险。

8月，驻守在丰顺潭江的反动民团20多人，拉枪上山当土匪，并冒用埔南区赤卫队的名义勒索群众，败坏红军的名誉。丘宗海亲自进入匪巢，开展政治攻势，晓以利害，指明其唯一出路只有改邪归正，最终将这股土匪改造为革命武装。

随着革命的发展，革命根据地不断扩大，1930年下半年饶和埔与闽西、赣南苏区连成了一片。为了更好地开展武装斗争，中央决定成立闽粤赣特区，12月，丘宗海以东江代表的身份出席了闽粤赣特区苏维埃筹备会议，并当选闽粤赣特区苏维埃政府筹委成员。

英勇牺牲

1931年3月间，丘宗海与黄炎等人一起到东江特委汇报和请示工作，在途中与敌人遭遇。他们击毙了几个敌人，但终因敌众我寡而牺牲。丘宗海牺牲时年仅25岁。

英烈精神

团结战士群众、不畏艰难险阻崇高品格；大义凛然、不怕牺牲、甘于为革命献身的革命精神。

（廖练堂　刘寒）

万大来（1906—1931）

—— 真正的英雄好汉

主要生平

万大来，广东省五华县人。

- 1906 年，出生于五华县里江乡万屋寨的一个贫农家庭。
- 1925 年 7 月，在里江乡参加农民自卫军。
- 1926 年 7 月，应召编入县农民自卫军，在一年左右的时间里，参战 40 多次，屡立战功。
- 1927 年春，被选为县农民自卫军中队长。
- 1928 年冬，加入中国共产党，负责赤卫队中队长职务。
- 1931 年 4 月，国民党军向八乡山"围剿"，带领赤卫队员坚守贵人村草坝凸的三座炮楼两天三夜，打退敌人。4 月下旬，因叛徒出卖，在高碟头山上被捕。5 月 5 日，壮烈牺牲，时年 25 岁。

万大来，1906 年出生于五华县里江乡万屋寨的一个贫农家庭，早年父母双亡，遗下他和童养媳以及年老的祖母。他在本村私塾只读过两年书，11 岁时因生活困难而辍学，跟着祖母租种地主的土地维持生活。

参加农民自卫军

1925 年 7 月，共产党员古大存奉命到五华县的梅林、安流、里江等地组织农民自卫军，协助东征军攻打陈炯明。17 岁的万大来，就在里江乡参加了农民自卫军。11 月，万大来随农民自卫军第一次参加了向土豪劣绅进行缴契烧契的斗争。

1926 年 4 月，正是春荒时节。五华县的豪绅地主雇用民船放运大批粮食到潮汕卖高价。里江乡农民协会立即派万大来率领农民自卫军赶至锡坑将粮食拦截回本乡平粜，本乡贫苦农民才得以度过春荒。

真正的英雄好汉

1926 年 7 月夏收时，五华县恶霸地主张谷初等在国民党右派的支持下，抗拒"二五"减租，组织反动武装，向农民反攻倒算。县农会为了保护农民利益，召集各乡农民自卫军反击地主武装的挑衅。万大来和同寨青年万兆云、万王贵、万亚泉等 7 人应召编入县农民自卫军。万大来在县农军一年左右的时间里，参战 40 多次，屡立战功。一次，古大存下令攻打张谷山大屋，宣布打冲锋者奖大洋 5 块。万大来挺身而出接受任务，说："我敢打冲锋，不要奖银！"他手持两支驳壳枪带领着一班人冲锋，很快就攻破了张谷山大屋，生擒张谷山，古大存称赞他说："万大来是真正的英雄好汉！"

1927 年春，县农民自卫军成立一个大队，下分三个中队，万大来被选为中队长。有一次，国民党团长宋世科纠合地主武装 4000 多人围攻驻在潭下百安的农民自卫军中队，农民自卫军打退了敌人多次的进攻，后来子弹快打完了，敌人的包围圈越来越逼近。大队长见情势严重，就向队员们宣布："我们必须突围出去，谁敢打冲锋？"万大来铿锵有力应道："我敢打冲锋！"接着其他队员也纷纷响应。40 多名冲锋在前的队员，一个个奋不顾身，子弹打光了，就把土枪背在身上，每人拿一捆浸湿了的稻草，护着身体，持着大刀、耙子、尖串和土炸炮同敌人展开肉搏战。在万大来的带领下，全队冲出了重围。

深入敌区进行游击活动

当时，白色恐怖笼罩五华。万大来根据党组织决定，在家乡一带搞地下活动，组织秘密交通站，发动可靠的青年到八乡山参加游击队，出色地完成了任务。经过党的培养教育和一系列的实际斗争考验，万大来于1928年冬光荣加入中国共产党，并担任赤卫队中队长职务，带领一个短枪队专门到敌区进行游击活动。

万大来性格爽直，为人沉着，敢于挑重担，无论接受什么任务，从不讲价钱。不管任务多么艰巨、多么危险，他都能全力以赴去完成，在战斗中总是冲锋在前，退却在后。有一次，在老虎石围攻反动派军队时，他的左颊被敌人子弹打穿了，只撕了块布塞住伤口，仍然坚持指挥战斗。又有一次，万大来带领4名战士活动，在念目石被200多名反动警卫队包围住了。他指挥战士沉着应战，最后猛烈奋起冲锋，打死了带队的反动治安会主席胡质文等5人，还缴获步枪40支，子弹两担。

1929年7月，红四军大部队来到五华县安流。当时粮食紧缺，万大来主动承担筹粮任务。他带领一个小队，没收了乐民村燕翼楼反动地主家里的一批粮食运返安流供红军食用。

英勇善战

1929—1930年间，万大来等经常化装成各种身份的人，寻找机会打击敌人，使得反动派惊惶失措，胆战心惊，不敢随便出门，天未黑就关闭大门，就是白天见有外乡人靠近他们的屋子也怕得要命。各乡镇的警卫队也是白天增哨，夜晚紧闭楼门。

敌人视万大来为眼中钉、肉中刺，悬赏大洋500块捉拿他。万大来凭着机智勇敢和群众的掩护，数次使敌人的追缉落空，并伺机打击敌人。一天晚上，万大来回到家乡了解敌情，敌人发觉后，把万屋寨团团围住。万大来眼见冲不出去了，便沉着转移到邻居万石先嫂家里。天还没有亮，敌人挨家搜查。石先嫂急中生智，立即生火煮猪饲料，灶里塞满半生湿的松树叶烧着，顿时浓烟弥漫矮房，警卫队两人进来搜查，被烟熏得睁不开眼，泪涕横流，用枪乱捅两下就赶快跑了。后来，万大来谈起这件事，哈哈大笑说："石先嫂有计谋，也算那两个反动家伙走运，我躲在草堆里，两支枪早对着他们。"

又有一次，万大来带领 20 多名赤卫队员在郭田布尾先设下埋伏，然后故意露面让敌人知道。第二天，五华警卫大队长张九华果然中计，带领匪兵200 多人前来围攻。当敌人气势汹汹地窜进预定的地点，万大来一个讯号，两面山石滚滚而下，敌人被打得叫爹喊娘，队伍被截成两半。这时赶来助战的农民在四面山头吹号角、擂鼓、呐喊，前半截的敌人见后路已断，四面杀声，吓得纷纷向草丛、山沟、石洞里乱钻。万大来和赤卫队员们活捉了敌人10 名，击毙多人，缴获步枪一批。

1931 年春，万大来在八乡山守卫大寨。4 月，国民党军师长张瑞贵出动1000 多人向八乡山"围剿"。万大来任赤卫队中队长，带领 40 多名赤卫队员，坚守贵人村草坝凸的三座炮楼两天三夜，打退敌人数十次的冲锋，使敌人付出了 100 多人的伤亡代价，仍然无法向八乡山前进一步。第三天，敌人只好抛下遍地死尸，狼狈向双头圩撤退。这次激战中，赤卫队员只牺牲一人，负伤两人。万大来腿上也负了重伤，被送到老炉下高磜头后方医院治疗。

敌人遭到这次严重打击后，不甘心失败，又纠集了五华、兴宁、梅县、丰顺、揭阳五县兵力一万多人，于 4 月 22 日大举向八乡山"进剿"。在敌强我弱的情况下，为保存革命力量，工农红军主力向大南山撤退，一部分赤卫队员和党政机关干部向海陆丰等地转移，其余人员化整为零转入地下活动。万大来因腿部负伤不能随队撤退，隐藏在老炉下高磜头山上，由原八乡山苏维埃主席曾谷球陪伴养伤治疗。

抛头颅洒热血

敌人进占八乡山，大肆烧、杀、抢、掠。在这关键时刻，曾谷球可耻地叛变了革命，1931 年 4 月下旬，亲引白军到高磜头山上捕捉万大来。

敌人捉到万大来后，于 5 月 2 日押往里江治安会。将近里江圩时，万大来高呼革命口号并大声歌唱鼓舞农民起来斗争："农民兄弟要知详，莫畏斗争出外洋；反动唔系（不是）铁打嘅，慢慢杀去总会光。农民莫畏烧杀抢，记住反动恶心肠；杀不绝来烧不尽，终要打倒恶豺狼。"当晚，万大来被囚禁于里江学校。反动派头子张少兰、张淑仁等先是买酒买肉给万大来吃，企图诱他供出革命机密。见万大来不为所动，就穷凶极恶地将火钳烤红用来熨万大来的脚，用铁线串万大来的手掌，逼他说出八乡有多少红军。万大来面不变色，高声回答："八乡红军千千万，万万千，要杀就杀。"

5月4日，张少兰等把万大来衣服剥光，捆在柱上，再施酷刑，逼万大来说出共产党和红军的机密。万大来虽身受重刑，却毫不屈服，痛斥敌人，并高呼"共产党万岁"，敌人终无所获，乃于5月5日惨无人道地将万大来割肉剜心，又将其头颅割下来示众。万大来壮烈牺牲，年仅25岁。

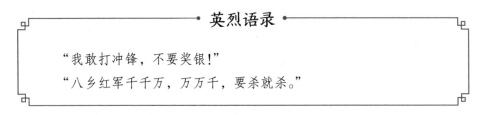

• 英烈语录 •

"我敢打冲锋，不要奖银！"

"八乡红军千千万，万万千，要杀就杀。"

• 英烈精神 •

机智勇敢、勇挑重担、敢于斗争、敢于胜利的革命斗争和革命乐观主义精神；不为利诱、不怕牺牲的大无畏精神。

（万先进）

许甦魂（1896—1931）

—— 革命只许前进不许后退的侨务先驱

主要生平

许甦魂原名统绪，乳名炎松，参加革命后改名甦魂、许进，广东省潮安县人。

- 1896 年，出生于广东省潮安县庵埠区一个贫苦农家。

- 1912 年，在庵埠镇香和百货店当店员，开始接触新文化新思想，立志为民族的解放而斗争。

- 1917 年夏，在新加坡大坡马车街创办了一所华侨工人免费夜校，自任校长，宣传新思想新文化，亲自主讲"华侨与祖国"专题课。

- 1920 年秋，从新加坡归国，把家乡的旧制汀源学校整顿改编为新制凤岐小学，开展新文化教育，并大力宣传妇女解放运动，筹资创办凤岐女子夜校。

- 1921 年春，重返新加坡，经常与彭泽民、董方成等进步人士一起，谈论国事，共探救国救民真理。是年冬，被聘为吉隆坡《益群日报》编辑。

- 1924 年初，被吸收为中国共产党党员，并以个人身份加入国民党。3 月，到缅甸，任国民党缅甸总支部负责人兼仰光《党民日报》总编辑。

- 1925 年 10 月，被选为国民党缅甸总支部出席中国国民党第二次全国代表大会的代表，同时被选为英属九州府华侨代表。

- 1926 年 1 月，当选国民党中央候补执行委员。会后留在国内，任国民党中央海外部秘书兼中共海外总支部负责人，领导华侨配合国内的革命斗争。
- 1927 年 3 月 10 日，仍当选国民党中央候补执行委员。5 月 13 日，以国民党中央海外部的名义，向全世界海外华侨发出《海外部紧急声明》。7 月 15 日，与宋庆龄、毛泽东等共同发表"中央委员宣言"，声讨蒋介石、汪精卫的叛变行为。大革命失败后，参加八一南昌起义，任前敌委员会秘书。10 月 24 日，进入潮汕，参加接收汕头的敌伪机关工作。
- 1930 年 9 月，红七军整编后，任第十九师政治部主任，同年 11 月任红七军政治部主任。
- 1931 年 3 月，被选为红七军前委委员。大会以后，被任命为红三军团红七军政治部主任。不久，在"肃反"运动中无辜被迫害而牺牲，时年 35 岁。

许甦魂原名统绪，乳名炎松，参加革命后改名甦魂、许进。1896 年出生于广东省潮安县庵埠区一个贫苦农家。父亲许则厚，是位勤劳憨厚的农民，很早便去世，家境十分困难。许甦魂 10 岁才进入本村私塾汀源学堂就读，仅小学毕业，便被迫辍学。

更名以示已经觉醒

1912 年，许甦魂到庵埠镇香和百货店当店员。在四年的店员生涯中，他开始接触新文化新思想。他省吃俭用，把节省的钱用来买书报，白天工作，夜间读书，对当时出版的进步书刊手不释卷，常常通宵达旦地在昏暗的油灯下看书，以致 10 多岁即高度近视。

进步书刊开阔了他的视野，使他认真考虑人生的意义和价值。1916 年秋，他改名为许甦魂，表示自己已经觉醒，和旧我决裂，倾向进步，立志为民族的解放而斗争。

宣传新思想新文化

后来，他在乡人的帮助下，在新加坡的一间商店当店员。他日间劳动，夜间学习和写作，在新加坡出版的《新国民日报》等报刊上发表了一些比较激进的文章，揭露和鞭挞帝国主义和北洋军阀的罪恶，号召广大海外侨胞为祖国和民族的生存而斗争："海外国人，你可知晓？当母亲受到凌辱，是冷血动物可以无动于衷，是热血儿女当举起拳头，拼他个你死我活。爱我中华，乃爱我母亲。国人们，是吾人雪耻的时候了，是吾人救国的时候了。"这些进步言论，在新加坡华侨中引起热烈的反响，产生了广泛的影响。

为了宣传新思想新文化，团结和教育广大穷苦华工，1917 年夏，许甦魂用自己的工资收入和稿费作资金，在新加坡大坡马车街创办了一所华侨工人免费夜校，自任校长，聘请了三个兼职教员，动员海外华侨就读，并亲自主讲"华侨与祖国"专题课。他深入浅出的分析，有说服力的论证，生动的比喻，"常常博得满堂掌声"。从 1917 年夏到 1919 年夏，大坡马车街夜校先后吸收了四批学员，有近 200 名华侨在这里受到教育，其中不少人后来成为华侨爱国运动的骨干。

1920 年秋，他从新加坡归国，眼见家乡面貌还是依然如故，死气沉沉，于是利用短短四个多月的停留时间，多方奔走，说服了当时乡里的一些绅士，把家乡的旧制汀源学校整顿改编为新制凤歧小学，辞退了老朽的旧教师，新聘了四位有进步思想的教员，开展新文化教育，并大力宣传妇女解放运动，筹资创办凤歧女子夜校，发动本村和附近官里、茂龙、仙溪、文里等村的妇女走出家门。他还动员妻妹带头剪辫剪髻参加夜校学习，入校者达 40 多人。他的妻子和四个胞妹及两个堂妹，就是经过当时的夜校学习而成为一个能看书会写信有一定文化的新型妇女。

回国加入中国共产党

1921 年春，许甦魂重返新加坡。此后，他经常与彭泽民、董方成等进步人士一起，谈论国事，共探救国救民真理。是年冬，他和董方成一起，被聘为吉隆坡《益群日报》编辑。他支持报馆经理彭泽民整顿和改组了《益群日报》，使该报"以拥护孙中山革命大纲为主旨，内容充实，言论正直，对帝国主义为害中国的经过，常有揭载"，销路大为增加。

1923 年 10 月，许甦魂以《益群日报》特派记者的身份回国。中国共产党的正确主张、共产党人的献身精神、民众的伟大力量使他大开眼界并深受教育，更坚定了为民族解放、为共产主义奋斗终生的信念。11 月，许甦魂结束了上海、北京、汉口的采访任务，抵达广州。在广州逗留四个月的时间里，他拜会了林森、汪精卫、谭延闿、邓演达等老资格的国民党员；结识了林祖涵、李大钊、谭平山等共产党先驱。1924 年初，许甦魂被吸收为中国共产党党员，并以个人身份加入国民党。不久，他受国民党中央党部的派遣重赴南洋，负责缅甸国民党总支部的改造工作。

整顿和改造缅甸总支部

1924 年 3 月，许甦魂来到缅甸，任国民党缅甸总支部负责人兼仰光《觉民日报》总编辑。国民党缅甸总支部是由同盟会缅甸分会发展而来的国民党海外基层组织，内部意见分歧甚大，组织松散，右派和左派斗争十分激烈。面对这一情况，许甦魂坚定地站在革命立场上，团结左派，经常与《新报》

编辑袁任远密切配合。经过一番努力，整顿和改造了国民党缅甸总支部和属下各级组织。不久，由于他在缅的声誉日高，因此被聘为"旅缅潮州会馆"总理。在这段时间，他还发动华侨从人力和物力上支援国内的革命斗争。

1925 年 10 月，许甦魂被选为国民党缅甸总支部出席中国国民党第二次全国代表大会的代表，同时与彭泽民一起被选为英属九州府华侨代表，回国参加 1926 年 1 月在广州召开的国民党第二次全国代表大会。许甦魂坚决维护孙中山的联俄、联共、扶助农工的三大政策，并在会上作了《缅甸党务报告》，向大会汇报了发动海外华侨开展革命活动的情况。他还提出了"以实力保护华侨"的提案，建议设立侨务机构，保护华侨利益，发动广大华侨支持国内革命，这些意见在大会上得到通过。会上他当选国民党中央候补执行委员。

领导华侨配合国内的革命斗争

国民党第二次全国代表大会后，许甦魂留在国内，出任国民党中央海外部秘书兼中共海外总支部负责人，领导华侨配合国内的革命斗争。此时，国内革命运动正在迅速发展。为了把华侨组织起来，形成一股政治力量，支持国内革命，1926 年 1 月 24 日，许甦魂和彭泽民一起，在广州发起和组织了全国华侨协会，并被选为华侨协会常委，负责宣传工作。在他和彭泽民的领导下，华侨协会在支持省港大罢工、北伐战争以及后来的反蒋运动，都作出了重要贡献。

3 月，许甦魂负责筹建《海外周刊》，担任主编，以此为阵地，向广大华侨积极宣传反帝反封建的主张。1926 年 7 月 9 日北伐誓师出征。他和彭泽民等共同发起组织的"华侨北伐后援会"于 7 月 10 日在广州成立，他被选为宣传部部长，主持出版《华侨与北伐专刊》，并先后派项与年、戴平万等中共党员到海外配合革命活动，在海外各地成立后援会的分支机构，发动海外华侨捐献枪支弹药等物资支持省港大罢工和北伐战争。在海外部任职的一年多时间里，他和毛泽东、周恩来、邓颖超、吴玉章、林伯渠、彭泽民、包惠僧、何香凝等往来密切，经常在一起商讨革命大计。

声讨蒋介石勾结帝国主义和封建军阀叛党叛国的罪行

由于国民革命军北伐节节胜利，国民党中央政府根据形势需要，决定迁都武汉，许甦魂和彭泽民、何香凝、吴玉章等于 1927 年 1 月第一批随迁汉口，并参加了 3 月 10 日在汉口召开的国民党二届三中全会，仍当选国民党中央候补执行委员。会上，他和全体共产党员一起联合国民党左派，同以蒋介石为代表的右派势力开展了激烈的斗争，对蒋介石破坏国共合作的阴谋予以反击。4 月 22 日，许甦魂与毛泽东、林伯渠、何香凝、宋庆龄、程潜等以 40 个国民党中央委员、候补中央委员、军事委员会委员的名义，联名声讨蒋介石勾结帝国主义和封建军阀叛党叛国的罪行。5 月 13 日，许甦魂与彭泽民一起，以海外部的名义，向全世界海外华侨发出了《海外部紧急声明》，声讨和揭露蒋介石勾结国内外反动派屠杀革命志士，捣毁广州华侨协会和海外部留守处，破坏国共合作的反动罪行。7 月 3 日，许甦魂在汉口与彭泽民一起召开了来自海外各地 100 多人参加的华侨协会第二次全体代表大会。许甦魂作了会务报告，明确指出华侨协会今后的工作是致力于唤起海外同胞打倒蒋介石反动派，打倒帝国主义和军阀官僚。大会发出了声讨蒋介石的通电。7 月 15 日，汪精卫继蒋介石之后公开叛变革命。在这紧急关头，许甦魂又与宋庆龄、毛泽东、邓演达、谭平山、吴玉章等 18 人发表了"中央委员宣言"声讨蒋介石、汪精卫的叛变行为，公开声明与国民党蒋介石、汪精卫等反动派决裂。大革命失败后，许甦魂赶到江西南昌，参加周恩来、朱德、贺龙、叶挺等领导的八一起义，任前敌委员会秘书，随军南下，于 10 月 24 日进入潮汕，参加接收汕头的政权机关工作。他把全部精力都扑在革命事业上，在随军驻潮的 7 天时间里，他只在路经家乡时顺便回去停留几个小时探望老母亲，才获悉其爱人已带子女从广州虎口逃生。

革命只许进不许退

由于国民党反动派的疯狂反扑，许甦魂转移到了香港，化名黄子卿。受党的指示，主办香港小报，继续搞宣传工作。1929 年，香港小报被查封，许甦魂亦被拘捕入狱，坐牢一周后，被驱逐出境。离港前，在与彭泽民道别时，他暗示要到广西参加武装斗争的意愿，并将狱中所作词一首相赠，其中有这样几句："转眼二寒暑，憔悴自支持，苦况问心知。群魔未泯日，矢不移。"表达了在大革命失败后转入地下斗争的艰苦岁月中继续革命的决心。

当时国内革命正处于低潮，革命阵营中不少人慑于蒋介石的血腥镇压，纷纷匿名逃避，有的甚至变节投敌，但许甦魂并不气馁，在香港被驱逐出境以后，改名许进，意即革命只许进不许退。

参加百色起义

1929 年 8 月，许甦魂经越南海防、河内进入广西，被分配到张云逸领导的教导队当政治教官。10 月 13 日，他与袁任远、冯达飞、李谦等人，到达广西右江平马镇，发动群众，参加武装斗争，为百色起义做准备。11 月 12 日，中国共产党领导了百色起义，成立了中国工农红军第七军及右江工农民主政权。张云逸任红七军军长，邓小平任红七军政委。许甦魂任红七军政治部宣传科长。自此以后，他在张云逸和邓小平的领导下，开展部队的政治宣传工作。1930 年 9 月，红七军进行整编，撤去纵队，全军改编为三个师，张云逸任军长，邓小平任政委兼第十九师政委，许甦魂任第十九师政治部主任，同年 11 月任红七军政治部主任。

无辜被迫害而牺牲

1930 年秋，红七军奉中央命令，从广西出发，经黔、桂、粤、湘、赣五省边境，到达井冈山根据地。1931 年 3 月，红七军在永新召开第二次党代表大会，总结经验，清算李立三"左"倾冒险主义错误。在这次会上，许甦魂被选为前委委员。大会以后，红七军被编入红三军团，他被任命为红三军团红七军政治部主任。不久，由于王明"左"倾教条主义所控制的中央，在红七军中开展了所谓"肃反"运动，红七军团以上的干部都受到审查和迫害。许甦魂和李明瑞无辜被迫害而牺牲，年仅 35 岁。

平反昭雪

党的七大之后，党中央根据广大红七军干部和战士的强烈要求，为许甦魂和李明瑞等平反昭雪，恢复名义，追认为烈士，并载入由中共中央组织部和中央军委总政治部合编的《军队烈士英名录》，以纪念他们为中国革命事业所作的历史功绩。

● 英烈语录 ●

"国人们，是吾人雪耻的时候了，是吾人救国的时候了。"

"转眼二寒暑，憔悴自支持，苦况问心知。群魔未泯日，矢不移。"

● 英烈精神 ●

为祖国和民族的生存而斗争的民族主义和爱国主义精神；为民族解放、为共产主义英勇奋斗、无私奉献对党和人民忠心耿耿的革命精神。

（许肖生）

颜汉章（1903—1931）

—— 中共揭阳地方党组织的创建人

颜汉章，乳名昌儒，广东省海丰县陶河村人。

- 1903 年，出生。
- 1921 年，入读海丰县县立第一高等小学。
- 1922 年 5 月，参加海丰历史上第一次五一大游行。
- 1925 年，加入中国共产党。10 月，任广东省农民协会特派员，赴揭阳开展农民运动。11 月，任中共揭阳县特别支部书记。
- 1926 年夏，任揭阳县农民协会执委。
- 1927 年 11 月，领导建立揭阳县第四区苏维埃政府。
- 1928 年春，带领游击队驻扎桑浦山麓郭畔埔开展斗争。成立县苏维埃政府，任主席。
- 1929 年，先后任东江特委委员、东江特委宣委书记、东江特委秘书长。
- 1930 年 5 月，任东江红十一军政委、"东江行动委员会"主席。同年秋冬，任东江特委组织部部长。
- 1931 年夏，被当做"AB 团"头子错杀，时年 28 岁。

学习革命知识

颜汉章，乳名昌儒，海丰县陶河村人，1903 年出生。兄弟中他排行第五，参加革命后，便取代号"阿五"。18 岁时进海丰县县立第一高等小学读书，开始接受新思想教育。该校校长杨嗣震是中共地下党员，他一面协助彭湃搞农运，一面在学校里利用周会、校会、朝会向学生灌输革命思想。颜汉章对"马列""革命""社会主义"等新名词既觉得新鲜，又感兴趣，常与同班同学林道文等进出校长房间，提出一些社会现实问题请教，感受日深。1922 年 5 月，颜汉章参加了由彭湃、杨嗣震、李春涛等组织的海丰历史上第一次五一大游行。

1925 年 3 月底，广东革命军第一次东征抵达海丰县城。遵照周恩来的指示，彭湃在海丰开办了一所农民运动讲习所以培养农运骨干，派到潮汕各地搞农民运动。4 月 20 日，海丰农讲所第一期学习班在彭湃的家乡龙山"准提阁"开学，有学员 42 人。原在海丰陆安师范学校学习两年的颜汉章也转来农讲所学习。不久，颜汉章被委任为国民党海丰县党部执行委员会特派员，他一边学习一边参加社会活动。

加入中国共产党

在海丰农讲所学习期间，颜汉章听过彭湃等人的讲授。农讲所学习期限原定半年，因东江农运发展较快，需要人员，故此农讲所提前于 1925 年 6 月结束。7 月 10 日，颜汉章被分配到第七区（捷胜）农民协会搞宣传工作，一直至 10 月。就在这段时间，颜汉章加入了中国共产党。

领导工农运动

1925 年 10 月，第二次东征胜利后，颜汉章等四名共产党员以广东省农民协会特派员的身份被派到揭阳县开展农民运动，组织农民协会，并着手筹建地方党组织。一个月后，中共揭阳县特别支部成立，颜汉章任支部书记，特别支部有党员 10 多人。

颜汉章深入农村宣传建立农会,活动于第三区的霖田、瑞禾等十几个村庄。他用通俗易懂的语言,宣传组织农会的好处,并用教唱歌谣的形式来宣传。当地农民听宣传后,情绪高涨,有的当即加入农会,组织农会小组。1925年1月,在第三区建立起揭阳县第一个乡农会——霖田乡农民协会。随之,农民协会在全县许多乡村普遍建立。1926年夏,揭阳农运进入高潮,有会员5万多人,占全县人口的1/12,后建立起揭阳县农民协会,颜汉章是11名执委之一。

工农运动的迅猛发展,引起了地方上右派势力的忌恨。他们拼凑起"新国民社"与农会唱对台戏,公然大放厥词,诬称农会为"农匪",农会会员是"一群暴徒",其中尤以第三区洋稠岗村的"新国民社"攻击最力。为反击右派势力,颜汉章亲自率领农会武装队伍到洋稠岗村斥责"新国民社"头子的污蔑行径。后来,该村红、白两派矛盾日深,终于由摩擦引起武装冲突。1926年3月下旬,颜汉章亲自率领第三区各村农会武装围攻洋稠岗村,捉拿反动头子。反动头子先闻风逃遁,家产被农军没收,就地分给群众。

国民党揭阳县县长丘君博听到消息后,急电汕头市,要求潮梅警备司令部派兵镇压,诬称"农匪暴动""围攻乡民,掳杀党员"。潮梅警备司令部代司令何辑五即派出一营军队开到揭阳县第三区弹压,并下令缉拿颜汉章等人。颜汉章等及时转移,但仍有十几个农民被捉。

领导武装暴动

1927年4月间,揭阳县国民党反动当局发动反革命政变,破坏国共合作,实行"清党",杀害革命干部,摧残各区乡农会。

颜汉章仍留在第三区带领农军抗击反动军队的进击。4月23日,他与卢笃茂等一部分县、区领导人率领一部分农军前往普宁县,配合潮梅各县农军围攻普宁县城洪阳镇,10多天后(5月初),与攻城农军一起撤至陆丰县新田,之后再随潮梅农工救党军北上。救党军途中受挫,颜汉章绕道香港寻找中共广东省委。

1927年11月13日,中共揭阳县委在渔湖区白宫村召开全县党代会。颜汉章刚从香港回来,也出席会议,并在会上传达中共中央八七会议精神。党代会总结了四一五反革命政变被屠杀的教训,确定当前斗争的方针,广泛组织武装暴动，反击敌人的残酷屠杀。会议还提出了打倒一切土豪劣绅、没收地主土地、建立苏维埃政权的口号。

揭阳党代会之后，颜汉章担任县委常委。此时揭阳到处笼罩着白色恐怖，有的地方墙上还贴着缉拿颜汉章等22名"漏网的共产党捣乱分子"的布告。颜汉章置个人生死于度外，继续积极从事革命活动。他与卢笃茂等人到第四区召开地方干部会议，传达县党代会精神，着手建立揭阳县第四区苏维埃政府。当时，第二区炮台一带革命武装斗争受挫，领导人彭名芳、吴函先后牺牲，只剩下几十人的武装队伍。在这艰难的时刻，颜汉章来到第二区，带领这支队伍游击于桑浦山、小北山等地，使这支革命武装保存了下来。

1928年春，揭阳地区的革命斗争进入最艰难时期。国民党反动派派出一个团"驻剿"揭阳，加紧镇压革命。2月间，新上任不久的县委书记张秉刚被捕牺牲；4月上中旬，县委组织部部长林运盛、县委宣传部部长陈卓然先后牺牲。颜汉章不为反革命的高压政策所慑服，带领游击队驻扎桑浦山麓郭畔埔，继续开展斗争。他组织召开农代会，成立县苏维埃政府，并担任主席；出版《红光》周刊，宣传抗征、抗粮、抗税；通过截官船、打大户来解决游击队的给养；不久，颜汉章又到香港找中共广东省委汇报工作，在香港逗留一段时间之后，被省委派去中共东江特委工作。

在东江特委的岁月

1929年1月，东江特委机关从潮安县的田东圩搬至丰顺县的炼下西山南寮。颜汉章到东江特委后，积极工作。在同年3月下旬至4月上旬召开的东江特委扩大会议上，被选为东江特委委员。4月15日，东江特委执委会议决定成立宣传委员会，指定颜汉章任书记。5月，又调任东江特委秘书长。9月5—9日，东江特委举行会议，决定颜汉章及另外两位同志当巡视员，巡视东江各县。

东江特委此时所处的工作环境相当艰苦，机关设在一个大山里面，在山坡上搭几间草寮住，生活条件甚差。特委机关的机构也不健全。10月底，中共广东省委常委聂荣臻从香港到东江地区巡视，对东江特委的工作与策略方针作了新的部署，继续发动农民以开展秋收斗争为中心任务，积极开展游击战争。在聂荣臻的建议下，东江特委补选颜汉章为特委常委，负责组织工作。

1930年，东江地区革命斗争处于全盛时期。这年5月1日，在丰顺县的八乡山滩下庄屋坪举行东江地区第一次工农兵代表大会，建立东江苏维埃政府和红十一军。颜汉章被任命为红十一军政委。不料，党中央第二次"左"倾错误这时贯彻到东江地区，革命斗争又一次受到挫折。

革命斗争受挫

遵照上级的指示，东江特委将党、团、工会组织合并为领导武装暴动的"东江行动委员会"（简称"行委"），颜汉章任"行委"主席。在"左"倾错误的影响下，"行委"计划发动惠（阳）潮（汕）梅（嘉应五属）总暴动，政治斗争目标提出向汕头、惠州、广州发展；军事上"集中攻坚"，专找敌人有重兵把守及难攻的城市打，结果使革命武装造成了重大损失。军事指挥本非颜汉章所长，加上他在这次行动中一味盲目执行"左"倾的错误指导，因而影响了他在特委中的威信。

1930年秋，"行委"（后及东江苏区、军委）从八乡山转移至大南山。颜汉章只看到大南山的有利因素：石洞多，供给充足，靠近海边，往来汕头、广州便利，容易争取外援。但他没看到不利的一面：交通方便也利于敌人集中兵力进击；局处海边一隅，几乎没有什么活动的余地。果然，后来在敌人优势兵力的围攻下，大南山根据地丢失了。

1930年秋冬间，闽粤赣边特委在大南山苏区召开会议，对"左"倾错误作了批判，取消"行委"，恢复党、团、工会组织机构。这次会议后，颜汉章改任东江特委组织部部长。

由于革命斗争受挫，以及工作的不顺心，颜汉章的性情变得急躁起来，待人粗暴；在用人方面也存在"唯亲"思想，与群众的关系日渐紧张。

错杀于大南山

1931年夏，大南山苏区贯彻中央"左"倾"肃反"政策，大抓"AB团"和"社会民主党"。正在大南山苏区红军医院养病的颜汉章被当做"AB

团"头子错杀，时年 28 岁。

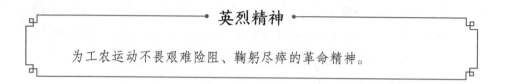

英烈精神

为工农运动不畏艰难险阻、鞠躬尽瘁的革命精神。

（陈恩明）

杨匏安（1896—1931）

—— 华南地区最早系统地介绍马克思主义者

主要生平

杨匏安，号匏庵，广东省香山县人。

- 1896年出生于广东省香山县北山村（今属珠海市）一个破落的茶商家庭。
- 1918年，在广州时敏中学任教，后又兼任《广东中华新报》记者。
- 1919年下半年，在《广东中华新报》副刊发表译文介绍西方美学思想。11月11日至12月4日连载《马克斯主义》一文。
- 1921年，加入中国共产党。相继在南武中学、省立甲种工业学校任教。
- 1922年春，在《青年周刊》上连续发表长篇白话文《马克斯主义浅说》。同年夏，代理社会主义青年团广东区委书记的工作。到石井兵工厂，在工人中组织"十人团"。后来，担任粤汉铁路局广州分局编辑主任。
- 1923年6月，以个人身份加入国民党，担任中共在国民党中的党团书记。
- 1924年1月，任国民党中央组织部秘书。
- 1925年6月，先后到香港发动工人罢工回广州，以支援上海五卅反帝爱国运动。11月，任国民党广东省党部三个常委之一兼组织部部长。
- 1926年1月，在国民党第二次全国代表大会上被选为中央执行委员兼常委。

- 1927 年 4 月初，任被难同志救恤委员会常委。同年夏，被选为中央监察委员。其后，到上海、香港、南洋新加坡等地，开展地下工作。
- 1929 年，在上海被捕，因未暴露身份，经党营救后出狱，出狱后在党中央机关工作。
- 1931 年 7 月，被国民党反动派逮捕杀害，时年 35 岁。

积极投入反帝爱国斗争

杨匏安小学毕业后，随亲戚到广州，考入两广高等学堂的附设中学（今广雅中学）。后因家境日艰，辍学回乡。在家乡担任小学教员，曾因反抗学校腐败，被诬陷入狱。出狱后与杨章甫等游学日本，初步接触了马克思主义和西方各种流派的社会思潮。俄国十月革命爆发时，杨匏安已回到祖国。1918 年，他在广州时敏中学任教，后又兼任《广东中华新报》记者。这家报纸曾经比较客观地报道有关俄国十月革命的消息。1919 年五四运动爆发，杨匏安在广州积极投入了这场反帝爱国斗争。

发表《马克斯主义》

1919 年下半年，杨匏安在《广东中华新报》副刊"通俗大学校"上先以《美学拾零》为题，发表了两万多字的译文，介绍西方美学思想。以后又以《世界学说》为题，发表了一系列译述文章，系统地介绍唯物论、唯心论、一元论、二元论、多元论等以及各种社会主义思潮。其中特别引人注目的，是 11 月 11 日至 12 月 4 日连载的《马克斯主义》一文。它与李大钊的著名文章《我的马克思主义观》下半篇差不多同时问世。这是华南地区最早系统地介绍马克思主义的文章。文章赞颂马克思主义为"科学的社会主义"，"自马克斯氏出，从来之社会主义，于理论及实际上，皆顿失其光辉。所著《资本论》一书，劳动者奉为经典"。

杨匏安在上述文章中着重介绍了马克思主义的唯物史观、阶级斗争学说和政治经济学等基本原理，宣传了社会主义终将代替资本主义的规律。最后断言："马氏之言验矣！今日欧美诸国已悟 Bolsheviki（布尔什维克）之不能以武力扫除矣！"

《马克斯主义》一文的发表，标志着杨匏安已从小资产阶级革命的民主主义者，开始转变为马克思主义者。由于历史条件的限制，他的一些文章难免还有缺点。尽管如此，就当时国内的马克思主义水平来说，杨匏安的文章比较准确地介绍了马克思主义的基本原理，这是十分难能可贵的。

在杨匏安进行马克思主义的宣传活动时，李大钊与胡适之间正开展关于

"问题与主义"的论战。胡适大肆鼓吹美国杜威的实用主义，主张"多研究些问题，少谈些'主义'"，用以反对马克思主义的传播。杨匏安不仅大谈"主义"，而且在 1919 年 8 月初所写的《实用主义》短文中，尖锐地戳穿了市侩哲学的真实面目，指出实用主义"亦非新建，盖古义而翻用耳"，是一种"调和说，又曰改良说"等等，有力地支持了李大钊对胡适兜售实用主义的斗争。同时，杨匏安的宣传，对当时广东地区所盛行的无政府主义，也是有力的抵制。最重要的是，他为当时正在深入进行的反帝反封建的爱国运动和新文化运动提供了强大的思想理论武器，为广东共产党组织的诞生，做了思想准备。

发表《马克斯主义浅说》

1921 年，中国共产党成立。杨匏安于同年加入中国共产党。他是继谭平山等人之后广东最早的一批共产党员之一。

杨匏安入党之后，积极参加革命斗争，他的住家——杨家祠成为党的活动据点，党组织经常在那里召开重要会议。当时，杨匏安相继在南武中学、省立甲种工业学校任教。他积极帮助青年学习马克思主义，参加社会主义青年团的"社会主义讨论会"等活动，指导学生运动。1922 年春，杨匏安在社会主义青年团广东支部机关刊物《青年周刊》上，由第三期起，连续发表长篇白话文《马克斯主义浅说》，再次向广东青年介绍马克思主义的唯物史观、阶级斗争学说和政治经济学，比 1919 年的《马克斯主义》一文写得更加深入浅出，条理清晰，对帮助青年识别真假社会主义，克服无政府主义影响，起了良好作用。

建立三段铁路的共产党支部

1922 年夏，军阀陈炯明背叛孙中山，共产党、青年团组织被迫转入地下，杨匏安曾一度代理社会主义青年团广东区委书记的工作。不久，杨匏安开始从事工人运动。他和杨殷一起，到石井兵工厂，在工人中组织"十人团"。这是工人中的秘密团体，也是石井兵工厂共产党支部的前身。他们通过"十人团"，向工人宣传马克思主义，提高工人的阶级觉悟。他们还发动兵工厂工人揭露厂长马超俊贪污渎职、虐待工人的罪行，迫使当局撤销了马超俊的厂长职务。后来，杨匏安经杨殷介绍，担任了粤汉铁路局广州分局编辑主任。他利用这一合法身份，深入到广三、广九和粤汉铁路工人之中，经常向工人宣传革命道理，启发他们组织起来，反对压迫和剥削，争取工人应有的自由和权利。并从中培养、吸收了一批铁路工人入党，建立粤汉铁路局黄沙地段党支部，他被选为党支部书记。经过杨匏安等人深入细致的工作，广州铁路系统的工人运动有了很大的发展，逐步建立了广三、广九和粤汉三段铁路的共产党组织。为了便于党的活动，1923 年底，杨匏安出面在广州黄沙海傍街开办了一间"北江商运局"，承运韶关、清远等地货物，利用滇军押运，以掩护党在粤汉铁路工人中的活动和为党筹划活动经费。

发动省港大罢工

1923 年 6 月，中国共产党在广州召开第三次全国代表大会，决定共产党员以个人身份加入国民党，把国民党改组成民主革命联盟，派杨匏安与谭平山担任中共在国民党中的党团书记。1924 年 1 月，国民党在广州召开第一次全国代表大会，推举谭平山为国民党中央组织部部长，杨匏安为秘书，实际上组织部的日常工作，主要是由杨匏安负责。

1925 年 6 月，杨匏安同邓中夏、苏兆征、杨殷等人先后到香港发动工人罢工回广州，以支援上海五卅反帝爱国运动。香港当时有 130 多个工会，派别很多，情况复杂。不少工会领袖担心罢工会影响自己的收入，有些工人担心回广州会食宿无着。杨匏安以广东革命政府财政部部长廖仲恺代表的身份向工人保证，罢工回广州后，由政府负责解决交通食宿问题，有效地解除了工人们的顾虑。经过邓中夏、苏兆征和杨匏安等人的积极工作，香港各工会相继发布罢工的命令。一场震撼世界的省港大罢工，终于爆发了。

正当罢工工人冲破重重封锁，陆续撤离香港的时候，杨匏安于 7 月 1 日被香港警探逮捕入狱。消息传出后，引起罢工工人莫大的激愤。为了抗议港英当局压制罢工运动，工人纠察队更加严密封锁了港口、通道，禁止粮食、肉类、蔬菜运往香港，沉重打击了香港的帝国主义者。杨匏安被监禁了 50 天，警方无法入罪，只得将他"驱逐出境"。省港罢工委员会的机关报《工人之路特号》，发表了欢迎杨匏安出狱的消息和评论。罢工工人搭起鲜花牌楼，举行了隆重的大会，欢迎苏俄总工会代表来粤和杨匏安胜利返回广州。杨匏安认为共产党员为群众做了点工作，为革命吃了点苦，算不得什么，没有去出席欢迎会。过了两天，他在罢工工人代表大会上出现时，工人代表仍然全体起立，向他鞠躬致敬。9月初，杨匏安被省港罢工委员会聘为顾问。

改组国民党

1925 年 11 月，在国民党广东省第一次代表大会上，杨匏安被选为省党部三个常委之一兼组织部部长。1926 年 1 月，在国民党第二次全国代表大会上，他又被选为中央执行委员兼常委。

杨匏安在任国民党广东省党部组织部部长期间，坚定地贯彻执行中共关于发展左派力量，依靠工农群众改造国民党的政策。选派了大批共产党员和国民党左派人士到全国各大区、省、市负责国民党改组工作，领导工农群众运动。国民党广东省党部成立后，在杨匏安的建议下，于第二次东征期间，委派东征军总政治部主任周恩来担任东江各属国民党党务组织主任，指导惠、潮、梅等地国民党的工作，重建国民党汕头市党部。同时，在国民党广东省党部之下，相继建立潮梅、南路、惠属、琼崖四个特别委员会。

由于共产党人的帮助和推动，改组国民党的工作取得很大成效。杨匏安当时曾说："本党基础已坚固建筑在民众之上""本党组织已由城市发展及于乡村"。

重视统一战线工作

杨匏安在国民党内工作时，很注意同左派进步人士共事合作。他早年游学日本时，就已认识廖仲恺。国民党改组后，又在一起工作，两人来往密切。1925 年 8 月 20 日，廖仲恺在广州被国民党右派暗杀的当天，杨匏安在香港刚刚被释放出狱，一回到广州，就到廖仲恺灵前抚棺痛哭。为了查清廖案真相，惩办凶犯，革命政府成立了有周恩来等人参加的"廖案特别委员会"，并成立特别法庭，由杨匏安、李章达等任审判员，执行审讯案犯工作。

当时，国民党右派极力反对国共合作，反对国民党改组。对于他们破坏国共合作的谬论和行径，杨匏安总是旗帜鲜明地予以揭露和驳斥，并在实际工作中进行坚决的回击。有一次，国民党五华县党部弹劾该县县长贪赃枉法，摧残党务。杨匏安主持广东省党部执行委员会会议，经过调查研究，认为这个弹劾案有充分理由，立即致函广东省政府将该县长撤职查办，并命共产党员古大存等迅速回县工作。这次会议，还请准国民党中央执行委员会，在广东省政府开省务会议时，由广东省党部派代表出席，以讨论制止各地顽固分子破坏国民党改组的问题。1926年1月，在国民党第二次全国代表大会上，杨匏安与出席大会的共产党员和国民党左派人士一道，使大会重申孙中山的三大政策，通过"弹劾西山会议决议案"。对伪装"左派"的蒋介石，杨匏安是有警觉的，他很早就说过："蒋介石是滑头仔！"中山舰事件后，针对蒋介石破坏革命统一战线，排斥、打击共产党人的罪恶行径，杨匏安以中共广东区委委员的身份，召集出席第二次全省农民代表大会的共产党员开会，分析斗争形势，提出在农民运动中，应警惕国民党右派的阴谋，对右派的破坏，必须作坚决的斗争。1926年10月中旬，在国民党执、监委员暨各省区代表联席会议上，吴玉章、毛泽东、邓颖超、宋庆龄、何香凝、杨匏安等共同努力，通过发扬民主、反对独裁等提案，揭露并打击了蒋介石扩展军事独裁的阴谋。12月29日，在国民党广东省第二次全省代表大会上，杨匏安作了关于《中国国民党广东省组织部一年来的工作报告》和补充说明。他指出：广东省党部成立之后，虽然党员数量增加，组织扩大，民众运动发展了，但党务工作仍存在不少问题。如党员虽多而教育训练不够，党内纪律松弛，监察委员起不了督促、整饬党纪的作用，党内派别多，纠纷不已等，提醒大家由于国民党右派的破坏，统一战线潜伏着莫大的危机。

风清气正为革命

杨匏安既是国民党中央的领导成员，又是中共广东区委的负责人之一，出于社会习俗，难免有些亲朋为了求得一差半职而找上门来，甚至送来礼物。杨匏安坚持原则，任人唯贤，严于律己，丝毫不苟，对送来的礼物，叫家人一律退回去。

1927年4月初，杨匏安从广州到达武汉，继续参与国民党中央的活动和全国济难总会的工作，并与吴玉章两人任被难同志救恤委员会常委。同年夏，他出席了中国共产党第五次全国代表大会，被选为中央监察委员。大革命失败后，杨匏安以中央监察委员的身份参加了八七会议。其后，他按党的指示，到上海、香港及新加坡等地，开展地下工作。1929年，杨匏安回到上海，一度被捕，因未暴露身份，经党营救后出狱。出狱后在党中央机关工作。那时，上海的白色恐怖十分严重，党组织一再遭到破坏，党的活动和经费筹措都极度困难。杨匏安长期工作劳累，患有肺病，刚刚出狱，一家十口嗷嗷待哺。亲戚、家人劝他不如回澳门另谋生路。他坚决不允。母亲陈智见自己的独生子一心为革命，也斩钉截铁地说："好吧！要干就干到底，要死就死在一块，我们老的小的也不回乡。"他们一家住在党的机关内，老小都为党工作。

忠贞不屈献身革命

1931年7月，杨匏安与罗绮园等在上海被国民党反动派逮捕，拘押在龙华监狱。他在狱中立场坚定，忠贞不屈，对蒋介石的电话劝降置之不理。最后，蒋介石下令上海龙华伪警备司令部就地杀害了杨匏安。杨匏安牺牲时年仅35岁。

临刑前夕，杨匏安为了最后劝告罗绮园和勉励难友坚持斗争，保存气节，写下了一首千古不朽的诗篇《死前一夕作示狱友》：

> 慷慨登车去，相期一节全。
> 残生无可恋，大敌正当前。
> 知止穷张俭，迟行笑褚渊。
> 从兹分手别，对视莫潸然。

这首诗充分表现了杨匏安大义凛然、威武不屈的崇高革命气节。

张剑珍（1911—1931）

—— 东江著名红色宣传员

张剑珍，广东省五华县人。

- 1911 年，出生于广东省五华县双头乡一个地主家庭。
- 1925 年，受到革命洪流影响，参加农会，发动妇女参加革命斗争，深入妇女中开展革命宣传。
- 1928 年，参加赤卫队当宣传员。
- 1929 年冬，被调到八乡山东江红军教导团工作。
- 1930 年春，加入中国共产党。
- 1931 年 6 月 19 日，被反动派杀害，时年 20 岁。

张剑珍是中国共产党的优秀党员。她以山歌作武器，鼓舞人民，打击敌人，成为东江著名的红色宣传员。

自告奋勇参加革命

1911 年，张剑珍出生于广东省五华县双头乡一个地主家庭。出生不久，父亲张少山在双头圩做生意亏了本钱，家中耕牛又接连死亡，算命先生说张剑珍是"杀星女"，留在家中凶多吉少。于是，三岁的张剑珍便被父母送给一个贫农家庭当童养媳。她从小饱尝了封建压迫剥削的痛苦，和广大妇女一样强烈渴望自由、解放。

1925 年，大革命的烈火烧到了五华县，双头乡农民协会成立了，她婆家的哥哥胡国枢担任了双头农民协会会长。张剑珍受到革命洪流影响，报名参加了农会，并自告奋勇发动妇女参加革命斗争，胡国枢担心她年纪小干不了，她便用山歌唱道："我虽人小志气强，妇女翻身家爱当；你莫看轻弟媳妇，细细胡椒辣过姜。"农会干部见她决心大，终于同意她深入妇女中开展革命宣传。她走村串寨，向妇女演唱《妇女痛苦歌》《十劝妹》《五更叹》等山歌，启发妇女的阶级觉悟，动员妇女参加革命活动。在她的宣传发动下，双头乡妇女终于组织起来，成立了妇女协会，并选出贫农李八娘当会长，积极参加农村减租减息等斗争。

参加赤卫队

正当五华县革命斗争日益发展的时候，两广地方军阀向东江各县大举"进剿"。1928 年 2 月，黄旭初带领一师兵力开向五华，分兵向安流、大都、双头等地进攻，实行抢光、烧光、杀光的"三光"政策，双头乡人民群众遭到空前浩劫。张剑珍没有被敌人的残酷镇压吓倒，而是继续鼓励群众坚持斗争，并编了一首山歌，向群众宣传："你莫苦来你莫愁，总爱革命有出头，砸破泥碗用金碗，烧了茅寮住高楼。"她的山歌在群众中广泛流传，使人民群众受到很大鼓舞。这一年秋，她听到古大存在八乡山领导革命斗争，便不畏艰险，走上八乡山，参加赤卫队，当了宣传员。她发动八乡山妇女组织了救护队、运输队，还带动一批青年妇女参加赤卫队，活跃在五华、梅县、丰顺边界山区。她们用歌声来表达了自己决心不畏艰险、勇敢战斗的心情："一日西来一日东，穿州过省去进攻，阿妹虽然年纪轻，心雄胆壮打先锋。"

佯装仙姑深入虎穴

八乡山的革命烈火越烧越旺，反动派惊惶不安，一心想扑灭这股烈火。1929年4月，国民党反动派三次"围剿"八乡山失败以后，五华县反动警卫队队长张九华又指使双头乡警卫队中队长张守忠率军进攻八乡山，还增拨了兵力和枪支。当时，八乡山农民武装经过三次反"围剿"斗争，弹药消耗很大。为了更好打击进犯之敌，赤卫队制定了智取的方案。张剑珍依计化装成老太婆回到双头乡，探得张守忠一家迷信心极重，便佯装仙姑，深入虎穴，相机行事。她找到张守忠的母亲廖氏，借廖氏请她为张守忠"算命"的机会，探清了敌人的兵力情况和进攻八乡山的日期，接着机智地利用廖氏迷信的心理，为敌人"指点"了进军的"吉期"，张守忠深信不疑，决定改期进攻八乡山。到了"吉期"这天，张守忠带领军队气势汹汹地向八乡山进攻。农军掌握了敌人的兵力情况和行动计划，早已做好了伏击的战斗部署。当敌人大摇大摆进得山来时，张剑珍带领宣传队在山上唱山歌，把敌人引进包围圈。这时，一声令下，农军割断捆绑石堆的木藤，大石从山上滚滚而下，四周锣声震天，号角齐鸣，如山崩地裂，敌人一片慌乱。埋伏在附近的农军乘势冲杀下山，张剑珍和宣传队员也投入了战斗，直打得敌军抱头鼠窜。张守忠逃回双头，惊魂未定，连声说："上当，上当，原来仙姑是共产党。"敌人这次"进剿"又告失败。张剑珍的机智勇敢行为深得同志们赞赏。

在东江红军教导团开展宣传工作

1929年冬，东江红军教导团在八山乡成立，张剑珍被调到教导团工作。团长古宜权十分关心张剑珍的成长，除帮助她学习文化外，还安排她参加了半个月的政治学习，使她的思想觉悟进一步提高。1930年春，张剑珍光荣加入了中国共产党。

张剑珍入党后，在战场上奋勇杀敌，同时继续做好宣传工作。她以演唱激情充沛的山歌来鼓舞红军的斗志。当红军与敌军对峙时，她又抓紧时间高声歌唱《劝士兵歌》。她唱道："一劝告来穷友们，八宝炉前分金银，白军打仗为地主，红军打仗为农民。二劝告来你爱知，红军战士唔（不）好欺，假若劝你唔晓醒，再打阎王会等你。三劝告来爱思量，当人士兵真凄凉，离别父母妻儿走，你家无食饿断肠。四劝告来爱想清，红军处处救穷人，打下江山众人坐，自由平等庆翻身。五劝告来齐起来，工农团结正应该，同心合力打地霸，实行共产幸福来。"张剑珍演唱这些山歌对于瓦解敌军发挥了很大作用，一些白军士兵听了张剑珍的山歌后弃暗投明，参加了红军。敌人见军心动摇，又恨又怕，悬赏大洋200块，通缉张剑珍。

东江红十一军正式成立以后，决定向五华、梅县等地发展。为了做好后方支援工作，党组织派张剑珍带领宣传队到五华县第八区（梅林乡）开展宣传工作，发动群众支援红军的武装斗争。张剑珍带领宣传队走村串寨，帮助各村庄成立了后勤队，为红军运送粮食、弹药。一次，红军进攻五华县塘湖乡，在张剑珍等人的发动下，群众捐献了几万只鸡蛋和大批粮食，并日夜兼程赶送到塘湖战场，及时支援了前方作战的红军。

寻找军部途中被捕

1930年11月，红十一军教导团在一次战役后转移，但与军部失去了联系，团领导派张剑珍携带信件寻找红十一军军部。她带领5名战士从八乡山出发，途经紫金县秋溪庄，被地主武装包围。张剑珍领导5名战士利用附近大石作掩护，同敌人展开激战，打死敌人14名。后来，敌人不断增援，张剑珍见难以突围，便从鞋底中取出密信，吞下肚中。最后，由于力量悬殊，张剑珍等被敌人逮捕。

宁死不屈坚持斗争

反动派把张剑珍关押在五华县城的监狱中。他们严刑拷打，妄图迫使张剑珍屈服。张剑珍毫无惧色，愤怒地高唱山歌进行回击："你也唔使眼盯盯，莫看妹子身骨轻，敢于革命唔怕死，唔怕山上睡草坪。"反动派用皮鞭把张剑珍打得鲜血淋漓，并恶狠狠地说："如果再嘴硬，将你剥皮抽筋！"张剑珍宁死不屈，继续唱道："五更过哩鸡会啼，恶鬼唔使叫豺豺。敢搞革命唔怕死，剥皮抽筋骨还在。"她不怕敌人的淫威，始终没有屈服。

反动派见硬的不行，又施软计。张九华亲自提审了张剑珍。他赶走狱卒，坐在张剑珍身旁，低声叫张剑珍"小姑娘""剑珍妹"，然后拐弯抹角追问共产党和红军的情况。张剑珍不但没有泄露半点机密，反而把张九华骂得狗血淋头。后来，张九华又厚颜无耻地引诱张剑珍嫁给他当小老婆。张剑珍严词斥责，说："我与你红白分明，誓不两立！"张九华恼羞成怒，大声狂叫："如果不嫁我，我就杀死你！"张剑珍也不示弱，高声唱道："爱剐爱杀在由你，为了革命矛（没有）问题，等我红军到转时，你颈也矛包铁皮。"

在监牢里，张剑珍鼓励难友们坚持斗争。她还自编山歌唱道："咁多（即这么多）难友你莫愁，自有风光在后头，等到革命成功日，伸直脊梁就出头。"她思潮翻滚，彻夜难眠，回顾自己成长过程，更坚定了革命信念。她作了一首《五更叹》，抒发自己的感情：一更叹，坐监牢，如今变作笼中鸟；爱剐爱杀无要紧，为了革命心一条，唔怕刑场去过刀。二更叹，火烧天，剑珍革命意志坚；杀头厓（我）话风吹帽，坐监厓喊逛花园，要为穷人出头天。三更叹，想红军，红军来了救穷人，厓愿红军打胜仗，红旗飘飘扫乌云，工农当家万年春。四更叹，厓家庭，国枢时刻念剑珍；亲人受难莫流泪，跟着红军杀敌人，杀尽白贼正太平。五更叹，天就光，又想红军古团长；培养教育剑珍女，党系厓个亲爹娘，视死如归跟着党。

⸻ 用歌声进行最后的战斗 ⸻

1931年6月19日，敌人要对张剑珍下毒手了。刑场上，年仅20岁的张剑珍用歌声进行最后的战斗。她愤怒地揭露反动派张九华引诱她的卑鄙阴谋，向群众宣传革命最后必然胜利的真理。她放声高唱："人人喊厓共产嫲，死也唔嫁张九华；红白总要分胜负，白花谢了开红花！"

张剑珍虽然牺牲了，但她的革命山歌仍然在群众中广泛流传，激励着人们奋勇前进。

肖三主编的《革命烈士诗抄》和《革命烈士诗抄续编》共收录了张剑珍的山歌5首，供后人传诵。

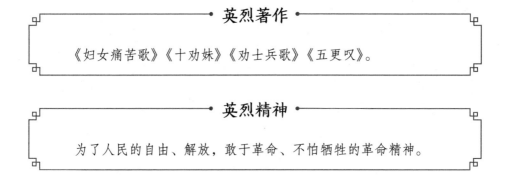

英烈著作

《妇女痛苦歌》《十劝妹》《劝士兵歌》《五更叹》。

英烈精神

为了人民的自由、解放，敢于革命、不怕牺牲的革命精神。

（杨青）

张土生（1904—1931）

—— 为革命流尽最后一滴血

张土生，化名杜生，曾用名甫生，广东省大埔县古埜乡古西村人。

- 1904 年，出生于一个贫苦农民家庭。
- 1915 年春，入高陂仰文小学读书。
- 1922 年春，进入潮安金山中学读书。积极参加学生联合会的工作，成为一名活跃分子。
- 1924 年，加入中国社会主义青年团。
- 1925 年 3 月，加入国民党，投身国民革命宣传工作。
- 1926 年春，加入中国共产党。建立中共桃源支部，任党支部书记。
- 1927 年 8 月，任暴动委员会委员，领导武装反抗国民党反动派，取得高陂暴动胜利。
- 1928 年元旦，率桃源工农革命军参加高陂年关暴动、桃源武装暴动。11月，接任中共大埔县委书记。
- 1929 年春，奉调中共东江特委负责宣传委员会的工作。不久，又调任中共广东省委巡视员，到西江一带指导工农运动。
- 1931 年春，不幸落入敌手，被秘密杀害于广州，时年 27 岁。

积极投身革命活动

张土生，化名杜生，曾用名甫生。1904年出生在广东省大埔县古埜乡古西村的一个贫苦农民家里。兄弟二人，他排行第二。童年时，在家随父母务农，全家日出而作，戴月方归，亦难以度日。虽家境贫穷，父母望其成才，省吃俭用，于1915年春，将张土生送入高陂仰文小学读书。求学时期，五四运动的革命风暴席卷全国，也使张土生得到启蒙教育，开始关心国家大事。

1922年春，张土生离别父母兄长，进入潮安金山中学读书。他勤奋学习，积极参加学生联合会的工作，成为一名活跃分子。1924年，在国共合作的形势下，广东各地革命运动蓬勃发展。张土生加入了中国社会主义青年团。是年冬，他中学毕业后回到大埔，参与寒假回埔的郭瘦真、廖其清等人组织的社会主义青年团讲座的活动，唤起青年走向革命的道路。

1925年3月，革命军东征赶走了盘踞在潮汕的军阀陈炯明、洪兆麟。张土生加入了国民党，并积极投身国民革命的各项宣传工作。1925年10月，随着国民革命军第二次东征的胜利，中共潮梅地区各级党组织逐步建立，张土生在赖释然等的帮助下，于1926年春加入了中国共产党。他奉命到埔南桃源乡进行秘密活动，公开职业是桃源公学校长。他秘密发展邓云光、钟道生等一批工农骨干入党后，建立了中共桃源支部，并任党支部书记。他经常深入山村农舍、瓷区窑场，与贫苦农民、瓷工谈心、交朋友，向农工讲述革命道理，号召大家参加农会和工会。1926年冬，他和邱汉龙、郭俊楼、丘宗海等，在广泛发展瓷业工会会员的基础上，成立了以徐鹿琴为主席的陶瓷总工会，组织工会会员与资本家展开斗争。觉醒了的贫苦农民和瓷工纷纷捐款购枪，很快又组建了以邓云光为队长的桃源工农自卫队。张土生向自卫队员进行革命思想教育，提高其政治素质，同时，积极开展军事训练，使桃源工农自卫队成为具有一定战斗力的人民武装。这支工农自卫队在中共桃源支部的领导下，多次武装出击大埔县桃花渡口的敌船，缴获一批枪支弹药。不久成立了桃源乡苏维埃政府，领导农民开展减租减息的斗争。

领导武装暴动

1927 年 8 月，南昌起义部队南下东江。中共大埔县委为了策应起义军南进广东，成立了暴动委员会，张土生为暴动委员会委员，领导武装反抗国民党反动派，进行武装暴动。

8 月 10 日晚上，按暴动的部署，张土生和邓云光率桃源工农自卫队 100 余人到高陂镇郊，与各乡农军及独立第一团主力会合。次日凌晨，各路革命武装进攻高陂重镇，敌军如惊弓之鸟四处逃窜。暴动取得了胜利。农军捕捉了反动区长苏宝珊，处决了一批与人民为敌的反动分子，成立了以黄炎为主席的高陂区革命委员会，张土生任宣传部部长。

9 月下旬，张土生和邓云光率领桃源工农自卫军驻扎在三河坝。10 月上旬，配合朱德、周士第、李硕勋率领的南昌起义军留驻三河坝，阻击尾追之敌。驻三河坝部队完成阻击任务撤离时，张土生和邓云光率桃源工农自卫军随起义部队经湖寮后取道雷公砾平原撤至光德澄坑休整。

10 月中旬，张土生出席中共潮梅特委书记郭瘦真在光德澄坑黄海波家召开的中共大埔县委会议。会议研究了南昌起义军三河坝战役失利后，如何开展革命斗争的问题；听取了罗明和郭栋材传达周恩来、朱德关于坚持武装斗争的指示。会后，张土生随县委机关、工农武装朝大埔、丰顺边界的凤凰山方向转移。到桃源东瓜坪后，根据该地山高林密、易守难攻，群众基础好的良好条件，部队留驻在该地进行政治、军事整训。张土生则返桃源观音堂继续领导桃源人民进行革命斗争。

12 月下旬，张土生出席中共大埔县委在高陂留田李仁记家中召开的会议。会议详细研究中共中央南方局和广东省委联席会议精神以及中共东江特委关于年关暴动的指示，制定了高陂年关暴动的具体计划。1928 年元旦，张土生亲率桃源工农革命军参加高陂年关暴动。他与罗欣然、李明光、黄让三等共同指挥，再次取得高陂暴动的胜利，镇压了反动分子张作励，击毙一批土豪劣绅及警察，开仓分粮，救济贫民。不久，张土生任中共大埔县委委员，担任组织部部长。

1928 年 3 月，他与邓云光、钟道生等在工农革命军第十五团主力的支持配合下，组织桃源武装暴动，焚烧反动分子邓仁山的大屋，围攻封建堡垒钟氏楼，与反动民团激战四个多小时，杀敌一批。国民党大埔县政府闻报，急调高陂等地驻军"进剿"桃源。为了避开敌人的主力，暴动队伍转移至大埔、丰顺边界的深山密林之中。

开展农民运动

为了把大埔的武装斗争推向新的高潮，张土生和黄炎、丘宗海等于韩江两岸从事农民运动。此时，国民党当局发出通缉令，捕捉张土生等人。但张土生在人民群众的掩护下，坚持革命斗争。1928年夏，闽粤两省国民党军队联合"清剿"两省边界赤色区域。6月，中共大埔县委在双溪新民学校召开骨干会议，改组县委。张土生出席了会议，并继任县委领导成员。会后，他和丘宗海、房明光、余勇文等积极配合工农红军第十五团，西渡韩江，进入梅县、大埔、丰顺三县边境的铜鼓嶂山区开辟新区。他与古大存、罗欣然、李明光、刘光夏等人积极发动群众，建立赤卫队、农会、妇女会等组织。协助工农武装坚持游击战争，巩固赤色区域，实行武装割据。

1928年11月，张土生接任中共大埔县委书记。为了进一步指导好大埔韩江两岸的革命斗争，他和同志们一起踏遍韩江两岸的山山水水，发动群众成立赤卫队，策划组织武装暴动，巩固革命根据地。1928年冬，张土生冒着严寒，到达青溪，与在那里坚持斗争的房明光、谢卓元、余勇文等人一起，分析了青溪的斗争形势，并召开党团员会议，勉励党团员要勇敢、坚定，号召劳苦大众组织起来和国民党反动势力进行坚决的斗争。在张土生的领导下，大埔先后建立埔南、高陂区革命政权以及区赤卫联队等组织。

1929年春，在梅县、大埔、丰顺边境的铜鼓嶂地区开辟了新区，党组织得到壮大和发展。此时，张土生奉调中共东江特委负责宣传委员会的工作，参与《党的生活》《东江红旗》《工农兵半月刊》《画报》《红军生活》等刊物的编辑出版工作。不久，他又调任中共广东省委巡视员，到西江一带指导工农运动。

不幸牺牲

1931年春，张土生到香港向中共广东省委汇报工作，由于省委机关交通员莫叔波被捕后叛变，省委机关遭受破坏。张土生等亦不幸落入敌手，后被引渡回广州，关押在南石头监狱。狱中，他参加中共南石头特支的活动，坚持与敌人斗争。不久，张土生被秘密杀害于广州，为革命流尽了最后一滴血。他就义时，年仅27岁。

· 英烈精神 ·

深入群众、依靠群众、积极发动群众斗争的人本精神，为革命鞠躬尽瘁、死而后已的革命斗争精神。

（余敏　何展琼）

郑家康（1898—1931）

—— 不避风险千方百计完成任务

主要生平

郑家康，广东省阳江县程村镇石牌乡人。

- 1898 年，出生于一个中农家庭。
- 1922 年，前往法国勤工俭学。
- 1924 年，在国外加入中国共产党。
- 1927 年，返回祖国。先到上海接受上海共产党组织交给的任务，搞电讯联络工作。后在福建、山西等地工作。
- 1931 年，被秘密杀害于南京，时年 33 岁。

树立革命人生观

郑家康，1898年出生于广东省阳江县程村镇石牌乡的一个中农家庭。郑家康在阳江县立中学读书期间，常思上学之钱来之不易，读大学更是谈何容易，因而在勤奋好学和刻苦钻研之余，还尽最大的努力，到一家小报里兼职，以弥补学习费用之不足。虽然家庭经济发生过困难，但由于他兼职勤工，得到微薄的收入，可解经济拮据之难，不至于荒弃学业。

郑家康由于兼职报业，接触社会实际多，涉猎知识面广，因而耳濡目染受到先进思想的影响。中学毕业之后，在友人帮助下，郑家康辞别父母，远离家乡，于1922年往法国勤工俭学。在法期间，郑家康深感法国不但在经济上比受列强侵略的中国发达，政治民主风气也与半殖民地半封建的中国不同。祖国外受列强侵略，内遭军阀连年混战，生产凋敝，经济落后，人民生活困苦不堪。郑家康认为，国家积贫积弱是因工业落后，因此立志工业强国，遂转往德国学习工程。

郑家康在国外勤工俭学期间，不但科学知识有所长进，而且视野开阔，追求进步，探索真理，接受马列主义的教育，逐渐树立了革命人生观。随后又转往苏联学习、工作，1924年在国外加入中国共产党。

千方百计完成组织交给的任务

1927年，郑家康返回祖国。他先到上海，接受了上海共产党组织交给的任务，搞电讯联络工作。那时，上海党组织不但不能公开，而且还处在大革命失败后的低潮时期。党的经费来源困难，各个同志的生活费用还得靠自己想办法解决。为此，郑家康除了完成党交给的任务，还到社会上去找工作。为了更好地做好党的工作，郑家康不管什么重活、脏活都干。码头工人、油漆工、粉刷工、修理工、水电安装工、装潢装饰工、清洁工，样样都干过。

中共顺德县委书记薛耀英（薛白）参加广州起义失败后转到上海。郑家康通过阮退之（阮绍元）认识了薛耀英，常到薛家做客。时间一长，大家也都知道对方的身份，但由于没有直接的联络关系，又处在革命低潮期间，因此，大家彼此心照不宣，只同社会上的好友一样交往。后来，薛耀英通过种种关系，在莫雄手下任过职。一天，薛耀英随莫雄到乡下巡视，路过星子县庐山山麓时，在集中营旁路边，与郑家康偶然相遇。那时，郑家康已受国民党特务监视。此时郑家康正好有秘密文件要交给上海党组织，但无法送递。今偶遇薛耀英，在同薛耀英擦身而行时，低声问薛耀英："何时回头路过此?"薛耀英答:"可能下午。"于是郑家康在下午于薛耀英路过此地时，偷偷把一包东西交给薛耀英，要他转交上海党组织。并严肃地嘱咐薛耀英一定要设法按地址送到。郑家康就是这样，无论在何时何地都不避风险，千方百计完成组织交给的任务。

不幸被害

郑家康除了在上海搞秘密电讯，还在福建、山西等地工作过。那时工作环境十分险恶，常有国民党特务跟踪。郑家康的工作地区虽有多次变换，但由于特务跟踪太紧，故无法摆脱特务的迫害。当郑家康在山西（一说在陕西）活动时，不幸被捕，1931 年被秘密杀害于南京，牺牲时年仅 33 岁。

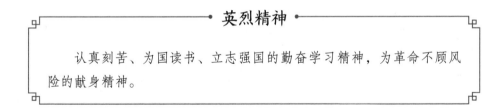

英烈精神

认真刻苦、为国读书、立志强国的勤奋学习精神，为革命不顾风险的献身精神。

（李学群）

朱云卿（1907—1931）

—— 中国工农红军首任参谋长

主要生平

朱云卿，广东省嘉应州人。

- 1907 年，出生于广东省嘉应州一个贫民家庭。
- 1917 年，到印度尼西亚跟叔父一起做工。
- 1924 年，考上黄埔军校第三期，期间参加了军校的进步组织——青年军人联合会。
- 1925 年 10 月，参加国民政府发动的第二次东征。同年加入中国共产党。
- 1926 年秋，担任中共北江特委委员，负责主办北江农军学校，担任该校主任兼任军事教官。
- 1927 年 4 月下旬，任广东北江农民自卫军北上总指挥部参谋长。9 月，参加秋收起义，并随秋收起义部队上了井冈山。
- 1928 年夏，担任红四军三十一团团长。
- 1929 年 3 月，调任红四军参谋长。12 月，参加古田会议。

- 1930 年 6 月下旬，担任中国工农红军第一军团参谋长。8 月，担任红一方面军参谋长兼红一军团参谋长、红四军参谋长。年底，在中央革命根据地第一次反"围剿"龙冈战役中，粉碎了蒋介石策划的第一次"围剿"。
- 1931 年 5 月，在东固后方医院被国民党特务杀害，时年 24 岁。

从小关心国家的前途和民族的命运

朱云卿的父亲朱深渊是一位私塾教师，母亲彭招妹是一名搬运工人。朱云卿 7 岁入私塾读书，后转入梅县官立学堂。朱云卿少年时期，正处于社会黑暗，政治腐败，民族危机空前严重的年代，他关心国家的前途和民族的命运。他邻居是一名参加过辛亥革命的军人，常常兴致勃勃地向他讲述辛亥革命的故事，朱云卿从中受到启发，产生要从事革命的志向。在学校，朱云卿喜欢跟同学们谈论时局，表达对当时黑暗社会的不满。家里的人担心朱云卿这样下去，会惹出是非，便于 1917 年把他送到印度尼西亚，让他跟叔父朱亚球一起做工。朱云卿在国外，一直怀念着祖国，多次提出回国，但遭到叔父等人的反对。

就读于黄埔军校

1924 年 1 月，在中国共产党的帮助下，孙中山于广州召开中国国民党第一次全国代表大会，正式决定了联俄、联共、扶助农工的三大政策，接受了中国共产党提出的反帝反封建的主张，并于同年 5 月创办了黄埔军校，广州成为当时革命的中心。朱云卿在国外听到了这一消息，异常兴奋，他自筹路费，瞒着亲人，于 1924 年回到广州，考上了黄埔军校第三期。

在黄埔军校，朱云卿刻苦学习军事知识，积极参加各种军事训练。同时，他努力学习革命理论，阅读马列主义著作。周恩来、恽代英、萧楚女在军校作报告，他常常听后就和同学们讨论，政治觉悟迅速提高，认清了革命的道路。他参加了军校的进步组织——青年军人联合会，并成为该组织的活跃分子，积极同军校中的右派分子作斗争。1925 年 10 月，黄埔军校学生参加了国民政府发动的第二次东征，讨伐反动军阀陈炯明。朱云卿在战斗中机智勇敢，受到周恩来的赞赏。同年，朱云卿加入中国共产党。

负责主办北江农军学校

1926 年 1 月，朱云卿在黄埔军校毕业，留在广州从事革命活动。1926

年秋，党组织派他担任中共北江特委委员，负责主办北江农军学校。朱云卿同俞品威、何文明等同学一起到达韶关，在中共北江特委领导的支持下，因陋就简地办起了北江农军学校，朱云卿担任该校的主任，北江农军学校的宗旨是：培养训练政治觉悟和军事水平较高的农民武装斗争骨干。同年11月，北江农军学校第一期正式开学，学员共97人。在开学典礼上，中共北江特委书记卓庆坚到会作报告。朱云卿在大会上讲话，他勉励学员努力学习军事技术，为提高农军的军事水平、发展农民武装斗争贡献力量。

为了把北江农军学校办好，完成党组织交给的任务，朱云卿经常和军事教官、政治教员一起认真研究教学内容和方法，既吸取广州农民运动讲习所和黄埔军校的教学经验，又根据当地农民武装斗争的特点进行教学。军事课程以国民革命军"步兵操典摘要"和"野外勤务"为主要教学内容，政治课主要学习毛泽东编写的农讲所讲义《中国革命与农民问题》和《中国革命史》等。朱云卿亲自兼任军事教官，他在工作中严格要求，一丝不苟，以身作则，作出示范。在训练期间，朱云卿非常重视学员参加实际斗争能力的培养。当第一期学员放寒假时，他布置学员回到家乡后，必须担负组织训练本乡的农民自卫军的任务。他还经常带领学员到附近农村宣传农民革命斗争，协助农民组织农会。

1927年2月，北江农军学校第一期学员毕业，学员回到各地后，不少人成为农民自卫军的各级干部，对加强和健全北江各地农民自卫军的领导起了重要作用。接着，朱云卿又继续主办第二期训练班，共招收了优秀青年160多人。

3月，曲江县龙归乡的地主武装袭击龙归农会，杀害了23名农会会员。朱云卿闻讯后，立即带领北江农军学校第二期学员前去支援，配合当地农民自卫军，击败了反动地主武装，打击了敌人的嚣张气焰，为农会伸张了正义。由于北江农军学校学员训练有素，纪律严明，经常深入实际，帮助农会解决困难，支持农民运动，因而得到附近农民群众的好评和拥护，朱云卿也受到群众的爱戴。

蒋介石在上海发动四一二反革命政变后，广州的国民党反动派又策划了四一五反革命大屠杀。由于形势紧张，朱云卿便带领北江农军学校学员开往南雄县，继续进行训练。这时中共广东区委派周其鉴到韶关传达上级指示，要求集结北江农军北上武汉，同国民党反动派展开斗争。4月下旬，北江地区各县农军1200多人到韶关集中，成立了广东北江农民自卫军北上总指挥部，周其鉴任副总指挥，朱云卿任参谋长。4月底，广东北江农民自卫军在韶关宝灵寺召开北上誓师大会，随即举旗北上。朱云卿率领北江农军学校第二期学员从南雄出发，在湖南郴州与周其鉴率领的北江农军大队会师，并受到湖南农民的热烈欢迎。当时，湖南反动势力比较猖狂，北江农军到后坚决支援湖南农民的斗争，在郴州一带到处打击反动地主武装，开展减租减息斗争。后来，朱云卿率领北江农军继续北上，于1927年6月15日到达武汉。随后，朱云卿在武汉担任农政训练班主任。

取得一个又一个胜利

1927年9月，朱云卿参加了震撼全国的秋收起义，并随秋收起义部队上了井冈山。1928年夏，朱云卿担任红四军三十一团团长。在毛泽东、朱德的直接领导下，他带领红三十一团指战员参加了草市坳战斗、龙源口大捷等著名战役，取得一次又一次的胜利。

随着军事上的胜利，井冈山革命根据地不断巩固和扩大，湘赣两省敌军联合发动了对井冈山革命根据地的"会剿"。1928年7月，江西敌军第六军六个团、第三军五个团，分别由安福和吉安进攻永新。毛泽东亲自领导红四军三十一团反击敌人的进攻，组织了中路、东路、北路行动委员会。朱云卿担任中路行动委员会指挥，辖红三十一团团部特务连和三营九连，驻永新县城郊外，阻击从吉安来犯之敌。他率领中路红军与东路、北路红军紧密配合，到处游击，分割敌人占据地，然后把敌人团团围住。朱云卿布置红军在山头上到处插上红旗，吹响军号，点起火把，虚张声势，迷惑敌人，并组织红军小分队四出活动，袭扰驻敌，击毙、俘虏大量敌人。从7月中旬至8月中旬，红三十一团在广大群众的掩护之下，用四面游击的方式，将敌军困在永新县城附近30里内至25天之久，后来，朱云卿根据毛泽东的部署，率领红三十一团撤出永新，在永新、莲花、茶陵边界集结。

指挥黄洋界保卫战

1928年8月下旬，毛泽东率领红三十一团三营到湘南迎还红军大队，朱云卿和红三十一团党代表何挺颖带领红三十一团一营留守井冈山。这时，湘赣两省的敌人见井冈山革命根据地内兵力空虚，以为有机可乘，便纠集四个团的兵力，分作两路进攻黄洋界，妄图一举摧毁井冈山革命根据地。井冈山军民获悉敌人企图大举进犯的消息后，立即进行紧张的战斗准备。8月29日下午，红三十一团团部在大井村召开了连排长会议。朱云卿在会上作了战斗部署，命令红三十一团第一、第三两个连和地方武装共同保卫黄洋界哨口，并作了具体兵力部署。在朱云卿正确指挥下，井冈山军民于8月30日上午在黄洋界哨口打退了敌人的三次进攻。之后，朱云卿又摆出毛委员、朱军长率领红军大队已经返回井冈山的架势，迷惑敌人。30日下午4时多，敌军发动第四次进攻，预先做好埋伏的红军阵地上吹响了冲锋号，枪声、炮声、喊杀声响成一片，一颗炮弹击中了敌军指挥所，敌人慌乱不已。这时，隐蔽在哨口的赤卫队员、暴动队员手执红旗、梭镖，冲向附近各个山头，霎时间到处红旗挥舞，喊声震天，犹如千军万马。敌人以为红军大队回来了，连夜仓皇遁逃。黄洋界保卫战取得了胜利。

调任红四军参谋长

1929年1月14日，朱云卿跟随毛泽东、朱德、陈毅率领红四军主力离开井冈山，向赣南、闽西进军。在毛泽东、朱德亲自指挥的大柏地、长岭寨等战斗中，朱云卿带领红三十一团担任了主攻的重要任务，立下了累累战功。3月，红四军在长汀进行整编，把原来团的建制改为纵队。红三十一团改为第三纵队，朱云卿调任红四军参谋长。

朱云卿积极为毛泽东、朱德当好参谋。他刻苦钻研军事战略战术，为提高红军的战斗力作了不懈的努力。他经常深入连队，与干部士兵商谈和了解情况，掌握第一手材料，对连营以上干部的军事水平、特长，都了如指掌。军部每次研究作战方案，他都能认真分析敌我双方情况，准确地抓住每次战役的特点，提出自己的见解。红四军军部制定了作战方案后，均由朱云卿直接向全军指战员传达、布置。朱云卿工作非常细致，每次战斗的行动细节、行军路线、宿营地点等都会和有关干部详细研究。因此，他向指战员布置战斗任务时总是非常具体、明确。

1929年10月，党中央命令红四军出击广东东江，发动群众，把东江与闽西连成一片。朱云卿随朱德率领红四军第一、第二、第三纵队向东江前进。他协助朱德制定了出击东江的战斗计划，并在虎头砂之战、占取松源之战、新铺遭遇战、进攻梅县之战等连续取得了胜利。当红四军撤出梅城到达梅南、丰顺县后，朱德、朱云卿得悉粤桂战争已经结束，敌情发生了变化，他们就当机立断，停止深入东江，并在反攻梅县失利后适时经粤赣边境返回根据地。在这次军事行动中，部队干部战士中的单纯军事观点等错误思想有所发展，部队政治思想工作有所削弱，因而给部队造成了一定的损失。经过这次军事行动后，朱云卿提高了对加强军队建设重要性的认识。1929 年 12 月，中国共产党红军第四军第九次代表大会（即古田会议）在福建省上杭县古田召开，朱云卿参加了古田会议，并在会上大力支持毛泽东的正确意见。

调任中国工农红军第一军团参谋长

古田会议后，为了粉碎闽、粤、赣敌人的三省"会剿"，毛泽东、朱德指挥红四军向江西进军。途中，朱云卿认真向红军干部战士传达贯彻古田会议决议，并到纵队组织纵队党委成员学习讨论。此后，朱云卿协助毛泽东、朱德率领红四军转战江西，扫荡各地敌军，推翻国民党反动地方统治，建立红色政权，取得了巨大胜利。1930 年 6 月下旬，中国工农红军第一军团在长汀南寨广场成立，毛泽东任军团政委，朱德任军团长，陈毅任军团政治部主任，朱云卿任军团参谋长。8 月，红一方面军在湖南永和成立后，朱云卿担任红一方面军参谋长兼红一军团参谋长、红四军参谋长。

1930 年底，蒋介石向中央革命根据地发动了第一次"围剿"。在第一次反"围剿"斗争中，朱云卿坚决贯彻执行毛泽东提出的"诱敌深入""退却到根据地作战"的方针。红军主力回师到宁都县黄陂、小布一带后，红军总部设在赤坎村龚家祠，朱云卿跟毛泽东同住一间房，他们夜以继日地工作，及时掌握敌军动向，研究部队兵力配置。他和毛泽东、朱德等红军领导人一起研究部署了龙冈战役。在毛泽东的直接领导指挥下，中央根据地军民彻底粉碎了蒋介石策划的第一次"围剿"。

惨遭杀害

在第二次反"围剿"斗争期间，朱云卿因病进入吉安东固后方医院治疗。

1931 年 5 月，他在东固后方医院被国民党特务杀害，牺牲时年仅 24 岁。

英烈精神

　　坚决服从命令的共产党员品格；刻苦钻研军事战略战术，为提高红军的战斗力不懈努力的精神。

（杨清　梁永鉴　杨森）

陈 复（1907—1932）

—— 革命思想的传播者

主要生平

陈复，又名志复，广东省番禺县人。

- 1907 年，出生。
- 1915 年，在日本横滨市华侨小学当寄宿生。
- 1919 年，回国，在广州南武中学就读。
- 1922 年，在上海复旦中学读书。
- 1923 年，投身工人运动，在工人群众中宣传革命道理。
- 1925 年，到莫斯科中山大学学习，学习期间加入中国共产党。
- 1929 年，在香港《工人日报》任副社长。
- 1930 年春，到天津开展地下党的宣传活动。同年秋，任中共广州市委宣传部部长。
- 1932 年 8 月 10 日，被反动派绑架杀害，时年 25 岁。

从小就受到民主革命思想的熏陶

陈复的父亲陈树人是著名的岭南画家，又是一个民主主义革命者，曾追随孙中山从事民主革命，积极拥护孙中山的联俄、联共、扶助农工三大政策。母亲居若文，知书识字，思想开明，与何香凝、宋庆龄等著名的革命家时有往来。陈复出身于这样的家庭，从小就受到民主革命思想的熏陶，立志于救国救民，他的名字叫志复，就包含有"复兴中华"的意思。

陈复5岁入学，在广州南武小学读书。1915年随父母东渡日本，在东京横滨市华侨小学当寄宿生，开始受到独立生活的锻炼。1919年回国后在广州南武中学就读。少年时代的陈复，意志坚强，勤奋好学。

1922年，陈复到上海复旦中学读书，开始阅读马列主义书刊，接受无产阶级先进思想的教育，对革命逐渐有了认识。1923年，他投身工人运动，脱下学生装，换上黄包车工人的衣服，拉着车子在工人群众中宣传革命道理。这个时期，他经常与在广东革命政府工作的父亲通信，家书洋洋数千言，对时局及国民革命发表了许多精辟的见解，使其父甚感惊讶，常将陈复的来信给革命政府中的同志传阅。1925年，广东革命政府接受苏联的倡议，选送一批青年到莫斯科中山大学学习深造。陈复及其好友廖承志等人被送往苏联留学。陈复在苏联学习期间，加入了中国共产党。

出任香港《工人日报》副社长

1929年，陈复毕业回国，在中共广东省委宣传部领导下的香港《工人日报》任副社长。当时，革命斗争的环境很艰苦，他以巨大的政治热情经常鼓励同志们要提高警惕，坚持对敌斗争。为了解决办报的经费问题，除动员大家勤俭办报外，还设法与家里秘密联系，取得经济上的接济。《工人日报》成了中国共产党团结群众、进行阶级斗争的有力武器。

传播革命思想

1930年春，陈复化名陈志文，到天津开展地下党的宣传活动。母亲居若文曾经劝他不要干冒险的工作。陈复耐心地开导母亲，并坚决表示："为了工农劳苦大众的翻身解放，即使丢了脑袋也心甘情愿。"在白色恐怖阴云笼罩的日子里，他印发报刊，传递进步书籍，把马列主义的革命思想传播到工农群众和知识分子中去。不久，他的行踪为敌人发觉，被捕入狱。陈复在监狱中以共产党人威武不能屈的坚强意志，顶住了敌人的各种酷刑，严守党的秘密，使反动派无计可施。其后经过党组织和家人多方设法营救，于1930年秋获释放。出狱后，党派他南返广州，任中共广州市委宣传部部长。

浩然正气

此时，陈复以"表少爷"的身份作掩护，隐居于广州东山陈家私宅——樗园，表面上装着闭门读书，暗中却积极开展地下党的宣传工作。但在一次偶然的机会，陈复遇到了反动头子胡汉民的女儿，行踪即被陈济棠发觉，受到了警察局的秘密监视。1932年8月10日下午，陈复离家外出，在东山署前路上公共汽车时，被两名特务跟踪。陈复在仓边路口下车，即被尾随的特务强行绑架至预先准备好的小汽车内，驶入维新路市警察局。当晚11时，警察局局长梁子光把陈复秘密押至南石头"惩戒场"杀害。临就义前，陈复厉声抗议："我无罪，你们不得无礼。"革命者的浩然正气感动了"惩戒场"的一位杂工。他冒着生命危险把陈复被害的消息及烈士的遗物秘密送去樗园，使反动派伪造"陈复失踪是遭到土匪绑架"的谣言不攻自破，暴露了陈济棠一伙残杀共产党人的狰狞面目。陈复牺牲时年仅25岁。

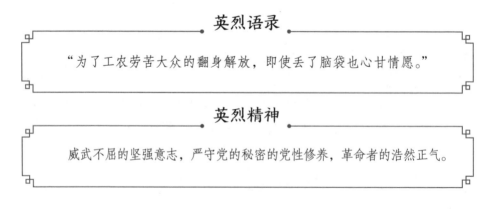

英烈语录

"为了工农劳苦大众的翻身解放，即使丢了脑袋也心甘情愿。"

英烈精神

威武不屈的坚强意志，严守党的秘密的党性修养，革命者的浩然正气。

（黄汉奇）

邓拔奇 (1903—1932)

——中国共产党在广西早期的组织者和领导者之一

邓拔奇，又名岗，别名伯奇、白希、滕柏，广东省怀集县人。

- 1903 年，出生于一个较为富裕的家庭。
- 1922 年秋，考进福建厦门大学，攻读法律。
- 1924 年暑假，由父母包办成婚。同年在广州加入共青团，不久转为中国共产党党员。
- 1925 年，任广宁县团委书记，领导当地的青运工作。
- 1927 年 10 月，担任中共广西地委书记（1928 年春地委改为特委，仍任书记）。
- 1929 年 9 月，到广东省委机关工作，负责指导广西的革命活动。
- 1930 年 3 月，担任广西特委书记。
- 1931 年 2 月 2 日，担任广东省委秘书长。3 月 29 日担任省委委员。
- 1932 年 10 月 10 日，被敌人枪杀，壮烈牺牲，时年 29 岁。

邓拔奇，又名岗，别名伯奇、白希、滕柏。他是大革命时期参加中国共产党的优秀党员，党在广西早期的组织者和领导者之一。

1903年6月4日（农历五月初九），邓拔奇出生于广东省怀集县甘洒区屈洞永富村（当时属广西管辖）一个较为富有的家庭。父亲邓若星，是晚清秀才。母亲伍氏，是农村劳动妇女，生有四个子女。邓拔奇为长子，父母把希望寄托在他身上。

从小接受马克思主义思想

1910年，邓拔奇进入本乡私塾学习，几年后，他考进怀集县立高等小学，开始接受新式教育。毕业后又进怀集县立中学。1921年秋，邓拔奇到上海浦东中学补习，当时正值中国共产党诞生，受到革命思潮的影响，思想倾向进步，特别是当他接触了一些马克思主义著作后，就产生了改造旧社会的信念。

1922年秋，邓拔奇考进由爱国华侨陈嘉庚创办的福建厦门大学，攻读法律，在和进步师生的接触中思想受到启迪，懂得了更多的革命道理。

1924年1月，中国共产党和国民党实现了第一次合作。广州已成为全国革命的中心。邓拔奇中止学业，前往广州，和在那里读书的一些同乡青年一起，组织怀集留穗同学会，印行《怀集青年》。他发表了《给怀集青年书》一文，指出：在帝国主义、封建军阀反动统治下的怀集，工人没工做，农民没地耕，青年没书读，是大雾沉沉的黑暗社会。号召青年赶快猛醒，团结一致，投入伟大的革命斗争中去，当革命的先锋。他们在广州加入了全国学生联合会宣传队。后来，邓拔奇在广州加入了中国社会主义青年团，不久就转为中国共产党党员。

1924年暑假，邓拔奇回家，由父母包办成婚。邓拔奇深表同情地对贤淑善良的妻子说："我们的婚姻是不美满的，我知道你也很痛苦。我是许身于革命的人，不能在家伴陪你。"邓拔奇给妻子起了名字，叫谢惠民。后来，邓拔奇说服了父亲把谢惠民和妹妹送到县城读书。

领导青年团工作

1925年春节以后，青年团广州地委派邓拔奇到广宁县协助青年团工作。

他到县内各地视察团务工作，在广宁街召开了青年团广宁县第一次代表会议，选举产生了青年团县的领导机构。

1925年6月23日，广州人民为抗议帝国主义在上海制造五卅惨案的暴行，组织了10多万人的示威大游行，结果又遭到帝国主义的屠杀，是为沙基惨案。邓拔奇参加了这次示威游行，目睹许多同胞遭帝国主义屠杀的悲惨情景，激发起反帝的怒火。他积极参加省港罢工委员会的工作。7月中旬，他和邓卓奇、梁钟琛、陈知我回怀集募捐600元送交省港罢工委员会，支援罢工工人。

8—10月间，邓拔奇受青年团广东区委委派赴任广宁县团委书记，领导当地的青运工作。他们先后在19个乡建立起青年团支部、团小组。还在5个区成立了团区委组织。后来，由于工作需要，他随广东省农运领导人周其鉴在广宁开展农民运动。尔后，他又回怀集县工作，推广广宁县农民运动的经验，组织农民协会，开展减租减息斗争。

1926年春，邓拔奇和郑淑鸾等考取了莫斯科中山大学，正当等待出国之时，组织上决定把他留下，安排在共青团广东区委工作。

领导广西地委工作

1927年5月，邓拔奇与廖梦樵等受组织的派遣，到梧州恢复党组织，建立中共广西地委，廖梦樵为书记，邓拔奇协助廖梦樵主持广西党组织的工作。当时，大革命濒临失败，形势十分险恶。一天早晨，广西地委机关突然被国民党的警兵包围了。邓拔奇见情势危急，立即穿上西装，戴着眼镜，手持文明棍，装扮成国民党的便衣特务。他出得门来，用文明棍指着警兵呵斥："你们来得这样迟，如果走了要犯，小心你们的脑袋。"又说；"我现在将楼上的情况报告局长。"然后昂首阔步，从从容容地走了。邓拔奇就这样勇敢机智地在敌人眼皮下脱了险。

9月6日，由于叛徒李天和的出卖，中共广西地委书记廖梦樵等10多位同志被捕后惨遭杀害。不久，南宁、桂平等地党组织相继被破坏。邓拔奇、杨千山、胡奕卿等先后转移到浔洲四属工作。10月，邓拔奇担任中共广西地委书记（1928年春地委改为特委，邓拔奇仍任书记）。他立即把桂平县委恢复起来，把5个区的区委建立起来，并积极做好发展党组织工作。仅桂平、平南两个县就有党员 300 多人。邓拔奇为了联络各地党组织，经常来往于桂平、贵县、梧州和省港之间。有一次，他化装成商人来到梧州，住在一家旅店，敌特跟踪而至。正当敌特在楼下查问的时候，他躲进洗澡房，把衣服脱下，故意搭在洗澡房门上，放大水龙头，让水哗哗地流，装作有人洗澡的样子。其实，他早已化装从横门溜走了。

培养农民运动的骨干

邓拔奇在斗争中认识到，在敌我力量悬殊的情况下，硬拼是不行的；要从事小的斗争逐步引导到大的暴动。为了调动群众的斗争积极性，他适时地提出"分谷落春""反对食盐专卖""反抗一切捐税""增加工钱，发给杂费，建设工人宿舍，不准打骂工人"等符合工农切身利益的口号。为了培养农民运动的骨干，邓拔奇还和黎赤夫等人及时举办了农干训练班。

1928 年 6 月 1 日，由邓拔奇、朱锡昂主持的广西特委扩大会议在贵县张国才（党员）家里召开。广东区委委员恽代英到会指导工作。邓拔奇作了广西党组织工作报告。会议总结了广西建党以来的工作，制定了今后斗争的方针和任务；通过了加强对各地党组织的领导和普遍发展组织的决定；决定以广西省劳农会组织推动全省工农运动的发展；建立工农武装。会议选举朱锡昂、邓拔奇等 15 人为广西区特委委员。朱、邓等 7 人为常委，朱锡昂为书记。会后，由邓拔奇前往上海向中共中央汇报会议情况。

根据中共中央指示，广西特委从 1928 年 9 月改为广西临时省委，省临委机关设在梧州，黄强亚为省临委书记，邓拔奇等为省临委委员。11 月 29 日，由于原广西特委常委昌景霖被捕叛变，出卖了 3 位同志，省临委机关遭到破坏，郭金水等同志被杀，陈启东等同志被捕。聂根、邓拔奇等机智脱险。邓拔奇即回怀集继续开展党的工作。他住在梁钟琛（中共党员）家里，不几天就回自己家乡去了。他刚走，特务郭文田就跟踪而到。梁钟琛即设法通知邓拔奇火速离开怀集。第二天凌晨，敌人果然出动了 100 多名警兵包围了村子，到邓拔奇家搜查，人没抓到，财物则被洗劫一空。邓拔奇和堂弟邓卓奇（中共党员）因事前已获消息，早已乔装成卖鸡贩，由老贫农董次宣护送，到清远县后转赴香港了。后来，党派邓拔奇赴莫斯科中山大学学习。邓卓奇则回广西参加龙州起义，后在十万大山作战中光荣牺牲。

领导广东省委机关工作

邓拔奇在莫斯科中山大学只学习了几个月的时间就于 1929 年 9 月因工作需要回国。党组织安排他到广东省委机关工作，负责指导广西的革命活动。1930 年 3 月，广东省委指派邓拔奇担任广西特委书记。

在革命征途中，斗争复杂。一个革命者在前进的道路上，由于种种主客观原因，有时难免会有挫折和失败，甚至犯严重的错误。共产党员邓拔奇也不例外。1930 年，正当李立三"左"倾冒险主义统治全党时期，政治局通过了李立三起草的《新的革命高潮与一省数省首先胜利》的决议，命令各苏区红军进攻大城市。当时，邓拔奇受中央委派，于 1930 年 8 月到广西右江红七军传达贯彻中央的决定，而致使红七军转战桂北时遭到严重挫折和损失。

1930 年冬，在香港的广东省委机关遭破坏，许多同志被捕。1931 年 2 月 2 日，邓拔奇担任广东省委秘书长，3 月 29 日担任省委委员。5 月，广东省委派邓拔奇前往广西巡视工作。几个月中，邓拔奇冒着风险来往于梧州、贵县、南宁、百色、柳州等地，经常与同志们秘密集会、谈话，为党员开设训练班，出版《广西红旗》周报等。他毫无畏惧，一心为党，把自己的全部精力放在革命工作上。同志们很关心他的安全，但他总是说："要提高警惕。但是，要干革命就难免会有牺牲。"表现出一个革命者无私无畏的高尚品质。

1932 年春，邓拔奇回到香港。不久国民党反动派频繁组织强大兵力，"围剿"中共东江特委领导下的潮阳、普宁、惠来三县边界的大南山苏区。为了打破敌人的"围剿"，党派邓拔奇到东江特委工作，参加武装斗争。

敌人为了镇压革命力量，大肆捕杀党的革命骨干，大举"清乡"，屠杀人民群众，到处是一片白色恐怖。1932 年 3 月，国民党粤军师长张瑞贵出动了全师三个团的兵力，后来又增加一个独立团兵力，人数在 3000 人以上，同时配合警卫队 4000 多人，由张瑞贵亲自出马指挥"围剿"。敌人异常凶狠毒辣，用尽各种手段，对每一条山路，每一个山坑石洞，甚至一草一木，都搜了个遍，使党的武装力量和人民群众遭到极大损失。

壮烈牺牲

在这种严重情况下，王明"左"倾教条主义仍指责东江特委犯"右倾机会主义"的错误。1932 年 10 月，东江特委连续收到广东省委的两次来信和中央的一次指示信。东江特委尽管处境极端困难和危险，还是想尽一切办法，召开了一次东江特委常委扩大会议，贯彻上级指示，部署新的工作。10 月 9 日，有关各界负责同志前来参加会议。由于敌人进攻苏区，当晚（9 日）特委的开会地点即转移到大南山一个最小的村庄——田乾村开会。10 月 10 日早晨 7 时，会议刚开始就被国民党反动军队四面包围了。在突围中，一部分同志脱险了。可是，东江特委负责同志杨善南、白希（邓拔奇）、张先等三位同志，被凶残的敌人枪杀了，壮烈牺牲。邓拔奇牺牲时年仅 29 岁。

英烈语录

"我们的婚姻是不美满的，我知道你也很痛苦。我是许身于革命的人，不能在家伴陪你。"

"要提高警惕。但是，要干革命就难免会有牺牲。"

英烈精神

毫无畏惧，一心为党，把自己的全部精力放在革命工作上的革命者无私无畏的高尚品质。

（林仙凤　邓艾）

范照南（1879—1932）

—— 越是困难，越要坚持革命

范照南，广东省陆丰县新田区激石溪乡三江口村人。

- 1879 年，出生于一个贫苦农民家庭。
- 1922 年 7 月，领导组织激石溪乡农会。
- 1924 年，组织建立"贫人党"，团结农民积极分子，广泛联系群众。
- 1925 年 4 月，任新田区农民协会执行委员会委员长。
- 1927 年 11 月，被推选为新田区苏维埃政府主要负责人、中共东江特别委员会主席团成员。
- 1928 年 6 月 27 日，担任陆丰县委委员。
- 1929 年，先后被选为陆丰县、新田区苏维埃政府领导人。
- 1930 年 5 月 1 日，被选为东江苏维埃政府委员。
- 1932 年 12 月，病逝，时年 53 岁。

领导组织农运组织

范照南，1879 年 7 月 16 日诞生在陆丰县新田区激石溪乡三江口村一个贫苦的农民家里。

新田区是个山区，与海丰、紫金为邻。新田农民出售农副产品主要是到海丰公平圩，两地群众往来较密切。因而，当 1922 年 7 月海丰县在彭湃领导下，农民运动兴起时，新田区农民首先受到教育与鼓舞。是年冬，新田区的参城、新围、仙草径等地农会相继成立，激石溪乡农会也由范照南领导组织起来了。1923 年 1 月 1 日，海丰县总农会成立和同年 6 月陆丰县总农会成立后，更有力地推动和领导了新田农民运动的发展。

1923 年 8 月初，海陆丰发生了一场严重的水风灾害，农作物受到严重损失。海丰县总农会于是决定三成交租。那时新田区也扩大宣传减租。由于农会的兴起冲击了封建统治，引起了反动派的恐惧不安，他们处心积虑企图扑灭农运，因而在这时便发生了"七五农潮"。

1923 年 8 月 16 日（农历七月初五），海陆丰军阀政府与地方豪绅勾结在一起，派出反动武装突然袭击海丰县总农会，拘捕农会干部，并出布告公然宣布解散农会。新田区也不例外，农会领导人罗子和被拘捕，监禁了两个月。至此，各级农会暂时停止了公开活动。

1924 年 1 月以后，国共合作建立后，广东各地农运先后发展起来。新田区农运领导人范照南等于是年夏秋间，建立了秘密组织——"贫人党"，该组织的成员都是农运的积极分子。这个农民的秘密组织，在军阀黑暗统治时期，团结了积极分子，广泛联系了群众，稳定了农民在农运低潮时的情绪。

支持东征军

1925 年 2 月，革命军东征讨伐盘踞东江的军阀陈炯明。这个消息很快在新田传开。范照南和其他农会干部立即发动"贫人党"成员在农民群众中，进行宣传鼓动和组织工作，以支援东征军消灭敌人。当东征军到达新田时，当地农民在范照南等带领下，都到村口热烈欢迎，并纷纷送慰劳物品慰劳。东征军进军河田、河婆时，农民主动当向导、挑子弹，有的扛着火药枪配合东征军。

建立农民武装开展武装斗争

在此革命形势鼓舞下，新田区首先恢复各乡农会，并于1925年4月组织成立了新田区农民协会。范照南、肖河源、张荣华、罗子和、叶春合等人当选区农会领导干部，范照南为执行委员会委员长。

可是，正当农会发展的大好形势之际，广州发生滇桂军阀叛乱，东征军于同年6月回师平叛。9月，军阀陈炯明残部乘隙重陷海陆丰，疯狂进行"清乡"，屠杀农会干部和农民群众，海陆丰近百人死于敌人屠刀之下。新田区农会财务叶春合及两个农军队员也惨遭杀害。

10月，国民革命军进行第二次东征，周恩来率部经陆丰新田，在河田附近之黄塘埔击败李云复、罗应平部200余人。在近一个月时间，全歼军阀队伍，收复东江地区。海陆丰人民重见天日，农运又蓬勃地向前发展。至1926年春，新田区农民已有80%以上参加了农会。

海陆丰农民接受了初期农运失败的教训，开始意识到，要抵抗反动派的破坏，保护自己的组织，开展革命运动，就必须有农民自己的武装。因此，新田区农会在接到县对建立区、乡农民自卫军的指示后，迅速组织发展区、乡农军队伍。到1926年上半年，全区农军的总数达600多人。农军建立后，范照南等农会领导人认识到农军靠粉枪、土炮和大刀尖串是远远不够的，要想起到威慑敌人和发挥农民武装的真正作用，必须摧毁反动武装来装备自己。因此，1926年5月，区农会领导农军三四百人，攻打横陇大地主刘锦芳，缴获长、短枪20余支。接着又收缴老株塘村的地主丘仅文10多支长、短枪。1926年，激石溪和参城乡农会还先后设立造枪厂，聘请五华县的师傅打造土六八单响枪数十支，使全区农军武装不断充实。

1926年秋，新田农民在中共新田区组织和区农会领导下，为提高农军素质，从各乡农军中抽调40多人，举办了第一期农军训练班，毕业后，一部分充实县农军，一部分为区常备农军。

为镇压反动派的反抗，保卫革命成果，新田区农军于1926年3月，配合革命军摧毁了屯寨的反动堡垒；11月，配合县农军扫荡了剑门坑，接着，攻打黄塘、上砂。每次战役，新田农民都有二三百人枪参加。

在这期间，范照南和区农会其他领导人，以无比的革命热情，废寝忘食、夜以继日，与农军在一起，扫荡了封建堡垒，枪毙了两个恶名昭彰的反动头子。激烈的阶级斗争发动和教育了广大的农民群众，此时，全区90%以上的农民，都团结在农会的旗帜之下。

1927年四一二和四一五反革命政变后，海陆丰党组织为反击反革命政变，挽救革命危机，先后举行了三次武装起义，夺取了政权。新田农军在三次武装起义中，发挥了应有的作用，建立了功勋。

领导陆丰三次武装起义

1927年4月30日，新田区委接到县委的紧急通知，决定5月1日凌晨，全县各地同时举行起义。在4月30日晚，全区有100多名农军集合到参城乡，由范照南报告武装起义的目的和暴动的具体计划后，次日早4时，暴动队伍分三路出发，分别到屯寨、径口和新田圩。范照南身先士卒带领队伍，顺利地逮捕了反动官僚地主丘仅文等5人。天亮以后，共产党员、共青团员、农会干部和农军队员在全区开展了宣传和动员。四面乡里顿时轰动起来，响起了一片"我们起义了""我们暴动胜利了"的欢呼声。5月1日上午，在新田圩文祠后面的广场上，由新田区农会主持，召开了有四五千人的群众大会，范照南在会上宣布区农会接管政权。并根据群众的要求，就地枪决了被逮捕的5名反动头子。

5月中旬，敌军进犯陆丰城，第一次武装起义失败。这时，新田区虽然遭到敌军三天两头的骚扰，但农民的革命热情并没有受到挫折，全区依然是革命势力所控制。当县委决定举行第二次武装起义时，9月7日，新田和河口农军踊跃参加了攻打大安镇和解放陆丰城的战斗，帮助农军取得了第二次武装起义的胜利。9月12日，新田召开群众大会，庆祝第二次武装起义胜利。

9月25日，敌军再度反扑，部队从陆丰城主动撤退。11月4日，激石溪、罗庚坝等乡农军200多人奉命开赴大安镇中，配合工农革命军第二师攻打陆丰城，取得了第三次武装起义胜利。

领导陆丰县苏维埃政权

陆丰县苏维埃政权于 1927 年 11 月 16 日成立后，新田先是由区农会接管政权，随后召开了工农兵代表大会，选举主席团，组织区苏维埃政府，范照南被推选为区苏维埃政府主要负责人。

1927 年 11 月，中共东江特别委员会成立，范照南与彭湃、郑志云、颜昌颐等 6 人，被选为主席团成员。

1928 年 2 月，国民党第四军十一师攻陷陆丰城，建立了四个月的陆丰苏维埃政权退入乡村。3 月，敌军 1000 多人从紫金分三路进攻激石溪，经激战后，农军终因弹药缺乏被迫撤退。范照南等与赤卫队留在激石溪坚持斗争。陆丰党组织的领导机关也一直以激石溪为据点，指挥全县人民群众，在白色恐怖下坚持斗争。5 月 10 日，东江特委召开陆丰西北特委与各区委联席会议，林铁史、范照南、吴克绵等 5 人被指定为中共陆丰临时县委委员。6 月27 日，陆丰县委成立。范照南为县委委员。他们经常来往活动于激石溪的三江口、寨子、茅坪等地。1929 年 10 月，中国工农红军第六军第十七师第四十九团成立，激石溪这一连被编为该团第七连，在海陆紫特委和团长彭桂的领导下，开展游击战争。

1929 年冬，陆丰县苏维埃政府和新田区苏维埃政府，在激石溪建立起来，并在激石溪、罗庚坝建立乡苏维埃政权。范照南也先后被选为县、区苏维埃政府领导人。1930 年 5 月 1 日，东江苏维埃政府在八乡山成立，范照南被选为政府委员。

越是困难，越要坚持革命

1931 年秋，革命根据地发生一宗所谓 "AB 团" 事件，一大批干部和革命群众惨遭杀害。范照南也被诬为 "AB 团" 嫌疑分子，而被县苏维埃政府派人拘押。激石溪群众听到这一消息，非常气愤，他们说："范照南耕田烧炭出身，共产党来了一直当干部，怎么会反党？" 有一部分群众自觉集合起来，到县苏维埃政府办公地址激石溪高岗子，强行把他抢了出来。事后，范照南对人说："假如不是群众了解我、信任我，我早就成了一个死得不明不白的冤鬼了。"

1932 年秋，敌吴俊生团进攻陆丰，10 月 3 日，纠合反动武装进攻新田激石溪根据地，进行残酷的烧杀。一是四面封锁，断绝粮食、物资进入山区；二是包围、搜山、烧山；三是大肆宣传号召自新，利用叛徒破坏党组织基础。在敌人疯狂"围剿"下，许多党员和干部壮烈牺牲了。激石溪乡原来有 2600 多人，经敌人两次大屠杀，逃亡时饿死、病死以及流亡外地，剩下的只有 200 多人。

在这极端恶劣的条件下，范照南与赤卫队员坚持在深山密林中与敌人周旋。在受到重重包围有个别队员思想动摇时，范照南反复教导周围的同志："敢当共产党，哪有怕死自新的道理"，"是共产党员，死也不能出卖组织"。但由于较长时期在深山山洞中生活、战斗，年纪较大的范照南，过度劳累成疾，加上无粮食、缺医药，终于一病不起。在弥留之际，他还殷殷嘱咐、鼓励身边的同志："我们越是困难，越要坚持革命，穷人只有这条路。"

1932 年 12 月的一天，范照南在一个山洞里与世长辞了，时年 53 岁。

• 英烈语录 •

"敢当共产党，哪有怕死自新的道理。"

"是共产党员，死也不能出卖组织。"

"我们越是困难，越要坚持革命，穷人只有这条路。"

英烈精神

为革命不怕牺牲、坚守党的秘密、对党和革命事业充满信心的革命精神。

（叶左杰）

古宜权（1904—1932）

—— 身经百战的红军团长

主要生平

古宜权，字克灵、健愚，广东省五华县人。

- 1904 年，生于广东省五华县梅林区优行村一个贫农家庭。
- 1919 年，被选为学生会主席，组织同学揭露学校当局的种种黑幕，开展全校性的罢课斗争并获得全胜。
- 1924 年，考入黄埔军校第二期，并加入中国共产党。
- 1926 年下半年，参加北伐战争。
- 1927 年初，在家乡梅林任县农民自卫军教导队军事教官。
- 1929 年 6 月，任东江红军第四十六团团长。
- 1930 年 5 月 1 日，任中国工农红军第十一军教导团团长。同年冬，奉命率领教导团 400 多人突围，转移到大南山，与红十一军四十九团会师。
- 1931 年 1 月，率领特务连到北溪山地，伏击全歼敌军一个排。后来，率教导团组成西北游击队，开展游击战，协助苏区人民建设苏维埃政权。同年秋，红十一军改编为东江红军独立师，任第二团团长。10 月，采用迂回战术，消灭张瑞贵部一个连，设伏歼灭毛维寿部一个营，取得辉煌战果。
- 1932 年 11 月 28 日，在红军第二团驻地普宁汤头村遇敌人袭击牺牲，时年 28 岁。

古宜权，字克灵、健愚，1904 年出生于广东省五华县梅林区优行村一个贫农家庭。父亲古俊才，母亲邹亚二，有兄弟姊妹 11 人，全家 16 人靠佃耕地主田地过日子。

富于正义感

古宜权 6 岁跟祖父古铸馨（清末监生）读"高许轩"私塾，后继续就读设在德公祠堂的优行小学和梅岗寺小学。古宜权生得瘦削，面目清秀，文质彬彬，是个勤奋好学、品学兼优的高才生。他富于正义感，倘若碰到官僚、富豪家庭的子弟欺侮贫家同学，就打抱不平，团结弱小，抑制强蛮。甚至对老师推行封建奴化教育，也敢起来反抗。一次，滥充教席的数学教师古秀颖，把算题做错了，反而责怪学生，动手打人。古宜权便带领同学起来反抗，抱住古秀颖不放，制止了他的粗暴行为。因此，古宜权被停止上课两三个月。

组织罢课斗争

1919 年 5 月 4 日，北京爆发反帝爱国运动，消息传来，古宜权领导同学到横流渡圩街上去游行示威、演讲、贴标语，高呼"惩国贼，争国权"等口号。经过五四运动革命烈火的锻炼，古宜权的思想日趋进步，政治觉悟逐步提高。得到全校同学的信任，被选为学生会主席。

校长张壁完是五华著名劣绅，利用宗亲关系，拉拢受贿，任用不学无术和品德低劣的人当教师，传授孔孟思想，不讲科学和民主。古宜权以学生会的名义，组织同学，出版墙报，发表文章，揭露学校当局的种种黑幕。但是，老奸巨猾的张壁完，对学生的正义行为不理不睬。古宜权便动员全校同学，印发宣言，向社会公布学校当局的种种劣迹，并开展全校性的罢课。他集结学生骨干二三十人，搬住东灵寺，作为斗争的指挥部，挂上"北京城"门额，表示要发扬五四精神，打倒封建、维护民主的决心。最后，张壁完被迫解雇了一批不称职的教师，赔退了部分被侵吞的公款，到横流渡圩街头鸣放鞭炮，迎接古宜权等回校复课。这次斗争获得全胜。

加入中国共产党

1924 年，第一次国共合作实现，接着创办了黄埔军官学校，革命形势向前发展。古宜权来到广州，考入黄埔军校第二期。他在军校除学习军事知识外，还认真钻研马克思列宁主义，探索中国革命的道路，并光荣地加入了中国共产党。

领导农民运动和工农革命武装斗争

1926 年下半年，古宜权参加了北伐战争，在前线英勇作战。1927 年初，他因探家，从浙江前线回到了五华。经县农会会长古大存介绍，在家乡梅林任县农民自卫军教导队军事教官。从此，古宜权在五华参加了农民运动和土地革命，组织和指挥工农武装，打击敌人。

八一南昌起义后，五华成立县革命委员会，把县农民自卫军改编为"工农讨逆军"，旋又改为"工农革命军"，再扩充为"广东工农革命军东路第七团队"。古宜权担任五华县工农革命军教导队队长，负责培训工农武装骨干。

五华县的工农革命武装斗争，在古大存、古宜权、李斌等的组织领导下，节节胜利。先后攻打了罗经坝和安流对镜窝等敌据点，捕杀了"资本团"头子李树眉，攻陷了以钟问陶为首的"讨赤团"大本营——塘湖村，大振了农军声威，使得国民党反动派坐卧不安。1928 年 2 月，蒋介石命令黄旭初率一师匪军"驻剿"五华。县委成员宋青叛变，致五华革命根据地在外敌内奸绞杀下，沦入敌手。古宜权和李斌、古公鲁、古清海等 20 余人随古大存分散转移到位居五华、丰顺、揭阳三县交界的八乡山。

1929 年春，八乡山革命根据地建立起来，县委进行了改组。古宜权和万大来、李英等受新县委派遣，回到五华恢复革命活动，组织革命武装，打击敌人。6 月，中共东江特委在梅县梅南成立东江红军总指挥部，古大存任总指挥。五华、丰顺、梅县的工农武装 300 余人改编为东江红军第四十六团，古宜权继李明光、李斌之后任该团团长。

1930 年 5 月 1 日，中国工农红军第十一军在八乡山滩下正式成立，军长古大存。下辖第四十六、第四十七、第四十八、第四十九、第五十和教导团等6个团。古宜权任教导团团长，全团有战士六七百人。6月，东江特委执行"左"倾冒险主义，军事上强调集中攻坚，将党团工会合并为行动委员会。在军事上进行瞎指挥，命令古宜权带领教导团去攻打有强敌驻守的安流圩（即横流渡圩）。前敌总指挥古大存认为行动委员会不经过前敌总指挥部直接给教导团下达命令是不妥的，以一个教导团去攻打强敌也是不当的。因而他亲自指挥教导团和第四十六团一同去攻打安流圩守敌，取得了胜利。事后，行动委员会负责人竟说古宜权不执行上级命令，说要枪毙他。古大存挺身而出，批评了行动委员会的错误做法。

1930年冬，古宜权随古大存在八乡山革命根据地坚持艰苦斗争。为了摆脱被动、挨打的处境，为位居潮阳、普宁、惠来三县交界的大南山革命根据地做好反"围剿"的准备，古宜权奉古大存的命令率领教导团400多人突围，历时一个多月，行程500里，转移到大南山，与红十一军四十九团会师。1931年1月，古宜权率领特务连到北溪山地，伏击全歼敌军一个排，缴获枪弹和白银一批，极大地鼓舞了大南山苏区人民的斗志。

后来，东江军委总结经验教训，停止执行"左"倾冒险主义，命令古宜权率教导团在紫金县温坑挑选100多名青年红军，组成西北游击队，配备驳壳枪100多支，轻机枪5挺，插入丰顺、五华、紫金、潮阳、普宁、惠来等地。他们时而化整为零，时而聚零为整，到处游击，协助苏区人民建设苏维埃政权，开展土地革命，并且筹措经费、枪弹，支援东江军委的军需补给。

1931年3月，西北游击队在紫金黄埔一带开展游击战，配合龙炮区联队夜袭黄埔，抓获大地主黄观莲，缴获枪弹、粮食和白银一批。

4月，西北游击队侦悉惠阳高潭圩驻敌一个连即将"进剿"龙炮苏区的情报后，古宜权、李英便会同龙炮区联队召开军事会议，决定在敌军来攻的必经之地石门沥，设伏歼灭敌人。游击队事先在山顶垒造木石，埋下伏兵。几天后，敌军果然来进攻，部队消灭了一个尖兵排20余人，缴获步枪100余支。接着，古宜权又指挥队员12人，化装成商人或挑夫到五华、陆丰交界的葵头嶂，消灭了打家劫舍的9名匪徒，为民除了一大祸害。

·············◦ 领导东江红军独立师第二团取得辉煌战果 ◦·············

1931年秋，红十一军改编为东江红军独立师，师长彭桂，下辖两个团，第一团团长由彭桂兼任，第二团团长古宜权。同年 10 月，敌张瑞贵、毛维寿两个师疯狂地向大南山进犯，古宜权采用迂回战术，在敌军屁股后面猛打，使敌人不敢冒险长驱直入。接着，古宜权又率队在惠来石头圩消灭了张瑞贵部一个连，又派出特务连配合西北游击队，在石头圩附近的狭窄山地上，设伏歼灭了毛维寿部一个营，取得辉煌战果。这是红军以少胜多、果敢制敌的战例之一。

1932 年 4 月，张瑞贵师又犯大南山。这次，古宜权派出驳壳枪连，驳壳枪连沿着自山顶弯曲而下的石溪直到山下，突袭敌军的后头部队。山顶红军两个连发起攻击，致使张瑞贵部首尾不顾，自相残杀。当他们弄清情况时，已死伤不少了。

7 月，古宜权率第二团在惠来活动时，用计巧妙除掉了以传教为名进行特务活动的德国神父。事前，他布置红军战士 100 余人化装成"白军"，自己化装成惠来县政府的"科长"，送上张瑞贵母亲做寿诞的请帖，邀神父赴宴。神父看不出破绽，随即坐上轿子，在"白军"护送下，落入了红军安排好的罗网。德国驻华大使闻讯，即向陈济棠要人。陈济棠慌忙派张瑞贵、余汉谋、香翰屏等头目率领军队不断"围剿"大南山。但这时红军已化整为零，踪影全无了，敌军扑了个空。

最后一颗子弹

1932 年 11 月 28 日，敌张瑞贵一个团配合反动警卫队共 1000 余人，突袭红军第二团驻地——普宁汤头村。红军哨兵被害，部队只得仓促应战，古宜权指挥团部 20 余人奋力抵抗。激战中，古宜权腿部受了重伤，仍沉着地指挥战斗，击退了敌兵 10 多次的冲锋。混战半天，最后只剩下团长古宜权、连长甘必新、勤务兵曾作华（10 多岁）三人。这时古宜权已身中数弹，他誓死不做俘虏，用剩下的一颗子弹，朝自己的胸膛射击，为共产主义事业献出了年轻的生命，年仅 28 岁。

（魏东海）

刘大刚（1906—1932）

——英勇顽强地开展斗争的大南山英雄

主要生平

刘大刚，乳名才庄，又名基严，广东省潮阳县深溪乡人。

- 1906 年，诞生于一个农民家庭。
- 1922 年，考入潮阳县东山中学。
- 1923 年，转学厦门集美学校，积极参加学生运动，成为学运的骨干分子。
- 1926 年，加入中国共产党。
- 1927 年春，被派往广州黄埔军校参加干部训练班学习。
- 1928 年 2 月 4 日，带领 200 多名工农革命军和赤卫队一举攻下乡公所和三处敌炮楼据点。
- 1929 年 6 月，任潮阳县九区苏维埃政府主席。是年秋，被选为县委委员兼任第二、第三区临时区委书记，潮阳县革命委员会主席。10 月，被选为潮普惠苏维埃政府副主席。
- 1932 年 11 月 19 日，因叛徒出卖被捕。11 月 23 日，在潮阳县陈店乡从容就义，时年 26 岁。

成为学运的骨干分子

刘大刚，乳名才庄，又名基严，广东省潮阳县深溪乡人，1906 年 5 月 14 日诞生于一个农民家庭，兄弟 6 人，他排行最小。父亲刘善滨在家乡南门开一家小药店，一面种田，一面行医卖药。因他甚讲医德故在乡中享有威信。刘大刚 7 岁时，开始在私塾读书。刘大刚学习认真，各科成绩优异，写得一手挺秀的毛笔字。课暇，他喜欢阅读五四运动后出版的进步书刊，碰到不懂的地方，经常请教老师，有一次老师问道："你为什么要读共产党的书？"他很有礼貌地回答："老先生不是说学海无涯，什么书都可以读吗？"

1922 年，他考入潮阳县东山中学，第二年，就转学厦门集美学校。他学习勤奋，而且受到革命思潮的影响，积极参加学生运动，努力寻求救国救民的真理，拥护孙中山的联俄、联共、扶助农工三大政策，积极投身反帝反封建的活动，成为学运的骨干分子。家乡掌握族权的豪绅地主闻悉后，非常气愤，便停止给他的公尝（族里用于祭祖的钱财）补助。这件事使刘大刚初步认识了地主阶级的本质。因之，更恨透了地主豪绅，他决心为贫苦大众翻身解放而积极投身革命运动。

回家乡搞农民运动

1926 年，刘大刚在集美加入中国共产党。1927 年春被派往广州黄埔军校参加干部训练班学习，他认真学习政治、军事。是年 4 月 15 日，国民党反动派在广州大肆屠杀共产党员和革命群众，封闭和解散进步报馆和学校，白色恐怖笼罩了广东全省。刘大刚被列为嫌疑分子，党组织便派遣他回家乡搞农民运动。

1927 年夏，刘大刚先到海丰与彭湃取得联系后，便回乡秘密串联农民，进行革命活动，向本乡及邻村的贫苦农民宣讲革命道理，发动他们参加农民协会。是年秋天，深溪乡的农民协会重新组织起来了，会员发展到 100 多人，选出刘才加、刘大刚、刘丰迳、刘崇焕、刘先德等为执委。8 月初，深溪乡农民协会在本乡公开打出犁头红旗，提出"减租减息"口号，农民欢欣鼓舞，奔走相告。

深溪乡农民协会重新建立，地主豪绅又怕又恨。他们立即组织民团（地主反动武装），并和陈店区署联防队勾结起来，荷枪实弹、气势汹汹，围攻农民协会。当时敌我力量悬殊，为减少损失，刘大刚、刘明合、刘才加（后逃南洋）等人组织赤卫队，在给予还击之后，带领骨干乘夜突围奔往大南山，继续组织武装队伍，坚持地下革命斗争。

1928年2月4日凌晨，刘大刚与张秉奎（后叛变）、黄道、刘明合等带领200多名工农革命军和赤卫队员，从大南山的圆山出发，直捣深溪乡，一举攻下乡公所和三处敌炮楼据点，解除了地主反动武装，逮捕了13名土豪劣绅，枪毙了罪大恶极的刘六喜、刘达元，刘庆辽、刘亚添"四霸"，没收了这四名恶霸的武器、粮食，收缴了乡公所所有的枪支弹药。此举不仅补充了军队的给养和改善了贫苦农民的生活，还大长了农民的志气，大灭了反动派的威风，革命的红旗再次在深溪乡的上空高高飘扬。这一仗促进了大南山边沿的乡村农民运动，苏维埃政权相继成立，到处呈现革命的气氛。

开展革命武装斗争

为了巩固新生红色政权和扩大政治影响，刘大刚多次率领赤卫队配合红军，夜袭陈店等敌据点，迫使反动军队龟缩在碉堡里，不敢随便出来为非作歹。

1928年春，蒋介石为扑灭轰轰烈烈的农民运动，派徐景棠部配合地方警团进犯大南山。刘大刚和黄道、陈开芹、刘明合等带领游击小组，经常化装到汤坑、大长陇、仙城、两英、沙陇、下尾欧一带刺探敌情，张贴标语，发动群众，袭击敌军。经过三个多月频繁出击，给予敌人严重打击之后，刘大刚便率领队伍撤上大南山潘岱、迭石一带。

1928年夏秋间，刘大刚会合普宁马达进等在迭石村一带坚持斗争。次年春，国民党军洪四汤部拼凑了潮阳反动军警、各区乡地主武装共五六百人，分三路从潮城、普宁、惠城大举进犯苏区，妄图闯入南山的林者世抢粮烧村庄。刘大刚闻悉之后，立即组织赤卫队及机关保卫人员共二三百人，在赤放村边的高山上伏击从潮阳方面来犯之敌人。当敌军进入赤卫队的伏击圈时，刘大刚命令赤卫队集中火力打击敌人，顿时土地雷、土炸炮及长、短枪弹一齐轰鸣，打得敌军手忙脚乱，丢盔弃甲。战斗至黄昏结束，打死打伤敌军六七十人。

1929 年 6 月，刘大刚任潮阳县第九区苏维埃政府主席。是年秋，被选为县委委员兼任第二、第三区临时区委书记以及潮阳县革命委员会主席，在1930 年 10 月潮阳、普宁、惠来三县合并后，被选为潮普惠苏维埃政府副主席。

1930 年春，国民党军头目毛维寿派岱载率部及各县反动武装 2000 多人，向大南山林招进犯，妄图报复。刘大刚等领导人为配合红十一军第四十七、第四十九团痛击进犯林招之敌军，在牛角垱摆开战场，杀得敌军伤亡惨重。

冒险解决大南山红军给养问题

1930—1932 年间，刘大刚为了有力痛击敌人和解决大南山红军给养等问题，常化装成农民亲自下乡刺探敌情，经常到谷饶、贵屿、沙陇、大长陇、下尾欧等乡地下联络站检查工作和征枪借粮，闯过了不少险关。

1932 年夏，国民党独立第二师师长、潮普惠"剿共"司令张瑞贵采用"三光"（抢光、烧光、杀光）政策，妄图扑灭大南山的革命烈火，但屡战屡败。因此，张瑞贵开始改变反革命策略，一面实行保甲连坐兼行招降纳叛，一面出死力拼凑地主武装，封官赐爵，配合匪军"合剿"红军。此外，还出布告绘刘大刚肖像，悬赏花红光洋 2000 块通缉。这时，大南山红军、赤卫队经过频繁战斗，虽歼灭了大量的敌人，但损失很大，粮食、枪支弹药紧缺，形势日益险恶。为了解决给养问题，刘大刚经常化装下山，于夜间秘密转运枪支弹药和粮食。

从容就义

1932 年 11 月 19 日到谷饶乡接洽取枪之事时，为叛徒所出卖，驻陈店的敌军连长洪四英和联防队长陈玉波等纠集带领 300 多人前来围捕。刘大刚发现住宅被锁，知道有变，便立即跳上楼棚，用头部顶破屋瓦爬出，从屋上跳下，因腿部受伤便就近隐蔽起来，天亮后，被敌人发现。在四面受围的情况下，刘大刚与敌人进行了英勇博斗，最后两支驳壳枪的子弹也全都打光了，才被敌人逮捕。当押解至贵了屿崎桥时，他乘机跳下练江，但因全身被捆，潜水受阻，游得不远，即被敌人用铁钩拖上水面。敌军对他钉上脚镣，秘密囚禁于陈店乡的炮楼上。陈玉波穷凶极恶地指挥匪徒用铁线穿掌心的酷刑折磨刘大刚。尽管敌人严刑拷打，也丝毫动摇不了刘大刚的革命意志，无法使他吐露党的一点秘密。敌人觉得用硬的一套无法使刘大刚屈服，便改用软的手法进行诱降，反动县长陆桂芳亲自出马，许以高官厚禄，刘大刚断然拒绝。陆桂芳又大谈他们的所谓"三民主义"，刘大刚却理直气壮地用共产主义真理和列举敌人穷凶极恶压迫人民的事实进行驳斥，使陆桂芳理屈词穷，无言以对。最后，刘大刚坚定地表示："我也只有一个主义，就是为共产主义而奋斗终生！"陆桂芳只好假惺惺地摇头叹息道："潮阳又将损失一位有用的人才了！"

敌人对刘大刚软硬兼施的阴谋失败后，便决定杀害他。11月23日，刘大刚在潮阳县陈店乡从容就义，年仅26岁。

深溪乡豪绅地主为恐吓革命人民和巩固其反动统治，在烈士殉难的当天便砍下烈士的头颅，悬挂于深溪北门沙滩的电线杆上"示众"。第二天他们又把烈士的头颅缚挂于竹竿上，到两英圩"游行示众"。但是革命的烈火没有被扑灭，革命的人民没有被吓倒，他们继承刘大刚的遗志，更加英勇顽强地开展斗争。

● 英烈口号 ●

"我也只有一个主义，就是为共产主义而奋斗终生！"

● 英烈精神 ●

为贫苦大众翻身解放和民主革命事业英勇顽强地开展革命斗争的革命精神；面对反动派，大义凛然、不为利诱、不怕牺牲，丝毫不动摇的革命意志和坚贞不屈的革命精神。

（洪笃生　刘匡人）

刘琴西（1896—1932）

——点燃革命星火照亮紫金山

主要生平

刘琴西，原名尔奎，广东省紫金县人。

- 1896 年，出生于紫金县紫城镇的一个书香之家。
- 1913 年，进入紫金县立第一高等小学读书。
- 1916 年，进入位于广州东山石马岗的农林学校读书。
- 1919 年，在紫金县城和进步青年一起，到街头演说，教唱歌曲，焚烧日货，捉奸商游街等，积极投身反帝爱国运动。
- 1921 年，进入广东宣讲员养成所学习。
- 1922 年，加入中国共产党。在紫金县城建立青年团的外围组织——新学生社紫金分社，又开办紫金劳动夜校。
- 1924 年，从事工人运动，负责工会工作。
- 1925 年春，被委任为海丰县汕尾市政局局长。领导建立汕尾市总工会。不久，调任陆丰县长。
- 1926 年，主持省港罢工委员会汕头办事处。4 月，和东江地区党的领导人一起成立了中共东江特委，回到紫金，准备暴动。5 月 1 日，任紫金县人民政府正主席兼任县农军正指挥。5 月中旬，任海陆惠紫农军大队总指挥。

- 1927 年，任工农讨逆军总指挥。10 月 12 日，任工农革命军海陆惠紫集团军总指挥。11 月 8 日，在海陆丰协助彭湃筹建苏维埃政权。
- 1928 年 11 月，成立龙川革命委员会，领导农民打土豪、抗租税，不久，合编为东江工农革命军第一军，挂军长衔。
- 1930 年，任中共海陆紫县委书记，后又调任中共闽粤赣西北分委书记。
- 1932 年，被港英当局逮捕，押赴广州，后被广东反动当局秘密杀害于珠江河畔的南石头监狱，时年 36 岁。

自小有反抗精神

刘琴西的父亲是清政府的拔贡，在家以执教为生。刘琴西兄弟姐妹共 6 人，他自小个性倔强，有反抗精神。辛亥革命胜利时，紫金县城的学生掀起了剪辫运动。正在读私塾的刘琴西才 15 岁就积极参加了这一运动。他自己剪辫后，还手持剪刀，和几个同学一起，守候在紫金县城的马路口，对进城赶圩的人进行宣传，并动手剪辫。

1913 年，刘琴西进入紫金县立第一高等小学读书。学校的膳食一塌糊涂，有两个学生打破碗碟表示不满，校方竟贴出布告，给予开除学籍的处分。刘琴西挺身而出，带领同学闹学潮，反对学校当局的无理决定，最后迫使校方收回了处分。1915 年底，蔡锷反袁的消息传到紫金，刘琴西十分高兴，和进步同学一起到校外宣传，他高声诵读《讨袁檄》，还说："洪宪，洪宪，今天要红现！"表示要用流血斗争讨伐窃国大盗袁世凯。

1916 年，刘琴西高小毕业后，和另一同学因成绩优异而被选送到省城广州，进入东山石马岗的农林学校读书。毕业回乡后，刘琴西的工作没有着落，无法发挥所学专业知识。

探讨革命问题

1919 年，在五四运动的影响下，他在紫金县城和进步青年一起，到街头演说，教唱歌曲，焚烧日货，捉奸商游街等，积极投身反帝爱国运动。

刘琴西与在广东省立第一甲种工业学校读书的弟弟刘尔崧保持密切联系。1921 年，刘琴西进入广东宣讲员养成所学习，还结识了阮啸仙、周其鉴、张善铭等人，和他们一起学习马克思主义，探讨中国革命的问题。同年，刘琴西加入中国社会主义青年团，和彭湃等人参加青年团发起组织的白话剧社，排演过社会新剧《碧海磷香》。

开展革命活动

1922 年，刘琴西加入中国共产党。入党以后，刘琴西回到家乡紫金开展革命活动。他和赖炎光、刘春（刘乃宏）等人在紫金县城建立了青年团的外围组织——新学生社紫金分社，很快就发展了 100 多人。接着他们又开办了紫金劳动夜校，学员有 50 多人，主要是城内的手工业工人。新学生社和劳动夜校的建立，为紫金的革命运动培养了一批骨干。

1924 年国共合作以后，刘琴西从事工人运动，负责工会工作。他经常和彭湃、林苏、杨匏安等来往。

1924 年 10 月，在英帝国主义支持和策划下，以买办陈廉伯为首的广东商团叛乱。10 月 15 日凌晨，工团军、黄埔学生军、农民自卫军在广东革命政府指挥下，分几路向叛乱的商团军反击，刘琴西参加了平叛战斗。经过几小时的激战，取得了胜利。在平定商团叛乱的斗争中，刘琴西英勇顽强，立下了战功，受到了表扬。

木屐市长

广东革命政府为了讨伐盘踞在东江的军阀陈炯明，在 1925 年春举行了第一次东征。攻克海丰后，刘琴西被委任为海丰县汕尾市政局局长。他与林苏率领的农讲所武装考察团同行，由广州乘船到海丰。在番罗岗登陆后，一路上，他们分队演讲，冒雨步行 200 余里才到汕尾。"促农民组织农会，工人组织工会，农工联合，打倒帝国主义，打倒陈炯明。"刘琴西演说时慷慨激昂，群众受到极大鼓舞。

汕尾是海丰的重镇，长期在陈炯明的控制下，情况十分复杂。刘琴西到任后，与李劳工、林俊材等马上开展工作。他穿着木屐，挨家串户，访问群众，做宣传发动工作，群众亲切地称他为"木屐市长"。不到两三个月时间，他就访问了约三分之一的人家。在刘琴西的帮助下，各行各业的工人组织起了工会，并建立了汕尾市总工会。

汕尾的"刘青天"

刘琴西到汕尾后抓的另一件大事是：整顿治安，严禁"三馆"（赌馆、烟馆、妓馆）。他运用革命军东征的声威，颁布禁令，大刀阔斧地进行整顿。这一工作震动很大，有一个姓林的恶棍，带上 200 块大洋去找刘琴西，要求他收回禁令。刘琴西不仅严词拒绝，还把这个前来行贿的恶棍拘捕起来，并戴高帽游街。他这种铁面无私、雷厉风行的作风，震慑了坏人，刹住了歪风，使汕尾的治安面貌迅速改观，老百姓无不拍手称快，称赞刘琴西是"刘青天"。

不久，刘琴西被调任为陆丰县长，接替积恶心虚、害怕彭湃率队前往查处而私逃的右派县长徐健行的职务。刘琴西到陆丰后，立即制定了建设新陆丰的计划。但因滇桂军阀杨希闵、刘震寰叛乱，东征军回师广州，陈炯明部乘机反扑，重新占据海陆丰，刘琴西建设新陆丰的计划无法实现。

领导海陆紫武装暴动

1925年冬，刘琴西随第二次东征的革命军回到陆丰。不久，又调往汕头工作。东征胜利后，周恩来担任东江各属行政委员，任命刘琴西为东江各属巡视员，到东江各地巡视检查工作。

1926年，刘琴西主持省港罢工委员会汕头办事处，与汕头市总工会委员长杨石魂一起，深入发动汕头地区的工人群众，援助省港大罢工，给英帝国主义和港英当局以沉重的打击。

1927年广东发生四一五反革命政变后，全省都处在白色恐怖中，刘琴西的弟弟刘尔崧也被国民党反动派所杀害。为了反抗蒋介石和国民党反动派的屠杀政策，刘琴西和东江地区党的领导人张善铭、杨石魂一起，根据中共广东区委的指示，重整旗鼓，成立了中共东江特委，决定于4月30日夜，在海丰、陆丰、紫金三县同时发动武装起义。

4月下旬，刘琴西秘密回到紫金县城，立即和共产党员钟灵、刘乃宏、戴耀田、钟一强等密商，研究具体的暴动计划，钟灵、刘乃宏均是紫金县的第一批党员，曾在广州农民运动讲习所学习。第二次东征时，他们随军回到紫金，分别担任紫金县的党、团特支书记，刘乃宏还在国民党紫金县党部当书记，掌握有30多名武装人员。刘琴西和钟灵、刘乃宏等研究后，决定以刘乃宏所掌握的国民党县党部（在谭公庙）作为暴动的指挥部，立即派人到各乡联络农民自卫军，包围县城。这时，敌人已得知刘琴西回县城的消息，反动县长郭民发便立即派出特务，四处进行搜捕。而有些乡的农军接到围攻县城的通知后提前集结了。箭在弦上，不得不发。根据这些情况，刘琴西等人毅然决定：提前于 4 月 26 日暴动。

4 月 25 日夜晚，农军领导人集中在紫金县城外的谭公庙开会。刘琴西首先作了简要的发言。他说："蒋介石很坏，郭民发也很坏，我们的枪口就是要对准他。今晚，就要捉郭民发"，"把郭民发的枪缴过来，把紫金县政府夺过来。"接着，刘乃宏介绍敌方的武装力量，部署战斗。正当打二更鼓的时候，突击队员们潜入县政府，一个小时左右就干脆利索地结束了战斗，逮捕了在睡梦中的郭民发及其亲信 10 余人。随后，打开监狱，释放了全部在押犯人。

4 月 30 日，海丰、陆丰的武装暴动也取得了胜利。在中共东江特委领导下，海丰、陆丰、紫金于 5 月 1 日同时举行大会，建立人民政府。紫金的万人大会在娘娘庙坪召开，大会由刘琴西主持，他宣读了《起义宣言》，正式宣告成立紫金县人民政府。刘琴西和戴耀田分任县人民政府的正、副主席，二人同时还兼任县农军的正、副指挥。

领导工农讨逆军

海陆紫武装暴动胜利后，国民党反动派马上派出重兵，并纠集地主民团进行镇压。在敌强我弱的形势下，刘琴西率领农军于 5 月 8 日转移到远离县城的边远山区炮子一带活动。5 月中旬，刘琴西率领的农军与林道文带领的部分农军（主力已由吴振民带领北上）、张佐中带领的惠阳高潭农军在海陆惠紫边界的中洞山区会合。各路农军合编成为海陆惠紫农军大队，由刘琴西任总指挥，林道文任副总指挥。

6 月，中共东江特委机关也转移到了中洞。在特委的直接领导下，刘琴西指挥农军在中洞周围的激石溪、罗峰、黄羌、麻竹、朝面山、苦竹围、高潭、炮子一带流动作战，筹粮、筹款、打击敌人，使中洞山区成为农军可靠的立足点。

1927 年武汉发生七一五反革命政变之后，中共东江特委在中洞村的大沙坝召开了群众大会，声讨蒋、汪两逆叛变革命的罪行。同时将海陆惠紫农军大队改编为工农讨逆军，下辖 6 个大队，仍由刘琴西、林道文分任正、副总指挥。

八一南昌起义军南下后，中共中央南方局指示东江特委迅速组织暴动，接应起义军。刘琴西率领主力前往攻打陆丰。在陆丰党组织和农民群众配合下，9月7日，攻占了大安镇，活捉敌巡官。接着，刘琴西化装成乞丐到陆丰县城东海镇进行侦察，看到敌兵虚少，人心惶惶，在第二天即率军迅速向东海镇挺进，守城敌军见势不妙，慌忙弃城逃跑。

占领陆丰后，刘琴西率部又直指海丰，与林道文部会合后，决定于9月16日分三路合攻海丰县城。是日凌晨，刘琴西在东山指挥工农讨逆军占领车站，在赤山的农民支援下，给守军万炳臣部以沉重打击。敌军妄图负隅顽抗，终因"军心动摇，锐气已失，不堪再战"，只得"拔队宵行"。9月17日，刘琴西、林道文、陈舜仪等先后入城，建立了海丰临时革命政府。

中洞改编

海陆丰第二次武装起义胜利后，东江特委已逐步意识到建立根据地的重要性，为此，东江特委将没收来的金银、布匹、粮食和医药用品运往中洞根据地，充实了后方的物资储备，以预防敌人的封锁，迎接八一南昌起义军的到来。

南昌起义军在潮汕失利后，大部分退往海陆丰。起义军转战千里，疲劳不堪，战士又多属外省籍，人地生疏，语言不通，士气比较低落。刘琴西和林道文等受党组织的委托，率领群众，挑着大米，抬着肥猪，前往迎接。1927年10月12日起义军到达中洞，与当地武装会合。起义军在中洞改编为工农革命军第二师，由董朗任师长，颜昌颐为党代表。工农讨逆军则改编为工农革命军海陆惠紫集团军，仍由刘琴西任总指挥。在欢迎起义军和工农革命军改编的大会上，刘琴西代表东江人民致辞，热烈欢迎起义军。

协助建立海陆惠紫的苏维埃政权

工农革命军第二师建立后，党的武装力量增强了，又值国民党反动派内部的矛盾日趋尖锐，张发奎和李济深发生冲突，张发奎解散了驻惠州的胡谦部队，胡谦被乱枪打死，中共东江特委决定利用这一有利时机，发动第三次武装起义。

1927年10月下旬，刘琴西参与领导海陆丰第三次武装起义。在黄羌战斗中，他和林道文一起亲临阵地指挥，打败了戴可雄等部匪军。工农革命军第二师和农民武装顺利占领了海陆丰。11月8日，彭湃受党中央指示回到海陆丰，筹建苏维埃政权。刘琴西积极协助彭湃工作。11月中旬，惠阳高潭区、陆丰、海丰先后召开了工农兵代表会议，分别建立起苏维埃政府。12月1日，紫金县苏维埃政府也宣告成立。在11月18日海丰全县工农兵代表会议上，刘琴西代表东江革命委员会致辞祝贺。

海陆惠紫的苏维埃政权建立以后，决定扩大苏维埃区域，拔除封建势力的据点。1928年1月，刘琴西指挥农民武装配合董朗率领的红二师共3000多人围攻离中洞不远的南岭，经过猛烈攻打，最后用装满炸药的棺材推入地道，爆破攻坚，终于攻克了这个封建堡垒，击毙地主民团400多人。在斗争中，苏维埃政权进一步发展壮大。

东征西讨

1927年12月，广州起义部队整编为中国工农红军第四师后，也撤退到海陆丰地区，与红二师会合，进一步增强了苏维埃政权的武装力量。在这种革命形势下，刘琴西斗志更为旺盛，不知疲倦地工作。他原来就患有哮喘病，不时发作。但他不顾个人健康，仍然率领红二、红四师，转战在海（丰）陆（丰）惠（阳）紫（金）五（华）地区。在以彭湃为首的东江特委的领导下，刘琴西东征西讨，扫除反动势力，为苏维埃政权的建立、巩固和发展，立下了汗马功劳。

1928年1月8日，陆丰反动地主武装白旗队反扑，占据了陆丰县城东海镇，屠杀了几十名共产党员和革命群众。1月13日，刘琴西率领部队精锐200余人进行反攻，在当地农民武装配合下，把白旗队打得狼狈逃窜，退走博美。部队追敌至上埔乡时，因内奸策动反革命暴乱，受到很大损失，白旗队又乘机再度攻陷陆丰县城。彭湃率红四师前来救援，刘琴西指挥部队紧密配合，终于歼灭了白旗队的反革命暴乱，陆丰的局势遂转危为安。

东江工农革命军第一军

1928年2月，广东军阀内争稍息，又纠集在一起向海陆丰苏维埃区域进攻，他们分兵四路扑向革命根据地。刘琴西和东江特委的其他领导人一起带领群众为保卫苏维埃政权而战斗。由于敌强我弱，革命根据地军民虽经浴血奋战，给来犯之敌以重大杀伤，但仍无法击退敌人，不得不退出海陆丰地区。不久，中洞根据地也失陷了。刘琴西和彭湃等东江特委领导人也转入了艰苦的游击战争。

1928 年 3 月，刘琴西和罗屏汉、刘光夏等到龙川，在赤岗大塘肚建立了东江革命委员会龙川大同盟，并组织起区联队展开武装活动，收缴了大批地主武装，建立了东江游击大队及农民赤卫队 2000 余人，并于 11 月在大塘肚成立龙川革命委员会，积极领导农民打土豪、抗租税。不久，刚组成的革命武装又会合了四甲、坪田的农军（400 多人），合编为东江工农革命军第一军，由刘琴西挂军长衔。

马布遇险

当时正是革命低潮时期，环境艰苦，斗争也更加尖锐复杂。为了解决八乡山根据地经济的急需，一天晚上，刘琴西负责将 200 块大洋赶送根据地，大塘肚区联队派游击队员骆某（绰号叫"野螺"）护送。当"野螺"知道刘琴西带的是大洋时，便起歪心，在马布过河时，他突然把刘琴西打昏在地，搜走大洋，又用河砂把刘琴西掩埋在河沟里，旋即回队谎报完成了护送任务。刘琴西被打成重伤，但没有死，受到湿润的河砂刺激，又慢慢苏醒过来。他忍着疼痛，爬一段，走一段，终于赶到园田交通站。刘琴西去信揭露事情真相后，处决了坏蛋"野螺"。

壮烈牺牲

1930 年，刘琴西任中共海陆紫县委书记，后又调任中共闽粤赣西北分委书记，坚持在西北山区活动。1931 年 8 月，刘琴西调到香港，不久又调往上海搞地下工作。长期紧张的斗争令刘琴西积劳成疾。1932 年，党组织让他回香港治病。回港之后，他被紫金县原反动县长洪砚香发觉。洪砚香马上勾结港英当局将刘琴西逮捕，旋即将他押赴广州。广东反动当局对刘琴西软硬兼施，严刑拷打，又以大官、金钱、美女引诱，刘琴西不为所动。反动派阴谋失败，乃将刘琴西秘密杀害于珠江河畔的南石头监狱，牺牲时年仅 36 岁。

英烈语录

"洪宪，洪宪，今天要红现！"

"促农民组织农会，工人组织工会，农工联合，打倒帝国主义，打倒陈炯明。"

英烈精神

铁面无私、雷厉风行的革命作风，深入群众的务实精神，艰苦奋斗、视死如归的革命精神。

（熊泽初　钟声　罗可群）

潘兆銮（1902—1932）

——生命不息，斗争不止

潘兆銮，又名少庭，字侠夫，广东省顺德县人。

- 1902 年出生，自幼侨居日本。
- 1920 年，在广州铁路南站当司磅员，后来调到车务处当文书，积极投身工人运动。
- 1922 年，加入中国共产党。同年任广州铁路车务同业工会执委，在铁路建立团的外围组织——新学生社。
- 1924 年初，任粤汉铁路总工会执行委员兼总秘书，负责处理工会的日常工作。5 月，被选为广州工人代表会议执委兼西关工人代表会议执行委员会主席，还被任命为国民党广州市第十区党部委员兼第五分部书记长。
- 1925 年初，在国民党中央组织部当干事，不久，又调到国民党广东省党部任组织部干事，并被任命为国民党广东省党部南路特别委员会（筹备）主席。6 月，被选为粤汉铁路总工会执委兼总秘书。10 月 22 日，担任国民党广东省南路特别委员会主席。同时又以中共广东区委特派员身份，主持建立北海市第一个中共组织。
- 1926 年秋，担任国民党广州市党部秘书。

- 1927 年 8 月，任中共中央南方局下设军事委员会和肃反委员会的秘书。
- 1928 年，东渡日本，成立中共横滨支部，担任支部书记。
- 1929 年底，在中山县三乡平岚小学当教师，以教学为掩护，秘密进行革命活动。
- 1930 年夏，被国民党反动派逮捕。
- 1932 年 3 月，在广州市红花岗壮烈牺牲，时年 30 岁。

接受新思想开展工人运动

潘兆銮出生刚几个月,父母亲相继逝世,由其在日本做工的三叔收为养子,自幼侨居日本。潘兆銮在横滨中华学校读书期间,正值俄国十月革命取得了胜利,马克思主义在日本广为传播,他开始阅读一些马列著作和介绍十月革命的书报,还结识了杨匏安、杨殷等进步青年,思想开始倾向进步。1919年回国后,受到五四爱国运动的影响,在广州参加了社会主义研究小组,接触到中国社会的实际,进一步接受了新思想,开始立志为改造中国社会而努力奋斗。

有一次,他回到家乡,潘氏的族长要他在祠堂摆"开灯"酒认亲,潘兆銮坚决拒绝。族长认为他触犯了族规,遂把他开除出潘氏族门。1920年,潘兆銮在广州铁路南站当司磅员,后来调到车务处当文书,积极投身工人运动。1922年,潘兆銮由工运骨干黄裕谦介绍,加入中国共产党。这时,一部分工人为了抵制黄色机器工会的控制,正在筹备成立一个真正代表工人利益的车务同业工会,潘兆銮积极参与这项工作。初时,广东当局不让这个进步工会立案,潘兆銮就同工人一起坚持斗争,终于得到批准,广州铁路车务同业工会正式成立,潘兆銮被选为执委,负责对外联络工作。同时,潘兆銮还积极做组织和发展社会主义青年团的工作,在铁路建立团的外围组织——新学生社。后来他作为铁路工会的代表参加了广东总工会的领导工作。当时,广东总工会仍采取封建行会的会长制,由少数人操纵工会事务。为了改变这种状况,他积极提议把会长制改为委员制,按照民主集中制的原则产生工会的领导机构和决定工会的重大问题。由于这个变革对已霸占了总工会正副会长职务的黄焕庭、陈森等黄色工会的头目不利,遭到了他们的强烈反对,他们利用职权打击排斥潘兆銮。不久,潘兆銮就被迫辞去了广东总工会的领导职务。

1923年2月初,京汉铁路总工会在河南郑州召开成立大会,潘兆銮以粤汉铁路工会代表的身份前往参加。这次京汉铁路总工会成立大会因遭到了直系军阀吴佩孚的镇压而爆发了著名的二七大罢工,潘兆銮历尽艰险返抵广州后,立即召开工人大会,报告京汉铁路工人总罢工的经过,愤怒揭发和声讨反动军阀吴佩孚之流的罪行,号召工人以实际行动支援京汉铁路工人的正义斗争。工人非常气愤，纷纷捐款援助京汉铁路工人。为了加强工人的团结，潘兆銮还提出成立粤汉铁路总工会筹备处的建议，得到大会的通过，他被推选为筹备处的负责人。最初，当局不让立案，潘兆銮便率领工会代表前往谒见孙中山大元帅，立即得到孙中山的批准。孙中山还写了"各尽所能"四个大字的横匾赠送给工会，以表示对粤汉铁路总工会的支持和勉励。1924年初，粤汉铁路总工会成立，潘兆銮被选为执行委员兼总秘书，实际负责处理工会的日常工作。

领导广州工代会

国共合作之后，革命形势蓬勃发展，潘兆銮的工作也更繁忙了。他根据党组织的决定，以个人身份加入了国民党，除与杨殷、杨匏安，杨章甫（杨士端）等积极领导粤汉铁路总工会外，还经常随同邓中夏参加各种会议当翻译。1924年初，他受党的委派，负责筹备成立广州西关工人代表会议（简称"工代会"）的工作。同年5月，广州工人代表会议胜利召开，刘尔崧当选为广州工代会执行委员会主席，潘兆銮被选为执委兼西关工代会执行委员会主席。他还被任命为国民党广州市第十区党部委员兼第五分部书记长。杨殷、杨章甫是第十区党部的主要负责人。

反动头目陈森所控制的黄色工会——广东总工会和广州机器工会非常仇视广州工代会，他们组织了一批流氓、打手进行破坏和捣乱，见到工代会的成员就打，工代会召集会议，他们就进行破坏，还企图暗杀工代会的领导人。为了对付这帮无赖之徒，做好安全保卫工作，广州工代会也组织起纠察队，由潘兆銮负责领导。潘兆銮请了两个拳师帮助训练纠察队，做好办公地点和工会领导人的安全保卫工作。

1924年，由于苏联同中国正式签订了《中俄解决悬案大纲协定》，苏联政府宣布无条件废除帝俄时与中国签订的一切不平等条约，从而迫使其他帝国主义也不得不退还八国联军侵华战争时所攫取的一部分庚子赔款。为了争取这笔款子用于发展对国计民生有益的建设事业，潘兆銮便代表粤汉铁路总工会建议把这笔款项用于修建粤汉铁路韶关至武汉段，这一建议获得了批准，政府决定拨给一半的"赔款"作为修建粤汉铁路的工程费用。这一喜讯传出后，工人群众欢欣鼓舞，潘兆銮的威望也更加高了。

1925 年 6 月，滇桂军阀杨希闵、刘震寰叛乱，潘兆銮根据党的指示，协助杨殷、刘尔崧等领导铁路工人罢工。他亲自组织和指挥机车工人把火车零件拆下埋藏起来，以断绝叛军的后勤支援。平定杨、刘叛乱之后，粤汉铁路总工会进行改选，潘兆銮仍被选为执委兼总秘书。

领导南路各县市国民党和中共组织的组建工作

1925 年初，潘兆銮被调到国民党中央组织部当干事。不久，他又调到国民党广东省党部任组织部干事，并被任命为国民党广东省党部南路特别委员会（筹备）主席，前往南路开展工作。经过一段时间的筹备工作后，于 1925 年 10 月 22 日正式成立了国民党广东省南路特别委员会，潘兆銮担任委员会的主席，积极领导南路各县市国民党的组建工作。在这同时，他又以中共广东区委特派员的身份，认真抓好南路各县市中共组织的创建工作。北海市第一个中共组织就是在潘兆銮亲自主持下建立的。直到 1926 年秋离开南路时止，一年多来，潘兆銮对南路各地国民党的改组和共产党的组建方面都作出了重要的贡献。这对领导和动员群众支援国民革命军南讨邓本殷反动军阀、巩固和扩大广东革命根据地起了积极的作用。1926 年秋，潘兆銮调回广州，担任国民党广州市党部秘书，掌管大印及负责处理党务等工作。1927 年 4 月 15 日，广东国民党反动派发动反革命政变。当日上午，潘兆銮与两位同志正在他家中商量应变事宜，突然闯进穿灰色制服的 4 个人，要他交出市党部的大印，潘兆銮霍地站起来取出手枪往桌上一放，便厉声说："要印没有，要枪请便！"那 4 个家伙看到势头不对，便灰溜溜地走了。潘兆銮等人当机立断，立即转移去澳门。潘兆銮到澳门后，根据党的指示，把爱人黄琼等接来，以家庭作为掩护，联络从广州撤退来港澳的同志。

策应广州起义

1927 年 8 月 7 日，中共中央在武汉召开紧急会议，总结经验教训，确定了土地革命和武装反抗国民党反动派的总方针。8 月 11 日，中共中央临时政治局决定成立中共中央南方局，继续领导南方各省人民举行武装起义。在周恩来等未到之前，由张太雷、杨殷、黄平组织临时南方局，负责准备并指导暴动及一切政治军事事宜。临时南方局下面设有军事委员会和肃反委员会，杨殷被任命为这两个委员会的主席，潘兆銮为这两个委员会的秘书，协助杨殷开展工作。潘兆銮在澳门的家就成为党的秘密机关。

八七会议后，在杨殷和潘兆銮的主持下，于澳门一家酒店召开第一次的军事委员会和肃反委员会的联席会议，研究贯彻八七会议的具体方案。在这期间，潘兆銮还主办党的机关报《南风》，他写了不少文章登在这张小报上，揭露国民党右派叛变革命、大肆屠杀共产党人和革命群众的罪行，号召人民起来反抗国民党反动派的统治。在广州起义前夕，潘兆銮积极筹集物资弹药和款项，做好后勤的支援工作，并参加调动各县农军赶赴广州策应起义的工作。起义时，因工作需要，潘兆銮留在澳门，没直接参加起义。广州起义失败后，潘兆銮于1928年东渡日本，与中共东京总支部取得联系。后来被派到横滨工作，以中华会馆秘书的公开身份，在侨胞中积极从事革命活动，秘密成立了中共横滨支部，潘兆銮担任支部书记。1929年底他从日本回到香港，找到了党组织，并经杨章甫的介绍，回到中山县三乡平岚小学当教师，改名为彭平波，以教学为掩护，秘密进行革命活动。

视死如归的英雄气概

1930年夏，潘兆銮去香港向组织汇报工作。有一天，他与友人在油麻地一间茶楼饮茶，为坏人所发觉，跟踪到中山县向敌人告密。潘兆銮回到中山不久，就被国民党反动派逮捕，关押在石岐监狱，然后转移到广州市仓边监狱。

潘兆銮身陷囹圄之后，并没有因此而悲观失望，而是在新的条件下采取新的方式继续坚持革命斗争，真正做到生命不息、斗争不止。他以坚强的意志忍受着敌人给他造成的肉体上的痛苦，但他毫不屈服。他在关押期间，还继续领导难友们与敌人作斗争。首先是制造了政治犯和刑事犯打架的事件，迫使监狱当局不得不实行政治犯与刑事犯分监。分监之后，他在政治犯中物色一些坚定分子，秘密成立了一个小组织，领导狱中难友与敌人作斗争。这个组织中有的人负责保卫，有的负责生活，潘兆銮则负责宣传和联络。他经常通过讲故事、教唱歌、教日语等方式，向难友们讲革命道理，鼓励大家要坚持革命气节。对新进来的难友，他又热情地接近他们，勉励他们坚持斗争，并告诉他们如何对付敌人的"堂审"等等。

国民党反动派见潘兆銮英勇不屈，终于下毒手了，判处他死刑。临刑前，他镇静地向难友们告别，鼓励大家要坚强，继续斗争，争取出去。要求他们出狱之后转告其爱人黄琼，不要难过，潘兆銮并没有虚度此生，望她抚养好孩子，长大后继承父志。并把自己剩下的全部物品分给难友们，说："别益了他们（即不要为敌人所得）。"充分表现了一个共产党员视死如归的英雄气概。难友们无不为他崇高的革命品质所感动。

1932年3月的一天，潘兆銮在广州市红花岗壮烈牺牲，年仅30岁。就义前，他高呼"打倒国民党反动派！""中国共产党万岁！"等口号。后来由赤卫队员辛叔带着潘兆銮年仅10岁的儿子潘达去收尸，偷偷运到马蹄岗草草掩埋。新中国成立后，人民政府将烈士的遗骸迁葬于广州市银河公墓。

● 英烈精神 ●

生命不息、斗争不止的革命斗争精神，不怕牺牲、视死如归的共产党员气概。

（胡提春）

余道生（1902—1932）

—— 遂溪农民运动领导人之一

余道生，广东省遂溪县余村人。

- 1902 年，出生于一个贫苦农民家庭。
- 1925 年夏，参加雷州青年同志社，同年加入中国共产党。入社后，被派往余村等地从事农运工作，组建农军队伍，被推为农会和农军领导人。
- 1927 年 5 月 19 日，与黄广渊等人发动海山农民武装暴动。6 月，任农军中队长。
- 1928 年 9 月，率农军在介炮区斗伦登陆，夜克遂溪县城，开仓济民，打开监狱，放出被监人员，处决一批首恶分子。
- 1932 年 11 月 5 日，在战斗中壮烈牺牲，时年 30 岁。

被推为农会和农军领导人

余道生，广东省遂溪县余村人。1902 年 4 月生于一个贫苦农民家庭。他在小学时就喜欢阅读进步书刊，进行革命宣传。

1925 年夏，韩盈、黄广渊等人由中共广东区委派遣，从广州秘密潜回雷州半岛地区开展革命活动。余道生知悉后，主动找曾经在乐民小学同学的黄广渊联系，要求分派工作。经黄广渊介绍，余道生参加了雷州青年同志社，同年加入中国共产党。余道生入社后，被派往余村等地从事农运工作。他善于做群众工作，关心群众疾苦，因而深得当地农民的爱戴和支持。贫苦农民纷纷加入了农会组织，组建了农军队伍。余道生被推为农会和农军领导人。

发动农民武装暴动

余道生的革命行动引起了国民党顽固分子的恐慌。1927 年四一二反革命政变后，遭到敌人通缉。敌人多次派兵包围他的家，把其父母、兄弟捆绑吊打，严刑逼供，还纵火烧屋。其弟惨死于敌人的酷刑，父母被打得遍体鳞伤，他有幸逃脱了险境。

余道生不但没有因身处险境而动摇，反而更加坚定了反抗国民党反动派的信念。1927 年 5 月，为反抗国民党反动派的野蛮屠杀，中共遂溪县委领导人黄广渊在海山村主持召开紧急会议，布置发动农民武装暴动。余道生和大家一起研究了武装暴动的计划。会后，回余村一带组织农军。5 月 19 日，与黄广渊等人发动海山农民武装暴动，与近千敌人激战三天两夜，打退了敌人的进攻。6 月 25 日，余道生又根据县委指示，组织余村、纪家一带农军赴海山乡米昌塘，与其他乡农军会合，整编出击。300 多名农军编为一个大队，下设三个中队，余道生任第三中队中队长。整编后，余道生率部参加了奔袭江洪港、纪家民团局和围攻烟楼仔据点的战斗，先后打垮江洪民团局缉私队和鸦片公司、洋杂公司等反动武装，缴获枪支数十件、弹药及物资一大批。围攻江洪烟楼仔时，因敌堡坚固，久攻未克。余道生等率农军转移至桂坡时，与敌援军正面遭遇，被迫退守乐民城。6 月 29 日，敌人纠集一个团的兵力，配备重炮攻城。余道生率第三中队坚守一个城门。在战斗中，他身先士卒，与农军战士据城浴血奋战两昼夜，打退了敌人的多次进攻。后来城墙多处被敌炮弹炸塌，农军被迫乘黑夜从西北角涵洞撤出战斗，分两部分转战于乐民、江洪、纪家一带地区。不久，余道生等进入徐闻山区活动，改造收编了山上股匪，扩大了农军队伍。

撤至斜阳岛坚持革命

1927 年 9 月，敌人对农军的"围剿"愈加频繁，投入了数倍于农军的兵力。黄广渊在水妥村遭敌包围袭击，壮烈牺牲。为保存革命力量，暂时避开敌人的"追剿"，9 月下旬，余道生与陈光礼、薛经辉等率 100 多名农军从江洪港蛇头地秘密乘船撤至斜阳岛。

当时，岛上盘据海盗符俊岳部。农军上岛后，余道生与陈光礼等致力于改造符俊岳部，初时，符俊岳对农军处处戒备，曾向余道生等农军领导提出"你干你的革命，我捞我的世界"的所谓"协定"。符俊岳也是贫苦农民出身，因生活所迫，被迫上山为寇的。农军在岛上官兵一致，纪律严明，开垦荒地，种植粮食，处处保护群众利益，与符部的行为形成鲜明对比，使符俊岳十分叹服。余道生还经常找符俊岳谈心，宣传革命道理。在余道生、陈光礼等农军领导的教育下，符俊岳逐步提高了觉悟，认识到接受共产党的领导，与农军合作，共同战斗，才是唯一的出路。1928 年 5 月，经过改造的符俊岳表示愿意接受农军收编。此时，岛上农军扩编为两个营，余道生任第二营副营长。

岛上生活极其艰苦，人多地少，水贵如油，农军经常陷于食不果腹的境地。余道生经常为战士的生活操劳，常常冒着生命危险秘密到涠洲、江洪、北海等地购买米、菜、油、盐等生活物资，又带领战士出海捕鱼或到海边垂钓，用以改善农军的生活。余道生有一手很好的裁缝技术，常替战士缝补衣服。余道生还经常带领农军战士帮助群众修补渔船、拉网打鱼、下地劳动等，与群众建立了鱼水情谊。碰上刮风下雨，农军生活艰苦时，群众便主动把仅有的蕃薯、鱼干拿出来送给农军；战斗紧张时，又主动给农军送饭；敌人封锁海面后，群众又把耕牛拉出来要宰了给农军吃。涠洲群众陈氏在与余道生的交谈中，了解到余道生为人正直，情操高尚，抱负远大，便将爱女赖英婚配给余道生。婚后，赖英在余道生的影响下，也参加了农军队伍。

农军在岛上经过整训，充实了力量。为打击国民党反动派，为死难烈士和群众报仇，余道生曾先后几次奉命率领农军回师大陆，与黄凌氏（黄广渊母亲，黄广渊牺牲后，留在大陆的农军由黄凌氏领导）率领的陆上武工队配合，袭击了海山、乐民、余村、桂坡等地的反动武装，烧毁了一批土豪劣绅的家，毙伤敌军多人，缴获一批枪支弹药。后来国民党抽调梅菉、安铺、遂城等地兵力1000余人，向乐民圩集结，企图"围剿"斜阳岛。余道生等侦悉后，又率部潜回大陆，分三路于桂坡伏击，重挫敌人的嚣张气焰。

1928年9月，农军决定放弃孤岛，入徐闻山区，建立根据地，与琼崖工农武装取得联系。余道生、陈光礼等率农军在介炮区斗伦登陆，夜克遂溪县城，开仓济民，打开监狱，放出被监人员，处决一批首恶分子。9月10日，敌援军反扑，农军转移到安铺后坡，敌援军追至，与农军接火，激战两个小时左右，余道生不幸左肩中弹，身负重伤，但他不顾伤口剧痛，仍带领战士奋勇冲杀。他的妻子赖英看见他的伤口血流不止，脸色都变白了，便赶快从衣服上撕下一块布给他包扎，叫他歇一歇。余道生说："现在不是歇的时候。"话刚说完，他吊着受伤的手，拿着驳壳枪又冲锋陷阵，最后把敌军击退。战斗结束后，农军侦悉敌人已调集重兵向农军包围，情况十分危急。余道生等决定放弃原计划，撤回斜阳岛再待机行事。

农军撤回斜阳岛后，国民党第一集团军司令陈济棠急令南路"绥靖"委员陈章甫、高雷"清乡"委员黄河沣加紧"清剿"，在沿海高筑炮台，设立检查站，严密封锁海岸。从此斜阳岛经常受侵扰，与大陆联系更加困难，生活更加艰苦。

至1932年10月，敌人的进攻屡次败北，陈济棠大为震怒。11月，陈济棠立下军令状，限陈章甫、黄河沣在15天内拿下斜阳岛，否则以军法论处。陈、黄在其上峰的压力下，重金收罗了100多人的敢死队作先锋，强攻斜阳岛。11月5日，敌敢死队选择东埠强行登陆，拼命冲击。据守东埠阵地的一营农军将士战至弹尽粮绝，伤亡过半，营长符俊岳中弹牺牲。东埠阵地失守后，敌人像洪水般涌上岛来。当时，余道生率领部分农军坚守三条柴阵地，挡住敌人从海上登陆，但敌人从东埠上岛后又向三条柴阵地压迫，两面夹攻，三条柴农军处境万分危险，但余道生镇定自若指挥战斗。后来大部分农军英勇战死。眼看敌人就要攻上阵地，余道生当机立断，下令农军和群众向灶门撤退，与总指挥薛经辉（陈光礼牺牲后，薛经辉任总指挥）靠拢，自己留下来掩护撤退。余道生要妻子赖英与群众一起撤走，但赖英坚决要留下来与丈夫并肩战斗，她倔强地对余道生说："生，同你生，死，同你死。"余道生很了解妻子，深知这一别将成千古诀别，于是，他抬起手给妻子抹掉眼角的泪水，轻声说："英，要听话，要坚强，如能活下来，要向党报告同志们是怎样一直战斗到最后一口气的。"赖英含泪与农军撤离后，余道生只身在阵地上打击敌人，子弹打光后，又从悬崖上搬起大石砸向敌人。敌人见余道生石头也快砸光了，便号叫着要捉活的。冲在前面的敌人，企图抢先捉住余道生好领功受赏，但他们一个接一个被余道生砸破脑袋。有一个敌人悄悄地从背后抱住余道生不放，余道生用双手抓住他的脑袋狠狠地往前一拽，将敌人甩出老远，撞到一块岩石上，当场毙命。其余敌人见状，不敢再冲上来，集中开枪射击。

壮烈牺牲

余道生眼见大势已去，便坚强地站起来高呼"打倒国民党反动派！""共产党万岁！"等口号。最后，转身抱起一块大石，从悬崖上纵身跃下茫茫大海，壮烈牺牲，年仅 30 岁。

英烈精神

对待人民群众如春天般的温暖，对待敌人如冬天的冷酷无情，对待战斗奋勇作战，面对敌人宁死不屈的革命精神。

（谢忠）

陈开芹（1905—1933）

—— 潮阳县早期农民运动领导人之一

陈开芹，又名福泮、开水，曾用名亚三，广东省潮阳县人。

- 1905 年，出生于广东省潮阳县大长陇村（现属普宁市）的一个农家。
- 1924 年，在汕头市商业学校读书。
- 1925 年冬，加入中国共产主义青年团。
- 1926 年，加入中国共产党。
- 1928 年 1 月，被选为中共潮阳县委常委。
- 1929 年初，主持重建中共潮阳县委，被选为县委书记。7 月，担任中国工农红军第六军（1930 年 5 月改为红十一军）第四十七团政委。
- 1930 年 4 月，率领红四十七团与红四十九团在大南山根据地林招打败国民党 2000 多人的进犯。5 月，又攻陷普宁县流沙镇，打下了麒麟，军事斗争连连获胜。11 月，任中共潮普惠县委组织部部长。12 月，先后担任东江红军独立师第二团、第一团政委。
- 1933 年 1 月 10 日，被选为东江特委军委常委。4 月，在掩护海陆紫县委机关转移中，不幸中弹牺牲，时年 28 岁。

陈开芹，又名福泮、开水，曾用名亚三，1905 年 3 月，出生于广东省潮阳县大长陇村（现属普宁市）的一个农家。陈开芹少时聪颖好学，父母希望他长大后能经商发家。1924 年，家里把他送到汕头市商业学校读书，冀望他学有所成，以遂大人心愿。

加入中国共产党

陈开芹求学期间，受到当时革命潮流的影响，思想进步很快，于 1925 年冬在学校加入了中国共产主义青年团，成为商业学校团支部的骨干之一。1926 年 2 月，中共广东区委学生运动委员会书记恽代英应东江各属行政委员周恩来的邀请，来汕头参加会议。恽代英在商业学校作了关于社会问题和青年学生毕业后的出路的报告，陈开芹听后深受启迪，从此积极投身国民革命运动，并于是年加入中国共产党。

领导农民运动

1927 年 4 月 15 日以后，汕头的反动派大肆捕杀共产党员和革命群众。为了保存革命骨干，党组织安排陈开芹回家乡进行隐蔽活动。陈开芹回家后，父母知道外面风险大，立即让他同朴兜村的姑娘叶碧娥结婚，以此来牵制他外出活动。但是，革命者的心是拴不住的。陈开芹婚后不久，便到汤坑等地，以教书为掩护，在大南山一带开展革命活动。潮阳县反动警卫队长陈玉波多次到陈开芹的家里抓他不获，便向陈家进行勒索。有一次，陈家被勒索去 800 块光洋。陈开芹父母被迫带领家人前往柬埔寨谋生。陈开芹设法说服了父母，独自一人留了下来。此后，陈开芹深入到大南山东部的一些乡村发动群众，组织农会，建立农民自卫军，成为潮阳县早期农民运动领导人之一。1928 年 1 月，陈开芹被选为中共潮阳县委常委。3 月，彭湃带领东江特委机关及中国工农革命军第二、第四师部分红军来到大南山开展工作。陈开芹同彭湃一起在金溪、潘岱一带活动。5 月，他又参加了彭湃在大南山主持召开的潮普惠三县联席会议，共同讨论暴动计划。在东江特委领导人的帮助和影响下，陈开芹的思想水平和工作能力有了很大的提高。是年秋，东江特委机关在羊公坑遭敌包围，在战斗中机关被打散，一些领导人牺牲了，从此，大南山的革命走向低潮。这时，陈开芹仍在大南山的大崇、下厝仔、松柏林、牛角垭、林者世一带的山林石洞中坚持斗争。他把隐蔽在附近的干部和武装人员集中在一起，昼伏夜出地开展工作，在艰难岁月里坚持斗争。

1929年初，东江特委委员方汝楫到大南山传达中共六大决议和东江特委临时会议精神，着手恢复党组织。根据上级的指示精神，陈开芹主持重建中共潮阳县委，并被选为县委书记。是年春，潮阳县委机关从大南山的牛角垭迁到平原和平乡的港尾寨，陈开芹便同县委机关的同志一起到平原各区乡村开展工作，并多次化装进入县城。一次，他背着长弓篮进城，在棉城新宫乡大巷一位姓萧的农会骨干家，召开了第一区的党支部会议。同志们在会上向他汇报了在城内散发标语和传单的情况，说有的同志有时遇到敌情，便匆匆将成卷的传单扔入人群中，有一次，西双乡一位农民挑菜上城，刚好传单成卷落在他的菜筐里，结果被敌人抓走并遭杀害。陈开芹听完汇报后，沉思片刻，说："标语还是贴在墙上好。我们宣传发动群众，不能让群众遭到无谓的牺牲，要从群众的切身利益入手，引导他们利用合法活动，起来同敌人作斗争。"

陈开芹注意通过解决群众的切身利益问题，去调动群众的革命斗争积极性。他带领县委的同志深入第二区的内四乡、外四乡，第三区的长边、河浦，以及第五区、第九区和大南山东部的乡村，把这一带的夏收抗租抗债斗争搞得轰轰烈烈。潮阳县委机关所在地第四区秋末旱灾严重，群众迫切要求引水灌田。县委便通过农会组织，结合武装力量，采取公开的和秘密的多种方式，与当地反动势力作一系列的斗争，终于借到了古溪水，救活了数万亩农作物，大大鼓舞了群众。通过夏收和秋收的斗争，进一步巩固和发展了党组织。秋冬间，潮阳全县已有党支部21个，党员人数达240人。与此同时，建立了许多农会组织。党在平原地区的工作，得到了蓬蓬勃勃的开展。

陈开芹在开展农村工作的同时，还积极做好营救被捕革命同志的工作。这一年，东江特委特派员吴乃桐被捕监禁在潮州。陈开芹闻讯后，即派马毅友到汕头会同地下党员马士纯，一起去找律师方钧宾（吴乃桐的姑丈），求他到潮安金山中学找校长陈绍贤设法营救。是年6月，东江特委副书记方汝楫同秘书方其颐往中共广东省委汇报工作，路经潮阳和平时不幸被捕，被押禁于潮阳县监狱。陈开芹接到方汝楫在狱中传出的信息后，曾组织100多名武装人员潜入县署内劫狱，后因行动暴露，劫狱没有成功。

领导革命武装

1929 年 7 月，潮普惠三县的农民武装集中在一起，成立了中国工农红军第六军（1930 年 5 月改为红十一军）第四十七团，团长何石，陈开芹担任政委。

在部队里，陈开芹处处以身作则，关心战士疾苦。他经常替生病、行动困难的战士背背包和枪支。有一次行军途中，勤务兵陈潭顺因挑了两个背包、油灯和其他杂物，担子过重而掉了队。他发现后，立即赶上去抢过担子挑起就走。他又很能做思想政治工作，战士们有苦恼时，"皱着眉头找他，然后总是笑逐颜开地回去"。因此，全团的指战员都很爱戴他。

陈开芹对敌斗争态度坚决，毫不含糊。一次，反动派派出说客到下溪峑红四十七团驻地企图对他劝降。陈开芹获知其来意后，一面叫炊事员做饭给他吃，一面安排人挖好土坑。饭后就将说客推下土坑，审问后将其就地处决。此后，反动派再也不敢在他身上打劝降的主意了。

1930 年 4 月 28 日，国民党毛维寿部属戴戟纠集地方警卫团队共 2000 多人，向大南山根据地林招进犯。刚从海丰开来大南山的红四十九团，在团长彭桂的指挥下，固守排金山，沉着迎战来犯之敌；驻下厝仔的红四十七团，在团政委陈开芹和团长李斌（在攻打惠来隆江镇时牺牲）的率领下，从林招的右侧雷岭径杀来，两面夹攻，勇猛冲杀。在地方赤卫队的协攻下，敌军溃败。是役毙敌 100 余人，俘敌 23 人，缴获 200 多支枪及一批军用物资。

5 月，东江特委在八乡山召开了东江工农兵第一次代表大会，正式成立红十一军，下辖第四十六至五十团几个团。就在这一个月，活动于大南山的陈开芹领导的红四十七团和彭桂带领的红四十九团，在地方武装的配合下，攻陷普宁县流沙镇，接着又打下了麒麟，军事斗争连连获胜。

是年 8 月以后，因为八乡山的武装斗争受挫，中共东江特委、东江苏维埃和东江特委军事委员会先后迁到大南山。11 月，中共潮普惠县委在大南山正式成立，陈开芹任潮普惠县委组织部部长。此后，他创办了县委机关报——《潮普惠红旗》，并为该报撰写了题为《潮普惠红旗插起来了》的创刊词。12 月，为了适应新的斗争形势，红十一军改编为东江红军独立师，下辖两个团：红四十九团改编为第一团，红四十六、红四十七团合编为第二团。陈开芹先后担任第二团和第一团的政委。

任东江特委军委常委

1933 年 1 月 10 日，东江特委举行常委扩大会议，改选东江特委军委，陈开芹被选为军委常委。这期间，"围剿"大南山的敌独立第二师张瑞贵部，加紧了对这块革命根据地的军事进攻。为了牵制敌人的兵力，实行外围作战，东江特委军委主席朱炎同彭桂、陈开芹率领东江红军独立师第一团离开大南山，向海陆丰山区转移，进入陆丰的深坑、芹菜洋及激石溪一带活动。这时，国民党反动派调动海陆惠紫的驻军和地方反动团队，紧紧追击红军。山区群众在敌人的多次蹂躏下，纷纷向外流散，红军的供养出现严重困难。军委主席朱炎与东江红军独立师第一团团长彭桂、政委陈开芹和海陆紫县委书记刘胜信一起研究后，决定第一团分开行动：彭桂率领第一团第二营过海丰，朱炎率第一团第一营上紫金，陈开芹带领第一团第三营留在激石溪保护海陆紫县委机关。

不幸牺牲

1933 年 4 月，陈开芹在掩护海陆紫县委机关转移中，于激石溪黄狗地与数倍于己的海丰敌人钟超武部展开了激战。为减少我方伤亡，他命令部队迅速掩护县委机关转移，自己带着传令兵殿后阻击。血战中，陈开芹不幸中弹英勇牺牲。敌人发现陈开芹的身份后，残忍地砍下他的头颅，带往海丰向上峰邀功。陈开芹牺牲时年仅 28 岁。

（罗志刚　陈克寒）

陈庆孙（1902—1933）

—— 干革命就要干到底

主要生平

陈庆孙，广东省五华县双华镇虎石潮塘村人。

- 1902 年，出生于一个贫苦农家。
- 1918 年，在竹山小学教书。
- 1925 年夏，配合广东省农民协会特派员魏宗元开展宣传发动，组织农民协会，并被委任为乡农民协会宣传员。6 月中旬，被选为虎石乡农民协会会长。10 月，与古大存密切配合，积极发动群众和组织农民自卫军，支援东征军作战。
- 1926 年 2 月，改组县农民协会，任县农民协会宣传委员。同年秋，任虎石、双华、华拔、军营、伦兴、大都、乐和、联益 8 个乡农民协会联合办事处主任。同年冬，中共五华县特别支部吸收他加入中国共产党。
- 1928 年 5 月，与古大存转移到八乡山区，开辟新的革命根据地。化名陈耀，担任中共五华县临时县委委员。
- 1929 年 2 月 19 日，被选为五华县委副书记。12 月，被选为五华县苏维埃政府主席。
- 1933 年农历中秋，在战斗中不幸坠入湍流壮烈牺牲，时年 31 岁。

参加农民运动

陈庆孙，1902 年出生于五华县双华镇虎石潮塘村的一个贫苦农家。他幼年聪明好学，因家贫，读上初中一年级就辍学了。

俄国十月社会主义革命胜利后，社会主义思潮在中国广泛传播。陈庆孙虽还年轻，但在思想上已对旧社会有了一定的认识，觉得中国广大劳动人民之所以穷，都是由于反动统治阶级的压迫、剥削所造成的。决心长大后要为穷人翻身解放作斗争。

1918 年，陈庆孙在竹山小学教书。他在教育贫苦农民子女上呕心沥血，使学生的思想、学业都进步很快，群众欢迎他、热爱他。他努力寻求革命真理，刻苦学习进步书刊，急切追求光明的前途。

1925 年夏，广东省农民协会特派员魏宗元到五华宣传、组建农民协会。陈庆孙主动积极与他配合，一起开展宣传发动，组织农民协会，并被委任为乡农民协会宣传员。6 月中旬，虎石乡农民协会成立，他被选为会长。在他的宣传发动下，乡里 90% 的农民都成了农民协会会员。此后，他积极领导农民与地主豪绅展开"二五"减租的斗争。

10 月，为彻底消灭盘踞东江的军阀陈炯明部，第二次东征军到了五华。陈庆孙与古大存密切配合，积极发动群众和组织农民自卫军，支援东征军作战，给东征军当向导，组织侦察队、运输队、救护队等，协助东征军在五华县双华利塘径和葵岭一带进行截击，消灭大批陈炯明逆军，取得了辉煌的胜利。为了健全革命组织，他在虎石、岭头、河背洞、竹山等乡村秘密活动，组织大同会。他对会员们说："干革命就要干到底，这才算得上英雄好汉。"

1926 年春，五华县各乡农民协会已普遍建立。2 月，在安流东灵寺召开全县农民代表大会，并改组县农民协会，陈庆孙任县农民协会宣传委员。4月，正当青黄不接的饥荒时节，五华地主、奸商垄断米谷，利用琴江航运之便，大量载运米谷出口梅县、潮州等地，牟取暴利，阴谋迫使五华农民陷入绝境，妄图以此压制农民运动。为打击地主、奸商的阴谋活动，陈庆孙协助古大存，依靠革命群众，讲究斗争策略，开展了一场禁止米谷出口的斗争，取得了巨大的胜利。同年秋，他任虎石、双华、华拔、军营、伦兴、大都、乐和、联益 8 个乡农民协会联合办事处主任。在他的领导下，巩固和发展了各乡农民自卫军武装组织，与地主豪绅的反动武装展开了针锋相对的斗争。8月29日，蔡岭地主胡凌波、胡裕孙等反抗"二五"减租，组织反动武装200余人，到双华、华拔等乡向农民勒收租谷160多担。陈庆孙闻讯后，立即与农运骨干陈子文、张慕尧等，发动组织农民自卫军200余人，抄小路追赶至禾沙径拦截，击溃了地主反动武装，夺回全部粮食，发还给各佃户。由于他立场坚定，斗争坚决，起到农运先锋作用，同年冬，中共五华县特别支部吸收他加入了中国共产党。

领导苏区开展不屈不挠斗争

1928年2月，形势逆转，五华人民遭到国民党反动派黄旭初一师军队的血腥镇压。5月，在强敌压境，五华地方党组织内个别领导叛逃的危急情况下，为保存革命种子，陈庆孙与古大存带领在血火中幸存的60多名坚定分子，转移到敌人力量比较薄弱的五华、丰顺和揭阳三县交界的八乡山区，开辟新的革命根据地。这时，他化名陈耀，担任中共五华县临时县委委员。1929年2月19日，中共五华县第一次党员代表大会在八乡山小溪石见坑召开，他被选为县委副书记。12月，在八乡山贵人村召开了五华县第一次工农兵代表大会，成立了五华县苏维埃政府，他被选为主席。他领导全县人民开展轰轰烈烈的土地革命运动。

古大存亲手创建的东江八乡山革命根据地，革命烽火越烧越旺，使敌人惶恐不安。国民党反动军队和地方反动武装互相勾结在一起，不断地对八乡山革命根据地进行"围剿"。在进行反"围剿"战斗中，从八乡山第一仗到贵人村阻击战，陈庆孙与古大存互相合作，共谋策应，竭尽其力，发动群众，组织群众，取得了一个又一个的胜利，立下了汗马功劳。

1931年4月，国民党反动派加紧"围剿"八乡山革命根据地。在敌我力量悬殊、给养极端困难的危难关头，古大存当机立断，发动群众在八乡山隘、贵人村筑起三大寨，派陈庆孙、万大来率领20多名战士坚守反击。至6月，完成贵人村阻击战任务后，陈庆孙带领赤卫队和红军20余人转战紫金县洋头、炮子等地。后又转移大南山根据地，在潮阳县委工作。

1933年春，陈庆孙率领10多名武装潜回八乡山附近的桐梓洋，进行恢复苏区的工作。随后，古大存也率红军游击到了这里。他们密切配合行动，深入群众，宣传革命。在他们组织发动下，苏区人民与敌人展开了不屈不挠的斗争。

同年农历八月中秋之日，倾盆大雨过后，太阳又出来了。陈庆孙与古大存等在于竹坪的一座小屋里，研究讨论出发计划。他见太阳当空，便到门坪上去摊晒被雨淋湿的文件，突然发现山寨下面有一批敌军来围，打前阵的尖兵已到山脚。陈庆孙毫不迟疑，立即拔枪向敌人射击，前面的敌人应声倒地。接着，他迅速带领6名队员掩护古大存等撤退。

在激烈战斗中，陈庆孙腿部中弹负伤，在跃过山溪石墩时，因脚力不支，不幸坠入湍流壮烈牺牲，年仅31岁。

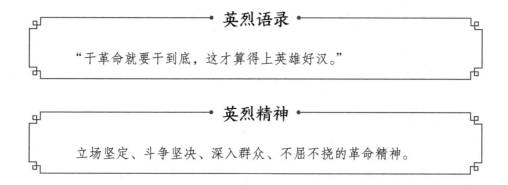

英烈语录

"干革命就要干到底，这才算得上英雄好汉。"

英烈精神

立场坚定、斗争坚决、深入群众、不屈不挠的革命精神。

（张贺）

洪灵菲（1902—1933）

——20世纪30年代著名左翼作家

主要生平

洪灵菲，广东省潮安县洪砂乡人。

- 1902年，出生。
- 1918年，进入潮安县金山中学就读，4年后，升入国立广东高等师范学校的英语部，1926年5月毕业。
- 1926年，加入中国共产党。
- 1930年3月2日，被选为中国左翼作家联盟常务委员。
- 1933年2月，调到北平，在中共中央驻北方代表秘书处任秘书长。7月，由于叛徒出卖被逮捕，不久，在南京被国民党反动派秘密杀害。时年31岁。

洪灵菲是 20 世纪 30 年代著名的左翼作家，广东省潮安县洪砂乡人，父亲洪舜臣是个落第秀才，初以课蒙为生，后转以中医为业。1902 年，洪灵菲出生时，已经有一个姐姐、两个哥哥。家里人口多，收入少，生活艰苦。在洪灵菲四五岁时，便每天早上跟着哥哥去拾猪粪、捡蔗渣，以帮补家计。他们常常遭到有钱人家子弟的欺侮、殴打。当洪灵菲向母亲哭诉时，母亲无可奈何地说："孩子，不平的事多着哩。咱们是穷人家，他们有钱有势，谁敢惹他们呢？"洪灵菲从小就对不合理的社会埋下了反抗的种子。

自小好学深思

洪灵菲的父亲是个医生，却十分迷信。他认为洪灵菲命相不好，因而对洪灵菲的一举一动都看不顺眼，并时常无理斥责他，使洪灵菲把自己的不满都蓄积在心中，逐渐形成一种倔强而内向的性格。他埋头读书，从书本里寻求慰藉。

1918 年，洪灵菲进入潮安县金山中学，4 年后，升入广东高等师范学校（后改为国立广东大学、国立中山大学）的英语部。1926 年 5 月毕业。这一时期，是洪灵菲生活道路上发生重大转折的时期。

洪灵菲早在中学时便对文学产生了浓厚的兴趣，特别喜欢朗读诗词，如李白、杜甫、白居易和近代的苏曼殊等人的作品。接触到外国文学以后，又深入钻研雪莱、拜伦等人的诗作，洪灵菲的好学深思得到他的老师李春涛、郁达夫的赞赏。

投入到革命的洪流中

洪灵菲在高师二年级时，他的父亲不征求他的意见就替他订了婚，对象是素不相识的文盲。洪灵菲虽已与别的女同学相爱，对这种包办婚姻也进行过抗争，但最后慑于父亲的威压，被迫成婚。这事对他打击很大，他不想回家，常常借酒浇愁，甚至想自寻短见。

正当洪灵菲在个人痛苦的深渊中难于自拔的时候，共产党员许甦魂及时帮助了他，将他引上了革命的道路。他和洪灵菲是潮安同乡，当他知道了洪灵菲的不幸婚姻后，便热情鼓励洪灵菲要坚强起来，不能软弱下去。

从此，洪灵菲投入到革命的洪流中，积极参加学生运动，走上革命的道路。1925 年 6 月 23 日，广州发生了帝国主义者屠杀革命军人、工人、农民和学生的沙基惨案。洪灵菲义愤填膺，到处宣传演讲，发动群众，投入反帝斗争。他是潮州旅穗学生革命同志会的负责人，他的行动对潮汕来广州求学的进步青年产生了很大的影响。

用《海外周刊》宣传反帝反封建

1926 年，洪灵菲加入中国共产党。随即受党组织委派，到国民党中央委员会海外部先后担任组织科、编辑科、交际科干事。1926 年 3 月，以团结华侨、宣传反帝反封建为宗旨的《海外周刊》出版，洪灵菲任编辑，负责具体工作。《海外周刊》坚持革命立场，坚持反帝反封建的革命方向，反对国民党右派的倒行逆施，它在教育华侨认清形势，动员华侨支援国内革命等方面，发挥了重要作用。

流亡南洋

1927 年 4 月蒋介石背叛革命后，广州的反动派也到处搜捕共产党人。洪灵菲因积极进行革命活动，早就引起了敌人的注意。4 月 15 日的清早，敌人闯进中山大学，到洪灵菲的宿舍抓人。恰巧洪灵菲当天不在学校，正在竹丝岗尼姑庵后面的小黑房里居住，就在那里和志同道合的姑娘秦静结婚了。他们是由于组织的通知而转移到这里来的，这些天洪灵菲因生病发烧，没有外出，才幸免于难。国民党反动派未抓到洪灵菲，并不罢休。他们在广州的《民国日报》上刊登了逮捕洪灵菲的通缉令。

于是，洪灵菲夫妇逃到香港避难。4 月下旬，他们与蔡博真、张晓天等同志又一起被港英政府逮捕。经营救，获得释放，但仍被押送上船，驱逐出境。船经汕头时，洪灵菲夫妇机智逃脱。洪灵菲随即只身到了南洋，先后到过新加坡、暹罗（现泰国）等地。但是，国民党反动派的魔爪也伸到了南洋，他们到处追踪、搜捕共产党人，洪灵菲的亲友怕受连累，都不敢接待他。洪灵菲只得忍饥挨饿，过着流亡的生活。

粉碎反革命的文化"围剿"

八一南昌起义的消息传到南洋，洪灵菲受到很大鼓舞。他表示要像南昌起义的同志们那样，"应该为饥寒交迫、辗转垂毙的无产阶级作一员猛将，在枪林弹雨中，在腥风血泊里向敌人猛烈地进攻！把敌人不容情地扑灭！"他立即赶回上海，拟绕道武汉再转江西，参加南昌起义的部队。到了上海后，得悉起义军已撤出南昌，南下广东进入了潮汕，于是他又赶赴广东。当他和原在海外部工作的戴平万到了汕头后，南昌起义军又撤出潮汕了。他俩都是潮汕人，便到家乡隐匿。面对国民党反动派的又一次疯狂屠杀，洪灵菲并没有被吓倒，而是更增添了他对敌人的仇恨。1927 年 10 月，他和戴平万辗转到了上海，恢复了党的组织关系，立即又开始了新的斗争。

这时，国民党反动派在进行军事"围剿"的同时，又发动文化"围剿"，压制革命文化运动，扼杀言论出版自由，禁止进步宣传，逮捕、杀害革命文化工作者。党在文化战线上的重要任务，就是要团结进步的文化人，粉碎反革命的文化"围剿"，发展革命文化。洪灵菲为完成党所交给的新任务，做出了巨大的努力。

他当时担任了中共上海闸北区委第三街道党小组组长。经郁达夫介绍，他与"太阳社"的蒋光慈、钱杏邨、孟超（都是共产党员）等建立了密切的联系。与林伯修（杜国庠）、戴平万等组织了革命文学团体——"我们社"，出版《我们》月刊。"我们社"与"太阳社"、《我们》与《太阳月刊》朝着同一目标，共同战斗，逐渐融为一体。洪灵菲经常对同志们说："革命运动虽然暂时的挫折，但我们有一文笔，就会使它从另一方面蓬勃起来的。"

洪灵菲以笔为武器，在上海一间只有五六平方米的亭子间里一股劲地写作。他把自己在大革命失败后逃亡的经历，写成了自传体长篇小说《流亡》。这部小说忠实地反映出革命低潮时期进步青年由苦闷、彷徨、悲观转到反抗和斗争的过程，他以愤怒的笔触，对黑暗的旧社会作了深刻的批判，对反革命派的罪行予以无情的揭露。小说还明确指出：只有坚持革命，才有真正的生路。虽然这部小说在艺术上还不那么成熟，但它那鲜明的主题却抓住了读者的心，引起了强烈的共鸣，鼓舞和教育了不少青年。《流亡》于 1928 年春出版后，十分畅销，于是书店纷纷向洪灵菲约稿。洪灵菲的劲头也越来越大，夜以继日地写、写、写。

洪灵菲辛勤地工作，从1927年冬到1930年春的短短两年中，就写出了100多万字的作品。除《流亡》外，还有小说《前线》《转变》《气力出卖者》等和诗歌《朝霞》《躺在黄浦滩头》等。此外，他还为《我们》和《太阳月刊》等刊物写了许多文艺短篇，还翻译了高尔基《我的童年》、陀思妥耶夫斯基《赌徒》等作品。

洪灵菲的生活条件十分艰苦。他们夫妻俩唯一的家具便是一张行军床，外加一个破藤箱。写作时，把箱盖放在行军床上当书桌，箱子翻转来作椅子。写书所得的稿费却常常是慷慨地用来周济同志。

除写作外，洪灵菲还在党领导的上海中华艺术大学中文系讲授"文学概论""小说作法"等课程。他把教学作为革命事业的一部分，认真做好这一工作。

筹备成立中国左翼作家联盟

洪灵菲突出的贡献，是在于他为发展和壮大左翼文化运动而作的努力。当时，在上海进步文化团体中有不团结的现象，党决定建立进步作家的统一组织，团结对敌。洪灵菲十分拥护党的指示，身体力行，积极和进步作家联络。1930年2月16日，他以12个成员之一的身份参加了有鲁迅、郑伯奇、蒋光慈、冯乃超、彭康、冯雪峰、沈端先、钱杏邨、柔石、阳翰笙等人出席的会议，酝酿筹备成立中国左翼作家联盟。他们中多数是各革命文艺团体的领导人，在会上，大家坦诚相见，各自检查了原先的小集团主义，决心加强团结，一致对敌，决定积极开展筹备成立中国左翼作家联盟的工作。3月2日，中国左翼作家联盟在上海正式成立。在成立大会上，鲁迅作了重要讲话。在选举领导机构时，洪灵菲和鲁迅、沈端先、冯乃超、钱杏邨、田汉、郑伯奇等7人被选为常务委员。

中国左翼作家联盟成立后，带领进步作家与国民党反动派进行了英勇斗争。九一八和一二八事变后，洪灵菲和左翼作家一起，发表了《上海文化界告世界书》，进行抗日宣传。不久中国左翼文化界总同盟成立，洪灵菲又参与了中国左翼文化界总同盟的主要工作。

不断遭受迫害

国民党反动派对左翼文化工作者的迫害随着左翼文化运动的发展而不断加剧。1930年，洪灵菲和杜国庠、戴平万创办的晓山书店被封，《我们》月刊被禁，国民党反动派又一次登报通缉洪灵菲。党组织决定要洪灵菲暂时放弃写作，转入地下，到江苏省委宣传部工作。不久又调到中央，参加纪念广州暴动委员会工作。结束后，又调到江苏省委组织部。

在全国人民反对日本帝国主义侵略的浪潮中，全国反帝大同盟在上海成立。党又调洪灵菲到反帝大同盟担任领导工作。洪灵菲对这一群众组织十分重视，全力以赴。他将这个团体原有的知识分子的组织基础扩大到工人群众中去，创办工人夜校，他亲自讲课，教育工人，发动群众，使抗日阵营的力量不断增强。他还经常参加示威游行，把自己的生死置之度外，有一次差一点就被敌人逮捕了。

1933年2月，党将洪灵菲调到北平，在中共中央驻北方代表秘书处任秘书长，协助驻平全权代表田夫（孔原）领导华北六省的工作。为了工作需要，他这时又以作家的身份出现，着手撰写长篇小说《童年》，但他的主要精力是从事党的活动。他的住家就是中共中央驻北方代表秘书处。

7月，中共河北临时省委遭到大破坏。7月26日，在北平宣武门外李大钊侄女的家里，由于叛徒阮锦云的出卖，洪灵菲被逮捕了。国民党反动派将洪灵菲秘密囚禁在皇城根大公王府，那里驻扎着国民党宪兵第三团。敌人对他用尽了威迫和利诱手段，企图从他身上找到中共在北平的组织线索，但毫无收获。洪灵菲坚贞不屈，尽管他被打得满身血迹，走路都很艰难，仍然坚强地对爱人秦静说："我准备一死，死前别无他言"，"我是对得起党的"。

被国民党当局杀害

洪灵菲被捕的消息传开后，宋庆龄和国际上的一些进步团体都先后发出电报，向国民党当局提出抗议。洪灵菲的岳父是潮州知识界的知名人士，筹集了巨款，希望将洪灵菲赎出狱，但国民党当局却答复："此人死不悔悟，毫无回头之意，赎不得！"不久，他便在南京被秘密杀害了，同时遇害的还有河北临时省委书记赵琛。洪灵菲牺牲时年仅 31 岁。

• 英烈语录 •

"应该为饥寒交迫、辗转垂毙的无产阶级作一员猛将，在枪林弹雨中，在腥风血泊里向敌人猛烈地进攻！把敌人不容情地扑灭！"

"革命运动虽然暂时的挫折，但我们有一文笔，就会使它从另一方面蓬勃起来的。"

"我准备一死，死前别无他言。"

"我是对得起党的。"

• 英烈作品 •

小说《流亡》《前线》《转变》《气力出卖者》《童年》等，诗歌《朝霞》《躺在黄浦滩头》等，此外，写了许多文艺短篇，还翻译了高尔基《我的童年》、陀思妥耶夫斯基《赌徒》等作品。

• 英烈精神 •

为坚持革命真理，把自己的生死置之度外的革命大无畏精神；面对挫折、敌人和牺牲，表现出无比坚强、坚贞不屈的革命意志和不怕牺牲的革命精神。

（罗可群）

李明光（1906—1933）

——中国共产党饶和埔县委领导人之一

主要生平

李明光，原名李文晴，又名洪高雷，广东省大埔县人。

- 1906 年，出生于一个贫农家庭。
- 1925 年，在高陂教书。以学校为阵地，宣传国共合作的方针和革命思想，积极支持、参与当地的工农运动。
- 1926 年春，加入中国共产党。
- 1927 年 9 月，率领太宁农民自卫军举行武装暴动，占据大埔县城，成立大埔县工农革命政府。
- 1928 年 1 月 25 日，任工农革命军第十五团团长。5 月中旬，率领第十五团大部，第二次西渡韩江，同古大存、刘光夏等人领导的革命武装会合，建立梅、埔、丰和梅、兴、丰、华革命根据地。
- 1929 年夏收前，梅县、大埔、丰顺三县的工农革命军和模范赤卫队合编为红四十六团，任团长。
- 1930 年 7 月间，任东江特委巡视员兼红四十八团政委。10 月初，当选闽西特委委员兼组织部部长。

- 1931 年春，任中共闽粤赣边区特委组织部部长。12 月，任闽粤赣边临时省委组织部部长。
- 1932 年，先后兼任中共连城县委书记，福建省委宣传部部长兼省军区政治部主任，闽粤赣边苏区省委宣传部部长。
- 1933 年 5 月，在连城县城保卫战中壮烈捐躯，时年 27 岁。

李明光，原名李文晴，又名洪高雷。1906 年出生在广东省大埔县高陂区古野乡鹤山村一个贫农家庭。

积极参加学生运动和工农运动

大革命时期，李明光便积极参加学生运动和工农运动。特别是 1925 年，广东革命政府领导的两次东征，对正在高陂教书的李明光影响很大。他以学校为阵地，积极向师生宣传国共合作的方针和革命思想，积极支持、参与当地的工农运动。1926 年春，他光荣地加入中国共产党。同年 7 月，他根据党组织的决定，到罗明主办的东江农工运动人员养成所学习。结业后，随国民革命军东路军北伐。

率部开展武装斗争

1927 年，蒋介石发动四一二反革命政变后，党组织的活动随即转入秘密状态。李明光奉党的指示由北伐前线回到家乡后，即参加了中共大埔县委的领导工作。

1927 年秋末，南昌起义军南进潮、梅。9 月上旬，李明光奉中共东江特委的指示，同丘宗海一起前往福建省上杭县城与起义军前敌委员会取得联系，并汇报了大埔革命斗争情况。前委书记周恩来听取汇报后，指示县委要发动群众、武装群众，把群众组织起来，开展武装斗争，推翻国民党的反动统治。李明光、丘宗海赶回大埔向县委汇报了联系的情况后，县委决定立即做好接应起义军的准备工作。9 月 16 日，李明光、江弼群率领太宁农民自卫军一部，前往福建省永定县峰市为起义军做向导。太宁农民自卫军也于 9 月 16 日举行武装暴动，占据了大埔县城（现茶阳镇），成立了大埔县工农革命政府。9 月 18 日，李明光引起义军进入县城。起义军前委委派饶龙光为大埔县工农政府主席，还送给大埔县委一批枪支，支持地方武装的建设。

三河坝战斗后，起义军经福建向湘粤赣边转移。李明光与起义军留下的黄訨三、李西庭等人一起，坚持革命武装斗争。大埔县委决定：1928 年 1 月 1 日举行高陂暴动。李明光、黄訨三、李西庭、李井泉等分别率领暴动队伍，在当地赤卫队配合下，向国民党高陂区党部和区署进攻，活捉并镇压了区党部反动头子苏宝珊以及警长、警察等一批反动分子，缴获了一批财物。三天之后暴动队伍主动转移到山区。

李明光等于 1 月 25 日在大埔县平原区北坑乡召开县委扩大会议，总结几个月来的经验和教训，调整县委和工农革命军第十五团的领导成员。李明光任第十五团团长。为了开辟大埔县西部梅埔丰苏区，县委扩大会后，李明光率领第十五团西渡韩江，在大埔县西部开展武装斗争。他带领第十五团先后袭击了银江警察分驻所和举行了昆仑暴动，狠狠地打击了韩江西岸的国民党反动势力。接着，李明光又奉县委指示，率领第十五团返回韩江东部，于 5 月 3 日攻打百侯区署及民团总部，缴获了一批枪支弹药。这一系列军事行动的胜利，大大地鼓舞了工农群众的斗志，震慑了反动派。

5 月中旬，闽粤军阀派出三个团和地方自卫队，分成四路"进剿"饶（饶平）和（平和）埔（大埔）革命根据地。为保存实力，避开强敌的"围剿"，大埔县委决定由李明光、丘宗海率领第十五团大部，第二次西渡韩江，同古大存、刘光夏等人领导的革命武装会合，建立梅（梅县）埔（大埔）丰（丰顺）和梅（梅县）兴（兴宁）丰（丰顺）华（五华）革命根据地。

1929 年夏收前，根据广东省委、东江特委的指示，梅埔丰三县的工农革命军和模范赤卫队合编为红四十六团，李明光任团长。红四十六团成立后打的第一仗就是消灭直接威胁铜鼓嶂根据地的反动据点——大麻区银江乡龙市团防部。此仗俘敌 40 余名，毙敌多名，缴获长、短枪 120 多枝和各类弹药一大批。之后，又到处出击反动据点，使敌人大为震惊。铜鼓嶂根据地遂得到巩固和扩大。

1929 年秋冬间，朱德、朱云卿、陈毅、郭化若等率领的工农红军第四军，由福建闽西挺进兴梅一带。为了配合红四军的行动，李明光指挥红四十六团坚持韩江西岸的游击战。红四军向江西转移后，11 月 16 日，李明光又率领红四十六团与李彬率领的红四十七团夜袭梅县官塘据点，牵制了敌人"进剿"九龙嶂根据地的兵力。1930 年 2 月 12 日，李明光率领红四十六团在当地赤卫队配合下，全歼梅县丙村镇民团 100 多人和敌援军一个连。7 月间，李明光任东江特委巡视员兼红四十八团政委，在饶平、平和、大埔、诏安边界革命根据地领导武装斗争。

1930 年 8 月，李明光与罗时元率领红四十八团由饶和埔边界北上闽西，入红军学校学习。10 月初，李明光参加闽西特委扩大会议，当选闽西特委委员兼组织部部长。1931年春，中共闽粤赣边区特委成立，李明光任边区特委组织部部长。这年4月和7月，蒋介石先后发动了第二、第三次"围剿"。为了保卫闽西根据地，李明光被派到永定县组织地方武装，牵制敌人兵力，配合主力红军进行反"围剿"战争。

遏止"左"倾机会主义错误的影响

1931年春夏间，闽粤赣苏区在王明"左"倾教条主义错误的影响下，出现了肃反扩大化，大批干部、群众被关押，一时搞得革命队伍内部思想混乱、人人自危。8月，中央干预闽粤赣苏区肃反扩大化问题。根据福建省委决定，李明光负责审讯并处决了混进闽西肃反领导机构的坏分子林一株。肃反扩大化遂暂时得到遏止。1932年2月，李明光受福建省委委派，向中央军委、苏区中央局书记周恩来详细地汇报了闽西肃反扩大化的情况之后，中央指出了闽西在肃反工作中所犯的严重错误，要求闽西苏区切实遵照中央和苏区中央局对闽西的历次指示，坚决纠正过来。李明光回到闽西之后，和张鼎丞、郭滴人、方方等根据中央的指示，作出决定：要求各级肃反委员会全部释放受到非法审查的干部、群众，并报请福建省委追认被错杀的干部、群众为革命烈士。不久，李明光被派到连城兼任中共连城县委书记，以加强中央苏区外围的工作。

在福建领导革命斗争

1931年12月，闽粤赣边区特委改为闽粤赣边临时省委后，李明光任省委组织部部长。1932年春，闽粤赣边临时省委改为福建省委，李明光任省委宣传部部长兼省军区政治部主任。在任连城县委书记期间，李明光率领地方武装转战武夷山，驰骋于汀江两岸，牵制敌人、消灭敌人、发动群众、组织群众，支援红军、扩大红军。1932年3月，李明光出席了在长汀召开的中共闽粤赣苏区第二次代表大会，当选闽粤赣边苏区省委宣传部部长。4月初，毛泽东、周恩来率领中央红军来到汀州，召开了闽粤赣边苏区省委会议，部署了进攻漳州、消灭国民党军阀张贞部队的军事行动。李明光出席了会议。会后，他在周恩来领导下，到各县动员了大批民工上前线，出色地完成了组织运输粮草弹药、救护伤员和搬运战利品的任务。

漳州战役胜利后，李明光回到连城。他领导人民兴修水利，发展生产，兴办学校，使连城县的经济和文化教育事业得到发展，不仅改善了群众的生活，而且支援了革命战争。

1933 年 2 月间，蒋介石发动了第四次反革命"围剿"。此时，王明"左"倾教条主义错误在苏区进一步贯彻，他们排斥了毛泽东的正确领导。"左"倾教条主义者向福建省委提出了许多不切实际的紧急任务：要求闽西在一个月内扩大主力红军 3000 人；要求地方红军独立八师、九师很快变成正规军；要求财政绝对统一；等等。并把中共福建省委代理书记罗明根据毛泽东的指示和闽西的实际情况向党中央提出的正确意见诬为"对革命悲观失望的机会主义、取消主义的逃跑退却路线"，开展了所谓反"罗明路线"的斗争。福建省委派出李明光和黄宜璋、张思垣等到前线开展这一斗争。但是，李明光认为罗明提出的意见是切合闽西的实际情况的，是正确的。一次，省委召开会议，批判所谓罗明"右倾机会主义路线"，李明光坚决支持罗明传达的毛泽东关于地方开展游击战，配合主力红军运动战，各个击破、消灭敌人的正确主张。

保卫连城　壮烈捐躯

1933 年 5 月 8 日，蒋介石命令第十九路军和当地民团向连城县城进攻。李明光立即召开紧急军事会议，决定按照毛泽东关于游击战争的指示，不与强敌硬拼，而选择时机、消灭敌人。他把县委机关及独立团撤到离城 20 多里的村子里，准备与敌人进行游击战、运动战。李明光的这些正确做法却被中央派来长汀检查工作的人指责为"右倾"。他们要李明光立即率队回县城同敌人硬拼。李明光接到批示后，尽管思想不通，也只好服从命令，返回县城。5 月 9 日凌晨，敌人包围了连城县城。李明光指挥独立团和赤卫队守卫在城郊山头上。战斗从早晨一直打到傍晚，打垮了敌人多次的进犯。李明光鉴于敌众我寡，地形不利，为保存实力，请示上级批准迅速撤出战场，并要求派出增援部队。但是，"左"倾教条主义的执行者根本置之不理，硬要李明光死守阵地，死打硬拼。情势十分危急，为了减少损失，李明光毅然派出军事部长邱秀山带领一部分人冲过敌人的封锁区，攻占城外制高点，掩护大部队突围。趁黄昏暮色之际，李明光率队撤出战场，向外突围。在激战中，李明光身中数弹，负了重伤，他知道自己难以冲出去了，便将自己使用多年的驳壳枪递给警卫员，要他转交给党组织，并命令警卫员赶快突围。接着，他拆毁了剩下的一支小手枪，当敌人号叫着围上来时，他拿着枪壳向敌人猛扑过去，但终因伤势过重，寡不敌众，壮烈捐躯。牺牲时年仅 27 岁。后来，红军重克连城县后，根据人民群众的要求，曾将连城县改为"明光县"，把"连城独立营"改为"明光独立营"，以志纪念。

英烈精神

忠诚于党和革命事业、坚持党的正确路线的革命精神，坚定执行组织命令的大局观。

（刘寒）

李素娇（1911—1933）

—— 以山歌为武器的革命 "小山莺"

李素娇，广东省紫金县南岭乡人。

- 1929 年，和灵娇结伴投奔活动在南山嶂的红军游击队，从此走上了革命道路。

- 1930 年，加入中国共产党。2 月，和钟香结为夫妻。4 月，他们被派往碧河乡洋头村一带，开展扩大苏区的宣传发动工作。

- 1932 年，在文笔嶂下一带进行革命串联活动。由于叛徒出卖，钟香被反动派杀害了，李素娇也遭逮捕。国民党军派一个排的士兵将李素娇看押起来，她以山歌作武器，宣传教育，排长与士兵觉悟过来，毅然决定起义。把国民党军一个排带到碣石溪（陆丰县属）红军驻地。不久，被委任为连指导员，带领红军战士在山区坚持开展游击战。

- 1933 年，路过江西潭时，被叛变的钟非等人用大棍打昏绑送给敌人杀害，时年 22 岁。

李素娇，广东省紫金县南岭乡人，娘家在龙炮区黄洞乡。

山区里的"小山莺"

李素娇一家三代贫苦，历受地主老财欺侮。6 岁那年，她父亲患病在床，祖父不幸去世，父亲只好忍痛将年纪很小的弟弟水清卖去，买回棺木埋葬祖父，又因向财主借债，家中仅有的半亩门前田也被夺走。

李素娇从小就跟着母亲参加劳动，以帮补家计。她聪明伶俐，特别喜爱唱民歌，日积月累，学会了一些山歌腔调，能唱出许多流传民间的客家抒情歌、诉说农民苦难的苦情歌和揭露土豪盘剥农民的控诉歌。当家里的土地被财主夺走时，她曾愤而唱道："你只哥魔系闲狼，魔爪伸到黄洞乡，你今有权敢使尽，厓（我）家田地你霸光，看你狗命有几长？"李素娇从小就这样泼辣，所以大家都叫她山歌妹，也叫她小山莺。

走上革命道路

1922 年除夕之夜，因财主逼债，加上父亲病重需钱医治，12 岁的李素娇被卖给了黄布乡黄安杰做童养媳。但李素娇的父亲仍在贫病交加中死去。

李素娇被迫当童养媳后，受尽虐待。她的大伯、老财黄观连和他妻子经常用扫帚柄打到她皮开肉绽，稍有反抗，即遭到更大的灾难。1926 年，李素娇结识了被卖到黄布乡来的钟灵娇，两人结成知交的姊妹。

1929 年，李素娇和钟灵娇逃离牢笼，结伴投奔活动在南山嶂的红军游击队，从此走上了革命道路。游击队长叶振强把李素娇和钟灵娇安排到区联队负责后勤工作。李素娇报仇心急，迫切要求扛枪上前线，却未被批准。于是李素娇在做完工作之后，经常学习文化，参加操练，并渐渐练出了一手好枪法，时刻准备报仇杀敌。

一次，部队出发进攻驻守在禾多布的敌军。李素娇和钟灵娇二人商量好，打扮成砍柴姑娘，走到赤溪坊，边砍柴边唱歌。守在附近炮楼上的两个敌兵被悦耳的歌声吸引住，爬上山来，李素娇和钟灵娇举着柴刀，出其不意地从树丛中冲出来，缴了敌人的枪，并抢占了炮楼。下午部队从禾多布班师回龙炮根据地，敌军尾追而来，刚好经过赤溪坊附近的炮楼。李素娇和钟灵娇见状立即端起缴来的步枪，向敌军猛烈射击，配合主力，打败了敌人。战斗结束后，队长既表扬她们机智勇敢，又教育她们以后要遵守组织纪律，并批准她们正式参加训练，和男队员一起学习军事和文化知识。此后，李素娇的政治觉悟得到进一步提高。

用山歌宣传党的政策

1930 年，李素娇加入中国共产党，不久，便负责了紫金县苏维埃的宣传工作，经常与县苏维埃宣传部的钟香一起组织宣传队伍，利用紫金群众喜闻乐见的客家山歌，深入群众中进行宣传活动，揭露敌人，宣传党的政策。她唱道："穷人遇到四月荒，冇食冇穿系凄凉，日里食碗番薯粥，夜里食碗小菜汤，半饥半饱饿断肠。紧想紧真紧痛肠，因为冇食正借粮，借食二升还一斗，利上滚利雪加霜，实实在在苦难当。皆因地主心肝狼，剥到厓丢冇粒粮，剩到两间烂茅屋，七穿八漏透月光，几多冤枉过时光。农民兄弟莫伤悲，今日觉悟也唔迟，总爱大家团结紧，合心同胆举红旗，地豆（花生）脱壳还有衣（医）。"

为了驳斥国民党反动派和地主豪绅诬蔑共产党"共妻共产"的谣言，李素娇经常给群众唱道："共产主义好得多，共产不是共老婆，反动语言唔好听，莫信介丢死哥魔。"为了鼓舞人们的斗志，号召大家团结向前，李素娇还经常唱如下两支山歌："讲做革命唔使狂，长期战斗任佢（他）将，土豪劣绅打下去，分田分地分岭岗。杀敌唔系论炮枪，尖刀土打也擅长，厓今总括一句话，总爱大家多商量。""石榴打花满山红，哥妹贫苦心相同，妹子拿刀哥拿斧，斩掉军阀与财东，呀唉哉——单求革命要成功。"

李素娇和钟香在龙炮区苏维埃工作期间建立了感情，于 1930 年 2 月结为夫妻。同年 4 月他们被派往碧河乡洋头村一带，开展扩大苏区的宣传发动工作。

洋头是与五华接壤的集镇，是通往潮、梅的要地，这里的反革命分子钟业六、钟业始兄弟很嚣张。李素娇夫妇进村后，利用一切机会，采取唱山歌和演讲等方式进行宣传鼓动，提高群众的觉悟，发动群众起来除掉了钟业六、钟业始兄弟。在李素娇、钟香夫妇的努力下，洋头的革命工作很顺利地开展了起来。

1932 年，反动军队重犯苏区时，李素娇和钟香被派到南岭乡，在文笔嶂下一带进行革命串联活动。许多上山砍柴的妇女都来找她叙谈，要她唱革命歌，讲革命道理，连反动地主"天锡楼"的长工、婢女也冒着生命危险，越过敌人重重岗哨，偷偷到文笔嶂为李素娇送饭。在群众的支持下，李素娇经常在晚上下山，到村中秘密开会组织武装暴动，还冒着生命危险潜入"天锡楼"，鼓动大地主家里的长工、婢女、乳娘和童养媳串联起来反抗压迫。

·⋯⋯⋯⋯⋯◦ 以山歌为武器策反白军 ◦⋯⋯⋯⋯⋯·

不久，由于叛徒出卖，钟香被反动派杀害了，李素娇也遭逮捕。在敌人的魔掌下，李素娇把生死置之度外，大义凛然地同敌人进行斗争。

国民党军驻南岭乡的营长邹志远问李素娇："你年纪轻轻为什么要当共产党？"

李素娇反问道："你也年纪轻轻，为什么要当白贼？"

邹志远被问得狼狈不堪，只好说："你当红军有什么好处？"

李素娇拉大嗓门答道："共产党为人民谋幸福，红军官兵平等，同心闹革命，不像你们白军官兵分高下，又到处杀人放火！"

邹志远肺都气炸了，便恶狠狠地说："住口，红军在哪里？"

"红军到处都是，你愿意当红军就告诉你，不然，你就枪毙我也休想从我口里得到红军的情况！"李素娇坚定沉着地回答道。邹志远见用硬的办法不能制服李素娇，就企图软化她，先用金钱收买，后来又说讨她做老婆，却激起了李素娇满腔怒火，她咬牙切齿地痛骂："狗官、禽兽，瞎掉了你的眼睛！"接着就唱起山歌来："爱刴爱杀由在你，为了革命巫（无）问题，等厓红军到下转，你颈也巫包铁皮。"

敌人软硬兼施，手段用尽，仍然毫无结果，只好派一个排的士兵将李素娇看押起来。李素娇以山歌作武器，在夜深人静的时候，唱起了《白军士兵出路歌》："讲当白军系凄凉，被逼离家走别乡，一日两餐都巫饱，夜夜都睡烂祠堂，天寒地冻受风霜。"白军士兵们听见她的歌声，都围拢上来静静地听。李素娇见状更加起劲地唱起来。这些当白军的士兵，原先都是贫苦出身，如今听了这些情真意切的歌之后，个个苦泪双流，有的上前替李素娇松了绑。李素娇抓紧时机，向他们宣传革命道理和共产党的政策，为他们指明出路："相劝兄弟莫悲伤，今天觉悟也无妨，工农士兵联合起，同心合胆力量强，军阀豪绅消灭光。军阀豪绅消灭光，穷人生命有保障，八宝炉中分金银，赶快起义把旗扛，绿竹生笋爱想长。爱——想——长，大家拥护共产党，组织工农兵政府，穷人做主乐洋洋，共产主义万年长。"

在李素娇的宣传教育下，白军士兵觉悟过来，排长与士兵商量后，毅然决定起义。就这样，李素娇把国民党军一个排带到碣石溪（陆丰县属）红军驻地。大家都赞扬李素娇的有勇有谋。不久，党组织委任李素娇为连指导员。她经常教育战士在艰苦的环境中要有革命的坚定性和革命乐观主义精神。她还常常唱山歌来鼓舞部队的斗志，带领红军战士在山区坚持开展游击战。

惨遭杀害

1933 年，革命的处境越来越困难了。革命队伍内部的一些意志不坚定分子，在残酷的斗争前面丧失了信心和立场。李素娇的小叔钟非和钟统也在敌人的勾引下叛变了。一次战斗以后，李素娇带的队伍被冲散，她路过江西潭时，被钟非等人用大棍打昏绑送给敌人。李素娇被俘后，坚贞不屈，当她被押上刑场时，还不断高呼"中国共产党万岁！"凶狠的敌人竟将她斩首剖腹。李素娇牺牲时，年仅 22 岁。

英烈精神

紧密团结群众，合心同胆举红旗的团结奋斗精神；不畏艰苦、保持革命坚定性的革命乐观主义精神。

（钟声）

刘明合（1898—1933）

——为共产主义战斗到底的潮普惠赤卫队队长

主要生平

刘明合，广东省潮阳县第九区深溪乡人。

- 1898 年，出生于一个贫苦的农民家庭。
- 1927 年，加入中国共产党，成为深溪乡第一批党员。
- 1928 年，跟随刘大刚从大南山率队进攻深溪乡地主武装。
- 1929 年 6 月间，负责潮阳县第九区工农政府区联队训练工作。同年秋，区联队合编为潮普惠赤卫第一大队，被任命为大队长。
- 1931 年秋，被委任为潮普惠苏维埃政府军务部部长。
- 1933 年 5 月 19 日，被捕。同年深秋的一天，在潮阳县城东校场被国民党反动派杀害，时年 35 岁。

刘明合，广东省潮阳县第九区深溪乡人，1898 年出生于一个贫苦的农民家庭。他因家贫只念两年私塾即辍学，随父兄在家乡种田。他的父亲刘灵精，因受不了地主恶霸重租盘剥，带着全家搬到离乡 10 里仅有三四户人家的涂坑村去种山田。刘明合乳名榕树，在兄弟三人中排行第二。

积极参加农民运动

1927 年夏，共产党员刘大刚被组织派回家乡深溪搞农运。经过刘大刚的耐心发动，刘明合积极参加农民运动，工作干得很出色。不久，他由刘大刚介绍，光荣地加入了中国共产党，成为深溪乡第一批党员。

深溪乡农会建立后，便积极开展减租减息的斗争。农民运动的发展，触动了地主阶级的根本利益，深溪乡的地主豪绅立即组织反动民团，并勾结潮阳县城、陈店的反动军警和各地乡长，拼凑反革命武装，多次"围剿"乡里农民协会。1927 年秋，乡农会为避敌锋芒，保存革命力量，主动撤上大南山，并组织革命武装开展游击战，刘明合任班长。

率领赤卫队开展游击战

1928 年农历正月十三，在潮阳县委负责人的具体部署下，刘大刚从大南山率队进攻深溪乡地主武装。刘明合不顾艰险，带头奋勇冲锋，占领了几座由地主盘踞的炮楼，缴获地主武装的武器弹药一批，立下了第一功。经过这一战斗，周围村落的人都称赞"刘榕树厉害"。但是地主豪绅却对他更加仇恨。是年夏天，潮阳反动军警纠集各地武装围攻深溪乡。刘明合率领赤卫队迎击，但因敌众我寡，最后只好率领队伍及农会骨干乘夜突围，撤上大南山潘岱、迭石一带。深溪乡沦入敌手，地主豪绅对农民进行反攻倒算，对刘明合的家属进行残酷迫害。其时，刘明合的爱人怀孕在身，敌乡长刘练三多次派所丁监视她，逼得她只好到邻家的柴草间去生孩子。后来她避开敌人，把孩子放在亲戚家寄养，自己随丈夫上山闹革命去了。

1928 年春耕后，国民党反动头目洪四汤部拼凑各县军警及各区地主武装五六百人，从潮阳、普宁、惠来分三路大举进犯大南山革命根据地。潮阳这一路由沙陇的民团带路，敌军共 200 多人，向林招、牛角坵、赤放等村方向袭来。赤放村两边均是高山，中间只有一条小道，地形险要，刘明合率领的赤卫队早已在此布下伏兵。当天上午，当敌军窜入赤卫队伏击圈时，赤卫队员居高临下，毙敌近百人，俘虏 30 多人，缴获枪支数十支，其他物资一批。这是大南山人民痛歼敌人所取得的重大胜利。同年秋收时节，300 多名敌军逼着强拉来的挑夫闯进大南山抢粮。刘明合率队从迭石出发，直抵牛埔，伏击敌人。翌日，从丰顺汤坑调来向苏区进犯的敌军遭我方部队伏击，刘明合在战斗中受了伤仍坚持指挥战斗。敌指挥官被打死后，士兵便乱成一团，弃尸溃逃。赤卫队终于取得了秋收保卫战的胜利，而刘明合英勇善战的事迹再一次在潮普惠各地传扬。

1929 年 6 月间，潮阳县第九区工农政府在林招成立，各村选派两名赤卫队员到区组织联队，刘明合负责该队训练工作。同年秋，区联队合编为潮普惠赤卫第一大队，他被任命为大队长。

1930 年 4 月 28 日，敌人又拼凑各县反动武装 2000 多人，向大南山苏区林招进犯。刘明合率领的赤卫大队为配合红四十七、红四十九团作战，奉命布防于下厝村的高山上，截击从惠来增援之敌。敌人一进入部队防区，刘明合便指挥赤卫队冲下山去，土炸、手榴弹纷纷飞入敌军阵地。一时间枪声、炸炮声、喊杀声汇成一片，硝烟漫天，打得敌人抛尸逃命。由于刘明合智勇双全，屡建战功，因此，在 1931 年秋，被委任为潮普惠苏维埃政府军务部部长。

1932 年，刘明合在潘岱率领赤卫队保卫农民夏收的战斗中再次负伤。是年，国民党派独立第二师师长张瑞贵任潮普惠"剿共"司令。他们集中兵力，多次"进剿"大南山，实行"三光"政策；限期强令山区人民移居平原，采取所谓"围剿""驻剿"和"按乡搜索"等办法，企图将红军、游击队困死、饿死。在这艰难岁月里，赤卫队经常断粮，只好靠野菜野果充饥，但刘明合等毫不动摇，在大南山继续坚持战斗。他多次化装到大长陇、径口、梅林、利陂、两英、大布等地，组织人民群众反对国民党的所谓"国防户口登记"。

赤卫队处处维护人民的利益，因而得到人民的拥护和支持，就在白色恐怖的日子里，大南山边沿各村的人民群众冒着生命危险，在夜间或借上山割草之机，想方设法把粮食、枪支弹药和日用品，避过敌人岗哨运送上山，以解部队燃眉之急。为了消灭活动在大南山的革命武装，敌人采取"进剿"与

"诱降"相结合的手法。张瑞贵不断派人上大南山向刘明合劝降、诱降。刘明合斩钉截铁地对这些人说："为了实现共产主义，就是剩下一兵一卒，也要战斗到底。"张瑞贵诱降的阴谋失败以后，便到处张贴布告，悬赏大洋1000块捉拿刘明合。

弹尽粮绝坚守 20 多天

1933 年夏，刘明合率领的赤卫队员仅存 18 名，秘密住在大南山的乌头厝猪头坑山洞里，过着野人一般的生活。一次，因派往惠来城买药的队员被密探发觉跟踪，驻地因此暴露。叛徒引敌军近 100 人前来搜索，把石洞周围围上铁丝网，日夜派兵看守。敌人还改用烟熏的办法，在石洞口燃烧杂草，用鼓风柜把浓烟吹入洞里，妄图逼迫刘明合出洞投降。但鼓烟数天，丝毫没有动静，张瑞贵又强令刘明合同村的好友刘奋顺进洞劝降。刘奋顺一直摸到洞底，才发觉刘明合已饿得四肢无力，斜卧在石壁上。刘奋顺即道明来意，劝他投降。这时，有气无力的刘明合奋起怒斥，打了刘奋顺几记耳光，说："我哪有这样的朋友？再说就枪毙你！"边说边拿起枪来。刘奋顺吓得浑身发抖，狼狈地爬出洞来，哭丧着脸向敌人交差，敌人只好继续围困并日夜加倍鼓烟。刘明合等 18 位赤卫队员，在石洞里已坚持 20 多天，早已弹尽粮绝，至 5 月 19 日，除饿死、病死外，仅存刘明合与 4 名赤卫队员。就在这一天的漆黑深夜，刘明合和另一位队员冒死突围，不幸被看守的哨兵发觉。他在跳崖时，被冲上来的敌兵抱住，敌人立即将他押往潮阳县城。

宁死不屈

刘明合被捕后，敌人对他严刑拷打，又以高官厚禄诱降，但都不能动摇他为共产主义战斗到底的坚强意志。他对那前来诱降、劝降的人说："且瞧，十八年后又是一条好汉！"表现出一个无产阶级战士宁死不屈的精神。一天夜里，狱中其他犯人挖墙洞逃脱，刘明合因被钉上脚镣，无法一起逃走。这件事发生后，敌人决定提前杀害他。

1933 年深秋的一天，刘明合在潮阳县城东校场被国民党反动派杀害了。临刑前，刘明合昂首高唱《国际歌》，任推不跪，并高呼："中国共产党万岁!"牺牲时年仅 35 岁。

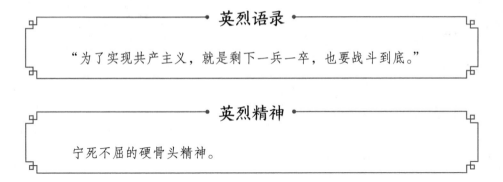

英烈语录

"为了实现共产主义，就是剩下一兵一卒，也要战斗到底。"

英烈精神

宁死不屈的硬骨头精神。

（洪笃生　刘裕华）

刘锡三（1905—1933）

—— 不畏艰难、战斗不息

刘锡三，原名何丹成，乳名何潭章，曾用名刘胜，广东省海丰县捷胜镇人。

- 1905 年，出生于一个贫农家庭。
- 1925 年 1 月，到广州农民运动讲习所第三届训练班学习，在农讲所加入中国共产党。5 月，被派回海丰任青坑农会特派员。8 月，调到可塘区委任执委。11 月，被推选为共青团海丰地委执委。
- 1926 年，被任命为澄海县农会特派员，后又兼任澄海县共青团支部第三组组长。
- 1927 年 11 月，任中共澄海县委执委。
- 1929 年春，受中共东江特委委派前往饶和埔诏边境领导恢复组织活动。不久，到饶平的上善对坑村重新组建中共饶平县委，并任县委书记。下半年，在饶平上善地区建立苏维埃政府，并根据《东江土地法令》进行土地改革，搞试点分用。
- 1930 年 8 月，奉调到普宁任县委书记。
- 1931 年 2 月，重回闽粤边境，担任饶和埔诏县委书记。7 月，重建工农红军饶和埔诏第三连。

- 1932 年 9 月，因敌"清剿"，被迫退上高山密林，迂回转战。同年间，一边治病，一边指导当地群众开展秘密的斗争。
- 1933 年 9 月 17 日（农历七月二十八日），壮烈牺牲，时年 28 岁。

刘锡三，原名何丹成，乳名何潭章，曾用名刘胜，广东省海丰县捷胜镇人。1905年出生于一个贫农家庭，父亲何念创，母亲刘紫云，有兄弟姐妹7人，他排行第三，故取名锡三。

燃起革命斗争的烽火

刘锡三14岁才就读私塾，两年后因家贫辍学，只好到文亭学堂（今捷胜中心学校）当杂役度生。不久，与李劳工、何醒农、林务农到海丰县蚕桑局捷胜实验场当劳工。他们白天种桑养蚕，夜里一起学习《赤心周刊》，探索救国救民真谛。

1923年，彭湃到捷胜宣传组织农会时，见到实验场几位青年勤奋有为，便鼓励他们立志为劳苦大众解放事业而奋斗，做一个有作为的革命者。刘锡三等接受了革命思想，肩负起宣传组织农会的重托，带领农民抗租抗债，在当地燃起革命斗争的烽火。

组织农会开展革命斗争

1925年1月，海丰县农会选派刘锡三、林务农、林道文等到广州农民运动讲习所第三届训练班学习，刘锡三在农讲所加入了中国共产党。5月，因革命军东征需要，第三届训练班提前结业，刘锡三被派回海丰任青坑农会特派员。8月的一天，他偕同王兆周往大德、湖仔等村宣传组织农会，归途经青坑岭屿村时，两人突然被军阀陈炯明的爪牙陈保群抓到陆丰的碣石监禁。事件发生后，海丰县农会即派农军扣押了陈保群在海城的家属为人质，迫使反动派将刘、王两人释放。嗣后，刘锡三被调到可塘区委任执委。11月，又被推选为共青团海丰地委执委。

1926年，海陆丰的农民运动迅猛推向潮汕各县。1月，广东省农民协会于汕头设立潮梅海陆丰办事处，书记为彭湃。刘锡三、颜夏威、何照全被派到澄海县筹建县农会，刘锡三被任命为澄海县农会特派员，后又兼任澄海县共青团支部第三组组长。为了发动群众开展减租减息，他深入区乡率领农友向地主豪绅反动势力作坚决的斗争。1927年四一二蒋介石叛变革命前后，澄海县的地主豪绅勾结国民党反动派，蓄意制造事端，殴打绑架共产党人，枪杀农军教练员彭丕；逮捕中共澄海县委书记林灿、常委吴杰生及农军模范队23人。在严重的白色恐怖下，刘锡三同邹克英等带领农军以武装暴动回击国民党的进攻和屠杀。刘锡三、詹天锡等负责东路指挥，以第二、第三区农军为主力，第四、第七区农军打援，分水陆五路围攻樟东。1927年11月，中共澄海县委正式成立，刘锡三被选为县委委员。在严酷的白色恐怖下，他同澄海县委的同志一起带领群众，反击了敌人一次又一次的"围剿"。

领导恢复组织活动

1928年，国民党反动派更加疯狂地集结重兵到处"围剿"红色区域。6月，驻大埔的敌徐景唐部一个团和梁若谷一个营、饶平的张瑞贵两个营，同时纠集当地反动民团向大埔的埔东、饶平的上饶一带进逼。8月10日，驻饶敌人突袭中共饶平县委机关驻地温子良村，县委书记林逸响、委员詹锦云和区乡干部共18人遭敌逮捕杀害。饶平、大埔一批革命骨干纷纷逃往诏安隐蔽。饶平、大埔边境的革命斗争暂时处于低潮。

1929年春，刘锡三受中共东江特委委派前往饶和埔诏边境领导恢复组织活动。不久，他到饶平的上善对坑村重新组建中共饶平县委，并任县委书记。他全力抓紧恢复饶平革命武装，建立县游击队，还经常奔走于诏安的秀篆、官陂等地，秘密地开展革命活动，迅速打开了边区武装斗争的局面。特别是8、9月间，驻饶城的敌蒋光鼐部一个连起义。饶和埔军联委即从饶平、大埔等地抽调一批武装骨干改编为中国工农红军第四十八团。红四十八团建立后，英勇善战，转战在闽粤边境，横扫各地反动据点，使饶和埔诏边区的工作有了很大的发展。

建立苏维埃政府

随着红色区域的巩固发展，1929年下半年，刘锡三在饶平上善地区建立了苏维埃政府，并根据《东江土地法令》进行土地改革，搞试点分田，到1930年6月，仅饶平的上饶区就有11个乡进行了分田。8月，刘锡三又奉调到普宁任县委书记。

隐蔽秀篆石下村坚持革命

饶和埔苏区轰轰烈烈的分田分地运动，沉重地打击了当地的反动势力和封建统治。这时，敌人又集结了饶平、大埔、平和三县的兵力，不断地对饶和埔苏区进行"围剿"。1931年2月，原饶和埔县委书记丘宗海在战斗中牺牲，东江特委又派刘锡三重回闽粤边境，担任饶和埔诏县委书记。当他刚到诏安县的南陂厚安村和县委一班人开展活动时，被诏安保安队派兵围捕，刘锡三在突围时，不幸腿部中弹受伤，县委委员张华云也在反围捕中负伤。其余的县委成员只得分散到马坑、赤竹坪一带隐蔽。这时，饶和埔原有革命武装又被敌人打散；诏安一带革命基础较为薄弱，革命武装尚未建立；革命队伍中一些不坚定的人，在白色恐怖下有的离队外逃，个别人则叛变投敌。面对这种艰险处境，饶和埔诏县委机关只得暂时隐蔽在秀篆石下村的后头山上的砾头坷的密林中。刘锡三等住在潮湿的草寮内，过着餐风饮露的艰苦生活。

重建工农红军饶和埔诏第三连

1931年3月，刘锡三在石下村的犁壁石山上主持召开了饶和埔诏县委扩大会议，决定在诏安的红色据点扩大武装队伍，健全和发展农会组织。他们白天隐蔽，夜间下山到各村开展活动，终于在石下、炉坑、赤竹坪、马坑一带乡村建立起农会和发展了一批赤卫队员，开辟了新的革命基点。但在敌人不断"围剿"和重重封锁下，县委与上级党委失去联系，饶和埔诏的革命斗争仍处于孤立困难境地。刘锡三不顾枪伤尚未痊愈，便同袁福林等一起，历尽艰险，绕过敌人的重重封锁和搜查，跋涉到漳州找上级党的领导人，得到领导上的指导和鼓励。他在归途中，动员教育一批流散隐蔽在漳浦、云霄一带做工的区乡干部和赤卫队员返回苏区，继续坚持革命。不久，这批流散的骨干便陆续回集到秀篆石下。1931年7月20日，工农红军饶和埔诏第三连在石下的汶子头祠堂重建。嗣后，第三连扩大到100多人，饶和埔诏的革命烽火又燃烧起来了。

为了冲破敌人的重重封锁，刘锡三指挥武装队伍从三线出击敌人，向官陂、下葛、上饶等外线活动。刘锡三亲率一支小分队从赤竹坪经枫树坝、陈坑、芳田洋进入下葛乡开展活动。到1932年春，饶和埔诏所属的隔背、马坑、石坑里、彭山、神仙洞、石下等乡均建立和健全起乡农会和赤卫队，并在根据地开展废债分田工作，纵横60里地带，均为红色革命根据地。原饶和埔诏县委所辖的第三、第四、第五、第九、第十一等区部分苏区，也有所恢复和发展。

眼见饶和埔诏的革命力量不断发展，国民党又增派重兵"围剿"。1932年9月，敌广东四十九师二九二团黄南鸿部以一个团兵力，进驻诏安，纠集当地反动民团两三千人，向刚恢复和建立起来的红色乡村进行"清剿"，刘锡三、余丁仁、张崇等县委领导成员虽然率领第三连和赤卫队奋力反击，但因敌众我寡，无力取胜。在敌人连续三次"围攻"下，队伍伤亡严重，第三连仅存20多人，红色村庄遭到敌人烧杀抢"三光"政策的严重摧残。刘锡三和县委机关被迫退上高山密林，迂回转战。

带病指导开展秘密斗争

艰苦的岁月、残酷的斗争使刘锡三的肺病复发，他经常咯血，身体被拖得不成样子。在艰苦环境中长期同根据地人民同甘苦、共患难的县委书记，已和根据地人民结下深厚的阶级感情。当看到刘锡三带着病躯躺在床上继续为革命操劳时，石下村一些哺乳期的妇女便献出乳汁，送给刘锡三饮用，希望他能早日恢复健康。因敌人不断"进剿"，斗争环境日益恶劣，余丁仁和谢卓元等把刘锡三送到大埔县高陂镇一个医生家里隐蔽治疗。刘锡三在高陂治疗期间，仍惦记着饶诏边境的革命斗争情况，因此，便转回到饶诏边的浮山区东洋村堡垒户余剪先家疗养。他在这里一边治病，一边继续指导当地群众开展秘密的斗争。

壮烈牺牲

不久，他的活动被国民党密探侦知。1933年9月17日（农历七月廿八日），国民党驻浮山的敌军派出一个连，在黎明前把东洋村团团围住。刘锡三闻警，趁天色朦暗，立即潜出住房，迅速地朝村后竹丛方向奔跑，不幸被敌人流弹击中腹部，顿时血流如注，但仍忍痛匍匐爬行，最后，因流血过多而晕倒在荆棘丛中。天亮后敌人发现了奄奄一息的刘锡三，便把他扛回浮山。途中，刘锡三由于伤势严重，流血过多，壮烈牺牲，年仅28岁。

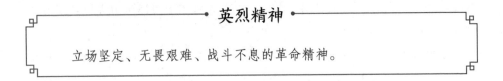

英烈精神

立场坚定、无畏艰难、战斗不息的革命精神。

（林远征　黄镇盛）

罗登贤（1905—1933）

——东北人民抗日武装的重要创建人

主要生平

罗登贤，广东省南海县南庄隔巷村人。

- 1905 年，出生。
- 1916 年，在太古船厂当学徒，后当钳工。
- 1925 年春，加入中国共产党，之后到海员工会任秘书，从事工人运动，参加省港大罢工，担任中共香港金属业工会支部书记，后来又任香港机工联合会领导人。
- 1926 年 4 月，任命为中共香港金属业总工会党团书记。
- 1927 年 4 月，任中共广州市委委员。8 月，任中共广东省委委员。12 月 11 日，率领部分工人赤卫队参加广州起义。年底，到香港任中共广东省委常委。
- 1928 年夏，到上海任中共江苏省委书记。6 月，当选中共中央候补委员，复被选为中共中央政治局委员。
- 1929 年，任中共中央南方局委员，调到香港工作。
- 1930 年春，到上海任中华全国总工会党团书记。夏天，重返香港再任中共广东省委书记。10 月，任中共中央南方局书记，负责领导广东、广西、福建、云南、贵州五省的党组织开展革命斗争。

- 1931 年 1 月，到上海出席中共六届四中全会，被选为中共中央政治局候补委员。会后，担任中华全国总工会委员长。同年夏，被委任为中共中央驻东北代表。九一八事变后，担任中共满洲省委书记。11 月，任中华苏维埃共和国中央工农民主政府委员。

- 1932 年 12 月，回到上海任中华全国总工会上海执行局书记。

- 1933 年 3 月 28 日，由于叛徒告密被敌人逮捕。8 月 29 日，在南京雨花台从容就义，时年 28 岁。

香港金属业工人运动的领导者

罗登贤 11 岁时，到太古船厂当学徒，期满后留在该厂当钳工。他为人诚实、正直，肯为群众办事。那时，厂内工人工资很低，生活异常艰苦。为了改善工人的经济状况，他发动工人成立了太古船厂工会。接着，他又发动铁工、铅铜铁喉、钨厂等行业工人建立香港金属业工会，成为这个工会的创始者和领导者之一。

1925 年春，罗登贤加入中国共产党，稍后到中华海员工业联合会任秘书，从事工人运动。五卅惨案发生后，他协助苏兆征发动海员、金属业工人参加省港大罢工的斗争，并和广大罢工工人离开香港，回到广州，担任中共香港金属业工会支部书记，后来又任香港机工联合会领导人。第二次东征讨伐军阀陈炯明时，罗登贤积极发动香港金属业、机器业罢工工人参加东征宣传队和运输队工作，随军出征。

1926 年 4 月，罗登贤按照中共广东区委关于促进工会统一运动的指示，积极推动香港金属业工人加强团结，建立香港金属业总工会。他被党组织任命为中共香港金属业总工会党团书记。1926 年北伐前，他又积极发动金属业工人加入支援北伐的运输队工作，随军出发，奔上战场。省港罢工委员会机关报《工人之路特号》发表文章，表扬了金属业工人组织运输队援助北伐的英勇事迹。

协助组织武装起义

1927 年 4 月 15 日，广东的国民党反动派发动了反革命大屠杀。中共广东区委转入地下活动，带领广东人民坚持反抗国民党反动派屠杀政策的斗争。当时，罗登贤奉命负责联系省港罢工委员会系统工会中的党员，建立联络接头机构，成立工人武装十人小组等工作。他不畏艰险，机智勇敢地进行工作，成功地完成任务。4 月 22 日，中共广州市委成立，吴毅为书记，周文雍任组织部部长，罗登贤任市委委员。他协助吴毅、周文雍发动海员、人力车、印刷等行业工人于 4 月 23 日举行罢工斗争，反抗国民党反动派的血腥屠杀政策。罗登贤还经常化装秘密来往于广州、香港之间，开展革命工作。

8月20日，张太雷到香港，召开中共广东省委会议，决定成立广州暴动委员会，准备发动武装起义。罗登贤出席了这次会议，被选为中共广东省委委员。10月15日，他出席了中共中央南方局和广东省委联席会议，进一步研究了发动广州起义等问题。11月下旬，省委决定成立起义总指挥部——革命军事委员会。根据总指挥部部署，罗登贤协助周文雍、杨殷等发动工人武装，准备参加起义。

1927年12月11日，震惊中外的广州起义爆发了。罗登贤率领部分工人赤卫队，攻占了市内中区敌人的据点。随后，他又和赤卫队员在长堤一带同进犯珠江北岸的敌军作战。12月12日，张太雷壮烈牺牲。12月13日，起义主力部队从广州撤出，罗登贤率领少数赤卫队员同侵入市内的敌人作战，掩护主力转移。

继续坚持斗争

广州起义失败后，罗登贤仍留在市内从事秘密工作。在白色恐怖异常严重的情况下，他联络同志，重新组织革命力量，继续坚持斗争。

1927年底，罗登贤离开广州到香港，任中共广东省委常委。1928年2月20日，他正与有关人员开会，突然敌人闯进屋内，转移已来不及，他立刻把用薄纸写成的文件揉成小丸，吞到腹部。他被反动派逮捕后，由于证据不足，经过营救，被释放出狱。

1928年夏，罗登贤到上海，任中共江苏省委书记。6月，他到莫斯科出席中国共产党第六次全国代表大会，当选中共中央委员，复被选为中共中央政治局候补委员。会后，他回到上海，从事白区工作。12月1日，他在《中国工人》杂志上发表了《卷头语》一文，揭发国民党反动派杀害中国工人、封闭工会、镇压工人运动的种种罪行，号召全国无产阶级团结起来，用自己的力量，推翻军阀的反动统治，建立工农苏维埃政权。

1929年，罗登贤任中共中央南方局委员，调到香港工作。1930年2月，他任中共广东省委书记，与李富春、蔡畅、邓发、陈郁等一道，带领广东人民进行新的战斗。

1930年春，罗登贤到上海，任中华全国总工会党团书记。夏天，他重返香港，再任中共广东省委书记，领导各地革命斗争。10月，罗登贤任中共中央南方局书记，负责领导广东、广西、福建、云南、贵州五省的党组织开展革命斗争。他还参与主编《香港小日报》等工作。

创立东北抗日联军

1931 年 1 月，罗登贤到上海，出席中共六届四中全会，被选为中共中央政治局候补委员。会后，他担任中华全国总工会委员长，在上海等地指导开展工人运动。同年夏，他被委任为中共中央驻东北代表。九一八事变后，他担任中共满洲省委书记，曾发动奉天兵工厂、抚顺煤矿、中东铁路工人举行罢工，发动哈尔滨工业大学等院校学生罢课，反对日本帝国主义侵占中国东北三省，发动珠河、东满地区农民以武装打击日本侵略者。派冯仲云建立汤原抗日游击队，进行抗日游击战争。他还团结原东北军和农村中的大刀会、红枪会、自卫团等武装，一起抗日。并与满洲省委同志研究、派出一批干部在辽宁、吉林、黑龙江建立革命武装，使东北抗日武装从无到有，从小到大，从弱到强，为东北抗日联军的建立奠定了基础，成为日后在东北三省坚持艰苦卓绝战斗 14 年的劲旅。

1931 年 11 月，在江西瑞金召开的第一次全国工农兵代表大会上，罗登贤被选为中华苏维埃共和国中央执行委员会委员。

大义凛然从容就义

1932 年 12 月，罗登贤由于遭受王明"左"倾错误的打击，被撤销满洲省委书记职务，回到上海任中华全国总工会上海执行局书记。他组织反帝大同盟，开展工人运动。1933 年 3 月 28 日，由于叛徒告密，他被敌人逮捕，先后被关押在上海、南京等地监狱。狱中，他遭敌人酷刑折磨，腿骨被铁杠压断，几次昏死过去，但他宁死不屈，还领导狱中难友与敌人作斗争。

3 月 31 日下午 3 时，国民党江苏高等法院第二分院第一法庭对罗登贤进行所谓"公开审判"。法官要罗登贤供认真实姓名、职务，并指使叛徒张汉卿出场指证，然后高声说："罗登贤，你的同党已经招供了。你快把你的反动言行从实招来。"罗登贤大义凛然地回答说："我曾在东北发动群众开展抗日游击战争。我在那里与义勇军一起同日本强盗作战，狠狠打击日本侵略者。最近我从东北回来，又领导上海日本纱厂工人进行反日大罢工。这是反对日本帝国主义的斗争。难道这就是我被控告为从事'反革命活动'的理由吗？我的一切行动，都是反帝爱国的。谁敢说我反动？你们国民党反动派卖国投降，出卖我东北神圣领土，才是真正的反动。"驳得法官瞠目结舌，无言以对，匆忙摇铃，宣读判决书。

反动派迫害罗登贤的消息披露后，引起爱国人士的强烈反对。为了营救罗登贤，中国民权保障同盟主席宋庆龄于1933年4月1日在上海报纸上发表《告中国人民书》一文，呼吁全中国人民起来要求释放罗登贤等反帝爱国志士，不使他们遭受酷刑与死亡。4月5日，宋庆龄亲到南京监狱慰问罗登贤，并要求国民政府释放他，但是遭到国民党反动派的拒绝。

1933年8月29日，敌人问罗登贤有什么遗言。他回答说："我个人死不足惜，全国人民未解放，责任未了，才是千古遗憾。"说罢，他被押到南京雨花台刑场，从容就义，年仅28岁。

● 英烈语录 ●

"我曾在东北发动群众开展抗日游击战争。我在那里与义勇军一起同日本强盗作战，狠狠打击日本侵略者。最近我从东北回来，又领导上海日本纱厂工人进行反日大罢工。这是反对日本帝国主义的斗争。难道这就是我被控告为从事'反革命活动'的理由吗？我的一切行动，都是反帝爱国的。谁敢说我反动？你们国民党反动派卖国投降，出卖我东北神圣领土，才是真正的反动。"

"我个人死不足惜，全国人民未解放，责任未了，才是千古遗憾。"

● 英烈精神 ●

大义凛然的革命气节，视死如归的革命风骨。

（何锦洲）

彭　桂（1903—1933）

——英勇善战的中国工农红军广东东江独立师师长

彭桂，广东省海丰县人。

- 1903 年，出生于一个农民家庭。
- 1923 年，加入海丰县总农会，参加农民自卫军。
- 1925 年 3 月，参加以李劳工为大队长的农民自卫军，担任小队长，期间加入中国共产主义青年团。10 月，国民革命军举行第二次东征，随军返回海丰，任海陆丰农民自卫军中队长，驻防陆丰县城。
- 1926 年 5 月，由共青团员转为中国共产党党员。
- 1927 年，参加东江武装暴动。
- 1929 年 5、6 月间，发动群众组织革命武装，任大队长。10 月，东江特委决定以彭桂的工农革命军为基础，成立中国工农红军第六军第十七师第四十九团，彭桂任团长。
- 1930 年 5 月 19 日，任中国工农红军第十一军副军长兼第四十九团团长。
- 1931 年，红十一军改编为中国工农红军广东东江独立师，任师长。
- 1933 年 5 月 12 日，被医官马克训在新声村杀害，时年 30 岁。

彭桂1903年出生于广东省海丰县一个农民家庭。父彭流云，母李氏。彭桂幼年时读过三年书，后因家贫而辍学。在家放牛、耕田，农闲时还跟父亲到香港去卖苦力，拉人力车，挣点钱糊口。

参加农民自卫军

1923年元旦，彭湃领导的海丰县总农会成立。彭桂和他的哥哥彭攀以及其他一些贫苦农民加入了农会。原来双目失明、靠替人算命为生的彭虞森当上了阿前彭村农会会长，彭桂成了农会积极分子，经常扶着彭虞森走家串户去宣传。加入农会的人越来越多，农民自卫军也组织起来了，彭桂和彭攀首批参加了农民自卫军。

1925年初，广东革命政府第一次东征，讨伐军阀陈炯明，海丰农民自卫军作了有力的配合。一天晚上，彭桂和村里20多个农会会员到梅陇，从陈炯明败兵手里缴了几十支枪回来，彭桂当上了村农民自卫军队长。3月，彭桂与彭攀进入海城参加军民联欢大会，聆听了周恩来、彭湃等人的演说。之后，彭桂参加了以李劳工为大队长的农民自卫军，担任小队长，并在中共海陆丰地委举办的农民自卫军训练所肄业。在这期间他加入了中国共产主义青年团。7月间，因军阀陈炯明残部刘志陆反扑潮梅地区，彭桂随海陆丰农民自卫军训练所转移到广州，继续学习。10月，国民革命军举行第二次东征，他随军返回海陆丰，并被提升为海陆丰农民自卫军中队长，驻防陆丰县城。

1926年上半年，彭桂跟着吴振民南征北战，表现十分英勇，屡立战功，于5月间由共青团员转为中国共产党党员。

参加东江武装暴动

1927年，蒋介石发动四一二反革命政变，大肆屠杀共产党人和革命群众。白色恐怖也笼罩着东江地区。为了应付急剧变化的局势，东江特别委员会立即领导东江地区人民举行武装暴动，夺取政权。彭桂随吴振民奔走于海丰、陆丰等地，筹备枪弹，组织队伍。4月底，紫金、海丰、陆丰等县先后暴动成功，这是东江第一次大暴动。5月1日，海丰、陆丰、紫金同时举行庆祝大会，宣布县临时人民政府成立，宣布讨蒋，但不久敌人进行疯狂反扑。革命队伍遂主动放弃县城转移到农村坚持斗争。

国民党军队进占海丰、陆丰、紫金县城以后，到处杀人抢劫，彭桂的哥哥彭攀惨遭杀害，彭桂于5月24日随大队长吴振民率领的工农救党军北上找党中央，在湖南汝城遭敌范石生部袭击，吴振民牺牲，工农救党军几乎全军覆没。彭桂受伤后化装成割鸡客，只身逃回家乡，在刘琴西、林道文领导下的工农革命军中工作。10月间，彭桂参加了东江第三次大暴动，海丰、陆丰、紫金三个县和惠阳高潭，先后成立了县、区苏维埃政府，彭桂的父亲彭流云在区政府工作，不久，国民党反动派又疯狂反扑，彭流云惨遭国民党杀害。

任红军第六军第十七师第四十九团团长

1928年春，国民党反动派集中了第四、第五军，配备四艘兵舰分四路向海陆惠紫根据地大举进攻，彭桂随东江特委机关和红军转到中洞一带山区坚持斗争。

1929年初，蒋桂战争爆发，东江形势发生了变化。4月，东江特委在海丰黄沙洞寮钟村召开海陆紫党员代表大会。彭桂参加了这次会议。会后，特委把分散的武装人员组织起来开展武装斗争。彭桂、黄伯梅、颜云等率队进攻高沙民团，首战告捷。5、6月间，彭桂发动群众将散藏在山区乡村中的原工农革命军的枪支起出来，组织起共约230人的革命武装，由彭桂任大队长。八九月间，彭桂率领工农革命军进攻鹅埠和赤石等地，连战告捷，群众大受鼓舞。部队亦发展到700人。10月，东江特委决定以彭桂的工农革命军为基础，成立中国工农红军第六军第十七师第四十九团，彭桂为团长，黄强为政委。正当红四十九团驻扎在坪巷附近时，惠阳蔡腾辉率敌军700多人进攻坪巷，彭桂采取伏击战打败了进犯之敌。

率红四十九团取得三次保卫大南山革命根据地胜利

1930年1月，彭桂率领红四十九团在陆丰、紫金一带打击敌人，并取得节节胜利，巩固和扩大了红色区域。5月，东江特委在八乡山召开的东江工农兵第一次代表大会上，宣告中国工农红军第十一军成立，以古大存为军长，彭桂为副军长兼红四十九团团长。其时，国民党反动派张瑞贵率领一个主力团，并纠集潮、惠、普的地方反动武装共 3000 余人，围攻大南山。彭桂遵照东江特委指示率红四十九团东上以林招的拜金山为主战场与敌决战。彭桂认真指挥作战，取得了重大胜利，共毙敌 300 多人，俘敌数十名，缴长、短枪 200 余支，弹药物资一大批。这是红四十九团成立后，取得的一次重大胜利。战斗结束后，由林君杰代理团长，彭桂仍留红四十九团协助林君杰工作。

5 月中旬，红四十九团攻打潮阳县河婆寮两个敌炮楼。在攻打过程中，敌潮阳县警 100 多人又前来救援。彭桂即向林君杰建议：停止攻打炮楼，马上抢占山头伏击敌人援军，消灭了大部分敌人援军后，再打下了两个炮楼，缴获百余支枪和一批物资。

同年冬，蒋冯阎军阀混战结束，中央苏区、东江苏区均遭国民党军"围剿"，敌张瑞贵又卷土重来，围攻大南山，彭桂随林君杰挥师东进。途经普宁时，促使流沙伪警大队中队长庞柱杀死大队长李绍金后率领 120 多人起义，编为第五连，随红四十九团出发，沿途又经过多次战斗，毙伤敌 100 多人，缴获武器一大批。

1931 年 1 月，部队向海丰出发，途中遇敌，团长林君杰牺牲，队伍撤退到碣石溪，东江特委、东江军委又命令彭桂继续任团长。2 月上旬，国民党张瑞贵、邓彦华两个独立师从四面八方包围大南山，东江特委又命令彭桂挥师东上，大南山之围即解。

彭桂一连三次率领红四十九团东上大南山，均获得辉煌胜利，立下赫赫战功，出色地完成了保卫大南山革命根据地的光荣任务。

·········· 任中国工农红军广东东江独立师师长 ··········

随着形势的发展，东江特委决定将红十一军改编为中国工农红军广东东江独立师，师长彭桂，政治委员黄强。以红四十九团为第一团，彭桂兼团长；红军教导团和红四十七团为第二团，团长古宜权。整编后，彭桂率队回师海陆惠紫根据地。

1931 年下半年，部队肃反扩大化，不少骨干被错杀，特别是红一团的力量受到很大挫伤。为了渡过难关，彭桂把红一团改编为能够独立作战的五个连，不设营部，分散在敌人周围进行活动，并紧紧依靠群众，打破敌人的封锁。

1932 年 11 月上旬，国民党反动派军队"围剿"大南山越来越严重。师长彭桂、政委田大章、东江军委主席朱炎、政治部主任符锦惠和东江红军第一路总指挥古大存，接上级党委指示，决定率部跳出敌人包围圈，转战紫金，然后与红四十七团会合，北上江西与中央红军会师。部队经乌禽嶂时，与海陆紫三县苏维埃办事处主任钟冠桐会合，一起研究解决粮食与经济问题。其时，紫金县反动县长何晏清，派出县警队 100 多人前来"围剿"，彭桂指挥部队奋起迎击，将县警队全部歼灭，并缴获其全部武器。

革命红心不变

彭桂、朱炎、古大存等在乌禽嶂暂驻了一个多月，扫除了一些敌人据点，击败了进犯之民团，取得了不少胜利。1933 年 3 月正准备北上时，在紫金县青溪乡狗头嶂与敌罗克士残部发生遭遇战，双方损失惨重，我军领导成员失散，田大章下落不明，符锦惠受伤后和蓝伟林在当地隐蔽治疗时被叛徒钟东桂出卖遇害，古大存受伤后留在当地治疗一个月后去兴梅。队伍只剩下190 多人。在这危急的时刻，彭桂、朱炎分析了形势后认为无法再北上，应改变计划，遂决定分兵二路，一部分由朱炎率领转入紫金山区坚持活动，一部分由彭桂率领折回海丰，隐蔽斗争。回到海丰后，环境极端恶劣，部队给养极度困难。为了保存革命种子，彭桂便把一些同志疏散去香港，其余化整为零，分散活动。最后彭桂身边只有爱人黎吟娇和他的岳母、医官马克训、警卫员谢罩宽等 9 人，在大安洞的石洞里坚持斗争。白天他们走出石洞，晒太阳取暖，夜间则数人互相搂抱一团，借以御寒，坐以达旦，生活尽管这样艰难困苦，彭桂却红心不变。

被叛徒杀害

1933 年 5 月 12 日（农历四月十八日）下午，医官马克训邀彭桂一起下山寻找粮食，彭桂带了警卫员谢罩宽与马克训同行。马克训早就图谋叛变，当到了新声村时，就把警卫员支到前面山头警戒，自己陪彭桂在晒稻场上休息。黄昏，马克训乘彭桂无备，将彭桂杀害。彭桂牺牲时年仅30岁。

英烈精神

在环境极端恶劣下，始终保持革命红心不变，坚持革命、斗争到底的坚定的革命信仰。

（钟声）

许 冰（1907—1933）

—— 东江著名妇女运动领袖

主要生平

许冰，又名玉罄，广东省揭阳县人。

- 1907 年，出生于一个贫寒家庭。
- 1925 年，加入中国共产主义青年团。
- 1926 年 3 月，揭阳县妇女解放协会正式成立，被选为县妇女解放协会主席。同年春加入中国共产党。同年冬与彭湃结为夫妻。
- 1927 年 6 月，化名刘碧清，秘密到香港广东地下省委机关工作。
- 1928 年，生下儿子彭小沛。11 月，彭湃到上海任中央农委书记，许冰带着彭小沛一同前往。
- 1930 年夏，回大南山革命根据地工作。临行前把彭小沛送往中国济难会办的大同幼稚院。
- 1931 年，被选为中共东江特委委员，主持妇委工作。
- 1933 年深秋，被叛徒引来的敌军抓捕杀害，时年 26 岁。

宣传妇女解放的道理

许冰，又名玉馨，东江著名的妇女运动领袖，1907 年出生于广东省揭阳县榕城镇。年幼时因家境贫寒被一个官家收作养女，并送入闺秀小学读书。小学毕业后考进揭阳县女子中学。在该校进步教师卢笃茂（后为中共党员）的指导下，经常阅读进步书刊，并参加了该校革命师生组织的社会科学研究小组。她还利用寒暑假期，与一些志同道合的女同学组织宣传队，到镇上和郊区农村宣传妇女解放的道理。有时她们把妇女受压迫的事实编成活报剧演出，使妇女们深受教育。

1924 年初，国共两党合作，中共广东区委派党员杨志白到揭阳开展革命活动。许冰经卢笃茂的介绍和引荐，积极协助杨志白在学生中建立新学生社，投入反帝反封建斗争。许冰在女子中学带头参加新学生社，并于次年春加入共产主义青年团。1925 年 2 月，广东革命政府为了消灭盘踞在东江一带的军阀陈炯明，举行了第一次东征。当时担任黄埔军校政治部主任的周恩来带领黄埔学生军于 3 月下旬到达揭阳后，接见了杨志白等人，了解全县工农及学生运动情况。谈到学生运动时，杨志白特别赞扬了许冰带头剪掉辫子，同男同学一起积极参加革命斗争的勇敢行动。当晚，东征军在揭阳学宫广场召开群众大会，周恩来在会上作演说，许冰兴致勃勃地为周恩来做翻译，把普通话译成本地方言。周恩来演说完毕后，许冰又领着大家喊口号。整个会场充满了浓烈的革命气氛。会后，周恩来勉励许冰，不但要做学生工作，还要到工农群众中去，把广大劳动妇女发动起来。

从此，许冰和几位好友经常到农妇中去，她们从提高妇女的文化着手，在农村办起了一所免费的妇女学校。许冰担任教员，一面认真讲课，一面手把手地教大家认字、写字，然后讲述农家妇女为什么终日劳碌而不得温饱，还要受种种封建势力压迫的原因，启发大家的阶级觉悟，收到很好的效果。许多妇女都表示要同男人一起加入农民协会，同土豪劣绅及一切封建势力作斗争。

组织成立揭阳县妇女解放协会

1925 年秋，随着第二次东征的节节胜利，整个潮汕地区的工农和妇女运动蓬勃发展。11 月下旬，邓颖超随东征军到达汕头。她以广东省妇女解放协会代表的身份，召开了汕头妇女联欢大会。许冰应汕头市妇女运动领导人吴文兰的邀请参加了这次大会。邓颖超在会上作了题为《今后的妇女运动和对汕头妇女界的希望》的报告，使到会代表受到极大鼓舞和鞭策。许冰回到揭阳后即向妇女骨干传达了会议精神，并商讨成立揭阳县妇女解放协会问题。经过几个月的筹备，揭阳县妇女解放协会终于在 1926 年 3 月正式成立。许冰被选为县妇女解放协会主席。这时不少妇女响应妇协的号召，剪去长发，丢掉缠足布，从深闺和锅台旁走了出来，同男人一起投身到反帝反封建斗争的革命洪流中。为了进一步推动妇女解放运动的发展，许冰等人又会同县工会、农会等团体，共同制定了不准收养童养媳等 6 项规定。这些规定是对千百年来封建礼教的一次勇敢的宣战，在社会上引起很大反响。妇女们由于有了妇女解放协会做靠山，就更大胆地同一切恶势力作斗争了。

与彭湃结成革命伴侣

　　经过革命风浪的锻炼和考验，许冰于 1926 年春加入中国共产党。这时在国共合作的促进下，工农运动迅猛发展，尤其是彭湃领导的农民运动更进入了高潮时期。由于工作需要，许冰被调往汕头广东省农民协会潮梅海陆丰办事处。在办事处主任彭湃的领导和帮助下，许冰进步很快。当彭湃外出时，她便负责处理有关事务。她还同彭湃一起到潮汕地区农村做调查，发动农民开展减租、反对苛捐杂税的斗争，并时刻不忘发动农村妇女的工作。在共同的革命事业中，许冰与彭湃产生了爱情，于 1926 年冬结为夫妻。

　　1927 年春，许冰当选出席中国共产主义青年团第四次全国代表大会的代表，彭湃是出席中国共产党第五次全国代表大会的代表，他们一起在广东代表团团长陈延年的率领下，从广州出发到武汉。会议期间，许冰和彭湃被安排住在武昌都府堤四十一号。毛泽东和杨开慧就住在他俩的隔壁。在空暇时间，许冰怀着敬意向毛泽东请教有关问题，她还同杨开慧交上了朋友。

　　6 月初，由于蒋介石的公开叛变，形势起了很大变化。彭湃被派往江西省南昌市工作，许冰则化名刘碧清，秘密到香港广东地下省委机关工作。临分别时，他俩互相勉励，决心把青春献给党的伟大事业。

　　8 月，彭湃参加南昌起义。起义军转战潮汕失败后，他又回到海丰，领导海陆丰苏维埃政权的筹建。许冰也按照党的指示，从香港回到海丰协助彭湃工作。在彭湃的领导下，海陆丰革命根据地不断发展扩大，广东军阀开始坐卧不安。1928 年 2 月，广东军阀分四路向海陆丰革命根据地进犯。在敌众我寡的情况下，红军将政府机关及后勤单位迁入后方中洞村。随后又转移到惠来、普宁、潮阳三县交界的大南山，在大南山建立革命根据地。许冰随红军退入大南山。

3 月中旬，彭湃指挥红二、红四师一部和惠来县工农赤卫队，攻下了敌人防守比较薄弱的惠来县城。许冰和彭湃就住在工农赤卫队总指挥王昭海家里。许冰能歌善舞，常常利用战斗空隙，编写了许多山区人民爱听的潮州歌谣，以激励妇女们参加革命，支援红军。她自编自唱，极受妇女们欢迎。人们都同她以姐妹相称。她和王昭海一家更是亲密无间。一次，许冰到外村活动返回美园村时，突然遇上敌人。许冰沉着应付，无奈身怀有孕，且快要分娩，走动很不方便。前有小溪隔阻，后有追兵。在这紧急关头，碰上王昭海的女儿王阿额。王阿额二话不说，背起许冰越过小溪，绕过敌人的视线，安全回到家里。接着，许冰秘密转移到雷岭山区，不久，生了一个男孩，取名彭小沛。孩子满月后，为了不影响工作，许冰同彭湃商量决定，将孩子送到汕头托人抚养。

许冰从汕头返回大南山后，不顾产后虚弱与劳累，仍顽强地工作。由于敌人派重兵对大南山区进行"围剿"，惠来县城又被敌人占领。许冰和彭湃转移到惠来县山区林樟乡，在那里搭棚为屋，吃的是野菜煮稀饭。为了行动方便，许冰还经常女扮男装。尽管斗争愈加残酷，生活也异常艰苦，但他们仍以坚韧不拔的革命意志，深入各区乡调查了解情况，布置工作。

5 月中旬，他们的驻地又突然遭到偷袭，在群众的保护下转移到普宁县与惠来县交界处一个不到 10 户人家的小山村里。在这里坚持了两个多月后终于与中共东江特委取得了联系，制定了新的斗争计划。

1928 年 11 月，党中央调彭湃到上海任中央农委书记，许冰带着彭小沛一同前往。在白色恐怖笼罩下的上海，斗争十分尖锐复杂。许冰负责联络工作，有时中央农委的重要会议就在他们家里召开。每当开会时，许冰便在屋外放哨。一次，许冰发现几个形迹可疑的人在他们房子周围打转，便机警地发出暗号。瞬间，屋里响起了打麻将的碰撞声，特务发现不了破绽也就走了。同志们都赞赏许冰的机智沉着。

1929 年 8 月间，由于叛徒出卖，彭湃在上海被捕入狱。党中央和周恩来等千方百计营救，但未能成功。8 月 30 日，彭湃等英勇就义。牺牲前，彭湃除给党中央写信外，还给许冰写了一封绝笔信。信中写道："冰妹，从此永别，望妹努力前进。兄谢你的爱！万望保重，余言不尽。"字里行间，充满了革命者对共产主义事业的坚定信念，表达了他们之间高尚真挚的爱情。

彭湃的牺牲给许冰带来巨大的悲恸，但她深知："一切敌人完全不会因我的悲哀而消灭，心中的创痕也没有因我的痛哭而填补，深仇大恨丝毫不会因我的热泪狂流而报复！"她决心抹掉眼泪，踏着烈士的血迹，遵从烈士的遗志，到群众中去磨利刺刀，杀尽一切敌人。

回大南山革命根据地工作

1930 年夏，由于许冰的多次要求，党中央决定让她回大南山革命根据地工作。临行前，她忍痛把彭小沛送往中国济难会办的大同幼稚院，该院招收的多为革命者的后代。

许冰回到离别将近两年的大南山，心情格外激动。此时的大南山根据地，由于执行了党的正确路线和政策，红军力量和党的组织都得到很大发展，成立了中国工农红军第十一军，同时成立了东江工农民主政府。民主政府领导根据地人民深入开展土地革命。许冰看到广大贫苦农民打土豪、分田地的欢乐情景，受到极大鼓舞。党组织分配她担任东江地区妇女运动委员会主席，领导东江 25 个县的妇女运动。许冰回到她熟悉的山村，见到了曾与她朝夕相处的山区农妇，向她们讲述了全国革命斗争的形势，以及各地妇女运动的情况。乡亲们的眼界开阔多了。不少人关切地问道彭湃为什么不一起回大南山。原来，在闭塞的山区，许多群众还不知道彭湃已经牺牲。当许冰把这不幸消息告诉大家时，人们犹闻晴天霹雳，悲痛万分。

许冰以坚强的毅力，跋山涉水，深入东江各县，宣传党的方针政策，激励广大妇女学习彭湃的革命精神，支援红军，同国民党反动派斗争到底。为了帮助各县恢复和发展妇女解放协会组织，许冰还在大南山举办了干部训练班，培养了数十名妇女干部。这些干部培训后回到各县积极开展妇女运动。

由于许冰积极努力工作，得到党组织和广大妇女群众的信任。在她回大南山的第二年，即被选为中共东江特委委员，主持妇委工作。

随着红军的扩大和战斗的频繁，急需扩大红军医院、被服厂和枪械修配厂等，还必须编织大批草鞋供应红军战士。许冰废寝忘食地到处奔波，动员姑娘们参加红军，到红军医院做护理工作。为了给红军赶制棉衣，许冰又发动妇女纺线和编织草鞋，还别开生面地组织了一次妇女编织草鞋比武大会，调动了大家的积极性。在许冰的领导下，大南山以至整个东江地区的妇女工作生气勃勃，有力地支援了红军打仗，也推动了革命根据地的建设。

可是，就在这个时候，东江特委某些领导人又犯了"左"倾冒险主义的错误，导致革命力量遭到严重损失。红军的数量由 1000 多人下降到不足 100人。不久，敌人再一次出动重兵"围剿"，形势十分危急。此刻，许冰更加怀念她的导师和战友彭湃，不禁挥笔写下一首诗：

> 风萧萧兮秋意深，
> 步高山兮独沉吟；
> 思我哥兮泪沾襟，
> 天地人间兮何处寻？

对亲人的怀念，对革命的忠诚，使许冰增添了无穷的力量。她决心渡过难关，去夺取胜利。

⋯⋯⋯⋯⋄ 不幸被捕牺牲 ⋄⋯⋯⋯⋯

然而，在这残酷的斗争中，有的人经不起考验，竟投降叛变，使党组织遭到空前的破坏。1933 年深秋的一天，许冰在普宁县一个区召开群众大会，可耻的叛徒引来大批敌军，把村子重重包围。许冰见形势危急，果断地拔出手枪一面组织抵抗，一面掩护群众撤退，最后不幸落入敌手。

许冰被捕后关进了普宁县监狱。敌人欢喜若狂，妄图劝说许冰投降，再利用她与彭湃的关系，劝说红军其他领导人投降，从而一举扑灭大南山的革命烈火。但敌人的如意算盘被砸得粉碎。审讯时，许冰不容敌人多说，斩钉截铁地表示："我生为红军人，死为红军鬼，决不贪生受辱。"敌人无可奈何，只得将她押往汕头监狱。

到了汕头，许冰仍以钢铁般的意志出现在敌人面前。敌人无计可施，宣布杀害许冰。临刑前，敌人召开宣判许冰"罪行"大会，妄图借此恐吓革命人民。许冰却利用这最后的机会，愤怒地揭露了国民党反动派"围剿"红军，屠杀共产党人和革命群众的滔天罪行。许冰英勇就义时年仅26岁。

◆ 英烈语录 ◆

"一切敌人完全不会因我的悲哀而消灭，心中的创痕也没有因我的痛哭而填补，深仇大恨丝毫不会因我的热泪狂流而报复！"

"我生为红军人，死为红军鬼，决不贪生受辱。"

◆ 英烈精神 ◆

不畏艰苦、深入调查研究、对革命无比忠诚的革命精神，坚韧不拔、勇于渡过难关、敢于夺取胜利的革命意志。

（杨绍练　刘林松）

杨其珊（1871—1933）

—— 海丰农会主要领导人之一

主要生平

杨其珊，乳名妹娘，广东省陆丰县人。

- 1871 年，出生于陆丰县新田镇参城村。
- 1923 年 1 月 1 日，被选为海丰县总农会副会长。7 月，被任命为广东省农会执行委员，兼摄财政、交际工作。
- 1924 年 3 月，转入地下，组织骨干分子组织"贫人党"和"十人团"，坚持抗租斗争。
- 1925 年，加入中国共产党。
- 1926 年 8 月，被选为海丰县农会执行委员。
- 1927 年 4 月底到 5 月初，在中国共产党第五次全国代表大会上，被选为中央委员。5 月 1 日，被推选为海丰县临时政府委员。11 月 1 日，被选为海丰县苏维埃政府政府委员。
- 1933 年 9 月 26 日，壮烈牺牲，时年 62 岁。

海丰农会的主要领导人之一

杨其珊，乳名妹娘。1871 年出生于陆丰县新田镇参城村，兄弟 5 人，其珊排行第四，青年时跟父母移居海丰黄羌大湖村耕田。他的堂叔杨育月是位甚有出息的拳师，杨其珊便利用农闲，起早摸黑跟他学功夫。叔父看杨其珊机灵活泼，很有发展前途，就经常带他往福建见世面，学习少林拳术。杨其珊勤学苦练，学会过硬武功和气功本领，"神打五雷拳"是他拿手的武艺。他还学会了医术，以丹膏丸散为人治病。他经常到梅陇等地农村教馆，过着江湖义侠生活。后在梅陇小溪峒村落户，与村妇曾何世结婚。

五四运动后，杨其珊目睹人民备受掳掠，过着悲惨的生活，内心愤愤不平。当彭湃只身深入农村创办农会时，他便积极地加入，成为彭湃的亲密战友和得力助手，以后一直是海丰农会的主要领导人之一。并经过他的关系，使他的家乡新田区及他落户的梅陇区成为较早成立农会的地区之一。

1923 年 1 月 1 日，海丰县总农会成立。大会通过了农会章程，选出领导机构。彭湃当选会长，杨其珊当选副会长。会员有 1.2 万户，人口 10 万人。大会制定了农会会印和农会会旗。从此，中国近现代革命史上第一个县级农会在这里诞生。

为适应农民运动的更大发展，同年 5 月，海丰县总农会改组为惠州农民联合会，7 月又把惠州农民联合会改为广东省农会。杨其珊先后被任命为执行委员，兼摄财政、交际工作。

举行减租誓师大会

1923 年 7 月 26 日和 8 月 5 日，海丰、陆丰两县连续两次遭受台风袭击，狂风暴雨又兼海潮上涨，造成了人民财产的严重损失，农作物几乎无收。彭湃立即主持召开海陆丰两县工作的农会执行委员会议，随又召开农民代表会。会议通过"至多三成交租"的决议，并发表《为减租而告农民》的公开信。农会于 8 月 15 日在海丰城举行减租誓师大会，到会农民两万多人，陆丰总农会也派 200 多名代表参加，彭湃、杨其珊在会上都作了报告。

农运受挫

农会组织广大农民誓必实现减租而斗争的坚决行动，使海丰县县长王作新和地主豪绅十分震惊，当晚即策划扑灭农会。8 月 16 日（农历七月初五）凌晨，王作新之弟、县署游击队长王益三率领"游击队"并钟景棠部，以及警察保卫团勇 300 多人，由城内出东门，经龙津桥，距桥东埔农会所在地不过 300 米左右，乃分两路，一路包农会之后方，一路包农会之前门，枪声甚密，子弹由前门飞入办公厅。此时农会干部已知敌人进击，不能抵御，为减少损失，决定一部分撤走，留下杨其珊领导 24 位职员镇守会址，准备与敌人周旋。此时，敌由大门冲入，杨其珊等 25 人与敌短兵相接。经过一场搏斗之后，终因敌众我寡，杨其珊等 25 人遭捕。农会一切器物被抢掠一空，并复将会址封闭。

杨其珊等被押至衙门时，王作新坐堂审讯。王作新问杨其珊："你是不是农会的会长？"杨其珊答："是！"王作新问："彭湃利用你们去造反，经我三令五申，你们还敢作怪，你知罪吗？"

杨其珊理直气壮地说："彭湃不是利用我们，他是牺牲自己利益为农民谋幸福的！"

王作新气急败坏地说："你真该死！你们胆敢提倡共产共妻，快些照实招来！"杨其珊愤怒地驳斥这个无耻的家伙："共产不共产，这是看社会的进化如何，不是我去提倡就会共产，不提倡就不会共产！招不招不作要紧。至提倡共妻一事是有的，可不是我们，而是你们发财的做官的，你们天天嫖娼宿妓，这不是你们所提倡的共妻吗？还有一层，好像王县长都有两个老婆，这就是公夫，公妻公夫都是你们提倡的，都是我们早晚所应该打倒的！"

王作新气得暴跳如雷，喝叫手下："打！打！"

杨其珊遭受了一顿毒打。

事件发生后，为争取恢复农会，释放被捕会员，彭湃及战友林甦、李劳工等历尽艰辛，奔波于老隆、汕头、香港、海陆丰各地，争取外援，进行合法斗争。不久，杨其珊等 25 人获得开释。

联系、指导农民秘密活动

1924 年 1 月，在广州召开有共产党人参加的国民党第一次全国代表大会，以国共合作为标志的革命统一战线正式建立。彭湃、李劳工、林甦、张威等同志先后前往广州工作或学习。杨其珊、郑志云、彭汉垣等被留在海陆丰，负责联系、指导农民秘密活动。

1924 年 3 月 17 日，海丰农会会员集会恢复县农会。3 月 21 日，反动县长王作新出示布告解散农会，觉醒起来的农民坚定地表示："生为农会人，死为农会鬼。"彭汉垣、杨其珊等农会领导人在农会骨干分子中组织"十人团"，领导农会秘密活动，开展抗租斗争。陆丰的各乡农会也转入地下，骨干分子组织"贫人党"或"十人团"坚持抗租斗争。

被选为第五届中央委员

1925 年 3 月 3 日，海丰农民举行欢迎东征军大会。大会宣布恢复县农会，并组织临时县农会执行委员会行使职权。4 月 20 日，杨其珊、郑志云、林甦被选为海丰出席广东省第一次农民代表大会代表。同年，杨其珊光荣加入中国共产党。

1926 年 8 月，海丰召开全县第二次农民代表大会，杨其珊被选为县农会执行委员。

1927 年 4 月 12 日，蒋介石在上海发动反革命政变。4 月 15 日前后，广东的反动派也发动反革命政变，疯狂屠杀共产党人和革命群众。为了挽回革命的损失，4 月底到 5 月初中国共产党在武汉召开了第五次全国代表大会。毛泽东、彭湃、邓中夏、蔡和森、任弼时、瞿秋白、刘少奇、陈独秀等 80 人出席大会，代表 5.79 万名党员，大会讨论了当前的形势和党的任务，对陈独秀右倾错误进行了批评和斗争。杨其珊在本届大会上，被选为中央委员。

领导海丰临时政府

1927 年 4 月 30 日，海陆丰的革命群众，在中共海陆丰地委的领导下，为拥护武汉国民党中央党部及国民政府，肃清反动势力，反对帝国主义，以期实现国民党的政纲，举行武装起义夺取政权。5月1日，成立海丰、陆丰两县临时政府。杨其珊被推选为海丰县临时政府11位委员之一。

11月1日，海陆丰人民第三次起义。海丰农军和工农革命军第二师第四团再次光复海丰县城。11月18日，海丰县召开工农兵代表大会，大会作出土地革命八项决议，选举成立海丰县苏维埃政府，杨其珊被选为政府委员。

组织武装斗争

1928年2月26日，余汉谋率十一师三个团，自河婆向陆丰西北进攻。2月29日，陆丰城被占。3月1日，海丰城失陷，两县主要圩镇也先后落入敌手。此间，杨其珊亲自前往陆丰新田参城等地组织武装斗争。参城以叶石养、叶玉喜为中队长；屯寨新围以叶凛为中队长；激石溪以黄业朗为中队长。每个中队有40～50人，武器主要是粉枪、长矛、尖串、大刀等。在陆丰县委林铁史等指挥下，参加过陆丰上砂战斗，尔后到江西坑、浮杓顶一带打游击，狠狠打击国民党的"围剿"。

1929年冬，杨其珊率领的地方武装与红军四十九团相配合，相互打击国民党的军事"进剿"，使新田等苏维埃区域不断扩大。为庆祝海陆丰苏维埃政府成立两周年，杨其珊与红军四十九团团长彭桂，在激石溪暗径子召开苏区群众庆祝大会，东江一些县也派出代表100多人到会。彭桂、杨其珊都在会上发表演说，号召苏区群众为保护苏区政权而战，会议结束后，连续几个晚上演白话剧，热闹非常，影响很大。

壮烈牺牲

1930年12月，海陆紫特委在陆丰激石溪召开三县工农兵代表大会，选举成立海陆紫县苏维埃政府。林覃吉为主席，杨其珊为主席团成员。至1933年5月，杨其珊率领队伍撤退深山，粮食虽中断，仍坚持斗争，准备东山再起。7月间，环境更为恶劣，他染上疾病。9月26日下午，他偕同警卫员到激石溪高岗村3公里的石壁寮活动时，因叛徒告密被捕，壮烈牺牲于敌人的屠刀之下，时年62岁。

（柯可　卓缴）

钟一强（1894—1933）

——紫金县农民协会第一任会长、县苏维埃政府主席

主要生平

钟一强，字应地，又名亚裕，广东省紫金县南岭乡人。

- 1894年5月19日，出生于一个贫苦农民家庭。
- 1923年，前往海丰县学习农民运动的经验。7月，成为紫金县总农会会长。
- 1925年1月，成为广州农讲所第三届学员。5月，成为紫金县农民协会的会长。6月，军阀陈炯明重占东江后，带领农军撤出紫金县城。10月27日，重返紫金县城办公。
- 1926年4月，策划并组织了紫金"四二六"武装暴动，并在夺取县政权后出任县人民政府委员。
- 1927年12月，当选紫金县苏维埃政府主席。
- 1928年1月，参与攻打南岭周围反动堡垒的战役。2月，组织了青溪保卫战。在反动组织的"围剿"中，转移到揭阳进行活动，发展革命力量。
- 1929年，返回炮子地区坚持活动。
- 1930年春，成立海陆紫县委，被选为县委委员。同时成为海陆紫苏维埃政府主席团的一员。

- 1931 年，率领海陆紫县苏维埃政府人员和区联队等革命武装转移到中洞、碣石溪等深山野林。
- 1932 年 2 月，重新回到炮子地区开展游击活动。
- 1933 年 11 月，被困于陆丰碣石溪长坑尾卧猪闷兜山上，弹尽粮绝后牺牲，时年 39 岁。

前往海丰学习农民运动经验

钟一强，字应地，又名亚裕，广州农讲所第三届学员，紫金县农民协会第一任会长、县苏维埃政府主席。

1894年5月19日，钟一强出生在紫金县南岭乡的一个贫苦农民家庭，高小毕业后，以挑担度日，挣扎在死亡线上。

1923年，彭湃领导的海丰农民运动席卷东江，更给邻近的紫金县以巨大的影响。钟一强为了亲眼看看海丰农民闹翻身的情况，便去海丰找彭湃并参加了海丰县总农会成立大会，亲耳聆听彭湃那激动人心的讲话，亲眼看到了烧毁田契的动人情景，从中受到了巨大的教育和鼓舞。当时南岭的大地主钟垫记被海丰农民运动的风暴吓得惊魂不定，搞了一个所谓"家族自治会"，企图制止"穷鬼"造反，再出了个"射人先射马"的鬼主意。他听说钟一强去了海丰学习农运经验，便令钟一强的父亲钟熊卿立即把钟一强叫回来，否则不但开除"教籍"，还要刑于族法。钟熊卿慑于地主老财的淫威，只好先叫钟汉翘、钟坤诏、钟绍雄、钟佩璜等前往海丰去追钟一强回来。殊不知钟一强将去追他回去的四人带去见彭湃。他们经彭湃一番教育后，反而都同情钟一强，并表示要跟钟一强一起学习海丰农民兄弟的经验，回南岭闹革命。

尽管地主老财百般威吓，但从南岭去海丰找钟一强的人却越来越多。钟慕奇、钟绍縣他们参观了海丰县农民运动之后，深受鼓舞，后来在钟一强的带领下，回南岭点燃起农民运动的革命火种。

组建紫金县总农会

1923年2月，春耕缺种的农民向地主借种子，遭到刁难。钟一强便和钟卫璜、钟荫廷等27个农运积极分子商量，决定趁这个时机，组织农会，帮助贫苦农民解决缺种困难，并打击地主的气焰，且决定由钟一强任会长。消息传出，农民们奔走相告。钟一强在成立大会上陈述了农会的宗旨，他说："农会是我们自己的组织，眼下正当春播时节，谁家要是缺谷种的，农会帮你们解决。"农会积极分子钟子文当即表示："凡是农会会员无春耕种子的到我家里挑。"地主老财们对此又气又恨，却又无可奈何，有的慑于农会声势，转而要求参加农会。钟一强审度斗争形势，认为暂时吸收他们入会，既可分化瓦解敌人，又有利于以后的减租减息斗争。于是便说服了持反对意见的会员，让钟汉平等 19 户地主加入了农会，并当即要他们借出 500 担谷给农民渡过饥荒。

1923 年 6 月 6 日，钟一强在石头塘召开了有 3000 名会员参加的第一次农民代表大会，壮大了农会的声势。会后，南岭乡减租减息工作顺利开展。7 月上旬，在紫金县领导革命活动的刘琴西、赖炎光、钟灵等共产党员到了炮子，与钟一强、钟乐善等共商成立县总农会事宜，并一致推选钟一强为县农会会长。从此，紫金全县的农民运动进入了新的阶段。

组建紫金县农民协会

1924 年 8 月中旬，钟一强到海丰开会。会后，钟一强被送去黄埔军校学习。其时，广州农民运动讲习所第三届临近开办，在黄埔军校工作的周恩来考虑到紫金农运人才少，便决定将钟一强送去农讲所学习。另外紫金县还派了钟灵、戴耀田、钟应天、刘战愚等人到广州农讲所学习，于 1925 年 1 月 1 日正式上课，于同年 4 月 2 日毕业。他们一同回紫金县从事农运。

钟一强回到炮子后，代理农会会长叶铁魂向他汇报了情况。这时反动分子钟奕奇（钟堃记之子）组织了反动民团，镇压农民运动。那个曾对天起誓忠于农会的钟汉平亦已背誓退出农会投靠民团。钟一强等人研究了情况后决定采取"擒贼先擒王"的对策，先消灭与黄育群、黄泗合等南岭地头蛇狼狈为奸的陈炯明部温宗和这支反动武装。经过发动龙窝、炮子、南岭等地组织农民自卫军，很快就击败了在龙窝的温宗和部，温宗和兵败后退至紫城。钟一强又率农军乘胜追击。迫使军阀县长张敬舆与温宗和逃窜。农军进占了紫城，县总农会即从炮子区搬进紫金县城叶家祠办公。

5 月，紫金县总农会召开第一次农民代表大会，传达广东省农民代表大会精神，把紫金县总农会改组为紫金县农民协会，选出钟一强为会长。会后钟一强帮助县城裁缝、理发、运输和建筑等行业成立了工会，会员达 250 多人，有力地支援了农民运动。

成立农民自卫军

1925 年 6 月，东征军回师广州平叛，军阀陈炯明重占东江，钟一强率领农军撤出县城，转移到炮子坚持斗争。在此期间，钟一强等指挥农军主动出击敌人，打了许多胜仗，全县共缴获 400 多支枪，6 万多发子弹，各种物资不计其数。省农民协会传令嘉奖，并授予"力除民害"的大木匾一个。

10 月中旬，周恩来随东征军第二纵队到达紫金龙窝。钟一强来到这里，聆听了周恩来有关当前工作和农军如何配合作战等重要指示。10 月 26 日，第二纵队第四军攻占紫金。第二天，钟一强率领县农会全体同志由炮子迁往紫金办公。

12 月上旬，钟一强主持召开紫金县第二次农民代表大会，并作了《紫金县农民协会工作报告》。当日，紫金成立了农民自卫军。

1926 年 3 月上旬，钟一强和戴耀田、古柏桐出席广东省农民协会扩大会议。4 月初，钟一强主持召开紫金县第三次农民代表大会，贯彻省农民协会执委扩大会议精神，决定在全县范围内开展"二五"减租和"四六"减租运动。在会议期间，书田乡反动地主洪砚香暗中与反动县长谢寅勾结，纠集土匪叶添和反动民团捣乱大会会场。钟一强等立即采取对策，奋起自卫，毙敌多人，保证会议顺利进行。

当选县苏维埃政府主席

为反击国民党反动派四一二反革命政变后的恐怖政策，钟一强参与组织了紫金"四二六"武装暴动。在夺取了县政权后，他当选紫金县人民政府委员。

1926 年 6 月，国民党反动当局派丘国忠（中央直辖军九师师长、紫金龙窝桂山人）为紫金县县长。丘国忠上台后，立即把海丰、陆丰、惠阳、紫金、五华等五县反动武装力量网罗起来搞联防。7—9 月，他亲自率领各地民团三次"进剿"炮子地区。钟一强等率农军进行坚决抵抗，连续粉碎敌人的三次进攻。

1927 年 12 月 1—7 日，紫金县工农兵代表会议召开，紫金县苏维埃政府诞生，通过了"八大施政纲领"，钟一强被选为县苏维埃政府主席。

攻克南岭德馨楼据点

1928 年 1 月，钟一强、刘乃宏率赤卫队 200 多人，配合陆丰赤卫队攻克了陆丰剑门坑叶汉先盘踞的反动堡垒后，参加了红二师师长董朗主持召开的作战会议。会后钟一强积极组织南岭、炮子等地农会会员和赤卫队员 3000 多人配合红军攻打南岭周围反动堡垒，经过 24 天战斗，终于攻破了南岭德馨楼这一顽固据点。这一次战斗共毙敌 100 多人，缴获稻谷几万担，枪支近 100 支，其他财物不计其数，取得了重大的胜利。

在敌"剿杀"中给予敌人沉重打击

攻克南岭以后，惠阳、紫金、海丰、陆丰、惠来、普宁等六县的红色区域连成了一片。但是国民党反动派对革命力量的发展十分害怕与仇视，又纠集了重兵前往"进剿"。根据形势的急剧变化，中共紫金县委、县苏维埃政府立即撤回炮子坚持战斗。1928 年 2 月 4 日，敌蔡廷锴率部在龙窝礼坑新锋楼大肆屠杀革命群众，以后，钟一强等组织了青溪保卫战，击溃了"围剿"的敌人。3 月，驻紫金县的国民党第七军黄旭初部，采用"十"字战术向炮子进攻，实行惨绝人寰的大屠杀，接着又兵分三路向南岭进犯，红二师与敌展开血战。由于众寡悬殊，部队撤退后，敌军对革命家属和群众进行报复性大屠杀，钟一强就有 11 位亲人被杀害。但革命群众是杀不绝、吓不倒的。他们掩埋好亲人的尸体，抹干眼泪之后，又挺起胸膛继续战斗了。

敌人在"围剿"中加强了反动联防组织，成立了海陆惠紫五边（实辖48 个乡）"剿共"委员会，以南岭大地主钟汉平为"剿共"委员会主任，钟汉平天天烧山抢掠，到处杀人放火，群众恨之入骨。面对强暴，钟一强配合古大存、彭桂、古宜权等率领的革命武装，进行惩恶锄奸，首先将炮子民团全歼，接着除掉了东汰田曾祥五匪众，继则三打洋头，给那些作恶多端的反动派以重大打击。

坚持游击战

但是，从总的形势来看，革命逐渐进入低潮，形势日益恶化。为了保存力量，钟一强决定将队伍化整为零，转入深山老林中坚持斗争。

由于紫金的反动派到处搜捕革命群众，许多基层骨干遭杀害，一时难于开展工作。在这种情况下，钟一强奉令转移到揭阳河婆泉水塘、千家寨、灰寨、石肚等地活动。他化名钟裕，群众都叫他"裕哥"，叫他妻子黄庚为"洪嫂"。钟一强在石肚找到了钟佩璜（化名为刘集五，在当地教书）和几个转移到河婆的同志开了一个秘密会议。钟一强向大家提出"注意隐蔽、找准根子、积极发动、坚持斗争"的策略。经过半年的秘密串联发动，在河婆的张、蔡、刘、黄四大姓中，参加农会组织的已达700多人，与此同时，他们找到了中共东江特委。

返回炮子地区坚持活动

1929年农历十月初六，钟佩璜不幸被捕，被搜去会员名册一本。钟一强找到东江特委研究劫狱营救的问题，未果。钟佩璜被敌人杀害后，钟一强在群众掩护下携眷离开河婆，返回炮子地区坚持活动。

重新建立政权

1930年春，隐蔽在附近的党员、干部、赤卫队员得知钟一强的行踪，都纷纷来到炮子南坑山共同商议组织武装队伍、恢复龙炮区的群众组织等问题。10月，经过一段恢复工作后，又建立了海陆紫县委，钟一强被选为县委委员。海陆紫苏维埃政府同时成立，主席团由钟一强、杨沛、林潭吉、曾添、陈荫南等人组成，并成立龙炮区联队，保卫苏区6个乡分田分地。

钟一强担任苏维埃政府主席团成员以后，工作艰苦深入，关心群众的生产和生活，苏区连续四造获得大丰收。

正当革命形势稍有好转的时候，1931年10月16日，敌人又集中更多的兵力进犯炮子根据地，到处烧杀掳掠，无恶不作。钟一强被迫率领海陆紫县苏维埃政府人员和区联队等革命武装突出重围转移到中洞、碣石溪等深山野林里，进行更艰苦的斗争。

重新开展游击战

1932 年 2 月，敌正规军从炮子撤走，钟一强等又回到炮子，重新健全武装队伍，继续开展游击活动。反动派为了分化瓦解革命队伍，实行软硬兼施的反革命两面手法，在实行高压政策的同时，大搞招降纳叛，引诱动摇分子下山，一些意志薄弱者就成了革命的叛徒。反动头子钟震华、钟最强也想用招降的办法来对付钟一强，动摇他的意志，写信给钟一强称："到此地步还不出来见我，结果是不堪设想的。"钟一强看后，愤怒地把信撕掉，斩钉截铁地说："海可枯，石可烂，革命意志永不变。"

弹尽粮绝而牺牲

敌人诱降不成，便悬赏 8000 块大洋捕捉钟一强。钟一强听了笑道："我们共产党员很宝贵啊！一个脑袋值几千元，而反动派是人民所唾弃的，一文不值。"钟一强平时加强对队伍政治思想工作和革命气节的教育，因此，跟随着他的海陆紫苏维埃、县委、区联队、赤卫队共 180 多人，尽管被困在陆丰碣石溪长坑尾卧猪冈兜山上，仍没有一个人叛逃或动摇，一直坚持到 1933 年 11 月，在跟敌人打到弹尽援绝的情况下而全部壮烈牺牲。钟一强牺牲时年仅 39 岁。

（慕良　高山）

陈府洲（1905—1934）

—— 我还有一支笔，可以继续为党工作

陈府洲，广东省澄海县樟林乡南社人。

- 1905 年，出生于一个小手工业家庭。
- 1924 年春，考进广东省立第二师范学校——韩山师范学校。
- 1925 年 11 月下旬，加入共青团组织。
- 1926 年春，加入中国共产党。8 月，调任潮安县总工会负责人，领导潮安工人运动。
- 1927 年 5 月，当选中共潮安县委委员。7 月，担任县委组织部部长。
- 1929 年后，因敌人通缉，离开汕头到泰国养病。
- 1931 年，投身左翼文化运动。
- 1932 年春末，担任中共潮澄澳县委宣传部部长，并负责县委党内刊物《红潮》的编辑出版工作。
- 1933 年 12 月 30 日，因叛徒出卖被捕。
- 1934 年 2 月 7 日，牺牲，时年 29 岁。

奠定革命的思想基础

陈府洲，广东省澄海县樟林乡南社人。1905年出生于一个小手工业家庭。5岁时，他父亲去世，哥哥出奔新加坡谋生，家中靠母亲给人当佣人勉强维持生活，至12岁才得以破读于本乡小学。陈府洲生性聪颖，勤奋好学，成绩优异。1924年春，陈府洲考进广东省立第二师范学校——韩山师范学校。他认为一个人必须有真才实学，才能对社会有所贡献，因而学习更加认真，每次考试总是名列前茅。他尤其喜欢文学，文章也写得很好。《二师旬刊》（韩师校刊）常登载其作文和诗歌。这时，陈府洲对黑暗社会甚为痛恨，深感救国有责，但又因找不到出路而彷徨苦恼，只好常以洁身自勉。他写过一首自题诗："光阴辜负已多年，百感盈腔恨欲牵。世态炎凉我已矣，书生面目幸依然。"这充分反映了他当时的思想情怀。

1924年下学期，陈府洲认识了潮安金山中学和韩师的进步学生方慧生、黄联绎等人，并参加了由伍治之等人发起组织的社会科学研究会，阅读了党的刊物《向导》《中国青年》《马克思学说概论》等，接触了马克思主义理论，思想发生了新的变化。这段时间的学习，为他后来投身革命奠定了思想基础。1925年11月下旬，陈府洲和黄联绎等一批进步学生，被共青团汕头地委批准加入团组织。不久，韩师成立了团支部，陈府洲担任团支部书记。

领导潮州学生运动

随着斗争的深入发展，国民党右派争夺领导权的阴谋活动日益猖獗。1925年12月上旬，以韩师教师李笠依、校长方乃斌为首的一批人成立了韩师"孙文主义学会"，公开叫嚣革命的工农运动"过火"，反对共产党。陈府洲在中共潮安党、团组织的指导下，团结了张仰明、赵维声、许千英、陆万杰等进步学生，组织了韩师新学生社支部，同"孙文主义学会"的反动分子展开了针锋相对的斗争。当时，韩师的"孙文主义学会"势力很大，新学生社支部力量较弱，但陈府洲等人毫不畏惧，一面发动新学生社成员在潮州城内各小学开展活动，吸收高年级学生参加新学生社，壮大力量；一面组织大家深入农村调查研究，了解农运情况，用大量生动的事实，把"孙文主义学会"的反动谬论驳得体无完肤。韩师的孙文主义分子见硬的不行，就用软的一套，妄图瓦解新学生社组织。一次，方乃斌以校长的身份与陈府洲谈话，说只要他倒戈加入"孙文主义学会"，毕业后保证给他当个小学校长，还许诺了一笔可观的奖学金。陈府洲当即予以严正拒绝，事后又写了一篇题为《听了校长的话》的小评论，揭露了"孙文主义学会"分子的丑恶嘴脸，使之狼狈不堪。这期间，杜国庠已调任潮安金山中学校长，在共同的革命斗争中，陈府洲与杜国庠常有联系。

领导上莆区农民运动

1926 年春，陈府洲在韩师加入了中国共产党。不久，党组织决定调他到潮安的上莆、东莆区担任区农会特派员。临走前，他写下了《与吴君佩珂话别》一诗，诗中道："经济困人岂独我，中原回首正纷纷；相期革命平生职，国难靖平即报君。"表达了他献身革命的一片赤诚之心。

在陈府洲的领导下，上莆区的农运工作发展很快，引起了土豪劣绅的极端仇恨。彩塘、宏安等大乡的地主，千方百计地压制农会。1926 年农历正月，宏安乡的三位农会会员（其中一位佩带农会证章）挑柑到彩塘交易，彩塘恶霸吴必岩即借故派爪牙将他们抓到上莆区署。陈府洲闻讯，一面电告县农会，一面发动上莆、东莆几千名农会群众到彩塘示威，准备抓吴游斗。吴必岩吓得躲在家里不敢出来，赶忙托人向农会赔罪，表示愿意受罚。陈府洲又乘胜追击，组织农会向宏安乡的地主许立京展开攻势，将标语贴到许立京的住宅，把这个欺压农民的恶棍活活吓死。这场斗争的胜利大长了群众的革命斗志，大灭了反动地主豪绅的气焰。

领导潮安工人运动

1926 年 8 月，陈府洲调任潮安县总工会负责人，协同方思琼（方方）领导潮安的工人运动。这时，全省各地的右派势力已加强对左派的进攻，潮安的右派势力也十分嚣张。9、10 月间，工贼侯映澄以潮州"工联"名义，勾结当局企图拘捕县总工会执委吴华雄，公然挂起"潮州工界联合会"的招牌进行招摇撞骗，破坏工人运动。陈府洲等总工会领导人十分愤慨，立即把侯的罪行呈报中华全国总工会，要求从严究办。在上级组织的支持下，侯的工会被解散了。但侯贼心不死，继续搜罗流氓地痞，扩充势力，同县总工会唱对台戏。10月30日，侯映澄得知其下属工团干部李子标决定率领锡店工人退出"工联"而参加县总工会时，即指使流氓将李子标活活打死，还纠集100多个凶徒持械围攻县总工会，砍伤工会干部郭瑞芳等10多人。

面对国民党右派势力的挑衅，陈府洲等在党组织的领导下，立即组织力量予以回击。当晚，县总工会即发出通告，号召下属工会和各乡农会组织示威请愿。翌日，各乡农会会员纷纷入城声援县总工会的斗争。工农群众一万多人在潮州举行追悼李子标大会，并赴县署请愿，遭到潮安卫戍司令王绳祖的镇压，死伤多人。潮安工农群众更为愤慨。为此，县总工会一面组织全城工人大罢工进行抗议，一面组织一些人乘火车抵汕头向潮梅警司何辑五请愿。何辑五慑于民愤，被迫同意严究侯映澄、查办王绳祖、抚恤伤亡群众等条件。这场斗争终于取得了胜利。在这场斗争中，陈府洲表现出高度的领导艺术和组织能力。

1927年4月12日，蒋介石在上海发动反革命政变。4月15日晚8时，潮安的反动派也向革命者举起了屠刀，派兵包围了县部委机关驻地"十八曲"、金山中学、县总工会及县农民协会等处，疯狂捕杀共产党人和革命群众。此时，陈府洲正在县总工会工作，在一位工人的掩护下脱险，匿于僻巷。目睹敌人的暴行，他愤然吟下七绝一首："骕骑纷纷街上驰，满城风雨尽凄凄。行人回避居民惧，正是逆军反动时。"以示抗议。翌日，陈府洲又在这位工人的帮助下，搭船回家乡看望年迈的母亲。母亲很担心儿子的安全，要他在家住下不要外出，并要给他成亲。陈府洲一边安慰母亲，一边给她讲革命道理，表示"革命未成功，无欲成家"。第二天，他匆匆辞别了慈母，到潮安上莆找党组织，组织起武装队伍，回击反动派的猖狂进攻。4月20、21日，陈府洲、许筹、赖其泉等率领汇集在上莆区的党员和群众骨干几十人，镇压了何辑五派到宏安乡进行反共宣传的一支13人的宣传队和大寨乡维正小学的6名国民党右派反动分子。随后，陈府洲化名黄旭，在桑浦山和铁路沿线一带坚持地下斗争。

1927年5月，陈府洲当选中共潮安县委委员。7月，他担任县委组织部部长。这期间，他积极恢复发展党的组织和武装力量。9月23日，南昌起义军进入潮州城，在"潮州七日红"中，陈府洲与龚文河、谢汉一等负责县总工会的领导工作，迅速恢复了潮州城各行业基层工会组织的活动。

我还有一支笔，可以继续为党工作

陈府洲已积劳成疾，患了肺病，但他仍夜以继日地起草文件、接受来访，不知疲倦地工作着。1927 年 9 月 30 日，南昌起义军在潮汕失利，陈府洲随同逸群之一部撤出潮州。队伍经揭阳，转潮阳，后在普宁遭敌军伏击被打散，他与一些同志转徙到惠来。党组织考虑到陈府洲的身体状况，决定让他到香港养病。于是，他同许甦魂等人从陆丰甲子乘船前往香港。不久，许甦魂在党组织的示意下，化名黄子卿，主办《香港小报》，继续开展地下革命斗争。陈府洲到香港后，病情日重，已成驼背，但他仍多次向许甦魂要求工作。许甦魂劝其安心养病，陈府洲恳切地说："我还有一支笔，可以继续为党工作。"1928 年的五一劳动节，他在《香港小报》上发表了一篇题为《纪念五一节》的文章，揭露了国民党反动派破坏工人运动，屠杀工人群众的罪行。这时，隐蔽在香港的国民党左派彭泽民看了文章后，大为赞赏，亲自到陈府洲的住地看望他。彭泽民懂医术，还精心为他治病。

在香港，陈府洲目睹了这个富人的天堂、穷人的地狱的典型殖民地的社会状况，倍觉革命的紧要，并写下一首七绝以抒怀："金钱万恶也万能，此番阅历更分明；推翻政制岂容缓，歼尽恶人气始平。"

投身左翼文化运动

1929 年 8 月，国民党政府勾结港英当局，查封了《香港小报》，许甦魂被捕入狱，随后被驱逐出境。为保存革命力量，党组织指示陈府洲回汕头开展工作。一段时间后，因敌人的通缉，陈府洲在汕头也待不下去，只好到泰国养病。1931 年春夏间，陈府洲因搞革命联络工作，在泰国佛丕遭当局拘捕并被驱逐出境。后由组织介绍，到上海找杜国庠，投身左翼文化运动。这时，正是九一八事变后，全国掀起了反蒋抗日的革命浪潮。陈府洲以其深刻的洞察力和锐利的笔触，无情地揭露了国民党当局的黑暗统治，痛斥他们对内摧残革命、对外卖国求荣的罪行。仅 1932 年 1 月间的几天就以"轻舟""奇迹"等笔名，连续在上海的《时事日报》上发表了题为《竞亡天地有兵戎》《行政院长政不行》《蒋汪胡上台岂可得救吗》《无声无息的国府》等文章。在这些切中时弊、如匕首投枪般的评论文章中，陈府洲严加斥责在"日本帝国主义用飞机大炮和机关枪来代替外交通牒的时候，我们的所谓国民政府'逆来顺受'的政策"；深刻揭露国民党的官僚政客，一面如江湖骗子一样高喊"如今国事难为理，唯有要人能救亡"的口号，一面像饿狗争骨头般地争权夺利的丑恶嘴脸；指出了蒋介石、汪精卫、胡汉民之流不外是"跪在帝国主义之前以处理国政的统治者"，"他们治得国土沦亡，民众流离，生机龌龊"。陈府洲对此大声疾呼："我们不要对他们存丝毫的幻想，我们要从斗争中变革社会，建立被压迫者的政权"，"被压迫的劳苦民众们，快快为之料理'后事'啊！"

心多疾病心偏暇，事有未成恨难平

1932 年春末，陈府洲受党组织的派遣，回潮汕担任中共潮澄澳县委宣传部部长，并负责县委党内刊物《红潮》的编辑出版工作。他先后同县委领导人李崇三、陈耀潮、龚文河、张敏、陈信胜等，协力开辟潮澄饶革命根据地，积极开展反蒋抗日的群众运动和游击战。在艰苦的岁月中，他虽病重身残，仍满怀壮志，充满着革命的乐观主义精神和必胜的信心，曾咏诗抒怀："心多疾病心偏暇，事有未成恨难平""飘蓬本是平生惯，瞻念前途是斗争"。他不为病魔缠身而气短，而是为革命尚未成功"恨难平"，常常通宵达旦地刻制蜡版；他不顾行动不便，步履艰难地奔波于韩江下游两岸的潮澄饶革命根据地，以各种方式进行宣传发动，培养了一大批革命骨干；他还经常到澄属下蓬区鸥汀乡，住在一个同情革命的越南华侨林玉城家中，同密林社的骨干蔡健夫、纪奕松、袁琼（袁似瑶）、林祖荫（林之源）等人联系，积极做好党的外围组织工作。

领导汕头文委

1932 年秋冬，根据东江特委的指示，陈府洲、林大光等被潮澄澳县委派往汕头市组织文化委员会（简称"文委"）。陈府洲担任文委主任，先后主持出版《南海潮》《工人文化》《铁拳》等多种宣传刊物，还经常以"丽虾"等笔名在《星华日报》的副刊《流星》上发表文章，揭露国民党当局假抗日、真反共的反动行径。同时，积极在工人、学生中组织群众抗日救亡团体，开展城市的反蒋抗日救国运动。

英勇牺牲

1933 年 12 月 30 日，由于叛徒出卖，设在汕头市崎碌吴厝新乡的文委机关等地遭敌破坏，陈府洲、林大光、吴显模、张炳琴、徐伟川等 20 多位领导干部被捕，囚禁于汕头东区绥靖公署监狱。狱中，陈府洲等人受尽敌人的严刑拷打，但他们坚贞不屈。1934 年 2 月 7 日，国民党当局将陈府洲等人枪杀于汕头市。陈府洲牺牲时，年仅 29 岁。

英烈语录

"革命未成功，无欲成家。"
"我还有一支笔，可以继续为党工作。"

英烈精神

病重身残仍满怀壮志，充满着革命的乐观主义精神和革命必胜的信心；坚贞不屈不为威逼利诱所动的共产党员革命本色。

（朱蓬歊）

邓琪通（1901—1934）

—— 梅县早期工农运动革命者

邓琪通，曾用名少卿，广东省梅县丙村人。

- 1901 年，出生于一个贫苦农民家庭。
- 1917 年，考入梅县梅州中学。
- 1921 年，从梅州中学毕业后，考入广东法政学校。
- 1923 年春，回到家乡丙村，在丙镇公学担任语文教师。
- 1926 年 8 月，参加党组织主办的梅县小教训练班，并加入中国共产党。
- 1927 年春，负责丙村地区武装暴动委员会工作，组成暴动的主要力量——
  丙镇工人纠察队。同年因身份已暴露走避汕头。
- 1930 年春，进入广州警官学校读书。同年暑假，被捕，被判 12 年徒刑，
  后经多方设法营救，减为 5 年。翌年被转押至广州南石头监狱。
- 1934 年，被押解回广州处决。时年 33 岁。

负责丙镇工人运动和学生运动

邓琪通，曾用名少卿，广东省梅县丙村人，1901年出生于一个贫苦农民家庭。1917年，他考入梅县梅州中学。他待人真诚爽直，善交际，能言善辩，却又虚心好学，受到同学们称赞。

1921年，邓琪通从梅州中学毕业后，考入广东公立法政学校。后因学费无以为继，不得不中途辍学。1923年春，邓琪通回到家乡丙村，在丙镇公学担任语文教师。邓琪通与进步教师多方努力，倡办了一间妇女夜校，开有史以来丙村首次妇女读书的盛况。夜校坚持达一年之久。

1925年，革命军两次东征进抵梅县。在东征军的推动下，革命群众运动迅速高涨起来，工会、学联、妇女会、农会组织相继建立。1926年8月，梅县党组织加强对群众组织的领导，并发展党、团员。邓琪通作为丙镇公学教师之一员参加了党组织主办的梅县小教训练班，并加入了中国共产党。此后，他和陈用光、邓淑颖、刘秉仁等被分配回到丙村，组成丙村党团临时支部。他一面继续在丙镇公学教书，一面负责从事丙镇范围的工人运动和学生运动，积极发展进步学生加入共青团。至1926年，丙镇公学加入共青团的学生超过50人，组成了共青团丙镇公学支部，为后来丙村革命斗争打下了组织基础。

领导丙村地区武装暴动

1927年春，革命斗争形势发生变化，随着国民党实行"清党"运动，梅县丙村地方革命与反革命的斗争也逐渐加剧。根据中共广东区委指示，梅县党团组织作出了暴动的决议，联合成立了武装暴动委员会，丙村地区由谢淑颖、邓琪通具体负责。他们以丙镇各行业工会负责人为主体，抽调丙镇公学一些主要骨干，组成暴动的主要力量——丙镇工人纠察队。1927年5月13日中午，在梅城工人纠察队支援下，一举攻占了丙镇警察所和区公所，成立了丙村区人民政府——丙镇各界维持治安委员会。5天后暴动失败，丙村为国民党反动武装所窃据。丙村警察所和商团自卫队到处缉捕参加暴动的共产党人和革命工人。邓琪通和谢淑颖成为主要通缉对象。在这种情况下，党组织考虑到邓琪通身份已暴露，无法继续在丙镇工作，同意他走避汕头，经组织介绍，于同年10月受聘在汕头市正始学校教书。

狱中坚持斗争

这时的汕头市，南昌起义军刚刚失利，白色恐怖笼罩着，党团组织已停止活动。邓琪通遵照组织分配，以教师职业为掩护，积极主动地开展活动。1928年2月9日，由于交通员叛变，敌特破获了汕头市委机关，市委和潮梅特委各县区负责人被捕28人，牺牲21人。不久，一些街道工人支部亦遭破坏。邓琪通所在支部被破坏后，他不得不离开正始学校。他到广州寻找组织，寻找工作，但均未找到。1929年他又到了香港，终于与党组织接上了关系。1930年春，广州警官学校招生，党组织指示他前往报考，后被录取。在那里，他努力学习，广交朋友，秘密开展活动。同年暑假，邓琪通留校。有一名姓夏的同学回湖南老家度暑假，曾写信给邓琪通谈及红军的事情，信件被警官学校当局查获，邓琪通因而被捕，被判12年徒刑，后经多方设法营救，减为5年。1931年转押至广州南石头监狱。

在狱中，邓琪通紧紧地团结难友，配合监狱党的地下支部领导难友们同监狱当局的迫害不断进行斗争。他经常向难友们宣传党的主张，鼓励他们坚持斗争，坚定信心。他还坚持学习日文，组织难友们学习文化，把自己仅有的一点积蓄和外面亲友送来的东西，分送给困难的难友。在他的努力下，同牢不少难友振作了精神，坚强地进行斗争，一些难友有什么想法都愿意告诉他，和他商量。

1934年春天，新来的一位难友带来了外面的情况，说蒋介石又开始对中央苏区进行第五次"围剿"。消息一传开，大家认为这与广州反动派最近大肆抓人关人有关，于是提出搞一次绝食斗争，以实际行动声援中央苏区第五次反"围剿"斗争，后经狱中支部负责人同意，很快推选出7人组成了总罢食委员会，由邓琪通负责起草了"快邮代电"稿，向社会揭露监狱对政治犯的虐待罪行，争取外界舆论的支持。4月初，罢食斗争开始。这一行动震动了全狱，吓得当班值勤的狱吏慌作一团，狱警全部出动，加强戒严，派人把饭菜塞进各仓内，逐仓劝食，但大家照样不吃，敌人阴谋失败了。第二天，狡猾的敌人假装镇定，照样放风，将各仓未吃的饭菜收回去。绝食斗争指挥部觉察狱方此举是内心紧张，立即运用"敌退我追"的战术，向狱方施加压力，号召大家停止喝水，并表示坚持到底，不获全胜，决不收兵。直至第四天，狱方不得不改变态度，要求派代表协商解决。于是，邓琪通与李光、周启明三人代表政治犯出去谈判，与狱方进行针锋相对的斗争，经过将近一天的周旋迫使狱方妥协，总罢食斗争取得了胜利。

然而，敌人并不甘心失败。尽管他们表面上执行诺言，而暗中却酝酿着一场新的阴谋。宣布复食的第二天，狱方装得老老实实执行答应的要求，监狱的生活条件好些了。

不幸牺牲

1934年的一个上午，狱警突然传邓琪通、李光、周启明三人出去，一去就不见回来。当天，他们被押上车，解回广州公安局，下午就被秘密处决。邓琪通牺牲时年仅33岁。

英烈精神

虚心好学的学习精神；对革命事业充满信心、坚持斗争的革命精神。

（廖金龙）

广州 "文总" 六烈士

——温盛刚、谭国标、凌伯骥、赖寅仿、郑挺秀、何仁棠

广州市东郊银河公墓中有一块刻着"一九三四年八月一日牺牲六烈士墓"的石碑，上面写着温盛刚（中共党员）、谭国标、凌伯骥、赖寅仿、郑挺秀、何仁棠6个名字，这就是被反动军阀陈济棠所杀害的中国文化总同盟广州分盟（简称广州"文总"）6位领导和骨干成员。

广州"文总"成立于1933年4月，下设"社联""左联"和"剧联"等组织。广州"文总"由何干之（谭秀峰）任书记、谭国标任组织部部长、温盛刚任宣传部部长，凌伯骥、赖寅仿、郑挺秀、何仁棠都是"社联"的负责人或骨干成员。1934年1月，谭国标等6人被国民党反动派逮捕，他们在狱中进行了英勇不屈的斗争。8月，英勇就义。临刑前，他们呼喊革命口号，高唱《国际歌》，为人民的利益而壮烈牺牲。

温盛刚（1907—1934）

—— 坚决走革命的道路

主要生平

温盛刚，广东省梅县人。

- 1907 年 7 月 4 日，出生于广东梅县松口车田村。
- 1919—1924 年夏，在广州市广东高等师范学校附中读书。
- 1924 年 7 月，考进北京师范大学。
- 1926 年初，在北京师范大学加入中国共产党。
- 1929 年初，考进东京明治大学政治经济系。
- 1931 年，被推选中华学生留日同学会秘书。
- 1932 年，在中山大学当代课教师，后来在合作总社任干事，以此作掩护来开展抗日救亡活动。
- 1933 年 4 月，任中国文化总同盟广州分盟宣传部部长。
- 1934 年 1 月 29 日，被捕入狱。8 月 1 日午后，惨遭杀害。时年 27 岁。

组织开展抗日救亡运动

1927 年四一二反革命政变后，反动政府到处捕杀共产党人，温盛刚也在受通缉之列。为此，他于 1927 年 6 月 10 日东渡日本避难。初时在他的二哥温盛光（在东京开饭馆）处居住、补习日语，通过他哥哥的介绍认识了日本左派作家秋田雨雀。不久其二哥因与日共来往而被日本当局逮捕，1928 年遭驱逐出境。这给温盛刚在经济上造成困难。1929 年初，温盛刚考进东京明治大学政治经济系。在这期间，温盛刚经常与秋田雨雀一起学习，研究和翻译马列主义著作，彼此建立了深厚的友谊。温盛刚十分珍惜时间，总是手不释卷，不仅学会了日语，还攻读俄文，看了许多马列著作。温盛刚平时沉默寡言，但在学习讨论时则口若悬河，善于分析，言之有据，使人听了心悦诚服，留日学生都很佩服他的才华和学识。当时明治大学要录取一名官费生，100 多人报考，结果为温盛刚所得。温盛刚是一个爱国青年，九一八事变后，由温健公、张友渔、秦元邦等人发起成立中华学生留日同学会，领导留日学生进行抗日救亡运动，温盛刚被推选为秘书，同学会的宣言、文件、标语、口号等都是由他负责起草。不久，他和许多留日学生在神田中华基督教青年会举行"九一八事变死难同胞追悼会"，并在会上愤怒谴责日本帝国主义的侵略罪行，发誓要为死难同胞报仇雪恨。第二天，温盛刚就遭拘捕，日本最高警察厅指控他犯了所谓"扰乱治安罪"，温盛刚却理直气壮地反驳说："不！先生，我没有犯什么罪，只是做了一个国民应该做的——热爱自己的祖国，你们的政府悍然出兵侵略中国的东北三省，这才是真正的犯罪！"驳得日本警察哑口无言。由于查无证据，在群众和舆论的压力下，三天后日本警察厅不得不把他释放。过了不久，发生了一二八事变，日寇进攻上海的消息传来，中华学生留日同学会发动了 1000 多名同学到国民党政府的驻日大使馆请愿，温盛刚带头向国民党的驻日大使提出和日本断交的要求，并对日本政府提出强烈抗议，表示坚决支持十九路军的爱国行动。这次集会，又遭到日本警察的镇压。由于温盛刚及时化装逃走，才幸免于难。

1932 年春，由于日本政府的通缉，温盛刚化装逃回祖国，先是到上海寻找党组织，但没有找着。他便把在日本译好的秋田雨雀著的《新俄游记》一书送交启智书局用文莎诃（日语温盛刚的谐音）的笔名出版。他还翻译出版过《俄国资本主义发展史》等书。不久，温盛刚回到广州，但同样找不到党的组织。这个失去组织关系的党员，先是在中山大学当代课教师，后来通过别人的介绍，在合作总社谋取了一个干事的职位，以此作掩护来开展抗日救亡活动。

创办进步刊物和组建中国文化总同盟广州分盟

1932 年夏，他与被日本政府驱逐回来的留日进步青年何干之、谭国标一起创办《世界情势》《一般文化》等进步刊物，由他们自己出钱印刷、自己写稿、自己发行，新的刊物当做旧杂志，拿到文德路旧书店去发售。这些刊物出版后，得到广大青年的好评和支持。他们就与中大、女师、国民大学、省一中等处的进步分子联系，组织读书会，学习和宣传马列主义，进行抗日救亡活动。参加读书会的人逐步增多之后，温盛刚便通过中大教授何思敬（秘密党员）和温健公（中共党员）与上海的中国文化总同盟和"左联""社联""剧联"等组织取得联系，并于 1933 年 4 月组成中国文化总同盟广州分盟。温盛刚担任宣传部部长。

在监狱与反动派作斗争

温盛刚对团结教育革命青年做了许多工作，因而为广东反动当局和陈济棠所仇视。1934 年 1 月 29 日，温盛刚在东华西路复兴新街住所被国民党反动派逮捕入狱，关押在广州市维新路公安局特别侦缉部第三号监狱，与谭国标、江穆住在一起。温盛刚在狱中坚贞不屈，继续与反动派作斗争。尽管敌人采取各种卑鄙、毒辣的手段，反复对温盛刚进行威胁利诱，企图从他口中获得"文总"的内部组织情况，但毫无结果。为了使监狱外的同志知道监狱内的情况，温盛刚通过其家属来拿取脏衣服出去洗的机会，把纸条塞在西裤夹缝中传送出去。敌人在审讯口供中得不到什么东西，就改变手法，采取"钓鱼"的毒计，把被监禁的一些同志，由便衣特务押着上街"散步"，如发现有人前来打招呼就立即逮捕。为了不让监狱外的同志上当，温盛刚又把情报及时传出去，叫监狱外时同志注意，不要上敌人的圈套。

在关押的半年时间里，亲友们为他到处奔走，多方营救，但没有效果。

当他得知敌人将下毒手的时候，就给亲人写了简短的遗嘱，劝慰父母亲不要为他的死而悲伤，要求妻子和弟弟坚决走革命的道路，完成他未竟的事业。1934 年 8 月 1 日午后，温盛刚惨遭杀害，年仅 27 岁。

英烈语录

"不！先生，我没有犯什么罪，只是做了一个国民应该做的——热爱自己的祖国，你们的政府悍然出兵侵略中国的东北三省，这才是真正的犯罪！"

英烈精神

坚定的革命意志，坚贞不屈的英雄气概。

谭国标（1910—1934）

—— 为革命而献身是一个革命者的光荣

主要生平

谭国标，广东省开平县人。

- 1910 年，出生于广东开平县。
- 1923—1928 年，在广州市广雅中学和中山大学附中读书，积极参加学生运动。
- 1928 年，开设秋明书店，成为联络革命青年的一个据点。
- 1929 年春，考进东京明治大学社会系。
- 1931 年 12 月，在女师和省一中任教。创办《世界情势》《一般文化》等进步刊物。
- 1933 年 4 月，任中国文化总同盟广州分盟组织部部长。
- 1934 年 8 月 1 日，惨遭杀害，时年 24 岁。

建立联络革命青年的据点

谭国标 1923—1928 年在广州市广雅中学和中山大学附中读书，受到大革命的影响，思想倾向进步，积极参加学生运动。1927 年四一二反革命政变后，谭国标对以蒋介石为代表的国民党右派叛变革命的行径非常气愤。1928 年高中毕业后，他与何干之一起，在广州永汉路（现北京路）开设了秋明书店，出售进步书籍，成为联络革命青年的一个据点。不久，这间书店为国民党反动政府查封，谭国标以"共产党分子嫌疑"被逮捕。反动当局的迫害激起了进步学生的公愤，纷纷提出抗议，在社会舆论的压力下，反动当局才不得不释放谭国标。

宣传抗日救国的道理和组建中国文化总同盟广州分盟

1929 年春，谭国标和何干之到日本留学，考进东京明治大学社会系。在这期间，他读了不少马列主义著作，初步确立了无产阶级的世界观。1931 年九一八事变之后，他积极投身抗日救国的宣传活动，因而遭到日本政府的迫害，12 月经由上海、香港回到广州。他从实践中深深地认识到，只有中国共产党才是真正领导抗日救国、为民族和人民谋福利的政党，并决心加入中国共产党。虽然谭国标的愿望一时未能实现，可是他并不灰心，时刻以一个共产党员的标准来要求自己，按照当时中国共产党公开提出的反蒋抗日政治主张进行活动。他在女师和省一中任教时，通过教学活动，宣传抗日救国的道理，介绍同学阅读社会科学入门、高尔基的小说等书，要求学生联系自己的真实思想写日记、做文章。他从中发现一些思想倾向进步的学生，就进行个别谈话，吸收他们参加课余读书会。又以辅导学习社会科学入门等为名，从中讲北伐战争史，总结大革命失败的教训，激发同学对蒋介石国民党反动派的仇恨，向学生灌输爱国主义和马列主义，把青年引向革命的道路。他还与何干之、温盛刚等人先后创办了《世界情势》《一般文化》等进步刊物，以谭卫苏的笔名发表了不少文章。他们的这些活动团结了不少进步青年，打破了当时广州市沉寂的政治空气，抗日救亡运动逐渐高涨起来。在这种情况下，他们于 1933 年 4 月成立了中国文化总同盟广州分盟，谭国标任组织部部长。从此，他把主要精力用于组织和领导广州"文总"的活动上面。他的住家就成了秘密活动的一个据点，进步学生和广州"文总"成员经常在他家学习马列主义理论、讨论研究革命工作、交流情况等。

在监狱与反动派作斗争

由于谭国标等人的艰苦卓绝的工作，广州"文总"的影响日益扩大，抗日救亡运动日益高涨，这就引起广东反动当局和陈济棠的仇视。1934年1月30日，谭国标在法政路家中与其爱人叶抱冰等同时被捕，谭国标以"首要政治犯"关押在广州市维新路公安局第三号监狱里。

谭国标身陷囹圄之后，敌人千方百计企图从他的口中得到广州"文总"的组织情况，并一再要他交代何干之的下落（敌人误以为谭国标是何干之的兄弟）。敌人对谭国标施以种种酷刑，把谭国标打得血肉模糊，死去活来，但他宁死不屈，给予敌人的回答总是"不知道"三个字。每次受刑后回到牢房时，他总是忍受着身上伤口的剧痛，和同仓的温盛刚、江穆商量对策，并由江穆把情况和意见用英文或日文传递给隔壁第二号监狱的凌伯骥、赖寅仿等人，以统一口供，指导狱中斗争，尽量使更多的同志能够脱离虎口，保存革命力量。他还利用叶抱冰来取脏衣服去洗的机会，传递纸条给女牢的同志，介绍进步刊物《北斗》给大家看，还写诗歌或抄一些好的诗句给她们看，以此鼓励她们坚持斗争。

谭国标在经过长达半年的折磨之后，身体已十分羸弱，同志们都为他担忧，但他却始终抱着革命的乐观主义，坚信革命一定会胜利，把个人安危置之度外。他对同房的同志说："搞革命就必然会有牺牲，为革命而献身，这是一个革命者的光荣。"在思想上早已做好了为国捐躯的准备。他在狱中事先写好了一份遗嘱，通过一位同情革命名叫阿超的工人把它带给已出狱的爱人，嘱咐她："要坚强起来，不要为我的死而悲伤，要劝慰母亲，把孩子抚养成人，继承我的遗志。"体现了一个革命者视死如归的英雄气概。虽然他的亲人卖掉了全部家产，但也未能挽救谭国标的生命。1934年8月1日，谭国标惨遭杀害，年仅24岁。

"搞革命就必然会有牺牲，为革命而献身，这是一个革命者的光荣。"

"要坚强起来，不要为我的死而悲伤，要劝慰母亲，把孩子抚养成人，继承我的遗志。"

坚定的革命意志，视死如归的英雄气概，随时准备为革命捐躯的革命献身精神。

凌伯骥（1915—1934）

—— 坚持革命到底

主要生平

凌伯骥，又名鸿业，乳名阿忠，广东省广州市人。

- 1915 年，出生。
- 1934 年 1 月 28 日，被捕。8 月 1 日，英勇牺牲，时年 19 岁。

从小博学善辩

凌伯骥父亲凌彭庆，做过文书、录士等小职员，全家生活靠他微薄的薪金来维持，生活十分困难。兄妹共5人，凌伯骥为长。他上中学时生母俞氏去世，继母傅氏为人贤惠，视俞氏所生孩子如同己出，这对凌伯骥的学习和成长有过一定的影响。凌伯骥后来经常在家里进行革命活动，如开小组会、刻印宣传品等，都得到傅氏的支持。

凌伯骥读书聪明，小学未毕业即跳级上中学，中学时期成绩优异，得到免费生的奖励，后直升中山大学社会系。为了减轻家中负担，凌伯骥半工半读，在广州市土布同业公会里当文书，赚点钱帮补家庭开支。他经常到神州国光社书店去阅读进步书籍，并秘密阅读了《共产党宣言》《资本论》《反杜林论》等马克思主义著作。他19岁时就敢于与当时大名鼎鼎的唯心主义哲学家、中山大学教授张东荪进行辩论，提出许多问题，使张东荪结结巴巴不能回答。

为人正直、见义勇为

凌伯骥为人正直，见义勇为。1933年3月，反动当局把严蒲特（饶彰风）主编的进步刊物《天王星》宣布为非法刊物，并暗中在中山大学传达室设密探，监视进步师生的活动。正好有一个叫戴镇藩的学生误取了严蒲特的信件，就被抓去伪公安局，另一个叫肖宜越的同学因借《天王星》给戴镇藩看过，亦被扣押。事件发生后，学生哗然，凌伯骥等32个学生便联名上书当局，要求立即释放戴、肖两人。经过社会舆论的压力和凌伯骥等人的斗争，终于迫使当局释放了他们。

以文抗日

凌伯骥读书期间与中山大学进步教授何思敬关系密切，经常向他请教问题，深为何思敬器重。凌伯骥是广州"文总"属下"社联"负责人之一，积极参加中山大学抗日剧社的活动，又是《新启蒙》《星光》《新路线》等进步刊物的主编，发表过不少文章，是一位很有才华的革命知识青年。

英勇牺牲

1934 年 1 月 28 日晚，凌伯骥在丽水坊家中被捕，与赖寅仿、郑挺秀、何仁棠关押在公安局第二号监狱内。在狱中，凌伯骥坚贞不屈，宁愿忍受种种酷刑，始终不向敌人供出广州"文总"和"社联"组织内部的情况，保护了同志的安全。他与楼栖曾在一起办过《新路线》等进步刊物，被捕前他还到楼栖的住地传达过消息和传单，后来楼栖也被捕，但他始终没向敌人吐露过有关楼栖的情况，还利用放风的机会告诉楼栖："你尽管放心，我什么也没有说，你也不要承认。"敌人抓不到楼栖什么证据，最后只好释放了楼栖。在临刑前，凌伯骥曾给亲属写了三封绝命书，一封是给父母亲的，叫他们不要伤心，就算少生了一个孩子；一封是给弟妹的，叫他们好好做人，将来成为中国的好青年；一封是给他的亲密战友伍翠云（伍乃茵）的，叫她坚持革命到底。

1934 年 8 月 1 日下午，凌伯骥英勇牺牲了，年仅 19 岁，是 6 位烈士中最年轻的一位。

英烈精神

机智勇敢、不怕牺牲、坚贞不屈、坚持革命到底的革命精神。

赖寅仿（1911—1934）

—— 为人民的利益呼喊

赖寅仿，乳名志深，字美恭，广东省清远县龙塘银盏坳村人。

- 1911 年 11 月，出生。
- 1930 年，升入中山大学社会系。
- 1932 年，登台讲述九一八事变的经过情况，号召大家团结起来抗日救国。
- 1933 年秋，在广州参加"文总"的活动。
- 1934 年 1 月 29 日，不幸被捕。8 月 1 日，英勇就义，时年 23 岁。

投身抗日救亡运动

赖寅仿 1926 年进入清远中学，受到当时大革命的影响，思想倾向进步。1928 年赖寅仿初中尚未毕业，由于学习成绩优异，被推荐去中山大学预科班学习，两年后又正式升入中山大学社会系。在进步老师和同学的影响下，赖寅仿积极参加秘密的读书会，研读马列主义著作。特别是九一八事件发生后，全国掀起抗日救亡运动的高潮，许多热血青年纷纷响应中国共产党关于反蒋抗日的政治主张，参加抗日救亡运动。赖寅仿也积极投身这一活动。他曾参加中山大学的社会调查队，到广州市区海珠桥一带向苦力工人、人力车夫等做调查，并向他们讲解国内外形势，宣传抗日救亡的道理。此外，他在中山大学还参加文艺研究会、抗日剧社等进步团体，与凌伯骥一起创办《新启蒙》刊物，发表过以《铁流》为题的进步文章。

领导农民斗争

赖寅仿为人诚恳朴实，处事勇敢机智，关心群众疾苦，有组织才能，他不仅在学校中积极开展革命活动，而且到农村去进行抗日救国的宣传，领导农民进行抗租反霸的斗争。1932 年寒假他返回家乡时，曾利用士绅搞打醮迷信活动而请戏班来演戏的机会，在演出之前登台讲述九一八事变的经过情况，揭露国民党政府采取不抵抗政策，拱手把东北三省奉送给日本侵略者，以及压制老百姓起来抗日，不顾国家的危难还在"剿共"等一系列罪行，号召大家团结起来抗日救国。他讲得慷慨激昂，闻者泪下。老士绅赖杜跳出来干预，不让他讲下去。但台下群众纷纷说："听志深讲演好过看大戏。"终于让赖寅仿讲演完。1933 年暑假回乡期间，他以清远学生的名义揭发县长吴风声贪污枉法行为，并在艮盏召开群众大会，提出抗缴吴风声额外强加给农民的人头税（每人一元）等苛捐杂税，得到群众的热情拥护。县长闻讯，派出军警逮捕他，但在群众的掩护下未能得逞。赖寅仿在回广州途中，还召开过几次类似的群众大会，于是反动当局便行文至广东省政府捉拿他。赖寅仿因而被迫离开广州，经何思敬介绍，到上海暨南大学读书，参加中国文化总同盟的组织活动，并与广州"文总"及一些进步教师、同学保持联系。1933

年秋，他回到广州，参加广州"文总"的活动。

英勇就义

1934 年 1 月 29 日，赖寅仿不幸被捕，他同凌伯骥、何仁棠、郑挺秀关押在公安局第二号牢房里。在狱中受尽酷刑的折磨，他仍坚贞不屈，于 8 月 1 日下午英勇就义，年仅 23 岁。

英烈精神

关心群众疾苦的共产党员品格，勇敢机智、坚贞不屈的革命精神。

郑挺秀（1909—1934）

—— 为国家民族的利益视死如归

主要生平

郑挺秀，广东省恩平县君堂乡人。

- 1909 年，出生于一个知识分子家庭。
- 1923 年，在君堂小学毕业后，升入恩平中学。
- 1927 年秋，到广州考入中山大学预科，读了两年之后升入中山大学经济系。
- 1933 年，参加中国文化总同盟广州分盟。
- 1934 年 1 月 28 日，被捕。8 月 1 日，被杀害，时年 25 岁。

参加左翼文化运动

郑挺秀的父亲郑芷腴是君堂乡独醒小学（后来改为中学）的校长。郑挺秀共有兄弟姊妹 9 人，他排行第六。兄弟姊妹中，在郑挺秀的影响下，后来大都走上革命道路，有 4 人成为光荣的共产党员。

郑挺秀 1923 年在君堂小学毕业后，升入恩平中学，1927 年秋到广州考入中山大学预科，读了两年之后升入中山大学经济系。郑挺秀一向勤奋好学，能阅读英、法、俄、日四种文字。他平时生活俭朴，把节约下来的生活费全部拿去购买书籍，日常总是手不释卷地偷偷地阅读马列主义著作，并写了许多读书笔记和学习心得。他在何思敬、何干之、温盛刚、谭国标等人的影响下，积极参加左翼文化运动，大力宣传马列主义和中国共产党的政治主张。

全身心投入"文总"工作

1933 年，他参加了广州"文总"，是"文总"属下"社联"的骨干分子。同年下半年大学毕业后，他放弃到广西梧州当中学教员的机会，继续留在广州，把全部精力投身于"文总"的工作。当时他住在广州市教育南路朝观巷风山书院（恩平县郑姓的宗祠）内，他的宿舍就成了联络"文总"成员和恩平县学生的一个据点，"文总"的领导人经常来这里开秘密会议或油印宣传品等。他负责主编和出版《大众科学》共五期，第六期刚印好即为反动当局没收了。此外，他还参加编辑和出版《新潮》《新路线》《星光》等刊物，并参加中山大学抗日剧社的活动，大力宣传党关于反蒋抗日的主张，揭发国民党卖国内战的反动政策。

视死如归

1934 年 1 月 28 日晚，郑挺秀被捕入狱，与凌伯骥、何仁棠，赖寅仿等关押在公安局特别侦缉部的第二号监狱里。在狱中，他英勇不屈，尽管敌人施以种种酷刑，均无法动摇他的革命意志。他还把纸条塞进脏衣服的夹缝中，通过家属把狱中情况传出去。临刑前，他还给家人留下遗言，说明自己在狱中，除承认写过一篇纪念苏联十月革命的文章之外，什么都不承认，表示自己要为国家民族的利益而死永不后悔的坚强意志，并勉励弟妹们要坚强奋斗，体现了一个革命者视死如归的英雄气概。1934年8月1日，郑挺秀被杀害，年仅25岁。

·英烈精神·

坚定的共产主义信念，为国家民族的利益视死如归、英勇不屈的英雄气概。

何仁棠（1910—1934）

—— 坚贞不屈的革命者

主要生平

何仁棠，字阴基，广东省澄迈县人。
- 1910 年，出生。
- 1930 年，到广州考入中山大学经济系。
- 1933 年，参加中国文化总同盟广州分盟。
- 1934 年 8 月 1 日，壮烈牺牲，时年 24 岁。

投身抗日救亡运动

1930年，何仁棠到广州考入中山大学经济系。他学习勤奋，处事沉着冷静，有正义感，是一个热血青年。九一八事变后，全国抗日救亡运动蓬勃发展，何仁棠和中山大学进步同学凌伯骥、赖寅仿等人一起，积极投身这一运动。当主张反蒋抗日的十九路军在福建成立人民政府时，何仁棠曾前往福建进行联系和了解情况，对抗日的军民表示支持和敬意，谴责蒋介石的卖国投降政策。他在学校中，参加了由左派学生组织的读书会，如饥似渴地学习马列主义，阅读各种进步刊物，并积极参加各种革命活动。他在《现代史学》等报刊上发表文章，抨击国民党反动派的政治、经济政策。1933年，他参加了广州"文总"，成为广州"文总"属下"社联"的中坚分子。他与"文总"的主要领导人之一温盛刚等来往很密切，经常在维新南路（现起义路）的住处商谈和联系工作，撰写文章。他还通过关系，当了广州《民国日报》副刊的编辑，经常在报上发表一些进步文章。

1934年1月28日晚，何仁棠落入了敌人的魔掌，与赖寅仿、郑挺秀、凌伯骥一起被关在公安局的第二号监狱内。在狱中，何仁棠受尽酷刑的折磨，但他坚贞不屈，大义凛然。当敌人在狱中进行所谓宣判时，他鄙视敌人的判决，凡是判决书中有涉及其他人的问题，他都说"不关他人的事"，或说"根本没有这回事"，宁愿牺牲自己来保护别人，最后于1934年8月1日下午壮烈牺牲，年仅24岁。

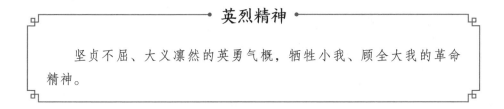

英烈精神

坚贞不屈、大义凛然的英勇气概，牺牲小我、顾全大我的革命精神。

（胡提春）

罗小彦（1897—1934）

——马克思主义学说比教义要现实得多

罗小彦，广东省东莞县桥头镇迳贝村人。

- 1897年，出生于一个农民家庭。
- 1925年12月，加入中国共产党。
- 1926年春，任党领导的梧州《民国日报》编辑。7月，以广西民政分署刊物《革命之花》编辑的公开身份作掩护，积极开展工作。
- 1927年5月，任中共广西地委委员。后来由于叛徒出卖，和妻子陈玉梅（共产党员）同时被捕。
- 1929年8月，在党的营救下出狱。10月，随军参加百色起义，被任命为红七军政治部组织科科长。
- 1930年6月初，任红七军第四纵队政治委员。
- 1934年，不幸牺牲于湘赣边区，时年37岁。

参加中国共产党

罗小彦于1897年6月22日出生在东莞县桥头镇迳贝村的一个农民家庭。幼时家境清贫，父辈靠种地为生。罗小彦少时，父亲让他在村中的私塾里读了几年书，后来考上东莞塘厦圩耶稣教会办的学校，同时成了一名基督教徒。由于他读书勤奋，深得老师的喜爱，在一个偶然的机会，被介绍考取了北京警监学校，后又就读于北京大学。

罗小彦就读北大时，李大钊等在这里传播马克思主义。罗小彦深受影响，目睹帝国主义对中国的侵略和掠夺，封建军阀的黑暗统治和对人民的压榨，内心激愤不已，逐渐地把寄托在上帝的虚无缥缈的感情拉回到现实。他认识到人民的苦难绝不是祷告能够解除的，国家的沦亡绝不是祈祷能够挽救的，开始接受马克思主义学说，认为它比教义要现实得多。

1924年暑假，罗小彦毕业于北京大学。1925年，来到广西梧州，在美国基督教浸信会办的梧州培正中学任国文教员。不久，他认识了当时任梧州《民国日报》编辑的共产党员钟道生，通过钟的介绍又认识了梧州第二中学教员共产党员周济，后又经他们的介绍，与中共梧州支部负责人龙启炎交成朋友。在他们的帮助下，他继续努力学习革命理论，思想觉悟不断提高。

20世纪20年代的梧州，革命形势蓬勃发展。帝国主义一桩桩的侵华罪行，使罗小彦积极投身到反帝斗争中去。他在基督教内开展了以反帝为中心的"非基督教运动"。1925年夏天，他和爱国教徒一起成立了梧州"基督教促进会"的进步组织，召开了一次"基督教浸信会"，揭露帝国主义的罪行。罗小彦也在火热的革命斗争中成长。1925年12月，由龙启炎、周济介绍，加入了中国共产党。

支持反帝爱国运动

梧州培正中学原规定《圣经》为学生必修课。罗小彦入党后，在支部指示下，组织学生反对读《圣经》。他通过讲课、与学生个别谈话，揭露帝国主义侵华的罪行，发动学生参加爱国反帝斗争。学校当局多次警告罗小彦，甚至煽动学生家长和学校部分教师出面，要学生不要听罗小彦的话，阻止学生参加爱国反帝运动。罗小彦并不畏缩，继续对学生进行反帝爱国教育。

宣传党的政治主张，传播马克思主义

1926年春，罗小彦被梧州培正中学解聘。党安排他到梧州《民国日报》任编辑。《民国日报》社长谭寿林、总编辑龙启炎等都是共产党员。罗小彦在谭寿林等领导下积极工作，撰写评论，宣传党的政治主张，传播马克思主义。1926年初，广东国民革命军继取得二次东征胜利后，又取得了南征胜利，统一全广东。2月2日，罗小彦以《攻下琼州与统一中国》为题发表社论，揭露军阀给人民带来的深重灾难，指出在军阀暴政统治之下"人民必须革命以求生""唯有民众革命，然后，可铲除军阀统治之痛苦"，呼吁两广人民立即行动起来，消灭军阀，统一中国。2月5日，他又在《最近时局两个严重的问题》的署名评论中，指出中国民族危机严重"是帝国主义唆使少数丧心病狂的卖国军阀造成的"，号召广大群众关心祖国的命运，团结一致，抵抗帝国主义的侵略，挽救中华民族的危亡。

罗小彦既是梧州《民国日报》的编辑，又是撰稿人，还要兼校对。《民国日报》成为当时梧州党组织宣传马克思主义、传播革命思想、发动群众的重要宣传阵地，影响遍及广西全境。

开展革命运动发展党组织

1926年7月，革命形势迅速高涨，中共两广区委特派员黄日葵在广西任国民革命军第七军政治部主任，领导广西党组织工作。由于黄以合法身份在上层工作，党便派罗小彦到南宁，在广西民政公署办的《革命之花》杂志任编辑，代表黄日葵联系工农群众，同时领导南宁党的工作。他努力联系群众，发展党组织，在省市党部、军校、中学和工人中发展了一批新党员，建立中共南宁地委，罗小彦任地委书记。这时，《革命之花》由半月刊改为周刊，罗小彦既要主持编辑杂志，又要致力于党的工作。党通过国共合作举办了三期工人运动讲习所，罗小彦都去讲课，并先后建立了海员、印刷等30多个工会组织，成立了南宁市总工会。

随着工农运动的日益发展，国民党右派加紧破坏和镇压工农运动，国民党广西省党部宣传部长黄华表肆意诬蔑工农运动，纠集其反动势力，排斥打击革命左派。罗小彦发动南宁工人、郊区农民和青年学生，开展反黄华表的斗争，打击了国民党右派的嚣张气焰。

不出卖党组织

1927年4月，广西地区的国民党反动势力紧步蒋介石的后尘，大肆捕杀共产党员、共青团员和革命群众。南宁不少共产党领导人被捕。罗小彦虽然躲过了追捕，但已成为南宁"清党委员会"主任委员黄华表的搜捕对象。

5月，中共广西地委重建，罗小彦为委员。后来，由于叛徒的出卖，罗小彦和妻子陈玉梅（共产党员）同时被捕。敌人从叛徒的告密中知道了罗小彦的身份，妄想从他嘴里得到共产党南宁组织的情况，以便一网打尽，于是绞尽脑汁，对罗小彦软硬兼施。面对敌人的各种折磨审讯，罗小彦依旧绝口不提任何关于党的相关信息，斩钉截铁地说："我是共产党员，但又犯了什么罪呢？"敌人见硬的不行，便改用软的手段，对罗小彦施用美人计及设宴款待等手段，妄图诱骗罗小彦。但罗小彦立场坚定，斗争坚决。结果敌人又以失败告终。罗小彦于是又被押回监狱监禁。

1929年8月，俞作柏、李明瑞主政广西，希望与共产党合作反蒋。在党的提议下，释放"政治犯"。罗小彦因而得以出狱。

开展武装斗争

1929年8月出狱后，罗小彦被派到张云逸领导的南宁教导总队任政治教官，随后又调到张云逸任大队长的广西省警备第四大队第一营任教导员。他与营长何莽为改造这支军队做了大量工作，在各连成立士兵委员会，建立党支部，使这支军队成为党领导的一支武装，为武装起义奠定了基础。

1929年10月，党掌握的武装，在邓小平、张云逸率领下举行了百色起义。罗小彦随军参加了起义，被任命为红七军政治部组织科科长。

1930年6月初，红七军在取得榕江战斗胜利后，回师右江攻打百色，战斗中罗小彦受伤。不久，部队成立了第四纵队，罗小彦带伤任政治委员。10月，红七军奉命离开右江革命根据地到河池集中，在从广西到江西的征途中，罗小彦任团政治委员，带病行军作战。

　　1931 年，到达湘赣边区，党组织把罗小彦留在湘赣边区革命根据地工作。约在 1934 年，罗小彦不幸牺牲于湘赣边区，年仅 37 岁。

· 英烈精神 ·

　　革命利益为重、不计较个人得失的奉献精神，坚贞不屈、视死如归的革命精神。

（傅泽铭）

丘荣泉（1904—1934）

—— 大埔工农运动领导人之一

丘荣泉，曾用名丘小波，广东省大埔县百侯镇侯南村人。

- 1904 年，出生。
- 1922 年秋，考入大埔中学。
- 1925 年，加入中国共产党。
- 1927 年 6 月，被选为百侯区政府委员、中共百侯区委组织委员。9 月 22 日，组织农军推翻百侯国民党政府，成立以蓝朝晖为主席的工农革命政府。
- 1928 年 1 月 1 日，发动岭东工会百侯分会及赤卫队，参加高陂年关暴动。不久，任中共百侯区委书记。5 月 3 日凌晨，率领部取得百侯暴动的胜利。8 月，任中共梅河区委书记。
- 1930 年 8 月，任福建省行动委员会候补委员。11 月，福建省行动委员会撤销，成立共青团福建省委任秘书长。
- 1933 年夏，调任中共莆田中心县委委员兼仙游县委书记。
- 1934 年夏，由于叛徒出卖，惨遭杀害，时年 30 岁。

领导百侯缝业工人运动

丘荣泉，曾用名丘小波。1904年出生在广东省大埔县百侯镇侯南村。1922年秋，丘荣泉考入大埔中学读书，经常与谢卓元等同窗一起探索救国救民的真谛，并经常借阅进步书刊，关心时政，追求真理，思想进步很快。

1925年，共产党已经在大埔进行活动，在中共党员杨新民的帮助下，丘荣泉于是年冬加入了中国共产党。之后，辍学回到百侯，与杨新民等一起从事党的活动，不久建立以杨新民为书记的中共百侯支部。丘荣泉负责具体筹划百侯缝业工人运动。他深入到工人中去，秘密吸收杨伦经等骨干入党，把百侯180余名缝业工人组织起来，于1926年8月10日举行罢工。工人们抬出缝纫机车头，提出"支援省港罢工""提高工资，改善生活待遇"等斗争口号和要求。党组织因势利导，最后罢工取得了胜利，并成立了以杨伦经为会长的百侯缝业工会。不久，党派杨伦经出席了岭东缝业工会代表会，加强与全省各地工会的联系，加入岭东工会，百侯缝业工会易名为"岭东缝业工会百侯分会"。

领导革命武装暴动

1927年4月，以蒋介石为代表的国民党右派势力在广东发动了四一五反革命政变，大埔的国民党反动头子蒲良柱、刘禹轮等亦跟着进行反革命的"清党"屠杀。中共大埔县委决定以革命的武装反击国民党反动派的屠杀。6月，丘荣泉、杨新民、杨鹤松等组织学生、青年促进社、工会会员100余人，举行百侯武装暴动，缴获了警察的枪支，驱逐了国民党百侯区长张龙，并在百侯市寨坪召开群众大会，成立了大埔县百侯区人民政府。丘荣泉被选为区政府委员。在斗争中，党的组织得到迅速发展，成立中共百侯区委员会，丘荣泉任组织委员。

8月底，为了贯彻中共广东省委的指示，迎接南昌起义军南下广东，中共大埔县委成立了暴动委员会，领导大埔各地的武装暴动和成立工农革命政府。丘荣泉和杨新民等按照县委的部署，积极组织农军于9月22日推翻了百侯国民党政府，成立了以蓝朝晖为主席的工农革命政府。10月，南昌起义军在三河坝与敌激战后向饶平撤退，经湖宁、百侯、双溪时，丘荣泉和杨新民等积极发动群众，组成向导队、宣传队、救护队、运输队，为部队带路、探听敌情，并在起义军的支持下捕捉了温建刚等反动分子。

11月，丘荣泉参加了在桃源桃峰郭氏学校召开的有梅县、大埔和丰顺三县党员参加的传达贯彻中共中央南方局、广东省联席会议精神的会议，要求各地做好准备，举行武装暴动。根据会议精神，丘荣泉和杨新民等发动百侯群众与武装，准备参加高陂暴动。

12月下旬，中共大埔县委在高陂开会，具体研究了举行高陂年关暴动的部署。1928年1月1日，丘荣泉和杨鹤松等发动岭东工会百侯分会及赤卫队，参加高陂年关暴动。不久，中共大埔县委进行改组，调整了区委，丘荣泉任中共百侯区委书记。他积极组织发动人民群众与国民党反动势力进行坚决的斗争。百侯的反动头子杨矞修等为了扑灭革命的烈火，四处搜刮民财，购买枪弹，招募团丁，准备于5月3日成立百侯民团。丘荣泉经请示县委同意，决定利用反动势力庆贺民团成立之际举行暴动，以挫敌之反动气焰。这次暴动得到十五团主力的支持。5月2日晚，李明光、黄让三、丘宗海等人率领十五团及邻县革命武装秘密来到百侯。丘荣泉和县委委员杨鹤松与李明光、黄让三、丘宗海等领导人详细研究了暴动的方案。

1928年5月3日（农历三月十四日）凌晨，丘荣泉、杨鹤松等率领百侯群众及埔东10多个乡的赤卫队员，李明光等率领工农革命军东路十五团600余人，在福建工农革命军（平和）独立一团一营的配合下，分别攻占了百侯国民党区署和民团总部，活捉了杨竹史，缴获长枪30余支、短枪4支及子弹一批，取得了百侯暴动的胜利。县委赖释然在枫朗主持召开了有一万余名民众参加的庆祝大会，镇压了反动头目杨竹史和高利贷者杨大目，民众斗争情绪大振。不久，百侯、枫朗、双溪以及埔东边沿的长乐山区连成一片，形成工农割据区域。后来当地国民党反动势力纠集饶平、大埔、平和三县的反动武装进行"围剿"，实行烧光、杀光、抢光的"三光"政策。为了避敌锋芒，大埔县委决定主动转移。丘荣泉则留在埔东与平和县委一起，领导大埔、平和边区的党组织继续坚持斗争。8月，中共平和县委及中共闽西特委先后遭敌破坏。闽粤边革命形势走入低潮，中共百侯区委与石云区委合并组成中共梅河区委，丘荣泉担任书记。他与朱积垒等人在白色恐怖的恶劣环境中坚持革命，后来虽与上级党组织失去了联系，但仍继续坚持斗争。

在逆境中坚定信念

1929 年 3 月，丘荣泉到厦门找到了罗明，接上了组织关系，后被留在漳州工作，后来调厦门，在共青团福建省委机关工作。

1930 年 8 月，在李立三"左"倾错误的影响下，福建省的党、团、工会等组织合并，成立福建省行动委员会，罗明任书记，丘荣泉为候补委员。这时，罗明、蔡协明、王德（曾宗乾）与丘荣泉等对李立三"左"的错误有所抵制，他们不同意中央对福建形势的分析，因而被指责为"犯右倾错误"。9 月，中央在上海召开扩大的中共六届三中全会，结束了李立三"左"倾冒险主义错误的统治。11 月，撤销了福建省行动委员会，党、团、工会分开建立组织系统，并成立共青团福建省委。王德为书记，丘荣泉任秘书长。

1932 年，以王明为代表的"左"的路线在党中央占据了统治地位。丘荣泉由于对王明"左"倾路线很不理解，被指责为"怠工"。在逆境中，丘荣泉没有动摇革命的信念，坚信党组织终有一天会搞清楚他的问题，依然对党忠心耿耿。后来由中共福建省委安排，他到仙游县巡视农村工作。不久，福建省委又派丘荣泉到国民党第十九路军从事统战工作。他与十九路军内的共产党员紧密配合，进行了卓有成效的工作，对后来十九路军组织"闽变"，成立反蒋的"人民革命政府"，起了促进作用。

整顿党组织和游击队

1933 年夏，根据党的斗争需要，丘荣泉调任中共莆田中心县委委员兼仙游县委书记。他针对仙游党组织和游击队存在的问题，进行了认真的整顿，调整了队长和政委，重建仙南游击队，积极发展贫苦农民、知识分子入党。仙游县的党员发展到 40 多人，建立起 10 个党支部，团员 40 多人，建立起 6 个支部和共青团仙游县特支。在此基础上，他紧紧依靠党团员，以他们为核心，建立地方武装，发动群众打土豪、分田地，建立工会、农会、妇女会、青农小组等群众性革命组织，取得了显著成绩，使仙游县的革命形势不断发展。

惨遭杀害

1934 年夏，中共福州市委主要领导叛变投敌，市委下属党组织接连遭受严重破坏，隶属福州市委的中共仙游县委亦难逃厄运。丘荣泉由于叛徒的出卖，落入敌手，在狱中他坚贞不屈，屡遭迫害，最后惨遭杀害。牺牲时年仅30 岁。

英烈精神

对党和革命事业忠心耿耿，在逆境中没有丝毫动摇革命信念的坚定革命意志，面对敌人坚贞不屈的革命大无畏精神。

（卓加里　余敏）

徐名鸿（1897—1934）

—— 为救国而捐躯的民族英雄

徐名鸿，字翱翔，广东省丰顺县汤坑区双河村人。

- 1897 年，出生。
- 1912 年，就读于广东师范专科学校附中，后到北京读书。
- 1919 年，参加五四运动。同年，在北京师范大学毕业，留附中任语文教师兼图书管理员。
- 1925 年，在山东曹州中学执教。后经梁漱溟推荐，南下广州，参加了李济深的部队。
- 1926 年春，在国民革命军第四军李济深部任第十师政治部主任，后随军北伐。
- 1927 年，加入中国共产党。7 月 25 日，参加了八一南昌起义，随叶挺驻心远大学指挥作战。
- 1928 年，任广东省立第一中学（现广雅中学）校务委员会主任兼语文课教师。
- 1929 年，被逮捕入狱，历时约 40 天，后经李济深等人多方营救出狱。
- 1931 年，到第十九路军总部任秘书长。

- 1932 年，随蔡廷锴奔赴前线，巡视部队，激励官兵为民族争生存而奋斗。
- 1933 年春，任第十九路军"改造社"秘书长。10 月间，作为福建省政府和第十九路军的全权代表，前往瑞金和红军进行和谈。11 月 20 日，任中华共和国人民革命政府军事委员会副主任、第十九路军政治部主任。
- 1934 年 2 月 19 日，因叛徒出卖被捕，在狱中关押 7 天，被杀害，时年 37 岁。

加入中国共产党

徐名鸿，字翱翔。1897 年 3 月 2 日生于丰顺县汤坑区双河村。他 10 岁就读于东海学堂，勤奋学习。他曾把文天祥"人生自古谁无死，留取丹心照汗青"的诗句刻于门前玉兰树干上，勉人励己。

1912 年，其父徐简庵到广州任职，徐名鸿随父就读于广东师范专科学校附中，后其父调往北京任职，他也跟随到北京读书。1919 年参加五四运动。

1919 年，徐名鸿在北京师范大学毕业，留附中任语文教师兼图书管理员。他与教授钱玄同交谊甚深，亦曾与黄良庸等进步人士组织读书会，兴办平民教育，组织"工读社"，研究马列主义、社会主义等著作，探求中国之前途。

1925 年，徐名鸿在山东曹州中学执教。后经梁漱溟推荐，他南下广州，参加了李济深的部队。

1926 年春，徐名鸿在国民革命军第四军李济深部任第十师政治部主任，后随军北伐。武汉收复后，他与邓演达、郭沫若、廖乾吾、叶挺等来往甚密。1927 年四一二反革命政变前夕，由第四军党代表廖乾吾介绍加入中国共产党。

参加八一南昌起义

四一二反革命政变时，张发奎兼任第十一军军长，调叶挺任第十一军副军长兼二十四师师长。原十一军政治部主任余心一离队，由徐名鸿接任。总政治部主任邓演达等发出声讨蒋介石背叛革命的宣传大纲，徐名鸿认真在所属部队中传达贯彻。

1927 年 5 月，北伐军由武汉进击奉系军阀。徐名鸿随军到了河南。北伐军在上蔡及东西拱桥与奉军激战，后打败了奉军，先后占领临颍、开封。萧克曾回忆说："打河南，徐名鸿是第十一军政治部主任。临颍决战，他对全军讲了话，出入火线，不怕牺牲，对全军官兵鼓励很大。"

1927 年 7 月 15 日，汪精卫公开叛变，宁汉同流合污。7 月 25 日，徐名鸿随廖乾吾、叶挺从九江出发，参加了八一南昌起义。他随叶挺驻心远大学指挥作战。后起义军南下广东，于 10 月占领潮汕。郭沫若任汕头海关监督，徐名鸿为秘书长，在汕头海关和商会为起义军筹集军费。汤坑失利后，他与党失去了联系。

1928年，广东省立一中（现广雅中学）校长梁漱溟聘徐名鸿任校务委员会主任兼语文课教师，他以"为人诚恳笃实，事必躬亲"的作风，认真改革教学，做出了成绩。

1929年，广州公安局局长邓世增以徐名鸿参加过八一南昌起义为罪名，把他逮捕入狱，历时约40天，后经李济深等人多方营救出狱。

再次投军

1931年，九一八事变爆发，第十九路军调沪卫戍京沪铁路。经蔡廷锴邀请，徐名鸿以国事为重，毅然再次投军，到第十九路军总部任秘书长。

1932年，"一·二八"淞沪抗战爆发，徐名鸿随蔡廷锴奔赴前线，巡视部队，激励官兵为民族争生存而奋斗。在此期间，他兼任《抗日战事》和军内《改造》《挺进》等刊物的编辑工作；协同支前工作组，创建伤兵医院；还通过《申报》发表"淞沪之战"消息，把十九路军抗战功绩宣告中外。

在33天激战中，日军三次增兵，三易其帅，死伤万余仍不得越雷池半步。十九路军伤亡8000人，用鲜血和生命谱写了中华民族抵御外侮的又一页壮丽篇章。徐名鸿为军中一员，战事一结束，即着力筹备阵亡将士追悼大会，编纂了《淞沪抗日阵亡将士追悼大会会刊》。

联共反蒋

蔡廷锴等所领导的第十九路军与蒋介石虽有矛盾，但蔡军入闽，乃是接受蒋介石的"剿共"任务。这支军队以后之所以能转变为联共反蒋抗日，是与不少进步人士，特别是徐名鸿大力推动分不开的。1964年，蔡廷锴任全国政协和国防委员会副主席时说："闽变中，徐名鸿对联共反蒋方面有很大贡献。"

1933年春，蒋介石仿效德国法西斯，成立特务组织"蓝衣社"，并打入第十九路军进行破坏活动。经徐名鸿提议，蔡廷锴亦在第十九路军秘密成立了"改造社"，与"蓝衣社"针锋相对。总社长由蔡廷锴兼任，秘书长由徐名鸿兼任。各师成立分社。当年夏天，在全军200多名军官中查出了"蓝衣社"分子100多人。从此，第十九路军反蒋情绪日益高涨，军容大为整肃。成立"改造社"的行动，从组织上和思想上为"闽变"作了必要准备。

1933年10月间，由于徐名鸿极力主张和红军议和，因此蒋光鼐、蔡廷锴派他作为福建省政府和第十九路军的全权代表，前往瑞金和红军进行和谈。临行前在龙岩学校，与傅柏翠等谈论联共反蒋、抗日大计时，有人恐吓说："杨杏佛血迹未干！"他拍案而起："既定决策，反蒋必先联共！我以身许国，何事不敢为?!"10月16日，偕陈公培同赴瑞金。毛泽东、朱德、周恩来等热情接待了徐、陈，表示了中华苏维埃政府与红军支持第十九路军的反蒋抗日行动。后双方签订了抗日作战协定，共同抗日反蒋。

协定签订后，徐名鸿迅速返闽，参加"闽变"的筹备工作。1933年11月20日，第十九路军在福州宣布反蒋举事，同日成立中华共和国人民革命政府。徐名鸿任军事委员会副主任、第十九路军政治部主任。革命政府将福建划为四个省，徐名鸿为汀漳省副省长，后为代省长，主持闽西南工作。此时，为加强与苏维埃政府和红军的联系，徐名鸿派陈小航为闽西善后处代表，于11月27日，与苏维埃政府签订《闽西边界交通条约》，向中央苏区提供了大量食盐、布匹、西药、器材等特需品，又于12月中旬，释放政治犯50人，其中不少是共产党员。

为整顿闽西武装，徐名鸿将在连城、龙岩、上杭等地的保安团，统一整编为闽西善后处武装部队，各县成立农民自卫军支队或大队，整个闽西成立农民自卫师，由徐名鸿统一指挥。

1934年1月13日，福建人民政府宣告失败。当时，党曾派黄火青、黄甦到龙岩联系。徐名鸿在大池对全体官兵说："共方愿与我们继续合作，欢迎我们继续入赣，部队归编红军，我们的部队归毛泽东、朱德指挥，总部已作入赣决定。"但由于某些领导人作梗，进入苏区计划流产。

不幸被害

于是，徐名鸿和蔡廷锴同时离开大小池。徐名鸿回粤经大埔时，被叛徒出卖，于1934年2月19日被国民党反动军警逮捕，在狱中关押7天，被反动派以系"共产党分子"为由杀害，年仅37岁。临刑前，他分别给部队与家人留下两封遗书，内中写道："人民权利尚未实现，十九路军为拥护人民权利而被消灭。我今以身殉，亦以报十九路军之同胞。虽死之日，亦生之年。中亡无日，凡我国民，好自为之！""家事久既忘之，现亦无多可说，国尚难言，何以为家，怀念半生奔劳，无点滴以慰父母，身后光光，幼儿无赖，今后苦吾郁青矣！我死之后，归葬汤坑，墓碑幸请蔡廷锴先生书之，碑曰：'社会主义者徐名鸿之墓'，我愿足矣！"从狱中一并托交的，还有订婚戒指一枚和派克钢笔一支。徐名鸿壮烈牺牲的消息，当时《申报》《救国日报》《东方杂志》等报刊均有报道。蔡廷锴在其自传中写道："徐秘书长徐名鸿竟被枪决。军队解散不足惜，徐君被枪毙，实出于意料。至今思之，犹有余痛。"1935 年 8 月 1 日，中国共产党中央委员会发表的《为抗日救国告全体同胞书》中，称誉徐名鸿是"为救国而捐躯的民族英雄"。

墓迁革命烈士纪念地

徐名鸿烈士遗体由亲友收殓殡棺大埔茶阳。1946 年，由其夫人黄郁青运回家乡。1950 年，中央人民政府向其家属颁发了烈士证书。1956 年，人民政府将徐名鸿的安葬于汤坑。1983 年 5 月，丰顺县人民政府再次将其墓迁建于县革命烈士纪念地。碑上刻着："民族英雄徐名鸿烈士之墓"。

英烈语录

"既定决策，反蒋必先联共！我以身许国，何事不敢为?!"
"国尚难言，何以为家。"
"虽死之日，亦生之年。中亡无日，凡我国民，好自为之!"

英烈精神

忧国忧民的爱国主义精神，诚恳笃实、正气凛然、视死如归的革命精神。

（徐位说　徐勋　徐位铨）

陈锦华（1906—1935）

—— 五兴龙农民运动杰出领袖

陈锦华，字侃，又名济民，广东省兴宁县城镇西郊人。

- 1906 年，出生于一个贫苦农民家庭。
- 1920 年，考进兴民中学就读。
- 1925 年，进入广州农民运动讲习所学习。不久被安排在国民革命军政治部工作，并加入中国共产党。10 月，随国民革命军第二次东征回到兴宁，留在当地搞农民运动。
- 1926 年 2 月，中共兴宁县第一个党小组成立，是成员之一。4 月中旬，到汕头向彭湃请示汇报工作后，被汕头反动当局突然逮捕。10 月，在党组织营救下脱离虎口。
- 1928 年 3 月间，和罗屏汉、潘火昌来到罗浮大信，以岩前为据点，在理兴、中和等地组织农会，建立党支部。
- 1929 年初至 9 月，出任中共兴宁县委书记、中共龙川县委书记。10 月，调到东江特委工作。
- 1930 年 5 月 1 日，当选东江工农兵代表政府执行委员。
- 1931 年 5 月，任五兴龙县委书记。

- 1932 年 3 月，到安远任县委书记。
- 1934 年 7 月间，到瑞金中央军区政治部以巡视员身份到各县指导工作。
- 1935 年 3、4 月间，任粤赣边区军政委员会委员。6 月，在寻乌蛤蟆村被叛徒出卖，被逮捕到兴宁县政府监狱，后牺牲在监狱里，时年 29 岁。

加入中国共产党

陈锦华，字侃，又名济民，广东省兴宁县城镇西郊人，1906 年出生于一个贫苦农民家庭。8 岁入兴宁县义正小学读书，10 岁时父母不幸先后谢世。1920 年，陈锦华小学毕业后，姐姐变卖田产供他继续升学，他得以考进兴民中学就读。当新文化思潮传入兴宁的时候，强烈追求进步的陈锦华，废寝忘餐地阅读《新青年》等进步书籍，从中学到许多新道理，开拓了自己的眼界。他经常跟一些志同道合的同学一起讨论形势，积极参加各种社会进步活动。

1925 年，陈锦华中学毕业后，进入广州农民运动讲习所学习。不久被安排在国民革命军政治部工作，并加入了中国共产党。

开展农民运动

1925 年 10 月，他随国民革命军第二次东征回到兴宁，被留在当地搞农民运动。这时，在共产党员卢惊涛、赖颂祺等领导下，兴宁县农民协会筹备委员会已经成立，农民运动轰轰烈烈地开展起来。陈锦华看到家乡蓬蓬勃勃的革命景象，心里十分高兴，即与卢惊涛、赖颂祺取得联系。他能写善画，负责农民协会筹备委员会的宣传和组织工作。从兴城的街道到附城的乡村，到处都留下了他战斗的脚印和那刚劲的笔迹。

1926 年 2 月，中共兴宁县第一个党小组成立，陈锦华是成员之一。他与地下党领导人蓝胜青、卢惊涛、赖颂祺和曾不凡等分别到大信、水口、刁坊、永和等地发展农会组织，领导农民开展减租减息、废除苛捐杂税和反对土豪劣绅的斗争。他积极培养农会干部，还经常跟贫苦农民促膝谈心，揭露土豪劣绅残酷剥削、贪官污吏横征暴敛的罪行，唤醒农民大众组织起来闹革命。在地下党领导下，至 1926 年春，全县农会组织很快由平原发展到山区，乡农会由原来 4 个增加到 36 个，会员人数发展到 1 万多人。

正当革命斗争蓬勃向前发展时，蒋介石发动了四一二反革命政变，大肆屠杀、逮捕共产党人和革命群众。1927 年 4 月中旬，陈锦华到汕头向彭湃请示汇报工作后，正欲返回兴宁时，被汕头反动当局突然逮捕。敌人对他严加审讯，施以酷刑，妄图从他口里得到地下党活动的秘密，然而坚信阴霾已久必有晴日的陈锦华，大义凛然，坚贞不屈。敌人抓不到真凭实据，只得把他囚禁起来。同年10月，陈锦华在党组织营救下脱离虎口。

陈锦华出狱不久，即奉组织之命，在兴宁附城神光山、什莱子、刁坊狮子潭，北部山区罗浮、大坪等地，秘密从事农运。1928年3月间，他和罗屏汉、潘火昌来到罗浮大信，以岩前为据点，很快在理兴、中和等地组织农会，建立了党支部。兴宁反动当局对此怕得要死、恨得要命，说："秧地里出了一条大老虎，一定要除掉！"到处悬花红通缉陈锦华等人，并布下密探跟踪他们的去向。但在广大群众的掩护下，敌人的阴谋落空了。

陷入困境，艰苦斗争

革命处于低潮时，陈锦华仍然充满革命乐观主义精神。那时，为了躲避国民党反动派的追捕，他时而住在山洞里，时而住在庵堂里，靠姐姐陈锦娣冒着风险，偷偷地把粮食送给他。姐姐见他日益消瘦，难过地掉下眼泪。陈锦华却笑着说："请你放心吧，革命是一定会胜利的！"

大革命失败以后，兴宁同全国各地一样，在白色恐怖笼罩下，革命力量遭到极大摧残。兴宁反动当局为了加强反革命军事专政，成立了"警卫事务委员会"和"治安委员会"，强迫各乡建立民团，经常派出军队到乡村围捕共产党人和革命群众，破坏党的乡村组织，解散各乡农会。在斗争中，中共兴宁县委领导人卢惊涛、蓝胜青先后惨遭杀害。县委机关遭围攻，被迫转移。兴宁革命斗争处于困难局面。

1929年初至9月，陈锦华出任中共兴宁县委书记。同年6月间，曾当选中共龙川县委书记，在极其险恶的环境中，带领两县革命人民同反动势力进行了艰苦卓绝的斗争。8月，中共兴宁县委在九龙嶂召开党代会，陈锦华传达了上级党委关于开展农民运动和武装斗争的指示精神。会后，陈锦华和县委委员罗屏汉来到罗浮、大坪发展农会组织，建立和发展党的基层组织。这一年，兴宁党的基层组织有了很大发展，全县下设10个区委，党支部发展到77个，党员700多人。1929年10月，陈锦华调到东江特委工作。1930年5月1日，第一次东江工农代表大会举行，正式成立东江工农兵代表政府，陈锦华（陈济民）当选执行委员。同年12月，五（华）兴（宁）龙（川）

县委在南扒正式成立。

1931年春，县委机关由南扒迁至新村，东江特委特派员陈锦华、副特派员廖醒中来到新村苏区指导工作。这期间，五兴龙革命形势有了发展，但到了4月底，党内开展错误的肃反运动，形势起了变化。由于五兴龙县委主要领导执行了"左"的肃反扩大化政策，乱抓乱杀所谓"AB团"分子，致使县、区、乡和军队大批干部，甚至战士、群众都被扣上"AB团"罪名惨遭杀害，五兴龙游击总队很多队员怕被杀害或受牵连，愤然离队。全队由原来200多人锐减至二三十人。这场令人心痛的"内部残杀"，严重削弱了革命力量，县委领导人大多数被杀掉，军队几乎被搞垮，五兴龙根据地的革命斗争陷入了极度困难的境地。

临危受命

在这困难时期，陈锦华又一次临危受命，于1931年5月接任五兴龙县委书记。在陈锦华的面前，许许多多的工作急需他去做，他肩上挑着百斤重担：党的组织急需恢复，军心民心急需安定，革命斗争急需重整旗鼓……而国民党反动派这时正在伺机反扑。

1931年10月25日，广东军阀陈济棠派李超夫率一营人，联合兴宁唐仁发、曾昭明的警卫队和平远石正王甲的民团共400多人，疯狂进攻新村根据地。为了保存革命力量，陈锦华率领县游击总队和机关人员一边阻击敌人，一边往北撤退，转移到寻乌上苗畲岭。12月间，县委机关又撤到寻乌芳田村，并在这里重建了县游击总队，陈锦华任命王亚雄为总队长，廖志标为政委。

1932年2月，曾在乱抓乱杀所谓"AB团"分子时，趁机拉走80多个游击队员的中队长钟其，写信给陈锦华，说他无反心，愿意将部队交还给他领导。于是，陈锦华派曾九华等人到寻乌皇乡车田围与钟其联系。钟热情接待了曾，并把部队剩下的20多个队员和全部枪支交给曾九华带回县游击总队，从而加强了游击队的战斗力，在敌我力量悬殊的形势下，陈锦华和县委机关、游击总队的同志一道，奋战在五兴龙及寻乌一带，与敌人巧妙周旋，渡过了一个又一个难关。

3月，赣西南特委调陈锦华到安远任县委书记。当时，安远的国民党反动军队配合蒋介石对中央根据地进行第四次"围剿"，不断进扰革命根据地。在那艰苦的岁月里，陈锦华带领同志们为巩固和发展革命力量而日夜操劳，风餐露宿，艰苦奋战。当敌人围攻时，他和同志们撤退到深山，砍些茅草，盖上被单挤在一起，就这样过夜。第二天醒来，被单上尽是白茫茫的霜雪。有的同志说："这样下去会被冻死的。"陈锦华笑着说："革命者是天生天养冻不死的！"肚子哇哇叫时，便嚼点生米充饥，生米吃完了就吃野菜，经常十天半个月吃不到盐和大米。

深入农村，发动群众

为了尽快扭转被动挨打的局面，陈锦华经常冒着生命危险深入农村，宣传群众，发动群众，进行艰苦细致的工作。通过调查访问，了解到这里虽然搞了打土豪、分田地，但是群众担心土豪劣绅反攻倒算，不敢大胆起来斗争。他一方面通过召开各种座谈会，向群众宣传革命终究要胜利的道理，另一方面积极培养骨干分子，以骨干带动群众。经过艰苦细致的工作，群众发动起来了，纷纷送亲人参军参战，给部队送粮送物，担负通信、救护、制军鞋、放哨等战勤服务工作，使安远武装力量不断扩大，革命斗争不断深入发展。

以革命为先

1934 年 7 月间，上级调陈锦华到瑞金中央军区政治部工作。他以巡视员的身份经常到各县指导工作。这段时间，陈锦华唯一的男孩在瑞金红色医院诞生了。他既内心喜悦，又担心妻子有了小孩会拖累工作。小孩四个月时，他便写信叫妻子将男孩不留姓名送给别人，尽快重新投入革命斗争。妻子忍痛把孩子送给别人。时至今日，陈锦华的儿子仍下落不明。

成立粤赣边区军政委员会

1934 年 10 月红军主力长征后，敌人对中央苏区进行全面"清剿"，留在中央苏区的部队分散突围到其他地区坚持游击斗争。1935 年 3、4 月间，周建屏、李天柱、陈锦华等人与罗屏汉在寻乌以南地区会合后，一起召开会议，分析形势，决定成立粤赣边区军政委员会，统一领导这个地区的党政军各项工作。由罗屏汉任主席，周建屏任副主席，李天柱、张凯、陈铁生、杜慕南、陈锦华为委员。

·•◦••• 献身革命 •••◦•·

1935 年 6 月，上级派陈锦华回寻乌、兴宁一带，从事白区秘密工作。陈锦华走到寻乌蛤蟆村时，到纸厂找粮食，不幸被暗藏在纸厂的匪军打伤腿，只得返回山上歇宿。翌日，部下两个武装队员叛变，尧畲村驻防的敌军前来围捕，陈锦华拔枪反击，敌军便开枪射击，他的身上、手上又连中两枪，再也不能走动了。凶恶的敌人趁势扑过去，把他擒住，将其抬至兴宁县政府监狱里。陈锦华虽然身上三处伤痛得直钻心，常冒冷汗，仍显得异常坚定、乐观。敌人知道他任过县委书记的要职，想从他的口里得到共产党的秘密，便嬉皮笑脸对他说："你搞共产，苦头算是吃够了，现在反悔还不迟，你把共产党活动的情况讲出来，我们会宽恕你，你还会得到许许多多的好处。"陈锦华坚定地说："我搞共产，不是图个人好。自己吃点苦，是为了农民、工人兄弟永远不再吃苦头。革命一定会成功的，你们等着瞧吧！"敌人无奈，只得将他投入监狱里折磨。陈锦华的妻子天天到监狱看望他，给他送饭送药。妻子想把家里的田卖掉，花一笔钱保释他，陈锦华说："不要幻想了，他们不会放过我的，家里的田留着你耕种，我活不长了，今世不能报你的恩德，下世再报答你！"陈锦华由于伤口发作，在监狱里被关押了 10 多天后，便与世长辞了，年仅 29 岁。

> **英烈精神**
>
> 对党绝对忠诚的党性修养，大义凛然、坚贞不屈英雄气概、理想信念坚定、对革命充满信心的革命乐观主义精神。

（萧海灵）

龚昌荣（1903—1935）

—— 手执双枪百发百中的老广东

主要生平

龚昌荣，曾化名邝惠安、邝福安，广东省新会县人。

● 1903 年，出生于一个贫苦农民家里。

● 1925 年，加入中国共产党。11 月 12 日，担任省港罢工纠察队模范队中队指导员。

● 1926 年 10 月 30 日，被编入缉私卫商团担任连训育员。

● 1927 年，担任敢死队连长。12 月 13 日，担任红四师连长。

● 1930 年 7 月，奉命从海陆丰调往香港，担任"打狗队"队长。10 月，调到上海工作，担任"打狗队"队长。

● 1935 年 4 月 13 日下午 4 时，于南京国民党宪兵司令部军法处被绞杀，时年 32 岁。

参加省港大罢工

龚昌荣，曾化名邝惠安、邝福安，广东省新会县人。1903年出生于一个贫苦农民家里。原姓李，父母在他年少时，就将他卖给了一位叫龚福利的旅美华侨当养子，遂起名龚昌荣。1922年中学毕业后，龚昌荣决定不再上学。他与同乡姑娘张美香结婚后，就到江门做工，参加了工人组织的活动。1925年初他到广州工作，不久参加了震惊中外的省港大罢工。1925年7月5日，省港罢工委员会纠察队在广州成立。龚昌荣参加了纠察队。不久，龚昌荣加入中国共产党。

同年11月12日，省港罢工纠察队在广州成立模范队，龚昌荣担任中队指导员。1926年10月30日，省港罢工纠察队进行改组时，龚昌荣被编入缉私卫商团担任连训育员。

1927年4月15日，国民党反动派在广州发动反革命政变。敌人于凌晨包围卫商团驻地，准备捕捉共产党员。为保存革命力量，该团的党组织决定已暴露的党员设法突围离开。龚昌荣当时已暴露了党员身份，奉命突围并负责掩护其他同志转移。龚昌荣等趁敌人不备，迅速跳入珠江河，从而脱险。

参加广州起义

广州起义前夕，他遵照党的指示，联络一部分失散的省港罢工纠察队员和罢工工人，组成了工人赤卫队。龚昌荣担任敢死队连长。1927年12月11日凌晨，广州起义打响。龚昌荣率领敢死队成员，配合教导团攻占敌公安局。12月12日中午，广州起义总指挥张太雷遭敌伏击而中弹牺牲。正在附近执行任务的龚昌荣闻讯赶到，把张太雷的遗体运回公安局起义指挥部。在形势危急的时刻，龚昌荣率领敢死队员打退了敌人对指挥部的多次进攻。

12月13日，广州起义失败。部队撤到花县，继而又转移到海陆丰。龚昌荣担任红四师连长，与其他战友一道，在海陆丰一带坚持革命斗争。

领导"打狗队"

1930年7月，中共香港市委书记邓发从中央开会回来后，亲自组织"打狗队"，专门对付危害革命组织的叛徒、特务，保卫中共广东省委机关和香港党组织的安全。龚昌荣奉命从海陆丰调往香港，担任"打狗队"队长。

当时，香港有一名叛徒游体仁，干了很多坏事，不少同志受害。龚昌荣奉命打击此叛徒。某日，地下人员故意约游体仁修理地下党机关的厕所及水龙头。游体仁听了十分高兴，以为又可以向反动当局领功请赏了。游体仁被引到山顶一别墅，发现龚昌荣正在那里等着他。游体仁感到不妙，正欲逃走。龚昌荣拔出匕首，一个箭步冲到其跟前，结束了这个叛徒的性命。

1930年10月，龚昌荣奉命调到上海工作。当时，上海白色恐怖非常严重。蒋介石实行法西斯的独裁统治，派遣了大批特务到上海，到处搜捕共产党人和革命群众。同时，对党内一些动摇分子进行威胁利诱，破坏地下党组织。为此，上海中共中央特科也组织了"打狗队"，专门对付这些叛徒、特务。龚昌荣到上海后，担任"打狗队"队长，化名邝惠安、邝福安。

"打狗队"给了国民党特务和叛徒以有力的打击，敌人因此十分惊恐，更因"打狗队"有一个"非常神奇厉害、手执双枪百发百中的老广东"（即龚昌荣）而感到胆战心惊。有一次，在老虎灶前喝水的龚昌荣，准确地将一名在街上跟踪的叛徒一枪击毙。在场的特务目睹这一情景，不敢轻举妄动，听任龚昌荣安然离去。

1931年4月24日，中共中央政治局候补委员、中央特科领导人顾顺章，在武汉被叛徒指认而被捕，当天叛变投敌。当时在上海负责中央工作的周恩来得知此情况后，立即指挥中央特科工作人员，跟叛徒和特务们展开了一场紧张的斗争。根据周恩来的指示，龚昌荣率领"打狗队"周密地保卫并迅速掩护党的主要负责人转移，果断地处置了顾顺章在上海所能利用的重要的社会关系，使敌人对中央机关进行大破坏的阴谋没有得逞。

1932年，国民党特务机关秘密成立特工总部，在上海设立行动区，派史济美任上海区区长，以加强反共力量。史济美心狠手辣，是镇压革命的老手。"打狗队"经过侦察，发现上海新闸路斯文里某家是史济美与各行动特务的接头处。龚昌荣率队打算对该处进行破坏袭击。但这次行动因被放风的特务发现而未达目的，"打狗队"只打死打伤几个特务。后来，龚昌荣得知史济美于1933年7月某天晚上将在妓院请客，便迅速带一队队员骑车前往妓院附近等候行动。史济美驱车来到妓院，下了汽车走进小花园弄口，"打狗队"队员一枪击中了他，但未击中要害。史拔枪企图还击，龚昌荣骑车飞奔上前，一枪结束了他的狗命。此后，龚昌荣率领"打狗队"在某一地点，又将国民党中央驻沪调查专员黄永华击毙。

1934 年秋，中共中央上海局盛宗亮认为该局工作人员翁国华叛变，上级命"打狗队"派胡陵武执行惩治叛徒的任务。胡向翁被打了一枪，未中要害。国民党特务机关设下一个圈套，将翁国华送到仁济医院治伤，布置暗探监视医院内外动静，企图达到破坏"打狗队"的目的。当时，上级下令"打狗队"必须在一周内完成处死翁国华的任务。

为执行这一艰巨的任务，龚昌荣、赵轩和孟华庭等三位同志亲自行动。1934 年 10 月 26 日。由赵轩打扮成一位富商的模样，进入仁济医院登楼探望"病人"。龚昌荣扮成陪同，指挥整个行动。孟华庭等在外面掩护、接应。赵轩由龚昌荣陪同，步入了翁国华住的病房。只见翁国华正睡在病床上，赵轩快步上前迅速拔出手枪对准翁国华的头部连开三枪，当场把他打死。在走廊上监视的一名特务闻声赶来，也被龚昌荣一枪击毙。龚、赵两人迅速冲出医院，在孟华庭等掩护下，旋即消失于人群之中。

"仁济医院事件"在上海震动很大。报纸上用特号刊出这一惊人消息，对国民党反动派大吹大擂"剿共胜利"是有力的反击。

"仁济医院事件"不久，盛宗亮被捕并叛变投敌，供出了"打狗队"的一些线索。另一名叛徒张亚四已打进了"打狗队"。敌人全面掌握了龚昌荣、赵轩、孟华庭等同志的住址。

遭埋伏被捕

龚昌荣当时住在法租界巨赖达路。1934 年 11 月初的一天上午 9 时许，龚昌荣夹着一把雨伞从家里出来，向爱多亚路（现霞飞路）走去。在门口盯梢的两个特务随即跟上，并示意停在路旁的汽车里的两个特务尾随接应，企图用绑架的方式将龚昌荣逮捕。龚昌荣见势不好，便快步向前走去。他跑到爱多亚路时，被埋伏的十几个特务围住。龚昌荣奋力反抗，一连将几个特务打倒在地，但终因寡不敌众而被捕。特务姜志豪紧扣龚昌荣的衣领朝戈登路捕房走去。将至捕房时，龚昌荣乘其不备，用手中的雨伞朝姜的头部猛击，但姜死不松手，其他特务也围将上来，同时，捕房冲出了大批巡捕，几十人将龚昌荣押了进去。与此同时，特务在其他各点也开始行动。赵轩、孟华庭、祝金明和龚昌荣的妻子张美香等均被捕，并与龚昌荣关押在一起。

⸺⸺◦ 坚贞不屈，英勇牺牲 ◦⸺⸺

在租界捕房，龚昌荣等同志遭到敌人的严刑拷打。他们拒绝说出有关情况，甚至连夫妻关系也不承认。由于他们是在马路和家里被捕的，身上无半点证据，捕房束手无策，同时不能定案。但是，国民党特务以上海警察局的名义，将龚昌荣等在押人员借渡出来，又对龚昌荣等进行了严刑拷打，并推出叛徒指证，但始终无法从龚昌荣嘴里知道一点党组织的情况。一个星期以后，龚昌荣等再被送回租界捕房。但是，帝国主义者与国民党当局经过密谋后，又将龚昌荣等引渡给国民党特务机关。

龚昌荣、赵轩、孟华庭、祝金明、张美香等同志被解到南京宪兵司令部后，国民党当局企图收买他们，对他们进行威逼利诱，均遭严正拒绝。在一次劝降时，龚昌荣趁身边的看守不注意，夺过了敌人身上的枪就打，可惜枪无子弹。龚昌荣此后遭到敌人更加残忍的酷刑。其他同志也进行了坚决的斗争，同样受到严重的人身摧残。在整整几个月时间内，敌人无法从龚昌荣等嘴里得到所要的丝毫东西。此时，龚昌荣等同志知道为党牺牲的时候快到了，但他们仍然珍惜时间，坚持学习。龚昌荣曾希望在就义之前，见一下张美香（被捕前已怀孕）在狱中生下的小儿子，但考虑到会因此连累其母子，终究没有提要求。

1935 年 4 月 13 日下午 4 时，龚昌荣、赵轩、孟华庭、祝金明等同志被国民党反动派绞杀于南京国民党宪兵司令部军法处。这是国民党反动派第一次使用绞刑，行刑的刽子手是临时训练的。南京《新民报》于 1935 年 4 月 15 日，在显眼的位置报道了这一悲壮的消息。

龚昌荣就义时年仅 32 岁。他的牺牲，使党失去了一位好党员。然而，龚昌荣的英雄形象，永远地铭刻在革命者和千百万人民的心中，激励着人民群众为美好的将来而英勇奋斗。

（蔡亦莲　陈善新）

黄 甦（1908—1935）

—— 中国工农红军高级指挥员

主要生平

黄甦，广东省佛山人。

- 1908 年，出生于一个贫苦粤剧艺人家庭。
- 1923 年，到香港给一个洋老板当杂工。
- 1925 年，积极参加省港大罢工。10 月，参加中国共产党。
- 1927 年，任广州起义赤卫队的敢死队队长，率队同敌人斗争到最后一刻，然后才转移到香港。
- 1928 年 4 月 13 日，在中共广东省委第一次扩大会议上当选省委委员。
- 1929 年 3 月，任中共广东省委常委。
- 1930 年，在中央苏区工作期间，先后当选中华苏维埃共和国中央执行委员、福建省工农苏维埃执委，在中共六届四中全会上补选为中央委员。
- 1932 年 11 月中旬，复任红十二军政委，率部参加第四次反"围剿"作战。
- 1933 年 6 月，任红一军团红一师政委，领导第五次反"围剿"作战。
- 1934 年春，调到红军大学学习。8 月，任红八军团政委。
- 1935 年，指挥红一军团红一师抢渡乌江天险、四渡赤水、抢渡大渡河、夺取泸定桥等战斗。11 月 21 日，在逐山争夺战中不幸壮烈牺牲，时年 27 岁。

黄甦 1908 年出生于广东佛山一个贫苦粤剧艺人家里。他幼年丧母,靠父亲卖艺所得来维持生活。他在苦难中度过了童年时代。

1923 年,15 岁的黄甦到香港给一个洋老板当杂工。由于受不了洋老板虐待而愤然离去,后来得到一位老电器工的帮助,学习检修电灯泡,成了一名出色的电器工人。

省港大罢工五虎将之一

1925 年,五卅惨案发生后,为了反击英帝国主义在上海屠杀中国工人和学生的暴行,全国总工会和广东区委于 6 月上旬派邓中夏到香港发动大罢工。香港的工人在苏兆征、杨殷等组织领导下,觉悟逐步提高,黄甦是工人运动的骨干分子。当他听到举行总罢工的消息后,热血沸腾,决心同帝国主义斗争到底,便积极投身罢工运动。黄甦夜以继日地做宣传发动工作,以滚雪球的方式,在短短的半月里,发动了一批工人参加罢工斗争。6 月 19 日,在邓中夏、苏兆征、杨殷等直接领导下,香港几十个行业 20 多万工人举行罢工,香港陷于瘫痪。工人们有组织地陆续返回广州。7 月 5 日,省港罢工委员会纠察队成立,黄甦参加了纠察队工作,执行封锁港口、缉拿私运、严惩走狗、防范工贼破坏的任务。他积极参加组织军政训练工作,使队员们的军事技术政治素质不断提高,斗志十分旺盛。他是罢工纠察队五名干将之一,在群众中有很高威信,邓中夏在一次讲话中,称这五名干将为“五虎将”。在尖锐复杂的罢工斗争中,黄甦锻炼得更加坚强成熟了。9 月,他被选送到军政学习班学习。10 月,光荣地参加了中国共产党。11 月,模范纠察队成立,黄甦任队长。他在工作过程中,披星戴月,顶风冒雨,并做调查研究,积极宣传政策,及时建议表彰先进,惩办违法乱纪分子,从而有力地加强了纠察队自身的建设,使其在罢工运动发挥了重要作用。

领导敢死队配合广州起义

1927 年,广州的国民党反动派发动了四一五反革命政变,大肆逮捕、屠杀共产党人和工农群众。省港罢工委员会和各种革命团体被取消,办事机构被封闭。中共广东区委在“四一五”前夕,已令杨殷组织秘密赤卫队,建立各工会的赤卫队基干队伍。黄甦在杨殷的直接指挥下，与反动军警、特务、工贼进行了多种形式的斗争。虽然一次又一次遭到残酷镇压，但赤卫队骨干队伍锻炼得更加坚强了，后来成为广州起义中一支重要的工人武装力量。在广州起义中，黄甦任赤卫队的敢死队队长。12月11日凌晨3时，黄甦率队破坏电灯电话，有力地配合了起义，但由于敌我力量悬殊，广州起义只坚持了三天，便失败了。黄甦率队同敌人斗争到最后一刻，然后才转移到香港。

在香港从事革命工作

黄甦到达香港，即与中共广东省委取得联系。很快被分配到摩托车职工总会任书记，并直接负责汽车、电厂、灯泡、煤气、洋务等单位的工运工作。不久，他调任中共香港市委组织部部长。1928年4月13日，在中共广东省委第一次扩大会议上，黄甦当选省委委员。1929年3月，任省委常委。这期间，他在党内先后任省委审查委员、职委、巡视员、军委委员等职。在当时的党中央和广东省委"左"的指导思想领导下，黄甦多次奉令组织游行示威、飞行集会，但遭到重大损失，许多党团员惨遭杀害。从血淋淋的教训中，黄甦认识到"左"倾盲动主义给党和革命事业带来危害，于是自觉进行抵制，把大型活动改为以公开合法身份和隐蔽地下工作相结合，扎扎实实地做宣传组织工作，教育党、团员在一般情况下，不要到第一线暴露身份，而是做深入发动群众工作。黄甦在香港工作期间，经常在敌特数重跟踪堵截下，化险为夷，安然脱险。1930年10月一天下午，黄甦到九龙望角区省委发行科检查工作。发行科设在一个商店的四楼上。几小时前，这个机关被敌人破坏了。此刻，两个便衣特务正潜伏在里面。黄甦同往常一样，直往机关大门，见大门半掩，便推门而入。就在这一瞬间，潜伏的一个家伙一把紧紧抓住黄甦的衣领，黄甦稍一定神，料已出事，机警地把身子顺势往前猛靠，那家伙倒退了一步，黄甦用尽全身力气，挥动双拳来个"猛虎掏心"，对手四脚朝天倒下。潜在门后的另一个家伙，见来人勇猛强悍，不敢靠近，忙从门后抓起一条粗大门闩击来。黄甦一转身，跑到楼梯口，从四楼跳到三楼、二楼，一直跳到地下，那根门闩也擦身而下，他用左手一挡，门闩落地。黄甦迅速整理一下衣着，潜进小巷一个木工房（地下工作联络点）隐蔽起来。香港市委组织部部长梁广闻讯赶来，见他头部流血，脚踝也肿起来了，马上叫来一辆三轮车，将他接回住处治疗。这时中央要求广东省委输送一批战斗骨干给闽西根据地。黄甦于 12 月离开香港到达闽西。

率部参加反"围剿"作战

1930 年 11 月，红二十一军与红二十军合编为新红十二军，共 2600 余人。左权任军长，施简任政委。一个月后，施简调到中央苏区机关工作，黄甦接任政委。黄甦在中央苏区工作期间，先后当选中华苏维埃共和国中央政府执行委员、福建省工农苏维埃执委，在中共六届四中全会上补选为中央委员。当黄甦接任新红十二军政委时，闽西苏区刚刚在纠正李立三"左"倾错误。此时蒋介石调集七个师 10 万兵力向中央苏区发动第一次"围剿"，盘踞闽西的军阀张贞，积极配合，疯狂向根据地进攻。黄甦临危受命，在极端险恶的条件下，与军长左权，积极进行反"围剿"战争的各项准备工作，通过整编整训提高了军队的素质，接连打了几次小胜仗。1931 年 2 月，在龙岩的大池、小池战斗中，歼敌数百，击溃张贞部第二九二团。但在 1931 年 4 月，中共闽粤赣特委召开虎岗会议，接受了王明"左"倾指导思想，提出了战略上死守，战术上硬攻的"誓死保卫龙岩、虎岗，准备与敌人打硬仗"的方针。部队奉令强攻龙岩、坎市、上杭等地，均告失败，伤亡惨重。在军事失利的同时，闽西根据地大搞以肃清社会民主党为中心的肃反运动，党的建设、军队建设、政权建设、土地革命均遭严重破坏，后果严重。不仅虎岗被占，岩、杭、永中心根据地相继沦陷，根据地核心区域由原来的 48 个区缩小到 22 个区。黄甦对党和人民革命事业赤胆忠心，面对"左"倾冒险主义带来的损失，非常痛心，非常焦虑。一天，他对军长游瑞轩（左权于 1931 年 5 月调离）说："如果我们不改变原来的作战原则，仍然对优势敌人死打硬攻，这点队伍，恐怕很快就要拼光。只有坚决遵照毛泽东的作战原则，才能粉碎敌人的'围剿'。"多日来军长游瑞轩一直在考虑这个问题，经过黄甦提醒，高兴地站起来，紧紧握住黄甦的双手说："我的好政委，我们想到一块了。"这时，闽粤特委也采纳了他们的意见。于是召开团以上干部会，总结经验，研究新的作战方法。黄甦在发言时，特别强调不能为一城一地的得失去硬拼，要根据敌我情况，有时化整为零，有时聚零为整；要避实就虚，出敌不意，攻敌不备；要采用扎口子、打埋伏、奇袭、奔袭等多种战法，选择有利战机，痛击敌军。由于采取了新的作战方针，部队渡过了极端困难时期。到了 1931 年 6 月，部队逐步向连城、长汀、清流、宁化发展，初步扭转闽西的被动局面。10 月，老红十二军与新红十二军在长汀胜利会师。11 月，部队进行整编，新十二军全部编入老红十二军，不久黄甦任红三十四师政委。1932 年 11 月中旬，红十二军调到江西前线。不久，黄甦复任红十二军政委，率部参加第四次反"围剿"作战。1933 年 6 月，红军进行了一次大的整编。红一军团原属下的七、九、十一师，加上红十二军，改编为第一、第二两个大师。8 月份，李聚奎接任红一师师长，黄甦接任政委。在第五次反"围剿"作战，红一军团同敌人对阵的主要是红一师，黄甦经常率部转战于敌人堡垒与重兵之间，有时为了争夺碉堡群，反复拉锯，得而复失，失而复得，不知打过多少硬仗恶仗。

到红军大学攻读

1934 年春，长期驰骋在硝烟弥漫战场上的黄甦，被调到红军大学学习。在这里，他刻苦攻读马列著作，并能紧密联系实际，阐述原理，抒发己见。一次，他对学校训练部高级科科长周士第说，1926 年的中山舰事件，如果按照毛泽东的意见办，就不会出现目前的第五次"围剿"了，也就不存在蒋介石当什么总司令，他仍然是上海一个大流氓。他还说过，有人说蒋介石学习希特勒，这个看法不全面。蒋介石在 1926 年制造中山舰事件，而希特勒于 1933 年才炮制火烧国会事件。蒋介石制造事端反共比希特勒早了 8 年，从这个问题上看，应该说希特勒学习蒋介石。

奉令组建红八军团

黄甦从红军大学毕业后不久，奉令组建红八军团。1934 年 8 月，红八军团在兴国集贤圩组成。军团长周昆，军团政委黄甦，参谋长张云逸，政治部主任罗荣桓。军团下辖红二十一、红二十三两个师，共 7000 人。红二十一师原来配属江西军区，还打过几仗，至于红二十三师，完全属于新建，全部是新兵。10 月 17 日，红八军团奉令撤离兴国县古龙岗区，进行战略转移。黄甦率部跟随红三军团之后，从右翼掩护中央纵队前进。11 月下旬，他们越过粤汉路，突破敌人三道封锁线，来到湘桂边境。并在道县过潇水后，随红九军团向江华方向前进。11 月 28 日，军委突然电令红八军团到灌阳县水车地区与红三军团六师取得联络。由于追兵紧跟在后，去水车还要绕道，乃返回道县。午夜，红八军团来到预定会师地点——水车，可红六师已奉命赶往湘江。同红八军团不期而遇的却是全军后卫红五军团三十四师。于是红八军团无形中成了全军的后卫。当时敌军云集，前堵后追，部队陷入重围。战斗紧张时，敌我已搅在一起。此时黄甦镇定自若，指挥部队且战且走，紧急时刻还指挥警卫人员、机关干部直接参加战斗。部队终于跳出敌人包围圈，于12 月 1 日下午抢在敌人前面，到达湘江边的麻子渡。红八军团渡过滔滔湘江后只剩下 2000 人。

红军长征途中在通道召开了会议，中央接受毛泽东正确主张，放弃到湘西与红二、六军团会师计划，改向敌人力量薄弱的贵州进军，于 12 月 15 日夺取贵州东部的黎平县城。中央政治局在黎平召开会议，作出《关于在川黔边界建立根据地的决定》。部分红军进行整编，红八军团撤销，部队并入红五军团。黄甦回红一军团一师任政委。当时红一师正奉令迅速袭占施秉、余庆，直奔龙溪，抢渡乌江。

◇ 指挥强渡乌江战斗 ◇

1934 年 12 月 16 日，黄甦在新柳赶上红一师。师长李聚奎、代政委赖传珠、政治部主任谭政等详细介绍了部队行军路线、战斗任务、指战员思想、作战能力等情况。为了进行有针对性的思想教育工作，黄甦随第三团行动，摸索情况，研究问题。12 月 31 日，红一师占领余庆县城后召开了全师连以上干部会议。李聚奎作了出征以来的军政情况总结报告，黄甦传达中央政治局黎平会议、猴场会议精神，指出红军渡过乌江后的任务是占领遵义，建立川黔边界根据地，首先建立以遵义为中心的黔北苏区。并针对部队思想情况，作了许多解释工作，最后下达了在 1 月 3 日抢渡乌江天险的战斗任务。乌江是贵州省内的大江，横贯全省，流入四川。这里江岸陡峭，水流湍急，惊涛拍岸，历来被称作天险。军阀侯之担在蒋介石的指令下，派亲信林秀山旅把守。这家伙把江南岸的船全部掳走，在北岸修筑工事把守，妄图把红军阻挡在南岸。作为先遣队的红一师，昼夜兼程，奇袭龙溪，按时赶到乌江边，并根据总参谋长刘伯承"佯攻渡口，主攻小道，利用好时机抓紧架桥"的指示，紧张而又有秩序地进行抢渡准备。1月3日晚，担任第一梯队的第一团，决定一营二连首批抢渡。为使抢渡一举成功，黄甦从全师挑选36名熟悉水性的水手试渡。经过激战，13人渡过了江，巧妙地潜伏在陡峭悬岩下。1月4日下午3时，有力配合二连占领登陆点，控制前沿阵地。工兵连迅速架起了浮桥，按一、三、二团顺序，渡过了乌江，追歼逃敌。1935年1月7日，红军占领了遵义城，党中央在这里召开具有伟大历史意义的政治局扩大会议。1月中旬，红一师进驻遵义东关，进行休整。

率部四渡赤水

遵义会议事实上确立了毛泽东在党中央和红军的领导地位，红军内部形势已有根本好转，但敌情仍十分严重。蒋介石调集了150多个团，共40余万人，开始"合围"中央红军。在这紧急关头，毛泽东果断放弃在黔北建立根据地的计划，决定北去与红四方面军会合，建立川西北根据地。1935年1月23日，李聚奎、黄甦率红一师作为先头部队，从松坎出发，沿川贵公路北上，拟在泸州、宜宾之间过长江。1月27日，进抵赤水县属的黄坡洞、复兴场。被川军章安平、达凤岗两个旅阻击。经激战后，黄甦向师长建议，立即撤出战斗，折回元厚，于1月29日一渡赤水。在赤水河畔，毛泽东给李聚奎、黄甦、谭政传达了遵义会议精神，并赞扬红一师英勇善战。黄甦等率部渡过赤水河后到达川南古蔺地区。因敌情有重大变化，军委决定暂缓北渡长江。改在川、滇、黔边地区机动作战。2月9日，部队折向云南托西待令，在这里休整几天，然后挥师东进，乘虚直插贵州，于2月18日在太平渡二渡赤水。2月20日，部队进驻桐梓县高桥一带休整，准备再度攻占遵义。在这里黄甦给全师营以上干部传达了遵义会议精神。全军精神为之振奋，大家纷纷争当突击队。遵义战役结束后，蒋介石重操故技，妄图以堡垒战术和重点进攻相结合，采取南守北攻方针，压迫红军于遵义就歼。毛泽东将计就计，故意在遵义徘徊，诱敌围剿。待其包围圈将成未成之际，黄甦奉令率部和其他主力一道，突然北上，于3月16日在怀仁茅台三渡赤水。再入川南，摆出北渡长江姿态。又把敌人引向赤水河以西。红军乘敌调兵之际，立即回师东进，重返贵州，于3月21日四渡赤水。这时几十万敌军被甩在赤水河西岸，黄甦奉令率部调头南下，穿过鸭溪、枫香坝之间敌碉堡封锁圈，渡过乌江，向贵阳虚晃一枪，进军云南，巧渡金沙江，穿过凉山彝族区，直奔大渡河。

抢渡大渡河，夺取泸定桥

抢渡大渡河，事关重大，任务艰巨。军委决定，由红一师组成先遣支队。总参谋长刘伯承任司令员，聂荣臻任政委。红一师一团为渡江先锋团，黄甦派巡视员肖锋、吴富善、金行生随行，以加强政治思想工作。1935年5月24日，一团到达安顺场，一营占领了新民街渡口。李聚奎、黄甦跟随刘伯承和聂荣臻相继赶到，观察地形，听取汇报。最后决定，从一营二连挑选连长熊尚林为首的17名勇士首批抢渡。大渡河宽约百米，深约30米，流速每秒4米左右，是红军渡过的水流最湍急的河流。泅渡、架桥都不可能，唯一的希望寄托在缴获的那一条小船上。黄甦端起大碗，为战士们敬酒说，抢渡大渡河，夺取泸定桥，关系着数万红军的生命、革命的成败，祝勇士们奋勇前进，旗开得胜。第二天黎明，一团团长杨得志一声令下，阵地上所有平射炮、迫击炮、轻重机枪，像暴风一般，飞向对岸。17名勇士像离弦的箭，驾着木船，猛向对岸划去，经过半小时的殊死搏斗，胜利登上东岸，占领了渡口工事。一团于5月25日完全控制了渡口。当二、三团拟相继渡河时，毛泽东、周恩来、朱德等也来了。鉴于渡船少，水流急，架桥不可能。决定兵分两路，夹河北进夺取泸定桥。由刘伯承、聂荣臻率领红一师和干部团为右路，渡河后沿东岸北进，从后面袭击泸定桥，截击敌人增援部队；左路以红二师四团为先锋，后随整个中央红军，沿西岸北进，抢夺泸定桥。泸定桥离安顺场320里，是四川通往西藏的咽喉。过了大渡河，李聚奎、黄甦率领二、三团，沿着刀削斧劈小道疾驰，两天走了320里，途中还打了两仗，击溃敌人两个旅，活捉敌江防团长肖绍成。在行军途中，黄甦的马驮的是伤病员的被包，他自己跟随战士行进。有时赶在队伍前面，组织宣传队呼喊战斗口号，"足可断，头可抛，一定拿下泸定桥"。有时又在队伍后面，帮助战士扛枪拉炮，搀扶伤病员前进。5月28日夜间，一名警卫战士不慎掉进深沟，黄甦马上跳下去，救他上来。5月29日凌晨，黄甦随三团赶到泸定桥城郊的安乐坝，歼敌一营，随即攻进泸定城。次日配合西岸四团，迅速夺取泸定桥。

直罗镇战役不幸壮烈牺牲

接着，黄甦率部从二郎山旁翻过行人绝迹、野兽成群的万山老林，后经天全、芦山、宝山，于1935年6月中旬，翻过终年积雪的夹金山。8月，越过荒无人烟、水草丛生纵横几百里的沼泽草地。9月，到达俄界。为了粉碎张国焘分裂党和红军的阴谋，红军在这里进行整编。把一、三军团编为中国工农红军陕甘支队，黄甦先任二大队后任五大队政委。直罗镇战役前夕，中央军委已决定黄甦到陕南七十三师任政委。因为战斗就要开始了，他坚决要求打完这一仗再去就任。他带领红二师四团担任主攻。于11月21日拂晓，向敌人重兵扼守的要害部位冲击，敌人顽强抵抗，逐山进行争夺。当黄甦率部夺取第五个山头时，不幸壮烈牺牲，年仅27岁。指战员踏着烈士的鲜血，迅速占领了直罗镇。全歼敌一〇九师及一〇六师一个团，活捉了敌师长牛元峰。这次胜利，彻底粉碎了敌人对陕北的第三次"围剿"，为党中央和红军在西北建立和发展苏维埃根据地，领导全国抗战，打下了坚实的基础。黄甦为此贡献出了宝贵的生命。

缅怀英烈

1935年11月30日，红一方面军在东村召开营以上军政干部会，总结这次战役胜利的经验时，聂荣臻介绍了黄甦身先士卒英勇奋击的事迹及其斗争历史。毛泽东在最后总结发言时说："我们时刻准备牺牲，我们的牺牲是换得全国全世界工农的解放，我们的牺牲，是有意义的。黄甦同志是中央委员，他的牺牲是有意义的。"

英烈精神

身先士卒、英勇奋击的革命精神，关爱战士、团结群众的共产党员品格。

（曾国方）

卢笃茂（1903—1935）

——坚贞不屈的共产主义战士

卢笃茂，广东省普宁县人。

- 1903 年，出生在一个寒儒之家。
- 1917 年春，进入汕头市职工中学读书，后转广东省立商业学校。
- 1923 年秋，加入中国社会主义青年团，同年毕业于商业学校。
- 1924 年，在麒麟至广太一带组织秘密农会，并通过亲朋关系，帮助陈卓然、杨日耀等人在揭阳县林厝寮、白宫和溪尾等地组织秘密农会小组。
- 1925 年冬，转为共产党员。11 月，任中共揭阳县特别支部组织委员。
- 1926 年 3 月，被选为中共揭阳县委员会组织部部长，分管组织、农运、青运和学运工作，并任国民党揭阳县党部青年部部长。
- 1927 年，组织普宁第八区和揭阳第三区的赤卫队向敌区新国民社的老巢太史第发动进攻。5 月，到暹罗（泰国）安置流亡人员，建立党支部和联络系统，同年冬，回到祖国，任揭阳县委巡视员。
- 1928 年 3 月，组织揭阳工农自卫军。6 月，以五房山为基地，训练游击战士，开展山地游击战。

- 1929—1930年，多次带领武装部队配合古大存带领的武装攻打揭阳新圩反动武装，扩大革命影响。
- 1931年春，担任中国工农红军独立第二师第二团政委。
- 1932年1月10日，被选为东江军事委员，并任潮普惠革命委员会军事部部长。
- 1933年，任游击总队参谋长。
- 1934年，调任东江红军第二团团长。6月11日，由于流氓告密，落入虎口。
- 1935年2月3日（农历除夕），在广州黄花岗壮烈牺牲，时年32岁。

投身革命

1903 年，卢笃茂出生在广东省普宁县洪阳区新铺村一个寒儒之家。祖父卢铭盘，是清代贡生。父亲卢凌，是清末秀才，向以教书和种田为生，家境清贫。

1917 年春，卢笃茂小学毕业后，在姑父的帮助下，进入汕头市职工中学读书，后转广东省立商业学校。他学习勤奋，成绩优良，在各门学科中，特别喜爱数学和社会科学，便刻意钻研。平时也喜欢阅读报刊，关心国家大事。

1919 年，五四爱国运动爆发，卢笃茂参加了示威游行和街头讲演，成为活跃分子。此后，他参加了进步师生组织的社会科学学习组，学习革命理论。1923 年，驻汕军阀尹骥枪杀爱国志士林希孟事件发生后，更使他认识到只有起来革命，才能拯救国难，粉碎旧世界，创建新社会。1923 年秋天，他加入中国社会主义青年团，同年毕业于商业学校。

1924 年，卢笃茂回到普宁县麒麟小学任教。与当时在普宁一带领导革命运动的方方、何石等同志建立了联系。在麒麟至广太一带组织秘密农会，并通过亲朋关系，帮助陈卓然、杨日耀等人在揭阳县林厝寮、白宫和溪尾等地组织秘密农会小组。1925 年冬，卢笃茂转为中共党员。11 月，中共揭阳县特别支部成立，卢笃茂任组织委员。

领导农运

1926 年初，东江农会领导人彭湃、杨石魂调卢笃茂到揭阳县中山中学任教。3 月，中共揭阳县委员会成立，卢笃茂被选为县委组织部部长，分管组织、农运、青运和学运工作，并任国民党揭阳县党部青年部部长。这年下半年，以蒋介石为首的国民党右派的阴谋活动更加猖狂，使揭阳形势急趋恶化：支持工农革命的左派县长陈卓凡被撤职调离，新任右派县长林修雍与地主豪绅相勾结，大力发展反动组织，多方打击工农运动，破坏进步组织。8 月，二区新国民社分子非法逮捕农会干部谢油麻，榕城（县城）反革命势力多次袭击革命团体。11 月，右派殴打商民协会执委张浦南，绑架前来解决工会矛盾的岭东总工会委员长杨石魂，爆发了震动岭东的"张杨事件"。这时，卢笃茂和各革命团体领导人全力以赴，组织反击。

1927 年，蒋介石发动四一二反革命政变，4 月 15 日，卢笃茂接郑德初老先生密报，潮梅警备旅派尤振国连配合地方武装 400 余人，全面动手屠杀革命群众。卢笃茂在县委的领导下，火速通知骨干立即转移、隐蔽，并不顾陈独秀的右倾投降指示，征得县委领导的同意，与何石一起，组织普宁第八区和揭阳第三区的赤卫队 1000 余人，于 4 月 23 日向敌区新国民社的老巢太史第发动进攻。是役虽未得手，但大长革命人民志气，打击了反动派的威风。4 月下旬，尤振国连开到普宁镇压革命力量，卢笃茂带领林厝寮等地的农民武装，配合普宁何石、卢世光、李崇三人领导的农军反抗，歼尤振国连107 人。

5 月，当卢笃茂正在和战友们调整组织、准备再战的时候，上级忽然指示他到暹罗（泰国）安置流亡人员。在暹罗，他到曼谷、宋卡、乌汉、大城和景迈等地建立联络点，争取华侨中的同情者帮助无亲可攀的流亡同志安置职业。除少数人不愿再从事革命外，在联系上的 300 多人中建立了党支部和联络系统，以便形势需要时分批调回祖国。

1927 年冬，卢笃茂回到祖国，正值揭阳县第一次党代表会刚开过，组织起以张秉刚为首的新县委，卢笃茂任县委巡视员。

开展武装斗争

八七会议之后，卢笃茂积极参加武装斗争。不久，敌人在潮、澄、揭发起三县"会剿"，革命力量又遭严重损失，揭阳县武装团队长彭名芳不幸牺牲，继任的吴涵也被敌人杀害，党组织决定由卢笃茂接替这个职位。激烈的斗争使党的干部和革命群众损失日多。1928 年 1 月，县委书记张秉刚被捕牺牲；3 月，广东省委常委、潮梅特委书记沈青和省委巡视员徐克家来揭指导工作，被捕殉难；揭阳革命骨干陈卓然、杨日耀、林运盛、王南杰等也先后遇难。革命正处在极端困难的时期。面对凶残的敌人和重重困难，卢笃茂没有丧失信心，他以百折不挠的精神和坚强的毅力，集中流散人员 100 多人到五房山区进行整训，并将南昌起义军叶挺、贺龙部队撤离揭阳时留给县委的30 多支长枪用来武装队伍，组织起揭阳工农自卫军，并率领这支工农自卫军配合红十一团攻打普宁反动据点果陇、杨美。战斗结束后，红十一团的田时彦部队进驻五房山，卢笃茂率领的工农自卫军奉命与田部合编为自卫军游击总队。他交出部队之后，全力投入新区的创建工作。这段时间，他的足迹遍及潮阳、普宁、惠来、揭阳和丰顺等县的山区和平原，播撒革命种子，点燃革命火苗。

1928年6月，方汝楫前来传达中共广东省委指示，并主持成立揭阳临时县委，卢笃茂负责建立武装团队工作。他带18名武装人员，以五房山为基地，训练游击战士，开展山地游击战。

与古大存并肩战斗

这期间，在八乡山一带坚持革命斗争的领导人古大存曾来到揭阳，在五房山的牛棚里与卢笃茂会见。共同的革命理想使他们一见如故，挫折后的患难相逢更觉志同道合，两人在林边月下竟夕长谈。他们回顾历程，讨论经验，共商大计，图谋复兴。据古大存后来的回忆说："卢笃茂英姿勃发，胸怀坦荡，待人亲切，举止文雅，一见可亲。"此后，他们成为革命征途中的亲密战友。1928年8月，梅县、大埔、丰顺、兴宁、五华、潮安、揭阳七县联合委员会成立，开辟八乡山根据地，古大存任联委书记，卢笃茂当选联委委员。1929年春，中共东江特委在丰顺释迦崇成立，卢笃茂任农运部长。从1929—1930年，卢笃茂多次带领武装部队配合古大存带领的武装攻打揭阳新圩反动武装，扩大革命影响。

领导东江特委

1931年春，卢笃茂担任中国工农红军独立第二师第二团政委。同年秋，大南山搞起抓"AB团"肃反运动，卢笃茂遭逮捕、监禁和多次刑讯，受尽严刑拷打。他顶住肉体折磨，保持共产党员气节。后来，他拖着虚弱的身体离开牢房，到东江特委《红星报》协助搞编辑工作。1932年1月10日在东江特委扩大会议上，被选为东江军事委员，并任潮普惠革命委员会军事部部长。这年春节，他带领队伍攻打揭阳大良岗，接着又到榕城西门炸敌人炮楼，枪毙溪头恶绅陈居宝和大良岗劣绅徐长贵。1933年9月，国民党反动军队围攻大南山革命根据地，卢笃茂当时任东江红军第二路总指挥，留守大南山，卫戍苏区。不久，东江红军改编为游击总队，卢笃茂任参谋长。1934年调任东江红军第二团团长。

落入虎口

为了引诱"围剿"大南山的敌军，卢笃茂于1934年5、6月间，率领一支190多人的队伍，转战揭、丰、华边山区。6月11日，被敌潘彪部和地主反动武装以1500多人的兵力围攻。由于敌我兵力悬殊，部队伤亡惨重。战斗到最后弹尽粮绝，卢笃茂也负了伤，在这紧急关头，他当机立断，命令部队从小道突围，自己留下断后。结果，大部队突围成功。卢笃茂忍着伤痛爬到山坡下一个破旧木炭窑里隐蔽下来。后被农民陈香发现，设法将他接到家里治伤。由于流氓告密，敌人前来搜捕，卢笃茂落入虎口。

坚贞不屈

敌人见抓到游击队的参谋长，不禁得意忘形，以为大有文章可做。于是把卢笃茂押回来后先是好烟好酒款待，接着让一名当了军官的叛徒出马劝降。这家伙恬不知耻地说："我和潘彪投诚之后，都受重用，有职有权。我俩人月薪比你全年的薪水还多。我们现在这么好，你们那么苦，现在又饥寒交迫，真可惜！卢先生时至今日，有何感想？"卢笃茂一听，不禁怒火中烧，马上反唇相讥："感想倒是有一点，你两个好的很多，但有一点不好，就是出卖灵魂之后，变成没有灵魂的人；我虽然有许多不好，如吃不好、穿不好、住不好、睡不好，但有一点好，就是保存了革命气节，保存了中国人应有的骨气。你说是不是？"这个家伙当场气得脸青脚颤，喝令敌兵用铁丝把卢笃茂两个手指捆绑起来。卢笃茂怒斥道："看来你变为国民党之后，很有他们的党性，但失去了人性！"

敌人见劝降不成，只好把卢笃茂押往潮州监狱囚禁。东江特委闻讯，即托潮、澄、揭边县委派人探监。卢笃茂这时虽身陷囹圄，但仍十分关心同志们的安全和部队的情况，他用暗语向来探望的同志问明情况，并让把送来的钱物拿回去，以免增加组织的负担。

敌人还不死心，又将他转移到汕头石炮台监狱。当地许多党政头目不时前来"探访"，封官许愿，甚至当面提出可给他任团长、县长等。但卢笃茂仍然不为所动。敌人见无计可施，竟卑鄙地伪造了一篇所谓的卢笃茂《自白书》，刊登在《汕报》《星华日报》上，以为这样就可逼卢笃茂就范。但敌人的阴谋又破产了。卢笃茂在狱中组织难友同敌人进行斗争，还制订了一个越狱计划。不料因少数难友性急，提前越狱，引起敌人注意，致使整个计划不能实现。

敌人又把卢笃茂押送到广州感化院，国民党第一集团军司令部、广东省政府都派代表出面收买，卢笃茂一概嗤之以鼻。最后敌人得到叛徒送来的卢笃茂的越狱计划，这才知道诱降是枉费心机，便决定向他下毒手。

---------◦ 壮烈牺牲 ◦---------

1935 年 2 月 3 日（农历除夕）清晨，这位正气凛然、铁骨铮铮的共产党人面对着敌人的枪口，在广州黄花岗壮烈牺牲了，年仅 32 岁。

◦ 英烈精神 ◦

百折不挠、坚贞不屈的革命精神，坚韧不拔的坚强毅力，英姿勃发、胸怀坦荡、待人亲切、举止文雅、一见可亲的崇高品格。

（张宗仪　陈恩明　陈训霖　洪流）

罗屏汉（1907—1935）

——血洒苏区的闽粤赣边区游击纵队司令员

罗屏汉，原名庆良，别名志鸿、伟杰，广东省兴宁县人。

- 1907年3月22日，出生。

- 1924年，从大坪达务小学毕业后，考入县立中学初中十八班，于1926年冬毕业。在中学读书期间，经常同县农运、工运负责人一起从事革命活动。

- 1926年春，加入中国共产主义青年团。10月，转为中共党员。

- 1927年春，同兴宁地下党领导人蓝胜青到广州参加革命活动。5月间，在钦文小学以教书为掩护，开展革命活动。同年底，回到大信开展革命活动，在上下畲成立红军第三营，任营长。

- 1928年，革命武装迅速发展，东江游击队成立，任政委。是年冬，任中共兴宁县委委员。

- 1929年3月，当选闽粤赣边五兴龙县苏维埃政府常务委员，分工负责农运。为了革命需要，东江游击队改编为五兴龙县总队，组成红军独立连，不久扩编为东江红军独立营，任党代表。是年秋，任兴宁县革命委员会主席。随后，被选为中共兴宁县委书记。

- 1930 年 2 月，东江工农红军五十团在江西澄江战斗中遭受重挫，为迅速恢复革命武装，组织突围人员重新组建东江游击队。后来，整编为东江游击大队。11 月下旬，根据东江军委的决定，整编为中国工农红军第十一军独立营。次年 8 月，又扩编为东江红军独立团，均任政治委员。

- 1932 年 3 月，会昌县第一次党代会召开，任会昌县委组织部部长。5 月，任会昌中心县委组织部部长兼会昌县委书记，协助邓小平工作。8 月，兼江西省军区第三作战分区政治部主任。

- 1933 年 4 月，接任中共会昌中心县委书记。6 月 14 日，调任粤赣军区政治部主任。9 月，当选粤赣省苏维埃临时政府执行委员。在粤赣省党的第一次代表大会上，当选中共粤赣省委候补执委。11 月，任闽粤赣边游击纵队司令员，率部队在兴宁、平远、寻乌、龙川边境坚持游击战争，牵制敌人北上"围剿"中央苏区的兵力，策应中央红军主力作战。

- 1934 年 8 月，奉命调往在于都县成立的中共赣南省委，加强寻南工作团的领导，在兴龙寻南一带与兴龙驳壳队一起，积极开展游击活动。

- 1935 年 6 月，壮烈牺牲，时年 28 岁。

从事革命活动

罗屏汉，原名庆良，别名志鸿、伟杰，1907年3月22日，生于广东省兴宁县大坪区白云村。1924年，罗屏汉从大坪达务小学毕业后，考入兴宁县立中学初中十八班，于1926年冬毕业。在中学读书期间，他受到当时党领导的农民运动的影响，积极寻求穷人翻身解放之路，开始认真阅读各种革命书刊，并参加学校的进步学生运动，思想觉悟逐步提高，经常同县农运、工运负责人一起从事革命活动。1926年春，罗屏汉加入共青团，同年10月转为中共党员。

1927年春，罗屏汉同兴宁地下党领导人蓝胜青到广州参加革命活动。1927年4月15日，广东国民党反动派继蒋介石之后公开叛变革命，大肆逮捕、屠杀共产党员和革命群众。蓝胜青、罗屏汉亦因此遭到敌人的跟踪、追捕。5月间，他们接受了党的任务，返回兴宁。罗屏汉在钦文小学以教书为掩护，开展革命活动。他先在大坪达务小学组织了有100多人参加的大坪青年会，通过写标语、散传单、演戏等形式，组织发动群众，宣传共产主义，揭露贪官污吏、土豪劣绅的罪恶，把斗争矛头指向大坪区警察局局长钟仕良和恶霸罗伴香。于是，钟仕良怀恨在心，诱骗逮捕了罗屏汉等人。罗屏汉几经严刑拷打，始终没有暴露身份，后来，罗屏汉家里出钱把他保释出来。父亲曾劝告罗屏汉说："你不愁吃，不愁穿，不要去搞共产了，这样搞下去，再被国民党抓去，全家会拖累受害！"罗屏汉安慰父亲说："爸，不用怕，国民党抓不到我的，我搞革命，决不拖累家庭，我自有办法对付他们。"从此，罗屏汉离开家乡，继续从事革命活动。

1927年底，中共兴宁县委决定在农村建立革命根据地，以革命武装反对反革命武装。1928年初，罗屏汉和县委领导陈锦华、潘火昌等回到大信开展革命活动，在上下畲成立红军第三营，罗屏汉任营长，潘火昌任政委，赖民柱任参谋长。革命势力迅速向大信等地发展。5月，罗岗团防头子陈尧古进攻上下畲根据地，罗屏汉、潘火昌率领根据地军民奋勇杀敌，打退了敌人的进攻，巩固了大信根据地。继而在大坪区建立了黄沙塘、双头山、三架笔党支部和农会组织。

成立东江游击队

1928 年 7 月 25 日，罗屏汉到龙川县大塘肚村串联发动群众，不久成立了大塘肚农会，有 300 多人入会，接着建立了大塘肚党支部。至 11、12 月间，又分别在横江桥背、企头岭下、园田等地建立了党支部。农会组织也从大塘肚发展到龙川、兴宁交界的许多乡村。为了扩展革命据点，壮大革命武装，1928 年 10 月 9 日，罗屏汉带领潘火昌、张国标、罗柏松、黄佐才、钟德清等 23 人化装成小贩，奇袭大坪警察所和民团，击毙大坪派出所长罗焕章、土豪劣绅龚颂瑶等四人，缴获长枪 7 枝、子弹一批。这一仗，震动了兴宁、龙川各地。第二天，罗屏汉乘胜袭击了龙川县罗口乡民团，击毙民团队长吴桥林，收缴了 40 多支枪，子弹 2000 多发。革命武装迅速发展，东江游击队成立，张国标、罗文彩分任正、副队长，罗屏汉任政委。东江游击队频频出击，接连获胜，缴获了大批枪支弹药，进一步武装了部队，巩固了大塘肚根据地。是年冬，中共兴宁县委在九龙嶂召开扩大会议，传达贯彻了广东省委关于建立农村革命根据地、进行土地革命的指示，改选了县委领导班子，刘光夏任县委书记，罗屏汉等 7 人为县委委员。会后，罗屏汉、陈锦华在双头山召开了北部山区县委领导和骨干会议，会上选举罗屏汉为总负责人，决定在兴宁、龙川邻近江西的大坪和罗浮、大信、黄陂、大塘肚等 20 多个地区进行土地革命，建立和健全党的基层组织，发展工农武装。

成立闽粤赣边五兴龙县苏维埃政府

中共东江特委对这一根据地的工作十分重视。1929 年 2 月，东江特委巡视员刘琴西到大塘肚检查指导工作。五（华）兴（宁）龙（川）县临委书记叶卓和罗屏汉陪同刘琴西到大塘肚周围山上以及三架笔、双头山一带勘察地形，选择了大塘肚为五兴龙根据地的中心据点。3 月，刘琴西根据东江特委的指示，在大塘肚主持召开五兴龙三县工农兵代表大会，正式成立闽粤赣边五兴龙县苏维埃政府，罗屏汉当选常务委员，负责农运。为了适应革命形势发展的需要，罗屏汉等领导的东江游击队改编为五兴龙县总队，有 90 多人枪，从中精选 20 余人，组成红军独立连，彭城任连长。不久，独立连扩编为东江红军独立营，彭城升任营长，罗屏汉为党代表。尔后，罗屏汉在寻乌县南扒成立了江广乡农会和党支部，革命势力扩展到江西境内。5月15日，罗屏汉率领红军第三营100多人和五兴龙县总队130多人，联合寻乌二十一纵队200多人，攻打敌罗浮据点，打死敌人12人，打伤多人，缴获长枪8支。敌人吓得连夜逃窜到罗岗。于是，罗浮全境解放，寻乌、平远、兴宁大信、罗浮及龙川大岭一带根据地连成一片。1929年秋，兴宁县委机关从九龙嶂迁移到大信石南村，在石南鞍山上成立了兴宁县革命委员会，罗屏汉任主席。随后，中共兴宁县委进行了改选，罗屏汉被选为县委书记。在县委领导下，革命根据地内纷纷建立了区乡苏维埃政权和革命武装，打土豪、分田地。

出任东江红军独立团政委

1930年2月11日，刘光夏到大信苏区传达东江特委的指示，成立东江工农红军五十团。3月下旬，刘光夏率领红五十团在江西澄江战斗中遭受重挫，元气大损。当地国民党反动派气焰十分嚣张，各县反动武装互相勾结，向五兴龙根据地疯狂"围剿"。在这危急时刻，县委书记罗屏汉为了迅速恢复革命武装，有力地打击敌人，巩固革命根据地，在大信苏区将澄江战斗中冲杀出来的骆达才等20余人（他们都是原东江游击队战士）和区赤模队约40人，重新组建成东江游击队，队长骆达才，秘书长赖就（僮）。同时，整编了五区区联队，有50多人，队长黄耀兴。8月间，兴宁县国民党张英、谢海筹等勾结平远、寻乌县反动武装，共400多人，联合"围剿"大信苏区。部队寡不敌众，被迫撤出大信，转移到兴宁黄陂新村。兴宁县委机关亦迁移到新村苏区。后来，罗屏汉按照东江特委的指示，在寻乌岑峰苏区重整旗鼓，把东江游击队、第五区联队等100多人，长、短枪八九十支，整编为东江游击大队，大队长骆达才、政委曾义生。11月下旬，根据东江军委的决定，东江游击大队、平远游击队、寻乌游击队、龙川畲辣区游击队，整编为中国工农红军第十一军独立营，全营500多人。至1931年8月，又扩编为东江红军独立团，罗屏汉均任政委。罗屏汉为巩固寻乌苏区，扩大革命根据地，做了许多工作。

积极协助邓小平工作

1932年2月，罗屏汉和妻子张瑾瑜奉命调往江西省会昌县工作。3月，会昌县第一次党代会召开，选举古柏为县委书记，罗屏汉为县委组织部部长，张瑾瑜为县妇委书记。5月，邓小平任会昌中心县委书记，罗屏汉任中心县委组织部部长兼会昌县委书记，他积极协助邓小平工作。8月，上级指示成立江西省军区第三作战分区，调钟亚庆任三分区指挥员，邓小平兼任政委，罗屏汉兼政治部主任。9月，会昌中心县委在西邹举办了为期7天的干部训练班，参加学习的有县、区少共组织部干部40余人，邓小平亲自作动员报告，罗屏汉是主要讲课人。1933年4月底，邓小平调离会昌后，罗屏汉接任会昌中心县委书记。他主持召开了会（昌）寻（乌）安（远）三县党的第一次代表大会，并作了政治报告。6月14日，罗屏汉调任粤赣军区政治部主任，他在《红星报》第六期发表文章，用大量的事实揭露广东军阀的凶残暴虐，赞扬了闽粤赣边人民的英勇斗争，大大地教育鼓舞了苏区军民。9月，罗屏汉当选粤赣省临时苏维埃执行委员会委员。在粤赣省党的第一次代表大会上，罗屏汉作关于地方武装的报告，指出"粤赣苏区处在第五次'围剿'中次要的战线，对地方武装的加强与扩大以及动员地方武装，发展广泛的游击战争是有特别重要意义"的。鉴于当时存在的问题，他提出要转变地方武装工作的步骤和做法。会上，罗屏汉当选中共粤赣省委候补执委，张瑾瑜被选为中共粤赣省委执委。

任闽粤赣边区游击纵队司令员

1933年11月，罗屏汉任闽粤赣边区游击纵队司令员，率领部队从筠门岭出发，回师兴宁、平远、寻乌、龙川边境，坚持游击战争，牵制广东军阀陈济棠部。是年冬，罗屏汉为了截断陈济棠军队北上"围剿"中央苏区的去路，他指挥赣南挺进队连续烧毁了五华三多齐公路大桥和龙川通衢鱼子渡公路大桥。这两座大桥相隔20多华里，是老隆通往五华、兴宁、梅县、平远、蕉岭和汕头地区的交通要道，也是通往江西赣南地区的大道。同时派挺进队把老隆通往铁场的罗坳桥和老隆通往黎咀的河田桥全部烧掉，致使老隆车辆不通，交通中断，有效地牵制敌人北上"围剿"中央苏区的兵力，受到刘伯承的表扬。

1934 年 4 月，中华苏维埃共和国中央政府主席毛泽东来粤赣省指导工作，指示向兴宁一带创造游击区，扩大白区工作。为了执行此一指示，罗屏汉率领赣南挺进队 100 多人回到兴龙革命根据地发动游击战争，有力地打击了敌人。8 月，中央苏区在于都县成立了赣南省，罗屏汉等人奉命调往赣南省委，加强寻南工作团的领导，在兴龙寻南一带与兴龙驳壳队一起，积极开展游击活动。罗屏汉曾写信指示兴龙县委书记蔡梅祥，要在 7 天内烧掉寻乌岑峰炮楼，蔡梅祥即派兴龙驳壳队员化装潜入岑峰，放火烧了炮楼，缴获一批枪支。为此，赣南军区发出捷报，赞扬驳壳队员的机智勇敢。

最后一粒子弹留给自己

1935 年 6 月，罗屏汉奉命到龙川上坪接收由周建平率领的红军留守部队 300 多人，并将这支队伍编为三个大队。罗屏汉、周建平和陈正人带领第二大队到达寻乌岑峰，攻打反动土豪赖亦宏。翌日，赖勾结国民党驻留东江的军队包围了部队。罗屏汉在指挥部队突围时左肩受伤。部队撤回黄陂新村驻扎。当时，由于兴龙县委捉获美国传教士王神父，陈济棠派出两个师的兵力，正疯狂"围剿"新村苏区。罗屏汉面对这险恶而艰难的形势，同周建平、陈正人、蔡梅祥商量决定：一面释放王神父，以缓和局势；一面把第二大队分为三个小队，冲出重围。因攻击上畲团防失利，加之叛徒出卖，罗屏汉撤至黄陂班机坪尾时，部队仅剩下 17 人。后来，撤退到龙川径口，又遭敌 300 多人包围。罗屏汉带领队伍奋勇冲杀，队员大部牺牲，他只带着警卫员潘秉星，且战且退，路经兴宁大坪洛洞村又负重伤，警卫员要求背罗屏汉走，他坚决不依，并说："你背我，两个人都死，不如你先走，我掩护你。"他眼见警卫员不肯离去，恳切地命令说："能保存一个就是一个，快！"警卫员忍痛走后，罗屏汉独自一人，艰难地退到鸭池村的一个坟地里。这时，敌军 100 多人猛扑上来。罗屏汉为了不落入敌手，将最后一粒子弹射进自己的胸膛而壮烈牺牲，年仅 28 岁。

为革命舍小家顾大家的无私奉献精神，面对强敌不怕牺牲、战斗到最后一刻的革命大无畏精神和战斗不息精神。

（罗梅腾）

阮啸仙（1897—1935）

—— 中共早期农民运动的重要领导者

阮啸仙，名熙朝，字瑞宗，别号晃曦，广东省河源县义合区下屯村人。

- 1897 年 8 月 17 日，出生。
- 1918 年秋，考进广东省立第一甲种工业学校机械科。
- 1919 年，组织广州中等以上学生联合会，担任执行委员，成为广州青年学生运动的领袖。
- 1921 年春，参加广东共产党小组，是中共早期的党员之一。
- 1922 年，任中国社会主义青年团广东区委员会书记。
- 1923 年，创建新学生社，任总社执行委员会书记。并先后任国民党广州临时区党部执行委员、国民运动委员会执行委员、青年慰劳队队长、中共广东区委农民运动委员会书记、第三届农民运动讲习所主任。
- 1925 年 5 月，任广东省农民协会执行委员会常务委员。
- 1926 年，任农民运动委员会委员、广东省农民协会执行委员会常务委员。
- 1927 年，被选为中共中央委员、安岗苏维埃政府主席。
- 1928 年 6 月，被选为中共中央审查委员。

- 1929 年，在上海党中央任审计处处长。
- 1930 年，在上海党中央开办的中央互济会政治训练班担任教员。
- 1931 年，调往天津担任中共中央北方局组织部部长。11 月，被选为中华苏维埃中央执行委员会委员。
- 1932 年冬，任中央互济总会援救部部长。
- 1934 年 1 月，被选为中华苏维埃第二届中央执行委员会执行委员、中央审计委员会主席。9 月，担任中共赣南省委书记兼赣南军区政治委员。
- 1935 年 3 月 6 日，在指挥战斗中不幸中弹牺牲，时年 38 岁。

领导广州地区青年运动

阮啸仙在下屯村道南初级小学毕业后，到河源县城三江高等小学学习。1918年秋毕业后，考进广东省立第一甲种工业学校机械科。在学校期间，他除学习好本专业课程外，还广泛阅读《新青年》等进步刊物，受到马克思列宁主义的启蒙教育。在帝国主义与中国封建军阀相互勾结，压迫剥削中国人民，造成中华民族处于灾难深重之中的日子里，阮啸仙和周其鉴、刘尔崧等同学，努力寻找中国人民解放的道路。1919年北京爆发了五四爱国运动，他和周其鉴等在广州积极响应，组织广州中等以上学生联合会，担任执行委员，领导广州地区的五四运动，成为广州青年学生运动的领袖。

1921年春，阮啸仙参加广州共产党早期组织，是中共早期的党员。5月，他领导第一甲种工业学校学生，开展整顿学校、要求读书、驱逐校长高仑的学潮，这场斗争坚持了三个多月，终于取得了胜利。

1922年秋，阮啸仙从第一甲种工业学校毕业后，和冯菊坡、周其鉴、刘尔崧等，受党的委托，在广州创办爱群通讯社。他深入工厂、农村发动工人、农民，采访新闻资料，向各报社发稿，宣传反帝反封建的斗争。

阮啸仙在积极创办爱群通讯社的同时，还受广东党组织的委托，负责筹备成立社会主义青年团广东区委员会的工作，被选为团区委书记。为了团结各阶层青年，投入反帝反封建的民主革命斗争，1923年6月，阮啸仙在广州创建团的外围组织——新学生社，担任总社执行委员会书记。该社成立后，曾创办《新学生》半月刊和新学生剧社等，积极展开对青年的宣传教育工作。新学生社最初成立时只有广州市内100多人，不到一年就发展到五六千人，遍布广东、广西、福建等地，成为青年运动的一股强大力量。8月，阮啸仙出席了在南京召开的社会主义青年团第二次全国代表大会，被选为团中央执行委员会候补委员。

推动革命统一战线建成

1923年6月，阮啸仙和谭平山、刘尔崧等代表广东党组织，出席了中国共产党第三次全国代表大会。大会决定共产党员和青年团员以个人身份参加孙中山领导的国民党，将国民党改造成为工人、农民、小资产阶级、民族资产阶级联盟的组织，建立国共合作革命统一战线。会后，阮啸仙积极贯彻大会精神，在广州地区协助国民党进行改组工作。他被选为国民党广州临时区党部执行委员。广东党团区委为了推动革命统一战线建成，成立了国民运动委员会作为统一领导这一工作的机构，阮啸仙和广东党组织负责人谭平山等担任国民运动委员会执行委员，对建立和巩固革命统一战线起了很大的作用。为了支持孙中山领导的广州革命政府，击退军阀陈炯明对广州的进攻，阮啸仙组织青年慰劳队，并亲自担任队长，赴东莞石龙前线劳军以鼓舞士气。

领导农运斗争

国共合作以后，阮啸仙还担任国民党中央农民部的组织干事。同时他又是中共广东区委农民运动委员会的书记，积极从事农民运动。他经常深入花县、顺德等地发动农民组织农民协会，建立农民自卫军，同地主豪绅和民团展开斗争。为了培养农民运动干部，他和彭湃在广州积极筹办农民运动讲习所，并在历届农讲所担任教员和第三届农民运动讲习所的主任。1925年5月，在广东省第一次农民代表大会上，被选为广东省农民协会执行委员会常务委员。11月，东征军刚刚攻下惠州，阮啸仙即赶往惠州，筹备召开惠阳县农民代表大会，成立惠阳县农民协会，并亲自为县农民协会撰写宣言。1926年1月，高要、德庆、广宁三县地主豪绅组织反动民团，在高要岭村地区围攻农民协会，残杀农会会员，焚毁农民房舍。阮啸仙和周其鉴等同志迅速组织力量，镇压地主豪绅的猖狂反扑。经过深入调查，阮啸仙写成了《高要地主民团屠杀农民之经过》一文，发表在《人民周刊》上，揭露地主豪绅的罪行，要求革命政府支持农民协会，严惩罪魁祸首。

2月，国民党中央决定设立农民运动委员会，以指导全国农民运动，阮啸仙和毛泽东、林伯渠、萧楚女等9人被任命为该委员会委员。

5月，阮啸仙领导召开广东省第二次农民代表大会，并在会上做了《广东省农民一年来之奋斗》报告，出席这次大会除广东省的代表外，还有湖南、江西、福建等11个省的代表，会上讨论通过的决议，对各省都有指导意义。在这次大会上，阮啸仙再次被选为广东省农民协会执行委员会常务委员。8月，广东农村各地农民与地主豪绅斗争激烈，为了支持农民运动，阮啸仙主持召开了广东省农民协会执行委员会扩大会议，并在会上作了《全国农民运动形势及其在国民革命的地位》报告，会议结束时，他和彭湃等同志带领全体代表在广州示威游行，要求革命政府支持农民运动，镇压地主豪绅的反抗。11月，为了坚持农民运动，阮啸仙与赵自选在广州农民运动讲习所旧址举办广东农民训练所，继续培养农民运动干部。同月，中共中央设立农民运动委员会，毛泽东担任书记，阮啸仙和彭湃、易礼容等为委员，领导全国农民运动的进行。

◇ 建立安岗苏维埃政府 ◇

1927年4月15日，国民党反动派在广州发动反革命政变，查封工农革命团体，解除革命武装，大肆逮捕和屠杀共产党员、工农革命领袖。阮啸仙当时正在乡下养病，他冒着生命危险，潜回广州，协助中共广东区委部署转入地下进行秘密斗争。在这同时，中国共产党第五次全国代表大会在武汉召开，阮啸仙被选为中共中央委员。

10月15日，中共中央南方局和中共广东省委在香港举行联席会议，总结工作，研究新的任务，改选了省委，他被选为省委委员、农民运动委员会书记，继续领导广东各地农民的斗争。会后不久，他被派赴粤北仁化县，配合广州起义，组织武装暴动。他与仁化县农民运动领袖蔡卓文一起，在安岗地区深入发动农民，恢复和发展农民运动。并与由朱德、陈毅领导下辗转来到仁化的南昌起义部队互相配合，共同打击破坏农民运动的地主豪绅，进攻仁化县城，并在安岗建立苏维埃政府，阮啸仙被选为安岗苏维埃政府主席，蔡卓文为副主席。安岗苏维埃政府领导仁化农民实行土地革命。

安岗苏维埃政府的建立，震惊了国民党反动派。国民党反动派出动大批军队向仁化安岗疯狂进攻，阮啸仙领导安岗的农民武装坚决抵抗，但因敌强我弱，革命力量暂时被镇压下去。1928年春，阮啸仙离开仁化到香港，继续领导广东各地农民斗争。他还组织各地撤退到香港的工农运动干部，办学习班，学习党的理论和斗争策略，并亲自讲课。6月，中国共产党在莫斯科召开第六次全国代表大会，阮啸仙出席了这次大会，被选为中共中央审查委员。他在莫斯科期间，曾由饶卫华协助整理关于仁化农民起义的资料，报给中央。

领导援救工作

1929年，阮啸仙从苏联回到上海，被留在上海党中央任审计处处长。在国民党反动派疯狂屠杀革命人民的日子里，阮啸仙不顾个人安危，坚持工作。曾因党的一个地下秘密机关遭敌人破获，他在租界被捕入狱，在狱中坚持斗争，经党组织营救出狱。当他闻知爱人高恬波在江西被敌人逮捕英勇牺牲的消息后，阮啸仙悲痛之余，引了唐诗《蜀相》中"出师未捷身先死，长使英雄泪满襟"的诗句，悼念战友、爱人高恬波烈士。1930年，阮啸仙调到党中央机关工作，他和杨匏安在上海党中央开办的中央互济会政治训练班担任教员，讲授农民问题等课程。1931年，调往天津担任中共中央北方局组织部部长。他经常以商人身份赴东北、内蒙古等地活动。1931年九一八事变爆发，北方局遭到破坏，他与党组织失去联系，返回上海，处境十分困难。经过多方寻找，他终于与党中央取得联系。1932年冬，阮啸仙调到中央互济总会工作。邓中夏任总会会长兼党团书记，阮啸仙任援救部部长，参加党团组织的领导。互济会是在中国共产党领导下的革命群众组织，以反对帝国主义和国民党的血腥镇压，反对逮捕、屠杀革命者，争取释放政治犯，援救被捕同志和安置烈属等为主要任务。1933年春，邓中夏不幸被捕，阮啸仙与互济总会的左洪涛等组织援救。他亲自去找宋庆龄，请她协助援救。邓中夏终因无法援救而被国民党反动派杀害。

领导中华苏维埃审计工作

邓中夏被害后，上海的形势很紧张，阮啸仙又是著名的共产党员，目标很大，党中央决定调阮啸仙赴江西中央革命根据地工作。1933年冬，阮啸仙与冯燊等一起离开上海，由交通员带领乘太古轮船抵汕头，再经潮安、大埔进入中央根据地。早在1931年11月中华苏维埃第一次代表大会上，阮啸仙就缺席被选为中华苏维埃中央执行委员会委员。1934年1月，在江西瑞金沙洲坝召开的第二次全国苏维埃代表大会时，阮啸仙出席了。毛泽东代表中央执行委员会向大会作了《中央执行委员会两年来工作报告》，代表大会总结两年来的工作经验，提出今后战斗任务，选举产生了第二届中央执行委员会，毛泽东为中央执行委员会主席，阮啸仙再次被选为执行委员。在中央执行委员会召开的第一次会议上，阮啸仙又被选任中央审计委员会主席，领导中华苏维埃审计工作。

中央审计委员会的任务是审核国家的岁入岁出，监督国家预算的执行。阮啸仙担任审计委员会主席以后，为增加苏维埃政府的财经收入，千方百计从各方面节约开支，保证党政机关和军队的前线供给。他夜以继日、呕心沥血搞好审计工作，深入各省、县协助各级机关企业，建立和健全财务会计制度，开展节约运动，取得显著成绩，深受中央根据地军民的赞扬。

血洒青山

1934年9月，由于王明"左"倾机会主义的错误，未能击退国民党反动派对中央根据地进行的第五次"围剿"，中央红军决定突围，进行长征。党中央决定阮啸仙留下担任中共赣南省委书记兼赣南军区政治委员。10月，中央红军开始长征，敌人加紧对留守中央根据地的红军包围进攻，形势十分险恶，中央分局和办事处决定突围。1935年3月，阮啸仙与赣南军区司令员蔡会文，率领赣南省委和军区等机关工作人员，随军突围来到江西信丰、安远县境内，遭到广东军阀余汉谋的军队包围，双方展开激烈的战斗，阮啸仙虽然身有重病，但仍然顽强地指挥战斗。3月6日，阮啸仙在指挥战斗中不幸中弹牺牲，年仅38岁。

哭阮啸仙、贺昌同志

陈毅在戎马倥偬的征途中，获悉阮啸仙和贺昌牺牲的消息后，写下了《哭阮啸仙、贺昌同志》的诗，悼念阮啸仙和贺昌。

哭阮啸仙、贺昌同志

陈毅

1935年4月

环顾同志中，阮贺足称贤。

阮誉传岭表，贺名播幽燕。

审计呕心血，主政见威严。

哀哉同突围，独我得生全。

● 英烈精神 ●

夜以继日忘我工作，呕心沥血奉献革命的精神。

（元邦建）

谢卓元（1905—1935）

——饶和埔地区工农运动领导人之一

主要生平

谢卓元，又名冠欧，广东省大埔县英雅乡人。

- 1905 年，出生于一个农民家庭。
- 1922 年，在大埔中学读书，并担任学生会主席。参加大埔新学生社，投身青年运动，不久参加共青团组织。
- 1926 年，参加中国共产党。受党组织委派到太宁、高陂、大麻、英雅等地开展群众运动。
- 1927 年，任大埔县委委员、暴动委员会委员，参与建立大埔县工农革命政权。
- 1928 年 1 月，中共大埔县委改组，被选为县委委员。5 月，组织成立中共英雅支部。6 月，带领中共党员和英雅农民武装举行暴动。同年夏，组织筹建中共三河、大麻区委会及共青团组织，兼任中共大河区委书记。同年秋，组成中共大埔特别支部，任书记。
- 1929 年夏天，任福建省诏安县马坑饶和埔诏苏维埃政府主席。同年冬，任中共大埔县委书记。

- 1930 年 1 月 1 日，兼大埔县革命委员会主席。同年夏，谢卓元以大埔县军事委员会委员、县赤卫总队队长、县苏维埃政府主席的身份，指挥赤卫队武装参加攻打高陂重镇建立起区乡苏维埃政权。同年冬，任中共饶和埔县执委会委员、代理书记。
- 1931 年 2 月，任饶和埔县苏维埃政府主席。6 月，主持县委日常工作。
- 1932 年 6 月，任饶和埔诏县苏维埃政府委员，先后兼任裁判部部长、组织部部长、宣传部部长等职。
- 1934 年 5 月，奉调中共闽粤边特委机关负责宣传工作。8 月，被选为特委委员。
- 1935 年夏，被错杀于福建省南靖县程溪乡的后座山，时年 30 岁。

加入中国共产党

谢卓元，又名冠欧。1905 年出生于广东省大埔县英雅乡的一个农民家庭。1922 年，他在大埔中学读书，并担任学生会主席。在大埔旅穗学生张善铭、蓝裕业等人的书信来往和假期回乡宣传革命道理的影响下，他参加了大埔新学生社，投身青年运动，不久参加了共青团组织。

1926 年 3 月，谢卓元以共青团和学生代表身份参加中国国民党大埔县党部执行委员会，与中共党员郭栋材、饶龙光等团结国民党内的左派分子，开展工农运动。后来谢卓元参加了中国共产党。受党组织委派到太宁、高陂、大麻、英雅等地开展群众运动。

领导大埔革命运动

1927 年，周恩来、叶挺、贺龙等率领南昌起义部队南下粤东，推动了大埔的革命运动。谢卓元任大埔县委委员、暴动委员会委员，参与建立大埔县工农革命政权，夜以继日地积极工作。他和县委领导人一起组织群众参加三河坝战斗，积极开展为起义军救护伤员、宣传鼓动、搬运弹药、煮饭送水等支前工作。10 月，大埔县委贯彻中央八七会议精神，组织党员分赴农村建立武装，组织暴动。谢卓元回到了家乡，宣传发动群众，组织农民参加武装斗争。1928 年 1 月，中共大埔县委改组。谢卓元被选为县委委员。他以英雅乡为基点，组建农民赤卫队、农会、妇女会，发动农民抗租罢耕，实行"二五"减租。他还在英雅秘密发展一批共产党员、共青团员。5 月，成立了中共英雅支部。6 月，土豪管愚村筹枪，组建团防，妄图扑灭革命火种。谢卓元和房明光带领中共党员和英雅农民武装举行暴动，镇压了管愚村、谢灼卿等反动分子，鼓舞了民众斗志。他们还派员到银江等地张贴布告，制造革命声势，群众纷纷参加革命行列。

为了镇压农民运动，大麻的反动民团"进剿"英雅。国民党大埔县党部还悬赏缉拿谢卓元。谢卓元和县委研究后，决定采取打出外围、分散隐蔽、开辟新区的方针。他和张华云等人转移到三河坝一带继续进行秘密活动。1928 年夏，他和房明光、张土生筹建了中共三河、大麻区委会及共青团组织，他兼任中共大河区委书记。国民党军徐景棠部在三河团防配合下残酷"袭剿"韩江沿岸赤色乡村。为了保存革命力量，转移敌人视线，张土生、谢卓元等决定带领大埔县委机关、赤卫队撤往山村，兵分二路向南北两个方向发展，以游击方式活动于梅县、大埔、丰顺（简称"梅埔丰"）边境的铜鼓嶂、明山嶂和大埔及福建永定、平和（简称"永和埔"）交界地带。谢卓元、丘宗海、张土生等大埔县委成员相继进入大埔北部，秘密活动于汀江两岸，并在花果园和青溪村等地建立了革命据点和交通线，南通八乡山，北接闽西永定革命根据地。不久，组建了中共埔北区委会。是年秋季，谢卓元等避敌"围剿"，机智转移到福建平和、诏安两县边界的农村，将流散到该地区坚持革命斗争的工人、农民组成了中共大埔特别支部，谢卓元任书记。他以各种职业作掩护，秘密发动民众，组织交通联络站、农会、赤卫队，开辟了饶平、平和、大埔、诏安四县边境的革命苏区（简称"饶和埔诏苏区"）。1929 年夏天，在福建省诏安县马坑成立饶和埔诏苏维埃政府，谢卓元任主席，领导边区人民打土豪、分田地，扩大赤卫队武装力量，巩固革命根据地。

领导饶和埔武装斗争

1929 年 8 月中旬，谢卓元和中共大埔县委丘宗海、张国栋等组织武装，袭击返乡策划反革命活动的国民党军上校参谋丘文、廖武郎等人。事后，敌人加强对埔北地区的镇压。县委领导人被迫转移别地。

1929 年冬，谢卓元任中共大埔县委书记。1930 年 1 月 1 日，兼大埔县革命委员会主席。同年夏，为了配合闽西红军第三次攻打大埔。谢卓元以县军事委员会委员、县赤卫总队队长、县苏维埃政府主席的身份，指挥赤卫队武装参加攻打高陂重镇，建立起区乡苏维埃政权。同年冬，谢卓元任中共饶和埔县执委会委员、代理书记。1931 年 2 月，任饶和埔县苏维埃政府主席。当时，饶平、平和、大埔三县国民党军队和团防对苏区进行三路围攻。谢卓元等带领农民武装英勇抗击敌人。由于形势不断恶化，谢卓元等后来向福建诏安北部转移。6 月，中共饶和埔诏县委书记刘锡三遭敌袭击受伤后，由谢卓元、余丁仁主持县委日常工作。他们密切配合，在革命低潮时，餐风宿野，派人潜入白区侦察敌情，带领赤卫队打击土豪劣绅，解决给养，扩建红三连武装，协同作战，领导边区人民进行艰苦、曲折的土地革命战争。

1932 年 4 月，毛泽东、聂荣臻、罗荣桓等指挥中央红军攻克闽南重镇漳州，促进闽粤边区革命形势蓬勃发展。谢卓元、余丁仁、张华云等抓住有利时机，在诏安西北部农村积极开展活动，扩大群众组织，巩固革命基点村。6 月，在石下村重建饶和埔诏县苏维埃政府。谢卓元任委员，先后兼任裁判部部长、组织部部长、宣传部部长等职。县委在革命队伍内部开展"肃清社会民主党""AB 团"的扩大化运动中，谢卓元经过深入调查后，将押扣的几十人罚以劳役后释放，减少了损失。但谢卓元在任裁判部部长期内，亦曾一度错误执行了"左"的肃反方针，错杀了一些同志。

1932 年秋至 1934 年，饶平、诏安、平和三县国民党军和地方反动武装，反复"围剿""驻剿"饶和埔诏苏区。诏安北部许多村庄多次被焚烧、洗劫，民众惨遭摧残。在反"围剿"的艰苦斗争中，谢卓元与张华云等克服种种困难，带领群众继续坚持斗争。

不幸被杀

1934 年 5 月，谢卓元奉调中共闽粤边特委机关负责宣传工作。8 月，被选为特委委员。1935 年夏，中共闽粤边特委开展肃清社会民主党运动。谢卓元和张华云夫妇被错杀于福建省南靖县程溪乡的后座山。谢卓元年仅 30 岁。

追认烈士

中华人民共和国成立后，大埔县人民政府经复查后追认谢卓元为革命烈士。

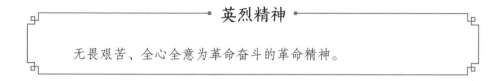

英烈精神

无畏艰苦、全心全意为革命奋斗的革命精神。

（何展琼　何克荣）

许包野（1900—1935）

——一心扑在革命事业上的共产主义忠诚战士

主要生平

许包野，原名许鸿藻，化名阿宝、宝霞、伯勒、保尔、老刘，广东省澄海县冠陇乡人。

● 1900 年 5 月 31 日，出生于暹罗（泰国）一个华侨家庭。

● 1924 年，加入中国共产党。

● 1926 年，被党组织派往苏联莫斯科，在东方大学任教。

● 1932 年 8 月，任中共厦门中心市委宣传部部长。

● 1933 年初，组织厦门失业工人委员会。

● 1934 年 1 月，领导文化协会，秘密出版刊物《发动机》（原名《火炬》）《舰》《战斗》，恢复《群众报》，把中央文件编成《革命丛书》。7 月，到江苏任省委书记。这时，他化名保尔。

● 1935 年 2 月，被捕入狱，后壮烈牺牲，时年 35 岁。

勤奋好学，成绩优异

许包野，1900年5月31日出生于暹罗（泰国）华富里（译音）一个华侨家庭。父亲许锡昌，是一位思想开明、热爱祖国的华侨。许包野兄弟4人，他居长。

1907年，许包野及诸弟随父母回归故里冠陇乡，在家乡私塾接受启蒙教育。1911年就读于澄城县立凤山小学，1915年秋考入县立澄海中学深造。他勤奋好学，成绩优异。他喜爱古代文学，对孔子等诸子著作和古典文学小说有浓厚兴趣，并有所研究。1917年，父亲希望他能够留在家乡，为他物色了一位贤惠却没有文化的姑娘，建立了小家庭。

1919年上半年，许包野中学毕业，时值五四运动兴起，在新文化、新思潮的影响下，不甘寂寞和有强烈求知欲的许包野，于同年冬毅然投考蔡元培为会长的"中法教育会"组织的赴法勤工俭学，以优异的成绩被录取。

1920年4月，他告别亲人，离开家乡远涉重洋到法国里昂大学学习。因法国生活费高昂，遂于1921年转到德国哥丁根的格奥尔格——奥古斯特大学继续学哲学，取得了博士学位。在法国期间，他如饥似渴地攻读马克思主义著作，参加中国留学生组织的活动，接触工人运动，思想觉悟提高很快。1924年经朱德介绍，他加入了中国共产党。

投入抗议英、日帝国主义暴行的斗争

1925年6月，五卅惨案的消息传到德国。中共旅德支部立即召开紧急会议，通过了朱德关于"放下一切工作，全力以赴投入这一运动"的建议，并决定通电全世界，抗议英、日帝国主义在上海屠杀中国民众的暴行。许包野积极投入这一斗争行列，开展反对英、日帝国主义暴行的宣传活动，因此为德国当局拘捕，驱逐出境。于是，他转到奥地利首都维也纳，继续从事马克思主义哲学理论的研究工作。1926年，许包野被党组织派往苏联莫斯科，在东方大学任教，还兼任过地方法官。他在苏联工作了5年多，对国际共产主义运动作出了有益的贡献。

一心扑在革命事业上

1931 年九一八事变后，他受共产国际派遣，从西伯利亚经黑龙江秘密回国。入境后即受到国民党特务的监视。他设法摆脱了敌人的跟踪，几经周折，于年底回到家乡广东澄海，与阔别了 11 年之久的家人团聚。家人见他回来，十分高兴，希望他在家乡共享天伦之乐。可是，一心扑在革命事业上的许包野，当得知二弟许依华在中共厦门中心市委工作的消息后，为早日与党中央取得联系，他只在家住了 10 天，便匆匆离别故乡，赶赴厦门，找到了弟弟许依华。许依华时任中共厦门中心市委宣传部部长，通过许依华，许包野与党组织取得了联系。许包野因从莫斯科回国时，不能随身携带组织介绍信，只由共产国际同中共中央约好暗号，凭暗号进行联络，所以许包野只好耐心等到中共厦门中心市委向中央报告后，得到党中央转来组织介绍信，才能由中共厦门中心市委分配工作。

领导厦门中心市委工作

1932 年 5 月，厦门中心市委临时派他往安溪巡视工作，帮助当地党团组织进行整顿和巩固工作，协助整顿游击队，肃清混进游击队里的少数流氓土匪分子。他提出了"有农会便有赤卫队的组织"的口号，健全了农会组织，同时建立了赤卫队和少先队等组织。此后，厦门中心市委根据中央指示，派他到泉州、惠安和莆田一带巡视，帮助解决问题。他在莆田期间，工作认真负责，作风艰苦深入，工作卓越成效。

8 月间，厦门中心市委受敌人破坏，书记王海萍被捕牺牲，由许依华接任厦门中心市委书记，许包野回厦门接任宣传部部长。9 月，许依华也被捕了。事件发生后，他一面向党中央报告，一面暂时代理厦门中心市委书记。10 月，中共中央正式任命许包野为中共厦门中心市委书记。面对艰巨复杂的白区残酷斗争环境，为了打开局面，许包野首先着力整顿好各级党组织领导机构，改组了惠安、泉州、漳州的县委领导班子，在较短时间内，使党组织得到了巩固和发展。接着是抓好工农运动。在工运方面，1933 年初，他提出了"要吃饭、要衣穿、要工作"的口号，组织了厦门失业工人委员会，制定了斗争纲领，发动失业工人包围了国民党厦门市党部和政府。年底，他又领导厦门马路工人、商学日报工人、海员，先后举行罢工，要求加薪，抗议国民党警察无理抓人，取得了斗争的胜利。在农运方面，他发动闽南农民组织"农民委员会""农民协会""雇农工会"，把农民组织起来，开展土地革命。

在加强党的建设和工农运动的同时，他非常重视武装斗争和党的宣传工作，发动农村赤卫队员和厦门工人参加游击队，为游击队输送人员。此外，还发动厦门互济会募捐了 2000 块大洋，购买了一挺德国造的重机枪，命名为"闽南号机关枪"，支援红军游击队。

1934 年 1 月，闽南地区开展了轰轰烈烈的拥护苏维埃反对国民党的宣传活动。许包野亲自领导文化协会，秘密出版刊物《发动机》（原名《火炬》）《舰》《战斗》，恢复了《群众报》，并把中央文件编成《革命丛书》。这些革命刊物不但对广大群众起到了很好的宣传教育作用，而且对引导青年学生进行马列主义的理论研究也产生了很好的效果。厦门大学就是在许包野的指导下和这些刊物的启发引导下，发展了反帝同盟组织，使会员从起初 50 多人发展到百余人。

许包野在担任中共厦门中心市委书记近两年的时间里，在所管辖的闽南 10 多个县市地下党组织，出现了一个生机勃勃的新局面：全区党员发展到 400 多人，厦门的"反帝大同盟""革命互济会""赤色工会"等群众性革命组织纷纷建立；漳州、泉州、安溪农村的游击队也有很大发展，充分显示出了许包野领导白区工作的卓越才华。

在白色恐怖的斗争环境中，许包野在开展党的各项工作中，既积极又谨慎，始终保持高度的警惕性。1934 年 5 月，他准备去福州，因交通员汤某叛变，厦门两个群众组织被破坏，有的同志被捕，同时，又接到中共福州中心市委被破坏的消息，他便取消了福州之行。不久，叛徒周剑津（原中共福州中心市委宣传部长）从福州窜到厦门，碰见厦门地下团的一位女同志，声称福州党受破坏，要找组织关系，要求与许包野会面。这位女同志信以为真，答应转告许包野。许包野感到周剑津此时来厦事有蹊跷，便告诉与周剑津接触的同志，要周详细汇报福州地下党受破坏的情况及如何逃出来的经过，然后才与之会面。过了三天，周剑津见诱捕不到许包野，便带领敌人破坏了地下团秘书处和印刷处，逮捕了那位女同志，暴露了其狰狞面目。事后知道，敌人连续等了三个晚上，只要许包野一露面，就立即下手。然而，由于许包野的高度警惕，不单使自己避过暗礁，更重要的是使党组织免遭一次大破坏。

调任江苏、河南省委书记

1934 年 7 月，江苏省委连遭敌人破坏，为组建新省委，上海中共中央局决定调他到江苏任省委书记。这时，他化名保尔，因斗争环境很恶劣，故其活动更加隐蔽。尽管当局派出叛徒老龚四处刺探他的下落，但其阴谋无法得逞。为避免革命遭受损失，中央局和江苏省委决心除去叛徒老龚。在许包野的精心筹划下，地下党组织终于处决了老龚这个叛徒。

10 月，由于河南省委受破坏，中央局又决定调许包野到河南任省委书记。他化名老刘，从上海到河南开封赴任，同行的还有小汪（陈绿漪，女）和小叶（往河南任团省委书记）。这时，由于红军撤出中央苏区进行长征，白区地下党的工作更加困难，处境更为险恶。

被捕入狱，壮烈牺牲

1935 年 2 月的一天下午，许包野来到小汪住处，等待与中央派来的交通员接头，老王（张国诚，河南省委宣传部部长）发现周围有几个陌生人，知道情况有变，通知他赶快从后院撤走。他和小汪从后院脱险，老王与小叶从前门出走时即被特务捕获。由于叛徒出卖，第二天晚上，许包野在旅馆被捕。不久，当局将他和张国诚从河南开封解往南京国民党特种监狱，后又转到南京中央军人监狱。在监狱里，许包野备受酷刑，但他坚贞不屈，视死如归，始终严守党的秘密。

敌人看到不能从他身上捞到什么东西，竟用最残酷的重刑将他活活打死，许包野牺牲时年仅 35 岁。

坚贞不屈、视死如归的革命精神，对党绝对忠诚、始终严守党的秘密的共产党员崇高品格。

（谢松伟　王志刚）

张瑾瑜（1912—1935）

——粤东北五兴龙苏区的重要创建者、领导者

张瑾瑜，原名琼珍，广东省兴宁县人。

- 1912 年，出生。

- 1928 年 3 月，和张兆兰到了罗屏汉等人在兴宁北部建立的革命据点——大坪大信一带活动。奔波于兴宁北部山区，深入群众中做艰苦的串联发动工作，并建立了大坪河岭团支部。

- 1929 年 3 月，同罗屏汉、蓝亚梅等在兴宁、龙川、寻乌交界一带的 20 多个乡镇组织了农会、赤卫队，发展和健全党团基层组织，建立革命武装。9 月，当选为兴宁县革命委员会委员。10 月，成为中共兴宁县委妇女运动工作组主要领导人。同年，由团员转为中共党员。

- 1930 年春，任中共兴宁县第三区委员会委员。12 月，五兴龙县苏维埃政府改组，任县苏维埃政府妇女部部长。并同罗屏汉结为革命夫妻。

- 1931 年 11 月，任红十一军独立营营部党支部书记兼营宣传队队长。

- 1932 年初，随罗屏汉调往江西会昌县委工作，任县委妇委书记。7 月，任会昌中心县委妇委书记。

- 1933 年 9 月 6 日，在会昌彭径召开于都、会昌、西江、门岭、寻乌、安远、信康等七县代表会议，成立粤赣省临时苏维埃执行委员会，被选为执行委员。11 月 4 日，在粤赣省党的第一次代表大会上当选省委执行委员，任省白区工作部部长。
- 1934 年 8 月，调任赣南省委执行委员、省白区工作部部长。在毛泽东直接指导下进行工作。
- 1935 年 5 月，在安远高云山芦村茶坑突围中英勇牺牲，时年 23 岁。

张瑾瑜，原名琼珍，1912年出生于广东兴宁永和区大成村，其父亲张北禄（北古）曾任国民党兴宁县永和区区长兼自卫队长，母亲沙满娘操持家务。张瑾瑜兄妹6人，她排行第三。

受农民革命运动的熏陶而觉醒

1927年，正当张瑾瑜在小学读书时，整个中国的形势发生了急剧变化，蒋介石、汪精卫先后背叛了革命，中国处于新军阀的反动统治之下，人民处于水深火热之中。中国革命暂时转入低潮。这时国民党兴宁县自治会头目张英（曾任惠潮嘉特务大队长，与张瑾瑜同族之人）等甚嚣尘上，四出跟踪围捕地下党人。然而，兴宁地下党在八七会议精神指引下，先后举行了两次攻打兴宁县城的农民暴动，建立了广东工农革命军第十二团，打击了国民党反动当局，推动了农民革命运动的发展。早在1924年就开展农民运动并建立了农会组织的永和大成村，这时在黄佐才、罗屏汉、张超曾、张中、陈坦等积极活动下，农民运动蓬勃发展，党团组织不断壮大，农会、赤卫队、儿童团十分活跃，震慑了当地的土豪劣绅。1927年9月3日，大成乡农民义勇队参加了兴宁第二次暴动，占领了国民党兴宁县政府，沉重地打击了敌人，大大地鼓舞了人民的革命斗志。1928—1929年间，大成乡成为当时地下党最大的红色交通站，从九龙嶂县委所在地到大成村，从大成村到大坪、罗浮、大信根据地，形成了一条严密的交通线，给革命活动的开展带来极大的便利。

张瑾瑜受到农民革命运动的熏陶而觉醒。她在党的教育下，一面读书，一面参加革命活动。每天晚上瞒着父母去开会、贴标语、散传单，进步很快。不久加入了共青团，工作更加大胆泼辣，机智勇敢。一次，她远离家庭同张兆兰、陈坦等人到九龙嶂从事革命活动。她的行动遭到母亲的坚决反对，把她禁锢在家里。但张瑾瑜献身革命的决心已定，便毅然离开家庭，勇敢地投入无产阶级伟大革命斗争的战斗行列。

开展革命活动

1928年3月，张瑾瑜和张兆兰到了罗屏汉等人在兴宁北部建立的革命据点——大坪大信一带活动。她们先在大坪河岭、大塘村挨家挨户串联群众，利用晚上开会，办识字班，组织儿童团，宣传革命。张瑾瑜为了更好地教育群众，编写了许多山歌教大家唱，启发妇女们起来参加革命，反抗封建压迫，争取自由平等。尔后，她根据兴宁县委关于恢复和发展基层党团组织的指示精神，奔波于兴宁北部山区，深入群众中做艰苦的串联发动工作，吸收罗菊珍等人入团，并建立了大坪河岭团支部。

1929年3月，五（华）兴（宁）龙（川）县苏维埃政府成立后，各县的革命形势发展很快，革命力量扩展到江西边境。革命形势的发展需要大批干部。一次，在大信根据地举办群众工作训练班，参加训练班的有100人。罗屏汉、潘火昌、张瑾瑜均为训练班讲课。训练班结束后，同志们分赴农村活动。张瑾瑜同罗屏汉、蓝亚梅等在兴宁、龙川、寻乌交界一带的20多个乡镇组织了农会、赤卫队，发展和健全了党团基层组织，建立了革命武装。在这些地区开展减租减息斗争，打击土豪劣绅，农民革命运动搞得热火朝天。大信地主钟雪南公然反对抗租抗债，派其爪牙继续到岩前收租逼债，张瑾瑜发现后，同罗屏汉商量，派驳壳队员处决了爪牙，从而有力地打击了地主豪绅的嚣张气焰，推动了抗租抗债的斗争。

5月中旬，盘踞在罗浮的国民党兴宁县自卫大队长张英，多次进犯大信根据地。张瑾瑜积极协助罗屏汉联合寻乌第二十一纵队解放罗浮，使兴（宁）平（远）寻（乌）龙（川）根据地连成一片。9月，中共兴宁县委机关从九龙嶂迁移到大信石南村，成立了以罗屏汉为主席的兴宁县革命委员会，张瑾瑜当选县革命委员会委员。10月，中共兴宁县委改选，罗屏汉任县委书记。在县委领导下成立妇女运动工作组，张瑾瑜、蓝亚梅等五人为主要领导人。这一年，张瑾瑜转为中共党员。

领导粤赣苏区妇女工作

1930年春，张瑾瑜同刘思振受县委派遣到黄陂新村开展工作，成立了中共兴宁县第三区委员会，刘思振任区委书记，张瑾瑜任区委委员。同时，成立了区苏维埃政府，领导群众实行土改分田。是年12月，五兴龙县苏维埃政府改组，张瑾瑜任县苏维埃政府妇女部部长。张瑾瑜同罗屏汉在长期的革命斗争中，建立了深厚的感情，两人遂结为夫妻。张英闻知此事，暴跳如雷，硬要张瑾瑜的父亲张北禄登报声明断绝父女关系。1931年11月，在东江特委特派员刘琴西和红十一军参谋长梁锡祜主持下，红十一军独立营成立，罗屏汉任独立营政委，张瑾瑜任独立营营部党支部书记兼营宣传队队长。她关心同志，认真做好思想政治工作。每到一个地方，她都同宣传队员一起写标语、画墙画，宣传工农红军的宗旨和任务，深受群众欢迎。

1932年初，张瑾瑜随罗屏汉调往江西会昌县委工作，罗屏汉任县委组织部部长，张瑾瑜任县委妇委书记，积极协助县委书记古柏开展工作。7月，以邓小平为首的会昌中心县委成立后，罗屏汉任会昌中心县委组织部部长兼会昌县委书记，张瑾瑜任会昌中心县委妇委书记。在中心县委领导下，他们密切配合，努力完成扩红支前、发展生产等各项任务。张瑾瑜根据形势和任务的需要，及时举办了妇女骨干训练班，培训了一批干部。特别是认真抓了妇女组织中的党团组织建设，发展了一批妇女党团员。至10月底，吸收了妇女党员93人，团员320人。她以党团员为骨干，发动广大妇女群众做军鞋，募捐小菜、薯干等物资慰劳红军，组织妇女给岚山岭后方医院的伤员缝洗衣服，使会（昌）寻（乌）安（远）三县的妇女工作面貌生机勃勃。

1933年4月，邓小平调离会昌后，罗屏汉接任会昌中心县委书记，担子更加重了。当时，正值张瑾瑜怀孕，他们为了有更多的精力做好工作，事先商量决定把小孩送给别人；后来通过西江区妇女主任，把刚生下的小孩，不留姓名送给了别人。

8月16日，中央人民委员会第四十八次会议决定成立粤赣省。9月6日，在会昌彭径召开于都、会昌、西江、门岭、寻乌、安远、信康等七县代表会议，成立粤赣省临时苏维埃执行委员会。大会选举钟世斌、刘晓、张瑾瑜、罗屏汉等37人为执行委员。11月4日，张瑾瑜在粤赣省党的第一次代表大会上当选省委执行委员，任省白区工作部部长。她忠于职守、积极工作。当时，中央苏区建立了"共产主义星期六"劳动制度，张瑾瑜不仅反复宣传这一劳动制度对动员千百万人民群众参加红军，减少前方战士的后顾之忧，使之更加勇敢杀敌的重要意义；而且身体力行，同省委机关的工作人员一起，自觉为红军家属劳动，不论收割稻子、砍柴、担水、扫地等，都是一马当先、不怕苦、不怕累，受到群众的好评。在工作中，她对同志热情关心、体贴入微。在福建白区工作的王华等人到瑞金去学习，路经粤赣省委，张瑾瑜热情接待，还拿出《斗争》《红色中华》等报刊给他们学习。后来因形势逆转，白区工作学习班停办，张瑾瑜又亲切地鼓励王华回去福建"认真学习，积极工作，坚定为共产主义奋斗终生"。

1934 年 8 月，由于国民党反动派的多次"围剿"，中央苏区缩小了。为了开辟新区，发展粤赣边游击战争，中央苏区在于都成立赣南省，张瑾瑜调任赣南省委执行委员、省白区工作部部长。她在毛泽东直接指导下进行工作，及时将中共中央白区工作部的"六七"指示信精神，贯彻到敌占区域的县、区两级组织中去，那时，罗屏汉等人亦调到赣南省委，加强寻南工作团的领导。该工作团一面举办学习班（两个月一轮）培训军政骨干，张瑾瑜亲自为学习班讲课，为根据地培训了一大批军政干部，从人才上直接支援了游击战争；一面由罗屏汉率领赣南挺进队，在兴龙寻南一带与当地游击队一起开展游击活动，不但在敌人的深远后方，如兴宁、龙川交界的罗岗、罗浮、大坪、赤岗等地发展了游击战争，而且在寻南各地主动出击，有力地牵制了广东军阀北犯中央苏区的军事行动。

被围牺牲

主力红军长征后，敌人集中兵力疯狂"围剿"赣南苏区，形势十分险恶。1935 年春，张瑾瑜随中央分局项英、陈毅率部向粤赣边突围，在信丰、安远之间，遭到广东军阀张瑞贵等三个师的重兵包围，经过反复冲杀，红军损失惨重。5 月，张瑾瑜所在的部队突围到安远高云山芦村茶坑时，人数不多了，又遭到敌人的四面包围。当时张瑾瑜有孕在身，行动不便。在这生死攸关的危急时刻，张瑾瑜命令同志们突出重围，自己担任掩护，同敌人血战到最后，面对扑上来的敌人，宁死不屈，饮弹自尽，年仅 23 岁。

英烈精神

为革命舍小家顾大家的革命献身精神；对待同志热情关心、体贴入微，对待敌人冷酷无情、毫不留情的革命情怀；面对生死攸关的危急时刻宁死不屈的革命者气概。

（罗梅腾）

郑振芬（1904—1935）

—— 为革命事业流尽最后一滴血的女共产党员

主要生平

郑振芬，曾名郑枝，广东省海丰县人。

- 1904 年，出生于一个贫苦家庭。

- 1923 年，参加工会，被选为厂工会的执行委员。

- 1925 年秋，加入中国共产党。团结一批工人骨干在民生布厂发动工人罢工，向资本家提出"加薪减时"、实行"三八制"的要求，取得了罢工斗争的胜利。

- 1926 年初，到梅陇组织妇女解放协会。8 月，被选为海丰县妇女解放协会第二届执行委员，并被任命为梅陇区妇女主任。

- 1927 年 12 月 1 日，率梅陇区妇女来海丰县城红场参加庆祝苏维埃政府成立大会，会上被选入海城市苏维埃政府主席团，并被选为海丰县妇女解放协会第三届执行委员。

- 1928 年 1 月 24 日，被选为海丰县苏维埃人民委员会主席团成员，并被任命为教育委员会委员和裁判委员会委员。随后，被选为职工运动教育委员会委员。10 月 6 日，被选进海丰县妇委（后任特委妇委）。

- 1929 年 2 月，受命在金竹庵举办海陆惠紫四县党员对象培训班。

- 1930年5月18日，被选为东江苏维埃政府执行委员。
- 1932年4月18日，被选为中共东江特委常委兼组织部部长。
- 1934年1月16日，和古大存作为东江地区代表，出席在瑞金召开的中华苏维埃共和国第二次全国代表大会，会上被选为中华苏维埃共和国中央执行委员。
- 1935年5月，壮烈牺牲，时年31岁。

郑振芬是海陆丰农民运动中锻炼出来的一位坚强的妇女领导干部。土地革命战争时期，她曾任中共东江特委常委兼组织部部长、中华苏维埃共和国中央执行委员等职，在极为艰难困苦的岁月里和战友们在海陆丰根据地和大南山坚持了长达8年的顽强战斗。海陆丰和大南山人民深深地怀念这位为革命事业流尽最后一滴血的女共产党员。

刻苦学习

郑振芬，1904年出生于海丰县海城高田仔街一个贫苦的家庭。父亲郑九，母亲徐氏，生三女一男，郑振芬排行第二。郑振芬在家时名郑枝，参加革命后改名郑振芬。一家靠父亲为人抬轿及当挑夫维持生活，在反动统治阶级的残酷压迫剥削下不得温饱。

郑振芬因生活所迫，很小即出来谋生。1916年，12岁的郑振芬便进入民生布厂纺纱，每天要工作十几个小时，劳累不堪。到了冬天，郑振芬那幼嫩的手指被棉纱摩擦得渗出血来，狠心的资本家却以污染棉纱为由打骂她。郑振芬幼小的心灵里，便播下了仇恨资本家的种子。她人穷志高，没法上学读书，就利用晚上请义姐夫教识字。家里穷得点不起煤油灯，就到邻家"借光"或在月夜看书。经过勤学苦练，她很快就能看懂一些通俗歌册的文字了。

挣脱封建婚姻的羁绊

反帝反封建的五四运动传到海丰后，郑振芬在进步青年学生影响下，开始接受了妇女争取自由解放的道理。17岁那年，父母把她许配给海城兰巷富有的吴某为妻。不管郑振芬如何抗争诉述，都无法改变父母之命。年底，郑振芬被强迫推进了吴家大门。冷酷的现实，使郑振芬认清了封建婚姻吃人的本质，坚定了她反抗的决心。洞房之夜，她主动和男方交谈，提出应各自寻找理想的伴侣。吴某感到突然，用甜言蜜语哄她，她不为所动；用竹条打她，她倔强地不吭声。不管男方采取什么方式，她坚决抗争，并用绝食表明心志。几天过去了，郑振芬用虚弱的双手抱着闻讯前来看望她的义姐说："我宁死不与吴某成婚！"吴某看她难以回心转意，又怕新娘死在家里会吃官司，只好同意解除婚约。郑振芬终于挣脱了封建婚姻的羁绊。

喜结良缘

1923 年，马焕新、李劳工等受彭湃委派到南丰、民生布厂组织工会。进步的革命道理使郑振芬如沐春风。她第一批参加工会，被选为厂工会的执行委员。一种新的生活激励着她，她兴奋地参加了职工业余学校，认真学习，积极工作。在共同的劳动和学习中，她与拉纱工人谢振鸿相爱了。1924 年冬，他们结为终身伴侣。

加入中国共产党

1925 年 2 月，东征军到达海丰，推动了当地革命形势的发展。在海城龙舌埔举行五一节纪念大会时，就有几万人参加。当郑振芬和工友们游行在大街喊着"打倒列强！打倒军阀！农工万岁！农工神圣！无产阶级万岁！"等口号时，她的心潮汹涌澎湃，思绪连绵，意识到工人阶级担负着埋葬旧世界、创造新世界的重任。从此，她更加积极地参加各种革命活动，在党的教育下，不断成长起来。1925 年秋天，她光荣加入中国共产党。

郑振芬入党后，更加忘我地工作。为了执行党的任务和参加党的秘密会议，常常要到深夜才能回家，这引起了谢振鸿的误解。郑振芬党性很强，为了严守党的秘密，情愿忍受丈夫的误会和猜疑，从不肯透露晚回家的原因。谢振鸿经过组织上的培养，也成为党的一员。入党后，他才知道自己的妻子已是党员，深愧以前错怪了她，便主动在支部会上向妻子赔礼道歉。

成为坚强的革命战士

1925 年秋，郑振芬夫妇在民生布厂与何彝芳、卓爱华等团结一批工人骨干，发动工人罢工，向资本家提出"加薪减时"、实行"三八制"的要求。资本家在工人罢工压力下，答应工人提出的条件，罢工斗争取得了胜利。

1926 年初，郑振芬和谢振鸿转过南丰布厂。不久，郑振芬受党的委派，到梅陇组织妇女解放协会。她深入群众，经常与农妇促膝谈心。她办事稳重，对人热情大方，深得农妇的信任和支持。在她的宣传发动下，5 月，梅陇成立了妇女解放协会筹备处。8月，郑振芬被选为海丰县妇女解放协会第二届执行委员，并被任命为梅陇区妇女主任。在此期间，郑振芬还参加了党的骨干培训班（那时叫做铁的训练）。经过了铁的训练的郑振芬，进一步提高了政治觉悟和领导能力。从此，这位童工出身的女共产党员，走上了领导岗位，成为坚强的革命战士。

待革命成功了才来养孩子

1927年4月下旬，郑振芬夫妇参加了海陆丰地委在鉴湖召开的秘密会议，听取吴振民等同志揭露蒋介石叛变革命，党即将举行武装暴动的报告，随即赶到梅陇和其他同志一起组织群众，于5月1日武装夺取了政权。不久敌人大兵压境，郑振芬夫妇转战在梅陇黄沙峒一带。这时，她已有8个月身孕，仍挺着大肚子和同志们一起奔走。9月初，她生下一个女儿。看着女儿天真活泼的脸蛋，她感到了第一次做母亲的甜蜜。但是，她考虑到这时正是对敌斗争的紧要关头，环境不允许她将女儿带在身边，于是含泪把女儿送给下巷一户姓彭人家。生产还未满月，她就走上了战斗岗位。有人问她为什么将女儿给别人时，她说："为了免除下一代的苦难，现在只能做点牺牲，待革命成功了才来养孩子。"

爱憎分明

在党的八七会议精神的指引下，中共海陆丰县委利用粤桂军阀张发奎、李济深公开冲突的有利时机，以南昌起义军改编的工农革命军第二师第四团和农军为主力，10月30日发动了海陆丰第三次武装起义。11月1日占领了县城。海丰县城从白色恐怖的县城一变而为红色欢腾的县城。郑振芬和每一个起义者一样，看着飘扬的红旗和背着武器的雄赳赳的赤卫队员喜气洋洋的景象，激动得热血沸腾，她满怀豪情地与何粦芳、吕楚卿等分头发动、组织妇女给起义军送水、送饭、送红龟桃、洗衣服和救护伤病员。她从早忙到晚，不觉得疲倦，完全沉醉在胜利的欢乐中。郑振芬爱憎分明、秉公办事。有一次，谢振鸿的堂兄因吸鸦片烟，被梅陇少先队拿去查办，家人到赤石找郑振芬，要她回来说情、解脱。她认为少先队教育堂伯是应该的，不应出面干预，教育家人要正确对待。她这样秉公办事，得到了群众好评。

保卫新生的红色政权

1927年12月1日，郑振芬率梅陇区妇女来县城红场参加庆祝苏维埃政府成立大会。郑振芬在会上被选入海城市苏维埃政府主席团，并被选为海丰县妇女解放协会第三届执行委员。在这段时间里，郑振芬经常穿着对襟的中山装，脖颈上系红领巾，胸戴徽章，腰挂短枪，头戴蓝色布帽，背挂竹笠，腿扎绑带，脚穿六耳草鞋，英姿勃勃地往返于梅陇、后门、鹅埠一带，发动和组织妇女参加工作，保卫新生的红色政权。

为党培养人才

1928年1月24日，郑振芬被选为海丰县苏维埃人民委员会主席团成员，并被任命为教育委员会委员和裁判委员会委员。接着，她参加了中共海丰县第二次代表大会，被选为职工运动教育委员会委员。10月6日，郑振芬、谢振鸿参加了中共海陆惠紫四县县委在三坑召开的党员代表大会，会上成立四县临时特委，郑振芬被选进海丰县妇委（后任特委妇委）。

1929年2月，郑振芬受命在金竹庵举办海陆惠紫四县党员对象培训班。郑振芬为他们上党课。通过培训，够条件入党的，由郑振芬等介绍，吸收为中共党员。

化悲痛为力量

1929年4月，郑振芬在银瓶山深井生了一个男孩，托人越过敌人的封锁线，把孩子送到梅陇凤山头亲戚家里，转交婆母抚养。残暴的敌人探知孩子是郑振芬的儿子，竟对孩子下了毒手。

面对着战友、亲人的死去，郑振芬没有气馁，而是化悲痛为力量，继续战斗在深山密林、荒村僻野中。她的行为得到同志们的敬重。海陆惠紫特委书记陈舜仪称赞郑振芬确实是一位了不起的女性，同志们都亲切称她为"郑振芬姐"，1930年5月在东江第一次工农兵代表大会上，郑振芬被选为以陈魁亚、古大存为正副主席的东江苏维埃政府的执行委员。

发动妇女参加革命

1930 年冬，郑振芬来到大南山，与同年夏从上海回到大南山的许玉庆战斗在一起。她们为进一步巩固和发展革命根据地，深入开展土地革命，巩固乡村政权，走遍了大南山根据的各个乡村。她们穿着农妇的衣服，与农妇一起劳动谈心，使她们逐步懂得革命道理，积极参加乡村政权建设和参加红军。普宁县浮山乡的童养媳陈玉娥和灰寨乡的童养媳香莲等，都是经郑振芬、许玉庆教育帮助，才摆脱封建礼教和旧习俗的束缚，勇敢地参加了革命。在郑振芬和许玉庆的深入发动下，潮普惠的妇女出现了参加革命的热潮。1931 年 3 月 8 日，潮普惠苏维埃政府召开三八妇女节庆祝大会，各乡代表都来参加会议。会上号召妇女报名参加红军，当场举手报名参加的就有几十人。

为革命培养优秀妇女干部

1932 年 3 月，广东军阀陈济棠配合蒋介石对中央革命根据地进行第四次"围剿"，派张瑞贵率领三个团的兵力围攻大南山，妄图把大南山的革命军民杀光、灭绝。大南山军民在东江特委的领导下，与敌人进行针锋相对的斗争，粉碎了张瑞贵"三个月剿灭大南山共匪"的妄想。

4 月 18 日，中共东江特委召开扩大会议，郑振芬被选为常委兼组织部部长。为粉碎敌人"围剿"和搞好土地革命，党组织需要不断整顿提高。东江特委决定由郑振芬负责举办党员和进步青年培训班，同时还决定大批地吸收积极参加革命运动的优秀妇女分子到党内来，加紧培养新的妇女干部。根据这一决定，郑振芬即在虎峒村后边的石洞举办了青年妇女培训班。同年秋，她又在松柏蓝石洞主持短期党员培训班。为便于辅导，她和女学员同吃同住在一起，悉心启发和教育她们。这时斗争处于十分严峻的时刻，郑振芬坚信革命一定能取得胜利，她教育同志们要坚强战斗下去，说："一个共产党员头可断，志不可衰。"勉励大家保持革命者的气节。经过几个月的培养考察，几十名优秀分子被吸收到党组织中来。

残酷的斗争使郑振芬变得越来越老练机警，她懂得革命队伍中的败类给党的事业带来的危害，因此时刻保持着高度的警惕。参加松柏蓝学习班的一个学员壬贵（原广东省委交通员）有一天请假回家，说其兄被国民党抓去，但第二天没有回来。郑振芬提防他叛变，即把培训班转移到另一个石洞隐蔽，并布置做好战斗准备。第三天早上，壬贵果然带一队国民党兵士来围山。但搜了几次没收获，只得快快退下山去。郑振芬不顾劳累，趁黑亲自下山探路，然后回来带领大家转移到安全地带。

无私奉献，坚持战斗

1932 年 6 月，郑振芬又生了一个男孩。联想到以前两个孩子的不幸遭遇，强烈的母爱使她更渴望能把孩子留在身边，亲手把他抚养成人。但是，当时敌人天天搜山烧杀，郑振芬怕孩子的哭声暴露特委机关，于是，再一次忍痛割爱，将孩子送给大南山石叠乡一户农民。

1933 年，郑振芬因患伤寒病住在根据地医院里，医官要她好好休息，可是她总是闲不住，寒热一退，就忙着看文件、写材料。在敌军严密封锁大南山的情况下，医院的伤病员常挨饿。郑振芬便抱病带伤病员到老贼营一带找野菜充饥，有时找到点番薯叶或白花针菜花，不敢在山上煮，怕烟火暴露目标。郑振芬平分给每个伤病员，由伤病员到深坑下面用口盅煮。几片番薯叶吃不饱，郑振芬就鼓励大家多喝几口水来抵抗饥饿。17 岁的陈月娥伤心地哭了，郑振芬把她搂到怀里，爱抚地说："阿妹，生活是艰苦的，我们革命战士要有勇气战胜困难。"陈月娥在郑振芬的安慰和鼓励下，提早出院，化装下平原找群众，搞粮食接济伤病员。

1934 年 1 月 16 日，郑振芬和古大存作为东江地区代表，出席在瑞金召开的中华苏维埃共和国第二次代表会议，在会上与全国各地代表一起交流了革命经验，通过交流，她受到很大的教育。在会上，她与毛泽东、刘少奇、周恩来等一起被选为中华苏维埃共和国中央执行委员。

回到大南山以后，根据地的形势更严峻了。艰苦的环境和斗争考验着每一个人。在革命遭到挫折时，有一些人离开队伍，少数人成为可耻的叛徒，但郑振芬和谢振鸿这对革命夫妻却毫不动摇，坚持战斗。

身残志坚

谢振鸿在一次战斗中腿部受了伤，没有治愈，经常拐着一只脚随队伍转战。体弱的郑振芬既要带领队伍又要照顾丈夫，加上生育时营养不良落下了后遗症，不久，终因过度劳累，下肢瘫痪了。同志们看到他们夫妻身残体弱，都十分难过，劝他们注意身体。郑振芬却总是说："我们的脚虽然残了，但我们还有两颗心和四只手，我们的脑还会思维，我们的口还会说话，我们怎能停止为党工作呢？"表现出共产党人的顽强斗志。

壮烈牺牲

1935 年 5 月，根据地陷入了弹绝粮尽的险境，谢振鸿看到伤病员在挨饿，便不顾个人安危，经常冒着生命危险下山搞粮食，终于在一次下山时，被敌人发觉追击，英勇牺牲。敌人循踪搜索，把石洞紧紧围住，郑振芬也壮烈牺牲在石洞里，年仅 31 岁。

● 英烈语录 ●

"为了免除下一代的苦难，现在只能做点牺牲，待革命成功了，才来养孩子。"

"一个共产党员头可断，志不可衰。""生活是艰苦的，我们革命战士要有勇气战胜困难。"

"我的脚虽然残了，但我们还有两颗心和四只手，我们的脑还会思维，我们的口还会说话，我们怎能停止为党工作呢？"

● 英烈精神 ●

为革命牺牲小家、甘于奉献的无私奉献精神；面对困难险阻毫不动摇、坚持战斗的革命精神；爱憎分明、秉公办事的党性原则；身残志坚、奋斗不息的共产党员品格。

孙世阶（1903—1936）

—— 立场坚定、果敢机智的红色交通员

主要生平

孙世阶，字少岳，广东省大埔县青溪乡花果园村人。

- 1903 年，出生。
- 1925 年，加入中国共产党。被派到坪沙乡"治安会"当干事。
- 1927 年 4 月，返回花果园村任校董，在师生中宣传革命，发动民众。
- 1931 年，奉令到茶阳镇神来街口筹建"同天饭店"，用老板的公开合法身份作掩护进行隐蔽斗争。
- 1933 年，因频繁的革命活动，引起国民党反动当局的怀疑，首次遭捕。
- 1935 年 12 月 12 日，由于叛徒告密，不幸被捕。
- 1936 年 2 月 9 日，英勇牺牲，时年 33 岁。

参加中国共产党

孙世阶，字少岳。1903年出生，广东大埔青溪乡花果园村人。孙世阶的家乡地处广东、福建两省边界的汀江中游河畔。乡人大都以种田、打柴、撑船、捕鱼为生。在土豪劣绅的压榨之下和军阀的连年混战之中，不少人远走他乡，异地谋生。他的父亲孙元盛离乡别土，漂泊海外，在宗亲店中打铁，苦度岁月，1920年客死异国。母亲李秀英具有新女性的优良品德，在苦难中把孙世阶抚育成人。

1925年，国共两党合作时期，大埔县建立了中国共产党的组织。在东征、北伐军挥戈粤东、闽西的影响下，孙世阶小学毕业后参加了革命。后经中共大埔县委谢卓元、区委袁立之介绍，他加入了中国共产党，后被派到坪沙乡"治安会"当干事。

从事革命斗争

1927年，广东发生四一五反革命政变，国共分裂。孙世阶返回花果园村任校董，在师生中宣传革命，发动民众。次年，在白色恐怖中，国民党缉捕时，他和几位同乡及挚友避往马来西亚，在乡亲资助下做点小生意，维持温饱。同时参与慕存侨校的马共活动。不久事泄，校长和教员共8人被捕。孙世阶避去山区，到叔父处逃难，学习医术。一段时间后，他与校长、教师先后被驱逐出境，回到祖国。

孙世阶回到大埔，在茶阳镇一间"履云"店内楼上做纸工，和中共党员连铁汉取得了联系，继续从事革命斗争。

1929年夏，国民党少将高级参谋丘文、廖武郎打着回乡省亲的幌子，暗中策划"围剿"革命力量。孙世阶及时把这一重要情报传递给党组织。大埔县委获此情报，果断组织武装力量，利用8月13日晚上坪沙民众"迎神演剧"的机会，远途奔袭，将正在坪沙学校饮酒作乐的丘文、廖武郎等8人击毙，迫使国民党军队推迟了军事"合剿"计划。

孙世阶在连铁汉等党组织领导人的培养教育下，不仅在茶阳隐蔽下来，而且常于夜间引带县区委的一些干部到花果园家中食宿，从事革命运动。这年的秋天，中共党员邓凤翱等来埔北巡视革命斗争时，也曾小住村中小学，他与余仲等为之掩护和安全迎送。

立场坚定、果敢机智的红色交通员

为了加强设于上海的中共中央机关与赣南、闽西中央苏区的联系，军委负责人周恩来决定成立中央交通局，建立地下交通线，打通上海与中央苏区的交通联络。其中一条从上海—香港—汕头—大埔—青溪—永定—江西的交通线，担负着安全输送党、政、军重要干部和文件信函及军用物品等重要任务。

与闽西永定县相邻的大埔县城茶阳镇，既是通往闽西、赣南、潮汕的咽喉，也是大埔县国民党军政首脑机关的驻地。近郊陆地有民团武装驻防、巡卡，汀江河中来往船只亦有敌军护航、盘查。1931 年，孙世阶奉令到茶阳镇神来街口，在中共闽西特委帮助和大埔交通中站站长卢伟良的具体指导下，筹建了"同天饭店"。他用老板的公开合法身份作掩护，以隐蔽斗争的方式，战斗在敌人的心脏，秘密完成党交给的交通任务。

不久，卢伟良离任，杨现年接任站长。杨现年出于革命工作需要，要孙世阶改名"少岳"。孙世阶在对敌斗争中，经受了锻炼和严酷的考验，成为立场坚定且果敢机智的红色交通员。1932 年春天，邓颖超、项德芬（项英之妹）、余长生（中央机关机要科长）等人由闽西大站站长李派群、交通员丘延龄（又名小黄华）护送到大埔时，去"同天饭店"歇脚。孙世阶热情接待她们。

1933 年，孙世阶的频繁革命活动，引起了国民党反动当局的怀疑，首次遭捕。在押期间，他忍受了敌人的多次严刑酷审，却守口如瓶，决不泄漏中共地下交通站的机密和本人的真实身份。其时，共产党组织多方营救，其家人亦变卖山林家产，共筹 1000 块大洋，通过国民党县政府中的"关系人员"代行斡旋，得以保释。孙世阶被赎出后，赴闽西特委党校学习，结束后仍在该店工作。

那时，中共饶和埔诏县委成员连铁汉（原名连维结）不幸因牢于茶阳国民党狱中。孙世阶受命营救，他费尽心血筹到 600 块大洋，尚差 200 块大洋时，连铁汉却遭毒手，被杀害了。营救无效，孙世阶痛惜失去了一位好领导，他化悲痛为力量，坚持战斗在艰险的岗位上。

1934年秋天，孙世阶二次遭敌逮捕。他在狱中再次饱尝敌人刑讯之苦。党组织又行营救，其母李秀英再次卖当家财，并发动村民，联名作保，耗资2000块大洋，孙世阶得以释放。他虽倾家荡产，可是出狱后对敌更加仇恨，斗志更坚，继续忘我地坚持工作。孙世阶关心店员生活，大家同舟共济，使得店内业务不断发展。他经常工作到深夜之际，还亲自安排店员的夜点。白天时有驻军官兵"光临"，夜间警察、民团人员常查户口，孙世阶大都亲自出马，在员工的配合下，沉着应付，机智周旋。在异常艰难的条件下，圆满完成党交给的重任。

由于时局日益紧张，孙世阶奉命关闭同天饭店。停业后，他回到村里，以"捕鱼""行医""访友""省亲"之名，奔走各地，行通讯联络、转运枪弹物资、接送干部之实。通过这条被誉为"红色交通线"的地下交通线，从1930—1934年，孙世阶和交通线全体成员在党组织指导下，人民群众的支持掩护下，护送了大批重要干部、军用物资文件函信，为革命事业作出了贡献。

1934年10月，中央红军举行长征，北上抗日。闽粤边界敌军疯狂袭击革命乡村，革命转入低潮。大埔交通站划归中共闽西特委领导，为游击战争继续发挥作用。

不幸被捕，英勇牺牲

1935年12月12日，由于叛徒邹维尊、邹高轩告密，孙世阶返家途经荣阳镇唐屋时，不幸落入魔掌。狱中，他屡遭敌人软硬兼施的折磨，受尽毒打刑讯，但他决不供认真相。敌人无计可施，发出最后通牒——"是死？要活？两条路任由选择！"他斩钉截铁地回答："没有口供，要命有一条！"

1936年2月9日，敌人将他押赴刑场。孙世阶坚贞不屈，视死如归，路过大街时，沿途不断高呼"中国共产党万岁！""革命者是杀不绝的，十八年后又是一条好汉！"等口号。敌兵忙用手帕堵塞他的嘴，却被孙世阶咬伤了手指。孙世阶面无惧容，昂首挺胸，一身正气，蹒跚地走完了数里长街。到神泉街口附近的大沙坝行刑时，8支刑号吹响了，孙世阶决不下跪，两个刽子手用枪托猛击他的腿部，接着数发罪恶的子弹夺走了孙世阶的生命。孙世阶英勇牺牲时年仅33岁。

烈士后代迎来解放

　　孙世阶牺牲后，其妻唐阿二怀孕在身，敌人逼她改嫁，企图斩草除根。多亏地下党员、革命群众暗中保护，其妻才得以生下遗腹子，名叫盖可。其母李秀英忍痛含悲，坚持革命。虽然家中缺衣少食，但她总是盛情接待来往的革命人员食宿，冒险传递信件。敌人搜村时，她又把孙世阶生前埋藏于屋对面山林中的枪弹转藏河里。婆媳两人相依为命，在漫长而又艰辛的岁月中，终于把烈士后代抚育长大了，迎来了革命的胜利。

英烈精神

　　严密党的秘密，忠于党的事业，对党无比忠诚的精神；坚贞不屈、视死如归、大义凛然、一身正气的革命精神。

（何展琼　刘弈坚）

余丁仁（1903—1936）

—— 饶和埔诏苏区的创建人之一

主要生平

余丁仁，原名登瀛，字大白，广东省饶平县人。

- 1903 年 6 月 15 日，出生于一个制瓷家庭。
- 1919 年，考进汕头华英中学。是年，在汕头积极参加学生运动，抵制日货。
- 1922 年，考进上海国民大学。
- 1924 年暑假，回乡和黄世平等在饶城组织了同志学社，传播革命思想。
- 1925 年冬，加入中国共产党。
- 1926 年上半年，大学毕业后回到饶平瑞光中学（饶平第二中学前身）任教。协助饶平共青团支部书记黄连渊在二中建立共青团支部。
- 1927 年，和詹前锋、张碧光等转到上饶一带活动。7 月，当选中共饶平县委委员。10 月中旬，上饶农军改编为工农革命军东路第十四团，任参谋长。
- 1928 年 2 月中旬，集合原第十四团部分武装人员重建武装队伍。队伍成立后，支援震动福建的"平和暴动"。8 月，与平和县委委员朱赞襄深入到大溪、官陂广回建立党组织。

- 1929 年 9 月，奉调东江特委工作。
- 1930 年 11 月，调任潮澄澳县工委书记，领导潮安、澄海、南澳和饶平海山一带的革命斗争。
- 1932 年 6 月，当选饶和埔诏县苏维埃政府主席。9 月上旬，负责指挥马坑的防御工作。
- 1933 年夏，代理饶和埔诏县委书记。
- 1934 年 8 月，当选中共闽粤边区特委委员。
- 1935 年，一直坚持艰苦卓绝的斗争。12 月，蒙冤被开除出党。同冬至1936 年春，被带往乌山特委机关审查途中，在慌乱中被杀害，时年 33 岁。

开始探索救国救民的真理

余丁仁，原名登瀛，字大白，1903 年 6 月 15 日出生于饶平县上饶九村陂墩。其家世代以制瓷为业，颇富裕。余丁仁 7 岁时，父丧，母子相依为命，靠叔父经营碗窑瓷业维持家庭生活。

余丁仁 8 岁时就读于乡中私塾，后转读于饶城琴峰书院，1919 年考进汕头华英中学。是年，五四运动爆发，从这场反帝反封建的革命运动中，他看到军阀混战、帝国主义列强瓜分中国的严酷现实，感慨万千。于是在汕头积极参加学生运动，抵制日货。五四运动后，他如饥似渴地学习《新青年》等革命书刊，开始探索救国救民的真理。

组织工会和农会

1922 年，余丁仁考进上海国民大学。1924 年暑假回乡，他和黄世平等在饶城组织了同志学社，传播革命思想。1925 年五卅惨案发生时，他在上海目睹帝国主义者屠杀中国人民，义愤填膺，决心投身无产阶级的解放事业。1925 年冬，他光荣加入中国共产党。1926 年上半年，余丁仁大学毕业后回到饶平瑞光中学（饶平第二中学前身）任教。这一年，是国民革命军北伐节节胜利、工农运动蓬勃发展的一年。他到二中后，积极培养一批青年学生，先后于黄冈、霞饶等地组织工会和农会，发动学生参加全县声势浩大的驱逐县长蔡田的示威游行，并协助饶平共青团支部书记黄连渊在二中建立共青团支部。

领导农民暴动

1927 年，蒋介石发动四一二反革命政变，屠杀共产党人，潮梅地区处于白色恐怖之中，余丁仁和詹前锋、张碧光等转到上饶一带活动。在饶平县党组织负责人杜式哲的领导下，于同年 5 月 5 日举行农民暴动，组织上饶农军第一次攻打饶城。农军进城后，焚烧县衙的文书案卷和赋税簿册，打开监狱释放无辜人犯，警告城里官吏士绅不得欺压人民。

6 月上旬，县长蔡奋初率敌军"进剿"上饶新丰、九村农会，捣毁区农会。余丁仁家的财物被洗劫一空，房屋被焚烧，碗窑被捣毁。面对劫后的断墙残壁，余丁仁决心与反动派斗争到底。

7 月，中共饶平县委成立，杜式哲为县委书记，余丁仁当选县委委员。10 月初，朱德率领八一南昌起义军南下，途经上饶，送给农军一批枪支，还派兵协助饶平农军第二次攻打饶城。10 月中旬，上饶农军改编为工农革命军东路第十四团，团长张碧光，余丁仁任参谋长。

1928 年 1 月 28 日，第十四团遭到敌军和地主民团的围攻，因敌我力量悬殊，被迫暂时解散。2 月中旬，余丁仁在上级派来的军事干部徐光英协助下，集合原第十四团部分武装人员于上饶柏子桥，重建武装队伍。队伍成立后，支援震动福建的"平和暴动"，并于是年 5 月参加石井苏区的保卫战，抗击国民党军警的进攻。

到大溪、官陂广回建立党组织

1928 年 8 月，饶平发生"温子良村惨案"（也称"饶委事件"），饶平县委机关所在地——温子良村被围，县委书记林逸响和县区乡干部 18 人被捕牺牲，剩下的部分县区乡骨干被迫撤往福建诏安的秀篆、官陂一带隐蔽，革命处于低潮。在这种危急关头，余丁仁受饶平县委的派遣，冒着生命危险，只身奔赴漳州等地寻找福建省委。是年冬，福建省委介绍余丁仁到平和县委工作。他与平和县委委员朱赞襄深入到大溪、官陂广回建立党组织。

领导潮澄澳县工委工作

1929 年 9 月，余丁仁奉调到东江特委工作。1930 年 11 月，又调任潮澄澳县工委书记，领导潮安、澄海、南澳和饶平海山一带的革命斗争。1931 年 4 月，因叛徒告密，敌人破坏潮澄澳县工委机关，余丁仁等 6 人被捕。5 月下旬，在樟东地下党组织的帮助下，余丁仁等越狱成功，安全转移到诏安秀篆石下的饶和埔诏边区，与县委负责人刘锡三、连铁汉、谢卓元会台，又投入如火如荼的斗争。

当选饶和埔诏县苏维埃政府主席

1931 年 11 月，余丁仁被推选为赴江西瑞金出席中华苏维埃共和国第一次工农兵代表大会的代表。1932 年 6 月，饶和埔诏苏区于石下召开县苏维埃政府成立大会，余丁仁当选饶和埔诏县苏维埃政府主席。

饶和埔诏县苏维埃政府成立后，周围白区的豪绅、民团虎视眈眈。1932 年 9 月上旬，敌四九师二九二团黄南鸿部驻扎官陂、下葛，以一个团兵力配合当地武装进攻石下、马坑苏区。大敌当前，饶和埔诏县委决定坚壁清野，迎击敌人。余丁仁负责指挥马坑的防御工作，他带领群众在山上备滚石，在各个路口筑工事、设陷阱、布"竹签"。9 月 3 日，余丁仁率饶和埔诏第三连和常备赤卫队，打退敌人的第一次进攻。9 月 14 日，敌黄南鸿部和张贞部集结 13 个连的兵力，纠合官陂、下葛、青山民团两三千人，分三路"围剿"苏区，因力量悬殊，我方伤亡惨重，第三连被打散。敌人进村后大肆烧、抢、杀，石下、马坑一带被烧毁房屋 600 多间。

苏区被洗劫后，饶和埔诏县委领导人余丁仁、张崇等一面带领群众上山搭寮安家；一面在石下、马坑聚集第三连零散人员，改编为游击队，坚持斗争。1933 年 4—7 月间，游击队奇袭石寮溪民团，缴获长、短枪 11 支；火烧下葛民团营地，捣毁民团头子林水吕老巢，革命根据地又有所发展。

代理饶和埔诏县委书记

1933 年夏，饶和埔诏县委书记刘锡三肺病严重，在治病期间，由余丁仁代理县委书记。刘锡三牺牲后，福建省委派赖洪祥到饶和埔诏任县委书记，赖来后又患重病，县委的主要工作仍落在余丁仁身上。余丁仁为了革命事业，艰苦转战在饶和埔诏边区的游击走廊上。

1934 年，饶和埔诏苏区面临新的困难。敌人对苏区实行经济封锁，严禁粮、油、盐、日用品进入苏区。石下、马坑群众连食盐都没有了。余丁仁和张崇即在马坑发动群众办起消费合作社，从云霄县购买食盐、布匹、电池、煤油等日用品，秘密运入苏区，解决武装队伍和群众的生活困难。当时，为打通饶诏交通要道，潮澄饶凤凰山根据地和饶和埔诏根据地连成了一片，并准备拔除黄牛山反动据点。是年 4 月底，余丁仁和张崇率领游击队、常备赤卫队 100 多人，在潮澄澳红三大队配合下，一举攻破黄牛山，盘踞黄牛山的匪首沈之光堕崖丧生，匪众被遣散。拔除了黄牛山反动据点后，饶诏边境成为潮澄饶根据地通向饶和埔诏根据地的游击走廊。

·················◦ 坚持艰苦卓绝的斗争 ◦·················

1934 年 8 月，中共闽粤边区特委正式成立，余丁仁当选特委委员。1934年，闽粤边区特委推行王明的"左"倾教条主义，因此饶和埔诏苏区绝大多数基点工作遭到破坏。是年 10 月，中央红军长征后，国民党集中十几个师兵力向闽粤赣边区进行疯狂"进剿"，饶和埔诏根据地经受着难以想象的困难。国民党对苏区实行"驻剿"，强迫移民并村，强化保甲制度，实行"连坐法"。饶和埔诏县委被迫迁至黄泥坑、尖崇仔等小村游转。在这艰难的时刻，一批战士英勇牺牲了，一些意志薄弱者逃跑了，少数人变节了。县委派出去的交通员屡遭敌人的伏击，多数牺牲在送信路上。县委同边区特委的联系也中断了。最后，只存余丁仁等 26 人。这 26 名忠贞不渝的战士，在强大的敌人面前，威武不屈，一直坚持艰苦卓绝的斗争。

·················◦ 蒙冤被开除出党，不幸遇难 ◦·················

闽粤边区特委对强敌不断"进剿"致使革命失败的原因，不作认真的总结，而归罪于饶和埔诏县委"一贯来陷在机会主义的泥坑中，不能自拔"，甚至对余丁仁扣上"一贯阶级模糊""机会主义者"的帽子。1935 年 12 月决定解散饶和埔诏县委时，还以"托派和社会民主党的首魁"的罪名，把余丁仁开除出党。

1935 年冬至 1936 年春，闽粤边区还继续进行内部肃反运动，对干部战士进行残酷斗争、无情打击，大搞逼供信，制造了不少冤假错案。在这种情况下余丁仁受到牵连，被带往乌山特委机关审查。当押解至乌山水晶坪附近途中，押解人员发现前面有敌情，在慌乱中余丁仁竟被杀害，年仅 33 岁。

追认为革命烈士

新中国成立后，余丁仁的冤案终于得到昭雪。1957 年，中华人民共和国最高人民检察院检察长张鼎丞在一个文件中批示：余丁仁同志是革命烈士。

英烈精神

对革命事业始终忠贞不渝的革命精神，在强大的敌人面前，威武不屈，坚持艰苦卓绝斗争的斗争精神。

（庄镜湖　陈和韬）

张浦昭（1894—1936）

—— 生做农民头，死做农民鬼，为革命事业
奋斗终生

主要生平

张浦昭，化名张锄、张名标，广东省普宁县南溪镇南溪村人。

- 1894 年，出生于一个木匠家庭。

- 1924 年底，立志走革命道路，投身反帝反封建的斗争。

- 1925 年 11 月，加入中国共产党。年底，组织农民参加在"新官"前举行的农民代表大会，成立村农会组织。

- 1926 年 10 月，发动全区 2000 多名青壮年参加农民自卫军。11 月，担任中共普宁县第八区委员会书记。

- 1927 年 8 月下旬，组织和率领农军搞好南昌起义部队的策应工作。

- 1928 年 2 月 12 日，带领农军攻打驻南溪钟堂的县保安大队，把作恶多端的大队长刘柱石击毙。

- 1932 年秋，在潮（阳）普（宁）揭（阳）苏区反"围剿"斗争中，与卢笃茂（原中国工农红军第六军第二师第二团政委）一起，带领红军和苏区人民，坚持一年多的时间，英勇顽强、灵活机动地反击敌人。

- 1936 年 3 月，因叛徒告密，不幸被捕。3 月 29 日，慷慨就义，时年 42 岁。

加入中国共产党

张浦昭，化名张锄、张名标，1894 年出生于广东省普宁县南溪镇南溪村的一个木匠家庭。1910 年，张浦昭在洪冶小学毕业，因家贫无法升学，便先后到揭阳县寮东村小学、家乡远正小学任教。1917 年冬，他离别新婚的妻子黄妆，只身到南洋谋生。1919 年 2 月，他重返故里远正小学任教。五四运动爆发后，他受到普宁爱国学生运动的教育和影响，思想日趋进步。1924 年底，在参加广州第二届农讲所学习回来的共产党员张芳清的教育帮助下，他立志走革命道路，毅然辞去教职，投身反帝反封建斗争。

1925 年 2 月，彭湃从海丰派出以陈魁亚为队长的宣传队，到普宁协助开展农运工作，张浦昭主动配合他们开展宣传，组织农会。1925 年 11 月，经张芳清、林鸿扬介绍，张浦昭加入了中国共产党。从此，他在党的直接教育下迅速成长起来，发挥了党员的先锋模范作用，始终站在革命斗争的最前列。

领导普宁工农运动

1925 年末，在两次东征胜利的鼓舞下，普宁农运蓬勃发展，张浦昭深入广大农村开展宣传。年底，他会同何石（共产党员）等县、区农民协会领导人到广太的仁美村，进行宣传发动，组织农民参加在"新宫"前举行的农民代表大会，成立了村农会组织。他还亲笔为大会书写了"一切权力归农会！""打土豪，分田地，农民翻身做主人！"等巨幅标语。1926 年 9 月 19 日，他发动和带领第八区农会会员，赶到大坝葫芦地村旗北虎广场，参加了清算敌视农会、贪赃枉法的反动县长熊矩的"驱熊大会"，逼使熊矩畏罪潜逃，"驱熊"斗争取得胜利。10 月 22 日，他又带领第八区农民代表参加在洪阳塔脚召开的全县农民临时代表大会。会后，又深入第八区各村传达贯彻大会精神。他采取以点带面的方法，领导全区"二五"减租斗争，并发动全区 2000 多名青壮年参加了农民自卫军，形成了一支强大的农民武装队伍。11 月，张浦昭担任中共普宁县第八区委员会书记。

全县工农运动的蓬勃发展，引起了国民党右派和县城地主集团的恐慌与敌视。他们购买枪支，收买流氓地痞，妄图反扑。12 月 31 日，张浦昭率领农军在南溪钟堂渡口截获洪阳城内大地主方十三运来的大炮轮 5 个、子弹两箱、制弹机一架以及大批物资，使敌人的阴谋未能得逞。1927 年，蒋介石发动四一二反革命政变后，在共产党的领导下，普宁 4000 多名农军发动了"四二三"武装暴动，组织围攻县城。张浦昭率领第八区 2000 多名农军参加了这次暴动，并担负围城打援的作战任务。4 月 26 日，国民党军一个营从汕头分三路来增援普城之敌，他们沿途烧杀抢掠，向县城进逼。张浦昭等人即率领农军大队和上万农民，预先占领有利地势，将其中一个连全歼于南溪钟堂村的平径山上，开创了农军全歼敌正规军一个连的辉煌战绩。

8 月下旬，为迎接八一南昌起义部队的到来，张浦昭组织和率领农军搞好策应工作。9 月 24—28 日，县农军又发起围攻普宁县城的战斗，张浦昭率农军 700 多人主攻城南一带。9 月 28 日，在起义军叶挺部一个营的助战下，激战三个多小时，毙敌 20 多人，终于逼敌投降，极大地鼓舞了全县人民的斗志。尔后，他在组织年关暴动、建设和保卫革命苏区、开展土地革命战争等一系列斗争中，都取得了显著的成绩。

"生做农民头，死做农民鬼，为革命事业奋斗终生。"这是张浦昭向党和人民立下的誓言，并在战斗中加以实践。张浦昭弃教投身革命，使家庭生活十分困难，敌人也加紧对其家人的迫害。对此，他总是劝慰家人："目前吃点苦，今后才有幸福日子过。"并反复教育妻子要千方百计把三个女儿培养好。1928 年 1 月 31 日，县保安大队长刘柱石带领爪牙把张浦昭的三间房屋烧毁，稻谷财物抢光，致使其家人栖宿旷野。后来，八联村保安团长黄朝珍又把张浦昭的父亲抓去，勒索钱财 300 块大洋。他胞兄只好求得亲朋的资助，把父亲赎回。敌人妄图通过这些卑鄙手段，迫使张浦昭屈服，但这更激起了张浦昭对于敌人的仇恨，使他更加坚定了革命的信心。1928 年 2 月 12 日，他带领农军攻打驻南溪钟堂的县保安大队，把作恶多端的大队长刘柱石击毙，广大农民拍手称快。在 1932 年秋开始的潮（阳）普（宁）揭（阳）苏区反"围剿"斗争中，他与卢笃茂（中国工农红军第六军第二师第二团政委）一起，带领红军和苏区人民，坚持一年多的时间，英勇顽强、灵活机动地反击敌人。1932 年 10 月 1 日，张浦昭获悉敌军一个中队下午在县城开完会要回麒麟乡，便率领县赤卫常备队在途中伏击，经过激烈战斗，将敌 22 人全部歼灭，缴获长、短枪 13 支。这一斗争的胜利，受到了上级的表扬。

领导反"围剿"斗争

1933 年初，国民党第三军第一教导团（团长何宝书）会同第二教导团加紧对潮普揭苏区的"围剿"。张浦昭组织第一、第三游击大队进行英勇反击。但由于敌我力量悬殊，部队伤亡严重，许多同志壮烈牺牲。不久，县委原常委谢武被捕叛变，形势十分险恶。但张浦昭并没有因此被困难吓倒。1934 年 7 月，他带领着 60 多名红军、游击队员转移到揭阳大北山的大背岽一带与敌周旋。1935 年 6 月，中共东江特委被敌破坏后，他在与上级党组织失去联系的情况下，仍带领部分红军、游击队员在潮普揭边区坚持斗争。

不幸被捕，慷慨就义

1936 年 3 月，他带领东江特委两位机关工作人员到潮阳西胪一带开辟革命苏区时，因叛徒告密，不幸被捕，囚禁于流沙监狱。敌军团长何宝书采用软硬兼施的手法，妄图从他身上获取一些关于革命队伍的情况。他对敌人的利诱严加痛斥。敌人用烧红的铜板烙焦他的身体。他虽多次休克，但始终没向敌人低头，表现了共产党员威武不屈、视死如归的革命气节。敌人感到无计可施，只得下令将其杀害。

1936 年 3 月 29 日，张浦昭慷慨就义，年仅 42 岁。

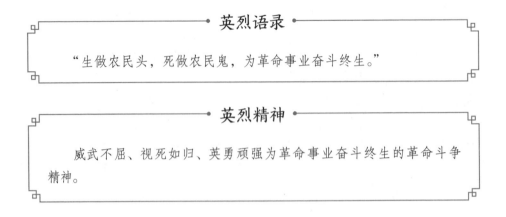

英烈语录

"生做农民头，死做农民鬼，为革命事业奋斗终生。"

英烈精神

威武不屈、视死如归、英勇顽强为革命事业奋斗终生的革命斗争精神。

（李统平　王宋斌）

官惠民（1901—1937）

——智勇双全的淞沪战役将领

官惠民，字剑豪，广东省曲江县马坝镇人。

- 1901 年，出生。
- 1926 年，随国民革命军北伐，在第四军三十四团特务连任排长，后历升连长、营长、中校团副及第四集团军上校参谋等职。曾参加攻占岳州、汀泗桥、贺胜桥等著名战役。
- 1935 年，陆军大学毕业后分配第四军任上校科长，同年调任九十师上校团长。
- 1937 年，八一三淞沪战起，率部向罗店东南之敌攻击，向敌营冲杀，斩将搴旗，英勇无匹。10 月中旬，升任九十师二七〇旅少将旅长，奉调嘉定县属之清水显一带布防。10 月 28 日下午 3 时，于清水显阵地壮烈殉国，时年 36 岁。

决心投军，考入黄埔军校

官惠民，字剑豪，广东省曲江县马坝镇人，1901 年出生。幼有大志，喜爱读书，中学毕业后，对军阀政客祸国殃民深恶痛绝，遂决心投军，考入黄埔军校第四期。

1926 年，国民革命军自广东誓师北伐。官惠民在第四军三十四团特务连任排长，后历升连长、营长、中校团副及第四集团军上校参谋等职。曾参加攻占岳州、汀泗桥、贺胜桥等著名战役。官惠民抱负远大，深知自己所学有限，遂再考入陆军大学，苦心研究，以求深造，对用兵学科颇具心得。1935 年毕业后，分配第四军任上校科长，同年调任九十师上校团长。

参加淞沪战役

1937 年八一三淞沪战起，第四军奉命参加淞沪会战，官惠民率部向罗店东南之敌攻击，在敌方密集炮火下作殊死战斗，全团官兵参半壮烈牺牲，继亲率残部 300 余人，向敌营冲杀，斩将搴旗，英勇无匹。1937 年 10 月中旬，官惠民因战功赫赫，升任九十师二七〇旅少将旅长，奉调嘉定县属之清水显（在陈家行、广福间）一带布防。日敌因屡攻陈家行不下，而以主力改向清水显阵地进犯，意在战术上威胁陈家行之背侧，达到占领该地之目的。官惠民率所部沉着抵抗，激战多时，敌虽恃优良武器，但未能突破我方阵地，官惠民智勇兼施，将敌击退。此后敌因清水显阵地屡攻不下，续增援进犯。

壮烈殉国

两军对垒多时，肉搏数次。在此紧迫关头，官惠民左肩膀中弹，流血虽多，仍裹伤指挥作战，大家劝他到医院医治。官惠民笑着对左右说："敌我胜负已取决于顷刻，何能因余受伤，而败全局！"遂继续指挥冲杀，终因敌机狂轰滥炸和敌炮密集射击下，官惠民于 10 月 28 日下午 3 时，在清水显阵地壮烈殉国，时年 36 岁。

追认烈士

1986 年 8 月 25 日，广东省人民政府追认官惠民为革命烈士。1988 年 8 月，曲江县人民政府在该县烈士陵园建立"官惠民烈士纪念亭"，以示纪念，让后人继承其爱国主义精神。

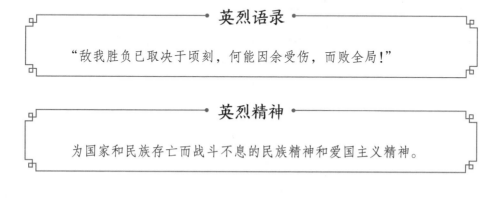

英烈语录

"敌我胜负已取决于顷刻，何能因余受伤，而败全局！"

英烈精神

为国家和民族存亡而战斗不息的民族精神和爱国主义精神。

（陈炽）

黄梅兴（1897—1937）

—— 淞沪战役中第一个为国捐躯的国民党将领

黄梅兴，字敬中，广东省平远县东石区坳上乡人。

- 1897 年 7 月 21 日，出生在一个贫苦农民家里。
- 1917 年秋，考入县立平远中学初中部就读。
- 1921 年，在广州宪兵学校读书一年后投奔粤军第一师。
- 1924 年 5 月，考入该黄埔军校第一期，编入学生第四队。
- 1925 年 2 月，参加东征。10 月上旬，转战兴梅地区，在兴宁县合水战役立功，被提拔为第十四师第四十团第三营营长，东征结束驻防梅县，与家中的童养媳赖伴梅结婚。后回广州，任黄埔军校第六期一个大队的大队长。
- 1926 年 7 月，率部参加北伐。
- 1927 年春，任学兵大队长。同年冬，调任第四军暂编第二师副官长，兼汕头达豪盐场知事。
- 1928 年春，任江苏省属缉私内河游巡队长，旋调充第四军教导第一师政治部主任。到山东省境后，又奉令调任总司令部征募处第二区主任，驻苏皖边境征募。随后调中央军事政治学校第七期学生中队长。

- 1930 年春，升任陆军第四十五师二六六团团长，驻苏属实应、淮阴；皖属泗阳、宿迁一带。9 月，国民政府警卫团扩充成旅，调兼该旅第六团团长。
- 1931 年 1 月，任陆军八十八师二六四旅五二八团团长。
- 1932 年，任二六四旅旅长，驻防鄂西。
- 1937 年 8 月 14 日，在淞沪战役中不幸身中炸弹，壮烈殉国，成为第一个为国捐躯的国民党将领，时年 40 岁。

贫苦的童年

黄梅兴，字敬中，广东省平远县东石区坳上乡人，1897年7月21日出生在一个贫苦农民家里。父亲名叫黄汝龙，乳名秀荣，母亲张大妹。有兄弟3人，哥哥黄桂兴，弟弟黄柏兴。一家住在几间破房子里，靠租种土地和挑担度日，他从小就跟着父母种地劳动，吃苦耐劳，过着牛马不如的生活。

黄梅兴因家庭贫苦，10岁才进本村私立富有学校读书。1910年初小毕业后，又因家贫辍学，在家帮助父母种田。辛亥革命推翻了封建帝制，建立民国，全国各地废除私塾，纷纷兴办新式学校。黄梅兴求学心切，要求继续升学，再得其父亲支持，到邻乡的大柘景清高级小学（现墩背小学）就读。高小毕业后，因成绩优异，于1917年秋考入县立平远中学初中部就读。终因家贫，只读两年再次辍学，到本村富有学校任教。1921年，他辞去小学教员职业赴广州，在宪兵学校读书一年后投奔粤军第一师。从此开始了他的戎马生涯，在战场上驰骋了10多年。

1924年5月，黄埔军校第一期招生，黄梅兴由保定军校学生黄孟卢介绍考入该校，编入学生第四队，受到革命思想的熏陶，目睹军阀割据、生灵涂炭、民不聊生的景况，便下定了救国救民的决心。

战功显赫

1925年2月，以黄埔学生军为骨干的广东革命军为了讨伐陈炯明叛军，举行东征。黄梅兴参加了东征。他当时在黄埔军校学生军教导第一团当见习排长。在揭西棉湖战役中，他因作战勇敢，战功卓著，荣升连长，后转战兴梅地区。该团由兴宁县合水开拔，经一天急行军，于平远县大柘战斗胜利结束的3月24日傍晚抵大柘。黄梅兴不顾疲劳主动请战，夜袭陈军。经团部批准，由他率领三个连的兵力追至东石。他对这次战斗作了周密部署，派出先头部队到东石发动群众配合，半夜过后，兵分东、西、中三路包抄袭击。他亲率一个连打中路，在东石圩附近的黄杞塘首先打响，黄梅兴高喊："冲啊！杀啊！"激励战士冲锋陷阵，猛攻驻曾屋的敌团部。东西两路的部队同时冲杀，事先布置好的群众便点燃鞭炮、杉枝等虚张声势助威，顿时杀声震天，敌人一时不知虚实，混乱一团。黄梅兴率三个连的兵力乘胜在天亮前便把林虎、李易标两个军的残部一万多人打得丢盔弃甲，将出逐出平远县境。

1925 年 10 月上旬，国民革命军举行第二次东征，黄梅兴又转战兴梅地区，在兴宁县合水战役再次立功，即提拔为第十四师第四十团第三营营长，东征结束驻防梅县。这时与家中的童养媳赖伴梅结婚。后回广州，任黄埔军校第六期一个大队的大队长，积极完成军事训练任务。

1926 年 7 月，国民革命军誓师北伐。黄梅兴率部参战。部队到达江西乐化车站时，与军阀孙传芳部孟昭月的部队作战，他在激战中负伤，送进后方医院治疗。黄梅兴伤愈后，奉令招募新兵，任团长。1927 年春，任学兵大队长。同年冬，调任第四军暂编第二师副官长，兼汕头达豪盐场知事。1928 年春辞职入京，任江苏省属缉私内河游巡队长，旋调充第四军教导第一师政治部主任。他到山东省境后，又奉令调任总司令部征募处第二区主任，驻苏皖边境征募。随后调中央军事政治学校第七期学生中队长。1930 年春，升任陆军第四十五师二六六团团长，驻苏属实应、淮阴和皖属泗阳、宿迁一带。9 月，国民政府警卫团扩充成旅，调兼该旅第六团团长。

1931 年 1 月，黄梅兴任陆军八十八师二六四旅五二八团团长。这一年，日本帝国主义制造了九一八事变，对中国进行大规模的公开侵略，在占领中国东北之后继续大举南侵，加紧准备进犯上海，国民党政府采取不抵抗政策。1932 年 1 月 28 日，日本在上海的闸北、江湾、吴淞等处发动大举进攻，于是爆发了上海的抗日战争。黄梅兴率领部队配合蔡廷锴所部十九路军、张治中部第五军作战，重创日军。战事结束后，立功升为二六四旅旅长，驻防鄂西。1933 年 11 月，奉令率部入闽，后转赣。1935 年，由赣移驻皖南石埭。是年 4 月，又奉命入川，驻川东万县一带。1936 年调驻南京。

┈┈┈┈• 淞沪战役中第一个为国捐躯的国民党将领 •┈┈┈┈

1937 年 7 月 7 日，卢沟桥事变爆发，黄梅兴率部移驻上海。这时国民党政府在全国人民强烈要求一致抗日的压力下，才匆忙地在庐山开了一次高级军事会议，黄梅兴参加了这次会议。散会后，于 8 月 9 日回到南京。黄梅兴于 8 月 11 日奉国民党政府命令率部从镇江开往上海江湾大场一带驻防。他率部队到达后，立即部署兵力，加固工事，以御日军的侵袭。8 月 13 日上午，日军果然集结其在上海的部队，向闸北宝山路及八字桥（八字桥在水电路、同心路口，处在通往江湾路原日本侵略军海军司令部的咽喉地带）进攻，肆无忌惮地杀害手无寸铁的中国人民。这就是震惊中外的八一三淞沪抗日战争。黄梅兴满腔怒火，迅速率领国民党八十八师二六四旅三个团的将士奋起抗击。他身先士卒，亲临前线指挥战斗，官兵同仇敌忾，浴血奋战，连续攻破了日军10多个堡垒，乘胜追击。8月14日下午6时，在进攻日军最后一个堡垒——爱国女子大学，胜利在望时，因日军炮火密集，加之从航空母舰起飞近百架轰炸机进行轰炸，当黄梅兴率部冲到八字桥时，不幸身中炸弹，壮烈殉国。黄梅兴成为淞沪战役中第一个为国捐躯的国民党将领，为中华民族献出了宝贵的生命，时年40岁。

缅怀英烈

黄梅兴壮烈牺牲后，灵柩运回南京，安葬于雨花台附近。为表彰黄梅兴为国家民族英勇献身精神，国民政府追赠他为陆军中将。

1938年3月12日，毛泽东在延安《纪念孙总理逝世十三周年及追悼抗敌阵亡将士大会上的演说词》中赞扬黄梅兴等抗日烈士"无不给了全中国人以崇高伟大的模范"。

1944年，为纪念抗日烈士黄梅兴，在他的家乡（东石）办起了平远县立梅兴初级农业学校；1947年，梅兴初级农业学校与子青女子学校合并为广东省立梅青农业学校。校址从东石迁到坝头河陂水，一直到新中国成立。

1985年6月15日，中央军委副主席、黄埔军校同学会会长徐向前发表《谈发扬黄埔精神》讲话时，高度评价黄梅兴在指挥对日作战中"为中华民族的解放事业建立了不朽功勋"。1985年5月，中共平远县委、平远县政府为纪念著名抗日将领黄梅兴、姚子青烈士，发出关于复办"梅青中学"的决定，将原城镇中学更名为"梅青中学"，以培育后代，发扬爱国主义精神。

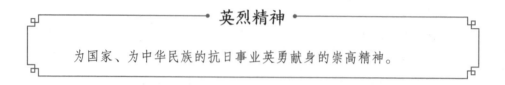

英烈精神

为国家、为中华民族的抗日事业英勇献身的崇高精神。

（吴浩　刘寒）

李乐天（1905—1937）

——赣粤边红色司令员

李乐天，原名清操，字励冰，广东省南雄县新径乡人。

● 1905 年 1 月，出生于一个书香之家。

● 1921 年，考进省立南雄中学。

● 1922 年春，与曾昭秀、陈召南等领导同学开展罢课斗争。

● 1923 年，进入江西省大余中学读书并加入青年学社组织。

● 1926 年夏，加入中国共产党。

● 1927 年 8 月，组织赤卫队。

● 1928 年 1 月 22 日，和曾昭秀、陈召南、彭显模等人领导南雄全县武装大暴动、成立南雄县苏维埃政府。8 月，成立油山游击队，任游击大队负责人。

● 1929 年 1 月下旬，带领油山游击队配合红四军打击敌人，以油山为中心的游击根据地逐渐建立起来。

● 1930 年 12 月开始，领导油山游击队和当地人民群众配合中央苏区红军的第一、第二、第三次反"围剿"斗争。

- 1932 年春，任中共南雄县委书记。
- 1934 年 11 月，担任中共赣粤边特委书记和赣粤边军分区司令员兼政委。
- 1937 年 3 月初，遭"围剿"的敌人包围，英勇捐躯。时年 32 岁。

组织学生学习进步思想同反动势力斗争

李乐天祖父、父亲都是秀才出身，终生教书。李乐天7岁开始入学，先后在本村私塾、高等小学读书，自幼受到良好的文化教育。而且，他的父亲曾参加过孙中山领导的辛亥广州起义，他从父亲那里接受了一些民主革命思想。

1921年，李乐天考进了省立南雄中学。这时，由于受五四运动的影响，南雄中学的进步学生曾昭秀等人经常组织同学们阅读进步刊物和马克思主义书籍，李乐天也积极参加学习，思想觉悟逐步得到提高。南雄中学校长王道纯是反动县长安插在学校的爪牙，他禁止学生阅读进步书刊，还贪污学校基建经费，激起了同学们的愤慨。1922年春，曾昭秀、陈召南、李乐天等16名进步学生领导了100多名同学开展罢课斗争。罢课坚持了一个多月，最后把王道纯撵走了。

罢课斗争虽然取得了胜利，但曾昭秀、陈召南、李乐天等16名进步学生却被扣上"捣乱"的罪名，开除了学籍。曾昭秀、陈召南到广州继续求学，而李乐天辍学一年后进入江西省大余中学读书。1923年暑假，曾昭秀、陈召南等人从广州回到南雄，组织了青年学社，李乐天加入了这个组织。他们每年寒暑假都聚集在一起，学习马列主义著作，讨论当前的社会问题，并向群众宣传革命思想。李乐天还在大余中学组织同学们传阅进步书刊，领导同学们同反动势力作斗争。一次，大余县城的反动警察冲进学校殴打同学，李乐天挺身而出，发动了全校200多名学生把大余县政府包围起来，迫使县长亲自到学校向师生赔礼道歉。

领导赤卫队进行武装暴动

1926年夏，李乐天在大余中学毕业后，回到南雄参加了如火如荼的工农运动。这时，中共南雄县委、县总工会、县农会和妇女解放协会都相继成立。在党的领导下，李乐天参加了驱赶反动县长邓惟贤出南雄的斗争，后来又和工农积极分子一起，捆绑代理县长王家祥游行示众。他在斗争中立场坚定，积极勇敢，就在这一年，李乐天光荣地加入了中国共产党。

蒋介石在上海发动四一二反革命政变后，南雄县土豪芦焜纠集反动武装占领了县总工会、县农会等革命群众组织场所，镇压工农运动。在白色恐怖统治下，南雄县党组织领导党员干部和革命群众由公开斗争转为秘密活动。1927年10月，朱德、陈毅率领部分南昌起义部队经过南雄时，留下几条步枪，并指示中共南雄县委领导秘密组织赤卫队，做好武装暴动的准备。此后，曾昭秀、彭显模、李乐天共同商量，组织了以党员和农会积极分子为骨干的赤卫队，共100多人，积极进行武装暴动的准备工作。

1928年1月22日，李乐天和曾昭秀、陈召南、彭显模等人一起领导了南雄全县武装大暴动。共缴获380多支长、短枪，镇压了一批土豪劣绅，并于1月27日在黄坑圩召开万人群众大会，成立了南雄县苏维埃政府。国民党反动派对此极为恐惧，立即派出军队勾结南雄土豪劣绅，成立"清剿委员会"，妄图一举消灭南雄革命力量。李乐天与曾昭秀、陈召南等领导人则发动群众，率领赤卫队，进行有力的反击，多次打退了敌人的进攻。后来由于敌我力量悬殊，赤卫队便主动撤退，转入山区坚持斗争。

开辟油山革命根据地

在革命转入低潮时期，上级党组织决定：曾昭秀离开南雄，到赣南寻乌、安远一带进行革命活动；李乐天和陈召南继续在南雄领导革命斗争。1928年8月，李乐天、陈召南带领各地赤卫队聚集油山，成立了油山游击队。李乐天任游击大队负责人。油山游击队首次袭击大塘伪乡公所，缴获敌人十八支步枪；接着，进攻下坪田伪乡公所，又取得了胜利。1929年1月下旬，毛泽东、朱德、陈毅率领红四军进入南雄县，油山游击队积极配合红四军打击敌人，进一步推动了革命斗争，以油山为中心的游击根据地逐渐建立起来。4月，彭德怀率红五军到达南雄，李乐天、陈召南又带领油山游击队与红五军并肩作战，击溃坪岗、里溪和水口反动民团，攻克南雄县城，缴枪300余支，俘敌100多人，处决了20多个反动头目，打开监狱释放了大批共产党员和革命群众。

红五军离开南雄后，反动派进行了疯狂的反扑，陈召南等大批优秀共产党员和革命群众都被敌人杀害。李乐天继续领导南雄人民群众同反动派作顽强的斗争，并把油山游击队扩大为4个大队，油山游击根据地不断巩固。

1930 年 4 月，毛泽东、朱德率领红四军再次来到南雄，李乐天率领油山游击队在乌径与红军会师。接着，李乐天、彭显模带领游击队配合红四军主力再次攻克南雄县城，俘虏敌军 900 多名官兵。红四军主力离开南雄向信丰进军后，油山游击队继续配合红四军主力作战。

协助红军粉碎敌人的"围剿"

从 1930 年 12 月开始，蒋介石连续发动对中央苏区的"围剿"。李乐天领导油山游击队和当地人民群众配合中央苏区红军的第一、第二、第三次反"围剿"斗争，牵制敌人的一部分兵力。1932 年春，李乐天任中共南雄县委书记。这时，广东军阀陈济棠与蒋介石互相勾结，准备发动对中央苏区第四次"围剿"，派出余汉谋等率 21 个团的兵力进驻粤赣边界，李乐天组织游击队和当地群众，坚决抵抗，拖住了陈济棠部队。余汉谋部进攻赣南失利后于7 月逃窜南雄。中央苏区红军追击敌军，发动了"水口战役"。李乐天就组织油山游击队配合红军作战，并动员群众组织担架队、后勤队，到战场上救护伤员，为红军战士烧水煮饭，安排住宿。在当地游击队和人民群众的密切配合下，红军经过三天浴血战斗，击败了陈济棠军队。

赣粤边游击司令

中央主力红军长征后，由项英，陈毅等组成中央分局领导南方各省进行游击战争。1934 年 11 月，中央分局和赣南省委、赣南军区为了加强赣粤边斗争的领导，决定成立中共赣粤边特委和赣粤边军分区，由李乐天担任中共赣粤边特委书记和赣粤边军分区司令员兼政委，赣南省委宣传部部长杨尚奎任特委副书记。李乐天、杨尚奎带领红军一营 500 多人在油山地区和当地武装一起，开展游击战争，打击和牵制敌人，配合主力红军长征，并且巩固和发展游击根据地。

1935 年 3 月，项英、陈毅等中央分局领导从仁凤山区突围，来到了赣粤边的油山。从此，项英、陈毅直接领导了赣粤边根据地的游击战争，油山便成了南方八省 14 个游击区的中心区域。

长岭方针壮大队伍

从 1935 年 3 月起，蒋介石派余汉谋的第一集团军和江西保安团反革命武装三四百人，对油山游击根据地实行大规模的"清剿"。敌人构筑了三道封锁线，实行"山砍光、屋烧光、人杀光"的"三光"政策。他们狂言："要在三个月内消灭游击队"。在这极其艰难困苦的情况下，部分干部、战士对形势认识不清，对坚持游击战争缺乏信心。李乐天发现这些问题后，及时向项英、陈毅作了汇报，并共同研究决定在干部战士中开展形势教育。陈毅、项英多次在干部会上作形势报告，李乐天也在游击队中帮助大家分析形势，使广大干部、战士认清了形势，坚定了信心。接着，中央分局领导和赣粤边特委在大余县的长岭召开全体干部会议，制定了"依靠群众，坚持斗争，积蓄力量，创造条件，迎接新的革命高潮"的方针，进一步统一了全体干部战士的思想。

长岭会议后，李乐天坚决贯彻会议制定的方针，领导赣粤边游击根据地的游击队和当地群众开展了粉碎敌人"清剿"的斗争。针对敌人的"清剿"，项英、陈毅提出采取小规模的分散活动方式，以打圈子和挺进游击的战术，对付敌人的"清剿"。李乐天便召集特委、军分区和游击队干部开会讨论贯彻，决定把游击队分成三个大队，一队在信丰，一队在北山，一队在三南（定南、全南、龙南），每个大队又分成若干分队，分散活动。特委、军分区的领导干部和工作人员分散到游击队中去，组成精悍的随队工作组，带着一个分队到一个地区，独当一面地工作。李乐天除在司令部协助项英、陈毅工作外，把三南定为他的工作联系点，经常到那里指导具体工作。在项英、陈毅、李乐天的领导下，游击队紧紧依靠群众，以突然袭击和伏击战为主，有时埋伏在敌人回去的路上截尾子，打掉队之敌，有时跳到敌人的封锁线外，奇袭敌人的据点和后方，神出鬼没，打得敌人晕头转向。在这期间，在李乐天等人的指挥下，游击队先后奇袭过南雄、大余、信丰等地敌人的几十个据点。由于游击队采取灵活巧妙的战术，又得到群众的支持，不但没有被敌人消灭，反而不断发展壮大。

粉碎敌人的封锁

1935 年冬，油山地区大雪纷飞，天寒地冻。余汉谋调集 1 万多名兵力对油山地区发动大规模的冬季"封锁"。一方面以重兵封锁游击区，在游击区周围的大小圩镇、坑口及交通要道派军队驻守；另一方面，实行移民并村，强迫群众搬出游击区，整顿保甲制度，限制群众购买生活品的数量，妄图切断群众与游击队的联系，把游击队冻死饿死。为了粉碎敌人的冬季"封锁"，赣粤边特委在油山潭塘坑召开干部联席会议。会上，陈毅作了指示。李乐天组织全体干部研究了反封锁斗争的具体措施。会后，李乐天等特委负责人分散在群众中开展工作，有计划有组织的领导群众出境，在出境前动员群众把粮食埋在游击区内，并建立了秘密交通站，保持游击队和群众的联系。因此，游击区群众虽然被迫离去，但他们还是利用上山砍柴的机会把粮食、盐、情报送到深山，使游击队得到了供给。同时，李乐天等人又开展了发展新区的工作。除随群众出境建立新的工作据点外，还组织三南游击支队，前往三南地区与原有队伍汇合，扩大游击区。李乐天亲自率领直属队经崇仙到三南指导工作。这样，游击队始终同群众保持密切的联系，与敌人展开顽强的斗争，终于粉碎了敌人的封锁，度过了 1935 年的"寒冬"。

注重政治思想工作

李乐天在领导游击队开展艰苦的斗争中，十分注意加强游击队的政治工作。在项英、陈毅的指导下，李乐天跟游击队领导一起制定了游击队政治工作制度。他经常组织游击队干部学习马列主义著作，请项英、陈毅作报告，提高干部的政治思想水平。军分区还编印了《红色指挥员必读》《红色战士必读》等政治读物，发给干部、战士。这些读物内容十分丰富，包括共产党的十大纲领，指挥员、战士的职责，游击队的五大任务，五大纪律十项注意等等，对游击队干部、战士的思想觉悟提高，组织纪律性的加强，起到了重要作用。在艰难的岁月里，李乐天言传身教，同游击队干部、战士同甘共苦，鼓励大家坚持战斗，夺取最后胜利。由于加强了政治思想工作，又在斗争中不断提高军事技术，赣粤边游击队成为一支坚强的红色队伍。

1936年6月，发生了两广事变。这时，中央分局提出了"反对军阀战争，实行抗日战争，变军阀战争为抗日的战争"的口号。赣粤边特委立即召开全体干部会议，贯彻中央分局的指示，决定对群众进行广泛的宣传教育，积极开展政治斗争。此后，李乐天组织干部分别到赣县、南康、信丰、大余、南雄和龙南等县的乡村、圩镇、县城张贴标语和传单，进行抗日宣传，扩大党和游击队的政治影响，鼓舞人民群众的斗争情绪。同时，特委把分散在各地的游击队相对集中，向游击区边缘的敌人进击。李乐天亲自率领一支游击队进攻三南、南雄等地的敌人据点。随着武装斗争的胜利开展，游击队的工作迅速推向平原和城镇，特委在赣州建立了地下交通站，在于都县城设立了与苏区各县建立关系的联络点。

英勇捐躯

1936年9月，蒋介石的嫡系部队四十六师取代了粤军。此后，敌人又发动了对赣粤边游击根据地的"清剿"。西安事变后，敌人对赣粤边游击根据地的进攻不仅没有减轻，反而加强了。赣粤边特委根据陈毅的指示，一方面积极开展抗日救亡宣传活动，另一方面组织游击队粉碎敌人的进攻。特委和军分区领导分头到各地传达新的斗争方针，领导游击队和群众开展斗争。

1937年3月初，李乐天带着游击队从油山出发到三南一带领导群众斗争。由于沿途敌人正在烧山"围剿"，经过艰苦转战才冲过雄信公路，到达三南地区。但是，这里的交通站和游击队都转移了。他们在山上转了五六天，找不到游击队和群众。后来，在小河附近找到了一些群众，并了解到敌情严重。正当老百姓安排他们吃饭的时候，当地保长带着敌人从小路绕过来，避开了我们的哨兵，包围李乐天等人。李乐天立即指挥突围，冲上一座高山，敌人紧追。李乐天大腿负伤，流血不止，警卫员背着他冲到山顶，但敌人已经越来越近了。李乐天毅然甩开警卫员，大声命令："你们快走，我来掩护！"他爬着钻进小树丛里，举枪击毙了几个追上来的敌人。后来，敌人的一个连包围了小树丛，李乐天继续同敌人顽强战斗，直到只剩下一颗子弹的时候，为了不当敌人的俘虏，便自己开枪结束了生命，为革命英勇捐躯，时年32岁。

"敌人践踏中央根据地后会很快集中兵力对付游击区，所以一定要在思想上准备坚持艰苦的斗争。"

"现在斗争很艰难，头颅吊在屁股上，随时都有死的危险。"

对人民忠心耿耿，大勇大智，不惜牺牲生命，毫不利己，专门利人的革命精神。

（朱定华　杨清）

姚中英（1898—1937）

—— 用生命谱写正气之歌

姚中英，又名若珠，广东省平远县大柘区墩背乡人。

- 1898 年，出生于一个农民家庭。
- 1924 年，参加孙中山的革命军。
- 1925 年 2 月，参加黄埔军校学生军东征，讨伐陈军的林虎、李易标残部。毕业后在陈济棠部下任独立第一师第二旅第六团任中校团附，后调任广东燕塘军校上校校官。
- 1937 年 7 月 7 日，晋升为邓龙光的第八十三军一五六师少将参谋长。11 月，参加南京保卫战，扼守汤山一带，阻止日军沿宁杭公路北犯。12 月 6 日，率部与敌激战，由于力量悬殊，势不能支，8 日，汤山一带失守，率部退守紫金山东北一带。12 月 12 日，身先士卒，带头冲杀，不幸中弹身亡。时年 39 岁。

1937 年 7 月 7 日，卢沟桥事变的炮声，震撼了每一颗正直的、具有民族精神的炎黄赤子之心。在国民党军队中，亦有不少爱国将领在民族危难关头，与共产党人一道，为着中华民族的独立和生存，向日本帝国主义举起了铁拳，进行了英勇的斗争，用生命谱写了一曲又一曲正气之歌。原国民党第八十三军一五六师少将参谋长姚中英便是其中的一位。

参加革命军

姚中英，又名若珠，1898 年生于广东平远大柘墩背的一个农民家里。因父母早亡，他 10 余岁便沦为孤儿，幸由叔父抚养成长。姚中英自幼饱受贫寒之苦，故十分自爱，在校勤奋学习，在家热爱劳动。中学毕业后立志投笔从戎，报效祖国。

1924 年，姚中英参加了孙中山的革命军，到汕头在同乡姚雨平部下服役，不久考入黄埔军校学习。1925 年 2 月，广东革命政府举行第一次东征，讨伐陈炯明叛逆军。在校学习的姚中英毅然参加黄埔军校学生军东征，讨伐陈军的林虎、李易标残部。在各次战斗中，他英勇善战，打得十分出色。东征结束后，姚中英复进黄埔军校深造，后考入北平陆军大学学习，毕业后转回广东，在陈济棠部下任独立第一师第二旅第六团中校团附，后调任广东燕塘军校上校校官。陈济棠下野后，在余汉谋部下任第四路军教导旅上校参谋长。

奔赴抗日前线参加抗战

1937 年 7 月 7 日，全国抗日战争爆发后，一场保卫国土、抵抗日寇侵略的民族战争全面开始。姚中英怀着满腔的爱国热情，主动请缨，奔赴抗日前线参加抗战。为了排除后顾之忧，专心杀敌，他把妻子儿女送回平远乡下居住。送回乡后，只在家居住两日，便急着要返回部队，亲人们都挽留他在家多住些日子。他慷慨陈言，劝说家人："如今国难当头，我作为军人，不能躲在家里，只有赶走了日本侵略者，国家才能和平安定，亲人才能团圆。"姚中英回到部队后，即奉命率部由广东韶关开拔，奔赴上海抗日前线参加八一三淞沪抗战。战斗中他立下赫赫战功，出色地完成了任务，被晋升为邓龙光的第八十三军一五六师少将参谋长。

在南京保卫战中英勇牺牲

1937 年 11 月 5 日，日本侵略军在杭州湾登陆，淞沪局势急转直下。中国守军被迫向吴福线和锡澄线既设阵地转移。日军在攻占上海、无锡后，分三路向南京进犯。南京告急。姚中英所在的一五六师奉命由沪退守南京，参加南京保卫战，扼守汤山一带，阻止日军沿宁杭公路北犯。12 月 6 日，日军攻破既设阵地后开始进攻汤山。姚中英等率部与敌激战，多次击退了敌人的进攻。然而由于力量悬殊，势不能支，8 日，汤山一带失守。姚中英率部退守紫金山东北一带。日军衔尾而来，攻势凶猛。9 日起，姚中英等部在紫金山连日与日军鏖战，伤亡惨重，只得退入南京城内，据守太平门。10 日，日军进攻太平门，姚中英率部与一一二师协同作战。激战多时，部队伤亡过重，阵地动摇，姚中英等将领奋不顾身，亲临前沿督战，终于击退了日军的进攻。

1937 年 12 月 12 日，是南京近代史上最悲惨的一天。这天拂晓，数路日军同时猛攻南京城，攻破了中国守城部队的阵地，大量涌入城内。南京卫戍司令唐生智决定放弃南京，命令各路守军自行突围。当姚中英望着战火中的南京城，听着震耳的枪炮声，看着节节败退的中国守军，心里感到莫大的痛苦和耻辱，决计率部与日军决一死战。他机智地率部往日军兵力薄弱地带突围，不断与日军遭遇。姚中英身先士卒，带头冲杀。在辗转冲杀中，姚中英不幸中弹身亡，牺牲时年仅 39 岁。

缅怀英烈

姚中英英勇抗敌、壮烈殉国的事迹在他的家乡平远大地上广泛传扬。1940 年，他的名字入祀平远忠烈祠。

1957 年 9 月，又镌刻在平远县人民政府修建的革命烈士纪念碑上。他的名字及其事迹流芳千古，浩气长存，永远铭刻在人们的心中。

（张志平）

姚子青（1909—1937）

—— 平远县著名抗日将领

主要生平

姚子青，家名若振，号中琪，广东省平远县大柘区墩背乡人。

- 1909 年，出生于一个贫苦农民家庭。
- 1926 年，考入黄埔军校第六期学习。
- 1930 年 11 月，任国民革命军陆军第十一师步兵三十三旅暂编第一团第一营第三连上尉连长。后提升为副营长，到中央陆军军官学校高等教育班第一期步兵炮队学习。
- 1933 年 5 月，在中央陆军军官学校毕业。
- 1934 年 7 月，在陆军军官训练团第一期毕业。
- 1935 年 6 月，任陆军步兵少校，与林素珍结婚。
- 1937 年，被擢升为国民革命军第十八军九十八师二九三旅五八三团第三营中校营长，驻防汉口。8 月 30 日至 9 月 7 日早晨，与敌在吴淞江口的宝山县血战，终因寡不敌众，血洒疆场，壮烈殉国。时年 28 岁。

为革命刻苦求学

姚子青，家名若振，号中琪。1909年出生于广东省平远县大柘区墩背乡的贫苦农民家庭。父亲姚苍士，母亲黄氏早逝。姚子青在兄弟姐妹6人中排行第五，他生得魁梧聪俊、性格坦率，对人有礼谦和，深得其父与继母的钟爱。虽然家境清贫，父母仍想尽办法供其上学读书，望他长进成材。

姚子青始读于本乡景清小学，毕业后考进平远中学。他学习刻苦，勤劳朴素，上学时手拿一双布鞋，赤足而行，临近校门时，便到溪里洗脚穿鞋而入，数年如此。姚子青从小养成了克勤克俭的良好习惯，一有闲暇，他便下地劳动，或上山砍柴割草，以帮补家计。

姚子青读书期间，正值国民革命运动蓬勃兴起，在进步思想影响下，他为寻求救国救民之道，于1926年考入黄埔军校第六期学习。北伐战争爆发后，姚子青参加北伐任排长，英勇善战，屡著战功。1930年11月，姚子青任国民革命军陆军第十一师步兵三十三旅暂编第一团第一营第三连上尉连长。后提升为副营长，到中央陆军军官学校高等教育班第一期步兵炮队学习。在学习期间，上海爆发了一二八事变，姚子青听到黄梅兴部和兄弟部队英勇杀敌，把日军打得丢盔弃甲的消息时，激动地对同学说："以后日寇如果再敢侵犯我们，我也要像这次一样把它杀得胆寒，让它再尝尝中国人民的铁拳是什么滋味！"姚子青于1933年5月在中央陆军军官学校毕业，1934年7月在陆军军官训练团第一期毕业，1935年6月任陆军步兵少校，后与家里的童养媳林素珍结婚。

血溅宝山

1937年，姚子青被擢升为国民革命军第十八军九十八师二九三旅五八三团第三营中校营长，驻防汉口。8月13日，日本侵略军在淞沪挑起战端，迭受重创，便在上海郊区的宝山登陆，妄图从北侧迂回占领上海。这时，国民革命军第十八军九十八师由汉口东进上海，姚子青率部奉命开赴抗日前线，守卫宝山县吴淞口炮台湾。这里是阻击敌舰闯进长江沿岸的重要防线，是保卫上海战场侧翼的重要堡垒。姚子青离开汉口时兴奋地说："现在倭贼入寇中华，我们军人报国正值时候了，倘若我在战场上以马革裹尸，那么我的终生愿望就实现了"。为了专心杀敌，没有后顾之忧，他毅然派人把6岁的养子姚鸿遥送回平远老家；将体弱的妻子和刚出生9个月的女儿留住在汉口。姚子青爱自己的妻儿子女，但更爱自己的国家民族，离别时，见林素珍依依难舍，他一边擦干妻子脸上的泪珠，一边劝慰道："保家卫国是军人的天职，我一定要杀敌立功，为国效劳，你们母女多保重，不要记挂我。"

姚子青率全营于8月30日抵达宝山县城。该城位于吴淞江口，东、南、北三面临海，用土墙砌成的城墙矮可攀越，且易崩塌，护城河沟浅窄，沿城无工事设备，防守困难。因战火迫近，宝山县政府已移驻于距县城约6公里的月浦镇。居民拖儿带女先后迁避他乡，县城十室九空。姚子青目睹骨肉同胞受苦受难的一片凄惨情景，民族仇恨涌上心头，号召全营官兵要与敌人血战到底，誓死守住宝山阵地。

战斗一开始日军就集中军舰50余艘、飞机20余架、坦克近30辆、步兵5000余人向姚子青营阵地发动猛烈进攻，不分昼夜，对宝山轮番轰炸。9月3日，日军又会合小川沙登陆的大量军队，在飞机、战车的掩护下向西门外大街及西南城垣攻击，企图截断宝山守军与后方的联络。姚子青识破了日军的阴谋，便趁其立足未稳，下令迎头痛击。在战斗中，姚子青亲临前沿阵地指挥作战，还深入各战壕勉励全营官兵团结战斗，坚守阵地，爱我中华，杀敌立功。全营士气大振，斗志倍增。血战一昼夜，仅宝山城全家巷一地就击毙日军200余人，伤者不计其数。

9月5日拂晓，日军又以大批飞机、战车、战舰在吴淞口一字形摆开，向宝山县城猛轰猛炸，掩护2000多名步兵，在宝山城东、南、北三面强行登陆，妄图压迫姚子青营向西撤退。在这危急关头，该营本可从容退出，但姚子青与全营官兵，抱定了与宝山城共存亡的决心，誓死坚守。在夜间或敌机侦察、扫射之间隙，姚子青就率领官兵堵塞城墙缺口，抢筑工事。官兵们见营长日夜战斗在阵地上，实在太疲劳了，都劝他歇一会，姚子青却说："现在战斗这么紧张，怎能贪安乐？"在他的带动和指挥下，全营官兵团结战斗，奋勇杀敌，打退了敌人的多次进攻，日军伤亡人数大大超过姚子青营守军。日军见宝山城屡攻不破，便源源不断地增兵，这时，姚子青营的后方补给已被切断。姚子青在既无退路又无援军、敌众我寡悬殊的情况下，仍坚守阵地，沉着地指挥全营官兵反击日军的进攻，又毙敌数百名。至9月7日早晨，与敌血战了两昼夜的姚子青营官兵大部分阵亡。这时，宝山县城东南一角被日舰轰毁，日军蜂拥而入。姚子青率所剩官兵20余人与敌鏖战，子弹打完了就与敌肉搏，终因寡不敌众，宝山县城陷落，年仅 28 岁的姚子青率全营官兵血洒疆场，壮烈殉国。

┄┄┄┄┄┅ 缅怀英烈 ┅┄┄┄┄┄

宝山战役，除副营长李贻谟及两三名士兵于前两天身负重伤已送后方医院治疗外，全营 600 名官兵全部阵亡。消息传出，中外震惊！国民党中央执监委员会于 1937 年 9 月 10 日通电全国说："宝山之战，姚子青全营与孤城并命。志气之壮，死事之烈，尤足以动天地而泣鬼神……"后来，南京还铸有姚子青铜像，以志纪念。

姚子青牺牲不久，他英勇杀敌的事迹被编成各种形式的文艺作品，广为传颂，激励着千千万万的中国人民为反抗侵略，为保家卫国而战斗。

1938 年 3 月 12 日，毛泽东在《纪念孙总理逝世十三周年及追悼抗敌阵亡将士大会上的演说词》中，高度评价姚子青等烈士"无不给了全中国人以崇高伟大的模范"。

1985 年 5 月，中共平远县委、县政府为纪念著名抗日将领黄梅兴、姚子青烈士，发出了关于复办"梅青中学"的决定，将原城镇中学更名为"梅青中学"。

● 英烈语录 ●

"以后日寇如果再敢侵犯我们，我也要像这次一样把它杀得胆寒，让它再尝尝中国人民的铁拳是什么滋味！"

"现在倭贼入寇中华，我们军人报国正值时候了。"

"保家卫国是军人的天职，我一定要杀敌立功，为国效劳。"

● 英烈精神 ●

舍小家顾大家的革命者品格；团结战斗、坚守阵地、与敌人血战到底的革命战斗精神。

（吴杞元　吴浩　张志平）

张义恭（1908—1937）

—— 劳绩永存的闽粤边区特委代书记

主要生平

张义恭，又名张敏，字章邑，广东省澄海县人。

- 1908 年 8 月 8 日，出生于一个农民家庭。
- 1919 年下半年，就读于岐山乡张厝村的报本学校。
- 1925 年，高小毕业，投身农民运动。
- 1926 年春，加入中国共产党。同年夏秋间，到潮阳县参加军事骨干训练班，回来后积极组织农民自卫军。
- 1927 年 8、9 月间，当选为汕头市革命委员会委员。南昌起义军撤出汕头后，与许怀仁等率领的第一独立团仍继续在桑浦山一带坚持游击战。
- 1928 年 3 月 5 日，当选中共汕头市委常委兼兵运委员。
- 1929 年，被调到中共东江特委工作，参加了大南山的反"围剿"斗争。
- 1931 年，担任潮澄澳县工委委员。
- 1933 年 5 月，在下蓬区组织了"红五月"行动。
- 1934 年底，被任命为中共潮澄饶县委书记，并兼任潮澄饶县土地改革筹备委员会主任。

- 1935 年秋冬，带领县委机关及部分武装队伍转移到饶诏边境的刺竹坑一带坚持斗争。
- 1936 年初，任闽粤边区特委常委兼云和诏县委书记，率领原潮澄饶县委的大批干部到云和诏开辟乌山根据地。
- 1937 年 6 月下旬，任代理特委书记。7 月 16 日，国民党当局制造"漳浦事件"和"月港事件"，在诏安月港村被国民党反动派逮捕，20 日便遭杀害。时年 29 岁。

张义恭，又名张敏，字章邑，1908 年 8 月 8 日出生于广东省澄海县下蓬区岐山乡张厝村（现属汕头市郊岐山区）的一个农民家庭。其父张喜富，因生活所迫，自幼随祖父到新加坡谋生。其母李玉音，是一个勤劳的家庭妇女。张义恭在兄弟姐妹 6 人排行第三。1919 年下半年，张义恭就读于岐山乡张厝村的报本学校，课余常帮家里干些杂活。张义恭学习十分认真，成绩优良，待人诚恳，同学们都乐于同他相处。

投身农民运动

1924 年初，澄海县的莲阳、鸥汀、蓬州、沟南等地学习海陆丰农民运动的经验，也开始组织农会。下蓬区张厝村报本学校的教员庄少培、林锦海等人，在鸥汀、岐山、官埭一带开展农运。他们也常给学生们讲革命道理和海陆丰农民运动的情况。在他们的启发教育下，张义恭对海陆丰农民运动十分向往，曾带领一批同学向农民宣传组织农会的好处，成了庄少培等人在工作上的得力助手。

1925 年五卅惨案发生后，全国掀起了更大规模的反帝反封建革命高潮。此时，张义恭刚好高小毕业，他放弃了升学的机会，和弟弟张义勇一起投身农民运动。

在革命军两次东征胜利的鼓舞下，潮汕各地的农民运动更加迅猛发展，岐山乡和下蓬区先后成立了农民协会，张义恭被选为乡、区农会的负责人。1926 年春，由庄少培介绍，张义恭加入中国共产党。

积极组织农民自卫军

1926 年 5、6 月间，下蓬区划归汕头郊区，在郊区农会的吴焕珠、庄少培、林锦海等人的领导下，下蓬区农会积极发展农民武装，开展减租减息、清算公账的运动。同年夏秋间，张义恭到潮阳县参加军事骨干训练班，回来后积极组织农民自卫军。农民运动的迅猛发展，使当地的国民党右派和豪绅、地主十分恐慌。于是，他们互相勾结，狼狈为奸，千方百计对农运进行破坏捣乱。1926 年秋正在开展"二五"减租运动时，岐山乡的地主恶霸章双喜、翁穆斯等就对乡里的部分农民进行拉拢威胁，抗拒减租。为了夺取这场斗争的胜利，压下地主阶级的气焰，下蓬区农会及时组织全区的农会，抓章双喜、翁穆斯游街示众，迫其低头认罪，保证了全区"二五"减租的实行。在张义恭等的努力下，下蓬区的农会工作成了汕头市郊区的一面旗帜。

指挥广东工农革命军东路第一独立团

1927年4月12日，蒋介石叛变革命，汕头国民党右派也在15日开始屠杀共产党人和革命群众。面对反动派的白色恐怖，张义恭勇敢地率领下蓬区的农民武装，掩护中共汕头市委的领导人，迅速转移到桑浦山。随后，汕头市委指示，由许怀仁、庄少培、张义恭等人组织汕头市郊区工农革命军大队，在桑浦山及铁路线开展游击战，抗击国民党反动派的进攻。为了适应地下斗争的需要，张义恭化名张敏。1927年8、9月间，为迎接南昌起义部队进军潮汕，郊区的农民武装与汕头市工人纠察队合编为广东工农革命军东路第一独立团，同时成立汕头市革命委员会，张义恭当选汕头市革命委员会的委员。9月中旬，许怀仁、张义恭等率领第一独立团的部分武装，奇袭下蓬区警察所，缴枪10余杆；9月25日，张义恭等又率队配合起义军一举攻占汕头市，占领市警察局，打开监牢，释放了被关押的"政治犯"。南昌起义军撤出汕头后，许怀仁、张义恭等率领的第一独立团仍继续在桑浦山一带坚持游击战。

1928年2月，由于叛徒出卖，中共汕头市委遭受了严重破坏。3月5日，汕头市委召开扩大会议，张义恭当选中共汕头市委常委兼兵运委员。在张义恭的领导下，第一独立团时常出敌不意，破坏车路、电线、奔袭警卫队，如一把尖刀，插在敌人的心脏。当时，国民党当局悬红300块大洋，缉拿张义恭，但始终没人去领赏。敌人抓不到张义恭，就把他的弟弟张义勇抓走了，以"通匪"罪名，判了15年徒刑，并勒索了300块大洋"消红"。家里及乡人对张义恭的安全十分担心，多次劝他到外地避一避；革命队伍内部个别人也因为敌人的白色恐怖而产生动摇悲观情绪。在这严峻的斗争面前，张义恭坚定地鼓励同志们只要坚持下去，就一定能夺取最后的胜利。

参加大南山的反"围剿"斗争

1929年初，国民党当局又对桑浦实行"围剿"，连续7个月的疯狂烧杀，使桑浦山的群众组织遭受严重破坏。不久，张义恭被调到中共东江特委工作，参加了大南山的反"围剿"斗争。

1931年春夏间，东江特委为开辟潮澄饶澳革命根据地，打通与闽西南根据地的联系，先后派张义恭、李崇三、陈耀潮、姚舜娟等人加强潮澄澳县的领导。张义恭担任县工委委员，负责庵埠区委及铁路一带的工作。经过他耐心细致的工作，群众组织逐渐地恢复起来，使庵埠区委成为潮澄澳县工委在韩江以西的一个活动中心，并在汕头市内、潮安城等地建立了联络点。

1932年下半年，东江特委为配合大南山的反"围剿"斗争，决定在潮澄澳县加强游击战争，8、9月间，张义恭带领重新组建起来的红军游击队到处打击敌人，镇压地主豪绅，鼓舞群众斗志，下蓬、上莆等地的工作有了较快发展，基本上恢复了桑浦山游击区，进一步沟通了与大南山根据地的联系。县委机关也从樟东区迁移到庵埠区的澄属大长桥。

1933年5月，张义恭根据潮澄澳县委的决定，在下蓬区组织了"红五月"行动，以潮澄澳县革命军事委员会的名义，到汕头附近散发革命标语和传单，使敌人大为震动。国民党反动当局对革命根据地进行疯狂的联合"围剿"。红军和游击队采取灵活机动的战术打击敌人，连续粉碎了三次反革命"围剿"。

1934年底，张义恭被东江特委任命为中共潮澄饶县委书记，并兼任潮澄饶县土地改革筹备委员会主任，决定在浮凤区开展土地改革运动。1935年4月，浮凤区的79个村庄全部完成分田工作。接着，成立了浮凤区苏维埃政府。

1935年初，广东军阀倾全力"围剿"大南山，潮澄饶革命根据地面临着严峻的考验。为适应斗争形势，3、4月间张义恭决定举办各区领导干部训练班，布置各区积极扩大党的组织和扩大武装力量，继续坚持游击战争；同时加紧浮凤苏区的建设，扩大苏区的范围，建立医疗所和军械所，积极做好反"围剿"的准备工作。

在反"围剿"的斗争中，国民党邓龙光部集中了三个营的兵力，采用"步步为营"的堡垒政策，围困浮凤苏区，而张义恭等县委领导只能采用消极防卫，不敢组织外线作战。结果，除红三大队等主力转移闽南另辟新区外，浮凤苏区被敌军全部占领，群众遭受到"三光"政策的摧残。在那艰苦的岁月里，张义恭与战士、群众同甘共苦，保持了共产党人崇高的品格。

与战士同甘共苦

1935 年秋冬，张义恭带领县委机关及部分武装队伍转移到饶诏边境的刺竹坑一带坚持斗争，时常受敌军包围。有一次，张义恭等隐蔽在一个石洞内，被困了几天，没饭吃，只靠泉水充饥，直到敌军撤退了，他才带领大家迅速转移。时已寒冬，张义恭与同志们都只穿一件单衣和一条短裤，冷得直发抖。当时县委存下一些毛衣，张义恭决定把它全部发给红军战士和老弱的机关工作人员，有的同志要留一件给张义恭，但被他婉言谢绝了。还有一次，县委机关几天找不到粮食，附近的一个乡亲送来一点糯米，大家以为可以改善一下生活了。刚好秋溪区游击队张寿山等 10 多位同志从诏安到刺竹坑找县委，他们也是饿了几天，张义恭立即叫炊事员把糯米煮了让他们吃，他和县委机关的人员只好又靠野菜拌盐充饥。

注重提高部队素质

张义恭在革命斗争中，十分注意学习。尽管当时斗争环境异常险恶，但张义恭仍督促随县委机关活动的红军战士要抓紧空余时间学习。他既幽默又充满信心地对他们说："我们的文化都不高，都要认真学习，没有文化是搞不成革命的。不要小看我们现在钻山沟，这是暂时的，将来我们一定要打到城市去。那时不识字，连上厕所也不知道往哪里跑，那不成为笑话嘛！"在他的带动下，红军战士都自觉抓紧时间学文化，学习革命道理，从而提高了部队的素质。

开辟乌山根据地

1936 年初，张义恭任闽粤边区特委常委兼云和诏县委书记，根据特委的指示，率领原潮澄饶县委的大批干部到云和诏开辟乌山根据地，并迅速打开了局面。不久，发展到 5 个区委、100 来个党支部，党员达 500 人左右。根据地内还建立了区、乡农会、抗日救国会和抗日自卫军。1936 年八九月间，云和诏二区的农民抗日自卫军，单独击溃了国民党一营兵力，打死打伤大批敌人，缴获枪械弹药一大批。这一仗，使国民党当局大为震惊。

在"漳浦事件"和"月港事件"中被捕

1937 年 4 月，闽粤边特委根据中共中央南方临时工作委员会的通知精神，决定同国民党一五七师谈判合作抗日的问题，争取闽粤边出现和平局势。6 月，闽粤边特委代理书记何鸣同国民党一五七师师长黄涛，在漳州举行谈判，并订立了国共合作抗日的"六二六"政治协定。何鸣由于在谈判中不按闽粤边特委关于谈判的意见行事，在同年 6 月下旬特委召开的扩大会议上受到严肃的批评，并被撤销了特委代理书记的职务，改由张义恭代理特委书记。

政治协定签订后，国民党当局背信弃义，阴谋一举歼灭闽粤边区党和红军力量，遂于 1937 年 7 月 16 日制造了"漳浦事件"和"月港事件"，张义恭等 13 位闽粤边党的领导人在诏安月港村被国民党反动派逮捕，20 日便遭杀害。张义恭牺牲时年仅 29 岁。

英烈语录

"我们的文化都不高，都要认真学习，没有文化是搞不成革命的。不要小看我们现在钻山沟，这是暂时的，将来我们一定要打到城市去。那时不识字，连上厕所也不知道往哪里跑，那不成为笑话嘛！"

英烈精神

在艰苦的斗争环境中坚持学习的勤奋好学精神；与战士同甘共苦的艰苦奋斗精神。

（曾述修　朱蓬歆）

陈子歧（1889—1938）

—— 为党的工作和革命事业奉献全部

陈子歧，广东省海丰县联安区白町乡人。

- 1889年5月13日，出生于一个农民家庭。
- 1922年，在汕尾墟白场子弹厂当经理，和林务农接洽协助解决潮梅农村的经费问题。
- 1925年10月，加入中国共产党。积极从事农民运动，在白町乡建立起乡农民协会。
- 1926年起，在白町乡建立党、团支部。
- 1927年冬，被选为海丰县苏维埃委员，并任经济委员会主席。后来担任中共东江特委委员兼财委委员。
- 1928年，担任海陆惠紫特委委员和暴动委员，组织和领导海丰武装暴动。不久，调任大南山苏区工作，任中共东江特委委员。
- 1933年1月，任中共东江特委常委兼东江政治保卫局局长。
- 1935年7月，转移到越南南方朱笃市养病。
- 1936年，与西贡的地下党接上了关系，朱笃、磅湛、福海等地原有地下组织，统归印度支那共产党华侨同志工作委员会领导，组成各地支部，朱笃市建立了特支，任特支书记。
- 1938年9月24日，在异国他乡默默地离开了人世。时年49岁。

走上革命道路

陈子歧，1889 年 5 月 13 日出生于广东省海丰县联安区白町乡的一个农民家庭。因家庭贫苦，7 岁时被寄养在邻村的亲戚家里放牛，10 岁时就读于本村的私塾，但不久就失学了。后来，他随祖父前往香港，在一间蛋店做杂工。当时，反对清朝腐败政府的秘密活动正在香港进行。受民主革命的思想影响，他开始参加了政治运动，与蛋行的一些进步工友，用蛋笾偷运军火，接济广州等地的革命组织，支持革命起义。

辛亥革命后，陈子歧曾在陈炯明部下服役。由于受五四运动新思潮的影响，他与彭湃、郑志云、林铁史、林甦等进步分子结识，并在他们的指引下开始阅读《新青年》等革命刊物，逐步树立反帝反封建的革命思想。

1922 年，陈子歧在汕尾瀛白场子弹厂当经理。彭湃派林务农和他接洽协助解决潮梅农村的经费问题，陈子歧热情地给予支持。在这期间，他还在原籍优埔约发起创办优约公学的义举，把原来被霞埔乡封建势力所把持的校产争取过来，归还公学作经费，陈子歧被选为该校董事长。他还聘请了一批革命人士如郑志云、赖寄（赖稼）、陈伟南等到校担任校长和教员，使全优埔约原来许多失学的贫苦农民子弟，能够享受减免学费入学的待遇。这个学校曾成为宣传革命思想、培养革命干部的园地。经过学习，许多学生走上了革命的道路。

加入中国共产党

1925 年 10 月，经郑志云和赖寄的介绍，陈子歧光荣加入中国共产党。他积极从事农民运动，在白町乡建立起乡农民协会。1926 年起，又建立了党、团支部。

1927 年冬，经过武装暴动，建立起革命政权，陈子歧被选为海丰县苏维埃委员，并任经济委员会主席；后来担任中共东江特委委员兼财委委员。当时政权建立不久，诸事纷繁冗杂，苏维埃政府没收豪绅财产的处理，各单位物资的分配和部队的生活给养等，都得陈子歧亲自处理。

1928 年，海丰县城被敌占领，陈子歧与红军部队撤入山区。这时他担任海陆惠紫特委委员和暴动委员，曾组织和领导过 1928 年海丰有名的武装暴动，拯救过大批被国民党反动派拘禁的革命同志。不久，他调任大南山苏区工作，任中共东江特委委员，曾领导大南山苏区人民几次击败国民党张瑞贵部的"围剿"。

为革命做出巨大牺牲

1930 年，革命处于低潮时期，经费来源十分困难。为了给部队购买一些急需的药品，陈子歧把大哥分给各房弟妇的一些首饰（寄存在陈思齐处）全部变卖，在香港购买了药品。当时，他的堂侄陈思齐考虑到陈子歧的母亲和儿子在香港生活无依无靠，提出是否留点钱作生活费用。陈子歧解释说："我也知道母亲和家人的生活很苦，但游击区的伤病员急需药品，我们出来一趟不容易，现在只能从革命的大处着想，母亲和家人就靠亲友想办法帮忙了。"1933 年 1 月，陈子歧任中共东江特委常委兼东江政治保卫局局长，仍然为筹集部队的给养到处奔波。

陈子歧一家为革命做出了很大的牺牲。他家的房屋全被国民党反动派烧毁，家人流离失所，年仅 14 岁的幼弟陈可惨遭杀害，妻子张淑贞被捕坐牢，受尽苦刑，母亲和儿子寄养在香港朋友家里。他本人也因长期艰苦的斗争生活，患了严重的肺结核病。可是他从来没有接受组织对他的特殊照顾，相反却更加忘我地工作，把一切精力投入到为共产主义奋斗的事业中去。1935年，由于病情严重，不能随部队北上长征，经组织批准他于同年 7 月转移到越南南方朱笃市养病。当时，蒋介石对日本帝国主义的侵略实行不抵抗的卖国政策，对内则坚持反共内战的反动政策，但越南华侨界认识不清，抗日救亡运动开展不起来。陈子歧便联系了一批流亡到越南南部和柬埔寨等地的共产党员和革命志士，继续秘密进行革命斗争，在华侨中开展救亡运动，使侨胞的认识逐步提高。初时，他们寻找中共的领导，可是一直没有实现。后来在陈子歧等人的努力下，1936 年终于与西贡的地下党接上了关系，并经中共党组织和印度支那共产党南圻委员会商定，朱笃、磅湛、福海等地原有地下组织，统归印度支那共产党华侨同志工作委员会领导，组成各地支部，朱笃市建立了特支，由陈子歧任特支书记。

开展华侨救亡工作

自此之后，各项活动都得到了上级党组织的指导，还能看到巴黎《救国时报》和上海《救亡日报》等刊物，从中了解到中共中央的政策和国内外形势的发展变化。陈子歧针对当时党内存在的问题，首先加强对党员的思想政治工作，从组织学习入手，引导同志们分析和认清当时国内外形势，逐步领会党中央提出的抗日民族统一战线的方针政策。

在抓思想认识的基础上，党组织也开始打破过去的关门思想，逐步发展和扩大党组织。1936 年初只有海丰县籍六七个党员，到 1937 年七七事变前，党员已发展到近 20 人，除海丰县籍外，还有广肇、客帮、潮州等地区来的侨胞。党员中有中医师、教师、青年学生以及老秀才等各种身份的人，这就为开展华侨救亡工作创造了有利条件。

接着，陈子歧在华侨中组织抗日救国会，由朱笃市当时最有名望的客帮帮长吕景南主持救国会的筹备工作。在吕景南的带动下，客帮的一些头面人物和潮州、广肇、福建、海南五帮的知名人士以及国民党朱笃分部的一些委员，都陆续起来支持救国会的工作。七七事变后，朱笃华侨抗日救国会正式成立。吕景南、林晓初等知名人士被选为救国会理事。救国会提出：不分党派、不分帮派、不分男女、职业，团结一致，拥护国共合作，反对日军侵略的战斗口号；发动侨胞有钱出钱，有力出力，组织各种文娱义演，进行捐款捐物。在共产党的领导下，由吕景南、林晓初等出面提出：八路军、新四军在敌后抗战，条件困难，应把所捐的款项和物资全部寄给八路军驻香港办事处，或者托宋庆龄转给八路军和新四军，得到广泛的赞同。与此同时，朱笃党还组织选送一些革命青年到延安中国人民抗日军事政治大学学习。尽管当时国民党一小部分顽固分子企图破坏华侨爱国运动，但由于陈子歧等人坚决执行党的抗日民族统一战线方针，所以越南南部和柬埔寨的华侨爱国运动仍然蓬勃发展。

1938 年入秋以后，陈子歧的病情越来越严重，潮热咯血加剧，同时并发肠结核和痔疮，经常腹泻，入医院后卧床不起。在病危期间，他仍然不忘党的工作和革命事业。每逢同志去看望时，他都要交谈工作意见，有些重要的会议还提出在他的病房里开。在他临逝世前的遗书里，他仍坚信抗日战争一定能够胜利，勉励同志们加倍努力，为战胜日本帝国主义，建设新中国而奋斗！

不幸病逝

1938 年 9 月 24 日，这位坚强的无产阶级革命战士，为了革命事业，为了民族解放，鞠躬尽瘁，在异国他乡默默地离开了人世。当时年仅 49 岁。

追认烈士

为了纪念陈子歧对革命的贡献，1957 年经广东省人民政府批准，追认其为革命烈士。

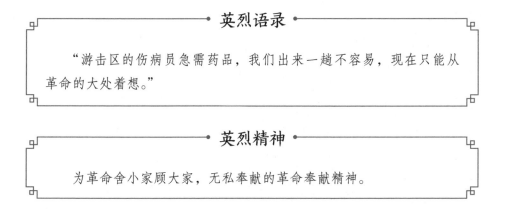

英烈语录

"游击区的伤病员急需药品，我们出来一趟不容易，现在只能从革命的大处着想。"

英烈精神

为革命舍小家顾大家，无私奉献的革命奉献精神。

（陈恩平　陈招娣）

温健公（1908—1938）

—— 英雄无悔赴国难

温健公，原名文淦，曾用名杰雄、湘萍，广东省梅县松口车田村人。

- 1908 年 10 月 10 日，出生于一个贫农家庭。
- 1922 年，考入广州南武中学，担任学生会会长，传播革命思想。
- 1925 年 6 月 23 日，带领南武学生参加反帝示威游行的行列。
- 1927 年，被聘为中州通讯社社长，后到国民党河南省党部监察委员会当秘书。
- 1928 年，加入中国共产主义青年团，后来转为中国共产党党员。
- 1930 年初，考进秋田矿山学院。任中华学生留日同学会宣传部部长、留日学生救亡会领导。
- 1931—1933 年初，被反动当局判处两年半的徒刑，后经党组织设法营救，被提前释放。
- 1934 年春，调去北平从事革命文化运动。
- 1935 年，与杨秀峰、闻永之等人领导天津学运。
- 1936 年初，受党组织派遣，到河北各县去组织训练青年与民众参加抗日救国运动。
- 1937 年，在河北做统一战线工作。
- 1938 年 12 月 26 日，不幸被日寇飞机炸死于吉县。时年 30 岁。

学运的积极分子

温健公是南武中学的优秀学生，又是学运的积极分子，担任该校学生会会长。读书期间，与社会主义青年团的外围组织"新学生社"往来密切。为了传播革命思想，他在校内组织了读书会，定期开会讨论。1925年上海发生五卅惨案之后，广州各界10多万人于6月23日举行声势浩大的反帝示威游行。温健公不顾学校当局的反对，带领100多名南武学生划着小艇，由珠江南岸渡至北岸，参加了游行的行列。沙面租界的帝国主义士兵开枪射击游行群众，制造了沙基惨案。他目睹帝国主义血腥镇压中国同胞的罪行，激起对帝国主义的仇恨，因而更加立志革命，发奋求学。1926年春，温健公从南武毕业后，由于经济困难，便去台山县当了一个学期的小学教员。同年秋回到广州考进中大预科，随后进入物理系当技术员，半工半读。

1927年广东发生了四一五政变，由于温健公是学运的骨干而受到反动当局的追缉。同年秋天出走上海，投考公费的劳动大学。由于口试时，温健公阐明了自己的革命观点，抨击了当时的腐败政治，惹恼了主考人而被拒于门外。温健公愤然离开上海到了南京，考进国民党军队总政治部举办的政治工作人员养成所，在那里学习了三个月。这间养成所的学员多数是官僚地主的子弟，他们学习的目的是为了升官发财，光宗耀祖，追求所谓"三皮主义"（腰扎武装皮带，脚穿皮靴，背挂皮包）。唯有温健公与众不同，他鄙视"三皮主义"，关心国家民族的前途和命运，经常思考社会的改革问题。学习期间，他与杨宪生（杨章武）结为知己。杨宪生的父亲是河南省的知名人士、辛亥革命的元老。杨宪生见温健公思想进步，志向宏大，也把自己决心投身革命的抱负与温健公交谈。临结业时，杨宪生以为所长陈铭枢是广东人，又即将前往广东就任省政府主席，温健公肯定是跟他一起回广东了。但温健公却叹息说："我是有家归不得的。"说明了不能回广东的原因，杨宪生深表同情，便邀请他同往河南工作。在途中的火车上，他巧遇冯玉祥的夫人李德全，互相谈得很投机，临别时李德全送给温健公一张名片和住址，要温健公到郑州后去找她。当时河南是属于冯玉祥的第二集团军所管辖。

深入劳苦大众

温健公到了郑州，被聘为中州通讯社社长，这是刚创办的单位。他工作才一个多月，就得到消息说，有人告密他是共产分子。温健公正欲离豫之际，杨宪生却以其父亲的威望和他当时是国民党河南省党部常委（主管监委工作）的身份来担保温健公的安全，并调温健公到国民党河南省党部监察委员会当秘书，跟随杨宪生出发开封和豫西等地视察。在巡视过程中，温健公身上带着两个本子，一本是加了许多批注的《三民主义》，他用自己的观点去做宣传解释工作，同时敢于指出《三民主义》中的某些主张是行不通的"乌托邦"论点；另一本书是彭湃的《海丰农民运动》，对这本书，他极为赞赏。并把它送给了杨宪生，希望他像彭湃那样脱离自己的地主家庭，为贫苦农民谋利益。每到一地，温健公总是深入到劳苦大众中去，调查研究。他对劳动人民具有深厚的感情，有一次在大街上看到拉车的工人上坡时，他忘了自己是个穿着中山装的官员，主动上前帮助推车。

加入中国共产党

1928年夏，温健公离豫去沪。在上海，他与黄药眠等梅县同乡在一起，从事革命文化活动，在梅县人丘哲（曾任农工民主党的负责人）开办的启智书局里工作。在上海期间，他先加入中国共产主义青年团，后来转为中国共产党党员。

温健公加入中国共产党之后，积极地为党工作。他不顾身患严重的胃病，经常深入到上海郊区真茹和闸北地区散发传单，搞"飞行集会"（这是当时"左"的错误做法），做学生、工人的工作。他还抓紧时间自学日语、英语，将日文版的《赤恋》小说翻译成中文在启智书店出版，并担任暨南大学的日语课程。

投身抗日救亡运动

1929年5月1日，当温健公按党的指示，在上海外白渡桥一带搞"飞行集会"时，被租界的巡捕逮住，由于在他身上搜不出证据，经律师交涉后释放。经过一段实际斗争之后，温健公深深感到革命理论的重要，便于1930年初与杨宪生一起赴日留学，目的是学习马列主义理论。他考进了官费生待遇的秋田矿山学院。在日本留学期间，他如饥似渴地攻读马列主义著作，同时还与留学生中的进步分子经常来往。为了把留日学生团结起来，温健公与李葆华、张友渔、秦元邦、温盛刚、卢启新等左派学生发起成立中华学生留日同学会，由秦元邦担任主席，温健公当宣传部长。九一八事变后，留日同学筹集经费，印刷强烈抗议日本侵占中国东三省的爱国传单到处散发，并于东京神田青年会举行追悼东北死难同胞大会。大会由温健公主持。他在大会上愤怒地谴责日本帝国主义侵占中国东三省、杀害中国同胞的罪行，号召大家积极投身抗日救亡运动，为死难同胞报仇。会后，他率领学生到中国驻日大使馆示威。

组织留日学生救亡会

不久，温健公与李葆华离日返回上海，并联系了一批回国的留日学生，成立留日学生救亡会。温健公、李葆华都被推选为领导。1931年11月7日，救亡会举行纪念苏联十月革命的活动，温健公和闻永之刚从救亡会出来，就被敌探抓住。敌探从他们身上搜出宣传抗日救亡的传单，便把他们关押在租界的捕房内。在狱中，他们利用各种机会，对警察、看守做宣传工作，激发他们的爱国心。反动当局开庭审判时，温健公与闻永之神态自若地对法官的审问据理驳斥，大声疾呼爱国无罪，卖国求荣才是真正的犯罪，把法庭变为宣传中国共产党抗日救国主张，揭露国民党的卖国投降政策的讲坛。法官狼狈不堪，哑口无言。旁听席上的群众为他们的英勇斗争精神所感动，并不断为他们鼓掌助威。但国民党反动当局与租界捕房串通一气，最后竟以"破坏睦邻关系"的罪名，判处温健公、闻永之两年半的徒刑，投入苏州监狱，不久转解安庆反省院。后来经党组织设法营救，才使温健公于1933年初提前释放。温健公出狱后回到上海，参加社会科学家联盟的工作，兼任外国语专门学校的教师，后来又到沪西区搞宣传工作。在这期间，他与宋维静结婚，建立起革命的小家庭。

传播革命文化

1933年冬，上海党组织受到破坏。1934年春，温健公调去北平，从事革命文化运动。

温健公初到北平，没有职业，便开办了一个私人讲学班，招收了30个学生，每人每月收学费一元。温健公和宋维静就靠这30元的学费来维持，生活十分艰苦。不久，北平民国学院、中国大学和朝阳大学都来聘请他当讲师，主讲现代思潮（唯物辩证法）。在北平一年左右时间，温健公在理论研究和宣传方面做了许多工作，特别是在理论上有不少成就。他早在1932年坐牢时，就在狱中偷偷地把日文版的《资本论》翻译成中文，用别名出版。1934年在北平，他组织起骆驼丛书社，负责主编出版《骆驼丛书》。他在《骆驼丛书》发刊旨趣中把自己和参加这个书社的同人都比喻为"时代的骆驼"，要在沙漠似的中国学术圈里进行长途跋涉，留下一些粗笨而又明晰的脚印，把沙漠化为绿洲。这部丛书主要发表关于社会科学方面的著作，但也有一些自然科学的作品。他与黄松龄、李筠友合作，以温健公为主所翻译的苏联经济学家拉比托斯等合著的《马克思主义经济学教程》（第七版的日文版）就是《骆驼丛书》中的一本。这本书帮助读者了解马列主义政治经济学原理，是一本比较好的通俗理论读物。温健公还于1934年7月编写了一本《现代哲学概论》，对马列主义哲学基本原理作了通俗的解释。

在当时国民党反动统治下，民族危机日益严重，广大青年在彷徨中急需革命理论来导航。就在这种历史条件下，温健公从事革命理论的宣传和研究，通过讲学、出版丛书和写文章热情地宣传马列主义，在青年群众中产生了一定影响。每当他讲课时，教室里总是挤满了人，别校的学生、甚至社会青年都慕名前来听讲。有些青年打听到他的地址后，还特地前往家中求教。温健公为人谦虚，从不摆架子，总是像对待自己的弟弟妹妹那样关心、爱护青年，热情接待，耐心讲解，孜孜不倦。不少青年就是在他的引导和影响下走上革命道路的。温健公那种"对自己学而不厌，对别人诲而不倦"的精神，在广大青年中产生很大影响。青年们把他当做良师益友，称赞他是"学习的榜样"。

领导天津学运

温健公积极宣传马列主义，热情教导青年，因而引起了国民党反动派的敌视和顾忌。1934年底，他被迫离开北平，到山西讲学。后来他被阎锡山聘为顾问，从中做统战工作。1935年夏，他离开太原到天津法商学院当政治经济学教授。在这期间，他直接受中共中央华北局的领导，从事秘密活动，在学校内他与杨秀峰、闻永之等左派教授，通过组织政治学会、经济学会、时事座谈会等形式，经常开展革命宣传，团结学生参加抗日救亡运动。1935年，北平爆发了一二九运动、一二一六运动两次学生大游行，掀起抗日救亡的新高潮。温健公、杨秀峰、闻永之等领导、发动天津法商学院学生积极参加抗日救亡活动，温健公是天津这次学运的领导人之一。他还发动天津学生参加北平学生所发起的南下扩大宣传团的活动。当天津学生在北平集中待发期间，他又亲自前往向学生发慰问品，勉励他们要为抗日救国作出贡献。

开展统一战线工作

1936年初，温健公受党组织的派遣，到河北各县去组织训练青年与民众参加抗日救国运动，后来到山西阎锡山开办的军官教导团担任政治总教官。1937年七七事变后，他又回到河北做统一战线工作。他与地方实力派、保定专区保安司令张荫梧合作组建河北抗日民军，担任民军总部的秘书长兼政治部主任，张荫梧为司令员。民军的成立与山西牺盟会的成立，促进了当时华北的抗日运动。民军为了培养基层骨干，举办了一间干部养成所，招收了300多名学员，其中大部分是由京津、河北一带地下党派去的，1937年9月在彭城正式开课。这间养成所由温健公主持，他亲自挑选教官，设置课程内容，并主讲政治课，宣传中共关于抗日民族统一战线的政策，实际上把养成所置于中共的控制之下。此外，他还控制了一个保安团。

抗日前线中牺牲

1937年11月，日寇继续内侵，紧紧追逼民军。部队不得不转移，但对往哪里转移问题，温健公与张荫梧发生严重的分歧，温健公主张往北撤，与八路军互相配合作战，张荫梧却要向南撤，投靠蒋介石。双方争持不下，温健公乃离开民军，前往武汉工作，1938年再调往山西工作。

1938年12月26日，当温健公在抗日前线开展工作时，不幸被日寇飞机炸死于吉县。牺牲时年仅30岁。温健公牺牲之后，《新华日报》、山西《工商日报》以及其他报纸都登载消息和悼念文章。新中国成立后，中共中央将烈士遗骸迁葬于北京八宝山革命公墓。

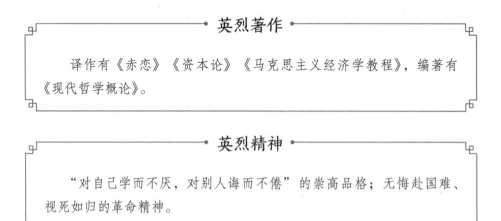

● 英烈著作 ●

译作有《赤恋》《资本论》《马克思主义经济学教程》，编著有《现代哲学概论》。

● 英烈精神 ●

"对自己学而不厌，对别人诲而不倦"的崇高品格；无悔赴国难、视死如归的革命精神。

（胡提春）

吴秀远（1920—1939）

—— 坚强勇敢绝不后退的女战士

吴秀远，广东省普宁县占陇陂头村人。

- 1920 年，出生。
- 1937 年，返回故乡。
- 1938 年 3 月，在兴文中学参加了普宁青年抗敌同志会。
- 1937 年，进入普宁县兴文中学读书。
- 1938 年 8 月，到揭阳县石牛埔（现属揭西县）西山公学就读。同年底，加入中国共产党。
- 1939 年 6 月，参加汕头南洋华侨战地服务团随军作战。8 月 19 日，中弹牺牲，时年 19 岁。

成为抗日救亡运动的积极分子

吴秀远是广东省普宁县占陇陂头村人，1920年出生。父亲吴百川，是陂头村的爱国绅士。她自幼跟随父母到越南谋生，先后在薄寨新华小学、堤岸华侨小学念书，成绩优异。她擅长绘画、刺绣，14岁那年绣的一幅丹凤朝阳图，被送到西贡宫廷里展览，然而她所向往的却是祖国。

1937年卢沟桥事变前夕，吴秀远一家返回故乡。父亲当医生，母亲种田。她考进普宁县兴文中学读书。当时兴文中学是由许宜陶、马士纯、邱秉经、黄声等一批中共党员、进步青年所主持执教的学校，是潮汕地方党组织活动的主要据点之一。抗日救亡运动和教育革命运动在该校轰轰烈烈的开展，被誉为"潮汕抗日救亡运动的摇篮"。吴秀远初到兴文中学时，衣着打扮还像一个"南洋小姐"，有些同学不大和她接近。但教导主任黄声却能看到她的长处和爱国心，给予引导教育，发动进步学生予以帮助。在进步师生的培育下，她很快成为一名抗日救亡运动的积极分子。她主动参加课外的读书会、剧团、歌咏团和校外的扫盲工作，积极参与各种抗日救亡宣传活动。在剧团里，她是一个引人注目的演员，主演过《雷雨》《放下你的鞭子》《没有祖国的孩子》等剧目。当她和黄声主任合演《没有祖国的孩子》一剧时，由于表演逼真，心情激动，竟撕披在身上的衣裳为"战士"包扎伤口，全场观众都非常感动。当时中共普宁县工作委员会宣传部部长马士纯赞扬她，"无论演哪一个角色，都演出了水平，就是电影演员也不过如此"。1938年3月，她在兴文中学参加普宁青年抗敌同志会。

1938年8月，兴文中学一批党员、进步教师被当局无理解聘后，便到揭阳县石牛埔（现属揭西县）创办西山公学（9月改称南侨中学）。吴秀远对于良师离校，非常失望，一心要跟着他们到南侨中学去。但祖母和母亲都不同意：一是那时候未通公路，一个女孩子要长途跋涉去远隔七八十公里的地方读书，家里人不放心；二是加重了家庭的经济负担。幸得她的哥哥支持，积极协助做家人的工作，终于取得了祖母和母亲的同意。她第二天不等天亮就挑起行李奔向南侨中学。她刚转学到该校文专高级班，便立即投入紧张的抗战教育学习和抗日救亡运动。她参加学校组织的妇女呼声社，继续发挥宣传、演剧和做群众工作的才能，足迹踏遍学校周围的大小村庄，点燃了农村妇女抗日救亡的怒火。吴秀远在抗战烽火中锻炼成长，于 1938 年底加入中国共产党。

随军抗战

1939 年 6 月，日军疯狂进犯潮汕。许多热血青年纷纷走上前线，与入侵日军作殊死战斗。国民党潮汕警备司令兼独九旅旅长华振中（曾任第十九路军旅长，参加过 1932 年一二八抗战），经过中共地方组织和统战工作，也率部奋起抗敌。6 月 7 日，南侨中学校长、共产党员黄声选送吴秀远、欧阳温玉等五名学生参加汕头南洋华侨战地服务团（简称"战地服务团"），随军作战。6 月 21 日拂晓，日军飞机和炮舰疯狂轰炸汕头市，其陆军从澄海县外砂登陆后，直扑潮安县庵埠，妄图切断汕头军民的退路。在这危急关头，战地服务团在上午 8 时和潮汕警备司令部一起撤退。她和战友们冲过日军火力网突围。她咬着牙说："今天是我一生最有意义、最幸福的一天！倘我今天不会死在敌人无耻疯狂的余威下，那么日本鬼子终有一天会被消灭在我的面前。"这表现了她抗战到底的决心。她们突围成功，安全到达潮安县宏安乡后，华振中司令要调她们到较安全的地方去。吴秀远说："怕死的才逃到安全的地方去。"结果，战地服务团全体同志都同意她的意见，依然随警备司令部一起转移。

警备司令部在宏安乡只住了 3 天，又往潮州后撤。为了保护这一批在敌人炮火下坚持工作的女青年，司令部特地派出一个排的战士做护卫工作。从6 月 25 日起，她们开始了极其艰苦的转移。她们徒步到潮州，又迁回到丰顺县的潘田，再折回潮安县的田东。一路上翻过高山峻岭，白天敌机在头上盘旋，不时要分散隐蔽，夜间只能露宿于深山野地里，每天要走 60 多公里的路程。这样的行军生活，吴秀远平生还未经历过。但是她想起离开学校时师生相送的情景：那天黄声校长买来了几条汗巾，送给她们每人一条，嘱咐她们"要用它去擦血和汗，不要用它去擦眼泪……"她的内心感到十分欣慰。她的脚底虽然早就磨起了一个个水泡，可是她一声不响，总是满面笑容地去照顾那些患了病的同志，在黑夜漫漫的行军途中，竭力去搀扶那些走路困难的姐妹们。为了减轻战士们的劳累，吴秀远利用行军休息的机会，给大家唱歌或讲抗战的故事，鼓舞大家继续前进。

战地服务团归队以后，经过一段时间的整训，便并入独九旅战工队。吴秀远编在第一战工队，随军转战于潮安县的田东，揭阳县（现属揭西县）的五房山、登岗等地，沿途宣传发动群众，打击敌人。她在工作中充分发挥自己的长处，成绩斐然。有一次队伍住在一个山村，为了发动群众，她利用中午时分在树下唱起歌来，歌声引来了客家群众，她便趁机做宣传工作，揭露敌人的罪行。她还请那些客家妇女唱山歌，一时，救亡歌曲与山歌响彻了整个山谷。有些妇女高兴地从家里拿出番薯汤和开水招待她们，收到了很好的宣传效果。她曾被派遣到接近前线的潮安县庵埠和华美等地，装扮成农村妇女侦察敌情，每次都机智勇敢地完成了任务。

⚬⚬⚬⚬⚬⚬⚬⚬⚬⚬⚬⚬⚬ 不幸中弹牺牲 ⚬⚬⚬⚬⚬⚬⚬⚬⚬⚬⚬⚬⚬

1939 年 8 月 19 日下午，日机轰炸潮安县黄沙田。当吴秀远疏散到村外一座石桥中间时，不幸中弹身负重伤。战友们立即把她送到军医院，但国民党军医院由一些思想反动的"医官"所把持，不予及时组织抢救。她虽然伤口在大量出血，灼痛难忍，却是克制自己，神志清醒地微笑着说："同志们，工作要紧，你们回去吧！我顶得住，你们放心。"翌日凌晨，守护在她身边的战友杜兰见她脸色苍白，生命垂危，便不得不问她："秀远姐，你还有什么话要告诉你爸妈？"弥留的吴秀远打起精神说："你以为我会死吗？……不，不会的，日本鬼子还没有消灭，仇还没有报，我还要上前线……打……打倒日本鬼子！"说完这句话，便离开了人世。她终于为中华民族的解放流尽了最后一滴血，牺牲时年仅 19 岁。

⚬⚬⚬⚬⚬⚬⚬⚬⚬⚬⚬⚬⚬ 缅怀英烈 ⚬⚬⚬⚬⚬⚬⚬⚬⚬⚬⚬⚬⚬

吴秀远的牺牲，引起了潮汕人民的极大悲痛。1939 年 9 月 28 日，岭东各地青年抗敌同志会通讯处在普宁县流沙白塔秦祠堂召开"追悼吴秀远诸同志殉难大会"。潮汕各县青、妇抗会均派代表团参加，会后举办宣传周。10 月 1 日，岭青通讯处为悼念吴秀远而出版了《青报》增刊。独九旅为她在黄沙田建墓树碑，以示纪念。吴秀远的名字永远铭刻在潮汕人民心中。

英烈语录

"今天是我一生最有意义、最幸福的一天！倘我今天不会死在敌人无耻疯狂的余威下，那么日本鬼子终有一天会被消灭在我的面前。"

英烈精神

坚定勇敢、英勇无畏、奋斗不息的革命斗争精神。

（蔡少君）

黄文杰（1902—1939）

—— 对党无限忠诚，对人对事大公无私

主要生平

黄文杰，原名祥庆，乳名观妹，广东省兴宁县大坪区上大塘村人。

- 1902 年 10 月，出生于一个农民家庭。
- 1920 年，考入兴宁县立中学十四班（甲级），担任学校学生会会长，是学校中反帝爱国学生运动的积极分子。
- 1924 年 6 月，中学毕业。同年秋，到本县新陂小学任教，传授新文化新思想，深入新陂农村宣传革命。
- 1925 年春，借了兴民中学毕业生黄文杰（水口人）的毕业证书去报考。从此，改名为黄文杰。不久，加入中国共产党。同年 10 月，被推荐到莫斯科中山大学就读，直至 1929 年毕业。
- 1930 年，被分配到苏联的伯力、海参崴（符拉迪沃斯托克）一带从事党的工作。
- 1931 年，奉调回国后，在上海从事党的秘密工作。
- 1933 年 1 月，任中央执行局职工部部长。
- 1934 年 9 月，任中共上海临时中央局代理书记，直至 1935 年 7 月。
- 1937 年，调到武汉，任长江局组织部副部长。
- 1938 年 1 月，被任命为中共中央长江局驻广东特派员。同年，在武汉同周惠年结婚。
- 1939 年 10 月，因病抢救无效，不幸逝世。时年 37 岁。

黄文杰，原名祥庆，乳名观妹，广东省兴宁县大坪区上大塘村人，1902年10月出生于一个农民家庭。其父亲黄卓林，母亲张氏，一向耕田为活。黄文杰兄弟4人，他排行第二。

自幼追求进步

黄文杰自幼诚实纯朴，见义勇为，聪慧好学，追求进步。1914年他在本村大塘小学读书，名列榜首。1920年在大坪达务高小毕业后，以优异的成绩考入兴宁县立中学十四班（甲级）。他在校偶慨有志，勤奋好学，能写善讲，团结同学，在同学中颇有威信，担任学校学生会会长，是学校中反帝爱国学生运动的积极分子。一次放假期回到家乡，得知村里大地主黄梅卿强行霸占邻居黄坤古八分田地，他激于义愤，同黄梅卿论理，用事实揭露他横行乡里的恶行，表示要到县里控告，使黄梅卿不得已交还田地给黄坤古。黄文杰的举动，深得贫苦乡亲的称赞。1924年6月，黄文杰中学毕业。当时，正值大革命时期，广东成为全国的革命中心，兴宁的革命运动也日益蓬勃开展。同年秋，黄文杰应聘到本县新陂小学任教。他一面向学生传授新文化新思想，一面利用课余时间深入到新陂农村宣传革命。

接受革命教育

1925年春，黄文杰获悉广州黄埔军校招生的消息，喜出望外，决心报考，投奔革命。但当时尚未颁发县立中学的正式毕业文凭，又急于报考军校，他急中生智借了兴民中学毕业生黄文杰（水口人）的毕业证书去报考。从此，改名为黄文杰。结果，被黄埔军校录取。不久，黄文杰加入中国共产党。1925年10月，由军校党组织和苏联顾问鲍罗廷推荐到莫斯科中山大学就读，直至1929年毕业。在莫斯科中山大学期间，黄文杰同廖承志友谊深厚。

在上海从事党的秘密工作

1930年，黄文杰被分配到苏联的伯力、海参崴（符拉迪沃斯托克）一带从事党的工作。1931年，黄文杰奉调回国后，在上海从事党的秘密工作。他经常出入于法租界等地，以合法的身份参加上海社会科学研究会的活动，宣传马列主义。一二八淞沪抗战中，黄文杰积极参与发动工人和广大群众组织义勇军、敢死队、情报队、救护队、担架队和运输队支持十九路军。蒋介石对上海人民这一抗日行动十分忌恨，不但把十九路军从上海调往福建，且大力镇压人民群众的抗日运动。上海地下党动员人民群众同蒋介石进行针锋相对的斗争。但由于受到王明"左"倾错误影响，搞了不少过激的行动。如大搞"飞行集会"、示威游行、公开散发传单，致使上海党组织过于暴露，遭受了重大损失。1933年1月，中共临时中央政治局被迫由上海迁至中央革命根据地，党中央决定在上海建立以李竹声为书记的中共上海中央执行局，黄文杰任中央执行局职工部部长。当时，国民党反动当局利用我们队伍中的动摇分子、叛徒，四处寻找上海地下党机关，搜捕共产党人。1934年初，李竹声被捕叛变，后由沈仲良任书记。不久，沈仲良又被捕牺牲。在国民党反动派疯狂镇压革命、上海党组织遭到严重破坏的恶劣环境下，1934年9月，党中央决定成立中共上海临时中央局，黄文杰任代理书记，直至1935年7月。

狱中智斗

这时，国民党反动派在"前方剿匪，后方也剿匪"的口号下，以为中共中央还在上海，便集中了蓝衣社、CC、青洪帮、警备司令部、上海公安局等五个系统的特务人员，采取所谓"红旗"政策等卑劣手段，与租界捕房互相勾结，联合对付中共地下组织。中共上海临时中央局遭到严重破坏。黄文杰被捕入狱，判处15年徒刑，先关押在上海，后转押于南京宪兵警备司令部监狱。黄文杰化名李光龙，机智应对，坚称自己为学者，写信要家里寄《三国演义》《唐诗三百首》等书籍，在狱中阅读。他在敌人监狱中严守党的机密，经受了严峻的考验，"表现很好"（童小鹏语）、"对党一贯忠诚"（廖似光语）。

重建长江中下游各省党组织

1937年7月7日，全国抗日战争爆发后，为了抗日救国，国共两党实现了第二次合作。经党的积极营救，黄文杰被释放出狱，留在南京办事处做党的组织工作。9月26日，黄文杰遵照周恩来、叶剑英的指示，代表八路军南京办事处，到南京中央军人监狱接陶铸、曹瑛、赵希愚等七人出狱。10月，南京办事处迁至武汉，改名为第十八集团军办事处。为了加强党对南方各省抗日斗争的领导，党中央派王明、周恩来、董必武、邓颖超等组成中共中央驻武汉代表团（当时党内称长江局），负责领导南方各省党组织的抗战以及开展广泛的抗日民族统一战线的工作。黄文杰也作为代表团的成员调到武汉，任长江局组织部副部长。他积极协助部长秦邦宪重建长江中下游各省党组织。曾主持举办南方各省各地区的党员干部训练班，重点培养县、区级基层干部。

··········◦⊏ 加强对广东抗日运动的领导 ⊐◦··········

1938年1月，八路军广州办事处成立。4月，又成立了中共广东省委。广州办事处在武汉办事处和广东省委双重领导下开展工作。黄文杰被任命为中共中央长江局驻广东特派员，他同张文彬、廖承志、罗范群等省市领导以广州办事处为活动地点，经常在一起开碰头会，或作指示，或商量工作，从而加强了对广东抗日救亡运动的领导。武汉办事处曾指示广州办事处购买枪支、药品（西药）等，均一一办妥。

黄文杰对党的工作一贯忠诚积极，认真负责。1938年上半年，当时任第十八集团军参谋长的叶剑英在衡山主持举办南岳游击训练班（国民党中将、上将副司令长官30多人为学员），黄文杰协助叶剑英工作，将苏联出版的俄文本苏联游击战术教材翻译成中文，供叶剑英讲授。叶剑英对黄文杰的工作甚为满意。

7月间，黄文杰在湖南工作时，接到在国民党陆军第一百五十二师政治部上尉科员黄集发（原中共党员）的来信，谈及琼崖自冯白驹被捕后的斗争情况，并要求到解放区去工作。黄文杰及时复信说：你不需要去解放区，友军里需要人，国统区正需要人，要安心工作；有关问题，可找叶剑英、廖承志同志。随信附有给叶剑英、廖承志的介绍信。黄集发以此向叶剑英、廖承志汇报了琼崖方面的情况。

1938年10月中旬，中共中央长江局为了应付广州将沦陷的局势，特派黄文杰到广州。黄文杰抵穗后迅即协同广东省委代理书记李大林主持召开紧急会议。会议作出四项决定："（一）省委机关和八路军办事处迁往粤北。（二）成立中共西南特委（后改为粤中特委）和中共东南特委。（三）省委常委分赴各地分片领导。（四）中共广州市委留下部分党员坚持地下斗争。"黄文杰为贯彻广东省委决定、落实应急措施而日夜操劳，并协助省委做好干部的思想工作。黄文杰一直忙碌到日军占领广州前几天，才同云广英、陈健等人最后撤退到粤北。接着，他又亲自指导成立了八路军韶关办事处，直到把各项工作办妥之后，才离开韶关。1938年冬，黄文杰又以长江局秘书长的身份到韶关向广东省委传达扩大的中共六届六中全会精神。他根据党中央的决定，结合南方各省的实际情况指出：日本帝国主义正扩大侵华战争，要打通粤汉路，占领长江流域。因此，粤汉铁路以东和长江中下游地区都属敌后。中国共产党在这些地区要放手发动群众，开展敌后抗日游击战争。强调指出：要独立自主领导武装斗争，不要被国民党捆绑手脚；要批判王明的一切经过统一战线的右倾机会主义，对国民党要坚持又团结又斗争、以斗争求团结的方针。在黄文杰的具体指导下，广东省委认真贯彻执行了党中央的重要指示，因而有力地推动了广东各地的抗日战争。

赴渝接受任务

1938年，黄文杰在武汉同周惠年结婚，夫妇两人"只知道工作"，周惠年怀孕5个月了，"为了多做点工作，多要求进步"，毅然做了人工流产手术，以便轻装到延安学习。12月底，周恩来写信给黄文杰，着其赴渝接受任务。黄文杰尽管有病在身，仍历尽艰险，辗转抵达重庆。

1939年1月，国民党顽固派实行从对外转向对内的反动政策，制订了一整套反动的"溶共""防共""限共""反共"的具体措施。为了对付国民党的无理进攻，全面领导中国共产党在国统区的工作，中共中央南方局书记周恩来同叶剑英、董必武、邓颖超等在渝召集南方各省领导人开会。黄文杰出席了这次会议。会议决定深入发动群众，壮大中国共产党力量，广泛开展统一战线工作，争取抗战胜利。在南方局负责组织部工作的黄文杰，忠实执行党的决定，虽然身有肺病，仍然埋头苦干，积极工作，从不考虑个人安危。

积极宣传党的抗日纲领和抗日民族统一战线政策

黄文杰除做好本职工作外，还撰写政论，出版了《论政党》一书，并且经常写文章，以"绚云""烂光"等笔名在党的报刊《群众》《解放》《新华日报》发表，积极宣传党的抗日纲领和抗日民族统一战线政策。

黄文杰的俄文造诣颇深，尽管当时工作繁忙，还为俄文翻译家张仲实翻译的斯大林《论民族问题》一书做校核工作，得到张仲实的好评。

因病逝世

1939年10月，黄文杰的病经过治疗已基本痊愈了。但当时日本飞机经常狂轰滥炸重庆。一天晚上，因躲避日机轰炸进防空洞而又受凉发高烧，经抢救无效，不幸逝世，年仅37岁。

缅怀英烈

黄文杰逝世后，重庆办事处的全体同志甚为之哀痛，周恩来、董必武、邓颖超等亲自送葬至墓地。为了悼念"对党无限忠诚、对人对事大公无私"的黄文杰，《新华日报》出版专刊；《群众》杂志出版的专刊上，登载了叶剑英的悼念文章，称赞黄文杰"农民气质浓厚，做事负责认真，有骆驼般精神"。

英烈精神

对党无限忠诚、对人对事大公无私的共产党员品格；做事负责认真，有骆驼般精神。

（罗梅腾）

钟蛟蟠（1899—1939）

—— 广东南雄早期革命领导人

主要生平

钟蛟蟠，原名蛟磐，又名蛟盘，号子安，广东省南雄县珠玑乡灵潭恒丰店人。

- 1899 年 4 月 11 日，生于一个贫农家庭。
- 1923 年夏，首批被吸收入青年学社。
- 1926 年 1 月，在南雄县第一次农民代表大会中被选为宣传委员兼秘书。
- 1927 年初春，加入中国共产党。2 月，投考黄埔军校，被录取在入伍生班。12 月，参加广州起义。
- 1930 年，与南雄游击队负责人李乐天等率部配合红四军主力作战，接连取得了攻克南雄县城和信丰县城的重大胜利。7 月，参加过陈毅在信丰举办的两期训练班的具体工作和攻打吉安等一系列战斗。
- 1930 年 12 月至 1931 年 9 月，随军转战江西、福建、广东三省。
- 1932 年 7 月初，随红十二军回到南雄，参加著名的"水口战役"。
- 1934 年 10 月，随中央红军参加了举世闻名的二万五千里长征。
- 1935 年 10 月，到了陕北，调任红一军团政治部宣传部宣传科长。
- 1937 年 9 月 25 日，参加平型关战役。
- 1939 年 9 月 8 日上午 9 时许，遭敌机轰炸而牺牲，时年 40 岁。

贫困的家境

钟蛟蟠，原名蛟磬，又名蛟盘，号子安，广东省南雄县珠玑乡灵潭恒丰店人。1899 年 4 月 11 日生于一个贫农家庭。父亲钟腾湘当过塾师，母亲胡氏是普通农民。钟腾湘有四男一女，蛟蟠为第四子。钟蛟蟠的妻子幸茂娇，系普通农家妇女，1949 年病逝，生三子一女。

钟蛟蟠三岁丧父，哥哥钟蛟升、钟蛟登过继与人为子，妹妹当童养媳，家境十分贫困。他 6 岁就开始参加劳动，直到 1915 年，伯父们见他聪颖好学，才集资送他到珠玑高等小学读书。钟蛟蟠勤奋学习，练出一手好书法、画得一手好图画。

在斗争中经受锻炼

1921 年，钟蛟蟠高小毕业后考入了省立南雄中学。其时，五四运动的浪潮早已波及南雄，他开始接受新文化的洗礼，逐步受到共产主义思想的影响。他常常看一些革命刊物，认识不断提高。1922 年春，校长王道纯勾结反动县长曾謇贪污建校公款，使新建校舍质量极差倒塌压伤许多学生，引起了师生极大的义愤。一个晚上，钟蛟蟠与曾昭秀、李乐天等人联合 100 多名学生在河边街何家祠秘密开会，决定揭发王道纯的罪行，呈请广东省教育厅撤销其校长职务，并领导同学罢课和示威游行。他们坚持斗争 1 个多月，终于取得了胜利，把王道纯撵走了。钟蛟蟠在这场斗争中经受了锻炼。但反动县长恼羞成怒，将他和另外 15 位进步学生扣上"捣乱"的罪名开除学籍，钟蛟蟠从此辍学回家耕田。

加入"青年学社"

1923 年夏，在广州读书的南雄籍的进步学生曾昭秀、陈召南、彭显模等利用暑假回南雄组织青年学社，传播马列主义。钟蛟蟠首批被吸收入社，他在社内经常阅读革命书刊，深入农村向青年宣传，思想觉悟进一步提高。

加入中国共产党

1925 年 5 月，中共江西赣南特委派陈赞贤到南雄组织工农运动。同年秋，广东区委派共产党员曾昭秀、陈召南等回南雄建立党组织。钟蛟蟠自觉地站在党的旗帜下，在灵潭、珠玑一带发动农民成立了村乡农会，举办农民夜校，向农民宣传"打倒土豪劣绅分田地""减租退押""废除苛捐杂税"等革命主张。1926 年 1 月，南雄县第一次农民代表大会召开，各村、乡农会代表 1000 多人出席大会，宣布南雄县农民协会成立。钟蛟蟠参与大会的组织领导工作，起草会议决议案、农会章程，拟写标语口号，印发有关揭露地主豪绅压迫剥削农民的材料。大会选举陈召南为县农民协会委员长，钟蛟蟠被选为宣传委员兼秘书。会后，他深入乡村，领导农民开展打土豪劣绅的斗争。1926 年夏，他组织珠玑一带农会会员进城与工人一道进行反霸斗争。由于他立场坚定，斗争积极，1927 年初春，光荣加入中国共产党。

参加广州起义

1927 年 2 月，钟蛟蟠由中共南雄县委安排投考黄埔军校，被录取在入伍生班。不久发生四一二反革命事变，他便转入韶关北江农民自卫军军政学校，经受了三个月的严格训练。后来该校师生北上开往武昌，途经南雄时，组织决定他留在本县工作。同年 12 月，钟蛟蟠参加了广州起义。

建立南雄游击队

广州起义失败后，他潜回本县秘密活动，参加组织和领导南雄、仁化暴动，建立南雄游击队，以油山为根据地，进行艰苦卓绝的游击战争。钟蛟蟠在革命遭受失败时的严峻时刻不灰心，始终忠诚于共产主义事业，忠诚于中国人民的彻底解放，充分表现了共产党员的革命气概和革命精神。

带头参加红军

1930 年 4 月 1 日，朱德、毛泽东根据前委和红四军军委会议关于分兵发动群众的决议，率前委、红四军军委及第一、第二、第四纵队经南康、大余，越过大余岭向南雄进军。钟蛟蟠作为南雄游击队参谋长前往梅岭接应。有一天，红四军一支部队强行军疲劳之后，到梅岭中站村宿营。其时，企图来拦截消灭红军的粤军陈济棠部队离该村只有 5 里。红军不知道这种情况，处境非常危险，随时都有被敌人包围消灭的可能。钟蛟蟠冒险连夜赶到中站将情况报告给红军。红军部队脱离险境才半个钟头，敌人就进占了这个村子。钟蛟蟠此举使红军避免了一次重大损失。随后，钟蛟蟠与南雄游击队负责人李乐天等率部配合红四军主力作战，接连取得了攻克南雄县城俘敌吴文献教导团 900 多人和攻克信丰县城歼敌 1700 人、缴枪 500 多支的重大胜利。战斗结束后，前委决定将南雄、信丰、大余、南康各县游击队整编为新红二十六纵队，钟蛟蟠任纵队政治处宣传科长。接到整编命令后，南雄游击队许多人为能够参加红军而高兴，但也有少数战士怕远离家乡。钟蛟蟠这时已有 3 子 1 女，最大的女儿只有 11 岁，但他以身作则，带头参加红军，还耐心做战士的思想工作，讲述只有当红军打天下才是唯一出路的道理。他的言行感动了许多游击队员，终于使全体游击队员都参加了红军。

投入"赤化赣南"的斗争

新红二十六纵组建后，即投入"赤化赣南"的斗争。钟蛟蟠征战南康、上犹等地，改任政治处组织科长。7 月，钟蛟蟠随新红二十六纵编入红二十二军，并担任该军秘书，参加过陈毅在信丰举办的两期训练班的具体工作和攻打吉安等一系列战斗。这年年底，红二十二军缩编，钟蛟蟠调到红十二军，任军政治部文化娱乐科科长。

1930 年 12 月至 1931 年 9 月，钟蛟蟠随军转战江西、福建、广东三省，参加过数十次战斗。钟蛟蟠在红十二军中普遍建立起列宁室，设立宣传员，部队在一个村子住 3 天，就要把列宁室布置起来，组织战士们在这里进行唱歌、排戏、讲故事、说笑话、猜谜语等文娱活动。他还亲自画漫画，写标语口号，写通讯报道，给战士上文化课，通过各种形式向群众宣传。

参加水口战役

1932 年 7 月初，钟蛟蟠随红十二军回到南雄，参加著名的"水口战役"。鉴于他是南雄人，熟悉情况，罗炳辉军长让他随军部指挥所行动，参与战斗指挥。回到恒丰店，他把罗炳辉等红军首长介绍给乡亲，向乡亲们宣传红军三次反"围剿"的伟大胜利，宣传中央苏区的情况，号召大家踊跃支前。恒丰店的乡亲杀鸡杀鸭，热情款待红军指战员。钟蛟蟠又向罗军长建议红军尽快占领沅江西岸的有利地形，并亲自带同乡战士欧阳汝芬和一个侦察排，冒着敌人炮火，侦察出敌指挥部设在大坑打石湖。于是红军在朱德、罗炳辉、董振堂等人指挥下，集中兵力向敌指挥部发动猛烈攻击，终于摧毁了敌军指挥部，使敌人在打石湖留下了 400 多具尸体后逃窜。这次战役，红军击溃了自称"铁军"的广东陈济棠部十八个团，缴枪 2000 多枝。群众说这是"铁军"碰上了"钢军"。钟蛟蟠在这次战役中立下战功，荣获勋章。战斗结束后，他利用部队休整的机会再次回家，在晚餐席上对爱人说："我以革命为业，走上战斗生涯，对家庭之事就管不上了。我走后，你们要耕好田，无论如何要送子女读点书，不管有什么苦处，都要相信红军一定会胜利，革命一定会成功。"还书写"耕读维家" 4 个大字，作为对子女的家训。不久，他随军回师江西中央苏区，又投入了第四次反"围剿"的斗争。

参加二万五千里长征

1934 年 10 月，钟蛟蟠随中央红军参加了举世闻名的二万五千里长征。在爬雪山、过草地的艰苦征途中，他高唱"六月里来天气热，黑水、芦花青稞麦；艰苦奋斗为哪个？为了苏维埃新中国"小调，进行行军鼓动。到了扎西，军委决定各军团缩编，钟蛟蟠调任红一军团第四师政治部宣传科长。1935 年 10 月，红军长征到了陕北，他调任红一军团政治部宣传部宣传科长。之后，他随中国人民红军抗日先锋军参加了东征和西征，为巩固和扩大陕北根据地而斗争。

奔赴抗日前线

1937 年 7 月，抗日战争爆发。8 月 25 日，中国工农红军改编为八路军，钟蛟蟠任一一五师独立团宣传科长。8 月下旬，他在三原开过抗日誓师大会后，参加东渡黄河，向北岳恒山和太行山进军，奔赴抗日前线。

9 月 25 日，钟蛟蟠参加了震动中外的平型关战役。战前，他在灵丘县上寨村小学土坪上听了战斗动员和师首长对战局的分析。钟蛟蟠回到驻地，即协助团长杨成武迅速开展战前动员。他向部队提出："头可断，血可流，宁死不做亡国奴""誓与侵略者决一死战，为保卫祖国流最后一滴血"的口号。独立团的任务是在灵丘至涞源间保障主歼部队侧翼的安全，有些干部战士为不能担任主歼任务而不快，他给战士们讲述师团首长的意图，使他们充分认识保障全师侧翼安全的重要意义。由于形势紧张，他与团首长一样几天几夜没有很好休息，突击行军，漆黑的夜晚又逢瓢泼大雨，山洪暴发，战士一个个冻得唇青嘴乌，摔得像个泥人，钟蛟蟠则及时带领宣传队做鼓动工作，为全团胜利完成任务起了很好的作用。以后，他接连参加了独立团攻克河北涞源、山西广灵灵丘、察南蔚县等战斗，为收复失地，开辟抗日游击区贡献力量。此间，根据聂荣臻政委指示，受杨成武委派，钟蛟蟠先后担任过涞源、广灵和蔚县的临时县长，在这几个县建立起抗日民主政权，为晋察冀抗日根据地的形成奠定了初步基础。11 月 7 日，晋察冀军区正式成立，杨成武独立团改为第一支队，钟蛟蟠改任支队宣传科长。

1938 年 7 月，晋察冀军区在平绥线上分五路，平汉线上分三路，正太线上分两路举行全线总攻击的武装示威运动，以纪念抗战一周年。杨成武部攻击易县。钟蛟蟠像往常一样，战前就深入到战士中去做宣传鼓动工作。他到尖兵班同战士一起制订杀敌立功计划。这个班的班长王得胜就发出"缴枪比赛！""捉鬼子比赛！""以战斗的胜利来纪念七七"的倡议。钟蛟蟠同尖兵班一起夜行军，战斗中，王得胜最先登上城墙，缴获迫击炮一门，打死四个鬼子，活捉一个鬼子，背着四支日造新式七九步枪胜利归队。战斗结束后，钟蛟蟠立即将王得胜的英雄事迹写成《易县城墙上的王得胜——"七七"战斗故事》一文，印发给所属部队，掀起学习英雄的热潮。这篇文章还在《八路军军政杂志》上发表，收到很好的宣传效果。1939 年 1 月，钟蛟蟠调任晋察冀军区政治部宣传部副部长。两年中，他随军转战晋察冀边区，身经百战，备历艰辛，成为一名八路军的优秀干部。

遭敌机轰炸而牺牲

1939 年 9 月，钟蛟蟠奉命到延安报告工作。9 月 8 日上午 9 时许，遭敌机轰炸而牺牲，年仅 40 岁。噩耗传开，晋察冀军民悲愤难言，发誓要为烈士报仇雪恨。肖向荣写了《钟蛟蟠同志略历》刊登于 9 月 25 日出版的《八路军军政杂志》上，称赞钟蛟蟠是中国共产党的优秀党员之一，是八路军的优秀干部之一，也是中华民族的一个优秀分子。

● 英烈语录 ●

"我以革命为业，走上战斗生涯，对家庭之事就管不上了。"

"要相信红军一定会胜利，革命一定会成功。"

"头可断，血可流，宁死不做亡国奴。"

"誓与侵略者决一死战，为保卫祖国流最后一滴血。"

● 英烈精神 ●

坚定的革命立场、必胜的革命信念、始终忠诚于共产主义事业的革命精神。

（朱定华）

何与成（1916—1940）

—— 打击日寇是每一个中国人义不容辞的责任

主要生平

何与成，又名景炎，广东省东莞县县城人。

- 1916 年，生于一个书香之家。
- 1934 年夏秋间，加入共青团。
- 1935 年底，和张里夫等一道，在塘沥、凤岗、山厦、平湖、清溪一带发动农民组织"兄弟会"，发动小学教师组织抗日救国会。
- 1938 年，加入中国共产党。
- 1939 年初，任东宝惠边人民抗日游击大队政训员。此后这支队伍和曾生的队伍一起，成立了军事委员会，何与成为委员之一。
- 1940 年，为保存队伍被敌人诱捕。在监狱与同志们互相关心，互相照顾，这种团结友爱的精神鼓舞同志们坚决同敌人作最后的斗争。同年农历八月十三日下午，在西湖畔的五眼桥被国民党反动派杀害，时年 24 岁。

组织读书会

何与成，又名景炎，广东省东莞县县城人，1916 年生于一个书香之家。他少年时就好抱打不平，在莞城爱群小学读五年级时，一天，有位同学因家贫帮助家里做工迟到了，老师不由分说地责罚了这位同学。何与成同情这位同学，气愤地同老师顶撞起来，竟被这位老师打了一顿。他一怒之下，离开了学校，并自学完了小学课程，考上了东莞中学初中。他毕业后，因家境清贫，便到石龙一间店铺里当学徒工，工作中经常受老板的虐待。后来，他回莞城顶了大哥何鼎华的工作，在图书馆当职员。在那里何与成读了不少进步书籍，从中探求革命真理；还经常和张广业等聚集一起，讨论时事，组织读书会。

组织"抗日救国会"

1934 年夏秋间，为了找寻党组织，在谢阳光、赵学的帮助下，他到了上海。不久便加入了共青团，并在闸北团区委当宣传部长，积极参加革命活动。

1935 年，白色恐怖笼罩着上海。一次，何与成在区委会开会，不幸被捕，后来在父亲的营救下出狱。1935 年底回到东莞，和张里夫等一道，在塘沥、凤岗、山厦、平湖、清溪一带发动农民组织"兄弟会"，发动小学教师组织抗日救国会。

创办力行小学

随着一二九爱国运动的爆发，东莞的抗日救亡运动也蓬勃开展起来。1936 年下半年，何与成回到莞城，把邹韬奋主编的《大众生活》杂志传给青年们阅读，以唤起广大青年投入抗日救亡运动。年底，为掩护党的活动，何与成等创办力行小学，他任校长。1937 年 1 月，东莞县临工委成立，力行小学成为临工委的联络点。东莞县中心支部成立后，书记姚永光也住在这里，当挂名教员。这时，何与成虽未入党，但在党的领导下，积极做好抗日统一战线工作。

争取抗日武装力量

东莞县社训总队的副队长颜奇，同何与成有些交情。颜奇是从国民党庐山训练团毕业的，军衔是少校。他直接掌握一个常备大队，以及属下的各区社训中队、乡的社训小队。把这支队伍争取过来，对中国共产党建立抗日武装是有利的。何与成通过积极做颜奇的思想工作，使颜奇增强了民族感情。不久，颜奇便推荐何与成担任了社训总队的政训员，并接受了何与成的建议，安排了一些共产党员到社训总队受训；同意共产党派李燮邦到壮常队第二中队当副中队长和派一些同志到该中队当班长以上的干部。后来，颜奇又接受共产党的意见，成立壮常队第一中队，派陈昶当中队长，黄树楷也派进去当了支部书记。在何与成的努力下，壮常队逐步成为一支战斗力较强的抗日武装队伍。何与成以自己的行动，经受了党的考验，于 1938 年加入中国共产党。

1938 年 10 月 12 日，日军在大亚湾登陆，东莞国民党政府官吏一片慌乱。爱国青年纷纷要求成立游击队，中共东莞中心县委以国民党社训总队的名义，建立了由共产党直接掌握的东莞抗日模范壮丁队（简称"壮模队"）。当时，日军沿着东江直捣广州，莞城告急。13 日晚上，由何与成带领壮常队第一中队 130 余人，连夜赶到榴花塔下鳌峙塘一带扼守东江河。14 日晨，颜奇又带壮常队第二中队和壮模队第一小队前往协助阻击日军。这时，日军小部队在石碣一带搜索，同时炮轰部队扼守的东江南岸。在打退了企图强渡东江的日军后，颜奇和何与成找来两艘大船，连夜带领二中队和壮模队共 40 多人过江后，隐藏在刘屋村边的竹林里布置好伏击。何与成带着宣传员到刘屋村去做宣传发动工作。上午 10 时，突然窜来 30 多名日军骑兵。这意料不到的遭遇战，使部队牺牲了 11 位同志。何与成等把 11 具烈士遗体运回东莞城，召开了几千人参加的追悼会。会后，何与成等抬着烈士棺木游行，更激起了东莞人民对日军的仇恨，也推动了一些有正义感的爱国军人，参加抗日的行列。

1938 年 11 月 25 日，日军占领了东莞县城，并连日大"扫荡"，国民党军队纷纷南逃。为了避开敌人"扫荡"的锋芒，中心县委决定把部队拉到屏山水口，在莲花山一带打游击，建立抗日根据地。不久，东南特委书记梁广指示姚永光和何与成，把东莞撤出去的 100 多人带到惠阳归入曾生领导的部队。1938 年 12 月底，何与成又遵照东南特委的决定，带着几个干部回到东莞。1939 年初，部队和地方武装经过苦草洞整训，成立了东宝惠边人民抗日游击大队，王作尧当大队长，何与成当政训员。一支抗日游击队伍在党的领导下又建立起来了。这支队伍和曾生的队伍一起，成立了军事委员会，何与成为委员之一。从此，这两支部队在党的领导下，更紧密地携起手来，像两条有力的铁臂，不断给日军以沉重的打击。

怒拒拉拢利诱

1939 年夏，华南的日军基本上停止了战略性的进攻，改为分散兵力，巩固占领区，在宝安一带，控制着宝太线，在南头、西乡、沙井等地建立据点，扼守交通要道。在游击队的接连打击下，南头的日军逃到海上。何与成带着阮海天中队收复和进驻了南头城。当地的地主豪绅极尽腐蚀拉拢之能事，对他歌功颂德。何与成严肃地说："打击日寇是每一个中国人义不容辞的责任。"他们又搬出烟具，拉何与成等吸鸦片。何与成愤怒地把鸦片烟具踢倒在地，地主豪绅只好灰溜溜地跑掉。

齐心合力，拿起刀枪，保卫家乡

东江敌后游击战争胜利的浩荡东风，吹遍了东江南岸的乡村和城镇。不愿当亡国奴的人民纷纷参加游击队，王作尧、何与成部队发展到 200 余人，他们齐心合力，拿起刀枪，保卫家乡。

1939 年 4 月，党为了更广泛地团结一切抗日力量，将王作尧部队改用国民革命军的番号——第四战区东江游击挺进指挥部第四游击纵队直辖第二大队。7 月间，国民党反动派正酝酿第一次反共高潮。惠州游击指挥所主任香翰屏派人通知王作尧到惠阳与东莞交界的约场会面。明知这是国民党顽固派摆的鸿门宴，但为了团结抗日，为了有利于抗日统一战线，王作尧和何与成还是前往香翰屏的临时司令部。香翰屏见王作尧和何与成来了，皮笑肉不笑地东扯西扯一阵之后，突然问："你们加入了国民党没有？"机灵的何与成不慌不忙地回答："蒋委员长说过，一旦抗战开始，就万众一心，不分男女老少，不分党派，同心同德，抗战到底。我们是按这个号召起来抗日的。至于参加什么党派，待抗战胜利后再说吧。"王作尧接着说："现在是一切为了抗战，要不分党派，精诚团结，齐心抗战才是。"说得香翰屏哑口无言。

1940年元旦刚过，顽军已在部队周围增加了兵力，形成了对部队的包围圈。为了抗击反共逆流，部队决定向海陆丰一带转移。3月1日，何与成参加坪山紧急军事会议后，回到乌石岩在罗祖村秘密地开了一个党内的紧急动员会，作转移的安排。同时又找到东莞县委的同志，叫他们通知一些暴露身份的同志撤退和隐蔽，然后派人通知政工队黄木芬和东宝队的王启光提高警惕。部队于3月9日夜开始转移。当时，十数倍于部队装备精良的敌人对部队围追堵截，几乎每天都要打仗。由于敌人的反动宣传，群众也不理解部队。武器弹药、粮食、药品得不到补充。在行军途中，何与成总是一会儿跑上，一会儿跑下，关心战士的伤病，鼓励同志们跟上。禾镰石山很陡，遍山都是碎石，一不小心，就有可能连人带石滚下山崖。他一会儿帮帮这个，一会儿拉拉那个。他还当了"收容队"，身上随时都背着好几支枪，比同志们疲劳得多，可他总是乐呵呵的。

为了和曾生部队取得联系，何与成派人到高潭了解情况，才知道曾生部队也被敌人重兵包围，行军计划被打乱。何与成只好带领部队沿着山上荆棘丛生的小路往回走。同志们的鞋都磨烂了，两脚划了一道道血痕，每走一步都要付出血的代价。王作尧和何与成召开了干部会议，把严重的形势向部队讲清楚，鼓励部队克服困难继续往回走。部队越过斜障山东南一个山坳，打算在这里稍事休息，可是，国民党顽固派凌团又尾追而来。当部队与凌团的战斗打响后，大家向后撤退，一中队在半山同敌人战斗。不久，何与成来到一中队阵地参加战斗，对敌人进行喊话："中国人不打中国人！"想不到国民党军队中也传来回应的喊声："不要误会，都是自己人。"双方停止射击。凌团派了个参谋上山，请何与成和卢仲夫到黄沙坑谈判。当日下午，何与成回到山上即派人去大队部联系。大队部委派罗振辉来与何与成会面，一起与凌团谈判。敌人到底搞什么名堂？很难说他们有谈判的诚意。因为我军被围时，他们就要消灭我们；现在我军冲出包围了，他们又说来谈判。当时我军并没有丧失警惕，不但做好了战斗准备，还召开了党的小组会议，把党员的笔记本都烧毁。直到第二天，何与成上山来，说谈判条件基本一致，同意收编，去找王作尧研究。当他找到王作尧时，凌团已向四面运动，形成对我军的包围。这时，他意识到问题的严重性了。可是卢仲夫中队还在敌人的包围圈中。何与成决心不惜牺牲自己，也要回去把队伍带出来。这时，他从衣袋里取出一小包东西交给王作尧，说："这是我的笔记本，也是我的党费。"然后向王作尧敬了一个军礼，说："大队长，你的担子更重了。"说完，他眼睛也红了，转身脱下棉衣，披在弟弟何通的身上，回到阵地去。何与成回到阵地时，局面已不可收拾，他和一中队一起被捕了。

监狱中坚持斗争

1940 年 4 月 29 日晨，何与成等 43 人被押到梅陇附近。由于顽军加了一个连看守，还把他们绑起来，使原拟订的暴动计划无法实现。后来敌人又把他们投入到惠州国民党东江游击指挥所的监狱，还给他们上了脚镣，而且提前单独把李燮邦枪杀。一场严重的生死斗争开始了。何与成勉励大家坚定信心，团结一致，互相关心，爱护身体，出狱后继续抗日。大家都紧紧地团结在何与成的周围。后来，情况逐渐变得更加严峻了。他要求大家保持清醒，注意保守部队秘密，不要暴露其他同志的身份。他利用放风的机会组织几个干部，分别找战友谈话。在他和干部们的努力下，监狱里没有一个人暴露身份。

国民党顽固派是惨无人道的，每人每天只能吃半口盅粥，很多同志生病，有的甚至病死饿死了。因此，个别同志情绪低落，何与成就跟同志们讲革命烈士的事迹，讲《夏伯阳》《铁流》《钢铁是怎样炼成的》等书中的故事，天天讲一段。这些故事深深地教育了每个同志，使大家都能做到互相关心，互相照顾。当时监狱住得很满，为了让战友休息得好一些，他便把自己住的地方让给战友，自己却睡在别人的床底下。有的同志接到了家属送来的一些食物，到放风时大家一起吃。这种团结友爱的精神，萌发着一股潜在的力量，鼓舞同志们坚决同敌人作最后的斗争。

血染五眼桥

党组织曾经千方百计设法营救何与成等同志，然而都未获成功。后来，党组织通过在国民党内较有影响的民主人士李章达，电令香翰屏，要他把何与成等解押来韶关，然后再设法营救。

狡猾的香翰屏接到电令后，拒不执行。1940 年农历八月十三日下午，便把何与成、卢仲夫、罗尧、罗振辉和叶镜源从狱中押至西湖畔的五眼桥。这里是国民党反动派枪杀共产党人和革命志士的地方。何与成意识到敌人将对他们下毒手了。在死亡面前，他想到的不是自己，而是还在狱中坚持斗争的同志。当敌人举枪准备射击时，他态度从容地说："且慢，我还要说几句话。我们在狱中的几十人每餐吃不饱，你们如果还有人性的话，应该增加些粮食，使他们能够吃饱。"寥寥数语，道出了一个伟大革命者的胸怀！罪恶的枪声响了，烈士的鲜血染红了五眼桥，滋润着东江大地。

何与成烈士倒下去了，牺牲时年仅 24 岁，但是他的英名常留在东江人民心中。1941 年冬，为了纪念何与成烈士，五大队决定将其中的一个中队命名为"与成队"。人们说，何与成烈士像遍布东莞大地的莞草，它不争春、不争俏，只要有泥土，就能长得青葱翠绿。

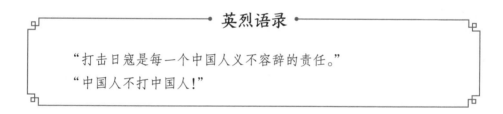

─•─ 英烈语录 ─•─

"打击日寇是每一个中国人义不容辞的责任。"
"中国人不打中国人！"

─•─ 英烈精神 ─•─

面对困难勇往直前的革命乐观主义精神，面对死亡无所畏惧的为革命不怕牺牲精神，面对同志像春天般温暖的团结友爱精神。

（傅泽铭）

胡展光（1909—1940）

—— 共产党人是杀不绝的

胡展光，广东省惠阳县人。

- 1909 年，出生于一个农民家里。
- 1927 年，到香港谋生。
- 1929 年，考进陈济棠办的燕塘军校。毕业后，被安排在军队中工作。
- 1933—1936 年，任国民党军队排长，在广州驻防期间成为一名中共秘密党员。
- 1936 年冬，任国民党军队一五七师九四一团连长，利用自己的合法身份，为闽南地下党提供军事情报，使地下党和游击队避免了许多损失。
- 1938 年初，率部驻防海陆丰。10 月，离开国民党军队，投身惠宝人民抗日游击队的组建工作。同年冬，受组织派遣，以合法的身份，开展党的抗日救亡工作。
- 1939 年 5 月间，在黄田牌举办了抗日游击干部训练班，为博罗县的抗日武装斗争培养了一批军事骨干。
- 1940 年，在惠州不幸被捕。4 月 20 日，被枪杀于惠州西湖畔飞鹅岭，时年 31 岁。

1909 年，胡展光出生于广东省惠阳县澳头衙前村一个农民家里。少年时家境贫寒，父母含辛茹苦，才让他念了四五年书。

胡展光 18 岁时，辞别了父母，到香港谋生。他寄宿在亲友家里，靠做零工糊口，饱尝了寄人篱下的滋味。1929 年，他从香港到广州，考进了陈济棠办的燕塘军校。毕业后，被安排在军队中工作。他耳闻目睹旧军队中许多腐败内幕。

成为秘密党员

1931 年九一八事变后，他对日本帝国主义的侵华罪行极端痛恨；对国民党采取不抵抗主义的卖国政策，感到无比愤慨。为自己作为一个中国军人，却不能奔赴战场保家卫国而感到耻辱。在苦闷和彷徨中，他阅读了鲁迅的著作和一些其他进步书刊。严酷的社会现实的教育，革命思想的启迪，使他逐渐认识到只有中国共产党才能把中国引向光明。1933—1936 年，他任国民党军队排长，在广州驻防期间，中共地下组织发现他思想倾向进步，具有强烈的爱国心，便派人跟他接近。经过教育和一段时间的考验，便吸收他入党，成为一名中共秘密党员。从此，他像黑夜中的航船找到了灯塔，在党的指引下踏上了革命的征途。

以合法身份开展党的工作

胡展光入党后，按照党的指示，继续留在国民党军队里，以合法身份进行党的工作。他和地下党的同志在广州中央公园侧的叶氏宗祠里，建立了一个名叫"淡社"的群众团体，宣传党的抗日主张，组织青年和爱国人士参加抗日救亡工作。当时，党的经费有困难，他就把每月的薪饷除留下必要的生活费外，其余都交给党作活动经费和接济困难的同志。

有一年，胡展光回家乡过春节。他曾对妻子说："不久，我就不当这个官，要到山区去过跋山涉水的艰苦生活。到时，我会回来带你一起去。"他还嘱咐妻子说："你不识字，要加紧学习文化。以后会有人来我们村里办农会和妇女会。你要串联村中的青年妇女参加。这些事现在不要传出去！"大年三十晚上，他发现村中贫苦农民胡全还挑草去卖，便叫妻子送去 7 元钱，让胡全买回了一箩米和猪肉等年货，一家人欢欢喜喜地过春节。他这种热心帮助贫苦农民的行为，在当地传为美谈。

1936年冬，胡展光在国民党军队一五七师九四一团任连长时，该师奉命开赴闽南执行"剿共"任务。胡展光利用自己的合法身份，把所掌握的军事情报及时转告闽南地下党，使地下党和游击队避免了许多损失。有一次，由于事前得到胡展光的情报，漳浦里的游击队在反"围剿"中还消灭了国民党部队的一个班，俘虏了10多名士兵。有两次，胡展光所带的连，在行军中与游击队遭遇。当时，游击队处于不利地位。胡展光巧妙地迟迟不下达攻击命令，让游击队得以退到深山密林中去。在闽南几个月的"围剿"中，胡展光所在的营曾先后逮捕了游击队3名交通员。胡展光密切配合地下党进行营救。这3位交通员逃出了虎口。在闽南期间，胡展光与闽南游击队连长朱曼平保持经常的联系。他身在敌营，想的都是党的革命事业。当时，他每月的薪饷是80元。家乡有父母、妻子，但他很少往家里寄钱，而把节约下来的钱，用于支持搞地下工作的同志。1937年间，他曾先后两次托堂弟胡洁生代为寄款给远在广州搞革命工作的李健行。

1937年7月7日卢沟桥事变后，正在闽南"剿共"的国民党一五七师奉命调到厦门市。胡展光的那个连驻扎在市区。他通过种种办法与厦门地下党取得联系，利用合法地位，宣传和组织群众，开展抗日救亡工作。当时，胡文虎在厦门办的《星光日报》社里，有两名记者是地下党员。他们经常以采访为名，到连队来跟胡展光保持密切的联系。

开展抗日救亡工作

1938年初，国民党一五七师由厦门调到潮汕、海陆丰一带。胡展光率部驻防海陆丰。1938年10月12日，日军在惠阳大亚湾登陆。国民党军队不战而退，惠阳、博罗、广州相继沦陷。胡展光离开国民党军队，到东江抗日前线，与曾生、叶锋、李健行等取得联系，投身惠宝人民抗日游击队的组建工作。他不但动员妻子曾友妹参加革命，而且发动了村中一批青年参加游击队。衙前村也就成了党开展抗日游击活动的根据地。

1938年冬，胡展光受组织派遣，通过国民党博罗县长黄仲瑜的侄子、地下党员黄健的关系，打进博罗县政府任军事科长，以合法身份，开展抗日救亡工作。他带领响水的群众抗日武装在下马石地方袭击日军，打响了博罗地区抗日的第一枪。他和当时打进国民党县政府和县党部的地下党员黄健、刘融、刘志远一起，争取县党部书记长陈洁等进步人士的支持，成立战时工作团，改组博罗县政府，使县党部和县政府基本上掌握在共产党手里，为党领导下的东江华侨回乡服务团（简称"东团"）博罗队开展抗日救亡工作提供了有利的环境。1939年春，李健行按中共东江特委的指示，以博罗队队员的身份作掩护，到博罗建立县委，胡展光任军事委员。在县委的领导下，打进国民党县、区、乡政权的地下党员和博罗队里面的党员内外结合，把群众性的抗日救亡活动搞得很活跃，青抗会、妇抗会、民众夜校遍布城乡各地，抗日救亡的歌声到处飞扬，抗日民主运动蓬勃兴起，使博罗被誉为"小延安"。

为了推动抗日游击战争的开展，根据东江特委的指示和县委的决定，胡展光以县政府军事科的名义，于1939年5月间，在黄田牌举办了抗日游击干部训练班，吸收各地的地下党选派积极分子参加训练，为博罗县的抗日武装斗争培养了一批军事骨干。

改造陈文博部队

当时，党极需发展抗日的武装力量，胡展光便担负起改造陈文博部队的任务。陈文博是黄田牌人，本是一个大学生，由于不满现实，回乡纠集了一批人马，上象头山当土匪。在国共合作、团结抗日的形势下，陈文博有抗日愿望。于是，党组织派胡展光跟陈文博接头。经过胡展光的耐心争取，陈文博表示愿意加入抗日行列。胡展光以国民党博罗县政府的名义将这支队伍改编为东江游击指挥所所编独立大队。陈文博任大队长，胡展光任大队副。党通过胡展光先后安排了30名党员到这支部队去当骨干。大队政训室主任、中队指导员分别由地下党张风楼、林志诚担任。正副班长大部分也由地下党员担任。之后，又在部队里发展了3名党员，使全大队的党员达到34人。建立了党支部，龙生任支部书记。胡展光为争取和改造陈文博部队耗费了不少心血。这个大队经过整训后，开到铁场、福田前线，封锁沦陷区，不让博罗境内的物资流到敌伪手中去。胡展光作风艰苦朴素，平易近人，经常跟士兵吃住在一起，和士兵谈心，勉励他们做爱国军人，积极抗日。跟地下党员接触时，他则反复强调党员的任务是改造这个部队。他明确指出，陈文博既有倾向进步的一面，也有政治投机的一面，要提高警惕。

1939 年秋，开始出现了全国性的反共逆流。国民党派人暗中监视陈文博大队的动向。1939 年冬的一天，在陈文博大队工作的地下党员肖光生、单觉民、黄辉、潘明时因公干途经惠州，胡展光当即约他们会面分析了形势，指出陈文博可能会卷入反共逆流中，并布置了应变措施。果然，半个月后，陈文博公开打出了反共的旗号，但地下党组织由于早有准备，因而减少了损失。

⸰⸰⸰⸰⸰ 不幸遭被捕杀害 ⸰⸰⸰⸰⸰

1940 年，胡展光奉命转移，暂时回老家澳头衙前村。在险恶的环境中，他仍积极为党工作。当他获悉东团博罗队李健行等 23 位同志被捕并押解到惠州时，便立即赶到李健行的家乡，把情况告诉他的妻子蔡佩莹，安慰她不要难过，叮嘱不要外出，等待组织上派人来联系。然后，他赶往惠州。但国民党顽固派处处布下了监视党组织活动的密探。胡展光回到家乡时，便已被敌人发觉，暗中跟踪。当他到达惠州的第二天，就不幸被捕。

胡展光被捕后，妻子曾友妹前往探望，他平静地对妻子说："我做的都是为国为民的事，是一个中国人所应该做的。你放心回去，照顾好家庭吧！"曾友妹料想不到，这竟是最后一次见面！

1940 年 4 月 20 日，国民党顽固派以莫须有的罪名，把胡展光枪杀于惠州西湖畔飞鹅岭的树林中。就义前，胡展光大义凛然地对行刑队的士兵说："你们要清楚，中国人民的敌人是日本帝国主义，而不是共产党人！共产党是打日本帝国主义的先锋队，也是解放全中国人民的先锋队。共产党人是杀不绝的！"行刑时，刽子手双手发抖，连放七枪都没有击中胡展光。监斩官只好赶到前面亲自向胡展光连放两枪。胡展光牺牲时年仅 31 岁。

"我做的都是为国为民的事，是一个中国人所应该做的。"

"你们要清楚，中国人民的敌人是日本帝国主义，而不是共产党人！共产党是打日本帝国主义的先锋队，也是解放全中国人民的先锋队。共产党人是杀不绝的！"

英烈精神

舍小家顾大家的革命大义，大义凛然的共产党员气概。

（李祝　李春水）

李一之（1904—1940）

—— 起赴家难国难，共报家仇国仇

李一之，广东省东莞县人。

- 1904 年，出生于一个自由职业的家庭。

- 1926 年，在东莞中学毕业，考入了黄埔军校，参加了震撼中外的北伐战争。

- 1927 年大革命失败后，在国民党李济深手下当参谋，曾一度被国民党军事头目带去粤赣边"剿共"。

- 1931 年，九一八事变后，回到家乡东莞上江城，教学生们唱国民革命军军歌，并向乡亲们宣传抗日救国。

- 1937 年春，在广州防空司令部任中校参谋。

- 1938 年 5 月，加入中国共产党。10 月 12 日，日寇在大亚湾登陆后，接受党组织的派遣，以在香翰屏手下当参谋为掩护，积极从事兵运、情报和统战工作。

- 1939 年秋，兼任政治工作大队的大队长。

- 1940 年 12 月，与叶碧华和同乡四个青年秘密会见土匪头子李潮，不幸被捕牺牲，时年 36 岁。

深受革命教育

李一之，1904 年出生于广东省东莞县高埗上江城一个自由职业的家庭。父亲是个农村私塾教师。1926 年，他在东莞中学毕业。当时，东莞的农民运动正蓬勃开展，"打倒土豪劣绅！""耕者有其田"的时代强音，引起了李一之的思想共鸣。他怀着解放民众疾苦的志向，考入了黄埔军校，参加了震撼中外的北伐战争。1927 年大革命失败后，他在国民党李济深手下当参谋，曾一度被国民党军事头目带去粤赣边"剿共"。他亲眼看到国民党反动派政治上的腐败和残酷屠杀人民的罪行，看到红军和苏区人民为革命事业而英勇战斗的事迹，使他深受教育。从此，他悟出了一条真理：共产党真正代表人民的利益，共产党的革命事业，将来一定会胜利。

宣传抗日救国

1931 年九一八事变发生，李一之对日本帝国主义的野蛮侵略和国民党反动派的卖国行径，深恶痛绝。他回到家乡东莞上江城，教学生们唱国民革命军军歌，并向乡亲们宣传抗日救国的重要性，揭露日本鬼子侵略中国和国民党反动派卖国的罪行，讲述第十九路军在上海英勇抗日的事迹，唤起民众，合力抗日救国。

1936 年冬，李一之受党的思想影响，一度想把家乡变成抗日模范村。他经常深入到群众之中，宣传抗日救国。1937 年春，在他的倡导和发动下，上江城办起了一间学校，取名东圃小学。他兼任校长，并通过各种关系，从高明县聘请共产党员廖举安（廖安）和一些进步教师到校任教。卢沟桥事变后，李一之对家乡的救亡活动更加关注。那时，他在广州防空司令部任中校参谋，仍继续兼任东圃小学的校长。他紧密依靠廖安等教师，把学校作为开展救亡宣传活动的重要阵地，对学生实行全面的抗战教育。学校除采用一般的战时课本外，还自编了一些讲义，内容包括日本帝国主义侵华的历史和现状，对学生进行爱国思想的教育，树立团结抗战必胜的信念。此外，李一之还提议和帮助老师们编写了一本《抗日救亡三字经》的小册子，在莞城养和书局铅印了 1000 多份，广为散发。1938 年春，他又亲自编写了一本关于广东抗日游击战的书，设想了敌寇各种进攻活动的可能，同时提出了各种对策方案，自己花钱铅印出版，立志在中国共产党的领导下，动员广大民众开展游击战争，抗日救国。

1938年3月，李一之从广州回到东莞，对一些上层人物进行抗日宣传，争取他们转变到爱国抗日方面来。并在母校东莞中学全校师生的集会上发表演说，宣传抗战形势和抗日救国的道理，指出国民党当局抗战不力，广东国防前线存在不少弱点等等。他还强调青年学生应对国家民族负起责任，为抗日救国贡献力量。

1938年5月，李一之由尹林平介绍，光荣地加入了中国共产党。从此，他便在党的直接领导下，更加朝气蓬勃地开展抗日救亡工作。同年七八月间，他通过著名民主人士陈汝棠的关系，从广州请来了一批第四路军战时看护干部训练班的学员，利用暑假在水乡一带组织了许多抗日救亡的宣传活动，为青年们传授在战场上抢救伤病员的知识和技术。这一切，为以后在东莞水乡开展抗日游击战争打下了良好的基础。

从事兵运、情报和统战工作

1938年10月12日，日寇在大亚湾登陆，李一之接受党组织的派遣，从广州来到东江，以在香翰屏手下当参谋为掩护，积极从事兵运、情报和统战工作。他抓紧一切可以利用的时机努力钻研党的基本知识，以保证自己在国民党官场的污泥浊水中一尘不染，保持共产党人的高尚情操和崇高品德。在惠州，有人曾多次拉他参加走私买卖，每次都遭到他的严词拒绝。他愤怒谴责那些在国难当头，千方百计发国难财的罪恶行径。另一方面，在平日的工作中，他以自己的高超才华和过人的机敏，逐渐取得了香翰屏的信任，被升任为国民党东江游击指挥所作战科中校科长，从而为搞好兵运工作创造了有利条件。

1939年秋，香翰屏为了培植自己的反动基础，在惠州玄妙观成立一个政治工作大队，专门培训连、排、班的政工骨干，由李一之兼任该大队的大队长。这时，中共广东省委书记张文彬派往惠州工作的四战区战时工作队刚好到达惠州，住在西湖。李一之得知这一消息，十分高兴。他亲自到西湖驻地，极力邀请战时工作队特别支部的共产党员何家槐、王河天、孙慎、张明元、杨应彬、郑黎亚、沈丹风等 10 多位同志到政工大队工作，分别充任大队的副教育长和中队政治指导员，撤开了国民党政训室的人员，从而把政工大队的政治工作基本掌握在党组织手里。

政工大队成立不久，香翰屏又在东江河边的起龙庵成立一个游击基干大队，仍由李一之兼任大队长。为了加强基干大队的思想政治工作，李一之把杨应彬从政工大队调到基干大队当政治指导员，还亲自参与思想教育工作。一次，他把东江五万分之一的军用地图挂在墙上，以生动的事实阐述了抗日救亡的道理，然后在地图上题写了："起赴家难国难，共报家仇国仇"的诗句，并要求受训人员进行讨论，把自己的爱国思想也用文字表达出来，题写在地图上面，使大家受到了一次深刻的爱国主义教育。由于李一之的亲力亲为和特别支部全体同志的共同努力，使得香翰屏妄图利用这两个大队培植反动势力的计划受到了有力抵制，并使这两个大队在团结教育青年抗日等方面起到了较大作用。

在搞好兵运工作的同时，李一之还利用身兼要职的有利条件，积极为地下党和部队搜集、提供了一批批重要情报。1940 年 2 月初，国民党顽固派在东江策划反共摩擦，阴谋以各种毒辣手段聚歼党领导下的抗日武装。李一之即向东江军委发出了秘密情报，请他们迅速做好准备。根据这个情报，部队及时采取相应措施，使国民党顽固派的罪恶阴谋未能得逞。2 月底，李一之和共产党员、政工人队政训室副主任张敬人又给部队送去了关于国民党顽固派加紧部署、妄图围攻坪山、乌石岩，一举歼灭部队的确切情报。据此，军委和曾生、王作尧两部领导人于 3 月 1 日在惠阳坪山竹园村召开紧急军事会议，研究如何对付国民党的围攻，决定和部署曾生、王作尧两部东移海陆丰。

-------------⊳ **被撤职留所察看** ⊲-------------

1940 年 3 月 9 日，部队踏上东移海陆丰的征途。4 月，新编大队的李燮邦，第二大队的何与成、卢仲夫、罗尧、罗振辉和叶镜源等一批同志先后在东移中被捕押解到惠州，遭到国民党反动派的残酷折磨。李一之曾积极营救，未能奏效。相反，军法室主任王宗显以李燮邦是李一之的宗亲，有被该犯潜逃顾虑为由，决定先把李燮邦枪杀。李燮邦就义后，李一之悲愤异常。

当晚，他派人秘密收殓，把烈士遗体抬葬于西湖旁，并连夜请人刻碑立在墓前。这事很快走漏了风声，李一之被撤职留所察看。

组织武装斗争

1940年8月，李一之在地方党组织的秘密营救下，离开了香翰屏的虎穴到达香港，由东江特委介绍到宝安王作尧大队部工作。当时，部队刚从海陆丰转移回来，人少枪少。李一之深知东莞水乡的群众基础很好，相信可以组织起一支游击队，争取和团结更多的群众开展武装斗争。于是，他向部队党组织提出了回水乡开展游击战的请求，得到了部队党组织的同意。他的组织关系，便从王作尧大队转到东莞方面。

1940年10月底，李一之回到了上江城，以回乡做买卖稻谷的小生意为掩护，积极做好组织抗日武装、开展水乡游击战的准备工作。他一方面以东圃小学为据点，开办夜校，编写教材，组织青年学习文化，进行抗日宣传；另一方面利用自己平日在水乡的威望和宗族关系，到附近乡村了解情况，开展活动。通过一段时间的工作，他了解到在上江城四周的乡村，普遍有土匪活动。如果能把这部分现成的武装教育、分化、争取过来，对开展水乡的游击战将会是有利无害的。于是，他毅然决定深入匪巢，做土匪的分化、争取工作。

壮烈牺牲

1940年12月的一天，李一之带了叶碧华和同乡四个青年，深入到芦溪村，通过上层人物李进的宗族关系，秘密会见土匪头子李潮，对他逐步晓以大义，说明利害，劝他归正。但李潮匪性难移，不仅不接受好意劝告，反而暗施毒计。他以留李一之详谈为借口，连夜向潢涌的汉奸告密。第二天拂晓，驻潢涌的日寇全部出动，包围了芦溪，李一之和叶碧华不幸被捕。日寇把他俩押到河边枪杀。就义前，李一之高呼："打倒日本帝国主义！"敌寇气得暴跳如雷，当即割下他的舌头。李一之虽鲜血淋漓，但仍坚强不屈。丧心病狂的日本侵略者在他身上连捅了17刀，并把他和叶碧华的遗体抛下河里。李一之牺牲时，年仅36岁。

（陈铣鹏）

卢仲夫（1913—1940）

—— 东宝惠边人民抗日游击队领导之一

卢仲夫，又名卢步云。原姓徐，广东省东莞县峡口鳖峙塘人。

- 1913 年，出生。
- 1930 年，考进东莞中学初中一年级学习。
- 1931 年 9 月下旬，和莞中学生、小学教师在中山公园举行集会，并举行示威游行，要求抗日。
- 1932 年，投笔从戎，在陈济棠的军队当文书。
- 1933 年初，脱离国民党军队，返回家乡东坑开展活动。
- 1935 年 7、8 月，加入中国青年同盟，8 月在东莞城秀园成立中国青年同盟东莞分盟，被推举为组织委员。
- 1936 年春，回到东坑，组织八友会，开办妇女文化补习学校。8 月间，加入共产党。
- 1937 年 1 月，被选为中共东莞县工作委员会委员，秘密组织了抗日自卫队，成立了中共东坑支部。
- 1938 年 5 月，被选为中共东莞中心县委委员，并兼任东坑区（三区）区委书记。

- 1939年3月9日，不幸被敌人俘获。
- 1940年农历八月十三日下午2时许，被押解到惠州西湖边的五眼桥，从容就义，时年27岁。

宣传抗日

卢仲夫，又名卢步云。他原姓徐，广东省东莞县峡口鳖峙塘人，1913年出生。由于家庭贫苦，小时候被卖到本县东坑石狗前村给人当儿子。1930年，考进东莞中学初中一年级学习，自小勤奋好学，志在中华，和同学何与成、谢阳光等进步青年十分要好，时聚一起共探救国救民的真谛。

1931年九一八事变后，卢仲夫等深感到拯救中华民族危亡的责任，立志走救国救民的道路。9月下旬，他们和莞中学生、小学教师在中山公园举行集会，并举行示威游行，要求抗日。会后，卢仲夫和谢阳光等人到本县水乡和广九铁路沿线，向民众宣传抗日。他们的抗日救国活动，为学校当局所不容，于是用甄别考试的手段把他们甄别出校。

投笔从戎

1932年一二八抗日的消息传来莞城，卢仲夫非常振奋，毅然投笔从戎，在陈济棠的军队当文书，以为可以报效祖国。不久，蒋介石却把陈济棠的军队调往江西"剿共"。卢仲夫随军到了江西寻乌，在苏区耳闻目睹，认识到红军的纪律严明，为群众谋福利，这样的武装才是人民的革命武装，因而对蒋介石的"剿共"行为感到愤恨。他逐步认识到依靠国民党蒋介石是不能抗日救国的，深感背离初衷，乃于1933年初，毅然脱离国民党军队，返回家乡东坑。但在差不多一年的军队生活中，使他掌握了许多军事知识，这为日后参加抗日救国增添了本领。

加入中国共产党

卢仲夫在家乡经常向乡亲讲红军怎样打败国民党军队的"围剿"事迹，讲红军真心实意为群众谋福利的故事，认为共产党一定胜利，国民党一定失败。他确立了跟共产党走的信念。为了找寻党组织，卢仲夫离开家乡，到黄家山小学当教师。并联系上正在中堂东向小学教书的当年莞中的老同学钟达之，后又和陈沛龙、陈昶等人一起，学习革命理论，研究革命问题，开展抗日救亡宣传活动。1933年底，钟达之转到莞城，在袁督师祠筹办民众小学，卢仲夫也经常到莞城活动。这时，他认识了张广业（张如）、王士钊，并和何与成等在一起开展活动，1934年4、5月，他们和莞中学生王寿棋（王鲁明）、王炎等人组织读书会，研究社会科学，讨论时事。

1934年底，卢仲夫跟张广业、王士钊一道，为把革命宣传扩大到农村去，自编自刻油印刊物《农村战线》，揭露蒋介石的反共面目。可是《农村战线》只出版了两期，就被迫停止出版。后来，他们通过当时正在广州国民大学读书的东莞籍青年陈健，同广州中国青年同盟（简称"中青"）联系上了。1935年7、8月，卢仲夫等加入了中青，8月在东莞城秀园成立中青东莞分盟，卢仲夫被推举为组织委员。中青活动的开展，对推动东莞人民的抗日运动有着重要的影响。

1936年春，卢仲夫回到了东坑，组织八友会，开办妇女文化补习学校。8月间，由谢扬光介绍，加入了共产党。他经过了曲折的奋斗，终于成为一名光荣的中国共产党党员。

开展抗日斗争

1937年1月，中共广州外县工委派人来东莞，在望角成立中共东莞县工作委员会，卢仲夫被选为工委委员。他介绍了一些共产党员到东坑，秘密组织了抗日自卫队，成立了中共东坑支部。1937年9月中旬，中共外县工委派姚永光到东莞。不久工委改为东莞中心支部，卢仲夫被选为中心支部委员。中心支部动员当地驻军一五三师合作，举办了东莞抗日青年军事训练班。卢仲夫带领东坑一些党员到训练班学习军事。后回东坑训练壮丁。

1938年5月，中共东莞中心县委成立，卢仲夫被选为中心县委委员，并兼任东坑区（三区）区委书记。他工作经验比较丰富，平日沉默寡言，但深谋远虑，他长得个子高大，一派军人作风和气质。同时又写得一手好文章，讲课头头是道，真是文武双全。

1938年夏，日寇逼近武汉，广州危急，华南战事迫在眉睫。东莞的形势也很紧张，日机连日轰炸和扫射广九铁路沿线，敌舰亦炮轰东莞县境的虎门。在此形势下，中共东莞中心县委要求各地支部尽快掌握和组织抗日武装。卢仲夫回到东坑，动员妻子贡献出陪嫁的首饰，买了一支驳壳枪。在卢仲夫的发动下，东坑附近也搞到五六支枪，因而成立了一个武装小组。在卢仲夫努力下，黄家山一带也组织了一些武装力量。

1938年10月，日寇在大亚湾登陆后，中共东莞中心县委成立了东莞抗日模范壮丁队，并通知各地的武装小组到飞鹅集结。卢仲夫带领武装30余人（有20余支枪），连夜赶到飞鹅集结。"模范队"在飞鹅进行了整编，挑选一批精明壮健的人员组成战斗队，由卢仲夫担任战斗队队长。卢仲夫带领战斗队在飞鹅、连平、上下山门、大雁塘、杨梅圩一带活动了一个多月。他们一边进行军事训练，一边做群众工作。11月下旬，东莞县城陷落，日寇从莞城、石龙、虎门兵分三路沿广九路向南"扫荡"。由于敌人进迫迅速，我集结部队匆忙撤退，被切割开了，卢仲夫带领"模范队"五六十人跟着王作尧、袁鉴文离开飞鹅，开往屏山水口山区，绕开敌人的追击。不久回到大岭山坚持敌后抗日。

12月下旬，卢仲夫在白花洞参加了中心县委的扩大会议。会议决定东莞的抗日武装都集中在清溪的苦草洞，进行整训，成立东宝惠边人民抗日游击大队，王作尧当大队长，何与成当政训员。大队初时只有一个中队，由卢仲夫任副大队长兼中队长。部队组成后，经过一段军事和政治训练，战斗力和政治素质都得到大大提高，大家求战心切。在卢仲夫等带领下，部队翻过白云嶂，挺进到东江河畔，寻机打击敌人。

1939年4月，根据党中央和省委的指示，基于斗争策略上的需要，东宝惠边人民抗日游击队取得了国民革命军的合法番号，改为第四战区东江游击挺进指挥部第四游击纵队直辖第二大队。卢仲夫任第一中队长。当时，有一帮作恶多端的土匪，在头目陈渠率领下，住在三面环山的黄洞小学。部队决定要智取土匪头陈渠，替人民除害。一个晚上，卢仲夫带领第一、第二小队，分成两路摸近学校后，接着发出命令，几十个战士一下子冲进去。土匪头子陈渠正欲拔枪反抗，卢仲夫手疾眼快，一枪就把他击毙。

有一次，第二大队火烧宝安深圳公路线上的大涌桥，敌人十分震惊，日夜提心吊胆。不久，日寇抽兵进攻韶关，东宝一带兵力薄弱，部队抓住战机，挺进宝安南头附近，向宝深线飞宝（安）太（平）线全面出击。敌人被迫向海上逃窜。卢仲夫中队在王作尧带领下，直插蛇口，追击敌人。部队占领宝安县南头镇，打开了抗日游击战的新局面。

遭包围被俘

1939 年冬天，日本侵略军为了引诱国民党投降，在正面战场上放松了军事压迫。蒋介石掉转枪口，极力制造反共摩擦。1940 年元旦刚过，国民党顽军香翰屏部对我部队围攻。3 月 1 日，中共东南特委决定把部队向东转移到海陆丰。

3 月 9 日，部队从乌石岩出发，突破了敌人封锁线，向东转移。顽军发觉了我军的意图，出动数十倍于部队的兵力，前堵后追。部队在东移途中十分艰苦。行军途中中队长卢仲夫更是吃苦在前。部队歇息时，他既要安排警戒，又要了解敌情。他面对这样紧张艰苦的战斗生活，对自己要求非常严格，深得战士们的拥戴。

当部队爬上斜障坳时，一名雇请带路的联络员却跑掉了。为防意外事情发生，卢仲夫带着部队在前面，警惕地摸着下山。此时，突然下起了倾盆大雨，卢仲夫发现附近埋伏了一股国民党顽军。卢仲夫立即下令向敌人发动攻击，并乘大雨之际甩开了敌人，爬上了莲花山。大队住在一间庙里，卢仲夫立即命令叶镜源带了第三小队放出排哨。不久，国民党顽军又跟踪而来，并在云雾的掩护下爬到对面的山包上，摆开几挺机枪向部队扫射。当时部队正在吃饭，一听见枪声，卢仲夫马上派第一小队从正面冲击，顶住敌人。但由于敌人火力太猛，部队一下子牺牲了五六位战士。为了避免更大的伤亡，他冷静地命令停止冲击，派了两挺机枪阻止敌人爬上山来，其余立即转移到庙的后殿，掀瓦爬墙撤出，摆脱了敌人的追击。

这时，高潭方面传来消息，部队受敌人重兵包围，处境困难，原定在高潭与曾生部队会师的计划不可能实现，乃沿着山脉棱线往回走，爬上了白马山。卢仲夫带着第二、第三小队到达斜障山东侧，正准备休息，国民党顽军又尾追上来。卢仲夫带领战士们顶住敌人，掩护部队往山上撤退。由于敌军对部队已形成包围，无法突围，卢仲夫及一些战士不幸被敌人俘获。

1940 年 4 月 29 日，国民党顽军把卢仲夫等解押到梅陇附近，途中，卢仲夫等曾酝酿暴动，恰在这时被关押在埔心宿营的革命人员乘深夜大雨，毁窗逃跑了。国民党顽军因此加强戒备，暴动计划无法实现。5 月间，卢仲夫等被押解到惠州永福寺东江游击指挥所，随后被关进惠阳监狱。敌人知道了何与成、卢仲夫等人的干部身份，在进行第一次审讯后，敌人都给他们上了脚镣。每次审查，卢仲夫都义正词严地痛斥国民党顽固派加紧反共，破坏抗日的罪行。

在狱中，卢仲夫与同时被俘的何与成等同志互相配合，共同做好狱中战友的政治思想工作，向战友们进行气节教育。他反复向战友们讲文天祥的故事，以"人生自古谁无死，留取丹心照汗青"的名句来勉励战友们坚持斗争，坚持共产党人的气节。他还向大家讲解明朝有个义士，在临刑时写过一句"化作啼鹃带血归"的诗。他对大家说："要化作魔鬼带刀归"，用以教育未暴露身份的战友要继续坚持斗争。

英勇就义

1940年农历八月十三日下午2时许，卢仲夫等被押解到惠州西湖边的五眼桥，他们沿路高呼"抗日无罪！""中国人民团结起来，打倒日本帝国主义！"等口号。在刑场上，他们面对顽军法官，强烈抗议国民党顽固派破坏抗日的罪行，振臂高呼"抗日胜利万岁！"从容就义。卢仲夫牺牲时，年仅27岁。

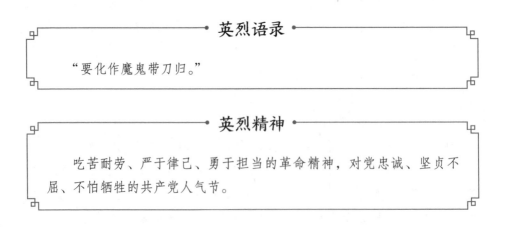

英烈语录

"要化作魔鬼带刀归。"

英烈精神

吃苦耐劳、严于律己、勇于担当的革命精神，对党忠诚、坚贞不屈、不怕牺牲的共产党人气节。

（傅泽铭）

陈初明（1915—1941）

—— 忠肝义胆忠诚于革命

主要生平

陈初明，又名贤馥，曾化名阿古、阿细。广东省潮州城郊韩江河畔的黄金塘村人。

- 1915 年，出生。
- 1930 年秋，考进了广东省立二师乡村简易师范班读书。
- 1931 年，投入到如火如荼的爱国学潮。
- 1934 年 9 月，加入共青团。
- 1936 年 10 月，首批参加了潮汕人民抗日义勇军。12 月，加入中国共产党。
- 1937 年春，受组织的委派，到普宁县梅丰公学任教。7 月，建立了中共普宁县特别支部，任书记。8 月，中共普宁县工作委员会成立，任工委书记。
- 1938 年 4 月，被调到潮汕中心县委主抓青少年工作。
- 1939 年 7 月，组建了潮普惠揭中心县委，连任书记。后被调到福建省龙岩县委任组织部部长。
- 1941 年 1 月 23 日夜晚，为掩护同志突围，不幸被捕。12 月 27 日深夜，被敌人活埋在龙岩市郊的后座山上。时年 26 岁。

投入爱国学潮

陈初明，又名贤馥，曾化名阿古、阿细。1915 年出生于潮州城郊韩江河畔的黄金塘村。8 岁时进入本村小学读书，在家庭和师长的教育下养成善良、诚实、热爱劳动的良好习惯。1930 年秋，陈初明考进了广东省立二师乡村简易师范班读书。

1931 年九一八事变发生，富于反帝传统的省立二师的师生们纷纷走上街头演讲，声讨日军的侵华罪行。林大观等一批爱国学生组织起读书会，带领同学阅读进步书刊，谈论国家兴亡大事。陈初明很快地投入到如火如荼的爱国学潮中去，积极参加印制和撒放抗日传单，并利用黑板报、墙报撰写文章揭露投降派的卖国政策，谴责侵略者的罪行。省立二师爱国学运引起了中共潮澄澳县委的关注。1932 年冬，县委特地派县委书记李崇三秘密到潮安东津乡刘光涛家里举办党训班，有意识地把学运引上抗日的轨道。陈初明被邀参加学习。自此，他朝着党指引的方向前进，秘密向学友递送进步书刊，指导学友树立正确的人生观。

参加北平的学生爱国运动

1933 年夏初，陈初明在省立二师将临结业时，鼓励陈英道、郑勉远走高飞，到北平、上海寻找革命真理。毕业后，郑勉、陈英道通过黄梅益的介绍先到北平去。陈初明则受地下党员刘光涛的邀请，到溪口小学暑期补习班任教。他与刘光涛利用讲堂向学生传播抗日思想，触怒了国民党当局。8 月 1 日，刘光涛被捕入狱。陈初明闻讯出走北平。

到北平后，他与郑勉等人同住一处，参加了北平中国大学组织的读书会。1933 年 10 月，读书会改为反帝大同盟。陈初明成了大同盟的盟员，直接参加了北平的学生爱国运动。白天，他如饥似渴地学习马列主义著作，夜里到街道撒放革命传单，时常熬到深夜两三点钟。他总是精神饱满，孜孜不倦地干着。有一次，他曾冒着生命的危险，与郑勉闯到戒备森严的中南海附近去书写革命墙标。

赴沪开展革命工作

后来，北平地下党和进步团体遭到严重破坏，他们与上级失去联系，于是，决定转到上海去。1934年8月，在上海共青团员陈绿漪的帮助下，陈初明、郑勉、马秀凤、张翼一起赴沪，被安排在一起学习、锻炼。他们凭着一副忠诚于革命的肝胆，经常接受任务闯到洋场闹市和公共汽车上撒放传单标语，进行一次次惊心动魄的斗争。一天深夜，陈初明、郑勉、马秀凤三人到上海闸北工厂区撒放传单。他们才撒完一半，身上还存有大量传单，突然发现一队巡警迎面而来。他们进不能，退不得，怎么办呢？他们灵机一动。立即演起街头闹剧来。你推我扯，互相嬉戏挑逗，迎着巡警走去。接近巡警时，陈初明用半通不白的上海话喊着："阿凤，你好狠心呀！好久没请我看戏了。"马秀凤手舞足蹈，娇声娇气地说："别急！别吵！还债，一定还债！"你一言，我一语，吵吵闹闹。巡警见状，误以为是一伙无赖之徒，与他们擦肩而过。他们因而脱险了。

1934年9月，陈初明、郑勉、马秀凤一起参加了共青团。有的人认为参团没有达到目的，有点泄气。陈初明解释说："党、团一样干革命，不是党员也要用党员的条件来要求自己。"入团之后，他们被分配到法租界定"关系"。陈初明负责工厂线。在上海洋场搞地下工作，每月只得到两块钱的经费。陈初明家里贫穷，生活十分艰苦。他饿了啃几块粗饼，喝几口粥汤，没有钱可买衣服，仍旧穿着在北平常穿的那件旧长袍。

一个外省人，学生模样，一看就使人生疑。但陈初明把生死置之度外，频频出入于工厂区之中。1934年12月陈初明被捕了。国民党当局以陈初明扰乱社会治安的罪名，把他押解往苏州反省院监禁。入狱之后，为了使同志不受连累，他从不与任何人通讯，情愿孑然一身，把牢狱坐穿。

一心扑到抗日民族解放运动中去

1935年秋，陈初明刑满出狱，立即返回潮汕。这时，曾应之、方东平、吴南生等一批革命知识分子在潮汕掀起汉语拉丁化推广运动。陈初明决然投入到新文字推广运动中去，担任了汕头市郊马济乡启明小学拉丁文字专修班的班主任，积极从事新文字的教育推广工作。1936年10月，中共南方临时工作委员会派李平到潮汕领导抗日救亡运动。在新文字研究学会的基础上组建了潮汕人民抗日义勇军。陈初明首批加入义勇军。继而，岭东小学教师抗日救国会也宣告成立，陈初明被推选为该会领导人。自此，他一心扑到抗日民族解放运动中去。几经磨炼，同年12月，陈初明光荣加入中国共产党。

1937年春，陈初明受党组织的委派，到普宁县梅峰公学任教。梅峰公学是一所复办不久的学校，在邱秉经等一批进步教师的努力下，辞去了不孚众望的校长，聘请了中共党员朱泽浦、林云峡等一批进步教师到校任教。陈初明到校后，利用这一有利条件，秘密发展党组织。在朱泽浦、林云峡的帮助下，很快吸收了何大道、郑淳等人入党。不久，成立了梅峰公学党支部。陈初明还利用假日，秘密联系隐伏在普宁各地的共青团员、共产党员、恢复他们的组织关系，使普宁党、团的组织迅速恢复和发展起来。同年7月，建立中共普宁县特别支部，陈初明任书记。

党组织的恢复与发展，推动了抗日救亡运动，也推动了梅峰公学教育革新运动的发展。读书以"晓庄师范"为楷模，成立了学校生活团，民主管理学校。为扩大教育面，开设午校、夜校，推行"小先生制度"，使梅峰乡教育革新运动蓬勃发展起来。梅峰乡出现了"白天牧童上山放牛，书包挂在牛角上，夜里处处书声琅琅"的动人景象。陈初明通过支部的核心作用，把教育革新运动与抗日救亡运动结合起来。他们除了用换、改、批的办法革新旧教材外，还增设了《大众哲学》《时事评论》等新课程。陈初明以普通历史教员出现，对历史课材随教随改，向学生灌输爱国主义思想。

1937年8月，中共普宁县工作委员会成立，陈初明任工委书记。为开创普宁县抗日救亡运动新局面，他带领工委会一班人日夜奔波，广泛联系爱国人士，组建抗日民众团体。同年11月14日，在普宁县流沙镇建立了青年救亡同志会。为便于领导全县抗日救亡运动，1938年春，陈初明特地转到流沙镇附近的赵厝寮乡敬爱小学任训导主任。他在运筹全县抗日救亡运动的同时，与敬爱小学校长郑敦一起创建了赵厝寮党支部；并以乡党支部为核心团结全乡人民，建立了"和睦社"与"义务社"，取代了乡政，用乡政权力开展抗日救亡运动，创造许多可歌可泣的革命佳话。

令人难以忘怀的是，他曾亲自指挥拯救两个童养媳的故事。那时，该乡有两个童养媳，她俩的未婚夫流落异乡，音讯全无。为了谋求生存，她俩经常外出做工，与邻乡青年产生爱慕之情。日久，被族长发觉。族长以触犯乡规族法的罪名，指使爪牙把她俩捆绑起来，准备让恶棍们丢入河里。陈初明闻讯，立即指挥乡党支部展开一场惊心动魄的反封建斗争。他们通过"义务社"出面干涉，以"乡民大事必交乡政处理"的理由，迫使族老交出人来。人一交出来，陈初明提醒说："救人要救彻底，要做通家属的工作，让人家获得婚姻的自由。"党支部根据陈初明的意见，派妇女组的同志分头做通家属的工作，终于使有情人成了眷属。

在此同时，陈初明巧妙地指导全乡性的减租运动。通过"义务社"出面召集田主开会，对田主说："国难当头，民不聊生，民饥而乱，铤而走险。民饱而安，安而遵礼。"说得田主口服心服，同意减租。也有个别坚持不减租的，"义务社"敲锣打鼓，打着灯笼登门做工作，造成声势，迫使顽固分子就范，取得了全乡性减租的胜利。

做好与侵略者打持久战的准备

1938年4月，陈初明被调到潮汕中心县委主抓青少年工作。他把立足点仍然放在基层，经常深入各县指导工作，亲启带领普宁县青抗会会员到丈南望天石进行实战演习。

为适应形势需要，中共潮普惠南分委成立。1939年7月，在分委的基础上组建了潮普惠揭中心县委，陈初明连任书记。这段时间，潮汕正处在沦陷前后的危局。为做好反侵略战争的准备工作，陈初明经常戴着深度近视眼镜跋山涉水，奔波在潮普惠揭的山山水水之间。汕头市陷落之后，他与罗天、郑淳、方东平等领导人深入到大南山区，发动农民生产自救，组建抗日团体，建设潮汕抗日后方；还组织了募捐队深入乡村城镇筹资集粮，准备与侵略者打持久战。

正当民众抗日救亡运动不断发展之际，国民党顽固派势力不断挑起摩擦事件。普宁县政府强令解散抗日民众团体。陈初明与县委一班人，带领抗日民众与顽固派进行针锋相对的斗争，组织学生上街抗议示威。然而，反共摩擦事件不断升级。为准备应变，在上级党组织领导下，有序地撤退已暴露了的共产党员。陈初明被调到闽西特委党校学习。临别时，他叮嘱战友："任何艰难困苦的情况下，都要坚持斗争，将革命进行到底。"学习结束后，陈初明被调到福建省龙岩县委任组织部部长。

这时，国民党闽西当局公然撕毁了"合作抗日"协定。在发动军事进攻的同时，组织了收租团，不断窜进红色区域催租逼债。陈初明面对顽固派的进攻，毫无退缩。他扎根到西陈区，带领农民与顽固派进行有理、有利、有节的斗争。他亲笔在一个山神庙的墙壁上写着："团结抗日，前途光明。催租逼债，一刀还尽"的标语，喊出了抗日民众的心声。

1941年1月，正在东宵窑头召开扩大会议的闽西特委，得到皖南事变的消息后，立即停会，部署应变计划。陈初明根据特委的指示，赶回西陈区县委机关布置应变计划。

不幸被捕壮烈牺牲

1941年1月23日夜晚，福建省保安十一团突然包围县委机关。陈初明为掩护同志突围，不幸被捕。保安团抓到了陈初明，如获至宝，千方百计地想从他口中捞到升官发财的资本。保安团长亲自升堂问讯。陈初明面对着顽固派的丑恶嘴脸，嗤之以鼻。他严厉地斥问保安团长道："你是不是中国人？假若是中国人，为什么要破坏抗日？杀害抗日志士？爱国何罪？"问得保安团长哑口无言。最后，顽固派在计拙技穷的情况下对陈初明下了毒手。同年12月27日深夜，他们偷偷摸摸地把陈初明活埋在龙岩市郊的后座山上。他牺牲时年仅26岁。

> ### 英烈语录
>
> "党、团一样干革命，不是党员也要用党员的条件来要求自己。"
>
> "国难当头，民不聊生，民饥而乱，铤而走险。民饱而安，安而遵礼。"
>
> "任何艰难困苦的情况下，都要坚持斗争，将革命进行到底。"
>
> "团结抗日，前途光明。催租逼债，一刀还尽。"

（林良华）

陈　惠（1919—1941）

——随时准备为党牺牲

陈惠，乳名陈喜佳，学名陈立惠，笔名铜马，原籍广东省普宁县流沙镇赤水村。

- 1919 年，出生于泰国叻丕府直辖县一个华侨小商家庭。
- 1934 年，参加进步的学生组织——反帝大同盟。
- 1935 年 10 月，加入中国共产主义共青团。
- 1936 年 3 月，与邱奕群等人领导"中中"（中华中学）学潮。
- 1937 年 7 月下旬，回到祖国。9 月，在汕头加入中国共产党。
- 1939 年秋，被选为新四军主席团成员。
- 1941 年 1 月 14 日，牺牲于安徽省泾县茂林大王坑，时年 22 岁。

宣传革命思想

陈惠，乳名陈喜佳，学名陈立惠，笔名铜马，原籍广东省普宁县流沙镇赤水村。1919 年出生于泰国叻丕府直辖县一个爱国爱乡的华侨小商家庭，兄弟 6 人中，他排行第四。少年时期就读于叻丕府公立培德小学，后因该校停办，遂转佛统府高小续读。他自幼勤奋好学，积极进取，追求真理，向往革命。

1934 年，陈惠在佛统府高小读书时，就参加了进步的学生组织——反帝大同盟，配合祖国的革命斗争开展了反对帝国主义的宣传活动。

1935 年夏，他高小毕业后，以优异成绩考入曼谷华侨最高学府中华中学。他在学校进步教师的教育引导下，如饥似渴地阅读马列主义书刊和高尔基、鲁迅等人的进步作品。他组织了 20 多位进步学生，成立雨峭读书社，并担任该社主任。在进步思想的熏陶下，他更加倾心革命，时刻关注着祖国国内共产党领导的革命武装斗争。为了更好地在华侨和学生中宣传革命思想，在进步教师的支持下，他在《华文日报》上创办了《南哨》副刊（半月刊），并担任主编。他思想敏锐，才华横溢，以铜马为笔名，在副刊上发表了不少有针对性的、观点鲜明的政论文章，受到广大华侨和学校师生的好评。

1935 年 10 月，他在学校加入中国共产主义青年团。

开展学生运动

1936 年 3 月，为了声援祖国一二九学生运动，他与邱奕群等人领导了"中中"（中华中学）学潮，组织学生两次上街游行宣传，支持国内学生反对卖国、一致抗日的革命运动，散发了由他执笔的《告同胞书》。此举激怒了曼谷学校当局，因此陈惠等 20 多位进步学生被学校开除。受陈惠教育影响的胞弟陈新（陈一星），也因参加这次学潮而一同被退学。被学校开除的 20 多位同学，为了不使学业中断，便自己组织起来，创办了启明学校，由进步教师黄耀寰任校长，吴林曼为班主任，还有许侠等教师义务给学生讲课。陈惠等人既学专业文化知识，又学习马列主义革命思想。

1936 年 9 月至 1937 年 7 月，陈惠转入曼谷树人中学简师班读书。他继续坚持开展学生运动；同时积极参加学校的各种体育活动。他酷爱篮球运动，是学校篮球队的主力队员。1936 年 11 月 8 日，陈惠还和部分学生参加了在曼谷华侨总商会举行的暹罗文化界追悼鲁迅先生大会。

回国参加抗日武装斗争

1937 年七七卢沟桥的炮声，揭开了全面抗战的序幕。在中华民族危急关头，陈惠刚从曼谷树人中学简师班毕业，便怀着满腔的爱国热情，于 7 月下旬毅然离家，与密友戴庆有回到祖国，参加伟大的抗日武装斗争。他们乘船到达汕头，找到了潮汕的党组织。中共韩江工委组织部部长李平和潮汕分委组织部部长苏惠先后接待了他和从泰国回来的其他归侨青年，并作出妥善安排。8 月下旬，陈惠的五弟陈新也回国了，在他的引导下走上了革命道路。陈惠兄弟在汕头市参加了党领导的抗日义勇队和汕头市青年救亡同志会（简称"青救会"，后改称汕头市青年抗敌同志会）。陈惠担任青救会第三队队长，带领 40 多名青年组成宣传队，到潮安开展抗日救亡宣传。9 月，他在汕头市加入中国共产党。11 月，陈惠兄弟根据党组织的指示，回到家乡赤水村，积极参与当地的抗日救亡活动。陈惠在赤水村召开的群众大会上发表演讲，号召广大群众团结一致，抗战到底。他演讲的声音铿锵有力、慷慨激昂，演讲的内容使听讲的群众深受教育。

1938 年 1 月，潮汕党组织动员知识分子参加新四军。陈惠兄弟坚决响应党的号召，带领首批从泰国回来参加抗战的华侨青年共 12 人，前往福建参军。陈惠入伍后被分配在新四军第二支队政治部宣传队当宣传员。当时，这支部队是由原闽西南红军游击队改编的，部队即将北上苏皖抗日前线。新成立的宣传队共有 110 多人，王直任队长，彭冲任副队长。陈惠和宣传队的同志一起，积极投入文艺宣传的准备工作。

开展革命宣传工作

1938 年 3 月 1 日，新四军第二支队在龙岩白土举行北上抗日的誓师大会。在广大群众极其热烈的欢送声中，部队唱着雄壮的战歌，踏上北上的征途。陈惠和陈虹、卢江等经常打前站，开展宣传鼓动工作。他们在行军途中设立临时鼓动站，唱山歌，喊口号，数快板，表先进。当部队集合或休息时，他们就分头教唱抗日革命歌曲。行军路过村庄时，他们则张贴布告和赶写抗日救国墙头标语。一到宿营地，他们放下背包，不顾休息，就深入访问群众。部队出发前，他们分头检查群众纪律执行情况，做好善后工作，以扩大新四军的政治影响。部队每天行军几十里，陈惠等人吃苦耐劳，宣传工作从未中断。4月，经过50余天的长途跋涉，部队到达安徽省太平县集结地。宣传队完成任务后，陈惠奉调新四军《抗敌报》报社工作。他经常深入部队采访，积极为军报撰文组稿。6月，他又调任军部直属队政治处军人俱乐部主任，7月调任政治部青年科科员，1939年春提任为青年科科长。

1939年秋，新四军召开全军第一次青年代表大会。陈惠积极参加大会的筹备工作，认真整理各支队青年工作的典型材料。大会开幕时，他被选为主席团成员。大会上，菲律宾华侨向大会赠送一面写着"青年楷模"的锦旗，陈惠作为大会代表亲自接旗。这次大会既交流总结了全军青年工作的经验，又成立了全军青年工作委员会，并选出陈惠、陈虹等11人为委员。由于陈惠工作积极主动，有独立工作能力，能团结同志，对人热情诚恳，襟怀坦白，工作成绩显著，多次受到军部的表扬和嘉奖，并作为优秀青年代表被推选为出席中国共产党第七次全国代表大会代表。他激动地在日记本中写下誓言："战斗，持久的抗战，不得胜利不停战，不得解放不停战！"充分表达了他立场坚定，抗战到底的决心和信心。

陈惠在新四军政治部工作期间，在老红军、组织部部长李子芳直接领导下，保持和发扬红军时期团结、紧张、严肃、活泼的优良传统，勤勤恳恳、埋头苦干。他除审阅、整理各部队上报的青年工作材料外，还经常深入到部队了解青年工作情况，到扩建的新一团、新二团、特务团等部队去帮助建立青年队。在反"扫荡"战斗中，他和其他同志分别下部队参战，并结合调查，总结战时政治工作的经验。1940年4月下旬，日军为了巩固江防，扩大伪化区，调集万余人在空军掩护下，对皖南新四军进行规模空前的大"扫荡"。陈惠和赖石昂、陈虹等人被派到新一团主力部队参战。经过激烈战斗，特别是父子岭一战，日军伤亡惨重，败回芜湖。战后，陈惠立即协助部队收集青年先进事迹的材料，整理成册，印发给各部队作为教材。

陈惠在兼任军部直属队政治处军人俱乐部主任时，非常注意活跃部队机关的业余文体生活，开展唱歌、朗诵、拳击、球赛等活动。为了开展统战工作，新四军军部从各单位挑选尖子队员，组成新四军篮球代表队，陈惠任队长，经常应邀与友军举行篮球比赛，做好联谊工作。

光荣牺牲

1941 年 1 月，以蒋介石为首的国民党顽固派置民族的危难于不顾，发动了第二次反共高潮。1 月 4 日，新四军军部及所属部队 9000 余人奉命北移，途中突遭国民党 8 万多人的包围伏击。这就是震惊中外的皖南事变。在新四军被迫进行英勇的浴血抗击中，陈惠将个人生死置之度外，把随时准备为党牺牲的决心书呈交党组织。当时，政治部部长李子芳因患阑尾炎开刀不久，被民工抬在担架上。为了掩护李子芳，陈惠悉心照料，寸步不离。1 月 12 日，情况万分险恶。他对战友们说："我们一定要护送李部长安全冲出包围圈。"大家同声赞成。当晚，面对敌人的重重包围，他在战前动员时对战友们说："凡共产党员站出来，跟我带头冲出去！"当突围受挫，敌人从四面八方包围上来时，陈惠誓死不做俘虏，举枪自戕，头部重伤而落入敌手。敌人认为他是共产党的"死硬分子"，不给予治疗换药。他在生命的最后时刻，还坚定地不断呼唤："我是新四军的人，我要回新四军去。"1 月 14 日，陈惠光荣牺牲于安徽省泾县茂林大王坑，年仅 22 岁。新中国成立后，他的英名镌刻在普宁流沙镇赤水村松仔岭山上的纪念碑上，永志纪念。

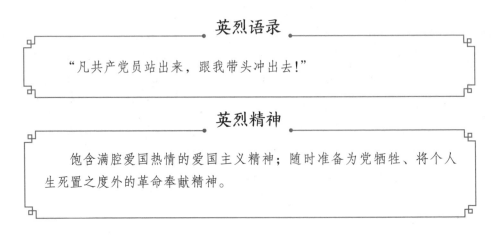

英烈语录

"凡共产党员站出来，跟我带头冲出去！"

英烈精神

饱含满腔爱国热情的爱国主义精神；随时准备为党牺牲、将个人生死置之度外的革命奉献精神。

（王宋斌）

何小静（1921—1941）

—— 宁为雁奴死，不作鹤媒生

主要生平

何小静，原名何雪晴，又名何筱静，广东省广州市番禺沙湾乡北村人。

- 1921 年，出生在一个医生家庭。
- 1934 年，就读于广州市职业中学。
- 1938 年 1 月，任职广州市少年抗敌先锋队第一大队副大队长。10 月，成为中国共产党党员。
- 1939 年 1 月，参加中共省委举办的党员训练班。
- 1941 年 7 月下旬，被捕。同年冬牺牲，时年 20 岁。

领导少年抗敌先锋队

何小静，原名何雪晴，又名何筱静，广州市番禺沙湾乡北村人。1921 年出生在一个医生家庭。何小静兄弟姐妹七人，一个个相继走上革命道路。何小静在兄弟姐妹中排行第四，她从小聪明过人，性格倔强。

1934 年底，何小静在家乡读完小学之后来到广州，就读于广州市职业中学。1936 年底由三姐何雪飘介绍，参加由当时广东地下党领导的广州艺协剧团少年组。何小静在少年组是位出色的演员，排演过《最后一课》《朱咕力与面包》《炮火中》等，所担任的角色都演得惟妙惟肖。她对工作一贯严肃认真，样样抢着干。不管晚上演出、排练、放哨到多晚，第二天她负责派报的任务从来没有耽误。她总是清早把《新华日报》《救亡日报》亲自送到读者手中，即使是日晒雨淋，她也从不叫苦。

1938 年，为了纪念全面抗战一周年，广州各界举行献金运动，在广州热闹的地方如长堤、太平路等地都搭起了献金台。何小静和少年组的同志在大卡车上喊口号、唱歌，在献金台上表演节目，虽然声音已经沙哑，但看到爱国同胞们把钞票、大洋、金银首饰等物放到献金箱里时，她忘却了自己喉咙的疼痛。

到农村去，这是当时地下党的号召，何小静跟随剧团到南海西樵、九江、花县、清远等地去演出，从不落后。即使是在敌机轰炸后硝烟未散的街头进行宣传，她也从不害怕，从不退缩。

1938 年 1 月，广州市少年抗敌先锋队成立。何小静任第一大队副大队长。当时，敌机频繁轰炸广州市，致使大多数小学都停了课，满街都是失学的儿童。为了孩子们的学习，何小静便成了战时小学的老师。她除了积极办好《少年先锋》副刊外，还教孩子们唱歌、识字，讲抗日英雄的故事等。

她组织了少年晨呼队，清晨，她和少年抗敌先锋队的孩子们一道，在永汉公园（今儿童公园）集合，沿永汉路（今北京路）到南堤、长堤等大马路，沿途呼喊口号，粉刷大幅标语，"全国少年武装起来！""抗战到底！""打倒日本帝国主义！"等口号此起彼落。更为突出的是，在敌机的狂轰滥炸下，她不顾个人安危，组织少年抗敌先锋队的孩子们，到被敌机轰炸后的断垣残壁边，在惨遭炸死的同胞尸体旁，写上"血债要用血来还"等标语。有时，就在敌机轰炸后的当天晚上组织演出《保卫中华》，高唱《全国总动员》等歌曲，激起群众的抗日救国热情。

1938年夏，何小静被调往佛山大沥社会教育实验区工作。该实验区当时名义上是属省教育厅领导，实际上为中共地下党所掌握。何小静当时是实验区的干事，负责展览室和妇女夜校的工作。她坚决执行党的指示，努力办好妇女夜校。妇女夜校的妇女大姐多数是二三十岁的家庭妇女，在夜校她们不仅认识了字，还懂得了许多抗日救亡的大道理。因而大家亲昵地称何小静为"小何先生"。

加入中国共产党

1938年10月12日，日军在大亚湾登陆，何小静奉命向西江罗定撤退。途经新兴县时，碰上敌机轰炸，死伤群众很多，但当地医院已关了门，没有任何抢救药物。何小静急中生智，打破医院的玻璃窗，从窗口跳进去，取出消毒用品、纱布、绷带，卸下门板当担架，组织大家抢救伤员。由于何小静各方面表现出色，不久便被吸收为中国共产党党员，这时她年仅17岁。

1939年1月，何小静随广东省动员委员会战时工作队一四七队调往粤北韶关，参加了中共广东省委在此举办的党员训练班。之后又在英德工作一段时间，再到翁源香水政工队学习。在这里她阅读了毛泽东的《论持久战》和艾思奇的《大众哲学》等书籍，思想认识有了提高。经组织决定，她被调到韶关十二集团军政工总队工作。当时何小静身体不好，患有哮喘病，但仍拼命工作，经常加班加点。何小静忘我的工作精神，使周围的群众很感动。1941年三八妇女节，政工总队部发出文告，号召女政工队员努力学习，提高理论水平和独立工作能力，在抗日第一线和男同志并肩作战。这篇充满激情的文告，就出自何小静之手。

撤退途中被捕

1941年春，皖南事变之后，形势急转直下。大批军统特务从重庆调到十二集团军政治部，反共逆流笼罩着韶关。何小静在白色恐怖中依然坚定机智地执行党的任务，及时将政治动态通知党内其他同志，把宿舍里所有进步书籍立即转移，敦促同志们提高警惕，而对自己可能被捕和牺牲也做好了足够的思想准备。7月下旬，就在组织通知她撤退的途中，她被捕了，随即被押解回韶关警备司令部。

何小静在狱中表现得十分英勇顽强。不管反动派怎样软硬兼施、逼供、诱供，她坚持不暴露自己的真正身份，对组织内的事更是守口如瓶，使敌人束手无策。

何小静对看守和士兵进行抗日救国的宣传，揭露反动派对抗日爱国青年的迫害。一些比较单纯的有爱国心的看守，对何小静非常崇敬、同情，常悄悄地送报纸给她看，帮她传递消息，放家属进来探望。何小静在和反动派作坚决斗争的同时，还鼓励难友们坚持革命气节。不管谁被放出去，都要继续坚持抗日，都要揭露国民党反动派杀害无辜青年的罪行。

不久，何小静被转移到县监狱。这里关押了不少政治犯人，其中有一位是即将分娩的年轻母亲。何小静嘱托家人送些衣服来给即将出生的婴儿做衣服，还叫家人送些咸菜来给难友们改善生活。看到男牢的难友双脚被脚镣磨出了血，她毫不保留地将自己仅有的两套衣服送给男难友裹脚镣之用。她在狱中写下了一首感人肺腑的长诗《囹歌》，揭露了狱中的非人待遇，表现了共产党人的革命气概和崇高的革命精神。反动派逼供不成，便把何小静和患回归热的病人关在一起。成群结队的蚊子，叮了病人又叮何小静，企图让传染病来摧垮她的意志，但敌人阴谋仍未能得逞。

1941年冬，何小静被转移到芙蓉山监狱时，已是奄奄一息了。家人去探望时，发现她脸部浮肿并有伤痕，但她的精神状态却依然坚强，她告诉家人：“昨天提审，我骂他们假抗日，真投降，气得他们骂我是共产党的顽固分子。我抗日无罪，我要与他们斗争到底！”一天，监狱看守大声叫唤：“何小静，立即转移！”此时此刻，她心里全明白了。她脸带笑容，走向墙角，拿起木梳，特别用心让那曾经是乌黑的刘海整齐地飘散在前额，然后打开包袱，换上母亲刚送来的白上衣、黑裙子、白袜子、黑布鞋。难友们一齐拥上前围抱着何小静。正在难舍难分之时又听到看守的一声吆喝。她坚毅地说：“难友们，我走了，你们要坚持到最后胜利，直到法西斯灭亡！”何小静说完，镇定地跨出牢门，挺起胸昂起头，整整衣领，迈步向前，再也没有回头。

光荣牺牲

　　黎明之前，在粤北英蓉山上，特务头子丁养光声嘶力竭地叫喊："一边是自由，一边是死亡，现在是你最后的选择机会了！"何小静面不改色，理直气壮地说："宁为雁奴死，不作鹤媒生！"她，不愧是党旗下宣誓过的共产主义战士，不愧是中华民族的优秀儿女。这时，罪恶的枪声响了，何小静在悲壮的口号声中倒了，牺牲时年仅 20 岁。

● 英烈语录 ●

　　"我是共产党的顽固分子。我抗日无罪，我要与他们斗争到底！"
　　"难友们，我走了，你们要坚持到最后胜利，直到法西斯灭亡！"
　　"宁为雁奴死，不作鹤媒生！"

● 英烈精神 ●

　　英勇不屈，宁为雁奴死，不作鹤媒生，表现了共产党人的革命气概和崇高的革命精神。

（钟嫦英）

胡炎基（1917—1941）

—— 投笔从戎，为国捐躯

主要生平

胡炎基，广东省开平县长沙镇三江海心洲人。

- 1917年11月7日（农历十月十四日），出生于一个贫苦的农民家庭。
- 1936年秋，到广州就读于仲恺农工学校高级农业班。
- 1937年12月，被推选为南海县民众抗敌御侮后援会特种宣传工作团副团长。
- 1938年6月，加入中国共产党。10月，以官山青年合作社和南海县民众抗敌御侮后援会特种宣传工作团两个抗日救亡团体为基础，组建了广东青年抗日先锋队官山独立支队，被选为副队长。
- 1939年冬，担任地下党台城区委会的领导工作。
- 1941年9月22日，不幸被俘，当场惨遭杀害。时年24岁。

领导特宣团开展抗日宣传工作

胡炎基，1917年11月7日（农历九月二十三日）出生于开平县长沙镇三江海心洲一个贫苦的农民家庭。胡炎基少年时跟随父亲到台城谋生。他的父亲开始在台城一间商号当工人，后来靠亲朋的支持，在北盛街开了一间小店铺，经营油糖杂货。每天清早，胡炎基和父亲一起，挑着两箩筐油糖杂货串乡游巷，沿村叫卖，直到天黑才回来。胡炎基默默地分担着父亲养活七口之家的责任。

胡炎基不但刻苦耐劳，而且勤奋好学、思想敏锐。他进入台山县立第一中学读初中时，便参加读书会，学习革命理论。他在学校期间，十分珍惜学习时间，除积极完成规定的学科之外，还经常到台西路岭南书店阅读进步书籍，直到深夜才回家。每年暑寒假，他都联络一班进步同学在家里看书学习，讨论时局，探讨救国救民的道路，并且招呼同学们在家里食宿。这时他的父亲虽然收入微薄，但在胡炎基的影响下，仍热情地为这班青年解决生活上的困难。

胡炎基在台山一中初中毕业后，曾在附城南坑小学教书。1936年秋，到广州就读于仲恺农工学校高级农业班，那时抗日救亡运动正在全国掀起。在一二九运动的影响和推动下，广州广大爱国青年普遍踊跃加入了抗日救亡运动。随后，党在广州地区恢复了组织活动。中国共产党提出的抗日民族统一战线的主张在爱国青年中广泛传播，指明了争取民族解放的道路和学生运动的方向。一个新的革命高潮正在兴起。胡炎基是较早觉察这个革命潮流的到来和接受党的抗日救国纲领的青年学生之一。他密切注意形势，积极联系志同道合的学友，为迎接革命高潮的到来做好准备。

全国抗日战争爆发后，日军轰炸广州，广州各学校陆续向农村撤退。当时撤退到南海县官山附近的学生很多，如仲恺、女师、女中、执信等学校的学生共3000余人。胡炎基随仲恺农校来到官山。1937年11月，这几所学校中的一些进步师生，在救亡呼声社中的共产党员黄泽成等的帮助下，串联起来，组成了广州救亡呼声社官山分社。同年12月，郭沫若来到南海西樵山，与社员们举行座谈会，讨论抗战形势，鼓励爱国青年积极投入到抗日救亡运动中去。接着，在官山爱国人士赞助下，经南海县政府同意，成立了南海县民众抗敌御侮后援会特种宣传工作团（简称"特宣团"）。胡炎基被推选为副团长。

胡炎基以高度的政治热情投入抗日救亡运动。他是在校学生，把课余时间都用在发动群众起来抗日的工作上。他带领特宣团的成员，背着沉重的道具和行囊，徒步到南海、顺德两县的乡村和圩镇，进行巡回演出。在演出街头剧《放下你的鞭子》时，他饰演卖艺老汉；在《越狱》一剧中，他扮演在日军牢狱中组织抗暴的抗日志士。在下乡进行宣传工作时，他主动挑重担，如舞台布置、搬运道具、搭棚拉幕等粗重任务，总是抢着干。

胡炎基十分注意巩固集体的团结和联系广东青年抗日先锋队外围的青年群众。当时官山抗日救亡组织中，个别青年存在着风头主义和脱离群众的倾向。胡炎基以自己的模范行动带领广大青年，克服脱离群众的不良倾向，并且在"抗先"组织核心内提出要做好校内外师生的团结工作。胡炎基有高度的政治觉悟和革命警惕性。当时有坏人混进抗日团体，进行挑拨离间活动，企图把抗日群众组织引向脱离抗日民族统一战线的邪路上去，胡炎基坚决与这种破坏抗日行为作斗争。他以抗日中坚分子为核心，团结广大爱国青年，起来揭发破坏抗战的活动和言行，使当地的群众性抗日救亡运动沿着正确的方向前进。

组织武装开展抗日救亡活动

胡炎基在斗争实践中深刻体会到：中国共产党的领导，是争取抗日战争胜利的根本保证，也是中国革命胜利的保证。因此他自觉地学习马克思列宁主义的革命学说和中国共产党的抗日民族统一战线的方针政策，用以观察时局，指导抗日救亡工作，这时他已从一个爱国者向共产主义者转变。1938 年 6 月，胡炎基由梁桃生介绍，经中共南顺工委批准，加入了中国共产党，在官山云瀛书院举行了秘密入党仪式。

1938 年 10 月，日军在大亚湾登陆，广州一片混乱。这时在南海的仲恺农校、女子师范学校宣布停办。当时胡炎基正在南海大镇参加全省高中以上学生军事训练，闻讯后立即与党员同志商议，取得广东青年抗日先锋总队领导赞同，决定串联一些进步同学，赶回官山，以官山青年合作社和特宣团两个抗日救亡团体为基础，组建了广东青年抗日先锋队官山独立支队。胡炎基被选为副队长。支队成立后，立即动员商会将各厂的护厂队和附近农村的壮丁队集中起来，编成官山抗日自卫队，抗先支队派人负责宣传和进行军事训练等工作，随时准备迎击入侵之敌。由于广东青年抗日先锋队官山独立支队在当地人民群众中，从思想上、组织上打下了坚实的基础，因而广州沦陷不久，日军武装汽艇曾两次沿江而上侵袭官山，都被官山抗日武装力量击退。

1938 年 11 月，胡炎基等一批同志接到南顺党组织的通知，撤离官山。胡炎基先回到台山。他是省抗先总队的台山县联系人之一。不久，胡炎基调回开平。这时，国民党开平县党部和开平县抗敌后援会组建了战时巡回工作总队。党组织决定派遣党员以及一些进步青年到战时巡回工作队当队员，以便进行合法活动。胡炎基同共产党员王仕钊、关镜潮以及革命青年周镜明、朱素强等人，以战时巡回工作队成员身份来到马冈织帽村（中和里）建立革命据点，办起农民识字班，成立织帽村民众抗日后援会。他们曾为该村农民到国民党开平县政府请求减免了田亩税，带领进步群众到马冈一带张贴标语，宣传抗日救亡。后来，吸收农民周木友入党，播下了红色种子。该村后援会逐步发展成为一支武装队伍。到 1944 年 7 月，他们曾伏击过进犯马冈的日军。胡炎基等在织帽村任教期间做了大量工作：学生没有课本，他们自己编写；根据当时的抗日形势，编了不少抗日歌谣，向学生灌输抗日救亡思想；组织学生参加野外军事训练，传授战时防空常识，深受群众和学生的欢迎。

转入秘密抗日活动

1939 年冬，国民党顽固派掀起的反共逆流冲击到粤中区来。中国共产党广东中区特委为了防止突然事变的发生，决定让暴露了身份的党员迅速撤退。经组织决定，胡炎基调到台山县，担任地下党台城区委会的领导工作。当时台山的政治形势非常复杂，反共顽固派执行了国民党的所谓"限制异党活动办法"等政策，妄图将抗战初期台山人民建立的各种团体一概取消。特别是皖南事变发生后，整个台山笼罩着白色恐怖的气氛。

太平洋战争爆发后，侨汇中断，加上国民党统治当局的压榨，官僚资本的投机倒把，地主豪绅的剥削，以及日军铁蹄两次践踏台山，人民大众处于水深火热之中。胡炎基在中山台山县委的领导下，依靠人民，团结同志，积极开展抗日救亡活动和对国民党反动派反共反人民政策进行坚决斗争。

当时，台山县委领导曾以胡炎基父亲在台城开设的"就利"油糖杂货店为交通联络站。县委负责人李钊、余景林、李宜振经常在该店内秘密开会，由胡炎基及其家人负责掩护。一次，国民党便衣队到"就利"突击搜查。胡炎基情急智生，立即将一叠党内密件，塞入母亲背着小妹的怀里。他的母亲也很镇定机敏，来来回回地一边走着，一边哼着儿歌，哄小女儿睡觉。国民党反动派抓不到把柄，只好灰溜溜地走了。

领导台山学生运动

胡炎基在担任台城区委书记时，以党提出的"坚持抗战，反对投降；坚持团结，反对分裂；坚持进步，反对倒退"三大政治口号为指针，深入群众，动员群众起来反对国民党反动派的投降政策。他首先在台山一中组织学生读书会，宣传党的抗日政策方针。后来，把这种读书会的组织形式扩大到台城各间中学，形成台城区广大学生起来参加抗日救亡的运动高潮，对国民党顽固派进行有力回击。一次，台城"广大中学"进步女学生麦瑞芳，因朋友从广西寄来进步书刊，被国民党反动派发现，派出军警到学校对她进行搜捕。胡炎基一方面组织力量对麦瑞芳进行掩护，派人护送她撤到广西桂林；另一方面通过社会舆论抨击台山县反动当局对学生的迫害。"麦瑞芳事件"斗争的胜利，是台山学生运动史上光辉的一页。

壮烈牺牲

继 1941 年 3 月 3 日之后，9 月 20 日，日军再度侵犯台山县，对台山县进行大肆蹂躏。在此紧急时刻，台山县委要求全县党员通过各级党组织动员人民群众，进行自卫反侵略战争，城东、城南、城西各乡壮丁都起来保卫乡土，给敌人以迎头阻击。9 月 21 日，日军进犯台城郊外，22 日进入台城。胡炎基来不及撤退，不幸被俘，当场惨遭杀害，为民族解放事业献出了宝贵的生命。他牺牲时年仅 24 岁。

英烈精神

　　坚决执行党的路线方针政策的党性修养，为革命坚贞不屈、勇于斗争的革命精神。

（区汉城）

李淑桓（1894—1941）

—— 东江游击队之母

李淑桓，原名李壶娴，广东省鹤山县古劳围墩乡人。

- 1894 年，出生于一个清朝贡生的家庭。
- 1913 年，与郭福荣结婚。
- 1925 年，写了一篇《哀国难》的文章，鼓励学生长大后报效祖国。
- 1938 年春节前夕，送儿子郭显承去革命圣地延安，把自己的命运同革命事业紧密地连在一起。10 月 25 日，把女儿送上征程。12 月，把第六个儿子郭显治（后改名郭际）送到部队。
- 1939 年 5 月间，把双胞胎的四子郭显和及五子郭显乐带上前线，参加抗日游击队。
- 1940 年 3 月，五子郭显乐在掩护部队突围时英勇牺牲。
- 1941 年初，丈夫因患肾炎病逝，香港党组织发动惠青进步会员资助她安葬丈夫，并由组织安排，将她和幼子郭显隆接到九龙萧春负责的交通站居住。4 月间，带着郭显隆离开九龙，到了东莞大岭山抗日根据地。不久，在香港做工的三儿子郭显绪（后改名郭林）也回到惠阳，参加了抗日游击队。其后，12 岁的七子郭显隆（后改名郭厚智）也参加了部队，当了东

莞敌后交通站的交通员。农历八月十四日，不幸被埋伏的敌人发现，被枪杀在大塘村附近。时年47岁。

革命母亲

抗日战争前几年，在中国共产党领导的广东省惠（阳）、东（莞）、宝（安）抗日游击队（东江纵队的前身）里，传颂着一位革命母亲——李淑桓的感人事迹：为了抗日救国，她先后送 7 个子女参加革命队伍，不久，她自己也在革命斗争中献出了宝贵生命。

被迫到香港谋生计

李淑桓，原名李壶娴，1894 年出生于广东省鹤山县古劳围墩乡一个清朝贡生的家庭。她自幼勤奋好学，青年时期接受了民主思想的影响。1913 年与在广州当店员的郭福荣结婚。婚后，她立志以教书来改变夫家寒微的境地，在广州市河南龙康里开办一间名叫"时修"的私塾，收教学生 10 多人。1930 年，因国民党广东省政府下令禁办私塾，李淑桓被迫带着一家老少搬到香港，继续办学，以维持生计。

教育学生报效祖国

李淑桓是一个富有正义感的知识分子。早在 1925 年，她家境虽然不济，仍多次在家门口用大锅煮粥，救济从山东逃荒来的灾民。九一八事变后，香港学生掀起抵制日货运动，各界人士纷纷响应，把日本货丢弃街头，放火焚烧。在救国雪耻的浪潮推动下，李淑桓义愤填膺地写了一篇《哀国难》的文章，带领私塾学生诵读："呜呼！今日何日，非日兵强占我国土，屠戮我人民之日乎！日兵强占我重镇，蹂躏我人民之日乎！……故今日为我国最悲最痛之日，最悲最痛之日，即吾人复仇雪耻之时，能如此矣，执干戈以卫社稷，此其时矣！"她边读边讲，慷慨激昂，竟至痛哭流涕。她还教学生学文天祥的《正气歌》、读《木兰词》，给学生讲岳飞精忠报国、林则徐烧鸦片等爱国故事，用"国家兴亡，匹夫有责""马革裹尸"等典故，鼓励学生长大后报效祖国。

送大儿子赴延安

七七事变后，香港的抗日救亡运动蓬勃兴起，许多工会、群众团体、学校在中国共产党的领导和影响下，积极发动海员、洋务工人、青年学生组成抗日救亡回乡服务团，奔赴抗日前线。李淑桓的大儿子郭显承（后改名郭宪成）当时是个失业海员，满怀抗战热情，经八路军驻香港办事处安排，准备赴延安投身革命队伍。儿子将心愿告诉了母亲李淑桓。1938年春节前夕，郭显承出发的时候，李淑桓带着全家到尖沙咀火车站给他送行。临别时嘱咐儿子："你今天远去，望你有志而成！"李淑桓送儿去革命圣地延安的举动，得到许多同志和进步工人的赞扬、鼓励。从此，她也就把自己的命运同革命事业紧密地连在一起了。

送女儿上征程

李淑桓有6个儿子和1个女儿。女儿郭云翔（原名郭锦霞）在郭显承去延安后，积极参加惠阳青年会（简称"惠青"）等抗日救亡团体的活动，很快接受了进步思想，不久她也向母亲提出上前线救护伤员的要求。李淑桓只有1个女儿，开始时舍不得女儿离开身边。当时她经常去惠青打听长子郭显承的消息，结识了许多进步会员并受到教育。过了不久，她就对女儿说："前方将士为国为民，战斗受了伤，很需要人照顾。我想通了，今后如有机会到前方去，你就去吧！"1938年10月中旬，惠青筹备组织第三批回乡救亡工作团，李淑桓听了叶锋所作东江抗日形势的报告，看到很多青年报名参加，就毫不犹豫地在报名表上写上"郭云翔"三个字，回家才告诉了女儿。10月25日清晨，李淑桓高兴地把女儿送上征程。

热心从事救亡工作

在儿女们参加革命队伍后，李淑桓的生活也发生很大的变化。她融入了抗日救亡的洪流之中，经常奔走于各进步社团之间，除惠青外，还有大鹏同乡会、清远同乡会、海南同乡会、洋务工会、余闲乐社、银行联谊会和中华书局妇女夜校等。她和三儿子郭显绪同是宝安青年会的执行委员之一。她热心从事力所能及的抗日救亡工作，诸如做棉衣、义卖筹款、献金和募捐等。她曾以自己的名义向原来的学生及社会关系包括当时的歌星月儿募捐，向陈嘉庚开办的冯强树胶厂提出先取几百双胶鞋慰问部队日后交款的要求，得到了厂方的支持。大家目睹李淑桓废寝忘餐地做救亡工作，都十分钦佩，以后就尊敬地称她为"郭太"。

送六儿子到部队

1938年12月，惠宝人民抗日游击队成立，李淑桓又把第六个儿子郭显治（后改名郭际）送到部队。临行前她对儿子说："你十三岁第一次出门，以后不常见到母亲，虽然和你姐姐在一起，但要好好听上级同志的管教，你不是去打工，是去做抗日工作。"寥寥数语，表达了对儿子的殷切期望和对革命部队的深厚感情。

送四子、五子上前线

1939年三八妇女节，李淑桓参加了在香港加路连山举行的一个纪念会，听了著名女革命家何香凝的抗日演说，备受鼓舞。当时，有人对她说："你把儿女都送上前线，将来老了怎么办？"李淑桓立即回答说："没有国就没有家。我还有几个儿子，抗战需要的话，我把他们都送去。"5月间，刚好有一批华侨青年回国参加惠宝抗日游击队，香港进步团体募捐一批物资随他们去慰问子弟兵，党组织动员李淑桓跟慰问团回东江探望在部队的儿女。李淑桓毅然决定把双胞胎的四子郭显和及五子郭显乐带上前线，参加抗日游击队。

抗日救国我出儿女

在惠阳坪山由部队召开的群众大会上，部队首长把郭太请到台上，号召群众向这位革命母亲学习。李淑桓把郭云翔、郭显治、郭显乐及郭显和都叫到跟前，按高矮站好，对群众说："我有一个大儿子在陕北参加八路军，第三个儿子在香港做工，也参加抗日救亡工作，其余的我统统交给部队了。最小的儿子才九岁，等他长大一点也让他来。'国家兴亡，匹夫有责'，抗日救国人人有责。别人有钱出钱，我没有钱就出力，出儿女……"接着嘱咐儿女们不要想家，要服从命令听指挥，坚决抗日。她还唱了一首歌，表达了送子参军的革命豪情。当时南洋侨领官文森、黄伯才带着一部家庭摄影机，当场拍摄了李淑桓高兴地骑在一匹小红马上的几个镜头，1940年在香港九龙弥敦道余闲乐社社址旁的大华电影院放映，在港九同胞中引起很大的反响。

接待香港党组织同志

1940年3月，广东国民党反动派掀起反共逆流，东江反共头目香翰屏指挥顽军罗坤等部包围抗日游击队，部队被迫东移海陆丰。途中，在惠（阳）海（丰）交界处的牛湖与敌人发生遭遇战，李淑桓的五子郭显乐在掩护部队突围时英勇牺牲。李淑桓知道这个消息后，她没有流泪，只可惜儿子牺牲太早了。她对同志们说："国民党反动派打死我一个抗日的儿子，抗日何罪？抗日应该有功。"后来，部队有计划地疏散一些同志到香港，也有些同志在战斗中失散辗转到了香港。香港党组织把李玉珍、祝国筠、欧中雄、梁帼莲等几个女同志安置在李淑桓家住宿。李淑桓热情地接待她们，情同母女。她在小房间里搭起两三层床板，让同志们睡觉，有时人多实在睡不下，就轮流着睡，有的干脆躺在床底下睡，李淑桓把这叫做"挤沙丁鱼"。饭不够吃，李淑桓煮饭时就往锅里多添几碗水熬粥，大家一同吃。她总是乐呵呵地对同志们说："这叫有福同享，有难同当嘛。"她还设法与林务农取得联系，协助党组织安置好其他同志。

回东莞大岭山抗日根据地

1941年初，李淑桓的丈夫因患肾炎病逝，香港党组织发动惠青进步会员资助她安葬丈夫，并由组织安排，将她和幼子郭显隆接到九龙萧春负责的交通站居住，给她分配点力所能及的工作。李淑桓在当时日军"扫荡"和顽军进攻的恶劣环境下，主动要求回部队工作。4月间，经部队领导同意，李淑桓带着郭显隆离开九龙，到了东莞大岭山抗日根据地。不久，李淑桓在香港做工的三儿子郭显绪（后改名郭林）也回到惠阳，参加了抗日游击队。

大王岭对面的大塘村，是日伪经常骚扰的边缘村。大队部决定在该村建立交通站。部队领导考虑到李淑桓年纪大，又是缠足后放脚的，走路不方便，就安排她在那里教书作掩护。李淑桓很高兴，因为这样就可以自食其力了，既减轻部队的负担，又可以为部队做些工作。她对同志们说："我年纪虽大，但不能当'蚀米大虫'，我要干些青年人所做的事情。"年仅12岁的七子郭显隆（后改名郭厚智）也参加了部队，当了东莞敌后交通站的交通员。

遇害大塘村

1941年农历八月十四日早上，国民党反动派纠集了一两千人向东莞大岭山抗日根据地进攻，大塘村首当其冲，顽军包围了该村。人们听到枪声，立即扶老携幼往村外的山头逃跑。李淑桓当时正在紧靠大塘村的一个小村子教书，因为敌情来得突然，同志们来不及找李淑桓一起撤退，她便跟着老百姓跑到山上隐蔽。黄昏时候，枪声早已停止，李淑桓想回村子看看动静，顺便带点衣物和粮食。没想到，她刚走到村口，就被埋伏的敌人发现，不幸落入魔爪。敌人把她押到祠堂门口，刑讯逼供。顽军军官骂她"游击婆"，要她"改邪归正"。李淑桓初时不想暴露身份，后见敌人已经知道她是谁，就义愤填膺地与敌人展开针锋相对的斗争。她说："我只有一个心，只知道要抗日救国。"敌人以处死来威胁她。李淑桓指着敌人痛骂道："你们才怕死，畏敌如虎，听到日本鬼子就逃跑。我是不怕死的，怕死就不来打游击。"顽军恼羞成怒，举起枪托打伤李淑桓的左耳，接着又用施加毒刑相威胁，妄图逼她供出游击队的情况。李淑桓坚贞不屈，斩钉截铁地回答敌人："你们要杀就杀。我一个老太婆死了，还有我的儿子，还有许许多多的爱国抗日志士，你们杀不绝，他们一定会替我报仇！"敌人凶性大发，当夜把她残酷地枪杀在大塘村附近。李淑桓壮烈牺牲时，年仅47岁。

李淑桓惨遭杀害，当地群众十分悲痛。当国民党顽军撤离村子后，纷纷出动寻找李淑桓的遗体。有的乡亲传说，李淑桓已被"呵呵鸡"（指敌人）用石头捆绑扔到河里了。当时龙山村的段江顺就动员会游泳的青年，立即下水打捞，可是没有寻到。以后很长的一段时间，经常有乡亲站在坡头上寻望，表达他们对李淑桓无限怀念的心情。

缅怀李淑桓

李淑桓坚贞不屈的革命气节和对敌英勇斗争的事迹，很快就传遍了东江人民抗日游击队活动的地区。在 1942 年举行的三八妇女节纪念大会上，部队首长以她的英雄事迹教育指战员和人民群众，《东江民报》也为她出了专刊。大家尊称她为"党外布尔什维克"，决心以她为榜样，为革命事业献身。

李淑桓为革命不惜献出生命的高尚品德，也激励着她的儿女们在革命征途上勇往直前。这一年，她的四子郭显和在战斗中负重伤被敌人捉走。在惠州监狱里，敌人对他多次严刑拷打，他像自己的母亲一样坚贞不屈，最后在被押解往韶关的途中，因伤重光荣牺牲。李淑桓的六子郭际写了一首诗悼念他的母亲："昔年砚下栽桃李，爱国送儿上战场。华发投笔从军去，艰苦奋斗打东洋。逆流冲击大岭山，顽匪魔爪伸大塘。横眉怒斥卖国贼，慷慨就义壮歌扬。"

1942 年 1 月，在惠阳田心村，东江纵队政委尹林平见到李淑桓的三子郭显绪时，鼓励他说："你母亲就义时很壮烈。你应该好好学习杀敌本领，雪国恨，报家仇。"

1956 年，也就是李淑桓牺牲十五周年的时候，原东江纵队司令员曾生说："郭太是个小资产阶级知识分子，在党的影响教育下，成长为一个忠心耿耿的革命战士。她参军时，正是我们部队处境困难的时期，斗争非常艰苦。她是抱着献身革命的目的来到革命队伍的。所以，她跟敌人的斗争非常坚决，在生与死的关头，大义凛然，表现出民族的气节和骨气，值得我们永远学习，永远怀念！"

（刘玉珍　何小冰　范柏祥）

刘子超（1906—1941）

—— 党的理论家和活动家

主要生平

刘子超，原名起亚，又名苏华，笔名梦非、王夫、辛民、漆雕华。广东省兴宁县新圩镇鲤湖村人。

- 1906 年，出生。
- 1926 年 8 月，加入中国共产党。
- 1929 年春，在上海爱文义路的华南大学工作，后任中共沪西区委宣传部部长。
- 1937 年秋，党组织以豫北师管区司令张轸的名义开办了华北军政干部训练所，任党组成员、训练所主任。同年 12 月上旬，训练所迁往山西晋城，正式成立华北军政干部学校，任校长。
- 1939 年 6 月，随徐向前、朱瑞到山东任八路军第一纵队宣传部部长。
- 1940 年 4 月 3 日，主持召开山东文化教育宣传工作座谈会。
- 1941 年 12 月 11 日，以身殉国，时年 35 岁。

刘子超，原名起亚，又名苏华，笔名梦非、王夫、辛民、漆雕华，1906年生于广东省兴宁县新圩镇鲤湖村。父亲刘海风，是个经营小药材店的商人。母亲陈凤英，长年躬耕，生有两子，刘子超为长。

参加中国共产党

刘子超自幼勤奋好学，善于独立思考，富有反抗精神。9岁跟随父亲到粤北山区忠信的一间私塾念书，读过不少历史小说和剑侠小说。1925年春，刘子超回到兴宁老家，进了坭陂中兴学堂，因成绩优异，次年由校长朱子宜破格推荐升入兴宁县立中学初中一年级。

1926年春，兴宁建立了中共组织。在党的领导下，兴宁中学组织了读书会，刘子超积极参加读书会的活动，如饥似渴地读了《共产主义ABC》《唯物史观浅说》及《向导》等许多进步书刊，思想觉悟不断提高。1926年8月，由彭秋帆介绍加入中国共产党。他入党后，积极工作。每当课余、假期，他带领同学到农村宣传农民革命，曾主动回到家乡主持成立了以李进福为会长的鲤湖乡农会。因此，国民党兴宁县政府和学校当局把他定为"危险分子"，于1926年冬将他"革退"出校。

1927年春，刘子超到梅县东山中学就读，不料几个月后，又被他叔父告密而被捕，关在梅城监狱。他同看守兵搞好关系，在一个风雨交加之夜，借故去厕所而逃脱，化装回到兴宁，继续从事革命活动。在兴宁党组织领导下，10月，新圩党支部成立，刘子超任宣传委员。他与肖向荣、冯宪章、伍扬俊、彭清寰等人在新圩、水口一带，宣传发动群众。1928年12月，兴宁县委驻水口机关被破坏，肖向荣等转移，刘子超辗转到了上海。

成为党的理论家和活动家

刘子超到上海后改名苏华，在上海艺术大学学习。当时，他与家里断绝了联系，生活十分困难。为了维持学习生活，把稍值钱的衣物都典当了，连仅有的一条御寒毛毡也卖掉，忍饥挨饿，仍然坚持学习。这期间，他与创造社的潘梓年、潘汉年、李初梨、王学文、冯乃超等人来往密切，很快成为上海艺术大学的活跃分子。在实际斗争中，他逐步成为党的理论家和活动家。

1929 年春，刘子超在上海爱文义路的华南大学工作，后任中共沪西区委宣传部部长。秋后，调任中共闸北区委书记，设法创办了浦江中学，以此作为阵地，开展党的工作。当时兴宁党组织连续遭到破坏，张中、陈孤风（斐琴）、罗坤泉、李戈伦、刘通玉等一批共产党员、共青团员到了上海，都由他恢复了组织关系并安排工作。1930 年，兴宁县立中学掀起"倒袁"学潮，刘子超闻讯，即与在沪的同志议定，以兴宁留沪青年社名义致电声援。他亲自起草电文，热情支持兴宁学运，并把它同全国的革命斗争联系起来，鼓舞了广大青年学生的斗志。

1932 年后，刘子超已成为上海社联的主要骨干，经常以国际共运研究专家的身份到暨南大学、复旦大学等学校和社团发表演讲，并积极参加关于社会性质问题的论战，捍卫党的正确路线。

成为"特别党员"，隐蔽斗争

1933 年，国民党在上海继续加紧文化"围剿"，极力破坏党的地下活动。刘子超曾两次被捕，第一次无证释放，第二次被判处徒刑，关押于苏州反省院。1934 年受监期满释放。出狱后，刘子超一度与党组织失去联系，但他照旧积极从事革命活动，以漆雕华为笔名写了许多文章在《读书生活》等杂志发表。1936 年，他受宋劭文邀请到了太原，一度与其他同志一起在阎锡山处做客，并讲授社会科学。全国抗战爆发后，刘子超被介绍到第一战区司令长官部程潜将军的政治部工作。那时中共中央北方局组织部部长朱瑞，以十八集团军代表名义在程潜处任联络处主任。刘子超从此恢复了组织关系，成为"特别党员"，隐蔽地投身新的战斗。

1937 年秋，朱瑞等人根据党的意图，以豫北师管区司令张轸的名义开办了华北军政干部训练所（又称豫北军政干部训练班）。所内成立中共党组，朱瑞任组长，刘子超为党组成员，任训练所主任。第一期招收学员 200 人，朱瑞、刘子超均亲自授课，后训练班学员提前毕业。刘子超率领留下的四五十人作为骨干，于 12 月上旬迁往山西晋城，正式成立华北军政干部学校（简称"华干"），由刘子超任校长。

1938 年 4 月，豫北、太原、临汾相继沦陷。为了适应形势需要，中共中央北方局和八路军总部决定以华干校部为基础，第二期留校学员为骨干，在山西陵川建立太行南区游击司令部。刘子超为司令员，统辖第一、第二、第四、第五4个支队，活跃在豫北修武、武陟一带。1939年2月，太行南区游击司令部奉命改编为八路军赵谭支队（即晋冀豫军区第五军分区），刘子超任该支队副司令。

1939年6月，刘子超随徐向前、朱瑞到山东任八路军第一纵队宣传部部长。10月，第一纵队机关与山东纵队机关合并为八路军山东纵队，统辖12个支队，4000余名官兵。刘子超任山东纵队宣传部部长，曾主持组建了鲁迅艺术宣传大队，经常亲临指导排演节目，甚至参加排戏、画画、布景。他撰写的《山东纵队队歌》歌词，雄壮有力，激越动人，曾在山东抗日根据地军民中广泛流传。他对文化工作非常重视，不仅具体抓《大众日报》的宣传报道，还亲自撰写过数十篇文章在《大众日报》上发表，被山东人民誉为"红秀才"。

1940年4月3日，刘子超主持召开山东文化教育宣传工作座谈会，大众日报社、新山东报社、鲁迅宣传大队等文化团体代表60余人参加。7日正式成立了山东省文化界救亡协会，同日，刘子超为《大众日报》撰写题为《山东文化运动发展的新阶段》的文章。

1940年10月15日夜，八路军山东纵队为了配合百团大战，主动联合国民抗敌自卫军，向沂蒙边敌寇据点青驼、徐公店、葛沟、高里、汤头诸地全面发动总攻击，血战四昼夜，攻克敌据点17处，毙敌500余人，生俘伪军300多人，缴获轻机枪两挺、长短枪400余支及军用物资一大批。刘子超连夜撰写了《青驼寺、徐公店战役大胜利》发表在《大众日报》上，并以八路军山东纵队政治部的名义草拟了《告山东民众书》，指出：这一空前的大胜利，不仅配合扩展了百团大战，而且是同国民抗敌自卫军共同行动的结果，是山东抗战的新转机，开辟了山东抗战的新纪元。

1940年7月26日至8月26日，中共中央华北局和山东分局在青驼寺召开了山东各界人民代表首届联合大会，刘子超作为军队代表出席了会议。会上成立了山东省临时参议会和山东省战时工作推行委员会（简称"战工会"），刘子超等19人当选战工会领导成员。8月17日，战工会副主任兼秘书长刘子超出席了就职仪式。

以身殉国

1941 年太平洋战争爆发后，日寇在山东疯狂实行"铁壁合围"的大"扫荡"。12 月 11 日，山东纵队领导机关遭敌包围，形势异常险恶。刘子超镇静地隐藏好保密笔记本后，在带领几十位战友突出重围时，不幸以身殉国。年仅 35 岁。

哀悼先烈

朱德总司令为纪念抗日战争五周年，在《解放日报》发表的专题文章中说："当此抗战五周年纪念之日，我们除对五年来英勇牺牲的将士及全国军民举行哀悼外，我特号召八路军、新四军全体将士，继承先烈遗志，为先烈复仇！为我们的左权参谋长、刘子超、张德楼以及所有先烈复仇！为全国各友军及各界殉国的先烈复仇！"

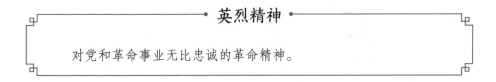

英烈精神

对党和革命事业无比忠诚的革命精神。

（罗梅腾）

邓如淼（1912—1942）

—— 全心全意为革命的 "黄牛仔"

主要生平

邓如淼，广东省连县保安区水口村人。

- 1912 年 9 月 25 日，出生于一个知识分子家庭。
- 1927 年，考取连县县政府公费生待遇，被资送到广州仲恺农工学校读书。
- 1930 年，返回家乡教学，受聘于连县乡村师范和县立女子高等学校。抗战爆发，组织起中国劳农协会，参加中华民众教育促进社，到连阳、佛冈等地开办民众夜校，设立民众图书馆，开展唤起民众的抗日宣传活动。
- 1938 年夏，加入中国共产党。
- 1939 年春，任中共连（县）连（山）阳（山）乳（源）四属工委宣传部部长，并被派往韶关参加中共广东省委主办的党员干部训练班学习。
- 1940 年冬，为了躲避搜捕，转移到清远工作。
- 1941 年 2 月，被任命为中共清远县委书记兼组织部部长。
- 1942 年端午节前后，不幸殉职，时年 30 岁。

立志"科学救国"

邓如森，广东省连县保安区水口村人，1912 年 9 月 25 日出生于一个知识分子家庭。邓如森自幼勤奋读书，就学于连州镇养正小学和燕喜高等（小）学校。由于家境困难，他经常在课余时间做小买卖以帮补家用。1927 年未满 15 岁的邓如森凭借优异成绩，考取连县县政府公费生待遇，被资送到广州仲恺农工学校读书。在校学习期间，他刻苦钻研，不明白的地方就寻根问底地向老师请教，有时在课堂发问，教师也因未有准备而回答不出来，故有了"邓如森发问，先生都冒汗"之传说。邓如森不仅在学业上有成就，而且口才好，对各地方言都容易上口，连英、日等外文也熟练。他善于把高深的道理，用通俗的语言表达出来，深入浅出，让群众容易理解。后来，在连州街头宣传抗日时，群众反映："水口婆的仔（即邓如森）讲打日本的道理，又好记，又易懂！"

仲恺农工学校是纪念廖仲恺先生而成立的，当时由廖仲恺的夫人何香凝当校长。邓如森曾多次听过何香凝的演讲，直接受到民主革命思想的教育。他还经常阅读一些进步书刊和学习革命理论，这使他的思想受到影响，倾向革命。

1930 年，邓如森学业结束，返回家乡教学，受聘于连县乡村师范和县立女子高等学校。当时他虽年仅 18 岁，但学识丰富，善于讲授，加上态度和蔼，平易近人，学生都喜欢接近他。后来他到清远扬圹小学任教，也得到学生的欢迎。由于他学习和掌握的是蚕桑专业知识，故在 1933 年起，先后在广州中山大学农学系蚕丝科、广东省蚕业改良局容桂分区（在顺德容奇）和岭南大学蚕丝系搞科研实验工作。他也曾立志于"科学救国"，可惜在当时的反动专制统治下，邓如森与其他有为的青年一样，壮志未酬。

加入中国共产党

全面抗战爆发，燃烧起全民族救亡烽火，在中国共产党的抗日民族统一战线指引下，全国人民总动员投入抗日救亡运动。邓如森走出了实验室，邀约志同道合的罗耘夫等人组织起中国劳农协会，参加中华民众教育促进社，到连阳、佛冈等地开办民众夜校，设立民众图书馆，开展唤起民众的抗日宣传活动。与他共事的多是思想进步的青年，其中还有与地下党联系密切的同志。他们采用《群众读本》为夜校课本，挑选一些进步报刊刊载的文章作为教材，这对启迪民智、宣传抗日、传播革命思想等起到重要作用，受到群众的欢迎，但也引起反动派的仇视和迫害。他们指责夜校是中国人民抗日军事政治大学的分校，派出暗探监视和骚扰。不久连山县国民党县长竟下令封闭夜校，驱逐教师，甚至要缉捕这批进步老师。国民党的倒行逆施，使邓如森进一步看清其反动本质，认识到只有中国共产党才是真正领导抗日救国的。自此，他决心追求革命真理，热切盼望参加革命组织。他在开展救亡运动中经常与地下党的同志接触。从延安回来的雷广权了解到邓如森的心愿后，介绍他与地下党领导人"欧叔"（即王炎光）见面。通过党组织的教育和培养，1938 年夏，邓如森在广州光荣加入中国共产党。

投身抗日宣传和地下党组织活动

通过地下党组织的安排，邓如森等一批同志回连县参加国民党县政府的抗日救亡宣传队，用公开合法方式进行活动，扩大抗日民族统一战线的影响，在连县中学和星子、东陂地区传播革命思想，发展革命力量。通过一段时间的宣传发动，掀起了连县民众抗日救亡运动的热潮。他们还注意在运动中教育、培养积极分子，先后吸收了一批进步青年加入中国共产党，在农村中也发展了一批共产党员，大大增强了革命力量。

1938 年冬广州沦陷后，国民党广东省政府迁到韶关，中共广东省委也秘密设在韶关。当时有部分地下党员疏散到连县一带工作。为了迎接这一新形势，邓如森奉命做好对外来同志的接待和安排工作。他把家属安顿在农村祖居，自己在连州西城脚八号的三间大房子则用来做接待站，并把爱人接回来做后勤工作。中共连阳特支就设在这所当时叫"邓屋"的房子内。之后又在这里办过一期党员骨干训练班。很多来连县的同志都先到这里住宿，然后再转赴各处。由于人多工作繁忙，生活费用和活动开支都很大，党的经费又有限，为了解决这一困难，邓如森千方百计地筹集经费，向亲朋好友借贷，并多次与母亲商量要把在连州的房屋卖掉，作为革命活动经费。他这种全心全意为革命的精神，使同志们十分感动。

1939年春，中共连阳特支改组为连（县）连（山）阳（山）乳（源）四属工委，邓如燊任工委宣传部部长，并被派往韶关参加中共广东省委主办的党员干部训练班学习，回来后他更加积极开展工作。他通过地下党组织联系，与从广州疏散来连州的粤秀中学、女子师范等进步师生联合，组织起民众夜校、读书会、剧团、下乡宣传队等多种形式的群众组织，开展革命活动，使连阳一带的抗日救亡运动搞得有声有色。此事经报纸一报道，为这个国民党"模范县"增添了光彩，连县国民党当局也很满意。与此同时，连县地区的中共党员队伍和革命力量也迅速发展壮大，受到上级的赞扬。中共北江特委书记黄松坚到连县视察工作时，看到邓如燊的工作表现，十分赏识，并向其他地区的同志介绍连县的经验。

邓如燊在当地威望日渐高涨，不久，被安排担任连县县政府的督导员。有此公开合法的职位，他到各区乡进行工作就更为便利了。在星子解决群众度荒的工作中，他和成崇正一起发动农民抗征抗税，并提出要地主开仓借粮等，受到群众的热烈拥护，而使当地的封建势力大为惊恐。反动区长密报县政府，引起县政府反动势力对邓如燊的不满和怀疑。国民党县党部的特务头子加强对群众运动的镇压，多方搜集材料、罗织罪名，对出头露面的积极人士进行迫害，1940年冬，连县国民党当局便下令逮捕邓如燊和陈先信等同志，邓、陈两人为了躲避搜捕，只好转移到清远工作。

1941年2月，邓如燊被任命为中共清远县委书记兼组织部部长。他在春节期间以探亲名义离家到达清城。当时清远处于抗日前线，是沦陷区与大后方的交通咽喉，敌我对峙，商贾云集，环境复杂，而国民党的军队和特务又在压制抗日力量。面对这艰险而又重要的工作，邓如燊毫不畏缩，他与县委宣传部部长金阳在城郊牛隍庙附近开了一间山货铺，以经商为名掩护县委工作。金阳后来回忆说："我是外省人，语言容易惹人注意，所以较多时间在家编写资料和到下面去办党训班，县委的主要工作、掌握情况、组织联系等等都是由邓如燊同志亲自去做的。他不仅要应付铺子上的替顾客钉屐、称卖货物、挑担运货物等，更主要是与各处同志联络做党的工作，整天劳累，绝少歇息，他为党工作不怕困难和不辞劳苦的精神，给我留下深刻的印象。"

邓如燊在负责清远县委工作时，走遍了县内各地，联系了所有地下党成员和积极分子，很快就掌握了全面情况，有计划地开展工作。他体质较弱，又患有严重的眼疾，但他全然不顾，经常以筹货为名，劳碌奔波于各个联络点，布置和检查工作。大家亲切地称他为"黄牛仔"，说："黄牛仔书记真是革命的老黄牛，与他在一起工作，干劲倍增，怎样辛苦也不怕！"

这一段时间，清远的群众抗日宣传和地下党组织的活动，得到中共前北特委的肯定和表扬。

不幸殉职

邓如森由于长期操劳过度，身体日趋虚弱。1942年端午节前后，他在外地执行完任务后，回到家中便感到不适，连呼肚痛，当地没有医生，来不及急救诊治，就这样，为人民革命事业操劳不息的"黄牛仔"，中国共产党的优秀党员邓如森不幸殉职，年仅30岁。

立碑永志

新中国成立后，清远人民在革命老区、庙仔岗建立起革命烈士纪念碑，在碑文中记述了邓如森的革命事迹，给后人学习和怀念。

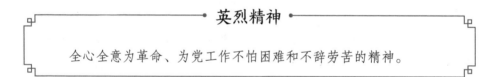

英烈精神

全心全意为革命、为党工作不怕困难和不辞劳苦的精神。

（国宝）

邓一飞（1919—1942）

—— 宁为玉碎，不为瓦全

邓一飞，又名邓维述，参加抗日战争后改名罗森，广东省开平县赤坎镇护龙乡东盛村人。

- 1919 年 3 月 8 日，出生于一个华侨家庭。
- 1933 年夏，考进开平美加华侨捐资办成的开侨中学。
- 1935 年上学期，参加进步组织"红黑社"。之后，北京爆发了一二九爱国学生抗日救亡运动，全校师生示威游行，以唤醒民众。
- 1936 年夏，在开侨中学毕业后，考上广州市立第一中学高中。继续学习革命理论，开展各种抗日宣传活动。
- 1938 年春，返回开平赤坎越山中学，继续攻读高中学业。6 月，加入开平突击抗日救亡工作团。8 月，成为中国共产党党员。9 月 22 日，在中国人民抗日军事政治大学第六大队（即八路军随营学校）正式入伍，同时被分配在第二支队第六中队。
- 1939 年元旦过后，被任命为抗大第一分校二营六连党支部委员、第九班班长。毕业后，被任命为连队助理政治教员，留校工作。11 月，任校部营二区队四班长。
- 1940 年 3 月，在抗大第一分校胶东支校任五连政治教员。
- 1942 年 12 月 14 日，英勇牺牲，时年 23 岁。

组织成立"红黑社"

邓一飞，又名邓维述，参加抗日战争后改名罗森。1919年3月8日出生于广东省开平县赤坎镇护龙乡东盛村一个华侨家庭。父亲邓业乾，一向旅居美国谋生，家境颇为殷实。

邓一飞幼年时候在乡间读书，勤学聪颖。1933年夏，考进开平美加华侨捐资办成的开侨中学。在学校中，他与谢永宽、周天行等同学一起，追求进步，经常互相切磋、策励。此时，正当国家民族危急存亡之秋，东北地区已经沦陷于日本帝国主义之手。而国民党蒋介石仍在施行其对外卖国投降、对内反共反人民政策。在这样的情势下，优秀的中华儿女，有志的革命青年，人人义愤填膺，寻求救国救民的道路。谢永宽、周天行、邓一飞等人正是这样。他们联系了一批进步同学，倡议成立一个读书会，取名为"红黑社"，立志要为国家为民族抛头颅、洒热血，并以钢铁般的意志救国救民。他们这一倡议得到了校长陈家骥和不少进步教师的支持。1935年上学期，"红黑社"在开侨中学宣告成立，成为该校学生的第一个进步组织。

"红黑社"成立后，一批上进心强的同学纷纷要求参加，一下子就发展了三四十人。为使这个组织更具实效性，他们共同制定了一个完备的社章。此后，"红黑社"除组织同学认真搞好课堂学习外，还在课余时间，组织社员学习进步思想，在树立革命人生观等方面，起到了很好的作用。邓一飞经常和同学们一起，写学习心得，开展问题讨论，共同出版墙报，并向《开平日报》和《开平晚报》副刊投稿；有时还利用假日开展社会调查，以了解社会现实和民众生活的状况。1935年，北京爆发了一二九爱国学生抗日救亡运动，全国人民热烈响应，开侨中学"红黑社"也积极声援。他们在中山大学学生下乡抗日宣传工作队的带领下，发动全校师生示威游行，以唤醒民众，谢永宽、周天行、邓一飞等更是其中的骨干人物。此时，"红黑社"也由原以读书明理为主发展成为抗日救亡的学生组织。

1936年夏，邓一飞在开侨中学毕业后，与谢永宽、周天行等人一起考上了广州市立第一中学高中。他们联系了在广州其他中学的"红黑社"社员10多人，在附近租赁了一层楼，自动组成"自修大学"，继续学习革命理论，开展各种抗日宣传活动。

参加中国共产党

1938 年春，邓一飞返回开平赤坎越山中学，继续攻读高中学业。他更积极参加家乡的抗日救亡活动。是年 6 月，邓一飞加入开平突击抗日救亡工作团。该团出版刊物，命名为《突击》，宣传抗日救亡；还出墙报，绘宣传画，演活报剧，教群众唱抗日歌曲，积极开展宣传鼓动工作。邓一飞在这些活动中表现出色。由于他积极工作，表现突出，党组织于 1938 年 8 月吸收他为中国共产党党员。

赴陕北学习，经受严峻考验

1938 年，党为了培养造就一批抗日军政人才，要求各级组织输送一些合适人才到陕北学习。开平党组织经过研究，决定派邓一飞、关沃光、李林等人前往。1938 年 9 月，他们先到广州八路军办事处办妥手续，即转赴西安八路军办事处报到，之后，即上"革命第一课"——步行 400 余里，于 9 月 22 日顺利抵达洛川，在中国人民抗日军事政治大学（简称"抗大"）第六大队（即八路军随营学校）正式入伍，同时被分配在第二支队第六中队。1939 年元旦过后，他们便渡黄河、走吕梁、穿越同蒲封锁线，行程 1500 余里，于春节前夕到达晋东南抗日根据地的上党地区。在这里，他们与陕北公学部分学员合并，成立抗大第一分校。邓一飞被任命为抗大第一分校二营六连党支部委员、第九班班长。毕业后，邓一飞被任命为连队助理政治教员，留校工作。

1939 年 10 月，抗大在校部组成一个政治教员训练班（简称"政训班"），邓一飞参加学习，并任政训班党支委兼党小组组长、学习组长。一个多月后，抗大第一分校奉命全部开拔山东，到"敌后之敌后"办学。邓一飞任校部营第二区队第四班班长。在行军途中，邓一飞主动把公家的物品及武器背上，不怕劳苦。作为一个出身于殷富家庭的华侨子弟，他的表现受到了同志们的赞扬。大家称誉他是"好样的！"1940 年春节前夕，他们行军 2500 余里后到达目的地——鲁南沂蒙山区。

1940 年 3 月，部队奉命奔赴胶东抗日根据地，与胶东军政干部学校合并，成立抗大第一分校胶东支校。邓一飞在胶东支校任第五连政治教员。行军途中，沿途敌情十分严重，尤其胶济路及其两翼，日寇更是猖獗，经常发生激烈战斗，不少同志就在战斗途中壮烈牺牲或身负重伤。邓一飞在行军途中表现突出，不怕危险，主动完成任务，并细心照顾其他战友，再次受到大家赞扬。胶东支校名为学校，实际上是一支在前线担负作战任务的战斗队伍，它一面教学，一面作战，"教以战为课堂，战以教为目的，教战结合"。邓一飞在当时极端困难的条件下，经受了种种严峻考验。

1942年，华北各个抗日根据地处于空前残酷的斗争之中。胶东遭到了日寇春、夏、冬三次大"扫荡"。冬季这一次，日伪军3万余人在海、空军配合下采用所谓"铁壁合围""分进合击""对角清剿"等战术，实行烧光、抢光、杀光的"三光"政策，向胶东地区猛扑过来。胶东抗日根据地的党政军民动员起来，展开英勇殊死的反"扫荡"斗争。在这场战斗中，邓一飞奋不顾身，冲锋陷阵，英勇作战。当牙山地区遭到日伪军6000多人"扫荡"时，他所在的第二营第五连，担负了内线作战、防御和牵制敌人，配合主力部队外线作战的任务。

英勇牺牲

1942年12月14日，邓一飞坚守所在的阵地，被日寇重重包围。在奉命突围的苦战中，他眼看着自己已无法冲出重围了。情况越来越危急，邓一飞别无他念，只有一股正气：宁为玉碎，不为瓦全。于是冲向敌群，拉响手榴弹，与敌人同归于尽。他英勇牺牲时，年仅23岁。

缅怀英烈

邓一飞壮烈牺牲后，抗大第一分校胶东支校把他的光辉事迹编写成文章，广为宣传。军区机关报《人民前线》也刊登了他的英勇事迹，号召军区全体军民向他学习，激励抗日斗志。1943年3月，胶东支校在栖霞县李家沟口建立了一座英雄纪念碑，碑石一面刻上包括邓一飞在内的烈士们的光荣历史碑文，一面刻有突围牺牲的全体壮士的英名。新中国成立后，胶东人民政府又在牙山地区的桃村建立了一所胶东革命烈士陵园，园里矗立着邓一飞的陵墓，并收藏着关于邓一飞的历史资料。之后，又在梁金山风景区建立了一座"一飞亭"，以志永远纪念。

—•— 英烈精神 —•—

奋不顾身、冲锋陷阵、英勇作战、正气凛然的革命斗争精神，为革命不怕牺牲、敢于粉身碎骨的献身精神。

（梁健生）

房炳云（1915—1942）

—— 拯救祖国心切，矢志抗日志坚

主要生平

房炳云，广东省博罗县显村禄岭村人。

- 1915 年 5 月，出生于一户富商家庭。
- 1935 年间，从显村转学到惠州涂山中学。
- 1937 年，在惠州涂山中学毕业后，继续升学，考入广州文化中学高中。同年秋，考入中央军校（原黄埔军校）第四分校十五期步兵科。
- 1938 年秋，随军校从广州燕塘迁往广西宜山县东江，继续就学。
- 1940 年，在国民革命军第九战区薛岳部属兵站服役，曾任排长、副连长等职。
- 1942 年，奉命开赴英德浈江前线对日作战。拂晓时分，遭到敌人飞机报复性袭击，不幸中弹身亡，以身殉国。时年 27 岁。

拯救祖国心切，矢志抗日志坚

房炳云，1915 年 5 月出生于广东博罗显村禄岭村一户富商家里。1935年间，房炳云从显村转学到惠州涂山中学，寄宿于世叔房仲庄家。房仲庄是位爱国军人，任营长。他十分关心房炳云的成长，常以"国家兴亡，匹夫有责"的道理，启迪他的爱国思想和爱国情怀，勉励他将来学成要为国出力，为国家贡献一切。年青有志的房炳云，也甚为尊重房仲庄，对其关怀和教诲，都一一铭刻在心间。

1937 年，房炳云在惠州涂山中学毕业后，继续升学，考入广州文化中学高中。同年秋，抗日战争全面爆发。七七卢沟桥的炮声震撼了房炳云的心房；抗日救亡的召唤，激起了他的爱国情怀，萌生了投笔从戎的念头。

然而，房炳云投笔从戎却经历了一段波折。他家境好，家里开了"裕记"和"裕和堂"两间店铺，论家庭富有，在显村一带，首屈一指。由于他是富商的后裔，又是晚子，加上人聪明伶俐，善于社交，其父亲十分疼爱他，寄望他早日高中毕业回家来经商，以便继承家业。房炳云的父亲房丁鸿得知他想投军时，一再加以劝阻。他的妻子也百般挽留，劝他别去从军。房炳云对父亲和妻子的心情，完全理解。但目睹中华民族处于危难之中，广大同胞处于水深火热之中，抗日烽火已蔓延到南粤家门，同伴一个接一个奔赴抗日战场，他心里感到忐忑不安。在爱国责任感的驱使下，他耐心地做父亲和妻子的思想工作："有国才有家，国破家亡。如今国难当头，怎能坐视不管；千万同胞惨遭屠杀，我哪能麻木不仁！"他父亲毕竟是位明白人，一经开导，也深明大义。他的妻子也深为他"拯救祖国心切，矢志抗日志坚"的爱国热忱感动得热泪盈眶。他终于打通了家人的思想。1937 年秋，他考入中央军校（原黄埔军校）第四分校十五期步兵科。从此，他步上抗日征途，开始了戎马生涯。

1938 年，正当他孜孜不倦地学习军事本领的时候，其世叔房仲庄在南京保卫战中，奉命率部在南京外围——汤山镇阻击进犯日军，战斗空前激烈。房仲庄身先士卒，英勇阻击敌人，光荣殉国，全团官兵也全部壮烈牺牲。房炳云从报上看到这一不幸的消息之后，悲愤交集，国难家仇齐涌心头。为此，他特地告假还家，把房仲庄不幸阵亡的情况告诉家里人。拿着那张登载了汤山战役消息的报纸，读给在念小学三年级的侄儿房锡康听，悲愤地讲述汤山战役的壮烈情景。他激动地说："该团全体官兵，在日本侵略军面前，寸土不让，与阵地共存亡，真是英雄的中华儿女。他们为国捐躯，无上光荣，堪称中华民族之楷模。"从此以后，他经常以革命先烈为国献身的精神激励自己，为保卫祖国苦练杀敌本领。

被称为"勇敢的人"

1938 年秋，房炳云随军校从广州燕塘迁往广西宜山县东江，继续就学。他军校毕业后，因抗战需要，随即被送去南岳步校深造，半年学成。1940 年，被派往湖南抗日前线，在国民革命军第九战区薛岳部属兵站服役，曾任排长、副连长等职。他在任期间，多次请缨上前线，曾参加过大规模的汨罗江保卫战和长沙会战。他由于作战勇敢过人，被称为"勇敢的人"，曾受到表彰。

1942 年春，房炳云被调到第一五四师，转赴粤北抗日前线。那时，第一五四师政治部主任曾伟辉是房炳云的同乡，彼此自小相熟相好，出于对房炳云的好感和关心，加上该师政治部缺政工人员，便把他留在师政治部任上尉政工人员。对日寇怀有深仇大恨、习惯于战斗生涯的房炳云，突然从战火纷飞的沙场，转到相对平静的政治机关，倒感到有点不是滋味，脑子里老是打转：他觉得自己进过军校，打过仗，作为一名军事人员，在战事如此紧张的时刻转行搞政工，感到不切时宜；一个革命军人，如果在亲友的宠爱下图生存，人生没有意义。于是，一再请求到前线去，到连队去。曾伟辉见房炳云忠心报国精神可嘉，奔赴抗日前线心切，便答应了他的请求，把他调到粤北抗日前线守备团的一个连队担任上尉政工人员。不久，他奉命开赴英德滃江前线对日作战。那时，在银盏坳的抗日阵地前沿，有个日军据点，经常利用居高临下的有利地形，炮击银盏坳前沿阵地和抗日军民。于是，中国军队抗日前线指挥部决定对敌发动夜袭。在这次夜袭战斗中，房炳云所在连队担任突击敌阵任务。战斗命令一下，他身先士卒，一举突入敌阵，与日军展开激烈搏斗，取得了夜袭的胜利。

不幸牺牲

殊知，拂晓时分，正当他完成出击任务，带领全连官兵刚刚返回原前沿阵地时，忽然遭到敌人飞机报复性袭击，炸弹雨点般从空中倾泻下来。在这万分危急的关头，房炳云奋不顾身，一面指挥连队用高射机关枪还击敌机，一面高声指挥官兵掩蔽。就在这个时刻，他不幸中弹身亡，以身殉国。房炳云牺牲时年仅27岁。

他牺牲以后，第七战区长官司令部颁令表彰。新闻媒体也报道了他的英勇事迹。

建立纪念碑

1945年春，博罗桔、獭、显三乡的父老及知名人士为了永远纪念他，捐款在显村卓望岭建立了纪念碑。1986年冬，经博罗县人民政府批准重建了纪念碑。纪念碑重建落成时，当地数百名干部群众和中小学生，怀着对房炳云烈士敬仰之情，参加了纪念碑揭幕典礼，并向房炳云烈士敬献了充满深情的挽诗：

> 志怀民族国兴亡，投笔从戎赴沙场；
>
> 献身殉国英雄赞，丰碑矗立后人仰。

英烈语录

"有国才有家，国破家亡。如今国难当头，怎能坐视不管；千万同胞惨遭屠杀，我哪能麻木不仁！"

"拯救祖国心切，矢志抗日志坚。"

"该团全体官兵，在日本侵略军面前，寸土不让，与阵地共存亡，真是英雄的中华儿女。他们为国捐躯，无上光荣，堪称中华民族之楷模。"

（李春水）

冯达飞（1899—1942）

——土地革命战争时期和抗日战争时期的杰出将领

冯达飞，字洵，又名国琛，广东省连县人。

- 1899年，出生于连县东陂镇一个小商人家庭。
- 1919年9月，投笔从戎，考入广东陆军测绘学校。
- 1921年秋，在广东陆军测绘学校毕业后，即转入西江讲武堂学习。
- 1922年，从西江讲武堂毕业，任粤军中尉军官。
- 1924年5月，辞去军职，考入黄埔军校。同年冬天，加入中国共产党。
- 1927年12月11日，参加广州起义。
- 1929年夏，先后担任广西教导总队教员和广西警备第四大队机枪连连长的职务。9月下旬，在机枪连公开地宣传中国共产党的纲领，建立士兵委员会，发动群众，武装工农和扩大部队，准备百色武装起义。12月11日，百色起义胜利后被任命为中国工农红军第七军第二纵队第二营营长。
- 1930年9月，任第二十师第五十八团团长。后调任教导队队长。
- 1931年，被任命为第五十八团团长。配合了中央红军第二次反"围剿"战争。7月，留在湘赣根据地，先后任红军独立师师长、红八军代军长、红军大学第四分校校长等职。

- 1934 年 10 月，任红色干部团上级干部队地方干部科科长，随中央军委长征。
- 1938 年秋，调任新四军教导总队副总队长兼教育长。
- 1940 年 12 月，任新四军新二支队副司令员。
- 1941 年 1 月 4 日，在离开云岭北撤时，不幸被俘。
- 1942 年 6 月，被国民党匪徒杀害，时年 43 岁。

冯达飞，字洵，又名国琛，广东省连县人，1899 年出生于连县东陂镇一个小商人家庭。1914 年秋，冯达飞高小毕业后，得亲友资助，考入县立连州中学。在中学期间，他学习用功，阅读了不少历代中外名人传记，思想上受到了很大的激励，决心为祖国学好本领。1919 年，五四运动爆发的消息传到连县，冯达飞和同学们立即起来响应，组织革命社团，走上街头，游行示威，发表演讲，号召群众起来反对帝国主义的侵略和北洋政府的卖国行径。

多渠道加强军事和革命理论学习

1919 年 9 月，冯达飞中学毕业，他目睹祖国被帝国主义瓜分脔割，军阀连年混战，深痛国家多难，毅然投笔从戎，考入广东陆军测绘学校。1921 年秋，他在广东陆军测绘学校毕业后，即转入西江讲武堂学习。1922 年毕业，任粤军中尉军官。

1924 年 5 月，孙中山在中国共产党帮助下，在广州黄埔建立了陆军军官学校，培养革命军事干部。冯达飞辞去军职，考入黄埔军校。在黄埔军校短短的几个月中，他阅读了一批革命书籍报刊，开始接受马克思列宁主义。在共产党员的帮助下，1924 年冬天，冯达飞加入了中国共产党。1925 年 2 月，冯达飞随黄埔军校学生军参加了讨伐军阀陈炯明的第一次东征，在作战中，他身先士卒，不怕牺牲。

3 月间，广东革命政府成立航空局，并举办了飞行学校。冯达飞由前线调入飞行学校学习。学习期间，他认真听课，刻苦练习飞行技术，就在这时，他母亲病危。为了早日掌握飞行技术，为祖国为革命服务，他毅然决定不回家而继续学习飞行技术，把革命事业放在第一位。1925 年 7 月，冯达飞被送到苏联莫斯科航空学校学习。结业后，他又被党选入莫斯科苏联高级步兵学校学习。在学习期间，他除认真学习马克思列宁主义外，还研读了古今许多军事论著，以及苏联红军正规战的战略战术和游击战争的战略战术。冯达飞在苏联高级步兵学校毕业后，又被选派入德国炮科研究院将校组深造。

积极参加革命斗争

1927 年 11 月，冯达飞按照党的指示秘密回到广州，12 月 11 日参加广州起义。起义失败后，他回到家乡连县东陂镇，开展秘密革命工作。

1929年夏，蒋、桂军阀混战结束，俞作柏担任广西省主席，李明瑞担任了广西省绥靖司令。中国共产党利用这一有利时机，派遣邓小平、张云逸等进入广西，到李明瑞的部队中工作，发展革命力量，创建红军。冯达飞受党的指示，秘密到了南宁，先后担任张云逸领导的广西教导总队教员和广西警备第四大队机枪连连长的职务。他利用合法身份作掩护，积极开展革命活动，在学员和战士中进行政治思想教育工作，并秘密发展党的组织。

1929年9月下旬，俞作柏、李明瑞反蒋失败。冯达飞在邓小平、张云逸的领导下，立即率领广西警备第四大队机枪连同教导总队一起，保护军械船，直开右江的百色城，准备武装起义。冯达飞遵照党的指示，在机枪连向战士们公开地宣传党的纲领，建立士兵委员会，清除反动分子。与此同时，他还带领部队到右江两岸农村，发动群众斗地主，收缴地主民团的枪支，武装工农和扩大部队。

12月11日，党领导的百色起义取得胜利，并成立中国工农红军第七军（军长张云逸、政委邓小平），冯达飞被任命为第二纵队第二营营长。百色起义后，敌人不甘心他们的失败，立即卷土重来。在百色起义后不到一个星期的一个早上，一股地主武装2000余人趁红七军主力在平马、果德一带消灭敌人之际，突然袭来。当时，留守百色的只有教导队和机枪连等共500余人。枪声一响，守城部队与敌人展开激战，冯达飞沉着、果断地指挥机枪连抢占有利地形，以猛烈的火力扫射敌人。经三个多小时的激烈战斗，终于击溃了敌人，保卫了红色山城——百色。这为巩固右江根据地，深入开展土地革命打下了基础。

1930年3月，敌人以四个团兵力向右江根据地进犯。红七军前委根据敌强我弱的形势，决定避敌锋芒，由第一、第二两个纵队挺进桂黔边界，开展游击战争。冯达飞率领第二营指战员于5月1日攻下贵州的榕江县城，缴获了大批武器和军用物资，旋即回师右江。这时，百色城四周敌堡林立，已成了桂系军阀反共的大本营。部队居高临下，向敌发起攻击，激战一天，攻占了敌人的许多据点。但是，中心碉堡始终未攻下，部队前进受阻。冯达飞这时冒着危险亲到前沿阵地观察，决定把山炮抬到前沿阵地的一个高地上，并亲自测定距离，校正瞄准。结果，红七军就是用仅有三发炮弹炸掉了敌碉堡。红七军的战旗又飘扬在百色城头。

1930 年 9 月，党中央代表来到右江，强令红七军离开根据地，北上攻打柳州、桂林。冯达飞率领第二纵队第二营为先遣队，离开右江根据地向河池进发。部队到达河池后，进行了整编，将原三个纵队改编为三个师，冯达飞任第二十师第五十八团团长。红军虽经英勇奋战，攻下四把、长安，但因敌众我寡，始终未能突破敌人封锁线，加上柳州敌人早有防备，红军首长遂决定放弃攻打柳州，转向湘桂边界。10 月，红七军攻下全州，此时，有人还主张南下攻打桂林。邓小平、张云逸等总结了几个月离开根据地部队遭受重大损失的教训，反对攻打桂林，决定到粤北，以便待机与毛泽东、朱德的中央红军会师。冯达飞对军首长的决定，表示坚决的拥护。部队向湘南进发，一路攻下道州、江华，到达粤桂边的桂岭时，因严重减员，遂缩编为两个团和一个教导队，第二十师缩编为第五十八团，冯达飞调任教导队队长。

1931 年 2 月初，冯达飞率领教导队克服重重困难，到达广东连县东陂镇，这里是他的家乡。他回到家里，向亲友宣传党的主张、政策，动员亲友参加革命。

接着，冯达飞率领教导队与兄弟部队一起攻占了连县。这时，敌人从韶关派兵前来增援。军首长决定在乐昌梅花村阻击敌人。冯达飞率教导队和五十八团从侧翼出击。战斗打响后，敌人也从侧翼向部队扑来，于是发生了激烈的遭遇战。冯达飞冒着枪林弹雨，勇敢、沉着地指挥战士冲锋，终于把敌人压下去。战斗从中午一直打到黄昏，杀伤了敌人 1000 余人。由于敌人的不断增援，部队亦受到较大的伤亡。因此，军首长决定撤出战斗，迅速渡过乐昌河，向湘赣边挺进。

部队过河后，冯达飞又被任命为五十八团团长。3 月中旬，冯达飞在红七军军长张云逸的领导下，率领教导队和五十八团大部进入了湘赣革命根据地的酃县十都圩，与王震率领的红军独立师三团胜利会师。不久，又与李明瑞率领的五十五团会合。冯达飞率五十八团同兄弟部队一起，在攻打安福、茶陵、安仁、袁州战斗中，连战皆捷，有力地配合了中央红军第二次反"围剿"战争。

从事军事教育工作

1931 年 7 月，红七军主力开赴中央革命根据地。冯达飞留在湘赣根据地，先后任红军独立师师长、红八军代军长、红军大学第四分校校长等职。1932 年 3 月，冯达飞奉调进入中央革命根据地，任中国工农红军学校上级干部队地方干部科科长。上级干部队地方干部科是专门培养地区、县两级的党政军干部的部门，冯达飞负责讲授游击战争的战略战术课程。

1934 年 10 月，中央军委把所有工农红军学校编为统一作战的组织——红色干部团。冯达飞任红色干部团上级干部队地方干部科科长，随中央军委长征。1935 年 6 月，红一、红四方面军在四川懋功会合后，党中央决定将红一方面军的红色干部团同红四方面军的红军学校合编为红军大学，冯达飞被任命为炮兵科科长。红军大学随党中央北上抗日。1935 年 10 月，冯达飞随党中央到达陕北后，先后担任了红军大学的主任教员，中国人民抗日军事政治大学教员学习班教员等职。

1938 年秋，冯达飞被调到新四军，任教导总队副总队长兼教育长。他除担负总队的全面工作外，还给总队干部和第九队（高干队）讲授军事战术课，以及工兵、炮兵课程。他在讲授游击战争战略战术时，运用了毛泽东的游击战争思想，结合江南地区平原、水网、村落多的特点进行讲授。由于他的军事理论水平很高，又能深入浅出，所以他的讲授得到干部和学员的欢迎。

·············· 北撤突围被俘牺牲 ··············

1940 年 12 月，新四军军部决定北撤江北，把皖南部队 9000 余人编为 3 个支队。冯达飞任新二支队副司令员。1941 年 1 月 4 日，冯达飞率所部随新四军军部离开云岭北撤。不料国民党顽固派制造了皖南事变，调集重兵包围了北撤的新四军。冯达飞在率部队突围中受伤，不幸被俘。

蒋介石得知冯达飞是黄埔军校第一期的毕业生，就指使亲信前来诱降。冯达飞义正词严地对蒋介石的特务说："你们既晓得我是黄埔军校毕业的，可见得我反对蒋介石并不是盲目的。我到过苏联，可见得我晓得共产主义是怎么回事，那么还有什么可说的呢?!"这番痛快淋漓的话，击破了蒋介石诱降的幻想，也表现了冯达飞对共产主义事业的无比忠诚。

冯达飞在上饶集中营西山监狱期间，每天公开给难友宣传马克思列宁主义，因而被加上煽动暴动的罪名钉上两副铁镣。

1942 年 6 月，日寇进攻浙赣线，国民党忙着逃命，把上饶集中营迁至福建。就在转移的前两天，国民党匪徒对冯达飞下了毒手，他牺牲时年仅43 岁。

英烈语录

"你们既晓得我是黄埔军校毕业的，可见得我反对蒋介石并不是盲目的。我到过苏联，可见得我晓得共产主义是怎么回事，那么还有什么可说的呢?!"

英烈精神

矢志革命终生，对共产主义事业的无比忠诚和对革命忠贞不渝的精神；面对敌人大义凛然、坚贞不屈、敢于斗争、不怕牺牲、视死如归的革命斗争精神和大无畏精神。

（冯鉴川）

黄星南（1865—1942）

—— 高潭区农会和苏维埃政府的创始人

黄星南，广东省惠东县高潭区黄沙乡人。

- 1865 年，出生于一个贫苦农民家庭。
- 1922 年冬至次年春，积极筹备和建立高潭各乡及区农会，并被选为区农会会长。期间还筹建了惠阳县农会。
- 1925 年初夏，加入中国共产党，并担任高潭特支书记。11 月 16 日，被选为惠阳县农会执行委员。
- 1927 年 7 月 15 日，领导群众支援讨逆军作战。9 月上旬，领导群众开展抗租和建政斗争。11 月上旬，根据东江特委指示，积极领导筹建高潭区工农兵苏维埃政权。
- 1928 年，红二、四师在东江会师后，领导高潭农民武装配合红军作战。当革命处于低潮时，领导区苏政权和农民武装撤入山中。
- 1929 年 2 月，离开高潭前往揭西，留在揭西、惠来一带掩蔽养病，并继续从事革命活动。
- 1942 年 5 月 2 日，不幸病逝，时年 77 岁。

拯救乡民的信念逐步成熟

黄星南，惠东县高潭区黄沙乡人，1865年出生于一个贫苦农民家庭。少年时期，因家贫无钱念书，给人做帮工和卖糖果。稍后，上了一年夜校。他年少有志，勤奋好学。当时，中国正处于西方列强侵略和清政府腐败无能的统治下，广大劳动人民过着牛马般的生活。尤其是穷乡僻壤的高潭山区，农民遭受的苦难更为深重。黄星南耳濡目染，心中逐渐萌生了反抗酷吏贪官、拯救乡民的念头。

清朝末年，高潭山区一带兴起"三点会"。黄星南目睹"三点会"劫富济贫的行为，感到符合自己的意愿，于是加入了"三点会"。但这个组织毕竟是自发建立的，没有明确的斗争纲领，终归无法解决农民的根本问题。后又因清朝官府的镇压，"三点会"被迫解散。黄星南离乡背井，远走南洋，在马六甲、新加坡、雪罗埠等地做苦工，过着漂泊流浪的生活。几年后，黄星南做工积了些钱，因思念家乡父老，便回家乡。谁知到家不久，高潭劣绅罗鼎臣说黄星南是"三点"，要拿官究治。黄星南只得被迫重往南洋。

这次到了南洋，适逢孙中山领导的同盟会得到东南亚各地的广大华侨的支持，尤其是华侨青年踊跃参加推翻清朝政府的活动。黄星南蕴藏在心灵深处的火焰迸发出来了，旋即参加同盟会。辛亥革命后，黄星南回家定居，虽然乡中土豪劣绅总想寻事生非，但黄星南为人重义气，好结交，见人有难，鼎力相助，在乡绅中威望较高，乡中土豪劣绅便不敢对他怎样。

坎坷的生活道路和辛亥革命的洗礼，使黄星南更臻成熟。他看到北洋军阀的割据代替了清朝政府的统治，人民生活更加困苦，山区农民依然在啼饥号寒。冷酷的现实和拯救乡民的信念常常使黄星南夜不成眠。

投身农民运动

1922年夏，毗邻高潭的海丰县组织了农会，向地主减租减息。消息传来，黄星南大为振奋。这年秋天，彭湃亲临高潭，黄星南热情接待，得到彭湃的启发和指导。1922年冬至次年春，黄星南积极筹备和建立高潭各乡及区农会，并被选为区农会会长。这期间，他还筹建了惠阳县农会。

高潭区农会建立后，入会农户越来越多，声势也越来越大。1923年7月，高潭和海丰一带受到强台风的袭击。强台风过后，黄星南带领区农会干部分头下乡调查灾情，及时召开区农会会议，通过减租决议。高潭豪绅地主坚持十足收租，并下乡逼租，激起农民义愤。黄星南联系各乡农会，派代表与豪绅地主罗鼎臣进行说理斗争，迫使豪绅地主执行农会减租的决议。8月16日，驻海丰陈逆军队头子钟景棠率300人围攻海丰县总农会，逮捕农会干部，制造了震动全省的"七五农潮"事件。黄星南领导区农会联合新庵、炮子等地农会，大力宣传发动群众声援海丰的农民兄弟。

1924年春，盘踞东江的军阀陈炯明下令解散东江各地的农会组织，罗鼎臣以为时机已到，便恐吓、威胁农会，气焰嚣张。面对急剧变化的形势，黄星南召开会议，统一思想，制定对策，坚持"二五"减租，各乡农民武装加强联系。农会虽然暂处守势，但仍然是农民的靠山。

1925年春，广东革命政府东征陈炯明，取得了节节的胜利。当陈炯明的一股败军窜入高潭杨梅水乡时，黄星南立即带领农民武装埋伏在要隘路口，出奇制胜地伏击陈逆，缴获了80多支枪。4月，东征军数百人开抵高潭，各乡群众联合举行欢迎大会，黄星南在会上发表讲话，号召群众起来配合东征军作战，宣布恢复农会的正常活动。这年初夏，黄星南加入了中国共产党，并担任高潭特支书记。党组织建立后，即发动群众建立工会、商会、妇女会、学联会等群众团体，联合向封建势力展开斗争。6月，东征军回师广州，陈炯明残部乘机卷土重来，东江各地农会遭到摧残。罗鼎臣、江达三之流勾结陈逆残部，公开诬蔑农会为"脓会"，农会干部为"脓头"，扬言要"夹脓头"，还组织了反动的"三合会"（即"夹脓头会"）。当区农会掌握到证据后，黄星南率领全区20余名乡农民自卫军，镇压了"三合会"骨干分子，并将江达三等人逮捕和罚款，有力地打击了土豪劣绅的反动气焰。

1925年11月16日，随着第二次东征的胜利，惠阳县农民协会在惠州宣告成立。黄星南带领高潭区农会代表33人参加成立大会，并在会上被选为惠阳县农会执行委员。

1926年，在黄星南领导下，高潭农民运动更加轰轰烈烈，党团和群众团体迅速得到发展，农民武装得到加强。

坚持革命斗争

1927 年 4 月 15 日，国民党反动派在广州发动了反革命政变。4 月 30 日，海丰县农民起义夺取了政权。高潭区由于农运发展，旧的区政权已无形瓦解，区农会实际上掌握了政权。在海丰、陆丰、紫金等县夺取政权后，反动军队即向各地农民政权进攻。为保卫高潭区政权，黄星南将各乡农军调集高潭圩，日夜戒备，并在各主要路口修筑壕沟。

5 月 2 日，江达三纠集多祝土劣霸陈伯齐，带领 48 个民团号称四十八团，来势汹汹地向高潭进犯。黄星南指挥农军在企潭缺等地英勇抗击，战斗持续九昼夜。5 月 10 日，由于驻惠州的国民党十八师师长胡谦派兵攻进海丰县城，并派一连兵协助江达三民团进犯高潭。为了保存实力，黄星南指挥农军撤出阵地，转移到杨梅水、中洞设立武装据点，坚持斗争。

7 月 15 日，武汉国民党汪精卫集团举行反革命政变后，海丰、陆丰、惠阳、紫金等县农军逐渐会师中洞，在中共东江特委领导下整编为工农讨逆军，中洞成为四县边区的革命据点。黄星南作为区农会和特支负责人，不畏艰险，领导群众支援讨逆军作战。

9 月上旬，讨逆军分头出击海丰、陆丰，举行第二次武装起义，先后收复两县县城，建立了人民政权。高潭圩也同时收复。这时，黄星南发动群众，把收复海陆丰各城镇后征收、没收和缴获的大量物资搬回中洞贮藏，同时领导群众开展抗租和建政斗争。9 月下旬，讨逆军主动撤出海陆丰回到中洞，建立革命根据地。黄星南积极协助东江特委和东江革命委员会做好后勤工作，迎接南昌起义军余部开来中洞。

南昌起义军 1000 余人到达中洞后，在东江特委领导下整编为工农革命军第二师。红二师以中洞为根据地，先后出击紫金南岭和海陆丰各城镇，取得了第三次武装起义的胜利。

建立高潭区工农兵苏维埃政权

11 月上旬，黄星南根据东江特委的指示，积极领导筹建高潭区工农兵苏维埃政权。在黄星南的主持下，高潭区工农兵代表大会于 1927 年 11 月 9 日在高潭圩举行，11月11日，宣告了惠阳县高潭区工农兵苏维埃的建立。黄星南在大会上作《政治报告》，阐述了苏维埃政权的性质、任务和施政方针，以及学习苏俄建立苏维埃政权的意义，号召广大农民实行土地革命，坚决镇压土豪劣绅和铲除封建势力。大会上，黄星南被选为区苏维埃政府主席。区苏政权建立后，黄星南带领农民立即开展分田地、打土豪的斗争，摧毁封建剥削制度的根基。与此同时，海丰、陆丰、紫金炮子等地苏维埃政权也相继建立，形成了连成一片的红色区域。

配合红军反"围剿"作战

1928年1月，参加广州起义保存下来的部队整编为红四师撤到东江。当红四师到达高潭时，黄星南组织群众热情迎接和慰劳部队，将伤病员接往中洞红军医院治疗。

红二、四师在东江会师后，分头出击紫金、惠来、普宁等地，打了许多胜仗，扩大了苏维埃区域。国民党广东当局为此大为震惊。马上集结重兵，分四路向海陆惠紫苏区进行"围剿"。在反"围剿"斗争中，黄星南领导高潭农民武装配合红军作战，先后在砾头坳、大坳头等英勇抗击来犯之敌。由于敌强我弱，中洞根据地终于失守。当革命处于低潮时，黄星南领导区苏政权和农民武装撤入山中，配合红军打击敌人。

1928年冬，敌人的摧残、压迫特甚。党组织为了保存革命种子，决定把高潭区苏维埃领导人疏散到外地隐蔽起来。黄星南于1929年2月离开高潭前往揭西。由于他长期劳碌过度，积劳成疾，于是他按照党组织的决定留在揭西、惠来一带隐蔽养病，并继续从事革命活动。

不幸病逝

1942年，黄星南病情恶化，生命垂危。在场的亲属和同志都很难过，但他鼓励大家说："你们不要难过。我死后，你们要跟党走，务必努力革命到底！"5月2日，黄星南不幸病逝于惠来县葵潭坑上坝村，时年77岁。

黄星南作为高潭区农会和苏维埃政府的创始人，英勇战斗了一生，不愧为中国共产党的优秀党员。他病逝后，高潭老区人民悲痛万分。新中国成立后，人民政府追认他为革命烈士，并将他的遗骨移葬于高潭革命烈士纪念亭，立碑永志。

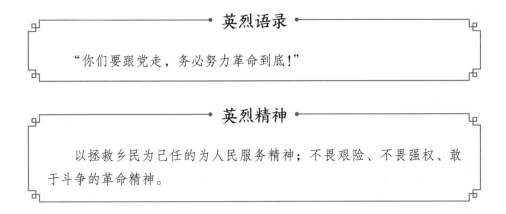

英烈语录

"你们要跟党走，务必努力革命到底！"

英烈精神

以拯救乡民为己任的为人民服务精神；不畏艰险、不畏强权、敢于斗争的革命精神。

（林华新）

黄国平（1914—1942）

——英勇机智，用智慧突破难关

主要生平

黄国平，广东省惠阳县人。

- 1914 年，出生于一个贫农家庭。
- 1938 年夏，参加军事训练班，结业后，参加中国共产党。
- 1939 年 2 月，担任东江华侨回乡服务团第一团派出的多祝队队长。
- 1940 年底，在梅林坳建立第一个税站。不久，又到布吉水径建立第二个税站。
- 1942 年初，东江人民抗日游击总队成立税总站，任总站长。同年秋牺牲。时年 28 岁。

参加中国共产党

黄国平，1914 年出生于广东省惠阳县秋长镇黄泥坑村一个贫农家庭，出生不久，因家庭生活困难，过继给邻近的宝安县坑梓镇新桥围村（当时属惠阳县）一个黄姓的农民家庭作养子。黄家生活过得去，黄国平七八岁时被送到村中私塾念书。1926 年，坑梓兴办新学，遂转入村国民小学读书。1928 年他考入坑梓光祖中学附小（高小）就读。1932 年他在光祖中学第五届毕业后，先到葵涌，后到多祝担任小学体育教员。

1936 年，黄国平回到坑梓，积极参加由一批进步青年组织的坑梓生活读书会和新桥围生活会，开办夜校识字班，阅读进步书刊，教唱抗日歌曲，举办时事演讲会等，开展抗日救亡活动。当时，坑梓有一股顽固势力，不满进步青年搞救亡运动，到处散布流言蜚语。黄国平等人与他们展开激烈辩论，揭露其错误。

黄国平的堂兄黄国伟是中共地下党员，对黄国平影响很大。1938 年 2 月，黄国伟作为香港惠阳青年会第二批回乡救亡工作团成员，由香港随团回到坑梓开展救亡宣传活动。1938 年夏天，工作团对当地国民党驻军旅长何联芳做好工作。何联芳利用淡水崇雅中学放暑假之机，在该校举办了一期惠阳第二区、第四区、第六区青年军事训练班，派出军官负责训练，黄国平在黄国伟支持下参加了军训班。中共地下党派去了一批党员参加军训班，并由叶锋、黄国伟、黄恩组成党支部，秘密发展党员。黄国平在军训班期间接受了党的培养教育，并学到了一些军事常识，还到连队去实习了半个月。军训班结业后，黄国平参加了中国共产党。

组织武装自卫

1938 年 10 月，日军在大亚湾登陆，惠宝沿海地区沦陷，黄国平参加了新桥围村成立的临时党小组，还参加了自卫队，实行武装自卫，保卫群众利益，保卫家乡。为了阻止日军进攻，自卫队立即行动起来，到离淡水不远的土湖村附近，放火烧掉白门坑桥，随时准备打击敢于下乡骚扰的日军。

1939 年 2 月，在惠阳青年会回乡救亡工作团的基础上成立了东江华侨回乡服务团第一团。黄国平担任第一团派出的多祝队队长，带领 10 多个队员到多祝开展农民运动工作。他们深入了解情况，开展抗日宣传，写标语、出墙报、排演话剧、开办夜校、组织青年自卫队。工作了半年多，为当地的救亡运动打下了良好基础。

参加惠宝敌后地区武装斗争

1940 年春，东江华侨回乡服务团由于受到国民党顽固派的迫害，黄国平奉命回到惠宝敌后地区，参加武装斗争。这年秋天，曾生、王作尧领导的抗日游击队东移回到东宝敌后地区，分别改为广东人民抗日游击队第三大队和第五大队。黄国平参加的第五大队，活动于宝安阳台山与深（圳）南（头）公路线之间的荒山野岭里，处于日伪和国民党顽军的夹击中，为解决部队的给养问题，于年底在梅林坳建立了第一个税站。不久，又派黄国平到布吉的水径负责建立第二个税站。

水径地处国民党统治区和沦陷区之间，周围有铁路、公路和许多山路，交通方便，容易受到日伪和国民党顽军的袭击。黄国平带着几个经过挑选的武装人员，来到客商过往的路口，插上一支护路小旗，并派出人员到附近的山头设哨瞭望，便开始收税。他和战友们站在路旁，对过往的客商宣传党的政策，表明游击队保护客商的利益，希望客商自愿捐助抗日经费。客商因为沿途可以得到游击队的保护，一般都乐意交税。当国民党顽军越来越频繁进攻游击区的时候，为避免当地群众遭受损失，黄国平就利用顽军害怕日伪军的弱点，把税收点移到日伪军据点附近，在敌人眼皮底下坚持收税。如遇到敌人偷袭，他就让战友们护送过境客商先转移，他留在后面作掩护。

1941 年冬香港沦陷后，我抗日游击队同海外华侨的联系断绝了，没有侨汇支援，经济来源主要依靠税收。黄国平又受命开辟李朗税站，担任站长。李朗是广九铁路的要道，来往的客商和货物都很多。黄国平就在车站附近设立税站，成为税款收入较多的一个站。同时，他还把税站建成游击队重要的宣传阵地。当时，许多回内地的客商和难民都要经过此站。他们除口头宣传外，还发给传单和游击队出版的报纸。黄国平想了一个很好的办法，他在晚上把全站人员集中起来分配任务：把部队的传单折叠好，秘密地装进客货里去。他认为最好的传递工具是香烟，便领着大家小心揭开香烟封口，装进卷好的小传单，虽然这样做花的时间多，但收到了很好的宣传效果。这些货销至曲江、梅县和桂林，甚至远销重庆，使大后方的军民很快就知道了顽军在东江前线的罪恶勾当。

指挥保卫税站

部队随着活动地区的扩大，先后在上下坪、沙河、乌石岩、黄田、西乡等地建立了税站。1942年2月，东江人民抗日游击总队成立后，为统一管辖各地税站，总队部成立税总站，由黄国平担任总站长。他更加重视报纸的发行工作，游击队每周出版的报纸，必送一卷给税站卖给客商。黄国平亲身抓发行工作，报纸的发行份数每周都有增加，他认为部队的报纸就是部队的"宣传员"，做好了宣传工作，收税工作也就好做得多。同时，他还积极主动地给报社同志提供大量的本地新闻和日军进占港九的最新消息，无形中成了报社的义务通讯员。

4月中旬，国民党顽固派纠集数千兵力，重点进攻宝安。国民党六十五军一八七师师长张光琼扬言要"军事和政治进攻和经济封锁三管齐下"，"限三个月内消灭"游击队。顽军对部队"经济封锁"的主要措施是破坏部队的税收，以达到其断绝部队经济来源的罪恶目的。各个税站首当其冲，成了顽军攻击的主要目标。顽军几乎天天出动，频频袭击税站，有时武装扑击，有时设伏，有时迂回包抄，有时便衣突袭，不断变着阴谋手法。黄国平在这段时期天天深入到税站去做思想政治工作，帮助税站人员总结对付顽军的斗争经验，坚持税收。差不多是顽军打到哪个站，他就出现在哪个站，亲临指挥，鼓舞士气。

李朗税站因被顽军袭击过几次，黄国平便亲临该站，带领收税人员天天改变收税地段，坚持收税。一天早晨8时多，他带领税站人员在禾河坑附近铁路上收税，发现有十几个穿唐装撑洋伞的货客沿着铁路向税站接近，形迹可疑。他立即向这批货客喝令检查，这时走在前面的几个货客丢伞露枪，向税站冲来。黄国平马上指挥税站人员拔枪，边打边退。因距离太近，敌众我寡，情况危急。黄国平急中生智，抽出一沓钞票，左撒一把，右撒一把。顽军见钱眼开，忙着抢拾地上的钞票。黄国平带着税站人员得以脱险。

不久，顽军"搜剿"望天湖，黄国平便将望天湖税站人员带到梅林坳山上坚持收税，晚上则回到白石龙村掩蔽。当时，总队部军需处被服厂也设在白石龙。一天清晨，接到群众报信：国民党顽军来了。黄国平立即带领税站短枪队，掩护地方的同志和被服厂的七八名女工上山掩蔽。由于山路崎岖，且有一处地段要爬上一人多高的崖坎，刚从香港新界前来参军的那批被服厂女工爬不上去。此时顽军已进村，闹得鸡飞狗跳，情况危急。黄国平挺身而出，趴在崖顶，探出头，伸出手，把女工一个个拉上崖顶，使大家安全脱险。顽军的"搜剿"也因此扑空。

<h2 align="center">壮烈牺牲</h2>

此后，虽然环境险恶，但黄国平毫不畏惧，一直坚持带领望天湖税站人员到梅林坳收税。梅林坳北是游击区，山南是深圳敌占区，顽军开始还不敢深入到山坳袭击税站，后来发现附近连坳的日军是坐山观虎斗，不会打他们。顽军胆子渐大，于1942年秋的一天深夜，派出一个连偷偷开到梅林坳税站收税地段埋伏。天亮后，黄国平带领税站短枪队前往梅林坳，在雷公径遭到顽军伏击。黄国平立即拔枪还击，掩护大家撤退。税站的同志脱险了，可是，黄国平却因中弹负伤，趴在地上继续顽强抵抗，直至壮烈牺牲，年仅28岁。

顽军头目看见黄国平伏地不动，便令一个班顽军上前搜索，探明黄国平已死，顽军头目才跳出来，拔刀割下黄国平的头颅，鲜血淋淋地带回观澜圩报功领赏。顽军指挥官将黄国平的头颅泡在石灰里，然后挂在圩门上示众。然而，顽军越是凶狠残暴，税站人员越是认识到税收工作的重要意义。黄国平的光荣牺牲，更加激励战友们斗争到底的决心。税站人员以黄国平为榜样，坚持税收，终于粉碎了顽军"经济封锁"的阴谋。

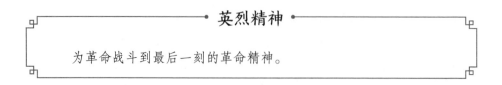

英烈精神

为革命战斗到最后一刻的革命精神。

（李征　林华新）

林玉明（1912—1942）

——《梅东民报》创办人

林玉明，曾用名邱琳、林枫、林鸣风等，广东省梅县丙村镇竹简坝人。

- 1912年，出生于一个普通的农民家庭。
- 1926年下半年，加入共青团丙村支部。
- 1928年夏秋间，奉调共青团梅县县委工作，先任宣传部部长，后任组织部部长。
- 1935年春，组织一批进步青年成立松口青年读书会。同年夏，创办《梅东民报》。
- 1937年2月，恢复党籍。
- 1938年2月，到悦来公学教书，开展革命活动。首先恢复和发展叶梦友等人加入中国共产党，成立了中共悦来支部，接着，成立了梅屏区各届抗敌后援会、梅屏区教师抗敌同志会和悦来中华民族解放先锋队等革命组织。
- 1939年下半年，被任命为江西省委统战部部长。
- 1942年秋，遇害，时年30岁。

林玉明，曾用邱琳、林枫、林鸣凤等化名，广东省梅县丙村镇竹筒坝人，1912年出生于一个普通的农民家庭。林玉明有两个姐姐、一个弟弟。其父林公武，为人憨厚老实，一贯在乡间替人抄写书信，卖文为生；其母谢氏，是一个地地道道的农村妇女，勤劳俭朴，性格温柔，待人和气。

····◇ 领导共青团工作 ◇····

1919年春，林玉明刚满7周岁便在本村族人开办的正本学校读书；1926年春，考入丙镇中学。这时正值国民革命军第二次东征胜利抵达梅县之后，党、团领导的革命运动在城镇和农村普遍展开。1926年下半年开始，共青团梅县特支重视在学校进步青年学生中发展组织。1926年冬，林玉明和温文根、郭潜等同学被吸收入团，成立了共青团丙村支部，书记温文根，林玉明、郭潜为委员。

1927年4月12日，蒋介石在上海发动了反革命政变。4月15日，广州、汕头等地实行"清党"，在这尖锐复杂的斗争形势下，梅县党组织高举革命大旗，坚决站在革命斗争前列，发动工人武装队伍于5月20日进行武装暴动。5月13日，丙镇工人在工会领导下也举行武装暴动，攻占了警察署、区公所。不久，在国民党反动派镇压下，武装人员被迫分散隐蔽，党、团组织转入地下。1927年下半年，随着中共丙村区委成立，共青团丙村支部改为中共丙村区委。温文根为书记，林玉明与郭潜分任宣传、组织工作。1928年春，为便于领导丙村地区的革命斗争，根据上级决定，党、团组织合并，林玉明任中共丙村区委委员，负责联系丙镇工人支部的工作。由于白色恐怖的加剧，特别是"扎田事件"后梅县党组织被敌破坏，国民党反动派到处搜查党团人员，造成党团员不断流失。1928年夏秋间，林玉明奉调共青团梅县县委工作，先任宣传部部长，后任组织部部长。那时，共青团梅县县委刚刚恢复，工作重点仍放在梅城镇学生青年中。经过一段动乱之后，各中学团员思想都比较复杂，支部工作面临极大困难。为尽快把党团组织恢复和健全起来，林玉明经常秘密奔忙于梅城各中学之间。

1929年10月，为迎接朱德率领的红四军来梅县，林玉明和梅县县委同志一起做了大量工作。红军退出梅城后，反动势力又日渐嚣张，到处捕人、杀人，白色恐怖严重。林玉明由于工作需要，经常出头露面，引起当局怀疑，而被捕入狱。在狱中，因反动当局未找到证据，林玉明拒不承认参加革命活动，于1930年6月，经当时具有一定社会地位的同族乡绅林益岳保释出狱。其后，在家养病调理了半年多，又秘密与他曾领导过的丙村地下党组织取得了联系。组织考虑他在丙村活动已不适宜，要他外出暂避风声。于是他和陈孟仁、陈慰慈一起，到上海去寻找组织。

1933年初，林玉明、陈慰慈从上海回到梅县松口松西公学任教。这年8月，他应老共青团员、老同事张荣德邀请，在《松口周报》任编辑。他一面保持与丙村地下党组织的联系，一面通过办报，宣传进步思想，团结周围进步青年。1935年春，林玉明、陈慰慈和王勉、陈海萍、谢影等组织一批进步青年成立了松口青年读书会，学习哲学、社会科学书籍及其他进步书刊，经常召开时势座谈会，学习党提出的抗日救国方针，使广大青年认清抗日形势，提高政治觉悟。

创办《梅东民报》

1935年夏，松口青年读书会已扩大到上百人。为了有一个供青年集中和联系的中心，林玉明决定创办《梅东民报》，作为宣传进步思想和联系、团结群众的机关。《梅东民报》积极宣传党的抗日救国主张，揭发社会的黑暗面，成为当时松口一家很受群众欢迎的报纸。

1935年冬，《梅东民报》登了一则松口地方劣绅因分赃不均、造成狗咬狗的新闻，引起了国民党地方政府的干涉。林玉明等为了保存基地，将报纸更名为《东方民报》，由周刊改为半月刊。不久，一二九运动爆发，为了响应北平学生的爱国行动，林玉明在《东方民报》的头版头条登了这则新闻，并发动各爱国团体响应北平学生的爱国主张。

1936年初，松口青年读书会发展到200多人。为更广泛地团结进步群众，松口青年读书会改名为大众读书会，以读书会为基础，又成立了松口共产主义小组，大家推荐林玉明为组长。这个共产主义小组成为梅县革命斗争的领导核心，直至1937年1月重建梅县党组织。

恢复党籍

1936年12月下旬，林玉明参加了中共韩江工委书记李碧山领导下的梅县抗日义勇军。1937年2月，经李碧山批准，林玉明恢复党籍。此后受组织委派，到松源六甲中学任教。9月，林玉明回到丙村活动，与谢影等人建立了青年抗敌同志会等进步组织，积极开展抗日救亡活动。

1938年2月，中共丙村区委派林玉明到悦来公学教书，开展革命活动。他首先恢复和发展了叶梦友等人加入中国共产党，成立了中共悦来支部，接着，成立了以悦来公学教师为主的梅屏区各届抗敌后援会和梅屏区教师抗敌同志会，又在学生中组织了党的外围组织悦来中华民族解放先锋队。在校外办起20多所宣传抗日救亡的读书识字夜校，每逢圩日，夜校学员到街上进行演讲，使抗日救国道理家喻户晓。在中共悦来支部领导下，悦来农村还发动和掀起"一个铜板的抗日救国运动"，把募到的数百元钱直接寄往延安，支援抗日，受到梅县县委表扬，悦来乡被誉为"小延安"，悦来公学成为当时梅县抗日救亡活动最为活跃的一所学校。

不幸遇害

1939年冬，中共梅县县委改组，林玉明被提名为中共梅县县委宣传部部长，接替已调动的县委原宣传部部长吴国帧的工作。因林玉明不愿意担任此项工作，受到组织上的批评。林玉明感到难于接受，于是要求调动。1939年下半年，林玉明到江西省委工作，被任命为江西省委统战部部长。但因长期艰苦的工作，林玉明积劳成疾，到江西不久，便患严重肺病，入院治疗。1941年春，江西省委机关出现叛徒，中共江西省委书记谢育才被捕，接着江西省委社会部部长骆奇勋夫妇及李盘森被捕，不久谢育才夫人王勋、林玉明妻子李碧云和身边的工作人员吴亮东也先后被捕。由于李盘森叛变，暴露了林玉明的身份。此后，在医院治病的林玉明亦被敌特监视。1942年秋的一天，两名便衣特务闯进林玉明的病房，威逼林玉明承认是共产党员，并交代党的组织，但林玉明至死不屈，特务无计可施，最后竟残暴地将其杀害。林玉明牺牲时年仅30岁。

（廖金龙　陈建新）

蒲　风（1911—1942）

——一手拿笔一手拿枪的革命诗人

主要生平

蒲风，原名黄日华，学名飘霞，广东省梅县人。

- 1911 年 9 月 9 日，出生在一个贫苦农民家庭。
- 1927 年 1 月，加入中国共产主义青年团。
- 1931 年，回国到上海中国公学读书，参加中国共产党领导的地下活动。
- 1932 年 9 月，发起和组织中国诗歌会，出版《新诗歌》。
- 1935 年，出版长篇叙事诗《六月流火》。
- 1936 年春夏间，从东京回国。7 月 1 日，写下著名的爱国诗篇——《我迎着风狂和雨暴》，为抗日救国而奔走呼号。
- 1937 年 8 月中旬，到广州和黄宁婴等一起，扩大原广州诗坛社的组织，并改名为中国诗坛社，出版刊物《中国诗坛》。
- 1938 年，加入中国共产党。在广州参加了抗日的军队，在国民党陆军一五四师一六二旅九二二团团部书记室任上尉主官。10 月，奉令开赴增城前线。
- 1941 年 1 月皖南事变后，随军转移到淮南抗日根据地。在新四军中，写下了大量的墙头诗、传单诗、歌词。
- 1942 年 8 月 13 日，在淮南抗日根据地，因肺病复发不幸病逝，时年31 岁。

参加共青团的地下活动

蒲风，原名黄日华，学名飘霞。1911 年 9 月 9 日，出生在广东省梅县隆文乡坑美村的一个贫苦农民家庭。1925 年，东征军到梅县后，许多进步青年都走上了革命的道路。1927 年 1 月，正在梅县学艺中学读书的蒲风加入了中国共产主义青年团。

1927 年，大革命失败后，中国共产党人为了反抗国民党反动派的屠杀政策，在各地领导武装斗争。5 月 20 日，梅城镇举行了武装暴动。虽然这次暴动失败了，但是它在人民群众中产生了重大的影响，共产党人不屈不挠的革命斗争精神，使蒲风受到深刻的教育。他中断了学习生活，回到乡下，积极参加共青团的地下活动。早在学生时代就热爱新诗的蒲风，满怀悲愤的感情写下了《鸦声》一诗，反映 1927 年大革命失败后光明与黑暗搏斗的现实。

用诗歌宣传革命

黑暗的社会现实，使蒲风不能在家乡继续求学。不久，蒲风便离乡背井，到了印度尼西亚，住在他的哥哥黄春华那里。蒲风虽然身在异乡，仍然继续宣传反抗、斗争的思想，探索前进的道路，他和朋友合作，编辑出版不定期的刊物《狂风》。

1931 年，蒲风在哥哥的支持下，回国到上海中国公学读书。在去上海求学之前，他先在家乡住了一段时间。他以敏锐的眼光，对当时的社会进行剖析，对农村的现实和农民的痛苦生活有了更深刻的认识。他把自己深切的感受、深沉的思索用诗表达出来，写下了许多反映农民生活的篇章，热情歌颂农民不满现实、进行反抗的斗争精神。

到达上海之后，蒲风参加了中国共产党领导的地下活动。1932 年 9 月，蒲风和杨骚、穆木天、任钧（森堡）等人，在中国左翼作家联盟的直接领导下，发起和组织了中国诗歌会，出版《新诗歌》。蒲风是中国诗歌会的总务干事，是中国诗歌会中最热心、最活跃的诗人。他以高昂的热情投身中国诗歌会的工作，并与广州、北平、青岛等地的中国诗歌分会建立了联系。1934 年，他在河北分会的《新诗歌》上发表了长诗《茫茫夜》。不久，以《茫茫夜》为书名，他在上海出版了第一部诗集。《茫茫夜》中的儿子是一个觉醒了的农民，离母别妻参加了"穷人军"。在风狂雨暴的黑夜里，母亲深切地怀念儿子，盼望他归来。诗人饱含着深情替儿子作出回答："母亲、母亲、母亲，/再不能屈服此生！/我们有的是力量，有的是热血，/我们有的是万众一心的团结；/我们将用我们的手，/建造一切，建造一切！/为什么我们穷苦了整日整年，/要饱受饥寒、凌辱、打骂？/为什么他们整年饱吃寻乐，/我们却要永远屈服他？/为什么天灾人祸年年报？/为什么苛捐杂税没停过？/为什么家家使用外国货？/为什么乞丐土匪那么多？/……/为着我们大众我离开了家，/为着我们的工作离开了你和她！/母亲，母亲，别牵挂！"诗集中的许多作品正确地说明：有了千百万人的觉醒，就有改天换地的力量，就能在"黑暗中诞生光明"。《茫茫夜》的出版，立即引起了文坛的注意，受到读者的欢迎，特别是激发起进步青年的热情，教育、启发他们坚定地在革命道路上走下去。

1934 年，蒲风到了日本东京。他积极参加左联东京分盟的活动，并组织了诗歌座谈会，和留日的进步青年切磋诗歌的问题，并在《诗歌》和《诗歌生活》上发表诗作，表达自己的见解。

1935 年，他的另一部长篇叙事诗《六月流火》出版。诗人在这首二十四章的长诗中，愤怒地揭露国民党反动派的暴行，热情地歌颂了人民群众的反抗。《六月流火》集中反映了星火燎原的革命斗争，真实地表现了当时的时代精神，郭沫若称赞它"是相当成功的"。

1935 年华北事变之后，民族危机日益深重，面对日本帝国主义的步步进逼，抗日救亡运动在全国蓬勃发展。1936 年春夏间，蒲风从东京回国，7 月1 日，他写下了著名的爱国诗篇——《我迎着风狂和雨暴》。诗人激动地呼喊："我们的铁手需要抗敌，我们的铁手需要战斗！"蒲风为抗日救国而奔走呼号。不管是在青岛、在福州、在汕头，还是在自己的家乡梅县，也不管是在教书还是在报社工作，他都始终没有放下他的武器——诗歌，他走到哪里，就写到哪里，始终以诗歌为武器，进行抗日宣传。他提倡新诗的"斯达哈诺夫运动"，他带头写下了《钢铁的歌唱》等一批慷慨激昂的战歌，还对投降卖国的反动派、汉奸进行了无情的鞭挞，在读者中产生了广泛影响。

积极开展诗歌运动

全面抗日战争爆发前夕，蒲风到了厦门，参与发起和组织了厦门诗歌会，为配合反帝抗日运动，积极开展闽南诗歌运动。

1937年8月中旬，蒲风来到广州，和黄宁婴等一起，扩大原广州诗坛社的组织，将其改名为中国诗坛社，并出版刊物《中国诗坛》。蒲风的严谨作风一如既往，并且总是催促大家快干，多创作，多写诗。蒲风说："祖国在受难，民族在流血，在生而未死者一息尚存，就要多干，快干！"他自己以身作则，拼命地写。敌人的飞机轰炸，大家避弹去了，他仍然在那里不停地写。

接着，蒲风又到梅县，建议将中国诗坛梅县分社扩大为中国诗坛岭东分社，出版《中国诗坛》岭东刊，进一步扩大新诗的影响。为了使诗歌成为民众斗争的武器，蒲风在致力于提倡诗歌大众化的同时，还亲自到民众中去宣传、去讲解、去朗诵。他自己过着俭朴的生活，却掏出钱来去印刷诗歌，然后免费送给读者，千方百计把新诗带给广大的民众。

参加抗日军队

1938年，是蒲风人生道路上最难忘的一年。这一年，他参加了中国共产党。也就在这一年，他在广州参加了抗日的军队。蒲风认为，军队工作在当时较为实际，因此，他便毅然穿上了军装，在国民党陆军一五四师一六二旅九二二团团部书记室任上尉主官。团长吴履逊原是十九路军的军官、上海一二八抗战中著名的炮手。在吴履逊的热心与默许下，蒲风大力开展文化宣传活动。他常常为士兵们写诗，亲自刻印，装订成小册子分送给士兵们。

1938年10月，日本侵略者在大亚湾登陆，广州告急。蒲风所在部队奉令开赴增城前线。出发前，蒲风与随军服务团的许介、唐鹰在广州负责召集爱国青年参加军队的文化宣传工作。10月14日夜间，他们带领爱国青年赶赴增城前线，不料日寇已突破防线向广州推进。蒲风他们乘坐的汽车在增城朱村附近与日寇的坦克部队相遇。敌人开枪扫射，许介不幸牺牲，蒲风与唐鹰从车上跳下，隐藏在路边的草莽中，幸而脱险，后到从化山间找到原来的部队。

奔赴抗日的前线

1939 年春夏，九二二团溃散了。蒲风回到梅县，在国光中学教书。1940 年 8 月，通过党的地下组织介绍，蒲风带着新婚的妻子谢培贞，经汕头到达桂林，找到八路军驻桂林办事处主任李克农。党组织同意了蒲风到抗日前线去的要求，决定让他到新四军去工作。他们在组织的安排下，穿过了重重封锁线，经湖南、江西，进入安徽，到达了新四军军部。蒲风又穿上了军装，战斗在抗日的前线。

1941 年 1 月，国民党发动皖南事变后，蒲风随军转移到淮南抗日根据地。在新四军中，他积极配合部队的战斗行动，写下了大量的墙头诗、传单诗、歌词。

不幸病逝

当时的环境非常艰苦，他们住的是茅草房，两块门板一拼便是床，伙食很差。蒲风患过肺病，身体很虚弱。"皖南事变"后突围行军，过度的劳累使他的旧病复发。但蒲风仍然紧张地工作，致使病情急剧恶化。1942 年 8 月 13 日，蒲风在淮南抗日根据地不幸病逝，年仅 31 岁。

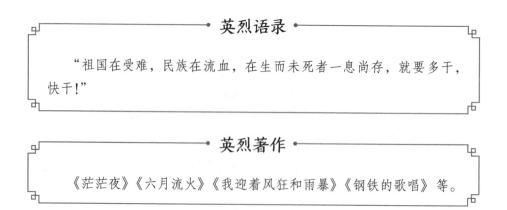

英烈语录

"祖国在受难，民族在流血，在生而未死者一息尚存，就要多干，快干！"

英烈著作

《茫茫夜》《六月流火》《我迎着风狂和雨暴》《钢铁的歌唱》等。

在艰苦的环境中，战斗在抗日的前线，一手拿笔一手拿枪，随军转战，表现共产党人不屈不挠的革命斗争精神。

（罗可群）

吴　勤（1895—1942）

—— 珠三角人民的好儿子

吴勤，原名吴勤本，广东省佛山人。

- 1895 年 11 月 27 日，出生于一个贫苦农家。
- 1916 年，参加民军，受到孙中山嘉奖，被提为孙中山的卫士。
- 1924 年 5 月，被推选为南浦乡农团团长。8 月，加入中国共产党。10 月底，在南海县的蟠岗，夏滘、乐安、石碣、山紫、深村等乡建立农会。
- 1925 年 5 月，组织成立南海四区农会，任会长。
- 1926 年 12 月 7 日，被任命为南海农民赤卫军第二团团长。
- 1929 年初，被迫逃亡新加坡。
- 1934 年，到香港投身抗日救亡运动。
- 1937 年底，任广东省民众自卫团统率委员会上校巡视员。
- 1938 年 10 月，组织抗日义勇队。国民党当局给义勇队以广州市抗日游击队第二支队的番号，任支队司令。同年底，在禺南发起组织抗日俊杰同志社，被推选为社长。
- 1941 年 10 月，在南海、番禺、顺德地区组织自卫联合会，任主任委员。
- 1942 年 5 月 7 日，遭暗杀，光荣殉国，时年 47 岁。

成为孙中山卫士

吴勤 11 岁丧父，作为长子的吴勤与母亲共同挑起抚养弟弟妹妹的重担。

1911 年，辛亥革命爆发，民军攻入佛山，推翻了清朝的统治，这使青年吴勤眼前出现了希望之光。但是，胜利果实很快就被袁世凯篡夺了。

辛亥革命后的佛山仍然处在军阀、买办的桎梏之中。曾参加辛亥革命光复佛山的革命志士王寒烬、钱维方等人组织汾江阅书报社，继续寻找革命真理。吴勤与这些志士相往来，开始受到民主革命思想的影响。1916 年，孙中山号召打击袁世凯在广东的残余势力龙济光部。吴勤参加了民军，在广州对龙济光部的战斗中，他作战勇敢，只身泅水炸毁敌军军舰，受到孙中山嘉奖，被提为孙中山的卫士。

习武卫乡

1918 年，孙中山离粤赴沪，吴勤回到佛山重新务农。这时佛山的失业工人、破产农民常自发进行反压迫反剥削斗争，鸿胜武术馆是他们聚集的地方。1921 年，吴勤带领一批青年农民在大桥头开设鸿胜分馆，练习武术。随后以这批青年为基础，组织本村武装保境安民，抵抗邻乡地主民团的欺负。

1922 年秋，佛山成立工会联合会，工人们开展了经济斗争。但佛山买办阶级的商团、黄色的广东总工会佛山分会和广东省机器总工会佛山分会等反动组织，依仗武力进行破坏，使佛山工运受到很大的阻力。为了用革命的武装支持工运，佛山的中共组织在 1923 年秋派党员梁复然、钱维方、梁桂华等人，以鸿胜武术馆的旧谊与吴勤交往，从中进行宣传教育工作，使吴勤逐渐懂得了革命的道理，接纳了党组织的建议，决定组织农民武装，与工人阶级联合起来，对反动势力作坚决的斗争。

坚定革命立场

1924 年 5 月，在党组织和国民党进步人士的支持下，南浦乡召开了农团成立大会，吴勤被推选为农团团长。自此，佛山工农结成联盟，南浦农团以武装打击反动势力，支持工运，佛山的革命形势出现了蓬勃发展的新局面。

1924 年 8 月，吴勤参加了广州农民运动讲习所（简称"农讲所"）第二届集训。这届的男学员奉国民政府和中共广东区委指示改组为农团军，以对付阴谋叛乱的广州商团。吴勤接受党组织指示，动员了 20 多名南浦农团团员来广州参加农团军。集训期间，吴勤听了孙中山的演说和周恩来、彭湃、鲍罗廷等人的讲课，对中国共产党的性质、民主革命的形势和任务，有了进一步的认识，更加坚定了革命的立场。就在这届集训中，吴勤由谭平山、罗绮园介绍，加入了中国共产党。10 月，农团军与工团军、黄埔学生军一起，平定了广州商团的叛乱。

成立南海四区农会

1924 年 10 月底，吴勤从农讲所毕业，以国民党中央农民部特派员身份回到佛山，与其他同志一道日夜四出发动，在南海县的蟛岗、夏滘、乐安、石碣、山紫、深村等乡建立了农会。1925 年 5 月，在各乡农会的基础上成立了南海四区农会，吴勤任会长。南海四区农会提出"打倒军阀买办、土豪劣绅！""打倒包农制，实行减租！"等口号，领导农民进行反对封建主义的斗争，使乡村出现了新气象，吴勤因而受到群众的拥护和爱戴。

打垮大魁堂

吴勤率领农民武装，积极支援佛山工人运动和南海农民运动。佛山祖庙左邻的大魁堂，是劣绅集团聚会的地方。这个集团把持着佛山的大小事务和地方公款，鱼肉百姓，是佛山最大的封建堡垒。为了给佛山工团军筹集经费，1926 年 1 月 8 日，吴勤和佛山工代会领导人陈应刚带领农团和工人纠察队，拘捕了莫洳洪等一批大魁堂劣绅，押到市政厅要求代管，以便全市各界代表会同清算，但右派市政厅长沈嵩竟偷偷地把这批劣绅放走了。1926 年 2 月 6 日，3000 多名工农群众集会抗议，沈嵩受到中共和国民党左派掌握的市党部通电弹劾，被迫下台，大魁堂的劣绅也从此敛迹。1926 年 7 月，吴勤率领农团驰援九区农会反对大小塱乡地主民团的斗争，最后打垮了这个反动武装。1927 年，蒋介石在上海发动了四一二反革命政变。4 月 15 日，佛山的反动派也开始围捕佛山工代会的同志，吴勤闻讯率队前往救援，在途中被反动军队截击，一批同志被捕，吴勤越屋脱险，在南海、顺德一带，继续组织力量，以求再战。

配合广州起义攻打佛山

1927 年 12 月 7 日，在广州起义的前夕，吴勤被任命为南海农民赤卫军第二团团长，会合第一团攻打佛山，以扫除广州外围阻力。12 月 11 日，广州起义打响了，由于时间提前，事起仓促，联络不便，到第二天吴勤才集合了 10 多人。傍晚，他们先打掉佛山外围的石出山炮楼，之后立即冲进五街公所，一举歼灭了 30 多名敌人，占领了普君圩。但此时广州战事吃紧，吴勤无法与起义总指挥部联系，南海农民赤卫军第一团又被民团围困在大沥，无法突围会合。在敌众我寡的情况下，为保存革命力量，吴勤遂命令部队主动撤出战斗。

组织群众抗日自卫武装

广州起义失败后，吴勤撤到香港，继续坚持革命工作。后来反动派勾结港英当局破坏党组织机关，对革命人士进行搜捕，1929 年初，吴勤被迫逃亡新加坡，与梁复然、王寒烬等战友在水塘脚山巴种菜维持生活。这时吴勤虽然离开了党组织，但仍然积极联络华侨，教育青年，宣传革命道理。1931 年九一八事变后，吴勤对祖国的命运极为关切。1934 年，他回到香港与叶挺、何香凝、蔡廷锴等爱国人士联系，投身抗日救亡运动。

1937 年 7 月 7 日卢沟桥事变后，抗日战争全面爆发，抗日民族统一战线形成，此时吴勤找到了党组织的关系（但未恢复党籍），中共南方临时工作委员会考虑到吴勤的经历和影响，于 1937 年底派他回广州组织抗日武装，国民党当局委任他为广东省民众自卫团统率委员会上校巡视员。吴勤以合法名义，在广州郊区、南海县先后组织了杀敌大刀训练班、防护团、山紫村民众自卫队等群众抗日自卫武装，向他们宣传抗日爱国思想。

组织领导抗日义勇队

1938年10月21日，日寇侵占广州，市郊各县相继陷于敌手，国民党军政人员仓皇逃跑，吴勤目睹国土沦亡，悲愤交集。他不畏强暴，在广州陷落的第二天，带领19名热血青年潜回南海县，组织了一支五六十人的抗日义勇队。义勇队在夏滘附近河面伏击日军两艘运输艇，打响了珠江三角洲抗日的第一枪，他们斩倭夺械，击毙日军10多名，还缴获一批物资。接着，义勇队在日军向西追击国民党军队的时候，袭击了广三铁路的小塘车站，毁坏了交通，阻延了日军的行动。义勇队水陆两次战斗的胜利，震动了整个珠江三角洲，鼓舞了人民群众抗敌制胜的信心。国民党当局为了挽回民心，不得不给义勇队以广州市抗日游击队第二支队（简称"广游二支队"）的番号，委任吴勤为支队司令。

激战陈村

其时日军气焰嚣张，企图消灭这支小小的民军，遂于1938年底将广游二支队层层包围于顺德陈村，日军从炮艇上发射的炮火把陈村的房子摧毁了大半。但广游二支队在吴勤的指挥下，顽强抵抗，激战一整天，给日军以沉重打击后，杀开一条血路，撤出陈村，安全转往番禺南部。由于广游二支队连续取得抗日胜利，威名远扬，附近的地方势力组织的武装纷纷前来投靠广游二支队。

改造广游二支队

广州沦陷后，吴勤与党的联系又中断了。撤出陈村之后，部队虽然迅速发展，但成分复杂，难以坚持艰巨的抗日战争。吴勤于是只身前往香港，寻找党组织，要求党加强对广游二支队的领导。党组织接受吴勤的要求，前后派了刘向东、严尚民等多批党员到广游二支队协助吴勤工作，他们摒弃部队中的不良分子，吸收工农成分，对他们进行思想政治教育，建立党组织，积极改造广游二支队，使之成为中国共产党直接指挥的抗日武装。

禺南是大革命时期农运高涨的地方，有很好的群众基础。广游二支队到达禺南后，吴勤在党的帮助下，发起组织抗日俊杰同志社，大家一致推选吴勤为社长，下设分社10余处，社员数千。在吴勤带领下，先后出击盐步、员岗等敌军据点，均取得了胜利。

1939年底，广游二支队进驻顺德大良，维持社会治安，并在外围金橘嘴、旧寨构筑工事，积极布防。1940年1月，日军向大良发动攻击，用迫击炮连续轰击广游二支队阵地，随后发起冲锋。吴勤亲临前线指挥作战，他派出一个班绕到日军的侧后，出其不意袭击敌人。日军被广游二支队前后夹击，死伤不少，最后狼狈撤退。广游二支队取得大良保卫战的胜利后，使在禺南鱼涡头活动的原建制的一队国民党士兵投奔广游二支队；驻在中山县小黄圃的伪军护沙大队也向广游二支队投诚，这是华南抗战史上第一次大队伪军的反正行动。

1940年6月，中共南番中顺中心县委成立。中心县委为加快改造广游二支队，决定以林锵云带领的南顺游击队为基础，加上从番禺、中山抽调来的党员骨干编为广游二支队的独立第一中队，在广游二支队中起模范作用。当中心县委向吴勤提出建议时，吴勤坚决服从，并立即调拨两挺捷克机枪和部分长、短枪给独立第一中队。

日、伪对于广游二支队的壮大感到害怕，时刻企图把这支革命武装消灭掉。1940年9月的一个晚上，伪军1000多人突然进攻广游二支队和抗日俊杰同志社，沙湾、大石、大山等据点均失陷。坚守涌边的独立第一中队在打退伪军之后，也因在该地孤立无援而撤往顺德西海。

由于日、伪军步步进逼，并在政治上进行诱降活动，广游二支队名义下的一些地方势力组织的大队发生了分化，有的瓦解，有的投敌，甚至主力大队的大队长刘登也发生了动摇，竟与国民党顽固派暗中勾结，企图把该大队脱离出去。在这紧急关头，吴勤按照中心县委的指示，毅然撤去刘登的职务，将主力大队从中山县浪网调回西海，与独立第一中队合编整训，这样才把部队情绪稳定下来，使广游二支队直接置于党的领导之下。

西海大捷

1941年10月的一天清晨，伪军2000余众分三路进攻广游二支队。当时广游二支队只有200多人，但经过政治、军事整训后，战斗力大大增强。三路伪军都中了广游二支队的埋伏，被打得溃不成军。中午，吴勤动员了抗日友军100多人驰援西海。广游二支队士气更加高涨，以班、组为单位，利用蔗林隐蔽，袭击敌人，一直打到红日西斜。共毙伤伪军团长祁宝林以下500余名，俘虏副团长以下300余名，缴获各式枪支数百，而广游二支队仅轻伤一人。这是华南敌后游击战中，以少胜多罕有的漂亮的一仗。西海大捷后，广游二支队乘胜扩大战果，攻占韦涌、碧江。又粉碎了日军前后两次的"扫荡"，毙伤日军200余名。为了更广泛地发动群众参加抗日斗争，吴勤遵照中心县委指示，又在南海、番禺、顺德地区组织自卫联合会，由吴勤任主任委员。

惨遭暗杀

对于吴勤忠心耿耿为革命事业奋斗的精神和坚决执行党组织的指示、决定的表现，中共广东省委和南番中顺中心县委曾给予表扬，并准备恢复吴勤的党籍。可惜此事还未实现，吴勤即遭不幸。1941年底，吴勤到肇庆探望母亲，国民党特务拉拢吴勤，遭到拒绝。1942年，国民党挺进第三纵队林小亚部与伪军在陈村举行花园会议，公开与伪军合流。会前他们邀请吴勤以"监会"的名义参加，企图拉吴勤"入伙"，吴勤愤怒地说："我与伪军只有刀枪相见！"并揭露了林小亚投敌叛国的丑恶阴谋。伪、顽见软计不成便决定对吴勤下毒手。

1942年5月7日，吴勤夫妇从睦州去林岳，在陈村水枝花处过渡。舟将接岸，忽然枪声大作，吴勤夫妇遭预先埋伏在该处的伪、顽军队暗杀，光荣殉国。吴勤牺牲时年仅47岁。新中国成立后，党和人民政府为了表彰吴勤为国捐躯的精神，在烈士的故居修建了陵园，立碑永志。

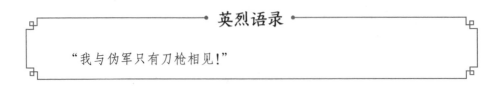

英烈语录

"我与伪军只有刀枪相见！"

· 英烈精神 ·

忠心耿耿、为革命事业奋斗不息精神；坚决执行党组织的指示、决定的对党无比忠诚的品格；疾恶如仇、不为利诱的革命高尚品德。

（赵树德　王文良　庞海）

邹北珍（1916—1942）

—— 鞠躬尽瘁，死而后已

主要生平

邹北珍，学名邹华衍，曾用名邹荣，广东省佛冈县水头区王田村人。

- 1916年，出生于一个贫苦农民家庭。
- 1930年，考入广州市立师范学校附属初中。
- 1933年，考入广东勷勤大学附属高中。5月，参加进步组织苏维埃之友会。
- 1935年，合作编写出第一个《广州话拉丁化方案》。后来因把《汉语拉丁化方案》这本书借给一位好友看，被拘捕20多天。8月，参加秘密抗日组织中国青年同盟，后又被捕入狱。
- 1936年，高中毕业。同年冬，加入中国共产党。
- 1938年初，和周锦照（陈秋容）率领独立第一支队，到广州郊区土华乡和长滧乡开展抗日救亡工作。同年春，任中共佛冈一区特别支部书记。
- 1939年，任佛冈党组织委员。
- 1940年秋，到三水芦苞开设一间汇江盐行开展地下工作。
- 1941年10月，被捕。
- 1942年5月，在韶关芙蓉山监狱壮烈牺牲，时年26岁。

两次入狱

1931 年九一八事变发生后，广州市大中学生掀起了抗日救亡运动，邹北珍也被卷进了革命洪流之中。1933 年 5 月，他参加了进步组织苏维埃之友会。1934 年 5 月，该组织由于领导人李克筠被捕而停止了活动。当时白色恐怖笼罩全省，进步书刊遭禁。邹北珍秘密阅读了《生活周报》《现代文学》等刊物，接触到"中国应往何处去？"这个极其严肃的问题。他十分关心国家的前途和命运，常对知心学友说："要救中国，依靠国民党不成，蒋介石是卖国贼，只有中国共产党才能救中国，只有走苏联的十月革命道路，中国才能富强。"从此，他向往中国共产党，积极参加抗日救亡运动。

1935 年暑假前夕，广东勷勤大学请著名教育家陶行知到校演讲关于新文字方面的问题。这个演讲有助于当时推动汉语拼音运动，间接促使学生扩大视野注意现实问题。邹北珍听了演讲后，颇受启发，就在学校里和几个同学发起一个新文字研究会，并与当时社会上几个性质相同的学社相互研究，编写出第一个《广州话拉丁化方案》，作为写文章宣传抗日救亡的活动工具。谁知这样的爱国行为也为反动当局所不容。一次，邹北珍把《汉语拉丁化方案》这本书借给初中时代的一位好友曾劲夫看，因而被拘捕 20 多天，受到酷刑折磨，后来由学院保释才得以出狱。

1935 年 8 月，邹北珍参加了秘密抗日组织中国青年同盟（简称"中青"），并接受任务，在广州几所中学，如广雅、教忠、金凌、女师、女中等发展了一些同学加入中青。一次，他和广雅中学几个进步学生开座谈会，又被国民党反动军警逮捕，这是他第二次进监狱。当时受牵连而被捕的学生就有四五十人。由于被抓的学生甚多，监狱一时容纳不下，反动军警便把邹北珍与曾谷两同志囚禁在刑场里，当时四面无人，他俩便秘密商谈应付审讯的对策。邹北珍分析情况后，便坚定地说："敌人不了解我们的情况，只要我们绝不暴露中青组织的内幕，敌人是奈何不了我们的。"由于邹北珍勇敢机智，这次敌人虽然也是用尽酷刑，却仍然得不到所需要的东西，最后只好将他释放。

邹北珍经历了两次铁窗生活，不但没有退缩，反而更加坚定地投身抗日救亡的斗争。出狱不久，他就参加了由丘萃藻、李科等组织的浪礁剧团和市歌咏团，并成为浪礁剧团的负责人之一。

加入中国共产党

1936 年冬，中共广州市委重新建立，中青的大部分成员都加入了中国共产党，邹北珍也从这个时候起成为光荣的共产党员。为了继续扩大队伍，争取更多力量，就在这时，邹北珍从广州回到佛冈开展宣传抗日救亡的活动，并着手在佛冈建立党的组织。他深入基层，广泛联系群众，物色进步的知识分子，并利用原佛冈中学教师邹世敏的关系，到该校讲课，宣传抗日救亡的道理。他还在学校附近村庄办起群众拼音识字班，进一步扩大宣传。在此基础上，他发动进步教师和社会上一些文艺爱好者，办起了一个闹钟剧社，用文艺形式宣传抗日。

吸收人才，组建抗日队伍

1938 年初，广东青年抗日先锋队总队部派出以邹北珍和周锦照（陈秋容）率领的独立第一支队，到广州郊区土华乡和长滘乡开展抗日救亡工作。与此同时，他还经常与培基小学的进步教师廖鉴明等保持联系，不断地了解他们的思想和工作情况，鼓励他们发扬大革命时期的优良传统，争取恢复党的组织关系。经过考察，邹北珍回到佛冈重新吸收廖鉴明和刘健芸两人入党。

1938 年春，中共佛冈一区特别支部成立，邹北珍任支部书记。支部建立后一年多的时间里，在邹北珍等努力下，一区发展党员二三十人，扩大了组织力量。

邹北珍是广州的青年抗日先锋队成员。佛冈建立一区支部后，他兼顾两方面的工作，因此异常忙碌，但他不辞辛劳，经常奔波于佛冈和广州之间。他这时在佛冈的主要工作是向党员和群众传达党中央有关国共合作、共同抗日的指示，宣传抗日救国形势和任务，团结当地上层进步人士，争取中间人物，搞好抗日民族统一战线。

广州沦陷后，邹北珍编入广东青年抗日先锋队北江区一一八队，以陆飞和邹北珍为正、副队长，队员有周锦照、饶璜湘、李玉华、李景星等 10 多人，其中大多数是党员，由广州撤退至四会县城，编入省战时工作队。从四会回到佛冈，邹北珍是当地人，情况熟悉，以战时工作队领导人的身份与佛冈县党政机关建立联系，取得了佛冈县县长周正之的信任，出任佛冈县战时动员委员会秘书。他利用这个公开的合法身份，积极开展抗日救亡活动。他抓住时机集中党员办学习班，让党员明了形势和任务。他还深入农村组织抗日自卫团，举办民众夜校，筹备建立佛冈县抗日先锋队。为了掌握国民党佛冈县党部战时工作队的情况，邹北珍派一些党员参加该组织，同时正式建立一区抗日先锋队，随后发展二区抗日先锋队，共有成员 200 余人。

英勇抗日

1939 年 5 月初旬，中共广东省委派谢永宽来佛冈，主持成立中共佛冈区委会，统一领导佛冈党组织（在此之前一、二区党组织是无联系的），邹北珍任组织委员。9 月间，根据中共北江特委指示，在北江特委委员谢永宽的主持下，成立中共佛冈县委员会，邹北珍任县委书记。10 月间，邹北珍参加南雄省干训团基层行政人员训练班学习。结业后，回到佛冈县时，正是粤北抗日第一次大捷的前夕，为了发动群众，准备迎击日军进攻，他夜以继日地工作，号召全体党员带头参加抗日自卫队，直接掌握抗日武装。当日军败退路经佛冈时，邹北珍亲自率领抗日自卫队到诚迳等地布防迎击敌人。

抵抗国民党

1940 年春，反共逆流发展。国民党佛冈县党部书记长黄祥光和地方豪绅代表邹适等人，极力限制抗日先锋队的发展，也不准立案办理，原准备成立的佛冈县抗日先锋队总队，也被他们找借口刁难，停发活动经费。同时，国民党顽固派见邹北珍工作卓有成效，也十分忌恨，千方百计限制他的活动。

邹北珍为了避开敌人的注意力，更有效地工作，便称病在家，集中精力整顿党组织。他用办学习班等形式，对党员进行革命气节教育，以坚定革命意志，随时准备应付突发事变的发生。

不幸牺牲

1940 年秋，邹北珍受中共北江特委委派到三水芦苞开展工作。他与廖鉴明一起筹集了一笔资金在芦苞开设一间汇江盐行，作为地下交通联络点。1941 年 10 月间，三水沦陷，形势日趋险恶。一天，工委派邹北珍、叶启藻到南海黄洞、小榄一带去改造国民党广州市区游击第七支队黄侠生部（当时邹北珍是其中一个中队的政训员）。两人在三水芦苞国民党军暂八师的检查站被无理扣押。当时，邹北珍身上还带有党的秘密文件，他急中生智，借小便之机销毁文件，不料被狡猾的敌人觉察，被押解到暂八师所在地。1942 年 4 月转押到韶关芙蓉山脚第七战区军法总监狱监禁。1942 年 5 月间邹北珍在韶关芙蓉山监狱壮烈牺牲，年仅 26 岁。

英烈语录

"要救中国，依靠国民党不成，蒋介石是卖国贼，只有中国共产党才能救中国，只有走苏联的十月革命道路，中国才能富强。"

"敌人不了解我们的情况，只要我们绝不暴露中青组织的内幕，敌人是奈何不了我们的。"

英烈精神

不计个人得失，意志坚定，忠贞不屈的革命爱国精神。

（张仕林）

红色广东丛书

广东英烈故事 下

中共广东省委党史研究室 编

SPM 南方传媒 广东人民出版社

·广州·

图书在版编目（CIP）数据

广东英烈故事 / 中共广东省委党史研究室编 . —广州：广东人民出版社，
2022.10

（红色广东丛书）

ISBN 978-7-218-14137-4

Ⅰ.①广… Ⅱ.①中… Ⅲ.①革命烈士—列传—广东 Ⅳ.① K820.865

中国版本图书馆 CIP 数据核字（2022）第 002258 号

GUANGDONG YINGLIE GUSHI

广东英烈故事

中共广东省委党史研究室 编

出 版 人：肖风华

责任编辑：黎 捷 梁 晖
责任技编：吴彦斌 周星奎
装帧设计：李卓琪

出版发行：广东人民出版社
地　　址：广州市越秀区大沙头四马路 10 号（邮政编码：510199）
电　　话：（020）85716809（总编室）
传　　真：（020）83289585
网　　址：http://www.gdpph.com
印　　刷：广东鹏腾宇文化创新有限公司
开　　本：787mm×1092mm　1/16
印　　张：119.25　字　　数：1980 千
版　　次：2022 年 10 月第 1 版
印　　次：2022 年 10 月第 1 次印刷
定　　价：360.00 元（上中下册）

如发现印装质量问题，影响阅读，请与出版社（020-85716808）联系调换。
售书热线：（020）85716833

目　录

陈穆民（1915—1943）

—— 大义凛然，视死如归

陈穆民，原名陈其文，广东省兴宁县龙田镇碧竹村人。

- 1915 年 8 月，出生于一个贫穷的农家。
- 1935 年前后，先后进入竞文、秀光小学教书。
- 1939 年 2 月，加入中国共产党。同年冬，建立中共龙田党支部。
- 1943 年农历六月初五，死于狱中，时年 28 岁。

引导青年群众积极参加抗日救亡运动

陈穆民，原名陈其文，兴宁县龙田镇碧竹村人，1915年8月出生在一个贫穷的农家，少时丧父，母亲吴丙英含辛茹苦把他抚养成人。由于家境清贫，生活坎坷，他9岁时才入村里的竞文小学读书，16岁小学毕业后，考入龙蟠中学（今龙田中学），中学毕业后便辍学在家。

1935年前后，陈穆民先后进入竞文、秀光小学教书。时值抗战前夕，村里的小学在他的倡议下，普遍办起妇女识字班。他利用中午和夜晚时间，编写识字班教材，积极教好妇女识字课。村里的地主乡绅为此造出许多流言蜚语，如"妇人家识了字，准会造反的！"并公开警告说："妇女识字后起来造反，就要算其文的账。"但陈穆民从来不怕这些人的恐吓和破坏，在村里逐步建立起威信，受到全村妇女的爱戴和拥护。环境的影响，群众的支持，铸就了陈穆民矢志不移的性格和对邪恶势力的反抗精神。

1937年7月7日，卢沟桥事变爆发，激起了全国人民对日本帝国主义暴行的愤怒。兴宁人民群众也同全国人民一样，纷纷起来抗议日军暴行。广大知识青年和学生行动起来，先后成立了兴宁各界抗敌后援会（简称青抗会）和七七学园等组织，陈穆民积极参加这两个组织的活动，积极宣传中国共产党的抗日救国和民族统一战线的主张。他参加了在青抗会领导下的流动剧团，演出宣传抗日的话剧，引导青年群众认识日本侵略军的暴行，积极参加抗日救亡运动。

一心一意支持革命

1939年2月，兴宁地下党正式恢复，陈穆民就在此时加入了中国共产党。兴宁区委为了满足当时进步青年的求知要求，团结进步青年投身抗日救亡运动，决定创办抗战书报社。区委决定由陈穆民任该社经理。他想方设法介绍推销各种进步书籍和报刊，对传播革命思想起了一定作用。抗战书报社不仅是传播革命思想的阵地，而且是兴宁地下党的联络站。书店的一切都由他一人负责，他经常用书店的收入来维持一些地下党同志的生活费用等开支。当经济上碰到困难时，他便想方设法向家里要钱来补贴。他借故对母亲说："运气不好，生意又亏了本。"母亲初时半信半疑，认为人家做生意都赚了钱，为什么其文做生意次次说亏本？因此向别人了解陈过其文在县城的情况，人人都说他为人正派，没有去搞嫖赌玩乐。母亲只好筹借或变卖家里的财物，支持儿子做"生意"。

同年冬，兴宁区委为了便于筹集活动经费，掩护地下党开展活动，决定在兴城西河背开办竞新布厂。为了支持兴宁区委机关开设布厂，陈穆民又将家里两斗种（约三亩地）的赎契款 300 元全部送进竞新布厂，作为凑股份来支持革命事业。由于他一心一意支持革命，家里的生活日趋艰难。

坚持不懈开展地下革命活动

1939 年冬，青抗会和抗战书报社先后被国民党当局强行查封。国民党反动派这一倒行逆施，激起了全县各界进步人士的强烈抗议。但由于形势已急剧变化，党组织领导下的抗日救亡运动由公开转入地下，由城市转入农村。这时，陈穆民回到家乡，建立了中共龙田党支部，坚持不懈开展地下革命活动。他经常化装成农村货郎，挑着进步书刊，冒着风险把书送到宁新植基小学（地下联络站）给地下党同志阅读。

1941 年 1 月，蒋介石发动了震惊中外的皖南事变，掀起了第二次反共高潮。1942 年底和 1943 年 2 月初，兴宁地下党负责人陈季钦和朱逸谦先后叛变。国民党反动政府下了通缉令，列出地下党员 100 多人的名单限期追捕。白色恐怖笼罩兴宁大地。根据上级党组织的指示，兴宁党组织暂时停止活动，绝大多数党员离开兴宁，到外地另谋职业。陈穆民则回到家乡，在龙田党支部所在的农村继续进行秘密活动，积极为外地党员输送情报。

1943 年初，罗象泉、邓平波相继叛变。当时陈穆民未知他们两人的叛变行为。同年农历五月十二日，邓平波捎口信给陈穆民，约他到龙田圩的田赋税征所共商他家的田赋税问题。陈穆民到了邓平波那里，旋即被警察逮捕。陈穆民义正词严地痛斥叛徒的丑恶嘴脸和罪恶行径。反动派把陈穆民押送至国民党闽粤赣边区总部（小洋下）监禁，对其进行秘密审讯。

光荣牺牲

反动派要陈穆民交出地下党的名单，交代如何传送煽动性的书刊。陈穆民却横眉冷对，怒目而视。敌人又问："你明白自己为什么被捕吗？"陈穆民站起来慷慨激昂地说："我被捕是无辜的，我传送的是抗日的书刊，何罪之有？难道你们就没有一点中国人的血性，眼看着大好河山被日寇侵占而无动于衷吗？"杀人成性的反动派无计可施，便用皮鞭向他脸上和身上乱抽打，用铁索吊单手，把尖牙利齿的铁叉放在他的身上，盖上桌板，两个打手站在桌板上拼命地向下压。陈穆民被折磨得昏迷过去，又被冷水泼醒过来。尽管敌人用尽种种酷刑，但没有从陈穆民口里得到半点党的秘密。陈穆民母亲得知儿子被捕坐牢的消息后，特地赶来探望，只见陈穆民身穿满身血污的背心和短裤，躺在大凳板上，母亲看到自己的"独根苗"遍体鳞伤，心都碎了，哭得死去活来……陈穆民在狱中20多天，历尽严刑毒打，始终大义凛然，视死如归，严守党的秘密。1943年农历六月初五，陈穆民又经受了敌人一次严刑拷打后，死于狱中，年仅28岁。

● 英烈语录 ●

"我被捕是无辜的，我传送的是抗日的书刊，何罪之有？难道你们就没有一点中国人的血性，眼看着大好河山被日寇侵占而无动于衷吗？"

● 英烈精神 ●

倾尽家产和力量支持共产党和革命事业的无私奉献精神；大义凛然、视死如归、坚决严守党的秘密的革命精神。

（肖海灵　刘雨汀）

林基路（1916—1943）

—— 铁骨丹心耀天山

林基路，乳名福照，学名为檬，广东省台山县人。

- 1916 年 4 月 17 日，出生于一个律师家庭。
- 1928 年夏，考入新创办的任远中学，被选为学校学生会主席。
- 1930 年 7 月，撰写独幕剧《自由神》，歌颂黄花岗七十二烈士的革命事迹。
- 1931 年夏，任远中学毕业后，考进中山大学高中部。九一八事变发生，愤于蒋介石不抵抗的卖国政策，撰写政论文章《只有一战》。
- 1933 年初，加入中国反帝大同盟和共产主义青年团。
- 1934 年春，到日本东京入明治大学攻读政治经济学，一面学习马列主义，一面积极参加留日学生运动。
- 1935 年夏，建立东京中国文化支部（即党支部），任支部书记。不久，又成立共青团东京支部。
- 1937 年 2 月 14 日，担任中华留日同学联合会临时主席。6 月，离开东京回到上海，投入抗日救亡运动。9 月下旬，赴革命圣地延安，受到毛泽东主席和党中央的其他领导同志的欢迎。不久，被派到中央党校学习，改名

　　林举明，担任十二班班长。

- 1938 年初，到新疆去做统战工作，改名林基路。
- 1939 年 1 月，到阿克苏专区任教育局长。同年夏，被调到库车县任县长。
- 1941 年，被调回迪化（今乌鲁木齐）。
- 1942 年 2 月，调到南疆最偏僻的乌什县当县长。同年夏，被调回迪化。9 月 17 日，中共在新疆的全部人员被反动派盛世才软禁。
- 1943 年 2 月 7 日，盛世才把林基路等投入监狱。9 月 27 日，盛世才下令将中国共产党党员陈潭秋、毛泽民、林基路秘密杀害于迪化第二监狱。牺牲时年 27 岁。

林基路，乳名福照，学名为櫟，1916年4月17日出生于著名侨乡——广东省台山县都斛圩大纲村。祖父及伯父、叔父都是旅美华侨，父亲林本伟，是台山县有名的律师，在台城有一座小洋房，取名伟业堂，母亲邝桃兰，是农家妇女，操持家务。父母生下5个儿女，林基路排行第四，有两位姐姐、一位哥哥和一位弟弟。

少年壮志

林基路6岁时在本村私塾读书，10岁时转学到台城达人小学。1928年夏小学毕业后，考入新创办的任远中学。这所学校设备简陋，借用祠堂作教室，但教师中有不少是进步人士，不仅向学生传授文化知识，而且传播革命思想。有一位具有与鲁迅同样文学风格的先生朱乃慧对林基路的思想和文学风格的形成影响最大。在任远中学的三年中，林基路勤奋好学，特别爱看鲁迅的作品和有关社会科学的书籍，并联系实际思考问题，逐步形成了一种不为当时社会所容的叛逆性格。林基路品学兼优，故被选为学校学生会主席，担任校刊《骆驼》的主编，他经常针对时弊发表有独特见解的政论文章。林基路不仅文笔犀利，而且口才出众，在1929年12月全校演讲比赛上，获得第一名，接着，代表该校出席台山县中学生演讲比赛，又获得第二名。

1930年暑假，为了筹集建造新校舍的资金，任远中学组织了19名师生到广海、海晏、汶村等地去募捐，林基路也参加了。每到一地，林基路除发表演讲开展募捐活动外，还进行社会调查，从接触劳苦人民的过程中，了解到平民百姓的疾苦，并依据见闻写下了旅行广海、海晏日记9篇。他从兵匪官绅横行、人民大众受苦的事实中得出"现社会毕竟是不合理的社会，坏极的社会"的结论，表示要为改革这种不合理的社会制度而奋斗。这年7月，他写了题为《自由神》的独幕剧，在歌颂黄花岗七十二烈士的革命事迹之后，就提出要想改变中国的面貌，非再来一次像辛亥革命那样的大革命不可。

兴办民众夜校

1930年暑期，林基路参加了何干之（谭秀峰）、朱伯濂在台山中学举办的台山青年学术研究班。何干之、朱伯濂都是刚从日本留学回来的具有革命思想的进步分子，他们主讲的现代世界观和新文学，实际上是在宣传马列主义和革命文艺理论。这就把具有革命抱负、思想早熟的林基路引向了一个新的天地，他开始严肃思考一些社会问题。林基路曾针对穷人家的子女没有接受教育的权利这一社会现象，写下了《当前教育之动向》一文，抨击不合理的教育制度。他联络一些同学办起了一所民众夜校，招收附近的工人、店员及其子女40多人来学习。

驳斥蒋介石的卖国政策

1931年夏，林基路在任远中学毕业后，到广州考进了中山大学高中部。他的大哥林为栋是中山大学学生会主席，又是广州学联会主席，读过一些进步书籍，但在功名利禄的引诱和反动派胁迫下，后来思想逐渐右倾了。林基路对他十分不满。九一八事变后，林基路愤于蒋介石实行不抵抗的卖国政策，写了题为《只有一战》的政论文章，驳斥蒋介石"绝对不抵抗"的谬论，质问"中国的灵魂哪里去了！"指出："只有一战！战则生，不战则死！眼巴巴地死！谁有生的意志，谁就应该起来！"

这时，广州青年学生在市内发起了抵制日货运动，1931年10月10日，中山大学学生到永汉路"新世界"洋货店检查日货，将该店的货物抛到马路上焚烧。这个店的老板是永汉警察分局局长杜煊泰，他竟然出动武装警察开枪镇压群众，捕捉学生，当场打死打伤多人，酿成双十惨案。第二天，中大等学校学生抬着血衣游行示威，并到当时的西南政务委员会请愿，要求惩办凶手。林为栋害怕事态扩大，要林基路帮助写些要求学生保持"镇静""慎重"行事的标语，遭到林基路的拒绝。

积极参加革命活动

1932年秋，林基路离开广州去上海，先是入暨南大学附中，不久又转学到南方中学，在这里进一步受到革命思想的熏陶。1933年初，他认识了王兰西等进步同学，加入了中国反帝大同盟和共产主义青年团，积极参加革命活动。当时上海有家白俄分子办的报馆，竟然诬蔑爱国学生的抗日运动，引起学生们的愤慨。团组织作出决定，要对它进行警告和惩罚。林基路等人带着酒瓶去袭击报馆，不料被叛徒告密，林基路等人刚到报馆就被逮捕了。后经地下党以及林基路的父亲、大哥的营救，三个月后才被释放。林基路出狱后，面对着滔滔不息的吴淞江写道："我愿褪除了一切的束缚与粉饰！我愿让我的赤诚的心儿，像狂流着的吴淞江的流水般地奔放，向前！我要以吴淞江的长流，来荡尽人间的一切虚伪与丑恶！"这时父亲怕他再出事，来信劝他放弃革命工作，林基路给父亲的回信说："青年人谁无感情，庸碌者用于私，而优卓者用于公耳。儿虽不敏，目击社会现实情形，能无动于衷乎？年来读社会科学书，对社会病原及改造之方，颇多理解，证以事实，益增信心。且儿生性刚强，意志坚决，素不因人成事，勇往直前，尽己所能尽，乃我职志。儿意以为此身能公诸社会，个人痛苦，非所敢计。"表明了要继续战斗的坚定立场。

1933年暑期，林基路回台山度假。他把因进行抗日宣传活动而被学校开除的青年学生组织起来，成立台山剧社，排演抗日救亡的话剧。他亲自扮演《父归》（反映一个归侨遭遇的独幕剧）的主角父亲一角，轰动了台山城。他重回上海时，就把参加抗日救亡运动的进步同学都带到上海去从事革命工作。

建立东京中国文化支部

1933年秋，林基路进入大夏大学文学系学习。1934年春，到日本东京，入明治大学攻读政治经济学。当时日本翻译出版了许多马列主义著作，东京有"马列主义图书馆"之称，这就为革命者学习马列主义创造了有利条件。林基路到日本后一面如饥似渴地学习马列主义，一面积极参加留日学生运动，成为中国左翼作家联盟东京分盟的一名英勇战士。到东京不久，他就和林焕平、欧阳凡海等人发起创办了《东流》杂志。1935年，林基路又与杜宣等创办了《杂文》（后改为《质文》）杂志，以表示对鲁迅的敬仰，并得到在日本的郭沫若和在国内的鲁迅、茅盾等人的支持和投稿。在林基路的倡导下还出版了《文艺科学》杂志，通过这些刊物，发表进步文学作品和政论文章，宣传马列主义和爱国主义。随着各种活动的开展，有效团结进步力量，使林基路感到有建立党组织的必要，便于1935年夏，经请示同意，按照共产党组织原则，建立起东京中国文化支部（即党支部），由林基路任支部书记，陈洪潮为组织委员，官亦民为宣传委员。不久，党支部又决定成立以陈洪潮为书记的共青团东京支部。党团组织建立后，东京中国留学生的各种活动就有了统一领导。这个党组织后来为中国共产党所接收，林基路被追认为1935年的党员。林基路在东京与陈茵素结婚。

回上海投入抗日救亡运动

1937年春，日寇加紧侵略中国，引起中国留日学生的愤慨，国民党驻日大使馆怕学生闹事，便布置"蓝衣社"的特务，对留日进步学生组织进行破坏和拉拢。为争夺对中国留日学生的领导权，1937年2月14日中华留日同学联合会宣布成立时，特务分子竟殴打新选出的联合会主席、左派学生卓如，因而出现了两派学生斗殴的混乱状态。在这紧急时刻，林基路挺身而出，一面叫爱人陈茵素立即回住所清理文件，一面跃上主席台，宣布由他担任临时主席，才使会场秩序稳定了下来。他发表了慷慨激昂的讲话，宣布联合会正式成立，还鼓动学生到中国驻日大使馆请愿，要求严惩凶手。当晚日本警察即到林基路住所搜查，但由于事先已作了应变准备，警察扑了一个空。同年6月，林基路离开东京回上海，投入抗日救亡运动。七七事变后，全国抗日救亡运动出现了高潮。林基路参加了中华青年抗敌救亡团，积极做宣传和抢救伤员工作，并带领群众到前线挖掘战壕，受到表扬。

赴革命圣地延安

1937年9月下旬，林基路、李云扬、周立波、苏灵扬等10多人跟随周扬、艾思奇、何干之等赴革命圣地延安，受到毛泽东主席和党中央的其他领导同志的欢迎。不久，林基路被派到中央党校学习，改名林举明，担任十二班的班长。1938年初，受党的派遣，林基路与李云扬、李宗林等到新疆去做统战工作，就是在这个时候，他改名为林基路。

《六大政策的工作作风》

抗日战争初期，中国共产党和新疆边防督办盛世才建立了统一战线关系。盛世才为了捞取政治资本，巩固其统治地位，曾多次要求党派干部去新疆工作。中共就于 1937 年秋起，陆续选派了 100 多名共产党员分批进入新疆。林基路抵达新疆之后，被任命为新疆学院的教务长。这个学院当时是新疆的最高学府，但校内秩序混乱，学生整天逛大街、打麻将、看小说、打群架，无心向学，教学质量很差。林基路到任后，就向该院师生指出："日寇在前方烧杀抢掠，我们后方青年应当振奋起来，用先进思想武装自己，成为一个有真才实学的人，对抗战有用的人。"他制定了"教用合一"的方针，提出"团结、紧张、质朴、活泼" 8 个字作为校训，编写了新的院歌。他还向师生作了题为《生活革命化》和《新工作作风》的讲演，撰写成《六大政策的工作作风》〔六大政策是盛世才在党帮助下提出的，即反帝、亲苏、民（族）平（等）、清廉、和平、建设〕。该文论述了如何组织领导，如何抓中心工作，如何宣传群众、组织群众，如何选择、培养和使用干部等问题。这篇文章在《新疆日报》发表后，引起很大反响，就连盛世才也不得不表示赞赏，规定为全新疆政府官员的必读文件。这样，林基路的新工作作风的影响遍及了全疆。

忠诚坚定，克己厚人

林基路在新疆学院工作一段时间后，学院面貌焕然一新，成为一个革命化的学校，培养出一批进步有为的学生。林基路也被誉为无产阶级青年教育家。林基路等人的出色工作，使共产党在新疆人民中的威信日渐提高，这就引起了自诩为"新疆青年导师"的盛世才的忌恨。他寻找借口，打击陷害林基路。当盛世才看到由林基路编印的《抗日战歌》扉页把他的像排在马克思、列宁、孙中山、毛泽东、朱德之后时，就大发雷霆，立即下令，给林基路以记过处分。接着又于 1939 年 1 月将林基路调离新疆学院，到阿克苏专区任教育局局长。但是，广大青年对林基路却更加崇敬。临别时，新疆学院的师生举行欢送大会，赠给林基路纪念章，林基路给同学们的留言是："忠诚坚定，克己厚人"，同学们流着眼泪同教务长林基路惜别。

库车县来了个圣人

林基路到阿克苏不久，1939 年夏又被调到库车县任县长。到任后他就着手清除积弊，并亲自兼管司法工作，释放了一批被关押的无辜群众，惩办了欺压百姓的警察，对县属各级机构进行改革，提拔了一批正直可靠有能力的各族职员，民主选举群众满意的人担任区、乡、街长，并减轻人民的负担。人们高兴地说："胡达（老天爷）开眼了，库车县来了个圣人。"最使库车人民难忘的是林基路带领他们修桥治水的事。在县城东边有条赤哈河，每逢洪水到来，淹没田园，冲毁房屋，给库车人民带来巨大的灾难。林基路便带领群众修筑了一条长 1200 米、高 4 米、宽 8 米的大坝，不但拦截了凶猛的洪水，而且使下游可耕地面积扩大三成。这座大坝直至今日仍发挥着作用。库车人民将该坝命名为"林基路坝"。赤哈河上还有座木桥，由于年久失修，摇摇欲坠。为方便群众，林基路又带领各族人民建成一座坚固美观的新桥。新桥落成时，经他提议，把原桥的"龟滋古都""龙口之流"，改为"龟兹古渡""团结新桥"。林基路在库车任县长虽然只有一年多的时间，但却政绩斐然，把一个原来在封建统治下死气沉沉的库车县，改变成实行民主政治、具有文明风尚、生机勃勃的先进县。

革命的种子

林基路就像一颗革命的种子，他到哪里就和哪里的群众打成一片，做出显著的成绩，受到人民群众的拥护，扎下坚实的根基。而盛世才则采取频繁调动的办法进行破坏。1941 年，林基路又被调回迪化（今乌鲁木齐）。这时，党组织鉴于盛世才与蒋介石相勾结，进行一系列破坏统一战线的阴谋活动，就作出决定，从舆论上对盛世才进行批判和揭露。林基路便根据党驻新疆的代表陈潭秋的指示，以"鲁父"为笔名，连续在《新疆日报》上发表《关于夏伯阳的败亡——读〈夏伯阳感言〉》《论六出祁山的历史价值——历史遗产研究》《论三国关羽》等文章，用夏伯阳的败亡和蜀、吴统战破裂的史实，以古喻今，警告盛世才破坏统战绝无好下场。文章发表后引起了轰动，盛世才则暴跳如雷，于 1942 年 2 月借故把林基路调到南疆最偏僻的一个小县——乌什县去当县长。这时国际国内形势发生了变化，盛世才已决心投蒋反共。同年夏，林基路被调回迪化。8 月底，蒋介石与盛世才进一步勾结，9 月 17 日，中共在新疆的全部人员被盛世才软禁。1943 年 2 月 7 日，盛世才又把林基路等从软禁中投入监狱，关押在迪化第四监狱东排十号牢房，后转至第二监狱。林基路等在狱中成立秘密党小组，继续坚持斗争。林基路向难友讲共产党员的革命气节，鼓励大家坚持斗争到底。他在狱中写了一首《囚徒歌》，反映了一个共产党员的浩然正气。最后一段说：囚徒，新的囚徒，坚定信念，贞守立场！掷我们的头颅，奠筑自由的金字塔；洒我们的鲜血，染成红旗，万载飘扬！这首《囚徒歌》和林基路在狱中根据爱人和其他被囚禁女同志的心情写成的《思夫曲》，由陈谷音谱曲，在狱中暗中传唱，大大鼓舞了同志们的斗志。

毫不屈服，英勇牺牲

林基路每次受审时，都高呼"我们是你们请来抗战建新的，我们没有罪！"敌人对他施以针刺手指、坐老虎凳等酷刑。他毫不屈服，呼喊"中国共产党万岁"等口号，敌人十分害怕真理的声音，竟用黄表纸浸酒，将他的嘴和鼻子糊上，企图以此封住他的声音，但林基路仍然骂不绝口。1943 年 9 月 27 日，盛世才下令将中国共产党党员陈潭秋、毛泽民、林基路秘密杀害于迪化第二监狱。林基路牺牲时，年仅 27 岁。新中国成立后，新疆人民十分怀念林基路等烈士，为他们建立了纪念碑和纪念馆，以烈士的事迹教育后人。

● 英烈著作 ●

《自由神》《当前教育之动向》《只有一战》《六大政策的工作作风》《抗日战歌》《关于夏伯阳的败亡——读〈夏伯阳感言〉》《论六出祁山的历史价值——历史遗产研究》《论三国关羽》等。

● 英烈精神 ●

坚守立场、忠诚坚定、克己厚人、艰苦奋斗、坚持革命斗争的革命精神；浩然正气、毫不屈服的共产党员崇高革命气节。

（胡提春）

林拔卢（1917—1943）

—— 用短暂的一生，铺平了革命的一段路程

林拔卢，原名林大弟，广东省揭西县金坑柑园村人。

- 1917 年，出生于一户贫苦人家。
- 1939 年，加入中国共产党。下半年成立柑园党支部，任支部书记。
- 1940 年，利用柑园村原有的合法组织"守青寮"，建立了"守青队"。下半年，到揭阳三区区委工作。
- 1941 年上半年，到揭阳新圩开辟潮梅交通线工作。
- 1942 年，"南委事件"发生后，依旧坚持交通线工作。11 月底，在新圩被捕。
- 1943 年 4 月 13 日，病危释放，隔天便与世长辞了，时年 26 岁。

成立柑园党支部

林拔卢，原名林大弟，1917 年出生于揭西县金坑柑园村的一户贫苦人家。父亲林葵，为人正直，在村里颇有威望。母亲周氏，出生于南洋，小时受过基础教育，开明贤惠，受到左邻右舍的敬重，膝下五男一女，林拔卢排行第四。父亲早丧，田园失收，高利贷剥削，家庭欠债累累，饥寒交迫，大兄无奈到普宁鲤湖一户人家入赘，二兄、三兄离乡别井，远走南洋谋生。年仅 12 岁的林拔卢，勉强念完小学四年级，便出来帮母亲种田，维持家计。13 岁那年，他参加本村建筑队做些杂工，挣点钱买柴米，农忙回家抢收抢种，开始分担着生活的重担。

卢沟桥事变爆发，日寇大举入侵中国，民族危机日益深重。1938 年，全国抗日救亡运动已形成高潮，抗日救亡团体纷纷成立，迫切要求抗日，要求共产党来领导。就在这年夏天，在潮汕中心县委领导下，金和石牛埔办起了南侨中学（开始称西山公学），老师大部分是党员。南侨师生以极大的热情在周围开办了十几所夜校。成千农民进入夜校读书，接受进步的抗日文化教育。1938 年，柑园村的小学教员黄天文（普宁竹头村人）是一名共产党员，他和南侨中学保持密切的联系，也在柑园村开展抗日活动，办起农民夜校。林拔卢也在此时参加了夜校学习。在夜校里，林拔卢如饥以渴地学习着，每天他把课本装在裤袋里，有空就拿出来学，不懂就问。村里林世德的空屋，人们少到，较为僻静，是他学习的好地方，林拔卢经常在那里学到深夜。由于他勤奋好学，所以进步很快，懂得了什么是阶级，什么是阶级路线；对人吃人、人压迫人的社会制度有了认识；对穷人为什么会穷，富人为什么会富的道理有了进一步的理解。1939 年上半年，根据金坑乡进步青年的要求，南侨中学派了林野寂、姚木天等几位党员干部在金坑创办了金坑中学，又派党员林希明来柑园小学教书。此时金坑乡成立了学校党支部，加强了金坑乡的建党工作。学校党支部首先在柑园村吸收农民林毓德、林拔卢入党。下半年成立了柑园党支部，林拔卢任支部书记。

开展政治斗争

1940 年，国民党顽固派掀起了反共逆流。根据上级党组织的指示，党的活动要适应形势的需要，秘密与公开相结合。共产党员要设法打进国民党内部，长期埋伏。此时金坑中学搬到柑园村开办。柑园村党支部与中学支部有密切联系。党的领导干部陈彬与林拔卢商定，推出党员林兴墀为保长候选人，开展政治斗争。柑园村原伪保长林拔久（又名林炳长）是林拔卢的堂兄，为人奸诈，是金坑乡公所9名伪保长中最阴险的一个。他掌管公堂，但却贪污公款，用公款放高利贷，用公堂的谷子放谷青，做鸦片烟生意，大发不义之财，人民对他恨之入骨。佃户林唇，是村里的弱房，在顶港租种洋心村公堂二丘公田。因田质好、产量高，且租谷较便宜。林拔久看在眼里，与洋心村掌公堂的人串通，把田吊佃出来，然后高租转给其他佃户，从中渔利。林拔卢当众揭露他们的丑恶嘴脸，开展面对面的斗争，使群众进一步看穿他鱼肉人民的真面目。

林拔卢聪明能干，喜爱潮州音乐，二弦拉得很出色。他有计划有步骤组织党员及进步青年到乐馆拉弦唱曲，到拳馆学打拳，广交朋友，争取群众；同时揭露伪保长林拔久的罪恶，宣传共产党的政策主张。人民觉悟一提高，林拔久这条地头蛇便寸步难行。不到半年时间，这个老奸巨猾的反动保长便被打倒了。按党组织的安排，林兴墀当了柑园的保长。

林拔卢领导的金坑柑园党支部，工作做得出色。金坑乡公所的得意人物柑园保长被打倒，使国民党金坑乡反动乡长林本初十分吃惊。林拔久也对这班赤化人物恨之入骨，在乡里公开进行攻击，散布流言蜚语，说林拔卢是"山老鼠不敢见人，我喘个气给他想三年，他跳三次还摸不着我的裤肚"，企图在群众中降低林拔卢的威信。他暗中与林本初密谋，请来揭阳县国民党特派员许元汉，住在高田村小高楼上。这座小高楼与柑园小学相对，好暗中监视党的活动。党组织识破敌人的阴谋，便决定到榕江堤畔竹林里，或到一望无际的甘蔗园开支部会。同时以保长为公开身份的共产党员林兴墀，及时掌握这个特派员的活动情况。结果这名国民党特派员住了几个月，还摸不到党组织一点情况。林拔久因此无从下手，特派员也只好狼狈溜走了。

"枪杆子里面出政权，没有枪支子弹就不能打胜仗"，这是林拔卢经常对党员说的一句话。他利用柑园村原有的合法组织"守青寮"，建立了"守青队"，把公户富户的十几条洋枪和几十条土枪集中起来，夜间巡视竹林和田园作物，保护群众利益。这使党支部紧紧地掌握了全村的武装。因此，在抗日战争和解放战争时期，支部顺利地把这些枪支送到革命武装队伍手中。

为革命舍小家

1940年下半年，林拔卢的母亲看到儿子已长大成人，多次催促他娶妻成家。这时他已接到上级党组织的通知，要他到揭阳三区区委工作，便婉言对母亲说："妈！你老人家身体不好，家务又重，我是知道的。而我目前还没能力成家，娶亲之事还是以后再谈吧。"临别时，正直无私的林拔卢牵着弟弟林拔平的手，语重心长地说："弟弟，我们都是共产党员，随时有被杀头的危险。我若娶了妻，万一出了事，岂不是害了人家的姑娘。这点请你向母亲做个解释。母亲苦了一辈子，还没过个好生活，你要好好照顾母亲。"

皖南事变后，国民党加紧反共，全面"围剿"共产党组织，逮捕迫害共产党员，政治形势进一步恶化。为了防止国民党破坏，支部把一大批赤色书籍分散给各位党员埋藏起来。林拔卢从区委回来，传达上级党组织的指示，要把这些书籍全部进行清理烧毁，使国民党无缝可钻。一些党员一时想不通，认为书籍是革命的精神食粮，好不容易从外地弄来，烧掉了太可惜。这时林拔卢严肃地对大家说："清理书籍、烧掉书籍是党的命令，是个原则问题。党员就要听党的话，按党的指示办事。等到形势好转了，我们还会把书弄回来。"书籍都烧掉了，党组织也就安全地隐蔽起来了。

1941年上半年，揭阳三区区委书记陈彬通知林拔卢，上级（潮梅特委）要调他到揭阳新圩开辟潮梅交通线，他愉快地接受了新任务，带着党的地下交通员林福，战斗在新的岗位上。

揭阳新圩靠近榕城，处于敌人的心腹地带，反动势力十分猖狂，给工作带来重重困难。林拔卢以挑夫身份出现在榕城，和伙伴们风里来雨里去，日间挑担，晚上促膝谈心。那时的挑夫大都是从各地来卖苦力的贫苦人，没有固定的集合地点，工作很不容易开展。但由于林拔卢惊人的活动能力和丰富的工作经验，善于团结群众，拉弦唱曲，广交朋友，很快便在新圩结识了一班人，站稳了脚跟。1942年"南委事件"发生以后，为了防止敌人破坏，党的干部陆续撤退隐蔽。一部分党的领导干部北上参加整党学习，但缺乏路费，林拔卢便回家与母亲商量，说要到新圩做生意缺本钱，卖掉了一丘祖业田，把钱交给了党组织，支援北上同志。同时又动员柑园支部几个党员到新圩去。此后党组织虽然停止了活动，但交通线联络点仍保留。林拔卢继续带领柑园几个党员坚持交通线工作。他们每天挑担的工钱只留下一部分维持个人生活，余下都上交。

1942年11月底，林拔卢与5个同伴从斜坑挑针菜到汤坑，中途把针菜卖掉。货主发现货物失踪，即行报案。当地反动政府立即追查，结果林拔卢在新圩被捕了，囚禁在揭阳监狱里。国民党反动派尽管用尽千般酷刑，他始终只说一句话："我家里穷，不能过活，想搞点钱回家过年。"从没暴露自己的身份和组织秘密。反动派虽怀疑他是个共产党员，却拿不到证据，最后定个经济小偷罪了结。

---------○ **病逝** ○---------

林拔卢在狱中受尽折磨，生病不得医，瘦得皮包骨头。1943年4月13日病危释放，隔天便与世长辞了。这时他才26岁。

林拔卢用他短暂的一生，铺平了革命的一段路程。激励着千千万万革命者，继承他未竟的事业，英勇奋斗，前赴后继，迎着冉冉升起的太阳，从胜利走向胜利。

● **英烈语录** ●

"党员就要听党的话，按党的指示办事。"
"我们都是共产党员，随时有被杀头的危险。"
"枪杆子里面出政权，没有枪支子弹就不能打胜仗。"

● **英烈精神** ●

忠于党的事业、严守党的秘密的革命崇高品格；临危不惧、宁死不屈的革命斗争精神；舍小家顾大家的革命奉献精神。

（杨创发）

陈廷禹（1923—1944）

—— 对革命无限忠诚的革命战士

陈廷禹，祖籍广东省澄海县。

- 1923 年，出生于泰国永罗府的一个工人家庭。
- 1938 年，参加泰共领导的进步团体华侨学生抗日救国会。
- 1939 年春，于惠阳坪山入伍，在东江纵队前身的"新编大队"特务队当战士。
- 1941 年初，加入中国共产党。
- 1943 年 5 月，担任广东人民抗日游击总队领导机关直属中队小队长。
- 1944 年夏，被提为东江纵队独立第三大队主力中队中队长。
- 1944 年秋，在战斗中头部中弹，壮烈牺牲，时年 21 岁。

受进步思想熏陶

陈廷禹，祖籍广东省澄海县，1923年出生于泰国罗永府的一个工人家庭。由于家境贫寒，陈廷禹少年时就和母亲一起摆摊卖糕点谋生。之后到泰国曼谷投靠亲友，在进步的华侨学校读了四年书，受过进步思想的熏陶。

1937年卢沟桥事变，全面抗日战争爆发。他对日寇的侵略行径无比愤慨，对祖国的危难万分关切。

1938年，他参加了泰共领导的进步团体华侨学生抗日救国会（简称"学抗"），积极为八路军、新四军募捐抗日经费和物资。

弃学回国，英勇战斗

1938年10月，日军在惠阳大亚湾登陆。国民党守军不战而退，日军长驱直入，惠州、东莞、博罗、广州相继陷落。陈廷禹得知祖国河山遭受日本帝国主义蹂躏，胸中燃起了满腔怒火。他怀着"国家兴亡，匹夫有责"的爱国心，毅然舍弃个人的学业，告别了亲人，经"学抗"介绍到香港进步团体余闲乐社，与郑戈、叶培根等爱国华侨青年一起，冲破重重障碍，回到祖国。1939年春，于惠阳坪山入伍，开始在东江纵队前身的"新编大队"特务队当战士。

陈廷禹生长于泰国，只粗识中文，不会讲广东方言。回国初时不太习惯，但他勤学苦练，克服了语言不通的困难。他为人忠厚，和蔼可亲，对革命无限忠诚。入伍三个月，就参加了奔袭沙头角日寇据点的战斗。

1939年底到1940年初，国民党顽固派掀起了第一次反共高潮。广东地区的国民党顽固派对于曾生、王作尧等领导的抗日武装的不断壮大而感到恐惧，处心积虑地要消灭这支队伍。

1940年3月9日，东江抗日游击队分别在曾生、王作尧率领下，被迫向海陆丰方向转移。东移途中，在稔山圩附近与尾追之敌激战数日后，部队向高耸的斧头山撤退。当时陈廷禹在所在的班里担任后卫，他自己虽很疲乏，但还帮助体弱的同志扛枪、背米袋，鼓励大家跟上部队。

4月，部队驻高潭水口村，国民党顽固派以一个团的兵力，乘黄昏和暴雨时候，突然向部队袭击。陈廷禹所在班奉命首先冲出村外，占领有利地形，掩护部队突围。陈廷禹挺身冲在前头，和全班同志一起沉着地英勇战斗，出色地完成了掩护任务。

1940年秋，部队重返惠（阳）东（莞）宝（安）敌后地区活动。在海陆丰返回惠东宝的途中，沿途人地生疏，还遭到敌人尾随追击。长途的夜行和连续的作战，战士们的生活十分艰苦。陈廷禹正患疟疾和疥疮，但他却以异乎寻常的毅力，战胜了接踵而至的艰难险阻，经受住了严峻的考验。他的脚生了血泡，但照样坚持行军，从不叫一声苦，也没有掉过队，终于与同志们一道返回惠东宝敌后地区。

1941年初，陈廷禹光荣地加入了中国共产党。

开展游击战争

部队回到惠东宝敌后地区后，以大岭山一带为中心，建立惠东宝根据地，开展游击战争。抗日根据地重建以后，抗日民主运动蓬勃发展。

1943年5月间，部队开展"红五月战斗"活动，经常袭击盘踞在宝安、大平、珠江口一带的敌伪据点。那时，经过好几年革命战争洗礼的陈廷禹，已是东江抗日游击队的一名坚强的战斗骨干，担任广东人民抗日游击总队领导机关直属中队小队长。他处处以共产党员的标准严格要求自己，冲锋在前，毫不退却。在建立惠东宝敌后游击区的过程中，他参加过30余次大小战斗。其中令人难以忘怀的，是他参加福永战斗的情景。

福永是宝太公路线上伪军的一个重要据点，驻着吴东权部的一个中队，有五六十人。敌人凭着坚固的炮楼，把部队活动的地区切成两半。敌人这个据点对部队威胁甚大，因此，部队决定要拔掉这个据点。因为当时没有爆破器材，所以决定采取奔袭的办法。

担任突击队副队长的陈廷禹，和队长一起带领突击队员化装进入福永镇内，乘敌人吃饭之机，突进敌人的炮楼内。顿时，枪声、手榴弹的爆炸声，响彻着整个福永镇。敌人措手不及，退到二楼。突击队犹如下山之虎，勇猛地冲到二楼。敌人抵挡不住，退守到三楼、四楼及楼顶，以6挺机枪的火力，封锁炮楼内外。后续部队来到后，部队在炮楼内与敌人展开英勇搏斗。陈廷禹右脚不幸受伤，鲜血直流不止。在这情况十分危急的时刻，他带伤忍痛和大家一起战斗。后终因寡不敌众，被迫撤出战斗。这次虽然未能把敌人的据点拔除，但把敌人杀得丢盔弃甲，吓得敌人胆战心惊，为后来全歼守敌创造了条件。

福永战斗以后，陈廷禹暂时离队去医治枪伤。在养伤期间，他念念不忘部队和战友，伤口稍愈，便立即返回战斗岗位。不久，被提为副中队长。

1944 年夏天，他奉命率领一个中队从大鹏湾向罗浮山挺进，参加创建新的抗日民主根据地的斗争。部队到罗浮山地区后，他被提为东江纵队独立第三大队主力中队中队长，在罗浮山一带开展游击活动。

高尚的革命情操

抗战初期从香港回来抗日，在战斗中与陈廷禹建立感情的女战士张漪芝，也到独立第三大队任卫生队长。这一对革命恋人心里想的是民族的利益、人民的解放，虽然相爱多年，但为了革命的利益，把个人的婚事搁在一边，一再推迟婚期。在革命斗争中，他们互相鼓励，并肩战斗，具有极为高尚的革命情操。

1944 年七八月间，张漪芝在窑下战斗中，为抢救战友而光荣牺牲。陈廷禹闻讯肝肠寸断，但他化悲痛为力量，决心加倍工作，为死难烈士报仇雪恨。

在鸾岗战斗中牺牲

1944 年秋天，部队根据当时形势和群众意愿，决定攻打鸾岗敌伪据点。陈廷禹主动请求部队首长让他担任最艰巨的战斗任务。领导表扬了他的战斗决心，答应了他的请求，让他担任主攻任务。

鸾岗地处东江下游，是博西的鱼米之乡。伪军"抗红义勇军"总头目李潮有一个中队的兵力盘踞在这个村庄。当时，鸾岗周围的敌人很多。南面石龙驻有伪军，北面驻有国民党梁桂平部，周围还有冯双等两支伪军。加上鸾岗村地形比较复杂，布满工事，易守难攻。攻打鸾岗敌伪的据点，确是一场硬仗。

陈廷禹接受了主攻任务之后，心情激动，总是考虑着如何更好地完成任务。他跟随独立第三大队的指挥员，连续三个晚上进行侦察，把敌人的兵力部署、鸢岗的地形及军事设施等情况摸查清楚。

战斗的那天晚上，陈廷禹率领主力中队，和其他中队一起准时开赴鸢岗，埋伏在村外预定的位置上，伺机待命。当下达攻击令之后，他率领连队匍匐前进，越过一片开阔的稻田以后，前面已是鱼塘。于是，他一面指挥战士就地掩蔽，并做好火力掩护的准备；一面命令小队长李国荣率突击队第一梯队，越过水中的障碍，逼近炮楼，进行爆破。李国荣率队前进，当接近炮楼时，被敌人所发现，遭到敌人开枪猛烈扫射。这时，陈廷禹下令集中火力掩护第一梯队强攻。敌射灯和马灯被打灭了，顿时一片漆黑。第一梯队迅速冲上，架梯登墙爆破。一声巨响，火光冲天，靠近祠堂的那个炮楼倒塌了半截。陈廷禹迅速带领队伍占领突破口，向纵深攻击，连续激战了一天一夜，攻占了敌人的 5 个炮楼，控制了鸢岗的制高点。敌人依仗周围的援兵负隅顽抗。陈廷禹指挥部队用小炸药包与敌人开展巷战。

到第二天下午三四点钟，把敌人赶到最后一个炮楼里。李潮不甘心惨败，调来大量援兵，在轻重机枪的掩护下，有 100 多名增援的伪军冲到我方前沿阵地对面几十米远的小高地。这时，陈廷禹奉命立即撤离鸢岗村，配合兄弟中队反击敌人。陈廷禹带着部队以锐不可当之势，向敌人冲杀过去。黄昏时分，把反扑的敌人全部击退，计击毙、击伤伪军 60 多人，俘虏伪军 10 多人，缴获步枪 20 多支。

在当地群众支持下，经过一昼夜的激战，当战斗即将胜利的时候，陈廷禹不幸头部中弹，壮烈牺牲。同志们无限悲痛，把他埋在南蛇洞村后山冈上他的未婚妻张漪芝的墓旁。这时，他年仅 21 岁。

● 英烈精神 ●

处处以共产党员标准严格要求自己的律己精神；冲锋在前、毫不退却的革命斗争精神；舍小家顾大家的无私奉献精神。

（李春水）

黄宝珍（1923—1944）

—— 怕死就不参加共产党

主要生平

黄宝珍，广东省东莞县莞城安靖乡人。

- 1923年，出生于一个贫民家庭。
- 1937年，积极参加抗日救亡的宣传工作和县"妇抗"发起的献金募捐活动。
- 1938年10月，参加抗日模范壮丁队。
- 1939年，加入中国共产党。
- 1942年，回莞城负责交通情报工作。
- 1943年12月，调到东江纵队独立第二大队任机关政治指导员。
- 1944年9月，不幸被捕。10月25日，英勇就义，时年21岁。

积极参加抗日救亡活动

1923年农历十月初一日，黄宝珍出生于广东省东莞莞城安靖乡的一个贫民家庭里。由于苦难生活的折磨，母亲生下第五个孩子不久便去世了，父亲带着五个儿女，在饥寒线上挣扎度日。黄宝珍是长女，要肩负家务的重担，但她仍坚持一边做工一边读书，在同学和亲友的帮助支持下，于1937年读完了小学。

那时，日本帝国主义发动了卢沟桥事变，中华民族处于危亡之中，东莞县的地下党迅速行动起来，组织了抗日救亡工作团。年仅14岁的黄宝珍主动靠近抗日救亡工作团，发动一批进步同学上民众夜校，积极参加抗日救亡的宣传工作和东莞县妇女抗日会发起的献金募捐活动。由于她能歌善舞，在宣传活动中十分活跃，同学们都很佩服她。

1938年10月，日军在大亚湾登陆。东莞中心县委决定立即成立抗日模范壮丁队，奔赴前线，黄宝珍毅然离家参加了抗日模范壮丁队。那时游击队的生活非常艰苦，睡的是稻草铺，吃的是糙米饭，油盐又少，有时甚至连糙米饭也吃不上。不少同志都病倒了，特别是女同志普遍染上了妇科病和疟疾，而当时又缺医少药，治疗困难。但黄宝珍斗志顽强，战胜了苦难，经受了严峻的考验，因而参军的第二年，即1939年就加入了中国共产党。

回莞城搞交通情报工作

入党之后，黄宝珍在部队里先后担任过民运队员、情报员、交通员及交通情报站站长，负责部队与地方党的联络和传递情报的工作。

1942年，组织安排她秘密回莞城搞交通情报工作。她把情报站设在安靖乡的家中和渡头庙的外祖母家，何欢、何小士、刘婉等同志经常以亲戚名义与她联系。她还经常带着文件通过日军的岗哨，把情报转送到部队去。她离家已四年了，这次突然回来，家里人又惊又喜，更为她的安全担心。弟妹们问她："你经常进出敌人的岗哨不怕吗？"她坚定地回答："怕死就不参加共产党。"并且经常教育弟妹们要投入抗日救国的行列。在她的影响下，弟弟黄宝光、妹妹黄宝珠先后于1943年和1944年参加东江纵队，走上革命的道路。

1942 年到 1943 年间，黄宝珍活动于莞城、篁村、水濂一带，同地方党的交通情报站紧密联系，及时为部队提供准确的情报。她深入群众之中，与他们拉家常、做家务，并协助群众办夜校，教他们唱歌、识字，同群众建立了深厚的阶级感情。水濂山的草塘、青竹笋、大圳埔一带的大娘大嫂们都把她看成是自己的亲生女儿。

1943 年 12 月，黄宝珍调到东江纵队独立第二大队任机关政治指导员。这期间，斗争更加复杂。她经常独自深入到驻有日军的石湾、石龙等地，和地下人员联络，收集情报。

协助部队战斗

1944 年 4 月，在博罗源头乡茹屋的战斗中，她协助宋晋（联和税务总站指导员兼分站长）指挥税站和部队 20 多人以及茹屋 120 多名武装民兵同数百名日伪军激战三昼夜。

当时部队在茹屋建立根据地，黄宝珍与周某正在茹屋做民运工作，附近上南驻有宋晋税站和一个武装班共八九人，配有交通船一艘。日军与李潮匪部都把它视作眼中钉。起初日军出动 100 人，会同李潮匪部 300 多人，分两路向茹屋进攻。宋晋即率领税站和武装班从上南进驻茹屋。茹屋村地处平原，有 500 多人，由于党的民运工作做得出色，所以那里的群众基础好，抗战热情高。

为保家卫国，他们用祖尝的公款购置了轻机枪两挺，枪支弹药一批，有武装民兵；村里筑有坚固的围墙，只留两个门口出入；围墙外四周是鱼塘，只有两条小路经这两门口进村；围墙内有 5 座炮楼，易守难攻。当宋晋等人进驻茹屋村后，黄宝珍立即与他们研究对策。茹屋的群众一致要求抗击日伪军，于是一面派税站一名战士去大队部汇报请示，一面组织战斗，于当晚 12 时，大部队即派一个班来支援，并即投入战斗。

到翌日中午 12 时，敌人开始进攻，攻打了半天，攻不进来。部队在围墙门前打死日军一人，缴枪一支。黄宝珍在战斗中不断往返部队与民兵之间，做宣传鼓动工作，并组织群众送茶送饭，表现积极勇敢。

晚上，日军调来大炮轰炸炮楼，不幸有 4 个炮楼被击中。第二天，敌人又发起进攻，部队全力以赴还击，战斗非常激烈。打了约一个小时后，敌人突然停火。原来日伪军已死伤100多人（其中日军七八十人），日军大队长木下少佐也负重伤（后来死去），他们用18条木帆船运送尸体和伤员回营。第三天，战斗打打停停。估计敌人不会甘心失败，仍会增援打下去。根据敌强我弱的实际情况，为避免村民损失，决定在部队和民兵的掩护下，民运队有秩序地组织全村四五百群众撤出村庄，而后武装人员亦撤走。第四天，日军果然调来飞机轰炸了一个多小时，见村中无动静后进村搜索，但扑了个空。这次战斗敌人损失惨重，一无所得，显示了我方军民的抗战力量。黄宝珍在战斗中充分发挥了英勇果敢和宣传组织的才干。

不幸被捕

1944年8月，日军沿粤汉铁路向北进犯，企图占领韶关和粤汉线两侧广大乡村。东江纵队按照党中央指示的精神，派出独立第二大队和邬强支队两支精干的部队，挺进粤北建立根据地。

9月1日，独立第二大队北上部队在清远、花县交界处受到国民党顽军的包围袭击。在这次战斗中，黄宝珍等6位同志不幸被捕。这时，黄宝珍身上带有一份机密材料，情报员的本能使她机警地确保机密的安全。她趁敌人不注意，把密件塞进嘴里嚼烂，敌连长见状，马上用刺刀撬开她的嘴巴，但她已把密件强吞下肚。

狱中三问

黄宝珍同其他被捕的战友一起，被关在清远县阴暗的监狱里。10多天后，一个国民党少将前来提审。黄宝珍泰然自若，轻蔑地看了"审判官"一眼。"你叫什么名字？干什么的？"少将开口问。"我叫李燕石，是个炊事员。"黄宝珍镇定地报了个假名。敌人正欲继续发问，她庄严地提出："你想得到我的回答，必须答应我三个条件：第一条，为什么男女同监？难道你们国民党男女不分吗？"敌人十分尴尬，答应马上分监。黄宝珍又提出第二条："我已经10多天没有洗脸了，我们革命人员是纯洁无瑕的，你想得到我的回答，必须捧一盆清水给我洗脸。"敌人为了从她的口中得到口供，不得不给她捧来一盆清水。她从容不迫地梳了梳蓬乱了的头发，洗了脸，然后又反问敌人道："第三条，我得先问问你，抗日救国有何罪？"黄宝珍就这样反把敌人推上了审判台。

被捕人员中有一个司务长叛变，指证黄宝珍是政治指导员，是政治委员的妻子。但黄宝珍坚持说自己名叫李燕石，清远人，26岁，由广州回清远探亲，途中参加了东江纵队当炊事员。敌人始终不能从她身上取得任何材料，只好把她押到韶关国民党七战区政治部"基庐"政治监狱。由于她屡受严刑拷打，身上又怀了孕，步履艰难，敌人是用竹箩把她抬到监狱的。

在政治监狱里，黄宝珍不畏惧敌人的拷打辱骂，在单独的监房里高唱《延安颂》《在太行山上》等革命歌曲，以歌声向难友们表示她的革命乐观主义精神，鼓舞难友们坚持革命到底。在放风的时候，她总是抓住机会向难友们宣传东江纵队已挺进粤北，革命胜利用不了多长时间了。她说："我的案子快要结束了，将来你们有机会见到我的战友、亲人，请代我向他们致意。"她的坚贞不屈和革命乐观主义精神，深深感动了全体难友，也感动了一些看守的狱卒。有个18岁的狱卒受她的影响，一直悄悄地保护着她。

英勇就义

1944年10月25日（农历九月九日重阳节）是她就义的一天。她反复朗诵她平日爱好的诗句："满天风雪满天愁，革命何须怕断头，留得子胥豪气在，三年归报楚王仇。"这一天，她还像往常一样，把牢房打扫得干干净净，然后从容不迫地梳好了头，随时准备英勇就义。

同她一起遇难的共15人，连那个叛变的家伙也不能幸免。在押赴刑场途中，黄宝珍领着难友们高呼："打倒国民党反动派！""打倒日本帝国主义！""中国共产党万岁！"口号声连续不断，响彻了繁华的风度路。敌人是用机枪行刑的，黄宝珍在壮烈倒下去的片刻还高呼："中国共产党万岁！""抗日游击队万岁！"

第二天，韶关市《晨报》也只能刊登如此一则新闻："警备部奉长官部令于昨日执行枪决李燕石等男女15人。……"敌人连她的姓名也无法弄清。

黄宝珍牺牲时，年仅21岁。

"怕死就不参加共产党。"

"抗日救国有何罪?"

"我们革命人员是纯洁无瑕的。"

大义凛然、坚贞不屈的革命精神；临危不惧、坚持到底的革命乐观主义精神。

（赖日昌）

李守纯（1908—1944）

—— 粤北地区抗日组织领导人

主要生平

李守纯，原名宋耀宏，曾用名李保明、李名、李守信，广东省花县狮岭黎村人。

- 1908 年，出生于一个农民家庭。
- 1924 年，加入中国共产党。
- 1932 年初，在香港，进行抗日爱国活动，改名李守纯。
- 1933 年，到高明县合水，团结教育进步学生和农村青年，发动群众，打击农村的封建势力。
- 1936 年秋，受命到广西工作，对广西党组织的重建做出了贡献。
- 1938 年 11 月，被任命为中共西江特委书记。
- 1939 年 3 月，当选高明县委第一任书记。
- 1940 年春，罗定出现"二月逆流"，受西江特委委派出任罗定县委书记。4 月底，被调往粤北工作。
- 1941 年秋，继任后北特委书记。
- 1944 年 6 月 19 日，在韶关市东河坝的住处因叛徒叛变被捕。8 月，牺牲于狱中，时年 36 岁。

李守纯，原名宋耀宏，曾用名李保明、李名、李守信。1908 年出生于广东省花县狮岭黎村的一个农民家庭。靠父亲宋德良、母亲汤兴桂在家务农，勉强维持一家生计。宋耀宏 14 岁这一年，因同村恶霸宋威怀扬言要将他"标参"拐卖（即作为人质要挟家属赎身），使他在家乡无法安身，父亲只好通过乡亲宋继容介绍他在沙面洋行里当杂工。

受到先进思想教育

第一次国共合作之后，广东工农运动掀起高潮。少年宋耀宏在人生道路的起步阶段，就受到了无产阶级先进思想的教育影响。1924 年 7 月，为抗议英帝国主义颁布侮辱中国人民的苛例新警律，党领导沙面工人举行了长达一个多月的罢工，并取得胜利。对已经加入洋务工会的少年宋耀宏来说，这是最难忘的一堂启蒙教育课，火热的斗争促使他在政治上迅速成熟。他积极投入省港大罢工的斗争，热情参加劳动童子团的工作，并在这时加入了中国共产党。1925 年，宋耀宏调到中共广东区委工作，任机要交通员，兼管油印收发。他组织观念强，工作细致认真，以优良的政治素质和勤恳的工作作风，给机关的同志们留下很深的印象。大家亲切地称他为"男宋"，与另外两位姓宋的女同志合称"广东区委三宋"。

积极为党工作

1927 年四一五政变发生，中共广东区委决定暂迁香港，他和机关炊事员八姐等掩护机关撤退。广州起义失败后，他到香港，在中共广东省委秘书处任分配工作。这时，革命斗争已进入低潮，形势险恶，各地党组织不断遭到破坏。但他在逆境中仍然信心坚定，积极为党工作。1929 年，他去上海总工会工作时被捕，后因敌人查不到证据而获得释放。1932 年初，他回到香港，但因这时省委机关又连续遭到破坏，故一度失去与组织的联系。但他并没有气馁和灰心，密切联系群众，广交朋友，为党做宣传工作，进行抗日爱国活动。这时和他联系密切的，有同在香港和上海坚持过斗争的陈勉恕。也就在这个时期，他改用了李守纯这个名字。

在高明进行革命活动

约在 1933 年，李守纯来到高明县合水，在县立第三小学以教师身份为掩护进行革命活动，团结教育了一批进步学生和农村青年，并通过一个名为"力社"的进步组织，发动群众，反对勒收苛捐杂税（如门牌税、秤租、摊租），反对田主抢割生禾，打击了农村的封建势力，使进步力量在高明农村大大扩展。1940 年《西江特委的工作报告》中，回顾他这一段工作时，给予"相当埋头""威信也很高"的评价。

协助广东、广西恢复和发展党组织

1936 年 9 月，中共南方临时工作委员会成立。在此之前，北方局曾派薛向实到广东恢复和发展党组织。薛向实首先和陈勉恕、李守纯取得联系，恢复了党在广东西江一带的组织活动。重获党组织的领导，给李守纯增添了无限的力量。他辛勤工作，为恢复和发展党组织而奔忙。

1936 年秋，李守纯受命来到广西。这时广西地下党组织已与中央失去联系近五年之久。李守纯首先与南宁的地下党组织取得联系，进一步又联系上了右江苏区和郁江地区的地下党组织。在李守纯的建议下，原拟召开的郁江地区的党的会议，改为广西省第三次党员代表大会，于 1936 年 11 月 7 日在贵县三里罗村召开，选举产生了中共广西省工委。会后，李守纯将情况电告中共南方临时工作委员会。薛向实亲自来到南宁，从此恢复了广西党组织与中央的联系。在这次重要活动中，李守纯做了很多有益的工作，对广西党组织的重建作出了贡献。

1938 年夏，广东省委派李守纯到四会、广宁一带检查党组织的恢复发展情况。他对当地党组织发展缓慢情况，提出了中肯的批评。他指出，这一地区受过大革命的深刻影响，有很好的群众基础；地下党同志多为本地人，与群众血肉相连；加上当时形势很好，主客观条件都对党的恢复和发展有利；工作进展缓慢的原因在于对整个形势已由阶级矛盾为主转变为民族矛盾为主认识不足，指导思想偏于保守。他的精辟分析给同志们留下了深刻的印象，工作也随之打开了局面。半年后，中共广宁县委正式成立，四会也建立了党的临委。

领导西江特委工作

1938 年 11 月，中共西江特委成立，李守纯被任命为特委书记。西江特委机关设在新兴县城，下辖高明等 9 个县。1939 年 3 月，高明县党员已增至80 余人，在小洞地区文选楼召开县党代会，选举产生县委，李守纯当选高明县委第一任书记。1940 年春，罗定出现"二月逆流"，情况告急，西江特委又派李守纯出任罗定县委书记。李守纯到任后曾在罗城西门举办了一期党训班。4 月底，罗定发生国民党武力解散青年抗敌同志会及封闭三罗日报社事件，组织上决定一部分干部撤退，李守纯被调往粤北。

领导后北特委工作

1940 年 5 月，李守纯调回中共广东省委任政治交通员。他任劳任怨经常奔走于西江、粤中、南路之间，及时向省委提供各地情况。7 月，为适应革命形势发展的需要，省委决定将北江特委分为前北特委和后北特委。后北特委负责领导国统区后方的党组织，下辖曲江、仁化等 9 个县，以陈祥为书记，李守纯负责组织工作。他工作踏实，深入基层。当时的韶州师范党支部党员人数较多，就由他直接领导。他还深入到曲江县周田、樟市一带，联系农村的支部。1941 年秋，陈祥调离后北特委，由李守纯继任特委书记。1942年 5 月，粤北省委被破坏，省委书记张文彬及省委领导成员被捕，形势险恶。南方局经请示中央，命令广东国统区党组织一律暂停活动，已暴露身份的党员一律转移，其他干部以社会职业为掩护，实行"三勤"（勤学、勤职、勤交友），等待时机。1943 年 1 月，中共广东省临委正式成立，仍坚持个别联系。

在这样的险恶形势下，李守纯仍然坚持工作。他就任后北特委书记时，直接领导过印刷合作社的组建工作，克服一缺物资二缺技术的困难，印刷《新华南》半月刊及进步书刊和党内文件。合作社经营有方，管理妥善，生活福利安排得好，工人积极性高，有"印刷工人之家"的美称。此外，党还领导着樟脑合作社、机关合作社等，都必须坚持日常生产和经营活动，李守纯就这样冒着风险坚守阵地,直到 1944 年省临委遵照中央指示,决定全面恢复党组织活动,并明确以武装斗争为中心工作。这时,他对韶州师范地下党作了布置,组织党员及进步学生以国民党第二挺进纵队战时工作队名义到英德、翁源、佛冈一带开展宣传活动,为迎接东江纵队北上做准备。

在东河坝被捕牺牲

1944 年 6 月 18 日,李守纯在韶关市东河坝的住处约见两位地下党同志,向他们详细传达省临委关于开展武装斗争的指示精神。李守纯满怀信心,准备迎接新的战斗。不料风云突起,有个印刷厂原工人党员叛变,致使李守纯、陈志良夫妇于 6 月 19 日在东河坝住所被捕。整个韶关合作系统党组织同时遭到大破坏。

李守纯被捕后,被关进国民党第十二集团军政工情报机关所在地——韶关市"基庐"。敌人对李守纯使用了种种酷刑,将他折磨得体无完肤、奄奄一息。但李守纯坚贞不屈,保持了一个革命者的高尚气节。在狱中关押一个多月后,因日军进攻韶关告急,国民党将关在"基庐"的共产党人押解去南雄。当时正是酷暑季节,李守纯创伤发作,生命受到严重威胁。但他置个人生死于度外,一有机会,就鼓励难友们认清形势,不管情况多么险恶,敌人如何凶残,都要坚持斗争,革命总是向前发展的,胜利终将属于人民。到达南雄之后,李守纯不幸又染上恶性疟疾,因缺医少药,伤病日趋严重,终于在 8 月间的一个晚上,牺牲于狱中。为革命战斗到最后一息,年仅 36 岁。

> **英烈精神**
>
> 在逆境中仍然信心坚定、坚守革命必胜信念的革命意志;密切联系群众,广交朋友,为党任劳任怨、勤恳工作的工作作风;坚贞不屈、置个人生死于度外的革命者高尚气节。

(曹直)

林　耀（1911—1944）

—— 用生命报效国家，是人生最大的光荣

主要生平

林耀，原籍广东省鹤山县址山区昆华乡。

- 1911 年，出生于澳门。
- 1933 年春，回广州考入广东航空学校。
- 1938 年 3 月，分配在空军驱逐机队服役。
- 1939 年 5 月 3 日，调航校任飞行教官。
- 1944 年 6 月 26 日，战斗中不幸撞山牺牲，时年 33 岁。

1275

林耀，原籍广东省鹤山县址山区昆华乡。1911 年出生于澳门。

自 1931 年九一八事变爆发后，日本帝国主义侵占中国东北三省，中华民族的危机日渐加深，中国人民面临亡国灭种的严重威胁，纷纷奋起抗日。

苦练本领，为国抗战

1932 年一二八日寇侵沪，十九路军奋起抗敌。林耀感于"国家兴亡，匹夫有责"，毅然放弃即将出洋留学的机会，于 1933 年春回抵广州，考入广东航空学校苦学杀敌本领。1934 年夏，随广东空军北飞入中央航空学校第七期继续学业，至 1938 年 3 月毕业，被分配在空军驱逐机队服役。

1939 年 5 月 3 日，日军 45 架轰炸机从岳阳洞庭湖起飞，一路朝重庆进犯。下午 1 时许，驱逐机队升空迎战，采取对头攻击、轮番冲杀、左右夹攻的作战方法，打得敌机措手不及，防不胜防，一架架冒烟倒栽下去，受创的敌机落荒而逃，坠毁郊野的达 10 架之多。林耀一举击毁敌机两架。他所驾驶的苏联伊式驱逐机，左冲右突纵横敌阵，座机被敌机群密集火力命中，林耀左手臂受伤，血流如注。他跳伞坠于重庆铜锣峡亚细亚细站旁的山峰，随被抢送重庆、成都两地医院救治，幸庆生还。后经空军医官体检，认定他不宜继续担负空战任务，遂调航校任飞行教官。

在抗日战争的战略相持阶段，日本空军不断对重庆等重要城市进行灭绝人性的狂轰滥炸。1941 年 6 月 15 日，重庆的防空大隧道倒塌，入内避空袭的群众死亡了数万人。林耀义愤填膺，坚决要求归队杀敌，几经申请，才获批准重披战袍，并被任命为第二十六队副队长。

英勇捐躯

1944 年春，日本调集大军从汉口南下，企图打通大陆交通线。林耀奉命调往湖南地区协同陆军作战，又在长沙上空击落敌机一架，多次出色地完成任务，旋升第十七队队长。6 月 26 日，日军一个联队乘船由洞庭湖上溯湘江，准备截断国民党前线守军的退路。林耀率队执行歼击日军船队任务，共击伤击毁敌船多艘。他在这次任务中，不幸被敌护航火力击中座机尾部，在返航途中又遇暴雨，水帘蔽天，加以机尾受损操纵不灵，撞山牺牲，以身殉国，实现了他的"用生命报效国家，是人生最大的光荣"的宏愿。牺牲时年仅 33 岁。

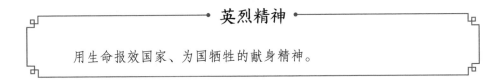

追认革命烈士

根据林耀在抗日战争中为国牺牲的贡献，1988 年 6 月 22 日，广东省人民政府批准追认其为革命烈士。

英烈精神

用生命报效国家、为国牺牲的献身精神。

（陈炽）

卫国尧（1913—1944）

—— 抗日英雄，密战豪杰

主要生平

卫国尧，广东省番禺县沥滘乡人。

- 1913 年 8 月 6 日，出生于一个地主家庭。
- 1934 年春，东渡日本，考进东京帝国大学政治经济系。
- 1937 年 7 月，应征留日学生训练班受训。
- 1938 年 5 月，加入中国共产党。
- 1940 年 7 月，到中山县第九区国民党挺进第三纵队第一支队梁伯雄大队任副官兼中队长，做统战工作，是该大队地下党的负责人。
- 1942 年底，领导挺进广州工作组，建立秘密据点。
- 1943 年秋，制定"智擒十虎"的方案。
- 1944 年 4 月，被任命为广游二支队番禺人民抗日大队的大队长。7 月 26 日凌晨，不幸壮烈牺牲，时年 31 岁。

从小立志寻真理

卫国尧的母亲祁氏，原是东莞县的一个农家女子，因父亲病故无钱料理后事，便卖身葬父，当了一个地主家庭的婢女，14 岁时被卫国尧的父亲娶作第四房妻室。卫国尧年幼时，父亲便病逝，母亲因而受其家族的歧视、凌辱，被迫出走家门，到广州谋生。她把一切希望都倾注在卫国尧这个独生子上。卫国尧自幼刻苦求学，成绩优异。念中学时，他对当时祖国积弱不振、内忧外患深怀忧愤，经常以"国家兴亡，匹夫有责"自勉，立志要寻救国救民的真理。

翻译出版《史的唯物论》

1934 年春，卫国尧东渡日本，考进了东京帝国大学政治经济系。他专心致志地研读马列主义和日本明治维新以来的历史，认真思考社会改革问题，得到该校进步老师的赏识。在日本留学三年期间，卫国尧在那位进步老师那里阅读了许多马列著作，又在郭沫若举办的学术专题讲座中受到革命思想的熏陶，使他由一个纯朴的爱国青年转变为初步具有马列主义世界观的人。他认识到要解决中国的问题，必须走俄国十月革命的道路，彻底变革社会制度，建立无产阶级专政。为了在回国之前把山冈万之助的译著《史的唯物论》翻译成中文，他日以继夜地工作，虽因劳累过度而得了肺病，数次吐血，仍不止息。1937 年 6 月，他回到上海后，即以康敏夫的署名，把该译稿送给神州国光社出版。

领导政治大队

1937 年 7 月，卫国尧从上海回到广州，正值抗日战争爆发。他忧国忧民之心更切。当时国民党发出通令征集留日学生开训练班，卫国尧应征前往受训，毕业后被分配到国民政府军事委员会政治部第二厅任少校参谋（地点在武汉），从事国民军训的工作。就在这期间，他与武汉八路军办事处取得联系，并于 1938 年 5 月加入中国共产党。不久，他被调到军事委员会政治部直属第五政治大队第二中队当中队长。1938年底从湖南衡阳调到广东韶关，卫国尧即与驻韶关的八路军办事处接上了党的关系，被指定为第五政治大队地下党的领导机构——中共党团的书记。又在八路军办事处和广东党组织的帮助和支持下，从广州大中学生集训团（集训地址在韶关）中挑选了六七十名学生到政治大队工作，这批学生中大部分是抗日先锋队队员和地下党员。这样就使政治大队的政治素质起了很大的变化。卫国尧还从政治大队中发展了一批党员，加强了党的力量。

培养基层军事骨干

1940年4月，国民党反动派企图迫害政治大队中的共产党员和进步分子，因而该大队便宣告结束。卫国尧立即被调去参加由中共广东省委举办的干部训练班学习（最初在赣南的信丰开学，后来迁至广东南雄）。同年7月，训练班结束后，卫国尧便受党的委派，到中山县第九区国民党挺进第三纵队第一支队梁伯雄大队搞统战工作，公开的身份是大队部副官兼中队长，实际是该大队地下党的负责人。

当时在中山县活动的国民党挺进第三纵队第一支队，是由一支收编的土匪队伍组成的。支队长潘惠原是珠江三角洲有名的土匪头目，又是当地的地主土匪武装"民利公司"的头子，在中山独霸一方，但在政治上主张抗日，与国民党地方实力派有矛盾。为了争取这支队伍，党便派卫国尧到第一支队的主力梁伯雄（大革命时曾参加过共产党，1945年牺牲）大队去做工作。经过他两年多时间的努力工作，各方面都取得了显著成绩，建立和壮大了党的秘密组织，把一些地下党员安置在重要的岗位上，实际上把该大队置于党的控制之下。卫国尧主管训练，就利用开办训练班的机会，抽调表现比较好的30多名士兵来学习，派地下党员、排长罗章友负责具体领导，把政治思想教育与严格的军事训练紧密地结合起来，培养了一批基层军事骨干。

立场坚定，指挥果敢

卫国尧学识渊博，才干过人，但又谦虚谨慎。他治军很严，组织观念很强，处处以一个共产党员来严格要求自己，经常深入班排与士兵打成一片，受到战士们的爱戴。在复杂的阶级斗争和民族斗争的环境下，他立场坚定，时刻保持高度的革命警惕，十分注意斗争策略，果断地处理问题。1941年间，市桥大土匪头子李塱鸡派遣伪军包围第三挺进纵队第一支队，同时秘密派出心腹与潘惠谈判，企图建立"互不侵犯"的关系。卫国尧得悉后，当机立断地派出一支精壮的队伍进行伏击，把李塱鸡派来谈判的一帮人全部消灭掉，给汪伪一个沉重的打击。

1942年初，中共珠江三角洲中心县委决定，在五桂山区建立由党直接领导的抗日民主根据地，并派罗章友带领先遣队入五桂山区开展工作。为了不过早暴露党组织的力量，对外仍然打着"民利公司"梁伯雄大队的番号。卫国尧则与地方实力派头面人物做工作，使他们不要在五桂山区抢占地盘和阻拦部队的活动，为更多的兄弟部队挺进五桂山区创造有利条件。最初，汪伪不知部队的实力和意图，驻翠亨的一个排伪军被部队先遣队包围之后便投降了。卫国尧听取汇报之后觉得事有蹊跷，断定这是汪伪搞的假投降阴谋，便立即把该排长抓来讯问。结果完全证实了卫国尧的判断，这些家伙图谋以假投降探知部队虚实，然后"反水"一举搞掉部队。另外还有一次，被部队收编的一个土匪排，由于吃不了苦，在副排长甘土旺的策划下，把部队从敌伪军中缴获暂时埋藏在沙滩里的两挺机枪偷走，准备搞掉部队的先遣队之后投降敌伪。卫国尧从失枪事件中机警地觉察到这又是一次阴谋，立即进行调查和分析，然后断定这是甘土旺一伙干的。审讯结果，甘土旺供认了他们叛变的行动计划，从而粉碎了叛乱阴谋。

回乡建立秘密据点

1942年底，卫国尧接受了新任务，调离五桂山区，回到他的家乡沥滘做地下工作。当时以挺进第三纵队副司令林小亚为首的国民党顽固派，勾结日伪向广州郊区广游二支队（广州市区抗日游击第二支队）发动反共合流的进攻。为了把抗日游击战争引向广州市郊，进而控制广州，中共珠江三角洲中心县委决定组织挺进广州工作组，由卫国尧和卢德耀领导，在广州南郊沥滘镇建立秘密据点。为了安排好同志们进入沥滘，卫国尧先行回家，利用人尽皆知的地主少爷、留日学生、国民党少校军官的身份和社会关系进行公开的活动，搞好各种关系后，才把党派去的同志以各种名义安置下来。

智擒八虎

当时沥滘为臭名远扬的卫氏"十老虎"所把持，为首的是老六卫金允（大头允）。他们是同父异母的10个兄弟，是一群杀人越货的土匪、流氓。他们凭借日寇的势力，独霸一方，欺压人民，横行于周围24个乡村，无恶不作。还经常带领日寇"围剿"禺南抗日游击队，群众恨之入骨。要使沥滘控制在党的手里，就必须把这"十老虎"铲除掉。

卫国尧回沥滘后，采取了麻痹敌人、长期隐蔽、积蓄力量、等待时机的工作方针。为了打消"十老虎"的疑虑，便和他们一起"厮混"。卫国尧把组织上给他的5000元活动经费，恢复了"怡和"碾米厂和开设了一间小小的文具店，由他自己担任经理，并兼小学的校长。他把卢德耀安排在文具店当负责人，并把其他一些同志安排在其他岗位。这样，沥滘的秘密党组织和情报站就建立起来了。卫国尧和卢德耀通过这些据点，联系了一批群众，又发展了吴甜、卫裕庄（卫民）等人入党。还在青年中组织了秘密的"青年学习会"，在农民中组织"关帝会"，在店员中组织"同心会"。他们利用这些外围组织，向群众宣传抗日救国，发动群众支援抗日游击队以及了解敌伪动向。卫国尧等经营的米厂、文具店和小学就成了地下党活动的据点。

经过卫国尧等深入虎穴一年多扎扎实实的工作之后，党组织不仅站住了脚，而且把广大贫苦农民团结在党的周围，从物质上支援游击队，还动员、输送了一批进步青年参加禺南抗日游击队，为剪除"十老虎"创造了极为有利的条件。

1943年秋，卫国尧和沥滘地下党支部讨论后，制定了利用清明节拜山（祭祖坟）的机会"智擒十虎"的方案，并经上级同意。同年10月卫国尧被调回五桂山参加整风学习，"智擒十虎"的方案便由卢德耀等负责实施。1944年清明期间，广游二支队在沥滘地下党组织的秘密配合下，按照卫国尧原定的方案，一举把"十老虎"中的8个"老虎"（老大卫金润、老二卫金汝漏网）捉拿归案，并缴获一大批武器。"智擒八虎"的消息传开之后，附近24个乡村的群众无不拍手称快。

威震四方

1944 年 4 月，卫国尧被任命为广游二支队番禺人民抗日大队大队长。他同政委郑少康、副大队长卢德耀一起，率领部队转战禺南一带，打击敌伪，威震四方。

1944 年 7 月 25 日，禺南部队在离市桥 20 里的植地庄集结，准备袭击敌市桥据点，不料被潜伏在该庄的女汉奸何志英发觉。她冒雨前往市桥日寇警备司令部告密，日寇马上转报驻广州日军司令部。他们调集了一个联队（约 450 人）的日军，连夜从四面包围植地庄。7 月 26 日凌晨，部队经过浴血奋战，击退敌人的多次进攻，打死打伤敌军 70 余人。由于众寡悬殊，为了保全革命力量，正患着疟疾、发着高烧的卫国尧，与郑少康一起率领主力突围。但当他翻越塔沙岗时，不幸胸部中弹，壮烈牺牲，年仅 31 岁。

英烈精神

"国家兴亡，匹夫有责"的救国救民情怀；谦虚谨慎、博学多才的做人品格；立场坚定、组织观念强的党性修养；时刻保持高度的革命警惕，十分注意斗争策略，果断地处理问题的机智勇敢的斗争策略。

（胡提春）

钟若潮（1911—1944）

——一位出色的政工干部，又是一位机智勇敢的指挥员

主要生平

钟若潮，原名计廷，又名李中，广东省梅县人。

- 1911年，出生于一个贫农家庭。
- 1927年，参加暹罗（泰国）工人工余书报社，刻苦学习文化。
- 1931年，回广州一边做工，一边自学。
- 1933年，再次到暹罗，在经济十分困难的情况下，又读了一期国文补习班。
- 1935年，参加"暹罗反帝大同盟"进步组织。
- 1936年，加入暹罗共产党。先后担任过地区的支部书记，负责交通站和理发行业工会的领导工作。
- 1937年7月，参加了暹罗共产党领导的华侨抗日组织，负责理发行业的领导工作。
- 1938年10月，参加香港惠阳青年会回乡救亡工作团。同年底，参加中国共产党。
- 1939年春，参加东江华侨回乡服务团，任增（城）龙（门）队副队长。组织起农抗会、青抗会、妇抗会，办起了三所农民夜校。成立了党总支，

并担任总支书记。同年底，组织了魏友相随军杀敌大队。

- 1940 年，先后担任中共增城县南区区委书记、增（城）从（化）番（禺）沦陷区工作委员会宣传委员等职。同年底，成立何洪川抗日游击基干队，任指导员。

- 1942 年秋，调到广东人民抗日游击总队第三大队黄布中队任政治指导员。同年冬，调任广东人民抗日游击总队独立中队政委。

- 1944 年 4 月，指挥独立中队奇袭东莞水乡芦村。5 月 7 日，在战斗中不幸中弹，时年 33 岁。

投身抗日救亡运动

钟若潮，原名计廷，又名李中。1911年出生于广东省梅县一个贫农家庭。因家境贫困，父母把他卖给邻居做儿子。15岁往暹罗（泰国）谋生，从事理发业。1927年，参加暹罗工人工余书报社，刻苦学习文化。大革命失败后，一些革命青年逃往暹罗，钟若潮结识了其中一些人，开始对共产主义有了认识，17岁已有入党的愿望。为了继续提高文化水平和学习革命理论，1931年回广州一边做工，一边自学。1933年再次到暹罗，在经济十分困难的情况下，又读了一期国文补习班。从1934年开始，他阅读了《大众哲学》《社会学概论》等进步书刊，提高了政治思想觉悟。1935年参加了"暹罗反帝大同盟"进步组织。1936年加入暹罗共产党。先后担任过地区的支部书记，负责交通站和理发行业工会的领导工作。1937年7月，卢沟桥事变爆发后，他参加了暹罗共产党领导的华侨抗日组织，负责理发行业的领导工作。1938年10月，为了抗日救国，他和妻子王丽、弟弟钟育民一起回到香港，同八路军驻香港办事处取得联系，参加了香港惠阳青年会回乡救亡工作团，回到东江敌后，投身抗日救亡运动。1938年底，加入中国共产党。

组织抗日武装

1939年春，东江华侨回乡服务团（简称"东团"）成立后，钟若潮参加了该组织，任增（城）龙（门）队副队长，在增城腊布、竹坑一带开展抗日救亡工作。他率领工作组深入群众，宣传抗日，组织起农抗会、青抗会、妇抗会，办起了三所农民夜校，并以此为阵地，采取唱歌、演戏、讲演等形式宣传抗日救国，很快把抗日救亡运动搞得热火朝天。同年秋天，钟若潮在竹坑、下塘等地，先后发展了张继叔、张达祯、张扬水等13人加入中国共产党，成立了党总支，并担任书记。同年底，他和何洪川、魏友相等一起组织了魏友相随军杀敌大队，下辖三个中队，共200多人枪，先后多次袭击了福和塘尾、官塘等地的日军据点。1940年春，东团被迫停止活动之后，钟若潮和其他同志一起转入地下活动。在增（城）龙（门）博（罗）中心县委的领导下，他带领钟李林、钟景亮等一批同志通过敌人封锁线，深入沦陷区福和一带开展工作，先后担任中共增城县南区区委书记、增（城）从（化）番（禺）沦陷区工作委员会宣传委员等职。他和郭大同、刘志远等在佛子庄、旺村先后举办了党员骨干训练班和游击训练班，发展了30多名党员，培训了近百名游击骨干，并在大坑、大磨、花山、何木岽、佛子庄、竹山岽、油麻山、石迳、禾朗等地建立了党支部，为开展敌后游击战争，建立抗日游击根据地创造了有利条件。1940年底，成立何洪川抗日游击基干队，钟若潮任指导员。1941年春，这支部队转移到福和地区后，以此为基础，成立增从番抗日游击大队，钟若潮任该大队主力中队指导员。

加强党组织思想政治建设

1942年秋到1943年秋，是敌、伪、顽向东江抗日根据地疯狂进犯的一年。国民党一八七师师长张光琼采取"勤剿""穷追""杜绝"的六字方针和"三光"政策向抗日根据地进攻。日、伪、顽频频配合出动，夹击抗日队伍。部伍在三面夹击下，活动地区缩小，仅限于宝太、莞太线两侧和珠江河以东的狭长地带，坚持斗争。这年又逢大旱，惠东宝地区灾情严重，广大群众连番薯稀粥都吃不上，部队给养极其困难，每天只能吃两顿稀粥。在这斗争残酷、生活艰苦的情况下，有些同志看不清前途，情绪波动，甚至有个别战士离队回家。

1942年秋，钟若潮化名李中，调到广东人民抗日游击总队第三大队黄布中队任政治指导员。钟若潮到任后，紧紧团结和依靠党支部一班人，充分发挥党支部的战斗堡垒作用，进行革命形势、革命前途和共产党员先锋模范作用的教育，提出全党做思想工作，每个党员分工团结教育两个群众的要求。他广泛同战士谈心，耐心细致地做好思想工作。

钟若潮言传身教，处处以身作则，起模范带头作用。发鞋，他先发给战士，自己打草鞋穿；行军，他帮助体弱的战士扛枪、背米袋。他对体弱生病的战士非常关心，把饭菜送到伤病战士面前，有时甚至让出自己的粮食给伤病战士吃。战斗，他冲锋在前；平时，他同干部、战士打成一片，把政治思想工作做到干部、战士的心坎里。因此，大家都把他当做自己的贴心人。

由于钟若潮言传身教，部队的干部战士重新树立起战胜困难的信心，巩固了部队，提高了战斗力，胜利地完成大队交给的各项任务。

1942 年冬，钟若潮调任广东人民抗日游击总队独立中队政委。独立中队是起义部队新编的队伍，党员少，甚至连中队长也不是党员。为了提高这支部队的政治素质，他到任后即对部队进行民族气节教育，控诉日本帝国主义侵略中国的罪行，提高起义官兵对抗日的认识，增强对敌、伪的仇恨。同时对部队进行人民军队的优良传统、三大纪律八项注意、官兵关系、军民关系的教育，提高部队的政治思想觉悟，把这支以起义官兵为主的中队，改造成一支坚强的人民抗日武装部队。

机智勇敢的指挥员

钟若潮是一位出色的政工干部，又是一位机智勇敢的指挥员。他到部队之后，先后参加过几十次大小战斗，曾在战斗中负伤。1943 年 7 月初，第五大队黄布中队接受了拔除驻在篁村的伪军三十师八十九团一个连的战斗任务。在制定作战方案时，钟若潮极力争取亲自带领突击排担任突击任务，党支部同意了他的要求。7 月 5 日，突击排在钟若潮的亲自率领下，冲进敌营，不到半个小时，就解决了敌人整个连。在部队装备不良、敌我兵力相当的情况下，创造了部队无一伤亡，全歼敌人一个连的战例。

1944 年 1 月，钟若潮积极响应司令部关于扩大部队和游击区的号召，做好各方面的工作，使他领导的独立中队三个月就发展了 4 倍，游击区亦从东莞的温塘、荫平，扩大到石文附近，并开始打入水乡。4 月，钟若潮亲自指挥独立中队奇袭东莞水乡芦村，第一次突入水乡的心脏地带，一举歼灭伪军刘发如部 40 多人，缴获轻机两挺、步枪 40 多支。芦村战斗的胜利，增加了部队的枪械，震慑了水乡的伪军，扩大了抗日部队对水乡的影响，提高了水乡人民的信心。战后，大队领导表扬钟若潮既是出色的政工干部，又是机智勇敢的指挥员。

掩护东江纵队领导机关安全撤退

1943 年 12 月，东江纵队成立。1944 年 5 月初，东江纵队集中在梅塘整训。纵队领导梁鸿钧、王作尧、杨康华等都在这里，司令部驻在梅塘马山脚下的田心村。5 月 7 日，日军加藤大队和伪军共 400 余人，配有炮兵和骑兵，从樟木头出动，远道奔袭东江纵队司令部驻地。为了保卫民众的利益、掩护领导机关安全撤退，钟若潮受命率领独立中队一个排抢占马山，与敌人开展激烈的战斗，打退敌人多次冲锋，使敌人遭受重大的伤亡和消耗。敌人不甘心失败，用山炮从三面向马山阵地狂轰滥炸，阵地一片火海。有的战士壮烈牺牲，有的战士光荣负伤。泥沙掩盖了战士的身体和武器，机枪也不能正常射击，情况万分危急。然而，钟若潮坚定沉着，指挥战士们从泥沙底下挖出武器，一面排除故障，一面用手榴弹再次打退敌人的进攻，使群众和司令部安全撤退，打破了日军妄图一举消灭东江纵队领导机关的迷梦。

马山战斗打响后，驻长山口的第五大队闻讯，主动从敌侧后投入战斗，向敌人发起攻击。东莞大队一个中队和第三大队两个中队也在梅塘西北面投入战斗，对敌人形成半月形的包围。日军遭部队三面夹击，被围在梅塘山坡上。战斗直至黄昏，敌人两次施放烟幕，狼狈窜逃。这次战斗毙伤日伪军百余人，指挥官加藤逃回樟木头后剖腹自杀。

英勇牺牲

梅塘战斗取得了辉煌的胜利，而钟若潮在指挥战士抗击 10 倍于我的敌人的激战中不幸中弹。当卫生员周洁冰前去抢救他时，钟若潮想到的不是自己的安危，而是司令部的安全。他用微弱而坚定的声音对周洁冰说："要誓死守住阵地，确保司令部的安全！"话刚说完，眼望着前方，心脏就停止了跳动，为革命流尽了最后一滴血。坚守马山的英雄战士亦全部壮烈牺牲。

缅怀英烈

新中国成立后，梅塘人民特地为马山战斗的烈士立下了纪念碑，并在昔日被战火烧得光秃秃的马山上又栽上了青松，以表达老根据地人民对烈士们的无限崇敬和怀念。

"要誓死守住阵地，确保司令部的安全！"

言传身教、以身作则、模范带头为革命的头雁精神；为革命流尽最后一滴血的献身精神。

（黄慰慈）

陈　勃（1922—1945）
——普宁抗日英雄

陈勃，字海寂，乳名宝文，又名于科，广东省普宁县赤水乡人。

- 1922年8月20日，出生。
- 1939年1月，在南侨中学读书。10月上旬，加入中国共产党。
- 1940年暑假，参加党组织的"护校斗争"。8月初，回普宁与黄光武接上组织关系，成立赤水党支部，任书记。9月，被组织调往什石洋小学任教务主任，从事党的秘密工作。同年底，在《青报》出版工作中，负责编版刻写。
- 1941年暑期，到平湖村县委一个活动点，为县委刻印《新消息》报。
- 1943年，应聘到潮阳县沙陇乡华强小学任教务主任。
- 1944年冬末，上大南山司令部，在政治部直属的出版组工作。
- 1945年6月间，从出版组奉命被司令部编入第二支队第一大队任第一中队政治指导员，从搞宣传工作转入参加武装斗争。7月24日，在陇头参加战斗中不幸中弹，身受重伤。7月31日，经多方抢救无效，逝世，时年23岁。

酷爱读书要求进步

陈勃，字海寂，乳名宝文，又名于科，广东省普宁县赤水乡人。1922年8月20日（农历六月二十八日）出生。陈勃的父亲原出身贫穷，经十几年辛苦奋斗，转为小康生活，捐资办学，是赤水乡利群小学董事会董事。

1930年至1936年，陈勃在赤水乡利群小学读书。他学习成绩优良，酷爱读书，除读了许多古典小说外，还喜欢阅读进步书刊，要求进步。

1937年至1938年，陈勃转到流沙文商学校读书。卢沟桥事变后，国难日趋严重，他的爱国思想有所发展。他所住的"达文楼"里，经常有乡中和邻乡进步青年来叙会，谈论国事政局。他家中收藏不少书刊，除自阅外，还将好书借给好友学习。

陈勃与普宁地下党五区区委书记黄光武有亲戚之谊。黄光武经常到"达文楼"做客，谈论政治形势和革命道理。1938年冬，就读于南侨中学的赤水乡陈宇（党员）回来，亦经常到"达文楼"向陈勃兄弟讲解革命道理。

参加党组织的"护校斗争"

1939年1月，陈勃考进了南侨中学读书。该校是由中共潮汕中心县委派人来办的，校内革命思想活跃。陈勃在校里进一步懂得了不少革命道理。同年10月上旬，由班内党员同学詹益庆、陈彬介绍，正式加入中国共产党。

入党后，在党组织领导下，陈勃更积极地工作和学习。他在南侨就读一年半中，连任级会干事。1940年上学期，他被选为全校学生自治会干事，负责宣传工作。后又被选为南侨文专分总支委员。同年暑假，国民党反动当局企图查封南侨中学，陈勃参加了党组织的"护校斗争"，是其中的中坚分子。1940年8月1日，南侨中学还是被国民党反动派强行封闭了。

从事党的秘密工作

1940年8月初，陈勃在党组织的安排下回到家乡普宁，与黄光武接上组织关系，成立赤水党支部。陈勃任书记，支部举行的活动与会议，都在陈勃住处"达文楼"进行。

1940年9月，陈勃被组织调往什石洋小学任教务主任，从事党的秘密工作。他在党内任什石洋特支负责人和马泗总支特派员。这段时间，普宁县委机关移到什石洋，他直接接受县委任务，并且完成得很好，是县委的得力助手。

1940年底，组织决定在石头圩开办"合兴泰"杂粮店，作为开展大南山区工作与隐蔽县委机关活动联系的地点，县委要求党员筹资支持。陈勃接受任务后，说服父亲贷款两万元入股。两年后，"合兴泰"的资金因捐献给党作活动经费用光停业，父亲只好将两亩多稻田卖去偿还贷款。

开展革命宣传工作

1940年底至翌年春，吴健民（少青）住在赤水黄光武兄弟家里，领导《青报》出版工作。陈勃负责编版刻写，他的工作完成得很好。

1941年1月，发生了震动中外的皖南事变。普宁县委决定刻印党中央谴责国民党反动派消极抗日、积极反共制造流血惨案和罪行的重要文件，向各方面散发，并把这一任务交给什石洋特支完成。这项工作必须绝对秘密地进行。陈勃等人白天坚持上课，晚上等人入睡后，就关闭好校门窗户，赶刻中央文件，一连数夜都工作到天亮，终于完成了任务，然后交给交通员送到各地下组织去分发和张贴。

同年暑期，陈勃又接受县委任务，到平湖村县委一个活动点，为县委刻印《新消息》报。这个报是专门转载《新华日报》的消息，然后发给各地党组织学习的。他不辞劳苦，不顾危险，工作认真，任务完成得很好。

陈勃根据党所提任务，还积极编写了许多民众夜校教材和妇女识字班课本，编写宣传爱国主义的剧本和活报剧。他多才多艺，自己是编剧兼导演，也懂潮州音乐弦乐打鼓点，指挥演奏演出，样样都行。还经常深入农村"闲间""乐馆"，同群众一起合奏潮乐，从中进行宣传，提高群众政治觉悟，深受群众欢迎。抗战时期，陈勃改写出第一个剧本《雁门关》，该剧原是田汉的古装剧，借古喻今。陈勃把它改为文明潮州戏，向群众宣传抗日。他还编写过历史剧《岳飞》和抗日现代剧《麒麟寨》《生活泪痕》《第二次世界大战》《打倒德意日法西斯》等，演出时受到群众欢迎。

1942 年 6 月"南委事件"发生后，党组织宣布停止活动，指示党员各自进行隐蔽。陈勃到揭西县和顺乡崩山顶村南侨校友王平（远蒲）夫妇处隐蔽，并利用这段时间勤奋学习，读马列著作和文艺作品。

同年下学期，陈勃与几位党员好友受聘于石桥头逊敏小学，任文专班主任。1943 年上学期，陈勃又应聘到潮阳县沙陇乡华强小学任教务主任。他注意对学生进行思想政治教育，灌输进步思想。不少学生受到他的影响，后来参加到革命队伍中去。

1943 年上半年，潮汕发生了历史罕见的旱灾。是年农历六月，陈勃与一些人自愿组织起来，由他带领前往江西泰和县罗塘村开荒种田，避难求生。他白天与大家一起劳动，晚上还常常在煤油灯下学习至深夜，还带动其他同伴学习。他在江西的日子里虽身处困境，但忧国忧民之志不减，顽强地与环境生活作斗争，盼望着党组织恢复活动的到来。

参加武装斗争

1944 年冬末，陈勃从江西回到家乡后，适逢潮汕党组织批准正式恢复，越春成立潮汕人民抗日游击队，后称韩江纵队。由原赤水支部黄光硕与他接上党组织关系后，同上大南山司令部，安排在政治部直属的出版组工作。至 1945 年 6 月间，他从出版组奉命被司令部编入第二支队第一大队任第一中队政治指导员，从搞宣传工作转入参加武装斗争。

陈勃调任政治指导员后，注意对战士进行思想政治教育，灌输爱国主义和抗日救国道理，提高战士思想水平，增强连队素质和战斗力。他还经常和战士们促膝谈心，亲如兄弟，大家都喜欢他、尊敬他。

7 月 24 日（农历六月十六日），潮汕地区第一个民主政权普宁县流沙区民主政府正式成立，敌军闻讯前来进攻。为了保护这新生政权，三个大队星夜行军抵达陇头乡，迎击进攻之敌。第一大队第一中队由指导员陈勃率领，也于当天拂晓抵达陇头参加战斗。

不幸中弹逝世

陈勃身先士卒英勇作战，但在战斗中不幸中弹，身受重伤。战友们立即将他护送到赵厝寮医治，再转黄竹坑后方医院医疗。历经 7 天，经多方抢救无效，不幸于 7 月 31 日（农历六月二十三日）逝世，年仅 23 岁。

当晚，由二支队长兼政委林川主持，部队为陈勃烈士举行了庄严的追悼仪式，表彰烈士革命事迹，号召同志们学习烈士革命精神，完成烈士未竟的革命事业。

● 英烈精神 ●

不辞劳苦、不顾危险、认真工作的革命奋斗精神；忧国忧民的爱国主义精神。

（陈达民）

陈殿钊（1901—1945）

——新文化教育的推行者

主要生平

陈殿钊，又名陈权、陈铁，广东省高明县人。

- 1901 年 3 月 27 日，出生于一个农村劳动家庭。
- 1925 年，加入中国共产党。
- 1926 年 6 月，调任国民党三水县党部筹备员。
- 1928 年秋，在高明创办高明县立第三小学校，推行新文化教育。
- 1936 年 8 月，建立中共高明县立第三小学校支部，任宣传委员。
- 1945 年 2 月 6 日，壮烈牺牲，时年 44 岁。

钢铁般的革命意志

陈殿钊，又名陈权、陈铁，广东省高明县人，1901 年 3 月 27 日出生于一个农村的劳动家庭，父亲是泥水工，母亲是佃耕农，生活贫苦。陈殿钊自小勤奋，1919 年春，他考入本县东洲高等小学。五四运动爆发后，谭平山、谭植棠和谭天度等不断把一些革命刊物寄回高明母校，在家乡开展共产主义的启蒙教育。当时，东洲高等小学成为反帝反封建的宣传阵地。在革命思潮影响下，年轻的陈殿钊初步确立了爱国为民的思想，并积极参加各种活动。1922 年后，因无力升学，陈殿钊在家乡当了三年小学教师。其间，他广泛接触青年和联系工农大众，进一步坚定了革命信念。

1925 年春，陈殿钊为追求革命真理，奔赴大革命中心广州，并在第四届农民运动讲习所学习。在学时，得本届农讲所主任谭植棠的亲自教诲，并结识了广东省农民协会执委周其鉴。在他们革命思想的熏陶下，陈殿钊进步很快。同年，党派他到广州郊区琶洲从事农民运动，在如火如荼的革命斗争中，他经受了各种考验，加入了中国共产党。其时，他化名"陈铁"，以表示钢铁般的革命意志。

1926 年初，陈殿钊以广东省农民协会西江宣传员身份回到高明，同冯从龙、阮贞元等组织农会、农军，把高明的农运从山区推广到平原，并在运动中培养吸收了一批共产党员，创建了中共高明地方组织。同年 6 月，他与谭毅夫一起调任国民党三水县党部筹备员，担负改组国民党三水县党部和创建中共三水地方党组织的重要任务。

1927 年，蒋介石制造四一二反革命政变，接着广东也发生了四一五反革命政变，大批共产党员和革命群众惨遭杀害。在白色恐怖中，陈殿钊回高明隐蔽，年末应召参加广州起义，失败后又回到高明。由于广东党组织受到严重破坏，陈殿钊在家乡只身隐蔽。

推行新文化教育

1928 年秋，国民党左派陈汝棠在共产党人陈勉恕的影响下，借工作之便，回高明创办高明县立第三小学校（简称"三小"），推行新文化教育。

陈殿钊以旺盛的政治热情，积极协助陈汝棠奔走联系，筹办三小。由于陈汝棠公务缠身，办校工作实际落在陈殿钊身上。他利用陈汝棠的地位和影响，争取了有关人士的支持，使三小在短短的半年中建成开学。他把自己执教的广益学校的学生全部转入三小就读。陈殿钊同陈汝棠亲自聘请的陈此生等教师一起，自编革命教材，向学生积极灌输民主革命思想。1930 年夏，由陈殿钊亲自培育出来的三小首届毕业生，响应陈汝棠号召，除少数升学外，大多数到农村小学任教。他们在群众中大力推行新文化，宣传新思想，破除迷信，提倡男女平等和婚姻自由，提倡女子剪辫和上学读书等，成为一支反对封建、提倡民主的骨干力量。

同年，陈殿钊随陈此生到东莞县石龙中学任图书管理员兼史地教师。1931 年春，为有利于革命活动，陈殿钊考入广东省立江村师范高中部深造。1932 年秋又考上广西省立师范专科学校。

1934 年夏，陈勉恕派李守纯到高明三小开展重建党组织活动。陈殿钊也从广西师专毕业重回三小，任教导主任兼史地教师。此时三小成立了"力社"组织。陈殿钊积极协助李守纯整顿"力社"，把抗日救亡活动从学校推向社会，深入农村，在高明、高要、新兴、鹤山四县边界建立起一批分社。他还选编和自编教材，通过中国近代史和社会发展史课程，在学生中进行爱国主义教育。

1936 年 8 月，陈勉恕、李守纯和陈殿钊在"力社"的进步师生中先后吸收了 6 名共产党员，建立了中共高明县立第三小学校支部。这是恢复时期西江地区重建的第一个中共党支部，李守纯任书记，陈殿钊任宣传委员。同年 10 月，陈勉恕经请示中共南方临时工作委员会同意，以三小支部为基础，逐步向西江一带乃至广西扩展党的组织。其时，中共西江工作委员会成立。李守纯被派往广西活动后，刘曼凡为书记，陈殿钊为宣传委员。陈殿钊作为高明和西江党的负责干部之一，为恢复党组织做了大量工作。

开展"护校斗争"

1937 年春，三小和"力社"的革命活动引起了土豪劣绅和国民党高明当局的仇视。派遣所属第一集团军梁公福部林伟涛营包围三小，扬言要逮捕陈勉恕和陈殿钊等人，并下令解散"力社"，强行撤去三小名誉校长陈汝棠和全体进步教师的职务。反动派的倒行逆施，激起了三小师生和爱国民众的义愤。陈殿钊、刘曼凡等因势利导，组织和领导全校师生，在社会各界人士支持下，开展了"护校斗争"，鼓舞了革命群众，打击了反动当局，在西江一带引起了强烈震动。经过两个多月针锋相对的斗争，反动当局慑于群情，终于作出了让步，同意任爱国民主人士李家球为校长，复聘原来的进步教师。"护校斗争"的胜利，保卫了三小这个革命阵地。此后，三小的革命活动更为活跃，至解放战争时期，先后有300多名学生参加了革命，被誉为高明的"革命摇篮"。

1937年春夏间，党派陈殿钊到怀集县中学任政治教导员，继续担负为党培养革命骨干的任务。同年7月，抗日战争全面爆发。1938年10月，广州沦陷，战争形势更趋严峻。党为了陈殿钊的安全，把他调往广西，先后在恒县中学、邕宁县国民中学任教，在广西地方建设干部学校和宜山区干部训练班任政治教导员。1941年，在蒋介石掀起的第二次反共高潮中，广西反动当局到处搜捕共产党员和爱国民主人士。由于被国民党特务追捕，陈殿钊于1943年春又从广西回到高明。他在地下党领导下，以乡村教师为职业掩护，继续组织民众开展抗日斗争。

1944年10月，党领导高明人民举行了一场威震南粤的武装起义（史称"倒钟运动"）。陈殿钊是组织者之一。同年12月，高明第一个抗日民主政权——高明县第二区人民行政委员会成立，陈殿钊当选副主席（副区长）。此后，他担负起根据地建设的重任，带领全区人民同日本侵略者和国民党顽固派斗争。为了配合游击队进行反"扫荡"，他在第二区各乡村组织民兵中队，进行军训，准备随时打击敌顽。

·············◦ 壮烈牺牲 ◦·············

1945年2月6日，陈殿钊随广东人民抗日解放军第三团一部到鹤山县宅梧旱冲村活动，被国民党反动军队包围。在激烈的战斗中，陈殿钊于旱冲后山壮烈牺牲，为党和人民的壮丽事业献出了宝贵生命。

> **英烈精神**
>
> 不顾个人安危，坚持革命工作的革命大无畏精神。

（李林泉　区志强）

陈铭炎（1911—1945）

—— 全身心投入抗日救亡运动

主要生平

陈铭炎，广东省合浦县人。

- 1911 年，出生于一户有钱人家。
- 1935 年，响应一二九运动，投身抗日救亡运动。
- 1936 年，毕业于中山大学。同年，加入中国共产党。
- 1937 年，卢沟桥事变后，与坪山小学教师黎柏枢（党员）、黎孟持（党员）等组成抗日战争时期坪山地区最早的一个党小组，任小组长。
- 1938 年 10 月底，中共惠宝工作委员会正式成立，任委员。不久，兼任坪山中心区委书记
- 1939 年 7 月，任惠阳县委宣传部部长。
- 1940 年春，任东莞县委书记。
- 1941 年 5、6 月间，成功营救清塘区委书记黄万顺。
- 1944 年秋，任东江前线特委组织部部长。不久，主持整风学习班。
- 1945 年 8 月 8 日，任江南地委委员。8 月 15 日，途经东莞境内的清溪三峰十二崛时，不幸遇难，时年 34 岁。

加入中国共产党

陈铭炎，1911年出生于广东省合浦县豪屋村多背塘的一户有钱人家。父亲是有名的中医，与国民党广东省高级官员陈铭枢同宗亲。他父亲一心想儿子"光宗耀祖"，因此，陈铭炎在家乡读了几年私塾后，就将他送到广州读书，直到大学，并委托陈铭枢"多加照顾"。

可是，陈铭炎却没有按照父亲的"意旨"去做。他在学校里，认识了曾生等进步同学。1935年12月，当北平爱国学生掀起一二九运动后，他和曾生立即响应，即和同学们一道，走上街头，振臂高呼"打倒日本帝国主义！""停止内战，一致对外！"的口号，积极投身到抗日救亡运动中去。1936年，陈铭炎毕业于中山大学。同年，加入中国共产党。

投身抗日救亡运动

陈铭炎大学毕业后，有一天，陈铭枢特地找陈铭炎谈话，说要聘他到某县当县长。但陈铭炎婉言谢绝了陈铭枢的"好意"，又继续投身到抗日救亡运动的洪流中去。

卢沟桥事变后，抗日战争全面爆发。经曾生介绍，陈铭炎到惠阳县坪山小学以教书的职业为掩护，与同校老师黎柏枢（党员）、黎孟持（党员）等组成抗日战争时期坪山地区最早的一个党小组，陈铭炎任小组长。他以学校为阵地，组织附近乡村的教师成立教师联谊会，白天教书，晚上办夜校，学时事、学文化、教唱歌，组织剧团，排练活报剧；圩日，则利用群众赶集的机会，上演《放下你的鞭子》《东洋鬼子》等活报剧，还从中发展一批教师入党。在这期间，陈铭炎主编了一份抗日救亡的刊物，定名为《坪潮》，他们自编自印，每期印数达200份，一连出版了10多期，发行到坪山一带乡村，积极宣传抗日救国保家乡，对唤醒民众起来抗日，起到了很好的作用。

1938年10月，日寇在大亚湾登陆后，曾生率工作组到达坪山。同月底，召开了工作组扩大会议，正式成立中共惠宝工作委员会，曾生任书记，陈铭炎等9人为委员。不久，又成立中共坪山区委，陈铭炎兼任坪山区委书记，并和曾生一起组建惠宝人民抗日游击队和做好国民党驻军的统战工作。1939

年 7 月，地方党组织和部队的党组织分开。黄宇任惠阳县委书记，陈铭炎任宣传部部长。这时，他深入坪（山）龙（岗）地区，发动群众，支援部队，为抗日救国做了不少有益的工作。

1940 年春，国民党顽固派制造了反共摩擦。东江地区的国民党顽固派亦不甘落后，他们别有用心地限制抗日部队的活动，企图以"集训"为名，阴谋对曾（生）王（作尧）部队下毒手，妄图一网打尽中共领导的人民抗日武装力量。这时，曾、王部队被迫东移。就在这"黑云压城城欲摧"之际，陈铭炎奉命到东莞任县委书记。7 月间，他与县委接上关系后，意识到：在外患内忧中，如果没有一个坚强的党组织，就不可能把各方面力量组织起来，更谈不上领导群众，战胜逆流，夺取抗日战争的胜利。因此，在县委会议上，他响亮地提出：响应党中央号召，加强党的建设，带领东莞党组织走"坚持抗战，反对投降；坚持团结，反对分裂；坚持进步，反对倒退"的道路。会后，县委各领导人即分头去传达、贯彻。不久，就接到东江特委的通知，知道曾、王部队遵照党中央五八指示，即将重返东宝抗日前线的消息。这时，陈铭炎即赴东莞大岭山，和大岭山区委一起发动群众，做好部队重返大岭山的一切准备工作。

10 月，当曾生率领广东人民抗日游击队第三大队挺进大岭山时，受到了大岭山群众的热烈欢迎。他们争先恐后地为部队烧水煮饭，并热情地腾出房子，清洁住地，使部队倍感温暖。11 月，东莞黄潭抗日战斗取得胜利后，部队威望日益提高。陈铭炎又抓紧有利时机，发动群众参加抗日部队。一时间，出现了父送子、母送儿、妹送哥的参军热潮。除此之外，群众还想方设法地为部队送粮食、送子弹、送药物。

举办党训班

为加强党的建设，陈铭炎又先后在牛牯岭、锦涡、温塘、厚街等地举办党训班。他在学习班亲自上"党的建设"课，教育党员"好比一颗红色的种子，要富于生命力，播到哪里，就在哪里生根、结果"。并以红军长征的故事和瞿秋白等烈士的英勇事迹教育党员，勉励大家"要经得起严峻斗争的考验，在任何情况下，都要做一个坚贞不屈的共产党人"。学习班联系实际，开展批评与自我批评，办得生动活泼，为各地培训了一批党员骨干。至 1941

年，全县党员人数已发展至 500 多人，很好地打开了东莞党建工作的局面。

开展交通情报工作

陈铭炎十分重视交通情报工作。在反共逆流中，龟缩在广九线上石马乡的国民党东莞、宝安两个县的党、政、军头目也在蠢蠢欲动，他们秉承国民党东江当局顽固派香翰屏的意旨，虎视眈眈，伺机捕杀共产党人。为粉碎国民党顽固派的反共阴谋，陈铭炎决心在东莞进一步办好在国民党眼皮下的石马"赠产所"和石鼓"爱群医社"两个情报点，并和早已打入国民党塘厦区署的共产党员罗涛取得联系；又把国民党第七纵队邓琦昌司令部的上尉译电员温巩章争取过来（后发展为共产党员），沟通了国民党第七纵队邓琦昌司令部—国民党塘厦区署—石马赠产所—石鼓爱群医社—清塘区委—县委和部队的联系。陈铭炎常说："交通情报工作是一项特殊的工作，它比明枪明刀在战场上和敌人较量更加艰巨。"同时，语重心长地启发战斗在"无形战线"上的同志，"要在特殊的环境中学会特殊的战斗！"陈铭炎就是这样，通过这些渠道，有效地领导着东莞党组织的工作。

爱护党组织

在特殊的战斗中，陈铭炎处处爱护党组织，关心着每一位党员同志，1941 年 5、6 月间，清塘区委书记黄万顺不幸被捕。他接到情报后，即赶到清塘区去，亲自与县委组织部部长黄树佳研究，想方设法把黄万顺营救出来，并把他转到大岭山去。1942 年冬天，宝安大队后方办事处主任张作铭叛变，此人了解打入敌人内部当警长的罗涛的情况。陈铭炎接情报后，立即通知清塘区委，帮助罗涛撤出，然后，又把罗涛安排到水乡教书。

1942 年 5 月，粤北省委被破坏。为防患于未然，东莞县委根据上级指示，划分为一、二线。这时，陈铭炎负责二线县委的工作。1943 年 4 月，一、二线县委又重新合并，改为特派员制，陈铭炎为特派员。在敌、伪、顽的包围中，他组织大家认真地学习党中央"隐蔽精干，长期埋伏，积蓄力量，以待时机"的指示。首先碰到的问题是：县委的领导人以什么样合法的身份掩蔽下来？陈铭炎根据东莞地区农村普遍有土榨蔗糖的习惯，就以蔗糖商人的身份出现。他努力熟悉农业生产知识，后来对有关蔗糖方面的"生意经"也练得朗朗上口。大多数的基层领导人则以教师、小贩、商人或医生的身份掩蔽下来。陈铭炎还根据水乡土匪多，各据一方，与敌伪顽互相勾结的情况，派出一批地下党员打入伪乡村政权里去当乡长、村长或保长、甲长，他经常教育大家说："这样做，一方面，是使我们较好地隐蔽下来；另一方面，又使我们取得合法的身份。目的是为了更有效地开展工作，更好地打击敌人，而不是消极地停止活动。"

保持艰苦奋斗的工作作风

在艰难的岁月里，陈铭炎处处保持艰苦奋斗的工作作风。夏天，他穿一身土布衫；冬天，披上一件旧棉衣；雨季，带上一把黑布伞，出发时，还经常赤着脚走路。

1943年，他发现温塘这个点有可疑情况，为避免不必要的损失，便及时转到水乡古屋村掩蔽。到古屋村后，由于天大旱，发生大饥荒，生活条件更艰苦了。他坚持和群众同甘共苦，一起吃番薯、喝粥水、食野菜。为了度过灾荒，陈铭炎领导全县各级党组织行动起来，带领群众进行生产自救，种下了一批旱地作物和秋收作物。

就在这艰难的岁月里，陈铭炎把一批自己翻印的学习文件送到基层党组织去，为各地党员输送了战胜困难的精神食粮。在此期间，部队弹药缺乏，陈铭炎以糖业商人的身份出现，领导水乡地方党的同志，秘密地把一万多发子弹藏在糖缸里，运往大岭山区，有力地支援部队袭击敌伪，并粉碎敌人号称的"万人大扫荡"！

加强党的建设

1943年12月，东江纵队宣告成立。1944年春天，广东省临委指示各地党组织恢复活动。此时，陈铭炎立即召开各地党组织负责人会议，学习上级的指示。他号召各级党组织，在新的形势面前，必须因势利导，对全县党员开展形势教育，加强党的建设。大力开展群众运动，配合部队，狠狠地打击敌人，夺取抗日战争的最后胜利！

1944 年秋，东江前线特委恢复，黄宇任书记，陈铭炎任组织部部长，郑重为宣传部部长。不久，特委在宝安沙鱼涌举办为期三个月的整风学习班，参加学习班的学员都是县级干部，学习班由黄宇、陈铭炎等主持。这次学习采取了理论联系实际、批评与自我批评、总结经验的方法，达到党内思想上和政治上的一致，对东江地区夺取抗日战争的最后胜利起到了很好的作用。

1945 年 7 月，陈铭炎出席了广东省临委在博罗县罗浮山冲虚观召开的干部扩大会议，听取了党的第七次代表大会决议和各项报告的传达。在党的"放手发动群众，壮大人民力量，在我党领导下，打败日本侵略者，解放全国人民，建立一个新民主主义的中国"政治路线的鼓舞下，陈铭炎决心加倍努力，为党多做工作。会后，他受特委的委托，在惠阳沙坑、新圩继续开办党员干部训练班，培训东江地区区级以上的党员干部，为东江党组织夺取抗日战争的最后胜利做好思想上和组织上的准备。

不幸牺牲

1945 年 8 月 8 日，江南地委成立，陈铭炎为江南地委委员。8 月 15 日，他在新圩从电台里收到日本无条件投降的消息，心情无限激动，一心想尽快把这一胜利喜讯传达给东莞党组织，好让同志们分享这一胜利成果的喜悦。于是，他连夜带了两个交通员到东莞去，途经东莞境内的清溪三峰十二崛时，不幸遇难，牺牲时年仅 34 岁。

英烈语录

"（党员）好比一颗红色的种子，要富于生命力，播到哪里，就在哪里生根、结果。"

"要经得起严峻斗争的考验，在任何情况下，都要做一个坚贞不屈的共产党人。"

"交通情报工作是一项特殊的工作，它比明枪明刀在战场上和敌人较量更加艰巨。"

"要在特殊的环境中学会特殊的战斗！"

艰苦朴素、密切联系群众、与群众同甘共苦的工作作风；坚贞不屈、为革命奋斗不息的革命精神。

（岑诒立）

陈卓霖（1921—1945）

—— 愿洒一腔血，正气留人间

陈卓霖，原名陈秀英，又名陈露明，原籍广东省南海县。

- 1921 年，出生于香港的一个破落商人家庭。
- 1939 年，参加香港长洲回国服务团，走进抗日救亡行列。
- 1940 年，加入中国共产党。
- 1941—1943 年，先后调到吴川育英小学、信宜全渠塘小学、吴川县上杭小学工作，开展秘密革命活动。
- 1944 年农历十一月三十日，参加南路抗日游击队武装起义。
- 1945 年农历二月，不幸被捕，随后被杀害，时年 24 岁。

回祖国参加革命运动

陈卓霖，原名陈秀英，又名陈露明，原籍广东省南海县。1921年2月出生于香港一个破落商人家庭，不久，父母亲相继去世，靠祖母抚养长大。初中毕业后，因家庭经济每况愈下，不能继续升学，进了文化补习班夜校。由于社会现实的教育和进步老师的影响，她开始不满殖民主义的统治。1937年卢沟桥事变爆发，抗日救亡浪潮震撼着香港每一个不愿做亡国奴的中华儿女。为了挽救民族危亡，1939年初，陈卓霖毅然参加了香港长洲回国服务团，走进了抗日救亡行列。

回国之后，她被分配到高州分界圩服务队工作。她抱着一股革命热情，日夜奔跑于分界圩与樟木塘之间，深入到群众中，演唱抗日救亡歌曲和表演文艺节目，宣传抗日救亡运动的伟大意义，鼓舞广大群众的抗日热情。

开展妇女解放运动

1940年夏，国民党顽固派掀起了反共逆流。学生队、服务团相继解散。在困难的时刻，陈卓霖革命的信念更加坚定。此时，她光荣地加入中国共产党，并根据党的需要，到博铺小学当教师。她除了教文化课，还积极开展革命宣传活动。首先她抓住了当地妇女受苦最深、受压迫最重的特点，给她们讲抗日根据地妇女当家作主、男女平等的新人新事，激发妇女对抗日根据地的向往，对封建社会的憎恨。还利用课余时间带领女学生走出校门调查研究，使大家看到妇女除和男子同样受三座大山的压迫之外，还要受三从四德的封建枷锁的束缚，不少妇女就是死在吃人的封建礼教上。她鼓动女学生和村里的姐妹们团结起来，反对旧礼教和封建道德。并教育大家，只有依靠共产党的领导，推翻旧世界，建立新世界，妇女才能获得彻底的解放。当时村中的一个妇女，因受家庭旧礼教束缚而自杀了，死者娘家要吃"人命"，人们用封建的眼光指责死者。面对这种情况，陈卓霖挺身而出，驳斥了一些人的错误观点和行为，平息了这场风波，教育了群众。陈卓霖发动女学生剪辫子。女学生曾肃竹的母亲发现女儿剪了辫子后，不准女儿回家，陈卓霖即深入到曾家，启发、引导曾肃竹的母亲认识自己这样对待女儿的不对。此后，许多女学生也把长辫剪掉，表示要和封建礼教决裂，争取妇女的平等自由。陈卓霖进一步向学生讲社会阶级斗争史，宣传共产党团结抗日的主张，描绘社会主义、共产主义的美好前景，引导他们树立反帝反封建的民主救国思想和共产主义人生观，使不少学生走上了革命道路。

革命的种子

陈卓霖是一颗革命的种子，党把她撒到哪里，她就在哪里生根、发芽、开花、结果。1941年她调到吴川育英小学，1942年又调到信宜全渠塘小学，1943年又调到吴川县上杭小学，无论到哪一所学校，她都坚持革命活动。她的职业有两个，一个是公开的教师工作，另一个是不公开的革命工作。作为一个革命者，她最关心穷人的疾苦，经常到穷人家里访贫问苦。上杭村有个小孩名叫易显志，是个瘸子，因为家穷，读不起书。陈卓霖了解到这一情况后，与她的爱人（也是上杭小学教师）一起做学校领导的工作，安排易显志到学校边打钟边读书，免费上学。总之，她和群众心贴心，学生和群众都愿意接近她。她宣传的革命道理群众最容易接受。就是这样，她把学生和群众紧紧地团结在党的周围，壮大了革命力量。

不幸被捕，英勇牺牲

1944年农历十一月三十日夜，陈卓霖参加了南路抗日游击队武装起义之后，奉命留守吴川。她的任务是：既要找到隐蔽的地方，进行革命活动，又要帮助其他同志克服困难。那时候她正带着一个刚满三个月的小女孩，还得照顾即将临产的张平。当时，吴梅地区已经举行武装起义了，而梅菉镇仍被敌人顽固统治着，戒备森严，一片白色恐怖。在这种情况下，张平内心感到苦闷。陈卓霖便耐心鼓励她："要面对现实，从实际出发，进行不同方式的斗争，黑夜过去就是白天，拿枪是斗争，现在隐蔽也是斗争。"在她的影响下，张平决心克服困难，待生下小孩再上前线去。后来，经过周密研究，找到梅菉万安街三号门牌的住房隐蔽下来。陈卓霖慷慨地把自己的东西变卖掉来照顾她。1945年春，国民党匪军对吴梅地区大肆"围剿"，日夜封村截路，四处搜捕革命同志。农历二月，陈卓霖不幸被捕，敌人把她们母女一起关押在下圩关帝庙里。她把身上仅有的200元纸币撕碎，不肯给匪兵抢去。并怒斥仇敌："我把它撕烂，也不喂养你们这班狗豺狼。"敌人逼她供出党的机密，她缄口不言。敌人用种种酷刑折磨她，把她折磨得鲜血淋漓，死去活来。敌人拷问这个女共产党员的吼声，像恶狼嗥叫，飞出监狱，传到圩中居民耳里，揪人心肺，催人泪下，激起人们对敌人的满腔仇恨。陈卓霖面对酷刑的折磨和死亡的威胁，毫无畏惧。她懂得人的生命只有一次，但她更懂得人生的意义，革命者绝不贪生怕死！愿洒一腔血，正气留人间。敌人从她嘴里得不到半点东西，气得咬牙切齿。行刑之前，陈卓霖面无惧色，慷慨陈词："狗匪军，要杀就杀，怕死就不当共产党！杀得了陈卓霖，杀不绝共产党人！"

陈卓霖壮烈牺牲了，年仅24岁。凶残的敌人把她嗷嗷待哺的婴孩丢弃在烈士的遗体旁，准备活活饿死。当天晚上，好心的群众冒着生命危险，把婴儿偷出来抚养。这位烈士的后代在党的哺育下，成了一名光荣的共产党员。

英烈语录

"要面对现实，从实际出发，进行不同方式的斗争，黑夜过去就是白天，拿枪是斗争，现在隐蔽也是斗争。"

"狗匪军，要杀就杀，怕死就不当共产党！杀得了陈卓霖，杀不绝共产党人！"

英烈精神

面对酷刑的折磨和死亡的威胁，毫无畏惧、坚守信念，不向恶势力低头，"愿洒一腔血，正气留人间"的革命奉献精神。

（李瑞琼　陈惠兰）

陈自愿（1929—1945）

—— 舍生取义的抗日游击队小交通员

主要生平

陈自愿，广东省揭西县京溪园镇大岭下村人。

- 1929 年，出生于一个贫苦农民家庭。
- 1945 年春，参加游击队，被编入潮汕人民抗日游击队独立大队。8 月，参与崩塘山战斗并帮助伤员撤离被捕。9 月 18 日牺牲，时年 16 岁。

接受革命启蒙

陈自愿，广东省揭西县京溪园镇大岭下村人。1929年出生于一个贫苦农民家庭，有兄弟四人，他排行最小。由于家庭贫困和社会动荡，他只读了四年书。1944年，揭阳县地下党负责人之一的陈权，在大岭下小学以教书作掩护，开展抗日救亡宣传，秘密进行革命活动。陈自愿就在这所小学读书。他学习认真，品学兼优，还喜欢听老师讲抗日斗争故事，积极参加学校组织的军事训练和唱抗日歌曲。革命思想的启迪，使他逐步懂得共产党唤起民众、团结抗战、打败日本侵略者的道理。他决心与千千万万的热血青年一起，投身到抗日救亡洪流中去。

软硬兼施参加游击队

1944年冬至1945年春，日本侵略者向潮汕腹地进攻，相继占领了揭阳、普宁、惠来等县城和大片土地。国民党当局不战而逃，人民群众惨遭日军蹂躏。就在这时，潮汕党组织恢复活动，同时决定开展武装斗争。在林美南、曾广的领导下，揭阳县的三区、五区成立了一支人民抗日游击队。二三月之交，公开成立了潮汕人民抗日游击队，7月下旬改称为广东人民抗日游击队韩江纵队。抗日游击队成立后，积极开展敌后游击活动，接连打了几场胜仗，鼓舞了人民抗日斗争的信心。潮汕各地党组织号召进步青年参加抗日游击队，并且要求入伍的人员有钱带钱、有枪带枪。许多青年带钱、带枪入伍。此时，16岁的陈自愿，与本村小伙子陈雅、陈新本一起商量，准备参加抗日游击队。一天晚上，三人都写了留言条，说是到福建读书，他们将字条放在家中米缸里，便悄悄地离开家乡，三更半夜来到地下党联络站——小溪村陈国寿家里，要求参加抗日游击队。在昏暗的煤油灯下，陈国寿仔细地打量着三个小青年，说他们年龄还小，部队生活艰苦，再三劝说他们回去。这可使他们都急坏了，陈自愿哭着说："你不同意，我就不走。"此情此景，使陈国寿深受感动，只好暂时把他们藏在家中的木棚上住了三天。后经地下党组织研究，同意接收他们入伍，并由陈权带领他们到大南山找到游击队。

胸怀大义，机警过人

入伍后，陈自愿被编入潮汕人民抗日游击队独立大队。他年纪虽小，但很机警，领导便安排他担任通讯员兼卫生员。在紧张艰苦的战斗生活中，他经常不分昼夜，顶风冒雨，独自送信。有时路途远，领导给他一点吃饭钱，他总舍不得花。在执行任务中，表现得机智勇敢，胆大心细。有一次，在送一个重要军事情报的途中，碰上敌人。他沉着镇定，发现附近草地上有许多人在放牛，便灵机一动，随手在路边抓一把青藤，当做牛鞭，大声呼喊，装成找牛的样子。就这样，他巧妙地瞒过敌人，顺利地把情报送到目的地。

1945 年 7 月，潮汕人民抗日游击队独立大队改编为韩江纵队第三支队，开往大北山一带活动，在灰寨、五经富一带接连打了几场胜仗，引起国民党顽固派惶恐不安。同年 8 月，国民党一八六师以一个营的兵力进攻游击队，发生了崩塘山战斗（今属京溪园镇）。敌军以优势兵力向部队扑来，激战三个多小时，第三支队杀伤一部分敌军，并缴枪 10 多支，部队亦有 10 多人负伤。当时，游击队没有后方医院，又缺医少药，伤员只能在战斗结束后，分散在当地群众家里治疗，部队留下个别护理人员照顾。陈自愿是当地人，领导决定把他留下来护理两位重伤员。部队转移时，把两位伤员安置在甲溪乡后田坷庵堂里。陈自愿和伤员住在一起，每天为伤员做饭、换药、洗衣服，体贴入微。由于部队生活艰苦，药物紧缺，一段时间后，伤员的伤势还不见好转。时值盛夏，伤员急需服用些清凉解暑食物。陈自愿便到京溪园圩买了药物，还到老乡家找些麦生、番薯粉，即往后田坷庵堂送去。就在他大步流星地往前走时，突然前面响起了枪声。他心中猛然一震，想到山里的伤员，拔腿就跑。刚刚爬上山坳，见一群敌兵正朝后田坷庵堂搜索，在这万分危急之际，他脑子里闪过一个念头：就算牺牲自己，也要保证伤员的安全。他当机立断，拔出手枪，朝着敌军开火。敌军慌了一阵后，发现只有一个人在开枪，便朝着他扑来。陈自愿边跑边回头向敌射击，把敌人引向与后田坷庵堂相反的方向，最后弹尽，陈自愿不幸被捕。敌军回头继续向后田坷庵堂扑去，但是，刚才的枪声已给伤员示了警，在山上割草的农民帮助下，伤员迅速转移了。敌军进庵搜查扑了空，便把陈自愿捆在石柱上毒打。陈自愿虽然身陷危境，但见伤员已脱险，内心感到无比的高兴。

不屈不挠，惨遭杀害

陈自愿被敌人押回驻地后，敌军以为他只是个孩子，容易对付，随即对他进行恫吓审问。面对凶恶之敌，他镇定自若。尽管敌人百般拷问，他的回答只有一句话："不知道。"敌人气得暴跳如雷。后来，敌人用铁线穿透陈自愿的掌心，将其押往汤坑一八六师监狱。

陈自愿被关在师部监狱里。敌人获悉他是抗日游击队的交通员，一定了解党组织许多领导人和接头地点等情况。他们见硬的不行便来软的，把陈自愿从又臭又暗的监房提出来，安置在明亮舒适的房间里，派专人护理，并给他改善伙食。敌军官还假惺惺地说，只要讲出游击队与地下党组织的联络网点与人员，便可释放他，要当兵可当兵，不当兵给回家路费。敌人要尽一切花招，都丝毫没有动摇陈自愿坚强的革命意志。他无情地揭穿敌人的阴谋诡计，严词痛斥国民党反动派不抗日、打内战的罪恶行径。敌人见软的办法失效，就又凶相毕露，对陈自愿施以非人酷刑。陈自愿忍受着非人的折磨，横下一条心，为了打败日本侵略者，为了革命的胜利，就是死了也心甘。

国民党顽固派对陈自愿折磨了一个多月，结果还是一无所得。面对这位铁骨铮铮的游击队员，敌人束手无策。最后，这些丧尽人性的野兽，竟把他16岁的年龄改为18岁，1945年9月18日，年仅16岁的陈自愿被残忍地杀害了。

英烈精神

面对敌人的威逼利诱丝毫没有动摇，大义凛然、坚贞不屈的革命精神；宁可牺牲自己，也要保证伤员安全的革命献身精神和大无畏精神。

（陈美清）

杜　福（1923—1945）

—— 不顾安危，身先士卒

杜福，原名国康，曾用名达生，广东省南海县白沙村人。

- 1923 年 5 月，出生于一个小土地出租者家庭。
- 1938 年 10 月，随表哥去澳门谋生。
- 1939 年，投身革命。
- 1940 年，加入中国共产党。
- 1944 年，在南山大队第二中队任副指导员。
- 1945 年 8 月，为掩护部队撤离牺牲，时年 22 岁。

杜福，原名国康，曾用名达生，广东省南海县白沙村人。1923 年 5 月出生于一个小土地出租者家庭。有兄弟姐妹 6 人，他排行第五。

投身到抗日救国斗争中去

杜福在本村小学毕业后，因家境困难而辍学。但他是个勤奋好学的少年，辍学期间除做家务、打球锻炼身体外，还经常阅读鲁迅、茅盾、巴金等人的小说和《读书生活》杂志等进步书刊，受到新思想的启蒙教育。

1937 年卢沟桥事变爆发。1938 年 10 月，南海县沦陷。年仅 15 岁的杜福，为了减轻家庭的经济负担，随表哥去澳门谋生，在一所小学做校役。在这里，他目睹了殖民地社会的腐败，加深了对旧社会的认识和痛恨。加上当时祖国正处在被日本帝国主义侵略的危难之中，更激发起他的爱国热忱。因此，杜福于 1939 年下半年离开澳门，返回内地，决心投身到伟大的抗日救国斗争中去。

杜福回到内地，找到在国民党第七战区第四挺进纵队做地下工作的哥哥杜国彪（中共党员），要求参加抗日工作。经地下党组织同意，杜福被安排到第四挺进纵队的政工队工作。从此，杜福踏上了新的革命征途。

在政工队里，杜福的文化水平虽然低，但热情肯干，积极学习，主动参加抄写标语、演话剧等宣传活动，深入农村发动群众。有一次，他参加话剧演出，由于另一个演员在演出前没有认真检查道具，演出中这个演员举枪向他射击时，将枪膛内的一颗子弹射出，子弹从他头上擦过，差点造成伤亡。事后，有人说太危险了，劝他不要再演戏。杜福回答说："这是一次偶然的事故，今后大家注意就可以避免，我不能因此而退缩。"他婉拒别人的劝告，继续参加演剧宣传。在战争时期，部队生活是艰苦的，加上国民党军队的腐败，经常克扣战士的钱粮，致使部队有段时间吃的是被水浸过的发霉发臭的粮食，很难下咽。面对这艰苦生活，为了搞好抗日宣传，他仍然是满腔热情地坚持下去，没有被困难吓倒。杜福在党组织的培养教育下，政治觉悟不断提高，工作进步很快，经过一段时间的锻炼和考验，于 1940 年初由杜路介绍，加入了中国共产党。

此时，国民党反动派掀起的反共逆流已经波及第四挺进纵队。这个部队的中共地下党组织按照有理、有利、有节的原则，进行了反逆流的斗争。由于不断同反动派作斗争，杜路与杜国彪先后暴露，被国民党特务注意，他们分别于1941年和1942年5月撤离部队。当时，杜福的处境是比较危险的，因为部队里很多人都知道他和杜路、杜国彪是同村人。杜国彪离开部队前问杜福："我们要分手了，你要留下来，怎么样？"杜福回答："服从党组织的决定，坚持到底。"后来，杜福在党组织领导下，严守党的纪律，团结群众，积极工作，一直坚持到1942年下半年。最后，由于部队要全面清理政工人员，他接到党组织的决定，才与其他同志最后撤走，完成了党交给的任务。

勤学肯干，不断提高

杜福离开政工队后，曾在四会县隐蔽。不久，党组织安排他去清远县龙颈小学任教，改名杜达生，从事党的秘密工作。他当时负责教五、六年级，既无教学经验，文化水平又不高，困难是不少的。但杜福坚持边学边教，向有经验的教师学习，工作积极负责，因而取得了师生的信任，站稳了脚跟。1943年下半年，因工作需要，党组织调他到英德县水口乡任小学教师。

1944年夏，侵入华南的日军北上、西进，配合南下日军企图打通粤汉线、湘桂线，广东面临全面沦陷的危险。中共广东省临委和军政委员会按照党中央指示，决定全面恢复和加强各地党组织的活动，放手发动群众，开展抗日游击战争，号召共产党员参加武装斗争，粉碎日军的战略部署。为此，中共北江特委于同年11月抽调一批地下党员到珠江纵队学习军事，准备以后回北江开展武装斗争。当时杜福是这批党员之一，他被分配到南三大队（1945年1月改称为"独立第三大队"），初时在小队任政治服务员，后任第二中队副指导员。

身患重病仍掩护部队撤离

1945年8月下旬，独立第三大队奉命挺进粤北。那时，杜福正患痢疾，身体很弱，仍坚持带病跟随部队北上。9月20日，部队行至曲江县小坑区上洞乡刀背埂时，与前来堵截的国民党军队第一八七师的两个营相遇。双方立即抢占山头，独立第三大队从刀背埂上山向龙头山方向突围，敌军从大埂上山向部队扫射，战斗很激烈。杜福不顾自己安危，登上刀背埂岗顶架起机枪向敌军还击，掩护部队撤走，正当他完成任务准备撤出战斗时，不幸被敌军子弹击中头部，为革命献出了宝贵的生命，年仅22岁。

英烈精神

严守党的纪律，团结群众、积极工作的工作作风；勤奋好学的进取精神；英勇战斗、不顾自己安危的革命斗争精神。

（何学辉）

黄柏远（1926—1945）

—— 为了抗日的胜利，甘愿抛头颅洒热血

主要生平

黄柏远，乳名黄德远，广东省阳山县原附城乡黄屋村人。

● 1926 年，出生于一个农民家庭。

● 1944 年，参加党开设的武装抗日军事课程。

● 1945 年，牺牲，时年 19 岁。

"为了抗日的胜利，甘愿抛头颅洒热血！"这是黄柏远烈士的誓言，也是他短暂一生的写照。

黄柏远，乳名黄德远，广东省阳山县原附城乡黄屋村人。1926年出生于一个农民家庭。他8岁时开始在本村附近的铁古庙宏远阁蒙馆读书，一年后在铁古庙小学就读，读完4年再转到附城城南小学。小学期间，他勤劳俭朴，课余时间经常参加生产劳动。他读书勤奋刻苦，成绩超群，是学校的优秀生、班上的佼佼者。1942年投考阳山中学简易师范班时，以第三名的优秀成绩被录取。

为了抗日的胜利，甘愿抛头颅洒热血

黄柏远的整个读书时期，正处在艰苦的抗战年代。1938年，广州沦陷，日军的飞机到处狂轰滥炸，地处偏僻山区的阳山城亦难免其害。从沦陷区逃到阳山的骨肉同胞，川流不息，扶老携幼，哭哭啼啼；老的骨瘦如柴，幼的疥疮满身，皮黄脸肿。这些惨状，黄柏远都历历在目，从而激起他对日军残暴罪行的无比愤怒，燃起了对日军和反动统治阶级的刻骨仇恨。他决心勤奋读书，学好本领，长大了去参加反帝反封建的斗争，为劳苦大众解除苦难。

黄柏远在阳中读书期间，开始接受中国共产党的思想教育，形成了革命的思想基础。当时，阳中校长、中共阳中支部书记卢炽辉和进步老师们，对黄柏远这批年轻的学生进行了爱国主义和抗日救亡的教育，发动大家团结起来，采取多种形式参加抗日救亡活动。如成立抗日宣传队、演剧队、歌咏队、墙报组、绘画组，组织读书会、文学评论会、演讲会等，引导广大师生参加革命斗争和抗日救亡工作。黄柏远积极参加抗日救亡工作和学校组织的各种活动。与此同时，他还在一些革命同志和先进教师的引导下，如饥似渴地阅读了《新华日报》以及鲁迅、郭沫若、巴金这些进步作家的小说、诗歌、杂文等进步书刊，写了很多读书心得。一次，在读书会上听了进步教师李学基讲抗日游击队英勇杀敌，八路军、新四军在抗日战场的辉煌战绩，收复大片河山，建立起抗日革命根据地的英雄事迹，他心情非常激动，当即在笔记本上写下"为了抗日的胜利，甘愿抛头颅洒热血"的誓言以自勉。

到抗日前线去杀敌

黄柏远参加抗日宣传活动十分活跃，经常和同学们演唱抗日救亡歌曲、排练话剧。节假日在县城公演，有时还下到农村去演出，向社会各界广大民众宣传抗日救亡。一次，学校进行戏剧比赛，他所在的简易师范班演出的剧目是《毒药》，内容是妹妹把当汉奸的哥哥用毒药毒死。演出结束后，他对着饰演"妹妹"的同学称赞说："中国人应该有这样的正义思想和决心，大义灭亲，演得好，很有教育意义。"

1944年夏，日军企图打通粤汉线，向英德、清远、韶关等地发动疯狂进攻，英德、清远等地相继失陷，阳山也岌岌可危。面对日军疯狂进攻的严峻形势，阳中广大革命师生在党支部带领下，决定把平时的班级改为连队体制，开设武装抗日的军事课程，实行军训。黄柏远坚决执行学校的决定，表示："国家兴亡，匹夫有责，决心到抗日前线去杀敌。"

1945年春节过后，黄柏远在阳中党支部的动员和组织下，离开了自己的家庭，告别了母校和家乡，踏上抗日救国的征途，参加了东江纵队，实现了"到抗日前线去杀敌"的誓言。他在东江纵队第四期青干班训练结束后，被派到税站工作。

"要我写悔过书，除非太阳从西边升起！"

不久，黄柏远接上级命令随队挺进粤北，途中突遭国民党军队的伏击，不幸被捕。为了不给亲友增添麻烦，他隐瞒了自己的真名实姓和籍贯，改名为李旭辉，自称连县人。当局决定把他押回连县。在押解途中，国民党兵用皮鞭打他，他毫不畏惧地大声质问："抗日救国有何罪？抓我打我，有什么理由？""你们不抗日，还大量杀害抗日爱国志士，你们是日本汉奸走狗，是卖国贼，是人民的罪人，国家的罪人！革命人民会惩罚你们的，你们的末日就快到来了！"国民党兵听后恼羞成怒，皮带、枪托像雨点般落到了他的身上，打得他红一块紫一块，但他咬紧牙关顽强地挺住了敌人的毒打。

押解路经阳山县城时，国民党阳山县政府发现他是阳中的学生，才知他是阳山人，于是就通知他的父母和亲人去劝他写悔过书。他启发教育亲人：

"我们的事业是正义的，我没有罪，不要上他们的当。不要为我伤心，要勇敢地挺起胸膛，我们的事业一定能成功，抗战必然会胜利！"他抱定"宁为玉碎，不为瓦全"的决心，怒斥敌人无耻，并向敌人一再声明："要我写悔过书，除非太阳从西边升起！"

当黄柏远被押解路过阳山县小江乡时，校友唐慎典见到他衣衫褴褛，全身沾满血渍，心痛难忍，随即把身上仅有的一点钱交给押解的士兵，要求允许与黄柏远接近谈话，给予黄柏远换衣洗澡的方便。黄柏远痛恨社会的残酷黑暗，劝唐慎典奔向革命，参加抗日斗争。后来，唐慎典目睹国民党政府的腐败无能，在革命思想的影响下，于1947年参加了曲英乳人民义勇大队，成为一位无产阶级先锋战士，还为革命流尽了最后一滴血。

-------◆ **英勇牺牲** ◆-------

黄柏远被国民党军押解到连县监狱后，在狱中遭到敌人的严刑拷打，但他宁死不屈，坚持开展斗争。他的亲人为营救他出狱，千方百计筹集了一万多斤稻谷，送到连县有关当局，要求释放黄柏远。然而，惨无人道的当局，极尽阴险狡诈之能事，一面收受钱财，一面施用残酷的电刑，竟把黄柏远杀害于狱中。年仅19岁的黄柏远，为抗日救国和革命事业献出了年轻的生命。

◆ **英烈语录** ◆

"为了抗日的胜利，甘愿抛头颅洒热血！"

"国家兴亡，匹夫有责，决心到抗日前线去杀敌。"

"我们的事业是正义的，我们的事业一定能成功，抗战必然会胜利！"

"要我写悔过书，除非太阳从西边升起！"

坚信革命事业必胜的革命乐观主义精神；坚贞不屈、大义凛然的革命精神。

（李锦川）

黄仕聪（1914—1945）

——广东人民抗日解放军第三团团长

主要生平

黄仕聪，又名黄波，号绍宗，广东省高明县更楼镇平塘村人。

- 1914 年 8 月 9 日，出生于一个农民家庭。
- 1933 年夏，加入"力社"。
- 1936 年 8 月，加入中国共产党。12 月，指挥"倒谭护校"斗争。
- 1938 年春，在明城地区领导青年群众开展抗日救亡活动，发展抗日武装。
- 1939 年冬，担任中共更楼区委书记。
- 1942 年下半年，发动和组织更楼地区的农民群众进行抗租斗争。
- 1944 年 10 月 16 日，担任"倒钟委员会"联防大队副大队长。10 月 23 日下午，被推举为攻城总指挥，准备攻打县城。11 月 10 日，任高明县人民抗日游击队第三大队大队长。
- 1945 年 1 月，任广东人民抗日解放军第三团团长。5 月 11 日，率领三团痛歼水带的伪自卫队，又攻取鹤城。11 月 4 日，不幸被捕。12 月 13 日，惨遭敌人毒手，英勇就义，时年 31 岁。

参加中国共产党

黄仕聪，又名黄波，号绍宗，广东省高明县更楼镇平塘村人。1914年8月9日出生于一个农民家庭，有兄弟二人，他为老大，少时聪明好学，喜欢结交朋友。

1931年，黄仕聪到高明县合水镇的县立第三小学校（简称"三小"）读书。这所学校由著名进步知识分子陈汝棠创办，聘请了一批思想进步、热心新文化教育事业的青年知识分子及一部分秘密共产党员任教。这些进步教师实施新的教育制度，向学生传播民主主义、爱国主义思想，进行共产主义思想的启蒙，并组织学生开展反封建势力的斗争。黄仕聪在学期间，受到该校进步教师的影响和教育，逐步认识了一些革命道理。

1933年夏，黄仕聪三小毕业，正好此时陈汝棠在高明县合水地区发起组织"力社"，招收失学青年，一边进行垦荒生产，一边进行自学。在三小秘密共产党员教师陈儒森、李守纯的帮助下，"力社"到农村组织青年农民学文化，进行反帝反封建和抗日救国的宣传教育，成为合水地区一个进步青年群众组织。黄仕聪参加了"力社"并活跃在合水周围的广大地区，成为这场抗日救亡运动的积极宣传者和组织者。

"力社"在反帝反封建和抗日救亡运动中，涌现了一批积极分子。1936年8月，陈儒森和李守纯从这些积极分子中培养和发展了一批共产党员，黄仕聪就在此时加入了中国共产党。

指挥"倒谭护校"斗争

1936年12月，高明县反动政府为达到扑灭三小革命火焰，解散"力社"，破坏合水地区革命运动的目的，撤去了陈汝棠校长之职，由反动文人谭研因接任，并解聘了一批进步教师。为挫败反动当局的阴谋，中共三小支部领导师生开展了"倒谭护校"斗争。黄仕聪是这场斗争的指挥者之一。1937年3月12日，三小学生罢课，上街张贴标语，散发传单，高呼"打倒谭研因"的口号。合水圩警察所出动警察抓捕了5名学生，撕掉了墙上的标语。于是，群情激愤。第二天早上，黄仕聪率领数百名学生、群众上街示威游行，把合水圩警察所团团围住。警察所被迫释放了抓来的全部学生，并烧鞭炮向学生认错。为赶走反动校长，三小党支部又领导师生组织请愿团，向西江督察专员公署和高明县政府请愿。前往西江督察专员公署的请愿队伍，由黄仕聪和廖安领队。经过两个多月的反复斗争，高明县政府被迫下令撤去谭研因校长职务，同意委派陈汝棠的好友、进步人士李家球接任。

发展抗日武装

1937年七七事变后，中共三小支部领导师生、群众进一步在农村开展抗日救亡运动。黄仕聪与其他几名党员组织了"乳狮醒狮团""沧江话剧社"和"轰轰体育团"，深入全县各地宣传演出，揭露日本帝国主义侵略中国的罪行，号召人民群众积极投身抗日救亡运动。同时，黄仕聪他们还组织师生利用假日串亲戚、访朋友等形式，以及到农村上夜课，讲抗日救国道理。1938年春，高明县民众抗日自卫统率委员会成立，黄仕聪在党组织的安排下，参加了其中的工作。他利用这一合法身份，在明城地区领导青年群众开展抗日救亡活动，发展抗日武装。

组织农民抗租斗争

1939年间，黄仕聪参加了由中共高明县委在小洞、平塘举办的两期党员训练班，学习国际共产主义运动史和抗日游击战争的战略战术。是年冬，黄仕聪担任中共更楼区委书记，随即被派往党领导的东江抗日游击区，参加为期半年的干训班。在受训期间，他不但学到了军事知识，而且经受了艰苦的游击战争锻炼和考验。

1942年下半年，黄仕聪发动和组织更楼地区的农民群众进行抗租斗争。这场斗争持续了三年，并取得了胜利。更楼地区有800多亩公尝田，多为小洞、平塘的农民租种。1942年秋收前，把持公尝田主权的地主劣绅向佃户提出地租"三改"，即把原来临田议租、上门收租、交湿租谷改为定租、送租、交干租谷，并声称"抗租者夺佃耕权"。为保护农民利益，黄仕聪秘密召开耕农会议，发动农民起来抗租。黄仕聪和陈定（共产党员）被平塘、小洞的佃农推选为代表，负责与地主劣绅交涉。有一次，黄仕聪只身来到更楼安太乡公所，与地主劣绅代表曾襄廷以及高明县政府派来的稽征处主任姚某进行说理斗争。姚某理屈词穷，恼羞成怒，当场喝令捆绑黄仕聪。黄仕聪毫不畏惧，拔枪对抗，吓退了兵丁，一面从容地退出乡公所，一面大声声明："三改是地主的三改，耕仔坚决不执行！"在说理说法斗争的同时，黄仕聪发动佃农采取推、拖、延、误的办法，使地主劣绅的田租"三改"始终未能得逞，更楼地区的农民坚持了三年不交租。

指挥明城起义

1944 年 7 月中旬，日军进抵鹤山，逼近高明。高明县长钟岐闻讯，连夜沿沧江上游逃遁。日军从高明撤走后，钟岐回到县城，逼令各地农民交回其逃跑时丢下的枪支、稻谷，并要求巨款赔偿"损失"，同时派军队实行"清乡""清奸"，激起了民愤。高明地下党决定因势利导，深入发动群众，组织武装起义，攻打县城，推翻钟岐的反动统治。黄仕聪和黄之锦、陈励生等共产党员马上深入各村，向群众宣传形势，揭露钟岐阴谋，并通过各种社会关系，团结争取一切可以团结的力量，组成"倒钟"统一战线。10 月 16 日，高明县地下党秘密策划组建了由各方面代表参加的"倒钟委员会"（公开名称叫"高明县二区联防委员会"），并成立了联防大队，黄仕聪担任副大队长。

"倒钟委员会"成立后，高明县地下党张贴声讨钟岐十大罪状的布告和宣传标语，展开强大的政治攻势。为扫清攻打县城的障碍，黄仕聪、罗敏聪等又奉命率领平塘和小洞等村的农民武装，于 10 月 23 日零时突袭更楼圩警察所，随后，黄仕聪又派出武装人员在沧江瑶村下游河面截击了钟岐准备接济敌伪的 6 艘运粮船，缴获船上全部大米。

10 月 23 日下午，高明县一、二、三区的起义武装农民以及刚回到人民怀抱的原国民党江防掩护大队水雷队官兵，共 3000 余人集合在高明新圩，准备攻打县城。黄仕聪被推举为攻城总指挥。10 月 24 日早上 8 时许，各路起义队伍向明城进发，沿途群众纷纷加入起义行列，汇成了一支万人起义大军，进至明城外围后，分四路围攻明城。

黄仕聪率领的一路队伍，在白鹤村前的开阔地带经过激战后，开始涉水过河，突然遭到埋伏在对岸竹林里的敌人机枪扫射，冲在前面的几名民兵中弹负伤。黄仕聪见状，马上命令土炮队还击。只听得"轰隆"几声巨响，敌方的机枪被炸哑了。霎时，黄仕聪率队强行渡河登岸，迅速冲进竹林，击溃了敌人，乘胜冲向县城。与此同时，其余三路起义大军也冲过了沧江，向县城发起总攻击。

24日下午2时，部分起义队伍冲入县城，钟岐见大势已去，在300余喽啰簇拥下仓皇逃命。下午5时，起义军在县城文昌塔下胜利会师，放火烧毁了县政府的征丁册、田赋册，并打开监狱，救出了被关在里面的几十名同志和群众。

10月25日凌晨，起义军再次兴师讨伐龟缩在乌石岗一带的钟岐残敌，骑在高明人民头上多年的反动县长钟岐彻底垮台了。

任广东人民抗日解放军第三团团长

明城起义后，高明县开展抗日游击战争的条件和时机已经成熟。1944年11月10日，高明县人民抗日游击队第三大队成立，黄仕聪任大队长，郑锦波任政委。1945年1月，这支游击队改编为广东人民抗日解放军第三团，团长黄仕聪，政委郑锦波（后陈旺）。

黄仕聪十分爱护这支新建的部队，经常从家里取出钱物接济部队。1944年冬，部队给养发生困难，他毫不犹豫地抱了家里养的六头肉猪和一窝小猪卖掉换成钱，再加上300斤大米，一起送给部队。他十分关心战士。在一次战斗中，有个战士负了伤，他背着这个战士摸黑爬过了两座山峰，安全转移。有一年冬天，一个受伤的战士棉被单薄，黄仕聪把自己仅有的一条毛毡剪成两半，分了一半给他。

在日伪发动第二期"万人扫荡"前夕，第三团接受了外线出击的任务。1945年4月，第三团和独立营从明城松木塘远途奔袭高要县白土圩反共自卫队梁恩部。全歼该部后，第三团开到西江羚羊峡边，袭击日军运输船。黄仕聪亲自到峡口观察地形，布置了几里长的伏击圈。当日军一条运输船从上游顺流而下时，黄仕聪指挥第三团指战员用机枪、步枪一齐瞄准开火，敌船中弹逃窜，在高要县金利附近的河面沉没。这次袭击敌船，给日军在西江的交通线以很大的威胁。此时，日顽因为后方受到部队主力的袭扰，急忙收兵退出根据地。黄仕聪率领第三团抓住这个机会回师根据地，向敌顽打了个"回马枪"。他们在第二团和独立营的配合下，于5月11日痛歼水带的伪自卫队，又攻取鹤城，并向新会杀过去，再次有力地发展了外线作战，使敌顽对高明根据地的"扫荡"计划落了空。

5月间，顽军又组织几个县的力量，对广东人民抗日解放军形成包围之势，同时派出主力对部队衔尾追击。第二、第三团和独立营在狮山与顽军一五八师四七三团进行了激烈战斗，冲出重围。第三团转移到老香山根据地后，面临着与司令部失去联系、弹少粮缺的重重困难。由于团政委在突围中牺牲，领导全团的重担就落在黄仕聪一人身上。在老香山坚持的那段艰苦日子里，黄仕聪与战士们同甘苦、共患难。粮食没有了，黄仕聪就带领战士们上山下坑摘野果采野菜充饥。

日本投降后，国民党反动派又挑起了内战。1945年10月，老香山根据地被敌人重重包围封锁，黄仕聪带领第三团指战员离开老香山，与第二团会师，向云雾山根据地转移。

不幸被捕，英勇就义

当时，黄仕聪患了肝炎和脚疾，不能随部队长途行军打仗，经组织批准，他带领几个手枪组员从新兴县南路集成撤向高明县。1945年11月3日晚，黄仕聪在新兴东城与其他同志失去联系，第二天早上，不幸在新兴森村被当地反动自卫队捉住，押送驻在该村附近的国民党一五六师，再被转解往江门国民党六十四军军部。

六十四军军长亲自出马审讯黄仕聪，先用软的一套企图使他屈服，又是请坐，又是端茶递烟，还要与他"谈谈话"。黄仕聪不买他的账，挺胸而立说："你们要杀就杀，要斩就斩，还有什么好谈的！"敌军长又劝黄仕聪将部下解甲归田，黄仕聪坚决地回答："不要妄想！我们绝不会放下武器，让你们杀害更多的人民！"接着，黄仕聪又以事实揭露国民党反动派反共反人民、独吞抗战胜利果实的罪恶，当场把敌军长骂得狼狈不堪。敌军长见软的不行，又使出硬的一套，令手下把黄仕聪押到后房吊起来，并亲手挥舞皮鞭狠狠地朝黄仕聪脸上抽打。黄仕聪被打得满面鲜血直流，染红了半身破烂衣服，却毫不屈服地说："狗贼，告诉你，共产党员的意志是打不掉的，你杀到手软也杀不尽，全国人民最后一定会把你们消灭干净！"敌人毒打完后，又用电刑把黄仕聪电得昏迷了过去。

敌人见黄仕聪不屈服，又使出卑鄙的手段，以黄仕聪的名义，伪造了一封自白书，登在江门国民党的报纸上，以为这样便可动摇黄仕聪的革命意志。但敌人这一手又失策了，黄仕聪仍然没有屈服。

1945年12月13日，敌人终于向黄仕聪下毒手了。在被押往刑场的路上，黄仕聪昂首挺胸，神色凛然，沿途高唱《国际歌》《义勇军进行曲》，高呼"打倒国民党反动派""中国共产党万岁""毛主席万岁"等口号，群众见状，无不叹息流泪。

1945年，黄仕聪英勇就义时，年仅31岁。

• 英烈语录 •

"三改是地主的三改，耕仔坚决不执行！"

"不要妄想！我们绝不会放下武器，让你们杀害更多的人民！"

"共产党员的意志是打不掉的。"

• 英烈精神 •

坚贞不屈、舍生取义、绝不向敌人屈服的大无畏精神；关心群众、爱护部下、不计个人得失的革命领导风范。

（陈立平）

江尚尧（1918—1945）

——年轻能干的好领导

江尚尧，原姓薛，名运林，别号弼珊，广东省五华县转水三塘人。

- 1937 年，考入五华中学就读。

- 1939 年春，加入中国共产党。不久，担任初中部党的小组长、党支部委员。同时组织了读书会，在校内出版了《火线》墙报，广泛发动师生，一致奋起拯救国家和民族。

- 1941 年春，被党组织调到大田石灰坝教书，开展抗日宣传工作。同年 12 月，任河源县副特派员。

- 1942 年 5 月，接任河源县特派员。

- 1945 年 9 月，返回黄村恢复党的组织，担任中共河源县委书记，兼中共后东特委机关报《星火报》的编辑。10 月 30 日上午，被伪乡长黄茹吉的马弁黄鬼头杀害，时年 27 岁。

江尚尧，原姓薛，名运林，别号弼珊，广东省五华县转水三塘人。1918年出生。父亲是个造船工人，小时家境贫寒，江尚尧读了几年小学之后，便到梅县当了理发工人。

加入中国共产党

1936年秋，在亲友的资助下继续升学，入五华中学读初中。只读了半年，因父亲病故而辍学。教过半年书后又在邻村的专科班读书，1937年再考入五华中学就读直至1939年底。在这期间受到进步老师的影响，思想进步很快，1939年春他在学校加入中国共产党。不久，担任初中部党的小组长、党支部委员。

引导先进青年走向革命

江尚尧在五华中学是初中部的高才生之一，各科成绩优良。他待人非常热情、诚恳。虽然他家里也很拮据，但总是尽力帮助那些生活有困难的同学，特别是外县来的进步同学，无钱无粮他想办法支持，无书无纸他出面代借。他善于联系人、团结人。课余，他常跟要求进步的同学到校外散步谈心，用简洁明快的语言启发对方的觉悟。月夜，校园的山坡上树影幢幢，他把进步书刊送到先进青年的手里，或者跟他们漫谈读书心得，把他们引向革命的行列。

开展抗日救亡运动

1939年春，广东青年的抗日救亡运动搞得轰轰烈烈。江尚尧等一批五华中学的共产党员、进步学生也在中共五华县委的领导下，在学校附近的"沛安楼"小店里组织了读书会，印发毛泽东的《论新阶段》等著作。大家互相传阅进步书刊和各种宣传抗日救国的传单，讨论国家、民族大事，研究党的抗日主张。为了扩大宣传，他们还在校内出版了"火线"墙报，广泛发动师生，一致奋起拯救国家和民族。江尚尧是墙报的三个编辑之一，常在深夜微弱的油灯光下写稿、改稿和战友们讨论出版计划。他们还在师生中提倡

"赤足运动"，带头脱掉鞋袜，为抗日救国，赤足任教，赤足上学。校园内外，抗日救亡运动搞得热火朝天。

但是，反动校长曾祥朋（转水长源人）一贯推行蒋介石的卖国投降政策，极力阻挠和破坏群众抗日救亡运动。他把进步书刊统统收缴封存起来，把外地寄来宣传抗日的传单统统截收下来，送交国民党五华县党部，不准师生们阅读。又以"赤足运动搞赤化"为由，宣布开除江尚尧等三个共产党员学生的学籍。于是江尚尧所在的秋三班领头罢课，反对学校当局无理开除学生和破坏抗日救国运动，得到全校师生的响应。慑于广大师生的威力，加之进步教师从中调处，反动校长不得不收回成命。

广州沦陷以后，国民党军队和政府机关人员纷纷逃向内地，居民被迫疏散，学校被迫搬迁。暑假，反动校长曾祥朋为了找本家做靠山，乘机以县城遭日机轰炸不安全为由，企图将五华中学搬到他的家乡去，遭到广大师生和社会人士的坚决反对。这时，江尚尧虽然初中毕业了，但仍然参与了这一斗争，挫败了反动校长的阴谋，使斗争又一次取得了胜利。五华中学虽然已搬到了练溪埔，但不久又搬回了华城。

1939年下学期，曾祥朋为了巩固他的地位，向国民党顽固派表忠，居然不择手段，强迫师生加入反动党团组织，推行法西斯奴化教育，无理处罚进步学生，企图镇压爱国学生运动，又一次激起了广大师生的义愤。江尚尧等已经毕业的共产党员学生隐蔽在校外，和在校的共产党员一起，按照中共东江特委青委的指示，领导发动了驱逐反动校长的学潮，实行全面罢课，得到了全县各中学广大师生的响应和支持。曾祥朋再次出示布告，开除了17名学生（其中有11名共产党员）的学籍。师生们在江尚尧等共产党员的带领下，每人配备木棍一根，武装起来，撕掉布告，捣毁了校部，然后拉起队伍，冲进县政府去请愿，要求撤掉曾祥朋的校长职务。国民党五华县党部书记长、县长吓得躲起来。师生们走上街头，示威游行，揭发反动校长迫害学生的罪行，终于把曾祥朋赶下台。

1940年春，蒋介石掀起了反共高潮，因而许多抗日团体被强令解散，江尚尧等4名共产党员被安排到五华横陂区夏阜乡螺峰小学教书，江尚尧化名为薛尚彬。年方22岁的江尚尧，英姿勃勃，满腔热情，毫无先生架子。他热心与附近农民交朋友。他教学时认真负责，还在课余教学生唱《义勇军进行曲》等抗日歌曲，用通俗浅显的语言给学生们宣传抗日救国的道理。他像磁石吸铁一样，把学生们吸引在自己身边。

1941 年春，他被党组织调到大田石灰坝教书，同样以高度的热情，开展抗日宣传工作。一次，他利用打醮（农村一种迷信活动）的机会，组织学生搞火炬巡行，由一个学生化装成汪精卫抬着纸糊的"日寇大脚"，另一个学生边讲解边领呼口号，生动形象地揭露了国民党投降派的卖国嘴脸。1941 年 1 月，党组织在学校发展了一批党员，成立了学校党支部，江尚尧任支部书记。不久江尚尧被调到河源黄村板仓小学，以教书为职业掩护，担任中共河源县委宣传部部长。在板仓地下党员黄义中家里，他主持举办了一期党支部书记训练班。由于他关心和爱护学生，善于联系群众，很快就取得了学生和群众的信任。又由于他个性活跃，多才多艺，能写会唱，善于引用和自编山歌民谣来揭露日军侵略的罪行，因而在群众中享有很高的威信。他的工作非常繁忙，白天在学校教书，晚上还深入到群众中，找党员、贫苦农民谈心，每半个月左右还要分别找下属各区委负责人听取汇报和研究工作，把上级党委和县委的指示贯彻到基层去。他对当地的社会情况和党员、群众的思想状况了解得很细致，掌握得很具体，并能提出恰如其分的指导意见。他的生活艰苦俭朴，低微的教学收入大多用于支援没有公开职业的地下党员，而自己每餐几乎都是青菜饭。不管到了哪里，男女老少都亲切地争着称呼他"江先生"，党内同志都称赞他是一个年轻能干的好领导。

开展革命活动

1941 年 12 月，由于蒋介石顽固推行反共政策，党组织不得不更加隐蔽起来，河源县委制改为特派员制，实行单线联系。江尚尧任河源县副特派员。1942 年 5 月，中共粤北省委遭敌人破坏，县特派员调离河源，由江尚尧接任。为了更好地贯彻周恩来"勤学、勤职、勤交友"的指示，江尚尧具体布置了党员在停止组织活动期间要写好上层人物的"传略"，用意是要对上层人物的各种政治表现记录清楚，以便将来采取不同的政策策略，对他们做好统战工作。年底，江尚尧按照党的指示，转移到外地去隐蔽。在离开之前，他仍然坚持做好留在当地隐蔽的党员的思想工作，谆谆嘱咐他们"要像一本书，保存得很好，莫被虫蛀坏了""要绝对坚定，绝不屈服，绝不叛党投敌，绝不悲观失望，绝对保守党的机密，绝对不要今天是同志，将来再见是敌人"。然后与下属区的特派员约好来信的暗语，便化名"薛觉琳"，依依不舍地离开了黄村。

离开以后，他从梅县来过两封信给叶潭区特派员，说是"物价飞涨，境遇不佳"。不久，又从南雄来了信给黄村区副特派员。其实，他这一时期，是由党组织介绍，辗转到了和平县，用"薛学文"的化名，考进在党领导下的由宋庆龄以及国际友人艾黎和斯诺倡议创办的"中国工业合作协会和平事务所"（简称"工合"）属下的南雄培黎会计训练班。半年后派到和平县"工合"联合社，先任会计，后任指导员，一年后他和妻子康燕芬一起被派到梅县"工合"指导站任指导员。在掩护同志、筹集经费支援革命、培养抗战人才等方面都发挥了很好的作用。

领导恢复河源党组织

1945年9月，抗日战争刚刚结束，江尚尧即奉上级党组织的指示，立即返回黄村恢复党的组织，担任了中共河源县委书记，兼中共后东特委机关报《星火报》的编辑。他仍是白天以教书为掩护，晚上奔走于黄村、叶潭各地，深入调查了解党员们在停止组织活动期间的表现情况，迅速恢复了永新、板仓等地党的基层组织。

遇敌被害

1945年10月30日上午，江尚尧在永秀塘召开县委会议之后，在板仓把一叠《星火报》扎成小包袱，背在肩上，化装成商人，前往叶潭儒步。路经双头圩时，被反动乡长黄茹吉的马弁黄鬼头杀害，年仅27岁。

英烈语录

"要绝对坚定，绝不屈服，绝不叛党投敌，绝不悲观失望，绝对保守党的机密，绝对不要今天是同志，将来再见是敌人。"

　　艰苦俭朴、密切联系群众的工作作风，对革命充满高度热情的革命乐观主义精神。

（卓佛坤　黄顺兴）

赖德林（1909—1945）

> —— 我们不要玷污这面光荣的党旗，要永远跟红
> 旗走

主要生平

赖德林，广东省清远县回澜区庙仔岗人。

- 1909 年，出生于一个贫农家庭。
- 1925 年，参加农会，继而参加农民自卫军的常备大队，不久即被提拔为农军小队长。
- 1927 年 4 月，带领所在农军与各县农军、铁路工人组成北上工农革命军。5 月 1 日由韶关北上，到达武汉后改编为第十三军的补充团。其后，其所在军队作为总预备队直接参加八一南昌起义。12 月，参加广州起义。
- 1945 年 5 月，壮烈牺牲，时年 36 岁。

参加农会和农民自卫军

赖德林，1909 年出生在清远县回澜区庙仔岗的一个贫农家庭，父亲赖华灿一贯在乡耕田，生活艰苦。赖德林从小性格倔强，有正义感。

1925 年，清远县的农民运动风起云涌，各地农民不甘受封建地主、土豪劣绅的压榨，纷纷组织起来斗争，年仅 16 岁的赖德林首批报名参加了农会，继而参加农民自卫军的常备大队。由于作战勇敢，不久即被提拔为农军小队长。

随军北上

1927 年 4 月，国民党反动派在上海、广州发动反革命政变。根据上级指示，清远农军 280 人，由叶文龙、赖松柏带队集结韶关，与各县农军、铁路工人共 1200 人组成北上工农革命军，于 5 月 1 日由韶关北上。历时一个半月，经郴州、衡阳、耒阳、长沙到达武汉，改编为国民革命军第十三军补充团。

赖德林在行军途中服从指挥，严守纪律，发扬阶级友爱精神，为体弱的战友背行李、持枪。有个发烧的同志走路困难，赖德林便背着他行军一整天。正当这支农军向北挺进时，长沙发生了马日事变，湖南军阀派兵截击，农军被迫退到山上。

当时粮食供应困难，农军有时一天只能吃上一顿粥。为了解决这一困难，领导派赖德林和谭平亚等 7 人到衡阳购买粮食。他们在千方百计搞到1000 公斤大米的同时，还侦查得知敌人要围攻北上工农革命军。于是赖德林果断提出，由谭平亚扮作商人，雇船押运大米回部队，他自己则带其余 5 个同志连夜回去报信，部队得讯后立即从耒阳退入山区，避免了一场可能遭受的损失。

参加革命起义

1927 年 7 月 15 日，武汉国民政府的汪精卫叛变，陈嘉佑也向右转。叶文龙、赖松柏等率领的工农武装被迫放下武器。之后，他们受党的指示，乘船到达南昌，作为总预备队直接参加了震惊中外的八一南昌起义。

8月3日，起义部队撤出南昌，赖德林随军经临川、广昌、瑞金到达会昌。在会昌城外八里路的山头攻击战中，他首先冲上山头，缴获敌人的机枪，与冲上来的战友一起，全俘守敌一个排。赖德林在瑞金部队召开的祝捷大会上宣誓参加中国共产党。

赖德林随起义部队南下到潮汕地区时，在一次战斗中曾不幸落入敌手，后乘夜间敌人不备，奋勇夺枪逃脱。然后转回汕头，由组织转送到香港。

1927年12月，赖德林从香港回到广州，参加了震惊中外的广州起义。三天后起义失败，赖德林回到清远参加了由赖松柏率领的游击队，在秦皇山一带开展游击活动。他在一次战斗中，手部和臂部负了伤，农军被冲散。赖德林无法在清远隐蔽治疗，只好辗转到香港。伤愈后，他又随赖松柏等人回到广州，在沙河瘦狗岭的石场做工。由于叛徒出卖，赖松柏被捕，赖德林逃往南海西樵，在那里种桑养鱼。

恢复党籍，投身救亡运动

大革命失败后，不少革命志士被杀害或入狱，有的被迫逃到异乡隐蔽。赖德林也先后在南海西樵、香港、广州等地做工，暗中寻找党组织。1936年他回到庙仔岗家乡务农，等候组织来人联系。

1938年10月，广州沦陷，清远成为抗日前线。1939年冬，中共清花工委的黎定中（白头黎）走遍全县各地恢复党组织活动，他通过大革命时期的老党员黄俊廉带路找到了赖德林。不久，经中共北江特委批准，县委恢复了赖德林的党籍。他有如失散的孤儿找到了爹娘那样高兴，此后积极投身抗日救亡运动。

1941年初，中共北江特委在清远庙仔岗举办第二期党员干部训练班，学员都是北江各县的县区以上党员领导骨干，由北江特委副书记兼宣传部部长邓楚白兼班主任。赖德林虽然不是办训练班的领导人员，也不是学员，但他以东道主的身份，为办好这个学习班付出了艰辛的汗水。赖德林和父亲以及村中群众日日夜夜守卫着学员的住地，保证了同志们的安全。全体学员的食宿和医药都由赖德林一手操办。更令人感动的是在学习班开学那天，赖德林从家里取来一张红毡，贴上斧头镰刀图案挂在墙上，对学员说："这面红旗是党的象征，是先烈用鲜血染红的，我们不要玷污这面光荣的党旗，要永远跟红旗走。"又说："大家来庙仔岗学习，生活不好，没有鱼肉，只有番薯、芋头，不要小看这粗茶淡饭，它是我们农民向党交的一份心意。"一番赤诚的话语，使学员们深受感动。

组织抗日游击队开展抗日武装斗争

1944年6月，中共北江特委和清远县委认为开展敌后游击战争的时机已经成熟，立即动员全党组织人民抗日武装斗争，打击日寇，保卫家乡。以何俊才为书记的清远县委领导机关迁到庙仔岗村。赖德林在县委的领导下把本村和附近的群众发动了起来，有枪出枪，有钱出钱，有力出力，很快组织起一支二三十人的抗日游击队。一支由党领导的抗日独立小队也来到了庙仔岗，两支抗日游击队会合。不久，就发展成为一支拥有100多人的抗日武装军队。为了取得合法地位，北江特委又通过做好莫雄的统战工作，取得国民党第二挺进纵队第三大队第九中队的番号。由赖德林任中队长，何俊才任指导员。

伪军第四大队大队长何秋是太平乡的土霸，投靠日寇，鱼肉乡里，无恶不作，是民族败类，老百姓对他恨之入骨。1945年春，根据县城交通站送来的情报和赖德林等的侦察，清远县委决定趁何秋回乡探亲之机，由阮克明、罗发率领一个小队在回澜大布岗埋伏，由赖德林带一个小队作支援和阻击太平方向之敌。当这个汉奸洋洋得意地进入游击队伏击范围时，游击队员突然一跃而起，将其随从14人生俘，缴获左轮、驳壳枪5支，冲锋枪1支，步枪13支，为民除了一大害，清远人民无不拍手称快。

负重伤壮烈牺牲

1945年5月，根据中共清远县委制定的袭击清远县城日军的作战计划，何俊才、赖德林率领的第九中队与由杜国栋领导的第五中队相配合，在一个月色朦胧的夜晚，向敌人发动进攻，赖德林手持轻机枪，带头冲锋，击毙了日寇一个曹长和几个士兵，但不幸的是赖德林负重伤后壮烈牺牲，年仅36岁。

（冯顺全）

赖　章（1922—1945）

—— 有强烈的民族气节和爱国精神

主要生平

赖章，原名赖裕章，广东省惠阳县人。

- 1922 年 8 月 10 日，出生于一个贫农家里。
- 1940 年冬，参加抗日自卫队。
- 1941 年 12 月，率领部分民兵骨干离开马鞍岭村，编入港九大队武工队。
- 1942 年 3 月，调到港九大队海上游击队任小队长。4 月，加入中国共产党。8 月 15 日，带领小队全歼日军"海上挺进队"。
- 1943 年七八月间，调港九大队陆上中队任队长。
- 1945 年 1 月，被分配到东江纵队第二支队第一大队任副大队长。4 月 15 日上午，在伏击日军车队时不幸头部中弹牺牲，时年 23 岁。

幼时勤学苦练

赖章，原名赖裕章。1922 年 8 月 10 日出生在惠阳县坪山乡马鞍岭村的一个贫农家里。

5 岁时父亲病故，为维持生计，母亲出走南洋，遗下他和姐姐由祖母和亲房抚养照料。

8 岁那年，赖章开始上学。他非常节俭，为了节省纸笔，常用竹枝在沙地里练习写字、计算。由于勤学苦练，学习成绩优良，经常受到学校老师的表扬奖励。高小毕业后，由于家庭经济困难，他只好辍学在家务农。

强烈的民族气节和爱国精神

1937 年 7 月 7 日，卢沟桥事变爆发。赖章决心当兵抗日去。亲戚们见他是独子，不属抽壮丁对象，都劝说他别当兵。他却认为，日本兵打到家门口来了，正在屠杀自己的同胞，什么理由都不能推却保家卫国的责任。在强烈的民族气节和爱国精神驱使下，他坚定地应征而去。

1938 年 10 月 12 日，日军在大亚湾登陆，入侵华南。赖章在随粤军撤退的途中，见部队军纪败坏，一路不断扰民滋事，觉得与自己从军保家卫国的愿望大相径庭，便毅然离开这支军队，返回家乡。

赖章回到家里，发现家乡变了。在共产党游击队的领导下，人民都组织起来。民兵、农会、抗日同志会、妇女会、儿童团都在日夜奔忙，同心抗日。他恨不得立即投身抗日激流，献身于民族解放事业。但他又担心自己是从国民党军队跑回来的，会受到怀疑。此时，广东人民抗日游击队第五大队派出民运队在茜坑、田心、塘布一带活动。民运队负责人蔡端和队员郭云翔察觉到赖章的心思，就开诚布公地和他谈心。赖章感到情真意切的关心和理解，当即表示："有共产党游击队的领导，若我赖章有抗日杀敌的机会，就是赴汤蹈火也在所不辞！"于是，他参加了民兵，任武装民兵的军事教官，不久被推选为队长。

加入抗日自卫队

1940 年冬，邻村青年江水从部队回来协助民运工作，在马鞍岭、茜坑村组织抗日自卫队，赖章加入了这支队伍。自日军占领广九铁路沿线后，惠州、淡水、坪山、沙鱼涌成为港九通往大陆后方的唯一交通运输线。赖章跟随自卫队在这条交通线上镇压汉奸、驱除土匪、维持治安、保护旅商。

1941 年 8 月的一天，自卫队护送侨商路经小径时，突遇土匪拦路抢劫。土匪占据了有利地形。赖章见形势危急，便亲率一个班在机枪掩护下，机警地迂回到土匪侧后，出其不意地打得土匪狼狈逃窜，俘虏三名土匪，缴获四支枪。9 月，自卫队配合手枪队护送大批侨商物资路经鸡笼山金斗坳村时，突与日军遭遇，在敌我力量悬殊的情况下，手枪队和自卫队的大部分兵力都在牵制敌军，赖章和其他少数同志带领民工挑着物资，依仗对地形熟悉绕道穿插，转移到了安全的地方，保护的物资无一损失，得到侨商的称赞。

10 月，自卫队护送大批物资到三家村后山沟隐蔽时，因被汉奸告密而遭到日军的包围袭击。一场激战后，负责看守物资的自卫队战士赖彬等三人不幸英勇战死。有的乡亲看到死了人而产生了畏敌情绪。针对这一情况，赖章和民运队的同志一道，深入到自卫队队员的家里一个一个地做思想工作，使他们把家仇国恨化为力量，重新鼓起战士们的战斗热情。

1941 年 12 月 8 日，太平洋战争爆发。不久，香港沦陷了。广东人民抗日游击队深入敌后前线，挺进到香港、九龙。在江水、蔡端的推荐下，赖章率领部分民兵骨干离开马鞍岭村，编入港九大队武工队。在黄冠芳、刘黑仔的领导下，分在第一小组。

伏击日军，营救英军

1942 年 1 月 4 日，港九大队武工队得到一份重要情报，得知在九龙亚皆街有一英军遗下的军用仓库储存着大批武器弹药。副队长刘黑仔即率第一小组的黄清、赖章、廖日全、廖福全、彭仔、邱荫棠 6 人，由下水道潜入侦察，找到了地址。但掌握门锁密码的英军士兵阿伦下落不明。不久，武工队又发现一队日军押解 32 名被俘英军从九龙深水涉集中营出来到青山清理垃坂，掌握门锁密码的阿伦亦在其中。因此，武工队决定在青山道伏击日军，营救英军，再找阿伦拿到锁匙开仓取枪。

天亮前，刘黑仔指挥武工队巧妙地布下伏击圈。上午9时，荷枪实弹的日军和往常一样押着英军前来劳动。除两名日军持枪监督劳动外，其余11人由少佐指挥官领着登上一个离地面两米高的临时瞭望所里。一声"打"的声音未落，赖章的两个手榴弹已从手中扔出，不偏不斜地落在哨所内的机枪阵地。其他同志的手榴弹也同时扔了出去，顿时把日军炸得血肉横飞。刘黑仔手中的枪响了两声，两名监管劳动的日军应声倒下。武工队闪电般发起冲锋，战斗便以我方无一伤亡而胜利结束。这一仗，全歼日军13人，缴轻机枪1挺、步枪11支、刺刀11把、手枪1支、手榴弹22个、子弹3000发、东洋剑1把，32名被俘英军全部得救。此役得到总队司令部的嘉奖，参战人员每人记上小功一次。赖章被武工队提升为副组长。

运枪行动

被营救脱险的英军仓管员阿伦把地下仓库的开锁密码、仓库地形、道路、武器存放情况都详细告诉了武工队，英军秘密仓库顺利打开了。但是，敌人夜间宵禁，白天设卡搜查，如何才能把枪支运回自己的营地呢？武工队员通过细心的观察，终于找出了敌人的漏洞：敌人对关卡搜查虽严，但对办丧事的车辆、担架和送丧队伍却不检查。赖章把这一情况告诉大家时，却又细心地说："不忙，先把原因调查清楚，才能施展我们的手脚。"原来日军侵占香港后，"三光"政策把好端端的一个香港变成民不聊生、瘟疫肆虐的臭港。面对瘟疫，日军亦不能幸免，故只得向市民宣布规定：允许死者家属亲朋送行殡葬，运送的车辆和送丧行人一律免检。因此，武工队决定用送丧的方式来运武器。

第一次运枪，刘黑仔弄来一部货车和一口棺材，把枪支弹药放在棺材里封好。武工队出动两个小组，赖章所在的第一小组是战斗主力。过关卡时，"灵车"在前面慢慢地向前开去，赖章手捧"灵牌"，披麻戴孝跟进。其他同志也乔装打扮，手持"孝棍"跟在赖章后面。"灵车"在每个关卡的"绿灯"下顺利通过，首次运枪成功了。但是，武工队员们仍不满足，感到用一天时间，费那么大劲头，一口棺材才运6支步枪。为了加快枪运的速度，赖章建议把枪支捆成一把把，拼成人的肢体，穿上衣裤，套上假人头和鞋，再用草席裹起来，便是十足的"尸体"了。然后两人抬"尸体"，40人一次就能运回100多支枪。人力不够，还可以动员民兵支援。经过战友们的讨论充实，领导采纳了这一建议。

翌日早上8时，第二次运枪行动开始了。马路上做买卖的、逃难的涌到街上时，赖章和邱荫棠共抬一具"尸体"打先锋出现在九龙亚皆老街的马路上。走到日军的第一关卡时，赖章故意把"尸体"放下排队候查，廖日全乔装送丧的跟随他们暗中保护。日军看见有"抬尸"的，立即挥手叫"开路"，就这样通过一个个关卡来到西贡坳山顶的一棵大树下。游击队员们把肩担放下，尽情地呼吸着山上的清新空气，一时便放松了警惕。就在这时，一个中等身材，头戴黑毡帽，眼套黑眼镜，身着黑便服，腰挂手枪的人从树林里突然窜出来，恶狠狠地问："你们抬的是什么?""我父亲的遗体。"廖日全被这突然而来的家伙吓了一跳，急忙机灵回答。"把绳子解开，让我看看。"那汉奸要检查。

赖章点头示意廖日全解绳。当那汉奸掏出白手帕捂住自己的口鼻，正要弯腰查看时，赖章一个马步上前，一双大手紧紧地卡住那家伙的喉咙，邱荫棠一手夺过手枪，廖日全飞起一脚朝那人踢去，那汉奸就一声没哼地倒下了。就这样20组武工队员抬回了100多支步枪。

┄┄┄┅◆ 开展营救行动 ◆┅┄┄┄

1942年1月10日中午，赖章到九龙启德机场侦察敌情，途中了解到有三个英国人和一个中国人从监狱里逃了出来，正被汪伪追捕。刘黑仔得知报告后，立即率领第一小组前往营救。下午1时，他们潜入茅坪山树林里，直到太阳下山仍未找到。回营途中，发现一青年人躲躲闪闪。赖章从树后突然出现在那青年面前，严肃地问："你是什么人?"那人吓得满头大汗，支支吾吾说不出话来。

"不要怕，我们是抗日游击队，是共产党领导的港九武工队。"

"找到了! 找到了! 我去把他们叫出来。"

原来他就是从监狱逃出来的中国青年李玉弼，是英军赖特上校的秘书。一同逃出来的还有赖特上校、摩利上尉和戴维斯中尉。青年人走到密林里吹了个口哨，把三名英军叫了出来，并向赖章和刘黑仔作了介绍。于是赖特一行四人便在武工队的护送下安全地回到大队部——西贡伯公坳村。

赖章参加了护送赖特上校一行四人的任务，从伯公坳到西贡乘船到达大浪港上岸，经赤径、荔枝庄、岐岭下，再由护航大队护送到沙渔涌上岸送到惠阳大队，历时 5 天。途中机智巧妙地避开了日伪的搜捕，顺利地完成了任务。

1942 年 1 月 16 日，赖章等人随刘黑仔潜入启德机场处决了两名汉奸后，走到龙岗街头的一间店铺门口时，偶然得知一位叫谢德昌的青年，因长相酷似刘黑仔而被日军逮捕投入赤柱监狱。

刘黑仔觉得，为了无辜的人民和游击队的声誉，应该营救这位青年。任务仍然落到赖章所在的小组。通过内线关系，很快弄清了关押谢德昌的详细情况，并弄到一张伪造的有日本宪兵部公章的提人便函，同时搞到了一部日本军用囚车。翌日，赖章扮成少佐指挥官，廖日全开车，一切手续由懂得日语的廖福全去应付，其他同志则装扮成日本宪兵。

汽车顺利进入监狱，通过三重岗哨来到监管处。监狱头目也不敢怠慢，把他们领到囚禁重犯的地下密室。进去密室只见一个双脚锁着铁镣、全身浮肿不省人事的男子躺在墙脚下。囚犯被抬上囚车，廖福全说了几句日语，很快地按手续签了字，囚车便扬长而去。从赤柱监狱出来直驰中环统一码头渡海后，汽车便飞快地驶上西贡山坳，胜利回到赤径村驻地。

接着，赖章又率武工队第一小组化装成日军把谢德昌的母亲营救出来。谢母见到儿子，对游击队感激不尽。母子俩于 1942 年参加广东人民抗日游击队，母亲任地下秘密情报交通员，谢德昌则参加了港九大队武工队，后来在一次战斗中牺牲。

骁勇善战，屡建奇功

1942 年 1 月 25 日早，武工队要护送刘黑仔于当晚 7 时前赶到坪山汤坑出席总部召开的会议。赖章所在的第一小组开会研究后，决定截乘日军车，否则步行是不能依时赶到的。

25 日下午，武工队小组在落马洲成功地截获了从元朗开来的日军大吉普车，杀死了日本军曹和司机各一人。然后，由赖章乔装日军军曹，其他同志化装成日军，护送刘黑仔风驰电掣般通过文锦渡、横岗等处的日军关卡。当日军从后面追来时，游击队员迅速下车进入树林。赖章把四颗手榴弹的保险打开，用线系在车门上，然后轻轻把车门关上。不久，三部日军摩托每部乘三名日军赶到，两名日军走到吉普车前把车门一拉，"轰"一声巨响，两名日军血肉飞上半天。武工队员们都满口称赞赖章这一"杰作"，在笑声中把刘黑仔送到开会地点。

1942年3月，赖章调到港九大队海上游击队任小队长。4月，赖章加入了中国共产党。8月15日，海上游击队在大鹏湾黄竹角海面首战日军"海上挺进队"。赖章带领小队沉着机智，冲锋在前，经过一个多小时的激战，击毁敌机帆船三艘，全歼日军"海上挺进队"。接着，赖章率队又在南澳口、大浪口等处缴获了日军几艘满载军用物资的运输船。

为了保证部队海上运输安全，海上游击队决定除掉盘踞在塔门岛的海匪。一天晚上，海上游击队利用夜色掩护，在塔门侧后秘密登陆，迅速占领了有利地形。拂晓，赖章率领突击队不等海匪觉察，就冲进了他们驻地展开近战，打了海匪一个措手不及，不到一小时就全歼海匪，缴获轻机枪两挺，步枪、短枪30余支。

1943年七八月间，赖章调港九大队陆上中队任队长。这时正值天大旱，日军又加紧对港九地区实行经济封锁和军事"围剿"，游击队的生活异常困难，赖章带领陆上中队避实就虚，机动灵活地派出小分队到内地的坪山、淡水等地购买粮食，使港九地区的部队在恶劣的环境中渡过了难关。

1944年10月，赖章参加了设在大鹏城的东江纵队军政干部学校的军事队学习。1945年1月，赖章毕业后被分配到东江纵队第二支队第一大队任副大队长。4月15日，二支队一大队计划在惠樟公路古塘坳伏击日军车队。事前由赖章率突击队侦察地形，并协助大队长曾端带队埋设好地雷。部队按计划进入伏击阵地，由于走漏了消息，日军有所戒备。上午9时，敌军车队由樟木头向惠州开来，进入伏击圈时被炸毁三辆。

日军从车上跳下占据公路右侧和一小高地顽抗。这时，突击队被路旁水沟阻挡，动作缓慢。赖章见状，手擎红旗身先士卒奋勇向前冲杀，不幸头部中弹牺牲。赖章牺牲时，年仅23岁。

由于惠州的日军增援，战友们忍痛抬着赖章等同志的遗体撤离战场。当天下午 4 时左右，第一大队全体战士在惠阳县镇隆黄洞村一座山脚下，为赖章举行安葬仪式和追悼会。同时和赖章一起牺牲的还有大队长曾端。

● 英烈精神 ●

强烈的民族气节和爱国精神；镇定自若、机智勇敢、骁勇善战的革命斗争精神。

（卢国秋）

李少石（1906—1945）

—— 以革命工作为第一生命

李少石，广东省新会县人。

- 1906 年 6 月，出生。

- 1925 年，考入岭南大学，加入共产主义青年团。6 月间，参加声援上海工人斗争的"六二三"示威游行，在岭南大学发动工人罢工，被学校当局开除。

- 1926 年，加入中国共产党。

- 1927 年，调到香港、上海等地工作。

- 1930 年，到香港组织交通站，与廖梦醒结婚。

- 1932 年，离开香港到上海工作。

- 1934 年 2 月 28 日，因被叛徒出卖不幸被捕入狱。

- 1937 年，获释出狱，被派往华南沦陷区工作。

- 1943 年夏，抵重庆工作，公开职业是《新华日报》记者兼编辑，实际是八路军驻渝办事处秘书，是周恩来的亲密助手。

- 1945 年 10 月 8 日傍晚，遭枪击牺牲，时年 39 岁。

亲密的革命战友

1925 年，李少石考入岭南大学，认识了廖梦醒，从此他们结成了亲密的战友。是年，李少石参加了共产主义青年团。6 月间，省港大罢工爆发，他参加了声援上海工人斗争的"六二三"示威游行，目睹帝国主义制造的惨绝人寰的沙基惨案。为了抗议帝国主义的暴行，他和廖梦醒在岭南大学发动工人罢工，结果被学校当局开除。其后，他到海员工会工作，并于 1926 年加入中国共产党。1927 年国民党"清党"后，广州笼罩着白色恐怖，李少石奉调到香港、上海等地工作。1930 年，党中央派李少石到香港组织交通站，这时他与廖梦醒结婚。他们夫妻婚前就有默契：互相不妨碍各自的革命活动。李少石曾问廖梦醒："如果我牺牲了，你年纪轻轻就当了寡妇，不会后悔吗?"廖梦醒坚毅地摇摇头作了回答。

李少石从来自奉俭朴，但对同志们则非常慷慨。在香港交通站工作期间，有一些同志从苏区经香港转上海，他们的衣着朴素，为了不引起敌人的注意，必须打扮得较为时髦阔绰一些。有时他们深夜抵港，翌日清晨即须上船赴沪，来不及购置衣服，李少石就把自己的衣服送给他们穿去。有一次，两名赶着赴沪的同志把他的衣服穿走了，恰巧李少石当天又要和另一个人接头，没有衣服可穿，廖梦醒赶紧到故衣店给他买了一件衣服回来，以应急需。由于李少石经常把自己的衣服送给同志而使自己无衣可穿，为此，廖梦醒没有同他商量，便买了一件衣料，给他缝好藏起来备用。有一天，他赶着外出工作，但发现自己没有合适的衣服可穿，正在着急时，廖梦醒便把缝好的那件衣服拿出来给他穿。李少石却因此发起脾气来，说廖梦醒不该乱花钱。李少石平日从不发脾气，这是绝无仅有的一次。事后他非常后悔，于是写了一首《寄内》诗，向廖梦醒表示道歉："布裳夜缀怜卿苦，粗粝长甘谅我贫""今宵旧事重萦想，无限唏嘘自怆神"。

英雄含笑上刑场

1932 年，由于交通站有个工作人员被捕，有叛变嫌疑，李少石和廖梦醒奉令离开香港到上海工作。面对当时的白色恐怖，他们夫妻相约，万一中间有谁被捕，不管任何严刑拷打，都要维护一个共产党员的崇高品质，决不叛党。1934年2月28日，李少石因被叛徒出卖，不幸被捕入狱。在敌人的严刑拷打面前，他宁死不肯招供。他从上海被解往南京时，曾写了一首诗以表达自己忠于革命事业的意志："丹心已共河山碎，大义长争日月光。不作寻常床簧死，英雄含笑上刑场。"

李少石的健康受到敌人的严重摧残，脚被打坏了，不能走路；肺部被打伤了，经常吐血。1937年，经过周恩来的努力交涉，严正要求国民党当局释放政治犯，李少石才获释出狱，这时他已身患严重肺病，住进了医院。出院后，李少石被派往华南沦陷区工作。太平洋战争爆发后，廖梦醒被调往重庆工作。但李少石从不在给公家拍电报时提及私事，以至廖梦醒以为他出了什么事。有一次，周恩来问廖梦醒："老李近来怎么样？"廖梦醒说："自从在澳门别后，既无音讯，又无消息。"周恩来说："老李这个人太古板，其实他经常有报告从电台发来，但怎会连一字家信都不附带发来呢？"不久，周恩来决定把李少石调来重庆。

周恩来的亲密助手

1943年夏，李少石抵重庆工作。这时正值蒋介石《中国之命运》一书出版，他读后极为愤慨，写了一首《读完〈中国之命运〉后感》的诗："万千逻卒猎街衢，偶语宁辞杀不辜。安内难忘伤手足，攘外偏惜掷头颅！天之未丧斯民主，人能尽诛是独夫。二世亡秦前鉴在，子龙何事怒坑儒？"

李少石来渝前，周恩来曾叮嘱廖梦醒说："因为大革命时代国民党的人都认识你，你千万不能暴露你共产党员的身份。"李少石到渝后，住在曾家岩五十号，公开职业是《新华日报》记者兼编辑，实际是八路军驻渝办事处秘书，是周恩来的亲密助手。李少石与廖梦醒严格遵守周恩来的嘱咐，偶尔在路上碰到，也总是装着不认识，李少石在家也要孩子叫他"伯伯"。李少石的工作很忙，但在忙碌之余，还帮助同志们学习，讲述革命先烈的斗争事迹。不管白天工作多累，晚上他也和大家一道守夜，以防特务袭击。为了担负弟弟的读书费用，李少石常常通宵达旦搞译作，把得来的稿费全部寄给弟弟。李少石正是这样把全部心血都贡献给党。

是个好共产党员

当时重庆经常遭到日机的轰炸，然而李少石总是把个人的安危置之度外。从李少石遗物中曾发现一张纸条，写着："空袭时，穿衣、打字机、文件资料和译稿，钱包（钢笔、小刀）、字典，衣箱"。从字条可见李少石经常考虑的是党的利益和党的工作，以革命工作为第一生命。

1945年10月8日傍晚，柳亚子来访周恩来。告辞时，李少石送柳亚子回沙坪坝住宅，不料在返回途中，当汽车行驶到红岩咀附近时，突然遭到国民党士兵的枪击，子弹由李少石的左肩胛穿入肺部，由于伤势过重，经抢救无效，于当晚7时45分溘然长逝，年仅39岁。周恩来惊悉此讯，赶到医院，顿时泪如雨下，不胜痛忿。10月11日，千百人聚集在市立医院门前广场上，为李少石烈士开追悼会，周恩来和宋庆龄随灵十余里到小龙坎，由周恩来开了第一锹土，安葬了李少石烈士。毛泽东亲笔题词说："李少石同志是个好共产党员，不幸遇难，永志哀思！"

英烈语录

"布裳夜缀怜卿苦，粗粝长甘谅我贫""今宵旧事重萦想，无限唏嘘自怆神"。

"丹心已共河山碎，大义长争日月光。不作寻常床箦死，英雄含笑上刑场。"

"万千逻卒猎街衢，偶语宁辞杀不辜。安内难忘伤手足，攘外偏惜掷头颅！天之未丧斯民主，人能尽诛是独夫。二世亡秦前鉴在，子龙何事怒坑儒？"

（叶创昌）

廖培南（1924—1945）

—— 爱憎分明的年轻指挥员

主要生平

廖培南，广东省湛江市海康县人。

- 1924年6月，出生于一个较富裕的家庭。
- 1941年，以优秀成绩考上县城海康第一中学。
- 1943年6月，加入中国共产党。在家乡英岭村复办英岭小学，秘密组织群众，建立地下联络站。9月，成立海三区自卫中队，后发展为大队，任副大队长。
- 1944年10月，任南路人民抗日游击队第一大队第一中队长。
- 1945年5月，南路特委把南路人民抗日解放军统一整编为五个团，任第二团副团长（支仁山为团长）。9月上旬，调入第一团当第三营副营长兼第七连连长。12月下旬，在白霞岭迎击敌人第十三次冲锋时被敌人的流弹击中头部牺牲，时年21岁。

廖培南是在抗日战争的烽火中锻炼成长的坚强战士。他先后担任过海康县第三区抗日政治工作队副队长、联防自卫大队副大队长、南路人民抗日游击大队中队长、南路人民抗日解放军第二团副团长。第一团西进十万大山时，他担任第一团（习惯称"老一团"）三营副营长兼第七连连长，在白霞岭阻击战中壮烈牺牲。他对海康抗日武装的发展作出了重大的贡献，在海康革命斗争史上，写下了光辉的一页。

自小接触进步思想

1924年6月，廖培南出生于海康第三区英岭村一个较富裕的家庭，1941年在本村小学毕业后，以优秀成绩考上了县城海康第一中学。在学校，他参加了进步组织"读书会"，经常阅读进步书刊，开始接触进步思想。初中毕业后，他到赤坎麻章圩琼崖中学读高中（日军占领海南岛后，琼崖中学迁到广州湾来）。从这时开始，他积极参加抗日救亡运动，如饥似渴地阅读马克思、列宁、毛泽东的著作。他对日本侵略军蹂躏祖国、屠杀中国人民的罪行，无比愤恨；对国民党实行消极抗日、积极反共行为，义愤填膺。1943年2月，日军侵占雷州半岛，廖培南辍学返家。

组织抗日政治工作队

为了宣传抗战，廖培南在家乡组织了抗日政治工作队并任副队长。党派王福秋、王建涵、肖汉辉、沈彦等党员加入政工队。政工队在乌石、覃斗、北和等地深入发动群众，掀起抗日热潮。1943年6月，廖培南经王福秋等介绍，光荣地加入了中国共产党。

廖培南又在家乡英岭村复办英岭小学，聘请共产党员陈开濂、黄雪霞等到学校教书，秘密组织群众，建立党的地下联络站。

成立海三区自卫中队

1943年9月，国民党海康县县长王光汉借口政工队受到"赤色"影响，下令解散。廖培南等又利用陈宏梁与王光汉的密切关系，成立海三区自卫中队，后发展为大队，陈宏梁为大队长，廖培南为副大队长，王建涵等为中队长。为了解决枪支弹药和给养的困难，廖培南从家里取出很多大洋、布匹和食盐，用来购买枪支、弹药支持部队建设和武装斗争。在廖培南的带动下，海三区一带的群众也掀起了为了抗日有钱出钱、有人出人的热潮，仅英岭村附近的几个村庄，就组织起120多人的武装队伍，有长、短枪100余支。

日伪对海三区的抗日武装恨之入骨。1944年春夏之交，日伪军曾多次派兵"围剿"，尤其是把英岭村看成眼中钉、肉中刺，对其进行灭绝人性的烧杀抢掠。"敌人行凶，我则以牙还牙"，廖培南等曾多次出其不意打击敌人。1944年5月的一个早晨，廖培南带领队伍在英岭伏击敌人，从上午一直战斗到下午，敌人伤亡18人，我方无一伤亡。迫使敌人龟缩在乌石港内，不敢四出骚扰。英岭战斗后，部队声威大振，极大地鼓舞了游击队员和人民群众的斗志，把嘉山岭一带的抗日烽火烧得更旺了。

沉痛的教训

1944年2月下旬，正当群众广泛动员起来抗日之际，国民党顽固派却有意制造摩擦，妄图消灭抗日武装。当抗日部队进入徐闻县西乡时，陈宏梁等叛变，勾结徐闻地方顽固势力陈桐（任海康县长期间，1949年12月5日投诚），密谋收缴部队武装，幸得廖培南等及早发觉而脱离险境。

1944年8月，国民党雷州挺进队司令戴朝恩密令陈宏梁、陈邦等逮捕王福秋、唐勤、王建涵、肖汉辉等共产党员。陈宏梁看到共产党力量在自卫队占优势，不敢贸然下手，便带一些人逃到英利投靠国民党顽军何麟书部。

廖培南为了团结抗日共同对敌，带两名警卫员深入虎穴，到英利会见何麟书，向何说明共产党抗日救国的方针政策，指出团结抗日的重要性，揭露顽固派的反共阴谋。而何麟书坚持要廖培南带队伍来英利整编，要挟廖培南逮捕王建涵。廖培南知道何麟书仍坚持反共立场，便乘夜幕降临之际，机智地带着警卫员脱离虎口，赶回部队宿营地——英灵村，和王建涵等带领部队乘船离开险境。何麟书部包围过来时，我方部队离岸几百米，国民党顽军企图消灭部队的阴谋破产了。

也就在此期间，王福秋、唐勤被国民党顽固派杀害，肖汉辉机智脱险，抗日武装几被消灭。沉痛的教训使廖培南等深刻地认清了国民党消极抗日、积极反共的狰狞面目，体会到在抗日战争中必须独立自主地发展共产党领导下的武装队伍。

王建涵、廖培南带领海三区抗日武装转移到企水、纪家、客路一带活动期间，遂溪县反共分子杨其德又企图乘机吃掉这支抗日的新生力量，便派10名亡命之徒冒充"参军"，献出30颗子弹，每人暗藏匕首等凶器混入部队，刺探军情，准备杀害部队的领导干部。由于廖培南等吸取王福秋等遭谋害血的教训，严密监视和严格审查这些不速之客，终于发现了歹徒们真面目，立即将这帮家伙处决。从此，这支在共产党领导下的抗日武装更加纯洁、更富有战斗力了。

成立南路人民抗日游击队第一大队

当时，南路特委书记周楠从重庆返广州湾以后，向各级领导干部传达了南方局对南路形势的分析，提出"建立我党领导下独立自主的武装队伍"。1944年10月，海三区抗日武装100余人在廖培南等率领下，奉命北上遂溪县吾良，与遂溪县老马起义的大队会合，成立南路人民抗日游击队第一大队。大队长支仁山，政委唐多惠，廖培南任第一中队长。自此，廖培南率部队转战海徐边境，累建战功。国民党中一些地方部队的头目看到中国共产党领导下的抗日武装日益壮大，也不敢轻举妄动了。

深秋的一天中午，廖培南带中队在纪家圩抓到四名与群众发生冲突的国民党谢云尝大队林吉香中队的士兵。廖培南亲自和他们谈话，指出他们的错误，宣讲共产党抗日方针后，把他们释放。结果林吉香大为感动，主动派人来和部队谈判。通过协商，制定出联合抗日方针，使纪家一带成为敌伪不敢进犯的地区之一。

巩固海康后方

1944年11月，第一大队在唐家吴宅村一带开展抗日宣传活动。国民党顽军邓汝模部跟踪而来，妄图包围部队，置部队于死地。部队突然杀了一个"回马枪"，消灭顽敌40多人，缴枪几十支，打退了敌人的进攻。接着部队进入东区淡水村，驻东里的国民党蔡昌隆中队又向部队进攻。廖培南立即带队反击，生俘蔡昌隆等60多人。自此，国民党对抗日活动再也不敢轻易干预。党组织在海康的敌伪后方有了很大的发展。

张炎起义后，南路特委为了统一领导武装斗争，把南路抗日游击队整编为南路人民抗日解放军。1945年5月，为适应形势发展的需要，特委又决定把南路人民抗日解放军统一整编为五个团。廖培南任第二团副团长（支仁山为团长）。战士的鞋破了，他脱下自己的鞋给战士穿；战士的衣服烂了，他脱下自己的衣服给战士御寒。连队值班没有时钟，他就拿出自己的手表交给部队用。战士们说："廖副团长无愧是我们的好领导。"

服从组织调整

1945年8月15日，日本正式宣布无条件投降。国民党正规军四十六军三个师从廉江向抗日活动地区逼近。他们沿南宁—钦州—合浦一线压下雷州半岛，妄图一举消灭党的抗日武装。为了保存力量，坚持斗争，避免与敌军主力正面接触，9月上旬，南路特委决定，南路人民抗日解放军以第一团为主，从各团抽调部分骨干，由团长黄景文、政委唐才猷率领，挺进十万大山。其余团队则实行精简，疏散非战斗人员，分散活动，发动群众，揭露国民党酝酿内战的阴谋。二团副团长廖培南调入第一团当第三营副营长兼第七连连长。廖培南对于这一调整，二话不说，马上带领连队出发。

白霞岭阻击战牺牲

1945年10月下旬，他们冲破国民党的层层封锁线，到达马子嶂和第一批突围的同志会合。12月下旬，得到沿途地方党组织和武装队伍的支持和配合，行军1000余里进入十万大山东端钦县贵台地区。但国民党反动派妄图消灭部队主力之心不死，急调一个正规旅的主力团和两个保安团，对十万大山进行联合"围剿"。部队进入贵台地区的第三天，尾追之敌——保一团已逼近，两个保安团又正在调动途中，再加上地方民团共3000余人向部队大举追袭，企图在部队进入十万大山纵深地带之前将部队聚歼。部队转移至马启山，敌人为切断部队进山之路，以一个团的兵力，在迫击炮和轻重机枪密集火力掩护下，向守卫在白霞岭的三营七连阵地发起进攻。白霞岭地处险要，若失守，部队将沦入敌人口袋，陷于绝境。团部命令，三营必须不惜代价坚守阵地，阻击敌人的进攻，掩护全团转移。

年轻的指挥员廖培南自知肩负的责任重大，一刻也不离开前沿阵地。敌人从拂晓就开始向三营七连阵地轮番进攻，成班、成排、成连的敌人在迫击炮的掩护下，像潮水一样涌来，一浪接一浪地向阵地冲锋。廖培南沉着地指挥战士们英勇杀敌。当敌人进至前沿阵地200米、100米时，步枪、重机一齐射向敌人，终于打退了敌人的进攻。在部队阵地前已躺着敌人六七十具死尸，伤兵一大批，而三营七连仍像钉子一样钉在白霞岭上。

夜晚9时，廖培南又一次向战士作动员，为了全团的安全，誓与阵地共存亡，迎击敌人第十三次冲锋。这时，团部通知，全团已安全转移，七连可组织撤退。廖培南首先带领重机枪撤出阵地，然后回到前沿来，找指导员李恒生布置全连撤离阵地的部署。就在七连准备撤退的时刻，敌人发动了第十三次冲锋，勇士们又击退敌人的进攻，廖培南就在将要撤退的一瞬间被敌人的流弹击中头部，在阵地上流尽最后了一滴血，年仅21岁。

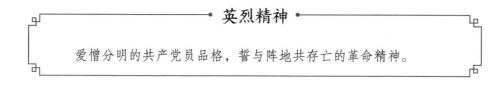

英烈精神

爱憎分明的共产党员品格，誓与阵地共存亡的革命精神。

（洪元）

林　芳（1923—1945）

—— 坚贞不屈，大义凛然

主要生平

林芳，广东省信宜县镇隆镇大垌塘人。

- 1923 年 5 月 18 日，出生。
- 1937 年秋，考进信宜中学。
- 1940 年 3 月，加入中国共产党。同年秋，考进广雅中学，成立广雅中学党组织重建后第一个党支部。参加信宜党组织举办的第二期党员训练班，并担任班中临时支部委员。
- 1941 年夏，在大垌村建立党支部，任支部书记。12 月，调任钦县特别支部书记。
- 1942 年，在黄屋屯中心学校任教。
- 1943 年，任钦州镇第八保校校长。
- 1944 年秋，与苏萍结婚。同年底，调到小董镇组织武装斗争。
- 1945 年 2 月 17 日，小董武装起义打响，任起义军政治处主任。2 月 26 日，不幸被捕。3 月 10 日，英勇就义，时年 22 岁。

加入中国共产党

林芳，广东省信宜县镇隆镇大埇塘人，1923 年 5 月 18 日出生。他自幼丧母，由叔祖母抚养长大，后随当中医师的父亲林俊英生活。

1937 年秋，林芳考进信宜中学。1938 年冬起，共产党起核心作用的广东省第七区（高州地区）乡村工作团经常派人到信宜中学活动，教唱抗日救亡歌曲，共同演出话剧，介绍进步书刊，组织读书会。林芳在抗日浪潮激励下，如饥似渴地阅读进步书刊，接受新鲜事物，思想进步很快。

1940 年 3 月，信宜中学党组织经过考察，吸收林芳为中国共产党党员。

领导广雅中学学生运动

1940 年秋，林芳毕业后，遵照党的安排，与梁光煊、梁永曦等 10 多名党员考进广雅中学（抗战时临时迁至信宜水口村），成立了广雅中学党组织重建后的第一个党支部。这时，他参加信宜党组织举办的第二期党员训练班，并担任班中临时支部委员。通过学习，林芳政治上更加成熟。

在广雅中学期间，林芳的组织能力和领导才华进一步显示出来。他所在的高一乙班成立名为"十月社"班会时，他积极活动，顺利选出以党员为骨干的学生团体。第二学期，高一级成立"真社"级会，"三青团"反动骨干妄图当权，又被林芳等进步学生挫败。林芳热情为"十月社""真社"出版墙报组织稿件，写过不少宣传党的主张的文章，立意新颖，体裁多样，文笔流畅。中共信宜特派员陈有臣称赞他"下笔千言，倚马可待"。林芳以帮助同学解答疑难问题为理由，把同学组织起来，成立读书会，培养进步分子；又发动同学们捐书捐款，添置进步书刊，创立"朝华图书室"，不断地向同学输送革命的精神食粮。他还和同志们一起组织学生击退顽固派以罢课作要挟来驱逐进步老师的恶浪，使广雅中学进步的力量占据主导地位。

关心群众疾苦

林芳还经常利用课余假日，回到家乡大埇村，组织教育群众。他把学校的进步书籍带回村中，指导青年农民阅读，并结合实际向他们进行党的知识和抗战形势教育。在他的培养下，有三个进步青年加入了共产党，并于1941年夏在该村建立了党支部，由他任支部书记。

以林芳为首的党支部十分关心群众的生活疾苦。他把有余粮余款的农户组织起来，办起"互助合作社"，以低息借给困难户。这样使贫苦农民遇到婚丧病疾困难时，借贷有门，避免了高利贷盘剥。他还组织青年从"互助合作社"里拿出钱买树苗，在200多亩的祖尝荒山种上大片松林。人们把"互助合作社"誉为"当今救世主"，林芳被群众称为"有出息的好后生"。

领导钦县党的工作

1941年12月，林芳受中共南路特委委派，调任钦县特别支部书记。他是在钦县党组织遭受严重破坏后上任的，但他知难而上，勇挑担子，以教师职业为掩护，领导全县的革命斗争。

1942年，林芳在黄屋屯中心学校任教，以学识、谦和和严谨等方面的优势赢得师生的信任，争取到有名望的校长对自己工作的支持。他审慎而又大胆地培养教师和当地革命青年入党，为黄屋屯地区播下了党的种子。

1943年，林芳任钦州镇第八保校校长。他把党建工作重点放在钦州师范、钦州中学和附城小学。他利用一切时间找进步师生谈时事、谈形势，物色和培养积极分子，通过不定期的座谈会、读书会，提高他们的民族意识和阶级斗争觉悟。他们中间有一批人入了党，成为钦县各地武装斗争的骨干。

结成革命伴侣

1943年，林芳和苏萍在共同的革命斗争中建立了真挚的感情，但他始终把儿女私情、家庭温暖和个人利益置于革命利益和党的利益之下。他经常勉励苏萍说：我们之间首先是战友、同志，其次才是爱人、伴侣。他们订出共同生活公约：目标一致，身体力行，互相帮助，共同进步。有一次，苏萍笑着对他说："你对我这样好，如果我不幸被捕经不起考验成了叛徒，你对我怎么样？"他很干脆地说："我要亲手杀掉你！"苏萍又问："如果我为革命或因病伤残了，你对我怎样？"他体贴地说："我绝不会嫌弃你，将会更关心你，你不能走路，我背你去看电影、逛公园。"从这段对话中，可以看出林芳那种革命利益高于一切的高尚情操。

1944 年秋，组织上批准林芳和苏萍结婚。结婚时只在《合浦日报》登了一则结婚启事，其他一切从简。为了不影响革命工作，他们商定婚后暂不生育。

组织武装斗争

1944 年底，钦县大部分地区处于敌后状态。林芳奉命调到小董镇组织武装斗争。他为了完成党组织交给的任务，尽快组织起教师、农民积极分子和上层人士参加武装起义，和尽快筹集到枪支弹药和经费，夜以继日地四出活动，经常晚上深入农村，半夜三更才回来。

日军在钦州登陆前夕，国民党小董区反动武装中有一个约 10 人的小队。他们中有个江湖好汉，枪法很准。为了争取这小队人员投向革命，林芳通过熟人，打进去做思想工作，与其为首的几个人结拜为兄弟，在后来的小董起义中，这个小队的全体人员全副武装并带了一挺轻机枪参加起义。

不幸被俘牺牲

1945 年 2 月 17 日，小董武装起义打响了，林芳任起义军政治处主任。由于敌众我寡，加上起义队伍没有战斗经验，斗争受到了挫折。在分散转移时，林芳率部分同志到海区隐蔽。2 月 26 日，途经钦县久隆时林芳等人不幸被捕。顽固派成立"特别法庭"，对他们进行多次"特别审讯"。虽经受严刑拷打，威逼利诱，林芳始终坚贞不屈，大义凛然，充分表现了共产党人的英雄气概。1945 年 3 月 10 日，林芳于钦州城郊英勇就义，年仅 22 岁。

（黄家琛）

林　玩（1912—1945）

——把全部精力投在党的事业上的抗日女战士

主要生平

林玩，原名刘珊珊，曾用名罗逸寰、林金珠，祖籍广东省番禺县。

- 1912年，出生于马来西亚一个矿工家庭。
- 1930年，改名罗逸寰，进槟城辅友女校就读。在马来亚共产党教育下加入共产党。
- 1933年5月1日，在星洲（今新加坡）被殖民统治者拘捕，监禁了半年之后，被驱逐出境。同年冬，又在广州被国民党公安局拘留，在狱中度过了5年非人的生活。
- 1937年上半年，获释出狱。
- 1938年10月，参加战时工作队到云浮县圭岗区，后到国民党海军水雷队做宣传工作。
- 1939年春夏间，参加党员干部训练班。
- 1940年春，与爱人共同担任中共高明县委委员。
- 1941年下半年，担任中共台山县委委员，分管妇女工作。
- 1944年初，被抽调到南番中顺游击区指挥部组织科工作。
- 1945年2月，在突围中牺牲，时年33岁。

萌发爱国思想

林玩，原名刘珊珊，曾用名罗逸寰、林金珠，祖籍广东省番禺县，1912年出生于马来西亚吡叻州和丰埠的一个矿工家庭。她出生后，父母因子女多，生活困难，无法抚养，就把她卖给了别人。主人听信算命先生说她命带煞星，害怕不吉，把她转卖给别人。她先后被转卖四次，最后被一个独身女工接过作养女。

林玩从生下就失去了父母的抚爱和本该快乐的童年，一直生活在异国受凌辱和歧视的环境中，因而她的心灵逐渐萌发了反迫害、争自由、求解放、爱祖国的思想。

积极参加学生的爱国行动

1930年，林玩18岁时，养母欲匆忙将她许配给一户有钱人家。她得知消息后，极不情愿，于是以正在读书为理，暂时摆脱了男方和养母的纠缠，改名易姓为罗逸寰，进了槟城辅友女校就读。当时，正值槟城侨胞反对日本帝国主义侵略中国，掀起抵制日货的爱国运动。林玩在校积极参加学生的爱国行动，走上街头宣传，演剧筹款，支援祖国抗战。

林玩读书非常用功，且爱读进步书刊。她在马来亚共产党的教育指引下，参加济难会、反帝大同盟等进步组织，开展反帝斗争，后来加入了共产党。

随着爱国运动的发展，她在校的工作更繁忙，几次假期都不回家，引起了养母和男方的怀疑。养母到学校找她回家完婚，她不甘屈服于命运摆布。最后，只好留下一封表达感谢养母养育之恩的信，告别了这个家。后经党组织安排离开了槟城去星洲（今新加坡），在一家橡胶厂当工人，并从事妇女工作。

被殖民统治者拘捕

1933年5月1日，这天是国际劳动节。林玩一早起来，吃了几块饼干，拿着伪装好的传单，赶到牛车水菜市场散发，但遭到殖民当局的镇压。在混乱中，她同其他人一起，被殖民统治者拘捕。审问之后，有人担保的一个个都被保释出去了。只有林玩一人没有人担保，未能获释。在受审时，她改名换姓，什么都不讲，警察局怀疑她是共产党人，但又拿不到任何证据，只好把她监禁了半年，释放后以危险分子、不受欢迎的人为理由，把她驱逐出境。

度过五年非人生活

1933 年冬，林玩被驱逐出境，后由新加坡乘船回国。刚到广州，就被国民党公安局拘留，监禁在女拘留所，后被押进南石头监狱坐牢。

她在狱中度过了五年非人的生活，革命意志不断增强。她同狱中的区梦觉等几位女共产党员亲如姐妹，积极参加狱中共产党员发动的反对监狱苛刻的管理制度和对叛徒江惠芳的斗争。林玩喜欢唱歌，常和狱中战友一起高唱革命歌曲，歌声响彻监狱，把监狱长和看守吵得不得安宁。监狱长就叫看守来训斥，她们不管，还是照唱。她同战友们一起，以饱满的政治热情和革命乐观主义精神战胜了狱中的种种折磨，度过了漫长的狱中生活。西安事变后，蒋介石被迫接受联共抗日的条件，释放政治犯。经中共南方临时工作委员会营救，林玩于 1937 年上半年获释出狱。

开展抗日救亡工作

林玩出狱后，很快就和广东党组织联系上，恢复了党组织关系，改名为林玩。卢沟桥事变后，广州各种抗日救亡团体如雨后春笋般纷纷成立，各界群众逐步投入抗日救亡斗争浪潮之中。

党组织先后派她到广州市抗敌后援会、广东青年抗日先锋队等抗日团体工作。她在广州抗敌后援会东山区指挥部工作时，深入中山大学医学院的学生中进行党的工作，发展了老恩煦、李福海等同志入党。

1938 年 10 月，日本侵略军在大亚湾登陆，一举侵占了广州。中共广东省委号召全党团结一切爱国人士、知识青年，深入农村发动群众，打击入侵之敌。林玩参加战时工作队到云浮县圭岗区，后到国民党海军水雷队做宣传工作。

1939 年春夏间，为提高党的战斗力，中共广东省委在粤北举办党员干部训练班，林玩参加了这期训练班。学习结束，组织派她到四会担任中共四会县工委书记。

1940 年春，组织又派她和爱人老恩煦担任中共高明县委委员。他们到高明后，在水井垌益智小学任教，以教师身份作掩护开展党的地下工作。林玩白天教书，晚上办民众夜校、妇女认字班，帮助当地抗敌同志会、妇女会、抗日自卫团开展工作，发动群众进行对敌斗争。

同年，当地因天旱农田失收，群众缺粮。林玩积极领导水井垌党支部，发动农民向地主借粮度荒，和对管公堂的豪绅说理斗争，取消了加收公田租金的剥削，密切了党群关系，提高了群众对敌斗争的积极性。当时，林玩已有小孩，但她并不因此影响工作。她不辞劳累地常常奔走到高村、明城、合水等地的党支部，了解情况和指导工作，使当地党的工作顺利开展。

担任中共台山县委委员

1941 年下半年，党组织为了加强台山的工作，把林玩从高明调到台山担任中共台山县委委员，分管妇女工作。

到台山后，她住在县委机关平岗圩"利源"杂货店，以店员的身份作掩护，进行党的联络工作。她对国民党顽固派的斗争讲究策略，如国民党当时要在学校建立"三青团"组织，发展团员，监视并阻挠党在学校开展工作。林玩获悉后，即同县委同志一起研究，提出要根据各中学的学运情况，采取不同的方式，进行对敌斗争。根据党在台山中学的力量较强，思想进步的学生较多的实际情况，她建议采用发动学生反对建立"三青团"的办法。而党在台山师范的力量薄弱，采取派党员加入"三青团"，从中了解"三青团"活动情况的办法。

林玩在台山工作时，总是把党的事业放在前，不计较个人得失。她为了不影响工作，把小孩寄交群众喂养。

1943 年，小孩病重，医生告诉她难以挽救，林玩抱着沉重的心情，坚持外出工作。当孩子病亡的消息传来，她在极度的悲痛中，仍把全部精力投在党的事业上。

随东江纵队开展抗日斗争

1944 年初，珠江三角洲的抗日形势发展迅速，从地方党组织中抽调骨干到部队工作，增强部队战斗力。林玩被抽调到南（海）番（禺）中（山）顺（德）游击区指挥部组织科工作。9 月，部队在原来游击队的基础上，改为广东人民抗日游击队珠江纵队。根据中共广东省临时工作委员会和东江军政委员会的决定，该纵队在 10 月 20 日离开中山县，挺进到粤中地区与新（会）鹤（山）人民抗日游击队会师，11 月在鹤山县宅梧组建广东人民抗日解放军，梁鸿钧为司令员。

在战火纷飞的年代，林玩在政治部工作，随着部队翻山越岭，风餐露宿，行军打仗，从不叫苦。到了宿营地，她还找同志谈心，了解情况。

光荣牺牲

1945 年 2 月，广东人民抗日解放军主力在司令员梁鸿钧率领下，准备奔袭新兴县后，挺进到恩平、阳江、阳春，开辟云雾山根据地。当部队到达新兴县蕉山村时，突然遭国民党军队一五八师袭击，林玩在突围中光荣牺牲。林玩牺牲时，年仅 33 岁。

追认为烈士

1982 年 5 月 26 日，林玩被广东省人民政府批准追认为革命烈士。

英烈精神

具有饱满的政治热情和革命乐观主义精神，为革命不计较个人得失的无私奉献精神。

（杨光汉）

林元熙（1910—1945）

—— 重情重义兄弟情，舍生舍命国家义

林元熙，广东省阳江县江城镇人。

- 1910 年，出生。
- 1929 年，在阳江县立中学高中毕业。
- 1938 年，成为中国共产党党员。
- 1939 年，任中共两阳县工委组织委员，兼中共阳江县特支书记。
- 1940 年，到横山小学任教，建立中共横山小学党支部，任党支部书记。
- 1941 年，发动并且领导着一支有 80 多人枪的抗日武装队伍。
- 1943 年，加入珠江三角洲的抗日游击部队。
- 1944 年秋，随部队主力挺进粤中，开辟新恩两阳新游击基地。
- 1945 年 2 月 22 日，在与国民党军队的战斗中壮烈牺牲，时年 35 岁。

加入中国共产党

林元熙，广东省阳江县江城镇人。1910年出生。1929年在阳江县立中学高中毕业，后在阳江任小学教师。父亲林玉书，在陈章衮任阳江县长时被国民党以"乱党分子"的罪名杀害于广州南石头监狱。母亲陈氏，出身富户人家。林元熙家有少量田租收入，生活较为富裕。

1937年卢沟桥事变爆发。在中国共产党的倡导下，第二次国共合作建立，国共合作共同抗日，全国抗战兴起。在国共合作的旗帜下，国民党广东省当局在各地组建抗日团体青年群社。是年秋，中共广州市外县工作委员会以在阳江县建立青年群社的名义，通过国民党广东省党部先后派王传舆（黄文康，中共党员）、容兆麟到阳江组建青年群社，发展共产党员，重建中共阳江县党组织。林元熙在抗日救亡的浪潮中，经受了考验，于1938年被吸收为中国共产党党员。1939年4月成立中共两阳县工委时，林元熙为组织委员。工委下分别成立阳江、阳春县特别支部，林元熙兼中共阳江县特支书记。

建立横山小学学生党支部

1940年，蒋介石已掀起反共高潮，两阳中学等又遭受日本侵略者的多次轰炸，阳江已面临日本侵略者的侵犯，将成为敌后。根据上级党组织的指示，党组织必须在农村扎根，发动广大人民群众起来抗日，在农村建立抗日游击根据地。阳江党组织决定在接近阳春县的江春边区横山地方建立据点，决定抽调廖绍琏、林元熙、庞瑞芳到横山小学任教，建立中共横山小学党支部，在那里扎根，发动群众建立抗日基地。廖绍琏任校长，是支部委员，林元熙任教导主任，是支部书记。经过林元熙等人的努力，横山一带抗日救亡工作开展得有声有色，到1941年初，横山小学党支部已发动并且领导着一支有80多人枪的抗日武装队伍。后由于阳江县国民党反动当局坚持反共反人民的方针，形势有变，横山小学党支部从大局出发，把这支队伍解散了。但共产党的抗日主张却在当地深入人心，不久，还建立了横山小学学生党支部。

壮烈牺牲

1943 年，广东很多地区已经沦陷，成为敌后，中共领导的抗击日伪军的游击队在各地兴起，需要从地下党抽调一批党员同志入部队工作。中区特委从阳江抽调了林元熙、陈玉泉、梁之谋（这三位同志后来均牺牲在战场上）等一批党员到珠江三角洲的抗日游击部队。林元熙愉快地接受了党组织的安排，走上了抗日前线。1944 年秋随部队主力挺进粤中，开辟新恩两阳新游击基地。1945 年 2 月 22 日在新兴县蕉山村，部队遭国民党反动军队包围。经过激烈战斗，林元熙和大多数同志都冲出了重围，脱离了险境。在清查人数时，还有些同志没能突围。作为司令部警卫连指导员的林元熙，率领着一班战士又冲入敌阵援救受围同志。就在这次冲入敌阵援救同志中，林元熙壮烈牺牲，年仅 35 岁。

烈士精神

为救援战友英勇战斗，无惧死亡的大无畏精神；坚决服从党组织安排的革命精神。

（李学群）

沈　标（1919—1945）

—— 东江纵队第一支队猛豹大队大队长

主要生平

沈标，原名剑光，广东省郁南县人。

- 1919 年，出生于一个贫农家庭。
- 1936—1939 年，在香港一家面包厂里当学徒。
- 1940 年 10 月，参加广东人民抗日游击队第五大队。
- 1941 年，加入中国共产党，并担任黄布中队的小队长。
- 1942 年，参加张家山高排仔对日军的战斗。
- 1943 年，参加夏瓜田岭与顽军刘光大队的战斗。
- 1943 年冬，参加粉碎日、伪军"万人大扫荡"时怀德远丰的战斗。同年底，被提升为宝安大队的中队长。
- 1944 年 9 月，被任命为东江纵队第一支队猛豹大队大队长。
- 1945 年 8 月 16 日，参加在张家山草坪上召开的军人大会。8 月，在战斗中身负重伤，不幸牺牲，时年 26 岁。

沈标，抗日战争时期东江纵队第一支队猛豹大队大队长。他所领导的主力大队，英勇善战，屡立战功，在东江人民抗日战史上留下了光辉的一页。

受尽剥削和压迫

沈标，原名剑光，1919 年出生于郁南县建城新峡村的一个贫农家庭。17 岁那年，由于饥寒交迫，他只好背井离乡到了香港，在一家面包厂里当了三年学徒，受尽了剥削和压迫。

1937 年 7 月，卢沟桥事变爆发后，大批难民逃到香港，街头饿殍遍地，惨不忍睹，这激起了沈标无比的民族义愤，决心找机会参加人民的抗日武装，解救人民于水火。

参加抗日游击队，屡立战功

1940 年 10 月，他经胞兄沈鸿光的介绍，参加了广东人民抗日游击队第五大队。参军后，他努力学习军事技术，不久便成为连队一位人人称赞的敢打敢拼、英勇善战的好战士。

1941 年，沈标光荣地加入了中国共产党，并担任了黄布中队的小队长。在担任小队长一年多时间里，沈标先后参加了 1942 年秋张家山高排仔对日军的战斗、1943 年夏瓜田岭与顽军刘光大队的战斗、1943 年冬粉碎日伪军"万人大扫荡"时怀德远丰的战斗。每次战斗，他领导的小队都担负主要任务，而且打得英勇顽强。在这些战斗中，他曾经两次负伤不下火线，受到了领导的表扬。

1943 年底，沈标被提升为宝安大队的中队长。1944 年 9 月，被任命为东江纵队第一支队猛豹大队大队长，与大队政委李少清一起，共同肩负领导主力大队战斗的光荣重任。

猛豹大队刚成立两个月，便接到支队部交给的"挺进水乡，协同何清、谢阳光的第三大队开辟水乡根据地"战斗任务。沈标即带领张发兴、麦容中队 120 多人奔赴高埗低涌，与第三大队会合。

11 月 21 日，部队夜袭洗沙。沈标率张发兴、麦容中队，与第三大队密切配合，向洗沙驻敌发起了连续的猛攻，终于在拂晓前攻克了洗沙，全歼作恶多端的"抗红义勇军第六团",毙伤匪徒 60 余名,生俘伪团长李女以下 150 多人。

接着,沈标又于 1945 年 1 月中旬,与政委李少清一起率猛豹大队三个中队,继续协同第三大队,乘胜前进,解放高埗。

水乡抗日根据地的不断扩大和发展,直接威胁了东莞、石龙和敌伪统治区。1945 年 4 月,日军纠集汪伪四十五师及刘发如、李潮等伪军,对水乡抗日根据地进行大规模的"围剿"。

为了保卫水乡抗日根据地,部队领导决定采取先发制人的打法,派部分兵力向刘发如盘踞的蕉利、望角、望牛墩等地挺进,打乱敌人进攻的部署。沈标主动承担了这个既关系重大又十分危险的任务,与第三大队政委何清带领三个中队及手枪队、宣传队共 400 余人,于 4 月 17 日下午分乘几十只船艇挺进蕉利。

部队到达蕉利后,沈标即率两个中队构筑工事,大造声势,引诱敌人前来。当晚,他还带领 13 位战士,在水乡区委和武工队的配合下,夜袭杜屋村,干净利落地消灭了刘部杜任看守弹药仓库的一个班,缴获步枪子弹一万多发,为蕉利之战补充了足够的弹药。

4 月 22 日拂晓,汪伪四十五师一个团和一个炮营 1700 多人,向蕉利轮番炮击,发起了疯狂的进攻。沈标冒着硝烟弹雨,沉着果断地指挥部队利用蕉利四周河道环绕、河宽水深、堤围高厚的险要地形,对人数 7 倍于我的强敌展开了英勇的抗击。当天下午,驻莞城的日军 500 多人,与伪四十五师一起,向蕉利展开了更猛烈的进攻。沈标坚持在前线指挥战斗,他亲握机枪,圆睁虎目,打得伪军抱头鼠窜。战士们亦个个英勇杀敌,越战越勇。伪军虽有日军的炮火壮胆,但始终没能越雷池半步。激战到下午 4 时多,日伪军丢下 30 多具尸体,抬了 60 多个伤兵,往莞城方向撤退。

蕉利战斗刚结束,部队接到低涌送来的情报。根据日趋严重的敌情,部队领导经过慎重考虑,决定避开"围剿"的锋芒,撤出水乡。当晚,沈标率领主力大队在前头开路,与第三大队和水乡 200 多名群众,安全撤离水乡,使日伪军企图消灭部队于水乡的阴谋彻底破产。

沈标率猛豹大队撤回山区后,稍经休整,又投入莞樟、莞太、宝太公路沿线对日伪的战斗。1945 年 5 月,沈标率队在莞樟线击退伪四十五师驻横坑一个团对良平的进犯,歼敌一个排。接着,于 5 月 9 日在黎贝岭附近的公路上击溃了抢粮的一个日军中队，毙伤30多名，把日军围困在竹山村。沈标、李少清正组织紧缩包围圈时，李少清不幸头部中弹，壮烈牺牲；沈标亦同时负伤。战后，沈标把对政委牺牲的悲痛化为力量，带着战伤，继续坚持在第一线指挥战斗。

1945年6月，沈标接到消灭赤岭伪军运粮队的任务后，立即亲率连排干部到现场侦察，了解到这个伪军连每星期都走小路经宝塘厦到厚街领钱粮。于是，沈标决定在宝塘厦的一个小山岗上进行伏击。6月19日上午七八时，运米的伪军连从赤岭沿着小路慢慢开过来了。在离伏击部队不到10米时，沈标指挥早已埋伏在黄麻地里的战友一齐向敌群开火，打得敌人丢盔弃甲，狼狈不堪。经过30分钟的激战，全歼了该伪军连50余人，缴获了两挺机枪，40多支步枪。

7月，日军作最后挣扎，调动了一个联队进攻宝太线，威胁抗日根据地腹地。中共路西县委决定由支队长黄布和政治处主任李征率领猛豹大队和三龙大队主力，向宝太线的官涌坳展开攻势，以威慑驻太平的日伪军。

官涌坳位于太平的东南方，是联结宝太沿线各敌据点的枢纽。敌人在坳两侧的小山上构筑了鹿砦、铁丝网、堑壕等坚固工事。小山虽不高，但很陡峭。为了保证战斗的胜利，沈标亲自带领小队以上的干部利用黑夜到实地摸查地形，进行了周密的侦察。然后，于8月12日晚从大逕、张家山出发，对官涌坳进行夜袭。

8月12日深夜12时许，沈标带着袁康、张发兴两个中队，机敏地避开敌人哨兵的视线，神不知鬼不觉地摸上两个小山。经过一阵短兵相接，敌人的鹿砦在手榴弹的硝烟中粉碎了。敌军被突然的奇袭打得蒙头转向。战斗只进行了20多分钟，就全歼了汪伪一个正规连。这次战斗，成为部队纪念"八一三"全民抗战8周年的献礼。

激战莞太线

1945年8月15日，日本宣布无条件投降。8月16日中午，沈标率领全大队战友，参加了支队部在张家山草坪上召开的军人大会，聆听着支队部传达的朱总司令的两个命令。会后，猛豹大队与兄弟部队一起，对日寇展开最后的一战。

8 月 17 日上午，莞太线的反攻战开始了。莞太线全长 30 公里，是沟通东宝的大动脉，沿线各据点共驻有日伪军及护沙队 2000 多人。战斗一打响，沈标会同三龙大队和路西广大军民，首先把伪军驻在厚街的一个团、赤岭的一个营和翟家村的一个连包围起来，向敌人发动了强大的政治和军事攻势，并接连打退了从篁村南犯的数百援兵和被围据点几次垂死反扑的敌人。

被围的敌人负隅顽抗，驻莞城、篁村的日伪军不甘心失败，亦加紧集结，准备再出动大批援兵，妄图挽回败局。支队部决定采取围点打援战术，把猛豹大队和三龙大队转到新基附近埋伏，决心痛歼由莞城、篁村增援之敌。

伏击的部队连续在新基埋伏了两天。第三天中午，从莞城出动的八九十名日军，带着几门迫击炮，与伪四十五师驻篁村一个营 200 多人，沿莞太公路向翟家村增援而来。沈标一见，高兴极了，憋了两天的闷气一下子飞到九霄云外。他挽了挽衣袖，指挥突击队的战士们装上雪亮的刺刀，目不转睛地紧紧盯住越来越近的敌群。当伪军完全进入伏击圈时，沈标立即指挥主力，猛然撒开火网，新基谷地骤然震荡起来。伪军顿时在公路上乱作一团，有许多敌人当场死在公路上，有的立刻滚到公路两旁的水沟里，以图顽抗。在后头压阵的日军，惊惶一阵之后，就地占领一个山头，向部队乱轰迫击炮。

此时，天上乌云密布，接着倾盆大雨。新基公路上枪炮声、风雨声、雷电声和敌人的嚎叫声混成一片。突然，支队部嘹亮的冲锋号响彻了谷地。沈标一听号声，立即率领部队，带头冒着狂风暴雨和硝烟弹雨扑向公路。经过几十分钟的激烈搏斗，公路上敌人尸体狼藉，活着的都扔下武器，就地跪着举手求饶。

这时，在后压阵的日军，仍有一个小队两挺重机占领新基茶亭顽抗。沈标一面命令麦容带部队冲下公路缴枪抓俘虏，一面带了两个通讯员、一个司号员迅速在公路右侧小村大树下集合两个中队，决心消灭茶亭的日军，进一步扩大战果。正当他向部队进行紧急动员布置时，日伪为了掩护茶亭日军撤退，向我方猛烈炮击，沈标不幸身负重伤，在他身边的通讯员和司号员亦当场壮烈牺牲。同志们怀着满腔怒火，更加勇猛地继续投入战斗，给企图负隅顽抗的敌军以歼灭性的打击。新基一战，全歼了伪四十五师一个精锐营，杀伤了一批日军，震撼了敌人的营垒。

不幸牺牲

沈标受重伤被抬回大队部后，仍无法有效地止血止痛。当晚，他强忍伤痛，把猛豹大队副大队长袁康叫到身边，关切地询问了各中队的情况，然后语重心长地嘱咐说："老袁，我恐怕不行啦，希望你继续把部队带好！"并把用了多年的手枪留给袁康。袁康难过地安慰了他几句，表示一定要把猛豹大队带好，他满意地点了点头。

当晚，部队把沈标送去香港治疗。由于伤势过重，加上严重感染，不幸牺牲，年仅 26 岁。

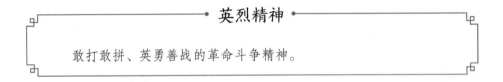

英烈精神

敢打敢拼、英勇善战的革命斗争精神。

（陈铣鹏）

王　武（1921—1945）

—— 粤东地区第一支武装游击队创建人之一

王武，又名王端韵，广东省普宁县人。

- 1921年，出生于贫苦农家。

- 1936年，转学梅峰公学。

- 1937年11月，加入中国共产党。

- 1938年6月，到汕头市青年抗敌同志会工作。8月，参加"广东省第九区民众抗日自卫团教导队"。10月，到汕头市郊岐山乡第三战时工作队，搞抗日游击支点的工作。

- 1939年4月，任第三战时工作政治指导员。6月，组建粤东地区第一支武装游击队——汕青抗武装大队，任第三分队长。8月，先后任中共潮安县鹳巢区、鹳庵区和潮西区委组织科长、书记。

- 1940年初，与陈华君结为夫妻。

- 1941年3月，先后调任潮澄饶敌后县工委委员、书记、特派员等职。

- 1942年6月，返回普宁家乡从事教学工作。

- 1944年7月，调任揭阳县地下党组织负责人。12月，开始恢复潮汕地下党的活动。

- 1945年6月，在伏击反动队伍时中弹身亡，时年24岁。

王武，又名王端韵，1921年出生于普宁县梅塘四方园村的一个贫苦农家，8岁入学。1936年，转学梅峰公学。1937年，在中共普宁县工作委员会书记陈初明等培养下，他积极参加抗日救亡工作，进步很快，于同年11月加入中国共产党。

组建粤东地区第一支武装游击队

1938年6月，党组织调王武到汕头市青年抗敌同志会（简称"汕青抗"）工作。他日以继夜地搞好誊写油印工作。8月，中共潮汕中心县委为培养军事干部、筹建抗日武装，派王武等一批党员和进步青年，参加刘志陆在潮安东津举办的"广东省第九区民众抗日自卫团教导队"学习军事技术。10月结业后，他被汕青抗派到汕头市郊岐山乡第三战时工作队（简称"战工队)，搞抗日游击支点的工作。1939年4月继任战工队政治指导员。6月21日，日军进攻潮汕，汕头失陷。王武带领战工队和从汕头、金砂撤退的青抗会员和工农群众，在中共潮汕中心县委和汕青抗领导人的主持下，组建了粤东地区第一支武装游击队——汕青抗武装大队。王武任第三分队长。他带领队伍活动于汕头市郊、桑浦山和潮安沿铁路线一带敌后，做群众工作，侦察敌情，袭击日军和开展锄奸斗争。

开展地下工作

1939年8月后，王武奉命调离汕青抗武装大队，到潮（安）澄（海）饶（平）沦陷区做党的地下工作，先后任中共潮安县鹳巢区、鹳庵区和潮西区委组织科科长、书记。1941年3月以后，他先后调任潮澄饶敌后县工委委员、书记、特派员等职。他经常组织所属党支部的党员和青年，化装侦察敌情。自己还亲自扮成一名"阔少"，深入敌伪据点，获取情报，有力地配合敌后武装游击小组，开展打击日军和惩办日伪汉奸、奇袭警察所、筹集党的活动经费等活动，有效地打击了日伪的嚣张气焰，增强了群众的抗日信心。1940年初，经组织介绍，他与在革命斗争中建立感情的鹳庵区妇女干部陈华君结为夫妻。从此，他化名亚恭，陈华君化名亚英，两人在革命斗争中携手前进。

1942 年 6 月，"南委事件"发生后，党组织暂时停止活动。7 月，党组织通知王武夫妇撤退隐蔽。王武从潮安回到普宁家乡。9 月后，他先后执教于三区的瓜园、大宅等村（今属梅塘镇）小学。这期间，他不忘党的革命事业，通过原梅峰公学同学、党员教师方修亮等，深交朋友，经常深入做社会调查，掌握地方敌、我、友情况，为党筹建武装做好准备。如他在大宅小学任教时，就以帮助村政组织守菁队为村民保护农作物为名，把村里公户和私人枪支集中到进步青年手中。

为党组织清除叛徒

1944 年 7 月，王武调任揭阳县地下党组织负责人，到榕城后，即同一批英勇机智的共产党员一起，担负非常时期的一项特殊的锄奸任务。这是由于原中共南委宣传部部长、秘书长姚铎在重庆叛变投敌，被任命为国民党中央党部专员，潜回揭阳县榕城简易师范学校，以教师职业为掩护，冒充中共上级组织负责人，以恢复当地组织活动为名，进行其一系列叛党罪恶活动。因此，同叛徒姚铎的斗争，是关系到当时潮汕地下党一场生死存亡的斗争。中共潮梅特委特派员林美南等，根据中共中央南方局的指示，决定惩处叛徒姚铎，指定潮澄饶和揭阳县地下党组织紧密配合执行。潮澄饶党组织先后派两批行动小组进榕城，在王武的领导下开展工作。在内线人员的配合下，王武于 10 月 1 日和 11 月 12 日先后两次指挥行动小组执行任务，终于在榕城进贤门外的商业学校将姚铎处决了，为潮汕党组织除了一大害。

开展游击斗争

1944 年 10 月下旬，中共潮梅特委负责人林美南在普宁王武家中召开七县武装骨干会议，遵照党中央的指示，决定全面恢复潮汕地下党的活动和成立潮汕人民抗日游击队，具体研究了斗争方针、《宣言》和武装队伍的军事干部、装备、经费等问题。会议期间，王武的爱人负责放哨，保证会议安全。12 月，潮（阳）普（宁）惠（来）党的负责人林川和王武，带领张希非等一批党员骨干分头联系隐蔽的党员，边对党员进行审查，恢复组织关系；边筹建武装，发动党员参军，献金献物，筹集经费。王武带头卖掉自家仅有的几分耕地，并把家中存款以及几担稻谷和两头肥猪尽数献出。他和杜平等率先组织了一个 10 多人的短枪班，于 1945 年 2 月 12 日（农历除夕）化装成国民党官兵，假造"闽粤边区司令部"关防和司令香翰屏的提枪手令，到普宁二区什石洋村（今属大南山镇）保长蔡英士家里，收缴了国民党普宁县政府国民兵团解散时寄藏的 78 支步枪和 11 箱子弹，又于 2 月 26 日晚，化装成便衣武装人员，到普宁五区南城村（今属下架山镇）收缴驻于该村炮楼的后备队枪械 9 支。这些武器成为潮汕人民抗日游击队的基础装备。

1945 年 3 月 8 日，日军入侵潮汕腹地。此后，除普宁县五区和揭阳县协安区外，两县几乎全境陷落。3 月 12 日，王武和杜平率领普宁方面的 200 多名抗日游击队员到四区的牛血坑村（今麒麟镇发坑村），同林美南、曾广率领的揭阳方面的 120 多人的队伍会师。翌日，转到白暮洋村（今属南径镇）成立潮汕人民抗日游击队。王武为队长，公开发布了《潮汕人民抗日游击队成立宣言》和《告民众书》。游击队成立之后，一方面由林美南、林川率领一部分队伍开赴大南山，创建抗日游击根据地（7 月成立普宁二区民主政府），司令部设在大南山的大窝村；另一方面先后组织两个有战斗力的突击队，由王武和杜平带领，进入平原的敌占区开展敌后游击战争。4 月，第一突击队在普宁四区大寮村（今属麒麟镇）活捉了一名日军炮兵，又在二区马栅村（今属流沙镇）围击日军一支小分队。4 月下旬的一天下午，王武带领第一突击队在洪阳的陈洞径截击日军一支运输队，缴获日军丢弃的 12 担行装。从此，抗日游击队威名传扬，日军惶恐不安，只好把分散的据点收缩进普宁县城（洪阳）。由于全国抗日形势迅猛发展，入侵日军又连遭抗日游击队的袭击，于 5 月 7 日全部撤出普宁县境，全县遂告光复。

在伏击战斗中牺牲

1945 年 6 月 14 日，国民党顽固派公然向潮汕人民抗日游击队发动"围剿"。普宁反动县长周英耀纠集普宁自卫后备团 6 个中队共 300 余人，直扑二区赤水村（今属流沙镇），以为游击队主力部队在该村，妄图一战邀功，但扑了个空。王武率第一大队于池尾的山湖村获悉敌人动向后，即会同林川、杜平商定严惩顽军。6 月 15 日中午，王武率第一大队前往二区乌石村（今属燎原镇）伏击，第二大队配合从背后包抄敌人。午后，顽军在西陇村

（今属流沙镇）行劫后，果然向乌石村而来，中我伏击，顽军阵势一时散乱。王武即上前沿指挥游击队乘势追歼。当他快步穿过"七圣娘娘庙"，于阵前发布冲锋令时，不幸腹部中弹重伤。短枪班班长黄欣睦上前救护。王武脸色苍白，但坚定地说："不要管我，马上传达冲锋命令！""大队长命令：消灭敌人，冲啊！"命令传出后，游击队员们像离弦之箭冲向敌人阵地，追歼逃敌。顽军除一个中队逃进西陇村炮楼，被人民抗日游击队第二大队围住外，余皆被包抄击溃。是役毙敌 16 人，俘敌中队长以下 130 多人，缴获长、短枪 70 余支，胜利地粉碎了敌顽对人民抗日游击队的"围剿"。但王武因受重伤医治无效，翌日牺牲，年仅 24 岁。

新中国成立后，普宁人民在燎原镇乌石农场后山坡上为王武等烈士建墓竖碑。

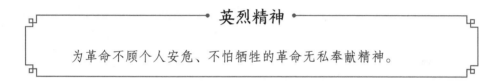

英烈精神

为革命不顾个人安危、不怕牺牲的革命无私奉献精神。

（陈克寒　罗志刚）

熊　芬（1922—1945）

—— 江北部队博罗龙溪结窝交通站女站长

主要生平

熊芬，原名兰英，归国难侨，祖籍广东省梅县白土乡泮坑山下熊屋。

- 1922年8月，出生于印度尼西亚。
- 1939年4月，加入中国共产党。
- 1943年，与张英结成了革命伴侣。
- 1944年春，在英德石牯塘以教书作掩护，从事党的地下活动。
- 1945年春，被调到增城三江地区担任交通站分站长。四五月间，东江纵队决定在博罗龙溪结窝村建立交通情报站，调任站长。10月9日，遭敌人包围不幸被捕，后英勇牺牲，时年23岁。

1945 年 10 月下旬的一天，一位二十来岁的女游击队员昂首挺胸，被敌人押往东莞桥头红棉树下刑场，正当她慷慨高歌之际，罪恶的子弹射向她的胸膛。她身中两弹仍然高呼共产党万岁。直至第三枪枪声响后，她才倒在血泊中。她，就是当时被人们传颂的江北部队博罗龙溪结窝交通站女站长——熊芬。

坎坷的童年

熊芬，原名兰英，归国难侨，祖籍广东省梅县白土乡泮坑山下熊屋。她祖宗三代都贫无立锥之地，其父母因生活所迫，早年离乡背井，去南洋谋生。

1922 年 8 月，熊芬出生于印度尼西亚。后来，在南洋难以生活，她的父母亲把大儿子安顿好，带着熊芬等四女二子回到家乡。熊芬三岁那年因家贫被卖给人家当童养媳，受尽狠心肠的婆母的折磨。

熊芬 10 岁那年，灾难接踵而来，身患肺病的父亲因无钱医治死去。时隔两年，母亲也遭同样的厄运而离开人间。刚满 12 岁的熊芬也被迫回到娘家，姐弟三人相依为命，全靠在南洋谋生的哥哥寄回一点钱维持生计。一次，8 岁的弟弟饿得难忍，偷吃了邻居一碗稀饭。熊芬得知之后，涕泪横流地教育弟弟说："我们虽穷，但要有骨气。缺德的事，我们不能做……"由于熊芬为人善良，人品好，左邻右舍都喜爱她。

屋破偏遭连夜雨。熊芬 14 岁那年，在南洋谋生的哥哥不幸破产。家中唯一的经济来源中断，只好借债为生。后来为了还债，又忍痛把小弟弟卖掉，剩下一个弟弟在沿门行乞时也被人拐骗到他方。同村的表姐梁春娇把她收留下来，熊芬的婆母知道后，多次前来要人。梁春娇不忍心让熊芬再入虎口，花了一笔赎金，问题才算了结。梁春娇省吃俭用，还供她读了三年书。

经党组织培养入党

20 世纪 30 年代后期，熊芬家乡的水白中学有地下党员廖伟、熊钦海、陈德惠等人以教书作掩护进行党的活动。1938 年冬，地下党在熊芬村里办起了夜校，她参加了夜校学习，开始懂得一点革命的道理。村里的妇女对上夜校诸多顾虑，有的怕人说闲话，有的怕长辈阻挠。在熊芬的带头和发动下，村里的妇女一个接一个报名上了夜校。

心灵手巧的熊芬热心为妇女们办事。她从小学会裁缝衣服。一次，她听说俊王姆老太婆想缝件上衣，便登门帮她量尺寸，出梅城帮她买回布料，然后抽空把衣服裁缝好送去给她老人家。

熊芬为群众办事的一举一动，党组织都看在眼里，计划培养她加入共产党。党员主动接近她，启发教育她，问及她入了党，搞革命，可能要坐监杀头，怕不怕？她爽朗地回答："为了将来有好日子过，谁不想入党？为了翻身，死有什么可怕？"党组织见她向往革命，追求真理，经过一段时间的培养，便于1939年4月，由陈德惠介绍，接收她加入中国共产党。

那时，夜校资金短缺，连点灯的火油钱也没有。熊芬和支部的同志一起商量，发动夜校学生割山草卖、组织开荒等，使夜校经费有了着落，而且越办越好。

无怨无悔完成党安排的工作

白土乡新来的党组织负责人彭碧琴为了让熊芬得到更好的锻炼和解决她的生活出路，便介绍她去教书。熊芬先后在城东、玉水、潮塘、立本以及本村小学任过教员。虽然每个学期只领到四五斗米，生活很清苦，但她觉得这是党特意安排的战斗岗位，不管怎样艰苦都应该坚持下去。她经过虚心学习，刻苦钻研，终于克服了教学上的重重困难。

熊芬除了完成教学任务，还完成地下党交给的工作，递送书信，联系工作，掩护同志，样样都干。1940年冬，粤赣湘边省委妇女部长范乐春因患重病，通过地下党员医生陈延盛的关系，秘密转来梅县德济医院治疗。熊芬主动协助本村妇女党支部书记古彩英发动泮坑村党员募捐，然后把慰问品和慰问金悄悄带去医院送给范乐春。范乐春非常感激，并且语重心长地鼓励她要经得起考验，坚持斗争到底。不久，范乐春不幸病逝。熊芬下决心以她为榜样，搞好革命工作。

熊芬在抗日救亡运动中结识了张英。1943年，他俩结成了革命伴侣。南委和粤北省委事件相继发生之后，南方局指示广东党组织停止一切活动。熊芬夫妇得悉英德革命斗争开展比较活跃，便通过原四战区政工队员、地下党员王诚的关系，于 1944 年春前往英德，在石牯塘以教书作掩护，从事党的地下活动。

奔赴博罗抗日前线

1944 年夏天，广东人民抗日游击队东江纵队独立第三大队奉命北渡东江，挺进罗浮山，开辟江北抗日根据地。张英、熊芬又决意奔赴博罗抗日前线。他们沿途遭到敌人一次又一次的盘查，熊芬却镇定自若，对答如流，不露破绽。特别是在惠州旅店歇宿那晚，一夜之间遭到敌人两次搜查盘问，她都从容应付。他们几经周折，终于胜利抵达目的地——罗浮山。

出色完成交通站工作

1945 年春，东江纵队司令部挺进江北，江北地区的交通站统归东江纵队司令部交通总站领导。这时，因工作需要熊芬被调到增城三江地区担任交通站分站长。这个站负责沟通四支队与广州地下党联系，任务十分繁重。有一次，东江纵队交通总站的邱福如受命到广州郊区开辟交通线，晚上到该站接头。熊芬立即派了一名交通员带他们夜渡增江。行前，她对交通员的工作布置得非常细致，如乔装方法、信件保管、口供准备、辨认方向、遇陌生人如何处置等等，都一一布置清楚。熊芬对交通员的生活极其关心，每当交通员执行任务深夜回来，她都起床照料他们，做饭、烧水，关怀备至。她对这里过往的民运人员、手枪队员、情报人员也照料得很好。

1945 年四五月间，博罗龙溪建立了乡人民政权。这个乡的结窝村经过开展减租减息，群众发动起来，积极投入民主抗日运动，基础较好。东江纵队决定在这里建立交通情报站，派熊芬去接任站长。她深知工作任务艰巨，但仍勇挑重担，带领五六位战友，终日活跃于江北通往江南的这条交通线上。

抗日战争胜利后，国民党当局迫不及待地发动内战，形势急剧变化。为了保存实力，1945 年 9 月中旬，东江纵队除留下少数人员就地坚持斗争外，司令部和政治部转移到江南，主力部队向北和向东作战略转移。熊芬奉命留在原地坚持斗争。

不幸被捕

1945 年 9 月初，国民党调派新一军、一六〇师、一五三师大举向增城和博罗等地进攻。少数混进龙溪民主乡政权的反动家伙认为反扑时机已到，暗中收买已经叛变了的原龙溪常备中队长林作康等人，刺探结窝交通站活动的情报，窥视熊芬的行踪。10 月 9 日（农历九月初四），趁交通站同志集中整训之际，敌人突然出兵包围交通站。熊芬镇定自若，指挥战友们还击，晚上，熊芬等想借助夜幕和灌木草丛的掩护，沿着山沟，越过山背，甩掉敌人。可是敌人早已把他们团团围住，熊芬和三位交通员及几个常备队员均不幸被捕。

当晚，敌人把熊芬和她的战友押解到龙溪宫庭村的一间私塾，立即开始审讯。敌人用花言巧语引诱熊芬，遭到熊芬的厉声怒斥。熊芬牢记自己入党时的誓言，不管敌人怎样严刑拷打，始终义正词严地说："我们抗日游击队，干的是为民除害的事，你们是汉奸走狗，干的是烧、杀、抢的勾当。"把敌人斥得无地自容，敌人只好把熊芬和她的三位战友转解到国民党军巢穴——东莞桥头镇。

坚贞不屈，英勇牺牲

桥头镇的敌人首领龚质彬、马流林等对熊芬施以铁烙、鞭打等酷刑，逼她讲出东江纵队的行踪、军事计划和交通站的情况。熊芬只字不吐。酷刑把原来结实粗壮的熊芬折磨得遍体鳞伤、奄奄一息，她始终坚贞不屈。最后，感到绝望的敌人便下令把熊芬和她的三位战友一起杀害，遗体抛入东江河中。

熊芬牺牲时年仅 23 岁。她的英勇事迹被东江纵队《前进报》以《忠于人民，气节凛然》为题刊登，广为传颂。

忠于人民，大义凛然的革命精神；坚贞不屈、无畏牺牲的革命大无畏精神。

（李春水）

徐毅平 (1920—1945)

—— 粤北山区的革命领导人

徐毅平，又名徐沂，别名陈国保，广东省东莞县石龙镇人。

- 1920 年 9 月，出生于一个职员家庭。
- 1937 年秋冬间，加入中国共产党。
- 1938 年，考上私立广州大学。
- 1939 年 3 月，参加中共广东省委在韶关西河坝举办的第一期党员干部训练班。六七月，到连（县）阳（山）地区任连阳中心支部组织委员兼连县党支部书记。9 月，任中共连阳工委书记。
- 1940 年夏，到英德县任中共英西特派员。同年秋，调回韶关担负特殊的联络和情报工作。
- 1942 年，指挥曲江党组织的转移疏散工作。
- 1944 年冬，任命为曲江党的特派员
- 1945 年，日本投降前夕，在去汇报工作途中遭遇敌人，遇难殉职，时年 25 岁。

加入中国共产党

徐毅平，又名徐沂，别名陈国保。1920 年 9 月出生在广东省东莞县石龙镇一个职员家庭。他自小勤奋上进，聪明好学，记忆力强、乐于助人。他初在石龙镇励志小学读书，9 岁随父转到广州五一小学，毕业后，考入广州广雅中学。在校期间，他读了不少哲学、社会科学、文艺小说等方面的书籍。他性格开朗，思想进步，关心国事，曾利用假期将石龙在广州读书的同学组织起来，进行抗日宣传。1937 年秋冬间，他加入中国共产党。1938 年高中毕业后，他虽考上了私立广州大学，但未去就读。

组建战工队

其父徐民纲原在广州船泊管理局和昌兴轮船公司任职，1938 年秋在广州举办船员、驾驶员训练班，该班交由徐毅平主持。后来，徐民纲辞职从军，是一位同情和支持共产党的爱国军人。

广州沦陷前，社会秩序混乱，机关、学校纷纷组织抗战团体。徐毅平与广东省动员委员会战时工作队取得联系，将石龙的 30 多名爱国青年组织起来，参加了该会的战工队，自任中队长，同时，他还动员他 14 岁的妹妹徐适也参加了战工队。徐毅平率领中队步行到佛山。适逢佛山大疏散，他们便匆匆离开了佛山。他们几经周折，转至开平县的赤坎镇，在郊外农村开展抗日救亡宣传。1939 年初，他按上级指示率队北上韶关。

领导连阳地区工作

1939 年 3 月，徐毅平参加了中共广东省委在韶关西河坝举办的第一期党员干部训练班。省委张文彬、李大林、李殷丹等亲自授课，进行马列主义和形势教育，提高了他们对持久抗战的认识。1939 年六七月间，省委根据徐毅平的要求，派他去党的基础薄弱的连（县）阳（山）地区任连阳中心支部组织委员兼连县党支部书记。9 月，成立中共连阳工委，徐毅平任书记。这里的工作、生活条件非常艰苦，但徐毅平能吃苦耐劳，平易近人，善于团结同志，他和邓如澎、陈枫、罗耘夫、周锦照等同志并肩战斗，很快打开了连阳地区的局面。他的胞妹徐适在省新生活妇女促进委员会工作，分配在芙蓉山脚教民众夜校。曲江县委书记岑振雄获悉后，便通知徐适到连县去协助他哥哥工作。兄妹见面分外亲切。为适应地下工作的需要，徐毅平改名为陈国保。徐适亦改名陈志英。几天后，兄妹一起乘木船去连县，途中木船被撞坏，徐毅平沉着指挥抢救，使全部人员安全脱险。

徐民纲在肇庆获悉子女在连县开展革命活动，经费困难，旋即汇去了60块光洋予以支持。徐毅平用这笔款在连县先后办了两期党训班，为连阳地区培训了一批骨干力量，在连县、阳山县秘密地建立起党的支部，发展了一批党员。

徐毅平在连阳地区工作一年左右，经受了许多严峻的考验。一天深夜，荷枪实弹的敌人包围了他兄妹俩的住处。徐毅平沉着地将文件处理好以后才叫徐适去开门。一位军官喝问他是干什么的？徐毅平不慌不忙地回答：是从广州逃难来的，我们是兄妹，父亲是徐景唐将军的秘书。说着便将其父军邮的书信和汇款收据拿给他们看，这才打消了敌人的疑虑，闯过这一险关。吃一堑，长一智。他及时总结教训，知道没有职业作掩护是很容易暴露自己的。经与当地的邓如澎商议，决定在东陂以小学教师的身份进行活动。后又开小店，自任老板。连阳地区党的工作在徐毅平领导时期开展得很有声色，受到北江特委和省委的多次赞扬。

担任韶关的联络情报工作

1940年夏，北江特委调徐毅平到英德县任中共英西特派员。同年秋，省委又将他调回韶关担负特殊的联络和情报工作，任务是沟通省委与北江特委的联系，做他父亲及十二集团军的中上层人士的统战工作，利用其父徐民纲在余汉谋、徐景唐部下任中校咨议的影响，收集党组织所需要的情报。以后徐民纲冒着极大的风险送给党组织一份五万分之一的国民党军用地图和收发报机等军用物资，为抗日战争和解放战争做出了贡献。

徐毅平住在韶关市上后街七号莫雄公馆内。他以曲江县税务局雇员的身份进行活动，利用他家在莫雄公馆内的特殊条件以及他叔父徐屯在北门开的"永亨"运输行，建立起地下党十分安全的秘密联络点。省委的张文彬、李大林、古大存和北江特委的黄松坚、李守纯等常到这里秘密接头，研究部署工作。党不少重要干部来往韶关，都曾在他家掩蔽。

1942 年 5 月 27 日，中共粤北省委遭到敌特的破坏。省委书记李大林一家和组织部部长饶卫华等人在五里亭被捕入狱。事件突发后，省委秘书长严重（陈志华）迅速通知韶关市区和曲江党组织有步骤地进行个别转移，分散隐蔽。徐毅平和严重保持密切联系，积极协助做好善后工作，使被捕的人数减到最少限度，曲江党组织未遭受任何破坏。

负责恢复曲江党组织的工作

1944 年冬，北江特委书记黄松坚指示徐毅平和梁展如到翁源中学找负责粤北路东工作的谢永宽汇报曲江党组织的情况。随后，谢永宽任命徐毅平为曲江党的特派员，吴甫为组织干事，作为徐毅平的助手，负责恢复曲江党组织的工作。

1945 年 1 月，韶关、马坝等地相继沦陷。马乌地区的党员梁展如、罗玉麟、杨维常等同志团结民主人士杨际春组成一支 250 多人的抗日武装。二三月间，徐毅平、吴甫派郭坚到马坝、苍村、沙溪了解情况。然后，由郭坚从枫湾带徐、吴到苍村听取了杨维常等人的详细汇报。5 月，徐、吴采取措施，在苍村举办青年骨干政治培训班，任命杨维常为班主任，学员有何远赤等 10 余人。徐毅平到训练班上形势教育课，教育学员和干部要认清形势，提高斗争勇气，坚持武装斗争。经他的考察和批准，在部队中先后发展了何远赤、何耀爵、丘其忠、吕式根（吕华）等同志入党。随后，他通过上级党组织从风度中学、志锐中学派来了朱舜韶、徐良、谢祝全、林卧龙、张伟枢等一批党员，和青训班的学员一道，到各中队任政训员、副中队长等职，从而有效地改造了这支成分比较复杂的武装队伍，使之成为共产党领导下的一支抗日武装力量。

不幸牺牲

在战乱年代，徐毅平的家四处漂泊，不断迁徙。韶关沦陷后，由大塘搬进枫湾，后移居陈下村。一家人分居各地，徐适、徐弧和徐来随父徐民纲在江西三南游居，徐毅平、徐耕、徐矛等则随母在曲江生活，其父留下一个勤务员亚海（许其）为他们料理家务。亚海为人诚实，在徐毅平的教育和影响下，后来也参加了革命，在解放战争期间献出了宝贵的生命。他家在陈下居住时成为革命同志的"客栈"，经常人来人往。尽管生活艰辛，他一家人还是待同志如亲人。这年的端午节后，他带亚海出来参加革命，路经大塘时，曾到侨中鼓励同志说："抗战胜利不需很久了，到那时我们再见面吧！"

1945年六七月间，徐毅平到了沙溪曲江联抗会总部。杨维常吩咐何远赤当徐毅平的临时警卫员兼向导，从沙溪出发到马坝和龙岗的欧山等地，分别与党员罗玉麟、丘世柱、甘锦轩、朱舜韶等同志谈了话，与他们分析抗战形势，要求他们提高警惕、做好艰苦斗争的思想准备。

日本投降前夕，徐毅平曾在乌石梁展如家中研究布置工作。谢祝全等人在场。据谢祝全回忆，这时，上级来人通知要曲江党组织派人去汇报工作。梁展如当即提出让谢祝全去，徐毅平觉得谢祝全太年轻，尚且对全县党组织的情况不熟悉，路上不够安全，还是自己去好。他将工作交代梁展如，便与来人一起离开了曲江乌石鹅鼻洞，不幸在英德和翁源、曲江三县交界的大山之中遭遇敌人，遇难殉职，年仅25岁。

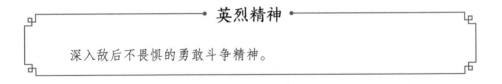

英烈精神

深入敌后不畏惧的勇敢斗争精神。

（石松林）

叶发青（1891—1945）

—— 出席党的第六次代表大会的广东唯一农民代表

主要生平

叶发青，别名叶石妹，广东省曲江县东厢乡翻溪桥石安村人。

- 1891 年，出生于一个农民家庭。
- 1924 年 9 月，成为翻溪桥农会首批农会会员之一。
- 1926 年，加入中国共产党，先后任中共翻溪桥党支部的组织委员和支部书记。
- 1927 年，中共曲江县委成立后，任县委委员。
- 1928 年 4 月间，被选为出席党的第六次代表大会的广东唯一的农民代表。6 月 18 日，被选为农民土地问题委员会和广州暴动问题委员会的委员。
- 1945 年夏，在战斗中英勇牺牲，时年 54 岁。

┄┄┄┄┄┄┄┄ 积极投身农民运动 ┄┄┄┄┄┄┄┄

叶发青，别名叶石妹，曲江县东厢乡翻溪桥石安村人。

1891 年出生于一个农民家庭，叶发青在兄弟三人中居长。他从小参加田间劳动，学会了田园农活的一切劳动技能，磨炼成一副腰圆臂粗、高大而结实的躯体，养成了坚强勇敢的性格。因家中人多劳力少，生活清贫，读书甚少。

第一次国共合作时期，广东的农民运动蓬勃发展。1924 年 9 月，曲江县第一个村农民协会——翻溪桥农会成立了，叶发青是首批农会会员之一。从此，叶发青便积极投身农民运动。他与叶凤章等人一起走村串户发动东厢群众，组织各村的农会，为成立曲江一区的农会、推动全县农民运动的发展做出了自己的贡献。

当曲江东水和县农会的领导权被叶国棠、何宗尧等大地主篡夺以后，叶发青和叶凤章等人一起，与叶国棠一伙进行了针锋相对的斗争，维护了农民的利益，使曲江县的农民运动走向健康发展的轨道。

┄┄┄┄┄┄┄ 出席党的第六次代表大会的广东唯一农民代表 ┄┄┄┄┄┄┄

叶国棠、刘本初等人勾结国民党桂系军队的王应瑜，带兵"围剿"翻溪桥、石安、洋村一带时，叶发青家里房屋被烧，财产被洗劫一空。他和叶凤章兄弟的生命安全受到严重威胁，但他毫不动摇。他的爱人赖氏担心其继续参加革命活动会惹来杀身之祸，劝他说："你不要去革什么命了，安心在家种田吧！"叶发青坚定不移地对爱人说："你不要害怕，将来革命成功了，我们会有饭吃，有好日子过的。"

由于叶发青立场坚定，忠诚于党的伟大事业，经党组织的帮助与考察，于 1926 年夏由叶凤章介绍，加入了中国共产党，是曲江县的早期党员之一。他先后任中共翻溪桥党支部的组织委员和支部书记。

1927 年中共曲江县委成立后，任县委委员。1928 年 2 月间，中共曲江县委改组，王果强任书记，县委机关设在洋村时，叶发青仍任县委委员。因他对共产主义事业有坚定的信念，在实际斗争中的出色表现，于 1928 年 4

月间，在中共广东省委扩大会议上他被选为出席党的第六次全国代表大会的广东唯一的农民代表。

1928 年 5 月上旬，叶发青离家启程到苏联参加中国共产党第六次全国代表大会。会议于 6 月 18 日在莫斯科郊外一座别墅中开幕。叶发青在中共六大会议期间，被选为农民土地问题委员会和广州暴动问题委员会的委员。

开展革命活动

中共六大结束后，叶发青于 1928 年 8 月初从苏联回到曲江，继续与曲江县的三位农民领袖梁展如、欧日章、叶凤章一起并肩战斗，积极协助县委做好工作，开展革命活动。

1928 年秋，翻溪桥、石安、洋村一再受到敌人的洗劫，形势极为恶劣。为了保存有生力量，叶凤章、叶发青率领叶凤阳、叶凤标、叶剑群等 20 多名党员和农军骨干撤离东厢，转移到曲南的乌石与梁展如的农军会合，统编为第四区农军大队。

1928 年农历十二月，在敌王应瑜的部队包围乌石农军的前一天晚上，叶发青、叶剑群受梁展如和叶凤章的指派回东厢一带侦察敌人的动态。第二天回去向两位领导汇报情况时，行至途中就听到乌石农军被打散，叶建荣等人牺牲，叶凤章身负重伤，梁展如家房屋被烧，农军遭受重大损失等不幸消息，只好中途折回。几天后，又听到叶凤章在南华圳背牺牲的噩耗，叶发青无限悲恸。从此，叶国棠一伙更是嚣张，到处抓人、杀人，叶发青只好隐蔽在群众之中坚持革命活动。

"野火烧不尽，春风吹又生。"在抗日战争时期，曲江的英雄儿女们不甘心当亡国奴，不愿家乡被踩踏，拿起武器跟日本侵略者真刀真枪地进行英勇的战斗。叶发青发动群众参加党组织和领导的曲江联乡抗日自卫委员会的武装队伍，他与叶剑群、叶福胜三人利用自己家乡熟悉的山形地势和群山密林的有利自然条件，神出鬼没地袭击敌人，弄得侵略者不得安宁。

正值春耕时节，村民们的耕牛被日军宰杀或抢走，农民无牛耕种，心急如焚。叶发青设法为群众排忧解难，深夜去敌营，硬是把被抢去的耕牛找回来。在一个月色朦胧的夜晚，叶发青等人去莲花山日军的营房里摸枪，不慎被敌发觉，叶发青急中生智，在墙角里用谷箩掩盖住自己，待敌人全部出去追击其他人时，他机智地躲过敌人，重入内屋拿了一支三八枪，用"投石问路"之计引开敌哨兵，当夜平安地回来了。

还有一次，田螺冲的大地主徐亚年及其儿子准备携一挺轻机枪去投降日本侵略者。叶发青侦知后，便火速赶往曲江联乡抗日自卫委员会总部向杨际春、梁展如、杨维常等领导人汇报，并亲自带了10多人去缴徐亚年的机枪，一连两晚未能得手，在第三晚终于将徐亚年父子一起抓获，惩处了汉奸卖国贼。

·········◆ 在白芒河伏击战中牺牲 ◆·········

1945年夏，在日寇投降前夕，驻韶关的日军眼看末日来临，全部撤离韶关，乘船顺北江河南下广州。叶发青获悉敌情后，组织100多人分布在南郊8公里的白芒河边设伏，截击顺流而下的敌人。

战斗打响后，霎时间，枪声大作，打得敌人的船队畏缩不前。日军指挥官恐全军覆没，葬身北江，便让前队与抗日武装对射，吸引部队注意力，后队则分兵用橡皮艇在7公里处强行登陆，迂回包围，抢占制高点，妄图消灭抗日武装。叶发青等发现自己处在腹背受敌的危急情况之下，便边打边向9公里方向的山上撤退。当转移到茶子山时，叶发青突然腿部中弹负伤，流血不止。同伴们发觉他负伤了，提出要给他背枪。叶发青坚决地说："枪是不能离手的，我死也要搏他几个。"他见自己行动不便，为了不拖累其他的同志，便一个人爬向被芴蓬遮住的岩石里。他在这里环视四周，觉得是一个能发挥火力的理想阵地，于是准备在此与敌人决一死战。

当日本兵前来搜山，离他很近时，叶发青便向敌人射击，连续击毙了三个敌人，气得日军指挥官哇哇乱叫，下令机枪朝芴蓬里疯狂扫射。叶发青身上又不幸连中数弹，为抗战的胜利流尽了最后一滴血，牺牲时54岁。

（石松林）

叶　全（1914—1945）

——东江纵队后勤保障卫士

主要生平

叶全，广东省惠阳县人。

- 1914 年 1 月，出生于一个贫农家庭。
- 1929 年，考入象山初级中学就读。
- 1931 年 5 月，开始入淡水镇普寿堂药材店打工和制药。
- 1935 年，渡洋到新加坡、马来西亚做苦力。
- 1941 年 10 月，参加叶基的长杆队。
- 1942 年冬，加入中国共产党。
- 1943 年春，调到大亚湾护航大队。
- 1944 年 3 月，调任广东人民抗日游击队第七支队税收总站分站长。
- 1945 年 9 月，在战斗中英勇牺牲，时年 31 岁。

走上革命征途

叶全，1914年1月出生于广东省惠阳县淡水洋塘老屋村的一个贫农家庭。父亲叶定传，因家道贫寒，奔往新加坡谋生。母亲陈顺娣，宽厚善良，以耕田为业。叶全有姐妹4人，他排行第二，6岁时入本村善培小学启蒙。他喜欢结交朋友，也好打抱不平；性格刚直，天资聪慧，深得老师和同学的赏识。1929年考入象山初级中学就读两年。不久，双亲先后辞世，一家四口靠他谋生度日。

1931年5月，叶全17岁时开始入淡水镇普寿堂药材店打工和制药，但工薪收入微薄，家庭生活仍然相当困难。

1935年，叶全渡洋到新加坡、马来西亚做苦力，后来学了一点手艺，在老板的橡胶园里当了割胶工和制胶工，由于劳作繁重，谋生困难，遂于两年后返回故里。正当走投无路之时，恰碰上在国民党军队当连长的堂兄，便应募当他的勤务兵。入伍后，他目睹官兵尔虞我诈、欺压打骂、勒索百姓等种种现象，使他对国民党军队深怀不满。一年后便退役回家。由于他染上了赌博的坏习气，游游荡荡，不务正业，成了思想落后的青年。

1941年春，日寇第二次占领淡水后，叶全经常接到参加抗日游击队的胞妹叶玉榴来信，得到胞妹的启发教育，提高了思想觉悟。同时，他目睹日寇蹂躏乡土，屠戮同胞，无比愤恨，决心要"执干戈以卫社稷"，并将心愿告诉了妻子和妹妹。同年10月，叶全告别了家人，到沙头角找到抗日游击队驻地，参加了叶基的长杆队，走上了革命征途。

叶全到部队后，刻苦学习军事和革命理论，使他增添了无穷的力量，看到了革命的希望，积极搞好部队的后勤工作。叶全十分关心战友，行军时经常替伤员背背包和枪支。在困难面前，他想到的不是自己，而是给伤员增加粮食，使他们能吃得饱。

加入中国共产党

1942年夏，在敌、伪、顽不断对抗日游击队进行军事围攻和经济封锁的严重困境下，叶全根据部队指示，深入沿海地区，在敌人心脏活动。他走家串户，与渔民群众交朋友，想方设法为部队采购军需品和鱼虾等食品，同志们都说"全哥有办法"。

不久，叶全被提为司务长，担负繁重的后勤补给任务。他不管分内分外的工作都去干，还亲自参加护航队的海上缉私和负责南澳商船的税收工作，为部队取得了大批食品和物资。经过叶全手的物资和款项很多，但是他奉公廉洁，深受战友们的爱戴和领导的赞赏。在这个特殊的岗位中，他以自己的实际行动经受了党的考验，并于同年冬加入中国共产党。

组织洋塘抢粮

1943 年春，叶全被调到大亚湾护航大队。此时，东江各地旱灾严重，部队的给养非常困难。叶全面对这一严重问题，一面在部队进行自力更生，节衣缩食，减轻群众负担，一面发动贫苦农民帮助部队到圩镇买米。但圩镇遭日伪顽军控制封锁，群众每次只许买二三斤米，难以解决部队的粮食问题。叶全为了让战友吃上饭，凭借人熟地熟的条件，只身潜回长潭乡洋塘，侦察当局田粮处粮食储存情况，并联系地方党组织，摸清敌布防的情况。

田粮处设在洋塘河边屋的粮仓，储存粮食近千担。他将侦察的情况向叶基、刘培、叶昌等领导同志汇报。在取得领导同意后，于 2 月 15 日晚上，率一个排的突击队员摸黑直插洋塘村，秘密组织六七十名青年成立抢运队。深夜 11 时，他带领 10 多名短枪队员乔装成农民突入粮仓门岗。敌哨兵来不及叫喊，已被叶全的两支快掣驳壳枪对着胸腔，当了俘虏。叶全立即指挥队员冲入屋内。敌兵遭此突而其来的袭击，十分惊慌，一枪未发，整个班 12 人束手就擒。叶全即指挥大家破仓运粮，共抢运谷子 200 余担，并连夜转运到横排塱、良井、万年村一带村庄掩藏。

翌日晨，驻淡水镇国民党军闻讯，立即派一个连开赴横排塱搜查。长潭乡反动乡长叶文闻讯，立即召开各村族长会，决议不许叶全回洋塘，以"除族"处之，并出告示悬赏通缉。1944 年 3 月，叶全调任广东人民抗日游击队第七支队税收总站分站长，带领 10 多个队员先后进入沙鱼涌、良井、永湖、横沥、白花、水口和东江河一带地区据守交通咽喉，在敌人的眼皮底下战斗，出色地完成了任务，受到支队领导的表扬。

开辟税站

1945 年 4 月间，叶全根据税收总站站长张德的部署，率队员 10 多人直插敌占区水口万年村，开辟东江河税站，控制广州、石龙、博罗、惠州往返横沥、河源、老隆水运交通要道。由于位置重要，来往商旅多、货物多，每天的税收少则上千元，多则数千元以上，还缉获大批钨矿、煤油、棉纱、布匹、人参及西药等物资，为解决部队给养作出了贡献。

一次，叶全在岸边检查商船时突然遭到驻水口圩日伪军的袭击，他奋不顾身英勇反击，掩护战友们撤退，由于敌众我寡，部队伤亡 4 人。税站活动容易暴露目标，叶全执行上级指示，把原来 10 多人缩减为二三人，但他还是和以往一样据守在战斗岗位上。

一天下午，叶全和丘忠在下年村大榕树旁的河岸边发现从惠州开往横沥的几艘商船，便立即命令商船靠岸检查，截获一艘运载贵重中药材的官商走私船。他立即通知严希如队协同监视，并联络地方党组织群众搬运物资。拂晓前，驻水口日军出动数十人前来包围。叶全坚持埋伏在靠近走私船的岸边，等待接应地方党组织的同志转移。眼看敌人快要追上来了，他当机立断，带领丘忠跳入东江，潜入急流中沿着东江下游安全脱险。

1945 年 8 月，日军投降。叶全按上级指示，率领丘忠和严希如等 5 人乔装赴水口圩日军驻防队部，送交东江纵队司令部向日军发出的通牒，限敌 24 小时缴枪。两天后，由于国民党军的进逼，叶全奉命撤离。

英勇牺牲

1945 年 9 月，叶全遵照上级的指示，率领队员 4 人开辟牛郎径税站，负责惠州、三栋、永湖、良井到淡水的水陆交通线上的税收。由于是交通要冲，又是兵防要地，每天商旅运进来的布匹、棉纱、煤油、胶鞋等工业品及药品和输出香港的三鸟、山货、粮食、蛋品及矿产品甚多。叶全秉公办事，论货征收进出口税，深得商旅的拥护与支持。

一天上午，叶全带领 4 名税收人员执行任务时突遭驻牛郎径小圩化装成挑夫和客商的敌军的袭击。叶全发现敌情后沉着应变，告诉同志们能打则打，不能打则撤，撤不了时分散到群众中去掩蔽。敌接近时，即向税站开枪。叶全双手紧握两支快掣驳壳枪边还击边掩护战友撤退。他在与敌人击战中，身负重伤，行动困难，但还顽强地爬下河边芦苇丛中隐蔽。驻牛郎径敌军出动百余兵力把守沿河两岸，敌连长亲率尖兵搜索。叶全临难不惧，忍住伤痛，紧握手中枪。当敌尖兵接近时，叶全以岩石作掩体，从芦苇丛中把一颗颗仇恨的子弹射向敌阵。敌连长和尖兵五六人当场毙命。顿时，敌军如临大敌，轻机枪、步枪向沿河芦苇丛射击，并纵火焚烧芦苇丛。叶全英勇牺牲，年仅 31 岁。后来他的遗体由当地的共产党员黄开收殓，安葬于黄沙坳山麓苍松翠竹丛中。

英烈精神

奉公廉洁、无私奉献的大公无私精神；临危不惧、不怕牺牲的革命大无畏精神。

（邹金城）

张光弟（1893—1945）

——英勇无畏的爱国民主人士

张光弟，字贵宽，号伟生，广东省始兴县城水云楼人。

- 1893 年 11 月 27 日，出生。
- 1922 年 3 月，成为广东最早的社会主义青年团员之一。
- 1925 年 8 月，与陈竹君等一道创办进步青年组织新兴社，出版《始兴青年》杂志。
- 1926 年春，参加国民党始兴县党部筹备委员会的工作并任宣传部部长。
- 1931 年，秘密召集曾谊勋、陈培兴等人在顿岗、杨公岭等地恢复农会，成立农会小组。
- 1935 年春，到国民党第二路军总部秘书处任中校秘书。后投奔张发奎部，任上尉军需。受张发奎之遣，回家乡始兴创办学校。
- 1936 年春，到始兴清化矮岭村筹办风度小学。同年，主持创办乌鸦杂志社，出版《乌鸦》杂志。
- 1939 年，出任国民党始兴参议会议长和省参议会驻会委员。
- 1945 年 4 月，被国民党反动当局拘留。6 月 29 日，被风度队救出。出狱后不久因病返回偏曲疗养。10 月 14 日，被国民党当局枪杀于始兴西郊，时年 52 岁。

传播革命思想

张光弟，字贵宽，号伟生，广东始兴县城水云楼人，生于1893年11月27日。父亲张丽山是县衙门的东房先生，母亲是个家庭妇女。张光弟少时就读于私立崇阳学堂，读书刻苦认真，爱好文学，尤喜作诗。

张光弟在中学念书时，受到马克思主义和五四运动的影响，遂立志投身革命斗争。1921年，张光弟参加了由早期共产党员谭平山、谭植棠在广州举办的宣讲员养成所学习班，学习探讨马克思主义和中国革命的理论。1922年3月14日，张光弟参加了在广州东园召开的广东社会主义青年团成立大会，成为广东最早的社会主义青年团员之一。3月间，宣讲员养成所成立编辑股、演讲股、文书股和庶务股等四股，张光弟被定为编辑股的负责人。

1924年前后，张光弟先后在始兴修仁小学、德华小学等校任教。由于当时军阀割据，战争连年不断，张光弟所在的德华小学像当时大多数学校一样，经常被迫停课。张光弟利用这些机会在家给学生讲授科学文化知识，传播革命思想。在他的精心教育和培养下，有一批青年相继走上了革命道路。

1925年8月，张光弟与陈竹君等一道创办了进步青年组织新兴社，出版《始兴青年》杂志，宣传民主革命思想，号召人民起来打倒贪官污吏、土豪劣绅。1926年春，张光弟参加了国民党始兴县党部筹备委员会的工作并任宣传部部长。在他和陈竹君等人的组织和领导下，顿岗等地的农民运动不断发展壮大，群众纷纷起来要求减租减息，反对包庇烟赌，同时聚集到县城游行示威，赶跑了反动县长陈成威，给封建势力以沉重打击。

开展农民运动

1927年，蒋介石发动四一二反革命政变，反动势力向革命阵营发起了疯狂进攻。始兴农民运动领导人陈竹君惨遭杀害，张光弟和李大光等进步人士也遭通缉，被迫暂时隐匿他乡。始兴农运陷入低潮。

张光弟离开始兴后，南下广州途中正巧遇上一位中学时的同学，得知广州情况更为恶劣，遂改道投奔粤军张发奎所部。起初担任录事、文书之职，不久升任少校秘书。1931年，张光弟利用回家探亲机会，又秘密召集曾谊勋、陈培兴等人在顿岗、杨公岭等地恢复了农会，成立了农会小组。1933年，在张光弟的指导下，始兴农会得到进一步扩大，公开性的群众组织有兄弟会、耕牛会、陂水会、观音会等。通过这些组织团结发动广大农民为自己的切身利益展开同地主的斗争。

勉励革命青年

1932年，旅穗学生陈培兴、曾谊勋、邓文礼等在广州秘密组织革命团体"狂流社"，并准备出版刊物揭露军阀、地方反动派的罪恶行径。这一举动得到了张光弟的大力支持和鼓励。但因被人告密，拟出版的刊物尚未发行即遭查禁。张光弟得悉此事，极为愤慨。他在致陈培兴、曾谊勋的复信中勉励他们："我愿意你们散布革命种子，尽心尽力改造乡邦，犹愿意你们爱惜你们的头颅，为革命保存元气。我知道革命免不了牺牲的，但我不愿意无代价的牺牲。所以，在我的愚见，以为多爱惜一个革命青年，就是多保存一份革命的势力。"并表示："我得勒紧马缰，加鞭地飞到革命之路上和你们共同奋斗！"

创办风度小学

1935年春，张光弟到国民党第二路军总部秘书处任中校秘书。在赴四川、武汉、上海等地考察期间目睹各地景状，张光弟深感痛心，于是决定南归家乡始兴，以平心中之积愤。当张发奎任闽浙赣皖四省边区总指挥时，张光弟又投奔到该部，任上尉军需，但不久又被调离。后受张发奎之遣，回家乡始兴创办学校。张光弟平素热心教育事业，常利用各种机会到各地考察，了解当地的教育状况，对教育理论有一定的研究，尤其是对陶行知倡导的"生活即教育，社会即学校"教育理论颇感兴趣。为了学习、探讨这一理论，张光弟便专程到南京考察陶行知创办的"晓庄学校"，搜集了一批教学参观资料，回来后还撰写了一篇《晓庄教育考察记》，系统介绍晓庄学校的教学情况，受到师生的欢迎。

1936年春，张光弟带领陈凡勋、陈培兴等来到张发奎的家乡——始兴清化矮岭村，开始筹办学校。用"风度小学"为名，以纪念唐代名相张九龄。

学校创办后，张光弟为首任校长。学校从一开始就十分重视学生的思想教育工作，除教授一般的文化知识外，还着重对学生进行爱国主义教育和军事训练。为适应当时革命斗争需要，学校还创办了进步刊物——《风度周刊》，张光弟题写了刊名。《风度周刊》起初只是不定期地油印一些宣传抗日的文章，后改为周刊定期出版。该刊由于文章短小精悍，富有战斗力，深受人民群众的欢迎和喜爱，因此发行量不断扩大，由几十份发展到几百份。不久，《风度周刊》改为《风度报》，张光弟常在该报上发表文章，鼓舞人民坚持抗日。

培养革命青年

1936 年 4 月，一批进步青年组织成立了秘密革命团体——始兴青年献血团，陈培兴为书记，刘世周为团长，张光弟、刘梦兰被推举为顾问。同年，张光弟、曾谊勋、陈培兴等又主持创办了乌鸦杂志社，出版《乌鸦》杂志，介绍进步文学，团结进步人士。

1937 年初，为纪念鲁迅先生逝世 100 天，张光弟专程前往上海购置了一帧刻有鲁迅头像的底版，以此作封面，编辑出版了一期纪念鲁迅的专刊——《乌鸦第二声》。张光弟在该刊上发表文章，赞扬鲁迅先生"是大众喉舌，是革命导师，一生奋斗，呐喊彷徨皆淑世，为思想先驱，为文坛宿将，此日同悲，南腔北调尽哀音"，对鲁迅先生崇高的敬意跃然纸上。

抗日战争全面爆发后，国共两党实行第二次合作，抗日救亡运动风起云涌。曾谊勋、吴新民、陈培兴等在张光弟的支持协助下，创立了以青年骨干为核心的始兴青年抗日同志会，通过演讲、话剧、墙报等形式向广大人民群众揭露日寇的侵华本质和汉奸反动派的卑鄙行径，大大激发了人民群众的抗日热情，增强了抗战胜利的信心。

为了培养和造就更多的革命青年，使他们更好地致力于革命事业，1938年春，张光弟先后鼓励和协助陈培兴、邓文礼、邓文畴、曾海容和张柏坚（张光弟之子）等奔赴延安中国人民抗日军事政治大学（简称"抗大"）学习，接受党的教育和培养。当时，延安经济十分困难，抗大建校时发动大家捐资，张光弟得悉后立即从始兴汇一笔款到延安，支援抗大建校。

1939 年冬，陈培兴、梁炎木、邓文畴、邓文礼等先后从延安返回始兴，开始筹建抗日武装力量，但武器十分缺乏，大家都千方百计地寻找武器。其时，正好张发奎任司令长官的国民党第四战区司令部驻扎韶关。为争取机会，壮大革命武装，大家经过商议，决定由张光弟出面，以卫校保乡为由，向张发奎争取武器装备。张光弟利用他同张发奎的同乡同学关系，多次面见张发奎。张发奎有感于当时抗日保乡之需要，应允了张光弟的请求，拨给风度学校步枪 300 多支、冲锋枪 8 支、重机枪 2 挺、手枪 10 多支及各种弹药、军用物资一批，这为后来创建风度抗日自卫队奠定了坚实的物质基础。

一个忠实的党外布尔什维克

1939 年冬，张光弟出任始兴中学教导主任，负责学校的教务工作。1940 年春，中共广东省委先后派温盛湘、廖琼、容民铎、刘彦邦等同志到始兴中学开展建党工作。为使他们工作方便，张光弟特聘请他们到始兴中学任教，使他们有合法的身份和职业，保证了建党工作的顺利开展。始兴县委不久便成立了。张光弟得知有了党组织后即向县委书记张华申请入党。张华就此请示省委书记张文彬。张文彬指示说："光弟同志已够入党条件，但考虑到他的地位和作用，暂不吸收他入党为好，做一个党外的布尔什维克，作用会更大些，工作更方便些，等到需要吸收他入党时再考虑。请将这个意思向张光弟同志讲清楚，希望他继续为党工作。"党组织把这个意思转告了张光弟，他十分赞同，并表示日后要更努力地为党工作。

张光弟是这样说的，也是这样做的。1939 年，他同时出任国民党始兴参议会议长和省参议会驻会委员。在他的组织、号召下，以始兴中学、风度小学为中心，以抗日救亡为内容的学生运动蓬勃发展起来。为了更好地开展工作，1942 年，张光弟出面向国民党政府推荐地下党员郑屏担任始兴国民兵团中队长被获准，为后来举行武装起义创造了条件。

1945 年 1 月，日寇进军粤北，国民党驻军一六〇师不加抵抗，节节败退。国民党始兴当局竟不顾人民死活，在日寇尚未入境就逃到离县城 100 多里的清化桃坝村躲藏起来。始兴人民在日寇的铁蹄之下遭受空前劫难。张光弟对国民党县当局这种贪生怕死的可耻行为极为愤慨，坚决拒绝与当局同行，仍住在偏曲村与地下党人员一起奔赴各个乡村，宣传共产党的抗日主张，团结一切力量共同抗日。

1945 年 4 月，国民党广东省党部王志远在清化召集翁源、始兴、南雄、曲江、仁化等县反动头目聚会，密谋反共计划，企图以调任为名夺取地下党员郑屏的兵权。县委得悉后，急告郑屏率队起义，并通知张光弟随郑屏部队离开偏曲。张光弟却说："我是抗日民主人士，不是党员，留下来还可以做些工作。"决意留在偏曲，继续开展抗日活动。然而，出人意料，当郑屏部队离开的第二天，国民党反动当局便以张光弟鼓动郑队"叛变"为罪名拘留了他。不久，始兴人民风度抗日自卫大队成立，引起了国民党当局的恐慌，县党部书记长吴英禄、县长江锦兴一伙立即召开紧急会议，密谋处置张光弟，并联名电请张发奎批准枪杀张光弟。县委获悉后，立即采取果断措施，于 1945 年 6 月 29 日在吴新民、周耿光、陈培兴、邓文礼等人的指挥下，风度队会同外营、北山等地的抗日武装队伍 500 余人猛攻桃村坝，摧毁了国民党反动县政府，活捉了吴英禄和反动特务头子杨瑜，救出了张光弟等一批被捕的同志。

·············◦ 壮烈牺牲 ◦·············

　　张光弟出狱后，不久因病返回偏曲疗养。国民党当局为了诱使张光弟为其"效劳"，便假意去信给张光弟，说他只是抗日，无罪，风度队的事与他无关，保证他生命安全等等。为了治病，张光弟回到县城，但立即遭到反动当局的软禁，不久又被投进监狱。在狱中，国民党反动军警仍绞尽脑汁，企图诱骗张光弟出面"招抚"风度队为"政府效劳"，遭到张光弟的愤然拒绝。国民党当局大为恼火，遂下令处死张光弟。1945 年 10 月 14 日，张光弟被国民党当局枪杀于始兴西郊，时年 52 岁。

·············◦ 追封烈士 ◦·············

　　新中国成立后，为了缅怀张光弟的光辉事迹，纪念这位英勇无畏的爱国民主人士、共产党的亲密战友，始兴县人民政府于 1951 年追认他为革命烈士，并举行了隆重的迁墓仪式。他的英名将永远铭记在始兴人民心中！

（卢小周）

张民宪（1920—1945）

—— 不灭日寇，决不还乡

主要生平

张民宪，曾化名为张漫天、张仁安、张福生、张清，广东省龙川县人。

- 1920年9月29日，出生于广东龙川佗城。
- 1931年春，考入龙川中学预备班就读。
- 1934年，以《中国的危难》为题，撰文揭露日本"蚕食中国"的阴谋，抨击"节节退让，国土沦丧"的耻辱行径，指出中国的危难在于不抵抗主义。
- 1935年，在教师命题的《安内与攘外》论文中，揭露"安内即不攘外"的阴谋，喊出了抗日救国必须一致对外的呼声。
- 1938年8月，加入中国共产党。同年，发展成立佗城党支部并当选支部书记。
- 1939年2月，下惠州，转博罗，踏上了抗日斗争的新征途。
- 1940年2月1日晚，遭国民党顽固派逮捕。在狱中，参加韶关芙蓉山监狱绝食斗争和节食抗日活动，坚持狱中斗争。7月，无罪释放。9月下旬，改名张仁安到连平大湖寨湖东小学，以教员身份为掩护，开展抗日救亡工作。

- 1941 年秋，以特派员身份被派往新丰，改名为张福生，在新丰福水小学，仍以教员身份作掩护，开展党的工作。
- 1942 年，参加东江抗日游击队。
- 1944 年 11 月初，在东江纵队执行任务中被捕。此时化名为"张清"，在狱中坚持对敌斗争。
- 1945 年 1 月 6 日，在狱中壮烈牺牲，时年 25 岁。

自小文才出众

张民宪，曾化名为张漫天、张仁安、张福生、张清。1920 年 9 月 29 日出生于广东龙川佗城。张民宪自幼勤奋好学，加上父亲的悉心指导，因而文才出众。

1930 年暑假，族内几名同学聘请教师补习功课。一个地主家长为夸耀其儿子才能，兼表他对莘莘学子的"关心"，赠送每人一把白纸扇，要求各自书写诗句，"考考优劣"。地主的儿子涂了"清风徐来"4 个字，张民宪深感，世道不平，曲直无分，挥笔写上"农夫心中如汤煮，公子王孙把扇摇"，气得地主扫兴而去。

积极开展抗日宣传活动

1931 年春，张民宪考入龙川中学预备班就读。他除学好功课外，经常阅读报刊，在思想进步的教师指导下，思想觉悟不断提高。同年冬，旅省学生回龙川发动反对日本侵略中国东三省、抵制日货运动。1932 年冬，学校爆发了反对县长邓衍芬镇压学生造成流血事件、反对学校当局奴化专制教育的学潮。张民宪在积极参加这一系列斗争的同时，还参加了慰劳抗日义勇军的募捐活动。

1934 年，张民宪以《中国的危难》为题，撰文揭露日本"蚕食中国"的阴谋，抨击"节节退让，国土沦丧"的耻辱行径，指出中国的危难在于不抵抗主义。1935 年，张民宪在教师命题的《安内与攘外》论文中，揭露"安内即不攘外"的阴谋，喊出了抗日救国必须一致对外的呼声。这两篇论文不但表现了他对国事的关心和思想敏锐，而且表明了他思想觉悟有了很大的提高。

抗日战争全面爆发后，中国共产党抗日民族统一战线政策传播全国。消息传到佗城，张民宪兴奋地对他的弟弟说："中国得救了！中国一定能打败日本侵略者！"1937 年暑假，他在佗城小学组织补习班，免费吸收 80 多个小学生补习功课、教唱歌曲，开展抗日宣传活动。

1938 年春，张民宪与一些进步青年在龙川商会组织读书会，集资购书和借出藏书供群众阅读，定期集中讨论学习心得。《大众哲学》《唯物史观》《政治经济学》《西行漫记》是会员们的主要读物。这个组织对扩大党的政策宣传、提高群众觉悟、传播革命理论、重建佗城党的组织，起了积极作用。8月，张民宪由余丁运介绍，加入中国共产党。不久，在中共龙川县中心支部领导下，张民宪发展了5个党员，成立了佗城党支部，他当选支部书记。这时，他以佗城小学教员的公开身份，开展革命活动。

当时，虽然实现了国共合作，但在如何引导青年走上正确的抗日道路方面仍存在尖锐复杂的斗争。龙川县三民主义青年团（简称"三青团"）的头目刘煌强令佗城小学高年级学生列队按指模参加"三青团"。张民宪事先布置胞弟张民选带头抵制。当学生听完动员之后，张民选对大家说："打指模是要杀头的呀！"带头离开队伍。其余学生一哄而散，刘煌美梦破灭。

踏上了抗日斗争的新征途

1939年1月，中共龙川组织在老隆师范举办青年自我教育训练班，张民宪参加了学习。他做到理论联系实际，处处起模范带头作用。2月，党组织调张民宪到东江华侨回乡服务团博罗队工作。离家前，他在墙上画了一米见方的钟馗像，作为"离家打鬼"留念，随即雇舟沿东江南下惠州，旋转博罗，踏上了抗日斗争的新征途。

惠州、博罗一带城乡遭日军洗劫之后，一片焦土，尸骨遍野，人民流离失所。目睹这一惨状，张民宪立下誓言："不灭日寇，决不还乡。"

到博罗的第二天，张民宪被派往博罗象头山下黄田排游击训练班学习。学习结束，张民宪在东团博罗队任分队长，改名为张漫天。在深入平安、澜石等地活动中，张民宪开展战地救护、为群众治病、兴办夜校、武装群众、演剧宣传等工作，把抗日救亡运动搞得有声有色。

狱中坚持斗争

博罗队在抗日救亡运动上的出色表现，激怒了国民党顽固派。国民党东江游击指挥所头目香翰屏、池中宽等诬陷博罗队"勾结土匪准备暴动"，指使博罗县长黄仲榆于1940年2月1日晚逮捕了队长李翼、分队长张民宪等

23 人，张民宪等在被押往惠州途中大唱抗日歌曲，高呼"抗日无罪"口号。在惠州的狱中，张民宪将自己的毛毡让给有伤病同志。他引用烈士夏明翰"砍头不要紧，只要主义真。杀了夏明翰，还有后来人"的豪言壮语，与难友们互相鼓励，保持旺盛的斗志。在反动派企图为所有队员照相留作档案侦查时，他带头把头发搞乱、歪头闭眼，使之无法拍摄照片。队员们的正义斗争赢得了国内外舆论的支持，迫使国民党顽固派不得不接受东团营救小组进狱慰问难友的要求。

香翰屏施行非法审讯，利用叛徒对质，散布"少数释放，多数上解"等伎俩失败之后，只好将被捕人员全部上解第四战区，交余汉谋发落。1940 年 3 月初，国民党顽固派将队员们押送到韶关芙蓉山监狱。那时，由李健行、李翼、刘汝深、杨凡、杨步尧等五人组成的干事会秘密成立，领导狱中斗争。在干事会领导下，张民宪积极参加了绝食斗争和节食抗日活动。在狱中举行的黄花岗七十二烈士纪念大会上，张民宪担任大会的司仪。大会决定：实行节食抗日，把节省下来的钱，慰问前线的抗日将士。他们公开揭露国民党顽固派背叛孙中山"华侨乃革命之母"的教导。他们的抗日救国行动深得韶关市进步报刊、开明人士的赞扬和支持，进步团体纷纷前来慰问。

为了更好地坚持狱中斗争，他们还出版《床头报》，张民宪和魏治平合编的"突击"有新闻消息、抗日战况、生活常识、小故事等内容。这些《床头报》起到了鼓舞难友斗志，申明抗日主张的作用。

博罗队经过艰苦的狱中斗争，在党组织和爱国华侨营救小组的努力下，于 1940 年 7 月全部无罪释放。9 月 16 日，全体队员安全抵达龙川县老隆。根据斗争的需要，张民宪被安排暂时回家，听候党组织的分配。在家住了几天，他又踏上了新的革命征途。

开展党的工作

1940 年 9 月下旬，张民宪来到了河源三河流洞文明小学，由区委书记张其初负责接头。经研究决定，张民宪又改名张仁安，到连平大湖寨湖东小学以教员身份为掩护，开展抗日救亡工作。与党员校长曾作华一起，通过开办青年夜校、假期下乡帮耕、组织师生旅行等办法，开展社会调查，同时，加强统战工作。在此期间，张民宪根据党组织的布置，从积极分子中吸收发展党员。到年底，在湖东、弘毅等学校及五果、湖西、倒流水等乡村，建立了党支部或党小组，这些地方的党员的人数也由 5 人增至 20 多人。接着，中共连平县工委成立，张民宪任书记。为了提高党员的素质，张民宪主持开办了一期党训班后，以党小组或支部为单位，采用短期集训、分散写学习心得及传阅文件的办法继续培训党员。

1941 年春，新丰县党组织遭敌人破坏。当年秋，张民宪以特派员身份被派往新丰，改名为张福生。面对恶劣的形势，他毫不畏惧。在新丰福水小学仍以教员身份作掩护，开展党的工作。他秘密举办党训班，组织党员学习《〈共产党人〉发刊词》、讲解抗日形势。他创办了新丰党组织的机关报——《先声报》，刊登党的抗日主张和抗日战况，揭露反动官僚豪绅贪赃枉法、危害人民的罪行。同时，他还指导各支部、小组办小报，组织街头歌剧队、篮球队，扩大党与群众的联系。

为争夺新丰马头地区学校的阵地，张民宪与赵准生一起组织"教师联谊会"，广泛团结教师，宣传党的统战政策。为粉碎国民党借"甄别考核"排斥进步教师出校的阴谋，他组织党员教师培训，互学互教、讨论思考题，进行预测。结果，全部党员教师取得了师资甄别合格证书，取得了斗争的胜利。

1942 年，粤北省委遭到破坏。张民宪传达了中共中央南方局关于"停止党组织活动"的指示，随即离开了新丰，参加曾生领导的东江抗日游击队，上阵挥戈杀敌。

再次坚持狱中斗争

广州沦陷后，国民党广东省政府迁至韶关。韶关孝悌路励群小学旁边四层楼房的"基庐"名曰"中国国民党广东省党义研究所"，实际是镇压共产党人的监狱。

1944 年 11 月初，张民宪等三人在东江纵队执行任务中被捕。这时，张民宪已改名张清。在一群荷枪实弹的敌人监护下，他们面色苍白、脚脸浮肿，艰难地步入"基庐"。"张清"被宣布为"重犯"，锁上手铐、脚镣，隔离关禁。

一天，狱长杨园国命令郑重行（广州儿童剧团团长）、赵准生、张民宪等人打扫牢房。张民宪与赵准生乘宪兵不备进行了第一次接头，并获悉了李燕石（女）等16位同志在重阳节集体惨遭杀害的消息。张民宪深知情况危急，便与他们相约设法越狱。

狱中有10多个少年难友（他们是被集体扣押的广州儿童剧团的团员），他们经过斗争，取得了定期放风、节日演剧的权利。张民宪趁放风之机，利用"小难友"作掩护，与赵准生约定，把纸条压在厕所门口破缸底下，互通情报。在破缸底下，他得到了赵准生等人的几次情报和一些慰问金。

张民宪的活动被敌人发觉了。狱长杨园国便公开向"犯人"宣布：不许任何人与"张清"接触、谈话；谁与"张清"谈话一次，加刑半年或一年。然而，张民宪并没有停止对敌斗争。他每天晨起高唱《不到黄河心不甘》《囚徒歌》等歌曲，用歌声鼓舞难友的革命斗志，争取看守士兵的同情。

张民宪被敌人刑讯多次，每次他都被打得皮开肉绽、鲜血淋漓，但敌人的鞭子只能打破张民宪的皮肉，却无法征服他的意志。在狱中，他不低头、不呻吟，还鼓足干劲与同房的两个难友一道，以惊人的毅力硬是用手指在墙上挖出一个洞，并用稻草掩蔽好，等待机会越狱。

1944年12月31日晚上，狱吏狱卒大宴牛饮、打麻将、闹通宵。值班的宪兵在饱醉之后，也像死猪一样倒在地上睡觉。张民宪等三人趁机越过岗哨，飞出了牢笼。不料，走到曲江三河坝又被国民党外围哨所捕获。

张民宪重被投入监狱，遭受严刑拷打。狼心狗肺的狱长杨园国竟用竹竿伸进监房内向张民宪乱捅。张民宪竭尽全力站起来怒斥杨园国："我们共产党人，以抗日救国为重，倡导国共合作，一致对外。你们不战而退。半壁河山，沦为敌手。日寇占领香港时，你们逃之夭夭，我们东江纵队挺身而出。抛头颅、洒热血，抗击日寇、抢救爱国人士和国际友人，包括你们的上司余汉谋的老婆在内。我们站在最前线，真心实意抗日，才保住你们的脑袋。你们竟恩将仇报！自己不抗日，又不准共产党人抗日，该当何罪？你杨园国屠杀人民，坏事做尽，总有一天会被押上历史审判台……"这一席义正词严的话语将杨园国斥得哑然失色。

饱受折磨牺牲

此后，张民宪继续经受到非人的折磨：重刑之后，不给治疗，不准吃饭、喝水；天寒地冻，连仅有的床板、稻草也被掠走，无法休息。1945 年 1 月 6 日，张民宪壮烈牺牲于狱中，年仅 25 岁。

> ● **英烈语录** ●
>
> "不灭日寇，决不还乡。"
> "我们共产党人，以抗日救国为重，倡导国共合作，一致对外。"
> "你们竟恩将仇报！自己不抗日，又不准共产党人抗日，该当何罪？"

> ● **英烈精神** ●
>
> 不畏艰难险阻的坚韧不拔斗争精神；坚贞不屈、大义凛然、视死如归的革命精神。

（张其初）

张　涛（1922—1945）

—— 钢铁女战士

主要生平

张涛，原名张玉桃，广东省惠阳县人。

- 1922 年，出生于一个贫苦家庭。
- 1939 年，在坪山学校毕业前加入中国共产党。毕业后，参加东江华侨回乡服务团，在龙岗地区活动。
- 1941 年，和坪龙区委组织部部长黄振结婚，婚后即随黄振到樟坑搞地下党的交通工作。
- 1943 年，调回黄婆塑工作，公开身份是小学教员。
- 1944 年下半年，奉命转到武装部队。
- 1945 年 12 月下旬，被捕入狱牺牲，时年 23 岁。

1945 年 12 月，一个寒雨霏霏的早晨，在惠阳县平海镇，东江纵队女战士张涛在国民党反动派的屠刀下壮烈牺牲了。这天，反动派驱赶平海镇的老百姓去刑场围观，企图以此恐吓群众。可是，当反动派杀害张涛的枪声一响，在场的老百姓却纷纷双膝跪下，放声痛哭。这哭声是对反动派暴行的强烈抗议，这哭声表达了老百姓对女英雄的痛悼之情。张涛烈士的鲜血洒在平海的土地上，她在平海人民的心中永生。

边读书，边革命

张涛原名张玉桃，1922 年出生于广东惠阳坪山圩旁的马岭村一个贫苦家庭，幼年丧父，靠母亲当裁缝度日。兄妹三人在抗日战争期间都参加了革命。抗战初期，坪山地区的抗日救亡运动风起云涌。坪山学校在地下党的领导下，培养、输送了一批批积极分子到革命队伍中去。张涛就读于这间学校，在如火如荼的抗日救亡运动的影响下，一边读书，一边积极参加各种革命活动，夜间随坪山妇女合作社的同志到各村妇女夜校上课。在同志们的带动下，她受到实际教育和锻炼，很快成长为一个善于宣传鼓动的联系群众的小宣传员。她的学业成绩很好，是一个优等生。1939 年在毕业前，光荣地加入了中国共产党。毕业后，参加了东江华侨回乡服务团，在龙岗地区活动。

以代课掩护革命

1939 年冬至 1940 年春，国民党顽固派掀起第一次反共高潮，东江华侨回乡服务团被迫解散。当时坪龙区委所在地黄婆塱有所一鸣小学，县委书记何武、区委宣传部部长何清都以教员身份作掩护。两位同志经常外出活动，要缺课。1940 年组织上安排张涛到该校任教，两个人的工资三个人吃饭。两位同志外出时，张涛就代课，或者应付学校一些日常事务。她虽然没有明确的教员身份，但工作勤快，积极负责。这样，两位同志既可安心外出，学生可照常上课，外界也不会引起猜疑。

到革命需要的地方去

1941 年坪山第二次沦陷，该校停办。这时张涛和坪龙区委组织部部长黄振结婚，婚后即随黄振到樟坑搞地下党的交通工作。到新的地区接受新的任务，情况复杂，日寇又经常来骚扰，困难很多。然而张涛一心扑在革命工作上。她性格开朗，行事泼辣，严守纪律，积极完成地下交通任务，从未出过问题。有一次外出送信，恰遇日寇进村，她机警地爬上阁楼，抽掉梯子，躲过敌人，安全地把信送达目的地。1943年，张涛又调回黄婆塱工作，公开身份是小学教员。是年当地久旱，春种作物颗粒无收。大饥荒之年，粮价暴涨，饿死人的事常有发生。为了减轻学生家长的负担，她课余就去挖野菜煮稀粥充饥。1944年下半年，东江纵队大发展，张涛奉命转到武装部队。当时黄振远在海丰高潭工作。虽然组织上也准备安排张涛去高潭，但因革命需要留在平海工作，她坚决服从，始终未到高潭。她和黄振长期两地工作，战争环境，消息杳然，她总以工作为重，毫无怨言。

不幸被捕

1945年8月，日本投降。抗战虽是胜利了，但国民党反动派到处抢夺胜利果实，妄图消灭抗日游击队，战火仍到处燃烧。这一年12月上旬，国民党反动军队大鸡六（陈禄）、赖耀庭等部进攻平海，对解放区进行疯狂"扫荡"。民运队接上级指示，分两部分进行活动：队长潘清带领一部分队员活动于大洲，不久奉命随部队撤出平海；另一组由组长张强、副组长张涛带领一部分队员活动于平海附近的牛麻园、牛背部、铁涌一带。部队撤退后，这一带敌情十分严重，民运队员一夜间要转移几个地方，有时刚放下背包，突然有情况又要马上走。供应也很困难，有时一天只能吃几条红薯，遇有情况，不等煮熟就带着半生半熟的红薯边啃边行军。张涛和队员们就在这样艰苦的环境中坚持斗争。后来根据斗争需要，民运队员分散住到老百姓家隐蔽，张涛单独住进牛麻园。12月下旬，一个大风细雨的夜晚，住在牛背部村的钟英正在向张强汇报敌情，张涛来了，坐下不久便有老百姓跑来告知敌人来了。张涛等三人即和老百姓一起跑到村外山沟，避过敌人。到了午夜，张涛看看手表，对钟英说："12点了，我要回去。"钟英留她，她回答："不行，还有文件和一支钢笔放在老百姓家，未藏好，要是被敌人搜出会连累了老百姓。我要回去把它藏好才行。"讲完，即独自摸黑回牛麻园村去了。第二天傍晚，老百姓高开哥来告诉钟英："听说有一条村的一个女同志被'呵呵鸡'（指敌人）捉去。"后来才知道是张涛被捕了。

钢铁战士

原来张涛那天晚上回村去，不知道敌人"扫荡"后就住在牛麻园村。她进村时，习惯地跳过一条土沟，谁料敌兵就蹲在沟里放哨，她一下子被敌兵捉住了。当晚她被关进一间牛栏。敌人逼张涛讲出部队人数、撤退后留下什么人及番号等。张涛拒不回答，以凌厉的目光盯着敌人，大声讲道："只我一个人。"隆冬腊月，天寒地冻，敌人把张涛身上的衣服剥剩一套贴身的内衣裤，推出门外毒打受冻。张涛坚贞不屈什么也不讲。敌人束手无策，把张涛折磨了三天后，解往平海镇继续逼供、折磨。任凭敌人如狼似虎的咆哮，钢铁战士张涛一点也不屈服，反而破口大骂："你们是畜生！"敌人恼羞成怒，将张涛折磨得体无完肤后用绳捆绑着双手，背上插一块木板推着在平海镇游街示众，还敲锣强迫老百姓出来看。

张涛并没有被吓倒。相反，她心中仇恨之火越烧越旺。一见到老百姓，犹如见到久别重逢的亲人，她放声慷慨陈词，宣传共产党，宣传抗日游击队，又连珠炮般地痛斥敌人："我抗日救国有什么罪？日寇侵略我们中国，你们国民党不抗日，不管老百姓，只顾逃你们的狗命。共产党保护老百姓，你们反诬共产党是什么土匪。""共产党坚决抗日，你们国民党搞投降。""共产党和老百姓相依为命，解除老百姓的痛苦，你们国民党反而打共产党，是什么道理?！……"张涛话锋锐利，当着平海镇的老百姓大骂国民党反动派，越骂越激昂，把平海镇的大街变成审讯敌人罪行的法庭。敌人毫无办法阻止，便威胁张涛："你再口硬，就割掉你的舌头。"张涛英勇不屈，视死如归。到了广场，仍骂声不绝，并高声喊："杀我一个张涛，还有千千万万的张涛站起来！"临牺牲时，高呼"共产党万岁！"

烈士永远活在人民群众的心中

老百姓被迫出门来看，起初不知被害者是谁。大家听到她义正词严地斥骂敌人，看到她昂首挺胸的英雄气概，都非常感动，随即认出她就是前几晚在群众大会上演讲的张涛，是日夜和老百姓一起坚持斗争的张涛。这时许多人眼泪汪汪，低声哭泣。敌人要杀害张涛了，老百姓痛心疾首，目不转睛地望着张涛。罪恶的枪声响了，年仅 23 岁的张涛倒在血泊中，老百姓失声痛哭，向烈士的英魂告别。

张涛牺牲后，在阴风飕飕的白色恐怖笼罩下的平海，有两位不知姓名的老百姓怀着对革命烈士崇敬的心情，冒着身家性命的危险悄悄地把烈士的忠骨安葬了。张涛，党的好女儿，中华民族的巾帼英雄，永远活在人民群众的心中。

● 英烈语录 ●

"我抗日救国有什么罪？日寇侵略我们中国，你们国民党不抗日，不管老百姓，只顾逃你们的狗命。共产党保护老百姓，你们反诬共产党是什么土匪。"

"共产党和老百姓相依为命，解除老百姓的痛苦，你们国民党反而打共产党，是什么道理？！……"

"杀我一个张涛，还有千千万万的张涛站起来！"

● 英烈精神 ●

机智勇敢的斗争艺术；对党忠诚、严守党的秘密、坚决执行党的决定的共产党员党性修养；坚贞不屈、大义凛然、不怕牺牲的革命精神。

（潘清　邹清溶）

张　炎（1902—1945）

—— 抗战利益高于一切

主要生平

张炎，又名巨炎，字光中，广东省吴川县樟山村人。

- 1902 年 9 月 22 日，出生于贫苦农民家庭。
- 20 世纪 20 年代初，经堂兄张世德引荐参加粤军。在大革命中，参加了南征邓本殷、北伐吴佩孚的斗争。由勤务兵逐渐晋升至特务长、排长、官长。
- 1931 年，任十九路军第一二二旅旅长兼第六十一师副师长，并代理师长职务。九一八事变发生后，任独立旅旅长，请缨北上抗日。
- 1932 年 1 月 30 日晚上，率领部队开赴上海，参加抗战。
- 1933 年春，任援热先遣军第二旅旅长。同年福建事变前，接任国民党独立第四十九师师长。中华共和国人民革命政府成立之后，任第四军军长。
- 1936 年秋，到南京陆军大学特别班受训。七七事变后，回到广东，被任命为广东省民众抗日自卫团第十一区统率委员会主任，派回南路工作。
- 1938 年 2 月，回到家乡梅菉后，立即动员散居高州六属的原十九路军将士起来抗日，成立第十一区统率委员会。10 月，在高州接任广东省第十一区游击司令。

- 1939 年 3 月，担任广东省第七区行政督察专员。7 月，将战时工作队改为学生队。
- 1940 年 3 月 29 日，被迫辞职。
- 1944 年 9 月 14 日，从柳州回广东南路。
- 1945 年 1 月 13 日，起义。1 月 19 日，把起义部队改为高雷人民抗日军，任军长。1 月 30 日，率部进入廉江之灯草村，次日攻下武陵。2 月 3 日到达博白县英桥圩时，被当地反动军队逮捕。3 月 22 日，被杀害，壮烈牺牲，时年 43 岁。
- 1958 年 1 月 8 日，中华人民共和国中央人民政府追认为革命烈士。

拥护共产党对外抗日

张炎，又名巨炎，字光中，广东省吴川县樟山村人，国民党第十九路军爱国将领。张炎出身贫苦农民家庭，父亲张河珍为生活所迫，离乡背井，飘零异国，于清末到越南谋生，在海防行医、算命。后与越南一范姓女子结婚，1902年9月22日生下张炎。1912年，张炎随父亲归国。

张炎回乡不久父亲即病逝。因为家境清贫，他在村中私塾就学两三年，旋即到龙头圩仁和堂中药店当工人，后又到广州湾当茶馆工人。他在青少年时代目睹帝国主义者的侵略罪行和处于半殖民地半封建社会的中国人民之痛苦，因而萌发了反帝反封建的爱国主义思想，立志寻找自由民主的出路。20世纪20年代初，他经堂兄张世德引荐参加粤军。在大革命中，他受到孙中山三大政策的影响，积极投身反帝反封建斗争，参加了南征邓本殷、北伐吴佩孚的斗争。由于作战勇敢、勤奋好学，由勤务兵逐渐晋升至特务长、排长、营长。大革命失败后，他走了一段曲折的道路。1931年，张炎任十九路军第一二二旅旅长兼第六十一师副师长，并代理师长职务。在蒋介石对中央革命根据地进行第三次"围剿"中，张炎为援救被红军包围的十九路军总部和蒋鼎文的第九师，率部对红军作战，全师死伤了三分之二，撤退时几乎用全体官兵去抬伤兵还不够。他看到苏区红军作战勇敢，深得人民拥护；参加反共内战不得人心，徒遭损失。从此吸取教训，发誓不再参加反共内战，并转而拥护共产党团结对外的抗日主张。

前往上海参加抗战

九一八事变发生后，张炎对国民党当局的不抵抗主义非常愤慨。当时，他驻防南京，参加蔡廷锴（第十九军军长）发起组织的西南国民义勇军，任独立旅旅长，请缨北上抗日。正当他们准备出发之际，"一二八"淞沪抗战爆发了。1932年1月30日晚上，张炎接到十九路军总部命令，连夜率领部队开赴上海，参加抗战。他率部先后在吴淞、庙行等战役中浴血奋战，重创日军。2月12日，敌2000余人沿军工路偷袭蕴藻浜，张炎率一二二旅从纪家桥星夜出发，向蕴藻浜两岸警戒。13日凌晨，敌军在飞机、大炮密集火力掩护下，架桥强渡，攻势凶猛。张炎所部伤亡惨重，蔡廷锴闻报，即令一二一旅增援。张炎率师与敌激战至黄昏，终将偷渡蕴藻浜之敌肃清。敌久留米混成旅从此一蹶不振，他们企图从几方面包抄吴淞守军的计划完全破产。2月22日，日军倾巢出动，强攻庙行以南张治中第五军所部的麦家宅阵地。正在危急时，张炎率一二二旅两个团由竹园墩出击，配合第五军作战，三面夹击日军，使敌仓皇溃退。此后张炎又率部配合友军作战，多次与日军开展肉搏，使阵地终于收复，敌酋植田的总攻计划遂告破产。在全国人民的支援下，十九路军多次粉碎敌人的进攻，迫使日军三易其帅。但是，南京政府推行"攘外必先安内"的反动方针，着令十九路军退出上海。这使张炎受了一次深刻的教训。

学习民主进步思想

1933年春，日军大举进军热河。在全国人民要求抗日救国的呼声下，蔡廷锴又组织援热先遣军，张炎任援热先遣军第二旅旅长。3月25日，援热先遣军开始出发北上，后因南京政府与日军签订《塘沽协定》，张炎北上抗日愿望未能实现。他于悲愤之余才明白抗战与民主是分不开的，认为要抗战实现，必须实行民主政治。

1933年福建事变前，张炎接任国民党独立第四十九师师长，整编了蒋介石的嫡系部队，使它成为十九路军的主力部队之一。中华共和国人民革命政府成立之后，他任第四军军长。福建人民政府由于内部不团结，又没有得到各方反蒋势力的支持，很快便陷入孤立无援、软弱无力的境地。它在蒋介石的猛烈围攻下终于遭到失败。张炎和其他一些将领被迫接受蒋介石的"和平解决"条件。蒋介石为了拉拢张炎，委任他为第七路军副总指挥。张炎对蒋介石存有戒心，没有接任。不久，他偕同夫人郑坤廉出国考察欧美和苏联，受到了民主进步思想的影响。

全力开展抗日活动

1936年秋，张炎归国。蒋介石没有起用他，只派他到南京陆军大学特别班受训。七七事变后，张炎回到广东，被任命为广东省民众抗日自卫团第十一区统率委员会主任，派回南路工作。1938年2月，张炎怀着一股爱国热情回到家乡梅菉后，立即动员散居高州六属的原十九路军将士起来抗日，成立第十一区统率委员会，提出"抗战利益高于一切"和"保乡卫国，有钱出钱，有力出力"等口号，号召各县成立民众抗日自卫团。他说服堂兄张世德的家属把所藏枪支献出，并把自己在广州湾、香港的部分房产变卖，将所得款项作为抗战经费积极举办各种干部教导队，为各县培训自卫团骨干，还成立第十一区妇女服务总队，吸收妇女参加抗战工作。

张炎热情支持南路人民的抗日救亡运动。当时，中共广州市委外县工作委员会派共产党员肖光护到梅菉开展抗日救亡工作。他在梅菉成立抗日救亡宣传队，宣传抗日救国，张炎十分赞赏。张炎及其夫人郑坤廉亲自陪同该队到广州湾筹款，募捐经费，并支持他们成立抗日自卫话剧团，同该团一道到南路各县巡回演出进步话剧，推动南路抗日救亡运动。

真诚与共产党合作

1938年10月，张炎在高州接任广东省第十一区游击司令，深感力量不足，渴望得到共产党的支持。他"确信只有国共和各党派切实合作，才能挽救中国的危亡"。1938年冬，张炎亲自到香港与中共党组织联系，八路军驻港办事处主任廖承志、副主任连贯在香港半岛大酒店会见张炎。张炎谈了南路的抗日救亡情况，要求派干部给他。为了帮助张炎开展抗战工作，中共广东省委于12月间以香港学生赈济会名义派了一个抗日服务团到南路。张炎对共产党派来的干部很信任，热情安排他们到各县、各部门工作，并发给枪支弹药，支持他们开展抗日救亡活动。1939年3月，张炎担任广东省第七区行政督察专员以后，致力于整军经武，励精图治，进一步依靠共产党员和进步人士培训抗战人才，建立山区抗日游击根据地。同时，加强沿海防务，防止日军入侵。

在中共南路党组织的支持下，张炎培训了大批军事、政治干部。1938年11月，张炎招收300名进步青年组成第十一区游击司令部抗日救亡乡村工作团，并兼任团长，将下设的6个队分派到各县开展抗日救亡运动。该团宣传团结抗战，因此遭到顽固派的攻击。为此，张炎接任七区专员以后即将该团改为专员公署的战时工作队。1939年7月，他又将战时工作队改为学生队，由原来300多人扩充到800多人，把他们培养成为一支具有军事、政治素养的工作队。在学生队工作的共产党员达100多人，不少共产党员担任了军事政治教官或中、小队长。由于张炎真诚地与共产党合作，因而使高州六属出现了一个团结抗日的崭新局面。

打击卖国汉奸

张炎对卖国投降的汉奸深恶痛绝，坚决予以打击。1938年12月10日，逮捕了南路臭名昭著的大劣绅、大汉奸林绳武（信宜人，前清举人）。国民党广东省政府曾致电张炎，要求从轻发落。张炎以其投敌证据确凿，毅然于12月25日将他处决。1939年1月，又镇压了电白县大恶霸、大汉奸许宝石、许伯伦父子。接着，还打击了邓秀川（邓龙光、邓鄂之父）走私集团。张炎认为，以抗战物资资敌，与汉奸无异，于是下令严禁，派兵缜密查缉。

张炎的抗日爱国行动引起了国民党顽固派的忌恨。他们利用"周文事件"，强迫张炎下台。

1939年冬，国民党反动派发动反共高潮。国民党军委政治部主任陈诚在韶关演说，公开诬蔑八路军"游而不击"，说什么"延安无一伤兵就是证据"。1940年1月15日，朱德、彭德怀等八路军将领发表通电，予以驳斥。3月29日，学生队副中队长周崇和、服务团团员文允武两人（均为共产党员）到茂名县新垌乡宣传，将通电散发，被当地反动乡兵逮捕，送交张炎。南路行署主任罗翼群主张严办。张炎则表示宁可丢掉纱帽，也不愿杀害革命青年，毅然将周、文两人释放。国民党广东省政府认为张炎"赤化"南路，准备派兵"围剿"，张炎被迫忍痛辞职。

回雷州半岛抗日

1943年2月13日，日军3000多人从海康县下岚港登陆，16日进占广州湾，次日又占领遂溪县城，雷州半岛大部分地区沦入敌手。那时张炎住在广西柳州，他十分关注广东南路人民的安危，多次回乡探望，支持地方民众抗日。他通过国民党军委桂林办公厅主任李济深的关系，推荐詹式邦（吴川县高岭村人，曾任国民党驻广东部队团长，与日军打过仗）任吴川县长，动员他与共产党人和进步人士合作，组织民众抗日联防队，卫国保乡。

1944 年夏，国际反法西斯战争已取得很大进展。日本为了尽快解决中国问题，以便集中兵力对付美英，援救它侵入太平洋的孤军，便发动了打通大陆交通线的豫湘桂战役。国民党军全线大溃退。9 月初，日军由湖南、广东及粤北三面向广西发动进攻，侵入雷州半岛的日军亦以一个旅团配合。张炎在桂柳会战已经开始的紧张形势下，于 9 月 14 日从柳州回广东南路。他这次回南路工作得到国民党军事参议院院长李济深的支持。当时，张炎任国民党中将参议。李济深通过第四战区司令张发奎的关系，派他回南路视察，组织民众武装，打算以民众自卫的形式配合地下党的游击队，共同抗日保乡。

湘桂战役前后，驻雷州半岛的日伪军仍做垂死挣扎，继续扩大占领区。日军占领廉江以后，经常骚扰吴、廉、化边境。11 月 23 日，伪廉江民众自卫联合队指挥黄剑夫率领日伪混合队数十人袭击吴川县湍流乡，并向石门乡窜犯。中共广东南路特委领导的抗日游击队在钩镰岭将敌人堵住。张炎闻讯，立即通知驻岐岭寨的詹式邦所部第五警备大队前往增援。詹式邦当即率所部 300 余人赶到，与游击队并肩作战。敌人凭借优良的武器装备负隅顽抗。詹部与敌激战至次日凌晨 2 时，终将敌人击退，毙敌中村中尉分队长以下 11 人。钩镰岭战斗对张炎鼓舞很大，他在次日的祝捷大会上讲话，表示要抗战到底。此后，他加紧发展抗日武装，把原有卫队二三十人扩充为 400 多人的抗日队伍。

吴川起义

张炎联共抗日更为反动势力所忌恨。他们派特务侦察共产党、游击队的情况，监视张炎的行动，并命令詹式邦搜捕抗日游击队。由于张炎的反对，詹式邦没有执行这种破坏团结抗日的命令，他们便把矛头指向张炎。国民党顽固派突然袭击，派茂阳师管区的保安团从高州南下围攻化县自卫总队，将张炎的得力助手、化县县政府秘书兼总队副文邵昌杀害。文邵昌之死是顽固派向抗日民主力量进攻的信号。1945 年 1 月 13 日，詹式邦获悉当局已下令撤销他的电（白）梅（菉）吴（川）挺进司令职务，要他把部队交给吴川顽固派指挥，并准备派保安团围攻樟山。当晚，詹式邦即到樟山村向张炎汇报。张炎看到战火已迫在眉睫，遂决定立即起义，并通知南路特委派抗日游击队联合进攻塘缀。

当晚 12 时,张炎、詹式邦率所部 700 余人分三路进攻吴川县城塘缀。拂晓前发起总攻击,迫使吴川县顽军 5 个中队 400 多人全部缴械投降,于 14 日上午攻下塘缀。接着,又联合南路抗日游击队解放吴川全境。19 日,张炎把起义部队改为高雷人民抗日军。张炎任军长,詹式邦任副军长,曾伟任政治部主任。以高雷人民抗日军的名义公开宣布拥护中国共产党的团结抗日主张:为消灭日本侵略者,反击投降反动势力而奋斗。

不幸被捕

张炎起义对国民党当局震动很大。国民党顽固派集中优势兵力进攻张炎,"围剿"吴川。1945 年 1 月 23 日,高雷人民抗日军和中共南路特委领导的南路人民抗日游击队分头向化县转移,打退国民党顽军的截击,于 26 日在化县中峒会师,接着又向廉江进发,计划攻下廉江县政府所在地塘蓬,即挥师粤桂边,建立廉(江)化(县)陆(川)博(白)抗日根据地。1 月 30 日,张炎率部进入廉江之灯草村,次日攻下武陵。张炎企图用政治手段解决塘蓬问题,当天把部队开回灯草。2 月 1 日,国民党雷州挺进司令戴朝恩的挺进队、廉江县长黄镇的自卫大队配合保六大队共 1000 多人,乘张炎不备进行突然袭击。张炎部队仓促应战,不能进行有效的还击,被迫向村背的山谷撤退。当晚,张炎在廉江的禾蓼塘村召开紧急会议,提出各自决定方向。结果詹式邦率所部回吴川,曾伟带三四十人参加游击队,张炎带 10 多个随从人员入广西,找李济深、张发奎商量善后问题。张炎于 3 日到达博白县英桥圩时,被当地反动军队逮捕。

从容就义

1945 年 3 月 22 日,玉林专员梁朝玑执行蒋介石的命令将张炎杀害。张炎在敌人面前英勇不屈,视死如归。在玉林东岳岭刑场上,高呼:"抗日胜利万岁!民主胜利万岁!"后从容就义。牺牲时年仅 43 岁。

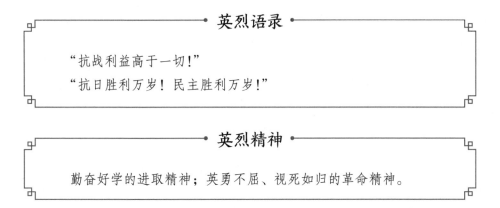

追认烈士

1958 年 1 月 8 日，中华人民共和国中央人民政府追认张炎为革命烈士。

英烈语录

"抗战利益高于一切！"

"抗日胜利万岁！民主胜利万岁！"

英烈精神

勤奋好学的进取精神；英勇不屈、视死如归的革命精神。

（谭光义）

周达尚（1895—1945）

——坚贞不屈，视死如归

主要生平

周达尚，广东省新会县大泽区田金乡人。

- 1895 年 6 月，出生于广西。
- 1926 年，加入中国共产党。
- 1929 年，成立雁桥青年社。
- 1939 年初，任田金党支部书记。
- 1941 年，成立田金乡救济会。
- 1945 年 1 月，光荣牺牲，时年 50 岁。

积极参加工农革命运动

周达尚，1895 年 6 月出生于广西，幼年卖给广东省新会县田金乡寡妇黄氏作养子。其养母是一个纯朴善良勤劳的农家妇女，尽管家境清贫，但两人相依为命仍过着安稳生活。周达尚青少年时在乡读小学，后在蒙馆任教。1913 年结婚后，生有四女一子。由于生活所迫，曾跟堂伯到香港做工，又因收入微薄，只得回乡务农。

1926 年，在中共新会党支部领导下，工农革命运动蓬勃发展，周达尚深受影响，同年 8 月间参加了农会，并积极协助县农民协会负责人开展工作，挨家挨户发动农民参加农会，被推选为田金农会执委。不久，他光荣地加入中国共产党。田金建立农民自卫军时，周达尚被选为农军负责人。

1927 年 12 月上旬，为配合广州起义，中共五邑地委和新会县委组织武装暴动，通知周达尚率农军开赴田金南洋火车站附近的南洋桥，破坏铁路线，阻止台城的反动军警开进江门、新会。他出色地完成了任务，受到县农会的赞扬。

广州起义失败后，革命群众组织备受摧残，各地农会被迫转入地下活动。1929 年间，周达尚团结了原乡农会的青年积极分子成立雁桥青年社，继续带领农民进行斗争，反对土豪恶霸抽收各种苛捐杂税。那个时候，大地主周高翰掌管公尝，借口堵塞松坡水坝，向农民勒收水坝谷。周达尚维护群众利益，与周高翰论理。周高翰心虚理亏，被迫答应暂时停收水坝谷。同年冬，反动族长周高莱跑到县城勾结军警，查封由周达尚等办的进步刊物《青年月刊》，并把周达尚逮捕，投入狱中。田金乡亲们对逮捕周达尚纷纷抱不平，积极筹款为他打官司，一直打到广州高等法院。经过一年之后才被宣判"无罪"释放。周达尚回到村里，虽然与党组织失去联系，但他的坚定立场和革命意志始终没有动摇，继续在乡里团结青年群众，为办好学校和恢复出版进步刊物而积极工作。

发展抗日武装

抗日战争全面爆发后，1938 年初夏，中共新会地下党派党员到田金，宣传中国共产党的《抗日救国十大纲领》，发动开展抗日救亡群众运动。此时，中断了多年组织关系的周达尚又同党取得了联系。中共新会区工委根据他的表现，批准恢复其党组织关系。

1938年秋，中共新会区工委为加强民族统一战线、壮大抗日力量，计划选派一批共产党员和进步青年到江门驻军新顺特务大队去工作。周达尚按照区工委的意图，通过同宗关系从学校派出周国仪、周仲荣两名青年教师面见该大队长周汉铃，要求安排工作。周汉铃答应搞个宣传队，编制10人。随后，区工委又派共产党员阮克鲁、余鸿钧、冼坚、李克平等人到周部去，建立了新顺特务大队宣传队，负责做士兵的政治教育和群众宣传工作，这对推动国民党驻军抗日起到积极作用。

1938年10月广州沦陷后，中共新会区工委先后派出党员干部到田金协助建党工作。1939年初正式建立了田金党支部，周达尚任支部书记。在支部的领导下，发动群众，办夜校、办识字班、组织妇女会（姐妹会），深入开展抗日救亡群众运动。周达尚还积极协助县委领导发展抗日武装，组织了半脱产的田金乡自卫队，并培养和发展了周达标、周复等青年入党。1939年4月2日，江门、会城相继沦陷。江会地区的党员和广东青年抗日先锋队骨干近200人撤到田金，食宿碰到困难，周达尚便发动群众，打扫祠堂，让出空房，安排同志们的住宿。他还以乡长的名义调出大批公尝谷，拿出家里部分粮食解决大家的吃饭问题。周达尚还组织自卫队员维持治安，放哨夜巡。不久，中共新会县委也迁到田金，领导新会人民进行抗日斗争。

1939年入夏以后，日伪军不断沿新（会）开（平）线向西进犯，沿途烧杀抢掠。为阻止日敌西犯，周达尚认真执行中共新（会）鹤（山）地区党组织的指示，组织群众支持和配合国民党守军共同抗日。他带领自卫队员和男女青年协助驻军挖战壕、搞掩蔽所。当驻军下令各乡分段包干破坏新宁铁路和新开公路时，周达尚率领男女青年打着灯笼火把迅速把铁路、公路毁掉，使日军车辆无法通过。驻军在将军山、学堂山、大梅山、响水桥等地击退了日军的多次进攻。周达尚还发动群众组织收容站，救护收容守军伤兵。1941年9月20日，江会日伪军大举西进，侵犯田金乡，周达尚一方面派党员周达标率领田金乡自卫队，同国民党守军并肩作战，另一方面发动群众，做好后勤支前工作。对此，一五六师四六八团深受感动，努力杀敌。坚守学堂山阵地的工兵连，全连壮烈牺牲。

成立松坡水坝管理委员会

江会沦陷后，日军关卡林立，乡民出入要掏出"良民证"，备受凌辱，到城里购买日用品很困难。周达尚根据上级党组织的指示，发动群众集资办了一间"合记"商店。接着，大园乡井岗村、聚龙村两个党支部也发动集资开了"合成""合和"两间分店，供应盐、油、糖、火水（点灯照明用的煤油）等生活用品，方便了群众。在日军铁蹄统治下，农业歉收，百业凋零，民不聊生。1941年间，周达尚便以乡政府的名义成立田金乡救济会，发动港澳同胞和本乡侨商捐款，将所捐得千多元港币购买粮食，折价出售，给贫苦农民平粜救饥。这一年，因农田水利失修，松坡水坝决堤两次，农业生产损失严重。多少年来，乡里的土豪恶霸只顾勒收"坡水谷"，不管修水利。农民对此敢怒而不敢言。为了减轻农民负担，他召开了乡民代表大会，提出成立修筑松坡水坝管理委员会的议案，立即得到通过，从而孤立了地主土豪周高翰、周子纯等人。松坡水坝管理委员会成立后，降低了收费标准，减轻农民负担，又及时兴修水利，群众拍手叫好。

支援抗日

1940年，许多党员转移到田金，周达尚安排他们到学校去，以教师职业作掩护开展抗日活动。1942年5月，中共粤北省委遭到破坏。之后，新会的反共势力也蠢蠢欲动。国民党十五区区分部书记周子纯为了排斥革命力量，软硬兼施。有一次，他借召开校董会议之机，对周达尚进行质问："周乡长，田金、小岳学校的教师，都是外地人，为何不让本乡子侄出来见见世面，行得通吗?!"周达尚理直气壮地说："什么外地人、本地人，有才学，又热心教育事业的人，难道不能录用吗？真岂有此理!"他以宗族长辈的身份对周子纯训斥了一顿，勇敢地击退反动势力的进攻。为增加田金乡抗日自卫队的给养来源，田金党支部提出"前方杀敌，后方生产"的口号，组织群众搞好生产，支援部队。周达尚自己拿钱投了三亩公尝田，交给妇女会钟灶女等人义务耕耘。

1944年初，中共新会县委按珠江游击区指挥部的部署，组建新（会）

鹤（山）人民抗日游击队。此时，周达尚又大力发动群众，动员青年队员参军参战。1944年5月，中共新会党组织动员在各地的地下独立武装到田金集中，宣布新鹤人民抗日游击队成立。

1944年12月31日，田金乡党支部获悉新鹤抗日游击大队一部主力100余人在司前白庙松山村宿营，周达尚便连夜发动妇女做糕点，准备翌日早上去劳军。不料，1945年元旦凌晨，国民党顽军向松山发起进攻，三面包围了新鹤人民抗日游击大队驻地。新鹤人民抗日游击大队进行英勇抵抗，击退了顽军、伪军的进攻。入夜，新鹤大队由群众向导突出重围。其时，周达尚已预料情况不妙，为了防范不测，他立即通知外地的同志迅速撤离田金。他先与新鹤大队派来筹建十五区人民抗日政权的司徒棠联系，催促司徒棠和黄美英等马上撤离。但是直到深夜1时多，还找不到黄美英的踪影。周达尚只好派吕强带司徒棠先行撤走。临别时，司徒棠对周达尚说："你留下也不安全，我们一起撤吧！"但周达尚却把自己的安危置之度外，回答说："我是本乡人，还要留下作掩护。"

光荣牺牲

第二天拂晓，由于叛徒周国仪告密，顽军到田金等地把共产党人及抗日爱国民主人士的家财洗劫一空，并逮捕了周达尚和爱国民主人士周达远等人。周达尚被捕时毫无惧色，痛骂叛徒卖国求荣。在敌人的严刑拷问之下，周达尚坚贞不屈，视死如归。最后，周达尚和其他被捕同志在司前圩附近从容就义，为党和人民的事业献出了宝贵的生命，牺牲时50岁。

英烈语录

"什么外地人、本地人，有才学，又热心教育事业的人，难道不能录用吗？真岂有此理！"

英烈精神

坚贞不屈、视死如归的革命精神。

（林铭新　李子汉）

周礼平（1915—1945）

—— 人民的战士是不怕牺牲的

主要生平

周礼平，广东省澄海县樟林乡人。

- 1915 年 7 月，出生于一个农民家庭。

- 1932 年夏，在樟林萃英小学高小毕业，进入汕头市大中中学读书。

- 1936 年上学期，发起组织了读书会。10 月，担任中华人民抗日救国义勇军潮汕大队小组长。

- 1937 年初，在学校发展了郑克临、林家铨、苏开宏几人参加义勇军。3 月，加入中国共产党。入党后被任命为中共汕头市学生支部书记。5 月 4 日，领导举行全市中学生纪念五四大会。8 月 8 日，作为学生界的代表参加汕头青年救亡同志会的发起人座谈会举行。8 月 13 日，汕头青年救亡同志举行成立大会，被大会选为理事会常务理事。9 月中旬，组成汕头青救会驻汕工作委员会。不久成立了中共潮汕铁路支部。11 月，被任命为中共汕头市工委委员、组织部部长，分工负责工人工作。

- 1938 年初至 1939 年初，领导了一场反对潮汕铁路当局无理裁员的斗争，取得了胜利并成立了铁路党总支。1938 年上半年，被任命为中共澄海樟东区委书记。1938 年下半年至 1939 年初，担任中共潮汕中心县委职工委员

会委员。

- 1939 年 10 月间，中共潮澄饶中心县委成立，为常委、任敌后工作部长。
- 1940 年春，领导潮澄饶武装小组开展敌后斗争。3、4 月间，兼任汕庵区区委书记。
- 1944 年 10 月，任中共潮澄饶（包括汕头）县委书记。
- 1945 年 5 月 6 日，指挥敌后武装小组进行彩塘奇袭，取得大捷。6 月 19 日，"智取东凤"又获胜利。七八月间，游击队又先后袭击十五乡（当时属饶平县）下寨日伪警察保安队和击毙日伪密侦队长方顺。同年夏，被任命为广东人民抗日游击队韩江纵队第一支队政委。8 月 17 日，遇国民党顽固派的围袭，激战中献出生命，时年 30 岁。

思想启蒙

周礼平，1915 年 7 月 9 日出生于广东省澄海县樟林乡的一个农民家庭。周礼平 8 岁时，家里把他送进樟林乡北社月祖祠的私塾（后改为绥成初级小学）念书。初小毕业后，升入樟林萃英高级小学。少年时代的周礼平阅读了不少新书刊，如上海出版的《东方杂志》《野草》等，开始接触新思想。

加入革命

1932 年夏，周礼平在樟林萃英小学高小毕业，进入汕头市大中中学读书。在进步教师和同学（如李平等）的影响和帮助下，周礼平阅读了不少马列著作和进步文艺作品，思想日趋成熟，成为当地抗日救亡运动的一个活跃分子。

为了传播革命思想，团结要求进步、追求真理的同学，1936 年上学期，周礼平和大中进步同学郑克临、林家铨（林川）发起组织了半公开性质的读书会。读书会成员经常阅读抗日救国的报刊、书籍和一些进步的社会科学、文艺作品；出版壁报和油印小报《蚂蚁》，揭露日本帝国主义的侵略阴谋和国民党政府的投降妥协政策，宣传一致对敌的抗日救国道理。周礼平还草拟了政治形势讨论提纲，召开秘密的政治形势座谈会。

1936 年 10 月，李平受中共南方临时工作委员会和上海中华人民抗日救国义勇军总部的派遣，回汕头开展抗日救亡工作，建立了秘密组织——中华人民抗日救国义勇军潮汕大队，并介绍周礼平参加了该组织，委任他为小组长。1937 年初，周礼平在学校发展了郑克临、林家铨、苏开宏等人参加义勇军。

不畏强权

为了团结更多的同学，开展学校里的抗日救亡工作，周礼平以读书会成员为核心，通过开展竞选学生自治会的活动，把大中学生自治会的领导权紧紧地掌握在进步同学的手里，郑克临当选大中学生自治会主席。

至此，大中有了三个进步的组织，核心是义勇军组织，对外的合法组织是学生自治会，在校内的半公开组织则是读书会。全校的抗日进步活动开展得有声有色，周礼平也在斗争中逐步成熟起来。1936年12月，西安事变和平解决后，大中中学当局根据国民党政府的指示，召集全校师生开所谓"庆祝蒋委员长脱险"大会。周礼平在会上作了演讲。他针对校训育主任和一些人为蒋介石的卖国政策辩护的论调，尖锐地指出："西安事变的和平解决，是由于日本侵略者的铁蹄践踏了我们的国土，丧权辱国的官儿们臭不可闻；全国民众一致抗日的呼声形成一股不可抗拒的力量，就是说，是'停止内战，一致抗日'这把钥匙，开了蒋委员长的锁，他才能够平安回到南京。"揭露了蒋介石的卖国丑恶嘴脸。

加入中国共产党

1937年3月，周礼平由李碧山介绍，参加了中国共产党。同时入党的有市立一中的曾定石、大中中学的郑克临。他们三人组成了中共汕头市学生支部，周礼平被任命为支部书记。从此，汕头市的学生抗日救亡运动就直接在党的领导下更加蓬勃地开展起来了。不久，周礼平按照中共汕头市工委的指示，经过周密筹划，发动组织了以进步学生为主的汕头市学生联合会。

"考场事件"

汕头市学联成立后，在周礼平、郑克临、林家铨等学生领袖的筹划下，经过一番斗争，于1937年5月4日在中山公园举行全市中学生纪念五四大会，向国民党汕头市政府递交要求抗日的请愿书，壮大了抗日声势。五六月间，汕头发生了日本水兵酗酒无理殴打黄包车夫事件，市工委决定以学生支部为领导核心，组织各界代表二三十人向国民党市政府和市长请愿，宣读抗议书，要求向日本领事馆提出强烈抗议。国民党政府对这一爱国行动非但不支持，反而出动大批军警、侦缉队包围了全市高中毕业会考考场和各主要中学，逮捕了进步学生林家铨等17人。这就是轰动一时的"考场事件"。周礼平也被列入了黑名单中，但他却机警地逃脱了。汕头市工委决定周礼平暂时撤退到厦门。卢沟桥事变后，国共合作抗日，被捕师生才全部获释。周礼平也重返汕头。1937年下学期，大中中学搬到潮阳陈盂，根据市工委的决定，周礼平留在汕头，投入组织汕头青年救亡同志会的筹备工作。

壮大革命队伍

周礼平同其他党员带领进步学生四处奔走宣传，深入到各个团体和学校做工作。经过一番努力，汕头青年救亡同志会的发起人座谈会于1937年8月8日举行。周礼平作为学生界的代表参加了这次会议，并被推选为起草成立大会宣言的主要负责人。8月13日，汕头青年救亡同志会举行成立大会，周礼平被大会选为理事会常务理事。

1937年9月中旬，潮汕党组织分析了全国的抗日救亡运动的形势和潮汕的实际情况，决定汕头青年救亡同志会组织一五五师随军工作队，深入各县城乡开展抗日宣传和组织群众工作；同时，决定留在汕头市的部分青年救亡同志会领导成员杜桐、周礼平、林克清、钟声、许善南等组成汕头青年救亡同志会驻汕工作委员会，公开领导汕头市的抗日救亡运动。周礼平分工负责潮汕铁路工人的工作。他经常到"火车头"（当时潮汕铁路的汕头站，在今杏花饭店附近）和工人们交朋友、拉家常，用通俗易懂的语言向他们进行抗日救亡宣传，启发他们的爱国主义思想和阶级觉悟。经过他深入艰苦的工作，铁路工会主席邓泰启等人被发展入党，并成立了中共潮汕铁路支部。11月，周礼平被任命为中共汕头市工委委员、组织部部长，分工负责工人工作。

1938年初至1939年初，周礼平指导铁路支部领导了一场反对潮汕铁路当局无理裁员的斗争，并取得了胜利。工人党员在这次罢工斗争中得到了锻炼，党组织也发展壮大了，党员从几个人发展到50多人，党支部从一个发展到五六个，成立了铁路党总支。

1938年上半年，由于开辟新区的需要，周礼平被调到澄海的樟林、东里、盐灶、鸿沟一带搞地下党工作。他熟悉地方情况，又能深入群众，很快就打开了局面，发展了一批农民、教师和职工入党，建立了几个地下党支部。他被任命为中共澄海樟东区委书记。1938年下半年至1939年初，周礼平担任中共潮汕中心县委职工委员会委员。

开展武装斗争

1939 年 6 月 21 日，汕头沦陷。汕头青年抗敌同志会的热血青年们拿起武器，组成了汕青抗武装大队，英勇地投入对凶恶的日本侵略军的殊死战斗。同年 10 月间，中共潮澄饶中心县委成立，周礼平为常委，任敌后工作部长。

1940 年春，潮汕的国民党顽固派配合全国第一次反共高潮，阴谋把共产党领导的汕青抗武装大队吃掉。党组织接获情报后，迅速而又果断地采取政治上进攻、组织上撤退的策略，把队伍秘密调走，并发表宣言揭露顽固派不可告人的诡计，宣布武装大队被迫解散，然后化整为零将党员骨干分成若干小组转入地下活动。周礼平担负起了领导潮澄饶武装小组开展敌后斗争的重任。

在敌强我弱、情况错综复杂的形势下，处于秘密状态的武装小组应该怎样开展敌后斗争？周礼平经过深思熟虑，提出了以多种形式进行活动，打击最反动的敌人日伪汉奸，先吃小的，不造声势，不草率从事，为革命积蓄力量和经验的指导思想。小组的第一次行动就处决了澄海冠山乡汉奸郑菊人。接着，惩办了欺压百姓并严重威胁地下党活动的澄海横陇洪渡头的日伪便衣密探。不久，又镇压了横行乡里的澄海华富乡汉奸维持会长陈富泉。群众对此无不拍手称快，奔走相告。

在周礼平的领导下，潮澄饶武装小组神出鬼没地打击敌伪，不但站住了脚，而且在斗争中发展壮大了队伍，成为潮汕沦陷区一支重要的抗日武装力量。

转入地下活动

1940 年 3、4 月间，周礼平重建汕庵区委，并兼任区委书记，在极其困难的条件下开展地下党组织活动。

1941 春，潮汕的国民党顽固派配合全国第二次反共高潮，加紧搜捕地下党员，党的敌后工作遭到了很大的挫折。刚刚担负起敌后县委书记重任的周礼平，在白色恐怖肆虐面前毫不气馁，他冷静地审视形势，缜密地思考着对策，坚持领导斗争。9月，周礼平调任潮饶边县特派员，兼管整个沦陷区的敌后工作。1942年3月，又升任潮汕特派员（仍负责潮、澄、饶、汕及潮阳沦陷区工作）。

1942年4月间，地下党员刘华（原名刘维刚）在汕头叛变投敌，汕头市工委遭到了日本宪兵部的严重破坏。刘华以前参加过武装小组的活动，了解余厝洲和其他地方的一些情况，因此周礼平立即采取紧急措施，将组织机构、干部进行调整，采取分散隐蔽、个别联系的对策，以应付危急局面。

1942年6月，南委事件发生，中共中央南方局决定潮梅地下党暂时停止组织活动，实行"隐蔽精干，长期埋伏，积蓄力量，以待时机"的方针。沦陷区的党组织原也决定暂停活动，但由于周礼平对地方情况十分熟悉，上级同意沦陷区党组织继续活动和开展以筹款、收缴武器、保卫组织为内容的对敌武装斗争，在经济上供养闽西南特委和潮梅特委留守人员。周礼平受命于危难之际，他继续领导这支武装活跃在敌后，不但胜利完成了上级交给的筹款任务，而且逐步摸索出在河流交错、人口密集的平原地区对敌进行隐蔽武装斗争的成功经验，为积聚力量、迎接抗日新高潮的到来作出了贡献。

在这个时期，周礼平对统一战线工作也很重视，他根据党中央"五四指示"（1940年）的精神，利用敌人的矛盾，正确选择统战的对象，争取了某些地方实力派如潮安江东的刘贤名等。刘贤名在沦陷前是潮安中江乡长，沦陷后任江东区区长，有正义感和爱国思想。经过研究分析，周礼平派人和刘贤名谈判，建立了统战关系，以后刘贤名在提供情报、掩护干部、支援武器、财物等方面对党帮助很大。周礼平改造了澄海余福坤这股土匪武装，扩大了抗日的队伍。

在整个潮梅党组织暂停活动期间，周礼平和潮梅特派员林美南、闽粤赣边联络员李碧山建立了紧密的联系。实际上他们是潮梅特委的领导集体，周礼平则是负责潮、澄、饶、汕和潮阳沦陷区这一片地下党和武装的潮汕特派员。

---------◇ **英勇抗日** ◇---------

1944年冬，日军企图打通广汕线，巩固广州外围，向潮汕腹地进犯。从1944年12月至1945年2月，先后攻占揭阳、普宁、惠来等县城。铁蹄践踏

乡土，群众深受其害，人民抗日情绪高涨，斗争此起彼伏。这样，大规模地开展抗日武装斗争的时机已经成熟。

1944 年 9 月，潮梅特委留守机关接到中央电报指示：迅速恢复组织活动，以配合全国各敌后根据地向日军反攻的大好形势。

就在恢复组织活动和组建公开的抗日武装队伍前后，周礼平指挥敌后武装小组处决了叛徒姚铎，对当时保卫全潮汕各地党组织、保卫党的骨干起了很大的作用，为潮汕党组织恢复组织活动，建立公开抗日武装队伍，开展游击战争扫除了障碍。

1944 年 10 月，中共潮澄饶（包括汕头）县委重新成立，周礼平仍任县委书记。他根据上级的指示，在江东佘厝洲召开领导骨干会议，部署恢复组织活动，布置建立公开武装。嗣后，他将这些计划逐步实施。1945 年 3 月，潮澄饶各地党组织发动和组织游击小组，在此基础上，队伍正式命名为潮汕人民抗日游击队。游击队的预备力量迅猛发展至近 1000 人。为组建公开抗日武装队伍，筹措武器、大造声势、扩大影响，周礼平和吴健民等连续组织了几个军事行动。

1945 年夏初，敌后武装小组化装为日伪潮安县政府密侦队，向江东水头村伪乡长查处私藏枪支，共缴驳壳枪 3 支、长枪 6 支，并没收其家浮财。

5 月 6 日，敌后武装小组以潮汕人民抗日游击队名义，奇袭彩塘日伪警察署、区署及联防队，缴获轻机枪一挺、驳壳枪 3 支、步枪 40 余支及大批子弹和其他物资。战斗结束后，以潮汕人民抗日游击队名义散发传单，号召群众起来抗日。

继彩塘奇袭大捷之后，人民抗日游击队乘胜进击，于 6 月 19 日智取东凤，又获胜利。俘虏伪所长、伪税务主任和全所伪警，缴获枪支弹药一批。

七八月间，人民游击队又先后袭击十五乡（当时属饶平县）下寨日伪警察保安队和击毙日伪密侦队长方顺。

至此，周礼平和他领导下的潮澄饶敌后武装小组经过近一年的紧张战斗，已初步完成了建立抗日游击队的准备工作，开始集结力量，准备迎接抗日战争最后胜利的到来。

------------ ◻ **战死沙场** ◻ ------------

1945 年夏，周礼平被任命为广东人民抗日游击队韩江纵队第一支队政

委。8月，周礼平率队驻潮揭丰边的居西溜。国民党顽固派调挺进队和洪之政、吴大柴等地方反动军队 1000 余人，在抗日的前线实行了对我抗日游击队的围攻。8 月 17 日凌晨，敌人围袭开始，在力量悬殊、万分危急的情况下，周礼平指挥队伍及时转移，并亲自率机枪班迎击战人。激战中，游击队几个机枪手先后中弹牺牲，周礼平仍然鼓励战士们说："人民的战士是不怕牺牲的！为革命牺牲是光荣的！"最后，周礼平也在弹雨中献出了自己的生命，牺牲时年仅 30 岁。

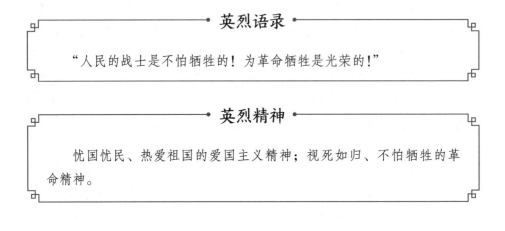

英烈语录

"人民的战士是不怕牺牲的！为革命牺牲是光荣的！"

英烈精神

忧国忧民、热爱祖国的爱国主义精神；视死如归、不怕牺牲的革命精神。

（佘延年）

陈国龙（1906—1946）

—— 为民解忧，造福桑梓

主要生平

陈国龙，又名满春、景云、国焕、焕新，广东省普宁县人。

- 1906 年 4 月 5 日，出生。
- 1924 年，到上海大学读书并参加共产主义青年团。
- 1926 年，回广州参加农民讲习所学习并加入中国共产党。
- 1928 年 12 月，因受国民党反动派通缉退避南洋，到新加坡、马来亚、暹罗等地先后当汽车学徒、电机工人、汽车厂技术员。
- 1932 年，与揭阳旅马侨胞赵秀兰结婚，后在吉打十字港中华学校任校长。在这期间，参加了中共海外支部。
- 1933 年至 1935 年，受共产国际的派遣，通过英共到伦敦剑桥大学留学。
- 1940 年初，被调到新四军教导队第四期第二大队第六中队基本政治队受训，毕业后，被提升为少校机务主任。
- 1941 年 1 月 14 日，不幸落入魔掌。
- 1942 年 5 月，和其他难友一起举行了暴动，冲出了敌人的牢笼。
- 1945 年 2 月，被委任为潮汕人民抗日游击队军事参谋，负责军事训练。5 月，兼任潮汕人民抗日游击队第三大队大队长。
- 1946 年 12 月 13 日，被刺杀牺牲，时年 40 岁。

宣传发动农民运动

1906 年 4 月 5 日，陈国龙出生于广东省普宁县和尚寮乡。陈国龙小时全家五口靠佃耕地主几亩薄田度日，父亲为谋生计远涉重洋，往槟城做工，一年后就被繁重劳动折磨致死。留下母亲带大三个孩子。陈国龙小时候勤奋读书，学习成绩优异，因而获得乡中公尝奖学金和亲友资助得以中学毕业。1924 年，他到上海大学读书（这是由共产党办的），受到革命思想的熏陶，思想觉悟提高很快，在学校读书期间，参加中国共产主义青年团，投入上海学生运动。还在杨石魂的影响下，参加了粤汉铁路工人运动的斗争。1926 年，他回广州参加农民讲习所学习，后被派到粤东搞农民运动，并加入了中国共产党。他曾在普宁和汤坑等地以教书为掩护，在农村中进行宣传发动农民运动。陈国龙家乡原是个封建堡垒，在他的串联发动下，也把农会建立起来，向土豪劣绅开展斗争。

举行年关暴动

1927 年四一二反革命政变后，农民运动受到极大摧残，陈国龙隐蔽在大南山根据地，继续坚持斗争。8 月中旬，东江特委在铁山三都召开干部会议，部署建立武装，迎接八一南昌起义军入潮，此后全县革命武装斗争开展起来，陈国龙奉令做接待起义军的工作。当起义军在潮汕失利后，白色恐怖又笼罩粤东。这时，陈国龙继续坚持斗争。根据中共东江特委的指示，举行年关暴动，1927 年 12 月 30 日至 1928 年 1 月 2 日，发动普宁鱼县农民总暴动。广大农民在党领导下，组织农民赤卫队，实行土地革命。在斗争中陈国龙得到很好的锻炼。国民党反动派对革命人民进行了疯狂的"围剿"。

退避南洋

1928 年，红四师十一团和普宁县赤卫队等革命武装数千人退入大南山与敌周旋，革命暂处于低潮。陈国龙被国民党反动派悬红通缉，1928 年 12 月只好退避南洋，到新加坡、马来亚、暹罗等地先后当汽车学徒、电机工人、汽车厂技术员，并参加当地的赤色工会，从中进行革命活动。后来陈国龙在马来亚当小学教师、校长，1932 年与揭阳旅马侨胞赵秀兰结婚，后在吉打十字港中华学校任校长。在这期间，他参加了中共海外支部。

积极开展抗日救亡运动

1933 年至 1935 年，他受共产国际的派遣，通过英共到剑桥大学留学，学习无线电工程学和飞机工程学，毕业时，取得飞机师证书。陈国龙身在海外，却时刻想念祖国。1936 年西安事变后，陈国龙回国参加抗日救亡工作。他带着妻儿，回到家乡普宁。一时没有职业，生活困难，后来只好把妻儿送回新加坡，他自己在普宁县和尚寮教书，把各房头办的三个私塾合并成一所六年制小学，自己担任校董和教务，聘请了一批进步教师来校任教。他以这里为阵地，发动师生积极开展抗日救亡运动，播下了革命火种。

他关心群众生活，看到本村西北、八斗坛两个水陂被洪水冲崩，1000 多亩地受旱，他便急群众之所急，发动群众筹集资金，组织劳力并带领大家昼夜奋战，修建了两个拦洪水闸，解决了农田灌溉问题，对全村的生产发展起了很大作用，群众称赞陈国龙是"为民解忧造福桑梓"的人。1938 年 8 月，苏惠带陈国龙、郭启明等 8 位青年往福建龙岩闽西南特委所在地，介绍他们参加了新四军。部队根据陈国龙的技术专长，分配担任司令部无线电总队机务员、组长，后来升任上尉兼材料库保管员。他在叶挺、陈毅等的直接领导下进行工作。新四军挺进敌后打击日伪，给敌人以重大打击，开创了华中敌后抗日根据地。在每次战斗中，陈国龙准确无误地做好无线电收发报工作，确保通信联络畅通无阻。同时为了防止电台收发报泄密，他自编了一本绝密的电讯密码。他的工作多次受到新四军军长叶挺等的表扬。

1940 年初，陈国龙被调到新四军教导队第四期第二大队第六中队基本政治队受训，毕业后，他被提升为少校机务主任。当时日军集结一万余人大举"扫荡"皖南，其中一路 5000 余人以空军为掩护，妄图摧残新四军军部驻地云岭。在军长叶挺的亲自指挥下，部队指战员英勇杀敌，不仅击退了敌人 10 多次猛攻，而且收复了国民党五十二师丢失的泾县城。陈国龙冒着敌人猛烈炮火，准确传达了军部的作战命令，在战斗中作出了重大的贡献。

坚守共产党员的革命气节

1940年10月后，以蒋介石为首的国民党顽固派置民族的危难于不顾，发动了第二次反共高潮。1月4日，新四军军部及所属部队9000余人奉令北移，6日行至泾县茂林地区时突遭国民党军7个师8万余人的包围袭击。新四军被迫抗击，血战七昼夜，终因弹尽粮绝，除2000余人突围外，大部分壮烈牺牲。在激烈的战斗中，陈国龙不顾生命危险，镇静译发电报，保持着与党中央的联系。1月14日给党中央发完最后一次电报后，军长叶挺指挥大家烧毁密码，砸毁电台，带领大家突围。在突围时，陈国龙不幸落入魔掌，被监禁在人间地狱——江西上饶集中营。在集中营，国民党的特务对陈国龙采取软硬兼施的手段，先行政治欺骗，说什么只要承认错误和"自首"，就释放并让当官，继而施以严刑拷打，但陈国龙始终站稳立场，表现出一个共产党员坚强的革命意志和坚贞不屈的革命气节。

1942年5月，日军向上饶进逼，国民党军队不战而溃。上饶集中营也在大批宪兵特务的严密押送下迁往福建。队伍行至福建崇安县赤石镇附近时，陈国龙和其他难友一起胜利举行了暴动，冲出了敌人的牢笼。陈国龙脱险后先是回到家乡，因找不到党组织，便先后到韶关、衡阳打零工度日。1944年底，陈国龙因病再次回到家乡。

参加抗日武装队伍

1944年冬，潮汕地下党组织恢复活动，并着手筹建人民革命武装，开展抗日游击战争。1945年1月，陈国龙向普宁五区特派员黄光武汇报了自己经历和斗争情况，请求恢复组织关系并参加抗日武装队伍。经潮普惠南中心县委书记林川审查同意，恢复了陈国龙的党籍。1945年2月12日，潮汕人民抗日游击队在普宁宣告成立。不久，陈国龙被委任为军事参谋，负责军事训练。

1945年5月上旬，潮汕人民抗日游击队发展到700多人，集中郭厝寮扩编，把原第一、第二突击队改编为第一、第二大队，把短枪队扩编为第三大队，陈国龙兼任第三大队大队长。

5 月 17 日，游击队从葫芦地向泥沟乡进发，在大坝平山坡与国民党的自卫队、地主武装遭遇。陈国龙协助队长王武指挥游击队员利用地形地物，集中排头火力打击敌人。同时，他采用迂回战术，指挥一个大队从旁边一个山头对敌人进行袭击，终于将敌击退，游击队初战打了个大胜仗，士气为之大振。

6 月 14 日（农历端午节），国民党普宁自卫后备团 300 多人进攻二区赤水乡新成立的第三大队第六中队。陈国龙为避敌锋芒，指挥队伍主动撤上赤水山头，据险阻击，粉碎了敌人的进攻。

6 月下旬，潮汕人民抗日游击队潮普惠地区的部队改编为广东人民抗日游击队韩江纵队第二支队，支队长兼政委林川，全队 1200 多人，下辖 4 个大队，陈国龙担任军事参谋兼第一大队长（番号普部）。全大队 340 多人枪。

7 月 16 日，陈国龙带第一大队与第二、第三大队一起奔赴棉湖，接应起义的国民党揭阳后备部（河山部）的一个中队并协同进攻国民党区署、警察所、警察中队、银行等，一举缴获 70 多支枪及一批财物。7 月 24 日，国民党潮阳保安队 7 个中队窜进陇头乡，妄图配合普城保安团向我游击队发动第三次"围剿"。根据第二支队司令部指示，陈国龙带领第一大队指战员，配合第二、第三大队部分人员夜奔陇头袭击敌人。是役毙伤顽敌 30 多人，俘敌 60 人，缴枪 70 多支。

1946 年 6 月，韩江纵队根据中共广东区党委的决定，由粤东军委主席林川率领、选派骨干，参加东江纵队北撤山东，陈国龙则留在大北山坚持斗争，做开辟新区和培养军事干部的工作。

-------------------- ◗ **被刺牺牲** ◖ --------------------

从 1946 年 6 月 26 日起，国民党发动了全面内战。潮汕地区党的组织和武装队伍在与敌人的斗争中不断壮大，为了加强与上级的直接联系，陈国龙奉广东区党委和潮汕党组织的命令，回普宁家乡购置零件，准备组装无线收发报机。12 月 13 日，他化装成农民，单身下山。行至流秀陇村时，碰上了秀郭乡公所两个伪所丁，在激烈的搏斗中，陈国龙被刺杀，牺牲时年仅40 岁。

坚强的革命意志和坚贞不屈的革命气节。

（陈列夫　王宋斌）

邓 发（1906—1946）

—— 著名的工人运动领袖之一

邓发，广东省云浮县人。

- 1906 年 3 月 7 日，出生于一个普通的农民家庭。
- 1922 年，参加香港海员大罢工。
- 1925 年，参加省港大罢工，是骨干分子。
- 1927 年，任广东油业工会支部书记。参加广州起义，任五区副指挥。历任中共香港市委组织部部长兼全国总工会南方代表，香港工代会主席，中共香港市委书记、广州市委书记、广东省委组织部部长等职。
- 1930 年 9 月，任党的六届中央委员、中央政治局候补委员。
- 1932 年，任中央苏区政治保卫局局长，并随中央红军进行二万五千里长征。
- 1936 年，党中央派他去苏联与共产国际联系工作。
- 1939 年，任中央党校校长，中央职工委员会书记，中央民运工作委员会书记等职。
- 1940 年 1 月，和张浩筹备创办《中国工人》杂志。
- 1942 年，领导开展持续 7 年之久的赵占魁运动。
- 1945 年，当选世界职工联合会理事会理事和执行委员会委员。
- 1946 年 4 月 8 日，不幸遇难。时年 40 岁。

坚韧的革命斗志

1925 年上海五卅运动爆发后，共产党领导了声援上海工人反对帝国主义的省港大罢工，邓发是这一大罢工的骨干分子。罢工期间，建立了领导大罢工的机构——省港罢工委员会，邓发作为罢工工人代表，参加了罢工委员会的工作。之后，他积极参加支援国民革命军第二次东征和北伐战争的工作。1927 年，邓发任广东油业工会支部书记。大革命失败后，他迎着白色恐怖的逆流继续前进，参加了广州起义，任五区副指挥，带领油业工会工人英勇作战，阻击广州市河南区（珠江南岸）数倍于工会的敌军，直到弹尽粮绝，才撤退隐蔽。革命虽然暂时失败了，但邓发并没有因此而后退，他坚定地对其表弟说："革命者是不怕失败的，孙中山先生能够经过十次失败才得到最后的一次成功，为什么我们不能学他那样坚韧的性格呢？"于是他投入了更艰苦的斗争。

传奇的工运领袖

广州起义失败之后，邓发从云浮转移到香港，开始从事党的地下工作，历任中共香港市委组织部部长兼全国总工会南方代表，香港工代会主席，中共香港市委书记、广州市委书记、广东省委组织部部长等职。在多年的地下工作中，他经历了敌人多次搜捕，但他机智勇敢，像传奇式的人物那样，一次又一次摆脱敌人密探的跟踪。他曾巧妙地严惩了叛徒，并与反动派的鹰犬周旋。因党的地下机关被破坏，邓发曾被捕，但他严守党的机密，勇敢沉着地与敌人斗智，由于敌人无法了解他的身份，后经组织营救出狱。他带着伤痛，继续坚持领导地下斗争。经过长期革命斗争的锻炼，邓发已成为近 10 万中国海员的代表、工人运动的领袖。

领导政治保卫局

1930 年 9 月，邓发在党的六届三中全会上被增补为中央委员。同年冬，调任闽粤赣边区特委书记兼军事委员会主席。其后在党的六届五中全会上，又当选政治局候补委员。1932年，他进到中央苏区，任政治保卫局局长，并随中央红军进行了艰苦卓绝的二万五千里长征。在这期间，他从事建立和健全保卫的各种组织机构。在长征途中，打击国民党反动派的破坏活动，在保卫党中央领导同志的安全等方面，他都做了许多有益的工作。但在王明"左"倾错误的影响下，他所领导的保卫局也犯了肃反扩大化的错误，给革命事业造成了损失。然而，他很快就总结了教训，在党的生死攸关的遵义会议上，坚决拥护以毛泽东同志为代表的党中央领导。遵义会议后，党中央决定对红军进行整编，把政治保卫团分别编入第一、第三军团。邓发就深入部队，了解情况，召开团连以上干部会议，作整编动员报告，说明中央决定对挽救中国革命的重大意义，号召同志们紧密地团结在党中央周围。

赤胆忠心赴苏联

邓发对党的工作忠心耿耿，赴汤蹈火，在所不辞。1936年，党中央派他去苏联与共产国际联系工作。6月，在西安候车去兰州时，他会见了即将访问延安的著名美国进步记者埃德加·斯诺。斯诺为他在西安的安全担心，问他："你不替你的脑袋担心吗？"他却风趣地笑答："不见得比张学良更担心。"他孤身一人由西安去兰州，再由兰州转去新疆。当时，军阀盛世才严密控制着新疆，禁止内地与新疆联系，入疆十分困难。为此，邓发设法结识了一个赴新疆演出的戏班子，为戏班子当杂役。一路上，他跟着戏班子的骆驼队在那天气变幻莫测的戈壁大沙漠上，战胜飞沙走石、少粮、缺水的困难，走了几个月，终于到达新疆的迪化（今乌鲁木齐市），然后再转往苏联。

出任中央党校校长

全面抗战爆发不久，邓发经组织指派，调回乌鲁木齐，化名方林，继陈云等人之后任中国共产党驻新疆代表、八路军驻新疆办事处主任，开展抗日民族统一战线工作，推动新疆的抗日救国运动。1939年，邓发返回延安，任中央党校校长、中央职工委员会书记、中央民运工作委员会书记等职。在这期间，他处处以身作则，密切联系群众，带领党校学员建校，搞生产劳动，亲自给学员讲课，日夜忙于工作，从不叫苦叫累。为开展解放区的职工运动，他进行深入的调查研究，总结抗战以来解放区的职工运动经验，密切结合抗日战争时期职工运动实际，贯彻以生产抗日为中心的工会工作方针，组织制定正确的劳动政策，加强了党对职工运动的领导。1940年1月，邓发和张浩筹备创办《中国工人》杂志，宣传中国工人参加抗日工作的成绩，介绍职工运动的理论与工作经验，报道各地职工工会活动与工人生活状况，使之成为党领导、团结、教育工人和统一中国工人运动的有力武器。他在中央党校职工班作过《战后敌后工业与工人的变动》和《抗战三年来的华北职工运动》等报告，阐述了不同地区职工运动的基本方针、任务和具体政策。从1940年至1941年春，他曾先后发表了《论抗战中的民主问题》《论抗日根据地职工会的基本任务》《中国工人阶级当前的任务》等文，对推动解放区职工运动沿着有利于抗日、提高劳动生产率的正确方向前进起了积极作用。

领导赵占魁运动

1942年，为了粉碎日寇和国民党反动派对陕甘宁边区的经济封锁，努力争取边区工业产品的自给，邓发深入边区工厂调查研究。他发现边区农具厂翻砂炉工赵占魁这个埋头苦干、爱厂如家的典型后，便积极推广。1942年10月，陕甘宁边区总工会发出了开展赵占魁运动的通知。于是陕甘宁边区的各工厂就开展了以学习赵占魁为内容的劳动竞赛，大大提高了劳动生产率，从而推动了解放区的工业生产建设。邓发领导持续了7年之久的赵占魁运动是解放区职工运动史上的一个创举，它不仅在经济上，而且在培养干部上都有重要意义。

出席世界职工代表大会

第二次世界大战结束后，反法西斯力量决定于1945年9月在巴黎召开世界职工代表大会，要求各国派出统一的工会组织代表参加。1945年4月22日，各解放区工会派代表集会于延安，成立解放区职工联合会筹备会，邓发当选筹备会主任。筹备会成立后的第一件大事，就是争取派遣解放区的职工代表参加巴黎的世界职工代表大会。6月22日，邓发以中国解放区职工联合会筹备会主任名义，分别致电世界职工代表大会筹备会和中国劳动协会的朱学范，讲明中国解放区的职工联合会筹备会完全有权选派自己的代表参加世界职工代表大会，批驳了企图剥夺解放区职工权利的论调，经过斗争终于促进了解放区和国民党统治区职工的团结，邓发获得参加这次国际会议的权利。1945年9月11日，他离开延安，代表着解放区80万名职工，赴巴黎参加国际性工人会议。9月25日到10月上旬，世界职工代表大会于巴黎开会。邓发是第一个出席世界性会议的中国解放区职工代表，他在大会上作了发言，提出了建立和平、团结、民主的新中国的八项主张，表达了中国工人阶级的坚强意志。会上，邓发当选世界职工联合会理事会理事和执行委员会委员。在巴黎期间，他访问、参观了博物馆、工厂，所到之处受到法国朋友的热烈欢迎。他还访问了英国，参加了英国共产党代表大会，发表了演说，介绍解放区职工会情况，增进他们对中国工人阶级斗争情况的了解。1946年1月，他途经瑞士、意大利、埃及、印度、菲律宾等国，然后回到上海。他访问了上海邮政局，对邮工们的生活表示热情的关注，受到工人们的热烈欢迎。邓发还接见了《生活知识》周刊的记者，对战后形势、国内政治前途的发展及职工运动等问题发表了自己的看法，并向记者询问了上海劳工生活及工运的情况，提出了工人团结起来、组织全国性的总工会的希望，回答了记者提出的对上海工潮的看法，使记者留下了深刻的印象。1946年1月26日，邓发与朱学范离开上海，同机飞往重庆。

一生热爱党

邓发一生热爱党，不论是在工作顺利或困难的情况下，都把党的事业放在高于一切的地位，公而忘私，任劳任怨地为党工作。20世纪30年代，在出生入死、难以形容的困难之下，他毫不计较个人的安危得失，一心努力完成党的工作任务。他在新疆工作时，曾把自己在苏联讲学及工作期间积累下来的数百元外币，托王稼祥带回延安交了党费。巴黎职工代表大会是在第二次世界大战后欧洲经济十分困难的条件下举行，吃不到肉类，吃不到糖，也差不多天天吃南瓜和洋芋。但邓发毫不计较这些，以苦为乐，他回国后，写给爱人的信上说，"在欧洲因无东西吃，稍比以前瘦了些""但我们的收获很大，所以吃了点苦头，我们还是很愉快"。这充分反映了邓发的革命乐观主义精神。

不幸遇难

1946年4月8日，邓发与王若飞、秦邦宪、叶挺等同志从重庆乘飞机飞返延安。当日下午，在晋西北兴县黑茶山不幸遇难，时年40岁。

英烈语录

"革命者是不怕失败的。"
"我们的收获很大，所以吃了点苦头，我们还是很愉快。"

英烈精神

不畏困难，以苦为乐的革命乐观主义精神；一生热爱党，把党的事业放在高于一切的地位，公而忘私、任劳任怨、忠心耿耿，为党赴汤蹈火、在所不辞的崇高共产主义品格。

（杨世兰）

古 道（1919—1946）

—— 随时准备牺牲的路西县委书记

主要生平

古道，又名锦榕，广东省东莞县人。

- 1919 年 6 月，出生在一个农民家庭里。
- 1937 年，在东莞中学读高中时，就积极投身抗日救亡运动。
- 1938 年二三月间，加入中国共产党。
- 1939 年初，在乳源县侯公渡的广东第三行政干部训练所的行政系继续读书，秘密从事党的地下活动。结业后，被委为县、区政府政治协作员，并成立了地下党小组，秘密进行地下情报工作。
- 1941 年夏至 1942 年 6 月，先后担任水乡区委宣传部部长和东莞前线县委组织部部长。
- 1943 年 3 月，以在清溪谢坑小学当教师为掩护，领导清溪一带的地下党工作。
- 1945 年四五月间，任路西县委组织部部长。8 月，接任广东人民抗日游击队东江纵队第一支队政治委员兼路西县委书记，继续坚持路西的武装斗争。10 月初，率领两个大队主动出击歼灭威胁宝太线直接阻碍受降的锦厦伪军据点和沙井敌伪据点。12 月，国民党军队大举进攻东莞解放区，率领部队突围时不幸被捕。
- 1946 年 1 月 31 日，壮烈牺牲，时年 27 岁。

积极投身抗日救亡运动

古道，又名锦榕，1919 年 6 月出生在广东东莞万江古屋村一个农民家庭里。从学生时代起，他就积极上进，追求真理。1937 年，东莞的抗日救亡运动开展得轰轰烈烈。当时，古道正在东莞中学高中二年级读书，经常到县工委书记谢阳光和赵学办的"阳光书店"，如饥似渴地阅读进步书刊，探求抗日救亡的道路和真理。与此同时，还与何太、陈荣业、罗炽尧等一起，组织了工作队，自备伙食，深入农村宣传，组织民众参加抗日后援的工作，积极投身到火热的抗日救亡运动中去。

1938 年 2、3 月间，东莞县中心支部在东莞中学成立了学生支部。当时，古道是莞中学生会的常务委员，他紧密依靠党的领导，积极开展抗日救亡工作，因而不久就被吸收为中国共产党党员。入党后，古道更加朝气蓬勃，与张广嗣等一起，组织领导莞中学生举行了反侵略大会和火炬大游行，发动全校同学募捐慰劳虎门将士；组织流动戏剧团到东莞民众教育馆和道滘、中堂、万江等地公演《放下你的鞭子》等救亡戏剧；选择县城各交通要道，张贴以抗日救国为内容的壁报、壁画；在东莞民众教育馆开设时事讲座，宣传救亡的重要消息、抗战的现状和政治常识；并在学校组织了青年生活读书会等进步学生组织，定期出版进步刊物《熔炉》。通过一系列艰苦深入的工作，使莞中的学生运动与校外轰轰烈烈的抗日救亡运动紧密地结合起来，有力地推动了东莞抗日救亡宣传活动的开展。

1938 年夏，国民党广东省政府把全省高中毕业班的学生集中在连县星子圩（先在佛山附近，最后搬到韶关）集训。中共广东省委为了做好青年的工作，决定派一部分党员和抗先队员参加集训队。于是，古道随集训队一起到达星子圩。集训期间，他参加了莫福生负责的学生集训总队抗先队（简称"抗先"），在集训青年中继续开展抗日救亡的宣传活动。

1939 年初，集训队结业，恰遇李汉魂从美国回来，任国民党广东省政府主席。李汉魂在乳源县侯公渡举办了广东第三行政干部训练所（简称"干训所"），着力为自己培养人才。根据上级党委的指示，古道在干训所的行政系继续读书，秘密从事党的地下活动。

开展地下革命工作

1939 年底，干训所结业。古道和罗湘林、王泽棠、卢炽辉等被派回东莞，分别被委为县、区政府政治协作员。他们成立了地下党小组，每月在樟木头的石马赠产所联系一两次。当时，国民党顽固派发动了第一次反共高潮，中共东莞县委机关已从国民党统治区塘厦搬到了大岭山。古道等利用合法的身份积极地进行地下情报工作，多次截获对大岭山根据地"围剿"的密令，并及时转送给部队和县委。古道还通过与县、区政府官员和工作人员广泛接触，从中了解国民党反动派"限制异党活动"的动态、计划、部署和具体方案等。这些情报对部队和地下党粉碎国民党反动派的种种阴谋破坏活动，起到十分重要的作用。

1940 年底，古道和战友们的地下活动引起了敌人的注意。为了保存实力，上级指示他们及时撤出。古道奉命回到古屋村，在家乡继续从事地下工作。

1941 年夏至 1942 年 6 月，古道先后担任水乡区委宣传部部长和东莞前线县委组织部部长，负责水乡一带的工作。他认真贯彻党中央"隐蔽精干，积蓄力量，长期埋伏，以待时机"的十六字方针，处处亲自关照同志们的工作和安全，因此，尽管敌人千方百计企图破坏，但水乡地下党始终没有遭到什么损失。1941 年底，他把胞弟古兴送到东莞交通情报站担任县委交通员，在白色恐怖中日夜奔走在敌伪顽星罗棋布的岗哨之间。同时，以父亲当收地税的职员为掩护，把家里变成县委的一个交通站。刘汝琛、黄树佳、祁锋、钟育民等县、区委领导同志，都经常在这里出入和掩蔽。东莞前线县委成立的第一次会议，就是在他家里召开的。县委书记陈铭炎和爱人，亦在他家里安全地掩蔽了一年多。

领导群众度过灾荒

1943 年 3 月，古道调到山乡，以在清溪谢坑小学当教师为掩护，领导清溪一带的地下党工作。当年，东莞全县发生大旱灾，出现大饥荒。本来就是灾难深重的山区，这时就更加民不聊生了。因此，关心群众，关心战士，想方设法领导群众度过灾荒，便成为县委、区委一个突出的任务。

古道一到谢坑，立即深入到群众家里，摸清敌情、灾情，了解群众的疾苦和要求。在此基础上，他培养发展了钟志、钟永、钟同发入党，于1943年5月在谢坑建立了党的独立小组，从而迅速打开了局面，站稳了脚跟。

为了及时解决农民的饥荒，古道对当地的乡绅地主做了大量团结教育、争取分化的工作。当时，掌握谢坑公尝的有郁章祖、墩义堂、松庙祖。其中郁章祖的土豪、地主最有钱，囤积了大批粮食。古道通过党小组和一些有威望的乡老，首先做通了墩义堂和松庙祖的工作，把公尝拿出来，发给各房，再召开全村会议，大力宣扬墩义堂和松庙祖的扶危济饥行为，同时反复做郁章祖的教育工作，并组织墩义堂和松庙祖对其施以压力，终于使郁章祖也拿出了一批谷物，缓和了暂时的饥荒。

与此同时，古道还指示各地党组织，积极发挥民兵、青抗会、妇抗会、农抗会等群众组织的作用，组织当地农民大力开展生产自救。往常，在湖笃尾后面一带的山上，松林密布，谢坑、莲塘湖、湖笃尾和附近几千群众都靠砍柴谋生。但敌寇打通广九线后，天天都派几辆汽车到山上砍柴，把大家这条重要生路给斩断了，群众怨声载道。为了保护农民的生产自救，古道毅然决定给上山砍松的敌寇以狠狠的打击。他亲自率领黄桥的游击小队，伏击上山运松的敌寇汽车，晚上还组织民兵破坏公路、桥梁，袭击敌人的碉楼，使敌寇日夜不得安宁，再也不敢到湖笃尾砍松伐木了。塘厦林村等地的青抗会、妇抗会，也在古道的直接领导和指导下，大力开展生产自救，开荒100多亩，不仅帮助群众度过了粮荒，还用开荒得来的钱买了一批枪支援部队。1945年四五月间，古道任路西县委组织部部长。8月，接任广东人民抗日游击队东江纵队第一支队政委兼路西县委书记。日寇投降后，一支队调离路西，另成立了新一支队，古道任政委，领导新一支队继续坚持路西的武装斗争。

领导新一支队武装斗争

新一支队是由东莞县大队、各区中队和莞太线、宝太线的武装汇集组建而成的，总共800人左右。其主力是莫浩波、史明大队和黄介、吴刚大队。当时，部队的处境比较困难，素质也较差。为了迅速提高部队的政治、军事素质，以适应新的形势和要求，支队部决定集中部队进行训练。在半个月的集训期间，古道对全支队指战员讲述了关于坚决执行朱总司令的受降命令、保卫抗战胜利果实和粉碎蒋介石发动内战阴谋的问题，克服一些干部、战士中存在的松懈、麻痹的思想。与此同时，还与副支队长鲁锋一起，认真抓了军事训练，从而大大提高了部队的战斗力。10 月初，古道和鲁锋率领莫浩波和黄介两个大队，主动出击了威胁宝太线直接阻碍受降的锦厦伪军据点，经过激烈的战斗，消灭了伪军 100 多人，俘虏了 10 多人，缴获了三挺轻机枪和几十支步枪。紧接着，又率部队成功地攻打了沙井的敌伪据点。

1945 年 11 月初，国民党反动军队在路西重新发动内战。为了动员军民积极投身自卫斗争，保卫抗战胜利果实，古道在大岭山连平主持召开了声势浩大的万人大会。会上，他代表县委和支队作了动员报告，揭露国民党反动派的罪恶行径，号召全县军民团结战斗，粉碎国民党反动派的内战阴谋，从思想上、军事上、组织上充分做好反内战的准备工作。

12 月 12 日，国民党新一军五十师、三十师，六十三军一五四师，五十四军三十六师及杂牌军徐东来等部，大举进犯东莞解放区。敌人采取"填空格""村村驻兵""巡回扫荡"的战术，首先对路西军民发动了全面的、残酷的进攻，古道采取"保存实力，分散活动，避开敌人锋芒"的方针，命令随支队部活动的莫浩波大队先转移到路东。他与副支队长鲁锋、政治部主任赵督生等，率领警卫排准备会同正转战于东莞大朗、平山水口、松木山一带的黄介大队，再一起撤往路东。当他们从楼村、镇美赶到黄江宝山牛眠布新围时，遇到大批国民党匪军，无法取道往大朗，于是在宝山的山坑里暂时掩蔽下来。

12 月 22 日拂晓，国民党新一军占领了宝山和附近各个山头，到处鸣枪，严加搜索。匪军距离越来越近了，情况万分危急。古道与鲁锋、赵督生等当机立断，决定各带十几名警卫战士分三路突围，约定在路东会合。于是鲁锋向东面的樟木头，赵督生向东南的塘厦，古道向西北的莞城同时冲杀出去。新一军被这突如其来的战斗吓蒙了，当他们清醒过来时，突围的队伍已分成几个方向撤退了。但在这次突围过程中，古道不幸被捕。

革命斗争无论如何都要坚持到底

国民党反动派知道古道是个"大人物"，于是将其押到新塘，关在新一军司令部附近一间临时监狱里，多次向他诱降。但古道坚贞不屈，在狱中，古道先后两次把自己的决心和希望密写在纸币上，交给送饭的同志转交县委。上面写着："我随时准备牺牲，革命斗争无论如何都要坚持到底！"充分表现了共产党人的高贵品质。

1946 年 1 月 31 日，国民党反动派乘着黑夜，偷偷地把古道用汽车运到新塘火车站，转乘火车解往广州。在火车上，古道乘敌人不备，挣扎着跳车，以求逃出虎口，但在搏斗过程中不幸为敌人所杀害，壮烈牺牲！年仅27 岁。

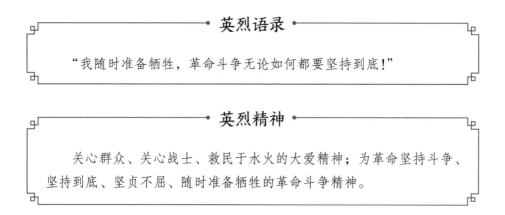

英烈语录

"我随时准备牺牲，革命斗争无论如何都要坚持到底！"

英烈精神

关心群众、关心战士、救民于水火的大爱精神；为革命坚持斗争、坚持到底、坚贞不屈、随时准备牺牲的革命斗争精神。

（陈铣鹏）

何宏光（1916—1946）

—— 太行山的新闻战士

主要生平

何宏光，广东省兴宁县永和镇田心村人。

- 1916 年 7 月 2 日，出生于一个中等富裕的农民家庭。

- 1935 年，一二九运动爆发后，积极投身抗日救国运动。

- 1938 年 1 月 20 日，到达陕北在安吴青年训练班学习。4 月 22 日，青训班结业后转入延安中国人民抗日军事政治大学（简称"抗大"）继续深造。同年冬，在抗大加入中国共产党。毕业后，被分配在抗大总校卫生处政治处任干事。

- 1939 年 7 月，随部队搬到太行山根据地。先在总校卫生处工作，后调华北《新华日报》（太行版）做校对和助理编辑，不久调报社经理部任副指导员。

- 1942 年 5 月，担任报社临时组织起来的战斗连连长，负责掩护机关撤退的任务。

- 1944 年，奉调太行军区第五军分区任军事报道参谋。

- 1946 年 7 月，调往陕北任某部营长，担负保卫延安、保卫党中央的战斗任务。不久，调晋冀鲁豫边区党委《人民日报》，继续从事新闻工作。8 月，不幸遇炸身亡，时年 30 岁。

积极投身抗日救国运动

1946年8月牺牲在太行山的新闻战士何宏光，是广东兴宁永和镇田心村人。1916年7月2日，他出生于一个中等富裕的农民家庭。父亲何绍康，母亲刘桂招，生下何宏光姐弟5人，何宏光排行第四。何宏光小时名为锦文，8岁时，父亲病逝。何宏光亦患天花，幸亏舅父医治，得以保命。病愈，宏光由舅父送到田心永思学校读书。当时，正值军阀混战，社会黑暗，百业凋敝。何宏光母子生活凄苦，备受恶霸地主何元柏等的欺凌，这给何宏光幼小的心灵里播下了反抗的种子，他说："这何元柏，终有一日要找他算账！"他下决心要改变不合理的世道。1931年1月，何宏光以优异成绩考进了兴宁一中。

九一八事变以后，国民党实行"攘外必先安内"的卖国政策，日本帝国主义不断进犯，大片国土沦入敌手。何宏光和所有的进步青年学生一样，为国家和民族的生死存亡而焦虑万分。他怀着满腔爱国热情，如饥似渴地学习进步书籍，如《拓荒者》《莫斯科印象记》《少年漂泊者》等，寻找救国救民的真理。1935年一二九运动爆发后，何宏光和进步学生一起，在中国共产党的领导下，积极投身抗日救国运动，参加演讲会，出版墙报，宣传抵制日货等。胆小善良的母亲害怕他惹祸，劝他不要去搞宣传。何宏光却安慰她说："亚妈，我做的都是救国救民的好事，光明正大。在学校有很多同学在一起活动，你放心吧。"

1936年5月下旬，中国学生救国联合会在上海成立。接着中国共产党发表了《为抗日救国告全体同胞书》，号召全国人民团结抗日，挽救中国。

投奔革命圣地延安

不久又发生了西安事变，国共两党开始了第二次合作。1937年1月，何宏光从县立一中高中毕业后。区长何元柏见他写得一手好字，而且谈吐不凡，蓄意拉拢他，先是要介绍他到永思学校教书，后来又要引荐他去投考国民党的军官学校，但遭到何宏光的严词拒绝。而延安中国人民抗日军事政治大学（简称"抗大"）招生的消息传到兴宁后，何宏光则高兴万分。他对弟弟何湘文说："在此国家民族处于危急存亡之秋，我要到延安去！你好好在家中服侍妈妈。"何宏光认准了的事，谁也拗不过他。深明大义的母亲尽管舍不得儿子远去，还是流着泪卖掉三亩半田给何宏光做路费。1938年1月2日，当何宏光踏上往革命圣地延安之路时，他对着泪流满面的母亲说："妈，你好好保重！抗战胜利后，我就回来。"不料，这竟是何宏光与母亲的最后一别！母亲则为思念远去的爱子哭瞎了眼睛，最后积虑成疾，直至临终前还呼喊着何宏光的名字。

何宏光怀着一颗向往革命之心奔向革命圣地延安。他打着赤脚，穿着烂棉衣，历尽千辛万苦，通过重重封锁，终于在1938年1月20日到达陕北。他先是在安吴青年训练班学习。这个训练班设在西安城外的安吴堡，是卢沟桥事变后，根据周恩来的意见，为培养革命青年、充实抗日民族统一战线的新生力量而创办的一所抗大分校。党中央派冯文彬、胡乔木任正、副主任。何宏光是青训班第五期的学员。在训练班里，他如饥似渴地学习革命理论，经过三个月的训练，懂得了不少抗日救亡的道理和革命斗争知识。他热心帮助同学，特别是对文化程度较低的工农同志，总是不厌其烦地帮助他们整理笔记，解答难题。4月22日，何宏光于青训班结业，当他读着结业证书上面："聚在这儿，我们上了生命的第一课；再会吧，我们到战场上去上第二课！我们将亲见祖国在血里得到自由，我们在灿烂的乐园里上第三课"的题词之后，心情非常激动，他坚决向组织表示，到党和人民最需要的地方去！党组织经过研究，决定他转入延安抗大继续深造。

当时，延安的生活是十分艰苦的。住的是土窑洞，吃的是小米和土豆，穿的是粗布衣服。寒冷的气候对于初来乍到的南方人来说，尤其不适应。但何宏光感到在这里生活得很充实，比起那尔虞我诈、人压迫人的国统区，真有天壤之别。他更坚定了"为中华民族解放，打败日本帝国主义，建立新中国而努力学习奋斗到底"的决心。课余工暇，何宏光常写信回家，畅谈延安军民"艰苦奋斗，自力更生"的情况，鼓励家人要坚定抗日救国的信心。1938年冬，何宏光在抗大加入了中国共产党。毕业后，被分配在抗大总校卫生处政治处任干事。

-------- ▪ 深入前线执行任务 ▪ --------

1939年7月，为了适应抗战需要，党中央决定把抗大搬到太行山根据

地。何宏光随部队跨过同满铁路，穿越晋中平川，闯过日寇重重封锁，来到太行山东面的太岳山麓。在越过日寇重兵把守的同满铁路封锁线时，何宏光表现得十分顽强。他除自己背着被包、枪支子弹和干粮外，还帮助战友扛枪背粮。一个夜晚急行军90多华里，双脚打起了泡他也从未哼一声。在太行山根据地，何宏光先在总校卫生处工作，后调华北《新华日报》（太行版）做校对和助理编辑，不久调报社经理部任副指导员。当时，太行根据地不仅是八路军一二九师师部所在地，也是抗大总校所在地。日寇把它视为眼中钉、肉中刺，常调重兵"扫荡"。何宏光在这里经受了严峻的考验。1942年5月，日寇对太行山根据地进行"铁壁合围"梳篦式"大扫荡"，何宏光担任报社临时组织起来的战斗连连长，负责掩护机关撤退的任务，半路与敌遭遇，战斗打得非常激烈。何宏光带领战友英勇击退敌人，胜利完成了任务，部队安全转移至预定集合地点。1944年，宏光奉调太行军区第五军分区任军事报道参谋。在敌人的一次"扫荡"中，何宏光被派到机关驻地所在村庄，负责指挥民兵坚壁清野，埋藏粮食，掩护群众撤退。他灵活地指挥民兵队伍做完这些工作后，又在敌人的退路上埋设地雷，然后配合正规部队追击溃逃的日伪军。这一仗打得十分漂亮，炸死炸伤不少敌人，受到部队领导和群众的赞扬。何宏光对本职工作十分热爱。在报社工作和担任军事报道参谋时，他常冒着生命危险深入前线，采访战地实况，及时报道战果，对鼓舞军民抗战的斗志起了很大的作用。

担负保卫延安、保卫党中央的战斗任务

艰苦生活的磨炼和残酷战争的考验，使何宏光成为一个有高度政治觉悟和斗争经验的革命干部。1945年8月15日，日寇宣布无条件投降，抗战胜利到来了。何宏光和同志们沉浸在无限喜悦之中。他写信回家，流露了回去看看年迈的母亲和乡亲的殷切心情。可是，无情的现实很快使他毅然放弃了这一念头！1946年6月，蒋介石在美帝国主义的支持下，悍然撕毁停战协定和政协决议，向解放区发动全面进攻，调遣大量军队严密包围陕甘宁边区。何宏光奉命调往陕北任某部营长，担负保卫延安、保卫党中央的战斗任务。为了消灭敌人的有生力量，粉碎敌人的全面进攻，何宏光常常带领战士迂回运动，星夜急行军。他在行军途中和战斗中，总是身先士卒，英勇果敢，出

色地完成任务。

不久，由于形势的需要，何宏光调晋冀鲁豫边区党委《人民日报》，继续从事新闻工作。

不幸遇炸身亡

1946年8月，蒋军疯狂进攻平汉线，并出动大批军机对报社所在地邯郸进行狂轰滥炸，何宏光不顾个人安危，奋力保卫报社安全和指挥同志们突围，在战斗中不幸遇炸身亡，牺牲时年仅30岁。

缅怀烈士

1986年5月，为了永久纪念在抗日战争和解放战争中曾经浴血奋战太行的何宏光等56位烈士，山西省人民政府特地在左权县麻田村建立了一块高达7.5米的烈士纪念碑。碑面遥对着当年华北《新华日报》驻地和何宏光战斗过的地方。上面是中央军委副主席杨尚昆的题词："太行新闻烈士永垂不朽"。碑侧面镌刻着何宏光等56烈士熠熠发光的名字。

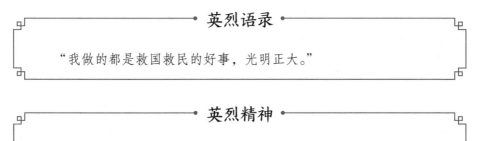

英烈语录

"我做的都是救国救民的好事，光明正大。"

英烈精神

自力更生、艰苦奋斗、热爱革命工作的精神；身先士卒、英勇果敢、不顾个人安危的革命大无畏精神。

（罗祖宁）

黄高扬 (1918—1946)

—— 热爱部队胜于自己的生命

主要生平

黄高扬, 又名炳增, 广东省台山县人。

- 1918 年, 出生于一个华侨家庭。
- 1937 年, 高中毕业, 毅然奔赴延安, 到中国人民抗日军事政治大学学习。期间, 加入中国共产党。
- 1939 年 12 月 1 日, 收复南头城。不久, 与王月娥结婚。历任中共东莞县清溪区委书记、东宝人民抗日游击队中队指导员、国民党军第四战区第四游击纵队直属第二大队总支部书记兼中队指导员、广东人民抗日游击队第五大队政训室主任、任东江纵队港九大队政训室主任、东江纵队独立第一大队政委、东江纵队第二支队政治部主任、江南指挥部政治部主任等要职。带领队伍活跃在宝太线和港九地区, 屡立战功。
- 1946 年 2 月 11 日, 因病牺牲, 时年 28 岁。

奋发读书，追求救国的革命真理

黄高扬，又名炳增，1918 年生于广东省台山县西村乡高龙里村的一个华侨家庭。父亲在美洲谋生，家中只有母亲，他们靠父亲的外汇维持生活。1925 年，7 岁的黄高扬进入本乡绍宪小学读书，13 岁小学毕业，1931 年秋往广州读中学，那时，正值九一八事变发生，日本帝国主义侵占了中国东北三省。在民族危机空前严重的时候，黄高扬义愤填膺，立志学好本领，拯救祖国和民族。他除了奋发读书，追求救国的革命真理外，还利用寒暑假练习打枪。

1937 年，七七事变爆发时，黄高扬正好高中毕业，经党组织的介绍，他毅然奔赴延安，到中国人民抗日军事政治大学学习。在学习期间加入中国共产党，成为无产阶级先锋队的一员。1938 年春，黄高扬由延安返广州，受中共广东省委派遣，任东莞县委武装干事，10 月上旬，出任中共东莞县清溪区委书记。

奋战在东宝线上

1939 年 1 月初，王作尧带领的部分东莞抗日模范壮丁队和黄木芬带领的东宝惠边人民抗日游击队在苦草洞整编，合编为东宝惠边人民抗日游击大队，共 120 人，王作尧任大队长，何与成任政训员。下辖一个中队和一个政工队，黄高扬调任该大队任中队指导员。此时，日军撤出惠州，国民党军在惠州设立东江游击指挥所。党通过统战工作，使东宝人民抗日游击队取得了国民党军第四战区第四游击纵队直属第二大队的番号，黄高扬任该大队总支部书记兼中队指导员。8 月，黄高扬与卢仲夫率队深入宝太线活动，烧毁了宝安县城南头以东的大涌桥，破坏日军电话线，伏击日军车辆，使敌人交通瘫痪，孤立无援。9 月，黄高扬参加广东省委在惠阳坪山举办的全省军事骨干游击训练班，结业后即回部队参加战斗。11 月中旬，第二大队开始袭扰宝安县城南头的日军，黄高扬与卢仲夫率中队战士昼伏夜出，不断进行袭击骚扰，使日军惶惶不可终日，不得不于 11 月 30 日夜从水路逃窜。12 月 1 日，第二大队收复南头城。不久，黄高扬与王月娥结婚。

1940年1月，国民党东江游击指挥所主任香翰屏以集训为名歼灭中共领导的抗日武装力量的阴谋破产后，于3月初调集一八六师一○九六团等部1000多人，向坪山、乌石岩的新编大队和第二大队进逼。3月9日夜，大队长王作尧、政训员何与成、总支书记黄高扬等率领第二大队180多人从乌石岩出发，经观澜越过封锁线，向淡水转移，3月中旬在布仔洞、莲花山先后抗击了国民党顽军，摆脱敌人的追击，向高潭前进。4月19日，第二大队到斜嶂山的黄沙坑。一八六师之追击部队在战斗中未能达到把第二大队消灭的目的，遂改用政治欺骗的手段约第二大队领导人谈判。为了停止内战，团结抗日，第二大队派出政训员何与成、中队长卢仲夫等干部战士40余人与其接触，被顽军扣留，何与成、卢仲夫等被押到惠州后，宁死不屈，英勇就义。5月底，王作尧、黄高扬率余部在骆坑、鹅埠、鲘门一带分散隐蔽。8月初，根据党中央指示，曾生、王作尧两部准备返回东宝惠抗日前线。王作尧、黄高扬率部在大安洞集中休整后，经过十余天的秘密夜行军，安全返抵宝安抗日前线布吉上下坪村。9月，在上下坪会议后，第二大队改番号为广东人民抗日游击队第五大队，黄高扬任大队政训室主任。部队经过几次战斗和开展扩军工作，截至1941年5月，第五大队从原来的30多人发展到200多人。6月中旬，黄高扬和大队领导发动民兵在游松坳伏击敌人，击毙日军大佐1名，敌死伤30余人，剩余敌人仓皇逃回沙头角。8月13日，日军纠结千余兵力分南、西两路进犯龙华根据地。黄高扬等大队领导人运筹帷幄，组织民兵配合主力，分两路迎击日寇。在战斗中，黄高扬身先士卒，奋不顾身，与全体指战员一起击溃了日军，保卫了龙华根据地。12月8日，日军进攻香港，11日占领九龙，黄高扬与周伯明、黄冠芳、刘黑仔等奉第五大队命令，率领一支武工队进入新界、元朗、沙头角、大埔、西贡等地开展游击战，并深入九龙市区活动。

在港九地区屡建功奇功

1942年2月，广东人民抗日游击总队港九大队成立，黄高扬任大队政训室主任，其妻王月娥不久也调来港九大队当卫生员。在四面有强敌的情况下，黄高扬紧紧依靠群众，机智灵活地与敌人周旋，从而在这个新区站稳了脚跟。通过一系列斗争，港九大队不断发展壮大，至1942年12月，从开始的六七十人发展到 400 多人，下辖 6 个中队。黄高扬与蔡国梁等大队领导，根据港九地区的特点，以分散活动为主，打日军、除汉奸、炸桥梁、炸仓库，使日寇不得安宁。特别是袭击香港日军与日本、朝鲜的海上运输线取得了很大成绩，给总队部提供了大量的经费及物资，对解决部队给养困难起了重要作用。

1943 年 3 月 3 日下午，新界粉岭日军 1000 余人分两路向沙罗洞、鹤斗登山直扑游击驻地水门山。另一路日军 100 多人往南涌、鹿颈向水口山、老龙田挺进，企图一举消灭港九大队在沙头角区的游击队。由于战斗发生得太突然，敌我兵力太悬殊，部队处于十分不利的地位。黄高扬临危不惧，沉着镇定地指挥战斗。他命令班长曾福率领 20 多名武装人员机智地引开敌人，掩护其余同志冲出重围。由于敌众我寡，曾福、彭泰农等在战斗中牺牲，郑胜、铁沙梨被日寇俘去，黄高扬和其余同志安全突围。事后，经调查证实，原来是汉奸黄发向日军告密，并引日军包围港九大队。于是黄高扬派出武装镇压了汉奸黄发，人民群众无不拍手称快。12 月，东江纵队正式成立，后取消了政训室，成立了政治处，黄高扬任港九大队政治处主任。

1944 年 4 月 10 日，黄高扬等大队领导人派出短枪队深入港九市区，救出被关在敌集中营的印度籍官兵 17 人。5 月，香港日军出动近 1000 人在十余艘炮艇和两架飞机掩护下，围攻港九大队大屿山中队。其时，黄高扬正在大屿山检查工作，他沉着果敢地指挥部队开展反"扫荡"斗争达半月之久，使部队未遭受损失。尔后，黄高扬升任港九大队政委。10 月间，东江纵队实行支队编制后，港九大队改编为独立第一大队，仍由黄高扬、鲁风分别担任政委和大队长。

···········◆ 组建"热河"部队挺进紫金 ◆···········

1945 年 3 月，黄高扬由港九大队调东江纵队第二支队任政治部主任，活动于广九路东、东江之南、惠淡线以西一带，不断打击日、伪、顽，为巩固抗日民主根据地作出了贡献。8 月，日本投降后，国民党为挑动内战，调集军队 7 万多人，向东江各解放区进攻。为坚持斗争、保存武装、保存干部和作长期打算，东江纵队于 9 月成立江南、江北、东进（海陆惠紫五）、粤北 4 个指挥部，黄高扬调江南指挥部任政治部主任。10 月，黄高扬奉东江纵队命令，与高健组建一支代号为"热河"有1000多人的部队向紫金挺进，黄高扬任政治部主任，高健负责军事指挥。11月，部队抵达紫金上义地区，以卷蓬村为落脚点。上义与惠阳交界，四面高山，反动势力强大，部队安营扎寨后，黄高扬、高健立即召开部队负责人会议，组建司令部、政治部、后勤处，开展各项工作。为防止敌人袭击，黄高扬、高健经常将指挥部由卷蓬转移到古田山、沉水、松坑一带，但由于人地生疏，远离领导，情况复杂，碰到的困难很多。特别是在那地广人稀的穷山沟里，加上敌人严密封锁，1000多人的给养问题很难解决。当时部队虽带了最新的伪币红色关金券，但敌人宣布此种颜色的关金券是共产党的部队运进来的，一律禁止使用，凡发现群众手中有此种颜色的关金券者，都加上"通匪济匪"的罪名加以扣押。

黄高扬与全体指战员一样，经常吃野菜度日，靠坑螺充饥，过着极其艰苦的生活。不久，黄高扬便患上了痢疾，由于隐蔽在敌人重重封锁的深山里，缺医少药，生活条件恶劣，黄高扬的病越来越严重。

⸺ "战胜困难，保存部队" ⸺

1946年2月11日，在黄高扬病危的时候，国民党军一五二师又袭击好义小古税站、川龙坳税站，站长黄潭娇和吴春牺牲。黄高扬在垂危中，仍念念不忘部队的安危，用微弱的气力号召大家"战胜困难，保存部队"，说完便停止了呼吸。在场的指战员们看见他热爱部队胜于自己的生命，纷纷都感动得落泪。指战员们强忍悲痛，含着泪水，在黑夜里把年仅28岁的党的优秀干部黄高扬的遗体秘密安葬在这深山沟里。

新中国成立后，紫金县人民政府把黄高扬的骨骸迁葬于县城的革命烈士墓。

● 英烈精神 ●

> 为人民解放，艰苦奋斗，身先士卒，奋不顾身，热爱部队胜于自己的生命，表现党的优秀干部的革命气概和革命精神。

（钟声　杨增兰）

黄锡良（1919—1946）

——英勇善战的东江纵队干部

黄锡良，又名黄同庆，广东省东莞县塘厦镇石潭埔村人。

- 1919 年，出生。
- 1939 年，参加东宝惠边人民抗日游击队。同年加入中国共产党。
- 1940 年春，国民党顽固派制造了第一次反共摩擦，曾（生）、王（作尧）部队被迫东移。途中，其所在的中队 40 多人为国民党顽固派阴谋诱捕，被押解至惠州监狱。
- 1941 年夏，从狱中逃脱回到自己的家乡——东莞石潭埔村。
- 1942 年，任机枪连连长。
- 1943 年 12 月，先后任东江纵队第二支队第三大队副大队长、大队长。
- 1945 年五六月间，奉命到路西嶂阁一带歼击敌人。
- 1946 年 6 月，不幸中弹负伤，经多方抢救无效牺牲，时年 27 岁。

活跃于东宝边区

黄锡良，又名黄同庆，广东省东莞县塘厦镇石潭埔村人。在家乡念完小学后，由于家境清贫，便到香港去谋生。在抗日的烽火中，黄锡良受进步思想的熏陶，立志抗日救国。1939年回乡，参加东宝惠边人民抗日游击队。同年参加中国共产党。由于他勤学苦练，很快就当上机枪手和机枪班长。不久，参加部队在沙博举办的军事训练班，思想水平和技术水平都有了较大的提高。学习班结束后，回到第二大队第一中队（即卢仲夫中队），活跃于东宝边区。在宝太线上，不断袭击敌人的车辆，摧毁大涌桥，破坏敌人的电话线，使敌人由南头至深圳的交通和通信联络一度陷于瘫痪。

被国民党迫害入狱

1939年冬至1940年春，国民党顽固派制造了第一次反共高潮，在东江的香翰屏也迫不及待地制造事端，妄图一网打尽抗日武装力量。这时，曾（生）王（作尧）部队被迫东移。在东移途中，黄锡良病倒了，他所在的中队40多人为国民党顽固派阴谋诱捕，被押解至惠州监狱。

在狱中，本来已是重病缠身的黄锡良仍和同志们一起，坚持与国民党顽固派作斗争。他积极揭露国民党东江当局"假抗日真反共"的阴谋，并以"人生自古谁无死，留取丹心照汗青"的诗句来互相勉励。当国民党顽固派审问时，他们还高唱《义勇军进行曲》。

狱中生活很艰苦，经常吃不饱。这时，黄锡良家属来探望，送来了一点米。同志们煮好白米饭，端到重病缠身的黄锡良跟前，让他吃。他怎么也不愿吃，他说："大家挨饿，我能独个儿吃大米饭吗？"主动把米拿出来，哪怕是一点点，也让大家一起煮饭吃。没多久，中队领导何与成、卢仲夫、罗尧、罗振辉、叶镜源被国民党杀害了。而黄锡良、黄布、卢克华等几个班长则以"叛军"的罪名于被押解至韶关国民党一五八师去"当兵"，分配黄锡良在三连，黄布、卢克华在一连。说是当兵，实际是过着牛马不如的生活，什么苦活、脏活、重活都要他们干，而且，还要在敌人的监视下进行。

远离了党，就像孩子远离母亲一样。这时，黄锡良等几个同志日盼夜盼能早日回到党的怀抱。1941年夏天，国民党一五八师从粤北（韶关）调防到东江（惠阳），在一次干重活的时候，黄锡良、黄布、卢克华他们三人相聚了。于是，他们一起秘密商议，决心"冲出牢笼，尽快逃出这个鬼地方"，当即确定了逃跑计划和路线，分析和掌握顽军和哨兵换岗的情况和规律，并做好"冲出牢笼"前的一切准备。

在一个大雾漫天、阴雨连绵的早上，他们乘国民党哨兵龟缩在岗哨里之机，乔装打扮成当地老百姓，翻山越岭，机警、敏捷地越过敌人的重重岗哨，分别逃出了这个罪恶的深渊。黄锡良从惠阳绕道到了博罗，这时才松了一口气，他擦干身上的汗水，整理好自己的衣襟，掩蔽下来，警惕着还可能发生的一切……几天以后，才从博罗回到自己的家乡——东莞石潭埔村。

活跃于宝安县

回家后，黄锡良积极打听部队的下落，在地方党组织的帮助下，很快知道部队到了宝安阳台山。于是，在一个风和日丽、太阳高照的日子里，他找到了部队，又重新回到部队的怀抱，他热泪盈眶地握着中队长阮海天的手，诉说着自己和同志们别离一年多的往事。

别离过母亲的孩子，倍觉母亲的可爱；重回党的怀抱，更觉党的温暖。黄锡良回到部队以后，政治上和思想上对自己的要求更加严格了。经过党组织一段时间的考察后，他先后当上小队长、副中队长和中队长。1942年秋天，他带领部队在宝安县龙华一带活动，驻在沙梨园。时值沙梨成熟的季节，梨子挂满枝，逗人喜爱，人们伸手可摘。炎热的天气，战士们望着阵阵清香的梨子，都想摘个尝尝。这时，黄锡良联系自己被迫在国民党军队里当兵时的所见所闻，向战士们作两种不同的军队、不同的作风的教育，勉励大家："我们是人民子弟兵，应处处为人民的利益着想，不要拿群众一针一线。"结果，尽管天气炎热，部队生活艰苦，但是没有一个战士吃过一个梨子。有一夜，风很大，梨子落满地。黄锡良带领战士们一个个地捡起来，有些梨子沾满了土，他们还用清水洗干净，送回给老百姓。

有一天晚上，部队转移，来到了一个偏僻的村庄，夜深人静，又下着大雨，黄锡良也不让战士们进老百姓家里，生怕打扰了老百姓，只让大家在树荫下、屋檐前避雨。待天亮后才到老百姓家借个地方煮饭。吃过饭，把地方打扫得干干净净，他还一再问炊事班的同志，借来的水桶和炊具还清了没有？有没有损坏？门板上好了没有？临走前，还特地把给老百姓的柴草钱放在锅头里。

1943 年，发生了大旱灾。国民党腐败无能，不顾群众死活，到处出现了大饥荒，他们的军队还四出抢粮。而共产党部队则根据中共中央和南方局的指示，想方设法领导群众度荒。黄锡良立即响应党中央和南方局的号召，一方面派出战士帮助群众挑水，抢救旱地作物；另一方面组织部队学南泥湾精神，掀起大生产运动。黄锡良来自农村，从小热爱劳动，熟悉各种农活，因此，他带头开荒扩种，在部队驻地周围的坡地上种满了番薯、芋头、花生、木薯，还堵河涌养上了鱼。这年冬天，部队进行了一次生产运动的大评比，黄锡良领导的中队荣获"生产模范"的称号。正当作物快要收获的时候，部队又奉命转移，临走前，黄锡良找来了村干部，把农作物全部移交给老百姓，分文不取。

夺回大岭山根据地

1942 年，黄锡良任机枪连连长。6 月，部队再次挺进东莞，目的是集中优势兵力，打击盘踞在东莞大岭山的杨参化顽军，夺回大岭山根据地。月底，我们几支部队已先后集中到大岭山，掩蔽在群众基础较好的大王岭、百花洞、大环一带，然后由原来留在这里活动的翟信中队故意暴露目标，引杨参化顽军出洞。果然，杨参化顽军从金桔岭据点钻出来了。战斗刚打响后，狡猾的敌人发现是我们的主力，不敢还击，马上后撤。于是，部队下令追击。这时，黄锡良率领的机枪连起了重要作用，顷刻，机枪、步枪齐鸣，山回谷应，吓得敌人慌忙逃命，部队直捣杨参化老巢，一举解放了杨参化在大岭山的统治中心——金桔岭。

智取桥头土匪

1943 年 12 月东江纵队成立后，黄锡良先后任东江纵队第二支队第三大队副大队长、大队长，活跃于石龙至桥头一带的东江河南岸，担负着保卫水陆交通线和歼击敌人的任务。当时，桥头土匪很多，尤以东岸村的土匪头张林为甚。部队到达后，他还占领了黎村，并与东山的土匪互相勾结，抢劫东江河沿岸的来往船只根据这一情况，支队决定：擒贼先擒王，首先拔掉张林这个土匪头，并把这个任务交给第三大队。黄锡良接过任务后，立即派出侦察班到实地进行侦察。针对东岸村烟赌林立，戒备森严，张林能调动和指挥的土匪人数达数百人的情况，确定智取，不用强攻。于是，黄锡良派一个班突入村中，另一个班随后接应，他亲自带一个6人的短枪班深入虎穴。当天下午，黄锡良伴装赌主，5个战士伴装赌徒，一切准备就绪后，短枪班直插东岸村。在"张公馆"门前摆开"鱼虾蟹"档（赌博的一种形式），来了两局后，黄锡良见时机已到，于是，高叫一声"好运来"（暗语），"鱼虾蟹"档立即散伙，短枪班直插"张公馆"，进屋后，张林还在鸦片烟床上抽大烟。黄锡良即向战士们递了一个眼色，一声"不许动"话音刚落，张林的近卫和门口的马弁，吓得丧魂落魄，一一举手就擒。张林这个土匪头方从梦中惊醒，在鸦片烟床上被黄锡良用枪"请"了出来。这次战斗任务完成得干净利落，一枪不响，就活捉了张林这个土匪头，为民除害，也为部队开辟东江河南岸的工作打开了突破口。

不幸牺牲

1945年五六月间，国民党反动武装向东宝地区进行大规模的"扫荡"，黄锡良大队奉命到路西嶂阁一带歼击敌人。在一次战斗中，黄锡良不幸中弹负伤，部队即派专人护送他到香港治疗，后经多方抢救无效，于1946年6月牺牲，年仅27岁。

英烈语录

"大家挨饿，我能独个儿吃大米饭吗？"

"我们是人民子弟兵，应处处为人民的利益着想，不要拿群众一针一线。"

关爱群众、心系百姓、不计较个人得失、一心向党的无私奉献精神；纪律严明、不拿群众一针一线的革命律己精神。

（鲁岑）

林　冲（1916—1946）

—— 不畏艰险，心系群众

林冲，又名叫文光，字觉魂，广东省东莞县人。

- 1916 年 3 月，出生于一个贫苦的农民家庭。
- 1938 年 11 月下旬，参加东莞抗日模范壮丁队。同年 12 月，参加中国共产党。
- 1940 年 6 月初，随着部队回到宝安龙华一带，开展抗日游击战争。任短枪队副队长，执行解决经济给养问题的任务。
- 1941 年 12 月，到大埔附近的大山脚下沙罗洞乡，建立游击区。
- 1942 年 2 月，担任港九大队短枪队队长。
- 1946 年农历三月二日，由于奸细告密被捕，不久英勇就义，时年 30 岁。

加入中国共产党

林冲，又名文光，字觉魂，1916年3月出生于广东省东莞县厚街镇双岗村一个贫苦的农民家庭，幼年丧父，又没有兄弟，随着母亲，孤儿寡妇以编织草席为生。1938年11月下旬，他在屏山水口参加了东莞抗日模范壮丁队，同年12月，参加中国共产党。1939年4月，他当了班长。

掩护大队部撤退

1939年末至1940年初，国民党顽固派掀起第一次反共高潮。国民党东江游击指挥所主任香翰屏妄图聚歼曾生、王作尧抗日部队，于3月初调集队伍，向部队驻地逼进。王作尧带领部队冲出敌人的包围圈，东移海陆丰一带。东移途中，部队屡遭国民党顽军的追歼和截击，先后在白芒花、布仔洞与敌人打了几场恶仗。部队好不容易到达莲花山，刚在庙里休息一下，又被国民党顽军以强大的火力封锁了庙门。当时任小队长职务的林冲奋不顾身地带领战士们，顽强地抗击敌人，掩护大队部安全向后山撤退，然后又机智沉着地摆脱了敌人的追击，赶上了大队部。部队为了避开敌人的追击，沿着荆棘丛生的山路，向着深山转移。山又高又陡，山石都是松动的，战士们行动十分困难，稍不留心人和山石随时会一起向下滚去。为减轻机枪手的劳累，林冲接过了他的机枪，扛着机枪爬山。但他个子矮，机枪重，爬山时更为吃力，他始终坚持下去，带领小队的战士向山上爬去。

连续的行军，战士们又饿又累，一到休息，大家一躺下来便睡着了。但林冲责任心很强，放弃歇息，主动去看地形、查哨位，还帮助卫生员替伤病员洗伤口。绷带用完了，他就把自己的衣服扯碎作绷带，给战士包裹受伤的脚。当时大家常饿着肚子走路，每当找到一顿饭时，他往往把自己那份饭分一些给饭量大的同志，战士们含着泪花说："小队长，你吃不饱呀！"他总是笑着说："我个子小，吃少一点没有问题。"

领导短枪队

1940年6月初，曾、王部队奉中共中央的电令，重返东宝敌后。林冲随着部队回到宝安龙华一带，开展抗日游击战争。当时，东宝一带的人民群众受到日寇铁蹄的践踏和伪顽的掠夺，生活在死亡线上，贫困和疾病不断地威胁着人们。为了解决部队的给养，减轻群众的负担，大队长王作尧挑选了一批机警、勇敢、坚定、有作战经验和独立活动能力的干部和战士，组成一支精悍的短枪队，由陈前任队长，林冲任副队长，执行解决经济给养问题的任务。

短枪队选择了客商来往较多的梅林坳—布吉—乌石岩交通线，设立税站。可是，梅林坳等地处于日伪、土匪的包围之中，我方税站左侧山上是日寇的碉堡，右侧山上是日伪的瞭望哨。税站的一切活动都会暴露在敌人面前，因此梅林坳税站经常都会受到敌伪军的袭击。在此险恶的环境下，林冲同队长陈前密切配合，见困难就上，见危险就冲，成为陈前的得力助手，保证了税收工作的顺利进行。

后来，陈前牺牲，整个担子都落在林冲身上。林冲继续严格实行党的抗日政策，团结一切可以团结的抗日力量，争取一切可以争取的人支持抗日斗争。他亲自带领短枪队员，到上埔乡镇压了罪恶累累的伪乡长，然后把乡公所换上党的同志，使上埔乡政权变成白皮红心。对各股土匪也区别对待，有的坚决打击，使他们不敢为非作歹；有的则分化教育，把他们争取过来。经过林冲等人的不断努力，由梅林坳经上埔、新界粉岭往香港这条交通线终于打通了。在这条交通线上，来往客商得到了保护，免遭土匪抢劫，因而自愿捐助抗日经费，支持抗日。

日寇侵占新界前夕，林冲奉王作尧的命令，带领短枪队从甫心莲进入香港新界，抢收英军抛弃的大批武器和物资，护送一批民主人士和文化界的知名人士撤退。当时香港新界非常混乱，土匪、流氓、地痞趁机打劫，闹得人人自危。林冲的队伍一到沙头角南涌鹿项乡，恰巧碰上一股土匪正在抢劫南涌一带乡村。为了保护群众的利益，他带领短枪队把土匪打跑了。南涌等乡村群众看见这支队伍赶跑了土匪，又不拿群众一针一线，都热烈欢迎部队留下来保护他们。这时，为建立抗日民族统一战线的需要，短枪队还不能公开共产党游击队的身份，只好打着"冲"字旗号。林冲的名字就是这样叫开了。短枪队赶往西贡一带，搜集英军留下的枪支、弹药和物资，并把搜集到的武器转移和埋藏起来，然后又赶到荃湾地区，将由香港地下党送出来的民主人士和文化人士，护送到元朗，再转送回游击区。

开辟了由新界到宝安的陆上交通线

1941年12月8日，日寇占领了香港新界，建立了伪政权，严密统治着各个乡村。日伪派出特务、暗探、鬼头仔到处活动，并进行反共宣传。有的群众听了反动宣传，害怕共产党。在这种情况下，林冲和同志们一起分析研究，认为尽管情势是险恶的，但只要认真宣传和执行党的抗日民族统一战线政策，就能在群众中站稳脚跟，于是带领同志们从荃湾来到大埔附近的大山脚下沙罗洞乡，以山地为依托，发动群众，建立游击区。

为了消除群众的疑虑，他带着队伍停在村外，虽然从早到晚没有吃饭，但也不进村。队伍在村外一直坚持到第二天晚上，突然天下起大雨来，大家都给雨水淋得浑身湿透，仍坚持不进村。群众终于认识了这是一支纪律严明的部队，打消了疑虑，请队伍进村。林冲驻进李屋后，即向群众公开宣布共产党队伍是人民抗日游击队，保护人民群众的利益，打击日本侵略者。与此同时，他们到群众中去帮助群众下地劳动，修建道路，没几天，部队与群众打得火热。为了保护群众的利益，林冲带着队伍镇压了一些罪大恶极的土匪；然后深入虎穴，亲到土匪头子肖天来的住处，讲明自己是共产党领导的抗日游击队队长，为了打击日伪，保护人民的利益，要他们撤离沙罗洞附近的乡村，搬到萍洋打鼓岭等地。林冲还向他声明，以后凡共产党队伍的人员和物资经过此地不得有任何骚扰。肖天来见状，不得不撤走了。同时，林冲带领部队还对附近乡村的土匪也做分化瓦解工作。有一些是新界当地的贫苦人，为生活所迫当了土匪，林冲把他们教育争取过来。卢苏田村有个姓刘的年轻小伙子，当了土匪头子，被林冲的队伍捉住了。林冲亲自找他谈话，教育他不要与群众为敌，并把他释放了。后来他到内地参加了游击队，在党的教育下成为一个好的指挥员。就这样，林冲在沙罗洞一带站稳了脚跟，并开辟了由新界到宝安的陆上交通线。

日寇对港九敌后人民加紧掠夺和压迫，并严密封锁了水陆交通路口，群众不能外出谋生。日寇又将粮食控制起来，每人每天只配给一些霉烂的米，不能入口。群众生活苦不堪言，只能以土茯苓等野生植物充饥，饿得面黄肌瘦，死了不少人。为了减轻群众负担，林冲带领战士们自己动手，开荒种菜、种番薯，上山找野生植物充饥。林冲还发动当地青壮年组织自卫队，站岗放哨，保护村庄，保护群众生产。就这样，在部队发动下，一个群众性的生产自救运动开展起来了。后来，又在自卫队的基础上，扩大为乡联防，连日寇的走卒也不敢轻易地来骚扰了。

1942 年 2 月，港九大队成立了，林冲担任港九大队短枪队队长。他们镇压了一些为群众憎恨的汉奸走狗，震动了敌人的营垒。一些有家属在部队活动范围的汉奸走卒，就托人来求情，并主动将敌人活动情报送给部队。乡村的敌伪政权则成为两面政权，很多村长还是白皮红心的革命人员。日寇渐渐看到林冲游击队对其构成很大威胁，多次对部队进行"围歼"。林冲带领部队机智灵活地开展战斗，不与敌人正面作战，把敌人甩开，使日寇的阴谋未能得逞。而游击队在港九敌后游击队的活动地区，却越来越大。

1942 年春天，发生了阳台山战斗。林冲的妻子为了照顾伤病员的转移，无暇照顾刚生下不久、又闹病的女儿，结果女儿夭折了。林冲安慰妻子说："能粉碎反动军队的进攻，伤病员能安全转移，就是很大的胜利啊！" 1945 年 1 月，林冲奉命调回东江纵队司令部工作，这时，妻子又快要生小孩了。临别时，他对妻子说："孩子出生后，要尽一切可能由自己安置，不要增加组织的负担。"后来，林冲的妻子生下孩子三个月后就把儿子留在新界请群众抚养。

英勇就义

日寇投降后，林冲任东江纵队第六支队参谋长。这支队伍在海丰、陆丰一带同样受到国民党反动派的残酷"围剿"。1946 年农历二月，部队在由海丰往汕尾的公路上，与国民党反动军队发生遭遇战。林冲和政委卢克敏、大队长黄盛都身负重伤，由地下党秘密安置治疗，在海边掩蔽等候，准备送往香港治疗。由于奸细告密，于农历三月二日被反动军队包围驻地，终因寡不敌众而被捕，不久英勇就义，林冲牺牲时年仅 30 岁。

英烈精神

为革命舍小家顾大家的无私奉献精神；不畏艰险、心系群众的优良工作作风。

（傅泽铭）

刘黑仔（1919—1946）

—— 名扬港九的传奇式英雄人物

刘黑仔，原名刘锦进，广东省宝安县人。

- 1919 年农历八月三十日，出生于一个农民家庭。
- 1939 年，加入中国共产党。同年底，参加曾生领导的惠宝人民抗日游击总队。
- 1941 年，调回部队，在广东人民抗日游击队惠阳大队手枪队任小组长，活动于龙、坪、葵一带，主要任务是收税和打土豪劣绅，为部队解决经济给养问题，有时还搞侦察、配合部队打突击等。
- 1942 年，带领短枪队战斗在敌人心脏里，神出鬼没，出色地完成了运送武器，护送文化人士，抢救国际友人，打击日寇、汉奸和土匪，收集军事情报等任务。
- 1944 年春夏之间，在反"扫荡"前后，带领短枪队进行了 10 多次战斗。
- 1945 年 2 月，被抽调参加西北江支队，任支队部参谋兼短枪队队长。
- 1946 年 5 月 1 日，在南雄和江西交界的界址圩，中了敌人设下的圈套，突围时不幸右大腿中弹受伤。第三天，在抬往指挥部的途中牺牲，时年 27 岁。

刘黑仔，原名刘锦进，1919年农历八月三十日出生于广东省宝安县大鹏城东北村一个农民家庭。父亲刘基，早年是海员工人，50岁后回乡务农，母亲王秀，一向在家务农。由于日本帝国主义侵略，父母被拉去做挑夫，劳碌颠簸，流离困苦，染上了霍乱，1941年6月，在一个星期内父母先后去世。刘黑仔有兄弟姐妹5人，他排行第三。

入党后从事地下活动

刘黑仔从小性情刚直，忍受得苦，受不得辱。他的童年时代正是国民党发动十年内战以及日本帝国主义侵略中国的年代，阶级仇，民族恨，在他幼小的心灵中埋下了不平的火种。他1928年进本村小学读书，1934年小学毕业。在读小学时，曾参加演出《投笔从戎》等进步话剧，受到进步思想影响，对国民党军队横行霸道的行为已有所憎恨，常说将来要干一番有益于人民的事业。1935年一二九运动后，大鹏地区一批革命知识青年积极开展抗日救亡活动，在地下党领导下，组织了惠宝沿海青年抗敌同志会。刘黑仔当时已小学毕业，先后在伯父家放牛和在堂兄的公安药局工作，这段时间，他受到抗日救亡运动的影响而积极参加抗日宣传，常常接近当时的大鹏城党支部书记赖仲元。在赖仲元教育和启发下，思想觉悟逐步提高，靠拢党组织，配合地下党做了些工作。1939年上半年，他经赖仲元介绍，加入中国共产党。入党后，党组织分配他和王作到鹏城附近的沙头下村小学教书，从事地下活动，创办民众夜校，教育和团结民众。刘黑仔不仅教群众学文化，还用生动的事例启发群众认识地主阶级剥削劳动人民的本质。后来，国民党反动派大鹏区署害怕青年聚集在一起"造反"，便千方百计搞破坏，迫使夜校停办。而惠宝沿海青年抗敌同志会亦为国民党宝安县党部委员黄贺、郑节勒令解散。

重回抗日游击队

1939年底，党组织根据刘黑仔的请求，批准他到坪山参加曾生领导的惠宝人民抗日游击总队。后来，因部队在东移中受挫，他失散后又回到家乡，找到当时在葵涌竞新学校当校长的区委书记赖仲元，被安排在竞新学校当代课老师，继续从事地下工作。

1941 年初，日寇第二次在大鹏城附近登陆，到处奸淫掳掠。刘黑仔耳闻目睹日寇的禽兽行为，极为愤恨，毅然离开家人，与赖仲元等在平洲、大鹏半岛一带活动，收集敌军情报，打击汉奸，为乡亲报仇。他在大鹏王母圩打死了两个日本汉奸，在石桥头枪毙了王母乡的伪维持会长袁德。不久，刘黑仔又调回部队，在广东人民抗日游击队惠阳大队手枪队任小组长，活动于龙、坪、葵一带，主要任务是收税和打土豪劣绅，为部队解决经济给养问题，有时还搞侦察、配合部队打突击等。一次，他带领 5 个手枪队员，到大鹏打击国民党杂牌军，毙敌 4 人，缴枪 10 余支。

名扬港九的传奇英雄

1941 年 12 月 25 日，香港沦陷。广东人民抗日游击队总部按上级的指示，于 1942 年春组成广东人民抗日游击总队港九大队，刘黑仔奉命带领邱石等短枪队员，由新界吉澳岛进入西贡、九龙一带活动。

刘黑仔用一支"鲍鱼唛"20 响快掣驳壳枪，平时苦练枪法，战时杀敌勇敢，被誉为百发百中的神枪手，进入港九后就升任为港九大队短枪队副队长（黄冠芳为队长），黄冠芳调任特派员后，刘黑仔任队长。他们的短枪队战斗在敌人心脏里，神出鬼没，出色地完成了运送武器，护送文化人士，抢救国际友人，打击日寇、汉奸和土匪，收集军事情报等任务，刘黑仔成了名扬港九的传奇式的英雄人物。

计擒土匪头李观姐

刘黑仔等一到新界，首要任务是肃清危害人民的土匪。最初大半年时间，共肃清了大小土匪 10 多股 300 人左右，缴获了一批枪支弹药。刘黑仔在计擒土匪头李观姐那次战斗中表现得最为出色。当时短枪队一部分同志已执行任务去了，只剩下 8 个人，忽然接到情报说李观姐一伙 60 人，窜入荔枝窝村抢劫。队长黄冠芳和指导员李唐采用刘黑仔的计谋，打出"冠"字号（当时迫于形势，游击队多是以灰色面目出现）"请"土匪头子李观姐到三丫村吃饭，声称有发财路数，要与李观姐均分。李观姐闻讯喜上眉梢，马上在荔枝窝小学校里摆上七大席酒菜，款待光临的 8 位"贵宾"。黄冠芳、刘黑仔频频给李观姐灌酒。待匪徒们大吃大喝闹得乱成一团时，刘黑仔给黄冠芳递了一个眼色，立刻跳将上桌，右手拔出快掣驳壳枪，左手握着手榴弹，大声喝道："不许动，缴枪不杀！"黄冠芳立即把李观姐还来不及拔出的手枪夺了过来，其余几位同志早已分散进入预先布置的战斗岗位，就这样，一枪不发地把 60 名无恶不作的土匪一网打尽，还缴获长、短枪和轻机枪 60 余支。

神出鬼没，令敌人寝食不安

刘黑仔短枪队只有 10～20 人，但是在港九大队的领导下，经常神出鬼没地出现在九龙、西贡、沙田一带，或深入敌人巢穴，惩治汉奸，袭击日寇岗哨、兵营，或炸毁敌人仓库、机场，或收集敌人情报，弄得敌人寝食不安。敌人几次悬赏重金，欲取刘黑仔的人头。

刘黑仔在港九进行了 10 多次战斗。1944 年春夏之间，日寇为了追捕被共产党抢救的盟军美十四航空队飞行员克尔中尉，出动了 1000 多人对沙田、西贡进行"铁壁合围""穿梭扫荡"。为了粉碎敌人的"扫荡"，港九大队各区中队互相配合，四处出击。刘黑仔带领短枪队把克尔中尉安置在安全的地方后，又配合市区中队深入到日寇的驻地，散传单、贴标语、炸火车桥，搞得日寇日夜不宁。驻九龙的日寇宪兵队得力走狗陆通译，扬言要与刘黑仔较量。刘黑仔认为除掉这个汉奸，可以震慑敌人，牵制敌人兵力，便在一个深夜化装成日本军官，带着化装成日本兵的邓斌等几位短枪队员，直奔市区九龙塘陆通译住的小洋房，敲门入内，佯称宪兵司令部有急事要他马上去走一趟。陆通译信以为真，跟着刘黑仔就走。走到一条横街的转弯处，刘黑仔把眼镜拿下，对陆通译说："你认得老子吗？你不是要和老子比高低吗？现在我代表中国人民枪毙你这个民族败类。"连击三枪，将陆通译当场击毙，并把一张写着"枪毙大汉奸者刘黑仔也"的纸贴在陆通译的尸体上。这一行动使敌人震动很大，为此戒严了几天，但并没有把兵力从包围大队部所在的沙田、西贡区撤走，反而更疯狂地抓捕村民，杀害为游击队做事的村长，烧毁坑口海边芦苇丛中的茅寮，使各中队和大队部断绝了联系。刘黑仔急中又生了一个偷袭机场的计谋。在一个细雨蒙蒙的夏夜，特派员黄冠芳和刘黑仔带着短枪队员从钻石山出发到启德机场。黄冠芳和短枪队员张兴首先解决了敌哨兵，换上敌人的衣服在那里"放哨"。刘黑仔、邓斌和张金伯三人迅速跑入机场，把一个看守飞机的日军刺死，然后悄悄地分别在机场的油库和一幢放有飞机的房子里面放置了两颗定时炸弹。没过多久，随着轰隆两声巨响，敌人的机场成了一片火海，日寇乱成一团。为了防范游击队再在市区发起攻击，敌人不得不赶快把驻在沙田、西贡的敌军撤回市内。游击队就这样取得了反"扫荡"的胜利，克尔中尉也得以安全脱险。后来，克尔中尉曾写信感谢东江纵队，称刘黑仔为他的"再生父母"。

在反"扫荡"前后，刘黑仔短枪队还大闹金唐酒家，杀了流氓特务队长肖九如；在观音山坳巧计引诱6名敌密探躲入山洞，用手榴弹把他们炸死；在马骝山水塘坳捉到几个印度宪查和一名日本兵队长；在茶果岭突围，杀伤和吓走密探特务，打掉日本岗哨；在介咸矿山计擒日本高级特务东条正之大佐；在窝场夜袭日本兵营；等等。

龙头山之战

1944年日军为了应付盟军的反攻，急于打通大陆干线，1945年1月打通了粤汉线。东江纵队根据党中央指示精神，组织了西北江支队和北江支队，于1945年2月出发到北江一带活动。刘黑仔被抽调参加西北江支队，任支队部参谋兼短枪队队长。1945年8月15日，日本无条件投降，东江纵队命令西北江支队向粤北挺进与王震率领的南下大军会师。1945年9月间，部队经英德，与珠江纵队南三大队与北江支队的一部分部队会合，向始兴北上并成立粤北指挥部。以刘黑仔为队长的短枪队亦随队北上，直属指挥部。因形势发生变化，党中央决定王震部队回师北返。刘黑仔所在的西北江支队稍事休整，继续向北疾进。中秋节那天天刚亮，部队正穿过英德、翁源，走到龙头山的一条山径时，在前头担负搜索任务的刘黑仔短枪队遇到了敌人的化装侦察兵，便把这个敌兵抓住，经审问后得知国民党一八七师已在山下布下了约一个团的兵力拦截西北江支队，指挥部根据这一情况立即下达抢占山头的命令，从而使何通大队在刘黑仔短枪队的配合下取得了消灭敌人一个班，缴得一挺机枪和几支步枪的胜利，使部队能按计划北上。

龙头山之战后，当西北江支队正要翻过汤姆斜这座大山时，敌人即以一个营的兵力袭击支队，机枪、迫击炮、手榴弹像冰雹般突然顷射而来，当场打死打伤三四十人。刘黑仔短枪队接受支队部命令，胜利完成了掩护撤退和保护电台和发电机的任务。

为了避免目标过大受敌人的包围截击，部队分散绕路向粤赣湘边区继续挺进。刘黑仔短枪队仍担负掩护部队及牵制敌人的任务。

中敌圈套负伤牺牲

1946年，根据"双十协定"的精神，东江纵队准备北撤山东。刘黑仔短枪队随东江纵队粤北指挥部留在南雄、始兴一带坚持活动，不断袭击和牵制敌人。5月1日，刘黑仔等十来人到了南雄和江西交界的界址圩，准备调解一宗民事纠纷。不料，这是敌人设下的圈套，并已预先在界址圩周围埋伏了一个加强连。这天正是圩日，来往的人很多。上午10时左右，刘黑仔和苏光（短枪队政委）等五六个人正在圩内一间屋里开会，邱石（短枪队副队长）等三人到街上巡逻警戒。敌便衣潜入圩内，借故惹起事端，首先和邱石等发生冲突，枪声一响，街上秩序大乱。跟着，敌人的机枪、手榴弹从四面八方袭来。苏光和另一同志在屋内冲出时牺牲。刘黑仔和五六个人冲入一间店铺内固守，坚持至下午2时许，向西门突围。刘黑仔不幸右大腿中弹受伤倒在一条圳下边，昏迷中给一过路农民发现，急速走报我部队。部队派人带着卫生员把刘黑仔抬到一条小村抢救，刘黑仔醒过来之后说："我如还能活着，一定要更多地消灭敌人，为牺牲的同志报仇。"但由于当时医疗条件差，刘黑仔的伤口染上破伤风。第三天，在抬往指挥部的途中，刘黑仔牺牲了。英雄的遗体就地埋葬在江西省全南县正合乡鹤子坑村，一个战士用一块红砖刻了一块墓碑，上写："东江纵队英雄刘黑仔烈士之墓"。

刘黑仔牺牲时年仅27岁。

为争取抗日胜利，为人民的事业，冲锋在前、英勇善战的革命斗争精神；誓要消灭敌人，为牺牲的同志报仇的革命英雄气概。

（张子燮　陈乐青　曾真华）

卢克敏（1917—1946）

—— 东莞早期革命领导人之一

卢克敏，原名叫保胜，广东省东莞县城戴屋庄人。

- 1917 年，出生于马来亚吉隆坡。
- 1934 年，考进东莞中学。
- 1937 年，考上广州市立美术学校。但为了养家糊口，他只得放弃继续上学的机会，在莞城鸣凤小学当了国文和美术教员。寒假，参加军事训练班。
- 1938 年暑假，加入中国共产党。10 月，参加抗日游击队。
- 1939 年 3 月，到东江华侨服务团东宝队任副队长、党支部宣传委员并兼第一分队长，在东、宝两县农村中发动群众抗日救国。
- 1940 年 6 月，东宝队被国民党解散，以校长的身份作掩护，坚持地下斗争。9 月，被任命为广东人民抗日游击队第五大队的特务队指导员。
- 1941 年 3 月，被任命为第五大队民运队队长，组织成立了 8 个抗日自卫队和抗日自卫总队。5 月，被任命为石龙队指导员。7 月间，调往铁路队任指导员。
- 1942 年 2 月间，被任命为广东人民抗日游击队主力大队政训室主任。10 月，和王作尧在桥头塘面新村成立敌后工作委员会，初时任副书记，协助

王作尧工作，次年2月任书记。

- 1944年5月，被调到铁东大队任政委，率领部队艰苦地战斗在东江河畔。
- 1945年8月，抗战胜利后，被调到东进指挥部，担任第五团政委。不久第五团撤销，被委派到海丰任政治特派员。领导恢复了东江纵队第六支队的建制，被任命为东江纵队第六支队政委。
- 1946年农历三月二日，落入敌手。农历三月八日上午，壮烈牺牲，时年29岁。

清苦的幼年时期

卢克敏，原名保胜，广东省东莞县城戴屋庄人。父亲为了生活，早年到马来亚做工。1917年，卢克敏诞生于马来亚吉隆坡。幼年时在吉隆坡读了几年书。长到14岁时，家庭经济十分困难，无法维持下去。母亲只好带着卢克敏和三个年幼的弟弟，从吉隆坡回到东莞县城过活，父亲和伯父仍留在马来亚做工。

1932年7月间，卢克敏在东莞县城新民小学毕业后，无法继续升学，先后在石龙镇一间盐店和莞城一间杂货店当店员。1934年在同乡的资助下，卢克敏考进了东莞中学。他学习更加用功，各科成绩都名列前茅，在文学和绘画方面尤为出众，被老师认为是东莞中学有天赋的高才生。1937年，卢克敏以优异的成绩毕业，考上广州市立美术学校。但为了养家糊口，他只得放弃继续上学的机会，在莞城鸣凤小学当了国文和美术教员。

宣传抗日救亡

七七事变后，东莞的抗日救亡运动如火如荼。热血沸腾的知识青年和学生的救国热情像暴风骤雨一样冲击着卢克敏的心，他经常同进步青年何与成一起讨论抗战形势，也经常到阳光书店去，同县工委的共产党员一起探讨救国道理。他思想敏锐，很快地在《共产党宣言》等马列著作和进步的文艺书刊中找到真理，思想得到升华，积极地向县工委负责人要求投身到抗日救亡的洪流中去。

1937年寒假，卢克敏和近200名爱国青年一起，在党的动员号召下参加了军事训练班。1938年暑假，他又和爱国青年学生一道，组织抗日宣传队，下乡发动群众抗日救亡。就在此期间，他光荣地参加了中国共产党。

1938年10月，日军在大亚湾登陆。正在这时，中共东莞中心县委成立了一支抗日武装队伍——东莞抗日模范壮丁队。卢克敏顾不得家里还有一个双目失明的祖母以及几个年幼的弟弟，为了解救在日军铁蹄下饱受苦难的劳苦大众，为了保卫祖国和家乡，毅然参加抗日游击队。1939年3月，党组织派卢克敏到东江华侨服务团东宝队任副队长、党支部宣传委员并兼第一分队长，在东、宝两县农村中发动群众抗日救国。他在黎村谢岗一带，率领第一分队深入农村，用他的画笔写标语、绘漫画、出壁报，或宣传海外侨胞支援祖国抗战的事迹，揭露日军侵华的滔天罪行。这时，身在沦陷区莞城的弟弟向他诉说家中的困厄和苦难，他在家信中勉励弟弟学习毛主席的《论持久战》，要明白"中国的未来，大有希望，最后胜利是我们的"。

1939年底，国民党顽固派掀起了第一次反共高潮，对东宝队的活动诸多限制。卢克敏等是以公开身份活动的，活动的地区又是在国统区，十分危险，但他早已将生死置之度外。为了动员人民起来抗日，他积极宣传中国共产党的抗战主张，宣传东莞抗日模范壮丁队英勇抗战的事迹；揭露汉奸走狗造谣惑众、破坏团结抗日的罪行。他还通过调解谢岗乡六、八两房的房姓纠纷和调解东莞黎村与惠阳罗村的械斗，引导群众走上团结抗日之路。

组织抗日武装建立抗日根据地

1940年6月，东宝队被国民党解散，卢克敏以校长的身份作掩护，坚持地下斗争。9月，广东人民抗日游击队第五大队回到宝安敌后，开创以阳台山区为中心的抗日根据地。第五大队初时只有一个中队——特务队。卢克敏归队后，成为大队长王作尧的左右手，被任命为特务队指导员。1941年3月，卢克敏被任命为第五大队民运队队长。他派出一批民运队员到各乡村发动群众，在地方党组织的配合下，很快地成立了农民、青年、妇女等抗日群众组织，并成立了8个抗日自卫队和抗日自卫总队，使第五大队得到很快的发展。5月，石龙队、铁路队和惠阳队成立，卢克敏被任命为石龙队指导员。抗日武装几经艰苦奋战，终于站稳了脚跟，初步建立了阳台山为中心的抗日根据地。

1941年5月底，敌、伪、顽妄图把刚建立起来的抗日根据地扼杀在摇篮里。5月26日，石龙队和铁路队在乌石岩集结，奉命开赴东莞大岭山地区，支援第三大队反击敌人的进犯，卢克敏和阮海天、沈鸿光、黎崇勋等率领部队赶到大王岭，领受战斗任务。当伪军刘发如部来犯时，卢克敏和阮海天率领石龙队协同兄弟部队猛打猛追，一口气追杀到东莞城下。6月初，卢克敏和阮海天又率领石龙队，参加了大塘反击顽军黄文光部的战斗。6月10日，日伪军600余人分两路奔袭大岭山中心区百花洞，妄图摧毁大岭山抗日根据地。6月11日拂晓，战斗发生后，卢克敏和阮海天带领石龙队火速赶到大环，占领妈山南的有利地形，阻击日军，配合友军完成了对敌的包围。百花洞大捷后，才率队回到阳台山抗日根据地。7月间，卢克敏调往铁路队任指导员。

1942年2月间，广东人民抗日游击队成立主力大队，卢克敏被任命为主力大队政训室主任。后总部又决定，在莞太公路和宝太公路的三角地区成立敌后工作委员会（简称"敌后工委"），以配合恢复大岭山抗日根据地的斗争，卢克敏被抽调到敌后工委。10月，他和王作尧先后到达沦陷区厚街，在桥头塘面新村成立敌后工作委员会。初时卢克敏任副书记，协助王作尧工作，次年2月任书记。当时，日伪在这里的统治力量较强，经常和国民党顽固派一八七师配合，对根据地发动疯狂的进攻。莞太、宝太两公路都控制在日军手里。但两公路所夹成的三角地区是沟通东、宝两县的要地，且又在大岭山根据地的西南面，具有重要的战略地位。卢克敏领导敌后工委，坚持在这个地区宣传群众、武装群众、打击敌伪、肃清汉奸、镇压土匪、扩大抗日武装。卢克敏深入虎穴，经常住在厚街的"小坞园"，在这里建立了油印室，中央的整风文件很多都是从这里印发到广大干部战士手里。他十分注意广泛地团结各阶层的力量，亲自教育争取了王定加、王虎、王仲伟等一批当地掌握实权的头面人物，使部队在敌伪顽几面夹击下创造了坚持斗争的条件。他又经常到双岗、官美下、涌口等地，组织了一支外围武装，对配合部队起到了一定的作用。敌后工委在卢克敏的领导下，开展了有效的工作，使这一地区迅速打开了局面。抗日游击队总部的收报台、前进报社、医务所都先后搬进了厚街"小坞园"这个敌占区，并从1942年底至1943年初，在这里举办了中队级干部的整风学习班，1943年6月在这里召开了全军政治工作会议。

东江纵队成立后，抗日根据地更加巩固。为了开辟新区，1944年2月底，成立铁东大队，向广九铁路以东的东江河岸一带挺进。当时的东江河岸，还在国民党顽军徐东来支队和李潮伪军等控制下。1944年5月，卢克敏被调到铁东大队任政委，率领部队艰苦地战斗在东江河畔。

恢复东江纵队第六支队

1945年8月，艰苦的抗战终于取得了胜利，可是国民党反动派却在美帝国主义的支持下，全面挑起内战，妄图消灭中国共产党领导下的武装力量。东江纵队在抗战中建立的东江抗日根据地，也受到国民党反动军队的残酷"围攻"。党中央明确指示东江纵队应采取分散坚持、保存干部的方针，东江纵队领导据此成立了四个指挥部，卢克敏被调到东进指挥部，担任第五团政委。不久第五团撤销，当时在海丰、紫金一带坚持斗争的东江纵队第六支队，在国民党五十四军的三十六师、一九八师的袭击下，遭受到很大的损失。卢克敏受党的委派，到海丰任政治特派员。他到了海丰后，与其他同志一道，做了大量艰苦细致的工作，团结了当地干部，安定了部队，迅速恢复了东江纵队第六支队的建制。后被任命为东江纵队第六支队政委。

◦ 不幸落入敌手，壮烈牺牲 ◦

1946年农历二月下旬，一个淫雨霏霏的黑夜，在汕尾通往海城的路上，卢克敏带领的东江纵队第六支队与开进海城的国民党一八六师遭遇。经过激烈的战斗，部队安全转移了，卢克敏不幸左肩中弹负伤，后来由地方党组织安置医治。同年农历三月二日，在转移到梧桐坑村时，被当地伪保长发觉告密，驻汕尾的国民党军在当天傍晚立即包围了该村。因寡不敌众，卢克敏和同时负伤的支队参谋长林冲、大队长黄盛，以及部队派出护理他们的王依，同时落入敌手。

敌人残忍地用铁丝穿过他们四人的手掌心，押送到海城匪师部，严刑拷打，威逼利诱，但得不到一点口供。每次审讯，卢克敏等都坚强不屈，历数敌人的罪行。敌人恼羞成怒，于1946年农历三月八日上午，将卢克敏等人押赴海城猪仔铺刑场。卢克敏被折磨得不能动弹，敌人是用担架把他抬进刑场的。

在刑场上，卢克敏顽强地坐起来，痛斥国民党反动派的罪行，号召人民起来为人民的解放而斗争。敌人硬压他们跪下，可他们至死不屈，大义凛然，表现了共产党员视死如归的崇高气节。卢克敏牺牲时年仅29岁。

英烈语录

"中国的未来，大有希望，最后胜利是我们的。"

英烈精神

对党忠诚、听党指挥、为革命尽职尽责的党性修养；至死不屈、大义凛然、视死如归的共产党员崇高气节。

（傅泽铭）

丘 平（1926—1946）

—— 无论如何也不能落在敌人手中

丘平，又名丘碧秀、陆平，广东省梅县人。

- 1926 年 7 月 27 日，出生。
- 1944 年，在连平县大田乡中心小学任教时开展抗日活动。10 月，加入中国共产党。
- 1945 年夏，与东江纵队政治部组织科干事曾光结婚，婚后仅三天，他俩便奔向各自的战斗岗位。
- 1946 年 3 月 19 日，牺牲，时年 20 岁。

丘平，又名丘碧秀、陆平。1926 年 7 月 27 日出生于广东省梅县城东的谢田村。父母是印尼华侨，早年去世。丘平有兄妹 9 人，多数侨居印尼、泰国，有的在香港。因姑妈未生有儿女，丘平出生不久便过继给姑妈做养女。

1939 年秋，丘平在梅县古田村五里亭小学毕业后，考入梅州女子师范学校。当时，党领导的抗日救亡运动正蓬勃兴起。年仅 13 岁的丘平在姐姐丘碧珍、丘碧英等中共党员的影响下，也激发起抗日救国的热情，参加了义卖募捐等抗日活动。梅州女子师范学校毕业后，丘平在家乡的古田小学任教。

参加抗日游击队

1942 年，梅县地区的局势发生了变化，许多中共党员奉命转移连平一带。1943 年秋，丘平随姐姐丘碧珍、妹夫李仕贤等也到了连平，以教书作掩护，从事党的抗日救亡活动。

1944 年春，丘平在连平县大田乡中心小学任教时，结合教学向学生灌输爱国思想，并动员一些教师，在附近几个村子里举办妇女识字班，还通过演戏宣传抗日。不久，活动在连平忠信的中共党员苏平、温再生等与东江党组织取得联系。1944 年秋，丘平跟随苏平等奔赴东江，参加了党领导的抗日游击队。入伍不久，丘平参加了东江纵队政治部在大鹏湾举办的第三期青年干部训练班。她学习刻苦认真，生活艰苦朴素，被评为学习模范、优秀学员。

1944 年 10 月，丘平参加东江纵队司令部举办的卫生干部训练班学习。因她学习成绩名列前茅，获得嘉奖，并加入了中国共产党。卫生训练班结业后，丘平被分配到政治部保卫科任保卫干事，担负反特、防特和情报工作。

1945 年初，东江纵队为了配合盟军对日作战，与盟军建立了联络处。这时，美国第十四航空队派欧乐义到东江纵队司令部与抗日游击队合作，收集日军情报。国民党当局为了破坏游击队和盟军的合作，派特务唐小武以欧乐义服务员的名义，渗入东江纵队进行侦察，企图窃取东江纵队电台密码。东江纵队及时识破了国民党的阴谋，在唐小武进行特务活动时，将他扣留，交给司令部保卫科处理。当时，丘平奉命负责看管、审讯和教育特务唐小武。开始，唐小武见丘平是个黄毛丫头，根本不把她放在眼里，态度极其顽固。丘平对唐小武展开了针锋相对的斗争，揭露国民党妄图"围剿"驻在淡水山子下的东江纵队司令部的阴谋。唐小武在事实面前还进行狡辩，但屡次都被丘平驳得哑口无言。经过反复较量，唐小武终于老实交代了他参加特务组织、接受任务、窃取过多少情报等罪恶事实。丘平圆满地完成了这一任务，受到司令部、政治部及保卫科的领导的称赞。此后，保卫科把许多重大案件交给她去参加侦破，让她经受更大的锻炼。

1945年3、4月间，东江纵队司令部及其主力从江南开赴江北，在罗浮山一带开辟了抗日根据地。丘平也随政治部保卫科来到罗浮山，继续开展斗争。

坚持艰苦革命斗争

1945年夏，经组织批准，丘平与东江纵队政治部组织科干事曾光结婚。婚后仅三天，他俩便因任务紧迫而奔向各自的战斗岗位。不料这次离别却成了这对年轻新婚夫妇之间的永诀。

1945年9月中旬，江北指挥部在罗浮山成立。因要避开国民党军队的进攻，丘平随指挥部转移到博罗横河何家田一带山区。她的爱人曾光被派往象头山民主独立大队任指导员。

丘平在何家田期间，担任民运队长，归博罗县委领导，直接领导人是博罗县委军事部部长曾文。因形势异常险恶，民运队的同志分散住在老百姓家里，在当地群众的掩护下开展工作。丘平和何沛住在何家田关屋关桂安大伯的家里。她们都打扮成农家妇女，梳着髻，戴着耳环手镯，身穿大襟衫。丘平化名阿娇，何沛化名阿娣。她们在关桂安一家的掩护下，为部队搜集情报、筹集粮食、输送给养，从没发生意外事故。一有空隙，丘平、何沛还经常下地种田，上山烧炭，同群众打成一片。

在丘平等同志的宣传发动下，何家田一带山区很快就成立了自卫队，积极协助部队做好防范工作。当时何家田周围国民党军队密布，丘平便把自卫队分成四组，守住各个路口，分别监视增城、龙门和博罗的柏塘和横河等地的敌情。

一天，敌人果然从四面八方对何家田游击区进行"扫荡"。由于自卫队及时提供情报，江北指挥部人员得以及时转移，使敌人扑空。敌人妄图消灭江北部队，便在何家田一带村子驻兵，对部队严密封锁，断绝交通，反复搜索。当时，丘平孤身一人掩蔽在何家田附近的深山密林中，住在一个烧炭的窑洞里，敌人搜索频繁，野兽经常出没，环境极为恶劣。但是，困难吓不倒坚强的革命战士。开始时，堡垒户关桂安大伯想方设法送粮食和情报上山给丘平。大伯的媳妇林月嫦当时刚生小孩不久，也冒着风险为丘平送食物。她机智灵活，手拎竹篮，装做到山溪小沥去洗婴儿的尿布，竹篮下面却巧妙地藏着炒米和煮熟的腊肉。就这样一次又一次地避开敌人，把食物送到丘平手中。

不久，敌人对隐蔽在山中的游击队加强了封锁和搜索，革命群众也被监视起来。丘平的给养断绝了，同部队的联系也中断了。在这生死关头，她咬紧牙关，摘野果充饥，用山泉水解渴，以顽强的革命斗志去战胜敌人的封锁，渡过了难关。

赴象头山工作途中牺牲

1946 年春，江北指挥部调丘平到象头山民主独立大队，继续从事民运工作。

为使她能安全抵达象头山，1946 年 3 月 18 日，江北指挥部派出武装交通员叶芳等三人护送。这天下午，她与武装交通小组从何家田出发，翻山经西溪到柏塘鹅头寨，在吊门石交通站吃过晚饭，待夜幕降临，便启程过象头山。不料，路经平安圩时，与国民党大部队遭遇。武装交通小组只好掩护丘平退回吊门石交通站。第二天，吃过晚饭，叶芳等同志和吊门石交通站站长范胜、交通员曾团护送丘平转移到西溪下新屋堡垒户林亚丁家。当晚原柏塘圩保长黄祖如获悉游击队进驻西溪住宿，便勾结驻柏塘的国民党军连长刘楚和柏塘的乡、保长，密谋策划"围剿"游击队。3 月 19 日拂晓，黄祖如指使其子黄观松、黄添福给国民党军刘楚部带路，包围西溪。当时，丘平和护送人员还住在林亚丁大伯家里。当大伯发现敌情，通知他们撤离时，敌人已来到屋前的 200 米处，屋后小山丘上的敌人已架起了机枪，情势十分危急。早已立志为共产主义事业奋斗终生的丘平，当即作出决定："突围，无论如何也不能落在敌人手中！"叶芳主动承担掩护任务，准备拼死一战。当护送人员和丘平冲出林亚丁家时，敌人的机枪和步枪一齐扫射过来。叶芳等开枪还击，掩护丘平转北面大山突围。由于敌人的火力太猛，几个交通员只好分散突围。熟悉地形的叶芳便带丘平沿着一条小溪上山，很快就冲出敌人的包围圈。叶芳首先越过一片 30 米远的开阔地，等待丘平一起登山。不料丘平准备通过开阔地时，被敌人的机枪子弹击中大腿，动弹不得。叶芳冒着枪林弹雨回来，欲给她包扎。但丘平却说："不要管我，快跑，我不行了。"叶芳怎么忍心丢下自己的同志，想背丘平上山。丘平推开叶芳的手，哀求叶芳快跑。叶芳只好把丘平抱到一个荆棘丛生的地方藏起来。然后，才往山上飞奔。

丘平受伤后，地上留下了鲜血。敌人赶来，发现血迹，便四处搜索。丘平藏在荆棘丛下，见敌人即将走近，便掏出唯一的手榴弹，对着敌人大喝一声："站住，再上前来，让你们上西天！"敌人惊恐万状，不敢上前一步。但他们仔细一看，原来是个年轻貌美的姑娘，于是扬言要抓活的。敌人对丘平说："放下武器吧！出来投降有你的好处，我们长官不会亏待你！"丘平是决不甘心当俘虏的，待敌人步步逼近时，她就咬紧牙关，拉开手榴弹的导火线，朝敌人掷去。敌人立刻还击，一阵密集的子弹朝丘平飞来，震荡着江北的山谷、丛林……

丘平牺牲时年仅 20 岁。她的一生，是短暂的一生，是光辉的一生。她的英雄业绩，永远为江北人民所传颂！

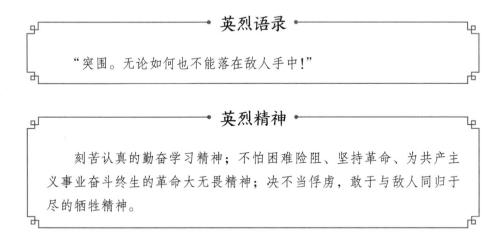

● 英烈语录 ●

"突围。无论如何也不能落在敌人手中！"

● 英烈精神 ●

刻苦认真的勤奋学习精神；不怕困难险阻、坚持革命、为共产主义事业奋斗终生的革命大无畏精神；决不当俘虏，敢于与敌人同归于尽的牺牲精神。

（邹金城）

肖华奎（1919—1946）

—— 英勇善战的东江纵队战士

主要生平

肖华奎，广东省惠阳县约坪乡高桥村人。

- 1919 年 2 月 8 日（农历正月初八），出生于一个世代贫苦的农民家庭。
- 1939 年春，带头参加地下党组织的"春耕队"，不久，还秘密成立抗敌同志会。
- 1940 年冬，加入中国共产党。
- 1941 年 1 月，参加广东人民抗日游击队第五大队。
- 1942 年 2 月，调广东人民抗日游击总队港九大队手枪队任小队长。4 月，进驻九龙西贡大环村，发动群众、组织武装，开展锄奸、反特，维持治安，坚持敌占区武装斗争。
- 1944 年 9 月，任东江纵队第二支队作战参谋。
- 1945 年 9 月，任大亚湾海上独立大队第二中队队长。
- 1946 年 2 月 24 日，在与敌舰的作战中壮烈牺牲，时年 27 岁。

加入中国共产党

1919 年 2 月 8 日（农历正月初八），肖华奎诞生于广东省惠阳县约坪乡高桥村一个世代贫苦的农民家庭。有兄弟姐妹 7 人，肖华奎排行第四。父亲早逝，母亲李元娣是一位敦厚俭朴的农妇，为养活众多子女，租耕了三亩土地，农闲时还给人家做短工，含辛茹苦地抚养孩子长大。肖华奎 7 岁时就帮母亲下地劳动，风里雨里，母子形影不离，从小就养成吃苦耐劳、勇敢刚毅的性格。10 岁那年，肖华奎入本村承启小学，再转入南坑贻德小学，共读过四年书，后因家境日窘而辍学。他为分担压在母亲肩上的重担，奔赴香港谋生，在宗亲肖茂亮处当学徒工，后因不堪肖茂亮的虐待，再回家乡帮母亲种田。

1938 年 10 月，日寇在大亚湾登陆，肖华奎家乡相继沦陷。日本帝国主义的法西斯暴行，激起了他对日寇的仇恨。

1939 年春，在香港惠阳青年回乡工作团的肖春回到家乡，宣传抗日救亡，组织群众抗日。肖华奎在肖春的教育下，带头参加地下党组织的"春耕队"，并成为这个组织的骨干分子。不久，还秘密成立抗敌同志会。在这期间，肖华奎积极参加护路放哨和军事训练，潜入敌占区散发抗日传单，推动了广大青年参加抗日的行列。

1940 年 3 月，惠东宝人民抗日游击队东移后，中共龙坪区委转入地下。肖华奎为掩护地下党的活动，冒着危险，春雨绵绵，寒风习习，一次又一次机智地通过敌人哨卡，巧妙地避开敌人，秘密侦察敌情，及时向龙坪区委提供龙坪地区日军外围防御和日伪政权的情况。一次，区委书记何武为对他作进一步的考察，提出要借他与彭亚锦做生意时弄来的一支左轮手枪。肖华奎直言回答说："国难当头，我岂能离开民族的利益来计较个人利益呢！"他毫不犹豫地把手枪交给了区委。同年 8 月，东移部队重返敌后抗日，肖华奎积极组织民兵配合部队，开展牵制日伪顽的反"扫荡"、反蚕食、反抢粮的斗争。在金钱坳、横水塱一带，他们伺机伏击日寇的抢粮队，剪除日寇的电话线和毁坏电线杆，破坏日军的通信设备，扰乱日军的"扫荡"。这支群众武装在肖华奎的率领下，逐步成为一支战斗力较强的地方抗日武装。同年冬，肖华奎由肖春介绍，加入了中国共产党。

参加抗日游击队

1941 年 1 月，肖华奎由地方党组织输送参加广东人民抗日游击队第五大队。2 月，日军占领坪山后，他参加龙岗、坪山一带的护路斗争，对汉奸走狗和匪特活动给予无情的打击，维护了社会安定，深受商民的欢迎。同年夏，肖华奎参加高健队在龙岗下排岗的突围战。当时，几倍于部队装备精良的敌人重兵对部队包围。他冒着弹雨，猛打猛冲，腰部负了重伤仍不下火线，一直坚持到摧毁敌人的阵地，攻下下排岗，部队冲出包围圈为止。肖华奎负伤后，组织安排他留家掩蔽治疗。他在养伤期间，常关心家乡抗日救亡运动的开展，动员群众保家卫国，并亲自送五弟肖新华参加抗日游击队。

1942 年 2 月，肖华奎调广东人民抗日游击总队港九大队手枪队任小队长。他遵照党的"敌进我进"的指示，为扩大游击区，直插敌人心脏，打击敌伪，与肖春率领武工队深入广九、西贡、沙田、坑口等地，打破敌人严密的封锁，采购一大批物资，收购乡（渔）民一批枪支子弹，护送回游击区。此时，局势紧张，日伪顽相互勾结，汉奸土匪活动猖獗，严重威胁着党的海上交通线的安全，肖华奎率领武工队进入葵涌、盐田、大小梅沙等沿海地带活动，打垮了四股海匪，毙匪首张明仔、黄国东、苏容生三人。

不久，肖华奎奉命挺进香港新界、九龙市区，与港九地方党组织配合，执行中央指示，营救在香港被困的爱国民主人士、文化名人及国际友人，先后被营救出来的有文化界知名人士柳亚子、何香凝、胡绳、宋之的、胡风、张友渔和爱国民主人士邓文钊、李伯球等 60 余人及盟军 10 余人。在营救过程中，肖华奎和战友们出入敌警戒森严的市区，历尽艰险，由香港铜锣湾等地接运上船，护送至九龙坑口江水队处再转送惠阳的茶园等地。一次，在大鹏发现敌派遣"蓝衣社"特务钟九仔潜入王母圩进行破坏，收买民族败类，搜集情报。他和黄冠芳两人跟踪追捕，沿着王母下叠福山边的山沟前进。钟九仔走投无路，正欲反抗，肖华奎一个箭步，"啪啪"两声枪响，特务应声倒地，见阎王去了。

组织敌占区武装斗争

香港沦陷后，1942 年 4 月，肖华奎奉命与刘黑仔等进驻九龙西贡大环村，发动群众、组织武装，开展锄奸、反特，维持治安，坚持敌占区武装斗争。3月初的一天，肖华奎和刘黑仔等乔装打扮，神出鬼没，在九龙茶楼大显神通，镇压了作恶多端的敌特分子，毙伤九龙侦探队长等5人，缴枪3支。游击队出奇制胜，威震港九。日军闻讯，惊惶万状。敌人在市区除大搞"强化治安"外，还设立岗、卡、点、碉，加强警戒，派出警车四出巡逻、搜查，给肖华奎和战友们的活动带来了一定的困难。肖华奎总结斗争经验，采取"满天神佛"和声东击西的办法去打击敌人，在九龙尖沙咀、铜锣湾、深水埗等地经常散发游击队传单。敌军警四处戒严搜捕，但连游击队的踪影都见不到。一次，肖华奎和刘黑仔、高勇等战友摸清敌情后，在九龙大酒家4楼捉拿伪维持会长，却遭敌巡逻队突然包围。肖华奎机智地胁迫伪维持会长，以他的"马弁"身份脱离险地，安全回营。伪维持会长却乖乖的当了俘虏。他们的活动打破了日军变港九为"王道乐土"的美梦。

以少胜多英勇负伤

1944年9月，肖华奎任东江纵队第二支队作战参谋。10月间，一股日军300多人向游击区进行"扫荡"。他在八仙岭前沿阵地指挥30余人伏击10倍于部队之敌。当敌人进入阵地，他立即发起猛烈攻击。敌人遭突如其来的打击，乱成一团，狼狈溃退。肖华奎和高勇带领战士们一鼓作气冲上去，与日军展开肉搏战。战斗中肖华奎身负重伤，血如泉涌，但仍坚持到最后。在他英勇顽强的精神鼓舞下，战士们以少胜多，打退了敌人的几次冲锋，歼敌20余人。战斗结束后，肖华奎由地方党转送香港赤径治疗。

护卫大亚湾沿岸港湾和海域

1945年9月，成立以陈志贤为大队长、刘宣为政委的大亚湾海上独立大队。全大队300多人，编成三个中队，配备十几艘木船。肖华奎被委任为第二中队队长，率队活动于范罗港、澳头、坝岗和虎头门一带，担负护卫、控制大亚湾沿岸重要港湾和海域，护卫海上防线的安全。

12月26日凌晨，顽军徐东来部在澳头征用商家一艘电船，拖着两艘大木船，载着100余人，向大亚湾海上独立大队第二中队防区进攻。肖华奎发现敌船后，即指挥陈其昌、雷田、何进才和蔡冯兴的武装船摆开，严阵以待。待敌船相距 150 米时，肖华奎即下令攻击。顿时，武装船上的轻机枪和 13 毫米口径的重机枪等齐向敌船攻击。敌电船拖着木船摇晃不定，既不能打，又不能退，十分狼狈。敌指挥官下令砍断两艘木船的拖缆，急速掉头向澳头方向窜逃。肖华奎下令追击，歼敌 20 余人，敌兵掉入海里 10 余人，失枪 10 余支。

1946 年 1 月，大亚湾海上独立大队根据东江纵队司令部的指示召开各中队负责人会议。肖华奎和林文虎、陈满、王维、李宇光等参加。肖华奎汇报了反击顽军的澳头海战经过和决心做好迎战顽军的准备。2 月 13 日，国民党新一军等部从正侧两面向大鹏半岛发动总攻，采取"填空格"战术，派军进驻大小村庄、山头，切断交通，实行保甲联防。同时，出动海、陆、空军配合"围剿"，派伞兵团封锁南头一带，派舰艇在海面上巡逻，妄图一举消灭海陆部队。

2 月 24 日 11 时，肖华奎率领两艘木船在六克岛海面侦察巡逻，发现悬挂国民党旗的"舞凤"号炮舰和两艘快艇由虎头门向澳头六克岛冲来。肖华奎面对敌舰的包围，当机立断，命令迎战。他亲率一艘武装船共计 16 名指战员，配防空机枪一挺。小队长陈其昌率另一艘武装船位于六克岛东北角。两艘武装船指战员在肖华奎的指挥下，展开火力，像一把强有力的铁火钳，夹击冲来的敌艇。顿时，13 毫米口径的重机枪猛烈射击，击破了敌快艇的防护甲板，毙敌数人。接着指战员冒着敌舰 3 寸口径的炮击，越战越勇，又击毙敌舰官兵多人。战斗持续 4 个小时。这时，敌舰集中火力炮击陈其昌小队武装船。不久，船头中弹，数人负伤，陈其昌头部重伤，船舱进水和开始倾侧。肖华奎命令陈其昌船急速靠岸，抢占玻砂山，利用有利地形掩护指挥船坚持海战。下午 4 时，肖华奎冒着弹雨镇定地指挥反击，连续几次击退敌舰的冲击。由于敌强我弱，部队伤员增多，攻击火力逐渐减弱。敌舰和两艘快艇摆成三角形阵势，向肖华奎木船进逼。木船的后艄中了炮弹，战斗员伤亡殆尽，船倾侧下沉。

壮烈牺牲

肖华奎带着重伤，浴血奋战，双手紧握防空机关枪，继续向敌舰射击。

他用尽最后的一点气力打完最后的一排子弹，然后把机枪推入海中，让自己与战船一起沉没。年仅 27 岁的肖华奎和副指导员陈华等 10 多位同志壮烈牺牲。后来，他们的遗体随着大亚湾的海浪，漂浮到小桂村海岸边。小桂村人民把烈士们安葬于小鹰咀，以酬忠烈。

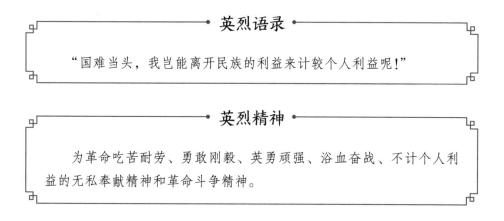

英烈语录

"国难当头，我岂能离开民族的利益来计较个人利益呢！"

英烈精神

为革命吃苦耐劳、勇敢刚毅、英勇顽强、浴血奋战、不计个人利益的无私奉献精神和革命斗争精神。

（邹金城）

杨　良（1916—1946）

—— 大义凛然、视死如归的东江纵队干部

杨良，原名杨运良，广东省东莞县清溪区重河乡杨梅岗村人。

- 1916 年春，出生。
- 1931 年，参加当地学生的抗日救亡，支援东北义勇军，支援十九路军，抵制日本货等行动。
- 1936 年底，参加清溪御侮救亡工作团，并成为主要骨干。
- 1938 年 10 月，加入惠阳青年会的抗日组织，以此为核心团结各阶层人士投入抗日。
- 1939 年初，加入中国共产党。
- 1940 年初，按照党的安排，转入地下斗争，巧妙地与国民党顽固派周旋。
- 1941 年初，为对付反动派对群众的迫害，把青年会、姐妹会改为耕田会。同年夏，被派到广东人民抗日游击队第三大队搞交通情报工作。
- 1944 年初，清溪地区建立乡抗日民主政权，同时建立抗日自卫队，担任队长。10 月，其领导的抗日自卫队编入东江纵队第二支队第二大队，被任命为中队长。
- 1945 年初，带领中队在第二大队的领导下，夜袭驻塘厦伪军，一举歼灭伪

军一个连，俘虏50余人，缴枪50余支。同年冬，任命为江南指挥部第七支队教导大队大队长。

- 1946年1月，担任民运工作队队长，在郊田建立革命根据地。4月15日（农历三月十四日）清晨，不幸被捕。4月末被害，时年30岁。

参加抗日救亡活动

杨良，原名杨运良，1916年春出生于广东省东莞县清溪区重河乡杨梅岗村。因为家贫，杨良到10岁才进清溪鹿鸣学校读书。他从小颇懂事理，聪颖伶俐，勤奋好学，刚有阅读书报能力，便常向学校借阅进步文艺小说。当他读了蒋光慈著的《少年漂泊者》时，书中男主人公漂泊苦难、恋爱悲剧和投奔革命的坚强意志，冲激着杨良年少的心灵，使他萌发对革命的向往，对黑暗社会和军阀混战的不满，为国家和个人前途担忧。

1931年九一八事变，年仅15岁的杨良，对日军的侵略义愤填膺，积极参加当地学生的抗日救亡活动，如支援东北义勇军、第十九路军，抵制日货等。1935年秋，杨良为寻求救国救民之路，毅然离开家乡，只身跑到广州，投考警察学校等，都未被录取，年底只好返回家乡。

这时，共产党员张里夫、林锦华等同志在清溪地区开展革命活动。1936年底，他们组织了清溪御侮救亡工作团。杨良立刻参加了这个工作团，并成为主要骨干，每逢圩日，到圩里宣传动员群众抗日救亡，募捐慰劳前方将士；晚上到土桥等几十个村庄演出《松花江上》等剧目和教唱抗日歌曲，在清溪地区掀起了抗日救亡的热潮。随后在党的领导下，杨良在杨梅岗等村建立起读书会、青年会、姐妹会和民兵组织。他带领民兵巡逻放哨，维持社会治安，保护农作物，深受群众欢迎。1938年10月，日军在惠阳大亚湾登陆，惠（阳）东（莞）宝（安）成为抗日前线。杨良加入了惠阳青年会的抗日组织，并以此为核心，团结各阶层人士投入抗日。他更加没日没夜地投入抗日救亡活动，使抗日救亡运动在当地蓬勃发展起来。

1939年初，杨良由杨培介绍加入了中国共产党。从此，他的奋斗目标更加明确，把全部身心投入到抗战之中。他在杨梅岗村建立秘密游击小组，扛起枪杆抗击日军和顽军。同年冬，当探悉国民党第六挺进纵队在清溪苦草洞设有武器仓库时，即配合广东人民抗日游击队第五大队前往袭击，全俘守敌，打开武器仓库，在100多名群众协助下把全部重机枪、轻机枪、步枪和子弹搬走，为抗日部队提供了充足的武器。

与国民党顽固派作斗争

1940年初，国民党顽固派发动反共高潮，清溪和樟木头都驻上了国民党第七战区第六挺进纵队的部队。这时，杨良按照党的安排，转入地下斗争。他坚决执行党所采取的"秘密斗争与合法斗争相结合""武装斗争与群众斗争相结合"的斗争形式，巧妙地与国民党顽固派周旋。他经常穿插在日、伪、顽军的占领区——樟木头等地获取情报，提供给部队和党组织，及时对付敌人。他的革命精神不仅得到同志们的敬佩赞赏，连一直为他安全担忧的父母，也变得积极支持他的工作，还影响到妻子和胞弟杨杨、胞妹杨碧文等都参加了革命。1941年初，杨良为对付反动派对群众的迫害，把青年会、姐妹会改为耕田会，瞒过了敌人。同时，他租耕田地和放养鱼塘，以此一方面掩护党组织的活动，另一方面为党提供活动经费。他还利用圩日趁圩的机会，联系各地群众抗日，从中培养抗日骨干分子，这些人后来大多数成为优秀的共产党员，如后来为革命英勇牺牲的、被群众称为为国尽忠为民尽瘁的民运队长张慕良等。同年夏天，杨良被派到广东人民抗日游击队第三大队搞交通情报工作。他不怕苦不怕累，跋山涉水，出色地完成任务。后又服从革命的需要，返回地方工作。1942年，清溪区委为建立长期的隐蔽点，在苦草洞的阴坑仔开办小农场。杨良服从党的安排，在农场积极开荒种地，发展经济，支援部队的供给；把农场变成交通情报站，为党组织递送情报；同时又是联络站，联络接待和掩护各地来往的同志。杨良即使家庭生活十分困苦，也情愿节衣缩食支持革命。

开展武装斗争保家卫国

1944年初，清溪地区建立乡抗日民主政权，同时建立抗日自卫队。杨良担任了队长，十分注意政治思想工作和军事训练，使自卫队成为一支有战斗力的队伍。当日、伪军四处抢粮时。他就带领队伍进行伏击，保护了群众利益，迫使日、伪军不敢轻举妄动。7月，他带领自卫队配合部队袭击平湖，缴枪八九十支。9月10日，在部队担任指导员的胞弟杨杨，在与日军的作战中英勇牺牲了。杨良听到不幸的消息后，深感光荣而没有悲伤。10月，杨良领导的抗日自卫队编入东江纵队第二支队第二大队。他被任命为中队长。1945年初,杨良带领中队在大队的领导下,夜袭驻塘厦伪军,因为事前经过周密的侦察和充分的准备,一举歼灭伪军一个连,俘虏50余人,缴枪50余支。同年8月日军投降后,国民党新一军会合保安团占领了广九铁路沿线,进行"填空格"战术,妄图消灭东江纵队。杨良带领部队从广九路东转战路西一带,粉碎了国民党军队的进攻,保存了部队的实力。

1945年冬,东江纵队根据中共广东区党委关于"坚持斗争,保存武装,保存干部"的指示,抽调部队主力东征,打通与韩江纵队的联系通道,使东、韩两江革命根据地连成一片,实行武装割据。部队整编后,杨良被任命为江南指挥部第七支队教导大队大队长。他带领部队随江南指挥部参谋长高健东征,粉碎了国民党军队的多次进攻和地主反动武装的阻击,进军紫金县境内,率领部队在敌驻区穿插活动,牵制了国民党的大量兵力,保证了大部队继续东征的战略行动。

1946年1月,杨良带领部队挺进惠东,后又转到紫金县的上义、好义、蓝塘和古田山北面的郊田。这里战略地位十分重要,既能与古田山形成掎角之势,又可经叶西通好义的文斗坑。再经吉田至东江河畔,既可防范蓝塘方面敌人的袭击,又可打破上义张源和反动地主武装的封锁。因此,参谋长高健选择了郊田地区为开辟工作的重点,派出民运工作队在此建立革命根据地。高健考虑,初到紫金,人地生疏,敌情复杂,必须派一位得力的领导人担负此任,结果挑选大队长杨良兼任民运队长。杨良二话没说,就带领几名队员留在郊田,住在农民赵伟延家中,开展工作。1946年2月3日(农历正月初二),他通过赵伟延,召开"三点会"会员和积极分子会议,作形势报告,宣传共产党的抗日功勋,揭露国民党反动派蓄谋挑起内战的罪行,号召人民起来革命。会后,杨良以"三点会"作掩护,深入群众,宣传革命,使群众很快觉悟起来,投入革命,建立交通情报站,还培养了赵伟良等几人入党,同时组建了一支革命的基本群众队伍,使郊田这个革命据点奠定了良好的基础,使蓝塘区龙凤镇第十保长钟景良惊恐万状,立刻向蓝塘龙凤镇公所和国民党军队营长杨伯和报告,求兵"围剿"。

不幸被捕

1946年4月2号(农历三月初一),杨伯和派兵"进剿"郊田,好在杨良等同志得到情报，及时转移才没出事。但是，钟景良贼心不死，时刻在侦察杨良的行踪，一连多次向蓝塘驻军和龙凤镇公所告密。4 月 15 日（农历三月十四日）清晨，国民党一五二师一个连会合蓝塘反动自卫队，在钟景良亲信的引路下，突然包围了郊田的上窝、栋顶等村，进行篦梳式的搜查，杨良不幸被捕，押解回营，当即审讯，要他供认身份和部队的驻地。这一切被杨良拒绝回答后，只好强迫他带路搜山，"围剿"游击队。杨良有意把敌军带到荒山野岭——部队从未到过的地方，转了大圈，累得敌军满头大汗，当敌人知道上当后，便恼羞成怒对杨良施以严刑。杨良怒目以待，顽强地承受着痛楚，决不向敌人低头。敌人无法，只好把他送到敌军营部。敌营长杨伯和亲自审讯，施以卑鄙伎俩，以图动摇革命者的意志。杨良嗤之以鼻，大义凛然，义正词严地大讲共产党和人民抗日的功绩，怒斥国民党反动派反共反人民的罪行。气得杨伯和暴跳如雷，只好把他押回牢房。

⟐ 英勇就义 ⟐

1946 年 4 月底的一天，敌军营部如临大敌，戒备森严。荷枪实弹的群匪把杨良押出牢房。杨良知道最后的时刻到了，镇定自若，视死如归，沿途高呼"打倒国民党反动派""中国共产党万岁"等口号。昂首阔步向刑场——牛岗坝走去，从容就义，年仅 30 岁。

英烈精神

大义凛然、视死如归的革命精神。

（叶庞）

叶 挺（1896—1946）

—— 富贵不能淫，威武不能屈

叶挺，原名询，字希夷，广东省惠阳县会水楼村人。

- 1896 年 9 月 10 日，生于一个农民的家庭。
- 1914 年 12 月，到湖北陆军第二预备学校（即武汉南湖陆军中学）攻读军事知识。
- 1915 年 5 月，动员王占元炮兵团官兵参加反袁斗争。
- 1916 年底，进入保定陆军军官学校攻读工兵科。
- 1918 年底，参加孙中山创建的粤军。
- 1919 年，在漳州加入中国国民党。
- 1920 年，得孙中山帮助，赴法国留学。
- 1923 年 3 月，回国任宪兵司令部参谋长兼第一营营长。
- 1924 年秋，赴苏联东方大学学习，在苏联参加中国共产党。
- 1925 年秋，回国任国民革命军第四军参谋处处长。尔后，调肇庆任新成立的第四军十二师三十四团团长。11 月，任独立团团长。
- 1926 年，率领独立团英勇善战，所向披靡，为其所在的第四军赢得"铁军"荣誉。

- 1927 年 1 月，任命为第四军二十五师师长兼任武昌卫戍司令。7 月 26 日，率部前往南昌参加八一起义，是革命委员会的成员之一。12 月 11 日，出任广州起义工农红军总司令。起义失败后，失去了党的联系，先后在日本、苏联、德国、法国、澳门等地度过了 10 年的流亡生活。
- 1937 年，七七事变以后，出任新四军军长。
- 1939 年 2 月，创建了苏南、苏北、皖南、皖中、皖东、皖东北、豫皖苏边、淮海等抗日根据地。
- 1941 年 1 月 5 日，遭到事先埋伏好的国民党顽固派军队的袭击，被顽固派扣押。
- 1946 年 3 月 4 日，获释，即致电党中央和毛泽东，请求加入中国共产党。3 月 7 日，党中央复电，决定接受他为中国共产党党员。4 月 8 日，不幸飞机失事，遇难于山西兴县黑茶山，时年 50 岁。

追求救国救民真理

叶挺7岁时就读于本村腾云小学，15岁考入惠州府中等蚕业学校。当时，辛亥革命的浪潮波及惠州，叶挺参加了剪辫子活动，因而被捕入狱。出狱后，父亲指责他"犯上作乱"，逼他结婚，叶挺为此事愤然离家出走，考入广东陆军小学。1914年12月，叶挺到湖北陆军第二预备学校（即武汉南湖陆军中学），继续学习军事知识。1915年5月，袁世凯与日本签订了亡国条约"二十一条"，叶挺不仅在同学中进行宣传鼓动，而且到王占元炮兵团驻地，动员该团官兵参加反袁斗争。在学校里，叶挺刻苦学习军事知识和阅读《新青年》等进步书刊。1916年底，叶挺以优等生资格进入保定陆军军官学校，攻读工兵科。1917年，叶挺给《新青年》写了一封长信，力陈"振污世，起衰溺"的"第一关头"在"自身先有觉悟之机"，表达了其追求救国救民真理的迫切愿望。1918年底，叶挺奔赴漳州参加了孙中山创建的粤军，并于1919年在漳州加入了中国国民党。不久，通过粤军参谋长邓铿的介绍，认识了孙中山。

追随孙中山

1920年，孙中山命令粤军回师广东，攻打桂系军阀莫荣新。黄皮径一役，叶挺一举击溃了四倍于己之敌，威名大震。同年10月，叶挺随师回到广州，就任工兵营副营长，继而调任总统府警卫团第二营营长，随孙中山出师到广西梧州。时闻陈炯明在惠州乘机叛变，乃回师广州。叛军叶举部围攻总统府，叶挺率警卫营英勇击溃叛军三次冲锋，掩护宋庆龄突围脱险。孙中山在白鹅潭蒙难期间，叶挺始终追随左右。其后，叶挺辗转澳门，得孙中山帮助，赴法国留学。1923年3月，孙中山回到广州，重建革命政府，致电叶挺回国任宪兵司令部参谋长兼第一营营长。国共合作形成后，1924年秋，叶挺赴苏联东方大学学习，并在苏联参加了中国共产党。1925年秋，叶挺回国，任国民革命军第四军参谋处处长，随即参加东征陈炯明的战斗。尔后，调肇庆任新成立的第四军十二师三十四团团长。

铁军

1925 年 11 月，第四军十二师三十四团改编为由中国共产党直接领导的独立团，由叶挺任团长。1926 年 5 月 1 日，叶挺独立团受命为北伐先遣队，从肇庆、新会出发，向湖南前线挺进。部队到达广州时，周恩来勉励大家"饮马长江""武汉见面"。6 月 5 日，独立团经两天战斗，进占了湖南攸县城。7 月 12 日，独立团进占浏阳，切断了敌人湘、赣之间的交通线；接着，独立团协同友军，以突袭迅速攻破平江城，又迅速渡回汨罗江南岸，向敌人的天岳山、鲁肃山、审思岭、童子岭等 4 个主要阵地侧面攻击，歼灭敌军大部，使敌全线崩溃。8 月 26、27 两日，北伐军发起向吴佩孚主力坚守的重要据点——汀泗桥的进攻。第四军集中了 6 个团的兵力全力攻击，激战一昼夜，还不得手，后来调叶挺独立团担负侧后进击任务，才迅速占领了汀泗桥。8 月 30 日，独立团会同第四军一部，又胜利地攻下了贺胜桥。在叶挺的指挥下，10 月 10 日，独立团协同其他北伐军攻占武昌，消灭了军阀吴佩孚部的主力。由于独立团英勇善战，所向披靡，为其所在的第四军赢得了"铁军"荣誉。

起义工农红军总司令

1927 年 1 月，国民政府从广州迁武汉办公。国民革命军进行扩编或改编。叶挺被任命为第四军二十五师师长，独立团编为该师的七十三团。不久，叶挺还兼任武昌卫戍司令。

1927 年 5 月 17 日，夏斗寅叛变，袭击武昌。叶挺率领部队奋勇作战，打垮了夏斗寅。

1927 年，蒋介石、汪精卫相继发动反革命政变。为了挽救革命，周恩来、朱德、贺龙、叶挺等领导了八一起义。叶挺于 7 月 26 日率部前往南昌。他是革命委员会的成员之一。起义胜利后，部队整编为三个军，由贺龙任总指挥，叶挺任前敌总指挥。

8 月 3 日，起义部队相继撤出南昌，挥戈南下。8 月 19 日攻占瑞金，敌军钱大钧、黄绍竑部企图阻击起义部队。叶挺指挥部队，经过 10 个小时的奋战，逼使会昌敌人向寻乌逃窜。起义部队几经艰难到达大埔三河坝，进入潮州、汕头地区。后在敌众我寡的情况下，屡经苦战而失败。后叶挺和周恩来等人转移去香港。

1927年12月11日，中国共产党举行了广州起义。叶挺于起义前一天从香港回到广州，出任起义工农红军总司令。10日晚，他召集工人赤卫队各联队长开会、部署战斗任务。11日凌晨三时叶挺同张太雷、恽代英、叶剑英等到小北门外的四标营参加教导团起义的士兵大会，并在会上讲了话，宣布起义的战斗部署和教导团各连队的战斗任务。

起义开始后，他协同张太雷指挥部队，并亲自率领教导团的一部奔赴沙河燕塘，袭击张发奎、黄其翔驻广州的主力部队——炮兵团，缴获20多门炮和许多枪支。起义的第三天，当反革命军队在帝国主义兵舰掩护下，从四面八方向广州疯狂反扑时，叶挺依然果敢、镇定地到战斗最激烈的地方指挥作战。直到部队撤出广州，白色恐怖笼罩全城，敌人严密进行追缉之时，叶挺才在妹妹叶珠的掩护下乘船离开广州，到达香港。广州起义失败后，叶挺失去了党的联系，先后在日本、苏联、德国、法国、澳门等地度过了10年的流亡生活。在这期间，叶挺始终怀念着党，怀念着中国革命，积极考察军事，准备迎接新的战斗。

新四军军长

1937年七七事变以后，按照中共中央的提名，叶挺出任新四军军长。1937年底，叶挺到达延安。毛泽东特地会见了他，还在党校的欢迎大会上致辞，赞扬叶挺。叶挺站起来激动地表示说："革命好比爬山，许多同志不怕山高，不怕路难，一直向前走，我有一段爬到半山腰又折回去了，现在又跟上来。今后，一定遵照党所指引的道路，在党和毛主席的正确领导下，坚持抗战到底。"不久，他从延安来到汉口新四军筹备处和郭沫若相会，郭沫若亲笔写了叶挺最喜欢说的两句话："三军可以夺帅，匹夫不可夺志"的对联，赠给叶挺，对叶挺坚韧不拔的革命精神表示赞扬。

1938年1月，新四军军部在南昌成立。新四军的前身是南方八省、13个地区的红军游击队，共整编为四个支队，总计1万人左右。

叶挺经常到连队听取战士们的意见，关心战士们的生活。下雪的夜晚，他把皮大衣让给卫兵，自己只盖一床薄薄的军被。春天，他又摘一些杜鹃花去慰问伤员。他和官兵一起参加严格的军事训练，亲自为战士作示范动作。叶挺还经常在驻地附近参加劳动，开荒种地。

新四军在皖南、皖中集中前后，党中央和毛主席一再指示要抓紧有利时机，挺进敌后，建立以茅山为中心的根据地，等根据地大体建立起来，就要分兵东进，直逼淞沪，向苏北发展。叶挺和陈毅一道，坚决执行党中央和毛主席的指示，大力开展敌后游击战争。

创建抗日根据地

1938 年 10 月广州沦陷以后，叶挺从新四军来到粤北。国民党第四战区副司令长官兼第十二集团军总司令余汉谋借叶挺在群众中的崇高威望，委任他为东江游击指挥。叶挺和粤东南特委取得联系以后，于 12 月间带领几十名干部战士进驻深圳，建立司令部和政治部。蒋介石闻讯大惊，责令余汉谋取消原任命，要叶挺立即离开东江。党中央考虑到同国民党的统一战线关系，便通知叶挺返回新四军领导工作。

1939 年 2 月 23 日，周恩来抵达皖南新四军军部，传达了党中央的指示，批评了项英的错误，明确规定新四军的战略任务是：向南巩固，向东作战，向北发展。叶挺坚决拥护党中央的正确指示，深深感激毛泽东、周恩来等中央领导同志的关怀。他指挥部队挺进华中敌后，广泛开展游击战争，创建了苏南、苏北、皖南、皖中、皖东、皖东北、豫皖苏边、淮海等抗日根据地。

粉碎日寇"扫荡"

1940 年 10 月 4 日，日寇再次集中 4 万余人"扫荡"皖南，其中 5000 余人经铜陵、繁昌、南陵等地直扑云岭。叶挺亲自率领特务团一营和教导队一部分队伍，赶赴敌人进犯云岭的必经之路汀潭，同指战员一起阻击敌人，连续击退敌人 10 余次猛攻。叶挺又指挥部队东进追击，把敌人包围在泾县一带。在城北的一间小屋子里，叶挺设立了临时指挥部，亲自指挥战斗。这里离火线很近，前方的枪炮声、喊杀声清晰可闻。敌人为掩护突围，出动了十几架飞机对阵地进行狂轰滥炸，炸弹不断落在指挥所周围，但叶挺依然镇定自若地指挥战斗，还亲自拍摄了敌机的照片。在同志们的一再催促下，叶挺才撤出指挥所，他刚走出不远，指挥所就被炸塌了。在叶挺正确指挥下，很快就收复了泾县城。战斗的胜利，震动了大江南北，新四军的威望空前提高。蒋介石也不得不致电叶挺，表示"嘉奖"。

"皖南事变"被扣押

1939 年，叶挺设法从香港买来 3600 支驳壳枪，路经上饶时，竟被国民党第三战区司令长官顾祝同无理扣压。叶挺知道后，立即带了警卫员赶到上饶，经过交涉和斗争，迫使顾祝同交还这批枪支。

1940 年 10 月 19 日，国民党当局强令新四军在一个月内撤到黄河以北地区；同时又密令汤恩伯、李品仙、韩德勤以及顾祝同等部加紧向皖南部队进攻。

中共中央为了顾全大局，避免抗日民族统一战线的破裂，同意新四军江南各部队北移。同时针对蒋介石部署围歼皖南部队的阴谋，及时向全党全军发出了紧急通知，号召以自卫战争粉碎国民党的进攻，并命令新四军皖南部队迅速北移。

叶挺坚决贯彻中央的指示精神，于 12 月初组织 1000 多病弱残疾和后勤人员，先期撤离皖南到达苏南。并指示部属迅速确定北移路线，做好行动计划。然而，项英却犹豫不决，先是坚持在皖南固守的错误主张，后又为敌情所吓倒，不敢下行动决心。经党中央严厉批评后，项英才不得不于 12 月 28 日作出北移的决定。1941 年 1 月 4 日，叶挺、项英率领新四军军部及教导团等部共 9000 余人，踏上北移的征途。

1 月 5 日，部队到达茂林地区，突然遭到事先埋伏好的国民党顽固派军队的袭击，叶挺指挥部队进行坚决抵抗，经过八昼夜浴血奋战，终因众寡悬殊，弹尽粮绝，除千余人突围外，其余大部壮烈牺牲。叶挺也在前往与顾祝同谈判的途中，被顽固派扣押。

对于国民党顽固派制造皖南事变的滔天罪行，中共中央采取了坚决回击的措施，周恩来向国民党提出严重抗议，并悲痛地在重庆《新华日报》题了"为江南死国难者志哀"的悼词："千古奇冤，江南一叶；同室操戈，相煎何急！"

头可断，血可流，志不可屈

叶挺被捕后，初关押在上饶李村。顾祝同奉蒋介石之命，劝诱叶挺投降，说："你不是共产党员，何苦代人家受苦，不如投靠中央（指蒋介石），不但可以不死，而且有官做呢！"叶挺鄙视地说："新四军是人民抗日军队，共产党是人民抗日党派，我是新四军军长，我始终负责到底。要打要杀，皆由你们，要我屈服不可能。"后来，顾祝同再次"宴请"叶挺，说只要他肯说一句皖南事变是共产党挑起的，就可委任他为第三战区副司令长官，"合作抗日"。叶挺听后勃然大怒，拍着桌子痛斥道："请你们把这一套收起来吧！今日是国家危急存亡之秋，我叶挺一向力主抗日，别无他念。可是你们却反复无常，不顾国共合作一致抗日的诺言，悍然发动这次事变，陷害新四军。'合作抗日'四个字，亏你说得出口！"最后，他斩钉截铁地说："叶挺头可断，血可流，志不可屈！"

后来，叶挺从上饶移囚到恩施，继而又转移到桂林，被囚禁在一个阴森森的山洞里。国民党当局仍不死心，一再劝诱他投降，说要委任他为"高参"。有一天，他们给叶挺送上国民党将军的绒军装，派专机把他送到重庆。在重庆机场上，齐集了一批国民党的高级将领，准备迎接"叶高参"。可是飞机降落后，从机舱里走出来的仍是穿着破旧不堪的新四军军装的叶挺，他闪着愤怒和轻蔑的目光，这个场面，使得在场的国民党官员羞愧满面，十分尴尬。

后来，蒋介石也亲自出面对叶挺诱降。他对叶挺说："只要你写个声明，说皖南事变是共产党的责任，就委以六战区副司令长官，甚至司令长官也行。"叶挺轻蔑地说："这些现在不谈，要谈首先是释放新四军的人。"蒋说："你的人都是共产党，不能放。"叶挺拍着桌子厉声讽刺说："不敢对部下负责的人，怎能做委员长的部下？"蒋介石又急又气，又恼又羞，十分狼狈，只好灰溜溜地走了。

1942年，叶挺被囚于"中美合作所"红炉厂蒋家院子囚室。有一次，一个军统特务头子问他："你出狱后第一件事是做什么？"叶挺毫不犹豫地说："我如若能出去，第一件事就是要求恢复共产党员的资格！"这番话充分表现了他对党、对革命事业的忠诚热爱。1943年春，叶挺被囚于恩施期间，地下工作者秘密将周恩来的信转给叶挺。他接连几个晚上，打着手电筒一再阅读，更加激起了他对党的热爱之情。党的七大召开后，一位同志秘密给他送来了毛泽东的《论联合政府》，叶挺如饥似渴地学习，又从中汲取了巨大的力量。

叶挺在狱中曾写过许多充满战斗激情的诗句。在上饶李村囚室的墙上，他曾写过"富贵不能淫，威武不能屈""正气压邪气，不变应万变""坐牢三个月，胜读十年书"的诗句。在重庆红炉厂蒋家院子囚室里，他又写下了著名的《囚歌》，最后表示："我应该在烈火和热血中，得到永生。"

日本投降后，蒋介石将叶挺转解到重庆，关进"中美合作所"白公馆，再次对他"劝降"。叶挺回答说："要我和国民党合作，这是梦想！如果我有一天能获得自由，我马上回到驻有人民军队的延安去！"敌人的卑鄙阴谋全落空，于是变本加厉地从生活各方面折磨他。但叶挺始终坚贞不屈，矢志不渝。

矢志不渝忠于党

经过中国共产党长期坚决的斗争，以及爱国民主党派、民主人士的大力声援，蒋介石终于不得不释放叶挺。1946 年 3 月 4 日，叶挺获释，回到了重庆中共代表团所在地。在中共代表团召开的欢迎会上，叶挺激动地说："在这五年零两个月的时间里，我想得很多。我总结了过去的经验，我认识清楚了只有中国共产党才能领导中国走向一个和平、民主、富强的国家，也只有毛泽东同志的思想才能正确地指导中国人民走向一个和平、民主、团结的局面。"翌日，他即致电党中央和毛泽东，请求加入中国共产党。3 月 7 日，党中央复电叶挺，决定接受他为中国共产党党员。毛泽东亲笔修改了致叶挺的电文，充分肯定了叶挺对革命事业的功绩。叶挺回到党的怀抱后，立即要求党分配工作。在周恩来领导下，他参加了国共谈判三人军事会议。

为人民而死，虽死犹荣

1946 年 4 月 8 日，叶挺与王若飞等同志乘机飞回延安，准备参加整军会议。途中，不幸飞机失事，遇难于山西兴县黑茶山，时年 50 岁。同机遇难的还有王若飞、博古、邓发等同志，以及叶挺的妻子李秀文、五女扬眉和幼子阿九。

噩耗传来，全党、全国人民悲痛万分。毛泽东在《解放日报》上发表悼词说："为人民而死，虽死犹荣。"朱德也发表题词："为全国人民和平民主团结而牺牲。"周恩来写了《"四八"烈士永垂不朽》的悼念文章，叶剑英、贺龙、聂荣臻、陈毅等也都写了悼文和挽联。

● 英烈语录 ●

"革命好比爬山，许多同志不怕山高，不怕路难，一直向前走，我有一段爬到半山腰又折回去了，现在又跟上来。今后，一定遵照党所指引的道路，在党和毛主席的正确领导下，坚持抗战到底。"

"新四军是人民抗日军队，共产党是人民抗日党派，我是新四军军长，我始终负责到底。要打要杀，皆由你们，要我屈服不可能。"

"叶挺头可断，血可流，志不可屈！"

"我如若能出去，第一件事就是要求恢复共产党员的资格！"

"我应该在烈火和热血中，得到永生。"

"要我和国民党合作，这是梦想！如果我有一天能获得自由，我马上回到驻有人民军队的延安去！"

"只有中国共产党才能领导中国走向一个和平、民主、富强的国家，也只有毛泽东同志的思想才能正确地指导中国人民走向一个和平、民主、团结的局面。"

● 英烈精神 ●

坚韧不拔、坚贞不屈、矢志不渝、赤胆忠心的革命精神；"富贵不能淫，威武不能屈"的革命英雄气概。

（叶创昌）

尹林枫（1915—1946）

—— 为国家、为民族的解放事业而奋斗

主要生平

尹林枫，原籍广东省顺德县。

- 1915 年，出生于香港一个海员的家庭。
- 1938 年，加入中国共产党。
- 1941 年，受党的派遣，从香港来到宝安，参加广东人民抗日游击队宝安大队。
- 1943 年 5 月，带领 12 名突击队员夜袭在深圳与横岗之间的梧桐山下的淡竹头村的日伪据点。随后，被调到宝安大队政训室任保卫干事，后又调东宝行政督导处任司法科长和保卫科长。12 月，东江纵队成立后被调到第一支队政治处任保卫股副股长、股长等职。
- 1945 年 10 月，奉命从东莞调到江北指挥部工作。
- 1946 年 1 月间，在执行任务时被害牺牲，时年 31 岁。

每逢清明节，在广州市郊革命烈士公墓陵园里的一座陵墓前，不时有人前来凭吊。他们献上一束束鲜花，以表达自己对烈士的深切怀念和无限的哀思。墓碑上刻着七个金字："尹林枫烈士之墓"。

参加中国共产党

尹林枫，原籍广东省顺德县。1915年出生于香港一个海员的家庭。尹林枫4岁丧母，8岁丧父。他和哥哥、姐姐、妹妹随后母生活。家里经济相当困难，为了生计，他12岁开始当童工，做茶楼跑堂，在艰苦的岁月中度过了童年。

抗日战争全面爆发后，中国共产党在香港大力宣传抗日救亡的主张。在党的领导下，各种爱国团体纷纷建立起来，尹林枫参加了其中的余闲乐社，积极投身到抗日救亡的活动中去。从此，他接受了党的教育，在抗日救亡的洪流中经受了锻炼和考验，从一个为生活奔忙的普通工人转变成一个为国家、为民族的解放事业而奋斗的革命战士。1938年，他光荣地加入中国共产党。

参加抗日游击队

1941年，尹林枫受党的派遣，从香港来到宝安参加广东人民抗日游击队宝安大队，在抗日第一线跟日、伪、顽进行战斗。他在宝安大队先后担任过战士、机枪手和小队政治服务员。每次作战，他都冲锋在前，出色地完成战斗任务。

1943年春，日军为了加强外围的防御力量，在深圳与横岗之间的梧桐山下的淡竹头村驻扎了一个60多人的伪警察中队。这班家伙经常配合日军四处骚扰，奸淫掳掠，群众恨之入骨。宝安大队决定拔掉这个日伪据点，为民除害。1943年5月间的一个晚上，由大队政委何升华指挥，小队政治服务员尹林枫带领12名突击队员进行夜袭。他身先士卒，带头冲入伪警营房，其他同志紧紧跟上。他们以迅雷不及掩耳的突袭行动，把伪警中队打得蒙头转向，不到十分钟便解决了战斗，毙伤伪警察20多人，俘虏30多人。尹林枫因此受到大队的表扬。

随后，他被调到宝安大队政训室任保卫干事，后又调东宝行政督导处任司法科长和保卫科长。东江纵队成立后，他被调到第一支队政治处任保卫股副股长、股长等职。在保卫战线上跟敌人展开斗争，保护人民的利益。他在工作中积极负责，任劳任怨，依靠群众。当时人手缺乏，看管、审讯俘虏和犯人都由他一个人去办。为解决人手不足的困难，他发动和组织当地有觉悟的青年协助看管犯人，较好地完成了保卫任务。

开展抗日宣传工作

尹林枫除完成自己的保卫工作任务外，还到部队的东流剧团参加宣传演出。他虽然只念过几年小学，但擅长演戏和做宣传工作。他和麦容合演《跳花鼓》，是那样生动感人；在话剧中扮演醉汉，是那样惟妙惟肖；玩魔术、变戏法也来得一手。通过演出宣传发动群众起来抗日。当时，部队和东流剧团活动到哪里，哪里便掀起了群众性的抗日救亡热潮，青年纷纷参军参战，群众掩护部队活动，帮助部队递送情报，解决部队的给养问题，护理部队伤病员。尹林枫不论到哪里，群众都像对待亲人一样爱护他。他关心群众胜于关心自己。在宝安县澜库坑村活动时，有一次，当地女青年住的一间公屋失火，许多女青年被困在里面出不来。在此危急关头，尹林枫不顾个人安危，几次冲进火海，把困在里面的女青年全部抢救出来。当年被救脱险的周瑞兰，念念不忘尹林枫的救命恩情。她深情满怀地说："如果不是尹林枫同志，我们这些人早就化成灰了！"

尹林枫夫妇是在抗日烽火中结成的伴侣。1943年，尹林枫的爱人在搞民运工作，有时去执行破坏敌人铁路的任务，尹林枫带领部队配合。在对敌斗争的共同事业中，他们逐步建立了感情。1945年10月，尹林枫奉命从东莞调到江北指挥部工作。当时，他的妻子负责情报工作，因一时找不到接替人，不能一起前往博罗。两个月后，她的工作找到了接替人，但国民党反动派已封锁了东江河，她只好留在江南坚持斗争。

尹林枫到达江北后，即奉命奔赴博东，随同桂山区麻陂武工队开展活动。当时，国民党反动派采取"填空格"战术，对部队和革命根据地进行残酷"扫荡"。在白色恐怖中，尹林枫对武工队和当地群众加强思想政治工作。他经常对他们说："国民党反动派得不到人民的支持，现在虽然来势汹汹，但最终是要失败的。我们的武装力量目前虽然还不强大，但群众在我们这一边，真理在我们手中，最后胜利是属于我们的。"在困难的环境中，尹林枫满怀对革命必胜的信念，在麻陂、黄坑、黄坑尾、朝对坑一带坚持革命斗争。

在剿匪中被害

当时，博东地区的土匪很猖獗，对党组织在这一带开展工作很不利。因此，组织上指示尹林枫做分化瓦解土匪的工作。许多土匪杀人成性，反复无常，做他们的工作既复杂又危险。为了党的事业，尹林枫不顾个人的安危。1946年1月间，他接受新的任务，从麻陂出发去约见公庄的一个土匪头子。他先到径口找到钟观宝（原是土匪，后投奔武工队，但没有正式编进武工队去），由他带路到显村峡石坳村，再通过他跟那个土匪头子搭线，约他到峡石坳见面。钟观宝见尹林枫随身带了一支"鲍鱼唛"手枪，便匪性复萌。他跟三名歹徒密谋后，借口那个土匪头子走了，要尹林枫留在峡石坳村等候。第三天晚上，这伙早有预谋的歹徒和尹林枫见面时，乘他不备，突然用竹棒将他打晕在地上，接着持刀把他杀害。

1946年，为了救国救民，转战东江南北的尹林枫献出了宝贵的生命，他牺牲时年仅31岁。

英烈语录

"国民党反动派得不到人民的支持，现在虽然来势汹汹，但最终是要失败的。我们的武装力量目前虽然还不强大，但群众在我们这一边，真理在我们手中，最后胜利是属于我们的。"

英烈精神

为革命认真负责、任劳任怨、不顾个人安危的无私奉献精神和革命斗争精神。

（李祝）

霍锡鸿（1916—1947）

—— 苦难日子将会尽头，胜利的日子一定会到来

霍锡鸿，又名霍路洪，曾用名石熊，广东省东莞县人。

● 1916 年，出生于一户农家。

● 1938 年 8 月，加入中国共产党。10 月 12 日，参加广东抗日民众自卫团增城三区常备队。

● 1942 年，任永汉中心小学教导主任。

● 1944 年春夏间，奉命调到东江纵队独立第二大队，随后从事民运工作，先后任民运员、民运组长、队长、连队指导员、税站站长等职务。同年冬，带领战士取得新塘大捷。

● 1946 年 10 月，组织起东江人民饥馑救济团。

● 1947 年 1 月 28 日，在黄岭村突围激战中，胸部中弹失血过多而牺牲，时年 31 岁。

搁下婚事，参加广东抗日民众自卫团

霍锡鸿，又名霍路洪，曾用名石熊。1916 年出生于广东省东莞县中堂镇斗塱村的一户农家。自幼好学上进，1932 年春，从新塘崇德小学考入广州知用中学升中补习班。1936 年中学毕业后，从广州回到家乡教学。卢沟桥事变后，他豪情满怀地投入抗日宣传活动。1938 年 8 月，加入中国共产党。从此，他的思想得到升华，把个人的前途与祖国命运紧紧地联系在一起，一心扑在抗日救国事业上。

1938 年 10 月 12 日，日本侵略军在惠阳大亚湾登陆，霍锡鸿目睹南粤锦绣山河遭到日军铁蹄蹂躏，心里有说不出的愤恨，希望早日投身抗日前线。就在他预备成亲的前一天，接到组织上调他去部队的通知，他毅然把婚事搁下，即日告别了双亲，奔赴增城参加了广东抗日民众自卫团增城三区常备队。东莞、增城等地失陷后，他受命回到家乡，带领群众开展抗日救亡运动。

指挥斗塱之战

1938 年冬天，霍锡鸿获悉盘踞在增城石滩、仙村、新塘一带的日军蠢蠢欲动，企图窜犯东莞中堂一带。斗塱与新塘只是一江之隔，如果日军窜犯中堂，斗塱首当其冲。于是，他把斗塱的民枪集中，把 200 多名青壮年组织起来，以防敌人的进犯。

1938 年 12 月 7 日凌晨 3 时许，日军果然来犯。当敌人 10 多艘兵船企图横渡东江时，霍锡鸿一声令下，密集的子弹射向敌船。日军寸步难行，退了回去。敌人得知斗塱村民众阻击战是由游击队组织的，便进行报复，用大炮轰，派飞机炸。顷刻间，斗塱村硝烟弥漫，尘土飞扬，一个又一个弟兄伤亡。但霍锡鸿没有被敌人的炮火所吓倒，他化仇恨为力量，抬走阵亡的战友，又带领村民继续战斗。后来，天将拂晓，敌人孤注一掷出动近 1000 人，凭借飞机、大炮的掩护，猛扑过来，登岸南窜。霍锡鸿施用妙计，诱敌深入。首先带领大伙与敌人周旋于一望无际的蕉林中，利用蕉林作屏障，狠狠地打击敌人；当敌人如狼似虎入村抢掠时，他又带领大伙借助熟悉的地形，与敌人进行巷战；当敌人占据了村庄时，他又乘夜带领大伙去摸敌人的营房，夜袭敌人；当敌人出村窜扰时，他又带领大伙神出鬼没地沿途设伏，截击敌人，不让敌人有一刻的安宁……敌人慑于斗塱人民的英勇，不敢久留，第三天一早便拉队缩回它的大本营——新塘。斗塱人民在这场战斗中付出了重大代价，伤亡8人，被奸淫妇女5人，被抢掠了大批财物，被焚烧了1间祠堂和61间民房，但却赢得了重大战果，打死日军105人，打伤日军不计其数。斗塱村战斗以辉煌的战绩载入史册。

服从组织安排开展抗日救亡斗争

斗塱之战结束后，霍锡鸿受命返回部队。随着抗日民族统一战线的建立，要派一批共产党员到国民党政府部门去工作。1939年春，霍锡鸿被派往广东战时省会——韶关，出任国民党广东省政府救济总队十二分队队长，那里缺少党员骨干，抗日救亡工作难以开展。1941年春，他经请示组织同意，把曾在香港学生赈济会和国民党一五一师政工队工作过的地下党员黄汶调到他所在的单位工作，还注意在国民党政府部门中发现和培养抗日救亡积极分子入党，以壮大党的力量。

1942年秋，因情况变化，可能发生意外，组织上把他调到原救济总队十二分队活动的龙门边远山区，通过地下党员龙门县督学吴仲，安排到永汉中心小学任教导主任。不久，他又建议组织把黄汶调到龙门小学，与他一起并肩战斗。他们通过办夜校，串联发动，打开了永汉地区抗日救亡局面，发动了一批青年学生投笔从戎，参加革命部队。

1944年春夏间，东江纵队独立第二大队北渡东江，挺进博罗、增城地区，为开辟新区，向广州外围发展打基础。这时，霍锡鸿又奉命调到东江纵队独立第二大队。行前，他一再鼓励黄汶要安心留在龙门坚持斗争。他到了部队后，工作任劳任怨。在大队部搞宣传工作期间，经常开夜工编写宣传资料，刻蜡版，搞油印。他还带领油印室的同志到增城三江金兰村建立了地下联络站。

随后，组织上调霍锡鸿从事民运工作，先后任民运员、民运组长、民运队长、连队指导员、税站站长等职务。同年夏天，东江纵队第四支队挺进增城及广州近郊一带时，他又被调到第四支队，任总税站站长。其时，是东江纵队鼎盛时期，部队发展很快，给养急剧增加，要广泛开辟税源，增加税收。地处平原的增城仙村、石滩、新塘等地是富饶的鱼米之乡，税源比较丰富。可是，这一带却为敌伪所占据。霍锡鸿为了开辟税源，增加税收，曾多次不避艰险，带领短枪队配合第四支队主力袭击石滩、新塘等地日伪据点，拔掉了敌人嵌在增城边境的钉子，收复了失地，增加了税收。

第四支队总税站设在增城永和圩期间，霍锡鸿带领总站和下面分站的二三十名税收人员活跃于增城边境地区，日夜为税收工作操劳。1944年冬，第四支队在群众的积极配合下，夜袭新塘火车站，全歼日伪军守敌，俘日军站长以下两人，伪军连长以下80余人。新塘大捷后，群众被发动起来，建政时机成熟。霍锡鸿便与李莫平、方觉魂一起投入建政工作。1945年春，永和区抗日民主政权成立时，他被群众推举为副区长。他除继续分管税收工作外，还积极参与政务，协助区委书记李莫平、区长方觉魂贯彻施政纲领，发动群众实行减租减息、组织生产自救等，因而博得群众的信任和好评。区长方觉魂因工作需要上调后，由他代理区长，与永和人民一直并肩战斗到抗日战争胜利。

1946年5月东江纵队北撤前夕，霍锡鸿寄寓于广州市长寿路一位亲戚家里时，接到组织通知，要他火速赶去博罗隐蔽点，以准备国民党背信弃义、发动内战时，重新开展武装斗争。他愉快地接受了任务，和曾光一起带领21位同志，分别掩蔽在博罗小金象头山、泰尾茶楼和富美村小学三个隐蔽点。

上山掩蔽的第二天早晨，奉命下山执行任务的陈厌、陈谭进、黄维新三人不幸被捕，后惨遭敌人杀害。不久，肖发带枪逃跑。何坚掩埋地雷时失手受伤，医治无效而牺牲。在这严峻的时刻，霍锡鸿保持坚定的革命意志和清醒的头脑，带领同志们在逆境中坚持斗争，克服了种种困难，保存了力量，渡过了难关，迎来了恢复武装活动的光明。

组织东江人民饥馑救济团

1946年10月间，党中央指示南方各省根据地应鼓励原有公开、半公开的武装，紧紧依靠群众继续奋斗，不应采取消极复员政策。广东区党委也撤销了原来作第二次复员的决定。霍锡鸿以无比振奋的心情向隐藏在象头山的同志们传达了这一斗争转折时期的指示精神，组织起东江人民饥馑救济团，活动于象头山附近的美尾和观音阁一带，开展打反动地主、打国民党军队反动头目徐东来的商船的活动。这样，既锻炼了队伍，又解决了部队的给养。

1946年冬，霍锡鸿到香港向广东区党委汇报工作。广东区党委指示他，要尽快着手从饥馑救济团成员中，挑选一批出身贫苦、对共产党又有一定认识的人，充实党的队伍，就地坚持斗争，迎接武装斗争高潮的到来。1947年1月，他带着上级指示回来，在象头山附近的富美村召开秘密会议，向留在博罗坚持斗争的曾光、刘彪、张奕生、邓子廷、郭贵、刘友、江松禧、邵国良、叶方、黄卫民、赖观娣和刚从香港回来参加斗争的黄汶、甘生、高华亮等10多位同志，传达了上级的指示精神。不料，1月27日，会议结束的那天晚上，由于坏人告密，敌人当晚纠集了保八团两个中队和反动自卫武装共300多人，层层包围了富美村。

黄岭村激战中中弹牺牲

1947年1月28日拂晓，富美村小学生邓火权发现情况后，急忙向与会同志报告。霍锡鸿、曾光、邓子廷等领导人立即商量对策，决定组织突围。霍锡鸿作简短动员时沉着地说："敌人虽多，但都是乌合之众，贪生怕死，没有战斗力；我们虽然人少，但都是革命战士，勇敢不怕死，有战斗力。富美村以东一带，山岭连绵，突围出去，回旋余地大。"他指挥大家首先向东边突围，但由于当时这个村子周围树林密集，视线受到阻碍，一时弄不清敌人兵力部署的底细。当他们穿过树林冲至富美村后背山时，便与埋伏的敌人相遇，展开一场激战。正当突围的同志集中火力向敌人扫射时，机枪手江松禧不幸左手受伤，鲜血直流。就在我军机枪停止射击的顷刻间，敌人从四面八方围拢过来。

为了分散目标，霍锡鸿当机立断指挥大家分头突围。霍锡鸿、曾光、黄汶、叶方、高华亮等一路，向东江河边冲去；刘彪、邓子廷、张奕生、江松禧、邵国良等一路，向余屋方向冲击；郭贵、刘友、黄卫民等一路，向盘石方向冲去。在分散突围过程中，各路都遭到敌人密集炮火的截击。霍锡鸿在其他同志的掩护下，一面还击敌人，一面迅猛向东江河边冲去。当他们即将冲到黄岭村时，霍锡鸿不幸被磨盘山上敌人的枪弹击中胸部。受伤后，他还继续战斗，沿着曾光、叶方、黄汶等同志杀出来的那条血路冲出重围。但当他撤到东江河边的黄岭村时，终因流血过多而光荣牺牲，年仅 31 岁。他在生命垂危的时候，还十分关心同志们的安危，询问伴随在他身边的黄汶，其他同志是否都冲了出来。直至心脏停止跳动前，他还对同志们说："苦难日子将会尽头，胜利的日子一定会到来。"

英烈语录

"我们虽然人少，但都是革命战士，勇敢不怕死，有战斗力。"
"苦难日子将会尽头，胜利的日子一定会到来。"

英烈精神

忠于党和革命事业、听党指挥的革命忠贞精神；生命不息、战斗不止、坚定革命必胜的革命斗争精神。

（李春水）

丘泽光（1918—1947）

—— 惠阳淡水抗日先锋战士

丘泽光，又名翟光、丘耀，广东省惠阳县人。

- 1918 年，出生于一个贫苦农民家庭。
- 1937 年，开办农民夜校宣扬抗日。
- 1938 年 11 月初，加入中国共产党。12 月，接任中共长潭乡党支部书记。
- 1941 年 2 月间，参加中共惠阳县委组建的长杆队，并任指导员。
- 1943—1946 年，先后任东江纵队后方勤务处主任、东江纵队第四支队江北炼铁大队政委、东江纵队司令部情报处参谋主任、惠阳淡水河东地区负责人等职。
- 1947 年 3 月 5 日晚，在金沙布驻地召开队干部会议，遭敌人包围，壮烈牺牲，时年 29 岁。

丘泽光，又名翟光、丘耀，1918 年出生于广东省惠阳县淡水镇长潭乡横排塑村的一个贫苦农民家庭。全靠租耕地主的土地为生。

1927 年春，父亲节衣缩食，送丘泽光到鼎新学校念书。他专心致志，刻苦攻读，学业成绩优异，受到师友的称赞。

积极开展抗日救亡活动

1931 年春，丘泽光考入崇雅中学附小高小班就读，是年发生九一八事变，这给他的思想一个很大的冲击。他写了《读报有感》的短文，抒发自己立志从军、为国效力的强烈愿望。

1935 年春，丘泽光以优异成绩进入崇雅中学。当一二九北平学生运动波及全国城乡后，他对国民党疯狂镇压学生爱国运动非常愤恨，参加抗日救亡集会，发表中国人民不可欺、中华民族不可辱，国家兴亡、匹夫有责的演说，并号召同学们发愤学习，刻苦锻炼，成为将来的国家之栋梁。

1937 年秋，其父病逝，家庭生活困难。丘泽光念完初中三年级上学期便辍学，在鼎新学校任教。他一面教学，一面组织醒狮队宣传抗日，翻印抗日宣传品，广为散发。同年冬，为了发动群众，丘泽光和丘陵、丘添、丘传等在横排塑村开办一所农民夜校，教农民学习文化，唱救亡歌曲，讲日本帝国主义侵略中国的暴行，还邀请淡水生活读书会的邓秀芳、蔡端、古维进、高云波等来讲课和教唱救亡歌曲。参加的有二三十人，不少青年农民在夜校学习后，政治觉悟提高了，纷纷要求参加抗日救亡活动。

抗日战争全面爆发后不久，丘泽光参加惠州国民党"社训队"受训。结业后被分配回本乡负责壮丁队训练工作，参加第一期训练的 60 余名壮丁，后来大部分参加了抗日游击队。

1938 年 10 月 12 日，日本侵略军在大亚湾登陆，淡水镇当天遭到日军飞机轰炸。当晚，丘泽光组织夜校学员站岗放哨，保护村民。他从国民党败军的一个营长那里获悉日军正向淡水推进的消息后，便把村民转移到桔子塑万年坑掩蔽，又将夜校的青年组织起来搭草棚，集中住宿，以防日军突然袭击。接着，他又把一批有文化的青年组成一支 15 人的抗日宣传队，在农村演出以抗日救亡为主要内容的话剧、活报剧。11 月初，丘泽光加入中国共产党。12 月，他接任中共长潭乡党支部书记，又通过训练壮丁队的关系，在屯子、大布、石坡坑等村发展了一批党员。这时，长潭乡建党、建军、建政和群众工作都进入一个大发展时期，丘泽光白天参加农活，晚上走村串户动员党员、群众参加共产党领导的惠宝人民抗日游击总队；发动群众，捐粮捐款，到坪山慰问抗日游击队。长潭乡的各项工作做得很出色。

开展武装抗日斗争

1940 年秋，中共淡水区委分为河东、河西两个区委，丘泽光任河东区委委员，分管横排塱至大门埔片的组织工作。日军第二次占领淡水后，淡水镇流氓林容仔经常到横排塱附近村庄勒索群众，调戏妇女。丘泽光与丘强、叶昌、叶企等在新桥伏击林容仔，为民除了一害。

1941 年 2 月间，中共惠阳县委组建了两支武装部队，一支为高健领导的短枪队，一支为叶基领导的长杆队。丘泽光参加了长杆队并任指导员。部队以灰色面目开展工作，在淡水、坪山、金龟肚一带活动，肃清了大鹏至平洲、塔门、吉澳一带海面的日伪势力，歼灭了几股零星海匪。

1943 年 12 月，丘泽光调任东江纵队后方勤务处主任，经常奔波于香港和惠阳之间，不遗余力地把支前工作做好，保证了军械、药品和粮食的供应。他还注意做好团结当地上层进步人士的抗日统一战线工作。

1945 年，丘泽光调任东江纵队第四支队江北炼铁大队政委，活动于东江以北，增江河以西，沿广九路之增城，以及广州近郊等地。抗战胜利后，国民党为了独占胜利果实，发动了内战，广东的国民党反动派部署合围聚歼东江纵队。丘泽光坚决执行党中央关于分散活动的方针，到博罗、增城、龙门、河源和紫金的古竹一带坚持斗争，并在永和地区击退国民党 2000 余人的分路进攻，然后转移到增城北部南昆山一带坚持游击战。

1946 年夏，丘泽光调任东江纵队司令部情报处任参谋主任。6 月，东江纵队北撤烟台时，组织决定他留下并转往香港。7 月，国民党反动派在惠州设立东江南岸"绥靖"指挥部。8 月 1 日，中共广东区党委以东江纵队北撤代表曾生等的名义发表通电，要求军民采取坚决自卫措施。10 月中旬，丘泽光与丘平组织起八人武装小组与刘立武装小组联合，共 40 余人，开展武装斗争。11 月，这支武装队伍经党组织同意编入大亚湾自卫大队靖沿部队，开展对敌斗争和统战工作。约半个月后，丘泽光、丘平奉中共广东区党委和江南特派员命令，第一批回东江江南地区活动，重建武装，恢复武装斗争。丘泽光被委任为惠阳淡水河东地区负责人。12月，他由坪山返回淡水横排塱，与地方党员丘昌、邓辉等接头，传达广东区党委关于在江南地区迅速重建武装的决定。之后，他以商人身份秘密串联，宣传发动，组建武装小分队，开展对敌斗争。

1947年1月，淡水河东武工队在周围乡村公开张贴建立惠宝人民护乡团的布告，组织广大农民开展反"三征"和反倒租倒息、反内战等斗争。丘泽光和丘平率领武工队清匪肃奸，沉重打击乡村封建地主武装，收缴武器，壮大自己的队伍。不久，武工队从20多人枪发展到70多人枪。

江南地区重建武装发展很快。为了解决部队的给养，丘泽光根据党组织的指示，在惠淡、平白、牛郎径等地建立税站，征收货物进口税和过境税，派出李克林、叶运荀分率两个税收分队分点征税。惠淡站征收税日平均达2万元，成为江南部队经济主要来源。这时，敌人不断袭击税站，妄图扼杀部队的经济命脉。丘泽光率队在东澳、黄皮径、长龙岗等地机智、灵活地反击敌人的偷袭，使敌人始终无法摧毁税站。

英勇就义

1947年3月5日晚，丘泽光和丘平在金沙布驻地召开队干部会议，分析税收斗争形势，当夜处决了三名特务。不料遭敌保安第八团驻淡水一个连和淡水自卫大队一个中队共200多人包围。敌人占据有利地形，居高临下，连续发动多次强攻。战斗从早上8时持续到晚上11时，最后敌人采用火攻。丘泽光与丘平、丘传三人进行英勇顽强的抵抗。他们在弹尽援绝的危急关头，决定分三路突围。丘泽光带头从横门突围时，不幸壮烈牺牲，年仅29岁。

英烈精神

为挽救国家为民族存亡不遗余力的爱国主义精神；为党为革命事业英勇顽强地与敌人战斗到最后一刻的革命斗争精神。

（邹金城）

邱凤阳（1906—1947）

—— 当日从军抗日寇，保家卫国效中华

主要生平

邱凤阳，原名邱继英，广东省博罗县人。

- 1906 年，出生于贫苦农家。
- 1933 年，任响水车站职员。
- 1938 年 11 月，参加响水青年抗日杀敌队。
- 1939 年春，投奔博罗抗日游击指挥所副指挥陈洁领导的抗日队伍。春夏间，任收编的国民党第四战区第三游击区挺进纵队新编独立大队副大队长
- 1945 年 3 月间，被推举为响水动员委员会副主任和响水民兵指挥部总指挥。
- 1947 年 4 月间，在香港被围捕。被引渡审讯了几天后，被杀害，壮烈牺牲，时年 41 岁。

邱凤阳，原名邱继英，1906年出生于广东省博罗县响水镇的一个贫苦农家，排行第五。他6岁丧父，9岁入私塾念书。

乐善好施且"不怕腐恶的硬汉"

1925年，邱凤阳考取了博罗师范。毕业后，毅然回乡创办新学制学校。由于他治校有方，学校校纪严，学风好，使上学的人数从开始时的30多人发展到100多人，受到乡亲们的赞扬。

邱凤阳为人善良，怜贫悯苦。他在村里任教期间，家境也不太宽裕，但当他得知堂弟邱少忠考上了中学，正为入学经费发愁的时候，便想尽办法借到了一些钱，为堂弟解决入学困难。1933年，他经博响公路董事会的推荐，到响水车站任职员，在工作中结识了不少由此搭车上下的青年学生。一次，有个与他仅一面之交的学生，回家盘缠不足，想求助于他。当他从旁了解到这一情况时，那位学生还未开口，他便主动解囊相助，使那位学生感激不已。他曾为好些学生解决这样那样的困难，深受博东片学生们的爱戴，大家亲切地称他做"凤哥"。

与邱凤阳同村的大财主张谷香，雇了平安乡张伯胜当长工。张伯胜辛辛苦苦干了一年。不料，秋收时节，被贼偷去了一片山坑禾。年终结算时，财主借口张伯胜护禾失职，拒付人工谷。邱凤阳与张伯胜非亲非故，与这个财主却是同学。邱凤阳觉得财主此举实在太缺德，便一再婉言相劝，都无济于事。他便陈告到区公所去，结果张伯胜胜诉，如数拿到了人工谷。1943年，鱼肉人民成性的国民党博罗县长蓝成干，带领县警中队到响水太坑收税催粮。为达到其勒索民财、中饱私囊的目的，他以抗交粮税为名，把60多名耆老、绅士、粮户关押在响水乡公所。邱凤阳目睹国民党官僚如此仗势欺压百姓，怒不可遏，亲自挥笔撰写状文，先后到州府、省府告状。终于在广大群众的支持下，把蓝成干拉下了马，为老百姓出了气。人们都称赞邱凤阳是"不怕腐恶的硬汉"。

组织人民抗日武装

1938年10月间，日本侵略军在惠阳大亚湾登陆后，推行"三光"政策，人民满腔怒火。11 月间，中共党员胡展光、刘志园组织响水青年抗日杀敌队时，邱凤阳积极响应，串联发动了村里的一批青年参加。

1939 年春，邱凤阳又组织了一个中队人马，携带了几十支枪，投奔博罗抗日游击指挥所副指挥陈洁领导的抗日队伍。他们昼伏夜出，破坏公路、桥梁，阻滞敌人的进犯；窥视敌人动静，选择有利地形，设伏打击敌人。曾先后 11 次在砾下、黄田牌等地伏击敌人，缴获武器弹药等一批军用物资。

1939 年春，邱凤阳奉命率部开赴罗浮山周围的福田、长宁、兰石等地驻防，发觉顶头上司陈仕南大队长的贪官污吏本质日益暴露，终日与流氓地痞同流合污，包烟包赌，屡劝不改，完全背弃了"当日从军抗日寇，保家卫国效中华"的宗旨。邱凤阳一怒之下，于同年 3、4 月间，解甲归田。

1939 年春夏间，博罗地下党为了贯彻抗日民族统一战线，壮大抗日武装队伍，打算争取和改造主动靠近共产党的以陈文博为首的一支绿林武装。陈文博曾当过邱凤阳的老师，邱凤阳可通过师生关系做穿针引线工作。于是，他挺身而出，陪同担任改造这支武装的国民党博罗县政府军事科长、中共党员胡展光，到象头山去做陈文博的工作，终于把这支武装队伍争取过来，收编为国民党第四战区第三游击区挺进纵队新编独立大队。邱凤阳被任命为这支队伍的中队长。整训以后，又被提为副大队长。曾率队开赴长宁、福田一带驻防。1939 年冬，国民党顽固派制造第一次反共高潮，陈文博"反水"。1940 年 1 月间，东江国民党当局又制造了骇人听闻的博罗队事件，逮捕了 23 名东团博罗队员。随后，在陈文博部工作的中共党员胡展光、余铁夫、李兢等惨遭杀害。东江国民党当局以整编为名，往陈文博部派来了一批反共分子，严密监视中共地下党员的活动。1940 年 3 月间，正当顽固派准备下毒手的紧迫关头，寄迹陈文博部的中共地下党组织采取针锋相对的应变措施，赶在敌人下毒手之前连夜举行暴动。邱凤阳紧密配合，与大伙一起冲杀出去。事后遭到东江国民党当局四处通缉。

邱凤阳避过风险之后，返回家乡。此时，不断传来东江纵队在江南抗日游击战场节节胜利的喜讯，使他深受鼓舞。他认定，只有在共产党的领导下，才能取得抗日战争的彻底胜利。1945 年春，东江纵队主力第五支队和第三支队先后北渡东江，挺进博罗。随后，东江纵队司令部移师罗浮山冲虚观。

1945 年 3 月间，三支队挺进龙华、响水一带。当邱凤阳见到了三支队派来响水打前哨，而又跟他有故旧关系的朱快鸣时，心里有说不出的高兴。他俩推心置腹地畅谈抗日情怀。邱凤阳决心要一辈子跟共产党闹革命。

不久，三支队民运队到响水开展工作。邱凤阳组织并带领护路队协助部队站岗、放哨，维持社会治安，宣传发动群众。由于他的工作出色，被推举为响水动员委员会副主任和响水民兵指挥部总指挥。1945年8月15日，日本宣布无条件投降。在响水一带活动的三支队受命接收博罗城的日伪军投降，邱凤阳发动响水民兵配合部队接收博罗城。8月21日，部队包围龟缩在博罗城的日伪军，邱凤阳亲自带领400多名民兵配合行动。当日伪军负隅顽抗，拒绝缴械投降时，他又率领民兵群众与部队一起向敌人发起攻击。

日本投降后，国民党军队大举进攻响水等解放区，妄图一举消灭东江纵队，独吞抗战的胜利果实。邱凤阳率领响水常备队员配合三支队，英勇反击国民党军的进攻。9月上中旬，横河国民党军队倾巢而出，向东江纵队领导机关所在地——罗浮山冲虚观周围的澜石、长宁一带进犯。三支队便命令铁骑队占领横河。这时，邱凤阳也带领常备队随三支队副支队长翟信率领的队伍，占据了地形险要的横河花园东坑。1945年9月12日，敌人气势汹汹地进犯东坑。部队英勇反击。邱凤阳凭着地熟人熟的有利条件，自告奋勇带领常备队一个班，占据前沿阵地——砾下山坳，据险扼守，从中午12时，一直战斗到下午2时，终于配合三支队打退了敌人的多次进攻。

东坑战斗结束后，敌人对部队仍尾随不放，部队边打边朝东北方向后撤。邱凤阳愈战愈勇，率常备队随三支队的部分队伍转战于白马山、黄竹坳、何家田等地。在何家田战斗中，遭到敌人前后夹攻，在乘黑夜撤出战斗途中，不幸掉进窟窿，左腿骨跌断，与部队失去联络。他就地掩蔽几天后，给养断绝，便由几位常备队员冒着风雨背着他转移，经平安门墩石、小洞，最后转移到茶山马料坑，在李赞权的炭窑住下来，治疗腿伤。

邱凤阳在养伤期间，听闻响水大坑、三水反动地主陈秋霜、陈麻生气焰嚣张，带领地主反动武装到处搜捕游击队员，有三名隐蔽在黄坑、大坪肚等村的游击队地下交通人员因来不及转移，不幸被捕，惨遭杀害。邱凤阳心如刀绞。他拄着拐杖，忍着伤痛，一跛一拐地翻山涉水到何家田向三支队首长汇报。三支队立即派出曾在响水搞过地下工作的黄惊白率一小队人上马，随邱凤阳回响水侦察敌情。翌日晚上，他们兵分三路，包围活捉了陈秋霜、陈麻生，并加以处决，把地主武装的反动气焰压了下去，为死难的烈士报了仇。

经过一段时间的治疗，邱凤阳的腿伤有所好转。但由于地主武装的围捕，转移频繁，腿伤复发，久治不愈。组织上决定把他转移到香港就医。

1945年11月间，邱凤阳转移到香港新界一个偏僻的地方。响水"抗红"大队长陈仕南虽然费了九牛二虎之力，却无法捉拿到邱凤阳。1947年4月间，他听到邱凤阳去了香港的信息，如获至宝，立即找大坑保长陈少祥密谋。他们先派人到广州收买熟悉邱凤阳的三轮车工人曾道，指使其假装带小孩去香港省亲，觅访邱凤阳的下落。当他们获得邱凤阳的下落后，立即收买广州行营的军警，串通香港国民党特务机关，布下圈套。一天，他们趁邱凤阳、邱天福和后来转移到香港隐蔽的响水农会会长李宝安在上水茶楼聚会时，立即派出大批便衣特务，进行围捕。邱凤阳他们察觉情况不妙，便当机立断，分头突围。但因处于敌人的四面包围之中，无法脱身，结果不幸被捕。

慷慨就义

邱凤阳落入虎口以后，被引渡到张发奎辖下的东莞行营监狱。邱凤阳被押解到东莞不到三天，敌人便开庭审讯，先以花言巧语利诱他，他不为所动。敌人恼羞成怒，便对他进行严刑拷打，把他打得遍体鳞伤，死去活来，但他始终一声不吭。敌人一连审讯了几天，都一无所获，于是在绝望中把邱凤阳杀害于东莞。

邱凤阳在行刑前面不改色，还不断高呼"共产党万岁！"他壮烈牺牲时，年仅41岁。

英烈精神

乐善好施、疾恶如仇的英雄气概；"当日从军抗日寇，保家卫国效中华"的爱国主义精神；面对死亡面不改色、威武不屈的革命精神。

（李春水）

石辟澜 (1910—1947)

—— 矢志不移的革命者

石辟澜,乳名海清,又名鸣球、尔平,笔名石不烂,1942 年在梅县养病期间,化名余清,直至牺牲都使用这一名字,广东潮州人。

- 1910 年 7 月 16 日,出生于一个小手工业者家庭里。
- 1932 年初,就读于国民大学夜校并组织了秘密读书会。
- 1933 年,参加中国文化总同盟广州分盟革命群众组织。
- 1934 年,被选为抗日救国联合会的负责人之一。
- 1936 年,主持全国各界抗日救国联合会的日常工作。
- 1939 年底至 1940 年初,到粤南省委当宣传部部长。
- 1942 年四五月间,在中央党校二部学习。同年冬,任南乐县委副书记。
- 1947 年夏,任鄂豫皖区地委副书记、土改工作队队长。11 月 4 日,不幸被杀害,时年 37 岁。

笔锋犀利的"石不烂"

石辟澜只念过几年书,十来岁就做小佣工和小手工艺徒,但他很有志气,刻苦好学,后来曾在家乡及汕头当小学教师。1932 年初,他来到广州,白天靠做点小事和卖文为生,晚上就读于国民大学夜校。他努力寻求救国救民真理,特别是听了进步教授何干之讲授的"政治经济学"等马列主义课程之后,思想受到很大影响,和连贯(学史)等进步分子一起组织了秘密读书会。1933 年,他参加了由何干之、温盛刚、谭国标为主要领导人的中国文化总同盟广州分盟(简称"文总")等革命群众组织。他经常以"石不烂"的笔名,在报刊上发表文章,抨击国民党蒋介石的反共卖国政策。他笔锋犀利,切中时弊,因而"石不烂"这个名字,为群众所熟悉。

主持"全救会"抗日救国

1934 年 1 月底,文总遭到严重破坏,60 多人被捕,石辟澜等逃去香港,才免于难。

石辟澜到香港后,担任《大众日报》记者和编辑。他一方面撰写文章,宣传党的抗日救国主张;另一方面深入群众做组织发动工作。一二九运动后,香港各界成立了抗日救国联合会(简称"港救会"),石辟澜被选为港救会的负责人之一。

1936 年 5 月 31 日至 6 月 1 日,在共产党的领导和影响下,全国各界抗日救国联合会(简称"全救会")在上海正式成立,石辟澜到上海参加大会,并作了热情洋溢的发言,被选为全救会的执行委员和三个脱产总干事之一。会后,他留在上海,与吴大琨、徐雪寒等总干事一起,主持全救会的日常工作。

1936 年 10 月 19 日,文化、思想战线的伟大战士鲁迅不幸逝世,石辟澜到万国殡仪馆瞻仰鲁迅的遗容时,不禁失声痛哭。他撕下身上穿着的白衬衫,挥笔写上"哭鲁迅先生,踏着你的路走……"的挽词,以寄哀思。他和全救会的同志组织了一次大规模的学习鲁迅抗日爱国的公开活动,发动了各界一万多人,到万国殡仪馆去为鲁迅先生送葬。一路上,群情激昂,高唱

《不做亡国奴》《打回老家去》等抗日救亡歌曲。

1936 年 11 月，全救会领导人"七君子"被捕。全救会在宋庆龄的领导下坚持斗争，石辟澜、段君毅、吴大琨等以全救会的名义，发表了《紧急宣言》和《告全国同胞书》，揭露蒋介石"救国有罪，反共有功"的倒行逆施，并开展全国性的"救国入狱"活动，给国民党当局以有力的打击。

以笔为枪开展抗日救亡运动

"八一三"上海失陷后，石辟澜以全救会执委兼总干事的身份返回广州。这时他已是一个中共党员了。他受党的委派，从事统一战线工作，参加了由国民党主办的广东各界抗敌御侮联合会办刊工作。

接着，夏衍、周钢鸣、林林、叶文津、司马文森、姜君辰、郁风等大批著名文化界进步人士陆续来到广州，大大加强了广东文化界进步力量的阵容，扩大了抗日救亡运动的声势。在此基础上，成立了广东省文化界抗日救亡协会（简称"文抗"）。石辟澜被选为文抗理事会理事，提出建立一个识字组，并自告奋勇兼任文抗宣传部识字组组长。他深入到黄包车工人聚居的"二厘馆"去帮助群众识字，并从中发展党员，建立党的组织。

1938 年 4、5 月间，爱国进步人士、中山大学名教授尚仲衣被余汉谋聘为第四战区政治部第三组上校组长。尚仲衣要求共产党给予支持。于是，中共广东省委决定调派石辟澜、司马文森、叶肇南（孙大光）、郁风、黄新波等人去协助尚仲衣开展工作。石辟澜等在四战区工作期间，为第三组草拟了许多文件和写了通俗易懂、短小精悍的文章，登载在政治部主办的《小战报》上。当时石辟澜的军衔是少校，月薪 80 元。他除了自己的必要开支和接济家乡老母亲外，余下的钱都交了党费。广州沦陷后，四战区移往粤北，政治部领导全部换上"复兴社"分子，尚仲衣和石辟澜等一批人被解除了职务。

1939 年春，中共广东省委决定创办机关刊物——《新华南》（半月刊），石辟澜为该刊编委会委员，负责主编和发行等具体工作。石辟澜工作认真细致，一丝不苟。他通过复信、改稿，与投稿者取得密切联系，把他们引向革命道路。石辟澜除担负日常的编辑、出版等大量工作外，还撰写了不少社论、时评及编者按语等，每期几乎都有他的文章。这些文章有很强的战斗性和革命性。

由于《新华南》战斗性强，为广大读者所共爱，却引起了国民党顽固派的仇视。他们通过"审稿"手段，阉割《新华南》的战斗灵魂，甚至几度勒令停刊。对于国民党顽固派的倒行逆施石，辟澜等同他们作了一系列坚决的斗争。例如，有时刊物内一些文章被强行删去后，石辟澜便用编者的话，说明原版有哪些文章，它的主要内容是什么，而被当局无理删去等。

1939年底至1940年初，国民党顽固派发动了第一次反共高潮，石辟澜的身份已暴露，为了安全起见，党把他调离《新华南》，到粤南省委当宣传部部长。石辟澜到粤南省委工作期间，与在妇委工作的邓戈明结了婚。

1942年初，石辟澜病情恶化，组织把他转移到梅县乡下去休养，化名余清，以商人身份作掩护。此时，医生多次嘱咐他不能阅报读书，要静心治疗。但他说："在这样的年代，一个新闻记者是不能不阅读书报，而且也不能不执笔写字的！"他带病学习和写作，以笔为枪，继续和敌人作斗争。

领导土地改革运动

1942年4、5月间，由于叛徒郭潜出卖，粤北省委遭国民党严重破坏。按照组织决定，石辟澜先撤往重庆八路军办事处，不久就乘周恩来的车子到了延安，被安排在中央党校二部学习。他一向酷爱学习，到延安后更是手不释卷地攻读马列、毛泽东同志的著作。

抗战结束后，党组织决定派石辟澜夫妇回广东工作。这时蒋介石挑起全面内战，交通受阻，因而未能成行。同年冬，石辟澜被派到河南省南乐县任县委副书记。石辟澜到县委后，刚放下包袱，就积极进行工作。他十分强调掌握情况，依靠群众的重要性。据上级指示，石辟澜和县委其他领导人及时带领全县人民开展土地改革运动。石辟澜不顾自己体弱多病，经常翻山越岭到几十里路的偏僻山区去做群众的思想发动工作，晚上回来后又不顾一天的疲劳，孜孜不倦地学习中央文件，总结经验。

一心一意为人民服务

1947年夏，刘邓大军按照党中央指示，强渡黄河，跨过陇海铁路，挺进敌人的心脏地区大别山。冀鲁豫区党委决定抽调一批干部随军南下，开辟新区。石辟澜主动请缨，离别了爱人和孩子来到大别山区。随后，被分配到鄂豫皖区任地委副书记，并到麻城东古木地区担任土改工作队队长。他和工作队员一起深入乡村，进行访贫问苦，宣传党的土改方针政策，艰苦细致地进行工作。

由于工作十分劳累，又患上疟疾，他的身体更加瘦弱了。但是，他始终婉言谢绝组织的一些照顾，坚持和同志们一道喝稀粥，吃咸菜，深入群众做工作。群众对他那种一心一意为人民服务的革命精神，十分敬佩，热情地接近他，亲热地称呼他"老余"。

英勇牺牲

1947年11月4日黎明前，麻城反动头子郑家贤发动了反革命暴乱，恶霸地主熊存绪、熊存玉兄弟伙同一帮地痞流氓直扑新屋村石辟澜等同志住地。当时石辟澜开完会刚睡下不久，一个农民急忙地跑来报告敌情，石辟澜和警卫员严国民迅速起床，清理材料，烧毁文件。这时，敌人已把房子围住，石辟澜和警卫员迅速突围，向后山冲去，奔向栗子林处。敌人紧追不舍，并强迫威胁一些群众走在前面开路。眼见敌人步步逼近，警卫员严国民正准备开枪自卫还击，石辟澜见走在前面的多是群众，就果断地说："不能开枪，开枪会误伤群众，要死就死咱们两人。"于是，敌人一拥而上，石、严两同志不幸被俘。

敌人将他们押到罗家冲村的一个小山岗上，紧紧地捆在两棵大桑树下。匪徒们一边拳打脚踢，一边追问："你们昨天开什么会？""你们的人哪里去了？""快说！不说就杀了你们！"面对张牙舞爪的匪徒，石、严两同志毫不惧怕，昂首挺胸，怒目而视，拒不回答。这时，敌人恼羞成怒，威逼群众回去拿剪刀来挖他们的眼睛，拿菜刀来剐他们的肉。可是群众中谁也不愿意去。匪徒们乃将石、严两同志押到附近金字岗小山上杀害了。临刑前，石辟澜、严国民不断高呼"中国共产党万岁！""毛主席万岁！""打倒国民党反动派！"等口号。石辟澜牺牲时年仅37岁。

一周后，人民解放军攻克麻城地区。当地群众噙着眼泪将烈士遗体裹好，放入棺木，破例在本村祠堂内停放三天。附近乡邻群众络绎不绝地前来志哀悼念，然后将烈士的遗体埋葬在尹家岗山坡上。1965 年，当地群众募捐集资 1200 多元，自己动手建立起一座宽 4 米、长 6 米、高约 10 米的烈士纪念碑，永志纪念。

● 英烈语录 ●

"一个新闻记者是不能不阅读书报，而且也不能不执笔写字的！"
"不能开枪，开枪会误伤群众，要死就死咱们两人。"

● 英烈精神 ●

孜孜不倦的刻苦学习精神；不畏艰难病痛、忘我工作的大无畏精神；一心一意为人民服务的革命精神；注重调查研究、深入乡村的务实工作作风。

（吴友连）

曾春年（1922—1947）

—— 疾风休折劲草志，浴血沙场见丹心

主要生平

曾春年，广东省博罗县人。

- 1922 年，出生。
- 1945 年 3、4 月间，被选为农会干部和民兵队长，使广大贫苦农民度过了春荒。
- 1947 年 3 月，任东江人民解放军独立第十大队副大队长兼第一小队长。同年 7 月，在盘石山头与敌人交战中，不幸被敌人击中头部，光荣牺牲，时年 25 岁。

曾春年，1922年出生于广东省博罗县福田乡荔枝墩村。父母生下两男两女，曾春年排行第三。他家一贫如洗，四壁萧然。一家六口全靠父亲曾前英做牛市交易"经纪人"的微薄收入维持生计。又因母亲早逝，曾春年伴着外婆长大。他虽然天资聪颖，但因家贫，只在本村读过四年小学。

受到革命思想的影响

1942年正当抗日烽火四处燃烧的时候，曾春年的父亲为了摆脱受欺凌的境遇，劝曾春年去当国民党的自卫队。这与曾春年的理想格格不入，他一气之下，连夜出走，跑到徐田村二姐家躲了起来。当时博西区委的组织委员徐文正是这个村的人。曾春年经常主动与他接触，受到一些革命思想的影响。

1945年初，东江纵队主力从江南挺进江北，一举解放了博西地区。随后，东江纵队司令部也从江南迁至罗浮山冲虚观。从此，福田便成了解放区。风华正茂的曾春年对此十分高兴。他热情洋溢，主动积极协助部队工作。是年3、4月间，福田一带出现罕见的春荒，粮价暴涨，不法地主与商人互相勾结，乘机套购粮食，私运至沦陷区济敌。曾春年组织荔枝墩村的10多位青年封锁道路，制止地主偷运粮食出境。村里成立农会和民兵组织时，他被选为农会干部和民兵队长，带头响应东江纵队政治部的号召，实行减租减息，开展生产自救，终于使广大贫苦农民度过了春荒。

组织抗日武装队伍

1945年5月间，福田乡民主政府成立常备中队，曾春年任中队长。7月间，以周佛祥为大队长、徐文兼政委的博西常备大队成立时，曾春年任二中队（福田中队）队长。曾春年曾带领常备队配合东江纵队第三和第五大队，对日、伪、顽进行作战，表现机智勇敢，指挥有方。在东博圩战斗中，他率领常备中队攻占伪抗日义勇军占据的东博圩碉楼。这个碉楼的敌人实力很强，兄弟常备队攻了一个上午都未拿下。他曾设想从正面向敌人进攻。后来，考虑到正面攻击目标太大，如遭到敌人机枪阻击则寸步难前，便随机应变，改兵分三路，借助弯曲堤围这一有利地形，相互掩护，迂回前进。这样，经过三四个小时的艰苦战斗，终于赶跑了敌人，抢占了碉楼。可是，第二天敌人大量增兵，全线向部队反击。曾春年又奉命带领中队固守东博圩。他们抱定人在阵地在的决心，一连坚守了三天三夜，打退了敌人多次进攻，直至上级下令撤退时，才率队撤出战斗。

日本投降后，国民党军队向博罗解放区发动全面进攻，东江纵队主力撤离博西，转移江南。上级指示区委书记兼区长叶蒋，要从博西常备大队抽调一批骨干成立博西武工队，坚持博西地区的武装斗争。这样，曾春年便参加了武工队，留在福田坚持斗争。后来，敌人大肆"进剿"，武工队无法在平原立足，他把尚要人料理的小弟弟曾月池送去二姐家寄养后，旋即随队退到罗浮山，在那里安营扎寨，坚持了一年多的斗争。

进行隐蔽斗争

1946年6月东江纵队北撤时，江北地区党组织奉上级指示，留下了一批武装骨干及枪支弹药，隐蔽下来，等待时机。曾春年奉命留下，与李回、徐清、徐少伟、陈福记、李新、李虾仔等6人掩蔽在罗浮山，不久，又奉命转到龙鳌溪，与黄柏等20多位同志在一起。

原来动员留下时，领导上交了个底，坚持斗争一二十年也说不定，曾春年与战友们一样，都做了充分的思想准备。可是掩蔽下来不久，1946年七八月间，上级突然通知，准备全部复员。黄柏对曾春年说："我没文化，回大鹏湾打鱼去。你有文化，复员回去可当教员。"但曾春年强烈要求隐蔽下来，与同志们同生死、共患难，和反动派斗争到底。

在掩蔽期间，敌人经常"进剿"。为避开敌人，部队经常行军，在灵山、小径、何家田、陈禾洞、邓村、鳌溪、乱石坑、白面石、南昆山等十多处转来转去。今晚住在这个山寮，明晚宿那个山洞。但曾春年从未吐露过一个"苦"字。那时，环境艰险，部队留下坚持斗争的同志遭受敌人杀害的情况时有发生。掩蔽在象头山的陈庚、陈谭进、亚罗仔（黄毛仔）三人不幸牺牲之后，又传来了在白面石山中掩蔽的杨添惨遭杀害的噩耗。这时，有个别不坚定分子经不起困难挫折的考验，带枪逃跑了。曾春年却变得更加坚定。他请求参加以黄柏、马达、丘松学为首的小搞行动突击队。一天晚上，在白面石民兵的配合下，深夜急行军到麻榨圩，用地雷炸开谭、叶两姓地主的店门，抓获他们两人，没收了他们的财产，解决了当时最困难的给养问题。

继续坚持斗争

不久，接到上级指示，撤销了复员的决定，让留下的队伍继续坚持斗争。这使曾春年十分高兴，斗争更加英勇。他和战友们一道，不断相机出击敌人。一次，获悉增城国民党县政府征兵科长周占芳带了两名士兵，从派潭镇去灵山征兵。曾春年便与曾亮、李忠、徐少伟、李丁兴、李观保等同志一起去伏击。他独自一人在派潭方向截击敌人。战斗打响以后，敌征兵科长拒不缴械投降，被李忠击伤后，仍继续负隅顽抗，企图向派潭方向逃窜，被曾春年一枪击毙。

1947年春，增、龙两支部队联合战斗，首战袭击从化石坑国民党乡公所。曾春年在一个小分队中担任突击。地雷炸响以后，他带头勇猛地冲进乡公所。敌人个个吓得脸色铁青，束手待擒。此役除敌乡长回家漏网外，生俘乡队副以下官兵20余人，缴获步枪20余支和弹药一批。石坑敌据点被拔除，沟通了从化基地与增城各部队的联系，解除了小径腹背受敌的威胁。

1947年春，黄柏、黄干等领导同志从香港分局学习回来，根据上级指示，把小径的武装分为三支队伍，挺进河东、河西、从化三个点活动，以便开拓新区。曾春年与李回、吕育等一起跟随黄干来到了地处增江以东的博罗何家田一带。有一次，部队了解到麻榨演大戏，有一位姓廖的大财主开赌馆，觉得这是收税的好机会，于是先托人带去一封信，要其按期交纳200元赌税。过了好几天，都不见这位馆主将税款送来，曾春年便提议上门去收。他跟随着黄干，带领小分队夜里插进麻榨圩，乘这位馆主不备之际，突然扑到其跟前，馆主不敢再狡赖，如数交了赌税。

1947年3月，根据形势发展的要求，江北工委把黄干和曾光两支共60多人的队伍拉到何家田，合编为东江人民解放军独立第十大队，曾春年为副大队长兼第一小队长。从此，他更加赤诚为民。他把执行群众纪律看成是部队的生命线，对战士加强三大纪律、八项注意教育，注意提高战士们的政治觉悟。自己以身作则，每到一个地方，带头给群众挑水，打扫卫生；部队开拔时，认真检查有没有违反群众纪律的行为，做到群众水缸不满不走，借老百姓的东西不还不走，驻地卫生不搞好不走。每到一处都是如此，深受群众欢迎。曾春年关心同志，跟部属打成一片。那时部队经济生活相当困难，他特地利用伞骨做了枚锥子，随身携带，新战士入伍，他教他们补鞋；部队来了新同志，他逐一谈心；行军途中帮掉队战士背枪；有的战士生病，他嘘寒问暖，叫事务长买点鸡蛋、米粉煮给病号吃，并发动其他同志多加照料，使战士们感到温暖如家，更加安心于部队。他带领的小队在多次行动中，都取得辉煌的战果。

英勇就义

1947 年 7 月间，曾春年带了一个小队登上盘石山头，掩护税收组的同志在东江河畔收税。那天上午，有两艘从河源开往惠州的商船，船主暗中向敌人通风报信，驻泰尾和观音阁的敌保八团，纠集青塘埔反动地主林荫甫、泰美联防主任钟业招和观音阁联防主任马云韬等三股反动武装 200 多人，带上多挺轻机枪和迫击炮、掷弹筒，分别从观音阁、泰美渡过东江河彼岸的芦洲等地，兵分两路，向部队夹击。部队总共才 50 多人、60 多支步枪和两挺机枪。部队在曾光、邓子廷的指挥下与敌人展开战斗。曾春年临危不惧，沉着应战。当战斗进入激烈的时刻，敌人以一个连又一个排的兵力，从左右两侧迂回包围山坡担任警戒的江松禧小队，敌人气势汹汹，步步逼近，情况万分危急。曾春年见状，从机枪手中接过机枪，凭着居高临下的有利地形，猛烈地扫射敌人，打得敌人狼狈逃窜。江松禧小队 30 多人在曾春年的配合下，打退了敌人一次又一次的进攻，直到天黑，数倍于部队的敌人始终未能攻上来。黄昏时，当江松禧小队撤离险境登上一座高山的时候，曾春年竟不幸被泰美方向来的敌人击中头部，光荣牺牲，年仅 25 岁。曾春年虽然牺牲了，但他的英名与世长存。这正是：

> 盘石屹立一青松，滔滔江水颂英雄。
> 疾风休折劲草志，浴血沙场见丹心。

英烈精神

关心群众、严明纪律、赤诚为民的律己精神；作战英勇顽强、敢于胜利的革命精神。

（李春水）

蔡　流（1924—1948）

—— 潮汕人民抗征队"五虎将"之一

主要生平

蔡流，广东省揭西县龙潭区汤坝乡岭下村人。

- 1924年9月，出生。
- 1945年6月，参加潮汕人民抗日游击队。
- 1946年，外出学医。9月，从连县回到家乡开展地下活动。
- 1947年7月，参加潮汕人民抗征队，被编入短枪班，不久又升任第四大队第三中队队长。8月底，加入中国共产党。
- 1948年，在攻打浸信会过程中英勇牺牲，时年24岁。

成为地下党的义务交通员

蔡流，1924年9月出生于广东省揭西县龙潭区汤坝乡岭下村。父亲蔡传厅，母亲黄氏。蔡流有5个兄弟姐妹，他排行第四。全家九口，以耕田为业，生活贫苦。

幼年时期的蔡流在龙溪小学读书，他生性聪明，学习勤奋。课余常给家里牧牛或干农活。他个性倔强，好打抱不平。

岭下是个小山村，住着8户贫苦人家。村后有一条龙潭溪绕过村前，蜿蜒流入榕江。村前有狮象两山，扼住龙潭溪咽喉。背靠大北山，地势险要，便于开展革命活动和武装斗争。

蔡流从小得到革命思想的熏陶。1937年，正是抗日救亡运动风起云涌的时候。龙溪小学的教师中不少是地下党员和进步分子，他们经常给学生讲时事、宣传抗日。蔡流的三哥蔡若明1938年时已加入中国共产党。当时岭下村是党开展地下活动的堡垒。曾佩恭、李日煌、曾广、何绍宽、曾冰等革命者经常寄宿蔡流家。他们那艰苦朴素的作风，不畏困难、全心全意为人民解放事业而奋斗的革命精神，给蔡流以深刻的影响，并使他逐步懂得一些革命的道理。蔡流小学毕业后，回乡务农，自此成为地下党的义务交通员。他不管白天黑夜，都坚持为党送信送情报，还经常冒着生命危险到龙潭圩、河婆圩，为地下党购买印刷工具和生活用品。他机智灵活、胆大心细，每次外出办事都顺利完成任务。

1942年，由于南方工作委员会领导机关出了叛徒，地下党组织受到严重破坏，国民党反动派大肆捕杀共产党员和革命群众。龙潭乡的封建势力和国民党反动派互相勾结，到处通缉共产党人。汤坝党组织也随着形势停止了活动，处在长期隐蔽、积蓄力量的阶段。因为党组织经常在蔡流家活动，蔡流经常为党组织送情报，所以敌人对他产生了怀疑。然而，蔡流没有被吓倒，仍然积极完成党组织交给他的任务。

参加潮汕人民抗日游击队

1945年6月，蔡流参加了潮汕人民抗日游击队。入伍不久就上冰塘山跟国民党反动军队打仗。他冲锋在前，英勇战斗，不怕牺牲。由于敌强我弱，力量悬殊，部队只得撤退。

日本投降后，部队有部分同志北撤，蔡流和一部分同志隐蔽在当地。有一天，蔡流接受党组织交给的任务去良田。龙溪乡公所要抓他，抓不到就将其父抓到乡公所审问，强迫其父交出儿子。蔡流从良田回到家获悉此事，愤愤不平，拔出手枪要去打乡公所的作恶者。在地下党员和革命群众的极力劝阻下，才忍着恨，趁夜跑到河婆，在地下党联络站——三和三盐店避风。后来，他又被特务发现。乡公所立即出动，四处戒严围捕。蔡流闻讯，立即转移。通过地下党的联系掩护，找到他在粤北连县坚持地下工作的三哥蔡若明，在那里隐蔽下来。

1946年9月，蔡流和哥哥蔡若明从连县回到家乡开展地下活动。有几次，蔡流目睹汤坝村的贫苦农民向大富户借粮，不仅借不到，反而受嘲笑辱骂。他义愤填膺，便暗中组织一些人，准备劫富济贫。由于当时力量薄弱，条件不成熟，所以几次行动都未达到目的。

9月下旬，丘志坚、何绍宽与蔡流取得联系。经研究确定，在岭下村建立隐蔽斗争的立足点。蔡流积极参加地下武装斗争活动，圆满完成组织交给的任务，屡受表扬，被批准为潮汕特委特务队正式成员。

10月，敌人一八六师分四路向三支队独立大队驻地秤钩潭逼近。部队决定当晚闯出包围圈。当时蔡流正好在秤钩潭。部队领导交给他同侦察班一起作前卫的任务，于拂晓前将部队带到岭下村隐蔽休息。敌人包围秤钩潭扑空后，即分路搜索。当天上午，敌人一个营跟下山来，临时驻扎在井田。两村隔条龙潭溪。敌人在明处，部队在暗中。为确保安全，蔡流和岭下村地下党员，配合侦察班，侦察敌情，当外围警戒，保障部队于当晚安全地向大南山方向转移。

◁┈┈┈┈┈┈ 被誉为潮汕人民抗征队"五虎将"之一 ┈┈┈┈┈┈▷

蔡流听党的话，一切听从党的安排。1946年，北山游击队缺医少药，需要他去学医抢救伤员。他毫不犹豫，愉快接受任务。他跑到且洞村找到老农医，虚心求教，经常和老农医一起上山采草药。医术学到手后返回部队，他不但耐心地为战士治枪伤，还把医术传授给大家，使许多同志能治枪伤。

1947年7月，蔡流参加了潮汕人民抗征队。他被编入短枪班。不久又升任第四大队第三中队队长，带领战士们驰骋在各个战场上。

7月中旬，抗征队在碰尾进行训练。司令部获悉八乡山的反动乡长、恶霸地主廖少成拟卖牛潜逃香港。这家伙残酷镇压革命，曾杀害红军战士10多人，八乡山人民对他深恶痛绝。党要开辟八乡山革命根据地，非扫除这个障碍不可。在地委负责人刘向东的部署下，中队长丘志坚、指导员何绍宽带领突击队9人，配合轻机枪1挺，去执行这一任务。蔡流参加了这次行动，担任掩护任务。黄欣进、刘怀、钟延安化装成买牛的商贩，到廖少成家。在证实廖少成的身份后，黄欣进拔出手枪，当场将廖少成击毙。蔡流见状及时打响机枪，掩护黄欣进他们安全撤出村子。

抗征队为了消灭八乡山根据地周围敌人的有生力量，于7月31日傍晚，奇袭汤坑警察所。警察所大门紧闭，攻不进去，敌人负隅顽抗，用机枪向抗征队疯狂射击。蔡流和蔡高券冲在前头。在战斗的关键时刻，蔡流毅然地说："高券，快，踏上我的肩头，越过围墙把门打开！"说着，他不顾危险，让蔡高券踏上肩头，翻过围墙。大门打开了，部队猛冲进去，当场击毙击伤几个敌人。其余敌人举手投降。敌区长兼警察所所长徐影三慌从后门逃命。此役缴获长枪40多支及物资一大批。

8月24日，潮汕人民抗征队司令部决定在25日夜袭击普宁鲤湖之敌。首先派蔡流等人进行侦察，摸清敌人情况之后，突击队于25日黄昏行动。蔡流打先锋，手持竹竿，一进街道就猛打狠扫，把电灯打破。敌人见街灯熄灭，惊慌失措。部队趁此机会冲进圩内，向敌人猛烈开火，打得敌人哭爹喊娘，狼狈而逃。此役缴获步枪50支。

蔡流由于长期受到党的培养教育，且久经对敌斗争的锻炼和严峻的考验，所以思想觉悟不断提高。在各种大小战役中，他总是冲锋在前，英勇无畏，被誉为潮汕人民抗征队"五虎将"之一。

1947年8月底，蔡流光荣地加入中国共产党。入党后，他的革命热情更加高涨，决心为党为人民立新功。

9月间，为了改善充实部队装备，司令部派蔡流到兴宁县警察局购买机枪弹药。他心里明白，深入虎穴，在敌人心脏里执行这项任务是极其危险的。但为了革命，他把生死置之度外，愉快地接受了这项特殊任务。他化装成敌警人员，灵活机智地冲破重重险阻，利用各种关系打进了警察局。在虎口里经过一段惊险而曲折的周旋，终于出色地完成了这项艰巨任务，得到上级的大力表扬和同志们的赞赏。

心怀战友和百姓

1947年冬，一个北风刺骨的夜晚，有两位刚入伍的贫苦农民身穿单衣，蔡流怕他们冻坏，脱下自己的衣裳给两位新同志，还把自己的被帐让给他们。他自己却悄悄地通宵躲在一个角落里生火取暖。第二天，新同志知道此事，感动得直流泪。

1947年，蔡流经常和特务队10多位同志到外面执行任务。有一次队伍到了大鹿，在村里住下来。他们向老百姓借锅子煮饭。村里人谁也不肯借，连柴火也不卖给他们。群众多次遭受国民党反动军队的践踏洗劫，苦够了，恨死国民党官兵，所以认为这伙带枪的都不是好人。那时正是夏收大忙季节，蔡流主动带头，和同志们一起帮助农民收割。在田里，同志们一边劳动，一边和老百姓谈心。他们的行动感动了群众。群众看清楚了这支队伍是人民子弟兵。接着，大家争相让伙房，纷纷给特务队送柴火。

壮烈牺牲

1947年12月间，潮汕人民抗征队丘志坚大队袭击河婆警察所获胜以后，敌军又从揭阳增援，重新占领河婆。1948年1月28日下午，潮汕人民抗征队大队长林震带领队员50多人再次攻打河婆，袭击驻天主堂和驻浸信会的敌人。陈珠带着队员攻打浸信会，消灭了敌哨兵。敌登楼抵抗。蔡流在前面，向楼上投掷了一颗手榴弹，就在同一瞬间，敌人也从楼上向蔡流投下手榴弹。"轰隆"一声巨响，蔡流倒在地上，鲜血淋漓。英勇的人民战士壮烈牺牲了，年仅24岁！

英烈精神

对党对同志对人民群众无比热爱的忠诚互助精神；冲锋在前、英勇战斗、不怕牺牲、勇往直前的战斗精神和无私奉献精神。

（张其德）

蔡如平（1888—1948）

—— 以革命利益为重，不计较个人得失

蔡如平，原名祖荫，字锡蕃，号葛民，祖籍广东省东莞县。

- 1888 年，出生。
- 1924 年，加入中国共产党。3 月，以国民党中央农民部特派员身份在霄边开展农民运动。
- 1925 年 5 月，任东莞县农民协会执行委员长。
- 1926 年，担任中共广东区委农委委员、广东省农民协会常务委员、北江地委委员兼省农民协会北江办事处主任。
- 1927 年，领导东莞县委整顿和健全党组织，恢复活动，作暴动准备。
- 1928 年冬，在香港华南实验小学和长沙书院任教。
- 1943 年 6 月，霄边建立乡民主政权，被选为乡长。
- 1944 年夏，任东莞县新五区联乡办事处主任、区长。
- 1945 年 4 月底，调东宝行政督导处，任东宝农会主席。
- 1946 年初，组织惠东宝人民反对内战大会。
- 1948 年秋，因病逝世，时年 60 岁。

参加中国共产党

蔡如平，原名祖荫，字锡蕃，号葛民。广东东莞长安区霄边乡人，1888年出生。蔡如平家境清贫，很小就辍学，16 岁起在本村的杂货店打工，终年劳累，不得温饱，还遭老板诸多虐待，激起他对世道的不满。他工暇时，勤奋自学，练就一手好字。

1923 年，蔡如平来到大革命的策源地广州，在帽厂当工人。

1924 年 1 月间，蔡如平结识了广东农民运动领导人彭湃、阮啸仙等。日常交往中，他直接受到党的培养教育，开始懂得了一些马克思主义和为无产阶级革命事业奋斗终生的道理。当蔡如平得知他们是共产党员的时候，向他们倾吐了肺腑之言，提出了入党的要求，不久就加入中国共产党。

开展农民运动

1924 年 3 月，蔡如平以国民党中央农民部特派员身份和蔡日新被派回家乡——霄边开展农民运动。他们与农民一起劳动，宣传抗租、抗捐、抗税的主张和组织农民协会的道理。霄边乡农民很快发动和组织起来，于 1925 年农历三月二十九日正式成立霄边农民协会、东莞县第一区霄边联乡办事处，广东省农会领导人彭湃和阮啸仙专程从广州赶来东莞参加大会，并发表演说，赞扬霄边农会的建立为东莞的农运作出了榜样。农会和农民自卫军建立后，领导农民减租减息、斗土豪，使土豪劣绅惶惶不可终日。一些平日作恶多端的人派人到霄边找蔡如平谈判，说什么只要农会不侵犯他们的利益，他们愿意提供白银 2 万元，作为农会和农民自卫军的费用。蔡如平斩钉截铁地说："我们不会无故犯人，若有人告状，2 万元是买不到命的。"坚决维护了贫苦农友们的利益。

1925 年农历三月三十日，厦岗乡农会成立的翌日，该乡恶霸麦廷阶及其儿子老虎平勾结逆军谭启秀部，捣毁厦岗乡农会，屠杀农会会长麦福绍及干部数人，制造了"厦岗事件"。蔡如平闻悉，立即派蔡日新率领霄边农民自卫军前往救援，同时通知驻大岭山的黄埔学生军去配合，把逆军赶跑。事后，又抚恤遇难家属，协助恢复农会组织。

1925 年春，东莞县农民协会筹委会在太平育婴堂成立，蔡如平任筹委会主任。县农民协会筹委会成立后，蔡如平组织青年和学生深入附城周围、广九铁路沿线、宝太公路沿线和虎门附近乡村，开展广泛的宣传和组织工作，使长安、虎门地区的厦岗、南面等 30 多个乡均建立了农会。5 月，东莞县农民协会正式成立，蔡如平任执行委员长。为了继续发展农会和农民自卫军，开展减租减息斗争，蔡如平亲自到环境较艰苦的东莞四区山厦（今属深圳）和周家村开展工作。以后又到大岭山的大沙、大环和广九铁路的常平周屋厦、大朗的大井头等地活动。为更好接近农民，他学会了补锅，常常赤脚挑着一副担子，四处串门，一边为农民补锅，一边宣传组织农会和农民自卫军的意义，还为农民书写春联。通过这种形式，蔡如平与广大农民建立了密切的联系，在农村扎下了根。

1925 年夏天，蔡如平在常平周屋厦指导农民运动时，当地几十个村的土豪劣绅组织的"常平社"，勾结当地反动警察，与农会作对。蔡如平当即领导农会会员三四百人和农军 40 多人，与"常平社"展开针锋相对的斗争，最终把敌人的反动气焰压了下去。

1925 年秋，蔡如平到广东省农民协会协助工作。1926 年元旦，蔡如平出席了国民党第二次全国代表大会。1 月底，中共广东区委在陈延年领导下，建立了工委、农委、妇委、青委等组织。蔡如平担任了中共广东区委农委委员，分管中区（珠江三角洲）的农运，与彭湃、阮啸仙、罗绮园、周其鉴等一起，领导全省的农民运动。蔡如平虽然任务繁重，但依然关心家乡的农民运动，要农会派人定期到广州汇报，并给予指导。1926 年初，东莞县的农民运动得到很大发展。全县已有区农民协会 4 个、乡农民协会 128 个、农会会员达 12705 人，农民自卫军发展到 3000 多人。

1926 年 5 月 1 日，蔡如平出席了广东省第二届农民代表大会，被选为广东省农民协会常务委员。这时曲江县农会因农运不纯分子捣乱面临分裂危险。蔡如平受广东省农会委派，和彭湃、周其鉴到曲江宣传发动群众，改组了曲江县农会。这年夏收时，曲江县农民因受灾减收，纷纷要求减租。县农会于 8 月 1 日召开全体执行委员及各区执行委员扩大会议，蔡如平和周其鉴出席会议，确定了七成交租办法。同年冬天，根据中共广东区委的指示，北江地委成立，刘成利任书记，蔡如平担任地委委员兼省农民协会北江办事处主任。他积极发展农民运动，经常深入农村组织农会，发动农民进行减租斗争。

1927年4月12日，蒋介石叛变革命。4月15日，广东反动军警大肆搜捕工农运动领导人和共产党人。正在这白色恐怖笼罩大地的严峻时刻，蔡如平被敌人列为"要犯"，遭到通缉。但蔡如平意志坚定，毫不畏惧，从北江回到东莞，担任中共东莞县委负责人的职务。正当他领导全县党员进行战斗的时候，不幸得了肺病，不得已进入莞城"红楼"医院治疗。反动军警四处追捕，处境危险。党和群众为保护他的安全，不让他越出医院大门。蔡如平考虑到目前形势与任务，毅然拖着病躯出院，化装成清洁工人，离开莞城，经石龙乘火车到常平周屋厦村。随后，县委领导机关也搬到这儿。蔡如平立即领导县委整顿和健全党组织，恢复活动，并在犬眠岭、石湖、大沙、大朗等地建立秘密联络站。县委响应省委号召，成立了广东省肃清反革命委员会东莞分会，在莞城、石龙、太平和较大的圩镇张贴布告，号召人民群众起来战斗。

准备武装暴动

1927年6月15日，广东特委发出第三号通知，要求东莞县委秘密组织工农武装，进行对国民党的破坏工作。为此，蔡如平和县委委员李鹤年等在周屋厦、大朗、大沙、石马、附城等一带农村开展工作。在当地共产党员周达墀、叶汉廷、殷乐山、李成章、张乾楚、蔡焯等配合下，一批觉悟了的青年又勇敢地行动起来，参加农军组织。至8月，环城、石马、常平、莞城等地都建立了工农武装组织，在县委领导下，顽强地开展反击国民党反动派大屠杀政策的斗争。

1927年10月15日，中共中央南方局、广东省委召开联席会议。蔡如平以中共东莞县委负责人的身份，到香港出席会议，并被选为中共广东省委候补委员。会后，蔡如平回到东莞。为贯彻会议精神，召开了县委领导成员会议。为响应省委武装暴动的决定，蔡如平等在常平、大朗、梅塘等地组织农民自卫军800多人；陈均平在霄边、北栅、金洲一带也组织农军100多人；赖成基在赵屋村也组织100多人；还有已经编队的工农武装，做好了暴动准备。

领导东宝工农革命军

1927年11月间，省委派赵自选在常平周屋厦召开东、宝两县领导人联席会议。东莞出席的是蔡如平，宝安是郑奭南（又名郑哲）。会议要求共同组织东宝工农革命军，准备响应起义。会上当即成立东宝工农革命军总指挥部，顾问赵自选、总指挥蔡如平、副指挥郑奭南。下设四个大队：第一、第二大队由东莞负责；第三、第四大队由宝安负责。12月11日，广州起义消息传来，蔡如平立刻在大沙主持召开紧急会议，部署农军首先进攻莞城，占领军事重地，虎门农军闻到莞城枪声，立刻夺取虎门太平，互相呼应。为加强对暴动的领导，决定蔡如平为进攻莞城前敌总指挥。正当蔡如平积极联络各地农民武装，准备进攻莞城的时候，12月17日传来广州起义军已经撤退的消息，又得知莞城驻敌有所防备，并增兵一个团。为此，蔡如平立刻召集暴动的领导人商议，会上多数人认为，进攻莞城已失去牵制敌人的作用，为保存革命实力，应该把已集结的队伍撤离，避免与敌人硬拼。蔡如平也考虑到，若强攻莞城，势必导致农军重大伤亡。于是，他决定取消进攻莞城的计划，让农军回原地坚持地下斗争。

广州起义失败后，党内很多同志受到上级"惩办"式的不公正处分，蔡如平也受到牵连，受到留党察看处分，被解除了县委常委职务。后来中央发现广东省委"惩办"主义的做法，派周恩来到广东予以纠正。

以革命利益为重

蔡如平以革命利益为重，不计较个人得失，依然在周屋厦参加革命斗争，与农军一起破坏敌人的铁路运输线，惩办地方反动头子李奉和"常平社"。随后，他与农军一起集结在东山庙一带宣传土地革命。由于国民党反动派派遣大批军队对武装暴动队伍实行残酷的"围剿"，斗争异常艰苦。在敌众我寡的情况下，加上暴动队伍弹药不足，供给困难，农军难以坚持下去。因此，蔡如平等决定停止武装活动，隐蔽待机。

1928年冬，蔡如平根据党组织的决定，转移到香港。接着又几经辗转，最后在香港华南实验小学和长沙书院任教。

1941 年 12 月，日军占领了香港，并在香港无恶不作。蔡如平怀着一颗救国救民之心，于 1941 年冬返回故乡霄边。可是，蔡如平已经被反动派害得家破人亡了：房子给国民党反动派烧毁，妻子蔡文氏遭反动派折磨至死，两个儿子流落他乡。蔡如平并没有因此气馁和消沉，而是积极寻找党组织，渴望早日投身抗日战争。

组织青年进步组织

1942 年初，广东人民抗日游击总队领导人曾生、袁鉴文找到蔡如平，介绍了抗日形势，要他把青年组织起来，成立公开称农业研究社而实际是青年抗日大同盟的青年进步组织。蔡如平愉快地接受任务，积极组织青年与日军、伪军、顽军和当地的土匪进行斗争。

1943 年 6 月，霄边建立乡民主政权，蔡如平被选为乡长。随之，农会、民兵、妇女等组织很快恢复起来，并进行活动。

1944 年夏，蔡如平被东宝行政督导处委任为东莞县新五区联乡办事处主任，后又被委任为区长。他积极地为抗日服务，组织和发展农会等抗日组织，开展减租减息斗争和征收公粮。在征粮中，蔡如平十分注意政策，既考虑抗日的粮食需要，又注意群众负担的承受能力。他不辞劳苦，工作深入细致，受到抗日军民的爱戴和尊敬。

1945 年 4 月底，蔡如平调东宝行政督导处，担任东宝农会主席，为动员广大农民投入抗日、建设区乡民主政权等，作出了应有的贡献。

声讨国民党发动内战

1945 年 8 月，日军投降，但国内又面临着一场残酷的内战。蔡如平和广大抗日军民一道，转入了艰苦卓绝的人民解放战争。他本来有病，这时病情日益严重了。为此，党组织决定把他转移香港就医。

1946 年初，蔡如平到港后，虽然生活艰苦，但他仍边治病边坚持工作。这时，全面内战一触即发，国民党调动新一军、新六军、五十三军等，借道香港九龙，乘坐美国军舰赴秦皇岛，开赴东北、华北内战前线，蔡如平闻讯即组织了惠东宝人民反对内战大会，开展反对内战活动：当新一军等途经弥敦道去码头登船时，街道上挂上了巨幅反内战横额；在弥敦道普庆戏院召开的声讨大会上，蔡如平以大会主席的身份登台演说，谴责国民党反动派发动内战的罪行，并带头振臂高呼"反对内战，我们要和平"等口号。

不幸病逝

1948 年秋，蔡如平的病情突然恶化，不幸逝世，终年 60 岁。

追认为烈士

1957 年，东莞县人民政府追认蔡如平为革命烈士。

英烈语录

"我们不会无故犯人，若有人告状，2 万元是买不到命的。"
"反对内战，我们要和平。"

英烈精神

不辞劳苦、深入细致的工作作风；以革命利益为重，不计较个人得失的革命奉献精神。

（叶庞）

陈　芳（1927—1948）

—— 坚定的共产主义追随者

主要生平

陈芳，原名智珠，曾用名陈美郁、陈芳，广东省四会县城镇南门直街人。

- 1927 年，出生于一个地主家庭。
- 1946 年，在清远县太平乡门口岗小学教书，加入共青团。
- 1947 年，转入广四清边游击区，参加游击队。
- 1948 年，英勇就义，时年 21 岁。

陈芳，原名智珠，到清远参加革命时改名陈美郁，在游击区又改名陈芳。广东省四会县城镇南门直街人。1927 年出生于一个地主家庭。1946 年参加革命。1948 年 9 月中旬，在广宁县四雍地区坚持反"清剿"斗争中，被国民党军队杀害，牺牲时年仅 21 岁。

艰苦的童年

陈芳 7 岁入学，在四会镇县立第一小学读书。她聪颖勤奋，学业成绩科科优秀，更兼她热心助人，因而深得老师和同学的喜爱。1938 年 10 月下旬，广州沦陷后，四会镇常遭日军飞机轰炸，她家便搬去曲水，陈芳也因此停学。她父亲当时在四会县政府教育科当督学，一家人的生活就靠父亲的薪金和收一些祖尝田租来维持。但因她家庭人口多（陈芳共有 8 个兄弟姐妹，她排行第三），又时值兵荒马乱，生活也不好过。1943 年天大旱，农作物失收，佃户无法交租，她家里也陷入困境。为了维持生计，母亲带着她几兄妹搬回姚沙曹蹄村谋生，从此，陈芳便和兄弟姐妹一起参加劳动，不管粗活、重活，样样都做。

积极寻找共产党队伍

陈芳个性刚强，富有正义感。她的堂兄陈友群是共产党员，1937 年离开家乡去延安时，留下一些进步书刊给她。堂姐陈芝后来又离开家乡参加革命。陈芳从她的堂兄、堂姐的言行中受到启发，追求进步。1944 年秋，四会沦陷后，其父当了日伪维持会的秘书。陈芳对父亲丧失民族气节的行为很反感，曾声言不做汉奸走狗的女儿，要脱离父女关系。1945 年 2 月下旬，四会人民抗日武装起义队伍向广宁挺进时，路过她的家乡，并在贞山宿营。陈芳知道后，便想跑去贞山参加起义队伍，但起义队伍已离开贞山挺进广宁去了。同年 5 月，珠江纵队部分主力奉命向西挺进广宁，经过四会时也在贞山宿营。她知道后，便偷偷地只身前去贞山找部队，但部队又走了。约两个月后，她的堂姐陈芝和堂姐夫钱清（均为中共党员）按照清远县委的指示到四会活动，住在陈芝的家里。她认为机会来了，便积极要求堂姐和堂姐夫带她出去。陈芝和钱清觉得她有培养前途，便趁机对她进行鼓励和教育。8 月，日军投降后，陈芝和钱清便把陈芳带回清远，一起掩蔽在一所农村小学教书。

开展秘密活动

1946年，清远党组织把陈芳安排到清远县太平乡门口岗小学教书，和做一些民运工作。在这期间，她由钱清和唐凌鹰两位地下党员介绍，参加由清远县委领导同志主持举办的一期马列主义学习班学习。由于陈芳努力学习，工作认真负责，得到当地群众的好评，清远县团组织便吸收她参加共青团。1947年初，广（宁）四（会）清（远）边恢复武装斗争以后，清远地下党组织根据革命形势发展需要，安排陈芳与其堂姐陈芝一起到四会黄岗小学，以教学为掩护，了解和掌握四会国民党地方当局的动态。这年下半年，陈芳的秘密活动引起了四会县国民党当局的注意。党组织便把她转入广四清边游击区，参加了粤桂湘边部队领导下的游击队，后来又转到广宁四雍，在广宁县第三行政督导处当文化教员。督导处是当时区一级的人民政权组织，陈芳在那里除给督导处的同志及警卫排的战士上文化课外，还到附近农村的学校上课，并做群众工作。她事事身体力行，不怕苦，不怕累，深得游击队员和当地群众拥护和爱戴。

英勇就义

1948年，国民党军警2500多人分多路向粤桂湘边区的革命根据地——广宁县四雍地区疯狂进攻。驻四雍的粤桂湘边部队司令部和主力部队为避敌锋芒，及时转移外线作战。留下粤桂湘边区工委副书记钱兴和广宁县第三区行政督导处副主任伍学桢率领小部队坚持斗争，终因寡不敌众，钱兴牺牲，伍学桢被俘。陈芳和张清两人当时在坑洞口角碑一带做群众工作，也因叛徒出卖而被捕。他们三个被俘、被捕的同志，在敌人的严刑拷打下，几次死而复生，但他们坚强不屈，没有透露部队半点情况。敌人气急败坏，施以灭绝人性的禽兽行为，先是对陈芳百般蹂躏，然后把她拖出坑基边枪杀，枪杀后又把她的头颅割下来，挂在坑口渡头岸边的树上示众。伍学桢和张清也同时惨遭杀害，为革命壮烈牺牲，陈芳牺牲时年仅21岁。

英烈精神

忠贞爱国的爱国主义精神；坚贞不屈、大义凛然的牺牲精神。

（龙炳森）

陈继明（1927—1948）

—— 面对强权大义凛然，身临酷刑面不改色

主要生平

陈继明，原名陈炳国，又名陈锋、陈真，广东省陆丰县人。

- 1927年，出生于一个富裕的农民家中。
- 1943年，考入龙山中学春季班。
- 1944年春夏间，加入中国共产党。
- 1945年5月，组织建立上陈党支部，任支部书记。同年秋，继续回龙山中学读书，任龙山中学地下党支部宣传委员。
- 1946年夏秋间，任中共陆丰附城区委宣传委员，分工领导学生工作。同年秋，被聘为东海镇关爷宫中心小学教员，以教师为掩护继续开展革命工作。
- 1947年初，赴河婆中学读高中，不久奉调返回陆丰，准备奔赴海丰武装斗争第一线。
- 1948年8月22日，不幸被捕。8月27日，英勇就义，时年21岁。

加入共产党，开展抗日救亡工作

陈继明，原名陈炳国，又名陈锋、陈真。1927 年出生于广东省陆丰县城东镇上陈乡一个富裕农民家中。兄弟 6 人，他排行第四。

陈继明家中虽有些地租，但除了三兄陈炳奎在陆城读书外，其父及其他几个兄弟都在家中参加劳动，因此他从小就养成爱劳动的习惯。陈继明 10 岁进本村小学，读书课余和假期常跟村里的儿童去放牛。看到小伙伴们面黄肌瘦，衣衫褴褛，冬天在寒风中发抖，他十分同情。他常常带领一些小伙伴到自家地里挖番薯，然后到背风的山脚下边烤火边烧番薯吃，有时还在家里偷拿些米送给贫困的小伙伴。

年纪稍大，陈继明对周围贫苦农民的生活有了更多的了解。同时在地下党员和进步老师的教育影响下，他对社会有了一定的认识，觉得农民们终年劳累，仍然食不果腹、衣不遮体，这种社会制度太不合理了。

1943 年，陈继明考入龙山中学春季班。在学校，他受到共产党员江水和陈伯强等的教育和培养，秘密阅读了大量进步书籍，有时还听陈伯强的父亲讲述海陆丰大革命和彭湃的故事，思想进入一个新的境界。在党的教育培养和老一辈革命者事迹的影响下，他懂得了许多革命道理，对中国共产党更加信赖与崇敬。

1944 年春夏间，陈继明经江水介绍，加入中国共产党。农历年底，日军再度占领陆丰，龙山中学停课。陈继明回到上陈，在党领导下，经常活跃在上陈、神冲、后坎、官田埔等农村，散发东江纵队传单、文告、宣言等，组织农民抗日小组，开展抗日救亡工作，并注意团结培养一些农村青年，为后来建立党的组织打下了基础。1945 年 5 月，陈继明组织建立了上陈党支部，并任支部书记。他带领支部全体同志在上陈一带农村开展对敌斗争。当时伪乡长、汉奸黄太和投靠日军，鱼肉乡民，陈继明就利用一个晚上时间，写了一大沓用迷信品银仔纸做的传单，发动全支部同志在城南乡十几个自然村中散发，揭发黄太和的罪行，使其罪恶昭彰，狠狠打击了汉奸的反动气焰。

揭露三青团，开展革命宣传活动

1945 年秋，日军投降后，龙山中学复课。陈继明继续回龙山读书，任龙山中学地下党支部宣传委员。学校刚开学不久，三民主义青年团（简称"三青团"）为占领龙山中学这个阵地，企图强迫所有学生加入其组织。陈继明与支部同志深入学生中间，揭露三青团的反动面目，发动学生以推、避、拖的办法开展抵制入团运动，使三青团企图在学生中扩展势力的阴谋未能得逞。

1946年夏秋间，中共陆丰附城区委负责人由于暴露而先后撤退，另组成新的区委，陈继明任区委宣传委员，分工领导学生工作。他遵照"隐蔽精干，积蓄力量，长期埋伏，以待时机"的地下党工作方针，改变了活动方式。陈继明文学素养较好，且为人谦和，在同学中关系较好，他便以研究文艺为名，组织同学办墙报。他通过办墙报广交朋友，团结同学；并以墙报为阵地讽刺与抨击国民党统治下的愚昧和落后，唤起学生们的觉醒。那年适逢大旱，国民党陆丰县县长罗尚忠为了愚弄群众，笼络人心，带领陆城一班遗老遗少设坛祈神求雨，学生闻讯大哗。陈继明立即组织同学写文章、画漫画在墙报上给予抨击，他自己撰写了一篇题为《十八世纪的僵尸又返魂，怪哉!》的文章，用犀利的笔锋揭露反动当局的封建迷信和愚昧。学校当局看后十分紧张，当晚派人撕了墙报。第二天校长黄心一（黄鹄）找陈继明等谈话，责备其办墙报攻击政府，陈继明等针锋相对地质问："学校教育我们要学科学，反对迷信，拜神求雨是科学还是迷信？"黄心一无言以对，只好强词夺理地叫嚷说："你们这班小猴子别乱吵，你们懂什么？我吃过的盐比你们吃的米还多。"两天后，陈继明又在墙报上写了一首歌谣，其中有一段是"小猴吵，大猴吼。勿吵，勿吼，有理何必声高？无理更甭乱吼。动笔、动口随君便，请你千万别撕（墙）报!"同学们看后捧腹大笑，黄心一则气得七窍生烟。

在陈继明带动下，龙山中学墙报如雨后春笋，各抒己见，贬斥时弊，孤立了学校反动当局，团结了一大批进步同学和教师。与此同时，陈继明还积极组织同学学习各种进步书刊，不断提高他们的政治觉悟，积极发展党的组织。陈继明不但在政治上关心同志进步，在生活上也是无私帮助他人。他家虽然比较富有，但他在家中并没有地位，自己的平日费用也是靠家庭供给的。即便如此，当同志们碰到什么困难的时候，他总是慷慨帮助，想办法接济。

参加海陆丰人民自卫队

1946 年秋天，陈继明在龙山中学初中毕业，被聘为东海镇关爷宫中心小学教员，他以教师为掩护继续开展革命工作。由于陈继明在学校活动频繁，引起了敌人注意。为了避免意外，1947 年初，中共陆丰县委书记刘志远亲自安排他赴河婆中学读高中（河婆中学党组织当时属陆丰党组织管）。此时海陆丰已恢复武装斗争，部队发展很快，需要大批干部和骨干。不久，陈继明便奉调返回陆丰，准备奔赴海丰武装斗争第一线。他对家中说要去海丰，要从河婆转学到海丰中学读书，并要家中按惯例寄钱到海城蓝元利米店给他（化名陈真），以资助党的活动经费。

1947 年 5 月初，陈继明和郑光雨（郑剑）从陆城出发，在海丰上踏村交通站会合海陆丰中心县委书记刘志远以及彭海衍（彭冲）等同志，一同奔赴海陆丰人民自卫队总部所在地大安洞。路上刘志远应他们几个人要求，按他们所走顺序给他们 3 人分别改名为冲、锋、剑。陈继明走在中间，遂以陈锋的名字参加新的工作。这段有趣的经历，当时在部队传为美谈。

陈继明参加海陆丰人民自卫队后，初在埔仔洞乡搞民运工作，后逐步推进到海丰一区整个平洋地带，并担任一区区委宣传委员，主管地下党工作。他不怕生活艰苦、工作危险，经常一个人深入到海丰县城附近农村，发动群众减租减息，组织农会、民兵、妇女等团体以及征粮筹款、交通情报、建立政权等，战斗在最前线。在这段时间里，陈继明的工作能力和领导水平得到进一步锻炼和发挥，深得党组织信任和群众拥护。

被人出卖，不幸被捕

1948 年 8 月中旬，陈继明出席由海陆丰中心县委副书记蓝训材主持、在海丰苦瓜山村召开的区委会议，研究如何恢复和整顿海城地下党组织等问题。会议结束后，区委同志分头按会议精神深入各地，布置贯彻会议精神。8 月 22 日，陈继明和区委组织委员陈东（又名陈权），经过一天紧张工作后，当晚在离海城不远的九陇村住宿，不幸被该村保长郑可通发觉，向海城敌人告密，两人同时被捕。

大义凛然，宁死不屈

陈继明、陈东两人被捕时，身上带有海陆丰人民自卫队的传单等文件，因此他们再也不隐瞒自己的身份，而是在敌人面前大义凛然，视死如归，同敌人展开面对面的斗争。当海丰县县长黄干英审问他们时，陈继明严词斥责国民党破坏和平打内战、祸国殃民的倒行逆施。陈东则趁敌人不注意，冲向审问台，用脚踢倒黄干英的办公桌，用手铐打向黄干英，把黄干英吓得半死。敌人看到他俩如此英勇顽强，便严刑拷打，无所不用其极，几天之间光电刑就用了7次，但他俩宁死不屈。敌人无计可施，被捕5天后，就把他俩处决了。

就义那天，陈继明和陈东两人面不改色，戴着脚镣手铐，昂首挺胸走在海城大街上，一路上高呼"打倒国民党反动派""中国共产党万岁"等口号，刽子手们不让他俩喊口号，用驳壳枪柄乱打两人的面部，两人血流满面，仍高呼口号不止。英雄壮举，真可谓感天地而泣鬼神！海城大街两旁群众目睹英雄的气概，无不为之挥泪。

陈继明牺牲时，年仅21岁。以他短暂的一生，为中国人民的解放事业谱写了一页光辉的篇章。他的忘我无私和坚强无畏的革命精神，激励着当年广大革命战士为人民解放事业前赴后继地英勇战斗。在今天，仍然策励着我们为实现中华民族伟大复兴的中国梦而不懈奋斗。

陈继明烈士的革命精神永垂不朽！

● 英烈语录 ●

"学校教育我们要学科学，反对迷信，拜神求雨是科学还是迷信？"

"小猴吵，大猴吼。勿吵，勿吼，有理何必声高？无理更甭乱吼。"

（王健　林兴奇）

胡冬娣（1896—1948）

—— 翁西抗日杰出女游击队交通员

主要生平

胡冬娣，广东省翁源县新江镇柳下村人。

- 1896 年 7 月，出生于一户贫苦农民家庭。
- 1944 年冬，成为地下交通员。
- 1945 年 8 月，被抓进牢房，但是没有透露一点消息。
- 1948 初，在国民党重压下仍然坚持为游击队贡献情报。5 月，再一次被国民党抓捕，在狱中受尽折磨仍然没有透露任何情报。8 月，接待游击队时被抓，最终被敌人杀害，时年 52 岁。

成为地下交通员

胡冬娣，广东省翁源县新江镇柳下村人。1896年7月出生于一户贫苦农民家庭。18岁出嫁到柳下村张屋后，生了两男一女。41岁时，丈夫不幸病逝。接着反动政府抽壮丁，要她的大儿子去当兵，逼得她走东窜西，到处向人借债买壮丁。她受尽了反动政府和封建地主剥削，过着饥寒困苦的生活。她性格倔强，坚持送儿子上学，教育他勤奋读书，长大为穷人争气。抗日战争时期，她积极支持大儿子张国菁参加革命活动。

1944年冬，日军进犯粤北，东江纵队北江支队在邬强的率领下，挺进英德、东乡和翁源西乡（翁西）抗日。这时张国菁担任中共翁西区委书记，在胡冬娣的家建立了游击队的交通站，区委决定由胡冬娣作为地下交通员。当时，党组织在始兴风度中学的地下组织，同英东游击队的联系都在她家中转。一天晚上，张国菁从英东游击区开完会回到家中，当时风声很紧，反动派扬言要捉拿张国菁，他外出活动不方便，但从县委带回来的传单要散发出去，感到有点难办。胡冬娣察觉到儿子有心事，就说："有事就交给我去做吧。"张国菁便把传单交给母亲，第二天早上，胡冬娣用衣服包着传单装在一个残旧的竹篮里，外面放着两筒米饼，乔装外出探亲，把传单按时送到联系点去。传单发出去后，当地反动政府感到突然，十分恐慌。胡冬娣还经常冒险出入伪乡公所获取情报，送到山区游击队手中。1945年春，党组织从始兴风度中学运送一部电台和一挺机枪给英东游击队，她家是转运点，当打扮成行商的游击队员把武器送到她家时，她立即把"货物"收藏在她睡房的楼棚上。为了武器的安全，她哪里也不去，专心看守了三天三夜，等候到英东游击队派人来接运。

被捕入狱

1945年8月，游击队严惩了新江反动联防大队长、伪区长何祖华，并收缴其全部武装后，当地反动政府对共产党领导的独立分队同志的家庭进行了迫害。胡冬娣被捕进了牢房，被关了七天七夜。敌人对她实施软硬兼施、步步诱骗的手段，企图要她说出张国菁和部队的去向。但胡冬娣面对凶恶的敌人，毫不畏惧，没有吐露丝毫党的机密。她声色俱厉地说："我不知道有什么部队，只知你们逼走了我的儿子，我还要向你们要人。"弄得敌人毫无办法，只好勒索了她2000斤"红谷"（是反动政府强加给革命者家属的罚谷）后，把她释放了。

出狱后坚持为游击队提供情报

她回家后，仍旧热情地接待地下交通员，经常和游击队联系。回想起被捕进了牢房的事情，她愤怒地说："那些杀千刀的能够刮走我的粮食，但不能使我屈服，我相信共产党一定会胜利。"她对革命充满信心，积极热情帮助游击队做事。1945年10月间，北上五岭部队奉命返回家乡坚持地方工作，同张国菁一起回来的游击队员钟振芬星夜来到她家里，得到她的热情接待。钟振芬几个月没有理发，她就对小钟说："头发长了不剪会使人疑心你是当了红军的。"说完就拿着剪刀替小钟剪头发。剪完后，小钟高兴地说："剪了发，人也精神多了，这样出去就是碰上伪自卫队检查也不怕了。"

在白色恐怖笼罩的日子里，胡冬娣积极为部队送信，与组织联系，并同周围群众一起，为游击队筹粮、送粮，为外地同志当向导等，没有中断过。1948年初，国民党反动派集中兵力"扫荡"我游击队，实行"三光"政策，残酷镇压革命群众，对边远山区进行了封村、并村，建立反动武装据点，到处设立岗哨；平原地区利用保甲制度，实行"五家联保"，不许群众与游击队来往。声言"一家通匪，五家问斩"，妄图割断群众和游击队的联系，封锁游击队的粮食供应。敌人对胡冬娣那个村子特别注意，指派了便衣特务伪装成补锅或货郎担进村，经常在柳下村出入，打听游击队的活动情况。当时有些觉悟较低的群众害怕了，劝胡冬娣暂时不要同游击队来往，有的埋怨她惹火烧身，连累了村中的百姓。胡冬娣耐心对群众说："共产党为我们穷人打天下，我们不支持谁支持?!"敌人的严密封锁和恐吓，并没有使她畏惧。她巧妙转到村外去与游击队联系，一边在大路边筑篱笆开荒地种菜、看牛，一边监视敌人便衣特务，一边和游击队交通员联系。见到交通员送信件来了，她马上把信接过来放好。游击队下山来了，她就把信件转过去，并告诉游击队到指定的地方取粮。由于游击队白天不便入村取粮，胡冬娣便事先把粮食运到屋背山的大枫树下放好。

再次被捕入狱

1948年5月，游击队抄了地主恶霸伪乡长张日光的家，开了他的粮仓，分了他的粮食，帮助饥饿群众度饥荒。因此，反动政府纠集各村伪自卫队疯狂报复，对柳下村进行了第四次"扫荡"。他们到处搜查游击队员，找不到游击队员，就翻箱倒柜把胡冬娣的财物抢劫一空，放火烧了胡冬娣的房屋，并把胡冬娣抓入牢房，对她严刑拷打，要她供认如何接济游击队、游击队的人数有多少、枪支弹药配备如何、活动地址在哪里等情况。胡冬娣面对凶狠的敌人，大义凛然，对游击队的情况守口如瓶，只字不露。她想就是死也不能透露半点游击队的情况。经过半个月的折磨后，由于伤势过重，胡冬娣病倒了。敌人见捞不到什么，又没有找到她和游击队联络的证据，只好让群众担保，把她释放了。胡冬娣的房子被烧光了，财产被抢光了，但她的革命意志没有动摇。一些签名保释胡冬娣的亲戚，怕连累了自己，都劝她暂时离开家到别处去养病。但为了革命，她婉言谢绝了乡亲，还对游击队的同志说："我不能离开家，更不能离开交通站，家就是我的斗争阵地，我要永远跟着党与敌人斗争到底。"游击队的同志见她遍体鳞伤，便心疼地说："您受苦了！"她说："没有什么，只要你们能打胜仗，就是坐一辈子牢我也心甘情愿。"交通员钟仔生病了，胡冬娣上山采药给他治病。游击队没有菜吃了，她就把自己地里的菜全部摘了送给游击队。

因坏人告密被捕，最终牺牲

1948年8月的一天晚上，胡冬娣正在煮饭给同志们吃，由于坏人告密，敌人包围了她家，游击队的同志边打边退，胡冬娣来不及撤退，被敌人抓去。她和大儿媳妇胡兰菊被敌人捆绑在屋前柿子树下，严刑拷打。敌人逼她们说出游击队的去向，她们咬紧牙关什么都不说。穷凶极恶的敌人把胡冬娣、胡兰菊杀害。随后全村的房屋都被敌人烧光，所有的财物也被抢走。

胡冬娣为了革命事业献出了她的宝贵生命，柳下村的群众至今还怀念她，游击队的同志、翁西的人民也怀念她。

烈士语录

"我相信共产党一定会胜利。"

"共产党为我们穷人打天下，我们不支持谁支持?!"

"我不能离开家，更不能离开交通站，家就是我的斗争阵地，我要永远跟着党与敌人斗争到底。"

"只要你们能打胜仗，就是坐一辈子牢我也心甘情愿。"

烈士精神

相信党、相信革命、坚定革命必胜的革命乐观主义精神；以革命利益为重，不顾个人安危的革命奉献精神。

（何白　梁怀珠）

黄渠成（1917—1948）

—— 清从花佛地区革命领导人之一

黄渠成，曾用名卓，广东省佛冈县人。

- 1917 年，出生于一个贫苦家庭。
- 1935 年 9 月，考进广东省立广雅中学读高中。
- 1937 年，动员乡里士绅和宗族父老筹建抗日武装。
- 1941 年，加入中国共产党。嗣后，任中共清（远）佛（冈）特别支部委员。
- 1943 年下半年，考进校址迁往坪石的中山大学文学院哲学系，继续深造。
- 1944 年秋，参加中共滃江工委（后为县委），任统战委员。
- 1945 年 7 月 5 日，滃江人民抗日游击大队建立，被任命为大队长。
- 1947 年，任清（远）从（化）佛（冈）人民义勇大队长兼清从佛边区工委书记。
- 1948 年初春，先后组建了 7 个中队，共 800 多人的武装队伍，解放了纵横几十里的地方，使佛冈的水头、黄花和清远滃江良安以上地区连成一片。

  3 月初，任广东人民解放军江北支队第四团团长，清从花佛边区县委委员。

  5 月 4 日，在从化县北部坪地村遭包围，不幸中弹，壮烈牺牲，时年 31 岁。

自幼勤奋好学，结交朋友

黄渠成，曾用名卓。1917 年出生在广东省佛冈县四九区菱塘乡的一个贫苦家庭。少年就读于本村私塾，稍长就到离家较远的四九垂裕小学读书，父母见黄渠成学习成绩优异，有培养前途，便节衣缩食送他到广州知用中学读书。在学校，黄渠成生活艰苦朴素，勤奋好学，结交了不少朋友。1935 年 9 月，他又考进广东省立广雅中学读高中。

动员筹建抗日武装

卢沟桥事变后，抗日战争全面爆发，学校迁到顺德碧江，并宣布放假让学生深入四乡宣传抗日救亡活动。黄渠成利用这个时机回到家乡，动员了几十个知识青年组成宣传队，到本乡各村演出活报剧、出墙报、教唱抗日歌曲，激发人民大众的爱国热情。他们还拜访乡里士绅和宗族父老，动员他们筹建抗日武装。

宣传抗日民族统一战线

1938 年秋，正值广州沦陷前夕，黄渠成高中毕业了。他目睹日军飞机狂轰滥炸、人民惨遭杀害的情景，深感国家处在危急关头，便抱着抗日救国的决心，毅然和杨学基、宋业安等同学一起参加了国民党第四战区政治部政治大队。大队里有中共地下组织，队员中进步分子占优势。由于国共合作，共产党出版的一些刊物可以公开阅读。黄渠成这时如饥似渴地阅读了毛泽东和马列主义著作，抗日救国的决心更坚定。他热诚拥护共产党的抗日主张，拥护抗日民族统一战线，为抗日救亡而积极工作。1940 年冬，黄渠成调到国民党第十二集团军政工总队一科任科员。他曾于 1941 年春到抗日前线视察驻防部队，检查军队风纪，同时广泛接触当地各阶层人士，宣传坚持抗日民族统一战线，团结抗战到底的方针。

加入中国共产党

这时正是国民党顽固派掀起第二次反共高潮期间，第十二集团军中的顽固派也在政工总队中制造事端，打击迫害共产党员和进步分子。黄渠成在视察过程中受到他们的监视。1941 年 7 月中旬，黄渠成与冯纯（冯绍诚）被第十二集团军政治部主任李煦寰以到曲江戏院看过《列宁在 1918》这部电影、思想左倾为借口，勒令在 24 小时内离开政治部。黄渠成从这件事中更清楚地认识到，在国民党部队里，即使有抗日救国的雄心壮志也难以施展才能，要革命就要跟着中国共产党。他便返回家乡佛冈县，找到共产党员宋业安，汇报了自己的思想，提出了加入共产党要求。不久，黄渠成由宋业安和许明介绍参加了中国共产党，实现了多年的愿望。嗣后，省委交通员洪文亮（洪韵）主持成立了中共清（远）佛（冈）特别支部，黄渠成担任支部委员。

倡导破除封建陋习

黄渠成深感要战胜日本帝国主义建设新中国，必须培养大批有知识的人才。四九地区地处穷乡僻壤，人多，文化落后。他所在的菱塘村历史上有由祖尝资助贫苦学生读书的习惯，但要学生家长出面宴请管祖尝的值理方可得到微薄的资助。为了使有志求学的青年都得到支持，他提议由各祖尝捐谷，成立奖学基金委员会。规定男女学生在本村读书免收学费，考上中学或大学的领取奖学金，一直到毕业为止。黄渠成这一倡议得到乡中父老的赞同。但一些地富豪绅极力反对女子享受奖学金的待遇，并推举豪绅黄远球（绰号盲眼对）为代表和黄渠成作公开辩论。黄远球胡说黄渠成主张男女平等是为了他的妹妹能领到奖学金，企图以此来堵住黄渠成的口。黄渠成义正词严地斥责这种歧视妇女的封建观念，并当众表明，宁愿自己的妹妹不要奖学金，也必须坚持男女平等的原则。经过斗争，以黄渠成为代表的进步力量取得了胜利，菱塘村奖学基金委员会正式成立，并通过了奖学条例。这一来在全乡产生了巨大的反响，各村亦纷纷建立起同类组织；二来使得大批青年得以继续求学，不少人毕业后参加了革命工作。黄渠成还在乡里带头反对诸如买卖婚姻等封建陋习。

成为学运骨干

1943 年，黄渠成在佛冈中学任教，因校长拉拢学生参加三民主义青年团（简称"三青团"），压制进步同学，愤而中途离开学校。下半年，与宋业安一起考进校址迁往坪石的中山大学文学院哲学系，继续深造。在学校里，他积极传播革命思想，团结进步同学，扩大进步力量，与反动的"三青团"开展针锋相对的斗争，成为学生中有较高威信的学运骨干。

开展统战及隐蔽工作

1944 年秋，坪石沦陷前夕，从（化）滽（江）区地下党组织恢复了活动。黄渠成毅然放弃中大学籍回到滽江与当地党组织接上关系，参加了中共滽江工委（后为县委）。由于他对地方情况熟悉，接触面广，因此县委分工他为统战委员。中共滽江县委为了掌握抗日武装，决定把滽江自卫团三乡常备中队的领导权夺过来，于是任命黄渠成为三乡（汤塘、良安、四九）抗日自卫委员会抗日自卫总队总队长，并利用三乡抗日自卫委员会的权力，委派进步人士分别充任三乡的乡长。

1945 年 3 月，东江纵队北江支队路过滽江，黄渠成领导自卫总队日夜担任警戒，封锁消息，使滽江反动头子黄康平、朱琼书等得不到部队过境的情报，不敢轻举妄动，待他们发现后，部队已安全通过滽江胜利到达英东了。

7 月 5 日，国民党滽江自卫团指挥所主任黄康平指使滔江区长植镜棠等纠集反动军警数百人，远途奔袭中共滽江党组织的地下活动中心——四九中心小学，妄图将共产党员一网打尽。在此关键时刻，黄渠成、黄信明等果断地率领由党员掌握的武装上山，在中共滽江县委的领导下举行武装起义，建立滽江人民抗日游击大队。黄渠成被任命为大队长。不久，抗日战争胜利了，根据国共两党"双十协定"，东江纵队主力北撤，地方武装就地复员。党组织决定，为了保存革命力量，已暴露的干部疏散隐蔽。黄渠成便先后转移到澳门濠江中学和中山县八区斗门乾雾小学以教师职业为掩护，进行隐蔽，等待时机以迎接新的战斗。

开展武装斗争

1947年春，黄渠成响应中共中央香港分局提出的"北撤后疏散城市的干部迅速返回农村，恢复武装斗争"号召，从香港回到江北地区南昆山一带，由江北地工委直接领导，进行武装斗争，这时，地方反动势力勾结国民党反动派，疯狂迫害复员的游击战士和家属。人民仍处在水深火热之中，迫切盼望推翻国民党的反动统治。经地工委批准，黄渠成带领黄赞明、黄谷艮、黄绍、黄渡江、黄桥、白剑雄潜回潖江上四九地区，发动原来的游击战士和进步青年几十人，于农历七月初二突然袭击上四九（联升乡），歼灭了自卫队，并宣布成立清（远）从（化）佛（冈）人民义勇大队，黄渠成被任命为大队长兼清从佛边区工委书记。

恢复武装斗争后，共产党关于反"三征"（征兵、征粮、征税）、反迫害、反内战等政治主张得到公开宣传，鼓舞了边区人民的斗志，扩大了共产党的政治影响。相距上百里的佛冈县一区（水头区）地下党组织亦派出党员同志来找部队要求参军。黄渠成认为水头地区靠近佛冈县政府，如果就地举行武装起义，解放蒋管区，意义更大。于是帮助这些同志制定了起义的计划。农历九月十三日，水头地区党组织发动的武装起义成功了，一枪不发地缴获了自卫队的枪，立即组成一个中队。不久，这个中队归属清从佛人民义勇大队的建制，地下党组织也隶属清从佛边区工委领导。

1947年12月23日，清远县警察第二中队向四九游击区扑来。事前，黄渠成获得了情报，在古楼山设伏。部队建立后，虽然没有打过仗，但在领导的模范带头鼓动下，全体战士勇敢战斗，当场击毙伪中队长李裕文及伪警二人，余敌逃窜。经此一仗，部队声威大振，敌人没有正规军的支持，不敢轻举妄动，广大乡村则为部队所控制。

1948年初春，新的革命高潮到来了。黄渠成执行江北地工委要"大搞"的指示精神，发动部队带领贫苦农民查抄坚持反动立场的地主豪绅的浮财、粮食，攻打国民党政府的粮仓，把粮食分给群众，很快掀起声势浩大的农民参军热潮。先后组建了7个中队，共800多人的武装队伍，解放了纵横几十里的地方，使佛冈的水头、黄花和清远潖江良安以上地区连成一片，部队有了广阔的活动余地。这是黄渠成为创建根据地所作出的贡献。

1948 年 3 月初，北江地委奉命整编部队，江北地区的武装力量统一编为广东人民解放军江北支队。清从花佛地区编为第四团，清从花佛边区县委成立，黄渠成为县委委员兼第四团团长。

国民党反动派不甘心失败，在汤塘设立了潖江"剿匪"指挥所，调集正规军和清从佛各县的警团千多人对游击区"进剿"，并强化乡村保甲制度，使部队活动的范围越来越小，处境十分困难。为了保存实力，队伍分散撤离原来活动地区。黄渠成率领部分队伍坚持原地活动，以牵制和迷惑敌人，最后才转移到从化北部与先撤出的队伍会合。

不幸壮烈牺牲

1948 年 5 月 4 日，四团领导机关驻地从化县北部坪地村突遭从化县国民党何作禧部包围。黄渠成临危不惧，沉着地指挥部队分头突围。机要员陈为（女）因为收拾文件落在后面未及时撤出。在这危急关头，黄渠成冒着弹雨，奋力用肩膀顶着她攀上了陡坡高地安全突围，接着自己折回原地收拾尚未拿走的文件。正当他要撤退时，不幸中弹，壮烈牺牲，年仅 31 岁。

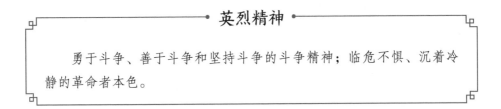

英烈精神

勇于斗争、善于斗争和坚持斗争的斗争精神；临危不惧、沉着冷静的革命者本色。

（吴兆珍）

黄志恒（1928—1948）

—— 视死如归的女英雄

主要生平

黄志恒，原名黄秀满，广东省中山县人。

● 1928 年，出生于一个华侨家庭。

● 1943 年，奔赴中山五桂山抗日根据地参加革命。9 月，参加卫生员训练班学习，结业后分配到部队任卫生员。

● 1944 年 8 月，跟随部队挺进粤中，后调游击队担任卫生员。

● 1947 年春，参加冯超和陈全领导的武装小分队，改名黄志恒。

● 1948 年 7 月 19 日上午，被国民党包围，中弹被捕。8 月 5 日，在恩城晒布坦社坛前刑场被杀害，时年 20 岁。

视死如归的女英雄

1948 年 8 月 5 日，适逢恩平县城圩日，街上贴了布告，说是活捉了共产党"新恩人民保乡自卫大队长冯超的老婆黄兰，将于中午游街示众"。这一消息犹如在油锅里洒下水一样，整个县城沸沸扬扬。有关冯超的事，人们早有所闻。有的说他能飞檐走壁，倒身上墙；有的说他枪法很准，百发百中……至于严惩恶霸坏蛋、攻打警察所、剪电线炸桥梁和开仓济贫等事，据说都是他带领游击队干的。尤其是深入虎穴、智毙六乡联防委员会主任、独霸一方的熊华，更是传说得有声有色，令人钦佩。所以，无论是称霸一方的恶棍，或是在国民党里当官的，一提起他的名字，无不胆战心惊。为此，敌人曾布告全县，悬赏缉拿。

正午来到，人们早早站在大街上，悄悄地议论着：

"这个真的是黄兰吗？"

"哪还有假的，布告不是明明写着吗？"

"我看未必是真的，国民党做事，有几件是正儿八经的事。"

"如果不是真的，又有谁愿当'替死鬼'呢？"

正当人们怀着猜疑、好奇的心情在议论的时候，一队国民党兵赶走街中的行人，后面一群荷枪实弹的士兵押着"犯人"走过来了。

这个被称为"游击队大队长的老婆"的人，年约 20 岁，身材高大，穿着蓝土布衣衫。此刻，正昂着头，挺起胸，一边健步往前走，一边用坚毅的目光向两旁群众致意。

这时，群众中引起一阵骚动，个子矮小的踮起脚尖，想一睹这位女英雄的风姿。大多数人投以同情、怜悯的目光，有的上了年纪的老妇人竟抹起眼角来。

其实，这位视死如归的女英雄并非冯超的爱人黄兰，而是女游击队员黄志恒。

年幼参与革命，积极为党工作

黄志恒，原名黄秀满，1928 年出生于广东省中山县三乡平岚村的一个华侨家庭。父亲黄月槐，早年到日本谋生，母亲郑云仙，大姐黄秀娴，大哥黄锐存，妹黄秀嫦，弟黄锐南、黄锐红。她父亲死后，母亲为了养活一家八口（6个姐弟和祖母），卖了首饰和人合伙做小生意，却因被骗而血本无归，母亲精神失常，自杀身亡，此后一家的生活更加清贫。她的少年时代正是抗日战争时期，家怨国仇，促使革命的种子悄悄地在她的心灵里萌发。1943年，她仅是个15岁的小姑娘，便奔赴中山五桂山抗日根据地参加革命。同年9月，组织选派她参加南番顺指挥部举办的第二期卫生员训练班学习，结业后分配到部队任卫生员。1944年8月，她跟随部队挺进粤中。后来组织把她调到游击队担任卫生员。在高明县凤凰山战斗中，她和第一团副团长秦炳南等数十位队员一起被俘，关进新兴县监狱。直到抗日战争胜利，国共谈判时，经过组织的据理斗争，她才得到释放。出狱后党组织安排她到开平县教书，做地下交通工作。东纵北撤时被调到香港待命。1947年春，党组织派她来恩平，参加冯超和陈全领导的武装小分队，改名为黄志恒。后来党派她带领一个武工组在君堂、东成、金鸡等地，发动群众，筹粮筹款，支援部队。在这些日子里，她带领武工队员穿村过户，深入贫苦农民家里，宣传发动群众，组织农会、妇女会，开展"二五"减租运动，工作非常出色。

不幸中弹被捕

为了工作上的方便，她于1948年春认湖昌园村谭梅大娘作干娘，互相间感情笃厚。

1948年7月18日，黄志恒带领武工组两位同志在东成背仔石征枪征粮完毕，回到湖昌园村时，已是深夜2时多。

谭梅大娘开门一看，见是干女儿，二话没说便洗锅煮饭。他们说已经吃了饭，歇一会儿就走。大娘说："今晚不能走，一定要等明天才能走。"原来明天是黄志恒的生日。

黄志恒正为难，队员泮仔和林仔见状，也劝说："那么就住一宿，明天再走吧。"黄志恒考虑到群众关系问题，也感到盛情难却，就同意了。

7月19日上午，国民党便衣队长梁池女带着300余人包围湖昌园村。黄志恒见敌人已把村子团团围住，即和泮仔、林仔商量对策：唯一办法是向后山方向突围，一旦冲出包围圈，走进树林便可脱险。

泮仔在前，林仔在中，黄志恒断后，弯着腰前进。冲到相距敌人 10 余丈远时，见前面是一块较为开阔的地带，连一棵小树也没有。三人犹似猛虎下山，迅疾地向前扑去，给敌人以迅雷不及掩耳的打击。

他们总算冲过了开阔地，接近树林边缘时，迅即散开向山上跑去。敌人这时才发觉，赶紧尾随着追来。黄志恒想吸引更多的敌人，以减少他们两人的压力，便一边向前走去，一边回过头向敌人射击。敌人渐渐逼近，她清楚地听到敌人的嚎叫："还剩一个，捉活的。"

黄志恒虽然筋疲力尽，气喘吁吁，还是顽强地向前跑去。突然，一颗子弹无情地向她身上射来。她踉跄几步，倒在地上……她被捕了。

将计就计保护战友

敌人捉获黄志恒后，欣喜若狂，满以为她就是新恩人民保乡自卫大队长冯超的爱人黄兰。这样，手中有饵，便可引诱冯超上钩，将游击队一网打尽。因此，在审讯的时候，敌人得意忘形，劈头就问："你叫什么名字？"

黄志恒轻蔑地瞥了一眼，一声不吭。敌人按捺不住，狡黠地说："你不说我们也知道。你是不是黄兰？"

黄志恒从敌人口中知道他们根本不认识黄兰，怪不得刚才这么得意忘形了。为了保存革命力量，掩护战友，她决计以假乱真，迷惑敌人。黄志恒从容地答："我是黄兰。你们又能怎么样？"

敌人受骗之后，采取软硬兼施的办法。首先是大讲什么"前途""幸福"之类的话，妄图打动她的心，使之供出冯超及游击队的行踪。接着，又把纸笔墨拿来，说她写"自首书"后即释放。软的不行，又来硬的，先锁上沉重的铁镣，用棍棒拷打，用烙铁来烧……但她始终坚贞不屈。

狱中思念战友

夜深人静，远处偶尔传来几声犬吠。黄志恒遍体鳞伤，疼痛得难以入眠，她想起了党组织、上级领导和战友们，此刻他（她）们在什么地方？干什么工作？她更想起了亲密战友郑祯。

那是 1947 年 6 月 24 日，在尚禾塘战斗中，梁柏贤牺牲，郑祯和梁新负伤。新恩人民保乡自卫大队政委陈全派黄志恒陪郑祯到圣堂松岭的一户贫苦农民家里，假借夫妻名义隐蔽治疗。

他们来到村里，黄志恒经常扮作农妇外出采药，回来后为郑祯小心地洗伤口、敷药。有时他伤口疼痛难忍，她就一边洗一边像哄小弟弟一样温和地劝解。有时则说些笑话，分散他的注意力，使他减轻疼痛的感觉。有时他疼痛难眠，就坐在床前陪他到天明。经她精心护理，两个月后郑祯的伤口便痊愈了。

在两人相处的日子，双方互相产生仰慕之情。一天傍晚，她正在清洗快要愈合的伤口，边洗边轻声问："你小时候爱听故事吗？"

他兴奋地说："我最爱听文天祥的故事，他那句'人生自古谁无死，留取丹心照汗青'的诗句现在还激励着我呢。"接着，她讲了自己的往事。

她读小学的时候，就很敬仰历史上的女英雄穆桂英、花木兰等驰骋疆场，为国杀敌。放学后，经常拿着木制的刀枪剑戟在屋里"杀呀杀呀"的玩。母亲埋怨说："一个女孩子成天舞弄刀枪有什么出息呢？还是学些针线女红，将来找个好婆家。"但奶奶总护着她："女孩子就不能练武吗？我看她总有一天有出息，就算是锻炼一下身体也好嘛。"

但是，有一次却把奶奶惹恼了。原来黄志恒最崇拜近代女英雄秋瑾！她与几个同学模仿秋瑾临刑，她扮秋瑾，双手被反绑，站在一张凳子上怒目而视。这时，正好被奶奶看见，狠狠地揍了她几个耳光。

这一晚，他俩说得很多，而两颗心也靠得更近了。

1948年8月初的一天，黄志恒的大姐黄秀娴带着两个孩子从中山偷偷地赶来恩平监狱探望她。她在狱中小声对大姐说，国民党还不知道自己的真名，提醒她咬定叫"黄兰"。并说这次可能会牺牲，人总有一死，但要死得有价值。她请大姐不要伤心，好好教育孩子，赶快离开恩平，免遭意外。黄秀娴望着妹妹，想到自己幼年时，母亲曾开玩笑地说："秀娟（即黄志恒）天不怕，地不怕……"黄秀娴不禁泪如雨下。

血染恩城

国民党反动派眼见无法从她身上捞取半点油水，便恼羞成怒，决计杀害她。

黄志恒入狱后，党组织曾千方百计设法营救。可是，敌人看守格外严密，无法得手。有一次，狡猾的敌人假传行刑日期，游击队计划冲劫法场，最后却落空了。

1948年8月5日，年仅20岁的黄志恒在赴恩城晒布坦社坛前刑场时，不断高呼："共产党万岁！""打倒国民党反动派！"临刑前，毫无人性的敌人对她百般折磨，妄想用身体上的痛苦让她心理崩溃。

山河幽泣，大地悲鸣，流水肃穆，鸟儿止飞。党的好女儿——黄志恒以自己的鲜血，染红了恩平的山水，她的高大形象将永远激励广大人民群众为实现共产主义奋斗！

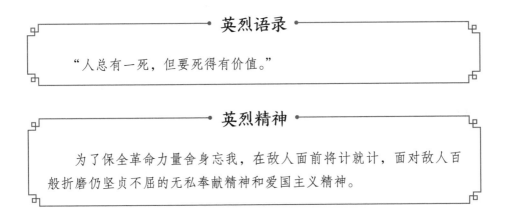

● 英烈语录 ●

"人总有一死，但要死得有价值。"

● 英烈精神 ●

为了保全革命力量舍身忘我，在敌人面前将计就计，面对敌人百般折磨仍坚贞不屈的无私奉献精神和爱国主义精神。

（吴仲华）

李 快（1925—1948）

——不畏强敌、迎难而上的革命战士

李快，广东省揭西县灰寨乡新官林村人。

- 1925 年，出生于一个普通的农家。
- 1941 年，加入中国共产党。
- 1942 年，被潮汕党组织安排留在当地农村，参加农业生产。
- 1947 年，参加武工队。
- 1948 年 4 月，指挥取得崩塘山战役胜利。10 月，在茅坳嶂战役中英勇牺牲，时年 23 岁。

16 岁加入中国共产党

李快，1925 年 3 月出生于广东省揭西县灰寨乡新宫林村一个普通的农家，兄弟 4 人，他排行第三，8 岁进入本村树文小学读书，生性聪明，勤奋用功，学业成绩优良，常常受老师的称赞。

1937 年，潮汕重新建党，灰寨乡成立了党支部，曾广、李日煌、何绍宽等中共党员在树文小学教书，进行党的秘密活动。李快经常接近党员教师，阅读了一些进步书籍，开始懂得革命的道理。1938 年秋，在全国抗日高潮中，灰寨的党组织发动青年，联合社会上各阶层爱国人士，成立了灰寨青年抗敌同志会（简称"青抗会"），开展抗日救亡活动。李快参加了青抗会，经常与同志们一起到各村进行演剧、张贴标语、募捐。他思想觉悟不断提高，经组织的培养、考察，年仅 16 岁就加入中国共产党。

负责情报工作

1939 年冬至 1940 年春，国民党当局掀起第一次反共高潮，形势逆转，灰寨青抗会暂停活动，党组织安排李快负责情报交通工作。李快经常到国民党灰寨乡公所和地方绅士们集中议事的场所打探情况，因为他年纪较小，不易被人注意，因而探得不少情报。他一掌握情报就立即向组织报告。他有几次负责往外地传送情报，机警勇敢，行动敏捷，出色地完成任务，得到领导的表扬。

团结农村青年

1942 年"南委事件"后，潮汕党组织暂时停止活动。党组织安排李快留在当地农村，参加农业生产。他牢牢记住党的指示，积极参加劳动，主动与村中的青年交朋友，带领青年为集体做好事，团结了一批青年在自己的周围。

投入武装斗争

1947年6月，潮汕恢复武装斗争，潮汕人民抗征队在大北山天宝堂成立。10月，潮汕地委、抗征队司令部为了加速武装力量的建设，派何绍宽到灰寨筹建武工队。何绍宽曾是李快的老师，他到灰寨第一个就去动员李快参加武工队，李快兴奋地说："何先生，我盼望好几年了，如今有你带领，就是上刀山下火海，我都跟着干。"当时，李快家中有年迈的双亲和已怀了孕的妻子，为了投身武装斗争，夺取革命胜利，他耐心说服了他们。

武工队初建时只有四五个人、两条短枪和十几发子弹，工作是相当艰苦紧张的。李快跟着何绍宽，不分白天黑夜，不管刮风下雨，深入农村进行革命宣传，发动串联青年入伍。同时通过各种手段，向民间征借枪支和筹钱筹粮。不到两个月，武工队就发展到30多人枪支，在群众中产生了很大的影响。当地国民党乡长对武工队又怕又恨，便勾结反动武装多次破坏武工队的活动。武工队决定严惩这个顽固的反动分子，把任务交给李快去执行。李快带了两位队员，侦察到这个乡长的行踪，出其不意地把他抓获，代表人民就地处决了他。此举震慑了地方反动势力，鼓舞了人民群众，扩大了武工队的影响。

担任中队长

李快入伍不久便被提为短枪班班长，经常带领战士开展游击活动，有时利用夜间把队伍拉进敌占区，到地主豪绅家里征枪征粮；有时潜入敌军驻地张贴宣传标语，剪断电线，破坏敌人的交通电讯设施；有时配合抗征队攻打敌人反动联防，侦察敌情，充当向导。有一次队伍从灰寨出发，经过京溪园、五经富、三十岭、白塔，正好当地在演戏，他就登上戏台，宣传革命，影响很好。在武工队的一系列活动中，李快表现得勇敢机智和吃苦耐劳、身先士卒，深得战士们的拥护和领导的称赞，特别是得到抗征队主力第一大队队长丘志坚的赏识。1947年冬末，李快被调入第一大队，担任第一中队队长，从此紧跟丘志坚，奔驰大北山区，参加多次战斗，为人民解放事业作出了贡献。

指挥崩塘山战役

1948 年 4 月 5 日，自吹从来没有打过败仗的敌军王国权营 600 多人进犯大北山根据地，抗征队第一大队在崩塘山与其展开激战。那天上午 8 时，部队占据崩塘两个山头，阻击敌人前进，敌人依仗轻、重机枪的强大火力，以密集的队形向山头阵地发起多次冲锋。李快带领 8 位战士扼守在左侧山头上，面对数倍于己的敌人，毫不畏惧，勇敢沉着地应战，等到敌人靠近阵地二三十米时，他指挥战士，机枪、步枪、手榴弹一齐开火，一次又一次地把敌人打下去。战至下午 3 时，打退了敌人十多次冲锋，杀伤了一批敌人，抗征队也牺牲了两位战士，三人负伤，仅有的一挺机枪出了故障，子弹也不多了，这时又有一股敌人在十多挺机枪的掩护下，步步紧逼过来。在此紧要关头，李快坚定地说："同志们，上刺刀，把手榴弹、土炮都摆上来，等敌人再靠近些，狠狠地打！"敌人离阵地只有十多米了，李快大喝一声："打！"战士们一跃而起，手榴弹、土炮同时在敌群中炸开，打得敌兵连爬带滚退下去。战至下午 4 时，敌人始终未能前进一步，敌营长王国权恼羞成怒，亲自打着小旗督战，被机枪手黄编一枪击倒，敌人失去指挥，顿时慌乱起来，抗征队发起冲锋，把敌人打得狼狈败退。

偷袭敌人

1948 年 5 月中旬，敌人又拼凑了三个营的兵力进犯大北山根据地。5 月 12 日凌晨，敌兵一个营窜入八乡戏仔潭村。该晚李快正带领一中队 30 多人埋伏在村外河边的一座山头上，天亮了，战士们透过薄雾，发现山脚下的河滩上一大堆敌人正在吃饭，敌人从数量上、装备上都比一中队强好几倍，打还是不打呢？李快当机立断，决不能放弃消灭敌人的有利战机，趁其不备，给予狠揍。他一声令下，机枪、步枪一齐开火，手榴弹飞入敌群，霎时，河滩上硝烟弥漫，敌人横七竖八地倒了一大片，慌忙抢占对面一处山头，组织火力向一中队进攻。战至 10 时，一中队子弹已将近打完，敌人趁枪声冷落，集中火力，向阵地冲来，有的还高声叫着："抓活的。"李快见状气得火冒三丈，激动地说："同志们，上刺刀，与敌人拼！"眼看敌人已爬上来了，李快大吼一声："拼啊！"几十把明晃晃的刺刀刺向敌群，一下子就把前面的10多个敌兵刺倒。后面的敌兵吓得掉头就跑。趁敌慌乱退却之际，李快指挥战士迅速向山后密林处转移，等到敌兵回过头来再次接近山头时，阵地上连一个影子也找不到了。

1948年8月，敌曾吉营进至大北山下的五经富，企图进犯根据地。为了摸清敌人的底细，领导派李快深入敌军驻地侦察。李快带了两位战士，化装成农民，与赶集的群众一起进入五经富。经过一番侦察之后，来到一家饭店，发现店内有一敌军官正在吃喝，李快示意两位战士在门外警戒，自己进入店里要了一碗面条，坐到敌军官对面吃起来。敌军官酒醉饭饱起身欲走时，李快一枪把他击倒，随后与两位战士迅速撤离。敌军受到打击之后，惶恐不安，接着又遭第一大队的伏击，只得灰溜溜地撤走了。

9月，李快参加中共潮汕地委举办的军政干部训练班学习，住在灰寨乡后埔祠堂，这里离他家只有两里路。一天，妻子前来探望他，见到丈夫变得又黑又瘦，不禁心酸泪下，要求他回家一趟，看看年迈的双亲和小女儿。李快面对妻子一时不知从何说起。呆了一阵后才把自己入伍以来的情况相告，最后说服了妻子。

在茅坳嶂战役中英勇牺牲

1948年10月，喻英奇调集潮梅两地兵力3000余人，由保安十六团团长刘永图为总指挥，集中主力向大北山根据地中心良田进攻。潮汕支队为了歼灭来犯之敌，调丘志坚团主方扼守良田，选定以茅坳嶂为主要战场伏击敌人，派一连、二连负责伏击任务。当时李快是一连连长。10月15日午夜2时，一连、二连各派一个排进入茅坳嶂隘口左右两个山头设伏，上午8时，敌人果然来了，排着一公里多长的纵队，缓缓地朝部队设伏的山谷行进。待敌人进到离部队只有100米以内坐下休息时，指挥员一声令下，两侧阵地上的机枪、步枪、手榴弹、土炮狂风暴雨般地向谷底倾泻下去，谷底顿时硝烟弥漫，敌兵来不及抵抗就倒下一大堆。进入伏击圈的敌兵被歼后，后面的敌人慌忙抢占一块高地，很快就组织火力向阵地猛攻。前头隘口左右两翼的枪声一响，李快带领两个排立即登上左侧另一无名高地，正面阻击敌人的进攻。敌人吃了大亏，发疯一样进行报复，集中迫击炮、轻重机枪猛烈地向无名高地射击，发起一次又一次的冲锋。李快沉着地指挥战士们，利用有利地形，待敌人靠近阵地时，集中火力狠揍敌人。从上午9时战至中午，打退了敌人10多次进攻。

午后，敌人又一次冲锋，数门迫击炮和10多挺机枪一齐向无名高地开火，阵地上浓烟四起，尘土飞扬。这时，李快见子弹存下不多了，便指挥战士们搬石块、上刺刀，准备和敌人决斗。在猛烈炮火掩护下，敌人缓缓地爬上来了，离阵地50米……30米……李快带领战士们跃出战壕，挥舞着刺刀猛冲下去。李快冲在前头，敌人机枪扫来，他不幸身中数弹，鲜血如注，倒在阵地上了。李快牺牲时年仅23岁。

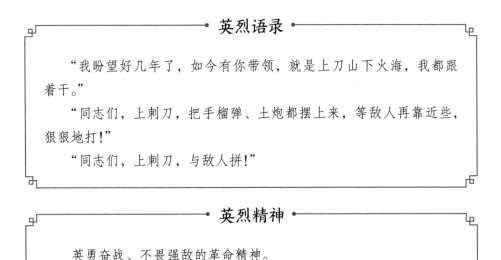

● 英烈语录 ●

"我盼望好几年了，如今有你带领，就是上刀山下火海，我都跟着干。"

"同志们，上刺刀，把手榴弹、土炮都摆上来，等敌人再靠近些，狠狠地打！"

"同志们，上刺刀，与敌人拼！"

● 英烈精神 ●

英勇奋战、不畏强敌的革命精神。

（刘伟）

李雨山（1915—1948）

—— 好男儿应当以身许国、拼将热血护神州

主要生平

李雨山，广东省吴川县东上岭村人。

- 1915 年 9 月，出生于一个农民家庭。
- 1934 年，毕业于原梅菉市私立六堡小学。
- 1938 年春，前往高州参加游击干训队。
- 1939 年春，加入中国共产党。同年春夏间，被编入黄景文的第七中队当小队副。
- 1940 年，任岭尾乡副乡长。
- 1942 年，岭尾乡与横溪乡、横塘乡合并为三民乡，被任命为三民乡乡长。
- 1944 年秋，组织和领导三民乡及邻近村庄的武装起义（即"良村起义"）。
- 1945 年，引导地方人民起义战斗，后又全力恢复党群组织，坚持隐蔽斗争。
- 1947 年，有效地解决了地方政权和化吴主力的军饷问题。
- 1948 年，英勇牺牲，时年 33 岁。

参加干训队

李雨山，广东省吴川县东上岭村人，1915 年 9 月出生于一个农民家庭。李雨山在本村读了 6 年私塾，15 岁时转到化县山口村陈博泉塾师家"开讲"，18 岁考入原梅菉市私立六堡小学读高小，1934 年毕业。李雨山自小就养成了沉静温厚、刚毅正直、待人有礼、尊敬长辈、天资敏慧、勤奋好学的秉性。既富有同情心和正义感，又善于团结人，组织能力很强。1934 年高小毕业后，因无钱升学而回家务农。此后，当了三年家庭教师。这时，日本帝国主义的铁蹄已蹂躏了祖国的半壁山河，胸怀大志的李雨山，经常为国家民族的存亡而夜不成寐。他常说："'国家兴亡，匹夫有责'，好男儿应当以身许国、拼将热血护神州。"1938 年春，上海、南京、太原等地相继陷于敌手。此时，正痛感报国无门的李雨山，获悉抗日将领张炎将军回南路任十一区统率委员会主任，并在高州成立抗日游击干训队的消息，令他欣喜若狂，便毅然辞去教师职务，前往高州参加干训队受训。

在受训期间，李雨山向队部墙报编辑部投了一篇稿。在该文中，他慷慨激昂地大声疾呼抗日图存，痛斥国民党顽固派的投降妥协政策，主张发扬林则徐的爱国主义精神，驱逐日寇，拯救中华。一天，主编墙报的地下党负责人谢玫，拿着李雨山的稿子来找他谈话。谢玫劈头就问："你写这样的稿子，不怕杀头吗？"李雨山回答说："当亡国奴比杀头还可怕！"谢玫见他是块好料子，便加紧对他培养教育。1939 年春，李雨山便光荣加入中国共产党。

为领导人民举行抗日武装起义做坚实的准备

1939 年春夏间，张炎为更好地开展抗日救亡运动，首先举办干部训练队，准备骨干。同年 8 月干训队结束，接着成立学生总队。总队下分 10 个中队。李雨山被编入黄景文的第七中队当小队副。此时，大多数中队都成立了中共支部。七中队的支部书记是黄景文，李雨山任组织委员。

1940 年，国民党高州当局制造了"周文事件"。国民党广东省政府借此撤了张炎七区专员的职务，又强令解散学生总队。学生总队的党组织遵照南路特委的指示，迅速将党员和革命骨干分派到各地去撒播革命火种。李雨山被派回原籍。不久，党组织通过开明人士李津香（后为革命烈士）出面，李推荐雨山任岭尾乡副乡长。1942年，岭尾乡与横溪乡、横塘乡合并为三民乡，李雨山又被任命为三民乡乡长。

在任期间，李雨山利用合法身份做了几件大事，为以后党在这个地区领导人民举行抗日武装起义，做了相当坚实的准备。

首先，他在良村创办了三民乡中心小学，在郑山和东上岭设立分校，使党组织得以派出王树槐兄妹三人及苏爱莲、李华良、梁毅、邱惠文、屈雪莹、卢素琴、翟应龙、李应祥、吴振声等一批党员到那里当校长、教师，就连当时负责吴（川）化（州）梅（菉）茂（名）地区的特派员黄明德，也是在三民乡中心小学以教师为掩护而领导这一地区工作的。同时，又组织教师和高年级同学分工到附近村庄办民众夜校，使附近村庄的抗日救亡宣传教育工作得以广泛深入地开展。李雨山也到学校去兼课，学校师生和当地群众对他的工作热情和革命精神深为感动。

第二件大事就是在良村和上岭等地领导群众组织生产合作社和成立垦荒队。合作社以自愿集股的形式组织起来。当时几个村共集了1000多股，购进棉花，由各村的姐妹会组织妇女纺纱织布，统一经销，抵制了投机商贩对原料和成品的抬价和压价，使群众收入有所增加。跟着又在东西上岭和良村、那熟等村组织两支共400多人的垦荒队，开出荒地上千亩，种上棉花、番茄、眉豆，发展了生产，使群众生活有所改善。

第三件大事就是成立睇峒会和武术馆。为了准备开展武装抗日，李雨山遵照党的指示，积极发动群众，在全乡普遍成立睇峒会和武术馆。睇峒会订有章程，按各户田亩实数收取睇峒谷。这样，既有效地保护基本群众的利益，增加睇峒农民的收入，又能以此公开组织去集合群众，训练群众；成立武术馆也为后来的武装斗争做准备。参加睇峒会和武术馆的骨干分子，都参加了以后的抗日武装起义，其中不少人成为抗日战争和解放战争时期坚持武装斗争的骨干。

李雨山立场坚定，爱憎分明，事事处处维护群众的利益，支持群众以吊耕法进行抗租，以派税法代替抽丁，有力地制止土豪劣绅逃避征兵征税，一味向贫苦人民转嫁负担的丑恶行径。经过一年多的努力，全乡群众对李雨山更加拥戴。

领导"良村起义"

1943 年春，日军占领了广州湾及雷州半岛，南路人民迫切要求奋起抗日，而国民党顽固派却变本加厉地摧残共产党人和革命人民，激起人民无比的愤恨，到处呈现一种官逼民反的情势。1944 年秋，按照南方局的指示，南路特委部署各县积极开展抗日武装起义。李雨山在黄明德的直接领导下，具体负责组织和领导三民乡及邻近村庄的武装起义（即"良村起义"）。

1945 年 1 月 15 日，良村、东西上岭、下巷、那熟、里塘、郑山等村庄的青壮年农民和三民乡小学（包括分校）的高年级学生数百人，以聚餐为名，在良村小学举行起义前的誓师动员大会。贫苦农民代表、革命师生代表、开明士绅代表和李雨山都先后在大会上讲话。李雨山词锋锐利，演说极富吸引力，对群众鼓舞很大。聚餐后，李雨山亲自部署起义。他指派一部分人镇守良村小学和上岭分校，其余人马由他率领，高举红旗，挥舞大刀、长矛、盾牌、马叉和数十支土枪，首先攻陷庆和乡公所，缴枪 20 余支。旋即回师解决三民乡公所。由于事前已充分做好策反工作，义师一到，乡兵俯首投降（因在此之前，李雨山已被撤了三民乡乡长职务），又缴枪 20 余支。翌日早饭前，又率队支援陈可楷队伍攻下罗安乡公所，同样缴枪 20 余支。于是，李雨山率队与南安乡的李一鸣队伍和安岐乡的李益泰队伍胜利会师，几支队伍浩浩荡荡地开过淦江，在南巢整编，成立南路人民抗日游击队第四大队。大队长李一鸣，政委黄明德，李雨山任副大队长兼第一中队长。不久，上级派梁弘道率程耀连独立中队前来配合行动，并重组领导机构，梁弘道任大队长、黄明德任政委、李一鸣任副大队长、李雨山任第一中队长。部队先后在塘北、博厚、梁屋沙美、下坡等村的大地主家开仓济贫、收缴枪支。

1 月 25 日晚，李雨山中队开回东西上岭。第二天早饭后，适国民党团长李钧阳率电白县自卫大队一个中队前来进犯，被李雨山中队及东西上岭的革命群众迎头痛击，当场毙敌 8 名，缴枪 10 余支。敌军仓皇向良村溃退，又被良村、那熟、下巷、里塘等村的革命群众奋起痛击。革命群众从四面八方挥动大刀、长矛、盾牌、马叉向敌军扑去。一时，方圆数里，锣鼓雷鸣，杀声震天，又有几个敌兵被劈死，吓得敌人胆战心惊，亡命突入良村祠堂负隅顽抗。李雨山中队和革命群众将敌军团团包围，多次发动冲锋，只因部队没有战斗经验，又缺乏重武器，故而直至黄昏仍未攻克。当时良村有个叫张实清的武术教头，口咬双刀，用两支藤牌车到祠堂门口，意欲砸开大门，全歼敌人，不幸中弹牺牲。跟着，李雨山头部负伤，加上敌人援兵将至，所以部队只好撤围。当晚，李雨山被送往亲戚家治伤，队伍则返南巢待命。

5天后，梁弘道大队在南巢被国民党警四大队突然袭击，部队猝不及防，队伍被打散，大队长梁弘道在突围时光荣牺牲。

南巢之役失败后，敌军先后两次前来东西上岭进行报复性洗劫，"三光"惨状，目不忍睹。李雨山闻讯后，伤势未愈便赶回家乡，向革命群众做耐心细致的思想工作，鼓舞士气，坚持斗争，并多方联系失散的游击队员。

此时，副大队长李一鸣逐步收集溃散人员近100人，在吴西南一带继续坚持斗争。

日本帝国主义投降前夕，化吴党组织在经过一段艰苦卓绝的反"扫荡"斗争之后，又逐渐喘息过来，重整旗鼓，建立化吴县工委。李雨山在县工委的领导下，全力恢复党群组织，坚持隐蔽斗争。

领导恢复党组织建设和武装斗争

1947年，李雨山任茂化梅边区区长，在当时的化吴中心县委领导下，按照上级党的"开始小搞，准备大搞"指示精神，全力抓好建党建政、武装斗争和统一战线等工作。由于李雨山正确执行党的方针，作风艰苦深入，细致稳健，加上他在本地区有很高的威信，在同年夏秋间，他所领导的地区，老区已全部恢复党组织建设和武装斗争，新区也得到很大的发展。建党工作尤其显著，茂化梅区共建立了15个党支部，党员达118人。边区内的大村庄，几乎都有党员在起核心骨干作用。全区建立乡一级民主政权的，有三民乡、罗安乡、南岐乡和交心乡。乡有正、副乡长和指导员，乡政府下设行政村和自然村。行政村和自然村均有村长。凡民主建政的村庄，普遍建立农会、妇女会、儿童队和游击小组。由于当时广东全省的敌军大部被抽调北上打内战，留守的兵力十分薄弱，其基层政权便处在革命势力的包围之中。化吴地区的敌我势态更是如此。所以，茂化梅区所建立的区乡民主政权是确有权威的。亦正因为如此，所以茂化梅边区的财政税收基本稳定。当时的中小地主和富户不但要遵守"二五"减租的规定，还得按时遵约向部队缴纳军饷。四岔口税站不论白天黑夜，都有同志在那里征收行商货物税。这就较为有效地解决了地方政权和化吴主力——四团的一部分军饷。

1947年秋末冬初，国民党政府派陈沛率领几个保安团前来化吴进行大"扫荡"。长岐清乡办事处主任"杀人王"杨爱周则率领一个自卫大队坐镇长岐圩，重点"扫荡"茂化梅边区。此时，不但所有圩镇有敌人的重兵驻扎，就是每个较大的村庄，也有敌军严密把守。反动派强迫群众拆屋建碉堡、筑炮楼，各乡各保均恢复了自卫队，四出封村围捕。长岐圩几乎天天有大批革命群众和革命干部、战士被杀害。一时间，白色恐怖弥漫天际，腥风血雨洒遍淦江两岸。李雨山根据上级指示，及时转变斗争方式，精简队伍，化整为零，除留下少数最精干的手枪队在原地坚持斗争外，大部分已转移到外区活动。

英勇牺牲

"大丈夫流血不流泪，受死不受辱。"这是李雨山经常对干部战士进行气节教育的一句惯用语。他的壮烈牺牲，实践他生前的誓言。

1948年2月11日，杨爱周率队到东上岭"扫荡"，当场捉了30名男青年，声言要全部杀掉。当时，李雨山本已奉命撤离原地，但他为了营救这30名青年，便与手枪队领导人李雅南研究，决定暂留下来设法营救。于是，他一连三晚，带着保卫员吴亚甫深入虎穴，到三民乡乡长李耀东家，责令他要负责保释这30名青年。由于在原地滞留过长，李雨山的行踪被杨爱周侦察确实，所以到第四天（即农历正月初五），杨爱周虽然将这30名青年释放了，但他已分兵三路，朝李雨山当晚所住宿的坡儿尾村包围过来。在千钧一发之际，李雨山和李雅南立即分头突围，李雅南率几名手枪队员从正东方向突围而出，李雨山率保卫员吴亚甫向东北方向撤离。可是，当李雨山刚冲出村边不远，突然想到还有一些重要文件未处置好，便又迅速奔回村内。当他再度从原方向突围，并冲到顿流村边的一个荔枝园时，腿部突然被敌人机枪打中，伤势十分严重，前面又有一条小河挡住去路。吴亚甫发觉李雨山负伤，便急忙折回头要护他突围。李雨山知道自己无法逃脱，就命令吴亚甫立即突围，但吴亚甫却含着热泪喊："我们生同生，死同死，我坚决保护你突围！"话音刚落，吴亚甫胸腹连中数弹，首先光荣牺牲。李雨山立即匍匐过去，拿过吴亚甫的手枪，沉着地向敌人频频射击。当他打完第一支枪的子弹时，就把手枪拆开，将零件扔到小河去，接着又拿起第二支枪射击。第二支枪子弹打完了，又把零件拆散扔掉，继续拿起第三支枪射击。这样，直打到第三支枪的最后一发子弹，他从容地饮弹而存节。最难能可贵的是，李雨山在与百倍于己的敌人的作战中，为了保护身上的机密，他一面对敌开火，一面将身上机密文件撕得粉碎，使之随风飘失。战斗持续了半个多小时，敌人仍不敢前进一步。充分体现出共产党员那种泰山崩于前而面不改色的革命英雄气概。他那英勇献身的光辉形象，的确是惊天地而动鬼神的！李雨山牺牲时年仅 33 岁。

李雨山烈士永垂不朽！

● 英烈语录 ●

"'国家兴亡，匹夫有责'，好男儿应当以身许国、拼将热血护神州。"

"当亡国奴比杀头还可怕！"

"大丈夫流血不流泪，受死不受辱。"

● 英烈精神 ●

立场坚定、爱憎分明、事事处处维护群众利益的革命精神；泰山崩于前而面不改色的革命英雄气概。

（陈火炎）

梁礼康（1922—1948）

—— 在艰苦的环境下斗志愈坚的共产主义战士

主要生平

梁礼康，又名梁祥，广东省新会县人。

- 1922 年 3 月，出生于一个贫苦农民家庭。
- 1938 年，小学毕业后，回家耕田，尽力为家庭生活分忧。
- 1940 年夏，积极投身抗日活动，不久加入中国共产党，
- 1941 年，以排球队的形式经常组织群众开展活动。
- 1943 年，被推选为学校董事。同年底，推举了思想比较进步的归侨工人梁延伯为大井头老更队队长。
- 1944 年夏，参加新鹤人民抗日游击大队，并被分配担任机枪手。
- 1945 年 8 月，回家养伤途中被敌人逮捕。
- 1947 年，重新奔赴部队，先后担任排长、连长等职。
- 1948 年 7 月 6 日，阻击敌人，掩护大队伍撤退。在撤离时，不幸被敌人子弹打中胸部，时年 26 岁。

革命之心初起

梁礼康，又名梁祥，1922年3月出生于广东省新会县棠下区大井头牛轭村一个贫苦农民家庭。父亲梁文照是个刚直不阿、思想进步的农民，母亲是个勤劳善良、待人诚恳宽厚的妇女。全家兄妹5人，他排行第二。

梁礼康少年时在本乡井溪学校读书，1938年小学毕业后，因家庭经济拮据，不能支持他继续升学，只好回家耕田。但梁礼康对此并不埋怨，反而尽力为家庭生活分忧。此时，16岁的梁礼康已长成大人模样，身躯结实又高大，成为家庭中最得力的劳动力。每到农忙季节，他干完自家的农活之后，还主动帮助缺乏劳动力的乡亲插秧、割禾、犁耙田。他这种助人为乐的精神，深受乡亲们的称赞。

梁礼康自小就受父亲进步思想的影响，逐渐形成为人正直、敢说敢为、爱憎分明的思想品格。在校读书时，新会地下党领导的抗日救亡团体的宣传，和进步教师的教导，使梁礼康又从中受到了深刻的教育，抗日爱国思想觉悟不断提高。抗日战争全面爆发后，他目睹日本帝国主义的侵略、国民党政府的腐败无能、人民生活苦不堪言，开始懂得只有跟着共产党干革命，打败日本帝国主义，人民才有好日子过。

加入共产党，引领群众走革命之路

1940年夏，梁礼康积极投身到抗日活动中去。当时，广东省赈济总队十一分队奉命到大井头工作，队里有陈光远等几位党员同志组成的党支部。赈济队除做好救济工作外，还肩负着宣传抗日、发展抗日力量、建立党组织的任务。他们在大井头一开始就办起了民众夜校、识字班，开展宣传工作。梁礼康主动协助赈济队开展各项工作，他不但自己积极参加民众夜校的学习，同时，还动员许多群众参加。由于梁礼康抗日爱国热情很高，处处表现均具有较高的革命觉悟，不久就光荣地加入中国共产党，成为大井头乡首批中共党员之一。

梁礼康入党后，工作更加积极，和支部的其他党员紧密团结，积极办好民众夜校并兼任教师，教农民识字学文化，宣传党的抗日民族统一战线的正确主张，激发群众的抗日斗志。他为了更好地联系群众，抽空学会了修钟表的手艺，免费为群众修理钟表，借此和一批青年群众交友。在他的影响和启发下，一批青年群众也走上了革命道路，先后有 5 名积极分子被党支部吸收入党，壮大了党组织的力量。

转入隐蔽活动，发展革命武装

1940 年 10 月至 1941 年初，国民党反动派掀起第二次反共高潮，政治形势又随之恶化。根据上级的指示，大井头党支部也转入隐蔽活动，民众夜校读书会也因此而停办了。在这种情况下，梁礼康并不消极等待。他根据青年群众喜欢打排球的特点，以排球队的形式把青年组织起来，一有时间就组织大家到学校打排球，以此密切联系，开展工作。由于梁礼康经常组织群众开展活动，这里的反动顽固势力也不敢轻举妄动、横行霸道。

在隐蔽活动期间，梁礼康还常到学校给低年级同学上课，甚至到家里去辅导学生学文化知识，深得群众的信任，1943 年，梁礼康被推选为学校董事。同年底，在大井头老更队改选队长之时，为了把老更队这支地方武装争夺过来，梁礼康在党支部的领导下，积极配合支部的其他同志做好群众工作，结果推举了思想比较进步的归侨工人梁延伯为老更队队长。原队长梁文沛极为反动，在改选中失掉职位后，反动气焰仍没收敛，扬言要进行报复。群众对梁文沛的所作所为十分愤恨，党支部决定铲除这条毒蛇，为民除害。于是派人跟踪侦察。有一天，侦察到他从外面赌博回来，梁礼康随即带领同志们埋伏在他必经之路的山边，等了一会，梁文沛果然从这里经过，梁礼康一声号令，大家一跃而起把这个坏蛋抓获，押到半山上毙掉。大井头群众得知这一消息，无不拍手叫好。

藐视困难，在艰苦环境下斗志愈坚

1944 年夏，新会县委根据上级关于发展粤中抗日武装斗争的指示，把长期积蓄、隐蔽待机的党的地下武装力量迅速集结起来，组成新鹤人民抗日游击大队。这时，梁礼康和弟弟梁冲一起参加了这支游击大队，并被分配担任机枪手。在部队里，梁礼康处处遵守纪律，团结同志，勤学苦练军事技术，很快掌握了机枪的射击和修理。在部队转战杜阮、鹤山云乡、宅梧等地的多次战斗中，他冲锋在前，撤离在后，出色地完成了许多战斗任务。

1945 年初，梁礼康随部队转移到鹤山皂幕山地区活动，由于频繁的战斗，部队的给养发生困难，有时一天都吃不上一顿饭，生活环境十分艰苦。在困难面前，梁礼康毫不畏惧，和战友们甘苦与共，始终保持革命乐观主义精神，藐视一切困难，在艰苦的环境下斗志愈坚。

1945 年 5 月 14 日拂晓，国民党周汉铃"挺五"部、袁带"挺三"的刘登部和鹤山总队、新会联防队共集结了 600 余人直扑古猛二团驻地。二团在团长卢德耀指挥下，全力阻击敌人，边打边向后山撤退。正当激战之时，团长不幸腰部中弹并穿过肚皮，鲜血直往外流。梁礼康接到负责抢救团长脱险的命令后，全然不顾个人安危，冒着敌人的枪林弹雨，迅速冲上山顶，背着卢德耀撤离火线，到达安全地带，才把卢德耀交给弟弟梁冲和其他战士护送下山救治。然后又马上冲上高地，同其他战友一起顽强地阻击敌人。最后，部队安全撤离。

回乡养病，不幸入狱

1945 年 8 月，梁礼康因脚底受伤，不便行军作战，部队就派人扮作卖炭的农民送他回家养伤。他们离开营地行至鹤山赤草村前，不料被何柏自卫队发现并随后追来。这时，他为了掩护战友，让战友走在前面，与自己拉开距离。最后因寡不敌众被敌人逮捕，押解往鹤山玉桥乡莺朗村监狱。在狱中，敌人多次严刑逼他招供，他始终坚贞不屈，没说出部队的一点情况，使敌人束手无策。几个月的监狱生活，并没有动摇梁礼康对革命必胜的坚定信念。组织上获悉梁礼康被捕后，千方百计通过有关的社会关系，展开营救工作，经过几个月的努力，终于使他在年同底获得释放。

梁礼康出狱后，抗日战争已胜利结束，这时，一部分部队准备北撤，一部分人员分散隐蔽。梁礼康奉命回到家乡牛轭村隐蔽待命。同时，部队还把一挺机枪交给他收藏保管。1947 年，新鹤边区武装斗争又公开恢复了。梁礼康一接到归队的通知，立即带着收藏的武器奔赴部队。此后，在转战五邑两阳的多次战斗中，他英勇杀敌，表现突出，先后担任排长、连长等职。

掩护队友撤退，英勇献身

1948 年 7 月 6 日，部队转战到阳春县马头山地区途中，突然与敌遭遇。敌罗定、云浮、新兴、阳春四县联防处主任廖衡山，纠集反动武装 1000 多人，拦截部队去路，并兵分几路将西山大队重重包围。敌人依仗人多势众，企图一举把部队歼灭。这时，大队领导经过认真分析，决定不作硬拼，立即突围撤退，命令梁礼康带领华山连全体指战员占据有利地形，阻击敌人，掩护大队伍撤退。梁礼康坚决执行命令，在战斗中身先士卒，英勇顽强地和全连同志一起，击退了敌人的多次冲锋。当部队已安全撤退，梁礼康完成掩护任务后撤离马头山时，不幸被敌人子弹打中胸部。这位农民的儿子，在党的培养教育下、在抗日战火洗礼中成长起来的共产党员，为了人民的解放事业献出了宝贵的生命。牺牲时年仅 26 岁。

● 英烈精神 ●

在艰苦环境下与战友们甘苦与共，藐视一切困难，斗志愈坚，始终坚持的革命乐观主义精神；在敌人面前威武不屈、正气凛然的革命斗争精神。

（林铭新）

梁茂林（1919—1948）

—— 无限忠于革命、忠于人民的优秀革命战士

主要生平

梁茂林，字修竹，号瑞崇，广东省开平县大沙镇蕉园村人（当时属鹤洲乡）。

- 1919 年，出生于一个殷富之家。
- 1943 年，在南方商业大学结业后回到家乡积极参加抗日斗争。
- 1944 年 6 月，组织 10 余位青年，持枪在尖石湾海潭把特务中队长张耀铭偷运售给日伪的 3000 余斤钨矿截获。9 月，委任为开平抗日自卫大队鹤洲乡独立分队分队长。
- 1947 年 11 月 21 日，任尖鹤人民救乡独立大队大队长。
- 1948 年，在蕉园战斗中不幸牺牲，时年 29 岁。

一位满腔热血的爱国青年

梁茂林，宇修竹，号瑞崇，1919年4月19日出生于广东省开平县大沙镇蕉园村（当时属鹤洲乡）一个殷富之家。他的父亲梁二奴，母亲黄美娇，都是朴实的农民。他母亲生下三男二女，他为长子。少年时代，他在本村读私塾7年，勤奋好学，尊敬师长，学习成绩优异。他从小就有广交朋友、同情大众、助人为乐、见义勇为、不攀权贵、不畏强暴的性格。

1943年春，梁茂林在南方商业大学行政专科就读时，受进步思想影响，对日本帝国主义侵华义愤填膺，结业后回到家乡积极参加抗日斗争。1944年6月的一天晚上，广阳守备区指挥部驻尖（石）鹤（洲）办事处特务中队长张耀铭，偷运3000余斤钨矿去三埠售给日伪。梁茂林组织10余位青年，持枪在尖石湾海潭把将钨矿截获。事后，张耀铭通过国民党当局施加压力，亲自出马恫吓威胁，并利用亲戚说情，要梁茂林把全部钨矿交回，梁茂林坚决拒绝。从此，张耀铭怀恨在心，伺机报复。1944年9月间，地方上决定成立开平抗日自卫大队鹤洲乡独立分队，委任梁茂林为分队长。张耀铭即串通广阳守备区指挥部驻尖鹤办事处主任谭强一伙，以私通"奸匪"的罪名，把梁茂林的手枪缴了，将分队全体成员押赴开平县政府"审查"。后由当地父老乡亲担保和交付罚款，梁茂林才被释放回家。张耀铭仍未罢休。1945年12月，梁茂林受乡亲委托去广州聘请粤剧名班回蕉园演出，路过新昌在亚洲旅店住宿，张耀铭即勾结国民党六十四军驻新昌特务营以"著匪"为名，把梁茂林扣押，阴谋杀害。后经社会人士出面交涉，乡亲担保，几经周折，梁茂林才脱离虎口。梁茂林对此十分愤慨。

解放战争开始后，梁茂林进一步靠拢人民，投向革命一边，逐步地由一位满腔热血的爱国青年转变为优秀革命战士。

接受中国共产党的教育

1947年6月，中国人民解放军由战略防御转入战略反攻。从前段艰难曲折的道路走过来的梁茂林。对于今后何去何从，一时思想迷惘，内心彷徨。党组织因势利导，及时为他指明方向。是年7月初，由党领导的新恩人民保乡自卫大队部分同志来到蕉园村建立据点，发动群众开展武装斗争。当时，大队长冯超认真贯彻党的统一战线工作方针，争取和团结各阶层的人民共同推翻国民党的反动统治。首先，他通过蕉园村抗战时期就与共产党有联系的梁池寿做梁茂林的统战工作，在对梁茂林进行调查考察的基础上，于7月的一天晚上，与梁茂林在蕉园村武馆首次见面交谈。他们从日常生活谈到革命道理，从过去的历史谈到今天的现实，从国民党谈到共产党。谈话中，冯超向他反复说明中国共产党的性质、路线、方针、政策和革命前途。同时，也明确指出国民党反共反人民，已为全国人民所唾弃，迟早要垮台的，只有参加游击队，坚定不移地跟共产党走，才有光明的前途。梁茂林过去在商大读书时，曾经听过这些道理，但理解不深刻，现在感到特别亲切，思想颇有感触。谈话结束，冯超送了一份《华商报》给他，并热情地说："老梁，今后我们交个朋友吧！"梁茂林接过报纸，激动地说："阿超叔，你们共产党游击队真好。今后有什么事情需要帮忙，一定尽力而为。"初次见面，谈得很成功。不久，冯超又约梁茂林到武馆交谈。这次交谈，天南地北，无所不谈，他敞开思想，结合实际，从如何缴获张耀铭的钨矿而被陷害的惨景，谈到抗日战争时期国民党广阳守备区指挥官李江、"挺五"司令周汉铃的官兵在尖鹤山区消极抗日，对老百姓百般欺凌，到处抢劫，闹得人心惶惶、鸡犬不宁的恶劣行径深表不满。冯超一边细听，一边思考，觉得梁茂林虽然是富家弟子，曾拜周汉铃第五房妾侍为"契娘"（双方早已断绝关系），但年纪轻，影响较少；有正义感，爱打抱不平；受过进步思想影响，爱国爱乡，在当地有一定威信，特别曾直接遭到国民党迫害、对社会现实不满，等等。这些都是能使他转向革命的因素和条件。以后，他们经过多次接触，关系逐渐密切。

成为武工队的骨干

梁茂林在党组织的教育和引导下，经过一段时间的实际考验，终于觉醒过来，带领手下的人马和枪支，加入武工队，成为武工队的骨干。

1947年11月21日，尖鹤人民救乡独立大队在蕉园村宣告成立。经党组织研究决定，梁茂林任大队长，罗明为政治委员，梁池胜为参谋长。大队下设三个中队，由谭沃、梁海和熊伙仔分别任中队长，全大队共60余人。大队成立后，梁茂林意识到部队要担负起艰难的军事、政治等复杂的战斗任务，而大部分成员都是农民，革命热情高涨，但思想单纯，既不懂军事知识也不会打仗，因此在政治质素、军事技术方面都要迅速提高，才能担负起革命的重任，于是他主动向党组织提出部队要加强军事训练的建议，党组织接纳他的建议，集中一段时间对部队进行了一次思想整顿和军事训练。部队经过整顿和军训，政治质素和军事技术提高了。在这基础上，梁茂林根据党组织的部署，率领部队主动进攻敌人：一是攻打恩平县太平乡乡长黄泽生和尖石乡黄大布村地主恶霸黄光裕，没收鹤洲乡乡长梁裕仪和新兴县岭村国民党军官张耀铭的部分财产，从而打击了国民党基层反动政权和地方封建势力；二是先后袭击了国民党开平县政府和马冈联防大队、龙胜警察所及新兴县坝塘村自卫队，打击了国民党部分地方反动武装；三是抓获一批国民党特务，处决马冈联防大队侦察队长梁其进，挖掉敌人的耳目，进而控制了尖鹤地区。这支部队的军事行动，威震新兴、恩平、开平三县，动摇了国民党在新、恩、开三县边界的统治基础，为党在这一带地区恢复武装斗争打开了局面，形势一片大好。

遭敌"围剿"

敌人是不甘心失败的。这时，跑到恩城、苍城、三埠和广州等地的反动乡长、保长、地主恶霸和土豪劣绅复仇心切，便四出活动，勾结国民党反动当局，伺机反扑。1947年11月27日，逃亡到三埠的夹水、三联、尖石、太平、鹤洲、白江等乡的乡长和张耀铭一伙，聚集在新昌名园酒家进行密谋，一致通过要国民党政府立即派兵到尖鹤地区进行"清剿"。不久，广东第一"清剿"区副司令周汉铃召集开平伪县长幸耀桑、恩平伪县长邓文林等一班反动头子在长沙开会，策划"围剿"尖鹤人民救乡独立大队。

1948年1月21日清晨，国民党九二八二部队（即"国防部"陆军独立第三团第二营）、开平县保警第二中队、马冈联防队、恩平县保警第二中队、义警常备中队及新兴、高明县保警队、崔星辉自卫队共约1000人，在周汉铃的指挥下，由张耀铭、梁裕仪做向导，从开平县桃子园、马冈和恩平县牛江渡、新兴县坝塘等地出发，分五路向尖鹤地区进犯。当时，尖鹤人民救乡独立大队，由于主要领导成员存在轻敌麻痹思想，没有坚决执行上级指示及时率队转移，结果，于当天下午在蕉园、上间和下间村一带被敌军重重包围。面对强敌，梁茂林率领部队，向大沙的方向突围，遇敌阻击，突围未果，无法摆脱被动局面。

鉴于敌强我弱，为了保存实力，部队只好暂时分别撤回蕉园、上间、下间村，等待时机，再次突围。当时，政委罗明、参谋长梁池胜率领部分战士在上间村，梁茂林率领部分战士在下间村，几个领导人各处一方，失去了联系和统一的指挥，十分被动。傍晚，敌人在封锁蕉园、下间村的同时，集中主力进犯据守在上间村炮楼的政委罗明、参谋长梁池胜等。经过英勇的反击，他们击毙敌军9人。次日中午，梁池胜等6位同志壮烈牺牲，罗明等3位同志负伤不幸被俘，英勇就义。

梁茂林和第三中队长熊伙仔率领部分同志撤回蕉园村，把主力部署在该村西北边的农民住宅和炮楼里。他和一些同志据守在北约四巷梁金运家里，与敌人进行激烈巷战。这一天深夜，他从送饭来的梁勤波母亲口中获悉：在敌人集中主力进犯上间村炮楼时，大队多数同志乘机突围，已转移到安全地方去了。对此，他感到宽慰。不久，他来到梁奇家的家里，找到战士梁勤波，把没有突围的同志集中起来，意图从村后边撤出，但是遭到敌军火力阻击，他们立即转移到该村北边，由于他们行动迅速，攻势凌厉，很快打开缺口，从"荔春园"旁边的小巷突出重围。只有在后面负责掩护的梁茂林和梁勤波被敌人的火力严密封锁，无法脱身，被迫转移到北约首巷梁任枝住宅旁边的一间草屋隐蔽，等待时机。

英勇牺牲

1948年1月22日，敌人集中主力包围蕉园村。为了活捉部队人员，敌人采取拉网战术，对该村进行逐户大搜查。次日，敌兵搜索到北约二巷一户农民的住宅"阴坑"时，听到梁池寿的家屋后面有人讲话的声音，引起注意。在敌人反复搜索时，梁茂林于危急中开枪击毙一名敌兵，因而暴露了目标，当即双方接上火。经过一段时间的激烈战斗，梁勤波发现自己的手枪子弹不多了。他正气凛然，向梁茂林提出让他冲出去，一则与敌人拼搏，希望化险为夷；二则准备牺牲自己，消除敌人的怀疑，保护同志。可是，当他刚冲出门外，正向"荔春园"的小巷前进时，中弹负伤，不幸被俘。

梁勤波被俘后遭到严刑审讯，遍体鳞伤，血迹斑斑，他坚贞不屈，始终没有泄露秘密。狡猾的敌人，知道梁勤波是梁茂林的警卫员，认定梁茂林在这间草屋里，于是立即包围这间草屋，加紧搜索。起初，敌人虚张声势，狂叫"缴枪不杀"，但周围一片寂静，毫无反应，又漫无目标地扫射一阵，然后派人上屋顶，揭瓦入屋，企图活捉梁茂林。正当敌兵拆开瓦面，准备跳下楼阁时，说时迟，那时快，隐蔽在楼阁草堆里的梁茂林，一手持快掣驳壳枪，一手持左轮手枪，突然跃出来，愤怒地说："一个够本，两个有利。"三个敌人应声倒在屋顶。这时，敌人发现梁茂林的所在，叫嚷放火烧屋，但周汉铃不同意，硬要捉活的，指使他的五房妾侍走到安全的地方进行劝降，说："茂林呀，契娘来啦！你咁笨，躲在屋里待死，契父不会亏待你的，你想当官就给官你当嘛！你快出来……"梁茂林牢记党组织的教导，清楚地看到这是敌人利用早已脱离的过去的旧关系，引人上钩的阴谋，不被他们的花言巧语所迷惑。他果断地做出自己一生最后抉择，坚决而又愤怒地说："好马不吃回头草！你休想来这一套。"这一铿锵有力的回答，粉碎了敌人可耻的企图。周汉铃碰壁后，暴跳如雷，下令向屋内进行疯狂的扫射，企图用武力压服梁茂林，但梁茂林毫不畏惧，不断反击敌人。为了消灭更多的敌人，梁茂林将已打完子弹的驳壳枪砸烂抛出门外，一个敌兵见此，一边叫"投降了"，一边走到前面拾枪，又被梁茂林的左轮手枪击毙了。周汉铃无计可施，只好下令用火攻。敌人将用煤油浸透了的稻草，点燃抛入屋内，放火烧大门，用手榴弹炸门。就这样，梁茂林从 1 月 23 日上午 11 时开始至下午 4 时，整整坚持战斗了 5 个多小时。最后，在弹尽援绝的情况下，为了不落入敌人手中，梁茂林将剩下的一颗子弹，自己饮弹牺牲，把青春无私地献给人民的解放事业。牺牲时年仅 29 岁。

蕉园战斗持续了三天两夜，尖鹤人民救乡独立大队共牺牲了 26 位同志，但是敌人也付出重大代价。这是粤中地区解放战争时期的重大事件之一，是英雄的尖鹤人民救乡独立大队的指战员用自己的鲜血为历史谱写光辉的一页。

战斗结束，开平《晨钟报》和香港报纸分别作了报道，攻击梁茂林与"奸党结下不解之缘"，国民党原想给他"戴罪图功的机会，但他视死不回头"等等。国民党的报纸诬蔑谩骂，也从反面说明了他是一位无限忠于革命、忠于人民的优秀革命战士。

"阿超叔，你们共产党游击队真好。今后有什么事情需要帮忙，一定尽力而为。"

"一个够本，两个有利。"

"好马不吃回头草！你休想来这一套。"

● 英烈精神 ●

无限忠于革命、忠于人民的革命精神；把青春无私地献给人民的解放事业的革命奉献精神。

（梁日沛　梁海　梁池添　梁植权）

林　美（1926—1948）

—— 英勇善战的揭阳三区战斗英雄

主要生平

林美，广东省揭西县东园镇玉湖村人。

- 1926 年，出生于一户农民家里。
- 1946 年 4 月，参加"破仓分粮"的斗争。
- 1947 年夏，成为革命队伍的一员。
- 1948 年 4 月 27 日，参加钱南白石山伏击王国权战役。8 月 14 日，参加金坑敌伪联防战役。9 月初，参加打击赤告村反动势力的战役。9 月（农历八月十五日），参加攻打东园玉湖联防队的战斗。12 月，参加坎头伏击国民党保安十六团战役，在战斗中头部中弹，不幸牺牲，时年 22 岁。

凄惨的童年

林美，原名林老诶，1926年出生于广东省揭西县东园镇玉湖村一户农民家里。父亲林鸡仔，膝下两男一女，林美排行第三。家里上无片瓦，下无寸地，林鸡仔只好远涉南洋做工，挣点钱维持家庭生活，抗日战争全面爆发后，一直杳无音信。母亲陈绿，拉扯着三个儿女，挣扎在这暗无天日的苦海之中。林美10岁就在本村给人家放牛，早出晚归。大家中午歇息，他还要拿着镰刀，提着竹篮到田洋割青草喂牛。长年累月，风里来雨里去，锻炼出林美耐劳刻苦的个性。他长大成人后，流落到京溪园上陇村当长工，一年到头所得的报酬只是几块钱和几斗米，仍然过着半饥不饱的日子。

成为地下党外围积极分子

抗日战争初期，潮汕地下党员林英本等人在东园玉湖村宣传党的抗日主张，以林远的家为据点，秘密出版印刷抗日宣传资料，号召民众团结抗日。并以潭口林诚灰窑为庇护，秘密建立了潮汕地下党的情报站，把情报及时送到大北山根据地。1945年底，潮汕地下党在玉湖村发展一批党员，并成立农村临时党支部。

林美每当从上陇做工回家，都要到林诚、林帮洪（二人是东园玉湖情报联络站站长）家里聊天，并与他们结成了好朋友。林美不识字，看不懂书报，林帮洪就把革命道理讲给他听。加上现实生活对林美的折磨，使他逐渐明白了穷人会穷，就是没有土地，受富人压迫剥削；富人会富，就是依靠土地压迫剥削穷人。只有从富人手里夺回土地，才能过着好日子。林美一边当长工，一边帮助玉湖地下党做宣传工作，深夜到棉湖镇和东园圩去贴标语，散发传单，使反动派惶惶不可终日。这时，林美已成了地下党外围的积极分子。

正式加入革命队伍

1946年初，潮汕地下党已全面恢复活动，坚持地下武装斗争。3月，潮汕特委和揭阳县委在陈厝寮村组成中共潮汕特委直属的特务队，执行保卫党的领导机关、筹措领导机关的活动经费、开展对顽敌的斗争、保护老区群众安全等任务。4月，以特务队为骨干，配合地方地下党组织，动员组织群众，在大北山根据地的前沿阵地京溪园上陇村，武装袭击国民党的粮仓，进行"破仓分粮"斗争，把仓库里的几百担谷子分给贫苦农民度日，部分上交储存起来，作为建军军粮。当时，林美在上陇村当长工，亲自参加"破仓分粮"的斗争。耳闻目睹，使他明白一个道理："反动派不打是不会倒的。只有拿起枪跟他们拼，穷人才能出头天。"年底回家过年，林美把决心入伍打反动派的心事向林帮洪说了。林帮洪关切地对他说："部队生活很苦，白天黑夜都要行军打仗，随时都有牺牲的危险，你受得了吗？况且家里的老母需要你照顾，你走得开吗？"他毫不犹豫地回答说："当长工的苦头我受够了。部队什么苦我都受得了。只要能消灭反动派，人民过着好日子，自己牺牲也无所谓。"林美要求入伍的心事，林帮洪秘密地告知了玉湖村情报联络站交通员林国志。

1947年夏，林国志带着林美跑了几十里路，到京溪园粗坑情报联络站与站长洪永希接头。从此，林美成为革命队伍的一员。从1947年6月开始，解放战争形势发生很大变化。中共潮汕地委根据上级的指示，在揭阳县天宝堂（今属揭西县）成立潮汕人民抗征队，开展反"三征"（征兵、征粮、征税），筹枪筹粮和扩军，建立平原游击据点，保卫大北山中心根据地安全的斗争。林美英勇善战，在潮汕人民抗征队第八大队一中队一排，先后当了战士、班长、排长，转战在揭阳三区一带。

参加钱南白石山伏击王国权战役

林美在部队的时间不是很长，只有近两年时间，先后参加了攻打河婆守敌据点，钱南白石山伏击王国权，赤告打反动地方武装，攻克钱坑、金坑、东园敌伪联防，坎头伏击敌保安十六团等10多次战役。战场上，林美冲锋在前，撤退在后，爱憎分明，勇敢杀敌。平时关心同志，爱护群众，助人为乐，给部队首长和同志们留下了深刻的印象。

1948年4月27日，广东省保安独立第十一营王国权部400多人，配轻重机枪、迫击炮40多挺（门），凭借良好装备，大摇大摆，从河婆、大洋沿榕江南岸而下。部队接到情报，决定于钱南白石山伏击来犯之敌。白石山距离榕江堤岸只有100多米，是敌必经之路。按照上级的作战部署，林美和轻机枪手刘机（原名刘金福）埋伏白石山顶阵地。下午1时许，敌人进入伏击圈。部队一阵猛烈的排头火，打得敌人措手不及。敌人背山面水，进退不得，伤亡惨重。但他们并不甘心失败，在轻重机枪、迫击炮掩护下，连续三次组织兵力，向部队坚守的阵地发起冲锋。林美不顾个人安危，带领十多名战士与敌激战。大家同仇敌忾，粉碎了敌人占领山头的企图。战斗至傍晚，敌人未能前进一步，只好撤退。是役，敌死伤30余人。战斗结束后，队伍开到龙跃坎，召开总结会，林美受到上级的表彰。

关心群众，关爱战士

为了阻击敌人进犯大北山根据地，同时扩大游击区，林美战时既当指挥员，又当战斗员，平时则抓住休息时间，对战士们进行"三大纪律八项注意"的教育，带头搞清洁卫生。有时帮老百姓挑水，下田干活，密切军民关系。有一次，部队从梅北长途行军来到塔头山上寮村，大家都很疲劳。那时正是夏收夏种大忙季节。山上寮村是游击区的一个据点。群众基础较好，许多青年都投奔革命队伍，劳力缺乏。部队刚驻下，林美立即动员战士们投入抢收抢种工作。第二天，他带领战士们下田，帮助村里的困难户和军属户插秧。在共同劳动中增强了军民的鱼水情谊，部队离开村时，村民依依惜别，夹道送行。

林美爱憎分明，对待同志关怀备至，亲如兄弟。行军时，林美经常帮助体弱的同志背枪背行李。驻宿时，检查同志们是否盖好被子，唯恐大家受凉。哪位同志生病，他就上前问长问短，煮汤送药。班长林冲在一次战斗中食道受伤，治疗未愈就返回部队，吃干饭很难吞下。林美知道此事，亲自交代炊事员，三餐给林冲加一碗热汤。战士吴千生病了，林美利用休息时间，到田野采草药给他治疗。在他的带动下，同志们互相关心，互相帮助，打起仗来斗志昂扬，一往无前。

参加攻击金坑敌伪联防的战斗

1948年8月14日晚，林美带部队参加攻击金坑敌伪联防的战斗。金坑地处榕江北岸，位于棉湖、鲤湖两个镇中间，是揭阳三区敌人的一个重要据点。乡绅林兴道，纠集当地乡民80多人，配备80多支枪，组成联防队，驻扎金坑老祠堂内。基督教堂驻敌马汉初一个政警中队近100人。两地只隔几丘田距离，火力可互相支援。林美带领一排30多名战士，控制基督教堂敌政警中队。战斗打响时，敌从三楼顶天台用轻机枪支援联防队。一排开排头火打伤了敌轻机手。敌从三楼退到二楼，不敢出兵增援。武工队迅速冲进老祠堂内联防队驻地，向天井掷了三发土炸炮。骤时硝烟弥漫，"缴枪不杀"的喊声震天。敌人来不及反抗，全部枪支子弹被缴，人员被俘。乡绅林兴道罪大恶极，被武工队抓到新园寨后竹脚正法。金坑联防队被歼灭，驻在基督教堂的敌政警中队，隔天也只好仓皇逃走了。

参加打击赤告村反动势力的战役

1948年8月29日，发生了骇人听闻的"上砂惨案"。当时武工队员11人从良田出发，到上砂径背村开辟游击新区，遭到当地反动地方武装袭击包围，10位武工队员被捕，在牛牯山溜被杀害。潮汕人民抗征队和武工队决定用武力打下这股反动地方武装的气焰。9月初，潮汕人民抗征队第八大队第一中队队长李非带部来到赤告。赤告村约1000人，只有一条路一个门楼出入。门楼有4个枪眼，火力可封锁门楼前的寨前埕。入门楼正中是一座四马拖车的祠堂，两旁每条巷头都布满枪眼，是作战固守的好地方。当地封建头子纠集一班人，做枪做炮，组织反动地方武装固守于此。林美带领一中队一排战士，占领村前山头，控制路口，打敌增援。战斗打响，门楼关闭。敌上屋顶以土炸炮和火力固守门楼，部队攻打不进去。这时，林美气得火烧心头，主动提出作战方案，向中队长李非请战。首先，他带领一排一班五人突击组，在轻机枪掩护下，用三张浸湿的棉被作移动防御工具，带着地雷准备把门楼炸开，让部队冲进去，可是敌人火力很强，屋顶的手榴弹、土炸炮不断丢下来，突击组无法靠近门楼，炸掉门楼未能成功。他又采用第二个作战方案，用山草把门楼烧掉。他带着五个突击队员，每人拿一捆山草，在火力掩护下前进，可是门楼前面是一片平地，对部队作战极为不利，敌人集中火力射击，突击队员一人腿部中弹，此次攻击也未奏效。在这紧要关头，林美不顾个人安危，提出由他一人拿炸药包，用棉被防护，滚到门楼炸开缺口。

中队长李非没批准他的要求。考虑到仗已打了两个多钟头，天快黑了，再打下去对部队不利，于是部队首长主动把部队撤退到良田，总结打攻坚战经验。林美勇敢作战的行动，受到大家的赞扬。

参加攻打东园玉湖联防队的战斗

1948 年 9 月（农历八月中秋节），林美参加了攻打东园玉湖联防队的战斗。玉湖，在北山溪与榕江合口处，是通往棉湖和大北山的交通枢纽，是揭阳三区国民党的重要据点之一，驻敌唐强中部一个连兵力。战前，部队驻大鹿、白目城、阔口园一带。为了摸清敌人的兵力和布防情况，制订作战方案，部队首长决定派林美到玉湖侦察。林美是玉湖村人，地熟人熟道路熟，且勇敢机智。一天下午，林美只身从曾厝寮村出发，身插两支驳壳枪，冒着大雨，涉水来到玉湖联防驻地。林美侦察清楚情况后准备回部队，当他走到玉湖村巷头时，已是黄昏，碰到了三个敌联防队队员。他们也是玉湖村人，一眼就认出林美来。林美参加革命队伍，屡立战功，在玉湖村很有影响。他们看到只有林美一个人，便向林美追赶，大声叫喊："抓活的，抓活的。"林美被追赶到湖边，跳下水，游过寨前湖，在柑园上湖岸。面对隔湖的敌人，气愤地喊道："有胆量就过来，看你娘给你几个脑袋。"

中秋夜，攻打东园玉湖联防的战斗开始了。林美带领一个尖刀班，冲入敌驻地，给敌打个措手不及。这时月色朦胧，林美走在前头，林京等人跟在后面，越过了敌人五道竹篱笆，爬到敌驻地的大门口。大门开着，联防队员都在祠堂内打牌。联防队教官林青山在中厅喝茶，短枪放在桌上茶具旁。林美看到这个情况，做了个手势，指挥后面的人把哨兵抓住，自己像猛虎一样冲到中厅。敌教官正想到桌上拿手枪反抗，手却被尖刀队员林京抓住，手枪落在地上。这时林美的枪口已对着敌教官的胸膛怒目喊道："不准动！一动就打死你！"敌教官只好举手投降。跟在林美后面的尖刀队员和武工队员也都冲进来，连声喊道："不准动！缴枪不杀！"吓得祠堂内的 50 多名敌人丧魂落魄，举手投降。是役不到 5 分钟，不响一枪一弹，缴长、短枪 20 多支，敌人全部被俘。部队安全撤出村外，打了几排冷枪，警告国民党驻东园守敌唐强中部。

参加坎头伏击保安十六团战役

1948年12月初，潮汕人民抗征队第八大队接到坎头税站的情报：敌100多人进驻坎头圩。当时第八大队300多人，驻灰寨乡后埔村，得知消息立即出发，通过柑坑马路，翻山直插坎头圩。原来，敌方是国民党保安十六团800多人，配三四十挺轻重机枪和数门六〇炮，从鲤湖出发，渡过榕江路经坎头圩，企图向河婆一带窜犯。到坎头圩的敌军是一个营兵力有200多人。前面有一个营兵力，驻扎鸟犁村一带。后面一个营兵力，还在钱坑与大溪交界的大园村一带。

坎头圩南面靠近榕江，东、西、北三面都是小山。南面圩门有一大道。大道由一条二丈多长的木桥交通着，上往河婆，下通钱坑。林美带领一中队一排战士30多人，占领圩门东面小山头，封锁圩门道路，控制小桥，正面打击敌人，并随时从南面沿河岸向圩内机动。二中队占领坎头圩西北侧小山，随时向前机动打进圩内。三、四中队占领坎头圩北侧小山，准备支援一、二中队作战。上午11时，部队已全部进入阵地。林美带领的一中一排，距离圩门最近，居高临下，看到敌在圩内一座祠堂的天井吃午饭。抓住这有利时机，神枪手先开一枪，打死堤边的哨兵。敌闻枪声，混乱一团，随后组织火力，冲出圩门。林美带领的一排战士，早已做好歼敌准备，轻机枪和步枪齐发，敌人倒下了三四个。这时敌利用六〇炮、重机枪和轻机枪作掩护，集中密集火力向东面小山头射击。敌兵蜂拥而上，企图夺取小山头，情况十分危急。敌我相距只有一丘田坎。敌把手榴弹投上来。刚要爆炸的手榴弹被战士拿起掷下去。战斗非常激烈。敌人上了刺刀，准备与战士作肉搏战。他们三次发起冲锋，都被一排的战士们打退。一排固守的阵地稳如泰山。敌连续三次冲锋失败后，组织兵力对一排阵地进行反包围，情况万分危急。二中队和三、四中队密切配合作战，掩护一排撤退。

英勇牺牲

排长林美沉着指挥一排战士转移，自己和轻机枪手留在阵地，作撤退掩护。就在撤退前几分钟，林美用手里的"红毛十"步枪，打死了两个冲上来的敌兵。当他站起来要后撤时，敌人的子弹击中了他的头部。他倒下去时，手里还紧紧握住"红毛十"。林美为了掩护一中队一排的战士们突围，英勇杀敌，献出了宝贵的生命。战士们顺利地突围了，撤退到北面山地。敌人为了活命，只好退回钱坑，不敢再向前进犯河婆。

追认为中国共产党党员

林美为了中国人民的解放事业，赤胆忠心，献出了年轻的生命。党政军民几百人在塔头顶埔祠堂为林美烈士开了隆重追悼会，追认他为中国共产党正式党员。坎头人民为了缅怀革命先烈的英雄业绩，在林美牺牲的地方修了一个坟墓，石碑上刻着"林美排长之墓"6个字。林美牺牲时，年仅22岁。

英烈语录

"反动派不打是不会倒的。只有拿起枪跟他们拼，穷人才能出头天。"

"只要能消灭反动派，人民过着好日子，自己牺牲也无所谓。"

英烈精神

冲锋在前、撤退在后、爱憎分明、勇敢杀敌的革命精神；关心同志、爱护群众、助人为乐的爱国爱民和团结互助精神。

（杨创发）

柳添祥（1925—1948）

—— 在黎明的岗哨上，迎接那光明的太阳

主要生平

柳添祥，曾用名林燕，广东省大埔县大麻镇中兰山尾人。

- 1925 年，出生于一个普通农家。
- 1943 年，加入中国共产党。
- 1944 年，加入北江支队。
- 1945 年，加入广东人民抗日游击队韩江纵队。
- 1947 年，担任中共埔丰县委执委委员。
- 1948 年 7 月，兼任砂胜区党的区委书记和武工队长。9 月，中共梅州地委根据形势的发展，将埔丰和梅埔两边县委合并组成中共梅埔丰县委，被选为县委委员。不久后，不幸牺牲，时年 23 岁。

珍惜学习机会，学习成绩优异

柳添祥，曾用名林燕。1925 年出生于广东省大埔县大麻镇中兰山尾一个普通农家。柳添祥未满周岁父亲便病故，后来，其母又因生活所迫改嫁他人。祖父母为了养活孙子，只得离开中兰山尾，移居大麻圩，靠摆卖小本生意艰辛度日。柳添祥到七八岁时就开始操持家务，为祖父母分忧。

1932 年，柳添祥入大麻镇尚德小学读书。读至二年级时，丧失劳动力的祖父母生活益困，交不起学杂费，他只得辍学。众邻爱其识礼好学，纷纷集资，支助柳添祥继续在尚德小学读完初小，又转林坑养正学校读高小。柳添祥倍加珍惜来之不易的学习机会，更加勤奋学习。1939 年夏，在林坑养正学校毕业后，他又以优异的成绩考进了大麻中学。

积极参加抗日活动

柳添祥进中学不久，日本侵略军侵占潮汕，轰炸兴梅。大麻镇各界群众在中共的领导下，组成抗日救亡后援会。此时，出身贫苦的柳添祥，已经成为一个富有正义感的青年，他毅然放下书本，积极参加后援会的各种活动，深入城乡举行义演、献金、募捐活动。他参加慰问团，赴潮汕慰劳抗日将士，并且决心留在前线，参加战地服务工作。

加入中国共产党

半年之后，柳添祥回到家乡，由于他参加了战地服务队，大麻中学已开除了他的学籍。为了继续求学，经亲友介绍，他离开年迈的祖父母，千里迢迢进入韶关曲江中学。生活实践使他认识到走知识救国的道路行不通，萌发了找共产党，开创新天地的志向。后来他在韶关曲江找到了党组织。从此，走上了革命的道路。组织根据他的才干，分配他做抗日宣传工作，柳添祥凭着勤奋学习、努力工作，成为一名出色的宣传员。

1941 年，柳添祥从韶关回家乡大埔县大麻镇看望年迈的祖父母，并探访了大麻中学的老师，趁机向当地群众宣传共产党抗日救国的主张。

革命斗争的锻炼，使柳添祥进步很快。1943 年，他在曲江县加入了中国共产党。

参加武装斗争

1944 年春，党组织抽调添祥到北江支队。从此，他拿起了枪杆子，走上了武装斗争的新岗位。1945 年春夏间，柳添祥奉部队领导之命，返梅县为正在兴梅地区演出的抗日戏剧宣传第七支队（简称"抗宣队"）当向导，往东江地区宣传演出。为安全起见，他装扮成小商人，不料回到粤东梅县时，被敌人发现了。他想若再去找抗宣队，必将断送自己，连累同志；回东江去，又难躲敌人的严密监视和追捕。于是，他一边以跑买卖与敌周旋，一边积极寻找当地党组织。通过努力，终于找到了梅县地下党组织。在党组织的掩护下，进入梅埔丰边的铜鼓嶂山区，加入了广东人民抗日游击队韩江纵队。

深入地方开展群众工作

1945 年深秋，国民党当局背信弃义，继续发动对解放区、游击区的进攻。国共之间出现打打谈谈的局面。11 月，根据中共闽粤赣中心县委的决定，柳添祥和周勇为、刘仕光、刘富丈等骨干充实到地方，留在粤东铜鼓嶂山区，以烧木炭、摘箬叶作掩护，继续从事党的地方工作。在艰苦的"放点连线，开辟乡村"斗争中，柳添祥和战友们一起，踏遍梅埔丰边的山山水水，串尽山寨千千万万的贫苦农家，为党忘我地工作。同时，他坚持读书写作，成为一位富有才气的青年诗人。

进行生产自救，隐蔽待命

1946 年 6 月 26 日，蒋介石悍然撕毁停战协定和政协决议，大举进攻中原解放区，内战全面爆发。在韩江纵队部分骨干和东江纵队一起北撤山东后，国民党政府大举"围剿"游击区，实行联防"联剿"、联保联坐，强迫自新的政策，疯狂捕杀革命志士，实行法西斯统治。在白色恐怖中，柳添祥和战友们一起，坚持在粤东的铜鼓嶂深山密林中，进行生产自救，隐蔽待命。面对艰苦的斗争生活，柳添祥毫不畏惧，心中充满着对革命前途的乐观，写下了"在黎明的岗哨上，迎接那光明的太阳"的诗句。

担任县委委员

1946年12月，广东区党委根据党中央11月对南方各省乡村工作的方针，提出不违反长远打算，实行"小搞"，准备"大搞"的方针，号召各地重新开展游击战争，组织游击队、武工组，分散活动，领导群众进行反"三征"和减租减息斗争，广泛建立山区游击据点，为大搞武装斗争打下基础。活动于梅埔丰边的柳添祥在特派员何勇为的领导下，与刘健等同志一起，秘密发展工农骨干和教师入党，发动贫苦农民组织起来，成立不脱产的民兵组织，建立秘密农会，使梅埔丰边山区逐渐燃起了革命斗争的烽火。1947年8月，中共埔丰县委成立，年仅22岁的柳添祥被选为县委委员。1947年10月，柳添祥在完成护送进步青年参加埔丰游击队的途中，不幸被毒蛇咬伤。由于医疗条件的限制，他的蛇伤一直未能治愈，却忘我地战斗着。

1948年7月，县委为加强砂田、小胜一带新区的领导，派柳添祥到砂胜区兼任党的区委书记和武工队长。他身带蛇伤上任，根据新区群众深受国民党苛捐杂税、强拉硬抢、派伕勒索之苦的特点，号召群众，组织起来，从斗争中求出路。在他的努力下使砂胜新区出现一个生气勃勃的新局面。同年9月，中共梅州地委根据形势的发展，将埔丰和梅埔两边县委合并组成中共梅埔丰县委，柳添祥被选为县委委员。

不幸牺牲

县委成立不久，柳添祥得悉，此前7月份被边纵主力打得丢盔弃甲的国民党保安团王国权部，企图卷土重来，对砂胜的大坑、岳坑等地实行"扫荡"。为了弄清敌情，柳添祥带着未愈的蛇伤，连夜亲率战士小陈，从砂田大坑合水潭出发到占头村陈玉凤家了解敌情。当晚住宿在陈家，当他手撑床沿弯腰借势起身时，不料腰间手枪掉落地上走火，子弹射中腹部，顿时倒在血泊中失去知觉。战友们设法抢救无效，柳添祥不幸牺牲，年仅23岁。

（卓加里）

欧汝颖（1921—1948）

——一片丹心拯万民

欧汝颖，广东省海康县人。

- 1921 年农历八月十二日，出生。
- 1936 年，考上省立第十中学（后改为雷州师范）初中班。
- 1939 年，到国民党海康县政治工作队当队员，宣传抗日救亡。
- 1940 年末至 1943 年初，先后在东里区冬松岛和安小学和本村东洋乡土角小学（尚志小学）教书。
- 1943 年，加入中国共产党。后在家乡以教书为掩护从事革命活动，组织读书会，发展党组织。
- 1947 年初，在东洋创建了海军连（即海上流动税站），既收税又保护渔民、合法商人的利益，镇压海匪活动。3 月间，任雷州独立营教导员。6 月化名欧华任九团、十二团政委、政治部主任。领导海康县中区第一个武工队。同年冬，海康县工委会成立，为工委委员，不久正式成立县委，任县委书记，同时分管中区工作。
- 1948 年农历七月十二日，在中区岭高村遭敌人包围，准备组织突围时，被敌人的子弹击中头部，当场牺牲，时年 27 岁。

以抗日为己任

欧汝颖，1921年农历八月十二日出生在广东省海康县土角村。父亲欧春虞颇具爱国心，是当地有名气的乡村教师。欧汝颖自幼跟随父亲读书，喜欢听历史上锄强扶弱、精忠报国的英雄人物的故事。

1936年，欧汝颖考上省立第十中学（后改为雷州师范）初中班。这时正是一二九运动的第二年，在进步学生的影响下，他阅读了《读书生活》《大众哲学》《政治经济学》等进步书刊，思想觉悟有了很大提高。日本帝国主义的入侵，使欧汝颖感到年轻人责任的重大，1938年他为一位毕业同学题词，写道"华夏危矣，栋尔惟依"，表现了他以抗日为己任的高度爱国主义精神。

宣传抗日救亡

欧汝颖初中毕业时，广州已沦陷。抱着抗日救国愿望的欧汝颖，1939年到国民党海康县政治工作队当队员，宣传抗日救亡。但国民党顽固派推行"消极抗日，积极反共"的政策，对一心宣传抗日的进步青年严加监视。不久，国民党又以"异己分子"的罪名，把追求进步的政工队队员李宜时等20余人扣留审查。这时，欧汝颖正请假在家，听到国民党当局如此逆行，非常气愤，立即背着粮食到警察局评理，到监狱里和同伴一起坐牢，和大家一起与国民党当局斗争。最后国民党当局抓不到"异己"的证据，只好把大家释放了。1940年，欧汝颖获悉徐闻县大黄镇组织战时政工队，他满腔热情地投奔大黄镇，在那里三个多月，眼见国民党顽固派并无抗日诚意，只好怀着"报国无门"的沉重心情愤然离去。

1940年末至1943年初，欧汝颖曾先后在东里区冬松岛和安小学和本村东洋乡土角小学（尚志小学）教书。他在教员中，结识了共产党员肖汉辉和翁泽民。在他们的教育和帮助下，欧汝颖的思想觉悟进一步提高了，真正认识到要抗日救国只有在中国共产党领导下才能实现。

组织读书会，发展党组织

1943 年 2 月，日军从东洋乡沿岸登陆，海康的一些官僚地主和流氓集团摇身一变，成为日军的走狗，到处杀害自己的同胞。欧汝颖对此义愤填膺，积极要求参加中国共产党领导的抗日斗争。不久，经翁泽民介绍，欧汝颖光荣地加入了党组织，在宣誓仪式上，欧汝颖感慨万千，当场给监誓人翁泽民赠送了一首诗："数年奋斗苦无缘，烽火声中喜遇君，仙桥郊外吐肝胆，一片丹心拯万民。"表达了他当时的欣喜心情和献身党的事业的坚强决心。

1943 年 8 月，欧汝颖在家乡以教书为掩护从事革命活动。他在本村青年中组织读书会，参加者达 30 余人。他经常组织青年们阅读爱国抗日的书刊，学习革命先烈的事迹，传抄马克思、列宁、毛泽东的著作，自编自演抗日戏剧。土角村有一个"百人会"，过去为地主官僚所掌握，其成员经欧汝颖耐心教育，成为党的地下外围组织。至 1943 年 11 月，土角村已组织起五个游击小组，参加的人占本村青年人数中 90% 左右，推动了当地的抗日救亡活动。

开辟新区

抗日战争胜利后，国民党反动派为了并吞抗战胜利果实，消灭共产党，便撕毁了"双十协定"，掀起反共反人民的内战。1946 年春，国民党反动派在湛江市成立"粤桂南边绥靖指挥部"，各地反动派遥相呼应，在城乡建立"清乡"委员会，推行"五户联保"制度，到处"围剿"共产党员和人民武装。欧汝颖接到上级"掩护撤退，保存力量，等待时机"的指示，立即组织干部撤退。欧汝颖当时到海康西区去开辟新区，他带动群众很快就打开了新局面。

1947 年初，欧汝颖等活动的地区更广阔了，游击小组遍布中区、西区、东区，为了发展武装，保障供给，曾在东洋乡创建了海军连（即海上流动税站），既收税又保护了渔民、合法商人的利益，镇压海匪活动，受到广大渔民和商人的拥护和支持。

3 月间，雷州独立营成立，欧汝颖为营教导员。6 月，独立营扩充为九团。不久，又由九团改为十二团，欧汝颖（化名欧华）曾任政委、政治部主任。为解决部队给养的困难，欧汝颖参加筹粮并亲自磨谷、舂米，和战士同甘共苦，他虽然患严重胃病，也从未享受过特殊照顾。当时，作战频繁，经常长途跋涉，有时每天要转移几个地方，欧汝颖为了鼓舞士气，常常忍着剧烈的胃痛，以坚强的意志和饱满的热情，为战士们鼓气。他写的雷歌很多，士兵们最喜欢唱的是这首雷歌："岭又过岭村过村，受尽风寒暗与光，不是为着俫这事（指我们的事业），轿扛都无肯出门。"他努力学习，虽然行军疲劳，胃病发作，但只要有点休息时间，他就看书学习。他说："不学习就不能做好革命工作。"他勤奋学习，给战士们讲起话来总是头头是道，因此政治教育收到良好的效果。

领导海康县中区的第一个武工队

上级从实际出发，总结了海康用步枪大队伍开辟新区目标大、容易引起敌人"围剿"的教训，决定以小股的武工队插入敌人统治严密的乡镇进行活动，这样既灵活又不容易暴露目标。因此，欧汝颖被派返中区当区委负责人和武工队指导员，这是海康县中区的第一个武工队。他带领武工队活动于东洋、南兴、雷高一带，或聚或散，声东击西，吓得敌人寝食不安。他根据当地的实际情况，采取"和上搞下"的斗争方法，去发动组织群众。对于敌人统治力量强大的村庄，他首先稳住一些保长、地主等头面人物，交代共产党的政策，使他们不死心塌地为国民党反动派效劳。然后找贫苦农民谈心，启发阶级觉悟，组织了兄弟会、吊耕会、姐妹会等群众团体，发动抗丁、抗粮、抗税等活动，进而组成游击小组，发展党员，成立党支部。群众发动起来了，又通过筹枪、筹粮、筹钱，组织武装，建立"两面政权"或民主组织。这样，村中的地富分子也就服帖得多了，也争取、团结了一部分中、小地主和民愤不大的上层分子。当发现有暗中捣鬼的，就立即警告或惩办。就这样，武工队站稳了脚跟，控制了整个局面。这个"和上搞下"的办法，上级党委曾专门总结，给予肯定，推广到各县。为此，国民党反动派对欧汝颖恨得要死，怕得要命。一年中，曾"围剿"土角村三次，到处追捕欧汝颖。有一次敌人抓住土角村欧衡秩等13人，强逼他们交出欧汝颖，大家异口同声说"不知道"。敌人又用利诱手段，声称"抓到欧汝颖者，赏一千光洋"。

但布告贴出了很久，却没有人去领赏。1947年冬，海康县工委会成立，欧汝颖为工委委员，不久正式成立县委，欧汝颖又任县委书记，同时分管中区工作。

·········◇ 遭敌人包围中弹牺牲 ◇·········

1948年农历七月十二日，正当欧汝颖在中区岭高村开完工作会议时，敌人突然包围了岭高村，欧汝颖带着保卫员撤到村外的山丘，正准备组织突围时，被敌人的子弹击中头部，当场牺牲，年仅27岁。

• 英烈语录 •

"华夏危矣，栋你惟依。"

"数年奋斗苦无缘，烽火声中喜遇君，仙桥郊外吐肝胆，一片丹心拯万民。"

"不学习就不能做好革命工作。"

• 英烈精神 •

以抗日为己任的爱国主义精神；密切联系群众、和战士同甘共苦、勤奋学习的革命工作作风；立志为党的事业献身的崇高理想。

（洪元）

欧阳强（1894—1948）

—— 铁路工运领袖

主要生平

欧阳强，字效暖，号翰生、俊湘、加修，广东省中山县人。

- 1894 年 10 月 11 日，出生于一个归国华侨家庭。
- 1913 年，到唐山投奔其大哥欧阳全。后来，经人介绍进了京奉铁路唐山制造厂当学徒。
- 1917 年，被段祺瑞政府抽调，随第三批华工开赴欧洲前线。至 1920 年初，回到唐山制造厂。
- 1922 年 10 月，参加邓培领导的为期 8 天的唐山制造厂大罢工。
- 1923 年 1 月，加入中国共产党。二七惨案后，被选派到锦州、沟帮子等地进行革命活动。
- 1925 年，被选为京奉铁路关外段第一个中共支部书记。领导沟帮子铁路工会成为关外段铁路赤色工会工人运动兴起的中心。
- 1927 年，任中共沟帮子特别支部书记。
- 1930 年 2 月初，领导沟帮子年关"花红"斗争。其后任营口特支书记。
- 1931 年 2 月 8 日，被中共满洲省委会议选举为省委委员，负责北宁路工运工作。

- 1932—1933 年，被反动当局秘密逮捕。
- 1936 年春，粤汉铁路竣工通车。被派到广东乐昌车房工作，秘密领导乐昌地区的革命斗争。
- 1938 年初，受党指派到武昌徐家棚武东铁路机修厂工作，担任武东机修厂党支部书记。10 月，广州沦陷后，任铁路郴县地区党支部书记。
- 1945 年 11 月，领导创办铁型俱乐部，进行革命宣传教育工作。
- 1946 年，领导举行以车房工人为主的乐昌地区铁路总罢工。
- 1947 年，受党指派负责工运工作，积极配合华南游击战争，开展工运。10 月 9 日晚，在住地"南乡书室"被捕。
- 1948 年 4 月 26 日下午，在乐昌城外枇杷岭被杀害，壮烈牺牲，时年 54 岁。

生性耿直，见义勇为

欧阳强，字效暖，号翰生、俊湘、加修。1894 年 10 月 11 日，出生于广东省中山县杌边乡麻子村的一个归国华侨家庭。父亲欧阳可赐，由于生活所迫，年轻时漂洋过海，以做苦力为生，直到 40 多岁才回到家乡定居。欧阳强在兄弟姐妹五人中排行第四。由于他聪明好学，很得父母喜爱，虽然家境清寒，仍然省吃俭用供他读了几年私塾。

欧阳强生性耿直，见义勇为。青年时，每逢村里恶霸恃强欺弱，他总是站在穷人一边，向豪绅进行说理斗争。恶霸地主声言要将他绑送县府衙门。欧阳强在父母催促下，不得已逃离家乡，于 1913 年到唐山投奔其大哥欧阳全。后来，经人介绍进了京奉铁路唐山制造厂当学徒。

1917 年，欧阳强被段祺瑞政府抽调，随第三批华工开赴欧洲前线。至1920 年初，欧阳强回到唐山制造厂，向工人们宣传在欧洲各国的所见所闻，给工人们以很大的鼓舞。

领导沟帮子铁路工人运动

1922 年 4 月，在中共北京地委领导下，中共唐山地委成立，邓培任地委书记。同年 10 月，欧阳强积极地参加了邓培领导的为期 8 天的唐山制造厂大罢工。严峻的斗争使他经受了一次考验与锻炼。1923 年 1 月，经邓培、梁九介绍，欧阳强光荣地加入了中国共产党。

1923 年二七惨案后，白色恐怖笼罩着唐山。党为了保存革命力量，便利用关外铁路建厂的机会，由地委书记邓培选派欧阳强等到锦州、沟帮子等地进行革命活动。

欧阳强来到锦州机务段当钳工，与张振福等秘密组织工会。欧阳强被选为工会代表，领导工人开展斗争，使监工和狗腿子不敢随意打骂和开除工人。

1925 年，欧阳强接受中共唐山地委指示，来到沟帮子车站与地下党员李华灿等取得联系，成立了京奉铁路关外段第一个中共支部，欧阳强被选为支部书记。为了维护工人利益，欧阳强总是站在斗争的最前面，不畏艰险，深得群众拥护。一次，一位工友被监工冼庆宝打伤，他立即带领几十名工人去找冼庆宝说理。冼庆宝理屈词穷，不得不低头认错。为了扩大组织，团结更多的群众开展斗争，欧阳强以党员为骨干，使沟帮子铁路工会迅速发展到七八十人，成为关外段铁路赤色工会工人运动兴起的中心。

1927年，中共满洲省委成立后，鉴于沟帮子是关外的一个重要车站，党和工会工作搞得很出色，因而成为满洲省委支部工作的重点。省委决定，成立中共沟帮子特别支部，欧阳强任特支书记。1928年，帝国主义利用军阀之间的矛盾，挑起派系之间的内战，致使国民经济遭受严重破坏，人民生活日益困苦，工人反抗情绪激烈。欧阳强因势利导，带领70多名铁路工人，包围了沟帮子铁路公事房。提出"反对出卖人民利益""人人有衣穿，人人有饭吃""给工人增加工资"等口号。经过一个星期的斗争，反动当局被迫答应给工人增加了工资。

1929年，将近年关的时候，按照惯例，铁路当局应在这时发给职工年终"花红"。工人眼巴巴指望靠"花红"来还债、购粮、买衣，以度过年关。然而，铁路当局却背信弃义，在扣发前两年"花红"之后，今年又以捐献军需为借口停发"花红"。为此，工人群情激愤，纷纷起来要求反抗。1930年初，"花红"斗争即将爆发前夕，中共满洲省委书记刘少奇，在省委组织部部长杨一辰陪同下，亲自到沟帮子指导工作。晚上，刘少奇就住在欧阳强家里。刘少奇指示："必须把这次斗争搞好，搞得成功。在斗争中要广泛发动群众，保存党的实力。不能暴露组织，要保护工人的经济利益。通过斗争发动群众，教育群众，提高工人的觉悟，扩大党的影响。"这使欧阳强增强了信心和力量。

欧阳强遵照刘少奇的指示，马上召集沟帮子党员和铁路工会骨干开会，研究斗争策略，制订了行动计划和措施。1930年2月初，一场有组织、有计划、有领导，又经过充分准备的年关"花红"斗争，便以沟帮子为中心，在北宁路关外段全面展开了，在关里关外铁路工人的支援下，铁路处于瘫痪状态，终于迫使北宁路当局让步，同意发给工人年终"花红"。

领导营口特支工作

"花红"斗争胜利后，为了加强营口地区党的工作，中共满洲省委派欧阳强到营口车房工作，担任营口特支书记。

1930年夏，李立三"左"倾冒险主义错误波及东北，到处搞飞行集会、游行示威，空喊打倒国民党、实行武装暴动、成立苏维埃政府等政治口号，有的地方只有几个人也搞游行示威、撒传单，因而暴露了组织，使革命力量遭受不应有的损失。欧阳强头脑清醒，对工人运动有比较正确的认识。他牢记刘少奇关于"要保存党的实力，不能暴露组织"的教导，反对上述错误做法。他脚踏实地地在工人中工作，领导工人维护经济利益的斗争，使党组织不断地得到发展。这一正确的做法不但得不到营口特支成员老卿的支持，反而被诬为右倾。她欺骗一部分党员，操纵营口特支，打着贯彻立三路线的旗号，作出开除欧阳强党籍的错误决定。满洲省委虽然没有批准，但仍然认为欧阳强思想右倾，给予他最后警告的处分。欧阳强并没有因此而灰心丧气，仍然继续努力工作，团结同志，尽自己的最大努力缩小因"左"倾错误所造成的损失。

在此期间，李运昌以全国铁路总工会满洲办事处主任身份检查北宁路的工作。在营口视察时，对欧阳强坚持原则、勇于负责、受打击不灰心、继续领导工人运动的革命精神，给予很高的评价。立三错误结束后，省委深深感受到执行立三错误给党造成的严重损失。当时，唯有欧阳强领导和联系的营口、沟帮子、大虎山等地保存了党的力量。在1931年2月8日，中共满洲省委会议选举欧阳强为省委委员，负责北宁路工运工作。

九一八事变后，日军侵占了营口。上级决定铁路职工分批撤回关内，当第二批撤退时，营沟线上一台给水泵坏了，急需修理。欧阳强亲自带上工具抢修时，不幸被日军飞机扫射的流弹打伤了右胳膊。当时因沟帮子医院设备简单，工人们将他护送到唐山铁路医院治疗。他伤愈后，就留在唐山机务段当钳工，用自己的亲身经历向工人们控诉日军的暴行，揭露国民党反动派卖国投降的行径。他还领导工人向欺压群众的段长进行斗争，因此，反动当局于1932年秘密逮捕了欧阳强，直到1933年才释放。

出狱后，为了摆脱特务的监视，在党的安排下，欧阳强往丰台机务段工作。在中共中央北方局铁路工作委员会委员李颉伯直接领导下，秘密开展党的活动。由于欧阳强遇事机警，经常转移住地，躲过了丰台铁路国民党特务的监视，完成了党交给的任务。

领导粤汉铁路斗争

1936年春，粤汉铁路竣工通车。为了开展粤汉铁路党的工作，李颉伯经请示中共中央北方局铁路工作委员会，派欧阳强到广东乐昌车房工作，秘密领导乐昌地区的革命斗争。

1938年初，为了配合抗日战争，保卫大武汉，党指派欧阳强到武昌徐家棚武东铁路机修厂工作，在中共中央长江局工委负责人廖似光的直接领导下，建立起武东机修厂党支部，欧阳强担任支部书记。8月，国民党军队节节败退，日军逼近武汉，武东铁路机修厂决定迁往湖南郴县。迁厂前，廖似光给欧阳强作了具体指示，并将欧阳强的组织关系转到湖南省委组织部。到郴县后，欧阳强与中共湖南省委组织部部长郭光洲接上关系，受湘南特委蔡坚直接领导。这时，欧阳强利用迁厂建厂间隙奔走湘粤两省进行革命活动。

1938年10月，广州沦陷，粤汉铁路韶关以南线路已经拆毁。广东境内只剩下粤北一段，铁路职工大部撤退到乐昌、坪石和湖南郴县一带。一批地下党员到了郴县以后，成立了铁路郴县地区党支部，欧阳强任党支部书记。欧阳强在全厂范围内领导工人进行合法斗争，揭露国民党反共反人民的罪行。

1945年春，郴县沦陷前夕，欧阳强动员组织铁路工人家属北上到了湖南汝城，并与湘赣边区游击队取得联系。日本帝国主义投降后，欧阳强和广大铁路职工一道回到乐昌复员。同年11月，在欧阳强领导下，由孙炎等出面，在乐昌小溪街北头租民房两间，创办铁型俱乐部。它通过读书会和各种文体活动，对工人进行革命宣传教育。这些活动深受工人群众的欢迎，而车站后面的伪地区工会则门可罗雀，因而引起伪地区工会常务干事梁桂林的忌恨。

1946年初，农历年关时节。广大铁路职工渴望发下复员以来欠发的几个月工资，以解燃眉之急。可是，坪石铁路办事处主任兼工务第七总段段长邹砺吾伙同车房主任潘景文及乐昌站长李仕棠、吴文旺、地区工会常务干事梁桂林等挪用了职工工资，从中渔利。消息传出，30多个被激怒了的工人，自发起来斗争。他们一齐横卧在路轨上，迫使南来北往的火车停开。监工、把头带着狗腿子对工人威胁利诱，要他们离开轨道。工人的回答是："不发工资，不准开车！"欧阳强得悉此事后当晚就召开党支部会议，对工人自发卧轨斗争进行分析。大家一致认为，这次斗争标志着工人更加觉悟，更加团结，应立即举行以车房工人为主的乐昌地区铁路总罢工。

次日凌晨，凌厉的汽笛声划破长空。成群的工人从家属区、车房里、车站、工区涌向车房主任办公室。围住潘锦文，要求发放工资。潘锦文被迫答应每人暂发工资1元，其余三日内补清。三天过去，工资仍未补发。潘锦文推说总段长邹砺吾不同意。这下更激起工人们的怒火，当场把潘锦文捆绑起来，并包围了邹砺吾的住宅。邹砺吾吓得魂不附体，慌忙从后门溜到坪石去了。路警闻讯赶来镇压，却被工人群众打得头破血流，狼狈而逃。

晚上，欧阳强又召开群众代表会议，决定第二天发动全地区工人，自行开一列客车到坪石去找邹砺吾交涉。同时自行售票，将收入发给工人，以解决眼前困难。当列车开抵坪石时，邹砺吾一直不敢露面。工人只得返回乐昌，又涌向潘锦文办公室，高呼口号："我们要活命，不开支誓不复工！"并再次把潘锦文抓了出来，问他："你们到底答不答应给工人开支，快说！"潘锦文面对愤怒的人群，早已吓得面如土色，汗流浃背，颤抖地拿起话筒找到邹砺吾。两个被吓破了胆的家伙，这才答应立即开支。

罢工斗争虽然胜利了，但接踵而来的，是敌人对欧阳强进行的一连串迫害。首先是封闭铁型俱乐部，以此割断欧阳强与工人群众的联系。其次是以"煽动工人罢工、强行开车、强收客票"的罪名，指使路警逮捕欧阳强等11人。这一倒行逆施激起工人的愤怒，他们操起棍棒、铁锤涌向警务段，家属区的老人、妇女、小孩都赶来了，一时将警务段围得水泄不通。工人代表质问当局：欧阳强为大伙要求发放拖欠的工资有什么罪？限警方在24小时内放人，否则继续罢工，并砸烂警务段。刚刚被罢工斗争风暴吓得惊魂未定的警察，眼见工人们愤怒地紧缩包围圈，都不愿再吃眼前亏，偷偷地溜走了一大半。警务段头头见势不妙，只好答应工人代表的要求，签名联保将欧阳强等释放。

欧阳强等回到了工人中间，乐昌地区出现了暂时的平静，但反动当局并没有就此罢休。一计不成又施一计，将欧阳强、周龙寺、陈汉友、黄汉、陈江、孙炎、黄柱等11人开除路籍，而对工人抗议和集体请愿置之不理，最后迫使欧阳强等自谋生路。

欧阳强虽然离开了铁路，但没有离开多年共同斗争的工友，更没有丝毫放弃党的工作。他以卖中成药为掩护，仍继续做党的宣传、组织工作，从湖南的衡阳、郴县到广东的乐昌、韶关、广州以至香港，足迹踏遍了粤汉铁路沿线。

配合华南游击战争

1947 年夏，国内形势起了基本变化，解放战争进入反攻阶段，国统区军费激增，生产凋敝，通货膨胀，民不聊生。学生和工人以及各界群众反饥饿、反内战、反迫害的民主爱国运动蓬勃兴起。国民党反动派已处于全民包围之中。为了垂死挣扎，蒋介石于 1947 年发布了"动员戡乱令"，加强了对革命人民的镇压。国民党乐昌县政府是蒋管区的"模范县"，成立了"戡乱委员会"，积极推行"戡乱"反动政策，白色恐怖笼罩着山城乐昌。

1947 年，党指派欧阳强负责工运工作，积极配合华南游击战争，开展工运。10 月 9 日晚，欧阳强从外地执行任务回到乐昌不到三天，就在住地"南乡书室"被捕。在狱中他面对敌人的严刑拷打和威胁利诱坚贞不屈。

惨遭杀害

1948 年 4 月 26 日下午，欧阳强被押赴乐昌城外枇杷岭，临刑前他高呼："打倒国民党反动派！""中国共产党万岁！"牺牲时 54 岁。

铁路工运领袖欧阳强虽然为了党的事业流尽了最后一滴血，但他的革命精神将永远活在人民的心中。

英烈精神

不畏艰险、善于团结的斗争艺术；面对冤屈不灰心丧气，继续努力工作的革命者气量；面对严刑拷打和威胁利诱坚贞不屈、不怕牺牲的革命精神。

（高思宁　陈襄）

彭成蚕（1927—1948）

—— 年少挨苦至党而心明，入党奉献至终而舍身

主要生平

彭成蚕，广东省陆丰县五云乡罗洛村人。

- 1927 年 8 月 27 日，出生于一个贫穷的农民家庭。
- 1934 年，进入家乡培正小学读书。
- 1937 年，继续在培正小学读书。
- 1941 年夏，在五云乡高小毕业班统考时，获得第一名。
- 1946 年 2 月，加入中国共产党。同年初，被任命为石山支部组织委员，兼一个小组的小组长。同年秋，具体负责发动各方力量将培正小学掌握在党的手中。
- 1947 年，化名"张敦"，担任西北区委"北平"交通站交通员，并出色地完成了许多艰巨的任务。
- 1948 年 3 月 6 日，护送参队的青年到碗窑交通站。3 月 7 日，被告密不幸被捕。4 月 27 日，壮烈牺牲。时年 21 岁。

年少吃苦，一心向党

彭成蚕，广东省陆丰县五云乡罗洛村人。1927 年 8 月 27 日出生于一个贫穷的农民家庭。父亲彭振亚是一位经常失业的店员工人，家中全靠母亲庄缎娘务农操持，才得以使彭成蚕几兄妹在半饥半饱中长大成人。

1934 年，8 岁的彭成蚕进入家乡的培正小学读书。他 10 岁时，因地主到家逼债，父亲遭地主毒打，遂辍学跟父亲流浪到韶关曲江等地谋生。在那吃人的黑暗社会中，哪里有穷人的出路啊！父子俩在曲江因找不到栖身之处，同年 8 月又返回故里。这次艰难的经历，给幼小的彭成蚕留下了难忘的印象。

1937 年，11 岁的彭成蚕继续回培正小学读书，由于他勤奋好学，1941 年夏，在五云乡高小毕业班统考时，获得第一名。彭成蚕毕业后，因家庭贫穷，无力继续升学，经人介绍到河婆镇仁济堂药店当药童。药店工人少，他除日煮三餐、挑水、晒药、捡药外，晚上还要加工各种药材，往往工作到深夜才能歇息。加上店老板为人苛刻，把他这个十五六岁的药童累得筋疲力尽，所得的收入却甚是微薄，使他小小年纪就饱尝了阶级压迫和阶级剥削之苦。也就在这个时候，他接触到经常来药店住宿的地下党员彭少明，并在他的引领下，渐渐懂得了一些革命道理，两人也交上了朋友。两年后彭成蚕被老板解雇，他又回到家乡参加劳动。这一年，恰好培正小学师资缺少，通过党组织活动，彭成蚕被聘为该校一年级教师。

从此，彭成蚕开始了新的生活。中共党员教师陈国良等一面帮助他做好工作，一面加强对他的教育培养。彭成蚕积极学习救国救民的真理，阶级觉悟提高得很快，使他从社会现实中更进一步认识到国民党的腐败无能，只有共产党才能救中国，才能领导中国人民打败日本帝国主义。因此他积极要求参加中国共产党。

加入共产党，坚守文化阵地

1946 年 2 月，彭成蚕由彭少明介绍，光荣地加入了中国共产党。入党后，他便以忘我的精神投入到党的事业中去。这年夏天，陆丰中共地方组织鉴于抗日战争形势，发动开展了强大的政治宣传攻势，扩大了设在培正小学的地下油印室，大量复制翻印东江纵队宣传品，分发到揭（阳）陆（丰）五（华）边和韩江一些地方。为了绝对保密，地下油印室设在虎岩祠一间没有窗户的房子里。晚上工作时全室充满了煤油味，温度非常高。彭成蚕负责油印工作，经常汗流浃背，有时通宵达旦，但不管怎样艰苦，他总是按时完成任务。1946年初，他被任命为石山支部组织委员，同时兼一个小组的小组长。在彭成蚕积极慎重的负责工作下，石山支部发展很快，这一年吸收新党员7人，占当时支部党员人数53%以上。

1946年秋，培正小学校长、中共陆丰西北区委书记陈国良随东江纵队北撤，当地部分绅士便怀疑培正小学被共产党掌握了。于是，一些反动分子乘机活动争当学校校长。当时党支部负责人又不在家，校长职务被反动分子彭策勋所篡夺。彭少明从外地回来后，认为党经营了多年的培正小学这块文化阵地如此丢失实在太可惜，遂召开支部会议讨论对策，决定由彭成蚕具体负责，发动各方力量把彭策勋赶下台。彭成蚕接受任务后，一方面做部分开明绅士和学校董事的思想工作，另一方面找到彭策勋与其军统特务儿子彭笑天往来的书信，公之于众，彭策勋的劣迹被揭露后威风扫地。开学不及一个月，连薪金都没有拿到手的彭策勋，就在群众舆论的压力下，灰溜溜地走了。就这样，这所学校从1940年开始至五云乡解放，一直都掌握在共产党手中。

遭围困被捕

1947年，革命形势迅速发展，党组织决定彭成蚕担任西北区委"北平"交通站交通员，化名"张敦"。在西北区委领导和教育下，彭成蚕出色地完成了许多艰巨的任务。他经常冒着生命危险，带着党的文件或护送参队参军的进步青年来往于五云、河田、河口这些敌人据点之间，时时刻刻经受着严峻考验。

1948年3月6日，海陆丰人民自卫队东北大队铁流武工队在碗窑交通站交通员张瑶带领下，在河口逮捕了当地反动头子朱旭东等人。这一打击行动在河口地区影响很大，群众到处议论纷纷。刚好这一天，彭成蚕又一次从五云护送七八名参队的青年来到碗窑交通站。参队人员由武工队带走后，彭成蚕就在交通站张瑶家里住宿，准备第二天一早回五云。是夜，朱旭东之弟朱文炳到大安向敌人告密，国民党县政警队第二天凌晨突然包围了碗窑村，准备逮捕张瑶。恰好张瑶的母亲早起发现了敌人，忙告诉张瑶和彭成蚕。两人急忙商量了一下，认为与其坐以待毙，不如趁敌不注意闯出去。他俩把身边东西处理好后，便装作早起做工的模样往外走，两人拉开一定距离，但在屋后的路上被敌人拦住盘问。因敌人只知张瑶这个化名，不知他的原名，盘问之间，已早起外出做工的群众见状都叫张瑶的原名（群众不知他化名张瑶），问发生什么事。敌人一时看不出破绽，就把张瑶身上的钱物搜走放他过去。彭成蚕是外地口音，敌人一听便严加盘查，当时他身上还带有一封上级给"北平"的文件，是用密码代号写的，卷成一小卷藏在衣服中被搜出，便被抓了起来，即刻受到讯问："你是什么人？""信是从哪里来的？""'北平'又是谁？"彭成蚕镇定地回答敌人，称自己叫张敦，河婆人。是路过河口探访叔父被亲人留宿的，别的什么也不知道。至于那封信，是一个素不相识的人写的，叫他走到一棵大树下，交给一个穿白衫黑裤的人，信里写的是什么他也不知道。敌人看问不出什么，就把他押回陆城。同时封了张瑶的家，抓走了他父亲（几个月后变卖家产才赎了出来）。

经受酷刑考验，壮烈牺牲

在狱中，敌人对彭成蚕施加了各种酷刑，辣椒水、老虎凳，什么凶残的手段都使出来了。但敌人从彭成蚕口中得到的，仍只是"不知道"三个字。敌人见彭成蚕的嘴硬得不行，便调揭阳县河婆乡乡长张玉谦前来协助审问并劝降。张玉谦一到陆丰，便与彭成蚕称兄道弟，以保证生命安全、让彭成蚕当乡文书、给钱给老婆等作为条件，要彭成蚕讲出真实姓名和收信人是谁。彭成蚕面对这些所谓的"条件"，只是付之鄙视的一笑。敌人恼羞成怒，就用烧红的铁板来烙彭成蚕，烧得红红的铁板烙在胸脯上，一下就使彭成蚕痛得昏死过去。敌人用冷水泼在他脸上，当彭成蚕醒来后，仍然回答："不知道。"敌人看无法从彭成蚕的口中得到什么，便把彭成蚕押回河口枪杀。

1948 年 4 月 27 日，国民党陆丰当局派了大批军警到河口，在河口圩戒备森严，如临大敌。彭成蚕在刑场上面对敌人刺刀，从容自若，在高呼"打倒国民党反动派！""中国共产党万岁！"的口号声中壮烈牺牲。敌人始终不清楚彭成蚕的真实身份，在杀人的布告上还是写着"张敦，揭阳人"。

彭成蚕为了保守党的机密和人民的利益，献出了年轻的生命，牺牲时年仅 21 岁。

● 英烈精神 ●

为了国家民族大义、为了保守党的机密和人民的利益而牺牲小我的民族精神。

（林兴奇）

钱　兴（1909—1948）

——广州重建党组织后所吸收的首批党员之一

主要生平

钱兴，乳名阿树，原名钱发年，号发瑞，曾用名钱瑞年、老陈、蔡十、李先生、李伟民、李钱兴等；曾用笔名邮夫、村人、金等。广东省怀集县人。

- 1909 年农历五月，出生于一个地富家庭。
- 1933 年，进入中山大学法学院政治系读书。他在学校受到进步同学和教授的教育与影响，认识不断提高。
- 1935 年夏天，加入中国青年同盟。12 月，组织领导广州地区一二九运动。
- 1936 年 8 月间，加入中国共产党，是广州重建中共组织后所吸收的首批党员之一。
- 1937 年 3、4 月间，奉调到福建担任厦门市工委书记。
- 1940 年冬，前往广西筹建党的广西省工委，任工委书记。
- 1947 年夏天，调到粤桂湘边区工作，担任中共西江区工委副书记、粤桂湘边纵队副政委。主要负责党的工作，兼管桂东工作。
- 1948 年 9 月 16 日，带领少数战士隐蔽在四雍山上，坚持战斗 50 多天。11 月中旬，突围过程中不幸牺牲。时年 39 岁。

钱兴，乳名阿树，原名钱发年，号发瑞，曾用名钱瑞年、老陈、蔡十、李先生、李伟民、李钱兴等；并曾用邮夫、村人、金等笔名于报刊发表文章。1909年农历五月，他出生在广东省怀集县（新中国成立前属广西）诗洞的一个地富家庭。兄弟共4人，他排行第二，父亲早丧，由母亲把他们抚养长大。

要毕生为复兴中华而奋斗

1922年，钱兴在安华乡凤南初级小学读书；1926年升怀集第一高小；1927年，考入怀集县初级中学。他平日勤奋好学，成绩优秀，善于思考问题。他的班主任兼语文老师梁一柱是一位地下党员。他见钱兴为人正直，勤奋好学，便经常向钱兴讲解革命道理。钱兴受到梁一柱的影响，眼界打开，思想认识有所提高，曾愤慨地说："国耻何时雪，国难何时了？"因而更加鞭策自己要发奋读书，日后要以救国救民、复兴中华为己任。因此，他后来给自己取名为"兴"，表示自己要毕生为复兴中华而奋斗。

1930年，他21岁时，在家乡初中毕业后，考入了广州知用中学高中一年级；1931年，又转考入中山大学附中高中。1931年，日本侵略者发动了九一八事变。第二年，日寇又制造了进攻上海的一二八事变。在中国共产党的号召与领导下，中国人民掀起了声势浩大的抗日救亡运动。钱兴平日关心时事，对蒋介石的卖国反动政策感到愤恨与失望，经常与一班志同道合的同学讨论国家大事，认真学习有关进步书刊，探索抗日救国的正确道路。1933年，他进入中山大学法学院政治系读书。他在学校又结识了一些进步同学，并时有机会接近邓初民、何思敬等进步教授，受到他们的教育与影响，认识不断提高。

带领中大中青开展抗日救亡活动

1935年夏天，党中央的秘密刊物发行网工作人员王均予从上海到广州工作。他在广州各校青年学生中建立了中国青年同盟（简称"中青"）的进步团体，团结广大青年学习革命理论，宣传党的抗日主张，开展抗日救亡活动。中山大学方面，钱兴首先加入了中青。接着，他介绍了曾振声（曾生）、粟稔等进步青年加入。钱兴担任中山大学中青的负责人。在钱兴等骨干带领下，中青在青年同学中组织学习革命理论，张贴墙报，刻印小报，宣传党的政策主张，开展抗日救亡活动，将同学们团结在中青周围。为了避开学校反动当局的耳目，钱兴常常不辞劳苦地跑到中山大学附近的石牌茶山上，以石头为桌子，坐在地上刻写蜡纸，编印小报传单。他还经常在夜间步行几个小时，从中大赶往广州市区与有关同志联系工作。在钱兴等骨干的努力下，中山大学好些班级先后成立了抗日会，积极开展抗日救亡活动。

1935年10月间，在钱兴等骨干组织发动下，中山大学法学院学生在校内举行了一次抗日大会，会后示威游行。法学院院长郑彦棻赶来压制，指斥为"非法集会"，命令解散。钱兴挺身而出，义正词严地说："我们开会讨论抗日救亡大事，为何非法？难道你愿意让祖国沦亡于日本侵略者统治之下?!"郑彦棻被驳得哑口无言，只好悻悻地溜走。

1935年12月9日，一场伟大的抗日救国运动在北平爆发。消息传来，广州地区青年学生立即奋起响应。特别是中山大学尤为热烈，成为广州地区抗日救亡运动的核心力量。钱兴便是广州地区一二九运动的主要组织者与领导者之一。

12月11日，中山大学师生3000人集会，强烈要求抗日。他们冲破学校当局的阻挠，定于翌日集队到广州市区举行抗日示威游行。12日，在钱兴、曾振声等人的指挥下，中山大学师生高擎"中山大学抗敌示威大游行"的横额，浩浩荡荡地向市区进发。沿途有不少其他学校的学生加入游行队伍。这次示威游行，对广州地区抗日救亡运动的开展，起到了推动作用。

为了破坏广州地区的抗日救亡运动，国民党广东反动当局布置一些反动分子，在广州各校成立所谓"广州市学生救国会""抗声社"等组织，企图控制抗日救亡运动的领导权，从而扼杀抗日救亡运动。钱兴、曾振声等中青骨干，团结了广大青年学生，揭露并粉碎了他们的阴谋，把中山大学抗日领导权争回到进步力量手中。

从1935年12月至1936年1月，中山大学师生冲破了反动当局的阻挠破坏，继续举行了数次抗日救亡示威游行活动。作为这次运动的组织指挥者的钱兴，还在游行过程中，与宣传队员一道，沿路向市民演讲宣传。他慷慨激昂地向群众宣传说："不愿做亡国奴的爱国同胞们，团结起来，一起参加抗日救亡运动，坚决反对卖国投降政策!"他讲到激动之时，忍不住流下一行行热泪。周围听讲的群众也感动得流泪。

面对爱国学生如火如荼的抗日救亡运动，广东反动当局悍然采取镇压手段，除派出暴徒殴打游行群众外，还下令搜捕抗日救亡运动的骨干分子。粟稔等因而被捕，钱兴在同学们的掩护下，机智地摆脱了反动当局的追捕。中山大学当局竟无耻地宣布不准钱兴、曾振声等人于下学期注册读书。

有些中青会员劝钱兴暂时到外地躲避，他谢绝说："目前正处于紧急关头，亟须有人稳住局面。我要留下来继续进行战斗！"

他不顾个人安危，连夜起草与油印抗议反动当局镇压学生爱国运动的抗议书，向各处散发，争取社会同情。同时，他积极联络有关方面，设法营救被捕学生。他还及时组织其他进步同学转移到工厂、农村，继续开展抗日救亡活动。中山大学反动当局在社会舆论的压力下，后来被迫向广州公安局保释出被捕学生，撤销不准钱兴等人注册的决定。

成为一名无产阶级先锋战士

经过这次爱国运动的锻炼与考验，1936 年 8 月间，钱兴光荣地加入了中国共产党。他是广州重建党组织后所吸收的首批党员之一，从此，他从一名爱国青年成长为一名无产阶级先锋战士。

在厦门、闽西南开展抗日斗争

1937 年 3、4 月间，因原厦门市委书记他调，钱兴奉中共南方临时工作委员会（简称"南临委"）之命，调到福建担任厦门市工委书记职务。他认识到自己原是一名青年学生，如今挑起了这一领导重任，这是党组织对自己的莫大信任，同时也是对自己的一个很好的锻炼与考验。因此，他在工作过程中，抱着高度的革命责任感与警惕性，踏踏实实，兢兢业业，坚决执行党的指示，虚心向同志们学习，注意深入调查研究，从而把工作开展起来。

不久，卢沟桥事变发生。中国共产党当即发表抗战宣言，号召全国同胞团结起来，进行抗战。钱兴与厦门市工委其他同志一起，努力利用各种形式与场合，广泛开展抗日宣传活动；同时组织各种抗日团体，发动和团结厦门地区广大人民群众投入抗日救亡运动之中。

1938 年 5 月 10 日，日军占领厦门。钱兴等厦门市工委领导人带领厦门青年战时服务团等抗日团体撤往漳州。当时闽西一带红军在张鼎丞、邓子恢等领导下，改编为新四军，开赴抗日前线。方方留下担任中共闽粤赣边区省委书记，负责领导闽西南、潮梅等地区党的工作。闽西南特委之下，设立漳州中心县委，辖云和诏县委（辖云霄、平和、诏安县的部分地区）等党组织。钱兴担任漳州中心县委宣传部部长并领导云和诏县委工作。他与中心县委其他领导同志一道，坚决贯彻上级的指示，充分利用一切有利条件，壮大革命力量，为保卫乡土、争取抗战的胜利而斗争。

当时，闽西南地区的国民党反动军队与土匪部队互相配合，经常向部队袭扰。特别是云和诏地区地处山区，反动力量较强，共产党派到那里工作的干部，经常受到敌人的袭击与暗算。中心县委为了加强这一地区工作的领导，由钱兴常驻那里，具体领导各项工作进行。由于情况复杂，条件艰苦，钱兴往往白天在村中工作，晚间宿在山上，经常要转移，时常吃不上饭，靠挖野笋野菜充饥，生活相当艰苦。但他毫不畏难，斗志昂扬地努力工作。

领导广西省工委工作

抗战时期，广西党组织原由八路军驻桂林办事处领导。国民党顽固派掀起反共逆流后，桂林办事处被迫撤销。南委乃决定派钱兴前往广西筹建广西省工委，由他任书记，苏曼任副书记，黄彰任组织部部长，彭维之（后叛变）任宣传部部长。1940 年冬天，钱兴与爱人邹冰（广西省工委秘书）离开福建，前往桂林工作。他与苏曼等人分头深入了解和掌握情况，有步骤地接收关系，整顿与健全各级组织，再在此基础上进一步开展工作。经过他们一年多的不懈努力，广西党组织的工作逐步走上轨道。

1942 年 7 月初，广西党组织因叛徒出卖而遭受破坏。苏曼、罗文坤（桂林市委书记）和张海萍（南委交通员）三人英勇牺牲。钱兴夫妇机智逃脱，旋即转移到灵川。这就是广西党史上的"七九事件"。

在白色恐怖笼罩的情况下，钱兴临危不惧，坚定地执行"隐蔽精干，长期埋伏，积蓄力量，以待时机"的白区工作方针，当机立断地采取了一系列紧急措施，有效地保存了党的力量。为了便于迅速调整组织和安排今后工作，继续坚持革命斗争，钱兴决定将广西省工委机关从桂林转移到钟山县英家农村。钱兴化名为蔡十，以广东难民身份为掩护，在白沙井公路旁一片树林中搭了一间小茅屋居住下来，在此建立了广西省工委领导机关（1944 年再迁到牛峒）。

钱兴十分注意加强对党员的思想教育工作，帮助他们树立革命必胜的信心。当各地党员的转移、安置工作基本完成，各地党组织恢复联系和站稳脚跟后，钱兴便进一步着手于加强党的组织建设工作，决定在钟山成立党的特支，及时吸收了一些经受考验的优秀分子入党，壮大了党的力量。他还进一步组织党员骨干学习党的有关整风文件，不断提高党员的觉悟，增强党组织的战斗力。省工委还在人民群众中开展宣传工作，让广大群众知道党组织还在继续领导着人民群众坚持革命斗争，大大增强了群众的信心。

这期间，钱兴以及其他同志的生活十分艰苦。他亲自动手开荒种菜，割草烧石灰，以维持生活。他们经常吃不饱，仅有一点粮食，钱兴往往推让给别的同志吃。因劳累过度，营养不足，他得了肺病，但仍十分乐观，精神饱满地坚持工作。

广西党组织因"七九事件"与南委的联系中断后，钱兴一方面坚持独立工作，一方面积极设法与上级党组织取得联系。经过几番周折，于 1943 年间通过原八路军驻桂林办事处留下搞联络工作的张兆汉，与上级党组织取得间接联系。

1944 年春，在当时抗战形势发生重大变化，日寇极力打通大陆交通线的情况下，钱兴根据上级关于"放手发动群众，大力宣传和组织抗日武装斗争"的指示，立即派出干部分头到各地进行部署，放手发动群众。一方面，钱兴与省工委把从桂林撤退到昭平等地的新闻文化界一些进步人士组织起来，还把《广西日报》（昭平版）掌握起来，积极宣传党的抗日主张。另一方面，在桂东北、柳州、桂东等地都分别建立了抗日武装，积极开展武装斗争活动，从而使广西党组织克服了困难，在斗争中得到巩固与发展。

日本投降后，钱兴抵达重庆，与南方局取得了直接联系，汇报了"七九事件"以来广西党组织坚持斗争的情况，得到了南方局领导的肯定和称赞。不久，钱兴带着上级党的有关工作指示与新的战斗任务回到广西，更加积极地开展工作，进一步打开局面。

1947 年初，钱兴到香港向中共中央香港分局领导人方方汇报工作（此时广西党组织改属中共中央香港分局领导）。鉴于国民党反动派已经全面发动内战，香港分局指示：广西党组织在当前的主要任务是一切为着准备武装起义而斗争。钱兴从香港回到广西后，4月间于横县召开各地党员干部会议，传达了上级党组织的指示，结合广西的实际情况，确定了广西武装斗争的总方针任务是：积极准备武装起义，广泛发动游击战争，创造游击根据地，摧毁反动政权，建立新解放区。横县会议后，英家等地相继举行了一系列的武装斗争，给国民党的反动统治以沉重打击。

调粤桂湘边区工作

为适应解放战争形势的需要，香港分局决定撤销广西省工委，将桂东南、桂西南分别划归即将与邻省毗连地区共同建立的各边区党委领导，其余各地区由新建的桂柳工委领导。1947年夏天，钱兴奉香港分局的指示，调到粤桂湘边区工作，担任中共西江区工委副书记、粤桂湘边纵队副政委职务。

钱兴主要负责党的工作，兼管桂东工作。为了取得领导武装斗争的经验，他经常深入部队，与指战员生活在一起，参与指挥战斗。他工作认真负责，机智沉着，不怕艰苦，不怕困难，善于团结干部，与群众打成一片，在干部群众中留下了深刻的印象。

到怀集县南区发动和组织群众武装斗争

1947年秋冬，钱兴到怀集县南区自己的家乡一带，发动和组织群众武装斗争。8月15日，怀南游击队领导人策划举行了一次武装暴动，攻打国民党诗洞区公所，歼敌10余名，缴获枪支一批。11月上旬，怀南地区成立了革命政权六龙坑乡政府。怀南游击队亦从数十人发展至500人。其主力部队在钱兴等率领下，在中和乡一带积极开展活动。1948年2月底，德庆地下党举行了武装起义，攻下了敌人三个据点。西江地区的敌人为之震动。在此基础上，怀南游击队、德庆起义武装以及纵队派出挺进西江的部队共同组成了广德怀人民抗暴义勇总队。西江区四会、广宁、怀集、德庆、封川、开建等县的游击区亦连成了一片，并有五个区建立了民主政权。

5月间，国民党反动派乘游击队主力远出之机，袭击和洗劫了钱兴的家乡凤南村，杀害了积极为游击队筹款筹粮的钱兴的胞弟钱汉年，并捉走了农民 11 人。第二天夜晚，钱兴带着几名战士赶回家乡，慰抚乡亲，勉励他们化悲痛为力量，继续坚持与国民党反动派斗争。

扶罗口伏击战大捷

1948 年 7 月间，国民党广宁县反动县长冯肇光在广州用船运载了一批武器，经绥江运往广宁，以加强对游击区的"扫荡"。这批武器由广东省警队、许锡基地方团队等反动武装负责押送。

根据部队所侦察到的这一情况，钱兴与贺绥支队副政委欧新等人慎重研究后，果敢地决定组织部队在扶罗口地方伏击，结果把敌人打个措手不及，缴获了大批武器和其他物资。扶罗口伏击战的胜利，补充了部队的装备，鼓舞了军民斗志，为反"扫荡"斗争赢得了时间和物质准备。

留在四雍坚持反"扫荡"斗争

1948 年 9 月中旬，国民党反动派向粤桂湘边区游击根据地中心广宁四雍地区大规模进犯。情况相当严重，钱兴服从组织分配，带领部分队伍留在四雍坚持反"扫荡"斗争，其余队伍转移到外围活动。

9 月 16 日，国民党反动派分三路向四雍进攻。虽经钱兴率领队伍浴血奋战，但因敌强我弱，再加上一些变节分子从中破坏，致使部队损失较重，四雍为敌人攻占。钱兴带领少数战士白天隐蔽在山上，晚上则到村里宣传群众，鼓励群众坚持斗争。为了避免敌人的疯狂搜捕，他经常在山上转移，生活十分艰苦，这样一直坚持了 50 多天。

突围时不幸牺牲

1948 年 11 月中旬，钱兴带领一名小队干部突围，往怀集方向转移。途中，他们遭敌人包围，于是两人分头突围。钱兴在突围过程中，不幸牺牲。他将自己的宝贵青春献给了壮丽的共产主义事业，年仅 39 岁。

"国耻何时雪，国难何时了？"

"不愿做亡国奴的爱国同胞们，团结起来，一起参加抗日救亡运动，坚决反对卖国投降政策！"

"目前正处于紧急关头，亟须有人稳住局面。我要留下来继续进行战斗！"

● 英烈精神 ●

不忘国耻、坚决反对卖国投降政策的爱国主义精神；工作认真负责、善于团结干部、与群众打成一片的团结奋斗精神；坚定地执行党的方针、服从组织分配、对党无比忠诚的革命忠贞精神。

（卢权　陈立平）

谢金重（1917—1948）

—— 解放战争恢复东莞武装斗争的主要领导人

主要生平

谢金重，广东省东莞县东坑区桔子园村人。

- 1917 年，出生。
- 1938 年，东莞沦陷后，投入抗日救亡活动。
- 1939 年夏，参加中国共产党。
- 1940 年夏，为团结各阶层人士抗日，在东坑组织了促进会。
- 1941 年初，和卢居轩接管党在东坑设立的联络站的领导工作。
- 1943 年冬，密切配合东江纵队，一举歼灭驻东坑伪军，并击退汉奸崩牙森。
- 1945 年 8 月，率领部分基干民兵到杨梅岭接受驻敌投降，但敌人不投降，随后将敌击溃。
- 1946 年夏，东江纵队北撤时，服从党的决定，留下坚持地下斗争。
- 1947 年 2 月，活捉反动乡长陈叠瑜及自卫队 10 多人。同年底，把在大岭山活动的部队与在梅、长、塘活动的连队合编为铁鹰队，兼任这支部队的指导员。
- 1948 年 2 月，光荣牺牲，时年 31 岁。

在东莞梅塘大坳口的山坡里，安葬着革命烈士谢金重。他是解放战争时期恢复东莞武装斗争的主要领导人。东莞人民想起他，无不肃然起敬，都称赞他是"我们的好教导员"。

谢金重，广东东莞东坑区桔子园村人，1917 年出生。年少家贫，在胞姐谢满葵的扶持下，入本村小学读了几年书。辍学后跟人当了几年车衣学徒，便以制衣为生。

投入抗日救亡活动

1935 年秋，谢阳光等在东坑开展革命活动，使谢金重开始接受先进思想的熏陶，追求革命。1938 年 10 月，东莞沦陷后，谢金重怀着一颗爱国之心，投入热火朝天的抗日救亡活动。1939 年夏，由卢淦明介绍参加了中国共产党。在党的领导下，他积极地到各乡村去训练抗日民兵，同时开展抗日救亡的宣传活动。

1940 年夏，谢金重为团结各阶层人士抗日，在东坑组织了促进会。他动员了许多人入会，包括国民党军队中的进步人士，共同抗日。

同年，党在东坑设立联络站，开办新新百货商店作掩护，以卢淦明为领导，谢金重和卢居轩管理具体工作，掩护革命同志来往，搜集情报，联络各阶层人士抗日。1941 年初，卢淦明调走，由谢金重和卢居轩接管联络站的领导工作。谢金重还动员妻子变卖了结婚时的金器首饰，凑了几百元，增加商店的流动资金，使商店的生意更加红火。1942 年底，由于卢居轩奉命往大岭山途中被捕，党组织怕暴露商店真相，加上驻东坑伪军李安部注意了商店，便把大批文具、布匹等物资输送给部队而关闭了商店。

1943 年冬，谢金重仍在东坑搞地方党工作。他摸清了驻东坑伪军李安中队的情况，然后密切配合东江纵队一举将其歼灭，把东坑建设成抗日根据地。随后党派谢阳光返东坑发动青年参军，谢金重极力协助，但遭到汉奸崩牙森的破坏，党决定将他除掉。一个晚上，谢金重带领几位同志将崩牙森住宅包围，并开枪射击，但没射中其致命部位而让其逃脱了，从此他不敢再返东坑，东坑扩军工作得以顺利开展，为部队输送了 100 多名新战士。

杨梅岭接受驻敌投降

1945 年 4 月，谢金重被派到罗浮山参加东江纵队政治部举办的中队级以上干部训练班，学了"连队政治工作"等课程。结业后，他被分配在东宝行政督导处任政治特派员，负责莞樟线工作，带领基干民兵，配合部队打击敌、伪、顽。8 月，日本投降后，谢金重率领部分基干民兵到杨梅岭接受驻敌投降，但敌人不投降，他就率领部队将敌包围，战斗一天一夜，终于将敌击溃，缴轻机枪一挺、步枪一批。

1945 年冬，国民党反动派抢夺人民抗日战争的胜利果实，大举进犯抗日根据地。谢金重率领新一区基干队 30 多人，转战东坑、大朗、寮步等地。一天，他们秘密地来到镇坑仔，派出干部尹辉去侦察敌情。可是尹辉被捕后经不起考验变节了，带领反动乡长尹永保和新一军 200 多人来"围剿"，并封锁了通道。谢金重临危不惧，果断地率领全队冲出重围，避免了重大牺牲。

坚持地下斗争

1946 年夏，东江纵队北撤时，谢金重服从党的决定，留下坚持地下斗争。他把部队留下的枪支、弹药和物资掩蔽好，以备东山再起。东江纵队北撤后，国民党反动派撕毁"双十协定"，对东江纵队复员同志横加迫害、屠杀。谢金重的家，财物被抢光，房屋被烧。他教育家人和群众要坚强起来，跟敌人斗争。当时，他根据党"长期隐蔽，积蓄力量，等待时机，坚持斗争"的方针，通知一些已经暴露了的党员及时转移，谢金重也撤到香港。谢金重虽然经济十分困难，但依然关心战友们的生活，他经常鼓励大家忍受暂时的困难，战胜困难。当谢金重得知共产党员陈衍寿返回梅塘被杀害时，立刻召开新一区在港人员座谈会，谴责国民党反动派对东江纵队复员人员的迫害，教导大家要提高警惕，对敌人不能存在侥幸心理。

1946 年 8 月底，谢金重与何棠约会，商讨了怎样开展反击敌人残酷迫害的办法，并联名写了一封信给江南副特派员祁烽。后来上级决定，以谢金重为主返回东莞，用东纵复员同志自卫会的名义开展工作。谢金重接受任务后，让邝耀水协助筹集活动经费，自己当即带领 7 人回到东坑，串联发动，组织 10 多人的队伍，又到莞太线发动一班人，在东坑、丁屋、黎背岭、杨梅岭等一带地区活动，并在凤鸣岗杀了反动地主恶霸黄宝洪，用东莞复员同志自卫会的名义出布告，历数其迫害东江纵队复员同志的罪行，警告其他反动分子引以为戒。这样，由于人民敢于起来斗争，常平、大朗、寮步等地区的反动地主恶霸的嚣张气焰收敛了。

1946 年 11 月 27 日，广东区党委根据中央的指示和广东的条件，作出恢复武装斗争的决定。谢金重赴港参加了恢复武装斗争会议，研究了开展武装斗争的方针政策和办法。祁烽还交给他一条手令："东江纵队北撤前留下的武器，一律交给谢金重、何棠收。"手令上盖有曾生、王作尧的印章，还附有保存枪支人的姓名、地址、枪支数量和枪支号码。他们返回东莞，经过一个多月的努力，收集了机枪两挺、步枪一批和许多子弹，并且组成了一支 47 人的武装队伍，还有两个武工队，在莞樟线和水乡地区活动。

1947 年 2 月，这支队伍首次袭击梅塘反动乡政府和自卫队。由于事先经过周密的侦察和布置，部队从北岸岗出发，拂晓前发起突然袭击，速战速决，活捉反动乡长陈叠瑜及自卫队 10 多人，缴长、短枪 10 多支和弹药物资一大批。此役影响甚大，北撤山东烟台的东江纵队部队为此出了号外，予以赞扬。

领导东莞队

1947 年 4 月，惠东宝人民护乡团第三大队成立。谢金重领导的部队，统称东莞队，未编入第三大队建制，到同年 7 月，江南工委才决定把东莞队编入第三大队。为开辟白花洞一带地区的革命根据地，东莞队随第三大队参加了大坪战斗，缴获一些枪支弹药。由于塘厦援敌赶到，战斗尚未结束，即撤出。谢金重带领部队回到大水坑，又遇陈镜辉反动联防队和保十五团一个连的包围，战斗从早上打到下午才撤出战场，在转移中恰遇大雨滂沱，同志们浑身湿透，饥寒交迫，只好在大船坑暂时休息。次日下午 2 时，敌人又来袭击，一直打到天黑，然后撤到望天湖的沙梨园掩蔽。

为了避开敌人的"扫荡"锋芒，谢金重率领东莞队绕回梅（塘）长（江）塘（厦）地区活动。一天，到来黄沙河北岸的古村，由于鬼头仔告密，下午两个连敌军来袭。谢金重率领部队登上村后的老虎岭，排长钟水不幸负伤，谢金重即把他背起，边战边指挥撤退。敌军逼近了，谢金重拾起驳壳枪向敌人打了一梭子弹，掩蔽好钟水即滚落山下，引开敌人，掩护了同志们脱险。

组编铁鹰队

1947年底，除几个武工队继续在路西地区活动外，谢金重把在大岭山活动的部队与在梅长塘活动的连队合编为铁鹰队，自己兼任这支部队的指导员。随后部队壮大，谢金重升任教导员，但依然率领铁鹰队在路西东莞的梅塘、长山口、塘厦、大岭山等地区活动。

1948年2月，铁鹰队推进到大岭山地区，在瓜田岭遇上县保警第一大队来袭，被部队击退，部队转移到高田；金桔岭驻敌又来袭击，被部队击退，部队转移到大王岭；虎门驻敌经怀德又向大塘扑来，离部队驻地大王岭很近。谢金重指挥部队占领制高点后，敌人向部队发动进攻，被部队歼灭其一个班，缴机枪一挺、步枪10多支，钢盔10多顶。谢金重预料敌人必来报复，立刻率领部队转移犀牛陂。当晚，谢金重带一个小队和后勤人员住在一间祠堂；连领导带领一个连住在另一间祠堂。翌晨，鬼头仔来犀牛陂给反动头子吴东权送情报，误送部队手上，被部队队员当场抓住。当谢金重正在审讯鬼头仔的时候，国民党虎门要塞司令部一个大队会合宝安吴东权自卫大队，分几路向犀牛陂扑来，并与部队军事哨开火了。谢金重立刻与几个连领导研究，决定向梅塘方向转移。连长带领连队从荔枝园小松山登山；谢金重带一个小队从小松山前面登山。谢金重牵挂同志们的安危，跑步登上山坡，举起望远镜观察敌情，突然飞来一颗子弹，正中谢金重胸部，谢金重鲜血直流。卫生员跑步赶来抢救，谢金重吃力地说："别管我了，赶快转移。"战友们含泪默默地点点头，可谁也没有移动半步。谢金重终因伤势过重，抢救无效，光荣牺牲，时年31岁。

谢金重英勇牺牲后，战友们把他的尸体运往梅塘，安葬在大坳口的山坡上，肃立默哀，行礼致敬。"我们的好教导员，安息吧！"部队领导机关为纪念谢金重的战斗业绩，把铁鹰队命名为"金重队"，使英雄的名字发扬光大，永存战士们心中，并以教导员为光辉榜样，为解放祖国英勇战斗。

英烈精神

不怕困难、战胜困难的无畏精神；敢于斗争、善于斗争的革命斗争精神。

（旁人）

徐尚同（1903—1948）

——为掩护地下党员和党的领导机关而尽心竭力

徐尚同，乳名兴业，广东省翁源县翁城镇五一村人。

- 1903 年，出生于一个书香之家。
- 1937 年，担任翁源县立初级中学校长。
- 1938 年，利用自己的社会地位，掩护党的组织，为党做了大量的工作。
- 1939 年 4 月，参加中国共产党。同年冬，带领翁源中学全校师生，转移到黄洞山区，着手开展抗日游击战争。
- 1945 年 7 月间，被任命为国民党翁源县党部书记长兼翁源二中校长。
- 1948 年 1 月，被以"奸党"之嫌，逮捕入狱。7 月，在流花桥被秘密杀害，时年 45 岁。

徐尚同，乳名兴业，广东省翁源县翁城镇五一村人，1903年生。徐尚同的祖父和父亲两代人均是教师，他出生于一个书香之家，从进入私塾读书开始，由于勤奋好学，生性聪颖，学业成绩一向优异。在广东省立工业专科学校毕业以后，当中学教员7年，任中学校长10年。任教期间，直接受到地下党的影响和培养教育，于1939年4月，由廖翠贞介绍，参加了中国共产党。徐尚同因身份特殊，不编入党小组，只同县委书记保持单线联系。在党的领导下，一直为了掩护地下党员和党的领导机关而尽心竭力；积极支持邓楚白等发展翁中的抗日先进组织，开展抗日救亡宣传工作；打入国民党翁源县党部以后，明知敌人怀疑自己，依然不避艰险，以无私无畏的革命精神去对待革命事业。翁源中学是翁源革命的摇篮，由徐尚同主持的翁中和翁源二中，一批又一批的青年学生，在党的哺育之下茁壮成长，勇敢地投身到抗日民族解放战争和人民解放战争中去，不少人加入了中国共产党，成为党政军的骨干，有的为革命事业而献出了自己宝贵的生命！

积极开展抗日救亡活动

1937年秋至1943年间，正值中国人民进行抗日战争的国难深重时期。他担任翁源县立初级中学校长，为了适应抗日形势发展的需要，于1938年夏，到广州去聘请教学水平高又能领导学生做抗日救亡工作的教师。他的行动，很快就引起了共产党的重视。当时省委分析了抗日战争的形势，认为抗战的后方已经转移到粤北，在建立农村的抗日根据地上，翁源是带有战略意义的要地。因此，通过饶彰风等同志介绍廖翠贞（廖琼，女中共党员），应徐尚同的聘请，到翁中当教师。她到达翁中以后，在工作上得到徐尚同给予的大力支持，很快就团结了广大的革命青年学生，积极开展抗日救亡活动。徐尚同还亲自教唱革命歌曲，指导排演宣传剧目，带领翁中抗日救亡宣传队，到黄洞山区和各圩镇宣传抗日。

1938年10月下旬，翁中成立第一个党支部，由廖翠贞任支部书记，紧接着，又先后成立了中共翁源县特别支部、翁源县工委和中共翁源县第一届县委。当时翁源地下党的领导机关，均设立在翁源中学（当时学校在周陂崖英石）。徐尚同利用自己的社会地位，掩护了党的组织，为党做了大量的工作。

着手开展抗日游击战争

1939 年冬，日军向粤北发动疯狂的进攻。翁源县委决定，组织翁源中学全校师生，转移到黄洞山区，着手开展抗日游击战争。由邓楚白、徐尚同等同志带领，连夜出发，进入黄洞。这时，徐尚同正患胃病，老师和学生很关心他的身体，个别学生还买了鸡蛋送给他，都被他婉言拒绝，并对学生说："应吃苦，不能特殊。"他和大家一起睡禾草、洗凉水、吃青菜粥，泰然自若。由于日军撤退，抗日武装斗争虽没有组织起来，但对徐尚同却是一次大的考验。

日军这次进犯，校舍校具受到很大破坏。师生回校后，把学校从周陂搬到龙仙的蔡氏宗祠（东升小学），继续办学，然而，当时的困难很多，条件也很差。但是徐尚同的态度却非常坚决，表示不管困难多大，都不能贻误学生的学业，他亲自担负起二、三年级的数理化课程。工作繁重，伙食又不好，但他和教师一样完成教学任务。他的知识根底很好，尤其擅长数理化，因此，教学质量显著提高，深得学生家长和社会人士的赞扬。

1940 年 4 月间，翁源地下党组织通过做国民党第十二集团军教导团政训室的工作，在龙仙召开一次以声讨汪精卫卖国投敌，坚持团结抗日为内容的军民联合大会。徐尚同在大会上作了发言，强调不仅要打击公开破坏抗日的汉奸，还要检举揭发和肃清暗藏的"张精卫""李精卫"。号召一定要加强军民合作，坚持抗战，反对投降；坚持团结，反对分裂；坚持进步，反对倒退。表示为了夺取抗日战争的彻底胜利，翁中 300 多名师生将义不容辞地深入宣传，发动群众，投入到抗日救亡运动中去。他的讲话博得全场热烈的掌声。

保护学校阵地

1940 年，国民党制造了第一次反共高潮之后，开始迫害进步师生。徐尚同挺身而出，团结社会人士，与反动势力进行坚决的斗争。翁中搬迁到龙仙，当时突出的斗争是国民党和地方实力派以翁中为中心与共产党展开争夺。翁源第四区的地方实力派中一部分人，却是全县地主阶级中最跋扈的反动力量。这伙人气焰嚣张，散布谣言，恶毒攻击学校聘用赤化分子等等，并扬言要接替校长徐尚同。徐尚同意识到他们的攻击，不是争夺个人权位的问题，而是国民党顽固派与共产党争夺学校阵地的一场严重的政治斗争。党组织发动了学生和社会进步的人士，揭露了反动势力张清水等人篡夺翁中领导权的图谋。从 1940 年 6 月至 11 月，经过差不多半年时间的较量，终于粉碎了他们的阴谋。

1940 年，设在翁城的国民党翁源县党部书记长朱某，是徐尚同的学生，想从老师身上打主意。然而，徐尚同也有自己的对策：绝不让国民党在学校内插上一只脚。每当这个书记长来找徐尚同游说，提出要在学校发展国民党员、建立国民党组织时，徐尚同总是以"学生在学，不宜参与政治"为理由，婉言拒绝，使此人几次两手空空而回。

1941 年，翁中迁回三华原址，徐尚同面对日机轰炸后的断壁颓垣和政治逆流，并没有因此而气馁，对学校的未来充满了信心和希望。1942 年，粤北省委遭破坏，党组织暂时停止活动，他和一部分留下的党员、师生，与妄图篡夺学校领导权的反动势力，进行坚决的斗争。1944 年，他转到翁源县立第二初级中学工作。当时，国民党三民主义青年团（简称"三青团"）纠集、唆使少数官僚地主出身、品德恶劣的学生进行反共活动，还把手枪带到学校威胁、辱骂教师。徐尚同主持召开了校务会议，将恣意闹事、屡教不改分子开除学籍，狠狠地打击了反动派的嚣张气焰。随着斗争环境复杂化，徐尚同及时请示上级党组织同意，将一些已暴露身份的党员撤离，并布置进步学生，加强对学生会的领导，对"三青团"的破坏活动进行针锋相对的斗争。

1944 年冬，国民党翁源县党部书记长任期已满，要改选。翁东区地下党组织认为，最好能让思想进步的上层人物徐尚同参加竞选，以夺取县党部这个重要阵地。并向上级党组织汇报这一情况，后经中共北江特委同意。翁东区党组织还作出"一定要保证徐尚同当选"的决定。利用徐尚同在青年知识分子和社会中上层地方人士有广泛联系及威望，去发动、推荐一些翁源中学毕业的学生和国民党各区分部工作的人员，为徐尚同竞选而出席会议、参加选举。选举结果，徐尚同获得胜利，1945 年 7 月间，他被任命为国民党翁源县党部书记长兼翁源二中校长。从此，他担负着更为艰巨而复杂的任务。

1945 年间，共产党领导的抗日武装部队——北江支队，在英东、翁西一带开展活动，组织抗日动员委员会，和国民党反动势力进行了激烈的斗争。

此时，国民党反动派把翁二中视为眼中钉，妄图篡夺领导权。翁源县"三青团"干事长王亢和特务分子刘立德，强行到翁二中当教导主任和训育主任。经过党组织的研究，组织全校进步师生孤立了这两个反动分子，最后辞退了他们，同时聘请了进步人士、地下党员为教导主任和教师，使他们的阴谋不能得逞。

······□ 为革命事业做了许多别人难以做到的工作 □······

1945 年 8 月，徐尚同的长子徐伯忠（中共党员），为北上部队当向导，在返回途中，被国民党部队逮捕，后殉难于韶关狱中。徐尚同之妻郭月英为此伤心痛哭。徐尚同强抑住内心的悲痛，劝慰妻子说："不要哭了，儿子坐牢，为革命而牺牲是光荣的事，要保重身体，将来何愁无人报仇！"

1945 年底，何俊才回翁源组织武装斗争。1946 年间，党组织通知部队秘密领导徐尚同的工作。何俊才在新江渔溪秘密约徐尚同见面，指出国民党已注意了他的行动，要提高警惕，必要时进部队。但为了保住翁二中这个阵地，更好地支援游击队，徐尚同没有去部队。

1946 年 12 月，翁二中的一期墙报有一篇题为《蝗虫》的文章和《为谁辛苦为谁忙》的漫画，影射国民党及其驻军抓老百姓担石上山构筑碉堡等倒行逆施。驻军发现以后，蓄意挑衅，他们气势汹汹地包围了学校，连续闹了几天，威逼教导主任交出写文章和作画的学生来，大有剑拔弩张之势，更有面临一场将要发生的大祸的样子。在这关键时刻，徐尚同回到了学校，他毫不畏惧，与蒋军营长据理辩驳，首先发问来人："学生写蝗虫枉食稻禾，有什么不对，错在哪里？我是校长，有什么问题，由我承担，无须打扰学生。"来人只得灰溜溜地走了，学校终于避免了一场灾难，保护了师生的安全和革命力量。

徐尚同在党组织的领导下，利用其中学校长和国民党县党部书记长的地位，安排了不少共产党员到各地中小学校教学，建立了农村工作阵地。他还以自己的社会地位与合法身份，保护了两所中学，掩护了地下党的工作，给党组织提供了确切的国民党内部的党政军等方面的重要情报。1947 年，何俊才写了一封信，由地下党员转交给徐尚同，他看完后，对带信的同志说，"我不回信了，望你转告他们，曾匪石已回来，情况有变。"用简短的语言，向党组织汇报了重要的敌情。

徐尚同以他独具的才智和胆识及所建树的业绩，赢得了社会进步人士的推崇和师生的爱戴，得到地下党组织的信赖。徐尚同当校长的10年中，对于保卫、巩固、发展翁源党组织创造条件方面，发挥了其秘密党员的特殊作用，做了许多别人难以做到的工作。

不幸被害

徐尚同被进驻翁源"扫荡"的国民党六十九师指挥部，以"奸党"之嫌，于1948年1月25日，在龙仙（国民党翁源县党部）以召开会议为名逮捕入狱。捕后，敌人连续几天对他进行多次审讯。一天上午，由九十九军政工处处长丘少英审讯，说什么"有人告发书记长沟通共产党进行活动，是个共产党员"。在严刑逼供之下，同案人虽有直认不讳的，但徐尚同绝不承认，敌人的审讯毫无结果。国民党军便用专车，以重兵压阵，将他押解送到国民党广州行辕军法处，关押在广州市西关监狱里，后转押解国民党保安司令部看守所监禁。他屡受酷刑，遍体鳞伤，始终没有泄露党的秘密，表现了一个优秀共产党员坚贞不屈的高尚气节。在穗囚禁期间，他抄写革命歌曲，借以倾吐共产党人的浩然正气。1948年7月13日晚上，徐尚同同难友一起，在流花桥被秘密杀害。临刑前，他视死如归，在悲壮的《国际歌》歌声中，英勇就义，年仅45岁。

缅怀英烈

他无限忠于党，忠于人民，为党的教育事业鞠躬尽瘁，为了掩护地下党而不惜牺牲自己。他的一生，是革命的、英勇的、光辉的一生。1950年2月，翁源县人民政府把翁源二中改名为"尚同中学"，并在县城龙仙建立了"尚同亭"，以永远纪念这位为人民解放事业而献身的烈士。

（陈占垣　江继桢）

杨建昌（1919—1948）

—— 闽粤赣边纵队领导人之一

主要生平

杨建昌，又名阿水，广东省大埔县百侯侯南人。

- 1919 年，出生于贫苦农民家庭。
- 1936 年，参加百侯民众读书研究会。
- 1937 年，加入中国共产党，担任百侯民众抗日自卫队的领导。
- 1938 年，担任中共百侯区委组织委员。
- 1944 年 6 月，担任王涛支队政治部宣教科科长兼党总支书记、二大队政委。10 月，担任闽西军分区副政委。
- 1947 年，担任中国人民解放军粤东支队政委。
- 1948 年 5 月，担任闽粤赣边纵队政委。10 月中旬，在观察敌情时不幸中弹，英勇牺牲，时年 29 岁。

加入中国共产党

杨建昌，又名阿水，广东省大埔县百侯侯南人。1919 年出生于一个贫苦农民家庭。杨建昌 1936 年在百侯读中学期间，受地下党组织的影响，参加了党领导的进步青年组织——百侯民众读书研究会，阅读了许多革命刊物，提高了对革命的认识，常为地下党传送书信。中学毕业后，在百侯教书，由于积极宣传党的抗日主张，动员群众参加抗日运动，因而被国民党通缉。

抗日战争全面爆发后，杨建昌参加了抗敌同志会，后又加入了中国共产党，担任百侯民众抗日自卫队的领导工作。他所领导的抗敌同志会和民众抗日自卫队成为大埔县最为活跃的群众组织之一。

在深山密林里隐蔽革命

1938 年，杨建昌任中共百侯区委组织委员，不久调梅县中心县委工作。同年下半年前往福建武平和陈仲平一起筹建抗日武装，准备在山区建立抗日根据地。

1941 年，杨建昌在闽西从事武装斗争。1942 年 6 月"南委事件"后，根据中央关于在国民党统治区实行"积蓄力量，隐蔽精干，长期埋伏，以待时机"的方针，同干部、战士们在深山密林里一起摘野食，开荒烧炭，进行生产自救，以利隐蔽。1944 年 10 月 25 日，杨建昌根据闽粤边委的指示，又回到了部队，在刘永生支队长的率领下，转战于闽粤边区。

1945 年 6 月初，闽粤边委朱曼平在永定金丰大山主持召开会议，总结了前一阶段武装斗争的成绩，确定了今后斗争的方针和任务。会议期间，支队进行了整编，杨建昌担任王涛支队政治部宣教科科长兼党总支书记、二大队政委。金丰会议结束后，杨建昌带领二大队留闽西发动群众，策应一大队、三大队开赴闽南对日直接作战。此后，杨建昌率王涛支队二大队在杭武蕉梅边坚持武装斗争。8 月，在王寿山与韩江纵队一支队会师。9 月 11 日，杨建昌率一大队和韩江纵队一支队在上杭何家寨与敌人进行了一整天的激战，打死打伤敌人 60 余人，取得了战斗的胜利。

占领高陂

1945年10月14日，闽粤边委决定在永定龙门成立闽西军分区，杨建昌任军分区副政委。这一段时间，由于部队分散、隐蔽，解决经济问题十分迫切，因而决定没收大埔高陂的国民党银行，以济燃眉之急。

1946年2月25日，杨建昌与刘永生率闽西部队在长胜支队和中共饶和埔县委的配合下出击高陂，在高陂镇山顶与顽敌进行激战，击毙敌人56名，占领了高陂镇的制高点。同时部队迅速进入市区，摧毁了乡公所，收缴一批枪支，没收三间银行，获得法币2200多万元，解决了部队和机关的给养问题。

担任中国人民解放军粤东支队政委

1947年春，根据中央的指示精神，闽粤边区工委认为粤东条件比较成熟，决定将闽西军分区骨干转到梅州地区同梅埔地委特务队合并行动。工委还传达了香港分局"普遍小搞，准备大搞"的指示和边工委关于粤东开展武装斗争的决定。5月间，杨建昌与刘永生率领闽西军分区14名军事骨干，在大埔县青溪坪沙禾坑豪猪窑，与程严率领的韩江第一支队和长胜支队一部分骨干会合，正式成立了中国人民解放军粤东支队，刘永生任支队长，杨建昌任政委。从此粤东支队在刘永生、杨建昌的领导下驰骋粤东，沉重打击了国民党反动派的反动统治。

1947年6月10日，粤东支队出击大埔县三河梓良乡公所，查抄了国民党高级将领范汉杰的家，同月下旬抓获了丰顺小胜的大地主李菊园。8月，在梅县程江桥背抓获陈富源，处以罚款，解决了部队的给养问题。10月22日，粤东支队在埔丰边游击队的配合下，袭击了大埔县大麻镇，摧毁了国民党的区政府、警察所和田粮处等机构，歼灭一个自卫中队，缴长枪60多支，子弹2000多发，惩办了罪恶累累的地主恶霸团防主任郭汉垣，使国民党反动派大为震惊。广东省第六区保安司令部慌忙组织大埔和梅县的保警大队共六个中队的兵力进行跟踪，其中梅县保警的两个中队已深入到离粤东支队驻地很近的三乡中和学校。10月29日凌晨，杨建昌和刘永生亲率粤东支队突袭中和学校的敌人，全歼了这个中队，毙伤敌中队长以下 11 名，其余皆被俘虏，缴长枪 60 多支，取得了重大胜利。

粉碎国民党"十字扫荡"

1948 年 1 月，由于粤东人民武装节节胜利，力量日益壮大，国民党反动派开始部署闽粤边统一的军事"清剿"。国民党广东省主席宋子文和福建省主席刘建绪在广州举行了闽粤联防会议，成立"闽粤边区剿匪总指挥部"，派涂思宗为总指挥，陈轵为副总指挥，将广东的梅县、蕉岭、平远、饶平、大埔、丰顺和福建的武平、龙岩、永定、平和十县划为"清剿区"，统率福建省保安二团一个营、保三团两个营、国防独立团第一营，广东省保警独立第一营、保安五团一个营、保安十二团三个营，共 9 个营，加上 10 个县的县警、自卫队一起约 6000 人的兵力，对粤东、闽西武装实行"十字扫荡"。为了粉碎敌人的"扫荡"，粤东地委决定由刘永生、杨建昌率粤东支队主力，挺进杭武蕉梅地区，攻打蕉岭县城。3 月 2 日凌晨，粤东支队在独七大队及民兵配合下，一举攻陷了蕉岭县城。此役击溃敌县自卫大队、县警队等五个中队和钟勇便衣队，毙伤俘敌 20 余名，收缴长枪 300 余支，子弹 1.5 万余发，军用物资一大批，烧毁军械库一座。蕉岭之役政治影响很大，在军事上粉碎了涂思宗以梅县、蕉岭、平远三县武装"会剿梅北"和向梅东、梅西、梅南分区"围剿"的计划，打乱了涂思宗整个"扫荡"部署。此后，涂思宗侦察到主力在武平县象洞、岗背的张天堂，立即调动福建保二、保三两个团的三个营和蕉岭、武平县自卫队共 1000 多人，分六路向部队进犯。4 月 13 日，粤东支队在刘永生、杨建昌的指挥下，在岗背水口伏击由梅县松源石寨窜进的保三团薛筱青一个营，予以严重杀伤，又粉碎了涂思宗的六路进攻。接着粤东支队向梅埔丰边前进，敌人又集中 4 个连兵力跟踪而来，在前进途中，敌边区前线指挥少将高级顾问张光前为部队俘获。6 月 3 日，杨建昌、刘永生率粤东支队在独一大队、独二大队的配合下，在大埔银江马头山打垮了由广州调来的战斗力最强的广州行辕方景寒营及自卫队共 1000 余人的进攻，毙伤敌人 60 余人，缴获重机枪一挺及其他枪支弹药军事物资一大批。为此，涂思宗被撤职下台，"十字扫荡"计划彻底破产。

担任闽粤赣边纵队政委

1948 年 5 月，香港分局指示组建闽粤赣边纵队。边区工委决定把纵队改称边纵，先把粤东支队改编为边纵一团，廖启忠任团长，杨建昌任政委。7月 16 日至 22 日，杨建昌率边纵一团在丰北大坑与敌保安团洪之政、王国权、陈隆丰等部 3000 余人激战，在敌五倍于我的悬殊力量之下，杨建昌等同志沉着指挥战斗，歼灭王国权一部，接着攻下敌据点黄花村，歼敌自卫队 70 余名，接着又攻下沙田、坎头等地。

8 月，边纵一团转到饶和埔地区活动。不久，杨建昌带领两个班深入饶平县滴水寨新区工作。一天拂晓，敌人突然从城里来了 100 多人，包围了大楼。鉴于敌众我寡，杨建昌果敢决定，采取声东击西的办法，打开大门，装作要从大门突围的架势，猛烈射击正面的敌人，把敌人的主要兵力吸引过来之后，又指挥战士们以闪电般的速度从后门突围，奔上屋后的小山，撤退时他走在最后。

英勇牺牲

1948 年 10 月中旬，杨建昌接到刘永生司令的命令，率部队到饶平茂芝附近的东岩与刘永生所带的武装一起伏击敌人。为了更有效地消灭敌人，他查看短枪连的出击路线，正当他用望远镜观察敌人动静时，不料望远镜反射光线暴露了目标，敌人一阵机枪子弹扫射过来，他身上连中三弹，经抢救无效，不幸牺牲。年仅 29 岁。

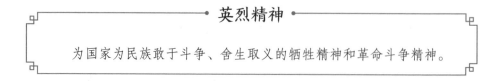

英烈精神

为国家为民族敢于斗争、舍生取义的牺牲精神和革命斗争精神。

（廖练堂）

张国光（1925—1948）

—— 怕死就不来革命

张国光，俗名张大炮，广东省揭西县河婆镇下滩村人。

- 1925 年，出生于一个贫苦家庭。
- 1946 年冬，加入群青武术队。
- 1948 年，加入潮汕人民抗征队，设法打进国民党的联防队去，为抗征队做情报工作。9 月 10 日，身份泄露被捕，9 月 23 日，壮烈牺牲，时年 23 岁。

接受革命熏陶

张国光，俗名张大炮，广东省揭西县河婆镇下滩村人，1925年出生于一个贫苦家庭。父亲张谁，是个曲艺爱好者，能吹一手好笛。母亲林曼，是一位勤劳善良的妇女。他们共生有两男一女，张国光排行第三。家庭生活靠小生意和公尝维持。

张国光少年时期在河婆镇大光小学念书，生性聪明，成绩优良，活泼好动，喜欢体育。因生活困难，小学毕业后，在河婆中学仅读一年半就停学了。后来曾在村里的选青小学任过代课教师。

1946年冬，下滩村组织了群青武术队，他也加入，并学到一手好武艺。每逢春节期间，他跟武术队一起，到邻村外乡去拜年表演武艺。

那时候，日本投降，抗战结束，蒋介石妄图独占胜利果实，挑起内战。中国仍罹兵荒马乱、民不聊生的惨状。加上连年不断的水、旱、风、虫等自然灾害，饥馑频仍，许多农民离乡别井，四处流浪，饿殍遍野。国民党反动政府腐败无能，经济崩溃。他们不顾群众的死活，大量印发钞票，掠夺人民财物。灾难惨重的中国人民陷入水深火热之中。年少的张国光目击此种现象，心潮翻滚，担忧祖国的前途命运。

1947年6月，解放战争进入战略反攻阶段，华南各地相继发动武装斗争。党在国民党统治区进行串联发动，开展策反斗争。在河婆中学读书的下滩村进步学生张壮业及其兄张壮广，向往革命，冒着生命危险，把香港《华商报》（华南地下党机关报）引进河婆中学，并宣传到下滩村群青武术队去。许多武术队员在深夜争相传阅。张国光如获至宝，悄悄地把它带回家仔细阅读。从此，他开始接受党的教育，得到革命思想的启迪。

加入抗征队

1947年6月，潮汕人民抗征队成立。同年冬，张壮业参加了抗征队。他经常在夜间悄悄跑回下滩村，宣传发动群青武术队参加革命队伍。在他的影响下，张国光决心走为人民求解放的道路。

1948年5月间，张国光瞒着家里人，到解放区龙潭汤坝村投奔潮汕人民抗征队。抗征队第四大队指导员黄谷泉跟特工队负责人蔡少成研究了张国光的工作。那时国民党七县联防总指挥部主任钟超武住在河婆镇，辖下钟铁坚部驻扎后埔、下滩。要把敌人的情况掌握到手，必须加强河婆这方面的情报工作。黄、蔡两人考虑到张国光的父亲张谁抽鸦片烟，长期在河婆镇开烟馆，整天游手好闲，吹吹打打，弹琴奏曲，家里人来人往，非常复杂。另外，认为张国光是个小学生，有文化知识，头脑灵活，工作热情高，办事有能力。叫这样的人做情报工作，可遮人耳目，最合适。

接着，特工队负责人征求张国光的意见："国光同志，我们的意见要您干个比部队扛枪打仗更重要的工作，不知你是否同意？"张国光毫不踌躇地回答："服从革命需要，干什么我都愿意。"特工队负责人说明了分配的任务，又问："你要反复考虑，打入虎穴，在敌人眼皮下开展工作是很危险的，暴露了目标，出了问题是要掉脑袋的。"张国光坚决地回答："杀头嘛，我不怕。怕死我就不来革命啰！"

特工队负责人见张国光的革命意志如此坚强，便批准他入伍，叫他马上返回家乡，设法打进国民党的联防队去，为抗征队做情报工作。

过去，下滩村的反动绅士、保长只顾勒索人民，瞒上欺下，办事马虎，招兵买马时凡是要参加联防队的都吸收。可是，偏偏这个时候，要进联防队就特别难。因为他们看到下滩村群青武术队的一些队员都参加抗征队去了，经常又在深夜悄悄摸回下滩村进行革命活动。再加上村里的反动绅士张树轩又给抗征队抓去了，所以敌人提高了警觉性，为防止共产党钻进自己的心脏，再不敢像过去那样随便拉人了。

为了打入联防队，张国光费了不少苦心。他经常和好伙伴趁保长和绅士在闲馆聊天的时候，故意高谈阔论，一呼一应，流露自己迫切参加联防队的愿望。这时上门村保长张碧将派不出人参加联防队，被联防指挥部叫去训话。张国光乘机直钻这个空子。一天夜里，他亲自去找张碧将，要求参加联防。没过两天，张国光和一位曾在抗日时期任过联防队教官的人一起获得准许，参加了后埔村联防队。

张国光在联防队里表现得积极肯干，早起床，晚休息，干这干那，收收拾拾。给联防队的头目烧水、冲茶、跑腿买东西，把他们服侍得服服帖帖。他又利用放哨和替人跑腿的机会，和原打入联防队内部的同志取得联系，紧密配合，用巧妙方法，弄到敌人军事行动、枪机人数、粮药库等情报。然后由下滩村妇女刘秀足把情报转送到潮汕人民抗征队情报站。

张国光打入敌人内部进行革命活动以后，时刻都没忘记党和人民的重托。在关键问题上，他沉着镇静，勇敢机智。为了严格保守秘密，出色完成任务，他忍饥受辱，吃尽苦头，处处表现出对革命的一片忠心。

身份泄露

1948 年 9 月，曾参加潮汕人民抗征队的张贼钻，因经不起部队艰苦生活的考验，跑回下滩村。一天，他在村里的闲馆打麻将，被钟超武部一个班长发现，立即报告联防指挥部。钟超武马上带兵到下滩逮捕了张贼钻。张贼钻贪生怕死，受不了酷刑，屈膝投降，并向敌人告密。

9 月 9 日，张国光给抗征队送了一份解决抗征队给养问题的重要情报，第二天即遭逮捕。敌人把他抓到河婆镇大光学校监禁起来。钟超武亲自审讯，他手段毒辣，诡计多端。起初，假献殷勤，百般利诱。张国光面对敌人的卑鄙行径，严加痛斥。钟超武见阴谋不逞，暴跳如雷，喝令军犬扑向张国光。疯狂的军犬在张国光的胸膛、臂膊狠抓乱咬。张国光被咬得浑身皮裂肉绽，鲜血淋漓，但毫不屈服。

英勇就义

钟超武在铁骨铮铮的张国光面前显得毫无办法，气得火冒三丈，吹胡瞪眼。他从炉里钳出一块烧得通红的铁板，在张国光面前晃了晃，声嘶力竭地说："说，跟你接头的是什么人？"张国光毫不畏惧，挺胸昂首，气愤地回答："不知道！"话音刚落，可恶的敌人把通红的铁板烙在张国光的胸背。他咬着牙根，强忍痛苦，头上的汗水直往下淌。"你到底说不说？"敌人龇牙嗥叫。但是他毫不理睬，一声不吭。接着，又是一块通红的铁板烙在他腋下、腿部。他昏迷过去。敌人用冷水把他泼醒。敌人的手段来得更加毒辣，采用电刑逼供，企图使他中枢神经错乱，说出党的秘密。残酷的电刑把张国光折磨得死去活来。但敌人什么招数都拿出来了，还是一无所获，最后敌人杀害了张国光。

坚强不屈的人民战士张国光于 1948 年 9 月 23 日壮烈牺牲，年仅 23 岁。

（张云谈）

张耀芳（1922—1948）

—— 为了人民的解放宁死不降的抗日忠诚战士

主要生平

张耀芳，祖籍广东省开平县水井镇狮山村。

- 1922 年，出生于秘鲁休介港一个华侨的家庭。
- 1935 年，回到家乡狮山小学读书。
- 1938 年秋，转到台山任远小学读书。
- 1941 年 9 月，到云乡读升中班。
- 1944 年，加入中国共产党。11 月，回家乡水井做宣传工作。
- 1945 年 4 月，在黄桐坑激战中击杀敌军军官。
- 1946 年 6 月，东江纵队部队北撤后，留在水井狮山村坚持斗争。
- 1947 年 6 月 13 日，攻打鹤山县宅梧区的警察所、税所，并开仓分粮。
- 1948 年，反"三征"斗争后，成为水井武工队的骨干。7 月 11 日，在高咀村钟氏祠堂被包围，弹尽援绝后被捕。几天后遭杀害，时年 26 岁。

张耀芳，祖籍广东省开平县水井镇狮山村，1922 年出生于秘鲁休介港一个华侨的家庭。父亲张乔秩（又名张桂林）是位忠厚老实的商人。张耀芳在兄弟姐妹 5 人中居长。

加入中国共产党

张耀芳自小个性刚直、倔强，常常与侮辱自己的外国少年吵架。他的父母怕他闯祸，便决定送他回祖国求学。

1935 年，张耀芳回到家乡，在狮山小学读书。这时，他目睹社会黑暗，民不聊生，十分同情处于水深火热中的劳动人民。抗日战争全面爆发后，一些革命志士来到水井地区秧坎嘴、狮山、秀才坪等村活动，有的以教学为公开职业。这期间，张耀芳在同村共产党员张丁的启发下，爱国思想得到进一步加强，觉悟逐渐提高。不久，由于狮山小学停办，张耀芳在进步教师的帮助下，于 1938 年秋转到台山任远小学继续读书。在那里他结识了共产党员教师彭国光。后来，该校因开展革命活动而被国民党当局强令停办，张耀芳便辍学回家乡。1941 年 9 月，彭国光调到鹤山云乡教书。张耀芳等几位水井青年便到云乡读升中班，边读书边参加抗日宣传活动。张耀芳还经常与水井的地下党员张丁及张谋勤等联系，从事一些革命工作。在此期间，张耀芳接到父母寄回的侨汇后，除留下一些作为自己的生活费用外，其余的提供给地下党作活动经费。

1944 年 5 月，侵入江会的日本侵略军常派出小股日伪军到水井地区进行掳掠。这时，在共产党领导下，组成了新鹤人民抗日游击队。10 月，共产党领导下的珠江纵队部分主力挺进到鹤山云乡，与新鹤人民抗日游击队会合。月底，部队奔袭驻守水井圩和狮山的国民党顽固派军队。事后顽军撤回月山、水口。当部队进入水井时，张耀芳积极带领水井青年和群众为部队运输、救护、带路。在秀才坪和狮山村教学的共产党员梁志云、梁健魂的配合下，部队召开群众大会，号召青年参加游击队。张耀芳上台讲话并带头报名，从而带动一批青年参军。张耀芳入伍后常带领一个小组在云乡、址山、水井等地进行搜集敌情、征集粮草和打击日、伪、顽零星武装等活动。由于他善于做群众工作并且机智勇敢，能够出色地完成各项任务，在斗争中受到了锻炼和经受了党组织的考验，光荣地参加了中国共产党。从此，张耀芳在党组织的直接领导下，开始新的斗争生活。

回水井做宣传工作

1944 年 11 月 25 日，驻在月山的国民党"挺五"周汉铃部的何志坚大队，侵犯游击区。游击队给予还击后，采取克制的态度，很快撤出水井。水井群众被这支国民党顽固派军队洗劫，生产、生活遭到了困难，一些人出现悲观情绪。党组织及时派张耀芳回水井向群众做宣传工作，分析革命形势，说明困难是暂时的，最后胜利是属于人民的，从而提高群众对革命前途的信心。同时，他带领群众开展生产自救，把青年组织起来，日间上山砍柴割草、种杂粮，夜间值班巡逻，严防盗窃，保护秋收农作物，以稳定群众情绪。他还把父母寄回的钱用来购买鸭苗给青年放养。

击杀国民党军官

1945 年 4 月，广东人民抗日解放军第二、第三团联合行动遭到国民党一五八师四三七团和鹤山自卫总队共 1500 人追击，在水井的狮山、黄桐坑发生了激战。恰巧这天，张耀芳因事回狮山村，途中被一大队敌人截住去路。他隐蔽在一个山沟正在思忖如何对策的时候，忽然瞧见一个军官模样的人从大队中分岔出来往前跑去，他机灵地闪进不远的竹林里，然后沿着长满杂树野草的山沟往敌军官的前面不声不响地追过去，隐藏在杂树丛中。待军官来到五六十步开外的地方，张耀芳举枪瞄准，"砰！砰！"两声枪声响过后，敌军官应声倒地。离那军官不远的几个敌兵，见势不妙，慌忙逃命，走不了两三步，其中一个又被张耀芳击中了。前面的敌军听到后侧有枪声，以为游击队从后侧偷袭，便慌乱朝后胡乱放枪。几个掉队在后的敌军大叫："是自己人，不要放枪！"当敌人明白过来后，扑向后侧搜索。张耀芳早就趁乱溜进不远的一个长满杂树野草的山洞躲藏了起来。敌兵搜查一阵，认为偷袭者已经跑掉，无可奈何地把敌军官的尸体运走。张耀芳待黑夜来临才走出山洞，安全归队。

在黄桐坑激战之后，为了保存实力，抗日武装力量部分转移到新会前线，部分转到高明。国民党顽军到秀才坪、狮山、牛坑、新珠里、凤奕等村奸淫掳掠，将农民赶上山，进行酷刑审问。敌人撤走后，一些受伤的游击队员由水井乡牛仔坑、磨刀水等村群众掩护下来。

重燃水井地区革命之火

以后，国民党顽固派军队经常在水井一带掳掠烧杀、强奸妇女，为所欲为，加上封建势力乘机浑水摸鱼，迫害接近过游击队的群众及游击队员家属，水井人民又处在灾难之中。于是，组织上派张耀芳到新会学理发手艺，然后打扮成流动理发匠，带着上级的指示，回到家乡水井，发动群众起来同顽固派斗争。有一次，他在水井一间茶楼里向群众宣传，正在讲得起劲的时候，被水井人民称为"地头蛇"的警察队长发觉，带了几个便衣警察冲进来。张耀芳发现情况，便一个箭步跑到"地头蛇"的面前，用驳壳枪顶住其胸部大喝："举手！缴枪不杀！""地头蛇"被突如其来的变故吓得目瞪口呆，乖乖举起双手怔怔地说："别误会，我是来饮茶的。"这时他袋里的手枪已被一位青年缴过来交给张耀芳，其余几个便衣警察也被群众缴了械。在众人的怒骂下，平时作威作福的"地头蛇"乞求张耀芳饶他的命，答应不再为非作歹欺侮群众，随即灰溜溜领着手下逃命。张耀芳趁着群众情绪高涨起来的时机，除到外面宣传上级的指示外，还在狮山村以保护农田生产、清除盗贼为名，公开组织"更夫队"，向地主封建势力"借枪"，水井地区的革命之火又燃烧起来了。

建立革命武装坚持斗争

1945年10月，"双十协定"签订后，为了制止广东内战，共产党顾全大局同意东江纵队主力北撤到山东烟台。粤中一部分骨干也跟随东江纵队北撤，同时动员相当一部分指战员复员待命。1946年6月，部队北撤，原在广东人民抗日解放军第二团的张耀芳等留在水井狮山村，坚持斗争。他和复员人员一起，通过组织禾更队、办贫农学校、养鸡、养鸭等，保存力量，等候时机。

1946年6月26日，蒋介石悍然撕毁停战协定和政协决议，发动了向解放区的全面进攻。党为了恢复新开鹤边区的武装斗争，派出武工人员到新

（会）开（平）鹤（山）边区的水井、址山、鹤城等地活动。1947 年 6 月13 日，在武工队员的带领下，以原来水井农会和张耀芳等禾更队成员为骨干，组织群众，攻打了鹤山县宅梧区的警察所、税所，并将该区粮仓打开，实施开仓分粮。

1948 年春，为了适应斗争形势的需要，新高鹤人民解放军总队成立。水井、东河成立特别党支部，进一步开辟了开平东北部地区工作。这时，水井、东河处处春荒严重。水井、东河特支为了解决春荒，组织群众打开反动地主粮仓，担粮度荒，并组织农会，开展反"三征"（征兵、征粮、征税）斗争。这次行动以后，一些青年积极分子要求参加武工队活动，水井武工组便组织起来，张耀芳成为武工组的骨干。有些地主不甘心，勾结国民党军队不时来"扫荡"。为了保护群众的利益，水井建立武装基干民兵班。

大搞武装斗争开始后，党从香港、广州等地输送了一批批的干部、青年到新高鹤地区参加武装斗争，张耀芳常被派去参加这项护送工作。他机智勇敢地斗争在江门—水口—水井—云乡这条交通线上，出色地完成护送任务。一次他又要出发到江门去，总队长梁文华委托他带一个怀表去修理。他考虑到领导上指挥战斗要掌握时间，便把自己的手表留给总队长用。就在这时，上级决定改派张耀芳带领武工组到鹤山禾谷高咀村去做开辟新区工作。

受包围被捕

1948 年 7 月 11 日晚上，张耀芳等驻在高咀村钟氏祠堂。国民党鹤山县县长朱集禧据奸细告密，率领县警 100 多人将高咀村团团围住。张耀芳等发现敌情已晚，便决计突围。朱集禧竟驱赶群众为前导，掩护冲击祠堂大门。张耀芳率领武工队员顽强战斗，有的队员冲出重围，有的中弹牺牲。张耀芳与三个队员一起不幸弹尽被捕，被押解往鹤山沙坪审讯。

壮烈牺牲

敌人见张耀芳年轻，以为容易对付，便到狱中企图劝降。张耀芳轻蔑地回答："为了人民的解放，我宁死不降，剐杀由你！"敌人见利诱不成，便大发淫威，酷刑拷打，逼他说出游击队活动情况，他始终不吐一言。在这位铁骨铮铮的年轻共产党员面前，敌人无计可施，几天后把张耀芳杀害。张耀芳牺牲时年仅 26 岁。

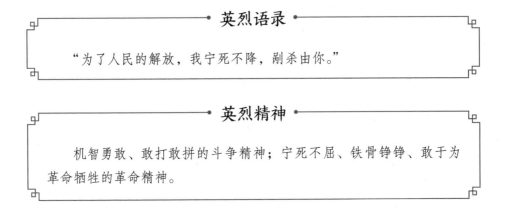

英烈语录

"为了人民的解放，我宁死不降，剐杀由你。"

英烈精神

机智勇敢、敢打敢拼的斗争精神；宁死不屈、铁骨铮铮、敢于为革命牺牲的革命精神。

（关于城）

植启芬 （1925—1948）
邓偶娟 （1924—1948）

—— 为党和革命事业无悔奉献的革命情侣

主要生平

植启芬，又名茜军，广东省怀集县（新中国成立前属广西省）永固乡宿峡村人。

邓偶娟，广东省怀集县怀城镇人。

- 1924年，邓偶娟出生于一个较富裕的家庭，父亲曾任国民党怀集县党部书记长。

- 1925年，植启芬出生于一个农民的家庭。

- 1944年秋，邓偶娟返回怀集读高中，加入进步师生组织的读书会和时事研究会。

- 1945年3月，植启芬回到家乡，继续向乡亲们宣传抗日救国。

- 1946年夏，植启芬高中毕业，后转赴香港达德学院就读，加入中国共产党。

- 1947年6月2日，邓偶娟等进步学生在怀集地下党领导下，发动"反内战、反饥饿、反迫害"示威游行。7月中旬，两人参加了游击队"海燕队"，植启芬任队长。11月，邓偶娟被吸收入党。

● 1948 年初，两人一起组成武工队。在永固一带宣传发动群众筹粮借枪，武工队扩展成为广德怀人民抗暴义勇总队怀南区队永固分队，植启芬任分队长，邓偶娟任分队的文化教员。3 月中旬，植启芬等攻破了闸岗乡公所和闸岗税务站。6 月 10 日早晨，被数倍敌人截击，重重围困。植启芬、邓偶娟等被俘。7 月 15 日，国民党反动派在县城的刑场上凶残地枪杀了植启芬、邓偶娟这对革命情侣。牺牲时，植启芬时年 23 岁，邓偶娟时年 24 岁。

积极宣传抗日救国

植启芬，又名茜军，广东省怀集县（新中国成立前属广西省）永固乡宿峡村人，1925年出生于一个农民的家庭。邓偶娟，广东省怀集县怀城镇人，1924年出生于一个较富裕的家庭，父亲曾任国民党怀集县党部书记长。

植启芬于1939年小学毕业后，考进怀集县立中学，1942年初中毕业，升上该校高中部学习。在县中读书期间，他在该校任教的中共地下党员甘文绍、林鹤逸等人的指导下，阅读了《什么是马列主义》《唯物辩证法》《大众哲学》等进步书籍，思想得到启迪，从而积极投身到抗日救国运动中去。他经常与同学们下乡进行抗日宣传。1945年3月，日军侵占怀集，学校被迫停课。植启芬回到家乡，继续向乡亲们宣传抗日救国。

邓偶娟从小性格倔强，敢于冲破封建礼教的束缚，1941年秋初中毕业后，不愿过寄生虫式的生活，只身到广西平乐教书。1944年秋返回怀集读高中，经同学植启芬介绍，加入了由该校进步师生组织的读书会和时事研究会，读了不少进步书刊，思想觉悟不断提高，对中国共产党和中国革命有了一定的认识。

抗日战争结束后，怀集中学复课，植启芬和邓偶娟又回到学校继续念高中。他们组织一批同学发起"锄奸运动"，把那些当过汉奸的教师赶出了学校。当时怀集中学当局与县三民主义青年团（简称"三青团"）头子互相勾结，强令学生集体参加"三青团"，企图拉广大青年下水。在地下党的指导下，同学们出墙报和发传单，揭露"三青团"的反动本质，公开声明不当国民党反动派的帮凶和走狗。学校当局企图从邓偶娟身上打开"缺口"，由校长亲自出面，联同县"三青团"头子上门与邓偶娟谈话，要她带头加入"三青团"。邓偶娟严词拒绝说："抗战使人民备受灾难，渴望和平建国，岂料一夫作难，同室操戈，我凭天理良心，不忍再谈国事。"说完拂袖而起，走回自己的卧室。这两个家伙讨了个没趣，只好灰溜溜地走了。邓偶娟不肯为反动派效劳，却为中共怀集地下党做了许多有益的工作。她动员姑母把家里一间较为隐蔽的"慰情别墅"和一处小果园腾出来，作为怀集地下党秘密活动的场所。由于外来人员经常出入这两处地方，反动当局对此产生了怀疑，便以清查户口为名，闯入"慰情别墅"，企图搜寻地下党员和秘密文件。

邓偶娟机智地把秘密文件转移到停放在屋内的空棺材里，使敌人一无所获。

1946年夏，植启芬高中毕业来到广州，准备报考广州文化学院，后经本县地下党员介绍，转赴香港达德学院就读。在达德学院，植启芬接触了不少著名的爱国民主人士和中共党员，受到进步思想的熏陶，又得到地下党组织的培养教育，进一步认清了革命道理，确立了革命人生观，加入了中国共产党。

植启芬投笔从戎，开辟游击新区

1947年春，华南恢复武装斗争后，达德学院党组织根据上级指示，秘密发动进步学生返回内地参加游击队。植启芬响应党的号召，投笔从戎，与部分同学回到西江的广宁县，加入了由梁嘉领导的粤桂湘边区游击队。为了开辟新区，该队于同年4月20日组织一支42人的挺进小分队，由叶向荣率领，向广（宁）怀（集）德（庆）开（建）边挺进，植启芬成为这个小分队的成员之一。4月30日，小分队秘密挺进到广怀边的深洞、膺洞，突袭国民党"三青团"联防大队部，击毙了敌大队长纪宜春以下七八人，缴获武器一批。随后，植启芬奉命率领部分游击队员到深洞一带，打开两个国民党粮仓，把储粮全部分给当地农民。

植启芬的家乡永固在怀集南区，为开辟怀南游击新区，他于1947年5月被派返永固活动。回到家乡后，他秘密串联当地青年加入游击队，又在同学邓偶娟的协助下，动员了怀集中学近20名进步学生到游击区工作。

邓偶娟坚守党心，不畏艰难

1947年6月2日，邓偶娟等进步学生在怀集地下党领导下，发动怀集中学和怀集简易师范学校近千名师生，在怀集县城举行"反内战、反饥饿、反迫害"示威游行。怀集县反动当局对此十分恼火，开列了黑名单准备逮捕邓偶娟等进步学生。邓偶娟的父亲不满女儿的行动，责令她写悔过书，她理直气壮地说："我没有错，我所做的都是对的。"邓偶娟等进步学生在怀集地下党的安排下，秘密离开县城，于同年7月中旬转移到广德怀边游击区参加了游击队。他们入伍后，暂编为一个队，名叫"海燕队"，植启芬任队长，专门负责广德怀边游击队的政治宣传工作。当时，游击队的生活十分艰苦，粮食供给不足，有时几天吃不上饭，还要饿着肚子行军打仗。邓偶娟从小过惯了优裕的家庭生活，这样的艰苦环境，对她确实是一个严峻的考验。但她没有被困难吓倒，决心在艰苦的斗争中磨炼自己的革命意志。每当行军打仗，她与男同志一样翻山越岭，冲锋杀敌；部队休息时，她不顾劳累打起快板、唱起歌，表演文艺节目，鼓舞战士们的斗志；部队驻防时，她与同志们深入附近乡村，宣传共产党的方针政策，发动青年群众参加游击队。邓偶娟出色的工作表现，深受领导和同志们的赞扬。1947 年 11 月，她被吸收入党，成为一名无产阶级的先锋战士。

◆ 同心为革命 ◆

1947 年 8 月 15 日夜，怀南人民武装起义爆发。当夜，广德怀边游击队兵分两路攻打国民党怀南区公所和永固乡公所。植启芬参加了攻打永固的战斗。由于植启芬事先争取了乡公所一个保警作为内应，游击队不费一弹就攻占了乡公所，俘保警 10 余人。另一路攻打区公所的战斗也取得了胜利。

12 月 20 日，植启芬又奉命率游击队攻袭永固乡自卫队。游击队侦悉敌自卫队长当晚在永固圩打麻将，将其捕捉后，令其引路打开自卫队部大门，战斗很快取得胜利，毙敌两人、俘敌 10 余人、缴枪 10 余支，并动员该自卫队队长加入了游击队。驻诗洞圩的怀南区自卫队闻说永固被游击队攻破，马上出动百余人赴永固救援。植启芬获此情报，当机立断，率领游击队乘虚奔袭诗洞圩，攻入区公所，缴枪 5 支。当敌人得到消息赶回诗洞时，植启芬早已率领游击队安全撤退。这两场战斗，弄得敌人疲于奔命，两头挨打。

为巩固和扩大怀南游击区，植启芬奉命率邓偶娟等 10 余人组成武工队，于 1948 年初在永固一带宣传发动群众筹粮借枪、扩大队伍。这支武工队很快就发展到 30 余人，扩展成为广德怀人民抗暴义勇总队怀南区队永固分队，植启芬任分队长，邓偶娟任分队的文化教员。游击队在怀南的活动，使国民党怀集县当局十分恐慌，遂于 1948 年 3 月派兵"清剿"。为配合游击队主力粉碎敌人的"清剿"，植启芬率永固分队于 3 月中旬挺进离怀集县城仅 10 公里的闸岗一带活动，攻破了闸岗乡公所和闸岗税务站。这一战斗行动，震惊了县城的敌人。同时也让国民党怀集县政府对植启芬恨之入骨，出榜悬赏法币 2 亿元捉拿他。

在共同的革命理想和战斗生活中，植启芬与邓偶娟产生了爱情，但他们考虑到，在这艰苦的游击战争年代，更应把革命利益放在第一位，把个人利益放在第二位，暂时不打算结婚。他们把爱情化为互相关心、互相帮助、互相鼓舞的力量，一心扑在革命事业上。

被敌人"围剿"截击，严刑面前绝不屈服

1948 年 6 月 1 日，国民党粤西桂东"联剿"指挥部调集 2000 余兵力，对怀南游击区实行重点"围剿"。广德怀人民抗暴义勇总队与敌激战数天后，为保存实力，决定跳出敌人包围圈，转移到外线作战。6 月 10 日早晨，广宁区队和植启芬率领的怀南区队永固分队会合后，横渡永固河，向广怀边的膺洞转移，突然遭到数倍于己的敌人的截击包围。植启芬率永固分队掩护冲在前面的广宁区队突围。当时，组织上为了照顾正在患病的邓偶娟，叫她跟随广宁区队突围。但是，邓偶娟临危不惧，坚决要求留在后面掩护前头部队突围。广宁区队刚刚冲过河突出重围，敌人就封锁了河对岸。植启芬迅速率队掉转头退回永固乡富禄村附近的双庵埇。敌人穷追不舍，重重围困了双庵埇。游击队员们在植启芬的指挥下，与敌激战竟日。入夜，敌人发起突袭，游击队终因粮尽弹绝、寡不敌众，植启芬、邓偶娟等 30 余人被俘。

敌人把植启芬、邓偶娟等游击队员临时关押在村中，轮流审讯，严刑拷打，威逼他们说出游击队主力的去向，但没有一个人屈服。6 月 12 日，敌人把游击队永固分队副队长陈如杰以及另外三名游击队员押到永固圩枪杀，植启芬也被押往刑场陪杀。敌人把四名游击队员杀害后，残忍地砍下他们的头，挂在永固圩示众，还恶狠狠地对植启芬他们说："再不投降，这就是你们的下场！"植启芬义正词严地回答："呸！死了你们这条心吧，共产党人是威武不屈的，游击队是杀不尽的！"

6 月 13 日，敌人把植启芬、邓偶娟等 20 多名游击队员套上长枷押往怀集县城。一路上，游击队员们昂首挺胸，高唱革命歌曲。沿途乡亲们偷偷地流着眼泪夹道送别，植启芬见状，走近路旁安慰他们说："你们不要伤心，不久我们共产党就会回来的。"

在怀集县城监狱，游击队员们被监禁了一个多月，植启芬经常教同志们

唱革命歌曲，狱中的革命歌声每天都传到街上，弄得敌人无可奈何。为了使植启芬屈服，国民党广西平乐专署专员兼粤西桂东"联剿"指挥部指挥官罗福康亲自主审植启芬，他通过种种办法对植启芬威逼利诱，妄想植启芬出卖党，但仍然得不到半点口供，反而被植启芬骂得狗血淋头。罗福康无计可施，只好把植启芬打下水牢。

一心向党，置生死于度外

罗福康又想起邓偶娟是国民党县党部书记长之女，满以为很容易便能使她投降，于是亲自到监狱单独审问她。罗福康假惺惺地对邓偶娟说："你这么年轻，死了多可惜，只要你回心转意，悔过自新，我可以马上放你出去。"邓偶娟答道："我投身革命，就想到会有牺牲的一天，要杀便杀，不必啰唆！"邓偶娟的父亲花了一笔巨款，准备保释她出狱，却遭到了邓偶娟的拒绝："如要我出狱，除非把我的全部战友都保释出去，否则办不到！"邓偶娟的父亲又以"斩断父女关系"相威胁，要她"改过自新"，但邓偶娟还是不肯屈服。她父亲见多次劝说无效，后来真的登报声明与她脱离父女关系。邓偶娟的妹妹们来探狱时，见自己的姐姐带着沉重的锁链，被打得遍体鳞伤，忍不住流出了眼泪。邓偶娟却从容地对妹妹们说："我虽然被捕，但外面还有许多同志在战斗，不久胜利就会属于我们的。我已受过许多酷刑，但我是不会屈服的，你们回家告诉父母亲，我走的路是正确的，这是千千万万中国人要走的道路，我虽死无憾。"

革命情侣共赴刑场

敌人的伎俩用完了，终于向植启芬、邓偶娟等游击队员下了毒手。

1948 年 7 月 15 日，怀集县上空乌云密布，电闪雷鸣，风雨交加。此时，国民党反动派在县城的刑场上凶残地枪杀了 7 位游击队员。其中有一对革命情侣，他们就是植启芬、邓偶娟，这对革命情侣牺牲时才为 23 岁和 24 岁。

"共产党人是威武不屈的，游击队是杀不尽的！"

"你们不要伤心，不久我们共产党就会回来的。"

"我投身革命，就想到会有牺牲的一天，要杀便杀，不必啰唆！"

"我虽然被捕，但外面还有许多同志在战斗，不久胜利就会属于我们的。我已受过许多酷刑，但我是不会屈服的，你们回家告诉父母亲，我走的路是正确的，这是千千万万中国人要走的道路，我虽死无憾。"

对党和革命事业无比忠诚，并为之终生奋斗、甘愿流汗流血、奉献自身的无怨无悔的革命精神。

（陈立平　李健枝）

钟 生（1920—1948）

—— 保卫祖国冲锋陷阵，爱护战友奋勇杀敌

主要生平

钟生，广东省宝安县龙岗镇大井村人。

- 1920 年，出生于一个贫农家庭。
- 1941 年 5 月，参加中共惠阳县委领导的长枪队。
- 1942 年 1 月，加入中国共产党。2 月，随短枪队编入广东人民抗日游击队惠阳大队。
- 1945 年，担任东江纵队第六支队第一大队第一中队中队长。
- 1946 年 7 月，担任华东野战军总部教导团第一连连长。
- 1947 年 4 月，担任机炮连连长。
- 1948 年，担任两广纵队第三团第一连连长。11 月，在淮海战役中壮烈牺牲，时年 28 岁。

在贫困中度过少年时代

钟生，1920年出生于宝安县龙岗镇大井村一个贫农家庭。他3岁时父母因病先后去世，成为孤儿，跟着伯母一起生活。他的少年时代是在贫困中度过的，五六岁就开始帮伯母做家务，打柴拾草样样都干，刚满10岁就下田干活。13岁那年，在家实在过不下去，他就跟着同村人到香港找到一个在采石场谋生的叔叔，留在石场做杂工。半年后，又经人介绍到一间汽车行做修理学徒工。但老板欺负他年纪小、没文化，经常打骂他，要他多干活，还克扣他的工钱。他年纪虽小，但贫穷的生活造就了他倔强的性格。一次干活老板又来找岔子，钟生一气之下一个榔头掷过去，不慎砸中老板的脚跟，就这样老板把他辞退了。

加入长枪队

钟生回到叔叔身边。叔叔同情他，辞退了石场的工作，带着多年的一点积蓄把他领回龙岗老家。回到家乡后，钟生靠着叔叔积蓄得以上学，生活虽然过得艰苦，但比过去好多了。可是，万恶的侵华日军于1938年10月在大亚湾登陆，继而侵占了龙岗、坪山一带，烧杀抢掠，无恶不作。因学校停办失学在家的钟生，十分痛恨日军的侵略暴行，但他不愿再逃难到香港受人欺侮，因而留在家乡。其时，龙岗地区在中共组织的领导下，各种群众抗日团体纷纷建立起来，开展抗日活动。钟生参加了武装自卫队，拿起武器抗击日本侵略者。

1941年5月，钟生参加了中共惠阳县委领导的长枪队，并于1942年1月加入中国共产党。不久他被调到短枪队，活动于龙岗、坪山、横岗、葵涌一带，打击日伪军和顽军杂牌部队。

于铜锣径抗击日军

1942年2月，钟生随短枪队编入广东人民抗日游击队惠阳大队。5月14日，驻横岗日军一个骑兵连到坪山碧岭抢粮。惠阳大队在铜锣径设伏，待日军返回时予以伏击。钟生和短枪队担任突击任务。铜锣径是崇山峻岭中的一条峡谷,地形险要,北面山势陡峭,南面有茂密的茅草丛和小树林,钟生和短枪队就埋伏在这里。下午 3 时左右,日军抢粮返回,进入铜锣径伏击圈,突击队的机枪、步枪以密集火力一齐射击,打得日军措手不及。钟生和几个突击队员首先冲出阵地,投掷手榴弹打乱日军阵脚。日军凭借机枪拼命顽抗,封锁突击队的冲锋。钟生和突击队员黄明等一跃而起,冲到公路上向日军机枪射手投掷手榴弹,炸死其机枪手。整场战斗不到一小时就结束,共毙伤日军三四十人,缴获战马数匹和一部分武器。胜利的消息很快传遍惠东宝地区,极大地鼓舞了抗日军民的斗志。钟生在战斗中英勇顽强的行为受到了领导和战友们的赞扬。

全歼伪军中队

1942 年冬,钟生又参加了攻打沙井头伪军据点的战斗。地处盐田和沙头角之间的梧桐山脚西南侧的一个炮楼上驻有一个伪军中队 60 多人,对部队活动不利。为此,惠阳大队决心拔除它。沙井头离沙头角日军据点很近,为防伪军顽抗和日军增援必须采取速战速决的战术。一天晚上,我方事先打入去做内应的叶波涛将伪军炮楼外面的铁栅打开,负责打突击的钟生和短枪队迅速冲进炮楼底层。但是伪军龟缩到二楼顽抗,用火力封锁楼梯口,而从一楼到二楼的木梯很难爬上。在这关键时刻,钟生机智勇敢地将手榴弹从楼梯口扔上二楼,随着一声爆炸迅速冲上二楼,大喊:"缴枪不杀!"伪军还未反应过来就乖乖地举手投降。整个战斗不到半小时就结束了,共俘五六十个伪军,缴枪约 60 支,取得了惠阳大队自成立以来全歼伪军一个中队的胜利。

坚守阵地掩护队友转移

钟生作战机智勇敢,不久担任了小队长。他常对战友们说:"如果我被敌人打死,你们不要管,把棺材钱节约下来做伙食费。"1943 年初的一天,为掩护总队领导机关转移,他带领小队在小梧桐山下的一个小高地放排哨。拂晓后,国民党顽军分两路来进攻,其中一路进入钟生小队警戒范围。钟生待顽军接近,立即命令小队开火,把顽军压在山沟里不敢前进。顽军在追击炮和轻重机枪的掩护下，多次发起冲锋。钟生组织火力猛烈射击，将冲在前面的顽军击倒，打退顽军的冲锋。战斗持续到下午4时，顽军只好退缩横岗。这次战斗，钟生率小队顽强坚守阵地，掩护了总队领导机关安全转移。

安全护送电台

1945年1月中旬，钟生受命护送叶基等领导人从惠阳县淡水出发，到达海丰县大安洞，组建东江纵队第六支队。第六支队成立后，钟生担任第六支队第一大队第一中队中队长。

3月初，钟生接受一项特殊任务：护送电台给在潮梅地区活动的韩江纵队。他率领第一中队带着电台从大安洞出发，路经陆丰、揭阳、丰顺等县境，长途跋涉，风餐露宿，越过敌人的一道道封锁线。路上经费不足，缺粮缺医，钟生派出手枪队去收税，和地方党组织取得联系，筹集粮食。他还以身作则，关心战士，亲自和卫生员一起上山采摘草药给有病的战士治病。一次，司务长买到一包烟草，钟生就给吸烟的战士每人分一撮。晚上，他把自己的军毡盖在没有被子睡觉的战士身上。在他的带领下，全中队战士团结得像一个人一般，终于克服了各种艰难险阻，将电台安全护送到韩江纵队，受到该纵队首长的高度赞扬。

夜袭赤石镇

钟生在第六支队期间，带领第一中队先后参加了捷胜、梅陇、高潭、吉隆、平政等战斗。1945年5月，在夜袭赤石镇的战斗中，钟生率领第一中队担任主攻任务。他和指导员陈柏率领战士们直插镇内中心学校的敌人据点。陈柏在激烈的战斗中不幸中弹牺牲，钟生怒火万丈，端起机枪猛烈扫射，将敌人压在学校内。虽然这次战斗由于敌人的增援而未能取胜，但钟生带领战士们表现了前仆后继、不怕牺牲的勇猛精神，因而受到好评。

与国民党军队周旋

抗日战争胜利后，国民党派出重兵，分兵合击围攻东江纵队。为了在军事上实行分区指挥，东江纵队成立了四个指挥部，钟生所率的一中队成为东进指挥部独立营第一连。该营跟随指挥部开赴紫金地区，利用该地山高林密的有利地形，与国民党军队周旋。

1946 年 6 月上旬，独立营随指挥部南下沙鱼涌集中参加北撤途中，在惠东县境的园潭村一带作短暂休整，遭到驻多祝国民党保七团第一营的偷袭。在战斗中，钟生连队在正面埋伏担任主攻突击。敌人进入埋伏圈后，钟生指挥连队迅速出击，首先击中骑在马上的敌营长（后毙命）。敌指挥失主，阵脚大乱。钟生连队和其他连队配合，勇猛冲杀，打得敌人死的死、伤的伤，没死的钻山沟，狼狈逃窜。这次战斗全歼敌军一个营，毙伤敌营长以下 100 余人，俘虏副营长以下 50 余人，缴枪 70 余支、重机枪一挺、轻机枪四挺、子弹万余发，还缴获敌军发给这个营进攻东江纵队的密令和行动示意图各一份，成为东江纵队揭穿国民党阴谋破坏停战协定和北撤协定的铁证。

严格训练战士

1946 年 7 月，钟生随东江纵队北撤到达山东，经过整风学习后，担任了华东野战军总部教导团一连连长，并先后参加鲁南战役和莱芜战役。1947 年 4 月由北撤到山东的东江纵队组成教导支队，后来又成立两广纵队，钟生都担任机枪连连长。后机枪连改为八二迫击炮连，钟生担任组建任务。他虽然对骡马的饲养、机炮的技术都很陌生，但能虚心学习，很快就适应了。机炮连的战士有三分之二是在莱芜战役中解放过来的，钟生很关心他们，认真抓好思想教育工作，并做到严格训练，使全连的军事和思想素质有很大提高。如该连有一个姓蒙和一个姓王的战士，都是国民党炮兵专科学校毕业的，担任过国民党的炮兵教官。钟生大胆起用他们，让他们担任机炮连教员。后来，他俩经多次战斗考验和锻炼，表现很好，提为排长，其中一位后来还担任了炮连连长，并光荣加入中国共产党。

壮烈牺牲

1948 年 11 月 6 日，淮海战役打响。已经调到两广纵队三团一连担任连长的钟生，带领一连到达三堡车站，接替二团防地，阻击敌人进攻，以达到拖住敌军、为兄弟部队争取时间围歼黄百韬兵团的目的。在此之前，二团顶住了国民党两个军兵力的进攻，防区内所有村庄被炸成火海。钟生指挥连队利用二团临时构筑的简单工事，将三个排分开布防，自带第一排守在主要阵地。敌军又以整排整连向部队阵地轮番冲锋。战场上炮火连天，硝烟弥漫，面对潮水般涌来的敌军，钟生指挥战士们顽强抗击，坚守阵地。但敌军依仗人多，蜂拥而上，眼看就要冲破我军防线。钟生从机枪手手中抢过机枪，站立起来，接连猛烈扫射，打得敌军成排倒下，惨败而退。敌军不甘失败，发动第二次攻击，钟生再次端起机枪扫射，又把敌人压了下去。第三次，敌军又发动进攻，钟生站起打了一轮机枪后，想蹲下换弹药，不幸被敌人子弹击中头部，壮烈牺牲，年仅28岁。

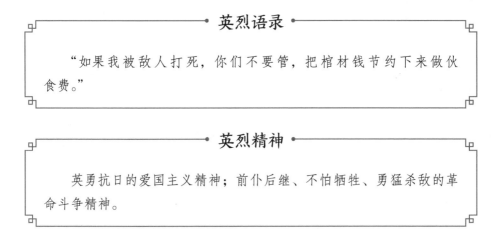

英烈语录

"如果我被敌人打死，你们不要管，把棺材钱节约下来做伙食费。"

英烈精神

英勇抗日的爱国主义精神；前仆后继、不怕牺牲、勇猛杀敌的革命斗争精神。

（赖祥　林华新）

陈德新（1915—1949）

—— 领导人民反对压迫，面对敌人坚贞不屈

主要生平

陈德新，又名陈明华、陈其树，广东省翁源县红岭乡小塘肚村人。

- 1915 年，出生。
- 1938 年，加入中国共产党。
- 1940 年，接受党组织的指派，打入国民党第十二集团军秘勤组当通讯员。
- 1941 年，在清远参加群众抗日动员委员会政工队。
- 1942 年，在龙仙镇以教书作掩护，进行秘密革命活动。
- 1943 年，为掩护县委机关而坚持战时办学，同时利用各种形式向群众开展抗日宣传工作。
- 1944 年，被派到清远县游击队担任政治服务员，积极参加培训部队的工作。
- 1945 年，改名陈明华，并担任贺县八步特支书记。
- 1946 年，反抗国民党，开展以反内战、反饥饿、争民主为中心内容的学生运动。
- 1947 年，带头成立富（川）贺（县）钟（山）人民翻身委员会，公开领导和组织人民开展武装斗争。
- 1949 年农历五月二十三日，在国民党迫害下英勇就义，时年 34 岁。

决心投入抗日救亡洪流

陈德新，又名陈明华、陈其树，1915 年出生在广东省翁源县红岭乡小塘肚村。父母祖辈均以务农为生。他少年时勤奋好学，个性憨厚老实，沉静寡言，因他生长在山村里，加上家庭环境对他的影响，从小便养成勤劳俭朴的生活习惯。陈德新 17 岁那年，因当地耕作困难，加上野兽为害（他的祖母外出耕作时被老虎吃掉），为找寻新的生活出路，在父亲的带领下，全家迁徙到平原地区的江尾镇凹头坪村居住。他在本地读完小学后，1937 年秋考入翁源县立初级中学。其时七七事变爆发，国共两党实行合作共同抗日。在强烈的爱国思想的促使下，他决心投入到抗日救亡的洪流中去，以拯救国家民族的危亡。1938 年 10 月，广州沦陷，接着广东青年抗日先锋队（简称"抗先队"）翁源分队进驻翁中，开展抗日宣传发展组织，抗先队中的共产党组织到各地进行建党工作。陈德新在党员教师兼翁中党支部书记廖翠贞（女，后改名廖琼）的言传身教和抗先队的直接影响下，积极参加读书会，如饥似渴地阅读革命理论书籍，并参加党支部主办的抗日进步刊物《雁英周刊》的编辑油印工作。他还积极带头参加翁中抗先队的组织和抗日宣传队的活动，经常到各圩镇或深入山区向群众宣传抗日救亡及党的抗日主张，唤醒群众投入到抗日保家的运动中去。1938 年冬，他光荣地参加了中国共产党。

积极开展宣传工作

1940 年春，陈德新参加中共翁源县委在六里镇仔三门桥小学举办的第一期党员训练班，经过十多天系统地学习党的理论和知识，政治觉悟得到进一步提高。同年夏，他初中毕业后接受党组织的指派，与同班的党员涂梦虞一起打入国民党第十二集团军秘勤组当通讯员，积极为党组织搜集情报。1941 年，他被派到清远参加群众抗日动员委员会政工队，在该队地下党组织的领导下，为宣传抗日救亡、动员群众起来抗日做了大量工作。同年秋，政工队解散，他受党指派回翁中，以读高中为名，兼做党的工作。在县委和翁中党组织的领导下，他团结进步学生，先后发动了两次学潮，打退了国民党反动势力向翁中进步力量的猖狂进攻。

1942年夏，因中共粤北省委被破坏，党组织奉命停止活动。根据上级党的指示，陈德新在龙仙镇附近的鹧鸪坑小学以教书作掩护，进行秘密革命活动。

1943年，陈德新通过何俊才的关系，转到清远县滨江区石马乡中心小学任教，与该校校长郑肇端（中共党员）一起，继续开展党的秘密活动。同年秋，清远恢复党组织活动，何俊才担任县委书记，县委机关设在石马小学。陈德新与郑肇端根据何俊才的指示，为掩护县委机关而坚持战时办学，同时利用各种形式向群众开展抗日宣传工作。

1944年春，粤北各县先后恢复党组织活动，中共清远县委机关由石马小学转到白庙小学。陈德新被调到南冲乡中心小学任教，与该校教师钱青（中共党员）一起，继续开展党的工作。同年秋，日寇大举进攻粤北，随着清远沦陷，县委组织群众开展抗日游击战争，他被派到游击队担任政治服务员，积极参加培训部队的工作。

建立八步特别支部

1945年秋，为迎接抗战胜利后的新任务，陈德新受中共北江特委书记黄松坚（当时兼任粤桂边特委书记）的指派，到广西协助魏南金（粤桂边特委常委）负责重建和发展党的工作（因原广西党组织遭到破坏）。不久，又被派往贺县负责建立中共八步特别支部的工作，陈德新改名陈明华并担任八步特支书记，受魏南金直接领导。八步特支当时管辖贺县、钟山、昭平、富川等县，任务是：一、以贺县八步为中心，把附近几个县的党组织重新建立并发展党员，打通往广东小北江的交通线；二、把点布置好；三、做好统战工作；四、组织有理、有利、有节的合法斗争。1946年2月，他通过韦敬文（特支组织委员）的关系，到贺县的狮洞小学以教学为掩护，准备建立据点开展工作。因与原贺县特支书记韦天强相遇，当时为执行上级党关于新组织不宜与老组织发生关系的指示，便通过统战对象黄时珍的关系，转移到贺县厦岛小学任教，并把特支机关设在该校。在此同时，上级党组织还调来陈光（化名陈文渊，原任桂林市委书记）任桂东党的特派员，常驻厦岛小学，具体指导八步特支开展工作。

领导罢课、罢教斗争

1946 年的春夏间，贺县、钟山等县大旱成灾，民不聊生，而国民党当局为了发动内战，对群众横征暴敛，苛捐重税，更为甚者竟停发教师工资，因而引起广大农民和教师不满。陈德新根据当时局势和上级指示决定因势利导开展合法斗争，发动八步特支所属各县的中小学校，开展以反内战、反饥饿、争民主为中心内容的学生运动。4 月间，陈德新派韦敬文到钟山简师学校开展活动，通过秘密串联，组织全校师生举行罢课、罢教的游行示威运动，最后迫使国民党钟山县政府立即补发了教师的欠薪，并保证今后按时发薪，不得克扣，斗争取得初步胜利。在此基础上，陈德新联合社会上的进步力量，广泛搜集该县反动县长何登赢的罪行材料，开展"驱何运动"，终于迫使国民党当局以"何政绩未著，于以免职"，又一次取得斗争的胜利。5 月，陈德新又布置贺县五街小学党员教师文纵，组织发动八步中心学校和五街小学 60 多名师生连续举行了三天的罢课、罢教斗争，抗议国民党当局停发教师工资。国民党当局慑于事态进一步扩大，即密令贺县县长朱蕴章除答允两校师生的要求，补发两校教师的欠薪外，另发给每人 150 斤糙米以示"慰问"和"关心"。但是，这些并不能阻止罢教的浪潮，罢课、罢教斗争很快就发展到全县各中小学校。

在发动罢课、罢教斗争取得胜利的基础上，陈德新还率领党员到各校组织进步教师带领学生深入灾区，慰问受灾群众，并通过各种方式向八步、钟山报社反映灾区人民生活的实况，揭露国民党反动派为了发动内战，不顾人民死活的罪行。这些活动提高了广大师生的政治觉悟，培养和发展了一批新党员，使特支所属各县中小学校以及工厂、矿山迅速建立了党的组织。同时开辟了 10 多个工作基点，播下一批革命种子，为迎接武装斗争积蓄了力量。

率领人民开展武装斗争

1947 年 3 月，陈德新根据上级党的指示，在特支所属各县发动群众开展以反"三征"（征税、征粮、征兵）为中心的人民武装斗争。4 月，成立了以陈德新、韦敬文、陈亿勋、王立、丁清江、陈瑞情、陈紫文等特支党员为领导成员的富（川）贺（县）钟（山）人民翻身委员会，公开领导和组织人民开展武装斗争。接着陈德新率领翻身委员会的成员深入到富川县富阳镇粟家村发动群众，串联了青年农民夏学启等10多人，准备夺取伪国大代表莫绍忠所藏的枪支、弹药，举行武装暴动。6月4日，钟山县的英家村（原中共广西省工委所在地）首先爆发了武装暴动；6月25日，富川县的古城也举行了武装起义。为了镇压各地的武装暴动，6月30日，国民党平乐专署专员罗福康亲率反动军警到钟山搜捕暴动的领导人员和参加暴动的群众，王立等5人因来不及转移而被捕，地下党员彭英明（陈德新联系人）亦被拘留。7月14日，贺县临江中学也发生地下党员郑行等5人被捕事件。

面对严峻的险恶局势，陈德新沉着机智，应付自如，一方面积极组织营救被捕人员，通过统战对象何砺锋、郑伯欧出面担保，被捕人员先后获释；另一方面，他迅速转移到厦岛村统战对象黄时珍的家里隐蔽，与特派员陈光一起秘密指挥党员及时转移、隐蔽。由于他俩通力合作，及时采取应变措施，保证了党组织的安全。

被捕后坚贞不屈

1947年7月，陈德新指挥和安排好党员安全转移后，被调回家乡翁源，参加粤赣先遣支队工作。9月19日，他由李洞村前往黄洞村的途中，与国民党军队遭遇，不幸被捕。先后被关押在翁城、韶关、广州的国民党监狱达三个多月，经受了敌人多次严刑审讯，但他始终坚贞不屈，从不吐露真情，严守党的机密。国民党军法处由于没有掌握确凿证据，最后以"准备颠覆国民政府"的罪名，判处他三年有期徒刑。

1948年春节后，陈德新从中山押回翁源龙仙国民党县政府监狱。双手沾满革命人民鲜血、极端反动的县长官家骧，立即给他带上沉重的手镣和脚铐，进而对他严刑逼供，但陈德新始终没有暴露自己的身份。

英勇就义

1949年农历五月二十三日，官家骧竟下令把陈德新杀害。临刑时，陈德新昂首挺胸，蔑视敌人，面无惧色，大义凛然，沿途高呼口号走向刑场光荣就义，牺牲时年仅34岁。

（刘文培　黄添富）

陈　玲（1922—1949）

—— 头可断，血可流，革命者的气节不能丢

陈玲，原名陈道玲，广东省南海县盐步镇北村人。

- 1922 年，出生。
- 1940 年秋，弃学从戎，参加国民党第七战区第四挺进纵队政工队。
- 1941 年秋，加入中国共产党。
- 1942 年，遵循党的指示，先后到英德县溪板乡江古山和翁源新江教书。
- 1943 年冬，受党组织指派到清远担任恢复后的中共清远县委秘书。
- 1945 年 8 月，随军北上开展思想政治工作。
- 1947 年，先后担任广东人民解放军粤赣先遣支队的连指导员、支队政治部组织干事。
- 1948 年，国民党反动派对游击区大举"清剿"时被捕。
- 1949 年 8 月中旬，在曲江犁市北面肖廊坳的山野上英勇就义，时年 27 岁。

投身到抗日救亡中去

陈玲，原名陈道玲，广东省南海县盐步镇北村人，1922 年出生。父亲是一名小职员，有兄弟姐妹 6 人，她排行第二，童年是在广州度过的。她 15 岁那年，全面抗战爆发。1938 年，敌机对广州狂轰滥炸。她目睹一座美丽城市到处是颓垣断壁，无数同胞惨死在血泊中，幼小的心灵埋下了一颗仇恨的种子。为避免日寇的践踏，广州沦陷后，她随父母兄妹迁回故乡南海盐步居住，并就读于附近的石门中学，开始受到该校中共地下党组织和进步老师的教育，思想日益觉醒。她积极参加抗日宣传队，走上街头利用演讲、演剧、唱抗日救亡歌曲等各种形式去唤醒群众，投身到抗日救亡中去。

1940 年秋，她毅然弃学从戎，到三水、四会前线参加国民党第七战区第四挺进纵队（简称"挺四"）政工队。为了改造这支国民党旧式军队，争取他们与共产党合作共同抗日，当时中共北江特委选派了一批中共党员到该队去开展工作。为寻求真理，陈玲主动接近共产党员方乔然、刘曼英、高方等同志，在他们的帮助和教育下，她先后阅读了毛泽东的《论持久战》《论抗日游击战争的战略问题》和艾思奇的《大众哲学》等进步书籍，并积极参加读书会、形势研讨会等活动。在共产党员的言传身教影响下，她的思想觉悟有了进一步提高，认识到只有在共产党领导下，团结一切爱国力量共同抗日，才是拯救国家民族的唯一出路。从此，她下定决心，积极争取参加共产党。

加入中国共产党

1941 年春，陈玲同陈狄波、郭启武等一起到花县前线去宣传抗日时，遇日军进攻，不幸被捕。敌人把他们押往广州石榴岗司令部的监狱，进行严刑审讯，逼迫他们交代各自的身份。她坚贞不屈，严守秘密，令敌人抓不着任何证据，后通过地下党组织营救，才脱离魔窟。出狱后，母亲特来探望她，劝她不要再在外面冒风险，并哭着叫她回家去。陈玲为了抗日救亡，早把个人生死置之度外，她耐心地说服了母亲，然后取道香港到广州湾（今湛江市）再步行回队。当她途经香港姨母家时，姨母又以优厚的生活待遇极力挽留，被她婉言谢绝。回到挺四后，正值不久前国民党顽固派发动第二次反共高潮，制造了震惊中外的皖南事变，在国统区加紧查封抗日进步书刊，逮捕屠杀中共党员和抗日爱国人士，镇压抗日武装。面对国民党顽固派的倒行逆施，陈玲无比的愤慨，她向党组织表示：为反击国民党顽固派制造的皖南事变，决心站在党和人民一边，坚持斗争。1941年秋，经过严峻考验的陈玲被批准参加中国共产党。

坚持革命斗争

1942年，由于受反共逆流的影响，党中央派入挺四的党员已受到国民党特务的监视。为保存力量，坚持长期斗争，中共北江特委指示挺四中的党员分批转移。陈玲被组织派去四会县，以小学教师身份为掩护，积极开展群运工作。5月26日，粤北省委（当时在韶关）机关被国民党特务破坏，为保存革命力量和党组织的安全，党中央和南方局指示广东党组织暂停活动，要求党员做好"三勤"（勤读书、勤交友、勤工作），准备迎接新的斗争。陈玲遵循党的指示，先后到英德县溪板乡江古山和翁源新江教书，在学校中团结教育师生，并在当地举办各种夜校，积极宣传党的抗日主张，教育和动员群众参加抗日游击战争，保卫家乡。

1943年冬，粤北党组织先后恢复活动，陈玲受党组织指派到清远担任恢复后的中共清远县委秘书，其时，何俊才（陈玲的丈夫）任县委书记。县委机关设在石马乡，她以小学教师身份为掩护，白天教学，晚上处理县委的各种秘密文件和党内联络工作。当时教师待遇十分微薄，教学任务又很繁重，她毫不计较个人得失，肩挑两副重担，争分夺秒挤时间，做到既不误教学，又做好党的工作。

1944年冬，日军侵占清远，为抗击日军保卫家乡，何俊才在回芝乡庙仔岗村（当时县委机关所在地，也是党在大革命时期一直坚持斗争的据点）组建了清远人民抗日同盟军。这时陈玲刚产下第一个小孩，组织上考虑到她产后需要休养，要她暂离部队到后方休息，她谢绝了组织的照顾，坚持留在部队工作。为鼓舞战士斗志，她积极搜集和编写中国人民抗日英勇斗争史迹，油印成传单或战报发给战士们阅读。她还编写了大量的辅导资料，为培训武装骨干和提高部队素质呕心沥血。

1945 年 8 月，抗日同盟军编入东江纵队北上抗日的西北支队建制，奉命北上粤赣湘边，迎接王震部队南下建立五岭抗日根据地。为照顾陈玲母子的安全，组织上要她留在地方工作，但是她考虑到抗日武装斗争是当时全党的中心任务，她再三请求参加，组织终于批准她随军北上。她给小孩立即断奶并由地方党组织送给当地农民抚养。部队在北上途中由于受到国民党反动军队的围追堵截，断粮缺水缺盐，加上频繁的战斗、转移，风餐露宿，生活十分艰苦，而陈玲作为政工干部，一直坚持与战士同甘共苦，共同战斗。为鼓舞士气，克服困难，战胜敌人的"围剿"，部队一到驻地，她顾不上休息又立即开展思想政治工作。由于她产后欠补，又没有得到适当的休养，因此，当部队到达曲南沙溪凡洞村时，她病倒了，迫不得已才服从组织的安排，暂留在当地农民家里养病。不久，日军投降，王震部队北返，何俊才奉命率领部分队伍从始兴瑶山回翁源坚持武装斗争，陈玲获悉后立即赶到翁源归队。

抗日战争胜利后，国共两党签订了"双十协定"。为顾全大局，中共中央决定华南抗日武装部队北撤山东烟台，只留下少数武装人员隐蔽在山区进行整训学习，以备迎接今后新的斗争。陈玲是何俊才率领留在翁源坚持斗争的骨干之一。为了搞好整训学习，根据文化水平高低分成两个小组，陈玲担任第二组文化最低组的学习辅导员。她不仅带头苦学而且循循善诱，深入浅出地讲解书本内容，启发大家理论联系实际，通过总结过去斗争的经验和教训，对照书本的精神，认真地检查各人的思想和工作，开展批评与自我批评，互相帮助，共同提高。

1946 年夏，蒋介石撕毁"双十协定"，全面内战爆发。同年冬，广东区党委决定广东全面恢复武装斗争。根据上级指示，何俊才、杜国栋、叶镜等领导成立了翁源人民民主自卫军。1947 年 4 月，力量不断扩大，又先后成立了中共翁江地区工作委员会和广东人民解放军粤赣先遣支队，何俊才任书记兼支队政委。这时陈玲生下了第二个小孩，何俊才的家就在新江，她完全可以秘密回到家里去休养的，但是为了斗争的需要，她又把刚出生的孩子送给农民抚养。不久，该农民被国民党反动派逮捕，小孩也病死了。她知道后，决心化悲痛为力量，把仇恨集中到国民党反动派身上。她先后担任先遣支队的连指导员、支队政治部组织干事。她所在的连队是新建的，除少数骨干是老同志外，大多数是新参军的农民和知识青年。为提高连队的素质，她白天和战士一起出操，苦练杀敌本领，一有空就组织战士学习马列主义、毛泽东思想，晚上她同连排干部一起查岗放哨，为战士查铺盖被。她经常与战士促膝谈心，帮助解决思想问题，不断提高战士的思想政治觉悟。如发现战士有病，她亲自端水送饭，问寒问暖，并经常为战士缝补破衣。她是翁江工委和支队领导何俊才的妻子，但从不讲特殊，总是同战士们生活战斗在一起，因此战士们都亲切地称她为"大姐"。由于她和同志们的努力，这支连队进步很快，后来成为一支纪律严明、作战勇敢、与群众有血肉关系的支队武装主力队——钢铁大队，屡次克敌制胜，创造出优异战绩，多次受到上级领导的嘉奖和群众的颂扬。

宁死不屈，坚决不背叛革命

1948 年，国民党反动派对游击区大举"清剿"。1 月 3 日，当时驻在太坪上洞村的支队司令部突遭敌包围袭击，在战斗中，大部分同志已突围脱险，陈玲因产后身体虚弱，且当时患病在身，行走困难，被敌包围在一个小山坡上。这时敌人正从四面涌来，她知道自己已无法突围，便立即把文件袋迅速埋入土中，拔出手枪与敌人拼搏，最后弹尽被捕。敌人把她押回新江乡公所，乡长兼联防队长胡国元过去曾投机革命混入游击队，后叛变，因此他认识陈玲并知道她是何俊才的妻子，便千方百计劝陈玲投降，并说只要供出游击队的去向，写信叫何俊才回来"悔过自新"，就可以立即释放，否则就地处决。在生与死的严峻考验面前，陈玲斩钉截铁地说："要杀就杀，要我背叛革命办不到！"敌人知道她还有个四岁的孩子，又以此对她进行威胁，如不投降，就把孩子抓来杀掉！陈玲是十分疼爱自己的孩子的，但为了党的事业，她选择了后者，坚决地说道："革命者可以牺牲自己的一切，杀了我母子，自会有更多的人起来革命，国民党反动派必败，胜利是属于人民的！"敌人见威逼不成就施以酷刑，"吊飞机"，用烙铁烙，用皮鞭抽打，昏迷了用冷水泼，反复折磨了三天三夜，敌人已声嘶力竭，但陈玲却没有叫喊过一声，他们休想从她的口中得到半句供词。同牢的难友看到她被折磨得衣衫破烂、血肉模糊，都难过地掉下了泪，而陈玲却勉慰她们："不要哭，受点皮肉之苦是不要紧的，只要咬紧牙关，坚持下去就是胜利！头可断，血可流，革命者的气节不能丢！"

不久，陈玲和一批"政治犯"转移到曲江县警察局监狱，她坚持以革命的大无畏精神战胜了敌人一次又一次的严刑逼供，始终没有暴露自己的身份和供出党和部队的机密，敌人无可奈何只好给她戴上一副沉重的脚铐，关在一间阴暗潮湿的房子里，每天只有一杯水和三两发霉的糙米饭。时值寒冬天气，仍睡水泥地板，不给被褥，难友们都冻得浑身发抖，背靠背取暖，而陈玲仍将自己身上仅有的一件毛背心送给了一位与她一起被捕的女同志。为了进一步同敌人作斗争，她团结教育狱中的难友，并秘密与狱中的中共党员、游击队员取得联系，相议挖墙洞越狱，后被敌人发觉未成功。她还争取到狱中一些犯人的同情，利用他们的家属来探监时，从外面秘密带来报纸书籍，组织难友学习。

英勇就义

1949 年 8 月，人民解放大军已到达江西赣州，广东解放在即，陈玲沉浸在胜利的喜悦中，但与此同时，她意识到敌人是不会放过她的。她告诉难友："胜利在望了，估计敌人终会杀害我，但我想到胜利的明天，心情是舒坦的！"8 月中旬，解放的炮声已震撼韶关，敌人向陈玲下毒手了。在一个漆黑的晚上，全副武装的军警用汽车把陈玲和两名革命者押到曲江犁市北面肖廊坳的山野上。在就义前，陈玲高呼："中国共产党万岁！""打倒国民党反动派！"牺牲时年仅 27 岁。

英烈语录

"革命者可以牺牲自己的一切，杀了我母子，自会有更多的人起来革命，国民党反动派必败，胜利是属于人民的！"

"只要咬紧牙关，坚持下去就是胜利！"

"头可断，血可流，革命者的气节不能丢！"

（刘文培）

崔楷权（1922—1949）

—— 充满革命乐观主义精神的革命战士

主要生平

崔楷权，又名文光、子祥，乳名佳，广东省南海县沙头区山根乡下沙村人。

- 1922 年 7 月，出生于一个商人家庭。
- 1937 年，参加广东青年抗日先锋队，开展抗日救亡宣传。
- 1938 年春夏间，参加中国共产党。同年下半年，在中大附中初中毕业后，到澳门参加了党领导的进步团体起来剧社。
- 1939 年 7 月，先在顺德县龙眼乡等地发动群众参加抗日救亡活动，后转赴禺南参加广州市区游击第二支队（即珠江纵队的前身），开展抗日宣传活动。
- 1941 年，在广州开展革命活动。
- 1943 年 6 月，在米市路二号开了一间广安柴店，成为珠江纵队在广州的一个重要交通联络站。
- 1947 年初，被派到东江游击队。10 月，被任命为中共江北工委宣教科长，从事群众和部队宣传教育工作。后到增城广九沿线任平原工作副特派员，在那里开展群众工作，组织武装。
- 1949 年 2 月，被任命为中国人民解放军粤赣湘边纵队东江第三支队第二团副政治委员。4 月，任东江第三支队直属先遣总队政治委员。7 月 21 日凌晨，不幸牺牲，时年 27 岁。

崔楷权，又名文光、子祥，乳名佳，广东省南海县沙头区山根乡下沙村人。1922 年 7 月，出生于一个商人家庭，父亲崔福泉，在广州经营航运业，家乡还置有鱼塘、桑基等产业，生活颇富有。崔楷权在家中是一个十分受宠爱的独生子，自幼跟随父母在广州读书。

参加中国共产党

崔楷权于 1937 年在广州中山大学附中读初中三年级时，正是抗日救亡运动处于高潮的时期。在抗日救国思想影响下，特别是在学校党组织的培养教育下，崔楷权思想觉悟提高很快，并积极投身抗日救亡运动。1937 年底广东青年抗日先锋队（简称"抗先队"）刚成立，崔楷权就参加了这个组织，是一个活跃分子。他和同学们一起走上街头及下乡开展抗日救亡宣传，演出抗日话剧，参加抢救在日机轰炸中受难的同胞，宣传、推动向八路军献金等活动。经过抗日救亡运动的锻炼和考验，崔楷权的政治觉悟有了很大提高，于 1938 年春夏间光荣地加入中国共产党。

宣传抗日救亡活动

1938 年崔楷权在中大附中初中毕业时，广州正处于沦陷前夕，抗先队根据党组织的部署，组成战时工作队到西江地区进行抗日宣传、发动工作，崔楷权亦随队前往。他后来转到澳门，参加了党领导的进步团体"起来剧社"。1939 年 7 月，崔楷权随同澳门四界救灾回乡服务团第四队回内地，先在顺德县龙眼乡等地发动群众参加抗日救亡活动。尽管当时的斗争环境非常险恶，生活十分困苦，但他和队友们仍然充满革命乐观主义精神，斗志昂扬，积极向群众宣传党的团结抗日主张，宣传抗日民族统一战线政策。同时，他们还以大量的事实控诉日寇在中国奸淫掳掠、烧杀抢光的罪行，以激发人民的爱国热情，发动人民群众团结起来奋起抗日救国。他们还深入各家各户，同群众促膝谈心，向群众介绍八路军、新四军抗日的英勇事迹，给他们讲解"国家兴亡，匹夫有责"的道理，增强群众民族意识和抗战必胜的信心。

后来，由于环境越来越险恶，经济又无法支持，服务团的队员只好分散到各地活动。崔楷权则转赴禺南参加了广州市区游击第二支队（简称"广游二支队",珠江纵队前身),被派往赤山乡小学以教书职业为掩护,开展抗日宣传活动。当时广东汪伪政权已正式建立,番禺伪政权正在筹组李塱鸡(李辅群)的第四路军和傻荣(曹荣)的第三路军。赤山乡的戴姓原来就分成了两大派,一派热心抗日救国,并且参加了抗日俊杰社,和广游二支队有联系;另一派以戴基为首,早就不主张抗日,这时更积极投靠傻荣的第三路军,他们公然在大街上把参加抗日俊杰社的爱国分子戴启堂枪杀,公开挑战抗日力量。在此险恶情势下,崔楷权仍毫不畏惧地继续坚持斗争。他白天在学校上课,晚上则组织青年读书会自编自刻自印《救亡呼声》小报,每天工作10多个小时。他还时常主动参加当地的农活以接近群众,同群众建立起深厚的感情。

1941年初,党组织为了加强城市工作,抽调了一批党员进入广州开展活动,崔楷权亦在其中。这时,他的父母已去了澳门。崔楷权回到广州后,遵照中央关于白区工作要"隐蔽精干,长期埋伏,积蓄力量,以待时机"的十六字方针,在市一中念高中,利用学生的身份进行隐蔽活动。这时尽管日伪对学校控制甚严,环境很恶劣,活动很困难,但是,崔楷权仍然巧妙地运用各种办法在学生中开展工作,团结了一批进步同学,并动员他们到游击区参加抗日斗争。

建立秘密联络点

崔楷权在广州的立脚点建立以后,党组织考虑到他的家庭环境和社会关系等有利条件,要求他建立一个可靠的秘密联络点。崔楷权接受党的任务后,便以做生意为理由,向家里要了一笔款,在惠福西路开了一间红棉甜品店,建立了一个秘密活动据点。党组织把地下党员麦祺等安排在那里主持店务活动。但那时是沦陷的困难时期,吃甜品的人甚少,店铺租金也贵,经济开支大,入不敷出,甜品店维持不下去,不久该店便歇业了。到1943年6月,崔楷权在市一中将近毕业时,为了更好地开展活动,他又回家要了一笔钱,在米市路二号开了一间广安柴店,自己当起了"老板"。

柴店业务稳定下来后,崔楷权根据党组织要求他插足于伪政权,以掩护开展工作的指示,主动结交惠福区及其周围一带的茶楼如"巧心""一德""得心""大元""大来"等处的老板和主管、伙计乃至各家茶楼的报贩、烟档的烟贩、街坊上有点名望的人物等，积极处理好左邻右舍的关系。因而他先后被推举当上了日伪惠福分局第二联防办事处的甲长、联保保长，并得到伪惠福区公安分局局长的"赏识"。这样，崔楷权的家——中华中路云台里十八号就成了珠江纵队在广州的一个重要隐蔽所和活动据点，广安柴店则成为一个重要交通联络站。

这两个隐蔽活动点和交通联络站经常为地下党和抗日游击队收集、传递情报，购买药品、器材，接待来往人员和安排伤病员养伤，印发文件、传单等工作。如先后接待过当时地下党组织和游击队的李嘉人、林锵云、梁嘉、郑少康、冯剑青等许多领导同志，其中冯剑青在禺南作战负伤后带着护士在那里隐蔽养伤，住了相当长一段时间。郭静之则是以柴店东家身份长期隐蔽在那里和崔楷权联系的地下党员。其他同志在那里养伤养病的也不少。另外，云台里这个点还曾经成了地下党的秘密油印点。1945年，党组织为迅速将党的七大有关文件传播，就曾在那里刻印过毛泽东的《论联合政府》和朱德的《论解放区战场》，还有《评〈中国之命运〉》《驳〈中国之命运〉》等学习文件以及《前进报》等宣传材料。当时崔楷权白天到广安柴店工作，由隐蔽在那里的地下党同志负责刻写，晚上崔楷权回来就接手刻写及同另一些同志一起印刷，经常工作到深夜，甚至通宵。

日军投降前夕，地下党从当时广州形势发展的需要出发，决定在广州发动一次大规模的宣传攻势。目的是要打破敌人的封锁，用胜利的消息鼓舞和号召人民起来斗争，争取抗日战争最后胜利的早日到来。由于广州远离抗日前线，一般市民对国民党的所谓"正统"观念比较深，需要把中国共产党领导的八路军、新四军已经成为抗日战争的中流砥柱的真相告诉全市人民，把东江纵队和珠江纵队英勇抗敌的事迹向各界群众宣传，以扩大政治影响。所以决定以东江纵队和珠江纵队的名义，起草一份《告广州同胞书》，印制成传单在全市范围内大规模散发。当时那些传单一部分就是由崔楷权在云台里亲自刻印和配合地下党组织统一散发的。这次传单的散发对广州震动很大。敌人摸不清我们底细，异常紧张。一些平日飞扬跋扈、为非作歹的汉奸走狗惶恐不安。广大市民则喜形于色，拍手称快。8月底，崔楷权和同志们又以珠江纵队第二支队（简称"珠纵二支队"）名义刻印和散发过一次《告广州同胞书》。由于崔楷权是那里的伪联保长，所以云台里和广安这两个点一直都很安全，从未出过问题。地下党利用这两个点先后印发了许多学习宣传材料，材料印好后，由崔楷权负责转送给广州地下党其他活动点。崔楷权也充分利用"老板"身份，以买货为名，经常来往于罗岗、从化、增城等地进行活动。遇有重要任务，他还亲自到顺德西海等游击根据地去联络。

崔楷权通过与伪惠福公安分局上层人物来往和参与伪公安局的有关"防奸"会议等活动，获得了不少情报。如1945年4月，珠纵二支队队长郑少康曾亲自化装到广州了解情况、侦察地形，隐蔽在云台里崔楷权家里歇息。崔楷权从敌人中侦得伪公安局将要在该区逐户查户口，于是就立即通知并及时护送郑少康转移到安全的地方。又有一次，崔楷权获得日伪准备在日间进攻禺南游击区的情报，立即找到地下党负责和内线联系的同志，请他协助核实。经内线同志的努力，不但证实该情报属实，而且还获得了敌人进攻禺南游击区的整个计划，包括兵力部署、上岸时间和地点等，崔楷权便立即设法转告禺南游击队。

日本投降前的一段时间，崔楷权在经济上处境很困难。当时既要负担接待各地游击队、地下党来往人员和隐蔽在那里养病养伤同志的生活，又要支付柴店几个工人工资及解决家庭孩子的生活，仅靠柴店的微薄收入实在难以维持，所以崔楷权只好把家里值钱的东西变进行卖和抵押，借以弥补不足。有时实在难以维持了，崔楷权就只好让店中的伙计和家里的小孩在店里吃饭，他和爱人关玉英及隐蔽在那里联系他的郭静之等躲回云台里家中去吃粥。他们之所以要这样做，是怕别人知道伙计吃饭，"老板"吃粥而引起怀疑。由于生活艰苦和工作繁忙，崔楷权积劳成疾，患了肺病，但他始终保持着高度的革命乐观主义精神。在他心里，想着的总是党的工作，记挂着的是在那里养病养伤的同志，对自己的病不愿花钱去医治，而把钱用在最需要的地方。

日军投降后不久，中共广州市临委成立，崔楷权的关系便转由市临委领导。不久，崔楷权转到一间报社去工作，以此为掩护继续开展革命活动。当时正值国共重庆谈判，他积极宣传共产党抗战胜利后的主张和一系列方针政策，揭露国民党的内战阴谋。同时，他还和董世扬等同志在教育路铭贤坊开设了一间学习知识社，出版了一份名叫《学习知识》的杂志，向青年宣传进步思想。

广安柴店联络站结束以后，崔楷权又在文昌北路跃华东街租了二十号二楼作为市临委新的联络站，当时的市临委书记陈能兴等同志曾在那里掩蔽过一段时间。

领导革命武装

1946 年 6 月，蒋介石悍然撕毁停战协定和政协决议，全面发动内战。广东区党委要求迅速恢复武装斗争，开展游击战争，建立根据地。崔楷权于年底被调到香港学习了一段时间，后于 1947 年初被派到东江游击队，转战于博罗、增城、龙门一带。同年 10 月，崔楷权被任命为中共江北工委宣教科长，从事群众和部队宣传教育工作。中共江北工委为了开辟平原地区工作以支持山区的斗争，派崔楷权到增城广九沿线任平原工作副特派员，在那里开展群众工作，组织武装。1949 年 2 月，江北支队奉命编为中国人民解放军粤赣湘边纵队东江第三支队，崔楷权被任命为第二团副政治委员。正在这时，淮海战役完全胜利，平津解放，解放大军即将渡江南下。东江第三支队根据这个形势，决定开展广州近郊的游击战争，为解放广州做准备。4 月，东江第三支队决定成立一支直属先遣总队，并任命崔楷权为先遣总队政治委员，开赴增（城）西油麻山，从（化）南天山、水山，禺北帽峰山等一带活动。在建队初期，部队活动地区绝大部分是新区，给养非常困难，崔楷权一方面鼓励大家坚定信心，克服困难，另一方面带头从家里及亲戚朋友处要钱筹款。在他的带动下，其他同志也纷纷为部队积极筹款，令部队稳定下来。崔楷权和其他同志一起依靠老区，开辟新区，发动群众，组织农会、民兵，先后组织民兵 600 多人、枪 300 多支。还积极开展统一战线工作，争取到原国民党营长关汉猷携枪几十支参加部队，扩大了队伍。还争取了一些上层人物的支持，为部队购买和推销公粮债券，有些还替部队借枪支。几个月来，工作取得了很大成绩。

不幸牺牲

1949 年 7 月中旬，先遣总队在禺北（现广州北郊）冯迳吓村召开领导干部会议，由崔楷权总结先遣总队成立以来的工作和布置下一步的任务，不幸被敌侦悉，7 月 21 日凌晨四五时，驻地被敌包围了。崔楷权在率部突围时不幸中弹牺牲，年仅 27 岁。

（欧阳效广）

邓光华（1928—1949）

—— 英勇作战，不怕流血牺牲

邓光华，广东省博罗县石坝镇对门岭村人。

- 1938 年，出生。
- 1947 年，参加龙（川）河（源）博（罗）增（城）边委领导的人民武装麻陂队。
- 1948 年，加入中国共产党，并任江北支队中队副指导员。
- 1949 年 2 月，攻打麻陂圩战役中，因伤势过重牺牲，时年 21 岁。

艰苦的童年生活

邓光华，广东博罗县石坝镇对门岭村人，1938 年出生。家无寸土，租种了地主的三亩水田，无法维持全家七口人的生活。父亲长年累月给地主当长工，母亲则带着孩子采野菜，终年靠糠饼、番薯、稀菜粥度日。家境尽管困难，但家人勒紧裤带，仍然供邓光华进石坝中心小学念书。学校虽然离家六七里远，每天天未亮他就要起床，摸黑赶路上学。途中要经过野兽出没的荒野，他硬是壮着胆子闯过去，从不迟到。为了让他节省来回走路的时间，童养媳张运兰和二弟邓火祥替换着给他送中午饭。后来，生活实在没法过下去，张运兰和二弟不得不给地主放牛维持生计。三妹邓玉英 10 岁那年，也卖给人家当童养媳。接着，父亲又因躲债逃到宝安横岗给地主当长工，不敢与家人通音信。

接受革命思想教育

邓光华在石坝中心小学念书时，正值抗日救亡运动在当地兴起。1943 年下半年，石坝中心小学来了张奕生、骆瑜两位老师，两人都是前来开展抗日救亡工作的地下党员。他们告诉学生："中国是亡不了的！""八路军、新四军是专门打日本鬼子的，我们广东也有人民的抗日游击队，正在跟敌人作战。"邓光华听了非常高兴。他问老师，一个小学生能够为国家做点什么呢？张奕生老师告诉他，人不分大小，只要有爱国心，都可以为救国救民出力。于是，他积极参加了张奕生组织的抗日救亡宣传队，排演抗日话剧，演唱抗日歌曲。每次演出，邓光华是那样严肃认真，每当演到日军被我们抗日游击队打得落花流水的情节时，他心中真有说不出的痛快！

1944 上半年，邓光华因生活实在困难，打算停学。张奕生、骆瑜两位老师觉得这样好的孩子失去了求学的机会实在可惜！于是，他们上门找到邓光华的父亲，向他介绍邓光华聪明伶俐、学习勤奋、成绩优异的情况，并表示他俩愿意负责解决邓光华的学费和吃饭问题。邓光华的父亲和邻里都被老师热爱学生的行动所感动，最后由公尝资助，让邓光华念完小学。

投身革命斗争，初露锋芒

全国人民经过浴血奋战，终于打败了日本帝国主义。可是，抗战胜利给人民带来的一线曙光却让浓重的内战阴霾覆盖住了。邓光华这时在家乡的小学当教师，他痛恨燃起内战之火的国民党反动派。

1947年春，中国共产党重新吹响了东江地区人民武装斗争的战斗号角。游击队捷报频传。邓光华无限兴奋，决心投身革命，为人民的解放事业而奋斗。同年夏秋间，邓光华参加了龙（川）河（源）博（罗）增（城）边委领导的人民武装麻陂队，被送到青干排去学习了几个月。结业后，他回到以麻陂队为基础整编而成的猛虎大队。江北支队一团建制时，这个大队归属一团领导。当时，部队的文化水平低，邓光华当过小学教员，加上他参队后表现好，不久即从文化教员提拔为服务员。1948年加入中国共产党，并任中队副指导员。

坚持信念，大义凛然

当时，部队经常活动于石坝一带，有时在邓光华的家乡冷水坑宿营，但他以部队的工作为重，很少请假探家。一次，部队领导安排他回去探家。他的父母考虑家庭困难，要把他留下来当个帮手。父亲还把他携带的手枪和手榴弹收起来，送到黄山洞交回给部队。邓光华耐心做好家人的思想工作。他一方面教育爱人要侍候好父母，照顾好弟弟，用实际行动支持他革命；另一方面做父母的工作，用他们辛苦了一辈子还是吃不饱穿不暖作例子，说明只有革命成功了，穷人才能有好日子过的道理。此后，父母不再扯他的后腿了。当部队在他的村子宿营时，他的父母还烧水给战士们洗澡，帮他们洗衣服。有一次，一位干部病了，他的母亲还连夜去找中草药，把这位同志的病治好了。

土匪、恶霸的威胁也挡不住邓光华前进的道路。有一次，他回到村里，塔岗排的一个土匪带了5名打手气势汹汹赶来要捉拿他，他站立在家门口，把上膛的手枪对准这些家伙，厉声说："你们敢动手，我干掉你们！"土匪们被他的威武气概镇住了，不敢贸然动手。于是威胁说："如果你再去当红军，就放火烧掉你家的房子！"邓光华斩钉截铁地回答说："你们敢这样做，绝不会有好下场！"这些家伙见吓不倒邓光华，只好灰溜溜地走了。

谆谆教导，坚定信心

当时，斗争环境艰苦，有的战士产生离队思想。邓光华便找他们个别谈心，讲北方战场上人民解放军节节胜利、蒋家王朝行将灭亡、广东的解放已经为期不远的大好形势，指出现在的困难是暂时的、局部性的。敌人的"围剿"并不说明他们强大，而是他们行将灭亡的垂死挣扎。这些同志经过他的耐心教育，终于认清了形势，看到了前途，坚定了信心，跟上了革命的前进步伐。

邓光华平易近人，关心同志，时刻注意把党的温暖送到每个战士的心坎上。每到一个宿营地，他总是带头打扫地板、找稻草、铺好地铺，让战士们休息好。有时跟老百姓借来门板做床铺，他就让给其他同志，自己宁愿睡在地铺上。入夜，当战士们已经进入梦乡时，他还忙着查哨、查铺，给战士们盖好被子。对伤病员他更是关心体贴，经常问候与谈心。行军途中，他经常抢着给体弱的同志背武器。部队给养条件差，发的三耳草鞋他舍不得穿，留给其他同志，自己穿的却是补了又补的烂草鞋。每次战斗前，他都注意做好政治动员工作，以鼓舞斗志。特别是战斗频繁时，他更是注意抓紧战斗的空隙时间，或作报告，或进行个别谈心，讲革命的大好形势，分析胜利的有利因素，使同志们保持旺盛的革命斗志。

邓光华运用文艺这个抓手，作为打击敌人、团结和教育人民的有力武器，既活跃了部队的文化生活，又宣传了群众。他与同志们一起经常排演打击敌军、打击地主反动武装的话剧，灭敌人的威风，长人民的志气。群众观看了演出更加热爱和支持部队，给部队送情报、送粮食、掩护伤病员。

以少打多，保卫黄山洞

邓光华不但善于做好政治思想工作，而且作战英勇，不怕流血牺牲。1948年六七月间，国民党部队"扫荡"公庄地区，部队从李洞转移到石坝黄山洞作短期休整。这时，国民党保八团的一个营兵分两路，分别从公庄、石坝袭来，企图前后夹攻把部队消灭于黄山洞。部队派出一个中队（飞鹰队）迎击从石坝方面来犯之敌。敌我双方都抢占同一个山头。邓光华率领一个排冲在最前面，抢先到达山顶，控制了制高点。敌人组织了几次冲锋，但都被打退了。战斗持续了1个多小时。我方阵地始终稳如泰山。天将黑了，敌人怕被部队消灭，只好拉队缩回石坝老巢去，邓光华以一个排的兵力打退了敌人100多人的进攻，保护了在黄山洞休整的部队的安全，因而受到一团首长的表扬。

麻陂抗敌，英勇牺牲

1948年11月间，石坝建立了乡人民政府。但邻近的麻陂圩还在敌人的手中，他们不断进行反动宣传。为了把石坝、麻陂两地连成一片，使部队活动有更大的回旋余地，1949年2月，部队开始了攻打麻陂圩的军事行动。由陈伟民带领一个短枪队负责攻击国民党乡公所；朱镜带领一个短枪队，从麻陂圩的西面进击，消灭据守在炮楼里的敌自卫班。另派一个中队（飞鹰队）担任外围掩护。朱镜到达麻陂圩公路边时，即碰上敌自卫班的朱生。朱镜先发制人开枪把朱生击毙，并生俘了一名敌自卫班人员。短枪队因碰上敌人，战斗提前打响。担任掩护任务的中队还在离麻陂圩半公里路远的行军途中。这时，邓光华听见前面的枪声，马上同中队的同志们跑步往麻陂圩冲去。他冲在最前面。这时，在炮楼里的自卫班已紧闭炮楼大门，从里面拼命往外开枪扫射。当邓光华冲到离炮楼100多米远时，胸部和大腿连续中弹。跑在邓光华身后的中队长一把将邓光华从地上抱起来。只见邓光华挥了一下手，声音微弱地说："中队长，你指挥队伍前进吧！不要管我！"中队长命令身旁的战士马上把邓光华抬到永昌村去，自己则指挥战斗，消灭了麻陂圩炮楼里的敌人。

邓光华负伤后，始终没有发过一声呻吟。女卫生员李英在抢救邓光华的过程中，发现他伤势严重，禁不住失声痛哭。邓光华却劝她说："流血牺牲的事是经常发生的，不要哭。"当拂晓时，邓光华终因伤势过重而与战友们永别了，牺牲时年仅21岁。

邓光华牺牲后，遗体送到石坝山下村。部队在那里举行了隆重的追悼会。猛虎队的领导与邓光华生前所在中队的全体同志共100多人，黄山洞、山下、下坑、坦田、曲潭等地的农会代表50多人，以及邓光华烈士的父母、妻子为烈士送葬。

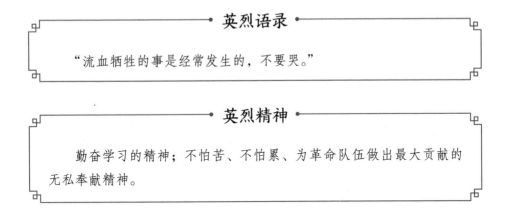

英烈语录

"流血牺牲的事是经常发生的，不要哭。"

英烈精神

　　勤奋学习的精神；不怕苦、不怕累、为革命队伍做出最大贡献的无私奉献精神。

（李祝）

东江纵队女卫生战士十英烈

——莫福娣、王丽、陈笑影、梁通、张漪芝、陈坚、柯彩凤、张长莲、王福、黎桂英

广东人民抗日游击队东江纵队是一支由中国共产党领导的抗日武装。从1938年初建之日起，就有10多名女同志担任医疗卫生工作，后来部队不断壮大，女卫生战士的人数也逐渐增多，至抗战胜利前夕发展到200多人。抗战胜利后，东江纵队奉党中央的命令，于1946年6月北撤山东解放区，组建成中国人民解放军两广纵队，随第三野战军转战华东战场。留在广东坚持斗争的武装1947年后迅速发展，成立了粤赣湘边纵队。从抗日战争到解放战争，东江纵队（包括粤赣湘边纵队）为国捐躯的女卫生战士，据不完全统计有70多人。下面记述的10位女卫生战士英烈，是其中为人们所称颂和怀念的10朵最绚丽的英雄花。她们虽然不是同时生，也不是同时死，但她们都是为中华民族的解放、为实现共产主义的伟大理想而献出了最宝贵的生命。

莫福娣 （1922—1942）

莫福娣，广东省东莞县高埗乡人，1922 年出生在一个贫苦农民家庭。抗日战争爆发后，参加了中国共产党领导的抗日救亡宣传活动，1938 年成为中国共产党党员。此后，党分配她到东江抗日游击队当炊事员、卫生员。她不怕苦不怕累，克服重重困难，为部队搞来柴米油盐菜，为伤病员悉心治伤治病。1942 年 4 月，国民党顽固派配合日军围攻游击队，莫福娣奉命带一部分伤病员在宝安县龙华深坑的山坑里隐蔽。一天她出坑观察敌情，不幸被捕。敌人对她严刑拷打，逼供利诱，她毫不动摇。审讯时，敌营长开口就诬蔑中共和抗日游击队是"奸党""匪军"，莫福娣义正严词地驳斥敌人："谁配合日伪军进攻抗日部队，谁就是奸党。谁抢劫老百姓的财物，谁就是匪军。我们是抗日的队伍，打鬼子，保家乡……"话未说完，又遭到一顿毒打。第二天，残暴的敌人下令枪毙莫福娣。一大群敌兵持枪押着被捆绑的莫福娣，在观澜圩游街示众。一路上，莫福娣挺起胸膛，激昂地高呼口号："反对内战！""反对投降！""团结抗日！""反对分裂！""抗日无罪！""中国共产党万岁！"悲壮的口号声震撼着观澜圩群众的心弦，许多阿公阿婆低声啜泣。敌兵企图阻止莫福娣喊口号，用枪托猛击她。莫福娣不低头、不闭口，顽强地用尽气力喊出革命战士的心声，一直走到观澜圩旁晒布岭下的刑场。临刑前，莫福娣面带笑容，对被胁迫来围观的群众大声说："父老兄弟姐妹们，我是抗日游击队队员，是为了抗日救国来革命的，他们为什么要杀我？"转而怒斥行刑的刽子手是汉奸、卖国贼，然后从容就义，牺牲时年仅 20 岁。

英烈语录

"谁配合日伪军进攻抗日部队，谁就是奸党。谁抢劫老百姓的财物，谁就是匪军。我们是抗日的队伍，打鬼子，保家乡……"

"父老兄弟姐妹们，我是抗日游击队队员，是为了抗日救国来革命的！"

对党无比忠诚、不受威逼利诱、不畏牺牲、毫不动摇的革命精神。

（何小林　邓英）

王　丽（1916—1942）

王丽，祖籍广东省潮安县，1916年出生在泰国一个华侨贫苦工人家庭。她10岁进一家火柴厂当童工，受尽苦难。1938年10月，为了参加祖国人民的抗日斗争，与爱人钟若潮（共产党员）一起，从泰国到香港，经八路军驻港办事处介绍，回内地参加中共领导的东江华侨回乡服务团。她经常深入农村，宣传共产党抗战主张，组织青抗会、读书会，办农民夜校，发展进步力量。1939年春，加入中国共产党。1940年冬，王丽来到抗日游击队第五大队当卫生员，日日夜夜看护伤病员，有时累得昏过去，等醒过来又继续干。1942年5月，隐蔽在宝安县铁岗村山沟里的大队卫生所遭到国民党顽军袭击，王丽为掩护伤病员，来不及突围而被捕。敌连长逼她供出游击队情况，还要她答应做他的小老婆。王丽愤怒斥责敌人无耻。那家伙恼羞成怒，拔出手枪放在桌子上，以枪毙相威胁。就在这一刹那，王丽一个箭步冲上去抢过手枪，对准敌连长猛扣扳机，可惜子弹没有上膛。一群敌兵扑将过来，王丽拼命和他们扭打，最后手枪被敌兵夺走，她被打得遍体鳞伤，奄奄一息，仍不停口地痛骂敌人。敌人下了毒手，把王丽吊死在乌石岩村边一棵大榕树下，牺牲时年仅26岁。这个怀抱一腔热血回国参加抗日战争的旅泰华侨工人，把青春献给了祖国和人民。

为革命战斗不息、对革命无比忠诚、不受威迫利诱、不畏牺牲、毫不动摇的革命精神。

（何小林　邓英）

陈笑影（1922—1942）

陈笑影，广东省新会县人，1922 年出生，因生活困苦，举家到香港谋生。她的父亲早逝，家里有母亲、姐姐，一个弟弟因家贫卖掉，兄长也过早去世，遗下嫂嫂和一个侄子。陈笑影和姐姐在香港九龙深水埗长沙湾道嘉纶织造厂当女工。一家五口全靠姐妹俩微薄的工资度日。

1937 年抗日战争全面爆发后，香港的抗日救亡运动如火如荼，深受压迫和剥削痛苦的青年女工陈笑影，积极投身到爱国洪流中去。她在深水埗参加了共产党外围组织晨钟社举办的工人夜校，接受了革命思想的教育，她的觉悟迅速提高，积极参加抗日宣传，发动群众参加救亡，组织救护组，发动营救"七君子"的募捐等活动，不久成了夜校的一名骨干。1938 年，陈笑影加入中国共产党，决心为中国人民的解放事业献出自己的一切。

1941 年香港沦陷前夕，党组织动员大批党员回东江参加抗日武装斗争。陈笑影坚决服从党的安排，离开家庭回到东江游击区，参加军事干部训练班学习。她和班里另外三个女同志互相鼓励、互相帮助，克服学习上和生活上的困难，进步很快。经过四个月的学习后，陈笑影受组织委派，到惠东宝抗日游击大队一所医院当政治服务员。

当时游击队经常遭受日伪顽的夹击，敌情严重，环境艰苦。医院在宝安县南头镇铁岗村附近的山沟里、荔枝园和群众家里分散隐蔽，工作人员常常每天只分到一两米，过着半饥半饱的日子。但她们都以火一般的热情温暖着伤病员的心。陈笑影经常打摆子，但她不顾自己身体虚弱，仍悉心照顾伤病员。行军时她不怕苦累，背着伤病员跋山涉水。有一次，她发现有个伤员光着脚走路，二话不说便脱下自己的鞋子给了伤员。一天，一些从国民党军队投诚过来的伤病员，看到卫生员吃番薯而没有分给他们，很有意见，发脾气动手打人。陈笑影知道了，没有责怪他们。她一边安慰挨了打的卫生员，一边诚恳地对伤病员解释：“卫生员是把米都让给伤病员吃了，自己吃番薯充饥。”她还对大家说：“现在我们生活是苦一些，我们吃苦是为了打败日本鬼子，我们死都不怕，还怕苦吗？我们是共产党领导的部队，要守纪律，要讲团结，团结才能战胜敌人。”这一席话不但平息了风波，还教育了态度不好的伤病员。

1942 年 5 月的一天，国民党顽军“围剿”游击队医院。凌晨时分，担任巡逻的小鬼胡仔喘着气跑回来报告：“‘呵呵鸡’（指敌人）来了！”陈笑影立即组织伤病员疏散。刚开始行动，对面林子里即升起火光，响起密集枪声，敌人已经逼近，情况十分危急。陈笑影决定让卫生员月娣和胡仔带伤病员向东南方向突围，她自己留下顶住敌人。胡仔要求留下担任阻击，陈笑影斩钉截铁地说：“这是命令，快撤！”胡仔等含泪转移。很快，一群敌人围上来了。陈笑影选择好隐蔽的地方，一枪就打倒了冲在前面的一个敌人，她迅速扔出一颗手榴弹，三个敌人又倒下去了。乘着手榴弹爆炸的瞬间，陈笑影转移到另一个土堆，继续瞄准射击，天亮了，敌人借着晨曦，发现只有她一个人，于是停止射击，两翼包抄，紧缩包围圈。陈笑影利用这个间隙，向伤病员撤退的方向瞭望，见队伍已经在松林间消失，脸上露出胜利的微笑。她看到 20 米开外一个戴军官帽的家伙在指手画脚，便举枪瞄准，想把他干掉。不料，左背侧的敌人已包抄上来，用枪托猛击她的手臂，她身体失去平衡，终于被捕。

敌人用酷刑折磨陈笑影，用铁丝穿透她的掌心押出去示众。在毒刑面前，英勇的共产党员陈笑影毫不畏惧，坚贞不屈，没有向敌人暴露游击队的半点秘密。敌人耍尽花招，一无所获，最后下毒手杀害陈笑影。临刑前，她挺身高呼：“中国共产党万岁！”“打倒国民党反动派！”又痛骂了敌人一顿，从容就义。年仅 20 岁的陈笑影，把鲜血洒在了她曾经战斗过的土地上。

- • 英烈语录 • -

"现在我们生活是苦一些，我们吃苦是为了打败日本鬼子，我们死都不怕，还怕苦吗？我们是共产党领导的部队，要守纪律，要讲团结，团结才能战胜敌人。"

- • 英烈精神 • -

不怕劳苦、不畏艰难的革命者本色，纪律严明、毫不畏惧、坚贞不屈的革命精神。

（黄小英　麦静婉）

梁　通（1927—1944）

梁通，原名曾凤通，1927年出生在广东省东莞县石排乡曾屋村一个贫苦农民家庭。由于贫穷，父母亲把她卖给茶山乡梁屋村一户梁姓人家做养女，改名梁通。1944年1月，在民运队员的教育下，梁通挣脱家庭的束缚，参加了东江纵队第二支队第三大队，不久分配到江虎队当卫生员。这年6月一个夜晚，江虎队攻打东莞县马嘶圩日伪军据点，梁通跟随突击队冲锋前进。突然，敌人从一座炮楼射出猛烈的火力，突击班长游成中弹倒地。梁通正要冲上去抢救，两个战士拉住她喊道："敌人火力太猛，上去太危险。"梁通两眼含泪，说道："我是卫生员，死也要把班长救下来！"只见她猫腰跑到游成身旁，立刻背起就往回跑。就在这时，敌炮楼一阵机枪子弹射来，梁通脚部、腹部多处中弹，同伤员一齐倒下，鲜血染红了她的衣裳。但梁通没有死，她拼力撑起上身，拿起游成的手提机枪，对准敌炮楼的枪眼，"嗒嗒嗒……"喷出一排子弹。敌机枪顿时成了"哑巴"，江虎队随即发起冲锋，杀进了村子，打垮了敌人。巾帼英雄梁通用自己的青春换取了战斗的胜利，牺牲时年仅17岁。

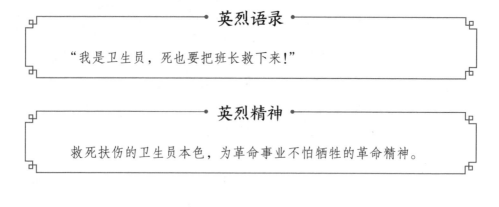

（何小林　邓英）

张漪芝（1924—1944）

张漪芝，1924年出生在广东省番禺县新滘瑶头村一个教师家庭，抗日战争全面爆发后，张漪芝基于爱国热情，在香港参加了进步组织"同志会"，积极从事抗日救亡活动。1941年加入中国共产党。香港沦陷后，她于1942年春回内地参加东江抗日游击队。当过卫生员、大队救护队长，她热忱照料伤病员，同大家亲如兄弟姐妹。经常在队前表演文娱节目，深受同志们喜爱。打起仗来，她更不顾个人安危，舍生忘死救护同志。1944年11月某日黎明，张漪芝所在的独立第三大队围攻博罗县福田圩窑下村一个反动地主武装据点。激战中，一位班长负了重伤。张漪芝跑上前去，背起伤员撤下火线。她身体虽孱弱，却无畏地背着比自己高大的伤员涉水过河。突然一颗子弹射来，她腹部受重伤，血流如注。但她没有呻吟一声，强忍剧痛继续背着伤员，直到昏迷过去。战斗胜利了，张漪芝却因流血过多而献出年轻的生命，牺牲时年仅20岁。

（何小林　邓英）

陈　坚（1925—1946）

陈坚，1925年出生在广东省惠阳县桂岗乡小桂村一个富裕的华侨家庭。1943年9月，在民运队员、堂姐陈通的教育下，陈坚立志"不做娇生惯养的小姐，要做抗日救国的革命战士"，勇敢地冲出家门，参加东江抗日游击队，在护航大队当卫生员。第二年，她经受了艰苦生活和战火的考验，光荣地加入中国共产党。抗战胜利后，她与在枪林弹雨中同生死共患难的大队长邓金结为伴侣。不久，国民党反动派发动内战，疯狂进攻抗日游击队。1946年农历正月初一早晨，反动军队和地主武装偷袭正在惠阳县多祝乡大径深山里宿营的邓金大队。战斗开始了，陈坚跟随部队冲出敌人火力网，越过山岭到了安全地带。可是她回头一看，发现山沟里有个战士负了伤，不能走动。她毫不迟疑地回转身冲下山沟，给伤员包扎好伤口，背起伤员艰难地爬向山顶。当爬到半山腰，敌人火力又射来，她立刻放下伤员，用自己身体来掩护。她不幸被子弹击中，摔倒了。下午，大队长邓金带部队打退了敌人。打扫战场时，战友们找到陈坚，她已经停止了呼吸，而身体还护卫着牺牲了的伤员。战友们还发现陈坚已怀孕数月，可她为了坚持行军打仗，从来不对别人讲起。为了人民解放事业，党的好女儿陈坚慷慨地献出了自己的青春，还献出了没有来到人间的骨肉，牺牲时年仅21岁。

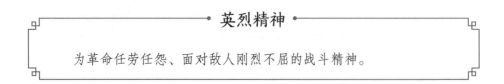
（何小林　邓英）

柯彩凤（1928—1948）

柯彩凤，广东省宝安县大鹏西南村人，1928 年出生在一个贫苦农民家庭，1944 年参加东江抗日游击队。1946 年东江纵队北撤山东，她留下坚持斗争。1947 年分配到粤赣湘边纵队北二支队，不久成为共产党员。她先在连队当炊事员，任劳任怨，后来当连队卫生员，日夜照看伤病员，工作干得很出色。1948 年春，柯彩凤带着三名重伤员在大庾义安圩的深山里隐蔽治疗。一天，叛徒带国民党军队包围了隐蔽所。柯彩凤先掩护伤员钻进密林，自己转身回隐蔽所取药箱。突然敌人闯进门口，她被捉住了。第二天，当我们的同志返回隐蔽所时，眼前摆着令人惨不忍睹的现场：柯彩凤被敌人杀害了，全身血肉模糊。不难想象，柯彩凤在生命的最后一刻，同残暴的敌人进行了何等壮烈的殊死搏斗。柯彩凤牺牲了，年仅 20 岁，她刚烈不屈的战斗精神却长久地在游击队员中传颂。

● 英烈精神 ●

为革命任劳任怨、面对敌人刚烈不屈的战斗精神。

（何小林　邓英）

张长莲（1931—1948）

张长莲，广东南雄湖口乡人。1931年出生在一个乡村教师家庭。1947年与父亲张功尚一起，参加粤赣湘边纵队。父亲在部队当副官，张长莲在连队当卫生员。1948年2月，连队刚打了几个胜仗，来到南雄横江坑山上的龙凤庵宿营。由于伪保长告密，部队被国民党反动军队包围。突围战斗中，张长莲不幸被俘。敌连长审问她："你犯的什么罪？"张长莲理直气壮地回答："我为穷人翻身闹革命，光荣得很！"敌连长又诬蔑："你是个不怕死的土匪婆。"张长莲大声回答："我是个革命战士。我们要把你们这些反动派消灭光，要把人剥削人的旧制度打倒！"一个叛徒想诱骗张长莲写信给她父亲拿钱赎她出狱，她斩钉截铁地说："要割要杀任由你们，要我投降，绝对办不到。"敌人凶相毕露，对张长莲施用灌辣椒水、坐老虎凳、夹手指头等种种酷刑，她宁死不低头。敌人无计可施，便在1948年3月7日把张长莲和其他被俘的游击队员，枪杀于南雄城外的五里山下。牺牲前两天，张长莲满怀革命激情给父亲写了遗书，托给同监难友转交。书中写道："爸爸，我被反动派捉到坐监房，你不要难过，请吃饱茶饭，保重身体，做好工作。只要大家开心合力，把蒋介石和一切反动派打倒了，我死也甘心。你的爱女长莲在监房。"人民的好女儿张长莲为人民献身时年仅17岁。

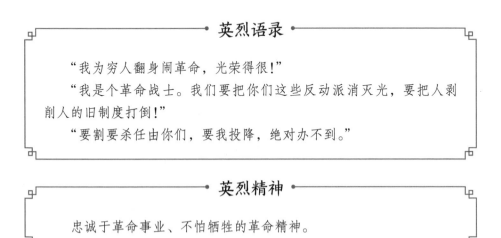

● 英烈语录 ●

"我为穷人翻身闹革命，光荣得很！"

"我是个革命战士。我们要把你们这些反动派消灭光，要把人剥削人的旧制度打倒！"

"要割要杀任由你们，要我投降，绝对办不到。"

● 英烈精神 ●

忠诚于革命事业、不怕牺牲的革命精神。

（何小林　邓英）

王 福（不详—1949）

王福，广东省东莞县厚街乡人。1943 年参加东江抗日游击队，在一支队当卫生员。1944 年加入中国共产党。1946 年东江纵队北撤，王福服从组织分配，去香港当工人，做工会工作，曾被选为香港橡胶总工会青年部主任。1948 年初，又奉调回粤赣湘边纵队东江第一支队第三团，任卫生所所长，带领十多个卫生员日夜为伤病员操劳。1949 年 5 月初，国民党反动军队对游击队发动进攻，三团卫生所转移到宝安县龙华圩附近的阿婆坎村边一个炭窑隐蔽。5 月 8 日这一天，王福和一个女卫生员带几个轻伤员来村边做饭、晒太阳，被敌人发现。一群敌兵追了上来，王福指挥伤员迅速向密林方向撤走，她和女卫生员朝相反的方向奔跑，边跑边开枪还击，用火力吸引敌人。敌兵果然朝她们追来，并向她们猛烈射击。突然，王福大腿中弹倒在地上，女卫生员要背她走，她大声喊道："不要管我，你快撤，护送伤员要紧。"边说边推走卫生员。眼看敌兵接近了，她砸烂打光子弹的手枪，准备同敌人作生死搏斗。就在这时，敌人一阵乱枪打来，王福再次倒在血泊之中。她舍弃自己的生命换来了伤病员的安全。王福牺牲后，阿婆坎村一位大娘把为公爹备用的棺材献给烈士。夜里，全村老老少少手擎芒草扎的火把，洒泪为英雄女卫生战士送葬。

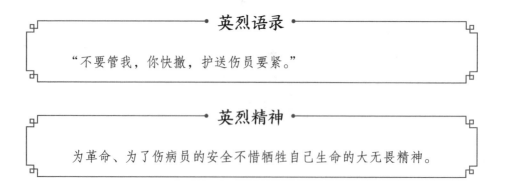

● 英烈语录 ●

"不要管我，你快撤，护送伤员要紧。"

● 英烈精神 ●

为革命、为了伤病员的安全不惜牺牲自己生命的大无畏精神。

（何小林　邓英）

黎桂英（不详—1949）

黎桂英，广东省东莞县温塘乡人，共青团员，牺牲时是粤赣湘边纵队东江第一支队第三团第二连卫生员。1949年6月20日黄昏，黎桂英跟随连队袭击驻东莞寮步圩的国民党军队两个团部，打了胜仗，但随后敌人出动大批兵力把二连包围在浮竹村里。一场激烈的突围战斗开始了。黎桂英坚决要求和担负阻击任务的一排在一起，掩护连队主力首先突围。第二天黎明，敌人发起冲锋，激战中一排冲锋枪手中弹倒下，一群敌兵乘隙突入阵地。一排战士与敌兵展开了肉搏。在这危急时刻，黎桂英手疾眼快，猛然举起药箱，随着一声怒吼朝敌兵砸了过去。敌兵被突如其来的"怪物"吓了一跳，赶快躲避。说时迟那时快，黎桂英立刻捡起牺牲战友的冲锋枪，对准敌人猛扫。敌人死的死、伤的伤，败退下去。可是就在这时，一颗子弹击中黎桂英的腰部，从小腹穿出，她的肠子和鲜血一起流了出来。勇敢的黎桂英没有倒下，她用子弹带和衣服紧紧勒住伤口，顽强地坚持战斗。当天黄昏，一排完成阻击任务撤出村子，黎桂英因伤势过重走不动了。连长背着她边走边问："为什么不听命令，不跟二、三排先撤走？"黎桂英断断续续地说："战斗一打响，眼看就要发生伤亡，我是卫生员，怎能先走？……连部通讯员又牺牲了，他的工作也该有人做呀。……"连长感动得说不出话来。第二天，同志们用担架抬着她去团卫生队救治，但已经太晚了。当夜，正当青春年华的黎桂英，来不及亲眼看见即将从东方升起的新中国的灿烂阳光，就在梅塘田心村光荣牺牲了。

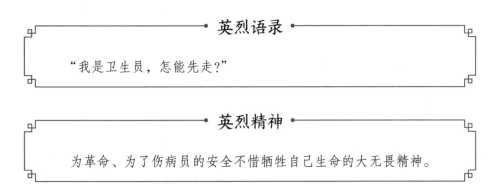

英烈语录

"我是卫生员，怎能先走？"

英烈精神

为革命、为了伤病员的安全不惜牺牲自己生命的大无畏精神。

（何小林　邓英）

冯 光（1920—1949）

—— 想当兵就跟共产党，想打仗就跟冯光

主要生平

冯光，又名沥祺、义理、石生、何达生，广东省佛冈县汤塘区新塘乡复兴村人。

- 1920 年，出生于一个地主家庭。
- 1939 年，参加湛江青年抗日先锋队，积极从事开展抗日救亡宣传活动。同年秋冬间，加入中国共产党。
- 1940 年春夏间，调到广州市区游击第二支队。
- 1941 年，参加西海保卫战。
- 1944 年清明节期间，参加活捉禺南"八老虎"的战斗。不久，消灭了"五豺狼"。6 月，带领手枪队攻打伪区政府的警察中队。7 月 26 日，在植地庄掩护大队顺利突围。植地庄战斗结束后，调到珠江纵队独立第三大队（南三大队）任大队长。
- 1945 年 2 月，率领独立第三大队夜袭南海官窑，歼敌 30 人，救出被关押群众 30 余人。5 月，任广四清区队队长。
- 1948 年 8 月，和政委周明率飞雷大队进入阳山后，取得南坪等战斗胜利，帮助地方建立了阳山人民抗征自救队。南坪等战斗结束后，根据粤桂湘边区工委关于成立连江支队的指示，被任命为支队司令员。
- 1949 年 1 月 22 日，不幸中弹壮烈牺牲，时年 29 岁。

冯光，又名沥祺、义理、石生、何达生，广东省佛冈县汤塘区新塘乡复兴村人，1920 年出生于一个地主家庭。冯光 9 岁时丧父，接着母亲改嫁，他和妹妹只好投奔同父异母的哥哥。嫂子为人刻薄，常将他当佣人使唤，而且将他妹妹卖掉。冯光少年无钱上学，就在家乡致远小学边做伙夫（炊事员），边旁听学习，勉强读了三四年书。后来又在汤塘大同股份公司做伙夫。这个公司由他的八叔（冯八，当地出名的大恶霸）任董事长，冯光与他的关系名为叔侄，实是主仆。少年冯光阅尽世态炎凉，养成了倔强的性格，立志要改变这不平的世道。

1939 年，冯光在家乡参加了滃江青年抗日先锋队，积极从事抗日救亡宣传活动，并于同年秋冬间光荣地加入了中国共产党。

参加西海保卫战

1940 年春夏间，冯光调到活动于珠江三角洲的广州市区游击第二支队（简称"广游二支队"），第二年，参加了西海保卫战。当时珠江三角洲有个臭名昭著的大汉奸李塱鸡（李辅群），专事破坏抗日。这年中秋节过后不久，他纠集了祁宝林、李益荣和黄志达三个团的伪军，以及地方土匪、护沙总队等反动武装约 3000 人，分三路向广游二支队的驻地——西海扑来，妄图一举消灭这支抗日队伍。冯光所在的部队负责坚守路尾围炮楼。敌人的多次进攻在他们的顽强抵抗下都未得逞，敌人恼羞成怒，用炮把三层炮楼轰掉了上面两层。敌人以为得手，随即发起冲锋。冯光和战友们从三楼转移到一楼后，马上起来反击，又打退了敌人多次进攻，坚守了阵地。最后终于粉碎了敌人的"扫荡"，胜利地保卫了西海。冯光由于在战斗中表现得英勇顽强，不久便被提拔为小队长。

学习的榜样

1941 年 10 月，在西海对面龙湾驻有一个中队伪军，中队长陈胜坤准备带队向部队起义投诚，双方都商定好了起义的部署。岂料起义的当天下午，伪军中一个排长发生动摇，向上司告密，陈胜坤被捕。部队不知情况有变，司令部仍按原计划派冯光带几个短枪队员前去接应。当他们接近伪军驻地时，突然遭敌袭击，几名队员当场牺牲，冯光两条大腿均中弹受了伤。他一动不动躺在稻田里，躲过了敌人的搜索。然后忍着剧痛爬到龙湾大河堤岸边，以超人的毅力游过了三四百米宽的河流。又靠两只手慢慢地爬行，终于在第二天黎明回到队部驻地。他的事迹很快在全支队传开，成为全体指战员学习的榜样。

除虎灭狼

冯光伤愈后，受命留在支队司令部领导一个手枪组（后改为特务小队）。这个组的任务是保卫司令部与侦察敌情、通信联络和执行特殊任务。在这期间，他带领部队除暴安良，深受群众称颂。1944 年清明节期间，冯光参加了活捉专门欺压百姓的禺南"八老虎"的战斗，为人民除了一大害。不久，冯光又带人消灭了专门抢劫、强奸妇女的"五豺狼"。

6 月，广游二支队指挥部调集南三部队、顺德部队和禺南部队一起夜袭番禺新造。冯光负责带领手枪队攻打伪区政府的警察中队。战斗开始后，他们一枪不发摸下了敌人第二道岗哨，迅速把伪政区府大厅包围起来，生擒一群正在打麻将的伪军军官，处决了伪区长冼尧甫。有一次，他领导的手枪队员化装潜入新造茶楼，智歼了七乡联防大队长、花名叫"大蛇贯"的黎贯。经过一系列战斗的锻炼和考验，冯光增长了军事指挥才能，被任命为中队长。

植地庄"八勇士"

1944 年 7 月 24 日，冯光随禺南部队进驻植地庄，准备第二次袭击市桥。因当晚下了大雨，第二天到处一片汪洋，部队只好就地休整。一个潜伏在植地庄的汉奸发觉后连夜到市桥向敌人告密。日军立即派出一个联队四五百人，于 26 日晨将植地庄包围。黎明时，部队领导发现情况后立即组织突围。冯光率部担任阻击敌人、掩护大队突围任务。他亲自操起机枪在东闸门口阻击敌人，使主力顺利突出了重围。这时，掩护部队只剩下 8 个人。面对强敌，冯光临危不惧，带领 7 个同志利用地形地物，巧妙地与敌周旋，打退了日军 10 多次冲锋，歼敌 70 余人。最后，日军只好仓皇撤回广州。这一战充分显示出冯光的军事指挥才能。自此以后，人们传颂着植地庄"八勇士"英勇事迹。

建立南三抗日民主政权

植地庄战斗结束后，部队整编，建立由党直接领导的广东人民抗日游击队珠江纵队。冯光调到珠江纵队独立第三大队（南三大队）任大队长。他到任后，首先抓根据地的政权建设。他和大队其他干部一起深入南三地区，发动群众起来开展除奸斗争；团结各党派各阶层爱国民主人士共同抗日；同时以军事斗争为后盾，粉碎敌人对根据地的"清乡""扫荡"，建立起南三抗日民主政权。1945 年 2 月，他率领独立第三大队夜袭南海官窑，歼敌 30 人，救出被关押群众 30 余人。接着又率大队袭击汉奸、侦缉大队长罗炳的农场和敌东平联防队据点以及进行沙头反击战，毙俘敌伪军 60 余人，4 月又带领部队袭击敌伪三水源潭炮楼等，搞得敌人不得安宁，迅速打开了局面。

投入新的战斗

1945 年 5 月，珠江纵队由梁嘉、谢斌、刘向东等率一个支队挺进西江北岸，以广宁为中心开辟新区。冯光随队西进，担任广四清区队队长。不久，抗日战争胜利，冯光又投入了新的战斗。根据形势发展，冯光所在部队有部分同志要北撤。冯光带头服从组织决定，留下来坚持斗争，并协助部队领导做好战士的思想工作。他还及时肃清了隐藏在队伍内部的坏分子，使所属部队很快稳定下来，得到巩固发展。

1947 年 7 月，粤桂湘边区工委成立，决定由冯光、周明组织主力部队挺进连（县）阳（山），开辟新区。1948 年元旦，冯光和周明率西江飞雷队从广宁四雍誓师挺进连阳途经怀集凤江村时受到敌人阻击。部队往回撤，敌尾追不舍。冯光待敌追得精疲力竭时，在白山里设伏将敌击退。不久，冯光又在怀集指挥打了一次出色的罗密战斗，缴了一批武器，队伍又得到扩大，从而保卫了怀集老区。

1948 年 8 月，冯光和政委周明率飞雷大队从广怀经清远向连阳挺进。进入阳山后，配合地方起义部队在南坪、罗汉塘、黄盆、九甲庙、小江等地打了几次胜仗，毙伤敌军数十人，镇压了一些土皇帝和土匪，帮助地方建立了阳山人民抗征自救队。

南坪等战斗结束后，冯光、周明把队伍带到三山休整。根据粤桂湘边区工委关于成立连江支队的指示，冯光被任命为支队司令员、周明为政委。

三山休整后，冯光和周明继续率队向连县进发。到了连县东陂瑶族同胞地区，他模范执行党的民族政策，处处注意保护瑶族同胞利益，尊重兄弟民族的风俗习惯，和瑶胞首领结为"拜把兄弟"，使部队受到瑶族同胞的热烈欢迎和大力支持。冯光、周明率队挺进连县后，又发动了东陂、星子等几个地方的武装起义，使革命的烈火燃遍连江两岸。

1948年11月，完成了开辟连县新区的工作后，冯光、周明率部分队伍返回阳山，在11、12月两个月内接连打了几次胜仗，搅得敌人不得安宁。

战死罗汉塘

1949年1月20日，国民党阳山县县长李谨彪亲自率领三个主力连和驻连县保安十七团第三营以及地方反动武装400多人，对上下坪、三屈岭等地进行围攻。部队于22日晨在罗汉塘与敌遭遇，展开激战。战斗从早晨一直打到下午，我军伤亡很大。在此危急时刻，冯光仍沉着指挥战斗，他亲自抓起机枪，毙敌十余人，指挥部队打退了敌人多次进攻。在一次反冲锋中，冯光不幸中弹壮烈牺牲，年仅29岁。

> **英烈精神**
>
> 疾恶如仇、爱民如子、胆略过人、多谋善断、克敌制胜的英雄品格；听党指挥的共产党员本色；不怕牺牲、勇往直前的革命精神。

（周都明）

锅盖山五烈士

—— 为人民的解放事业英勇地献出可爱的青春

　　在广东恩平荫底镇的革命烈士纪念碑上，刻有锅盖山关森、吴宽、谭植、吴浓、苏宙等五烈士的英名。人们深切地缅怀着五烈士。他们的革命精神激励着人民为建设社会主义而努力奋斗。

锅盖山五烈士的事迹

关森，又名关炳森，1925 年出生在开平县赤坎镇两堡管区古塘村。他原在香港当皮鞋工人，由于受进步思想的熏陶，在当地参加了革命活动。1949年初，他受香港党组织的派遣，回来在广东人民解放军广阳支队五团红星连任政治服务员。同年 6 月，他加入中国共产党。

关森生前常说："要别人做，先要自己带头做。"的确，他是处处从行动上实现自己的诺言。他的身体不大好，但能刻苦耐劳，无论是学习、工作或战斗，都是以身作则、身先士卒。他经常注意检查战士的群众纪律，带领战士做群众工作，帮助群众修水利、除草、割禾等，密切部队与群众的关系。他与战士同甘共苦，不搞特殊化。他在辅导战士学习政治、纪律和军事基本知识中，做到耐心细致、言传身教。他经常向战士讲述革命故事，运用香港工人斗争的事迹鼓舞战士的斗志。他对本连的同志亲如手足，在生活上关心战士，同战士打成一片，一起谈心，对新入伍的战士主动亲切地给他们介绍情况，帮助他们安排好生活，使战士感到在部队这个革命大家庭的温暖。他每发现同志有病痛，便主动替他们取药，问寒问暖，帮他们背粮袋、枪支、包袱等。有一次，战士谭植因病而行动困难，关森便背着他行军。战士梁志仔患病，关森便给他送茶、送水，帮他找食物，使他的病早日痊愈，恢复了健康。

吴宽，又名吴瑞宽，恩平县上凯岗村人，1928 年出生。1947 年参队，中共党员，生前是中国人民解放军广阳支队五团红星连一排排长。

谭植，阳春县刘屋咀村人，1932 年出生。1947 年参队，生前是中国人民解放军广阳支队五团红星连战士。

吴浓，又名吴振浓，恩平县谭流村人。1947 年参队，生前是中国人民解放军广阳支队五团红星连战士。

苏宙，开平县龙胜镇棠安村人，1913 年出生。1948 年 2 月参加革命，生前是中国人民解放军广阳支队五团红星连战士。

关森等五位同志虽然籍贯不同、经历不同，但他们的革命意志和奋斗目标却是共同的。

锅盖山阻击战

1949年夏,南下解放大军势如破竹,已进到赣南,接近广东。国民党反动派企图在广东压制地方武装部队活动的扩展,减除对其南逃退路的威胁,以便作苟延残喘,垂死挣扎。7月8日(农历六月十三日),中国人民解放军粤中纵队部分主力、广阳支队五团正在恩平县荫底圩整训时,遭敌第十区保安司令李江部、省保二师六团和恩平县保警共600余人骚扰。

8日上午8时许,国民党军队气势汹汹地向荫底扑来。五团战士紧急集合,由团长马平作了简短的动员。接着,担负阻击任务的红星连由连长谢春作阻击战斗部署。他命令该连一排(主力排)31人(含前哨3人)由排长吴宽、服务员关森带领,疾跑前进,登上锅盖山,以居高临下的优势封锁通往荫底的路口,阻击敌人。

一场激烈的战斗打响了,敌军依仗着人多势众和武器精良,分东西两路向部队夹击:一路沿西北小河挺进,一路沿公路向荫底圩进犯。敌人的六〇炮、重机枪、轻机枪齐鸣。埋伏在树林中的五团一个营用猛烈的火力迎击敌人,与守卫在锅盖山的战士互相配合。

在战斗中,关森非常勇敢和镇定。他向大家说:"敌人越接近我们,我们越要镇定、沉着。"他指挥大家集中火力打击冲在前面的敌人。有时,他接过其他战士手中的长枪,向敌人猛烈地还击。由于大家顽强战斗,有力地阻击敌人,使敌人进退不得,龟缩在山脚。战斗从上午9时一直打到下午3时。计击毙敌人官兵二三十人,敌人的疯狂进攻被压下去。坚守在锅盖山的一排和区队的战士只有梁志仔、李万福负轻伤,战士们斗志十分旺盛。

当时,一排只有一挺机枪,其余都是老式步枪,敌我力量对比悬殊。当五团指挥部安全撤退、阻击任务基本完成后,部队命令区队先撤出阵地,一排继续留守锅盖山作掩护。就在这时,凶恶的敌人又组织了一次袭击,爬上了小山头,严重地威胁着守卫锅盖山的一排战士。为了避免损失,吴宽和关森商量,决定由他俩带6名战士坚守阵地,其余23人边打边撤退。

部队战士撤退不久,数百名敌人从山脚蜂拥而上包围了锅盖山,对留守的战士作第三次攻击。此时,山顶只剩下关森、吴宽、谭植、吴浓、苏宙、关华6人,他们顽强地与敌人决战。他们与主力部队失去了联络,弹尽援绝，形势危急，只能边打边撤。当撤退到山涧的一片竹丛中距敌只有数百米远，已听到敌人发狂的喊叫："缴枪不杀！缴枪不杀！""抓活的！"关森、吴宽等坚决拒绝敌人的诱降。

在前无退路、后有追兵的处境下，吴宽庄严地对关森说："党给我们最后考验的时刻已经到来了，我们绝不能违背党章和誓言！"关森严肃地说："我们决不做敌人的俘虏，决不能死在敌人手上，要宁死不屈，为革命尽忠到底，为党为人民而死是光荣的！"为了不让敌人得到一点东西，关森、吴宽带领大家先把枪支砸毁。

壮烈牺牲

敌人逼近了，6位战士拥抱在一起，战士谭植激昂地高呼："我们绝不能当敌人的俘虏！"吴浓、苏宙两名战士说："我们生在一起，死在一块！"于是6位赤胆忠心的英雄战士、人民的好儿子肩并肩、手挽手地围成一个圆圈，由关森领着高呼"为革命尽忠到底！""中国共产党万岁！"等口号，吴宽拉响一颗日式手榴弹，关华也跟着拉响一颗石井式手榴弹。顿时一声巨响，6位壮士的鲜血染红了锅盖山阵地。这就是后来群众传颂的英雄的锅盖山六壮士。

关森、吴宽、谭植、吴浓、苏宙5人当场壮烈牺牲，关华身负重伤，昏迷不省人事，直至深夜才从血泊中醒来。他发现自己的5位战友都光荣牺牲了，为寻找部队，便拖着遍体鳞伤的身躯朝着葫底圩方向爬行前进。他历尽艰辛爬到教子山村时，被五团哨兵发现，哨兵赶紧招呼其他战士把他抬回部队，后经医务人员三天三夜精心抢救方才脱险。

锅盖山五烈士的光辉事迹轰动了整个粤中地区。他们为了人民的解放事业，表现了对革命的崇高气节，英勇地献出可爱的青春，用自己的鲜血在人民英雄史册上写下了光辉的一页。

"党给我们最后考验的时刻已经到来了，我们绝不能违背党章和誓言！"

"要宁死不屈，为革命尽忠到底，为党为人民而死是光荣的！"

忠于革命忠于党、为革命宁死不屈、敢于牺牲的革命精神。

（司徒驹）

黄戈平（1920—1949）

——爱国既无错，更无罪

主要生平

黄戈平，原名新能，曾用名杨华、张忠良、黄兆强、冰天、汉琴，广东省大埔县大麻区昆仑乡人。

- 1920年，出生于印度尼西亚巴城。
- 1935年，先后就读于大埔县大麻中学、梅县东山中学。
- 1939年7月，加入中国共产党。
- 1939年7月至1940年9月，在东山中学先后担任党总支委员、梅县学抗会党团支部书记、东山中学学生会常委。
- 1940年7月到1942年1月，在韩江两岸的恭洲、大麻、潭江等地以盐商身份作掩蔽，开展隐蔽的革命斗争。
- 1944年冬，同陈明一起在梅县、大埔负责恢复党组织工作和建立了豆甲坑武装据点。
- 1945年3月间，率领一批党的骨干在梅南建立武工队，开辟梅南武装据点，加速打通同八乡山的联系。
- 1946年冬至1947年冬，领导建立了星罗棋布的秘密联络点，并初步组织起武装，扩大了队伍，发动群众，开展了反"三征"（征兵、征粮、征税）斗争。

- 1948 年，领导成立粤东支队第四独立大队。
- 1949 年 5 月中下旬，担任梅州地委秘书长、闽粤赣边纵第一支队政治部主任，在其指挥下，平远县获得解放。同年，在平远县仁居城组成了一支拥有 300 多人的寻乌游击队（又称"龙图游击队"）。7 月 20 日早晨，在蕉岭县三圳区东岭乡的南坊堵村突围战斗过程中受重伤牺牲，时年 29 岁。

黄戈平，原名新能，曾用名杨华、张忠良、黄兆强、冰天、汉琴，广东省大埔县大麻区昆仑乡人。1920年出生于印度尼西亚巴城。父母做小贩为生。黄戈平小学毕业后于1935年返回祖国，先后就读于大埔县大麻中学、梅县东山中学。1939年7月，在东山中学由龚迟光、张明生介绍加入中国共产党。

同国民党顽固派展开斗争

1939年7月至1940年9月，黄戈平在东山中学先后担任党总支委员、梅县学抗会党团支部书记、东山中学学生会常委。这期间，在中共梅县中心县委书记李碧山（即李班，越南人）的领导下，黄戈平积极开展抗日救亡运动。但是，黄戈平正义的行动却遭到梅县国民党顽固派的阻挠和无理反对。国民党梅县县党部书记古俊铭、梅县县长梁国材公开宣称：要解散梅县学抗会、取缔学抗会会刊《学生岗位》，要学抗会派学生代表到梅县县党部进行"谈判"。1940年5月30日，张公悌、梁国材玩弄花招，借派学生代表"谈判"为名，无理地扣留了中共方面派出的谈判代表李鸣铮、刘时敏、何孟琳、潘佛章、姚秋实、陈瑾芳6人。黄戈平发动、组织梅县城中小学师生列队到县党部门外请愿，抗议梅县当局压制抗日群众运动，破坏抗日民族统一战线的行为，坚决要求马上收回解散学抗会的成命。蛮横无理的梁国材不仅不接受，还竟然把敢于与之争辩的黄戈平、李国超、巫耀宗等人抓进了县党部，并用暴力驱散了手无寸铁的请愿队伍。黄戈平等被捕的消息传出后，激起全县城乡师生和群众的极大愤慨。人们立即云集县政府大门外，强烈要求释放被捕人员。梁国材迫于无奈，只好批准让被捕代表站在县政府大厅前，同围在大门外的师生遥见一面，但不准说话。黄戈平等不怕军警阻挠，高举拳头向师生们呼喊："团结！斗争！"当局将黄戈平等秘密押到远离县城30多公里的梅西区龙虎监狱，继续进行政治迫害。在一个多月的铁窗生活中，黄戈平等同国民党顽固派展开了严正的斗争。梁国材又玩弄新花招，采取软硬兼施的手段说："只要写一份悔过书，你们就可升大学，否则，后果自负！"黄戈平面对窗外的梁国材理直气壮地驳斥道："大敌当前，抗日人人有责，我们宣传抗日是正义行为，爱国既无错，更无罪，哪有写悔过书之理！"梁国材碰壁后慑于社会舆论，于1940年6月中旬释放了被逮捕的全部代表。这时，正处于高中毕业考试的前夜，黄戈平返回学校后，同学们劝他参加毕业考试，黄戈平却回答说："读书的目的并非为了一张毕业文凭，而是为了抗日，为了革命！"他毅然离开了学校，深入农村进行革命活动。从 1940 年 7 月起到 1942 年 1 月，他在韩江两岸的恭洲、大麻、潭江等地以盐商身份作掩蔽，开展隐蔽的革命斗争。

隐蔽开展革命活动

1942 年 6 月间，"南委事件"发生后，党组织暂时停止组织活动。中共中央南方局指示各级党组织要坚持"隐蔽精干、长期埋伏、积蓄力量、等待时机"的方针，要求党员个人各自寻找社会职业，在社会生活中做到"勤学、勤业、勤交友"，随时等候党的召唤。根据上级党组织的指示，黄戈平于 1943 年 5 月间从大埔县到达江西省赣州寻找工作。他在寻乌、会昌等县以教书等社会职业为掩蔽，开展革命活动。黄戈平的英文有相当的基础，在赣州报考税捐科目被获准后，进入寻乌县税捐处担任稽征股股长一职。黄戈平在寻乌、会昌的两年中，虽然处于没有组织领导的环境，但在李碧山、陈明指导下，协助从梅县、大埔到寻乌、会昌一带隐蔽的党员开展工作，并且在寻乌县中小学师生中教育、培养了一批积极分子，结识了一批基本群众，团结了一批上层人士，掌握了各方面的情况，为以后建立党组织、开展统一战线和进行武装斗争打下了一定的基础。

建立武装据点

在寻乌县一年半时间的隐蔽斗争中，黄戈平同李碧山始终保持着联系。1944 年冬，黄戈平奉命由寻乌回到大埔县大麻区接受了新任务，同陈明一起在梅县、大埔负责恢复党组织工作，并建立了豆甲坑武装据点。1945 年 3 月间，他又率领一批党的骨干在梅南建立了武工队，开辟梅南武装据点，加速打通同八乡山的联系。随后，又负责梅县西部到寻乌县一线党组织恢复工作。1946 年秋天，黄戈平到寻乌县三标蔡塘坑召集会议。会上，他分析了全国解放战争初期的形势和闽粤赣边区开展武装斗争的准备情况，提出今后要增强寻乌县党组织的力量；为扩大闽粤赣边区武装斗争的迂回范围，指出1947 年将有一部分武装调到寻乌县来开展工作。会后，黄戈平还带领党员陈秉铨到三标小湖峒观察地形，为尔后开展游击战争做好准备。

1946 年冬至 1947 年冬是闽粤赣边区开展武装斗争的初期。在梅县县委副特派员黄戈平等领导下，梅（县）兴（宁）平（远）蕉（岭）边界的党组织和武装均有了迅猛的发展。黄戈平根据上级党关于"普遍小搞、准备大搞"的方针，为广泛开展游击战争，建立了星罗棋布的秘密联络点，并初步组织起武装，扩大了队伍，发动了群众，开展了反"三征"（征兵、征粮、征税）斗争。到 1948 年初，整个梅兴平蕉边界已建立大小据点 50 多个，由梅县西北部到平远、蕉岭、寻乌，形成多条线路的军事走廊，为部队大发展和开展"大搞"、反"围剿"斗争创造了良好条件。

组织反"围剿"游击战

经过 1947 年的"普遍小搞"，并且基本解决钱、枪、人三大任务之后，武装力量连续胜利，引起国民党反动派惶恐不安起来，1948 年 3 月下旬，闽粤边区"剿匪"总指挥部总指挥涂思宗在梅县重镇——松口召开了两次军事会议，决定采取所谓"十字扫荡""六路围剿""重点进攻"等军事方针，加强对部队的围攻。中共闽粤赣边区党委和梅州地委为保卫、巩固梅（县）埔（大埔）丰（顺）边界这块战略基地和在外围开辟更好的局面，粉碎敌人的围攻，决定向韩江东部、闽西、赣南出击，广泛发动群众，开展游击战。黄戈平和程严（粤东支队副支队长）担负着向赣南挺进的重任。他们成立了粤东支队第四独立大队，在粤赣边界频繁地袭击敌人，取得了重大的胜利，吸引住了涂思宗大约两个主力营的兵力，有效地配合了闽粤边界刘永生、朱曼平领导的粤东支队和第七独立大队的对敌斗争。

建立肖屋秘密交通站

黄戈平十分重视白区的情报工作。在梅县县城水贤头肖屋建立了党的秘密交通站。黄戈平利用这一秘密交通站设置了通向东西南北的全兴梅区五条交通网。他在梅县县城负责情报总站，领导一批政治交通人员采取各种巧妙的方法收集与传送情报。1946 年冬，边区武装斗争开始后，他通过在黄涛（原任国民党六十二军军长，后为失意军人，此时解甲从商）所部工作过的地下党员陈腾芳，向黄涛的妻舅王云史顺利地买到两支驳壳枪和一批子弹，购买了一批物资运入游击区，解决了当时部队之急需。1948年春，国民党闽粤边区"剿匪"总指挥部机要译电室急需一批机要人员。黄戈平得悉这一情况后，即布置陈腾芳通过黄涛向涂思宗推荐到敌总部机要室当译电员。黄戈平指示陈腾芳："打进敌人内部后，政治上要坚定，工作上要沉着，战术上要善于应付，采取机智的方法，积极地及时地为部队提供敌人方面的情报，以便更及时地打击敌人，消灭敌人。"陈腾芳打进机要译电室将近一年中，为部队提供了不少重要的军事、政治情报。如敌总指挥部"十字扫荡""六路围剿""重点进攻"等军事部署，总指挥部与各团队人员和装备情况，敌电台波长、呼号，敌每月夜间行动机密口令以及通用的军事密码本、检码表与使用说明，等等，都及时地向部队提供了。这样，部队的行动取得了主动权。1948年4月2日，第四独立大队在平远县南台山战斗之所以失利，是因为地方工作队和部队内部潜藏有反革命分子。陈腾芳从敌人电报中发现了实情后，及时地向黄戈平作了报告，才及时地审讯和处决了潜伏在部队内部的反革命分子张宏安，从而纯洁了组织。此后，各次战斗均取得了胜利。

指导平远、寻乌革命工作

1949年5月中下旬，在黄戈平（时任梅州地委秘书长、闽粤赣边纵第一支队政治部主任）的指挥下，平远县获得了解放。接着他又按照地委、支队的指示，领导第四团、第八团驻守平远与寻乌边界，并建立起平远县军管会。6月中旬，又指导成立以叶雪松为书记的中共寻乌县工作委员会。黄戈平凭着抗日战争时期从事地下革命活动的老关系，在寻乌县开展了一系列的政治、军事、统战等工作：在平远县仁居城组成了一支拥有300多人的寻乌游击队（即"龙图游击队"），通过统战对象策动寻乌县自卫团第三营营长潘金棣起义。在黄戈平的指导下，平远、寻乌的工作出现了新的局面。

在南坊堵村突围战中牺牲

1949年6月底，胡琏兵团（即国民党第十二兵团）残部南逃闽粤赣边区。在此形势急剧逆转的时刻，黄戈平根据中共中央华南分局、闽粤赣边区党委和梅州地委的军事部署，于7月2日带着警卫员刘明坤由梅县县城前往平远县城（仁居城），担负领导和指挥第四团、第八团反击胡琏兵团残部的重任。7月3日凌晨，胡琏兵团残部一个团在地方反革命分子谢海筹、谢拱成的勾引下，自寻乌县项山区经平远县差干乡湖洋突袭坚守差干炮楼的第八团一个排。在这紧急情况下，黄戈平镇静地带领平远、寻乌两县县委的领导成员分析形势，部署对策。他一面有计划地指挥撤出县城，另一方面派遣叶雪松带领一支队伍到寻乌独立第三营去工作。当天，敌人又袭击驻守在仁居的第四团。黄戈平和第四团、第八团领导人指挥部队给来犯之敌以沉重的打击。在敌我力量悬殊和形势逆转情况下，为避免损失，保存实力，部队转移至山区，相机打击敌人。黄戈平带领一批机关干部、梅州公学学生和第四团部分武装，于当天晚上翻过平（远）蕉（岭）交界的铁山嶂，继续反击胡部。后来退到只有五户农家的蕉岭县三圳区东岭乡的南坊堵村坚持斗争。7月20日早晨7时，部队突然发现敌人已窜至村前，经过激烈的战斗，部队损失惨重，黄戈平在突围过程中受重伤。他最后嘱咐刘明坤："小刘呀！你快走呀，别管我了。你要向上级党报告这里的情况！"黄戈平的心脏停止了跳动，为无产阶级解放事业献出了宝贵的青春，年仅29岁。

● 英烈语录 ●

"大敌当前，抗日人人有责，我们宣传抗日是正义行为，爱国既无错，更无罪，哪有写悔过书之理！"

"政治上要坚定，工作上要沉着，战术上要善于应付，采取机智的方法，积极地及时地为部队提供敌人方面的情报，以便更及时地打击敌人，消灭敌人。"

● 英烈精神 ●

不畏强权、敢于斗争的斗争精神，政治坚定、服从组织、听党指挥的共产党员品格。

（刘寒）

黄　英（1926—1949）

—— 为革命不惜自我牺牲

主要生平

黄英，乳名黄春，原籍广东省宝安县龙岗区同乐乡阳和浪村。

- 1926 年 8 月 21 日，出生于马来西亚柔古佛来埠。
- 1939 年，进入老大坑小学夜校读书，继而参加妇女会。
- 1942 年，积极参加抗日救亡运动的宣传工作。
- 1945 年 4 月，参加东江纵队，担任运输员。
- 1946 年 6 月 30 日，和战友们北撤山东。
- 1947 年 3 月 28 日，被挑选到华东野战军总部军测室工作，安排到石印组。8 月，加入中国共产党。
- 1948 年 1 月，调到华东野战军测量大队石印组。
- 1949 年 3 月下旬，调回两广纵队司令部工作。3 月 27 日，病逝，时年 23 岁。

悲苦的童年

黄英，乳名黄春，原籍广东省宝安县龙岗区同乐乡阳和浪村。父亲黄贵，母亲叶运友，早年全家跟随祖父到南洋马来西亚打工，割橡胶，做锡矿（洗锡米），生活很苦。黄英于 1926 年 8 月 21 日出生于马来西亚柔古佛来埠，其父母共生下 16 个孩子，因为家贫，先后夭折，只剩下 6 个。黄英在剩下的 6 个中排行第三。

1928 年，黄英满两周岁时，祖父用在南洋做工积下的一点钱，回到家乡阳和浪村建了两间屋，全家在祖父带领下回到家乡定居。回来后，全家以务农为主，兼做腐竹、养猪、磨豆腐维持生活。有一段时间，父亲还去紫金县替人做钨矿赚钱帮补家庭。

即便如此，家中的生活也并不好过。黄英三周岁时即以 30 元身价，卖到相隔两公里的老大坑村陈家做童养媳。其男人陈发又叫傻发，脾气暴躁，动不动就打骂幼小的黄英。黄英被打骂后，常常带着满身伤痕跑回娘家。但在封建势力强大的农村，黄英还是一次又一次被送回陈家。在挨打受骂中，黄英渐渐长大，也渐渐懂事。

积极参加抗日活动

1938 年 10 月 12 日，日军在大亚湾登陆，铁蹄踏进了惠阳、宝安。日军长期驻扎在黄英家乡附近的坪山圩与沿海地带，到处烧杀掳掠，无所不为。土匪、流氓乘机作乱，人民陷于水深火热之中。在中国共产党领导下，惠宝人民抗日游击队活跃于惠宝地区打击日伪军。黄英虽然年纪不大，但在游击队影响下也明白了一些抗日救国的道理。她的二哥和表哥是中共地下党员，母亲也热心支持游击队活动。黄英回到娘家，二哥和表哥就耐心启发她，提高她的认识。她看到只要有游击队路过，母亲总会煮好茶水给同志们喝，这时，她就会主动上前帮助。当游击队在村子里住下来时，她便积极为游击队割草、担水。经过长时间的耳濡目染及参加一些实际活动，她逐渐萌发了长大后也要参加抗日斗争的思想。

1939 年，东江华侨回乡服务团派出工作人员深入到各村开展宣传抗日救亡工作，举办民众夜校，组织群众抗日团体，黄英得以进入老大坑小学夜校读书，继而参加了妇女会。在地下党领导下，妇女会秘密散发传单，张贴标语，发动群众起来参加抗日斗争。一次，妇女会参加破坏日军的通信设施的行动，黄英虽然生得斯文、俏条，但她却像个男孩子，很快地爬上电线杆，剪下不少电话线拿去掩埋。她还积极参加破路活动，不让日军的车辆通过，表现很活跃。每当游击队的流动医院或交通联络站需要妇女会派人帮助时，她都抢着参加，受到了锻炼。

1942年，地下党为了掀起抗日救亡运动，发动群众向地主富农开展说理斗争，实行减租减息，黄英积极参加宣传工作，帮助有困难的农户搞好生产，照顾年老体弱的乡亲。她的这些举动引起了丈夫和家人的不满，丈夫对她打骂更甚。但这些并没有动摇她争取参加抗日斗争的思想，相反，她的这种思想越来越强烈。1945年4月，她19岁那年终于下决心摆脱家庭羁绊，同毫无感情的丈夫脱离关系，参加了东江纵队。在部队，她担任运输员，工作非常热情主动，执行任务态度坚决，表现出刻苦耐劳的精神，进步很大。

日本投降后，东江纵队为了坚持国内和平，奉命北撤山东。由于名额所限，许多战士要复员回家，黄英因为入伍时间不长，又是普通女兵，按规定也要复员。但她坚决不肯回家，哭着去找首长。首长看她态度如此坚决，批准让她随队北上。1946年6月30日，黄英和战友们一起离开亲人和家乡，乘船北撤山东。

于细微处见真情

1947年1月，黄英和一批女同志调到山东军政大学文化连学习。她深知自己文化底子薄，但亦知这次学习机会难得，因此抓紧一切时间学习。中午，领导强调要休息，她为了多学文化又不影响大家休息，便来到门外，拿根棍子在地上练习写字，晚上睡觉前也要学一段时间。她学习是这样的刻苦用功，曾被评为学习模范，后来能够学着写信了。她还积极响应领导号召，参加宣传队，学跳秧歌舞，丰富连队生活。为了多做群众工作，早晨，她很早起床，帮助附近几家老百姓挑水，做完好事后，同志们才起床。一次，她挑水时不慎碰烂一位老百姓的水缸，尽管连队每月只发几毛钱津贴，但她还是把节约下来的几毛钱拿出来赔给老百姓。这位老百姓感动地说："我们这里的缸很薄，容易打烂，这是常有的事，黄同志是为了帮我挑水才打烂的，还自己掏钱赔，这是多么好的同志呀！"

1947年3月28日，华东野战军总部到文化连挑选一批女同志到军测室工作，黄英学习有进步，表现又好，被挑选上。在军测室，她被安排到石印组，该组的任务是把测绘组画好的地图制成石版并印出来供野战部队使用。石版很重，要用很大力气才能拿得起来。制版也很辛苦，要求严格、细致，多一条细线甚至多一点都不行。一些同志分到石印组担心身体吃不消，不安心工作，但黄英毫不顾虑个人身体，相反，总是愉快地抢着干最辛苦的活——摇石印。别人问她为什么这样，她说："我印的地图是为前方同志多打胜仗，多杀敌人，解放全中国，哪能不高兴呢？"

印好地图要有一定的文化和技术。白天，测绘组把地图画好；晚上，石印组就要赶印出来，因此，学习时间就完全要靠挤出来。为了做好工作，黄英抓紧一切时间勤学苦练并虚心请教老同志，终于较快地掌握了技术。每当工作紧张时，大家累得满头大汗，她就唱一首歌鼓舞干劲。她还参加石印组和测绘组的篮球比赛，活跃了部队。8月，她加入中国共产党，从此，她更加拼命地为党工作。

当时，国民党全面挑起内战后，派兵重点进攻胶东半岛。部队为减少损失，抢运物资甚急。黄英尽自己力量参加挑运，指导员怕她身体吃不消，不允许她搬挑，但她不听，并说在广东时还更加艰苦。一次，敌人向北进攻，部队向后撤退，渡过大沙河。上级要军测室当晚赶出渤海湾地图，半夜1时要渡过黄河。为了赶印地图，同志们连饭都没有吃，尤其是黄英，晚上在花生油灯下上印时已感到不舒服，开始吐血，但她唯恐领导不给她工作，而把病情隐瞒起来。地图赶印出来后，她又连夜坚持赶埋机器。

由于敌人疯狂进攻，军测室领导决定男同志突围上山打游击，女同志和体弱有病的同志分散到山东乳山县一带老区群众家里暂时掩蔽起来。黄英不但坚决服从组织安排，而且在掩蔽期积极做好群众工作。后来黄英被部队评选为掩蔽期间的积极分子，受到奖励。

三个月后，黄英和同志们归队。上级决定分两批突围过渤海，身体强壮者参加第一批。黄英有病也争取参加第一批，领导见她身体很弱但态度很坚决，只好同意。1948年1月，黄英调到华东野战军测量大队石印组。从6月开始，在半年的时间里，华东野战军连续参加了豫东、济南、淮海等重大战役。部队行军作战极其频繁，石印组的工作也更加重了，常常要连日连夜加班干。由于辛劳过度，黄英身体显得非常瘦弱，同志们见她有病，劝她好好休息，她却始终坚持拼命地多干工作。她说："如果要我不工作，那就是躺在床上不能起来的时候了。"有时，有的同志弄点病号饭给她吃，她因怕同志们把她当病号看待而不愿吃。

在南下途中，她又开始吐血，但还叫同志们为她保密，不要告诉领导，以免影响行军。她仍跟以往一样显得很活跃、诙谐，不时站出来打起竹板，唱一段山歌或顺口溜来提高士气。她看到有的同志掉队就抢过他的背包背上，有时她背上背包叠背包还不算，干脆用棍一次就挑四五个背包。到宿营地后，她放下背包顾不上休息，就拿起扫帚搞清洁，到厨房帮忙做饭，或到附近老百姓家里访问，帮助挑水。有一次行军，她看到有些民工很疲劳，便主动上前帮他们拉车子、担东西，并且拿出自己的钱买东西给民工吃。黄英做好事不声不响，工作任劳任怨，而有个别同志不理解她，甚至讥讽她，说她"争功"，但她不当作一回事，注意团结这些同志，照样做好事。

后来，她吐血的病情给领导知道了，经过组织上批评说服，她才服从组织决定暂不参加工作。但她一刻也闲不住，经常不是为勤杂人员缝补衣服，就是替有病的同志煮病号饭、打水。1949年3月下旬，黄英和一起参加北撤的20多位女同志要调回两广纵队司令部工作，同志们知道她要走时都依依不舍，说她是十分难得的好同志。

就在她要调回两广纵队的前几天，她的病情越来越严重了，面色发黄，眼眶下陷，一直发着低烧。为了不拖累同志们行军，她身体虚弱得吃不了馒头，就只吃些小米粥，并一直坚持从济南沿铁路行军到徐州，再到商丘。回到两广纵队才两天，她由发低热变为发高热，起不了床。纵队司令部参谋为她开好到卫生处的介绍信并办好一切手续，准备要她治疗。

---------◇ **不幸病逝** ◇---------

就在1949年3月27日半夜时分，黄英想找水喝，为了不打扰同志们休息，她挣扎着起身爬过几个床位，突然扑倒在地昏迷不醒。第二天一早，同志们起床才发现她，马上请来军医对她进行紧急抢救。这时，她的腹部积血，嘴唇和全身发黑。整个上午过去了，抢救仍无效果。下午3时左右，黄

英停止了呼吸，年仅 23 岁。

　　黄昏时分，在沉痛的气氛中，纵队司令部机关为黄英举行了追悼会。在黄英灵前，挂着战友们和泪写的挽联：

　　　　　　　　劳动称模范，商城有幸葬忠魂；
　　　　　　　　党群同敬仰，南国无缘殉英烈。

　　这副挽联是对黄英同志革命英雄主义的写照。虽然她不是牺牲在战场上，但她的行为也是壮烈的。她为革命不惜自我牺牲，把年轻的生命献给了壮丽的无产阶级革命事业。

　　黄英被安葬在商丘附近的一座小山丘，同志们悲痛难忍，尤其是和她一同调回两广纵队的女同志都放声痛哭，久久不愿离开她的坟墓。第二天部队行军离开商丘时，这些女同志含着眼泪，不时回转头来遥望小山丘上黄英的坟墓，遥望墓旁的小松林。

　　黄英烈士安息在异乡的土地上，她的英名将与日月同辉，永留芳香。

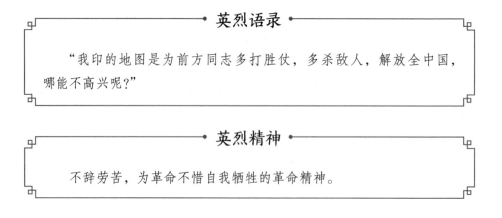

● 英烈语录 ●

　　"我印的地图是为前方同志多打胜仗，多杀敌人，解放全中国，哪能不高兴呢？"

● 英烈精神 ●

　　不辞劳苦，为革命不惜自我牺牲的革命精神。

（林华新）

江 风（1925—1949）

—— 为革命征战南北，战功赫赫

江风，原名曹献贤，又名曹烈刚，广东省阳山县人。

- 1925 年，出生。
- 1944 年，积极参加中共阳中支部组织的抗日宣传队。
- 1945 年 1 月，参加东江纵队举办的青年训练班学习。训练班结束后，被编入何俊才领导的清远抗日同盟军，同时加入中国共产党。8 月，随队北上。
- 1946 年 9 月，负责粤赣先遣支队手枪队的工作。
- 1947 年，任飞虎大队第一中队长。
- 1948 年秋，调任佛冈人民义勇大队副大队长。11 月 18 日，带领一个中队在翁源活动时与敌遭遇，光荣牺牲，时年 24 岁。

追求革命真理

江风，原名曹献贤，又名曹烈刚。1925 年出生于广东省阳山县阳城镇。当时阳山社会黑暗，官府横征暴敛，腐败无能，土豪劣绅对广大人民群众大肆盘剥和欺压，土匪猖獗，民不聊生。江风的家庭与广大人民群众一样，受尽了反动势力的压迫、剥削和欺凌，家境贫穷，生活十分困难。

江风在少年时代便能节衣缩食，勤奋学习。念完小学之后，又用勤工俭学的方法在阳山中学读上了初中。初中期间，由于受中共阳山中学地下组织革命思想的影响，他更加如饥似渴地学习功课和阅读进步书刊，追求革命真理。

为了革命事业转战南北

1944 年，他积极参加中共阳中支部组织的抗日宣传队，奔赴本县的七拱、黎埠、寨岗、黄坌、秤架、青莲、西江、朝天等乡村进行抗日救亡、保国保家的宣传。1945 年 1 月，他愉快地接受了阳中地下党组织的安排，毅然退学，离开家乡和亲人，历尽艰险前往博罗县罗浮山，参加了东江纵队举办的青年训练班学习。学习结束后，回到清远，被编入何俊才领导的清远抗日同盟军，先后担任文化教员和政治服务员，同时加入了中国共产党。8 月，他随队北上粤赣湘边的始兴、南雄，准备与南下的王震部会师，建立五岭抗日根据地。后因日本宣告投降，王震部奉命北返。何俊才根据粤北党政军委员会的部署，带领三四十名部队骨干南下翁源隐蔽，并进行学习整训，江风是这支骨干队伍中的一员。1946 年 9 月，隐蔽部队重新恢复武装斗争，成立粤赣先遣支队，江风负责该支队手枪队的工作。1947 年，飞虎大队成立时，他任该大队第一中队长。1948 年秋，调任佛冈人民义勇大队副大队长，为了革命事业转战南北。

1947 年 6 月至 1948 年 5 月，江风任飞虎大队第一中队长期间，带领全队战士先后作战几十次，打了不少胜仗，消灭了许多敌人，缴获武器、弹药和物资一大批，从而武装和壮大了革命队伍，为党和人民、为革命立下了战功。

1947 年 7 月下旬，江风奉命带领第一中队从翁源城东地区转移到翁南的官渡、庙墩一带活动。他以身作则，和战士们深入到群众中去开展宣传工作，在短短的时间内把当地的群众发动起来，建立了农会、民兵等组织。部队还得到地下党员刘志强、进步青年杨克明等人的密切配合，攻打了反动地主、国民党中校军官张宏程的老巢下榕角村，缴获长、短枪七支，子弹万余发及物资一批。同时打开了张家粮仓，把粮食救济给当地的贫苦农民，得到群众的交口称赞，群众见到游击队战士就伸出大拇指说："游击队真好！"

不久，飞虎大队又转战曲江南北地区。在梁展如部的配合下，攻下了国民党沙溪乡公所。这一仗，除乡长黄明珠外出，其余30多人全部当了俘虏，还把乡公所抓来的30多名壮丁全部释放，当场处决了罪大恶极的乡队副。紧接着，部队又袭击了国民党罗师长在南华寺的后方农场，击毙敌军官一名，俘敌20多人，缴获长、短枪30多支，子弹两万余发，手榴弹200多枚和物资一大批。部队两战皆捷，狠狠地打击了敌人的嚣张气焰，大长了人民的志气，为开展曲南地区的武装斗争创造了极为有利的条件。

1947年8月，翁江部队在翁源城至新江公路中段伏击国民党龚贵生营，毙伤敌人10余名，缴获步枪三支。龚贵生恼羞成怒妄图报复，便纠合翁城联防大队乘翁江部队在溪板乡立足未稳之机，以四个连的兵力向翁江部队进犯。当时，飞虎大队和第三大队还驻在溪板乡华西村，获悉敌情后，立即布好阵势。第三大队部署在横石水前沿，飞虎大队部署在两侧山上一线，民兵中队在飞虎大队左侧。上午10时30分，敌军先头连与前沿第三大队发生战斗，其后续部队企图由左向右迂回包围第三大队。不料遭到飞虎大队的猛烈阻击，迫使敌人就地转入防守。这时，民兵中队的几门土炮在江风的统一指挥下，一齐向敌阵轰击，铁沙和生铁碎片像雨点般洒向敌阵，吓得敌人手忙脚乱。在机枪和炮火的掩护下，江风命令第一小队长陈福源带一小队出击。一时间，炮声、枪声、喊杀声汇成一片，部队勇猛地向敌人冲杀过去。敌人见势不妙，抛下五具尸体狼狈地逃回翁城。

1947年11月，飞虎大队在桥头潭峰寺整训时，龚贵生营又在翁城、青塘两个联防大队的配合下，以五个连的兵力，夜间兵分两路，企图将飞虎大队包围消灭。但因天气寒冷，敌人连夜行军，冷得个个用棉大衣裹着脑袋，行进速度缓慢，这便给飞虎大队创造了冲出包围圈的有利条件。天刚黑，翁城那路敌军已到达潭峰寺附近的甘蔗地里隐蔽起来，待青塘那路敌人到达时，便进行南北夹攻。可是，在青塘之敌还未到达潭峰寺之前，部队搜索班便已发现隐蔽在甘蔗地里的敌人。该班一边占领有利地形准备战斗，一边派人向队部报告敌情。江风中队长闻讯，立即协助汤大队长集合队伍，命令第二小队服务员石明带领小鬼班增援搜索班，又命副中队长丘振英和小队长陈福源带两个班化装成国民党军队，利用菜地篱笆和甘蔗地同敌人周旋，掩护主力突围。部队主力迅速杀出敌包围圈后，渡过廖屋河，登上了后山。这时，青塘方面的敌人也在老肖塘遭到品山、东坑两村民兵的阻击，无法脱身来增援翁城这路敌军，敌人南北夹攻的计划无法实施。突围战斗打响后，住在陈山村的交通站长胡仲文得悉飞虎大队被敌人包围，立即骑上一匹马边跑边打锣，通知各村民兵火速增援飞虎大队。各村民兵听到锣声紧急集合起来，开赴阵地投入战斗，配合部队狠狠打击敌人。原来化装成敌军的两个班，与敌人周旋中被敌连长误认为是"自己人"，向陈小队长指手画脚。陈小队长便趁机向敌连长开枪，把他击毙。战斗从当天晚上一直持续到次日下午3时多。大队主力和江风中队主力在民兵的及时增援和密切配合下，分别把两个联防队的敌人赶回翁城和青塘圩。这一仗，打死打伤敌军40余人，缴获武器9件，大队主力和江风中队伤亡各1人。

1948年3月，在司令员何俊才的统一指挥下，钢铁、飞虎两个大队联合作战，在翁城新江小径山口公路旁伏击敌军第九十九旅的一个团部。战斗打响后，江风亲自带领突击队向敌人发起猛烈进攻，当场击毙敌中校团副一名，毙伤敌军30多名，缴获了一批武器及军用物资，给敌人以有力的打击。

光荣牺牲

1948年11月18日，江风带领一个中队在翁源活动时，在新江渔溪径口与敌人遭遇。他在指挥作战中不幸中弹，光荣牺牲，年仅24岁。

英烈精神

以身作则、深入群众的优良工作作风；骁勇善战、敢于斗争的革命精神。

（李锦川）

邝镜波（1934—1949）

—— 勇敢坚强，宁死不屈的小英雄

邝镜波，广东省广州市郊区竹料东风村人。

- 1934 年，出生于一个雇农的家庭。

- 1949 年，成为粤赣湘边纵队第三支队直属先遣总队队部通讯员。8 月，负责护送游击队领导人邱启洪的途中不幸被捕。10 月，壮烈牺牲，时年15 岁

游击队的"小鬼"邝镜波，1934 年出生于广州市郊区竹料东风村一个雇农的家庭，1949 年 10 月为国民党反动派所杀害，年仅 15 岁。

年轻机灵的通讯员

邝镜波未足 10 岁就跟父母一起劳动，过着贫苦的生活。1944 年的一天，他随同父亲上山打柴，途中遇见日军。日军见他们父子背刀带斧，就不由分说地举起军刀乱砍，将其父杀死在路旁。邝镜波悲痛万分，无处申冤，只好在心里记下日本帝国主义欠下的这一血债，并在内心燃起了复仇的火焰。日本投降了，但又来了"刮民党"，邝镜波一家依然在苦难的岁月中饱受煎熬。1949 年，全国革命形势迅猛发展，游击队的活动深入到他的家乡，在邝镜波幼小的心灵上点燃了革命的火种。他毅然跟随他的叔父（游击队员）参加了粤赣湘边纵队第三支队直属先遣总队。这支部队主要活动在番禺、花县、从化、增城边缘地区。邝镜波年轻机灵，对本地情况又熟悉，领导就分配他在总队部当通讯员。领导对他说："通讯员肩负的责任重大，又有危险，必须勇敢机智，胆大心细，万一出了事，就要不惜牺牲自己来保守游击队的秘密。"这些话，他牢牢地记在心里。每次接受任务，邝镜波总是虚心向老游击队员请教、学习，想方设法去完成任务。敌人对游击队的活动提心吊胆，往往在交通要道上设置重重岗哨，严格盘查过往行人。为了保证情报安全，面对这一情况，邝镜波就把传单和文件藏在竹帽里面或缝在衣角内，不露半点破绽，镇定自若地回答敌人的查问，一次又一次顺利地完成了任务。

广发传单

1949 年 6 月，为了配合南下大军解放广东，部队印了大批传单和攻心信件，交给邝镜波及时送出去。邝镜波接受任务之后，白天化装成国民党县政府的通讯员，把游击队给反动乡长的警告信一件一件地送到乡公所去。晚上，他和战友们潜进各个圩镇和村庄，张贴传单和标语。天一亮，他就混在看传单的人群中收集反映。他就这样不辞劳苦地连续几天几夜的奔跑，神出鬼没地几乎走遍了禺北（今广州东北郊）、从化、花县、增城交界的边缘地区，使游击队的影响迅速扩大。

热爱革命队伍

邝镜波入伍不过半年时间，但成长很快。不仅出色地完成了各项任务而受到领导的赞扬，而且当部队的给养发生困难时，他毫不犹豫地动员母亲把多年辛辛苦苦节省下来的一点钱（刚够购买300斤谷子）献给部队。他这种热爱革命队伍的精神，受到了同志们的称赞。

坚贞不屈

1949年8月，邝镜波接受了一项新任务，负责护送游击队一位领导人邱启洪到别的部队去。他们由竹料东风村出发，当行至罗岗地段时，不料遇上番禺县警察大队长韩宜身一伙匪徒，邱启洪和邝镜波不幸被捕并送去太平场匪部。邱启洪悄悄对邝镜波说："在敌人面前半点实情都不要讲，千万不能泄露游击队的秘密。"邝镜波会意，刚毅地点了点头。敌人首先采用软手段审讯邝镜波，把一大堆吃的、穿的、用的东西和一大沓钞票放在邝镜波面前。一个匪军假惺惺地对邝镜波说："细佬（小孩），你放聪明一点，只要你把游击队的实情讲出来，这些东西，还有一大沓钞票就都是你的啦，我们保证放你回家。要是不说，嘿！当心你的脑袋！"邝镜波鄙夷地说："谁稀罕你们这些东西！我是一个乡下仔，根本不知道什么游击队不游击队。"敌人又进一步说："你说不知道游击队，为什么要跟那个姓邱的走呢？"邝镜波坦然地说："我是在路上碰到他，同他一路走的，根本就不认识他。"敌人又哄骗邝镜波说："老实告诉你，我们的韩大队长早就认出那个姓邱的是共产党了，他本人也招供了，你还不赶快招供？"邝镜波反问道："你们既然认识他，他本人又什么都讲出来了。还来问我干什么？"敌人的软套子失灵了，便来硬的，恐吓说："你再不老实招供，我们就要用刑了。"邝镜波坚定地说："不知道就是不知道，你们爱怎么办就怎么办！"敌人万万想不到一个小孩竟这样难对付，于是凶态毕露，喝令爪牙、打手把邝镜波推倒在地，用拳头、皮鞭、木棍乱打乱抽，把邝镜波打得皮开肉绽，死去活来。敌人又声嘶力竭地喝问道："你到底讲不讲？"邝镜波怒目相向，还是不讲。敌人又向他的鼻孔里灌水，但始终没有从邝镜波口中得到半点情报。

敌人在束手无策的情况下，把邝镜波转送到广州市仓边路的监狱关押，继续审讯折磨。他们虽然用尽了各种卑鄙毒辣的手段，但始终无法使这个少年游击队员屈服。同监的难友们看到邝镜波的坚强斗争，都很敬佩。

壮烈牺牲

1949 年 10 月 1 日，中华人民共和国成立，南下大军已抵达广州市郊区。敌人在溃逃之前，竟于 10 月 14 日把关押在狱中的革命者全部屠杀！少年游击战士邝镜波也同时壮烈牺牲，年仅 15 岁。邝镜波烈士宁死不屈的英雄事迹至今还在人民群众中传颂着。

英烈精神

做事勇敢机智，胆大心细；面对敌人的酷刑逼供，表现出刚毅坚强、宁死不屈的革命精神。

（胡提春）

李保纯（1911—1949）

—— 郁南"四一八"武装起义领导人之一

主要生平

李保纯，原名余鸿钧，字余景庆，曾用名余皋平、李仲文，广东省斗门镇小赤坎乡新村人。

- 1911 年 8 月 24 日，出生。
- 1931 年，在江门教学。
- 1932 年至 1933 年，在广州中国新闻学院读书。毕业后，在新会黄冲小学、江门觉工学校和岭梅小学任教师，拥护共产党的抗日主张，并向学生宣传抗日救国的道理。
- 1937 年 1 月，取道贵州赴延安，在陕北公学学习。8 月，在延安加入中国共产党。
- 1939 年初，参加新会县委工作。5 月，任十五区田金乡党支部书记。1939 年 10 月至 1941 年 6 月，任中共新鹤县委组织部部长，参加了建立新鹤边界的游击区和开辟皂幕山根据地的工作。
- 1941 年 3 月，与黄佩玲结婚，两人以教师身份作掩护，共同完成党交给他们的斗争任务。7 月，调往鹤山县西北区任区委书记。以教师的公开身份，在粉洞周围的乡村办识字班，发动农民参加抗日，建立武装队伍。

- 1945 年初，转入广东（粤中）人民抗日解放军第二团工作。10 月 21 日，参加了蓢底战斗，反击国民党一五六、一五七、一五八师的"围剿"。
- 1948 年初，调郁南县任副特派员，重点抓起义的准备工作。
- 1949 年 1 月 30 日，率队突围中与黄肇汉、何梅同时牺牲，时年 38 岁。

开始加入抗日救亡的行列

李保纯，原名余鸿钧，字余景庆，曾用名余皋平、李仲文。1911 年 8 月 24 日出生于广东省斗门镇小赤坎乡新村。

李保纯家家境贫穷，父亲余毓仪早年旅居加拿大，以种菜卖菜卖鱼等为生，节衣缩食，侨汇养家，后因病死于异国。母亲赵如佩和家人靠打短工谋生，历尽艰辛。

李保纯 7 岁时在乡间读私塾，在其父旋归故里后，移居江门。李保纯也在江门简易师范读书，师范毕业后，在斗门小赤坎与同乡余光耀开办得英小学。他们倡导新文化，开设"国文""算术""常识""社会"等课程，重视讲解，受到学生欢迎。外校学生纷纷转到该校读书。

1930 年，小赤坎乡公所在洪圣庙议论乡政。19 岁的李保纯未邀而往，并坐在正面空着的椅子上，被乡公所的人连声喝住，借口不该占去族老首席座位为由，拒绝李保纯参加。一名私塾先生余沃豪心怀私愤，趁机报复，怂恿刚进场的族长黄连仕驱李保纯出门。李保纯据理力争，反驳说；"乡政之事，众人议政，才合民主。"他们认为此话放肆，硬把李保纯赶出门。李保纯边走边说："看你们坐得多久，我不推翻这不合理的制度，不回小赤坎。"从此，他离开了家乡，寻求革命真理。

1931 年，李保纯在江门教学。1932 年至 1933 年，李保纯在广州中国新闻学院读书。假期，李保纯受母之命，娶妻莫双定，先后生下一子一女。不久，妻子因劳累过度病亡。李保纯在读书期间，东北三省正被日寇蹂躏。深重的国难如大石压在爱国人民的心头，觉悟在先的青年忧心如焚，发起读理论、求真理、寻救国之路的活动。李保纯开始加入抗日救亡的行列。

李保纯毕业后，在新会黄冲小学、江门觉工学校和岭梅小学任教师，常与同事评论政事，揭露日本侵华的罪恶，拥护共产党的抗日主张，并向学生宣传抗日救国的道理。

加入中国共产党

1937 年 1 月，李保纯在姑丈黄求光、岭梅小学校长黄煦君的帮助下，不顾国民党的封锁，取道贵州赴延安，在陕北公学学习。1937年8月，他在延安加入中国共产党。从此，他在党的领导下，全心全意投入伟大的革命斗争中去，毫无保留地献出自己的一切。1938年下半年学习结束后，李保纯被派回新会、江门一带活动。有一天，李保纯在江门常安路进行抗日宣传，围满了群众，恰巧他的母亲到江门探亲，在路上碰见了儿子，真是喜出望外，于是高兴地喊他一声。他请母亲稍等一会儿，待宣传完毕就把母亲拉到一旁，亲热地说："我离家后到了延安，在那里虽然吃的是杂粮，住的是窑洞，睡的是炕，生活很艰苦，但我很愉快，因为我走上了革命的道路。"接着，他又轻声地对母亲说："延安那里有个伟大的人物叫毛泽东，他领导我们抵抗日本的侵略。将来革命胜利了我们劳苦人民就有好日子过。"母亲爱抚地说："你为什么远离家庭，让老人担忧呢?"他坚定地回答："有国才有家，国破了家同样亡，国家兴亡，匹夫有责。"接着还向母亲讲了抗日救亡的道理和抗日必胜的光明前景，并鼓励母亲好好照顾家庭，和乡亲一起渡过难关。母亲听后，表示支持他的爱国行动，然后，母子二人依依不舍地分离了。

为开展武装斗争做准备

江门沦陷前，新会党组织决定转移到农村活动，为开展武装斗争做好准备。1939年初，李保纯转到新会工作，参加新会县委。是时，县委书记陈翔南生病，李保纯代理书记两个月。5月，陈江接任了县委书记。李保纯服从党的分配，奔赴大革命时期已有党组织和农会活动的十五区田金乡工作，恢复了党的组织，吸收了一批新党员，他还任了该乡的党支部书记。经过深入工作，党支部控制了金田小学和乡政府，使田金乡成为武装斗争的坚实据点。后来，县委派武装部长陈明江到田金乡工作，李保纯等在陈明江的领导下，建立武装队伍，开展民兵训练。由于群众发动了起来，江会沦陷时，有200多位同志撤退到田金乡，在党支部的领导和安排下安然无恙。接着，李保纯又在司前、桥下建立了为共产党掌握的乡政权、税站和交通站。

1939年10月至1941年6月，李保纯任中共新鹤县委组织部部长，参加了建立新鹤边界的游击区和开辟皂幕山根据地的工作。他以田金为中心，常来往于大泽、桥下、司前、址山、云乡等地，指导这些地方党组织开展活动。

有一天，李保纯在途中遇到日军，眼看已来不及躲避，随即把笔和笔记本埋藏在路边。日军到来时，问他是不是共产党和知识分子，李保纯回答说："我是个不识字的农民。"日军要他写字，李保纯故意乱画。日军果真以为他是个农民，拉他去当挑夫。他被迫做了几天苦工，后来乘敌人不备，逃到一家农户躲避。过了几天，他打扮成农民的样子，找回笔记本，绕路回到桥下。同志们见到他，真是惊喜不已。

宣讲抗日救亡道理

为了争取国民党第五挺进纵队周汉铃积极抗日，党组织调派李保纯、阮克鲁、李克平、周仲荣、冼坚、赵根培等20多人，进入周汉铃的部属4个中队开展工作，建立了新顺特宣传队。在队内成立中共党支部，李保纯任支部书记。他们积极向官兵宣讲抗日救亡道理，还深入民众进行宣传。1939年3月29日，日军进犯江门，在猪头山登陆。周汉铃部队在宣传队的协助下奋力抵抗，虽然失败，但由于统战关系好，陈明江领导的游击队仍能够挂着周汉铃新顺特务大队之名继续开展活动。

1941年3月，李保纯与黄佩玲结婚，两人以教师身份作掩护，共同完成党交给他们的斗争任务。5月，新鹤县委撤销，成立高鹤县委。7月，李保纯调往鹤山县西北区任区委书记。他以教师的公开身份，在粉洞周围的乡村办识字班，发动农民参加抗日，建立武装队伍。李保纯来往于朱六合、龙口、金刚、青溪、围墩、沙坪一带，积极开展工作。年底，李保纯调回新会。县委决定开办银号，但又缺乏资金。李保纯以做生意为名，动员岳母借出养老用的一万元银毫券，交给县委在礼乐办银号。

1943年底，新会县委派李保纯到七堡，做好周汉铃部属李维伦中队的统战工作，使游击队的武器从五桂山运往礼乐时能顺利通过。

1944年下半年，他以商人的身份到顺德大良开办茶楼。从外表看，他像个阔气的商人，但因党组织的经济处于困难的境地，实际上他有时连饭也吃不上，靠杂粮充饥。年底，黄佩玲生下第一个女儿，由于工作的需要，李保纯就动员她独自带着刚满月的孩子到番禺县石基小学开展工作。

负责罗定党组织的恢复与领导工作

1945 年初，李保纯转入广东（粤中）人民抗日解放军第二团工作。10 月 21 日参加了葫底战斗，反击国民党一五六、一五七、一五八师的"围剿"。部队分头突围后，李保纯又调到云浮泽源乡河口大源市，开办宏兴豉油膏厂，作为中区特委和广东人民抗日解放军办事处的联络站。在这期间，他身患重病，但仍带病坚持工作。

部队北撤前后，李保纯仍留云浮工作，年底，李保纯调罗定县任特派员，担负罗定党组织的恢复与领导工作。他与黄佩玲同在罗锦小学任教。在黄佩玲的掩护下，经过一年的工作，恢复了县城及各区、乡十五六名党员的组织关系，重建了罗定县地方党组织。同时开辟了一个新据点——郁南加益，为以后建立郁南、罗定、广西岑溪的边界游击区创造了条件。

领导郁南"四一八"武装起义

1948 年初，上级指示三罗（罗定、郁南、云浮）要全面开展游击战争，并要求郁南发动武装起义。为了加强起义的领导力量，李保纯调郁南县任副特派员，重点抓起义的准备工作。4 月 18 日，郁南县举行了震撼西江的"四一八"人民武装起义。广东反动当局为了消灭起义队伍，派了省保警大队前来"围剿"。部队为粉碎敌人的"围剿"，把起义队伍分为三路，分散发动群众，其中李保纯带领吴耀枢、刘俊英、李荣开等 28 人挺进桂河，坚持郁南西北部的游击战，桂河北扼西江及都城，东进可攻郁南县城。

敌人将桂河的队伍视为心腹之患，派省保警大队进驻，重点"围剿"，陈牧汀武工组被打散，牺牲了两位组员。桂河反"围剿"中到了最艰难的时刻，队伍中有部分人员是从国民党营垒中起义过来的，没有经过系统的教育和斗争的考验，有些人害怕、动摇，有的擅自脱离队伍回家，个别甚至向敌人表示"自新"，矢志不移坚持下来的仅有几人，处境异常困难。

在这种情况下，李保纯在队伍内坚持思想政治教育，耐心说服，首先是要求共产党员坚定革命信念，正视面临的困难，想方设法闯过难关。同时，采取措施，以三四人为一组，分散到群众基础比较好的村庄进行隐蔽活动。

利用各种社会关系串联发动群众，揭露敌人的阴谋，宣传解放战争的大好形势，因而很快又重新集结了一支四五十人的武装队伍。

接着，李保纯与同志们一起总结挺回桂河以来的经验与教训，并集中大家的智慧，作出了"要立足于打"的结论，以"打"来提高群众情绪，闯开新局面。经过充分研究，统一了思想认识，一致认为要抓住有利时机主动出击。于是队伍集中到黑河大坦附近的一个石洞隐蔽下来（后来人们把它命名"群众洞"），并把埋藏的枪支挖出来，大家在那里生活、学习和训练。经过一段时间的工作，队伍发展到60多人，还逐步建立了地下情报网和联络点。

挺进礤滨乡

经过一系列的工作，并反复酝酿后，李保纯果敢地作出决定，伺机袭击桂河乡公所，消灭桂河敌自卫队。

1948年9月5日午夜，李保纯带领40多人攻打敌乡公所。6日拂晓，敌人发现有异样，立即加强戒备。由于当时的情况不利于硬攻，李保纯随即把队伍撤回大河去。这次攻打虽未成功，但政治上影响却不少。过去群众误信谣言，以为部队已被消灭，现在共产党的队伍又出现在桂圩，谣言不攻自破。

这次行动惊动了敌人，国民党广东第三行政专员公署保安司令部副司令谢御群亲自带领警卫排从县城奔来桂圩，会同乡自卫队，日夜"围剿"部队。李保纯即将部队化整为零，分散到群众中去。

此时，队伍正面临困境，李保纯曾几次派人前往寻找党组织，均未联系上。11月，他亲自前往加益、礤滨等地区，找到总队领导人吴桐、谭丕桓，向他们汇报了情况和请示今后工作。由于斗争的需要，李保纯奉命率武工队挺进南部的礤滨乡。

不幸牺牲

1949年1月，他带领黄肇汉、何梅到礤滨后，深入发动群众，筹集武器，扩大武装队伍，被礤滨乡的地主钟弼南告密。1月30日，国民党武装深夜包围李保纯武工队驻地——梅竹乡潮岭村。李保纯率队突围，但寡不敌众，与黄肇汉、何梅同时牺牲，李保纯牺牲时年仅38岁。

◆ 英烈语录 ◆

"虽然吃的是杂粮，住的是窑洞，睡的是炕，生活很艰苦，但我很愉快，因为我走上了革命的道路。"

"有国才有家，国破了家同样亡，国家兴亡，匹夫有责。"

◆ 英烈精神 ◆

全心全意为革命、不怕困难的革命大无畏精神；立场坚定、对革命充满信心的革命乐观主义精神。

（李炎芝　龙宝贡）

李　鸿（1917—1949）

—— 忠心革命，永世可嘉

李鸿，原名李超，乳名阿十，广东省化县杨梅区西涌村人。

- 1917 年 12 月 14 日，出生于一个贫农家庭。
- 1937 年，考入南路抗日学生队，当一名战士。
- 1940 年 6 月，被吸收为中国共产党党员，转正后担任黄槐乡党支部组织委员。
- 1941 年秋，以白塘小学教师为公开职业常驻在该地，开展革命活动。
- 1942 年至 1943 年间，担任化廉抗日游击队庞郁志、李应江两中队的负责人，活动于化南茅山、田寮、良光、石东、梅北、黄梅等地。
- 1945 年 1 月，良光起义结束后，率庞、李两中队作为主力编入陈醒亚独立大队，担任庞郁志中队指导员，并负责石龟岭阻击任务。2 月，调入陈醒亚独立大队整编后的南路游击总队第二支队政工队，任党支部书记兼指导员。
- 1947 年初，化北各抗日中队经整编成立了化北武装独立大队，任政委。同年春，中共化县中心县委成立，县人民政府相继诞生。担任县委委员兼副县长、化北办事处主任等职。
- 1949 年 6 月 6 日，被敌特分子开枪打中，抢救无效，不治身亡，时年 32 岁。

弃教从戎参加抗日学生队

李鸿，原名李超，乳名阿十，1917年12月14日出生于广东省化县杨梅区西涌村的一个贫农家庭。他一家共有八口人，靠父母耕种几亩水田为生，生活十分贫困。排行老五的李鸿，因此长到20岁时才勉强读完高小。高小毕业后，被聘任本村私塾教师。

1937年7月7日，卢沟桥事件爆发，揭开了全国抗战的序幕。热爱祖国、追求进步的李鸿决心弃教从戎，考入南路抗日学生队，当了一名战士。

1938年10月，广州沦陷后，党组织号召共产党员到敌占区组织群众，开展游击战争。李鸿参加抗日学生队以后，利用战斗空隙，认真学习革命理论，初步懂得了人民战争和人民革命的理论，思想觉悟提高很快。1940年3月，他胜利地完成组织交给他的一项任务，在"黄花节"时秘密散发传单，宣传抗日活动。6月，他被吸收为中国共产党党员，转正后担任黄槐乡党支部组织委员。8月，在中共黄槐乡党支部成立大会上，与会的同志们对当前的政治形势进行研讨。李鸿虽入党不久，阅历较浅，但亦大胆地在会上发表自己的观点。他认为爱国将领张炎下台，学生队解散后，对南路抗日游击战问题应制订一个长期的计划，要很好地把持久战的理论运用于实践。他提出"争取李照宇（大革命时期的农会派），孤立李亮（国民党县党部书记），团结中间势力；利用两派矛盾，发展进步势力"的主张，并以李照宇的"黄槐学问研究所"为掩护，成立读书会，联系、团结、争取进步青年，扩大抗日阵线，积蓄力量，准备反攻，消灭日军。他的发言受到与会者的赞同。

驻化北开展革命

1941年秋，化北地下党组织考虑到白塘地区是化北的腹地，南联林尘，北接合江，西临江湖，东界中垌，属兵家必争之地，必须控于党组织的手中。经过全面的分析、比较和挑选，党组织最后决定派李鸿以白塘小学教师为公开职业常驻在该地，开展革命活动。李鸿在白塘前后工作了三年。他经常利用课余、晚间和节假日进行家访，同时宣传抗日，争取爱国士绅，发动农民群众参加抗日，趁此机会也为贫穷人家的子女扫盲。他巧妙地根据乡间亲族不和与争夺山岭等情况，以掩护群众利益为由，成立白塘国技馆，邀朋聚友，宣传抗日，并以除盗灭匪为名，收集民枪，成立冬防大队。李鸿亲自负责军政训练，为抗日救亡和武装起义做准备。同时，他积极创建同心会、抗救会、歌咏队、游击小组等秘密抗日外围组织。1942 年至 1943 年间，经他做工作后，先后派出学生队员李宗本、地下党员董子庆等人打入当地政权，担任乡长和县参等职务。他说服国民党一五八师副营长董仲传率部参加 1945 年 1 月化县良光武装起义。后来，李鸿担任了化廉抗日游击队庞郁志、李应江两中队的负责人，活动于化南茅山、田寮、良光、石东、梅北、黄梅等地，成绩卓著。

1945 年 1 月，良光起义结束后，李鸿所率庞、李两中队，奉南路人民抗日游击队司令部之命，作为主力编入陈醒亚独立大队，担任庞郁志中队指导员，并负责石龟岭阻击任务，保证独立大队安全转移。2 月，李鸿调入陈醒亚独立大队整编后的南路游击总队第二支队政工队，任党支部书记兼指导员，并立即开赴合浦白石水舍街开展活动。

李鸿是一位善于学习、应变能力很强的干部。在秘密的特定环境里，他认为搞政工宣传工作，仅有坚定的阶级立场和诗文才艺是不够的，还必须掌握一套能动能静、可入可出、会讲会演、善歌善舞、文武兼备的本领，以秘密的形式进行，取得公开的效果，才能做好工作。

在他的领导和组织下，游击队走到哪里，哪里就立即出现抗日的标语、漫画和传单。人马驻定了，他们四出放哨，送情报，深入群众调查敌友分布的情况；主动为父老乡亲做事；发动妇女给战士缝补衣鞋，为伤病同志送医送药；组织军民联欢晚会，进行文艺演出，自编自演小话剧《魔鬼铁胆》《杜鹃花》和演唱歌曲《王大娘送鸡蛋》等。上述活动活跃了部队的文娱生活，鼓舞了士气，提高了群众抗日的觉悟。

一次，化县党组织提出要尽快恢复化北的工作，并决定命李鸿为该地区的负责人。不料他的胃病正发作，身体虚弱。但他二话没说，接受了党组织交给他的任务。经过半年的时间，他重建了以化城为中心，沟通中垌、石角等十几个乡、镇的地下交通站；与原来的地下党员取得联系，开展工作，发展了 20 名新党员。与此同时，他还恢复和整顿了地下军、同心会、抗丁会、姐妹会、吊耕会等抗日外围的群众组织，壮大了抗日力量。

抗日战争胜利后，国民党反动派很快又挑起了全面内战。为适应革命形势的发展变化和需要，1947 年初，化北各抗日中队经整编成立了化北武装独立大队，庞铁魂任大队长，李鸿任政委。大队下设两个中队和修械所、医所、税务站等机构。部队转战于粤桂两省边陲五县地区，夺取了平定、梅隆、南大、增甲几个乡公所。一时士气大增，威震四方。当时李鸿所取得的成绩受到了上级的首肯和表扬。

1947年春，中共化县中心县委成立，县人民政府相继诞生，李鸿担任县委委员兼副县长、化北办事处主任等职。这时化县成立的人民政权已有5个区20多个乡。在新政府统一部署下，李鸿具体组织实施了老解放区的减租减息工作，为日后开展土改工作打下了良好的基础。1949年4月，粤桂南地委在廉江长山召开会议。李鸿出席了会议，当选地委领导成员之一。

不幸身亡

1949年6月6日，李鸿、庞铁魂在转驻中塘村的那一天，适逢良垌圩日。他们二人是多年来第一次巧遇这种农贸集市的日子，决定趁此机会去税站了解税收工作，但不幸的事情就在他俩刚进闹区的一刹那发生了。李鸿被混在人流中的敌特分子开枪打中，抢救无效，不治身亡，年仅32岁。这就是震动一时的广东化县"良垌事件"。

1957年春，在李鸿诞辰四十周年的时候，化州县人民为这位年轻的革命战士立下永志的碑文：

> 忠心革命，永世可嘉。
> 壮志牺牲，永垂不朽。

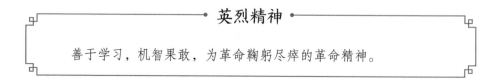

英烈精神

善于学习，机智果敢，为革命鞠躬尽瘁的革命精神。

（杨光民）

李 卡（1922—1949）

—— 一心一意献身于人民的解放事业

主要生平

李卡，又名李钧海、李亦池、李永乾，广东省化县南安乡双牌村人。

- 1922 年 4 月 5 日，出生。
- 1939 年，考入吴川县梅菉中学就读。
- 1942 年，到乳源知用中学读书，与同学组织起读书会，办起名为"播种"的墙报，从事抗日救国活动。
- 1946 年，与友人开办湖南郴县桂村恒星书店，秘密出售革命书籍；同时担任《建国日报》曲江版的负责人，继续发表进步文章。后来，被党组织送到香港达德书院深造。
- 1947 年，到北江第一支队工作。7 月，加入中国共产党，并被任命为支队司令部参谋。
- 1948 年春，调往曲南游击大队任武工队队长。不久，担任曲南区工委会主任。
- 1949 年 1 月 15 日，在曲江沙溪乡宝山村张屋不幸被捕。9 月 4 日中午，壮烈就义，时年 27 岁。

李卡，又名李钧海、李亦池、李永乾，广东省化县南安乡双牌村人，1922 年 4 月 5 日出生。

·········· 积极投身抗日救亡运动 ··········

1939 年，17 岁的李卡在双牌小学毕业，后考入吴川县梅箓中学就读。这时他开始阅读一些革命书籍，吸取新思想、新知识，思想逐渐开阔，积极投身抗日救亡运动。

1940 年，李卡在家乡与李一鸣、李钧茂等进步青年学生一起，以双牌村一间祠堂作场地，采取办夜校读书班、出墙报、讲课、教唱革命歌曲、编演话剧等活泼多样的形式宣传抗日救国。李卡在一次演讲中慷慨激昂地大声呐喊"国家兴亡，匹夫有责""有钱出钱，有力出力"，呼吁人民群众以实际行动投入抗日救亡运动。在李卡等人的宣传鼓动下，当地群众踊跃捐款支援前方。李卡等人的进步活动使梅箓中学的反动校长大为恼火。1941 年秋，反动校长竟把李卡等 6 位爱国青年学生开除了学籍。

但是，这熄灭不了李卡那燃烧着的爱国主义之火焰。1942 年，他到了乳源知用中学读书，又与同学李兴唐等组织起读书会，办起名为"播种"的墙报，继续从事抗日救国活动。是年底，广东教育厅当局派督学到校搞甄审考试，以此迫害进步学生。李卡即发动全校学生罢考，迫使督学作了让步，使许多同学保住了学籍，但是李卡、李兴唐等进步学生却被反动当局开除了学籍。

抗日战争胜利后，李卡到了广州，在广东国民大学新闻系读书。这期间，他利用担任广州《建国日报》校对工作的条件，以笔杆为武器，以报纸作阵地，先后用"徐雪""上下大夫""吼天子"等笔名发表了几十篇诗歌、杂文、通讯，尖锐深刻地揭露国民党反动统治者的腐败无能，鞭挞达官贵人趁火打劫大发国难财的罪恶行径，以唤醒民众认清国民党的反动本质。1946 年，李卡一面与友人开办湖南郴县桂村恒星书店，秘密出售革命书籍，给老师、同学和朋友邮寄了大批进步书籍；同时担任了《建国日报》曲江版的负责人，继续发表进步文章，从而遭到国民党反动派的追捕。党组织为了保护和培养李卡，就把他送到党领导的香港达德书院深造。

"古怪李"

由于革命斗争的需要，1947年，党派遣李卡到北江第一支队工作。同年7月，加入中国共产党，并被任命为支队司令部参谋。1948年春，李卡奉命调往曲南游击大队任武工队队长。不久，曲南区工委会成立，他担任工委会主任。

艰苦复杂的革命斗争把李卡锻炼成出色的游击队的领导干部。他有勇有谋，浑身是计，绰号"古怪李"。有一次，沙溪伪自卫队来游击区凡垌抢粮，李卡刚好从外地回到凡垌，隔着山沟望见敌人拖着队伍蜿蜒而来。他立即机智地拔出驳壳枪大声高叫："一班从左边上，二班右边合围，三班跟我冲呀！"国民党自卫队的尖兵远远听见，以为遭到部队伏击，立即转头拔腿飞跑，还大叫："古怪李来了！古怪李来了！"敌人的后续部队吓得向后奔逃。他就这样单枪匹马吓退了敌人。又一次，沙溪国民党自卫队在国民党军一个连的配合下偷袭凡垌。李卡迅速集合武工队，部署迎击敌人的打法。武工队随即撤离竹棚，进入了青山窝山坳上的伏击阵地。国民党军转了一夜，找不到武工队，以为武工队远撤了，便在山路上大摇大摆地走着，进入了伏击阵地。李卡一声令下，把敌人打得落花流水，然后立即命令队伍向山后撤退。不久，敌援兵赶来时，部队早已安全转移了。1948年冬，支队的主力飞虎队挺进凡垌，协助武工队开辟新区，在敌人后方更好地打击敌人。当时离沙溪不远处有一个反动据点铁场，是敌人汽车运载军用物资必经之地，有100多个自卫队员驻扎在炮楼里，平日强抢民财，无恶不作，群众恨之入骨。离铁场30里地的石角圩另驻有敌军一个连，他们互相呼应。李卡与飞虎队领导人研究，决定用先佯攻铁场，后伏击石角援兵的打法，最终消灭了这两股敌人。

一心一意献身于人民的解放事业

李卡一心一意献身于人民的解放事业，并以自己的言行影响着自己的一家，使他的父亲、母亲和4个弟弟妹妹认识到李卡从事的革命工作是正确的，并且在他的带动下积极参加支援游击队的一些工作。他的家成了游击队的联络点。不少游击队负责人经常在李卡的家里开会，进行革命活动。李卡的父亲李佛龄是个中草药医生，经常给游击队员医治伤病。1948 年 2 月，20 多个游击队员曾在李卡的家住了两天，由于叛徒向反动当局告密，以致李佛龄被敌人逮捕，关进化州县监狱达三个月之久。尽管敌人威逼利诱和严刑拷打，李佛龄始终不肯吐露游击队的秘密。敌人抓不到把柄，只好释放他。

用自己的血灌溉快将实现的乐园

1949 年 1 月 15 日，李卡在曲江沙溪乡宝山村张屋活动时不幸被捕。他敏捷地撕毁和吞食了全部的文件，使敌人一无所获。他虽然身陷囹圄，但仍顽强地战斗着。他在狱中写下了一批日记和遗书，字里行间处处闪耀着共产主义思想的光辉，充分反映了一个无产阶级革命战士对共产主义的坚定信念和时刻准备为革命献身的高尚情操。李卡在 1949 年 8 月 25 日所写遗书中说道："我们这一代就是施肥的一代，用自己的血灌溉快将实现的乐园，让后代享受人类应有一切幸福，这就是我们一代的任务，是光荣不过的事业，死就是为了这，而生者亦是生的努力方向。几多英雄勇士为此而流血，抛出自己的头颅，我不过是大海中一滴水，平原的一株草，大海既无干旱之日，烈火亦无烧尽野草之时。"

1949 年 9 月 4 日中午，敌人对李卡等下毒手了。临刑前，敌人要李卡跪下，李卡毫不理睬，昂首挺胸，高呼"打倒国民党反动派！打倒蒋介石！""国民党的日子就要完了，全国就要解放了！""中国共产党万岁！"等口号，壮烈就义。牺牲时年仅 27 岁。

英烈精神

一心一意献身于人民的解放事业而无私奉献的革命奉献精神；面对敌人和死亡毫不动摇，体现了一名共产党员大义凛然、一身正气、坚贞不屈的革命斗争精神。

（李池　谭水容）

梁　坤 (1923—1949)

—— 为革命死没有什么可怕的

主要生平

梁坤，广东省曲江县乌石塘面村人。

- 1923 年，出生。
- 1932 年冬，回到家乡，读了两年私塾，后因家贫而辍学。
- 1945 年 1 月，参加梁展如在乌石组织的抗日游击大队。
- 1947 年春，参加曲南大队。
- 1948 年春，加入中国共产党。同年夏，调到曲南武工队任班长。
- 1949 年 1 月，被曲江县自卫队逮捕。9 月 4 日，英勇就义，时年 26 岁。

积累革命道理

梁坤，曲江乌石塘面村人，1923年出生。他家庭贫苦，2岁时父亲便离开了人世，一家几口只得守着一亩多薄田，过着衣不蔽体、食不果腹的痛苦生活。乌石塘面村是大革命时期曲江农民运动开展最早、最活跃的地区之一，梁坤在少年时代便受他堂兄梁展如（共产党员，曲江农运领袖）的影响和教育。1930年，梁展如到英德东乡以教书为掩护继续从事革命活动，把梁坤也带在身边。除教他学文化外，还经常给他讲述大革命时期家乡农民在共产党领导下，办农会、建农军、打土匪、斗土豪以及举旗北上反对蒋介石叛变革命的斗争故事，讲述1928年冬他伯父被国民党反动军队活活烧死的惨景……在梁展如的引导和教育下，梁坤渐渐懂得了不少革命道理，特别是1931年7月，刘裕光和梁展如等在东乡组织发动了有名的"鱼湾暴动"，攻打国民党鱼湾区署，当场击毙反动区长陈炳文，活捉国民党县政府职员、警队20多人，缴获10多支枪，并成立了广东省北江区鱼湾苏维埃政府和赤卫大队，穷苦农民扬眉吐气。梁坤目睹了这一革命壮举，留下深刻的印象。

1932年冬，梁坤回到家乡，读了两年私塾，后因家贫而辍学，只好在家放牛、砍柴，13岁就犁耙田，15岁出门给邻村的地主打长工。繁重的劳动、贫困的生活进一步磨炼和教育了他，他深感社会的黑暗和不公，养成了刚烈不屈、敢于反抗的性格，渴望着穷人有出头的一天。

1942年，梁坤已是19岁的青年。一次，保长带着乡公所的征兵员来塘面征兵，他们油嘴滑舌鼓动青年为国民党当兵卖命。梁坤十分气愤，当众揭露了他们的卑劣行径，指着他们说："兵我想当，但就是不当你们国民党的兵！"说完，带着一帮青年走了，搞得保长一伙灰溜溜的，又恼又无可奈何。

参加革命斗争

1945年1月，日军铁蹄践踏着曲江大地，梁坤的家乡也沦陷了。日寇到处烧杀掳掠、奸淫妇女的滔天罪行，激起他极大的民族仇恨。他第一批参加了梁展如在乌石组织的抗日游击大队，拿起武器，打击日军，保卫家乡。每次战斗他都争着参加，打起仗来总是冲锋在前，十分勇敢。有一次，日军一个中队驻在离塘面村不远的官田村，梁坤和几名战友仅凭几支土枪和一枚自制的燃烧弹，深夜就到敌人驻地摸营夺枪。又有一次，侦察员报告有一小队日寇从马坝抓了几十名民夫押去乌石，梁展如部署游击队在敌人必经的茶子墩打伏击。战斗一打响，敌机枪手左肩中弹，梁坤看得真切，从地上一跃而起，冒着飞嗖的子弹，向敌机枪手猛扑过去，想夺他手中的机枪并"捉生公"（抓活的）。狡猾力大的敌人死抱着枪不放，两人滚打起来。敌人挣扎着滚下路基，用右手扳枪扫射，梁坤才被迫退下。在日军占领曲江半年多的时间里，梁坤参加捕捉、骚扰和伏击敌人的战斗就有十多次。他的战友说："仗仗少不了梁坤，一无仗打他就手痒！"称赞他确实是梁展如大队长身边一名敢打敢拼的"虎将"。

日本投降后，遵照梁展如的指示，梁坤和一些抗日游击队员暂时回家隐蔽。

1947 年春，曲江地下党贯彻中共中央香港分局关于"重搞武装、由小到大"的指示，恢复武装斗争。6 月，梁展如在乌石坳头山组建了曲南大队。这个大队是解放战争时期由共产党领导在曲江建立的最早一支武装，初建时只有 9 支枪。当时已有妻子的梁坤，毅然离家参加了曲南大队。他随部队开进翁源金竹坑与何俊才领导的粤赣先遣支队会合，在司令部受训一个月，政治思想和军事素质都得到很大提高。不久，梁坤接受了动员青年参军扩大队伍的任务，回到家乡，挨家逐户串联发动，塘面、徐屋、刘屋、赖屋共有 10 多名穷苦农民跟梁坤进了部队，曲南大队发展到 40 余人。这一年，曲南大队在粤赣先遣支队汤山大队的配合下，先后夜袭了国民党马坝南华农场，长途奔袭了伪沙溪乡公所，两次攻打翁源铁场伪联防队，取得很大战果。梁坤在这几次战斗中表现出色，受部队领导表扬。

加入中国共产党

1948 年春，由于国民党军队和地方联防队不断对游击队进行"围剿"、封锁，曲南大队处于最困难的时期。游击队员钻大山、住纸厂、吃薯叶、啃竹笋，生病无药治疗，还得随时提防敌人的袭击。如果意志不坚定，很容易脱离革命。但梁坤毫不动摇，经受住严峻的考验，光荣地加入了中国共产党。他对战友说："共产党是一心一意为我们穷人翻身解放而斗争的，跟着党不会错!"表现了对党的坚定信念。

1948年夏,梁坤调到曲南武工队任班长,在曲南工委副书记兼武工队队长李卡领导下,开辟曲南山区工作,活动于马坝、沙溪和乌石一带。他们的任务很重要:要保证马坝至北江第一支队司令部这条地下交通线的安全;经常护送情报、物资、干部以及参队人员进游击区;要收缴地富枪支、征收船税等解决武工队的给养……梁坤经常出入敌占区,风里来雨里去,整晚赶山路是常事。他不畏艰险,紧紧依靠群众,每次任务都完成得很好。

坚持革命节操

1949年1月14日晚,梁坤和李卡以及交通员严亚枚三人在从乌石执行任务返回沙溪宝山的途中,因饥饿寒冷,连夜走了几个小时的山路已十分疲劳,在宝山村张屋一间茅寮里休息睡着了,天亮时,被跟踪而至的曲江县自卫队逮捕了。敌人将梁坤押到韶关"基庐"监狱,关进又窄又湿又暗的重政治犯牢房里,手脚带上10多斤重的铁镣。敌人无数次的严刑拷打,他都坚强地挺住了,敌人始终未能从他口中得到丝毫想要的东西。狱中,他和难友李卡、张世德等互相帮助,互相鼓励。他坚信革命终将胜利,穷人翻身解放的一天必定会到来。同时,他也知道自己的险恶处境,做好了为革命献身的思想准备。他的亲人几次来探监,梁坤总是安慰他(她)们说:"我很好,不要挂念我,最大事就是死,为革命死没有什么可怕的!"

梁坤被捕后,党组织对他十分关心,在困难的情况下筹集了60元钱,交其亲人送进监狱,接济他的生活。同时还千方百计设法营救他出狱,但终因情况复杂而未能实现。

英勇就义

1949年9月4日,在韶关旧飞机场有两位革命者被国民党反动派五花大绑,但他们面对如狼似虎、荷枪实弹的刽子手,镇定自若,面不改色。赴刑途中,时而高呼:"打倒国民党反动派!""中国共产党万岁!"时而唱起《国际歌》:"起来,饥寒交迫的奴隶……"刑场上,他俩是昂首挺胸站着倒下的。这两位英勇就义的烈士中,有一位是曲南武工队班长、共产党员梁坤。

这位无畏的战士，牺牲时年仅26岁。

英烈语录

"共产党是一心一意为我们穷人翻身解放而斗争的，跟着党不会错！"

"为革命死没有什么可怕的！"

英烈精神

英勇无畏、刚烈不屈、敢于反抗、不畏艰险、信念坚定的革命精神。

（李景昌）

梁展如（1901—1949）

—— 曲江抗日救国领导人之一

梁展如，原名庭娇，字擎柱，自号泰然，广东省曲江县人。

- 1901 年，出生于一个世代农耕的家庭。

- 1923 年春，考入省立韶州师范学校，攻读一年，终因家庭经济拮据而辍学。

- 1924 年春，执教自办的私塾。8 月，投身曲江农民运动。同年冬，先后在自己家乡鹅鼻洞建立起 6 个乡农会。

- 1925 年底，加入中国共产党。任曲江县第一个党支部（特支性质）书记。

- 1926 年 5 月 15 日，发展林永福、李春富等 12 人参加中国共产党，亲手组织起曲江农村第一个党支部并兼任支部书记。

- 1927 年，担任中共曲江县委书记。四一二反革命政变后，任北江工农自卫军总指挥部军需长。

- 1930 年秋，任北江特委宣传部部长。

- 1938 年 6 月，任曲江马坝党小组（属中共广东省委领导）组长。

- 1939 年夏至 1942 年 5 月，担任乌石党支部书记和党小组组长。

- 1945 年 1 月，在家乡鹅鼻洞组织起 30 多人的抗日武装，自任大队长。2 月

底，和马坎、沙溪的抗日武装联合成立曲江联乡抗日自卫委员会，任副主任兼第三大队长。

- 1947年8月下旬，任曲江县人民解放大队（曲南大队）大队长。
- 1948年初，任翁始曲工委委员。8月，曲南大队的大部编入北江第一支队第三团，担任副团长。
- 1949年农历二月，被敌人捕获，后遭残杀，时年48岁。

为读书办私塾

梁展如，原名庭娇，字擎柱，自号泰然。1901 年出生于乌石鹅鼻塘面梁屋一个世代农耕的家庭。梁展如 9 岁在本乡读私塾。5 年后，他离家到马坝逃马墩学堂继续就读两年。1923 年春，考入省立韶州师范学校，攻读一年，终因家庭经济拮据而辍学。

失学后，梁展如心里十分苦恼，很希望再有读书的机会。他经常到处找些进步书刊阅读。父亲看出儿子心愿，便于 1924 年春，在家腾出两间房子，办起私塾，由儿子执教。这样既可减轻家庭负担，又可使儿子在教中长进学业。对农民子弟素有同情心的梁展如招收了一班 10 余岁的超龄学童，在家教授，得到贫苦家长们的赞许。

为群众利益控告恶霸

正当梁展如悉心从事教育的时候，白沙民团团长李赞钦、副团长黄永兰以讨捉窃贼为名，带着反动民团和胁从者数百人掠劫塘面、竹园两村，群众财物被洗劫一空。血气方刚的梁展如对此十分愤恨，抱着一定要为群众出这口气的决心，动员两村群众同心协力起来斗争。梁展如自作状书，亲赴韶州府衙，控告李、黄两恶霸。其时，正值国民革命蓬勃发展之际，韶州府衙受理了这一案件，几经唇枪舌剑，梁展如以铁的事实揭露了李、黄为祸乡里的罪行，终置他们于法网之下，赔偿了群众的一切损失，赢得了官司的胜利。从此，梁展如的名字在当地不胫而走。

在这次官司中，梁展如接触了一些进步人士，看到了国民革命的形势，遂立下改造旧社会、解救民众苦难的宏愿，开始寻求救国救民的真理和途径。

领导建立农会

1924 年 8 月，广州农讲所第一届学员丘鉴志来到曲江指导农民运动。在海陆丰农民运动蓬勃发展的大好形势影响下，曲江农民运动如火如荼地开展起来。梁展如积极投身这一运动，于同年冬先后在自己家乡鹅鼻洞建立起6个乡农会。1925年春，第四区（乌石）农民协会成立（犁头会），他当选区农会执行委员。为了扩大农会声势，发展农运成果，农历五月十七日，梁展如在白沙主持召开了第四区农会会员大会，各区代表和当地群众近千人前来参加。会上，他发表了鼓舞人心的讲话，号召农民起来开展轰轰烈烈的"二五"减租斗争，进行了颇有声势的示威游行，有力地推动了全县农民运动的发展。8月，共产党员刘胜侣以国民党中央农民部特派员的身份到曲江乌石等地指导农民运动，梁展如在刘胜侣等的引导下，开始认识共产党和马列主义，找到了救国救民的真谛。他如饥似渴地学习，努力实践。年底，经侯凤墀、刘胜侣的考察和介绍，在曲江县农会办事处，梁展如与欧日章、叶凤章一起加入了中国共产党。曲江县第一个党支部（特支性质）随即成立，梁展如任支部书记。

捣毁乌石圩匪巢

梁展如首先注重党的发展和农军组织工作，深入家乡和白沙等地，考察培养在农运中涌现出来的积极分子。当时，乌石大地主兼团防局头子成玉山对农会恨之入骨，勾结国民党右派头目，招匪首黄细苟下山充当"司令"，盘踞乌石圩，时刻横行乡里。梁展如组织农军日夜在要道路口放哨，多次打退了成、黄二贼的偷袭，保卫了家乡父老生命财产的安全。后来，省农会指示曲江农民自卫军全力以赴，扫清北伐道上障碍，消灭盘踞乌石的成、黄匪徒。1926年农历三月间，梁展如率领南水农军奋力进剿，并电请韶关国民革命军派谢秉率三个团前来协同作战。但成、黄两匪控制了圩内的三个制高点，国民革命军和农军一时无法攻破。梁展如冒着生命危险登上近圩的鸡公岭顶，侦察敌火力据点，与谢秉一起制订攻坚对策，终于捣毁了乌石圩匪巢，活捉成玉山，押往韶关公审处决，为民除一大害。

领导农民运动

经过与成、黄二贼的斗争，锻炼和考验了一批农会、农军骨干。1926年5月15日，梁展如发展了林永福、李春富等12人加入中国共产党，亲手组织起曲江农村第一个党支部并兼任支部书记。同时决定发动群众，筹钱买枪，武装农民自卫军，把"二五"减租斗争引向深入。5月下旬，省农会委派彭湃等同志前来曲江，改组了地主豪绅叶国棠等把持下的县农会，梁展如、欧日章、叶凤章被选为县农会执行委员，使曲江农民运动走上了健康发展的道路。

1927年，梁展如担任中共曲江县委书记。3月间，龙归民团头子丘招华、豪绅刘冠武勾结土匪枪杀农干23人，制造骇人听闻的龙归惨案。梁展如、欧日章等率领曲江农军会同朱云卿率领的北江农军学校学员，以及国民革命军一个营，联合进剿，把民团、土匪击溃，并将祸首刘冠武击毙。蒋介石发动四一二反革命政变后，武汉国民政府也在动荡变化，中共广东区委指示北江农军北上武汉，同反动派进行斗争。于是，北江农军1200多人（曲江400多人）集中韶关整编，成立以罗绮园为总指挥的北江工农自卫军总指挥部，梁展如任军需长。5月1日，农军举旗北上。抵耒阳后，由于当地反动地主武装阻挠干扰，以及发生马日事变，使北上受阻。农军遂离开耒阳进驻永兴十八都。当农军准备用国民革命军第十三军补充团番号继续北上时，接到仁化反动地主武装趁农军北上之机，猖狂反扑、屠杀、关押大批农军家属的消息。仁化、乐昌、曲江农军纷纷要求回师粤北。于是，由梁展如、薛仰圣、叶凤章等把曲、仁、乐三县部分农军200多人整编为一个大队，由梁展如任总指挥，叶凤章为大队长，举旗南返。在永兴鲤鱼塘与地主武装打了一仗后，挥师直指仁化。梁展如身先士卒，连夜奔袭70余里，于6月23日拂晓一举攻下仁化县城，活捉恶贯满盈的国民党县党部要员陈仲章，就地公审枪决。解救了80多名农会、农军骨干和100多名受害群众，随后撤出仁化。梁展如率部分南返农军，几经周折才分批返回曲江。他于1927年秋回到家乡鹅鼻洞。

梁展如决心重整旗鼓，继续与反动势力开展斗争。不久，欧日章、叶凤章也先后返回曲江，获悉梁展如又在乌石开展活动，便一起来到梁家会面，后转入鹅鼻大山开会，研究今后斗争办法。决定欧、叶分别负责西水、东水一带，梁展如负责南水一带，继续开展活动，待机发展。

为了配合西水暴动，梁展如在南水铁路沿线组织农军和群众剪断电线，破坏交通，牵制敌人。1928年1月，肩负县委书记重任的梁展如接受北江特委指示，先后两次进入西水宣传和组织群众支援欧日章领导的西水暴动，但未奏效。暴动终因敌强我弱而失败。曲江农运遂走向低潮，梁展如返回家乡转入地下斗争。

割肉卖女

国民党曲江当局对鹅鼻革命势力既恨又怕，迫不及待要捕捉梁展如。于是，由北江绥靖公署主任王应瑜调集一团兵力，串同马坝豪绅张毓秋、乌石伪警大队长万球古，在本乡反动头子田松春串引下，于1928年农历十一月十三日"围剿"鹅鼻洞，妄图一举扑灭革命火种。当时，梁展如、叶凤章等十余名农军被困在塘面村一座独屋里，梁展如指挥土炮（台枪）打开一条血路，毙敌排长以下10余人，突出重围脱险。叶凤章为掩护农军战士而身负重伤（后牺牲），梁永兵、叶建荣等六七名农军壮烈牺牲。梁展如父亲梁东锦被敌人活活烧死。敌人见未抓获梁展如，便一把火把梁家化为焦土。抓去100多名群众并悬赏1000块大洋通缉梁展如。

革命和家庭遭此浩劫，梁展如悲愤交集。但他抑制了内心极大的痛苦，立誓要为死难的亲人、烈士报仇。他斩钉截铁地对乡亲们说："敌人是杀不绝我们的，只要我们紧握手中武器，永远跟着共产党，敌人一定会被消灭的。我们要化悲痛为力量，向敌人讨还血债，为死难的烈士报仇！"

1929年冬，梁展如的妻子因病去世，遗下两男一女，长子因疳积失医至盲（后夭折），次子梁双尚在襁褓之中，长女未满五岁；还有母亲和7岁的小妹（其余姐妹均已出嫁），凄苦难言。时近年关，梁展如接到上级指示，要到英东、翁源等地开展活动，须远离亲人。但家里已一贫如洗，盘缠路费无从筹措，梁展如决意忍痛割爱，把女儿梁亚凤出卖。母亲知悉后，决计不从，并向儿子提出把妹子梁宝娇许配人家，以济家难。梁展如含泪抑悲对母亲说："妈妈，现我已不能在家侍奉养老，怎能再让你割爱伤心呢？"就这样，梁展如取得母亲的谅解，割舍骨肉，卖得80块大洋，留给母亲20块过年，其余通作党的活动经费带着上路去了。

逆境中开展抗日革命斗争

这一年，梁展如以北江特委委员的身份，赴英、翁边界活动。在英东与刘裕光介绍了邓强入党。在翁源城又发展了李树楷、彭亚牛等 4 人，并建立了党小组，在康皇庙小学建立了交通站，为翁源播下了革命种子。

1930 年秋，彭叙任北江特委书记时，梁展如担任宣传部部长。1931 年 3 月，梁展如与彭叙、黎凤翔等参加了特委在曲江白沙牛栏径村召开的北江干部会议。会议传达了党的六届四中全会精神和总结北江各县暴动的经验教训。嗣后（农历四月和七月），刘裕光在英东鸡麻湖和鱼湾领导武装暴动，梁展如参与了这两次暴动的组织和领导工作。鸡麻湖暴动杀了大地主邓尚醮父子，成立了丰霖乡苏维埃政府；鱼湾暴动击毙区长陈炳文，俘敌 20 多人，缴获武器 100 余支，给反动势力以沉重的打击。

1932 年底，潘洪波在香港被捕叛变，广东省委遭敌破坏，党组织遂停止了活动，革命更在逆境中。从这时起，梁展如大部时间在英翁佛边境埋名隐姓，以看风水、教书、行医为掩护，相机开展革命活动。

1934 年下半年直至 1937 年春，他在英东大镇石角营子村，通过梁超文、梁亚贵出面，在该村办起了国民小学（实为私塾）。改名号泰然，教授 20 多位农民子弟。在此期间，他设法找来各种报纸，从中了解中央苏区及红军长征的情况，并结合实际向学生进行正面宣传，培养了朱阳明、梁宗锦等一批热血青年。

1936 年秋，廖碧波获悉梁展如在石角营子教书的消息，便带领廖宣等人前去找他，经交谈，悉知梁展如也未找到组织关系。12 月，西安事变发生后，梁展如、廖碧波等 5 人前往翁城赵奋平（即赵梦仁）家开了一次会，研究决定分头宣传党的抗日救国主张，反对内战，并继续设法寻找党组织。1936 年农历年底，与廖宣一起回到自己的家，见到了日夜思念的母亲、儿子及小妹，看到亲人相依为命、四壁萧条、艰辛度日的情景，梁展如不禁潸然泪下。可是，为了党的事业，他无法顾及家眷私情，又撇下母亲及家人，带着廖宣走遍了马坝、大塘、白土、龙归各乡，联络当年的农会会员、进步师生，了解曲江状况，后又回到英东一带宣传抗日。

为适应抗战需要，1937 年秋，梁展如和廖宣商定在马坝创办救亡书店，由何国文当老板，经售马列著作和毛泽东的文章以及各种进步书刊。救亡书店吸引了许多进步青年和爱国人士，成为宣传抗日和党开展地下斗争的重要阵地。在此前后，梁展如还不辞劳苦，涉足英、翁边境，与廖碧波、赵梦仁等以翁城中学、三华中学为据点，进行卓有成效的有关党的抗战政策的宣传，教育了郭彪、林名勋等一大批知识青年自觉投身抗日救国的行列，为翁源以后党组织的发展打下了一个良好的基础。1938年6月，广东省委派粤北联络员张尚琼来曲江恢复了梁展如的组织关系，同时给廖宣办理转党手续。随后梁展如、廖宣发展何国文入党，三人组成曲江马坝党小组（属中共广东省委领导），由梁展如任组长。8月，在梁展如主持下，恢复了一批党员的组织关系，并发展了一批党员，成立了曲江、马乌支部，梁展如任支部书记，依然隶属省委领导。不久，马乌支部根据省委指示，从粤北各县选送了一批革命青年奔赴延安学习。入冬，梁展如调离马乌支部。广州沦陷前夕，他赴穗执行任务。回程途经英德浛洸时，竟被英德当局扣留关押。时值日机不断轰炸英德，炸弹落在监狱附近，梁展如机智地鼓动难友，趁日机空袭时，砸开牢门冲了出来。此后，梁展如担负省委北撤韶关的交通联络工作。

从1939年夏至1942年5月（粤北省委事件前），梁展如担任乌石党支部书记和党小组组长。他经常与粤北省委、曲江中心县委、后北特委的领导人黄松坚、岑振雄、罗耘夫、黄焕秋等联系。在他们的直接指导下，兢兢业业领导当地党员开展抗日救亡活动，为组织抗日武装做好准备。

由于蒋介石制造"皖南事变""粤北省委事件"和"南委事件"，曲江党组织亦根据党中央和周恩来"隐蔽精干，长期埋伏，积蓄力量，等待时机"和"三勤"（勤业、勤职、勤交友）的指示，于1942年下半年至1944年底停止了组织活动。梁展如又肩搭罗盘化装成风水先生，走遍曲江各地隐蔽待机。

---------- ◦ **组织抗日武装** ◦ ----------

1945年1月，曲江沦陷。目睹大好河山变得满目疮痍，梁展如率先在家乡鹅鼻洞拉起抗日大旗，组织起30多人的抗日武装，自任大队长，把年仅15岁的儿子梁双也带上抗日前线。抗日武装成立后的第三天，梁展如即指派黄翠丰等前往东安寨伏击在北江河游弋的日寇橡皮艇，击沉三艘，毙伤日寇七八人，打响了曲南抗日的第一枪。随后，梁展如又亲率第一、第三中队在本乡的茶子墩设伏，击毙日寇汕泉军佐，打伤敌机枪手和其中一名日寇，缴获敌驳壳枪、指挥刀等武器多件，解救了30多位民夫。2月底，梁展如、林永福率领经过斗争考验的20多人枪和马坝、沙溪的抗日武装联合，成立了

曲江联乡抗日自卫委员会，梁展如任副主任兼第三大队长。4 月，梁展如亲赴英东同北江支队司令员邬强取得联系，使曲江抗日游击队纳入了北江支队的建制（内部称"曲南大队"），成为北江支队的一部分。自组织抗日武装以后，梁展如一直率领第三大队转战于沙溪、清风亭、乌石的三角地带，狠狠地打击了日寇，保卫了父老乡亲。

农历七月十五日凌晨，国民党六十三军的一个连分五路包围鹅鼻山，企图扑灭抗日武装。梁展如率部抗击，在北江支队何通部队的配合下，与敌展开了激烈的战斗，活捉并处决充当敌人向导的沙溪乡长华某之弟华沛托，粉碎了敌人的疯狂"扫荡"。

重搞武装斗争

抗战胜利后，蒋介石勾结美帝国主义，发动新的内战，妄图消灭中国共产党。曲江联乡抗日自卫委员会根据上级指示，把武装化整为零，分散隐蔽，保存力量，以待时机。暴露了的党员亦迅速疏散，曲江党组织暂停活动。此时，梁展如率领七八人枪，留在曲南山区，坚持游击斗争，保存了精干的武装力量。

1947 年 6 月间，梁展如遵照香港分局关于"重搞武装斗争"的指示，在家乡组织起一支 10 多人枪的游击队，秘密到翁源何俊才部队驻地金竹坑，接受一个多月的军事训练。回来后在曲南一带活动，不久，队伍发展到 30 多人枪。7 月中旬，梁展如与翁江支队的飞虎大队长汤山直接部署和指挥，率队夜袭沙溪乡公所，一举成功，俘敌 38 人，当场处决民愤极大的催征员李某，解救出 30 多名被抓的壮丁，缴获长、短枪 30 多支，焚烧了户口册和田粮簿。次日，又夜袭国民党军副师长罗某的南华农场，击毙敌军官一名，俘敌 20 余人，缴获长、短枪 30 多支，子弹 3 万余发，手榴弹数箱和大批物资，还破仓济民。接连两次的胜利给国民党曲江当局以沉重的打击。

8 月下旬，曲江河西部队在乌石蒙里东渡北江与梁展如的武装会合，开往沙溪凡洞。根据五岭地委的指示，两支部队合并组成曲江县人民解放大队（又称"曲南大队"）。梁展如任大队长，何远赤任副大队长，杜国彪兼任政委。曲南大队共 60 多人，50 余支枪，由粤赣先遣支队代管。这支队伍经过一个月左右的休整，政治思想觉悟和军事素质得到很大的提高，战斗力大大地加强了。然后，深入山区发动群众，开辟新的游击区。梁展如为此呕尽了心血。

1947年底，国民党加强了对粤北游击区的"围剿"和"扫荡"。为了有利于对敌斗争，1948年初，支队领导决定把曲江县人民解放大队一分为二，梁展如调北江第一支队司令部工作，参加翁始曲工委，任委员。8月，曲南大队的大部编入北江第一支队三团，梁展如担任副团长，转战在曲、翁边境山区。他经常利用战余时间给战士讲穷人翻身解放靠革命的道理，讲未来的社会发展，讲社会主义和共产主义的美好前景，使革命真理在广大指战员心中深深扎根。

1949年春节期间，因儿子梁双于1948年7月不幸被捕而一直没有消息，梁展如特回家来见孑然一身的老母亲（此时妹妹已出嫁）。当母亲问及孙儿的情况时，梁展如强忍内心的悲楚安慰母亲说："妈妈，革命总是会有牺牲的，我们家早就作了这样的牺牲。很快就会解放了，国恨家仇我们一定要报的！"

为革命献身

1949年农历二月二十一日，北江第一支队三团在翁源铁石径遭到数倍敌人的"进剿"。由于敌众我寡，部队边打边撤，两天后到达翁源南浦黄竹坪上斜村。正当指战员们精疲力竭，就地休息的时候。翁源县保安团500多人借着大雾跟踪而至，包围了上斜村。梁展如正身患疟、痢两疾，周身无力。他带病指挥突围，和通讯员刘金明最后撤离，在渡过村边小河后，已筋疲力尽，终未避脱敌人的搜捕。

梁展如被捕后，报了个假名"林文书"，并叮嘱同时被捕的七八位同志严守秘密。后因叛徒出卖而暴露了身份，遭到敌人的严刑拷打，他始终坚贞不屈，被敌人残杀，年仅48岁。

（谭始安）

廖鸣欧（1902—1949）

——"粤东起义"功败垂成

廖鸣欧，字伯鹏，广东省兴宁县人。

- 1902 年，出生。
- 1921 年，云南陆军讲武堂第十五期步兵科毕业，历任李福林、李济深、张民达部教练、营副、营长等职，后升为徐景唐部团长、旅长兼潮梅警备司令。
- 1929 年，因反蒋失败出走日本、法国、德国考察军事。
- 1936 年夏，策动反对陈济棠发动六一事变，逼使陈济棠下台。
- 1937 年八一三抗战爆发后，任薛岳第一兵团司令部副参谋长。授少将衔。
- 1939 年，调任湖南军管区副司令和耒阳警备司令。
- 1945 年，任广州日本战俘管理处处长。
- 1948 年秋，任广东省惠州行政区督察专员兼保安司令。
- 1949 年 5 月，密谋起义失败。6 月 3 日，被杀，时年 47 岁。

1949 年 5 月底，国民党广东省惠州行政区督察专员兼保安司令廖鸣欧密谋起义投靠中国共产党，为部下李唐俊、徐东来所出卖，于 6 月 3 日被广东省反动政府主席薛岳所杀害。

·········○ 习武从军 ○·········

廖鸣欧，字伯鹏，广东兴宁人，约生于 1902 年。少年时代因家贫，曾随伯父廖衍甫往英属马来亚谋生。他看到当地华侨和马来亚人民备受帝国主义者的压迫、剥削和欺凌，愤慨异常，因而产生了爱国反帝思想。他托老同盟会员张杜鹃介绍，回国入云南讲武学堂学习军事。1921 年在该校步兵科第十五期毕业后，回到广东，先后在大本营所辖的李福林部福军、李济深部粤军第一师和张民达部粤军第二师任教练、营副、营长等职务。他积极训练部队，提高作战能力，参加讨伐东江陈炯明战役，所向有功。国民革命军北伐时期转任钱大钧部第二十师的副团长、团长兼漳州警备司令。此时，他抑制豪强，清剿土匪，博得当地民众的好评。其后转任徐景唐部第五军的团长、旅长兼潮梅警备司令，在绥靖地方、维持治安方面，也颇有成绩。1929 年初，蒋介石厉行独裁，借编遣军队之名排斥异己，造成了大规模的内战。廖鸣欧在粤东参加了第五军的反蒋运动，并以潮梅警备司令名义，通电指斥蒋介石祸国殃民的罪行。反蒋失败后，他即往日本、法国、德国考察军事，后取道苏联返国，进入北平陆军大学作旁听生，力求深造。

1931 年九一八事变后，上海局势日趋紧张。他为救亡雪耻，弃学南下，任第十九路军七十八师参议，曾参与 1932 年一二八淞沪对日抗战的部分战斗。以后，在福建任师军士教导队主任，负责训练基层干部。不久他转任第四军五十九师参谋长，训练部队，团结同胞，提高士气，多所尽力。1936 年夏，他主动到香港派人策动同学、陈济棠部团长黄世途、练惕生、张威等跟余汉谋一起，反对陈济棠发动六一事变，事成身退。

1937 年八一三抗战爆发后，廖鸣欧调任薛岳第一兵团司令部副参谋长，参加上海战役、赣北战役，对作战方案他提出不少独特的见解和建议，做出一定的贡献。1939 年，他调任湖南省军管区副司令兼耒阳警备司令，在职数年，勤勉工作，公私分明。1945 年抗战胜利后，任广州日本战俘管理处处长，直至日本战俘遣送完毕为止。

廖鸣欧素性倜傥旷达，忠恕待人，路遇不平辄挺身而出。因此，各阶层人士都乐与之往来，誉伊为正义之士。

"粤东起义"功败垂成

1947年秋，廖鸣欧目睹蒋介石勾结美帝国主义发动全面内战，恢复征兵、征粮，滥发通货，弄得民不聊生，加以特务到处迫害进步人士，甚是愤恨。他便在汕头与莫希德、练惕生、林君勷、李洁之密商，设法取得一部分军政实权，进行反蒋。经过多方活动，虽未能成事，但他矢志不渝，坚持继续筹划。至1948年秋，宋子文主粤，他才得到孙科的介绍，出任广东省惠州行政区督察专员兼保安司令。于是他积极联系闽西行政区专员李汉冲和潮州行政区专员莫希德，准备起义反蒋。为了加强力量，又与肖文、李汉冲等商请第四军宿将、前湖南省政府主席吴奇伟出任闽粤边区"剿匪"总指挥，以统一行动。因受军统特务头子喻英奇、张炎元、谢镇南等的牵制而作罢。虽未能达成目的，亦足见其志虑恢宏。

第二年，即1949年3月下旬，李洁之受命为梅州行政区督察专员后，廖鸣欧即来广州和李洁之磋商，认为此时蒋介石的主力部队已先后在东北和淮海地区被消灭，长江以北大部分地区已被中国共产党解放，蒋被迫下野，若仍仅以反蒋为宗旨已不能适应时局的发展。因此，必须进一步组织起义，主动接受中国共产党领导，配合解放大军彻底消灭蒋的反动势力，解放中国，才符合全国人民的愿望。李洁之深表赞同。廖鸣欧随即将他在香港与中共中央华南分局负责同志接洽的经过，以及决定联合粤东及闽西各行政区的旧军政人员共同行动等情况告诉李洁之，李洁之听后极为兴奋。

6月上旬，中共派黄声到兴宁召集有关各方会议，商定共同行动的计划和步骤，决定待南下解放大军进至闽粤边境时一起起义，以打击国民党在华南的反动势力，并加速福建、广东的解放。廖鸣欧对此表示坚决贯彻执行，义无反顾。

此前5月，解放大军已经渡过长江天堑，以破竹之势解放了南京、南昌，分兵进攻上海、杭州。驻粤东的省保安第十三团团长曾天节、省保安第十二团团长魏汉新、省保安独立第一营营长蓝举初等，又已分别与粤赣湘边区、闽粤赣边区游击队取得确切联系。这时广东反动当局头子薛岳的进逼又已加紧。在此形势下，各方便于5月中旬分别在各驻地宣布起义，原先与李洁之已有联络的闽西的李汉冲、练惕生接着行动；莫希德、廖鸣欧因未准备就绪，未能同时行动。

李洁之等起义后，由于河源、紫金尚有国民党军队葛先材的一九六师的阻隔，廖鸣欧无法与李洁之继续联系，乃直接写信给住在香港的叶剑英的胞妹叶才英，代请中共中央华南分局派人前往指导他的行动。这封信是由他的主任秘书李唐俊递送的。殊不料李唐俊原是假献殷勤的内奸，他持信转往广州，先向薛岳告密，借以邀功，然后再去香港递交信件。这是廖鸣欧致死的原因之一。

廖鸣欧为了加速起义行动，于5月底电约驻樟木头的省保安第八团团长徐东来到惠州面商起义问题。徐东来原是徐景唐第五军的副官，与廖鸣欧本有同事旧谊。在参加粤东反蒋失败后，多年以来廖鸣欧都给他以关怀照顾，经常在生活上接济他和帮他找工作，以至取得团长的职位，满以为可寄心腹，共同致力于革命事业。所以当与徐东来见面时，廖鸣欧只用很简单的语言，要徐东来将所部队伍以营为单位集中在樟木头附近待命。徐东来问："司令，这是为什么？"廖鸣欧很爽直地举起左手拇指说："阿哥要'栋旗'（客家话，揭竿起义的意思），你回去即刻准备行动吧！"徐东来于6月1日回到樟木头后，不但没有下令调动部队到指定地点集中，反而分电向广东"绥靖"主任公署、广东省政府、广东省保安司令部告密说："廖鸣欧就要跟李洁之造反，要我一齐投向共产党方面去。"这是廖鸣欧致死的原因之二。

廖鸣欧多年以来都是跟薛岳工作的，公私关系不浅。抗日战争中期，廖鸣欧在湖南省任军管区副司令兼耒阳警备司令时，薛岳是第九战区司令长官兼湖南省政府主席和湖南省军管区司令。由于薛岳远驻长沙，军管区司令部事务全由廖鸣欧负责办理。有一次廖鸣欧出发湘西视察业务，薛岳偏信钟伟汉的谗言，说什么部内某人能力薄弱、某人做事不大负责、某人有不良嗜好。薛岳没有经过调查研究，也没有征询廖鸣欧的意见，便根据钟伟汉的一面之词，马上下令撤除军管区司令部上、中校职员徐进、孙锡康、陈伯华、方国矩、林道生等10人的职务。廖鸣欧回部后，得知此情，乃为该部职员抱不平，据理力争，但无结果。廖鸣欧深感薛岳是非不明，赏罚不公，完全是要别人做他的奴才；亦感到难以推进工作，再干下去就会空招愆尤，于是一面打报告呈请辞职，一面回乡休养。薛岳从此怀恨在心，时思有以惩罚。

薛岳任广东省政府主席时，廖鸣欧是他所属的行政区专员，狭路相逢。薛岳得到李唐俊的告密后，即动杀机。至6月2日看了徐东来的电报，以廖鸣欧"造反"证据已足更具决心。既不与广东"绥靖"主任余汉谋、陆军总司令张发奎商量，也不考虑法律手续（省主席没有军法权），便于6月3日清早先打电话给保安第三师师长黄保德，要他派兵收缴廖鸣欧驻淡水的直属部队的枪械，然后再打电话给驻惠州城的第五十四军军长邓春华，严令将蓄意"造反"的廖鸣欧立即逮捕，就地执行枪决。邓春华平日与廖鸣欧颇有交情，况且他是行政区专员，非同小可。由于没有取得罪证和经过审问手续，所以邓春华不肯动手。至上午9时，薛岳又打电话催邓春华赶快办理，并要派兵围缴专保公署的保安连军械和将全体官兵一律扣押起来，听候法办。此时，邓春华才不得不请廖鸣欧到他的军部去，说明情由并嘱廖鸣欧写信给张发奎、余汉谋，请为营救。然后，派兵去收缴专保公署的枪械，并电复薛岳，但不同意将廖鸣欧处决；而请薛岳派人来惠州，将廖鸣欧提解回广州审办。

至此，薛岳遂即派省政府参议邓挥乘车前往提人。邓挥于当日下午4时左右到达惠州城邓春华的军部，将廖鸣欧提出加上脚镣，没有经过审问，也没有宣布罪状，用汽车载至惠州城南门外西湖边的飞鹅岭，便令廖鸣欧下车，依照薛岳的指示，命刽子手何全标将廖鸣欧执行枪决，陈尸路旁而去。群众闻之多为痛惜，廖鸣欧牺牲时年仅47岁。

追认为革命烈士

廖鸣欧组织起义，投靠共产党，意欲一举断截广九交通，以冀加速广东省反动政权的灭亡。可惜他对政治斗争的残酷性认识不足，对自己部下的真实情况了解不够，以致为部属李唐俊、徐东来两个极端反动分子所出卖。加上薛岳是个残暴成性、睚眦必报的家伙，既不讲情理，也不顾法律手续。廖鸣欧遂遭杀害，凡此都足以说明国民党反动派到了穷途末日的时候，更加凶恶，不愿轻易放过一个进步人士。

廖鸣欧殉难后，其遗体由张友仁派人备棺收埋于飞鹅岭山地边。新中国成立后，得到中国共产党和人民政府的怀念，追认为革命烈士，潜德功烈获得表彰。

1978年8月，广东省政协主席尹林平同志主持廖鸣欧烈士追悼会，与会亲友 200 多人不胜哀思。会后将其骨灰安放于广州银河革命公墓。

• 英烈精神 •

倜傥旷达，忠恕待人，路遇不平辄挺身而出的人格魄力；是非分明、深明大义的革命者本色。

（李洁之）

刘　成（1927—1949）

—— 揭西县革命英雄战士

刘成，广东省揭西县塔头区锦龙村人。

- 1927 年，出生于一个贫苦农民家庭。
- 1947 年，坚决奔走革命路，誓为人民求解放。
- 1948 年，任二支第三团二中队里一个班的副班长。同年夏季，随第八大队活动于卅岭、塔头一带游击区，与人民群众打成的一片。
- 1949 年 2 月，保卫河婆解放区。4 月，黄岐山赤鼻岭一役光荣牺牲，时年 22 岁。

翻开揭西县革命英名录，
刘成的名字多么耀眼注目。
啊，他是一位英雄的战士，
用自己的青春、鲜血铺开革命的胜利路。
光荣的事迹传遍大北山啊！
谱写的青史千秋铸。

贫苦的少年时期

1927年，刘成出生于广东省揭西县塔头区锦龙村一个贫苦农民家庭。父亲名叫刘梁，是村中一位勤劳俭朴的老实农民。刘成在幼年时，母亲杨建来因病去世。后来，继母生下一个妹妹及三个弟弟。

在国民党反动派统治的黑暗社会里，刘成家贫如洗，上无片瓦，下无插针之地。全家七口住的是一间破茅屋，租耕别人的田，受尽压迫和剥削。1943年，天灾人祸，全家人饿得面黄脚肿，挣扎在死亡线上。为了活命，父母含着泪忍痛割爱，把年仅12岁的女儿刘木花卖给安仁寨陈汉东家当童养媳。

刘成少年时期在本村一所小学读书，因为家庭穷得揭不开锅，没法交学费，读到四年级就停学了。刘成看到家里人整天吞糠咽菜，他泪如泉涌。为了减轻家庭负担，少张嘴争饭吃，他长期住在好朋友刘俊英的家，白天帮他干农活，夜里睡在田间草寮帮着看守青苗。

刘成有一把力气，可是在国民党反动派统治的社会里暗无天日，英雄无用武之地。家里租种凤潮人的二亩多低洼水田，经常受浸，全家大小干死累活，割起禾头也是无米煮，穷困的家境使刘成渴望穷人能过上自由幸福的生活。

投身革命斗争

1947年冬，揭西县的地下党同志经常在塔头一带活动。当时，潮汕人民抗征队有一个女同志，名叫林史野。她经常和一位姓周的男同志到塔头锦龙一带活动，常住在刘俊英家。他们以亲戚为名，白天帮着干农活，晚上跟刘成讲穷人为什么会穷、富人为什么会富的道理。在林史野和周同志的教育下，刘成提高了阶级觉悟，懂得了许多革命道理。他想："穷人要出头天，翻身解放做主人。只有跟着共产党闹革命，才能推倒帝国主义、封建主义、官僚资本主义三座大山。"因此，他下了铁心，坚决奔走革命路，誓为人民求解放。

1948年6月的一天，大雨倾盆，洪水泛滥，他利用这个机会，身披棕衣，头顶竹笠，乘着刘俊英的船到解放区寻找抗征队。到了顶埔，第八大队的领导李凤来到堤岸，把他接到部队。

一个从苦水里泡大的汉子能参加到革命行列中去，心里是多么高兴、多么激动啊！他两眼流着热泪，向首长表示："我一定要为穷人求解放，革命到底！"刘成自入伍那天就开始刻苦学习文化，练习杀敌本领，严格遵守纪律，工作任劳任怨。同时，他团结同志、关心同志，同战友们心连心。不久，他被提任为二支第三团二中队里一个班的副班长。

关心同志，团结群众

1948年夏季，第八大队活动于卅岭、塔头一带游击区。每当部队行军到目的地宿营，刘成便主动向当地群众借来谷苫、席子铺地板，熏蚊子，想办法让大家睡个好觉。有一次，部队来到塔头顶埔，刘成了解到班长陈瑞家租种地主两亩多地，劳力缺乏，便利用空余时间帮助陈瑞家割稻子、种番薯。陈瑞的母亲感动得热泪盈眶，对着儿子陈瑞激动地说："俺们感谢部队同志的关心帮助，孩子你在部队别顾虑家庭，要一心干革命，勇敢打敌人！"

在部队里，一事当前，刘成总是要先考虑到革命的利益。有一次他病倒了，发高烧达40℃，部队卫生员要给他打退热针，可是他却摆着手说："谢谢你，我是伤风感冒不用打针，服几粒药片和草药就行了，现在部队缺医少药，要把这些贵重的药品留给抢救伤员时用。"卫生员听他这么说，只得把注射药放回原处，一双敬佩的眼光久久凝视着这位处处为革命着想的好班长。

人民的队伍不单是个战斗队，而是一个工作队，走到哪里就跟哪里的人民群众打成一片，建立鱼水之情。一天夜里，部队和村民联欢，内容是反映保卫解放区秋收，有演剧、跳舞、唱革命歌曲，节目形式多样，短小精练。

刘成虽是文化水平不高，又是个沉默寡言的人，但是为了宣传革命道理，发动群众保卫秋收，密切军民关系，他也积极参加演出。他扮演《桃花过渡》的划船老伯，演得惟妙惟肖，还和群众一起跳舞，跳得那么轻松、那么欢乐，整个晚会从始至终都充满着军爱民、民拥军的团结气氛。这种氛围感动了村里的年轻人，第二天，村里有两位青年到部队迫切要求参军。

袭击金坑联防

1948 年 8 月 15 日凌晨 1 时左右，第八大队在两个短枪队的配合下，袭击金坑联防。二中队负责掩护的任务，刘成带领全班战士隐蔽起来，准备随时阻击基督教堂的敌人。他和战友们仔细观察，时刻注视敌人的动静，严密掩护着短枪队和一中队进入国民党联防驻地祠堂大厅。突然间，祠堂里枪声大作，土炸轰鸣，国民党联防队特中队长林兴道和 50 多个联防队员被部队俘虏。驻基督教堂的敌人马汉初部闻讯，慌忙用火力增援，刘成与二中队战士们用火力压制敌人，使敌不敢出动，龟守原来阵地。经过 20 多分钟的激战，二中队胜利完成掩护一中队和短枪班袭击金坑联防的任务，是役缴获长、短枪 38 支，子弹 2000 余发，并烧毁全部"三征"簿册、田赋册。

击退宝安十六团

1948 年 12 月初，敌方宝安十六团 800 多人配备良好的武器，从普宁出发经揭阳三区的大溪乡，往河婆一带窜犯，到了坎头圩他们胡作非为，烧杀抢掠，肆意残害百姓。驻灰寨后埔村的第八大队接到情报后，即速翻山直插坎头圩。坎头圩三面环山，南靠榕江，第八大队在东、西、北小山头摆好战阵：第一中队以东面山头为阵地，封锁敌人出圩门的道路，并随时从南面沿岸向圩内机动；第二中队占领坎头西北侧小山，承担阻击向圩内冲击的敌人，并随时向前机动；第三、第四中队居于坎头圩北侧小山，随时准备支援第一、第二中队作战。上午 11 时，敌人被包围成了瓮中之鳖，部队集中火力，给予狠狠的打击，敌人惊慌失措，乱作一团。后来，200 多名敌兵在六〇炮一阵轰击和轻重机枪猛烈扫射后冲出圩门，一连发起三次冲锋，向第一中队阵地猛扑过来，并进行了反包围。就在战斗的关键时刻，第二中队为转移敌人的目标，吹起冲锋号，佯装冲锋，吸引敌人兵力，用密集的火力对敌人压制射击，掩护第一中队撤退。刘成一听见冲锋号响，一边朝敌人开枪，一边向战士们挥手高喊："同志们冲啊！"战士们个个斗志昂扬，跟着刘成勇敢地向敌人冲杀下去。果然，敌人集中火力对付第二中队的冲锋，在第三、第四中队的紧密配合下，掩护了第一中队安全撤退，迅速向山地转移，敌方在第八大队严重打击下，狼狈退回钱坑。

保卫河婆解放区

1949 年 2 月，河婆解放。为了保卫解放区，防止敌喻英奇部的反扑，三团部队驻扎河婆中学，在象山顶上挖筑工事，积蓄水源，准备迎击敌人。水要到山下去挑，每次都要在一条 100 多级石阶和几道弯曲的陡坡上爬上爬下，来回得花半个钟头。每次挑水上山，刘成总是一马当先。

刘成入伍不久就参加尖山的战斗，接着又参加赤告、坎头、五云卅岭等 10 多次战斗。每次战斗，他都表现出不怕牺牲的革命精神。

牺牲于赤鼻岭一役

1949 年 4 月 26 日，喻英奇调保安十六团唐强中部、揭阳自卫总队两个中队及地方武装 1000 人左右，兵分两路进犯梅北山区。战场设在旗盘山后的赤鼻岭。旗盘寨后有四条坡度不大的山龙，层叠上升至主峰赤鼻岭，当时三团部队已抢先占领山地，敌还在旗盘寨内。敌人在强大的火力掩护下，集中火力向部队阵地正面发起进攻。在敌强我弱的情况下，部队不跟敌人死打硬拼，在前沿三个山头作一般阻击，我方 100 多人利用第四个山头的有利地形，隐蔽在赤鼻岭原有战壕里。刘成带领五名战士占领第一个山头，距敌正面攻击最近。敌蜂拥而上，三面包围刘成等坚守的阵地，为了掩护 10 多位后勤人员撤退，刘成带领全班战士死守阵地，奋力阻击敌人。敌人冲上山来，边冲边喊："捉活的，捉活的。"在这危险的时刻，刘成一边向敌人开枪，一边指挥大家赶快撤退到第二个山头。就在这个时候，一颗敌弹击中了他的腹部。他咬着牙，强忍着伤痛，"唰"地腾起身狠狠地向眼前的敌人开枪射击。卫生员和林三见到刘成受伤，连忙上前护救。他推大家说："你们别管我，快撤退。"吴彬和林三用力把刘成从阵地拉下来，两人搀扶着他上山。刚走几步又一颗敌弹击中刘成，刹那间，伤口的鲜血像泉水般冒出来。刘成回首用仇视的眼光望了一下敌方，推着身边的两位战友说："同志，我不行了，把我的枪背走，快，快撤退抢占山头！"

黄岐山的赤鼻岭一役，部队打了一个漂亮仗，击毙击伤敌人数百名，缴获枪支军用品一大批。这次胜利是许多同志用生命和鲜血换来的。刘成就是在这场激烈的战斗中牺牲的一名战士，刘成牺牲时年仅22岁。

英烈语录

"穷人要出头天，翻身解放做主人。只有跟着共产党闹革命，才能推倒帝国主义、封建主义、官僚资本主义三座大山。"

"我一定要为穷人求解放，革命到底！"

英烈精神

刻苦学习文化、练习杀敌本领的勤奋好学习精神；严格遵守纪律的自律精神；工作任劳任怨的无私精神；团结、关心同志，同战友们心连心的团结友爱精神；临危不惧的牺牲精神。

（张其德）

罗　汉（1919—1949）

—— 为革命流尽最后一滴血

罗汉，又名罗宗惠、罗云飞，广东省信宜县人。

- 1919 年，出生于一个贫农家庭。
- 1945 年，在信宜仿林中学高中毕业。
- 1946 年，考入广州大学政治经济系。后来又考入教育部广州师资训练所乙组学习。
- 1947 年夏，在南海县夯夏小学当教师。
- 1949 年春，秘密回到故乡信宜，参加革命武装斗争。7 月初，被任命为手枪队代理指导员。同年 8 月，加入中国共产党。同年农历八月十四日，在龙湾头伏击国民党县自卫队战斗中，不幸中弹牺牲，时年 30 岁。

积极参与革命斗争

罗汉，又名罗宗惠、罗云飞，1919 年出生于信宜县北界镇东岸村（现罗汉村）的一个贫农家庭。童年在家放牛砍柴。稍长，入学读书。1945 年在信宜仿林中学高中毕业。他在仿林中学读书期间，受到革命思想的影响，积极追求革命真理。他非常俭朴，家里给他很少的生活费用，也要节约下来购买进步书报。1946 年，他考入广州大学政治经济系，有机会接触更多的进步人士，思想进步更快。由于经济拮据，在大学里只读了两学期就被迫停学了。后来又考入教育部广州师资训练所乙组学习。此时，他积极寻找革命组织。在训练所结业后，经同学罗良介绍，于 1947 年夏到南海县豸夏小学当教师。从此，他以教师身份作掩护，秘密参加革命工作。1949 年春，根据革命斗争的需要，他秘密回到故乡信宜，参加革命武装斗争。3 月初，他与当地的革命同志张虎、汤志道、梁鉴轩等取得联系。不久，他参加长春区武工队工作，冒着生命危险和其他同志一道穿梭于本县的北界、东镇、金垌、池洞、安莪、镇隆、高坡以及广西北流、容县等边界地区，发动群众参加革命，开展对敌斗争。在他们的宣传、发动下，很快就有 30 多人参加革命队伍。7 月初，长春区委组建一个手枪队，收缴地主和团丁的枪支弹药武装自己，罗汉被任命为代理指导员。

参加中国共产党

手枪队在李雄、罗汉的指挥下，神出鬼没地打击国民党的乡兵和县自卫队。1949 年 8 月 5 日，在长春区委的指导下，罗汉率领的队伍在木垌打了一场漂亮的伏击战，击毙反动保长陈蔚寿，俘敌 11 名乡丁，缴获长、短枪 16 支，各种子弹一批，给嚣张的乡兵以沉重的打击，使这一带山区变成了游击活动的红区。

后来，组织根据形势发展的需要，又把罗汉领导的革命队伍改编为突击队，进行筹措粮饷和枪支弹药工作。很快就在庄垌、双垌、礼垌、樟琉、六云、六训、石砚、高坡、良垌等地筹到 400 多担粮食，收缴枪支弹药一大批，有力地支持了区中队和主力部队，为迎接解放做了物质准备。在此期间，罗汉经张虎、汤定志介绍，加入中国共产党。

在伏击战中英勇牺牲

1949 年农历八月十三日晚，罗汉率领突击队开赴六问南，准备把梁赞光所在的反动乡公所拔除。当行军到龙湾头时，突击队活捉到该乡通讯员，经审问后得知，由刘忻守带领的国民党县自卫队已开到大堡潘屋祠堂，计划在天亮前到大山肚和樟琉一带"围剿"突击队。罗汉即将情况报告上级，准备伏击敌人。十五团副团长刘绍兰和区中队长何超立即召集会议，布置战斗任务。罗汉率领的突击队 20 多人负责在隔河的左边山上作配合。

天刚亮，敌自卫队和乡兵 130 多人大摇大摆地开过来了，不久，他们就进入伏击圈。顿时，战斗打响了，用步枪组成的排子枪弹像轻机枪声一样猛烈地飞向敌人，主力部队马上派出一个突击组冲过去。霎时，敌人像一窝蜂似的乱起来了，敌中队长刘忻守被打伤了脚，官兵慌成一团，都把枪丢在山边潜藏起来。突击组乘机冲过河去，眼看部队就要缴枪捉俘虏了。可是，埋伏在右边山路的主力部队打过一阵后，一摸子弹少了，而且有一些枪弹打不响，枪又是土货"单锥"的多，打不上几下，有时枪栓就拉不动了。敌人听见枪声稀疏就立即进行反扑。就在这时，罗汉看见敌人的火力挡住右边突击组的进路，立即带领突击队员曾培棠冲过去，企图抢夺敌人摆在前面的轻机枪，用来消灭这股敌人。不料冲到半山，曾培棠就中弹牺牲了。接着，罗汉也不幸中弹倒在血泊里。罗汉知道自己不行了，但为了革命的利益，还挣扎着把衫袋里藏着的文件和有关革命活动的资料拼命撕破和咬烂，大口大口地吞进肚里，以免落到敌人手中。不久，队伍在刘副团长的领导下终于打退了敌人。最后，部队退出了这个山头。农历八月十四日，罗汉为革命流尽了最后一滴血，牺牲时年仅 30 岁。

罗汉牺牲后，凶残的敌人竟砍下他的头颅挂在石砚以示众。敌人仍不罢休，又派兵去洗劫罗汉的家，财产被抢走，房屋被烧光，幸好其亲人已提前转移，才免遭杀害。

敌人的凶残更加激起人民的反抗，不久，信宜解放，人民政府镇压了杀害罗汉烈士的刽子手。

为永远缅怀先烈的功绩，信宜县人民政府作出决定，将罗汉烈士的家乡易名为罗汉乡。

英烈精神

为革命流尽最后一滴血，面对死亡严守党的秘密的革命精神。

（杨常青　罗宏宇）

罗　志 (1915—1949)

—— 为新疆人民的解放事业而奋斗

罗志，原名罗长生，广东省高明县人和区园岗村人。

- 1915 年，出生于一个商人家庭。
- 1929 年，考入哈尔滨特区中学。
- 1932 年 9 月，弃学从军，参加东北民众救国军，编入学兵连，开赴前线。
- 1933 年，考入新疆军官学校，旋即转学新疆学院法律系。
- 1935 年夏，被选送去苏联塔什干医学院学习。
- 1938 年夏，新疆学院政治经济系毕业留校，任训育处体育教员。
- 1939 年，调去省蒙古哈萨克简易师范学校，任训育主任兼学校反帝分会干事。
- 1940 年，调到阿山哈巴河县，任教育局长。
- 1945 年冬，参加新疆共产主义同盟。
- 1946 年 7 月 1 日，领导发动新疆第一次工人大罢工，并取得胜利。
- 1947 年 2 月 21 日，民主革命党宣告成立，当选中央委员，兼任迪化区委书记。
- 1949 年 8 月 20 日，接到参加新政协会议的邀请，为新疆代表之一，出席将于 9 月在北平召开的第一届全国政治协商会议。8 月 27 日，在苏联外贝加尔山上空遇难，不幸牺牲，时年 34 岁。

罗志，原名罗长生，广东高明人和区园岗村人。1915 年出生于一个商人家庭。他幼丧双亲，由大母抚养成人。1923 年，罗志在本村罗家祠读私塾。1924 年改作叔父罗信枝的养子，随迁吉林省长春市读小学。1929 年考入哈尔滨特区中学。

参加东北民众救国军

九一八事变后，东北沦陷。罗志和 3000 万东北同胞生活在水深火热中。从此，人民欲耕不能，学生欲学不得。对此，罗志气愤难平。

1932 年 9 月，罗志在东北人民抗日的洪流中毅然弃学从军，瞒着养父参加了爱国将领苏炳文组织领导的东北民众救国军，编入学兵连，开赴前线。苏部由于孤军出击，困难重重，因此于 1933 年春潜入苏联，后转驻新疆迪化（今乌鲁木齐市）。

积极参加抗日宣传活动

罗志随队抵达迪化后，考入新疆军官学校，旋即转学新疆学院法律系，1935 年夏，被选送去苏联塔什干医学院学习。因被人诬告，监解回疆，公安管理处以"不安分守己学习，图谋不轨，行为恶劣"为由，将其关禁于迪化第二监狱。半年后无罪释放。出狱后，执盛世才"严密监视，以观后效"律谕，入新疆学院政治经济系第一班学习。

罗志在就读政治经济系时，深受系主任、学院教务长林基路（共产党员）言传身教的影响，初步学习了唯物主义、阶级斗争、社会主义、共产主义的科学道理，坚定了革命的信念。

罗志爱好诗文，擅长歌舞，吹拉弹唱样样皆能。他积极参加校方组织的抗日宣传活动，是院系知名的活跃分子，且被吸收为新疆反帝联合会会刊《反帝战线》重点撰稿人。

惨遭诬蔑入狱

1938 年夏，罗志毕业留校，任训育处体育教员。

1939 年，罗志调去省蒙古哈萨克简易师范学校，任训育主任兼学校反帝分会干事。他工作繁忙而劳累，但毫无怨言，且成绩优异，很受师生好评。

1940 年，他调到阿山哈巴河县任教育局长。一年后又要求调回新疆学院。因学校训育主任对罗志诸多干扰和非法监视，使他很难开展工作。他便主动要求调去老校友李国枢当县长的承化（今阿勒泰）县工作任训育主任。新婚妻子奥莉和带来的男孩一同迁居。不久，被一个妒能嫉贤的县教育科长再次诬告。1943 年夏，李国枢、罗志被新疆公安管理处以政治案犯捕押迪化。同年秋，李国枢被处以绞刑。不久，诬告罗志的教育科长贪污案发，与罗志同禁一狱。李国枢、罗志一案原本就是那个教育科长炮制的一宗冤案，经盛世才审批，处决了教育科长，释放罗志。

参加共盟

罗志再获自由本该高兴，但不幸的是妻儿在其收狱期间，生活无着而遁逃苏联，更不幸的是诬告罗志的政治案材料未毁，被新疆公安管理处打上"A"字样存档，留下了不测和灾难。

1944 年 2 月，罗志与杜秀贞结婚。

1945 年 5 月，盛世才组织"阴谋暴动案"大逮捕，罗志的"A"字政治案材料又被抖弄出来，他第三次被捕入狱。12 月，经国民党中央特种案件审判团政治法庭审理裁决，"阴谋暴动案"大部分涉嫌青年学生无罪。1946 年春，罗志获释出狱。他决心不再在国民党政府里任职。于是，偕同妻子设点摆摊，以求生计。

1945 年冬，罗志参加了新疆共产主义同盟（简称"共盟"）。从此，他政治上有了依靠，斗争的方向更加明确了。

任民主革命党中央委员

1946 年 3 月，共盟在迪化南梁罗志家中秘密聚会，决定由李泰玉、陈锡华、禹占林、于江志和罗志五人组成领导小组，罗志分管宣传工作。后经三区（伊犁、塔城、阿勒泰）革命领导人之一阿巴索夫和涂治两人介绍，加入中苏文化协会新疆分会（简称"文协"）。他利用文协的公开合法身份，筹办了文协图书馆，收藏马列著作，宣传革命思想，为以后在迪化普建共盟支部打基础。

1946年7月1日，新疆成立联合政府，加紧了镇压革命运动的步伐。共盟核心领导小组经过认真分析，作出了发动新疆第一次工人大罢工的决定，以回敬国民党的罪恶行径。罗志认为，这是一件非同寻常的大事，计划必须周全、具体。结果，经过三天较量，当局被迫当场补发拖欠的工资。罢工胜利结束，谱写了新疆工运史上光辉的一章。

伊犁人民革命党主席、国民代表大会代表阿巴索夫是林基路的学生，政治开明，容共爱国。共盟领导人与他会晤。双方一致认为，应携手合作。阿巴索夫在南京时，会见了董必武，1947年1月14日回到迪化，传达了中共中央的指示精神。罗志等人提出筹创民主革命党的动议，获一致赞成。2月21日，民主革命党宣告成立，阿巴索夫为主席，艾斯海提、李泰玉为副主席，罗志当选中央委员，兼任迪化区委书记。该党明确宣布，其宗旨是推翻国民党的反动统治，完成民族民主革命。

积极开展革命宣传

1947年5月10日，麦斯武德出任新疆联合政府主席，他勾结乌斯满进犯阿勒泰根据地，妄图一举消灭三区进步势力。9月，民主革命党迪化区委成员禹占林、于江志等11人被捕。罗志即时召开紧急会议，分析敌强我弱的形势，讲明盲动劫狱的危害，决定区委暂停活动。一个月后又恢复了正常。

1947年下半年，全国解放战争迅猛发展。罗志根据实际情况，确定迪化区委应当发动群众，壮大队伍，配合全国迎接解放。他把工作重点放在学校，先后创建了省初级农校青年先锋队、省一中新共青年会等群众革命组织，团结了一大批进步的青年学生，驱逐特务文人，保护进步学者，捣毁青年服务社（反动组织），保护人权；创办《自由谈》《中学生》等进步刊物。这对促进人民的觉醒，团结人民，打击敌人，起了很好的作用。

罗志领导的迪化区委为推动与迎接革命高潮的到来，恢复出版了内部刊物《战斗》（原名《熔砂》），罗志等三人组成编委并为主要撰稿人。1948年12月他发表《群众组织的领导问题》，认为动员全国绝大多数人民参加民族解放斗争，是争取彻底胜利的关键。他在《我们的工作作风》一文中指出，热情而理智，活泼而沉着，勇敢而坚定，有恒心有进取心，理论与实践结合起来，是一个革命者的工作作风。他的《在群众革命中的宣传工作与教育问题》《一年来国际新形势》《在无产阶级领导下民主革命的世界观》等许多文章，对如何指导革命战争向正确道路发展、如何观察与分析时局的变化、如何教育人民树立无产阶级世界观，都作了明确的阐述。通过艰苦的工作，罗志争取新疆警备副司令赵锡光、保安副司令张凤仪和李栋、蒋云亭等要员站到人民一边来，制止了骑一师回防青海和一七九旅火烧迪化的计划，揭穿了国民党勾结帝国主义，策动"五马"（马鸿逵、马鸿宾、马步芳、马步青、马呈祥）会聚新疆，利用宗教势力建立"回教国"的大阴谋。

准备出席新政协，不幸遭遇空难

1949 年 8 月 15 日，邓力群到达伊宁。8 月 17 日，会见三区革命领导人，转达中共中央对三区革命和新疆各族人民的关怀，以及邀请新疆派 5 名代表出席将于 9 月在北平召开的第一届全国政治协商会议。经商定，罗志是代表之一。

1949 年 8 月 20 日，罗志接到参加新政协会议的邀请。8 月 22 日，偕夫人杜秀贞密抵伊宁，会合其他代表转赴北平出席中国人民政治协商会议。罗志等人一行乘坐的飞机于 8 月 27 日在苏联外贝加尔山上空遇难，牺牲时年仅 34 岁。

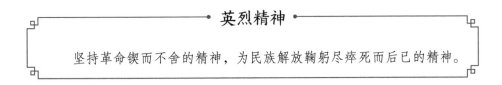

英烈精神

坚持革命锲而不舍的精神，为民族解放鞠躬尽瘁死而后已的精神。

（杨光民）

丘微艺（1924—1949）

——豪情满怀，对革命充满信心

主要生平

丘微艺，又名丘能，广东省阳山县人。

- 1924年，出生于一个农民家庭。
- 1942年，高小毕业，后考入阳山中学初中班读书。
- 1944年，参加抗日保家运动。
- 1945年初，投笔从戎，参加东江纵队青年干部训练班，后加入中国共产党。5月，在北江抗日同盟军西北大队何彬（何俊才）大队当政治战士。10月，南回翁源新江，隐蔽在太平东面群山中一个破旧的香菇厂。
- 1946年6月，被分配在粤赣先遣支队当政治服务员。
- 1948年冬，被任命为粤赣湘边纵队北江第一支队第四团钢铁连的政治指导员，奉命率领主力队到翁西新江一带开展活动。
- 1949年1月21日，为掩护战友安全，被敌人子弹击中牺牲，时年25岁。

加入中国共产党

丘微艺，又名丘能，1924 年出生于广东省阳山县杜步乡一个农民家庭。1942 年高小毕业后，考入阳山中学初中班读书。当时的阳山中学是中共地下党组织掌握的，校长、教务主任以及大多数教师都是地下党员，他们共同组成了中共阳山中学支部。此外，省委某领导同志也在该校隐蔽，直接领导着阳中党组织的活动。那时，阳中正是办学以来的兴旺时期，校风、教风、学风颇好，甚受社会赞誉。清远、英德等外地慕名求学者纷至沓来。学校党组织为了向学生秘密传播马列主义，灌输革命思想，经常组织学生参加宣传队，以唱歌、演戏等形式进行抗日宣传，并建立读书小组，传阅革命书籍，开展文艺评论。丘微艺满腔热忱参加各项活动，且勤学好问，经过老师的教育启发，他对共产主义无限向往。1944 年，日军进犯粤北，清远、英德沦陷，阳山形势岌岌可危，为了动员社会各界人士抗击日本侵略军，学校决定先把学生组织起来开展军事训练，成立抗日宣传队，然后分赴全县城乡动员群众组织武装，开展抗日保家运动。丘微艺在老师的带领下，返回家乡杜步出版墙报、唱歌演戏、刷写标语，以各种形式动员群众参加抗日，组织农村青年开展军事训练，准备迎击进犯的日军。1945 年初，阳中党组织根据上级指示，秘密动员一批进步青年学生到东江纵队参加游击队，丘微艺听到消息后十分兴奋，他毅然放弃了即将毕业升学或就职的机会，决心投笔从戎。他瞒着家中父老，告别乡亲，跟随老师从阳山到东江，沿途风餐露宿，冲破了蒋管区的道道封锁，历数风险到达博罗县罗浮山，参加了东江纵队青年干部训练班。学习期间，他刻苦认真，理论联系实际，思想觉悟迅速提高，很快就加入中国共产党。

北上遇困，隐蔽学习

1945 年 5 月，青干班学习结业，丘微艺被派返粤北，在北江抗日同盟军西北大队何彬（何俊才）大队当政治战士。在频繁的战事中，不论行军打仗或宿营站岗，丘微艺都牢记自己是共产党员，勇挑重担，乐于吃苦。8 月，部队从清远北上五岭，准备与八路军三五九旅会师。北上途中部队不断遭到国民党军队的围追堵截，战士们天天行军打仗，疲惫不堪，到达始兴后，又被敌人封锁于大瑶山中。由于人地生疏，粮草断绝，战士们每天顶多只能吃上几根火烧玉米棒，没有盐，没有油，加上深山气温低，战士衣衫单薄，露宿山头、饥寒交迫，缺医少药，又穷于应付国民党军队的袭击，使不少战士有的病死，有的牺牲，部队受到重大损失。在恶劣的环境中，丘微艺没有气馁、没有动摇，始终豪情满怀，对革命充满必胜的信心。行军路上他总是争着为伤病员扛枪背行李，谈笑风生，他常常跟同志们说："这是黎明前的黑暗，瞬间过去，曙光就快到来。"

1945年10月，国共两党签署"双十协定"，规定中国共产党在华南抗日的东江纵队一部分撤到陇海路以北，一部分复员。但国民党对和平缺乏诚意，矢口否认在广东有共产党领导的武装部队的存在，对广东全省各地的游击队发动了比抗战胜利前更猖狂的"围剿"。为了保存党的武装力量，迎接新的战斗，广东区党委命令何俊才部停止北上，留下来就地疏散隐蔽，整训学习，等待时机，迎接新的斗争。根据党的指示和部队的实际情况，何俊才部决定留下20多人，分三个地区隐蔽，其余就地复员。丘微艺坚决听从命令，服从安排，南回翁源新江，隐蔽在太平东面群山中一个破旧的香菇厂。隐蔽对于习惯了大张旗鼓公开斗争的战士来说，无疑又是一场重大的考验。在深山密林里，日不见炊烟，夜不见灯火，战士们唯有青山作伴，虫鸟为朋，如同进入了一个与世隔绝的世界。隐蔽的任务只有一个，就是读书学习，以整风的精神，用理论联系实际的方法，总结以往革命斗争中的经验教训，提高马克思主义理论水平，同时帮助文化水平较低的同志补习文化知识。隐蔽生活虽然十分乏味，但丘微艺憧憬着美好的未来，对前途充满着希望和信心。在艰苦的环境中，他不仅自己孜孜以求，刻苦攻读理论书籍，还诲人不倦，热情帮助文化水平低的同志读书写字。休息时候他与战士们一起唱歌、下棋，或结伴到山溪小涧去摸鱼捉蟹，改善生活，共渡难关。

恢复武装斗争

1946年6月，蒋介石悍然撕毁了停战协定和政协决议，大举围攻中原解放区，发动全面内战。广东的地方顽固势力也发动"清乡"，迫害已复员的战士及其家属。中共中央号召全解放区军民动员起来，英勇抗击蒋介石的军事进攻。这时，隐蔽了半年多的何俊才部分析革命形势，认为恢复武装斗争的时机已到，决定把疏散隐蔽的部队重新集结起来，挖出埋藏的武器，组成翁源人民自卫军，发表文告，号召翁源人民重新拿起武器，开展新的战斗。后来，翁源人民自卫军易名为粤赣先遣支队，丘微艺被分配在该支队当政治服务员。他随队深入农村，发动群众反"三征"，破粮仓，收缴地主武装，镇压恶霸，成立民兵组织，建立农会。1948年冬，粤赣先遣支队改编为粤赣湘边纵队北江第一支队，丘微艺被任命为该支队第四团钢铁连的政治指导员，奉命率领主力队到翁西新江一带开展活动。

壮烈牺牲

翁西驻着国民党一个保安营，日夜巡逻于新江与铁场之间，对部队威胁很大。支队领导和团党委决定派出钢铁和飞虎两个连队在陈公湾设伏，消灭这股敌人。1949年1月21日清晨，钢铁、飞虎两个连按原定计划部署就绪。早上8时，敌人进入伏击圈后遭到我军一轮炮火袭击，死伤了10余人，不敢恋战，扔下一挺机枪、十几支步枪，仓皇退到南路一个山头上负隅顽抗。此时，驻新江之敌听到枪声大作，料断双方正在激战，便沿着公路两侧急速增援。为避敌锋芒，减少损失，钢铁、飞虎两连交替掩护，迅速撤出战斗。指导员丘微艺在指挥撤退时，为掩护战友安全，坚持退却在后，奋不顾身地端着枪猛扫敌人。就在他最后撤离阵地之际，被敌人一阵雨点般的子弹击中，最后血染翁源。牺牲时年仅25岁。

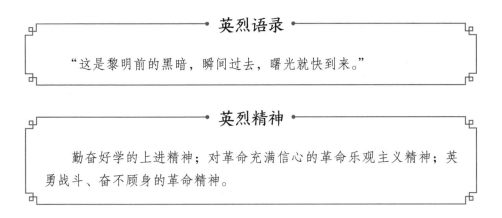

英烈语录

"这是黎明前的黑暗，瞬间过去，曙光就快到来。"

英烈精神

勤奋好学的上进精神；对革命充满信心的革命乐观主义精神；英勇战斗、奋不顾身的革命精神。

（陈如楠）

苏 丹（1926—1949）

——革命战斗到最后一息的东江巾帼英雄

主要生平

苏丹，原名陈丽娟，又名逸平，广东省揭阳县人。

- 1926年5月，出生于一个工人家庭。
- 1940年，小学毕业，先后进入韶关第二侨民学校、韶关师范学校读书。期间参加了青年抗日救国会，是学生运动中的积极分子。
- 1946年，加入中国共产党。
- 1948年春，担任江南支队第一团一连指导员。不久，调任第三连（黑豹队）任指导员。7月，率领黑豹队全连战士歼灭沙渔涌敌人一个加强排，并配合兄弟连队取得全歼守敌300余人的胜利。不久，率领黑豹队全连战士赶到山子吓伏击进犯敌人，歼灭敌军一个营。
- 1949年1月，调到紫金县搞民运工作。7月7日，被叛徒带领反动武装抓捕。7月23日，在五湖头外荒郊刑场上壮烈牺牲，时年23岁。

苏丹，原姓陈，名丽娟，又名逸平。她参加革命后，决心向苏联卫国战争的女英雄丹娘学习，便改名为苏丹。

光荣加入中国共产党

1926 年 5 月，苏丹出生于广东省揭阳县榕城镇一个工人家庭。父亲陈国贞是个工人，母亲刘瑞珠是个家庭纺纱工。家中虽然十分贫困，但父母还是节衣缩食凑钱送苏丹上学。苏丹在小学读书的时候正是抗战时期，日本侵略者的飞机经常在她的家乡上空盘旋，肆意轰炸。苏丹问老师："为什么日本的飞机要轰炸我们？"老师告诉她："日本侵略者为了称霸世界，发动侵略战争，他们是中华民族的敌人。"年幼的苏丹虽然并不完全明白老师的话，但在她幼小的心灵里开始播下了仇恨敌人、热爱祖国的种子。苏丹聪明好学，成绩优良。1940 年她小学毕业后，在亲友们的支持帮助下，先后进入韶关第二侨民学校、韶关师范学校读书。在韶关读书期间，苏丹参加了青年抗日救国会，是学生运动中的积极分子。她经常阅读进步书刊，并与同班同学梁丹等女共产党员来往密切，从而接受了共产主义思想，政治觉悟迅速提高。1946 年，苏丹光荣加入了中国共产党。

到东江参加武装斗争

20 岁那年，苏丹在韶关师范学校毕业，要求到东江纵队参加游击战争。但她刚到游击队时，东江纵队便奉命北撤了。1946 年 7 月，党安排她到香港培知中学附属小学教书。第二年暑假，当东江革命武装斗争重新开展起来后，苏丹再次要求到东江参加武装斗争。她的请求得到党组织的批准。于是，她离开了香港，回到东江南岸地区投入了新的战斗生活。

苏丹到了惠东宝人民护乡团（东江第一支队前身）后，担任第一大队大队部文化教员，除认真教战士们读书认字外，还积极组织部队文娱活动。苏丹能歌善舞，创作了许多鼓舞斗志的歌曲，教给战士们歌唱。部队走到哪里，哪里就有歌声。同时，苏丹还积极组织部队开展文娱晚会，和战士们一起排演了《兄妹开荒》《抓俘房》《九件衣》等节目。此后，部队的文艺活动开展得十分活跃。

开展"三查"活动

1948 年春,江南支队成立,苏丹担任江南支队第一团一连指导员。不久,调任第三连(黑豹队)任指导员。这个连队的大部分战士是从惠阳、坪山、淡水一带来的,活动于惠紫边山区。在山区,开门见山,出门爬山,有些战士感到很不习惯,有 5 名战士还要求调到别的连队去。苏丹深入战士中做细致的思想工作,使战士们提高了认识。接着,苏丹与连长魏贵一起组织全连开展了查思想、查斗志、查作风的"三查"活动。战士们振作了革命精神,积极投入了紧张的军事训练。

取得沙渔涌、山子吓伏击战胜利

1948 年 7 月,为了粉碎国民党的"进剿",一团根据江南支队指示,西进坪山与二、三团主力配合,准备歼灭沙渔涌之敌。黑豹队参加了这次战斗,具体任务是歼灭敌人的排哨。在连队召开的班排长会议上,连长布置了战斗任务,苏丹进行了战前动员。在连队研究作战方案的准备会上,苏丹发动大家动脑筋、想办法,并集思广益,顺利地制订了作战方案。沙渔涌战斗打响了,苏丹率领全连战士迅速歼灭了敌人一个加强排,缴获了轻机枪两挺,迫击炮两门、六〇炮两门。歼灭敌排哨后,黑豹队又配合兄弟连队向沙渔涌守敌继续攻击,经过三个多小时的战斗,终于取得了全歼守敌 300 余人的胜利,缴获武器和军用物资一大批。

沙渔涌战斗结束不久,支队司令部集中一、二、三团主力于山子吓伏击进犯敌人,黑豹队也参加了这次伏击战。某日凌晨 3 时,苏丹率领全连战士赶到伏击地点,半截身淹没在河水之中,天又下着倾盆大雨,战士们下身浸水,上身淋雨,大风一吹,虽是盛夏凌晨,也感到寒气袭人。苏丹咬紧牙关,顽强地和战士们在水里埋伏了 5 个小时,当敌人大摇大摆地沿着山路进入伏击圈时,部队立即向敌人猛烈开火,打得敌人鬼哭狼嚎,抱头鼠窜。这次战斗在一、二、三团的同心协力下,歼灭敌军一个营,缴获敌人十二挺机枪和一批弹药,取得了重大胜利。

开展民运工作

1948 年 9 月，江南地区基本上粉碎了国民党的"进剿"，大队及一团已转移到惠（阳）海（丰）边界地区活动。为了继续开辟新区，支队领导决定从部队抽调一批干部充实民运队伍，苏丹也被调去民运队负责领导工作。她和民运队的同志住在贫苦的农民家里，把村里的贫农积极分子发动起来，再通过这些积极分子串联群众，开展减租减息、借粮救荒等活动，把农民群众充分发动起来了。1949 年 1 月，江南支队改编为粤赣湘边纵队东江第一支队，并成立七团，在紫金县开展工作。苏丹调到紫金县继续搞民运工作。5 月 22 日，民运队随部队进入紫金县城后，立即开展大张旗鼓的宣传鼓动。苏丹和政工队员到处张贴标语，还在街头表演节目，向群众宣传共产党的政策，召开各种群众文娱晚会，欢庆胜利。

中共紫金县委、紫金县人民政府成立后，苏丹被派到九和、热水、南塘一带负责发动群众，建立基层政府，开展对敌斗争。苏丹在这些地方认真贯彻党的政策，放手发动群众，胜利完成了党交给的任务。

赴龙窝途中被捕

紫金县解放不久，敌一九六师便进攻紫金，为了组织群众保卫胜利果实，紫金县委决定派苏丹到龙窝区工作。

1949 年 7 月 6 日晚，苏丹带领警卫员刘庚斗、女勤务员徐仔出发到龙窝。第二天，他们路过沥村时被反动地主黄祖哉发现，并被其马上告知叛徒黄尚明。黄尚明立即带领反动武装追赶。苏丹等三人跟追赶上来的反动武装展开激烈的搏斗，终因寡不敌众，在火烧店地方落入叛徒黄尚明之手。

受尽酷刑始终不屈服

苏丹被捕后，黄尚明对她威逼利诱，要她投降。她说："要投降悔过的是你们，你们赶快低头认罪，向人民解放军投降，这才是你们的出路！"叛徒黄尚明计穷力竭，无可奈何，便把苏丹三人解往紫金县城。苏丹被押到县城后，敌人软硬兼施，惨无人道地用电刑、灌辣椒汤等酷刑，还逼她嫁给敌一九六师师长。但苏丹始终没有屈服，她坚定地说："我选择的道路是永远跟着共产党！""共产党人从来不知道屈服！"苏丹还义正词严地对审讯她的敌人说："你们现在杀害了我，将来插翅也难逃人民的审判。"

战斗到最后一息

1949年7月23日，敌人把苏丹等人押到紫金县伪县政府门前宣判。苏丹面对周围的群众大声说："乡亲们，不要难过，今天反动派杀了我们四个人，明天这班喽啰们就要四百个、四千个甚至更多死在我们枪底下。反动派可要知道，紫金人民是不会饶恕你们的。我虽然没有看到祖国全部解放，但完全可以预想到一切反动派将落得最可耻的下场。"敌人慌忙把她押往五湖头外荒郊刑场。路上，苏丹昂首阔步高呼："中国共产党万岁！""打倒国民党反动派！"刽子手在苏丹每喊一句口号时，就举起枪托猛击一下苏丹的口角，到五湖头刑场时，苏丹的口角已经被撞得鲜血直流，牙齿也被击掉大部分，鲜血染遍她半截身体，但她仍坚强地朝向群众不停地呼喊口号，说："人民快要胜利了，人民快将昭雪我们的血海深仇！"

刽子手们凶狠地向苏丹开枪，苏丹顽强地撑起身躯再一次高呼："中国共产党万岁！"随后壮烈牺牲。

苏丹就这样战斗到最后一息，牺牲时年仅23岁。

英烈语录

"我选择的道路是永远跟着共产党！"

"共产党人从来不知道屈服！"

"反动派可要知道，紫金人民是不会饶恕你们的。我虽然没有看到祖国全部解放，但完全可以预想到一切反动派将落得最可耻的下场。"

"人民快要胜利了，人民快将昭雪我们的血海深仇！"

（钟声　杨清　杨森）

唐慎典（1928—1949）

——一支鸟枪抗大敌的"古董"英雄

主要生平

唐慎典，广东省阳山县人。

- 1928 年，出生。
- 1944 年，考入阳山中学。
- 1947 年中秋节前后，加入曲英乳人民义勇大队。同年农历八月十五日晚上，遭遇"大岭事件"，为掩护主力突围，第一次投入战争。经受战斗和艰苦生活的考验，被提升为事务长。同年冬，加入中国共产党。
- 1948 年春，为避开敌人的"围剿"，随游击队撤退到瑶山，多次带领手枪队下山筹粮。下瑶山后在曲江县罗坑隐蔽养病时被捕，囚禁于韶关监狱。
- 1949 年 10 月，韶关解放前夕，与牢友越狱失联，英勇就义，时年 21 岁。

"古董"是一个铁骨铮铮、视死如归的游击队战士。他的真实姓名叫唐慎典，广东省阳山县附城乡唐屋村人。1947年加入曲英乳人民义勇队后，改名叫古顿，只是战友们爱说笑，把他叫成"古董"了。1948年春，他在曲江县罗坑隐蔽养病时遭到国民党军队的搜捕，以一支打鸟用的火药枪，抵抗着数十名敌人，誓死不投降。被捕后，囚禁在韶关监狱。1949年10月韶关解放前夕，为了冲破黎明前的黑暗，迎接解放胜利的曙光，他与牢友一起凿壁穿墙，准备越狱，不慎被敌人发觉，惨遭杀害。在押赴刑场时，他不断高呼："中国共产党万岁！革命人民杀不绝！胜利属于人民，属于中国共产党！"其意志坚贞不屈，其精神可歌可泣。

恩怨分明，正气凛然

唐慎典，1928年生，少年丧母。父亲是书香子弟，通文辞，晓法理，擅写诉状。唐慎典于1944年考入阳山中学。他读书勤奋，生性倔强。从书本上，他领悟到不少为人处世的哲理，从父亲经手的官司诉讼中，了解到很多社会上的是非曲直。他爱憎分明，十分同情那些有理无钱、有冤难诉的穷弱人家，经常劝告父亲要抑恶扬善，帮助穷人打赢官司，使受欺压的人能扬眉吐气，而对那些仗势欺人的家伙，一定要告倒他们，不能让他们作威作福。他父亲虽然心地善良，但毕竟是终生受封建礼教陶冶的书生墨客，无法摆脱"钱多理壮，肚饱文章健"的旧世俗，为了钱他有时也昧着良心，替人诉讼不是实事求是，依理据法，而是以钱论理，曲直颠倒，是非混淆。唐慎典对父亲贪财失义的行为极为愤慨。一次，父亲叫他代抄一份讼词，唐慎典看到很多不实之词，愤愤不平，不仅拒不代劳，还当面指责父亲是"不劳而获的二世祖"，并一气之下离家出走，投奔远门亲友去了。

1944年秋，唐慎典在阳山中学读初中一年级时，阳山中学接连掀起抗日学潮。英德、清远、韶关相继沦陷后，为阻止日军进犯小北江，阳中地下党组织采取紧急措施，把学生组织起来开展军训，掌握基本军事知识后又分组深入乡村，开展抗日宣传，动员群众组织武装，阻止日军来犯，保卫家乡。1945年春节前后，阳中党组织又根据上级指示，动员了30多名进步师生秘密离校，奔赴东江纵队参加抗日武装。党领导的这些活动给唐慎典以深刻教育，他领悟到只有共产党才能拯救中华民族，跟着共产党干革命才是青年学生的前途和方向。对他影响更深的是黄柏远烈士的英勇事迹。黄柏远与唐慎典是同乡邻舍，又是同校同学，情如手足。1945年春节后，黄柏远被国民党当局逮捕，监禁在连县监狱。唐慎典曾去探望黄柏远，见他衣衫褴褛，满身污垢，十分痛心。他解囊破费，买通看守，给黄柏远洗澡更衣。在生离死别之际见上一面，唐慎典无法控制自己的情感，涕泪交流。但黄柏远表露出来的却不是悲伤，不是难过，更不是悔恨。他揭露国民党顽固派投降卖国的阴谋，伸张抗日救国大义，鼓励唐慎典投奔共产党领导的革命队伍，参加武装斗争，抗战到底。对黄柏远情深意切的诀别赠言，唐慎典一直铭记在心。他决心要走黄柏远烈士没有走完的路，并一直等待着时机的到来。

实现苦心追求的愿望

1947年夏，全国各大城市掀起了声势浩大的反饥饿、反迫害、反内战运动。在革命浪潮的推动下，唐慎典耐不住了，他迫切要加入推翻国民党反动政权的战斗行列，便毅然放弃了毕业就职的机会，不顾兄弟父老的劝阻，在友人指引下，离开学校，告别家乡，专程到广州、中山、增城等地寻找革命队伍。几经波折但未能如愿，又返回家乡。回阳山后，他矢志不渝，到处打听中共领导的武装部队的活动情况。1947年中秋节前，他又赶到曲江县，终于通过地下交通员做向导，加入了曲英乳人民义勇大队，实现了苦心追求的愿望。

入伍后没几天，唐慎典就碰上了"大岭事件"。农历八月十五日那天晚上，部队宿营在龙归大岭村，由于地主告密，遭到反动团队数百人的包围，被迫组织突围。唐慎典第一次投入了战斗，他的任务是跟随班长乘夜抢占制高点，掩护主力突围。他们在山头上一直隐蔽到第二天傍晚，但仍不见主力部队行动，后来才得悉他们已改变了原定突围路线冲出去了。此时正值细雨绵绵、秋风瑟瑟季节，唐慎典和战士们一样又冷又饿。但他冷静沉着，一切行动听从班长指挥。他紧跟队伍，连夜行军，终于回到了乌石洞，找到了主力队伍。

"大岭事件"使一批同志在突围中牺牲或被捕，刚刚组建起来的队伍受到较大的损失。但唐慎典在挫折面前立场坚定，活泼乐观，工作积极，经受了战斗和艰苦生活的考验，不久，他被提升为事务长，又于同年冬加入中国共产党。

11 月，部队开到罗坑上扬村驻扎。唐慎典是负责部队供给的，白天奔波出入在农民群众家中，与他们促膝谈心，动员群众帮助部队解决粮草问题。晚间，他又与战友一起组成文艺宣传队，以演戏形式向群众宣传革命道理，动员群众参军参战，扩大武装力量。他自编自演，其中有这样一段客家快板：

甲：样边好（怎样好），样边好，我心头结了一个窝。

乙：为什么？

甲：因为保长抽壮丁，出钱出不起，当兵不想去，你想想，我样边不操心？

乙：有办法，有办法，大家团结有办法，你拿刀来我拿枪，反对征兵交粮草，反对老蒋把国卖，反对美国黑心肠。

上扬村的群众看了表演，听了宣传，深受鼓舞，一下子就有 10 多名青年报名参军，要求加入打国民党的战斗行列。

1948 年春，活动在罗坑一带的曲英乳人民义勇大队遭到了国民党军队、县自卫队及地方反动团队近千人的联合"围剿"。游击队由于事前得到情报，已撤退到瑶山去了。瑶山海拔 1200 多米，人烟稀少，瑶民刀耕火种，生活困难。游击队上山初时还勉强能弄到一些玉米、红薯，后来一天一顿稀麦粥也喝不上了。敌人又封锁得严严实实，到处设卡放哨，扼守着进出瑶山的通道。战士们没有粮食，只能靠挖竹笋、挖野菜充饥度日。部队要生存、要战斗，就必须找到粮食。为此，担负事务长责任的唐慎典多次带领手枪队队员，乘风高月黑之夜下山去筹粮。从山上到山下，道路崎岖，荆棘丛生，又要避开敌人，进村后，他们不是动员群众捐粮卖粮，就是打土豪破仓取粮，困难实在不少。但是，负责筹粮的战士个个生龙活虎，克服困难，完成任务，仅唐慎典一人就以他身高力大之躯，每次都背回大米六七十斤，使部队在瑶山坚持了 20 多天，粉碎了敌人的联合"围剿"。

英勇就义

下瑶山后，唐慎典染上了"打摆子"病，部队缺医少药，他体质极度虚弱。领导决定把他留在罗坑下洞肖屋一户农民家隐蔽养病。由于反动保长告密，一天天刚亮，唐慎典的住处就被国民党军队包围了。唐慎典料定自己已无法脱身，便拿着一支打鸟用的火药枪，迅速爬上屋顶，但被敌人发觉了。敌人对他喊话，要他下来缴枪投降。但他没有理睬，与敌人一直在对峙着。敌人无奈，试图爬上去抓他，唐慎典怒不可遏，对着爬上来的敌人就是一枪，打得敌人爬爬滚滚。但是放完了一枪之后，他没有火药再放第二枪了。敌人从瓦面上把他硬拖下来，唐慎典终因寡不敌众而被捕，最后英勇牺牲在人民解放战争胜利的前夜，年仅21岁。这就是"古董"一支鸟枪抗大敌的真实故事。

● 英烈精神 ●

　　坚持正义、敢于与恶势力作斗争的斗争精神；为革命不畏艰辛、坚持斗争的革命精神。

（陈如楠）

谢木荣（1930—1949）

—— 解放战争时期战功显赫的英雄战士

主要生平

谢木荣，广东省四会县人。

- 1930 年，出生于一个佃农家庭。

- 1947 年 3、4 月间，正式参加了革命队伍。

- 1948 年 1 月，参加陈钊的突击队，担任一个突击组的组长。9 月至 11 月，先后参加了清远太平北坑与清远县警和当地的联防队进行的两次战斗。11 月 22 日凌晨，在战斗中壮烈牺牲，时年 19 岁。

参加革命队伍

谢木荣，1930 年出生于广东省四会县威整镇黄洞乡牛过沙村的一个佃农家庭。新中国成立前，他家里只有四五分佃耕田，全年收入除交租以外所剩无几。一家数口全靠其父母上山打柴烧炭和在农忙时给人做帮工，以赚些微薄收入，才能勉强维持半饥半饱的生活。谢木荣未满 5 岁，他的父母便忍痛将他卖到曲江给人做养子，但养父家的生活也不好过，12 岁那年他又从曲江返回老家，读了几年私塾，由于贫困，之后便停学了。

1947 年初，随着人民解放战争形势的发展，四会县威整镇也来了共产党领导的游击队，给当地贫苦人民带来了光明和希望。谢木荣的父亲谢钊，是个忠厚老实且富有正义感的人，游击队除暴安民和保护人民利益的行为，使他深受感动。他热心支持游击队的活动，经常替游击队送信和刺探敌情，有时还帮游击队采购各种日用品，成为游击队的情报员。谢木荣那时已 16 岁，因家境贫寒，生活艰苦，长得又矮又瘦，但他人小志大，爱憎分明，在其父和游击队的影响下，有时也替父亲为游击队做些递送情报的工作。后来，他索性要求参加游击队。游击队的领导见他生得矮小，而且身体瘦弱，便鼓励他暂时留在家里继续为游击队做些递送情报的工作，待长大后再吸收他参加革命队伍。但他决心坚定，一定要游击队答应他的要求。游击队的领导经过耐心苦劝才勉强将他劝住。过了一段时间，约是 1947 年 3、4 月间，春寒料峭，细雨微风，谢木荣穿着一件破烂的棉衣，头戴一顶半新不旧的竹帽，由他父亲领着，翻山越岭来到当时广四清边游击中队活动的中心地带——清远县秦皇山区的山心村找游击队。游击队的领导初时也不想收留谢木荣，但他父子态度坚决，一定要参加。游击队不答应他们，便在山上住下来；游击队从山心开进乌泥，他俩又跟到乌泥。游击队领导见他们如此坚决，便收留了他们。从此，谢木荣就正式参加了革命队伍。

谢木荣入伍后进步很快。游击队领导人苏陶把他要去当通讯员，并编入直属手枪队。平时他跟随苏陶负责通信和警卫工作，战时则加入手枪队冲锋陷阵。他有一颗强烈的杀敌报国雄心，部队每有战斗任务，都主动要求参加突击队。在两年的革命生活中，他表现得精明干练，英勇顽强，每次都能出色地完成任务。他参加过多次战斗，每次都受到领导的表扬，还立过大功，受到嘉奖。

参与抗击"清剿"行动

1948 年 1 月，清远反动县长廖琪纠集数百名保警队员，对秦皇山区发动了一次大规模的"清剿"行动。这次行动结束以后，留下一部分保警和自卫队员，驻守在石坳头建筑炮楼，企图控制秦皇山游击区，但被游击队瓦解了。廖琪不死心，又派周志煜的自卫队到石坳头去监筑炮楼。当炮楼筑好一半的时候，游击队领导为了拔掉这颗"钉子"，决定袭击周志煜。由第一小队长麦乃带机枪班占领石坳头西侧的高山，控制和监视全局；由第二小队长关赞带一个队和民兵扼守东侧通向太平圩的路口，以断敌退路，并准备打击来援之敌；由陈钊带一个队抢占敌炮楼南侧山头的制高点，并负责消灭在山上露宿的敌军；由朱洪彬带一个突击队抢占敌炮楼前面的另一个山头。谢木荣知道领导的意图后，多次请求参战。苏陶对谢木荣的性格很了解，便同意他参加陈钊的突击队，并指定他担任一个突击组的组长。2 月 1 日晚上，游击队从秦皇白水表出发，连夜来到石坳头附近的头颅坑集结。次日凌晨 2 时左右，四周一片漆黑，伸手不见五指，各编队按部署次序出发。陈钊和谢木荣分别带领突击队、组从两边向石坳头南侧的山头摸索前进，以解决在这个山头上露宿的敌人。由于当晚敌人没有在这里露宿，陈钊和谢木荣带领的突击队和突击组，摸索到山顶时相遇了。因为天黑看不清对方，大家都以为碰到敌人，便互相打了起来。后来陈钊喊了口令，大家才知道是误会。但敌人已被枪声惊醒，他们在石坳头炮楼前面的小山包组织顽抗，朱洪彬突击队前进受阻。陈钊和谢木荣便将突击队迅速转移到这个小山包前，同朱洪彬队联合作战。在枪林弹雨中，谢木荣像小老虎一样带领突击组冲向敌军阵地。敌军抵挡不住，便退到半截炮楼里继续顽抗，战斗十分激烈。战斗间，麦乃机枪班的枪手余达瞄准敌指挥官周志煜，一梭子打过去将他击毙。敌中队长死了，阵脚大乱。谢木荣便趁敌兵混乱之际，率先带领突击组冲到炮楼旁边，大喊一声："缴枪不杀！"敌军毕竟怕死，便惊叫起来，"我们投降！我们投降！"在游击队强大的军事压力面前，敌人举手投降了。这次战斗，击毙敌中队长一人，30 多名守敌全部当了俘虏，缴获机枪 1 挺，步枪 20 余支，短枪 4 支（3 支驳壳枪、1 支左轮手枪），取得了重大胜利。由于谢木荣在这次战斗中表现出色，受到部队领导的表扬和同志们的称赞。

1948年9月至11月，连江支队第三团（广四清边中队前身，简称"连支三团"）在清远太平北坑与清远县警和当地的联防队先后进行过两次战斗。这两次战斗谢木荣都参加了。第一次战斗是在9月中旬的一天晚上，连支三团在北坑宿营。第二天清早，驻太平圩的清远县警和当地联防队几十人倾巢出动，前来"清剿"。战斗打响后，连支三团各连队迅速抢占有利阵地，集中火力痛击来犯敌人。在强大火力打击下，敌人知道遇上连支三团主力部队，便不敢恋战而狼狈溃逃，主力部队乘胜追击。由谢木荣带领的手枪队行动迅速，在追歼逃敌中他一个人就俘敌数人。在这次战斗中，谢木荣立了大功，受到部队领导的嘉奖。

第二次战斗是在11月下旬。当时清远县警第五中队四五十人进驻太平北坑口村，强行将农民刘东玲一家赶出家门，强占了他的房子，并将刘东玲的房子挖了28个墙洞作射击和观察眼点。他们以刘东玲家为中心据点，在四周筑起工事，准备长期固守，阻止连支三团向太平平原地区发展，连支三团团长苏陶决定拔掉这一据点。11月22日凌晨2时，连支三团战士100多人从大坪出发，由谢木荣和冼国分别带领一个突击队打头阵。黎明前，突击队准时到达距敌据点约200米的田坝下埋伏，严阵以待。由于主力人多，行动稍慢，到天亮时还未全部进入阵地，以致被敌哨兵发觉，先向部队开火。在这种情况下，为了掩护主力迅速进入阵地，打击敌人，谢木荣和冼国便带领突击队向敌据点冲去。敌人以密集火力阻止突击队前进。突击队出现伤亡，团部命令暂时停止攻击。过了一阵后，敌据点的火力也逐渐稀疏了。这时候，谢木荣抬起头来，准备爬上田坝向敌据点作第二次冲锋，不幸被守敌打来的子弹击中头部左侧，顿时血流满面，受了重伤。另一战士郭荣（又叫郭森荣）身中数弹，当场牺牲。突击队员钟清叫谢木荣注意掩蔽，并叫他把枪丢过来（当时谢木荣身上有两支枪，一长一短）。谢木荣因伤势过重，已不能出声，只是摆手示意叫同志们停止进攻，向后撤退。这时候，敌军又集中火力向部队阵地打来。领导上考虑到这次战斗无法取胜，为了减少损失便决定暂时撤离阵地。撤退时，由于敌人的火力封锁，部队未能将谢木荣等同志及时抢抬回来。谢木荣由于流血过多而壮烈牺牲在阵地上，年仅19岁。

（赖悦祥　陈锋）

叶宗玙（1925—1949）

—— 骁勇善战的新十团团长

主要生平

叶宗玙，广东省化州县笪桥镇柑村人。

- 1925年，出生于一个乡村清贫教师家庭。
- 1937年秋，以优越成绩考入吴川县（塘缀）县立三小。
- 1939年夏，考上省立琼崖中学和良垌中学，后因家庭经济拮据而辍学。
- 1942年2月，加入中国共产党。同年秋，考入化一中就读。
- 1944年冬，投入抗日武装起义前的准备工作。
- 1945年1月，投入化县人民抗日武装起义行列，被分配在中队当文化教员。2月，带领战士在白石水一带坚持斗争。4月，撤回廉江新塘解放区。
- 1946年2月，率领武工队夜袭林德贞、林月川婆，缴获伪币四麻袋。3月，全面负责吴川东北地区革命工作。
- 1947年3月，任化吴中心县委委员。6月，调任为新十团团长。
- 1948年5月，任整编后的新四团团长。12月，新四团奉命南下遂溪配合陈一林保十团起义队伍整编。
- 1949年1月25日，带领新四团攻克太平；31日在围攻遂溪北坡守敌时不幸头部中弹，当天午夜牺牲，时年24岁。

寻找抗日救国的机会

叶宗玛，广东省化州县笪桥镇柑村人，1925 年秋出生于一个乡村清贫教师家庭，从小受到较好的家庭教育。他 7 岁起跟随教学的父亲读书，自小就勤奋好学，聪明伶俐，很有志气。1937 年秋，他仅 12 岁便以优越成绩考入吴川县（塘缀）县立三小。就在此时，卢沟桥事变爆发，抗日救亡运动兴起，叶宗玛年纪虽小，但目睹祖国大地被日本侵占，广大人民遭受烧杀抢夺、奸淫掳掠的惨状，常常发出忧国忧民的呼声。他每以岳飞的《满江红》中"壮志饥餐胡虏肉，笑谈渴饮匈奴血"和文天祥《正气歌》以及《过零丁洋》中"人生自古谁无死，留取丹心照汗青"等诗句来激励自己。当老师教唱《义勇军进行曲》《全国总动员》《大刀进行曲》等抗日救亡歌曲时，他激动得不得了。不久，张炎在高州任七区专员，在南路组织了各县抗日乡村工作团。吴川的抗日乡村工作团驻扎在塘缀圩，该团向学校提出组织一部分学生参加宣传活动。由于叶宗玛年纪小选不上，他很不服气，便跑到工作团部提出请求，结果被收下来。此后，叶宗玛每天早上跟工作团跑步、军训、唱歌，晚上到农村搞抗日宣传活动，圩日参加向市民演讲和演街头话剧。课余则将乡工团发给的宣传资料和书报如饥似渴地阅读。由此，思想得到启发，各方面得到很大的进步，成为抗日救国的活跃分子。

1939 年夏，叶宗玛小学毕业，考上省立琼崖中学和良垌中学，但因父亲教学收入难以维持家计，故辍学在家。他并未因此而灰心。他利用这个机会接触劳动人民和了解民情，常常与村中的叔伯和青年人聚集在一起议论抗日战争的形势和国民党政权如何腐败无能等情况，日夜寻找抗日救国的机会。

参加中国共产党

1940 年春，党组织派来了一批地下党员和革命同志到柑村橘山小学任教，先后有赵世尧、邓少筠、朱兰清、罗明、叶超等。这批教师到来后，马上把柑村的失学青年 20 多人组织起来，开办升中补习班（实际上是培训革命青年班），叶宗玛首先报名参加。该班的教学内容是：抗日战争形势、革命理论、社会发展史、军事训练、教唱革命歌曲，还订阅大批进步书刊。叶宗玢积极参加班中组织的读书会、抗日宣传、举办群众夜校等活动，政治觉悟有了新的提高，确立了"革命可以救中国，跟共产党走才有出路"的信念，于 1942 年 2 月，由朱兰清介绍，加入中国共产党。

叶宗玢入党不久，在短短几个月里出色地完成了党组织分配的三件任务：第一，开展对柑村阶级变化的调查活动，亲自执笔写成一份《依靠谁，团结谁，打击谁》的很有分量的调查报告交给党组织，受到赞扬。第二，开展对学校领导权的斗争。因学校的董事会董事长曾一度为反动头子叶增颐所把持，他妄图侵吞校产和控制学校领导权，把所有的进步教师撤换。叶宗玢积极参加地下党发起组织的改选董事会、挽留进步教师的斗争活动，结果董事会全部选上一批进步青年和开明人士，学校的领导权从此牢牢掌握在进步人士手中。后来橘山小学不仅为党培养了一大批革命青年，而且成为化南人民抗日武装起义的中心。第三，组织民校和抗日冬防队。叶宗玢一面参加补习班学习，一面受党的委托，利用空余时间广泛接触群众，访贫问苦，与贫苦青年男女交朋友。后来在全村组织了几十人分别参加五个夜校，教文化、讲政治、唱革命歌曲、宣传抗日，揭露国民党政权腐败无能和"刮民"拉丁的罪行，提高他们抗日救国的思想觉悟。在此基础上，以抗日联防巡夜为名，实际上进行抗日敌后军事游击训练。这些人后来成为柑村抗日武装起义的基本队伍。

领导学生运动

1942 年秋，在党组织的鼓励和亲友们的支持下，叶宗玢名列前茅考入化一中就读。他进校后，按照党的指示："读好书，做好学生，争取优异成绩在学生中建立威信，开展革命活动。"在学两年半中，他勤奋学习，积极活动，以优异成绩蝉联第一名，并当上班长和学治会成员。他团结一批进步同学，订阅各种进步书刊，组织读书会，经常开展各项学术研究和抗日宣传活动。

1943 年下半年，国民党化县党部书记长李亮煽动一批学生和以李英勃、陈大珍为代表的右派教师，以所谓校长陈诚（进步人士）扣发学米、中饱私囊为名，举行罢课，妄图打击进步力量，把陈诚赶下台，夺取校长一职。后来陈诚求助于地下党员李郁，李郁又请示党的特派员陈醒亚。陈醒亚指出：

"扣发学米问题"是化县县府所为，不是陈诚的责任。要李郁"将计就计，把学潮引向反对国民党顽固派的斗争"。于是李郁和叶宗玙立即把真相揭露出来，开展针锋相对的斗争。学潮持续两个月终于取得胜利。国民党化县县政府如数补发学米，打击了顽固派的气焰，保护了校长陈诚，发展壮大了进步力量，争取团结了一大批中间分子。这些活动涌现了一批向党靠拢的同学，经叶宗玙培养教育被吸收为党员的共 7 人。到了 1944 年秋后，地下党组织在全校发展抗日游击小组成员有 70 多人。

善于做思想政治工作

1944 年冬，叶宗玙接到党组织的通知，以病假为名提前离开化一中返回家乡，投入抗日武装起义前的准备工作。1945 年 1 月 9 日，党领导化县人民抗日武装在柑村集中。年仅 18 岁的叶宗玙，便满怀豪情投入战斗行列，被分配在中队当文化教员。

不久，在灯草之役受挫后，叶宗玙随队伍参加西征合浦。到了白石水与当地党组织领导下的张世聪部队会合。叶宗玙被抽去搞群众工作，组织民兵，了解敌情，筹款筹粮，解决队伍的给养问题。在敌人大举"扫荡""围剿"的条件下，他日日夜夜深入山村，发动群众，组织群众，捐粮献钱，想出很多办法，把工作做得非常细致，出色地去完成这一任务，使部队得到暂时休整，以利再战。

1945 年农历大年二十九日，队伍到了白石水一带，原准备休整一个时期，重建白石水老游击区。不料到了正月初三，又遭国民党一五五师一个团和保六大队袭击，经金鸡岭、谷埠河、大窝山等几次战斗，终因敌众我寡，人地两生，队伍损失较大，群众几乎跑光，恐难立足。因而支队司令部奉命不再西进，把队伍大部分从水陆两路撤回遂溪敌后活动，仅留下三个大队交由张世聪统一领导，坚持对敌作战。叶宗玙请求留下坚持在白石水一带进行斗争。这时期的斗争是十分残酷的。敌人加紧联合"围剿"，见山烧山，见树砍树，进行梳头式的"扫荡"，妄图使部队不被打死也得饿死。叶宗玙与战友们挨尽饥寒，有时三天无粒米下肚，只得晚上往地里挖番薯充饥。队伍伤亡很大，处此逆境，叶宗玙身为文化教员，主动协助领导做好思想政治工作，提高战士们的情绪，增强战胜困难的信心。

到了 1945 年 4 月中旬，留在合浦的队伍奉命撤回遂溪。叶宗玙随同马俊英中队 60 多人雇了三条帆船从西场附近由海上撤回。船开后，历尽风浪，到了第四天才到山口附近水东村上岸，拟从青平取道回廉江。可是登岸不久即遇上大股的敌人拦头截击，四面包围。几经突围，伤亡很大才冲出一部分人，中队长、指导员都牺牲了。叶宗玙把打散的队伍集中起来。这时战士们情绪十分低落，思想亦非常混乱，一天未有粒米到肚，腰酸脚软。叶宗玙以共产党员的身份挺身而出，和两位同志到村子筹粮煮饭。他鼓励同志们说："我们与队伍虽然失去了联系，但不要紧，只要我们团结一致，坚定信念，一定可以从战斗中求生存，从战斗中得到胜利。"又说："我们都是革命者，要革命就不怕牺牲，我们要同生死、同战斗，受伤不叫喊，被敌人捉去不投降，打死了就是光荣。"于是他们紧握手中枪，朝着青平方向进发，几经曲折，终于把同志们平安带回到廉江新塘解放区。

领导新十团

叶宗玙于 1945 年 6 月调到吴川东北地区协助李一鸣开展工作。1946 年 3 月李一鸣奉命北撤后，交由叶宗玙全面负责。1947 年 3 月化吴中心县委成立时，叶宗玙为县委委员。同年 6 月新十团成立，调任为团长。这段时间，整整两年，叶宗玙一直在吴川东北地区工作。

叶宗玙于 1945 年 6 月到达该地区后，了解到这个地区反动势力十分嚣张，尤其起义受挫后，队伍撤离了，国民党的"三光"政策搞得群众苦不堪言。按照党的指示，发动群众积蓄力量，积极发展武装斗争。他首先把起义留下来的党员三人组织起来，形成党的领导核心。再把武工队组织起来，由党员分担队长，分散到各村庄发动群众，建立交通联络站、地下军、同心会等，开辟新区。到了 1946 年地下军、同心会成员发展达 1000 人。1947 年 6 月新十团成立不久后并为新四团期间，先后动员和组织了 300 多人参军，编成两个连加入新四团。其次积极发展党员，扩大党的队伍，为革命培养坚强的骨干力量。他在吴川东北地区一年多时间，把很大气力花在建党的问题上。经过叶宗玙和党组织的努力，发展了 10 多名党员，此后这些同志都成为吴川东北地区的骨干和四团营连级的干部。

骁勇善战，节节胜利

1946 年 11 月，南路特委传达广东区党委的决定："恢复广东的武装斗争，南路地区以游击战为主，由小搞到大搞。"为了贯彻执行这一指示，叶宗玛亲自组织和指挥武工队收缴从南盛至三叉 10 个乡保队的枪 30 多支，跟着袭击驻扎在山圩的伪军，缴获 20 多支枪和一批弹药。在这胜利基础上继续发动群众，号召青年参军加入游击队，打倒国民党反动派，群众非常踊跃。

1947 年春以后，叶宗玛亲自带领武工队打了几次很漂亮的胜仗。如打塘口的敌碉堡，以引蛇出洞的方式一举全歼敌 20 名，缴获枪支弹药一批。又如在覃巴官桥伏击茂名县警大队的一个中队，毙伤敌 10 多人，缴获 20 多支枪。又一次准备出击化县的保安队，当行军至化东三叉村驻扎吃饭时，突然被敌人包围了。叶宗玛立即组织突围，以一个排作掩护，一个排从村边竹林冲出，他自己则亲率一个排从村正面冲出。结果冲垮敌人的包围，转为反攻，打得敌人狼狈败退，部队毫无损失，安全转移。这次突围成功，在评战总结会上，同志们一致赞扬叶宗玛急中生智，指挥有方，勇敢果断，身先士卒，起了重要作用。

此时，战斗取得一系列的胜利，地方上的乡保队几乎一扫而光，形势非常好，群情十分高涨，队伍亦扩展到 300 多人，因此，叶宗玛决定主动出击大股敌人和打小规模的运动战。第一次在茂南与茂电信六连会合，打了一仗比较大的飞马之战。敌人集中了县乡保的兵力 1000 多人，叶宗玛带领 200 多人乘船从佛塔到飞马迎战，驻扎在鳌头圩一江之隔的飞马村。当部队放好哨、煮好饭之后，岂料突然被敌人包围了。在此紧急关头，叶宗玛立即采取果断行动，命队长柯枳明带领机枪冲出，开展反包围。因部队处在平原，敌则占领制高点，打了一日，几次冲锋都未能成功。后来叶宗玛采取智取和佯攻相结合的办法，组织 70 多人的兵力佯装涉水过河占鳌头之势来迷惑敌人，结果敌人把全部兵力退守鳌头，我军立即突围退了出来。这次部队虽然牺牲了 3 人，但打死敌兵 10 多个，取得了击溃大股敌人包围的经验。叶宗玛在这次战斗指挥中发挥了智勇双全的军事才能，使队伍转危为安。

此外，1946 年 2 月，叶宗玛率领武工队 25 人夜袭吴川街，捉拿恶霸林德贞、林月川婆，缴获伪币四麻袋，枪支一批。在此前后，又派出手枪队在五和附近击毙国民党化县党部书记长、广东省参议员苏大德。又在塘头圩附近伏击吴川县参议员孙秀东和吴川县川西乡长陈希臻所乘的汽车，击毙分队长一人，孙、陈二人亦同时被击伤，并缴获枪支弹药物资一批。

由于军事上部队取得了节节胜利，敌人在吴川东北地区的烧杀和鱼肉人民的反动嚣张气焰有所收敛。共产党队伍也深得群众拥护，游击队不断得到扩大，地下军、游击小组、交通站、情报网遍及农村。在淡江流域亦设立了几个税收站，每天收税平均国币 32 万元（折稻谷 40 担），每月 960 万元（折稻谷 1200 担），不仅担负四团和地方游击队的给养，还向特委上交部分收入，曾多次受到赞扬。这时发展起来的游击队已有三个连达 400 多人。

1948 年 5 月，在整党的同时，新四团进行了整编，叶宗玙继续任团长。该团归雷州地委、二支领导。因形势发展需要，新四团转战廉江、遂溪、湛江、海康等地。面对新的形势和任务，叶宗玙感到肩上担子更重了，但他没有半点犹豫。他想的是如何当好一名指挥者，带领全团去战斗，打倒蒋介石，解放全中国。

叶宗玙担任团长一年多，参加和指挥过大小战斗不下 20 多次，如联合攻打保十团营地湛江市赤坎炮竹厂，联合指挥三块石伏击战、奇袭南圩、东西墟、木威林诱敌围歼战、羊屎涌围点打援和太平、纪家等战斗，都打得很成功，消灭敌人大量有生力量，使化吴游击根据地得到迅速恢复、巩固和扩大，为打通雷州南北交通线和各个游击区连成一片作出了很大贡献。

以上战斗能取得胜利是与叶宗玙坚决贯彻 1948 年的东海会议精神，在四团开展整党整军分不开的。该团曾一度不管敌我双方实力如何，逢仗必打，造成一些不必要的损失。整党整军时，结合学习古田会议决议，该团摆正了政治与军事的关系，从过去成功和失败的战例中吸取经验教训，懂得运用正确的战略战术去取胜的重要性，克服了单纯军事观点，提高了部队的素养。

叶宗玙身为团长，事无分巨细都管得有条不紊。每次行军和作战计划、命令报告，甚至每晚放哨的口令，都亲自动手草拟成文。每到一地，不论是驻扎或是布防，他都带领干部、战士去了解敌情、民情，侦察地形地物，布岗放哨，联络地点，如何设防、如何战斗都交代得清清楚楚。他亲临前线，驾驭全面，指挥战斗。

叶宗玙每到一地都以三大纪律八项注意教育队伍要遵守群众纪律。1948年5月，部队到了遂溪。叶宗玙的警卫员在一次征粮回来途中口渴肚饿，摘了群众的荔枝，叶宗玙发觉后，马上对他作了严肃的批评，并关禁闭一天。叶宗玙注意加强思想政治、时事形势和文化教育，常常亲自向战士们作报告，把四团培养成为一支有政治觉悟、有组织、有纪律、有战斗力的人民子弟兵。

1947年下半年，敌人大举"扫荡"，实行碉堡联防。新四团不得不暂时转移到遂溪泥地，因经济来源没有保证，粮饷不足，加上水土不服，疟疾流行，缺医少药，还要对付敌人"围剿""扫荡"，队伍战斗力减退。叶宗玙下定决心迅速扭转局面，向化吴中心县委书记李郁提出建议：打回化南去，胜过在泥地里坐以待毙。首先打通几条战略走廊，以壮声势，牵制敌人，上下通气，为全面恢复游击区和开展战斗做好准备。具体做法：先挑点，后连线，再扩面，往两边开花，建立白皮红心的政权。这些主张马上得到中心县委的赞同。于是，叶宗玙组织四团以武工队六上化南，游游击击，果真立即见效，瓦解敌乡保队，粉碎其五户联保的阴谋，动摇了敌人的阵脚，逐步建立了一批白皮红心的两面政权。先后在化吴廉打通了四条战略走廊：一是打通良垌、东桥，过吴中、吴西、南二、南三、南海之滨，建立海上税站；二是打通化南、吴东北、梅北、覃巴，逼近水东，恢复游击区；三是打通化中、南盛、石鼓，保证茂名电信与区党委的联络；四是打通廉东、茶山、那良入山底与化南、化北的联系。新四团从此得到迅速发展和壮大，敌人闻风丧胆。

不幸牺牲

1948年，在全国解放战争取得节节胜利形势的鼓舞下，新四团广大指战员横刀跃马，奋勇杀敌。12月，新四团奉命南下遂溪配合陈一林保十团起义队伍整编。1949年1月25日攻克太平，1月31日围攻遂溪北坡守敌，迅速攻下乡公所。岂料顽敌符春义自卫队退守碉堡负隅顽抗，人民解放军把碉堡包围了，正准备组织进攻，叶宗玙到现场侦察敌人火力点，不幸头部中弹，流血不止，被抬回驻地经抢救无效，于当天午夜牺牲，年仅24岁。

（叶平）

张启光（1917—1949）

—— 无畏敌情的青草渡税站站长

张启光，又名张光，广东省吴川县塘缀镇樟山管区樟山村人。

- 1917 年，出生在一家贫农家里。
- 1938 年 2 月，跟随张炎进行抗日救国的武装斗争。
- 1939 年，在特别守备区学生队任教官。
- 1944 年，被任命为高雷人民抗日军第五团某连连长。
- 1948 年，由中共中央香港分局分派到两阳游击区工作。随后被分配到漠南独立大队任彭湃连连长，参加漠南地区的武装斗争。同年加入中国共产党。后来，从广南军分委广阳支队第八团部队中抽调为青草渡税站站长。
- 1949 年 7 月，外出执行任务时突遭敌军袭击，英勇牺牲，时年 32 岁。

追求民主、爱国

张启光，又名张光，广东省吴川县塘缀镇樟山管区樟山村人。1917 年出生在一家贫农家里。青少年时在家乡世德小学、中学读书。世德中学原为张炎将军为培养爱国抗日、进行民主革命斗争的青年而开办的。在校任教的有一批共产党员和进步人士，当地很多追求民主、爱国有为的青年都争取进入该校读书。张启光是张炎将军的侄儿，常在张炎身边聆听教诲。在张炎的培养教育和影响下，张启光迅速成长为一个有坚强的革命意志、投身抗日救国的热血青年。

初露锋芒，担任学生队教官

1938 年 2 月，张启光读高中二年级，时值张炎在广东南路组织领导抗日的武装斗争，在吴川县梅菉镇成立第十一区抗日自卫统率委员会，提出"抗战利益高于一切，抗日救国，人人有责，有钱出钱，有力出力"的抗日救国口号。张启光在这个号召下，放下课本，走出课堂，拿起武器，奔赴杀敌前方，跟随张炎进行抗日救国的武装斗争，在统率委员会属下的第十六干部教导队张世才中队任小队长。1939 年，张炎在高州红花庙成立特别守备区学生队，招收南路各地爱国青年及港澳地区由共产党组织派回帮助张炎开展抗日救亡工作的回国服务团的知识青年进行训练，培养抗日武装骨干。张启光由于在校读书时接受了军训教育和在干部教导队中学习受到了较系统的军事训练，掌握了良好的军事知识和技能，因此在学生队任教官。对学生队的革命青年进行思想政治教育和军事训练，并且同学生队的青年一起深入农村，宣传发动群众，组织各界各阶层的人民群众和进步人士在抗日爱国的旗帜下，团结起来，共同进行抗日救亡的斗争。

1940 年 3 月，张炎坚持正义，坚持爱国抗日的抗日救国的主张，反对国民党顽固派的消极抗日、积极反共的政策，把因散发革命传单而遭国民党顽固派逮捕的学生队副中队长、共产党员周崇和服务团团员、共产党员文允武释放了，因而被顽固派诬为"赤化南路"，并准备派军队围攻高州城。张炎从抗日救国大局出发，为保护革命青年，解散了学生队。张启光同一批同乡知识青年返回樟山家乡，组织抗日联防队，继续进行卫国保家乡的抗日救国的斗争。

积极参与抗日，担任连长

1944 年农历十二月初一，张炎在樟山村举行了革命武装起义，此举得到中共南路特委的支持和当地抗日人民武装密切配合。起义后，成立了高雷人民抗日军，张炎任军长。张启光在起义攻打吴川塘缀的战斗中，英勇顽强，处事果断，表现出色，被任命为高雷人民抗日军第五团某连连长。

高雷人民抗日军拥护中国共产党团结抗日的主张，同共产党所领导的人民抗日武装队伍密切配合，为了争取抗日的最后胜利而开展积极的抗日武装斗争。

建立抗日根据地，坚持持久抗日

为了坚持持久抗日，高雷人民抗日军计划在粤桂边区建立粤桂边抗日根据地，部队由吴川向化州、廉江转移。当转到廉江灯草村时，遭到国民党顽固派军队袭击，队伍被冲散。张启光、张世才、张怡和等人将被冲散的战士收容起来，重新组织两个连队。他们与当地中共组织取得联系，继续进行抗日的武装斗争。张启光曾带领一个全副武装的连队在吴川坡头、遂溪等地开展游击战。

吴川起义后，国民党顽固派军队对樟山村一带进行了疯狂的"扫荡"，捕杀了不少共产党员和参加起义的人员。1945 年夏，国民党保十团把樟山村重重围住。在万分紧急的情况下，张启光从容掩护部分群众分散撤离后，自己端起一挺机枪冲上村子附近的一座大岭顶上，向占据村中的顽军扫射，击毙了数名顽军，打了顽军一个措手不及，然后才撤离樟山村。

此后，国民党当局悬赏大洋 1000 块缉拿张启光、张怡和、张世才三人。形势险峻。吴川县是个丘陵地带，开展游击战有困难。张启光只得把连队疏散隐蔽，各自进行生活和斗争，他自己则到现属吴川县黄坡镇新圩一个亲戚开设的染坊、木栏铺做杂工作为掩护。后又在新圩设立了一个与地下党组织、革命者联络的地下通讯站，被国民党当局发现，又派兵搜捕。张启光在此无法立足了，只得离开了新圩。

切实配合党的安排，成为共产党员

1947 年 6 月，人民解放战争从战略防御转向战略反攻。中共领导的南路人民武装队伍又开展了积极的武装斗争，主动攻击敌军。在此新形势下，张启光与当地党组织负责人联系，把一挺机枪及一批枪支弹药送给游击队，后经党组织同意，张启光去香港找上级党组织联系，请示分配工作。

1948 年初，张启光由中共中央香港分局分派到两阳游击区工作。随后，张启光被分配到漠南独立大队任彭湃连连长，参加漠南地区的武装斗争。张启光在长期革命斗争中经受了考验，终于被吸收为中国共产党党员。

担任税站站长，尽责尽力

辽沈、淮海、平津三大战役后，人民解放战争已取得了决定性的胜利。根据中共中央华南分局的指示，为了配合南下解放大军解放华南，广东各地要加强人民武装的建设，扩大和建立主力部队，阳江县属的漠南独立大队扩编为广南军分委广阳支队第八团。部队扩大，给养增加，财源收入要抓紧。为了加强织篑河青草渡税站的领导，八团从部队中抽调张启光为青草渡税站站长。张启光为增收税款，广开财源，同税站党支部书记陈励团结合作，带领税站人员战斗在织篑河上，历尽艰险。税站收入可观，对支持部队建设，扩大队伍，改善给养，作出了重要贡献。

1949 年夏，国民党军队为了保持其逃向西南的一条退路，派出六十二军一五四师四六一团到阳江广湛公路沿线两侧进行大规模的"清乡扫荡"，重点驻守程村、织篑、儒洞一带。当时敌情很紧张，有的同志劝张启光说，如敌情太紧，可以暂缓一下，放弃一些税收。但张启光心里明白，敌情越紧，部队的困难就会越多，经济给养就更应紧紧跟上。张启光谢绝了同志们的好意，带领着税站的同志坚持天天收税。不管敌情多么严重，每天的税收始终不断。

惨遭袭击，英勇牺牲

1949 年 7 月下旬，税站支部书记同一名队员带着大笔税款上送给部队，站里的工作由张启光全面负责。一天，张启光率领队员分乘两艘小艇外出执行任务，当小艇划到河中间时，突遭敌军的机枪、步枪扫射。张启光即率领队员进行还击。激战中，张启光身中数弹，忍痛率队员跳入河中，游泳转移到岸上，继续对敌军进行还击。隐蔽在岸上的敌军突然又从四面包围过来，疯狂扫射。张启光带着几名队员反复冲杀，但无法冲出重围，最后因众寡悬殊，全部壮烈牺牲。张启光牺牲时年仅 32 岁。

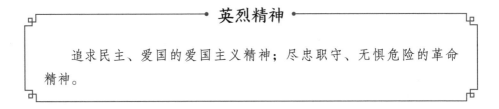

英烈精神

追求民主、爱国的爱国主义精神；尽忠职守、无惧危险的革命精神。

（李学群）

朱永仪（1925—1949）

—— 对党忠诚，宁死不屈

朱永仪，字蔷薇，广东省台山县钱眼村人。

- 1925年，出生于医家门第。
- 1939年夏，随同父母返回台山，考入台山县女子师范学校。
- 1944年夏，在县女师毕业后，被派往阳江县一所小学当教员，同年加入中国共产党。
- 1947年夏，要求返回内地参加革命斗争。11月，随秘密交通员到达广宁革命根据地，在西江部队飞雷队担任文书。
- 1948年6月，随部队经四会、清远、英德挺进连阳。8月，部队到达阳山后，投入激烈的反"清剿"斗争。12月初，被俘。12月底，被秘密枪杀，时年24岁。

加入中国共产党

朱永仪，字蔷薇，广东台山钱眼村人。1925 年出生于医家门第。父亲曾参加过北伐战争，是一位富有正义感的外科医生，母亲是深明大义的贤淑妇女。

朱永仪少年时，跟随在广州市立医院工作的父亲在穗（广州）读书。1939 年夏，战局紧张，朱永仪随同父母返回台山，随即考入台山县女子师范学校。这期间，祖国正处于山河破碎、战火纷飞的年代。她激于民族义愤，积极参加抗日救亡活动，在党组织的教育下，逐渐接受马列主义思想，觉悟日益提高。1944 年夏在县女师毕业后，被派往阳江县一所小学当教员，同年加入中国共产党。

抗日战争胜利后，朱永仪一家迁居香港。她以美国基督教会兴办的美华中学附小教师身份为掩护，从事地下工作，常以同乡关系参加留港台山青年会举办的各种活动，宣传革命道理。

参加武装斗争

1947 年 6 月，人民解放战争正从战略防御转向战略反攻。在蒋介石统治的后方基地华南地区，党组织领导展开了如火如荼的武装斗争。中共中央香港分局动员在港的党员和革命青年返回内地参加武装斗争。当时，她父亲已经去世，她和母亲相依为命，在港生活比较安稳，党组织也安排她继续留在香港工作。但她坚决要求返回内地参加火热的革命斗争。11 月，她随秘密交通员到达广宁革命根据地，在西江部队飞雷队担任文书。

1948 年 6 月，朱永仪随部队经四会、清远、英德挺进连阳。8 月，部队到达阳山后，立即投入激烈的反"清剿"斗争。那时，部队作战频繁，伤病员较多，急需医务人员护理。朱永仪虽未从父习医，但毕竟是医家子弟，懂得一些医药常识，部队领导就分配她当卫生员。在医药奇缺的情况下，朱永仪想方设法克服了重重困难，精心钻研医药知识，采用了不少野生中草药治疗伤病员，取得了很好的效果。由于她温柔敦厚，平易近人，战士们都亲切地称她为"朱女"。

1948 年 11 月，冯光、周明率领飞雷队主力从连县返回阳山北部，建立连江流域指挥中心，并以此为基础进一步发展部队。同时，作出了向南发展的战略部署，派出麦永坚和黄振带领猛虎队 60 多人，以出其不意的战术，进入敌人的后方黎埠、寨岗等地区开辟根据地。由于此举是深入敌后，行军作战异常艰险，女同志不宜参加，组织上决定让朱永仪留在根据地，随司令部行动。然而，她甘冒风险，坚决要求随同猛虎队深入敌后作战。

1948 年 12 月初，猛虎队从河东跳到河西，胜利地袭击了国民党寨岗乡公所，开辟了中心岗、菜坑等新区。敌人对猛虎队向南发展十分惊恐，立即纠集兵力反扑。当猛虎队开到寨岗老虎冲时，即遭到国民党军队和地方反动武装 1000 多人的包围。由于敌我力量悬殊，部队对地形又不熟悉，处于极不利的环境，只好立即组织突围。他们到达鱼冲村后背山冲隐蔽后，由于混入内部的奸细向敌人告密，部队再次被敌人包围。正当麦永坚和黄振瞭望敌情、指挥部队突围时，站在他们身边的朱永仪被敌人的子弹击中了腿部，身负重伤。她与麦永坚是情深笃爱的伴侣，但在这生与死、血与火的搏斗时刻，为了顾全大局，丈夫在指挥队伍抗击敌人和寻找突围路线，无暇顾及自己的妻子，妻子也不愿拖累自己的丈夫。她对麦永坚说："你不要顾我，你身负重任，一定要把队伍带出去见周伯和冯光。"（周伯是连江支队政委周明，冯光是司令员）战至黄昏，战士们争着要抬朱永仪冲出重围，但她怎么也不愿意，怕拖累同志而耽搁突围时间。她对大家说："不能为了我，使部队受到更大损失，宁可牺牲我一个人，也要保住部队。"她还要求身边的战士给她补上一枪，宁愿死在阵地上，也不愿沦为敌人的俘虏。战友们只好把她安置在草丛中隐蔽起来，忍痛突出重围。翌日上午 9 时，敌人搜索上山，朱永仪被俘了。

坚持革命节操

敌人把朱永仪解至国民党黎埠乡公所关押，连同一起关押的还有被俘的 100 余名十四五岁的"小鬼班"战士。敌人获悉朱永仪是游击队领导同志的爱人后，如获至宝，便挖空心思企图从她身上探悉游击队情报，并妄想通过她劝说游击队缴枪投降，实现其消灭武装力量的狂妄计划。于是对朱永仪软硬兼施，诱供逼供。开始，黎埠常备队队长黄公武假惺惺地给她送去一件御寒棉衣，又请了一名医生来给她医治腿伤，并蛊惑说："朱女士正当豆蔻年华，一表人才，有文有识，本可大展宏图，可惜误入歧途，深感遗憾。但只要你迷途知返，愿与我合作共事，保你前程锦绣，富贵荣华。"敌人劝她供出游击队领导人冯光、周明、梁天培、麦永坚等人的去处，要她写信劝说丈夫麦永坚放下枪杆，投降归顺。朱永仪只是冷冷地回答："不知道。"在黎埠被监禁期间，她精神开朗，常跟难友们谈笑、唱歌，对胜利充满信心。她鼓励被俘的同志要坚持革命的节操，保守秘密，不投降，不叛变。有一天，组织上曾利用一个经过教育感化的国民党保长到狱中去探望朱永仪，告诉她麦永坚已带队安全返回根据地，组织上也正在设法营救她。朱永仪听后十分高兴，并嘱咐来人回去转达她的口信："告诉麦队长，我不会背叛他，更不会背叛党，敌人决不能从我口中得到什么，请他放心。"

后来，敌人眼看劝降不成，便露出狰狞面目，对朱永仪进行严刑拷打，用铁枝在她脚踝上将近愈合的伤口处捣动，痛得她死去活来。经过几番折磨，她的身体已经十分虚弱，连讲话的声音也很微弱了，但对党对革命却无限忠贞。一次受刑后，敌人把她推回牢房，她全身蜷缩着不能动弹。同牢难友看到她被打得遍体鳞伤，痛哭起来。她听到哭声，挣扎着用微弱的声音劝慰说："哭什么？哭是软弱，哭，不是革命战士，死就死吧，革命快胜利了。"

朱永仪在黎埠乡公所被关押10余天后，又被押解到阳山县城囚禁。国民党县长李谨彪再次对她劝降和拷打，始终没捞到什么。敌人失望了，便决意杀害她。1948年12月底的一天，牢门打开了，朱永仪连同六七个小战士从容地迈出牢门，步向刑场。她领着难友齐喊口号，唱着革命歌曲。敌人慌乱了手脚，不敢在白天公开执行，只好再把她们押回牢房，改在晚上秘密枪杀。

朱永仪牺牲时，年仅24岁。她对党无限忠诚和宁死不屈的精神，光照日月，为后人树立了光辉的榜样。

"你不要顾我，你身负重任，一定要把队伍带出去见周伯和冯光。"

"不能为了我，使部队受到更大损失，宁可牺牲我一个人，也要保住部队。"

"告诉麦队长，我不会背叛他，更不会背叛党，敌人决不能从我口中得到什么，请他放心。"

"哭什么？哭是软弱，哭，不是革命战士，死就死吧，革命快胜利了。"

• 英烈精神 •

坚信革命必胜的革命乐观主义精神；对党无限忠诚、宁死不屈、大义凛然的革命精神。

（陈如楠　罗昆烈）